Percy E. Schramm (Hrsg.)

# Kriegstagebuch des Oberkommandos der Wehrmacht

## (Wehrmachtführungsstab)

1. Januar 1944 – 22. Mai 1945

Erster Halbband

Band 4

Zusammengestellt und erläutert von Percy E. Schramm



Bechtermünz

**Benutzerhinweise**

Aus technischen Gründen wurde bei der vorliegenden Studienausgabe der Band I in zwei Teilbände aufgeteilt. Die Nachträge wurden in Band 8 integriert. Dabei wurde die Paginierung der Originalausgabe beibehalten.

Originalausgabe Band I: 1940/1941, Studienausgabe Band 1und 2
Originalausgabe Band II/1: 1942, Studienausgabe Band 3
Originalausgabe Band II/2: 1942, Studienausgabe Band 4
Originalausgabe Band III/1: 1943, Studienausgabe Band 5
Originalausgabe Band III/2: 1943, Studienausgabe Band 6
Originalausgabe Band IV/1: 1944/1945, Studienausgabe Band 7
Originalausgabe Band IV/2: 1944/1945, Studienausgabe Band 8
Nachtrag Originalausgabe: zu Band IV/1, Der Krieg in Finnland, Norwegen und Dänemark bei Studienausgabe in Band 8
Nachtrag Originalausgabe: zu Band IV/1, Der Krieg in Italien und im Heimatkriegsgebiet bei Studienausgabe in Band 8

Genehmigte Lizenzausgabe für Verlagsgruppe Weltbild GmbH,
Steinerne Furt, 86167 Augsburg

Umschlaggestaltung: Mario Lehmann, Augsburg
Umschlagmotive: SV-Bilderdienst, München und
Bildarchiv Preussischer Kulturbesitz, Berlin
Gesamtherstellung: Oldenbourg, Graph. Betriebe Druckerei GmbH,
Hürderstraße 4, 85551 Kirchheim

Printed in Germany

ISBN 3-8289-0525-0

2005 2004 2003
Die letzte Jahreszahl gibt die aktuelle Lizenzausgabe an.

# Vorwort

## 1. Allgemeines

Das Vorwort zu diesem die Jahre 1944/45 betreffenden Bande, der zuerst erscheint, diene zugleich als Vorwort zu den ihm sachlich vorausgehenden Bänden I–III, die aus noch darzulegenden Gründen erst nach dem — in bezug auf die chronologische Ordnung — abschließenden Band der Druckerpresse zugeleitet werden können. Liegt erst einmal die ganze Reihe vor, wird das dem I. Band vorauszuschickende Vorwort aus diesem die Ausführungen zu übernehmen haben, die das Gesamtwerk betreffen.

Über die abenteuerliche Art, wie es meinem Amtsvorgänger, dem 1958 verstorbenen *Helmuth Greiner*, und mir gelungen ist, das von uns geführte Kriegstagebuch des Wehrmachtführungsstabs der Vernichtung zu entziehen und bis auf einzelne, als verloren anzusehende Teile zu retten, berichten die am Schluß von Band IV abgedruckten „Erläuterungen", II. Teil (S. 1812 ff.). Außerdem blieben — wie S. 1834 f. ausgeführt ist — weitere Teile, die die unsrigen ergänzen, dadurch erhalten, daß sie der US-Army in die Hände fielen.

Was auf diese dreifache Art erhalten geblieben ist und was als verloren angesehen werden muß, ist im III. Teil der „Erläuterungen" (S. 1834–7) aufgezählt.

Im Jahre 1939 wurde noch kein Kriegstagebuch geführt. Günstig liegen die Verhältnisse im Jahre *1940* und in der ersten Hälfte von *1941*. Relativ spärlich ist, was noch aus dem Jahre *1942* vorhanden ist. Für das Jahr *1943* vermissen wir den die Monate April–Juni umfassenden Band, der noch für die Nürnberger Prozesse herangezogen wurde, also in die Hand der US-Army fiel, aber seither verschollen ist: vielleicht hat ihn ein „Souvenir-Süchtiger" an sich genommen, vielleicht ist er unter Aktenmassen geglitten, die noch nicht geordnet sind; wir dürfen noch hoffen, daß der Band eines Tages wieder auftaucht. Die das Jahr *1944* betreffenden Aufzeichnungen sind fast vollständig erhalten. In den das Jahr *1945* betreffenden Aufzeichnungen klaffen Lücken im März–April (s. dazu S. 1835 f.).

Roh geschätzt sind also etwa drei Viertel von all dem erhalten geblieben, was H. Greiner und ich einmal zu Papier gebracht haben. Was diese Feststellung besagt, ergibt sich durch einen Seitenblick auf das Schicksal der übrigen Akten, die noch aus dem Bereich der Obersten Führung erhalten geblieben sind (vgl. genauer S. 1769 ff. im II. Teil der „Erläuterungen"): Die für die Kriegsgeschichte gesammelten Akten und Notizen des Generalstabs des *Heeres* sowie des Generalstabs der *Luftwaffe* sind im wesentlichen vernichtet worden; die der *Seekriegsleitung* liegen noch vollständig vor. Die von 1942 an stenographisch festgehaltenen Erörterungen bei der *„Führer-Lagebesprechung"*, die zum Schluß etwa 200 000 Blatt umfaßten, sind bis auf rund 800 Blatt (Auszüge daraus im

„Dokumententeil") der Vernichtung anheimgefallen, und der *„Beauftragte des Führers für Kriegsgeschichtsschreibung"* ist nie dazu gekommen, selbst etwas aufzuzeichnen oder aufschreiben zu lassen.

Das Kriegstagebuch des Wehrmachtführungsstabes, also des höchsten, für alle drei Wehrmachtteile zuständigen, Hitler als operatives Organ dienenden Stabes (über seine Funktion und seine Geschichte S. 1741 ff.), steht soweit als isolierter Block inmitten eines Riesenhaufens von Asche.

Einmal vom Schicksal bestimmt, von Anfang März 1943 an, als „amtlich bestallter Registrator" der deutschen Niederlage zu fungieren und – unpersönlich wie ein „Notar" – das fortschreitende Verhängnis rein annalistisch festzuhalten, habe ich mich an meine Stellung geklammert, um den Auftrag, der mir geworden war, bis zum Ende – wortwörtlich bis zum „bitteren Ende", wie die abgenutzte, deshalb nicht mehr verstandene Wendung lautet – zu erfüllen. Was mich persönlich niederzog, zur Verzweiflung zu bringen drohte, hatte ich niederzukämpfen, um der Aufgabe zu entsprechen: zu registrieren, in Militärdeutsch zu verzeichnen, wie das Deutsche Reich, eben noch ein Schrecken für die ganze Welt, durch Offensiven aus Ost, West und Süd zum Zerrbild seiner vermessenen Prätensionen zusammenschrumpfte und schließlich nur mit ein paar Häuserblocks um die Reichskanzlei identisch wurde — ein gespenstischer Vorgang und doch Geschichte, das furchtbarste Kapitel der deutschen Geschichte.

Ermöglicht wurde mir das dadurch, daß mein Vorgänger Helmuth Greiner die Arbeit in diesem „Notar-Stil" begonnen und ihn durch die 3½ Jahre, in denen er das KTB des Wehrmachtführungstabes verfaßte, festgehalten hatte, ferner dadurch, daß unsere Vorgesetzten das billigten, also nie ein Zwang auf uns ausgeübt wurde, von der militärgeschichtlichen Linie abzuweichen.

## 2. Warum diese Veröffentlichung?

Da ich in Gesprächen immer wieder zu hören bekommen habe, daß unsere Veröffentlichung sicherlich „sehr interessant" sein werde, fühle ich mich verpflichtet, gleich hier falschen Erwartungen vorzubeugen.

Wenn jene Kennzeichnung besagen soll, daß den Leser eine spannende Lektüre erwartet, dann ist diese Annahme ganz unangebracht. Die das Jahr 1944 betreffenden „Ausarbeitungen", bei deren Niederschrift ich auf Grund der von mir erwirkten Erlaubnis die Methode der Aufzeichnung abänderte und daher dem Ablauf der Ereignisse besser entsprechen konnte als vorher, mögen noch einigermaßen lesbar sein. In den übrigen Teilen unseres Kriegstagebuches kann — die Gründe sind im II. Teil der „Erläuterungen" festgehalten — von Lesbarkeit überhaupt nicht die Rede sein. Nachträglich einzugreifen, um es dem Leser leichter zu machen, haben wir — wie im III. Teil der „Erläuterungen" im einzelnen ausgeführt ist — grundsätzlich abgelehnt.

Die Erwartung des Lesers muß noch weiter herabgeschraubt werden: dieser Band enthält keine „Sensationen", und für die übrigen gilt dasselbe. Wer also zu ihnen greift, um in ihnen etwas zu entdecken, was Aufsehen erregt oder Umwertungen erzwingt, lasse sich gleich hier warnen, daß seine Suche vergeblich sein wird. Es handelt sich hier um höchst nüchterne Aufzeichnungen, die Tag für Tag in möglichst unpersönlicher Weise festgehalten haben, was im operativen Bereich vor sich ging.

Also vier Bände, denen der Herausgeber und die Bearbeiter selbst das Zeugnis ausstellen, daß sie nicht „interessant" sind. Trotzdem legen wir sie der Öffentlichkeit vor! Warum?

Über den II. Weltkrieg ist bereits unendlich viel geschrieben worden, und es ist zu erwarten, daß über ihn weiterhin noch viel geschrieben werden wird. Der Wert der vorliegenden Bücher, Aufsätze und Broschüren ist denkbar ungleichmäßig. Aber auch bei den Veröffentlichungen, in denen Sachkenner auf Grund des im Kriege gewonnenen Einblicks und gediegene Forscher auf Grund von dokumentarischen Unterlagen und von sorgfältig abgewogenen mündlichen Aussagen das Wort ergriffen haben, fehlt – soweit es um die Beurteilung der Obersten deutschen Führung geht – bisher ein erschöpfender Einblick in das, was diese wußte, wollte und veranlaßte. Für die Zeit vom Kriegsbeginn bis in den September 1942 bietet zwar das ausführliche, denkbar zuverlässige Tagebuch des Generalobersten *Franz Halder*, dessen erster Band (14. 8. 1939–30. 6. 1940) im Frühjahr 1962 im Druck vorliegen wird, einen gewissen Ersatz, da er als Chef des Generalstabes des Heeres über eine umfassende Orientierung, wenn auch nicht über alle drei Wehrmachtteile, verfügte; aber auf der folgenden Zeit liegt bis zum Kriegsende noch Dunkel. Kein Wunder, daß daher sowohl die Anklagen als auch die Entschuldigungen nicht fest fundiert sind und oft danebengreifen.

Diese Sachlage rechtfertigt u. E. ausreichend die Veröffentlichung dieser Bände. Grundsatz dabei war, nichts zu verändern und nichts wegzulassen (vgl. Genaueres im IV. Teil der „Erläuterungen"). Den Nachteil, daß unsere Bände auch viel unwichtig Gewordenes mitschleppen und dadurch noch weiter an Lesbarkeit eingebüßt haben, nehmen wir bewußt in Kauf. Denn nur so gewinnt der Leser die Gewißheit, daß ihm nichts vorenthalten oder vertuscht wird.

Wer Zweifel hegt, daß diese Erklärung nicht wortwörtlich zutrifft, wende sich an das Bundesarchiv in Koblenz: ihm habe ich nach Abschluß der Drucklegung alle Photographien, die ich benutzte, sowie alles, was sonst noch zum Druckmanuskript gehört, mit der Auflage überlassen, diese Materialien jedem, der sie zu kontrollieren wünscht, vorzulegen.

### 3. Die Mitarbeiter und Helfer

Den Gedanken, die geretteten Aufzeichnungen durch Vervielfältigung, womöglich durch den Druck für alle Zeiten sicherzustellen und sie der Forschung allgemein zugänglich zu machen, hegte ich seit langen Jahren. Das anfangs berechtigte Bedenken, daß eine Veröffentlichung in den Strudel der Sensation geraten könnte, besteht heute nicht mehr.

Nachdem Unterhandlungen, die ich hie und da angeknüpft hatte, zu keinem befriedigenden Ergebnis geführt hatten, kam es im Juni 1959 zu schnellem Abschluß mit dem Verlag für Wehrwesen *Bernard & Graefe* in Frankfurt. Das Verdienst gebührt dem Inhaber des Verlages, Herrn *Dr. Wolfgang Metzner*, der bereitwillig auf alle meine Vorschläge einging und die Drucklegung in jeder Weise gefördert hat. Für die Vermittlung habe ich zu danken Herrn Oberst i. G. a. D. *Otto Wien* (Godesberg), der als ehemaliger Abteilungsleiter im Wehrmachtführungsstab die Bedeutung meines Vorschlages sofort ermessen konnte und darauf den Verlag gewann. In dankenswerter Weise schaltete sich der „Arbeitskreis für Wehrforschung", vertreten durch seinen damaligen Geschäftsführer, Herrn *Dr. Jürgen Rohwer* und seinen Nachfolger, Herrn *Dr. Gerhard Hümmelchen*[1], ein. Wir begrüßen es, daß die Bände unter dem Namen dieses Kreises erscheinen und wir Herrn Dr. Rohwer, der sich durch seine Studien zur Seekriegsgeschichte[2] einen wissenschaftlichen Namen gemacht hat, auch unter den Bearbeitern aufzählen können.

1 Verfasser des Buches: Handelsstörer. Handelskrieg deutscher Überwasserstreitkräfte im Zweiten Weltkrieg, München 1960 (557 S.). Aus seinen Aufsätzen nenne ich hier:
Der Einsatz deutscher Luftstreitkräfte über der Nordsee vom 3. 9. 1939—9. 5. 1940, in der Marine-Rundschau 55, 1958, S. 301—11; Die Handelskriegsoperationen der deutschen Panzerschiffe 1939, ebd. 56, 1959, S. 333—45; Balkanräumung 1944, in der Wehrwiss. Rundschau IX, 1959, S. 565—83.

2 Aus den zahlreichen Aufsätzen hebe ich heraus:
a) Zum U-Boot-Einsatz im II. Weltkrieg drei Aufsätze in der Marine-Rundschau 50, 1953, S. 129—44 und 161—75; 51, 1954, S. 183—99; 56, 1959, S. 288—301, einen weiteren in der Wehrwiss. Rundschau VI, 1956, S. 547—68 sowie den Beitrag zu: Entscheidungsschlachten des II. Weltkrieges, Frankfurt a. M., 1960, S. 327—94: Der U-Bootkrieg und sein Zusammenbruch 1943;
b) Zum Seekrieg im Pazifik und zur Pearl Harbor-Frage: Die See-Luftschlacht bei Midway, ebd. S. 189—227 sowie drei Aufsätze in der Wehrwissensch. Rundschau IV, 1954, S. 459—75; Wehrkunde V, 1956, S. 626—34 und Marine-Rundschau 53, 1956, S. 194—208;
c) Zur Dokumentation und Chronik des Seekriegs ebd. 54, 1957 ff. bzw. 56, 1959 ff. sowie in der Monatszeitschrift „Leinen los", Jahrgang 1956 ff.; zur Bibliographie desselben in der Wehrwissensch. Rundschau VI, 1956 ff.;
d) Sonstiges: Beitrag zu: The Soviet Navy, London 1958, S. 44—78; (zus. mit *H.-A. Jacobsen*) Planungen und Operationen der deutschen Kriegsmarine in Zusammenhang mit dem Fall „Gelb", in der Marine-Rundschau 37, 1960, S. 65—78.

Dr. Rohwer bereitet vor: Der Einsatz von U-Booten im II. Weltkrieg, 3 Bände (Göttingen), und einen Atlas zur Gesch. desselben (Frankfurt). Außerdem schrieb er über den Korea-Krieg und über aktuelle Fragen der Seekriegführung. Er ist Mitherausgeber des auf S. XI Anm. 1 genannten Werkes.

Die Drucklegung überwachte mit großer Sorgfalt im Auftrag des Verlages Herr *Worzelberger.*

Ich hätte mich an die Edition nicht herangetraut, wenn sich nicht drei Mitarbeiter zur Verfügung gestellt hätten, mit denen ich seit langen Jahren wissenschaftlich und menschlich verbunden bin:

*Dr. phil. Andreas Hillgruber,* Oberstudienrat in Darmstadt,

*Dr. phil. Walther Hubatsch,* ord. Professor der Geschichte an der Universität Bonn,

*Dr. phil. Hans-Adolf Jacobsen,* bisher Dozent für Zeitgeschichte an der Schule der Bundeswehr für Innere Führung, Koblenz-Pfaffendorf, nunmehr Direktor des Forschungs-Instituts der „Deutschen Gesellschaft für Auswärtige Politik" (bisher Frankfurt am Main, jetzt Bonn).

*W. Hubatsch,* an dessen Lebensschicksalen ich von seinen Studienjahren an Anteil genommen habe, gewann noch mittelbaren Einblick in den Dienstbetrieb des Wehrmachtführungsstabes. Denn als ich 1943 mit einer Sonderaufgabe betraut war, veranlaßte ich, daß er als mein Vertreter in den Stab kommandiert wurde. Er ist also zeitweise an der Abfassung des Kriegstagebuches beteiligt gewesen. Nachdem ich meine Funktion wieder übernommen hatte, wurde W. Hubatsch in die Operationsabteilung des Stabes versetzt. In dieser ging er dem für den Norden zuständigen Sachbearbeiter zur Hand. Diese Tätigkeit gab W. Hubatsch erst im Sommer 1944 auf, als eine schwere Erkrankung seine Überweisung in ein Heimatlazarett erforderlich machte.

Über W. Hubatschs geschichtliche Arbeiten brauche ich hier nichts zu sagen, da sie den Sachkennern bekannt sind. Doch muß hier wenigstens sein Buch über den Norwegen-Feldzug angeführt werden, das bereits in 2. Auflage herauskam[1]. Denn es darf für weitere kriegsgeschichtliche Werke als Modell herausgestellt werden, ausgezeichnet durch methodische Akkuratesse und unparteiliche Darstellungsweise — das ist dem Verfasser auch von norwegischer und englischer Seite bestätigt worden[2].

*A. Hillgruber* und *H.-A. Jacobsen,* die beide bei mir promovierten, haben den Krieg noch als Soldaten kennengelernt.

*A. Hillgruber* wuchs in die Erforschung des II. Weltkriegs durch eine Dissertation hinein, die die deutsch-rumänischen Beziehungen in den Jahren 1938—1944 behandelt. Er konnte sie unter der Anleitung meines Freundes M. Göhring, der A. Hillgruber als Stipendiaten in das von ihm geleitete „Institut für Europäische Geschichte" in Mainz übernahm, zu einem umfangreichen Buch ausge-

1 Die deutsche Besetzung von Dänemark und Norwegen 1940, Musterschmidt-Verlag, Göttingen 1952, 2. Aufl. ebd. 1960 (jetzt unter dem Haupttitel: „Weserübung").

2 Zum II. Weltkrieg vgl. ferner:
Deutsche Memoiren 1945—1955, 2. Aufl., Schloß Laupheim 1956.
Koalitionskriegführung in neuester Zeit, histor.-polit. betrachtet, in: Schicksalsfragen der Gegenwart I, Tübingen 1957, S. 245—70.
Zahlreiche Rezensionen, u. a. in der Historischen Zeitschrift.

stalten, dem sich inzwischen weitere Studien angehängt haben[1]. Mit mir blieb A. Hillgruber dadurch verbunden, daß er für mich den von mir verfaßten Teil „Allgemeine Geschichte 1939—1945" im „Auszug aus der Geschichte von Dr. Karl Ploetz", 25. Aufl., A. G. Ploetz-Verlag, Würzburg 1956, S. 1077—1207, S. 1125—1268 (jetzt 26. Aufl.: 1960) revidierte. Dieser Abschnitt ist auch gesondert in erweiterter Form erschienen: 1. Aufl., Bielefeld 1951 (156 S.); 2. Aufl. Würzburg 1960 (192 S.) (im zugefügten II. Band (ebd. 1960; 908 S.) eigene Beiträge zur psychologischen Kriegführung und zum geheimen Nachrichtendienst).

*H.-A. Jacobsen* führte sich in der wissenschaftlichen Welt ein durch seine — gleichfalls unter M. Göhrings Anleitung in Mainz zu einem Buch ausgestaltete — Dissertation über den Operationsplan für die Westoffensive, der bekanntlich im Winter 1939/40 gründlich umgestaltet wurde[2]. Durch Jacobsens Buch, das durch einen Dokumentenband untermauert ist, darf jetzt die Frage als geklärt angesehen werden, wieweit der Gedanke, nicht auf dem rechten Flügel, sondern bei Sedan durchzubrechen, auf Hitler oder auf den Gen. von Manstein zurückzuführen ist. Dr. Jacobsen war 1956/60 an der Schule für Innere Führung in Koblenz-Pfaffendorf tätig und lehrte an ihr Zeitgeschichte; jetzt

1 Hitler, König Carol und Marschall Antonescu. Die deutsch-rumänischen Beziehungen 1938—1944. (Veröffentlichungen des Instituts für Europäische Geschichte, Mainz, hg. von J. *Lortz* und M. *Göhring*) Fr. Steiner-Verlag, Wiesbaden 1954 (382 S.); Die Krise in den deutsch-rumänischen Beziehungen 1943 im Zusammenhang mit der Räumung der Krim und der Benutzung Transnistriens als rückwärtiges Heeresgebiet, in: Wehrwissenschaftliche Rundschau VI, 1956, S. 663—72; Die letzten Monate der deutsch-rumänischen Waffenbrüderschaft, in: ebd. VII, 1957, S. 377—97; Rumänien im Zweiten Weltkrieg, in: Bücherschau, Stuttgart 1957, S. 279—88; Die Räumung der Krim 1944. Eine Studie zur Entstehung der deutschen Führungsentschlüsse. (Beiheft 9 der Wehrwissenschaftlichen Rundschau), Verlag E. S. Mittler u. Sohn, Berlin—Frankfurt 1959 (160 S.); Deutschland und Ungarn 1933—1944: ihre politischen und militärischen Beziehungen im Rahmen der europäischen Politik, in: Wehrwiss. Rundschau IX, 1959 S. 651—76; Das deutsch-ungarische Verhältnis im letzten Kriegsjahr. Vom Unternehmen „Margarethe I" (19. März 1944) bis zur Räumung Ungarns durch die deutschen Truppen (4. April 1945), in: Wehrwiss. Rundschau X, 1960, S. 78—104; Ungarn im Zweiten Weltkrieg, in: Bücherschau der Weltkriegsbücherei Stuttgart 31: 1959, S. 395—404; Vor zwanzig Jahren (Chronik des Zweiten Weltkrieges), bisher erschienen September 1939 bis August 1941, in: Wehrwissenschaftliche Rundschau IX, 1959 ff. (zusammen mit Dr. *Gerhard Hümmelchen*); Der Einbau der verbündeten Armeen in die deutsche Ostfront 1941—1944, in: ebd. XII, 1960, S. 659—82; Die Auflösung der Weimarer Republik, (Hefte zum Zeitgeschehen, Heft 4), Verlag für Literatur und Zeitgeschehen, Hannover 1960, 72 S. (2. Auflage 1961); ferner zahlreiche Rezensionen sowie didaktische Aufsätze, von denen genannt sei: Zeitgeschichte als Aufgabe des Geschichtsunterrichts am Gymnasium, in: Gesellschaft — Staat — Erziehung I, 1956, S. 26—33 (s. auch ebd. III, 1960, S. 123—33).

2 Fall Gelb. Der Kampf um den deutschen Operationsplan zur Westoffensive 1940 (Veröffentlichungen des Instituts für Europäische Geschichte), Fr. Steiner-Verlag, Wiesbaden 1957 (337 S.), s. dazu: Dokumente zur Vorgeschichte des Westfeldzuges 1939—1940, hg. von H.-A. *Jacobsen* (Studien und Dokumente zur Geschichte des Zweiten Weltkrieges, hg. vom Arbeitskreis für Wehrforschung, Band 2a). Musterschmidt-Verlag, Göttingen 1956 (225 S.); Ders., Dokumente zum Westfeldzug 1940, Musterschmidt-Verlag, Göttingen 1960 (338 S.).

leitet er die Forschungsabteilung des „Europa-Archivs" in Bonn. Er ist — wie weitere Publikationen erweisen[1] — gleichfalls in ständigem Kontakt mit der Wissenschaft geblieben. Er hat z. B. die Streitfrage geklärt, weshalb 1940 die Panzer vor Dünkirchen angehalten wurden und wer dafür die Verantwortung trägt. Ich hoffe, zusammen mit Dr. Jacobsen eines Tages ein Buch über die Ardennenoffensive (Dez. 1944) und ihre Vorbereitung herausgeben zu können, das auf einer von mir in der Gefangenschaft für die Historical Division der US-Army angefertigten Studie beruhen wird.

Es ist heute mit Recht viel vom „team work" die Rede, da manche wissenschaftlichen Arbeiten gar nicht mehr von einem Einzelnen bewältigt werden können; aber bei der Verwirklichung eines an sich einleuchtenden Ideals hapert es einmal aus diesem, das andere Mal aus jenem Grunde. In unserem Falle dürfen wir sagen, daß wir dank der freundschaftlichen Verbindungen, die uns alle untereinander verknüpfen, dem Ideal so nahe kommen, wie das möglich ist. Wir dürfen deshalb erwarten, daß wir die Aufgabe, die wir uns gesetzt haben, glücklich zu Ende werden führen können:

*Bd. I* (1. 9. 1939 bis 31. 12. 1941) hat *Dr. H.-A. Jacobsen* übernommen;
*Bd. II* (1942) wird von *Dr. A. Hillgruber* ediert werden;
*Bd. III* (1943) wird von *Prof. Dr. W. Hubatsch* betreut.

Unsere Hoffnung ist, daß jedes Jahr ein Band herauskommen kann; vorgesehen ist — auf Grund der bei den vier Bänden verschieden großen Schwierigkeiten der Bearbeitung — die Reihenfolge: III, II und I. Wenn unsere Erwartungen sich erfüllen, wird das Gesamtwerk im Jahre 1964 vollständig vorliegen. Nach unserer — zur Zeit nur vorläufigen — Schätzung wird es etwa 4000 Druckseiten umfassen.

1 10. Januar 1940 — Die Affäre Mechelen (Die Notlandung der deutschen Flieger in Belgien usw.), in: Wehrwissenschaftliche Rundschau IV, 1954, S. 497—513; Winter 1939—1940: Hitlers Gedanken zur Kriegführung im Westen, in: ebd. V, 1955 S. 433—46; Motorisierungsprobleme im Winter 1939/40 (= Abdruck eines Kapitels aus „Fall Gelb"), in: ebd. VI, 1956 S. 497 ff; Les opérations de la 6e Armée allemande du 10 au 28 Mai 1940, in: L'Armée — La Nation, XII, 1957 S. 10—20; Der deutsche Luftangriff auf Rotterdam (14. Mai 1940). Versuch einer Klärung, in: Wehrwissenschaftliche Rundschau VIII, 1958 S. 257—84; Zur Entstehung des Sichelschnittplanes vom 24. Februar 1940, in: Wehrkunde VII, 1958 S. 226—8; L'erreur du commandement allemand devant Dunkerque, in der (französischen): Revue historique de l'Armée XIV, 1958 S. 63—72; Wer hat die deutschen Panzer vor Dünkirchen aufgehalten?, in: Informationen für die Truppe 1958, S. 517—36; vor allem: Dünkirchen, Ein Beitrag zur Geschichte des Westfeldzuges 1940, unter Mitarbeit von *Dr. K. J. Müller*. Scharnhorst-Buch-Kameradschaft, Neckargemünd 1958 (239 S.); 1939—1945, Der Zweite Weltkrieg in Chronik und Dokumenten, Wehr und Wissen Verlagsgesellschaft, Darmstadt 1959 (538 S.); 5. Aufl. ebd. 1961 764 S.); „20. 7. 1944", 2.—3. (neubearbeitete und ergänzte) Aufl., hg. mit *E. Zimmermann* für die Bundeszentrale für Heimatdienst, Bonn 1960 (354 S.); Herausgeber (zus. mit *J. Rohwer*) von: Entscheidungsschlachten des Zweiten Weltkrieges, Frankfurt 1960; Ausgewählte Dokumente zur Geschichte des Nationalsozialismus, 1933—45, zusammengestellt zusammen mit *Dr. Werner Jachmann*, Arbeitsgemeinschaft für polit. u. soziale Bildung, Landesarbeitsgemeinschaft Nordrhein-Westfalen, Herausgeber: „Arbeit und Leben", Düsseldorf, ab Dez. 1960.

Die Kontrolle anhand der Photographien und Abschriften führten bei dem IV. Band durch der in seiner Energie ungebrochene Spätheimkehrer cand. phil. *Walter Spohr* und seine Gattin, Frau *Gisela Spohr* geb. Heck. Ich danke ihnen von Herzen für die große Mühe, die sie auf sich luden, und benenne beide zugleich als Zeugen dafür, daß nicht eine Zeile weggelassen wurde.

Eine wesentliche Hilfe bedeutete für mich die Kontrolle der Fahnen durch *Andreas Hillgruber*, *Walter Spohr* und cand. phil. *Martin Vogt;* mit unermüd=lichem Eifer haben sie die Fahnen sowie die Umbruchkorrekturen nicht nur auf Druck=, sondern auch auf Sachfehler hin geprüft. Sehr erwünscht war, daß sich auch noch Herr *Dr. G. Hümmelchen* und Frau *Rohwer* an der Prüfung der Fahnen beteiligten.

Die Schreibarbeit führte mit einer bereits in drei Jahrzehnten erprobten Sorgfalt Frau *Grete Gärner* aus.

Trotz dieser Hilfe muß ich damit rechnen, daß Fehler stehengeblieben sind. Der Leser halte mir dabei zugute, daß die Aufzeichnungen unter immer schwie=riger werdenden Umständen (dafür teilt der II. Teil der „Erläuterungen" das Erforderliche mit) verfaßt wurden, daß sich also falsche oder entstellte Namen bei der Nieder= oder bei der Reinschrift einschlichen und bei der immer hastiger vorgenommenen Revision nicht entdeckt wurden. Soweit möglich, sind diese Fehler ausgemerzt worden (worüber erforderlichenfalls in Anmerkungen Rechenschaft abgelegt wird).

**4. Technische Fragen**

Schließlich seien mir noch einige Ausführungen erlaubt, die begründen sollen, warum ich bei der Drucklegung so und nicht anders vorgegangen bin:

Da die *Inhaltsverzeichnisse* bereits dem Manuskript des KTB angehören, stehen sie jeweils vor den betreffenden Abschnitten — was jetzt deren Be=nutzung erleichtern wird. Nur ihre Bezifferungen sind dort und im Gesamt=inhaltsverzeichnis normalisiert worden. Außerdem geben eiligen Lesern Kopf=leisten Anhalte beim Suchen von bestimmten Einzelheiten.

Nach Möglichkeit ist die *Schreibweise* der Ortsnamen der gültigen bzw. der der 1944/45 benutzten Karten angepaßt. Schwierigkeiten machte das Nach=tragen der im Kriege nicht berücksichtigten Akzente bei ungarischen und jugo=slawischen Namen. Vermutlich sind in vielen Fällen trotzdem nicht exakte Formen stehengeblieben; der Leser möge das im Hinblick auf die vielen Tau=sende von Namen, die vorkommen, entschuldigen.

Nach langen Überlegungen haben wir uns darauf beschränkt, diesem Bande nur ein *knappes Register* beizugeben, das sich auf die vorkommenden Perso=nennamen beschränkt. Wir ließen uns durch folgende Gründe bestimmen:

a) Ein vollständiges Verzeichnis aller vorkommenden Namen von Städten, Dörfern, Flüssen, Seen, Gebirgen usw. würde den Umfang eines kleinen geogra=phischen Lexikons angenommen haben und dem Benutzer doch nicht viel nützen, da eine Kampfhandlung einmal durch ein Dorf rechts, das nächste Mal durch ein Dorf links und schließlich durch eine Stadt dahinter gekennzeichnet sein kann. Da die Inhaltsübersichten sehr in das einzelne gehen, vermag der Benutzer, der mit geographischen Fragestellungen an den Band herangeht, durch sie leicht festzustellen, in welchen Abschnitten er etwas finden kann und in welchen nicht.

b) Ein vollständiges Verzeichnis aller angeführten Kommandostellen und Verbände würde gleichfalls einen bedrohlichen Umfang angenommen haben, aber dem Benutzer auch nicht erschöpfende Auskunft erteilen. Denn wer die Kämpfe einer Division oder eines Regiments verfolgt, würde sie einmal unter deren Bezeichnung, das andere Mal aber nur unter denen der vorgesetzten Kommandostellen angeführt finden; wer andererseits der Geschichte eines größeren Verbandes nachgeht, würde ihn einmal selbst zitiert finden, das andere Mal dagegen nur die unterstellten Einheiten. Den Benutzern beider Arten gehen wir statt dessen mit drei am Schluß des Bandes abgedruckten „Kriegsgliederungen" aus den Jahren 1944/45 an die Hand: hier lassen sich bis zur Division herunter die jeweiligen Unterstellungsverhältnisse und der Kriegsschauplatz ermitteln, und aus der Gesamtinhaltsübersicht ist dann zu entnehmen, in welchen Abschnitten nachzuschlagen ist.

Von der Beigabe einer *Bibliographie* haben wir ganz abgesehen: sie wäre in wenigen Jahren veraltet und würde gleichfalls — falls nur einigermaßen abgerundet — diesen bereits überstarken Band noch mehr aufgeschwemmt haben. Es liegt für sie auch kein Bedürfnis vor, da sowohl Zusammenstellungen von Titeln als auch laufend fortgesetzte Bibliographien zur Verfügung stehen (namhaft gemacht am Schluß des IV. Teils der „Erläuterungen").

Das *Abkürzungsverzeichnis* ist dagegen mit Rücksicht auf ausländische Benutzer ausführlich gehalten; deshalb sind auch manche Abkürzungen vermerkt, die jedem deutschen Leser geläufig sind. Außerdem sind diese Abkürzungen im Text nach Möglichkeit normalisiert und aufgelockert worden, um das Verständnis gleich an Ort und Stelle zu erleichtern. Sachkenner werden mir da sicherlich zustimmen, denn der „A.-F." (d. h. Abkürzungsfimmel) hatte am Schluß des II. Weltkrieges bereits groteske Formen angenommen.

Das Verzeichnis der *Decknamen für militärische Operationen* greift auf die Jahre vor 1944 zurück, ist aber nicht vollständig. Die weiteren Bände werden Gelegenheit geben, es zu ergänzen.

Der die *Dienststellenbesetzung* in den Obersten Kommandobehörden betreffende Wegweiser konnte knapp gefaßt sein, da es für die weiteren Dienststellen bereits Hilfsmittel gibt (am Schluß des „4. Wegweisers" namhaft gemacht).

Die *Chronik* am Schluß des Bandes soll dem Leser verdeutlichen, wie die Ereignisse zeitlich zusammenhingen. Sie durfte daher — da sie nur diesem Zweck dienen soll — knapp gehalten werden.

Schließlich sind noch fünf *Karten* angefügt. Wer sich eingehender mit dem Inhalt dieses Bandes befaßt, wird nicht umhin kommen, einen Atlas, womöglich Spezialkarten, neben ihn zu legen. Unsere Karten dürfen also nur als Not=

behelf angesehen werden, um eiligen Benutzern die Lage wenigstens der wichtigsten unter den vielen angeführten geographischen Namen zu verdeutlichen.

Um dort, wo Aufzeichnungen aus dem Kriege abgedruckt werden, sinnfällig zu machen, was bei dem Abdruck kommentierend und ergänzend hinzugesetzt wurde, ist für diese Abschnitte Kursivdruck benutzt worden.

Ich mache abschließend noch darauf aufmerksam, daß *Angaben über die Kampfhandlungen* auf meinen während der Lagebesprechung um 12 Uhr gemachten Angaben beruhen, sich also auf die verflossenen 24 Stunden beziehen; Vorgänge, die unter dem 1. Mai verzeichnet sind, können daher bereits am Nachmittag oder Abend des 30. April bzw. in der Nacht vom 30. April zum 1. Mai vor sich gegangen sein.

Wird sich durch diese Veröffentlichung das Urteil über die einst führenden Männer der Wehrmacht, insbesondere über Hitler, ändern? Das glaube ich nicht, denn es ist schon so viel bekanntgeworden, daß die Umrißlinien im wesentlichen bereits feststehen. Aber es dürfte, wenn alle Bände vorliegen, besser möglich sein als bisher, die Absichten der Verantwortlichen zu greifen, sie an dem Erreichten bzw. Nicht-Erreichten zu messen, die Anteile an der Verantwortung zwischen den Beteiligten aufzuteilen und dadurch zu einem fundierten Urteil über die gesamte deutsche Kriegführung zu gelangen.

Der zuerst erscheinende Band, der die Jahre 1944/45 behandelt, wird im besonderen einen Einblick in die Tatsache vermittlen, wie hoffnungslos verloren der Krieg bereits zu Anfang des Jahres 1944 war und wie Hitler diese sich der Obersten Führung aufdrängende Tatsache bis zum April 1945 nicht hat wahrhaben wollen. Wäre es statthaft, diesem Bande einen sensationellen Untertitel zu geben, so müßte er lauten „Hitler als Kriegsverlängerer". Diese Tatsache ist an sich bekannt; hier ist sie nun fest untermauert.

### 5. Schluß

Zum Schluß sei noch allen denen gedankt, die uns bei der Bearbeitung in dieser oder jener Weise ihre Hilfe geliehen haben. Soweit sie sich auf Einzelfragen bezog, geschieht das an geeigneter Stelle. Für das Gesamtwerk war von Bedeutung die Beratung durch den General der Art. a. D. *Walter Warlimont*, der als langjähriger Stellvertretender Chef des Wehrmachtführungsstabes der wichtigste noch lebende Zeuge ist.

Und nun ist der letzte Bogen dieses dicken Buches mit dem „Imprimatur" versehen. Nach langen Monaten hat die Mühe der Korrekturen ein Ende! Der fertige Band tritt nun seine eigene Existenz an: geschrieben von dem KTB-Führer des Wehrmachtführungsstabes, gerettet auf eigene Faust, herausgegeben von dem Geschichtsprofessor — *habuerunt sua fata et liber et auctor*.

Göttingen, den 1. September 1961.

INHALT

# Erster Halbband

## A. EINLEITUNG

I. „Kriegstagebuch", noch nicht „Kriegsgeschichte" . . . . . . . . . . . . . . 3

II. Ein Rundblick über die militärische Lage in der Mitte des Jahres 1944 . . . 5

1. *Der See= und Luftkrieg* . . . . . . . . . . . . . . . . . . . . 5
*a) Der Seekrieg (5). — b) Der Luftkrieg (7)*
2. *Der Landkrieg* . . . . . . . . . . . . . . . . . . . . . . . 8
*a) Der „Allfronten"=Krieg gegen die „Festung Europa" (8). — b) Die Lage im Norden (10). — c) Die Lage im Osten (12). — d) Die Lage im Südosten (15). — e) Die Lage in Italien (16). — f) Die Lage im Westen (18)*
3. *Die Menschenreserven, das Kriegsmaterial und die Rohstofflage* . . . . 21
4. *Die Frage der Geheimwaffen* . . . . . . . . . . . . . . . . . 26
5. *Auswirkung von „Sabotage" und „Verrat"?* . . . . . . . . . . . . 27
6. *Schlußfolgerungen: Der Krieg bereits Mitte 1944 unabänderlich verloren* 28

III. Die Truppe — Die Generale — Hitler als „Feldherr" . . . . . . . . 29

1. *Die fortschreitende Überforderung der Truppe* . . . . . . . . . . . 29
2. *Die Rolle der Heeresgruppen= und Armeeführer* . . . . . . . . . . 34
3. *Hitler, Oberster Befehlshaber der Wehrmacht, als „Feldherr"* . . . . . 37
*a) Hitler der effektive Oberster Befehlshaber (38). — b) Hitlers Führungsprinzipien in den Endjahren des Krieges (45). — c) Hitlers „Wellenbrecher"=Doktrin (53)*
4. *Hitler als „Kriegsverlängerer"* . . . . . . . . . . . . . . . . 55

## B. KRIEGSTAGEBUCH 1944

### 1. Abschnitt
### Die OKW-Kriegsschauplätze im Rahmen der Gesamt-Kriegführung
### (1. Januar - 31. März 1944)

1. *Aufgaben und Kräfte* . . . . . . . . . . . . . . . . . . . . . 78
*a) Festung Europa und zweite Front (78). — b) Die einzelnen Verteidigungsfronten des OKW (80). — c) Die Frage der Reserven (84). — d) Die Neuaufstellungen des Heeres (85). — e) Die Heranziehung des Ersatzheeres (86). — f) Die Neuaufstellungen der Waffen=SS (87). — g) Die angespannte Kräftelage (87). — h) Die vorbereiteten Kräfteverschiebungen bei Großlandungen (88)*

2. Zweite und dritte Front (Januar/Februar) . . . . . . . . . . . . . . 89
a) Der Westen (89). — b) Der Südosten (92). — c) Verhältnis zum Osten (94). — d) Der italienische Kriegsschauplatz (95). — e) Weitere Vorbereitungen für die Kräfteverschiebungen bei Großlandungen (95)
3. Die Auswirkungen der Landung bei Nettuno (Ende Januar — Anfang März) . . . . . . . . . . . . . . . . . . . . . . . . . . . . 97
4. Besorgnisse wegen des nördlichen Kriegsschauplatzes (Februar/März) . . 101
5. Die Besetzung Ungarns (März) . . . . . . . . . . . . . . . . . . 103
6. Die russische Frühjahrsoffensive und die durch sie bedingten Abgaben an den Osten (März) . . . . . . . . . . . . . . . . . . . . . . 107
7. Die Frage der Kräfteverteilung am Schluß des ersten Vierteljahres . . . 110
8. Ausblick . . . . . . . . . . . . . . . . . . . . . . . . . . . 115
a) Die bleibenden Aufgaben: Die Lage beim Feinde und auf der eigenen Seite auf den einzelnen OKW=Kriegsschauplätzen (115). — b) Heimatkriegsgebiete (119)

## 2. Abschnitt
## Die Kämpfe um den Brückenkopf Nettuno von der Landung (22. Januar) bis zum 31. März 1944

Vorbemerkung . . . . . . . . . . . . . . . . . . . . . . . . . . 122
1. Die Lage in Süditalien im Augenblick der Landung . . . . . . . . . 122
a) Vorgesehene Maßnahmen im Falle einer Landung (122). — b) Die Entwicklung der Kämpfe im Januar und die sich aus ihr ergebenden Maßnahmen (124). — c) Die Beurteilung der Feindlage (125)
2. Die Landung (22. Januar) und die ersten Gegenmaßnahmen des OB Südwest . . . . . . . . . . . . . . . . . . . . . . . . . . . . 127
3. Ergänzende Maßnahmen des WFStabs . . . . . . . . . . . . . . . 129
4. Der Aufbau der Abriegelungsfront (ab 23. Januar) . . . . . . . . . 130
5. Vorbereitung eines eigenen Gegenangriffs (ab 27. Januar) . . . . . . 133
6. Der feindliche Angriff vom 30.—31. Januar . . . . . . . . . . . . 139
7. Die Lage der Luftwaffe am Monatsende . . . . . . . . . . . . . . 141
8. Fortgang der Kämpfe und Erwägungen vom 1.—10. Februar (Vorstoß gegen Aprilia) . . . . . . . . . . . . . . . . . . . . . . . . . 142
9. Die Vorbereitung des eigenen Angriffs gegen den Brückenkopf von Nettuno (10.—15. Februar) . . . . . . . . . . . . . . . . . . . . 151
10. Die Lage bei Beginn des Angriffs . . . . . . . . . . . . . . . . 156
11. Der erste Angriff gegen den Brückenkopf von Nettuno (16.—20. Februar) 156
12. Umgruppierung und Vorbereitung eines neuen Angriffs (20.—28. Februar) 159
13. Die Lage bei Beginn des Angriffs . . . . . . . . . . . . . . . . 164
14. Der zweite Angriff gegen den Brückenkopf von Nettuno (29. Februar —1. März) . . . . . . . . . . . . . . . . . . . . . . . . . . . 165
15. Abbruch des Kampfes und Vorbereitung einer neuen Weisung für die Kampfführung (2.—14. März) . . . . . . . . . . . . . . . . . . 166
16. Verlauf der Ereignisse bis zum Monatsende . . . . . . . . . . . . 170
17. Rückblick (31. Mai) . . . . . . . . . . . . . . . . . . . . . . 172
(Fortsetzung: 5. Abschnitt)

## 3. Abschnitt

## Der Fall „Margarethe" (Besetzung Ungarns), durchgeführt ab 19. März bis 31. März 1944

*Vorbemerkung* . . . . . . . . . . . . . . . . . . . . . . . . . 179

*I. Teil*

*Überblick über die Ereignisse*

A. Das Verhalten Ungarns bis zum Anfang des Jahres 1944

I. Politische Beziehungen . . . . . . . . . . . . . . . . . . . . 180

II. Das militärische Verhalten der ungarischen Regierung . . . . . . . . . . 181

1. *Der Einsatz der ungarischen Truppen im Osten* . . . . . . . . . . . 181
2. *Die Ablehnung der Bereitstellung ungarischer Truppen für den Südostraum* . . . . . . . . . . . . . . . . . . . . 186
3. *Die Grenzkonflikte in Siebenbürgen und die ungarisch-rumänische Spannung* . . . . . . . . . . . . . . . . . . . . 187
4. *Gegenseitige Lieferungen* . . . . . . . . . . . . . . . . 188

B. Deutsche Gegenmaßnahmen: Die Vorbereitung und Durchführung des Unternehmens „Margarethe" (Besetzung Ungarns) vom Abfall Italiens bis zur Aufnahme des Kampfes im Vorgelände der Karpaten (8. September 1943 bis April 1944)

I. Der Ablauf der Vorgänge im Überblick . . . . . . . . . . . . . . 189

1. *Die Entwicklung des Planes „Margarethe" bis zur endgültigen Festlegung (30. September 1943—27. Februar 1944)* . . . . . . . . . . 189
2. *Die Festlegung des Einmarschbefehls (28. Februar—17. März 1944)* 193
3. *Die Verhandlungen mit dem Reichsverweser (18. März), der Einmarsch (ab 19. März) und die Bildung einer neuen ungarischen Regierung (23. März)* . . . . . . . . . . . . . . . . . . . . 200
4. *Der Fortgang und die Erweiterung der Besetzung im Zusammenhang mit der Verschärfung der Lage im Osten (23.—31. März)* . . . . . . . 205

II. Der Ablauf der Vorgänge im einzelnen

1. *Die Entwicklung des Planes „Margarethe" bis zur endgültigen Festlegung (30. September 1943—27. Februar 1944)* . . . . . . . . . . 210
   *a) 1. Phase (1943) (210). — b) 2. Phase (Anfang 1944) (213)*
2. *Die Festlegung des Einmarschbefehls (28. Februar—17. März 1944)* . . 214
3. *Die Verhandlungen mit dem Reichsverweser (18. März), der Einmarsch (ab 19. März) und die Bildung einer neuen ungarischen Regierung (23. März)* . . . . . . . . . . . . . . . . . . . . 230
4. *Der Fortgang und die Erweiterung der Besetzung im Zusammenhang mit der Verschärfung der Lage im Osten (23.—31. März)* . . . . . . . 238

(Fortsetzung: 7. Abschnitt)

Anhang: Die Bearbeitung des Falles „Margarethe II" (Besetzung Rumäniens durch deutsche Truppen), eingestellt am 28. Februar 1944 . . . . . . . . 247

Anlagen

1. *Stellenbesetzung (1. Deutschland, 2. Ungarn)* . . . . . . . . . . . 249
2. *Gliederung für das Unternehmen „Margarethe" (verloren)* . . . . . . 249
3. *Karte von Ungarn (1:2 500 000) mit den „Margarethe"-Bewegungen (am Schluß dieses Bandes: Karte 6)*

## 4. Abschnitt

## Der westliche Kriegsschauplatz (Frankreich, Belgien, Niederlande) vom 1. Januar - 16. Dezember 1944 (Beginn der Ardennen-Offensive)

### *I. Teil*

### *Der Westen vom 1. Januar - 31. März 1944*

#### A. Die militärischen Ereignisse im Rahmen der Gesamtkriegführung


I. Rückblick auf das Jahr 1943 . . . . . . . . . . . . . . . . . . . 255

II. Die Maßnahmen des Feindes . . . . . . . . . . . . . . . . . . . 257

1. *Die Feindlage zu Beginn des Jahres 1944 und ihre Entwicklung bis zum 31. März* . . . . . . . . . . . . . . . . . . . . . . . . 257
2. *Der Kampf des Feindes gegen die Transportverbindungen und die eigenen Gegenmaßnahmen* . . . . . . . . . . . . . . . . . . . 260
3. *Der Kampf des Feindes mit Terror und Sabotage und die eigenen Gegenmaßnahmen* . . . . . . . . . . . . . . . . . . . . . . . 261

III. Die eigenen Maßnahmen zur Verstärkung des Westens, vornehmlich der Kanalfront . . . . . . . . . . . . . . . . . . . . . . . . . 263

1. *Maßnahmen in Verfolg der Weisung 51 und der ergänzenden Befehle* . . 263
   *a) Allgemeines (263). — b) Einzelmaßnahmen (263). — c) Die Reise des Chefs WFStab in den Westen (6.—15. Januar) und die sich daraus ergebenden Maßnahmen (265). — d) Zustand der Verteidigung am Anfang Februar (267)*
2. *Verschiebungen in der zweiten Hälfte des Februar* . . . . . . . . . 270
3. *Maßnahmen zur Erhöhung der Verteidigungsbereitschaft im Laufe des März* . . . . . . . . . . . . . . . . . . . . . . . . . . . . 270
4. *Abgaben des OB West an bedrohte Fronten und deren Ersetzung durch andere Verbände im Februar/März* . . . . . . . . . . . . . 273
5. *Erweiterung des Aufgabenbereichs der Heeresgruppe B* . . . . . . . 276
6. *Weiterer Ausbau des Atlantik-Walls* . . . . . . . . . . . . . . . 277

IV. Die Verteidigung der übrigen Fronten im Bereich des OB West . . . . . 278

1. *Maßnahmen in den Niederlanden* . . . . . . . . . . . . . . . . . 278
   *a) Die Frage der Küstenzone (278). — b) Stärkung der Verteidigung (279)*
2. *Maßnahmen in der Bretagne* . . . . . . . . . . . . . . . . . . . 280
3. *Der Bereich des AOK 1: Südwestfront und Pyrenäengrenze* . . . . . . 281
   *a) Erwägungen über eine feindliche Besetzung Portugals und einen Angriff gegen die Biscaya-Front im Laufe des Januar (281). — b) Maßnahmen im Bereich des AOK 1 (Biscaya-Front) (282). — c) Maßnahmen an der Pyreräen-Grenze (286)*
4. *Der Bereich des AOK 19: die Südfront* . . . . . . . . . . . . . . 287
   *a) Die Lagebeurteilung (287). — b) Der Einsatz der Kräfte (287)*

V. Die Tätigkeit der Kriegsmarine und der Luftwaffe im Rahmen der Gesamtkriegführung . . . . . . . . . . . . . . . . . . . . . . . 289

1. *Lage und Aufgaben zu Anfang des Jahres 1944* . . . . . . . . . . . 289
   *a) Kriegsmarine: aa) In der Nordsee; bb) Im Kanal (289). — b) Luftwaffe (290)*


#### B. Die Militärverwaltung und die Entwicklung der inneren Lage im Bereich des OB West


I. Die Militärverwaltung . . . . . . . . . . . . . . . . . . . . . . 292

1. *Die Militärverwaltung in Frankreich* . . . . . 292
*a) Allgemeines (292). — b) Die Ausgliederung der Kampfzonen aus dem Bereich des Mil.=Befehlshabers Frankreich (292)*
2. *Fragen der belgischen Verwaltung* . . . . . 293
3. *Fragen der niederländischen Verwaltung* . . . . . 293

II. Die Entwicklung der inneren Lage . . . . . 294
1. *Das Verhältnis zur französischen Regierung* . . . . . 294
2. *Die französische Polizei* . . . . . 294
3. *Die Frage der französischen Formationen* . . . . . 295
4. *Die französische Wirtschaft* . . . . . 295
5. *Pläne und Maßnahmen des Generalbeauftragten für den Arbeits=einsatz (GBA)* . . . . . 295

## *II. Teil*

## *Die Vorbereitung der Westfront auf die anglo-amerikanische Invasion (1. April - 6. Juni 1944)*

1. *Die Vorbereitungen des Feindes zum Angriff gegen die Westfront* . . . 297
2. *Die eigenen Gegenmaßnahmen* . . . . . 299
3. *Der weitere Ausbau der Küstenbefestigungen* . . . . . 304
4. *Die feindlichen Luftangriffe und die Gegenmaßnahmen gegen ihre Auswirkungen* . . . . . 305
5. *Einzelmaßnahmen* . . . . . 308
6. *Die innere Lage in den besetzten Westgebieten* . . . . . 309

## *III. Teil*

## *Die Westfront von der Landung der Anglo-Amerikaner (6. Juni) bis zu der Luftlandung bei Arnheim (17. September) und dem Aufbau einer neuen Widerstandslinie (6. Juni - 17. September 1944)*

### A. Die Kampfhandlungen

I. Die Kämpfe in der Normandie von der Landung bis zum Durchbruch bei Avranches (6. Juni—31. Juli) . . . . . 311
*Anhang 1: Über den Kampfraum hinausgreifende Maßnahmen* . . . . . 329
*Anhang 2: Einzelmaßnahmen und =meldungen* . . . . . 331

II. Der Bewegungsfeldzug vom Beginn bis zum Entschluß der Räumung Südwest= und Südfrankreichs und der Einschließung der Kräfte im Nord=westen (31. Juli—18. August) . . . . . 335
*Anhang 1: Über den Kampfraum hinausgreifende Maßnahmen* . . . . . 347
*Anhang 2: Einzelmaßnahmen* . . . . . 348

III. Der Bewegungsfeldzug vom Beginn der Räumung Südwest= und Süd=frankreichs und dem Durchbruch aus dem Kessel von Falaise bis zum Erreichen der Weststellung (19. August—16. September) . . . . . 349
1. *Die Räumung Südfrankreichs* . . . . . 349
2. *Die Räumung Südwestfrankreichs* . . . . . 355
3. *Die Kämpfe in Nordfrankreich* . . . . . 356
4. *Der Kampf um die Festungen und Befestigungsbereiche* . . . . . 374

## B. Der Wiederaufbau des Westheeres. Die Instandsetzung des Westwalls und die Sicherung der Deutschen Bucht

I. Der Wiederaufbau des Westheeres . . . . . . . . . . . . . . . . . . . 376

II. Die Instandsetzung des Westwalls und die Sicherung der Deutschen Bucht . 379

*Anhang: Einzelmaßnahmen* . . . . . . . . . . . . . . . . . . . . 381

## *IV. Teil*

## *Die Westfront in der Verteidigung der neuen Widerstandslinie (Holland-Aachen-Mosel-Vogesen) von der Luftlandung bei Arnheim bis zum Beginn der eigenen Offensive (17. September - 16. Dezember 1944)*

1. *Die Ausgangslage* . . . . . . . . . . . . . . . . . . . . . 385
2. *Die Gruppierung der feindlichen Kräfte* . . . . . . . . . . . . . 387

Die deutsche Kampfführung:

3. *Die Luftlandung bei Arnheim (17. September) und die eigenen Gegenmaßnahmen* . . . . . . . . . . . . . . . . . . . . . . . 390
4. *Die Kämpfe an den übrigen Fronten (17.—24. September)* . . . . . . . 393
5. *Die Lage an der Westfront vom 24.—27. September und die Weisung vom 25. September* . . . . . . . . . . . . . . . . . . . . . . 396
   *Anhang: Einzelmaßnahmen (17.—30. September)* . . . . . . . . . . 398
6. *Die Kampfhandlungen vom 25. September—9. Oktober* . . . . . . . . 399
7. *Die Kämpfe bei der Heeresgruppe G vom 8. Oktober—7. November* . . . 402
8. *Die Kämpfe um und bei Aachen (8.—21. Oktober)* . . . . . . . . . . 403
9. *Die neue Weisung an den OB West vom 9. Oktober und die Ereignisse an den übrigen Fronten bis zum 21. Oktober* . . . . . . . . . 406
10. *Der Kampf um den Sperriegel an der unteren Maas* . . . . . . . . . 408
    *a) Die Kämpfe um den Brückenkopf von Breskens bis zu dessen Einnahme (2. November) (408). — b) Die weiteren Kampfhandlungen im Abschnitt der 15. Armee bis zur Einnahme der Insel Walcheren (8. November) und zum Absetzen hinter die untere Maas (9. November) (410)*
11. *Die Einsetzung einer neuen Heeresgruppe (H) am rechten Flügel (27. Oktober) bis zur Übernahme des Befehls (10. November)* . . . . . 414
12. *Die Kämpfe bei der Heeresgruppe G* . . . . . . . . . . . . . . . 414
    *a) Die Kämpfe um und bei Metz vom 7.—30. November (414). — b) Der Einbruch des Feindes in das nördliche Elsaß (17. November—16. Dezember) (417). — c) Der Verlust von Belfort (21. November) und des südlichen Elsaß (bis 16. Dezember) (422)*
13. *Maßnahmen der Führung im November, welche die ganze Front betrafen* . . . . . . . . . . . . . . . . . . . . . . . . . . . 425
14. *Die Kämpfe bei der Heresgruppe B: Die Schlacht im Großraum Aachen (16. November—16. Dezember)* . . . . . . . . . . . . . . 426
15. *Die Kämpfe bei der Heeresgruppe H vom 10. November—16. Dezember* . 429
16. *Die Vorbereitung einer eigenen Offensive zwischen Monschau und Echternach (bis 16. Dezember)* . . . . . . . . . . . . . . . . . 430
    *Anhang: Unternehmen Skorzeny* . . . . . . . . . . . . . . . . . 448
17. *Veränderungen in den Kräften des OB West (3. Oktober–15. Dezember)* . 449
    *Anhang: Weitere Befehle betr. Auffrischung und Zuführungen* . . . . 452
18. *Die Verteidigung der Festungen* . . . . . . . . . . . . . . . . . 453
    *a) Dünkirchen (454). — b) Kanalinseln (454). — c) Die übrigen Festungen (454)*

Anhänge . . . . . . . . . . . . . . . . . . . . . . . . . . . . . 456
1. *Chronologische Übersicht über die Kämpfe im Westen vom 6. Juni—20. September 1944* . . . . . . . . . . . . . . . . . . . . . . . . 456
2. *Mitteilungen des Stellv. Chefs des WFStabs, General Warlimont, 12. August 1944, 10 Uhr, über den Ablauf der Kämpfe im Westen und die Gesamtlage* . . . . . . . . . . . . . . . . . . . . . . . . 462
3. *Weitere Mitteilungen desselben, 18. August 1944, 20 Uhr* . . . . . . . . 465
4. *Weitere Mitteilungen desselben, 26. August 1944, 22 Uhr* . . . . . . . . 467
5. *Auszug aus der Handakte des Oberstlt. d. G. Kleyser (des Leiters der im WFStab/OpH gebildeten Gruppe zur Vorbereitung der Führung im Westen durch den Führer, dann der Zurücknahme der Westfront) über die weitgreifenden Maßnahmen im Westen (25. August 1944)* 468

## 5. Abschnitt

## Der italienische Kriegsschauplatz (1. April - 31. Dezember 1944)

(Betr. Januar—März: vgl. den 2. Abschnitt)

*Zeittafel (1944)* . . . . . . . . . . . . . . . . . . . . . . . . . . 475

I. Die Kämpfe vom 1. April bis zur Einnahme Roms (4. Juni) . . . . . . . 478
1. *Bis zur feindlichen Offensive an der Südfront* . . . . . . . . . . . . 478
*a) Der Gegner (478). — b) Die eigenen Maßnahmen (479). — c) Die Kampfhandlungen (481). — d) Das rückwärtige Gebiet (485)*
2. *Die anglo-amerikanische Italien-Offensive bis zur Einnahme von Rom (4. Juni)* . . . . . . . . . . . . . . . . . . . . . . . . . . 487
*a) Die Kämpfe bis zum Durchbruch durch den Senger-Riegel (487). — b) Beurteilung und eigene Gegenmaßnahmen (488). — c) Der weitere Verlauf der Kämpfe bis zur Einnahme von Rom (491). — d) Rom als „Offene Stadt" (501)*

II. Die Kämpfe von der Einnahme Roms (4. Juni) bis zur Räumung von Florenz (10. August) und der Landung des Gegners in Südfrankreich (15. August) . . . . . . . . . . . . . . . . . . . . . . . . . . 507
1. *Die Feindlage (4. Juni—15. August)* . . . . . . . . . . . . . . . . 507
2. *Die Kampfhandlungen an der Südfront* . . . . . . . . . . . . . . . 513
*a) Das Ausweichen in die Linie Trasimenischer See—Perugia (4.—19. Juni) (513). — b) Die Kämpfe auf Elba (16.—19. Juni) (524). — c) Das Ausweichen auf den Arno (20. Juni—17. Juli) (525). — d) Die Kämpfe im Raum von Florenz (geräumt am 10. August) und die Verteidigung der Arno-Linie (18. Juli—15. August) (532)*
3. *Gegenmaßnahmen gegen eine Landung an der Ligurischen Küste* . . . 536
4. *Die Verteidigung der Operationszone „Adriatisches Küstenland" (einschließlich Istriens)* . . . . . . . . . . . . . . . . . . . . . . 539
5. *Die Transport- und Versorgungslage* . . . . . . . . . . . . . . . . 542
6. *Einzelmaßnahmen usw. (Juni—August 1944)* . . . . . . . . . . . . . 543

III. Der Kampf um die Apennin-Stellung und der Aufbau der Westalpen-Stellung von der Landung in Südfrankreich (15. August) bis zum Abflauen der Kämpfe im Apennin und im Adria-Abschnitt (25. Oktober) . . . 544
1. *Die Feindlage* . . . . . . . . . . . . . . . . . . . . . . . . . . . 544
2. *Die Alpenfront und die Sicherung der Ligurischen Küste (vgl. dazu die „Ausarbeitung Westen")* . . . . . . . . . . . . . . . . . . . . . 547
3. *Die Apennin-Front bis zum 13. September* . . . . . . . . . . . . . . 550
*a) Der Gebirgsabschnitt (ausschl. des Adria-Abschnitts) (550). — b) Der Adria-Abschnitt (551)*

4. *Der Doppelangriff gegen die Gebirgsfront und den Adria=Abschnitt vom 13. September bis 25. Oktober* . . . 553

5. *Überlegungen über die Räumung der Po=Ebene (Operation „Herbstnebel")* . . . 560

6. *Das Adriatische Küstengebiet (einschließlich Istriens)* . . . 563

7. *Einzelmaßnahmen usw.* . . . 565

IV. Der italienische Kriegsschauplatz von Ende Oktober bis zum Ende des Jahres 1944 . . . 566

1. *Die Feindlage* . . . 566

2. *Die Alpen=Front und die Sicherung der Ligurischen Küste* . . . 567

3. *Die Apennin=Front* . . . 568

4. *Der Adria=Abschnitt* . . . 570

5. *Das Adriatische Küstengebiet (einschließlich Istriens und des festen Platzes Pola)* . . . 576

6. *Die Lage am Schluß des Jahres* . . . 578

7. *Einzelmaßnahmen usw.* . . . 580

V. Einzelfragen der Kriegführung . . . 580

1. *Veränderungen in den Kräften des OB Südwest und Verlagerungen innerhalb Italiens* . . . 580

2. *Die Aufstellung neuer italienischer Verbände und ihr Einsatz* . . . 585

3. *Die Lage im Hinterland* . . . 587

4. *Das Transportwesen und die Versorgung seit Mitte September* . . . 589

5. *Der Stellungsbau im rückwärtigen Gebiet (mit Einschluß der Reichsgrenze im Südosten)* . . . 591


## 6. Abschnitt
## Der südöstliche Kriegsschauplatz

### *I. Teil*

### *Die Entwicklung im Südosten vom 1. Januar - 31. März 1944*

#### Der Südostraum im Rahmen der Gesamtkriegführung


1. *Rückblick auf das Jahr 1943* . . . 601
   *a) Die Hauptereignisse (601). — b) Die Absichten der deutschen Führung (607). — c) Die eigenen Kräfte (608)*

2. *Die Kräfteverteilung zu Beginn des Jahres 1944* . . . 610

3. *Erwägungen und Maßnahmen bis zur Landung bei Nettuno (22. Januar 1944)* . . . 612

4. *Die Auswirkung von Nettuno auf den Südosten* . . . 616

5. *Die Auswirkung der britisch=türkischen Unstimmigkeiten (Februar)* . . . 620

6. *Die Zuführung neuaufgestellter SS=Verbände* . . . 622

7. *Die Beurteilung der Lage im Südosten Anfang März* . . . 624

8. *Der Südostraum und die Besetzung Ungarns (19. März)* . . . 625

9. *Neues Aufleben der Bandenbewegung und Lage Ende März* . . . 629


### *II. Teil*

### *Die Entwicklung im Südosten vom 1. April - 31. Dezember 1944*


*Vorbemerkung* . . . 632

1. *Rückblick auf die Entstehung der Tito=Bewegung* . . . 633

2. *Serbien und Mihajlović im Winter 1943/44* . . . . . . . . . . . . . . . 636
3. *England und Rußland* . . . . . . . . . . . . . . . . . . . . . . . . . 641
4. *Die Kämpfe der Wintermonate und des Frühjahrs* . . . . . . . . . . . 645
*a) Weitere Großunternehmen (645). — b) Stillstand (646). — c) Der zweite Einfall Titos in Serbien (März—April) (648). — d) Die Adria-Front: aa) Lissa; bb) Der übrige Dalmatinische Küstenraum (654)*
5. *Das Unternehmen „Rösselsprung" (Mai—Juni)* . . . . . . . . . . . . . 661
6. *„Weiß" und „Rot" in Griechenland* . . . . . . . . . . . . . . . . . . 665
7. *Der Kampf gegen die Aufstandsbewegung im Südosten im Zeichen der alliierten Generaloffensive und der deutschen Absetzbewegung* . . . 670
*a) Der Fortgang der Kämpfe (670). — b) Neue Entschlüsse (Juli) (673). — c) EDES und ELAS in Nordwestgriechenland (677). — d) Die Auswirkungen des Umschwungs (August—September) (680). — e) Der dritte Einfall Titos in Serbien (Juli—August) (681). — f) Die Adriaküste (686)*
8. *Tito, Šubašić und England* . . . . . . . . . . . . . . . . . . . . . . 690
9. *Titos Verhältnis zu Sowjetrußland und das Vordringen der Russen im Südostraum* . . . . . . . . . . . . . . . . . . . . . . . . . . . . 696
10. *Auf dem Weg zum Tito-Jugoslawien* . . . . . . . . . . . . . . . . . 702
11. *Serbien und Mihajlović im Sommer und Herbst 1944* . . . . . . . . . 706
12. *Die große Absetzbewegung im Südosten: Der Rückmarsch der Heeresgruppe E (ab September)* . . . . . . . . . . . . . . . . . . . 713

Anhänge . . . . . . . . . . . . . . . . . . . . . . . . . . . . . . . . . 728
1. *Nachtrag zur Ausarbeitung Südost: Mitteilungen des damaligen Chefs des Generalstabs des Wehrmachtbefehlshabers Serbien, des Generalmajors Ritter von Geitner (März 1945)* . . . . . . . . . . . 728
2. *KROATIEN (unter militärischen Gesichtspunkten) im Jahre 1944* . . . 732
*a) Rückblick (732). — b) Kurswechsel in Agram (Januar) (737). — c) Veränderte Beurteilung auf der deutschen Seite (739). — d) Der Aufbau der kroatischen Wehrmacht (742). — e) Die Ereignisse der Sommermonate (747). — f) Kroatien und der Umschwung im Südosten (ab September) (750). — g) Kroatien am Jahresende (753)*
3. *RUMÄNIEN (Januar—August 1944, d. h. bis zum Abfall)* . . . . . . . 757
*Zeittafel (Januar—September 1944) (757). — a) Die Auswirkungen der russischen Offensive im Dezember 1943 (758). — b) Die Folgen der russischen Offensive im März 1944 (766). — c) Der Besuch des Marschalls Antonescu am 23./24. März und sein Briefwechsel mit dem Führer (767). — d) Die April-Verhandlungen in Bukarest und die Befehlsgliederung vom 16. April 1944 (775). — e) Die Luftangriffe der Alliierten gegen die rumänische Ölgewinnung, auf die Transportwege und Transportmittel (Eisenbahn und Donau-Schiffahrt) (783). — f) Die Verhandlungen im Mai (792). — g) Der weitere Verlauf bis zum 23. August 1944 (797). — h) Der Abfall Rumäniens und die deutschen Gegenmaßnahmen (804). — i) Die Auswirkungen auf die Verbündeten (Ungarn und Bulgarien) (808). — k) Anlage: Die Räumung der KRIM (810)*
4. *GRIECHENLAND nach der Räumung (nach einer Studie des OB Südost, Gruppe I c/AO) (nicht erhalten)*
5. *Die große ABSETZBEWEGUNG IM SÜDOSTEN (nach einer Denkschrift des OB Südost vom Januar 1945)* . . . . . . . . . . . . . . 812
*a) Die Eigenart des Kriegsschauplatzes (813). — b) Die Lage im Sommer 1944 (814). — c) Schwerpunktverlagerung nach dem Mittelbalkan (816). — d) Ausdehnung des Befehlsbereichs der Heeresgruppe E auf den Mittelbalkan (818). — e) Der Rückzug aus Griechenland (820). — f) Die Abwehrschlacht in Mazedonien und Südserbien (821). — g) Der Rückzug aus Albanien und Montenegro (823). — h) Die Verteidigung Kroatiens (824). — i) Zusammenfassung (825)*

## 7. Abschnitt

## Die Ereignisse in Ungarn von Anfang April bis zum Ende der Schlacht um Budapest und zur endgültigen Legalisierung des politischen Umschwungs (5. November 1944)

(Betr. die Zeit bis März: vgl. den 3. Abschnitt)

*Vorbemerkung* . . . . . . . . . . . . . . . . . . . . . . . . . . . . . . 828
1. *Die Ereignisse vom März—September 1944* . . . . . . . . . . . . . . 828
2. *Die Ereignisse im Oktober 1944* . . . . . . . . . . . . . . . . . . . 841

Anhänge . . . . . . . . . . . . . . . . . . . . . . . . . . . . . . . . . 851
1. *Nachtrag über Nachrichten aus dem Gegenlager* . . . . . . . . . . . 851
2. *Mitteilungen des ungarischen Generalobersten Ruszkay über den ungarischen Staatsführer Szálasi* . . . . . . . . . . . . . . . . . . 852

## 8. Abschnitt

## Der östliche Kriegsschauplatz

(Nicht im Kriegstagebuch des Wehrmachtführungsstabs berücksichtigt, da Hitler an der Ostfront mit Hilfe des Generalstabs des Heeres führte, der daher allein für die Kriegstagebuchführung an dieser Front zuständig war. Vgl. genauer S. 856.)

Als Ersatz Zusammenstellung der Daten des Vordringens der Roten Armee:

1. *Der Kriegsverlauf an der Ostfront im Jahre 1944* . . . . . . . . . . 856
*a) Das Zurückweichen der Ostfront (bis April 1944) (856). — b) Räumung der Krim (April—Mai) (858). — c) Die sowjetische Sommeroffensive 1944 (858)*
2. *Der Umschwung in Finnland (Juni—Oktober)* . . . . . . . . . . . . 859
3. *Der Kampf im Südosten vom Abfall Rumäniens und Bulgariens bis zur Kapitulation* . . . . . . . . . . . . . . . . . . . . . . . . . . . . 860
*a) Rumänien (860). — b) Bulgarien (861). — c) Griechenland — Ägäis (862). — d) Serbien – Albanien (863). — e) Kroatien (863). — f) Ungarn (864)*

## 9. Abschnitt

## Der nördliche Kriegsschauplatz (Finnland, Norwegen, Dänemark)

### *I. Teil: vom 1. Januar - 31. März 1944*

(s. Nachtrag S. 1917—23)

### *II. Teil: vom 1. April - 31. Dezember 1944*

### A. Finnland

1. *Der Fortgang der finnisch—russischen Verhandlungen und die Zeit nach der zweiten Ablehnung eines Waffenstillstandes (April—Mai)* . . . 868
2. *Die deutsch—finnischen Beziehungen in der Zeit der Verhandlungen mit der Sowjetunion und in den darauf folgenden Wochen (April—Mitte Juni)* . . . . . . . . . . . . . . . . . . . . . . . . . . . . 870
3. *Die Fälle „Birke" und „Tanne" (April—Mai)* . . . . . . . . . . . . 874
4. *Die Kampfhandlungen vom 1. April—9. Juni* . . . . . . . . . . . . . 877

5. *Die erste Phase der russischen Offensive (10.—18. Juni)* . . . . . . . . 878
6. *Die politische Entwicklung (19. Juni—11. Juli)* . . . . . . . . . . . . . 880
7. *Deutsche Hilfeleistungen (Juni)* . . . . . . . . . . . . . . . . . . . 882
8. *Der Fortgang der militärischen Ereignisse (19. Juni—Ende Juli)* . . . . . 884
9. *Die neue politische Krise: Übernahme der Staatspräsidentschaft durch den Marschall Mannerheim (Erste Hälfte des August)* . . . . . . . . 888
10. *Die militärische Entwicklung im August* . . . . . . . . . . . . . . 890
11. *Die weitere Vorbereitung der Fälle „Birke" und „Tanne" (Juni—August)* 891
12. *Der Abfall Finnlands (31. August—15. September)* . . . . . . . . . . 893
13. *Die Entwicklung der deutsch-finnischen Beziehungen nach dem Abfall* . 900
14. *Die Frage des nordnorwegischen Raumes und die Einleitung der „Nordlicht"-Bewegung* . . . . . . . . . . . . . . . . . . . . . 902
15. *Der Fortgang des Rückmarsches (von Ende September 1944—Ende Januar 1945)* . . . . . . . . . . . . . . . . . . . . . . . . . 906
16. *Die weitere Entwicklung in Finnland* . . . . . . . . . . . . . . . 912

B. Norwegen

1. *Norwegen im Rahmen der Gesamtkriegführung — Der Verlust des Schlachtschiffes „Tirpitz"* . . . . . . . . . . . . . . . . . . . 913
2. *Veränderungen in den Besatzungskräften* . . . . . . . . . . . . . 918
3. *Angriffe von See her und aus der Luft* . . . . . . . . . . . . . . 921
4. *Innere Lage* . . . . . . . . . . . . . . . . . . . . . . . . . . 922

C. Dänemark

1. *Dänemark im Rahmen der Gesamtkriegführung* . . . . . . . . . . . 923
2. *Veränderungen in den Besatzungskräften* . . . . . . . . . . . . . 925
3. *Der Befestigungsbau* . . . . . . . . . . . . . . . . . . . . . . 927
4. *Innere Lage* . . . . . . . . . . . . . . . . . . . . . . . . . . 927

**10. Abschnitt**

**Der Kampf der feindlichen Luftwaffe gegen die Treibstofferzeugung und -verteilung**

(von August 1943 bis zum 6. Juni 1944: Beginn des Großkampfes im Westen)

**im Rahmen des feindlichen Kampfes gegen die wehrwirtschaftlich unentbehrlichen Rohstoffe und die Transportwege**

*Vorbemerkung* . . . . . . . . . . . . . . . . . . . . . . . . . . . 932

A. Der Kampf des Feindes gegen den Bezug wehrwirtschaftlich unentbehrlicher Rohstoffe (Gummi, Nickel, Molybdän, Bauxit, Mangan, Chrom, Wolfram, ferner: Kugellager) . . . . . . . . . . . . . 933

B. Der Kampf des Feindes gegen die rumänische und die deutsche Mineralölerzeugung . . . . . . . . . . . . . . . . . . . . . . . . 942

1. *Vorbemerkungen (nach Erläuterungen des Majors d. G. Dereser, Sachbearbeiters für Betriebsstoff in der Abt. Qu des WFStabs, am 12. Juni 1944): Die Treibstofflage in Zahlen* . . . . . . . . . . . . . . . . 942
2. *Verhandlungen des OKW mit dem Reichsministerium für Rüstung und Kriegsproduktion (RuK) und den drei Wehrmachtteilen über Treibstoff-Fragen (August 1943—April 1944)* . . . . . . . . . . . 944

3. *Die Aufnahme des Kampfes gegen die rumänische und die deutsche Treibstoffproduktion durch die feindliche Luftwaffe und die eigenen Gegenmaßnahmen* . . . . . . . . . . . . . . . . . . . . 950

C. Der Kampf der feindlichen Luftwaffe gegen die Transportwege . . . 958

D. Zusammenfassung . . . . . . . . . . . . . . . . . . . . . . 959

## Anhang
## Der See- und Luftkrieg (Ende 1943 - Mai 1945)

Einleitung: Hinweise . . . . . . . . . . . . . . . . . . . . . 962

I. Der Seekrieg (Ende 1943—Mai 1945) . . . . . . . . . . . . . . 963

1. *Seekrieg im Atlantik* . . . . . . . . . . . . . . . . . . . 963

2. *Seekrieg in den osteuropäischen Gewässern* . . . . . . . . . . . 966

*Anlage: Verluste auf dem Meer* . . . . . . . . . . . . . . . . . 967

*a) Verluste der deutschen Kriegsmarine und Handelsflotte im II. Welt=krieg (967). — b) Gesamtverluste der Alliierten an Handelsschiffen und Fischereifahrzeugen (1939—1945) in 1 000 BRT (nach alliierten Zahlen) (968)*

II. Der Luftkrieg (Ende 1943—Mai 1945) . . . . . . . . . . . . . . 968

*Anlage: Der Kampf der V=Waffen gegen England* . . . . . . . . . . 971

# Zweiter Halbband

## C. KRIEGSTAGEBUCH 1945

### 1. Abschnitt

### Der Ablauf der Ereignisse bis zur Aufspaltung des Wehrmachtführungsstabs in die Führungsgruppen Nord (A) und Süd (B) (1. Januar - 20. April 1945) nach dem „Lagebuch" des WFStabs

I. Lagebuch 1.—31. Januar (eingeschoben: 5 Aufzeichnungen nach Mitteilungen der Abteilungsleiter OpH und Qu) . . . . . . . . . . . . . . . . 976

II. Lagebuch 1.—28. Februar (eingeschoben: 1 Aufzeichnung nach Mitteilungen des Abteilungsleiters OpH) . . . . . . . . . . . . . . . . . . . 1061

III. Lagebuch 1.—31. März (eingeschoben: Auszug aus einer Denkschrift des Feldwirtschaftsamtes über die Kriegswirtschaft der Feindmächte vom 7. März) . . . . . . . . . . . . . . . . . . . . . . . . . 1135

IV. Lagebuch 1.—19. April (unvollständig) . . . . . . . . . . . . . . . . 1215

V. Anhang: Die letzten Wehrmachtberichte (18. April—9. Mai 1945, d. h. bis zum Ende) . . . . . . . . . . . . . . . . . . . . . . . . . . 1252

### 2. Abschnitt

### Maßnahmen, Berichte usw. vom 1. Januar - 20. April 1945 (unvollständig)

Vorbemerkung (1948 zugesetzt) . . . . . . . . . . . . . . . . . . . . . 1286

1. *Die Unterlagen und ihre Entstehung* . . . . . . . . . . . . . . . . 1286
2. *Methode der Bearbeitung* . . . . . . . . . . . . . . . . . . . . . 1287

### *I. Teil:*

### *Oberste Führung, Wehrmachtgefüge und Wehrwirtschaft*

I. Die Oberste Führung und das Heimatkriegsgebiet . . . . . . . . . . . 1289

1. *Allgemeines* . . . . . . . . . . . . . . . . . . . . . . . . . . . 1289
2. *Standorte des Führerhauptquartiers* . . . . . . . . . . . . . . . . 1289
3. *Befehlsführung im Heimatkriegsgebiet* . . . . . . . . . . . . . . . 1290

   *a) Maßnahmen im Osten und an der Ostseeküste bis Ende Februar (1290). — b) Maßnahmen im Westen und an der Nordseeküste bis Ende Februar (1292). — c) Die zusammenfassende Regelung und ihre Ergänzung (1294). — d) Vorbereitung für die Aufspaltung des Restraums in einen Nord- und einen Südteil (1299)*

4. *Der totale Kriegseinsatz* . . . . . . . . . . . . . . . . . . . . . . . 1300
*a) Freimachen weiterer Kräfte für die Front (1300). — b) Die Verwendung des Jahrgangs 1928 (1302). — c) Der Volkssturm (1303). — d) Festungen und Stellungsbau (1304). — e) Einzelne Maßnahmen (1305)*

II. Das Wehrmachtgefüge . . . . . . . . . . . . . . . . . . . . . . . 1306
1. *Verschiebung von Kräften* . . . . . . . . . . . . . . . . . . . . . . . 1306
*a) Der Osten (1306). — b) Der Nordraum (1309). — c) Der Westen (1310). — d) Der Südwesten (1311). — e) Der Südosten (1311)*
2. *Die Umgliederung alter und die Aufstellung neuer Verbände* . . . . . 1313

III. Wehrwirtschaft . . . . . . . . . . . . . . . . . . . . . . . 1315
1. *Waffen und Munition* . . . . . . . . . . . . . . . . . . . . . . . 1315
2. *Kraftfahrzeuge* . . . . . . . . . . . . . . . . . . . . . . . 1316
3. *Pferde* . . . . . . . . . . . . . . . . . . . . . . . 1316
4. *Treibstoff* . . . . . . . . . . . . . . . . . . . . . . . 1317
5. *Kohle* . . . . . . . . . . . . . . . . . . . . . . . 1321
6. *Eisenbahnwesen* . . . . . . . . . . . . . . . . . . . . . . . 1322
*a) Das Erlahmen des Eisenbahnverkehrs (1322). — b) Gegenmaßnahmen (1323)*
7. *Die Ernährungslage* . . . . . . . . . . . . . . . . . . . . . . . 1323
8. *Die Fragen der Räumung und Bergung* . . . . . . . . . . . . . 1324
*a) Allgemeines (1324). — b) Flüchtlingsbewegungen und Evakuierungsfragen (1326). — c) Der Abtransport über die Ostsee (1329)*

Anhang . . . . . . . . . . . . . . . . . . . . . . . 1330
1. *Tschechoslowakei* . . . . . . . . . . . . . . . . . . . . . . . 1330
2. *Die Beziehungen zu den Neutralen* . . . . . . . . . . . . . . . 1330
3. *Außenpolitische Ereignisse: Die Konferenz von Jalta* . . . . . . . . 1330

## *II. Teil:*
## *Die einzelnen Kriegsschauplätze*

### A. Der Nordraum (Norwegen — Dänemark)

I. Norwegen . . . . . . . . . . . . . . . . . . . . . . . 1332
1. *Die Ausgangslage* . . . . . . . . . . . . . . . . . . . . . . . 1332
2. *Das Zurückgehen auf die Lyngen-Stellung (Januar)* . . . . . . . . 1333
3. *Die Armee-Abteilung Narvik im Februar* . . . . . . . . . . . . 1333
4. *Abtransport und Verschiebung von Kräften* . . . . . . . . . . . . 1333
*a) Januar—Februar (1332). — b) März—April (1334)*
5. *Wechsel im Oberkommando* . . . . . . . . . . . . . . . . . . . 1335
6. *Weitere Überlegungen und Kampfhandlungen* . . . . . . . . . . . 1335
7. *Verluste, Verzögerungen sowie Mangelerscheinungen* . . . . . . . 1336
8. *Die Widerstandsbewegung* . . . . . . . . . . . . . . . . . . . 1338
9. *Die Seekriegführung im hohen Norden und vor der norwegischen Küste* . 1338

II. Dänemark . . . . . . . . . . . . . . . . . . . . . . . 1339
1. *Die Kampfkräfte* . . . . . . . . . . . . . . . . . . . . . . . 1339
2. *Der Wehrmachtbefehlshaber* . . . . . . . . . . . . . . . . . . 1340
3. *Abgaben an andere Fronten* . . . . . . . . . . . . . . . . . . 1340
4. *Kampfhandlungen und Sabotage* . . . . . . . . . . . . . . . . 1341
5. *Verlegung deutscher Flüchtlinge nach Dänemark* . . . . . . . . . 1341

Anhang: Die deutsch-schwedischen Beziehungen . . . . . . . . . . . 1341

## B. Der Westen

I. Die Winterschlacht in den Ardennen und die gleichzeitigen Kämpfe (16. Dezember--18. Januar 1945) . . . . . 1342

1. *Das Unternehmen „Wacht am Rhein": die Ardennen=Offensive bis zum Beginn des Zurückweichens (16. Dezember 1944—13. Januar 1945)* 1342
2. *Das Unternehmen „Nordwind": das Freikämpfen des nördlichen Elsasses (31. Dezember 1944—13. Januar 1945)* . . . . . 1347
3. *Der Übergang der Initiative in den Angriffsräumen an den Gegner (14.—28. Januar 1945)* . . . . . 1353
4. *Die Festungen im Westen und die Kanalinseln* . . . . . 1359

*Anhang: Sonstige Befehle usw. vom 1.—31. Januar* . . . . . 1359
*a) Wichtigere (1359). — b) Einzelmaßnahmen usw. (1361)*

II. Die Zwischenphase und der Beginn des Zurückweichens (30. Januar—28. Februar) . . . . . 1363

1. *Die Operationen* . . . . . 1363
*a) Die Hauptfronten (Heeresgruppen B und G) (1363). — b) Die Preisgabe des Elsasses und die Oberrhein=Front (1375). — c) Nieder=rhein und Niederlande (1378)*
2. *Sonstige Maßnahmen* . . . . . 1380
*a) Abgaben an den Osten (1380). — b) Die personelle Lage der West=front (1382). — c) Die materielle Lage der Westfront (1384). — d) Stellungsbau (1385). — e) V1 und V2 (1385). — f) Einzelmaßnahmen usw. (1386). — g) Wechsel in der Stellenbesetzung und den Unter=stellungen (März—April) (1387)*

Anhang: Überblick über die Ereignisse an der Westfront vom 1. Januar—9. Mai 1945 . . . . . 1388

## C. Der Südwesten

I. Die Entwicklung im Januar—Februar . . . . . 1389

1. *Die Dienststellen=Besetzung* . . . . . 1389
2. *Die allgemeine Lage zu Anfang des Jahres 1945* . . . . . 1390
3. *Feindlage* . . . . . 1391
4. *Die operative Ausgangslage* . . . . . 1392
5. *Die Kampfhandlungen im Januar—Februar* . . . . . 1392
6. *Veränderung der Kampfstärke* . . . . . 1396
7. *Umgruppierungen* . . . . . 1396

II. Die Entwicklung im März—April . . . . . 1398

1. *Feindlage* . . . . . 1398
2. *Die Kampfhandlungen* . . . . . 1399
3. *Wechsel im Oberbefehl* . . . . . 1399
4. *Umgruppierungen* . . . . . 1400

*Anhang: Abschluß der Kämpfe in Italien* . . . . . 1400

## D. Der Südosten

I. Allgemeines . . . . . 1401

1. *Die Ausgangslage* . . . . . 1401
2. *Der Abschluß der Absetzbewegung und die Entwicklung der Lage bis Ende Januar* . . . . . 1404
3. *Kommando=Verhältnisse* . . . . . 1405
4. *Die Entwicklung der allgemeinen Lage im Februar* . . . . . 1406
5. *Die Krise bei Mostar und ihre Auswirkung* . . . . . 1414

6. *Die Vorbereitungen zur Unterstützung des Angriffs in Ungarn (Unternehmen „Waldteufel")* . . . . 1417
7. *Nebenaktionen: Säuberung des Papus=Gebirges und Angriff in Richtung Tuzla* . . . . 1423

II. Die Entwicklung in den Gebieten der Verbündeten . . . . 1424
1. *Kroatien* . . . . 1424
2. *Ungarn* . . . . 1426
3. *Slowakei* . . . . 1427

Anhänge . . . . 1427
1. *Politische Ereignisse im Südosten* . . . . 1427
2. *Der Ablauf der militärischen Ereignisse und das Ende der Kämpfe im Südosten (1. März—9. Mai 1945)* . . . . 1428

E. Der Osten

I. Eintragungen im „Lagebuch" des WFStabs über die Entwicklung an der Ostfront (Januar—April) . . . . 1429

II. Anhang: Der Ablauf der Ereignisse im großen (Januar—Mai 1945) . . . . 1431

F. Der Luft= und Seekrieg (s. auch Anhang zum Teil B) . . . . 1433
*Anhang: Die Lage Japans Anfang April 1945* . . . . 1434

## 3. Abschnitt
## Die Katastrophe: Die Ereignisse vom 20. April - 23. Mai 1945

Einleitung: Übersicht über den Zusammenbruch des „Dritten Reiches" (20. April—23. Mai 1945) . . . . 1436

A. Kriegstagebuch des Führungsstabs Süd (B), gefangengesetzt Anfang Mai 1945 bei Berchtesgaden (20. April—1. Mai) (KTB geführt von Major der Res. Prof. Dr. P. E. Schramm)

1. *Verlegung der einen Hälfte des WFStabs am 20. April* . . . . 1438
2. *Ein= und ausgehende Befehle, Meldungen usw. des Führungsstabs B (6. April—1. Mai)* . . . . 1440

B. Kriegstagebuch des Führungsstabs Nord (A), gefangengesetzt am 23. Mai 1945 in Mürwik (bei Flensburg)

1. *KTB, geführt von Major i. G. Joachim Schultz (=Naumann) (20. April —16. Mai)* . . . . 1451
2. *Ausführungen des Generalobersten Jodl bei den Lagebesprechungen (12.—20. Mai), aufgezeichnet von Major i. G. J. Schultz (=Naumann)* . . . . 1499

Anhang: Die personellen und materiellen Gesamtverluste der deutschen Wehrmacht von Kriegsbeginn bis zum 31. Januar 1945 (ausgezogen aus den Unterlagen des OKW von P. E. Schramm) . . . . 1508
*a) Vorwort (1508). — b) Erläuterung (verfaßt 1948) (1508)*
1. *Menschen* . . . . 1509
2. *Tiere* . . . . 1512
3. *Material* . . . . 1512

Anlagen . . . . . . . . . . . . . . . . . . . . . . . . . . . . . . . . 1514

1. *Ergänzende Statistik über die personellen Verluste des Heeres (auf Grund der Unterlagen des Generalarztes im OKH), betr. 22. Juni 1941—31. März 1945* . . . . . . . . . . . . . . . . . . . . . . . 1514
2. *Die Auswirkung des Bombenkrieges auf Gebäude und Wohnraum* . . . 1516
   *a) Übersicht über den Umfang der Gebäudeschäden und Umquartierungen nach dem Stand vom 1. November 1943 (1517). — b) Gebäudeschäden nach dem Stand vom 1. April 1944 (1519). — c) Teilübersicht über die Kriegsschäden an Gebäuden nach dem Stand vom 1. Januar 1945 (1522). — d) Übersicht über die Zahl der durch Fliegerangriffe in der Zeit von Kriegsbeginn bis zum 1. April 1944 zerstörten Wohnungen (1524)*

## 4. Abschnitt
## Ausgewählte Dokumente zur Geschichte des II. Weltkrieges in den Jahren 1944/45

### A. Weisungen, Befehle, Aufzeichnungen usw. der Obersten deutschen Führung (Ende 1943—April 1945)

*Vorbemerkung* . . . . . . . . . . . . . . . . . . . . . . . . . . . 1528

I. Ende 1943 . . . . . . . . . . . . . . . . . . . . . . . . . . . . 1530

1. *Führer-Weisung Nr. 51 vom 3. November 1943 betr. die weitere Kampfführung* . . . . . . . . . . . . . . . . . . . . . . . . . . 1530
2. *Unterlagen für einen Vortrag des Gen.-Obersten Jodl, des Chefs WFStab, vor den Reichs- und Gauleitern über die militärische Lage (München, 7. November 1943)* . . . . . . . . . . . . . . . . 1534

II. 1944 . . . . . . . . . . . . . . . . . . . . . . . . . . . . . . 1562

1. *Operationsbefehl Nr. 7 vom 2. April 1944 betr. die weitere Kampfführung im Osten* . . . . . . . . . . . . . . . . . . . . . . . 1562
2. *Führerbefehl vom 16. Mai betr. Einsatz der Fernwaffen gegen England ab Mitte Juni* . . . . . . . . . . . . . . . . . . . . . . . 1564
3. *Rundschreiben der Partei an alle ihre Dienststellen betr. deren Einsatz im Invasionsfall (31. Mai)* . . . . . . . . . . . . . . . . 1565
4. *Befehl des Chefs OKW betr. Vorbereitungen für die Verteidigung des Reiches (19. Juli)* . . . . . . . . . . . . . . . . . . . . . . 1569
5. *Schreiben der Feldmarschälle Rommel und v. Kluge an Hitler mit der Aufforderung, einen Waffenstillstand herbeizuführen, da der Krieg verloren sei (15. Juli und 18. August)* . . . . . . . . . . . . . . 1572
   *a) Fernschreiben des Gen.-Feldm.s Rommel, des OB der Heeresgr. B an Hitler über die Lage an der Invasionsfront in der Normandie (15. Juli) (1572). — b) Abschiedsschreiben des Gen.-Feldm.s v. Kluge, des OB West (gleichzeitig als Nachfolger Rommels auch OB der Heeresgruppe B), an Hitler vom 18. August (1573)*
6. *Denkschrift der Seekriegsleitung über Rüstungsstand der Seestreitkräfte Anfang November (11. November) mit dem Flottenprogramm vom 11. April 1943 und 1. Januar 1944* . . . . . . . . . . . . . . 1576

III. 1945 . . . . . . . . . . . . . . . . . . . . . . . . . . . . . 1580

1. *Führerbefehl „Verbrannte Erde", am 19. März den militärischen und zivilen Stellen übermittelt* . . . . . . . . . . . . . . . . . . 1580
   *a) Der Befehl (1580). — b) Einwände des Reichsministers für Rüstung und Kriegsproduktion Albert Speer, Schreiben an Hitler (29. März) (1581). — c) Zusätzlicher Befehl des OKW (4. April) (1584)*

2. *Führerbefehl über die Anpassung der Befehlsgliederung an die veränderten Verhältnisse (7. April)* . . . . . . . . . . . . . . . . . . . 1585
3. *Führerbefehl betr. Befehlsgliederung im Nord= und Südraum im Falle ihrer Aufspaltung (15. April)* . . . . . . . . . . . . . . . . . . . 1587
4. *Aufruf an die Soldaten der Ostfront (15. April)* . . . . . . . . . . 1589
5. *Regelung der Befehlsführung nach der Aufspaltung des deutschen Kriegsschauplatzes in einen Nord= und einen Südraum (25. April)* . . . 1590
6. *Unterstellung des Generalstabs des Heeres unter das OKW (28. April)* 1591
7. *Einstellung der Evakuierungen durch Befehl des Chefs OKW vom 29. April* . . . . . . . . . . . . . . . . . . . . . . . . . 1591
8. *Letzte Befehle gegen Auflösung und Zersetzung (29. April)* . . . . . . 1592

B. Auszüge aus den „Niederschriften über Teilnahme des Oberbefehlshabers der Kriegsmarine an den „Führerlagen" von der Invasion (6. Juni 1944) bis zur letzten Lagebesprechung, an der er teilnahm (18. April 1945)

I. 1944 (16. Juni—3. Dezember) . . . . . . . . . . . . . . . . . . . 1593

II. 1945 . . . . . . . . . . . . . . . . . . . . . . . . . . . . 1597
1. *Januar* . . . . . . . . . . . . . . . . . . . . . . . . . 1597
2. *Februar* . . . . . . . . . . . . . . . . . . . . . . . . . 1603
3. *März* . . . . . . . . . . . . . . . . . . . . . . . . . . 1611
4. *April* . . . . . . . . . . . . . . . . . . . . . . . . . . 1623

C. Auszüge aus den (nur fragmentarisch erhaltenen) Stenogrammen der „Lage=besprechungen (bzw. Einzelbesprechungen) beim Führer" von der Invasion (18. Juni 1944) bis zum 23. März 1945 (letztes erhaltenes Stenogramm)

I. 1944 . . . . . . . . . . . . . . . . . . . . . . . . . . . . 1631
1. *18. Juni: Abendlage auf dem Berghof* . . . . . . . . . . . . . . . 1631
2. *31. August: Besprechung des Führers mit Gen.=Lt. Westphal (ab 9. September Chef des Gen.=Stabs des OB West) und Gen.=Lt. Krebs (ab 5. September Chef des Gen.=Stabs der Heeresgruppe B) in der „Wolfsschanze" (Ostpreußen)* . . . . . . . . . . . . . . . . . . . 1633
3. *1. September: Morgenlage (ebd.)* . . . . . . . . . . . . . . . . . 1635
4. *17. September: Abendlage (ebd.)* . . . . . . . . . . . . . . . . . 1637
5. *28. Dezember: Besprechung mit Gen.=Oberst Blaskowitz in „Adlerhorst" (bei Ziegenberg, westlich Bad Nauheim)* . . . . . . . . . . . 1640
6. *29. Dezember: Besprechung des Führers mit Gen.=Major Thomale, Chef des Generalinspekteurs der Panzertruppen, ebd.* . . . . . . . . . 1643

II. 1945 . . . . . . . . . . . . . . . . . . . . . . . . . . . . 1648
1. *10. Januar: Mittagslage in „Adlerhorst" (bei Ziegenberg)* . . . . . . 1648
2. *. . . Januar (Datum fehlt): Lagebesprechung* . . . . . . . . . . . . 1651
3. *23. März: Abendlage in Berlin* . . . . . . . . . . . . . . . . . . 1654

D. Dokumente, Befehle, Kapitulationsurkunden usw. aus dem letzten Viertel=jahr des Krieges (11./12. Februar: Konferenz in Jalta — 9. Mai: Einstellung des Kampfes)

1. *Konferenz von Jalta (Krim) von Stalin, Roosevelt und Churchill (4.—11. Februar)* . . . . . . . . . . . . . . . . . . . . . . . 1659
*a) Geheimabkommen über den Eintritt der Sowjetunion in den Krieg gegen Japan (1659). — b) Erklärung nach Abschluß der Konferenz von Jalta (12. Februar) (1660)*

2. *Die Kapitulation der deutschen Streitkräfte in Italien (Caserta, 29. April)* . . . . . 1662
*a) Dokumentsentwurf für die lokale Kapitulation der deutschen und anderen unter dem Befehl oder der Kontrolle des deutschen Oberbefehlshabers Südwest stehenden Streitkräfte (1663). — b) Ausführungsbefehl des OB Südwest (1. Mai) (1664)*

3. *Hitlers politisches Testament, aufgesetzt im Bunker der Reichskanzlei (Berlin, 29. April)* . . . . . 1666

4. *Die Kapitulation der deutschen Streitkräfte an der britischen Front, in den Niederlanden und in Dänemark (Hecklingen bei Lüneburg, 4. Mai), mit dazu gehörenden deutschen Befehlen* . . . . . 1669

5. *Die Kapitulation der in Süddeutschland stehenden deutschen Streitkräfte (5. Mai): Vollmacht des Großadmirals Dönitz* . . . . . 1674

6. *Die Kapitulation aller deutschen Streitkräfte* . . . . . 1675
*a) Erste Unterzeichnung im Hauptquartier der Alliierten Expeditionsstreitkräfte (Reims, 7. Mai; abgeschlossen um 2.41 Uhr, in Kraft ab 9. Mai, 0.01 Uhr), mit dazu gehörenden deutschen Befehlen (1675). — b) Zweite Unterzeichnung im Hauptquartier der Roten Armee (Berlin-Karlshorst, 9. Mai, 0.16 Uhr) (1679)*

7. *Rundfunkansprache des Reichsministers Lutz Graf Schwerin v. Krosigk als „Leitenden Ministers" anläßlich der in Reims unterzeichneten Gesamtkapitulation der deutschen Wehrmacht (Mürwik bei Flensburg, 7. Mai)* . . . . . 1680

8. *Abschließende Zusammenstellung der Kriegsmarine über die vom 23. Januar—8. Mai 1945 aus Libau, Ost- und Westpreußen, Pommern und Mecklenburg abtransportierten Flüchtlinge, Verwundeten und Soldaten (9. Mai)* . . . . . 1682

Anhänge: Aufzeichnungen über Hitler, vornehmlich über seine Einstellung und Auswirkung als Oberster Befehlshaber der Wehrmacht, aus der Zeit kurz vor der Katastrophe und nachher (chronologisch geordnet)

1. *Die Vorgänge im FHQu (Bunker unter der Reichskanzlei in Berlin) am 21.—23. April 1945 (Tagebuchaufzeichnungen von General d. Fl. Karl Koller, Chef des Gen.-Stabs der Luftwaffe)* . . . . . 1684
*Anlage: Die Vorgänge im Bunker der Reichskanzlei am 22. April nach Auskünften des Stenographen Dr. Gerhard Herrgesell (1696)*

2. *Aufzeichnungen eines älteren Generalstabsoffiziers, im März/April 1945 öfters Teilnehmer an den Lagebesprechungen im Führerbunker der Reichskanzlei, angefertigt in den ersten Monaten der Kriegsgefangenschaft* . . . . . 1698

3. *Major d. Res. Prof. Dr. Percy Ernst Schramm über den Unterschied zwischen dem militärischen Denken Hitlers und dem des Generalstabs (Herbst 1945), mit Randnotizen des Generalobersten Jodl (April 1946)* . . . . . 1705

4. *Aufzeichnungen des Generalobersten Alfred Jodl, Chef WFStab, über Hitlers Einwirken auf die Kriegführung, diktiert 1946 im Nürnberger Gefängnis* . . . . . 1712

5. *Aus den Memoiren des Generalobersten Heinz Guderian (Generalinspekteur der Panzertruppen, beauftragt 21. Juli 1944 — 28. März 1945 mit der Wahrnehmung der Geschäfte des Chefs des Generalstabs des Heeres): Erfahrungen mit Hitler* . . . . . 1722

6. *Aus den Memoiren des Generalfeldmarschalls Erich v. Manstein (1942—44 Heeresgruppen-Oberbefehlshaber an der Ostfront): Erfahrungen mit Hitler* . . . . . 1727

7. *Aus den Memoiren des Prof. Dr. Carl J. Burckhardt (1936—1939 tätig als Hoher Kommissar des Völkerbundes in Danzig): Erfahrungen mit Hitler* . . . . . 1733

# D. ERLÄUTERUNGEN ZU BAND I-IV

## *I. Teil:*
## *Der Wehrmachtführungsstab*
**(WFStab, amtlich: WFSt)**


1. *Aufbau, Ausbau, Kompetenz, Dienstbereich* . . . . . . . . . . . . . . 1741
2. *Die Funktion und die Struktur des WFStabs* . . . . . . . . . . . . . 1747
3. *Personelles* . . . . . . . . . . . . . . . . . . . . . . . . 1750
4. *Verlegungen des Führerhauptquartiers (FHQu)* . . . . . . . . . . . 1752
5. *Die Zerlegung des WFStabs in Führungsstab Nord (A) und Süd (B) am Ende des Krieges* . . . . . . . . . . . . . . . . . . . . 1755

Anhang: Skizzen . . . . . . . . . . . . . . . . . . . . . . . . 1757
1. *Die deutsche Spitzengliederung: 1939—1945* . . . . . . . . . . . 1757
2. *Der Wehrmachtführungsstab* . . . . . . . . . . . . . . . . . 1758
3. *Die Abt. Landesverteidigung (1939—31. Dezember 1941), 1. Januar 1942 umbenannt in: Der Stellv. Chef des WFStabs* . . . . . . . . . 1759


## *II. Teil:*
## *Die Führung des Kriegstagebuchs (KTB) im WFStab und die Verhinderung seiner Vernichtung*

### A. Anlage und Führung des KTB (im Rahmen der sonstigen Kriegstagebuchführung)


I. Die Abfassung von Kriegstagebüchern bei der unteren, mittleren und oberen Führung . . . . . . . . . . . . . . . . . . . . . . . . 1761
1. *Die Kriegstagebücher der Kompanien usw. und der niederen Stäbe* . . . 1761
2. *Die Kriegstagebücher der mittleren und oberen Führung (Division bis Heeresgruppe)* . . . . . . . . . . . . . . . . . . . . . . 1763
3. *Die Kriegstagebücher der Obersten Führung* . . . . . . . . . . . 1769
   *a) Der Generalstab des Heeres (1769). — b) Die Seekriegsleitung (1770). — c) Kriegsgeschichtliche Aufzeichnungen im Führerhauptquartier: aa) Die Abt. „Wehrmacht-Kriegsgeschichte" — General Scherff —; bb) Stenographische Protokolle der „Führer-Lagebesprechungen"; cc) Das KTB des WFStabs s. unten: II. — Anmerkung: Tagebücher des Admirals Canaris (1772)*

II. Das Kriegstagebuch des WFStabs . . . . . . . . . . . . . . . . 1777
1. *Anfänge und Ausbau (bis Ende 1942)* . . . . . . . . . . . . . 1777
2. *Das KTB des WFStabs seit Anfang 1943* . . . . . . . . . . . . 1780
3. *Sachliches* . . . . . . . . . . . . . . . . . . . . . . . 1782
4. *Umstellung der Bearbeitungsweise auf Berichte, getrennt nach Kriegsschauplätzen („Ausarbeitungen")* . . . . . . . . . . . . . . . 1785
5. *Sonderaufgaben* . . . . . . . . . . . . . . . . . . . . . 1787
6. *Die Nachrichten über die Gegner im KTB des WFStabs* . . . . . . . 1797
7. *Äußere Schwierigkeiten bei der Abfassung des KTB* . . . . . . . . 1802
8. *Die Beaufsichtigung des KTB* . . . . . . . . . . . . . . . . . 1805
9. *Die „Atmosphäre" des Wehrmachtführungsstabs* . . . . . . . . . . 1806

B. Das Ende des II. Weltkrieges: Wie wurde die Vernichtung des KTB des WFStabs verhindert?

1. *Die Greinerschen Aufzeichnungen* . . . . . . . . . . . . . . . . . . 1812
2. *Die Schrammschen Aufzeichnungen* . . . . . . . . . . . . . . . . . 1814
3. *Das KTB der Führungsgruppe Nord (A)* . . . . . . . . . . . . . . . . 1823
4. *Sonstige Dokumente und Akten des WFStabs, die wieder aufgetaucht sind* . . . . . . . . . . . . . . . . . . . . . . . . . . . 1824
5. *Das Schicksal der übrigen militärischen Akten* . . . . . . . . . . 1824

Anlagen

1. *Umstellungen des WFStab-Kriegstagebuches (Befehlsentwurf von Ende 1943 und Weisung vom 23. Jan. 1945)* . . . . . . . . . . . . 1826
2. *Verzeichnis aller das Jahr 1944 betreffenden „Ausarbeitungen" des WFStabs/KTB, aufgestellt Anfang 1945 (mit Hinweisen, wo in diesem Werk gedruckt)* . . . . . . . . . . . . . . . . . . . . . . 1830
3. *Die Verfasser der das Jahr 1944 betreffenden „Ausarbeitungen"* . . . . 1831
4. *Aussagen des Majors d. Res. Prof. Dr. P. E. Schramm im Nürnberger Hauptprozeß* . . . . . . . . . . . . . . . . . . . . . . . . . 1832
   *a) Aussage über das Verbot Hitlers, daß Generale zurücktreten durften (8. Juni 1946) (1832). — b) Mitteilungen über den bakteriologischen und den Gaskrieg (26. August 1946) (1832)*

*III. Teil:*
*Die erhaltenen und die verlorenen Teile des KTB des WFStabs*

1. *Erhaltene Teile* . . . . . . . . . . . . . . . . . . . . . . . 1834
2. *Verlorene Teile* . . . . . . . . . . . . . . . . . . . . . . . 1835
3. *Sonstiges* . . . . . . . . . . . . . . . . . . . . . . . . . . 1836

Anhänge . . . . . . . . . . . . . . . . . . . . . . . . . . . . 1837

1. *Verzeichnis der im Archiv der Kriegsmarine erhalten gebliebenen Befehle Chef OKW, Chef WFStab usw., gezeichnet von Hitler, Chef OKW, Chef WFStab usw.* . . . . . . . . . . . . . . . . . . . 1837
   *a) 1944 (1837). — b) 1945 (1841)*
2. *Verzeichnis der „Niederschriften über die Besprechungen des OBdM. beim Führer" vom 6. Juni 1944 (Invasion) — 18. April 1945 (die letzte in Anwesenheit des OBdM.)* . . . . . . . . . . . . . . . . . 1842
3. *Verzeichnis der (nur fragmentarisch erhaltenen) Stenogramme der „Lagebesprechungen (bzw. Einzelbesprechungen) beim Führer" vom 6. Juni 1944 (Invasion) — 23. März 1945* . . . . . . . . . . . . 1842

*IV. Teil:*
*Die bei der Herausgabe des KTB befolgten Grundsätze* . . 1844

## E. WEGWEISER

1. *Konkordanz-Tabelle für die US-Akten und die KTB-Edition* . . . . . 1850
2. *Auflösung militärischer und anderer Abkürzungen* . . . . . . . . . 1853
3. *Militärische Decknamen für Operationspläne usw. und Hauptquartiere* . 1863
   *a) Decknamen für Operationspläne usw. (1863). — b) Decknamen für Hauptquartiere (1869)*

4. *Dienststellenbesetzung der Obersten deutschen Kommandobehörden* . . 1870
5. *Die Gliederung des deutschen Heerres in den Jahren 1944/45 (Schematische Übersichten)* . . . . . . . . . . . . . . . . . . . . . . . . . 1873
*Stand vom a) 16. September 1944 (1874). — b) 26. November 1944 (1884). — c) 1. März 1945 (1895)*
6. *Chronik vom 1. Januar 1944 — 23. Mai 1945, zusammengestellt von Dr. Andreas Hillgruber und Dr. Hans-Adolf Jacobsen* . . . . . . . . 1905

## Nachtrag zum 9. Abschnitt
## Der nördliche Kriegsschauplatz

### *1. Teil*
### *vom 1. Januar - 31. März 1944*

Der Finnische Kriegsschauplatz in der Zeit vom 1. Januar bis 31. März 1944 . . 1917
1. *Die Kriegführung im Januar und Februar* . . . . . . . . . . . . . . 1917
2. *Finnlands Verhandlungen mit der Sowjet-Union wegen eines Sonderwaffenstillstandes (Februar—März) und die deutschen Vorbeugungsmaßnahmen* . . . . . . . . . . . . . . . . . . . . . . . . . 1919
3. *Die Kriegführung im März* . . . . . . . . . . . . . . . . . . . . 1921

Anhang:
*Verpflegungsstärken, Abgaben, Zuführungen, Ablehnung von Anträgen* 1923

**Register (Personennamen)** . . . . . . . . . . . . . . . . . . . . 1924

**Karten**
1. *Kriegsschauplatz „Westen" (1:4,5 Mill.)*
2. *Kriegsschauplatz „Südwesten": Italien (1:4 Mill.)*
3. *Kriegsschauplatz „Südosten": Balkan (1:5 Mill.)*
4. *Kriegsschauplatz „Osten": Rußland (1:6 Mill.)*
5. *Kriegsschauplatz „Norden": Finnland — Norwegen — Dänemark (1:6 Mill.)*
6. *Ungarn: Angriffsplan für den Fall „Margarethe I" (März 1944)*

# A Einleitung

## I. „Kriegstagebuch" (KTB), noch nicht „Kriegsgeschichte"

Den zeitlich voraufgehenden Bänden (die erst nach diesem — abschließenden — Band erscheinen werden) sollen umfangreichere Einleitungen [1] vorausgeschickt werden, um die Mosaiksteinchen der Einzelangaben zu einem Bilde zusammenzusetzen. Das wird nötig sein, da bis Ende 1943 die Eintragungen im Kriegstagebuch unter dem jeweils wichtigsten Tag des Vorgangs chronologisch aneinandergereiht wurden.

Da mir ab 1. 1. 1944 bis Ende dieses Jahres erlaubt wurde, mich von diesem anfangs berechtigten, aber schließlich durch die Fülle des Materials zu einer Zwangsjacke gewordenen Schema loszusagen, ist das Kriegstagebuch dieses Jahres in einzelne „Ausarbeitungen" aufgegliedert, die jeweils einen Kriegsschauplatz oder eine größere Einzelaktion betreffen. Daher sind Tage, an denen nichts von Bedeutung geschah, unberücksichtigt geblieben, und das Unwichtige, das sich bisher neben dem Wichtigen breitgemacht hatte, konnte in Anhänge verwiesen werden. Andererseits wurden in diese „Ausarbeitungen" mündliche, von mir gleich anschließend schriftlich festgehaltene Mitteilungen der Eingeweihten eingearbeitet, die die Aktengrundlage ergänzen.

Das Kriegstagebuch des Jahres 1944 nähert sich also bereits einer kriegsgeschichtlichen Darstellung, kann jedoch aus dreifachem Grunde nicht beanspruchen, bereits „Kriegsgeschichte" zu bieten.

1. Solange in eine Darstellung nicht einbezogen werden kann, über welche Kräfte die Gegenseite tatsächlich verfügte, was sie plante und wie sie unter dem Druck der Ereignisse ihre Absichten abänderte, bleibt eine Darstellung einseitig. Für das Kriegstagebuch standen nur die eigenen „Lagebeurteilungen" zur Verfügung; Aufgabe der Forschung muß es nun sein, festzustellen, wieweit sie falsch waren, wieweit sie das Richtige trafen.

2. Zu einer Darstellung, die beansprucht, „Kriegsgeschichte" zu bieten, gehört ferner ein bestimmter zeitlicher Abstand. Denn bei der Würdigung der Entschlüsse ist entscheidend, welche Auswirkung sie schließlich gehabt haben.

Im II. Teil der „Erläuterungen" ist ausgeführt, wieso sich bei der Führung des hier abgedruckten Kriegstagebuches zwischen dem Vorgang und seiner Registrierung ein Intervall von Wochen, gelegentlich von einigen Monaten dazwischenschob. Aber länger durfte ich nicht warten, da der Krieg weiterging und sich immer wieder neue Aktenordner füllten, die zu verarbeiten waren.

3. Schließlich ist auch noch diese Einschränkung hervorzuheben: wer „Kriegsgeschichte" schreibt, wird nicht — ja: soll nicht — auf Urteile verzichten. Denn im Gegensatz zu anderen Bereichen der Geschichte erlaubt der Krieg mit seinen Siegen und Niederlagen eindeutige Feststellungen: dies war richtig, das falsch; dies lag hieran, das daran; dies war Zufall, das dagegen war Er=

1 Diese Einleitung wurde von den Mitarbeitern sowie von General a. D. Warlimont (ehemals Stellv. Chef des WFStabs) durchgesehen. Ich danke ihnen für Berichtigungen und Ergänzungen meines Entwurfs.

gebnis kühner Berechnung. Solche Urteile stehen weder im Kriegstagebuch meines Amtsvorgängers noch in dem von mir geführten. Natürlich haben wir beide uns jeweils darüber Gedanken gemacht, aber wir haben uns nicht für befugt gehalten, sie in unsere Aufzeichnungen aufzunehmen. Denn uns beiden stand vor Augen, daß unsere Urteile nicht die endgültigen sein könnten, daß wir vielmehr nur die bescheidenere Aufgabe hätten, durch eine dokumentarische, sachlich einwandfreie und unbezweifelbare Registrierung der Fakten die Grundlage für die spätere Beurteilung — und das heißt zugleich: für eine wirklich „kriegsgeschichtliche" Darstellung — der von uns verzeichneten Ereignisse zu bieten.

4. Auch eine sich auf das Technische beziehende Einschränkung ist noch zu beachten: die Ausarbeitungen dieses Bandes sind nicht nur unter sich verstärkendem Zeitdruck entstanden, sondern auch — worüber der II. Teil der „Erläuterungen" Auskunft gibt — unter äußerlich ständig erschwerten Umständen verfaßt. Das gilt in gleicher Weise für die Befragungen des Stellv. Chefs des WFStabs und der Abteilungsleiter, die ich im sogenannten „Merkbuch" festhielt und anschließend in das KTB einarbeitete: die mir Auskunft Erteilenden standen jedesmal unter Zeitdruck.

Kann also ein Sachkundiger mir Versehen und Irrtümer nachweisen, möge er mir diese Erschwerungen zugute halten.

Da inzwischen aus dem Lager unserer ehemaligen Gegner eine große Anzahl von Veröffentlichungen vorliegt und viele Hauptakteure auf der anderen Seite der Fronten ihre Memoiren veröffentlicht haben, läge die Versuchung nahe, diese Einleitung zu benutzen, um dem Kriegstagebuch des Wehrmachtführungsstabes nachträglich den Rang einer „kriegsgeschichtlichen" Darstellung in dem gekennzeichneten Sinne zu geben.

Das kann jedoch nicht die Aufgabe dieser Einleitung sein.

Warum nicht? Es wäre denkbar, daß wir dadurch in das Dornengestrüpp gerieten, das sich durch die strategischen Kontroversen zwischen den ehemals gegen uns Verbündeten ergeben hat. Denn es streitet ja nicht nur die UdSSR mit den Westmächten, wer den Hauptanteil am Siege gehabt habe, sondern es diskutieren auch der ehemalige Oberkommandierende der Alliierten, Dwight D. Eisenhower, und der Befehlshaber der britischen Kräfte, Feldmarschall Lord Bernard Law Montgomery, miteinander, welche ihrer Maßnahmen richtig, welche verfehlt waren — weitere Fälle wären leicht namhaft zu machen.

Diese Streitfragen auszutragen, ist eine Angelegenheit, bei der wir nur mittelbar beteiligt sind. Wir wurden durch die Rote Armee und durch die Westmächte besiegt — ob der Anteil sich 40:60, 50:50, 60:40, womöglich 70:30 verhielt und wie wiederum die Prozente zwischen den Westmächten kriegsgeschichtlich aufzuteilen sind, mag die Gegenseite ausrechnen, wobei die Fakten des See- und Luftkrieges als denen des Landkrieges gleichberechtigt anzuerkennen sein werden.

Es gibt jedoch genug andere Fragen, die sich mit Hilfe der im KTB verzeichneten, unverändert gelassenen Nachrichten beantworten oder doch der Beantwortung näherführen lassen, da sie auch ohne volle Einsicht in die Absichten der Gegenseite behandelt werden können.

Ich greife — womit ich zugleich die herübergeretteten „Ausarbeitungen" des Kriegstagebuches des Wehrmachtführungsstabes zu verklammern trachte — die folgenden heraus:

1. *War die Niederlage, die 1945 durch eine totale Katastrophe besiegelt wurde, schon im Jahre 1944 unabänderlich?*

2. *Wie verhielten sich in der Endphase des Krieges: die Truppe, die Generale und Hitler als Oberbefehlshaber der Wehrmacht?*

3. *Wieweit griff Hitler in die Führung ein, und von welchen Prinzipien ließ er sich in der zweiten Hälfte des Krieges bestimmen?*

4. *Von wann an rang sich Hitler zu der Erkenntnis durch, daß der Krieg unabänderlich verloren sei? Und warum zog er aus ihr erst am 30. April 1945 die Konsequenz?*

## II. Ein Rundblick über die militärische Lage in der Mitte des Jahres 1944

Um die erste dieser Fragen zu beantworten, sei dem Leser ein Überblick über die Lage gegeben, wie sie sich um die Mitte des Jahres 1944 herausgebildet hatte [1]. Sie macht erforderlich, daß gelegentlich zurück- oder auch vorgegriffen wird.

### 1. Der See- und Luftkrieg

#### *a) Der Seekrieg*

Vielfach wird übersehen, daß der Zweite Weltkrieg — besonders in seiner zweiten Hälfte — mindestens ebenso ein Seekrieg wie ein Landkrieg war und daß in diesem die Deutschen fortschreitend weniger mitzureden hatten. Der Schutz der großen, von Hitler als „Saurier" bezeichneten Schiffe, über deren

1 Ich benutze im folgenden: 1. meinen Aufsatz: „So ging der Krieg verloren. Die militärische Lage 1943—1945", in der Zeitung: „Die Welt"; 7. Mai 1955, Beilage: Die geistige Welt; 2. das Gutachten, das ich als vom Gericht berufener Sachverständiger in dem Prozeß gegen den Generalmajor a. D. Remer (Braunschweig 1952) abgab; gedruckt in: Institut für Völkerrecht an der Univ. Göttingen. Die im Braunschweiger Remerprozeß erstatteten moraltheologischen und historischen Gutachten nebst Urteil, hg. von Herbert *Kraus*, Hamburg 1953, S. 63—81, und in: 20. Juli 1944, bearb. von Hans *Royce*, hg. von der Bundeszentrale für Heimatdienst, Hbg.-Bonn 1953, S. 107—19; neubearbeitet und ergänzt von E. *Zimmermann* und H.-A. *Jacobsen*, hg. von der Bundeszentrale usw., Bonn 1960, S. 98—109; 3. einen am 11. 1. 1960 vom Norddeutschen Rundfunk gesendeten Vortrag: Deutschland—Rußland 1939/45, gedruckt: a) in der Beilage zum „Parlament" vom 11. 5. 1960 (S. 306—15) und b) in der Schriftenreihe der Niedersächsischen Landeszentrale für politische Bildung, Zeitgeschichte Heft 10, Hannover 1960 (44 S.).

geplante Verschrottung es am 30. Januar 1943 zur Ablösung Raeders durch Dönitz kam, wurde immer schwieriger und schließlich hoffnungslos.

Die Tatsache, daß am 26. 12. 1943 das Schlachtschiff „Scharnhorst", das zu einem Angriff auf einen nach Murmansk bestimmten britischen Geleitzug ausgelaufen war, auf große Entfernung trotz völliger Dunkelheit so schwer getroffen werden konnte, daß es sank, beleuchtet die unheimliche Auswirkung, welche die solche Ortung ermöglichenden Radargeräte inzwischen erlangt hatten. Aber auch ohne dies war die Lage, in die die deutschen Hochseekräfte geraten waren, aussichtslos. Das demonstrierte in schauriger Weise das Schicksal der „Tirpitz", des Schwesterschiffs des am 27. 5. 1941 im Atlantik versenkten supermodernen Schlachtschiffes „Bismarck". Die „Tirpitz", im Alta-Fjord versteckt, dort nach mehrfachen Beschädigungen am 22. 9. 1943 von Klein-U-Booten schwer getroffen, wiederhergestellt, noch einmal gegen Spitzbergen eingesetzt, wurde trotz aller nur denkbaren Abwehrmaßnahmen am 12. 11. 1944 im Tromsö-Fjord aus der Luft so getroffen, daß sie kenterte und zu einem riesigen Stahlsarg für 902 Mann wurde – nur 850 Mann der Besatzung konnten gerettet werden.

Im Mittelmeer war die von Anfang an durch die italienischen Verluste (1940/41) beträchtlich eingeschränkte, durch neue Einbußen weiter geschwächte Seeherrschaft durch Verstärkung der britischen Seestreitkräfte und zunehmende Bedrohung aus der Luft noch mehr zusammengeschrumpft. Nach dem Abfall Italiens (8. September 1943) konnten höchstens noch Bewegungen unmittelbar unter der Küste durchgeführt werden.

Nur die Ostsee und das Schwarze Meer wurden noch freigehalten – aber auch nur bis zum Verlust von Reval und dem Abfall Finnlands (September 1944) bzw. bis zum Verlust der Krim (Mai 1944).

Dagegen standen alle Weltmeere dem Gegner mehr oder minder unbehindert zur Verfügung. Man halte sich vor Augen, daß es nie gelungen ist, einen der amerikanischen Truppentransporter auf der Fahrt nach Europa oder Nordafrika zu versenken, obwohl die Vereinigten Staaten auf diesen Seewegen mehr als 50 Divisionen herüberschafften. Sie waren schließlich auf der ersten Hälfte der Strecke durch Jäger vom amerikanischen Festland aus, dann von Jägern, die ab Okt. 1943 von der portugiesischen Insel Terzeira (Azoren) aus starten konnten, so gesichert, daß U-Boote an die Transport-Geleite nicht mehr herankommen konnten.

Diese Feststellung führt auf den Umschlag, der sich im *Kampf unter Wasser* vollzog.

Das Jahr 1942 hatte den Westmächten noch einen Verlust von 7,7 Millionen BRT eingetragen, da die amerikanische Abwehr erst aufgebaut werden mußte. Aber im Jahre 1943 konnten nur noch 3,2, 1944 nur noch 1 Million BRT versenkt werden. Ein Hauptgrund lag auch auch hier in der Vervollkommnung der Radartechnik, die jedes auftauchende U-Boot-Seerohr bereits auf weite Entfernung auszumachen imstande war.

Das verbesserte „Schnorchel=U=Boot" vermochte diese Nachteile nur abzuschwächen. Der Einsatz von Klein= und Kleinst=U=Booten verursachte nicht mehr als Nadelstiche, und der Einsatz eines ganz neuen Typs mit „Walther"=Antrieb, von dem im Augenblick der Kapitulation einige bereits eingesetzt waren, gelangte nicht mehr zur Auswirkung. Hinzu kam, daß seit dem August 1944 die U=Boot=Häfen von der Biscaya bis Holland ausfielen, so daß nur noch Norwegen als U=Boot=Basis übrigblieb.

Von den 1170 U=Booten, die die Kriegsmarine in Dienst stellte, wurden durch Feindeinwirkung 630 versenkt, 215 gingen durch Bomben, Minen, Kollision usw. verloren, 215 wurden durch die eigene Besatzung zerstört. 11 Boote wurden interniert bzw. an Japan abgegeben. Daher belief sich die Zahl der U=Boote, die nach der Kapitulation den Gegnern ausgeliefert wurden, nur noch auf 153.

Kein Wehrmachtteil hat prozentual höhere Menschenverluste zu verzeichnen gehabt — aber trotz all dieser Opfer hat auch die U=Boot=Waffe das Schicksal nicht aufzuhalten vermocht.

### *b) Der Luftkrieg*

Daß die anfängliche Luftüberlegenheit Deutschlands sich bereits vor der Mitte des Krieges in ihr Gegenteil zu verkehren begonnen hatte und die Luftüberlegenheit des Gegners von 1943 an ständig zunahm, bedarf keiner näheren Ausführung.

Hier ist zunächst nur die *Auswirkung auf das Heimatgebiet* zu würdigen. Mit Hilfe verbesserter Peilverfahren, vergrößerter Reichweiten der begleitenden Jäger usw. konnte der Gegner 1943 von England aus mit Bombengeschwadern Berlin und seit dem Abfall Italiens von Süden aus auch Wien anfliegen, so daß fast das ganze Reichsgebiet für ihn erfaßbar war. Auch hier wirkte sich die verbesserte Radartechnik verheerend aus.

Mit diesem Fortschritt hielt die Verbesserung der Abwehr nicht Schritt. Das Düsenflugzeug, auf das die Hoffnung gesetzt werden konnte, daß es wenigstens eine Erleichterung der Lage bringen werde, wurde auf Hitlers Anordnung gleich in mehreren Typen gebaut, was die Serienfabrikation erschwerte. Außerdem wurden die vorhandenen Düsenflugzeuge im Kampf gegen den Gegner auf der Erde in verstreutem Einsatz verbraucht.

In derselben Zeit nahm auf der Seite der Gegner die Stärke der Luftwaffe ständig zu, so daß sie über der West= und noch mehr über der Italien=Front eine eindeutige Überlegenheit erlangte. Sie erreichte eine solche Stärke, daß sie — im Gegensatz zum I. Weltkrieg — *operative Bedeutung* gewann: wenn der durch schlechtes Flugwetter begünstigte Überraschungserfolg der Ardennen=Offensive (16. 12. 1944) bereits am 5. Tage zerrann, dann vornehmlich deshalb, weil der Angriffskeil durch Angriffe aus der Luft, die ein Wetterumschwung dem Gegner ermöglichte, festgenagelt wurde.

Als Fehlrechnung der Gegner erwies sich die Erwartung, daß durch Terrorangriffe gegen die Wohnbezirke der angegriffenen Städte sich der Widerstand der Bevölkerung zermürben ließe; denn diese wurde ja nicht befragt. Hitler hat sich nie eine zerstörte Großstadt angesehen, sondern entnahm seine Kenntnis, wie Deutschland wirklich aussah, nur Meldungen und Photographien. Hätte er einmal die Trümmer durchfahren oder einen Bombenangriff ungeschützt miterlebt, wäre er dann zu dem Entschluß gekommen, den sinnlos gewordenen Widerstand aufzugeben? Man kann die Frage aufwerfen, aber nicht beantworten.

## 2. Der Landkrieg

### *a) Der „Allfronten"=Krieg gegen die „Festung Europa"*

Auszugehen ist von einer operativen Erwägung: Was bedeuteten strategisch die Landungen in Süditalien und im Westen?

Bei Beginn des II. Weltkrieges (1. 9. 1939) war das Problem, Krieg an zwei Fronten führen zu müssen, wieder aufgetaucht, das — soweit militärische Tatsachen entscheidend waren — einen der wichtigsten Faktoren der Niederlage im I. Weltkrieg gebildet hatte. Doch war diese Gefahr wider Erwarten nicht Wirklichkeit geworden, weil die Franzosen und Engländer vor dem Westwall untätig stehen blieben, während die deutschen Verbände die polnische Wehrmacht zerschlugen. Wer den damaligen Ausbauzustand des Westwalles und die Unzulänglichkeit der zunächst im Westen eingesetzten Divisionen erlebt hat, fragt sich noch heute, warum die Alliierten nicht wenigstens durch begrenzte Aktionen ihrem Verbündeten zu Hilfe kamen.

Durch den Zusammenbruch des polnischen Heeres war die eine Backe der Kneifzange beseitigt, in die Deutschland im September 1939 geraten war; durch den Westfeldzug des Jahres 1940 verlor auch die andere ihre Beißkraft. Sie war jedoch nicht beseitigt, da nur Frankreich, aber nicht England um Waffenstillstand bat.

Die Westfront bestand also — entlang der norwegischen und der dänischen Küste, durch die Nordsee, durch den Kanal und den Atlantischen Ozean verlaufend — weiter, und durch die Kriegserklärung an die Vereinigten Staaten (11. 12. 1941) verstärkte sich ihre Widerstandskraft in gigantischem Maße. An welcher Stelle, womöglich: an welchen Stellen würde die westliche Seite der Kneifzange wieder zupacken? — das war fortan auf deutscher Seite das große „X" der strategischen Überlegungen.

Von einer Kneifzange muß man jetzt wieder sprechen; denn durch den Angriff gegen Rußland (22. 6. 1941) war es wieder zu einer Ostfront gekommen. Hitlers Erwartung, daß ihm gegenüber der Sowjetunion ein ähnlicher Erfolg beschert sein werde wie 1939 gegenüber Polen, daß also auf die Dauer Grenzdivisionen gegenüber dem, was von der zerschlagenen Sowjetunion noch übrigblieb, genügen würden, hatte sich bereits im Winter 1941/42 als

Utopie erwiesen. Es entstand vielmehr von der Ostsee bis zum Schwarzen Meer eine unheimlich lange Front, die zwar im Sommer 1942 im Süden noch einmal weiter vorgeschoben werden konnte, dann aber in jedem Abschnitt auf geschlossene Abwehr stieß. Damit war die Hoffnung auf den Zusammenbruch der Sowjetunion vollends illusorisch geworden; ja, es begann sich seit Ende 1942 die Gefahr abzuzeichnen, daß die östliche Backe der Kneifzange sich gegen die Mitte auswirken werde.

Vom Juni 1941 an paßt jedoch das bisher benutzte Bild nicht mehr. Über alle Spannungen, die bis dahin die Sowjetunion von den Westmächten ferngehalten hatte, bewirkte Hitler durch den von ihm befohlenen Angriff, daß sie sich zu einem Kriegsbündnis zusammenschlossen, das bis zum Ende des Krieges halten sollte.

Das aber bedeutete, daß Deutschland fortan nicht nur einen Zweifronten-, sondern ein Allfrontenkrieg zu führen hatte. Der Vordere Orient (Ägypten–Syrien–Irak–Iran) war bereits gegen die Mittelmächte abgeriegelt. Im Westen kam zu der englischen Insel als zweite Absprungbasis für eine Invasion seit November 1942 Nordwestafrika hinzu, das durch eine unsichtbare Wüstenfront mit dem von den Engländern verteidigten Ägypten in Verbindung stand. Daß sich auch im Norden die Fronten zusammenschlossen, machten die alliierten Geleite nach Murmansk und Archangelsk offenbar, die zwar durch manche Versenkung dezimiert, aber auf die Dauer nicht verhindert werden konnten.

Die Achsenmächte waren also durch einen strategischen Ring eingeschlossen – dasselbe gelang den Alliierten auch im Falle Japans, dessen Schicksal strategisch bis zu einem gewissen Grade eine Parallele bildet.

Goebbels suchte dieses Faktum durch die Formel „Festung Europa" in ein Positivum zu verkehren, und die propagandistische Verherrlichung des „Atlantik-Walls" und anderer Vorhaben suggerierte der Heimat auch ein gewisses Gefühl der Sicherheit. Aber gerade dieses Bild legt die seit 1942 bestehende Schwäche der Achsenmächte bloß: aus einer Festung kann man bestenfalls Ausfälle machen, aber den Gegner nicht tödlich treffen, da er beliebig weit auszuweichen vermag. Dagegen fällt die Verteidigung einer Festung ringsum zusammen, wenn die Mauer auch nur an einer Stelle überstiegen ist. Dringt der Gegner dann noch weiter vor, ist die Kapitulation eines Tages unvermeidlich.

Der Vergleich Europas mit einer Festung hinkte zudem von Anfang an, da die von den Achsenmächten gehaltenen Fronten es nicht mit einer Festungsmauer aufnehmen konnten:

Die „Mauer" um Europa, rund 15 000 km messend, war nicht nur viel zu lang, sondern sie war noch durch jede sich anbietende „Bastion" verstärkt worden (Lofoten, Kanalinseln, Corsica–Sardinien–Sizilien, Kreta, Rhodos usw.). Dadurch waren – gegen alle strategischen Grundprinzipien – die deutschen Kräfte verzettelt, ohne daß der Schutz der ausgedehnten Küsten gewährleistet war. Denn die Gegner konnten genügend schwache Stellen zum Angriff ausfindig machen oder durch kleinere Landungen (wie zum Beispiel bei Nettuno, Januar 1944) deutsche Kräfte ansaugen, so daß die Front an anderen Stellen geschwächt und dadurch günstig zum Angriff wurde; d. h. der Gegner konnte mit den Deutschen „Mühle spielen".

Die „Festung" hatte ferner kein „Dach". Daher bestand der Vorteil der inneren Linie, der „Transversale", nur noch bis zu einem gewissen Grad. Über den Po waren zeitweise alle Brücken zerstört, und bereits vor der Invasion (6. Juni 1944) waren alle Übergänge über die Seine und über die Loire zerschlagen. Das rechtzeitige Heranführen von Reserven war also nicht mehr möglich.

Die Behauptung einer Festung setzt schließlich voraus, daß alle Verteidiger sich einig bleiben. Das war bei denen der „Festung Europa" nicht der Fall. Während die Alliierten einen Staat nach dem andern dazu brachten, sich ihnen anzuschließen oder sie wenigstens mit Material zu unterstützen, verlor Deutschland in den Jahren 1943/44 einen Verbündeten nach dem anderen, so daß es zuletzt so gut wie allein stand.

Auf der Zusammenarbeit mit den Verbündeten des „Großdeutschen" Reiches lagen von vornherein schwere Hypotheken. Zu einer nennenswerten Koordinierung der deutschen und der japanischen Absichten ist es nie gekommen. Italien bedurfte nicht nur starker materieller Unterstützung, sondern auch mehr und mehr der Abstützung seiner Fronten durch deutsche Verbände. Es verfolgte zudem auf dem Balkan gegenüber den Partisanen allgemein sowie in Griechenland im besonderen seine eigene Politik. Da nach dem Sturz Mussolinis (25. Juli 1943) der Abfall Italiens vorausgesehen wurde, konnten zwar rechtzeitig Auffangdispositionen getroffen werden, und dadurch wuchs sich der Abend des 8. Sept. 1943, an dem der Übertritt der Regierung Badoglio in das Gegenlager offenkundig wurde, nicht zu einer Katastrophe der Südfront aus. Aber Deutschland mußte nun im Bunde mit Mussolinis neuer Schattenregierung auf dem Boden des bisherigen Verbündeten weiterkämpfen, der mit einem Teil seiner Kräfte schon offen gegen Deutschland focht.

Selbst wenn — so darf man es zuspitzend formulieren — der genialste Feldherr die Führung der deutschen Wehrmacht übernommen hätte, wäre er nicht mehr imstande gewesen, das in einen Allfrontenkrieg geratene Deutschland noch zum Siege zu führen — d. h.: operativ war der Krieg von 1942 an verloren.

Die Lage war aber noch viel schlimmer, da an jeder der bestehenden Fronten die Gefahr von Teilkatastrophen auftauchte. Wir führen das dem Leser durch einen schnellen Überblick über die Lage, wie sie in der Mitte des Jahres 1944 bestand, vor Augen.

### *b) Die Lage im Norden*

In *Finnland* war am 19. April eine Krise in den deutsch-finnischen Beziehungen zu Ende gegangen; denn im Einverständnis mit der finnischen Regierung war im Februar 1944 der damalige Staatsrat Paasikivi über Stockholm nach Moskau geflogen und hatte die Bedingungen der Sowjetunion zum Frieden mit Finnland eingeholt. Die finnische Regierung hatte Gegenvorschläge präsentiert, die am 14. März von der Sowjetunion als völlig unzureichend zurückgewiesen wurden. Nach Umbildung der Regierung und geheimer Befragung des Reichstages erteilte Finnland im April eine abschlägige Antwort — genauer: eine Antwort, die so lange galt, wie die finnische Front gehalten werden konnte. Das aber wurde seit dem Sommer fraglich. Am 9. Juni begannen die Russen einen Angriff mit überlegenen Kräften gegen die Karelische Landenge und durchbrachen am 19. 6. die „Mannerheim"-Stellung. Am 20. Juni besetzten sie Wiborg (finnisch: Viipuri), am 29. 6. nahmen sie Petrosawodsk, d. h. sie drangen in Ostkarelien vor.

In diesen Tagen (am 22. 6.) kam der Reichsaußenminister v. Ribbentrop nach Finnland und stellte deutsche Hilfe in Aussicht. Aber der Nordflügel unserer Ostfront war seit Anfang des Jahres schon selbst in schwerer Bedrängnis. Deshalb erhielt Finnland über den Finnischen Meerbusen nur noch eine Inf.-Division und eine Sturmgeschützbrigade zur Verfügung gestellt — und das auch nur auf Zeit; außerdem wurde die Luftwaffe etwas verstärkt. Diese geringe Hilfe konnte die Lage natürlich nicht mehr ändern. Die finnische Front kam zwar an der alten Grenze von 1940, die ausgebaut war, noch einmal zum Stehen, aber am 26. Juli ging Narwa verloren, so daß die Rote Armee in Estland eindringen konnte. Das hatte zur Folge, daß die Verbindung zwischen der deutschen und der finnischen Front abriß und deren Südflanke offenlag.

Vom 1. August an, an dem Marschall Mannerheim zu dem Oberbefehl auch noch das Amt des Staatspräsidenten an Stelle des zurückgetretenen Ryti übernahm, lag offen, was kommen mußte. Finnland wollte und konnte es nicht darauf ankommen lassen, daß es — ohne Aussicht auf deutsche Hilfe und den Russen in bezug auf Panzer völlig unterlegen — von der Roten Armee überrollt wurde. Es fragte daher am 25. 8. bei der UdSSR an, ob sie die Verhandlungen über den Waffenstillstand wieder aufnehmen wolle. Dies geschah, und die Abreden waren am 5. September soweit perfekt, daß das Feuer eingestellt werden konnte. Unterschrieben wurde der Waffenstillstand am 19. September.

Die Deutschen, die auf finnischem Boden standen, hatten nach den von den Finnen eingegangenen Verpflichtungen das Land in Kürze zu verlassen. Soweit es sich um Süd- und Mittelfinnland handelte, war das noch über See möglich; denn im Süden standen nur geringe Kräfte. Aber in Nordfinnland ging es um eine ganze Armee, die 20. Gebirgsarmee (vormals unter Dietl, jetzt unter Rendulic). Sie konnte wegen Transportschwierigkeiten über die Ostsee nicht abtransportiert und mußte daher auf der einzigen Straße am Nordkap entlang nach Nord-Norwegen herumgezogen werden.

Hitler hatte sie zunächst im nördlichsten Finnland festhalten wollen, wurde jedoch Anfang Oktober von diesem Entschluß abgebracht. Es gelang, diese ungewöhnlich schwierige Operation, bei der die Russen nachdrängten, so durchzuführen, daß sie vor Beginn des Schneefalls zu Ende kam, ohne daß größere Verluste eintraten. Von den Divisionen, die nun dicht gedrängt am Lyngen-Fjord (nördlich Narvik) in neuer Stellung standen, wurden die überflüssigen abgezogen; aber Marsch und Verladung beanspruchten sehr viel Zeit. Diese Verbände fielen daher auf den Kriegsschauplätzen im Osten und Westen, auf die sie dirigiert wurden, nicht mehr ins Gewicht.

### *c) Die Lage im Osten*

An der *Ostfront* ging der russischen Generaloffensive der Verlust der *Krim* voraus, die bereits seit November 1943 von jeder Landverbindung abgeriegelt war und einen verlorenen Posten darstellte. Hitler hatte am 12. April, als eine Großoffensive der Russen eingesetzt hatte, der 17. Armee befohlen, die Festung Sewastopol auf die Dauer zu halten, obwohl die deutschen Kräfte viel zu schwach für eine längere Verteidigung waren — dem Marschall Antonescu suggerierte er, daß dies der richtige Entschluß sei. Hitler wurde gedrängt, den Befehl zur Räumung der Krim zu geben; aber erst am 8. Mai, also zu spät, rang er sich zu diesem Entschluß durch. Es bleibt erstaunlich, daß unter so schwierig gewordenen Verhältnissen dann doch noch Teile der 17. Armee über See und durch die Luft nach Rumänien überführt werden konnten. Die Reste, die wieder an Land gesetzt wurden, waren allerdings völlig erschöpft, und die Armee mußte aus Splittern wieder aufgebaut werden.

Lange Zeit hatte die Ostfront die Führungsreserven weggezogen und verbraucht, da ja immer wieder Krisen zu meistern waren. Dieser Zustand war grundsätzlich geändert worden durch die am 3. Nov. 1943 herausgegebene Weisung 51 (vgl. KTB 1945, 4. Abschn., A. I. 1.), die den nunmehrigen Vorrang des Westens festlegte und begründete. Da Hitler jedoch im Osten an der starren Verteidigung festhielt, erlitt das Ostheer schwerste Verluste, die vieles wieder zerrinnen ließen, was mittlerweile im Westen im Hinblick auf die dort zu erwartende Invasion aufgebaut worden war: am 24. März 1944 mußte der Westen an den Osten mehrere Sturmgeschütz-Abteilungen und 1 Inf.-Div. abgeben, und am 25. März wurde der Westfront das einzige einsatzfähige Panzerkorps (das II. SS-Korps) weggenommen. Auch wurden die Kampfgruppen abgekämpfter Panzerdivisionen, die als Rahmen für Aufstellungen zur Verstärkung der Westfront vorgesehen waren, im Osten festgehalten, so daß die Neuaufstellungen im Westen nicht rechtzeitig fertig wurden.

Die Westfront hatte also nur grundsätzlich den Vorrang; tatsächlich war das nicht der Fall, weil es sich bei der von Hitler im Osten verfolgten Strategie nicht durchführen ließ. Andererseits war die Ostfront empfindlich dadurch geschwächt, daß sie fortan Kräfte an den Westen für die dort erwartete Landung abgeben mußte bzw. daß sie Kräfte nicht mehr bekam, die sie sonst hätte erwarten können. Das Ostheer glich fortan einem Manne, dem der eine Arm festgehalten wird, der sich daher nach der anderen Seite nur mit einem einzigen Arm zu wehren vermag. Dazu kam noch, daß die Ostfront insofern ungünstig verlief, als sie in der Form eines Fragezeichens in den russischen Boden eingestanzt war.

Da die deutschen Verbände in dieser Stellung, vor allem in der Mitte der Ostfront dort stehen blieben, wo der Zufall es gefügt hatte, war für die russische Offensive, die am 22. 6. 1944 einsetzte und sich in den folgenden Wochen auf die Fronten der Heeresgruppen Nord sowie Nord- und Südukraine ausdehnte, die Situation von vornherein günstig; denn unsere Front war überdehnt und konnte deshalb nicht überall ausreichend stark besetzt sein. Die deutsche Luftwaffe war der russischen hinsichtlich ihrer Leistungen, aber nicht zahlenmäßig überlegen und daher nur annähernd stark genug, um die Nachteile auf der Erde wettzumachen; sie war auch durch die vorhergehenden Verluste mitgenommen und dazu noch an den übrigen Fronten gebunden. Ferner wurden unsere rückwärtigen Verbindungen durch die Partisanen dauernd empfindlich gestört.

Diese Nachteile wirkten sich besonders bei der *Heeresgruppe Mitte* aus, die vom Gen.-Feldmarschall Busch geführt und nach dessen Ablösung (28. 6.) vom Gen.-Feldmarschall Model übernommen wurde. Sie hatte – weil sie den Bogen ostwärts Minsk bis über den Dnjepr hinaus, den Raum Mogilew, Orscha und Witebsk, halten sollte – ihren rechten Flügel so strecken müssen, daß er hinter den Pripjet-Sümpfen wieder Anschluß an die Heeresgruppe Nordukraine nehmen konnte. Der Bogen von Minsk bedeutete – so gesehen – den oberen Bauch des Fragezeichens. Wenn man diesen Bogen abgekürzt hätte, wären Kräfte eingespart worden. Aber dazu hatte sich Hitler, obwohl gedrängt, nicht entschließen können. Die Front glich daher einem stark gespannten Draht, den man bekanntlich zerschlagen kann, wenn man an einer Stelle kurz, aber kräftig draufschlägt. Die Russen taten das gleich zweimal, so daß sie die Front doppelt aufrissen. Nun wäre es wohl noch möglich gewesen, dem stehengebliebenen Mittelteil den Befehl zu geben, sich in Eilmärschen nach Westen abzusetzen. Das geschah jedoch wiederum nicht. Vielmehr wurde versucht, die Löcher in der Front zu stopfen – was bei dem bestehenden Kräfteverhältnis natürlich unmöglich war. Daher konnten sich die russischen Panzerspitzen hinter der Front der Heeresgruppe Mitte wie eine Zange zusammenschließen. Es war der Roten Armee dann ein leichtes, einen Verband nach dem anderen niederzuringen, weil der eine keine Verpflegung, der andere keine Munition hatte und den meisten beides fehlte.

Es sei vorweggenommen, daß der Zusammenbruch der Heeresgruppe Mitte nicht durch Verrat erklärt werden kann. Davon ist damals völlig unberechtigterweise geraunt worden, weil der, der die Dinge nicht miterlebte oder nicht die Möglichkeit hatte, auf der Lagekarte das Vorkommen der Russen zu verfolgen, nicht zu begreifen vermochte, wo plötzlich diese ganze Front geblieben war. Denn das Zerschlagen dieser Heeresgruppe bedeutete ja, daß sich hier abermals eine Katastrophe in dem Ausmaß von Stalingrad und Tunis vollzogen hatte – wertet man die im Augenblick der Vernichtung noch vorhandene Kampfkraft, war sie sogar noch größer (28 zerschlagene Divisionen, das heißt: ein Verlust von 350 000 Mann).

Die Einsicht, daß es bei den vorhandenen Kräften und dem gebogenen Verlauf der überdehnten Front zwangsläufig so kommen mußte, daß also keine Hilfserklärung für ihren Zusammenbruch erforderlich ist, diese Einsicht hat sich hoffentlich jetzt allgemein durchgesetzt[1].

Durch das aufgerissene Riesenloch drängte die Rote Armee unheimlich schnell weiter nach Westen vor. Als Stichdaten seien angeführt: am 3. 7. eroberte sie Minsk, am 13. 7. Wilna, am 16. 7. Grodno, am 18. 7. Bialystok, d. h.: die Russen standen jetzt vor der deutschen Grenze. Der Provinz Ostpreußen bemächtigte sich begreiflicherweise eine ungeheure Erregung. Sollte man flüchten? Es drohte zu Treckbewegungen nach Westen zu kommen. Um diese zu bannen, kehrte Hitler kurz vor dem 20. 7. von Berchtesgaden nach Rastenburg in sein Standquartier „Wolfsschanze" zurück.

Mochte bisher vieles verschleiert worden sein, die Tatsache, daß der Feind vor den Toren Ostpreußens stand, konnte nicht verheimlicht werden. Und wer bis dahin noch auf den Endsieg gehofft hatte, dem blieb nur noch übrig, sich an die Vermutung zu klammern, daß noch etwas nicht Voraussehbares geschehen werde.

Dieser Vormarsch hatte die Gefahr mit sich gebracht, daß die *Heeresgruppe Nord* abgeschnitten wurde. Sie hielt jedoch den über Narwa gegen Estland vorstoßenden Gegner fest und hinderte ihn, längs der Düna bis Riga vorzustoßen. Sie konnte daher ihre Verbände, als diese auch von Pleskau (Pskow) aus angegriffen wurden, im Oktober geordnet durch den bei Riga offengehaltenen Schlauch nach Kurland zurückziehen. Der Durchbruch nach Ostpreußen wäre das Gegebene gewesen, da er im Bereich des Möglichen lag. Aber die Ende Januar in „Heeresgruppe Kurland" umbenannte Heeresgruppe wurde ein Opfer von Hitlers „Wellenbrecher"-Strategie, über die später noch Genaueres zu sagen ist; d. h. sie mußte in Kurland ausharren, um russische Kräfte zu binden, die der Gegner sonst für den Vormarsch nach Westen hätte einsetzen können. Diese „Strategie" beruhte auf einem Fehlschluß; denn die Heeresgruppe zog zwar zahlreiche feindliche Verbände auf sich, aber der Gegner hatte immer noch genug, um Ostdeutschland bis Berlin zu erobern.

Aus den Ereignissen am *Südflügel* der Ostfront ist dies festzuhalten:

Schon im Februar 1944 hatten die Russen den Bug, im März den Dnjestr und den Pruth, im April den Sereth erreicht, d. h. sie standen in Galizien, hatten sich Nordbessarabien zurückgeholt und drangen schon in die Moldau

1 Vgl. (Prof. Dr.) H. *Gackenholz* (auch KTB-Führer der Heeresgruppe; vgl. den II. Teil der „Erläuterungen"), Der Zusammenbruch der Heeresgruppe Mitte 1944, in: Entscheidungsschlachten des II. Weltkrieges, hg. von H.-A. *Jacobsen* und J. *Rohwer*, Frankfurt a. M. 1960, S. 445–74.

ein. Am 10. 4. ging Odessa verloren, aber es blieb unheilvollerweise noch eine große Anzahl deutscher Verbände in Südbessarabien stehen, die dann im August in die neue, durch Rumäniens Abfall zur Katastrophe werdende Krise hineingerissen wurden — immer nach dem verhängnisvollen Prinzip Hitlers: „Halten, halten um jeden Preis!"

Es war nun die Frage: Wann begibt sich Rumänien auf den Weg, auf den Finnland im Februar eingebogen, damals allerdings noch nicht bis zum Ende geschritten war? Dieselbe Frage wie im Falle Rumänien war auch im Falle Ungarn zu stellen. Es lagen bereits seit Herbst 1943 Nachrichten vor, daß in Ungarn bestimmte Kräfte am Werk waren, um einen Abfall Ungarns vorzubereiten. Deshalb wurde am 19. 3. 1944 Ungarn schlagartig von deutschen Truppen besetzt (Unternehmen „Margarethe"), nachdem Hitler in Kleßheim den Reichsverweser von Horthy so unter Druck gesetzt hatte, daß er sein Einverständnis zum deutschen Einmarsch gab. Dazu übernahm dieser die Verpflichtung, die Regierung umzubilden. So kam es zu der Regierung Sztójay.

Der Wehrmachtführungsstab hatte in den Wochen der Vorbereitung des Falles „Margarethe" auch Überlegungen angestellt, was zu tun sei, falls Rumänien gleichfalls abfallen sollte. Als Hitler das erfuhr, verbot er ausdrücklich die Fortsetzung; denn er ließ sich von Marschall Antonescu überzeugen, daß diese Gefahr nicht bestand — ihm war nicht bekannt, daß dieser bereits seit 1943 versuchte, sein Land aus dem Kriege herauszuführen, und deshalb Kontakt mit den Westmächten suchte auf der Grundlage, daß diese den Schutz seines Landes gegen die Sowjetunion übernahmen. Hitler sah ferner nicht und wollte auch nicht sehen, wie Antonescus Stellung mehr und mehr unterhöhlt wurde. Aus den Warnungen, die Hitler auf verschiedenen Wegen erreichten, teilweise allerdings auch von seiner Umgebung zurückgehalten wurden, zog er nicht die dringend gebotenen Konsequenzen. Daher kam der Sturz Antonescus (23. Aug.) nicht nur für den Marschall selbst, sondern auch für Hitler überraschend. Die rumänische Armee stellte den Kampf gegen die Rote Armee ein, und die in Südbessarabien und in der Moldau stehenden Divisionen der Heeresgruppe Süd-Ukraine — insgesamt sechzehn — gerieten nach verzweifelter Gegenwehr in russische Gefangenschaft (rund 150 000 Mann).

Dieser Verlust, zusammen mit dem Ausfall der rumänischen Verbände, unter denen sich früher manche im Kampfe bewährt hatten, bedeutete wiederum eine Katastrophe im Ausmaße jener eben charakterisierten Katastrophe bei der Heeresgruppe Mitte. Kriegsgeschichtlich bleibt es geradezu ein Wunder, daß es dann doch noch möglich wurde, an der ungarischen und serbischen Grenze eine neue — wenn auch sehr dünne — Abwehrfront aufzubauen.

### *d) Die Lage im Südosten*

Die Räumung der Insel Kreta zu genehmigen, auf der 60 000 Mann standen, konnte Hitler sich erst am 26. August — auf langes Drängen der militärischen Stellen hin — entschließen. Jedoch erfolgte auch dies zunächst noch nicht mit voller Konsequenz: dieser Befehl sah vorerst nur die Verlagerung des Schwergewichts nach dem Mittelbalkan und eine Auflockerung der Besetzung der Inseln vor. Es wurden also 7 Divisionen in den Raum von Skoplje verlegt; aber von Kreta wurde nur ein einziges Bataillon weggezogen, und der Kommandant der Insel erhielt am 2. Sept. eine neue Dienstanweisung. Erst am 14. September rang sich Hitler zu der seit langem fälligen Weisung durch, alle Inseln in der Ägäis zu räumen; der Befehl zum Rückzug im Südosten wurde sogar bis zum 3. Oktober hinausgeschoben.

Trotz dieses Hinauszögerns unvermeidlich gewordener Entschlüsse brach auf diesem Kriegsschauplatz keine Katastrophe aus: am 26. 8. begann die Räumung Griechenlands, die jetzt von Tag zu Tag dringender wurde, da der Abfall Rumäniens (23. 8.) den Abfall Bulgariens (8. 9.) zur Folge hatte. Es handelte sich bei dem Rückzug der Heeresgruppe E um eine „Anabasis" von 1500 km, zuletzt durch Schnee und Eis. Daß diese Heeresgruppe trotzdem in eine neue, auf kroatischem Boden verlaufende Stellung zurückgelangte, ist — worauf in anderem Zusammenhang noch zurückzukommen ist — in der Militärgeschichte ein noch größeres Wunder als der Abzug der 20. Gebirgs-Armee von Finnland über das Nordkap nach Nordnorwegen.

### *e) Die Lage in Italien*

In Italien war es für die breite Öffentlichkeit am sichtbarsten, daß — wie Hitler es nannte — wir in eine „Pechsträhne" geraten waren, daß wir zum mindesten dem verheißenen Endsieg nicht näherkamen. Als entscheidende Fakten sind zu vermerken: Zunächst am 13. 5. 1943 die Kapitulation in Tunis, die bedeutete, daß 252 000 Mann, Deutsche und Italiener, in die Kriegsgefangenschaft gingen, 3 Monate und 11 Tage nach der Katastrophe von Stalingrad; am 10. Juli 1943 die Landung der Alliierten auf Sizilien, wo die Italiener keinen wesentlichen Widerstand mehr leisteten und in Kürze ein paar deutschen Verbänden (unter General von Senger u. Etterlin, ab Mitte Juli unter General Hube), die noch weiter kämpften, 160 000 Mann und 600 Panzer gegenüberstanden. Der Verlust der Insel löste in Italien begreiflicherweise große Aufregung aus: selbst die Spitzen der faschistischen Hierarchie begannen aufzubegehren. Daher erfolgte am 25. 7., zwei Wochen nach der Landung, der Sturz Mussolinis und seine Verhaftung. Der Marschall Badoglio übernahm die Regierung und erklärte, daß er weiter mit Deutschland zusammenarbeiten wolle. Aber Hitler erhielt auf verschiedenen Wegen die Gewißheit, daß der Marschall den Abfall vorbereite, und traf bereits Gegenmaßnahmen. So kam der Abfall Badoglios am 8. 9. nicht unerwartet. Die vorgesehene Entwaffnung der italienischen Armee wurde ohne Schwierigkeiten vollzogen. Hitlers „Pechsträhne" während der beiden letzten Jahre betraf nicht — so sei nebenbei gesagt — die militärischen Unternehmungen, die sich gegen unsere Bundesgenossen, also Italien und Ungarn, richteten.

Der Umschwung in Italien bedeutete, daß auf dem Balkan, in Italien, in Südfrankreich neue Fronten zu besetzen waren, die bisher die Italiener gehalten hatten. Das war — wenn auch nur notdürftig — noch möglich. Es wurde auch verhindert, daß die Landung der Briten in Kalabrien (3. 9.) und die der Amerikaner bei Salerno (9. 9.) sich zu einer Katastrophe ausweiteten. Es gelang nämlich dem Gen.-Feldmarschall Kesselring, nördlich Neapel eine neue Front quer über die Halbinsel zu ziehen. Daher war es nicht sofort notwendig — was zunächst ins Auge gefaßt war — auf die sogenannte „Voralpen-Stellung" zurückzufallen. Es war ferner möglich, bis zum 5. 10. Sardinien und Corsica zu räumen und zwar so, daß selbst das schwere Gerät zurückgelangte. Aber nachdem die Alliierten die Volturno-Stellung eingenommen hatten, nachdem sie dann am 22. 1. 1944 im Rücken der deutschen Front bei Anzio und Nettuno gelandet waren, gingen sie am 12. 5. zur Großoffensive über und drückten die deutschen Verbände nordwärts zurück. Diese „setzten sich" — um den Ausdruck zu benutzen, der für eine erzwungene Rückwärtsbewegung üblich geworden war — „ab" und gingen schrittweise zurück in Richtung auf eine in aller Eile im Apennin vorbereitete Stellung. Am 4. 6., also zwei Tage vor der Invasion in der Normandie, rückten die Alliierten in Rom ein und hätten kurz darauf die 14. Armee (Generaloberst v. Mackensen), die längs des Tyrrhenischen Meeres zurückging, beinahe zerschlagen; denn da die Tiberbrücken nicht zerstört worden waren, fuhren die Alliierten mit motorisierten Kräften in die Verbände Mackensens hinein. Sein Nachfolger, General Lemels, aber fing die Armee wieder, und da die 10. Armee, die längs der Adria zurückging, dasselbe Tempo hielt, blieb eine durchgehende Front erhalten. Erst am 26. 7. wurde Pisa planmäßig geräumt, am 12. 8. Florenz. So erfolgte hier die zeitweise drohende Katastrophe nicht; im September standen die deutschen Verbände in der Apennin-Stellung, deren linker, an die Adria angelehnter, durch kein Gebirge abgestützter Flügel sogleich zu einem Gefahrenherd wurde.

Immerhin, gewisse Erfolge waren erzielt, und es war nicht so schlimm gekommen, wie anfangs zu befürchten stand. Aber war Hitlers Entschluß, nur bis auf den Apennin zurückzugehen, also Nord-Italien zu halten, richtig? Der Stellv. Chef des Wehrmachtführungsstabs, General Warlimont, der vom 7.—11. Juni eine Besichtigung durchführte, hatte vorgeschlagen, gleich bis auf den Arno zurückzuweichen. Die vorausgehenden Kämpfe hatten zwar Erfolge gezeitigt, aber sie waren verlustreich und waren strategisch nicht nur wertlos, sondern sogar schädigend: zwei Pz.-Gren.-Div.en („Hermann Göring" und 90. Pz.-Gren.-Div.) waren nach der Landung bei Nettuno—Anzio (22. 1. 1944) in Italien hängengeblieben, was auf eine Schwächung des auch sonst durch Abgaben nach Italien benachteiligten Westens hinauslief; ja, am 4. Juni, also zwei Tage vor der Invasion, mußte der OB West noch einmal eine Division, noch dazu aus dem Kanalbereich, an den Südwesten abgeben. Das hätte sich vermeiden lassen, wenn der OB Südwest den Befehl bekommen hätte, nicht auf den schräg verlaufenden Apennin zurückzugehen, sondern bis auf den ostwestlich verlaufenden Arno — was zudem das Risiko dieser Front herabgesetzt hätte, die von zwei Meeren flankiert war, über die wir mangels Kräften in der Luft und auf dem Wasser stets unzulänglich orientiert blieben.

Die Gegner nutzten die Chance, daß sie die „Grüne Linie", d. h. die Apennin-Stellung, von See aus hätten aus den Angeln heben können, nicht aus, sondern griffen sie frontal an. Bis zum Schluß des Krieges kamen sie nur Schritt für Schritt voran.

Würdigt man diese Entwicklung nur unter militärischem Gesichtswinkel von der deutschen Seite aus, dann bleibt abermals erstaunlich, daß trotz des Fehlens so gut wie jeder Unterstützung aus der Luft der zunächst notwendige, komplizierte (weil durch ein Gebirge aufgespaltene) Rückmarsch und die durch ihn bedingten Räumungen durchgeführt werden konnten, ohne daß sich eine Kapitulation wie in Afrika wiederholte. Diese Front war ferner dadurch behindert, daß die Po-Brücken und Eisenbahnen vom Gegner zerschlagen wurden, daß sie an Benzin nur das allernotwendigste erhielt und ihr an Luftstreitkräften so gut wie gar nichts mehr bewilligt wurde. Trotzdem hat diese Front — hier und da eingedrückt und besonders auf dem linken Flügel zurückgeschoben — mit letzten Kräften den Zusammenhalt noch einigermaßen gewahrt, bis im April 1945 die völlige Auflösung eintrat.

### *f) Die Lage im Westen*

Die Entwicklung im *Westen* ist so bekannt, daß ein kurzer Überblick genügt.

Wären die Alliierten bereits 1943 gelandet, so hätten sie im Westen an deutschen Kräften gefunden: Divisionen, die im Osten zerschlagen waren und hier wieder aufgefrischt wurden, „bodenständige" Divisionen, d. h. solche, die nicht im Gelände beweglich waren, und Neuaufstellungen, jedoch sehr wenig kampfkräftige Verbände. Hätte die Landung im Frühjahr 1944 stattgefunden, dann wäre die Situation für sie nicht mehr ganz so günstig gewesen, und von da an half der deutschen Seite jede Woche weiter, da neue Verbände einsatzbereit wurden.

Es war nun die Frage, ob der Landungsversuch der Amerikaner und Engländer, an dem nicht mehr zu zweifeln war, gelingen werde oder nicht. Schaute man auf die Kräfte, die uns und die dem Gegner zur Verfügung standen, konnte allerdings die Antwort nicht fraglich sein [1].

Die Landung erfolgte am 6. 6. in einem Augenblick, als bei uns das erringbare Maximum an Bereitstellung von Verbänden ungefähr erreicht war. Es dauerte daher Tage, bis die Alliierten gleich stark waren. Aber es ist zu beachten, daß sie am 12. 6., also nach einer Woche, bereits 326 000 Mann gelandet hatten. Die Gegner besaßen den Vorteil, daß sie die Landung durch ihre Schiffsgeschütze abschirmen konnten, vor allem, daß sie über Frankreich eine

1 Vgl. zum Folgenden Albert *Norman, Die Invasion in der Normandie 1944*, in: Entscheidungsschlachten, a.a.O., S. 399—434.

Luftüberlegenheit erreichten, die von da an nie wieder gebrochen worden ist. Außerdem waren wir dadurch im Nachteil, daß im Westen noch mehr als in Italien alle rückwärtigen Eisenbahnen und alle Brücken hinter der Front zerschlagen waren, so daß nur noch im sogenannten „Inselverkehr" auf kleinen Strecken hin und her gefahren werden konnte.

Immerhin gelang etwas Unerwartetes in diesen Tagen. Der Gegner brachte es zwar fertig, seine gelandeten Kräfte zusammenzuschließen, durch die Halbinsel Cotentin durchzustoßen und Cherbourg einzunehmen, aber ihm gegenüber hielt doch noch eine improvisierte deutsche Front quer durch die Normandie.

Hier ist sogleich zu fragen: Wie stand es um deren weitere Aussichten? Das Bild, das schon einmal angeführt wurde — das Bild von dem Draht, der zerspringt, wenn man an einer Stelle kräftig draufschlägt —, ist hier noch einmal zu benutzen. Bei der eindeutigen Überlegenheit des Gegners in bezug auf die Luftwaffe und das Kriegsmaterial war mit geradezu mathematischer Genauigkeit vorauszusehen, daß diese Front eines Tages zerspringen würde, zerspringen mußte. Die Gegner arbeiteten zudem mit doppelter Hebelwirkung: die Briten griffen bei Caen, die Amerikaner am westlichen Flügel an; und da wir unsere Reserven nach Caen als die vermutlich gefährlichste Frontstelle zogen, konnte General Patton Ende Juli bei Avranches den Durchbruch erzwingen. Dieses Verhängnis wurde dadurch noch vergrößert, daß Hitler sich wieder der Illusion hingab, dieses Loch ließe sich noch schließen. Es blieb also der linke aufgeschlagene Flügel der Normandiefront stehen, wo er stand, und daher konnte er von Patton von hinten umfaßt werden. Da es dann den Engländern gelang, auch die Mitte der Front zu durchstoßen, war am 16. 8. der Kessel von Falaise geschlossen, in dem unsere wichtigsten Panzerverbände steckten. Zu den vielen rätselhaften Abläufen dieses Krieges gehört, daß nach bereits völliger Einkesselung durch Aufsprengen der Kesselwand noch Teile herauskamen: es war ein Erfolg, der sowohl der eigenen Taktik als auch der Qualität der eingesetzten Verbände verdankt wurde.

Wir besaßen in diesem Augenblick genaue Nachrichten über die englischen, amerikanischen und französischen Verbände, die noch in Nordafrika und Süditalien bereitstanden; hier handelte es sich um über 20. Es war kein Zweifel, daß sie eines Tages irgendwo im Süden landen würden. Am 15. 8. erhielten wir die Antwort auf diese seit Wochen offene Frage: die Landung erfolgte an der französischen Riviera—und sie konnte gleichfalls nicht aufgehalten werden.

Eine im Westen geglückte Landung bedeutete, daß der latente Allfrontenkrieg sich wieder — wie 1914/18 — als Kneifzange auswirkte. In diesem Augenblick hatte sie geradezu furchtbare Konsequenzen. Man halte sich vor Augen, wie in demselben Augenblick die Gefahr in Finnland zur Katastrophe drängte, ebenso auf dem Balkan und in Italien. Vor allem war die Landung deshalb so gefährlich, weil sich jetzt das — bereits geschilderte — Verhängnis bei der

Heeresgruppe Mitte und in Rumänien anbahnte. Nun wäre ja noch denkbar gewesen, daß wir uns rechtzeitig auf rückwärtige Stellungen zurückzogen, und zwar auf solche Stellungen, die durch weitere Landungen nicht gefährdet waren und auch Menschen einsparten. Der Wehrmachtführungsstab hatte solche Planungen — wie sein Kriegstagebuch nachweist — schon seit längerem vorbereitet, aber davon wollte Hitler nichts wissen. Als er dann endlich im August diese Vorschläge, die General Frhr. Geyr von Schweppenburg bereits am 1. Juli vorgebracht hatte, zur Kenntnis nahm, war die Entwicklung schon über sie hinweggegangen — Geyr fiel bezeichnenderweise in Ungnade.

In den Wochen vorher hatte der Oberbefehlshaber West, Generalfeldmarschall von Rundstedt, noch gehofft, daß — falls es zu einem Kampf im freien Gelände käme — es möglich sein würde, durch geschicktes Operieren den Gegner wieder anzuhalten. Nachdem sich aber nun eine früher unvorstellbare Überlegenheit in der Luft herausgestellt hatte und sich auch zeigte, daß der Gegner auf der Erde von Tag zu Tag ein stärkeres Übergewicht durch seine Panzer gewann, genügend mit Treibstoff versehen war, da war die Rundstedtsche Hoffnung an den Tatsachen zerschellt.

Demgegenüber stand Gen.-Feldm. Rommel als Oberbefehlshaber der von den Niederlanden bis in die Bretagne eingesetzten Heeresgruppe B auf dem Standpunkt, der Gegner müsse an der Grenzscheide zwischen Meer und Land zurückgeschlagen werden. Der Rommelsche Standpunkt hatte sich insoweit durchgesetzt, als bis in den Bereich der Ebbe die Hindernisse vorgetrieben worden waren. Rommel folgerte weiter: gelinge es nicht, den Gegner an der Grenzscheide zwischen Meer und Wasser zurückzuschlagen, dann sei die Landung nicht mehr zu verhindern, sie würde sich dann zu einem Einbruch nach Frankreich hinein ausweiten. Auf Grund seiner Kenntnisse, die Rommel von der gesamten Kriegslage besaß, kam er zu der Überzeugung, daß dies den Verlust des Krieges überhaupt bedeute. Welche Folgerungen Rommel aus dieser Kenntnis zog, ist erst später zu erörtern.

Wie also war die Lage in der Mitte des Jahres 1944? Genauer: an jenem 20. Juli, der — wenn das Attentat des Obersten Graf Stauffenberg gelungen wäre — der deutschen Geschichte und damit zugleich dem Schicksal Europas vielleicht noch eine andere Wendung hätte geben können? Nachdem der Überblick über alle Kriegsschauplätze, auf denen die deutsche Wehrmacht kämpfte, abgeschlossen ist, ergeben sich folgende Feststellungen:

Von unseren Verbündeten war Italien bereits 1943 abgefallen. Die Regierung Mussolini, die am Südrand der Alpen vegetierte, führte nur noch ein Schattendasein. Es wurden zwar auf deutscher Seite einige neue italienische Divisionen aufgestellt, aber noch mehr Divisionen auf der Badoglio-Seite. Finnland, Rumänien und Bulgarien sonderten sich im August/September 1944 ab. Die Slowakei bedeutete im großen Rahmen gar nichts: sie hatte uns nur zwei Divisionen gestellt, und diese erwiesen sich Anfang 1944 als unzuverlässig. Die gesamte slowakische Armee lief dann am 29. August zu den Aufständischen über, die — von den Sowjets gefördert — sich gegen die deutsche Wehrmacht erhoben hatten.

In Kroatien hielt sich noch die Regierung des sog. „Poglavnik" am Ruder, gestützt auf ihre fluchwürdige Ustascha.. Hätte hier Ante Pavelić, der bei der Wehrmacht keine Freunde gewonnen hatte, nicht Rückhalt an Hitler besessen, dann wäre er zweifellos weggefegt worden. Ungarn wurde nur noch mühsam auf der deutschen Seite festgehalten. Deutschland stand also praktisch allein und hatte keinerlei Aussichten, daß ihm noch irgend jemand beispringen würde — der japanische Kriegsschauplatz lag so entfernt, daß sich das Hin und Her der Kräfteverhältnisse im Fernen Osten nur mittelbar auf Europa auswirkte.

An der Ostfront hatte sich die doppelte Katastrophe bei der Heeresgruppe Mitte und in Rumänien bereits ausgewirkt bzw. angebahnt. In Finnland, auf dem Balkan war mit dem Zusammenbruch der bisher gehaltenen Fronten zu rechnen; in Italien war der Rückzug nach Norden angetreten. Und das Schlimmste: im Westen war den Alliierten die Landung gelungen, und der Tag, an dem die Normandie-Front zerspringen und dem Angreifer den Weg nach Frankreich freigeben werde, war in kurzer Zeit zu erwarten.

Daraus ergibt sich der zwingende Schluß: *die militärische Lage war spätestens Mitte 1944 ausweglos.* Auf der militärischen Ebene war kein Umschwung mehr zu erwarten, selbst wenn man die unwahrscheinlichsten Glücksfälle mit in Rechnung stellte.

### 3. Die Menschenreserven, das Kriegsmaterial und die Rohstofflage

*Gab es* — so ist weiter zu fragen — *im Bereich unseres Wehrpotentials irgendwelche Faktoren, die imstande gewesen wären, unsere militärische Gefährdung wieder auszubalancieren?*

Auf dem Gebiete der *Menschenreserven* war dies jedenfalls nicht möglich. Die großen Verlustzahlen, die durch die militärischen Katastrophen in den Jahren 1943 und 1944 eintraten, wurden bereits gestreift; außerdem büßte die Wehrmacht täglich Tote, Verwundete und Erkrankte ein, die durch Genesene und Neueingezogene nicht mehr ersetzt werden konnten. Jedem wird in Erinnerung sein, wie daher der Maßstab, der an die Kriegsverwendungsfähigkeit gestellt wurde, mehr und mehr gestreckt werden mußte, so daß wir schließlich Bataillone von Ohrenkranken und Magenkranken zur Besetzung von nicht gefährdeten Inseln benutzten. Es war also buchstäblich „Not am Mann", und dieser Zustand wurde von Tag zu Tag schlimmer. Die Fronttruppe hatte darunter nicht nur zu leiden, indem sie einen weniger tauglichen Ersatz erhielt, sondern ihr wurde auch keine Atempause mehr gelassen: sie mußte immer und immer wieder eingesetzt werden. Sie wurde überfordert, sie wurde „überstrapaziert“, war dazu verurteilt – es sei hier ein militärischer Fachausdruck benutzt, der den Vorteil hat, die Sachlage prägnant, wenn auch grausam zu erfassen –, „in sich auszubrennen“. Es bleibt geradezu unbegreiflich, daß ein solches Heer noch so lange standgehalten hat.

Wie stand es mit dem *Kriegsmaterial?* Hier ist festzustellen, daß der für die Rüstung zuständige Reichsminister Speer das Unwahrscheinliche fertigbrachte, den Ausstoß der Rüstungswirtschaft im Jahre 1944 noch über den des Jahres 1943 emporzutreiben. Das war gelungen durch die Eingliederung der Fremdarbeiter, durch die Einbeziehung des Industriepotentials der besetzten Länder, vor allem durch die trotz des Bombenkrieges anhaltende Arbeitsenergie der deutschen Belegschaft unserer Fabriken.

In der Mitte des Jahres 1944 war die Industrie also noch imstande, mehr als im Jahre vorher zu leisten; aber von da an begann die Monatsleistung abzusinken. Denn die Bombenschäden, die bisher durch Reparatur und Ausweichmaßnahmen weitgehend aufgefangen worden waren, wurden jetzt so groß, daß die Gegenmaßnahmen sie nicht mehr wettzumachen vermochten. Seit der zweiten Hälfte des Jahres 1944 war die Wehrwirtschaft daher dazu verurteilt, immer mehr zu schrumpfen. Dieser Prozeß nahm fortan durch den Verlust weiterer Industrieräume, z. B. Oberschlesiens, durch die Störung der Eisenbahnverbindungen usw. ein sich ständig beschleunigendes Tempo an.

Wir geben dafür an Hand des KTB zwei Beispiele [1]:

Auf die bedrohliche Entwicklung der *Munitionsfertigung* wies Speer Anfang Dezember 1944 hin; am 3. 1. 1945 teilte der Oberquartiermeister des Wehrmachtführungsstabes mit: „Wenn auch die Lieferungen für den Westen voll befriedigend sind, so sinkt doch jetzt der Munitionsausstoß, so daß Spannungen zu erwarten sind.“ Der Verlust Oberschlesiens (Ende Januar) beschleunigte die befürchtete Entwicklung. Aus dem Februar hielt das KTB fest: „Bedrohlich wird jetzt das Absinken der Munitionsfertigung (im letzten Quartal 4 418 Züge – d. h. rund 49 am Tag –, jetzt nur noch 8 bis 9 am Tag).“

Da vom 1. Juni 1944 bis zum 1. März 1945 (10 Monate) 3½ Millionen Gewehre verlorengegangen waren, führte der Mangel an Hand- und Maschinenwaffen im Februar dazu, den Reichsbehörden und den nichtmilitärischen Verbänden, dann auch noch dem nicht in die Wehrmacht eingegliederten „Volkssturm“ die ihnen unter dem Propagandaruf „Volk ans Gewehr!“ ausgehändigten Waffen wieder abzunehmen. „Luftwaffe und Kriegsmarine vermochten nichts mehr abzugeben, waren vielmehr nicht einmal mehr imstande, die von ihnen aufgestellten Landverbände aus eigenen Beständen zu bewaffnen.“

Wenn selbst die Gewehre nicht mehr ausreichen und die Munition knapp wird, läßt sich kein Krieg mehr gewinnen.

1 Vgl. hier und zum Folgenden das KTB 1945, 2. Abschn., I. Teil, III.

In diesem Zusammenhang ist auch ein Blick erforderlich auf unsere *Roh=stofflage*. Denn von einem ihrer Sektoren aus stellte schon sie allein die Existenz des „Dritten Reiches“ in Frage.

Bis 1944 waren wir ja in der günstigen Lage, daß wir die Bodenschätze der besetzen Gebiete ausnutzen konnten und daß die noch übriggebliebenen Neu=tralen uns das Fehlende lieferten, weil sie auf unsere Gegenleistungen ange=wiesen waren. Daher herrschte zwar überall Mangel, aber durch Fortgang der Förderungen und der Lieferungen einerseits, durch Sparmaßnahmen und Ver=wendung anderer Stoffe andererseits waren die für die Kriegführung unent=behrlichen Grundstoffe im Jahre 1944 noch soweit vorhanden, daß die Krieg=führung an diesem Mangel nicht zu scheitern drohte. Das Gesagte bezieht sich auf Gummi, Nickel, Molybdän, Bauxit, Mangan, Wolfram und Chrom. Auch die Kugellagerfertigung, die durch die Bombardierung von Schweinfurt schwer getroffen wurde, befand sich zwar in einem schlimmen Engpaß, aber durch schwedische Lieferungen und andere Maßnahmen kamen wir auch auf diesem Gebiet noch zurecht.

Jedoch geriet die *Treibstoffversorgung* der Wehrmacht im Mai 1944 in eine Krise, die von Monat zu Monat schlimmer wurde und sich so auswuchs, daß sie schließlich allein den Krieg hätte zum Stehen bringen müssen, auch wenn die anderen Katastrophen gar nicht eingetreten wären. Diese Treibstoffkrise, die vor der Öffentlichkeit natürlich verborgen wurde, begann am 5. April 1944 mit dem ersten erfolgreichen Angriff gegen das rumänische Erdölgebiet von Ploesti und die Verlade=Anlagen von Giurgiu an der Donau (ein im August 1943 von Afrika aus unternommener Versuch war bei nur geringen Verlusten abgeschlagen worden, und die Gegner brauchten Zeit, bis sie den Anflug mit Aussicht auf Erfolg wiederholen konnten; zu Hilfe kam ihnen jetzt die Ein=nahme der Flugplätze bei Foggia in Italien, von denen aus ihre 4mot.=Bomber starten konnten). Weitere Luftangriffe gegen Ploesti folgten, die neue Schäden verursachten.

Zu dieser Aktion kam nun seit dem 12. 5. noch das, was die Sachkundigen seit langen Monaten als bevorstehend ansahen, so daß sie sich ständig gefragt hatten: wann kommt dieser tödliche Schlag gegen Wehrmacht und Industrie zugleich? Gemeint ist der jetzt einsetzende systematische Angriff gegen die deutschen Hydrierwerke. Außerdem wurde noch die Donau aus der Luft mit Minen verseucht, so daß zum Abtransport des Erdöls aus Rumänien nur noch die Eisenbahnen in Betracht kamen. Auch sie wurden gleichfalls aus der Luft angegriffen; daher war der Abtransport schon im Mai auf die Hälfte abge=sunken.

Die rumänische Rohölförderung fiel im Mai von 430 000 moto auf 240 000, also auf 56%; in Deutschland belief sich der Ausfall auf ein Drittel. Durch eine so enorme Abnahme auf der einen Seite, der auf der anderen eine enorme Mehranforderung durch den Allfrontenkrieg gegenüberstand, geriet die Wehr=

macht in eine Kneifzange, aus der sie nie mehr herausgekommen ist. Denn kaum war ein Werk wieder aufgebaut, wurde es von neuem zerschlagen.

Die Angaben des KTB können jetzt ergänzt werden durch die inzwischen veröffentlichten Angaben der Alliierten sowie die erhaltenen deutschen Akten. Danach sank im Sept. 1944 die Produktion sämtlicher deutscher Hydrierwerke (nunmehr wurden auch die schlesischen angegriffen) auf 8% des Höchststandes im April 1944; besonders schwer getroffen wurde die Erzeugung von Flugzeugbenzin: das Aufkommen belief sich auf nur 10 000 to, d. h. auf 5% des vor der Luftoffensive erreichten Standes. Die Vorräte schmolzen daher auf 200 000 to zusammen, also auf so viel, wie allein im Mai 1944 verbraucht worden war. Dagegen erreichte die Kapazität der Raffinerien im Sept. noch 60% der des Frühjahrs, nämlich 113 000 to.

Gegenmaßnahmen und die für den Gegner ungünstige Wetterlage bewirkten bis zum Jahresende einen gewissen Erfolg; daher konnte verhindert werden, daß das deutsche Gesamtaufkommen unter ein Drittel des Standes im ersten Vierteljahr 1944 absank; aber zwei Drittel waren verloren.

Dadurch bildete sich im Treibstoffbereich eine Unterlegenheit Deutschlands heraus, die sich in der Mitte 1944 verhielt wie 100 zu 2920 und Anfang 1945 anstieg wie 31 zu 3118, d. h. wie 1 : 100 — dieser Berechnung liegen noch Zahlen zugrunde, die auf der deutschen Seite vermutlich das Maximum in Rechnung stellen [1].

Im Nürnberger Prozeß sagte der für den Betriebsstoff zuständige Reichsminister Speer aus, daß die ab 12. Mai 1944 auf die Treibstoffwerke durchgeführten Angriffe eine Katastrophe herbeigeführt hätten: „Mit dem Gelingen dieser Angriffe war der Krieg produktionstechnisch verloren; denn auch die neuen Panzer und Strahlenjäger nützten mir nichts ohne Treibstoff [2]."

Die Folgen brauchen nicht weiter ausgeführt zu werden. Jetzt mußte mit jedem Liter gegeizt werden, bei der Luftwaffe litt unter diesem Mangel die Ausbildung des Nachwuchses noch mehr als bisher, und die Zivilbevölkerung gewöhnte sich an den Anblick von Militärautos mit Holz- oder Gasantrieb. „Die Betriebsstofflage", so lautet es in den Informationen, die am 3. 1. 1945 der Oberquartiermeister im Wehrmachtführungsstab dem KTB gab, „hat sich weiter verschlechtert. Außer Pölitz sind die großen Werke im Augenblick stillgelegt, ... Es wird wohl die Folgerung gezogen werden müssen, daß das Heer

1 Diese Angaben nach Wolfgang *Birkenfeld*, Der synthetische Treibstoff 1933 bis 1945. Ein Beitrag zur nationalsozialistischen Wirtschafts- und Rüstungspolitik, Diss. Göttingen 1961. Diese von mir angeregte und den Abschnitt 10 benutzende Arbeit wird hoffentlich zum Druck gelangen.

2 Der Prozeß gegen die Hauptkriegsverbrecher (IMT) XVI, Nürnberg 1948 S. 533. Vgl. auch die Unterlagen für den Vortrag des Gen.-Obersten *Jodl* vor den Reichs- und Gauleitern (München 7. 11. 1943) im KTB 1945, 4. Abschn., A. I. 2. betr. den Osten: „Kein Erfolg des Feindes ist dort unmittelbar tödlich, außer der Ausschaltung des rumänischen Erdölgebietes."

weitgehend entmotorisiert wird, daß also die Panzer-Grenadiere zu Fuß oder Rad bewegt werden und nur die Panzer-Brigaden voll motorisiert bleiben. Anregungen in dieser Richtung sind bereits seit längerem gegeben worden; Erwägungen sind beim Generalstab des Heeres im Gange." [1]

Das heißt also, daß das Heer in einer Zeit, in der sich die Motorisierung des Gegners von Tag zu Tag stärker auswirkte, aus Betriebsstoffmangel in einen Zustand zurückfiel, der etwa dem am Ende des I. Weltkriegs entsprach.

Es wurde noch schlimmer. Dem Chef OKW wurde am 28. 1. eine Übersicht über die im Februar zu erwartende Treibstofflage vorgelegt, aus der in Stichworten das Wesentliche herausgeholt sei: Bedarf an Flugbenzin für vordringliche Einsatz- und Ausbildungsaufgaben 40 000 to, geschätzte Produktion jedoch nur 9 000 to, dazu eine auf 12 000 to abgesunkene OKW-Reserve; die Ergänzung von Kraftwagen-Betriebsstoff zur Zeit zum Stillstand gekommen, da fast alle großen Werke ausgefallen waren; für die Fahr-Kraftstoffe ließ sich wegen der unsicheren Produktionslage überhaupt kein Monatsansatz machen (dabei eine OKW-Reserve, die im Januar von 22 500 auf 14 000 to absank). Der Chef OKW mußte daher am 11. Februar die rücksichtslose Beschränkung aller Luftwaffeneinsätze befehlen: „Einsatz nur an den jeweils entscheidenden Schwerpunkten und nur da, wo andere Mittel keinen Erfolg versprechen; Einschränkung der Luftversorgung auf das äußerste" — so befohlen in einem Augenblick, in dem die Luftüberlegenheit des Gegners schon allein genügt hätte, ihm den Sieg zu verbürgen.

Bei solcher Lage konnte Ende Februar nur noch ins Auge gefaßt werden, dem gesamten Heer im März 13 000 cbm zuzuteilen — allein für die Ardennen-Offensive waren 40 000 cbm bereit gehalten worden.

Aus unseren Ausführungen ergaben sich folgende Feststellungen:

1. Seit 1944 konnte der Menschenbedarf der Wehrmacht nicht mehr ausreichend gedeckt werden; das Heer war daher der Gefahr ausgesetzt, „auszubrennen";
2. die Wehrwirtschaft leistete zwar noch Erstaunliches, fing jedoch seit der 2. Hälfte des Jahres 1944 infolge der Bombenschäden zu schrumpfen an;
3. die Treibstofflage entwickelte sich seit Mai 1944 so, daß die Wehrmacht eines Tages von selbst zum Stehen kommen mußte.

Von diesen drei Faktoren zwingt jeder einzelne wiederum zu dem Schluß: *der Krieg war unweigerlich verloren, zum mindesten seit Mitte 1944.*

Dessen war sich im Grunde auch Hitler bewußt: am 5. 2. 1945 erklärte er in der Lagebesprechung: „Der moderne Krieg sei vorwiegend ein Wirtschaftskrieg, dessen Forderungen bevorzugte Berücksichtigung finden müßten" [2].

1 Vgl. hier und zum Folgenden das KTB 1945, 1. Abschn., I.: 3. 11. 1945 und 2. Abschn., I. Teil, I. 3.
2 Niederschrift des OB.d.M.; Teil II der „Dokumente".

### 4. Die Frage der Geheimwaffen

An diese Feststellungen hängt sich eine Frage, die gesondert zu beachten ist. Es ist zunächst zu erörtern, ob nicht im Hintergrund doch noch irgendeine Möglichkeit verborgen lag, die imstande gewesen wäre, die angeführten Schwächen wieder auszugleichen. Konkret gesprochen: gab es Kriegswaffen, die dem Krieg im letzten Augenblick noch eine andere Wendung hätten geben können? *Existierten geheime „Wunderwaffen", wie damals geraunt wurde und wie die Goebbelssche Propaganda es ganz bewußt der großen Masse suggerierte?*

Die Verwirrung ist nach der Katastrophe durch das Gerede in den Gefangenenlagern, die richtige Brutstätten für Gerüchte und Legenden geworden sind, vermehrt worden. Unheil haben aber auch Sensationsmeldungen der Westpresse angerichtet, die nach der Katastrophe zu zeigen versuchten, wie gefährlich die Deutschen auf Grund ihrer Erfindungen gewesen seien. Beschneidet man all dieses Gerede zurück auf das berechtigte Maß, dann kommt man zu folgenden Feststellungen:

Das alte Sprichwort, Not mache erfinderisch, erwies sich auch im letzten Krieg als wahr. Es bleibt erstaunlich, was deutsche Erfinder, Ingenieure und Techniker alles ersonnen haben. Es sei erinnert an die Entwicklung der Düsenflugzeuge, der U-Boote mit neuem Antrieb, der V-Geschosse. Aber so viel auch erfunden sein mag, so viel auch schon vorbereitet oder erprobt gewesen ist, so viel auch schon in den Frontversuch gegeben werden konnte – man muß diese Unterschiede sehr genau beachten –, nichts davon war so einschneidend, daß es dem Kriege noch eine andere Wendung zu geben imstande gewesen wäre.

Die den feindlichen Jägern überlegenen Düsenflugzeuge waren zwar schon im Einsatz, aber es war nicht mehr möglich, sie – wie der General Galland es erhoffte – noch einmal zu einem Großeinsatz zu bringen. Weil die Not an der Front so groß war, wurden sie ihm weggenommen, bevor er genügend gehortet hatte. Die neuen U-Boote mit „Walther"-Antrieb konnten sich auch nicht mehr auswirken, weil die wichtigsten U-Boot-Basen bereits verloren waren und die Endkatastrophe dazwischenkam – und so fort.

Bei allen diesen Erfindungen spielte – was nicht übersehen werden darf – nicht nur der Mangel an Menschen und an Material, sondern auch die durch Bombenschäden immer schlimmer werdende Eisenbahnlage eine verhängnisvolle Rolle, da sich dadurch Verzögerungen in der Fertigstellung ergaben.

Selbst wenn man einmal annimmt, daß alles Vorbereitete noch fertig geworden wäre, so ist dennoch rückschauend festzustellen, daß keine dieser Erfindungen imstande gewesen wäre, alle jene negativen Faktoren, die anzuführen waren, wettzumachen. Die Not hat uns zwar erfinderisch gemacht, aber sie hat uns nicht auf ein Mittel geführt, das die überall weichenden Fronten, das Ausbrennen des Heeres, das Schrumpfen der Industrie, das Schwinden des Treibstoffes hätte aufhalten können.

Damit ist implicite bereits gesagt, daß wir keine fertigen oder halbfertigen *Atombomben* besaßen. Davon ist damals geraunt worden, und es gibt vielleicht noch Menschen, die sich von dieser Illusion nicht freizumachen vermögen. Inzwischen liegen die Erklärungen der beteiligten Wissenschaftler vor, aus denen hervorgeht, daß die deutschen Vorbereitungen bewußt eingeschränkt wurden. Der Grund zu der im August 1942 gefällten Entscheidung war, daß die Atomforscher auf die Frage, wann sie fertig werden würden, nicht die Gewähr geben konnten, daß in den nächsten zwei Jahren etwas Anwendbares herauskommen werde. Darauf erklärten die verantwortlichen Stellen, in zwei Jahren sei der Krieg so oder so zu Ende; deshalb könne man nicht für etwas Ungewisses einen beträchtlichen Teil des deutschen Potentials festlegen. Die noch durchgeführten Kleinversuche wurden dann im Jahre 1943 durch die Angriffe der Alliierten gegen das norwegische Werk Rjukan unterbunden; denn fortan konnte das erforderliche „schwere Wasser" nicht mehr in genügendem Maße beschafft werden. Es hat also keine deutsche Atombombe gegeben; ja wir sind ganz weit ab von ihrer Herstellung geblieben.

Es ergibt sich demnach folgende Feststellung:
*Es gab keine Geheimwaffen, die imstande gewesen wären, dem Kriege eine andere Wendung zu geben, und es gab erst recht keine deutsche Atombombe.*

#### 5. Auswirkung von „Sabotage" und „Verrat"?

Es bleibt eine Frage übrig, die das gleiche Grundproblem noch von der negativen Seite aus beleuchtet. Sie lautet so: *Ist die Entwicklung zur Katastrophe hin dadurch beschleunigt worden, daß Sabotage und Verrat einwirkten?*

Zum Problem der *Sabotage* ist zu sagen, daß bei den Millionen von Fremdarbeitern, die schließlich in der Wehrwirtschaft beschäftigt wurden, daß bei der Mitbenutzung der Industrie in den besetzten Ländern die Voraussetzungen für eine Sabotage im größeren Maßstabe denkbar günstig waren. Demgegenüber sei festgestellt, daß — soweit es Sabotage gab — diese niemals einen spürbaren Umfang angenommen hat. Beim Wehrmachtführungsstabe, dem jede Information auf dem schnellsten Weg zufloß, hätten solche Feststellungen natürlich größte Unruhe ausgelöst, da ja alle seine Berechnungen auf der Frage beruhten: Kommt tatsächlich das aus der Heimat zur Front, was in Aussicht genommen ist? Es sind jedoch in den Jahren 1943, 1944 und 1945, in denen ich diesem Stabe angehörte, nur zwei, drei Fälle, bei denen anfangs Sabotage vermutet wurde, die sich aber nachträglich anders erklärten und sich im großen gar nicht ausgewirkt hatten, bekanntgeworden. Das Argument „Sabotage" kann also nicht benutzt werden, um irgendwie den Ausgang des Krieges zu erklären. Im besonderen gehört der Ingenieur-Saboteur Oderbruch in Zuckmayers sonst so treffsicherem Theaterstück „Des Teufels General" nur der Literatur an.

Zum Thema *Verrat* ist in bezug auf die Heeresgruppe Mitte bereits das Erforderliche gesagt worden: bei ihrer Vernichtung hat Verrat *keine* Rolle gespielt. Diese Feststellung ist nun dahin zu erweitern, daß der Verlauf der Fronten auf keinem Kriegsschauplatz und zu keiner Zeit des Krieges durch Verrat eine Änderung erfahren hat. Das gilt im besonderen für die Zeit vor und während des 20. 7. 1944. Es haben zwar Oberbefehlshaber sowie Generale und Stabsoffiziere in Schlüsselstellungen zu den Verschworenen gehört, aber sie haben im Osten und im Westen den militärischen Widerstand gegen den äußeren Feind genau so nachhaltig durchgeführt wie die anderen, die nicht beteiligt waren. Das sieht man besonders deutlich an dem Verhalten des Gen.=Feldmarschalls Rommel; das ergibt sich aber schon aus folgenden Überlegungen: Die Männer des 20. 7. hofften, zu Verhandlungen mit der Gegenseite zu kommen. Die Voraussetzung dafür war aber, daß die deutsche Front hielt, daß noch ein Damm stand; denn war der Dammbruch erfolgt, dann brauchten die Gegner niemanden mehr als Verhandlungspartner. Die Verschworenen hatten also genau dasselbe, ganz genau dasselbe Interesse wie Hitler, die Fronten im Osten, im Westen, im Süden und Südosten aufrechtzuerhalten.

Man kann also die Deutung „Verrat" genau so wenig heranziehen wie das Wort „Sabotage", um den Ablauf des Krieges zu erklären. Der Ablauf des Krieges ist vielmehr in sich selbst so schlüssig, daß sein Ausgang keiner anderen Erklärung mehr bedarf.

### 6. Schlußfolgerungen: Der Krieg bereits Mitte 1944 unabänderlich verloren

Da es keine Möglichkeit gab, dem Krieg durch den Einsatz noch nicht verwandter Geheimwaffen eine andere Wendung zu geben, sehen wir uns auf die am Schluß des Abschnitts 2 gemachte, in Abschnitt 3 erhärtete Feststellung zurückgeführt:

In der Mitte des Jahres 1944 war die militärische Lage an allen Fronten so bedrohlich, z. T. bereits so katastrophal, daß *der Krieg als endgültig verloren angesehen werden mußte*.

Das Heer war „ausgebrannt"; die Wehrwirtschaft trat in einen unaufhaltsamen, durch den Verlust Oberschlesiens (Ende Jan. 1945) noch ruckartig verschlimmerten Schrumpfungsprozeß ein; die unheilvolle Entwicklung der Treibstoff=Frage drohte eines Tages das Heer zum Stehen zu bringen und die Luftwaffe der der Gegner vollends unterlegen zu machen.

Solange Hitler die politische und militärische Führung in der Hand behielt, bestand andererseits keine Möglichkeit, um die auf auf der Konferenz von Casablanca (Jan. 1943) als Ziel verkündete „bedingungslose Übergabe" herumzukommen.

Wie man die Dinge auch wenden, von welcher Ebene, von welchem Sektor aus man den Krieg betrachten mag: der seit der Landung im Westen (6. 6. 1944) tatsächlich zum „Allfrontenkrieg" gewordene II. Weltkrieg war von Deutschland nicht mehr zu gewinnen. Da der Versuch, eine neue Regierung ans Ruder zu bringen, am 20. Juli 1944 gescheitert war und die darauf vermehrten Sicherungsmaßnahmen eine Wiederholung des Versuches, die führenden Männer des Regiemes zu beseitigen, völlig aussichtslos machten, *war die Schlußkatastrophe gewiß.*

*Nur ihr Datum stand noch nicht fest.*

## III. Die Truppe — Die Generale — Hitler als Feldherr

Damit ist der überhöhende Gesichtspunkt festgelegt, von dem aus die im KTB des Jahres 1944/45 festgehaltenen Tatsachen geschichtlich einzuordnen sind.

Es berichtet, wie sich der Krieg noch elf Monate über die Landung im Westen hinaus hinschleppte, obwohl wir an allen Fronten zurückgedrängt wurden, obwohl auf den verschiedenen Kriegsschauplätzen Katastrophen im Ausmaß von Stalingrad drohten.

Wie war das möglich?

Das KTB kann darauf nur vom militärischen Sektor aus eine Antwort geben, also nur eine partielle.

Da nur wenige Leser die Zeit werden aufbringen können, den Text durchzulesen, sei ihre Aufmerksamkeit auf die Tatsachen gelenkt, die das Kriegstagebuch bewußt wieder und wieder aktenkundig gemacht hat. Sie scheinen mir auch heute noch entscheidend für das Verständnis der letzten anderthalb Jahre des Krieges zu sein, insbesondere für die Frage, weshalb der Zusammenbruch sich so lange hinzog.

### 1. Die fortschreitende Überforderung der Truppe

Die Erfolge der ersten Kriegsjahre hatten Hitler zu dem Glauben verführt, daß man vom deutschen Soldaten alles verlangen könne, da er imstande sei, Übermenschliches zu leisten. Das hatte der „Landser" ja in einem erstaunlichen Maße wahr gemacht — aber seine Kräfte hatten Grenzen, und diese traten mehr und mehr heraus, als der Gegner im Westen durch Vollmotorisierung, stärkere Ausstattung mit Schnellfeuerwaffen, bessere Verpflegung, längere Atempausen usw., vor allem durch seine Luftwaffe, den deutschen Kräften überlegen geworden war und im Osten das numerische Übergewicht sich auswirkte.

Die Tragik des deutschen Soldaten in der zweiten Hälfte des Krieges lag darin, daß er — im Glauben, es habe einen Sinn, den Widerstand fortzusetzen, selbst das Leben hinzugeben — tatsächlich noch Übermenschliches leistete, daß das Vollbrachte jedoch — objektiv betrachtet — sinnlos war, weil selbst Teilerfolge nichts mehr am Ausgang des Krieges zu ändern vermochten.

Dieses Verhängnis zeichnete sich seit 1942 ab, trat in der Katastrophe von Stalingrad (Febr. 1943) grell hervor und kennzeichnet das ganze Jahr 1944 — von 1945 ganz zu schweigen.

Erfuhr Hitler, wie es wirklich um den deutschen „Landser" stand? Und paßte er seine Anforderungen an ihn den Umständen an, die sich mittlerweile herausgebildet hatten?

Ich führe hier zwei den Herbst 1944 betreffende Zustandsberichte an, die mich damals beim Durchlesen erschütterten und die ich deshalb wörtlich im Kriegstagebuch festhielt:

Am 10. 10. schrieb der Oberbefehlshaber der Heeresgruppe G, General Balck, in einem Privatbrief an den Generalobersten Jodl, der Zustand der 1. Armee und der 5. Panzer-Armee sei leidlich, der der 19. Armee jedoch bejammernswert: „Ich habe noch nie so zusammengewürfelte und schlecht ausgerüstete Truppen geführt. Wenn wir die Lage hier wieder hinbogen und es schließlich ermöglicht haben, daß sogar die 3. Panzer-Grenadier-Division nach Norden abgegeben werden konnte, so liegt das neben der schlechten und zaghaften Führung der Amerikaner und Franzosen daran, daß die Truppen — einschließlich der zusammengewürfelten Horden — sich unerhört schlagen. Was hier von General und Mann, die beide vielfach nebeneinander in vorderster Linie gegen stärkste personelle und materielle Übermacht kämpften, geleistet wurde, ist unglaublich" [1].

Am 1. 12. übermittelte der OB West, Gen.-Feldmarschall v. Rundstedt, den Bericht eines Nationalsozialistischen Führungs-Offiziers, also eines für Hitler einwandfreien Zeugen, der den Zustand der die Vogesen verteidigenden Heeresgruppe G so kennzeichnete: „Je länger man die 19. Armee in ihren schweren Kämpfen im Elsaß betrachtet, um so mehr steigt die Achtung vor einer Kampfgemeinschaft, die an sich nicht den Charakter einer wohl ausgebildeten Armee hat, sondern im Grunde ein zusammengewürfelter Haufen ist. Trotzdem ist es gelungen, aus diesem Haufen durch die Kampfhandlungen eine Gemeinschaft zu machen. Allerdings ist sie heute eine nahezu völlig erschöpfte Gemeinschaft. Der beste Wille wird durch die ununterbrochene Kampftätigkeit erschöpft. Viele der einzelnen Männer sind am Ende ihrer Kräfte. Könnte man ihnen zwei Tage Schlaf geben, so würden sie ganz anders stehen." Bei einem Herabsinken der Regimenter auf 80—150 Mann sei das Halten, ja das Angreifen der Truppe doppelt beachtenswert. Überall sei die Leistung Einzelner entscheidend. Grundstimmung vieler Offiziere sei, daß sie mit dem Leben abgeschlossen hätten und es teuer verkaufen wollten [2].

Es kann kein Zweifel sein, daß diese Berichte von Hitler gelesen oder daß sie ihm zumindest vorgetragen worden sind — und zwar unretouchiert.

Daß dieser Zustand von Monat zu Monat noch schlimmer wurde, sei durch Zeugnisse aus dem Februar 1945 belegt:

Am 2. 2. meldete der OB West, daß die tatsächliche Stärke der Heeresgruppe B nur noch 140, die der Heeresgruppe G nur noch 200 Bataillone betrage: „Es läßt sich unschwer errechnen, wann bei weiterem Ausbleiben von Ersatz die restliche Kampfkraft der Infanterie zerschlagen ist." Am 7. 2. erstattete er auf Grund einer Besprechung mit allen seinen Armeeführern Meldung über die abgesunkene

1 Vgl. den 3. Abschnitt: Der Westen: 6. Die Kampfhandlungen vom 25. 9. bis 9. 10.

2 Ebd. III: Der Verlust von Belfort usw. Einen auf dieselben Feststellungen hinauslaufenden Bericht des zum LXIV. AK. entsandten NSFO, der über den OB West Hitler vorgelegt wurde (28. 11. 1944), bei H.-A. *Jacobsen*, 1939/1945, Darmstadt 1959, S. 366 f.

Kampfstärke bei der Heeresgruppe B, über die Übermüdung und Überanstrengung der Truppe sowie ihren inneren Zustand: „Der Soldat hat im allgemeinen die Schnauze voll." Unabhängig davon sei sich jeder Offizier, Unteroffizier und Mann darüber klar, daß angesichts der Lage in der Heimat und im Osten bis zum letzten durchgehalten werden müsse[1]. Der Nachsatz parierte vorsorglich die denkbaren Möglichkeiten des Verdachts, der bei Hitler vorauszusetzen war, wenn ihm reiner Wein eingeschenkt wurde.

Am 11. 2. ging eine dritte Meldung ein, die die ganze Westfront umfaßte und durch Vergleichszahlen erhärtete, wie weit die Kampfkraft abgesunken war und daher die numerische Unterlegenheit zugenommen hatte. Der OB berichtete, daß er täglich durchschnittlich 3000 Mann verlöre, dafür aber — einschließlich der Genesenden — nur rd. 2000 Mann Ersatz erhielte. Er gab gleichzeitig den Bericht eines Korps weiter, das einen Einbruch in den Westwall nicht hatte auffangen können und diesen Rückschlag mit dem körperlich erschöpften Zustand, den mangelnden Kampferfahrungen der Bunker-Besatzungen sowie mit dem Fehlen von Eingreifreserven und ausreichender Panzerabwehr begründete[2].

Am 12. 2. ergänzte der OB West diese Meldung durch eine weitere: danach hatte er seit dem 16. 12. (Beginn der Ardennen-Offensive) 82 234 Mann eingebüßt, aber nur 29 708 Mann Ersatz erhalten. Die nunmehrige Stärke seiner Infanterie berechnete er auf nur 45 Voll-Bataillone (d. h. die Sollstärke von nur 6½ Voll-Divisionen). Bei der 15. Armee stehe einem deutschen Bataillon etwa eine Feind-Division, bei der 5. Pz.-Armee und der 7. Armee ⅔ Feind-Division gegenüber. Das Verhältnis der eigenen Panzer und Sturmgeschütze zu denen der Gegner schätzte der OB wie folgt ein:

| | | | |
|---|---|---|---|
| 15. Armee | 115 | : (Gegner) etwa | 1000 |
| 5. Pz.-Armee | 185 | : (Gegner) etwa | 400 |
| 7. Armee | 114 | : (Gegner) etwa | 800 |

Bei der in der Mitte stehenden *Heeresgruppe B* waren von 29 Divisionen nur 7 voll einsatzfähig; 18 waren bedingt einsatzfähig, 5 abgekämpft und zum Teil nicht einsatzfähig. Im Bereich der im niederrheinischen Raum kämpfenden *Heeresgruppe H* sei — so meldete der OB weiter — das Verhältnis etwas besser: 9 Divisionen (davon 4 Fallschirmjäger-Divisionen, meist ohne Kampferfahrungen, und die 15. Pz.-Grenadier-Division, die nicht voll einsatzfähig sei) stünden gegen vermutlich 10 Infanterie-Divisionen, 4 Pz.-Divisionen sowie 6 Pz.-Brigaden. Das Kräfteverhältnis sei daher 2½mal schlechter als bei der Abwehr um Aachen, bei der im Herbst 1944 noch ein Erfolg hätte erzielt werden können[3].

Wie ungeheuerlich die Überbeanspruchung des Soldaten sich am Schluß des Krieges auswirkte, beleuchtet die Notiz im Lagebuch vom 3. 4. 1945: „Südostwärts davon (d. h. von Aschaffenburg) 80 Panzer, gegen die 1 Bataillon angesetzt wurde" — da half kein „Fanatismus" mehr.

In diesen Monaten hatten die militärischen Niederlagen bereits eine ungeheure Flüchtlingsbewegung ausgelöst, mit der verglichen die Völkerwanderung sich klein ausnimmt. Bis zuletzt lagen dem Wehrmachtführungsstab relativ verläßliche Zahlen über diese Katastrophe vor, neben der alles verblaßt, was die Deutschen seit dem Dreißigjährigen Krieg erlebt hatten. Am 6. 3. 1945 heißt es z. B. in der Rubrik „Osten" des KTB: „Da in Danzig sich 1 000 000 Flüchtlinge in Bewegung gesetzt haben, ist die Gesamtsumme der Flüchtlinge nun auf 10 Millionen angestiegen." Natürlich sind diese und die

1 KTB 1945, 2. Abschn., II. Teil, B: Westen 7. 2.
2 Vgl. ebd. 11. 2.
3 Vgl. ebd. 12. 2.

anderen Zahlen, die im KTB vermerkt sind, Hitler in der Lagebesprechung laufend vorgetragen worden; das gilt auch von den Feststellungen, zu denen die übrigen Dienstbereiche gelangten (vor allem ermöglichte die Ausgabe der Lebensmittelkarten einen Überblick über den Stand der Flüchtlingsbewegung) – aber alle Zahlen haben Hitlers Entschlüsse nicht beeinflußt. Seine Führung war mehr und mehr zu einer Illusionsstrategie geworden, die von Manipulationen auf der Karte mit blauen und roten Eintragungen annahm, daß sie sich auf die Wirklichkeit übertrügen, wenn sie befohlen würden.

Ist etwas von den Verantwortlichen unternommen worden, um dem entgegenzuwirken?

Damit der „Oberste Befehlshaber der Wehrmacht" sich keinen falschen Vorstellungen über den Kampfwert der Verbände hingab, waren auf den Hitler vorgelegten Lagekarten die roten Pfeile, die die feindlichen Angriffe bezeichneten, auf Geheiß der zuständigen Offiziere überdeutlich markiert. Außerdem enthielten die Kartenecken Vermerke, wievielePanzer ausgefallen und wieviele in Reparatur, wieviele also tatsächlich einsatzfähig waren, so daß auf einen Blick zu erkennen war, bei der und der Pz.-Division handele es sich nicht um einen vollen, sondern nur einen halben oder noch schwächeren Verband. Der Wehrmachtführungsstab, ebenso der Generalstab des Heeres führten ferner laufend korrigierte Tabellen über die Divisionen aller Gattungen, auf denen deren Teile schematisch durch Blocks – weiß der „Soll-", schwarz der tatsächliche Bestand – wiedergegeben waren, so daß auf Anfrage hin sofort angegeben werden konnte, wie weit ihre Kampfkraft abgesunken war. Da ich diese Tabellen sorgfältig studiert habe, kann ich dem Wehrmachtführungsstab bescheinigen, daß er sich auf das intensivste bemüht hat, der „Illusionsstrategie" entgegenzuwirken. Ich muß allerdings hinzufügen, daß seinen Bemühungen kein Erfolg beschieden war.

In diesen Zusammenhang gehört auch die Entsendung von jüngeren Generalstabsoffizieren auf die verschiedenen Kriegsschauplätze, die dort nicht nur die Kommandostellen aufzusuchen, sondern sich unmittelbar bei der Truppe ein Bild von deren Nöten und Wünschen zu machen hatten. Ihre durchweg ausgezeichneten, durch keine Rücksichten irgendwelcher Art gebundenen Berichte, die ich für das KTB mit Nutzen ausgewertet habe, wurden alle Hitler vorgelegt und auch von ihm zur Kenntnis genommen. Was geschehen konnte, ist also geschehen.

Gegen Ende des Krieges setzte bei Hitler ein geradezu rauschartiger Zustand ein, „Armeen" aus dem Boden zu stampfen, indem alles, was eingezogen war, an die Fronten geworfen wurde. Der Leser schlage nach, was das „Lagebuch" unter dem 28. 3. 1945 über die „Gotenbewegung" verzeichnet, d. h. über die Zuführung von den noch im Heimatgebiet vorhandenen Kräften an die Ost- und an die Westfront. Es heißt hier – nachdem die bereits in

Marsch gesetzten Verbände aufgezählt sind — von den vorbereiteten Maßnahmen: „Aus der Stamm=Mannschaft des Reichsarbeitsdienstes werden 3 Divisionen, im gesamt also 6 aufgestellt. 43 Züge fuhren ab, 12 sind bereits beim OB West eingetroffen. Weiter werden im Fußmarsch aus den Ausbildungstruppen (ohne Panzer) nach Westen 72 000 Mann, nach Osten 96 000 Mann in Bewegung gesetzt, mit den weiteren Kräften also rund 200 000 Mann. Über die Aufstellung eines Freiwilligen=Korps ‚Robert Ley' liegen noch keine Einzelheiten vor."

Worum handelte es sich bei Lichte besehen? Um Fahnenjunker= und andere Schulen, deren Angehörige noch nicht fertig ausgebildet waren und deren Stammpersonal sich z. T. aus Verwundeten oder eben Genesenden zusammensetzte, um Verbände, deren Aufstellung bzw. Wiederaufstellung noch nicht abgeschlossen war und die — von der fehlenden Fronterfahrung auch in diesem Falle abgesehen — in sich noch keine Festigkeit besaßen: die einen zu jung, die anderen zu alt, noch dazu ohne die erforderliche Ausstattung mit Kraftfahrzeugen, Nachrichtenmitteln usw., zum Teil erst unzulänglich an den Schußwaffen ausgebildet, aber bestimmt — ja man muß wohl sagen: durch einen Unbelehrbaren dazu verurteilt —, erprobten Divisionen mit vollständiger, hochmoderner Ausrüstung entgegengeworfen zu werden. Nüchtern gewertet also „Verstärkungen", die nur auf dem Papier standen.

Auch diese Verbände haben furchtbaren Blutzoll zahlen müssen, und die Überlebenden wurden dann noch durch die Gefangenschaft dezimiert. Wenn sie sich nicht mehr auswirkten, dann lag es nicht an ihnen. Gerade die Schulen, ganz aus jungen Jahrgängen zusammengesetzt, waren von dem Glauben beseelt, ihr Einsatz habe angesichts der Not an allen Grenzen noch einen Sinn und sie dürften neben den Alten nicht zurückbleiben. Ihr Wille, dem Schicksal in die Speichen zu fallen und dem Vaterland zu dienen, selbst wenn es das Leben koste, bleibt grandios und darf von der Nachwelt nicht vergessen werden — aber ihre Opfer waren sinnlos, weil die Würfel seit langem gefallen waren.

Deshalb mutet rückschauend nur wie ein schauriger Spuk an, was nicht nur befohlen, sondern auch noch befolgt wurde: am 25. 9. 1944 die Formierung des „Volkssturms", d. h. von Formationen aus denen, die bisher für nicht frontverwendungsfähig angesehen oder reklamiert, also nicht ausgebildet waren, im Januar 1945 das Volksopfer für Wehrmacht und Volkssturm, das noch beträchtliche Bestände an Kleidung zusammenbrachte, am 12. Februar der Aufruf an die deutschen Frauen und Mädchen zum Hilfsdienst im Volkssturm, die Kürzung der Lebensmittelkarten um 11 Prozent durch Streckung der Rationen, am 5. März die Einziehung des Jahrgangs 1929 zum Wehrdienst, d. h. der Sechzehnjährigen, schließlich am 2. April die Bekanntgabe einer Organisation „Werwolf", die aus sich selbst entstanden sei und den Widerstand gegen die Besatzungsmächte hinter den Linien fortsetze, jedoch nur eine stümperhafte Improvisation der Partei war, die über die ersten Ansätze nicht hinauskam und sich militärisch nicht auswirkte, die jedoch von den Gegnern — wie sollten sie das so schnell durchschauen? — ernst genommen wurde und sie daher zu entsprechenden Gegenmaßnahmen veranlaßte.

Das alles geschah mit der Motivierung, das Vaterland dürfe in seiner Not solche Opfer von Mann und Frau verlangen und habe auch das Recht, selbst Sechzehnjährigen zu den Waffen aufzurufen, und als Legitimation mußte die Erinnerung an die „Befreiungskriege" herhalten. Was jedoch 1813/14 berechtigt gewesen war, weil solcher Einsatz Aussicht auf Erfolg hatte, war 1944/45 ein Verbrechen, weil durch solche letzten Anstrengungen die unabwendbare Katastrophe höchstens noch kurzfristig hinausgezögert werden konnte — und das heißt: noch schlimmer wurde.

Alles dies geschah auf Befehl Hitlers. Sah er die Wirklichkeit nicht, weil ihm Meldungen vorgelegt wurden, die so abgefaßt waren, daß er Illusionen verfallen konnte? Die Antwort lautet — wie der Leser jetzt erfahren hat — strikt: Nein! Es lag an dem „Obersten Befehlshaber der Wehrmacht", daß er aus den ihm vorgelegten oder vorgetragenen Meldungen und Berichten nicht die Konsequenzen zog, die sie geboten. Es kann also weder behauptet werden, daß nicht gewagt worden sei, ihm ungeschminkt die Wahrheit zu sagen, noch läßt sich die These vertreten, er habe sich Illusionen über den wahren Zustand der Truppe hingegeben, weil die Oberbefehlshaber mit ihren Stäben diesem Fehler verfallen seien.

Was ist über diese zu sagen? Damit kommen wir zu der zweiten Tatsache, die hier zu vermerken ist.

### 2. Die Rolle der Heeresgruppen- und Armeeführer

Die Oberste Führung kam 1943 und erst recht 1944 aus der Sorge nicht heraus, daß sich einmal hier, das andere Mal dort eine Katastrophe anbahnte, die sich zur Endkatastrophe ausweiten müsse.

Ich greife, ohne Vollständigkeit anstreben zu wollen, folgende Beispiele heraus:

Im *Norden* zwang der Abfall Finnlands die Gebirgs-Armee, nach Nordnorwegen auszuweichen — eine nach menschlichem Ermessen kaum lösbare Aufgabe. Denn die nach vorn fächerförmig ausgebreitete Armee mußte sich unter Feinddruck vom Gegner lösen und versuchen, sich auf der einzigen Straße, die von Nordfinnland — an dem neutralen Schweden vorbei — am Nordkap entlang nach Nordnorwegen führte, perlenförmig aufzureihen und divisionsweise das Nordkap zu passieren, bevor der die Straße völlig unpassierbar machende Schneefall einsetzte. Die Operation gelang, ohne daß eine einzige Kompanie abgeschnitten wurde.

Für den *Westen* verweise ich auf meine Angaben, wie sich nach der Landung des Gegners an der französischen Riviera die 19. Armee den Rückmarsch längs der Rhone freikämpfte, so daß die Heeresgruppe G erst vorwärts der Vogesen, dann angelehnt an diese eine neue Widerstandslinie aufzubauen vermochte; ferner: wie Teile der kampffähigen Kräfte der an der Biscaya-Front eingesetzten 1. Armee trotz Partisanenkampf und sonstiger Erschwerungen doch noch zurückgelangten, so daß auch sie die brüchige Front der Heeresgruppe G verstärkten; schließlich: wie aus dem Kessel von Falaise, zu dem es nur durch das Festhalten Hitlers an einem starren Verteidigungskonzept hatte kommen können, durch einen unter großen Opfern offen gehaltenen Schlauch doch noch beachtliche Teile der Eingeschlossenen herausgelangten und wie Teile der 15. Armee, die bereits als abgeschnitten angesehen werden mußten, doch noch über die Insel Walcheren zurückgeführt wurden usw.

Aus den Vorgängen im *Südwesten* (Italien) hebe ich hervor, daß es gelang, die überraschende Landung im Rücken der deutschen Front bei Nettuno-Anzio aufzufangen und abzuriegeln, ferner: daß der beim Rückzug der 14. Armee drohende Zusammenbruch der italienischen Front — der Gegner hatte ja die in der „offenen Stadt Rom" nicht gesprengten Brücken benutzt, um seine Panzerkräfte vorschnellen zu lassen — aufgefangen wurde, schließlich, daß ein geordneter Rückzug über den Arno möglich war und die an den Apennin angelehnte „Grüne Linie" wider Erwarten monatelang gehalten werden konnte.

So beachtlich das alles ist, so tritt es doch hinter dem zurück, was die *Heeresgruppe E* (Generaloberst Löhr) im *Südosten* leistete. Der Benutzer dieses Bandes findet vermerkt, wie Hitler die Vorschläge der von ihm mit Mißtrauen und Verachtung betrachteten „Experten", d. h. der generalstabsmäßig Geschulten, rechtzeitig die vorhandenen Kräfte in rückwärtigen Stellungen zu konzentrieren, auch auf diesem Kriegsschauplatz in den Wind schlug. Als es nach sachkundigem Ermessen bereits zu spät war, erlaubte er die Räumung von Kreta, wo noch 60 000 Mann standen, und von anderen Inseln der Ägäis. Wider Erwarten gelang diese — mit Schiff, zum Teil auch mit Lufttransport durchgeführte — Operation noch zum Großteil. Wider Erwarten gelang auch die Räumung des Peloponnes, der nur über eine Bahn verfügte und über eine einzige Brücke mit Kern-Griechenland zusammenhing. Es gelang auch die Räumung Griechenlands, obwohl der Boden durch zwei — sich glücklicherweise befehdende — Partisanenbewegungen unterhöhlt war. Eine Katastrophe drohte dann, als die Heeresgruppe in die Balkanberge zurückgewichen war; denn unter sowjetischem Druck fielen die eben noch zu uns haltenden Bulgaren der Heeresgruppe in die offene östliche Flanke. Sie wurden nicht nur abgewehrt, sondern der Rückzug wurde so lange angehalten, bis der letzte Verband aus Albanien auf der einzigen sich anbietenden Straße herangeholt war. Der weitere Rückmarsch, behindert durch die Gebirge mit Pässen in Höhe von 1400 Metern, durch die Fröste des hereinbrechenden Winters — zwei Faktoren, deren Schrecken schwer zu überschätzen sind —, wurde dadurch gefährdet, daß die bisher noch durch mehrere deutsche Aktionen gezähmte Kraft der Tito-Verbände jetzt ihrer Fesseln ledig wurde. Daher konnte sich Tito mit der über Rumänien vordringenden und Belgrad besetzenden Roten Armee vereinigen. Trotz aller dieser Faktoren hielt die Heeresgruppe Löhr bis April 1945 eine durch Bosnien und Kroatien verlaufende geschlossene Front — nach einer „Anabasis" über 1500 Kilometer hinweg, hinter der alles versinkt, was die Geschichte bisher an erfolgreichen Rückzügen zu verzeichnen hatte. Denn was Napoleon auf dem Rückmarsch von Moskau nicht gelungen war, hatte Löhr erreicht: er hatte alle seine Verbände zurückgebracht und eine neue, in sich zusammenhängende Kampffront aufgebaut, die nicht frontal, sondern von hinten zum Einsturz gebracht wurde.

Von diesen Aktionen war im Wehrmachtbericht nur unzulänglich die Rede. Ich sah es deshalb als meine Pflicht an, festzuhalten, was die Oberbefehlshaber wider alles Erwarten zuwege brachten[1]. Ihre Leistungen sind heute „antiquiert", da die Kriegsmethoden sich inzwischen total gewandelt haben, und können daher wohl kaum noch als Modellfälle für die „Sanierung" an

1 Den Bericht der Heeresgr. E über ihren Rückzug habe ich für das „Lagebuch" (vgl. 14. 1. 1945: Südosten) ausgezogen; den vollständigen Text findet der Leser in: Abschnitt 6, Anlage 5.

sich aussichtloser Lagen dienen. Aber zur Geschichte des II. Weltkrieges gehören sie allemal: Wenn es berechtigt ist, von der Tragik des deutschen Soldaten zu sprechen, so gilt dies auch für manche Generale, die Heeresgruppen und Armeen führten. Sie taten ihr Bestes, verhinderten Katastrophen, die nach menschlichem Ermessen eintreten mußten, und — verlängerten dadurch einen Krieg, der bereits verloren war, aber von dem Verantwortlichen, dem „Obersten Befehlshaber der Wehrmacht", noch fortgesetzt wurde [1].

Das ist jedoch nur ein Teilaspekt der mit dem ständigen Konflikt: „Darf ich, darf ich nicht? Soll ich, soll ich nicht?" belasteten Stellung, in die die militärischen Führer und ihre Gehilfen im II. Weltkrieg gerieten. Die Zwangslage, in der sie sich befanden, hat Alfred Jodl zurückschauend so gekennzeichnet: „Sie und mit ihnen die ganze deutsche Wehrmacht standen vor einer unlösbaren Aufgabe, nämlich: einen Krieg zu führen, den sie nicht gewollt, unter einem Oberbefehlshaber, dessen Vertrauen sie nicht besaßen und dem sie selbst nur beschränkt vertrauten, mit Methoden, die oft ihrem Führungsgrundsatz und ihren überkommenen, erprobten Anschauungen widersprachen, mit Truppen- und Polizeikräften, die nicht ihrer vollen Befehlsgewalt unterstanden (d. h. die SS-Verbände) [2]."

Viele haben diese Charakterprobe nicht bestanden; aber es gibt genug, die sich bewährten, ja gerade durch diese Zwangslage über sich hinauswuchsen.

Für die Überlebenden ist es leicht, nachträglich Kritik zu üben, und Recht zur Kritik hat jeder; in manchen Fällen ist sie sogar noch nicht scharf genug ausgefallen. Aber wer Kritik übt, möge zunächst einmal die angeführten Stellen bedenken, damit er auch das richtige Maß anlege. Einzukalkulieren ist die — noch genauer zu erörternde — Tatsache, daß den Befehlshabern von der Obersten Führung so wenig freie Hand gelassen wurde, daß über sie der temperamentvolle Frhr. v. Richthofen schon im Zusammenhang mit Stalin-

1 Aus den Ereignissen im Osten hielt ich z. B. am 20. 2. 1945 in meinem „Lagebuch" folgende Beurteilung fest: „Im gesamt ist festzustellen, daß bei der Heeresgruppe Mitte in den letzten 14 Tagen beachtliche Erfolge erzielt wurden, obwohl die eigenen Kräfte erst ein Gerippe darstellen. Dies ist unter anderem der wendigen Führung zu danken, die die Panzerverbände schnell herumgeworfen und Schwerpunkte gebildet hat."

2 Vgl. A. Jodls Schlußwort in dem Verfahren gegen ihn (Der Prozeß gegen die Hauptkriegsverbrecher vor dem Internat. Militärgerichtshof XXII, Nürnberg 1948, S. 454 f). Ich lasse die anschließenden Worte („und mit einem Nachrichtendienst, der teilweise für den Gegner arbeitete") im Text weg, weil Jodl sich in dieser Hinsicht ein entstelltes Bild zurecht gemacht hatte.

Zu Hitlers Einstellung zu den Generalen vgl. man den Eintrag im Goebbels-Tagebuch vom 9. 3. 1943: „Über die Generalität fällt der Führer nur negative Urteile. Sie beschwindle ihn, wo sie nur könne. Außerdem sei sie ungebildet und verstehe nicht einmal ihr eigenes Kriegshandwerk, was man doch zumindest erwarten könne ..., daß sie auch in den rein materiellen Fragen des Krieges so schlecht Bescheid wisse, das spreche absolut gegen sie. Ihre Erziehung sei seit Generationen falsch gewesen ..." Goebbels setzte hinzu, daß er selbst Beispiele anzuführen wisse; vgl. H. *Fraenkel* u. Th. *Manvell*, Goebbels. Eine Biographie, Köln — Berlin 1960, S. 288 (9. 3. 1943).

grad in sein Tagebuch eintragen konnte: „So wie jetzt, ist man — operativ gesehen — hochbezahlter Unteroffizier[1].“

Andererseits ist in Rechnung zu stellen, daß es für die Oberbefehlshaber gar keine andere Möglichkeit gab als „weiterzumachen“. Soviel wußten sie trotz ihrer unzulänglichen Orientierung über die Gesamtlage, daß bei der engen Verknüpfung der Westmächte mit der UdSSR kein Sonderwaffenstillstand, sondern nur eine Gesamtkapitulation denkbar war. Sie anzunehmen aber bedeutete, von den dreieinhalb Millionen Mann, die im Osten standen, zu verlangen, daß sie sich in sowjetische Kriegsgefangenschaft begaben — diese Überlegung hat ja auch den Männern vom 20. Juli schwere Gewissensunruhe bereitet. Für den, der nicht zu ihnen gehörte, gab es nur die Möglichkeit, mit der vagen Hoffnung, daß noch ein „Wunder“ geschehen könnte, den Krieg fortzusetzen — und das hieß: weiter zu gehorchen wie bisher.

Das führt uns auf die dritte Tatsache, die das Kriegstagebuch des Wehrmachtführungsstabes festzuhalten hatte.

### 3. Hitler, Oberster Befehlshaber der Wehrmacht, als „Feldherr“

Bücher, die Hitlers Rolle als des Obersten Befehlshabers der Wehrmacht behandeln, sind bereits geschrieben worden; aber was vorliegt, genügt noch nicht den Ansprüchen, die zu stellen sind.

Die Aufgabe ist schwierig; denn im Laufe des Krieges wurde aus dem nominellen Obersten Befehlshaber, der im Polenfeldzug (1939) die Führung noch dem Generalstab des Heeres überlassen hatte, der tatsächliche, ohne den keine Entscheidung von Belang getroffen wurde. — Dadurch, daß Hitler Ende 1941 nach dem Ausscheiden des Generalfeldmarschalls von Brauchitsch auch noch den Oberbefehl über das Heer übernahm, wird die Darstellung seiner militärischen Rolle noch schwieriger.

Das eigentliche Problem liegt sogar unter der Schicht der Fakten. Hitler hat sich im Laufe des Krieges gewandelt, ist — so darf man diese Tatsache zuspitzen — von 1939 bis 1945 in jedem Jahre ein anderer geworden. Auf der einen Seite hatte er zugelernt, war er selbstsicherer geworden, kam er dazu — die Erfolge der Anfangsjahre im Auge —, sich für das militärische Genie zu halten, das nur noch der Beratung, Hilfe und Dienste der Experten benötigte, sich aber im übrigen auf seine Eingebungen und Überlegungen verlassen dürfe. Auf der anderen Seite wurde Hitler durch den Krieg um=

1. Angeführt in dem Buch: Paulus: „Ich stehe hier auf Befehl!“, hg. von W. *Görlitz*, Frankfurt a. M. 1960, S. 227.
Über die im Friedensheer bewußt geschulte Entschluß= und Verantwortungsfreudigkeit und die zunehmende Bevormundung von oben, die durch Hitler herbeigeführt und durch die Vervollkommnung der Nachrichtenmittel erleichtert wurde, vgl. (General a. D.) Fr. v. *Senger* u. *Etterlin*, Krieg in Europa, Köln — Berlin 1960, S. 279 ff.

geprägt: die Krise im Winter 1941/42, die Katastrophe von Stalingrad (Februar 1943), das Ende des Widerstandes in Nordafrika (Mai 1943): aus diesen und anderen Schlägen zog er zwar nicht die militärisch gebotenen Folgerungen, aber er reagierte doch auf sie, indem er verbissener, unbelehrbarer — oder in seiner Ausdrucksweise: „fanatischer" — wurde[1].

Wieweit bei dieser Erstarrung seiner Denkweise körperliche Faktoren mitwirkten, ist eine offene Frage, weil die noch feststellbaren Fakten erst einmal vereinigt, auf ihre Stichhaltigkeit hin geprüft und dann von erfahrenen Medizinern analysiert werden müßten. Hier können wir dieses Problem beiseite lassen, da Hitler im landläufigen Sinne bis zuletzt „normal" war, seine militärischen Anordnungen also von seiner Grundeinstellung aus bis zur Katastrophe folgerichtig blieben — mochten sie sachlich auch noch so verfehlt sein.

Zu diesem noch unbezwungenen Problemkreis stellt — so möchte ich meinen — das Kriegstagebuch des Wehrmachtführungsstabes wichtiges Rohmaterial bereit.

### *a) Hitler als effektiver Oberster Befehlshaber*

Im Hinblick auf die in diesem Bande behandelten Jahre 1944 und 1945 sei auf folgendes hingewiesen:

In dieser Phase des Krieges war Hitler — wie jede Seite dieses Bandes erweist — im wortwörtlichen Sinne Oberster Befehlshaber der Wehrmacht. Ich habe mir angelegen sein lassen, möglichst genau festzuhalten, welche Entschlüsse von Hitler selbst gefaßt, welche ihm vorgeschlagen wurden. Auch ist auf Grund der Lagebesprechungen und der Akten — wo nur angängig — registriert, welche Vorschläge des WFStabs und der Oberbefehlshaber er ablehnte und welche er sich nur in abgeänderter Form zu eigen machte. Der Band gibt also auf die Frage, wie sich der Hitlersche Oberbefehl in der Zeit nach dem 1. 1. 1944 auswirkte, sehr viele exakte Einzelantworten, die es erlauben werden, die von ihm in dieser Zeit befolgten Maximen herauszuarbeiten und

1 Das läßt sich bis in die Ausdrucksweise der Weisungen und Befehle verfolgen, in denen Wendungen wie: „kein Ausweichen", „nur mit Genehmigung", „entschlossener Angriff mit letzten verfügbaren Kräften", „schnelle Bereinigungen", „Risiko in Kauf nehmen" usw. stereotyp wurden; vgl. z. B. den dem OB West am 24. 11. 1944 erteilten Befehl, „konzentrische, kühne und entschlossene Angriffe" zu führen, und die sich wiederholenden Mahnungen, Krisen mit „fanatischem" Kampfwillen durchzustehen.

Entsprechende Befehle gaben die Kommandostellen weiter — wobei die Frage offen bleibt, ob sie sich tatsächlich etwas davon versprachen oder sich auf diese Weise für den Fall einer neuen Mahnung Hitlers Belege verschafften, „alles Erforderliche sei bereits veranlaßt" (vgl. z. B.: KTB des Führungsstabs Süd: 26. 4. 1945. Lagebeurteilung vom 25. 4. abends. „. . . Die Aussichten hingen ab: . . . 2. von der Fanatisierung des Kampfwillens im Südraum. Dazu seien nicht alle Mittel erschöpft." — 27. 4. „Befehl an den OB Südwest zum fanatischen Widerstand").

mit denen zu konfrontieren, die für ihn in den voraufgehenden Jahren maßgebend gewesen waren [1].

Um einem vorschnellen Urteil vorzubeugen, sei zunächst darauf hingewiesen, daß ein „Allfrontenkrieg" bedingt, Maßnahmen auf den einzelnen Kriegsschauplätzen aufeinander abzustimmen, also hier Risiken in Kauf zu nehmen oder Chancen nicht auszunutzen, weil es dort um noch Wichtigeres geht. Ferner ist in Rechnung zu stellen, daß — da die Lage dazu geführt hatte, den „Krieg des armen Mannes" führen zu müssen — der Befehlszentrale die Entscheidung darüber vorzubehalten war, welcher Kriegsschauplatz zu bevorzugen sei und welcher zurückzustehen hatte. Ganz abgesehen von der Persönlichkeit Hitlers hätte also die Kriegslage eine Konzentration der Befehlsführung erfordert.

Die Frage ist demnach so zu stellen: ging Hitler als Oberster Befehlshaber der Wehrmacht in der Art, wie er in die Führung der einzelnen Kriegsschauplätze eingriff, über das durch die Lage gebotene Maß hinaus?

Den besten „Test Case" bietet meines Erachtens die Vorbereitung der „Ardennen-Offensive" (begonnen am 16. 12. 1944). Denn den Gedanken des Gegenangriffs gegen die Invasionskräfte hatte Hitler bereits gefaßt, als die Amerikaner nach dem Durchbruch bei Avranches (31. 7.) das freie Feld erreicht hatten. Durch weitere Rückschläge war er dann gezwungen, diese Konzeption laufend abzuändern; und als es dann wider Erwarten doch noch gelungen war, eine neue Front im Westen aufzubauen, ergab sich, daß der Angriff frontal aus fester Front geführt werden mußte, was nur Erfolg versprach, wenn die Geheimhaltung bis ins letzte verfeinert und jede nur greifbare Division zu Lasten aller anderen Fronten für den geplanten Angriff bereitgestellt wurde.

Ich war — wie im II. Teil der „Erläuterungen" am Schluß dieses Bandes genauer ausgeführt wird — von Anfang an in das Vorhaben eingeweiht und konnte für mein Kriegstagebuch auch die nicht in den Aktengang gegebenen Vorentwürfe, Pläne usw. auswerten. Ich hebe hier die Feststellung heraus, mit der ich meine Darstellung der Vorbereitungen abgeschlossen habe: „Die Leitung in dieser Zeit blieb ganz in der Hand des Führers, der nicht nur die Anregungen gab und die Entscheidungen traf, sondern sich auch um alle Einzelheiten kümmerte und dabei die Vorbereitung des Angriffs auf die Abwehr abstimmte, die in der Zwischenzeit an der Westfront zu leisten war."

Im KTB findet der Leser vermerkt, was die Oberbefehlshaber vorschlugen und wie Hitler ihre Einwände beiseite schob, weil er das von ihm ins Auge gefaßte Ziel: Aufspalten der amerikanisch-britischen Kräfte auf der Naht und Vortreiben eines deutschen Keils bis Antwerpen, für erreichbar hielt. Die Oberbefehlshaber widersprachen, aber — fügten sich, mußten sich fügen, da Hitler die ihnen früher einmal gegebene Möglichkeit, im Falle eines Dissensus um Ablösung vom Kommando zu bitten, durch einen grundsätzlichen Befehl versperrt hatte [2].

Der OB West, der OB der Heeresgr. B, die Oberbefehlshaber der drei Angriffsarmeen waren daher — wie das KTB im einzelnen ausweist — bei der Vorbereitung und der Durchführung dieser Offensive im Grunde nur „Befehlsempfänger" oder — Richthofens treffende Formulierung bietet sich hier noch einmal an — „hochbezahlte Unteroffiziere".

1 Anhalt dafür bietet die Anlage 3 zum „Dokumententeil": eine Konfrontation der Denkweise Hitlers mit der des Generalstabs (aus meiner 1946 verfaßten Denkschrift über die Vorgeschichte der Ardennen-Offensive).

2 Vgl. darüber mein Zeugnis vor dem Nürnberger Gericht (Anlage 4 a zum II. Teil der „Erläuterungen").

Dadurch verstieß Hitler gegen das alterprobte Prinzip, daß man den nachgeordneten Führern eine begrenzte Entschlußfreiheit zugestehen müsse, da sie die in ihrem Frontabschnitt obwaltenden Umstände besser einzuschätzen wissen und gegebenenfalls durch schnelle, eigene Entschlüsse eine Krise zu meistern verstehen. Im zivilen Sektor hatte Hitler sich bereits in Friedenszeiten zum Diktator gemacht; im militärischen wurde er es — wie durch das KTB eindeutig belegt wird — im Laufe des Krieges.

Es ist nicht zu verkennen, daß bei dieser beispiellosen Konzentration der militärischen Willensbildung die treibenden Faktoren einerseits Hitlers Sendungsbewußtsein und seine seit 1940 herangewachsene Überzeugung, es besser als die Fachleute zu verstehen, andererseits sein lauernder, seit dem 20. Juli 1944 nur noch verstärkter Argwohn gegen die „Experten", d. h. gegen die Generale und die Generalstäbler, waren.

Denn der überraschend große Kreis von uniformierten Verschworenen, die von Hitlers Schergen ausgemacht werden konnten, bedeutete für ihn eine Bestätigung dafür, daß sein Argwohn berechtigt gewesen war, und nach diesem offenbar gewordenen „Verrat" verstärkte sich sein Argwohn, daß er überall von „Verrat" umgeben sei. Aber dessen Wurzeln führen weit zurück in die Zeit, in der der aufsteigende Parteiführer noch mit dem „Verrat" von Parteimitgliedern hatte rechnen müssen.

Innerhalb seiner Partei und nach Eroberung der Macht im zivilen Sektor hatte Hitler sich gegen die Gefahr durch zwei miteinander verschwisterte Prinzipien gesichert: er konzentrierte alle Macht auf sich, so daß niemand ohne sein Einverständnis etwas von Belang unternehmen konnte, und er sorgte dafür, daß jeder durch irgendeinen anderen, daß jede Institution durch eine andere Institution überwacht wurde, also eine Machtzusammenballung gegen ihn nicht möglich war, er vielmehr in jedem Fall vorher eine Warnung erhielt. Innerhalb der Partei sorgte die zahlenmäßig beschränkt gehaltene, dadurch gegen Verwässerung imprägnierte SS dafür, daß die Parteifunktionäre und die SA ihm nicht eines Tages ihren Willen aufzwangen — der „Fall Röhm" konnte sich nicht wiederholen. Gegen die Bürokratie sicherte sich Hitler, indem er neben die Bürgermeister und Landräte die Kreisleiter, neben die Oberpräsidenten seine Gauleiter setzte: das schuf zwangsläufig einen — vom Verwaltungsstandpunkt aus gesehen — unleidlichen Antagonismus, sicherte aber Hitler dagegen, daß sich irgendein Teil Deutschlands seinem Zugriff entzog. Im militärischen Bereich war er — worüber der I. Teil der „Erläuterungen" Näheres berichtet — nicht davon abzubringen, daß er den zwangsläufigen Antagonismus zwischen dem auf die Ostfront ausgerichteten Generalstab des Heeres und dem für alle anderen Fronten zuständigen Wehrmachtführungsstab bestehen ließ, der den unheilvollen Gegensatz zwischen dem „Ober Ost" und der „Obersten Heeresleitung" von 1916/18 erneuerte. Innerhalb der Wehrmacht baute er außerdem noch der Gefahr einer „Verschwörung" gegen ihn vor, indem er die Waffen-SS als eigenen Waffenteil hochzog — bezeichnend ist, daß er Mussolini bei der letzten Begegnung vor dessen Sturz noch den Rat gab, sich eine italienische SS zu schaffen.

„Divide et impera", diese seit alters erprobte Maxime machiavellistischer Politik, war auch das Grundprinzip des „Obersten Befehlshabers der Wehrmacht". Es ermöglichte ihm, sich auch zum militärischen Diktator zu machen und sich in dieser Schlüsselstellung zu behaupten[1].

Es würde ein eigenes Buch erfordern, um diese These im einzelnen zu erhärten. Um zu zeigen, wie sehr Hitler zum „militärischen Diktator" geworden war, verweisen wir auf die Angaben im Kriegstagebuch des Wehrmachtführungsstabs, die den „Eiertanz" – dieser Ausdruck ist nicht zu umgehen – wiedergeben, den der Gen.-Feldmarschall v. Rundstedt als OB West im Februar 1945 ausführte, ausführen mußte, damit er angesichts der seiner Front drohenden Gefahren die erforderlichen Vollmachten erhielt — die, wenn er sie erhielt, ihm doch nur so zugestanden wurden, daß die letzte Entscheidung in Hitlers Hand verblieb. Peinlich zu lesen ist heute, wie der Feldmarschall gleich beim Stellen eines Antrags, die Front verkürzen zu dürfen, die von Hitler zu erwartenden Gegenargumente zu entkräften trachtete oder sich generell zu dessen Grundauffassung des starren Widerstands bekannte, um nicht unnötig einen Einspruch herauszufordern; aber was blieb ihm anders übrig? Hitler war nun einmal so, und daher war Rundstedt gezwungen, Stratege nach vorn und psychologischer Taktiker nach hinten zu sein.

Im KTB heißt es unter dem 9. 2. (23.15 Uhr)[2]: „Der OB West bat darum, unbedingt notwendige, örtliche Frontbegradigungen und geringe Zurücknahmen selbst entscheiden zu können, um imstande zu sein, der entstandenen Lage schnell Rechnung zu tragen. Der Führer könne versichert sein, daß dieses nur dann geschehen werde, wenn es unbedingt notwendig sei, um den Zusammenhang der Front zu wahren. In allen Angelegenheiten, die operative Auswirkung haben könnten, werde selbstverständlich jedesmal rechtzeitig die Genehmigung des Führers eingeholt werden."

Am 10. 2. abends wurde dem OB geantwortet, daß der Führer örtliche Frontbegradigungen in geringem Ausmaß genehmige, jede Räumung einer Festungsanlage oder einer Stadt jedoch verboten habe: „Der Feind kann vielleicht die Trüm-

1 So betrachtet, verlieren auch die von Hitler geförderten, — historisch gesehen — grotesken Bestrebungen der Partei, bis zum Schluß neben der Wehrmacht ihre Eigenständigkeit zu bewahren und womöglich auszudehnen, einen erklärbaren Sinn.

Als z. B. Ende Januar 1945 ein Befehl fertiggestellt war, der alle für die Verteidigung von Festungen gegebenen Befehle zusammenfaßte, machte die Parteikanzlei den Einwand, der Vertreter der Partei könne nicht dem Festungskommandanten unterstellt werden, worauf der in solchen Fällen immer zum Nachgeben bereite Chef OKW, Gen.-Feldm. Keitel, den Befehl nach den Wünschen der Partei abändern ließ (vgl. die Eintragungen im KTB). — Am 11. 2. hatte das Lagebuch zu verzeichnen, daß in Stettin für die Flüchtlinge ein Wehrmacht-Transportchef eingesetzt worden sei, „neben dem ein Parteivertreter amtiert" — wohlvermerkt „neben", nicht „unter", wie es bei einer solchen, gebieterisch eine zentrale Lenkung erfordernden Lage geboten gewesen wäre.

2 Zum Folgenden vgl. KTB 1945, 2. Abschn., II. Teil, B.: II. 1. a)

mer einer Bunkerlinie oder einer Stadt erstürmen, geräumt werden sie nie — es sei denn auf Befehl des Führers." Darauf übersandte am 11. 2. der OB einen entsprechenden, an seine Heeresgruppen erlassenen Befehl. Nahmen sie ihn wörtlich? Waren sie entschlossen, ihn durchzuführen? Die Antwort wäre je nach Charakter des Empfängers zu differenzieren. Nur eines gilt allgemein: Hitler erzwang auf diese Weise geradezu, daß die Meldungen über die Vorgänge an der Front so retouchiert wurden, daß er keine Einwände zu erheben hatte.

Am 13. 2. übersandte der OB West eine Studie, die die drohenden Durchbrüche des Feindes und die denkbaren Gegenmaßnahmen behandelte. An die selbstverständliche Folgerung, daß es darauf ankomme, „unter allen Umständen den Zusammenhang der Front zu wahren", fügte er vorbeugend noch den weiteren Satz hinzu: „Unter keinen Umständen dürfe irgendwo der Gedanke auftauchen, etwa freiwillig in sogenannter ‚hinhaltender Kampfführung' auf den Rhein auszuweichen". Daran hängte er dann wieder einen mit „allerdings" eingeleiteten Satz, wonach er die Preisgabe von Nordwestholland ins Auge fasse.

Angesichts der drohenden Durchbrüche konnte Hitler die Augen nicht mehr verschließen.

Am 15. 2. erhielt der OB West ausnahmsweise einmal eine Eventualweisung für den Fall, daß der Gegner aus dem Reichswald oder über die nur noch wenige Tage durch Hochwasser ein Hindernis darstellende Rur (Roer) zum Rhein durchbrechen werde. Aber es wurde ihm gleichzeitig verboten, daß er seinerseits den ihm unterstellten Oberbefehlshabern und Truppen vorsorgliche Weisungen erteilte, womit die erzielte Entschlußfreiheit wieder so weit eingeengt war, daß sie nicht viel nutzte. Denn auf überraschende Erfolge des Gegners mußte ja reagiert werden, bevor sie sich ausweiteten, also blitzschnell.

Daß der OB West die Einstellung des Obersten Befehlshabers der Wehrmacht richtig eingeschätzt hatte, erfuhr er am 20. 2.: Hitler ließ ihm mitteilen, daß das vom FHQu abgelehnte, aber doch erforderlich gewordene Zurückgehen der 7. Armee auf die Prüm-Stellung sich unheilvoll auf die Kampfführung dieser Armee auszuwirken beginne. In schärfster Form befahl Hitler noch einmal, daß die 7. Armee den Grenzwestwall halten müsse: „Der Gedanke, daß die Verteidigung in der sogenannten Prüm-Stellung leichter sei, ist aus den Köpfen der Führer und Unterführer auszumerzen."

Dieser Befehl wurde ungewöhnlicherweise nicht nur dem OB West, sondern auch noch direkt den Oberbefehlshabern der drei an der Westfront eingesetzten Heeresgruppen übermittelt — was mit anderen Worten hieß: „Kommen Sie mir nicht mit ähnlichen Vorschlägen!"

Beschwichtigend bat der OB gleich am Abend dieses Tages, dem Führer zu melden, daß er die Gefahr eines „Insrutschenkommens" durch Genehmigung von Anträgen auf Zurücknahme der Front von Anfang an und auf das schärfste bekämpft habe und seinerseits nur in Lagen, bei denen es darum ginge, wertvolle Kampfteile der Vernichtung zu entziehen, derartige Anträge stellen werde.

Nachdem der Chef OKW am 21. 2. Hitlers Forderung, jeden Meter deutschen Bodens festzuhalten, wiederholt und noch einmal klargestellt hatte, daß der Führer sich die Räumung einzelner Teile des Westwalls vorbehalte, versicherte der OB am 22. 2., daß diese Forderung den Heeresgruppen bereits mehrmals mit großem Nachdruck übermittelt worden sei. Kleinlaut mutet die Begründung an, weshalb trotzdem Bunker verlorengegangen seien: lauter einleuchtende Argumente, aus denen ein anderer als Hitler die Folgerung gezogen hätte, die Westfront werde trotz aller Anstrengungen über kurz oder lang zusammenbrechen.

Am 22. 2. begann — wie erwartet — eine Großoffensive gegen die Front der Heeresgruppe B, die von Angriffen im Vorgelände der Prüm-Stellung begleitet war. Es kam, wie es kommen mußte: die Prüm-Stellung wurde bei Bitburg durchstoßen. In einer am 25. 2. übermittelten Beurteilung der Lage mußte der OB bereits das Zurückgehen in die dahinter liegende Kyll-Stellung ins Auge fassen, was die Preisgabe von Trier bedeutete. Am 27. 2. bekam er in einem von Hitler persönlich unterzeichneten Fernschreiben zu hören, zu einem Zurückgehen auf die Kyll-Stellung sei es noch zu früh. Es handele sich in diesem Frontabschnitt nur um Fesselungsangriffe der Amerikaner, die hier nicht über die Kräfte verfügten, um einen etwaigen Durchbruch in das Mosel=Tal auszunutzen; die Preisgabe von Trier komme daher nicht in Frage. Die Schwerpunkte der Angriffe lagen nach Hitler einerseits an der Roer=Front, andererseits im Hagenauer Raum.

Über den Verlauf dieses 27. Februar vermerkt das „Lagebuch" (unter dem 28. 2.: Westen) auf Grund der in der Lagebesprechung vom Westreferenten gegebenen Darlegung: „Der Tag bedeutete einen großen Krisentag, kann im gesamt aber doch als Abwehrerfolg angesprochen werden. Das Entscheidende ist, daß sowohl die Briten als auch die Amerikaner die operativen Reserven eingesetzt oder bereits hinter die Front geführt haben." In solchen Lagen neigen auch Generalstabsoffiziere dazu, sich an Strohhalme zu klammern.

Am Vortage hatte Hitler den Antrag des OB West, den linken Flügel der Heeres=gruppe H zurückzunehmen, abgelehnt. Als der OB ihn am 27. 2., der die Lage im Raume vor Erkelenz noch bedrohlicher gestaltete, wiederum stellte, genehmigte ihn Hitler „schweren Herzens". An diesem Tage richtete der OB — was eine nur in Sonderfällen zulässige Ausnahme darstellte — an Hitler ein persönliches Fernschreiben. Als seine wesentliche Aufgabe bezeichnete er es abermals, die Ge=samtfront intakt und zusammenhängend zu erhalten. Da er mit verschiedenen Mög=lichkeiten feindlicher Durchbrüche rechnen müsse, beantragte er unter Berufung auf die ihm am 15. 2. erteilte, ganz geheime Weisung (s. oben) erneut eine ge=wisse Handlungsfreiheit, um der schneller wechselnden Lagen Herr zu werden. Er legte Hitler nahe, Trier und die bereits vor der Front liegenden Westwall=Befesti=gungen preiszugeben, um Kräfte zu retten, die er für seine Hauptaufgabe brauche, „die Front vor dem Zerreißen zu sichern". Er bat um das Vertrauen, die hierfür notwendigen taktischen Maßnahmen selbst befehlen zu dürfen, da durch Rück=fragen oft kostbare Zeit verlorengehen könne: „Ich melde hierzu erneut, daß es mein ganzes Bestreben ist, ein Zurückklappen der Front auf den Rhein nach Kräf=ten zu verhindern."

In seiner Antwort (28. 2.) sprach Hitler dem OB sein Vertrauen aus, bestätigte ihm jedoch nur die begrenzten Zugeständnisse der letzten Tage; er fegte also die ausgesprochene Bitte wortlos vom Tisch, obwohl er an diesem Tage eine neue Be=urteilung der Lage erhielt, in der der OB die drohende Krise unverhüllt darstellte.

Am 1. 3. brachen die Gegner bei Neuß durch, wodurch die Preisgabe der Maas=Linie erforderlich wurde. Sie erreichten den Rhein, und da sie in Trier eindrangen, ergab sich jetzt auch hier die Gefahr, daß das in die Front der Heeresgruppe ge=schlagene Loch sich operativ auswirkte. „Bis zum 28. 2." — so sagt am 2. 3. das „Lagebuch" in dem das Schlimmste nicht bei Namen nennenden, aber für Fachleute durchsichtigen Militärdeutsch — „konnte von einer großen Abwehrschlacht gespro=chen werden. Seitdem hat sich trotz guter Haltung der Truppe und der eigenen Führung eine unbefriedigende Lage ergeben." Man hätte sie katastrophal nennen müssen, falls dadurch nicht bereits die schlimmste Bezeichnung vorweggenommen und damit die Möglichkeit, die Lage in den folgenden Wochen zu bezeichnen, un=möglich gemacht worden wäre.[1]

An dieser Art der Führung hat Hitler buchstäblich bis zu allerletzt festge=halten. Am 28. 4. 45 (0.30 Uhr), also nur zwei Tage vor der Flucht in den Selbst=mord —, als der bisherige „Oberste Befehlshaber der Wehrmacht" bereits sein Ende ins Auge gefaßt hatte, erging — wie ich im KTB des Führungsstabes B

1 Über den Verlauf vgl. auch das undatierte Fragment einer Führer=Lagebe=sprechung (Anfang Jan. 1945) ganz in: Hitler directs his war. The Secret Records of his Daily Military Conferences, selected and annotated by *Felix Gilbert*, New York—Oxford 1950, S. 137 ff., und auszugsweise unter den „Dokumenten", C. II. 2. Hitler begründete in ihr die Notwendigkeit, sich im Westen festzukral=len, mit der Gefahr, daß der Gegner sonst seine Kräfte in einen anderen Sektor verlegen werde. Dem OB West machte er den Vorwurf, daß er nicht rechtzeitig Reserven gebildet habe.

(Süd) festgehalten habe — der Befehl, „daß grundsätzliche Entscheidungen dem Führer vorzulegen seien, und zwar 36 Stunden vorher angemeldet. Bei selbständigen Entscheidungen sei dies eingehend zu begründen".

In diesem Augenblick hauste der einst „geliebte Führer" im Bunker unter der Reichskanzlei, in die bereits die russischen Granaten einschlugen. Er stand noch über Fernsprecher mit dem Berliner Funkturm in Verbindung, der seine Befehle in alle Himmelsrichtungen übermittelte, als wenn jener bleiche Mann mit dem zittrigen Arm und den weitsichtig gewordenen, glotzenden Augen, der seit Wochen nur noch unter der Erde vegetierte, noch immer das Staatsoberhaupt des „Großdeutschen Reiches" und Gebieter über die stärk= ste Militärmacht des Kontinents sei. Er wollte nicht wahrhaben, daß er be= siegt war — er, der sich als „größter Feldherr aller Zeiten" hatte preisen lassen und sich nicht eingestehen wollte, daß die Cannae=gleiche Niederlage von Stalingrad nur der Auftakt zu einer Katastrophe gewesen war, wie sie noch nie ein Verantwortlicher davon getragen hatte. Verkrampft in Illusionen, ist Hitler in den Tod getaumelt.

Das Schrecklichste an diesem infernalischen Schauspiel ist, daß die Befehls= maschine bis zuletzt funktionierte, angetrieben einerseits durch die Angst vor den Folgen der Befehlsverweigerung und der Ohnmacht, das Vernünftige zu tun, andererseits durch das Gefühl der Loyalität gegenüber dem Staats= oberhaupt, durch die Überzeugung, daß der dem Obersten Befehlshaber der Wehrmacht geleistete Eid gehalten werden müsse, durch das Vertrauen, daß der Führer ja noch irgendwie begründete Hoffnung haben müsse, wenn er den Widerstand fortsetze.

Verwiesen sei dafür auf das groteske, spukhaft anmutende Durcheinander von Eintragungen der verschiedensten Art im KTB des Führungsstabs Süd am 27. und 28. April 1945 (also 3 bzw. 2 Tage vor Hitlers Selbstmord). Da findet der Leser eine Weisung des OKW für den Fall, daß die Befehle des in Berlin eingeschlossenen „Obersten Befehlshabers der Wehrmacht" den Südraum nicht mehr erreichten, und einen Befehl des OB West an die Heeresgruppe G, in dem auf Grund eines neuen Durchbruchs eine Linie quer durch Deutschland festgelegt wurde, auf die im äußersten Notfall zurückgegangen werden dürfe und die dann unbedingt zu halten sei — mit Divisionen, die durchschnittlich nur noch ein Drittel ihrer Kampf= kraft, wenn nicht noch weniger besaßen und jetzt in deutsche Städte und Dörfer hineinschossen, als stünden sie in Feindesland. München (so wurde damals be= fohlen) sollte nicht als Ortstützpunkt gehalten werden, sondern nur im Rahmen der Gesamtverteidigung, nicht etwa aus Rücksicht auf die Bevölkerung, auf den Kunstwert der Baulichkeiten, sondern, „da dazu die Kräfte fehlten" — die Stadt, jedem Deutschen teuer, an der Jahrhunderte gebaut hatten, war nur noch ein „Geländehindernis", das bei ausreichenden Kräften positiv bewertet worden wäre. Dazwischen Meldungen über ein „Bayerisches Befreiungskomitee", das sich eines Senders bei München bemächtigt hatte; Alarmierungen von Truppen, die die „Ver= räter" unschädlich machten, aber nun bei der Verteidigung der bereits nahe her= angerückten „Front" ausfielen; dazu um 18.30 Uhr: „Mitteilung des Chefs des Heerespersonalamtes über die den Oberbefehlshabern übertragenen Befugnisse betreffend Beförderungen und Ordensverleihungen usw."

So funktionierten die seit Jahren so gut eingespielten Räder noch, als Hitler bereits tot war, verbrannt mit dem letzten Benzin, das sich im Bereich der

Reichskanzlei noch heranschaffen ließ, unheimlich exakt rotierende Räder, getrieben sowohl durch verächtliche als auch durch moralisch positiv zu wertende Kräfte.

Die Maschinen, in denen sich das Wesen unserer Zeit verdinglicht, sind unheimlich, und die Staatsmaschinerien sind es erst recht, weil sie so perfektioniert wurden, daß sie noch funktionieren, wenn der Mann am Schalthebel bereits vom Schicksal ereilt ist.

### *b) Hitlers Führungsprinzipien in den Endjahren des Krieges*

Kann man von irgendwelchen Prinzipien sprechen, von denen die Hitlersche Strategie in den Jahren beherrscht wurde, als sein „Großdeutsches Reich" in die Verteidigung gedrängt war, in denen er also nicht mehr – wie in der ersten Hälfte des Krieges – die Gegner durch überraschende Coups und überkühne Unternehmungen mattzusetzen vermochte?

Es wäre verfehlt, Hitler als Strategen zu verkleinern. Es ist nicht zu bestreiten, daß er in der ersten Hälfte des Krieges bestimmte Konzeptionen hatte, die auch von den skeptischsten Experten anerkannt wurden; sie waren allerdings zum Teil kühner angelegt, als Sachkundige sie für verantwortbar angesehen hätten. Alfred Jodl hat in der Gefangenschaft drei von ihnen namhaft gemacht[1]:

1. den dem Norwegen-Feldzug (April 1940) zugrunde gelegten Plan „Weserübung", der ja nicht nur die überaus gewagte Einfuhr in den Oslo-Fjord, sondern die noch viel gewagtere Besetzung von Narvik einschloß;

2. den Durchbruch im Westen nicht auf dem rechten Flügel, wie der Generalstab des Heeres ihn vorbereitet hatte, sondern in Richtung Sedan–Abbeville: eine Konzeption, die Hitler in vager Konzeption vorgebracht und nach Kenntnisnahme der auf dasselbe hinauslaufenden Vorschläge des (damaligen) Generals v. Manstein dem Generalstab des Heeres vorschrieb[2], und schließlich

3. den im Winter 1941/42 gegebenen Befehl – ungeachtet der Frontbögen, ja Kessel –, sich an der Ostfront dort festzukrallen, wo gerade die vorderste Front war, der dazu führte, daß die erste Krise, in welche die deutsche Wehrmacht geriet, durchgestanden wurde – eine Maßnahme, die auch von manchen „Experten" als die solchen Lagen angemessene anerkannt worden ist.

Diese Erfolge hatten Hitler zu dem Glauben verführt, daß er – um mit Jodl zu sprechen – ein großer militärischer Führer sei ("that he was a great

1 PS-3694 (Ko-19808): Interview No. 62, englisch redigiert (29. 6. 1945, published 7. 7. 1945), als Schmalfilm u. a. vorhanden im Archivlager Göttingen.
Beachtlich ist Jodls Bemerkung, daß Hitler im Sommer 1942, den er in Winniza (Ukraine) durchlebte, infolge des heißen, kontinentalen Klimas ständig durch Kopfschmerzen geplagt gewesen sei, also in seiner Leistungsfähigkeit herabgesetzt war.

2 Im einzelnen geklärt durch das im Vorwort angeführte Buch von *H.-A. Jacobsen.*

military leader"). Aber in der zweiten Hälfte des Krieges stand er einer völlig anderen Situation gegenüber. Die Frage lautet also: War er dieser noch gewachsen?

Zunächst ist dieses festzustellen: Hitler hatte sich im Laufe der Jahre in militärischen und technischen Dingen eine große Sachkenntnis erworben und konnte sich außerdem auf ein ungewöhnliches Gedächtnis stützen – dafür sei auf die Auszüge aus den fragmentarisch erhaltenen Protokollen der bei ihm abgehaltenen Lagebesprechungen im „Dokumententeil" verwiesen, die in dieser Hinsicht für die Fernerstehenden überraschende Belege bieten. Man gewahrt, wie ihm, der ja im II. Weltkrieg nie einer Kampfhandlung unmittelbar beigewohnt hat, auf Grund unzähliger Berichte und Rücksprachen die Vorgänge an der Front, die Auswirkungsmöglichkeiten der einzelnen Waffen und ihre beste Verwendung so vor Augen standen, daß er sich für berechtigt hielt, selbst in die Einzelheiten der Kampfführung einzugreifen. Wie der Ablauf der Dinge, der ja nicht allein durch Taktisches und Technisches bestimmt war, sondern noch von vielen anderen, nicht zuletzt menschlichen Faktoren abhing, sich tatsächlich gestaltete, sah er jedoch nicht, und daher beharrte er auch meist gegenüber allen Gegenvorstellungen auf dem einmal eingenommenen Standpunkt. Immer stärker neigte er dazu, die Meldungen, die nicht in sein Bild paßten, wegzuwischen und die Fakten auf die Unzulänglichkeit der seine Befehle Ausführenden – sei es der höheren Stäbe, sei es der örtlichen Befehlshaber, wenn nicht generell auf den Geist des ihm suspekten Generalstabs – zurückzuführen.

Woran „haperte" es – so sah er es – bei ihnen? Diese Frage führt uns auf die „Moral", auf die sich Hitler in der zweiten Hälfte des Krieges festlegte.

Die Eigenschaften, auf die es ihm vor allem ankam, waren Zähigkeit und Beharrlichkeit als erste Voraussetzung zum „Durchstehen" einer Krise. Das waren – wie er es am 20. 12. 1944 dem General Thomale vorhielt[1] – die soldatischen, menschlich ewigen Qualitäten, mit denen nach seiner Auffassung einst Friedrich der Große zum Siege gelangt war – Hitler wies in diesem Zusammenhang auf die Soldaten der Roten Armee hin, die laut den ihm vorliegenden Berichten miserabel waren, aber immerhin durchhielten.

In der Schlußphase des Krieges, in der das „Potential" entschied, setzte Hitler diese Eigenschaften weit über strategische Einfälle. In derselben Unterredung heißt es:

„Genialität ist etwas Irrlichterndes, wenn sie nicht durch Beharrlichkeit und fanatische Zähigkeit untermauert ist. Das ist das Wichtigste, was es im ganzen menschlichen Leben gibt. Leute, die nur Einfälle, Gedanken usw. haben, die aber nicht eine charakterliche Festigkeit und nicht eine Zähigkeit und Beharrlichkeit besitzen, werden es trotz allem doch zu nichts brin-

1 Stenogramm der Besprechung (s. „Dokumenteil").

gen. Es sind Glücksritter.... Weltgeschichte kann man nur machen, wenn man tatsächlich hinter eine kluge Vernunft, hinter ein lebendiges Gewissen und eine ewige Wachsamkeit noch eine fanatische Beharrlichkeit setzt, eine Glaubensstärke, die einen Menschen zum inneren Streiter werden läßt."

Wer diese Ausführungen – über die vom Stenogramm festgehaltenen, vielleicht auch noch vermehrten Sprachunebenheiten sehe man hinweg! – aus dem Zusammenhang herausgelöst liest, könnte durch sie verleitet werden, Hitler einen Zug von Größe zu konzedieren, weil er im Unglück sich nicht habe beugen lassen. Aber die moralische Zuspitzung, die er hier seiner Kriegführung gibt, ist von Grund auf verfehlt. Denn Beharrlichkeit bis zum letzten ist immer nur im Rahmen des Erreichbaren zulässig.

Das macht gerade der Vergleich mit dem von Hitler zu Unrecht als Vorbild angerufenen Friedrich dem Großen deutlich: dieser hatte einen Kabinettskrieg geführt, in dem die beteiligten Staaten nur einen Teil ihrer Bevölkerung einsetzten und noch mit der unberechenbaren „Fortuna belli" gerechnet werden durfte, und da die Koalition der Gegner zersprang, Friedrich auch wieder Siege erfocht, ging er – nachdem er die temporäre Krise mit Beharrlichkeit überwunden hatte – als Sieger aus dem Siebenjährigen Kriege hervor. Hitler stand dagegen einer Koalition gegenüber, von der er zwar hoffte, daß auch sie eines Tages zerspringen werde, von der aber auf Grund der Lage sicher war, daß sie zum mindesten bis zu seiner Besiegung halten werde. Hitler stand ferner an der Spitze eines Staates, dessen „Menschenreservoir" – eine im Militärdeutsch üblich gewordene, peinliche Wortbildung – restlos ausgeschöpft war, dessen wirtschaftliche Möglichkeiten sich auch nicht mehr steigern ließen. Im 20. Jahrhundert durfte man schließlich auch nichts mehr von der Kriegsfortuna erhoffen, weil sie inzwischen alles Launische abgestreift hatte und genau so rationell geworden war wie das inzwischen angebrochene neue Zeitalter.

Ein Recht, sich selbst und seine Befehlshaber auf Beharrlichkeit und Zähigkeit zu verpflichten, hatte Hitler daher nur so lange, als noch irgendeine politische oder irgendeine militärische Chance bestand. Jenes Gespräch fand statt, als bereits deutlich geworden war, daß die Hoffnungen, die Hitler auf die Ardennen=Offensive gesetzt hatte, sich nicht erfüllten. Sie drückte das Siegel auf die seit längerem bestehende Tatsache, daß das deutsche Heer zu Gegenoffensiven nicht mehr imstande war.

Hitler durfte sich also weder auf Friedrich den Großen berufen noch sich – Beharrlichkeit verlangend und die Militärs verdammend – auf den moralischen Kothurn schwingen: dieser war tönern und zerbrach unter der Wucht der Tatsachen.

Von der moralischen Gegenrechnung, die mit Hitler anzustellen ist, soll erst am Schluß die Rede sein.

Wir engen nunmehr unseren Gesichtskreis auf das spezifisch Militärische ein.

In jedem Krieg besteht die große Schwierigkeit, die Strategie und die Außenpolitik in Einklang zu bringen. Diese Erfahrung haben auch die im letzten Krieg gegen uns Verbündeten gemacht.

Auf der deutschen Seite hätte eine solche Spannung gar nicht auftreten können, wenn man sich an die äußeren Tatsachen hält; denn praktisch war ja Hitler sein eigener Außenminister, der sich des mit diesem Titel versehenen Ribbentrop nur als ausführenden Organs bediente.

Die Straffung der Macht in Hitlers Hand hätte das eine Gute haben können, daß der sonst in Kriegen unausweichliche, 1870/71 in den Auseinandersetzungen zwischen Bismarck und Moltke herausgetretene Antagonismus zwischen Politik und Strategie sich nicht auswirkte. Aber er bestand natürlich auch im II. Weltkrieg, und zwar in Hitler selbst. Das bedeutet, daß seine Kriegführung ständig durch außenpolitische Erwägungen mitbestimmt war und seine Außenpolitik durch strategische Argumente[1]. Daß z. B. die 17. Armee nicht den Auftrag erhielt, sich aus der Krim rechtzeitig zurückzukämpfen, als das noch Aussicht auf Erfolg hatte, war durch die Besorgnis bedingt, daß die Türkei angesichts des sich verstärkenden sowjetischen Druckes im Bereich des Schwarzen Meeres ihre bisher noch neutrale Stellung verlassen und sich den Alliierten in die Arme werfen würde[2].

Wenn Außenpolitik und Kriegführung getrennt gewesen wären, hätte es sich um das Abwägen von Argumenten zweier Ressorts in einer rationalen Sphäre gehandelt wie 1870/71 in der Frage der Beschießung von Paris: stand dem militärischen Vorteil ein solcher außenpolitischer Nachteil gegenüber, daß es besser war, auf ihn zu verzichten? Nach Erörterung des Für und Wider war die Entscheidung schließlich Sache des Staatsoberhaupts gewesen. Da Hitler auch diese Stellung innehatte, vollzogen sich das Abwägen sich widersprechender Argumente sowie die Entscheidung allein in seinem Kopf. In diesem aber stießen die von den Militärs und Diplomaten geltend gemachten Gründe mit Denkantrieben zusammen, die nicht aus der rationalen Sphäre stammten — vielleicht muß man sagen: die mit ihnen einen Knäuel bildeten, in dem man rückschauend einzelne Fäden entdecken kann, der aber als Ganzes unentwirrbar bleibt.

Diese strategisch-diplomatische Führung wirkte sich verheerend aus, weil Hitler als geborener Propagandist die Auswirkung von Rückzügen auf die „Weltmeinung“ übermäßig in Rechnung stellte und sich schon aus diesem Grunde nicht zu den militärisch gebotenen Entschlüssen, rechtzeitige Räumungen von Außenbastionen, wie z. B. der Krim, durchzuringen vermochte. Es kann kein Zweifel sein, daß solche *„Prestige-Strategie“* die schlechteste

1 Vgl. dazu u. a. unten den 1. Abschnitt, 4—5 betr. Norden und Ungarn.

2 Vgl. Protokoll der Lagebesprechung bei Hitler (27. 12. 1943); *Gilbert* a.a.O. S. 96.

von allen ist: im militärischen Bereich kann man auf die Dauer nicht bluffen, und wenn man es versucht, dann wird der Kampf nicht nur das tatsächliche Kräfteverhältnis bloßlegen, sondern dadurch gleich den nächsten Rückschlag unvermeidlich machen, der — bei rein strategischem Vorgehen — vorher hätte aufgefangen werden können: Friedrich der Große hat Kolin, Hochkirch, Kunersdorf überstanden.

Diese Erklärung genügt noch nicht, um verständlich zu machen, daß Hitler in immer unsinniger werdender Weise befahl, Stellungen zu halten, die sich nicht mehr halten ließen, und andererseits verbot, rechtzeitig rückwärtige Stellungen zu erkunden und womöglich auszubauen. Daß die Experten das wieder und wieder anregten und Hitler sich höchstens dann bereit fand, ihrem Drängen nachzugeben, wenn kostbare Zeit verronnen oder es bereits zu spät war, belegt ja das Kriegstagebuch einwandfrei.

Wodurch ist dieses Führungsprinzip begründet? Hier kann wohl kein Zweifel sein, daß Erfahrungen mitsprachen, die der Gefreite Hitler im I. Weltkrieg an der Westfront[1] gemacht hatte: Als im Februar/März 1917

1 Wie stark die Erinnerung an diese Zeit in Hitler fortwirkte, zeigen die Protokolle der bei ihm abgehaltenen Lagebesprechungen.

Siehe besonders Stenogramm der Abend-Lagebesprechung vom 18. 6. 1944 (Fragment Nr. 20, nach Photographie des Bundesarchivs) bei Erörterung der Luftlage in Italien:

Der Führer: „An keinem Platz haben wir im Weltkrieg (eine solche Unterlegenheit in der Luft gehabt). Das weiß ich. Z. B. bei unserer Offensive, bei der großen Schlacht in Frankreich, haben wir eigentlich die Engländer völlig vom Kampfplatz verjagt gehabt. So eine jämmerliche Lage haben wir im Weltkrieg nicht gehabt. Noch im Jahre 1917 war die Lage so, daß bei der Arras-Schlacht das Richthofen-Geschwader den Himmel völlig sauber geputzt hat. Englische Geschwader sind da nicht durchgekommen und sind absolut abgewehrt worden. Ich habe zum Teil selber gesehen, daß die letzten Reste von 10 Flugzeugen bis zum letzten heruntergeholt worden sind. Da hatten wir völlige Freiheit. Auch die Flandern-Schlacht, wo die ersten ganz großen Luftkämpfe für die damalige Zeit waren, wo immerhin schon 70 bis 100 Maschinen auf jeder Seite eingesetzt worden sind — das war eine Mordswürgerei; aber daß man sagen konnte, der Gegner beherrscht hier ganz allein die Luft und fliegt herum, so ist es nie gewesen. Sie sind natürlich auch schon frech geworden, und 1918 ist es dann schlechter geworden."

Jodl: „Da kamen die ersten Geschwaderflüge. Da kamen sie schon mit einigen hundert an. 400 bis 500."

Der Leser vergleiche ferner unten den 2. Abschnitt (Kap. 17) betr. Nettuno, wo — wie Hitler aus der Befragung von Frontoffizieren entnommen hatte — die eigenen Angriffe vornehmlich an der gegnerischen Artillerie gescheitert waren; deshalb „sollten die künftigen Angriffe nach den Grundsätzen der Angriffsschlacht von 1918 durchgeführt werden".

Siehe ferner Stenogramm der „Besprechung des Führers mit Generalmajor Thomale am 29. 12. 1944 in ‚Adlerhorst'" (Fragment Nr. 30, nach Photographie im Bundesarchiv) im Anschluß an Meldungen über das Eintreffen der Sturmgeschützkompanie für zwei Volksgrenadierdivisionen:

Der Führer: „Mir ist gerade etwas eingefallen, weil die Leute immer jammern, daß sie den Ersatz zu spät bekommen. Wir sind für die zweite Offensive im Jahre 1918 am 25. abends abmarschiert. Am 26. übernachteten wir in einem

der Frontbogen zwischen Arras und Soissons durch das Zurückgehen auf die „Siegfried=Stellung" (Hindenburg=Linie) verkürzt wurde, war das Zurück=fallen in die kräftesparende Linie schneller erfolgt, als es von der Obersten Heeresleitung vorgesehen worden war. Denn begreiflicherweise strengten sich die zurückgehenden Einheiten nicht bis zum letzten an, um ein Gelände hinhaltend zu verteidigen, von dem ein jeder wußte, daß es über kurz oder lang doch geräumt werden würde. Bei Hitler verdichtete sich diese Erinnerung zu dem Dictum, rückwärtige Stellungen zögen die kämpfende Truppe „magnetisch" an, und deshalb dürfe man sie nicht in Versuchung führen, indem im Hinterland vorzeitig Stellungen vorbereitet würden[1].

Diese Erfahrung paarte sich mit einer zweiten gleicher Herkunft: Hitler, der ehemalige „Gefreite", hatte im Sinne behalten, wie leicht eine Truppe „ins Rutschen" kam, wenn sie erst einmal aus den Gräben herausgedrückt war,

Wald, und am 27. morgens traten wir an. Um 5.00 Uhr sind wir abmarschiert. Einen Tag vorher am Nachmittag haben wir den Nachersatz für die große Offensive am Chemin des Dames bekommen."

Später zur Frage, was unbedingt gefahren werden müsse: „Es ist nun einmal auch beim Menschen so — ich habe es früher erlebt, ich war Meldegänger —, wenn zum Beispiel ein Kommandeur vorn eine Ansichtspostkarte bekommen hat, so mußte wegen der Ansichtspostkarte mindestens noch im Jahre 1915 und 1916 bei unserem Regiment, ehe wir endlich einen Regimentskommandeur von Format bekamen, ein Mann vorlaufen und mußte dem bei Tag eine Ansichts=postkarte bringen, die er in der Stellung von rückwärts telefonisch angekündigt bekommen hat. Das kostete unter Umständen einem Menschen das Leben und gefährdete die Stäbe selber, weil bei Tag von oben gesehen wurde, wo die Leute hingingen. Also direkt ein Wahnsinn! Es mußte aber erst von oben all=mählich unterbunden werden, daß dieser Unfug des Verbrauchs von Menschen ein Ende nahm.

Mit Pferden hat man es genauso gemacht. Man ist damals zum Beispiel von Messines wegen eines Pfundes Butter nach Fourne gefahren und hat von Fourne ein Pfund Butter nach Messines vorgebracht. Das ist natürlich ein Unfug. Ich habe es in der Wirtschaft genauso gehabt: ein Lkw mit 4,5 t fährt, damit er irgendwo ein Maschinchen abholt, das 12 kg Gewicht hat. Das haben wir jetzt allmählich abgestellt."

1 Vgl. unten den 5. Abschnitt, Kap. IV, Oktober—Jahresende 1944: Adriafront. Am 15. 12. 1944 übermittelte der Chef WFStab dem OB Südwest, der „Dschingis=Khan=Stellung" scheine eine mehr anziehende als abstoßende Wirkung zu=zufallen, was mit der gefährlichen Begründung gestützt werde, daß dadurch Kräfte gespart würden und es notwendig sei, sie tief zu staffeln, um einen Durchbruch zu verhindern. Das seien die Gedanken, die der Führer, gewitzigt durch ähnliche Vorgänge in früheren Jahren im Osten, fast täglich zum Aus=druck bringe und die auch nach Ansicht des Chefs WFStab die zukünftige Ent=wicklung in Italien klar vorausschauten. Fortan sei deshalb von allen Anträgen abzusehen, sich freiwillig abzusetzen.

Vgl. ferner Stenogramme der Lagebesprechungen beim Führer, II, 3: 23. 3. 1945 abends: (Hitler:) „. . . Es sind mindestens 15 kampfkräftige Verbände verloren=gegangen durch das herausgehen aus dem Westwall, weil man im Freien angeb=lich besser kämpfen kann . . ." (Etwas später über die Führung im Westen, die sich aus dem Festungswerk habe herausdrängen lassen): „Hier hat absolut die Führung jämmerlich gehandelt. Sie hat in die Truppe von oben herunter den Gedanken hineingepumpt, daß man im freien Gelände besser kämpfen kann als hier drin."

und wie schwer sich dann der Infanterist, der „arme Wurm", im freien Feld anhalten ließ. Deshalb — so hatte Hitler es 1917/18 gelernt — schien es ihm besser, vorhandene Stellungen zu halten — mochten sie auch noch so viel laufende Verluste verursachen, mochten sie auch noch so sehr unter Luftangriffen und Artilleriefeuer leiden, mochten sie auch noch so sehr durch lokale Einbrüche ausgefranst sein. Das deuchte ihn besser, als den Befehl zu geben, daß die Truppe sich durch freies Gelände auf den nächsten, operativ günstigeren Abschnitt absetzte[1].

Diese — menschlich ja begreifliche — Verknüpfung des „Gefreiten" von einst mit dem „Obersten Befehlshaber" des II. Weltkriegs langt jedoch nicht aus, um Hitlers Strategie zu erklären.

Wir nehmen noch einmal die Ardennen-Offensive als „Test Case". Um die ihr zugrunde liegenden Konzeptionen zu begreifen, müssen wir nach einem anderen Motiv fahnden; denn bei ihr handelte es sich ja um eine offensive Operation.

Strategisch ergab sie sich — wie hier noch einmal zu wiederholen ist — aus dem schon im Ansatz gescheiterten Versuch, den Frankreich überschwemmenden Kräften des Generals Patton in die rechte offene Flanke zu fallen. Der Verlust des Geländes vor den Vogesen hatte bedeutet, daß die Ausfallbasis für diese ausholende Bewegung verlorenging. Hitler hielt jedoch an dem Gedanken, Aktion mit Gegenaktion zu beantworten, um nicht in die reine Verteidigung gedrängt zu werden, mit erstaunlicher Sturheit fest, konnte ihn aber — nachdem die deutschen Kräfte ungefähr längs des ehemaligen deutschen „Westwalles" zum Stehen gekommen waren — nur noch durch einen Angriff aus fester Front in die Tat umsetzen. Daß er für diesen die Naht zwischen den britischen und amerikanischen Verbänden auserkor, lag nahe, da solche Nähte ja immer ein Schwächemoment bedeuten; aber er erwartete infolge seiner Unterschätzung der Gegner dadurch eine größere Verwirrung in der Befehlsgebung der Gegenseite, als sie eintrat.

Vor Beginn des Angriffs wurde noch — sozusagen — die Gegenprobe aufgestellt und erwogen, welche Operationen sonst noch denkbar seien und welche Erfolge man sich von ihnen versprechen dürfe. Das Ergebnis war, daß es keine besser geeignete Front als die von Hitler in Aussicht genommene gebe. Dabei sprach allerdings mit, daß Hitler einen Erfolg erzielen wollte, der ihm nicht nur wieder eine aktive Rolle verschaffte, sondern auch vor der ganzen Welt so sichtbar war, daß das schwindende Prestige der deutschen Wehrmacht wieder stabilisiert wurde.

Als Ziel setzte Hitler dieser Offensive die Einnahme von Antwerpen. Das rationale Argument gab die Tatsache ab, daß die Scheldestadt der erste Hafen war, den die Alliierten unzerstört in die Hand bekommen hatten. Hitler verkannte dabei die Tatsache, daß die Gegner mit Hilfe moderner Lande-Improvisationen den durch Sprengungen bedingten Anlandestop viel schneller zu überwinden imstande waren, als er annahm. Nun war es eine einfache Rechnung, daß im Falle des Gelingens ein spitzer Keil mit soundso viel Kilometern längs der rechten und der linken Flanke entstand, der zur Abschirmung pro 10 Kilometer — dafür gab es genaue Erfahrungen — soundso viele Verbände festlegte; er mußte aber auch noch eine stoßfähige Spitze behalten. Zur Verfügung standen — außer Heerestruppen — 32 Divisionen, und diese reichten selbst bei optimaler Berechnung der

1 Vgl. z. B. KTB 1945, 2. Abschn., II. Teil, C.I.5. zum 22. 2.: „Eine Genehmigung zur hinhaltenden Kampfführung werde der Führer dagegen niemals geben, da sie im jetzigen Zeitpunkt des Krieges der Ruin der Moral und des Kampfwillens der Truppe sei."

Chancen nicht aus. Das ist Hitler immer wieder von den Verantwortlichen vorgehalten worden; aber er ließ sich von der „großen Lösung", d. h. Ziel Antwerpen, nicht abbringen. Die „kleine Lösung", die auf der generalstabsmäßigen Berechnung beruhte, lief darauf hinaus, im ersten Takt Lüttich zu nehmen und dann im zweiten — wenn die Lage es erlaubte — nach rechts einzudrehen und dadurch die Briten zu zwingen, ihre Front zurückzunehmen. Die Einwände waren so einleuchtend, daß sie Hitler — zumal nach den Erfahrungen der letzten Monate — hätten überzeugen müssen. Aber sie taten es nicht! Er gab sich vielmehr der Illusion hin, daß — wenn erst einmal die Amerikaner und Engländer „ins Laufen" gekommen seien — ihre Kampfkraft unter die numerische Stärke herabsinken und andererseits die Stärke einer vom Siegesgefühl beschwingten deutschen Division sich potenzieren werde. Indem er so — um es auf eine arithmetische Formel zu bringen — aus einem Kräfteverhältnis von 1 : 1 ein solches von $^1/_3$ : 1 machte, glaubte er, alle Expertenerfahrungen beiseite schieben zu können.

Wie erklärt sich dies Phänomen? Bei Hitler sprachen — so glauben wir annehmen zu dürfen — die Erfahrungen mit, die er als Parteiführer gemacht hatte: er hatte mit 7 Mitgliedern seiner Partei begonnen; dann waren es 700, 7000, 700 000 und schließlich Millionen geworden, während gleichzeitig die Millionenzahl seiner Gegner entsprechend weggeschmolzen war[1]. Das Vertrauen, daß das im Militärischen ebenso sei, war durch die Erfolge der ersten Kriegsjahre genährt worden. Diese — so möchte ich sie nennen — *„Lawinen-Vorstellung"* muß es gewesen sein, die Hitler dazu brachte, für die Ardennen-Offensive ein viel zu weit gestecktes Ziel festzulegen.

Mit dem Lawinen-Effekt hatte ja Hitler in den Jahren vor dem Krieg das Unmögliche möglich gemacht; und noch die erste Phase des Rußland-Krieges, in der die Rote Armee auf der ganzen Breite der Front zurückgeworfen worden war, hatte ihn in seinem Glauben, daß dieser Effekt sich überall, also auch im militärischen Bereich, auswirke, bestätigt. Seither hatte die Kriegsgeschichte ihm jedoch eine Lehre nach der anderen erteilt und dem generalstabsmäßigen Denken recht gegeben, dessen Quintessenz darin bestand, das Potential der Gegenseite lieber zu groß als zu klein einzusetzen, da man sich wohl durch unerwartete eigene Erfolge, aber nicht durch unerwartete Erfolge der Gegner überraschen lassen darf. Hitler dagegen verlor den Sinn für die Grenzscheide zwischen möglich und unmöglich, und deshalb gilt für ihn das Wort Theodor Mommsens: „Die Einsicht in das Mögliche und Unmögliche ist es, die den Helden vom Abenteurer scheidet."

Der „Feldherr" Hitler, der in der 2. Hälfte des Krieges Rat noch weniger annahm als in der ersten, war also in seiner Kriegführung mehr und mehr dadurch behindert, daß er der auf sein „Prestige" bedachte *„Propagandist"* blieb,

1 Man vergleiche, wie Hitler in der Lagebesprechung vom 27. 12. 1943 (*Gilbert* a. a. O. S. 12) gegenüber General Zeitzler (Chef GenStdH), der seine Sorge wegen der schlechten Moral der Osttruppen bekundet hatte, sich auf seine Erfahrungen als Parteiführer berief und ausführte, daß er als solcher in der Zeit seines Aufstieges Berichte von lokalen Parteistellen bekommen habe, die Sozialdemokraten könnten nicht geschlagen werden, daß sich aber jedesmal gezeigt habe, daß dies nur der Fehler des lokalen Parteiführers gewesen sei. — Hier ist die Übertragung von Parteierfahrungen auf die Kriegführung ganz deutlich.

daß die Erfahrungen des *„Gefreiten"* von 1917/18 in ihm wieder hochstiegen und er sich angesichts der sich verschlimmernden Lage an Erfahrungen klammerte, die er als *„Parteimann"* gemacht hatte — womit das Urteil über ihn als *„Feldherr"* in der hier zur Erörterung stehenden Phase des Krieges gesprochen ist.

### *c) Hitlers „Wellenbrecher"-Doktrin*

Abschließend muß noch ein Führungsprinzip zur Sprache gebracht werden, dem Hitler sich gegen Ende des Krieges mehr und mehr verschrieb: ich möchte es die *„Wellenbrecher"*-Doktrin nennen. Sie lief darauf hinaus, irgendwelche Städte, die improvisiert befestigt und zu „Festungen" ernannt wurden, auch noch zu verteidigen, wenn der Gegner rechts und links an ihnen vorbeigestoßen war. Aus dieser Doktrin ergab sich im Westen längs der Küste eine ganze Reihe von „Festungen", deren Schicksal das KTB festgehalten hat. Aber auch im Osten befolgte Hitler diese Praktik, die von der Annahme ausging, daß der Gegner für die Zernierung mehr Kräfte brauche als der Verteidiger. Dieser Annahme lag wieder die weitere zugrunde, daß dem Gegner an der Beseitigung dieser Pseudo-Festungen gelegen sein müsse, da er sie als Häfen oder als Verkehrs- und Eisenbahnknotenpunkte brauche. Das war jedoch nur in einzelnen Fällen richtig, und wenn der Gegner für die Zernierung tatsächlich mehr Kräfte benötigte, so genügten für diese Aufgabe ja auch minderwertige Verbände. In bezug auf die Rote Armee handelte es sich erst recht um eine Fehlrechnung, da sie den deutschen Ostkräften numerisch allemal überlegen blieb.

Ich greife einige Notizen aus dem KTB heraus, die die Kämpfe an der Ostfront im Jahre 1945 betreffen.

Auf Grund der in der Lagebesprechung vorgetragenen Meldungen heißt es im KTB am 16. 2.: „Im Gesamt ist festzustellen, daß durch den Widerstand in Posen und in anderen Festungen der feindliche Vormarsch spürbar aufgehalten worden ist und noch weiter erschwert wird." Aus den folgenden Eintragungen ergibt sich, daß es sich nur um eine geringe Fristverlängerung handelte, der der Nachteil entgegenstand, daß durch die Preisgabe von soundso viel Verbänden für die Verteidigung der „Festungen" an der Kampffront die Unterlegenheit der eigenen Kräfte noch vergrößert wurde.

Wehe, wenn der Kommandant einer „Festung" angesichts einer hoffnungslosen Lage und im Bewußtsein seiner Pflicht gegenüber den Verwundeten, den letzten Verteidigern und den Resten der Zivilbevölkerung den ihm anvertrauten „Wellenbrecher" dem Gegner übergab! Ich führe hier als Beispiel das Schicksal des Generals Lasch an, eines erfahrenen Offiziers, dem ich Anfang September 1944 die erste Orientierung gegeben hatte, als er in das Führerhauptquartier bestellt worden war, um die Führung des an der Biscaya-Front stehenden LXIV. AK. zu übernehmen. Er wurde Ende Januar 1945 zum Kommandanten von Königsberg ernannt und hatte als Chef seines Stabes den Obersten Freiherrn von *Süsskind-Schwendi* erhalten, einen gleichfalls qualifizierten Soldaten, der mir einige Monate vorher einen Beitrag über mein das Attentat vom 20. 7. 1944 betreffendes Konvolut (vgl. den II. Teil der „Erläuterungen") geliefert hatte. Der General kapitulierte am 9. 4. 1945, als weiterer Widerstand sinnlos geworden und die Besatzung seiner

„Festung" zum größten Teil verwundet oder kampfunfähig geworden war (vgl. Eintrag im Lagebuch zum 10. 4. 1945: Osten). Dem Wehrmachtbericht wurde am 12. 4. ein Zusatz angefügt, daß Larch wegen der ohne Erlaubnis vollzogenen Kapitulation zum Tode durch den Strang verurteilt worden sei (vgl. Eintrag im Lagebuch 12. 4. 1945: Osten). Hinzugesetzt war: „Seine Sippe wird haftbar gemacht" — die als Stabshelferin eingezogene Tochter des Generals wurde daher gefangengesetzt. Am 17. 4. 1945 trug ich im Lagebuch noch die Meldung von zwei Offizieren nach, die durch das Haff geschwommen waren und sich auf diese Weise der Gefangenschaft entzogen hatten. Danach hatte der General Lasch noch gekämpft, „als feindliche Panzer bereits vor seinem Gefechtsstand erschienen waren". Ich mußte hinzusetzen, daß diese Meldung „wohl falsch" sei. Denn mir war klar, daß hier ein aufrechter Mann aus dem Verantwortungsgefühl für die ihm anvertrauten Soldaten und in voller Erkenntnis der Sinnlosigkeit weiteren Widerstandes die einzig richtige Folgerung gezogen hatte — sicherlich in voller Einsicht, daß er sein Ansehen opferte und das Wohl seiner Familie aufs Spiel setzte.

Auch der Kommandant von Schneidemühl handelte nach 21 Tagen andauernder Verteidigung eigenmächtig. Am 14. 2. war er zum Durchbruch nach Norden angetreten, „da er seine Aufgabe, als Wellenbrecher zu dienen, jetzt nicht mehr aus der ihm noch übrig gebliebenen Vorstadt durchführen könne" (Lagebuch 15. 2. 1945). Gegen diese Argumentation ließ sich schlechterdings nichts einwenden; auch war es ja nicht zu einer Kapitulation gekommen. 1000 Mann gelang es, sich durchzuschlagen. Dazu vermerkt das KTB: „Der Führer hat diese Maßnahme nicht unwohlwollend aufgenommen" (ebd. 16. und 17. 2.) — ein Kommentar erübrigt sich.

Am folgenschwersten wirkte sich die „Wellenbrecher"-Doktrin auf die Heeresgruppe Kurland aus. Sie wurde in der Landspitze zwischen Libau und Riga stehengelassen, um möglichst viel Verbände der Roten Armee zu fesseln. Nachdem vor ihr der Landweg so abgesperrt war, daß ein Durchbruch nach Ostpreußen nicht mehr in Frage kam, bestand immer noch die Möglichkeit, Verbände per Schiff über die Ostsee abzuziehen; aber von ihr wurde — eben jener Doktrin wegen — nicht in dem Umfang Gebrauch gemacht, wie das möglich gewesen wäre.

An diesem Prinzip hielt Hitler bis zum Schluß fest. In der Niederschrift des Großadmirals Dönitz über die am 4. 4. 1945 abgehaltene „Führerlage" (siehe den „Dokumententeil") heißt es: „Der Stellvertr. Chef des Gen.-Stabs d. H., General der Inf. Krebs, trägt vor, daß durch die eigenen Truppen in Ost- und Westpreußen insgesamt 193[1] russische Infanterie-Divisionen gebunden werden und dadurch eine beträchtliche Entlastung der übrigen Fronten erreicht wird."

Die Kriegshistoriker der Sowjetunion mögen die Antwort auf die noch offene Frage geben, ob der Angriff gegen Berlin dadurch tatsächlich verzögert wurde. Aber was diese Rechnung auch ergeben mag, mehr als Tage oder Wochen können ja nicht herauskommen — und so ist das Resultat allemal irrelevant.

Für uns gilt: Wenn die Strategie nur allein darauf hinausläuft, den Gang des Schicksals abzubremsen, dann ist sie eben keine „Strategie" mehr.

1 An der angegebenen Stelle ist zu dieser Zahl vermerkt, daß sie so im Original stehe, aber so hoch sei, daß mit einem Irrtum zu rechnen sei.

## 4. Hitler als „Kriegsverlängerer"

Eine Frage, die sich dem Leser mittlerweile aufgedrängt haben wird, sei abschließend noch zur Erörterung gestellt:

*Von wann an hat Hitler den Krieg als verloren angesehen?*

Diese Frage wird sich nie exakt beantworten lassen. Denn in dieser Hinsicht war der verantwortliche Mann, der keinen Freund, keinen wahren Vertrauten besaß, von einer undurchdringlichen Verschwiegenheit. Auch lebte er ständig in mehreren Bewußtseinsschichten zugleich, so daß in ihm der Widerstreit zwischen Einsichten der Vernunft und emotionalen Wunschbildern nie ausgeglichen wurde[1]. Hat ihn also die Überlegung irgendwann zu der Erkenntnis gedrängt, daß der von ihm hinausposaunte „Endsieg" zunächst zweifelhaft, dann unerreichbar wurde, dann gab er sich das zweifellos im nächsten Augenblick nicht mehr zu und verbiß sich darauf um so stärker in den Vorsatz, das Unmögliche doch noch zu erzwingen.

Zu der Frage, wann Hitler an sich und seiner Sache irre zu werden begann, lassen sich also höchstens Anhalte gewinnen.

Der beste Zeuge in dieser Hinsicht ist auf Grund täglicher, mehrstündiger Aussprache zweifellos Generaloberst Jodl. Von ihm liegen zwei rückschauende Äußerungen vor, die die Wende 1941/42 und die Wende 1942/43 betreffen:

In der von ihm am 15. 5. 1945 in Mürwik abgehaltenen Lagebesprechung (siehe KTB des Führungsstabes Nord) führte Jodl aus, Hitler und ihm sei klargeworden, „als die Katastrophe des Winters 1941/42 hereinbrach..., daß von diesem Kulminationspunkt des beginnenden Jahres 1942 an kein Sieg mehr errungen werden konnte".

1 Hitler hat sich einmal selbst darüber geäußert, und zwar am 23. 5. 1939 in einer Unterredung mit dem Großadmiral Raeder. Hitler hatte ihn in die Reichskanzlei bestellt, damit er ihn von der Absicht, zurückzutreten, abbrächte. Auf die Frage des Großadmirals, was er denn beabsichtige, erklärte ihm Hitler, er habe drei Arten der Geheimhaltung: „Die erste, wenn wir beide (d. h. Hitler und Raeder) unter vier Augen sprechen; die zweite, die behalte ich (Hitler) für mich; die dritte, das sind Probleme der Zukunft, die ich nicht zu Ende denke"; vgl. die Aussage des Vizeadmirals *Schulte-Mönting* in Nürnberg am 22. 5. 1946 (Der Prozeß gegen die Hauptkriegsverbrecher vor dem Internat. Militärgerichtshof, XIV, Nürnberg 1948, S. 341).

Diesen Ausspruch hatte mir dieser Admiral, der 1939 Adjutant Raeders gewesen war und von diesem einen Bericht über die Unterredung erhalten hatte, als wir im Zeugenflügel des Nürnberger Gefängnisses zusammensaßen, in einer Erzählung über das von ihm Erlebte angeführt. Dieser Satz berührte mich wie ein elektrischer Schlag, und ich ließ mir die Szene noch einmal genau schildern. Dies wiederum beeindruckte den Admiral so, daß er Raeders Verteidiger davon berichtete. Dieser spielte dann dem Admiral Schulte-Mönting, als er als Zeuge auftrat, durch eine Frage die Möglichkeit zu, Hitlers Worte gerichtsnotorisch zu machen.

Dieser Ausspruch bildet m. E. eines der ganz seltenen Schlüsselworte, um in den wahren Hitler hineinzusehen. Wer nicht von seiner — hier von ihm selbst gekennzeichneten — vielschichtigen Hintergründigkeit, die nach außen so oft den Eindruck der Verlogenheit erweckt hat, ausgeht, wird bei der Deutung seiner Handlungen daneben greifen.

In einer Aufzeichnung über den „Einfluß Hitlers auf die Kriegführung“, die Jodl im Nürnberger Gefängnis (1946) niederschrieb (vgl. Anhang Nr. 4 zum „Dokumententeil“), heißt es im Anschluß an die Katastrophe von Stalingrad (Wende 1942/43): „Als dann gegen Ende des Jahres (1942) auch Rommel, vor den Toren Ägyptens geschlagen, auf Tripolis zurückfiel, als die Alliierten in Französisch-Nordafrika landeten (d. h. im November 1942), da waren sich nicht nur die maßgebenden Soldaten, sondern auch Hitler darüber klar, daß der Kriegsgott sich nun auch von Deutschland abgewandt und in das andere Lager begeben hatte[1].“

Im Laufe des Jahres 1943 ereignete sich nichts, was Hitler erlaubt hätte, wieder Hoffnung zu fassen[2]. Im Gegenteil, die Lage verschlimmerte sich so, daß die „Pechsträhne“, von der Hitler – sich und andere beschwichtigend – sprach, immer dicker wurde.

Im September 1943 hatte Goebbels, der mit verblüffender, wenn auch satanischer Verstellungskunst dem deutschen Volk bis zum Ende die Aussicht auf den Endsieg vorgaukelte, aber gescheit genug war, einzusehen, wie es tatsächlich stand[3], Hitler gefragt, ob er es grundsätzlich ablehne, mit

1 Von wann an kam der *Duce* zu der Einsicht, daß die Achsenmächte nicht siegen würden?

Nach den Mitteilungen, die Donna Rachele Mussolini nach dem Zusammenbruch einem Journalisten machte, weckte sie ihren Gatten in der Nacht vom 21. zum 22. 6. 1941, weil Hitler dem Duce den Angriff auf die Sowjet-Union mitzuteilen hatte. Nachdem er die Nachricht entgegengenommen hatte, sagte er ihr: „Meine liebe Rachele, das meint, daß der Krieg verloren ist.“ Die Richtigkeit dieser Angabe läßt sich nicht nachprüfen, aber sie klingt überzeugend. Vgl. Bruno *d'Agostino*, Colloqui con Rachele Mussolini, Rom, August 1945 (118 S.). Zugrunde liegen 17 Artikel, die im Frühjahr in der Tageszeitung „Il Tempo“ erschienen waren. Sie beruhten auf Unterredungen des Verfassers mit der damals auf der Insel Ischia konfinierten Witwe Mussolinis. Vgl. jetzt auch Rachele *Mussolini*, in Collaboration with Michael *Chinigo:* My Life with Mussolini, London (Hale) 1959 (192 S.).

2 Großadmiral Dönitz teilte mir auf meine Frage, ob er Zeuge einer Bemerkung Hitlers gewesen sei, die auf eine drohende Niederlage hingewiesen habe, am 23. Juni 1960 brieflich mit:

„Ich habe von Hitler keine eindeutige Äußerung gehört, daß der Krieg verloren sei. Er war mir gegenüber in dieser Beziehung bei meinen gelegentlichen Besuchen im Hauptquartier völlig verschwiegen. Ich hatte ihm am 31. 5. 1943 den Zusammenbruch des U-Bootkrieges gemeldet (siehe Brassey's Naval Annual 1948, Seite 331 ff.). Etwas später habe ich einmal bei einer Meldung bei Hitler Goebbels bei ihm getroffen. Die Sprache kam wieder auf den U-Bootkrieg. Goebbels äußerte sich bei dieser Gelegenheit, daß der Zusammenbruch des U-Bootkrieges doch die schwerwiegendste Niederlage sei, die wir erlitten hätten. Ich sagte ja, da wir nun mit einer erdrückenden Entfaltung der Kräfte des Gegners rechnen müßten. Hitler schien zuzustimmen, äußerte sich aber nicht.“

3 H. *Fraenkel* u. R. *Manvell*, Goebbels. Eine Biographie. Köln–Berlin, 1960, S. 302: Notiz des Goebbels-Adjutanten Semler (1943): Goebbels sei in der letzten Zeit in eine geradezu defaitistische Stimmung geraten. Bei Tisch habe er geäußert: „Sollten sich alle unsere Anstrengungen, unsere Arbeit, unser Kampf als vergeblich erweisen, so würde mir der Tod eine Erlösung sein. In der Welt, in der für meine Ideale kein Raum ist, hätte ich auch nichts zu suchen.“

Churchill zu verhandeln. Dieser antwortete, in Persönlichkeitsfragen gebe es überhaupt keine Grundsätze; da aber Churchill von Haß geleitet und allzusehr in gegenteiliger Auffassung verstrickt sei, könne man sich davon kein Ergebnis versprechen; er sei jedoch bereit, mit Stalin zu verhandeln. Nachdem Goebbels sich so weit vorgetastet hatte, wagte er, mit dem herauszukommen, worauf es ihm eigentlich ankam: „Wie nun die Dinge auch liegen mögen, ich stelle dem Führer vor, daß wir mit der einen oder anderen Seite ins klare kommen müssen. Ein Zweifrontenkrieg ist vom Reich noch nie gewonnen worden. Wir müssen also sehen, aus dem Zweifrontenkrieg auf irgendeine Weise herauszukommen[1]."

Anfang 1944 verfaßte Goebbels eine 40 Seiten starke Denkschrift, in der er Friedensverhandlungen mit Stalin empfahl, da es aussichtslos sei, mit Churchill oder Roosevelt zu reden. Er sandte sie ins Führerhauptquartier, mußte aber feststellen, daß sie den nach wie vor geliebten Führer nicht erreichte, da Bormann, nun zur „braunen Eminenz" emporgestiegen, sie anhielt. Goebbels fuhr deshalb ins Führerhauptquartier, um Hitler von Mann zu Mann zu stellen — aber er erreichte gar nichts[2].

Goebbels stand mit dieser Einsicht nicht allein. Im Hinblick auf die Anfangsmonate 1944 bezeugte der Reichsminister Speer im Nürnberger Prozeß, alle ihm bekannten militärischen Führer hätten ihm schon damals erklärt, „daß der Krieg im Oktober oder November zu Ende sein müsse, nachdem die Invasion gelungen war. Ich selbst hatte von der Treibstoff-Frage aus den gleichen Eindruck"[3].

Daß es ernst stand, hatte bereits die Führerweisung Nr. 51 vom 3. 11. 1943[4] offen zugegeben. In ihr heißt es:

„Im Osten läßt die Größe des Raumes äußersten Falles einen Bodenverlust auch größeren Ausmaßes zu, ohne den deutschen Lebensnerv tödlich zu treffen. Anders der Westen! Gelingt dem Feind hier ein Einbruch in unsere Verteidigung in breiter Front, so sind die Folgen in kurzer Zeit unabsehbar." Die Folgerung, die aus solcher Verschlechterung der Lage zu ziehen war, zog der Führerbefehl vom 27. 11. 1943, durch den die Einberufung einer weiteren Million Mann angeordnet wurde: „Der Kampf um die Existenz des deutschen Volkes und um die Zukunft Europas nähert sich seinem Höhepunkt. Alle Kraftreserven, die das Großdeutsche Reich aufbringen kann, in diesen Endkampf zu werfen, ist das Gebot der Stunde. Die Schlagkraft unserer Wehrmacht hat durch die Kämpfe dieses Sommers besonders im Osten stark gelitten"[5].

1 Ebd. S. 287 f. nach Goebbels' Tagebuch.

2 Ebd. S. 304.

3 Der Prozeß gegen die Hauptkriegsverbrecher vor dem Internat. Militärgerichtshof, XVII, Nürnberg, 1948, S. 533. Zur Treibstoff-Frage vgl. oben S. 23 ff.

4 Weisung Nr. 51; s. den „Dokumententeil" I. 1.

5 Angeführt im 1. Abschnitt, 1. g).

In den bei ihm abgehaltenen Lagebesprechungen, aus denen ja nichts nach außen drang, wurde Hitler noch deutlicher. Was hier gesagt wurde, ist ja nur noch in Fragmenten erhalten (vgl. „Dokumententeil"); aber es ist eines darunter vom 20. 12. 1943, das den dokumentarischen Beweis dafür liefert, daß Hitler ausführte: Wenn die Gegner im Westen angreifen würden, werde das den Krieg entscheiden; werde der Angriff abgewehrt, sei alles vorbei; dann könnten wieder Truppen aus dem Westen in den Osten verlegt werden [1].

General a. D. W. Warlimont, einer der wenigen Teilnehmer dieser Besprechungen, die noch am Leben sind, bestätigt mir, daß er solche Argumentationen wiederholt aus Hitlers Mund gehört hat. Da der Stellv. Chef des WFStabs sich in dieser Zeit keinerlei Aufzeichnungen machte, kann er sich nicht darauf festlegen, daß diese Auffassung in der Zuspitzung, der Krieg sei im Falle einer Landung „verloren", von Hitler ausgesprochen wurde: „Dagegen", so bestätigt mir General Warlimont, der mir bereits vor Jahren diesen Sachverhalt mitteilte und auf dessen genaues Erinnerungsvermögen man sich verlassen darf, bei der Drucklegung noch einmal, „besteht für mich nicht der geringste Zweifel, daß nur dies der Sinn seiner Worte war".

Das neue Jahr brachte als bisher nicht ernstlich einkalkulierte Gefahr die Landung alliierter Streitkräfte bei Anzio – Nettuno (22. 1. 1944), d. h. einer Landung im Rücken der deutschen Front, die diese zum Einsturz zu bringen und dem Gegner den Weg nach Rom zu öffnen drohte.

Hitler unterzeichnete einen Befehl, der zu schärfster Abwehr anfeuerte. Im Anschluß an den Titel des noch immer viel gelesenen, sicherlich auch einmal von ihm verschlungenen Buches: „Ein Kampf um Rom" von Felix Dahn heißt es hier, in den nächsten Tagen werde der Kampf um Rom entbrennen, der nicht nur über Mittelitalien entscheide, sondern in seiner Bedeutung noch darüber hinausgehe; mit der Landung habe die für das Jahr 1944 geplante Invasion Europas begonnen [2].

Die in Süditalien aufgetauchte Gefahr konnte noch aufgefangen werden, nicht aber die Landung der Alliierten in der Normandie, die am 6. Juni begann. Als sich herausstellte, daß die Kräfte, die sich am Ufer festgesetzt hatten, nicht wieder ins Meer zurückgeworfen werden konnten, wäre für Hitler, der sich bisher immer noch in den Glauben, ein „Wunder" könne – wie im Falle Friedrichs des Großen – dem Krieg eine andere Wendung geben, geflüchtet hatte, der Augenblick gekommen, endlich die Konsequenz aus der vorher kundgetanen Einsicht zu ziehen, also das zu tun, wozu sich der General Weygand am 17. Juni 1940 angesichts einer gleichfalls hoffnungslos gewordenen

1 Gedruckt bei *Gilbert* a.a.O. S. 77.
Wie resigniert Hitler Ende 1943 in bezug auf Erfolge im Osten war, ergibt auch das Protokoll der bei ihm am 27. 12. abgehaltenen Lagebesprechung; s. *Gilbert*, a.a.O., S. 95, 97.

2 Wörtlich nach dem 2. Abschnitt, 5. dieses Bandes.

Lage durchgerungen hatte, nämlich um Waffenstillstand zu bitten[1] – oder doch die Macht abzugeben und einem anderen den Weg freizumachen, damit dieser den unvermeidlich gewordenen Schritt einleitete.

Hitler tat keines von beiden, sondern klammerte sich an die Tatsache, daß es zunächst gelang, den Feind durch eine improvisierte Front aufzuhalten, die militärgeschichtlich ihre Parallele hat in der Front, die von den Franzosen im Juni 1940 längs der Somme und der Aisne als „Weygand=Linie" aufgebaut, aber nicht ausgebaut worden war. Daß die nicht einmal durch natürliche Hindernisse unterstützte Front quer durch die Normandie bei einem starken Angriff dasselbe Schicksal erleiden mußte wie die in wenigen Tagen frontal durchstoßene Aisne=Front, war den „Experten" klar; nur Hitler verschloß die Augen und stopfte sich die Ohren zu.

Auf das Drängen des OB West, des Gen.=Feldm.s v. Rundstedt, und des Oberbefehlshabers der Heeresgruppe B, des Gen.=Feldm.s Rommel, traf Hitler am 17. 6. mit beiden auf einem Gefechtsstand bei Soissons zusammen. Nachdem ihm die Lage sachkundig und rückhaltlos klargelegt war, vertröstete er die Oberbefehlshaber mit der Wirkung, die die neue V=Waffe haben werde. (Tatsächlich wurden rund 2400 V1= und 1115 V2=Geschosse in England gelandet, die lediglich wie Stecknadelstiche wirkten und die Engländer nur noch härter machten in ihrem Entschluß, Deutschland zu vernichten. Operativ hat der ganze Beschuß mit V1 und V2 nichts bedeutet.) Als Rommel nach dieser Besprechung in kleinem Kreise auf die hoffnungslose Gesamtlage hinwies, erklärte ihm Hitler, der Feldmarschall solle sich nicht um den Weitergang des Krieges, sondern um seine Invasionsfront kümmern.

Hitler wollte sich anfänglich an der Front selbst überzeugen, wie es stand; er fuhr aber vorher wieder weg – ein verirrtes V=Geschoß war in der Nähe seines Bunkers niedergegangen.

Am 29. 6. fand nochmals eine Besprechung, diesmal auf dem Berghof bei Berchtesgaden, Hitlers Privatsitz, statt. Aber bei ihr ließ Hitler es gar nicht dazu kommen, daß Rundstedt und Rommel ihn unter vier Augen sprechen konnten. Auch diesmal wies er auf die Wunderwaffen hin. Das allein greifbare Ergebnis dieser Besprechung war, daß Rundstedt am 2. 7. abgesetzt wurde. Sein Nachfolger wurde der Gen.=Feldm. v. Kluge, der sich vorher kurze Zeit im FHQu aufgehalten und hier zunächst den Eindruck gewonnen hatte, Hitler beurteile die Lage im Westen richtiger als die Oberbefehlshaber: sie sei nicht so hoffnungslos, wie Rommel sie gesehen haben wollte. Dadurch entstand zunächst ein Konflikt zwischen Rommel und Kluge. Aber nachdem dieser sich an der Front ein Bild gemacht hatte, sah er sich gezwungen, der Auffassung Rommels zuzustimmen. Sie ging am 9. 7. dahin, daß die Nor=

1 Als weitere geschichtliche Gegenfigur sei der General Robert E. *Lee* namhaft gemacht, der am 9. 4. 1865 im Appomattox Court House kapitulierte, nachdem Richmond eingenommen und damit jede Hoffnung abgeschnitten war; vgl. jetzt dazu *Burke Davis*, To Appomattox. Nine April Days, 1865, London 1960.

mandie=Front maximal noch 14 Tage oder 3 Wochen halten werde – am 27. 7. begann Pattons Durchbruch, und am 31. 7. war er vollzogen. Wie man sieht, war das eine haargenaue Schätzung.

An jenem 9. 7. hatte sich Hitler – wie er in der Lagebesprechung ausführte – an die Hoffnung geklammert, daß das neue, auf das äußerste geheimzu=haltende Jäger=Programm dazu führen werde, die Überlegenheit, die der Gegner in der Luft besaß, zu brechen: „Dann wird der Gegner staunen, wenn sich das Blatt in bezug auf die Luftherrschaft in etwa 4 Monaten zu wenden beginnt" [1] – es bedarf keines Nachweises, daß diese Hoffnung trog.

Am 13.–15. 7. vergewisserte sich Rommel an der Front noch einmal, daß er das Vertrauen seiner Unterführer besitze; dann sandte er am 15. 7. ein keinen Zweifel mehr lassendes Fernschreiben an Hitler ab, das im Wortlaut vernich=tet werden mußte, dessen Inhalt aber feststeht durch das Zeugnis seines Chefs, des Generals Dr. Hans Speidel. In ihm wurde dargelegt, daß die West=front in den letzten Wochen Verluste in Höhe von 97 000 Mann erlitten, aber nur 6000 Mann Ersatz erhalten hatte, daß für 225 verlorengegangene Panzer nur 17 neue eingetroffen waren. So ergab sich ein erschütterndes Bild, das Rommel zu jener Feststellung führte, der Durchbruch des Gegners müsse in 2 bis 3 Wochen erfolgen. Dieses Fernschreiben schloß mit dem Satz: „Ich muß Sie bitten, die Folgerungen aus dieser Lage unverzüglich zu ziehen" [2]. Am 17. 7. verunglückte Rommel, weil der Fahrer seines Autos durch Tiefflieger tödlich getroffen wurde.

„Die Folgerungen ziehen", das hieß: um Waffenstillstand bitten. Hitler wies das ebenso brüsk ab wie die voraufgehenden Versuche, ihn von seiner Starrheit abzubringen.

Noch ein anderer Feldmarschall hat Hitler in diesen Wochen aufgefordert, einen Waffenstillstand herbeizuführen.

Um die zweite Mahnung zu begreifen, muß der Leser folgendes wissen: Durch die Weitergabe des Rommelschen Schreibens hatte sich der Gen.=Feldm. v. Kluge, der am 3. Juli als Vertrauensmann Hitlers die Führung im Westen übernommen hatte, dessen Inhalt zu eigen gemacht. Denn er hatte ja erkannt, daß die Lage anders war, als sie ihm Hitler in Berchtesgaden dargestellt hatte. Die Ereignisse der nächsten Wochen zwangen ihn, sie noch düsterer anzusehen. Bei Hitler war er inzwischen durch seine unklare Haltung in den Stunden nach dem Attentat (20. Juli) verdächtig geworden, und da der OB West am 15. August, als die Einkesselung der Kräfte in der Normandie drohte, längere Zeit nicht zu erreichen war, weil er sich an die Front begeben hatte, um persönlich bei ihrer Absteifung mitzuwirken [3], setzte sich bei Hitler, seit dem

1 Vgl. die „Niederschrift über die Besprechung des OB.d.M. im FHQu („Wolf=schanze") am 9. 7. 1944 (hier nach Photographie im Bundesarchiv).

2 (General Dr.) H. *Speidel*, Invasion 1944, Tübingen—Stuttgart 1949, S. 137 f. (da=nach *Jacobsen*, a.a.O., S. 343 und unten KTB 1945 „Dokumente", A. II. 5 a).

3 Er weilte u. a. auf dem Gefechtsstand der 2. Pz.=Div., deren Kommandeur Gen.=Lt. Frhr. v. Lüttwitz mir anschaulich, die Mimik nachahmend, geschildert, hat wie der Feldmarschall, an einem kleinen Tisch mit der Lagekarte sitzend, den Kopf in beide Hände gepreßt, vor sich hin gestöhnt habe: „Wo bleibt nur die x=Div.! Wo bleibt sie?" Nein, Hitlers Verdacht war völlig unbegründet.

Attentat überwach im Argwohn, der Gedanke fest, v. Kluge habe mit den Engländern Verbindung aufnehmen wollen. Er löste ihn am 16. Aug., drei Tage vor der Abschnü=rung des „Kessels von Falaise", abrupt durch den Gen.=Feldm. Model ab. Auf der Fahrt nach Deutschland, angesichts der Schlachtfelder des Krieges 1870/71, machte v. Kluge jedoch durch Gift seinem Leben ein Ende. So entging er dem Schicksal, wie der Gen.=Feldm. v. Witzleben aufgehängt oder wie der Gen.=Feldm. Rommel in den Selbstmord gedrängt zu werden.

Unmittelbar vor seinem Tod, am 18. August, setzte v. Kluge noch ein langes Schreiben an Hitler auf, in dem er ihm seinen Entschluß mitteilte und die von ihm in der letzten Zeit getroffenen militärischen Maßnahmen rechtfertigte[1]. Er schloß: . . . sollte Model die Lage nicht meistern können und die Fernwaffen auch nicht den erhofften Erfolg bringen, „dann mein Führer, entschließen Sie sich, den Krieg zu beenden. Das deutsche Volk hat solch unsagbare Leiden er=duldet, daß es Zeit ist, diesem Schrecken ein Ende zu setzten...

Mein Führer, ich habe immer Ihre Größe bewundert und Ihre Haltung in diesem gigantischen Kampf und Ihren eisernen Willen, sich selbst und den Nationalsozialismus zu behaupten. Wenn das Schicksal stärker ist als Ihr Wille und als Ihr Genie, so liegt das im Willen der Vorsehung. Sie haben einen ehren=haften und großen Kampf gekämpft. Dieses Zeugnis wird Ihnen die Geschichte ausstellen. Zeigen Sie sich jetzt auch so groß, dem hoffnungslosen Kampf, falls es notwendig ist, ein Ende zu setzen. – Ich scheide von Ihnen, mein Führer, als einer, der Ihnen in dem Bewußtsein, seine Pflicht bis zum äußersten getan zu haben, näher stand, als Sie das vielleicht erkannt haben. Heil, mein Führer!"

gez.: „von Kluge, Generalfeldmarschall".

Dieser Brief, in dem man die abgenutzten Wendungen überlesen, die pein=liche Beschwörung der Vorsehung überhören muß, ist inhaltlich eines der schrecklichsten Dokumente der deutschen Geschichte. Im Tenor erinnert er an den lobhudelnden Funkspruch, den der Generaloberst Paulus aus Stalingrad am 29. Januar 1943 an Hitler gerichtet hatte – aber es besteht ein fundamen=taler Unterschied: Paulus war zu seinem Funkspruch nicht verpflichtet gewesen und überlebte die Kapitulation; Kluge hatte durch seine anerkennenden Worte nichts mehr zu gewinnen und schrieb seinen Brief, weil er als letztes seinem Vaterland noch durch eine unüberhörbare Warnung dienen zu können hoffte. Vermutlich glaubte er, daß er Hitler den unvermeidlich gewordenen Entschluß erleichterte, wenn er ihn auf solche Weise ansprach; aber mag ihn diese Ten=denz bestimmt haben oder nicht – was er niederschrieb, das tödliche Gift be=breits griffbereit, über Hitlers Größe, seine bewunderswerte Haltung, sein Genie, muß auf alle Fälle wortwörtlich genommen werden. So äußerte sich ein Feldmarschall, der zu den klügsten Generalen des deutschen Heeres gehörte, dem seiner geistigen Herkunft nach Fanatismus und Glauben an militärische Wunder fremd waren! Selbst ihn hatte Hitler in seinen Bannkreis gezogen – so sehr, daß er erst angesichts seines Todes es wagte, seine Auffassung der

1 Vgl. den vollen Wortlaut unten: „Dokumente" A. II. 5. b).

tatsächlichen Lage frei und unverhohlen auszusprechen. Noch schrecklicher ist v. Kluges Schlußwendung, er habe Hitler näher gestanden, als dieser das erkannt habe. Das war von seiner Seite wohl richtig — aber er war sich offensichtlich nicht klar darüber, daß ihm in der Heimat die Verhaftung drohte. So ging er in den Tod, von den Gegnern — wie er in seinem Brief vermerkt hatte — gebrandmarkt als „Kriegsverbrecher", von all denen, die irgendwie mit dem „20. Juli" sympathisiert hatten, wegen seiner unklaren Haltung abgelehnt, bis zuletzt Hitler als „Genie" anerkennend, aber im Bewußtsein, trotzdem dessen volles Vertrauen nicht zu besitzen, *de facto* von diesem sogar als erwiesener „Verräter" betrachtet. Wie viele sind in ähnliche Verstrickung übermächtiger Umstände geraten! Das Schicksal des Gen.-Feldmarschalls v. Kluge, durch seine dramatische Zuspitzung erschütternd, bleibt symptomatisch für die Führung der Wehrmacht durch Hitler.

Das Allerschrecklichste ist, daß der militärisch Verantwortliche selbst auf die Mahnung eines Mannes von so großer Sachkenntnis nicht hörte.

Dreizehn Tage später (am 31. 8.) wies Hitler die neuen Chefs der Generalstäbe des OB West und der Heeresgruppe B in ihre Aufgabe ein. Er warf dabei Rommel vor, er habe das Schlimmste getan, was ein Soldat in schwierigen Lagen tun könne, nämlich „nach anderen Auswegen gesucht als nach militärischen". Daß Feldmarschall v. Kluge im Begriff gestanden habe, Verhandlungen mit den Engländern aufzunehmen, stand für ihn fest, sollte jedoch geheim bleiben, um der Wehrmacht keine Schande anzutun. Die Forderung, die von den beiden Feldmarschällen erhoben worden war, fegte Hitler mit einer Handbewegung vom Tisch: „Ich habe gleich gesagt: für eine politische Entscheidung ist das noch nicht reif. Daß ich auch in der Lage bin, politische Erfolge zu erzielen, habe ich, glaube ich, in meinem Leben genügend bewiesen. Daß ich eine solche Gelegenheit nicht vorübergehen lassen werde, brauche ich niemand zu erklären. Aber im Moment schwerer militärischer Niederlagen auf einen günstigen politischen Moment zu hoffen, um irgendetwas zu machen, ist natürlich kindlich und naiv. Solche Momente können sich ergeben, wenn man Erfolge hat". Seine Aufgabe sei es, die Nerven zu behalten; zeige sich die Möglichkeit, einen anständigen, für Deutschland tragbaren und auch das Leben der kommenden Geschlechter sichernden Frieden zu gewinnen, werde er ihn schließen[1].

Über die widersinnige, die Moral auf den Kopf stellende Forderung Hitlers, zäh und beharrlich den nicht mehr zu gewinnenden Krieg fortzusetzen, ist das Erforderliche schon gesagt worden. Wie stand es mit Hitlers anderem Gegenargument?

Gab es etwa außenpolitisch doch irgendwelche Hoffnung? In dieser Besprechung erklärte Hitler, nachdem er Churchill und Vansittart abgeurteilt hatte, die den Krieg gewollt hätten, nun jedoch nicht mehr zurück könnten: „Aber

1 Vgl. „Dokumente" C. I. 2.

es werden Momente kommen, in denen die Spannungen der Verbündeten so groß werden, daß dann trotzdem der Bruch eintritt. Koalitionen sind in der Weltgeschichte noch immer einmal zugrunde gegangen. Nur muß man den Augenblick abwarten, und wenn es noch so schwer geht." Das historische Beispiel, an das Hitler vor allem dachte — wir kommen auf einem anderen Wege zu dem Ausgangspunkt dieses Kapitels zurück —, war der Austritt Rußlands aus der anti=preußischen Koalition im Siebenjährigen Kriege. Den Preußenkönig zitierte Hitler im weiteren Fortgang des Gesprächs noch namentlich: „Wir werden unter allen Umständen diesen Kampf noch so lange führen, bis — wie Friedrich der Große gesagt hat — einer unserer verfluchten Gegner es müde wird, (noch) weiter zu kämpfen, und bis wir dann einen Frieden be(kommen), der der deutschen Nation für die nächsten 50 oder (100 Jahre) das Leben sichert."

Daraus wieder folgerte Hitler, daß es seine Mission sei, durch Rückschläge unerschüttert jede Krise bis zum erlösenden Augenblick durchzustehen: „Meine Aufgabe", so heißt es in einem anderen, lückenhaft erhaltenen, aber leicht ergänzbaren Gespräch, „ist (es) — besonders seit dem Jahre 1941 — unter allen Umständen (nicht die) Nerven zu verlieren, sondern — wenn irgendwo ein (Zusammenbruch) ist, immer wieder Auswege und Hilfsmittel zu (finden), um die Geschichte irgendwie zu reparieren." Als Beispiel wies Hitler auf das durch die Vernichtung der Heeresgruppe Mitte entstandene Loch hin, das zu schließen wider Erwarten dem Gen.=Feldm. Model geglückt sei [1].

Verglich sich Hitler mit den Generalstabsoffizieren, dann sprach er ihnen die ihm innewohnende Energie ab: „Wenn nicht eine eiserne Willensnatur (dahinter; d. h. hinter dem Kampf um die Behauptung) sitzt, kann der Kampf nicht gewonnen werden. Ich (mache dem) Generalstab den Vorwurf, daß er, anstatt immer (diesen) eisernen Willen auszustrahlen, Frontoffiziere, die (hingekommen) sind, schwach gemacht hat oder daß man, wenn (Generalstabs)offiziere nach vorn gekommen sind, vom Generalstab (aus Pessimismus) verbreitet hat" [2].

Was ist historisch zu diesen Ausführungen zu sagen? Dem Grafen Oxenstierna wird das viel zitierte Wort zugeschrieben, das einzige, was man aus der Geschichte lerne, sei, daß die Menschen nichts aus der Geschichte lernten. Der diesem Diktum zugrunde liegende Pessimismus geht — wie man hier gewahrt — noch nicht weit genug: sicherlich ist die Weltgeschichte eine Fibel, aus der man — wenn sie richtig gelesen wird — sehr viel lernen kann, und es bleibt zu beklagen, daß die Politiker so wenig Gebrauch von ihr machen. Viel schlimmer ist es jedoch, wenn die Fibel falsch gelesen und dann für eine verfehlte Politik oder Strategie angeführt wird, so wie der Pastor einen Spruch

1 Stenogramm (Fragment Nr. 30, Schluß) der Besprechung Hitlers mit Generalmajor Thomale am 29. 12. 1944 in „Adlerhorst" (nach Photographie des Bundesarchivs).

2 Ebd.

des Evangeliums als unbezweifelbaren Beleg für seine Darlegungen zitiert. In diese Lagen geriet Hitler, als seine Politik absurd wurde. Er beschwor die Geschichte, die er sich mit der Gewaltsamkeit des Autodidakten angelernt hatte, und — deutete sie falsch. Denn im Zeitalter der Kabinettskriege war dem Hohenzollern der Thronwechsel in Rußland zu Hilfe gekommen; im II. Weltkrieg waren auf der Gegenseite jedoch selbst Regierungswechsel nicht entscheidend. Daß die Koalition, die Hitler gegen sich wachgerufen hatte, vielmehr bis zur deutschen Katastrophe zusammenhalten werde, stand außer Zweifel, weil die antideutsche Einstellung eines jeden Mitgliedes stärker war als die wechselseitigen Rivalitäten und Abneigungen auf der Gegenseite. Hier tritt also wieder heraus, daß Hitler die Psychologie seiner außenpolitischen Gegner ein Buch mit sieben Siegeln war — zum mindesten: geworden war.

Der Hoffnungsstrohhalm, an den Hitlers Strategie sich nach dem Zusammenbruch der Normandie-Front klammerte, war die Ardennen-Offensive, über deren Anlage bereits das Erforderliche gesagt worden ist. Aber bis sie angelaufen war, d. h. bis zum 16. 12. 1944, hatte die Lage sich auf allen Fronten abermals so verschlimmert, daß die Einsicht in die Hoffnungslosigkeit der Lage in Hitler wieder mächtiger wurde. Zeuge ist wiederum Generaloberst Jodl. In der angeführten Aufzeichnung aus der Zeit seiner Gefangenschaft berichtet er, daß Hitler — als er dem Generalobersten am 22. 4. 1945 seinen Entschluß mitteilte, in Berlin zu bleiben und dort zu sterben — hinzusetzte: „Ich hätte diesen Entschluß, den wichtigsten meines Lebens, schon im November 1944 fassen sollen und das Hauptquartier in Ostpreußen nicht mehr verlassen dürfen."

Hitler entschloß sich jedoch nicht, bewies vielmehr durch seine verschrobene Logik, daß Deutschland am Ende doch siegen müsse: „Es ist nur die Frage, wer es länger aushält. Derjenige muß es länger aushalten, bei dem alles auf dem Spiel steht. Bei uns steht alles auf dem Spiel ... Wenn wir heute sagen würden: wir haben es satt, wir hören auf — dann hört Deutschland auf zu existieren[1]."

Hitler rang sich Ende 1944 zu einem Entschluß nicht durch, obwohl er vom Dezember an einsehen mußte, daß die Ardennen-Offensive ein Fehlschlag wurde. Darüber trog er sich hinweg, indem er sich selbst und daher auch anderen vormachte, es habe sich nicht um eine echte Entscheidung gehandelt, die das nunmehr unbestreitbare Kräfteverhältnis bloßlegte, sondern nur um eine Verkettung unglücklicher Umstände: am 29. 12. faßte er das, als er mit dem Chef des Inspekteurs der Panzertruppen, dem General Thomale, die nächste Operation besprach, in folgende Worte: „Eines hat sich jetzt wieder herausgestellt, da gibt es gar keinen Zweifel: Wir haben bei der ersten Operation

1 Stenogramm der Besprechung mit dem General Thomale am 29. 12. 1944.

ausgesprochenes Pech gehabt. Es war Pech nach den verschiedensten Richtungen." Das ist ein schrecklicher Ausspruch; denn Hitler bezog diesen Ausdruck, der bei privaten Kalamitäten angemessen sein mag, aber selbst bei diesen einen schnoddrigen Klang hat, auf die letzte Kraftanstrengung der deutschen Wehrmacht, die Zehntausenden das Leben oder die Gesundheit gekostet hatte und – so, wie sie angesetzt war, so, wie die Lage sich mittlerweile entwickelt hatte – von vornherein zum Scheitern verurteilt war.

Mit der peinlichen Vokabel „Pech" beschwichtigte Hitler, was an Einsicht in ihm schlummerte; er setzte den längst verlorenen Krieg noch weiter fort.

Die gescheiterte Offensive hatte nicht nur die Luft-, sondern auch die Panzerüberlegenheit des Gegners offenbar gemacht. Hitler ließ sich auch dadurch nicht in seinem Starrsinn erschüttern, lieh vielmehr sein Ohr dem Hauptamtsleiter Saur im Ministerium Speer, der zwar ein erprobter Improvisator war, aber dazu neigte, Möglichkeiten bereits als Tatsachen in seine Berechnungen einzusetzen. Am 29. 12. erklärte Hitler dem General Thomale: „Ich habe heute mit Saur gesprochen. Der sagt, er hofft, in diesem Monat auf eine Produktion von etwa 1500 Panzern und Sturmgeschützen zu kommen. Hier handelt es sich darum, daß der Nachersatz jetzt vor allem auch zu Model hinkommt, und zwar so plötzlich, daß wir dann wieder antreten können [1]."

Kein Zweifel, daß Hitler in dem Augenblick, als er diese Worte sprach, von ihnen überzeugt war, mochte sich auch in einer tieferen Schicht seines Denkens und Fühlens die negative Einsicht bereits durchgesetzt haben.

Im Januar 1945 kamen neue Tatsachen hinzu, die Hitler hätten veranlassen müssen, den Krieg zu beenden. Von dem jetzt nicht mehr aufzuhaltenden Zusammenbruch der Rüstungswirtschaft, besiegelt durch den Verlust Oberschlesiens, und dem Schrumpfen der Treibstofferzeugung war bereits in anderem Zusammenhang die Rede – jetzt drohte auch noch das ungarische Erdölgebiet verloren zu gehen, das einen gewissen, jedoch unzulänglichen Ersatz für das rumänische darstellte. Als in der Lagebesprechung bei Hitler am 23. Januar erörtert wurde, wo an der Ostfront die strategischen Schwerpunkte liegen müßten, entschied Hitler: „An der Spitze steht das ungarische Ölgebiet und das Ölgebiet im Wiener Becken, da ohne dieses Öl (80 % der Erzeugung) eine weitere Kriegführung nicht möglich ist." Ungarn ging verloren, der Gegner drang in das Wiener Becken ein; aber Hitler zog auch in diesem Falle – trotz klarer Einsicht in die Konsequenzen – nicht die unumgängliche Folgerung.

1 Stenogramme der Führerlagebesprechungen, Fragment Nr. 30 (hier nach Photographie des Bundesarchivs).

Nach meiner Erinnerung lief die letzte Meldung über die Panzerproduktion der Sowjetunion darauf hinaus, daß sie monatlich 1900 Panzer produzierte. Ich verwahrte sie wegen ihrer Wichtigkeit besonders; sie gehörte daher zu den Beständen, die bei der Gefangennahme der US-Armee in die Hand fielen (vgl. den II. Teil der „Erläuterungen"). Sie muß also erhalten sein.

Unheimlich ist die Suggestivkraft, die Hitler trotz des Kampfes zwischen falschen Hoffnungen und unabweisbarer Einsicht in seinem Innern bis zuletzt ausstrahlte. Ihr erlag selbst ein so gescheiter Mann wie Joseph Goebbels. Am 8. 5. 1943 hatte er seinem Tagebuch anvertraut: „Der Führer gibt seiner unumstößlichen Gewißheit Ausdruck, daß das Reich einmal ganz Europa beherrschen wird. Wir werden dafür noch sehr viele Kämpfe zu bestehen haben, aber sie werden zweifellos zu den herrlichsten Erfolgen führen. Von da ab ist praktisch der Weg zu einer Weltherrschaft vorgezeichnet. Wer Europa besitzt, der wird damit die Führung der Welt an sich reißen[1]." Inzwischen war — wie schon gezeigt — selbst Goebbels kleinlaut geworden. Ihn packte — wie sein Adjutant bezeugt — Zweifel an Hitlers Genie, und er fuhr fortan ins Führerhauptquartier, um „ihm die Meinung zu sagen"; aber er kam jedesmal nicht dazu, kehrte vielmehr voller Bewunderung nach Berlin zurück[2].

Selbst am 24. Februar 1945[3], als die Lage hoffnungslos schien, hatte Hitler die Suggestivkraft, den zum letztenmal um ihn versammelten Gauleitern, denen inzwischen mehr oder minder große Zweifel am Endsieg gekommen waren, so viel Zutrauen einzuimpfen, daß sie weiter „durchhielten"[4]. Sogar im Augenblick der Katastrophe versagte die Suggestivkraft, die von Hitler ausging, nicht. Das bezeugt in schauriger Weise der Bericht, den der zum Gen.-Feldmarschall und Oberbefehlshaber der Luftwaffe beförderte, beim Einflug nach Berlin durch einen Beinschuß verletzte Ritter v. Greim dem Chef seines Generalstabs, dem General Koller, am 27. 4. gab, nachdem er sich in seiner neuen Eigenschaft bei Hitler gemeldet und in abermals abenteuerlichem Flug aus der Berliner Hölle herausgeflogen war. Er mahnte den General, den Glauben nicht zu verlieren; es gedeihe noch alles zu einem guten Schluß. Er sagte: „Mich hat das Zusammensein mit dem Führer und seine Kraft außerordentlich gestärkt, das ist für mich wie ein Jungbad. Der Führer saß lange an meinem Bett und hat alles mit mir besprochen. Er hat alle Vorwürfe gegen die Luftwaffe zurückgenommen; er weiß, was unsere Waffe geleistet hat; sein Vorwurf richtet sich nur gegen Göring. Für unsere Truppe hat er

1 H. *Fraenkel* u. R. *Manwell*, Goebbels. Köln—Berlin 1960, S. 279.

2 Ebd. S. 305.

3 Es handelt sich um den Jahrestag der Parteigründung. An ihm erließ Hitler eine Proklamation an das deutsche Volk, in der er eine Wende des Krieges innerhalb der nächsten zehn Monate des Krieges prophezeite.

4 Diese Szene hat mir der — später an die Jugoslawen ausgelieferte und zum Tod verurteilte — Gauleiter von Kärnten, Rainer, im Zeugenflügel des Nürnberger Gefängnisses beschrieben. Hitlers linke Hand zitterte damals bereits so, daß er mit ihr kein Glas mehr zum Munde zu führen imstande war. Er wies auf sie hin und erklärte, eines Tages werde vielleicht auch sein Kopf wackeln, aber sein Herz nie. Wer noch gläubig war, sagte sich, daß — wenn der Führer noch so fest in die Zukunft blicke — ihm wohl noch irgend etwas zu Gebote stehe, eine Geheimwaffe oder sonst etwas, womit er im letzten Augenblick die Lage zu wenden hoffen dürfe.

höchste Worte der Anerkennung gehabt. Ich habe mich unendlich darüber gefreut"[1].

Als die Möglichkeiten, den Blick auf die düstere Wirklichkeit durch illusionäre Hoffnungen aufzuhellen, erschöpft waren, legte sich Hitler eine Deutung zurecht, nach der alles so hätte kommen müssen. Er brachte sie mehr als einmal vor; kurz anschließend an eine solche Ausführung hat sie der Reichsminister Speer in einem am 29. 3. 1945 an Hitler gerichteten Brief festgehalten. Speer bezog sich in diesem darauf, Hitler habe „selbst einmal festgelegt, daß es Aufgabe der Staatsführung ist, ein Volk bei einem verlorenen Krieg vor einem heroischen Ende zu bewahren". In einer Unterredung, die am 18. März stattgefunden hatte, war Hitler dagegen auf den genau entgegengesetzten Standpunkt getreten: „Sie machten" — so schreibt Speer — „mir ... am Abend Ausführungen, aus denen, wenn ich Sie nicht mißverstanden habe, klar und eindeutig hervorging: Wenn der Krieg verlorengeht, wird auch das Volk verloren sein. Dieses Schicksal ist unabwendbar. Es sei nicht notwendig, auf die Grundlagen, die das Volk zu seinem primitiven Weiterleben braucht, Rücksicht zu nehmen. Im Gegenteil sei es besser, selbst diese Dinge zu zerstören. Denn das Volk hätte sich als das schwächere erwiesen, und dem stärkeren Ostvolk gehöre dann ausschließlich die Zukunft. Was nach dem Kampf übrigbleibe, seien ohnehin nur die Minderwertigen; denn die Guten seien gefallen!" (vgl. unten: „Dokumente" A. III. 1. b).

Das ist — sachlich genommen — eine pseudo-darwinistische Rechtfertigung der Niederlage, entsprungen dem Kopf eines Autodidakten, der das Angelesene immer so zurechtgebogen hatte, daß es in seine Denkschemata paßte[2]. Historisch ist dieser Ausspruch eine Ungeheuerlichkeit.

Denn wer hatte 1939 den Krieg gegen Polen vom Zaun gebrochen? Hitler allein.

Wer hatte den Krieg 1941 durch den Angriff gegen die Sowjetunion ins Ungemessene erweitert und ins Unabsehbare verlängert? Hitler allein.

Bis zum 31. 1. 1945 waren von der Wehrmacht in der auch Hitler vorgelegten, monatlich ergänzten Statistik bereits 2 000 699 Tote registriert; dazu kamen

1 Nach stenographischen Unterlagen bei Karl *Koller*, Der letzte Monat. Die Tagebuchaufzeichnungen des ehemaligen Chefs des Gen.-Stabs der Luftwaffe vom 14. April bis zum 27. Mai 1945. Mannheim 1949, S. 61 (vgl. auch Anhang 1 zum „Dokumententeil").

2 Der Kern dieser Auffassung saß seit langem in Hitler fest. Vgl. das Tischgespräch am 5. 7. 1942: „Er (Hitler) sei ein glühender Verfechter des Glaubens, daß im Kampf der Völker immer der bessere Durchschnitt den Sieg davontrage. Seiner Ansicht nach würde sich die ganze Naturgesetzlichkeit aufheben, wenn das Minderwertige des Stärkeren Herr werden würde". Aber in dieser Zeit konnte sich Hitler noch auf deutsche Überlegenheit berufen: „Wenn man sich vor Augen stellt, daß Friedrich der Große einer zwölffachen Übermacht gegenüberstand, kommt man sich wie ein Sch ... kerl vor! Wir selbst haben dieses Mal die Übermacht! Ist es nicht geradezu eine Schande?" (28. 1. 1942). Vgl. Hitlers Tischgespräche im Führerhauptquartier 1941/42, hg. von H. *Picker*, eingeleitet von G. *Ritter*, Bonn 1951, S. 179, 216.

die Gefallenen, die noch unter den Vermißten gezählt wurden, die Opfer des Bombenkrieges und der Tiefflieger (vgl. den Anhang zum Teil C). Dieses Millionenheer von Toten, dessen Zahl in den letzten Monaten noch stieg und vermehrt wurde durch die auf den Trecks Umgekommenen, die in der Verschleppung Verelendeten und die in der Gefangenschaft Umgekommenen, war für Hitler nur noch die Summe von Opfern in einem negativ ausgelaufenen Rassenkampf; und denen, die übriggeblieben waren, den Verwundeten und Versehrten, den noch in den Fronten Stehenden, den Arbeitern in den zerbombten Industriegebieten, den Frauen, den Alten, den Kindern, die ja alle irgendwie von den Schrecken des Krieges miterfaßt waren, bescheinigte Hitler vor seiner Flucht aus dem Leben, d. h. vor seiner Flucht aus der Verantwortung, noch, daß sie biologisch „minderwertig" und deshalb des Untergangs würdig seien.

Kein Zweifel! Dies ist der infamste, scheußlichste Ausspruch, der je aus dem an Invektiven so reichen Munde des damaligen „Führers des Großdeutschen Reiches" gekommen ist! Zugleich ein Zeugnis dafür, daß dieser Mann, der so vielen Falsches vorgegaukelt hat, sich auch selbst zu betrügen verstand, wenn die eindeutige Wahrheit ihn zu überwältigen drohte.

Die angeführte Äußerung entfuhr Hitler — das muß man wissen, um ihr Gewicht zu ermessen — nicht, weil er sich von einer momentanen Stimmung treiben ließ.

Diese Auffassung hat Hitler zwölf Tage vor seinem Ende noch weiter zugespitzt in einem Gespräch mit dem Generalobersten Hilpert, dem Oberbefehlshaber der Heeresgruppe Kurland, der nach Berlin geflogen war, um Hitler deren Lage zu erläutern und einen neuen, ihrer Lage entsprechenden Kampfauftrag zu erwirken. Über diese Unterredung, die am 18. April stattfand, berichtete der OB zwei Tage später seinem Kriegstagebuchführer, dem jetzigen Oberarchivrat Dr. W. Heinemeyer (Marburg), auf dessen schriftliche Aufzeichnung ich mich hier stütze:

„Nachdem Generaloberst Hilpert seine Ansichten über die Aufgabe der Heeresgruppe Kurland geäußert hatte, lehnte Hitler sich zurück und hielt einen langen Vortrag über den Kampf des deutschen Volkes. Dieser gipfelte in den Worten: ‚Wenn das deutsche Volk den Krieg verliert, hat es sich meiner als nicht würdig erwiesen'." Bei diesen Worten war es dem OB, wie er Dr. Heinemeyer mitteilte, heiß und kalt den Rücken hinuntergelaufen. Er hätte Hitler gern entgegengehalten, wie sehr er die Amerikaner unterschätzt habe; da jedoch eine Entgegnung zwecklos gewesen wäre, hatte er diesen Ausspruch schweigend hingenommen.

„Meiner nicht würdig!" Wer die Aussprüche Hitlers aus dem letzten Jahr, insbesondere die Fragmente, die von den Stenogrammen der Lagebesprechung erhalten sind[1], mustert, stutzt schon bei ihnen, weil sie offenlegen, wie in

1 Vgl. die „Dokumente", C.

Hitlers Sprachbrauch das „Ich" an Stelle von „deutscher Wehrmacht" oder „deutschem Volk" getreten ist; der angeführte Ausspruch bietet die letzte noch denkbare Steigerung dieses „Ich"-Kults, der ja von vornherein im Führerprinzip angelegt war, aber hier geradezu megaloman wirkt. Oder muß man es andersherum sehen? Bei Größenwahn fragen ja die Mediziner danach, welche Insuffizienzgefühle die Krankheit ausgelöst haben mögen; so wird der Historiker aus Hitlers Ausspruch wohl darauf schließen dürfen, daß er in seinem Hirn den Gedanken nicht mehr zurückzudrängen vermochte, was er angerichtet hatte, und daß er sich aus dem Gefühl, für Deutschlands Katastrophe verantwortlich zu sein, nur zu retten wußte, indem er die Schuld von sich auf das deutsche Volk abschob. Einem an Megalomanie Erkrankten kann man das Mitleid nicht versagen — Hitler hat kein Anrecht auf eine solche Empfindung.

Dabei war sich Hitler über die militärische Lage völlig klar. Als der General d. Fl. Kammhuber Ende März bei seinem Vortrag bemerkte, der Krieg sei verloren, antwortete Hitler (dem Sinne nach): „Das weiß ich selbst" [1].

Die angeführten Aussprüche haben das gemeinsam, daß sie in verschwiegenen Gesprächen fielen, von denen Hitler annehmen durfte, daß sie nicht in die Öffentlichkeit drangen. Diese zu bearbeiten, versuchte Hitler in diesen Wochen nicht mehr; das überließ er seinem Propagandaminister, dem selbst in solcher Lage die Stimme noch nicht verschlug [2]. Aber Hitler unternahm noch den Versuch, auf die Nachwelt einzuwirken, indem er Martin Bormann diktierte, wie er rückschauend seine Politik beurteilte und was er von der Zukunft erwarte. Die Reihe der Stenogramme setzt am 14. 2. ein und reißt am 26. 2. wieder ab [3]. Dann ist nur noch eine Aufzeichnung vom 2. April 1945 [4] erhalten, die für die Hitler-Biographen aufschlußreich ist, weil sie bezeugt, daß Hitler bis ganz zuletzt in dem Knäuel seiner Vorstellungen vom verjudeten Amerika, vom degenerierten Frankreich und vom absteigenden britischen Empire verstrickt blieb. In unserem Zusammenhang ist zu vermerken, daß Hitler zugab, dem deutschen Volk stehe eine totale Niederlage bevor, die diesem Furchtbares auferlegen werde; aber das könne ihm den unerschütter-

1 W. *Baum:* Der Zusammenbruch der obersten deutschen Führung, in der Wehrwiss. Rundsch. V, 1960, S. 237—266.

2 Vgl. seine Rede am Vorabend von Hitlers Geburtstag (19. 4. 1945), u. a. wiedergegeben in dem Plattenwerk von H. *Siebecke:* Deutschland im Zweiten Weltkrieg, Gütersloh (Ariola-Verlag) 1959.

3 Es handelt sich um den letzten Teil der sogenannten „Bormann-Vermerke", deren Hauptteil (die Zeit vom 5. 7. 1941—30. 11. 1944 umfassend) bereits 1952/53 in verschiedenen Sprachen veröffentlicht worden ist. Der letzte Teil, den zuerst der „Figaro" abdruckte, ist erst jetzt bekannt gemacht worden: Le Testament politique de Hitler. Notes recueillies par Martin *Bormann*, Préface de H. R. *Trevor-Roper*, Commentaires de *André François-Poncet*. Paris (Librairie Arthème Fayard) 1960 (192 S.). Eine englische Ausgabe erschien 1961.

4 Bormann, a.a.O., S. 141—48.

lichen Glauben an dessen Zukunft nicht nehmen; je mehr es dulden werde, um so großartiger werde die Wiedergeburt des ewigen Deutschlands sein. Er selbst werde es allerdings nicht ertragen können, in dem Übergangsdeutschland zu leben, das auf das besiegte III. Reich folgen werde.

Also wieder jener Pseudo=Darwinismus, auch die Zwangsläufigkeit des Rassenkampfes, aber kein Vorwurf gegen das deutsche Volk, sondern Ratschläge, wie es sich bis zur „Wiedergeburt" in bezug auf Rassenreinheit und überstammliche Einheit verhalten solle. Mit „Verlogenheit" ist dieser Widerspruch nicht zu fassen; dazu gehört ja, daß der Lügner sich irgendwie bewußt ist zu lügen. Denn es besteht kein Zweifel, daß Hitler in dem Augenblick, als er diese Sätze diktierte, fest an sie glaubte. Er war eben bis zuletzt ein vollendeter Schauspieler — vollendet in dem Sinne, daß er sich wie ein wahrer Mime von dem Augenblick an, in dem er eine Rolle übernahm, bis zu dem Augenblick, in dem er sich wieder „abschminkte", völlig mit ihr identifizierte, in der „Wahrheit" seiner Darbietung gesteigert durch das Mitgehen des vor ihm sitzenden Publikums — und wenn es ausfiel, weil es sich vor den Granaten der Roten Armee und den Bomben der Westmächte in Keller und Unterstände verkrochen hatte — vor einer fiktiven Nachwelt.

Hitlers Mittel, die Schuld von sich selbst abzuwälzen, war, daß er alles auf „Verrat" zurückführte. So war es auch noch in der Nacht vom 20. zum 21. 4., als die Aufspaltung der Obersten Führung in den Nord= und den Südstab im Gange war. Bei der Abendlage, die ein höherer Offizier aus dem Gen.=Stab des Heeres (nur in Gegenwart einer Stenographin) vortrug, fragte dieser — als Hitler die letzten Rückschläge an der Ostfront wiederum auf Verrat zurückführte —, ob er glaube, daß wirklich so viel verraten werde. „Hitler", so zeichnete es der General einige Monate später aus noch lebendiger Erinnerung auf, „sah mich mit einem fast mitleidigen Blick an, als wenn nur ein Tor eine so dumme Frage stellen könne, und sagte: ‚Die ganzen Mißerfolge im Osten sind nur auf Verrat zurückzuführen.' Er führte als angebliche Beweise das Verhalten des Oberkommandos der 4. Armee an: „Ich Tor habe diesen Armeestab nicht füsilieren lassen". Der General hatte zufälligerweise früher gerade diesem Stab angehört, so daß er genau wußte, daß Hitlers Anschuldigungen völlig unberechtigt, nur Ausgeburten eines überwachen Mißtrauens waren — von dem Versuch, Hitler zu bekehren, sah er ab, da er völlig nutzlos gewesen wäre und die Zeit drängte [1].

In der Nachmittagslage des 22. 4. gab Hitler, wie dem General von den Begleitoffizieren des Generals Krebs anschließend mitgeteilt wurde, zum erstenmal in größerem Kreise zu, daß der Krieg verloren sei; in unbeherrschten Zornausbrüchen wandte er sich gegen die „verräterischen Generale" und das „würdelose Volk" [2].

1 Vgl. „Dokumenteil" Anhang Nr. 2.
2 Ebenda.

Den Verlorenen trug noch vorübergehend die Hoffnung empor, die zum Angriff gegen die russischen Zangen angesetzten Armeen würden imstande sein, Berlin wieder freizukämpfen. Am 25. 4. sandte er an den Großadmiral Dönitz, den er mit der Führung im Nordraum betraut hatte, einen Befehl, in dem es hieß: „Der Kampf um Berlin sei die deutsche Schicksalsschlacht, der gegenüber alle anderen Aufgaben und Fronten von sekundärer Bedeutung seien" (vgl. das KTB des Führungsstabes Süd, der den Funkspruch am 26. 4., 2.30 Uhr, aufnahm). Im Anschluß an Felix Dahn hatte Hitler im Vorjahr den Versuch, die Hauptstadt Italiens zu halten, „Kampf um Rom "genannt; jetzt sprach er vom „Kampf um Berlin" und stellte ihn — im Innern bereits vom unvermeidlichen Ende überzeugt, also ein gewissenloser Regisseur — als „deutsche Schicksalsschlacht" heraus. Der angebliche „Befreiungskampf" war jedoch strategisch eine Stümperei, der trotz der gebrachten Opfer bei den nun einmal nicht mehr zu ändernden Kräfteverhältnissen nicht zum Erfolg führen konnte und — hätte er das getan — die Gesamtsituation doch nicht mehr zu wandeln imstande gewesen wäre. Deshalb ist die letzte Schlacht, für die Hitler verantwortlich ist, die verwerflichste von all den Niederlagen, in die er die deutschen Soldaten hineingeführt hat — so darf man sagen; denn der strategische Bereich erlaubt in einem so eindeutigen Fall wie diesem unanfechtbare moralische Urteile.

Am 29. April, 23.00 Uhr, erhielt der Generaloberst Jodl, der — zusammen mit dem Chef OKW, dem Gen.-Feldm. Keitel — aus Berlin herausgeschickt worden war, um die Angriffskeile zu koordinieren, fünf knappe Fragen von dem im Bunker der Reichskanzlei zurückgebliebenen Hitler. Er beantwortete sie am 30. April, 1.00 Uhr; seine knappe Antwort lief darauf hinaus, daß keiner der angeordneten Angriffe noch einen Erfolg versprach (vgl. darüber das KTB des Führungsstabes Nord). Darauf machte Hitler um 15.30 Uhr seinem Leben durch einen Pistolenschuß in den Mund ein Ende.

Endlich hatte er sich zu einem Entschluß durchgerungen, der seit mindestens einem Jahr zu fassen gewesen wäre: der Mann, der alle Gewalt — sowohl die zivile als auch die militärische — an sich gerissen hatte, gab die Macht aus der Hand und machte dadurch den Weg für die Beendigung des Blutvergießens frei. Daß der Großadmiral Dönitz, dem völlig unerwartet die Nachfolge zufiel, sofort die Kapitulation einleitete, bleibt ein Verdienst — was für Weygand gilt, muß auch für ihn gelten.

Mußte Hitler so enden? Auf diese Frage hat sich der Generaloberst Jodl im Nürnberger Gefängnis eine Antwort zurechtgelegt, die wir im „Dokumententeil" bekannt machen. Zu einer von ihm aufgesetzten Studie über Hitlers Kriegführung diktierte er 1946 noch folgenden Zusatz[1]:

„... (Hitlers) militärische Ratgeber — hört man heute oft sagen — hätten ihm doch früher klarmachen müssen, daß der Krieg verloren sei. Welch ein

1 Vgl. den 4. Anhang zum „Dokumententeil".

naiver Gedanke! Früher als irgendein Mensch in der Welt ahnte und wußte Hitler, daß der Krieg verloren war. Aber kann man ein Reich und ein Volk früher verloren geben, als sie verloren sind? Ein Mann wie Hitler konnte das nicht. Er hätte im Kampf fallen sollen, statt die Flucht in den Tod zu wählen, sagt man. Er wollte es und hätte es getan, wenn er körperlich noch dazu in der Lage gewesen wäre. So wählte er nicht den leichteren Tod, sondern den sicheren. Gehandelt hat er, wie alle Heroen in der Geschichte gehandelt haben und immer handeln werden."

„Er hat sich auf den Trümmern seines Reiches und seiner Hoffnung begraben lassen. Möge ihn deswegen verurteilen, wer will, ich vermag es nicht."

Der Leser halte sich vor Augen, daß Jodl Hitler als Oberbefehlshaber genauer erlebt hatte als jeder andere und zu einer kritischen Haltung gelangt war [1]. Er hatte die Fehler gesehen, die Hitler machte; er hatte widerraten, wo es ging — aber er war höchstens in Nebendingen durchgedrungen. Immer war seine Beziehung zu Hitler auf das rein Dienstliche beschränkt geblieben. Auch hatte Jodl — wie seine aus dem Gefängnis geschriebenen Briefe erkennen lassen — in den Monaten seiner Haft viel nachgedacht, auch genügend über die alle Befürchtungen übertreffenden Folgen des Zusammenbruchs erfahren, also Abstand gewonnen [2]. Trotzdem sah er, dem der Tod am Galgen bevorstand, weil er Hitler hatte dienen müssen, in ihm einen Heros, den er trotz allem zu verurteilen nicht fertig brachte.

Würde der ehemalige Chef WFStab, wenn er zu Gefängnis verurteilt wäre und heute lebte, noch zu diesem Worte stehen? Wohl kaum. Denn nachdem ihn die Zeit aus dem Spannungsfeld von Pflicht, Ablehnung und widerwillig gezollter Anerkennung herausgeführt hätte, würde ihm — wie uns allen — vor Augen stehen, wie gräßlich, wie völlig unheroisch Hitler endete: sein Leichnam mit dem zerschossenen Kopf, eingehüllt in eine Decke, herausgeschleppt aus dem Bunker der Reichskanzlei — diese einst Wahrzeichen des „Großdeutschen Reiches", nun bereits Ruine und insofern Sinnbild bestrafter Hybris —, dann der Tote mit mühsam beschafftem Benzin übergossen und angesteckt, bewacht von sich ablösenden Posten, die bereits der Gefahr ausgesetzt waren, von russischen Granaten getroffen zu werden, und Sorge tragen mußten, daß nichts — nach Möglichkeit nicht einmal die Knochen — vom Führer, Reichskanzler und Obersten Befehlshaber der Wehrmacht übrigblieb! Wo in der Geschichte gibt es einen Vorgang, gleich gespenstisch — grausig — dürftig — peinlich wie diesen?

Wir, die wir Abstand gewonnen, die wir Einblick erhalten haben in die Art, wie Hitler dachte, wie er regierte, wie er die Wehrmacht führte, sind zu

1 Vgl. Belege dort. Frau Luise Jodl, geb. v. Benda, hat Material zu einer Biographie ihres Mannes gesammelt, aus dem sie mir bezeichnende Stücke zugänglich machte. Dafür statte ich hier meinen Dank ab.

2 Wie sehr dieser ihm noch im Mai 1945 gefehlt hatte, zeigen seine im KTB des Führungsstabes Nord (A) festgehaltenen Ausführungen nach der Kapitulation (im KTB 1945, 3. Abschn., B. 2. abgedruckt).

der Einsicht gelangt: das mußte so kommen! Der gräßliche Tod, der Hitlers Leben beendete, schloß es sinnvoll ab!

Jodls Diktat war also noch stark zeitgebunden. Aber etwas aus dessen Inhalt ist auch heute zu beachten: noch ein Jahr nach Hitlers Tod schätzte ihn Jodl ähnlich hoch ein wie der Feldmarschall v. **Kluge**, der in seinem Abschiedsbrief von Hitlers „Genie" gesprochen hatte. Das eine vereinte die sonst verschieden gearteten Männer: nach Art und geistiger Herkunft hatten sie mit Hitler nichts gemein, vieles an ihm mußte sie geradezu abstoßen. Die Schule des Generalstabs hatte ihnen auch ein Denken beigebracht, das dem Hitlers entgegengesetzt war[1] – und doch hatten sie sich ihm gebeugt, nicht einfach aus Gehorsam gegenüber dem Oberbefehlshaber und Staatsoberhaupt, sondern weil sie Hitler trotz seiner Fehler und Unzulänglichkeiten als ihnen überlegen respektierten.

Das gibt einen Schlüssel dafür, wieso Hitler sich in der Wehrmacht so durchzusetzen vermochte, wie es der Fall war, weist aber auch alle die, welche sich kritisch mit dem Problem „Hitler" befassen, darauf hin, welche Maßstäbe sie anlegen müssen. Wer von „satanisch" und „infernalisch" spricht, legt sich theologisch fest; wer Hitler als „Dämon" bezeichnet, läßt die Entscheidung zum Positiven oder zum Negativen offen. Die Sprache bietet – das ist die Schwierigkeit – keine Ausdrücke an, die im negativen Sinne zu benennen erlauben, was wir im positiven, wenn auch noch so eingegrenzten Sinn meinen, wenn wir von „Heros" und „Genie" sprechen. Wer besorgt, dadurch werde Hitler zu hoch gehoben, wenn wir nach solchen Ausdrücken suchen, irrt; denn nur so kann die verführerische Gefährlichkeit dieses hintergründigsten und unheilvollsten Mannes der deutschen Geschichte ausgelotet werden.

Der Aburteilung konnte sich Hitler durch Selbstmord entziehen, nicht aber dem Urteil der Geschichte. Sie hat viele Gründe, ihn zu verdammen – sie brauchen hier nicht aufgezählt zu werden. Einer ist bisher nicht genügend beachtet worden, und diesen erhärtet das Kriegstagebuch des Wehrmachtführungsstabs:

*Hitler, der früher als irgendein Mensch in der Welt ahnte und wußte, daß der Krieg verloren war, der 1944 vor Zeugen sich dahin äußerte, der Krieg sei nicht mehr zu gewinnen, wenn dem Gegner die Landung im Westen gelinge, der den Krieg trotz erfolgter Landung fortsetzte, angesichts der unausweichlichen Niederlage die Schuld von sich abzuwälzen trachtete, indem er den Ausgang des Krieges afterwissenschaftlich zu begründen versuchte, dieser*

1 Vgl. meine (im Gefängnis von Jodl zustimmend durchgesehene) Studie über diesen Denkunterschied (3. Anhang zu dem „Dokumententeil").

*einst bejubelte „Führer", der 1934 nominell Oberster Befehlshaber der Wehrmacht geworden war und vom 4. Februar 1938 (nach der Entlassung von Blomberg und Fritsch) an die tatsächliche Führung übernommen, sich dann schrittweise zum militärischen Diktator gemacht hatte, er lud auch dadurch unauslöschbare Schuld auf sich, daß er den Krieg verlängerte.*

# B

# Kriegstagebuch 1944

# 1. Abschnitt

# Die OKW=Kriegsschauplätze im Rahmen der Gesamt=Kriegführung

# (1. Januar - 31. März 1944)

Inhalt des 1. Abschnitts


1. *Aufgaben und Kräfte* . . . . . . . . . . . . . . . . . . . . . . . 78

*a) Festung Europa und zweite Front (78). — b) Die einzelnen Verteidigungsfronten des OKW (80). — c) Die Frage der Reserven (84). — d) Die Neuaufstellungen des Heeres (85). — e) Die Heranziehung des Ersatzheeres (86). — f) Die Neuaufstellungen der Waffen=SS (87). — g) Die angespannte Kräftelage (87). — h) Die vorbereiteten Kräfteverschiebungen bei Großlandungen (88)*

2. *Zweite und dritte Front (Januar/Februar)* . . . . . . . . . . . . 89

*a) Der Westen (89). — b) Der Südosten (92). — c) Verhältnis zum Osten (94). — d) Der italienische Kriegsschauplatz (95). — e) Weitere Vorbereitungen für die Kräfteverschiebungen bei Großlandungen (95)*

3. *Die Auswirkungen der Landung bei Nettuno (Ende Januar — Anfang März)* . . . . . . . . . . . . . . . . . . . . . . . . 97

4. *Besorgnisse wegen des nördlichen Kriegsschauplatzes (Februar/März)* . . 101

5. *Die Besetzung Ungarns (März)* . . . . . . . . . . . . . . . . . 103

6. *Die russische Frühjahrsoffensive und die durch sie bedingten Abgaben an den Osten (März)* . . . . . . . . . . . . . . . . . . . . . . 107

7. *Die Frage der Kräfteverteilung am Schluß des ersten Vierteljahres* . . . . 110

8. *Ausblick* . . . . . . . . . . . . . . . . . . . . . . . . . . . 115

*a) Die bleibenden Aufgaben: Die Lage beim Feinde und auf der eigenen Seite auf den einzelnen OKW=Kriegsschauplätzen (115). — b) Heimatkriegsgebiet (119)*


Die Hefter mit den zitierten „Anlagen" sind nicht erhalten (einzelne von ihnen sind auf andere Weise gerettet worden). Trotzdem sind die Verweise abgedruckt; denn dadurch erhält der Benutzer eine Vorstellung davon, wie weit schriftliche Unterlagen benutzt worden sind.

## 1. Aufgaben und Kräfte

### *a) Festung Europa und zweite Front*

Für die Verteilung der Kräfte auf den dem OKW zugewiesenen Kriegsschauplätzen war – im großen gesehen – folgende grundsätzliche Forderung schon vor Beginn des Jahres 1944 maßgebend:

Die „Festung Europa" mußte in dem Umfang, den ihr die Feldzüge der Vorjahre gegeben hatten, mit allen vorgelagerten Inseln und allen Binnenräumen, selbst den entlegensten und unwegsamsten, besetzt und verteidigt werden.

Für diese Forderung, durch die sich die deutsche militärische Führung schon in der ersten Phase des Krieges vor vielleicht größere Aufgaben gestellt sah, als sie der I. Weltkrieg mit sich gebracht hatte, waren mehrere Gründe maßgebend (vgl. Notiz des Stellv. Chefs WFStab vom 31. März im „Merkbuch" und * „Strategischer Überblick und Verteilung der Gesamtstreitkräfte des deutschen Heeres" vom 7. April, verfaßt vom WFStab):

1) Für die eigene Luftwaffe waren gerade die Vorsprünge und vorgelagerten Inselsplitter des europäischen Kontinents von großer Wichtigkeit, um die feindlichen Verbände frühzeitig erkennen und bekämpfen zu können. Außerdem bildeten sie zum Teil geeignete Absprungbasen für die eigenen Kampfverbände und Aufklärer. Ein Aussparen einzelner vorgeschobener Positionen in dem europäischen Verteidigungssystem mußte zwangsläufig zur Festsetzung zumindest der gegnerischen Luftwaffe und damit zu einer entscheidenden Ausdehnung ihrer Reichweite führen. Bei näher herangerückten Flugbasen des Feindes hätte seine Großoffensive in der Luft vielleicht schon ein kriegsentscheidendes Ausmaß annehmen können. Diese Überlegungen behielten auch dann noch ihre Gültigkeit, nachdem sich die Anglo-Amerikaner im Zuge ihres Vordringens in Süditalien eine starke Luftbasis auf einem Außenwerk der Festung Europa geschaffen hatten.

2) Die eigene Kriegsmarine brauchte für ihre Kriegführung (vor allem U-Boot-Krieg) die ganze Länge der europäischen Küsten von Norwegen bis zur spanischen Grenze: je weiter die einzelnen U-Boot-Basen auseinander lagen, desto erfolgreicher der Einsatz der U-Boot-Waffe, an deren Einsatz unter verbesserten Bedingungen weiterhin große Hoffnungen geknüpft wurden. Die Überlassung einzelner Inseln oder Küstenstriche an den Gegner mußte bei seiner Seeüberlegenheit zu einer entscheidenden Erschwerung der eigenen Seekriegführung und zu einer Unterbrechung der Verkehrslinien führen – dies trat gerade bei den Kämpfen in der Ägäis immer wieder hervor.

3) Die deutsche Kriegswirtschaft brauchte zur Durchführung der ihr gestellten Aufgaben sämtliche im deutschen Machtbereich gelegenen europäischen Rohstoffvorkommen. Die Räume dieser Vorkommen, von denen einige besonders wichtige (Petsamo-Nickel, rumänisches Öl, Erze über Norwegen usw.)

* *Anl. 30*

an der europäischen Peripherie lagen, mußten zusammen mit den dazugehörigen Verkehrsverbindungen militärisch gesichert werden. Auch die *Ernährungswirtschaft* konnte — namentlich nach den Gebietsverlusten im Osten — auf keine der europäischen Landwirtschaftszonen verzichten. Gerade der besetzte Westen gewann in diesem Zusammenhang beständig an Bedeutung.

4) Die *Verhinderung von Unruhen*, wie sie sich (namentlich seit dem Beginn des Feldzuges gegen die Sowjet=Union) in vielen nichtdeutschen Gebieten abzuzeichnen begannen, erforderte eine möglichst gleichmäßige dichte Besetzung. Das Halten der Festung Europa bedeutete also u. a. auch eine Besatzungsaufgabe allergrößten Ausmaßes, die in letzter Zeit noch durch die Notwendigkeit, einen großen Teil der italienischen Halbinsel zu kontrollieren, erheblich angewachsen war. Das Entstehen einer „leeren" Stelle hatte vielfach die sofortige Bildung von Banden und Terroristengruppen zur Folge. Bei einzelnen solcher Bandengebiete konnte man sich, da ihnen nach ihrer geographischen Lage nur beschränkte Bedeutung zukam (z. B. Hochsavoyen, Untersteiermark), auf Abriegelung und gelegentliche Säuberungsaktionen beschränken. Im allgemeinen mußte aber die Entstehung größerer Aufstandsgebiete (schon wegen der jederzeit gegebenen Möglichkeit des Zusammenwirkens der Aufständischen mit den Feindmächten) eine große Gefahr für die gesamte Kriegführung bedeuten und darum unter allen Umständen verhindert werden.

Bis tief in das Jahr 1942 hinein hatte sich das deutsche Oberkommando — im großen gesehen — auf die Sicherung und Überwachung der beherrschten Gebiete und den Ausbau der Küstenverteidigung beschränken können; seit dem Sommer und Herbst des gleichen Jahres (Dieppe, El Alamein, Landung in Französ.=Nordafrika) wurde es jedoch deutlich, daß die anglo=amerikanischen Verbündeten zur Aufrichtung der „zweiten Front" an einer der von Deutschland besetzten europäischen Küsten entschlossen waren. Und zwar mußte hierbei nicht nur mit dem Versuch, sich örtlich begrenzt festzusetzen, gerechnet werden, sondern mit einem (womöglich im Zusammenwirken mit den Sowjets geführten) Entscheidung suchenden Stoß in das Innere der „Festung Europa". Deren Außenfelder im Westen, Süden, Südosten und Norden konnten daher jederzeit — im ungünstigsten Falle sogar mehrere von ihnen gleichzeitig — zu Kriegstheatern erster Ordnung werden, auf denen um die Gesamtentscheidung des Krieges zu kämpfen war.

Dieser neuen Lage mußte die Kräfteverteilung auf den dem OKW unterstehenden Kriegsschauplätzen Rechnung tragen.

Ihr besonderes Kennzeichen war es, daß sich aus dem Feindbild vorerst kein genauer Anhalt dafür gewinnen ließ, an welcher Stelle die Anglo=Amerikaner zuerst zur Aufrichtung der zweiten Front schreiten würden. Gerade um die Wende 1943/44 zeichneten sich auf der Feindseite Zusammenziehungen von Kräften an weit auseinanderliegenden Stellen ab. Wenn die deutsche militärische Führung auch zu der Aufstellung einer „Dringlichkeitsfolge" der in Betracht kommenden europäischen Kriegsschauplätze gelangt war, so wurde sie jedoch daran gehindert, einen eindeutigen Schwerpunkt der Verteidigung zu bilden. „Wir kämpfen daher", so wurde am 13. 2. in einer Notiz für den Chef OKW festgestellt, „z. B. in der strategischen Defensive auf der inneren Linie um die Festung Europa, ohne daß wir die Vorteile der inneren Linie voll ausnutzen können, da zahlreiche ungebundene Feindkräfte im Mittelmeer, im mittleren und nahen Osten, Afrika, Amerika, England und Island, deren Einsatz zum Angriff gegen die Küsten Europas jederzeit zu erwarten ist, große Teile unserer Reserven festlegen" (Notiz WFStab/Op (H) [Generalmajor v. Buttlar] vom 13. 2.).

Die Unklarheit über das feindliche Ziel wurde durch die geschickte Nachrichtengebung des Gegners vermehrt, die seit dem Sommer 1942 in kurzen Zeitabständen immer neue Wellen von „Invasionsgerüchten" auslöste, die als solche allerdings meist leicht durchschaubar waren: in ihnen wurde bald Norwegen, bald Spanien, dann wieder die Ägäis unter Nennung bestimmter Termine als Ziele einer unmittelbar bevorstehenden Großlandung bezeichnet.

Unter dem nunmehr für die Kräfteverteilung vor allem maßgebenden Gesichtspunkt der zweiten Front betrachtet, stellte sich die Lage auf den einzelnen dem OKW zugewiesenen Kriegsschauplätzen zu Beginn des Jahres 1944 — im großen gesehen — folgendermaßen dar:

### *b) Die einzelnen Verteidigungsfronten des OKW*

Im Südwesten (Italien) war seit der Landung der Anglo-Amerikaner auf Sizilien im Juli des Vorjahres bereits eine neue Landfront errichtet worden, an der ein vom Gegner mit gewaltigem Materialeinsatz geführter Großkampf im Gange war; in mancher Hinsicht übertraf er noch die Härte der Ostschlachten. Der Einsatz der deutschen Kräfte an dieser Front war durch den Entschluß bestimmt, in der Verteidigung zu bleiben und auf Gegenschläge, auch örtlichen Ausmaßes, wie sie vom OB Südwest, Generalfeldmarschall Kesselring, öfter angeregt worden waren, zu verzichten. Dadurch, daß die Verteidigung entgegen den ursprünglich bestehenden Absichten in die Linie Ortona — Gaëta vorverlegt wurde, war neben die eigentliche Kampfführung an dieser Front die Küstenverteidigung als umfangreiche und Kräfte forderende Aufgabe getreten. Dieser Nachteil wurde dadurch aufgewogen, daß eine Verteidigung in der längeren und geländemäßig weniger günstigen Apennin-Stellung (rund 300 km lang) oder gar in der Alpen-Stellung (rund 1000 km Länge) einen höheren Kräftebedarf zur Folge gehabt hätte.

Bei dem Einsatz der Kräfte in Italien und allen übrigen diesen Kriegsschauplatz betreffenden Erwägungen mußte die sich seit Beginn des neuen Jahres deutlicher abzeichnende Zusammenziehung starker anglo-amerikanisch-fran-

* *Anl. 1*

1 Im Ms. nicht näher bezeichnet.

zösischer Kräfte in Französ.-Nordafrika berücksichtigt werden, die der Nährung der Kämpfe in Süditalien dienen, aber auch ebenso gut für eine selbständige Operation bestimmt sein konnte. Da in Nordafrika auch die Masse des feindlichen Landungsschiffsraums anzunehmen war, lag die Vermutung nahe, daß der Gegner sich hier zu einem neuen großen Landungsunternehmen bereitzustellen begann, dessen Ziel entweder die Ligurische Flanke Italiens oder die südfranzösische Küste, der Bereich des AOK 19, sein konnte. Das Überwiegen französischer Verbände bei dieser Kräftegruppe schien für die zweite Möglichkeit zu sprechen; in diesem Zusammenhang war es allerdings merkwürdig, daß auf Corsika, dem naturgegebenen Sprungbrett für eine derartige Operation, vorerst noch kein größerer feindlicher Aufmarsch festzustellen war (vgl. die Ausarbeitungen über den Südwesten und Westen)[1].

Auch der Südosten war im Zusammenhang der zweiten Front für die deutsche militärische Führung gerade zu Beginn des Jahres 1944 ein Gegenstand verstärkter Aufmerksamkeit. Denn im ägyptisch-syrisch-palästinensischen Raum hielt der Gegner gleichfalls eine Anzahl von Verbänden, wenn auch vorläufig nur geringen Landungsschiffsraum, bereit. Mit ihnen war jederzeit ein Unternehmen mit beschränktem Ziel, etwa gegen Rhodos und die Ägäischen Inseln, möglich. Dazu kam die starke feindliche Aktivität zur See und zur Luft in der Ägäis. Ferner mußte für später eine angelsächsische Offensive aus Italien heraus gegen die Dalmatinische Küste in Rechnung gestellt werden; jedoch war anzunehmen, daß der Gegner sie nicht vor einer weiteren Verbreiterung und Festigung seiner Basis in Italien beginnen werde.

Alle den Südosten betreffenden Überlegungen beherrschte die Frage der Haltung der Türkei, die gerade um die Jahreswende weniger befriedigte. Für das im Falle ihres Übertritts zu den Alliierten beabsichtigte deutsch-bulgarische Vorgehen („Gertrud“) waren noch keinerlei deutsche Kräfte bereitgestellt. Dagegen erforderte die Bekämpfung des Bandenwesens — im gesamten Balkanraum mußte mit weit über 100 000 straff organisierten und gut bewaffneten Aufständischen gerechnet werden — einen unverhältnismäßig hohen Einsatz eigener Kräfte.

Noch an einer anderen Stelle der europäischen Peripherie wurde um die Jahreswende mit einem feindlichen Landungsunternehmen gerechnet, nämlich in Portugal (s. unten). Diese Besorgnis trat allerdings bald wieder zurück. Jedoch bedeuteten alle diese von der europäischen Peripherie ausgehenden Spannungen, die für den Beginn des Jahres 1944 bezeichnend waren, eine erhöhte Belastung aller den Einsatz der eigenen Kräfte betreffenden Überlegungen.

Seit dem Ausgang des Jahres 1943 stand es für die deutsche militärische Führung fest, daß der eigentliche Ort für die Aufrichtung der zweiten Front der Westen war und daß hier der entscheidende Kampf entbrennen werde.

1 S. unten den 4. und 5. Abschnitt.

Denn auf den Konferenzen von Moskau[1] und Teheran[2] hatten die Anglo-Amerikaner offensichtlich endgültig der russischen Forderung nach einem Angriff gegen den besetzten Westen – nur diesen wollten die Sowjets als die versprochene zweite Front gelten lassen – zugestimmt; sie waren jedoch sicherlich schon vorher von sich aus dazu entschlossen gewesen, denn der erkennbar gewordene Aufmarsch in Südengland ließ sich schon seit längerer Zeit kaum noch mit Täuschungs- und Fesselungsabsichten erklären. Er umfaßte um die Jahreswende bereits weit über 50 große Verbände, darunter mehrere aus dem Mittelmeer überführte kampferprobte Divisionen. Dazu kamen die in den USA verschiffungsbereiten Truppen. Um die Jahreswende wurden in den obersten Kommandobehörden der anglo-amerikanischen Armeen im Englandbereich in vollster Öffentlichkeit zahlreiche Um- und Neubesetzungen durchgeführt (u. a. wurde General Eisenhower zum Oberbefehlshaber der „Invasionsstreitkräfte" ernannt); auch dies deutete auf den nahe bevorstehenden Abschluß der Invasionsvorbereitungen hin. Seitdem wurde die Invasion in Presse, Propaganda und dem gesamten innenpolitischen Leben der Alliierten in einer Weise behandelt, die den Verdacht eines noch so groß angelegten Bluffs immer unwahrscheinlicher werden ließ.

Die deutsche Führung hatte dieser neuen Lage bereits am 3. November 1943 durch die Ausgabe der W e i s u n g 51[3] Rechnung getragen, deren Grundgedanke in folgenden Sätzen enthalten ist: „Die Gefahr im Osten ist geblieben, aber eine größere im Westen zeichnet sich ab: die der angelsächsischen Landung! Im Osten läßt die Größe des Raums äußersten Falles einen Bodenverlust auch größeren Ausmaßes zu, ohne den deutschen Lebensnerv tödlich zu treffen. Anders der Westen! Gelingt dem Feind hier ein Einbruch in unsere Verteidigung in breiter Front, so sind die Folgen in kurzer Zeit unabsehbar!" In ihr wurde festgelegt, daß der Westen, zu dem in diesem Zusammenhang auch Dänemark gerechnet wurde, nicht mehr zugunsten anderer Kriegsschauplätze geschwächt, vielmehr in seiner Abwehrkraft erheblich verstärkt werden sollte, namentlich dort, von wo aus der Fernkampf gegen England geplant war.

Dieser Entschluß bedeutete einen grundlegenden Wandel gegenüber der bisherigen Entwicklung: denn bisher war namentlich bei Krisenlagen im Osten, aber auch zuletzt beim Aufmarsch für den Fall „Achse" (Italien)[4], auf den Westen als das eigentliche Kräftereservoir zurückgegriffen worden. Obwohl stets das Bestreben geherrscht hatte, die abgezogenen Kräfte durch Zuführung abgekämpfter Ostverbände, Reservedivisionen und Ostbataillone, durch die Durchführung von Neuaufstellungen im Westen und andere Maßnahmen zu ersetzen, so hatte die Schwächung des westlichen Kriegsschauplatzes doch schon wiederholt nach Auffassung des OB West, der der WFStab meist zustimmen

1 18.–30. Oktr. 1943.
2 28. Nov. – 1. Dez. 1943.
3 S. unten: „Dokumente" A. I. 1.
4 D. h. Besetzung Italiens, falls die Badoglio-Regierung zur Gegenseite überwechselte.

mußte, die Grenze des noch zu Verantwortenden erreicht bzw. bereits unterschritten. Die Verstärkungen, namentlich an Panzern, Sturmgeschützen und schweren Waffen, die dem Westen auf Grund der Weisung 51 zuflossen, waren beträchtlich. Jedoch zwang die Entwicklung der Lage im Osten (wie noch zu zeigen sein wird) im weiteren Verlauf des Winters bereits wieder zu einem Abgehen von ihrem Grundgedanken, d. h. zu Abzügen aus dem Westen.

Fraglich blieb nur noch der *Zeitpunkt* der feindlichen Landung im Westen. Während die feindliche Nachrichtengebung den Eindruck zu erwecken versuchte, daß sie ohne Rücksicht auf die Wetterbedingungen noch in den Wintermonaten („binnen 90 Tagen nach Teheran" [1]) erfolgen werde, rechnete die deutsche militärische Führung zunächst mit Landungen an Außenbastionen der Festung Europa (s. unten), um durch sie die deutschen Reserven von der französischen Kanal- und Atlantikküste, wo im Frühjahr der Hauptschlag erfolgen würde, abzuziehen.

Eine Hauptoperation gegen Norwegen, die, wenn erfolgreich, wahrscheinlich den Kriegseintritt Schwedens und damit den Verlust von ganz Skandinavien mit seinen kriegswichtigen Rohstoffen bedeutet haben würde, wurde um die Jahreswende für weniger wahrscheinlich gehalten, da sie außerhalb der Reichweite der Masse der feindlichen Jäger durchgeführt werden mußte. Auf Grund dieser Auffassung war im vergangenen Jahr bereits mehrfach auf die Reserven des Wehrmacht-Befehlshabers Norwegen zurückgegriffen worden, so daß die an den Küsten eingesetzten Divisionen außerordentlich breite Abschnitte, im Durchschnitt 200 km, zu verteidigen hatten (Gesamtlänge der Küstenfront 2500 km). Jedoch wurden örtliche Unternehmungen in Rechnung gestellt, auf deren Möglichkeit schon die in Schottland bereitgestellte englische Kräftegruppe, über deren Stärke allerdings keine volle Klarheit bestand, hinwies. Anzeichen für anglo-amerikanisch-russische Landungspläne in Finnland und Nordnorwegen sowie für russische Angriffsabsichten gegen das Gebirgs-AOK 20 lagen nicht vor. Die Lage des AOK [2] mußte aber angesichts der schlechten Verbindungen und seiner geringen Reserven als exponiert angesehen werden. Bei den Finnland betreffenden Überlegungen und Maßnahmen standen die Vorbereitungen für die Zurückführung des Gebirgs-AOK 20 im Falle einer Kapitulation Finnlands (Weisung 50; vgl. die besondere Ausarbeitung über den Norden [3] im Vordergrund.

Dänemark wurde in diesem Zusammenhang mehr dem westlichen Kriegsschauplatz zugerechnet (s. oben). Ein dort angesetzter Landungsangriff mußte für den Gegner große Schwierigkeiten zur See und in der Luft mit sich bringen und erschien darum zweifelhaft; andererseits wurden die dort eingesetzten eigenen Kräfte als nicht ausreichend angesehen. Die offenkundige Schwäche der

1 Konferenz von Teheran (28. Februar — 1. Dezember 1943), also ab Anfang März 1944.
2 Ms.: Korps.
3 Vgl. unten den 9. Abschnitt.

Besetzung konnte für den Gegner eine anziehende Wirkung ausüben; das gleiche galt von der Deutschen Bucht, die seit kurzem Gegenstand vorausschauender grundsätzlicher Erwägungen war.

### *c) Die Frage der Reserven*

Die einfachste Gegenmaßnahme gegen diese von mehreren weit auseinanderliegenden Punkten wirkende Beanspruchung und Bedrohung hätte in der Aufstellung einer zentralen Reserve bestanden, die nach einer Landung des Feindes und nach Erkennen seines Kräfteschwerpunktes mit Hilfe des hochentwickelten innereuropäischen Verkehrsnetzes ja rasch an die gefährdete Stelle geworfen werden konnte.

Es kennzeichnete jedoch die eigene Lage, daß keine geschlossene Reserve der Obersten Führung im eigentlichen Sinne vorhanden war. Die als Reserven bezeichneten Verbände waren meistens fest in den „Kräftehaushalt" einzelner Kriegsschauplätze eingebaut und in die operativen Planungen der einzelnen Oberbefehlshaber einbezogen. Ihre Herauslösung bedeutete fast immer das Eingehen eines Risikos für den betreffenden Kriegsschauplatz und war dort mit umfangreichen Ablösungen und Verschiebungen verbunden. Gerade angesichts der Unklarheit darüber, an welcher Stelle der Gegner zur Aufrichtung der zweiten Front schreiten würde, war immer wieder der Gedanke, eine solche zentrale Reserve zu schaffen, gefaßt, auch in Ansätzen verwirklicht, jedoch stets von den Erfordernissen der Lage durchkreuzt worden (Mitteilung Oberstlt. d. G. Lechler, Heeresstab, vom 14. 6. 44). Bei der „OKW-Reserve" handelte es sich meistens um einzelne materiell und personell besonders gut ausgestattete Divisionen, die auf verschiedenen Kriegsschauplätzen eingesetzt und dort mehr oder weniger gebunden waren, jedoch zur Verfügung der Obersten militärischen Führung standen und nur mit deren Genehmigung eingesetzt werden durften. Die Reserven des OKW waren also eigentlich die Reserven der einzelnen OKW-Kriegsschauplätze und ihrer Oberbefehlshaber. OKW-Reserve wurden Ende 1943 z. B. die 20. Lw.-Feld-Division in Dänemark, die 1. Geb.-Division und 100. Jäger-Division im Südosten usw.

Zu einer eindeutigen Festlegung des Begriffes „OKW-Reserve" kam es im ersten Vierteljahr 1944 nicht, auch wurden die hierfür vorgesehenen Divisionen fortlaufend „verausgabt", d. h. entweder an den Osten abgegeben oder endgültig auf den übrigen Kriegsschauplätzen festgelegt. Erst im April 1944 erfolgte — wie noch kurz zu zeigen sein wird — eine endgültige Festlegung der OKW-Reserven.

Zur OKW-Reserve wurden auch einzelne Fallschirmjäger-Divisionen (die 1. und die noch in Aufstellung befindliche 4., beide noch in Italien) gerechnet, was einer vollen Verwirklichung des Gedankens einer „Luftwaffen-eigenen" Fallschirmjäger-Armee, wie vom OBdL vertreten wurde, im Wege stand. Auch der Einsatz der Fallschirm-Panzerdivision „Hermann Göring" verlieh ihr den Charakter einer ausgesprochenen Führungsreserve.

### *d) Die Neuaufstellungen des Heeres*

Daneben wurde immer wieder versucht, bei den Neuaufstellungen den Gedanken einer operativen Reserve zu verwirklichen. Sie wurde nach Vortrag des Chefs Heeresstab über die bestehenden personellen Möglichkeiten vom Führer befohlen, durch den Chef H Rüst und BdE durchgeführt und dann, entsprechend den Erfordernissen der Lage und den großen operativen Entschlüssen, dem GenStdH oder dem OKW zugewiesen. So hatte der am 23. 9. 1943 befohlenen Neuaufstellung der 10 (später nur 9) Divisionen 21. Welle (4 im Westen, 1 im Südwesten, 1 im Südosten, 3 im Generalgouvernement) sowie von 2 Fallschirmjäger=Divisionen und von 2 SS=Panzer=Grenadier=Divisionen der Gedanke einer Zentralreserve der Obersten Führung zu- * grunde gelegen (Tätigkeitsbericht Heeresstab vom 26. 4. 44 im „Merkbuch"). Als weitere operative Reserven waren dann im Oktober 1943 (23. 10.) 6 Divisionen n. A. 22. Welle (5 im Westen, 1 im Südwesten) und 4 Inf.=Divisionen 23. Welle aufgestellt worden. Die Divisionen 21. Welle sollten bis zum 15. 2., die Divisionen 22. Welle personell zum 1. 3., vollständig zum 5. 6., die Divisionen 23. Welle zum 1. 4. 44 fertig aufgestellt sein (bei einzelnen dieser Termine traten noch mehrfach Änderungen ein). Ferner lief seit Ende 1943 die Aufstellung zweier neuer Heeres=Panzer=Divisionen, der 2. und der 21. Panzer=Division (beide im Westen). Dazu kam die im Westen aus Panzerlehrtruppen in Bildung begriffene Panzer=Lehrdivision (verwendungsbereit zum 1. 3. 44), die im besonderen Maße als Instrument der Obersten Führung vorgesehen war. Am 30. 12. 1943 war dann noch die Aufstellung von weiteren 4 Inf.=Divisionen 24. Welle (im Heimatkriegsgebiet) ohne rückwärtige Dienste ** und von 15 Landesschützenbataillonen aus bei der Auskämmaktion gewonnenen Kräften befohlen worden. Sie waren zur Eingliederung in abgekämpfte Ostdivisionen bestimmt und sollten zum 15. 3. 44 fertig werden. Die vom Ersatzheer zur Durchführung dieser Neuaufstellungen zu leistenden Personalabgaben und ihr Ersatz durch Landesschützenbataillone wurden durch einen Befehl vom 9. 1. geregelt. Die zu Abgaben heranzuziehenden Reserve=Divisionen waren die 141. und 151. Res.=Div. beim Wehrmacht=Befehlshaber Ostland, die *** 182. beim OB West und die 173. beim OB Südost, die gänzlich zur Auflösung gelangten.

Am gleichen Tage erging ein Führerbefehl zur Aufstellung von 6 weiteren + Inf.=Divisionen 25. Welle aus den 6 verstärkten Inf.=Kampfgruppen in Rgt.s=Stärke (die verst. Rgt.er 1021–1026), deren Bildung am 3. 11. 43 angeordnet war. 3 von ihnen sollten im Westen, die anderen 3 im Heimatkriegsgebiet aufgestellt werden. In Ergänzung hierzu wurde am 11. 1. 44 die Bildung von

** dazu Anl. . . .*[1] *** Anl. . . .*[2] **** Anl. 3 der Akte „Neuaufstellungen"* + *Anl. 4–7 der Akte „Neuaufstellungen"*

1 Im Ms. dazu keine Zahl.

2 Im Ms. ohne Ziffer.

Kampfgruppen aus diesen Neuaufstellungen und ihr Einsatz bei feindlichen Großlandungen geregelt. Am 14. 1. wurde dem Chef H Rüst und BdE die Reihenfolge mitgeteilt, in der die Reservedivisionen im Westen und in Dänemark zu Personalabgaben für diese Neuaufstellungen herangezogen werden sollten.

Der Umstand, daß diese Neuaufstellungen zum größten Teil in besetzten Gebieten durchgeführt wurden, um dort von Anfang an zu Sicherungs- und Besatzungsaufgaben herangezogen werden zu können, bedeutete bereits wieder eine weitgehende Festlegung. Denn diese Neuaufstellungen bildeten deshalb stets einen festen Faktor in den Kräfteberechnungen der örtlichen Befehlshaber; ihr Abzug war daher meistens mit großen Schwierigkeiten verbunden. (Auch als im Mai/Juni 1944 die Auf- bzw. Umstellung einer größeren Anzahl von Divisionen im Heimatkriegsgebiet angeordnet wurde, erfolgte ihre Unterbringung und damit auch schon wieder Festlegung auf einem potentiellen Kriegsschauplatz, nämlich im Raume der Deutschen Bucht.)

### *e) Die Heranziehung des Ersatzheeres*

In der Reihe der Bemühungen zur Schaffung von operativen Reserven müssen ferner die Maßnahmen zur Heranziehung des Ersatzheeres genannt werden. Grundlegend war hier der Führerbefehl vom 3. 11. 43, wonach durch den BdE folgende, als 1. Welle bezeichnete Verbände mob.-mäßig bereitgestellt werden sollten: 6 verstärkte Grenadier-Regimenter (1021—1026, gemäß Führerbefehl vom 9. 1. 44, später zur Aufstellung der 6 Divisionen 25. Welle bestimmt, s. oben), das verstärkte Inf.-Lehrregiment, die verstärkten Grenadier-Regimenter (mot) 1027 und 1028, das verstärkte Panzer-Lehrregiment (kurz darauf zusammen mit dem Pi.-Lehrbataillon (mot) zur Aufstellung der Panzer-Lehrdivision verwandt), das Artl.-Lehrregiment, die Nebel-Lehrabteilung, 10 Landesschützenbataillone und 6 Bau-Pionier-Bataillone. Durch einen Befehl des Chefs OKW vom 28. 11. 43 wurde ferner die Bereitstellung der sog. 2. Welle befohlen, die die verstärkten Grenadier-Regimenter 1032—1035 (später ebenfalls zur Bildung der Divisionen 25. Welle bestimmt) sowie die verstärkten Grenadier-Regimenter (mot) 1031, 1030 („Feldherrnhalle") und 1029 („Großdeutschland") umfaßte. Bereits vorher war durch den Führerbefehl vom 23. 11. 43 über die Neuregelung bei den Res.-Divisionen außerhalb des Heimatkriegsgebietes ein weitgehender Rückgriff auf die Kräfte des Ersatzheeres erfolgt: u. a. war die Umstellung von 3 Inf.-Res.-Divisionen im Westen zu bodenständigen Divisionen, die Umstellung einer Inf.-Res.-Division im Südosten (187.) zu einer Jäger-Division (42.), die Abgabe von Res.-Bataillonen als Stämmen zur Aufstellung der 6. Inf.-Division 22. Welle angeordnet worden.

* *Anl. 11 a der Akte „Neuaufstellungen"*

1 Ms.: einzelnen Ortsbef.

Als besonderes Instrument der Obersten Führung war ferner das Nebel=Werferkorps (2 Brigaden) bestimmt, dessen Aufstellung am 16. 12. 43 befohlen worden war und das nur nach Weisung des Führers eingesetzt werden sollte; am 2. 2. 44 befahl der Führer seine Verdreifachung („Merkbuch"), worauf am 12. 2. ein entsprechender Befehl des Heeresstabes erging.
*Anl. 11a der Akte „Neuaufstellungen"*

### *f) Die Neuaufstellungen der Waffen=SS*

Dazu kamen noch die Neuaufstellungen von Divisionen der Waffen=SS, die — wie der Einsatz des innerhalb der letzten beiden Kriegsjahre oft mehrfach im Jahre zwischen Osten und Westen hin= und herbewegten SS=Panzerkorps bewies — in erhöhtem Maße als Reserve der Obersten Führung angesehen wurden. Diese Aufstellungen wurden entsprechend denen des Heeres, aus deren Kontingent ihre gesamte Ausstattung und Versorgung erfolgte, vom Führer nach Vortrag des Reichsführers SS über die bestehenden personellen Möglichkeiten und gemäß den Erfordernissen der großen operativen Lage befohlen. Um die Wende 1943/44 befanden sich folgende Divisionen der Waffen=SS in Aufstellung: im Westen die 9. SS=Panzer=Division („Hohenstaufen") und die 10. SS=Panzer=Division („Frundsberg"), die beide bis zum 1. 3. 44 fertig sein sollten, ferner die 12. SS=Panzer=Division („Hitlerjugend"), für deren Verwendungsbereitschaft noch kein genauer Termin feststand, sowie die 17. SS=Panzer=Grenadier=Division („Götz von Berlichingen"). Im Westen sollte ferner die Neuaufstellung der in Herauslösung aus der Ostfront begriffenen 2. SS=Panzer=Division „Das Reich" durchgeführt werden, dazu im Südwesten die aus der früheren SS=Sturmbrigade hervorgegangene 16. SS=Panzer=Grenadier=Division „Reichsführer SS" und im Südosten die 8. SS=Kav.=Division sowie die 4. SS=Pol.=Panzer=Grenadier=Division. Die ebenfalls für den Südosten bestimmte 13. SS=Freiw.=Geb.=Division (Bosniaken) war lediglich für den Bandenkampf geeignet. Darüber hinaus war noch die Aufstellung einer galizischen und einer mazedonischen SS=Freiw.=Division geplant bzw. schon in Durchführung, für die aber noch keine Termine festlagen.

### *g) Die angespannte Kräftelage*

Die Aufgabe, außer der Küstenverteidigung sowie der Sicherung und Befriedung noch mehrere (kräftemäßig weitgehend auf sich selbst gestellte) Kriegsschauplätze unterhalten zu müssen, war nach den personellen Verlusten des 2½ Jahre währenden Ostkrieges kaum noch in befriedigender Weise zu lösen. Immer häufiger mußte von Aushilfen Gebrauch gemacht und an einzelnen Stellen bewußt ein Risiko in Kauf genommen werden. Am deutlichsten sprach in dieser Hinsicht der steigende Einsatz von fremdvölkischen Verbänden (Ostbataillone, Legions=Divisionen, Bulgaren, Slowaken, Serbisches Freiwilligen=Korps, Russisches Schutzkorps usw.) auf den OKW=Kriegsschauplätzen. Alle vom OKW zur Besserung der angespannten personellen Lage unternommenen Anstrengungen hatten in dem Führerbefehl vom 27. 11. 43, durch den die Aufstellung von mindestens 1 Million Männer aus den Bereichen der Wehrmachtteile und der Waffen-SS gefordert wurde, ihren zusammenfassenden Niederschlag gefunden (vgl. die Ausarbeitung über die personelle Organisation[1]. In seinen Einleitungssätzen war darüber hinaus die Auffassung der deutschen Führung von der entscheidenden Bedeutung des Jahres 1944 festgelegt: „Der Kampf um die Existenz des deutschen Volkes und um die Zukunft Europas nähert sich seinem Höhepunkt. Alle Kraftreserven, die das Großdeutsche Reich aufbringen kann, in diesen Endkampf zu werfen, ist das Gebot der Stunde. Die Schlagkraft unserer Wehrmacht hat durch die Kämpfe dieses Sommers besonders im Osten stark gelitten."

### *h) Die vorbereiteten Kräfteverschiebungen bei Großlandungen*

Eine weitgehende Erleichterung der Schwierigkeiten, denen der Kräfteeinsatz auf den OKW-Kriegsschauplätzen unterlag, mußte in dem Augenblick eintreten, in dem der Feind zur Großlandung geschritten und der Schwerpunkt seines Kräfteeinsatzes klar zu erkennen war. Die deutsche militärische Führung, die dann erst vollen Gebrauch von den Vorteilen der inneren Linie machen konnte, war entschlossen, die übrigen (nicht mehr oder nur noch im örtlichen Rahmen als gefährdet anzusehenden) Fronten rücksichtslos von ihren Reserven zu entblößen und diese der Landungsfront zuzuführen. Die diesbezüglichen Vorbereitungen hatten am 20. 12. 43 zu einem zusammenfassenden Befehl über die Kräfteverschiebungen bei Großlandungen geführt, in dem festgelegt worden war, welche Verbände jeder einzelnen Front im Landungsfall zugeführt werden sollten bzw. welche sie an andere angegriffene Fronten abzugeben hatte. So sollten z. B. dem OB West im Falle „Blume 1–2" (Landung an der französischen Kanal- oder Südküste) zugeführt werden: aus Norwegen die 214. und die 196. Inf.-Division, aus Dänemark die 361. Inf.-Division, aus Italien ein Generalkommando, eine Inf.-Division und ein Werfer-Regiment, aus dem Südosten 4 vollbewegliche Inf.- oder Jäger-Divisionen, ein Grenadier-Regiment (mot), 4 leichte Artl.-Abteilungen usw. Entsprechende Vorbereitungen waren bei der Luftwaffe und Kriegsmarine getroffen worden. Die Luftwaffe war schon durch die Weisung 51 besonders angewiesen worden, für den Fall einer Landung im Westen die Freimachung aller verfügbaren Kräfte an fliegenden Verbänden und beweglicher Flakartillerie aus der Heimatluftverteidigung, den Schulen usw. für den Einsatz im Westen und in Dänemark vorzubereiten.

Der Befehl vom 20. 12. 43 mußte allerdings (wie noch im einzelnen zu zeigen sein wird) bereits Anfang 1944 laufend abgeändert werden; er erwies sich als überholt, da die Entwicklung beim Feinde auf ein System mehrerer gleich-

1 Zu deren Fertigstellung ist es nicht gekommen.

zeitig oder kurz hintereinander erfolgender Landungen hinzuweisen schien und auch sonst bald grundlegende Änderungen in den Dispositionen über die Reserven eintraten.

### 2. Zweite und dritte Front (Januar/Februar)

#### *a) Der Westen*

Während der ersten Wochen des Jahres 1944 war die Aufmerksamkeit der deutschen militärischen Führung vor allem auf die Peripherie der Festung Europa gerichtet.

Bei der Beurteilung der feindlichen Absichten vertrat der Chef WFStab am 24. 1. die Ansicht, der der Führer voll zustimmte, daß die Alliierten durch verschiedene Operationen an der Peripherie des Kriegstheaters uns zwingen wollten, unsere Kräfte abzuziehen und zu zersplittern, um dann zum entscheidenden Schlag der Invasion über den Kanal auszuholen. In diesem Zusammenhang wäre eine Operation gegen eine der Inseln im Ägäischen Meer, eine Landung in Portugal oder Spanien oder im Raum von Bordeaux denkbar (Merkbuch, Aufzeichnung Chef WFStab vom 24. 1.). Diese Besorgnisse blieben, was den Mittelmeerraum betraf, auch bestehen, nachdem eine dieser erwarteten Landungen bei Nettuno tatsächlich stattgefunden hatte. Denn es stellte sich bald heraus, daß der Gegner seine Kräftegruppe im Landekopf von Nettuno allein mit den Mitteln des italienischen Kriegsschauplatzes aufgebaut hatte und nährte, so daß die Masse seiner im übrigen Mittelmeerbereich vermuteten Kräfte weiterhin ungebunden blieb.

Auf die Tatsache, daß die Biscaya-Küste und Spanien und Portugal als bedroht anzusehen seien, hatte der Führer bereits am 7. 1. hingewiesen; in Portugal sei eine Landung für die Alliierten mit geringem Risiko verbunden, sie bedeute für Deutschland den Ausfall der Wolfram-Lieferungen, die Erschwerung des U-Boot-Krieges und die Festlegung von Verbänden aus dem Bereich des OB West, sei daher für uns sehr nachteilig. Am 5. 1. bereits erging ein mündlicher Befehl an die Luftwaffe über die von ihr in einem solchen Fall zu ergreifenden Maßnahmen (u. a. war im Falle einer kampflosen Übergabe der Portugiesen ein mit starken Kräften zu führender Luftangriff gegen Lissabon vorgesehen). Es folgte am 12. 1. eine zusammenfassende Weisung an den OB West, die Luftwaffe und die Kriegsmarine, in der von der Wahrscheinlichkeit einer gleichzeitigen Landung in Portugal und an der Biscaya-Küste bei und südlich Bordeaux ausgegangen wurde. Eine derartige Landung könne — so wurde darin gesagt — als Nebenunternehmen zur Abziehung eigener Reserven geplant sein; es sei aber auch denkbar, daß der Feind in Erkenntnis des weit fortgeschrittenen Ausbaus an der französischen Kanal- und Nordatlantikküste den Schwerpunkt des Angriffs gegen das Festland unter Einbeziehung der französischen Mittelmeerküste nach Südfrankreich verlegen werde. Sein erstes Operationsziel könne in diesem Falle die Vereinigung der beiden Landungsgruppen im Zuge der Garonne und damit die Unterbrechung der Verbindungen zur iberischen Halbinsel sein — ein Gedanke, der freilich beim Gegner eine bisher noch nicht beobachtete Kühnheit der operativen Entschlüsse voraussetzte. Es wurden daher Vorbereitungen für eine nachhaltige Sperrung der spanischen Grenze und zur Befestigung der Pyrenäen befohlen, wozu noch bis in den Februar hinein ergänzende Einzelbefehle ergingen. Für den Fall einer Schwerpunktlandung in diesem Abschnitt sollte unter Auflockerung des Aufmarsches im Bereich des AOK 15 eine Kräftegruppe von zunächst 6 Divisionen, darunter 3—4 schnelle Verbände, in Südfrankreich versammelt werden. Je nach Entwicklung der Lage hatte sie dem Gegner auf der Iberischen Halbinsel entgegenzutreten, um eine Festsetzung an der spanischen Nordküste zu verhindern oder durch Angriff auf den aus den Pyrenäen heraustretenden Feind die Bildung einer zweiten Front in diesem Raume zu verhindern. Auch die Masse der für den Fall einer feindlichen Großlandung vorbereiteten Zuführungen aus den anderen Befehlsbereichen sollte dieser Front zugeführt werden. Hiermit wurden in verkleinertem Umfang die die Oberste militärische Führung im ersten Drittel des Jahre 1943 beschäftigenden Absichten für die Operation „Gisela" wieder aufgenommen.

(Die „Gisela"-Absichten waren bis in das Frühjahr 1943 hinein festgehalten worden, nach dem Fall von Tunis auf Grund einer Anregung des Duce noch einmal in stark erweiterter Gestalt aufgenommen, dann aber infolge der durch den „Alarich"-Aufmarsch eintretenden Kräftebindung aufgegeben worden; an ihre Stelle waren die Vorbereitungen für eine Sperrung der Pyrenäen („Nürnberg") getreten, die jetzt, wie in der Weisung vom 12. 1. 44 zum Ausdruck gebracht wurde, nicht mehr ausreichend erschienen. Im Zusammenhang mit der Weisung 51 und den Vorbereitungen für die Kräfteverschiebungen bei Großlandungen waren der spanische und der Pyrenäen-Bereich nicht mehr berücksichtigt worden.)

Die Biscaya-Küste, der Abschnitt des AOK 1, war vor allen anderen zugunsten der Kanal- und Nordatlantikfront zurückgestellt worden, u. a. auch darum, weil er sich geländemäßig wenig für eine Landungsoperation größeren Ausmaßes zu eignen schien. Unmittelbar an der Küste waren nur 3 Divisionen, davon 2 Res.-Divisionen, eingesetzt. Die neueren Erfahrungen mit der Landetechnik der Anglo-Amerikaner führten zu einer weniger positiven Beurteilung des Abschnitts des AOK 1. Die Verbesserung einer Verteidigung beschäftigte den WFStab daher auch — unabhängig von den Besorgnissen bezüglich Spaniens und Portugals — schon in den ersten Januartagen. Eine wichtige Maßnahme zur Verstärkung dieses Abschnitts bildete die Verlegung der in Neuaufstellung befindlichen 2. SS-Pz.-Div. „Das Reich" in den Raum Bordeaux gegen Ende Januar. In der Nacht zum 29. 1. entstand infolge einer Falschmeldung der Luftwaffe, bei der es sich um eine Verwechslung von spanischen Sardinenfischern mit einem feindlichen Landungsverband handelte, eine vorübergehende Alarmierung in diesem Abschnitt. Mitte Februar begannen dann die Besorgnisse wegen eines feindlichen Vorstoßes gegen die Küste Südwestfrankreichs wieder zurückzutreten. In diesem Zusammenhang muß auch die Reise des Stellv. Chefs WFStab zum AOK 1 in der ersten Februarhälfte erwähnt werden, durch die ein Eindruck von der Verteidigungsfähigkeit dieses Bereichs und der Pyrenäengrenze gewonnen werden sollte.

Einen breiteren Raum nahmen die Besorgnisse bezüglich der südfranzösischen Küste, des Bereichs des AOK 19, ein. Ihnen lagen die sich seit der Jahreswende mehrenden Nachrichten über die Bildung einer starken anglo=amerikanisch=französischen Kräftegruppe in französ. Nordafrika zugrunde (vgl. die „Richtlinien für Aufklärung über feindliche Vorbereitungen zur Bildung * weiterer Fronten im Mittelmeerraum“ vom 8. 1.). Vor allem schien die Tatsache, daß sich bei dieser Kräftegruppe die Masse der neuaufgestellten freifranzösischen Divisionen befand, auf einen Einsatz in Frankreich hinzuweisen. Es war — wie erwähnt — denkbar, daß in Verbindung mit einem Angriff dieser Gruppe gegen die südfranzösische Küste eine Landung an der Biscaya=Küste erfolgen würde mit dem Ziel einer Vereinigung und Abriegelung an der schmalsten Stelle Frankreichs.

Durch den sofort nach der feindlichen Landung bei Nettuno (s. u.) befohlenen Abzug der 715. Inf.=Div. trat eine empfindliche Schwächung dieses an sich schon dünn besetzten Abschnitts ein. Bei dem Bestreben, ihn zu verstärken und die dortigen Kräfte anzureichern, ging der WFStab davon aus, daß hierzu möglichst keine Kräfte aus dem (Anfang Februar annähernd abgeschlossenen) Aufmarsch hinter der Front der 15. und dem rechten Flügel der 7. Armee, an der mit immer größerer Sicherheit der feindliche Hauptangriff erwartet wurde, abgezogen werden sollten. So wurde am 9. 2. befohlen, daß bei feindlichen Landungen an der Biscaya= oder der französischen Mittelmeerküste die hinter der französischen Nordwestküste stehenden Divisionen und Kampfgruppen nur mit Einverständnis des OKW nach Südfrankreich abgezogen werden durften. Zunächst wurde eine der neuaufzustellenden Divisionen 22. Welle, die 277., nach Südfrankreich, Narbonne, verlegt, während die 276. im Zusammenhang mit den Vorbereitungen für „Nürnberg“ in den Raum nördlich der spanischen Grenze zugeführt worden war. Ab 18. 2. erfolgte dann die Verlegung der 9. SS=Pz.=Div. in den Raum Avignon, nachdem der Gedanke, sie beim Gegenangriff gegen den Brückenkopf von Nettuno einzusetzen, wieder aufgegeben worden war. Damit verfügte das AOK 19 über einen voll kampfkräftigen Panzer=Verband als Reserve, der allerdings entgegen den ursprünglichen Absichten doch der Schwerpunkt=Reserve hinter der Kanalküste hatte entnommen werden müssen. Im übrigen war baldiger Ersatz dieser Division durch die in Neuaufstellung befindliche Pz.=Lehr=Div. vorgesehen. Auch der am selben Tage befohlenen Verlegung der in Aufstellung befindlichen 271.

* *Anl. 4*

Div. in den Raum Besançon lag der Gedanke eines nahe bevorstehenden Angriffs gegen Südfrankreich zugrunde.

Diese Verlegungen waren vom Chef WFStab am 17. 2. abends im Zusammenhang mit einem umfassenden Vorschlag zu neuen Kräfteverschiebungen angeregt worden („Merkbuch" 17. 2.). Hierbei war u. a. auch die Absicht eines nach Vernichtung des bei Nettuno gelandeten Feindes bei der 10. Armee in Italien zu führenden Gegenschlages berücksichtigt worden. Den eigentlichen Anstoß hatten jedoch die Besorgnisse über die südfranzösische Küste gebildet, die in einer Lagebeurteilung der Abt. Fremde Heere-West vom 16. 2. gleichfalls zum Ausdruck gebracht worden waren. Die Kräftegruppe* in französ. Nordafrika, die erwiesenermaßen nicht zur Nährung der Kämpfe in Italien bestimmt war, wurde darin auf insgesamt 18—21 Divisionen (davon mindestens 12 voll kampfkräftige Verbände) geschätzt. Zur weiteren Verstärkung des südfranzösischen Bereichs wurde auch noch die Zuführung der 100. Jäg.-Div. aus dem Südosten erwogen, für die sich jedoch, ebenso wie für die um dieselbe Zeit für den Südwesten vorgesehene 1. Geb.-Div., bald andere Aufgaben an der Peripherie des Südostraumes ergeben sollten.

Die Gesamtheit der im Westen verfügbaren Reserven erfuhr durch die Zuführung der Pz.-Lehr-Div., die — wie dem OB West am 24. 1. mitgeteilt wurde — zur Reserve der Obersten Führung bestimmt war, eine Vermehrung. Ebenso sollte die 91. LL-Div. (25. Welle), deren Aufstellung im Heimatkriegsgebiet begonnen und im Westen fortgesetzt wurde, laut Befehl vom 12. 2. als OKW-Reserve gelten. Eine weitere wesentliche Verstärkung für den Westen bedeutete die Aufstellung der 3. Fallsch.-Jäg.-Div. im Raum Reims. Am 18. 2. wurde im Zusammenhang mit den übrigen umfassenden Truppenverschiebungen im Westbereich ihre Verlegung in den Raum Brest-Bretagne befohlen. Einen vollen Ersatz für die (zu Anfang des Jahres vorgesehene, nach der Landung bei Nettuno jedoch nicht mehr durchführbare) Zuführung der Fallsch.-Pz.-Div. „Hermann Göring" und der 90. Pz.-Gren-Div. aus dem Südwesten nach dem Westen, wo beide Divisionen Anfang bzw. Mitte Februar zur Auffrischung eintreffen sollten, bedeuteten diese Neuaufstellungen allerdings nicht. Der WFStab schlug aus diesem Grunde am 26. 1. die Zuführung der Pz.-Div. „Norwegen" vor, doch wurde dieser Gedanke nicht weiter verfolgt. An dem Gedanken einer späteren Verlegung der Fallsch.-Pz.-Div. „Hermann Göring" nach dem Westen wurde noch längere Zeit festgehalten; sie sollte nach der Bereinigung des Brückenkopfes erfolgen; von der Teilnahme an der geplanten Operation bei der 10. Armee wurde die Division ausdrücklich ausgenommen.

### *b) Der Südosten*

Ganz abgesehen von der Gewißheit, daß an der Kanalküste eine Großlandung zu erwarten war, hielt also wegen der französischen Mittelmeerküste

* *Anl. 15*

während des ganzen ersten Vierteljahres 1944 die Besorgnis an. Dagegen trat die Gefährdung des Südostens (vgl. die besondere Ausarbeitung)[1] während desselben Zeitraumes etwas zurück. Lediglich in den ersten Wochen des Januar glaubte die deutsche militärische Führung mit einer nahen feindlichen Großlandung in diesem Bereich rechnen zu müssen. Am 4. 1. erging ein neuer Befehl über die Zuführung von Verbänden in den Südosten im Falle einer feindlichen Großlandung (Fall „Forelle"), worin im Gegensatz zu der am 20. 12. 43 getroffenen Regelung die Zuführung von zwei schnellen Verbänden aus dem Westen angeordnet wurde. Darüber hinaus sollte der Westen im Falle „Gertrud" außer Artillerie unter Umständen auch die Pz.=Lehr=Div. abgeben. Am 7. 1. wurde ihm auch für den Fall „Forelle" zusätzlich die Abgabe von 3 Artl.=Abteilungen (mot) auferlegt. Der Südwesten sollte in diesem Falle 2 Verbände, darunter mindestens 1 schnellen, an den Südosten abgeben, während bisher nur 1 schneller Verband vorgesehen war. Hierin kommt die Bedeutung zum Ausdruck, die die deutsche militärische Führung einem Angriff auf den Südostraum beimaß, in dem sie vorübergehend nicht nur eine Ablenkungszwecke verfolgende Nebenaktion, sondern darüber hinaus die mutmaßliche anglo=amerikanische Hauptoperation des Jahres 1944 erblicken zu müssen glaubte.

Der OB Südwest meldete, daß er im Falle „Forelle" die 90. Pz.=Gren.=Div. und die 114. Jäg.=Div. (deren Abtransport aus dem Südosten gerade erst anzulaufen begann) abzugeben beabsichtigte. Am 6. 1. und den folgenden Tagen entstand auf Grund von Nachrichten über Schiffsbewegungen im Mittelmeer vorübergehend der Eindruck einer unmittelbar bevorstehenden feindlichen Operation gegen eine der Ägäischen Inseln, was am 9. 1. zu einer Vorwarnung des OB Südost führte.

Nach der Landung bei Nettuno und der Anfang Februar offenbar werdenden britisch=türkischen Abkühlung begannen die Besorgnisse hinsichtlich des Südostens langsam wieder zurückzutreten. Die vom OB Südost für den Fall einer feindlichen Großlandung in Italien zu leistenden Abgaben wurden mit der schon Ende 1943 befohlenen Abgabe der 114. Jäg.=Div., die am 26. 1. nach einem — mit Kämpfen gegen die Banden verbundenen — Landmarsch längs der Dalmatinischen Küste die Heeresgruppengrenze überschritt, als erfüllt angesehen. Die später eine Zeitlang ins Auge gefaßte Abgabe der 100. Jäg.=Div. und der 1. Geb.=Div. an den Südwesten bzw. Westen unterblieb. Andererseits war nach der Landung bei Nettuno eine offensive Durchführung des Falles „Gertrud" (Türkei) nicht mehr möglich; der OB Südost wurde daher am 29. 1. angewiesen, sich auf eine defensive Lösung dieser Aufgabe einzustellen. Ebenso waren jetzt die für den Fall „Forelle" vorgesehenen Verbände aus dem Westen und dem Südosten nicht mehr verfügbar. Die starke Bindung anglo=amerikanischer Kräfte in Italien in Verbindung mit der veränderten Stellung der Türkei ließ allerdings das Eintreten dieses Falles mehr und mehr an

1 Vgl. unten den 6. Abschnitt, Teil I (Fall *„Gertrud"*: Eintritt der Türkei in den Krieg).

Wahrscheinlichkeit verlieren. Zumindest brauchte vorläufig nicht mehr mit einem Absprung des Gegners von Italien aus nach der albanisch-montenegrinisch-dalmatinischen Küste gerechnet zu werden, während ein Unternehmen mit beschränktem Ziel gegen die Ägäischen Inseln oder gegen Südgriechenland nach wie vor möglich erschien. Der Südosten war also – abgesehen von der Zuführung von SS-Verbänden, deren Aufstellung erst im Gange war, und der 13. SS-Geb.-Freiw.-Div. (Bosniaken) – kräftemäßig im wesentlichen auf sich selbst gestellt. Eine Folge hiervon war das Bestreben des WFStabs, den OB Südost zur Bildung einer operativen Reserve aus eigenen Mitteln zu veranlassen, die so aufgestellt werden sollte, daß sie rechtzeitig sowohl an der Ägäischen Küste wie auch an der Thrakischen Front zum Einsatz kommen konnte. Die weitere Entwicklung brachte es dann mit sich, daß – wie noch näher zu zeigen sein wird – gerade die vom OB Südost in erster Linie als operative Reserve vorgesehenen Verbände, die 1. Geb.-Div. und die 100. Jäg.-Div., abgezogen werden mußten; hierdurch entstand die Gefahr einer fortschreitenden kräftemäßigen „Aushöhlung" des Südostens – eine Folge der Tatsache, daß er sich mittlerweile entgegen den zu Jahresbeginn gehegten Erwartungen zu einem (im großen gesehen) ruhigen Kriegsschauplatz entwickelt hatte.

### *c) Verhältnis zum Osten*

Trotz der während der ganzen Zeit anhaltenden schweren Kämpfe im Osten (russische Offensive westlich Kiew seit 24. 12. 43, Offensive gegen die Heeresgruppe Nord ab 14. 1., Einschließung im Raum Tscherkassy seit den letzten Januartagen, Offensive gegen die 6. Armee Anfang Februar) gelang es während der ersten beiden Monate des Jahres 1944, eine Abgabe von Kräften der OKW-Kriegsschauplätze an den Osten im allgemeinen zu vermeiden. Vor allem konnte im Falle Frankreichs und Dänemarks der Grundgedanke der Weisung 51 voll aufrecht erhalten bleiben. Lediglich aus Norwegen wurde die 214. Inf.-Division ab Mitte Februar der Heeresgruppe Nord zugeführt; als Ersatz kam die in Neuaufstellung begriffene 89. Inf.-Div. (...[1] Welle) nach Norwegen. Die vom WFStab bereits am 14. 1. anstelle der Abgabe eines
* großen Verbandes vorgeschlagene Zuführung von 3 Landesschützen- und 3 Festungs-Inf.-Bataillonen aus dem Ostland bzw. aus dem Südosten gelangte nicht zur Durchführung. Diese Maßnahme war eine Folge der russischen Offensive gegen die Heeresgruppe Nord, die infolge ihrer politischen Auswirkungen auf Finnland auch sonst in vielfacher Hinsicht in den Bereich des OKW hinübergriff (vgl. die Ausarbeitung über den Norden[2]). Am 11. 2. wurde beim WFStab bekannt, daß das verstärkte Gren.-Rgt. (mot) 1031 auf
** Befehl des Chefs OKW dem GenStdH zum Einsatz im Osten im Raum Lemberg

* *Anl. 9* ** *Anl. 17*

1 Lücke im Ms.

2 S. unten den 9. Abschnitt.

zur Verfügung gestellt worden sei. Das zur 2. Welle des ChefsHRüstuBdE gehörige Regiment war vom WFStab im Falle feindlicher Großlandungen zur Abgabe an den Westen, Südosten oder den Wehrmacht-Befehlshaber Dänemark und außerdem für die Verwendung bei der Operation „Margarethe" (Ungarn) bestimmt worden. Ebenso mußten die verstärkten Regimenter 1023 und 1025 (1. Welle des BdE, im Ausbau zu Divisionen 25. Welle begriffen), die gleichfalls eine Zeitlang für den Fall „Margarethe" vorgesehen waren, an den Osten abgegeben werden.

Eine umfassende Heranziehung von Kräften der OKW-Kriegsschauplätze zugunsten des Ostens, durch die die Frage der gesamten Kräfteverteilung neu aufgeworfen wurde, war jedoch erst im März erforderlich.

### *d) Der italienische Kriegsschauplatz*

Die Lage im Südwesten, der einzigen der OKW-Fronten, an der bereits Kämpfe im Gange waren, ist dadurch gekennzeichnet, daß hier bei Nettuno am 22. 1. die erste der erwarteten feindlichen Landungen an der Peripherie des Kriegstheaters erfolgte, während der Kampf an der Südfront wiederholt zur gewaltigsten Materialschlacht anschwoll. Sie muß in ihrer Auswirkung auf die Gesamtheit der OKW-Kriegsschauplätze gesondert betrachtet werden (vgl. auch die Ausarbeitungen über den Südwesten und die Kämpfe bei Nettuno [1]. Die Landung bei Nettuno machte die vorher vorgesehene Abgabe der Fallsch.-Pz.-Div. „Hermann Göring" und der 90. Pz.-Gren.-Div. an den Westen hinfällig. Bis dahin war im Südwesten alles auf den Abwehrkampf an der Südfront eingestellt, die durch die aus dem Südosten herangezogene 114. Jäg.-Div. und die 21. Inf.-Div., die in Istrien durch die 162. (Turk.-)Div. abgelöst wurde, verstärkt werden sollte. Die Aufstellung der 4. Fallsch.-Jäg.-Div., die vorläufig als Reserve des OB Südwest angesehen wurde, stand vor dem Abschluß, während die seit der Landung in Sizilien im Süden kampfende 1. Fallsch.-Jäg.-Div. am äußersten linken Flügel der 10. Armee eingesetzt war. Die Aufstellung der 278. Inf.-Div. (22. Welle) sollte erst im Sommer, die der 362. Inf.-Div. zum 1. 2. abgeschlossen sein. *

### *e) Weitere Vorbereitungen für die Kräfteverschiebungen bei Großlandungen*

Inzwischen wurden auch die Vorbereitungen für die Verschiebung der Reserven bei feindlichen Großlandungen im Sinne der Regelung vom 20. 12. 43 fortgesetzt. Die Entwicklung der Lage brachte freilich mit sich, daß hier mehr und mehr grundlegende Änderungen vorgenommen werden mußten, bis sich schließlich die gesamte ursprüngliche Regelung als überholt erwies. Die Vermehrung der für den Fall „Forelle" vorgesehenen Zuführungen wurde bereits erwähnt. Die Möglichkeit einer Großlandung im spanisch-portu-

* *Anl. 9*

1 Vgl. unten die Abschnitte 2 u. 5.

giesischen Bereich, wie sie der Weisung vom 12. 1. zugrunde lag, war in der Regelung vom 20. 12. 43 überhaupt nicht vorgesehen worden. Auch die Absichten der Luftwaffe für die verschiedenen am 20. 12. 43 festgelegten Fälle waren mehrfach grundlegenden Änderungen unterworfen. Darüber hinaus traf * die Grundvoraussetzung dieser Regelung nicht mehr zu, als sich bald nach der Landung bei Nettuno erwies, daß allein schon im Mittelmeerbereich jederzeit mit einer weiteren Großlandung gerechnet werden mußte. Infolgedessen wurde ** am 2. 2. den beteiligten Oberbefehlshabern, Wehrmachtsbefehlshabern und *** dem BdE mitgeteilt, daß eine laufende, ins einzelne gehende Bearbeitung der vorgesehenen und vorbereiteten Kräfteverschiebungen in Zukunft nicht mehr stattfinde. Die Zuführungen in den Fällen „Falke", „Hanna", „Blume" usw. würden vielmehr je nach Lage befohlen werden, wobei die bisher vorgesehenen Stärken voraussichtlich nicht mehr erreicht werden könnten. Die einzelnen Kriegsschauplätze und der BdE müßten jedoch weiterhin mit den befohlenen Abgaben – abzüglich der bereits nach Italien verlegten Kräfte – rechnen, sofern nicht in den zur Abgabe vorgesehenen Bereichen schon Großkämpfe im Gange seien.

Einen breiten Raum nahm die Bearbeitung der Zuführungen aus dem Heimatkriegsgebiet ein. Für ihre Führung war das Gen.=Kdo. LXXV. AK. z. b. V. (General Dostler) vorgesehen. Der WFStab schlug am 7. 1. vor, den General Dostler zur Einarbeitung in seine Aufgaben zum Wehrm.=Befh. Dänemark, OB West und OB Südost zu kommandieren, dagegen aus Geheimhaltungsgründen von einer Einweisung in „Gertrud" und „Margarethe" abzusehen. Am gleichen Tage wurde befohlen, daß Führungsabteilung und Adjutantur des Gen.=Kdo.s bis zum 20. 1. aufzustellen seien. Neben der Einarbeitung in seine künftigen Aufgaben stehe es dem Chef H Rüst u. BdE für die Aufstellung und Betreuung der Kampfgruppen aus dem Ersatzheer zur Verfügung. Am 14. 1. erging ein zusammenfassender Befehl, der den mittlerweile eingetretenen Änderungen (Ausbau von Rgt.s=Gruppen des BdE zu Divisionen und ähnliche Maßnahmen) Rechnung trug. Danach sollten z. B. dem OB West im Fall „Blume" zugeführt werden: die sog. 1. Welle des BdE (Gen.=Kdo. LXXV. AK. z. b. V., 2 verstärkte Pz.=Gren.=Rgt.er, das verstärkte Gren.=Lehr=Rgt., Kampfgruppen der zu Divisionen auszubauenden 3 Gren.=Rgt.er, das Art.=Lehr=Rgt. (mot.), die Nebelwerfer=Lehr=Abt. und 5 Landesschützenbtl.e), die 2. Welle (3 verstärkte Pz.=Gren.=Rgt.er) sowie nach besonderer Entscheidung auch die 3. Welle des BdE. Im Falle „Marder" sollte dem OB Südwest die 1. Welle des BdE zugeführt werden, jedoch ohne das verstärkte Gren.=Lehr=Rgt. usw. Hin- + sichtlich der dem OB West, dem OB Südwest und dem Wehrm.=Befh. Dänemark zuzuführenden Landesschützenbtl.e und Sicherungskräfte erfolgte am 17. bzw. 20. 1. eine Änderung, durch die u. a. dem OB West als Ersatz für die zur Aufstellung der Div.en 24. Welle abzugebenden Res.=Bataillone 4 Ost=

* *Anl. 12/3* ** *Anl. 16* *** *Anl. 17* + *Anl. 18 und Anl. b 55–57 der Akte „West"*

Btl.e zugesagt wurden. Am 22. 1. wurde die Verwendung der vom Reichsführer SS für den Fall einer feindlichen Großlandung zur Verfügung gestellten 3 SS-Kampfgruppen geregelt: sie sollten im Fall „Blume" dem OB West, im Fall „Forelle" dem OB Südost zugeführt werden. Die Einstellung auf nahebevorstehende feindliche Großlandungen kam auch in einem Befehl vom 13. 1. * zum Ausdruck, durch den (um die in einem solchen Falle eintretenden Anforderungen der Führung an Nachrichtenverbindungen zu erfüllen) die Abgabe einer Anzahl von Nachrichteneinheiten aus dem Gebiet des Geb.-AOK 20 als einem in der nächsten Zeit vermutlich nicht unmittelbar bedrohten Kriegsschauplatz befohlen wurde.

### 3. Die Auswirkungen der Landung bei Nettuno (Ende Januar - Anfang März)

Als beim WFStab am Morgen des 22. 1. die ersten Meldungen über die anglo-amerik. Landung bei Nettuno einliefen (vgl. die Ausarbeitung „Nettuno" [1]), entstand sofort der Eindruck, daß damit die erste der erwarteten feindlichen Landungen an der Peripherie der Festung Europa stattgefunden habe. Denn trotz des engen, räumlichen Zusammenhanges mit der italienischen Südfront war das Unternehmen als eine neue selbständige Großlandung an der ital. Westküste anzusehen; damit war der am 20. 12. festgelegte Fall „Marder I" eingetreten. Infolgedessen wurde noch am gleichen Vormittag das Stichwort „Marder" für die vorgesehenen Verbände aus der Heimat (das Gen.-Kdo. LXXV. AK., das Gren-Rgt. 1026, die verstärkten Pz.-Gren.-Rgt.er 1027 und 1028, das Art.-Lehr-Rgt. und das Nebelwerfer-Lehr-Rgt.) und die vom OB Südost zuzuführende Artillerie ausgegeben. Ferner erhielt der OB West Befehl, die in Südfrankreich eingesetzte 715. Inf.-Div. und die I. Abt. des Pz.-Rgt.s 4 (Panther) dem OB Südwest zuzuführen.

Durch diese Befehle war, wie auch bei den von der Luftwaffe durchgeführten Verlegungen hervortrat, nur ein Teil der für den Fall „Marder" vorgesehenen Maßnahmen ausgelöst worden. Der Hauptgrund hierfür bestand darin, daß sich die Regelung vom 20. 12. (wie bereits geschildert) weitgehend als überholt erwies. Dazu kam der Umstand, daß infolge der Nähe des Landungsraumes zur Südfront auf Kräfte des OB Südwest in größerem Umfang zurückgegriffen werden konnte, als das bei einer Landung bei Livorno oder Genua der Fall gewesen wäre.

Mit Hilfe dieser Zuführungen gelang in den nächsten Tagen die Abriegelung des gelandeten Feindes, da dieser die Zeit zunächst zur „Konsolidierung" seiner im Brückenkopf befindlichen Verbände verwandte. Darüber hinaus wurden alle Maßnahmen getroffen, um so bald wie möglich — zunächst war hierfür der 1. 2. vorgesehen — durch eigene Gegenangriffe den gelandeten Feind ins

* *Anl. 10 der Akte „Neuaufstellungen"*

1 Vgl. unten den 2. Abschnitt.

Meer zu werfen. Auch aus politischen und propagandistischen Gründen wurde diesem Ziel die größte Bedeutung beigemessen. Mit Rücksicht auf den am 30. 1. aus dem Brückenkopf heraus einsetzenden Angriff des Feindes mußten die eigenen Absichten jedoch einer Änderung unterzogen werden. WFStab/Op H hatte schon, als er am 28. 1. zu den Angriffsabsichten des OB Südwest Stellung nahm, darauf hingewiesen, daß die 7—8 eigenen Verbände, denen voraussichtlich 6—7 feindliche gegenüberstünden, die jedoch im Gegensatz zu diesen nicht mehr ergänzt werden könnten, vermutlich nicht für eine völlige Bereinigung des feindlichen Brückenkopfes ausreichen würden. Es wurde darum vorgeschlagen, dem OB Südwest aus dem Westen die 9. SS=Pz.=Div. und die 10. Lw.=Feld=Div. und aus dem Südosten 1 Inf.= oder Jäg.=Div. zuzuführen, die zwar nicht mehr rechtzeitig zu Beginn des Angriffs eintreffen, aber doch zu seiner Nährung dienen und im Falle einer geglückten Bereinigung bald wieder zur Verfügung stehen könnten. Der Stellv. Chef sprach sich jedoch gegen diesen Vorschlag aus, der der feindlichen Hauptabsicht, dem Abziehen der deutschen Reserven, entgegenkomme; auch der Chef WFStab versagte seine Genehmigung.

Nachdem der feindliche Angriff zwar zuerst einmal aufgefangen war, aber die eigenen Kräfte, die für die Führung des Gegenangriffes vorgesehen worden waren, weitgehend in der Abwehr eingesetzt werden mußten, bezeichnete es der OB Südwest bereits am Abend des 31. 1. als fraglich, ob diese nach einer längeren Dauer des Abwehrkampfes noch ausreichen würden, um den Feind ins Meer zu werfen. Der Führer regte daher am 3. 2. an, die am äußersten linken Flügel der 10. Armee eingesetzte 1. Fallsch.=Jg.=Div. in den Landekopf und nicht, wie vom OB Südwest vorgesehen, in den Monte Cassino=Abschnitt zuzuführen. (Bei diesen Überlegungen wurde auch die Möglichkeit einer weiteren Landung des Feindes in Italien, mit der auf Grund des Feindbildes jederzeit gerechnet werden mußte und die auch schon dem Vorschlag des WFStabes vom 28. 1. zu Grunde gelegen hatte, berücksichtigt.) Da der OB Südwest jedoch über keinen anderen Verband verfügte, mit dem der bei Monte Cassino drohende Durchbruch hätte verhindert werden können, konnte die Anregung des Führers nicht verwirklicht werden. Nachdem der WFStab/Op H am selben Tage betont hatte, daß dem OB Südwest, falls er sich zur Bereinigung des Brückenkopfes in der Lage glaube, entweder die notwendigen Mittel in die Hand gegeben werden müßten oder der Entschluß zu einer Änderung der Kampfführung in Italien zu fassen sei, schlug der Chef WFStab nunmehr seinerseits dem Führer die Zuführung der 9. SS=Pz.=Div. vor, da der eigene Gegenangriff mit den zur Zeit zur Verfügung stehenden Kräften ohne Zuführung neuer Verbände nicht mit Sicherheit zum Erfolg führen werde. Die Division werde zwar nicht mehr zum Beginn des Angriffes eintreffen, könne aber zu seiner Nahrung verwandt und nachher sofort wieder in den Westen zurückverlegt werden. Der Führer erhob jedoch Einwendungen gegen diesen Vorschlag; die Div. sei einer der wenigen voll einsatzfähigen schnellen Verbände im Westen und würde bei den in Italien zu erwartenden schweren Ver=

lusten stark in ihrer Einsatzfähigkeit leiden. Nachdem der OB Südwest am gleichen Tage die Zuführung einer weiteren hochwertigen Div., und zwar womöglich einer Pz.=Div., als erforderlich bezeichnet hatte, erneuerte der Chef WFStab am folgenden Tage seinen Vorschlag betreffend die 9. SS=Pz.=Div. Der Führer brachte jedoch erneut seine Bedenken zum Ausdruck und erklärte sich lediglich mit einer Verlegung im Falle einer weiteren Feindlandung im ital. Raum einverstanden. Maßgebend für diesen Entschluß war unter anderem die für alle Maßnahmen der Obersten Führung in diesem Zeitraum entscheidende Erkenntnis, daß die feindliche Kräftegruppe in Nordafrika — wie bereits öfters erwähnt — nicht für die Nährung der Kämpfe in Italien verwandt wurde.

Mittlerweile hatte der WFStab Erwägungen darüber angestellt, ob — da die Zuführung einer Div. von einem anderen Kriegsschauplatz nicht möglich sei — die in Italien im Küstenschutz eingesetzte 356. Inf.=Div. freigemacht und der 14. Armee zugeführt werden könne. Während hierüber noch keine Entscheidung fiel, wurde der in diesem Zusammenhang gemachte Vorschlag aufgegriffen, dem OB Südwest das verstärkte Inf.=Lehr=Rgt. zuzuführen, das zur 1. Welle der vom Chef H RüstuBdE auf Grund des Führerbefehls vom 3. 11. 43 zur Verfügung gestellten Kräfte gehörte. Das Rgt. wurde bereits am 5. 2. aufgerufen; damit wurde — worüber sich die Oberste Führung im klaren war — die letzte, ohne größere neue Eingriffe in das Ersatzwesen verfügbare Reserve aus der Hand gegeben.

Damit war die Zuführung von Verstärkungen von anderen Kriegsschauplätzen und aus dem Heimatkriegsgebiet abgeschlossen. Der im Anschluß an die Bereinigung des Brückenkopfes von Nettuno geplante eigene Angriff bei der 10. Armee sollte ohne neue Zuführungen durchgeführt werden und ist darum in diesem Zusammenhang nicht näher zu betrachten (vgl. die Ausarbeitung „Südwesten"[1]. Die bei dieser Gelegenheit während einiger Tage erwogene Absicht der Zuführung der 1. Geb.=Div. aus dem Südosten wurde bald wieder fallengelassen, während an der bereits zu Jahresbeginn beschlossenen Abgabe der Fallsch.=Pz.=Div. „Hermann Göring" festgehalten wurde: sie sollte gleich nach Beendigung der Kämpfe bei Nettuno in den Westen abgefahren werden, gleichzeitig mit der „Panther"= und der Fernlenk=Abt. Auch das Inf.=Lehr=Rgt. sollte zu diesem Zeitpunkt dem ChefHRüstuBdE zurückgegeben werden. Alle übrigen freizumachenden eigenen Kräfte und die Zuführungen, die infolge der Auslösung des Falles „Marder" dem OB Südwest zugeleitet worden waren, standen jedoch für den geplanten Gegenschlag bei der 10. Armee zur Verfügung. Da es jedoch trotz zahlreicher Einzelstöße und zweier großer Anläufe (16. 2. und 29. 2.) nicht gelang, den feindlichen Brückenkopf bei Nettuno zu beseitigen, konnte auch der Gegenschlag an der Südfront nicht geführt werden.

Für den Einsatz der Reserven der Obersten Führung, besonders soweit es

1 Vgl. unten den 2. Abschnitt (S. 146).

sich um Neuaufstellungen handelte, und ihre Verschiebung zwischen den einzelnen Kriegsschauplätzen ergaben sich aus dem Kampfverlauf wichtige Erfahrungen: es zeigte sich unter anderem, daß bei den kampfungewohnten Verbänden, die einen wesentlichen Teil der bei Nettuno eingesetzten eigenen Kräfte bildeten, leicht Rückschläge eintraten; ferner, daß sich Verbände, die lange auf ein und demselben Kriegsschauplatz eingesetzt gewesen waren, nicht ohne Schwierigkeiten auf die Gegebenheiten eines anderen Einsatzbereiches umstellten. So erwies sich die bei den Bandenkämpfen des Südosten bestens bewährte 114.Jg.-Div. als den Anforderungen der modernen Materialschlacht nicht ohne weiteres gewachsen. Überhaupt hatte sich der wenig homogene Charakter der bei Nettuno aufgebauten Front nachteilig bemerkbar gemacht; auch hierin lag eine wichtige, bei den weiteren bevorstehenden Großlandungen zu berücksichtigende Erfahrung.

Bei den weiteren Erwägungen über die Kampfführung im Brückenkopf, die nach dem Fehlschlagen des zweiten Angriffs angestellt wurden, bezeichnete GFM Kesselring die Zuführung von zwei neuen kampferprobten Verbänden als erforderlich. Diesem Antrag konnte von der Obersten Führung nicht entsprochen werden. Jedoch wurde beschlossen, vorläufig die Fallschirm-Pz.-Div. „Hermann Göring" in Italien zu belassen. Sie sollte, wie dem OB Südwest am 4. 3. mitgeteilt wurde, zur Übernahme der Küstensicherung und zur Auffrischung in den Raum Livorno verlegt werden. Ebenso sollte entgegen der früheren Absicht das Inf.-Lehr-Rgt. zunächst in Italien zur Verfügung der Heeresgruppe bleiben, jedoch ohne bei der 10. Armee eingesetzt zu werden. Der Verzicht auf die geplante Zuführung der 1. Geb.-Div., der dem OB Südwest erst jetzt mitgeteilt wurde, war die Folge einer inzwischen eingetretenen grundlegenden Verschiebung der Gesamtlage: in der Ende Februar beschlossenen Besetzung Ungarns, für die in denselben Tagen die entscheidenden Befehle ergingen (s. unten), zeichnete sich eine neue unvorhergesehene Schwerpunktaufgabe ab, durch die der Brückenkopf von Nettuno in gewisser Hinsicht vorübergehend an Dringlichkeit und Bedeutung verlor.

Die weiteren Kämpfe bei Nettuno, die bald den Charakter des Stellungskampfes annahmen, brauchen ebenso wie die Mitte März einem neuen Höhepunkt zustrebende Abwehr an der italienischen Südfront in dem hier verfolgten Zusammenhange nicht berücksichtigt zu werden, da keine weiteren Rückgriffe auf die Reserven und die Kräfte anderer OKW-Kriegsschauplätze erfolgten.

In dieser Tatsache kam die Erkenntnis der deutschen militärischen Führung zum Ausdruck, daß die Kämpfe bei Nettuno, die sich entgegen den zunächst gehegten Erwartungen weder zum „Kampf um Rom" [1] noch zu einem Kampf um die rückwärtigen Verbindungen der Südfront bzw. ihres rechten Flügels entwickelt hatten, vor allem unter dem Gesichtspunkt des Einsatzes der Reserven und der Kräftebindung gesehen werden mußten. Daher ihr Entschluß, es

1 Vgl. unten S. 134, Anm. 1.

bei den in den ersten 14 Tagen nach der Landung befohlenen Zuführungen zu belassen und nicht – wie vom Feinde zweifellos vor allem angestrebt wurde – weitere Reserven an eine im großen gesehen doch außen vorliegende Stelle der Festung Europa zu werfen. Dies bedeutete den Verzicht auf einen in vieler Hinsicht äußerst erwünscht gewesenen Erfolg. Er mußte jedoch in Kauf genommen werden, da es sich angesichts der Entwicklung der großen Lage als noch wichtiger erwies, die Masse der Reserven nicht aus der Hand zu geben und namentlich den Aufmarsch im Westen möglichst unangetastet zu lassen (vgl. z. B. die Stellungnahme des Führers in der Frage der Zuführung der 9. SS-Pz.-Div.).

#### 4. Besorgnisse wegen des nördlichen Kriegsschauplatzes (Februar/März)

Die Absichten der deutschen militärischen Führung für das Jahr 1944 waren zunächst eindeutig durch den Gedanken der Beschränkung auf die Verteidigung bestimmt. Bei weiterer zäher, im Notfall beweglicher Kampfführung im Osten sollten alle Anstrengungen darauf vereinigt werden, die mit Sicherheit erwartete anglo-amerik. Großlandung im Westen und die ihr möglicherweise voraufgehenden Nebenlandungen abzuschlagen: „Unsere Aufgabe muß es sein", so wurde die Lage in der ersten Hälfte des Februar vom WFStab gekennzeichnet, „unter zäher Verteidigung jeden Fußbreit Bodens im Osten die erwartete Großlandung und möglichst auch alle Nebenlandungen der Angelsachsen auf den übrigen Kriegsschauplätzen abzuweisen, um dann die Initiative wieder zurückzugewinnen und mit den dann freigewordenen Kräften die Kriegsentscheidung zu erzwingen" (Vortragsnotiz Gen. v. Buttlar für einen * vom Chef OKW am 13. 2. gehaltenen Vortrag). Die Entwicklung brachte es jedoch mit sich, daß diese rein vom Militärischen her bestimmte Absicht nicht voll verwirklicht werden konnte. Die Auswirkungen namentlich der Ostlage auf die Haltung der Verbündeten machte es bald erforderlich, politischen Gesichtspunkten einen beherrschenden Platz einzuräumen, was zu einer weitgehenden Änderung der ursprünglichen militärischen Pläne und zu einer noch stärkeren Beanspruchung – und auch Festlegung – der zur Verfügung stehenden Kräfte führte: „Daher werden", heißt es in der angeführten Ausarbeitung, „eigene operative Maßnahmen nicht nur eindeutig durch operative Erwägungen, sondern auch durch damit verbundene politische Folgen bedingt. Es würde zum Beispiel ein Räumen der Krim unabsehbare Folgen für die Haltung Rumäniens, gegebenenfalls auch Bulgariens haben und auch Einflüsse auf die gesamte Bandenlage auf dem Balkan ausüben" (Gen. v. Buttlar 13. 2., s. oben).

Diese Einwirkung außenpolitischer Faktoren auf die mil. Entschlüsse trat auch bei F i n n l a n d hervor, dessen politische Reaktion auf die nicht zu umgehende Zurücknahme der Heeresgruppe Nord auf die Narwa-Stellung seit

* *Anl. 17 b*

Anfang Februar zu Besorgnissen Anlaß bot. Da die hierdurch ausgelösten mil. Maßnahmen bzw. Vorbereitungen sich nur in geringem Maße auf die Gesamtheit der OKW=Kriegsschauplätze und die große Kräfteplanung auswirkten, brauchen sie hier nur kurz berührt zu werden (vgl. die Ausarbeitung „Norden"[1].

Im Unterschied zu den Absichten für den Fall „Achse" waren für den Fall eines Ausscheidens Finnlands aus dem Krieg von Anfang an nicht die Besetzung des Landes, die Entwaffnung des Heeres usw. vorgesehen, sondern lediglich das Zurückgehen des Geb.=AOK 20 auf die Nordwestecke Finnlands und die Behauptung des Nickelgebietes von Petsamo (Weisung 50). Die Entwicklung bei der Heeresgruppe Nord und die damit verbundene Verschiebung des Kräfteverhältnisses in der Ostsee machten jedoch neben einer neuen Überprüfung der „Weisung 50" die Ausdehnung dieser Vorbereitungen auf einen weiteren Bereich erforderlich. Am 16. 2. befahl der Führer, sofort Vorbereitungen für die Besetzung der Aaland=Inseln und der den Finnenbusen sperrenden Insel Suursaari (Hogland) zu treffen (Unternehmen „Tanne"). Die diesbezüglichen Befehle ergingen in den letzten Februartagen. Da im Heimatkriegsgebiet keine für die Besetzung geeigneten Heereskräfte vorhanden waren und eine weitere Schwächung Norwegens nach der Abgabe der 214. Inf.=Div. nicht ratsam erschien, war hierfür trotz des damit verbundenen Abgehens von der „Weisung 51" die in Dänemark eingesetzte und leicht herauszulösende 416. Inf.=Div. bestimmt worden. Dazu sollten der Wehrm.=Bfh. Norwegen Küstenartillerie und Pionierkräfte und die Kriegsmarine eine Marine=Art.=Abt. mit 4 mittleren Btl.en stellen, während die Luftwaffe ein Luftlandeunternehmen in Stärke eines Fallsch.=Jäg.=Rgt.s vorzubereiten und eine gemischte Flak=Abt. zur Verfügung zu stellen hatte. Am 26. 2. erging ein Befehl für die Vorbereitung der Besetzung der Insel Suursaari an den GenStdH.

Inzwischen war es zwischen Finnland und Sowjetrußland zur Aufnahme regelrechter Sonderfriedensverhandlungen gekommen, die so fortschritten, daß zeitweise stark mit einem unmittelbar bevorstehenden Ausscheiden Finnlands aus dem Kriege gerechnet werden mußte. Erst am 19. 4. erfolgte die endgültige finnische Absage auf die im Laufe der Verhandlungen mehrfach abgeänderten Bedingungen der Sowjet=Union. Im unmittelbaren Zusammenhang mit dem politischen Druck auf Finnland schien der seit Anfang März erkannte sowjetrussische Aufmarsch vor der Front des Geb.=AOK 20, wo bis jetzt keine[2] feindliche Überlegenheit geherrscht hatte, zu stehen. Ab Mitte März rechnete die deutsche militärische Führung dort mit einem baldigen Großangriff, sah jedoch keine Verstärkung der Kräfte in Lappland vor; eine solche wäre auch aus Transport= und Versorgungsgründen undurchführbar gewesen. Es wurde fest damit gerechnet, daß die in ausgezeichnetem materiellen und personellen Zustand befindliche Truppe des Geb.=AOK imstande sein werde,

1 Vgl. unten den 9. Abschnitt.
2 Fehlt im Ms., aber vom Sinn erfordert.

ihre Stellungen zu halten. Dies erschien auch mit Rücksicht auf die Haltung Finnlands unbedingt geboten. Das Geb.=AOK beantragte seinerseits, trotz des praktischen Fehlens nennenswerter Reserven, auch lediglich die Zuführung von Marsch=Batl.en, Panzern und Panzerbekämpfungsmitteln. Verstärkungen erfolgten lediglich auf dem Gebiet der Luftwaffe: am 6. 3. wurde die Zuführung einer gemischten Flak=Abt. sowie einer Jagd= und einer Schlachtgruppe durch den ObdL befohlen. Um der Armee eine geringe bewegliche Reserve zu schaffen, wurde am 23. 3. auf ihren Antrag die Verlegung der Aufkl.=Abt. 230 und der Geb.=Aufkl.=Abt. 95 aus dem Bereich des Wehrm.=Bfh. Norwegen nach Skogenvarre in die Nähe der finnischen Grenze zur Verfügung des OKW angeordnet. Ähnlich wie der Südosten, mit dem er die ausschlaggebende Bedeutung der Transport= und Versorgungsfragen sowie die Erwartung eines feindlichen Großangriffs („Gertrud" oder anglo=amerik. Landung) gemeinsam hatte, blieb also auch der Norden im ersten Vierteljahr 1944 kräftemäßig weitgehend auf sich gestellt. Während dies beim Südosten jedoch zum Teil eine Folge der an anderer Stelle eingetretenen Kräftebindung war, bildete der hohe Norden auf Grund der militärischen und geographischen Gegebenheiten für die deutsche militärische Führung schon seit längerer Zeit ein weitgehend in sich abgeschlossenes Kriegstheater.

### 5. Die Besetzung Ungarns (März) (vgl. dazu die Ausarbeitung „Margarethe") [1]

Schon im Falle Finnlands hatte sich gezeigt, daß die ursprüngliche militärische Gesamtplanung mit Rücksicht auf außenpolitische Umstände grundlegenden Änderungen unterzogen werden mußte. Viel deutlicher trat dies noch hervor, als die unzuverlässige Haltung der ungarischen Regierung Ende Februar den Entschluß zur sofortigen Besetzung dieses Landes hervorrief. Anstatt sich weiterhin an allen dem OKW unterstehenden Fronten auf die Steigerung der Abwehrbereitschaft beschränken und etwaige feindliche Nebenlandungen ohne Zersplitterung der großen Reserven rasch bereinigen zu können, mußte die deutsche militärische Führung in kürzester Zeit nicht nur von fast allen noch nicht angegriffenen Kriegsschauplätzen, sondern auch aus Italien Kräfte zu einer (zwar nicht unvorhergesehenen, aber bisher lediglich auf dem Papier vorbereiteten) Angriffsoperation in einem verhältnismäßig abgelegenen Raume freimachen. Dabei war die Bereinigung des Brückenkopfes von Nettuno noch nicht geglückt, der Befehl zum beschleunigten Abschluß der Vorbereitungen zur Besetzung Ungarns ging vielmehr einen Tag vor dem zweiten eigenen Gegenangriff bei Nettuno voraus. Es bestanden jetzt zwei völlig von einander verschiedene Schwerpunktsaufgaben: neben das zähe Abringen und den neuzeitlichen Stellungs= und Materialkampf an der Landefront trat der überraschende weiträumige Zugriff auf ein ganzes Land, der alle Einwirkungsmöglichkeiten

1 Vgl. unten den 3. Abschnitt.

vom bloßen politischen Druck, der getarnten Infiltrierung und blitzartigen Polizeiaktion bis zum regulären militärischen Einmarsch umfaßte und damit noch stark das Gepräge der ersten Kriegsjahre und der unmittelbaren Vorkriegszeit trug. Dieser zweite Schwerpunkt sollte allerdings ursprünglich nur ein ganz vorübergehender sein; erst durch die weitere Entwicklung an der Ostfront, deren Südteil sich Ende März rasch der ungarischen Ostgrenze näherte, erlangte die mit der Besetzung Ungarns eingetretene Kräftebindung eine weit über den Rahmen der OKW-Kriegsschauplätze hinausgehende Bedeutung.

Der Plan zur Besetzung Ungarns (Unternehmen „Margarethe") war schon im September (1943) unter dem Eindruck des Badoglio-Verrates gefaßt und dann – da die vorgesehenen Verbände vielfach bald an anderer Stelle zum Einsatz gelangten – in größeren Zeitabständen neu bearbeitet worden, wobei ursprünglich auch an eine Beteiligung der Rumänen und Slowaken gedacht wurde. Frühzeitig wurde auch die Teilnahme starker Teile der vom Chef HRüstuBdE seit Anfang November zur Verfügung gestellten Verbände unter Führung des LXXV.AK. z.b.V. vorgesehen. Auch hieraus ging hervor, daß die Besetzung Ungarns nicht ohne vorübergehende Heranziehung der großen Reserven durchführbar war und bei den für den Fall einer feindlichen Großlandung vorgesehenen Verschiebungen berücksichtigt werden mußte. Die enge Verflechtung mit diesen Maßnahmen kam auch in der vorübergehend ins Auge gefaßten Beauftragung der Heeresgruppe B (GFM Rommel) zum Ausdruck.

Als der Führer am 28. 2. im Anschluß an die Besprechungen mit dem Marschall Antonescu befahl, die Vorbereitungen für das Unternehmen „Margarethe" beschleunigt zum Abschluß zu bringen, mußten die zur Durchführung benötigten Kräfte infolge der inzwischen befohlenen Abgaben und Umdisponierungen zum größten Teil neu bestimmt werden. Noch einen Tag vor Ausgabe des Aufmarschbefehls waren die für die (aus dem Gouvernement heraus anzusetzende) Nordgruppe vorgesehenen 357. und 359. Res.-Div. (21. Welle) auf Grund der Entwicklung im Osten dem GenStdH zur Verfügung gestellt worden. Die am 4. 3. gleichzeitig mit der Auslösung des „Margarethe"-Aufmarsches einsetzende neue russische Großoffensive bei der Heeresgruppe Süd, deren Ausmaß allerdings erst in den kommenden Wochen voll hervortrat, sollte sich dann in stets wachsendem Umfang auf den Ablauf der Ereignisse in Ungarn auswirken. Der in der Zeit vom 4.–7. und in dem eigentlichen Operationsbefehl vom 12. 3. festgelegte Kräfteansatz ergab nunmehr folgendes Bild:

Am stärksten war der Bereich des OB Südost, der auch persönlich mit der Führung des Gesamtunternehmens beauftragt war, zu Kräfteabgaben herangezogen worden. Sie sollten allerdings nur vorübergehenden Charakter tragen; überhaupt war nur ein kleiner Teil der am Einmarsch in Ungarn teilnehmenden Verbände – sie waren im einzelnen noch nicht bestimmt – dauernd im Lande belassen worden. Die wesentlichste Abgabe des OB Südost bestand in den beiden in erster Linie zu seiner operativen Reserve gerechneten Verbänden, der 100. Jg.=und der 1. Geb.=Div. Ihre vorübergehend beabsichtigte Zuführung in den Südwesten oder nach Südfrankreich entfiel damit jetzt endgültig.

Das Herauslösen der 1. Geb.=Div. aus der Bandenbekämpfung im kroatischen Raum war schon Ende Januar angeordnet worden, wobei es noch unentschieden blieb, ob die Div. an einen anderen Kriegsschauplatz abgegeben oder als operative Reserve des OB Südost bereitgehalten werden sollte; sie wurde an die Bahnstrecke Agram—Belgrad herangezogen, um im Bedarfsfalle rasch abtransportiert werden zu können. Als die ersten Teile der Div. an der Bahn einzutreffen begannen (25.2.), war deshalb noch keine Entscheidung über ihre weitere Verwendung getroffen.

Das Herauslösen der 100. Jg.=Div. aus dem Küstenschutz war dem OB Südost am 13. bzw. 17. 2. befohlen worden. Weitere an „Margarethe" teilnehmende Verbände des OB Südost waren unter anderem das Gren.=Rgt. (mot) 92, 1 Rgt. „Brandenburg", Kampfgruppen der 42. Jg.=Div., der 18. SS=Pz.=Gren.=Div. und der 8. SS.=Kav.=Div., die 367. Inf.=Div. usw.

Aus dem Westen wurden neben Pionierkräften, Landesschützen usw. vor allem die Pz.=Lehr=Div. und der (für die Führung der aus dem Raum südostw. Wien antretenden Kampfgruppe vorgesehene) Stab des LVIII. Res.=Pz.=Korps herangezogen. Die Bedeutung, die der Pz.=Lehr=Div. als OKW=Reserve im Westen beigemessen wurde, ist schon mehrfach erwähnt worden; der Entschluß, sie dennoch vorübergehend abzuziehen, wurde durch die Überlegung erleichtert, daß die Div. bei dem Einmarsch in Ungarn ihre Ausbildung werde vervollständigen können. Zwei aus dem Westen heranbefohlene Sturmgeschütz=Brig.en mußten infolge der Entwicklung im Osten bereits am nächsten Tage dem GenStdH zur Verfügung gestellt werden, ebenso die „Panther"=Abtlg. I/11, an deren Stelle die „Panther"=Abtlg. der SS=Pz.=Div. „Wiking" trat.

Aus Dänemark wurde die schwere Art.=Abtlg. (mot) 997 zugeführt. Auch der bereits an zwei Fronten kämpfende Südwesten mußte einen Verband abgeben: die neuaufgestellte 16. SS=Pz.=Gren.=Div. (ohne die bereits bei Nettuno eingesetzten Teile). An die Stelle der an den Osten abgegebenen 357. und 359. Res.=Div. (s. oben) traten die verstärkten Gren.=Rgt.er 1029 („Großdeutschland") und 1030 („Feldherrnhalle") aus der 2. Welle des Chef HRüstuBdE.

Da der Führer einer möglichst raschen Beendigung des Unternehmens „Margarethe" die größte Bedeutung beimaß, um die dabei eingesetzten Verbände wieder für andere Aufgaben freizumachen, wurde die Zuführung weiterer Kräfte erwogen (insbesondere einer zweiten Pz.=Div.). In Frage kam hier besonders die 21. Pz.=Div. aus dem Westen, für die dieser Einsatz eine gute Vorübung für weitere Kämpfe bedeuten konnte. Am 14. 3. wurden die transporttechnischen Vorbereitungen für die Verlegung, am folgenden Tag diese selbst befohlen: die Bedeutung, die diesem Entschluß beizumessen ist, wird klar, wenn man sich daran erinnert, daß vor 5 Wochen auf eine Zuführung der 9. SS=Pz.=Gren.=Div. an die Nettuno=Front verzichtet wurde, um dem be=

drohten Westen keinen beweglichen Verband zu entziehen. Für die Besetzung Ungarns hatte der Westen jetzt bereits 2 Pz.-Div.en abgegeben, mit deren baldiger Rückkehr allerdings gerechnet werden konnte.

Ferner wurde die Zuführung der Tiger-Abt. 507 angeordnet; außerdem wurde noch die Pz.-Fernlenk-Abt. 301, deren Einsatz bei Nettuno nicht den Erwartungen entsprochen hatte und die sich bereits im Abtransport aus dem Südwesten befand, in den Raum Wien abgedreht, um am Einmarsch in Ungarn teilzunehmen.

Da nach der gütlichen Einigung, die bei dem Besuch des ungarischen Reichsverwesers in Kleßheim am 18. 3. erfolgte, nicht mehr mit einem Widerstand gegen den deutschen Einmarsch gerechnet zu werden brauchte, erschien der Einsatz dieser zuletzt herangezogenen Verbände nicht mehr erforderlich. Der Chef WFStab veranlaßte bereits am Vormittag des 19. 3., daß die 21. Pz.-Div., die mit der Masse noch nicht abgefahren worden war, im Westen angehalten bzw. in den Westen zurückgeleitet wurde. Auch die 100. Jg.-Div. sollte nun nicht mehr am Einmarsch teilnehmen, sondern zunächst in Belgrad aufgehalten werden. Am Abend des Einmarschtages wurde ferner der Rücktransport der schweren Art.-Abt. 997 nach Dänemark angeordnet.

Der Einmarsch in Ungarn am 19. 3. vollzog sich reibungslos. Eine in den nächsten Tagen infolge der unentschlossenen Haltung der ungarischen Staatsführung entstehende Krise, während der die Besetzung von Budapest durch die in Belgrad bereitgestellte 100. Jg.-Div. und die Entwaffnung der ungarischen Wehrmacht ins Auge gefaßt wurde, fand durch die am 23. 3. erfolgende Bildung einer neuen, zur Zusammenarbeit mit Deutschland bereiten Regierung ihren Abschluß. Es durfte angenommen werden, daß die Masse der an dem Einmarsch in Ungarn beteiligten Verbände rasch wieder verfügbar sein würde und nur geringe Kräfte für Besatzungs- und Sicherungsaufgaben zurückgelassen zu werden brauchten.

Damit wäre die Besetzung Ungarns, im großen gesehen, lediglich eine Episode geblieben, die keine grundlegende Änderung der deutschen militärischen Absichten für das Jahre 1944 und der damit verbundenen Kräfteplanung zur Folge gehabt hätte. Die im Laufe des März entstehende schwere Krise im Süden der Ostfront, durch die Ungarn rasch in Frontnähe rückte, führte jedoch zu einer völlig gegenteiligen Entwicklung. Eine Reihe der an der Besetzung Ungarns beteiligten Verbände, darunter solche, die in besonderem Maße als Führungsreserven galten, mußte — wie gleich näher auszuführen ist — beschleunigt durch Ungarn hindurch der Ostfront zugeführt und an den GenStdH abgegeben werden. Andere wurden durch neu hinzutretende Sperr- und Besatzungsaufgaben längere Zeit gebunden. Ungarn wurde durch das russische Vordringen gegen die Karpaten und in Galizien aus einem — im großen Rahmen der OKW-Fronten gesehen — bisher eher abgelegenen und daher nur vorübergehend wichtigen Raum zu einer hochempfindlichen Einbruchstelle und zu einer Öffnung, durch die entgegen allen ursprünglichen Absichten Reserven der OKW=Kriegsschauplätze — es sollte nicht bei den „Margarethe"=Verbänden bleiben — ohne Ersatz nach dem Osten abflossen. Durch die zum ersten Male im Verlauf dieses Krieges eingetretene räumliche Überschneidung des dem GenStdH unterstehenden Ostens mit dem Bereich des OKW drohten diese Kräfteabgaben einen nicht mehr voll übersehbaren Charakter anzunehmen, weshalb es bei dieser Gelegenheit erforderlich wurde, die Frage der gesamten Kräfteverteilung einer neuen Prüfung zu unterziehen.

### 6. Die russische Frühjahrsoffensive und die durch sie bedingten Abgaben an den Osten (März)

Nach den Kämpfen gegen die eingeschlossene, aber wieder befreite Gruppe Stemmermann im Raum von Tscherkassy und der russischen Offensive gegen die 6. Armee glaubte die deutsche militärische Führung — zumindest im Südabschnitt der Ostfront — vor dem Einsetzen der Schlammperiode vorerst nicht mehr mit russischen Angriffen im bisherigen Ausmaße rechnen zu müssen. Um dem Westen, dessen Bedrohung durch die feindliche Großlandung mit der * fortschreitenden Jahreszeit zunahm, einen weiteren kampferprobten schnellen Verband zuzuführen, bestand zunächst die Absicht, die bei der Heeresgruppe Nord eingesetzte 11. Pz.=Div. dorthin zu verlagern. Der Führer entschied jedoch am 27. 2., daß stattdessen die Leibstandarte SS „Adolf Hitler" dem Westen zugeführt werden sollte, und zwar der vor allem bedrohten Nordwestfront (Belgien oder Niederlande). Die Div. befand sich im Raum von Schepetowka in Versammlung, als dort am 4. 3. die russische „Frühjahrsoffensive" gegen die 1. Pz.=Armee bei der Heeresgruppe Süd einsetzte, der wenige Tage später der Großangriff gegen die Heeresgruppe A folgte. Am 9. 3. fiel Uman, am 14. 3. mußten Cherson und Gaiworon aufgegeben werden. In ihrem weiteren Verlauf brachte die Offensive den Feind über Bug, Dnjestr und Pruth in die Moldau und Bukowina und weiter nördlich — unter vorübergehender Einschließung der 1. Pz.=Armee — tief nach Galizien hinein und führte damit die größte Krise des hier behandelten Zeitraums herauf. Die Leibstandarte SS ** „Adolf Hitler" mußte daher sogleich wieder in den Kampf geworfen, ihre Abgabe an den Westen auf einen unbestimmten Zeitpunkt verschoben werden.

Darüber hinaus war nach wenigen Tagen erkannt, daß die Ostfront dem russischen Ansturm nicht mit den eigenen Kräften würde begegnen können, daß ihr vielmehr entgegen den bestehenden Absichten Verbände der OKW=Kriegsschauplätze zugeführt werden mußten. Am 10. 3. entschied der Führer, daß die 361. Div. (21. Welle) aus Dänemark dem GenStdH zugeführt und durch die aus dem General=Gouvernement nach Dänemark zu verlegende, noch in Aufstellung begriffene 363. Div. ersetzt werden solle. Dieser Befehl bedeutete zum ersten Male ein grundsätzliches Abgehen von der Linie der „Weisung 51". Denn die 363. Div. war in keiner Weise als vollwertiger Ersatz

* *Anl. 18* ** *Anl. 19*

für die 361. Div. anzusehen (vgl. die Ausarbeitung „Norden“ [1]; denn bei der Herausziehung der 416. Inf.=Div. für den Fall „Tanne“ hatte es sich ja lediglich um eine vorbereitende Maßnahme gehandelt. Diese Verlegung war vom Chef GenStdH bereits vor einigen Tagen angeordnet worden; doch hatte das OKW den Befehl zunächst wieder aufgehoben.

* Die Abgabe der für „Margarethe“ vorgesehenen 357. und 359. Div. ist bereits an anderer Stelle erwähnt worden. Ebenfalls am 10. 3. wurde die Werfer=Brigade 6 (Hannover) für den Osten freigegeben, nachdem vor= übergehend eine Heranziehung zum Unternehmen „Margarethe“ erwogen worden war. Es folgte am 12. 3. der Befehl zur Verlegung der 68. Inf.=Div. (Generalgouvernement) in den Raum von Tarnopol. Einen Augenblick lang tauchte sogar der Gedanke auf, auch die zur kurzfristigen Verwendung in Ungarn aus dem Westen herangezogene Pz.=Lehr=Div. und die 21. Pz.=Div. an den Bug zu werfen (Merkbuch: Mitt. Gen. v. Buttlar, 18. 3.).

** Am 19. 3. wurde dann befohlen, daß die 367. Inf.=Div., die beim Unter= nehmen „Margarethe“ aus Nordwestkroatien in Südwestungarn einrücken sollte, beschleunigt im nächstgelegenen Einladeraum zusammenzuziehen und der Heeresgruppe Süd zuzuführen war. Sie wurde daraufhin in den Raum Agram zurückgezogen und von dort in Richtung Lemberg in den Osten abge= fahren. Wenige Tage später, am 25. 3., wurde auch die 100. Jg.=Div., die zur Verwendung bei einer etwaigen Besetzung von Budapest und der Entwaffnung der ungarischen Wehrmacht in Belgrad bereitgestellt worden war, für den Osten, und zwar ebenfalls für den Lemberger Raum bestimmt: ihre Transporte fuhren von Belgrad durch Ungarn über die Karpaten.

Inzwischen waren jedoch bereits Abgaben von womöglich noch größerer Tıagweite befohlen: Obwohl kein Zweifel darüber bestand, daß die Anglo= Amerikaner jetzt jederzeit zur Auslösung der Invasion im Stande waren und angenommen werden konnte, daß sie hiermit lediglich noch auf den Abzug weiterer deutscher Reserven nach Südrußland warteten, war beschlossen wor= den, nun auch die mit vieler Mühe angereicherten Reserven des Westens zu Abgaben heranzuziehen. In der Nacht zum 24. 3. wurde der Abtransport der
*** 349. Inf.=Div. (21. Welle) nach dem Osten befohlen. Dafür sollte dem OB West aus dem Bereich des BdE die auf dem Truppenübungsplatz Wahn in Aufstellung befindliche Div. „Wahn“ (24. Welle) und der Div.=Rahmen der 331. Inf.=Div. zugeführt werden, die wertmäßig natürlich hinter der abge= gebenen Division zurückstanden. Gleichzeitig wurden die Sturmgeschütz= Abt.en einer Reihe von Eingreif=Div.en des Westens, nämlich der 326., 346.,
\+ 348. und der 19. Lw.=Feld=Div. dem GenStdH zur Verfügung gestellt, und zwar anfangs für die Verstärkung der Rumänen, später zur Eingliederung in verschiedene Div.en der gesamten Ostfront.

* *Anl. 20* ** *Anl. 21* *** *Anl. 23* + *Anl. 22*

1 Vgl. unten den 9. Abschnitt.

Die nachhaltigste Schwächung des Westens, die durch die Krise im Südteil der Ostfront bewirkt wurde, bestand in der seit dem 23. erwogenen, am 26. 3. befohlenen Abgabe des II. SS=Pz.=Korps mit der 9. und 10. SS=Pz.=
* Div. („Hohenstaufen" und „Frundsberg") an den Osten, wo das Korps, aus dem Raum Lemberg antretend, der sich zurückkämpfenden 1. Pz.=Armee entgegenstoßen sollte (Eintreffen im Raum Lemberg ab 3. – 4. 4.). Darüber hinaus erschien sogar einen Augenblick lang noch der Abzug der 2. Pz.=Div. möglich. Der volle Erfolg, den das Korps erzielte, erwies nachträglich die Richtigkeit dieser Maßnahmen.

Zum Ausgleich sollten, sobald es die Kampflage gestattete, die SS=Leibstandarte „Adolf Hitler" dem Westen und die 3. Geb.=Div. dem Südwesten zugeführt werden. Außerdem wurde der GenStdH angewiesen, bis zum 1. 5. die volle Verwendungsfähigkeit sämtlicher im Westen befindlicher Verbände durch
** beschleunigte Zuführung der noch fehlenden Waffen, Kraftfahrzeuge, Geräte usw. herzustellen. Dies sollte auch für die 3 Pz.=Div.en gelten, die nach einem bereits am 11. 3. ergangenen Befehl aus 3. Res.=Pz.=Div.en im Westen aufgestellt waren. Hierfür sollten die zur Herauslösung aus der Front der Heeresgruppe Süd bestimmten Div.=Rahmen der 9. Pz.=Div.
*** sowie der 10. und 16. Pz.=Gren.=Div. verwendet werden. Ende März befanden sich die Restteile der 9. Pz.= und der 16. Pz.=Gren.=Div. im Anmarsch in allgemeiner Richtung Donau=Mündung, während eine Ablösung der 10. Pz.=Gren.=Div. wegen der Kampflage noch nicht möglich war. Nach einer Meldung der Org.=Abt. des GenStdH war jedoch die Herstellung der Verwendungsbereitschaft für alle schnellen Verbände im Westen zu dem geforderten Zeitpunkt nicht möglich, da die materielle Lage es nicht gestattete, mehr als zwei schnelle Verbände im Monat aufzustellen bzw. aufzufrischen. Auf alle Fälle mußte der durch diese Maßnahmen angestrebte Ausgleich sich erst langsam auswirken: am 1. 5. würde der Westen, wie der WFStab am 1. 4. feststellte, lediglich über 5 Pz.= und 1 Pz.=Gren.=Div. verfügen (die aber durchaus nicht alle als vollkampffähig anzusprechen waren), am 1. 6. über 7 Pz.= und 1 Pz.=Gren.=Div. (die beabsichtigte Zuführung der Leibstandarte SS „Adolf Hitler" und die Rückkehr der Pz.=Lehr=Div. aus Ungarn waren hierbei nicht mit eingerechnet).

Das eingegangene Risiko blieb also ein großes; denn es konnte bei der damaligen Feindlage kaum angenommen werden, daß der anglo=amerik. Gegner – wie es dann doch der Fall sein sollte – noch bis in den Frühsommer hinein mit der Invasion warten würde. (Über die weiteren, vom OB West aus eigenen Mitteln getroffenen Aushilfsmaßnahmen vgl. den Schlußteil.)

* *Anl. 25* ** *Anl. 21 und Akte „Neuaufstellungen"* *** *Anl. 26*

## 7. Die Frage der Kräfteverteilung am Schlusse des ersten Vierteljahres

Innerhalb kurzer Zeit waren also durch die in rascher Folge ergehenden Abgabebefehle die bisherigen Pläne für die Verteilung der Kräfte auf den OKW-Kriegsschauplätzen in entscheidender Weise abgeändert worden. Im Verlauf des ganzen Krieges war wohl noch nie die Gefahr einer fortschreitenden Aushöhlung der übrigen Kriegsschauplätze zugunsten der Abwehr im Osten so deutlich geworden – und das zu einem Zeitpunkt, in dem jederzeit durch den Einsatz bestausgerüsteter, unverbrauchter Feindkräfte womöglich derselbe oder noch schwerere Großkampf auch auf ihnen beginnen konnte. Der WFStab mußte deshalb bestrebt sein, diese Abgaben immer wieder in ein System zu bringen, nach Möglichkeiten des Ausgleiches und Ersatzes zu suchen und Einspruch zu erheben, wenn – wie es jetzt im Westen der Fall war – die untere Grenze der unbedingt[1] erforderlichen Kräfte erreicht zu sein[2] schien.

* Aus diesem Grunde hatte der Chef WFStab bereits am 23. 3. eine Reihe von neuen Kräfteverschiebungen auf den OKW-Kriegsschauplätzen ins Auge gefaßt, durch die ein Ausgleich für die bereits durchgeführten und die geplanten weiteren Abgaben (die Abgabe der 9. und 10. SS-Pz.-Div. aus dem Westen stand schon fest, die der 2. Pz.-Div. wurde geprüft) angestrebt werden sollte. Dabei war unter anderem der Gedanke der Zuführung der 1. Geb.-Div. und der 100. Jg.-Div. in den Südwesten wieder aufgenommen worden. Der WFStab Op H hatte hierzu noch Einzelvorschläge gemacht, so die Abgabe der Fallsch.-Pz.-Div. „Hermann Göring" aus dem Südwesten an den Osten, um die 2. Pz.-Div. im Westen belassen zu können. Der Stellv. Chef entschied unter Hinweis auf die noch vielfach ungeklärte Lage – unter anderem blieb die Entwicklung in Ungarn abzuwarten, von der die Stärke der zukünftigen Belegung des Landes abhing –, daß es sich zunächst nur um einen Vorschlagsentwurf und eine Erörterung der verschiedenen Möglichkeiten handeln könne. Demgemäß wurden
** die Vorschläge als „Vorschlagsentwurf für Kräfteverschiebungen auf den OKW-Kriegsschauplätzen" am 29. 3. neu vorgelegt. Für den Südosten wurde darin unter Hinweis auf die (durch den Kräfteabzug für „Margarethe" entstandene) vermehrte Aktivität der Aufständischen die baldige Rückverlegung der nicht für den Verbleib in Ungarn bestimmten Verbände (also der 42. Jg.-Div., des Gren.-Rgt (mot) 92, und des 4. Rgt.s „Brandenburg") gefordert und ferner vorgeschlagen, – als Ersatz für die ursprünglich im Küstenschutz eingesetzt gewesene 100. Jg.-Div. – die für Kreta und Kephalonia vorgesehenen Fest.-Inf.-Btl.e 1003 und 1005 sowie zwei weitere allmählich aufzustellende Fest.-Inf.- oder Sich.-Btl.e an die kroatische Küste zu verlegen. In Ungarn sollten die 8. SS-Kav.-Div. sowie die 16. und die 18. SS-Pz.-Gren.-Div. bleiben, dazu als Ersatz für die 367. Inf.-Div. die aus dem Protektorat nach Westungarn verlegte

* *Anl. 24* ** *Anl. 29*

1 Ms.: bedingt.

2 „erreicht zu sein" fehlt im Ms.

389. Inf.=Div. (24. Welle). Ferner wurde wieder die Abgabe der Fallsch.=Pz.=Div. „Hermann Göring" aus dem Südwesten an den Westen angeregt, die gemäß der Weisung vom 4. 3. aus der Nettuno=Front herausgelöst und zur Auffrischung in den Raum Livorno verlegt worden war. Außerdem wurde die Rückgabe des Inf.= und des Art.=Lehr=Rgt.s, die nach derselben Weisung eben=falls zur Verfügung der Heeresgruppe in Italien belassen worden waren, an die Heimat vorgeschlagen. Als Ersatz für die Fallsch.=Pz.=Div. „Hermann Göring" wurde die 1. Fallsch.=Jg.=Div. vorgesehen, die ihrerseits an der schwie=rigen Monte Cassino=Front durch die 1. Geb.=Div. ersetzt werden sollte. Im Westen, wo nach Abzug der 9. und 10. SS=Pz.=Div. nur noch ein wirklich fertiger schneller Verband, die 2. Pz.=Div., verfügbar sei, müsse — als Ersatz für die Abgaben der letzten Zeit außer der Fallsch.=Pz.=Div. „Hermann Göring" — 1 Pz.=Gen.=Kdo. aus dem Osten gefordert werden, dazu die Pz.=Lehr.=Div. und das Gen.=Kdo. LVIII. Res.=Pz.=Korps aus Ungarn.

Infolge der weiteren Entwicklung konnten diese Vorschläge nur zu einem kleinen Teil verwirklicht werden. Der Zeitpunkt für eine neue Stabilisierung der Kräfteverhältnisse war trotz der Ende des Monats eintretenden Besserung in Rumänien und Galizien noch nicht gekommen, die Beanspruchung der Kräfte der OKW= Kriegsschauplätze noch nicht abgeschlossen. Im Zusammen=hang mit den Vorgängen in Ostungarn und der Gefährdung der Karpaten in denselben Tagen mußte nämlich diese Frage in einem noch größeren und grundsätzlicheren Zusammenhang entschieden werden. Ähnlich wie im Juni 1943 anläßlich der Entscheidung über die Fälle „Alarich"[1] und „Zitadelle"[2] tra=ten die zwischen den Auffassungen und Ansprüchen des GenStdH einerseits und dem OKW andererseits naturgemäß bestehenden Unterschiede vorüber=gehend schärfer hervor — was schließlich zu wichtigen Klärungen und Entschei=dungen führen sollte.

Die Entwicklung, welche die Lage im Süden der Ostfront inzwischen ge=nommen hatte, machte eine Ausdehnung der Besetzung auch auf das ostwärts der Theiß gelegene ungarische Gebiet erforderlich, das zum „Operationsgebiet Ost=Ungarn" erklärt wurde und durch die 16. SS.=Pz.=Gren.=Div. gesichert werden sollte. An ihre Stelle trat in Nordwestungarn die 389. Div. (24. Welle) aus dem Protektorat. Als sich in den Märztagen die sowjetischen Angriffs=spitzen rasch den Karpatenpässen, an denen bis jetzt nur die mobilen unga=rischen Divisionen zum Einsatz gelangen sollten, näherten, wurde am 27. 3. die Bildung eines „Sperrverbandes Bukowina" für die Heeresgruppe Süd beschlos=sen, für die vom Chef WFStab zunächst die 1. Geb.=Div., das Gren.=Rgt. (mot) 92, das Pi=Btl. (mot) 45, die Sturmgesch.=Brig. 201 usw. in Aussicht genommen wurden, was eine neue und längere Bindung der am Unternehmen „Marga=rethe" beteiligten Reserven des OB Südost bedeutete. Für die am 29. 3. be=

1 D. h.: Besetzung Italiens (ab 9. September 1943).
2 D. h.: der gescheiterte Versuch, die Ostfront bei Kursk zu begradigen (ab 5. Juli 1943).

fohlene Bildung des „Sperrverbandes Bukowina" wurden dann anstelle der vorgeschlagenen Verbände die verstärkten Gren.=Rgter. (mot) 1029 und 1030 herangezogen und damit dem GenStdH zur Verfügung gestellt, obwohl der BdE, wie vom WFStab am 23. 3. hervorgehoben, um ihre Rückgabe gebeten hatte; dazu trat noch das Pi=Btl. (mot) 45.

Darüber hinaus wurde erwogen, einen weiteren an der Besetzung Ungarns beteiligten großen deutschen Verband zur Sperrung der Karpatenpässe, namentlich des bedrohten Tartarenpasses, vorzuwerfen, wofür nunmehr nur noch die 1. Geb.=Div. in Frage kam. Obwohl hierbei noch nicht an eine Überlassung an den GenStdH gedacht worden war, befahl der Chef GenStdH daraufhin noch am Abend des 30. 4. der Heeresgruppe Süd und dem Wehrmacht=Transportchef, den Abtransport der Division zur Besetzung des Tartarenpasses für den 1. 4. vorzubereiten; er forderte in diesem Zusammenhang die Abgabe weiterer Verbände zur Stützung der Ostfront. Der Chef WFStab hatte dem=gegenüber jedoch bereits bei der Mittagslage darauf hingewiesen, daß bei einer Abgabe der 1. Geb.=Div. (der WFStab hatte noch am Vortage die Frage ihrer Verlegung nach Italien geprüft) das OKW über keine Verbände mehr als Zentralreserve verfüge (Merkbuch: Aufzeichnung Chef WFStab vom 30. 3.). Denn auch die Masse des Ersatzheeres sei bereits eingesetzt; außer einem fer=tigen Rgt. der 91. Div. habe das OKW tatsächlich nichts mehr zu seiner un=mittelbaren Verfügung. In diesem Zusammenhang gab der Chef WFStab dem Führer einen Überblick über die bisherige Entwicklung des Kräfteverhältnisses zwischen dem Osten und den OKW=Kriegsschauplätzen und erinnerte unter anderem daran, daß bis jetzt sämtliche Divisionen aus dem Westen, die in Neuaufstellung waren, sofort — mit Ausnahme von 4 Inf.=Divisionen — nach beendeter Aufstellung nach dem Osten abtransportiert worden seien, ebenso sämtliche neu aufgestellten Sturmgesch.=Brigaden. Mit der 9. und 10. SS=Pz.=Div. seien dem Osten außerdem die letzten einsatzfähigen Reserven aus dem Westen zugeführt, desgleichen die verfügbaren Reserven aus Dänemark, Finn=land und Norwegen an den Osten verausgabt worden. Eine weitere Schwächung sei auch durch den (im vorigen Jahr durchgeführten) Austausch an den Osten abzugebender deutscher Btl.e gegen Ost=Btl.e entstanden, durch den der Westen, Südwesten und Südosten über 30 Btl.e (gegen 70—75 Ost=Btl.e) eingebüßt hätte.

Der Führer erkannte diese Ausführungen des Chef WFStab voll an. Die 1. Geb.=Div. betreffend, befahl er, daß sie zunächst hinter die ungarisch=gali=zischen Pässe als Reserve des OKW vorgeführt und über ihren weiteren Einsatz später entschieden werden solle. Ein entsprechender Befehl, wonach die Div. nach Ablauf der Transportbewegung der mobilen ungarischen Divisionen und des „Sperrverbandes Bukowina" mit je einer Kampfgruppe in den Raum Sighet und den Raum Munkács zu verlegen sei, erging am 31. 3.

Darüber hinaus gewann die Auseinandersetzung über die 1. Geb.=Div. eine grundlegende Bedeutung. Denn im Anschluß an sie beauftragte der Führer den

WFStab mit der Ausarbeitung einer Aufstellung der gesamten deutschen Kräfte in ihrer Verteilung auf die Kriegsschauplätze mit Berücksichtigung ihrer Einsatzfähigkeit und der Länge der zu sichernden Fronten, ihres Zustandes, ihrer Beweglichkeit und personellen Zusammensetzung. Aus dieser Aufstellung, die dann an die Chefs des Generalstabes der drei Wehrmachtteile sowie an die Oberbefehlshaber der Heeresgruppen zu verteilen sei, solle klar hervorgehen, daß die gegenwärtige Kräfteverteilung durch die strategische Gesamtlage gerechtfertigt sei.

Anhand dieser Übersicht, für deren Ausarbeitung der Stellv. Chef der Abt. Op H nach der Mittagslage des 31. 3. noch einzelne Richtlinien erteilte (Merkbuch 31. 3.), sollte sich der Chef GenStdH davon überzeugen können, daß dem Osten tatsächlich alle nur irgendwie entbehrlichen Kräfte zugeführt worden seien. Der sich immer wieder bildenden Legende, daß auf den OKW-Kriegsschauplätzen Kräfte „gehortet" und der schwer ringenden Ostfront vorenthalten würden, sollte ein für allemal damit der Boden entzogen werden (Merkbuch, Mitteilung des Stellv. Chefs WFStab v. 3. 4.).

Die geforderte Übersicht, die das Ausmaß einer größeren Denkschrift an-
* nahm („Strategischer Überblick und Verteilung der Gesamtstreitkräfte des deutschen Heeres"), wurde unter dem 7. 4. vorgelegt. Der Inhalt sollte von den Heeresgruppen und Armeen des Ostens mündlich bis herab zu den Div.-Komandeuren einschließlich bekanntgegeben werden. Es wurde davon ausgegangen, daß das Problem unserer militärischen Gesamtlage auch bei führenden militärischen Stellen vielfach verkannt werde, was hier und da in vielleicht nicht ernst gemeinten, aber höchst bedenklichen Redensarten zum Ausdruck komme wie „53% des Heeres kämpfen im Osten um die Existenz des deutschen Volkes, 47% stehen untätig herum" oder „1918 haben wir den Krieg wegen der ‚Navy in being' verloren, den jetzigen werden wir wegen der ‚Army in being' verlieren". Demgegenüber wurde in einer längeren Gedankenführung nachgewiesen, daß die besonderen Gegebenheiten unserer strategischen Lage das Halten der ganzen Festung Europa mit sämtlichen vorgeschobenen Positionen erforderlich machten (vgl. die Einleitung dieser Ausarbeitung) [1]. Es könne sich darum – so wurde weiter ausgeführt – lediglich um die Frage handeln, ob einzelne dieser vorgeschobenen Positionen zu stark besetzt seien und dadurch dem Osten zuviel Kräfte entzogen oder ob Teilgebiete geräumt und dadurch Truppen für den Osten gewonnen werden könnten. In diesem Zusammenhange wurde zunächst festgestellt, daß überhaupt nur ein Teil der Divisionen der OKW-Kriegsschauplätze, nämlich 41, für einen Einsatz im Osten in Frage kämen; der Rest seien Stellungs- bzw. Festungs-Divisionen oder aus Volksdeutschen bzw. landeseigenen Freiwilligen bestehende Verbände; ein weiterer Teil sei erst in der Aufstellung begriffen. Von den 41 verwendungsfähigen

* *Anl. 30*
1 S. oben S. 78 ff.

Verbänden seien zur Zeit 20 an den Kampffronten gebunden, während die restlichen 21 die Eingreifreserven hinter der vom Angriff starker anglo=amerikanischer Armeen bedrohten Westküste bildeten.

Anschließend wurden die verschiedenen Kriegsschauplätze auf ihre Bedeu=tung und ihre Stärke der Besetzung geprüft mit dem Ergebnis, daß die zur Zeit zur Verfügung stehenden Kräfte, zum mindesten im Westen und Südosten, nicht einmal als zur Abwehr eines Entscheidung suchenden Angriffs aus=reichend angesehen werden könnten. Der Westen dürfe nach Angabe des einzigen voll einsatzfähigen Pz.=Korps an den Osten erst nach Abschluß der Neuaufstellungen, die sich voraussichtlich bis Mitte Juni hinziehen würden, als ausreichend gesichert gelten. Die durch den Abzug von 6 Divisionen und einiger Heerestruppen nach Ungarn geschwächten Kräfte des OB Südost seien vielleicht gerade noch im Stande, der Bandenlage Herr zu werden und die wichtigen Rohstoffquellen und die Verkehrsverbindungen zu sichern; eine anglo=amerik. Invasion abwehren könnten sie jedoch keinesfalls. Trotz dieser Kräfte=lage seien — so wurde weiter ausgeführt — etwa ab Juli 1943 zusammen 23 Divisionen der verschiedenen OKW=Kriegsschauplätze an den Osten ab=gegeben worden, dazu noch aus dem Westen die gegen Ost=Btl.e ausgetausch=ten deutschen Btl.e, 45 000 Mann des Jahrganges 1925, 4 Sturmgeschütz=Ab=teilungen usw.

Zum Abschluß wurde noch die Frage einer etwaigen Räumung einzelner vorgeschobener Positionen zur Gewinnung von Kräften für den Osten geprüft und dabei festgestellt, daß in Italien jede Zurücknahme die zu verteidigende Landfront verlängere und die Truppe in eine geländemäßig für die Verteidi=gung ungünstigere Position bringe; bei einer Zurücknahme auf die Alpenfront würde der Kräftebedarf von derzeit rund 22 Div.en auf 40 — 45 Div.en steigen. Auch im Südosten befänden sich die deutschen Kräfte auf der kräftesparendsten Linie; durch eine Räumung Griechenlands und der Inseln würde eine neue Landfront von 250 km Breite entstehen, dazu kämen noch die zahlreichen schwerwiegenden militärischen und auch politischen Nachteile einer dann sicher zu erwartenden feindlichen Festsetzung in der Ägäis.

„Zusammenfassend ergibt sich", so schloß die Denkschrift des WFStabs, „daß die bei weitem überwiegende Masse des deutschen Heeres sowohl nach der Zahl der Verbände wie nach ihrem inneren Wert im Osten eingesetzt ist. Auf allen übrigen Fronten ist nur ein Mindestmaß von Kräften vorhanden, teil=weise das Mindestmaß sogar unterschritten."

Das bei der Auseinandersetzung über die 1. Geb.=Div. besonders deutlich hervorgetretene Bedürfnis nach einer klaren Festlegung des Mindestmaßes der für die Verteidigung der OKW=Fronten erforderlichen Kräfte führte, wie im einzelnen in der Ausarbeitung über den anschließenden Zeitraum zu zeigen sein wird[1], noch zu weiteren wichtigen Erwägungen und Entschlüssen. Das

1 Zu deren Abfassung kam es nicht mehr.

wichtigste Ergebnis bestand darin, daß es Ende April zu einer klaren Fest=legung des Begriffes der OKW=Reserve kam, was bisher nicht möglich gewesen war (Merkbuch, Mitteilung des Gen. v. Buttlar, 3. 5.). Durch einen Befehl vom 26. 4. unterstellte sich das OKW 11 auf seinen verschiedenen Kriegsschau=plätzen eingesetzte Div.en unmittelbar. Es waren dies im Westen die 1., 12. und die 17. SS=Pz.=Gren.=Div. sowie die Pz.=Lehr=Div., im Südwesten die Fallsch.=Pz.=Div. „Hermann Göring", im Südosten die 1. Geb.=Div. und die 42. Jg.=Div., in Ungarn die 16. und 18. SS=Pz.=Gren.=Div. sowie die 8. SS=Kav.=Div. (sämtlich noch in der Aufstellung begriffen) und in Dänemark die 20. Lw.=Feld=Div. Am 30. 4. folgte ein Befehl über die Unterbringung der zur OKW=Reserve bestimmten Divisionen.

In dem Umstande, daß es bereits Ende April wieder möglich war, zu der=artig methodisch umfassenden Maßnahmen (ähnlich den an der Schwelle des „Invasions=Jahres 1944" getroffenen) zu gelangen, kam die Tatsache zum Ausdruck, daß es im Laufe dieses Monats geglückt war, die im Südteil der Ostfront entstandene Krise zu meistern und die große Lage zu stabilisieren.

## 8. Ausblick

### *a) Die bleibenden Aufgaben: Die Lage beim Feinde und auf der eigenen Seite auf den einzelnen OKW=Kriegsschauplätzen*

Am Ende der ersten Aprilwoche wurde es deutlich, daß die russ. Früh=jahrsoffensive ihren Höhepunkt überschritten hatte und nunmehr die Be=hinderung durch die Schlammperiode sich auswirkte. Am Pruth und Sereth, im Karpatenvorfeld und in Galizien bestand wieder eine zusammenhängende deutsche Front, die an einzelnen Stellen in erfolgreichen Gegenangriffen vor=verlegt werden konnte. Am 8. 4. war die Verbindung zwischen der 1. und der ihr entgegenstoßenden 4. Pz.=Armee endgültig hergestellt. Lediglich am Unter=lauf des Dnjestr war die Lage noch ungefestigt. Seit dem 8. 4. lag das Schwer=gewicht der Kämpfe auf der Krim.

Der neue Verlauf der Front, der eine Verdichtung bzw. weitgehende Neu=gestaltung der wirtschaftlichen und militärischen Zusammenarbeit mit Rumä=nien und Ungarn notwendig machte, stellte das OKW vor eine Fülle neuer Aufgaben; im Falle Rumäniens vermehrten sie sich noch infolge der feindlichen Luftoffensive gegen das Ölgebiet (s. die Ausarbeitung „Treibstoff" [1]. Weitere Forderungen auf Überlassung von Kräften wurden jedoch seit der Auseinander=setzung über die 1. Geb.=Div. zugunsten der Ostfront nicht mehr erhoben. Im operativen Bereich konnte sich die Aufmerksamkeit wieder ausschließlich den Verteidigungsfronten des OKW zuwenden, wo die Entwicklung den erwar=

1 Vgl. unten den 10. Abschnitt.

teten Verlauf nahm und alles im Zeichen der bevorstehenden anglo-amerikanischen Landung im Westen stand. Da sie entgegen der anfänglichen Annahme noch nicht erfolgt war, durfte angenommen werden, daß der nunmehr erst für den Sommer zu erwartende nächste sowjetische Großangriff in unmittelbarem zeitlichen Zusammenhang mit ihr erfolgen würde.

Abschließend werden nun noch einmal der Reihe nach die einzelnen dem OKW zugewiesenen Kriegsschauplätze und die wichtigsten, inzwischen im Kräfteeinsatz eingetretenen Veränderungen betrachtet:

Daß der Gegner die Schwächung, die durch den Abzug des II. SS-Pz.-Korps, der Sturmgesch.-Abt. usw. im Westen entstanden war, nicht wahrnahm, bedeutete eine große Erleichterung. Da er wider Erwarten auch während der nächsten beiden Monate nicht zur Invasion schritt, gelang es, sie einigermaßen auszugleichen und vor allem wieder das für erforderlich gehaltene Mindestmaß an einsatzfähigen schnellen Verbänden bereitzustellen. Die wichtigste Maßnahme auf diesem Gebiet war die schon am 11. 3. befohlene Aufstellung von * 3 Pz.-Div.en aus 3 Res.-Pz.-Div.en (s. oben); die so entstandenen 9., 11. und 116. Pz.-Div. waren Ende April bereits personell fast fertig aufgestellt und konnten als je 1/2 Pz.-Div. angesehen werden. Um dieselbe Zeit waren die 2., die 21. und die 12. SS-Pz.-Div. („Hitler-Jugend") voll einsatzbereit und auf Grund ihrer Panzerausstattung als besonders stark zu werten. Auch die 2. SS-Pz.-Div. verfügte bereits über 100 Panzer (Merkbuch: Mitt. Maj. d. G. Friedel, 25. 4.). Dazu kam die Pz.-Lehr-Div., deren Rückführung in den Westen erst Anfang Mai anlief, und ferner die seit Mitte April aus dem Osten eintreffende 1. SS-Pz.-Div. („Adolf Hitler"), deren Auffrischung jedoch erst im Anlaufen war. Ab Mitte Mai konnte demnach im Westen wieder mit 4 voll verwendungsfähigen Pz.-Div.en und mit weiteren 4 von vorläufig etwas geringerer Kampfkraft gerechnet werden.

** Auch die dem Westen aus den Neuaufstellungen erwachsende Verstärkung begann mehr und mehr ins Gewicht zu fallen. Die Aufstellung der Div.en 21. Welle, von denen die 349. an den Osten abgegeben werden mußte, war im wesentlichen abgeschlossen. Bei den inzwischen bereits sämtlich an der Küste eingesetzten Div.en 22. Welle, den 270er Div.en, bestand noch ein Fehl an Hilfswilligen, schweren Waffen und Fahrzeugen; das deutsche Personal jedoch war fast vollzählig. Die 3 Div.en 25. Welle waren personell schon fast voll aufgefüllt; die 85. Inf.-Div. wurde Anfang April bereits als zur Abwehr geeignet bezeichnet. Eine weitere wichtige Verstärkung für den Westen bedeutete die Aufstellung einer weiteren Fallsch.-Jg.-Div., nämlich der 5.; die 3. war bereits in der Bretagne eingesetzt. Der General Student hatte nämlich dem Chef WFStab bereits am 14. 2. gemeldet, daß er noch eine 5. und 6. Fallsch.-Jg.-Div. aufstellen könne. Als Aufstellungsort hatte er den Westen vorgeschlagen. Der Chef WFStab hatte demgegenüber zunächst das schnelle Fertigwerden

* *Anl. 21 der Akte „Neuaufstellungen"* ** *Anl. 22 a der Akte „Neuaufstellungen"*

der bereits vorhandenen bzw. in Aufstellung begriffenen Fallsch.=Jg.=Div.en als vordringlicher bezeichnet (Merkbuch 14. 2.). Der Befehl über die Aufstellung der 5. Fallsch.=Jg.=Div. im Raum Metz (ausschließlich) — Reims — Château Thierry — Châlons=sur=Marne erging am 2. 3.; die Div. war zu diesem Zeitpunkt personell bereits vorhanden, befand sich jedoch noch im Reichsgebiet bei Ersatzdienststellen und in Auffanglagern. Als Stämme waren für die Neuaufstellung Teile der 1. Fallsch.=Jg.=Div. vorgesehen, deren Abgabe aber — wie * dem OB d. L. am 10. 3. mitgeteilt wurde — mit Rücksicht auf den Einsatz dieser Div. im Schwerpunkt der erwarteten Angriffe bei Monte Cassino und wegen der ungenügenden Zuführung von Ersatz und Rekruten vorläufig noch nicht möglich war. Als späterer Einsatzort war zunächst die Halbinsel Cotentin vorgesehen, die der Führer neben der Bretagne schon Anfang März als besonders bedroht bezeichnete, da sie zur Bildung von feindlichen Brückenköpfen geeignet sei (Merkbuch 4. 3.). Auch der OB West hatte eine Verlegung der Div. auf die Halbinsel gewünscht. Da die Ausbildung der Div. hierdurch unterbrochen und in dem neuen Raum überhaupt stark gehemmt worden wäre, mußte diese Verlegung — wie dem OB West und dem OB d. L. am 28. 3. mitgeteilt wurde — unterbleiben.

Daneben befand sich für den Westen noch die 91. Div. in Aufstellung, deren Umbewaffnung für den Luftlandeeinsatz am 6. 3. geregelt wurde. Der OB West hatte ihre Verlegung in den Raum Reims beantragt, die aber aus ähnlichen Gründen wie bei der 5. Fallsch.=Jg.=Div. noch nicht möglich war. Die 91. LL=Div. sei — so wurde dem OB West am 28. 3. mitgeteilt — OKW=Reserve für jeden Kriegsschauplatz und mit dem LL=Geschwader 1, das in Straßburg bleiben müsse, gekoppelt.

Der Bereich des Wehrm.=Bfh. Niederlande, der neuerdings im Zusammenhang mit der erkannten Bildung der Gruppe Anderson im Raum nördlich London als stark gefährdet angesehen wurde, sollte durch die am 21. 3. befohlene Verlegung der neugebildeten Fallsch.=Ausb.= und Ers.=Div. in diesem Raum verstärkt werden; sie sollte im Raum südostw. und südl. der Jjssel=See untergebracht und mit ihren westl. Teilen für die Besetzung der Stellungen im Raum Haarlem — Delft — Alphen herangezogen werden (Befehl vom 5. 4.). Diese Verlegung entfiel jedoch, da die Aufstellung der 5. (und auch der 6.) Fallsch.=Jg.=Div. sich nur in enger Anlehnung an die Fallsch.=Ausb.= und Ers.=Div. in ihrem bisherigen Unterbringungsraum Bar=le=Duc — St. Dizier — Troyes durchführbar erwies.

In Dänemark und in Norwegen war die eigene Kräftegliederung unverändert. Die nach der Zuführung aus dem Generalgouvernement in Dänemark ihre Aufstellung fortsetzende 363. Inf.=Div. sollte bis zum 1. 6. fertig sein. Der Wehrm.=Bfh. Dänemark hatte Mitte März darauf hingewiesen, daß bei einer etwaigen Abgabe der 416. Inf.=Div. für den Fall „Tanne" die Verteidigung

* *Anl. 19 der Akte „Neuaufstellungen"*

Jütlands in nicht mehr zu verantwortender Weise geschwächt sei. Die einzige in Norwegen durchgeführte Neuaufstellung, die der 82. Inf.=Div. (25. Welle), sollte zum 10. 6. abgeschlossen sein.

Im Südwesten waren nach der Weisung für die Kampfführung und Kräfteverteilung im Bereich des OB Südwest vom 4. 3. und dem Abklingen der Kämpfe bei Nettuno keine umfassenden Kräfteverschiebungen mehr vorgenommen worden. Im Raum von Livorno, den der OB Südwest als besonders durch eine (nach wie vor jederzeit möglich erscheinende) neue feindliche Großlandung bedroht ansah, waren jetzt die aus dem Landekopf herausgelöste und in Auffrischung begriffene Fallsch.=Pz.=Div. „Hermann Göring" und die in Istrien durch die 188. Res.=Div. ersetzte 162. (Turk.=)Div. eingesetzt. Der Südfront, an der am 15. 3. der neue Großangriff gegen die Monte Cassino=Stellung begonnen hatte, wurde — wie ursprünglich vorgesehen — die 114. Jg.=Div. nach Herauslösung aus der Nettuno=Front für ihren Hochgebirgsabschnitt zugeführt.

Von den in Italien durchgeführten Neuaufstellungen sollte die 278. Inf.=Div. (22. Welle) bis zum 15. 6. verwendungsbereit sein, die 92. Inf.=Div. (25. Welle) bereits zum 15. 5. Die 16. SS=Pz.=Gren.=Div. „Reichsführer SS" war, wie bereits erwähnt, trotz noch nicht abgeschlossener Ausstattung zur Besetzung Ungarns herangezogen worden und dort zunächst festgelegt (s. unten [1]).

Ende März begann die (vom WFStab am 29. 3. als dringend erforderlich bezeichnete) Rückverlegung der nicht mehr bei der Besetzung Ungarns benötigten und auch nicht zur Abgabe an den Osten bestimmten Verbände in den Südosten. Dort entstand durch den sich bereits seit dem 19. 3. abzeichnenden Versuch der Tito=Kräfte, an der „Dreiländerecke" in Serbien einzubrechen, eine kritische Lage; sie zeigte, daß die Entblößung des Südostens zugunsten Ungarns nicht mehr länger aufrechterhalten bleiben konnte. Daß die Kräfte des OB Südost auch vor den Abgaben für das Unternehmen „Margarethe" nicht ausreichten, um alle im Zusammenhang mit der Bandenbekämpfung erwachsenden Aufgaben zu bewältigen, ging daraus hervor, daß die ursprünglich für den 15. 3. vorgesehene Besetzung [2] der Insel Lissa, des Hauptumschlagplatzes für die anglo=amerikanische Versorgung der Tito=Kräfte, nicht durchgeführt werden konnte. Denn einer der dafür maßgeblichen Gründe war der Mangel an Kräften.

Als erstes wurde die Verlegung des 4. Rgt.s „Brandenburg" nach Serbien befohlen (31. 3.), danach die der dem Rgt. unterstellten Pz.=Abt. 202. Gleichzeitig erging der Befehl zur Rückverlegung des SS=Fallsch.=Jg.=Btl.s nach Kraljewo. Die Rückführung der weiteren Verbände (42. Jg.=Div., Gren.=Rgt. 92) zog sich noch in den April hinein. Am 24. 4. übergab der OB Südost

1 Vgl. die folgende Seite.
2 Ms.: Bedeutung.

die Befehlsführung im ungarischen Raum an den Bevollmächtigten General der Deutschen Wehrmacht in Ungarn, womit auch äußerlich zum Ausdruck kam, daß die auf die Dauer bedenkliche Verlagerung des Schwergewichts an die Innenseite des Südostraumes nun beendet war.

An den Außenfronten des Südostens wurde die Lage Ende März noch unverändert als entspannt angesehen. Es waren noch keine Auswirkungen der Entwicklung[1] im Südteil der Ostfront auf die Haltung der Türkei zu bemerken; mit einem Eintreten des Falles „Gertrud", für dessen Durchführung weiterhin noch keine Verbände bestimmt waren, brauchte daher vorläufig nicht gerechnet zu werden. Erst Ende April entstanden im Zusammenhang mit dem Verlust der Krim wieder Besorgnisse, die zu dem Entschluß führten, dem OB Südost nunmehr auch die 1. Geb.=Div. wieder zur Verfügung zu stellen und die Vorbereitungen für den Fall „Gertrud" neu zu überprüfen.

Für die Besetzung Ungarns wurden vor allem die noch nicht fertigen SS=Div.en bestimmt, die dort günstige Bedingungen für die Weiterführung ihrer Aufstellung fanden und nötigenfalls einen Druck auf die politische Haltung der ungarischen Regierung ausüben konnten. Die am Einmarsch in Ungarn beteiligt gewesene 16. SS=Pz.=Gren.=Div. kam in dem neugeschaffenen Operationsgebiet Ostungarns zum Einsatz, von wo sie allerdings im April an den Osten abgegeben werden mußte. Ferner blieb in Ungarn die ebenfalls am Einmarsch beteiligte 8. SS=Kav.=Div., zu der dann im April noch die 18. SS=Pz.=Gren.=Div. „Horst Wessel" kam; mit ihrer Aufstellung war im Februar im Raum Agram=Cilli begonnen worden, die Einsatzbereitschaft sollte bis zum 1. 7. hergestellt sein. Außerdem war beabsichtigt, noch weitere Div.en der Waffen=SS in Ungarn aufzustellen; doch lagen hierfür Ende März beim WFStab noch keine genaueren Daten vor. Die einzige in Ungarn verbleibende Div. des Heeres war nach dem Abzug der 42. Jg.=Div. die 389. Div. (24. Welle), die zum 1. 5. fertig aufgestellt sein sollte.

In diesem Zusammenhang muß noch eine weitere im Südostraum durchgeführte Neuaufstellung der Waffen=SS genannt werden: die albanische Freiw.=Geb.=Div. „Skanderbeg" im Raum Tirana. Der Aufbau der 4. SS=Pol.=Pz.=Gren.=Div., der als Reserve des OB Südost und im Zusammenhang mit dem Fall „Gertrud" eine große Bedeutung zukam, war noch nicht abgeschlossen; die 13. SS=Freiw.=Geb.=Div. (Bosniaken) befand sich, obwohl noch nicht voll mit Kfz. ausgestattet, bereits voll im Einsatz.

### *b) Heimatkriegsgebiet*

Das Heimatkriegsgebiet war lediglich hinsichtlich der Deutschen Bucht, die ähnlich wie die Niederlande durch die nördlich der Themse zusammengezogene Gruppe Anderson als bedroht angesehen werden konnte, Ge=

1 Ms.: Entwaffnung.

genstand vorausschauender operativer und organisatorischer Überlegungen. Die einzigen, für eine etwaige Verteidigung zur Verfügung stehenden beweglichen Kräfte waren die dann zur Bildung des „Sperrverbandes Bukowina" herangezogenen verstärkten Gren.-Regt.er 1029 und 1030 („Großdeutschland" und „Feldherrnhalle"), deren Rückgabe darum Ende März vom Chef HRüst uBdE gefordert wurde. Die im Heimatkriegsgebiet durchgeführte Aufstellung der 4 Div.en 24. Welle, für die die Jahrgänge 1925 und 1926 verwendet wurden, war personell fast ganz, ausbildungsmäßig jedoch noch nicht abgeschlossen. Sie sollten in Div.en der Ostfront eingegliedert werden (über die anderweitige Verwendung der 389. Inf.-Div. s. oben). Die für den Westen bestimmte 91. LL-Div. (25. Welle; s. oben unter: Westen) wurde auf dem Truppenübungsplatz Baumholder aufgestellt und sollte bis zum 10. 5. fertig sein. Ferner befand sich noch auf dem Truppenübungsplatz Neuhammer die 14. (galizische) SS-Freiw.-Div. in Bildung.

Von den 4 auf Truppenübungsplätzen des Heimatkriegsgebietes im Aufbau begriffenen Div.en der neuen ital. Wehrmacht sollten die ersten im Hochsommer fertig werden.

Die gesamten, dem Chef HRüstuBdE in Schulen, Ausbildungseinheiten, Genesenden-Kompanien, Landesschützenverbänden usw. der Heimat und der besetzten Gebiete unterstehenden Kräfte umfaßten Ende Februar noch mehr als 2 Millionen Mann. Bei den Ausbildungseinheiten handelte es sich hierbei im wesentlichen um die Jahrgänge 25 und 26; der letztere war vor allem für die Div.en 21., 22. und 25. Welle vorgesehen.

Weitere Neuaufstellungen waren seit dem 9. 1. (Befehl zur Aufstellung der Div.en 25. Welle) nicht mehr angeordnet worden. Die verschiedenen Neuaufstellungen der Waffen-SS wurden im Zusammenhang mit den einzelnen Kriegsschauplätzen erwähnt, ebenso die Umbildung von drei Res.-Pz.-Div.en zu Pz.-Div.en in Frankreich bei der Betrachtung des Westens. Am Ende des hier behandelten Zeitraumes, am 30. 3., befahl der GenStdH/Org. die Aufstellung von vier neuen „Schattendivisonen" 26. Welle (ohne Versorgungstruppen). Ihre Aufstellung sollte im Heimatkriegsgebiet erfolgen, und zwar auf den Truppenübungsplätzen Mielau, Neuhammer, Wildflecken und Milowitz, mit deren Namen die neuen Div.en für das erste bezeichnet wurden.

Die Durchführung dieser und anderer Neuaufstellungen, die Bemühungen um die Beschaffung weiterer Reserven sowie Einsatz und Unterbringung derselben müssen in der anschließenden Ausarbeitung, die die Zeit bis zum Invasionsbeginn umfassen wird, geschildert werden.[1]

gez.: P. E. Schramm

1 Zur Abfassung dieser „Ausarbeitung" ist es nicht mehr gekommen.

# 2. Abschnitt
# Die Kämpfe um den Brückenkopf Nettuno von der feindlichen Landung (22. Januar) bis zum 31. März 1944

Inhalt des 2. Abschnitts


*Vorbemerkung* . . . . . . . . . . . . . . . . . . . . . . . . . . . . . . 122

1. *Die Lage in Süditalien im Augenblick der Landung* . . . . . . . . . . . 122
   a) Vorgesehene Maßnahmen im Falle einer Landung (122). — b) *Die Entwicklung der Kämpfe im Januar und die sich aus ihr ergebenden Maßnahmen (124). — c) Die Beurteilung der Feindlage (125)*
2. *Die Landung (22. Januar) und die ersten Gegenmaßnahmen des OB Südwest* 127
3. *Ergänzende Maßnahmen des WFStabs* . . . . . . . . . . . . . . . . . 129
4. *Der Aufbau der Abriegelungsfront (ab 23. Januar)* . . . . . . . . . . 130
5. *Vorbereitung eines eigenen Gegenangriffs (ab 27. Januar)* . . . . . . . 133
6. *Der feindliche Angriff vom 30.—31. Januar* . . . . . . . . . . . . . . 139
7. *Die Lage der Luftwaffe am Monatsende* . . . . . . . . . . . . . . . . 141
8. *Fortgang der Kämpfe und Erwägungen vom 1.—10. Februar (Vorstoß gegen Aprilia)* . . . . . . . . . . . . . . . . . . . . . . . . . . . . . 142
9. *Die Vorbereitung des eigenen Angriffs gegen den Brückenkopf von Nettuno (10.—15. Februar)* . . . . . . . . . . . . . . . . . . . . . . 151
10. *Die Lage bei Beginn des Angriffs* . . . . . . . . . . . . . . . . . . 156
11. *Der erste Angriff gegen den Brückenkopf von Nettuno (16.—20. Februar)* . 156
12. *Umgruppierung und Vorbereitung eines neuen Angriffs (20.—28. Februar)* . 159
13. *Die Lage bei Beginn des Angriffs* . . . . . . . . . . . . . . . . . . 164
14. *Der zweite Angriff gegen den Brückenkopf von Nettuno (29. Februar — 1. März)* . . . . . . . . . . . . . . . . . . . . . . . . . . . . . 165
15. *Abbruch des Kampfes und Vorbereitung einer neuen Weisung für die Kampfführung (2.—14. März)* . . . . . . . . . . . . . . . . . . . . . 166
16. *Verlauf der Ereignisse bis zum Monatsende* . . . . . . . . . . . . . 170
17. *Rückblick (31. Mai)* . . . . . . . . . . . . . . . . . . . . . . . . . 172

(Fortsetzung: 5. Abschnitt)


Die Hefter mit den zitierten „Anlagen" sind nicht erhalten (einzelne von ihnen sind auf andere Weise gerettet worden). Trotzdem sind die Verweise abgedruckt; denn dadurch erhält der Benutzer eine Vorstellung davon, wie weit schriftliche Unterlagen benutzt worden sind.

## Vorbemerkung

Die folgende Ausarbeitung ist vom Standpunkt der Obersten Führung aus geschrieben: sie gibt keine zusammenfassende Schilderung der Ereignisse; auf den eigentlichen Kampfverlauf und taktische Einzelfragen geht sie nur so weit ein, als der WFStab dadurch zu unmittelbarem Eingreifen veranlaßt wurde. Zur Ergänzung sei auf die Lageberichte des WFStabs, die Orientierungen für den Chef WFStab und das wöchentlich zusammengestellte Nachrichtenblatt des WFStabs verwiesen, ferner auf die Kriegstagebücher des OB Südwest, des AOK 14 usw.[1].

Die Bearbeitung bildet einen Teil aus der zur Zeit noch nicht abgeschlossenen zusammenfassenden Darstellung: „Die Vorgänge im Bereich des OB Südwest in der Zeit vom 1. 1. – 31.3. 1944."[2]

## 1. Die Lage in Süditalien im Augenblick der Landung

### *a) Vorgesehene Maßnahmen im Falle einer Landung*

Nachdem die Verteidigung der ital. Halbinsel entgegen den ursprünglichen Absichten durch die Weisung vom 4. 10. 43 in die Linie Gaeta – Ortona vorverlegt worden war, mußte mit dem Versuch des Gegners gerechnet werden, durch eine überholende Landung an einer der beiden langen Küstenflanken die ital. Verteidigungsfront von rückwärts zum Einsturz zu bringen, daneben eine neue Festlandsfront zu errichten und Kräfte von anderen Kriegsschauplätzen, besonders aus dem Westen und aus der deutschen zentralen Reserve, abzuziehen. Kleinere, im taktischen Rahmen bleibende, überholende Landungen hatten auch bereits stattgefunden, z. B. bei Termoli. Als aber seit Ende 1943 die Errichtung der zweiten Front näher zu rücken schien, mußte auch die Möglichkeit einer Großlandung an einem weiter von der Südfront entfernten Küstenabschnitt der ital. Halbinsel ins Auge gefaßt werden[3].

1 Vgl. auch im vorausgehenden (1.) Abschnitt das Kap. 3: „Die Auswirkungen der Landung bei Nettuno" (S. 97 ff.).

2 In meiner noch vor dem Zusammenbruch aufgestellten Übersicht über die „Ausarbeitungen des WFStab/KTB betr. 1944" (Vgl. am Schluß des Bandes: Anlage 2 zum II. Teil der „Erläuterungen") sind unter „3. Südwesten" aufgezählt:
„a) Die Ereignisse in Italien vom 1. 1. bis 31. 3.,
b) Die Kämpfe um den Brückenkopf Nettuno von der Landung (22. 1.) bis zum 31. 3."
Danach ist es noch zum Abschluß der oben angekündigten „Ausarbeitung" gekommen. Jedoch ist sie m. W. nicht erhalten. Ich vermag mich zwar nicht auf sie zu besinnen, aber in dieser „Ausarbeitung" ist wiederholt auf einen „Allgemeinen Teil" verwiesen, womit der *Text a* gemeint sein muß. Es ist deshalb nicht wahrscheinlich, daß ich bei der Abfassung jener Übersicht einem Erinnerungsfehler zum Opfer gefallen bin.

3 Vgl. dazu den 1. Abschnitt Kap. 1 b (oben S. 80 ff.).

Der WFStab hatte demgemäß, als er am 20. 12. 43 festlegte, welche Verschiebungen von Kräften im Falle feindlicher Großangriffe zwischen den einzelnen Kriegsschauplätzen vorgenommen werden sollten, auch den Südwesten berücksichtigt [1]. Daher wußte der OB Südwest, daß er gegebenenfalls mit folgenden Zuführungen rechnen konnte:

1. für den Fall „Marder 1" (Landung an der Ligurischen Küste): aus dem Westen 2 Inf.-Div.en, vom Chef H Rüst u. BdE das Gen.-Kdo. LXXV. AK. z.b.V., 3 verstärkte Gren.-Rgt.er, 2 verstärkte Pz.-Gren-Rgt.er, das Art.-Lehr-Rgt. (mot), die Nebelwerfer-Lehrabt., 5 Landesschützen-Btl.e, 6 Bau-Pi-Btl.e; aus dem Südosten 2 Inf.- oder Jg.-Div.en und 2 leichte Heeres-Art.-Abt.en (RSO).
2. für den Fall „Marder 2" (Landung an der Adriatischen Küste): die gleichen Kräfte (vgl. KTB 20. 12. 43/3).

* Die im Falle einer Großlandung innerhalb seines eigenen Bereiches durchzuführenden Kräfteverschiebungen hatte der OB Südwest am 12. 1. erneut festgelegt. Er unterschied hierbei Landungen in folgenden Räumen:

1. Rom („Richard")
2. Livorno („Ludwig")
3. Genua („Gustav")
4. Rimini — Venedig („Victor")
5. Istrien („Ida").

Er nahm an, daß gleichzeitig mit einer dieser Landungen ein Angriff gegen die 10. Armee beginnen werde, und stellte außerdem Täuschungsangriffe, die das ursprüngliche Landungsziel verschleiern sollten, in Rechnung. Den AOK's und Korps wurde die kalendermäßige, beschleunigte Vorbereitung schneller Verlegung befohlen, und für diese wurden Richtlinien erteilt.

Für den Fall einer Landung bei Rom wurde das Gen.-Kdo. I. Fallschirm-Korps verantwortlich gemacht; ihm sollten zugeführt werden

vom AOK 10:
eine in Reserve befindliche Pz.- oder Pz.-Gren.-Div., eine Pz.-Aufkl.-Abt., 1 schwere Heeres-Art.-Abt., 2 Ostbtl.e,

vom AOK 14:
die einsatzfähigen Teile der 362. Inf.-Div. (z. Z. 2 verstärkte Rgt.s-Gruppen) unter Führung des Div.-Kdo.s, die 114. Jg.-Div., 1 verstärkte Rgt.s-Gruppe der 356. Inf.-Div., 1 verstärkte Rgt.s-Gruppe der 65. Inf.-Div. (deren Herauslösung zwecks Ersetzung durch ital. Küsten-Festungs-Btl.e vorbereitet werden sollte),

vom XI. Flieger-Korps:
die 4. Fallsch.-Jg.-Div., dazu Korpstruppen,

* *Anl. b 15*

1 Vgl. ebd. Kap. 2 d (oben S. 95).

vom Höchsten SS= und Pol.=Führer Italien:

die 16. SS=Pz.=Gren.=Div. (ohne 1 Rgt.), das SS=Pz.=Gren.=Rgt. 35,

von der Luftflotte 2:

4 schwere Flak=Art.=Abt.en.

*b) Die Entwicklung der Kämpfe im Januar und die sich aus ihr ergebenden Maßnahmen*

Bei Jahresbeginn schien das Feindbild zunächst keine Anzeichen für das unmittelbare Bevorstehen einer Landungsoperation zu bieten. Als der Chef * WFStab am 4. – 5. 1. der Südfront einen Besuch abstattete, erklärte ihm der OB Südwest, daß er damit rechne, der Feind werde weiter frontal angreifen und dazu neue Kräfte aus Sizilien und Nordafrika heranführen, da keine Vorbereitungen für Anlandungen von operativem Ausmaß zu erkennen seien; Sardinien und Corsica seien von der feindlichen Luftwaffe nur gering und mit feindlichen Landungsmitteln nur schwach belegt. Jedoch reiche der vorhandene feindliche Transportraum noch immer für 8 – 9 Landungs=Div.en aus.

Die vom OB Südwest vorgelegte[1] Kräftegliederung (vgl. den allg. Teil[2]) wurde auf Grund der Besprechung zum Teil abgeändert; jedoch wurde an der Absicht festgehalten, die 29. und 90. Pz.=Gren.=Div. im Raum von Rom zu versammeln. In diesem Raum, in dem das I. Fallsch.=Jg.=Korps von Frascati aus führte, waren Mitte Januar die 29. Pz.=Gren.=Div. sowie die noch in der Aufstellung begriffene 4. Fallsch.=Jg.=Div. eingesetzt. Die Tiber=Mündung war durch Ansumpfungen für eine Landung auf breiter Front unwegsam gemacht. An der südlich anschließenden Küste war dies bis kurz über Anzio – Nettuno hinaus des Geländes wegen nicht möglich gewesen. Von Littoria bis Terracina brauchten keine Besorgnisse gehegt zu werden, da hier gleichfalls durch Ansumpfungen vorgebeugt war. Nach einem kurzen festen Küstenstrich rechts und links von Terracina setzten sich diese bis kurz vor Gaeta – Formia fort. Da hier der rechte Flügel des XIV. Pz.=Korps (15. Pz.=Gren.=Div. und die 94. Inf.=Div.) die Küste erreichte, waren Überraschungen großen Umfanges in diesem Abschnitt ausgeschlossen (s. Lagekarte vom 12. 1.). Ob im Bedarfsfall Zuführungen von Norden rechtzeitig möglich sein würden, war bereits zweifelhaft geworden; denn durch systematische Angriffe auf die von Rom nach Norden führenden Strecken war der Eisenbahnbetrieb bereits sehr erschwert (vgl. den allg. Teil[2]). Am 17. 1. waren z. B. alle Strecken vorübergehend gesperrt.

Die nächsten Tage standen im Zeichen des Großkampfes an der Südfront: Am 17. 1. flauten die Angriffe, die der Feind vom 10. 1. an gegen den rechten

* *Anl. b 16*

1 Ms.: verglichene.

2 Vgl. dazu oben S. 122, Anm. 2.

Flügel der 10. Armee gerichtet hatte und durch die das XIV. Pz.=Korps gezwungen war, in die „Gustav"=Stellung auszuweichen, wieder ab. Am 18. 1. führte er hinter dem rechten Flügel ein überholendes Landungsunternehmen in begrenztem Rahmen durch, das zu keinem Erfolge führte. Gleichzeitig drückte er weiter gegen die neue Stellung.

Da mit neuen Angriffen gerechnet werden mußte, sah sich der OB Südwest gezwungen, um Reserven bereitstellen zu können, den Raum von Rom weitgehend zu entblößen. Daher standen vom 18. 1. an rechts und links von Ostia nur noch je 2 Btl.e. Die Küste zwischen der Front und der Tiber=Mündung war daher praktisch so gut wie unbewacht (Lagebuch 18. und 19. 1). Am 19. 1. griff — wie erwartet — der Gegner im Raum von Monte Cassino von neuem an. Da rechtzeitig stärkere Kräfte bereitgestellt waren, konnte der Vorstoß aufgefangen werden.

Die Größe des Wagnisses, das mit der starken Entblößung des Raumes von Rom verbunden war, wurde in Rechnung gestellt. Bei der Lagebesprechung des WFStabs am 20. 1. wurde darauf hingewiesen, dieses Risiko werde dadurch noch größer, daß keine Anzeichen dafür vorlägen, wo die übrigen, noch nicht gebundenen Kräfte des Feindes zur Zeit bereitgestellt würden: „Es besteht daher die Möglichkeit, daß der Gegner aus Häfen abspringt, die von uns in der letzten Zeit nicht eingesehen worden sind; denn die Luftaufklärung ist lückenhaft" (Lagebuch 20. 1.).

Am 21. 1. wurde ein eigener Gegenangriff mit dem Ziel, die alte HKL zurückzugewinnen und bis westlich Castelforte vorzustoßen, ins Auge gefaßt. Denn durch die bereitgestellten Reserven lag es jetzt im Bereich des Möglichen, zu einer Offensive in beschränktem Ausmaß überzugehen.

### *c) Die Beurteilung der Feindlage*

Nachrichten, die am 12. 1. uber feindliche Schiffsbewegungen (darunter Landungsboote) nördlich Neapel umliefen und auf eine Landung südlich der Tiber=Mündung hinzudeuten schienen, führten zu einer Vorwarnung der eigenen Truppe. Sie wurden nachträglich als ungenau angesehen bzw. mit Zuführungen für die feindliche Front in Verbindung gebracht.

* Am 14. 1. nachts meldete der Chef des Gen.=Stabes des OB Südwest, General Westphal, fernmündlich, daß um 20.20 Uhr west=nordwestlich Neapel 40 Schiffe in langsamer Fahrt auf Nordkurs festgestellt worden seien. Der OB Südwest vermutete Nachschub für die 5. amerik. Armee, hielt aber auch die Vorbereitung einer überholenden Landung für möglich, da bereits zwei Tage vorher Zuführungen beobachtet seien und am 13. 1. schwere Angriffe auf die Flugplätze bei Rom durchgeführt worden waren. Die erforderlichen Alarmierungen wurden sofort durchgeführt.

* *Anl. b 17*

In der folgenden Zeit ergaben sich jedoch keine weiteren Anzeichen für eine bevorstehende Landung.

* Am 21. 1. stellte in einer die Zeit vom 1. – 20. 1. betreffenden Zusammenfassung über die Veränderungen im Mittelmeerraum der WFStab/Ic fest, daß in Süditalien nunmehr $25\frac{3}{4}$ Verbände (davon im rückwärtigen Gebiet $8\frac{1}{2}$) anzunehmen seien. Unbekannt war der Verbleib von 2 Verbänden (50. und 51. brit. Inf.=Div.); auf Sizilien konnte außerdem noch die 1. und 9. amerik. Inf.=Div. angenommen werden. Da für ein Unternehmen gegen die Küste des ehemaligen Jugoslawien nur $3\frac{1}{2}$[1] Inf.=Div. und 1 Luftlande=Div. vorauszusetzen waren, erschien eine solche Aktion als nicht wahrscheinlich; aus der Rückkehr des Generals Patton nach Sizilien wurde geschlossen, daß das amerik. AOK 7 für weitere Unternehmungen bereitgehalten werde.

Eine schwerpunktmäßige Zusammenziehung von Landungsfahrzeugen und Transportraum war nicht erkannt worden; die Masse wurde im westlichen Mittelmeer angenommen. Abschließend stellte der WFStab/Ic fest, daß Anzeichen für eine unmittelbar bevorstehende Großunternehmung im Mittelmeerraum bisher nicht zu erkennen seien; jedoch stünden für eine solche genügend Einheiten zur Verfügung. Der Landungsfahrzeugraum reiche für die gleichzeitige Verschiffung von 7–8 Landungs=Div.en aus. Da vor kurzem Schlachtschiffe und Flugzeugträger in das ostwärtige Mittelmeer, wo vor allem eine Unternehmung gegen die Ägäischen Inseln in Rechnung zu stellen war, verlegt waren, wurde eine besondere Beachtung dieses Raumes als erforderlich bezeichnet.

Diese Beurteilung erwies sich in dem entscheidenden Punkt sogleich als unzutreffend. Der eigenen Luftaufklärung, die – durch das Wetter und die feindliche Abwehr behindert – immer nur unvollständige Ergebnisse liefern konnte, war entgangen, daß der Gegner inzwischen im Küstengebiet von Neapel Einschiffungen für ein großangelegtes Landeunternehmen durchgeführt hatte und bereits unmittelbar vor dem Absprung stand. Auch das Agentenwesen, das bei dem beschleunigten Rückzug nicht mehr in ausreichendem Umfang hatte aufgebaut werden können und durch ital. Nachrichten nur unzulänglich ergänzt wurde, erwies sich als unzureichend.

Daher gelang dem Gegner eine völlige Überraschung, und zwar in jenem Bereich, den der OB Südwest gerade entblößt hatte, um die Lage auf seinem rechten Flügel zu festigen bzw. um dort einen Gegenschlag führen zu können. Er hatte dabei die Gefahr, die die Entblößung der Küste mit sich brachte, in Kauf genommen, da sie ihm durch den zu erwartenden Erfolg aufgewogen zu werden schien. Diese Überlegung erwies sich nun als verfehlt.

Zweifellos lagen Zeitpunkt und Ziel der Landung beim Gegner seit geraumer Zeit fest. Ohne es zu wissen, war die eigene Seite seinen Absichten noch entgegengekommen.

* *Anl. a 2*
1 Ms: 3, 2

## 2. Die Landung (22. Januar) und die ersten Gegenmaßnahmen des OB Südwest

Da die Nachtaufklärung in der Nacht vom 21. zum 22. ausgefallen war, konnte der Feind am 22. Januar früh völlig überraschend bei Astura, Net=tuno und später auch an der Incastro=Mündung (16 km nordwestlich Anzio) landen. Dort standen nur schwächste Kräfte zur Küstensicherung zur Verfügung. Daher konnten trotz vollem Einsatz der Küsten=Artillerie, der zum Küstenschutz eingesetzten 4 Bataillone sowie der wenigen Jäger und Schlacht=flieger weder die Landung noch ein Vordringen in den Küstenstreifen ver=hindert werden.

* Bis zur Nacht des ersten Tages war erkannt, daß die Landung auf insgesamt 35 km Breite mit mindestens 300 Schiffseinheiten erfolgt war. Es wurde ange=nommen, daß es sich um eine Pz.=Div., 2 Inf.=Div.en sowie Kommando= und Rangers=Einheiten handelte. Nummernmäßig wurde vorerst nur die 45. amerik. Inf.=Div. erkannt. Mit weiteren Anlandungen, vor allem bei Civitavecchia, mußte gerechnet werden.

Der OB Südwest faßte sofort den Entschluß, alle am linken Flügel der 10. Armee verfügbaren Teile unter rücksichtsloser Entblößung desselben sowie die hinter dem rechten Flügel der 10. Armee stehenden Heeresgruppen=Reser=ven heranzuziehen. Dies waren die 3. Pz.=Gren.=Div. (ohne 1 Rgt.) und die 2. Art.=Abt., ferner die Pz.=Art.=Abt. 26 und die Pz.=Art.=Abt. der Div. „Her=mann Göring", 2 Kompanien Pz.=Jg.=Abt. 525 und 3 Heeres Art.=Abt.en, die auf dem Marsch vom LXXVI. Pz.=Korps zum rechten Armeeflügel begriffen waren. Ferner wurden in Marsch gesetzt: 2 Fallschirm=Jg.=Btl.e der 1. Fall=schirm=Jg.=Div., 2 Einsatzgruppen der 4. Fallschirm=Jg.=Div., 1 Festungs=Bau=Btl., 1 Pi=Btl. und 2 Ost=Btl.e aus dem „Senger"=Riegel[1]. Außerdem wurden alle laufenden Transporte der 71. Inf.=Div. südlich der durch Luftangriff gestörten Stellen mit dem im Raum von Rom verfügbaren Kolonnenraum vorgefahren. Mot=Teile sollten Rom im Landmarsch erreichen.

Außerdem wurden aus dem norditalienischem Raum in Marsch gesetzt: 1 Kampfgruppe des SS=Pz.=Gren.=Rgt. 35 (1 verstärktes Btl.), Füsilier=Btl. 356, die gesamte 65. Inf.=Div., 2 Rgt.s=Gruppen der 362. Inf.=Div., die Vorausabtlg. der 114. Jg.=Div., 1 verstärktes Btl. der 16. SS=Pz.=Gren.=Div. (aus dem Raum von Laibach), 1 Rgt.s=Gruppe der 356. Inf.=Div. sowie sämtliche verfügbaren Alarmeinheiten. Ferner wurde befohlen, daß die 26. Pz.=Div. aus der Front herauszuziehen sei und beschleunigt als Heeresgruppenreserve zunächst den Raum von Avezzano zu erreichen habe. Dem LXXVI. Pz.=Korps wurde frei=gegeben, falls erforderlich, auf die Foro=Stellung auszuweichen.

Das Heranführen der Verbände aus dem Bereich der 10. und 14. Armee ver=zögerte sich erheblich infolge der starken feindlichen Lufttätigkeit, des Nebels sowie des Glatteises im Apennin.

* *Anl. b 45*

1 So genannt nach dem dort befehlenden General v. Senger und Etterlin; Ms.: [Führerriegel.

Um 10 Uhr waren unter dem Befehl des Gen.=Kdo.s I. Fallschirm=Korps südlich Rom eingesetzt:

a) unter dem Kommando der 3. Pz.=Gren.=Div.
   1 Btl. der 3. Pz.=Gren.=Div.
   2 Fallschirm=Jg.=Btl.e
   1 Luftwaffen=Pionier=Btl.
   1 Kdtr.=Btl.

b) unter dem Kommando der Pz.=Div. „Hermann Göring"
   2 Btl.e aus Alarmeinheiten
   1 Pz.=Abtlg.
   1 Aufklärungs=Komp.
   1 Pionier=Komp.
   2 schwere Pak=Komp.en
   3 schwere Batterien
   1 z.b.V.=Komp.
   1 schwere Jäger=Komp.
   1 leichte Battr.
   1 Werfer=Battr. sowie Flak=Battr.

Bis zum Morgen des 23. 1. war noch zu rechnen mit der Zuführung der fehlenden Teile der 3. Pz.=Gren.=Div. (ohne das verstärkte Rgt. 8), des Pz.=Gren.=Rgt.s 104 (ohne 1 Btl. mit einer Art.=Abt.), des Rgt.s Corvin der Pz.=Div. „Hermann Göring" mit 2 Art.=Abt.en (dadurch sollte die Zusammenfassung der gesamten Pz.=Div. „Hermann Göring" bewirkt werden). Für später war die Zusammenfassung der gesamten 15. Pz.=Gren.=Div. beabsichtigt.

Da die Schwäche der Abwehr vornehmlich in dem Mangel an schweren Pz.=Abwehrwaffen und Artillerie lag, sollte versucht werden, dies durch Zuführung von insgesamt 9 Flak=Abt.en, von denen 4 noch am 22. 1. eintrafen, auszugleichen.

Nach Abzug so starker Kräfte aus dem Frontgebiet der 10. Armee war die Verteidigung im Garigliano=Abschnitt in Frage gestellt. Der OB Südwest erteilte den Befehl, hier jedoch nur auf stärksten Feinddruck auszuweichen. Er faßte ins Auge, falls erforderlich, in den nächsten Tagen auf den Sengerriegel bei Monte Cassino und die Foro=Stellung zurückzugehen. Er nahm an, daß der Feind in der Nacht vom 22./23. seine Verbände ordnen und am 23. 1. mit starken Kräften westlich der Albaner Berge in Richtung Rom angreifen werde. Dieser Absicht wollte er durch scharfes Zusammenfassen der Kräfte im Raum südlich Rom Rechnung tragen. Da die Masse der in Marsch zum I. Fallschirm=Korps bestimmten Verstärkungen erst am Nachmittag des 23. 1. oder sogar erst am 24. 1. eintreffen konnte, glaubte er jedoch, mit ernsten Krisen rechnen zu müssen, falls der Feind bereits am 23. und 24. 1. zupacken würde. Das I. Fallschirm=Korps erhielt daher Befehl, den Raum zwischen dem Tiber, den Albaner Bergen und Sezze zu behaupten und dadurch unter allen Umständen ein Einwirken des Feindes auf Rom und die Straße Frosinone — Rom zu verhindern.

Der West= und Südrand von Rom wurde zur Verteidigung eingerichtet. Eine Sicherheitsbesetzung wurde eingeteilt. Für den Augenblick, wo die Kräfte es erlauben würden, wurde ein Gegenangriff im Raum südlich Rom ins Auge gefaßt.

In seiner Meldung vom 23. 1. morgens 3 Uhr wies der OB Südwest darauf hin, daß die gesamte Kampfführung maßgeblich durch die Unterstützung der eigenen Luftwaffe beeinflußt werde, weshalb es besonders nachteilig sei, daß ein Einsatz der schweren Kampfverbände in der Nacht vom 22./23. 1. ausfalle. Der Feind könne daher in dieser Nacht und am kommenden Tage seine Ausladungen unter fast friedensmäßigen Verhältnissen fortsetzen.

### 3. Ergänzende Maßnahmen des WFStabs

* Auf Grund der ersten Meldungen, die am Morgen des 22. beim WFStab über die erfolgte Landung eintrafen, entstand der Eindruck, daß es sich um die erste der vom Feinde angekündigten und deutscherseits erwarteten Großlandungen handelte und daß der am 20. 12. festgelegte Fall „Marder I", d. h. eine feindliche Großlandung an der ital. Westküste, eingetreten war. Darum wurde noch am gleichen Vormittag fernmündlich und anschließend fernschriftlich das Stichwort „Marder" zunächst für die vorgesehenen Verbände aus der Heimat und für die Artillerie des OB Südwest ausgegeben:

1. Der OB Südost[1] erhielt den „Marder"=Befehl für die Art.=Abt. 602 und die II./51 (X=Tag 22. 1.),

2. das gleiche Stichwort wurde dem Chef H Rüst u. BdE übermittelt für das Gen.=Kdo. LXXV. AK., das Gren.=Rgt. 1026, die verstärkten Pz.=Gren.=Rgt.er 1027 und 1028, das Art.=Lehr=Rgt. und das Nebelwerfer=Lehr=Rgt. (das in Verlegung befindliche Gren.=Rgt. 1026 sollte abgedreht werden).

Ferner erhielt der OB West Weisung, die in Südfrankreich eingesetzte 715. Inf.=Div. sofort in Richtung Rom in Marsch zu setzen und die I./Pz.=Rgt. 4 (Panther) dem OB Südwest im Bahn=Transport zuzuführen.

Auf Befehl des OB der Luftwaffe, mit dem der Führer fernmündlich sprach und dem er den Einsatz aller irgendwie verfügbaren Kräfte zur Aufklärung des feindlichen Landekopfes auftrug, wurden I. und III./Kampfgeschwader 1 (Ju 88) vom Luftwaffen=Kdo. Südost der Luftflotte 2 zugeführt, der ferner unterstellt wurden I. und III./KG. 26 (LT=Verbände), II./KG. 100 (Do 217) und II./KG. 40 (He 177).

Wenn damit zunächst nur ein Teil der für den Fall „Marder I" vorgesehenen Verbände aufgerufen wurde, so lag das vor allem daran, daß die am 20. 12. getroffenen Dispositionen infolge der inzwischen durchgeführten Kräfteverschiebungen zum Teil als überholt anzusehen waren (vgl. den allgemeinen

* *Anl. b 39—41*

1 Ms.: Südwest.

Teil[1]. Dazu kam die Rücksicht auf die Entwicklung im Osten und die Überlegung, daß die Landung, die man meist weiter nördlich erwartet hatte, infolge des engen räumlichen Zusammenhanges mit der Südfront, deren Verbände rasch und womöglich nur vorübergehend herangezogen werden konnten, vielleicht doch nicht ganz dieselbe Bedeutung besaß wie etwa eine Großlandung im Raum Livorno oder Genua.

Welche Absichten der Feind ursprünglich mit der Landung bei Nettuno verfolgte, ob er sich in den Besitz von Rom setzen oder vor allem die deutsche Südfront durch Sperrung der beiden Straßen von rückwärts her zum Einsturz bringen oder endlich zunächst nur deutsche Reserven von den übrigen Kriegsschauplätzen heranziehen wollte, läßt sich heute noch nicht mit voller Sicherheit sagen. Aus dem von ihm in den nächsten Tagen gezeigten Verhalten ergaben sich keinerlei Hinweise.

### 4. Der Aufbau der Abriegelungsfront (ab 23. Januar)

23. 1.: Wider Erwarten verhielt sich der gelandete Gegner vorerst ruhig; er führte seine Ausladungen fort, ohne zu versuchen, den Brückenkopf zu erweitern. Ob es sich nur um 3 Div.en oder um Teile von 5 Div.en handelte, war noch nicht sicher zu übersehen.

24. 1.: Der Feind verhielt sich im Brückenkopf weiterhin ruhig und führte seine Ausladungen in etwas geringerem Umfange als am Vortage fort.

Nachrichten, die über weitere Schiffsbewegungen des Feindes, unter anderem von Flugzeugträgern, umliefen, bestätigten sich nicht. Die Luftaufklärung ergab, daß Sizilien zur Zeit wenig belegt war.

Von der 3. Pz.-Gren.-Div. trafen alle vorgesehenen Teile bis auf die Artillerie ein.

Zur Abschirmung des Brückenkopfes standen nunmehr aus verschiedenen Div.en 10 Btl.e bereit, oder sie waren doch schon in Zuführung begriffen; außerdem war die Kampfgruppe der 71. Div. zur Stelle. Die Führung im Brückenkopf, die bisher bei dem I. Fallschirm-Jg.Korps gelegen hatte, wurde ab 25. 1. dem bisher in Norditalien führenden AOK 14 übertragen. In Norditalien trafen die vom OB Südost abzugebende Artillerie sowie die Anfänge der aus dem Westen abzugebenden Truppen ein.

Der OB der Luftwaffe forderte Gerät an, um die vor dem Abschluß ihrer Aufstellung stehenden 4 Fallschirm-Jg.-Div.en für den Kampf an der Landungsstelle einsetzen zu können (bisher waren lediglich 4 Btl.e einsatzbereit). Der Heeresstab übernahm die Bearbeitung dieser Angelegenheit.

Der F ü h r e r wies bei der Mittagslage ausdrücklich darauf hin, daß der Schwerpunkt des Einsatzes der Luftwaffe gegen den feindlichen Landekopf

1 Vgl. oben Seite 122, Anm. 2.

Nettuno erfolgen müsse. Wenn der Gegner weiter Gelände gewinne und die Sperrung der Nachschubstraße für die Garigliano=Front erreiche, würde die dortige Stellung unhaltbar werden (Merkbuch 24. 1.).

* Der OB Südwest übermittelte um 7 Uhr seinen Befehl für die weitere Kampfführung:

1. Die 10. Armee solle ihre jetzige Stellung verteidigen und – bei über=legenem Feinddruck hinhaltend kämpfend – auf die Foro=Stellung ausweichen. Diese sowie die jetzige Stellung und der Cassino=Riegel sollten mit allem Nach=druck weiter ausgebaut werden.

2. Die 14. Armee solle den gelandeten Feind durch Gegenangriff wieder ins Meer werfen; zunächst war eine Erweiterung des feindlichen Brückenkopfes zu verhindern. Außerdem wurde ihr die Sicherung zwischen Cecina und der Tiber=Mündung gegen neue feindliche Anlandungen und die Verteidigung von Elba übertragen.

3. Die Armee=Gruppe von Zangen, die anstelle des AOK 14 trat, sollte den Raum nördlich der Linie Cecina–Porto Recanati (20 km südostwärts Ancona) gegen feindliche Anlandungen sichern und mit größtem Nachdruck den Ausbau der Apennin=Stellung und der Küstenfronten fortsetzen.

4. Die Luftflotte 2 erhielt den Auftrag, mit ihren leichten Kräften den Kampf der 10. und 14. Armee zu unterstützen und mit den schweren Ver=bänden laufend den feindlichen Schiffsraum zu bekämpfen; eine weitere Auf=gabe war die intensive Aufklärung vor der Front der Armeen und in den Küstenvorfeldern und vor allem das rechtzeitige Erkunden feindlicher Lan=dungsabsichten. Die Masse der Flak=Art. sollte bei der 10. und 14. Armee eingesetzt werden.

5. Aufgabe der Kriegsmarine sollte es sein, mit allen Mitteln Seestreit=kräfte und Schiffsraum des Feindes, vornehmlich an den Landestellen, zu be=kämpfen, die Minensperren auszubauen und den Küstenverkehr sowohl zu sichern als auch in seiner Leistungsfähigkeit so zu steigern, daß die Versorgung beim Ausfall der Eisenbahn im vermehrtem Umfange auf ihn verlegt werden
** könne (vgl. hierzu eine Meldung der Seekriegsleitung vom folgenden Tage, wonach sich der Einsatz der eigenen Seestreitkräfte gegen den Landekopf auf folgende Möglichkeiten beschränken müsse: Minenunternehmungen, Einsatz schneller Torpedoboote gegen die Landungsstreitkräfte und laufendes Operie=ren gegen feindliche Schnellboote, die als Flankenaufklärung anzusehen seien. Ferner ab frühestens Anfang Februar Einsatz von (ital.) MAS=Booten und Einsatz des Sonderkampfmittels der 10. MAS=Flottille nach Maßgabe der Ein=satzbereitschaft).

Die Provinz Rom wurde in das Operationsgebiet mit einbezogen.

Dem AOK 14 wurden an großen Verbänden unterstellt: das Gen.=Kdo. des I. Fallschirm=Korps und das Gen.=Kdo. II. Geb.=Korps (beide mit Korpstrup=

* *Anl. b 50* ** *Anl. b 52*

pen), die 3. Pz.=Gren.=Div., die Pz.=Div. „Hermann Göring", Teile der 71. Inf.=Div., die 65. Inf.=Div., die 114. Jg.=Div., die behelfsmäßig motorisierte 715. Inf.=Div., die einsatzbereiten Teile der 362. Inf.=Div., die Einsatzgruppe der 16. SS=Pz.=Gren.=Div. (diese Verbände ohne bestimmte Teile), ferner der Kommandant von Elba und der Kommandant von Rom mit den ihnen unterstellten Truppenteilen. Dazu kamen noch eine Reihe von abgestellten Einzelverbänden, fechtenden Heerestruppen und Teile der Luftflotte 2.

Es war beabsichtigt, im Endziel durch Austausch der von ihren Divisionen abgesplitterten Teile und einzelner geschlossener Verbände den Zusammenschluß der großen Verbände wieder zu erreichen.

25. 1.: Im Brückenkopf wiederum keine besonderen Ereignisse. Da die feindliche Luftwaffe das ital. Bahnnetz in den letzen Tagen nicht weiter beschädigte, obwohl dem Gegner in diesem Augenblick besonders daran hätte liegen müssen, besserte sich die Eisenbahnlage, so daß die vorgesehenen Verstärkungen rascher herankamen, als ursprünglich angenommen werden konnte.

Das ruhige Feindverhalten im Brückenkopf fand seine Erklärung zum Teil in Veröffentlichungen, nach denen die feindliche Führung zunächst nicht die Absicht hatte, die Aktion schlagartig vorzutreiben, sondern ihre Verbände wie Schachfiguren allmählich vorschieben wollte. Es wurde bekanntgegeben, daß der Landungsverband in Neapel in See gegangen und die Überraschung infolge der Ausschaltung der deutschen Luftwaffe gelungen sei. Trotzdem herrschte bei der deutschen militärischen Führung der Eindruck, daß der feindliche Angriff nicht mehr lange auf sich warten lassen werde und daß alles darauf ankam, ihn zum Stehen zu bringen. Daneben wurden Erwägungen über die Führung des eigenen Gegenangriffes angestellt.

* Dem OB Südwest wurde folgender Befehl des Führers übermittelt (abgegangen 26. 1. 0.45 Uhr):

1. Die feindliche Landungsgruppe wird voraussichtlich früher zum Angriff antreten, als der eigene Aufmarsch beendet ist.

2. Der feindliche Landekopf ist daher etwa in der bisherigen Ausdehnung eng umschlossen zu halten. Die ersten Angriffe müssen in möglichst panzersicherem oder überhöhendem Gelände unter Einsatz aller herankommenden Artillerie sowie der Panzer=Abwehrwaffen zerschlagen werden. Bis dahin sollen die geeigneten Batterien Störfeuer auf die Landestelle und Nettuno legen.

3. Während der Feind für seine Angriffe günstiges Wetter wählen wird, das den Einsatz seiner Luftwaffe gestattet, muß der eigene Gegenangriff eine für den Einsatz der feindlichen Luftwaffe ungünstige Wetterlage ausnutzen.

4. Der Angriff selbst muß unter stärkster Zusammenfassung der Artillerie und der infanteristischen Kräfte, zunächst abgesetzt von der Wirkung der

* *Anl. b 51*

feindlichen Schiffs=Artillerie, mit dem Ziele geführt werden, ein Stück des feindlichen Landekopfes nach dem anderen herauszubrechen und den Feind dann endgültig wieder in das Meer zu werfen.

Da der Feind auch in den nächsten Tagen seinen Brückenkopf nicht wesentlich veränderte, ergab sich geländemäßig für die weiteren Kämpfe nunmehr folgende Gage (vgl. Bericht des Maj. v. Harbou vom 31. 1.): Von den Albaner Bergen aus fiel das Kampfgelände stufenförmig bis etwa zur Linie nördlich Aprilia—Cisterna ab; südlich schloß sich daran eine zum Teil völlig flache, zum Teil wellige Ebene an, in der sich die Entwässerungsgräben, vor allem der Mussolini=Kanal, als Geländehindernis störend bemerkbar machten. Hinter der eigenen vorderen Linie boten sich zahlreiche sehr gute Beobachtungsmöglichkeiten: aus dem Raum südlich Albano—Velletri war der gesamte Landekopf von vielen Punkten aus zu überblicken; aber auch der Gegner konnte die nach vorn führenden Straßen an vielen Punkten einsehen. *

Durch den zum Teil sumpfigen Boden und die tief eingeschnittenen Wasserläufe mit senkrechten, klammähnlichen Wänden, die erst aus unmittelbarer Nähe zu erkennen sind, war die Bewegungsmöglichkeit für Panzer auf bestimmte Strecken beschränkt. Leichtere Regenfälle verschlechterten diese Geländeverhältnisse sehr schnell. In einzelnen Abschnitten war der Gegner schnell zum Legen von Draht= und Minensperren übergegangen. Die feindliche Pak erwies sich als sehr zahlreich, dagegen litten die feindlichen Panzer ebenso wie die eigenen unter Geländeschwierigkeiten.

26. 1.: Bei dem im Brückenkopf befindlichen Feinde wurde die Grenzlinie zwischen den Briten und Amerikanern erkannt und festgestellt, daß westlich derselben ein britisches und ostwärts ein amerikanisches Gen.=Kdo. führten. An Verbänden wurden angenommen (Lagebuch 27. 1.): 3 brit. und 2 amerik. Inf.=Divisionen, dazu vielleicht 1 amerikan. Pz.=Div., Teile einer LL=Div., 1 Fallschirm=Jg.=Abt. usw.

Der Gegner tastete nur die eigene Linie ab, wobei Aprilia preisgegeben wurde; jedoch erreichte er nicht die deutsche HKL.

Vor der Küste versenkte ein U=Boot 2 feindliche Zerstörer; auch die Luftwaffe versenkte und beschädigte feindliche Einheiten.

Das AOK 14 übernahm, wie vorgesehen, den Befehl.

Die Zuführungen verliefen weiterhin planmäßig. Die Munitionslage war noch gut, Mangelmunition im Antransport. „Ofenrohre" und sonstiges Gerät sollten im Lufttransport herangeschafft werden.

### 5. Vorbereitung eines eigenen Gegenangriffs (ab 27. Januar)

27. 1.: Da die feindliche Angriffstätigkeit weiterhin gering blieb, wurde der deutsche Gegenangriff, den der OB Südwest von Anfang an ins Auge gefaßt

* *Anl. b 65*

hatte und für den ihm am Vortage erste Richtlinien erteilt worden waren, für den 30. 1. in Aussicht genommen, wobei eine Verschiebung um 3–4 Tage in Rechnung gestellt wurde. Für ihn standen nunmehr die Masse der Pz.=Div. „Hermann Göring", die 3. Pz.=Gren.=Div. (bis auf einzelne Teile und das in der Front eingesetzte Rgt.), die 4. Fallschirm=Jg.=Div. (soweit einsatzbereit) und andere Teile bereit.

Wiederholt wies der Führer auf die große Wichtigkeit einer eindeutigen Schwerpunktbildung beim Gegenangriff hin. Es sei erforderlich, unter schärfster Zusammenfassung aller verfügbaren Artillerie und Panzer, zunächst den westlichen Teil des Brückenkopfes herauszubrechen und die Landestellen Anzio und Nettuno wieder zu nehmen. Dadurch werde dem Feind die Möglichkeit genommen, hinter unserem Westflügel nordwestlich Anzio weiter Kräfte zu landen und seine im ostwärtigen Teil des Brückenkopfes befindlichen Kräfte zurückzuziehen. Der Angriff dürfe nur bei schlechtem Wetter geführt werden (Merkbuch 28. 1.).

* Die große Bedeutung, die dem Gegenangriff beigemessen wurde, kam in einem vom Führer unterzeichneten Befehl an den OB Südwest zum Ausdruck, in dem darauf hingewiesen wurde, daß in den nächsten Tagen der „Kampf um Rom"[1] entbrennen werde, der nicht nur über die Verteidigung Mittelitaliens und das Schicksal der 14. Armee entscheide, sondern in seiner Bedeutung noch darüber hinausgehe. Mit der Landung habe die für das Jahr 1944 geplante Invasion in Europa begonnen. Die Absicht des Feindes sei, starke deutsche Kräfte zu fesseln und zu verbrauchen sowie Erfahrungen für die zukünftigen Operationen zu sammeln. Über die Bedeutung des Kampfes müsse sich jeder Soldat der 14. Armee im klaren sein. Es genüge nicht, taktisch richtige und klare Befehle zu geben; vielmehr müßten alle 3 Wehrmachtteile in ihren Führern und Soldaten von dem fanatischen Willen durchdrungen sein, diesen Kampf siegreich zu bestehen und nicht zu erlahmen, bis der letzte Gegner vernichtet oder wieder ins Meer geworfen sei. Er müsse geführt werden mit dem heiligen Haß einem Feind gegenüber, der einen erbarmungslosen Ausrottungskrieg gegen das deutsche Volk führe. Der Kampf müsse hart und erbarmungslos nicht nur gegen den Feind, sondern im Falle des Versagens auch gegen jeden eigenen Führer und jede eigene Truppe geführt werden. Wie bei den früheren Kämpfen müsse der Feind erkennen, daß die deutsche Kampfkraft ungebrochen und die Großinvasion ein Unterfangen sei, das im Blute der angelsächsischen Soldaten ersticken werde.

** Für die taktische Durchführung erhielt der Chef des Gen.=Stabes des OB Südwest, Gen. Westphal, gemäß den Richtlinien, die der Führer beim Lage=

* *Anl. b 55* ** *Anl. b 56*

1 Anspielung auf den 1876/78 erschienenen, immer wieder aufgelegten und besonders von Jugendlichen gelesenen Roman: „Ein Kampf um Rom" des Historikers *Felix Dahn*. Wieder im Anschluß daran gab Hitler am Schluß des Krieges die Parole aus: „Kampf um Berlin".

vortrag gab, und einer vom Chef WFStab nachmittags erteilten Anweisung um 20.15 Uhr durch den Stellv. Chef WFStab fernmündlich folgenden Befehl: es komme darauf an, die britischen Kräfte, die nach den Erfahrungen der letzten Zeit als weniger abwehrkräftig gewertet wurden, mit Schwerpunkt an und westlich der von Norden nach Anzio führenden Straße anzupacken und von dieser Hauptachse des Angriffes aus nach Südosten und Südwesten einzudrehen, um eine Feindgruppe nach der anderen herauszubrechen. Dabei solle nicht zu nahe an die Küste herangegangen werden; auch müsse der Einsatz der Luftwaffe möglich sein. Sollten das Gelände oder sonstige Umstände der Führung des Angriffes in der genannten Weise entgegenstehen, so solle das bei der Vorlage des Angriffsplanes eingehend begründet werden. General Westphal wandte ein, daß nach den bisherigen Absichten, die sich aus der Beurteilung des Angriffsgeländes und der störenden feindlichen Beobachtung von See aus ergeben hatten, der Angriff ostwärts der genannten Linie angesetzt werden sollte. Dieser Plan wurde nunmehr auf Grund der soeben erhaltenen Richtlinien erneut geprüft. Es wurde festgelegt, daß, um Zeitverlust zu vermeiden, die Bewegungen in die vom OB Südwest vorgesehenen Aufmarschräume bereits eingeleitet werden könnten, daß aber die Genehmigung der Absichten vorbehalten bleibe.

Nach Vortrag erklärte sich der Führer damit einverstanden, den Angriff ostwärts der Straße nach Anzio—Nettuno zu führen, wenn das Gelände dort günstiger sei.

Der Reichsmarschall hatte auch dem OB Südwest gegenüber die Forderung erhoben, daß die einsatzfähigen Teile der 4. Fallschirm-Jg.-Div. und die Fallschirm-Pz.-Div. „Hermann Göring" ausreichend mit Pz.-Abwehrwaffen, Flak usw. versehen und geschlossen zum Einsatz gebracht werden müßten. Der OB
* Südwest teilte daraufhin mit, daß alles geschehen werde, um diese Verbände so mit schweren Waffen usw. abzustützen, daß sich ihr hoher Kampfwert unter Vermeidung größerer Verluste mit Erfolg auswirken könne.

Der Straßenzustand verschlechterte sich durch Regenfälle; die Eisenbahnlage hatte sich gebessert; der Antransport von Norden verlief planmäßig. Eigene Angriffe gegen feindliche Schiffsziele an der Landestelle führten zur Beschädigung von 42000 BRT. Nach Meldung der Kriegsmarine wurden vor Nettuno 52 Landeboote sowie 50—80 Transporter und Transportfahrzeuge festgestellt. Feindliche Funkmeldungen erklärten, das anglo-amerikanische Ziel bestehe vorerst in der Konsolidierung des Brückenkopfes und in der Regelung des Nachschubes; der General Alexander habe sich nach Nettuno begeben.

** 28. 1.: Um 4.55 Uhr meldete der OB Südwest seine nunmehrigen A b s i c h t e n  f ü r  d e n  G e g e n a n g r i f f im Raume südlich Rom. Da die erforderlichen Zuführungen nicht vor dem 31. 1. abgeschlossen sein würden, könne

* *Anl. b 57*  ** *Anl. b 58*

er erst für den 1. 2. vorgesehen werden. Selbst bei einer etwaigen weiteren Verschlechterung der Eisenbahntransportlage werde alles daran gesetzt werden, um diesen Zeitpunkt einzuhalten. Die 14. Armee werde sich ab 28. 1. 12 Uhr wie folgt gliedern:

1. Gen.-Kdo. II. Geb.-Korps zur Sicherung der Küste zwischen Cecina und der Tibermündung,

2. Gen.-Kdo. I. Fallschirm-Jg.-Korps zur Durchführung des Angriffes mit 65. Inf.-Div. rechts, dann Gruppe Gräser als Hauptangriffsgruppe (3. Pz.-Gren.-Div., Pz.-Gren.-Rgt. **104**, verstärktes Pz.-Gren.-Lehr-Rgt. 1024 sowie im 2. Treffen die 715. Inf.-Div.), darauf die 71. Inf.-Div. mit unterstelltem verstärkten Pz.-Lehr-Rgt. 1028, hinter der Gruppe Gräser und der 71. Inf.-Div. die verstärkte 26. Pz.-Div., ferner die verstärkte Pz.-Div. „Hermann Göring" als Reserve.

Kampfführung: ab 28. 1. laufend Stoßtruppunternehmungen, um Klarheit über den Feind zu gewinnen, sowie planmäßige Bekämpfung der feindlichen Artillerie. Ab 1. 2. morgens Angriffe auf der gesamten Front im Quadrat 10 zwischen 04 und 14, um das feindliche Feuer zu zersplittern. Hauptangriff durch Gruppe Gräser und 71. Inf.-Div. mit gestaffelt folgender 26. Pz.-Div., um das feindliche Hauptkampffeld in Richtung Nettuno zu durchbrechen. Erstes Angriffsziel: Höhen nördlich 07–11. Ob nach Erreichen dieses Zieles weiter auf Nettuno durchgestoßen oder nach Südosten bzw. Westen in den feindlichen Rücken einzudringen sei, hänge von der Lage ab. Sollte sich an einer anderen Stelle vor der Front des I. Fallschirm-Korps eine weiche Stelle abzeichnen, würde dort nachgestoßen werden. Die Führung des Angriffs mit der Masse ostwärts der Straße sei geländemäßig bedingt, da der Raum westlich von ihr für einen Einsatz von Panzern nicht geeignet sei.

Für die Unterstützung des Angriffes stünden voraussichtlich zur Verfügung: 39 leichte, 36 schwere Batterien, 9 Werfer-Batterien sowie 34 schwere, 7 mittlere und 18 leichte Flak-Batterien; von diesen werde jedoch ein Teil durch die Luftabwehr gebunden sein. Die Luftwaffe sollte in den Nächten vorher den feindlichen Schiffsraum weiter bekämpfen; von der Nacht vom 30. zum 31. an sollten die schweren Kampfverbände ausschließlich auf Kriegsschiffe angesetzt werden. Am Angriffstage sei dann die Hauptaufgabe der Luftwaffe der Jagdschutz über der Hauptkampfgruppe sowie die Bekämpfung feindlicher Batterien durch Jabo-Angriffe. Dafür sei eine wesentliche Verstärkung der zur Zeit vorhandenen Jagdkräfte notwendig. Eine Bekämpfung der feindlichen Seestreitkräfte am Tage verspreche keinen durchschlagenden Erfolg. Es solle versucht werden, die Wirkung der mittleren und schweren Schiffs-Artillerie des Feindes durch eigenes schweres Flakfeuer und durch die zur Zeit im Antransport befindlichen Eisenbahngeschütze auszuschalten. Dazu werde eine besondere Artillerie-Gruppe gebildet werden. Im Notfall müßten zusätzlich Schlachtflieger angesetzt werden. Die Kriegsmarine solle den feindlichen Schiffsraum durch U-Boote und das Auslegen von Minensperren bekämpfen.

Da voraussichtlich um die Monatswende eine Verschlechterung des Wetters zu erwarten sei, werde sich die feindliche Luftüberlegenheit nicht voll auswirken können. Für den Fall, daß der Feind bereits vor dem 1. 2. zum Großangriff antrete, müsse der eigene Gegenangriff aus der Abwehr heraus erfolgen. Auch für diesen Fall würden die Vorbereitungen getroffen.

* Zu den gemeldeten Absichten nahm der WFStab wie folgt Stellung:

1. Feindlage:

Im Landekopf anzunehmen seien bisher 6—7 Verbände. In Süditalien und Sizilien müßten noch 8 1/2 Verbände vermutet werden (oder, falls die französ. Verbände nicht im Landekopf eingesetzt würden, 6 1/2 Verbände), die für die Zuführung in den Landekopf in Betracht kämen. Zusammen mit den noch in Nordafrika stehenden Kräften handele es sich um 13 3/4 Verbände (und ohne die französ. um 8 1/2 Verbände); demnach müsse mit 15 freien Verbänden des Gegners für weitere Operationen gerechnet werden.

2. Eigene Lage:

Dem OB Südwest stünden für den geplanten Angriff insgesamt etwa 8 Verbände zur Verfügung. Weitere Zuführungen aus der Front des AOK 10 und aus der Küstenverteidigung kämen nicht in Betracht.

Demnach stünden sich 6—7 feindliche Verbände, die laufend verstärkt werden könnten, und 7—8 eigene Verbände, die nicht mehr ergänzt werden könnten, gegenüber. Dabei sei die feindliche Luftüberlegenheit zu berücksichtigen. Als Folgerung ergebe sich, daß es fraglich sei, ob die Heeresgruppe den Angriff mit den zur Verfügung stehenden Kräften durchführen bzw. ihn bis zur völligen Bereinigung des Landekopfes ausreichend nähren könne. Es müsse daher entschieden werden, ob nicht eine Zuführung weiterer Kräfte des Heeres und der Luftwaffe in den ital. Raum erforderlich sei, die für den Angriff zwar nicht mehr rechtzeitig eintreffen, aber ihn doch nähren könnten und im Falle der Bereinigung bald wieder zur Verfügung stehen würden.

Für eine Zuführung nach Italien wurden die 9. SS-Pz.-Div. und die 19. Luftwaffen-Feld-Div. aus dem Westen und 1 Inf.- oder Jäger-Div. aus dem Südosten vorgeschlagen. Diese Kräfte könnten auch als Reserve für das sehr geschwächte AOK 10 und zur Abwehr weiterer Teillandungen erforderlich werden.

Der Stellv. Chef vermerkte hierzu, daß das Abziehen von Reserven aus dem Westen den feindlichen Plänen entgegenkomme; auch sei ihre schnelle Rückkehr höchst zweifelhaft. Ein Abwarten des feindlichen Angriffes heiße, ihm Zeit zur Erlangung seiner vollen Stärke zu lassen. Der Stellv. Chef sprach sich deshalb gegen die gemachten Vorschläge aus. Auch der Chef WFStab versagte seine Genehmigung.

* *Anl. b 59* [1]

1 „59" ergänzt.

Auf Weisung des Führers hin wurde befohlen, daß die aus dem Westen herankommende Panther=Abt. I./4 möglichst weit im Eisenbahntransport her= angeführt werden solle, um ein Ausfallen von Kampfwagen durch Marsch= schäden zu verhindern.

Im Landekopf setzte der Feind seine Ausladungen fort; jedoch kam es nur zu kleineren Gefechtshandlungen. Die Luftwaffe versenkte 1000 to Landungs= boote und beschädigte 12–14 000 to.

Die Zuführungen aus dem Westen und aus Deutschland erreichten mit ihren Spitzen Florenz–Siena.

29. 1.: Im Raum von Nettuno weitere Ausladungen, aber wiederum keine größeren Kampfhandlungen. Die eigenen Heranführungen wurden durch feind= liche Luftangriffe, durch Schneefälle in den Bergen und Beschädigungen an den Brücken verzögert. Vor Nettuno wurden wiederum 14 000 BRT beschädigt.

Am Spätnachmittage [1] und in der Nacht zum 21. 1. liefen Meldungen ein, wo= nach der Feind sich in größerer Stärke für eine Landung im Raum von Ci= vitavecchia oder weiter nördlich eingeschifft habe. Beide Meldungen gingen auf eine japanisch=diplomatische Quelle in Spanien zurück; sie erwiesen sich als falsch.

30. 1.: Bei Nettuno weitere Ausladungen. Es wurde festgestellt, daß sich – da der Feind auf See Umladungen vornehmen mußte – Verzögerungen ergaben, die zum Teil 48 Stunden dauerten. Der Grund lag sowohl im Seegang als auch in den Angriffen der eigenen Luftwaffe. Diese vernichtete wieder 1 feindl. Zer= störer und 2 Schiffe mit 14 000 BRT; auch am Strande erzielte sie gute Wir= kungen.

Die 65. Div. übernahm am Vortage den bisherigen Abschnitt der 4. Fall= schirm=Jg.=Div. zwischen Nettuno und Ostia, das LVIII. Geb.=Korps den Befehl nördlich des Tibers. Die 26. Pz.=Div. war mit Masse bereits versammelt, wäh= rend von der 114. Jg.=Div. die Vorausabteilung eintraf.

Die feindliche Luftwaffe wandte sich, wie am Vortage, gegen Bahnziele; doch konnten durch Umgehungsstrecken die in Verona und Bologna einge= tretenen Beschädigungen zum Teil ausgeglichen werden. Alle Grenzüber= gänge von Südfrankreich bis in den Kroatischen Raum waren, wenn auch zum Teil nur eingleisig, befahrbar.

Einem eigenen U=Boot gelang es, in das Mittelmeer einzubrechen (die Ab= sicht der Seekriegsleitung ging dahin, in jeder Neumondperiode jeweils ein neues U=Boot durch die Straße von Gibraltar in den Mittelmeerraum einzu= führen).

In der britischen Presse erhoben sich Stimmen gegen die „Konsolidierung im Brückenkopf". Es wurde zum Ausdruck gebracht, daß man ein schnelleres Vorgehen erwarte.

1 Ms.: Vornachmittage.

Der geplante Angriff: am Abend wurden durch den WFStab in Fortsetzung der Bemühungen, dem OB Südwest möglichst starke Kräfte zur Verfügung zu stellen, die für ihn bestimmten schweren Abteilungen freigegeben, darunter die Pz.=Fernlenk=Abt. 301, die aus dem Westen heranzuführen war und jetzt zum ersten Mal zum Einsatz kommen sollte.

Der OB Südwest übermittelte seinerseits um 13 Uhr seinen Operationsbefehl * für die Vernichtung des bei Nettuno gelandeten Feindes, in dem auch die Aufträge für die 10. Armee und die Armeegruppe von Zangen aufgenommen waren (dazu Feindnachrichten=Blatt des OB Südwest in den Akten Op H). „Die 14. Armee", so hieß es darin, „greift am X=Tag den südlich Rom gelandeten Feind auf ganzer Front von Küste zu Küste unter scharfer Zusammenfassung der Kräfte am Schwerpunkt konzentrisch an. Die Armee drängt den Feind auf engem Raum zusammen und wirft ihn in das Meer zurück." Am nächsten Tage meldete der OB Südwest ergänzend, daß der 2. 2. zum Angriffstag bestimmt sei. Darauf wies der Chef WFStab (abgegangen ** 31. 1. 0.45 Uhr) den OB Südost nochmals auf den Befehl des Führers hin, daß der Angriff gegen den Landekopf nicht in Form eines konzentrischen Angriffs, sondern als Durchbruch auf schmaler Front von Nord nach Süd geführt werden solle; dazu seien die bewährtesten Angriffsgruppen sowie die Masse der Artillerie, der Schlachtflieger und aller schweren Angriffsmittel an dieser Stelle zusammenzufassen. Daneben könnten Fesselungs= und Täuschungsangriffe an anderen Stellen dem Durchbruch vorausgehen. Ziel müsse sein, zunächst die Engländer westlich der Linie Canale Carano—Nettuno ins Meer zu werfen, um sich dann erst gegen die Amerikaner ostwärts dieser Linie zu wenden und diese vernichtend zu schlagen.

Der Chef WFStab teilte dem OB Südwest abschließend die Zuführung der Panzerfernlenk=Abt. sowie einer Sturm=Pz.=Kp. des Befehlshabers des Ersatzheeres mit (s. o.).

### 6. Der feindliche Angriff vom 30. - 31. Januar

Der Befehl zum Angriff kam zunächst nicht zur Auswirkung, da — wie bereits in Rechnung gestellt worden war — der Gegner noch im Laufe des 30. 1. mit rund 3 Divisionen (Masse der 1. brit. und der 3. amerik. Inf.=Div., Teile der 82. LL.=Div. sowie etwa 2 Pz.=Brigaden) aus dem Brückenkopf zum Angriff antrat. Da hierdurch die Masse der eigenen Kräfte (einschl. der für den Angriff bisher zurückgehaltenen Verbände) zunächst in der Abwehr gebunden wurde, ergab sich bald, daß der eigene Angriff vorläufig entfallen mußte.

Im rechten Teil des feindlichen Angriffsstreifens blieb die HKL in eigener Hand; es gelang dem Gegner jedoch, bis Aprilia durchzustoßen, wo er mit letzten Reserven aufgefangen wurde. Bei Cisterna drang er bis zum Ostrand

* *Anl. b 60* ** *Anl. b 61*

vor, doch wurde er hier wieder auf die HKL zurückgeworfen. 846 feindliche Gefange blieben in eigener Hand.

31. 1.: Der Feind, der seine Ausladungen mit Nachdruck fortführte, setzte den Großangriff fort. Er wurde an der Nordfront abgewiesen, wo die frisch eingetroffene 715. Div. die erste Kampfprobe gut bestand; aber es gelang ihm, seine Nordostfront (südwestlich Cisterna) auszubeulen. Gegenstöße der 26. Pz.-Div. drückten ihn jedoch stellenweise auf die alte HKL zurück. Die eigenen Verluste erwiesen sich als geringer, als zuerst angenommen wurde. Der OB Südwest hatte – wie in einem am Vormittag mit seinem Chef Gen.-St. geführten Telefongespräch zum Ausdruck kam – die am Vortage begonnenen Feindangriffe zunächst nur als starke Aufklärungsvorstöße angesehen und gehofft, den Angriff (bei ungestörtem Verlauf der eigenen Bewegungen am 31. 1. und 1. 2.) wie vorgesehen am 2. 2. führen zu können. Auf Grund eines gemeinsam mit dem OB der 14. Armee unternommenen Frontbesuches gelangte General-Feldmarschall Kesselring dann jedoch zu der Auffassung, daß die gestern begonnenen Feindvorstöße bereits die erste Phase des Angriffs zur Erweiterung des Brückenkopfes darstellten. Da es notwendig geworden sei, die beiden einzigen voll verfügbaren und kampfkräftigen Verbände (715. Inf.-Div. und 26. Pz.-Div.) zur Abwehr einzusetzen, müsse vorläufig auf eine angriffsweise Bereinigung des Brückenkopfes verzichtet werden.

* Am Abend brachte der OB Südwest diese zunächst fernmündlich geäußerte und vom WFStab bestätigte Auffassung in einem Fernschreiben zum Ausdruck. Nach Entfallen der eigenen Gegenangriffe trete – so meldete er – nun ein gegenseitiges Abringen der Kräfte ein, da eine Ausweitung des Landekopfes verhindert werden müsse. Der Feind habe zweifellos schon schwere Verluste erlitten; aber auch die eigenen Einbußen an Personal und Material seien an beiden Kampftagen erheblich gewesen. Es sei daher fraglich, ob die jetzt vorhandenen Kräfte nach einem längeren Abwehrkampf noch ausreichen würden, um den Feind ins Meer zu werfen. Außerdem erfordere der Abwehrkampf laufend einen hohen Munitionseinsatz, und es sei unsicher, ob die vorhandenen Bestände ausreichen würden. Im Verlaufe des Abwehrkampfes könnten sich günstige Gelegenheiten ergeben, um an einer jetzt noch nicht zu übersehenden Stelle zum Gegenangriff anzutreten. Hierdurch könne gegenüber dem angeschlagenen Feind unter Umständen ein größerer Erfolg erzielt werden. Diese Möglichkeiten wolle der OB Südwest jeweils sofort ausnutzen. Daher werde angestrebt, laufend eine möglichst große Stoßgruppe im Gefechtsgebiet verfügbar zu halten.

Fernmündlich wurde mit dem Chef Gen.-St. des OB Südwest die Frage der Heranziehung der römischen Bevölkerung zu Bauarbeiten an den Verteidigungsanlagen besprochen. Es ergab sich, daß beim OB Südwest derartige Maßnahmen erwogen worden waren; sie würden aber voraussichtlich wirkungslos

* *Anl. b 62*

bleiben, da die Polizeikräfte fehlten, um die Einwohner zusammenzuholen und bei der Arbeit[1] zu bewachen.

Der Führer hatte in den letzten Tagen (Chef WFStab im Merkbuch 29. 1.) wiederholt seine Ansicht geäußert, daß der feindliche Brückenkopf Nettuno um jeden Preis bereinigt werden müsse. Dies sei besonders wichtig; denn mit einer vereitelten Landung im ital. Raum sinke die Möglichkeit einer feindlichen Invasion an anderen Stellen bedeutend herab. Auch hätte die Zerschlagung des feindlichen Landekopfes eine sehr große politische Auswirkung. Nach den andauernden Rückschlägen des Jahres 1943 sei irgendein militärischer Erfolg besonders wichtig.

Am 31. 1. kam der Führer erneut auf die beabsichtigte Angriffsführung im Brückenkopf Nettuno zu sprechen. Er wies wiederum auf die Notwendigkeit einer starken Schwerpunktbildung mit Artillerie und Panzern hin, um zunächst den Feind westlich der Straße Nettuno—Aprilia zu zerschlagen und dann nach Westen oder Südwesten einzudrehen. Im Zusammenhang mit den dort inzwischen entbrannten schweren Kämpfen forderte der Führer eine schwerpunktmäßige Zuführung von Ersatz an Menschen und Material für die dort eingesetzten Divisionen. Es müsse unbedingt verhindert werden, daß die eigenen Verbände nach Abwehr der starken Feindangriffe aus Mangel an Personal zum Gegenangriff nicht mehr in der Lage seien. Der Führer äußerte seine Absicht, nach Vernichtung des Feindes im Brückenkopf Nettuno mit dadurch frei gewordenen Verbänden an der Südfront hinter dem Abschnitt der 94. Inf.-Div. aufzumarschieren, um durch einen Stoß über Minturno nach Südosten (vgl. den allg. Teil) die gegnerische Front zum Einsturz zu bringen (Chef WFStab am 31. 1., siehe Merkbuch).

(Am 31. 1. legte der vom WFStab zum Brückenkopf entsandte Major d. G. v. Harbou einen Bericht über die am 27. – 31. 1. durchgeführte Reise vor.)

Der Gen.-Stab d. Ersatzheeres wurde angewiesen, den für den OB West vorgesehenen Eisenbahn-Pz.-Zug 24 dem OB Südwest zuzuweisen, der für Sicherungsaufgaben im Raum Genua eingesetzt werden sollte. Der WFStab übermittelte Anregungen für die Propaganda beim Gegenangriff bei Nettuno. Durch Abwurf von geeigneten Flugblättern, in denen auf Dünkirchen und die gute Behandlung englischer Kriegsgefangener in Deutschland angespielt werden sollte, über dem feindlichen Brückenkopf sollte versucht werden, den Kampfgeist der anglo-amerik. Truppe zu zersetzen.

### 7. Lage der Luftwaffe am Monatsende

Der Luftflotte 2 waren die beiden Flieger-Divisionen in Südfrankreich sowie die 2 Gruppen, die aus dem Bereich des OB Südost nach Nordostitalien verlegt

* *Anl. b 65* ** *Anl. b 68; Anl. b 67*

1 Ms.: Absicht.

worden waren, unterstellt worden. Damit verfügte die Luftflotte nunmehr über 11 Kampfgruppen. Trotz der feindlichen Luftangriffe, die sich auch auf die Flugplätze in Nordost=Italien erstreckten, konnten die Flugplätze um Rom noch belegt gehalten werden. Im Raum von Nettuno waren jetzt 34 schwere und etwa 20 leichte Flakbatterien der Luftwaffe zusammengezogen. Eine Ergänzung durch die ital. Luftwaffe fand so gut wie gar nicht statt, da es nur eine einzige ital. Jagdgruppe gab; diese bewährte sich allerdings ganz gut (Mitteilung Op/L vom 1. 2., s. Merkbuch).

Wegen der anhaltenden Angriffe auf die Flugplätze gewann ihr Flakschutz erhöhte Bedeutung. Da ein Abziehen von Flak von kriegswichtigen Werken, wie z. B. von der Kugellagerfabrik in Oberitalien, nicht möglich war, trat die Frage auf, ob nicht weiter Flakkräfte aus der Reichsverteidigung gewonnen werden könnten. Der Führer glaubte aber nicht, daß man die Reichsverteidigung zur Zeit schwächen könne (Chef WFStab am 29. 1., s. Merkbuch).

Am 28. 1. verfügte die Luftflotte 2 über 200 Jagdflugzeuge. Seit den letzten Januartagen befanden sich weitere 66 BF=109 in Überführung, von denen 40 bereits eingetroffen waren; weitere 24 Jäger sollten aus der Januar=Lieferung noch zugewiesen werden, so daß sich dann 300 Jagdflugzeuge in Italien befanden. Außerdem wurden der Luftflotte in den letzten Januartagen noch 45 * Schlachtflugzeuge zugewiesen. Der WFStab bat den Luftwaffenführungsstab zu prüfen, inwieweit die für Februar beabsichtigten Zuführungen an Jägern bereits Anfang des Monats zugewiesen werden könnten. Dieser hielt es aber für zweckmäßiger, die in Italien befindlichen Jagdverbände auf ihrem Stand zu halten, als weitere Verbände, die zudem nicht verfügbar seien, zuzuführen, da die Bodenorganisation nicht genügend leistungsfähig sei.

#### 8. Fortgang der Kämpfe und Erwägungen vom 1.-10. Februar (Vorstoß gegen Aprilia)

Im Laufe des 1. 2. gelang dem Feind eine Erweiterung seines Einbruchs bis nördlich der Eisenbahnlinie nordwestlich Cisterna. Der Gegenangriff der 71. Inf.= und der 26. Pz.=Div. führte nur bei der ersteren zu gewissen Erfolgen. Bei Telefongesprächen des WFStabs mit dem Chef Gen.=St. des OB Südwest an diesem und den folgenden Tagen kam zum Ausdruck, daß der OB Südwest bei der Führung der 14. Armee die Wendigkeit vermißte, die erforderlich sei, um die von ihm gewünschten kurzen Teilschläge gegen die vorspringenden feindlichen Frontteile zu führen.

Im übrigen war die Lage beim OB Südwest durch die seit einigen Tagen wieder mit großer Wucht und Hartnäckigkeit geführten feindlichen Angriffe im Monte Cassino=Abschnitt gekennzeichnet.

Da der Feind jetzt in Süditalien, abgesehen von 4–5 Verbänden in Nordafrika, noch 4–5 weitere nicht eingesetzte Verbände zur Verfügung hatte,

* *Anl. b 61*

waren weitere Landungen jederzeit denkbar. Allerdings lagen noch keine neuen Anhaltspunkte für eine solche vor; die Möglichkeit war jedoch dauernd in Rechnung zu stellen, wobei dem Abschnitt bei Civitavecchia nach wie vor besondere Bedeutung beigemessen wurde.

Vor der Afrika-Küste gelang die Beschädigung von 1 Kreuzer und 7 Dampfern mit 52000 BRT durch die Luftwaffe.

In Italien besserte sich die Eisenbahnlage etwas.

* Um dem OB Südwest die Zusammenfassung der verschiedenen Panzerverbände zu ermöglichen, stellte der Generalinspekteur der Panzertruppen den Pz.-Rgt.-Stab 69 zur Verfügung. Ferner wurde dem OB Südwest die Sturm-Pz.-Komp. St. Pölten zugewiesen.

Am 2. 2. kamen eigene Vorstöße mit dem Ziel, die nördlich Aprilia entstandene Beule abzuklemmen, noch nicht zum Erfolg. Es blieb jedoch bei der Absicht, den Brückenkopf weiter einzuengen. Weitere Zuführungen trafen ein; die Munitionslage hatte sich auf einzelnen Gebieten gebessert, in anderen verschlechtert; die Betriebsstofflage war gleich geblieben (8 VS im Gesamtbereich, zusammen mit dem Zulauf: 10 VS).

Der Führer wies auf die Notwendigkeit hin, die ital. Südfront mit allen nur erdenklichen Mitteln personell und materiell zu verstärken. Er unterstrich erneut die Wichtigkeit, den Landekopf Nettuno zu bereinigen. Falls dieser bestehen bleibe und die Alliierten evtl. noch an einer anderen Stelle landeten, so sei ein Halten der Südfront in der derzeitigen Linie mit den zur Verfügung stehenden Kräften ausgeschlossen.

** In einer fernmündlichen Rücksprache mit dem Stellv. Chef WFStab meldete der Gen. Westphal, die Beobachtungs-Abt. 71, die am 30. 1. zum OB Südwest abtransportiert worden war, sei nunmehr eingetroffen. Darüber hinaus wurde von ihm noch eine weitere Beobachtungs-Abt. angefordert. Schwierigkeiten bestanden noch bei dem Vorziehen der beiden Eisenbahn-Batterien, die zur Zeit in einem Tunnel in Gegend Orte standen. Erbeten wurde die Zuweisung einer 17 cm-Abt. aus dem Westen, ferner die Vermehrung der Pionierkräfte. Am notwendigsten seien viel Munition, personeller Ersatz und Verbände.

In der Nacht vom 3. 2. zum 4. 2. gelang es, die Beule in der Nordfront abzuschneiden. Eine der Eisenbahn-Batterien konnte in Stellung gebracht werden. An der Front festigte sich die Lage. Die Eisenbahnlage verbesserte sich weiter. Dem OB West wurde der Befehl erteilt, 2 17 cm-Batterien aus dem Bereich des AOK 1 dem OB Südwest zuzuführen (s. o.), deren Ersetzung durch 2 ent-
** sprechende Batterien dem Chef H RüstuBdE aufgegeben wurde.

Nach einem feindlichen Funkspruch hatten die Amerikaner sehr schwere Verluste erlitten.

* *Anl. b 69—71* ** *Anl. b 74* *** *Anl. b 78*

Der Führer regte an, die am linken[1] Flügel der 10. Armee eingesetzte 1. Fallschirm=Jg.=Div., falls sie aus ihrem derzeitigen Abschnitt herausgelöst werden könne, in den Landekopf Nettuno zuzuführen, um dort einen weiteren erstklassigen Verband zu haben. An ihrer Stelle sollten die 114. Jg.=Div. an der Adriatischen Küste eingesetzt und die ursprünglich zur Ablösung der 1. Fallschirm=Jg.=Div. vorgesehenen Verbände in den Raum Monte Cassino zugeführt werden. Im Falle einer weiteren Landung, die im Raum nordwestlich Nettuno jederzeit zu erwarten sei, müßten alle in Norditalien noch zur Verfügung stehenden Verbände an diese neue Landestelle herangeführt werden. Von einer endgültigen Bereinigung aller im Rücken der 10. Armee befindlichen Landungsstellen sei das Halten der Front dieser Armee abhängig (Chef WFStab am 3. 2., s. Merkbuch).

* Am gleichen Tage legte die Abt. Op H dem Stellv. Chef WFStab eine kurze Beurteilung der Lage im Bereich des OB Südwest vor, die die gespannte Lage bei der 10. Armee (Monte Cassino) und die – trotz leichter eigener Überlegenheit aus beim WFStab nicht zu übersehenden Gründen unbefriedigende – Lage im Brückenkopf von Nettuno schilderte und damit schloß, daß vom OB Südwest eine klare Entscheidung gefordert werden müsse, ob er sich in der Lage glaube, den Brückenkopf Nettuno zu bereinigen, bevor die Krise bei der 10. Armee zu einem entscheidenden Rückschlag geführt habe, oder ob er diese Möglichkeit nicht sehe. In diesem Falle müßten ihm entweder von seiten des WFStabs die notwendigen Mittel gegeben oder der Entschluß zu einer Änderung der Kampfführung in Italien gefaßt werden.

Der Stellv. Chef ordnete an, erst noch genauere Grundlagen zu beschaffen und Einzelfragen zu beantworten.

** Am Mittag des 3. 2. erteilte der Chef WFStab dem General Westphal fernmündlich neue Richtlinien. Um 19 Uhr setzte der OB Südwest den Stellv. Chef WFStab in vorläufiger Form über seine sich daraus ergebenden Absichten ins Bild. Auch er habe den Einsatz der 1. Fallschirm=Jg.=Div. am Landekopf statt bei Monte Cassino eingehend erwogen; er würde diese Lösung gleichfalls vorziehen, glaube aber nicht, dazu in der Lage zu sein, da er über keine anderen Truppen verfüge, um den Feind bei Monte Cassino aufzuhalten. Gelinge dies nicht, so sei die Voraussetzung für den Angriff gegen den Landekopf auf das schwerste beeinträchtigt. Auf die Absicht, die feindliche Einbruchsstelle bei Aprilia einzuengen, wolle er nicht verzichten, um sich eine günstigere Ausgangslage für den Gegenangriff zu schaffen. Er glaube, daß eine alarmierende Wirkung aus diesen Gegenmaßnahmen (Hinweis auf Ansatz des späteren Generalangriffs) nicht zu befürchten sei, da sie in gleicher Weise an den übrigen vom Feinde angegriffenen Abschnitten des Landekopfes angewandt würden.

* *Anl. b 80* ** *Anl. b 79*

1 Ms.: am amerik. linken Fl.

Am 4. 2. wurden aus dem im Norden des Landekopfes gebildeten Kessel insgesamt 960 Gefangene herausgeholt. Beim OB Südwest entstand der Eindruck, daß der Gegner von seiner Stoßrichtung Albaner Berge – Rom abzuweichen beginne und seinen Schwerpunkt mehr in nordostwärtige Richtung lege, anscheinend in der Absicht, auf diese Weise zu einem schnelleren operativen Zusammenwirken mit den bei Monte Cassino eingesetzten Kräften zu kommen. Der Antransport der Pz.=Fernlenkabteilung 301 aus dem Westen verlief weiterhin planmäßig. Außerdem wurde befohlen, dem OB Südwest noch beschleunigt Flammenwerfer zuzuführen.

Der Chef WFStab schlug dem Führer die Zuführung der 9. SS=Pz.=Div. zum Brückenkopf vor, da der dort beabsichtigte Gegenangriff zur Zerschlagung des Feindes mit den zur Zeit zur Verfügung stehenden Kräften ohne Zuführung neuer Verbände nicht mit Sicherheit zum Erfolg führen werde. Die 1. Fallschirm=Jg.=Div. müsse bei Monte Cassino eingesetzt werden, da dort sonst die Gefahr eines feindlichen Durchbruches bestehe. (Dies war am Vormittag auch durch den Chef Gen.=Stab d. OB Südwest in einer persönlichen Rücksprache mit dem Chef WFStab betont worden.) Der Brückenkopf Nettuno müsse unbedingt bereinigt werden, wenn die Front der 10. Armee auf die Dauer gehalten werden solle. Deshalb sei die Zuführung eines kampfkräftigen Verbandes, der jedoch nur zu dem beabsichtigten Angriff eingesetzt werden dürfe, unbedingt erforderlich. Ein Zurückführen der 10. Armee auf den wenigen zur Verfügung stehenden Straßen und Bahnen könne bei der feindlichen Luftüberlegenheit nur mit größten Verlusten durchgeführt werden.

Da – wie sich bei der Besprechung der Lage im Westen ergab – mit einer feindlichen Landung gegen die nordfranzös. Küste in nächster Zeit auf Grund der Wetterlage nicht gerechnet zu werden brauchte, schlug der Chef WFStab nochmals die Verlegung der 9. SS=Pz.=Div. vor. Grundsatz müsse jedoch sein, daß die Div. nach Beendigung der Kämpfe im Raum von Nettuno sofort wieder dem Westen zugeführt werde. Der Führer brachte seine Bedenken gegen diesen Vorschlag zum Ausdruck. Diese Div. sei eine der wenigen einsatzfähigen schnellen Verbände im Westen. Falls sie nach Italien zugeführt und eingesetzt werde und dann eine Landung im Westen erfolge, stehe sie dort nicht mehr zur Verfügung. Zudem leide bei den zu erwartenden schweren Verlusten ihre Einsatzfähigkeit stark.

Der Reichsmarschall schlug vor, die 1. und 4. Fallschirm=Jg.=Div. bei der 14. Armee zu vereinigen und dafür die Div. „Hermann Göring" dem XIV. Pz.=Korps zuzuführen. Dieser Lösung stand entgegen, daß sie eine dreifache Ablösung erfordern und dazu führen würde, daß eine Anzahl von Bataillonen wieder dahin zurückgeführt würde, wo sie hergekommen seien (von der 1. Fallschirm=Jg.=Div. waren schon 2 Btl.e bei Monte Cassino, ein drittes auf dem Marsch dorthin). Außerdem war einzuwenden, daß durch diese Bewegungen noch mehr Zeit verlorengehe, und gerade auf diese komme es an.

Eine Entscheidung über diese Vorschläge fiel noch nicht; jedoch wurde das Freimachen anderer Kräfte, gegebenenfalls aus dem oberital. Raum, unter rücksichtslosem Entblößen desselben erwogen. In Frage kam die Übernahme der Küstenabschnitte der 356. Div.[1] nach Nettuno (vgl. den allg. Teil[2]).

Der Führer befahl die Verlegung sämtlicher im Mittelmeer verfügbaren U-Boote an die durch neue Landungen bedrohte Küste nördlich Nettuno (Chef WFStab am 4. 2., s. Merkbuch).

* Der OB Südwest übersandte seine bereits am Vortage angekündigte Beurteilung der Lage (vgl. auch den allgemeinen Teil)[3]. Diese ging davon aus, daß der Feind die Front der 10. Armee durchstoßen, die Kräfte der Heeresgruppe vernichten und sich in den Besitz Mittelitaliens setzen wolle. Weitere Landungen operativen Ausmaßes an der Küste seien ihm jederzeit möglich; an der Adriatischen Küste seien sie jedoch zur Zeit weniger wahrscheinlich.

In dem Nettuno betreffenden Abschnitt stellte der OB fest, daß dem Feinde zwar in kurzer Zeit stärkere Kräfte entgegengestellt worden seien, daß jedoch nur ein geringer Teil der Verbände hohen Kampfwert besitze und als voll angriffsfähig bezeichnet werden könne. Durch einen mit 3 Divisionen auf engem Raum zusammengefaßten Angriff habe der Feind die Absichten für den eigenen Gegenangriff durchkreuzt.[4] Der daraufhin der 14. Armee erteilte Befehl, nunmehr Tag für Tag stückweise Gelände aus dem Landekopf herauszubrechen, habe bisher nicht durchgeführt werden können. Der Grund liege wahrscheinlich in der aus der Not entstandenen Vermischung der Verbände und dem Fehlen einer zentralen Führung und Zusammenfassung der Kräfte. Dieser Mangel solle binnen kurzem behoben werden.

Der OB betonte, sich bewußt zu sein, daß die Zeit für den Feind arbeite, der sich laufend verstärken könne. Deshalb solle alles getan werden, um ihn zu schwächen. Am Endziel, den Feind ins Meer zu werfen, werde festgehalten. Selbst bei Einrechnung der allmählich eintreffenden 114. Jg.-Div. reichten jedoch bei der Abnutzung durch eine mindestens 8–10 Tage offensiv zu führende Abwehr die Kräfte nicht aus. Zuführungen aus dem eigenen Bereich kämen nicht mehr in Betracht. Der OB bat daher um Zuweisung einer weiteren hochwertigen Div. (womöglich Pz.-Div.). Falls dies nicht möglich sei, werde er trotzdem den Angriff anstreben; vorher werde er noch zwischen der 10. und 14. Armee Verbände austauschen. Dafür sei die Zuführung des angeforderten Personals und Materials besonders dringlich.

Eine weitere Anlandung von operativem Ausmaß sei jederzeit möglich, eine entsprechende Abwehr jedoch mit den zur Zeit verfügbaren Kräften nicht. Falls

* *Anl. b 82*

1 Hier etwa zu ergänzen: durch andere Kräfte und deren Verlegung (nach usw.).
2 Vgl. dazu oben S. 122 Anm. 2.
3 Vgl. ebd.
4 Ms.: durchgeführt.

ein weiterer Verband zugeführt würde, werde dies auch für die Abstützung der langen Seeflanke von besonderem Wert sein.

* Der WFStab legte dazu am 4. 2. Bemerkungen vor, in denen anerkannt wurde, daß eine Verstärkung der 14. Armee um 1 Div. angestrebt werden müsse; jedoch sei dabei die äußerst angespannte Lage der 10. Armee zu berücksichtigen. Voll erfüllt werden könnte diese Forderung nur durch Zuführung einer Div. von einem anderen Kriegsschauplatz. Da dies nicht möglich sei, erwog der WFStab folgende Aushilfsmaßnahmen, um die 356. Inf.=Div. freimachen und durch die bisher in Istrien eingesetzte 162. (Turk.=)Div. ersetzen zu können: Zuführung der beiden im Falle „Marder" vorgesehenen Landesschützen=Bataillone aus dem Bereich OB West, Verlegung von 2—3 Magenkranken=Bataillonen aus Neuaufstellungen des Chefs H RüstuBdE nach Italien, vorübergehende Bildung von 2 Kampfgruppen aus der 188. Res.=Div., vorübergehender Aufruf der Lehrtruppe der Hochgebirgsschule Mittenwald, Verlegung des verstärkten Inf.=Lehr=Rgt.s, Verstärkung der Polizei=Kräfte in Slowenien, Einsatz des Div.=Stabes der 188. Res.=Geb.=Div. zur Führung dieser verschiedenen Kampfgruppen, Bildung einer Art.=Abt. aus der Art. der 188. Res.=Geb. Div.

Obgleich über die Freimachung der 356. Inf.=Div. noch keine Entscheidung
** fiel, wurde das Inf.=Lehr=Rgt. gemäß diesen Vorschlägen am 5. 2. zwecks Zuführung zum OB Südwest sofort aufgerufen. Der WFStab hatte allerdings darauf hingewiesen, daß damit die letzte ohne größere Eingriffe in das Ersatzwesen verfügbare Reserve aus der Hand gegeben werde.

Am 5. 2. im Brückenkopf keine besonderen Kampfhandlungen. Es herrschte Seegang, durch den die feindlichen Ausladungen jedoch nicht völlig unterbunden wurden. Nachdem eine K5—Battr. in Stellung gebracht war, konnte die Bekämpfung der Landestellen aufgenommen werden. Die Gen.=Qu=Basis West wurde dem OB Südwest zur Verfügung gestellt.

Um den eigenen Gegenangriff gegen den Brückenkopf mit allen Mitteln zu beschleunigen, wünschte der WFStab eine persönliche Rücksprache mit dem Chef oder Ia der 14. Armee. Darauf entschloß sich der OB derselben, Gen.=Oberst v. Mackensen, persönlich in das FHQu zu fliegen.

Der Chef WFStab schlug dem Führer erneut die Zuführung der 9. SS=Pz.=Div. nach Italien vor. Da sie bei dem beabsichtigten Angriff als Pz.=Div. nicht voll zum Tragen kommen werde, regte er an, diese Div. zum Küstenschutz im Abschnitt Civitavecchia einzusetzen. Dann könnten die hier eingesetzten Gren.=Rgt.er der 362. Inf.=Div. als wertvolle Verstärkung der infanteristischen Angriffskräfte der Front von Nettuno zugeführt werden. Der Führer brachte darauf erneut seine früheren Bedenken zum Ausdruck und wünschte Vortrag über den Zeitbedarf des Antransportes. Bei der Abendlage meldete der Chef WFStab

* *Anl. b 83* ** *Anl. b 88*

einen Zeitbedarf von 8–9 Tagen (berichtigt am 6. 2.: 10–11 Tage) vom Eingang des Marschbefehls bis zum Eintreffen im Raum Rom. Darauf erklärte sich der Führer mit einer Verlegung im Falle einer weiteren Landung im ital. Raum einverstanden. Die dazu notwendigen Transportvorbereitung wurden eingeleitet (Chef WFStab vom 5. 2., siehe Merkbuch; dazu Berechnung des WFStabs in den Akten KTB).

* Am 6. 2. wurde im Norden des Landekopfes die HKL vorverlegt. Die Zahl der Gefangenen, die bei den letzten Kämpfen gemacht wurden, stieg auf 2000. Die Zuführung der 114. Jg.-Div. war bisher planmäßig verlaufen; jedoch wurde jetzt vor ihren Restteilen das Inf.-Lehr-Rgt. herantransportiert. Im Raum von Rom ergab sich eine gewisse Spannung in der Eisenbahnlage durch den Stau, der durch die durchgeführten Transporte entstanden war.

Der feindliche Rundfunk behauptete, daß 2000 Deutsche in feindliche Gefangenschaft geraten seien, doch war diese Zahl nach den eigenen Unterlagen zu hoch.

Über die Lage im Brückenkopf Nettuno berichtete der OB der 14. Armee, Generaloberst v. Mackensen, der in Begleitung seines Ia, Obstlt. i. G. Boehncke, eintraf.[1] Er wies einleitend darauf hin, daß er bei der Übernahme des Oberbefehls eine große Anzahl verschiedenster Truppen vorgefunden habe, deren Zusammenfassung und Organisation naturgemäß zunächst nur locker sein konnte. Die Festigung war im Gange, als der Feind zum Angriff antrat und die Armee dazu zwang, die für die eigene Angriffsführung vorgesehenen und zum Teil schon eingetroffenen Kräfte vereinzelt in der Abwehr einzusetzen. Trotz der inzwischen erreichten Festigung der Lage glaube die Armee zu dem eigenen großen Angriff erst antreten zu können, wenn die ihr in Aussicht gestellten weiteren Kräfte (insbesondere das Inf.-Lehr-Rgt.) und weitere schwere Angriffsmittel (Tiger, Sturmpanzer usw.) eingetroffen seien. Der früheste Zeitpunkt liege demnach in der Zeit zwischen dem 12. und 15. 2. Bis dahin wolle die Armee durch zahlreiche kleinere und größere Unternehmungen die eigenen Ausgangsstellungen verbessern und dem Feind Verluste zufügen. Der Angriff, dessen Erfolg nur in einer engen Zusammenfassung der Kräfte und im Durchbruch zu suchen sei, könne auf Grund der Geländegestaltung nur beiderseits der Straße Aprilia – Anzio geführt werden. Es sei beabsichtigt, in vorderster Linie die besten Infanterie-Verbände die feindliche HKL durchbrechen zu lassen und dann – wenn der Durchbruch geglückt sei – die dahinter bereitgestellten Panzerkräfte anzusetzen, um möglichst in einem Zuge bis ans Meer durchzustoßen. Fraglich sei noch, ob es gelingen werde, die Kampfkraft der beim Großangriff in vorderster Linie zum Einsatz kommenden

* *Anl. b 91*

1 *Zusatz* (1960): Der Generaloberst war bei einer Bruchlandung noch glimpflich davongekommen; jedoch wies sein Mantel einen großen dreieckigen Riß auf.

Infanterie während der nächsten 8 Tage zu erhalten. Gen.=Oberst v. Mackensen wiederholte darum die bereits vor 2 Tagen vom OB Südwest vorgebrachte Bitte um Zuführung eines weiteren Inf.=Verbandes.

Der Führer wies am Ende des Vortrages nochmals eindringlich auf den politischen und militärischen Wert eines Erfolges bei der 14. Armee hin. Er befahl nochmals, wenn irgend möglich, den Angriff nur bei schlechter Wetter=lage zu führen.

Allgemeines zur Lage und den beiderseitigen Angriffsmöglichkeiten nach Mitteilungen des Sachbearbeiters Maj. d. G. v. Harbou vom 8. 2. (s. Merk=buch): Bei den Erwägungen, wo der Angriff anzusetzen sei, wurde immer nur die Nordfront in Betracht gezogen, da nur hier das Gelände für einen größeren Panzereinsatz in Betracht kam. Die Besorgnis, daß der Feind durch eine Lan=dung an anderen Stellen oder durch einen Erfolg an der Südfront die getrof=fenen Maßnahmen umwerfen könne, blieb bestehen; doch wurde im Augen=blick hiermit weniger gerechnet, da sich herausgestellt hatte, daß sämtliche kampferprobten Feindverbände zur Zeit im Brückenkopf oder an der Südfront eingesetzt waren. Den feindlichen Pressenachrichten, die den Eindruck zu vermitteln suchten, als wenn die 8. Armee an der Adria zu einem größeren Angriff übergehen würde, wurde kein Glaube geschenkt, da die vor kurzem dort bereitgestellte Neuseeländische Div. der Südfront zugeführt worden war. Es wurden daher nur Fesselungsangriffe gegen den linken Flügel der 10. Armee für möglich gehalten.

Für eine feindliche Landung wurde der Raum von Ostia weniger in Be=tracht gezogen, da es dem Gegner infolge der Ansumpfungen hier nicht möglich war, sich stark nach rechts und links auszudehnen. Als ernstlich gefährdet wurde erst die Gegend von Civitavecchia oder auch der anschließende Raum von Orbetello angesehen. Günstig wirkte sich die Tatsache aus, daß es dem Feind trotz aller Angriffe auf das Eisenbahnnetz nicht gelang, die Heranfüh=rungen ernstlich zu verzögern. Der Anmarsch konnte daher in einem Umfange und mit einer Schnelligkeit durchgeführt werden, die viel größer war, als man anfänglich selbst bei optimistischer Schätzung annehmen konnte. Panzer und schwere Waffen standen nunmehr in wachsendem Umfange zur Verfügung. An schwerer Artillerie konnten nunmehr außer 6 Batterien 17 cm=Geschützen vor allem die beiden Eisenbahngeschütze (K5) eingesetzt werden, deren Heran=führung trotz der in diesem Falle besonders großen Schwierigkeiten möglich gewesen war. Insgesamt standen, wie sich aus einer Aufstellung des WFStabs* ergab, nunmehr 180 Panzer, darunter Tiger und Panther, zur Verfügung. Es fehlte jedoch an Infanterie; deshalb kam alles darauf an, noch rechtzeitig das Inf.=Lehr=Rgt. und die 114. Jg.=Div. heranzubringen. Da der Vorschlag des Chefs WFStab, die 162. (Turk=)Div. aus dem Nordostraum in den Raum von Siena zu verlegen, um dadurch die 356. Div. für den Süden frei zu machen,

* *Anl. b 92*

abgelehnt worden war, blieb es dabei, daß diese Maßnahme nur für alle Fälle vorbereitet wurde.

*Maßnahmen in Rom*

* Am 4. 2. meldete der OB Südwest die von ihm in Rom vorgesehenen Zerstörungen, falls die Stadt geräumt werden müßte (Zerstörung aller Tiberbrücken, Verschonung der Wasser= und Gasversorgung). Am 8. 2. wurde ihm die Zustimmung des Führers mitgeteilt; nur die Zerstörung der Brücken habe der Führer wegen des kulturellen Wertes nicht genehmigt. Der OB wurde ** angewiesen, die Vorbereitungen auf einen möglichst kleinen Personenkreis zu beschränken und den Eindruck zu erwecken, daß es sich um einen Kampf um Rom, nicht um eine Räumung handle.

*Am 7. 2.* begann der vom OB Südwest schon seit längerer Zeit gewünschte Angriff gegen den feindlichen Frontvorsprung bei Aprilia. Die Absichten hierzu *** waren vom OB Südwest bereits am 6. 2. gemeldet worden. Zunächst wurde nur ein stoßtruppartiges Unternehmen durchgeführt, das bis auf 1,5 km an Aprilia heranführte. Es wurde befohlen, MGs und Funkgeräte, deren Zuführung von der 14. Armee als besonders dringend bezeichnet worden war, von Warschau bzw. von Wien aus per Flugzeug anzutransportieren.

In der Nacht vom 7. zum 8. 2. begann der eigentliche Angriff auf Aprilia, der sich günstig entwickelte. Der hartnäckige feindliche Widerstand zeigte allerdings, daß der Gegner entschlossen war, den Ort mit allen Mitteln zu halten. Der OB Südwest glaubte zunächst, daß sich die weitere Durchführung des Angriffs schwierig gestalten werde, hielt es aber trotzdem für erforderlich, wenigstens den Versuch der Wegnahme von Aprilia zu machen, um hierdurch weitere wesentliche Teile der guten angelsächs. Angriffskräfte zu zerschlagen und damit dem späteren Großangriff vorzuarbeiten. Der in der Nacht zum 9. 2. wieder aufgenommene Angriff führte am Vormittag des 9. zur *Wegnahme von Aprilia*. Doch war die Lage noch nicht gefestigt, da der Gegner versuchte, den Ort wiederzunehmen. Die Zahl der bei diesen Kämpfen gemachten Gefangenen betrug, wie sich am nächsten Tag ergab, 1600.

Am 10. 2. wurde auch der Bahnhof Aprilia genommen. Es stellte sich heraus, daß die feindlichen Verbände bereits stark vermischt waren; die Zahl der Gefangenen stieg auf 3668; 21 Panzer wurden abgeschossen.

Die Eisenbahnschäden im Raum von Rom machten sich nunmehr doch störend bemerkbar; Transporte mußten in steigendem Maße vorzeitig auf LKW umgeladen werden. Im Ram von Pisa trafen die beiden 17 cm=Battr.en, die der OB West dem OB Südwest zuzuführen hatte, ein. Da die vorhandenen

* *Anl. b 85* ** *Anl. b 86* *** *Anl. b 94*

Bestände an Treibstoff und Munition noch nicht ausreichten, waren Maßnahmen zur Beschleunigung des Nachschubes erforderlich; unter anderem fehlte es noch an K5=Munition, für die Heranführung aus dem Westen ins Auge gefaßt wurde.

### 9. Die Vorbereitung des eigenen Angriffs gegen den Brückenkopf von Nettuno (10. - 15. Februar)

* Am 10. 2. (abgegangen 9. 2.) ging eine neue zusammenfassende Meldung des OB Südwest über die Kampfführung in seinem Bereich ein. Er teilte mit, daß der Zeitpunkt des Angriffes von dem Eintreffen der Masse der zuzuführenden Kräfte abhinge und alle Transporte nunmehr aus dem Raum um Chiusi im Landmarsch herangeführt werden müßten. Beschleunigung durch LKW=Transport werde mit allen Mitteln angestrebt, sei aber begrenzt, da auch die Masse der Versorgungsgüter den Armeen mit Kfz. zugeführt werden müsse. Es wurde gebeten, das Inf.=Lehr=Rgt. mit Vorrang vor allen anderen Bewegungen zu fahren. Auch so könne das Rgt. nicht vor dem 15. 2. südlich von Rom versammelt sein; bis dahin würden etwa 20 Tiger der Tiger=Abt. 508 das Gefechtsfeld erreicht haben. Die letzten Teile derselben könnten erst am 20. 2. eintreffen, die Pz.=Pi=Komp. 811 und 830 nicht vor dem 24. 2. Den Angriff bis zum vollen Eintreffen der Abteilung zu verschieben, erklärte der OB Südwest für nicht angängig, da der Feind sich im Landekopf laufend verstärken und seine Abwehrbereitschaft inzwischen wesentlich steigern werde. Außerdem würden nach dem 16. 2. die Mondverhältnisse täglich ungünstiger. Das Kräfteverhältnis verschiebe sich daher zu Ungunsten der 14. Armee; außerdem müsse die 10. Armee so rasch wie möglich entlastet werden.

Es sei daher beabsichtigt, den Angriff am 16. 2. durchzuführen. Dazu würden zur Verfügung stehen 41 zum Angriff voll geeignete Btl.e, 25 zum Angriff bedingt geeignete Btl.e, Aufklärungs=Abteilungen usw., insgesamt also 66 eigene Btl.e gegenüber mindestens 46 feindlichen Btl.en, von denen etwa 1/4 als angeschlagen gelten könne; 38 leichten und 9 schwersten Battr.en würden auf der Feindseite 24 schwere und 90 leichte Battr.en sowie die Schiffs=Artillerie gegenüberstehen. Dabei sei zu berücksichtigen, daß das größere eigene Kaliber, der Einsatz starker Flak=Battr.en (32 schwere Battr.en) und von 68 Werfern die Überlegenheit des Feindes an Rohren und Munition in erheblichem Maße ausgleichen werde. Etwa 270 eigenen Panzern (davon 90 Sturmgeschütze) würden etwa 350—400 feindliche Panzer gegenüberstehen, rund 150 eigener schwerer Pak etwa 70 schwere und 105 mittlere Geschütze des Feindes. Zur Erhöhung der eigenen Kampfkraft würden zur Zeit die bei der 14. Armee eingesetzten Teile der 71. Inf.=Div. und 15. Pz.=Gren.=Div. gegen die geschlossenere 29. Pz.=Gren.=Div. (10. Armee) ausgetauscht. Für den Angriff könnten

* *Anl. b 102*

daher eingesetzt werden: 65. Inf.=Div. (ohne ein verstärktes Rgt.), 114. Jg.=Div., 715. Inf.=Div., 3. Pz.=Gren.=Div. (ohne ein verstärktes Rgt.), 29. Pz.=Gren.=Div., 26. Pz.=Div., Pz.=Div. „Hermann Göring", 2—3 Btl.e der 4. Fallschirm=Jg.=Div., Inf.=Lehr=Rgt., Gren.=Rgt. 1028.

Die beabsichtigte Angriffsführung habe der OB der 14. Armee bereits vorgetragen. Der OB Südwest habe eine weitere Verengung der Angriffsstreifen angeordnet. Von der Luftflotte 2 sei der Einsatz aller Jagd= und leichten Kampfkräfte gefordert worden. Das OKW werde um den Befehl gebeten, daß der OB d. L. eine möglichst hohe Zahl von schweren Kampfverbänden zur Verfügung stelle.

Für den Fall der Vernichtung des Feindes werde ein (möglichst sogleich anschließender) Angriff des linken Flügels der 10. Armee gegen die 8. britische Armee vorbereitet (vgl. den allg. Teil[1]). Hierzu würden dann sofort die 26. Pz.=Div., die 29. Pz.=Gren.=Div., die 3. Pz.=Gren.=Div. und starke Teile der Heerestruppen der 10. Armee zugeführt werden. Der OB Südwest bat um Entscheidung, ob auch mit der Fallschirm=Pz.=Div. „Hermann Göring" für diesen Angriff gerechnet werden könne. Fernmündlich brachte der Chef Gen.=Stab des OB Südwest zum Ausdruck, daß dieser bei dem beabsichtigten Angriff auch mit der 114. Jg.=Div., der 117. Inf.=Div. und weiteren Zuführungen rechne.

Am 11. 2. vor Nettuno geringer Schiffsverkehr, da schlechtes Wetter herrschte. Im übrigen war die Lage im wesentlichen unverändert. Feindliche Gegenangriffe gegen Aprilia brachten dem Gegner keine Erfolge.

Die Bevorratung an MG=Munition reichte nunmehr für 13 Tage, die Artillerie=Munition für 5 Tage; doch bestand Aussicht, daß bis zum Angriff noch weitere Munition herankommen werde, so daß die bisher bestehenden Schwierigkeiten als im wesentlichen überwunden angesehen werden konnten. Aus dem Westen wurde vom heutigen Tage ab die noch fehlende K5=Munition antransportiert.

Die früher erwogene Absicht, die 9. SS=Pz.=Div. nach Italien zuzuführen, war inzwischen fallengelassen worden; die Div. erhielt nur den Befehl, sich kurzfristig für den Abtransport bereit zu halten, damit sie entweder in Italien oder im Abschnitt der 19. Armee eingesetzt werden könne. Denn im Hinblick auf die in Nordafrika noch bereitgestellten feindlichen Kräfte wurde nach wie vor eine Großlandung an der südfranzösischen Küste für möglich gehalten (vgl. die Ausarbeitung über den Westen[2]). Besondere Bedeutung wurde der Feststellung beigemessen, daß der Feind sich im Brückenkopf von Nettuno mit Flickmaßnahmen behalf und für seine Zuführung nur die bereits in Italien eingesetzten Verbände ausnutzte. Wenn auch die Aufklärung im Feindbereich nichts Verdächtiges ergab, so war doch daraus zu schließen, daß er mit den noch zurückgehaltenen Reserven andere Absichten verfolgte.

1 Vgl. dazu oben S. 122 Anm. 1.
2 S. nachstehend den 4. Abschnitt.

* In der Nacht zum 11. 2. (abgegangen 1.35 Uhr) ergänzte der OB Südwest seine Meldung dahin, daß er den Hauptschlag gegen die brit. 8. Armee zu führen gedenke, dem ein Teilschlag gegen den linken Flügel der 5. Armee vorausgehen solle; der letztere werde spätestens 4–5 Tage nach Bereinigung des Brückenkopfes Nettuno beginnen. Der OB legte die Vor- und Nachteile, die sich ergeben würden, die Absichten zur Durchführung seines Planes und die sich daraus ergebenden Anforderungen dar (vgl. den allgemeinen Teil[1]).

** In seiner Stellungnahme hielt der WFStab fest, daß die Luftflotte zur Zeit über etwa 8 Kampfgruppen verfüge und der OB d. L. keine Verstärkung beabsichtige. Zu den Absichten für den Angriff bei Nettuno bestünden im übrigen keine Bedenken. Den Plan eines Gegenschlages bei der 10. Armee bezeichnete er als richtig; weiteres, insbesondere die Frage, ob gegen die 8. brit. Armee oder im Bereich des jetzigen Großkampfes angegriffen werden solle, hinge von der Entwicklung der Lage ab. Hinsichlich der Rückführung der Verbände trat der WFStab für die Verlegung der Fallschirm-Pz.-Div. „Hermann Göring" in den Westen ein, ferner für die Rückverlegung der Verbände des Chefs H Rüst und BdB, damit sie ihre Aufgaben im Ersatzheer wieder aufnehmen könnten. Die übrigen Zuführungen sollten nach dem Vorschlag des WFStabs im Bereich des OB Südwest belassen werden.

*** In der Nacht zum 12. 2. teilte der Chef WFStab dem OB Südwest mit, der Führer sei mit dem Beginn des Großangriffes am 16. 2. einverstanden; jedoch bleibe ungünstiges Flugwetter für die endgültige Wahl des ersten Angriffstages entscheidend. Der OB wurde angewiesen, die Tiger so einzusetzen, daß keine Massenverluste eintreten könnten; es sei besser, die Panzer als Reserve verfügbar zu halten. Die Infanterie- und Artilleriekräfte müßten bei schärfster Konzentration ausweichen. Ferner wurde dem OB die Ansicht des Führers über den anschließenden Vorstoß an der Südfront mitgeteilt und ihm aufgegeben, eine Stellungnahme sowie einen Angriffsplan vorzulegen (dies geschah durch den am 13. 2. stattfindenden persönlichen Vortrag des OB Südwest beim Führer; vgl. den allgemeinen Teil[2]). Dafür könne er auf alle ihm z. Z. unterstellten Truppen zurückgreifen mit Ausnahme der Fallschirm-Pz.-Div. „Hermann Göring", des Inf.-Lehr-Rgt.s sowie der Panther und Fernlenk-Abt. Ab 22. 2. könne außerdem noch mit der Zuführung der 1. Geb.-Div. gerechnet werden.

Am 12. 2. gelangen örtliche Verbesserungen der eigenen Stellung um den Brückenkopf. Das Heranführen der Pz.-Abt. 508 verlief planmäßig, und das Inf.-Lehr-Rgt. konnte schneller und weiter nach Süden herantransportiert werden, als vorgesehen war, so daß rechtzeitiges Eintreffen angenommen werden konnte.

* *Anl. b 103* ** *Anl. b 104* *** *Anl. b 105*

1 Vgl. dazu oben S. 122 Anm. 2.

2 Vgl. ebd.

Die feindliche Presse berichtete, daß die anglo=amerik. Kräfte die Zeit zum Anlegen von Minensperren benutzt hätten und zur Zeit durch hohen Seegang gestört würden. Bereits in der letzten Zeit war ihr anfangs hochgestimmter Ton angesichts des Stockens und der Rückschläge stark gedämpft worden.

Am 13. 2. herrschte im Brückenkopf nur geringe Tätigkeit. Es wurden wieder verstärkte Ausladungen beobachtet.

Die Kampfstaffel des Inf.=Lehr=Rgt.s traf im Raum von Orte ein. Das Herausziehen der 29. Pz.=Gren.=Div., die als Heeresgruppen=Reserve vorgesehen war, aus der Front von Nettuno wurde eingeleitet. In der Nacht zum 13. 2. wurde Rom von der feindlichen Luftwaffe mit Bomben beworfen.

* In der Nacht zum 14. 2. bestätigte der Chef WFStab dem OB Südwest fernschriftlich die bei Gelegenheit seines Vortrages erteilten Befehle. Die Abgabe der Fallschirm=Pz.=Div. „Hermann Göring"; des Inf.=Lehr=Rgt.s, der Panther= sowie der Fernlenk=Abt. bleibe bestehen; mit der Zuführung der 1. Geb.=Div. (Eintreffen nicht vor dem 29. 2.) und gegebenenfalls eines weiteren Verbandes aus dem Südosten zur Führung der Operation bei der 10. Armee könne gerechnet werden. Der Anfang der Operation solle davon jedoch unabhängig bleiben.

Der WFStab kommandierte seinen Sachbearbeiter, Maj. d. G. v. Harbou, von neuem zum OB Südwest, um persönliche Eindrücke von dem bevorstehenden Gegenangriff bei Nettuno zu gewinnen und sofort zu melden.

14. 2.: Luftaufklärung im Raum von Corsica, Sardinien und Algier ergab keine besonderen Erkenntnisse. Es wurde festgestellt, daß entgegen der bisherigen Annahme die 2. amerik. Pz.=Div. doch in Süditalien untergebracht war; dagegen wurde die 1. amerik. Pz.=Div. mit Sicherheit im Brückenkopf erkannt. Außerdem war seit dem 2. 2. auch noch ein weiterer amerik. Verband eingetroffen. Vor dem Landekopf wurden 2 brennende Dampfer beobachtet, vielleicht ein Ergebnis der am 13. 2. durchgeführten Verminung.

Von der 75 Tiger starken Panzer=Abt. 508 waren nunmehr 16 Tiger sowie die Räderteile eingetroffen, ferner das Inf.=Lehr=Rgt. bis auf 1 Btl.

Obwohl wieder eine große Anzahl von Streckenbeschädigungen eingetreten waren, war der Zu= und Ablauf im allgemeinen befriedigend.

Der amerik. OB, General Clark, machte in einem Tagesbefehl seinen im Landekopf eingesetzten Truppen Mut und wies auf die Zuführungen hin; damit stimmte er wieder einen optimistischeren Ton an, als ihn die feindliche Presse in den letzten Tagen hatte hören lassen.

Am Abend, nachdem ein Fernschreibgespräch nicht zustande gekommen war, wies der Chef WFStb den Chef Gen.=Stabs d. OB Südwest auf eine Reihe von Fragen und Punkten hin, denen er im Zusammenhang mit dem bevorstehenden

* *Anl. b 112*

Angriff besondere Wichtigkeit beimaß. Unter anderem fragte er, wann der OB Südwest spätestens wissen müsse, ob der Angriff freigegeben sei; denn der Führer habe sich dies ausdrücklich vorbehalten. Gen. Westphal bezeichnete den Vortag des Angriffes, 14 Uhr, als den spätesten Zeitpunkt. Auf die Frage nach der Wetterlage in der nächsten Zeit sicherte er Klärung für den nächsten Tag
* zu. Die weiteren Fragen des Chefs WFStab wurden am nächsten Tag fernschriftlich beantwortet: für den Luftschutz der Angriffstruppen seien beträchtliche Flak- und Jagdkräfte bereitgestellt; ein nennenswerte Verluste völlig ausschließender Luftschutz sei bei der feindlichen Luftüberlegenheit jedoch nicht möglich. Die Versorgungslager seien im Rahmen des Möglichen, vor allem durch weitgehende Zerlegung, gegen Luftangriffe und feindlichen Artillerie-Beschuß geschützt. Der Betriebsstoff werde so befördert werden, daß größere Verluste nicht eintreten könnten (der Chef WFStab hatte darauf hingewiesen, daß er nur in kleinen Fahrzeuggruppen, nicht in großer Kolonne gefahren werden dürfe). Die führenden Kommandobehörden besäßen vorgeschobene Gefechtsstände, von denen sie, wie vom Chef WFStab gefordert, das Schlachtfeld unmittelbar übersehen könnten.

** Um 20.30 Uhr (aufgenommen 15. 2., 8 Uhr) übermittelte der OB Südwest seinen Befehl zum Angriff gegen den Landekopf und den anschließenden Angriff der 10. Armee gegen die amerik. 5. Armee (Stichwort „Morgenröte", darin Aufträge für die 10. und 14. Armee, die Luftflotte 2 sowie die Kriegsmarine. Dazu Anlage 1: Kräftegliederung des Feindes, Anlage 2: zuzuführende Verbände, Verbände, die dem AOK 14 unterstellt blieben, und ausscheidende, bzw. nach Oberitalien zurückzulegende Verbände).

Am 15. 2. wurden die Bereitstellungen zum Angriff trotz der feindlichen Luftwaffe planmäßig zu Ende geführt. Eigene Luftstreitkräfte griffen den Hafen und Schiffe vor dem Landekopf an. Dabei wurden 19000 BRT und 1 Zerstörer beschädigt. Im Landebereich hielten sich nunmehr 2 eigene U-Boote auf; ein weiteres befand sich in der Anfahrt von Toulon aus.

Die Eisenbahnschäden konnten meistens behoben werden; die Hauptstrecke war bis Orte befahrbar. Nach Abschluß der Truppenbewegungen hatte sich, wie vorausgesehen, der Versorgungszulauf gehoben.

In der feindlichen Presse wurde als Erfolg der Landung bei Nettuno angegeben, es sei gelungen, deutsche Reserven aus dem Westen und Südosten abzuziehen; die Krise im Landekopf sei nunmehr behoben.

*** Anschließend an dasselbe Gespräch meldete der OB Südwest noch die Stärke der Art. (323 Rohre), der Werfer (62 mittlere, 14 schwere) und der Flak-Art. (172 schwere, 45 mittlere, 477 leichte) (77417/44 geh. Kdos. Chefsache vom 15. 2. bei den Akten OP H). Ferner übermittelte der Chef des Gen.-Stabs die Wetterlage; sie sei so, daß der OB eine weitere Verschiebung des Angriffes für nicht

* *Anl. b 118* ** *Anl. b 113* *** *Anl. b 119*

angängig halte. Um 19.40 Uhr meldete der OB Südwest abschließend, daß er am 14. und 15. 2. im gesamten Bereich der 14. Armee alle Vorbereitungen persönlich überprüft habe und nunmehr überzeugt sei, alles Notwendige sei geschehen (77 425/44 geh. Kdos. Chefsache vom 25. 2.).

### 10. Die Lage bei Beginn des Angriffs (nach einer Meldung des vom WFStab zur 14. Armee entsandten Maj. d. G. v. Harbou)

Es wurde ein harter Kampf gegen eine vor allem durch Pak, Panzer und Mörser verstärkte Abwehr erwartet. In der dem Angriff vorausgehenden Zeit hatte anscheinend auch der Gegner mit Munition streng hausgehalten. Bei und dicht hinter den vordersten Stützpunkten hatte er eine Anzahl Panzer aufgestellt; außerdem war eine Panzergruppe von etwa 100 Panzern im Südwestteil des Landekopfes erkannt worden. Die feindliche Luftwaffe hatte vor allem Jabo-Angriffe geführt, und zwar in steigendem Maße gegen die Zufahrtsstraßen. Seit dem 13. 2. hatten nächtliche Angriffe und Aufklärungsflüge im Raum südostwärts Rom stattgefunden. Ein neuer feindlicher Verband war nicht mehr festgestellt worden; doch war weiter rege Ersatz zugeführt worden. Es stand zu erwarten, daß der Gegner die eigene Kräftegruppierung erkannt und sich dagegen voll gerüstet habe. In der eigenen Truppe betrugen die Gefechtsstärken in den Kompanien der bis jetzt eingesetzten Divisionen 30—50 Köpfe. Diese waren durch Kälte, Nässe und zum Teil durch Kampf mitgenommen. Die reichliche Zuteilung von Artillerie, Panzern und Sonderwaffen konnte den Mangel an infanteristischen Kampfkräften nicht voll ausgleichen. Der eigene Luftwaffeneinsatz war gesteigert. Die Munitionsbevorratung betrug durchschnittlich 2 Ausstattungen. Das Abtrocknen des Geländes hatte sich trotz des guten Wetters der letzten Zeit durch Nachtfröste verzögert. Deshalb war der Panzereinsatz im allgemeinen zwar auch außerhalb der Straßen möglich, aber es mußte doch mit einer Beeinträchtigung gerechnet werden, falls es zu neuen Regenfällen kommen würde. Die Aussichten für den Angriff wurden im allgemeinen günstig beurteilt. Die Bedeutung desselben war überall erkannt.

Die an dem Angriff teilnehmenden Kräfte waren folgendermaßen angesetzt: rechts unter dem I. Fallschirm-Jg.-Korps die 4. Fallschirm-Jg.-Div. und die 64. Div.; im Hauptabschnitt unter dem LXXVI. Pz.-Korps die 3. Pz.-Gren.-Div., die 715. Div. und die 114. Jg.-Div., dahinter als Armeereserve die 26. Pz.-Div., dahinter als Heeresgruppenreserve die 29. Pz.-Gren.-Div. und anschließend Fallschirm-Pz.-Div. „Hermann Göring".

### 11. Der erste Angriff gegen den Brückenkopf von Nettuno (16. — 20. Februar)

Am 16. 2., 6.30 Uhr, begann der bereits Ende Januar vorbereitete, jedoch durch den feindlichen Gegenangriff hinausgeschobene eigene Angriff. Nach

* *Anl. b 121*

anfänglichen Erfolgen und Erzielung von einigem Bodengewinn blieb die Schwerpunktgruppe zunächst vor der feindlichen HKL 2,5 km südlich Aprilia liegen. Störend machte sich geltend, daß das Inf.=Lehr=Rgt. 6–800 m zurück=ging; auch kam es in der Nacht vom 16. zum 17. nicht zu dem vorbereiteten Vorstoß dieses Rgt.s, der durch ein Rgt. der 3. Pz.=Div. unterstützt werden sollte. Daraus ergab sich die Absicht, durch Stoßtrupps die Lage erst einmal soweit wieder herzustellen, daß der in der Front entstandene Knick ausgegli=chen und damit das Flankenfeuer ausgeschaltet wurde.

Am Vormittag des 17. 2. erzielte die Westgruppe (4. Fallschirm=Jg.=Div., 65. Inf.=Div.) gute Erfolge. Am Nachmittag stieß das Pz.=Gren.Rgt. 29 erfolg=reich längs der Straße Aprilia–Anzio vor.

Am 18. 2. 4.00 Uhr trat die Schwerpunktgruppe wieder zum Angriff an. Der 3. Pz.=Div. gelang ein tiefer Einbruch in die feindliche HKL. Sie erreichte zusammen mit der neu eingeschobenen 26. Pz.=Div. und der 29. Pz.=Gren.=Div. die Gegend hart nördlich der Straße Campo di Carne. Starkes feindliches Ar=tillerie=Feuer und feindliche Flieger erschwerten die Bewegung bei Tageslicht außerordentlich. Auch die Ostgruppe kam gut voran. Am Nachmittag blieb der Angriff liegen.

Der Führer wies nochmals darauf hin, daß ein Erfolg bei Nettuno mit allen Mitteln ausgenützt werden müsse, und bezeichnete es als falsch, wenn man vorzeitig Kräfte an anderer Stelle wegziehe.

Die feindliche Presse sprach von schweren Kämpfen. Es wurde der Einsatz von 9 deutschen Divisionen angenommen. Die Meldungen schienen einen Zweckpessimismus hervorrufen zu wollen. Es war die Rede davon, daß bei einem Rückschlag der Glaube an die Möglichkeit einer Invasion erschüttert werden könne.

Am 19. 2. traten die Angriffsverbände zum dritten Male an und erreich=ten um 7 Uhr das vor ihnen liegende Höhengelände. Dann aber wurde der Angriff durch das feindliche Land= und Schiffs=Artillerie=Feuer zum Stehen gebracht. Durch einen Rückschlag bei der 114. Jg.=Div. wurde die Ostflanke der Schwerpunktgruppe gefährdet.

Über die im Landekopf eingesetzten feindlichen Verbände bestand nunmehr ein hinlänglich klares Bild: im gesamt handelte es sich um 3 volle Inf.=Divi=sionen (1. brit., 45. und 3. amerik.), eine volle Pz.=Div., die in den letzten Tagen neu von der Südfront herangeführte 56. brit. Inf.=Div. zu 2/3 und Splitterteile von 1 Div., Commandos, Spezialtruppen usw., zusammen also um 5 2/3 Verbände. Da diese Divisionen 9 Bataillone hatten, besaßen sie demnach eine größere infanteristische Kampfkraft als die deutschen Verbände.

Die Gründe für das Liegenbleiben des Angriffes gingen aus einer um 11.05 Uhr aufgegebenen Meldung des Maj. d. G. v. Harbou hervor. Demnach hatte

* *Anl. b 125*

sich der Gegner an und vor dem geländemäßig starken und beherrschenden Damm der Strada Campo di Carne unter stützpunktartiger Ausnutzung der zahlreichen Häusergruppen erheblich verstärkt und wirkte durch seine Artillerie und Jabos stark auf die eigenen Angriffsspitzen. Der eigene Panzereinsatz sei nahezu unmöglich; jeder Verkehr nach vorn sowie der Nachrichten=Verkehr seien auf ein Mindestmaß beschränkt und sehr verlustreich.

* Um 14.30 Uhr gab der Stellv. Chef dem Gen. Westphal durch, der Führer sei mit der inzwischen bekanntgewordenen Absicht des OB Südwest einverstanden, zunächst den Angriff einzustellen, die Panzerkräfte im Angriffsraum nach Osten umzugruppieren, um an einer weichen Stelle in der feindlichen HKL einen tiefen Keil in sie hineinzutreiben; doch solle der OB Südwest bemüht bleiben, durch zusammengefaßtes Artillerie=Feuer und angriffskräftige Stoßtrupps ein Stück aus der Hauptfront herauszuschlagen und dann seitwärts aufzurollen. Demgegenüber verwies Gen. Westphal auf die durch den Rückschlag bei der 114. Jg.=Div. eingetretene Flankenbedrohung der eigenen Angriffsgruppen, die erst ausgeschaltet werden müsse, bevor die Umgruppierung durchgeführt werden könne. Der Chef WFStab wies um 16.00 Uhr gegenüber dem Stellv. Chef WFStab darauf hin, daß der Feind gegen die 114. Jg.=Div. zahlreiche Panzer eingesetzt habe, daß deshalb dort auch der Einsatz eigener Panzerkräfte möglich sein müsse.

** Am 20. 2. wurde der Angriff, wie vorgesehen, nicht fortgesetzt. Um 0.50 Uhr meldete der OB Südwest seine Beurteilung der Lage nach dem Stand vom 19. 2. abends. Der Feind kämpfe zäh und verbissen um jeden Fußbreit Boden. Mit Geschick habe er seine Stützpunkte ausgebaut; daher habe der eigene Angriff unter erheblichen Verlusten nur Schritt für Schritt Raum gewinnen können. Der Gegner werde in der Erkenntnis der militärischen und politischen Bedeutung des Kampfes auch weiterhin erbitterten Widerstand leisten. Deshalb sei nunmehr eine rasche Bereinigung der Lage nicht zu erwarten; vielmehr werde auch in den nächsten Tagen der Kampf sehr hart und verlustreich sein. Jedoch sei sich der OB darüber klar, daß der Feind früher oder später ins Meer geworfen werden müsse, da sonst die Lage der 10. Armee auf die Dauer unmöglich werde. Auch sei es auf lange Sicht nicht möglich, kräfte= und versorgungsmäßig einen Kampf an 2 Fronten zu führen. Es sei anzunehmen, daß die Anlandungen in den letzten Tagen außer Nachschub nur noch die fehlenden Teile der britischen 56. Inf.=Div. und Personalersatz umfaßt hätten. Doch müsse mit der Möglichkeit des Abzuges weiterer Truppen der britischen 15. Armeegruppe in den Landekopf gerechnet werden. Der OB habe deshalb befohlen, daß die 10. Armee die brit. 15. Armeegruppe durch laufende Vorstöße an zahlreichen Stellen zu fesseln habe, und zwar mit Schwerpunkt im Abschnitt des XIV. Pz.=Korps. Nach sicherer Quelle habe der Feind am 19. 2. die Absicht

* *Anl. b 126* ** *Anl. b 127*

gehabt, die eigene Stoßgruppe durch Angriffe gegen die beiden Flanken zu vernichten. Durch einen Rückschlag bei der noch kampfungewohnten 114. Jg.=Div. sei vorübergehend eine Krise entstanden; außerdem habe der Feind den deutschen Schwerpunkt erkannt und seine Kräfte dort scharf zusammengefaßt. Eine Fortsetzung des Angriffes in diesem Raum besäße deshalb jetzt keine Aussicht auf einen durchschlagenden Erfolg mehr. Der OB habe deshalb der 14. Armee befohlen, ihre Flanken abzustützen, die eigene Stoßgruppe derart nach Osten zu verlängern, daß sie nicht mehr auf die Stärke des Feindes stoße, und alle Nebenfronten zur Stärkung des eigenen Angriffsschwerpunktes rücksichtslos zu entblößen. Das verstärkte Gren.=Rgt. 146 werde vom linken Flügel der 10. Armee der 65. Inf.=Div. zugeführt, die 362. Inf.=Div. im Raum südlich Rom vereinigt. Am 20. 2. solle die Abstützung und Bereinigung der Flanke durchgeführt und die Verlagerung der eigenen Stoßgruppe nach Osten eingeleitet werden. Bei planmäßiger Durchführung könne am 21. 2. der Angriff nach Süden fortgesetzt werden. Wegen der feindlichen Artillerie sei es notwendig, künftig auf breiterer Front anzugreifen und die Stoßgruppe in beweglicher Kampfführung auf weiche Stellen rasch anzusetzen. Das gleiche gelte für die Führung des Feuerkampfes der Artillerie. Die Flak=Artillerie habe bisher in erheblichem Maße die feindlichen Bomberverbände am gezielten Wurf hindern können. Die Jagdflieger hätten dagegen keine nennenswerten Erfolge erzielt. Aufgabe der schweren Kampfverbände sei nach Ansicht des OB ausschließlich die Bekämpfung des Nachschubes über See und der Ausladestellen. Da die personellen und materiellen Verluste der ersten 4 Großkampftage erheblich seien, bitte er um die baldige Zuführung von Marsch=Battaillonen sowie von Ersatzwaffen. Hinsichtlich Munition und Betriebsstoff bestünden vorerst keine Sorgen.

**12. Umgruppierung und Vorbereitung eines neuen Angriffes (20. — 28. Februar)**

Im Laufe des 20. 2. wurden, wie beabsichtigt, die eigenen Flanken weiter gefestigt. Die Herauslösung (26. Pz.=Div. und 29. Pz.=Gren.=Div., dafür eingesetzt die 3. Pz.=Gren.=Div.) erfolgte planmäßig.

Der Befehlshaber der alliierten Kräfte im Landekopf, General Clark, gab einen Bericht heraus, der sich durch seine zuversichtliche Haltung von der vom Gegner in den letzten Tagen verfolgten Tendenz abhob.

* Am Mittag gab der OB Südwest der 14. Armee einen neuen Befehl: Der Auftrag der Armee bleibe weiterhin in vollem Umfange bestehen. Die Schlacht im Landekopf scheine sich ihrem Höhepunkt zu nähern. In den letzten beiden Nächten habe der Feind keine nennenswerten Ausladungen vorgenommen; in der Nacht vom 19. zum 20. seien dazu 3 Schiffe mit rund 24 000 BRT versenkt worden. Auch der Feind befinde sich daher zweifellos in einer sehr ernsten

* *Anl. b 128*

Lage. Nach den bisher vorliegenden Unterlagen habe er am 29. 1. die Masse seiner Reserven zum Kampf einsetzen müssen. Es sei daher entscheidend, härter zu bleiben als er und ihn nicht zur Ruhe kommen zu lassen.

Zu dem Angriff nach Süden, der an anderer Stelle fortgesetzt werden würde, sollten alle angriffsfähigen Teile der Gruppe Conrath (von der Fallschirm=Pz.=Div. „Hermann Göring") und auch Teile der 362. Inf.=Div. herangezogen werden. Um den Feind zu täuschen, sollten starke Kräfte im Raum von Ardea und starke Gefechtstätigkeit an der (im übrigen aufzulockernden) bisherigen Front südlich Aprilia vorgetäuscht werden. Der neue Angriff solle mit mehreren Stoßkeilen auf wesentlich breiterer Front als bisher geführt werden, um es der feindlichen Artillerie unmöglich zu machen, einen Angriff nach dem anderen zu zerschlagen. Damit der Feind nicht wieder zu Atem komme, müßten alle Umgruppierungen mit der größten Beschleunigung durchgeführt werden.

Am 21. 2. keine wesentlichen Kampfhandlungen im Brückenkopf. Ein Angriffsunternehmen der 715. Inf.=Div. und der Fallsch.=Pz.=Div. „Hermann Göring" zur Frontbegradigung südostwärts Cle. Rosatelli und Cle. Carano, durch das die Flankenbedrohung der Angriffsgruppe verhindert werden sollte, blieb ohne Erfolg.

Es wurde erwogen, den Angriff weiter westlich im Raum des linken Flügels zu führen, da weiter ostwärts der Angreifer durch die Gräben und sonstigen Geländeschwierigkeiten behindert wurde.

Am 22. 2. im Brückenkopf wiederum keine wesentlichen Kampfhandlungen. Der beim Vorgehen der 65. Inf.=Div. entstandene Kessel wurde bereinigt.

* Der OB Südwest meldete seine Absicht, nach Vernichtung der südwestlich Aprilia eingeschlossenen Feindgruppe und nach Auflockerung der eigenen Kräfte südlich Aprilia den Angriff mit Schwerpunkt aus dem Raum Cle. Rosatelli nördlich und nordostwärts Cle. Carano unter Zusammenfassung aller hierfür geeigneten Kräfte fortzusetzen, und zwar mit den angriffsfähigen Teilen der 114. Jg.=Div. und der 715. Inf.=Div., der Masse der 29. Pz.=Gren.=Div. und der Fallschirm=Pz.=Div. „Hermann Göring". In zweiter Welle werde die 26. Pz.=Div. bereitgehalten. Das erste Angriffsziel sei die Linie Ostrand Campo di Carne – nördlich Cle. Campomorto – Westhang Cle. S. Maria. Die Bereitstellung solle bis zum 26. 2. früh beendet sein. In der Zwischenzeit sollten zur Täuschung des Feindes und gleichzeitig zu örtlichen Frontverbesserungen an der gesamten Landekopf=Front Stoßtruppunternehmungen in möglichst großem Umfange durchgeführt werden. Am Angriffstage selbst sei beabsichtigt, zur Täuschung und Zersplitterung der feindlichen Abwehr Isola Bella (südsüdwestlich Cisterna) durch Teile der 362. Inf.=Div. anzugreifen. Eine Verlagerung des Angriffsschwerpunktes noch weiter nach Osten, also in den Raum Cisterna,

* *Anl. b 131*

sei wegen der dort vorhandenen zahlreichen Kanäle und des sumpfigen Geländes nicht möglich; außerdem sei dazu eine völlige Umgliederung der Artillerie nötig.

Der OB Südwest meldete ergänzend seine Absichten für das 2. Angriffsziel (Linie Bosso di Padiglione — Cle. Campomorto) und die von ihm befohlenen weiteren Zuführungen zur 14. Armee (362. Div., 2 Btl.e der 15. Pz.=Gren.=Div. und 1 bisher am linken Flügel der 10. Armee eingesetztes verstärktes Gren.= * Rgt. der 65. Inf.=Div.). Um 14.30 Uhr gab der Stellv. Chef dem OB Südwest durch, daß der von ihm vorgelegte Plan die volle Billigung des Führers nicht gefunden habe. Es sei zu befürchten, daß ein Angriff, der so nahe an dem bisherigen Schwerpunkt und in einem bisher schon umkämpften Raum geführt werde, den gleichen Verlauf nehme wie der erste Angriff. Außerdem dauere es zu lange, bis der neue Angriff in Gang komme. Diese Nachteile könnten wesentlich vermindert werden, wenn es gelinge, in die außerordentlich schwache Besetzung der *Ostfront des Brückenkopfes* an einzelnen Stellen mit überlegenen Kräften einzugreifen, dort Stück für Stück auszubrechen und dadurch den Feind zu zwingen, Kräfte von seiner Hauptfront abzuziehen. Auch wenn diese örtlichen Angriffe nur an den Straßen geführt werden könnten, müßten sie in Anbetracht der eigenen Überlegenheit an schweren Panzern und Sturmpanzern Erfolg haben. Hierfür scheine sich der Raum zwischen Isola Bella — Borgo Podgora besonders zu eignen; er solle bevorzugt erkundet werden. Wenn auf diese Weise die feindliche Massierung am Campo di Carne und ostwärts aufgelöst sei, komme das erneute Ansetzen eines zusammengefaßten Angriffes, wie beabsichtigt, in Frage. Dieser solle deshalb weiter vorbereitet und die Artillerie im großen nicht umgruppiert werden (entsprechende Rückfragen bei Maj. v. Harbou, s. 77 568/44 geh. Kdos. Chefsache vom 22. 2.).

** Der Ia des OB Südwest erwiderte, daß der bisherige Vorschlag nicht aufrechterhalten werde und ein Auftrag, an der Ostfront eine geeignete Stelle für örtliche Panzerangriffe zu erkunden, bereits gegeben sei. Alle weiteren Pläne würden stark beeinträchtigt durch die mangelnde Eignung der 114. Jg.=Div., der 715. Inf.=Div. und auch der 65. Div. für große Angriffshandlungen. Die Bedeutung eines Erfolges werde vom OB bei jeder Gelegenheit unterstrichen. Diese Absichten wurden dem Stellv. Chef WFStab auch durch einen Anruf des Chefs Gen.=Stab d. OB Südwest am frühen Abend bestätigt.

Um 23 Uhr gab der Stellv. Chef an den OB Südwest fernmündlich durch, bei dem Ansatz des neuen Angriffs sei es von ausschlaggebender Bedeutung, daß die Angriffsgruppen weit genug vom bisherigen Schwerpunkt abgesetzt würden. Deshalb solle der Raum zwischen dem Astura=Bach und dem Mussolini=Kanal mit der ungefähren Mittellinie Cisterna — Borgo Montello in Betracht gezogen werden. Der Führer fordere, daß alles unterbleibe, was den Feind vorher auf den neuen Angriffsabschnitt aufmerksam machen könne.

* *Anl. b 131* ** *Anl. b 134*

General Westphal erwiderte, daß auf Grund (vgl. die Ausarbeitung über den Süd=osten[1] .....

[2] ....... Sie müsse anschließend an ihre Verwendung im Landekopf bis spätestens Ende März zum Einsatz im Mittelabschnitt der 10. Armee zur Ver=fügung stehen; ferner bat der OB Südwest um die Zuführung je einer Mörser= und SFH=Abteilung sowie eines Sturm=Pi=Btl.s.

Die Abt. Op H stellte hierzu fest, daß die 1. Geb.=Div., deren Versammlung an der Bahn vom Führer am 20. 2. befohlen worden war, die aber bisher noch keinen Befehl zum Abtransport erhalten hatte, mit ihrem Anfang den Ein=laderaum noch nicht erreicht habe. Ihr Einsatz im Flachland erscheine außer=dem unzweckmäßig. Es wurde deshalb vorgeschlagen, die Div. sogleich dem AOK 10 zuzuführen, das dementsprechend eine andere Div. an die 14. Armee abgeben könne. Eine Mörser=Abt. und ein Sturm=Pi=Btl. würden voraussichtlich nicht verfügbar sein.

Am 24. 2. geringe Kampfhandlungen. Neu festgestellt wurden beim Feinde 1 Pz.=Abt. und 1 Fallschirm=Btl., die vorher vor der Front der 10. Armee eingesetzt waren. Bei der Säuberung des hinter der Nordfront entstandenen Kessels wurden bisher 650 Gefangene gemacht. Die Umgliederung verlief planmäßig.

Am 25. 2. früh begannen die Täuschungsvorstöße bei der 4. Fallschirm=Jg.=Div und der 65. Div., die vorspiegeln sollten, daß der neue Schwerpunkt rechts vom bisherigen gewählt würde. Dafür wurden Panzerattrappen und Wandergeschütze eingesetzt. Weitere derartige Maßnahmen sollten das Bild der bisherigen eigenen Gliederung im Mittelabschnitt erhalten.

Im Raum von Littoria wurde die Ansammlung von Flak und Artillerie, die den Schutz eines Aufmarsches vorspiegeln sollte, vorbereitet. Dagegen wurde in dem zukünftigen Angriffsstreifen lediglich die bisherige Stoß= und Späh=trupptätigkeit fortgesetzt; die dorthin neu zugeführte Artillerie und Flak hatte zunächst Schießverbot. Über die einzelnen Maßnahmen zur Feindtäuschung erstattete der OB Südwest am 25. 2. 1.20 Uhr Meldung. Ferner wurden um 5 Uhr morgens Stoßtrupps mit Sturmgeschützen gegen den Mussolini=Kanal vorgetrieben.

Die feindliche Presse sprach aus, daß ein neuer deutscher Großangriff erwartet werde.

Im Laufe des Tages ging eine weitere Meldung (77 522/44 geh. Kdos. Chef=sache vom 25. 2. bei den Akten Op H) des OB Südwest ein, wonach der Beginn des Angriffs westlich Cisterna auf den 28. 2. verschoben werden mußte, weil das Ausräumen des Kessels hinter der Nordfront mehr Zeit als vorgesehen beansprucht hatte und Teile der 26. Pz.=Div. unvorhergesehenermaßen einge=

1 Vgl. unten den 6. Abschnitt
2 Hier fehlt das Bl. 57 des Ms. mit Schluß des 22. 2. und Beginn des 23. 2.

setzt werden mußten. Da die Truppe zum Teil kampfungewohnt sei, seien umfassende Vorbereitungen erforderlich.

Am 26. 2. herrschte schlechtes Wetter. Tiefer Schlamm machte das Fahren von Panzern außerhalb der Straße unmöglich. Hierdurch wurde ein neuer Entschluß des OB Südwest über die Fortführung des Kampfes erforderlich.

Am 27. 2. war das Wetter weiterhin schlecht. Laut Abschlußmeldung über die Ausräumung des Kessels an der Nordfront wurden 650 Gefangene und 200 Tote gezählt. Die Täuschungsvorstöße an der Ostfront des Landekopfes führten zu Teilerfolgen.

Der Termin für den Angriff, der für den 29. 2. vorgesehen war, mußte, wie * der OB Südwest um 15.40 Uhr meldete, wegen des aufgeweichten Geländes weiter verschoben werden. Generalfeldmarschall Kesselring teilte weiter mit, daß die Täuschungsmaßnahmen an den Nebenfronten in verstärktem Umfange fortgesetzt werden sollten. Es sei zu erwarten, daß die am linken Armee=flügel in Richtung auf den Mussolini=Kanal vorgeschobene HKL bis zum 28. früh gefestigt sein werde. Ferner sei beabsichtigt, am 28. früh mit der 65. Inf.=Div. 2 Höhen vor der Mitte des Div.=Abschnittes anzugreifen.

** Am 28. 2. wurden weitere Täuschungsvorstöße planmäßig durchgeführt. Um 19.30 Uhr meldete der OB Südwest, daß das Gelände infolge starken Windes und ansteigender Wärme etwas abgetrocknet sei. Es könne damit gerechnet werden, daß voraussichtlich am 29. 2. Panzer auch auf Nebenwegen und Infanterie=Waffen abseits des Weges bewegt werden könnten. Mit einer wesentlichen Besserung des Wetters sei allerdings in nächster Zeit nicht zu rechnen. Jedoch werde sich bei längerem Zuwarten das Kräfteverhältnis wieder zu Gunsten des Feindes verschieben. Aus diesem Grunde habe der OB Südwest den Beginn des Angriffs am 29. 2. befohlen. Ziel desselben sei, möglichst in einem Zuge unter Einsatz starker Panzerspitzen auf allen hierfür geeigneten Wegen Brückenköpfe über die Astura im Abschnitt Cle. Campomorto, 1,5 km südlich Borgo Montello, zu gewinnen. Hierzu hätten sich die 362. Inf.=Div., die 26. Pz.=Div. und die Fallschirm=Pz.=Div. „Hermann Göring" mit einer Rgt.s=Gruppe bereitgestellt. Zur Täuschung des Feindes über die Breite des Angriffs und zugleich zur Bindung seiner Kräfte sollten außerdem Teile der 715. Inf.=Div. im Abschnitt südostwärts Cle. Rangone–Borgo Podgora angreifen. Die übrigen Teile dieser Div. sollten dem Angriff der Fallschirm=Pz.=Div. „Hermann Göring" nachgeführt werden, um feindliche Reste südostwärts Isola Bella zu vernichten und die Ostflanke des Angriffes zu sichern. Mit dem Schutz der Westflanke sei die 114. Jg.=Div. beauftragt. Zur Verfügung der Armee werde die 29. Pz.=Gren.=Div. im Raume südlich der Albaner Berge versammelt. Es sei

* *Anl. b 142* ** *Anl. b 143*

befohlen worden, die eingeleiteten Täuschungsmaßnahmen in vollem Umfange fortzuführen.

### 13. Die Lage bei Beginn des Angriffs

* Anstelle des bei einer Erkundungsfahrt in vorderster Linie schwer verwundeten und am 23. 2. verschiedenen Maj. d. G. v. Harbou erstattete der Obstlt. d. G. Rohrbeck, der in Qu-Angelegenheiten zum OB Südwest entsandt worden war, am 27. 2. einen Bericht, der auch auf die taktischen Fragen einging und durch den Chef WFStab dem Führer vorgetragen wurde. Danach besaß der Feind den Vorteil, über die strahlenförmig in seinen Abschnitt führenden festen Straßen zu verfügen. Den Nachteil seiner tiefliegenden Beobachtungshöhe konnte er durch günstige Sonnenstellung und durch die ständig sich ablösenden Artillerie-Flieger voll ausgleichen, die immer so im Bereich seiner leichten Flak-Verbände blieben, daß sie durch die eigenen Jäger nicht angegriffen werden konnten. Den natürlichen Dunstschleier, der bis 11 Uhr vormittags herrschte, setzte der Gegner am Nachmittag durch künstlichen Nebel fort. In der Zwischenzeit stand die Sonne der eigenen Beobachtung hindernd entgegen. Der Feind verstärkte dies noch durch das Einschießen mit Phosphorgranaten, die ständig eine künstliche Dunstschicht erzeugten, die bei geringem Wind wie eine Glocke über dem Kampffeld stand und die Arbeit der eigenen Lichtmeßstellen wesentlich störte. Die feindliche Infanterie konnte ihrem Kampfwert nach nicht[1] als der eigenen überlegen bezeichnet werden; jedoch mußte die feindliche Artillerie als wendig und zielsicher anerkannt werden. Feindliche Schiffs-Artillerie streute, ohne wesentlichen Schaden anzurichten, im gesamten Raum, blieb aber nicht ohne moralische Wirkung.

Die Überlegenheit der feindlichen Luftwaffe zwang dazu, alle Verschiebungen und Versorgungsfahrten auf die Nacht zu verlegen, in der die Hauptnachschubstraßen aber auch dann taghell durch Leuchtfallschirme erleuchtet wurden.

Die Bewegungen der feindlichen Marine waren zwar zu beobachten, verschwanden aber im Dunst oder künstlichen Nebel. Die amerik. Gefangenen machten einen schlechten, die britischen dagegen einen recht guten Eindruck. Als besonders schlecht wurde die Haltung der amerik. Offiziere bezeichnet.

Die eigene Truppe wurde durch die Gegebenheiten des Kampfgeländes auf das schwerste behindert, vor allem durch den weichen Boden, die Trichterfelder, die quer zur Angriffsrichtung laufenden steilen Schluchten. Dadurch wurden alle Bewegungen auf die festen Straßen gezwungen, was zu vielen Geräteausfällen führte. In den Schluchten boten unzählige Höhlen in den steilen Hängen der Truppe gute Deckung, in der frontnahen Linie unterirdische Gänge (ehemalige Weinkeller) den hohen Stäben feuersichere Gefechtsstände.

* *Anl. b 141*

1 Ergänzt (vgl. das folgende)

Auf den schrägen Hängen störten Brombeergestrüpp und mannshohes Busch=laub die Bewegungen. Da der Boden wasserundurchlässig war, wurde er schon bei geringem Regen besonders glatt. Im Nahkampf, zu dem es jedoch nur selten kam, fühlte sich die eigene Infanterie der feindlichen überlegen. Die Faustpatrone erwies sich als wesentliches Kampfmittel der Infanterie.

Die Versorgungsschwierigkeiten lagen vor allem in dem Abschnitt zwischen der Front und den Div.=Gefechtsständen.

Für die Lage im großen war es bezeichnend, daß der Gegner den Kampf im Brückenkopf ohne wesentliche neue Zuführungen durchgeführt hatte, ob=wohl ihm große Reserven — vor allem in Nordafrika — zur Verfügung stan=den. Daraus war zu schließen, daß er diese für weitere Operationen aufsparen und im Brückenkopf währenddessen vor allem die deutschen Reserven ab=nutzen und fesseln wollte. Eine Bestätigung dieser Annahme war aus der Tat=sache abzuleiten, daß der Gegner aus dem ostwärtigen Mittelmeer bereits polnische Divisionen an die Südfront herangezogen hatte; denn dies ermög=lichte ihm die Ergänzung der Kräfte im Brückenkopf aus den an der Südfront eingesetzten Kräften (Gen. v. Buttlar 25. 2., s. Merkbuch).

### 14. Der zweite Angriff gegen den Brückenkopf von Nettuno (29. Februar - 1. März)

Am 29. 2. führten die Ablenkungsangriffe auf dem rechten Flügel zu Stel=lungsverbesserungen. Die feindliche Abwehr (60 000 Schuß) war sehr stark, das Täuschungsmanöver hatte also Erfolg gehabt. Im eigentlichen Angriffs=bereich wurde dagegen der am frühen Morgen begonnene eigene Angriff so=wohl durch das feindliche Artillerie=Feuer als auch durch das schwierige Ge=lände und die feindlichen Minenfelder nach kurzem Vorrücken zum Halten gebracht. Die Div. „Hermann Göring" nahm Isola Bella. An der Ostfront drangen die eigenen Truppen bis zum Mussolini=Kanal vor, konnten jedoch keinen Brückenkopf bilden.

Die eigene Artillerie erreichte im Angriffsbereich mit etwa 26 000 Schuß ungefähr die Stärke des feindlichen Verschusses (bisher hatte sie dahinter weit zurückgestanden: am 23. und 24. verschoß sie lediglich 9400 bzw. 7700 Schuß, der Feind dagegen schätzungsweise 35 000 bzw. 28 000 Schuß: Durchschnitt der Tage vom 16. — 23. 2. bei der eigenen Artillerie 22 000 Schuß, bei der feindlichen 23 000 Schuß).

Am 1. 3. wurde der Angriff durch die 114. Jg.=Div., die 362. Inf.=Div. und die 26. Pz.=Div. fortgesetzt; doch traten nach Anfangserfolgen Rückschläge ein. Wiederum erwies sich das Angriffsgelände, dessen Zustand durch das Wetter verschlechtert worden war, als starke Behinderung. Der OB Südwest befahl daher am Abend die Einstellung des Angriffes und den Übergang zur Fort=setzung des Kampfes mit starken Stoßtrupps.

Um 17.55 Uhr aber meldete der OB Südwest, daß 2 örtliche Angriffe nur örtliche Erfolge gebracht hätten (77 598/44 geh. Kdos. Chefsache vom 2. 3. bei den Akten Op H). Der Grad der beiderseitigen Abnutzung halte sich die Waage, ebenso die Behinderung durch das schlechte Wetter. Eine nachhaltige Besserung der Wetterlage sei erst Mitte März zu erwarten, dann aber auch der erhöhte Einsatz der feindlichen Luftwaffe. Bis dahin könne der Gegner seine Stellungen weiter verstärken.

Als Hauptgrund für den unbefriedigenden Kampfverlauf führte der OB folgendes an:

1. Bei den nicht kampferfahrenen Verbänden erfolgten leicht Rückschläge;

2. Der Ausbildungszustand sei unterschiedlich, die Führer seien zum Teil ungenügend;

3. Das Zusammenwirken der Waffen funktioniere nicht so wie erforderlich;

4. Die Angriffsfreudigkeit habe bei einzelnen Verbänden bedenklich nachgelassen. Durch die Überlegenheit des Feindes in der Luft und mit Material auf der Erde sei eine Überbewertung desselben eingetreten. Mit den vorhandenen Kräften könne der Brückenkopf daher nicht bereinigt werden; eine weitere Einengung erfordere neue Opfer und lauge die Truppe weiter aus. Dieses bedeute eine[1] ernste Gefährdung des südlichen Kriegsschauplatzes. Die Front der 10. Armee sei zum Zerreißen dünn gespannt, die jetzige Schwächung der Küstenfronten nur vorübergehend möglich. Nach den befohlenen Abgaben stünden für Nettuno nur noch 6 Divisionen zur Verfügung. Dabei müsse berücksichtigt werden, daß sie alle der Auffrischung, die 362. Inf.=Div. und die 4. Fallschirm=Jg.=Div. auch der Ausbildung bedürften. Diese Kräfte reichten gerade für die Aufrechterhaltung der Abriegelung.

Der OB erörterte darauf die Aussichten für die Führung im übrigen Italien und wiederholte anschließend die Feststellung, daß für die Bereinigung von Nettuno 2 kampferprobte Verbände erforderlich seien.

Der Führer äußerte sich bei der Mittagslage am 2. 3. dahin (77598/44 geh. Kdos. Chefsache v. 2. 3.), daß an der Absicht der Bereinigung von Nettuno unbedingt festgehalten werden müsse. Außer den vom OB Südwest vorgeschlagenen Maßnahmen (Notiz Stellv. Chef WFStab zu Meldung des OB Südwest) komme es darauf an, durch ein Zusammenwirken der schwersten Waffen aller 3 Wehrmachtteile den feindlichen Nachschub allmählich zu unterbinden.

### 15. Abbruch des Kampfes und Vorbereitung einer neuen Weisung für die Kampfführung (2. - 14. März)

Am 2. 3. nur örtliche Vorstöße. Nach der Feindpresse hatte der Gegner erkannt, daß es sich um einen neuen deutschen Angriffsversuch gehandelt

1 Ms.: nur

habe. Sie sprach auch von den erstmalig eingesetzten „Goliaths", bei denen es meist gelungen sei, sie schon vor Erreichen der eigenen Linien durch Artillerie-Feuer unschädlich zu machen.

* Am 2. und 3. 3. weilte der Chef Gen.-Stab d. OB Südwest, Gen. Westphal, im FHQu. In seinem Vortrag beim Chef WFStab bezeichnete er bei der 14. Armee 5 Divisionen in Front und 1 in Reserve als für erforderlich, falls die beabsichtigte stoßtruppartige Kampfführung genehmigt und der feindliche Nachschub durch Fernkampf-Artillerie und gesteigerten Einsatz der Luftwaffe und Kriegsmarine erschwert werde. Falls, wie einen Augenblick erwogen wurde, die 3. Pz.-Gren.-Div. gegen die 1. Geb.-Div. abgegeben werden müsse, so entfalle damit die Möglichkeit, einen vollen Verband als Eingreif-Div. bereit zu halten. Mit den gegenwärtig vorhandenen Kräften sei es zwar möglich, dem Gegner das Leben zu erschweren, für eine endgültige Bereinigung des Brückenkopfes jedoch bezeichnete Gen. Westphal, wie am Vortage der OB Südwest, die Zuführung von 2 kampferprobten Verbänden als erforderlich.

In einem Rückblick auf die letzten Kämpfe hob Gen. Westphal die Erfahrung hervor, daß der Feind aus größeren, neuen Brückenköpfen mit den derzeitigen Mitteln nicht wieder hinausgeworfen werden könne. Die Infanterie der Neuaufstellungen weise Mängel auf; der Auswirkung der Panzer seien bei dem jetzigen Stand der feindlichen Abwehr Grenzen gesetzt; die eigene Artillerie sei der feindlichen in der Wendigkeit und dem Zusammenfassen des Feuers unterlegen.

Der General erhielt den Auftrag, sich am 7. 3. zusammen mit 12 Kommandeuren des AOK 14 wieder einzufinden, um dem Führer die Kampferfahrungen, die sich aus den Angriffen gegen den Brückenkopf ergeben hatten, vorzutragen, da sich dieser persönlich ein Bild von der Leistungsfähigkeit der Truppe und den erforderlichen Maßnahmen machen wolle. Der Führer brachte bereits jetzt zum Ausdruck, daß aus dem bisherigen Verlauf der Kämpfe nicht der Schluß gezogen werden dürfe, die Infanterie sei nicht mehr angriffsfähig; das würde eine Bankrott-Erklärung bedeuten. Es sei nur die Folgerung zu ziehen, daß die Schwierigkeiten, die vorlägen, noch nicht in der geeigneten Weise überwunden worden seien. Nötig sei unter anderem eine Verstärkung der artilleristischen Kraft. Es wurden deshalb neue Maßnahmen eingeleitet, um die Artillerie zu verstärken und noch mehr Munition heranzuführen. Angestrebt wurde vor allem die Zuführung von schwerer Artillerie (besonders russ. 12,2 cm, 15 cm und 17 cm sowie 12,8 Flak) (Merkbuch, Notiz Stellv. Chef WFStab nach der Mittagslage vom 3. 3.).

Der Forderung nach Zuführung neuer Verbände konnte nicht entsprochen werden; vielmehr erwies es sich als erforderlich, dem OB Südwest noch verschiedene Abgaben aufzuerlegen (s. u.). Es wurde jedoch beschlossen, vorläufig von dem (noch am 13. 2. feststehenden) Abzug der Fallschirm-Pz.-Div.

* *Anl. b 147*

„Hermann Göring" abzusehen und auch das Inf.=Lehr=Rgt. im Südwesten zu belassen (Merkbuch Notiz Stellv. Chef WFStab vom 3. 3.). Die sich an den Vortrag des Gen. Westphal knüpfenden Erwägungen und Entschlüsse führten zu einer am nächsten Tage – gleichzeitig mit der Auslösung des Aufmarsches * zum Unternehmen „Margarethe" – erlassenen neuen Weisung über die Kampfführung und Kräfteverteilung im Bereich des OB Südwest (vgl. den allgemeinen Teil und die Ausarbeitung über „Margarethe"[1]). Die jetzige Stellung der 14. Armee sei, so wurde dem OB Südwest mitgeteilt, weiter zu verteidigen; die hierfür benötigten Mittel seien der Armee aus dem Bereich des AOK 14 zuzuführen. Die 1. Geb.=Div. (die nunmehr für „Margarethe" vorgesehen war) werde nicht in den Bereich des OB Südwest verlegt. Statt dessen könne der 10. Armee die 114. Jg.=Div. zugeführt werden. An der Beseitigung des Landekopfes sei festzuhalten. Es komme besonders darauf an, durch ständige Angriffe auf den Nachschub durch Fernkampfartillerie, Luftwaffe und Kriegsmarine dem Gegner das weitere Anlanden und den Aufenthalt im Landekopf zu erschweren. Außerdem müsse jede Gelegenheit zur Verengung des Landekopfes ausgenutzt werden. Zu diesem Zweck würden dem OB Südwest sämtliche für Nettuno zugeführten Verbände belassen mit Ausnahme der Pz.=Abt. 501 (Flk.), die beschleunigt dem OB West zuzuführen sei. Das Inf.=Lehr=Rgt. solle möglichst zur Verfügung der Heeresgruppe zurückgehalten werden und dürfe nicht bei der 10. Armee eingesetzt werden. Die Fallschirm=Pz.=Div. „Hermann Göring" sei zur Übernahme der Küstensicherung und zur Auffrischung in den Raum Livorno zu verlegen. Dorthin würden ihr durch den OB West alle im Bereich der Heeresgruppe D vorhandenen Stämme und der zur vollen Auffrischung erforderliche Ersatz beschleunigt zugeführt (ent- ** sprechende Befehle an den GenStdH, den OB West usw. ergingen am 3. bzw. 6. 3.). – Am vorigen Tag hatte der OB Südwest Weisung erhalten, Stämme der 1. Fallschirm=Jg.=Div. für die im Westen vorzunehmende Aufstellung der *** 3. Fallschirm=Jg.=Div. abzugeben.

A m 4. u n d 5. 3. im Brückenkopf nur geringe Stoßtrupptätigkeit. Nach der feindlichen Presse wollte der Gegner im Brückenkopf bereits 3500 Gefangene gemacht haben.

Der Führer wies erneut darauf hin, die Fernkampf=Artillerie vor dem Brükkenkopf mit allen Mitteln zu verstärken. Da die Kräfte zur Zerschlagung des Landekopfes nicht ausreichten, müsse durch dieses Behelfsmittel die feindliche Versorgung möglichst geschwächt und gestört werden (Merkbuch, Mitteilung Chef WFStab vom 4. 3.).

A m 6. 3. Schnee und Regen, daher nur geringe Kampfhandlungen. Beim AOK 14 waren nunmehr über 3 Munitions=Ausstattungen vorhanden, da normalerweise nur 5–10 v. H. einer Ausstattung am Tage verschossen wurden.

* *Anl. b 148* ** *Anl. b 150, 151* *** *Anl. b 146*

1 D. h. Besetzung Ungarns; vgl. die Abschnitte 1 und 3.

Die Verpflegung war für 10–14 Tage sichergestellt. Die feindliche Presse kündigte eine neue Offensive des Generals Alexander an.

Da nach der Einstellung des eigenen Angriffes mit Sicherheit ein bald einsetzender feindlicher Gegenangriff erwartet werden konnte, ordnete der Führer an, daß sofort ein Teil der leichten Artillerie so weit hinter die HKL zurückgezogen werden solle, daß sie mit der äußersten Schußweite eben noch Sperrfeuer vor diese legen könne. Damit sollte verhindert werden, daß bei einem feindlichen Einbruch die gesamte leichte Artillerie zu einem Stellungswechsel gezwungen werde. Andererseits sollte damit erreicht werden, daß der Feind bei der Vertiefung seines Einbruches in immer dichteres Feuer der Artillerie hineinlief. Zur Verminderung der Wirkung der überlegenen feindlichen Luftwaffe und Artillerie sollte die eigene Artillerie auch sonst stark nach der Tiefe aufgelockert werden (Merkbuch, Mitteilung Chef WFStab vom 6. 3., Notiz Stellv. Chef WFStab nach der Mittaglage vom 6. 3.). Der Artillerie=Kommandeur im Raum von Nettuno, der beim WFStab weilte, wies darauf hin, daß durch das Gelände, das besonders schwierige Verhältnisse schaffe, bereits eine weitgehende Tiefengliederung der Artillerie herbeigeführt worden sei.

* Am 7. und 8. 3. empfing der Führer die vom AOK 14 unter Führung des Gen.=Lt. Fries, Kommandeur der 29. Pz.=Gren.=Div., zum Vortrag entsandten Offiziere (etwa 12) einzeln und stellte ihnen bestimmte Fragen über die gemachten Erfahrungen und die zu ergreifenden Maßnahmen. Geklagt wurde von den Kommandeuren, die auch vom WFStab befragt wurden, über die mangelhafte, für einen planmäßigen Angriff nicht ausreichende Ausbildung der Truppe, der Unterführer und Führer. Daher hätte auch das Zusammenwirken der Waffen nicht so, wie es erforderlich gewesen wäre, funktioniert. Andererseits sei bisher die feindliche Artillerie=Überlegenheit so groß gewesen, daß das eroberte Gelände nicht gehalten werden konnte. Die eigene Artillerie hätte die feindliche nicht so bekämpft, wie es die Truppe wünschte. Nachteilig hätte sich ausgewirkt, daß sie gegen die Sonne schießen müsse und daß ihr keine Artillerie=Flieger über dem Feind zur Verfügung stünden. Es hätte sich herausgestellt, daß das jetzt völlig aufgeweichte Gelände bei der Planung der eigenen Angriffe falsch beurteilt worden sei und daß vor allem die Einsatzfähigkeit der Panzer wesentlich geringer sei, als angenommen worden war. Der Führer hielt auf Grund dieser Besprechungen an der Absicht fest, die bisherige Front der 10. Armee zu halten und den Brückenkopf von Nettuno zu bereinigen. Es wurde befohlen, dies durch eine Anzahl kleinerer Unternehmungen unter Zusammenfassung aller Waffen voranzutreiben (Merkbuch, Mitteilung Gen. v. Buttlar vom 9. 3.).

** Die auf Grund dieser Eindrücke und Erwägungen am 10. 3. als Entwurf vorgelegte Weisung für die Kampfführung im Bereich des OB

** Anl. b 158* *** Anl. b 169*

Südwest wurde am 14. 3. vom Chef OKW unterschrieben. Es wurde befohlen, daß im Raum von Nettuno die Initiative nicht aus der Hand gegeben werden dürfe; es komme darauf an, den feindlichen Landekopf durch fortgesetzte, vorzüglich vorbereitete örtliche Angriffe mit begrenztem Ziel immer mehr zusammenzuschnüren und die Ausladungen und Versorgungsgüter des Gegners durch zusammengefaßtes Feuer der Fernkampfartillerie zu zerschlagen. Die Front der 10. Armee müsse gehalten werden; die dazu unbedingt erforderlichen Kräfte seien ihr aus dem Bereich des AOK 14 zuzuführen. Hinter den Flügeln der 10. Armee sollten baldmöglichst schnelle Verbände aufgestellt werden.

Da sich aus den bei Nettuno gemachten Erfahrungen und den Besprechungen mit den Frontoffizieren ergeben habe, daß die bisherigen Angriffe im wesentlichen an der gegnerischen Artillerie gescheitert waren, sollten die künftigen Angriffe nach den Grundsätzen der Angriffsschlacht von 1918 durchgeführt werden. Dementsprechend wurden Richtlinien für die Vorbereitung und Durchführung der Angriffe gegeben (Bildung und Schulung von Sturmbataillonen, einheitliche Führung der Artillerie einschließlich der Div.=Artillerie. Während des Angriffs Niederhalten der feindlichen Artillerie, Legen einer Feuerglocke um die Angriffstruppe usw.). Dem OB Südwest wurde mitgeteilt, daß ihm die 21 cm=K=Batt. 659 und 660 aus dem Bereich des OB West zugeführt würden und daß für ihn aus dem Bereich des BdE die 32 cm=K(f=K)=Batterien 691, 459 und 693, die ab 15. 3. bzw. 1. 4. verwendungsfähig seien, vorgesehen wären. Darüber hinaus erhielt der Chef H Rüst und BdE den Befehl zur Zuführung von 12 21 cm=Mörsern, 2 Geräte=Batterien 15 cm=K, 39, 3 Geräte=Batterien 12,2 cm=K(r) und 8 15,2 cm=K.H. 433 (r) mit entsprechender Munition.

Für die laufende Munitionsergänzung wurden dem OB Südwest ferner noch 168 Schuß für K 5 und 5600 Schuß für 10=cm=K 18 zugesprochen. Ferner sollte er aus Viterbo die dort eingesetzten 12 8=cm=Flak=Battr.en nach Nettuno heranziehen. Allgemein wurde befohlen, den Schwerpunkt der Versorgung auf die Bevorratung mit Munition zu legen und den gesamten Eisenbahn= und LKW=Transportraum bis zur äußersten Grenze vordringlich hier auszunutzen. Vor dieser Forderung müsse die Versorgung mit Verpflegung, vor allem die der Zivilbevölkerung in Rom, zurücktreten.

### 16. Verlauf der Ereignisse bis zum Monatsende

Am 14. 3. wies der OB Südwest darauf hin, daß der Führer bei Nettuno einen Artillerie=Einsatz befohlen habe, wie er bisher in diesem Kriege noch nicht aufgetreten sei (77 798/44 geh. Kdos. Chefsache vom 14. 3. bei den Akten Op H). Er stellte die artilleristische Gliederung bei der 14. Armee zusammen und meldete die zur Verfügung stehenden Stäbe, die nach seiner Auffassung nicht ausreichten. Er bat deshalb um die Zuweisung eines Artillerie=Kommandeurs, notfalls eines Art.=Rgt.=Stabes z. b. V.

Die weitere Entwicklung im Südwesten stand im Zeichen des mit dem 15. 3. einsetzenden feindlichen Durchbruchversuches bei Monte Cassino; im Lande=kopf wo der Zustand des Geländes weiterhin schlecht blieb, kam es dagegen bis zum Ende des Monats nur zu örtlichen Kampfhandlungen. Für diese sowie für die Umgliederung in der Front gegen den Brückenkopf und sonstige Maß=nahmen ist auf die Lageberichte des WFStabs, die Orientierungen für den Chef WFStab, Kriegstagebücher des OB Südwest und des AOK 14 zu verweisen.

* Am 18. 3. 15 Uhr meldete der OB Südwest seine weiteren Absichten zu der ihm befohlenen Angriffsführung im Landekopf. Bei Nettuno seien 2 Bri=gaden der 5. britischen Inf.=Div. neu festgestellt worden sowie einzelne selb=ständige Heeresverbände. Nach Eintreffen der letzten Brig. dieser Div. würden sich auf der Seite des Feindes insgesamt 6 geschlossene Divisionen, außerdem selbständige Heeresverbände (etwa in Stärke 1 Div.) im Landekopf befinden. Die Zuführung weiterer Verbände sei möglich. Es sei anzunehmen, daß der Feind bald selbst zum Angriff übergehen werde, voraussichtlich mit Schwer=punkt westlich der Straße Aprilia – Nettuno. Vom AOK 14 werde angestrebt, unverzüglich nach der Abwehr selbst zum Angriff anzutreten, um den Lande=kopf einzuengen. Unabhängig davon sei beabsichtigt, ihn durch planmäßig vorbereitete, sich aneinander reihende Teilschläge immer mehr einzuschnüren, die wegen der Verstärkung des Gegners und seines Stellungsausbaues mög=lichst bald begonnen werden müßten.

Der OB Südwest meldete die für die Durchführung von Teilangriffen be=stehenden Möglichkeiten und bezeichnete als einzige, die den Landekopf ent=scheidend einenge, den Angriff in der Mitte und am linken Flügel des I. Fall=schirm=Korps im Raum südlich und südwestlich Aprilia. Er stoße zwar auf die Stärke des Feindes, treffe ihn aber an entscheidender Stelle und schaffe günstige Voraussetzungen zur Fortsetzung des Angriffs. Voraussetzung sei jedoch, daß die Gesamtlage die Festlegung der 26. Pz.=Div. und 29. Pz.=Gren.=Div. gestatte. Dies Unternehmen müsse in 3 Teilangriffen durchgeführt werden. Voraus=setzung für die Durchführung sei das Abtrocknen des Geländes, die kurz=fristige Auffrischung der Truppe und die Auffüllung auf mindestens 3 Aus=stattungen an Art.= und Inf.=Munition, was voraussichtlich bis Ende März durchgeführt werden könne.

** Gegen diesen Vorschlag machte die Abt. Op/H des WFStabs am 19. 3. geltend, daß der geplante Angriff im gleichen Abschnitt erfolgen werde, in dem bereits der erste erfolgt sei, jedoch diesmal gegen einen verstärkten Gegner. Die Abteilung wies deshalb auf den Raum südostwärts Cisterna als besser geeignet hin. Im übrigen müsse erwartet werden, daß der Gegner vor Durch=führung der eigenen Teilangriffe seinerseits zum Angriff antreten werde.

* *Anl. b 181* ** *Anl. b 181*

Der Chef WFStab brachte zum Ausdruck, daß der Vorschlag der erteilten Weisung nicht voll Rechnung trage. Was der OB Südwest anstrebe, sei im Grunde die Wiederaufnahme des bisherigen Verfahrens, nur mit geringeren Mitteln. Es müsse nochmals darauf hingewiesen werden, daß der Feind mit Artillerie=Feuer Stück für Stück zerhackt werden müsse, worauf dann mit wenigen Sturmtruppen unter Vermeidung hoher Verluste örtlich in die Stellungen eingedrungen werden müsse. Auch diese kleinen Aktionen bedürften gründlichster Vorbereitung.

* Am 24. 3. wurde dem OB Südwest als Auffassung des Führers mitgeteilt, daß für Angriffe größeren Ausmaßes, wie er sie vorgesehen habe, vor allem die Möglichkeit der Überraschung als wesentliche Voraussetzung des Erfolges fehle. Der dem OB Südwest erteilte Auftrag könne nur in zahlreichen, aufeinanderfolgenden, örtlichen Angriffen mit begrenztem Ziel durchgeführt werden. Hierzu sei entweder in Nachtangriffen ohne vorheriges Artillerie=Feuer oder am Tage nach stärkster Artillerie=Vorbereitung vorzugehen. Das Artillerie=Feuer sei so lange fortzusetzen, bis Stoßtrupps das Erlöschen des feindlichen Widerstandes feststellten und die feindliche Artillerie in großem Maße ausgeschaltet sei. Der Infanterie=Angriff müsse sich in erster Linie auf Sturm=Bataillone der in Front eingesetzten Verbände stützen, die dann in die feindliche Stellung eindringen und auf diese Weise hohe Verluste vermeiden sollten. In beiden Fällen sei eine bis in alle Einzelheiten durchdachte Vorbereitung dringend erforderlich. Als Angriffsrichtung erscheine am ehesten erfolgversprechend die im Raum südlich und südostwärts Cisterna. In der weiteren Fortsetzung dieses Vorgehens könne etwa nach Erreichen der Fossa Spaccasassi in Aussicht genommen werden, durch gleichzeitiges Vorgehen aus dem neu besetzten Raum nach Westen und Entgegenwirken entsprechender Kräfte vom rechten Flügel des LXXVI. Pz.=Korps den dazwischenliegenden Raum ebenfalls auszuräumen. Der Zeitpunkt des Angriffs werde noch durch die Bevorratung auf mindestens 3 Munitions=Ausstattungen, die vorher erreicht sein müsse, das Abtrocknen des Geländes und die Abwehr der vorher zu erwartenden feindlichen Angriffe bestimmt. Die großen Reserven sollten erst, wenn durch die örtlichen Angriffe und die Bekämpfung der Landestellen und des Nachschubs der Gegner stark geschwächt sei, eingesetzt werden.

### 17. Rückblick (31. Mai)

Nachdem den Anglo=Amerikanern im Verlauf der am 12. 5. begonnenen neuen Italien=Offensive die Vereinigung mit ihren 4 Monate lang im Brückenkopf von Nettuno eingeschlossenen Truppen gelungen ist, versucht die feindliche Presse, indem sie dies als „historischen Moment" feiert, den Eindruck zu

* *Anl. b. 182, 183*

erwecken, daß der Landekopf bei Nettuno hiermit die ihm in den großen Absichten der Alliierten zugewiesene Aufgabe planmäßig erfüllt und damit seine entscheidende Bedeutung erwiesen habe. Demgegenüber muß festgehalten werden, daß diese Landung für die feindliche Führung zweifellos in vieler Hinsicht eine Enttäuschung bedeutet und die wenigsten, zuerst an sie geknüpften Hoffnungen erfüllt hat.

Dies wird am deutlichsten, wenn man — obwohl heute noch keine volle Klarheit über die eigentlichen Zusammenhänge besteht — versucht, sich die Ziele zu vergegenwärtigen, die dem feindlichen Vorgehen ursprünglich zu Grunde lagen. Hier ist nun kaum ein Zweifel darüber möglich, daß ihm zunächst und vor allem eine rasche Besetzung Roms vor Augen gestanden haben muß. Die gewaltige politisch-propagandistische Bedeutung, die ein derartiger Auftakt des „Invasionsjahres" 1944 besessen hätte, braucht nicht näher erläutert zu werden. Für den ital. Kriegsschauplatz hätte die Einnahme Roms gezeigt, daß die Alliierten imstande waren, den ersten im Herbst 1943 in Süditalien errungenen Erfolgen neue und weit wertvollere an die Seite zu stellen und den ersten europäischen Festlandsfeldzug planmäßig weiter und zu Ende zu führen. Für die Autorität der Badoglio-Regierung bedeutete die schnelle Rückkehr in die Hauptstadt einen entsprechenden Zuwachs, für die der national-republikanischen Regierung eine schwere Einbuße. Darüber hinaus wäre die Einnahme Roms für die Alliierten der gegebene Anlaß gewesen, Klarheit in den verwickelten innenpolitischen Verhältnissen des von ihnen besetzten Italien zu schaffen. Churchill hatte noch in seiner Unterhausrede am 22. 2. erklärt, daß die englische Regierung mit der Regierung der USA übereingekommen sei, erst nach Abschluß des Kampfes um Rom eine neue Prüfung der innerpolitischen Lage in Italien vorzunehmen und über die Frage des Regimes, der Volksvertretung usw. zu entscheiden. In seiner Unterhauserklärung zur Außenpolitik am 24. 5. bekannte er sich erneut zu dieser Auffassung.

Die militärischen Vorbedingungen für die Einnahme Roms waren im Augenblick der Landung infolge der weitgehenden Entblößung der Küste südlich der Tiber-Mündung außerordentlich günstig; auch in rein militärischer Hinsicht schien dem Gegner hier ein ganz großer Erfolg zu winken. Um so größer war auf deutscher Seite die Überraschung, als er — statt mit schnellen Abteilungen nach Rom vorzustoßen, wo sich ihm zweifellos ein großer Teil der Bevölkerung angeschlossen hätte — kostbare Zeit mit der „Konsolidierung" der im Brückenkopf befindlichen Kräfte verstreichen ließ. Als er dann nach einer Woche doch über Aprilia zum Angriff antrat, war es — wie der Kampfverlauf zeigte — bereits zu spät, die deutsche Abriegelungsfront schon zu stark.

Das zweite Ziel, das der Gegner mit der Landung bei Nettuno verfolgen konnte, war das Aufbrechen der Front der 10. Armee oder mindestens ihres rechten Flügels von rückwärts. Durch einen entschlossenen Vorstoß über die Via Appia, die Via Casilina und die beiden Bahnlinien wäre die Versorgung des rechten Flügels der 10. Armee unmöglich und die Aufgabe der hervorragend günstigen und für die Verteidigung Mittelitaliens entscheidenden Gebirgsriegelstellung erforderlich gemacht worden. Das Verhalten der Anglo-Amerikaner im Brückenkopf ließ aber während fast 4 Monaten auch nicht den Versuch eines derartigen Vorgehens erkennen. Als sie im Zuge der am 12. 5. begonnenen neuen Großoffensive nach langer Vorbereitung und viel später, als deutscherseits erwartet, am 23. 5. dann doch bei Cisterna zum Angriff aus dem Brückenkopf heraus antraten, war die Absetzbewegung bei der 10. Armee bereits im vollen Gange[1], die (auf Grund des Durchbruchs durch den Senger-Riegel, aber ohne Rücksicht auf die Flankenbedrohung) aus dem Brückenkopf heraus befohlen (worden war).

Die Enttäuschung, die der Verlauf der Kämpfe bei Nettuno beim Gegner hervorrief, findet ihre Bestätigung in dem Nettuno gewidmeten Abschnitt der Churchill-Rede vom 22. 2., in dem der britische Premierminister ausführte, daß „die Landungsoperation selbst ein Muster kombinierter Zusammenarbeit" gewesen sei, daß aber „die folgenden Ereignisse nicht den erhofften oder geplanten Verlauf" genommen hätten. Die deutsche Reaktion auf diesen Einfall war bemerkenswert. Nicht weniger als 7 Divisionen wurden schnell aus Frankreich, Norditalien und Jugoslawien herbeigezogen.

Mit dem letzten Satz ist die dritte Absicht bezeichnet, die der Landung bei Nettuno zugrunde gelegen haben kann und[2], als andere Erfolge ausblieben, von der alliierten Presse und Propaganda mehr und mehr herausgestellt wurde; tatsächlich wurde aber nur ein einziger großer Verband, die 715. Inf.-Div., aus dem Westen zugeführt. Der Antransport der 114. Fallschirm-Jg.-Div. aus dem Südosten war schon vor der Landung angelaufen und bereits Ende des vorigen Jahres befohlen worden. Die übrigen Verbände, die dem OB Südwest für die Bekämpfung des Brückenkopfes zugeführt wurden, entstammten sämtlich dem Ersatzheer. Was sonst noch an einzelnen Panzer- und Artillerie-Einheiten von den anderen Kriegsschauplätzen herangeführt wurde, fiel im Rahmen der großen Kräfteverteilung nicht sonderlich ins Gewicht. Daß die Heranführung dieser Verbände trotz der Ungunst des Wetters und der unterbrochenen Verkehrsverbindung über alles Erwarten glückte, muß als bedeutende Leistung angesehen werden.

Die ersten beiden, höchstwahrscheinlich mit der Landung bei Nettuno verbundenen Ziele wurden von den Alliierten also in keiner Weise, das dritte längst nicht in dem erwarteten Ausmaß erreicht. Statt dessen war es den im Landekopf eingeriegelten anglo-amerik. Truppen lediglich möglich, sich weit über ein Vierteljahr lang unter schweren Verlusten und in zähen Kämpfen zu behaupten.

Daß andererseits mit der nicht geglückten Bereinigung des Landekopfes der deutschen militärischen Führung ein auch in politisch-propagandistischer Hin-

1 Vgl. die folgende Anmerkung.
2 Beim Abschreiben wurde versehentlich der letzte Satz des vorvorigen Absatzes hier eingeschaltet. Er ist hier (am Schluß ergänzt) an die richtige Stelle gesetzt.

sicht sehr erwünschter, entscheidender Erfolg versagt blieb, braucht nicht näher ausgeführt zu werden. Jedoch wurde aus diesen Kämpfen die für die im Westen zu erwartenden Ereignisse wichtige Erfahrung gewonnen, daß es möglich ist, einen gelandeten Gegner an der Landestelle eng umschlossen zu halten und seiner operativen Freiheit völlig zu berauben. Überhaupt dürften die sich für den Gegner aus den Kämpfen bei Nettuno ergebenden Aussichten für die Invasion im Westen nicht übermäßig günstig sein. Darüber hinaus ergaben sich aus der Kenntnis der bei Nettuno eingesetzten Feindverbände und des dort festgelegten Schiffsraumes wichtige Rückschlüsse auf die Gesamtheit der vom Gegner für 1944 vorgesehenen Operationen. Weitere wesentliche Rückschlüsse konnten aus dem bei Nettuno vom Gegner gewählten Angriffsverfahren gezogen werden: es war mit Sicherheit anzunehmen, daß er sich bei den zukünftigen Kämpfen im Westen ähnlich verhalten werde. Die deutsche militärische Führung erhielt also durch Nettuno Gelegenheit, die notwendigen Umstellungen und Anpassungen vorzunehmen und rechtzeitig neue, für alle in Frage kommenden Kriegsschauplätze gültige Grundsätze aufzustellen.

Der WFStab war, namentlich bei der Planung der eigenen Gegenangriffe, bestrebt, sich durch Entsendung von Vertretern und persönlicher Rücksprache mit den Oberbefehlshabern und den Truppenführern ein klares Bild von den verwickelten örtlichen Verhältnissen zu schaffen und andererseits zu verhindern, daß aus zu weitgehender Berücksichtigung der örtlichen Gegebenheiten die Weisungen der Obersten Führung verunklärt und verwässert wurden. Eine wichtige Aufgabe bestand auch in der Herstellung voller Übereinstimmung zwischen den Absichten des OB Südwest und der 14. Armee. Als der Zeitpunkt für einen überraschenden, erfolgreichen Gegenangriff verstrichen war, wurde dies vom WFStab erkannt und diese Einsicht gegenüber dem OB Südwest durchgesetzt. Daneben war der WFStab bemüht, die Erfahrungen, die sich aus den Kämpfen, die in vieler Hinsicht das Gepräge der Materialschlacht des 1. Weltkrieges trugen, systematisch auszuwerten und ihnen die bisherigen Führungsgrundsätze anzupassen.

*Fortsetzung: s. den 5. Abschnitt.*

# 3. Abschnitt
# Der Fall „Margarethe" (Besetzung Ungarns), durchgeführt ab 19. März bis 31. März 1944

INHALT DES 3. ABSCHNITTS


*Vorbemerkung* . . . . . . . . . . . . . . . . . . . . . . . . 179

**I. Teil**
**Überblick über die Ereignisse**

A. Das Verhalten Ungarns bis zum Anfang des Jahres 1944

I. Politische Beziehungen . . . . . . . . . . . . . . . . . 180
II. Das militärische Verhalten der ungarischen Regierung . . . . . 181
1. *Der Einsatz der ungarischen Truppen im Osten* . . . . . . . . 181
2. *Die Ablehnung der Bereitstellung ungarischer Truppen für den Südostraum* . . . . . . . . . . . . . . 186
3. *Die Grenzkonflikte in Siebenbürgen und die ungarisch-rumänische Spannung* . . . . . . . . . . . . . . 187
4. *Gegenseitige Lieferungen* . . . . . . . . . . . . . . 188

B. Deutsche Gegenmaßnahmen: Die Vorbereitung und Durchführung des Unternehmens „Margarethe" (Besetzung Ungarns) vom Abfall Italiens bis zur Aufnahme des Kampfes im Vorgelände der Karpaten (8. September 1943—April 1944)

I. Der Ablauf der Vorgänge im Überblick . . . . . . . . . . 189
1. *Die Entwicklung des Planes „Margarethe" bis zur endgültigen Festlegung (30. September 1943 — 27. Februar 1944)* . . . . . . . 189
2. *Die Festlegung des Einmarschbefehls (28. Februar — 17. März 1944)* . . 193
3. *Die Verhandlungen mit dem Reichsverweser (18. März), der Einmarsch (ab 19. März) und die Bildung einer neuen ungarischen Regierung (23. März)* . . . . . . . . . . . . . . 200
4. *Der Fortgang und die Erweiterung der Besetzung im Zusammenhang mit der Verschärfung der Lage im Osten (23.—31. März)* . . . . . . 205

II. Der Ablauf der Vorgänge im einzelnen . . . . . . . . . . 210
1. *Die Entwicklung des Planes „Margarethe" bis zur endgültigen Festlegung (30. September 1943 — 27. Februar 1944)* . . . . . . . 210
*a) 1. Phase (1943) (210). — b) 2. Phase (Anfang 1944) (213)*
2. *Die Festlegung des Einmarschbefehls (28. Februar — 17. März 1944). Vorlage und Genehmigung eines neuen Einmarschplanes* . . . . . . 214
3. *Die Verhandlungen mit dem Reichsverweser (18. März), der Einmarsch (ab 19. März) und die Bildung einer neuen ungarischen Regierung (23. März)* . . . . . . . . . . . . . . 230
4. *Der Fortgang und die Erweiterung der Besetzung im Zusammenhang mit der Verschärfung der Lage im Osten (23.—31. März)* . . . . . . 238


(Fortsetzung: 7. Abschnitt)

Anhang: Die Bearbeitung des Falles „Margarethe II" (Besetzung Rumäniens durch deutsche Truppen), eingestellt am 28. Februar 1944 . . . . . . . . . 247

Anlagen . . . . . . . . . . . . . . . . . . . . . . . . . . . . . . . 249

1. *Stellenbesetzung (1. Deutschland, 2. Ungarn)* . . . . . . . . . . . . . 249

2. *Gliederung für das Unternehmen „Margarethe" (verloren)* . . . . . . 249

3. *Karte von Ungarn (1 : 2 500 000) mit den „Margarethe"-Bewegungen (am Schluß dieses Bandes: Karte 6)*

Die zitierten „Anlagen" wurden in eigenen Heftern verwahrt; diese sind zugrunde gegangen (einzelne Anlagen sind auf andere Weise gerettet worden). Trotzdem sind die Verweise abgedruckt; denn dadurch erhält der Benutzer eine Vorstellung davon, wie weit schriftliche Unterlagen benutzt worden sind.

**Vorbemerkung**[1]:

Die Ausarbeitung[2] beruht

1. auf den beim KTB angefallenen Akten,

2. auf den Akten der Abt. WFStab/Op (H) sowie der Mappe „Margarethe" beim Sachbearbeiter Südosten, ferner auf den Unterlagen der Abt. WFStab/Ic,

3. auf den dem KTB von Fall zu Fall übersandten Aufzeichnungen des Chefs WFStab,

4. auf den in Abständen von dem Stellv. Chef WFStab, vom 1. Generalstabsoffizier Heer, ferner von dem Chef der Abt. Qu usw. mündlich gemachten und anschließend schriftlich festgelegten Mitteilungen (mit 3. vereinigt in dem „Merkbuch" des KTB) (s. Unterlagen I[3]),

5. auf den täglich beim Lagevortrag gemachten Notizen (Auszug dem „Merkbuch" beigefügt) (s. Unterlagen I[3]),

6. auf mündlichen Auskünften der Sachbearbeiter,

7. auf Material von WFStab/Amtsgruppe Ausland (s. Unterlagen II, Auszüge[3]).

Der Ausarbeitung standen also nur ein Teil der Unterlagen zur Verfügung; die für eine Darstellung des Unternehmens „Margarethe" zu verarbeiten wären (aus dem militärischen Bereich: Akten des Beauftragten des Führers für die militärische Geschichtsschreibung, des Reichsführers SS usw., KTB des GenStdH, des OB Südost usw.). Die Ausarbeitung kann deshalb nicht mehr sein als eine Arbeitsgrundlage, die noch der Kontrolle durch die Beteiligten bedarf und im Laufe der Zeit ergänzt bzw. berichtigt werden muß.

Demnach ist zu berücksichtigen, daß die folgenden Abschnitte 1. den Fall

1 Über dem Titel im Ms.: WFSt/KTB — vorläufig abgeschlossen 20. 4. 44. 3 Ausfertigungen — 2. Ausfertigung.

2 Näheres über die Abfassung dieser „Ausarbeitung" im II. Teil der „Erläuterungen" am Schluß des Bandes. Hier deshalb nur diese Hinweise:
Das Kapitel II: „Das militärische Verhalten der ungar. Regierung" (s. unten S. 210 bis S. 249) beruht — wie der Untertitel kenntlich macht — auf einer von mir am 6. 3. 1944 vorgelegten Denkschrift, in der die vom OKW gegen Ungarn vorgebrachten Vorwürfe auf Grund der mir zur Verfügung stehenden Unterlagen substanziiert wurden. Dadurch erklären sich einerseits die Rückgriffe auf die voraufgehenden Jahre, andererseits die sonst bei der Kriegstagebuchführung vermiedenen Vorwürfe. Ende Februar 1944 hatte das Auswärtige Amt bereits eine entsprechende Denkschrift über die im politischen Sektor gegen Ungarn erhobenen Vorwürfe vorgelegt (ein Auszug hieraus im Abschnitt I: „Politische Beziehungen" (unten S. 180 f.). Ich weiß nicht, ob die beiden Denkschriften, die als Unterlagen für die erwarteten Verhandlungen mit Ungarn gedacht waren, gesondert erhalten sind.
Auf die beiden Kapitel (A. „Das Verhalten Ungarns bis zum Anfang des Jahres 1944", Abschnitt I—II) folgt B.: „Deutsche Gegenmaßnahmen". Bei diesem Kapitel handelt es sich um eine verkürzte Fassung einer ausführlichen Ausarbeitung, die als II. Teil folgt: „Der Ablauf der Ereignisse im einzelnen in chronologischer Reihenfolge". Da diese Nachrichten enthält, die in das Kapitel B I nicht übernommen wurden, ist auch sie abgedruckt worden, jedoch in „Petit" (S. 210—249).

3 Nicht erhalten.

„Margarethe“ aus dem Gesichtswinkel des WFStabs darstellen, 2. nur als Vorarbeit für eine Darstellung desselben anzusehen sind. gez.: Schramm

Ferner:[1]

Unterlagen:

I. Durchschläge der den Fall „Margarethe“ betreffenden Abschnitte aus dem „Merkbuch“ des KTB (der 1. Abschrift beigeheftet)[2].

II. Auszüge aus dem Material von WFStab/Amtsgruppe Ausland[2].

III. Zeitungsmeldungen über die Maßnahmen der neuen ungar. Regierung (der 1. Abschrift beigeheftet[2]).

IV. Akten des KTB zum Fall „Margarethe“ in zeitlicher Ordnung[2] nebst Sonderakte: Handakte des Stellv. Chefs WFStab[2].

# I. Teil:

# Überblick über die Ereignisse

## A. Das Verhalten Ungarns bis zum Anfang des Jahres 1944

### I. Politische Beziehungen

(nach einer Aufzeichnung des Auswärtigen Amtes von Ende Februar 1944)[3]

Schon bei dem Besuch, den der ungar. Reichsverweser dem Führer am 16. 4. 1943 in Schloß Kleßheim abstattete, kamen die Nachrichtren zur Sprache, die auf deutscher Seite Zweifel an der Haltung der ungar. Regierung erweckt hatten.

Es war aufgefallen, daß die seit März 1942 amtierende Regierung v. Kállay das Bestreben vermissen ließ, bestimmten, auf einen Abfall Ungarns hinarbeitenden Kreisen das Handwerk zu legen. Trotz deutscher Vorstellungen kam es zu keiner Änderung dieser Haltung. Die defaitistischen Gruppen wurden nicht bekämpft; vielmehr distanzierte sich auch das offizielle Ungarn bei verschiedenen Angelegenheiten vor dem Auslande von Deutschland. Diese Einstellung kam selbst in Äußerungen des Ministerpräsidenten zum Ausdruck und wirkte sich vor allem in dem Bestreben aus, die im Osten eingesetzten ungar. Divisionen zurückzuziehen (siehe unten). Ihr entsprachen ferner das Verhalten gegenüber dem Badoglio-Verrat, die zögernde Wiederanerkennung Mussolinis und dann die im Oberhaus dem ehemaligen Minister Ciano nach dessen standrechtlicher Erschießung gewidmeten anerkennenden Worte sowie die Ablehnung, Angehörige der britischen und amerikanischen Luftwaffe auszuliefern (19. 10. 43). Besonders kennzeichnend war die Ernennung des bisherigen Leiters der

1 Die folgenden Angaben stehen auf einem eigenen, nicht paginierten Blatt. Sie überschneiden sich zum Teil mit den eben aufgezählten Unterlagen (I = 4, II = 7).
2 Nicht erhalten.
3 Vgl. S. 179 Anm. 2.

Presse=Abtlg. im Außenministerium, Ullein=Reviczky, der bereits in den Be=sprechungen von Kleßheim von deutscher Seite aus als belastet bezeichnet wor=den war, zum Gesandten in Stockholm. Auch die Nachrichtengestaltung und die Steuerung des Rundfunks erfolgte in demselben Sinne: Presse und Rund=funk gingen auf Nachrichten des Feindes stärker ein, als mit einer achsen=freundlichen Haltung vereinbar erschien, und stutzten andererseits deutsche Nachrichten zurecht. Als besonders belastend wurden auf deutscher Seite die Versuche einer Fühlungnahme mit dem Feinde angesehen, die trotz der in Kleßheim gemachten Hinweise fortgesetzt wurden. Dies galt vor allem von den Beziehungen, die in Madrid, Lissabon und Ankara angeknüpft wurden und an denen verantwortliche Stellen beteiligt waren. Sie hatten zur Folge, daß die britische Regierung, die durch die Rücksichtnahme auf die Sowjets gebunden war, ihre diplomatischen Stellen anwies, solche Fühlungnahme ab=zulehnen.

Über die Fühlung, die der ungar. Militärattaché in Sofia mit Engländern und Amerikanern in der Türkei hatte (Oktober 43 – Januar 44), teilte dieser zwar der deutschen Abwehrstelle in Sofia einiges mit; doch blieb der Verdacht, daß der tatsächliche Inhalt dieser Besprechungen über den mitgeteilten Umfang hinausging.

Zusammenfassend ist zu sagen, daß nur dank der kompromißlos ablehnen=den Haltung des Feindes diesen von der ungar. Regierung geduldeten oder sogar geförderten Bestrebungen ein Erfolg versagt blieb. Daß der Sache der Dreierpaktmächte – so stellte das Ausw. Amt fest – trotzdem schwerster Schaden zugefügt wurde, steht auch so außer Zweifel, da dem Feinde ein Schwächemoment in den eigenen Reihen offenbar wurde.

## II. Das militärische Verhalten der ungarischen Regierung

(Vgl. auch die Ausarbeitung des KTB:

* „Das Verhalten der Ungarn 1943/44 nach den von WFStab/KTB verarbeiteten Unterlagen" vom 6. 3. 1944 [1]).

Bei der Frage der militärischen Kraftanstrengung Ungarns sind der Osten, der ehemals jugoslawische Raum und Siebenbürgen besonders zu betrachten.

### 1. Der Einsatz der ungarischen Truppen im Osten

Die ungar. Verbände, die im Osten neben ital., rumän. und slowakischen Ver=bänden eingesetzt waren, wurden anfangs gut, zum mindesten nicht ungünstig beurteilt. Es hatte sich dann jedoch bei der ersten schweren Erprobung im Win=ter 1942/43 ergeben, daß dieses Urteil nicht zutraf. Nach dem Beginn der feind=lichen Offensive am 14. 1. 43 kam es in Kürze zu einem Zusammenbruch, der

* *Anl. 1*

1 Vgl. S. 179, Anm. 2. Der Text folgt unten als Teil B Kap. II.

zu einer völligen Auflösung führte. „Die ungar. 2. Armee", so erklärte der OB, Generaloberst v. Jány, in einem Armeebefehl am 24. 1., „hat die Ehre verloren; denn nur wenige haben ihrem Eid und ihrer Pflicht getreu das eingelöst, was von ihnen mit Recht erwartet wurde. Es ist an sich keine Schande, aus einer Stellung herausgeworfen zu werden; aber es ist eine Ehrlosigkeit, wenn Leute ihre Seele und ihren Kopf verlieren und feige flüchten." Vergeblich wurde in einem späteren ungar. Armeebefehl, der wohl auf eine Weisung aus Budapest hin gegeben wurde, der Versuch gemacht, die Wirkung dieses Eingeständnisses abzuschwächen und der Armee Anerkennung auszusprechen. Der ungar. Chef des Gen.=Stabs erklärte Ende März dem Deutschen Mil.=Att., er wäre dankbar, wenn ihm auch deutscherseits in irgendeiner Weise bestätigt werden könne, daß die ungar. Truppen nicht völlig versagt hätten und die ungar. Waffenehre nicht verlorengegangen sei.
(Der Armeebefehl vom 24. 1. war den deutschen Stellen auf nichtamtlichem Wege zugekommen; er schuf seinem Verfasser bei seiner vorgesetzten Dienststelle Schwierigkeiten.)

Nach dem Zusammenbruch der ungar. Verbände wurde das ungar. AOK 2 von seinen bisherigen Führungsaufgaben entbunden und mit der Reorganisation der ungar. Kräfte hinter der Front beauftragt. Diese wurde mit deutscher Hilfe, besonders auf dem Gebiet der Waffen= und Gerätelieferungen, durchgeführt. Übertragen wurden den ungar. Verbänden nur noch Sicherungsaufgaben im rückwärtigen Gebiet. Dies führte zu einer fortlaufenden Reihe von Schwierigkeiten, da der ungar. Gen.=Stab, u. a. aus Rücksichten des Prestige, auf die Zuweisung eines geschlossenen Bereiches Wert legte und auch sonst Wünsche wegen der Zuteilung der Sicherungsräume hatte, die sich des öfteren schwer erfüllen ließen. Andererseits waren die deutschen Dienststellen unzufrieden mit der Art, wie die Ungarn die Sicherungsaufgaben durchführten, da sie mit den Banden und Eisenbahnüberfällen in ihrem Bereich nicht fertig wurden, dafür aber durch ihr Verhalten gegenüber der Zivilbevölkerung weitere Schwierigkeiten schufen.

Dabei wurden die ungar. Verbände im Laufe dieser Monate, die Zeit zu einer durchgreifenden Reorganisation geboten hätten, nicht etwa kampfkräftiger, sondern sie hielten sich bestenfalls auf der bisherigen Ebene. Besonders störend machte sich dabei geltend, daß die Ungarn Div.en in den Osten geschickt hatten, die stark mit Mannschaften aus den Minderheiten durchsetzt waren und daher von vornherein der inneren Festigkeit entbehrten [1].

Einzelne Klagen, wie z. B. die über das Abhören des britischen Heeres=

1 Zusatz am Rande: „Es kommt hier nicht genügend zum Ausdruck, daß die im Osten verbliebenen Sicherungsdivisionen auch von den Ungarn selbst nur als eine Art Landwehr angesehen und behandelt wurden, während die gesamte aktive Armee mit den laufend von Deutschland gelieferten Waffen zu Hause war! Gerade auch diese Waffen und die Hunderte von Feldgeschützen dem Einsatz gegen den Feind zuzuführen, war ein weiterer, wesentlicher Beweggrund zu diesem Unternehmen. W(arlimont)." — „diesem Unternehmen": d. h. Fall „Margarethe".

berichtes, über den Einsatz von mehreren 1000 jüdischer Arbeitssoldaten u. a. mehr verstärkten den Argwohn, daß es mit dem Geist der ungar. Verbände auch jetzt nicht so bestellt sei, wie man das hätte fordern müssen.

Die deutschen Wünsche auf Verstärkung der ungar. Verbände im Osten, die sich aus der Verschärfung der Bandenlage ergaben, wurden beantwortet mit großen Anforderungen deutscher Waffenlieferungen, die sich in diesem Umfang nicht erfüllen ließen.

Seit dem Sommer 1943 ging das Bestreben des ungar. GenStdH, der hier zweifellos einer Weisung der ungar. Regierung folgte, dahin, die ungar. Verbände aus dem Osten ganz zurückzuziehen, obwohl bei der Entwicklung der Lage offensichtlich war, daß Deutschland sie trotz ihres geringen Wertes jetzt erst recht nicht entbehren konnte. Um sie festzuhalten, wurde die Zusage gegeben, daß sie nicht im Kampf eingesetzt werden sollten.

Da die Zurückführung nach Ungarn abgelehnt wurde, war es das Bestreben des ungar. Gen.-Stabs, die ungar. Verbände immer rechtzeitig weiter nach Westen zu verlegen, je näher die Front kam, da er selbst in größten Krisen bei seinen Bundesgenossen es vermieden sehen wollte, daß die ungar. Verbände mit den Sowjets in offenen Kampf traten. Dadurch drängte sich der Verdacht auf, daß dies nicht nur im Hinblick auf deren geringen Kampfwert geschah, sondern auch, um „die Sowjets nicht zu reizen."

Als sich in der ersten Novemberhälfte die Lage im Raum von Shitomir so verschlechterte, daß die ungar. Verbände in die Nähe der Kampflinie kamen, befahl der ungar. Gen.-Stab dem OB der ungar. Besatzungskräfte am 11. ausdrücklich, daß sich die ungar. Verbände nicht auf den Kampf mit regulären russ. Truppen einlassen sollten (widerrufen am 16. 3., vgl. unten: 21. 3. 44). Außerdem befahl er dem OB von sich aus, den sofortigen Abmarsch der 18. und 19. Inf.-Div. nach Westen zu veranlassen, und zwar ohne einen entsprechenden deutschen Befehl abzuwarten. Der ungar. OB teilte diesen Befehl loyalerweise dem deutschen Verbindungsoffizier mit und sah vorerst von seiner Ausführung ab. Auf Vorstellungen in Budapest hin bat der Chef des ungar. Gen.-Stabs dann offiziell um das Einverständnis mit dem Ausweichen der beiden ungar. Div.en, wobei jetzt die Bitte angefügt wurde, auch das VII. und VIII.ungar.AK. weiter nach Westen zu verlegen. Der deutsche GenStdH kam dieser Bitte trotz der bestehenden großen Schwierigkeiten entgegen, die noch dadurch vermehrt wurden, daß die Ungarn aus der Zeit ihrer Besetzung in Galizien ein so schlechtes Andenken hinterlassen hatten, daß der GenStdH gebeten wurde, keinesfalls ungar. Verbände nach Galizien hineinzulassen.[1] Der GenStdH war zu diesem Verzicht bereit, da die ungar. Div.en nichts leisteten und nach den gemachten Zusagen nicht in den Kampf hineingezogen werden durften. Maßgebend war dabei, daß zum mindesten die symbolische Beteiligung Ungarns am Krieg aufrecht erhalten bleiben sollte (s. Merkbuch 20. 1.).

1 Zusatz am Rande: „Von wem? ganz klar ist es nicht. W(arlimont)."

Nachdem die Front mit eigenen Kräften wieder notdürftig gefestigt worden war, brachte der Chef des ungar. Gen.=Stabs im Januar wiederum die Bitte vor, das ungar. VIII. AK. nach Süden zu verlegen. Der Chef OKW * lehnte dieses Ersuchen am 16. 4. 44 ab, versicherte jedoch dem Chef des ungar. Gen.=Stabs ausdrücklich, daß die erforderlichen Anordnungen getroffen seien, um eine Berührung der ungar. Div.en mit regulären sowjetischen Truppen zu vermeiden.

Darauf kündigte der Chef des ungar. Gen.=Stabs durch den Deutschen Mil.=Attaché in Budapest seinen Besuch im FHQu zwecks Besprechung der Unterbringung ** der ungar. Verbände in Galizien und anderer Fragen an. Die Verhandlungen, für die der Luftwaffen=Führungsstab besondere Forderungen angemeldet hatte und die der Chef OKW persönlich führte, fanden am 24. 1. statt (Merkbuch 26. 1.).

*** Als sich die Lage im Osten weiter verschlechterte, richtete der Reichsverweser am 12. 2. einen Brief an den Führer, in dem er davon ausging, daß das Herannahen der Sowjetfront und die sich damit in zugespitzter Form stellende Existenzfrage seines Landes und Volkes ihn zwinge, das Problem der Verteidigung der ungar. Grenze aufzuwerfen, die in seinem Auftrage bereits der Chef des ungar. Gen.=Stabs bei seinem letzten Besuch im FHQu (24. 1.) erörtert, jedoch noch nicht geklärt habe. Der Reichsverweser betonte, entschlossen zu sein, die ungar. Grenzen gegen eine etwaige russische Invasion mit allen Kräften und Mitteln verteidigen zu wollen; die dazu notwendigen Maßnahmen würden in der nächsten Zeit vorbereitet und ungar. Grenztruppenteile auf Kriegszustand gebracht und an die gefährdeten Stellen befohlen werden. Der Krieg sei nunmehr viel näher an Ungarn als an die deutschen Gebiete herangekommen. Der Führer werde es deshalb selbstverständlich finden, daß es seine größte Sorge sei, den Krieg von Ungarn fernzuhalten – genau so, wie auch die deutsche Heeresleitung im Weltkriege dieses Bestreben gehabt habe. Wenn das für Deutschland eine Lebensfrage sei, so gelte das in einem verstärkten Maße für das vielfach kleinere Ungarn, dessen geringe Kraftquellen für den Feind viel leichter erreichbar seien als jene des deutschen Heeres. Der Karpatenkamm stelle ein schwer zu überwindendes Hindernis dar, und das ungar. Heer werde leichter im Stande sein, diese Linie zu halten, als einen Stoß in der Ebene aufzufangen. „Meine feste Überzeugung ist, daß wir diese Front auch allein, ohne auf deutsche Hilfe angewiesen zu sein, halten können, in welchem Falle vielleicht auch unsere zentralisierte Kriegsindustrie und die für uns beide so wichtigen Verkehrswege den Fliegerangriffen weniger ausgesetzt wären."

Bei dieser Gelegenheit müsse er, so erklärte der Reichsverweser, auf eine bereits öfters aufgeworfene Frage zurückkommen. Die ungar. Divisionen im Osten befänden sich in einer beunruhigenden Situation; sie seien nicht ent=

* *Anl. 2*    ** *Anl. 3*    *** *Anl. 4*

sprechend bewaffnet und stünden daher vor der Möglichkeit, ganz zerschlagen und zerstreut zu werden. Das VII. Korps sei bereits in 2 Teile zerrissen; die 1., 5., 23. und die 12. leichte Div. des VIII. Korps stünden hoch im Norden und kämen mit den übrigen ungar. Besatzungstruppen und mit der Heimat außer Kontakt, was auch die Versorgung unmöglich mache. „Die dazwischenliegende 9. und 19. leichte Div. sind einem überraschenden feindlichen Kav.=Massenan=griff sozusagen ausgeliefert. Diese waffenlosen Divisionen stellen fast die Hälfte unseres Heeres dar, die wir leider nicht ersetzen können." Der Reichsverweser müsse deshalb den Führer nachdrücklichst bitten, die ungar. Divisionen im Sinne der getroffenen Abmachung von der feindlichen Front rechtzeitig ab=zusetzen und an den Fuß der nordöstlichen Karpaten zurückzubeordern, wo sie die Eisenbahnverbindung Lemberg – Odessa sichern könnten und wo dann alle ungar. Truppen zusammengeschlossen wären. Diese würden dann auch für die Karpatenverteidigung zur Verfügung stehen, was bei der jetzigen Zer=streuung ausgeschlossen erscheine. Ob es überhaupt zu einer Invasion im Westen kommen werde, sei schwer zu sagen; dafür rechne er mit Bestimmtheit mit einem Angriff auf Nord=Siebenbürgen. Der Brief schloß mit dem Ausdruck der Überzeugung, daß die deutsche Wehrmacht auch weiterhin standhalten werde, und der Versicherung, daß Ungarn dieses Ziel mit allen Mitteln ehrlich unterstützen wolle.

Der Führer beantwortete diesen Brief nicht, was bei den ungar. Stellen in Budapest Unruhe auslöste; sie wuchs, je mehr Zeit verstrich, und verstärkte sich noch durch den Umstand, daß auch der Chef OKW auf einen Brief des Chefs des Gen.=Stabs keine Antwort erteilte (Meldung des Mil.=Attachés vom 14. 3., s. unten).

Da die Lücke zwischen der Heeresgruppe Süd und der Heeresgruppe Mitte sich im Laufe des Februar abermals vergrößerte, konnte es nicht verhindert werden, daß es zu kurzer Berührung der Ungarn mit dem Feinde kam. Die ungar. Verbände wurden jedoch beschleunigt zurückverlegt und ein dünner Wall aus eigenen Kräften aufgebaut.

Zusammenfassung:

Nach dem Zusammenbruch der ungar. Verbände sind diese im Gegensatz zu den rumänischen Verbänden nicht wieder als Kampftruppen eingesetzt wor=den, sondern nur als Sicherungstruppen. Auch diese Aufgabe haben sie nicht in der Weise durchgeführt, wie es eigene Truppen getan haben würden.[1]

In den Verhandlungen zwischen den deutschen und ungar. Stellen haben sich laufend Schwierigkeiten ergeben, da die Ungarn es ablehnten, mehr zu leisten, und versuchten, ihre Verpflichtungen trotz der zugestandenen Begrenzung der=selben noch weiter herabzudrücken.

1 Zusatz am Rande: „Siehe Bemerkung zu S. 6 (d. h. oben S. 182, Anm. 1). W(arli=mont)." Der letzte Satz dieses Absatzes durchstrichen.

## 2. Die Ablehnung der Bereitstellung ungarischer Truppen für den Südostraum

Dem Verhalten der ungar. Regierung im Osten entsprach auch ihr Verhalten gegenüber den Wünschen, die von deutscher Seite im Hinblick auf den Südostraum vorgebracht wurden. Hier hatte der ungar. Staat ohne nennenswerten militärischen Einsatz im Jahre 1941 einen beträchtlichen Gebietszuwachs erlangt. Einzelne ungar. Einheiten waren auch kurze Zeit südlich der Save eingesetzt, wurden dann aber wieder den Ungarn zur Verfügung gestellt.

Im ganzen Verlauf des Jahres 1942 waren keine ungarischen Truppen an den Kämpfen im Südosten beteiligt, obwohl sich nunmehr die mit dem Entstehen der Mihajlović- und der Tito-Bewegung verbundenen Schwierigkeiten deutlich abzeichneten. Sie zwangen zu umfassenden Unternehmungen, die ihren ersten Höhepunkt in den Unternehmungen „Weiß" zu Anfang 1943 fanden.

In dieser Zeit, nämlich zu Anfang Februar, regten die Ungarn von sich aus an, eigene Kräfte für die Befriedung des Südostraumes zur Verfügung zu stellen.[1] Gedacht wurde an die Aufstellung von 4 ungar. Divisionen, die das Herauslösen einer deutschen operativen Reserve auf dem Balkan ermöglicht hätte. Der Chef OKW richtete daher am 11. 2. an den Chef des ungar. Gen.-Stabs die Bitte, 3 Divisionen, und zwar 2 möglichst schon im März, zur Verfügung zu stellen. Dem deutschen Mil.-Attaché wurde darauf schon bald von den ungar. Stellen bedeutet, daß Ungarn dazu nicht im Stande sei, weil es Kräfte für den Fall eines Umschwunges in Rumänien in der Hand behalten müsse. Am 24. 2. erfolgte die offizielle Ablehnung; Neuaufstellungen seien erst später möglich und nur insoweit, als bei Ausbildung und Ausrüstung deutsche Hilfe geleistet würde.

Die deutschen Bemühungen um die Abstellung ungar. Divisionen für den Südostraum wurden im Laufe des Jahres mehrfach wieder aufgenommen, wenn die allgemeine Lage dies den Ungarn möglich zu machen schien; jedoch wurde jedesmal von Ungarn vorher abgewinkt oder ein ausdrückliches Nein ausgesprochen. Bei den Besuchen des Chefs des ungar. Gen.-Stabs am 18. 9. im FHQu ergab sich, daß dabei die Furcht der ungar. Regierung vor Luftangriffen auf Budapest eine Rolle spielte, die sie als Antwort der Alliierten auf einen ungar. Einsatz im Südosten erwartete.

Daß an und für sich Kräfte zur Verfügung gestanden hätten, ergibt sich daraus, daß Ungarn gleichzeitig seine eigenen Grenzen noch stärker zu sichern begann, als dies an und für sich schon der Fall war. Am 13. 9. teilte der Honved-Minister den Mil.-Attachés der verbündeten Mächte mit, daß für die Grenzen gegenüber Kroatien, Serbien und dem Gen.-Gouvernement 1200 Offiziere und etwa 3000[2] Mann eingezogen würden.

Gleichzeitig nahmen die Schwierigkeiten in Kroatien in einem bisher unvor-

1 Am Rande zugesetzt: „Es war wohl mehr so, daß der Deutsche Mil.-Attaché damals glaubte, daß die Ungarn auf eine solche Anregung von deutscher Seite eingehen würden. W(arlimont)."

2 Wohl eine Null ausgefallen.

stellbaren Maße zu, da nach dem italienischen Zusammenbruch (Sept. 1943) den Banden nicht nur die italienischen Waffen in die Hand fielen, sondern auch Teile der ital. Divisionen zuliefen. Es bedurfte daher allergrößter Anstrengungen sämtlicher verfügbaren Verbände, um den Ausfall der Italiener wieder wettzumachen und die Kommunisten und Mihajlović-Verbände von neuem niederzudrücken. Alle diese Aktionen in den letzten Monaten des Jahres 1943 und seit dem Jahresanfang 1944 sind ohne den Einsatz eines einzigen ungar. Soldaten durchgeführt worden, obwohl die Aufstandsbewegung bis an die Save vordrang und jenseits des Flusses ungar. Einheiten in Garnison lagen.

### 3. Die Grenzkonflikte in Siebenbürgen und die ungarisch-rumänische Spannung

Vor Beginn des Feldzuges gegen die Sowjets war die Gefahr eines ungar.-rumän. Krieges durch den Wiener Schiedsspruch abgebogen worden. Um an Ort und Stelle die Grenze, die keinen der beiden Partner befriedigen konnte, festzulegen und Grenzzwischenfälle zu schlichten, wurde eine deutsch-italienische Kommission eingesetzt. Trotzdem blieb die Lage gespannt; Grenzzwischenfälle aller Art waren an der Tagesordnung. In den meisten Fällen war es nicht möglich, die Schuldfrage zu klären. Das gleiche galt von den gelegentlich aufflackernden Pressekampagnen.

Es kann nicht verkannt werden, daß hierbei ein Teil der Schuld auf rumänischer Seite lag; überhaupt wäre es auch bei größter Gutwilligkeit auf beiden Seiten wohl unmöglich gewesen, die uralten Instinkte und den auf beiden Seiten stark ausgeprägten Chauvinismus zu dämpfen.

Was aber die Einwirkung Deutschlands auf Ungarn besonders erschwerte, war die verächtliche Geringschätzung, die alle ungar. Kreise von den Spitzen des Staates und der Wehrmacht bis herab zum einfachen Mann für die Nachbarn jenseits der Grenze an den Tag legten. Das machte die Ungarn blind gegenüber der Tatsache, daß im Gegensatz zu den Rumänen der bisherige Einsatz der Ungarn weder ruhmvoll war noch von einer stärkeren Beanspruchung aller Kräfte zeugte.

Als es im September 1943 wieder zu neuen Grenzzwischenfällen gekommen war, bei denen 13 rumän. Offiziere und Mannschaften getötet wurden, wies der ungar. Mil.-Attaché darauf hin, Rumänien werde möglicherweise demnächst dem Beispiel des ital. Verrats (8. 9.) folgen und dann in der ersten Verwirrung Ungarn angreifen. Als ihm entgegengehalten wurde, daß von der rumän. Seite derselbe Verdacht gegen Ungarn geäußert werde, wies er diesen als völlig unbegründet zurück.

Um solche Vorfälle auch nach Wegfall der ital. Organe, soweit möglich, zu unterbinden, wurde am 17. 9. das Verbleiben der deutschen Mitglieder der bisherigen Grenzkommission befohlen. Am 25. 9. brachte dann der Marschall Antonescu bei seinem Besuch im FHQu diese Vorfälle im Zusammenhang mit der Frage der rumän. Neuaufstellungen und Sicherheitsdivisionen zur Sprache. Denn es war eine Folge des gegenseitigen Argwohns, daß nicht so viel rumän. Verbände an die Front gesandt wurden, wie Rumänien unter anderen Verhältnissen hätte verfügbar machen können; ebenso legte Ungarn eigene Verbände in der Heimat gegenüber Rumänien fest, wobei darauf hinzuweisen ist, daß Rumänien von Monat zu Monat durch die immer stärker werdende Bindung an der Ostfront keinerlei wirkliche Bedrohung des ungar. Siebenbürgen darstellte.

Das Ergebnis der im September auf rumän. Seite geweckten Besorgnisse war, daß eine Div. aus dem Raum von Ploesti in den rumän. Teil von Siebenbürgen verlegt wurde, d. h. es wurde die Sicherung eines für die Gesamtkriegführung entscheidenden Raumes wegen der ungar.-rumän. Grenzschwierigkeiten vermindert. Anfang Dezember erwog die ungar. Regierung ihrerseits, die ungar. Kräfte gegen Rumänien zu verstärken; doch kam sie von ihrem Entschlusse wieder ab, wohl auf Grund der Überlegung, daß die rumän. Truppen auf der Krim durch das Vorbrechen der Sowjets in eine kritische Lage geraten und schließlich auf der Halbinsel abgeriegelt worden waren.

Zusammenfassung:

Die Ungarn haben also zu einem Zeitpunkt, als jeder Mann im Osten und ebenso im Südosten benötigt wurde, dort nicht nur ihre Hilfeleistung nicht vermehrt bzw. abgelehnt, sondern durch ihr Verhalten in der Siebenbürgischen Frage die bestehenden Schwierigkeiten auch noch vermehrt. Sie haben dadurch sowohl rumän. wie eigene Kräfte gebunden, die an der Front nutzbringend hätten eingesetzt werden können.

#### 4. Gegenseitige Lieferungen

Deutschland hat die ungar. Waffen- und Gerätewünsche, soweit es in seinen Kräften stand, erfüllt, und zwar von Anfang des Krieges an und erst recht in der Zeit, als die im Osten zusammengeschlagenen ungar. Verbände neu organisiert werden mußten.

Es hat dadurch weiterhin ungar. Neuaufstellungen ermöglicht, die jedoch nicht zum Einsatz kamen; hier lag also deutsches Gerät brach, nach dem die Front im Osten dringend verlangte.

Daß Deutschland auf diesem Gebiet getan hat, was es konnte, kommt darin zum Ausdruck, daß der Chef des ungar. Gen.-Stabs bei seinem Besuch im FHQu am 18. 9. 43 beim Vorbringen seiner Wünsche äußerte, er habe volles Verständnis dafür, daß nicht alle deutschen Zusagen über Lieferungen erfüllt werden könnten.

Andererseits besteht der Argwohn, daß von der ungar. Ölproduktion Deutschland nicht so viel geliefert worden ist, wie möglich gewesen wäre (im Jahre 1943 350000 to von 850000 to). Es wird angenommen, daß deutschen

Dienststellen gegenüber mit falschen Zahlen gearbeitet und ein größerer Vorrat gehortet worden ist, obwohl den ungar. Stellen bekannt sein mußte, welche Bedeutung jede weitere Tonne im Augenblick für den Kampf der Achsenmächte besaß.

Zusammenfassung der Punkte 1–4:

Ungarn kann sich nicht darauf berufen, daß Deutschland nicht auf die Wünsche des ungar. Gen.-Stabs eingegangen ist und die ungar. Wehrmacht nicht nach Kräften beliefert hat. Andererseits hat die ungar. Armee im Osten versagt und ist auch nach ihrer Umbildung zu Sicherungsverbänden mehr eine Last als eine Verstärkung gewesen.

Im Südosten haben die Ungarn gar nichts zu der Bereinigung der Lage beigetragen, obwohl hier auch Neuaufstellungen und Landwehrverbände ausgereicht hätten, um den deutschen Truppen die Sicherung weniger gefährdeter Gebiete abzunehmen.

Durch das Unvermögen, eine nationale Sorge, die in Friedenszeiten schwer drückte, jedoch im Hinblick auf das, was in diesem Kriege auf dem Spiele steht, als zweitrangig angesehen werden mußte, zurückzustellen, haben die Ungarn nicht nur eigene Kräfte an der Siebenbürgischen Grenze festgelegt, sondern auch noch rumän. Kräfte gebunden, die im Osten dringend gebraucht wurden.

## B. Deutsche Gegenmaßnahmen:
## Die Vorbereitung und Dutchführung des Unternehmens „Margarethe" (Besetzung Ungarns) vom Abfall Italiens bis zur Aufnahme des Kampfes im Vorgelände der Karpaten (8. September 1943 — April 1944)

### I. Der Ablauf der Vorgänge im Überblick
### (Über die Einzelheiten und die Anlagen s. Teil II)

#### 1. Die Entwicklung des Planes „Margarethe" bis zur endgültigen Festlegung (30. September 1943 — 27. Februar 1944)

Nach der Kapitulation Italiens (8. 9. 1943) mußte die deutsche Führung die Möglichkeit berücksichtigen, daß auch Ungarn und Rumänien diesem Beispiel folgen könnten.[1] Deshalb legte der WFStab[2] am 30. 9. einen Vorschlag für die Besetzung Ungarns und die Entwaffnung der ungar. Wehrmacht vor, der davon ausging, daß die Beteiligung der verbündeten Staaten erforderlich sei; jedoch könne mit Rücksicht auf die Geheimhaltung diese Absicht nicht vorher mit ihnen besprochen werden.

Deshalb müsse das vorgeschlagene Unternehmen, für das der Deckname

1 Zusatz am Rande: „Von *mir* nicht nachzuprüfen, da von Sept. — Dez. abwesend. W(arlimont)."

2 **Zusatz am** Rande: „Doch sicherlich auf Befehl. W(arlimont)."

„Margarethe" eingeführt wurde, weitgehend improvisiert werden. Besonders wies der WFStab bei seinen Berechnungen auf den Mangel an eigenen Kräften in Ungarn selbst und die Schwierigkeit hin, daß weitere Kräfte bei ungünstigen Verkehrsverhältnissen schnell und überraschend einmarschieren müßten.

Für die Durchführung wurde die Bildung von 3 Operationszonen vorgeschlagen:

Zone 1: (Westungarn bis zur Theiß mit Budapest und der Masse des ungar. Heeres) als Aufgabe der deutschen Wehrmacht,

Zone 2: (Ostungarn ostwärts und südlich der Theiß) als Aufgabe der rumän. Wehrmacht,

Zone 3: (Nordostungarn nördlich der Theiß) als Aufgabe deutscher und slowakischer Kräfte.

Dadurch sollte die Zusammenfassung der deutschen Kräfte gegen die Masse und die besten Kräfte Ungarns sowie gegen Budapest als den Hauptwiderstandspunkt erreicht werden. Den Rumänen und Slowaken wurden Aufgaben zugedacht, die sich im wesentlichen mit ihren politischen Zielen deckten.

Nur für die Zonen 1 und 3 ließen sich nach Auffassung des WFStabs bereits Einzelvorschläge machen. Die Gesamtleitung wurde dem OB Südost, die Führung der deutschen Heereskräfte einem aus dem Panzer-AOK 2 zu bildenden Führungsstab zugedacht. Die Dauer des Aufmarsches wurde auf 8 Tage veranschlagt und ferner angeregt, als Vorwand für die Versammlung im Süden die Durchführung eines großen Bandenunternehmens nördlich der Save zu benutzen. Einmarschiert werden sollte: aus dem Banat mit der 1. Pz.-Div., mit Kampfgruppen aus Res.-Divisionen sowie der 1. Kos.-Div. von Syrmien und Slawonien aus in den Raum zwischen Theiß und Plattensee, mit der verstärkten 24. Pz.-Div. aus Gegend Graz in den Raum beiderseits des Plattensees, mit der 25. Pz.-Div. aus dem Raum Wien in den Raum südlich der Donau, mit Kräften des Befehlshabers des Ersatzheeres aus der Slowakei nach Nordungarn und aus dem Gen.-Gouvernement über die Karpatenpässe auf die obere Theiß zu.

Die Luftwaffe sollte den Einmarsch überwachen und, soweit nötig, unterstützen sowie die feindlichen Flugplätze aus der Luft besetzen; für den Fall, daß die Ungarn keinen organisierten Widerstand leisteten oder eigene Spitzen sich bereits Budapest näherten, war die Landung einer deutschen Fallschirm-Jg.-Div. aus dem ital. Raum bei Budapest vorzusehen.

Das Verhalten gegenüber der ungar. Wehrmacht sollte sich nach der politischen Lage richten. Daß sich infolge der Mitwirkung der Rumänen Schwierigkeiten ergeben mußten, wurde als unvermeidlich bezeichnet, ein Verzicht auf ihre Mitwirkung im Hinblick auf den Kräftebedarf jedoch nicht für möglich gehalten. Für den Fall, daß die Entwaffnung der ungar. Sicherungsstreitkräfte im Osten erforderlich werden sollte, wurde ihre Verwendung als Arbeitsbataillone vorgesehen.

Am Schlusse dieser Studie schlug der WFStab vor, bereits jetzt die notwendigen Vorbereitungen einzuleiten.

Da ein Teil der vorgesehenen Verbände auf Grund der Entwicklung im Osten an die Ostfront abgegeben werden mußte, wurden die Einzelheiten dieses Vorschlages durch den Gang der Ereignisse überholt. Über seine Grundgedanken erfolgte, da die Entwicklung in Ungarn vorerst nicht drängte, zunächst keine Entscheidung.

Am 1. 11. erklärte sich der Chef WFStab mit dem vorgesehenen Ansatz der Kräfte einverstanden; er befahl, da es keinen Sinn habe, vorher Truppen zu benennen, den Ansatz der Angriffstruppen kartenmäßig festzulegen und alle 4 Wochen auf einer Pause die zur Verfügung stehenden Kräfte aufzuzeichnen, und wies den WFStab an, nur deutsche Truppen vorzusehen und einige grundsätzliche Befehle vorzubereiten. Als Richtlinie habe dabei zu gelten, daß die ungar. Wehrmacht nicht – wie die italienische – zu entwaffnen, sondern – wie im Falle Österreichs – zu gewinnen sei.

Der WFStab meldete darauf am 7. 11., daß die bisher vorgesehenen Kräfte nach dem Ausfall der Abgaben an die Ostfront gegen Ungarn und erst recht gegen Ungarn und Rumänien zugleich nicht ausreichen würden. Er schlug deshalb vor, für den Fall „Margarethe" Verbände aus dem Bereich des OB West, des OB Südwest, des OB Südost und des Befehlshabers des Ersatzheeres vorzusehen, wies aber zugleich darauf hin, daß auch diese Kräfte gegen Ungarn nur dann reichen würden, wenn die Mitwirkung der Rumänen sichergestellt sei. Falls Rumänien nicht mithelfe oder gegen beide Länder gleichzeitig vorgegangen werden müsse, seien die vorgesehenen Kräfte völlig unzureichend.

Am 11. 11. (nach kleinen Abänderungen noch einmal am 13. 11.) legte der WFStab eine neue Berechnung der Kräfte vor, die vom 10. 12. an zur Verfügung stehen würden. Nach den darin getroffenen Feststellungen reichten sie – wenn die zeitweise Schwächung der anderen Fronten in Kauf genommen wurde – aus, um das Unternehmen gegen Ungarn allein durchzuführen. Für den Fall, daß jedoch ein gleichzeitiger Abfall von Ungarn und Rumänien drohe, müsse die politische Führung diese Möglichkeit entweder ausschalten oder in beiden Ländern die innere Voraussetzung dafür schaffen, daß von vornherein mit einem einheitlichen militärischen Widerstand nicht zu rechnen sei.

Maßnahmen wurden auch jetzt noch nicht ergriffen; jedoch wurde gemäß einem Vorschlag des WFStabs vom 3. 12. der Chef des Gen.-Stabs des OB Südost, General Foertsch, in das FHQu bestellt und hier mündlich in den Fall „Margarethe" eingewiesen. Außerdem wurden, wie befohlen, die vorgesehenen Kräfte von Zeit zu Zeit überprüft und, soweit erforderlich, durch andere ersetzt.

Außerdem[1] wurde am 26. 1. noch ein Vorschlag für die Besetzung Rumäniens („Margarethe II") ausgearbeitet. Der WFStab betonte bei der Vorlage, daß er

1 Am Rande: „Auf wessen Anordnung? W(arlimont)."

die politischen und militärischen Voraussetzungen, die zu einer solchen Operation führen könnten, nicht übersehe und deshalb die augenblickliche Lage und die derzeitige Gruppierung der rumän. Kräfte zu Grunde lege. Er sah für diesen Fall eine Beteiligung der Ungarn und gegebenenfalls auch der Bulgaren vor. Für die Besetzung durch deutsche Truppen faßte er Rumänien ohne Siebenbürgen ins Auge.

Der Stellv. Chef WFStab ordnete am 29. 1. eine Umarbeitung an, die von einer überfallartigen Besetzung der für die Fortführung des Kampfes unentbehrlichen Zentren des Landes ausgehen sollte. Eine auf dieser Grundlage am 1. 2. abgeschlossene Studie kam zu dem Ergebnis, daß die vorhandenen Kräfte nur ausreichen würden, die wichtigsten Anlagen im Ölgebiet von Ploesti und unter Umständen den Hafen von Konstanza sowie die wichtigsten Positionen, insbesondere in der Hauptstadt, zu besetzen. Deshalb sei doch ein regelrechter Einmarsch in Rumänien erforderlich. Für diesen Fall wurde ein neuer Vorschlag nebst Zeitberechnung vorgelegt.

Am 15. 2. ergab sich aus einer Meldung des OB der Luftwaffe, daß auch das Luftwaffen-Kommando Südost von sich aus Vorschläge für den Fall gemacht hatte, daß Rumänien eine Schwenkung vollziehen sollte.

Am 22. 2. legte der Stellv. Chef dem Chef WFStab diese Meldung sowie den vom WFStab angefertigten Vorschlag für den Fall „Margarethe II" mit der Bitte um Entscheidung vor, ob und auf welcher Grundlage die Vorarbeiten fortgesetzt werden sollten.

Inzwischen hatte der WFStab bei einer erneuten Überprüfung seiner Vorarbeiten für den Fall „Margarethe I" (Besetzung von Ungarn) festgestellt, daß ihnen durch die anderweitige Festlegung der vorgesehenen Verbände von neuem die Grundlagen entzogen waren. Er schlug deshalb am 19. 2. Aushilfsmaßnahmen vor und meldete zusammenfassend, daß das Unternehmen gegen Ungarn zur Zeit nur noch durchführbar sei, wenn die Rumänen voll mitwirkten und wenn ferner die vorgesehenen SS-Verbände zur Verfügung gestellt, gegen den Einsatz der Kosaken-Div. keine Bedenken erhoben und vorübergehende Rückschläge in der Befriedigung Kroatiens in Kauf genommen würden. Dieser Mangel an Kräften könne durch Heranziehung der 100. Jg.-Div. aus dem Bereich des OB Südost in einem gewissen Maße behoben werden; aber es sei daneben doch unbedingt erforderlich, innerhalb der ungar. Wehrmacht (die auf etwa 450 000 Mann, davon in der Heimat 360 000, im Osten 90 000 Mann veranschlagt wurde) eine Spaltung hervorzurufen.

Am 24. 2. ergänzte der WFStab seine Vorschläge durch genauere Unterlagen, die im Hinblick auf den bevorstehenden Besuch des Marschalls Antonescu im FHQu (26. – 28. 2.) vorbereitet worden waren. Der Führer benutzte diesen Empfang dazu, um den rumän. Staatsführer zu sondieren, wieweit er im Falle eines ungar. Verrates bereit sei, ein deutsches Unternehmen militärisch zu unterstützen. Dabei wollte er den Marschall für die Auffassung gewinnen, daß ein solches Vorgehen nur erfolgreich sein könne, wenn vorerst alle territorialen Ansprüche zurückgestellt würden; denn es komme nicht darauf an, Ungarn zu unterwerfen, sondern es stärker als bisher in die Kampfführung einzubeziehen. Dazu sei die Bildung einer nationalen Regierung erforderlich, die gewillt sei, den Kampf an der Seite Deutschlands fortzuführen. Der Marschall ließ sich jedoch für diese Absichten, insbesondere das Zurückstellen der territorialen Ansprüche, nicht gewinnen.

Anschließend an diese Besprechung befahl der Führer am 28. 2., die Vorbereitungen für den Fall *„Margarethe II"* einzustellen, da er die Überzeugung gewonnen hatte, daß der Marschall sowohl in der Lage als auch gewillt sei, einen Umsturz zu verhindern. Am 4. 3. wurden der OB der Luftwaffe/Luftwaffen-Führungsstab und der Deutsche General Bukarest dementsprechend unterrichtet und angewiesen, alle schriftlichen Vorarbeiten, die den eigentlichen Zweck erkennen ließen, insbesondere alle kalendermäßigen, zu vernichten.[1]

### 2. Die Festlegung des Einmarschbefehls (28. Februar — 17. März 1944)

Für den Fall *„Margarethe I"* gab der Führer dagegen die Weisung, nunmehr die notwendigen Vorarbeiten beschleunigt zum Abschluß zu bringen. Dabei sollten folgende Ergänzungen und Änderungen vorgesehen werden:

1. ein Aufmarsch möglichst innerhalb des Landes, z. B. in Form einer im Innern des Landes anzuhaltenden Transportbewegung (in der Folge als „Trojanisches Pferd" bezeichnet),
2. Tarnung der Bewegungen gegen die Grenze als Truppenverschiebungen nach und vom Südosten und Osten,
3. Einsatz des SS-Fallschirm-Jg.-Btl.s anstelle des wahrscheinlich noch nicht einsatzfähigen Fallschirm-Jg.-Rgt.s 6, ferner Hinzuziehung der 16. SS-Pz.-Gren.-Div., der 1. Geb.-Div., starker Polizei-Kräfte und von Teilen der Luftwaffe sowie stärkerer Panzer und mot. Kräfte, die von Nordwesten her angesetzt werden sollten,
4. Festlegung der wehrwirtschaftlich und politisch wichtigen Besetzungsziele.

Diesen Richtlinien entsprechend machte der WFStab am 29. 2. neue Vorschläge, in denen eine Übung motorisierter Verbände im Raum von Wien zur Vorbereitung auf eine Frühjahrsoffensive im Osten vorgesehen wurde, um den befohlenen Ansatz der Panzer und mot. Kräfte von Nordwesten aus zu tarnen.

Die befohlene Transportbewegung „Trojanisches Pferd" sollte in der Form stattfinden, daß sich Kräfte aus dem Heimatkriegsgebiet mit solchen des OB Südost bei gleichzeitigem Zulauf auf ungar. Boden trafen und dort angehalten wurden.

Als Zeitpunkt für die Unternehmung wurde Ende März ins Auge gefaßt; jedoch bezeichnete der Führer bei der Mittagslage am 3. 3. diesen Termin als

1 Zusatz am Rande: „Das ist so nicht ganz richtig, im Hinblick auf die spätere Entwicklung aber außerordentlich wichtig! W(arlimont)."

viel zu spät. Außerdem wünschte er das Heranziehen der Panzer=Lehr=Div. aus dem Westen, die die 16. SS=Gren.=Div. ersetzen sollte, falls diese nicht mehr rechtzeitig herankäme. Vorgesehen wurde ferner, daß die Luftwaffe Bomber=verbände aus dem Westen in den Südosten verlegte.

Der WFStab stellte daraufhin die Vorbereitungen auf eine neue Grundlage. Er legte am 3. 3. eine Zeitberechnung für den Aufmarsch vor, die zu dem Ergebnis kam, daß — wenn der Befehl zum Aufmarsch am 5. 3. gegeben würde — sich als frühester Termin der 12. 3. ergäbe. Nur die Kampfgruppe Nord, die von der Slowakei aus einmarschieren sollte, könne erst zu Beginn der Operation aufmarschieren und frühestens 5 Tage nach Beginn antreten, da die Überraschung sichergestellt werden müsse. Falls auf die Sturm=Gesch.=Brigaden und die Panther=Abt. bei der Angriffsgruppe West verzichtet werde, könne die Operation demnach am 15. 3. beginnen, im anderen Falle erst 5 Tage, nachdem diese Verbände verwendungsbereit geworden wären. Am 4. 3. erklärte sich der Führer mit den vorgelegten Vorschlägen einverstanden. Er entschied, daß die Verbündeten vor Beginn der Operation nicht orientiert werden sollten.

Darauf erhielten — nachdem schon am 1. 3. dem Heresstab die vorgesehenen Verbände bezeichnet worden waren — am 4. und 5. 3. der Luftwaffen=Führungs=stab, der Reichsführer SS, der OB Südost, der Chef H Rüst u. BdE, der Wehr=machttransportchef, der Generalinspekteur der Panzertruppen Befehle für die von ihnen durchzuführenden Aufmarschmaßnahmen und die Durchführung der mot.=„Übungen" im Raum von Wien; außerdem wurde dem Wehrmacht=Befehlshaber Dänemark befohlen, die schwere Art.=Abt (mot.) 997 in den Raum südostwärts Wien zu verlegen.

Da sich die Lage im Raum von Tarnopol in Auswirkung der am 4. 3. eröff=neten neuen russischen Offensive im Südabschnitt der Ostfront zusehends ver=schlechterte, wurde es erforderlich, die Nordgruppe neu zu bilden, da die für sie vorgesehene 397. und 359. Res.=Div. dem GendStH für den Osten zur Ver=fügung gestellt werden mußten; sie wurden ersetzt durch die Gren.=Rgt.er (mot.) 1029 und 1030 aus dem Bereich des Befehlshabers des Ersatzheeres. Ferner wurden für den Fall „Margarethe" Teilnahme der im Westen befind=lichen Sturmgeschütz=Brig. 311 und 322 sowie des Alarm=Rgt.s der Div. „Bran=denburg" befohlen. Die beiden Sturmgesch.=Brigaden mußten jedoch schon bald darauf an den Osten abgegeben werden. An die Stelle der I./Pz.=Rgt. 11, die am 5. 3. ebenfalls dem GenStdH für den Osten zur Verwendung gestellt worden war, trat am 12. 3. die Panther=Abtlg. der SS=Panzer=Div. „Wiking".

Da der Führer der Beendigung des Unternehmens „Margarethe" in kür=zester Zeit die größte Bedeutung beimaß, um die in Ungarn eingesetzten Ver=bände wieder für andere Aufgaben freimachen zu können, erwog er außerdem die Zuführung weiterer Verbände, besonders die einer weiteren Panzer=Div. und von Sturm=Geschütz= oder Panther=Abtlg.en aus dem Westen, damit der rasche Ablauf und — falls erforderlich — das Brechen eines feindlichen Wider=

standes gewährleistet seien. Daher wurde am 15. 3. die Zuführung der 21. Pz.=Div. aus dem Westen befohlen, außerdem die Tiger=Abtlg. 507 herangezogen und die Pz.=Abtlg. 301, die sich gerade im Abtransport aus dem Bereich des OB Südwest befand, in den Aufmarschraum für den Fall „Margarethe" abgedreht.

Da der starke Schneefall besorgen ließ, daß die Bewegungen der Nordgruppe sich dadurch verzögern würden, wurden ihr rechtzeitig Schneefräser und Räumkräfte zugewiesen und außerdem die vom OB Südost mit Rücksicht auf das Gelände vorgeschlagenen Abänderungen der Einmarschstraßen genehmigt.

Im Zuge der Vorbereitung des Operationsbefehls war der Chef des Gen.=Stabs des OB Südost, General Foertsch, am 7. 3. erneut in das FHQu bestellt worden. Als frühestmöglichen Termin für den Einmarsch nannte er bei dieser Gelegenheit den 18. 3. In der Folgezeit wurde vorgeschlagen, im Hinblick auf den für den Einmarsch günstigen Wochenwechsel den 19. 3., der auf einen Sonntag fiel, zu wählen. Dieser Vorschlag fand die Billigung des Führers.

Zu der Besprechung am 7. 3. wurde außer einem Vertreter des Reichsführers SS auch der Kommandeur der Div. „Brandenburg", Gen.=Maj. v. Pfuhlstein, herangezogen, dem die Durchführung des Sonderunternehmens „Trojanisches Pferd" obliegen sollte.

Am 12. 3. konnte der in diesen Tagen mehrfach umgearbeitete Operationsbefehl herausgegeben werden. Er hatte zuletzt noch eine zügigere Präambel erhalten, die die Verhinderung eines Verrates scharf als Ziel der Operation herausstellte. Da sich der Führer gegen die vorzeitige Beteiligung der Verbündeten ausgesprochen hatte, behandelte der endgültige Befehl im Gegensatz zu den ersten Entwürfen nur noch die Bewegungen der für die Operation vorgesehenen deutschen Kräfte. Daher wurde auch nur die Besetzung der ersten Operationszone (Westungarn bis zur Theiß) geregelt und die der übrigen Zonen von der Entwicklung der politischen Lage abhängig gemacht. Es wurde befohlen, daß der OB Südost, der bereits am 8. 3. durch den Stab z. b. V. Foertsch in Wien eine vorgeschobene Befehlsstelle eingerichtet hatte, seinen Gefechtsstand sofort nach Wien verlegen und sich inzwischen im Südostraum durch den Generaloberst Löhr vertreten lassen solle, der die Führung aller dort verbleibenden Heereskräfte übernahm. Die Führung der Luftwaffenkräfte übernahm ein Sonderstab, der auf engste Zusammenarbeit mit dem OB Südost angewiesen wurde.

Der Einmarsch sollte, wie es bereits in dem ursprünglichen Entwurf vom 30. 9. 43 vorgesehen worden war, durch 4 konzentrisch auf Budapest angesetzte Angriffsgruppen durchgeführt werden. Es wurde Befehl gegeben, alle ungar. Kräfte zu entwaffnen, alle Ausrüstung und Munition sicherzustellen, die Eisenbahnen und Brücken zu sichern und jeden Widerstand rücksichtslos zu brechen.[1]

1 Zusatz am Rande: „Es fehlt der Auftrag, die wirtschaftlich wichtigen Gebiete zu besetzen und zu sichern. W(arlimont)."

Die Kampfgruppe Süd unter Führung des aus Griechenland herangezogenen Gen.=Kdo. XXII. Geb.=AK. sollte in 3 Kampfgruppen aus dem Banat, dem Raum südlich Neusatz und aus dem Raum südlich Esseg antreten, nämlich: 1.) Gren.=Rgt. (mot.) 92, 1. Rgt. „Brandenburg", SS=Pol.=Rgt. 5, Pz.=Abtlg. 202, SS=Gren.=Brig. 201; 2.) 42. Jg.=Div.; 3.) 8. SS=Kav.=Div.

Die Westgruppe unter der Führung des bisher nördlich der Save eingesetzten Gen.=Kdo. LXIX. AK. z. b. V., die sich aus der 1. Geb.=Div. und der 367. Div. zusammensetzte, sollte aus dem Raum Virovitica und aus der Nordwestecke von Kroatien antreten.

Von Nordwesten aus wurde unter Führung der aus dem Westen herangezogenen Gen.=Kdo. LVII. Res.=Pz.=AK. die auf Befehl des Führers verstärkte mot.=Gruppe angesetzt, die sich aus der Pz.=Lehr=Div., der 16. SS=Pz.=Gren.=Div., der Panther=Abtlg. der SS=Pz.=Div. „Wiking" und der schweren Art.=Abt. 997 aus Dänemark zusammensetzte.

Die Nordgruppe, die von der Slowakei aus einmarschieren sollte und dem vom Chef H Rüst u. BdE zugeführten Gen.=Kdo. LXXVIII. AK. z. b. V. unterstellt wurde, bestand nunmehr aus den verstärkten Gren.=Rgt.ern (mot.) 1029 (Großdeutschland) und 1030 (Feldherrnhalle) und dem Alarm=Rgt. der Div. „Brandenburg".

Allen vier Kampfgruppen wurden noch Pionier=Btl.e, Landesschützen=Btl.e und mot. Brücken=Kolonnen zugewiesen.

Ein Unterschied dem ursprünglichen Entwurf gegenüber, der das Schwergewicht auf die Südgruppe gelegt hatte, bestand also nur darin, daß die Nordwestgruppe erheblich verstärkt wurde.

Gleichzeitig mit dem Operationsbefehl wurden die schon vorher fertiggestellten „Besonderen Anordnungen Nr. 1" für den Fall „Margarethe" ausgegeben, in denen die im Zuge der Besetzung durchzuführenden Maßnahmen und die Ausnutzung des Landes geregelt wurden. Eingriffe in das Wirtschaftsleben wurden verboten, das Recht zu Beschlagnahmungen nur den Rgt.s=Kommandeuren, den Feld= und Orts=Kommandanten sowie der Polizei zugesprochen. Um die Weiterarbeit der gesamten Landwirtschaft, der Erdölindustrie, der Rüstungsindustrie und der Gruben sicherzustellen, war außer dem Einsatz von Feld= und Ortskommandanten noch der von Fachkräften vorgesehen.

Den „Besonderen Anordnungen" wurden grundsätzliche Richtlinien für die Behandlung der Soldaten der ungar. Wehrmacht beigefügt. Danach sollte angestrebt werden, die Bereitschaft des guten Teiles der ungar. Truppe zur Fortsetzung des Kampfes zu erhalten und womöglich noch zu steigern. Zur Sicherung der eigenen Truppe wurde es aber für notwendig befunden, zunächst alle Soldaten in den Kasernen und Unterkünften zusammenzuziehen, zu entwaffnen und – soweit sie nicht gebraucht würden – in die Heimat zu entlassen.

Da damit zu rechnen war, daß vorübergehend der zum allergrößten Teil über ungar. Gebiet führende Erdöltransport absinken werde, wurde Fürsorge getroffen, das Erdöl umzuleiten oder in Rumänien auszulagern. Es ergab sich, daß dort in ausreichendem Maße Lagerraum zur Verfügung stand; jedoch mußte dabei in Kauf genommen werden, daß er luftgefährdet war. Zur Steuerung dieser Maßnahmen wurde durch den WFStab ein mit einer Vollmacht des Chefs OKW ausgestatteter Oberstleutnant nach Bukarest entsandt. Da ferner damit zu rechnen war, daß die Durchführung der vorgesehenen Operation sich auf die Versorgung der Heeresgruppen A und Süd auswirkte, wurde der Südosten ganz auf seine Bevorratung angewiesen, um auf diese Weise alle Umgehungsstrecken für den Südflügel der Ostfront freizumachen. Dazu war es erforderlich, die durch die Banden besonders gefährdete Strecke Agram—Belgrad vermehrt zu sichern.

Für die Verwaltungsaufgaben stand der Stab des Generals von Both, des bisherigen Befehlshabers im rückwärtigen Gebiet der Heeresgruppe Nord, mit einer Oberfeldkommandantur, 2 Feldkommandanturen und 19 Ortskommandanturen zur Verfügung.

Ferner wurde zum Stab Foertsch der General Stahl kommandiert, um die Erfassung der Beute zu steuern. Zu diesem Zwecke wurde ihm ein technisches Btl. und 2 Feldgendarmerie-Btl.e beigegeben. Für die Erfassung der Kfz.-Beute wurde ein besonderer Bevollmächtigter des Chefs WKW bereitgestellt.

Diesen Maßnahmen lag der Gedanke zu Grunde, daß als Beute nur ungar. Wehrmachtseigentum angesehen werden sollte, jedoch nicht Wirtschaftseigentum. Es bestand die Absicht, sich soweit wie möglich aus den Fragen der Wirtschaft und Verwaltung herauszuhalten und nur dort, wo Widerstand geleistet wurde, durchzugreifen. Die Wirtschaft sollte möglichst wenig beunruhigt werden. Es wurde also bewußt anders vorgegangen als in Italien, wo es sich darum gehandelt hatte, vor der Wiedereinsetzung der früheren Regierung noch schnell Verhältnisse zu schaffen, die den deutschen Forderungen entsprachen. Um Anhaltspunkte für das zu wählende Verfahren zu gewinnen, waren deshalb die Maßnahmen überprüft worden, die im Jahre 1940 im Falle Dänemark sich bewährt hatten.

Der Gen.-Stab der Luftwaffe, der bereits am 6. 3. gemeldet hatte, daß die Maßnahmen der Luftwaffe, entsprechend den neuen Weisungen, schneller als bisher durchgeführt werden könnten und daß statt des einen bisher belegten Flugplatzes jetzt insgesamt 6 Plätze in Ungarn belegt werden sollten, hatte am 9. 3. die für den Fall „Margarethe" vorgesehenen Kräfte gemeldet (derzeitig verfügbare Kräfte des Luftwaffen-Kdo.s Südost, dazu 2 Kampfgeschwader, 1 Jagdgruppe, Jafü Ostmark mit 3 Jagd- und 1 Zerstörergruppe, 7 Flakabteilungen sowie 60 Ju 52 für Transport, ferner die in Ungarn bereits eingesetzten Kräfte).[1]

1 Dazu handschriftlich am Rand vom Stellv. Chef WFStab, General Warlimont: „Das ist unklar. Wichtig ist, 1) daß die ungar. Luftwaffe mit der Besetzung lahmgelegt werden sollte durch Besetzung ihrer Anlagen, 2) daß ein Teil der Plätze sich schon vorher im Wege der Mitbenutzung in deutscher Hand befand. W." Ferner Anmerkung nach dem nächsten Absatz: „Es fehlen die Maßnahmen, die der GenStdH und die Luftwaffe zur Entwaffnung der ungar. Sicherungstruppen im Osten vorzubereiten hatten. W."

Nach den Feststellungen der Luftwaffe war es möglich, Luftlandungen durch=zuführen. Es konnte deshalb vom Abspringen abgesehen werden. Außerdem war ein „Propagandaflug" über Budapest geplant, um die ungar. Bevölkerung zu beeindrucken. Für diesen waren anfangs etwa 100 Flugzeuge vorgesehen, der Führer erklärte jedoch, daß diese Zahl nicht genüge; deshalb wurde sie durch Heranziehung, unter anderem aus dem Korps Meister, das für den Kampf gegen Fernziele im Osten bereitstand, auf etwa 250 erhöht. Ferner war beabsichtigt, einen Flugplatz in Debrecen, der außerhalb des zu besetzenden Gebietes lag, durch plötzlichen Einfall, womöglich auf Grund gütlicher Ver=ständigung, im Zuge der Operation „Margarethe" zu besetzen.

Bei einer Besprechung, die am 14. 3. beim Stabe z. b. V. Foertsch in Wien stattfand, um den Stand der Vorbereitungen zu überprüfen und die weiteren noch zu treffenden Maßnahmen zwischen den Beteiligten abzustimmen, ergab sich als allgemeine Auffassung, daß die Ungarn zu einer improvisierten ge=schlossenen Gegenwehr nicht in der Lage sein würden. Nur örtlich beschränk=ter Widerstand wurde ins Auge gefaßt und deshalb allgemein angenommen, daß das Unternehmen sich schnell werde durchführen lassen.

Auch dem Sonderunternehmen „Trojanisches Pferd" wurde trotz des damit verbundenen Wagnisses Erfolg vorausgesagt. Es konnte festgestellt werden, daß die Tarnung bei allen Gruppen mit großer Gewissenhaftigkeit und zahl=reichen guten Gedanken durchgeführt worden war. Doch wurde damit gerech=net, daß die Ungarn bis spätestens 17. 3. ein klares Bild über die eigenen Maß=nahmen haben und nur noch über die Zeit und die Art des beabsichtigten Unternehmens im Ungewissen sein würden.

Es konnte ferner festgestellt werden, daß der Zustand der Kräfte aus dem Bereich des OB Südost im allgemeinen gut war, daß bei der Nordwestgruppe die Pz.=Lehr=Div. den Anforderungen entsprach, die 16. SS=Pz.=Gren.=Div. jedoch noch dringend der Beweglichmachung bedurfte. Auch bei der Kampf=gruppe Nord war nur eine unzureichende Motorisierung möglich gewesen. Im Laufe der folgenden Tage wurde versucht, die noch bestehenden Mängel — so gut es ging — auszugleichen. Außerdem wurden noch die zahlreichen Sonderfragen geklärt, die die Durchführung des Unternehmens aufwarf (u. a. Sicherung der Donauschiffahrt und der Bahnen in Kroatien; Klärung der Frage, welche Ver=bände auf die Dauer in Ungarn bleiben sollten; Funküberwachung in Ungarn; Regelung der Propaganda; Umarbeitung der vorgesehenen Aufrufe an das ungar. Volk und die ungar. Wehrmacht; Vorbereitung von Briefen an die Deutschen Generale in Rumänien und der Slowakei, um diese im Augenblick des Einmarsches ins Bild zu setzen u. a. m.).

Eine neue Lage ergab sich am 15. 3. auf Grund des Ergebnisses einer Be=sprechung, die der Führer am Nachmittage in Schloß Kleßheim mit dem Reichsaußenminister und dem Reichsführer SS abhielt und bei der der Ent=schluß gefaßt wurde, den ungar. Reichsverweser, Admiral v. Horthy, zum 18. 3. in das FHQu einzuladen. Bei der Übermittlung wurde dem Reichsverweser angedeutet, daß ein späterer Termin nicht möglich sei, da der Führer in das Hauptquartier „Wolfsschanze" zurückkehren müsse. Bei der Mittagslage am 16. 3. konnte der Führer bereits mitteilen, daß der Reichsverweser diese Einladung angenommen habe. Am Abend legte der Reichsaußenminister dem Führer eine Vollmacht für den als Reichsbevollmächtigten und neuen Gesandten in Aussicht genommenen Dr. Veesenmayer vor, mit der sich der Chef OKW bereits einverstanden erklärt hatte.

Der OB Südost wurde verständigt und angewiesen, die Vorbereitungen dieser neuen Lage anzupassen; dem OB West wurde mitgeteilt, daß die 21. Pz.-Div. gegebenenfalls nicht abgerufen werden würde, daß jedoch das Leermaterial vorläufig zusammengezogen bleiben solle.

In einer Vortragsnotiz legte der WFStab am 17. 3. die militärischen Forderungen fest, die nach diesem Vorschlage an die neu zu bildende ungar. Regierung zu stellen seien, nämlich: 1. Besetzung der führenden militärischen Stellen mit deutschfreundlichen Offizieren; 2.) Einsatz und Organisation der ungar. Wehrmacht nach Richtlinien des OKW; 3.) Unterstellung der ungar. Sicherungstruppen im Osten unter die deutschen Heeresgruppen und Armeen; 4.) Wegfall des ungar. AOK in Lemberg; 5.) sofortige Einstellung aller militärischen Vorbereitungen an der ungar.-rumänischen Grenze und Abziehen der dort eingesetzten ungar. Verbände; 6.) Aufstellung von 4—5 zuverlässigen vollkampfkräftigen Divisionen mit deutscher Unterstützung; 7.) Erfassung der wehr- und arbeitsfähigen Bevölkerung und anschließend Aufstellung weiterer ungar. Sicherungs- bzw. Kampfverbände für den Osten, gegebenenfalls für Istrien und Frankreich; 8.) verstärkter Arbeitseinsatz zur Leistungssteigerung der ungar. Rüstungsindustrie, darüber hinaus Steigerung der Rüstungs- und Mineralölproduktion sowie der landwirtschaftlichen Ausfuhr; 9.) zuverlässige Erfüllung verstärkter Transportleistungen.

Ferner wurden die in den „Besonderen Anordnungen" festgelegten Richtlinien für die Behandlung der ungar. Soldaten der neuen Lage entsprechend abgeändert.

Alle Vorbereitungen gelangten ohne irgendwelche Störungen zum Abschluß. Nur am Abend des 17. 3. erfolgte 25 km nördlich von Neusatz eine Streckensprengung, die vermutlich durch kroatische oder ungar. Kommunisten verursacht worden war; da die auf dieser Strecke vorgesehenen Züge der Transportbewegung v. Pfuhlstein umgeleitet werden konnten, ergab sich für dieses Unternehmen keine weitere Störung.

In den Beziehungen zu den ungar. Dienststellen traten in der Zeit dieser Vorbereitungen keine besonderen Schwierigkeiten ein. Am 9. 3. war der OB der ungar. Sicherungskräfte im Osten vom Chef OKW in das FHQu gebeten worden. Aus der Besprechung ergaben sich keine neuen Gesichtspunkte.

Nur ein ernster zu wertender Zwischenfall löste vorübergehend Befürchtungen aus: Am 13. 3. hatte der Stellv. Chef des ungar. Gen.=Stabs in Budapest eine Unterredung mit dem (im Augenblick den in das FHQu befohlenen Wehr=machtattaché vertretenden) deutschen Luftwaffenattaché, Gen.Fuetterer. Er wies Gen.=Lt. Fuetterer auf die dem ungar. Gen.=Stab vorliegenden Nachrich=ten hin, wonach seit etwa 5 Tagen 40—50 deutsche Militärtransporte im Raum Wiener Neustadt — Eisenstadt ausgeladen würden. Nach Aussagen der Bahn=beamten hätten deutsche Offiziere geäußert, Truppen und Gerät seien zur Besetzung Ungarns bestimmt. Der Chef des ungar. Gen.=Stabs habe gebeten, diese Angelegenheit unverzüglich klarzustellen. Gen.=Lt. Fuetterer antwortete, daß ihm nichts derartiges bekannt sei, und bat anschließend an die Unterre=dung um Weisung. In seiner Antwort brachte der Chef OKW sein größtes Erstaunen über die Anfrage zum Ausdruck. Es sei ein bedenkliches Zeichen, wenn das Eintreffen der Pz.=Lehr=Div. dem ungar. Gen.=Stab gemeldet werde und dort sogar Aufsehen errege. Sie sei in diesen Raum verlegt worden, um unter Leitung des Gen.=Inspekteurs der Panzertruppen an Übungen teilzuneh=men. Das OKW lege größten Wert auf nähere Angaben über die deutschen Offiziere, die die betreffenden Äußerungen getan haben sollten. Am 14. 3. meldete der Gen.=Lt. Fuetterer, daß diese Mitteilungen den Stellv. Chef des ungar. Gen.=Stabs sichtlich beindruckt hätten; dieser habe betont, daß der ungar. Gen.=Stab nicht beunruhigt gewesen, jedoch von den zivilen Stellen fortwährend um Aufklärung gebeten worden sei. Die augenblickliche Nervosi=tät beruhe zum Teil darauf, daß sowohl auf das letzte Schreiben des Reichs=verwesers an den Führer als auch auf das Schreiben des Chefs des Gen.=Stabs an den Chef OKW keine Antworten eingetroffen seien.

Gerüchte, die sich in Kroatien an die sich dort vollziehende Bereitstellung knüpften, taten keinen größeren Schaden, da über die letzten Absichten für den Außenstehenden doch kein klares Bild zu gewinnen war.

### 3. Die Verhandlungen mit dem Reichsverweser (18. März), der Einmarsch (ab 19. März) und die Bildung einer neuen ungarischen Regierung (23. März)

Der Einladung des Führers entsprechend, traf der Reichsverweser am Mor=gen des 18. 3. in Begleitung des ungar. Kriegsministers, des Chefs des ungar. Gen.=Stabs und des deutschen Luftwaffen=Attachés im Sonderzug aus Budapest in Kleßheim ein.

Auf deutscher Seite nahmen neben dem Führer der Chef OKW, der Chef und der Stellv. Chef WFStab, der Chef des GenStdH, ferner der Reichsaußen=minister, der Reichsführer SS, der Reichsleiter Bormann und andere Persönlich=keiten an den Besprechungen teil.

In der Unterredung, die gleich nach dem Empfang zwischen dem Führer und dem Reichsverweser stattfand, schien sich eine Einigung anzubahnen. Bei der Fortsetzung der Besprechungen nach dem Mittagessen trat jedoch ein Um=

schwung ein. Auf die ihm vorgelegten Forderungen erklärte der Reichsverweser, Ungarn könne keinen Widerstand leisten; aber er überlasse alle weitere Verantwortung für die Entwicklung dem Führer des Großdeutschen Reiches. Als die Abreise des Reichsverwesers bereits vorbereitet wurde, bat der Chef des ungar. Gen.=Stabs, Gen.=Oberst v. Szombathelyi, noch einmal beim Führer vorgelassen zu werden. Dieser erläuterte ihm die großen Ziele und Gesichtspunkte, die den beabsichtigten deutschen Maßnahmen zu Grunde lagen. Gen.=Oberst v. Szombathelyi unterrichtete darauf den Reichsverweser, kam jedoch wiederum unverrichteter Sache zurück, so daß die Abreise von neuem ins Auge gefaßt wurde. Wider Erwarten begab sich dann gegen 20 Uhr der Reichsverweser selbst noch einmal zum Führer. Nach dieser erneuten Aussprache erklärte er, daß er jetzt die Absichten des Führers voll und ganz verstanden habe und daher seinen Forderungen entsprechen wolle. Darauf trat er gegen 21 Uhr mit seiner Begleitung die Rückfahrt an.

Da die Verhandlungen diesen Ablauf nahmen, kam es nicht mehr dazu, daß die vom WFStab vorbereiteten militärischen Forderungen vorgelegt wurden; auch konnte das Protokoll, das bereits aufgesetzt war, nicht mehr zur Unterschrift vorgelegt werden. Andererseits unternahmen auch die Ungarn vor der Abfahrt noch keine entscheidenden Schritte, um in ihrer Heimat eine Wandlung herbeizuführen. Es wurde angenommen, daß der Reichsverweser, der entgegen dem ursprünglichen Fahrplan erst mehrere Stunden später, d. h. im Laufe des Morgens, in Budapest eintreffen konnte, als erstes eine Proklamation an das ungar. Volk erlassen und dann auf schnellstem Wege eine neue Regierung bilden werde. Es mußte sich also zunächst am 19. 3. eine ungeklärte Lage ergeben, da die ungar. militärischen und zivilen Dienststellen noch nicht von den weiteren Absichten ihrer Regierung unterrichtet waren; aber es konnte erwartet werden, daß dann im Laufe des Tages eine Klärung erfolgen werde.

Nach der Abreise des Reichsverwesers entschied der Führer, daß der Propagandaflug über Budapest sowie der Abwurf von Flugblättern entfallen solle; auch von der Besetzung der Burg und der Zitadelle in Budapest sei Abstand zu nehmen, jedoch solle eine Ehrenwache aufziehen und die Gruppe Pfuhlstein mit ihren Teilen friedensmäßig in die Nähe von Budapest rücken; die Absetzung der Fallschirmjäger solle wie vorgesehen erfolgen. Für die ungar. Wehrmacht bestimmte der Führer, daß sie vorläufig in den Kasernen zusammenzuhalten und die Waffen auf den Kammern und in Depots zu lagern seien.

Ferner genehmigte der Führer, daß die im Raum um Belgrad versammelte 100. Jg.=Div. sowie die auf dem Antransport aus dem Westen befindliche 21. Pz.=Div. nicht am Einmarsch teilnehmen sollten (Das gleiche galt für die Pz.=Abtlg. 507 und 301.). Die 367. Div. erhielt am 19. 3. den Befehl zur Versammlung im Raum um Agram. An diesem Tage erging ferner die Weisung, die schwere Art.=Abt. 997 möglichst rasch in den Bereich des Wehrmacht=Befehlshabers Dänemark zurückzuverlegen.

In der Nacht zum 19. 3. gelangten weitere erforderlich gewordene Abände=

rungen der bereits erlassenen Anordnungen sowie die durch die neue Lage notwendig gewordenen Ergänzungsbefehle zur Ausgabe.

Am 19. 3. um 4 Uhr überschritten die deutschen Truppen, wie am 12. 3. be= fohlen worden war, die ungar. Grenze, also aus dem Raum Belgrad von Süden nunmehr 3 Divisionen, aus dem Raum Agram nach Nordosten nunmehr 2 Di= visionen, aus dem Raum von Wien nach Osten 1 Pz.=Div. und 1 Pz.=Gren.= Div., aus dem Raum Krakau nach Süden ab 12 Uhr Verbände in Stärke ungefähr einer mot. Inf.=Div. Widerstand wurde nirgends geleistet. Die ungar. Wehrmacht war größtenteils bereits in diesem Sinne angewiesen worden; zum Teil erklärte sie sich für den Anschluß an die deutsche Wehrmacht. Der Stellv. Chef des ungar. Gen.=Stabs stellte sich sofort zur Verfügung. Nur die Garni= son von Neusatz (in der Batschka) wurde, da der neue Befehl noch nicht vorlag, entwaffnet. Auch die Landung der Fallschirm=Jäger erfolgte planmäßig. Selbst bei der Transportbewegung der Gruppe Pfuhlstein ergaben sich keine Schwie= rigkeiten.

Der Reichsverweser traf zwischen 10 und 11 Uhr in Budapest ein, wo alles ruhig blieb. Er wurde dort mit militärischen Ehren empfangen. In seiner Be= gleitung befanden sich der neu ernannte Reichsbevollmächtigte sowie der Ge= neral der Polizei Winckelmann.

Der milit. Zugverkehr durch Ungarn erlitt durch den Einmarsch keine we= sentlichen Störungen.

Gleich am 19. 3. morgens wurden in Budapest die dort noch vorhandenen und von der bisherigen Regierung geschonten Badoglio=Anhänger in Haft genommen. Anschließend an die Besetzung leitete die Einsatzgruppe der Sicher= heitspolizei und des SD Ungarn eine Festnahmeaktion ein, bei der es ihr gelang, wichtiges Material sicherzustellen. Bei der Vernehmung eines festge= nommenen Führers der Legitimisten ergab sich, daß diese mit Hilfe des ungar. Gesandten in Lissabon mit der Feindseite in Fühlung gestanden hatten. Ferner konnten die Verbindungen, die von ungarischen zu polnischen Stellen und von diesen zu der polnischen Exilregierung liefen, bis in Einzelheiten aufgeklärt werden. Auch konnte der Beweis erbracht werden, daß sich der ungar. Gesandte in Lissabon als Mittelsmann zwischen den legitimistischen Kreisen in Budapest und dem im feindlichen Lager stehenden Bruder Ottos von Habsburg betätigt hatte.

In den folgenden Tagen konnte der militärische Teil des Unternehmens „Margarethe" völlig planmäßig und ohne Zwischenfälle von Belang zu Ende geführt werden; nur das Wetter, das alle Wege außer den großen Straßen ver= schlammte, hemmte die Bewegungen. Am 21. 3. wurde die Verbindung zwi= schen der Nord= und der Südgruppe hergestellt und die Theiss als vorläufige Ostgrenze der Besetzungszone an allen Übergängen gesperrt.

Vielfach konnten ein Entgegenkommen der ungarischen Dienststellen und kameradschaftliches Verhalten der ungar. Offiziere gemeldet werden. Die Be= völkerung verhielt sich passiv oder entgegenkommend; Versuche, eine anti=

deutsche Agitation einzuleiten, kamen nicht über die ersten Ansätze hinaus. Durch die Verhaftung der im legitimistischen sowie im antifaschistischen Lager führenden Persönlichkeiten sowie einer großen Anzahl von Juden wurde diesen die Möglichkeit genommen, offen oder geheim gegen den Einmarsch zu wirken. Bestrebungen, vom Ausland einen Widerstand ins Leben zu rufen, blieben wirkungslos. Alarmnachrichten über ein Eingreifen der Rumänen, die in den ersten Tagen Erregung auslösten, wurden durch die Tatsachen widerlegt.

Die feindliche Berichterstattung und auch die neutrale, soweit sie von dieser abhängig war, benutzten, wie vorauszusehen war, die Tatsache des deutschen Einmarsches zu einem Propagandafeldzuge gegen Deutschland. Doch war auffallend, daß sie erst am 20. 3. die ersten Meldungen zu bringen vermochten. Aus dem Wust falscher Gerüchte und schiefer Nachrichten hoben sich die Angaben heraus, die „Exchange" am 21. 3. über die Motive des deutschen Vorgehens brachte, da sie der Wahrheit nahekamen. Im übrigen war nur noch der in verschiedener Fassung vorgebrachte Hinweis beachtlich, daß die Deutschen wieder einmal gezeigt hätten, wie schnell und gründlich sie zu handeln verstünden, und daß daraus eine Mahnung für die Aufrichtung der zweiten Front zu entnehmen sei.

Im gesamt ergab sich aus den Meldungen des feindlichen und des neutralen Auslandes, daß das Geheimnis doch in überraschendem Umfang gewahrt geblieben war und die Tarnmaßnahmen ihren Dienst getan hatten.

Im Gegensatz zu dem militärischen Ablauf des Unternehmens trat nach der Rückkehr des Reichsverwesers in seine Hauptstadt auf dem politischen Gebiet eine unerwartete Verzögerung bei der erforderlich gewordenen Neubildung der Regierung ein. Sie hatte ihren Grund einmal in der Tatsache, daß in Ungarn die alten, Zeit erfordernden Spielregeln der parlamentarisch-konstitutionellen Regierungsform trotz der Lage noch beachtet wurden, dann darin, daß der vom Führer als Ministerpräsident ins Auge gefaßte Führer der nationalen Rechten, v. Imrédy, sich sträubte, die Regierung in einem besetzten Ungarn zu übernehmen. Vor allem wirkte sich bei dieser Versteifung der Lage die Haltung des Reichsverwesers selbst aus, der sich ja bereits bei der Besprechung von Kleßheim am Vortage des Einmarsches nur nach langem Sträuben bereit gefunden hatte, sein Einverständnis zu geben, und nach seiner Rückkehr gegen Deutschland eingestellten Ratgebern — als vornehmlichster wurde in sachkundigen Kreisen der frühere Ministerpräsident Graf Bethlen genannt — sein Ohr lieh.

Daher schleppten sich die Verhandlungen von einem Tage zum anderen hin. In der Erwartung, daß die Entwaffnung der ungar. Wehrmacht doch noch unvermeidlich werden würde, befahl der Führer daher bereits am 20. 3. den Einmarsch der bei Belgrad bereitgestellten 100. Jg.-Div. Da auch am 21. 3. noch keine Lösung sich anbahnte, wurde dadurch den in Kleßheim nicht mehr verhandelten und daher noch offenen Vorschlägen, die ungar. Wehrmacht so umzubauen, daß 4–5 Divisionen gewonnen würden, der Boden entzogen; statt dessen wurde jetzt ein radikales Vorgehen ins Auge gefaßt. Am 22. 3. wurde dem OB Südost, der bereits am Vortage seine Vorschläge für weitere Maßnahmen zur Besitzergreifung gemacht hatte, befohlen, die kurzfristige Besetzung von Budapest und die Auflösung der ungar. Wehrmacht vorzubereiten, da gegebenenfalls die Überreichung eines auf wenige Stunden befristeten Ultimatums geplant sei. Für diesen Fall wurde vorgesehen, von der geplanten Aufstellung von weiteren Divisionen Abstand zu nehmen und statt dessen die ungar. Wehrmacht erst einmal demobil zu machen und zu entwaffnen, um sie dann unter deutscher Führung wieder neu aufzubauen. Am 23. 3. wurden die für diesen Fall vom OB Südost gemachten Vorschläge, welche die Besetzung von Budapest für den 24. 3., die Entwaffnung für die darauf folgenden Tage vorsahen, gebilligt – ihre Durchführung hätte dazu geführt, daß westlich der Theiß nur zwei Regimenter, ostwärts des Flusses 5 Divisionen und 3 Brigaden zunächst bewaffnet geblieben wären.

Es war jedoch nicht mehr notwendig, zu diesen Maßnahmen zu greifen; denn am Nachmittag des 23. 3., also 5 Tage nach Abschluß der Besprechung von Kleßheim, kam es auch ohne den Druck eines Ultimatums zu der Bildung der neuen Regierung. Um 22.00 Uhr wurde der Öffentlichkeit durch den Rundfunk die Zusammensetzung des neuen Kabinetts und die Umstände, die zu seiner Einsetzung geführt hatten, mitgeteilt.

Nachdem der ehemalige Ministerpräsident v. Imrédy sich versagt hatte, war der bisherige ungar. Gesandte in Berlin, Sztójay, in die Bresche gesprungen, obwohl er im Augenblick erkrankt war. Als stellv. Ministerpräsident trat ihm der als Freund Deutschlands erprobte frühere Honvedminister, General Rácz, zur Seite. Außer ihm wurden noch drei Vertreter der Rechten in das Kabinett aufgenommen; doch behielten die bisherigen Minister der Honved, der Finanzen und für Versorgung ihre Ämter. Das neue Ministerium konnte also nur als eine Verlegenheits- und Übergangslösung angesehen werden. Der erste Schritt zu einem weiteren Umbau der Regierung wurde durch die Einbeziehung des Abgeordneten Baky in das neue Kabinett getan, die am 30. 3. bekanntgegeben wurde; es handelte sich um den Stellv. Vorsitzenden der nationalsozialistischen Partei Ungarns, die bisher abseits der Regierungskreise gestanden hatte. Diese Maßnahmen wurden durch die Aufhebung der Internierung und der polizeilichen Kontrolle der nationalsozialistischen Führer ergänzt. Andererseits wurden am 31. 3. die sozialdemokratische Partei, die Kleinlandwirtspartei und der Bauernbund aufgelöst.

Eine der ersten Maßnahmen der neuen Regierung war, daß sie den ungar. Gesandten, die sich von ihr losgesagt hatten, darunter dem seit langem als Feind Deutschlands erkannten Gesandten Ullein-Reviczky in Stockholm, die Staatsangehörigkeit absprach. Schritte gegen den bisherigen Ministerpräsidenten v. Kállay waren jedoch nicht möglich, da sich dieser in der türkischen Gesandtschaft in Sicherheit gebracht hatte; vorher hatte er eine Erklärung abgegeben, daß er nicht abdanke.

In diesem Verhalten ungarischer Diplomaten war eine nachträgliche Bestätigung der Vorwürfe zu erblicken, die bereits im Frühjahr 1943 der ungar. Regierung zur Kenntnis gebracht worden waren.

### 4. Der Fortgang und die Erweiterung der Besetzung im Zusammenhang mit der Verschärfung der Lage im Osten (23. — 31. März)

Inzwischen war durch die Entwicklung der Lage an der Ostfront die ungar. Frage bereits zu einem Teilproblem der Schicksalsfrage geworden, ob es den deutschen und rumänischen Armeen gelingen werde, den russischen Vormarsch wieder zum Stehen zu bringen. Am 19. 3. hatten die Sowjets bei Jampol den Goryn überschritten; am 20. 3. war Shmerinka eingeschlossen worden. Die 1. Pz.-Armee geriet in eine kritische Lage. Am 21. 3. brachen 200 feindliche, von starken Infanterie-Kräften begleitete Panzer bei der 4. Pz.-Armee durch. Am nächsten Tage hatte sich zwischen dem linken Flügel der 1. Pz.-Armee und Tarnopol ein breites Loch gebildet, wodurch sich die Gefahr für die 1. Pz.-Armee, der nunmehr das an der galizischen Grenze sichernde VII. ungar. A. K. unterstellt war, erheblich vergrößerte. Bei Tarnopol mußte die Front zurückgenommen werden, so daß die Stadt als Festung vor den eigenen Linien liegen blieb. Das VII. ungar. Korps, das nur für Sicherungsaufgaben vorgesehen war, aber am 16. 3. vom ungar. Generalstab den Befehl erhalten hatte, kämpfend den Vormarsch der Russen auf die Karpaten zu verlangsamen, wurde in Kürze in die Abwehr mit hineingerissen. Am 24. 3. drohte der 1. Pz.-Armee bereits die Umfassung von beiden Seiten; die Verbindung zur Gruppe Mauss[1] ging verloren. Am 25. 3. stand der Feind vor Kamenez-Podolsk; Czernowitz war bedroht, Horodenka bereits genommen. Darauf trat am 26. 3. die 1. Pz.-Armee planmäßig zum Durchbruch nach Westen an; aber in ihrem Rücken verlor sie Kamenez-Podolsk.

Am gleichen Tag entschloß sich der Führer, die Zuführung neuer Kräfte zur Abstützung der Ostfront zu befehlen. Von den „Margarethe"-Verbänden hatte die 367. Div. diesen Befehl bereits erhalten; die 100. Jg.-Div., die für den Fall, daß die ultimative Lösung erforderlich werden sollte, von Belgrad herangeholt worden war, wurde nun gleich nach Galizien weitergeleitet: am 31. 3. waren alle Züge abgefahren und die Spitzen bereits im Raum Lemberg eingetroffen.

Gleichzeitig wies der Führer in einem eigenhändig unterzeichneten Fernschreiben den ungar. Gen.-Stab darauf hin, daß die Lage an der Ostfront harte Entschlüsse und schnelles Handeln erforderlich mache[2]. Es gelte, den nach

1 Ms.: Maus.
2 Am Rande zu diesem Satz handschriftlich eine Schlängellinie mit Fragezeichen von General Warlimont.

schnellem Vorrücken beim Feinde eintretenden Augenblick der Schwäche auszunutzen und ihm alle verfügbaren Kräfte entgegenzuwerfen. Er verlangte, daß – nachdem er die Zuführung von deutschen Kräften befohlen habe – nun auch die verbündeten Staaten des Südostens ihren Beitrag zum Kampfe leisteten. Die bereits in den Karpaten eingesetzten und mobil gemachten ungar. Verbände müßten beschleunigt zur Verstärkung und Erweiterung des rechten Flügels des VII. ungar. Korps in Galizien gemäß den Weisungen des OB der Heeresgruppe Süd[1] nach Osten vorgeschoben werden. Außerdem solle der ungar. Chef des Gen.-Stabs baldmöglichst einen Zeitplan für die Mobilisierung des übrigen ungar. Heeres vorlegen.

Eine weitere Verschlechterung der Lage an der Front machte den Abzug noch weiterer Kräfte aus Ungarn erforderlich. Denn am 27. 3. war zwar Kamenez-Podolsk wieder freigekämpft, auch Kolomea noch gehalten worden; aber am 28. 3. gaben die Ungarn[2] diese Stadt preis, und am 29. 3. ging Czernowitz verloren. Am 27. 3. wurde daher die Bildung eines „Sperrverbandes Bukowina" vorgesehen, dessen anfänglich vorgeschlagene Zusammensetzung dann noch mehrfach grundlegend abgeändert werden mußte. Der Aufstellungsbefehl erging daher erst am 29. 3. Die Führung wurde dem Gen.-Kdo. LXXVIII. AK. z. b. V., das die Nordgruppe geführt hatte, übertragen; dazu wurden ihm die beiden verstärkten Gren.-Rgt.er (mot.) 1029 und 1030 unterstellt, die derselben Gruppe angehört hatten. Der Abtransport in den Raum Szolnok begann bereits am 30. 3. abends. Am 1. 4. morgens war das Rgt. 1030 mit der Spitze bereits kurz vor dem Ziel, und der Abtransport des Rgt. 1029 war angelaufen.

Außerdem befahl der Führer am 30. 3., daß die 1. Geb.-Div., die bisher in Südwest-Ungarn untergebracht war, an den Fuß der Karpaten verlegt werden solle, um bei einem Versagen der Ungarn die Sperrung der wichtigsten Karpatenpässe durchzuführen. Der Chef des GenStdH ordnete daraufhin die Verlegung der Divisionen an den Tartarenpaß ab 1. 4. an; doch entschied der Führer am 31. 3., daß die Division OKW-Reserve bleiben und im Raum Sziget-Munkacs bereitgestellt werden solle. Dabei sollte der Transport des Sperrverbandes und der ungar. mot. Div. (s. u.) den Vorrang haben.

Unter diesen Umständen war eine Entscheidung über die Absicht, die durch die anfängliche ungar. Haltung bedingt und auch durch die Regierungsbildung noch nicht überholt war, die ungar. Wehrmacht zu entwaffnen und sie dann im wesentlichen zu entlassen, um sie dann wieder aufzubauen, erforderlich. Im Anschluß an die Einrichtung eines deutschen Operationsgebietes in Ostungarn (Ziff. 3; s. u.) war der ungar. Gen.-Stab aufgefordert worden, die Mobilmachung durchzuführen. Er entsprach diesem Verlangen sofort und teilte schon

1 Ders. am Rand: „–ukraine (?) W." (Vgl. dazu unten S. 210).
2 Dazu von demselben am Rand ein Fragezeichen.

am 25. 3. mit, daß im Zuge seiner Maßnahmen die 1. Welle sofort zum Einsatz komme und die 2. Welle in 7, die 3. Welle in 10 Tagen aufgestellt sein solle, so daß im Gesamt 8 Divisionen von Ungarn zur Verfügung gestellt würden. In seinem Fernschreiben vom 26. 3. verlangte dann der Führer, wie bereits erwähnt, vom ungar. Generalstab den Einsatz der bereits mobilisierten[1] Verbände unter dem Befehl der Heeresgruppe Süd.

Da am 26. 3. die militärische Sperrung der Theiß=Übergänge und die Internierung der ungar. Einheiten in ihren Kasernen aufgehoben wurden, verbesserte sich die Stimmung in Ungarn; auch gewann jetzt unter dem Eindruck der sich den Landesgrenzen nähernden Gefahr der Gedanke Oberhand, daß totale Maßnahmen erforderlich seien, um ihr zu begegnen. Der OB Südost widerriet daher von neuem einer Entwaffnung, wie er das bereits zwei Tage früher in Übereinstimmung mit dem Reichsbevollmächtigten getan hatte: sie werde in diesem Augenblick von der ungar. Öffentlichkeit nicht verstanden und auch nicht überall widerstandslos hingenommen werden. Nach eingehenden Aussprachen mit den entscheidenden ungar. Stellen in Budapest wiederholt er seine Warnungen. Seine Auffassungen deckten sich völlig mit denen des WFStabs, der sich im gleichen Sinne einsetzte. Dagegen trat das Auswärtige Amt für durchgreifende Maßnahmen ein, wie sie früher geplant worden waren.

Der OB Südost fand, wie von ihm erbeten worden war, am 28. 3. Gelegenheit, dem Führer, der auch den Reichsaußenminister und den Reichsführer SS zur Stellungnahme aufgefordert hatte[2], seine Auffassung vorzutragen. Darauf gab der Führer Richtlinien, die den Vorschlägen des WFStabs und des OB Südost entsprachen. Am 29. 3. wurde die Mobilmachung von 3 weiteren ungar. Divisionen genehmigt, jedoch mit der Auflage, daß dazu möglichst rein magyarische Verbände mit möglichst wenig Volksdeutschen herangezogen werden sollten. Von der Mobilmachung der restlichen 4 Inf.=Div.en und der Kav.=Div. sowie von weiteren Einheiten der Luftwaffe, die der ungar. Gen.=Stab beabsichtigte, wurde vorerst abgesehen, um die mobilen Divisionen sowohl personell als auch materiell auf das beste ausstatten zu können und Reserven für Ersatz und Nachschub zurückzubehalten. Außerdem sollten der ungar. Wirtschaft, besonders der Landwirtschaft, die fortan in viel höherem Maße als bisher für die gemeinsame Kriegführung heranzuziehen war, keine weiteren Kräfte entzogen werden. Dem Reichsführer SS wurde die Genehmigung erteilt, die von ihm geplante Aufstellung von Verbänden aus ungar. Volksdeutschen durchzuführen. In diesem Befehl wurde ferner bestimmt, daß die mobilen ungar. Divisionen dem GenStdH zuzuführen und deutschen Truppen in Stärke von 4—5 Divisionen, die aus den noch in Aufstellung befindlichen Verbänden genommen werden sollten, die Aufrechterhaltung von Sicherheit und Ordnung in Ungarn zu übertragen sei.

1 Dazu am Rande von Gen. Warlimont ein Fragezeichen.
2 von: „der auch" bis „hatte" handschriftlich gestrichen (wohl durch General Warlimont).

Der ungar. Gen.-Stab, dessen Wünschen damit zu einem großen Teil entsprochen war, nahm diese Entscheidung dankbar auf, ohne zu erkennen zu geben, ob er die unausgesprochene, nicht mit seinen Absichten übereinstimmende Grundtendenz im vollen Umfange in Rechnung stellte oder nicht.

An dem Tage, an dem diese Entscheidung fiel, war das ungar. VII. Korps in Galizien bereits in eine kritische Lage geraten. Deutsche Einheiten, die aus dem Urlauberstau aufgestellt und unter Gen. Püchler zusammengefaßt wurden, gelang es jedoch, die Lage im Raum von Stanislau wieder zu festigen. Am 30. 3. überschritten die aus dem Lande herangeführten mobilen ungar. Kräfte, die Gebirgs-Brigaden voran, in den Karpaten die Landesgrenze in Richtung nach Norden. Auch am 31. 3. gelang es den Urlauber-Einheiten, Stanislau zu halten; aber die ungar. Front mußte zurückgenommen werden, und der Feind konnte bereits melden, daß er vor dem Nordausgang des Tartarenpasses stehe. Einflüge russischer Flugzeuge am 29. und 31. 3. nach Ostungarn dienten voraussichtlich dem Absetzen von Agenten und mußten als ernste Warnungszeichen gewertet werden.

Die deutschen Entschließungen in der Zeit nach dem Einmarsch wurden nicht unwesentlich durch die Rücksichtnahme auf *rumänische Forderungen* bedingt, die ja bereits bei dem Besuch des Marschalls Antonescu im FHQu am 26. — 28. 2. angemeldet worden waren. Die Entwicklung im Osten und die neue Lage, die in Ungarn geschaffen wurde, führten dazu, daß der Führer den Marschall zu einem neuen Besuch nach Kleßheim einlud. Dieser traf am 23. 3. abends ein und brachte nun nicht nur die früher schon erhobene Forderung vor, daß Ungarn ebenso wie Rumänien zum Aufbau einer neuen Versorgungs- und Luftwaffen-Basis für den Südflügel der deutschen Ostfront herangezogen werden müßte, sondern auch die weitergehende, daß die ungar. Truppen aus Ostungarn, vor allem aus dem Szekler Zipfel, dessen Rückgabe an Rumänien vorbereitet werden solle, herausgezogen würden.

Dieser Anspruch wurde durch den Entschluß aufgefangen, Ostungarn zum Operationsgebiet unter einem deutschen Befehlshaber zu erklären. Um jedoch die zukünftige Politik nicht festzulegen und die Besetzung Ungarns abzurunden, wurde bei diesem Anlaß auch noch die Zone zwischen der Theiß und dem von Rumänien beanspruchten Gebiet in das Operationsgebiet mit einbezogen. Diese Maßnahme wurde am 24. 3. dem ungar. Generalstab mitgeteilt; gleichzeitig wurde dem OB Südost befohlen, ohne das ungar. Einverständnis abzuwarten, den ihm für den Fall „Margarethe" bereits unterstellten General v. Both als Befehlshaber in Debrecen einzusetzen. Dieser erhielt den Auftrag, die Aufnahme der deutschen Kräfte vorzubereiten, die territoriale Befehlsgewalt über die deutschen sowie die ungar. Truppen zu übernehmen, die ungar. Grenztruppen zwecks Verwendung gegen den gemeinsamen Feind heranzuziehen und für die Ausnutzung des ungar. Eisenbahnnetzes zu sorgen. Um das Gebiet zu sichern und die Durchführung der gestellten Aufgaben zu ermöglichen, wurde am 25. 3. die Verlegung der 16. SS-Pz.-Gren.-Div in die Operationszone befohlen.

Ein neuer Versuch, den der Marschall am 27. 3. unternahm, um die Frage des Szekler Zipfels aufzurollen, wurde gleichfalls abgebogen. Er nahm nämlich den Flüchtlingsstrom, der von Norden und Osten nach Rumänien hereinbrandete, zum Anlaß für die Bitte, der Führer möge bald eine endgültige Lösung herbeiführen, damit die Flüchtlinge keine die militärischen Bewegungen störenden Umwege zu machen brauchten und die seit 1940 von den Ungarn vertriebenen Rumänen durch die Rückkehr in ihre Heimat das Mutterland entlasten könnten. Es wurde daraufhin von deutscher Seite dafür gesorgt, daß bereits vom 28. 3. an rumänische Flüchtlingszüge durch den Szekler Zipfel fuhren und Flüchtlingstrecks durch ihn geleitet wurden. Eine Steigerung der Zugzahl wurde von einer Mehrleistung an Nachschub- und Versorgungszügen auf der Strecke über Bukarest abhängig gemacht.

Damit waren die Schwierigkeiten, die in den Grenzverhältnissen zwischen Ungarn und Rumänien ihren Ursprung hatten und die gemeinsame Kriegführung störten, jedoch nicht ausgeräumt. Wenn jetzt beide Anwärter auf die Herrschaft über Siebenbürgen ihre Ansprüche erst einmal zurückstellten, dann geschah das nur deshalb, weil das Vorrücken der Sowjets gegen die Moldau einerseits, nach Galizien andererseits die Blicke der Rumänen und Ungarn zunächst auf vordringlichere Fragen lenkte.

Von deutscher Seite aus handelte es sich bei diesem Streit um eine Frage, die hinter der gemeinsamen Kriegführung zurückzutreten hatte und späterer Entscheidung zu überlassen war. Vom Standpunkt der deutschen militärischen Führung aus war rückschauend festzustellen, daß das Unternehmen „Margarethe" gerade in dem richtigen Augenblick durchgeführt worden war; nämlich noch so früh, daß die Umgliederung in Ungarn vor der Bedrohung der Grenze abgeschlossen war, andererseits erst dann, als die Entwicklung im Osten den Blick der Ungarn von der Besetzung des Landes und den hiermit verbundenen Eingriffen abgelenkt und die Notwendigkeit vermehrter eigener Anstrengungen offenbar gemacht hatte.

Daß auf die seit Monaten erwogene Besetzung nicht verzichtet werden könne, hatte sich Ende Februar ergeben; wie dringend sie gewesen war, zeigte sich Ende März, als die deutsche Führung darauf angewiesen war, schnell, durchgreifend und ohne Behinderung durch politische Rücksichten handeln zu können. Zugleich bestätigte sich, daß der vom WFStab in der Frage der ungar. Entwaffnung eigenommene Standpunkt der richtige gewesen war. Falls diese durchgeführt worden wäre, mußte mit einem nicht ausreichend besetzten, unruhig werdenden und wohl bald von einer Bandenbewegung ergriffenen Land im Rücken und ständiger Bedrohung der bisher ungefährdeten Hauptverbindungsstrecken nach Rumänien gerechnet werden. Nur dadurch, daß die Eisenbahnverbindungen zum Südflügel der Ostfront nicht einen Augenblick gestört wurden und die ungar. Verbände zur Verfügung standen, um das zwischen den Heeresgruppen A (jetzt: Heeresgruppe Südukraine) und Süd (jetzt: Heeresgruppe Nordukraine) klaffende Loch zu schließen und die Pässe zu sperren, war es möglich, die drohende Krise aufzufangen.

Für Ungarn selbst hatte sich eine völlig neue Lage ergeben. Es hatte sich bemüht, seine Truppen aus dem Kriege herauszuhalten und an ihm nur symbolisch teilzunehmen; durch die Gewalt der Tatsachen wurde es wieder in ihn hineingezogen. Es sah sich von neuem vor die Aufgabe gestellt, das gewaltige Hindernis, das ihm die Natur als Nordgrenze geschenkt hatte, mit seinem Vorgelände gegen die Russen zu verteidigen; die gleiche Aufgabe, die von der vorigen Generation im Weltkrieg durchgekämpft worden, im Sommer 1941 dagegen kaum als solche herausgetreten war, da der deutsche Siegeszug die Sowjets so schnell aus Galizien geworfen hatte, daß die Ungarn nur noch nachzustoßen brauchten.

Nachdem der Karpatenkamm in die Ostfront mit einbezogen war, übernahm der GenStdH als die für die Führung im Osten zuständige Kommandobehörde auch hier den Befehl. Aufgabe des OKW blieben sowohl in Ungarn als auch in Rumänien die Fragen, die nicht mit der unmittelbaren Kampfführung zusammenhingen.

gez.: 5. 6. W(arlimont)
2. Durchsicht: 27. 10. W(arlimont) [1]

## II.[2] Der Ablauf der Vorgänge im einzelnen

### 1. Die Entwicklung des Planes „Margarethe" bis zur endgültigen Festlegung (30. September 1943—27. Februar 1944)

Vgl. für die Ereignisse bis 31. 12. 1943 das KTB des WFStabs

#### *a) 1. Phase (1943)*

Als am **8. 9.** die Italiener kapitulierten, mußte befürchtet werden, daß dieses Beispiel auf Ungarn und Rumänien ansteckend wirken könnte. Verschiedene über das Verhalten der beiden Regierungen vorliegende Nachrichten (vgl. oben S. 180 f.) verstärkten diese Annahme; dazu kam in dem Falle Ungarn noch das offensichtliche Bestreben der ungar. Regierung, sich nicht stärker auf der Seite der Zentralmächte einzusetzen als bisher, womöglich sogar den Umfang der bisherigen Leistungen noch weiter einzuschränken (siehe oben S. 181 ff.).

Unter Zugrundelegung der Möglichkeit, daß Ungarn abfallen wolle, legte der WFStab am **30. 9. 43** einen Vorschlag für die Besetzung Ungarns und die Entwaffnung der ungar. Wehrmacht vor, der bereits wesentliche Elemente der schließlich verwirklichten Lösung enthielt (66 2401/Chefsache vom 30. 9. in den Akten „Marga=

1 D. h. nach der Beurlaubung desselben nach dem Attentat am 20. Juni 1944.
2 Daneben: „Bis S. 6 von Gen. v. Buttlar nachprüfen. W(arlimont)." Über die Beziehung des II. Teils zum I. Teil vgl. oben S. 179, Anm. 2 sowie den II. Teil der „Erläuterungen" am Schluß des Bandes.

rethe“ bei Op H). Der WFStab ging davon aus, daß dazu die Beteiligung der verbündeten Staaten notwendig sei, jedoch aus Gründen der Geheimhaltung vorher nicht mit den Verbündeten besprochen werden könne und daß daher weitgehende Improvisation erforderlich sei. Bei seiner Berechnung berücksichtigte der WFStab ferner den Mangel an deutschen Kräften in Ungarn selbst und die Schwierigkeiten, bei ungünstigen Verkehrsverhältnissen Kräfte schnell und überraschend einmarschieren zu lassen; die Auslösung müsse deshalb nach entsprechenden, vorbereitenden Maßnahmen gegebenenfalls durch Improvisation [1] erfolgen.

Es wurde vorgeschlagen, drei voneinander unabhängige Operationszonen zu schaffen, und zwar:

Zone 1: Westungarn bis zur Theiß mit Budapest und der Masse des ungar. Heeres (Aufgabe der deutschen Wehrmacht),

Zone 2: Ostungarn ostwärts und südlich der Theiß (Aufgabe der rumän. Wehrmacht),

Zone 3: Nordost-Ungarn nördlich der Theiß (Aufgabe deutscher und slowakischer Kräfte).

Durch diese Aufteilung sollte die Zusammenfassung der deutschen Kräfte gegen die Masse und die besten Kräfte Ungarns sowie gegen Budapest als Hauptwiderstandspunkt erreicht werden. Den Rumänen und Slowaken waren Aufgaben zugedacht, die sich im wesentlichen mit ihren politischen Zielen deckten. Ein ins einzelne gehender Vorschlag ließ sich nach Ansicht des WFStabs vorerst nur für die Zone 1 und, soweit deutsche Kräfte in Betracht kamen, für die Zone 3 aufstellen.

Die Gesamtleitung (nebst Einfluß auf die Verbündeten) sollte der OB Südost, die Führung der deutschen Heereskräfte ein aus dem Pz.-AOK 2 gebildeter Führungsstab übernehmen. Für den Aufmarsch der beteiligten Teile im Landmarsch und mit Eisenbahn unter möglichster Tarnung wurden 8 Tage veranschlagt.

Taktischer Ablauf in Zone 1 und 3:

a) Heer:

Nach Versammlung (bei den Kräften im Süden unter dem Vorwand eines großen Bandenunternehmens im Raume Belgrad nördlich der Save) Antreten nach vorheriger Inbesitznahme der Flußübergänge mit der verstärkten 1. Pz.-Div. aus dem Banat in den Raum zwischen Theiß und Donau, mit Kampfgruppen der Res.-Div.en sowie der 1. Kos.-Div. aus Syrmien und Slawonien in den Raum zwischen Theiß und Plattensee, mit der verstärkten 24. Pz.-Div. aus dem Raum südostwärts Graz in den Raum beiderseits des Plattensees, mit der 25. Pz.-Div. aus dem Raum Wien in den Raum südlich der Donau, mit Kräften des BdE aus dem Gen.-Gouvernement nach Inbesitznahme der Karpatenpässe auf die obere Theiß.

b) Luftwaffe:

Überwachen und — soweit nötig — Unterstützung des Vorgehens, ferner schnelle Besetzung der feindlichen Flugplätze aus der Luft sowie Luftlandungen einer Fallschirm-Jg.-Div. aus dem ital. Raum bei Budapest für den Fall, daß die Ungarn keinen organisierten Widerstand leisteten oder eigene Spitzen sich bereits Budapest näherten.

Das Verhalten gegenüber der ungar. Wehrmacht sollte sich nach der politischen Lage richten. Angestrebt werden sollte, die Operationen zusammen mit der rumän. Wehrmacht durchzuführen, wobei damit gerechnet werden mußte, daß sich Schwierigkeiten bei der Zusammenarbeit mit den Verbündeten ergeben würden; jedoch schien ein Fehlen der Rumänen bei der Gesamtoperation auf Grund des Mangels an eigenen Kräften nicht möglich. Für das Verhalten im einzelnen sowie für die Behandlung der ungar. Verbände im Osten schlug der WFStab bereits bestimmte Richtlinien und Maßnahmen vor. Für den Fall, daß die Entwaffnung erforderlich werden sollte, wurde die Verwendung der Ostverbände als Arbeits-Bataillone vorgesehen. Vorgeschlagen

1 Ms.: „Provokation“ (bei der Revision übersehen).

wurde ferner, die erforderlichen Anordnungen, die Weisungen an den Chef H Rüst u. BdE usw., ferner die erforderlichen mobmäßigen Aufstellungen zu kurzfristigem Einsatz schon vorzubereiten sowie dem OB West und der Heeresgruppe B mitzuteilen, daß mit kurzfristigem Abziehen der 25. und 24. Pz.-Div. gerechnet werden müsse.

Da ein Teil der vorgesehenen Verbände, insbesondere die 1. und 25. Pz.-Div., auf Grund der Entwicklung der Lage im Osten dorthin verlegt werden mußte, erwies sich der in diesem Vorschlag vorgesehene Kräfteansatz bald als überholt.

Am **1. 11.** erklärte sich der Chef WFStab mit dem Ansatz in dem Vorschlag vom 30. 9. einverstanden. Truppen zu benennen, habe jedoch keinen Sinn; deshalb solle nur der Ansatz der Angriffsgruppen Nord, Südwest und Süd kartenmäßig festgelegt werden. Für diese Gruppen seien deutsche Truppen vorzusehen und die zur Verfügung stehenden Kräfte alle 4 Wochen auf einer Pause einzuzeichnen. Einige grundsätzliche Befehle könnten vorbereitet werden. Im Gegensatz zum Falle „Achse" (Besetzung Italiens) komme es darauf an, die ungar. Wehrmacht nicht zu entwaffnen, sondern (wie im Falle Österreichs) zu gewinnen (aus den Akten Op H).

Am **7. 11.** legte der WFStab eine neue Bearbeitung des Falles „Margarethe" vor. Er wies darauf hin, daß die mittlerweile an den Osten abgegebenen Verbände ersetzt werden müßten und schlug vor, daß der OB West und der OB Südwest je 1 schnellen Verband, der OB Südost eine Inf.-Div. und 1—2 Kampfgruppen und der Chef H Rüst u. BdE die für den „Westfall" vorgesehenen Kampfgruppen verfügbar machen sollten. An Luftwaffenverbänden wurde nur der Einsatz schwacher Kräfte aus dem Südostraum ins Auge gefaßt, da weitere Kräfte nicht zur Verfügung standen. Jedoch würden alle diese Kräfte nur dann ausreichen, wenn die Mitwirkung der Rumänen sichergestellt sei; falls Rumänien nicht mithelfe oder gegen beide Länder gleichzeitig vorgegangen werden müsse, genügten sie in keiner Weise.

Wenige Tage später, am **11. 11.**, beschäftigte sich der WFStab in einer ausführlichen Berechnung mit den Kräften, die vom 10. 12. an für den Fall „Margarethe" zur Verfügung stehen würden:

1.) Für die Angriffsgruppe Nord
(Führung durch 2 Div.s-Stäbe aus dem Osten):
6 Inf.-Rgt.s-Gruppen,
Art.-Lehr-Rgt. 1 (bespannt),
1 Abt. Art.-Lehr-Rgt. 2 (mot.).

2.) Für die Angriffsgruppe Südwest
(Führung durch das Gen.-Kdo. LXXXVII. AK., bisher im Südwesten):
90. Pz.-Gren.-Div. (OB Südwest),
Teile der 12. SS-Pz.-Div. (OB Südwest),
3 Pz.-Gren.-Rgt.s-Gruppen,
Art.-Lehr-Rgt. 2 (mot.) mit 2 Kompanien Pi-Lehr-Btl.,
Nebelwerfer-Lehrabtlg. von den „Westfall"-Verbänden des Chefs HRüstu.BdE,
1 Sturmgeschütz-Abtlg. aus den Neuaufstellungen.

3.) Für die Angriffsgruppe Süd
(Führung durch das LXIX. Res.-Korps):
1 mot. Kampfgruppe mit Gren.-Rgt. (mot.) 92,
Pz.-Gren.-Rgt. 901 usw.,
1 verstärkte Rgt.s-Gruppe der 173. Res.-Div.,
Masse der 1. Kosaken-Div.,
1 verstärktes Rgt. je nach Lage (alle Verbände vom OB Südost).

Die Luftwaffe sollte außerdem etwa 2 Fallschirmjäger-Bataillone und fliegende Verbände gemäß der Entscheidung der Luftwaffe stellen.

Für die Führung der gesamten Operation wurde wiederum der OB Südost vorgesehen, für die der deutschen Angriffsgruppen das Pz.-AOK 2 oder das AOK 14.

Im Gegensatz zu der vorigen Studie stellte der WFStab nunmehr fest, daß die deutsche Wehrmacht ab Mitte Dezember auch ohne rumän. Unterstützung (unter zeitweiser Schwächung der anderen Fronten) im Stande sei, das Unternehmen „Margarethe" durchzuführen; dagegen bleibe es – so wurde nochmals hervorgehoben — unmöglich, mit ausschließlich militärischen Mitteln gleichzeitig gegen Ungarn und Rumänien vorzugehen. Deshalb müsse die politische Führung entweder diesen Fall ausschalten oder in beiden Ländern die innere Voraussetzung dafür schaffen, daß kein einheitlicher militärischer Widerstand geleistet werde.

Zu diesem Vorschlag nahm der Chef Heeresstab am **12. 11.** Stellung, worauf der WFStab seinen Vorschlag am **13. 11.** in etwas abgeänderter Form vorlegte. Über seine weitere Behandlung erfolgte vorerst noch keine Entscheidung, da die Angelegenheit im Augenblick noch nicht als vordringlich angesehen zu werden brauchte. Daran änderte auch nichts eine am 20. 11. aus Lissabon eingetroffene Abwehr-Meldung, wonach dort Abmachungen zwischen den Anglo-Amerikanern einerseits und den Ungarn und Rumänen andererseits zum Abschluß gekommen seien. Der Führer hielt diese Meldung — zumindest in dieser Form — für unglaubhaft. Die Spannung zwischen den beiden Ländern sei zu groß, um es möglich erscheinen zu lassen, daß sie gemeinsam bei der Entente Unterschlupf suchen könnten.

Das einzige, was vorerst geschah, war, daß (gemäß einem Vorschlag des WFStabs vom **3. 12.**) der Chef des Gen.Stabs d. OB Südost, General Foertsch, fernmündlich in das FHQu bestellt und dort mündlich in den Fall „Margarethe" eingewiesen wurde.

Nach kurzer Zeit wurde der vorgesehene Kräfteeinsatz durch weitere Abgaben an die Ostfront abermals über den Haufen geworfen. Neue Verbände, die ins Auge gefaßt wurden, mußten gleichfalls wieder für andere Verwendung freigegeben werden. Im übrigen wurden bei Verlegungen, die um diese Zeit [1] im Bereich des OB Südost durchgeführt wurden (1. Geb.-, 100. Jg.-Div., vgl. die besondere Ausarbeitung über den Südosten [2]) bereits die Erfordernisse des „Margarethe"-Planes berücksichtigt. Der WFStab sorgte für die Anreicherung der hierfür vorgesehenen Verbände (vgl. Lagebuch v. 15. 2.).

### *b) 2. Phase (Anfang 1944)*

* In einer neuen Vortragsnotiz stellte der WFStab am **19. 2. 44** fest, es habe sich bei einer Überprüfung der Vorarbeiten ergeben, daß die verst. Gren.-Rgt.er 1023 und 1025, das verst. Pz.-Gren.-Rgt. 1031 sowie das verst. Gren.-Lehr-Rgt. nicht mehr zur Verfügung stünden und daß die Verfügbarkeit des Gen.-Kdo.s I. SS-Pz.-Korps und der 12. SS-Pz.-Div. „Hitlerjugend" bei der jetzigen Lage im Westen fraglich geworden sei. Außerdem bedürfe der Aufruf der 3 Kampfgruppen der Waffen-SS noch der Zustimmung des Führers. Ein Ausgleich für das verst. Gren.-Lehr-Rgt. könne aus den Div.en der 21. Welle im Gen.-Gouvernement gewonnen werden. Dagegen könnten bei der Angriffsgruppe Südwest die beiden Gren.-Rgter. nicht vollwertig und das SS-Pz.-Korps mit der 12. SS.-Pz.-Div. überhaupt nicht ersetzt werden.

Der WFStab schlug Aushilfsmaßnahmen vor und meldete zusammenfassend, daß das Unternehmen „Margarethe I" (selbst unter der Voraussetzung der vollen Mitwirkung der Rumänen) zur Zeit nur noch durchführbar sei, wenn die SS-Verbände zur Verfügung stünden, gegen den Einsatz der Kosaken kein Bedenken erhoben und vorübergehende erhebliche Rückschläge in der Befriedigung Kroatiens in Kauf genommen würden, es sei denn, daß die 100. Jg.-Div. zur Verfügung gestellt werden könnte. Bei so geringen Kräften müsse unbedingt versucht werden, innerhalb der ungar. Wehrmacht eine Spaltung zu erreichen.

In der Anlage schlug der WFStab folgende neue Lösung vor:

a) bei der Angriffsgruppe SW statt der Kampfgruppe B (Gren.-Rgt. 1023 und 1025) die Kos.-Div. und 1 Rgt. „Brandenburg",

* *Anl. 1*

1 Dazu am Rande: „1944. W(arlimont)."

2 S. unten den 6. Abschnitt.

b) bei der A n g r i f f s g r u p p e NW keine Ersetzung des verstärkten Pz.-Gren.-Rgt.s 1031,

c) bei der K a m p f g r u p p e N o r d statt des verstärkten Gren.-Lehr.-Rgt.s die fertigen Teile einer Div. 21. Welle aus dem Gen.-Gouvernement,

d) bei der A n g r i f f s g r u p p e NO anstelle einer Kampfgruppe einer Div. 21. Welle die fertigen Teile einer solchen.

Dazu vermerkte der Chef WFStab, daß die Führung durch die Heeresgruppe B, die zeitweilig hierfür vorgesehen, mittlerweile aber ausschließlich für den Westen bestimmt war, nicht mehr angängig und auch nicht mehr erforderlich sei, ferner, daß die Kos.- Div. nicht in Frage komme und gegebenenfalls durch die 100. Jg.-Div. ersetzt werden müsse. Bei der Angriffsgruppe NW, für die das I. SS-Pz.-Korps und die 12. SS.-Div. nicht mehr in Betracht zu ziehen seien, solle nur 1 Kampfgruppe aus dem Raum A eingesetzt werden. Die Angriffsgruppe NO, die ausfallen könne, solle der Angriffsgruppe Nord (2 Div.en 21. Welle: 357. und 359. Div. sowie 2 Kampfgruppen der SS) zugeführt werden (siehe Akte Op H).

A n m e r k u n g : Auf ungar. Seite war mit etwa 450 000 Mann (davon in der Heimat 360 000, im Osten 90 000 Mann) zu rechnen. An ausgebildeten Mannschaften verfügte Ungarn— nach einer später als zu hoch erkannten Schätzung — über 810 000 Mann. Das Heer setzte sich zusammen aus:

3 AOK (davon in der Heimat 1),
3 AK.s (1),
8 Inf.-Div.en (8),
10 leichte Inf.-Div.en (1),
2 Geb.-Brig.en (2),
1 Kav.-Div. (1),
1 Pz.-Div. (1),

dazu Grenzsicherungstruppen unter 6 Einsatzstäben (davon 3 im Szekler Zipfel), ferner Heerestruppen.

Alle Heimatverbände waren am 1. 3. einsatzfähig, ferner waren noch Neuaufstellungen im Gange. Im gesamt wurde festgestellt: „Die Kampfkraft der Verbände ist beschränkt, die Ausbildung noch nicht abgeschlossen, das Material unvollständig. Die Bewaffnung ist nur zum Teil als modern zu bezeichnen (die Div.en haben keine schwere Pak) (nach einer Zusammenstellung vom 10. 3. in den Akten Op H).

* Am **24. 2.** legte der WFStab neue Unterlagen vor (Ansatz und Gliederung der eigenen Kräfte, Zeitplan für den Aufmarsch, Gliederung des ungar. Heimatheeres).

### 2. Die Festlegung des Einmarschbefehls (vom 28. Februar bis 17. März 1944)

### Vorlage und Genehmigung eines neuen Einmarschplanes

In ein neues Stadium traten die Vorbereitungen nach dem Besuch des Marschalls Antonescu im FHQu am **26. — 28. 2.**, den der Führer dazu benutzte, um den rumän. Staatsführer darüber zu sondieren, wie weit er im Falle eines ungar. Verrates bereit sei, ein deutsches Vorgehen militärisch zu unterstützen. Dabei wollte der Führer den Marschall für die Auffassung gewinnen, daß eine solche Aktion im Augenblick nur erfolgreich sein könne, wenn vorerst alle territorialen Ansprüche zurückgestellt würden; denn es komme nicht darauf an, Ungarn zu unterwerfen, sondern stärker als bisher in die Kampfführung einzubeziehen. Dazu müsse eine nationale Regierung gebildet werden, die gewillt sei, den Kampf an der Seite Deutschlands fortzuführen. Der Führer hatte dafür den ehemaligen Minister-Präsidenten v. Imrédy ins Auge gefaßt; mit dem Mitgehen größerer Teile des Offizierkorps wurde gerechnet. Der

* *Anl. 2.*

Marschall ließ sich jedoch für diese Absichten, insbesondere für das Zurückstellen der territorialen Ansprüche, nicht gewinnen (Mitteilung Stellv. Chef 1. 3. im Merkbuch; für das Folgende auch Notiz desselben in den Akten Op H).

Anschließend an die Besprechung befahl der Führer am 28. 2., die notwendigen Vorbereitungen für den Fall „Margarethe I" (Besetzung Ungarns) nunmehr beschleunigt zum Abschluß zu bringen und die für den Fall „Margarethe II" (Besetzung Rumäniens, s. Anhang) getroffenen einzustellen, da politisch dazu kein Anlaß mehr vorliege.

Bei der Neubearbeitung des Falles „Margarethe I" sollten folgende Ergänzungen und Änderungen vorgesehen werden:

1. Ein Aufmarsch möglichst innerhalb des Landes, z. B. in Form eines unterbrochenen Durchtransportes (in der Folge als „Trojanisches Pferd" bezeichnet),
2. Tarnung der Bewegung gegen die Grenze als Truppenverschiebungen nach und von Südosten,
3. Kräfte: anstelle des wahrscheinlich noch nicht einsatzfähigen Fallschirm-Jg.-Rgt.s 6 gegebenenfalls das Fallschirm-Jg.-Btl. der SS, Hinzuziehung der vom Reichsführer SS vordringlich fertigzumachenden 16. SS-Pz.-Gren.-Div. (ohne die Teile bei Nettuno), weiter die 1. Geb.-Div., starke Polizei-Kräfte, Teile der Luftwaffe, stärkere Panzer- und mot. Kräfte von Nordwesten her,
4. Festlegung der wehrwirtschaftlich und politisch wichtigen Besetzungsziele.

* Befehlsgemäß machte der WFStab am **29. 2.** Vorschläge für die sofort zu treffenden Vorbereitungen:

I. Maßnahmen, die nach außen hin n i c h t in Erscheinung traten: 1.) Weisung an OBdL zur Vorbereitung der Maßnahmen der Luftwaffe, 2.) entsprechende Weisung an Reichsführer SS, 3.) Weisung an GenStdH zur Überwachung und Beeinflussung, notfalls zur Entwaffnung der im Osten eingesetzten ungar. Kräfte, 4.) Meldung des Gen. Foertsch im FHQu zur Unterrichtung über die Durchführung, 5.) Meldung des Oberst i. G. v. Freytag-Loringhoven (Chef Abw. II) zur Vorbereitung des Einsickerns eigener Kräfte, 6.) Mitwirkung der rumän. Wehrmacht, die eine wesentliche Voraussetzung bilde und deshalb rechtzeitig sichergestellt werden müsse[1], 7.) Aufstellung einer Nachrichten-Abt. für den Stab des Deutschen Generals in Preßburg und Verlegung in den Raum um Krakau.

II. Maßnahmen, die nach außen in Erscheinung traten: 1.) Im Bereich des OB Südost: Befehl zu einem großen Säuberungsunternehmen nördlich der Save zwecks Tarnung der Bereitstellung sowie beschleunigte Ablösung und Heranziehung der 100. Jg.-Div. zur Verstärkung der Kampfgruppe der 42. Jg.-Div., 2.) im Bereich des BdE: Aufruf der verstärkten Gren.-Rgt.er 1029 und 1030 und Verlegung in den Raum südostwärts Wien zur Teilnahme an einer mot.-Übung für eine Frühjahrsoffensive im Osten sowie beschleunigte Auffüllung der Fehlstellen bei der 357. und 359. Div., 3.) im Bereich des Reichsführers SS: Beschleunigung der Aufstellung der 16. SS-Pz.-Gren.-Div., 4.) im Bereich des OB West: Verlegung von 2 Sturmgeschütz-Brig.en, 1 Panther-Abtlg., 1 Bau-Pi-Btl., 1 Landesschützen-Btl., 1 Brüko (mot.) in dem Raum südostwärts Wien zur Teilnahme an den Übungen, 5.) im Bereich des Wehrmacht-Befehlshabers Dänemark: Verlegung einer schweren Art.-Abtl. ebendorthin.

III. Weitere beabsichtigte Maßnahmen:
1.) Durchführung einer Transportbewegung zum Austausch von Kräften aus dem Heimatkriegsgebiet mit solchen des OB Südost durch Ungarn im gleichzeitigen Zulauf nach Budapest, die auf ungar. Boden zum Halten komme, 2.) Verbindungsaufnahme mit dem Transportchef, 3.) Vorbereitung der „Besonderen Anordnungen" durch WFStab/Qu.

* *Nr. 1 der Sonderakte*

1 Dazu am Rande: „Aber doch ohne Beteiligung rumänischer Stellen. W(arlimont)."

* Entsprechend wurden dem Heeresstab am **1. 3.** die für die Teilnahme an dem Unternehmen vorgesehenen Verbände bezeichnet mit der Bitte, die Aufstellung derselben zu überwachen.

Bei der Mittagslage am **3. 3.** bezeichnete der Führer das Ende des März als einen viel zu späten Termin für die Operation. Daraufhin stellte der WFStab die Vorbereitungen auf eine neue Grundlage; er prüfte vor allem, wann die 16. SS-Pz.-Gren.-Div., die 1. Geb.-Div. und die 100. Jg.-Div. (von der Kampfstaffeln so weit wie möglich vorgezogen werden sollten) frühestens zur Verfügung stehen würden. Der Führer wünschte außerdem das Heranziehen der im Westen befindlichen Pz.-Lehr-Div., die auch die 16. SS-Pz.-Gren.-Div. ersetzen könne, falls diese nicht rechtzeitig herankäme. Es wurde ferner vorgesehen, daß die Luftwaffe die Masse ihrer Bomberverbände vorübergehend aus dem Westen in den Südosten verlegte.

** Am gleichen Tage legte der WFStab auf Grund der Annahme, daß der Befehl zum Aufmarsch am 5. 3. gegeben werde, eine Zeitberechnung für den Aufmarsch vor. Dabei ergab sich, daß die Kampfgruppen Süd, Südwest und Nordwest frühestens am 12. 3. ihre Aufmarschräume erreicht haben würden, die Kampfgruppe Nord, die aus Geheimhaltungsgründen nicht vorher aufzumarschieren anfangen konnte, jedoch erst 5 Tage nach Operationsbeginn.

Daraus ergab sich, daß im Falle des Verzichts auf die Sturm-Gesch.-Brig. und die Panther-Abtlg. die Operation am 15. 3. beginnen könne, im anderen Falle erst 5 Tage nach der Verwendungsbereitschaft dieser Verbände.

Bei der Mittagslage am **4. 3.** erklärte sich der Führer mit den am 3. 3. vorgelegten Vorschlägen einverstanden. Er entschied, daß die Pz.-Lehr-Div. an der Operation teilnehmen solle. Es wurde ins Auge gefaßt, daß bei den Maßnahmen von Abw. II auch die Wassertransporte ausgenützt und für die spätere Belegung Ungarns die noch in Aufstellung befindlichen Verbände vorgesehen werden sollten (Notiz des Stellv. Chefs nach der Mittagslage am 4. 3. im Merkbuch).

*** Am 4. 3. (abgegangen 5. 3.: 1.45 Uhr) wurde dem Luftwaffenführungsstab unter Berufung auf die inzwischen erfolgte mündliche Einweisung des Chefs des Gen.-St. d. Luftwaffe mitgeteilt, wie die Durchführung der Operation geplant sei und welche Aufgaben dabei der Luftwaffe, die auf Befehl des Führers starke Kräfte für eine etwaige Unterstützung der Operation bereithalten solle, zufielen: nämlich Ausschaltung der ungar. Luftwaffe im Falle des Widerstandes, Besetzung der ungar. Flugplätze, Überwachung und, soweit notwendig, Unterstützung des Vormarsches, hierbei Gestellung des Flakschutzes für die wichtigsten Brücken, Deckung der Gesamtoperation gegen etwaiges Eingreifen der alliierten Luftwaffe, Besetzung kriegswichtiger Objekte im Raum Budapest durch Luftlandung.

+ Zur gleichen Zeit erhielt der Reichsführer SS ein entsprechendes Fernschreiben, in dem ihm die Absicht mitgeteilt wurde, folgende Verbände der Waffen-SS an dem Unternehmen „Margarethe" teilnehmen zu lassen:

1.) eine möglichst starke Kampfgruppe der 8. SS-Kav.-Div. aus dem Raum Esseg und westlich davon,
2.) die 16. SS-Pz.-Gren.-Div., verstärkt durch das SS-Pz.-Gren.-Rgt. und das Begleit-Btl. Reichsführer SS, aus dem Raum südostwärts Wien. Dazu wurden dem Reichsführer SS die der Div. durch den OB Südwest zuzuführenden Teile mitgeteilt.

Es wurde ferner gebeten, außerdem noch Kräfte der Polizei und des SD so vorzubereiten, daß sie bis 15. 3. bei den wichtigsten Angriffsgruppen bereitgestellt oder sonstwie herangeführt werden könnten.

Eine entsprechende Weisung an den GenStdH hielt der Chef WFStab zunächst an, da erst die Einweisung des Chefs des GenStdH durch den Führer erfolgen sollte.

* *Anl. 3* ** *Anl. 4* *** *Anl. 5* + *Anl. 6*

### *Auswirkung der Ostlage*

* Um dieselbe Zeit veränderte sich die Gesamtlage infolge der neuen russischen Großoffensive im Südabschnitt der Ostfront von Grund auf. Der am 4. 3. begonnene sowjetische Angriff führte in kurzer Zeit zu bedeutenden Erfolgen. Besonders bedrohlich erschien die Entwicklung im Raum von Tarnopol, durch die es erforderlich wurde, die für die Nordgruppe des „Margarethe-Aufmarsches" vorgesehenen 357. und 359. Res.-Div. dem GenStdH zur Verfügung zu stellen. Noch vor dem in der Mittagslage am 5. 3. gefaßten endgültigen Entschluß zur Abgabe dieser beiden Div.en, ** am 3. 3., war dem Chef H Rüst u. BdE der Befehl erteilt worden, sofort die Gren.-Rgt.er (mot.) 1029 und 1030 aufzurufen. Diese beiden Rgt.er traten nunmehr zur Neubildung der Nordgruppe an die Stelle der abgegebenen Div.en. Gleichzeitig war der Chef H Rüst u. BdE angewiesen worden, im Rahmen der „Walküre"-Aufstellung ein Gen.-Kdo. mit Nachrichten-Abtlg. aufzustellen und ab 12. 3. bereitzuhalten. Der Gen.-Inspekteur der Pz.-Truppen und der GenStdH/General der Artillerie wurden aufgefordert, die Aufstellung der Sturmgeschütz-Brig. 311 und 322 sowie der „Panther"-Abtlg. I/11 möglichst zu beschleunigen. Der bei der Mittagslage am 5. 3. in Erwägung gezogene Vorschlag, die 361. Div. (Dänemark) für die Nordostgruppe heranzuziehen, wurde nicht weiter verfolgt.

### *Die Aufmarschbefehle*

In den folgenden 3 Tagen ergingen die Befehle zur Versammlung der von den verschiedenen anderen Kriegsschauplätzen zuzuführenden Verbände. Die Tarnung erfolgte gemäß den vom WFStab am 29. 2. gemachten Vorschlägen. Als erster erhielt *** am 4. 3. der OB Südost den Befehl, ein großes Säuberungsunternehmen nördlich der Save durchzuführen, für das bis zum 15. 3. in Nordkroatien ein Gen.-Kdo., die 100. Jg.-Div., das Gren.-Rgt. (mot.) 92, 1 Rgt. der Div. „Brandenburg", 1 leichte Art.-Abtlg., die Pz.-Abtlg. 202 und 1 Abtlg. der Sturmgeschütz-Brig. 201, das Pi-Btl. (mot.) 45 sowie 6 Brücken-Kolonnen (mot.) zu versammeln seien. Gleichzeitig wurde der Chef des Gen.-Stabs OB Südost zum 7. 3. zur Einweisung in das FHQu bestellt, von wo er sich am nächsten Tage nach Wien begeben sollte, um sich hier mit dem Kdr. General des LVIII. Res.-Pz.-Korps aus dem Westen und dem Kdr. Gen. des durch den Chef H Rüst u. BdE aufzustellenden Gen.-Kdo.s (s. o.) zu besprechen. Der + OB West und der Chef H Rüst u. BdE wurden angewiesen, die beiden Generale zu diesem Termin nach Wien zu entsenden.

++ Am Abend des 5. 3. erging dann ein zusammenfassender Befehl an den OB West über die aus seinem Bereich zuzuführenden Verbände. Ihm wurde mitgeteilt, daß im Raum südostwärts Wien etwa ab 15. 3. größere Truppenübungen im mot.-Verbande zur Vorbereitung für eine Frühjahrsoffensive im Osten stattfänden, mit deren Leitung der Gen.-Inspekteur der Panzertruppen beauftragt sei. Aus dem Westen seien zur Teilnahme hieran der Stab des LVIII. Res.-Pz.-Korps, die Pz.-Lehr-Div., 1 Bau-Pi-Btl., 1 Landes-Schützen-Btl. und 1 Brüko (mot.) sofort in den Raum Wien zu verlegen. Am Abend des nächsten Tages wurden auch die Teilnahme der schweren Art.-+++ Abtlg. (mot.) 997 aus dem Bereich des W.-Bfh. Dänemark an diesen Übungen und ihre sofortige Verlegung in den Raum Wien angeordnet.

o Entsprechend wurde am 5. 3. der Chef H Rüst u. BdE angewiesen, zur Teilnahme an den bezeichneten Übungen die verst. Gren.-Rgt.er (mot.) 1029 („Großdeutschland") und 1030 („Feldherrnhalle") in den Raum Neusandez und südlich davon sowie 1 beh.-mot. Rgt.s-Gruppe der Div. „Brandenburg" und den aufzustellenden Führungsstab in den Raum Peim (40 km südl. Krakau) zu verlegen. Gleichzeitig

** Anl. 8 ** Nr. 3 der Sonderakte *** WFSt/Op H 002337/43 g. K. v. 4. 3. i. d. A. Op H und Handakte Chef WFStab + Nr. 7 u. 8 der Sonderakte ++ Nr. 9 der Sonderakte und Anl. 9 +++ Nr. 10 der Sonderakte o Nr. 11 der Sonderakte*

* wurde er beauftragt, die Unterbringung aller an diesen Übungen teilnehmenden
Verbände im Raum um und südostwärts Wien sicherzustellen. Der Div. „Branden=
** burg“ wurde die Aufrufung der Rgt.s=Gruppe noch gesondert befohlen.
*** Auch der G e n S t d H wurde nunmehr über die vorgesehenen Übungen und die daran teilnehmenden Verbände unterrichtet.

An weiteren Verbänden waren noch die im Westen in Aufstellung befindlichen Sturmgeschütz=Brig. 311 und 322 (s. oben) vorgesehen worden. Am 5. 3. wurde ihre
\+ Verlegung auf den Truppenübungsplatz Altengrabow und die Herstellung ihrer Verwendungsbereitschaft bis zum 12. 3. befohlen. Infolge der Entwicklung im Osten mußten sie jedoch am 6. 3. dem GenStdH zur Verfügung gestellt werden, während
++ es bei der Teilnahme der „Panther“=Abtlg. I/11 (s. oben) verblieb. Jedoch mußte auch die letztere am 12. 3. dem GenStdH für den Osten zur Verfügung gestellt werden.
+++ Sie wurde durch die „Panther“=Abtlg. der SS=Pz.=Div. „Wiking“ ersetzt, deren Zuführung in den Raum Wien am gleichen Tage befohlen wurde.

### *Weitere Vorbereitung*

Eine Klärung der auf dem Gebiete der L u f t w a f f e beabsichtigten Maßnahmen (vgl. den Befehl vom 4. 3., S. 12 f.[1] trat durch die Meldung des Chefs des Gen.=Stabs d. Luftwaffe, General Korten, daß die Maßnahmen der Luftwaffe schneller als bisher vorgesehen durchgeführt werden sollten, ein. Statt des einen Platzes, der bisher von der deutschen Luftwaffe in Ungarn belegt war, wurde jetzt die Belegung von insgesamt 6 Plätzen vorgesehen.[2] Der OB. d. L. faßte die Zuführung des Korps Meister, das für den Fernkampf im Osten in Aufstellung begriffen war, ins Auge, jedoch sprach sich der Führer zunächst dagegen aus (Lagebuch 7. 3.) Am **6.** und **7. 3.** ergingen noch einige ergänzende Einzelbefehle, durch die die Kartenverteilung, die Gestellung von Bewachungskommandos in Wien usw. geregelt wurden.

Am gleichen Tage (7. 3.) trat befehlsgemäß der Chef Gen.=Stab des OB Südost, Gen.=Lt. F o e r t s c h , der bereits im Dezember 1943 mündlich eingewiesen worden war, aber in der letzten Zeit nur getarnte Einzelbefehle erhalten hatte, beim WFStab ein. Er wurde mit der derzeitigen Planung der Gesamtoperation vertraut gemacht und sah den vorbereiteten Operationsbefehl sowie den Entwurf der „Besonderen Anordnungen“ durch. Anschließend fand eine B e s p r e c h u n g unter Leitung des Stellv.
O Chef WFStabs statt, zu der u. a. auch der Kdr. der Div. „Brandenburg“, Gen.=Major v. P f u h l s t e i n, der Verbindungsoffizier des Reichsführers SS beim Führer, B r i g .= F ü h r e r F e g e l e i n, und der Chef Abw. II, O b e r s t v. F r e y t a g = L o r i n g h o v e n, zugezogen worden waren. Sie sollte, wie Gen.=Lt. Warlimont[3] einleitend ausführte, vor allem der Klärung der unter dem Deckwort „Trojanisches Pferd“ zusammengefaßten Vorausmaßnahmen, die eine Aushöhlung der ungar. Widerstandskraft von innen her erreichen sollten, dienen. Anschließend daran trug Gen.=Maj. v. Buttlar[4] die für die Durchführung des „Trojanischen Pferdes“ bestehenden Absichten vor: am Morgen des X=Tages, etwa zu der Zeit, in der frühestens eine Luftlandung in der Nähe von Budapest möglich sei, sollten die Spitzen von insgesamt 4 verstärkten Btl.en in der Hauptstadt einmarschieren und die wichtigsten Punkte, Anlagen usw. besetzen. Das Heranführen dieser Kräfte sei folgendermaßen gedacht: zwei korrespondierende Eisenbahnbewegungen, eine aus dem Raum Wien und eine aus dem Raum Belgrad,

* *Nr. 15 der Sonderakte* ** *Anl. 10* *** *Nr. 14 der Sonderakte* + *Anl. 11* ++ *Nr. 12 der Sonderakte* +++ *Nr. 26 der Sonderakte* O *Teilnehmerliste u. Protokoll vgl. Nr. 19 d. Sonderakte*

1 D. h. hier im Druck oben S. 216 f.

2 Dazu am Rande: „Siehe oben!“ W(arlimont)“; d. h. oben S. 210 Anm. 2.

3 D. h. der Stellv. Chef des WFStabs.

4 D. h. der Leiter der Amtsgruppe Op/H im WFStab.

die bei den Ungarn als planmäßige Austauschbewegung im Südostraum anzumelden seien, sollten mit den Spitzen etwa am Vorabend des X=Tages in der Nähe von Budapest durch ingendwelche äußeren Einflüsse zum Halten und zur Entladung gezwungen werden. Die aus den ausgeladenen Truppen gebildeten Kampfgruppen hätten dann in den frühen Morgenstunden auf Budapest anzutreten. Im weiteren Laufe der Besprechung ergab sich die Notwendigkeit, einen verantwortlichen Leiter für das Unternehmen „Trojanisches Pferd" zu bestimmen; hierfür wurde der Kdr. der Div. „Brandenburg", Gen.=Maj. v. Pfuhlstein, vorgesehen. Die Gesamtleitung sollte beim OB Südost liegen. Gen.=Maj. v. Pfuhlstein hatte sich, wie weiter festgelegt wurde, am 10. 3. zusammen mit den Verbindungsoffizieren der SS, des Chefs des Transportwesens und der Abwehr II in Wien mit dem Gen.=Lt. Foertsch zu treffen und die Einzelheiten festzulegen.

Weiter wurde die Abstimmung zwischen den Maßnahmen der Wehrmacht und des SD, der schon vor der Besetzung 500 Mann in Ungarn einsickern zu lassen beabsichtigte, das für das Anhalten der Transporte zu wählende Verfahren, die Zusammenarbeit mit den Luftlandetruppen — deren Zusammensetzung und Herkunft noch nicht feststand — und dem Bodenpersonal der von der deutschen Luftwaffe belegten 6 ungar. Plätze besprochen, ferner die Frage der Sperrung der Theiß=Übergänge und der ungar.=slowakischen und ungar.=rumän. Grenze für Flüchtlinge aus Westungarn, deren Notwendigkeit Brig.=Führer Fegelein hervorhob. Als eine weitere wichtige Frage erwies sich die der Einweisung der bereits in Ungarn befindlichen deutschen Wehrmachtsangehörigen und =stellen. Gen.=Lt. Warlimont legte in diesem Zusammenhang dar, warum auf eine Unterrichtung des Deutschen Mil.=Attachés und anderer — schon seit langer Zeit mit den Ungarn zusammenarbeitenden — deutschen Dienststellen verzichtet werden müsse. Gen.=Lt. Foertsch wies wiederholt darauf hin, daß die an der Gesamtoperation beteiligten Verbände aus dem Bereich des OB Südost bald wieder dorthin zurückkehren müßten. Endlich wurde auch die Frage des Angriffstermins erörtert. Während der WFStab gemäß der Weisung des Führers den 16. 3. als X=Tag bezeichnete, glaubte Gen.=Lt. Foertsch frühestens zum 18. 3. bereit sein zu können. SS=Brig.=Führer Fegelein äußerte, daß der Führer vermutlich auch den 18. 3. genehmigen werde.

Auf Grund der bei dieser Besprechung über die Durchführung des Unternehmens „Trojanisches Pferd" erzielten Übereinkünfte wurde noch am gleichen Tage befohlen,* daß der Stab der Div. „Brandenburg" ab 10. 3. zur Verfügung des OB Südost nach Wien zu verlegen sei. Da sich inzwischen herausgestellt hatte, daß das zum Absprung bei Budapest vorgesehene Fallschirmbtl. der Luftwaffe nicht mehr rechtzeitig fertig werden konnte, mußte die Div. „Brandenburg", wie dem OB. d. L./Lw.=Führungs=Stab am 8. 3. mitgeteilt wurde,** hierfür auch noch Fallschirmjäger in Stärke von voraussichtlich 1 Btl.s=Stab und 2 Komp.en zur Verfügung stellen. Ferner sollte das SS=Fallschirm=Jg.=Btl. an dem Luftlande=Unternehmen teilnehmen.

Im Anschluß an die Besprechung begab sich Gen.=Lt. Foertsch nach Wien, wo er als vorgeschobene Gefechtsstelle des OB Südwest beim Stellv. Gen.=Kdo. XVII. AK. den „Stab z.b.V. Foertsch" einrichtete. Hier nahm er u. a. auch Fühlung mit dem Gen. Inspekteur der Panzer=Truppen auf, der sich nach Erstattung seines Monatsberichts beim Führer zwecks Leitung der vorgetäuschten Truppenübungen ebenfalls in Wien aufhielt.

**Bei der Mittagslage des 8. 3.** erklärte sich der Führer mit dem bei der Besprechung des Vortages von Gen.=Lt. Foertsch genannten 18. 3. als Angriffstag einverstanden (Merkbuch 8. 3.). Der WFStab, der mittlerweile bei der Feldtransportabteilung festgestellt hatte,*** daß zumindesten die Eisenbahntransport=Bewegungen bis zum 15. 3. abgeschlossen sein würden, teilte dem Stab z.b.V. Foertsch am 9. 3. das Einverständnis des Führers mit dem 18. 3. als X=Tag mit + (bereits am vorhergehenden Tage war der Stab Foertsch gefragt worden, ++ wieviel Tage vor Beginn

** v. 7. 3. 002474/44 g. K. i. d. A. Op (H)* ** *Nr. 20 d. Sonderakte* *** *Anl. 13*
\+ *Anl. 14* ++ *Anl. 15*

des Unternehmens die Bekanntgabe des X-Tages durch das OKW erforderlich sei und zu welchem spätesten Zeitpunkt nach Bekanntgabe des X-Tages das Unternehmen noch angehalten werden könne).

Bei der Mittagslage des 8. 3. waren auch eine Reihe von Maßnahmen und Wünschen des Reichsführers SS zur Sprache gekommen. Unter anderem hatte dieser gebeten, die im Brückenkopf Nettuno eingesetzten Restteile der 16. SS. Pz.-Gren.-Div. herauszuziehen und der Div. zuzuführen. Ein entsprechender Befehl an den OB * Südwest erging am 9. 3. Ferner hatte sich der Reichsführer SS bereit erklärt, die 13. SS-Geb.-Div. zur Sicherung der bei einem Ausfall des ungar. Bahnnetzes besonders wichtigen Hauptstrecke in Syrmien und das im Bereich des OB Südost eingesetzte SS-Pol.-Rgt. 5 zur Teilnahme an der Operation „Margarethe" zur Verfügung zu stellen. Der Stab Foertsch wurde hiervon am 9. 3. unterrichtet.

Auch die Vorbereitungen der Luftwaffe befanden sich in raschem Fortschreiten. Es hatte sich mittlerweile herausgestellt, daß bei dem mit dem „Trojanischen Pferd" gekoppelten Unternehmen kein Absetzen von Fallschirmjägern erforderlich war, da überraschende Landungen möglich erschienen (Lagebuch 8. 3.).

* Am **9. 3.** meldete der Gen.-Stab d. Luftwaffe die für „Margarethe" vorgesehenen Kräfte und die Absichten für Gliederung und Aufmarsch (derzeitige Kräfte der Luftw.-Div. Südost, dazu 2 Kampfgeschwader, 1 Jagdgruppe der Luftflotte 2, Jafü Ostmark mit 3 Jagd- und 1 Zerstörergruppe, 7 Flak-Abt.en sowie 60 Ju 52 für das geplante Luftlandeunternehmen und die in Ungarn bereits eingesetzten deutschen Kräfte).

* Am **11. 3.** ging die Antwort des Stabes z.b.V. Foertsch auf die am 8. und 9. 3. gestellten Fragen nach dem Termin für die Ausgabe des Befehls zum Einmarsch ein. Er meldete, daß die Bekanntgabe des Antretens bis X—48 Stunden erforderlich sei und der Befehl für das Anhalten der Bewegung mit Rücksicht auf das "Trojanische Pferd" spätestens X—36 gegeben werden müsse. Wegen der noch nicht abgeschlossenen materiellen Ausstattung der 16. SS-Pz.-Gren.-Div. sei der Beginn des Falles „Margarethe" nicht vor dem am 7. 3. mündlich gemeldeten Zeitpunkt, d. h. dem 18. 3., möglich. Darüber hinaus schlug der Stab vor, die Operationen noch um einen weiteren Tag, d. h. auf Sonntag, den 19. 3., zu verschieben, um die mit den Wochenendverhältnissen gegebenen Erfolgschancen ausnützen zu können.

Das Verhalten der Ungarn wies in diesen Wochen keine bemerkenswerten Veränderungen auf. Mobilisierungsmaßnahmen, über die der Deutsche Mil.- Attaché Budapest am 9. 3. berichtete, schienen allein im Hinblick auf die Entwicklung der Lage im Osten getroffen worden zu sein. Jedoch zeigten Nachrichten, die aus dem + Tito-Bereich einliefen, daß man dort begann, den Grund der deutschen Truppenbewegungen nach Nordkroatien zu erkennen. Es kam also viel darauf an, zu verhindern, daß die Ungarn vorzeitig mißtrauisch wurden. Aus diesem Grunde war bereits am 7. 3. der Befehlshaber der ungar. Sicherungskräfte im Osten, Gen. Lakatós, in das FHQu bestellt worden (Merkbuch 11. 3.), wo er am 11. 3. eintraf. Bei einer Besprechung beim Chef OKW um 13 Uhr, an der vom WFStab der Gen. v. Buttlar teilnahm, bat der ungar. General darum, daß die Befestigungen der Karpaten dort, wo es erforderlich sei, in das Vorfeld der ungar. Grenze verlegt würden und daß — um für den Ausbau Zeit zu gewinnen — die ungar. Besatzungs.-Div.en aus dem Osten im Vorfeld eingesetzt werden könnten.

Der WFStab stellte seinerseits Erwägungen über die Behandlung der ungar. Besatzungs-Div.en im Osten nach Auslösung des Unternehmens „Margarethe" an. Ihr Ergebnis war eine am 13. 3. an den GenStdH und den Lw.-Führungs-Stab ergehende Weisung, durch die sie mit der Überwachung und Beeinflussung der im Osten + eingesetzten ungar. Sicherungs- und Luftstreitkräfte, insbesondere des ungar. Oberkommandos in Lemberg, beauftragt wurden. Ein Übergehen ungarischer Verbände zu den Banden oder eine Übergabe der Waffen an diese sowie ein Zurückfluten ungar.

* *Anl. 16* ** *Nr. 21 d. Sonderakte* *** *Nr. 27 der Sonderakte* + *Anl. 18*
++ *Nr. 29 d. Sonderakte*

Truppen in die Heimat müßten unter allen Umständen verhindert, für den Fall der
* Gegenwehr Entwaffnung und Gefangennahme vorbereitet werden. Hierfür wurde dem GenStdH am 16. 3. vorübergehend der Stab des Wehrmachtbefehlshabers Ukraine zur Verfügung gestellt.

*Fertigstellung des Operationsbefehls und der „Besonderen Anordnungen"*

Am **12. 3.** wurde der seit dem 28. 2. vorbereitete und am 5., 6., 9. und 10. in überarbeiteter Fassung vorgelegte Operationsbefehl, der zuletzt noch eine zügigere, den zu verhindernden Verrat stärker herausarbeitende Präambel erhalten hatte, vom
** Führer unterschrieben (Anlage 1: Einsatz der Kräfte und deren Aufgaben, Anlage 2a: Das ungar. Heer). Der Entwurf war bereits am Abend des Vortages zusammen mit den schon unterschriebenen „Besonderen Anordnungen" dem Gen.-Lt. Foertsch durch Offz.-Kurier als Arbeitsgrundlage zugestellt worden. Die gleichen Unterlagen waren auch dem Gen.-Stab d. Luftwaffe zugeleitet worden.

a) Abänderungen gegenüber den früheren Entwürfen.

Da der Führer sich gegen die vorzeitige Beteiligung der Verbündeten ausgesprochen hatte, nannte der endgültige Befehl im Gegensatz zu dem Entwurf nur noch die für die Operation vorgesehenen deutschen Kräfte, denen in erster Linie die Besetzung der Lebensadern und der Wirtschaftszentren des Landes zufallen sollte. Entsprechend wurde auch nur die Besetzung der ersten Operationszone (Westungarn bis zur Theiß) geregelt und die Besetzung von Ostungarn[1], für die im Entwurf die Rumänen bzw. in Nordostungarn die Slowaken vorgesehen waren, von der Entwicklung der politischen Lage abhängig gemacht. Ferner wurde der Befehl dadurch gestrafft, daß alle Bestimmungen über die Führung, die Zusammensetzung, den Aufmarschraum und die Aufgaben der einzelnen Kräfte in eine Anlage verwiesen und Einzelheiten dem OB Südost überlassen wurden. Im einzelnen ergaben sich während der Ausarbeitung dadurch noch Verschiebungen, daß vorgesehene Verbände in der Zwischenzeit an die Ostfront abgegeben und durch andere ersetzt werden mußten.

b) Inhalt:

Abschluß des durch tarnenden Sonderbefehl durchgeführten Aufmarsches bis 15. 3.; Beginn auf das Stichwort „Margarethe I, X-Tag" (d. h. Tag des Grenzübertritts); Leitung durch den OB Südost, der seinen vorgeschobenen Gefechtsstand sofort nach Wien verlegt und inzwischen im Südostraum durch den Gen.-Oberst Löhr vertreten wird, und zwar Führung aller beteiligten Heereskräfte und gegebenenfalls der Truppen der Verbündeten; Abstimmen von deren Bewegungen auf die eigenen; Führung der Luftwaffen-Kräfte durch einen Sonderstab, der durch den OB. d. L. auf engste Zusammenarbeit mit dem OB Südost angewiesen wird. Vorerst Besetzung nur von Westungarn bis zur Theiß durch 4 konzentrisch auf Budapest angesetzte Angriffsgruppen; dabei Entwaffnung aller ungar. Kräfte und Sicherstellung aller Ausrüstung und Munition, ferner Sicherung der Eisenbahnen und Brücken. „Jeder Widerstand ist rücksichtslos zu brechen. Im übrigen ist jedes Mittel recht, das rasch zu dem erstrebten Ziel führt und eine Bedrohung im Rücken der vormarschierenden Truppen ausschließt." Außerdem vor Beginn im Zuge von Transportbewegungen Einfahrt (auch unter Ausnutzung des Wasserweges) einer besonders zusammengesetzten Kampfgruppe unter Führung des Kdr.s der Div. „Brandenburg", Gen. v. Pfuhlstein (mit Stab), die im Zusammenwirken mit dem im Raum Budapest aus der Luft landenden SS-Fallschirm-Jg.-Btl. und Fallschirm-Jägern der Div. „Brandenburg" alle kriegswichtigen Objekte der Hauptstadt zu be-

* *002863/44 g. K. v. 16. 3. i. d. A. Op (H)* ** *Anl. 19—20*

1 Ms.: Westungarn.

setzen hat, um die einheitliche Führung der ungar. Wehrmacht und des ungar. Staates zu unterbinden. Unterstützung der Operation durch starke Teile der Luftwaffe, denen folgende Aufgaben zufallen: Ausschalten der ungar. Luftwaffe, soweit sie Widerstand leistet, Besetzung der Flugplätze, Überwachung und Unterstützung des vorhandenen Flakschutzes an den Brücken der großen Flüsse, Deckung gegen etwaige Angriffe der alliierten Luftwaffe, Absetzen der Fallschirmjäger im Raum Budapest. Ferner Bereitstellung von Polizei- und SD-Kräften durch den Reichsführer SS bis 15. 3. bei den wichtigsten Angriffsgruppen und Durchgangstransporten sowie bei dem Unternehmen Pfuhlstein in Budapest am X-Tag. Einreise vor dem X-Tag nur auf Grund besonderer Genehmigung (für Gen. v. Pfuhlstein und einige SS-Persönlichkeiten bereits erteilt); Kartenausgabe auf das Stichwort „Maiblume". Strengste Geheimhaltung, Tarnung des Aufmarsches im Süden als Bandenunternehmen, im NW und Norden als Truppenübung für eine Frühjahrsoffensive im Osten. Unterrichtung von Personen in Ungarn nur nach besonderer Genehmigung. Meldung der Absichten durch OB Südost und OB der Luftwaffe bis 15. 3.

Ansatz der Kräfte, wie bereits am 30. 9. 43 vorgeschlagen, in vier Kampfgruppen, und zwar:

1.) Vom Süden aus (unter Führung des Gen.-Kdo. XXII. Geb.-AK.):

a) Kampfgruppe A (unter einer vom OB Südost zu bestimmenden Führung) vom Banat aus:
Gren.-Rgt. (mot.) 92,
1 Rgt. „Brandenburg",
SS-Pol.-Rgt. 5,
Pz.-Abt. 202 (franz.),
SS-Gesch.-Brig. 201,
Pi-Btl. (mot.) 45,
1 Brüko (mot.);

b) Kampfgrupe B (unter Führung des Kdr.s der 42. Jg.-Div.) aus dem Raum südlich Neusatz:
Starke Kampfgruppe der 42. Jg.-Div. mit möglichst 1 Brüko (mot.);

c) Kampfgruppe C (unter Führung des Kdr.s der 8. SS-Kav.-Div.) aus dem Raum südlich Esseg:
Eine möglichst starke Kampfgruppe derselben mit 1 Brüko (mot.);

2.) Vom Südwesten aus (unter Führung des Gen.-Kdo. LXIX. AK. z.b.V.):
Kampfgruppe A (unter Führung des Kdr.s der 1. Geb.-Div.) aus dem Raum um Virovitica: 1 Geb.-Div. mit Brüko (mot.),
Kampfgruppe B (unter Führung des Kdr.s der 367. Div.) mit der 367. Inf.-Div., einer möglichst starken Kampfgruppe der 18. SS-Pz.-Gren.-Div. und 1 Brüko (mot.);

3.) Von Nordwesten aus (unter Führung des Gen.-Kdo. LVIII. Res.-Pz.-AK.) aus dem Raum südostwärts Wien:
Pz.-Lehr-Div., 16. SS-Pz.-Gren.-Div., Panther-Abt. der SS.-Pz.-Div. „Wiking", die schwere Art.-Abt. 997, 1 Landesschützen-Btl., 1 Brüko (mot.), 1 Bau-Pi-Btl.;

4.) Von Norden aus (unter Führung des Gen.-Kdo. LXXVIII. AK. z.b.V.) aus dem Raum Neusandez-Neumarkt (Antreten erst um 12 Uhr des X-Tages):
verstärkte Gren.-Rgt.er (mot.) 1029 („Großdeutschland") und 1030 („Feldherrnhalle"), das Alarm-Rgt. der Div. „Brandenburg", 1 Bau-Pi.-Btl., 1 Landesschützen-Btl., 1 Brüko (mot.).
Alle Bewegungen konzentrisch auf Budapest, Einzelaufträge der Kampfgruppen je nach den Gegebenheiten ihres Einmarschraumes.

Gleichzeitig ergingen die „Besonderen Anordnungen" Nr. 1 zum Stichwort „Margarethe" (bereits am 11. 3. unterschrieben). Bei ihrer Aus=arbeitung hatte WFStab/Qu die bei der Besetzung Dänemarks im Jahre 1940 getroffenen Maßnahmen vergleichsweise herangezogen; Versorgungs=führung durch den OB Südost mit Wehrmachtbefugnissen gemäß Wei=sung des GenStdH/Gen.=Qu., Erfassung aller Waffen, Tiere, Kfz., Munition und Gerätebestände der ungar. Wehrmacht (Material der Luftwaffe und Flakabt.en durch die Luftwaffe) durch den OB Südost, durch die Truppe nur im Mangelfall, Zuführung von Kräften zur Erfassung durch Gen.=Qu und Chef OKW, keine Bezahlung für Benutzung staatlicher Anlagen und der Quartiere, Verbot jeglichen Eingreifens der Truppe in das Wirtschaftsleben, Beschlag=nahmung von nichtmilitärischen Gütern nur durch Rgt.s=Kdeure, in dringenden Ausnahmefällen durch Feld= und Ortskommandanturen und Polizei, im übrigen strenges Verbot aller Beschlagnahmungen; Einsatz von Feld= und Ortskom=mandanturen zur Aufrechterhaltung von Ruhe und Ordnung und Sicher=stellung der Weiterarbeit der gesamten Landwirtschaft, der Erdölindustrie, der Rüstungswerke und der Gruben, dafür Bereitstellung von Fachkräften durch General=Quartiermeister in Verbindung mit dem Wirtschaftsstab, Sperrung der Grenze gemäß besonderem Befehl, Eingriffe in die Rechte der ausländischen diplomatischen Vertretungen in Budapest nur mit Zustimmung des OB Südost, der vorher Einvernehmen mit der Deutschen Gesandtschaft herzustellen hat, sofortige Erfassung der Kriegsgefangenen aller feindlichen Nationen und Ab=schub in das Reich.

Dazu:

1.) Grundsätzliche Richtlinen für die Behandlung der Soldaten der ungar. Wehrmacht: die Bereitschaft des guten Teils der ungar. Truppe zur Fortset=zung des Kampfes ist zu erhalten, womöglich noch zu steigern. Ungeschick=lichkeiten und Mißgriffe sind daher zu vermeiden. Sofortige Zusammen=ziehung aller ungar. Soldaten in den Kasernen und Unterkünften und zu=nächst Entwaffnung der Mannschaften, die in die Heimat zu entlassen sind, soweit sie nicht gebraucht werden. Widerstand ist sofort in hartem Zugriff zu brechen.

2.) Merkblatt über Ungarn und das Verhalten der Truppe in Ungarn.

3.) Hauptsächlichste Rohstoff= und Industriegebiete in Ungarn.

### *Weitere Maßnahmen*

* Inzwischen näherten sich die vor einer Woche befohlenen Antransporte bereits ihrem Abschluß. Eine Schwierigkeit entstand durch die anhaltenden Schneefälle, die eine erhebliche Erschwerung des Einmarsches voraussehen ließen. Der WFStab ver=anlaßte am 12. 3., daß dem Gen.=Kdo. LXXVIII. AK. Schneefräser und Schneeräum=truppen zugeführt werden.

Eine offene Frage war noch die des gegebenenfalls erforderlichen Anhaltens der Transportbewegung bei dem Unternehmen „Trojanisches Pferd". Am 12. 3. hielt der Chef Abwehr II, Oberst v. Freytag=Loringhoven, beim WFStab Vortrag über die Tarnung der Ausladungen. Er meldete, daß das ungar. Gendarmerienetz nicht völlig ausgeschaltet werden könne; daher werde es den ungar. Stellen in Budapest möglich sein, binnen 5 Stunden ein klares Bild zu gewinnen.

Nachdem der Chef Wehrmacht=Propaganda bereits vor einigen Tagen durch den Chef WFStab mündlich über die ihm bei der Besetzung Ungarns zufallenden Aufgaben
** unterrichtet worden war, ergingen am 14. 3. Weisungen für die Handhabung der Propaganda im Falle „Margarethe" (OKW 134/44 g.K.Chefsache vom 14. 3. in den

* *Anl. 22—24* ** *Anl. 25*

Akten Op H; auch in der Handakte des Chefs WFStab): aktive Propaganda in die ungar. Bevölkerung, Besetzung der Rundfunksender, jedoch keine Unterbrechung der Sendungen und der Tagesprogramme, Regelung des Kräfteeinsatzes usw. (dazu 1. Tendenzanweisung, 2. Weisung für die Kriegsberichterstattung, 3. Aufruf an das ungar. Volk und die ungar. Soldaten, 17. 3. noch einmal umgearbeitet).

Am gleichen Tage meldete der Reichsführer SS sämtliche von ihm zur Teilnahme vorgesehenen Verbände der Waffen=SS, der Polizei und des SD (77 810/44 g.K. Chefsache vom 14. 3. in den Akten Op H. Dazu Ergänzungen vom 16. 3.).

*Zuführung der Kräfte*

Da der F ü h r e r einer möglichst raschen Beendigung des Unternehmens „Margarethe" die größte Bedeutung beimaß, um die dort eingesetzten Verbände wieder für andere Aufgaben freizumachen, erwog er die Zuführung weiterer Verbände, insbesondere einer weiteren Pz.=Div. und weiterer Sturmgeschütz= oder Pz.=Abt.en, um den raschen Ablauf und das Brechen etwaigen Widerstandes zu gewährleisten. * In Frage kam vor allem die 21. Pz.=Div., da für sie der Einsatz eine gute Vorübung für spätere Kämpfe bedeutete. Der Führer befahl daher am 14. 3. zunächst die transporttechnische Vorbereitung einer Verlegung dieser Div. und am 15. 3. die Verlegung selbst (abgegangen an den OB West am 14. 3. bzw. 15. 3. 19.25 Uhr). Ferner ** wurde die Zuführung der Tiger=Abtlg. 507 beschlossen und ebenfalls am 15. 3. angeordnet.

Außerdem wurde die Pz.=Fernlenk=Abt. 301 (FKL), deren Einsatz im Landekopf von Nettuno nicht den Erwartungen entsprochen hatte und die sich im Abtransport aus *** dem Bereich des OB Südwest befand, zu den „Übungen" bei Wien abgestellt, wo **sie ab 18. 3.** erwartet werden konnte. Der Abtransport der (bereits am 12. 3. als Ersatz für die an den Osten abgegebene „Panther"=Abtlg. I/11 bestimmten) I. SS=Rgt. + „Wiking" aus dem Westen sollte, wie ebenfalls am 14. 3. angeordnet wurde, am 19. 3. beginnen.

*Zwischenfall in Budapest 13. — 14. 3.*

Am **13. 3.** reiste der D e u t s c h e M i l i t ä r a t t a c h é in Budapest in das FHQu, wo er mehrere Tage verweilte, jedoch erst am 17. 3. in den „Margarethe"=Plan eingewiesen wurde. In seiner Abwesenheit wurde am 13. 3. sein Stellvertreter, der Lw.=Attaché, Gen.=Lt. Fuetterer, um 19.30 Uhr zum Stellv. Chef des ungar. Gen.=Stabs be- ++ stellt, der ihn auf (seiner Dienststelle vorliegende) Nachrichten verwies, wonach seit etwa 5 Tagen täglich 40—50 deutsche Militär=Transporte im Raum Wiener=Neustadt—Eisenstadt ausgeladen würden. Nach Aussagen der Bahnbeamten hätten deutsche Offiziere geäußert, die Truppen seien zur Besetzung von Ungarn bestimmt. Der Stellv. Chef des ungar. Gen.=Stabs habe gebeten, diese Angelegenheit unverzüglich klarzustellen. General Fuetterer antwortete, ihm sei nichts derartiges bekann; er bat anschließend über die Ag. Ausland um nähere Anweisung (Notiz in Akten bei Op H). Der Chef OKW brachte in seiner Antwort sein größtes Erstaunen über die Anfrage +++ zum Ausdruck. Es sei ein bedenkliches Zeichen, wenn das Eintreffen der Pz.=Lehr=Div. dem ungar. Gen.=Stab gemeldet werde und dort sogar Aufsehen errege. Die Div. weile in diesem Raum, um unter Leitung des Gen.=Inspekteurs der Panzertruppen Versuche und Übungen für die Ausbildung von Panzer=Div.en durchzuführen. Das OKW lege größten Wert auf nähere Angaben über die deutschen Offiziere, die die angeführten Mitteilungen gemacht hätten. General Fuetterer meldete

* *Anl. 26, 27* ** *Aufz. Chef WFStab 14./15. 3., s. Merkbuch* *** *Anl. 28*
+ *Anl. 29* ++ *Handakte des Chefs WFStab; (ebd. Bericht des Deutschen Gesandten in Budapest an das Auswärtige Amt vom 14. 3.)* +++ *77 792/44 g. K. Chefs. vom 13. 3. in Akten Op H (auch in Akte des WFStabs)*

* dazu am folgenden Tage, daß er diese Mitteilung dem Stellv. Chef des ungar. Gen.=Stabs übermittelt habe, der sichtlich beeindruckt gewesen sei und betont habe, der Gen.=Stab sei nicht beunruhigt gewesen, sondern die zivilen Stellen, die fortwährend Aufklärung verlangten. Die augenblickliche Unruhe sei stark, da sowohl auf das letzte Schreiben des Reichsverwesers an den Führer wie auch auf das Schreiben des Chefs des Gen.=Stabs an den Chef OKW keine Antworten eingetroffen seien. Um auch äußerlich zu zeigen, daß die ungar. militärischen Stellen nichts befürchteten, sei die Anfrage von ihm und nicht vom Chef selbst gestellt worden. Die gewünschten Feststellungen sollten schnellstens beschafft werden.

*Besprechung beim Stab z.b.V. Foertsch in Wien am 14. 3. 1944*

** Am **14. 3.** fand beim Stabe z.b.V. Foertsch in Wien eine Besprechung statt, an der vom WFStab Gen.=Major v. Buttlar und Oberst d. G. Poleck teilnahmen (vgl. 77813/44 g.K. Chefsache vom 15. 3. in den Akten Op H). Dabei ergab sich als allgemeiner Eindruck, daß die Ungarn zu einer schnell improvisierten Gegenwehr nicht in der Lage seien. Die in Budapest mit der Bewachung beauftragten Truppen seien im Wachdienst eingeschlafen und würden keinen geschlossenen Widerstand leisten, doch müsse mit kleineren örtlichen Widerstandsversuchen gerechnet werden. In diesem Zusammenhang verdiene es Beachtung, daß die ungar. Regierung begonnen habe, die Eisenbahner zu bewaffnen; die auf den ungar. Strecken beobachteten, neu eingezogenen Zivilisten wurden mit der im Gange befindlichen Mobilisierung in Zusammenhang gebracht. Die Aussichten des Unternehmens seien als günstig zu bezeichnen, eine schnelle Erledigung scheine gewiß.

Die Tarnung sei bei allen Gruppen mit sehr viel Passion und zahlreichen guten Gedanken durchgeführt worden. Sie habe sowohl beim Feind als auch bei der eigenen Truppe eine weitgehende Unsicherheit über die Absichten hervorgerufen; jedoch würden die Ungarn wohl bis spätestens Donnerstag oder Freitag ein klares Bild über die eigenen Maßnahmen erworben haben und nur noch über Zeit und Art des beabsichtigten Unternehmens im Unklaren sein. Aus diesem Grunde bat der OB Südost, wie bereits am 11. 3. beantragt, am 18. 3. als X=Tag festzuhalten. Vorher seien die Vorbereitungen nicht abgeschlossen, später könnten die Ungarn Gegenmaßnahmen eingeleitet haben. Zu diesem Zeitpunkt sei auch mit einer fortgeschrittenen Vertiefung der inneren Spaltung, die das eigene Vorgehen erleichtern werde, zu rechnen.

Das Unternehmen „Trojanisches Pferd", das riskiert werden müsse und zweifellos auch erfolgreich verlaufen werde, sei — so wurde weiter festgestellt — von General v. Pfuhlstein eingehend vorbereitet und persönlich erkundet worden. Die Transporte seien in der bisherigen Art als Einzeltransporte bei den Ungarn angemeldet. Die Züge würden in einem Umkreis von ca. 40 km um Budapest durch Eigensabotage zum Halten gebracht, ausgeladen und die Truppen dann konzentrisch nach Budapest in Marsch gesetzt werden, wo General v. Pfuhlstein sich der Burg und Zitadelle bemächtigen wolle. Als nächste Reserven würden ihm zugeführt werden:

a) nach etwa 3 Stunden die beiden Fallschirm=Jg.=Btl.e, deren Transportmaschinen gegebenenfalls nochmals zum Heranholen weiterer Kräfte starten könnten;

b) am frühen Nachmittag günstigstenfalls die vorderste Spitze des LVIII. Res.=Pz.=Korps. Eine wesentliche Unterstützung würde auch der zwischen 8 und 9 Uhr unternommene „Propagandaflug" mit etwa 100 Kampfflugzeugen bedeuten.

Aus diesen Absichten ergab sich folgender Zeitplan:

a) Transportanmeldung „Trojanisches Pferd" (bereits erfolgt);

* *Anl. 30* ** *Vgl. den Bericht Gen.=Maj. v. Buttlar i. d. A. Op H*

b) Auslösung des X=Befehls bis 17. 3. 3 Uhr, späteste Rücknahme bis 15 Uhr. Beginn der Transporte „Trojanisches Pferd" auf ungar. Boden 18. 3. vormittags, Ausladetermin im Raum Budapest am 18. 3. 22 Uhr, Grenzübertritt der Korps und etwa gleichzeitiges Eindringen der Gruppe Pfuhlstein in Budapest 19. 3.
* 4.30 Uhr (vgl. dazu Zeittafel für den X=Tag vom 15. 3.).

Es ergab sich weiter, daß der SD, dem bisher das Infiltrieren von Kräften nicht genehmigt worden war, beabsichtigte, seine vordersten Teile mit den einzelnen Kampfgruppen des Generals v. Pfuhlstein zu entsenden. Der OB Südost, der diesen Einsatz für unzweckmäßig hielt, schlug vor, die bisherige Entscheidung noch einmal durch den Reichsführer SS überprüfen zu lassen; denn es komme darauf an, daß gerade in der Krisenzeit gegen 2 Uhr eine möglichst große Verwirrung in der Führung angerichtet werde.

Der Zustand der Kräfte aus dem Bereich des OB Südost wurde im allgemeinen als gut bezeichnet, besonders der der SS=Kav.=Div., die, wenn auch mit behelfsmäßigen Mitteln, eine gute Kampfgruppe aufgestellt habe. Bei der (Nordwest=)Gruppe Krüger sei die Pz.=Lehr=Div. im allgemeinen in Ordnung, dagegen die 16. SS=Pz.=Gren.=Div. in der Aufstellung noch weit zurück, da sie zur Zeit nur etwa 3 Btl.e beweglich machen könne. Dringende Hilfe sei hier erforderlich. Bei der Kampfgruppe Nord sei die Motorisierung der „Walküre"=Verbände (der Gren.=Rgt.er (mot.) 1029 und 1030) außerordentlich schwach. Größeren Anstrengungen würden sie material= und fahrmäßig nicht gewachsen sein. Am schwächsten sei der Führungsstab, der noch in der Aufstellung stecke und um Zuführung seiner noch fehlenden Teile bitte.

Aus der Besprechung ergaben sich folgende Wünsche:

1.) Beschleunigung der Ausstattung der 16. SS=Pz.=Gren.=Div. und des vom Allg. Heeresamt aufgestellten Stabes Grohlich;

2.) Befehl des Reichsführers SS an das SS=Fallschirm=Jg.=Btl., daß es die Befehle des OB Südost auszuführen habe;

3.) Überprüfung des Einsatzes des SD durch den Reichsführer SS;

4.) Freigabe der Einweisung der Führer der für die „Propagandaflüge" vorgesehenen Luftwaffenteile;

5.) Unterstellung des Gruppenführers Kammerhofer mit seiner Organisation für beschränkte Zeit unter den OB Südost, um sie im Eisenbahnschutz an der Strecke Agram — Belgrad einsetzen zu können;

6.) kurze Unterrichtung über die Persönlichkeit des politischen Beauftragten des Führers und über die Behandlung des Reichsverwesers und der führenden Persönlichkeiten der ungar. Wehrmacht.

Der OB Südost bat ferner um Ausdehnung der Funküberwachung auf Ungarn, da dies die Grundlage für das Erkennen etwaiger ungar. Maßnahmen bedeute.

*Weitere Maßnahmen auf dem Qu=Gebiet*

Nachdem die „Besonderen Anordnungen" vom 11. 3. zusammen mit dem Operationsbefehl am 12. 3. herausgegeben waren, wurde noch eine Reihe von Maßnahmen zur Regelung der bei der Besetzung Ungarns eintretenden Verhältnisse getroffen
** bzw. vorbereitet.

1.) Es stand zu erwarten, daß — falls das Unternehmen nicht reibungslos verlaufen sollte — vorübergehend der Erdöltransport in der bisherigen Weise zum Erliegen kommen werde. Um die Störungszeit zu überbrücken, wurde geprüft, welche Umwege gefahren werden könnten, sowie ferner, wieviel Öl sich in Rumänien und im Südosten auslagern ließ. Es ergab sich, daß technisch beides

* *Anl. 31* ** *Anl. 32*

möglich war, der in Rumänien vorhandene Lagerraum allerdings luftgefährdet sei. Zur Steuerung dieser Aushilfsmaßnahmen wurde nach Einweisung durch den WFStab der Obstlt. Bahl mit einer Vollmacht des Chefs OKW nach Bukarest entsandt (Merkbuch vom 17. 3.).

2.) Ferner war vorauszusehen, daß die Durchführung des Falles „Margarethe" in der bisher vorgesehenen Weise sich ungünstig auf den Öl-Abtransport sowie auf die Versorgung der Heeresgruppen A und Süd auswirken mußte, da diese zur Zeit durch Ungarn und Rumänien herangeführt wurden. Als Aushilfe wurden die laufenden Versorgungstransporte für den OB Südost, der auf seine eigene * Bevorratung verwiesen wurde, vorübergehend eingestellt und alle in Betracht kommenden Strecken dem GenStdH für den Südflügel der Ostfront zur Verfügung gestellt. In diesem Zusammenhang wurde auch die Sicherung der besonders bandengefährdeten Strecke Agram — Belgrad gesteigert durch vermehrten Einsatz von Truppen und Kräften des Höheren SS- und Polizeiführers Kammerhofer.

3.) Am 17. 3. wurde ferner ein Befehl über die Grenzsperre gegen Ungarn fertiggestellt, ** die schon bei der Besprechung am 7. 3. erörtert worden war. Mündlich wurde ferner die Frage untersucht, wieweit sich die Wehrmacht in die Fragen der Wirtschaft und der Verwaltung einlassen solle. Der Stellv. Chef gab Weisung, sich hierbei soweit wie möglich zurückzuhalten; es sei denn, daß Widerstand geleistet oder Sabotage verübt werde.
Zur Wahrnehmung der wirtschaftlichen Belange war die Begleitung der Truppe durch Wehrmachtserfassungs-Kommandos vorbereitet, die in den einzelnen Betrieben die besonders zu schützenden Objekte bezeichnen, die Mineralölbestände erfassen und ähnliche Aufträge mehr durchführen sollten. Zur einheitlichen Steuerung der wirtschaftlichen Aufgaben wurde der bisherige Armee-Wirtschaftsführer der Heeresgruppe Mitte, der General Niedenführ, zum Stabe Foertsch kommandiert; er sollte jedoch vorläufig noch im Reichsgebiet bleiben.

4.) Zum Stabe Foertsch trat ferner der Stab v. Both (bisher Befehlshaber im rückwärtigen Gebiet der Heeresgruppe Nord), um die Funktionen des Territorial-Bfh.s zu übernehmen. Der Stab brachte mit: 1 Oberfeld-Kdtr., 2 Feld-Kdtr.en, 19 Ortskdtr.en (ohne Verwaltungs-Personal). Ihre Aufgabe sollte die Entlassung der ungar. Soldaten, die Durchführung der Requisitionen für die Truppe usw. sein.

5.) Dazu kam noch der General Stahl, der die Beuteerfassung steuern sollte. Als Beute sollte, wie bereits in den „Besonderen Anordnungen" festgelegt, nur das ungar. Wehrmachtseigentum angesehen werden, jedoch nicht Wirtschaftseigentum. Dem Gen. Stahl wurden 1 techn. Btl. und 2 Feldgendarmerie-Btl.e zur Verfügung gestellt.

6.) Für die Erfassung der Kfz.-Beute wurde ein Bevollmächtigter des Chefs WKW mit einem Erfassungs-Kommando abgestellt.

7.) Außerdem wurden am 17. 3. — entsprechend der inzwischen abgewandelten Lage — die Bestimmungen über die Behandlung der ungar. Wehrmacht abgeändert (s. unten).

Zusammenfassung:

Anders als in Italien, wo es sich um eine möglichst schnelle Ausnutzung des Landes vor der Wiedereinsetzung der ital. Regierung handelte, kam es in Ungarn darauf an, eine möglichst geringe Beunruhigung der Wirtschaft zu erreichen. Zu diesem Zweck sollten die straffe wehrmachtsmäßige Zusammenfassung und die Ausstattung der Beauftragten mit ausreichenden eigenen Ausführungskräften dienen.

* *3 Notizen vom 12. u. 14. 3. (Handakte des Chefs WFStab)* ** *Nr. 34 d. Sonderakte*

*Die neue Lage nach der Annahme einer Einladung des Reichsverwesers in das FHQu.*

Bei der Besprechung, die der Führer mit dem Reichsführer SS und dem Reichsaußenminister in Kleßheim am **15. 3.** nachmittags abhielt, entschloß er sich, den Reichsverweser zum 18. 3. in das FHQu einzuladen unter Hinweis, daß ein späterer Termin mit Rücksicht auf die erforderliche Rückkehr nach „Wolfschanze" nicht möglich sei (Chef WFStab 14. — 15. 3., s. Merkbuch).

Bei der Mittagslage am **16. 3.** teilte der Führer mit, daß der Reichsverweser diese
* Einladung angenommen habe. Der Stellv. Chef WFStab unterrichtete sofort den OB Südost und wies ihn darauf hin, daß bis zur Klärung der Lage alle Vorbereitungen für „Margarethe" „am kürzesten Zügel" geführt werden müßten und der Befehl zur Durchführung abzuwarten sei. Dem OB West wurde fernmündlich mitgeteilt, es sei damit zu rechnen, daß die 21. Pz.-Div. nicht abgerufen werden würde, doch solle das Leermaterial zusammengezogen bleiben. Auch für den Fall, daß die geplante Operation unterbliebe, wurde vorgesehen, einige deutsche Verbände nach Ungarn zu verlegen, um auf die Haltung der neu zu bildenden Regierung eine Wirkung ausüben zu können. In diesem Fall sollten der ungar. Regierung auch eine Reihe von deutschen militärischen Wünschen vorgelegt werden, deren Zusammenstellung
** vom Stellv. Chef WFStab angeordnet und die am 17. im Entwurf vorgelegt wurde. Danach sollte vor allem gefordert werden, daß die führenden militärischen Stellen mit zuverlässigen deutschfreundlichen Offizieren besetzt würden und der weitere Einsatz und die Organisation der ungar. Wehrmacht nach den Richtlinien des OKW zu erfolgen habe. Hierbei war im einzelnen an die Unterstellung der ungar. Sicherungstruppen im Osten unter die deutschen Heeresgruppen und Armeen, an die Forderung sofortiger Einstellung aller militärischen Vorbereitungen an der ungar.-rumän. Grenze, an eine Umsteuerung der ungar. Mobilisierungsvorbereitungen im Heimatgebiet und an Maßnahmen zur Erfassung der wehr- und arbeitsfähigen Bevölkerung sowie zur Leistungssteigerung der ungar. Rüstungsindustrie gedacht.

Am Abend des 16. 3. legte der Reichsaußenminister dem Führer eine Vollmacht für den vom Führer zum Reichsbevollmächtigten in Ungarn bestimmten Dr. Veesenmayer vor, nachdem sich der Chef OKW mit ihr einverstanden erklärt hatte. Dr. Veesenmayer hatte sich bereits in Linz mit Gen.-Maj. v. Pfuhlstein getroffen, nachdem er auf enge Zusammenarbeit mit ihm verwiesen worden war.

Gleichzeitig liefen jedoch beim WFStab die Vorbereitungen für eine Durchführung der Operation in dem ursprünglich vorgesehenen Sinne weiter. Am Abend des 16. wurde dem Stab Foertsch, dem OB der Luftwaffe, dem Chef Wehrmacht-Nachrichten-Verbindungen und dem Wehrmachtstransportchef mitgeteilt, daß nunmehr der 19. 3. zum X-Tag bestimmt sei, womit dem vom Stab Foertsch bereits am
*** 11. gestellten und bei der Besprechung in Wien am 14. wiederholten Antrag entsprochen wurde. Gleichzeitig wurde der 17. 3. als Termin für die Kartenausgabe bestimmt,
\+ nachdem der Chef Kriegskarten- und Vermessungswesen das planmäßige Eintreffen
\++ der Kartentransporte gemeldet hatte.

Dem GenStdH und dem OB der Luftwaffe wurde die Zeittafel für den voraussichtlichen Verlauf der Operation übersandt mit der Bitte, ihre Maßnahmen darauf abzustimmen. In der Frage des inzwischen vorgesehenen „Propagandafluges" der Luftwaffe über Budapest wurde eine endgültige Klärung erzielt. Da der Führer erklärte, daß die vom OB der Luftwaffe für diesen Zweck vorgesehenen 100 Flugzeuge nicht genügten, wurde die ursprünglich abgelehnte Heranziehung des Fernkampfkorps Meister (vgl. 7. 3., S. 218[1]) beschlossen, wodurch die Zahl der Flugzeuge auf 250 gebracht werden sollte (Lagebuch vom 16. 3. und Mitteilungen WFStab/Op L).

Weiter wurde geprüft, welche Verbände nach beendeter Besetzung in Ungarn bleiben sollten — es wurde an die 8. SS-Kav.-Div., die 16. und 18. SS-Pz.-Gren.-Div. gedacht, ferner an die 367. Inf.-Div. und die beiden mot. Gren.-Rgt.er 1029 und 1030 — und welche baldmöglichst wieder abgegeben werden müßten: die 1. Geb.- und die 42. Jg.-Div., das Gren.-Rgt. (mot.) 92, das 4. Rgt. „Brandenburg" usw.

* *Anl. 33—35* ***Anl. 36* *** *Nr. 31 der Sonderakte* + *Nr. 30 der Sonderakte* ++ *Anl. 31*

1 Hier und im Folgenden sind die Seitenzahlen des Druckes eingesetzt.

Am folgenden Tage (**17. 3.**) wurde der als Anl. 3 zu den Weisungen für die Handhabung der Propaganda (vgl. 14. 3., S. 223 f.[1]) vorgesehene Aufruf an die Ungarn auf Befehl des Führers noch einmal in dem Sinne umgearbeitet, daß in ihn ein Appell zur Fortführung des Kampfes aufgenommen wurde (Lagebuch 17. 3.). Gleichzeitig wurden die in der Anl. 1 zu den „Besonderen Anordnungen" erlassenen „Grundsätzlichen Richtlinien über die Behandlung der Soldaten der ungar. Wehrmacht" durch eine Verfügung, die der — mit der Zusage des Reichsverwesers eingetretenen — Ände- * rung der Lage angepaßt war, ergänzt; danach sollten die eine feindliche Haltung einnehmenden ungar. Soldaten als „ungarische Militärinternierte" zum Arbeitseinsatz ins Reich abbefördert werden; andererseits wurde die Einstellung ungarischer Hilfswilliger vorgesehen. Über den Einsatz geschlossener ungar. Verbände unter einer neuen, mit deutscher Zustimmung eingesetzten obersten ungar. militärischen Führung ergingen noch keine Bestimmungen.

Am frühen Nachmittag erging ein Befehl über die Sicherstellung der ungar. Donaumonitore, deren Besitz Bedeutung zugemessen wurde. Dem Stab Foertsch wurde mitgeteilt, daß das OKM zu diesem Zweck ein Sonderkommando von 150 Mann nach Linz in Marsch gesetzt habe, das noch nicht über seine Aufgabe unterrichtet sei.

Es schien nunmehr auch der Zeitpunkt gekommen zu sein, die bisher aus Geheimhaltungsgründen unterbliebene Unterrichtung der Verbündeten vorzubereiten. Dem Auswärtigen Amt wurden die bereits seit Tagen ausgearbeiteten Schreiben an den Deutschen General beim Oberkommando der rumän. Wehrmacht und den ** Deutschen General beim slowakischen Verteidigungsministerium übersandt, die von diplomatischen Kurieren zusammen mit den für die Gesandten bestimmten, entsprechenden Mitteilungen des Amtes überbracht werden sollten. Darin wurde gleichlautend mitgeteilt, daß der Deutsche Gesandte in Bukarest bzw. Pressburg beauftragt sei, sich sofort zum Marschall Antonescu bzw. zum Präsidenten Tiso zu begeben und den Entschluß des Führers, ab 19. 3. 4.00 Uhr Ungarn vorübergehend durch deutsche Truppen und Polizeikräfte zu besetzen, mitzuteilen; er solle ferner die Verhängung der Grenzsperre (vgl. den entsprechenden Befehl vom selben Tag, S. 227 [1]) nach Ungarn und Maßnahmen zur Verhütung von Grenzzwischenfällen erbitten. Die Deutschen Generale wurden angewiesen, die Gesandten zu begleiten und zu unterstützen. Der Deutsche General in Bukarest sollte außerdem den Marschall Antonescu bei dieser Gelegenheit darauf hinweisen, daß mit einem vorübergehenden Ausfall der Bahnen durch Ungarn und einer stärkeren Belastung der durch Rumänien führenden Nachschubstrecken der Ostfront gerechnet werden müsse, und um Einleitung aller für die Bewältigung dieses stärkeren Verkehrs notwendigen Maßnahmen bitten. Der Deutsche General in Pressburg sollte seinerseits den slowakischen Präsidenten bitten, sofort alle militärischen und zivilen Stellen zur Unterstützung des Durchmarsches einer deutschen Kampfgruppe durch die Slowakei zu veranlassen.

*** Eine am Abend 25 km nördlich Neusatz erfolgte, vermutlich durch kroatische oder ungarische Kommunisten herbeigeführte Streckensprengung, deren Beseitigung bis zum Abend des 18. 3. dauern sollte, hatte — wie sich bald ergab — keine Folgen für die Transportbewegung „Trojanisches Pferd", die umgeleitet werden konnte.

\+ Um die gleiche Zeit ging ein Antrag des Stabes Foertsch auf eine Änderung der westlichen Vormarschroute des LXXVIII. AK. ein; es sollte — statt über zwei schwierige Pässe von über 1000 m Höhe — mit allen Teilen über Prešow-Kaschau marschieren und den Grenzübergang Rosenau von Süden öffnen. Der Antrag wurde auf Grund der ungenügenden Ausstattung der beiden Pz.-Rgt.er mit Kfz.en genehmigt.

** Anl. 38 ** Anl. 39, Nr. 35 u. 36 d. Sonderakte, dazu Notiz vom 16. 3. in der Handakte des Chefs WFStab (ebd. Entwürfe des Auswärtigen Amts vom 16. 3. für seine Mitteilungen an die Gesandten). *** Anl. 40, ausführlicher in Handakte des Chefs WFStab + Anl. 41*

## 3. Die Verhandlungen mit dem Reichsverweser (18. März), der Einmarsch (ab 19. März) und die Bildung einer neuen ungarischen Regierung (23. März)

*Der Besuch des Reichsverwesers*

Auf Einladung des Führers traf am Morgen des **18. 3.** mit Sonderzug aus Budapest der Reichsverweser von Horthy, der von dem ungar. Kriegsminister, dem Chef des ungar. Generalstabes, Gen.=Oberst v. Szombathelyi, und dem deutschen Luftwaffen=attaché, Gen.=Lt. Fuetterer, begleitet wurde, in Kleßheim ein. Von deutscher Seite waren (außer dem Führer) der Chef OKW, der Chef des GenStdH, der Chef und der Stellv. Chef WFStab anwesend, ferner der Reichsaußenminister, der Reichsführer SS, der Reichsleiter Bormann usw. (vom WFStab ferner die Sachbearbeiter Op (H)/Süd=ost, Major d. G. Brudermüller und Oblt. Dr. Heinecke).

In der nach dem Empfang stattfindenden Besprechung des Führers mit dem Reichs=verweser schien sich eine Einigung anzubahnen. Daher wurde auch das Mittagessen gemeinsam mit den ungarischen Herren eingenommen. Bei der Fortsetzung der Be=ratungen trat jedoch ein völliger Umschwung ein. Der Reichsverweser erklärte nach Kenntnisnahme der ihm vorgelegten Forderungen, Ungarn könne keinen Widerstand leisten, aber er überlasse alle weitere Verantwortung für die Entwicklung dem Führer des Großdeutschen Reiches. Die Herren der Begleitung zogen bereits die Mäntel an. Da jedoch der Sonderzug nicht bereit war, verzögerte sich die Abreise. Inzwischen bat der Gen.=Oberst v. Szombathelyi, noch einmal zum Führer kommen zu können, um ihm seine Ansicht über die deutsche Besetzung, die auch die Kraft Deutschlands vermindern werde, falls sie gegen den Willen Ungarns geschehe, auseinanderzu=setzen. Der Führer erläuterte ihm bei diesem neuen Empfang seine Ziele und Ab=sichten. Daraufhin kehrte der Gen.=Oberst v. Szombathelyi zum Reichsverweser zurück, kam dann allerdings unverrichteter Sache wieder, so daß um 18.00 — 18.30 Uhr die Abreise erneut ins Auge gefaßt wurde.

Kurz nach 19.00 Uhr meldete der Gen.=Lt. Foertsch dem Gen. v. Buttlar fern=mündlich aus Wien, daß kalendermäßig um 19.00 Uhr die Einweisungskommandos für die Gruppen des Gen.s v. Pfuhlstein entsandt worden seien, so daß nunmehr keine Möglichkeit bestehe, die eingeleitete Bewegung im Bedarfsfalle noch mit Sicher=heit einzufangen.

Um 21.30 Uhr lief, wie vorbereitet, ein von Wien nach Budapest fahrender Zug auf ungarischem Gebiet auf eine Mine, wobei er beschossen wurde. Die ungar. Eisen=bahnverwaltung meldete ihrerseits das Anhalten des „Pakets 2" und drückte dabei ihr Bedauern über den Vorfall aus.

Wider Erwarten begab sich dann um 20.00 Uhr der Reichsverweser noch einmal zum Führer. Nach dieser Rücksprache erklärte er, daß er erst jetzt die Absichten des Führers voll und ganz verstanden habe und daher seinen Forderungen entsprechen wolle. Es wurde von den Ungarn kein Befehl von Kleßheim mehr herausgegeben; vielmehr nahmen der Reichsverweser und seine Begleitung gegen 21.00 Uhr im Sonderzug Platz und fuhren (3 Stunden später, als ursprünglich vorgesehen war) in Richtung Wien ab. Dort wurde der Zug statt um 1 Uhr um 4 Uhr morgens erwartet; das Eintreffen in Budapest verzögerte sich daher bis in die Morgenstunden, so daß die Maßnahmen des Reichsverwesers sich frühestens erst vom Mittag ab auswirken konnten.

In einem Protokoll, das nicht zur Unterschrift gelangte, war, was von deutscher Seite erstrebt und in seinen Grundzügen auch erreicht wurde, folgendermaßen formu=liert worden:

1.) Die ungar. Regierung wird im Einvernehmen mit der Reichsregierung durch eine neue Regierung ersetzt, die die Gewähr dafür gibt, den Krieg an der Seite der verbündeten europäischen Mächte bis zum Endsieg durchzukämpfen und dafür alle Kräfte und wirtschaftlichen Hilfsmittel des Landes einzusetzen. Als Min.=Präsident wird Herr von Imrédy, als Kriegsminister Gen. a. D. Rácz in Aussicht genommen. Auch die übrigen führenden zivilen und militärischen Stellen in Ungarn werden im Einvernehmen mit der Reichsregierung ersetzt.

2.) Um der neuen Regierung bei der Durchführung ihrer inneren Aufgaben zur Seite zu stehen und um Ungarn gegen den Feind nach außen zu schützen, werden deutsche Truppen ihren Standort im Lande nehmen.

3.) Die neue ungar. Regierung wird die Regierungsgeschäfte im engsten Einvernehmen mit der Reichsregierung führen. Um dies zu erleichtern, hat der Führer einen Gesandten mit besonderen Vollmachten ernannt, der zugleich die Bezeichnung „Der Reichsbevollmächtigte in Ungarn" führt.

4.) Die ungar. Wehrmacht wird in dem gegenwärtigen Kriege nach den Richtlinien des deutschen OKW eingesetzt (siehe Anlage).

5.) Der Reichsverweser wird unmittelbar vor dem Einrücken der deutschen Truppen eine Proklamation an das ungar. Volk erlassen, in der die Konstituierung der neuen ungar. Regierung bekanntgegeben und die Bevölkerung sowie alle Behörden angewiesen werden, den deutschen Truppen freundlich entgegenzukommen und ihre Maßnahmen zu unterstützen. Gleichzeitig wird der Reichsverweser die entsprechenden Befehle an die ungar. Wehrmacht erlassen.

In einer — gleichfalls nicht in Kraft getretenen — Anlage waren unter Zugrundelegung der Zusammenstellung des WFStabs vom 17. 3. die militärischen Forderungen an die ungar. Regierung zusammengefaßt worden:

1.) Die ungar. Sicherungstruppen im Osten werden den deutschen Heeresgruppen und Armeen unterstellt und bleiben weiter für Sicherungszwecke eingesetzt.

2.) Alle militärischen Vorbereitungen an der ungar.-rumän. Grenze werden eingestellt und die dort eingesetzten Verbände zurückgezogen.

3.) Das Heimatheer wird neu organisiert mit dem Ziel, schnell vollkampfkräftige und im Osten einsatzfähige Verbände zu schaffen. Dies wird mit Unterstützung von deutscher Seite durchgeführt. Daneben werden weitere ungar. Sicherungsverbände zum Einsatz in den rückwärtigen Gebieten aufgestellt.

4.) Die ungar. Luftwaffe einschließlich der gesamten Luftverteidigung wird in die deutsche Luftverteidigungs-Organisation nach Richtlinien des deutschen OB der Luftwaffe eingegliedert.

5.) Die Transportleistungen durch Ungarn zur Versorgung des Südteils[1] der Ostfront und des Südosten werden verstärkt.

Da der Reichsverweser sofort nach der Einigung abreiste, kam es nicht mehr zur Klärung, wieweit Ungarn gewillt war, diesen Wünschen zu entsprechen.

*Maßnahmen auf Grund der neuen Lage*

Für die militärische Führung kam es nun darauf an, die mit der Auslösung des Unternehmens v. Pfuhlstein bereits angelaufenen mil. Maßnahmen der durch die Einigung eingetretenen neuen Lage anzupassen.

* Um 21.30 genehmigte der Führer nach Vortrag des Chefs WFStab, 1.) daß der Abwurf der nur noch innerhalb der Truppe zu verwertenden Flugblätter und der Propagandaflug entfallen sollten, 2.) daß Burg und Zitadelle in Budapest nicht zu besetzen seien, jedoch eine Ehrenwache aufziehen, die Gruppe v. Pfuhlstein mit ihren Teilen friedensmäßig in die Nähe von Budapest rücken und die Absetzung des Fallschirm-Jg.-Btl.s wie vorgesehen erfolgen sollte, 3.) daß die ungar. Wehrmacht vorläufig in den Kasernen zusammenzuhalten, der Waffenbestand auf Kammern und in Depots zu lagern und dabei jeder Eingriff möglichst zu vermeiden sei (gemeinsame Wachen). Der Zug des Reichsverwesers solle auf ungar. Gebiet nicht angehalten

* *Anl. 45*

1 Ms.: Nordteils

werden. Ferner wurde beschlossen, daß folgende Verbände nicht mit einmarschieren sollten:

100. Jg.=Div. (um Belgrad),

21. Pz.=Div. (auf dem Antransport aus dem Westen),

Pz.=Abt. 507 (Tiger),

Pz.=Abt. 301 (Fernlenk=Abt.) (in Heranführung vom Brückenkopf Nettuno).

Der Stellv. Chef WFStab unterrichtete noch von Kleßheim aus fernmündlich den Gen. Foertsch. Die ausführliche Unterrichtung des OB Südost und der übrigen be= * teiligten Stellen erfolgte durch ein am 19. 3. um 01.25 Uhr abgehendes Fernschreiben. Darin wurde mitgeteilt, daß sich der Reichsverweser v. Horthy bereit erklärt habe, den deutschen Forderungen zu entsprechen. Von seiner Seite seien jedoch vor dem Mittag des 19. 3. keine Anordnungen an die ungar. Wehrmacht zu erwarten. Es bleibe bei der deutschen militärischen Besetzung. Die ungar. Wehrmacht solle vor= läufig in den Kasernen zusammengehalten, aber nicht entwaffnet werden. Die Marschgruppen des Gen.s v. Pfuhlstein seien im Raum um Budapest zu versammeln.

Von dem am Abend noch vorgesehenen friedensmäßigen Einmarsch in B. war also inzwischen (hauptsächlich mit Rücksicht auf die Stimmung der Bevölkerung und weil der SD seine Aufgaben ohne militärischen Schutz zu lösen können glaubte) Abstand genommen worden — die Stadt selbst war bis auf eine Ehrenwache für den Reichsverweser nicht zu besetzen. Wegen des Propagandafluges, des Absetzens der Fallschirmjäger und des Gebrauches der Flugblätter wurden die vom Führer am Abend getroffenen Entscheidungen bestätigt (s. o.), ferner die Verbände, die nicht am Einmarsch teilnehmen sollten, bezeichnet. Für die zu besetzenden Räume, die Absperrlinien an der Theiß und die Sicherung der Eisenbahn= und Nachrich= tenverbindungen bleibe es bei den bisherigen Anordnungen. Der Deutsche Mil.= Attaché Budapest und der Wehrmachtintendant in Ungarn seien dem OB Südost für alle Aufgaben im Rahmen des Unternehmens „Margarethe" unterstellt. Die „Besonderen Anordnungen" seien dahin gehend abzuändern, daß jegliches Beschlag= nahmerecht entfalle und für die Versorgung der Truppe auf dem Lande Requisitions= scheine, über die eine Vereinbarung des OB Südost mit dem ungar. Gen.=Stab er= folgen müsse, zu verwenden seien; bis dahin habe Barzahlung in Reichskassen= scheinen oder Landeswährung zu erfolgen. Es bleibe bei der Erfassung anglo=ameri= kanischer, französischer, polnischer und ehemals jugoslawischer Kriegsgefangener, die nach Vereinbarung mit dem ungar. Gen.=Stab ins Reich abzuschieben seien (weitere Anordnungen auf dem Qu=Gebiet s. u.). Der Zug des Reichsverwesers dürfe auf ungar. Boden nicht angehalten werden. Sobald es die Lage zulasse, habe der OB Südost seinen Sitz nach Budapest zu verlegen (bisher Befehlszug Wien).

** Um dieselbe Zeit (abgegangen zwischen 2 und 4 Uhr) wurden die Deutschen Generale in Bukarest und Preßburg nunmehr auch direkt durch kurze Fernschreiben von dem bevorstehenden Einmarsch unterrichtet. Im Gegensatz zu den ihnen durch den Kurier des Auswärtigen Amtes überbrachten Schreiben (s. o.) war darin nur von einer (gemäß der zwischen dem Führer und dem Reichsverweser zustandege= kommenen Vereinbarung erfolgenden) Besetzung von Teilen des ungar. Gebietes durch deutsche Truppen „zur Sicherung der wichtigsten Verbindungslinien" die Rede. Dem Deutschen General in Preßburg wurde zur Weiterleitung an die slowa= kische Regierung mitgeteilt, daß der aus dem Raum Neusandez—Neumarkt antretende deutsche Verband gegen 12 Uhr die deutsch=slowakische Grenze überschreiten und über Prešow nach Kaschau marschieren werde. Der Deutsche General in Bukarest sollte den Chef des rumän. Gen.=Stabs davon unterrichten, daß mit der deutschen Besetzung Ungarns auch die Voraussetzungen geschaffen würden, um die aus dem Osten zurückverlegten deutschen Versorgungseinrichtungen demnächst auch auf ungar. Gebiet unterzubringen.

Endlich wurde der Deutsche Mil.=Attaché Budapest, General v. Greiffenberg, ange= *** wiesen, umgehend ungar. Offiziere zu benennen, die auf Grund ihrer Deutschfreund=

* *Nr. 40 d. Sonderakte u. Anl. 46* ** *Anl. 47, 48* *** *Anl. 50*

lichkeit für die Besetzung der führenden Stellen im Generalstab, Kriegsministerium und Truppe besonders geeignet seien. In seiner am nächsten Tage eingehenden Antwort nannte General v. Greiffenberg an erster Stelle[1] . . . . . . . . . . . . . .

* . . . . . . . . . . . . . . . . . . . . . . . . . . . . . . . . . . . . . . . . . . . . . . . . . . . . . . . . . . . . . . . . . . . . . . . . . . . . . . . . . . . . . . . . . . . . . . . . . . . . . . . . . . . . . . . . . . . . . . . . . . . . .

Die in der Weisung an den Stab enthaltenen Anordnungen wurden, soweit sie das Qu=Gebiet betrafen, im Laufe des Tages noch erweitert und ergänzt. Die abzuändernden Abschnitte der „Besonderen Anordnungen" vom 11. 3. wurden im einzelnen bezeichnet und hierbei besonders die in den Fragen der Beschlagnahmung und Beschaffung eingetretenen Änderungen hervorgehoben. Die Verfügung vom 17. 3. über die Behandlung der Soldaten der ungar. Wehrmacht (vgl. S. 229[2]) wurde auf=
** gehoben. Da hiermit auch die gegenüber den ungar. militärischen Dienststellen und Kommandos im Reich vorgesehenen Maßnahmen entfielen, erfolgte eine besondere Unterrichtung des Chefs Amtsgruppe Ausland. In demselben Zusammenhang wur=
*** den dem AWA die die Geldversorgung der deutschen Truppen in Ungarn betreffenden Abschnitte der „Besonderen Anordnungen" und die inzwischen notwendig gewordenen Abänderungen mitgeteilt und um Beschaffung der von der deutschen Wehrmacht benötigten Pengö sowie um beschleunigte Inmarschsetzung des Wehrmacht=Intendanten in Ungarn nach Budapest und um Entsendung eines Bevollmächtigten der Reichsbank zum Operationsstab „Margarethe" gebeten. Weiter wurde in
\+ Ergänzung zu den vor 2 Tagen ergangenen Anordnungen über die Grenzsperre verfügt, daß für sämtliche Kommandos und Beauftragten militärischer und ziviler Dienststellen die Einreise — sei es auf selbständigem Wege, sei es im Anschluß an nachrückende Truppenteile — verboten sei. Bis zur weiteren Entscheidung des Führers sei— so wurde in derselben Verfügung noch einmal hervorgehoben — keine deutsche Dienststelle befugt, ohne Kenntnis des Reichsbevollmächtigten oder des OB Südost irgendwelche Eingriffe in die ungar. Wirtschaft und Verwaltung vorzunehmen.

++ Ebenso wie die „Besonderen Anordnungen" wurden auch die Weisungen für die Handhabung der Propaganda gemäß der neuen Lage dahin abgeändert, daß von deutscher Seite keine Aktivpropaganda in die ungarische Bevölkerung und Wehrmacht, sondern nur eine rege Mundpropaganda getrieben werden solle. Um die Gleichschaltung von Rundfunk und Presse sicherzustellen, wurde die Abstellung von Verbindungsoffizieren, die sich auf Beratung der ungar. Stellen beschränken sollten, befohlen (dazu Richtlinien für die Mundpropaganda).

Auf Grund aller dieser Maßnahmen hatte der deutsche Einmarsch in Ungarn nunmehr ein wesentlich anderes Gesicht gewonnen. Die ungar. Öffentlichkeit, die über die Einzelheiten nicht aufgeklärt werden sollte, mußte, soweit sie die Luftlandungen und Militärtransporte nicht unmittelbar beobachten konnte, von den Ereignissen zunächst nur mittelbar und am Rande berührt werden.

*Der Einmarsch deutscher Truppen in Ungarn ab 19. 3.*

(Durchführung des Falles „Margarethe" im Einvernehmen mit der ungar. Regierung).

+++ Am **19. 3.** um 4 Uhr früh überschritten die deutschen Truppen die ungar. Grenze (aus dem Raum Belgrad von Süden 3 Div.en, aus dem Raum Agram nach Nordosten 2 Div.en, aus dem Raum von Wien nach Osten 1 Pz.=Div. und 1 Pz.=Gren.=Div., aus

** Nr. 44 der Sonderakte, Anl. 52 **Anl. 52 *** Nr. 41, Sonderakte + Nr. 43 der Sonderakte ++ Anl. 53, dazu Weisungen Wehrm./Propaganda in der Handakte des Chefs WFStab +++ Anl. 54—57*

1 Da ich nicht weiß, ob die hier Angeführten noch am Leben sind und der Wortlaut ihnen oder ihren Angehörigen schaden könnte, ersetze ich die folgenden drei Reihen durch Punkte.

2 Hier ist wieder die Seite des Drucks eingesetzt.

dem Raum Krakau nach Süden ab 12 Uhr Verbände in Stärke 1 mot. Inf.=Div.). Widerstand wurde nirgends geleistet. Die ungar. Wehrmacht war größtenteils in diesem Sinne angewiesen; zum Teil erklärte sie sich für den Anschluß an die deutsche Wehrmacht. Der Stellv. Chef des ungar. Gen.=Stabs stellte sich sofort zur Verfügung. Lediglich die Garnison von Neusatz (Batschka) wurde, da der neue Befehl noch nicht vorlag, entwaffnet. Die dortige Flak erklärte sich bereit, mit den Deutschen zusam=menzugehen. In Varaždin waren die ungar. Truppen bereits informiert. Die Landung der Fallschirmjäger erfolgte planmäßig. Die Übernahme der Züge durch die Ungarn funktionierte wie bisher weiter.

Der Reichsverweser traf zwischen 10 und 11 Uhr in Budapest ein, wo alles ruhig blieb, und wurde dort mit militärischen Ehren empfangen. In seiner Begleitung be=fanden sich der General der Polizei Winckelmann und der Reichsbevollmächtigte Dr. Veesenmayer.

Noch am Morgen wurden durch die Kampfgruppe von Pfuhlstein die Badoglio=Anhänger in Budapest (Gesandter General Graf Voli mit Personal sowie 11 Offz.e) aufgegriffen und dem SD übergeben.

Anschließend an die Besetzung leitete eine Einsatzgruppe der Sicherheitspolizei und des SD Ungarn eine Festnahmeaktion ein, bei der unter anderem auch wertvolles Material sichergestellt wurde.

Der OB Südost meldete am 27. 3., die Vernehmung der festgenommenen Legiti=mistenführer habe ergeben, daß der Beauftragte Ottos von Habsburg, Graf Antal Sigray, über den ungar. Gesandten in Lissabon, Baron von Wodianer, mit dem Bruder Ottos, dem Erzherzog Karl Ludwig, in Verbindung gestanden und dazu den Kurier=dienst des ungar. Auswärtigen Amtes benutzt habe. Außerdem wurden 10 führende Mitglieder der unabhängigen bürgerlichen Kossuth=Partei und 3076 Juden, darunter führende Industrielle, festgenommen. Im polnischen Kloster bei Budapest wurden 2 spionageverdächtige Polen verhaftet und 16 Kisten Sprengstoff sichergestellt.

* Reuter verbreitete am 27. 3., daß die Deportierung der in ungar. Lagern internier=ten 35 000 polnischen Flüchtlingen bereits begonnen habe.

Über die weitere Verwendung der ursprünglich für die Teilnahme an „Marga=rethe" vorgesehenen Verbände fielen im Laufe des 19. einige wichtige Entscheidun=gen, die zum Teil schon auf die weiterhin ungünstige und bald krisenhafte Züge annehmende Entwicklung an der Ostfront Rücksicht nahmen: der OB Südost erhielt ** den Befehl, die 367. Inf.=Div., die von Nordwestkroatien nach Südwestungarn ein=marschieren sollte, beschleunigt in dem nächstgelegenen Einladeraum zu versammeln und der Heeresgruppe Süd zuzuführen (die Div. wurde darauf in den Raum Agram zurück= und von dort der Ostfront zugeführt). Ferner wurde am Abend die beschleu=*** nigte Zurückverlegung der schweren Art.=Abt. 997 in den Bereich des Wehrm.=Be=fehlshabers Dänemark angeordnet. Am Vormittag veranlaßte der Chef WFStab, daß die 21. Pz.=Div., von der die Masse noch nicht abgefahren worden war, im Westen angehalten bzw. in den Westen zurückgeleitet wurde (dem OB West war bereits am 16. 3. fernmündlich mitgeteilt worden, daß unter Umständen auf die Teilnahme der Div. verzichtet würde (vgl. oben); jedoch war dann der Abtransport angelaufen).

*Fortgang der Besetzung*

Am **20. 3.** verhielt sich die ungar. Bevölkerung weiterhin freundlich, die ungar. Wehrmacht korrekt oder sogar entgegenkommend. Die deutschen Truppenbewegun=gen verliefen planmäßig, jedoch verzögerten sich die Bewegungen der Nordgruppe durch Schneeverwehungen. Doch kam es auch an diesem Tage noch nicht zu der Bildung einer neuen Regierung, da sich die Haltung des Reichsverwesers nach seiner Rückkehr versteift hatte und der frühere Ministerpräsident v. Imrédy Bedenken trug, unter den augenblicklichen Verhältnissen die Regierungsbildung zu über=nehmen.

* *Vgl. Chi=Nachr. Nr. 220 vom 28. 3.* ** *Anl. 58* *** *Anl. 59*

Im Zusammenhang mit dieser sich abzeichnenden neuen Haltung hielt der Führer eine Verstärkung der deutschen Kräfte in Ungarn für unbedingt erforderlich. Er ordnete daher auf Vorschlag des Chefs WFStab den Einmarsch der im Raum um Belgrad bereitgestellten 100. Jg.=Div. an. Darüber hinaus gelangte der Führer zu der Überzeugung, daß eine Entwaffnung der ungar. Wehrmacht auf die Dauer doch unvermeidlich sei (Chef WFStab 20. 3., s. Merkbuch).

Da die Kroaten gleich nach Bekanntwerden der Besetzung Ungarns ihre Ansprüche auf Besetzung des 1941 Ungarn zugefallenen, aber vornehmlich von Slowenen bewohnten Mur=Dreiecks („Mur=Insel") angemeldet hatten, erbat der ungar. Gen.=Stab die Genehmigung zur Verlegung von Teilen des ungar. III. AK. aus Westungarn an die kroatisch=ungarische Grenze; der OB Südost erteilte sie.

Am **21. 3.** wurden die noch offenen Theiß=Übergänge — die Mehrzahl war bereits am Vortage erreicht und gesperrt worden — besetzt und dabei die Verbindung zwischen der Nord= und der Südgruppe hergestellt. Der Stab der Div. „Bandenburg" wurde entlassen und die bisherige Gruppe v. Pfuhlstein dem LVIII. AK. unterstellt.

Der feindliche Rundfunk hatte erst am 20. 3. die ersten Nachrichten über den Einmarsch gebracht und sie mit Gerüchten verbunden, die erkennen ließen, daß er die
* Zusammenhänge noch nicht durchschaut hatte. Nunmehr brachte „Exchange" eine Meldung über die von Deutschland bei seinem Einmarsch verfolgten Absichten, die dem Sachverhalt nahekamen. Die „Times" stellte die Vorgänge so dar, als wenn der Reichsverweser in einen Hinterhalt gelockt worden sei.

Inzwischen tagte die ungar. Regierung weiter, ohne zu einer Lösung zu kommen (nach privaten Informationen machte sich dabei der starke Einfluß des früheren Ministerpräsidenten Graf Bethlen auf den Reichsverweser störend geltend).

Die über das Verhalten der ungar. militärischen Stellen eingehenden Nachrichten ergaben im allgemeinen ein günstiges Bild. So wurde durch Funküberwachung festgestellt, daß der Chef des ungar. Gen.=Stabs am 16. 3. für die drei südlichen Divisionen des ungar. VII. AK. seinen Befehl vom 3. 11. 43 (Verbot, sich in den Kampf mit regulären russ. Truppen einzulassen; s. oben S. 183 außer Kraft gesetzt und ihnen die Aufgabe gestellt hatte, den feindlichen Vormarsch gegen die Karpaten zu verlangsamen und die Zerstörung der Übergänge sicherzustellen. Bei der Übermittlung am 21. 3. wies die Abwehr=Abt. darauf hin, daß sich daraus die positive Einstellung
** des Gen.=Oberst v. Szombathelyi ergebe.

Auf Sensationsgerüchte hin, die in Ungarn über das Verhalten der Rumänen ausgestreut wurden, meldete der von der Attaché=Abt. befragte Deutsche Mil.=Attaché in Bukarest am 22. 3., daß in Rumänien Ruhe herrsche und kein rumän. Soldat die rumän.=ungar. Grenze überschritten habe; auch fänden nirgends, auch nicht an der Grenze, Demonstrationen gegen Ungarn statt. Da den Gerüchten keine Tatsachen folgten, verflüchtigten sie sich wieder.

*** Infolge der über die weitere Entwicklung bestehenden Unklarheit kamen von der Abt. Qu vorgelegte Vorschläge über die militärische Befehlsgliederung in Ungarn noch nicht zur Entscheidung.

### *Die Frage der Behandlung der ungarischen Wehrmacht und die Vorbereitungen ihrer Entwaffnung sowie der Besetzung von Budapest*

+ Ursprünglich hatte die Absicht bestanden, die ungar. Wehrmacht stärker als bisher für die gemeinsame Kriegführung auszunutzen. Zunächst sollte jedoch die Masse der ungar. Mannschaften entlassen, das Kriegsmaterial von Deutschland übernommen und ein Teil der ungar. Wehrmacht als Hilfswillige eingestellt werden. Die

* *Anl. 59 a* ** *77928/44 g. K. Chefs. v. 22. 3. i. d. A. WFStab/Op H*
*** *77915/44 g. K. Chefs. v. 21. 3. i. d. A. Op H* + *Merkbuch 24. u. 25. 3.*

weiteren deutschen Wünsche auf militärischem Gebiet waren am 17. 3. erstmalig zusammengestellt worden (vgl. oben). Unter anderem war damals auf Grund der in Aussicht stehenden Einigung die Einschaltung in die ungar. Mobilmachung und anstelle der laufenden Maßnahmen die Aufstellung von 4—5 kampfkräftigen Divisionen gefordert worden. Diese Wünsche wurden bei der Besprechung in Klessheim nicht vorgelegt und auch in den folgenden Tagen nicht überreicht, da sich die Regierungsbildung wider Erwarten über mehrere Tage hinzog; außerdem warf die Entwicklung der Lage an der Ostfront die Frage auf, ob ein solcher Umbau des ungar. Heeres sich nicht zu spät auswirken werde.

Die Abteilung Fremde Heere-West übermittelte am **21. 3.** den Vorschlag des Deutschen Mil.-Attachés in Budapest, bald Weisungen für den Aufbau bzw. Umbau der ungar. Wehrmacht herauszugeben und dafür einen Bevollmächtigten des WFStabs nach Budapest zu entsenden oder einen ungar. Bevollmächtigten in das FHQu zu ziehen. Die Abt. schlug die Ernennung des Mil.-Attachés zum Deutschen Bevoll-
* mächtigten General bei der Honved und seine Einweisung im FHQu vor. Diese Anregung gab der Mil.-Attaché auch unmittelbar durch (ebd. 22. 3.). Der Chef WFStab entschied, daß erst die weitere Entwicklung abgewartet werden solle.

Den in dieser Richtung gehenden Überlegungen standen die entgegengesetzten gegenüber, wonach die Entwicklung der Lage fordere, die Frage der ungar. Wehrmacht radikal zu lösen. Eine nach Mitteilung des Gen.s v. Greiffenberg auf Grund
** einer Führerweisung für den 21. 3. erwartete Entspannung trat nicht ein. Daraufhin meldete Gen. Foertsch die Vorbereitungen, die vom OB Südost für den Fall getroffen worden seien, daß sich die Haltung Ungarns weiter versteifen sollte: 1.) Einmarsch in Budapest, 2.) Besetzung Ostungarns durch das Gren.-Rgt. (mot.) 92, das 4. Rgt. „Brandenburg" und dahinter die Pz.-Lehr-Div., 3.) Bereitstellung der 100. Jg.-Div. derart, daß sie gegebenenfalls im Höchsttempo von Belgrad aus nach Budapest transportiert werden konnte. (Die Führerweisung über die 100. Jg.-Div. vom Vortage war dem OB Südost in diesem Augenblick noch nicht bekannt). Eine Entwaffnung der ungar. Wehrmacht bezeichnete Gen. Foertsch nur im äußersten Falle als zweckmäßig, da das Verhältnis von Truppe zu Truppe außerordentlich gut und aus dem ungar. Heer bei entsprechender Führung und Organisation noch Vorteilhaftes zu gewinnen sei.

Da sich durch die zögernde und ausweichende Behandlung der politischen deutschen Forderungen die Lage in Ungarn am **22. 3.** wider Erwarten noch weiter ver-
*** schärfte, wurde der OB Südost angewiesen, daß er — da die ungar. Frage voraussichtlich in Form eines auf wenige Stunden befristeten Ultimatums zur Lösung gebracht werden müsse — die Besetzung von Budapest sowie die Entwaffnung und Auflösung der ungar. Wehrmacht vorzubereiten habe. Die Maßnahmen seien so zu treffen, daß sie spätestens 6 Stunden nach Eingang des Befehls beginnen könnten. Der ungar. Wehrmacht könne ein späterer Wiederaufbau in Aussicht gestellt werden; Mobilmachungsmaßnahmen hätten jedoch zu unterbleiben.

\+ Für das möglicherweise zu überreichende Ultimatum wurde vom WFStab eine Reihe von militärischen Forderungen zusammengestellt, die wesentlich weiter gingen als die am 17. 3. vorbereiteten. Danach sollte gefordert werden:

1.) Taktische Unterstellung der ungar. Verbände im Osten unter den deutschen GenStdH, daher Wegfall des ungar. AOK in Lemberg; Beibehaltung ihrer bisherigen Aufgaben im Osten, aber Wegfall aller weiteren Bindungen für den Einsatz;

2.) Demobilmachung bzw. Entlassung aller Soldaten, die nicht Berufssoldaten sind, Übergabe der für den Wiederaufbau der Wehrmacht erforderlichen Unterlagen sowie der Bewaffnung und Ausrüstung an die Deutsche Wehrmacht;

3.) Einsetzung deutschen Personals in den hauptsächlichsten Nachrichtenzentralen zur Überwachung;

** 77924/44 g. K. Chefs. v. 21. 3. i. d. A. Op. H  ** Anl. 60  *** Nr. 46 d. Sonderakte  + Anl. 61*

Für die Folgezeit wurden ins Auge gefaßt:

1.) Neuorganisation der ungar. Wehrmacht nach den Richtlinien des OKW;
2.) Besetzung der führenden Stellen nur mit deutscher Zustimmung;
3.) Unterstützung der Werbung von Hilfswilligen für die Deutsche Wehrmacht (besonders für die Flakwaffe);
4.) Verstärkung der Transportleistung auf den Eisenbahn- und Wasserwegen;
5.) Überlassung ungarischer Versorgungseinrichtungen zum Aufbau einer erweiterten Versorgungsbasis für die Ostfront;

ferner eine Reihe von kriegswirtschaftlichen und sicherheitspolizeilichen Maßnahmen,
z. B. die Gestellung von 2000 to Lkw.-Transportraum. Am 22. 3. abends übermittelte
* dazu der Chef des GenStdLw fernmündlich die Forderung der Luftwaffe, daß die
ungar. Luftverteidigungskräfte nun bald nach deutschen Befehlen arbeiten müßten
— sei es durch Unterstellung unter den OB Südost, sei es kraft eines Weisungsrechtes des Lw.Kdo.s Südost; denn nur so könne sichergestellt werden, daß die ungar.
Luftwaffe gegen feindliche Einflüge starte und schieße.

** Um 23.20 Uhr meldete der OB Südost auf Grund eines am gleichen Tage erteilten
Befehls seine Absichten für die Besetzung von Budapest und die Entwaffnung der
ungarischen Wehrmacht, die er um einen Tag voneinander zu trennen bat, um durch
die Besetzung der Hauptstadt die sichere Grundlage für die Entwaffnung zu schaffen
und bei der letzteren die für die Besetzung benötigten Truppen wieder verwenden zu
können. Als frühester Termin für die Besetzung bezeichnete er den Morgen des 24. 3.
Für die Entwaffnung wollte er die 100. Jg.-Div. beschleunigt heranführen. Am **23. 3.**
unterrichtete der Stellv. Chef WFStab den Gen. Foertsch, der bei dieser Gelegenheit
*** erneut seine persönlichen Bedenken gegen die Entwaffnung zum Ausdruck brachte,
fernmündlich, daß diese Absichten gebilligt würden. Die vorübergehend entspannte
Lage ändere nichts an dem Entschluß, die Entwaffnung durchzuführen. Vorfälle, die
zu einer Motivierung dieser Maßnahme dienen könnten, seien mit Nachdruck auszunutzen. Der Reichsbevollmächtigte, der sich nach Mitteilung des Gen.s Foertsch auf
die Nachricht von der bevorstehenden Entwaffnung aufs höchste überrascht gezeigt
hätte, solle über das Auswärtige Amt unterrichtet werden. (Hierzu meldete der OB
\+ Südost am 24. 3., daß ein Zwischenfall an der Theiß, der in diesem Sinne ausgenutzt werden sollte, harmloser Natur gewesen sei, so daß aus ihm keine illoyale
Haltung gefolgert werden könne.)

Am **24. 3.** ergänzte der OB Südost diese Meldung über die geplanten Maßnahmen
++ durch Mitteilung der Reihenfolge der geplanten Entwaffnungsaktion. Die Durchführung würde, wie der WFStab dazu feststellte, dazu führen, daß westlich der
Theiß nur 2 Rgt.er, ostwärts derselben 5 Div.en und 3 Brig.en bewaffnet blieben.

### *Die Bildung der neuen Regierung (23. 3.)*

Am **23. 3.** verschlechterte das Wetter den Zustand der kleineren Straßen. Trotzdem verliefen die Bewegungen weiterhin planmäßig und ungestört durch Zwischenfälle. Das Gren.-Rgt. (mot.) 92 wurde dem LVIII. AK. unterstellt; der vom Führer am 20. 3. befohlene Antransport der 100. Jg.-Div. lief ohne Schwierigkeiten an.

Am Nachmittag kam es, ohne daß das vorgesehene sechsstündig befristete Ultimatum angedroht worden war, zu der Bildung einer neuen ungarischen Regierung. Diese Tatsache wurde um 22 Uhr vom Rundfunk und am 24. 3. von den Zeitungen

* *Anl. 62* ** *Anl. 63* *** *Anl. 64* + *Anl. 65* ++ *77959/44 g.K. Chefs. v. 24. 3. i. d. A. Op H*

durch eine mit den deutschen Stellen abgestimmte Erklärung der ungar. Regierung über die Gründe des deutschen Einmarsches bekannt gemacht.

Als Ministerpräsident wurde der in Berlin vom Mil.=Attaché zum Gesandten aufgestiegene Gesandte Sztójay, als sein Stellvertreter der als Freund Deutschlands bekannte ehemalige Chef des ungar. Gen.=Stabs und Honvedminister Gen. Rácz bestellt (Innenminister Jaross, ferner wie bisher Honvedminister Csatay, Finanzminister Remenyi=Schneller und Versorgungsminister Szász, dazu noch drei neue Minister; am 30. wurde nachträglich bekanntgegeben, daß der stellv. Vorsitzende der nationalsozialistischen Partei Ungarns, der Reichstagsabgeordnete Baky, zum Staatssekretär ernannt worden sei, was eine weitere Orientierung der neuen Regierung in deutschem Sinne bedeutete).

Dieses Ministerium, dessen Chef im Augenblick erkrankt war und im politischen Leben Ungarns bisher keinen wesentlichen Faktor dargestellt hatte, wurde von Anfang an auf deutscher Seite als eine Verlegenheits= und Übergangslösung betrachtet. Der bisherige Ministerpräsident von Kállay hatte sich in den Schutz der türkischen Gesandtschaft in Budapest begeben und vorher erklärt, er habe nicht abgedankt.

Mit der Bildung der neuen Regierung entfiel die vorbereitete Besetzung von Budapest sowie die Entwaffnung. Über das weiter zu beobachtende Verhalten bestanden jedoch bei den beteiligten deutschen Stellen verschiedene Ansichten. Der Reichsbevollmächtigte verfolgte nunmehr den Kurs, eine leistungsfähige Regierung zu schaffen, die imstande war, die ungar. Wehrkraft und die ungar. Industrie in vollem Maße für die Kriegführung einzusetzen. Der Führer beurteilte die Erfolgsaussichten dieser Bemühungen skeptisch (Merkbuch 24. 3.).

* Am 24. 3. erfolgte die Unterrichtung der obersten Kommandobehörden über die am 19. 3. erfolgte Bestellung des SS=Standartenführers Dr. E. Veesenmayer zum Bevollmächtigten des Großdeutschen Reiches und Gesandten in Ungarn. Die Aufgaben der SS und der Polizei führe ein Höherer SS= und Polizeiführer durch. Oberster Befehlshaber der Wehrmacht bleibe bis auf weiteres der OB Südost, der bei Gefahr im Anzuge auch Maßnahmen im zivilen Bereich treffen könne.

In den feindlichen Rundfunksendungen und Pressestimmen wurde hervorgehoben, daß die deutschen Maßnahmen schnell zu dem angestrebten Ziel geführt hätten und daraus eine Lehre für den Westen zu ziehen sei.

### 4. Der Fortgang und die Erweiterung der Besetzung im Zusammenhang mit der Verschärfung der Lage im Osten (vom 23. bis 31. März)

*Die rumänischen Ansprüche und die Einrichtung einer deutschen Operationszone in Ostungarn*

** Am **24. 3.** übernahm in Westungarn die 1. Geb.=Div. den Raum der 367. Div., von der aus dem Raum Agram bereits 2 Züge in Richtung Lemberg abliefen. Die Übergänge über die Theiß wurden von SS= und Polizeikräften besetzt. Die Zusammenarbeit mit den militärischen ungar. Stellen war weiterhin gut; doch brachten diese Klagen über Übergriffe von SS=Einheiten vor. Die Bevölkerung verhielt sich weiterhin abwartend, aber freundlich.

Eine neue Lage ergab sich durch die weitere Verschlechterung am Südflügel der Ostfront, da die Sowjets in ständigem Vormarsch in Richtung Czernowitz und Kolomea begriffen waren, und durch die Forderungen, die Rumänien nunmehr gegenüber Ungarn anmeldete.

Der Marschall Antonescu, der am 23. 3. 19.00 Uhr im FHQu zu einem neuen Besuch eingetroffen war und bereits am Abend eine Besprechung mit dem Führer gehabt hatte, brachte nunmehr nicht nur das schon früher angemeldete Verlangen vor, daß auch Ungarn zum Aufbau der Versorgungs= und Luftbasis für die

* *Anl. 66* ** *Anl. 66 a*

Ostfront herangezogen werden solle, sondern auch das neue, daß die ungar. Wehr=macht aus Ostungarn, vor allem aus dem Szekler Zipfel, herausgezogen und die Rückgabe dieses Gebietes an Rumänien vorbereitet werden solle, unter anderem durch die Beteiligung der dort ansässigen rumän. Bevölkerung an der Verwaltung.

Dieser Anspruch wurde durch den Entschluß aufgefangen, Ostungarn zum Opera=tionsgebiet unter deutscher Führung zu erklären. Um einerseits kein die Politik präjudizierendes Faktum zu schaffen und andererseits die Besetzung Ungarns abzu=runden, wurde als zweckmäßig angesehen, hierbei nicht nur den Szekler Zipfel, son=dern auch die Zone zwischen der Theiß und dem von Rumänien angestrebten Ge=biet einzubeziehen.

* Der Chef OKW ließ am 24. 3. durch den Deutschen Mil.=Attaché dem Chef des ungar. Gen.=Stabs die wegen der Entwicklung an der Ostfront erfolgende Einrich=tung der Operationszone im ungar. Gebiet ostwärts der Theiß mitteilen und die Einleitung von Maßnahmen für die Unterbringung der aus dem Osten zurückzu=verlegenden Versorgungsdienste und Einheiten in diesem Raum sowie für die Aus=nutzung des ungar. Eisenbahnnetzes für eine Höchstzahl deutscher Wehrmachtzüge nach Osten (einschl. Durchfahrt von rumän. Zügen für die Ostfront) fordern. Dazu werde, so sollte weiter bekanntgegeben werden, unter dem OB Südost ein „Deut=scher Befehlshaber im Operationsgebiet Ostungarn" eingesetzt werden, dem die dortigen ungar. Truppen in territorialer Hinsicht zu unterstellen seien. Alle Maß=nahmen müßten mit äußerster Beschleunigung durchgeführt werden.

** Der OB Südost wurde hiervon verständigt und angewiesen, ohne die ungar. Stel=lungnahme abzuwarten, den Gen. v. Both (früher Befh. im rückw. Gebiet der Heeres=gruppe Nord, dann dem Stab z.b.V. Foertsch für den Fall „Margarethe" zugeteilt; s. 17. 3.) als Befehlshaber mit Wehrmachtbefugnissen und der Dienststellung eines Kommandierenden Generals mit Hauptquartier in Debreczen einzusetzen. Dessen vordringliche Aufgaben seien:

1.) Vorbereitung der Aufnahme der deutschen Kräfte aus dem Südabschnitt der Ostfront,

2.) Übernahme der territorialen Befehlsgewalt im gesamten Operationsgebiet (einschl. ungar. Truppen),

3.) dazu Herausziehen der ungar. Grenztruppen, die dem ungar. Gen.=Stab zum Einsatz gegen den gemeinsamen Feind zur Verfügung zu stellen seien,

4.) Ausnutzung des ungar. Eisenbahnnetzes (s. Merkbuch 29. 3.).

*** Zur einheitlichen Versorgungsführung werde durch den GenStdH / Gen.=Qu. unter dem Mil.=Attaché ein OQu Ungarn mit Wehrmachtbefugnissen eingesetzt (die Unter=richtung der beteiligten Obersten Kommandobehörden erfolgte am 25. 3.).

+ Gleich bei der Einrichtung der Operationszone wurde ins Auge gefaßt, in sie eine deutsche Division zu verlegen. Der WFStab schlug mit näherer Begründung vor, dazu die 16. SS=Pz.=Gren.=Div. oder die 389. Div. (eine Div. der 24. Welle, die auf einem Truppenübungsplatz bei Prag lag) zu bestimmen.

++ Ein entsprechender Befehl für die 16. SS=Pz.=Gren.=Div. erging am **25. 3.** Die 389. Div. sollte, wie am nächsten Tage befohlen wurde, aus dem Protektorat in den ungar. Raum abtransportiert werden, um Nordwestungarn zu besetzen. Den bisherigen Raum der 16. SS=Pz.=Gren.=Div., die am 27. 3. die Theiß überschritt, übernahm das Gren.=Rgt. (mot.) 92.

+++ Am 25. 3. wurde zur Sicherung der Theiß=Übergänge das SS=Pol.=Rgt. 5 eingesetzt und dem Höheren SS= und Pol.=Führer unterstellt, der damit die Verantwortung für die Theiß=Sperrung übernahm. Die 100. Jg.=Div., die für den Fall einer ultimativen Lösung in den Raum ostwärts Budapest herangeführt werden sollte, wurde nun=mehr gleich zur Ostfront abgedreht. Ihre Transporte wurden von Belgrad durch

* *Stellv. Chef 25. 3.; s. Merkbuch unter: Rumänien; Anl. 67* ** *Anl. 68* *** *Anl. 68*
\+ *Anl. 71* ++ *Anl. 72*
+++ *77990/40 g. K. Chefs. i. d. A. Op H*

Ungarn über die Karpaten geleitet, wobei sich keine Schwierigkeiten ergaben (bis 27. 3. früh: 29 Züge ab Belgrad).

Das ungar. Ministerium trat zu einer Sitzung zusammen, bei der den diplomatischen Vertretern, die sich gegen die neue Regierung erklärt hatten (u. a. in Finnland, Schweden und der Türkei), die ungar. Staatsangehörigkeit aberkannt wurde.

*Die Entscheidung über die weitere Behandlung der ungar. Wehrmacht*

* Bei der Vorlage der Befehle für die Operationszone hatte der WFStab am 24. 3. darauf aufmerksam gemacht, daß — nachdem sich der Feind auf etwa 100 km der ungar. Karpatengrenze genähert habe — die grundsätzliche Behandlung der ungar. Wehrmacht erneute Prüfung erfordere. Nunmehr könne weder an dem Gedanken einer Entwaffnung noch einer allmählich inneren Aushöhlung festgehalten werden; vielmehr würden die ungar. Kräfte jetzt dringend zur Besetzung der Karpatenlinie gebraucht (dazu Notiz: zur Zeit besetzt mit der ungar. 24. und 16. Inf.-Div. sowie der 2. Geb.-Brig., dahinter die 1. Geb.-Brig.). ** Neuaufstellungen im ungar. Raum unter deutscher Leitung kämen auf jeden Fall zu spät; wenn die in der Besetzung Ungarns festgelegten deutschen Verbände in Ungarn herangezogen würden, hätten sie in der im Ab- und Umbau begriffenen ungar. Wehrmacht ein unzuverlässiges Instrument im Rücken. Für eine Entwaffnung reiche die Zeit nicht aus; auch seien bei der Durchführung Unruhen und Eisenbahnstörungen zu erwarten. Der Stellv. Chef WFStab schlug daher dem Chef WFStab vor, sofort mit dem ungar. Gen.-Stab Verbindung aufzunehmen und die ungar. Wehrmacht einheitlich unter deutsche Führung zu stellen, um sie — ebenso wie die ungar. Sicherungs-Divisionen — am Südflügel der Ostfront einzusetzen.

*** Der ungar. Generalstab traf von sich aus alle Anstalten, um die bereits im Gange befindlichen Mob.-Maßnahmen zu beschleunigen und zu erweitern. Er teilte am 25. 3. mit, daß die erste Welle bereits jetzt zum Einsatz komme und die zweite Welle in 7, die dritte in 10 Tagen aufgestellt werden sollten (zusammen 8 Div.en). Er bat um eine ebenso schnell erfolgende Antwort. Diese wurde jedoch noch hinausgeschoben, da der Führer sich vorher noch mit dem Reichsführer SS und dem Außenminister besprechen wollte (s. Lagebuch 27. 3.). Das OKW erklärte sich + lediglich auf Bitten des ungar. Gen.-Stabs damit einverstanden, daß die in den Karpaten eingesetzte 24. und 16. Div. sowie die 1. und 2. Geb.-Brig. ihre Trosse heranziehen könnten.

Infolge der Entwicklung an der Ostfront und der durch die (in den letzten Tagen erfolgte) Abgabe deutscher Verbände eingetretene Schwächung gewann der Einsatz der bereits mobilen ungar. Verbände eine wachsende Bedeutung. Es kam darauf an, sie voll in die deutschen Abwehrmaßnahmen einzugliedern, auch wenn die Entscheidung über die Behandlung der ungar Wehrmacht in ihrer Gesamtheit noch nicht gefällt werden konnte. Darum wurde dem Mil.-Attaché in Budapest ein am **26. 3.** vom Führer selbst unterzeichnetes Fernschreiben zur Übermittlung an den ungar. General- ++ stab zugestellt, in dem dieser darauf hingewiesen wurde, daß die Lage an der Ostfront harte Entschlüsse und schnelles Handeln erforderlich mache. Es komme darauf an, die Russen unter Einsatz aller Kräfte zum Stehen zu bringen, eine geschlossene Front zu bilden und dadurch den Südosten vor den Schrecknissen des Krieges und des Bolschewismus zu bewahren. Die feindlichen Angriffsspitzen stünden weit von ihren Versorgungsbasen getrennt, ihre Durchschlagskraft sei geschwächt. Es gelte, dieses Schwächemoment sofort auszunutzen und dem Feind alle verfügbaren Kräfte entgegenzuwerfen. Jede dazu geeignete Maßnahme sei gerechtfertigt. Der Führer teilte dem ungar. Gen.-Stab mit, daß er sich in Erkenntnis der drohenden Gefahr entschlossen habe, weitere Kräfte dem Südteil der Ostfront zuzuführen; er verlange

* *Anl. 69* ** *Anl. 70* *** *Anl. 73* + *Anl. 74* ++ *Anl. 75*

nun, daß auch die verbündeten Staaten des Südostens ihren Beitrag zu diesem Kampf in höchstmöglichem Maße leisteten. Es sei erforderlich, die in der Karpatenfront eingesetzten und mobil gemachten ungar. Verbände (in erster Linie die 16. und 24. Inf.-Div. sowie die 1. und 2. Geb.-Brig. und die 2. Pz.-Div.) zu der Verstärkung und Erweiterung des rechten Flügels des VII. ungar. AK. in Galizien beschleunigt vorzuschieben, wozu sie an die Weisung des OB der Heeresgruppe Süd gebunden würden. Der Chef des ungar. Gen.-Stabs wurde ersucht, einen Zeitplan für die Mobilmachung des übrigen ungar. Heeres vorzulegen. Truppenteile, die sich in dieser Schicksalsstunde Europas nicht als treue Bundesgenossen bewährten, würden aufgelöst und entwaffnet werden.

Gleichzeitig teilte der Führer dem Marschall Antonescu mit, daß die Abschirmung am oberen Pruth den rumänischen, am Oberlauf des Dnjestr den ungar. Truppen zufalle. Die entsprechenden Weisungen an den ungar. Gen.-Stab seien erlassen; das gesamte Gebiet ostwärts der Theiß sei zum Operationsgebiet erklärt worden.

Die am gleichen Tage erfolgte militärische Sperrung der Theiß-Übergänge und die Aufhebung der Internierung der ungar. Einheiten in den Kasernen hatte eine günstige Auswirkung auf die Stimmung. Rings um Budapest wurde das Pz.-Gren.-Lehr-Rgt. aufgestellt, um das unbefugte Betreten der Stadt durch deutsche Wehrmachtangehörige zu verhindern.

* Nach der Verlegung seines Hauptquartiers nach Budapest machte der OB Südost im Laufe des **27. 3.** seine offiziellen Besuche. Er hatte bereits am 24. 3. seine Übereinstimmung mit der Auffassung des Reichsbevollmächtigten über die Auswirkung einer etwaigen Entwaffnung gemeldet und am 26. 3. erneut darauf hingewiesen, daß die Entwaffnung und Auflösung der ungar. Wehrmacht für die Ostfront folgende Gefahren herbeiführen könne:

1.) erhebliche Störungen des ungar. Eisenbahnbetriebes,

2.) passiven Widerstand der mil. und zivilen Dienststellen,

3.) Aufleben eines Partisanentums, was den Abzug der deutschen Truppen verhindern und womöglich noch neue Zuführung erfordern würde.

Durch die ihm vorliegenden Meldungen wurde der OB Südost in seiner Ansicht bestärkt, daß ein Verbot der Mobilmachung von der ungar. Wehrmacht nicht verstanden und die Entwaffnung, die nicht überall gleichzeitig erfolgen könne, nicht widerstandslos
** hingenommen werden würde. Der Führer nahm, der Bitte des OB entsprechend, Kenntnis.

Als Eindruck seiner Besuche teilte der OB mit, daß der Stellv. Ministerpräsident Rácz in jeder Weise mitziehe. Im Gegensatz zum Kriegsminister und zum Gen.-Stabs-Chef, die jedoch in allen anderen militärischen Fragen positiv eingestellt seien, habe er sich eindeutig für eine Säuberung des ungar. Offizierkorps ausgesprochen und auch die Auswechslung des Gen.-Stabs-Chefs als erforderlich bezeichnet. Seinen allgemeinen Eindruck faßte der OB Südost dahin zusammen, daß die Ungarn jetzt mitmachten, jedoch wegen der fehlenden Pak- und sonstigen Ausrüstung besorgt seien — was sachlich berechtigt sei. Nach der Säuberung sei ein organisierter Verrat nicht mehr zu erwarten; dieser dürfe innerhalb der Wehrmacht bereits unter der alten Regierung fraglich gewesen sein. Ein Vergleich der jetzigen Armee mit der 2. ungar. Armee, die im Osten versagt habe, sei nicht gerechtfertigt; jetzt würden unter dem Eindruck der Gefahr die besten Divisionen zum Schutze der Heimat eingesetzt; deshalb müsse der Versuch, mit den Ungarn zusammenzugehen, gemacht werden. Eine Entwaffnung könne schwerste Folgen haben; jede derartige Lösung werde als deutscher Verrat ausgelegt werden. Der OB Südost bat deshalb, daß — falls die an diesem Tage beim Führer vorgesehene Besprechung nicht zu einer Entscheidung im positiven Sinne führe — noch weiter gewartet und ihm selbst Gelegenheit gegeben werde, dem Führer Vortrag zu halten.

* *Anl. 70* ** *77999/44 g. K. Chefs. v. 26. 3. i.d.A. Op H*

Über die weitere Behandlung der ungar. Wehrmacht in ihrer Gesamtheit wichen die Auffassungen der beteiligten deutschen Stellen jedoch nach wie vor voneinander ab. Der WFStab wünschte in Übereinstimmung mit dem OB Südost und dem Reichsbevollmächtigten, den Schwung, den der ungar. Gen.=Stab jetzt erkennen ließ, auszunutzen, und stand damit, soweit sich übersehen ließ, im Gegensatz zu der Ansicht des Reichsführers SS und des Reichsaußenministers. An der Besprechung, die mittags beim Führer stattfand, konnte der OB Südost nicht teilnehmen, da kein Flugwetter herrschte (die Anregung des WFStabs, ein Ferngespräch mit dem Führer herbeizuführen, hatte der Chef OKW nicht aufgegriffen). (Gen. v. Buttlar, s. Merkbuch 27. 3.).

Am folgenden Tage, am **28. 3.**, traf dann Gen.=Feldm. v. Weichs in Begleitung seines Chefs mit dem Zuge im FHQu zum Vortrag beim Führer ein. Bei der neuen Besprechung, die daraufhin am Nachmittag stattfand, waren anwesend: der Reichsaußenminister, der Reichsbevollmächtigte in Ungarn, der Reichsführer SS, der Chef OKW, der Chef WFStab, der Stellv. Chef WFStab usw. (vgl. dazu Blatt aus dem Notizbuch des Stellv. Chefs mit Stichworten aus dieser Besprechung).

Gen.=Feldm. v. Weichs schlug folgendes vor:

1.) mit deutscher Unterstützung eine nationale Propaganda aufzuziehen,

2.) das ungar. Offz.=Korps zu säubern,

3.) die Ausstattung des ungar. Heeres, die unter anderem den Anforderungen des Gebirgskampfes nicht entspreche, zu verbessern,

4.) einen starken deutschen Einfluß auf die ungar. Ausbildung zu nehmen, u. a. durch die Beauftragung eines deutschen Generals und durch das Abhalten von Lehrgängen,

5.) allgemein der deutschen Führung einen starken Einfluß zu sichern: es solle keine geschlossene ungar. Armee mehr geben; die Div. solle der größte Verband sein und mit der höheren Führung nur deutsche Stellen betraut werden.

In diesem Zusammenhang wies der OB Südost wiederum auf die Gefahren hin, die im Falle einer Entwaffnung der ungar. Wehrmacht auftreten könnten. Es sei mit Streiks, mit Sabotage, mit Störung der Verkehrsverbindungen, mit Schwierigkeiten bei dem Aufbau der Versorgungsbasis in Ungarn und womöglich auch mit aktivem Widerstand zu rechnen. Der Generalfeldmarschall regte deshalb folgende Maßnahmen an:

1.) 3 Div.en der 2. Welle mobilzumachen,

2.) die Gesamtmobilmachung zu verfügen (noch 4 Inf.=Div.en und 1 Kav.=Div.),

3.) diese Verbände auf die neue Grundlage umzustellen.

Für den Posten des deutschen Generals, der die Spitzenorganisation zu übernehmen habe, brachte Gen.=Feldm. v. Weichs den General v. Both in Vorschlag. Er bat um eine baldige Entscheidung und wies abschließend darauf hin, daß er in der Genehmigung seiner Vorschläge eine Vertrauensfrage sehe.[1]

Der Führer betonte demgegenüber, daß die ungar. Gefahr weiterhin bestehen bleibe und gänzlich beseitigt werden müsse. Er äußerte sich in diesem Zusammenhang über den Reichsverweser und den Adel, die Angst vor dem Bolschewismus hätten, über das Judentum und das Proletariat, ferner über die Armee, die wegen der Nationalitätenfrage des inneren Zusammenhaltes entbehre und durch ein höheres Offizierskorps, das deutschfeindlich eingestellt sei, geführt werde. Die Gefahr bleibe bestehen, da nachweislich noch keine radikale Änderung der bestehenden feindlichen Gesinnung erfolgt sei. Die Regierung sei verfassungsrechtlich gebunden, das Verhalten der Armee bleibe unsicher. Deutschland müsse deshalb über eine reale Macht in Ungarn verfügen. Die Entwaffnung solle nicht durchgeführt werden, aber der Einsatz der

* *Anl. 77*

1 Der letzte Satz durchstrichen; dazu am Rande Fragezeichen und „W(arlimont)".

Ungarn nur schrittweise erfolgen, wobei man sie fest in der Hand behalten müsse; andererseits komme es darauf an, daß nicht über Gebühr eigene Kräfte gebunden
* würden (vgl. dazu die am 28. 3. vom Stellv. Chef WFStab festgelegten Richtlinien).

Bei dieser Besprechung brachten der Reichsaußenminister und der Reichsführer SS keine Einwände vor.

** Gemäß der hiermit getroffenen Entscheidung wurde den beteiligten Kommando-Stellen am **29. 3.** mitgeteilt, daß der Führer die Mobilmachung von 3 weiteren Inf.-Div.en befohlen habe. Hierbei sollten möglichst rein magyarische Divisionen mit wenig Volksdeutschen ausgewählt werden (dazu Aufstellung über die 20. und 25. Inf.- sowie die 97.[2] leichte Div., die 90—96 v. H. magyarisch sind und 0—2 v. H. Volksdeutsche einschließen). Von der vorgesehenen Mobilmachung der restlichen 4 Inf.- und 1 Kav.-Div. sowie von weiteren Einheiten der Luftwaffe sei abzusehen, um die mobilen Divisionen personell und materiell auf das beste auszustatten, um über Reserven für Ersatz und Nachschub zu verfügen und um der ungar. Wirtschaft, besonders der Landwirtschaft, die fortan in viel höherem Maße für die gemeinsame Kriegführung eingesetzt werden sollte, keine weiteren Kräfte zu entziehen. Dem Reichsführer SS wurde die Aufstellung der vorgesehenen Verbände aus ungar. Volksdeutschen übertragen. Für Ansprüche an die ungar. Wehrmacht wurden der Reichsführer SS und entsprechend auch der OB der Luftwaffe an den OB Südost verwiesen. Für diese Mobilisierung seien die übrigen ungar. Verbände personell und materiell heranzuziehen. Im Zuge dieser Maßnahmen habe eine Säuberung des Offizierkorps stattzufinden. Weiter sei vorgesehen, daß

1.) die mobilen ungar. Divisionen dem GenStdH zugeführt werden sollten (dazu Aufstellung von deutschen Verbindungskommandos),
2.) deutsche Truppen in Stärke von 4—5 (noch in Aufstellung befindlichen) Divisionen im Lande verblieben, um die innere Sicherheit zu gewährleisten.

Nach Durchführung dieser Maßnahmen dürfe der Rest der ungar. Wehrmacht in der Heimat keinen Kampfwert mehr besitzen. Das gelte besonders auch für die Grenztruppen im Szekler Zipfel. Dem OB Südost wurde befohlen, Vorschläge für die künftige deutsche Befehlsgliederung in Ungarn zu machen.

Nach den aus Ungarn vorliegenden Nachrichten fanden alle Maßnahmen, die angesichts der drohenden Gefahr durchgriffen, in der Bevölkerung — soweit sie nicht einfach passiv dahinlebte — Verständnis und Bereitschaft. Die neuen Weisungen für die Mobilmachung wurden von den ungar. Stellen dankbar aufgenommen — sei es, daß der in ihnen verborgene Stachel nicht erkannt oder dies nicht zugegeben wurde.

Es muß rückblickend noch einmal festgehalten werden, daß es die Wehrmachtführung war, die im Gegensatz zum Auswärtigen Amt bestrebt war, die Entwaffnung und Ausschaltung der ungar. Wehrmacht zu verhindern. Damit wurde erreicht, daß die für die Abwehrmaßnahmen am Südflügel der Ostfront entscheidenden Verkehrsverbindungen reibungslos funktionierten. Durch den sofortigen Einsatz der mobilen ungar. Verbände wurde es ferner möglich, deutsche Kräfte, die sonst in weit größerem Ausmaß zur Abstützung der Karpatenfront hätten verwandt werden müssen, den eigentlichen Brennpunkten des Abwehrkampfes im Osten zuzuführen (Mitt. Stellv. Chef WFStab 25. 4.).

### *Neue rumänische Forderungen*

Um 23.00 Uhr übermittelte der Chef des rumän. Gen.-Stabs dem deutschen General in Bukarest die Antwort des Marschalls Antonescu auf das Fernschreiben des Führers vom 26. 3., in dem die Einrichtung des Operationsgebietes östlich der Theiß mitgeteilt und die den rumän. Divisionen im Rahmen der deutschen Gegenmaßnahmen

* *Anl. 78* ** *Anl. 79*

2 Die Zahl offensichtlich verschrieben.

zufallende Aufgabe umrissen worden war (vgl. auch die besonderen Darstellungen der Entwicklung an der Ostfront und in Rumänien[1]). Der Marschall, der die stärksten Zweifel an der Kampfkraft der Ungarn geltend machte, bat dann, die Frage des „Szekler Korridors" möglichst bald einer endgültigen Lösung zuzuführen und ihm die Gelegenheit zu geben, die durch „ungarisches Barbarentum" vertriebenen siebenbürgischen Flüchtlinge in ihre Heimatstätten zurückzuführen, um dadurch das durch Hunderttausende von Flüchtlingen aus dem Norden und Osten bedrängte Mutterland zu entlasten. Der Marschall wies darauf hin, daß die Flüchtlinge und die Abschubtransporte durch das Beibehalten der bestehenden politischen und militärischen Schranken zu großen Umwegen gezwungen seien, die sich auf die militärischen Operationen nachhaltig auswirkten. Er bitte deshalb den Führer, ihn von der oben angedeuteten schweren Bürde um einen Augenblick früher zu entlasten.

* Dieser Bitte wurde insofern entsprochen, indem ab 28. 3. rumän. Flüchtlingszüge durch den Szekler Zipfel gefahren wurden. Die Steigerung der Zugzahl wurde davon abhängig gemacht, daß — um die ihn durchquerenden Strecken zu entlasten — die Rumänen mehr deutsche Versorgungszüge über Bukarest abnahmen. Am 29. 3. liefen bereits 9 Züge für Rumänien durch den Zipfel. Die Ungarn erhoben dagegen keinen Einspruch.

Am **30. 3.** ging dem Marschall die Antwort des Führers zu, in der dieser ihm die Zurückführung der 1. Pz.-Armee in den Raum von Lemberg mitteilte — der Marschall hatte den Wunsch ausgesprochen, daß die Armee die Verteidigung des Oberlaufes des Pruth übernehmen solle —, wo außerdem ungar. Kräfte unter straffer deutscher Führung zum Einsatz gebracht würden; er gehe hierbei davon aus, daß die ungar. Armee im Kampf um den Boden ihrer Heimat hoffentlich ihre Pflicht erfüllen werde. Von Maßnahmen, die über die militärische Sicherung des Szekler Korridors hinausgingen, glaube er im Hinblick auf die dringenden Ereignisse an der Front zur Zeit Abstand nehmen zu sollen. Um aber die Gefahr politischer Verwicklungen zu vermeiden, würden die ungar. Truppen aus dem Korridor heraus und deutsche Verbände hineingeführt. Soweit die militärischen Truppen- und Versorgungstransporte und die geringe Leistung der durch den Korridor führenden Strecken es zuließen, sei Vorsorge getroffen, die rumän. Abschub- und Flüchtlingstransporte über diese Strecken zu führen. Für die reibungslose Durchführung der auf dem Landmarsch angesetzten Räumungsbewegungen werde durch einen besonders hierfür eingesetzten Stab Fürsorge getroffen.

Bei der Entgegennahme dieses Fernschreibens brachte Marschall Antonescu, wie der Deutsche Gesandte in Bukarest am 1. 4. berichtete, durch drastisches Mienenspiel seine äußersten Zweifel über das Vertrauen des Führers zum Kampfwillen und Können der Ungarn zum Ausdruck. Am Schluß der Aussprache bat er, dem Führer seine kategorische Forderung, die 240 000 Flüchtlinge aus Nordsiebenbürgen dorthin zurücksiedeln zu können, zu wiederholen. „Das sei ihm bindend versprochen, er habe dieses Versprechen weitergegeben." Die Überfüllung Rumäniens verlange gebieterisch die Erfüllung der Zusage. Doch stellte der Marschall dazu keine politischen Forderungen mehr.

### *Die Bildung des „Sperrverbandes Bukowina" und weitere Verlegungen im ungar. Raum*

** Am 27. ging eine Meldung des OB Südost ein, wonach die in den Karpaten eingesetzten ungar. Verbände an den Grenzstationen vielfach auf versprengte deutsche Soldaten der Heeresgruppe Süd stießen. Da sich gleichzeitig die feindlichen Angriffsspitzen den Karpatenpässen näherten und über den Kampfwert der herangeführten ungar. mob. Verbände noch keine Erfahrungen vorlagen, schlug der WFStab am

* *Anl. 81* ** *Anl. 82*

1 Vgl. unten den 6. Abschnitt, Anhänge, 3.: Rumänien (Die Vorgänge an der Ostfront waren in dem nicht erhaltenen Lagebuch verzeichnet; vgl. dazu den 8. Abschnitt).

* gleichen Tage die Bildung eines Sperrverbandes für die Heeresgruppe Süd vor. Er nahm hierfür die 1. Geb.=Div., das Gren.=Rgt. (mot.) 92, die Sturmgesch.=Brig. 201 mit 4 Abt.en und das Pi=Btl. 45 (mot.) unter Führung eines Generalkommandos in Aussicht, bezeichnete dies jedoch als das Mindestmaß und die Eingliederung rumänischer Verbände als erwünscht. Voraussetzung sei die Klärung der Lage in Ungarn, da mit den nach Aufstellung des Sperrverbandes verbleibenden Verbänden eine Entwaffnung nicht mehr durchgeführt werden könne. Der Gedanke der Bildung eines Sperrverbandes wurde genehmigt, vorläufig jedoch keine Entscheidung über die dafür zu bestimmenden Verbände getroffen.

Der Befehl zur Bildung des Sperrverbandes „Bukowina" erfolgte am 29. 3. Gemäß einem neuen Vorschlag des WFStabs vom 28. wurde die Führung dem Gen.=Kdo.
** LXXVIII. AK. z.b.V., das die Nordgruppe geführt hatte, übertragen. Ihm wurden dazu die ihm bereits beim Einmarsch in Ungarn unterstellten verstärkten Gren.=Rgt.er (mot.) 1029 und 1030 mit dem Pi.=Btl. (mot.) 45 unterstellt. Der OB Südost erhielt Befehl, die sofortige Versammlung des Sperrverbandes im Raum von Szolnok zu veranlassen. Ihm wurde dabei mitgeteilt, daß die Auflösung desselben beabsichtigt sei, sobald die 389. Div. die Verwendungsbereitschaft erreicht habe.

Der Abtransport des Sperrverbandes begann bereits am 30. 3. abends (erst Tempo 3, dann 6). Anstelle der abfließenden Verbände wurde die 389. Div. (s.o.) nach Nordwestungarn herangezogen.

In diesem Zusammenhang wurde erwogen, einen weiteren in Ungarn eingesetzten deutschen Verband zur Sperrung der Karpatenübergänge vorzuwerfen. Besonders bedroht erschien der Tartarenpaß, der nach feindlichen Meldungen am 31. von Einheiten der Roten Armee erreicht wurde. Hierfür wurde die 1. Geb.=Div. vorgesehen. Am 30. 3. wurde beschlossen, die Div., sobald die Transporte des Sperrverbandes Bukowina und der mobilen ungar. Div.en es erlaubten, nach Nordostungarn an den Fuß der Karpaten zu verlegen, wo sie Vorbereitungen treffen sollte, um äußerstenfalls die Karpatenpässe im Zuge der Straßen nach Kolomea, Stanislau und Stryj zu besetzen
*** und zu sperren (Merkbuch 30. 3.). Der Chef GenStdH befahl daraufhin noch am selben Abend der Heeresgruppe Süd und dem Wehrmacht=Transportchef, den Antransport der Div. zur Besetzung des Tartarenpasses für den 1. 4. vorzubereiten. Der Chef WFStab hatte demgegenüber bereits bei der Mittagslage darauf hingewiesen, daß mit der Div. die letzte noch verfügbare OKW=Reserve aus der Hand gegeben werde; in diesem Zusammenhang hatte er die in der letzten Zeit erfolgten Abgaben der OKW=Kriegsschauplätze an den Osten und den GenStdH aufgezählt
+ (Merkbuch 30. 3.). Daraufhin entschied der Führer am **31. 3.** mittags, daß die Div. OKW=Reserve bleiben solle. Dem OB Südost und dem Wehrmacht=Transportchef wurde mitgeteilt, daß beabsichtigt sei, die 1. Geb.=Div. nach Ablauf der Transportbewegungen des Sperrverbandes Bukowina und der mobilisierten ungar. Div. als OKW=Reserve mit je einer Kampfgruppe in den Raum Szeged und den Raum Munkacz zu verlegen. Die Verlegung sei vorzubereiten und der frühstmögliche Zeitpunkt für den Abtransport zu melden. Der Auftrag der Div. wurde in einem am **1. 4.** ergangenen Befehl genauer festgelegt.[1]

### *Weitere Truppenverschiebungen*

Gleichzeitig begann die Zurückverlegung der nicht mehr zur Besetzung Ungarns benötigten Verbände, die aus dem Bereich des OB Südost herangezogen worden waren. Dort war durch den Versuch der Tito=Kräfte, in Serbien einzubrechen, eine gespannte Lage entstanden, die die mit der Besetzung Ungarns verbundene, weitgehende Entblößung von deutschen Truppen besonders fühlbar werden ließ (vgl. die besondere Ausarbeitung über den Südosten). Am 31. 3. wurde auf Antrag des OB

* *Anl. 83* ** *Anl. 84* *** *Anl. 85* + *Anl. 86*

1 Fortsetzung unten im 6. Abschnitt.

Südost die Rückverlegung des Gen.=Kdo. LXIX. AK. z. b. V., für das nach Abzug der
* 367. Inf.=Div. und der beabsichtigten Verlegung der 1. Geb.=Div. im ungar. Raum keine wesentlichen Aufgaben mehr bestanden, nach Nordkroation befohlen, außerdem die Verlegung des 4. Rgt.s „Brandenburg“ nach Serbien zur Bekämpfung der Tito=Kräfte. Für das Gren.=Rgt. (mot.) 92, das der Führer einen Augenblick für denselben Zweck vorsah, erging noch kein entsprechender Befehl; jedoch wurde am
** 1. 4. die Verlegung der dem 4. Rgt. „Brandenburg“ unterstellten Pz.=Abt. 202 nach Südwestserbien angeordnet. Dazu kam am 31. der Befehl zur Zurückverlegung des
*** SS=Fallschirm=Jg.=Btl.s nach Kraljewo. Der Abzug des Lehrgeschwaders nach Italien war bereits am 29. 3. vom Führer genehmigt worden.

Mittlerweile drangen die mobilen ungar. Div.en in den Karpaten vor. Der Deutsche Mil.=Attaché in Budapest, der am 28. 3. eine Meldung über die durch Schneemassen stark eingeschränkte Befahrbarkeit der Karpatenpässe erstattet hatte, meldete am
+ 30. 3. fernmündlich, daß die ersten Verbände der 1. und 2. ungar. Geb.=Brig. die Landesgrenze in ostwärtiger Richtung überschritten hätten. Die vordersten Spitzen der in Versammlung begriffenen 16. und 24. Inf.=Div. seien im Marsch auf die Grenze, die 2. Pz.=Div. werde am 3. 4. abtransportiert. Der Kampfwert dieser ungar. Verbände sollte sich in den Kämpfen der folgenden Wochen, die bald zur Wiedergewinnung von Stanislau, Delatyn usw. führten, als gut erweisen, womit ein weiterer Beweis für die Richtigkeit der vom WFStab in der Frage der Behandlung der ungar. Wehrmacht vertretenen Auffassung zu ersehen war.

*Die Lage in Ungarn Ende März*

Auch die Haltung der neuen ungar. Regierung entwickelte sich befriedigend. Sie war bestrebt, ihre Basis nach rechts zu erweitern; in dem Verbot der Linksparteien und ihrer Presse, der Auflösung der Gewerkschaften und den Maßnahmen zur Beseitigung des jüdischen Einflusses kam die Bereitschaft zu energischem Handeln zum Ausdruck. Die Haltung der Bevölkerung blieb auch nach den im folgenden Monat einsetzenden anglo=amerikanischen Luftangriffen ruhig; Versuche der Bandenbildung und Sabotagetätigkeit kamen nicht über die Anfänge hinaus.

Rückschauend war Ende März festzustellen, daß die Besetzung Ungarns gerade noch zur rechten Zeit durchgeführt worden war. In der Wahl des Termins bewährte sich wieder einmal der politische Instinkt des Führers: wäre nicht die Besetzung Ungarns und die Ausschaltung der dort bisher wirksamen Kräfte durchgeführt worden, dann hätten sich die allergrößten Schwierigkeiten beim Wiederaufbau des Südflügels der Ostfront ergeben müssen. Statt mit einem störrischen und nicht zuverlässigen Ungarn konnte fortan mit einem Bundesgenossen gerechnet werden, der entweder willig mitmachte oder doch aus der Einsicht in die Notwendigkeit der deutschen Maßnahmen keine Schwierigkeiten bereitete (Stellv. Chef 3. 4., s. Merkbuch).[1]

Bei der herbeigeführten Lösung konnte es der WFStab als sein Verdienst ansehen, daß es — wie bereits im Zusammenhang mit der gefällten Entscheidung vermerkt wurde — ihm (im Gegensatz zu den Absichten des Auswärtigen Amtes) gelang, die Entwaffnung der ungar. Wehrmacht zu verhindern. Denn dadurch wurden

1.) die Verkehrsverbindungen durch Ungarn, die für den Nachschub des Südflügels der Ostfront entscheidend geworden waren, erhalten und vor jeder Störung bewahrt,
2.) zusätzliche Kräfte gewonnen, die sich bald als für die Kampfführung im Osten unentbehrlich erwiesen; denn nur durch die Eingliederung der ungar. 1. Armee zwischen der Heeresgruppe Südukraine und der 1. Pz.=Armee (rechter Flügel der Heeresgruppe Nordukraine) konnte die nördlich der Karpaten klaffende Lücke geschlossen werden,
3.) Ruhe und Ordnung im rückwärtigen Gebiet erhalten (Stellv. Chef 25. 4., s. Merkbuch).

* *Anl. 88, 89* ** *Anl. 90* *** *Anl. 91* + *Anl. 92, 93*

1 Vergleiche zu den Urteilen in diesem Absatz am Schlusse dieses Buches die „2. Erläuterung“.

## Anhang:

## Die Bearbeitung des Falles „Margarethe II"
## (Besetzung Rumäniens durch deutsche Truppen),
## eingestellt am 28. Februar 1944

Bei den im Herbst 1943 eingeleiteten Überlegungen, ob der Abfall Italiens im Südosten Nachahmung finden könne, war auch die Möglichkeit erwogen worden, daß gleichzeitig mit einem Vorgehen gegen Ungarn auch ein solches gegen Rumänien erforderlich sein werde; doch wurde bei der Vorlage eines Ungarn betreffenden Vorschlages am 11. 11. gemeldet, daß zu einem Doppelunternehmen die vorhandenen Kräfte nicht ausreichten, daß vielmehr rumänische Kräfte für die Besetzung Ungarns mit herangezogen werden müßten. Im Hinblick auf die immerhin denkbare Entwicklung wurde nunmehr vom WFStab auch der Fall ins Auge gefaßt, daß ein Vorgehen gegen Rumänien allein in Betracht komme. Dementsprechend wurde am 26. 1. ein * Vorschlag für „Margarethe II" vorgelegt, in dessen Einleitung der WFStab hervorhob, daß er die politischen und militärischen Voraussetzungen, die zu einer solchen Operationen führen könnten, nicht übersehe. Dem Vorschlag wurden daher die gegenwärtige militärische Lage und die derzeitige Gruppierung der rumän. Kräfte zu Grunde gelegt (7 Div.en auf der Krim, 6 Div.en im Bereich der Heeresgruppe A und in Transnistrien, 4 Div.en in der Bukowina, Moldau und Bessarabien, 6 Div.en in der Walachei, davon 3 im Raum von Bukarest, 7 Div.en nördlich der Karpaten an der ungar. Grenze; wirklich kampfkräftig waren nur die Verbände im Osten und die an der ungar. Grenze, die übrigen zum großen Teil erst in der Aufstellung bzw. — mit Ausnahme der Gruppe um Bukarest — bedingt einsatzbereit).

Als wichtigste Aufgabe wurde, falls die Lage es erfordern sollte, die Ausschaltung der 9 Div.en in Nordost-Rumänien und Transnistrien sowie die schnelle Besetzung der Hauptstadt Bukarest und des Ölgebietes von Ploesti bezeichnet. Es wurde dazu festgestellt, daß die Besetzung des Raumes nördlich der Karpaten von den Ungarn übernommen werden könne. Als weitere Voraussetzung wurde die von Bulgarien zu erteilende Erlaubnis zum Durchmarsch deutscher Truppen bezeichnet, falls nicht sogar eine bulgar. Beteiligung bei der Besetzung der Dobrudscha zu erreichen sei. Im einzelnen wurde noch darauf hingewiesen, daß eine ungünstige Eislage auf der Donau die Operationen unmöglich machen könne.

Auf Grund der Annahme, daß diese Erleichterungen in Rechnung gestellt werden könnten, wurde ein Operationsvorschlag vorgelegt, der den rumän. Raum in 3 Zonen einteilte:

Zone 1: Rumänien nördlich bzw. westlich der Karpaten (Aufgabe der ungar. Wehrmacht),

Zone 2: das übrige Rumänien (Aufgabe deutscher Truppen mit Kräften aus dem Bereich des OKW, geführt durch den WFStab),

Zone 3: Transnistrien und der übrige Bereich der Heeresgruppe A (Aufgabe des GenStdH mit Kräften der Ostfront).

Anschließend an eine Berechnung des Zeitbedarfs für den Aufmarsch machte der WFStab einen Vorschlag für den Ablauf der Operationen in der Zone 2 und für die Besetzung des Landes nach deren Beendigung.

Dazu vermerkte der Stellv. Chef WFStab am 29. 1. 44, daß Rumänien zum Bereich der Ostfront und daher führungsmäßig zum GenStdH gehöre, daß dies jedoch nicht

* *i. d. A. Op H.*

hindere, die Studie beim WFStab aufzustellen. Der vorgeschlagene Aufmarsch werde lange dauern; darum sei der Fall vorzusehen, daß überfallartig die für die Fortführung des Kampfes entbehrlichen Zentren des Landes in Besitz genommen werden müßten, wofür die vorhandenen Kräfte auch ausreichen würden. Dafür sollten die Aufgaben festgelegt und neue Vorschläge gemacht werden.

Der Vorschlag vom 26. 1. wurde daher am 1. 2. durch eine Vortragsnotiz ergänzt, in der die Möglichkeiten, die in Rumänien befindlichen deutschen Kräfte zur schlagartigen Besetzung der wichtigsten Punkte zu verwenden, geprüft wurden. Sie kam zu dem Schluß, daß es mit den vorhandenen Kräften möglich sei, die wichtigsten Anlagen im Ölgebiet von Ploesti und darüber hinaus unter Umständen noch den Hafen Konstanza sowie die wichtigsten Donau-Fährstellen in Besitz zu nehmen und zu halten, daß sie jedoch zu einer Besetzung der übrigen wichtigen Positionen, insbesondere der Hauptstadt, nicht ausreichten. Deshalb sei ein Einmarsch in Rumänien erforderlich. Dafür wurde ein neuer Vorschlag nebst Zeitberechnung vorgelegt.

* Am 15. 2. legte der Chef des Gen.-St. d. Luftwaffe eine Meldung des Luftw.-Kdo. Südost vor, wonach dieses für den Fall eines Umsturzes in Rumänien die Verteidigung des Ölgebietes („Ölfestung") durch sämtliche in Rumänien vorhandenen Luftwaffenkräfte vorsehe (dazu kalendermäßige Vorbereitung des Herausführens bzw. Sich-Durchschlagens der außerhalb der Ölfestung eingesetzten Verbände sowie Vorbereitung der Vernichtung aller deutschen Gerätestellungen und wichtigen mil. Anlagen außerhalb derselben). Dabei wurde vorausgesetzt, daß keine Spannungszeit vorausgehe und keine deutschen Truppen vorher nach Rumänien verlegt würden. Eine dreitägige Verteidigung wurde als möglich bezeichnet. Der OB der Luftwaffe bat um Mitteilung, ob und was vom OKW für diesen Fall geplant sei, und betonte, daß er eine für alle Teile richtunggebende Weisung sowohl für den Fall eines schnellen als auch eines allmählichen Umschwunges für notwendig halte.

Der Stellv. Chef WFStab legte diese Meldung am 22. 2. dem Chef WFStab mit dem Hinweis vor, daß das Luftw.-Kdo. Südost, mit dem er Ende Januar in Bukarest über diese Planungen gesprochen habe, inzwischen selbständig vorgegangen sei und daß beim WFStab bisher nur Vorarbeiten ohne die Einschaltung irgendwelcher Außenstellen durchgeführt wurden. Er bat deshalb um Entscheidung, ob die Vorarbeiten beim WFStab fortgesetzt werden sollten und auf welcher Grundlage, ferner welche Antwort dem OB d. Luftwaffe zu erteilen sei und ob der Deutsche General in Rumänien in das FHQu beordert werden sollte, um mündliche Aufträge zu erhalten.

Bezüglich der Weisung an den OB d. Luftwaffe schlug der Stellv. Chef WFStab vor, daß die Vorbereitungen des Luftwaffen-Kommandos Südost sich auf keine militärischen oder sonstigen Dienststellen außerhalb der Stäbe des Luftw.-Kdo. Südost selbst und des Kdr. Generals d. Luftw. in Rumänien erstrecken dürften: alle diesbezüglichen schriftlichen Vorarbeiten anderer Stellen, besonders die kalendermäßigen, müßten — soweit sie den eigentlichen Zweck erkennen ließen — sofort vernichtet werden. Der Chef WFStab stimmte diesem Vorschlag zu, während er von einer mündlichen Beauftragung des Deutschen Generals beim Oberkommando der rumän. Wehrmacht mit bestimmten diesbezüglichen Vorbereitungen abzusehen befahl.

Der Führer, der durch den Chef WFStab über diese Vorarbeiten unterrichtet wurde, entschied, daß keine weiteren Vorbereitungen getroffen werden sollten (Bemerkung Chef WFStab vom 28. 2.). Hierfür waren vor allem die bei der Anwesenheit des Marschalls Antonescu (26. — 28. 2.) empfangenen Eindrücke bestimmend, die alle Zweifel an der Haltung Rumäniens beseitigt hatten.

** Im Sinne dieser Führerentscheidung wurden am 4. 3. der OB d. Luftwaffe/Lw.-Führungs-Stab und der Deutsche General in Rumänien davon unterrichtet, daß angesichts der festen und zuverlässigen Haltung der rumän. Staatsführung keine weiteren Vorbereitungen der vorgesehenen Art getroffen werden sollten. Alle schriftlichen Vorarbeiten, die über den Bereich der Stäbe Luftw.-Kdo. Südost und Kdr. Gen. d. Luftw. in Rumänien hinausgingen, seien zu vernichten. Der Deutsche General beim

* *77471/44 g. K. Chefs. i. d. A. Op H* ** *Anl. 2*

Oberkommando der rumänischen Wehrmacht solle sich über die rumän. Pläne zur Vorbereitung der Landesverteidigung gegen Sowjetrußland unterrichten und, soweit angezeigt, für Einschaltung der in Rumänien befindlichen deutschen Kräfte in diese Pläne sorgen.

Der strikten Durchführung dieser Weisungen war es unter anderem zu verdanken, daß auf rumän. Seite keinen Augenblick Unruhe über die deutschen Absichten eintrat — auch nicht, als in den Tagen nach dem deutschen Einmarsch in Ungarn die feindliche und neutrale Presse die deutsche Besetzung Rumäniens als unmittelbar bevorstehend ankündigte. Die weitere Entwicklung im Osten, die zum Aufbau einer gemeinsamen deutsch=rumänischen Front am Dnjestr und Pruth und zu einer vermehrten militärpolitischen und wirtschaftlichen Zusammenarbeit führte, verstärkte noch den rein theoretischen Charakter der abgebrochenen Vorarbeiten.

gez.: W(arlimont) 30. 10. (44) [1]

## Anlagen

### 1. Stellenbesetzung (1. Deutschland, 2. Ungarn)

| | |
|---|---|
| 1.) Deutschland: | |
| Chef OKW: | Gen.=Feldm. Keitel |
| Chef WFStab: | Gen. d. Art., ab 30. 1. 44: Gen.=Oberst Jodl |
| Stellv. Chef WFStab: | Gen.=Lt. Warlimont |
| 1. Gen.=Stabs=Offz.: | Oberst, seit 1. 1. 44 Gen.=Major Frhr. v. Buttlar |
| OB Südost: | Gen.=Feldm. Frhr. v. Weichs |
| Chef d. Gen.=Stabs: | Gen.=Lt. Foertsch |
| Dtsch. Gesandtschaft in Budapest: | Gesandter v. Jagow |
| Wehrm.=Attaché: | Gen.=Lt. v. Greiffenberg |
| Luftw.=Attaché: | Gen.=Lt. Fuetterer |
| 2.) Ungarn: | |
| Reichsverweser: | Admiral v. Horthy |
| Minister=Präsident: | bis 23. 3. 44: v. Kállay<br>ab 23. 3. 44: Gesandter Sztójay |
| Minister und Stellvertreter des Min.=Präs. (ab 23. 3. 44) sowie | General Rácz |
| Honved=Minister (vor u. nach 23. 3. 44): | Gen.=Oberst Csatay |
| Chef des ungar. Gen.=Stabs: | Gen.=Oberst v. Szombathelyi |
| Ungar. Gesandtschaft in Berlin: | Gesandter Sztójay (bis 23. 3. 44) |

### 2. Gliederung der Kräfte für das Unternehmen „Margarethe [2]

. . . . . . . . . . . . . . . . . . . . . . . . . . . . . . . . . . . . .

### 3. Karte von Ungarn (1:2 500 000) mit den „Margarethe"=Bewegungen

Diese Karte findet der Leser – nach dem Original umgezeichnet — am Schluß dieses Bandes als „Karte 6".

1 Durchgesehen nach seiner (infolge des 20. 7. 1944 erfolgten) Beurlaubung.

2 Die nicht erhaltene Anlage läßt sich an Hand des vorstehenden Textes leicht rekonstruieren (vgl. bes. die Angaben zum 12. 3. 1944).

# 4. Abschnitt

# Der westliche Kriegsschauplatz (Frankreich, Belgien, Niederlande) vom 1. Januar - 16. Dezember 1944 (Beginn der Ardennen-Offensive)

INHALT DES 4. ABSCHNITTS

## I. Teil

## Der Westen vom 1. Januar – 31. März 1944

### A. Die militärischen Ereignisse im Rahmen der Gesamtkriegführung


I. Rückblick auf das Jahr 1943 . . . . . . . . . . . . . . . . . . . . 255

II. Die Maßnahmen des Feindes . . . . . . . . . . . . . . . . . . . . 257

1. *Die Feindlage zu Beginn des Jahres 1944 und ihre Entwicklung bis zum 31. März* . . . . . . . . . . . . . . . . . . . . 257
2. *Der Kampf des Feindes gegen die Transportverbindungen und die eigenen Gegenmaßnahmen* . . . . . . . . . . . . . . . . . . . . 260
3. *Der Kampf des Feindes mit Terror und Sabotage und die eigenen Gegenmaßnahmen* . . . . . . . . . . . . . . . . . . . . 261

III. Die eigenen Maßnahmen zur Verstärkung des Westens, vornehmlich der Kanalfront . . . . . . . . . . . . . . . . . . . . 263

1. *Maßnahmen in Verfolg der Weisung 51 und der ergänzenden Befehle* . 263
   *a) Allgemeines (263). — b) Einzelmaßnahmen (263). — c) Die Reise des Chefs WFStab in den Westen (6.–15. Januar) und die sich daraus ergebenden Maßnahmen (265). — d) Zustand der Verteidigung am Anfang Februar (267)*
2. *Verschiebungen in der zweiten Hälfte des Februar* . . . . . . . . . 270
3. *Maßnahmen zur Erhöhung der Verteidigungsbereitschaft im Laufe des März* . . . . . . . . . . . . . . . . . . . . 270
4. *Abgaben des OB West an bedrohte Fronten und deren Ersetzung durch andere Verbände im Februar/März* . . . . . . . . . . . . . . 273
5. *Erweiterung des Aufgabenbereichs der Heeresgruppe B* . . . . . . . 276
6. *Weiterer Ausbau des Atlantik-Walls* . . . . . . . . . . . . . . . . 277

IV. Die Verteidigung der übrigen Fronten im Bereich des OB West . . . . . 278

1. *Maßnahmen in den Niederlanden* . . . . . . . . . . . . . . . . . 278
   *a) Die Frage der Küstenzone (278). — b) Stärkung der Verteidigung (279)*
2. *Maßnahmen in der Bretagne* . . . . . . . . . . . . . . . . . . . . 280
3. *Der Bereich des AOK 1: Südwestfront und Pyrenäengrenze* . . . . . 281
   *a) Erwägungen über eine feindliche Besetzung Portugals und einen Angriff gegen die Biscaya-Front im Laufe des Januar (281). — b) Maßnahmen im Bereich des AOK 1 (Biscaya-Front) (282). — c) Maßnahmen an der Pyrenäen-Grenze (286)*
4. *Der Bereich des AOK 19: Die Südfront* . . . . . . . . . . . . . . . 287
   *a) Die Lagebeurteilung (287). — b) Der Einsatz der Kräfte (287)*

V. Die Tätigkeit der Kriegsmarine und der Luftwaffe im Rahmen der Gesamtkriegführung . . . . . . . . . . . . . . . . . . . . . . 289

1. *Lage und Aufgaben zu Anfang des Jahres 1944* . . . . . . . . . . 289
*a) Kriegsmarine: aa) In der Nordsee; bb) Im Kanal (289).— b) Luftwaffe (290)*

## B. Die Militärverwaltung und die Entwicklung der inneren Lage im Bereich des OB West

I. Die Militärverwaltung . . . . . . . . . . . . . . . . . . . . . 292

1. *Die Militärverwaltung in Frankreich* . . . . . . . . . . . . . 292
*a) Allgemeines (292). — b) Die Ausgliederung der Kampfzonen aus dem Bereich des Mil. Befehlshabers Frankreich (292)*
2. *Fragen der belgischen Verwaltung* . . . . . . . . . . . . . . 293
3. *Fragen der niederländischen Verwaltung* . . . . . . . . . . . 293

II. Die Entwicklung der inneren Lage . . . . . . . . . . . . . . . 294

1. *Das Verhältnis zur französischen Regierung* . . . . . . . . . 294
2. *Die französische Polizei* . . . . . . . . . . . . . . . . . . . 294
3. *Die Frage der französischen Formationen* . . . . . . . . . . . 295
4. *Die französische Wirtschaft* . . . . . . . . . . . . . . . . . 295
5. *Pläne und Maßnahmen des Generalbeauftragten für den Arbeitseinsatz (GBA)* . . . . . . . . . . . . . . . . . . . . . . . . 295

# II. Teil

# Die Vorbereitung der Westfront auf die anglo-amerikanische Invasion (1. April – 6. Juni 1944)

1. *Die Vorbereitungen des Feindes zum Angriff gegen die Westfront* . . . . 297
2. *Die eigenen Gegenmaßnahmen* . . . . . . . . . . . . . . . . . 299
3. *Der weitere Ausbau der Küstenbefestigungen* . . . . . . . . . . 304
4. *Die feindlichen Luftangriffe und die Gegenmaßnahmen gegen ihre Auswirkungen* . . . . . . . . . . . . . . . . . . . . . . . . . 305
5. *Einzelmaßnahmen* . . . . . . . . . . . . . . . . . . . . . . . 308
6. *Die innere Lage in den besetzten Westgebieten* . . . . . . . . . 309

# III. Teil

# Die Westfront von der Landung der Anglo-Amerikaner (6. Juni) bis zur Luftlandung bei Arnheim (17. September) und dem Aufbau einer neuen Widerstandslinie (6. Juni – 17. September 1944)

## A. Die Kampfhandlungen:

I. Die Kämpfe in der Normandie von der Landung bis zum Durchbruch bei Avranches (6. Juni — 31. Juli) . . . . . . . . . . . . . . . 311

*Anhang 1: Über den Kampfraum hinausgreifende Maßnahmen* . . . . . 329
*Anhang 2: Einzelmaßnahmen und -meldungen* . . . . . . . . . . . . 331

II. Der Bewegungsfeldzug vom Beginn bis zum Entschluß der Räumung Südwest- und Südfrankreichs und der Einschließung der Kräfte im Nordwesten (31. Juli — 18. August) . . . . . . . . . . . . . . . . . . 335

*Anhang 1: Über den Kampfraum hinausgreifende Maßnahmen* . . . . . 347

*Anhang 2: Einzelmaßnahmen* . . . . . . . . . . . . . . . . . . . . . . 348

III. Der Bewegungsfeldzug vom Beginn der Räumung Südwest- und Südfrankreichs und dem Durchbruch aus dem Kessel von Falaise bis zum Erreichen der Weststellung (19. August — 16. Snptember) . . . . . . . . 349

1. *Die Räumung Südfrankreichs* . . . . . . . . . . . . . . . . . . . . 349
2. *Die Räumung Südwestfrankreichs* . . . . . . . . . . . . . . . . . . 355
3. *Die Kämpfe in Nordfrankreich* . . . . . . . . . . . . . . . . . . . . 356
4. *Der Kampf um die Festungen und Befestigungsbereiche* . . . . . . . 374


## B. Der Wiederaufbau des Westheeres. Die Instandsetzung des Westwalls und die Sicherung der Deutschen Bucht

I. Der Wiederaufbau des Westheeres . . . . . . . . . . . . . . . . . . . 376

II. Die Instandsetzung des Westwalls und die Sicherung der Deutschen Bucht 379

*Anhang: Einzelmaßnahmen* . . . . . . . . . . . . . . . . . . . . . . . 381


# IV. Teil

## Die Westfront in der Verteidigung der neuen Widerstandslinie (Holland–Aachen–Mosel–Vogesen) von der Luftlandung bei Arnheim bis zum Beginn der eigenen Offensive (17. September – 16. Dezember 1944)

1. *Die Ausgangslage* . . . . . . . . . . . . . . . . . . . . . . . . . . 385
2. *Die Gruppierung der feindlichen Kräfte* . . . . . . . . . . . . . . . 387

*Die deutsche Kampfführung:*

3. *Die Luftlandung bei Arnheim (17. September) und die eigenen Gegenmaßnahmen* . . . . . . . . . . . . . . . . . . . . . . . . . . . . . 390
4. *Die Kämpfe an den übrigen Fronten (17.—24. September)* . . . . . . . 393
5. *Die Lage an der Westfront vom 24.—27. September und die Weisung vom 25. September* . . . . . . . . . . . . . . . . . . . . . . . . . . 396
   *Anhang: Einzelmaßnahmen (17.—30. September)* . . . . . . . . . . 398
6. *Die Kampfhandlungen vom 25. September — 9. Oktober* . . . . . . . . 399
7. *Die Kämpfe bei der Heeresgruppe G vom 8. Oktober — 7. November* . . 402
8. *Die Kämpfe um und bei Aachen (8.—21. Oktober)* . . . . . . . . . . . 403
9. *Die neue Weisung an den OB West vom 9. Oktober und die Ereignisse an den übrigen Fronten bis zum 21. Oktober* . . . . . . . . . . . . 406
10. *Der Kampf um den Sperriegel an der unteren Maas* . . . . . . . . . . 408
    *a) Die Kämpfe um den Brückenkopf von Breskens bis zu dessen Einnahme (2. November) (408). — b) Die weiteren Kampfhandlungen im Abschnitt der 15. Armee bis zur Einnahme der Insel Walcheren (8. November) und zum Absetzen hinter die untere Maas (9. November) (410)*
11. *Die Einsetzung einer neuen Heeresgruppe (H) am rechten Flügel (27. Oktober) bis zur Übernahme des Befehls (10. November)* . . . . . 414

12. *Die Kämpfe bei der Heeresgruppe G* . . . . . . . . . . . . . . . . . . . . 414
*a) Die Kämpfe um und bei Metz vom 7. — 30. November (414). — b) Der Einbruch des Feindes in das nördliche Elsaß (17. November — 16. Dezember) (417). — c) Der Verlust von Belfort (21. November) und des südlichen Elsaß (bis 16. Dezember) (422)*
13. *Maßnahmen der Führung im November, welche die ganze Front betrafen* . 425
14. *Die Kämpfe bei der Heeresgruppe B: Die Schlacht im Großraum Aachen (16. November — 16. Dezember)* . . . . . . . . . . . . . . . . . . . . 426
15. *Die Kämpfe bei der Heeresgruppe H vom 10. November — 16. Dezember* . 429
16. *Die Vorbereitung einer eigenen Offensive zwischen Monschau und Echternach (bis 16. Dezember)* . . . . . . . . . . . . . . . . . . . . 430
*Anhang: Unternehmen Skorzeny* . . . . . . . . . . . . . . . . . . . . 448
17. *Veränderungen in den Kräften des OB West (3. Oktober — 15. Dezember)* 449
*Anhang: Weitere Befehle betr. Auffrischung und Zuführungen* . . . . . 452
18. *Die Verteidigung der Festungen* . . . . . . . . . . . . . . . . . . . . 453
*a) Dünkirchen (454). — b) Kanalinseln (454). — c) Die übrigen Festungen (454)*

*Anhänge*

1. *Chronologische Übersicht über die Kämpfe im Westen vom 6. Juni — 20. September 1944* . . . . . . . . . . . . . . . . . . . . 456
2. *Mitteilungen des Stellv. Chefs des WFStabs, General Warlimont, 12. August 1944, 10 Uhr, über den Ablauf der Kämpfe im Westen und die Gesamtlage* . . . . . . . . . . . . . . . . . . . . 462
3. Weitere Mitteilungen desselben, 18. August 1944, 20 Uhr . . . . . . . 465
4. *Weitere Mitteilungen desselben, 26. August 1944, 22 Uhr* . . . . . . . 467
5. *Auszug aus der Handakte des Oberstleutnants d. G. Kleyser (des Leiters der im WFStab/OpH gebildeten Gruppe zur Vorbereitung der Führung im Westen durch den Führer, dann der Zurücknahme der* Westfront) über die weitgreifenden Maßnahmen im Westen (25. August 1944) . . . . . . . . . . . . . . . . . . . . 468

Am 1. April 1944 ist das bis dahin von mir verfolgte Prinzip, die benutzten schriftlichen Unterlagen, die in eigenen Heftern verwahrt wurden, als „Anlagen" zu zitieren, aufgegeben worden, weil es eine Belastung des Schreibvorgangs darstellte: da die Hefter chronologisch geordnet waren, konnte ein Benutzer sich in ihnen sofort zurechtfinden.
Beim I. Teil (Januar — März 1944) ist verfahren wie bei den voraufgehenden Abschnitten: die Verweise sind abgedruckt, obwohl die Hefter untergegangen sind.

P. E. S.

# I. Teil
# Der Westen vom 1. Januar - 31. März 1944

## A. Die militärischen Ereignisse im Rahmen der Gesamtkriegführung

### I. Rückblick auf das Jahr 1943

* Die Operationen, welche die deutsche Wehrmacht im Osten und Südwesten, daneben auch noch im Nord= und im Südostraum durchzuführen hatte, konnte sie durchkämpfen, ohne im Westen vom Gegner behelligt zu werden. Aller= dings banden die Anglo=Amerikaner eine große Anzahl von Verbänden an der Westküste, was die Abwehr an den anderen Fronten wesentlich erschwerte. Außerdem griff der von ihnen aus der Luft gegen das Heimatkriegsgebiet ge= führte Kampf mehr und mehr auch auf den Westen über.

Um den Feind abzuschrecken und ihm, falls er doch zu landen versuchte, einen Wall entgegenzusetzen, war im Jahre 1943 der Ausbau an der Kanal= küste im größeren Maßstab aufgenommen worden. Das Bestreben war, den ursprünglich feldmäßigen Befestigungen durch den Ausbau einzelner Räume zu Festungen, durch die Verschartung der schweren Batterien, der Kommando= und Beobachtungsstellen, durch die Betonierung wichtiger Stützpunkte und das Aufrichten von Hindernissen der Verteidigung einen festen Halt zu geben.

Am Schlusse des Jahres war in dieser Beziehung der Westen sehr viel stär= ker geworden, als es zu dessen Anfang der Fall gewesen war. In personeller Hinsicht war dies jedoch nicht der Fall. Die Entwicklung im Osten hatte es immer wieder nötig gemacht, kampfkräftige Verbände aus dem Westen [1] heranzuziehen. Soweit dieser Ersatz erhielt, bestand dieser aus abgekämpften oder noch in der Aufstellung begriffenen Div.en. Als dann am 8. 9. 1943 Italien abfiel, war der OB West auch noch gezwungen, die Verteidigung der südfran= zösischen Küste zu übernehmen, die bisher von der ital. 4. Armee geführt wor= den war, ohne daß diese Wesentliches für den Ausbau der Küstenverteidigung getan hätte. Auch kamen zu dem Abzug von West=Verbänden in den Osten noch Abgaben an den Südwesten.

Der Zustand, daß der Westen das Truppenreservoir für die anderen Kriegs= schauplätze bildete und alle vorausschauenden Maßnahmen zu seinen Gunsten immer wieder von neuem über den Haufen geworfen wurden, ging nicht mehr an, als an den ernstlichen Vorbereitungen des Feindes für eine Großlandung im Westen nicht mehr gezweifelt werden konnte. Am 3. 11. gab daher der Führer die W e i s u n g 5 1, die eine neue Grundlage für die Kampfführung im Westen schuf und für die ganze Folgezeit maßgebend blieb [2]. Sie stellte ein= leitend fest, daß im Gegensatz zum Osten die Folgen eines Einbruches im

* *Vgl. KTB 1943*
1 Ms.: in den Westen.
2 vgl. „Dokumententeil" A. I. 1.

Westen in Kürze unabsehbar sein würden und daß nunmehr spätestens ab Frühjahr, wenn nicht früher, mit dem Angriff gerechnet werden müsse. Deshalb solle der Westen fortan nicht mehr geschwächt, sondern verstärkt werden.

Vornehmlich bedroht sei das Gebiet des Fernkampfes; mit Fesselungs- und Ablenkungsangriffen an anderen Fronten sei zu rechnen; ein Großangriff gegen Dänemark sei nicht ausgeschlossen.

Die Weisung befahl, den Ausbau der Küste mit allen Mitteln zu verstärken, die Abwehr schwerpunktmäßig zusammenzufassen und gegen einen gelandeten Feind sofort zum Gegenangriff überzugehen. Hierzu seien die Eingreifreserven mit allen Mitteln befähigt zu machen. Ferner solle von den nicht angegriffenen Küsten und aus der Heimat alles gegen den Feind geworfen werden, was irgendwie einsatzfähig sei. Daraus ergaben sich eine Reihe von Einzelanordnungen.

Am 5. 11. 43 erging ein ergänzender Befehl des Führers, durch den unter dem Gen.-Feldm. Rommel, der bisher die Heeresgruppe B in Italien geführt hatte, eine Heeresgruppe z.b.V. gebildet wurde, die dem Führer unmittelbar unterstellt wurde und den Auftrag erhielt, die Verteidigungsbereitschaft der besetzten Küste (zuerst Dänemark, dann Artois, später Halbinsel Cotentin, die Niederlande und die Bretagne) zu prüfen und Verbesserungsvorschläge zu machen sowie Studien für Angriffsoperationen gegen einen gelandeten Feind vorzulegen.

Nach der Überprüfung Dänemarks traf Gen.-Feldm. Rommel Mitte Dezember beim OB West ein, um nun den zweiten Teil seiner Aufgabe zu übernehmen. Der OB West beantragte darauf am 30. 12., das Heeresgruppen-Kommando B bereits jetzt unter seinem Befehl in die Führung im Westen einzuschalten; dazu sollten ihm der Wehrm.-Befehlshaber Niederlande sowie die 15. und 7. Armee unterstellt werden. Diese Maßnahme wurde am 31. 12. genehmigt und trat bereits am 1. 1. 44 in Kraft. Damit wurde die unmittelbare Unterstellung unter den Führer aufgehoben. Jedoch wurde weiterhin vorgesehen, daß die Heeresgruppe im Falle eines Angriffes gegen Dänemark kurzfristig abgerufen würde.

Maßgebend bei dieser Neuregelung war, daß inzwischen in Verfolg der Weisung 51 die Vorbereitungen zum Aufmarsch an der Kanalküste angelaufen waren. Für diesen hatte der OB West den 15. 1. als Anfangstermin vorgesehen. Da nunmehr damit gerechnet werden mußte, daß der feindliche Aufmarsch in England in der Mitte Februar abgeschlossen sein werde, wurde dieser Termin am 27. 12. auf den 1. 1. 44 vorverlegt.

Der OB West sollte nunmehr ab 15. 1. aus der Küstenfront beim AOK 7, AOK 1 und AOK 19 Kräfte herauslösen und ab 1. 2. beim AOK 15 bereitstellen. Geprüft sollte werden, ob nicht auch einige schnelle Div.en, insbesondere die 21. Pz.-Div., näher an die gefährdeten Küstenabschnitte herangezogen werden könnten. Zugeführt wurden aus dem Heimatkriegsgebiet 4 verstärkte Rgt.s-Gruppen, Stämme für die neu aufzustellende Pz.-Lehr-Div., 5 Landesschützen-Btl.e; vorgesehen wurde, ab Ende Januar die Pz.-Div. „Hermann Göring" und die bereitgestellten Personalreserven für den Eisenbahnbetrieb im Westen zuzuführen.

Um an Ort und Stelle ein Bild zu gewinnen, entsandte der Führer den Chef WFStab in den Westen.

Daraus ergaben sich für den Westen zu Beginn des Jahres 1944 folgende Fragen:

1. Ausführung der Weisung 51;
2. Durchführung des Aufmarsches im Bereich AOK 15;
3. Die Reise des Chefs WFStab und die Durchführung der sich daraus ergebenden Maßnahmen;
4. Abgrenzung der Aufgaben der Heeresgruppe B.

## II. Die Maßnahmen des Feindes

### 1. Die Feindlage zu Beginn des Jahres 1944 und ihre Entwicklung bis zum 31. März

Aus den Nachrichten über die Konferenz von Teheran (Nov.-Dez. 1943) war soviel zu entnehmen gewesen, daß die Anglo-Amerikaner ihre Absichten für die weitere Kriegführung mit denen der Sowjets in Einklang gebracht hatten; anzunehmen war, daß sie sich endgültig zu einer Großlandung im Westen verpflichtet hatten und wohl auch im Hinblick auf den Termin eine Bindung eingegangen waren.

* Auf der Rückreise erkrankte Churchill. Er erholte sich in Oberägypten, besprach sich auf der Rückreise Mitte Januar in Marokko mit dem General de Gaulle und kehrte dann nach London zurück. Hier traf zu dieser Zeit auch wieder der General Eisenhower ein, der zwecks Rücksprache nach Washington geflogen war und den Oberbefehl über die alliierten Truppen führen sollte.

In sehr geschickter Weise wurden der deutschen Seite auf allen möglichen Wegen Nachrichten über das Ziel der kommenden Operationen zugeleitet, so daß in der 2. Hälfte des Januar so gut wie jeder Punkt von einiger Bedeutung zwischen Norwegen und dem Mittelmeer angeführt war.

** Da die anglo-amerikanischen Vorbereitungen für eine Großlandung im Westen offenkundig, die bisher vorliegenden Erkenntnisse jedoch unzureichend waren, wurden bereits am 3. 1. Richtlinien für die Aufklärung gegeben, an die sich ein entsprechender Befehl für den Mittelmeerbereich anfügte. Daran schlossen sich am 6. 1. Besprechungen mit den Leitern der drei Abteilungen des Amtes Ausland = Abwehr und dem Leiter der Abt. Fremde Heere = West an. Dabei wurde vom WFStab mit Nachdruck gefordert, daß in viel stärkerem Maße als bisher der südital. Raum überwacht würde, der nicht nur für die Absichten des Feindes im Mittelmeer, sondern auch für die Gesamtabsichten der Anglo-Amerikaner die wertvollsten Anhalte versprach. Vermerkt wurde im beson-

* *Lagebuch 17. 1., 18. 1., 20. 1.* ** *A 1, dazu Merkbuch 8. 1. (Stellv. Chef WFStab)*

deren, daß in der letzten Zeit im Gegensatz zu der voraufgehenden kein Landungsschiffsraum mehr aus dem Mittelmeer weggezogen wurde und eine Reihe hochwertiger Verbände aus dem Fronteinsatz in Italien verschwunden waren, über deren weitere Verwendung noch keine Klarheit bestand. Möglich erschien daher eine Landung mit weitgestecktem Ziel im Mittelmeerbereich.

Bei den Erörterungen der feindlichen Ziele bezweifelte der Führer wiederholt die Ernsthaftigkeit der feindlichen Absichten. Als wahrscheinlich sah er größere Ablenkungsmanöver vor der eigentlichen Invasion an; er rechnete unter anderem mit Unternehmungen gegen Portugal[1], gegen die spanische Atlantikküste und[2] nördlich der Gironde.

* In seiner Lagebeurteilung vom 10. 1. stellte der OB West fest, daß der Feind die Vorbereitungen zur Invasion mit Hochdruck weiter betreibe, daß jedoch Anzeichen, daß diese einer anderen Front galten, nicht vorlägen. Er müsse mit dem Angriff rechnen, sobald das Wetter dem Feinde den gleichzeitigen Einsatz aller Kampfmittel erlaube. Der Schwerpunkt werde trotz der dem Gegner bekannt werdenden eigenen Maßnahmen zwischen Schelde und Normandie liegen. Übergreifen auf einen Teil der Niederlande und die Bretagne sei nicht ausgeschlossen. An der Südküste sei mit Luftangriffen und Kommando-Unter- ** nehmen zu rechnen (dazu Stellungnahme WFStab/Ic vom 11. 1.).

*** Aus der am 24. 1. erstatteten Lagebeurteilung des OB West ergaben sich keine neuen Gesichtspunkte. Stutzig hatte eine vorübergehende Funkstille gemacht, da eine solche auch der Landung auf Sizilien vorausgegangen war. Aus der Fülle der Agentenmeldungen war zu entnehmen, daß der Gegner mit allen Mitteln zu täuschen versuchte. Unterlagen über Zeit oder Ort der Invasion hatten sich allerdings noch nicht ergeben. Erkannt war jedoch, daß die Vorbereitungen in England mit Hochdruck weiterliefen und daß vielleicht bereits in Kürze mit deren Abschluß zu rechnen war. Die Agentenmeldungen über eine Landung in Südfrankreich hatten zugenommen; im Hinblick auf die Lage in Italien und Spanien mußte die inzwischen geschwächte Südfront in der Tat + als gefährdet angesehen werden (Lagebeurteilung am 1. 2. und 8. 2. ohne neue ++ Erkenntnisse). Wegen des Wetters bezeichnete der OB West am 21. 2. einen Angriff gegen die Südfront, vielleicht verbunden mit einem Angriff gegen die Biscaya-Küste, im ersten Takt für das wahrscheinliche. Am 29. 2. meldete der +++ OB West, daß der Angriff im Süden zeitlich eher als im Westen unternommen O werden könne. Jede Verzögerung komme der Abwehr zugute. Der Gang der Kämpfe bei Nettuno[3] werde die feindlichen Absichten mitbestimmen (dazu Notiz vom 22. 2.: Alliierte Stellenbesetzung: Febr. 1944). Ende Februar war mit folgenden Angriffsmöglichkeiten zu rechnen: (vgl. Lagebuch 2. 3., dazu Artikel der „Deutschen Allg. Zeitung" vom 9. 3. über die von der Gegenseite in der

**Anl. C 15   **A 2   *** b 72   + b 92, 108, b 152   ++ b 159*
*+++ A 5   O A 6*

1—2 Ms.: und gegen die span. A. nördlich (usw.)
3 S. oben den 2. Abschnitt.

letzten Zeit genannten Invasionstermine; Karte WFStab/Ic über Wetterlage
* und Landungsmöglichkeiten im März; Überblick England, Stand vom 5. 3.: nunmehr $59^1/_2$ statt $54^1/_2$ große Verbände, davon $13^1/_2$ amerikanische; über Schiffszusammenziehungen s. Seekrieg; S. 289 ff.).

** In einer Lagebeurteilung vom 7. 3. meldete der OB West, daß bei den Luftangriffen noch kein Schwerpunkt erkennbar sei, daß jedoch mit schlagartigem Angriff, voraussichtlich zuerst im Süden, gerechnet werden müsse. Aus den letzten Angriffen ergebe sich, welche Bedeutung der Feind der Mitwirkung der französ. Terrorgruppen beimesse. Die Schiffs- und Truppenzusammenziehungen an der schottischen Ostküste wertete der OB West als Invasionsreserve.

*** Am 11. 3. hielt der General Montgomery eine großsprecherische Rede, in der von der Wichtigkeit der Invasion die Rede war; doch wurden die veröffentlichenden Stellen bereits nach 2 Stunden gebeten, die beiden letzten Zeilen dieser Prophezeiung zu streichen (dazu Artikel der „Deutschen Allg. Zeitung" vom 13. 3. „Gaukler Montgomery" bei den Akten).

\+ Am 12. 3. gab der britische Innenminister bekannt, daß aller Verkehr zwischen Großbritannien und Irland eingestellt werde. Am 13. 3. wurde der feindliche Funkverkehr gestört: eine Maßnahme, die bereits früher schon durchgeführt und auch diesmal nach einiger Zeit wieder rückgängig gemacht wurde. Am 15. 3. wurde bekannt, daß die USA-Verbände in England Urlaubssperre hätten und daß von London brit. Flak, die durch USA-Flak ersetzt wurde, zu den Kampfverbänden abgezogen würde (diese Nachrichten wurden im Zusammenhang mit der Wettermeldung ausgewertet, wonach vom 17.–25. 3. günstige Bedingungen für eine Landung zu erwarten waren). In dieser Zeit wurden auch Anzeichen bekannt, wonach der Feind in der mittleren Nordsee sich mit dem Wegräumen von Minen befaßte. Ferner lagen Nachrichten vor, daß in England Blockade-Betonschiffe vorbereitet würden, die zum Sperren sowie als Unterlage für Bauten vorgesehen sein sollten, außerdem amerik. U-Boote, die zur Durchführung von Schleusen-Sprengungen usw. geeignet waren.

++ Am 20. 3. war klargestellt, daß außer dem amerik. AOK 1 auch das AOK 9 in England eingetroffen war und daß dort der früher in Nordafrika verwandte, als besonders befähigt angesehene amerik. General Patton weilte. In Südeng-
++ land wurde ein Sperrgebiet entlang der Küste von 16 km Tiefe eingerichtet, ein weiteres um den Firth of Forth in Schottland. Außerdem wurde auf den Strecken London und Bristol nach Süden der zivile Eisenbahnverkehr um 15–20 v. H. gedrosselt.

Am 26. 3. hielt Churchill eine Rede, in der er u. a. die Sowjets darauf hinwies, daß ein Unternehmen über das Wasser hinweg sehr viel schwieriger sei als die in einer weiträumigen Ebene durchgeführten russischen Vormärsche. Anschlie-

** A 4, 6, 8, 10   ** b 174   *** Lagebuch 11. 3.   + Lagebuch 13. 3., 14. 3., 16. 3., 19. 3.*
*++ Lagebuch 21. 3., 22. 3.   +++ Lagebuch 26. 3., 30. 3.*

ßend gab er bekannt, daß in der nächsten Zeit eine Reihe von falschen Alarmen erfolgen werde, um den endgültigen Termin nach Möglichkeit zu tarnen.

Bis Ende März waren aus dem Mittelmeer nach England überführt: die brit. 51. Inf.=Div., die brit. 7. Pz.=Div. und die 1. amerik. Div.; dazu kamen nun noch die 2. amerikan. Pz.=Div. und eine amerik. LL=Div. sowie eine Brig. (vgl. dazu den Abschnitt „Feindlage" in der Unterlage zu der West=Besprechung im FHQu
* am 20. 3.: Anl. b 192; die Lagebeurteilung des OB West vom 21. 3. hatte keine neuen Gesichtspunkte ergeben).

### 2. Der Kampf des Feindes gegen die Transportverbindungen und die eigenen Gegenmaßnahmen

** Die Transportlage wurde im Westen durch Angriffe mit Bordwaffen auf fahrende Züge, Zerstörungen an Bahnanlagen aus der Luft und Eisenbahnsabotage erschwert.

Die zu Beginn des Jahres entstandene Transportkrise konnte zu Beginn der 2. Januardekade als im wesentlichen überwunden angesehen werden. Die zum Teil stark abgesunkene Bevorratung mit Kohle war inzwischen mit Nachdruck betrieben worden; zu diesem Zweck waren die Kohlenanforderungen für die Bauvorhaben zeitweise zurückgesellt worden.

*** Störend machte sich bemerkbar, daß die französ. Eisenbahner sich vor dem Befahren der durch die feindliche Luftwaffe bedrohten Strecken fürchteten und deshalb ihre Lokomotiven durch sachkundige Zerstörungen außer Betrieb setzten. Demgegenüber wirkte sich der Einsatz von deutschen Eisenbahnern (in blauer Uniform), von denen Anfang Februar 12 000 eingesetzt waren und weitere 8000 in der Folgezeit eingesetzt wurden, nicht entscheidend aus, da diese in der Leitung der Betriebe, aber nicht auf den einzelnen Lokomotiven eingesetzt waren.

\+ In der Mitte des Februar war die Sabotagetätigkeit geringer als Ende 1943,
++ jedoch angestiegen gegenüber den letzten Wochen. Am 26. 2. wurden verschärfte Straf= und Abwehrmaßnahmen verlangt.

+++ Im Laufe des Februar griff der Feind mehrfach Lokomotivdepots und Verschiebebahnhöfe an, darunter wiederholt Le Mans; doch war vorerst noch kein Schwerpunkt zu erkennen. In der Zeit vom 1.—10. 3. wurden durch Flieger 50, durch Sabotage 79, zusammen also 129 Lokomotiven betriebsunfähig. Beim letzten Angriff auf Le Mans wurden 49 Lokomotiven beschädigt. Im März wurde der wichtige Bahnhof Creil dreimal angegriffen.

Insgesamt brachte dieser Monat eine weitere Erschwerung der Transportlage. In seiner zweiten Hälfte gelang es, in ein feindliches Funkspiel einzudringen und dadurch klarzustellen, welche Bahnhöfe in den nächsten Tagen ange=

* *b 202* ** *Merkbuch 12. 1. (Qu) S. 5* *** *Merkbuch 12. 2. (Major d. G. Friedel)*
\+ *b 148* ++ *b 156* +++ *Lagebuch 8. 3.; 14. 3.; 19. 3.; 21. 3.*

* griffen werden sollten. Gegen Ende des Monats mußten trotz der angespannten Lage Eisenbahn=Pioniere an den Südwesten abgegeben werden, da hier die Entwicklung der Lage noch ungünstiger war.

** (Auf eine Meldung des Gen.=Obersten Guderian verlangte der Führer, daß Transportzüge nicht mit 2 cm=, sondern 3,7 cm=Flakgeschützen ausgestattet werden sollten. Der OB d. Luftwaffe wurde am 7. 1. verständigt. Am 2. 2. kam
*** der Führer auf seine Forderung zurück. Nach seiner Auffassung waren die in der Aufstellung befindlichen britischen Staffeln mit 7,5 cm=Kanonen für die Eisenbahnbekämpfung vorgesehen. Zur Abwehr dieser Flugzeuge reichte die 2 cm=Flak nicht aus, da sie infolge der beschränkten Schußweite und ihrer geringen Durchschlagskraft die brit. Maschinen nicht so weit von den Zügen abhalten konnte, daß ein genaues Treffen unmöglich sei. Der Führer forderte zunächst eine Ausrüstung von 2—300 Waggons mit diesen Kanonen. Es wurde darauf festgestellt, daß das Rohr der 3,7 cm=Flak zu lang war und daher über 1 Meter über den Waggon hinausstand.)

### 3. Der Kampf des Feindes mit Terror und Sabotage und die eigenen Gegenmaßnahmen

\+ Zu Anfang des Jahres 1944 war mit folgenden feindlichen Formationen zu rechnen:

1. Die Armée Secrète, die noch unterirdische Beziehungen zu den verbliebenen Dienststellen (Militär, Polizei, Arbeitsdienst usw.) unterhielt;

++ 2. die French Section des Intelligence Service:
Von Oktober 1943 an gelang es, die Formation zu zerschlagen. Es wurden 300 Mann gefangen genommen, darunter 34 brit. Offiziere; sichergestellt wurden 6000 MP, 2—3 Millionen Schuß Munition, 24000 Handgranaten, 16000 kg Sprengstoff, 2000 Pistolen. Es ergab sich, daß die Section auch die Frage der Versorgung aus dem Lande für den Fall einer feindlichen Großlandung bearbeitet hatte. Trotz dieses Erfolges mußte damit gerechnet werden, daß der Intelligence Service seine Organisation sofort wieder aufbaute;

3. die Action franco=anglaise, die von England aus durch Franzosen gesteuert wurde;

4. die sogenannte „Weiße Armee" in Belgien;

5. die kommunistische Organisation, welche die anderen Formationen überlappte und mit Terrorakten gegen Persönlichkeiten vorging, die als Begünstiger der Deutschen betrachtet wurden. Anfang Februar mußte mit 70—90 Überfällen in der Dekade gerechnet werden, wobei noch in Rechnung zu stellen war, daß aus Angst vor den Terroristen nur ein Teil der Fälle gemeldet wurde.

** Lagebuch 24. 3., 27. 3. ** b 9 *** Merkbuch 2. 2. (Chef WFStab) + Merkbuch 14. 2. (Major d. G. Friedel) ++ s. auch Lagebuch 10. 2.*

* In seiner Lagebeurteilung meldete der OB West am 10. 1., daß weitere Erfolge bei der Bekämpfung der Widerstandsorganisation erzielt worden seien. Reuter habe gemeldet, ein in London eingetroffener Führer habe erklärt, er sei der letzte von 50, der nicht verhaftet oder erschossen sei.

** Es gelang, wiederum eine Reihe von Widerstandsnestern auszuheben. Daß die französ. Polizei bei deren Aufdeckung nur lässig vorging, war zu erwarten; dagegen half sie verhältnismäßig gut bei der Abwehr britischer Agenten.

Die Widerstandsherde, die sich herausgebildet hatten, lagen vor allem im *** unbesetzten Frankreich, nämlich in Savoyen, um Aix und in den Ardennen, in geringerem Umfang auch im Raum Dijon – Avignon und bei Limoges. Um den Leichtsinn der eigenen Truppen in den gefährdeten Räumen zu unterbinden, gab der OB West einen scharfen Befehl heraus, in dem unter anderem angeordnet wurde, erforderlichenfalls sofort zu schießen, mit Sühnemaßnahmen durchzugreifen und – wo es sich als nötig erwies – den Ausnahmezustand zu erklären. Außerdem wurde in diesen Gebieten die Zuführung von Betriebsstoff unterbunden, da sich der Gegner bei den Überfällen durchweg der Kraftfahrzeuge bediente.

Ein Teil der Aktion konnte der französ. Polizei überlassen werden (s. unten: Polizei). Ende März liefen zwei Säuberungsunternehmungen der Wehrmacht + an: das eine in der Dordogne, durchgeführt durch 2 deutsche und 7 Ostbtl.e, das zweite, für das 4 Gebirgsjäger-Btl.e eingesetzt wurden, in Hochsavoyen.

++ Der Agentenfunkverkehr hatte sich im Februar gegen früher verdoppelt. Auch die Agentenversorgung nahm noch zu. Gelegentlich setzte der Gegner bis zu 100 Flugzeuge in einer Nacht zu diesem Zwecke ein. In der letzten Zeit des Monats wurden allein 1400 Trommeln und 11 Agenten sichergesetellt. Neu war der Abwurf von leichten Granatwerfern, was nach bereits vorliegenden Nachrichten eine Maßnahme sein sollte, die kurz vor Beginn einer Landung vorgesehen war.

+++ Am 8. 3. wurde erstmalig ein Terrorüberfall mitten in einer Stadt ausgeführt, nämlich in Clermont–Ferrand, wo eine zum Kino gehende Kompanie angefallen wurde.

*Eindringen in das feindliche Funkwesen*

Durch das Eindringen in das feindliche Funkspiel gelang es im März, Angriffe auf französ. Bahnhöfe vorher festzustellen (s. oben: Transportwesen). ○ Auch sonst wurden ausgezeichnete Erfolge erzielt. Der Führer erwog daher, ob man nicht dem feindlichen Nachrichtendienst in irgendeiner Form bekanntgeben solle, daß es seit langem gelungen sei, in seine Spionageorganisation einzudringen, um ihn zu veranlassen, seine Invasion hinauszuschieben. Er sah

* *Anl. b 15* ** *Merkbuch 12. 1. (Qu) S. 5* *** *Merkbuch 12. 2 (Major d. G. Friedel)*
\+ *Lagebuch 28. 3., 29. 3.* ++ *Lagebuch 7. 3.* +++ *Lagebuch 9. 3.*
○ *Merkbuch 28. 3. (Chef WFStab)*

jedoch den großen Nachteil eines solchen Schrittes darin, daß dadurch die Mög=lichkeit preisgegeben wurde, durch die Funkspiele zu täuschen und durch sie wichtige Erkenntnisse über die Invasionspläne zu gewinnen. Die bessere Lösung sei deshalb, daß man erst kurz vor dem erwarteten Zeitpunkt der Invasion die Bekanntmachung durchführe, um dadurch im letzten Augenblick noch eine abschreckende Wirkung zu erzielen.

## III. Die eigenen Maßnahmen zur Verstärkung des Westens, vornehmlich der Kanalfront

### 1. Maßnahmen in Verfolg der Weisung 51 und der ergänzenden Befehle

*a) Allgemeines*

* Zweck der am 3. 11. erlassenen Weisung und der ergänzenden Befehle war es (wie anfangs ausgeführt wurde), die Abwehrkraft des Westens zu stärken, besonders an der Kanalküste, wo die Küstenverteidigung aufgelockert und Reserven bereitgestellt werden sollten. Die zur Verstärkung des AOK 15 innerhalb des Westens vorgesehenen Bewegungen waren bereits am 12. 1. abgeschlossen. Insgesamt handelte es sich um die Verlegung von 11 Div.en und 2 Sich.=Regtern. Aus dem Südosten wurde die 278. Inf.=Div. und das Pz.=Gren.=Lehr=Rgt. 901 zugeführt, aus dem Bereich des Chefs H Rüst u. BdE das Pz.=Lehr=Rgt., 4 verstärkte Rgt.s=Gruppen und 5 Landesschützen=Btl.e.

Damit waren bereits am 12. 1. die Vorausmaßnahmen für den Fall „Blume" (Großlandung in Nordfrankreich) erfüllt bis auf die noch nicht abgeschlossenen ** Zuführungen aus dem Heimatkriegsgebiet (vgl. dazu Übersicht über die Trup=penbewegungen beim OB West vom 4. 1.).

*b) Einzelmaßnahmen*

Am 3. 1. teilte der Chef OKW dem OB West mit, daß nunmehr alle Maß=nahmen zur Verstärkung der artilleristischen Kampfkraft getroffen seien, die möglich waren, und an weitere Aufstellungen aus personellen und materiellen Gründen nicht gedacht werden könne. Nur die leichte Beobachtungsabt. 28 solle dem OB West noch zugeführt werden. Nunmehr solle die Offiziersstellenbe=setzung bei der Artillerie überprüft werden. Die Fehlstellen bei den Uffz.en und Mannschaften seien vom OB West selbst auszufüllen.

*** In Übereinstimmung mit dem OB West befahl der WFStab, daß 3 verstärkte Rgt.s=Gruppen des BdE im Küstenschutz zur Verstärkung der Abwehrkraft eingesetzt werden sollten und eine weitere der 348. Inf.=Div. unterstellt werde + (Nr. 1021—22, 1024—25, Eintreffen bis 18./19. 1.; der OB West forderte noch

* *Merkbuch 4. 1., 12. 1.*    ** *b 1*    *** *b 2*    + *b 18*

eine weitere Kampfgruppe für die Niederlande an). Der Führer verlangte jedoch am 6. 1., daß diese Rgt.s=Gruppe nicht eingesetzt, sondern im Hinblick auf die
* Gesamtlage und wegen des besonders ausgesuchten Menschenmaterials für größere Verbände ausgenutzt werden sollte. Es komme in der jetzigen Lage darauf an, möglichst viele Verbände zu schaffen, um über Reserven zu ver=
** fügen. Am 7. 1. bat der Stellv. Chef den Chef OKW dringend, daß die Auf= stellung wenigstens im Westen erfolge und die Verlegung, wie vorgesehen, durchgeführt werde. Am 12. 1. wurde befohlen, daß die vorhandenen 7 ver= stärkten Kampfgruppen zu 6 Inf.=Div.en ausgebaut werden sollten. Der OB West wurde daher am 12. 1. benachrichtigt, daß die Verlegung einer Kampf= gruppe in die Niederlande nicht in Frage komme.

*Aufstellungen, Anforderungen, Verlegungen, Unterstellungen im Januar: (mit Verweisen auf die Anlagen: b 4 usw.):*

*b 4*
6. 1.: Verlegungen der 182. Res.=Div. und der 21. Pz.=Div.
*b 5*
6. 1.: Beweglichkeit der 19. Luftwaffen=Feld=Div.
*b 11*
9. 1.: Aufstellung einer Battr. der Pz.=Lehr=Div. entfällt.
*b 16*
11. 1.: . . . material . . .[1]
*b 20*
12. 1.: . . .[1] für E=Batt beim AOK 15.
*b 22*
12. 1.: Verlegung der Pz.=Div. „Hermann Göring" und der 90. Pz.=Gren.=Div.
*b 27*
14. 1.: Anforderungen von Nachrichtenabteilungen.
*b 28*
14. 1.: Abgelehnter Antrag betr. bodenständigen Art.=Rgt.=Stab z.b.V.
*b 29*
14. 1.: Unterstellung FLK=Kp. 315 unter 21. Pz.=Div.
*b 30*
15. 1.: Verlegung von Reichsbahnpersonal.
*b 44*
16. 1.: Verlegung von Reichsbahnbetriebspersonal.
*b 49*
18. 1.: Aufstellung der Korps=Art.=Abt. des III. SS=Pz.=Korps.
*b 54—56*
17. 1.: Zuführung von LS=Batterien.
*b 61*
20. 1.: Verlegung des Nachschub=Btl. 801.
*b 63, 68*
22. u.: 24. 1.: Verlegung der Div. „Reich".
*b 64*
23. 1.: Einsatz von Wachhunden.
*b 71*
24. 1.: Festungskommandanturen.

* *Merkbuch 6. 1. (Chef WFStab) und 8. 1.* ** *b . .*[2]

1 Lücken im Ms.

2 Die Nummer zerstört.

*b 73*
26. 1.: Zuführung von 4 LZ=Brückengeräten.
*b 85*
28. 1.: Verlegung der Pz.=Lehr=Div.
*b 86*
29. 1.: Schulen der Luftwaffe im Bereich des AOK 1 und AOK 19.
*b 87–90*
29. 1.: Aufstellung weiterer Küstenbatterien in der Gironde=Mündung und der . . .[1]

*Zustandsberichte:*

*b 67* Stand vom 1. 1. 44.

### *c) Die Reise des Chefs WFStab in den Westen (6.–15. Januar) und die sich daraus ergebenden Maßnahmen*

Um sich an Ort und Stelle über den Stand der Verteidigung zu überzeugen, flog der Chef WFStab nach einer Rücksprache mit dem OB Südwest am 4.–6. * in Begleitung des Generals v. Buttlar und des Sachbearbeiters West, Maj. d. G. Friedel, nach Paris, wo er sich mit dem OB West besprach. Anschließend be= suchte er die Küste und kehrte dann am 15. 1. in das FHQu zurück, wo er am Abend dem Führer Vortrag hielt.

** Auf der Reise ergaben sich folgende Eindrücke: „Im großen ist der Ausbau in den Festungsbereichen als gut zu bezeichnen. In den übrigen Küstenstrecken handelt es sich nur um Sicherungen mit einzelnen Schwerpunkten. Einzelne Gebiete, wie z. B. die Westküste der Halbinsel Cotentin, können nur über= wacht werden. Die Anlagen sind zum Teil jetzt stärker ausgebaut, als Kräfte zur Verfügung stehen. Der Eindruck, den die Truppe macht, ist gut; die Ma= terialausstattung läßt noch zu wünschen übrig. Bei den feindlichen Bomben= angriffen gegen die Sonderbauten ist zu beachten, daß dadurch ein nicht un= wesentlicher Teil der feindlichen Luftstreitkräfte und des Bodeneinsatzes ge= bunden wird. Durchgreifende Maßnahmen gegen die feindliche Spionage sind letzten Endes doch nicht durchzuführen, weil der Gegner zu viele Mittel hat, um sich Einblick zu verschaffen. Wichtig ist, daß es gelingt, die innerfran= zösische Aufstandsbewegung in Schach zu halten. Hier sind in der letzten Zeit gute Erfolge erzielt worden."
(Vgl. dazu Mitteilungen des Majors d. G. Friedel über Einzelheiten, Merkbuch 19. 1.; und Auszüge aus den Besprechungspunkten Ic, Qu, Op L, Op M, Org., WPr., Gen. d. Pi., Chef WNV, Anl. 32–41.)

Bei seinem Vortrag schlug der Chef WFStab dem Führer vor (vgl. Stich= worte s. Anl. 31; Vortragspunkte s. Anl. 42): 1.) sofort eine Operationszone an der Küste zu errichten und 2.) im Falle einer Landung ganz Frankreich zur Operationszone zu erklären, 3.) die Inf.=Div.en hinter der Küste einzusetzen und von den bereitgestellten Div.en sofort die 344. Inf.=Div. in den Bereich der

* *Lagebuch 15. 1. und Merkbuch 20. 1.* ** *Merkbuch 20. 1.*
1 Lücke im Ms.

191. Res.=Div. einzuschieben, 4.) die schnellen Verbände hinter der Küste bereitzustellen (Verlegung der 21. Pz.=Div., Rückverlegung der 10. SS.Pz.=Div.), 5.) dem LXV.AK.z.b.V. eine Reihe von Vollmachten für die Sonderbauten zu übertragen, 6.) (OT=Einsatz: 13 569 Deutsche, 110 016 Ausländer, zus. 123 585), 7.) die Zuweisung des französ. Betriebsstoffes von der Waffenstillstandskommission auf den Mil.=Befehlshaber zu übertragen, 8.) (Scheitern der Auskämm=Aktion an Sondervollmachten), 9.) die Transport=Abt. Paris in den Stab des Mil.=Bfh. Frankreich einzugliedern. Er meldete 10.), daß die vom GenStdH zugesagten Waffenpakete bisher nur zum geringsten Teil eingetroffen und die Umbewaffnung der bodenständigen Div.en und der an der Küste eingesetzten Artillerie=Btl.e noch nicht erfolgt sei. Die Vorschläge Nr. 1, 3, 4 genehmigte der Führer voll, den Vorschlag Nr. 5 zum Teil.

Daraus ergaben sich folgende Maßnahmen: Dem OB West wurde am 16. 1.
* Anweisung wegen des Einsatzes bzw. der Verlegung der 344. Div., der 21. Pz.=Div. und der 10. SS=Pz.=Div. gegeben.

** Am 17. 1. bevollmächtigte der Führer den OB West, die Küstenzone (einschl. der südlichen) zum Operationsgebiet zu erklären, da er die Weisung 40 als nicht ausreichend ansah (dazu Notiz vom 25. 1., s. Anl. 81).

In diese Vollmachten wurde mit aufgenommen, daß der OB West bestimmen könne, welche Anforderungen der milit. Führung den Vorrang vor anderen Aufgaben haben sollten, da dieser gebeten hatte, daß er entscheiden könne,
*** welche Angelegenheiten wegen milit. Forderungen zurückzutreten hätten. Dies hatte besonders Bedeutung im Hinblick auf die Maßnahmen des GBA. Nach Ansicht des WFStabs verfügte der OB West bereits über diese Vollmacht; doch wurde seinem Wunsche durch diesen Satz entsprochen.

(Die Niederlande wurden in diese Vollmacht nicht einbezogen; für sie wurde am 28. 1. eine besondere Vollmacht ausgestellt; s. unten.)

In Ergänzung dieser Nachricht versandte am 18. 1. auf Anregung des
+ WFStabs hin der Chef der Reichskanzlei ein Rundschreiben an die obersten Reichsbehörden und Dienststellen, in dem sie zur Unterstützung des Kampfes im Westen mit allen Mitteln, d. h. zur Zurückstellung eigener Absichten auf-
++ gefordert wurden. Am 19. 1. faßte der WFStab die Maßnahmen, die in der Spannungszeit und im Falle einer erkannten Landung ausgelöst werden sollten, zusammen. Am gleichen Tage wurde dem OB West mitgeteilt, welche Küsten-
+++ verteidigungsbereiche als Festungen zu bezeichnen und welche Maßnahmen in ihnen zu ergreifen seien, nämlich

| | |
|---|---|
| in Holland: | Ijmuiden und Hoek, |
| im Bereich des AOK 15: | Dünkirchen, Boulogne, Le Havre, |
| im Bereich des AOK 7: | Cherbourg, St. Malo, Brest, Lorient, St. Nazaire, |
| im Bereich des AOK 1: | Gironde=Mündung Nord und Süd. |

** b 45 ** b 46, 48 *** Merkbuch 12. 1. (Qu) S. 4; 27. 1. (Qu) S. 1 + b 51, dazu Merkbuch 12. 1. (Qu) S. 4; 27. 1. (Qu) S. 1 ++ b 52 +++ b 58*

Am 27. 1. wurde dem OB West mitgeteilt, daß Marseille und Toulon wegen des unvollkommenen Ausbaus nicht als Festungen bezeichnet werden sollten (Anl. 79).

* Am 20. 1. wurden die den Kfz.=Raum betreffenden Anordnungen ergänzt
und dem OB West ergänzend mitgeteilt, daß der Führer auch noch das Ein=
schieben der 348. Div. an dem Flügel der 245. Div. genehmigt habe; weitere
Änderungen seien nun jedoch nicht mehr beabsichtigt. Dementsprechend wurde
** die Absicht der Heeresgruppe B, die 9. und 10. SS=Pz.=Gren.=Div. zu verlegen,
um die operativen Reserven näher an den Pas de Calais und das Artois her=
anzuziehen, am 24. 1. generell abgelehnt. Gleichzeitig wurde der OB West
darauf hingewiesen, daß die Pz.=Lehr=Div. Reserve der Obersten Führung sei
*** und daher deren Verlegung und Einsatz der Genehmigung bedürfe.

Damit waren nun, auf die Vorschläge des Chefs WFStab hin, rechts und links der Somme=Mündung je 1 Div. neu in der Küstenverteidigung eingesetzt.

Maßgebend war dabei, daß die Verlegungen sich auf keine großen Entfernungen erstreckten. Sie sollten verschoben werden, bis die feindl. Absichten genau erkannt waren, um auf diese Weise den noch nicht fertig aufgestellten Verbänden die Möglichkeit zu geben, ihre Ausbildung ungestört zu Ende zu führen.

Eine Verstärkung trat ferner dadurch ein, daß 3 Res.=Div.en in das Feldheer überführt wurden, ebenso 1 Res.=Korps. Außerdem wurde die erste Quote der blauen Eisenbahner in Stärke von 12000 Mann in den Westen verlegt; das Nachziehen von weiteren 8000 Mann war ins Auge gefaßt.

\+ Als der OB West die Verlegung der Pz.=Lehr=Div. als Reserve in den Bereich
++ des AOK 19 vorschlug, trat der WFStab am 28. 1. dieser Absicht entgegen; er
wies darauf hin, daß die 91. Div. aus dem Heimatkriegsgebiet hinter das
AOK 19 verlegt werden könnte.

+++ Für den Fall einer Landung im Südwesten oder Süden verbot der WFStab am 9. 2., Kräfte von der Kanalküste ohne Einverständnis des OKW abzuziehen.

### *d) Zustand der Verteidigung am Anfang Februar*

O Die rechts und links der Somme=Mündung eingesetzten Div.en wurden mit je 2–3 Btl.en in der Stellung gebunden, um sie gegebenenfalls schnell wieder herauslösen zu können. Als Reserven standen Anfang Februar hinter der Kanalfront außerdem noch 7 Inf.=Div.en, 3 Neuaufstellungen und 5 Pz.=Div.en bereit, die personell voll aufgefüllt waren und mit der materiellen Aufstellung in der folgenden Zeit fertig wurden. Zu diesen 15 Verbänden kamen noch 1 Res.=Div. und 2 Pz.=Res.=Div.en, die personell zum Teil sehr stark waren, in ihrem Wert aber nach den jeweiligen Abgaben schwankten. Das Stammper=

** Merkbuch 26. 1. (Stellv. Chef); b 59–60, dazu Merkbuch 19. 1. (Chef WFStab); b 62 ** b 65–66 *** b 70 + Lagebuch 2. 2. ++ b 85 +++ b 111 O Merkbuch 11. 2. (Major d. G. Friedel)*

sonal der Res.=Div.en war besonders gut; das kam besonders jenen Res.=Div.en zugute, die im Zuge der Verkleinerung des Ersatzheeres dem Frontheer eingegliedert wurden und nun als gute Divisionen angesehen werden konnten.

Die Absicht der Führung war, die Verstärkung an der Kanalküste so lange wie nur irgend möglich zusammenzuhalten. Sie rechnete damit, daß es nun das Bestreben des Gegners sein werde, durch Täuschungs= und Ablenkungsmanöver eine Verlegung dieser Reserven herbeizuführen.

Neben der personellen Verstärkung der Westfront lief die materielle weiter. Neu aufgestellt wurden 20 Batterien. Ferner wurden 260 Geschütze, der Mehrzahl nach aus der Sowjet=Beute, derart eingesetzt, daß bis zu den Abteilungen hinauf „rassereine" Einheiten hergestellt wurden. Geschütze, für die keine größeren Bestände zur Verfügung standen, wurden entweder ausgemerzt oder mit anderen der gleichen Art zusammengelegt.

Anfang Februar fand nur noch ein Austausch von Soldaten mit Erfrierungen 3. Grades[1] aus dem Osten gegen entsprechende Abgaben des Westens statt. Da es sich um 3000 Ostkämpfer handelte, war diese Maßnahme nicht unbedingt als Schwächung, vielleicht sogar als Stärkung der Westfront anzusehen.

Die Luftwaffe und die Kriegsmarine waren in gleicher Weise bemüht, ihre Abwehrkraft im Westen zu verstärken. Die Kriegsmarine führte außer 2 21 cm=Batterien noch eine Reihe von anderen Batterien zu und frischte weitere Batterien auf. Die Verstärkungen der Luftwaffe waren dagegen im Endergebnis vorerst noch nicht stärker spürbar. Die Jagdgeschwader in den Niederlanden unterstanden weiterhin dem Luftflottenkdo. Reich und sollten erst später der Luftflotte 3 unterstellt werden. Da sie jedoch in die Abwehr über dem Bereich OB West eingriffen, kamen sie ihm auch so zugute.

* Die vorgesehenen Maßnahmen faßte der OB West am 13. 2. in einem Befehl zusammen; an allen Fronten sollte Vorsorge getroffen werden, daß die Reserven in kürzester Zeit zum Eingreifen gebracht werden konnten. Das Pz.=Gr.=Kdo. West hatte ab 15. 2. alle ihm unterstellten mot. Reserven des OB West in erhöhte Marschbereitschaft zu setzen und zu diesem Zwecke in den Unterbringungsräumen aufzuschließen. Ferner sollten die Kampfgruppen der 271., 272. Div. und der 189. Res.=Div. in gleicher Weise bereitgehalten werden, ebenso die Kampfgruppe der 157. Res.=Div. im Raum von Digne. Dazu sollte das Leermaterial bereitgestellt werden.

Der OB West erbat in diesem Zusammenhang die Zuführung weiterer Kräfte aus dem Heimatkriegsgebiet an die Südfront und fragte an, ob er die 271. und 272. Div. dorthin verlegen könne (abgelehnt: s. unten).

Am 15. 2. machte der WFStab Vorschläge für den Einsatz von Fahrrädern
** zur Beweglichmachung bodenständiger Div.en im Westen (im Nov.=Januar geliefert 23 000 Räder, Fehl 11 000 Räder), um eine Schwerpunktbildung zu erreichen. Darauf erging ein entsprechender Befehl.

* *b 124* ** *b 126—127*

1 Ms.: 5. Grades.

* Am 17. 2. wurde der OB West ermächtigt, die Waffen der Versorgungseinheiten usw. für die Front heranzuziehen, da angenommen wurde, daß die Umbewaffnung vor der Landung nicht mehr zu Ende geführt werden könne.

*Aufstellungen, Anforderungen, Zuweisungen, Verlegungen, Unterstellungen im Februar*

*(mit Verweisen auf die Anlagen: b 193 usw.):*

*b 93*
1. 2.: Verlegung der Pz.=Lehr=Div. nur mit Erlaubnis des Führers.
*b 94*
1. 2.: Zuweisung von 50 schweren Paks.
*b 103*
5. 2.: Zustand 10. SS=Pz.=Div. und 2. Pz.=Div.
*b 104*
5. 2.: Eisenbahn=Pz.=Züge im Westen und Südwesten.
*b 105*
5. 2.: Ausstattung der 91. Inf.=Div.
*b 112*
9. 2.: Eingliederung von Flak=Kompanien in bodenständige Div.en.
*b 113—114*
2. u. 10. 2.: Einsatz der Luftlandeverbände des XI. Flieger=Korps.

*Merkbuch: Maj. d. G. Friedel*

12. 2.: Eingliederung der Ostbataillone.
*b 119*
11. 2.: Auffrischung der 2. SS=Pz.=Div. bis 15. 3.
*b 120*
12. 2.: Verwendung der 91. Inf.=Div. im Luftlandeeinsatz als OKW=Reserve.
*b 121, 123*
12. u. 14. 2.: Schulung der Heeres=Art.=Abt. (mot.).
*b 122*
13. 2.: 4 Pi=Rgt.s=Stäbe für OB West (abgelehnt).
*b 125*
15. 2.: 1 Festungs-Pi-Stab (abgelehnt).
*b 128*
15. 2.: Aufstellung der Pz.=Lehr=Div.
*b 141*
18. 2.: Notiz über abgelehnte Anträge.
*b 146*
18. 2.: Pz.=Jäger=Abt. für 9 Div.en.
*b 147*
18. 2.: Aufstellung von Stäben abgelehnt.
*b 149*
20. 2.: 1. Battr. 698 (Siegfried).
*b 150*
20. 2.: Sturm=Art. Personaleinheiten.
*b 153*
22. 2.: Einsatz der Battr. z.b.V. 928.
*b 160*
29. 2.: Zustandsbericht nach Stand vom 1. 2.

* *b 137*

### 2. Verschiebungen in der zweiten Hälfte des Februar

* Abänderungen des im Januar erreichten Zustandes wurden erst in der zweiten Hälfte des Februar eingeleitet. Am 17. 2. schlug der Chef WFStab am Schlusse seines Vortrages über die Feindlage, in der er im Anschluß an eine Lagebeurteilung der Abt. Fremde Heere-West vom 16. 2. einen feindl. Angriff gegen die südfranzös. Küste als die wahrscheinlichste Zielrichtung bezeichnete, dem Führer folgende, von diesem anschließend gebilligte Maßnahmen vor, in welche die Vorschläge mit eingearbeitet waren, die der am 14. 2. aus Südfrankreich zurückgekehrte Stellv. Chef WFStab auf Grund seiner Fronteindrücke [1] vorgebracht hatte:

Einschieben der 276. Inf.-Div. bei der 1. Armee, der 271. und 277. bei der 19. und der 275. Inf.-Div. bei der 7. Armee, und zwar so, daß diese Div.en (25. Welle) ihre Aufstellung weiter betreiben könnten (1 Rgt. und die Art. eingesetzt; Kopfstärke nur 10—13000 Mann, darunter je 3500 Rekruten; vorerst schwache Materialausstattung, jedoch bereits schon einige Teile in kampfkräftigem Zustand).

Verlegung der 9. SS-Pz.-Div. als Reserve zur 19. Armee bis zum 1. 3., dann Ablösung durch die Pz.-Lehr-Div., Zurücknahme nach Amiens[2] und dann Verlegung der 21. Pz.-Div. in den Raum nordostwärts Rennes (später dorthin die Div. „Hermann Göring").

Für später sah der Chef WFStab den Einsatz der 4. Fallschirm-Jg.-Div. als Reserve hinter der 19. Armee, die Zuführung der 1. Geb.-Div. zum OB Südwest, der 100. Jg.-Div. dorthin oder nach Südfrankreich und die Verlegung der 5. und 6. Fallsch.-Jg.-Div. nach Rennes und Besançon vor.

### 3. Maßnahmen zur Erhöhung der Verteidigungsbereitschaft im Laufe des März

** Der Führer glaubte nicht, wie er am 4. 3. ausführte, daß die Feinde eine Landung über den Kanal an sehr vielen Stellen durchführen würden, da dazu ihre Kräfte nicht ausreichten. Als vornehmlich bedroht sah er die Normandie und die Bretagne an, da sie sich zur Bildung von Brückenköpfen gut eigneten. Er wies in diesem Zusammenhang darauf hin, stark ausgebaute Stützpunkte mit genügend starker Besatzung zu versehen. Er forderte dazu eine Übersicht über die Stärke der Festungsbesatzungen, insbesondere an deren Landfronten.

*** Am 10. 3. schrieb der Chef des Gen.-Stabs des OB West über seine Auffassung der Lage einen persönlichen Brief an den Stellv. Chef WFStab.

Am 12. 3. brachte die „Brüsseler Zeitung" einen Aufsatz über Elite-Verbände im Westen mit Bildern des OB West und des SS-Obergruppenführers Dietrich, um den Gegner auf die erfolgte Verstärkung hinzuweisen.

* *Merkbuch 17. 2. (Chef WFStab), dazu Lagebuch 18. 2.* ** *Merkbuch 4. 3. (Chef WFStab), Notizen 4. 3. (Stellv. Chef)* *** *b 189*

1 Ms.: . . . eindrücke.

2 Ms.: dahinter in Klammern ein Fragezeichen.

* Am 13. 3. gab der Führer zu überlegen, ob es sich nicht empfehle, die in zweiter Linie eingesetzten Inf.=Div.en, die doch nur beschränkt beweglich seien, schon jetzt in die Küstenverteidigung einzugliedern, dadurch die Sicherungsabschnitte zu vermindern und als Eingreifreserve dann nur noch schnelle Verbände zu nehmen. Demgegenüber machte der Chef WFStab geltend, daß die Inf.=Div.en — mit Ausnahme der 77., 84. und 85. Inf.=Div., die noch in der Aufstellung begriffen seien — praktisch bereits in der Küstenverteidigung stünden, nämlich im Zwischengelände zwischen der Küste und der 2. Stellung. Alle Kräfte vorne hineinzustopfen, bringe große Gefahren mit sich, da die feldmäßigen Stützpunkte durch Bombenteppiche zerschlagen werden könnten. Die Artl. dieser Div.en 2.ter Linie wirke bereits jetzt vor dem Strand. Nur ostwärts Brest und südlich Cherbourg müßten Div.en in der Tiefe stehen bleiben, da dort die Gefahr von Luftlandungen groß sei.

** Darauf wurde die 352. Div. ostwärts der Halbinsel Cotentin eingesetzt.

Diese Tendenz, die vom OB West geteilt und vom Führer gebilligt wurde, lief darauf hinaus, daß die Reserven geschwächt, aber die Verteidigung selbst durchlaufend gestärkt wurden. Damit wurde der Forderung des Gen.=Feldm. Rommel entsprochen, der auf Grund seiner Besichtigungen den Grundsatz aufgestellt hatte, daß man den Feind bereits an der Küste schlagen müsse, da es sehr schwer sei, ihn zurückzuwerfen, wenn er erst einmal (wie bei Nettuno) Fuß gefaßt habe.

*** Am 20. 3. hielt der Führer im FHQu eine Besprechung mit den Oberbefehlshabern aus dem Westen über die Fragen ihres Bereiches im Anschluß an eine entsprechende Beratung über den Osten ab. Der OB West wies bei dieser Gelegenheit auf einige Leerräume in seinem Bereich hin.

Der Führer befahl darauf, dorthin einige neuaufgestellte Div.en zu verlegen; unter anderem sollte der Ersatz der Fallschirm=Jäger zur Verstärkung der Niederlande benutzt werden. Der OB West machte ferner darauf aufmerksam, daß er in Südfrankreich noch einen Führungsstab brauche (s. unten).

*Aufstellungen, Anforderungen, Zuweisungen, Verlegungen, Abgaben, Unterstellungen im März*

*(Mit Verweisen auf die Anlagen: b 161 usw.):*

*b 161*
1. 3.: I./Pz.=Rgt. 3 zur 2. Pz.=Div.

*b 163*
1. 3.: Zuweisungen von Fahrrädern.

*b 164*
2. 3.: Aufstellung der 5. Fallsch.=Jg.=Div.

*b 170*
5. 3.: Abkommandierung von Offz.en zu den Kämpfen bei Nettuno.

* *Merkbuch 13. 3. (Chef WFStab), 18. 3. (Gen. v. Buttlar)* ** *Lagebuch 16. 3.*
*** *Merkbuch 18. 3. (Stellv. Chef WFStab), Lagebuch 21. 3., Merkbuch 18. 3. (Gen. v. Buttlar), 25. 3. (Stellv. Chef WFStab).*

*b 172*
6. 3.: Verwendung der 3 Res.=Pz.=Div.en.
*b 173*
7. 3.: Stab Pz.=Brig. 10 mit Pz.=Rgt.s=Stab 9 und 39 sowie Ausbildungsstab für Tiger=Abt.: OKW=Reserve.
*b 176*
9. 3.: Bereitstellung der 353. Inf.=Div. und der 3. Fallsch.=Jg.=Div. in der Bretagne.
*b 177*
10. 3.: Zuführung des Pz.=Rgt.s=Stabes 9 (s.: 7. 3.).
*b 179*
10. 3.: Zuführung von Fla.=Kp.en.
*b 184*
13. 3.: Einsatz von 2 weiteren Gren.=Btl.en (mot) in der Küstenverteidigung abgelehnt.
*b 185*
13. 3.: E=Art. für den OB West.
*b 186*
13. 3.: Abgabe von 2 schw. H.=Battr.en an den OB Südwest.
*b 187*
13. 3.: ...[1] Abt. der Pz.=Lehr=Div., schw. H.=Artl.=Abt. 992.
*b 190*
17. 3.: Einsatz der 352. Inf.=Div. im Küstenschutz.
*b 191*
17. 3.: Verbleiben der II./Pz.=Rgt. 100 der 21. Pz.=Div.
*b 193*
19. 3.: Rückverlegung der 21. Pz.=Div.
*b 194*
20. 3.: Nunmehrige Aufstellung der Pz.=Div.en.
*b 196*
21. 3.: Verwendung der Chefs der Gen.=Stäbe im Westen.
*b 197*
21. 3.: Stand der 3. und 5. Fallsch.=Jg.=Div., des II. Fallsch.=Jg.=Korps und des Fallsch.=Jg.=Ausbildungs=Rgt. 1.
*b 198*
21. 3.: Verlegung der Pz.=Abt. 301 (FKL).
*b 204*
21. 3.: Etatisierung des Div.=Stabes 721 z.b.V. in den Westen genehmigt.
*b 207*
23. 3.: Sturmgeschütze beim OB West.
*b 211*
24. 3.: Einsatz der 272. Inf.=Div. beim AOK 19.
*b 212*
24. 3.: Einsatz der SS=Brig.=Wallonien und der SS=Baubrig. (?).
*b 213*
28. 3.: 1 Battr. für die Insel Alderney.
*b 214—217*
28. 3.: Panzer bei OB West.
*b 218*
28. 3.: Flak gegen Luftlandungen bei Brest und Cherbourg.
*b 219*
28. 3.: Zustandsberichte nach dem Stand vom 1. 3.
*b 220*
29. 3.: MG=Btl.e im Bereich des OB West.

1 Im Ms. eingerückt, also einige Buchstaben ausgefallen.

*b 165*

Die Verpflegungsstärke im Westen belief sich am 1. 3. auf:

| | |
|---|---|
| Heer | 806 927 Mann |
| SS und Polizei | 85 230 Mann |
| Freiwillige (Ausländer und Osttruppen) | 61 439 Mann |
| Verbündete | 13 631 Mann |
| Luftwaffe | 337 140 Mann |
| Kriegsmarine | 96 084 Mann |
| Wehrmacht | 1 400 451 Mann |
| Wehrm.=Gefolge | 145 611 Mann |
| Kriegsgefangene | 48 018 Mann |
| Köpfe | 1 594 080 Mann |
| dazu Pferde | 94 959 Mann |

(Anl. b 226: Stand vom 31. 3.)

## 4. Abgaben des OB West an bedrohte Fronten und deren Ersetzung durch andere Verbände im Februar/März

Die in der Weisung 51[1] zum Ausdruck gekommene Absicht, den Westen nicht mehr als Truppenreservoir für die anderen Fronten zu benutzen, sondern ihn so zu verstärken, daß einer Großlandung mit Aussicht auf Erfolg entgegen=getreten werden könnte, blieb weiterhin maßgebend. Doch konnte sie nicht strikt durchgeführt werden, da

1) die Anglo=Amerikaner am 22. 1. bei Nettuno landeten,[2]

2) die innere Lage in Ungarn es erforderlich machte, am 28. 2. die Vorberei=tung des Falles „Margarethe" (Besetzung Ungarns)[3] zu befehlen und ab 19. 3. durchzuführen,

3) die Entwicklung auf dem Südflügel der Ostfront so bedrohlich wurde, daß er nur durch schleunige Zuführungen von anderen Kriegsschauplätzen wieder abgestützt werden konnte.[4]

Es mußte daher auf alle anderen Fronten, also auch auf den Westen zurück=gegriffen werden. Zum Teil wurden die Abgaben[5] dadurch ausgeglichen, daß inzwischen neue Verbände fertig wurden.

Als OKW=Reserve wurden nämlich im Osten des Bereiches des OB West folgende Verbände aufgestellt: aus den Panzerlehrtruppen des BdE bis zum 1. 3. die Panzer=Lehr=Div., die als Luftlande=Div. vorgesehene 91. Div., von der Anfang Februar 1 verstärktes Rgt. einsatzbereit war, und die 3. Fallsch.=Jg.=Div., von der zur gleichen Zeit 5000 Mann bei Reims lagen und 7000 Mann auf den Springschulen im Heimatkriegsgebiet ausgebildet wurden (für diese Div. war Lufttransport vorgesehen).

* *Merkbuch 12. 2. (Major d. G. Friedel)*

1 Vgl. den „Dokumententeil" A. I. 1.

2 Vgl. den 2. Abschnitt.

3 Vgl. den 3. Abschnitt.

4 Vgl. den 1. Abschnitt.

5 Ms.: sie.

Die Abgaben des OB West für Italien sind im einzelnen behandelt worden in der Parallelausarbeitung über den Südwesten [1].

Entscheidend für den Westen war, daß die Pz.=Div. (später: Fallsch.=Pz.=Div.) „Hermann Göring" durch die Kämpfe in Italien gebunden und dadurch die vorgesehene Verlegung nach Frankreich hinfällig wurde.

* Am 4. 2. schlug der Chef WFStab dem Führer vor, die im Westen aufgestellte 9. SS=Pz.=Div. an die Front von Nettuno heranzuziehen, da wegen der Wetterlage mit einer feindl. Landung gegen die nordfranzös. Küste in nächster Zeit nicht gerechnet zu werden brauchte. Der Führer hatte die Bedenken, daß die Div. eine der wenigen einsatzfähigen Verbände im Westen darstelle und nicht zur Verfügung stehen würde, falls sie eingesetzt sei und dann eine Landung im Westen erfolge. Außerdem würde ihre Einsatzfähigkeit leiden. Am 5. 2. wiederholte der Chef WFStab seinen Vorschlag; der Führer wiederholte seine Bedenken und forderte Vortrag über den Zeitbedarf des Antransportes. Auf die Meldung, daß 8—9 Tage erforderlich seien, erklärte sich der Führer mit einer Verlegung einverstanden, falls eine weitere Landung in Italien erfolgen sollte. Darauf wurden die erforderlichen Transportvorbereitungen getroffen; jedoch wurde die Div., da der Gegner sich mit einem Brückenkopf begnügte, im Westen belassen.

** Am 16. 2 regte der Führer an, die noch in der Aufstellung befindliche 5. und 6. Fallsch.=Jg.=Div. in den Bereich der 7. Armee zu verlegen.

*** In der 2. Februarhälfte wurde zur Auffrischung im Westen die 11. Pz.=Div. aus dem Osten vorgesehen. Am 27. 2. entschied der Führer, daß nicht sie, sondern die SS=Div. „Adolf Hitler" (Kopfstärke 17 000 Mann) nach dem Westen verlegt werden sollte, und zwar in den Raum von Brüssel. Die mittlerweile in den Süden (s. unten) verlegte 9. SS=Pz.=Div. konnte daher bei der 19. Armee verbleiben, die außerdem die Pz.=Lehr=Div. erhalten sollte, damit sie über 2 schnelle Verbände verfügte.

Die Absichten wurden jedoch hinfällig, da wegen der schlechten Lage an der Ostfront die Div. „Adolf Hitler" nicht verlegt werden konnte und die Pz.=Lehr=Div. in den Raum von Wien verlegt werden mußte, da sie bei der Besetzung Ungarns (s. Ausarbeitung „Margarethe" [2]) teilnehmen sollte. Für Operationen in Ungarn [3] gab der OB West ferner ab:

das Gen.=Kdo. LVIII. AK. und kleinere Verbände.

\+ Am 16. 3. wurde außerdem noch die 21. Pz.=Div. bereitgestellt. Jedoch wurde bereits während ihres Antransportes eine unblutige Lösung herbeigeführt, so daß sie gleich wieder umgedreht bzw. angehalten werden konnte. Daher war sie bereits am 24. 3. wieder mit allen Teilen im Raum von Reims eingetroffen.

* *Merkbuch 4. 2. (Chef WFStab), 5. 2. (Chef WFStab)* ** *Merkbuch 16. 2. (Chef WFStab)* *** *Lagebuch 28. 2.* + *Merkbuch 18. 3. (Gen. von Buttlar) und Lagebuch 25. 3.*

1 Vgl. oben S. 122 Anm. 2 und unten den 5. Abschnitt.

2 Vgl. den 3. Abschnitt.

3 „in Ungarn" ergänzt.

* Um einen Ausgleich dafür zu schaffen, daß dem OB West die 21. Pz.=Div. sowie die Pz.=Lehr=Div. genommen wurden und ihm die Pz.=Div. „Adolf Hitler" sowie die Pz.=Div. „Hermann Göring" nicht zugeführt werden konnten, wurde Mitte März die Umgliederung der 3 Pz.=Res.=Div.en in Pz.=Div.en befohlen. Dafür wurden Stämme der 9. SS=Pz.=Div. sowie der 10. und 16. SS=Pz.=Gren.=Div. zur Verfügung gestellt. Diese Maßnahme hatte jedoch den Nachteil, daß sie sich erst nach geraumer Zeit auswirken konnte.

** Ende des Monats März machte die bedrohliche Entwicklung im Süden der Ostfront es erforderlich, ihr die Sturmgeschütze von 5 Eingreif=Div.en im Westen zur Verstärkung der rumän. Verbände zur Verfügung zu stellen sowie 1 Div. der 21. Welle abzutransportieren (Der Befehl erging in der Nacht zum 24. 3.). Für diese Div. wurde vom Truppenübungsplatz Wahn eine noch in der Aufstellung begriffene Div. in den Westen verlegt.

*** In der Nacht zum 24. 3. wurde Befehl gegeben, auch noch die 249. Div. (21. Welle) ab 25. 3. mittags für den Abtransport in den Osten bereitzustellen; sie und die Sturmgesch.=Abt. wurden sofort abgefahren. Am 26. 3. mußte auch das II. SS=Pz.=Korps mit der 9. und 10. SS=Pz.=Div. an den Osten abgegeben werden (s. oben); der Abtransport konnte am 27. 3. beginnen. In der gleichen
\+ Zeit mußten, da die Eisenbahnschäden im ital. Bahnnetz noch schwerer wogen als die im Westen, Eisenbahnpioniere an den Südwesten abgegeben werden.

\+\+ Am 21. 3. genehmigte der WFStab, daß — wie der OB West am 20. 3. vorgeschlagen hatte — die 179. Res.=Pz.=Div. in den Raum nordwestl. Paris und die 155. Res.=Pz.=Div. in den Raum von Carcassonne verlegt wurden. Der GenStdH wurde angewiesen, die aus dem Osten zuzuführenden Teile der 16. Pz.=Gren.=Div. in den Raum nordwestl. Paris und die der 9. Pz.=Div. in den von Carcassonne zuzuführen. Die Verwendungsbereitschaft der 3 Res.=Pz.=Div.en (155. Res.=Pz.=Div. und 9. Pz.=Div., 179. Res.=Pz.=Div. und 16. Pz.=Gren.=Div., 273. Res.=Pz.=Div. und 10. Pz.=Gren.=Div.) sollte bis zum 1. 5., bzw. 15. 5., bzw. 15. 6. erreicht sein. Durch die neue Unterbringung, die durch die Rückverlegung der 21. Pz.=Div. von Ungarn in den Raum von Reims ermöglicht wurde, war eine Verstärkung hinter dem rechten Flügel des AOK 15 und hinter dem rechten Flügel des AOK 19 erreicht.

\+\+\+ Als das II. SS=Pz.=Korps an den Osten abgegeben werden mußte, wollte der OB West die 12. SS=Pz.=Div. in den Raum der 10. SS=Pz.=Div. verlegen, die 9. Pz.=Div. nicht bei Carcasonne, sondern im Raum der 9. SS=Pz.=Div. (Avignon) aufstellen und die 2. SS=Pz.=Div. im Raum von Pontoise als Eingreifreserve für die 19. und 1. Armee bereitstellen.

o Die weitere Verschärfung der Lage im Osten machte es erforderlich, daß der Führer am 26. 3. anordnete, daß dem GenStdH auch noch das II. SS=Pz.=Korps mit der 9. und 10. SS=Pz.=Div. zur Verfügung gestellt werde. Eine zeitweise Schwächung der Westfront wurde bewußt in Kauf genommen.

** Merkbuch 18. 3. (Gen. v. Buttlar) ** Merkbuch 24. 3. (Gen. v. Buttlar) *** Lagebuch 25. 3., 26. 3. + Lagebuch 27. 3. ++ b 194, 199 +++ b 215 o Merkbuch 26. 3. (WFStab)*

Da nunmehr nur noch die 21. Pz.=Div. als beweglicher schneller Verband im Westen voll einsatzbereit zur Verfügung stand, befahl der Führer, daß die übrigen schnellen Verbände im Westen, die alle noch in der Aufstellung begriffen waren, nämlich die 2. SS=Pz.=Div., die Res.=Pz.=Div.en, die 17. SS=Pz.=Gren.=Div. usw., nunmehr beschleunigt mit dem noch fehlenden Material aus- * gestattet wurden. Der OB West wollte die entstandenen Lücken auf folgende Weise schließen: in den Raum der 10. SS=Pz.=Div. die bisher in den Niederlanden eingesetzte 13. SS=Pz.=Div., in deren Raum die Fallsch.=Jg.=Aufbau=Div. und in den Raum der 9. SS=Pz.=Div. die 155. Res.=Div., ferner Verlegung der 5. Fallsch.=Jg.=Div., die erst in den Anfängen der Aufstellung stand, auf die Halbinsel Cotentin.

#### 5. Erweiterung des Aufgabenbereichs der Heeresgruppe B

Ab 1. 1. 1944 war dem OB West — wie eingangs ausgeführt wurde — auf seinen Vorschlag hin das Heeresgruppen=Kdo. B (Gen.=Feldm. Rommel) unterstellt worden, um es unmittelbar in die Küstenverteidigung einzuschalten.

** Durch den Befehl vom 15. 1. unterstellte der OB West der Heeresgruppe ab 15. 1. 12.00 den Wehrmachtbefehlshaber Niederlande sowie die 15. und 7. Armee in allen Vorbereitungen für die Küstenverteidigung und für die Küstenverteidigung selber im Sinne der Führerweisung 40. Die grundlegenden Befehle des OB West für die Küstenverteidigung und die Kampfführung sowie die hierfür getroffenen organisatorischen Maßnahmen aller Art sollten unverändert weiterbestehen. Die Heeresgruppe B erhielt demnach den Auftrag zur Verteidigung der Küste in Holland, Belgien und Nordfrankreich nach den grundlegenden Befehlen und den Weisungen des OB West. Die Vorbereitungen sollten so fortgesetzt werden, daß der feindl. Angriff bereits auf dem Wasser und am Strande zerschlagen werden konnte. Maßnahmen, die sich operativ auswirkten, sollten dem OB West zur Entscheidung vorgelegt werden. Alle Befehle betreffend Ausbildung, Organisation und Bevorratung an die Armeen behielt sich der OB West vor. Das Heeresgruppen=Kdo. wurde angewiesen, enge Fühlung mit der Marine=Gruppe West und der Luftflotte 3 zu halten; in Zweifelsfällen wollte der OB West die Entscheidung fällen.

Im gleichen Befehl regelte der OB West die Stellung des P z. = G r e n. = K d o. W e s t, das die Befugnisse eines Pz.=AOK erhielt und dem OB West unmittelbar unterstellt wurde. Ihm wurden alle schnellen Verbände des OB West (einschl. der mot. 715. Inf.=Div.) unterstellt.

Daneben blieb der dem Gen.=Feldm. Rommel erteilte Auftrag, die Küste auf ihre Verteidigungsbereitschaft zu überprüfen, bestehen.

*** Im Verfolg derselben legte die Heeresgruppe B nach Überprüfung des Verteidigungszustandes von Dänemark eine weitere Stärkenachweisung[1] über die

* *Lagebuch 26. 3.* ** *b 23*
*** *In den Akten Op H, dazu b 26.*
1 Ms.: Stärke.

Verteidigungsbereitschaft im Artois vor, zu der der WFStab am 14. 1. Stellung nahm.

Nach dem Vortrag des Gen.=Feldm. Rommel im FHQu am 20. 3. genehmigte der Führer dessen Vorschlag, ihm größeren Einfluß auf die schnellen Verbände (OB West=Reserve) zu geben und die 19. und die 1. Armee gleichfalls der Heeresgruppe B im Hinblick auf den Ausbau der Küstenverteidigung zu unterstellen. Der Gen.=Feldm. erhielt das Recht, deren Maßnahmen zu überprüfen, Abänderungsvorschläge zu machen und Aufgaben zu stellen.

Damit wurde die Stellung der Heeresgruppe B stärker in den Bereich des OB West eingebaut, als anfangs vorgesehen worden war. Denn da bei der Erteilung des Auftrags der Gedanke maßgebend war, den Gen.=Feldm. Rommel je nach der Bedrohung der Fronten auch an anderer Stelle einzusetzen, war der Heeresgruppe B nur die taktische Führung der 15. und 7. Armee übertragen worden. Sie stand daher auf dem Standpunkt, daß sie für Ausbildung, Versorgung usw. nicht zuständig sei. Andererseits sah der OB West in den Kompetenzen, die dem Gen.=Feldm. Rommel nunmehr im Bereich der 1. und 19. Armee eingeräumt wurden, eine solche Einengung seiner Stellung, daß er davon sprach, seine weitere Verwendung scheine ihm nicht mehr am Orte. Es gelang jedoch, diese Schwierigkeiten auszuräumen.

Da dem Gen.=Feldm. Rommel auch noch die Überprüfung der Küste im Bereich der AOK 1 und 19 übertragen wurde (s. unten), wurde sein Aufgabenbereich auch noch nach dieser Seite hin erweitert.

### 6. Weiterer Ausbau des Atlantik=Walls

In seiner Lagebeurteilung vom 10. 1. meldete der OB West, der Ausbau der Westküstenfront sei fortgeschritten, sie weise jetzt 8478 Anlagen auf. Der feldmäßige Ausbau der 2. Stellung werde überall fortgesetzt. Die Teilnahme von zivilen Arbeitskräften sei teilweise zufriedenstellend, in dünn besiedelten Gebieten dagegen stockend. Ähnliches gelte für die Südfront.

Der weitere Ausbau wurde im Laufe der folgenden Wochen und Monate mit dem größtmöglichen Nachdruck fortgesetzt, um auch materiell eine Landung des Gegners, wenn nicht zu vereiteln, so doch zu erschweren.

* Auf Grund der ihm am 19. 1. und 27. 1. erteilten Befehle (s. oben) erließ der OB West (ergänzt am 7. und 27. 2.) am 3. 2. seinen „Grundlegenden Befehl Nr. 36 über Festungen und Festungskommandanten".

** Am 12. 2. wurden auch noch die 3 Kanalinseln zu Festungen erklärt.

*** Am 20. 2. wollte der Führer im FHQu eine Besprechung mit dem OB und den Festungskomandanten im Westen abhalten; doch wurde die Durchführung bis in die 2. Hälfte des März hinausgeschoben.

** b 100, 106, 107 ** b 118, 166 *** b 117*

* Über die Frage, ob außer den Kanalinseln auch Calais und La Rochelle zu Festungen erklärt werden sollten, legte der WFStab am 29. 2. eine Notiz vor.

** Auf Befehl des Führers wurden die Stützpunkte auf lange Zeit, zum Teil sogar für 8 Monate[1] bevorratet. Durch die Ausführung dieses Befehls, der große Mengen festlegte, kam es dazu, daß die befohlene Munitionsausstattung nicht bei allen Munitionsarten, besonders nicht bei der leichten und schweren Inf.=Munition, erreicht wurde und die Munitionierung in die Tiefe fehlte. Der Führerbefehl wurde daher Ende Februar dahin abgeändert, daß die Bevorratung nicht für alle Küstenbefestigungen gleichmäßig durchgeführt werden sollte, sondern gestaffelt nach

1.) Festungen,
2.) Stützpunkten mit Rundumverteidigung,
3.) Widerstandsnestern.

Auf diese Weise gelang es, eine Munitionsreserve zu schaffen.

*** Auf Grund einer Meldung des Generals der Pioniere und Festungen sprach sich der WFStab am 4. 3. gegen eine Erklärung Toulons zur Festung aus.

\+ Am 5. 3. wurde der OB West auf Befehl des Führers zur Meldung aufgefordert, wie die Festungen gegen Luftlandungen gesichert, wie stark sie besetzt und welche Maßnahmen zu ihrer Verstärkung ergriffen seien. (Notiz über die Besatzungen der Festung Brest vom 10. 3. s. Anl. b 178, über den Genter Brückenkopf s. Anl. b 180, über die belg. und holländ. Befestigungen Notiz und Befehl vom 10. 3. bzw. 21. 3. s. Anl. b 182 und 205; Notiz über den Stützpunkt Klingendael bei Scheveningen s. Anl. b 183; Notiz über die Befugnisse der Kampfzonen= und Festungskommandanten vom 16. 3. s. Anl. b 200 – 203; Verstärkung des Stützpunktes Klingendael s. Anl. b 202; Notiz vom 29. 3. über die Ausstattung der Festungen im Bereich OB West s. Anl. b 221; Schreiben des Chefs OKW an den OB West vom 29. 3. über die Unterstellung und gerichtsherrlichen Befugnisse inner= und außerhalb der Festungen; Fernschreiben an den Gen. d. Pi. und Festungen vom 31. 3. über Panzerminen).

## IV. Die Verteidigung der übrigen Fronten im Bereich des OB West

### 1. Maßnahmen in den Niederlanden

#### *a) Die Frage der Küstenzone*

Im Zusammenhang mit der Vorbereitung der Vollmacht, die dem OB West am 17. 1. erteilt wurde und die ihn ermächtigte, die Küstengebiete zur Kampf=[2]

++ zone zu erklären, wurde auch erwogen, sie auf die Niederlande mit auszu=

** b 158, 166 ** Merkbuch 29. 2. (Qu) S. 41, dazu b 210 *** b 168 + b 171*

*++ Merkbuch 12. 1. (Qu) S. 5, 27. 1. (Qu) S. 1*

1 Ms.: Wochen.

2 Ms.: Kanal=.

dehnen. Hier ergab sich die Schwierigkeit, daß der Reichsbevollmächtigte im
Falle einer Landung für den wesentlichen Bereich seines Amtes der Wehrmacht
unterstehen und dadurch die früher erörterte Frage seines nach Ansicht der
Wehrmacht zu nahe zur Küste gelegenen Amtssitzes (Den Haag) von neuem auf=
geworfen würde. Es wurde in Aussicht genommen, daß die dem OB West zu
erteilende Vollmacht im Gegensatz zu den anderen Bereichen nicht übertrag=
bar sein solle. Da der Chef WFStab die Frage an Ort und Stelle prüfen wollte,
wurde die Entscheidung vorerst zurückgestellt und daher bei Erlaß der Belgien
und Frankreich betreffenden Vollmacht noch nicht einbezogen. Sie zog sich dann
noch weiter hin, da die Stellungnahme der Reichskanzlei abgewartet werden
* mußte. Am 28. 1. wurde dann die Vollmacht erteilt; in dieser wurde dem OB
West entgegen der anfänglichen Absicht das Recht gegeben, seine Vollmacht
auf den Wehrmacht=Befehlshaber Niederlande zu übertragen (dazu zwei gene=
relle Notizen und eine spezielle des WFStabs).

*b) Stärkung der Verteidigung*

** Am 27. 1. wurde dem OB West mitgeteilt, wie vorzugehen sei, falls Zerstö=
rungen in Rotterdam erforderlich werden sollten. Am 28. 1. wurde befohlen,
daß die vorgeschlagenen Überschwemmungen im Bereich der 719. Inf.=Div. so=
*** fort einzuleiten seien.

\+ Am 8. 2. hielt der Ia der in Südholland eingesetzten 719. Inf.=Div., Major
v. Plehve[1], zusammen mit einem Oberbaurat Vortrag über Umfang und Durch=
führung der vorgesehenen Überschwemmungen. Nachdem der Chef WFStab
das Ergebnis dem Führer vorgetragen hatte, erteilte dieser seine Genehmigung.

Durch die Überflutungen, für die ein Präzedenzfall vorlag, da die Holländer selbst im Jahre 1940 entsprechende Maßnahmen ergriffen hatten, wurde Süd=holland mit den davor liegenden Inseln weitgehend gesichert. In Kauf ge=nommen werden mußte, daß 8—10 % der holländ. Agrarproduktion ausfielen und etwa 25 000 Menschen ihre Wohnstätten[2] verlassen mußten.

Weiter nach Norden griff wegen der Geländeverhältnisse die Überschwem=mung weniger weit in das Hinterland, aber auch hier trat ein Ausfall von 2 bis 3 % der Agrarerzeugung ein. Weitere Maßnahmen im Hinterlande bedeuteten keine dauernde Schädigung; jedoch wurde dort, wo Seewasser hereingelassen werden mußte, der Boden für 5 Jahre mehr oder minder unbrauchbar gemacht.

Die tief einschneidende Wirkung dieser Maßnahmen wurde voll in Rech=nung gestellt; doch gab der Gedanke, daß der Ernst der milit. Lage sie er=fordere, den Ausschlag.

Der Reichskommissar, der gut mit der Wehrmacht zusammenarbeitete, ver=

** b 81—84 ** b 74, 75 *** b 81—84, 97 + Merkbuch 12. 2. (Major d. G. Friedel)*

1 Ms.: Plehar.

2 Ms.: Werkstätten.

* langte bei den Maßnahmen zur Überflutung eingeschaltet zu werden. Die Wehrmacht erkannte dies als berechtigt an und verfuhr entsprechend.

** Über die getroffenen Maßnahmen schrieb der Chef OKW am 27. 2. dem Reichsernährungsminister einen Brief.

*** Ende des Monats wurde der OB West von neuem vorstellig, weil dem Wehrmachtbefehlshaber Niederlande Reserven fehlten. Der WFStab teilte ihm darauf am 27. 2. fernmündlich mit, daß dafür keine Kräfte vorhanden seien und er versuchen solle, Aushilfsmaßnahmen durchzuführen.

Anlaß dazu war, daß zwar durch die Überflutungen die Verteidigung vorbereitet war, daß aber nördlich der Themse vom Gegner unter General Anderson eine Reihe von Verbänden bereitgestellt wurde. Im Falle, daß sich diese Gruppe gegen die Niederlande werfen sollte, standen dem Wehrmachtbefehlshaber zwar 50000 Mann Alarm= und Reserve=Einheiten zur Verfügung, aber keine kampfkräftigen Verbände. Dieser Zustand verschlechterte sich Anfang März noch dadurch, daß aus den Niederlanden die dort bisher untergebrachten Teile der Pz.=Div. „Hermann Göring" weggezogen wurden.

\+ Am 5. 3. wurde eine Verschiebung vom 5. auf den 9. 3. genehmigt. Bis 12. 3. waren bereits 20 v. H. der vorgesehenen Fläche überflutet. Von diesem Tage an wurden die erforderlichen Maßnahmen im verstärkten Maße weitergeführt. Am 22. 3. begann die Überflutung im Raum von Rotterdam, das inzwischen durch einen Damm geschützt wurde.

++ Einen Aufsatz über die Überflutungen brachte die „Brüsseler Zeitung" am 12. 3.

+++ Am 21. 3. erhielt der OB West den Befehl des Führers zur Verlegung der neu aufzustellenden Fallsch.=, Ausbau= u. Ers.=Div.en in die Niederlande.

**2. Maßnahmen in der Bretagne**

In der Mitte des Februar ergab sich, daß der Südwesten Englands verstärkt wurde, unter anderem durch 2 Luftlande=Div.en, und der Schiffsraum in Bristol zunahm.

Am 20. 2. brachte der Führer die Besorgnis zum Ausdruck, daß Brest und die
O Bretagne als gefährdet anzusehen seien; er drängte deshalb auf den Zufluß von Verstärkungen.

Es wurde daher befohlen daß die 3. Fallsch.=Jg.=Div.[1], von der Teile bei Reims
OO lagen, weitere Teile in den Springschulen des Heimatkriegsgebietes, in die Bretagne verlegt und hier ihre Aufstellung zu Ende führen sollte.

Luftaufklärung ergab am 28. 2., daß an der Westspitze von Cornwall nur eine
OOO geringe Anzahl von Landebooten vorhanden war.

* *Merkbuch 17. 2. (Qu) S. 6, dazu b 151, 154, 162, 181* ** *b 157* *** *Lagebuch 28. 2., Merkbuch 9. 3. (Gen. v. Buttlar)* + *b 169, Lagebuch 12. 3., 21. 3.* ++ *zu 12. 3.* +++ *b 195* O *Lagebuch 21. 2., 22. 2., Merkbuch 25. 2. (Gen. v. Buttlar)* OO *s. auch Lagebuch 18. 2.* OOO *Lagebuch 29. 2.*

1 Ms.: 3. SS=Pz.=Div.; vgl. den übernächsten Absatz.

* Am 17. 2. wurde dem AOK 7 befohlen, die noch beweglichen Pz.=Gren.=
Bataillone der 155. und 179. Res.=Div. in der Küstenverteidigung einzusetzen,
** am 18. 2. der Einsatz bzw. die Zuführung der 275. Div. und der 3. Fallsch.=Jg.=
*** Div., die mit etwa 4500 Mann im Raum von Reims, mit etwa 7500 Mann auf
Schulen im Reich lag. Ihr Einsatz ostwärts Brest zur Abwehr von Luftlandungen
wurde am 18. 2. durch Sonderbefehl geregelt. Der OB West meldete dazu seine
\+ Absichten am 22. 2. (überprüft am 9. 3.)

### 3. Der Bereich des AOK 1: Südwestfront und Pyrenäengrenze

#### *a) Erwägungen über eine feindliche Besetzung Portugals und einen Angriff gegen die Biscaya=Front im Laufe des Januar*

++ Am 7. 1. beurteilte der Führer die Möglichkeit einer Landung der Alliierten
in Portugal als unwahrscheinlich, da sie mit einem großen Risiko verbunden
sein würde. Für Deutschland wäre die Auswirkung durch den Wegfall der Wolf=
ram=Lieferungen, die Erschwerung des U=Boot=Krieges und die Festlegung von
Verbänden aus dem Bereich des OB West sehr nachteilig. Der Führer forderte
von der Luftwaffe, daß im Falle einer kampflosen Übergabe Portugals an die
Alliierten sofort ein Luftangriff mit starken Kräften gegen Lissabon geflogen
werde, um zu dokumentieren, daß Deutschland zu derartigen Schlägen jederzeit
in der Lage sei. Der Führer beurteilte dies mit Rücksicht auf die Haltung der
Türkei, die im Falle eines Übertritts zu den Alliierten Zerstörung von Kon=
stantinopel und anderen Städten durch die deutsche Luftwaffe befürchtete, als
sehr wichtig. Der OB West meldete darauf die Absichten, die er in einem sol=
+++ chen Falle verfolgen wollte. Er zog dabei die Möglichkeit einer Landung an der
französ. Westküste mit in den Kreis seiner Überlegungen ein.

○ Nachdem die deutsche Umgruppierung an der Nordküste vollzogen war, er=
hob sich die Frage, welche Folgerungen der Gegner aus dieser Maßnahme, die
ihm nicht verborgen geblieben sein konnte, ziehen würde.

Der Führer hielt es für möglich, daß der Gegner nach Erkennen des Auf=
marsches versuchen könnte, ihn zu umgehen. Gegen Ende der 2. Monatsdekade
richtete sich sein Augenmerk daher auf den Biscaya=Raum. Er wies auf dessen
schwache Besetzung hin. Jedoch sollte es vorerst bei dieser bleiben, um durch
neue Bewegungen die sonstigen Aufgaben nicht zu stören.

○○ Nachdem der Gegner am 22. 1. bei Nettuno gelandet war, trug der Chef
WFStab dem Führer am 24. 1. vor, daß die Alliierten durch verschiedene Opera=
tionen an der Peripherie des Kriegstheaters uns zwingen wollten, Kräfte abzu=
geben und zu zersplittern, um dann zum entscheidenden Schlag über den
Kanal auszuholen. In diesem Zusammenhang seien Operationen gegen die

** b 137 ** b 143 *** b 144 + b 145, 176 ++ Merkbuch 7. 1. (Chef WFStab), 8. 1. (Stellv. Chef WFStab) +++ b 69 ○ Merkbuch 20. 1. ○○ Merkbuch 24. 1. (Chef WFStab)*

Ägäis, eine Landung in Spanien oder Portugal oder im Raume von Bordeaux denkbar. Die Landung bei Nettuno gehörte in den Rahmen einer derartigen Vorbereitung der eine Entscheidung suchenden Diversionen[1]. Der Führer stimmte dieser Auffassung zu (Gleiche Beurteilung durch den Stellv. Chef WFStab am 31. 1., s. Merkbuch 31. 1.).

In der Nacht zum 29. 1. traf die Nachricht ein, in der Bretagne seien feindl. * Landungsschiffe festgestellt, jedoch erwies sich diese nachträglich als falsch; es hatte sich um ein Fischerboot gehandelt. Im Zusammenhang mit dieser Meldung wies der Chef WFStab am 29. 1. erneut auf die große Bedeutung des Bereiches des AOK 1, auf die dünne Besetzung der langen Küstenfront und die lange Zeitdauer hin, die für das Heranführen beweglicher Eingreifreserven benötigt wurde (Vgl. dazu auch Lagebeurteilung des OB West vom 1. 2., s. Anl. b 92[2], wonach ein Angriff gegen die Westfront für möglich gehalten wurde, und die Meldung des Lw.=Führungsstabes über die zur Verfügung stehenden Kräfte, s. Anl. b 109).

** Um ein klares Bild vom Stande der Verteidigung zu gewinnen, wurde zur Besichtigung an Ort und Stelle der Stellv. Chef WFStab entsandt.

*b) Maßnahmen im Bereich des AOK 1 (Biscaya=Front)*

Durch die Verschiebung in der ersten Hälfte des Januar sollte eine Verstärkung des AOK 15 erfolgen. Dabei wurde die Schwächung anderer Abschnitte in Kauf genommen, besonders beim AOK 1 an der Westküste. An dieser blieben *** eingesetzt die 158. Res.=Div., die 708. Inf.=Div. und die 159. Res.=Div.; im rückwärtigen Gebiet lagen die 276. Inf.=Div., die 17. SS=Pz.=Gren.=Div. und die 273. Res.=Pz.=Div. Für den Fall „Nürnberg" (s. unten) fielen 2 dieser Verbände weg. Der WFStab wies am 6. 1. darauf hin, daß das AOK 1 verstärkt werden könne durch die 352. und 353. Inf.=Div. sowie die Schn.=Brig. 20, die bereits für den Fall „Nürnberg" im Bereich des AOK 1[3] vorgesehen waren, sowie durch die im Süden eingesetzte 715. Inf.=Div. als schneller Verband, da eine gleich starke Bedrohung aller drei Fronten im gleich großen Maße unwahrscheinlich sei.

Auf Grund der Besorgnisse, die sich in der 2. Monatshälfte ergaben, wurden verschiedene Maßnahmen erwogen, um das AOK 1 zu verstärken.

\+ Am 24. 1. trug der Chef WFStab dem Führer vor, daß die 2. SS=Pz.=Div. „Reich" von Stablack (Ostpreußen) am zweckmäßigsten in den Raum südwestl. Bordeaux verlegt würde, da Bordeaux am meisten aus der Richtung von Arcachon gefährdet sei. Weiter südlich stehe später die 276. Div. als Eingreifdivision zur Verfügung.

++ Im Anschluß an seine Darlegung der Lage schlug der Chef WFStab am 29. 1.

** Lagebuch 29. 1. (Chef WFStab) ** Lagebuch 15. 2. *** b 7 + Merkbuch 24. 1. (Chef WFStab) ++ Merkbuch 29. 1. (Chef WStab), 31. 1. (Stellv. Chef WFStab)*

1 Ms.: Divisionen.

2 Ms.: 692.

3 Ms.: Fall AOK 1.

dem Führer vor, die in Straßburg liegende Ausstattung für eine Luftlande=truppe mit der bei Paris in Aufstellung befindlichen 3. Fallsch.=Jg.=Div. zu ver=einigen, um eine rasch bewegliche Reserve zu haben, die man im Bedarfsfall verwenden, z. B. schnell zur 1. Armee werfen könne.

Als Unterlage für die Aufstellung weiterer Küstenbatterien zwischen der
* Gironde=Mündung und der spanischen Grenze legte der WFStab am gleichen Tage eine Notiz vor. Am folgenden Tage wurde dem GenStdH aufgetragen, 3 Batterien mit 4 17=cm=Kanonen und 8 21=cm=Mörsern aufzustellen. Jedoch
** mußte die vom OB West beantragte Stationierung von 2 Batterien und die Zu=führung von Personaleinheiten aus Mangel abgelehnt werden.

*** Die 715. Div., auf die zu Anfang des Monats gerechnet worden war, mußte dem OB Südwest zugeführt werden. An der Südfront sollte daher eine neue Division aufgestellt werden, für die ebenso wie für die 3. Fallsch.=Jg.=Div. Luft=transport ins Auge gefaßt wurde. Unmittelbar zugute kam dem AOK 1, daß der Stab der 2. SS=Pz.=Div. „Reich" in seinen Bereich verlegt wurde.

\+ Um den Eindruck einer wesentlichen Verstärkung von Südwest= und Süd=ostfrankreich zu erwecken, wurde ferner in der ersten Hälfte des Februar ein
++ großes Täuschungsmanöver[1] eingeleitet. Zu diesem Zwecke führten 6 VP in diesen Räumen Erkundigungen für die Unterbringung von 2 Pz.= und 4 Inf.=Div.en, die angeblich aus dem Heimatkriegsgebiet kommen sollten, durch. Um den Erfolg der Aktion zu gewährleisten, wurden nicht einmal die AOK's einge=weiht. Dem gleichen Zweck dienten Besichtigungsreisen des Gen.=Feldm. Rommel.

+++ Am 9. 2. stellte der WFStab die Maßnahmen zusammen, die für den Fall eines Angriffs gegen die West= und gegen die Südfront ins Auge gefaßt waren. Zunächst sollten nur solche Kräfte aus dem Bereich des OB West eingesetzt werden, die nicht aus den im Norden und Nordwesten gebildeten Schwer=punkten stammten.

Dafür standen zur Verfügung:

a) beim AOK 1: Kampfgruppe 17. SS=Pz.=Gren.=Div.,
　　　　　　　　„ 2. SS=Pz.=Div.,
　　　　　　　　„ 273. Res.=Pz.=Div.,
　　　　　　　　„ 276. Inf.=Div.,
b) beim AOK 19: „ 277. Inf.=Div.,
c) in Innerfrankreich: Pz.=Lehr=Div.,
　　　　　　　　189. Res.=Div.,
　　　　　　　　Kampfgruppe 157. Res.=Div.,
　　　　　　　　„ 271. Inf.=Div.,
　　　　　　　　„ 272. Inf.=Div.,
　　　　　　　　„ 3. Fallsch.=Jg.=Div.,

** b 87 　** b 88–90 　*** Merkbuch 31. 1. (Stellv. Chef WFStab) 　+ Merk=buch 12. 2. 　++ dazu b 98–99 　+++ Anl. b 111*

[1] Ms.: Tauschmanöver. — VP = „voraus geschicktes Personal".

also 2 Div.en und 4 Kampfgruppen außer den im Bereich der Armee bereits befindlichen Kräften. Diese mußten nach Ansicht des WFStabs bis zur Klärung der Lage ausreichen; erst dann sei eine Entscheidung erforderlich, wann und welche Kräfte von anderen Fronten oder aus dem Bereich des OB West heranzuziehen seien. Es wurde empfohlen, die hinter St. Nazaire stehende 275. Inf.-Div. wegen der Wichtigkeit des Raumes zu belassen. Der Einsatz der übrigen Kräfte war bereits vom OB West vorbereitet. Deshalb wurde ihm[1] nur noch befohlen, die Kräfte in und nördlich der Linie Nantes—Paris—Lüttich nur im Einverständnis des OKW nach Süden abzuziehen.

* Am 15. 2. wurde der OB West verständigt, daß die 271. und 272. Inf.-Div. nicht durch erneute Verlegung in der Aufstellung zurückgeworfen werden sollten, daß jedoch die Verlegung der Pz.-Lehr-Div hinter das AOK 19 sowie einer Div. aus Italien nach Südfrankreich beabsichtigt sei.

Der Stellv. Chef WFStab, der am 14. 2. von einer Reise im Bereich des
* AOK 1 zurückkehrte, hatte folgende Eindrücke gewonnen:

Der Ausbaustand zwischen der Gironde und der spanischen Grenze ist dort, wo gebaut wird, besser, als angenommen werden konnte. Der Nordpfeiler dieses Bereiches ist bereits stark ausgebaut; auch die Grenzzone ist gut gesichert. An der Verschartung der Artillerie wird intensiv gearbeitet; es bietet sich stellenweise ein Bild wie am Westwall im Jahre 1937/38, da intensive Arbeit ohne Tarnung durchgeführt wird. Eingesetzt sind schwarze, gelbe und sonstige Hilfskräfte. Es ist möglich, innerhalb von 4 Wochen einen großen Bunker mit 3 m Betondecke herzustellen. Der Geist der Truppe ist gut; das gilt auch für die dort eingesetzten russischen und indischen Einheiten. Bemerkenswert ist, daß Angehörige des Stabs des AOK 1 im Raum von Bordeaux zweimal wöchentlich freiwillig an den Befestigungsarbeiten mitarbeiten. Die Kampf- und Verpflegungsstärken laufen noch stark auseinander. Es hat sich ergeben, daß von 3000 Angehörigen der Kriegsmarine nur 1/3 oder die Hälfte mit Karabinern ausgerüstet ist.

Die Pyrenäengrenze wurde bisher nicht als eine militärische Aufgabe angesehen. Sie ist bis April—Mai durch das Wetter geschlossen. Der als besonders bedroht anzusehende Westabschnitt ist nunmehr auch zur Verteidigung hergerichtet. Es handelt sich hier um einen Abschnitt von etwa 50 km Tiefe, der nicht einmal Vorgebirgscharakter hat und durch 3 Straßen erschlossen ist, also dem Feinde zum Vordringen gute Möglichkeiten geben würde. Der spanisch-französische Grenzübertritt am Ostende der Pyrenäen ist dagegen leicht zu sperren; obwohl der Paß nur eine Höhe von 360 m erreicht, hat er doch Hochgebirgscharakter.

* Am 15. 2. legte der Stellv. Chef WFStab einen Bericht über seine Reise vor, auf der er bei den Kommandostellen auf die Überzeugung von der Möglichkeit

** b 124* *** Lagebuch 15. 2.* **** b 130*

1 Ms.: ihnen.

eines Angriffs gegen die Biscaya=Front, verbunden mit Bedenken wegen der dünnen Besetzung und Sorge wegen der unklaren Haltung, jedoch auf den Willen, die Küste als HKL zu halten, gestoßen war. Der Gen.=Feldm. Rommel
* hatte gewünscht, daß ihm die Reserven schon jetzt soweit unterstellt würden, daß er ihre Ausbildung übernehmen könnte.

** Auf Grund der vorgetragenen Beobachtungen wurde die Frage neu geprüft, wie auf Grund der Strandverhältnisse bei[1] Einsetzen von Flugzeugträgern usw. die Aussichten eines Angriffes einzuschätzen seien. Ferner sollten nunmehr die 276. Div. in die Küstenverteidigung eingegliedert, die Kampfkraft der 158. und 159. Res.=Div. erhöht, das Unterstellungsverhältnis an den Pyrenäen vereinfacht, die Verteilung der Stahlunterstände neu geprüft, die Sicherung der Flug=
*** zeughäfen verstärkt werden. Außerdem ergab sich eine lange Reihe von
\+ Einzelfragen, die gestellt wurden (Über das Wesentliche schrieb der Stellv. Chef am 20. 2. einen persönlichen Brief an den Chef des Gen.=Stabs des OB West).

++ Im Laufe der ersten Februarhälfte trat die Besorgnis wegen der Westfront wieder zurück. Eingesetzt waren an ihr auf einer Front von etwa 450 km 3 Div.en, von denen zwei nur Res.=Div.en waren. Eine dieser Div.en hatte einen Abschnitt von 250 km. Zur Abstützung dieser Front wurde in den Raum von Bordeaux die 2. SS.=Pz.=Div. „Reich" verlegt, jedoch ohne die im Osten eingesetzte Kampfgruppe. Nördlich der spanischen Grenze wurde die Auf=
+++ stellung der 276. Inf.=Div. durchgeführt; am 17. 2. wurde ihr Einsatz in der Front befohlen. Außerdem wurde südlich der Gironde die Heeres= und Marine=Küstenartl. verstärkt, da dort wegen des durchgehenden Sandstrandes das Gelände für eine Landung besonders geeignet war und die Bucht von Arcachon, die außer der Gironde=Mündung selbst eine günstige Möglichkeit zum Ausladen bot, verstärkt werden mußte.

Wenn für diese Front nicht noch mehr geschah, dann war dabei maßgebend, daß ein Stoß gegen die Westfront sich operativ nur auswirken konnte, wenn er mit einem zweiten Stoß gegen die Südfront verbunden war und auf diese Weise Deutschland von der Iberischen Halbinsel und der Wolfram=Zufuhr abschnitt. Ein solcher Entschluß hätte beim Gegner eine größere operative Kühnheit vorausgesetzt, als er sie bisher bewiesen hatte; auch hätte er ihn ohne den Schutz seiner einmotorigen Jäger und mit den deutschen U=Boot=Reserven und Flugplätzen in seiner linken Flanke durchführen müssen.

O Am 18. 2. hatte der deutsche Militärattaché in Lissabon eine Besprechung mit dem dortigen spanischen Militärattaché über den Stand der portug. Aufrüstung, die nach Aussage des Unterstaatssekretärs im portug. Kriegsministerium trotz des Bezugs aus Großbritannien nicht der geheimen Waffenansammlung gegen die Achse diente. Auch habe England nur Defensivwaffen geliefert. Der spanische Attaché hielt weder die Iberische Halbinsel noch Spanisch=Ma=

* *b 133* ** *b 131, 132* *** *b 134* + *b 135, 175* ++ *Merkbuch 12. 2. (Major d. G. Friedel)* +++ *Notiz Stellv. Chef WFStab 17. 2.* O *b 97 (7. 3.)*

1 Ms.: das.

rokko und die Balearen für bedroht; jedoch glaubte er an Vorbereitungen weiterer Angriffe auf Italien und vielleicht auch Südfrankreich. Er rechnete mit einem verschärften Druck auf Spanien, besonders wegen der Wolfram=Lieferungen, jedoch nicht mit einer bevorstehenden Landung im Westen.

* Da das AOK 1 für den Fall einer Großlandung für den Einsatz an einer anderen Front in Betracht kam, übernahm Ende Februar das LXXX. AK. zeitweise die Führung im Abschnitt der Armee, um sich einzuarbeiten.

*c) Maßnahmen an der Pyrenäen=Grenze*

** Über den Stand der Vorbereitungen für den Fall „Nürnberg" (Abriegelung der spanischen Grenze) berichtete der WFStab am 6. 1. Vorbereitet war die verstärkte Sicherung durch 2 verstärkte Rgts.=Guppen der 189. Res.=Div. mit unterstelltem VGAD unter Führung des Res.=Gen.=Kdo. LXXXVI. AK. Als mögliche Verstärkung hatte der OB West die einsatzfähigen Teile der 276. und 277. Inf.=Div. und der 273. Res.=Pz.=Div., die noch in der Aufstellung begriffen waren, gemeldet, jedoch mit der Klausel, daß keine Großlandung an einer anderen Front im Gang sei. Der WFStab stellte sich jedoch auf den Standpunkt, daß die Maßnahmen auch in diesem Falle durchgeführt werden müßten, da die Divisionen doch nicht zum Fronteinsatz vorgesehen seien.

*** Am 9. 1. legte der Stellv. Chef eine Studie über die Pyrenäen=Zone vor; er gab darauf Anweisungen für einen Befehl zur Sperrung der Pyrenäen.

Ein Vorschlag vom 27. 1., OT=Stahlunterstände und Panzertürme, die bisher
+ vom OB Südwest noch nicht abgerufen worden waren, dem OB West für die Pyrenäen zuzuweisen, kam am 31. 1. zur Auswirkung.

Am 1. 2. meldete der OB West in seiner Lagebeurteilung, daß er außer Maßnahmen für die Anlage von Sperrstellungen am Canal du Midi und der Garonne die erforderlichen Erkundigungen für den Einbau der Bunker eingeleitet habe.

++ Am 24. 1. ordnete der Führer an, nachzuprüfen, wie die 4 Pyrenäen=Übergänge gesperrt werden könnten. Beauftragte der Org. Todt sollten dazu hinzugezogen werden.

+++ Am 3. 2. wurde das Auswärtige Amt gebeten, der spanischen Regierung diese Verstärkung der Grenze mitzuteilen und dabei zu betonen, daß die Sperre rein defensiver Art und nur von örtlicher Bedeutung sei.

o Am 9. 2. wurde der OB West darauf hingewiesen, daß das Gelände bei Hendaye einen besonders starken und sorgfältigen Ausbau der befohlenen Sperrlinie erfordere; jedes Überschreiten der Grenze sei jedoch verboten.

oo Am 25. 2. meldete der OB West fernmündlich, es ließe sich wegen des gebirgigen Geländes bereits übersehen, daß der Einbau grundsätzlich (möglich sein) [1] müsse.

ooo Notiz des WFStabs vom 21. 3. über den geplanten Einbau.

* *Lagebuch 26. 2., 1. 3.* ** *b 6* *** *b 12, 13* + *b 77, 91* ++ *Merkbuch 24. 1. (Chef WFStab)* +++ *b 96* o *b 10* oo *b 155* ooo *b 203*

1 Lücke im Ms.

### 4. Der Bereich des AOK 19: Die Südfront

*a) Die Lagebeurteilung*

Die Verteidigung der Südfront hatten bis zum 9. 9. 1943 die Italiener übernommen. Nach dem Zusammenbruch ihrer Wehrmacht hatte der OB West auch noch diese Front mit eigenen Kräften besetzen müssen. Nachdem Corsica geräumt worden war, trat die bisher nicht ernst zu nehmende Sorge auf, daß der Gegner eine Landung in Südfrankreich durchführen könnte. Sie vermehrte sich, als sich ergab, daß der Gegner durch die Landung bei Nettuno (22. 1. 1944) nicht zu dem angestrebten Ziel kam, sondern sich festfuhr.

Es war nunmehr mit zwei Möglichkeiten zu rechnen: Der Gegner landete unter Ausnutzung von Corsica zum zweiten Mal an der westital. Küste, um die Front des OB Südwest von Westen aufzubrechen, oder (in Südfrankreich[1]), wo sich ihm die Aussicht bot, durch eine gleichzeitige Landung an der Küste der Biscaya Deutschland von der Iberischen Halbinsel abzuschneiden. Doch wurde mit dieser Möglichkeit — wie bereits im Zusammenhang mit dieser Front ausgeführt worden ist — weniger gerechnet. Es blieb jedoch die Besorgnis, daß der Feind gegen die Südfront Unternehmungen in begrenztem Umfange durchführen könne; denn es war deutlich zu verfolgen, daß der Gegner seine operativen Reserven in Nordafrika ständig verstärkte, ohne sie für den Brückenkopf von Nettuno einzusetzen.

* Am 17. 2. trug der Chef WFStab auf Grund einer eingehenden Beurteilung der Abt. Fremde Heere-West vom 16. 2. im Zusammenhang mit der Feindlage vor, daß die nächste giroßere Feindoperation im westlichen Mittelmeer, und zwar gegen die französ. Mittelmeerküste, geplant sei, deren noch geringer Ausbau dem Gegner bekannt sein müsse. Er führte dafür als Begründung an: die Bereitschaft der operativen Reserven in Afrika (nämlich 18—21 Div.en, davon 12 vollkampfkräftig), die im westlichen Mittelmeer zu vermutende Anwesenheit der schweren Kriegsschiffgruppe und der Masse des feindl. Landungsschiffsraums, die planmäßige, stetig fortschreitende Aufstellung der Luftbasis Corsica, die für Jäger den Raum bis beiderseits Marseille decke, die Luftangriffe der letzten Tage gegen die Querverbindung Oberitalien—Südfrankreich. Der Chef WFStab wies darauf hin, daß der Feind durch eine Landung — etwa im Raum von Marseille — versuchen werde, die deutschen beweglichen Reserven in Südfrankreich zusammenzuziehen, um dann zu der die Entscheidung suchenden Invasion über den Kanal anzusetzen. Auf Grund dieser Lage schlug er eine Verstärkung der Südfront vor, der der Führer zustimmte.

*b) Der Einsatz der Kräfte*

** Da vorerst die Kanal-, dann die Westfront hatten verstärkt werden müssen, konnte zu Anfang des Jahres noch nichts für eine Verstärkung der Südfront ge-

* *Merkbuch 17. 2. (Chef WFStab), 18. 2. (Stellv. Chef WFStab)* ** *Merkbuch 12. 2. (Major d. G. Friedel)*

1 Offensichtlich im Ms. ausgefallen

tan werden. Ferner wurde die 715. Div. in Italien benötigt, um die infanteristischen Kräfte für den Gegenangriff bei Nettuno zu verstärken, und die auf dem rechten Flügel eingesetzte Div. wurde zur Abstützung der Kanalfront herangezogen. Sie wurde durch die 277. Inf.-Div. ersetzt.

Als Reserve standen dem AOK 19 die Kampfgruppen im Hinterland zur Verfügung.

Zur Täuschung des Feindes wurde in der ersten Hälfte des Februar eine Aktion eingeleitet, die den Eindruck einer bevorstehenden Verstärkung erwecken sollte (vgl. oben S. 283: Westfront).

Am 17. 2. stimmte der Führer den Vorschlägen zu, die der Chef WFStab am Schluß seines Vortrages über die Lage (s. o.) vorbrachte, nämlich daß die 271. und 277. Div. sofort bei der 19. Armee eingeschoben wurden und die 9. SS-Div., deren Einsatz in Italien nicht zur Ausführung gekommen war (s. oben), sofort
* als Reserve zur 19. Armee trat, um dann ab 1. 3. durch die Pz.-Lehr-Div. abgelöst zu werden. Für später wurde der Einsatz der 4. Fallsch.-Jg.-Div. hinter der 19. Armee ins Auge gefaßt. Ferner wurde ins Auge gefaßt, die 100. Jg.-Div. zur Verschiebung in den Bereich des OB Südwest Südfrankreich bereitzustellen. Die Mont Cenis-Bahn, welche die einzige sichere Verbindung darstellte, da die Küstenstrecke vom Feinde sowohl aus der Luft als auch von See aus angegriffen werden konnte, sollte fortan sowohl auf ital. als auch auf französ. Boden stärker gesichert werden.

** Der Führer befahl, erneut zu prüfen, welche Möglichkeiten bereits jetzt bestünden, um die 19. Armee abzustützen, und ob alle Voraussetzungen getroffen seien, um gegebenenfalls die Pz.-Lehr-Div., die am 1. 3. ihre Aufstellung abschließen sollte, dann sofort in den Raum der Armee zu verlegen.

*** Entsprechende Befehle ergingen am 18. 2. (Sicherung der Bahn, Einsatz bzw. Zuführung der 276. Div. beim AOK 1, der 271. Div. und der 9. SS-Panz.-Div. beim AOK 19, diese bis zum Eintreffen der Pz.-Lehr-Div.).

\+ Diese Befehle wurden am 19. 2. dahin ergänzt, daß auch die 277. Div. beim AOK 19 eingesetzt werden sollte.

++ Um den 20. 2. herum schienen sich die Anzeichen zu verdichten, die auf einen Angriff gegen Südfrankreich hindeuteten; als Termin wurde die Mitte des Monats März genannt.

+++ Da am 27. 2. die Verlegung der SS-Div. „Adolf Hitler" vom Osten in den Raum von Brüssel befohlen wurde, konnte die 9. SS-Pz.-Div. dem AOK 19 belassen werden. Da dieses außerdem noch die Pz.-Lehr-Div. erhielt, konnte es nunmehr mit 2 schnellen Verbänden rechnen.

Auch die Küstenverteidigung war nunmehr verstärkt; es waren in ihr 3 Btl.e mehr als bisher eingesetzt.

* *Merkbuch 17. 2. (Chef WFStab), dazu Lagebuch 18. 2.* ** *Notiz Stellv. Chef WFStab 17. 2., dazu b 198, Notiz v. 17. 2.* *** *b 142—143, 163* + *b 142 a*
++ *Lagebuch 22. 2.* +++ *Lagebuch 28. 2.*

* Am 14. 3. wurde der Antrag des OB West, die 272. Div. an Stelle der Sicherungsregt.er 6 und 95, die wieder für innere Aufgaben eingesetzt werden sollten, in die Küstenverteidigung einzugliedern, genehmigt.

** Bei seinem Vortrag im FHQu trug der OB West am 20. 1. vor, daß er in Südfrankreich für die dort eingesetzten 2 Korps und 8 Verbände auch einen Führungsstab brauche. Er schlug vor, den Stab Kniers auszubauen und das im Innern eingesetzte Gen.=Kdo LXII. AK. an der Küste einzusetzen. Dies wurde am 23. 3. genehmigt, jedoch die Etatisierung der Gruppe Kniers abgelehnt. In der letzten Monatsdekade wurde die Absicht erwogen, die drei Div.en, die nunmehr im Golfe du Lion eingesetzt waren, unter dem IV. Lw.=Feldkorps zusammenzufassen.

*** Ende März traf im Golfe du Lion die 272. Inf.=Div. ein.

## V. Die Tätigkeit der Kriegsmarine und der Luftwaffe im Rahmen der Gesamtkriegführung

### 1. Lage und Aufgaben zu Anfang des Jahres 1944

*a) Kriegsmarine*

\+ *aa) In der Nordsee*

a) Die eine Aufgabe der Kriegsmarine bestand darin, einen Minenwall in der Nordsee zu schaffen, der zwar gegen eine feindl. Landung kein absolutes Hindernis darstellte, aber sie doch wesentlich verzögern konnte. Dieser „Westwall" war im Laufe des Jahres 1943 verstärkt worden; er wurde weiter verstärkt.

b) Die Hauptaufgabe der Kriegsmarine in der Nordsee bestand in dem Geleitschutz von Dänemark bis nach Holland hin. Er hatte einen beträchtlichen Umfang; am 13. 1. waren z. B. 88 000 BRT in Bewegung. Im Raum von Holland war starke Sicherung gegen Flugzeug- und S-Boot=Angriffe erforderlich. Ein Teil der Transporte, und zwar gerade der wertvolle, wurde über die Kanäle geleitet, deren Bedeutung sich hier erwies. Hier hatte die Kriegsmarine gleichfalls für Entminung der Fahrwege zu sorgen.

*bb) Im Kanal*

\+\+ Da die Engländer hier eine völlige Überlegenheit in der Luft besaßen und den eigenen, dort zur Zeit eingesetzten 36 Schnellbooten etwa 200 Schnellboote entgegensetzen konnten, war ein Geleitverkehr bei Tage ausgeschlossen. Es wurde daher nur noch nachts gefahren.

Ebenso schwierig war die Vorpostensicherung. Trotz dieser Schwierigkeiten war es möglich, noch Geleite durch den Kanal hindurchzubringen. Daneben handelte

* *b 188* ** *Lagebuch 21. 3., 28. 3., dazu b 206* *** *Lagebuch, dazu b 211*
\+ *Merkbuch 13. 1.* \+\+ *Merkbuch 13. 1.*

es sich um einen von beiden Seiten offensiv geführten Kampf, um die Fahr=rinnen des Gegners zu verminen und seinen Seeverkehr durch S=Boot=Angriffe zu stören. Auffällig war die bei der Lagebesprechung am 13. 1. vorgebrachte Meldung, daß der Gegner erstmalig die Seine=Mündung bei Le Havre vermint hatte. Es fragte sich, ob daraus geschlossen werden durfte, daß er hier nicht zu landen beabsichtigte. Es konnte sich aber auch um Minen handeln, die nur einige Zeit aktiv blieben.

Am 19. 1. meldete Großadmiral Dönitz dem Führer die für den Einsatz bei
* einer feindl. Invasion zur Verfügung stehenden Seestreitkräfte.

Eine Frage, deren Regelung Schwierigkeit machte, war das Heranziehen der Kriegsmarine zu den Alarmeinheiten, die auf Grund der ergangenen Befehle über=all gebildet wurden, da diese geltend machte, daß sich gerade in Spannungszeiten ihre Aufgaben vermehrten. Am 4. 2. teilte der WFStab dem OB West daher mit, daß er im Falle „Blume 1 und 2" nicht — wie bisher angenommen — mit
** 40 000, sondern nur mit 19 000 Mann rechnen könne. Der Antrag des OB West, 8 Schiffsstammabteilungen aus dem Raum westl. der Vogesen in das Innere Frankreichs zur Sicherung der Notbetriebsstrecken zu verlegen, der wegen der
*** Ausbildung vom OB der Kriegsmarine abgelehnt wurde, erhielt am 18. 2. die Befürwortung des WFStabes.

Im Februar wurden Erwägungen darüber angestellt, ob zu der im Gange be=
\+ findlichen Bildung von Alarmeinheiten nicht auch die Ersatzschuleinheiten der Kriegsmarine herangezogen werden sollten. Die Zahlen verringerten sich jedoch, da der OB.d.M. befahl, daß die Seekriegführung auf keinen Fall beeinträchtigt werden dürfe. Bei seinem Besuch im FHQu wies er am 26. 2. darauf hin, daß diese nicht vor der Zeit aufgebraucht werden dürften, da sie für die Personal=ergänzung auf den S=Booten erforderlich seien. Er führte darauf die Zustim=mung des Chefs OKW zu der Anordnung herbei, daß die Ersatzschuleinheiten nur für die Verteidigung der eigenen Quartiere — sofern sie nicht bereits vor=her herausgezogen waren — eingesetzt werden dürften.

Am 21. 3.[1] fand eine Besprechung zwischen dem OB.d.M. und dem Chef
++ WFStab über die Frage der Festungskommandanten der Alarmeinheiten statt.

Vom März an griff der Feind an der Küste der Biscaya die eigenen U=Boote[2] gleich unter der Küste an, wo sie gezwungen waren, noch über Wasser zu fahren.

*b) Luftwaffe*

Ende Januar lagen im Westen 2 Jägerdiv.en unter dem Jagdkdo. II; 5 weitere
+++ Jägerdiv.en, zusammengefaßt unter dem Jagdkdo. I, unterstanden dem Lw.=Kdo. Mitte. Nach Südfrankreich waren von der Luftflotte 3 Kampfverbände gelegt.

** Merkbuch 19. 1. (Chef WFStab) ** b 102 *** b 140 + Lagebuch 28. 2., Merkbuch 31. 3. (Org.) ++ Lagebuch 28. 3. +++ Merkbuch 1. 2. (Op L), 31. 3. (Op L)*

1 So am Rande; im Text: 20. 3.

2 Ms.: S=Boote.

Im Hinblick auf die zu erwartende feindliche Großlandung wurde die erforderliche Bevorratung durchgeführt und festgelegt, welche Verlegungen und Einsätze in diesem Falle stattfinden sollten. Vorgesehen wurde, daß die Flakbatterien aus dem Heimatbereich nach dem Westen vorgezogen werden sollten, da damit gerechnet wurde, daß in der Zeit des Großkampfes im Westen der Feind das Heimatkriegsgebiet nicht mehr in gleichem Maße werde angreifen können. Die Verlegung von fliegenden Verbänden kam dagegen erst für den letzten Augenblick in Frage.

Um die Jäger und Schlächter nicht vorzeitig abringen zu lassen, wurden sie zurückgestellt, um sie dann im Ernstfall mit Hochdruck einsetzen zu können.

Da aus technischen Gründen der Beginn des Fernkampfes sich hinauszögerte, wurde im Februar gegen London wieder der Großkampf aus der Luft eröffnet. Er wurde durchgeführt durch das IX. Fliegerkorps unter Führung des Generals Peltz, das von der nordfranzös. Küste bis in den Raum Münster—Osnabrück untergebracht war.

* Im Januar verlor der Feind im Westen sowie über dem Reichsgebiet 701 Flugzeuge, die eigene Luftwaffe 516 (Gesamtverluste: 1624 bzw. 866, d. h. 1/2 bzw. 2/3).

** In der Nacht zum 19. 2. waren 187 Flugzeuge in England [1] über dem Ziel. Da der Angriff aus einer Höhe von 8—9000 m durch eine Wolkendecke hindurchgeführt wurde, war keine Einzelbeobachtung möglich. Doch wurden Großbrände festgestellt, 11 Flugzeuge gingen verloren. Diese Angriffe wurden mehrfach wiederholt. Nach den eingegangenen Meldungen bewirkten [2] sie nicht nur erhebliche Schäden, sondern auch eine wesentliche psychologische Wirkung, da die Engländer nicht mehr mit deutschen Gegenangriffen gerechnet hatten und sich nunmehr ein anderer Ausblick auf die Deutschland trotz aller Angriffe noch zur Verfügung stehenden Kräfte ergab.

Dies war ein weiterer Grund für den Feind, seine Angriffe gegen die deutsche Bodenorganisation im Westen zu steigern, die er auch zum Schutze seiner Angriffe auf das Reichsgebiet und im Hinblick auf die geplante Landung niederkämpfen mußte. Im März nahm das Ausmaß seiner Angriffe wiederum zu. Sie erstreckten sich nicht nur bis Mittel-, sondern auch auf Südwestfrankreich. Mehrfach wurden auch südfranzös. Plätze vom Mittelmeerraum aus angegriffen. Dabei wurden im März zweimal gegen 50 Flugzeuge am Boden zerstört; weitere wurden beschädigt. Die Schäden auf den Rollfeldern ließen sich jedesmal verhältnismäßig schnell wieder beheben, nicht jedoch die in den Hallen.

Zeitweise trat im März dadurch eine Schwächung ein, daß 3 Kampfgruppen für den Fall „Margarethe" [3] abgegeben werden mußten, doch wurden diese gleich nach der Besetzung Ungarns wieder zurückverlegt.

* *Lagebuch 3. 2.* ** *Lagebuch 19. 2., 29. 2.*

1 Ergänzt

2 Ms.: berichteten.

3 Vgl. oben den 3. Abschnitt.

Die Kräfte im Westen waren tatsächlich größer, als sie die Gliederung nach=weist; denn es waren im Bereich des OB West sowohl Tag= als auch Nachtjäger untergebracht, die zum Heimatkriegsgebiet gehörten. Da sie bereits über dem belgisch=französ. Raum in den Kampf eingegriffen hatten, bedeuteten sie auch für diesen eine Entlastung.

## B. Die Militärverwaltung und die Entwicklung der inneren Lage im Bereich des OB West

### I. Die Militärverwaltung

#### 1. Die Militärverwaltung in Frankreich

*a) Allgemeines*

Dem Mil.=Befehlshaber Frankreich, General v. Stülpnagel, mit Wohnsitz in Paris, unterstanden die Bereiche Nordost=, Nordwest= und Südwest=Frankreich sowie der Kommandant des Heeresgebietes Südfrankreich, in dessen Bereich die Zivilverwal=tung in noch stärkerem Maße als in dem ursprünglich besetzten Gebiet belassen wurde.

Infolge des Aufmarsches an den Küsten mußte Paris entblößt werden. Anfang Februar wurde es nur noch durch die Sich.=Div. 325 mit 3 Sich.=Rgt.ern geschützt.

Jedoch wurde die Zahl der Deutschen, die in den nicht mehr zu übersehenden Dienststellen in Paris eingesetzt waren, auf 50 000 geschätzt. Um festzustellen, wie weit diese Stellen tatsächlich erforderlich waren, wurde im Zuge der am 27. 11. 1943 befohlenen Auskämmaktion vom Chef OKW Anfang des Jahres 1944 der General z. b. V. Jost nach Paris entsandt.

* Im Februar wurde zur Vereinfachung die Wehrmacht=Oberkommandantur Paris in die Wehrmacht=Kommandantur Groß=Paris umgebildet.

*b) Die Ausgliederung der Kampfzonen aus dem Bereich des Mil.=Befehlshabers Frankreich*

** Um in den Gebieten, die durch feindliche Landungen bedroht waren, von vorn=herein klare Verhältnisse zu schaffen und um auch zu gewährleisten, daß die Durch=führung der Verteidigungsmaßnahmen durch nichtmilitärische Bedenken unbehindert blieben, wurde die Küstenzone in einer nach den örtlichen Gegebenheiten wech=selnden Tiefe von 20—30 km der vollziehenden Gewalt des OB West unterstellt. Es stand nunmehr bei ihm, wieweit er die französ. Verwaltung ausscheiden wollte. Auf die Mitteilung dieser Maßnahme hin gab der französ. Staatschef seiner Verwaltung die Anweisung, den deutschen Anordnungen gegenüber vollen Gehorsam zu leisten.

Die Dienststellen des Wehrm.=Bfh.s wurden in der Küstenzone belassen, aber in ihren Entscheidungen von der Zustimmung der Armeen abhängig gemacht. Wurde z. B. aus wirtschaftlichen Gründen die Fortführung einer Fabrik verlangt, so konnte sie doch gesprengt werden, wenn die Armee dies aus militärischen Gründen für erforderlich hielt.

* *Merkbuch 31. 3. (Org) Nr. 9 d* ** *Merkbuch 12. 2. (Major d. G. Friedel), 25. 2. (Dr. Ihnen)*

In Südfrankreich wurde die Straffung des deutschen Einflusses in getarnter Form durchgeführt. Die Hauptverbindungsstäbe zur französ. Verwaltung waren praktisch Oberfeldkommandanturen, die Verbindungsstäbe entsprechend Feldkommandanturen. Diese Stellen waren mit mil. Verwaltungsbeamten besetzt.

* An der südfranzösischen Küste wurde Mitte Februar die Departementsverwaltung in gleicher Weise wie an den übrigen Küsten ausgeschaltet. Die vollziehende Gewalt ging deshalb an das „Heeresgebiet Südfrankreich" über, in dem die bisher bei den Präfekturen tätigen Verbindungsstäbe in Feldkommandanturen umgebildet, jedoch nur mit dem unbedingt erforderlichen Personal ausgestattet wurden. Die Nordgrenze des ausgegliederten Gebiets hielt sich im wesentlichen an die Nordgrenze der Küstendepartements. Vorgesehen wurde, die Militärverwaltung im Falle einer Landung schlagartig zu erweitern. Der OB West und der Generalquartiermeister Heer hatten den Wunsch, diesen Zustand bereits jetzt in dem unbesetzten Frankreich durchgeführt zu sehen. Diese Frage wurde zurückgestellt, jedoch der in diesem Falle erforderliche Bedarf an Beamten vorgesehen.

### 2. Fragen der belgischen Verwaltung

** Im Verfolg von durchgreifenden Maßnahmen innerhalb des Stabs des Mil.=Befehlshabers Belgien, Gen. v. Falkenhausen, die zur Verhaftung des Chefs, des Obersten i. G. v. Harbou, führten, wurde zu Anfang des Jahres die Frage aufgeworfen, ob nunmehr auch in Belgien genau so wie in Holland und Norwegen eine Zivilverwaltung eingerichtet werden solle. Der Chef OKW legte diese Frage dem Führer vor, als er jene Vorgänge meldete. Dieser beauftragte darauf den Chef der Reichskanzlei mit ihrer Prüfung. Dieser berief in Berlin eine Besprechung der beteiligten Stellen ein, zu der auch das Oberkommando der Wehrmacht einen Vertreter entsandte. Diese erhielten die Weisung, in sachlicher Form auf die sich ergebenden Fragen hinzuweisen und andererseits zu unterstreichen, welche Voraussetzungen erst geschaffen werden müßten, falls ein Wechsel stattfände.

*** Die zivilen Stellen sprachen sich gegen einen solchen aus, da sie ihn zur Zeit für nicht angängig hielten.

\+ Da die Stellungnahme des Generalquartiermeisters sich hinauszog, bat der WFStab in der zweiten Monatshälfte die Reichskanzlei, vorerst nichts zu unternehmen. Im Februar entschied der Führer, daß der Gen. v. Falkenhausen vorläufig in seiner Stellung verbleiben solle und er sich die endgültige Entscheidung über die Einführung der neuen Verwaltung für einen geeigneten Augenblick vorbehalte. In dieser Frage schrieb der Chef OKW einen Brief an den Chef der Reichskanzlei, in dem er vorschlug, den Übergang so vorzubereiten, daß er auf Befehl schlagartig erfolgen könne. Es wurden nunmehr für diese Maßnahme alle Vorbereitungen getroffen, jedoch ohne Befragung der nachgeordneten Stellen, um keine Beunruhigung zu schaffen.

Über die Verhandlungen wegen der im Oktober 1943 erfolgten, jedoch vom Führer beanstandeten Übergabe der Strafrechtspflege an die Landesjustiz in Belgien, die sich bis in den Sommer hinzogen, vgl. Merkbuch 25. 2. (Dr. Ihnen).

### 3. Die Frage der niederländischen Verwaltung

Die Verwaltung wurde geführt durch den Reichskommissar Dr. Seyß=Inquart. Chef seiner Zivilverwaltung war der Staatssekretär Dr. Dr. Wimmer. Über die für den Fall einer Bedrohung Hollands vorgesehene Übertragung der vollziehenden Gewalt s. oben.

** s. auch Lagebuch 15. 2., Merkbuch 17. 2. (Qu) 25. 2. (Dr. Ihnen)*   **** Ebd. 27. 1. (Qu) S. 1*   *** Merkbuch 12. 1. (Qu) S. 6,*   *+ Ebd. 17. 2. (Qu) S. 5*

## II. Die Entwicklung der inneren Lage

### 1. Das Verhältnis zur französischen Regierung

* Trotz aller inneren Schwierigkeiten hielt sich der Ministerpräsident Laval weiter am Ruder. Der Marschall Pétain, der nunmehr in das 10. Lebensjahrzehnt eingetreten war, amtierte nach wie vor in Vichy, wo das Auswärtige Amt durch den Gesandten Krug v. Nidda vertreten war. Zum Marschall trat als Sonderbeauftragter der frühere Gesandte in Kopenhagen v. Renthe-Finck.

** Zu Anfang des Jahres richtete der OB West an den Marschall einen bereits im Vorjahre vorbereiteten Brief, in dem er die Hoffnung aussprach, die französ. Verwaltung werde sich im Falle einer feindlichen Landung ähnlich loyal wie bei der Landung im Raume von Dieppe [1] verhalten, da das Gelingen der Abwehr und damit die Verhinderung eines Kampfes auf französ. Boden auch im Interesse des französ. Volkes lägen.

Im Januar wurde im Ministerium und in einer Reihe von Präfekturen eine Anzahl von Umbesetzungen vorgenommen, wodurch die Regierung gestrafft und der Wille zur Zusammenarbeit mit dem Reich stärker zum Ausdruck gebracht wurden. Der führende Kopf blieb der Ministerpräsident Laval, dessen Beziehungen zum Staatschef gespannt waren. Neben ihm trat jetzt der Minister Joseph Darnand hervor, der energisch in die Polizei eingriff und den Kampf gegen Terror und Sabotage aufnahm. Als einfallsreicher und kluger Mann erwies sich der Wirtschafts- und Arbeitsminister Michelonne, mit dem der GBA und der Reichsminister Speer gut zusammenarbeiten konnten.

Es kam vor, daß die französ. Dienststellen den deutschen Rat erbaten. Auch gingen sie auf deutsche Wünsche ein, wobei im Auge zu behalten ist, daß alle diejenigen, die sich dazu bereit fanden, sich innerlich von der Seite der Bevölkerung entfernten, die sich das Heil vom Abwarten oder vom geheimen Widerstand versprach. Sie setzten sich sogar unmittelbar der Gefahr aus; denn die Verfolgungen der Collaborationisten nahmen im Laufe des Jahres 1944 zu.

### 2. Die französische Polizei

*** Die französ. Polizei verhielt sich gegenüber der Wehrmacht im Rahmen der gegebenen Umstände loyal. Jedoch mußte im Auge behalten werden, daß sich dieser Zustand durch die Wühlarbeit der Widerstandsbewegung und der Terroristen ändern oder im Augenblick einer Großlandung in das Gegenteil umschlagen konnte.

Gegen die Terroristen setzte der für die innere Sicherheit verantwortliche, energisch durchgreifende Minister Darnand Standgerichte ein, die das Recht erhielten, die Todesstrafe sofort vollziehen zu können. Fälle, in denen die Wehrmacht beteiligt war, blieben jedoch den deutschen Kriegsgerichten vorbehalten.

Im Februar führte die französ. Polizei mit eigenen Kräften eine Unternehmung in dem vor allem verseuchten Hoch-Savoyen durch.

\+ Am 15. 3. gab der französ. Rundfunk bekannt, daß es der französ. Polizei gelungen sei, den Chef der Widerstandsbewegung in Südostfrankreich, einen Juden namens Bloch, der den Decknamen „Nartrime" führte, auszuheben.

* *Merkbuch 12. 1. (Qu) S. 6; 25. 2. (Dr. Ihnen)* ** *KTB 1943* *** *Merkbuch 12. 2. (Major d. G. Friedel)* + *Lagebuch 16. 3.*

1 19. Aug. 1942.

### 3. Die Frage der französischen Formationen

* Die Garde mobile wurde nicht mehr verstärkt, sondern in kleine Verbände aufgesplittert, um sie dadurch ungefährlich zu machen.

Die Höchstzahl des französ. Arbeitsdienstes war auf 30 000 Mann begrenzt worden. Jedoch kam eine größere Anzahl von jungen Franzosen für ihn in Betracht. Eine Entscheidung zu dieser Frage erfolgte Anfang Januar.

### 4. Die französische Wirtschaft

An der Leistung der französ. Industrie hatte Deutschland ein vordringliches Interesse, da die Hälfte der wehrwirtschaftlichen Produktion, die dem Reich aus den besetzten und verbündeten Gebieten zufloß, aus Frankreich kam und die Zivilindustrie viele Artikel lieferte, die in Deutschland nicht mehr in ausreichendem Maße hergestellt wurden, da die Betriebe von der Wehrwirtschaft beansprucht wurden.

Daher lief die Industrie sowohl in Frankreich als auch in Belgien auf hohen Touren. Da die Arbeiter davon unterrichtet waren, daß sie ihren Lebensunterhalt verdienten, und die Unternehmen hohen Gewinn brachten, kamen sie den deutschen Bestrebungen entgegen.

Das französ. Kraftfahrwesen wurde gesteuert durch Fahrbewirtschaftungsleiter; durch sie wurde zugleich den Saboteuren entgegengearbeitet, die ihre Überfälle meist im Kraftfahrzeug durchführten.

Die französ. Landwirtschaft wurde durch Landwirtschaftsführer gesteuert, die Anfang 1944 in vermehrtem Umfang eingesetzt wurden, um die Agrarproduktion zu steigern. Die Zusammenarbeit mit der Bevölkerung und den französ. Dienststellen vollzog sich verhältnismäßig gut.

### 5. Pläne und Maßnahmen des Generalbeauftragten für den Arbeitseinsatz (GBA)

** Zu Anfang des Jahres war vom GBA ins Auge gefaßt, aus Frankreich 1 Million Arbeiter, aus Belgien und den Niederlanden 1/2 Million herauszuziehen. Dazu erklärten der OB West, der Chef OKW und der Reichsführer SS, daß Arbeitskräfte in dieser Höhe wohl da seien, daß aber — bevor man sie heranziehe — erst einmal eine Klärung der mil. Lage abgewartet werden müsse. Die französ. Bevölkerung am Vorabend einer Landung ernstlich zu beunruhigen, wurde von den deutschen mil. Dienststellen als eine sehr bedenkliche Maßnahme angesehen. Im Augenblick sollte man sich nach ihrer Auffassung darauf beschränken, die vom Reichsministerium für Rüstung und Kriegsproduktion selbst benötigten Arbeitskräfte heranzuziehen. Nach der Ansicht des WFStabs war es vor allem erforderlich, erst einmal die Voraussetzung für eine solche Aktion zu schaffen, da ein Arbeitsbuch unbekannt war und entsprechende Einrichtungen fehlten. Gedacht wurde an eine mit Nachdruck betriebene Werbung von Freiwilligen.

Der GBA Sauckel hielt im FHQu Vortrag. Durch einen Befehl des Führers bekam er freie Hand, um seine Aufgabe in Zusammenarbeit mit dem Botschafter Abetz und dem Höheren SS- und Pol.-Führer durchzuführen. Er fuhr darauf am 12. 1. nach Paris, um sich dort mit den politischen Stellen über die Durchführungsarbeit seiner Pläne
*** zu besprechen. Er kam darauf zu der Lösung, daß er einem französ. „Schutzkorps" die Werbungen für den Arbeitseinsatz in Deutschland übertragen wollte. Das Ziel

* *Merkbuch 12. 1. (Qu)* ** *Merkbuch 12. 1. (Qu) S. 4* *** *Merkbuch 27. 1. (Qu) S. 2 und 17. 2. (Qu) S. 5, 25. 2. (Dr. Ihnen)*

war nunmehr, monatlich 90 000 Arbeitskräfte freizumachen. Im Laufe des Februar wurde eine Lösung in der Richtung angestrebt, daß die deutschen Industrien, die — wie z. B. die Glas= und Möbelindustrie — notwendig, aber nicht kriegswichtig waren, nach Frankreich verlagert und dadurch französ. Arbeiter beschäftigt wurden, um auf diese Weise deutsche Arbeiter freizumachen. Darüber hinaus fand sich der Ministerpräsi= dent Laval zu der Zusage bereit, daß bis zum 31. 5. 270 000 Franzosen durch eine verschärfte Werbung für den Einsatz in Deutschland beschafft werden sollten. Damit behoben sich die Bedenken, die der OB West gegen die Werbung in der anfangs ge= planten Form angeführt hatte.

* Ein Antrag des AHA, unter den französ. Kriegsgefangenen verstärkt für die französ. Freiwilligen=Legion zu werben, wurde wegen des dadurch bewirkten Rück= ganges der Arbeitskräfte abgelehnt.

gez.: P. E. Schramm

* *Merkbuch 31. 3. (Org) Nr. 54*

# II. Teil

# Die Vorbereitung der Westfront auf die anglo-amerikanische Invasion (1. April - 6. Juni 1944)

### 1. Die Vorbereitungen des Feindes zum Angriff gegen die Westfront

Bereits der Anfang April stand unter dem Zeichen völliger Absprungbereitschaft beim Gegner: Der Beginn der Invasion war nach den vorliegenden Nachrichten militärisch jederzeit möglich. In einer Notiz der Abt. Fremde Heere-West vom 3. 4. wurde ausgeführt, daß nach Ansicht von polit. Stellen nur ein Großangriff der Anglo-Amerikaner das Gleichgewicht gegenüber den Russen wieder herstellen könne und für diesen bloß der Westen in Betracht komme, da er den Russen im Nordraum und auf dem Balkan unerwünscht sei. Angenommen werden müsse, daß die Verbände in Afrika die gleiche Bereitschaft wie die in England erreicht hätten. Auf dem ital. Festland versuche der Feind den Abzug eigener Kräfte zu verhindern. Der Balkan verdiene erhöhte Aufmerksamkeit; eine Landung auf dem Peloponnes sei wahrscheinlich.

Von der Feindseite wurden laufend Nachrichten lanciert, um den Eindruck zu erwecken, daß die Invasion unmittelbar bevorstehe. Doch widersprachen sich dabei die Angaben über Ort und Datum so, daß aus ihnen nur zu entnehmen war, daß der Gegner durch einen Massenausstoß von verschiedenen Hinweisen die eigentlichen Absichten zu verschleiern suchte.

In der ersten Aprilhälfte wurde von feindl. Seite unter anderem auf Dänemark—Schweden als Ziel eines feindl. Angriffes hingewiesen. Nach einer Notiz der Abt. Fremde Heere-West vom 13. 4. war dies aus verschiedenen Gründen als unwahrscheinlich anzusehen – es sei denn, daß ein Ablenkungsmanöver versucht würde. Auch die Deutsche Bucht wurde nicht für bedroht gehalten. Auf dem Balkan wurde höchstens mit begrenzten Unternehmungen gerechnet. Unklar wurde die Lage nur im Südwesten angesehen, wo Angriffe gegen Italien und gegen Südfrankreich für gleich wahrscheinlich gehalten wurden.

Um die Ostertage (9.–10. 4.) bestand eine Phase gesteigerter Aufmerksamkeit.

Entgegen der gelegentlich aufgetauchten Ansicht, daß es sich letzthin um einen Bluff handele, stand der Führer auf dem auch vom Chef WFStab vertretenen Standpunkt, daß jederzeit mit einem Angriff sowohl gegen die Atlantikküste als auch gegen Südfrankreich gerechnet werden müsse (Merkbuch 12. 4.). Doch war unsicher, ob ein endgültiger Entschluß bereits gefaßt war.

Nach der Lagebeurteilung des OB West vom 18. 4. war der Haupteinflugraum die Kanalfront geblieben; auch der Schwerpunkt des Angriffs gegen die Verkehrsanlagen lag wie bisher zwischen Schelde und Seine. Den Feind bezeichnete der OB West als absprungbereit; wenn er dies noch nicht ausgenützt habe, müsse dies daran liegen, daß er eine gleichmäßig gute Wetterlage ab=warte und sich durch politische Momente bestimmen lasse.

Am 27. 4. stellte die Abt. Fremde Heere=West fest, daß in Südengland eine Verdichtung der Amerikaner erkennbar sei. In Mittelengland war das Gleiche bei den britischen Verbänden der Fall. Da in Schottland und Island die Kräfte anscheinend vermehrt waren, erhöhte sich die Möglichkeit eines Vorstoßes gegen Norwegen, wobei ein Angriff gegen Mittel= und Südnorwegen wahr=scheinlicher schien als gegen den Norden.

Als Termin wurde auch die erste Mai=Hälfte genannt, was aus verschiedenen Anzeichen als wahrscheinlich anzusehen war. Dem in Südfrankreich erwarteten Unternehmen wurde ebenso wie dem Kampf in Italien ein Fesselungscharakter zugesprochen (vgl. eine weitere Beurteilung vom 9. 5.).

Das Wetter gab jetzt keinen entscheidenden Grund mehr für das Hinaus=zögern der Offensive ab, und in der Sowjet=Presse wurde die Aufrichtung der 2. Front verlangt; die Zeit verstrich jedoch weiter, ohne daß etwas geschah.

Bis Mitte Mai war die Schottische Gruppe so weit durch Abzüge nach Süden geschwächt, daß sie nur noch zu Unternehmungen von begrenztem Umfang befähigt war; die Gefahr einer Landung im Nordraum verringerte sich dem=entsprechend wieder.

Am 23. 5. urteilte der OB West wie folgt: „Schwerpunkt des feindl. Invasions=aufmarsches liegt in Süd= und Südostengland. Der Raum um die Insel Wight (Portsmouth=Southampton) ist ein Vorbereitungsschwerpunkt. Eindeutig bleiben die Kanalfront zwischen Schelde und Normandie sowie der Nordteil der Bre=tagne einschließlich Brest die gefährdete Hauptfront". Angenommen wurden auf der Gegenseite 70—80 Verbände, über deren Gliederung und Unter=bringung ein verhältnismäßig klares Bild bestand (vgl. die laufenden Lage=beurteilungen des OB West).

In seiner Lagebeurteilung vom 5. 6. stellte der OB West gegenüber der Vor=woche ein Absinken des feindl. Lufteinsatzes seit 1. 4. fest; jedoch waren jetzt auch 4=mot. Verbände gegen die Küstenverteidigung eingesetzt worden. Durch Tiefangriffe gegen Brücken und Eisenbahnanlagen mit Schwerpunkt im Seine=Tal waren neue Schäden eingetreten, so daß der Eisenbahnverkehr zwischen Paris und Le Havre lahmgelegt war und die Seine zwischen Rouen und Paris nur auf Fähren überschritten werden konnte. Die Flüge zur Versorgung der Agenten und Angehörigen der Widerstandsbewegung waren bis zu 100 Ma=schinen in einer Nacht angeschwollen. Die Zahl der angegriffenen Stützpunkte an der Küste war auf 206 angestiegen, d. h. auf das Dreifache der Vorwoche. Doch konnte der OB die HKL trotzdem immer noch als voll abwehrbereit be=zeichnen: „Ausfälle und Verluste stehen in keinem Verhältnis zum Aufwand des Feindes." Auf diese Feststellungen hin wurde auf fortgeschrittene Ab=sprungbereitschaft des Feindes geschlossen: „Nach wie vor bleibt Schwerpunkt=front zwischen Schelde und Normandie die wahrscheinliche Angriffsfront; ein Übergreifen auf Nordfront Bretagne einschl. Brest ist nicht ausgeschlossen.

Noch unklar bleibt, wo innerhalb dieses Gesamtabschnittes Feind Anlandung versuchen wird. Konzentrierung der feindl. Lufteinwirkung auf die Küstenbefestigungen zwischen Dünkirchen und Dieppe und auf die Seine=Oise=Brücken könnte den Schwerpunkt einer beabsichtigten Großlandung abzeichnen, in Verbindung mit Lahmlegung der Südflanke zwischen Rouen bis einschl. Paris und des Nachschubs. Gleiche Wirkung hat die Ausschaltung des Seine=Uferwechsels aber auch für Truppenverschiebungen bei einem etwaigen Feindangriff auf westliche Seine=Bucht, Normandie und Nordküste Bretagne. Ein unmittelbares Bevorstehen der ‚Invasion' ist noch nicht erkennbar."

Da der Feind die Südfront, insbesondere die Küstenbahnstrecke und die Mont Cenis=Strecke, angegriffen hatte, hielt der OB bei einer weiteren ungünstigen Entwicklung der Lage in Italien ein Unternehmen gegen die Riviera nicht für ausgeschlossen.

### 2. Die eigenen Gegenmaßnahmen

Die wesentlichen Maßnahmen zur Verstärkung der drei Fronten des OB West waren bereits im Winter 1943/44 durchgeführt. Daher hatte der Westen bereits Anfang April seine volle Verteidigungsstärke erreicht. Da der erwartete Angriff sich wider Erwarten noch hinauszögerte, konnte die Zeit genutzt werden, um die Abwehrkraft des Westens noch weiter zu steigern und gegen jede nur denkbare Möglichkeit Vorsorge zu treffen. Jeder Tag, den der Gegner wartete, wurde daher als Gewinn betrachtet.

Da verschiedene Möglichkeiten des Angriffs gegeben waren, wurden verschiedene Kombinationen erwogen. Im April legte der OB West einen Aufmarschplan und eine Kräfteverteilung für den Fall vor, daß der Feind allein an der Biscaya und im Mittelmeer angriff; dazu nahm der WFStab am 14. 4. Stellung. Am 15. 4. stellte er eine Notiz für den Fall einer gleichzeitigen Landung an der Kanalküste und an der Südküste fertig.

Unbefriedigend war noch der Schutz der Biscaya=Küste. Am 16. 4. teilte der Chef OKW dem OB West auf dessen Hinweis hin mit, dies sei bekannt; doch müsse er sie, falls er dies für nötig halte, durch eigene Kräfte verstärken.

Ende April begannen eigene Luftangriffe auf die südenglischen Häfen, um den Feind bereits vor der Landung zu treffen. Am 29. 4. wurde Plymouth von etwa 100 Flugzeugen angegriffen.

Im übrigen mußten sich die eigenen Maßnahmen auf die Verbesserung der Abwehr beschränken.

Im Rahmen seines Auftrages, die Verteidigung der Küste zu prüfen und zu verbessern, drängte der Gen.=Feldm. Rommel mit allen Mitteln darauf, daß der feindl. Angriff schon in vorderster Linie aufgefangen und abgeschlagen würde. Seine Tendenz war daher, nicht nur möglichst viele Kräfte an der Küste einzusetzen, sondern auch die Reserven, auch die des OB West und des OKW, möglichst dicht hinter ihr aufzustellen. Auf diese Weise wollte er zugleich die Ge=

fahr der Luftlandungen eindämmen. Aus diesem Grunde wurden auch jeder Stab und jeder Troß auf Rückenverteidigung eingerichtet; ferner wurden diese durch Pfahlhindernisse, Verminungen und andere Maßnahmen in den dafür in Betracht kommenden Räumen systematisch erschwert. Die Folge war, daß das Vertrauen der Truppe gesteigert wurde.

Demgegenüber sah es der OB West nicht als seine Aufgabe an, in die Einzelheiten einzugreifen. Der ihn leitende Gedanke war, seine operativen Reserven bereitzuhalten, um dem Gegner gegebenenfalls in offener Feldschlacht entgegentreten zu können.

Eine Schwierigkeit bestand darin, daß die Aufgabe des Gen.=Feldm.s Rommel nicht scharf abgegrenzt worden war. Er war ja durch Führerbefehl vom 31. 12. dem OB West unterstellt worden, der daraufhin am 12. 1. die Befugnisse der Heeresgruppe festgelegt hatte. Gen.=Feldm. Rommel hatte dann auf eine Erweiterung seiner Befugnisse gedrängt und den Führer bei seinem Besuch in Kleßheim (Mitte März) gebeten, ihm die Pz.=Verbände, mot. Truppen und die Heeresartl. schon jetzt zu unterstellen, um alle Vorbereitungen für die Abwehr treffen und die Führer in diese Aufgabe einweisen zu können. Außerdem hatte er Einfluß auf die 1. und 19. Armee gefordert. Nach Aussprache mit dem OB West hatte dieser die Befehlsbefugnisse der Heeresgruppe B neu festgelegt. Doch waren die Wünsche des Gen.=Feldm. Rommel dadurch noch nicht erfüllt. Da der OB es ablehnte, ihm noch weiter entgegenzukommen, war eine Entscheidung der Obersten Führung erforderlich, die im besonderen die Unterstellung der schnellen Verbände betreffen mußte. Der WFStab legte am 2. 4. eine Notiz vor, in der er für die Lösung vom 24. 3. eintrat. Der Führer entschied sich darauf für den Standpunkt des OB West. Die Pz.=Gruppe und die beiden AOK's wurden also nicht der Heeresgruppe unterstellt; doch behielt Gen.=Feldm. Rommel die Möglichkeit, auf sie im Rahmen seines Auftrags einzuwirken. Befehlsüberschneidungen waren dadurch unvermeidlich. Sie wurden in Kauf genommen; denn an dem Gedanken, die Heeresgruppe B dort einzusetzen, wo der Feind angriff, also gegebenenfalls auch im Süden, wurde festgehalten (Notiz vom 2. 4., Merkbuch 3. 4.).

Am 4. 5. leitete der OB West eine Meldung des Gen.=Feldm. Rommel über seine Eindrücke bei Küstenbesichtigungen weiter. Danach konnten an die Normandie weder von rechts noch von links Kräfte abgegeben werden. Der Gen.=Feldm. hatte deshalb vorgeschlagen, Verbände der OKW=Reserve dorthin zu verlegen. Der OB West brachte dazu das Bedenken vor, daß damit Reserven bereits vor Beginn des Kampfes festgelegt würden.

Um sich ganz auf die Aufgaben des OB West konzentrieren zu können, schlug der OB West vor, auch für die 1. und 19. Armee noch eine Heeresgruppe einzusetzen (Notiz vom 22., 24. und 25. 4.). Am 26. 4. wurde die Aufstellung der Heeresgruppe G befohlen, die den Auftrag erhielt, die Verteidigung der Biscaya=Front südlich der Loire, der Pyrenäen und der französ. Mittelmeerküste zu leiten. Maßgebend war dabei die Überlegung, daß bei einem Angriff gegen

Südfrankreich im ersten Fall die Heeresgruppe B dort eingesetzt würde und dann bei einer nachfolgenden Landung im Norden der OB West die dort eingesetzten Armeen selbst führen müßte (Merkbuch 28. 4.). Da vorerst eine Ausstattung nach der Kriegsstärke-Nachweisung nicht möglich war, wurde am 3. 5. befohlen, daß nur eine Armeegruppe aufgestellt werden sollte (zum OB wurde in der Folgezeit der Gen.-Oberst Blaskowitz ernannt; dieser übernahm am 12.5., 12.00 Uhr, den Befehl).

Dadurch, daß sich der feindl. Angriff hinauszögerte, konnten die Abgaben an diese Fronten wieder ausgeglichen werden, die Neuaufstellungen zu Ende geführt und der Kampfwert aller Verbände gesteigert werden. Am 25. 4. waren bereits voll einsatzbereit: die 2., 12. und 21. SS-Pz.-Div., die über je 120–190 Panzer verfügten, also besonders stark waren. Die 2. SS-Pz.Div. hatte bereits 100 Panzer, konnte also als ein 3/4 fertiger Verband angesehen werden. Fast fertig war auch die 17. SS-Pz.-Gren.-Div. Aus den bisherigen Pz.-Res.-Div.en wurden durch Zuführung der Reste der 9., 11. Pz.-Div. und der 16. Pz.-Gren.-Div. aus dem Osten umgegliedert: die 9., 11. und 116. Pz.-Div., die bereits über je 70—90 Panzer verfügten und von denen zwei ab 30. 4. „Panther"-Abt.en zu 76 Panzern erhalten sollten; im Augenblick besaßen sie die Stärke von je 1/2 Pz.-Div.

Für 5 Sturm-Geschütz-Abt.en, die personell bereits aufgestellt waren, war ein Teil der Sturmgeschütze bereits eingetroffen; der Rest sollte in Kürze folgen. In der dem 25. 4. vorausgehenden Woche waren dem Westen 200 Panzer und Sturmgeschütze zugeführt worden. In der nächsten Zeit stand zu erwarten, daß die SS-Div. „Adolf Hitler", die vorerst nur 2 einsatzfähige Btl.e aufzuweisen hatte, wieder kampfkräftig werden würde. Daher stand in Aussicht, daß ab 15. 5. mit 4 voll-, 4 „bedingt verwendungsbereiten" und einer weiteren Pz.-Div. gerechnet werden könne (Merkbuch 25. 4.).

Außerdem waren auch die personellen Abgaben, welche der OB West seit dem letzten Herbst hatte leisten müssen, durch anderweitige Zuweisungen zu einem guten Teil wieder ersetzt. Nach einer Zusammenstellung vom 6. 4. hatte der OB West seit dem 1. 7. 43 an den Osten abgegeben (in Klammer: dafür erhalten):

6 Inf.-Btl.e, 2 Marsch-Btl.e und Ostbataillone,
20 weitere Btl.e,
1 Werfer-Rgt.,
45 000 Mann (dafür Jahrg. 1923),
6 000 Mann uk-Gestellte,
4–5000 Offz. (dafür nicht-ostverwendungsfähige Offz.e),
5 Sturmgeschütz-Abt.en (bis Ende April personell ersetzt, s. Merkbuch 29. 4).

Hinzu kam noch eine Reihe von Verbänden, die dem Westen nun zugeführt wurden. Maßgebend war dabei, daß der Führer damit rechnete, der Feind werde seine Offensive im ersten Takt nicht auf der ganzen Front eröffnen, sondern erst einmal seine Kräfte zur See und in der Luft in einem Abschnitt zusammenballen, um sich auf diese Weise einen Brückenkopf zu schaffen, also das „Unternehmen Dieppe“ [1] in einer vielfach vergrößerten Form zu wiederholen. Mißlang ihm dies, dann konnte er es wieder als ‚Raid‘ abtun; hatte er Erfolg, besaß er eine Basis für die weitere Invasion. Als Ziel des Feindes sah der Führer die Halbinsel Cotentin und die Bretagne mit den Häfen Cherbourg und Brest an (Merkbuch 7., 8. und 9. 5.).

Am 26. 4. wurden daher folgende Zuführungen befohlen:

1) sofortige Verlegung der Gen.-Kdo.s II. Fallsch.-Korps und der 5. Fallsch.-Jg.-Div. in die Bretagne, wo dies Korps mit der 3. und 5. Fallsch.-Jg.-Div. zur Abwehr von Luftlandungen eingesetzt wurde,
2) ab 2. 5. Zuführungen der 91. LL-Div. zur 7. Armee,
3) Vorbereitungen des Abtransportes der Pz.-Lehr-Div. aus Ungarn ab 1. 5.

Anschließend wurde im Zuge der Aufstellung der Armeegruppe G die taktische Unterstellung der schnellen Verbände geregelt:

a) Heeresgruppe B: 2., 21., 116. Pz.-Div.,
b) Armeegruppe G: 9., 11. Pz.-Div. und 2. SS-Pz.-Div.,
c) OKW-Res.: Gen.-Kdo. I. SS-Pz.-Korps mit 1., 12. SS-Pz.-Div., 17. SS-Pz.-Gren.-Div. sowie Pz.-Lehr-Div.

Im planmäßigen Abtransport befanden sich Ende April die 16. Pz.-Gren.-Div. (Kanalküste) und die 9. Pz.-Div. (Südfrankreich).

Über den Stand der Verteidigung meldete der OB West am 3. 5. Danach war die Küste vom rechten Flügel der 7. Armee bis zum Cap de Carteret (Westküste von Cotentin) genügend gesichert. Anstauungen an der Dives, der Vire und auf der Halbinsel Cotentin waren bereits voll wirksam; nach dem Eintreffen der 21. Pz.-Div. stand in der Ostnormandie in dem besonders luftlandegefährdeten Raum um Caen eine kampfkräftige mot. Reserve zur Verfügung. Die anschließende Küste konnte nur als schwach besetzt und wenig ausgebaut bezeichnet werden. Gegen Luftlandungen im Hintergelände waren Maßnahmen im Gange. Ein Schwächepunkt bestand noch auf dem linken Flügel der 15. Armee. Zugeführt werden sollte das Nebelwerfer-Rgt. 101 [2]. Der OB West trat dafür ein, die 91. LL-Div. nicht nach Cotentin, sondern nach Rennes—Nantes zu verlegen. Diese Maßnahme wurde am 5. 5. genehmigt. Am gleichen Tage wurde die Verlegung der 2. Fallsch.-Jg.-Div. aus dem Osten in den Westen befohlen; jedoch mußte diese erst noch im Heimatgebiet neu aufgebaut werden.

Am 6. 5. übermittelte der OB West eine Meldung des Gen.-Feldm. Rommel über die Kanalküste, in der weitere Vorschläge für die vom Führer gewünschte Verstärkung der Halbinsel Cotentin und der Bretagne gemacht wurden. Gegen diese Vorschläge hatte der OB West Bedenken, ebenso der WFStab. Darauf

1 Dieppe im Ms. ausgefallen (gemeint ist der Landeversuch am 18. August 1942).
2 Im Ms.: Stellungswerfer-Rgt.; am Rande ein Fragezeichen hinzugefügt; wohl „Nebelwerfer-Rgt.“.

wies der ChefWFStab den Chef des Generalstabes des OB West um 19,00 Uhr fernmündlich darauf hin, daß die Halbinsel Cotentin das erste Ziel des Feindes sein werde. Die OKW=Reserve werde für ihre Verstärkung nicht freigegeben; stattdessen müßten andere Kräfte herangezogen werden, z. B. das Fallsch.=Jg.=Rgt. 6 (2. Fallsch.=Jg.=Div.). Es müsse verlangt werden, daß die Truppe alles, auch die Pferde, eingrabe. Daraufhin wurde auf der Halbinsel, in der bereits die 709. Inf.=Div. untergebracht war, auch noch die 243. Inf.=Div. eingesetzt. Am 9. 5. folgte der Befehl, das Fallsch.=Jg.=Rgt. 6 nach der Halbinsel abzudrehen (die übrigen Teile der 2. Fallsch.=Jg.=Div. waren noch nicht einsatzbereit).

Am 12. 5. übernahm das II. Fallsch.=Jg.=Korps in der Bretagne den Befehl über die 3. und 5. Fallsch.=Jg.=Div.

Welche Kräfte, besonders Flak=Kräfte, von der Luftwaffe dem Raum Cherbourg—Brest noch zugeführt werden sollten, meldete das OKL am 15. 5.

Da schließlich doch noch auf die ursprüngliche Absicht, die 91. LL=Div. auf die Halbinsel Cotentin zu verlegen, zurückgegriffen wurde und der normannischen Front auch noch das Werfer=Rgt. 10 und die Pz.=Ers. Abt. (mot.) 100 zugeführt wurden, war also eine wesentliche Verstärkung sowohl hier als auch in der Bretagne erreicht. Durch Verstärkung der SS=Pz.=Div. „Adolf Hitler", die in der Mitte des Mai 70 Panzer erhielt, wurde auch nördlich Calais eine erhöhte Abwehrkraft erzielt. Bei dem Wehrm.=Befehlshaber Niederlande war dasselbe durch die Zuführung der 19. Pz.=Div. der Fall, die in der 2. Mai=Hälfte erfolgte.

Über die Verteidigung an der Südfront hatte sich Anfang Mai der Gen.=Feldm. Rommel auf Grund einer Besichtigungsreise in einer Meldung an den OB West sehr befriedigt ausgesprochen; nach seiner Ansicht war der Ausbau sehr gut vorangekommen. Bei der 1. Armee hatte er dasselbe nicht im gleichen Maße feststellen können, da hier Arbeitskräfte fehlten. Die Lage verbesserte sich hier jedoch dadurch, daß die Panzerkraft der Armee anwuchs.

Um dem WFStab ein genaues Bild zu geben vom Stand der Verteidigung an der südfranzösischen Küste, wurde der Stellv. Chef entsandt. In seinem Bericht über die am 14. 5. abgeschlossene Besichtigung stellte auch er am 15. 5. bemerkenswerte Fortschritte fest. Der Eindruck war, daß es sich jetzt nicht mehr um die Sicherung durch einzelne Stützpunkte, sondern um eine befestigte Zone handelte (Merkbuch 15. 5., ferner Notiz vom 1. 6.).

Auf Grund eines großen Waldbrandes, der von Ende April bis Anfang Mai in den Wäldern an der Biscaya=Küste wütete und schließlich ein Gebiet von 10×30 km erfaßt hatte, stellte eine Kommission eine Untersuchung an, die zu dem Ergebnis kam, daß solche Brände für den Angreifer besser seien als für den Verteidiger. Es wurden darauf entsprechende Maßnahmen ergriffen (Befehl an den OB West vom 2. 5., Merkbuch 3. 5. und Notiz vom 30. 5.).

Am 21. 5. nahm der OB West zu dem Bericht der Heeresgruppe B vom 13. 5. über die Front der 1. und 19. Armee Stellung, wobei er Maßnahmen anregte, durch die der bisher noch im Hintertreffen stehenden 1. Armee geholfen werden sollte.

### 3. Der weitere Ausbau der Küstenbefestigungen

Da alles Wesentliche bereits veranlaßt oder sogar schon ausgeführt war, handelte es sich im 2. Vierteljahr 1944 nur darum, das Vorhandene noch zu vervollkommnen. Der Betonausbau wurde im April mit Nachdruck weitergeführt. Die Verschartung der Geschütze, Pak usw. an der Küste machte gute Fortschritte.

Bei der Vorlage des Bauprogramms für den Sommer zeigte sich Anfang April ein gewaltiger Unterschied zwischen den Anforderungen und der Möglichkeit, den benötigten Zement zu beschaffen. Am 7. 4. hielt daher der Gen. d. Pioniere und Fest. Jacob dem Führer Vortrag über diese Frage (Merkbuch 7. 4.). Die Verteilung des Zements wurde darauf von der Obersten Führung geregelt.

Im Mai litt die Fortführung durch die Transportschwierigkeiten; zahlreiche Bauten, die im Eisengerüst fertiggestellt waren, konnten nicht mehr ausgegossen werden, weil der Zement nicht herankam. Dagegen erwies sich, daß die Angriffe der feindl. Luftwaffe, die sich von Ende April an auch gegen die Befestigungen richteten, diesen trotz großen Einsatzes wenig anhaben konnten.

Daneben wurde feldmäßig eine zweite Stellung ausgebaut, die bis Ende Mai an der Kanalküste bereits fast durchlaufend angelegt oder doch in Angriff genommen war.

Auf Betreiben des Gen.-Feldm.s Rommel wurde auch intensiv an Vorstrandsperren gearbeitet, die aus eingerammten Pfählen mit Minen, Eisenschienen und Eisenigeln, Betonklötzen und Drahthindernissen bestanden; sie hatten den Zweck, den Gegner im Augenblick der Landung aufzuhalten und dadurch die Überraschung herabzusetzen, so daß im Augenblick seiner Schwäche die Infanterie und die schweren Waffen des Verteidigers sich auswirken konnten.

Im Bereich des Wehrm.-Befehlshabers Niederlande wurde (auf Grund einer Notiz vom 3. 5.) am 5. 5. die Kampfführung neu geregelt. Vorgesehen waren bisher eine Küsten- und dahinter eine 1. und 2. Wasserstellung, die durch Überflutungen geschaffen worden waren. Auf Veranlassung des Gen.-Feldm.s Rommel wurde im Mai zwischen der Küsten- und der 1. Wasserstellung noch eine Landstellung vorbereitet. Zu den 3 in Holland angesetzten Div.en trat nun als Rahmen für einen 4. Verband noch der SS-Stab Dehmelhuber, der im Falle eines Angriffs den Befehl über die Alarmeinheiten der SS und des Ausbildungsrgt.s „Hermann Göring" übernehmen sollte. Die Maßnahmen führten dazu, daß — wie an den anderen Fronten — die Kräfte mehr nach vorn gezogen wurden (Merkbuch 9. 5.).

Mitte Mai war die Überflutung abgeschlossen bis auf einen Riegel um Hoek van Holland, der erst nachträglich geschlossen werden sollte. Unter Wasser waren gesetzt nunmehr 910 qkm, davon 250 unter Süß- und 660 unter Salzwasser. Im Ganzen handelte es sich um das Hineinfluten von 1½ Milliarden cbm Wasser. Die der Küste vorgelagerten Inseln waren zu 1/5 überflutet. Zwischen der neuen Land= und der 1. Wasserstellung bestand jetzt ein fast durchgehender Wasser=Riegel.

An der südfranzösischen Küste handelte es sich um wesentlich andere Gegebenheiten. Hier hatten die Div.en zwar sehr große Abschnitte, aber sie wurden durch die Natur weitgehend entlastet. Das Rhone=Delta war durch Überschwemmungen so unwegsam geworden, daß hier eine Landung für ausgeschlossen gehalten werden mußte. Westlich von ihm fielen für solche Unternehmungen längere Strecken durch Sümpfe, Flußmündungen und Überschwemmungen aus. Ostwärts vom Delta kamen wegen des bis zum Wasser reichenden Gebirges außer Marseille und Toulon nur bestimmte Buchten in Betracht. Diese waren allerdings als besonders luftgefährdet anzusehen (Merkbuch 8. 5.).

Um die leeren Räume hinter der Küstenfront mit Luftlandehindernissen und Scheinanlagen zu füllen und den Gegner dadurch vor eine neue Lage zu stellen, lief im Mai bei allen Korps die Aktion „Landgraf" an, über die sich der OB der Heeresgruppe B in einem Brief an den Chef WFStab am 23. 5. sehr befriedigt aussprach. Er drückte dabei die Hoffnung aus, daß die Maßnahme des Fernkampfes [1] vor Beginn der Invasion möglich sein werde. In der Anlage übersandte der OB seine Verfügung vom 22. 5., in der er unter anderem feststellte, daß die K=Sperren mehr und mehr in den Ebbestreifen vorgeschoben wurden und die in ihnen angebrachten Minen und Granaten ständig anstiegen. Auf diese Weise wurde der Tatsache entgegengearbeitet, daß der Feind – wie sich aus Beobachtungen seiner Übungen ergeben hatte – nicht mehr wie früher bei Flut, sondern bei Ebbe landete, um die Vorstrandhindernisse überwinden zu können (vgl. Notiz vom 31. 5., Merkbuch 2. 6.).

Für die Festungen usw. brauchte nichts Entscheidendes zu geschehen, da die entscheidenden Befehle bereits gegeben waren.

Über die Besetzung der Festungen erging am 6. 4. ein Befehl. In einer Notiz vom 27. 4. wurden Angaben über deren nunmehrige Ausstattung, am 30. 4. über deren Waffenausstattung zusammengestellt (Notiz vom 8. 5. über panzerbrechende Kampfmittel).

Die Bevorratung der Kampfstützpunkte wurde am 2. 5. neu geregelt.

Mitte Mai erhielt jede der drei Kanalinseln eine leichte oder mittlere Flakbatterie. Ende Mai wurden die Befugnisse der Festungskommandanten neu bearbeitet; ein entsprechender Befehl erging am 31. 5.

#### 4. Die feindlichen Luftangriffe und die Gegenmaßnahmen gegen ihre Auswirkungen

Der Luftkrieg nahm ständig an Schwere zu. Anfang Mai wurden bereits bis zu 2000 Einflüge täglich festgestellt. Er richtete sich außer gegen Flugplätze be=

1 D. h. Einsatz der Fernwaffen (V 1 und V 2).

sonders gegen die Eisenbahnen (im Februar Ausfall von 277, im März bereits von 508 Lokomotiven). Der Vergleich mit dem März ergab, daß in ihm der Schwerpunkt noch bei den Angriffen gegen die Flugplätze, nunmehr aber bei denen gegen die Eisenbahnanlagen lag: gegenüber 93 Angriffen gegen Verkehrsanlagen im März handelte es sich im April um 249; gleichzeitig stiegen die Fälle von Eisenbahnsabotage von 460 auf 500.

Als Gegenmaßnahmen konnte der Wehrm.-Transp.-Chef verstärkten Flakschutz, Zuführung von Lokomotiven, Bereitstellung von Werkstättenpersonal, Beseitigung der Schäden, Steigerung der Lokomotivproduktion (vgl. Notiz vom 15. 4.) anführen. Der Chef OKW wandte sich deshalb am 15. 4. in dieser Angelegenheit an das Reichsverkehrsministerium. Bei diesem fand darauf am 24. 4. eine Besprechung dieser Fragen statt (1. Notiz vom 26. 4.).

Um die Bahnen zu entlasten, wurde am 25. 4. eine Urlaubssperre befohlen. Am 30. 4. drängte der Chef OKW den OB West zur Beschleunigung der Wiederherstellungsarbeiten.

Durch die Bahnschädigungen ergaben sich Verzögerungen bei den Neuaufstellungen, so daß deren Endtermin sich hinausschob; denn das zugeführte Material blieb in dem Zugstau stecken, der durch die Streckenschäden entstand. Um die Reparaturen zu beschleunigen, mußten 18 000 Mann der Org. Todt aus dem Atlantikwall herausgezogen werden, was sich natürlich wieder ungünstig auf dessen weiteren Ausbau auswirkte (Merkbuch 3. 5.).

Trotz aller Anstrengungen konnte nicht verhindert werden, daß Anfang Mai ein Stau von 1600 Zügen entstanden war. Um die heereswichtigen Material- und Personaltransporte durchführen zu können, wurden die Wirtschaftszüge auf Nebenstrecken geleitet.

Der OB wollte deshalb 65 000 Org. Todt-Arbeiter von den operativen Bauten abziehen. Der Chef OKW gestattete dies am 8. 5. nur für 10 000 und verwies den OB auf das Heranziehen von Zivilisten im Rahmen des am 30. 4. gegebenen Befehls (bisher waren 15 700 von der Wehrmacht herangezogen). Die einheitliche Steuerung der Transporte übernahm für das OKW der Oberquartiermeister West, für die Ziviltransporte ein Beauftragter des Reichministers Speer. Ferner wurde der gesamte Kraftwagen-Transportraum einheitlich durch den Oberquartiermeister West zusammengefaßt. Die einzelnen Div.en behielten also nur den Raum, den sie für die laufende Versorgung und ihre Beweglichkeit brauchten; der übrige Transportraum wurde unter den Befehl des OB West in Großtransportkompanien zusammengefaßt (vgl. Notiz 9. 5.).

Da Kohlen nicht mehr ausreichend herankamen, mußten Stillegungen in der Industrie erfolgen, unter denen auch die Wehrwirtschaft zu leiden hatte. In Paris wurden empfindliche Einschränkungen in der Gas- und Elektrizitätsversorgung erforderlich. Nach einer Meldung der Org. Todt, die der OB der Heeresgruppe B am 25. 5. an den Chef WFStab weitergab, konnten wegen Zement- und Kohlenmangels 187 000 cbm im Eisengerüst fertige Bauten nicht mehr ausgegossen werden.

Bis Mitte Mai ging der Zugstau dank der getroffenen Maßnahmen – die Statistik der Luftangriffe zeigte für die erste Hälfte dasselbe Bild wie der April – auf 1270 zurück. Wie das bereits 1940 geschehen war, stoppte der Wehrmacht-Transport-Chef alle Transporte ab, die nicht kriegswichtig waren. Daneben wurde eine Aktion eingeleitet, um die kriegswichtigen Waggons herauszuholen. Die Bestimmung der Dringlichkeit wurde durch Befehl am 22. 5. geregelt.

Die Angriffe der feindl. Luftkräfte richteten sich in den Städten außer gegen die Verkehrsanlagen auch gegen Fabriken und forderten daher unter den Zivilisten zahlreiche Opfer. Schwere Verluste brachte der Bevölkerung am 24. 4. ein gegen Rouen durchgeführter Angriff (400 Tote, 700 Verwundete). An dem Trauergottesdienst nahm der Marschall Pétain teil, dessen Besuch ohne Zwischenfall verlief.

Am 27. 4. griff der Feind zum ersten Mal planmäßig die eigenen Küstenbefestigungen im Raum von Calais und ostwärts an. Diese Angriffe setzte er fortan mit steigender Wucht fort; doch ergab sich, daß die personellen Verluste sehr gering und die materiellen so blieben, daß sie bald wieder ausgeglichen werden konnten. In der Zeit vom 15.–21. 5. wurden zwischen Calais und Cherbourg 53 Stützpunkte angegriffen; dabei wurden 4 festungsmäßige Bauten, darunter 2 Schartenstände, leicht beschädigt; 4 verstärkte feldmäßige Anlagen wurden zerstört, 11 beschädigt. Von feldmäßigen Anlagen wurden 10 zerstört, 16 beschädigt. An schweren Waffen wurden 11 vorübergehend unbrauchbar, zerstört wurden keine.

An Soldaten fielen aus: 26 Tote, 13 Vermißte, 93 Verwundete (Lagebuch vom 2./3. 5.).

Wenn auch Nordfrankreich bis Holland und bis zur Loire das Hauptangriffsgebiet der Luftangriffe blieb, so dehnten sich die Angriffe fast über den ganzen französ. Raum aus, was dem Gegner dadurch möglich wurde, daß er in Foggia eine Flugbasis für seine 4-mot. Verbände in Mittelitalien und auf Corsica Flugplätze für seine 1- und 2-mot. Flugzeuge gewonnen hatte. Als die Burgundische Pforte für Truppenverschiebungen benutzt wurde, erfolgten sofort Angriffe auf die wichtigen Knotenpunkte in diesem Raum. In steigendem Maße ging der Gegner auch gegen die Strecken von Italien nach Südfrankreich und von dort nach Deutschland über: am 25. 5. wurden sie zum Beispiel alle unterbrochen.

Vom 20. bis 26. 5. wurden 500 Lokomotiven beschädigt. Auf Grund der neuen Schäden erging am 29. 5. ein weiterer Befehl über die zu treffenden Gegenmaßnahmen.

Auf diese Weise hatte der Feind bereits vor Beginn seiner Offensive die eigene Versorgung sehr erschwert und die Möglichkeiten, Verstärkungen mit der Bahn heranzuführen, schon weitgehend eingeschränkt.

Dazu kam, daß der Gegner in der zweiten Mai-Woche mit Angriffen gegen die Seine-Brücken begann. Bis Ende des Monats waren von der Mündung bis

Paris alle Brücken ausgeschaltet — eine Tatsache, die sich bei der Abwehr der Invasion gleichfalls entscheidend bemerkbar machte.

Am 27. 5. wurden im Westen 6000 Ein= und Durchflüge festgestellt, was einen bisher nicht beobachteten Höchsteinsatz bedeutete; 2000 Einflüge richteten sich gegen Nordfrankreich.

**5. Einzelmaßnahmen**

*im April:*

1. 4. Notiz über die Pz.=Lehr.=Div. sowie über ital. Einheiten.
2. 4. Einsatz der 352. Inf.=Div.
5. 4. Verlegung der schnellen Abt.en, 503—571, des Res.=Rgt.s „Hermann Göring" und der Fallsch.=Ers.=Div.
5. u. 6. 4. Verlegung von Ausbildungseinheiten.
6. 4. Einsatz von Scheinwerfern.
5. u. 7. 4. Notiz über die Pz.=Verbände.
8. 4. Stand der Neuaufstellungen.
10. 4. Vermessungs= und Kartenabt.en.
Auskämm=Aktion.
11. 4. Sturmgeschtz.=Brig. 341 u. Pz.=Abt. 59.
12. u. 13. 4. Schnelle Verbände.
13. 4. Gren.=Btl. z. b. V. 928.
14. 4. Verlegung der Pz.=Lehr.=Div., s. auch 1. 4.
Aufstellung der 5. u. 6. Fallsch.=Jg.=Div.
Pz.=Abt. „Großdeutschland".
15. 4. Notiz über die 1. Fallsch.=Jg.=Div.
19. 4. Eisenbahn=Batterien.
Aufstellung der 10. Pz.=Div.
20., 23., 25., 28. 4. 1. SS=Pz.=Div.
21. 4. Einsatz d. 77. Inf.=Div. u. der 21. Pz.=Div.
Minenlegen.
Aufstellungen 26. Welle.
Abgabe der Kav.=Ers.= u. Ausb.=Abt. 100.
24. 4. Panzerlage.
Umgliederung d. 273. Res.=Div. in die 11. Pz.=Div.
25. 4. Kampfkommandant Bayonne.
27. 4. Heeresartillerie.
28. 4. Sockellaffetten.
28., 30. 4. Einsatz des Flakrgt.s 155 (W).
29. 4. u. 1. 5. Zusammenfassung des Kfz.=Raumes.
Versorgungslage.
30. 4. Werfer=Brig. 7.

*im Mai:*

2. 5. Unterstellung der Pz.=Abt.en.
Abtransport der 5. Fallsch.=Jg.=Div.
3. 5. Ordnungstruppen.
4. 5. Aufstellung von 3 Pz.=Div.en beim OB West.
Unterstellungen der Heeresgruppe B.
Befugnisse des Pz.=Gruppen.=Kdo. West.
Verlegung der Reste der 2. Fallsch.=Jg.=Div. aus dem Osten zur kurzfristigen Neuordnung nach Reichenhall und dann in die Normandie.

5. 5. Zustand der 5. Fallsch.=Jg.=Div.
5.—29. 5. Verlegung der Führerschule Antwerpen.
5. 5. Gegenspionage.
6. 5. Einsatzbereitschaft der schnellen Verbände.
Aufstellung der 331. Inf.=Div. und der Div.en 22. u. 25. Welle.
8. 5. Beweglichmachung der 5. Fallsch.=Jg.=Div.
9. 5. Zusätzlicher Transportraum.
11., 15. u. 18. 5. Aufruf des Führers für den Fall der Invasion.
Einsatzbereitschaft des II. Fallsch.=Jg.=Korps.
12. 5. Panzer der 1. SS=Pz.=Div.
Ersatz für zerstörte Brücken.
Ablehnung von Kommandanturen für Truppenübungsplätze.
14. 5. Kartendruckabteilungen.
Erfahrungen beim Luftangriff auf Mailly=le=Camp.
15. 5. Betonverteilung.
Umgliederung des Gen.=Kdo.s LVIII. Res.=Pz.=Korps.
Neue amerikan. Kampfverfahren.
16. 5. 10,5 cm Flak=Munition.
18. 5. Zuteilung von Kraftfahrzeugen ital. Fertigung.
20. 5. Verlegung von Schulen aus dem Kampfgebiet.
22. 5. Schiffsstamm=Abt.en (?) für polizeiliche Aufgaben.
Fernsprecheinschränkung bei Angriffsbeginn.
24. 5. Munitionsbevorratung im Küstenschutz.
Lehrstab des II. Fallsch.=Jg.=Korps.
Pz.=Lehr.=Div.
27. 5. Schnelle Verbände aus Feldheer überführt.
30. 5. Ersatz für zerstörte Brücken.
30. 5. u. 4. 6. Schutz der Wolfram=Gruben.
Beweglicher Flakeinsatz.
31. 5. Irreführung durch die Bezeichnung „Brigade" usw.

*im Juni:*

1. 6. Tiger=Abt. im Westen
2. u. 5. 6. Flak=Abt.en
Untersuchung eines beim Luftangriff durchschlagenen Bunkers.
2. u. 5. 6. Zuteilung von Nebelsäure.
3. 6. Verlegung der 19. Lw.=Feld=Div.
4. 6. Auskämm=Aktion.
Abwehrwaffen der 1. Armee.
5. 6. Bekämpfung der Terroristen.

### 6. Die innere Lage in den besetzten Westgebieten

Daß die Terroristenbewegung ständig zunahm, konnte bei der Unterstützung, die sie von außen erfuhr, nicht Wunder nehmen. Räume des Widerstandes lagen in den Ardennen und im Hennegau, in der Bretagne, in den französ. Hochalpen und im Raum von Limoges. Es waren daher zum Teil umfangreiche Aktionen — so besonders im Gebiet der Hochalpen — erforderlich, um die Gefahrenherde zu vernichten oder doch zum mindesten für längere Zeit unschädlich zu machen. Ende Mai zeigte sich ein bedrohliches Anwachsen im südfranzös. Hochplateau. Am 2. 6. traten erstmalig 600 Terroristen geschlossen auf, und zwar in Figeac (120 km nordostwärts Toulouse). Nachrichten über die Bildung von Banden unter Führung von Offizieren der „Armée secrète", Ein=ziehungen, Ausstattung mit schweren Waffen und Munition führten dazu, daß der OB West und der Mil.=Befh. Frankr. am 5. 6. angewiesen wurden, Maß=nahmen zu ergreifen, um dieser Gefahr im Rücken der Küstenverteidigung zu begegnen.

Daneben ging der Kampf gegen den unter der Oberfläche verharrenden Feind unentwegt weiter. Zahlreiche Agenten konnten unschädlich gemacht, weit verzweigte Verschwörergruppen aufgedeckt werden.

Je näher die Invasion heranrückte, um so mehr Aufmerksamkeit verdiente dieser Widerstand, der teils nationalistisch, teils kommunistisch aufgezogen war. Um der „Armée secrète" den Rückhalt zu nehmen, wurde auf Befehl des Reichsführers[1] SS Anfang Mai eine Aktion durchgeführt, durch die 35 Generale und Admirale sowie 85 Obersten, die der Geheimarmee nahestanden, interniert wurden. Mit Aufmerksamkeit wurden dann die Weisungen verfolgt, die vom Ausland den Aufständischen gegeben wurden und gute Anhalte für den Beginn der Invasion boten.

Abgesehen von dem Widerstand im südfranzös. Hochplateau, der bereits an=geführt wurde, kam es vor der Invasion nicht zu irgendwelchen Aktionen gegen die Deutsche Wehrmacht, die über das bisherige Maß hinausgingen.

Die Lage am Vorabend der Invasion kennzeichnete der OB West in seiner Lagebeurteilung vom 5. 6. wie folgt: „Starke Zunahme der Aktivität der Wider=standsbewegung in Südfrankreich, besonders in den Räumen südlich Clermont=Ferrand und um Limoges. Anscheinend einheitliches Vorgehen der Wider=standsgruppen im Kampf gegen Deutschland unter Zurückstellung innerpo=litischer Gegensätze, Meldung über umfangreiche Aushebungen zur ‚Armée secrète', teils durch Drohung und Zwang, teils durch Werbung gegen Arbeits=einsatz in Deutschland. Zusammenziehungen von Kräftegruppen bei Tulle (70 km südostwärts Limoges) und in den Bergen des Zentralmassivs bei St. Flour (80 km südlich Clermont=Ferrand). Starke terroristische Aktivität im Dept. Corrèze. Laufende Überfälle auf Eisenbahnzüge, ungesicherte Ort=schaften, französ. Verwaltungsdienststellen, Plünderung französischer Arbeits=dienstlager, Diebstähle von Kraftfahrzeugen und Treibstoff, Befreiung eines Gefangenentransportes aus einem Eisenbahnzug des öffentlichen Verkehrs nach Feuergefecht. In einer Kleinstadt bei Limoges 6 franz. Bürger, darunter der Notar und 2 Miliz=Angehörige, bei Tage aus ihren Wohnungen geholt und auf dem Marktplatz erschossen. In Umgebung Clermont=Ferrand sollen sich erst=mals Angehörige der ‚Armée secrète' in Khaki=Uniform mit blau=weiß=roter Kokarde gezeigt haben. Starker Gegenschlag mit ausreichenden Kräften und Luftwaffen=Unterstützung in Vorbereitung."

1 Ms.: Befh.

# III. Teil
# Die Westfront von der Landung der Anglo-Amerikaner (6. Juni) bis zur Luftlandung bei Arnheim (17. September) und dem Aufbau einer neuen Widerstandslinie (6. Juni - 17. September 1944)

## A. Die Kampfhandlungen [1]

### I. Die Kämpfe in der Normandie von der Landung bis zum Durchbruch bei Avranches (6. Juni—31. Juli)

Am 6. 6. begann nach einer durch das Wetter bedingten Verschiebung um 24 Stunden die in der voraufgegangenen Zeit durch Angriffe gegen die Küsten=befestigungen und das Hintergelände vorbereitete Offensive. Die Landung er=folgte im Raum zwischen der Seine=Mündung und Cherbourg, wie dies von der deutschen Führung erwartet worden war (Verlegung der 91. LL.=Div., des 6. Fallsch.=Jg.=Regt.s und von Panzern auf die Halbinsel Cotentin). Das Unter=nehmen wurde durch den Absprung von Fallschirmjägern vorbereitet, die bri=tischen und amerikanischen LL=Div.en angehörten. Anschließend an diese Aktion, die um 1.00 Uhr begann und zum Teil durch die Wolken hindurch er=folgte, setzte um 3.00 bis 3.30 Uhr bei Ebbe, so daß die Vorstrandhindernisse nicht störten, die Landung von See ein, die der Feind durch das Feuer schwerer Einheiten unterstützte.

Die eigenen Batterien nahmen das Feuer auf, und ein Teil der Fallsch.=Jäger konnte sofort vernichtet werden; doch gelang es dem Gegner, am Ufer Fuß zu fassen und im rückwärtigen Gelände Widerstandsherde zu bilden. Dabei zeigte sich, daß die Briten beiderseits der Orne angriffen, die Amerikaner an der Vire=Mündung und auf der Halbinsel Cotentin.

Um die an der Küste kämpfenden Divisionen zu unterstützen, wurde als erste die 12. SS=Pz.=Div. nach Lisieux herangezogen und die 21. Pz.=Div. in den Kampf westlich der Orne=Mündung hineingeworfen; doch wurde sie beim Herankommen durch Fallschirmjäger behindert, die bei Caen absprangen. Ge=gen den Gegner im Raum von St. Vaast wurde die 91. Inf.=Div. angesetzt; dann wurde auch noch die Pz.=Lehr=Div., die zusammen mit der 12. SS=Pz.=Div. als OKW=Reserve bereitgehalten war, freigegeben. Schnellboote, die von Cher=bourg aus vorstießen, wurden durch den Seegang, der in der Bucht noch die Stärke 4—6 erreichte, behindert; dagegen konnten die aus Le Havre vor=stoßenden Zerstörer ihre Torpedos abfeuern.

1 Vgl. zum Folgenden auch den Anhang 1 (am Schluß des IV. Teils): „Chrono=logische Übersicht über die Kämpfe im Westen vom 6. 6.—20. 9. 1944" (S. 456 ff.).

Daß es sich tatsächlich um den lang erwarteten D-Tag handelte, zeigte ein in den Morgenstunden verbreiteter Befehl Eisenhowers, an den sich Ansprachen der feindlichen Ministerpräsidenten anschlossen. Jedoch war noch nicht klar, ob es sich um einen ersten Vorstoß, um eigene Kräfte zu binden, oder wirklich schon um die Hauptaktion handelte. Stutzig machte, daß die Sabotage nicht merklich anstieg. Deshalb war denkbar, daß der Feind erst einmal die Halbinsel Cotentin abkneifen und dadurch Cherbourg in eigene Hand bringen wollte, um gleichzeitig oder anschließend mit den in Südostengland wartenden Kräften die 15. Armee anzugreifen.

Am Abend des ersten Tages war die Lage ostwärts der Orne durch die 711. Div. bereinigt; dagegen war westlich der Flußmündung ein 10 km langer, jedoch vorerst nur sehr schmaler Brückenkopf entstanden, der von der hier eingesetzten 352. Inf.-Div. selbst abgeriegelt wurde.

Die 709. Inf.-Div. konnte die Amerikaner einengen, aber nicht vernichten, da sie laufend aus der Luft verstärkt wurden. Da unklar war, ob der Feind auch an der Westküste der Halbinsel gelandet war, wurde aus der OKW-Reserve noch die 17. SS-Pz.-Gren.-Div. freigegeben (diese Meldung bestätigte sich nachher nicht).

Zwecks einheitlicher Führung übernahm den Befehl im Abschnitt Orne-Vire das dem AOK 7 unterstellte Pz.-Kdo. West (Gen. Geyr von Schweppenburg) mit 3 Pz.- und 2 Inf.-Div.en, auf der Halbinsel Cotentin der Gen. Marcks [1] (91., 709. und 243. Inf.-Div.), südwestlich davon der Gen. d. Flieger Meindl, Kommand. General des II. Fallsch.-Jg.-Korps (17. SS-Pz.-Gren.-Div., 3. Fallsch.-Jg.-Div., 352. Inf.-Div.).

Am Abend des 2. Tages (7. 6.) waren bereits 10–12 feindliche Verbände, darunter 2 LL-Div.en, erkannt. Durch diese starken Zuführungen wurden die Erfolge, die gegenüber den gelandeten Kräften erzielt wurden, wieder aufgewogen. Doch durfte gehofft werden, die auf einem Raum von 6 mal 6 km zusammengedrängten britischen Fallschirmjäger noch vernichten zu können. Gegen den Hauptlandekopf zögerte sich der vorgesehene Angriff noch hinaus. Als vorteilhaft war anzusehen, daß die Lage des Gegners an der Vire-Mündung schlecht war; um die Verbindung nach Osten herzustellen, stießen in der Nacht feindliche Panzer bis nach Bayeux hinein. Die amerikanischen Fallsch.-Jäger konnten gleichfalls eingeengt werden, doch entstand durch die Landung einer weiteren Division ein Schlauch zur Küste hin, der dem Gegner die Zuführung von Verstärkungen ermöglichte. Der Einsatz der eigenen Luftkräfte, deren Verstärkung bereits am 6. 6. befohlen worden war und am 7. 6. durchgeführt wurde, betrug an diesem Tage 400. Die Kriegsmarine beteiligte sich ihrerseits weiter durch Schnellboot- und Zerstörerangriffe von Cherbourg und Le Havre aus. Auch konnte die zeitweise lahmgelegte schwere Marineküstenbattr. Marcouf wieder in den Kampf eingreifen.

1 Kommand. Gen. des LXXXIV. AK.

Der 3. Tag (8. 6.) war wiederum durch den pausenlosen Einsatz der feindlichen Luftwaffe gekennzeichnet, die den Kampfraum bis in das Hintergelände zudeckte und dadurch die eigenen Panzerangriffe erstickte, die Stäbe außer Gefecht setzte und das Funkwesen unterbrach. Dadurch gelang es dem Feinde auch, zu den ostwärts der Orne bereits abgeschnittenen Kräften wieder eine Verbindung herzustellen und westlich der Mündung die schon vorhandenen Brückenköpfe zu einem einzigen von 60 km Länge und 10—12 km Tiefe zusammenzuschließen, wobei Bayeux in seiner, Caen in deutscher Hand blieb.

Am 9. 6. wogte der Kampf hin und her, ohne daß sich ein gewichtiges neues Faktum ergab. Zwischen der amerikanischen und britischen Truppe bestand noch eine Scheidemauer; doch vergrößerten die Amerikaner ihren Raum an der Vire, und in dem Brückenkopf von Carentan (am Fuß der Halbinsel) drückten sie ihre Front nach Westen vor; nach Norden setzte er Panzer ein, so daß sich hier eine ungeklärte, möglicherweise für Cherbourg bedrohliche Lage ergab. Um den Amerikanern den Weg dorthin zu verlegen, wurde im Wettlauf mit ihnen die 77. Div. herangeführt.

Zur Unterstützung der eigenen Kräfte kamen Verstärkungen aus dem Westen und aus dem Reiche heran, vor allem die Gruppe des Generals d. Fl. Meindl vom Südwesten. Aber es war nunmehr deutlich, daß diese Kräfte nicht ausreichten, um den Feind wieder ins Meer zu werfen. Deshalb befahl der Führer am 9. 6. nach dem Vortrag des Chefs WFStab, daß weiter zugeführt werden sollten: die (zuletzt zu Säuberungen in Südfrankreich eingesetzte) 2. Pz.-Div., die 2. SS-Pz.-Div., 1 Pz.-Rgt. der 116. Pz.-Div., 2 Inf.-Div.en aus dem Bereich der Heeresgruppe B, die Werfer-Brig. 8, Heerestruppen, besonders schwere Art., und Panzerjäger. Außerdem sollte geprüft werden, welche weiteren Kräfte für den Fall einer Krise sich gewinnen ließen. Da eine Meldung vorlag, wonach der Feind eine Landung in Belgien beabsichtigte, wurde die 1. SS-Pz.-Div. als Reserve hinter die 48. Div. verlegt, da dieser Raum durch den Abzug der 19. Lw.-Sturm-Div. entblößt war.

Am Spätnachmittag wurde der OB West angewiesen, noch alles in die Festung Cherbourg zu werfen, was an Vieh, Mangelmunition usw. greifbar war und dort fehlte.

Am 10. 6. konnte der Gegner den britischen und amerikanischen Brückenkopf vereinigen. Eine Krise entstand dadurch, daß der Stab der Pz.-Gruppe West durch Luftangriffe fast ganz zerschlagen wurde und durch das I. SS.-Pz.-Korps ersetzt werden mußte. Dagegen konnten die Angriffe auf der Halbinsel Cotentin nach Westen und Norden aufgefangen werden.

Bis zum 12. 6. waren 17 Verbände erkannt, darunter 7 amerikanische. Es konnte daher angenommen werden, daß die Gruppe Montgomery nicht noch eine zweite Aktion durchführen würde; in Betracht kam jedoch nach wie vor eine zweite Landung ostwärts des Landekopfes, entweder im Raume Calais—

Le Havre oder zwischen der Schelde=Mündung und Dünkirchen. Außerdem erwog der Führer erneut die Möglichkeit einer Landung in der Bretagne.

Am 11. 6. befahl der Führer die Verlegung von 6 Artl.=Pak=Abt.en nach dem Westen, die Verstärkung der Front nördlich des dem Feinde in die Hand gefallenen Ortes Carentan durch die Sturmgesch.=Lehr=Brig. und die 77. Inf.=Div. und die Versorgung von Cherbourg. Ferner ordnete er an, daß auf das bei Kowel [1] geplante Angriffsunternehmen verzichtet und stattdessen das II. SS=Pz.=Korps mit der 9. und 10. SS=Pz.=Div. in den Westen zurückverlegt wurde. Aus Dünkirchen wurde die 363.. Inf.=Div. herangezogen. Ferner wurden Spezialeinheiten in den Kampfraum verlegt. Zum Schutz gegen Luftlandungen wurde die Kampfgruppe der 6. Fallsch.=Jg.=Div. dem AOK 15 zugeführt.

In einer um 23.00 Uhr abgesetzten Beurteilung der Lage bezeichnete der OB der Heeresgruppe B als klare Absicht des Feindes die Gewinnung eines tiefen Landekopfes zwischen Orne und Vire und das Abschneiden der Halbinsel Cotentin; doch bleibe denkbar, daß er — falls dort der Widerstand zu schwer sei — frühzeitig zum Stoß nach Süden ansetze. Der Ablauf seiner Operationen sei wesentlich langsamer als geplant erfolgt; auch setze er anscheinend mehr Kräfte ein, als ursprünglich vorgesehen waren; jetzt verstärke er sich zusehends. Wegen seiner Luftüberlegenheit sei es nicht gelungen, die Kräfte zum Gegenstoß in den Raum zwischen Orne und Vire rechtzeitig heranzuführen; das I. SS=Pz.=Korps sei in die Verteidigung gedrängt. Deshalb müsse sich die Heeresgruppe zunächst damit begnügen, eine zusammenhängende Front aufzubauen; aus diesem Grunde könne sie die vorn haltenden Reste nicht entsetzen. Die Heeresgruppe wollte jetzt die Panzerverbände durch Inf.=Div.en ersetzen und ihren Schwerpunkt in den Raum Carentan — Montebruy verlegen, um die Gefahr von Cherbourg abzuwenden. Danach beabsichtigte sie, den Feind zwischen Orne und Vire anzugreifen.

Die eigenen Operationen waren, wie der OB West ausführte, außerordentlich erschwert, zum Teil undurchführbar gemacht durch

1. die feindliche Luftüberlegenheit (bis zu 27 000 Einsätzen am Tage),
2. die Wirkung der feindl. Schiffsartillerie,
3. die materielle Ausstattung des Gegners,
4. den Einsatz von Fallschirm= und Luftlandetruppen.

Abschließend meldete der OB West: „Die Truppen aller Wehrmachtteile schlagen sich mit größter Verbissenheit und äußerster Einsatzbereitschaft, trotz des ungeheuren Materialaufwandes des Feindes."

Am 12. 6. befahl der Führer, daß der feindliche Landekopf zwischen Orne und Vire stückweise angegriffen und zerschlagen werde. Zuerst sollte der Feind ostwärts der Orne vernichtet werden, um die 346. Inf.=Div. freizubekommen. Zugleich wurde dem OB West mitgeteilt, daß ihm das II. SS.=Pz.=Korps mit der

1 D. h.: an der Ostfront.

9. und der 10. SS=Pz.=Div. zugeführt werde und die 346. Inf.=Div. nicht zur 19. Armee, sondern zum OB Südwest komme.

Ferner wurde der OB West auf Befehl des Führers angewiesen, daß zum Angriff gegen den Brückenkopf ostwärts der Orne besonders schwere Werfer und Heeresartillerie herangezogen werden sollten. Beiderseits der Vire=Mündung sollte weitreichende Artillerie eingesetzt werden. Ferner forderte der Führer, daß die 1. SS=Pz.=Div. sobald wie möglich unter dem I. SS=Pz.=Korps mit der 12. SS=Pz.=Div. vereinigt werde, nachdem die 363. Inf.=Div. eingetroffen sei. Eine Lücke zwischen dem I. SS=Pz.=Korps und dem II. Fallsch.=Jg.=Korps, die der OB West für bedrohlich hielt, konnte vorerst behelfsmäßig geschlossen und dann abgedichtet werden. Auf der Halbinsel Cotentin zeichnete sich jedoch nunmehr die Gefahr eines Durchbruches zur Westküste ab.

Am 13. 6., 1.20 Uhr, begann das Vergeltungsschießen mit V 1 (Fz. 76) gegen London.

An diesem Tage schlug der OB West folgende neue Befehlsgliederung bei der 7. Armee vor: Ausscheiden der Pz.=Gruppe West zwecks Übernahme ihrer alten Aufgaben, Führung des I. SS=Pz.=Korps, des XXXXVII. Pz.=Korps und des LXXXIV. AK. (mit II. Fallsch.=Jg.=Korps) wieder durch die 7. Armee. Für die Führung im Norden der Halbinsel wollte der OB das Gen.=Kdo. LXXXVI. AK. und in die Bretagne, wo das Gen.=Kdo. XXV. AK. für die Ablösung des XXXXVII. Pz.=Korps herausgelöst werden sollte, das Gen.=Kdo. LXIV. Res.=Korps zuführen. Als Endziel war die Einsetzung des Gen.=Kdo.s LXXXIV. AK. als Armee=Abt. zur Führung an der ganzen Angriffsfront beabsichtigt.

In einer Beurteilung der Lage vom 13. 6. gab der OB West einen Rückblick auf die bisherige Entwicklung des Kampfes. Er stellte fest, daß der Gegner zeitlich und räumlich sein Ziel nicht erreicht, aber die deutschen Kräfte in die Verteidigung gedrängt habe. Jetzt sei vor allem Cherbourg zu schützen. Gerechnet werden müsse mit einer zweiten Landung, für die 20—30 große und 4 LL=Verbände zur Verfügung stünden. Nicht voraussagen ließe sich, ob diese im Somme=Gebiet oder in Belgien erfolgen werde. An der südfranzös. Front habe sich die Spannung erheblich verschärft; am 24. 5. seien 70 Transporter in Nordafrika gemeldet worden. Im Innern sei — wie erwartet — die Sabotage angestiegen, aber doch nicht in dem Ausmaß, mit dem gerechnet wurde. Im altbesetzten Frankreich sowie in Belgien und Holland sei keine wesentliche Ruhestörung eingetreten. Um Limoges und bei Tulle und Cantal habe die Bandenbildung zugenommen. Dies sei auch westlich der Rhone, bei Bourg und in den Basses Alpes der Fall. Dagegen seien eigene Kräfte angesetzt. Der Bevölkerung sei bekanntgegeben, daß alle diese Kräfte nur als Freischärler angesehen würden.

In einer Kurzbeurteilung machte der WFStab Bedenken gegen die Oberste Führung im Westen geltend. Er schlug vor, unter Inkaufnahme des Risikos an den übrigen Küsten die Front an der Normandie zu verstärken, zum Teil auch durch Abzüge vom OB Südwest.

Am 14. 6. trat der Gegner an 3 Stellen zum Großangriff an, und zwar in der Mitte bei Caen, beiderseits der Straße Bayeux, St. Lô und Ste. Mère Église, wo der Gegner 2 km nach Westen vorkam (vgl. dazu Kurzbeurteilung des WFStabs vom 14. 6.).

Der OB West erhielt daraufhin eine neue Weisung für die Kampfführung, die am 16. 6. nachm. abging: Die Absicht des Feindes, durch Störmeldungen den Einsatz starker Kräfte in der Normandie zu verhindern, müsse durch schärfste Zusammenfassung der eigenen Kräfte und durch stückweises Zerschlagen der feindlichen Landeköpfe vereitelt werden. Eine Schwächung aller Fronten (mit Ausnahme der der 15. Armee) müsse in Kauf genommen werden. Deshalb befahl der Führer:

1. Heranführung des LXXXVI. AK. von der 1. Armee;
2. geschlossenen Einsatz der noch in Antransport befindlichen oder zur Verlegung vorgesehenen 4 schnellen Verbände und möglichst starker Heerestruppen, besonders Werfer-Brigaden;
3. Ersatz der in Front eingesetzten Pz.-Div.en durch Inf.-Div.en;
4. Heranführen von je einer Div. vom Wehrm.-Befehlshaber Niederlande sowie von der 15. und der 19. Armee.

Dafür sollten dem OB zugeführt werden:

zur 15. Armee die 363. Inf.-Div. aus Dänemark und die 89. Inf.-Div. aus Norwegen;

zur 19. Armee die 198. Inf.-Div. aus dem Heimatkriegsgebiet, ferner Alarmeinheiten der Marine.

Am 15. 6. setzte der Feind die Angriffe an den drei Stellen fort, kam jedoch wieder nur auf der Halbinsel vorwärts.

Da der eigene Angriff gegen den feindlichen Brückenkopf ostwärts der Orne nur geringe Erfolge erzielt hatte, wurde er jetzt nur noch stoßtruppartig fortgeführt. Auf der Halbinsel bestand an der Westseite nicht mehr als eine dünne Verbindung, so daß deren Unterbrechung nur noch eine Frage der Zeit war.

Da der OB West um die Entsendung des Chefs oder Stellv. Chefs WFStab zur Besprechung der weiteren Kampfführung gebeten hatte, entschloß sich der Führer, am 17. 6. selbst in den Westen zu fliegen. Die Besprechung fand in der Anlage „Wolfsschanze II"[1] statt. Der OB West, Gen.-Feldm. von Rundstedt, und der OB der Heeresgruppe B, Gen.-Feldm. Rommel, trugen vor, daß der Gegner sich laufend verstärke und sich derart eine Basis verschaffe, aus der er zum Angriff antreten könne. Der Führer befahl beschleunigten Einsatz aller Minenarten, insbesondere der Druckdosenminen, und das Zurückklappen der Front auf der Halbinsel, da sich die Lage mit den vorhandenen Reserven nicht

1 Über diese Anlage: Margival bei Soissons, vgl. unten den I. Teil der „Erläuterungen".

bereinigen ließ. Er verbot, die 77. Inf.=Div. für die Abriegelung zu benutzen, und verlangte eine beschleunigte Verstärkung der Festung Cherbourg durch Kämpfer und Bevorratung. Als Befehlshaber wurde der Kommandeur der 709. Inf.=Div., Gen. v. Schlieben, bestimmt, der den Auftrag erhielt, die Festung so lange wie möglich zu halten. Ferner sollte angestrebt werden, die Verbreiterung des Brückenkopfes zu verhindern und die Reserven heranzubringen. Fernmündlich wurde ein entsprechender Befehl um 17.30 Uhr abgesetzt. In ihm war festgelegt, daß im Norden von Cotentin vorerst ein möglichst großes Gebiet einschließlich der Nordwestecke gehalten und im Süden ein Riegel westlich der Prairies Marécageuses bis zur Küste bei Portbail aufgebaut werden solle.

Anträge, von den Kanalinseln Kräfte abzuziehen, lehnte bereits der OB West ab, da ihm die Auffassung des Führers bekannt war. Um schnell Kräfte zu gewinnen, zog er von den nicht angegriffenen Küsten Div.en heran, die durch Alarmeinheiten gesichert wurden, bis die von anderen Kriegsschauplätzen heranbefohlenen Div.en (89. Inf.=Div. aus Norwegen, die 363. Inf.=Div. aus Dänemark, die 199. Inf.=Div. aus dem Heimatkriegsgebiet) herankamen.

Am 17. 6. meldete der Generalinspekteur der Pz.=Truppen die Probleme, die in seinem Sektor sofortige Lösung erforderten.

Am 18. 6. gelang den Amerikanern der erwartete Durchstoß zur Westküste der Halbinsel Cotentin. Doch konnten sowohl nördlich wie südlich dieses Korridors neue Fronten aufgebaut werden. Im Bereich von Cherbourg standen nunmehr die 709. und Teile der 243. Inf.=Div. sowie schwächere Teile der 91. und der 77. Inf.=Div. Der Feind begann sogleich, die Landfront anzugreifen.

Eine neue Entwicklung wurde durch den Absprung von freifranzös. Fallschirmspringern in der Bretagne eingeleitet, da dadurch die dortige Terroristenbewegung einen Rückhalt bekam. Zudem ließ eine Aussparung in der Verminung vor Brest einen Handstreich gegen diese Festung als möglich erscheinen.

Am 18. 6. früh übermittelte der OB West die von ihm für die weitere Kampfführung erlassene Weisung: Um die Halbinsel Cotentin sei mit äußerster Hartnäckigkeit jeweils um Zeitgewinn zu kämpfen, um das Herankommen des Feindes vor Cherbourg zu verzögern. Im Bereich der Festung sei das Ausweichen im Vorfeld auf die Küstenverteidigung abzustimmen. Dazu wurden Richtlinien für den Kommandanten erteilt. Die Entscheidung, welche Truppen in den Südriegel geführt werden sollten, wurde der Heeresgruppe B übertragen, die hier und an der übrigen Front eine kräftesparende Linie bestimmen sollte. Außerdem wurde die Durchführung örtlich begrenzter Angriffe befohlen, um den Feind zu fesseln und einen Durchbruch zu verhindern.

Am 20. 6. wurde dem OB West mitgeteilt, daß es die Absicht des Führers sei, mit der 1., 2., 9., 10. SS= und der 2. Pz.= und der Pz.=Lehr=Div. einen geschlossenen Gegenangriff so zu führen, daß zunächst die amerikan. Kräfte bei Bat=

teroy vernichtet würden, wozu die Ablösung der 2. Pz.= und der Pz.=Lehr=Div. durch Inf.=Div.en erforderlich sei. Dazu sei der Feind ostwärts der Orne so rechtzeitig zu vernichten, daß die beteiligten Heerestruppen wieder für den Hauptangriff frei würden. Die Verpflegung der Kanalinseln, mit deren Absonderung gerechnet werden müsse, sei zu vergrößern und die Belegung der Bretagne zu verstärken.

Aus Cherbourg konnten noch 18 000 Zivilisten fortgeführt werden. Vorgesehen war ursprünglich eine Versorgung für 4 Wochen; doch reichte dies nicht aus, da mehr Kräfte als vorgesehen in die Festung verlegt wurden, nämlich 41 000 Köpfe. Am 20. 6. war für sie eine Versorgung gesichert, die für 43 Tage reichte. Zum Transport über See wurden 3 Schnellboote in Cherbourg, 4 U=Boote sowie Küstenmotorboote eingesetzt; vorbereitet wurden Abwurfplätze (Merkbuch 20. 6.).

In der am 20. 6. früh abgesetzten Beurteilung der Lage erwartete der OB West beim Gegner auf Grund der Wetterlage und der vom Feinde selbst gemachten Angaben über hohe Verluste eine auf „Sicherheit" abgestellte Kampfführung und Auffüllung der Verbände. Er rechnete mit folgenden feindlichen Teilunternehmungen:

1. aus dem Raum Tilly=Torteval gegen die Straße Villers=Bocage;
2. Festigung der Abschnürung auf Cotentin durch Angriffe nach Norden und Nordosten.

Das Ziel des OB war, Zeit für den Neubau der Verteidigung von Cherbourg zu gewinnen, den Hafen völlig zu zerstören und die Festung möglichst unbegrenzt zu halten. An der übrigen Front sollte zäh gehalten und örtlich angegriffen werden, um Zeit für das Heranführen der Inf.= und Pz.=Div.en zu gewinnen. Gerechnet wurde nach wie vor mit einer zweiten Landung, vermutlich zwischen Somme und Seine. Für die Sicherung des Raumes hinter der 15. Armee gegen Luftlandungen erbat der OB neue Kräfte.

Die Verteidigung der südfranz. Front [1] sei durch den Abzug von schwerer Artillerie geschwächt worden; für einen Angriff hätten sich keine sicheren Anhalte geboten. Im Inneren sei die Erregung der Bevölkerung entsprechend der Verzögerung des Vormarsches abgeklungen; im altbesetzten Frankreich sei es zu keinen ernsthaften Störungen gekommen. Im übrigen Frankreich gehe der Kampf gegen die Banden weiter.

Am 22. 6. gelang es dem Feinde, in die weitgestreckte Landfront von Cherbourg einzubrechen. Der OB West mußte melden, daß die 709. Inf.=Div. stark mitgenommen sei, die eigentliche Besatzung nur geringen Kampfwert besitze. Der Führer befahl darauf, entsprechend einem Antrag der Heeresgruppe B, der Festung Cherbourg sofort ein Fallsch.=Jg.=Rgt. durch Fallschirm= oder Luftlandung zuzuführen. Die Kriegsmarine sollte prüfen, ob sie ein weiteres Inf.=

1 Darüber unleserliche Verbesserung mit Bleistift.

Rgt. zuführen könne. Zur Durchführung der Luftlandung kam es nicht, da die Voraussetzungen für sie nicht gegeben waren. Darauf wurde die Bereitstellung des Rgt.s bei St. Malo befohlen, von wo es in Schnellbooten überführt werden sollte.

Da wegen weiterer Verschärfung der Lage dem Hafenkommandanten die Sperrung des Hafens freigegeben werden mußte, entfiel auch dieses Unternehmen. Von diesem Tage an mußte der Widerstand in der bisherigen Artillerielinie fortgesetzt werden, da der Festungsriegel bereits durchbrochen war. Über den Ablauf der Ereignisse meldete der OB West am 23. und 24. 6. zusammenfassend (dazu Notiz vom 23. 6. über die an diesem Tage gegebenen Befehle).

Auf Grund des ihm am 20. 6. erteilten Auftrages legte der OB West eine Studie über den gegen den Brückenkopf geplanten Angriff vor, für den die Einzelheiten noch zu klären waren.

Gerechnet werden mußte nach den vorhandenen Unterlagen damit, daß der Feind seinerseits Ende des Monats angreifen werde, und zwar in Richtung Paris. Der Führer befahl daher am 24. 6., die Möglichkeit eines Angriffes aus dem Raum von Coutances entlang der Westküste der Halbinsel nach Norden in den Rücken der gegen Cherbourg angreifenden amerikan. Kräfte, um Cherbourg zu entsetzen, zu prüfen. Gleichzeitig erhielt der OB West auf Grund einer von ihm übersandten Feindbeurteilung den Befehl, den Aufmarsch seiner Kräfte südlich Balleroy so vorzunehmen, daß die Möglichkeit bestand, einem von Carentan oder von Caen angreifenden Feind in die tiefe Flanke zu stoßen.

Zu den vom OB West gemeldeten Absichten stellte der WFStab Einwände und Vorschläge zusammen; gedacht wurde an einen Angriff etwa am 5. 7. mit Kräften, die inzwischen durch weitere Abzüge aus den anderen Fronten gewonnen werden sollten. Gegen die Führung im Westen wurde der Einwand erhoben, daß das erforderliche Risiko nicht gelaufen werde (weitere Einzelvorschläge am 26. 6.).

Die Verteidigung der Festungen wurde auf Grund der soeben gemachten Erfahrungen neu geregelt.

Der OB West meldete noch am gleichen Tage (eingegangen am 25. 6.) dazu, daß der Feind seinen Schwerpunkt auf den Raum Caen und ostwärts bis zum La Tourques=Abschnitt zum Angriff nach Süden und Südosten zu verlegen scheine. Der Angriff in Richtung Cherbourg aus dem Raum nördlich Lessay sei in den nächsten Tagen nicht möglich, da die Kräfte dafür noch nicht zur Stelle seien. Geprüft werden müsse, ob nach erfolgreichem Angriff auf Balleroy und nordostwärts die Fortsetzung des Angriffs auf Carentan möglich sei. Bis zum Hauptangriff bleibe der Raum um Caen der wichtigste.

Am 25. 6. drang der Feind in die Stadt Cherbourg ein. Außerdem gewann er ostwärts der Orne Gelände; bei Tilly erzielte er einen tiefen Einbruch.

Da vermutet wurde, daß der Feind seine zweite Großlandung zwischen

Somme und Seine vollziehen werde, wurde der OB West am 25. 6. darauf hin=gewiesen, daß seine dortigen Reserven (116. Pz.=Div. und 84. Inf.=Div.) nicht ausreichten. Er wurde aufgefordert, Vorschläge vorzulegen.

Gegenüber dem Chef WFStab, der in der Lagebesprechung am 26. 6. Maß=nahmen im Raum beiderseits Dieppe gegen die dort erwartete Landung vor=schlug, vertrat der Führer die Ansicht, daß er nach wie vor eine zweite Lan=dung in der Bretagne annehme – es sei denn, daß der Gegner durch den Angriff bei Dieppe die V 1=Abschuß=Räume in die Hand bekommen wolle. Er befahl die Verstärkung des „Vergeltungsfeuers".

Es gelang an diesem Tage, den zeitweise bei Tilly drohenden Durchbruch des Feindes abzufangen. In Cherbourg hielten sich noch einige Widerstandsnester sowie die Brückenköpfe ostwärts und westlich der Festung. Die Zerstörung des Hafens ging weiter.

Am 27. 6. gingen die schweren Kämpfe westlich Caen und in Cherbourg weiter.

Am 27. 6. früh meldete der OB West, daß am 26. 6. eine Besprechung des OB West mit dem OB der Heeresgruppe B stattgefunden habe; danach müsse an dem am 24. 6. gemeldeten Angriffstermin festgehalten werden (d. h. erst nach Tagen). Durch einen Stoß beiderseits an Caen vorbei sollten die Ver=bindungen zum Brückenkopf ostwärts der Orne abgeschnitten und durch das I. SS=Pz.=Korps die HKL beiderseits Tilly durchstoßen werden, um den Seulles=Bach in Besitz zu nehmen. Für das XXXXVII. Pz.=Korps wurde ein Stoß westlich Bayeux nach Norden, für das II. SS=Korps ein Stoß ostwärts Caumont vorge=sehen.

Ergänzend wurde gleichzeitig gemeldet, daß der OB der Heeresgruppe B die Auffassung des OB West über den Angriff in Richtung Cherbourg teile und folgende Gründe gegen ihn geltend machte: Erschöpfung der auf Cotentin ein=gesetzten Truppen, die Unmöglichkeit, die Angriffskräfte in Kürze heranzu=ziehen, das Bedenken, angesichts des bei Caen zu erwartenden Angriffs die Kräfte festzulegen, das Fehlen weiterer Reserven, die unzureichende Munitions= und Betriebsstoffversorgung. Der OB West fügte hinzu, daß eine ab 12. 6. ge=plante Operation im gleichen Raum sich gleichfalls nicht habe durchführen lassen. Außerdem seien bei Caen–Tilly und an der Orne=Mündung, vielleicht auch bei St. Lô – Periers neue Kämpfe zu erwarten. Deshalb würde ein eigener Vorstoß aus dem Nordflügel nach Cotentin hinein sowieso zu spät kommen. Es könne vielmehr notwendig werden – wenn dies auch sehr unerwünscht sei –, alle neuen Kräfte zum Auffangen des britischen Angriffs einzusetzen.

Darauf teilte der Chef WFStab um 16.45 Uhr dem OB West mit, daß der Führer an dem Gedanken festhalte, den Angriff nicht gegen die Stärke, sondern gegen die Schwäche des Feindes westlich der Vire zu führen, wo die ameri=kanischen Kräfte auf breiter Front auseinandergezogen stünden. Der Grund=gedanke sei, mit der 2., 10., 17. SS= und womöglich noch der 1. SS=Pz.=Div.

von Süden über Carentan und von Pretot in Richtung Ste. Mère Église vorzu=stoßen und den Landekopf zwischen Orne und Vire durch Inf.=Div.en und Kampfgruppen abzustützen, um bewegliche Reserven (2. Pz.= und Pz.=Lehr=Div.) freizumachen. Dazu sollte ostwärts der Orne sobald wie möglich, nicht erst nach dem Hauptangriff, vorgestoßen werden, um die Werfer=Brigaden freizumachen. Den Teilangriff gegen den feindl. Einbruch bei der 12. SS=Div. hielt der Führer für eine Verzettelung der Kräfte (vgl. dazu Kurzbeurteilung des WFStabs vom 27. 6. mit Vorschlägen, weitere Kräfte zu gewinnen).

Vor Eingang dieses Fernschreibens meldete der OB West um 18.30 Uhr: Der Raum von Caen sei wegen der Angriffsabsichten des Feindes für die eigene Führung der Schwerpunkt, nicht die Mitte und der linke Flügel. Entweder ge=linge die Versammlung zum Angriff auf Balleroy, oder es sei nötig, dem feindl. Angriff in der tiefen Flanke zu begegnen. Der Angelpunkt bleibe bei Caen. Dieser Tatsache müsse die Kampfführung in der Mitte und vor allem auf dem rechten Flügel Rechnung tragen; die dort eingesetzten Kräfte dürften nicht ab=genutzt oder womöglich abgeschnitten werden. Deshalb sei die Genehmigung erforderlich, die Front auf der Halbinsel zurücknehmen zu dürfen (zunächst auf die Linie Prairies=Marécageuses — Lessay). Im weiteren könne sich die Mög=lichkeit ergeben, das LXXXIV. AK. auf die Linie St. Lô — Coutances zurückzu=nehmen; bei der jetzigen Linienführung bestehe ein Anreiz für den Feind, durch Stöße auf St. Lô und auf Periers die eigenen Kräfte abzuschneiden. Durch diese Zurücknahme würde auch die bereits sehr erschwerte Versorgung er=leichtert werden. Jedoch sollten die Maßnahmen erst eingeleitet werden, wenn sich Umfassungen anbahnten.

Auf die am Nachmittag erteilte Weisung meldete der OB West am 28. 6., 12.30 Uhr, daß der Angriff westlich der Vire nicht vor dem 10. 7. durchgeführt werden könne und dessen Bevorratung noch nicht zu übersehen sei. Nach dem Verlust von Cherbourg werde diese Operation keinen entscheidenden Erfolg bringen. Wann ostwärts der Orne angegriffen werden könne, lasse sich noch nicht übersehen, jedenfalls nicht vor dem 5. 7.; Vorbedingung dazu sei die Ausschaltung der feindlichen Schiffsartillerie. Die Entblößung des Raumes von Caen sei bedenklich; er bleibe das Pivot für Abwehr und Angriff. Ohne neue Kräfte sei der Einbruch bei der 12. SS=Pz.=Div. nicht mehr abzuriegeln ge=wesen; durch Gegenangriff würden weniger Kräfte gebunden.

Am 28. 6. meldete der OB in Ergänzung seiner Meldung vom Vortage seine endgültigen Absichten für die von ihm vorgeschlagenen Unternehmungen. Am gleichen Tage erhielt er die Mitteilung, daß der Führer die von ihm am 27. 6. beantragten Verlegungen und den Einsatz der 11. Pz.=Div. abgelehnt habe. Er erteilte Anweisung, wie der Westen infanteristische Kräfte gewinnen solle (dazu weitere Vorschläge des WFStabs vom 29. 6.).

Um eine Entscheidung herbeizuführen, wurden nunmehr der OB West und der OB der Heeresgruppe in das FHQu befohlen.

Im Anschluß an die Besprechung des Führers mit den beiden Oberbefehlshabern erging am 30. 6., 00 Uhr, ein neuer Befehl für die Kampfführung, in dem von dem mittlerweile durch die Entwicklung der Lage überholten Angriff in Richtung Cherbourg Abstand genommen wurde. Auch die anderen Absichten, die britischen und amerikanischen Gruppen durch Angriff zu trennen, waren nicht mehr durchführbar, da durch die feindlichen Angriffe große Teile der vorgesehenen Angriffskräfte festgelegt wurden. Außerdem mußte nach dem schnellen Fall von Cherbourg mit Verstärkungen und Angriffen im amerikanischen Abschnitt gerechnet werden. Es wurde daher festgelegt, daß der Angriff ostwärts der Orne vom Eintreffen der 16. Lw.=Feld=Div. und dem Abzug feindlicher Seestreitkräfte abhängig gemacht werden solle und der Angriff aus dem Abschnitt des LXXXIV. AK. zur Zeit nicht möglich sei. Die wichtigsten Aufgaben in der nächsten Zeit bestünden in einem Flankenangriff gegen die feindlichen Kräfte, die gegen die Orne vorgestoßen waren, ferner darin, zu verhüten, daß die 7. Armee in das offene Gelände gedrängt werde; dazu sollte die 2. SS=Div. als Reserve stehen bleiben, bis die 17. SS=Div. herausgelöst war. Die Wasserstellung ostwärts Lessay sei die letzte Enge. Wegen der Versorgung sei eine rigorose Erfassung aller Kraftfahrzeuge in Frankreich erforderlich. Zum Landekopf sollten durch leichte Flak stark gesicherte Convoy=Versorgungsstraßen mit einigen Querstraßen eingerichtet werden. Orne und Vire sollten konsequent vermint, alle Sondermittel gegen die feindlichen Seestreitkräfte eingesetzt und die Jäger bekämpft werden. Das Flak=Korps habe sich bei der Abwehr von Durchbruchsversuchen zu beteiligen. Am Schwerpunkt sollten alle Werferbrigaden zusammengezogen werden. Der Fernkampf sei zu steigern. Der Zeitpunkt für eine Schwächung der 15. Armee wurde noch nicht als gegeben angesehen; doch sollte diese vorgesehen sein. Die Kanalinseln waren auf lange Zeit zu bevorraten (über die Entwicklung der Lage vom 6. 6. bis 30. 6. vgl. die laufenden Mitteilungen des Stellv. Chefs WFStab im „Merkbuch" [S. 462 ff.]; über die Transportlage und die Gegenmaßnahmen ebd. 27. 6.).

Am 28. 6. hielten sich in Cherbourg noch Teile auf der Mole sowie die Ost= und Westgruppe. Da der Gegner einen spitzen Angriffskeil vortrieb und dann in den Flanken angegriffen wurde, kam es im Angriffsraum zu einer Panzerschlacht, in welcher der Abschuß von 33 Panzern gelang. Am 29. 6. konnte der Feind den Keil vortreiben, so daß sich westlich Caen ein Beutel bildete. Ein eigener Gegenangriff litt unter der feindlichen Luftwaffe.

Am 20. 6. drangen feindliche Räumfahrzeuge in den Hafen von Cherbourg ein, ohne daß eigenes Feuer sie noch aufhielt. Am 1. 7., 1.55 Uhr, wurde der letzte Funkspruch aus der Festung abgesetzt. Der Führer genehmigte nunmehr, daß die Gruppe Keil im Nordwest=Teil der Halbinsel, da ihr Kampfauftrag erfüllt war, auf die Kanalinseln zurückgeführt wurde.

*Juli:*

Am 1. 7., 7.00 Uhr, ging eine Meldung des OB West ein, welche die auf der gleichen Auffassung beruhenden Lagebeurteilungen der Oberbefehlshaber der 7. Armee, der Pz.=Gruppe West und der Heeresgruppe B im Wortlaut vorlegte. Der OB West machte sie sich zu eigen und beantragte, ihm sofort freie Hand für die Räumung des Brückenkopfes Caen und die Begradigung der Front in der ungefähren Linie: Orne — Bully — Avenay — Villers Bocage — Raum um Caumont zu erteilen, um die eigenen Truppen dem Feuer der feindlichen Schiffsgeschütze zu entziehen und die Pz.=Verbände vor dem Ausbrennen zu bewahren. Den laufenden Angriff beiderseits des Odon=Baches in Richtung Caen wollte der OB West fortführen.

Damit war eine grundsätzliche Frage angerührt, die in der Lagebeurteilung der Pz.=Gruppe West auf die Formel gebracht war: Wahl zwischen taktischer Flickarbeit, die unweigerlich mit starker Verteidigung verbunden sei und die volle Initiative beim Gegner belasse, und elastischem Fechten, das wenigstens zeitweise die Initiative an sich reiße.

In einer Stellungnahme (1. 7.) bezeichnete der WFStab den Vorschlag des OB West als den endgültigen Verzicht auf eine Bereinigung der Invasions=Front und das Eingeständnis, daß es nicht gelungen sei und nicht gelingen werde, mit knapp 1/3 der verfügbaren Kräfte des Feindes fertig zu werden. Ferner bedeute dies die endgültige Bindung der eingesetzten Kräfte und einen sowohl personellen wie materiellen Verbrauch, der auf die Dauer nicht durchgehalten werden könne. Bei nüchterner Berechnung sei der Vorschlag als Beginn der Räumung Frankreichs zu werten. Bei der nunmehrigen Lage gebe es nur 2 Möglichkeiten: entweder den Verzicht auf die letzte Möglichkeit, die Lage zu bereinigen, und dann Instandsetzung der kürzesten Linie, d. h. des erweiterten Westwalles, oder das Durchkämpfen der Entscheidungsschlacht mit letztem Einsatz und unter Inkaufnahme des damit verbundenen Risikos.

Auf den Befehl, alle Vorbereitungen für die Räumung des Brückenkopfes Caen anzuhalten, meldete (wie der OB West am 1. 7. abends weitergab) der OB der Pz.=Gruppe West, daß — wenn nicht binnen weniger Tage die beantragte Begradigung der Front vorgenommen werde — die 9., 10. und 12. SS=Pz.= sowie die Pz.=Lehr=Div. so ausgebrannt sein würden, daß sie nicht mehr verwendungsfähig wären.

Am gleichen Tage beantragte der OB der Heeresgruppe B, wie der OB West am 2. 7. meldete, ihm die Kdo.=Behörden und Truppenteile der beiden anderen Wehrm.=Teile in seinem Abschnitt zu unterstellen (diesen Antrag lehnte der Führer am 15. 7. ab, da fliegende und schwimmende Verbände nur durch ihre Kdo.=Behörden geführt werden könnten).

Die Lösung der in der Führung eingetretenen Krise wurde durch Umbesetzungen herbeigeführt.

Am 2. 7. wurde der OB West, Gen.-Feldm. v. Rundstedt, durch den Gen.-Feldm. v. Kluge ersetzt (Übernahme des Befehls 3. 7., 20.00 Uhr). An die Stelle des Generals von Geyr trat der General Eberbach als Befehlshaber des Pz.-Gr.-Kdo. West. Am 3. 7. sprach sich der Führer grundsätzlich zu der Frage des starren oder elastischen Widerstandes aus: er wies darauf hin, daß jetzt kein elastischer Widerstand riskiert werden könne, da ein Ausgleich in der Luft nicht geschaffen sei.

In seiner Lagebeurteilung vom 3. 7. meldete der OB West, daß er nach Abschluß der feindlichen Umgruppierung mit neuen Angriffen der Amerikaner und mit einem gleichzeitigen Antreten aus dem Orne-Brückenkopf rechne. Beim Feinde seien jetzt 32 Verbände anzunehmen. Die zweite Landung solle angeblich in der Monatsmitte stattfinden. Ziel des Gegners sei der Orne-Abschnitt und das Abschneiden der Nordfront auf dem linken Flügel, um[1] die Linie St. Lô — Coutances zu gewinnen. Die Feinde müßten weiterhin auf engem Raum zusammengehalten und die eigenen Panzer herausgezogen werden (vgl. dazu Anlage v. 5. 7., wonach bisher 225—250 000 Mann mit etwa 43 000 Fahrzeugen gelandet waren).

Im Raum von Caen ging der Kampf weiter, wenn auch die Schwere der Angriffe wechselte. Dazu verstärkte der Feind seinen Druck gegen die Südfront auf der Halbinsel, dem die eigene Führung durch Zurücknahme der HKL auf dem linken Flügel nachgab. Der OB West zog als Rückhalt in den Abschnitt des LXXXIV. AK. westlich der Vire, wo der Feind zum Großangriff überging, die Pz.-Lehr-Div. und die 2. SS-Pz.-Div. heran. Am 8. 7. gelang es dem Feinde, die Höhe 64 nördlich Caen zu nehmen, am 9. 7. den Stadtrand zu erreichen. Der Kampf nahm hier den Charakter der Materialschlacht an, in der sich die eigene Unterlegenheit in der Luft erst recht geltend machte. Bedrohlich war, daß die Bretagne mittlerweile stark entblößt und die Mittelmeerfront geschwächt worden war.

Am 4. 7. hatte der WFStab abermals Vorschläge zum Freimachen weiterer Verbände gemacht, und am 7. 7. war eine neue Weisung des Führers für die Kampfführung ergangen. Als nächstes Operationsziel des Gegners wurde der Vorstoß beiderseits der Seine auf Paris und der Übergang zur freien Operation vorausgesetzt; mit einer zweiten Landung sowie einem Angriff gegen die Südküste wurde — schon wegen der V1-Basen — gerechnet. Überraschungsangriffe gegen die Bretagne wurden nicht für ausgeschlossen gehalten. Ein Großangriff gegen die gelandeten Gegner wurde wegen des Kräfteverhältnisses für zur Zeit nicht möglich gehalten. Unter keinen Umständen dürfe der Landekopf sich erweitern. Daher wurde befohlen:

1. Halten der jetzigen Front, Herauslösen der Panzer-Verbände, Freimachen der 12. SS-Pz.-Div. und Ersatz der abgekämpften Inf.-Divisionen durch frische;

[1] Darüber etwa 4 Wörter in Bleistift, unleserlich.

2. Vorbereitung einer Operation mit begrenztem Ziel durch das Pz.=Gruppen=Kdo. West nach Auffrischung, um den Landekopf noch möglicherweise zu teilen. Wegen der feindlichen Überlegenheit solle das Verfahren der 5. Armee im Sept. 1914 geprüft werden, nämlich Nachtangriffe ohne Feuervorbereitung;
3. vorerst Verbleiben starker Reserven hinter der 15. Armee;
4. Wiederverstärkung der 19. Armee;
5. rechtzeitiges Herauslösen von Inf.=Div.en als Rahmen für Neuauffrischungen;
6. Schutz der Fernkampfbasen gegen Luftlandungen;
7. Bekämpfung der Terrororganisation;
8. Einsatz von Kommandanten auf den wichtigsten Eisenbahnstrecken und Wiederherstellung der wichtigsten Anlagen;
9. Einsatz der gesamten Org. Todt, soweit sonst nicht benötigt, zu diesem Zweck;
10. Steigerung der Seine=Schiffahrt.

Die Luftwaffe und die Kriegsmarine erhielten besondere Aufträge.

Am 10. 7. begann der Feind, wieder aus dem Frontbeutel ostwärts der Orne anzugreifen. Am gleichen Tage mußte die Front an den Südrand von Caen verlegt werden. Südlich der Stadt gewann der Gegner Gelände. Da die Amerikaner ostwärts und nördlich von St. Lô trotz Gegenstößen der Pz.=Lehr.=Div. vorankamen, genehmigte der Führer am 11. 7. den Antrag des OB West, in die Linie Südwestrand Prairies Marécageuses — Angeville auszuweichen; der weitere Antrag, in die Linie Confréville — St. Germain zurückzugehen, wurde zurückgestellt.

Am 16. 7. meldete der OB West, wie das Herauslösen der schnellen Verbände und die Sicherung der Anmarschwege vorgesehen seien. Da mit der Möglichkeit gerechnet wurde, daß die erwartete neue Landung auch gegen die 711. Inf.=Div. gerichtet sein könne, hielt der Führer die Verlegung eines schnellen Verbandes, womöglich der 12. SS=Pz.=Div., in deren Abschnitt für erforderlich. Der OB West wies fernmündlich darauf hin, daß nach seiner Auffassung die Kräfte bei Caen zusammengehalten werden müßten und wohl eher die tiefe Flanke der 7. Armee bei St. Malo landegefährdet sei; deshalb habe er dorthin die 11. Pz.=Div. verschieben wollen. Der Befehl zur Verlegung der 12. SS=Pz.=Div. sei inzwischen gegeben.

Am 17. 7. früh begannen die Briten nach vorübergehender Abnahme der Angriffe von neuem, in dem bisherigen Raum vorzustoßen. Währenddessen gingen die Kämpfe bei St. Lô und nördl. mit wechselnder Stärke weiter, ohne das Gesamtbild zu ändern.

Am 17. 7. verunglückte der OB der Heeresgruppe B, Gen.=Feldm. Rommel, durch einen Autounfall. Es ergab sich, daß er einen Schädelbruch erlitten hatte.

Der OB West übernahm darauf zusätzlich die Führung der Heeresgruppe B. Der Führer lehnte seinen Antrag, die 12. SS=Pz.=Div. in den Raum von Caen, wo bereits 2 Pz.=Div.en in Reserve standen, zurückzuverlegen, ab, nahm jedoch zur Kenntnis, daß der OB dem LXXXIV. Korps die 10. SS=Pz.=Div. zur Verfügung gestellt hatte. Doch konnte dieser die Absicht nicht ausführen, da die Lage bei Caen ihm zu bedrohlich erschien. Er befahl nur die Einrichtung einer neuen HKL in der Linie St. Croix — nördl. St. Lô — Vire.

Am gleichen Tage (17. 7.) legte der OB West einen neuen Vorschlag zur Führung einer Operation mit begrenztem Ziel vor, der jedoch durch die weitere Entwicklung Umänderungen erforderlich machte (vgl. Stellungnahme des WFStabs vom 23. 7.).

In seiner Lagebeurteilung vom 18. 7. früh stellte der OB West fest, daß in der Normandie der Kampf weiter das Merkmal einer Materialschlacht und Abnutzungsschlacht größten Umfanges trage. Vom 6. 6. — 16. 7. hätten die Amerikaner 1704 Panzer und 293 Flugzeuge verloren. Die eigenen Verluste, die im Gegensatz zum Feind nicht beliebig aufgefüllt werden könnten, betrügen (einschl. Cherbourg) vom 6. 6.—16. 7. rund 100 000 Mann, darunter 2360 Offz.e. Ab 18. 7. sei mit neuen britischen Angriffen bei Caen zu rechnen, ebenso mit einem der Amerikaner bei St. Lô. Ziel des Feindes bleibe, eine Operationsbasis von der Orne bis Avranches zu gewinnen. Das Herauslösen der eigenen Panzerverbände habe noch nicht abgeschlossen werden können (vgl. dazu Abt. Fremde Heere=West 20. 7.).

An diesem Tage (18. 7.) verlagerten die Briten ihren Schwerpunkt in den Abschnitt zwischen Orne und Dives. Sie stießen bis Cagny vor und drehten dann nach Westen in die Flanke der Stellung südlich Caen ein. An der Straße Caen — Falaise wurde eine neue Sicherungsfront aufgebaut. Die Amerikaner konnten am gleichen Tage in St. Lô eindringen.

Da die Lage ostwärts Caen mit den dort vorhandenen Kräften nicht bereinigt werden konnte, genehmigte der Führer am 19. 7. die vom OB West beantragte Freigabe der 116. Pz.=Div. Südl. St. Lô wurde eine neue HKL aufgebaut.

Da das Wetter sich verschlechterte, zögerten sich die weiteren Angriffe des Feindes hinaus; daher konnten die eigenen Kräfte herangeholt werden. Am 25. 7. war das Heranführen der eigenen Verbände trotz der großen Schwierigkeiten im wesentlichen abgeschlossen.

In seiner Lagebeurteilung vom 24. 7. meldete der OB West den Abschuß von 2117 Panzern und 345 Flugzeugen in der Zeit vom 6. 6. — 23. 7. sowie den Verlust von 2722 Offizieren und 110 337 Uffz.en und Mannschaften. Als Ersatz waren seit dem 6. 6. 10 078 Mann zugeführt worden. Beim Feinde waren nunmehr 40 Verbände anzunehmen, weitere 52 in Großbritannien, von denen noch 42 zur Überführung in Betracht kamen. Es konnte vorausgesetzt werden, daß die Ziele des Feindes sich nicht geändert hatten. Je mehr Gelände er nach Süden gewann, desto weniger wahrscheinlich wurde nach der Ansicht des OB eine zweite Landung. Vielmehr war möglich, daß er in diesem Falle seine Reserven in den Brückenkopf nachschob. Auf der eigenen Seite war durch die Zuführung der 326., 363. Inf.=Div. und der 116. Pz.=Div. eine leichte Entlastung eingetreten. Im Innern hatte die Sabotage angedauert; im Süden waren bei der Bandenbekämpfung Erfolge erzielt worden. Das Hauptwiderstandszentrum Vassieux war unter Einsatz von Fallsch.=Jägern zerschlagen worden. Auch bei Limoges waren die Kämpfe günstig verlaufen. Im allgemeinen verhielt sich die Bevölkerung weiterhin passiv und ruhig. Das Attentat vom 20. 7. hatte keine Folgen gezeitigt.

Am 25. 7. erneuerten die Briten auf einer Breite von 7 km ihren Angriff; sie konnten 3–4 km vordringen, wurden dann jedoch vom I. SS=Pz.=Korps aufgehalten. Gegenangriffe führten dazu, daß am Abend die alte HKL wieder in eigener Hand war. Auch die Amerikaner gingen unter stärkstem Einsatz der Luftwaffe wieder zum Großangriff vor. In der Nacht bat der OB West um Genehmigung, zwecks Freimachen der 2. SS=Pz.=Div. den linken Flügel abzusetzen. Da die Lage sich am 26. 7. verschärfte, gab er um 10.30 Uhr an Ort und Stelle den Befehl zum Einsatz der 2. Pz.=Div. Am 27. 7. drang der Feind bis Le Mesnil und Notre Dame vor. Das Absetzen des linken Flügels wurde nunmehr eingeleitet.

Am gleichen Tage genehmigte der Führer, daß die 9. Pz.=Div. zur Heeresgruppe B herangeführt wurde. Um 22.00 Uhr beantragte der OB West, da aus England neue Kräfte herangeführt worden waren und keine Anzeichen für eine bevorstehende zweite Landung vorlagen, von der 15. Armee sofort die 84. und die 331. Inf.=Div., von der 1. Armee die 708. Inf.=Div. und von der 19. Armee die 242. Inf.=Div. heranzuziehen. Ferner erbat er die Zuführung von Panzern und panzerbrechenden Mitteln zur Normandie. Am folgenden Tage genehmigte der Führer die Zuführung der 84., 331. und 708. Inf.=Div., versagte aber die Schwächung der südfranzös. Küste.

Am 28. 7., 1.25 Uhr, übermittelte der OB West die Meldung des Kommandeurs der Pz.=Lehr=Div. vom 27. 7. abends, wonach seine Division nach 49 Tagen Kampf nunmehr vernichtet sei und der Feind jetzt von St. Gilles nach Süden weiterrolle. Auf diese Meldung hin hatte sich der OB an Ort und Stelle begeben. Um 9.15 Uhr teilte der OB West fernmündlich mit, daß sich die Lage westlich St. Lô weiter erheblich verschärft hätte. Zur Zeit dränge der Feind mit starken Kräften von Le Mesnil – Herman nach Südwesten und Südosten vor, ferner von St. Lô nach Coutances. Die 2. Pz.=Div. werde erst am Nachmittag antreten können. Um einen Durchbruch zu vermeiden, beantragte der OB das Heranführen der 116. Pz.=Div. in den Raum südl. St. Lô und abschnittsweise Zurücknahme des linken Flügels des LXXXIV. AK.: äußersten Falles bis zur Linie Terry sur Vire – Garay – Granville.

Am 29. 7., 9.30 Uhr, teilte der OB West fernmündlich mit, daß das Gen.=Kdo. LXXXIV. AK., das inzwischen neu besetzt worden sei, am 28. 7. Entschlüsse gefaßt habe, die er nicht billigen könne (nach Meldung vom 31. 7. hatte das AOK 7 den Befehl gegeben). Er habe sofort eingegriffen und den Befehl, nach Südosten durchzustoßen, der die ganze Küste und den Zugang zur Bretagne freigegeben hätte, unterbunden. Jetzt sei die Lage so weit geklärt, daß in der Linie Percy — Garay — Küste eine (wenn auch nur lockere) Sicherungsaufstellung geschaffen sei. Es bestehe die Absicht, diese Linie zu halten und nach Eintreffen der heute erwarteten 116. Pz.=Div. mit ihr und möglichst großen Teilen der 2. Pz.=Div. unter Führung des Gen.=Kdo.s XXXXVII. Pz.=Korps zu einem Entlastungsstoß nach Westen anzutreten.

Um 17.35 Uhr gab der OB West eine neue Orientierung. Danach wurde im Raum von Percy gekämpft. Die 243. Inf.=Div. war nach Süden ausgebrochen; die 353. Inf.=Div. befand sich hinter der Sienne, die 91. Div. stand mit Front nach Osten von Cercuses bis Trelly. Die 116. Pz.=Div. sollte ab 17.00 Uhr in Richtung Hamby angreifen. Insgesamt beurteilte der OB West die Lage beim LXXXIV. AK. als ernst.

Am 30. 7. weilte der OB den ganzen Tag auf dem linken Flügel. Der Feind nützte es aus, daß zur Westküste hin nur noch die abgekämfte 91. Inf.=Div. stand. Sie konnte daher dem starken, durch Panzer und Jagdbomber unterstützten Angriff der Amerikaner nicht standhalten. Dem Gegner gelang es daher, b e i  A v r a n c h e s  d u r c h z u b r e c h e n. Es wurde versucht, durch Alarmeinheiten und andere Kräfte eine Abriegelung herbeizuführen.

Am 31. 7., 10.40 Uhr, gab der OB West eine neue Orientierung. Danach waren die von Norden zurückkommenden Truppen des LXXXVI. AK. stark angeschlagen. Wegen der starken Luftüberlegenheit habe das Vordringen des Feindes über Avranches nicht verhindert werden können; diesen Ort wieder zu nehmen, sei bereits befohlen, und zwar durch das Gen.=Kdo. XXV. AK. Mit allen Kräften, die in der Bretagne unter Entblößung größerer Küstenstrecken freigemacht werden könnten, solle eingegriffen werden. Der OB, der auch das Heranführen aller Waffenfähigen aus Paris angeordnet hatte, erbat Zugriffsrecht auf Kriegsmarine und Luftwaffe in der Bretagne.

Da es nicht gelang, den Ort zurückzunehmen, mußten die eigenen Kräfte am 31. 7. hinter den Abschnitt bei Pontaubault zurückgenommen werden. Diesen zu halten, war der OB West fest entschlossen, obwohl bereits einige Panzer durchgebrochen waren und der Raum ostwärts von Avranches dem Feinde nunmehr offenstand; und zwar wollte er die 116. Pz.=Div. auf dem linken Flügel zum Einsatz bringen.

Der Führer erteilte darauf am 1. 8. dem OB West für die Normandie und die Bretagne Wehrmachtbefugnisse, um alle verfügbaren Kräfte einsetzen zu können.

Am 2. 8. flog der Stellv. Chef WFStab in den Westen mit dem Auftrag, auf das Halten des Landekopfes hinzuwirken (Über weitere Aufträge s. unten, bzw. Notizen für den Vortrag beim Führer vom 8. 8.)[1].

Damit war eine völlig neue Lage angebahnt: der an 1918 erinnernde Kampf zweier mehr oder minder fester Fronten mit größtem Materialaufwand auf seiten des Gegners ging nunmehr in einen Bewegungskrieg über, der an Schnelligkeit den des Jahres 1940 womöglich noch übertraf.

### Anhang 1: Über den Kampfraum hinausgreifende Maßnahmen

Im Hinblick auf die Möglichkeit einer Landung im Raum von Dieppe standen Ende Juli an diesem Küstenstreifen noch genau so viel Verbände wie zu Anfang der Invasion. Geschwächt war nur die ursprünglich aus 7 Verbänden bestehende Reservegruppe, die von dem Augenblick an vermindert wurde, als klar war, daß die kanadischen Verbände der südost=englischen Gruppe in den Brückenkopf abflossen. Als erste wurden die 116. Pz.= und die 363. Inf.=Div. abgezogen; um die Monatswende folgten dann die 84., die 89. und die 331. Inf.=Div., so daß dem AOK 15 nur noch die 182. Res.=Div., die 85. Inf.=Div. und die etwa 1 Rgt. starke Kampfgruppe der 6. Fallsch.=Jg.=Div. verblieben. An der ganzen Front von Holland bis Le Havre standen in der Küstenverteidigung noch insgesamt 10 Verbände.

Da von der Gironde=Mündung die einzige normale Inf.=Division weggezogen war, verblieben an der etwa 500 km langen Atlantik=Front des AOK 1 nur die 158. und die 159. Res.-Div. Das AOK 19 an der südfranzös. Küste war dagegen, soweit möglich, noch unangetastet. Vom rechten Flügel wurden zwar Div.en abgezogen, aber nach und nach wieder ersetzt. Einen Ausfall bedeutete vorübergehend die Abgabe der 9. Pz.=Div., für die vom AOK 1 die 11. Pz.=Div. herangezogen wurde. Außer ihr verfügte die 19. Armee über 7 Inf.=Div.en.

Bei den Verschiebungen machte sich störend geltend, daß bis Paris die Seine=Brücken ausgefallen waren und nördlich der Loire die Eisenbahnen höchstens noch im Inselverkehr aufrechterhalten werden konnten. Durch Fährbetrieb und andere Aushilfen wurde getan, was möglich war, so daß die Div.en — wenn auch mit Verzögerung — ihre Ziele erreichten. Die Terroristenbewegung, die bereits vor der Invasion bestimmte Teile Frankreichs lahmgelegt hatte, nahm nicht so zu, wie das vorausgesehen worden war.

Die eigenen Verluste vom 6. 6. bis 30. 7. betrugen 127 247 Mann, darunter 3 017 Offiziere. Als Ersatz waren bereits eingetroffen 14 594 Mann; durch weitere Zuführungen, Zuweisungen der anderen Wehrmachtteile und Auskämmaktionen wurde die Gewinnung von etwa 65 000 Mann erwartet. Die Verluste stiegen bis zum 13. 8. auf:

[1] Vgl. zum Folgenden am Schluß dieses Abschnitts den Anhang 2: „Mitteilungen des Stellv. Chefs des WFStabs, Gen. Warlimont, 12. 8. 44, 10 Uhr."

3 630 Offz.e und 151 487 Uffz.e und Mannschaften. Bis zum 6. 8. waren 14 Generale und 201 Kommandeure ausgefallen.

Von der Landung bis zum 30. 7. verlor der Gegner 2395 Panzer.

Vom 6. 6. bis 13. 8. wurden in der Normandie von Kräften des Heeres 3370 feindliche Panzer und 475 Flugzeuge abgeschossen. Auf der eigenen Seite waren bis zum 31. 7. 1347 Panzer IV—VI und 337 Sturmgeschütze in der Normandie eingesetzt gewesen. Von diesen waren bis 31. 7. ausgefallen:

| | Panzer: | Sturmgeschütze: |
|---|---|---|
| total | 406 | 75 |
| kurz= u. langfristig | 353 | 117 |
| zusammen | 759 | 192, |

also mehr als die Hälfte. Einsatzbereit waren noch 588 Panzer und 145 Sturmgeschütze (davon neu zugeführt 53 bzw. 47).

An Seestreitkräften hatte der Feind mindestens 7 Schlachtschiffe, mehrere Monitore, Dutzende von schweren und leichten Kreuzern, etwa 50 Zerstörer, zahllose Fregatten und Korvetten sowie schließlich etwa 400 Minensuch= und Sicherungsfahrzeuge eingesetzt.

Demgegenüber verfügte die Kriegsmarine am 6. 6. 44 im mittleren Kanal über:

1 Torpedobootsflottille (4 Torpedoboote),
3 Schnellbootsflottillen (15 Boote),
1 Vorpostenflottille (9 Fischdampfer),
1 Artl.=Trägerflotte (6 Artl.=Fährprähme).

Im Kampf gegen die Invasion wurden bis zum 1. 8. versenkt:

8 (feindliche) Kreuzer,
24 Zerstörer,
5 Schnellboote,
20 Transporter und Landungsfahrzeuge;

wahrscheinlich versenkt wurden:

3 Kreuzer,
5 Zerstörer,
3 Schnellboote,
mehrere Landungsboote;

und beschädigt:

2 Schlachtschiffe,
10 Kreuzer,
30 Zerstörer,
8 Schnellboote,
31 Transporter und Landungsfahrzeuge.

Vorausschauende Maßnahmen waren bereits vor dem Durchbruch bei Avranches eingeleitet worden. Am 23. 7. teilte der Chef WFStab dem Stellv. Chef mit, er habe dem Führer Vortrag über die Großverteidigungslinie im Westen und in Norditalien gehalten und im großen dessen Einverständnis bekommen. Darauf wurde die Bearbeitung in Angriff genommen. Es kamen in Betracht: die Seine nur als Zwischenlinie, die Somme-Marne-Linie, die Vogesen-Linie (da nach Ansicht des Führers die Verteidigung am Oberrhein veraltet war). Vorgesehen wurde das Halten der Festungen, um das Vordrängen des Feindes zu verhindern und Zeit zu gewinnen. In Italien sollte der Ausbau der Voralpen-Stellung begonnen werden, und zwar nach dem Vorbild der Ostpreußen-Stellung. Darauf wurden am 28. 7. längere Überlegungen über die Kampfführung im Falle eines Durchbruchs vorgelegt. Am gleichen Tage erging ein Befehl an den OB West, den ChefHRüst u. BdE un dden Gen. d. Pi. u. Festungen zum Ausbau der Somme-Marne-Saône-Jura-Stellung durch den OB West, ferner zur Verminung des Westwalls (einschl. Metz mit einer Verlängerung bis zum Jissel-See und der Einbeziehung der Vogesen) durch den ChefHRüst u. BdE, der mit 1. 9. die Vorarbeiten abgeschlossen haben und dann die Arbeit in 7 Wochen durchführen sollte. Die Reichsverteidigungskommissare waren — jedoch nicht gleich — einzuschalten und zivile Kräfte wie in Ostpreußen heranzuziehen.

Am 2. 8. wurde die Zusammenstellung eines Arbeitsstabes beim WFStab zur Vorbereitung dieser Maßnahmen befohlen. Jedoch kam es nicht zu dessen Ausbau; vielmehr übernahm die Bearbeitung der Oberstlt. d. G. Kleyser im Zusammenwirken mit den beteiligten Abt.en des WFStabs. Am gleichen Abend flog der Stellv. Chef WFStab zum OB West, der unter anderem den Auftrag hatte, Unterlagen für die weiteren Überlegungen zu beschaffen (s. unten S. 468 ff.).

### Anhang 2: Einzelmaßnahmen und -meldungen

*im Juni:*

6. 6.: Sperre für alle Personalabgaben.
Einstellung der Bauten im Kampfgebiet.
Freigabe von Schiffsstamm-Abt.en.
Überflutungen beim AOK 15.
Artl. beiderseits der Seine-Mündung und beim AOK 7.
Rückverlegung der Landesschützen-Btl.e 503 und 857 aus Ungarn.

8. 6.: Alarmeinheiten der Marine.

(10. 6.): Meldewesen.
Richtlinien der feindl. Propaganda.
Operationsplan des VII. amerikan. AK.
Nachricht aus Madrid.
Kriegsgefangenen-Trsp.- . . .[1] Btl.

9. 6.: Bevorratung von Cherbourg.
Nachrichten über Nordafrika.
Kräftebestand in Großbritannien und Frankreich.
Führerbefehl für die Aufrechterhaltung des Eisenb.-Verkehrs.

[1] Verbessertes Wort unleserlich.

10. 6.: Nachrichtenmittel.
Verteidigung von Stützpunkten usw.
Res.=Div.en im Westen.

11. 6.: Feindl. Funksprüche vom 5./6.
Fallsch.=Ausb.= u. Ers.=Rgt. 3.
Verstärkungen des OB West.
Schutz gegen Sabotage.
Stand der Küstenverteidigung (1. 6.: 235 375 Mann).
Kw.=Betriebsstoff=Zuweisung.

12. 6.: Meldung des OB West über die vor der Invasion vorliegenden Meldungen und die darauf ergangenen Befehle.
Lehrgänge.
Alarmbefehle des OB West.

13. 6.: Sturmgesch.=Brig. 394 und schw. Pz.=Jg.=Abt. 654.
I./Pz.=Regt. 24.
Versorgungslage der Kanalinseln.
Pak=Abt.en.
Besetzung des Gen.=Kdo.s LXXXIV. AK.

15. 6.: Einsatz des Gen.=Kdo.s LXXXVI. AK.

16. 6. u. 19. 6.: Sicherungsbataillone.

16., 17. u. 19. 6.: Marschbataillone.

19. 6.: Zuführen von Heerestruppen.
Zerstörung von kleinen Häfen im Westen.

20. 6.: Tiger=Abt. 504.
Feindlagebericht der Kriegsmarine.
1. SS=Pz.=Div.
Waffenbestände in Cherbourg.

21. 6.: Aufhebung der Verlegung der 11. Pz.=Div. nach Toulouse—Carcassonne.
Ernennung des Gen. v. Schlieben zum Kommandanten von Cherbourg.
Gesteinsbohrerkompanie.
Gliederung der Kampfgruppen in der Normandie.
Abtransport einer Div. vom AOK 15.

22. 6.: Lw.=Einheiten in Cherbourg.
Versorgungslage von Cherbourg.
Kräfte in Cherbourg.
Verstärkung von Cherbourg.

22. 6.: Auszug aus Befehlen betr. Festungen.

23. 6.: Versorgungsstand von Cherbourg.
Meldung OB West über Cherbourg.
Sich.=Btl.e für die Bretagne.

24. 6.: 19. Pz.=Div.
89. Inf.=Div.

24. u. 25. 6.: Fallsch.=Jg.=Div. „Hermann Göring".

24. 6.: Sturmgeschütz=Lehrbrig. 90.

25. 6.: Stimmung beim AOK 7.
I./Pz.=Rgt. „Hermann Göring".
Befehl betr. Kanalinseln.
Erfahrungen im Kampf bei Cherbourg.
Artl.= und Pz.=Lage.

26. 6.: Kfz.=Tonnage für die Normandie.
Stand der 9., 11. und 19. Pz.=Div.

27. 6.: VGAD in den Pyrenäen.
Kampferfahrungen der Kriegsmarine bei der Invasion.
Einsatz der 89. und 275. Inf.=Div.
Sturmgeschütz=Zuteilungen.

29. 6.: Gen.=Kdo. IV. SS=Pz.=Korps.
Bevorratung der Kanalinseln.

Schiffsstamm=Abt.en.
Amerikan. Meldung über Cherbourg.
Ersatz für die Heeresgruppe D [1].
I. SS=Bau=Brig.
Einstellen von Maßnahmen an den Pyrenäen.

30. 6.: Einsatz der 2. Fallsch.=Jg.=Div.
Zuführung von 5 Landesschützen=Btl.en.
Kampferfahrungen in der Normandie.
Personalabzüge des OKL.
Kfz.=Transportraum im Westen.

*im Juli:*

1. u. 4. 7.: Neue Pz.=Abt. 217.

1. 7.: Ersatz 12. SS=Pz.=Div.

2. 7.: Geschützzuführung.
Bevorratung der Kampfstützpunkte.
Verbleiben der 2. Fallsch.=Jg.=Div. bei Brest.

3. 7.: Zuführung der 271. u. 232. Inf.=Div. von der 19. Armee.
Ersatzzuführung.
Zuführung von Inf.=Divisionen in die Normandie.

4. 7.: Heranziehung aller Männer zur Verteidigung.

5. 7.: Bevorratung der Kanalinseln.
I./Pz.=Rgt. 15.
Einsatz der Org. Todt.

6. 7.: Abgaben der Freiw.=Stamm=Div.en.
Verlegung von Pz.= u. Spähkp.en.
Auffrischung von Inf.=Divisionen.

7. 7.: 5. Fallsch.=Jg.=Div.
Umgliederung der 165. Res.=Div. in die 70. Inf.=Div.
Zuführung von Beob.=Abt.en.

1 Wohl Schreibfehler für: B.

8. 7.: Gefechtserfahrungen.

9. 7. . . . [1] Marineteile in Holland.

10. 7.: Erfahrungen bei der Pz.=Bekämpfung.
Hafenzerstörung.
Flak=Mun. f. d. Kanalinseln.
Marine=Schiffsstamm=Abt.en.
Bandenkämpfe in Guéret.

11. 7.: Ersatz für das I. SS=Pz.=Korps.
Res.=Beob.=Abt. 4 u. 44.
Artl.=Führung im Kampfraum.
Sturmgeschtz.=Abt.en f. Inf.=Div.en.
Lkw. für Gen.=Kdo. IV. SS=Pz.=Korps.

12. 7.: Verstärkung der Festungen.
Ausfall an Pz.=Sturm=Geschützen usw.

13. 7.: Gefechtsbericht der 352. Inf.=Div.
Notiz betr. Bandenbekämpfung.
Marine=Sperrverband.
Bauwerk 21 bei Wizernes.

14. 7.: Personeller Ersatz für den OB West.

15. 7.: Verlegung der 11. Pz.=Div. in den Raum Narbonne—Carcassonne—Montauban.
Pz.=Verlegungen.
Sperre für die Personalabgaben.
Flakbevorratung der Kanalinseln.
Verstärkung.

16. 7.: Reisebericht Major Ebeling.
Personalersatz aus dem Bereich des OB West.

17. 7.: Vorzeitige Zerstörung der südfranzös. Häfen.

17. u. 18. 7.: Verstärkung der Festungen (s. auch 12. 7.).

19. 7.: Pz.=Ausfälle.
Stand des Küstenausbaues.

20. 7.: Pz. der 9. und 11. Pz.=Div.

21. 7.: Zuführung von Sich.=Btl.en.
Auffrischung der OB West=Div.en.

23. u. 24. 7.: Personalersatz für OB West.

23. 7.: Zuführung von Hilfsfreiwilligen.

23. u. 25. 7.: Auflösung der 16. Lw.=Feld.=Div.

23. 7.: Flakmunition.

1 Ein unlesbares Wort verbessert.

25. 7.: Auffrischung der 21. Pz.=Div.
Lagebericht Niederlande.
Überblick über die Beweglichkeit der Divisionen an der Küstenfront.

27. 7.: Stäbe für die Gironde=Festungen.
Ersatz für die Pz.=Div.en.
Auffrischung der 352. Inf.=Div.

28. 7.: Sturmgeschütz=Brig. 394.

29. 7.: Eisenb.=Battr.

30. 7.: Schiffsstamm=Abt.en.
IV. Lw.=Feldkorps.
Personalabzug aus dem Westen.
Auskämmaktion.
Lagebericht der Mil.=Verwaltung.

31. 7.: Pz.=Abt. 302.
Sonderbefugnisse des OB West.

## II. Der Bewegungsfeldzug vom Beginn bis zum Entschluß der Räumung Südwest= und Südfrankreichs und der Einschließung der Kräfte im Nordwesten (31. Juli—18. August)

Den Durchbruch hatte der Feind auf seinem äußersten rechten Flügel erzwungen. Es war nunmehr die Frage, ob es gelang, den schmalen Schlauch, durch den die Amerikaner sofort Kräfte in das Hintergelände warfen, wieder zu verstopfen, oder ob der Gegner ihn offen halten, womöglich verbreitern und dadurch die eigene Front im Rücken gefährden konnte.

Am 1. 8. waren im amerik. Angriffsraum 4 Pz.= und 8 Inf.=Div.en festgestellt, die offensichtlich das Ziel hatten, das II. Fallsch.=Jg.=Korps, das sich auf das Südufer der Vire zurückzog, und das XXXXVII. Pz.=Korps, das der Absetzbewegung folgte, einzuklammern und den Weg nach Paris zu öffnen. Der Schwerpunkt der Kämpfe lag auf der Naht der Panzergruppe West und des AOK 7 sowie auf dem eigenen linken Flügel, wo das II. SS=Pz.=Korps versuchte, die Lücke zur See hin wieder zu schließen. Jedoch gelang es feindl. Panzern, bis Rennes und Vitres durchzustoßen. Die bisher bei Avranches kämpfende Gruppe Bacher wurde auf den Raum beiderseits der Dôle zurückgedrängt.

Am 1. 8., 11.00 Uhr, teilte der OB West fernmündlich mit, daß die Lage bei Avranches sich wesentlich verschärft habe und die eigenen Kräfte hinter den Abschnitt bei Pontaubault zurückgenommen werden mußten; einige Panzer befänden sich südlich des Abschnitts, der gehalten werden solle. Ostwärts von Avranches stehe der Raum nun offen. Anzunehmen sei, daß die 116. Pz.=Div. bei Brecey mit feindl. Panzern kämpfe. Weiter nördlich sei der Zusammenhalt der Front gesichert – bis auf den äußersten rechten Flügel der 7. Armee, auf dem die Lage ungeklärt sei. Der OB habe die Absicht, die 116. Pz.=Div. und sonst herankommende Verstärkungen am linken Flügel einzusetzen.

Um 11.50 Uhr trug der OB West nach, daß der Gegner nun auch die Speer=linie von Pontaubault durchbrochen und mit einzelnen Panzern in die Bretagne durchgestoßen sei, vermutlich mit einer Führergruppe zur Organisation des inneren Widerstandes. Jetzt werde bei Dinan eine Sperrgruppe aufgebaut.

Der Führer genehmigte darauf, daß die 2. Fallsch.=Jg.=Div. aus der Bretagne dem Kampfraum zugeführt wurde, lehnte jedoch den Abzug von Kräften der die Kanalinseln verteidigenden 319. Inf.=Div. ab.

In seiner Lagebeurteilung vom gleichen Tage (1. 8.) bezeichnete der OB West eine zweite Landung als nicht mehr so wahrscheinlich. Durch weitere, unter ande=rem kanadische Zuführungen, habe der Feind sich jetzt auf mindestens 45 Div.en und starke Heerestruppen verstärkt. Mit diesen würde er nach Süden stoßen und die Bretagne abschließen; möglich sei dabei erneuter Einsatz der Luftlande=kräfte. Unter rücksichtsloser Entblößung der übrigen Fronten solle der Durch=bruch verhindert werden. Doch mache sich der Mangel an Panzer= und sonstigen schnellen Verbänden bemerkbar. Im Innern sei der Kampf gegen die Banden vorangekommen, der Widerstand im Vercors=Gebirge gebrochen.

Am 2. 8. trat die 9. SS=Pz.=Div. zum Angriff an. Um Kräfte freizumachen, befahl der OB das Absetzen des XXXXVII. Pz.=Korps und der rechten Flanke des LXXXIV.AK. Das II. Fallsch.=Jg.=Korps wies alle Angriffe ab. Der Feind kam jedoch bis nördlich der Stadt Vire und bis St. Barthélemy und über St. Hilaire nach Süden hinaus vor. Gehalten werden konnten noch Rennes und Dinan.

Der OB West erhielt nunmehr die Weisung, den Durchbruch durch einen Gegenangriff mit starken eigenen Panzerkräften zu parieren und zu diesem Zwecke die noch an der Front eingesetzten motorisierten Divisionen durch Inf.=Div.en herauszulösen. Dazu sollten die im Anmarsch befindlichen Inf.=Verbände nach Norden eingedreht und zwischen Orne und Vire eingesetzt werden, wo die Front im wesentlichen durch Inf.=Kräfte gehalten werden solle. Notfalls müsse die Front in die Linie Thury=Harcourt–Vire–Fontenermont zurückge=nommen werden. Auf diese Weise müßten mindestens 4 Panzerverbände für den Durchstoß bei Avranches zur Küste – ohne Rücksicht auf den in die Bre=tagne durchgebrochenen Feind – gewonnen werden.[1]

Darauf befahl der OB West am 3. 8., daß sich die Panzergruppe West und die 7. Armee von der folgenden Nacht an in eine neue Front absetzten und dabei 4 Pz.=Div.en herauslösten, die zusammen mit der 116. Pz.=Div. unter Führung der 7. Armee am linken Flügel zum Angriff versammelt werden sollten. Fern=mündlich wies der OB West darauf hin, daß er die Lage sowohl auf dem rechten

[1] Am Rande mit Blei von unbekannter Hand: „Fehlt: Begründung des Befehls, Absicht der Operation, Lagebeurteilung durch WFStab und den Führer."

wie auf dem linken Flügel für außerordentlich gespannt ansehe, daß er jedoch jedes Risiko laufen und die letzten Mittel einsetzen werde, um den Durchbruch doch noch zu vereiteln.

Um die Pz.=Gruppe zu verstärken, wurden ihr alle griffbereiten Panzer zugeführt, unter anderem die aus dem Lager Mailly=le Camp. Dagegen lehnte es der Führer ab, die 11. Pz.=Div. aus dem Rhone=Gebiet herauszuziehen – dadurch blieb der 19. Armee der Pz.=Verband erhalten, der ihr später den Rückzugsweg freikämpfte.

Am 3. 8., 11.00 Uhr, stimmte der OB West fernmündlich dem Grundgedanken der ihm erteilten Weisung voll zu und berichtete über die Pz.=Bereitstellungen. Das Herausziehen der 9. und 10. SS=Pz.=Div. und der 21. Pz.=Div. hielt er nicht für möglich. Die Notwendigkeit, jedes Mittel einzusetzen und jedes Risiko zu laufen, sei ihm klar. Anschließend übersandte er seinen Befehl zum Angriff, in dem verlangt wurde, die Front zu schließen und eine starke Pz.=Angriffsgruppe zu schaffen. Ferner wurde das Absetzen der Panzergruppe West und der 7. Armee ab 3./4. 8. auf die Linie ostwärts der Orne wie bisher – St. André sur Orne – Orne bis Thury Harcourt – nördl. St. Martin de Sallen – Höhe 279 südl. le Plessis–Lassy–Südufer der Allière–Höhen nördl. Vire–Champ du Boult–St. Michel du Montjoie geregelt. Dabei sollten die Panzergruppe und die 7. Armee je 2 Pz.=Div.en herauslösen. Am Westflügel der 7. Armee sollten die feindl. Pz.=Spitzen mit den vorhandenen Kräften im Angriff zurückgeworfen werden. Beiderseits Sourdeval sollte dann ein Panzerangriff so vorbereitet werden, daß durch einen Stoß nach Westen die Front wieder geschlossen wurde. Dafür würden voraussichtlich zur Verfügung stehen: das XXXXVII. Pz.=Korps sowie Kampfgruppen der 2. SS=Pz.= und der 17. SS=Pz.=Gren.=Div. Die Bedrohung der Normandie solle in Kauf genommen werden.

An diesem Tage wurde an der Normandie=Front ein Abwehrerfolg erzielt und die Lücke zum AOK 7 wieder geschlossen. Die Nordwest= und Westfront wurden gefestigt. Nach Süden wurde eine neue Front aufgebaut. Doch konnte das weitere Vorstoßen des Feindes nach Süden und Südosten nicht aufgehalten werden; er drang in Rennes ein und erreichte Vitré, Chateaubriand und Redon. In die Bretagne drang er mit 2 Pz.= und 3 Inf.=Div.en ein.

In der Nacht wurde die Front auf die Orne und eine von Osten in südwestlicher Richtung verlaufende Front zurückgenommen, um die Pz.=Kräfte für den Angriff freizumachen.

Am 4. 8. und 5. 8. fanden nur geringe Kampfhandlungen statt. An der Loire wurde eine Sicherung aufgebaut und die Sprengung der Brücken vorbereitet.

Der OB West erhielt auf eine Anfrage hin Weisung, wie die Küstenbefestigungen in der Bretagne außerhalb des Festungsbereiches besetzt werden sollten.

Es war nunmehr klar, daß der Feind bereits starke Kräfte durch den von ihm gebildeten Schlauch hindurchgepreßt hatte. Mit ihnen griff er am 5. 8. Mayenne und Laval an; er näherte sich bereits der Loire. In der Bretagne verschlimmerte sich die Lage, weil die an und für sich nicht starken Kräfte des Feindes hier durch Terroristen unterstützt wurden.

Am 6. 8. ging Vire verloren. Der Westbogen stand weiter unter starkem feindl. Druck. Im Durchbruchsraum gingen Mayenne und Laval verloren. In der Bretagne erschien der Feind vor den Festungen; ostwärts Brest konnte er die Festungslinie der 2. Fallsch.-Jg.-Div. durchbrechen. Um St. Malo entwickelten sich schwere Kämpfe. Erschwerend machte sich bemerkbar, daß die Versorgung und die Betriebsstofflage der von ihren Lagern und Verbindungen abgeschnittenen 7. Armee anfing bedrohlich zu werden.

Im Süden des Durchbruchraumes hastete die Entwicklung schnell weiter.

Am 7. 8. erschienen Panzer bereits südlich le Mans, am 8. 8. an der Loire. Es wurde versucht, von Domfront nach Mayenne eine neue Front aufzubauen. Am 9. 8. billigte der Führer den Antrag des OB West vom gleichen Tage, daß unter dem nunmehr der Heeresgruppe B unterstellten AOK 1 eine Kräftegruppe gebildet wurde und dieses in der Führung an der Biscaya-Front durch das Gen.-Kdo. LXIV.AK. ersetzt wurde.

Noch aber bestand die Hoffnung [1], die Entwicklung wieder auffangen zu können. Alles drehte sich darum, ob der eigene Gegenangriff in die Flanke des durchgebrochenen Gegners gelang.

Am 6. 8. wurde fernmündlich angeordnet [2], daß Gen. Eberbach die Führung des Angriffs (XXXXVII. Pz.-Korps mit 4 Div.en) übernehmen solle. Der OB West machte geltend, daß Gen. Eberbach als Armeeführer unentbehrlich sei und er den SS-Oberstgruppenführer Hausser mit der Führung des Angriffs, der bereits in der kommenden Nacht unternommen werden sollte, beauftragen wolle. Er könne nicht länger warten, denn er sei in einer Zwangslage. Um das Überraschungsmoment zu wahren und zu verhindern, daß die Truppe bei der Bereitstellung aus der Luft zerschlagen würde, hielt er an seinem Entschluß zum Angriff fest, obwohl die Bereitstellung noch nicht abgeschlossen war. Um 17.00 Uhr setzte er seine Gründe noch einmal fernmündlich dem Stellv. Chef WFStab auseinander.

Der Führer war dagegen der Ansicht, daß der Angriff nur Aussicht habe, wenn er mit allen in Betracht kommenden Kräften unternommen werde. Nach Gelingen des Angriffs sollten nach Anordnung des Führers die Verbände ohne Rücksicht auf den in die Bretagne eingedrungenen Feind nach Norden und Nordosten eindrehen und vom Westflügel aus die amerikan. Div.en packen und zerschlagen. Um seine Absicht [3] an Ort und Stelle zur Geltung zu bringen, wurde aus dem Führerhauptquartier am 7. 8. im Flugzeug der Chef des Heeresstabs, Gen. Buhle, entsandt.

1 Von derselben unbekannten Hand am Rande: „Wo?"
2 Von derselben Hand: „Von wem?"
3 Von derselben Hand am Rand: „Die Absichten des Führers!"

Am 7. 8., 15.15 Uhr, erhielt der OB West, dem am gleichen Tage das Halten von St. Malo bis zum letzten befohlen wurde, die Weisung, den Angriff, der eine einmalige Gelegenheit biete, in einen vom Gegner stark entblößten Raum hineinzustoßen und dadurch die Lage völlig zu wenden, kühn und rücksichtslos bis zum Meer durchzuführen. Unter Inkaufnahme jeden Risikos solle er das II. SS=Pz.=Korps und die 12. SS=Pz.=Div. oder die 21. Pz.=Div. als dritte Welle nachführen. Die rückwärtigen Angriffswellen sollten nach Norden abdrehen, um durch Stoß in die tiefe Flanke und den Rücken des Feindes diesen zu vernichten und dadurch die Front in der Normandie zum Einbruch zu bringen. Sowie sich ein Erfolg abhebe, sollten Inf.=Div.en diesen ausnutzen. Die Wiederherstellung der Lage im rückwärtigen Gebiet und in der Bretagne wurde als spätere Sorge zurückgestellt.

Dieser Befehl war dadurch überholt, daß der Angriff bereits im Gange war. Er hatte jedoch nicht durchschlagen können, da die eigenen Truppen — wie der OB West befürchtet hatte — durch die feindl. Luftwaffe zu Boden gedrückt worden waren. Der OB faßte daher den Entschluß, noch die 9., 10. und 12. SS=Pz.=Div., die Masse der 9. Pz.=Div. und 2 Werfer=Brig.en heranzuziehen und den Angriff am 10. 8. fortzusetzen. Dies deckte sich im wesentlichen mit den Weisungen, die der Gen. Buhle überbrachte.

In seiner Lagebeurteilung vom 7. 8. meinte der OB West, daß jetzt mit einer zweiten Landung nicht mehr zu rechnen sei, wohl aber mit einer frontnahen Luftlandung zur Öffnung der Straßen nach Paris. Über zwei Monate habe der in allen drei Dimensionen überlegene Feind zurückgehalten werden können; jetzt sei er seinem Ziele näher gekommen. Eine Landung in Südfrankreich hielt der OB nunmehr für weniger wahrscheinlich. Dafür könne die Verlegung französischer Kräfte von Afrika an den Kanal angeführt werden; doch blieben die seit dem 5.[1] 8. geführten starken Luftangriffe gegen Südfrankreich auffallend. Die Bandenlage habe sich inzwischen nur in der Bretagne verändert.

Am 8. 8. erhielt der OB West einen Befehl, in dem die Wiederauffrischung der abgekämpften Div.en geregelt wurde.

Am 8. 8. meldete der inzwischen im Westen eingetroffene Gen. Buhle dem Führer, daß der OB West von Anfang an alle Offiziere in der Richtung des Führerwillens eingestellt habe. Den Angriff in der Nacht vom 6./7. habe er zugelassen, um das Überraschungsmoment zu wahren und die Truppe nicht durch Luftangriffe zerschlagen zu lassen; doch sei er durch die feindl. Luftwaffe niedergedrückt worden. Deshalb habe der OB am 8. 8. früh den Entschluß zu neuem planmäßigen Angriff gefaßt; doch werde diese Absicht durch tiefe Einbrüche ostwärts der Orne und bei Vire behindert. An der Front habe der OB den Eindruck gewonnen, daß ein rascher Erfolg nicht mehr glücken werde, da die eigenen Verbände bereits mitgenommen seien, der Feind sich jedoch verstärken könne

1 So oder ähnlich; Ms.: 8.

und gutes Wetter ihn begünstige. Gen. Buhle meldete, daß eine Vertiefung der feindlichen Einbrüche den geplanten Angriff unmöglich machen könnte.

Auf Grund der letzten Meldungen mußte der OB West, wie Gen. Buhle am 9. 8., 0.30 Uhr, meldete, die Panther=Abt. der 9. Pz.=Div. zum I. SS=Pz.=Korps abdrehen und dort auch die Spitzen der heranmarschierenden 85. Inf.=Div. ein=setzen. Andere Teile dieser Pz.=Div. mußten die Südflanke schützen, da der Feind inzwischen Le Mans genommen hatte und damit die besonders wich=tigen Versorgungslager bei Alençon bedrohte. Deshalb blieben zum Nähren des Angriffsflügels nur die 10. SS=Pz.=Div. und eine Werfer=Brig. übrig. Da die aus Mailly le Camp heranbefohlenen Panzer und die Panzer der 11. Pz.=Div. erst in einigen Tagen eintreffen konnten, gewann der Gen. Buhle den Eindruck, daß damit dem Angriffskeil die Hauptstoßkraft genommen war. Der OB West, der an der Angriffsabsicht festhalte, sei sich der Tragweite seines Entschlusses voll bewußt, sehe aber angesichts der Krise ostwärts der Orne keine andere Mög=lichkeit.

Nach Auffassung des Führers war, wie dem OB West am 9. 8., 20.35 Uhr, mit=geteilt wurde, der Angriff zu früh, daher zu schwach und auch bei einem für die feindl. Luftwaffe günstigen Wetter angesetzt worden. Der OB erhielt den Befehl, ihn an anderer Stelle mit starken Kräften wieder aufzunehmen, und zwar aus dem Raum von Domfront und nordwestlich in zunächst südwestlicher, dann nordwestlicher Richtung. Um Kräfte zu gewinnen, könne die Front der 7. Armee zurückgenommen werden. Südlich Domfront solle unter dem LXXXI.AK. aus den schon vorhandenen Sicherungen und den von der 15. Armee herankommenden Inf.=Div.en eine weitere Angriffsgruppe gebildet werden, um links gestaffelt dem Panzerangriff zu folgen, ihn dadurch in der Flanke zu schützen und notfalls auch noch nach Süden in die Nordflanke der Ameri=kaner zu stoßen. Den Zeitpunkt behielt sich der Führer vor. Als Voraus=setzung für diesen Angriff wurde bezeichnet, daß der Durchbruch des Feindes durch die Nordfront (besonders bei Falaise, wo die gefährlichste Stelle liege) unter allen Umständen verhindert werde. Das I. SS=Pz.=Korps müsse deshalb abgestützt werden. An der Verteidigungsfront wurden Gegenangriffe wegen der damit verbundenen Verluste verboten, falls sie durch Zurücknahme der Front ausgeglichen werden konnten. Abschließend erhielt der OB West Richt=linien für die Zusammensetzung der Kräfte an der Loire und Inf.=Angriffs=gruppen.

Am 10. 8., 20.30 Uhr, meldete der OB West, daß der Feind über Le Mans in Richtung Alençon weiter vorging. Westlich davon stand der Feind im Raum von Mayenne. Kräfte, die über La Ferté=Bernard in Richtung Nogent le Rotrou vorgingen, wurden zunächst für Aufklärer gehalten. Den Vorschlag, die eigenen Kräfte in die Linie Domfront—Nogent le Rotrou zurückzunehmen, hatte der OB abgelehnt. Von südlich Béthune bis La Ferté=Bernard bestand nunmehr eine Lücke. Zur Sicherung von Chartres, das jetzt als bedroht anzusehen war, wurden Kräfte eingesetzt. Um 21.15 Uhr meldete der OB ergänzend, daß der Feind nach anfänglichem Stoß in ostwärtiger Richtung jetzt nach Norden über die Linie Mayenne—Beaumont—Bonnetable—La Ferté=Bernard eingedreht habe, also im Zusammenwirken mit dem Angriff gegen Falaise eine doppelseitige Umfassung des Pz.=AOK. 5 und der 7. Armee anstrebe. Bezeichnend sei der Einsatz starker Jagd= und Bomberverbände mit Abwurf von Bombenteppichen vor den feindl. Angriffsspitzen bei Beaumont und Bonnetable. Die Kräfte des LXXXI.AK. seien nicht imstande, die Südflanke zu schützen und die für die Versorgung unentbehrliche Straße Alençon—Flers offenzuhalten. Der OB bat deshalb um Genehmigung zu einem kurzen, scharf geführten Panzerstoß gegen die nach Norden stoßenden feindl. Panzerspitzen, um die Basis für den weiteren Kampf, besonders für den geplanten Angriff, zu sichern. Dieser könne wegen des Wetters und der für das Heranführen benötigten Zeit nicht vor dem 20. 8. stattfinden. Eine Verzögerung werde also durch den vorgesehenen Stoß nach Süden nicht eintreten. Um 21.25 Uhr befahl der OB das Heranziehen der 17. Lw.=Feld=Div. von der 15. Armee, um in Le Havre die 226. (346.?) Inf.=Div. herauszulösen. Dem AOK 7 wurde die 344. Inf.=Div. zugeführt.

Am 11. 8., 12.15 Uhr, meldete der OB nach Rücksprache mit den Oberbefehlshabern, daß der SS=Oberstgruppenführer Hausser den Angriff gegen Avranches nicht mehr für möglich halte. Der Durchstoß zum Meer könne nur noch im zähen langwierigen Kampf gewonnen werden, wozu den Panzerverbänden die Kraft fehle. Der OB West schloß sich dieser Auffassung an und fügte hinzu, daß sich durch das scharfe Eindrehen des Feindes nach Norden und den starken Lufteinsatz die Lage in kürzester Zeit verschärft habe. Zur Zeit kämpfe die 9. Pz.=Div. bei Alençon. Die ersten Teile der 6. Fallsch.=Jg.=Div. brächten nur einen unwesentlichen Kräftezuwachs. Deshalb müßten sofort Pz.=Kräfte unter Führung des Gen.s Eberbach an diesem Flügel gegen den Feind antreten. Dafür könnten in der Nacht vom 11./12. 8. die 116. Pz.=Div., in der folgenden Nacht die 1. SS=Pz.=Div. und die 2. Pz.=Div. herausgelöst werden. Das bedinge allerdings eine Verkürzung des Frontbogens der 7. Armee und laufe praktisch darauf hinaus, daß der Gedanke eines Durchstoßes zum Meer preisgegeben werde. Da die Lage sich von Stunde zu Stunde verschärfe, sei ein ganzer Entschluß zu fassen. Dieser müsse dahin gehen:

1. mit den verfügbaren Panzerkräften den Feind bei Alençon zu schlagen,
2. weitere Divisionen an diesen Flügel heranzuführen, um die Flanke der Heeresgruppe durch Angriff nach Westen sicherzustellen.

Darauf führte um 15.15 Uhr der Chef des WFStabs mit dem OB West ein Fernschreibgespräch, in dem dieser meldete, daß der Ansatz des Angriffs gegen die Amerikaner noch nicht entschieden sei und er beabsichtige, um Kräfte freizubekommen, den Frontbogen ostwärts Avranches bis zur Linie Sourde=

val — ostw. Mortain, aber nicht weiter zurückzunehmen. Der bisher geplante Angriff sei nicht mehr durchführbar. Sollte bei Alençon ein Erfolg erzielt werden, könne er vielleicht doch noch erneuert werden. Der Chef WFStab wünschte, daß der neue Angriff nördlich Alençon und Le Mans und mit Stoß nach Südosten geführt werde.

Darauf wurde die am 9. 8. erteilte Weisung aufgehoben und als erstes Ziel der neuen Operation festgelegt, daß die Bedrohung der Südflanke durch sie ausgeschaltet werden solle, wozu das AOK 1 seine Kräfte im Raum von Chartres zu sammeln hatte. An dem Gedanken eines späteren Angriffs in Richtung Avranches wurde festgehalten. An der Nordfront sollten Schwerpunkte auf den beiden Flügeln gebildet werden. Zu diesem Zweck wurde die Frontverkürzung bei Tourneval freigegeben (durchgeführt in der Nacht zum 12. 8.).

Am 12. 8. mittags übermittelte der Chef WFStab dem OB West den Befehl des Führers, den Feind nicht frontal, sondern möglichst in Flanke und Rücken zu fassen. Eigene Rückendeckung gegen den Feind in Mayenne sei erforderlich.

Am 12. 8., 21.10 Uhr, meldete der OB West seine Absichten für den Angriff. Jedoch konnten sie nicht mehr durchgeführt werden, da feindl. Panzer an verschiedenen Stellen in die eigenen Aufmarschräume einbrachen [1].

Inzwischen hatte sich auch an der Nordfront die Lage weiter verschärft.

An der Orne war der Feind am 7. 8. zum Großangriff angetreten, der von weiteren Angriffen westlich des Flusses begleitet war. Am 8. 8. entstand bei Caen eine schwere Krise; doch gelang es noch, eine neue HKL an der Dives und westlich aufzubauen. Außerdem setzten die Amerikaner ihre Angriffe im Raum von Vire fort, die am 8. 8. gleichfalls dazu zwangen, die Front zurückzuverlegen. Weitere Verluste, die am 9. 8. eintraten, konnten durch Gegenstoß im wesentlichen wieder bereinigt werden.

Aus diesen Vorstößen ergab sich die Absicht des Feindes, die Nordfront bei Caen zu durchstoßen und den Kessel zu schließen. Dem entsprach, daß der Gegner sich nach Süden zur Loire hin nur notdürftig abschirmte und alle Kräfte gegen die Nordfront schob. Am 10. 8. erschien er im Raum von Chartres. Am 12. 8. verlief die Südfront erst in ostwärtiger Richtung und bog dann nach Norden zurück. In dem so entstandenen Frontbogen versammelte sich gemäß dem vom OB West am 12. 8. um 21.00 Uhr herausgegebenen Befehl die Gruppe Eberbach, um den nordwestlich Alençon vorgestoßenen Gegner (3 Pz.- und

1 Bis zu diesem Tage reichen die Mitteilungen des Stellv. Chefs WFStab (vgl. Anhang 2 am Schluß dieses 4. Abschnitts); für die Tage bis zum 18. 8. vgl. seine ergänzenden Mitteilungen (ebd. Anhang 3; s. unten S. 465 ff.).

2 Inf.=Div.en) abzuschneiden. Der Nachteil dieser Lage bestand darin, daß die Versorgung auf das äußerste erschwert war; das Pz.=AOK 5 mußte die des AOK 7 mitübernehmen.

Der Gegner erkannte die ihm drohende Gefahr und schwenkte daher am 13. 8. nach Westen ein, stieß aber gleichzeitig auch über Alençon weiter nach Norden vor. Dadurch war die Versorgung der beiden Armeen auf eine einzige Straße zusammengedrängt. Da noch gehofft werden konnte, daß die Lage sich noch zum besseren wenden ließ, genehmigte der Führer weitergehende Entschlüsse nicht; auch für die südfranzös. Küste sollte dem AOK 19 kein neuer Auftrag erteilt werden. Angestrebt wurde, zwischen dem Sperriegel an der Loire und dem Südflügel der 1. Armee eine Verbindung herzustellen.

Am 13. 8., 18.00 Uhr, meldete der OB West, daß sich zur Zeit die Briten (7 Inf.=, 2 Pz.=Div.en und 3 Pz.=Brigaden) ostwärts der Orne in Richtung Falaise und nordostwärts bereitgestellt hätten, daß brit.=amerik. Kräfte (15 Inf.=, 4 Pz.=Div.en und 7 Panzer=Brigaden) die Nord= und Westfront fesselten und gegenüber der Südfront noch 3 mot. Div.en und 8 Pz.=Div.en anzunehmen seien. Am 12. 8. seien die Amerikaner mit 2 Inf.= und 2 Pz.=Div.en unter Abschirmung nach Norden scharf nach Westen eingebogen, um der 7. Armee in den Rücken zu stoßen bzw. dem (wohl erkannten) eigenen Stoß entgegenzufallen. Der Feind versuche also mit allen Kräften die Einschließung. Die 116. Pz.=Div. habe den Gegner aufhalten, aber sein Einschwenken nicht verhindern können; sie sei nach Norden abgedrückt worden und lege sich jetzt bei Argentan dem Feinde vor. Die 1. SS=Pz.=Div. und die 2. Pz.=Div. kämen nur langsam voran und würden voraussichtlich aus der West=Ost=Bewegung in den Kampf eintreten müssen, um den Rücken freizukämpfen. Das Nachführen weiterer Panzerverbände (9., 10. SS=Pz.=Div.) sei erforderlich, da die Stärken der Verbände abgesunken seien und der Aufmarschraum immer begrenzter werde. Die Lage, zumal die Rücksicht auf die Versorgung, zwinge dazu, den Rücken freizumachen. Der OB schlug deshalb vor, um Panzerkräfte zu gewinnen, in der Nacht vom 14./15. 8. zunächst auf eine Sehne beiderseits Flers zurückzugehen und alle Panzerkräfte der Gruppe Eberbach zuzuführen (außer der für den Schutz der Südflanke bestimmten 2. SS=Pz.=Div.). Bleibe die jetzt weit gestreckte Front, so werde sie durchbrochen und umfaßt, und zum Freikämpfen würden die Verbände fehlen. Der OB erbat deshalb eine neue Weisung.

Vom Abend des 13. 8. an verschlechterte sich die Lage rapide. Denn die Kanadier drückten die eigene HKL um 2–4 km zurück und setzten ihre Angriffe am 14. 8. fort, wobei sie tiefe Einbrüche erzielten. Auch die Nordwestfront wurde eingebeult; daraufhin wurde der Frontbogen zurückgenommen, um die 9. SS=Pz.= und die 21. Pz.=Div. für die Gruppe Eberbach freizumachen. An der Südfront stieß der Gegner bis Dompierre und in Gegend Tourneval vor. Weiter nach Osten wurde ein Riegel aufgebaut.

Am 14. 8. wies der Führer den OB West in seiner Antwort auf die Meldung vom 13. 8. darauf hin, daß die Lage im Rücken der Heeresgruppe eine Folge des ersten verfehlten Angriffs auf Avranches sei. Nach dem Eindrehen des Feindes nach Westen bestehe die Gefahr, daß die viel zu weit nördlich angesetzte Pz.=Gruppe Eberbach wieder zu einem frontalen Angriff ohne nachhaltige Entscheidung komme. Der Führer befahl daher noch einmal, die Schlacht im Raum Alençon—Carrouges so zu führen, daß ein großer Teil des XV. amerikan. AK. vernichtet werde. Dazu seien die 9. und 10. SS=Pz.=Div. und die 21. Pz.=Div. heranzuziehen. Die so verstärkte Panzer=Gruppe müsse nun endlich so weit nördlich angesetzt werden, daß der Feind in der tiefen Flanke gefaßt werde und nicht seinerseits wieder diesem Angriff in die rechte Flanke stoße. Zum Freimachen der beiden SS=Div.en wurde das Freimachen des Bogens westlich Flers zugestanden; jedoch sollte berücksichtigt werden, daß der Feind dann um so rascher immer stärkere Kräfte gegen die Südfront führen könne; deshalb müsse die Bewegung nur soweit erforderlich durchgeführt werden. Die nordwestlich Chartres befindlichen Verbände seien energisch nach Westen gegen die Linie Mortagne—Nogent le Rotrou vorzutreiben, um feindl. Kräfte zu binden.

Der Gesamtauftrag für die nächsten Tage laute daher: Vernichtung des Feindes um Alençon, Verteidigung der Südküste gegen die bevorstehende Landung (s. unten). Alle weiteren Weisungen wurden von dem Verlauf der Schlacht bei Alençon abhängig gemacht.

In seiner Lagebeurteilung vom 15. 8., 2.00 Uhr, wies der OB West darauf hin, daß der britische Durchbruchversuch unmittelbar bevorstehe und mit Einsatz von Luftlande=Verbänden zu rechnen sei. Die Vorstöße des Feindes von Le Mans nach Osten und Nordosten seien als Abschirmung aufzufassen. In der Bretagne habe der Feind sich seit St. Malo mit dem Abriegeln der Festungen begnügt. Das Freimachen der Panzerverbände für den Kampf an der Südfront sei noch am 14. 8. befohlen worden. Gleichzeitig habe die 1. Armee den Auftrag erhalten, die Linie Chartres—Orléans mit Schwerpunkt bei Chartres zu sperren. Für einen Vorstoß über die Loire lägen noch keine Anzeichen vor. Im Innern war der für den 13. 8. angekündigte Aufstand, vor allem in Paris, ausgeblieben, und die neuesten Weisungen des Feindes an die Widerstandsbewegung seien dahin gegangen, den offenen Kampf noch zu vermeiden. In Süd= und Nordwestfrankreich waren die eigenen Kräfte auf die Hauptverbindungswege konzentriert worden; die Bekämpfung von Nebengebieten hatte daher zurücktreten müssen.

Über die Lage an der Front ging um 3.20 Uhr die Meldung ein, daß der Großangriff begonnen hatte, aber trotz tiefer Einbrüche zum Stehen gebracht worden war. Dem I. SS=Pz.=Korps müsse die 21. Pz.=Div. zugeführt werden, da sonst nördlich Falaise die Lage nicht mehr zu halten sei. Nach dem Urteil des Gen.s Eberbach war der befohlene Angriff mit den derzeitigen Kräften nicht mehr durchführbar; auch fehle Munition und Betriebsstoff. Der General habe deshalb den Befehl zur Verteidigung gegeben.

Der OB West werde am 15. 8. zum Gen. Eberbach fahren und bei ihm auch den SS=Oberstgruppenführer Hausser sprechen. Falls vom Angriff abgesehen werden müsse, bleibe nur die Möglichkeit, aus dem Kessel nach Nordosten durchzubrechen.

Am 15 8. erreichte die Krise einen neuen Höhepunkt; denn der OB West, der sich (wie geplant) zur Panzergruppe Eberbach begeben hatte, war während des ganzen Tages nicht erreichbar, nachdem er um Mitternacht vom Gefechtsstand der Heeresgruppe B gemeldet hatte, daß die 21. Pz.=Div. nördlich Falaise eingesetzt werden müsse, da die Lage dort sonst nicht zu halten sei, und daß er dem Gen. Eberbach den Befehl zur Verteidigung gegeben habe, da dieser im Augenblick nicht imstande sei, anzugreifen. Es mußte nunmehr damit gerechnet werden, daß der OB ausfiel. Noch am 16. 8., 2.20 Uhr, bestand Unklarheit. Vorbeugend hatte der Führer daher bereits am 15. die Feldmarschälle Kesselring und Model ins Führerhauptquartier beordert, um einen von ihnen als neuen OB West auszuwählen. Die Führung der Heeresgruppe B wurde einstweilen dem SS=Oberstgruppenführer Hausser übertragen.

Am 16. 8. früh lief dann die Meldung ein, daß der Gen.=Feldm. v. Kluge beim Gen. Eberbach eingetroffen sei. Inzwischen hatte sich die Lage weiter verschärft, da der Durchbruch in Richtung Sées nicht gelungen war. Der Führer hielt daher an dem Entschluß fest, einen Wechsel in der Führung eintreten zu lassen. Der Gen.=Feldm. Model, der bereits zu seiner Heeresgruppe im Osten zurückgekehrt war, wurde zurückgerufen und am 16. 8. abends im FHQu über die Lage und die weiteren Entwicklungsmöglichkeiten orientiert (er traf am 17. 8. im Hauptquartier der Heeresgruppe B ein).

Inzwischen hatte der Führer den Befehl zum Durchschlagen der Schlacht bei Falaise gegeben. Der SS=Oberstgruppenführer Hausser sollte mit der Panzergruppe Eberbach vom Westen und mit dem LXXXI. AK. von Nordosten den feindl. Angriffskeil bei Sées zerschlagen. Dazu sollte die 5. Pz.=Armee den Raum nördlich Falaise mit aller Kraft festhalten; die über Rouen herankommenden Kräfte sollte dem LXXXI. AK. zugeführt werden. Den Rücken dieses Angriffs nach Westen zu decken, war Aufgabe der 7. Armee. Ihr Ausweichen nach Osten sollte von der Lage an der Südflanke und im Angriffsraum abhängig gemacht werden. Soweit SS=Oberstgrf. Hausser keinen Einfluß auf die von Nordosten herankommenden Div.en hatte, sollten sie vom rückwärtigen Gefechtsstand der Heeresgruppe B mit Befehlen versehen werden. Zu diesem Zwecke sollte sich der Gen.=Feldm. v. Kluge dorthin begeben. Auf dem Wege wurde er vom Tode ereilt [1].

1 D. h. er machte — in die auf das Attentat (20. 7.) folgenden Untersuchungen verwickelt — am 18. 8. seinem Leben ein Ende (vgl. dazu die Einleitung; oben S. 60 ff.).

Um der Panzergruppe Eberbach Betriebsstoff zuzufliegen, wurden 100 Maschinen bereitgestellt.

Am gleichen Tage wurde auf Grund der vom Führer am 15. 8. gegebenen Richtlinien ein (am 17. 8. mittags abgesetzter) Befehl fertiggestellt, der die Rückführung der nicht zur kämpfenden Truppe gehörenden Dienststellen und Kräfte der Wehrmachtsorganisation westlich der Linie Orléans—Clermont Ferrand—Montpellier hinter die Linie Seine—Yonne—Canal de Bourgogne anordnete. Damit wurde die *Räumung Südwest= und Südfrankreichs* eingeleitet, die nunmehr zu einer unabweislichen Notwendigkeit geworden war. Anschließend ging der Befehl hinaus, daß sich die Armeegruppe G vom Feinde lösen und (mit Ausnahme der beiden auf die Alpen zurückdrehenden Div.en auf dem linken Flügel) Anschluß an den Südflügel der Heeresgruppe B gewinnen sollte.

An der Front nahmen die Schwierigkeiten weiter zu. Am 15. 8. mußten sich die eigenen Kräfte auf den Dives=Abschnitt [1] absetzen, wodurch die Verbindung zum I. SS=Pz.=Korps abriß. In der Nacht nahm die 7. Armee den nach Westen vorspringenden Bogen zurück. Die feindlichen Spitzen südlich Caen und bei Argentan waren nur noch 18 km von einander entfernt. Nach Osten kam der Feind bis Dreux vor; in Chartres hielten noch schwächere eigene Kräfte. Es zeichnete sich dadurch die Gefahr ab, daß der Feind sich auch noch dem Rückmarsch auf die Seine vorlegte. Von Fontainebleau aus übernahm das AOK 1 den Befehl; doch standen ihm vorerst nur schwache, noch dazu nicht vollwertige Kräfte zur Verfügung. In Paris wurde nunmehr ein Wehrm.=Befehlshaber Groß=Paris eingesetzt, dessen Aufgabe es sein sollte, alle verfügbaren Kräfte als Kämpfer nutzbar zu machen. Die Verlegung der Stäbe wurde durch den OB West freigegeben.

Feindl. Panzer kamen bis Châteaudun und Orléans vor.

Am 17. 8. stieß der Feind aus der Nordfront nun auch nach Osten vor, so daß die eigenen Kräfte sich auf die Vire absetzen mußten. Zum I. SS=Korps, das den Gegner in einer Linie nödlich von Châteauroux auffing, bestand nur noch eine dünne Verbindung. Westlich von Falaise erzielte der Gegner einen neuen Einbruch. Durch Luft= und Erdtransport wurde der Panzergruppe Eberbach Betriebsstoff zugeführt und dadurch die Voraussetzung für den eigenen Angriff geschaffen. Durch die bei Dreux entstandene Lücke stieß der Gegner bis Houdon durch. Ferner drang er mit Panzern bis Fontainebleau vor. Orléans mußte ihm überlassen werden.

Am 18. 8. gelang es dem Gegner, im Norden die HKL 4 km breit aufzureißen und nach Süden bis Trun durchzustoßen. Teile gelangten bis in den amerik. Angriffsraum, so daß nunmehr die 7. Armee mit 4—6 Verbänden sowie Teilen

1 „Abschnitt" fehlt im Ms.

des Pz.-AOK 5 (in Stärke von etwa 2 Verbänden) und der Panzergruppe Eberbach eingekesselt war. Außerhalb des Ringes standen das II. SS-Pz.-Korps mit der 2. und 9. SS-Pz.-Div. Die entscheidende Frage war nunmehr, ob es diesem gelingen konnte, im Zusammenwirken mit den eingeschlossenen Kräften den Kessel wieder aufzuschlagen.

Da der Gegner abwärts von Paris die Seine erreichte, steigerte sich hier die Krise. Am 18. 8. erhielt der OB West den Befehl, daß das AOK 1 westlich der Seine zum Halten gebracht und deshalb die Zuführung von Kräften, gegebenenfalls auch aus der Panzergruppe Eberbach, beschleunigt werden solle [1].

Alle Barrikaden in Paris konnten schnell beseitigt werden. Dies war ein Grund mehr, Paris nicht – wie der Gegner es wünschte – als „offene Stadt" anzuerkennen.

*Damit war der gefährlichste Augenblick des Rückmarsches in Frankreich erreicht.*

Neben dem großen Geschehen ging der Kampf gegen die auf sich gestellten Festungen weiter.

In *St. Malo,* wo unter Führung des Obersten v. Aulock erbitterter Widerstand geleistet wurde, stieß der Gegner am 8. 8. bis zum Hafen durch. Doch wurde der Kampf noch bis über den 18. 8. fortgesetzt. An diesem Tage dankte der Führer dem Kommandanten und seinen Männern. Die Batterie auf der St. Malo vorgelagerten Insel *Cécembre* hielt sich noch länger.

Das zweite Ziel der feindl. Angriffe war *Brest.* Bis zum 5. 9. hatte der Feind die Hauptkampflinie noch nirgends erreicht. Jedoch hatten Luftangriffe die Verteidigungskräfte bereits herabgesetzt. Zum Großkampf setzte der Feind erst am 10. (?) [2] 9. ein. Gegen die übrigen Festungen fühlte der Feind vorerst nur vor.

### Anhang 1: Über den Kampfraum hinausgreifende Maßnahmen

Bereits seit Ende Juli (s. Anhang 5 zu Abschn. 4) [1] waren Vorbereitungen für den Fall getroffen worden, daß der Feind einen Durchbruch erzielte und weiträumige Absetzbewegungen erforderlich wurden. Seit dem 2. 8. war beim WFStab die systematische Bearbeitung in Angriff genommen worden. Auf Grund der darauf vorbereiteten Ausarbeitungen lagen daher in der Folgezeit für die kurzfristig getroffenen Entscheidungen die jeweils erforderlichen Unterlagen schon bereit. In diesen Zusammenhang gehörten auch die Überlegungen, welche Maßnahmen im Falle einer Landung an der Mittelmeerküste zu ergreifen seien.

1 Vgl. die weiteren Mitteilungen des Stellv. Chefs des WFStabs an diesem Tage (Anhang 3 am Schluß dieses (4.) Abschnitts; s. unten S. 467 f.).

2 Ms.: 1.

Als erste Maßnahme wurde am 2. 8. der Ausbau einer Stellung in der Linie Somme–Marne–Saône–Jura durch den Mil.=Befh. Frankreich, Gen. d. Flieger Kitzinger (daher auch als „Kitzinger=Linie" bezeichnet), als zweite die Sicherung der französ.=ital. Grenzbefestigungen befohlen (vgl. dazu Befehl vom 6. 8. über das Herausziehen eines Gen.=Kdo.s für den Stellungsbau). Die 3. Maßnahme bestand in einem Befehl, der am 4. 8. die Grundsätze für die Verteidigung der Festungen und Verteidigungsbereiche zusammenstellte, die 4. in einem Befehl für die Ausgliederung von Stäben, die 5. in der Ernennung des Gen.=Lt. v. Choltitz zum „Kommand. General und Wehrm.=Befh. von Groß=Paris" am 7. 8. mit dem Auftrag, alle kampfkräftigen Männer für die Front freizumachen, alle überflüssig gewordenen Dienststellen zu entfernen und Aufstandsbewegungen entgegenzutreten.

(Über diese und die folgenden Maßnahmen, die durch die Entwicklung überholt wurden, vgl. „Merkbuch", Aufzeichnung vom 25. 8.: Auszug aus der Akte des Sachbearbeiters, Obstlt. d. G. Kleyser)[1].

### Anhang 2: Einzelmaßnahmen

1. 8.: Pz.=Abt. 302.

**1. u. 2. 8.: Notmaßnahmen im Bereich des OB West.**

**1. 8.: Sonderstab für die Auskämmaktion.**

**1. u. 4. 8.: Personalabzug aus dem Westen.**

**1. 8.: Bewachungskräfte in den Niederlanden.**

**4. 8.: Bodenständige Div.en der Armeegruppe G.**

**5. u. 8. 8.: Ausfälle an Panzern usw.**

**6. 8.: Zuführung von Panzern.**
**Gliederung der 1. Armee.**

**7. 8.: Materielle Zuführungen zum OB West.**

**8. 8.: Stand der Verbände in Großbritannien.**

**9. 8.: Personeller und materieller Bedarf des OB West.**

**9. u. 12. 8.: Pak und Pz.=Bekämpfungsmittel für die Normandie.**

**9. 8.: Aufstellung von Ortskommandanturen.**
**Heranführen des LXXXIX. AK.s.**

**10. 8.: Nachrichtenmittel für die Festungen.**
**Bildung einer Pz.=Jg.=Abt. bei der 19. Armee.**
**Verpflegungslage der Kanalinseln.**
**Gerichtsherrliche Befugnisse des Wehrm.=Bfh.s Groß=Paris.**

1 Am Schluß dieses 4. Abschnitts abgedruckt als Anhang 5 (S. 468–72).

12. 8.: Pak=Zuweisungen.
Aufbau einer Pz.=Sperr=Organisation bei Le Mans.

13. 8.: Verlegung der Sonderbauleitung Tietzen.
Eisenbahnbatterien.
Verzicht der Kriegsmarine auf Bordeaux.
Verpflegungsstärke der Festungen.
Verstärkung von St. Malo.

13. 8.: Panzer für OB West.

14. 8.: Sturmmörser 38 cm.
Zuführung von 2 Pz.=Brigaden.
Verteidigungsstärkung der Festungen.

15. 8.: Meldung über Pz.=Div.en.
Waffen und Personal für die Somme=Marne=Linie,
Alarmeinheiten für dieselbe.
Sicherung der Bahnen in den Ardennen.
Meldung über Kämpfe in Chartres.

16. 8.: Stärke der Pz.=Verbände.

17. 8.: LN=Vers.=Rgt.

18. 8.: Verlegung der 338. Inf.=Div. nach Paris.
Verlegung der 26. und 27. SS=Pz.=Div.

## III. Der Bewegungsfeldzug vom Beginn der Räumung Südwest= und Süd=Frankreichs und der Durchbruch aus dem Kessel von Falaise bis zum Erreichen der Weststellung (19. August—16. September)

### 1. Die Räumung Südfrankreichs

Als die Krise in Nordfrankreich ihren Höhepunkt erreicht hatte, landete der Feind an der südfranzös. Küste, die durch den Abzug von Kräften bereits so geschwächt war, daß bei der 19. Armee gleichfalls eine sehr schnell über den Kampfabschnitt hinaus fühlbar werdende Krise entstand.

Mit einer Landung an der Mittelmeerküste war ja seit langem gerechnet, und deshalb waren auch alle Anzeichen daraufhin genau geprüft worden, ob der Feind die südfranzös. oder die nordwestitalienische Küste angreifen würde.

In einer Kurzbeurteilung des WFStabs wurde am 27. 7. festgehalten, daß eine Operation im Mittelmeer sich jetzt so deutlich abzeichne, daß mit kurz bevorstehendem Anlauf gerechnet werden müsse. Die Möglichkeiten: französ. Küste, Ligurien, Adria müßten wie 4:5:1 berechnet werden. Die eigene Abwehr sei sowohl in Südfrankreich wie in Ligurien noch sehr unvollkommen, die Anzahl der Verbände im Vergleich mit den dem Feinde zur Verfügung stehenden sehr gering. Die 19. Armee könne zur Zeit nicht verstärkt werden; in Ligurien seien die 34. Inf.=Div. und 2 ital. Div.en eingeschoben worden, aber es fehle noch an Reserven. Jetzt wolle der OB Südwest als solche die 90. Pz.=Gren.=Div. einsetzen. Für die Verbesserung der Abwehr an der Adria wurden Vorschläge gemacht.

Am 2. 8. wurde eine Notiz über die Auswirkung einer Landung vorgelegt, am 3. 8. ein Befehl über die Sicherung der französ.=ital. Grenzbefestigungen gegeben.

Seitdem der Gegner an der Nordfront den Durchbruch erzwungen hatte, sprach die strategische Überlegung dafür, daß die Landung in Südfrank=reich und nicht in Italien erfolgen werde, das im Augenblick nur einen Nebenkriegsschauplatz darstellte, auf dem der Gegner — wenn ihm an der Po=Ebene gelegen war — auch versuchen konnte, den Übergang über den Apen=nin im frontalen Angriff ode ri mStoß entlang der Adria zu erzwingen. Das Auftreten französischer Verbände in der Eingreifgruppe auf Corsica, die Ver=stärkung des Landungsschiffsraums in den Häfen der Insel, dann die systema=tisch geführte Bekämpfung der Ortungsgeräte und Batteriestellungen ostwärts Marseille, verbunden mit schweren Bombenangriffen auf die Verkehrslinien im Rhone=Tal und die Häfen Marseille, Toulon und St. Raphael waren geeignet, die allgemeinen Überlegungen zu bekräftigen.

Solange keine Gewißheit bestand, wurde angestrebt, beide Küsten gleich=zeitig nach Möglichkeit abzustützen. Im französ. Abschnitt bestand die Schwie=rigkeit einmal darin, daß der ja erst im Winter eingeleitete Ausbau der Küste nicht so hatte gefördert werden können, wie es aus militärischen Gründen er=wünscht gewesen wäre, da das Material vor allem für die Nordwestküste be=ansprucht wurde. Schwerer wog noch, daß die immer nur notdürftig besetzte Südfront Kräfte an die Nordwestfront hatte abgeben müssen. Ende Juni war durch den Abzug von 3 Div.en ein Loch von 175 km Breite zwischen der spanischen Grenze und Montpellier aufgerissen. Am 1. 7. hatte der OB West eine Meldung der Armeegruppe G weitergeleitet, in der diese die dadurch ent=standene Gefahr kennzeichnete. Noch am gleichen Tage wurde der OB darauf hingewiesen, das Tempo der Ablösung so zu regeln, daß keine unverantwort=liche Schwächung der 19. Armee entstehe. Der OB West teilte darauf am 3. 7. seinen Ablösungsbefehl mit. Durch Verlegung abgekämpfter Div.en (716., 198., 353. Inf.=Div.) in diesen Abschnitt konnte im Laufe des Juli die Schwächung der Verteidigung wieder ausgeglichen werden. Am 15. 7. wurde dann die Ver=legung der 11. Pz.=Div. in den Raum Narbonne—Carcassonne—Montauban be=fohlen, wo sie gegen Banden kämpfen sollte. Dadurch erhielt die Südfront einen Rückhalt an einem schnellen Verband, was sich in der Folgezeit als für sie entscheidend erwies. Denn am 27. 7. mußte der Abzug der 9. Pz.=Div. in die Normandie befohlen werden.

Eine Sonderfrage war, wann die Sprengungen in Marseille und Toulon eingeleitet werden sollten. Das Heer war dafür, sie rechtzeitig einzuleiten, um gegen Überraschungen gesichert zu sein; die Kriegsmarine drängte jedoch darauf, sie noch hinauszuzögern, da sie die Häfen solange wie möglich ausnutzen wollte. Auch politische Gründe sprachen für diese Lösung. Daher wurde am 21. 7. befohlen, von weiteren Zerstörungen in den großen Südhäfen Abstand zu nehmen, die Vorbereitungen jedoch zu vervollständigen. Dagegen sollte die Zerstörung der kleinen Häfen beschleunigt zu Ende geführt werden.

Da am 12. 8. Schiffsansammlungen bei Ajaccio gemeldet waren, wurden sowohl in Ligurien als auch in Südfrankreich entsprechende Maßnahmen getroffen.

Am 13. 8., 1.30 Uhr, übermittelte der OB West eine Meldung der Armeegruppe G. Danach war nunmehr die erste Phase der feindlichen Vorbereitungen durch die Zerstörung von Brücken, hauptsächlich über Rhone und Var, abgeschlossen. Die Armeegruppe vermutete nunmehr eine Landung zwischen Rhone und Var, und zwar in den nächsten Tagen, da aus den afrikanischen Häfen Geleite ausgelaufen seien und bei Ajaccio Landungsschiffsraum für 1 Div. festgestellt sei. Für die 19. Armee war deshalb Alarmstufe II befohlen. Den Antrag, die 338. Inf.-Div., die abgezogen werden sollte, der Armee für die Sicherung des Höhengeländes bei Arles zu belassen, hatte der OB West abgelehnt. Die 11. Pz.-Div. sollte beschleunigt in den Raum Nîmes—Arles—Avignon [1] verlegt werden. Auf Grund von Ferngesprächen mit dem WFStab hatte der OB West [2] auf die Bedeutung der großen Häfen und die Notwendigkeit, dort Aufstandsversuche zu bekämpfen, hingewiesen, und eine weitere Verlagerung von Kräften der 11. Pz.-Div. über die Rhone befohlen. Für den Fall, daß sich die Anzeichen für einen Angriff zwischen Rhone und Var verdichteten, wurde vorgesehen, die 198. Inf.-Div. hinter diesen Abschnitt zu verlegen. Nach Gerüchten kam der 15. 8. als Angriffstag in Betracht. Die Lagebeurteilung des OB West vom 15. 8. sprach sich im gleichen Sinne aus.

Um die 338. Inf.-Div. zu ersetzen, mußte das bisher in Reserve gehaltene Rgt. der 244. Inf.-Div. eingesetzt werden. Als letzte Reserve blieb der 19. Armee nur noch die 11. Pz.-Div.

Um Zweifel auszuschließen, wurde dem OB West am 13. 8. auf eine Rückfrage hin noch einmal übermittelt, daß der Auftrag der Armeegruppe G, die südfranz. Küste gegen Landungen zu verteidigen, bestehen bleibe.

Im Augenblick der Landung war die südfranzös. Küste wie folgt besetzt:

rechts das IV. Luftwaffen-Feldkorps mit der 716., 198. u. 189. Inf.-Div.,
im Rhone-Tal das LXXXVI.AK. mit der 338. Inf.-Div.,
bei Marseille die 244. Inf.-Div., dann die 242. Inf.-Div.,
dann bis zur italienischen Grenze die 148. Res.-Div.,

1 Ms.: Ollioules.
2 Undeutlich verbessert, vielleicht: „OB der Armeegruppe G."

dahinter als Res. die 11. Pz.=Div., ferner im Raum Grenoble die 157. Res.=Div. und nördlich Lyon die Freiw.=Stamm=Div.

Die Landung begann am 15. 8. früh mit schwerem Beschuß der Küste zwischen Cannes und Nizza sowie Luftangriff auf ein Funkmeßgerät. Der feindl. Schwerpunkt lag bei St. Tropez. Es wurde versucht, von Marseille und westlich Kräfte heranzuziehen, doch verzögerte die feindl. Luftüberlegenheit die Bewegungen; daß die Rhone mit Fähren überschritten werden mußte, verlangsamte das Tempo noch mehr.

Am zweiten Tage (16. 8.) war klar geworden, daß es sich um einen Angriff von Cannes bis einschl. Hyères handelte. Die Verbindung zwischen den einzelnen Landeköpfen und zu den im Hinterland abgesprungenen Fallschirmspringern herzustellen, war dem Feind zwar nicht gelungen; jedoch konnte er dies im Verlauf der weiteren Kämpfe bewerkstelligen.

Dagegen konnten Angriffe westlich Toulon weiterhin abgewehrt werden. Dabei wurde das Risiko gelaufen, daß der Gegner auch noch im Golf von Lion,der nur noch durch Sicherungen geschützt war, einen Vorstoß unternahm. Auf Grund dieser sich schnell verschlechternden Lage legte der WFStab Vorschläge zum Absetzen der 19. Armee vor.

Am 17. 8. befand sich das Massiv der Maurenberge bereits in feindl. Hand. Da anzunehmen war, daß der Gegner jetzt versuchen werde, die Festung Toulon von der Landseite aufzubrechen, wurde die Landfront in Verteidigungszustand gesetzt. Um den Feind aufzuhalten, wurde die 11. Pz.=Div. herangezogen.

Diese ungünstige Entwicklung war einer der Gründe, die am 16. 8. zu dem Entschluß führten, Südwest= und Südfrankreich zu räumen (s. oben S. 346).

Am 16. 8. erweiterte der Führer seinen Befehl vom gleichen Tage dahin, daß die Armeegruppe G sich mit Ausnahme der in Toulon und Marseille verbleibenden Kräfte vom Feinde lösen und den Anschluß an den Südflügel der Heeresgruppe B gewinnen solle. Dazu war die Aufnahme in der Linie Sens—Dijon—Schweizer Grenze vorzubereiten. Durch Kämpfe in Widerstandslinien [1] sollte das Abfließen aller in Südwestfrankreich befindlichen Truppen planmäßig durchgeführt werden. Die 11. Pz.=Div. wurde zum Schutz des Rhone=Tals und später als Nachhut der 19.Armee bestimmt. Das Gen.=Kdo. LXII.AK. mit der 148. und der 157. Res.=Div. sollte, vom Feinde gedrängt, in die französ.=ital. Alpenstellung zurückgehen. Für diese Bewegung wurde es dem OB Südwest unterstellt, dem ab sofort die Verteidigung der Alpenstellung übertragen wurde. Die Festungen und Verteidigungsbereiche an der West= und Südküste sollten bis zum letzten Mann gehalten, Marseille und Toulon durch je 1 Division besetzt werden. Der Kriegsmarine wurde aufgetragen, die Verteidigung zu unter=

1 Davor ein korrigiertes, nicht lesbares Wort.

stützen und, sobald dies nicht mehr möglich war, die Besatzungen und Waffen in der Landfront einzusetzen. (Der OB Südwest übermittelte darauf am 18. 8. früh den von ihm erlassenen Befehl, in dem die Bewegungen der 148. und 157. Res.=Div. im einzelnen festgelegt wurden.)

Diese Befehle wurden am 18. 8. dahin ergänzt, daß die Linie Côte d'Or—Lyon—Aix=les=Bains möglichst lange gehalten werden sollte, so daß die Schweiz zunächst eingeschlossen blieb. Bordeaux sollte erst bei stärkerem Feinddruck aufgegeben werden, da es darauf ankam, noch U=Boote fertigzustellen. *Damit wurde der Widerstand an der Südfront abgebrochen und der Rückmarsch eingeleitet.*

Am 19. 8. war Toulon bereits umschlossen, und nach Osten bestand nur noch eine bereits gefährdete Sicherungslinie. Nach den am 20. 8. vorliegenden Meldungen befand sich eine feindl. Gruppe bereits im Vormarsch auf Grenoble, zwei andere in Richtung Avignon und Aix=en=Provence. An der Schweizer Grenze nahm die Maquis=Bewegung zu. Der OB Südwest erhielt daher am 20. 8. den Auftrag, die Gebirgspässe der Alpen möglichst weit westlich offen zu halten. Der OB West erhielt gleichzeitig für die 19. Armee den Befehl, daß kampfkräftige Teile derselben nach Dijon vorausgeworfen werden sollten, um den Anschluß an den Südflügel der Heeresgruppe B zu gewinnen. Durch Zerstörungen sollte ein feindlicher Flankenstoß durch das Gebirge in der Provence und in die Dauphiné verhindert werden (dazu Meldungen des OB West vom 22. 8.).

Der OB Südwest suchte darauf die Besatzungen der Alpenpässe zu verstärken und die Straßen zwischen ihnen und Grenoble zu sichern. In Grenoble selbst wurde eine Regimentsgruppe der 157. Res.=Div. belassen. Eine Stellung in der Linie Aix=les=Bains—Briançon oder auf der kürzeren Strecke Annecy—St. Bernhard erwies sich aus Mangel an Kräften und Gründen der Versorgung als unmöglich. Der OB Südwest meldete daher am 22. 8. früh, daß — falls ein feindlicher Durchbruch zur Schweizer Grenze erfolgen sollte — er ihn nicht aufhalten könne. Als Bedarf für die Alpengrenze wurden vom WFStab 4 Div.en in Reserve berechnet.

Als nächstes Ziel wurde der Aufbau eines Riegels quer über die untere Rhone angestrebt, hinter den die noch an der Küste stehenden Kräfte zurückgezogen wurden. Gegen den Gegner, der den Riegel durch überholenden Vorstoß durch das Gebirge zum Einsturz zu bringen suchte, wurde die 11. Pz.=Div. angesetzt.

Am 23. 8. war Valence in der Hand des Feindes, Grenoble in der Hand von Terroristen, gegen die nordostwärts der Stadt eine Sperrstellung bezogen wurde. Von einer südlich Grenoble eingesetzten Regimentsgruppe der 157. Res.=Div. fehlten Meldungen, so daß Luftaufklärung angesetzt werden mußte. Es ergab sich, daß sie nach Osten abgedrängt und zersprengt worden war. Dadurch lag die Straße nach Grenoble offen, ebenso die in das Isère=Tal. Deshalb wurde eine Kampfgruppe der 90. Pz.=Gren.=Div. angesetzt. Am St. Bernhard kam es gleichfalls zum Kampf; die Straße über den Mont Cenis konnte frei=

gefegt und die Besetzung der Straße über den Mont Genève eingeleitet werden. Eine weitere Kampfgruppe machte von Cuneo aus den Maddalena-Paß frei.

Da die im Raum von Cannes eingesetzte 148. Res.-Div. vom Feinde nicht gedrängt wurde, setzte sie sich erst nach Durchführung der Abtransporte geschlossen[1] ab. Der OB Südwest[2] befahl aus allgemeinen Erwägungen heraus die Beschleunigung der Bewegung. Am 24. 8. ging die Division daher auf den Loupe-Abschnitt zurück.

Das weitere Zurückschwenken der 148. Res.-Div. in die Alpenstellung vollzog sich ohne größere Schwierigkeiten. Sie stand am 1. 9. westlich Monza und übernahm dann den Südabschnitt der Alpenfront. Bei der 157. Res.-Div. waren dagegen noch manche Schwierigkeiten zu überwinden, die durch weitere Stöße von Italien aus gemeistert wurden. Daher gelang es, auch diese Bewegung wie beabsichtigt zu Ende zu führen. Da bald nach dem Beziehen der Alpenstellung Schneefall größere Unternehmungen unmöglich machte, wurde dieser Teil der Absetzbewegung der 19. Armee also erfolgreich abgeschlossen.

Der Rückmarsch der Hauptmasse der 19. Armee war weniger an der Hauptfront als im Rücken bedroht. Da Terroristen die Oststraße entlang der Rhone unter Feuer hielten, wurde er auf den Weststraßen vollzogen. Die Spitze des IV. Lw.-Feld-Korps, das die Straße öffnen sollte, erreichte am 25. 8. Valence; dort und südlich Lyon traten bereits feindliche Panzer auf. Nunmehr konnte der bisher von der 338. Inf.-Div. im Süden gehaltene Sperriegel, nachdem er seine Aufgabe erfüllt hatte, zurückgenommen werden.

Da sich die Bewegung der 19. Armee hinauszögerte, andererseits die Lage auf dem linken Flügel der Heeresgruppe B sich laufend verschlechterte, drängten der WFStab und der OB West wiederholt auf Beschleunigung; doch waren allen Bemühungen bestimmte Grenzen gesetzt. Am 26. 8. wurde die Besatzung von Lyon von Aufständischen eingekesselt. Jedoch erreichte das IV. Lw.-Feld-Korps mit seiner Spitze am 30. 8. den Raum südlich der Stadt. Der Marsch des Gros wurde dadurch aufgehalten, daß der Feind den Drôme-Übergang in direktem Schuß behinderte. Der 11. Pz.-Div. gelang es, diese Stelle freizukämpfen. Am 30. 8. hatte die Masse der Armee sie überschritten. Am 4. 9. traf die Spitze in dem Raum der Heeresgruppe G ein. Die 338. Inf.-Div., welche die Nachhut bildete, hielt noch bei Mâcon (vgl. dazu den Gefechtsbericht der Heeresgruppe G vom 19. 9., am 21. 9. übersandt vom OB West, eingegangen am 25. 9.).

Am 22. 9. meldete die Heeresgruppe G[3], daß aus Süd- und Südwestfrankreich 209 000 Mann abmarschiert und jetzt noch 130 000 Mann vorhanden seien. Das

1 Dahinter ein unlesbares Wort hineinkorrigiert.
2 Ms.: West.
3 D. h.: Armeegruppe G (Gen.-Oberst Blaskowitz), am 11. 9. in „Heeresgruppe G" umbenannt.

Fehl setzte sich aus Abgängen und abgeflossenen Teilen zusammen (148. und 157. Res.=Div.).

### *Festungen*

Auf sich gestellt waren von Beginn der Absatzbewegung an die Festungen Marseille (244. Inf.=Div.) und Toulon (242. Inf.=Div.).

Dort waren etwa 17 000, hier rund 18 000 Mann eingeschlossen. Die in Toulon eingebauten Batterien erzielten Erfolge gegen die feindliche Kriegs=marine und hielten dadurch einen Angriff von der Seeseite aus ab. Die Land=front, die in Eile aufgebaut worden war, erwies sich dagegen als nicht wider=standsfest. Der Angriff begann am 21. 8. Am 23. 8. gelang es dem Feinde, unterstützt von der Aufstandsbewegung, sowohl in Toulon als auch in Mar=seille einzudringen. Stützpunkte hielten weiter. Am 27. 8. lagen aus Toulon keine Meldungen mehr vor. Auch in Marseille ging der Widerstand in Kürze zu Ende [1]. Die Erwartung, daß sich beide Festungen längere Zeit würden halten können, hatte sich also nicht bewahrheitet. Dafür reichten die Kräfte nicht aus; auch war der Ausbau zur Landseite nicht weit genug fortgeschritten. Hinzu kam die Bedrohung der Besatzung aus den Städten selbst..

## 2. Die Räumung Südwestfrankreichs

Die Biscaya=Front wurde durch das AOK 1 verteidigt. Diesem unterstanden das Gen.=Kdo. LXXX.AK. (mit der 158. Res.=Div. und bodenständigen Truppen) und das Gen.=Kdo. LXIV.AK. (mit der 159. Res.=Div. und dem indischen Rgt. 950). Zum Sperren der seit dem Durchbruch im Norden bedrohten Loire=Über=gänge bei Angers war durch die 158. Res.=Div. eine Sperrgruppe gebildet wor=den. Die weitere Loire=Front wurde durch Alarmeinheiten besetzt.

Das Herausziehen des AOK 1 war bereits vor der Landung vorgesehen und deshalb schon einmal probeweise durchgeführt worden. Jetzt erhielt es die Füh=rung im Raum von Paris. Das Gen.=Kdo. LXXX.AK. war gleichfalls bereits ab=gezogen worden. Die Führung war daher dem Gen.=Kdo. LXIV.AK. zugefallen, das nur noch über sehr geringe Kampfkräfte verfügte, jedoch die Rückführung aller Menschen zu übernehmen hatte, die in der Sicherung, der Verwaltung, den Bauarbeiten, der Landwirtschaft usw. in dem Gebiet zwischen der Biscaya=Front und der Auffanglinie in Gegend Dijon eingesetzt waren.

Die Räumung Südwestfrankreichs wurde durch den am 16. 8. ausgefertigten allgemeinen Befehl eingeleitet. Am 22. 8. lagen Meldungen vor, wonach es sich um etwa 100 000 Mann (mit etwa 200 Frauen), dabei nur ein Bruchteil Kämpfer, handelte, von denen die meisten nur fußbeweglich waren. Verbindung mit dem

1 Am 28. 8.; Toulon wurde bereits am 22. 8. besetzt.

AOK 1 in Gegend Orléans war aufgenommen; doch stieg die Terroristenbewegung von Tag zu Tag, so daß sich das Tempo noch mehr verlangsamte. Angestrebt wurde, bis zum 30. 8. den Raum südlich der Loire zu erreichen.

Am 19. 8. wurde dem OB West mitgeteilt, daß Sète und Bayonne nicht verteidigt werden sollten; am 26. 8. erreichte die Spitze der Gruppe Ottenbacher Moulins. Am 28. 8. erreichte das LXIV.AK. mit Spitze Bourges, mit Masse Poitiers. Vortruppen standen nunmehr an der Loire, Ende des Monats hatte eine Regimentstruppe Nevers erreicht, wo das Korps einen Brückenkopf bildete. Eine Marschgruppe (10. Inf.-Div.) hatte nunmehr den Raum von Bourges, eine zweite den von Mardisy, eine dritte den von Chauvigny erreicht.

Am 1. 9. abends meldete der Chef des Gen.-Stabs des OB West, daß vor dem 9. 9. die Masse des LXIV. Korps die Loire nicht überschritten haben könne und nur damit zu rechnen sei, daß bewegliche Teile desselben am 8. 9. den Kanal de Bourgogne überschreiten würden. Die Masse der 19. Armee sei gleichfalls nicht vor dem 12. 9. im Raum von Dijon zu erwarten. Eigene Kräfte stünden bis dahin zum Schließen der Lücke zwischen Lunéville und Belfort nicht zur Verfügung. Der OB West beantragte daher erneut das Heranführen von 3 Inf.-Div.en, die mit panzerbrechenden Waffen ausgestattet und womöglich durch Pz.-Brigaden unterstützt sein müßten.

Am 4. 9. hatte sich das LXIV. Korps vom Raum Poitiers gelöst. Außer der Gruppe Ottenbacher war nun auch die Gruppe Jesser an das Sicherungsgebiet der Heeresgruppe herangekommen. Bis 9. 9. waren die letzten kampfkräftigen Teile eingetroffen, insgesamt 51 000 Mann. Durch Einsatz von Lastkraftwagen wurde versucht, den Marsch der noch fehlenden Teile (35 000 Köpfe) zu beschleunigen. Doch gelang es nicht mehr, die restlichen Marschgruppen, in denen sich kaum Kämpfer befanden, rechtzeitig heranzuziehen; sie mußten sich daher den Amerikanern ergeben, die am 12. 9. 18 000 Gefangene meldeten.

Daß es wider Erwarten doch noch gelungen war, die kampffähigen Teile des Korps (d. h. der ehemaligen 1. Armee) rechtzeitig herauszuziehen, konnte ebenso wie der überraschend günstige Abschluß des Rückmarsches der 19. Armee als Erfolg angesehen werden.

### 3. Die Kämpfe in Nordfrankreich

Am 18. 8. war es – wie bereits gezeigt – dem Feinde gelungen, die 5. Pz.-Armee mit Teilen der 7. Armee und der Panzergruppe Eberbach durch die Vereinigung seiner von Falaise nach Süden und von Argentan nach Norden angreifenden Kräfte einzuschließen. Es war damit zu rechnen, daß der Gegner weitere Kräfte an der Küste zu einem Stoß nach Osten und in den Einbruchsraum, den die Amerikaner bereits bis Dreux–Mantes–Vernon erzielt hatten, zu einem weiteren Stoß nach Nordosten bereitstellte[1] und dadurch eine zweite Einkes-

1 Das Satzgefüge in Unordnung geraten.

selung ostwärts der ersten anbahnen wollte. Demgegenüber trat seine Kampf=tätigkeit in Richtung Paris zurück.

Im Kessel gelang es, obwohl der Gegner seine Luftwaffe in einem noch nicht dagewesenen Umfang einsetzte, die eigenen Kräfte nach Osten abzuziehen. An der Nordostfront ging Trun verloren. Es sollte nun versucht werden, aus der Südostecke nach[1] Chambois durchzubrechen, wobei das II. SS=Pz.=Korps von Osten aus den Kräften aus dem Kessel entgegenkommen sollte. An der Eure konnte Poissy mit dem wichtigen Übergang zurückgewonnen werden. In Paris, dessen Kommandant jetzt der Heeresgruppe B unmittelbar unterstellt wurde, blieb es bei einzelnen Schießereien. Am 20. 8. unterstützte schlechtes Wetter die eigenen Bewegungen. Das II. SS=Pz=Korps kam von Osten bis auf 8 km an Trun heran. Gleichzeitig setzten die eingekesselten Kräfte zum Stoß von Westen an. Da der Durchbruch an der vorgesehenen Stelle, also im Südosten des Kessels, nicht durchschlug, setzten sie zu einem neuen Stoß nördlich davon, also südostwärts von Trun, an, und es gelang nun, die Verbindung wiederher=zustellen. Der OB der 7. Armee, SS=Oberstgruppenführer Hausser, wurde schwer verwundet, konnte aber doch noch in Sicherheit gebracht werden. Ein großer Teil des schweren Geräts der eingeschlossenen Kräfte war bereits in den Vortagen zerschlagen worden, ein weiterer ging bei dem Durchbruch verloren; auch die kämpfende Truppe hatte starke Verluste davongetragen und trug bei dem Herausschleusen noch weitere davon; aber zur guten Hälfte kam sie doch noch heraus. Daher bleibt der Durchbruch bei Falaise, bei der sich vor allem die 3. Fallsch.=Jg.=Div. auszeichnete, eine der großen Waffentaten dieses Feldzuges: die zweite Gelegenheit, die sich während der Absetzbewe=gungen für den Gegner bot, eine ganze Armee abzuschneiden, wurde durch sie vereitelt.

Bei Dreux gewann der Feind wieder Gelände. Zwischen Eure und Seine hielt die Gruppe Fick in beweglicher Kampfführung Poissy und Vernon. Doch gelang es dem Feind, im Raum Vernon—Mantes örtliche Brückenköpfe über die Seine zu bilden. Eigene Kräfte waren hier und ostwärts von Paris erst im Herankom=men. In Paris verschärfte sich die Lage.

Die Kernfrage war nun, ob es den eigenen Kräften möglich war, sich vorwärts der Seine=Yonne=Linie zu halten, d. h. Paris zu behaupten und die Ab=schußbasen des Vergeltungskampfes in eigener Hand zu behalten. Es gelang jedoch nicht, eine Verbindung[2] zwischen dem Brückenkopf an der unteren Seine und den noch vorwärts Paris stehenden Teilen der 1. Armee herzustellen; vielmehr blieb die Initiative beim Feinde.

Am 18. 8., 20.00 Uhr[3], hatte der neue OB West, Gen.=Feldm. Model, auf Grund seiner Eindrücke auf dem Gefechtsfeld und der ersten Besprechungen

1 Im Ms.: „in“. 2 Im Ms.: „Verteidigung“.

3 Bis zu diesem Tage reichen die Mitteilungen des Stellv. Chefs WFStab (s. am Schluß dieses 4. Abschnitts, Anhang 3).

gemeldet, daß die Einschränkung der absoluten feindl. Luftüberlegenheit die Voraussetzung für das Absetzen aus dem Flaschenhals und die Gesamtversorgung für die Heeresgruppe[1] bilde und daß er beabsichtige, sich in der Nacht zum 19. auf die Straße Falaise – Argentan, in der zum 20. auf den Dives-Abschnitt, in der zum 21. auf die Linie Livarot–Vimoulier–Touques–Laigle abzusetzen. Gleichzeitig sollten die Panzerverbände so herausgelöst werden, daß der 7. Armee noch 3 Pz.-Div.en verblieben. Nach Abschluß dieser Bewegung war folgende Gliederung vorgesehen: vom Meer bis Laigle die 7. Armee, von dort bis Paris-West die 5. Pz.-Armee (nach Auflösung der Panzergruppe wieder unter Befehl des Gen.s Eberbach), im Sperrgürtel Paris und an der oberen Seine die 1. Armee. Abschließend meldete der OB, die Truppe sei ausgebrannt. Er übermittelte die diesem Zustand Rechnung tragenden Anforderungen an Personal, Material, Transportraum usw. (s. unten).

Am 19. 8. sprach sich der Führer für die Auffassung des Chefs WFStab aus, daß es zunächst darauf ankomme, den Feind westlich und südwestlich von Paris zum Stehen zu bringen und zu verhindern, daß er nördlich der Stadt die Seine überschreite. Da keine weiteren Übergänge mehr bestanden, hatte der Schutz der Brücken in Paris besondere Bedeutung. Sie sollten deshalb durch Flak besonders gesichert werden. Sofern es nicht gelang, die Versorgung der 7. Armee über Paris sicherzustellen, mußte ihre Zurücknahme hinter die Seine ins Auge gefaßt werden. Um nördlich der Stadt ein Aufreißen der Front zu verhindern, kam es auf die enge Verbindung der inneren Flügel des Pz.-AOK 5 und des AOK 1 an. Für die Verteidigung von Paris gegen einen Aufstand gab der Führer nähere Anweisung. Um weitere Kräfte zu gewinnen, erwog er vorübergehend, die Kräfte in Italien auf die Alpenvorstellung zurücknehmen.

(Am 20. 8. ergänzte der Führer seine Ausführungen dahin, daß der Behauptung von Paris die größte Bedeutung zuzumessen sei und deshalb alle Maßnahmen zur Verteidigung ergriffen werden müßten. Gleichfalls wichtig sei die Behauptung der Abschußbasen für den Fernkampf gegen London. Die aus dem Kessel freiwerdenden Teile der 5. Pz.-Armee müßten sofort aufgefrischt werden.)

Als wichtigste Aufgaben wurden daher dem OB West am 19. 8. bezeichnet:
1. Verhinderung des Übergangs über die Seine abwärts von Paris, notfalls durch Heranführen von 2 SS-Pz.-Brigaden;
2. Verhinderung des feindl. Vordringens nach Norden auf dem Westufer der Seine, und zwar derart, daß äußerstenfalls die 7. Armee hinter die untere Seine zurückgeführt werden dürfte;
3. Freikämpfen der Verbindung zwischen dem Sperrgürtel von Paris und dem AOK 1 durch Panzerverbände, Behauptung des Raums vorwärts Paris und dadurch Sicherstellung der Rückführung der 19. Armee.

1 Im Ms.: „Armeegruppe".

Eine zusammenfassende Weisung für die Kampfführung erging am 20. 8. Der OB West wurde angewiesen, den Brückenkopf westlich Paris zu behaupten und südlich Paris einen Durchstoß in Richtung Dijon zu verhindern. Die restlichen Kräfte der 5. Pz.-Armee und der 7. Armee sollte er zunächst hinter den Touques-Abschnitt absetzen und wieder ordnen, und zwar so, daß die schnellen Verbände auf die Südflanke gezogen wurden. Für den Fall, daß das Halten vorwärts der Seine nicht gelang, sollte der Brückenkopf Paris gehalten, im übrigen die Linie Seine—Yonne—Canal de Bourgogne—Dijon—Dôle—Schweizer Grenze bezogen werden. Dazu war die Zurücknahme der 7. Armee hinter die Seine schon jetzt vorzubereiten. Ihren Übergang über den Fluß hatte die 5. Pz.-Armee dadurch sicherzustellen, daß sie das Vordringen des Feindes im Seine-Tal nach Norden und über sie nach Osten verhinderte. Falls möglich, sollte sie die Verbindung mit dem Brückenkopf Paris freikämpfen, in dem eine Sehnenstellung entlang der Seine vorzubereiten war. Die 1. Armee, möglichst schnell verstärkt durch die vordersten Teile der aus Südwest- und Südfrankreich zurückkommenden Kräfte, sollte beiderseits Montargis den Rückmarsch der übrigen Kräfte hinter den Canal de Bourgogne decken und Verbindung mit dem Südflügel der 5. Pz.-Armee halten. Die 19. Armee sollte kampfkräftige Teile vorauswerfen und nordwestlich Dijon den Anschluß an die Heeresgruppe B finden. Für den Fall, daß Teile von ihr nicht mehr durchkamen, sollte der OB Südwest[1] die Alpenpässe möglichst weit westlich offenhalten.

Gleichzeitig erging ein Befehl über den Ausbau der Weststellung (s. unten B II; S. 379 ff.).

Die Reste der 7. Armee, von der noch weitere Teile herausgeholt wurden, traten unter den Befehl der 5. Pz.-Armee, über die der Gen. Eberbach den Befehl übernahm.

Am 21. 8. erzielte der Feind an der nach Osten in Richtung auf Poissy verlaufenden Sicherungsfront des LXXXVI.AK. Einbrüche. Auch zwischen Eure und Seine griff er weiter an. Es wurde daher der Befehl gegeben, die Lage südostwärts dieses Riegels zu bereinigen und den feindl. Brückenkopf zu beseitigen. Südostwärts von Paris kam der Feind bis Malherbes und bis Nemours vor.

In einer Meldung über den Stand der Lage wies der OB West am 21. 8., 18.00 Uhr, darauf hin, daß die Lage in Paris bedrohlich werde, da die dort vorhandenen 20 000 Mann nicht ausreichten. Für alle Fälle wurde bereits eine Auffangstellung erkundet.

Da alles darauf ankam, die Verbindung zwischen der 5. Pz.-Armee und den Kräften vorwärts Paris aufrechtzuerhalten, befahl der Führer am 21. 8., sie im Kampf wieder herzustellen. Dazu sollte die 1. Armee von Südosten her mit den eintreffenden schnellen Verbänden vorstoßen, um zugleich dem Übergang des Feindes über die Seine nördlich Mantes entgegenzuwirken. (Diese Weisung

1 Ms.: West.

wurde am 22. 8. dahin ergänzt, daß die Verteidigung des Brückenkopfes Paris von entscheidender militärischer und politischer Bedeutung sei, da im Falle seines Verlustes die gesamte Küstenfront nördlich der Seine aufgerissen und die Basis für den Fernkampf weggenommen würde. Dem OB West wurde daher der Befehl erteilt, Paris im Sperrgürtel westlich der Stadt zu verteidigen und in diesem Aufstandsbewegungen mit allen Kräften niederzuschlagen. Die Seine=Brücken sollten — was bisher nicht geschehen war — zur Sprengung vorbereitet werden.)

Da die Briten im Norden nicht scharf nachdrängten, konnte hier das Absetzen wie vorgesehen erfolgen. Dagegen stießen die Amerikaner weiter scharf nach. Am 22. 8. ging westlich der unteren Seine weiteres Gelände verloren. Südlich Paris wurde die Front an die Seine zurückgenommen. Der Brückenkopf von Fontainebleau mußte geräumt werden. Es gelang dem Gegner, auf Troyes vorzustoßen. Dadurch zeichnete sich die Gefahr ab, daß er den Raum von Dijon erreichte, bevor die sich aus dem Südwesten und Süden zurückkämpfenden Kräfte in ihn gelangt waren.

Am 23. 8. nahm der Gegner Neubourg und drängte die Gruppe Fick in die Gegend von Louviers zurück. An der unteren Seine festigte sich dagegen die Lage.

In Paris nahmen die Unruhen zu; zu durchgreifenden Maßnahmen fehlten jedoch die Kräfte. Südlich der Stadt konnte ein bei Melun vom Feinde gebildeter Brückenkopf wieder eingeengt und die Sperrfront entlang des Flusses abgestützt werden.

Da eine Verteidigung auf den Höhen hinter Paris als unmöglich angesehen wurde, erhielt der OB West am 24. 8. erneut die Weisung, die Stadt bis zum äußersten zu verteidigen und zu diesem Zweck eine Ost=West=Verbindung offenzuhalten sowie den Aufstandsherd mit allem Nachdruck zu bekämpfen.

An diesem Tage entwickelten sich südlich Rouen heftige Kämpfe. Am stärksten war der feindl. Druck auf die Südfront der nunmehr im Bogen vor der unteren Seine stehenden 7. Armee; sie mußte bis Elbeuf zurückverlegt werden. Durch einen eigenen Gegenstoß konnte ein Durchbruch verhindert werden. Dagegen schloß der Gegner die Gruppe Fick ein. Die Seine=Front nördlich Paris übernahm nunmehr das 1. SS=Pz.=Korps. Vor der Stadt durchbrach der Feind den Sperriegel; von der Widerstandsbewegung und von Kommunisten unterstützt, gelangte er bis zur Place de l'Étoile und dem Palais du Luxembourg. An der Place de la Concorde hielten sich noch eigene Kräfte.

Der Wehrm.=Befehlshaber befahl darauf, die 6 Hauptbrücken zu halten; und der OB entschloß sich, die Verteidigung von Paris nunmehr an der Seine zu führen; er wies jedoch die Oberste Führung in der Nacht zum 25. 8. fernmündlich darauf hin, daß dies bei den zur Verfügung stehenden Kräften und der Unübersichtlichkeit des Stadtgebietes nicht lange möglich sein würde, er jedoch versuchen wolle, mit der 47. Div., die mit allen Transportmitteln heran=geholt werde, ostwärts der Stadt eine neue Linie aufzubauen.

Es wurde nunmehr von Montmorency nach Südosten eine Sperrlinie in An=lehnung an den Stadtrand aufgebaut. Südostwärts der Stadt konnte der Feind weitere Brückenköpfe über die Seine bilden. Im Raum von Sens verhielt er sich dagegen ruhig.

Über die Lage im großen ging eine Beurteilung des OB West am 25. 8. früh im Führerhauptquartier ein. Beim Feinde wurden etwa 53, bis 1. 9. 55–57 Div.en vorausgesetzt, dazu in Südfrankreich etwa 8 weitere, die von etwa 7000 Jagd= und 7200 Kampfflugzeugen in Nordwest=, 1300 bzw. 900 in Süd=frankreich unterstützt wurden (davon 1/3–1/2 jeweils einsatzbereit). Mit diesen Kräften konnte der Feind:

1. zwischen Rouen und Mantes zur Somme,
2. über Paris und Reims zum Reich hin durchstoßen
   oder
3. südlich von Paris vorbei auf Dijon vorgehen, um die Heeresgruppe G abzu=schneiden und das Loch von Belfort zu erreichen. Für diese Operationen konnte der Gegner 30–35 bzw. 35 bzw. 25 Div.en oder – falls er die beiden erstge=nannten mit einem weiteren . . . . . . . .[1] einsetzen. Demgegenüber mußte der OB West – wie er bereits am 18. 8. getan hatte – seine eigenen Kräfte als ausgebrannt bezeichnen. Die Zuführungen konnten sich erst vom 1. 9. an, die Auffrischungen erst noch später auswirken. Da die Somme=Marne=Linie noch nicht verteidigungsfähig war, sah der OB es als seine Aufgabe an, die Zeit bis zum 1. 9. zu überbrücken, in der der Feind bereits die Somme, den Raum ostwärts Paris oder Dijon erreicht haben konnte. Seine Absicht war, zunächst mit 4 Gen.-Kommandos und 12 Div.en bzw. Div.=Kampfgruppen die Seine=Stellung abwärts von Paris zu besetzen und etwa 6 Pz.=Rest=Div.en unter 2 Gen=Kdo.s zwischen Seine und Somme als bewegliche Reserve bereitzustel=len und gleichzeitig aufzufrischen. Den Brückenkopf südlich der Seine wollte der OB so lange wie noch möglich halten. Im Raume von Paris hatte er im Hin=blick auf die zu erwartende Entwicklung die Erkundung einer Auffanglinie nördlich und ostwärts der Stadt befohlen. Auf dem Südflügel rechnete er damit, daß die Armeegruppe G nur 3 Inf.=Div.en und 1 Pz.=Div. zurückbringen werde. Um die Westflanke der die Rhone heraufmarschierenden 19. Armee zu decken, wollte er am Südflügel der 1. Armee etwa 7–8 Pz.=Div.en versammeln. Um die Linie Seine–Yonne–Dijon halten zu können, bezeichnete er weitere 15 Div.en bis zum 10. 9. sowie mindestens 300[2] dauernd verwendungsfähige Jäger für erforderlich. Den Bedarf für die Somme=Marne=Linie berechnete er auf 4 AOK's,

1 Rest der Zeile fehlt auf der Photographie.
2 verbessert aus „400" oder umgekehrt.

12 Gen.=Kdo.s und 30—35 Div.en in Front, 1 Pz.=Armee mit 4 Pz.=Gren.=Kdo.s und 12 Pz.=Div.en als Eingreifreserve. Er rechnete damit, daß er in Kürze auf diese zurückgehen müsse. Für ihren Ausbau wollte er die Restgruppen von 12 Div.en ansetzen. Abschließend wies er darauf hin, daß dahinter — genau so wie im Osten — noch weitere rückwärtige Stellungen (bis zum Westwall einschließlich) vorbereitet werden müßten.

Am gleichen Tage (25. 8.) meldete der OB West seine weiteren Absichten, nämlich Absetzen aus dem Frontbogen an der unteren Seine hinter den Fluß, Vorstoß der 1. Armee gegen das Zentrum von Paris, Begradigung des Frontbogens bis zur Linie Melun — westlich Troyes. Der Führer genehmigte dies, jedoch mit der Einschränkung, daß die Begradigung nur unter feindl. Druck erfolgen dürfe (am 26. 5. früh übermittelt). Der Gedanke war, die Seine=Yonne=Linie möglichst lange zu halten, damit inzwischen der Ausbau der „Kitzinger=Stellung" (Somme=Marne=Linie) vorangetrieben werden konnte. Doch kam diese nicht weit voran, da Kräfte und Mittel fehlten und die Zivilbevölkerung sich versagte [1].

Am 30. 8., 10.20 Uhr, setzte der OB West eine Meldung über die nunmehrige Lage ab. Durch das von ihm befohlene Zusammenfassen der Panzerkräfte im Raum Châlons—Reims—Soissons sah er für seinen rechten Flügel die Gefahr weiterer feindl. Panzerangriffe, für den linken die Möglichkeit des Vorstoßes auf Dijon vermehrt. Als Aushilfe erwog er auf dem rechten Flügel ein Absetzen bis Soissons, auf dem linken ein Abdrehen der für die 1. Armee bestimmten Zuführungen. Das Abziehen der Panzergruppe bezeichnete der OB West erst dann als möglich, wenn sie durch Inf.=Div.en ersetzt würde.

Da die dem OB West am 29. 8. nachmittags erteilte Führerweisung verspätet in seine Hände kam, erstattete er erst am 30. 8., 19.30 Uhr, dazu die Meldung daß er infolge der veränderten Lage jetzt den Stoß in die amerikan. Flanke zwischen Aisne und Marne führe und die beiden SS=Div.en durch eine Gren.=Div. und 2 Pz.=Brigaden verstärken werde. Die Beschleunigung der Märsche der Armeegruppe G sei befohlen; doch könnten die Kampfgruppen des LXIV. AK. erst am 5. 9. den Canal de Bourgogne, die vordersten Teile der 19. Armee erst am 3. 9. Lyon erreichen. Für den Fall, daß die Lage es erforderlich mache, bat der OB um die Genehmigung zum Absetzen hinter die Somme in Sprüngen vor der Nacht vom 31. 8./1. 9. Es werde angestrebt, bei jeder sich bietenden Gelegenheit angriffsweise vorzugehen; aber daneben bleibe der Ausbau des Westwalls vordringlich.

Am 31. 8., 0.45 Uhr, erhielt der OB Weisung wegen des Einsatzes der Luftwaffe.

1 Bis zum 26. 8. reichen die Mitteilungen des Stellv. Chefs WFStab (Anhang 4 am Schluß dieses 4. Abschnitts; unten S. 467 f.).

Am 31. 8. erweiterten die Briten ihren Einbruchskeil und stießen weiter über Amiens hinaus vor; außerdem überschritten sie die Somme in Richtung Albert. Dabei wurde der Stab der 7. Armee, der gerade in der Verlegung begriffen war, überrascht und der OB, Gen. d. Panzertruppen Eberbach, gefangengenom=men. Der OB West genehmigte darauf, daß die Fronten rechts und links des Einbruchsraumes zurückgenommen wurden. Im amerikan. Abschnitt wurden die eigenen Truppen bei Corbeil und an der Eure zurückgedrängt. Nach heftigen Kämpfen ging Rethel verloren. Die amerikan. Ostgruppe konnte die Argonnen an drei Stellen (Grandpré, St. Menehould, südl. Ligny) durchstoßen und in Ver=dun eindringen. Das XXXXVII. Pz.=Korps erhielt den Auftrag, Verdun zurück=zunehmen und zwischen St. Mihiel und Verdun eine neue Front aufzurichten; doch konnte sich der Gegner bereits drei Brückenköpfe über die Maas sichern.

Es hat sich nunmehr folgende Lage ergeben:

Die Somme=Stellung zwischen Amiens und Abbéville war umgangen; die Gegenmaßnahmen, um den Feind wieder zurückzuwerfen, schlugen nicht mehr durch. Zwischen Amiens und St. Dizier war die Somme=Marne=Saône=Stellung durchstoßen, bei und südlich Verdun der Übergang über die Maas angebahnt. Damit waren die vorgesehenen Zwischenstellungen vor dem Westwall bereits durchstoßen, bevor ihr Ausbau richtig angelaufen war. Der Führer befahl daher am 31. 8., in den Abschnitten der 15. und der 5. Pz.=Armee keine Truppen mehr über die Somme nach vorn zu führen. Mit schrittweisem Absetzen auf den Fluß erklärte er sich einverstanden.

Am 31. 8. morgens befahl der OB West, daß die Maas=Mosel=Linie (Ant=werpen—Löwen—Namur—Dyle=Stellung — Maas von Namur bis westlich Toul) bis zum 5. 9. stützpunktartig besetzt werden und bis zum 15. 9. zu durchlau=fender Verteidigung hergerichtet sein solle. Im Hinblick auf die Möglichkeit von Luftlandungen machte der OB eine Reihe von Vorschlägen und teilte dazu mit, was er selbst veranlaßte. Er wurde angewiesen, sein Hauptquartier nach Westdeutschland zu verlegen.

Am 31. 8. abends meldete der Chef des Gen.=Stabs des OB West, der mit seinem Stab in dieser Nacht auf einen neuen Gefechtsstand südlich Namur ein=zog, daß der Befehl zum Angriff gegen beide Flanken des auf Verdun vor=gehenden Feindes gegeben sei, daß jedoch für den Kampfraum südlich der Linie Toul—Nancy keine kampfkräftigen Teile zur Verfügung stünden, so daß ein Vorstoß gegen Vesoul—Belfort und nördlich davon gegen die Vogesen keinen nennenswerten Widerstand finden werde. Der OB West ließ deshalb seine Bitte wiederholen, mit Kräften aus dem Reich die wichtigsten Übergänge zwischen Nancy und der Schweizer Grenze zu sperren. Außerdem wurde vorgeschlagen, alle verfügbaren Kräfte der Org. Todt, die Festungs=Pionierstäbe und die son=stigen Ausbaukräfte nur noch in der Linie einzusetzen, in der sie sich noch auswirken konnten, nämlich im Westwall mit seinen vorgeschobenen Positionen.

Diese Maßnahme hatte das Führerhauptquartier bereits von sich aus einge=leitet, und die Sorge wegen des Durchbruchs im Süden behob sich, da hier nicht nur Kräfte des Ersatzheeres vorgeschoben wurden, sondern sich auch bei der Armeegruppe G die Lage wieder entspannte.

Am gleichen Tage gab der General Eisenhower bekannt, daß er sich nunmehr den OB der 12. amerikan. Armeegruppe, Gen. Bradley, unmittelbar unterstellt, ihn also dem OB der 21. brit. Armeegruppe gleichgeordnet habe. Er teilte dabei mit, daß in den 85 Tagen nach der Landung die alliierten Truppen mehr Gelände als erwartet gewonnen hätten. Die Deutschen würden jetzt ihre Truppen aus Dänemark und Norwegen zurückziehen müssen, was ihnen von den Alliierten so schwer wie möglich gemacht werden solle.

Durch den Kampf gegen den Feind und den Aufbau einer schwierigen Stellung war der Gen.=Feldm. Model, der dem Gen.=Feldm. v. Kluge sowohl als OB West als auch als OB der Heeresgruppe B nachgefolgt war, übermäßig belastet und nach zwei Richtungen festgelegt. Der Führer entschied sich deshalb dazu, die beiden Stellungen wieder zu trennen.

Am 31. 8. traf im Führerhauptquartier der wieder genesene Generalleutnant Westphal, früher Chef des Gen.=Stabs der Heeresgruppe C (Italien) ein, am 1. 9. der frühere OB West, Gen.=Feldm. v. Rundstedt, der darauf wieder als OB West — mit dem Gen. Westphal als Chef des Gen.=Stabs — eingesetzt wurde.

*September:*

Am 1. 9. verschärfte sich die Lage nördlich der Somme weiter, da der Gegner bei Douai und Arras vorankam. Nördlich Arras wurde versucht, eine Abwehrfront aufzubauen; dann aber bestand bis Cambrai, bis wohin die 5. Pz.=Armee ihren Flügel zurückbog, eine Lücke. Ostwärts davon gelang es dem Gegner, bis Avesnes (südlich der belgischen Grenze) vorzustoßen und in die Nähe von Mezières zu gelangen. In den Argonnen gelang es den eigenen Truppen zwar, Clermont und Varennes zurückzunehmen; aber der Feind stieß doch weiter nach Osten vor, so daß versucht werden mußte, an der Maas eine neue Linie aufzubauen. In Pont=à=Mousson wurde ein Brückenkopf, bei Nancy ein Sperrriegel eingerichtet. Der OB verlegte sein Hauptquartier nach Koblenz.

An diesem Tage wurde London zum letzten Mal von den bisherigen V1=Basen aus beschossen. Durch Abschuß von Flugzeugen aus konnte der Fernkampf dann in der Nacht vom 2./3. 9. — wenn auch in verringertem Umfang — wieder aufgenommen werden.

Der Kampf mit V 2, der am 5. 9. hatte beginnen sollen, mußte hinausgeschoben werden[1]

Am 1. 9., 19.00 Uhr, meldete der OB West, daß die Lücke zwischen Lunéville und Belfort zur Zeit mit eigenen Kräften nicht geschlossen werden könne, bevor nicht Kräfte der Armeegruppe G eingetroffen seien, was vor dem 12. 9. nicht zu erwarten sei. Deshalb beantragte der OB erneut die Zuführung von 3 Inf.=Div.en.

1 Erster V2=Einschlag in England am 8. 9., 18.40 Uhr.

Am 2. 9. mußte sich die 15. Armee beschleunigt von der Somme absetzen. Die Sicherungsfront nach Süden wurde gefestigt; aber der Feind stand bereits bei St. Pol und drückte auch schon auf den Raum von Lille. In Mons wurde gekämpft. Sedan wurde noch gehalten, im ostwärts anschließenden Raum die Front an die französisch-belgische Grenze zurückgenommen. Bei Longwy drückte der Gegner nur schwach nach. Toul ging verloren, und zur Armeegruppe G bestand noch die Lücke in der Front. Südwestlich von Nancy wurde abgeschirmt, um das LXIV.AK., von dem die Spitze, die Gruppe Ottenbacher, nunmehr herangekommen war, aufzunehmen. Von der 19. Armee wurde die 11. Pz.-Div. vorgeworfen, um einen Brückenkopf um Dijon zu bilden – inmitten der vielen ungünstigen Wendungen, welche die Lage genommen hatte, entwickelte sie sich hier günstiger, als lange Zeit angenommen werden durfte. Es bestand nun die – durch die weitere Entwicklung gerechtfertigte – Erwartung, daß die 19. Armee (bis auf die beiden in die Alpenfront zurückgeklappten Div.en) und vom LXIV.AK. mindestens die kampfkräftigsten Teile in die Westfront eingegliedert werden könnten.

In Erkenntnis der feindl. Stärke und der eigenen Schwäche erging am 2. 9. eine neue Weisung für die Kampfführung im Westen, deren Grundgedanke war, das Kampfgelände nur fußbreit freizugeben, jedoch eine Einkreisung zu vermeiden. Der Gedanke, sich dem feindl. Vormarsch durch den Aufbau neuer Fronten vorzulegen, war preisgegeben. Dagegen bestand die Absicht, eine Angriffsgruppe zu versammeln, um dem Feind in die Flanke zu fallen. Dafür kam nach der Lage nur der Raum von Dijon in Betracht.

Die Weisung befahl im einzelnen, daß der rechte Flügel und die Mitte hinhaltend kämpfen sollten. Die Sicherung der Weststellung blieb Aufgabe des Chefs HRüstu.BdE; vorwärts derselben sollte das AOK 1 den Befehl übernehmen. Auf dem linken Flügel sollte der Angriff vorbereitet werden. Außerdem wurden die Gliederung, Zuführungen usw. geregelt.

Seine Auffassung der Lage meldete der OB West um 14.45 Uhr (eingegangen 20.45 Uhr). Er rechnete mit weiterem Druck in Richtung Lille sowie Luxemburg, südlich davon mit einer Umgehung und wies auf den ungenügenden Zustand der eigenen Truppe hin. Eine Sperrstellung Antwerpen–Maas–Sedan [1]–Metz–Mosel sei befohlen; doch sei fraglich, ob sie sich noch auswirken werde. Jetzt sei nicht nur das Loch zwischen Lunéville und Belfort zu stopfen, sondern die ganze Front abzustützen.

Am 3. 9. ging St. Pol verloren, und in Brüssel gewannen Terroristen die Oberhand. Zur 5. Pz.-Armee bestand seit dem feindl. Vorstoß in Richtung Amiens–Arras eine Lücke, die noch nicht geschlossen werden konnte. Daher gelang es feindl. Panzern, in sie hineinzustoßen und bis Brüssel vorzukommen. Die 15. Armee setzte sich weiter ab und bereitete dabei die Verteidigung von Boulogne und Calais vor, die (ebenso wie das jetzt bereits bedrohte Le Havre)

1 Ms.: Senhois.

gehalten werden sollten. Die 5. Pz.=Armee erhielt den Auftrag, dem Feind vom Süden in die Flanke zu stoßen und ihn abzuschneiden. In Charleville wurde gekämpft, und bei der 1. Armee stieß der Feind mit Panzern bis Stenay und Longuyon vor. Unklar war noch, ob der Feind nunmehr in Richtung Luxemburg–Trier und Metz weiter vordringen werde. Bei der Armeegruppe G festigte sich dagegen die Lage weiter.

Am 4. 9. setzten die Briten ihren Stoß von Brüssel bis Antwerpen fort. Da die Südfront der Stadt nur durch Marschbataillone besetzt war, konnten sie in die Stadt und den Hafen eindringen, dessen Zerstörung nur unvollständig durchgeführt worden war, da die Entwicklung zu schnell gegangen war und die noch anschließenden Versuche, das Versäumte nachzuholen, nur zu einem nicht ins Gewicht fallenden Umfang gelangen. Dem Feind war also – was ihm bisher nicht geglückt war – ein noch leistungsfähiger Nachschubhafen in die Hand gefallen. Die Frage war, ob er nun auch den noch bestehenden Schelde=Riegel aufbrechen konnte, und da der Feind sich durch die Besetzung Antwerpens die Verbindung mit der Schelde gewissermaßen gesichert hatte, war nunmehr die 15. Armee abgeschnitten. Zwischen Antwerpen und Wavre bestand ein neues Loch. In der Linie Wavre–Charleville hielt die 7. Armee. Löwen ging verloren. In Charleville wurde gekämpft. Bei Épernay gewann der Feind einen Brückenkopf über die Mosel. Bei der Armeegruppe G trafen die ersten Teile der 19. Armee ein.

Der OB der Heeresgruppe B schätzte, da sich Teile der 12. amerikan. Heeresgruppe diesem Vorstoß angeschlossen hatten, am 4. 9. abends, daß er mit mindestens 2500 Panzern rechnen müsse. Mit seinen ausgebrannten Kräften glaubte er nur die Linie Albert=Kanal–Maas–Weststellung halten zu können, für die er 25 frische Div.en und eine Pz.=Reserve von 5–6 Pz.=Div.en als erforderlich bezeichnete. Für den Westflügel forderte er sofort 2 Pz.=Brigaden und mehrere Inf.=Div.en, bis zum 15. 9. mindestens 10 Inf.= und 5 Pz.=Div.en; andernfalls sei das Tor nach Nordwestdeutschland offen. Außerdem bezeichnete er es als erforderlich, die Weststellung mit einem kampfkräftigen Gerippe zu versehen.

Am 4. 9. wurde ferner befohlen, die Festungen Boulogne und Dünkirchen, den Verteidigungsbereich Calais, die Insel Walcheren mit dem Hafen Vlissingen, den Brückenkopf in Antwerpen und die Stellung am Albert=Kanal bis Maastricht zu halten. Dem AOK 15 wurde aufgetragen, die Festungen und Festungsbereiche zur Verteidigung herzurichten; die Verteidigung des Albert=Kanals wurde dem neu eingeschobenen Fallsch.=AOK 1 (Gen.=Oberst Student) übertragen, dem dazu alle seine Verbände im Heimatkriegsgebiet und die Fallsch.=Jg.=Div.en 3, 5 und 6 zugeführt wurden, ferner das LXXXVIII. AK. mit 2 Div.en, 10 Btl.en und 40 Flak=Batterien sowie aus den Neuaufstellungen des Ersatzheeres Sicherungskräfte und Kampfgruppen aus dem Nordwesten. Pz.=Brigaden wurden dagegen nicht zugeführt, um den Schwerpunkt im Süden möglichst stark machen zu können.

In einem weiteren Fernschreiben wurde dem OB West mitgeteilt, daß seine Meldung vom 1. 9. jetzt überholt sei und die Versammlung der Panzerkräfte westlich Épinal beschleunigt werden solle. Dazu sollte er die Pz.=Brig. 106 von Trier und die 3. und 15. Pz.=Gren.=Div. aus ihrem jetzigen Einsatz herausziehen. Das OKW wollte ihm die Pz.=Brigaden 107, 108, 112 und 113 zuführen.

Auf Grund der Entwicklung wurden Boulogne und Dünkirchen stärker als vorgesehen besetzt, nämlich mit der Masse von zwei noch nicht angeschlagenen Korps. Den Befehl des OB West, daß die 15. Armee sich teils in Richtung Vlissingen, teils zwischen Brüssel und Antwerpen in Richtung Diest durch=schlagen solle, hielt der Führer nicht für Durchführbar. Von dessen Durchfüh=rung wurde daher abgesehen. In Angriff genommen wurden stattdessen die Einrichtung eines Brückenkopfes südlich der Scheldemündung, die Verteidigung der Insel Walcheren und der Aufbau einer Front am Albert=Kanal. Die 7. Armee hielt nunmehr in Linie Aerschot—Löwen. Versuche des Feindes, über die Maas zu gelangen, wurden vereitelt. Gegen die Brückenköpfe Metz und Diedenhofen drückte der Feind nur schwach vor. Zwischen der 1. Armee und der Armee=gruppe G wurde die Verbindung hergestellt. Auf seine am 4. 9. gestellte Anfrage wurde dem OB West am 5. 9. geantwortet, daß der Führer den Ausbau der Vogesen=Stellung befohlen habe, daß daher erst nach deren Fertigstellung vor=wärts dieser Linie weiterer Ausbau in Aussicht genommen werden könne. Gleichzeitig wurden die Befugnisse zwischen der Armeegruppe G und dem Wehrkreis V abgegrenzt.

Am 5. 9. erbat der OB West die Genehmigung zu einem Angriffsunterneh=men am 6. und 7. 9. mit der 15. Pz.=Gren.=Div. und der Pz.=Brig. 106, um die Linie Longuyon—Briey zu erreichen. Zweck derselben war, die derzeitige Siche=rungslinie zu verkürzen, die dortigen Industrieanlagen zu schützen bzw. zu räumen und der Truppe einen Auftrieb zu geben. Der Führer erklärte um 21.00 Uhr sein Einverständnis unter der Voraussetzung, daß die Panzerver=bände bis zum 7. 9. abends wieder herausgelöst seien.

Am 6. 9. stimmte der Führer der Beurteilung des Chefs WFStab zu, wonach ein entscheidender eigener Großangriff im Westen nicht vor dem 1. 11. möglich sein werde und es jetzt darauf ankomme, möglichst viele Verbände zur Auffrischung zurückzuziehen und bis dahin einsatzbereit zu machen. Der Führer wies in diesem Zusammenhang darauf hin, daß es darauf ankomme, die Front möglichst weit westlich zu halten, da Angriffe von Jagdbombern gegen die Rheinbrücken schwere Folgen haben könnten.

Am 6. 9. (fernmündlich bereits am 5. 9., 16.30 Uhr) wurde der OB West an=gewiesen, nicht in Richtung Löwen durchzustoßen, sondern im Schutze des Genter Riegels auf die Inseln Walcheren und Süd=Beveland überzusetzen. Für den Fall, daß der Gegner im Raum Antwerpen nur zögernd aufschlösse, wurde der Versuch, nördlich der Stadt durchzukommen, offen gelassen. Die 15. Armee wurde für die Durchführung der die eigenen Kräfte deckenden Überschwem=mungen verantwortlich gemacht. Außerdem erhielt der OB eine Reihe von Einzelanweisungen.

Die 15. Armee schloß in diesen Tagen westlich von Boulogne und Calais auf und bereitete das Übersetzen ihrer restlichen Kräfte nach Walcheren und Süd=Beveland vor. Die 7. Armee stand in schwerem Kampf; da der Gegner in Rich=tung Lüttich vorstieß, mußte die Maas=Front preisgegeben werden. Damit rückte die Gefahr einer feindl. Offensive gegen den Raum von Aachen näher. Ein eigener Vorstoß bei Metz zur Verbesserung der Front hatte Erfolg; Angriffe der Amerikaner, die Gravelotte erreicht hatten, wurden abgewiesen. Gegen die Armeegruppe G, die am 7. 9. meldete, daß die Kräfte zu dem vorgesehenen Angriff noch fehlten, erfolgte kein besonderer Druck des Feindes. Sie schob die 21. Pz.=Div. vor und wies Vorstöße gegen ihre Südfront in Richtung Châlons sur Saône—Besançon—Beaune ab. An der Schweizer Grenze kämpfte nunmehr die mit der 19. Armee herangekommene 11. Pz.=Div. Es zeigte sich die Gefahr, daß dadurch die für den Stoß nach Nordwesten vorgesehenen Panzerkräfte ge=bunden wurden.

Da die Festungen Le Havre, Boulogne und Calais das Kanadische Korps ban=den und Überschwemmungen sowie Wasserläufe der 15. Armee zu Hilfe kamen, konnte sie ihre Bewegungen am 7. 9. planmäßig fortsetzen. In der Nacht zum 8. 9. wurde die Linie Zeebrügge—Gent erreicht. Bis zum Mittag des 7. 9. waren bereits 25 000 Mann nach Walcheren übergesetzt. Seegang, Nebel und Angriffe der feindl. Luftwaffe behinderten dann die weiteren Überfüh=rungen; aber trotz aller Schwierigkeiten gelang es schließlich doch, sie besser zum Abschluß zu bringen, als anfangs erwartet werden durfte.

Im Raum von Antwerpen und entlang des Albert=Kanals, über den der Feind bei Beeringen einen Brückenkopf bildete, festigte sich die HKL. Dann verlief die Front von Maastricht nach Lüttich, wo am Westrand der Stadt gekämpft wurde. In den Argonnen drängte der Feind dagegen nur schwach nach. Hier und im Raum Charleville—Sedan setzten sich die eigenen Kräfte weiter ab. Nordwestlich Metz wurde der eigene Brückenkopf eingedrückt; Angriffe gegen Pont=à=Mousson und ostwärts Toul wurden abgewiesen. Bei der Armee=gruppe G verstärkte sich der Druck gegen die Südfront; westlich Besançon erzielte der Feind einen tieferen Einbruch.

Am 7. 9. teilte der Chef WFStab dem OB West mit, daß der Führer noch einmal das Halten eines Brückenkopfes gegenüber Vlissingen verlangt habe und weiteren Überschwemmungen größere Bedeutung zumesse. Die freien Kräfte der 15. Armee sollten zur Verstärkung der holländischen Küstenfront benutzt werden. Den Zeitpunkt für die Zerstörung des Hafens von Rotterdam behielt sich der Führer noch vor. Abschließend wurde die Verwendung der An=griffsgruppen der 5. Pz.=Armee geregelt (Am 8. 9. übermittelte der OB seinen Befehl zu diesem Angriff). Außerdem wurde die Besetzung von Eben=Emael befohlen und verlangt, daß der Anschluß an die Schweiz gehalten werde, damit die sich bereitstellenden Angriffsgruppen nicht umfaßt wurden.

Am gleichen Tage (7. 9.) wurden dem OB West Wehrmachtbefugnisse erteilt.

Der OB West übersandte seinerseits eine Beurteilung der Lage. Beim Feinde waren nunmehr 54 Div.en anzunehmen. Von den etwa 25—27 britischen Verbänden waren etwa 8—10 eingesetzt, um die 15. Armee zu umfassen; etwa 5—6 Div.en wurden zwischen Antwerpen und Diest bereitgestellt, um die Übergänge über den Albert-Kanal zu erzwingen; der Rest schloß vermutlich auf. 2—3 Div.en griffen Le Havre an, um diesen Hafen möglichst schnell zu besetzen; die übrigen Festungen fesselten auch Kräfte.

Die 12. amerikan. Heeresgruppe wurde mit 15—18 Div.en und rund 1000 Panzern zwischen Hasselt und Toul im Angriff auf breiter Front nach Osten angenommen, wobei 3—4 Div.en hinter dem Nordflügel vermutet wurden. Als Angriffsschwerpunkte hatten sich bisher abgezeichnet: der Raum zwischen Hasselt und den Höhen ostwärts Namur, der Raum Charleville–Sedan und der Raum beiderseits Metz. Am Südflügel, der zur Zeit noch etwas zurückgebogen war, wurde ein Angriff in zeitlicher Abstimmung mit einem Vorstoß aus Südfrankreich gegen die Burgundische Pforte angenommen. In der Bretagne waren etwa 5 amerikan. Div.en festgelegt.

Demgegenüber waren alle eigenen Kräfte durch den Kampf gebunden, außerdem noch stark angeschlagen, wenn nicht ausgebrannt. Bei der Heeresgruppe D[1] waren im Augenblick nur 100 Panzer einsatzbereit. Die Luftwaffe wurde bis tief in das rückwärtige Gebiet von der feindl. Luftwaffe beherrscht. Zu einer schweren Gefahr hatte sich der Druck gegen Aachen in Richtung auf das Industriegebiet zu entwickelt. Zwingende Notwendigkeit war nach Auffassung des OB die sofortige, bereits mehrmals beantragte Zuführung von 5, besser 10 Div.en mit Sturmgeschütz-Abt.en und panzerbrechenden Waffen sowie von Panzer-Div.en. Alle Kräfte, die der OB selbst besaß, hatte er bereits in Richtung Aachen in Marsch gesetzt (die schwache 9. Pz.-Div., 1 schwache Sturm-Pz.-Abt. und 2 Sturmgeschütz-Brigaden). Die 12. Volks.-Gren.-Div. war noch nicht heran, so daß hier nach Ansicht des OB sowie der Heeresgruppe B akute Gefahr bestand. Mit Luftlandungen war dort zu rechnen, wo der feindl. Vorstoß auf den Rhein Erfolg hatte.

Die eigene Absicht mußte nach Ansicht des OB sein, um Zeitgewinn zu kämpfen, um die Weststellungen verteidigungsfähig zu machen. Die dem OB bisher gemeldeten 135 000 Köpfe schienen ihm noch zu gering. Benötigt wurden nach seiner Auffassung 6 Wochen. Um diese durch Kampf zu gewinnen, beantragte der OB erneut die Zuführung aller nur greifbaren Panzer und panzerbrechenden Mittel sowie von 10 000 cbm Betriebsstoff für den Angriff der 5. Pz.-Armee. Ferner drängte er auf Zuführung von Luftstreitkräften.

Außerdem meldete der OB West über die Kampfführung der Festungen.

1 d. h. im Bereich des Oberbefehlshabers West.

Am 8. 9. kam der Versuch, den feindl. Brückenkopf über den Albert=Kanal zu bereinigen, nicht zum Ziele.

Am Nachmittag des 8. 9. sah die Lage bei der 7. Armee so aus: Zwischen Maas und Lüttich bestand Aussicht, noch vorübergehend Widerstand leisten zu können; südlich anschließend bestand nur eine dünne Linie, so daß der Gegner praktisch bereits Bewegungsfreiheit bis zum Westwall hatte, der hinter der Armee auf einer Breite von 120 km nur von 7—8 Bataillonen besetzt war. Von den beiden Div.en, die vorwärts des Walles um Zeitgewinn kämpfen sollten, war die eine noch nicht eingetroffen, die andere nicht vor dem 12. 9. zu erwarten. Der OB West machte darauf aufmerksam, daß (wenn der 15. Armee nicht in kürzester Zeit 3 Inf.= und 1 Pz.=Div. zugeführt werden würden) sie — genau so wie etwa südwestlich Brüssel, diesmal aber völlig — zerschlagen werden würde, so daß dann ein operatives Loch an der deutschen Grenze selbst entstanden sei. Bei der 1. Armee sei durch rechtzeitige Abstützung bereits eine wesentliche Besserung der Lage erreicht worden; für die 7. Armee sei jetzt der letzte Augenblick gekommen. Der Gen.=Feldm. v. Rundstedt bat, seine Folgerungen aus der „sehr ernst gewordenen Lage" dem Führer unverzüglich zur Kenntnis zu bringen. Dies geschah. Ferner übersandte der OB den um 15.45 Uhr von ihm ausgegebenen Befehl.

Die 1. Armee, die der Armeegruppe G unterstellt wurde, kämpfte in Luxemburg in beweglicher Kampfführung. Bei der 19. Armee versteifte sich die Lage an der Südfront weiter.

Die Armeegruppe G nahm das Risiko an ihrer Nordfront zwischen Nancy und Chaumont in Kauf, um diesen Druck an der Südfront abzufangen. Sie entschloß sich, den Bogen um Dijon zu kürzen (wodurch den Restteilen des LXIV.AK. das Erreichen der eigenen Linie unmöglich gemacht wurde), um Kräfte freizumachen. Als zweite Etappe war die Linie Langres—Dijon vorgesehen.

An der Absicht, aus diesem Raum einen Angriff zu führen, wurde festgehalten. Für ihn sollte im Raum von Épinal das Pz.=AOK 5 mit 2 Pz.=Div.en (11. und 12.), mit 3 Pz.=Gren.=Div.en (3., 15., 17. SS) und 6 Pz.=Brigaden (106.—8., 111.—113.) bis zum 12. 9. bereitgestellt werden. Der OB West erteilte seinen Befehl am 8. 9. nachmittags (Aus einer Meldung vom 10. 9. nachts ging hervor, daß diese Kräfte noch nicht alle herausgelöst waren und zum Teil durch Betriebsstoffmangel behindert wurden. Einzelne Teile waren dagegen bereits eingetroffen).

Am 9. 9. konnte die 15. Armee ihren Brückenkopf in Brügge und Gent halten. Am Albert=Kanal wurden Erfolge erzielt; bei Eben=Emael drang der Gegner in die Feldstellungen ein. Seinen Haupterfolg erzielte er durch einen Vorstoß in Richtung Eupen. Bei der Heeresgruppe G [1] wurde das Absetzen bis

1 Am 9. 9. wurde die Umwandlung der Armeegr. G. in die Heeresgr. G befohlen (in Kraft getreten am 11. 9.); vgl. den Anhang: Einzelmaßnahmen (S. 384).

auf die Höhe von Dijon wie geplant fortgeführt. Durch das weitere Herein=schleusen von 10 000 Mann des LXIV.AK. erfuhren ihre Kräfte eine Verstärkung.

Am 8. 9., 21.00 Uhr, hatte der OB West dem Chef OKW fernmündlich die ernste Lage bei der 7. Armee dargestellt, die ihre Zurücknahme in den Westwall nahelege; der Kampf um Zeitgewinn sei nicht mehr möglich. Außerdem bat der OB um Zuführung der neuen Div.en derart, daß sie bereits als Kampfgrup=pen gegliedert waren.

Am 9. 9. früh befahl der Führer dem OB West im Anschluß an dieses Fernge=spräch, daß die 7. Armee weiter hinhaltend vor dem Westwall kämpfen und so lange wie möglich die Maas und den Kanal westlich Maastricht halten solle. Beim I. SS=Pz.=Korps werde das Tempo des Ausweichens durch den Feind be=stimmt werden; doch müsse rechts der Anschluß an das XXXXVII.AK. gehalten werden. Für den Westwall hinter der 7. Armee seien die ab 9. 9. bereitstehenden 20 Luftwaffen=Btl.e zu verwenden.

Am 10. 9. verschärfte sich die Lage bei der 7. Armee weiter, da der Gegner in Richtung Limburg vorstieß und damit nun Aachen unmittelbar bedrohte. Die Stadt Luxemburg ging verloren. Die Heeresgruppe G setzte sich nunmehr in die Linie Langres—Grès ab, hielt jedoch noch einen Brückenkopf um Dijon, um weitere Restteile des LXIV.AK. aufnehmen zu können.

Am 10. 9., 23.00 Uhr, meldete der OB West über den Stand der Versamm=lung seiner Angriffsgruppe.

Durch die Bewegungen der letzten Tage war inzwischen der Kampfraum der Heeresgruppe G so zusammengeschrumpft, daß die Möglichkeit, mit der 5. Pz.=Armee Angriffsschläge nach allen Seiten zu führen, stark eingeengt war. Der Führer befahl deshalb am 11. 9., daß die Heeresgruppe den Raum behaupten sollte, den sie in der Nacht vom 10./11. innehatte, und sich auf keinen Fall von der Schweizer Grenze abdrängen ließ. (Eine Meldung des OB der Heeres=gruppe G, in der dieser seine Kampfführung begründete, übermittelte der OB West am 13. 9.)

An der Scheldemündung, bei Antwerpen und entlang des Albert=Kanals hatten sich inzwischen keine wesentlichen Veränderungen ergeben, und das Übersetzen war erfolgreich fortgesetzt worden. Bei Aachen hatte sich am 11. 9. der feindl. Druck verstärkt, und von den Kräften bei Metz war nunmehr im wesentlichen der Westwall erreicht worden.

Bei der Heeresgruppe G hatte sich die Lage am 11. 9. weiter verschärft, da der Gegner über die Mosel in Richtung Lunéville vorstieß und dadurch in den eigenen Frontbogen von Norden aus eindrang. Auch von Süden aus setzte er seinen Druck fort.

Am 12. 9. konnte bei Aachen ein Durchbruch verhindert werden; aber es ge=lang dem Gegner doch, den Stützpunkt 113 in Besitz zu nehmen, d. h. das erste

Werk des Westwalls, für dessen Ausbau 7 Wochen angestrebt worden waren, der aber bereits binnen 14 Tagen hatte bezogen werden müssen.

Im Bereich der Heeresgruppe G konnte der Gegner an der oberen Mosel seinen Brückenkopf erweitern und den Bogen der 19. Armee noch weiter einengen. Er nahm Charmes und stieß in der im Nordwesten aufgerissenen Lücke mit Panzerkräften durch, denen sich bei Dampierre die 21. Pz.=Div. entgegenwarf. An der Südfront ging Vesoul verloren. Der Führer sprach sich erneut dahin aus, daß die Armee ihren Raum auf keinen Fall mehr verengen ließe und vor allem den Raum um Nancy halten müsse. Auf seinen Befehl erhielt der OB die Weisung, gegen den zu erwartenden Vorstoß der Amerikaner gegen die Vogesen die 5. Pz.=Armee beschleunigt so zu versammeln, daß sie nicht frontal verbraucht wurde, sondern dem Gegner in den Rücken stieß. Die 3. und 15. Pz.=Gren.=Div. sowie die Pz.=Brig. 106 sollten sofort zu dieser Armee in Marsch gesetzt werden. Die Armee sollte also, wenn der Gegner in Richtung Épinal oder Rambervillers angriff, in den zwischen Nancy und Neufchâteau nach Westen vordringenden Bogen des Feindes stoßen.

Am 14. 9. wurden die eigenen Kräfte auf die Westgrenze des Maastrichter Zipfels zurückgedrängt. Doch konnte eine noch nordwestlich von Aachen bestehende Lücke geschlossen werden. Südostwärts der Stadt brach der Gegner an einer Stelle durch die 2. Linie des Westwalls durch.

Die Heeresgruppe G konnte Château Salins und Nancy noch halten; doch stieß der Gegner in den Rücken der bei Nancy stehenden Kräfte. Der Bogen der 19. Armee wurde in die Linie Charmes—Épinal zurückgenommen.

Um den nach wie vor geplanten großen Gegenstoß vorzubereiten, befahl der Führer die Aufstellung des Stabes der 6. Pz.=Armee unter Führung des SS=Oberstgruppenführers Dietrich, der alle herausgezogenen Panzerverbände des OB West wieder auffrischen sollte.

Am 13. 9. mittags hatte der OB West gemeldet, daß der inzwischen begonnene Angriff der Amerikaner dazu zwinge, die 5. Pz.=Armee zunächst korpsweise zu Teilschlägen einzusetzen, um den (für den späteren, geschlossenen Angriff der 5. Pz.=Armee benötigten) Lebensraum vorwärts der Vorgesen zu erhalten. Dazu wurde von ihr ein Angriff gegen den in den Raum um Vittel durchgebrochenen Feind geplant und die 15. Pz.=Gren.=Div. zum Angriff bei Lunéville angesetzt; die Zuführung weiterer Kräfte in diesem Raum wurde vorgesehen. Das LVIII. Pz.=Korps mit 3 Brigaden wollte der OB bei Belfort versammeln, um es gegebenenfalles mit der 11. Pz.=Div. bei Vesoul einzusetzen. An der Absicht, mit den vereinigten Kräften in Flanke und Rücken des Feindes vorzustoßen, wurde festgehalten.

Am 14. 9. ergänzte der OB West seine Meldung dahin, daß trotz aller Gegenanstrengungen der Sack nunmehr so verengert sei, daß die Spitzen des Feindes nur noch 40 km voneinander getrennt wären. Er erbat daher die Ermächtigung, daß die 19. Armee sich in die Linie Charmes—Épinal — ostwärts

Belfort zurückkämpfte und die 5. Pz.=Armee ihren Angriff ostwärts von Vesoul in die Flanke des auf Lunéville stoßenden Feindes ansetzte.

Der Führer erklärte sich am 15. 9. früh mit diesen Absichten einverstanden, verlangte jedoch, daß die bei Vittel angesetzten Kräfte durch die 11. Pz.=Div. und eine weitere Brigade verstärkt würden, da sonst kein Erfolg zu erwarten sei.

Am 15. 9. setzte sich die 15. Armee, deren Rückführung inzwischen weitergegangen war, in den Brückenkopf von Breskens südlich der Schelde=Mündung ab, der gehalten werden sollte, um diese zu unterbinden und dem Gegner dadurch die Ausnutzung des Hafens von Antwerpen zu verwehren. Südostwärts Aachen gelang es, im Gegenstoß den Einbruch in die 2. Linie wieder zu bereinigen. Bei einem neuen Angriff der Amerikaner ging jedoch Maasbach verloren; auch in den Westteil von Roncevau konnte er eindringen. An der Heeresgruppen=Naht entstand bei Bitburg plötzlich eine Krise, da der Gegner hier tief in die Front einbrach; doch konnte das verlorengegangene Gelände in den folgenden Tagen zurückgenommen werden. Um Nancy schloß der Gegner seine Kräfte weiter zusammen.

Am 16. 9. ging nordwärts Aachen Valkenburg verloren; südostwärts der Stadt entspannte sich die Lage, da die 12. Inf.=Div. eintraf. Schwierig blieb sie noch südwestlich Düren. Bei der Heeresgruppe G schloß der Feind Nancy völlig ein; Lunéville wurde von ihm besetzt. Die Südfront der 19. Armee festigte sich wieder.

Am 16. 9. übermittelte der OB West seinen Befehl für den Angriff gegen die tiefen Flanken der zwischen Pont=à=Mousson und südlich Charmes über die Mosel vorgestoßenen Amerikaner. Nach Zerschlagen des Feindes bei Lunéville sollte gegen den Feind bei Pont=à=Mousson weitergestoßen werden. Das Absetzen der 19. Armee auf die Mosel=Linie Nancy Épinal Remiremont–Schweizer Grenze westlich Belfort sollte so beschleunigt werden, daß die Panzerverbände möglichst bald frei wurden. Der Waffenplatz Diedenhofen–Metz sollte mit einem Brückenkopf nordwestlich und westlich Metz verteidigt und dafür eine Eingreifreserve gegen die Gefahr der Umklammerung geschaffen werden (Eine Zurücknahme auf die Mosellinie hatte der Führer abgelehnt).

Am 17. 9. bekam die Gesamtlage dadurch ein neues Gesicht, daß der Feind im Raum Arnheim–Nimwegen eine Luftlandung vollzog und gleichzeitig über den Albert=Kanal mit Panzerkräften nach Norden vorstieß.

Damit begann ein neuer Abschnitt in der Verteidigung der Westfront.

### 4. Der Kampf um die Festungen und Befestigungsbereiche

In dem Befehl, in dem am 4. 8. die für die Verteidigung maßgebenden Grundsätze zusammengefaßt worden waren, war als Aufgabe der Besatzungen festgelegt worden, daß die Ausnutzung der großen Häfen durch den Feind verhindert, Zeitgewinn für die eigenen Gegenmaßnahmen gewonnen und möglichst starke Kräfte des Gegners gebunden werden müßten.

Die Wichtigkeit der Häfen erhellt aus folgender Zusammenstellung der jährlichen Leistungsfähigkeit in Friedenszeiten:

| | | |
|---|---|---|
| Dünkirchen | 4 850 000 to | |
| Calais | 895 000 to | (dort noch 25 000 Einwohner) |
| Boulogne | 5 400 000 to | |
| Le Havre | 4 737 000 to | |
| Cherbourg | 5 300 000 to | |
| St. Malo | 430 000 to | |
| Brest | 5 160 000 to | |
| Lorient | 222 000 to | |
| St. Nazaire=Nantes | 350 000 to | (dort noch 35 000 Einwohner) |
| La Rochelle | 350 000 to | |
| Rochefort | 3 630 000 to | |
| Bordeaux | 4 870 000 to | |

Durch den Einbruch in die Halbinsel Cotentin gelang dem Gegner die Abriegelung von Cherbourg, wo am 29. 6.[1] der letzte Widerstand zum Erliegen kam.

Durch den Einbruch in die Bretagne riegelte der Feind St. Malo, Brest und Lorient ab. Außerdem unterbrach er die Verbindung zu den Kanalinseln und der St. Malo vorgelagerten Insel Cécembre.

Durch die Preisgabe der Loire=Mündung wurde St. Nazaire abgetrennt, durch die Räumung der Gironde=Mündung die Verteidigungsbereiche Gironde=Nord und Gironde=Süd, durch das Absetzen vom Mittelmeer die Festungen Marseille und Toulon.

Das Zurückweichen der 15. Armee bedingte nacheinander die Isolierung von Le Havre, von Boulogne, der Batterien am Cap Gris Nez, der Befestigungsbereiche von Calais und von Dünkirchen. Gehalten wurden Ende September noch die beiden Befestigungsbereiche westlich von Rotterdam und Amsterdam, Dünkirchen, Lorient, St. Nazaire, Gironde=Nord und Gironde=Süd sowie die Kanalinseln[2].

Dagegen gelang es dem Gegner, den Widerstand in St. Malo und auf der Insel Cécembre, in Brest, Le Havre, Boulogne und am Cap Gris Nez zum Er=

1 Richtig: 30. 6.
2 Es fehlt hier der Festungsbereich von La Rochelle mit den Inseln Ré und Oléron (gehalten bis zum 9. 5. 1945).

liegen zu bringen und Calais reif zur Einnahme zu machen. In den beiden „Festungen" an der Südküste gelang es nicht, den Feind längere Zeit aufzuhalten (s. oben S. 355).

Nach Beginn der Absetzbewegungen wurde sobald wie möglich nächtliche Versorgung mit Spezialmunition, Sanitäts- und Betreuungsmaterial (Spezialzeitungen in Kleinformat, Feldpost usw:) und sonstigem Mangelgut eingeleitet. Bestehen blieb der Funkverkehr, der in allen Fällen bis zum Erlöschen des Widerstandes so funktionierte, daß die Entwicklung der Lage übersehen und die erforderlichen Weisungen erteilt werden konnten.

Den nicht angegriffenen Festungen wurde wiederholt aktivere Kampfführung auferlegt. Dieser Befehl wurde im Rahmen des Möglichen befolgt; doch fand er seine Grenzen darin, daß die Masse der Besatzungen infanteristisch nicht geschult war und panzerbrechende Waffen fehlten. Soweit es sich um Angehörige der Volksliste III und Russenbataillone handelte, kamen sie zum Einsatz vor der Hauptkampflinie nicht in Betracht; aus anderen Gründen traf dies auch auf das aus Ohrenkranken zusammengesetzte Sicherungs-Bataillon 1229 in Lorient zu.

### *a) St. Malo*

Als erstes Angriffsziel wählte sich der Feind St. Malo, das unter dem Befehl des Obersten von Aulock stand. Der Kommandant erhielt am 7. 8. den Auftrag, die Festung zu halten, solange überhaupt noch ein Mann und eine Waffe vorhanden seien. Aufständen (die sich bereits anbahnten) solle mit aller Schärfe entgegengetreten werden.

Am 14. 8. meldete der Festungskommandant von St. Malo: „Feind setzt deutsche Gefangene auf Panzer und nähert sich so den Stützpunkten."

Am 18. 8. dankte der Führer dem Festungskommandanten und seinen heldenhaften Männern im Namen des deutschen Volkes; ihr Name werde für immer in die Geschichte eingehen. Darauf kam der Widerstand zum Erliegen.

Die St. Malo vorgelagerte Insel Cécembre, auf der eine Küstenbatterie untergebracht war, setzte — ganz auf sich gestellt — den Widerstand noch einige Zeit fort.

### *b) Brest*

In die Festung Brest wurden die Restteile der 2. Fallsch.-Jg.-Div. und der 266. und 343. Inf.-Div. zurückgezogen. Dazu kamen Splitterteile der Marine sowie der Luftwaffe sowie die Festungs-Stammtruppen und 3 Ostbataillone. Die Besatzung setzte sich aus 29 000 Mann zusammen (Heer: 11 444, Marine: 11 718, Luftwaffe: 4 261, Sonstige: 1922). Brest wurde also sehr viel stärker belegt, als bei der Anlage der Verteidigung vorgesehen worden war. Gehalten wurde nunmehr auch noch die südlich anschließende Halbinsel Le Crozon, auf der nur einzelne Stützpunkte vorbereitet worden waren. Den Aufbau der Verteidigung erschwerte wesentlich, daß die Inf.-Div.en abgekämpft, die Festungs-Stammtruppen überaltert und die Kampfgruppen der beiden anderen Wehrmachtteile nicht für den Landkampf geschult waren; die Ostbataillone versagten nach wenigen Tagen. Straffe Ordnung und Widerstandswille brachte in die Verteidigung der Generalleutnant Ramcke, der am 11. 8. die Führung übernahm.

Er meldete, daß sein Vorgänger, Oberst v. d. Mosel, die Festung sorgfältig und gut ausgebaut habe. Da jedoch mit geringeren Kräften gerechnet worden sei, habe der Verteidigungsplan die vorgelagerten Höhen nicht mit erfaßt, so daß die gesamte Stellung nach der Einschließung durch den Feind einzusehen war. Auch reichten die vorhandenen Bunker nicht aus, und die von Franzosen erbauten, daher dem Feinde bekannten Flakstellungen seien außerdem noch aus der Luft gut sichtbar.

Nach Beginn des Großkampfes, der am 1. 9. einsetzte, fielen daher die Artillerie und die Flak-Batterien schnell aus, weil die Rohre beschädigt oder die Munitionsbestände getroffen wurden. Bis zum 5. 9. hatte der Gegner die ausgebaute Hauptkampflinie noch nirgends erreicht. Jedoch waren durch Bombenteppiche die Luftabwehr und einzelne Widerstandsnester in der Hauptstellung zerschlagen. Von den 96 Rohren einer Marine-Flak-Abt. waren nur noch 2 einsatzbereit. Störend machte sich bemerkbar, daß Panzer, Sturmgeschütze und Funkgeräte fehlten und Mängel an Granatwerfern und Maschinenpistolen bestand, die im Kampf zwischen Hecken dringend erforderlich waren. Daß zu einem großen Teil Beutewaffen sehr verschiedener Herkunft hatten eingesetzt werden müssen, bedeutete eine weitere Erschwerung der Abwehr (Meldung des Kommandanten vom 5. 9.).

In der Zeit vom 8. 8. bis 5. 9. waren gefallen: 838, verwundet: 3035, vermißt: 3995 Mann. Die Hauptlast bei diesen Verlusten trug die 2. Fallsch.-Jg.-Div.

Am 16. 9. gelang es dem Gegner, in die Stadt, die nur noch ein Trümmerhaufen darstellte, einzudringen. Dagegen hielt sich die Halbinsel Le Crozon, wohin sich der Kommandant begeben hatte, noch weiter. Am 18. 9. brach der Feind in die dortigen Landbefestigungen ein. Ein Befehl, den Generalleutnant Ramcke in das Führerhauptquartier im Flugzeug abzuholen, kam nicht mehr zur Ausführung. Am 18. 9. meldete er die Einstellung des Widerstandes im Stadtkern. Am 19. 9., 20.00 Uhr, ging der Widerstand zu Ende.

*c) Le Havre*

Der Feind begann den Großangriff gegen die Festung, die bereits vorher aus der Luft angegriffen worden war, am 10. 9. Er setzte dafür 2 Div.en ein. Die eigene Besatzung, die nach Schätzung aus etwa 10 000 Mann von unterschiedlichem Wert und ungleicher Ausbildung zusammengesetzt war, vermochte nur bis zum Mittag des 12. 9. Widerstand zu leisten. Da der Gegner nur 3000 Gefangene meldete, ist anzunehmen, daß sich in der Festung nicht so viele Verteidiger befunden hatten, wie angenommen worden war.

## B. Der Wiederaufbau des Westheeres. Die Instandsetzung des Westwalls und die Sicherung der Deutschen Bucht

### I. Der Wiederaufbau des Westheeres

Das Westheer büßte bei dem Rückzug auf den Westwall über 600 000 Mann ein.

Am 29. 9. meldete der OB West als Verlust seit dem 6. 6.:

| | im gesamt | davon tot | verwundet | vermißt |
|---|---|---|---|---|
| Heer: | 363 000 | 26 000 | 78 000 | 259 000 |
| Osttruppen: | 8 400 | 160 | 340 | 7 900 |
| Marine: etwa | 60 000 | ? | ? | ? |
| Luftwaffe: | 29 500 | 2 600 | 4 400 | 22 500 |
| Festungen: | 95 000 | | | |
| zusammen (ohne Festungen): | 516 000 [1] | | | |

1 Richtig: 460 900; der Fehler steckt vermutlich in den voraufgehenden Angaben (Marine: 6 000 ?; d. h. dann zusammen: 406 900).

Gleich nach der Übernahme des Kommandos hatte der Gen.=Feldm. Model als neuer OB West gemeldet, welche Zuführungen nach seiner Berechnung erforderlich waren, um die Westfront wieder zu festigen (vgl. oben S. 358: 18. 8.).

Auf Grund der sich verschärfenden Lage hatte er am 25. 8. eine neue Berechnung vorgelegt. Er erhielt darauf am 26. 8. und 31. 8. vorläufige Antworten. Die endgültige Antwort verzögerte sich wegen der erforderlichen Erhebungen und Maßnahmen bis zum 9. 9. hin (s. unten S. 377 f.).

Am 27. 8. erneuerte der OB das Dringendste aus seinem Antrag vom 20. 8.

Am 3. 9. beantragte der OB der Heeresgruppe B, 3 Pz.=Div.en aus dem Osten der Westfront zuzuführen. Der Führer lehnte diesen Vorschlag ab. Dagegen wurde alles getan, um den Westen durch die Zuführung neuer Pz.=Verbände abzustützen; am gleichen Tage wurde die sofortige Zuführung von 3, ab 15. 9. die von weiteren Pz.=Brigaden befohlen. Außerdem verlegte die Heeresgruppe 4 Div.en und 3 Tiger=Abt.en zur Auffrischung in das Reich.

Bedrohlich war vor allem das fortschreitende Ausbrennen der Verbände.

Am 4. 9. meldete der OB der Heeresgruppe B, daß die 15. Armee (einschl. Wehrm.=Befh. Niederlande, ausschl. Festungsbesatzungen) tatsächlich nur noch über 4 Inf.=Div.en verfüge, die 7. Armee noch über 3/4 Pz.=Div. und 1 1/2–2 Inf.=Div.en. Nur bei der 1. Armee sei die Lage besser, da dort der feindl. Druck seit dem 29. 8. nachgelassen habe und 3 Inf.=Div.en sowie 1 Pz.=Brigade zugeführt seien; daher verfüge sie über 3 mot.= und 4 1/2 Inf.=Div.en.

Am 6. 9. wurde die Kampfkraft der Westtruppen wie folgt eingeschätzt:

| | Inf.=Div.en | Pz.=Verbände |
|---|---|---|
| vollkampfkräftig: | 13 | 3 Div., 2 Brig. |
| angeschlagen: | 12 | 2 Div., 2 Brig. |
| abgekämpft: | 14 | 7 Div. |
| aufgelöst: | 7 | – |
| bei der Auffrischung: | 9 | 2 Div. |

Anm. zu: „aufgelöst": Davon 4 in Festungen vernichtet

Von den kampfkräftigen und zerschlagenen Inf.=Div.en fielen 4 aus, da sie in den Festungen gebunden waren; diese Zahl vergrößerte sich noch durch die Besetzung der Befestigungen an der Kanalküste. Am 7. 9. waren bei der Heeresgruppe B insgesamt 100 Panzer einsatzfähig. Auf der Seite des Feindes wurde am 7. 9. in Frankreich mit etwa 54 Div.en und sehr starken Heerestruppen gerechnet; in England wurden mindestens 30 weitere Div.en angenommen. Bekannt war ferner, daß aus den USA neue Verbände herankamen.

Am 9. 9. wurde dem OB West mitgeteilt, welche Kräfte ihm zugeführt wurden, nämlich zwischen

13.–25. 9.: 4 Inf.=Div.en,

15.–30. 9.: 2 Pz.=Brigaden, 3 Pz.=Jg.=Abt.en, 1 Werfer= und 1 Artl.=Brigade,

ferner für die Weststellung:
ab sofort: 20 Lw.=Feld.=Btl.e,
2 Fest.=Inf.=Btl.e,
9 MG=Btl.e (zum Teil überschwere);
10.–24. 9.: 14 Fest.=Artl.=Abt.en,
6 Fest.=Btl.e,
25 Rahmen=Batterien,
7 Beob.=Abt.en;
15.–30. 9.: 7 Fest.=Pak=Kompanien.

Ferner erhielt der OB West Panzer, Sturmgeschütze, Geschütze, Pak, MG, Nahkampfmittel in verschiedenen Höhen sowie 6 Marschbataillone zugewiesen.

Am 14. 9. wurde dem OB West weiter mitgeteilt, daß über diese Kräfte hinaus im September nennenswerte Kräfte nicht zugeteilt werden könnten.

Am 16. 9. erging eine generelle Weisung für die Hebung des Fanatismus und die Eingliederung der West= und Festungsbataillone.

Die Auswirkung dieser Maßnahmen war nicht nur eine Festigung der West=front, sondern auch ein Umschwung in der Beurteilung der Lage durch die Feinde, deren Erwartungen durch die schnellen Erfolge des Vormarsches auf das höchste gespannt waren und die daher den Endsieg be=reits in der Hand zu halten glaubten.

Am 31. 8. hatte General Eisenhower bekanntgegeben, daß die Feldzugspläne der Alliierten bereits um 5 Tage überschritten seien und die Truppen in den 85 Tagen nach der Landung mehr Gelände als erwartet gewonnen hätten. Wenn die Deutschen sich schnell zurückzögen, werde möglicherweise eine Schlacht an der „Siegfried=Linie" stattfinden. Keine Stellung sei jedoch besser als die Truppen, die sie hielten. Er hoffe, daß die Moral der Deutschen dann bereits so schwer erschüttert und die Mehrzahl ihrer besten Truppen so an= oder zer=schlagen sein werde, daß die „Siegfried=Linie" kein allzu ernstes Hindernis mehr sein werde.

Die Ereignisse der anschließenden Woche schienen diese Prognose nur noch zu bestätigen.

Am 7. 9. erklärte der amerikan. Kriegsminister Stimson, „die Masse der deutschen Armeen sei in solchem Maße zerstört oder angeschlagen, daß sie nicht mehr ausreichend erscheine, um eine längere Verteidigung Deutschlands durchzuführen". Am 8. 9. sagte die „Times", es sei klar, daß der Gegner keine Hoffnung mehr haben könne, außerhalb der deutschen Grenzen Widerstand zu leisten; auch stehe die Befreiung der Niederlande unmittelbar bevor. In diesem Zusammenhang wurde auch die Anfang September erfolgte Ankün=digung einer Rede des Präsidenten Roosevelt gesehen, die zwar am 23. 9. ge=

halten wurde, aber nichts Entscheidendes für die Lage in Europa brachte und auch nicht bringen konnte, da sich inzwischen abgezeichnet hatte, daß sich die deutschen Verbände am Westwall wieder fingen.

## II. Die Instandsetzung des Westwalls und die Sicherung der Deutschen Bucht

Vorausschauende Maßnahmen waren — wie S. 468 ff. berichtet wurde — bereits in der Zeit vorbereitet worden, als sich die Gefahr eines feindlichen Durchbruchs durch die Abriegelungsfront in der Normandie abgezeichnet hatte.

Doch wurde anfangs noch erwartet, daß es gelingen werde, den Feind in Zwischenstellungen zum mindesten aufzufangen und hinzuhalten. Als sich dann ergab, daß weder die Somme-Marne-Linie noch die dahinter liegende Linie von der Maas[1] zur Schweizer Grenze zu halten waren, ergab sich die Notwendigkeit, die Wiederinstandsetzung des Westwalls und die Ausnutzung der vor ihr liegenden natürlichen und künstlichen Hindernisse mit Nachdruck in die Wege zu leiten. Eine geeignete Linienführung hatte der Chef HRüstu.BdE am 14. 8. gemeldet. Am 16. 8. wurde der Führerbefehl vom 10. 8. auf die westlichen Wehrkreise ausgedehnt. Am 20. 8., also wenige Tage nach dem Höhepunkt der Krise und gleichzeitig mit dem Durchbruch bei Falaise, ging ein vom Führer gezeichneter „Befehl über den Ausbau der deutschen Weststellung" mit den Mitteln eines Volksaufgebots hinaus. Die Leitung wurde den Gauleitern der Westgaue, die militärische Aufgabe dem Befehlshaber des Ersatzheeres übertragen. Ausgebaut werden sollten: die Schelde—Albert-Kanal-Linie, der Westwall, die Mosellinie über Metz—Diedenhofen — südlich St. Avold (d. h. Teile der Maginotlinie) — Saaralben und die Vogesenlinie. Vorgesehen wurde durch den Mil.-Befehlshaber in Frankreich, später noch die Mosel-Linie südlich Metz (Nancy—Épinal—St. Maurice) auszubauen. Als erstes sollten überall durchgehende Panzerhindernisse geschaffen, die erforderlichen Maßnahmen feindwärts getroffen und tief gegliederte Stellungssysteme vorbereitet werden. In dem Teil der Maginotlinie, der einbezogen wurde, sollten die Anlagen ausgebaut und — soweit nicht benutzt — unbrauchbar gemacht werden.

Am 28. 8. befahl der Führer den Ausbau der gesamten Küste von der dänischen bis zur holländischen Grenze sowie der noch nicht befestigten Inseln und anschließend die Vorbereitung einer zweiten Stellung 10 km hinter der Küste sowie von Riegelstellungen an der deutsch-dänischen Grenze und hinter ihr. Die Leitung wurde den 3 Gauleitern der Küstengaue, der militärische Teil der Aufgabe dem Marine-Oberkommando Nordsee[2] übertragen.

1 Ms.: Seine.
2 Ms.: Nord.

Am 30. 8. erging ein weiterer Befehl, der die Aufgaben der Partei, der Org. Todt usw. regelte. Über die noch zu lösenden Aufgaben legte der WFStab am 31. 8. eine Notiz vor.

Am 1. 9. wurde dem Befehlshaber des Ersatzheeres die sofortige Sicherung und Verteidigung der Weststellung sowie des Westwalles übertragen, der diese Aufgabe durch einen besonderen Führungsstab unter dem Gen. d. Pioniere Kitzinger übernahm (Kommandant des Festungsbereichs West). Am gleichen Tage wurden die Erkundigung und der Ausbau der Maas=Mosel=Linie befohlen. Für alle Grenzen wurde der Einsatz der dort vorhandenen RAD=Abt.en (im Westen: 137) zum Stellungsbau befohlen. Durch Verbindungsoffiziere stellten die Wehrkreis=Kommandos die Zusammenarbeit mit den Gauleitern her. Am 2. 9. besprach sich der Reichsführer SS, der in seiner Doppeleigenschaft als Befehlshaber des Ersatzheeres und Reichsinnenminister den Westraum bereiste, mit den führenden Persönlichkeiten. Durch energisches Eingreifen wurde den Mißständen entgegengetreten, die durch das Zurückfluten von Kräften aus dem Westen, Flucht aus den Grenzgebieten und voreilige Räumungsmaßnahmen hier und da entstanden waren.

Am 2. 9. wurde die Sicherung des Westwalls bis nach Roermond befohlen und den beteiligten Stellen eine Orientierung über das bisher Veranlaßte zugestellt.

Um den Anschluß an die holländische Küste zu sichern, löste die Heeresgruppe B Kräfte aus deren Küstenabschnitten heraus; außerdem versuchte man, ihren Westflügel in großen Sprüngen abzusetzen und dadurch Kräfte für den Raum von Brüssel freizumachen. Vom Wehrkreis IV aus wurde der Westwall südlich Roermond besetzt.

Daß alte Befestigungen ausgenutzt werden konnten, war ein Vorteil; doch darf er nicht überschätzt werden. Die Drahtsperren waren im Laufe der letzten Jahre überall abgebaut; sie mußten erst wieder neu gezogen werden, wobei sich Mangel an Draht bemerkbar machte. Ebenso fehlte es an Minen und an panzerbrechenden Waffen. Die Anlagen selbst entsprachen nicht mehr den Anforderungen, die sich im Laufe der letzten Jahre ergeben hatten: die Bunker besaßen nur Decken von 1,5–2 m, und die Höckerhindernisse mußten modernisiert oder durch Gräben verstärkt werden. Am 10. 9. waren 211 000 Arbeitskräfte (ohne RAD und HJ) eingesetzt; ihre Verstärkung wurde mit allen Mitteln angestrebt.

Zu diesem Zeitpunkt wurden noch 5–6 Wochen für die Wiederaufrüstung des Walls als erforderlich erachtet.

Die Verwendung der frei gewordenen Stäbe wurde am 4. 9. geregelt. Am gleichen Tage erließ der Reichsführer SS Zusätze zu dem Befehl vom 1. 9.

Am 5. 9. wurden die Aufgaben und Befugnisse des Organisationsstabes abgegrenzt.

Die Leitung des Ausbaus in Holland wurde entgegen dem Befehl vom 20. 8. am 7. 9. nunmehr dem Reichskommissar für die Niederländischen Gebiete,

Reichskommissar Dr. Seiß-Inquart, zugewiesen. Gleichzeitig erhielt der OB West durch die Übertragung von Wehrmachtsbefugnissen die Möglichkeit, alle in seinem Bereich vorhandenen Dienststellen und Kräfte in seine Aufgaben einzuspannen.

Am 11. 9. erfolgte die Übernahme des Befehls durch den OB West, der dazu am gleichen Tage Richtlinien erließ. Dazu meldete er über den Zustand des Westwalls.

Am 18. 9. wurde entschieden, daß Ausbau ostwärts [1] des Westwalls nicht in Frage komme. Dazu erließ der OB am 20. 9. einen Ausführungsbefehl.

Nachdem sich die fechtende Truppe dem Westwall weiter genähert hatte, wurde am 9. 9. der dem Befehlshaber des Ersatzheeres übertragene Befehl über die deutsche Weststellung ab 11. 9. dem OB West gegeben. Dazu wurden ihm der Kommandant des Festungsbereiches West und – in bezug auf Ausbau usw. – die westlichen Wehrkreiskommandos unterstellt. Aufgabe des OB sollte es sein, die Aufstellungseinheiten, die der Befehlshaber des Ersatzheeres hatte einsetzen müssen, sowie die Wehrkreiskommandos möglichst bald für ihre Aufgaben wieder freizumachen.

Am 18. 9. wandte sich der Reichsminister Speer an den Reichsleiter Bormann mit der Bitte, eine Entscheidung des Führers über die Frage herbeizuführen, wie Festungsbau und Wehrwirtschaft aufeinander abgestimmt werden sollten.

Die Folgezeit erwies, daß diese überstürzt eingeleiteten und unter vielen Schwierigkeiten durchgeführten Anstrengungen nicht vergeblich gewesen waren. Der Westwall hielt tatsächlich die feindlichen Kräfte auf und vereitelte die bereits mit Sicherheit erwartete Vernichtung des deutschen Heeres und den Durchbruch nach Deutschland selbst.

### Anhang: Einzelmaßnahmen

*im August:*

19. 8.: Panzer- und Sturmgeschütz-Brig.en beim OB West.
Antransport des Sturmmörsers.
Festungskommandanten.
Einzelheiten der Räumung Westfrankreichs.
Kampfstand Wolfsschanze II.
Fahrräder für den Westen und Dänemark.
Abtransport der französ. Regierung aus Vichy.
Panzerbrechende Waffen für die 19. Armee.

20. 8.: Westfranzös. Festungen.
Kommandant von La Rochelle.
Kw.-Transportraum.
Aktive Kampfführung der Festungen.

21. 8.: Flak-Ausb.-Abten 697 und 698.
Rückführungen von Lazaretten durch die Schweiz.

1 So Ms.; westlich?

Zerstörung der Seine=Brücken.
Eisenbahn=Betriebsführung.
26. und 27. SS.=Pz.=Div.

22. 8.: Funkverkehr.
Fahnenjunkerschulen.

23. 8.: Betreuung der Waffenlager.
Nachr.=Mittel.
Fallsch.=Jg.=Ers.= und Ausb.=Rgt. 3.
Einsatz zum Stellungsbau.
Inf.=Schule in Dijon.
Verlegung der 1. Flak.=Ausb.=Div.
Unterstellung des LXIV.AK.

24. u. 25. 8.: Einberufung von Arbeitskräften.
Abtransport von Frauen aus Bordeaux.

25. 8.: Französ. Banknoten.
Zuführung von 3 Gren.=Div.en.

26. 8.: Ausbau der Maas=Linie.
Fest.=Nachricht.=Organisation.
Schutz der Wasserstraßen.
Sich.=Battr. für die Niederlande.
Feld ?[1] kp.en.
Zerstörungen in Bordeaux.
Unterstellung des Mil.=Befh.s unter den OB West.

27. 8.: Auffrischungsstab Ost.
Luftnachr.=Ausb.=Div.
Einsatz von Flakartl.
Pi.=Btl. 600.
Betreuung der Festungen.

28. 8.: Tiger=Abt.en.
Zuführung der 559. Gren.=Div. (nicht: 563).
1. Flieger=Ausbild.=Div.

29. 8.: Waffenstillstandskommission.
Stellungsbau.
SS=Pz.=Gren.=Schule.
Waffen und Kfz. für die Westfront.
Fest.=Artl.=Abt.
26. und 27. SS=Pz.=Div.
Abtransport von Schulen.

31. 8.: Ausbau der Weststellen.
Maßnahmen gegen Disziplinlosigkeiten.
Eingeschlossene Festungen.
Pz.=Brig. 106 und 106[2].
Zuführungen nicht über Weststellung hinaus.
Taifun=Gerät.

*im September:*

1. 9.: Einsatz des RAD.
1. Flieger=Ausb.=Div.

1 So im Ms.
2 So im Ms.; vgl. S. 384: 16. 9.

26. und 27. SS=Pz.=Div.
Gen. d. Pz.=Truppen beim OB West.

2. 9.: Schutz der Rheinbrücken.
Auffangsorganisation.
Mun.=Ausstattung des Westwalles.
Div. „Hermann Göring".
Pz.=Bekämpfungsmittel für die Festungen.
Zuführung von Panzern.
NSF=Offiziere.
Meldungen über Luxemburg.
Ablösung von Stäben.
RAD=Flak in La Rochelle.

3. 9.: Fest.=Pi.=Kommandeure.
Erfassung einzelner Wehrm.=Angehöriger.
Vernehmung eines französ. Offz.s.
Werfer=Brig.en 7, 8, 9.
Luftnachr.=Schule 4.
12. VGD in den Westen, 570. Volks=Gren.=Div. in den Osten.
Pz.=Besatzungen in die Heimat.
Eis.=Artl.=Abt. 780.
Einsatz von Gen.=Kdo.s.
Zuführung von Pz.=Brigaden.

4. 9.: Auffrischung von Pz.=Div.en.
30. SS=Gren.=Div.
Sturmgeschütz=Brig.en.
RAD im Westwall.
Einsatz der 70. und 719. Inf.=Div.
Abtransport der französ. Regierung von Belfort.
Pz.=Jg.=Abt.en.

5. 9.: Kräfte zum Albert=Kanal und Hasselt.
Ersatz für den OB West in der 2. Augusthälfte (13 039 Mann).
Zuführung von Sturmgeschützen.

5. u. 6. 9.: Fest.=Kommandant St. Nazaire.
5. 9.: Maßnahmen in den Niederlanden.
5. Fallsch.=Jg.=Div. und 243. Inf.=Div.
182. Feld=Ausb.=Div.
Zuführungen aus Grafenwöhr nach Belfort.

6. 9.: Übersicht über die Fest.=Einheiten.
Kampfwert der Div.en.

7. 9.: Besetzung der Weststellung.
Pz.=Jg.=Abt. 519 aus dem Westen (nicht Osten).
Zuführung der Heeres=Flak=Ers.=Abt. 279.
Einsatz der Fest.=Pak=Abt.en 503 und 504.
Zustand der 11. Pz.=Div.
Demarche der Waffenstillstandskommission wegen des Marschalls Pétain und der französ. Regierung.
Zerstörungen in Holland.
Lage in Großbritannien.
Pz.=Jg.=Abt. 529.

8. 9.: Abgaben aus den Niederlanden.
Befestigung der Weststellung.

9. 9.: Pi-Stäbe.
Umbenennung der Armeegruppe G in Heeresgruppe G ab 11. 9.
Funkverbindungen der Westfestungen.
Lagebericht über die Festungen.
Schleusenanlagen von Antwerpen.

10. 9.: Gefechtsstände des Westheeres.

10. u. 12. 9.: Fallsch.-Jg.-Div. „Hermann Göring".

10. 9.: Befehl an das Feldjg.-Kdo. III.
Auffrischung der Pz.-Verbände.
Befehl für kriegsmäßiges Verhalten.

10. u. 11. 9.: Entscheid über personelle ?[1].

11. 9.: Zuführung der 12. VGD.
Meldung über den Zustand des Westwalls.

12. u. 13. 9.: Notiz über den Ausbau der Rheinlinie.

13. 9.: Höherer Artl.-Kommandeur für das AOK 1.
Vermessungs-Abt.en.
Auflösung der Dienststelle des Wehrmachtbefehlshabers Belgien und Nordfrankreich.
Versorgungszuführung im Westen.
Freiw.-Sturm-Div.
Einsatz der Pz.-Brig.en.

14. 9.: Auffrischung der 6. Pz.-Armee.
Verteidigung von Metz.
Zuführungen im September.

14. u. 15. 9.: Schulen und Lehrgänge.
15. 9.: Abgaben des OB Südwest.

16. 9.: Stab Mil.-Befehlshaber Frankreich.
Pz.-Gren.-Ausb.-Btl. 52.
Zerstörung des Hafens von Ostende.
Notiz über Räumungen.
Anlage von Feldflugplätzen.
Pz.-Gräben um Koblenz.
Fahnenjunkerschule von Metz.
Einsatz der Pz.-Brigaden 107 und 108.
Stellungnahme zu Anträgen des OB West.
Abschied (?)[1] von Schulen.
„Walküre"-Verbände.
Notiz über Heeresartillerie.
Pz.-Gren.-Ausb.-Btl. 52.

1 So im Ms.

# IV. Teil

# Die Westfront in der Verteidigung der neuen Widerstandslinie (Holland — Aachen — Mosel — Vogesen) von der Luftlandung bei Arnheim bis zum Beginn der eigenen Offensive (17. September — 16. Dezember 1944)

In der Zeit von Ende Sept. bis zum Beginn der eigenen Offensive aus dem Raum zwischen Monschau und Echternach am 16. 12. lag die Initiative weiterhin beim Feinde. Jedoch handelte es sich nicht mehr um ein Vorstürmen, wie es ihm im August und September vergönnt gewesen war, sondern um ein mühsames und unter blutigen Verlusten erkämpftes Vorrücken von einem Abschnitt zum anderen.

Das Ziel des Gegners war, den durch die Luftlandung bei Arnheim errungenen Erfolg auszuweiten und die Öffnung der Schelde zu erzwingen, die Front bei Aachen zu durchbrechen, die eigenen Kräfte in Lothringen auf den Westwall zurückzudrücken und das Elsaß zu erobern: Absichten, die zwar zu einem Teil verwirklicht werden konnten, jedoch ein ganzes Vierteljahr beanspruchten.

## 1. Die Ausgangslage

Die Truppen, die von Westen zurückkamen, hatten wochenlange, schwere Kämpfe und lange Märsche hinter sich, waren durch Verluste und Abgänge in der Kampfkraft stark herabgesetzt und hatten einen großen Teil ihrer Fahrzeuge und ihrer schweren Waffen verloren. Zum Teil handelte es sich nur um Restverbände, die als solche nicht mehr zu verwenden waren. Andererseits waren die Kräfte, die aus der Heimat für die Besetzung des Westwalls herangeführt waren, höchstens für eine bodenständige Verwendung geeignet, da es ihnen an Zusammenhalt und Kampferfahrung fehlte und sie nicht über die erforderlichen Fahrzeuge und rückwärtigen Dienste für eine bewegliche Kampfführung verfügten. Dazu handelte es sich zum Teil um ältere oder doch weniger kampfkräftige und durchwegs unzureichend ausgebildete Mannschaften. Vor allem fehlte es an Waffen für sie und die zurückkommenden Verbände; denn die Rüstung war nicht imstande, mit einem Schlag den ungeheuren Bedarf, der durch die Verluste im Westen und Osten und auch Südosten ins Riesenhafte stieg, zu befriedigen. Die Verkehrslage trat erschwerend hinzu; denn der Feind konnte nun von Flugplätzen abspringen, die der Reichsgrenze nahe lagen. Die Angriffe der britischen und amerikanischen 4mot. Bomber erfolgten zwar nach wie vor von England aus. Da jedoch das Vorgelände fehlte, erfolgte die Warnung bei Angriffen gegen den Westen durchweg so spät, daß sie für das Starten der eigenen Jäger oft zu spät kam.

Vom September an verschärfte sich daher die Verkehrslage im Westen von Woche zu Woche. Der Eisenbahnverkehr wurde auf die Nachtstunden zusammengedrängt und kam links des Rheins mehr oder minder zum Erliegen. Die Angriffe auf die Rheinbrücken richteten zwar weniger Schaden an, als zu erwarten stand; aber wenn auch nur geringwertige Eisenbahn- und Straßenübergänge ganz ausfielen, so wirkten sich doch die vorübergehenden Unterbrechungen hemmend aus. Die steigende Betriebsstoffknappheit, die sowohl den Verkehr auf der Erde als auch die Abwehr in der Luft drosselte, verschlimmerte sich von Monat zu Monat.

Trotz dieser ungeheuren Schwierigkeiten ist das Restheer, unterstützt durch Zivilverwaltung und Partei, Herr der Lage geblieben. Bei dem Wiederaufbau des Heeres wurde so vorgegangen, daß die zurückkommenden Verbände mit den Sicherungskräften aufgefüllt wurden und in sie alles eingegliedert wurde, was durch den Rückmarsch frei zum Einsatz wurde. Daher fanden sich in ihnen junge und alte, erprobte und ganz unerfahrene Mannschaften, Angehörige des Heeres, der Kriegsmarine und der Luftwaffe zusammen, die nur durch die rauheste Wirklichkeit zusammengeschmolzen und durch den Kampf selbst ausgebildet wurden. Bei Würdigung dieser Verhältnisse bleibt es kriegsgeschichtlich eine denkwürdige Tatsache, daß mit solchen Verbänden der Feind im Westen aufgehalten werden konnte. Die Leistung erscheint noch größer, wenn der Mangel an schweren Waffen mit in Rechnung gestellt wird.

Andererseits bleibt es für die deutschen Prinzipien unerklärlich, daß der Gegner angesichts der Tatsache, daß das deutsche Westheer im Augenblick zu einer Offensive nicht imstande war, nicht alle seine Kräfte an einer Stelle massierte und mit ihnen den Durchbruch erzwang. Stattdessen tat er der deutschen Führung den Gefallen, sich fächerförmig von der ganzen Front vom Kanal bis zur Burgundischen Pforte zu verteilen und eine geschlossene Front aufzubauen, an der er zwar in bestimmten Abschnitten sein Übergewicht zur Geltung bringen konnte, es aber doch nicht vermochte, sie als Ganzes in Bewegung zu bringen oder auch nur an einer Stelle den Durchbruch zu erzwingen.

Sobald sich diese Lage herausgestellt hatte, war nach dem Abstützen der Front die nächste Sorge, daß Verbände zur Auffrischung unmittelbar hinter die Front oder in das rückwärtige Gebiet zurückgezogen wurden, um wieder vollwertige Frontverbände und Reserven in die Hand zu bekommen. Parallel dazu verliefen die Fertigstellung neuer Verbände in der Heimat, der Antransport von Ersatz für die weiterkämpfenden und daher der Gefahr abermaliger Ausfälle ausgesetzten Truppen, die Verbesserung der Waffenausstattung und die Anlage von rückwärtigen Befestigungen. Jeder Tag, den der Gegner versäumte oder die Front ihn hinhielt, konnte auf allen diesen verschiedenen Gebieten als ein Gewinn gebucht werden. Jeder Tag, an dem schlechtes Wetter herrschte, durfte als weiterer Gewinn angesehen werden.

## 2. Die Gruppierung der feindlichen Kräfte

Nach einer am 27. 9. angestellten Berechnung hatte der Gegner nunmehr 60—61 große Verbände nach Frankreich geworfen, nämlich

35 Inf.=Div.en,
3 Inf.=Brigaden,
3—4 LL=Div.en,
14 Pz.=Div.en,
13 Pz.=Brigaden.

Davon entfielen auf die 21. brit. Heeresgruppe 27—28, auf die 12. amerikan. Heeresgruppe 23½, auf die 6. amerikan. Heeresgruppe 9 große Verbände. Außerdem waren an der Alpenfront 3—4 Inf.=Div.en, darunter 1 amerikan. Luftlande=Verband eingesetzt. Operative Reserven brauchten in diesem Augen=blick nicht angenommen zu werden, da alle diese Verbände in der Front erkannt waren.

In England war noch mit 32 großen Verbänden zu rechnen, und zwar mit 14 der 4. brit. Armee, 4 der 1. alliierten LL=Armee, 9 der 14. amerikan. Armee, 5 weiteren in Mittelengland und Schottland. Es war damit zu rechnen, daß die 4. brit. Armee zu einer Großlandung im Rücken der deutschen Linien bestimmt war, und deshalb mußten die eigenen Maßnahmen auf diese Möglichkeit ab=gestimmt bleiben. Falls dies nicht geschah, war mit der Zuführung der in Eng=land zurückgehaltenen Kräfte nach Frankreich zu rechnen. Die 14. amerikan. Armee war bereits im Abfließen von der Insel auf das Festland; doch zog sich dies wohl wegen der Nachschubschwierigkeiten hin.

Aus Nordafrika war dagegen für die Westfront kein wesentlicher Kräfte=zuwachs mehr zu erwarten, da die sonst noch in Frankreich vorhandenen Kräfte (2 Inf.= und 1 Pz.=Div.) für die innere Sicherheit und zum Kampf gegen die Festungen benötigt wurden.

In den USA waren noch rund 39 Verbände anzunehmen (darunter 13 Pz.=Div.en), von denen anscheinend bereits 5 verschifft waren, so daß sie bereits im September in Rechnung zu stellen waren. Für den Oktober mußten weitere 5 Div.en erwartet werden.

Wenn der Gegner also in Frankreich zur Zeit keine operativen Reserven be=saß, so war damit zu rechnen, daß er sie sich schaffen würde, da er noch auf die 4. brit. Armee (14 Div.en), die alliierte LL=Armee (4 Div.en) und auf 19 amerik. Div.en (in England oder noch Überführung) sowie auf 2 weitere, die bei Nancy vermutet wurden, zusammen also auf 39 Verbände, zurückgreifen konnte.

Das anfangs gleich starke Verhältnis der britischen und amerikanischen Kräfte hatte sich bereits zugunsten der letzteren verschoben. Es war vorauszu=sehen, daß es sich fortlaufend weiter zu einem Übergewicht der amerikanischen Verbände entwickeln werde.

Im September verfolgte der Gegner – wie seine Luftlandung erwies – den Plan, die deutsche Front in Richtung Arnheim aufzureißen. Bei vollem Gelingen desselben bot sich ihm die Aussicht zum Stoß in die nordwestdeutsche Tiefebene, der durch gleichzeitigen Angriff im Raum von Aachen seinen Nachdruck erhielt. Da die Landung jedoch nur zu einem Teilerfolg führte, mußten die Absichten eingestellt werden. Die Hälfte der verfügbaren Luftlandekräfte war vernichtet worden oder doch vorläufig nicht wieder einsatzfähig, und mit den noch vorhandenen ließ sich – wie die Erfahrung erwiesen hatte – nur eine Aktion in Frontnähe durchführen, welche Aussicht auf baldigen Entsatz von der Erde aus bot. Das Herbstwetter gestaltete die Voraussetzungen zu solchen Plänen noch schlechter. Damit trat eine Sorge, die anfangs schwer auf der eigenen Kriegführung lastete, von Monat zu Monat mehr zurück.

Am 1. 10. meldete eine zuverlässige Abwehrquelle, welche die erste Landung richtig vorausgesagt hatte (die Meldung traf verspätet ein), daß die angloamerikan. Herbstoffensive in der zweiten Häfte der ersten Oktoberwoche beginnen und von einer neuen Luftlandung im Raum Arnheim–Nimwegen und nördlich Venlo begleitet sein werde.

In der ersten Oktoberhälfte lockerte der Gegner die Westfront des Nimwegener Korridors auf und zog auch Kräfte aus dem Raum nördlich des Waal ab, um nun an der Ostfront des Korridors südlich des Waals einen neuen Schwerpunkt zu bilden. Daraus war zu schließen, daß nun die 1. amerikan. und die 2. brit. Armee (Trennungslinie etwa bei Venlo) gemeinsam bis . . . . . .[1] Gebiet zwischen Köln und Emmerich angreifen würden. Dafür standen den Amerikanern 7 Inf.-Div.en, 4 Pz.-Div.en (mit rund 1400 Panzern), 3 LL-Div.en und 1 Luft . . . . . .[2] Div., den Briten 8 Inf.-Div.en, 2 Pz.-Div.en und 5 Pz.-Brigaden (mit rund 1200 Panzern) zur Verfügung.

In der Feindbeurteilung vom 2. 11. meldete der OB West, daß in Front 17 Pz.-Div.en, 14 Pz.-Brigaden und 40 Inf.- und LL-Div.en, ferner die Reserve von 3 Pz.- und 5 Inf.-Div.en angenommen werden müßten; dazu seien noch 2–3 nicht erkannte Div.en zu rechnen. Von diesen befand sich 1/4 im Kampf. Daraus war zu schließen, daß der feindliche Schwerpunkt nicht auf den Kampfhandlungen, sondern auf dem fortschreitenden Aufmarsch zum Großangriff lag. Zu diesem führte der Gegner heran, was ihm zur Verfügung stand; jedoch handelte es sich im Oktober durchweg um amerikan. Verbände. Die stärkste Zunahme erfolgte im Großraum Metz. Der Aufmarsch bei Aachen stand Anfang November kraftmäßig hinter dem bei Metz[3] zurück, aber er war enger zusammengefaßt. Es mußte damit gerechnet werden, daß sich diese Kräftegruppen, unterstützt durch britische Kräfte, in den Besitz des nordrheinischen Gebietes westlich des Rheins setzen wollten. Der britische Aufmarsch an der Maas-Ostfront war noch nicht so weit vorgeschritten; die Zuführung von Kräften aus der Maas-Nordfront hatte gerade eben erst begonnen (1 Pz.-Brig., 2 Inf.-Div.en). Mit

1 Etwa 3 unlesbare, handschriftliche Wörter in Lücke des Schreibmasch.-Ms.
2 Unlesbare handschr. Korrektur.
3 Lesung nicht sicher, aber vgl. das Folgende.

einem Stoß nach Norden war daher nicht mehr zu rechnen; anzunehmen war vielmehr ein Angriff nach Osten, der dann nach Südosten zur Vereinigung mit amerikan. Kräften eingedreht würde. Es mußte dabei mit Luftlandungen westlich der Linie Duisburg—Düsseldorf gerechnet werden, für die noch 3—4 Verbände zur Verfügung standen. Möglich war auch deren Einsatz beim Übergang über die Maas. An Luftstreitkräften wurden 400 schwere und 2300 leichte amerikan. und 250 schwere und 1000 leichte britische Nahkampfflugzeuge angenommen; möglich war, daß auch die 4mot. Verbände, die sonst das Reichsgebiet bekämpften, für den Angriff eingesetzt würden. Das Vorverlegen der Luftverbände konnte als bereits beendet angesehen werden. Der Beginn des Angriffs wurde in der ersten Novemberhälfte erwartet, und zwar möglicherweise so, daß der Gegner bei Metz früher als bei Aachen einsetzte; doch war auch denkbar, daß der Gegner in allen diesen Schwerpunkten gleichzeitig angriff.

In einer Beurteilung der feindlichen Operationsmöglichkeiten an der Westfront, welche die Abt. Fremde Heere=West am 15. 11. vorlegte, trat die weitere Klärung des Bildes heraus. Drei Schwerpunkte waren nunmehr erkannt: an der mittleren Maas, bei Aachen und bei Metz.

1. Durch die Abgabe war die 2. brit. Armee jetzt beinahe völlig auf den *Maasbogen westlich Venlo* beschränkt; sie verfügte über 8½ große Verbände mit etwa 1100 Panzern. Mit der Zuführung von 2—3 weiteren Inf.=Div.en und 2—3 Pz.=Brigaden aus dem Bereich der 1. Kanadischen Armee mußte gerechnet werden. Als erstes Ziel war die Gewinnung des ganzen Maas=Abschnittes anzusehen, um die Flankierung auszuschalten, als 2. Ziel Erreichen des Gebietes westlich Duisburgs und Düsseldorfs. Mit gleichzeitigem Angriff der 1. amerikan. Armee und Landung von 3—4 LL=Div.en westlich des Rheins oder zur Bildung von Rhein=Brückenköpfen war zu rechnen.

2. Im *Großraum Aachen* war die 1. amerikan. Armee (7 Inf.=Div.en, 3 Pz.=Div.en mit 1200 Panzern) von der Heeresgruppennaht bis etwa Monschau eingesetzt, um in breiter Front den Durchbruch auf Köln zu erzwingen. Mit dem Eindrehen nach Nordosten war zu rechnen, ebenso mit der Zuführung eines Teils der operativen Reserve, deren Zunahme auf 10 Verbände mit 1000 Panzern bis 30. November zu erwarten war. Bei gleichzeitigem Angriff der Briten war also mit 20½—22 großen Verbänden, 2600[1]—2800 Panzern und weiteren Zuführungen zu rechnen.

3. Bei *Metz* zeichnete sich ein Schwerpunkt südlich der Stadt ab (4—5 Inf.=Div.en und 2 Pz.=Div.en); nordostwärts Metz waren 2 Inf.=Div.en mit Panzer=Unterstützung und 1 Pz.=Div. auf breiter Front erkannt. Als Ziel waren das Saargebiet und die Einschließung von Metz anzunehmen. Möglich war die Verstärkung aus der operativen Reserve. Daneben mußte erwartet werden, daß die 7. amerikan. Armee weiterhin die Vogesen=Übergänge angreifen werde, wozu ihr 7 große Verbände mit etwa 500 Panzern zur Verfügung standen. Das

1 Oder : 2 500.

gleiche galt für die südlich anschließende 1. französ. Armee mit 7–9 großen Verbänden und etwa 500 Panzern; ihr Ziel mußte der Oberrhein sein. Ein Großangriff war hier vorerst nicht zu erwarten.

Eine Studie über die Versorgungslage des Feindes kam zu dem Ergebnis, daß sie für die Großaktionen ausreichte. Der Munitionsverbrauch des Feindes war so groß, daß Eisenhower sich Mitte November mit einem Aufruf an das amerikan. Volk wenden mußte, der mit den Worten schloß: „Schickt Munition und noch einmal Munition." Er gab an, daß bereits Munition verschossen wurde, die für den Febr. und März 1945 vorgesehen gewesen sei, falls der Vormarsch langsamer verlaufen wäre. In der anglo-amerikanischen Presse wurde dies Thema lebhaft diskutiert, das so gar nicht zu den günstigen Prognosen des Septembers paßte.

Die Seekriegsleitung war in der 3. Monatsdekade des November der Auffassung, daß Landungen von See und aus der Luft im Raum Emsmündung–Borkum weiterhin möglich blieben. Die Abt. Fremde Heere-West sprach sich am 25. 11. gegen diese Annahme aus, weil nach ihrer Ansicht die jetzige Schwerpunktbildung in eine andere Richtung wies: ohne Aussicht auf Entsatz von der Erde aus werde nach den gemachten Erfahrungen wohl keine zweite Luftlandung unternommen werden; auch das Wetter spreche gegen diese Annahme.

Ende November brachte die „New York Times" den Bericht eines Frontberichterstatters, der die Stärke der deutschen Verteidigung anschaulich schilderte. Seit dem Angriff auf das Leben des Führers habe sich kein Anzeichen für eine innere Erschütterung erkennen lassen. Hinter der Siegfried-Linie seien neue Befestigungslinien entstanden, und das Wetter helfe den Deutschen. Der Rhein und die Gebirge ostwärts von ihm würden ein natürliches Hindernis bilden. Es werde immer klarer, daß man die Stärke und den Widerstandswillen Deutschlands unterschätzt habe. Die amerikan. 1. Armee habe vor Aachen einen Vorgeschmack dessen erhalten, was ihrer im Reiche warte. Alle Berichte über den geringen Kampfwert der Deutschen hätten sich nicht bestätigt. Zwei Hoffnungen blieben den Alliierten: daß die deutsche Taktik, Zeit zu gewinnen, nicht durchschlüge und daß die 20fache Panzer-Überlegenheit, die 50fache in der Luft den Erfolg brächten. Doch müsse vor voreiligem Optimismus gewarnt werden.

## Die deutsche Kampfführung:

### 3. Die Luftlandung bei Arnheim (17. September) und die eigenen Gegenmaßnahmen

Am 17. 9. stand – wie der III. Teil gezeigt hat [1] – die Westfront an mehreren Stellen unter feindlichem Druck. Im Raum von Antwerpen, dessen Besetzung dem Feind bereits gelungen war, verstärkte sich der Feind. Der Maas-Schelde-

1 S. oben S. 349 ff.

Kanal konnte noch gehalten werden; doch hatte der Gegner schon einen Brückenkopf am Nordufer gewonnen. Bei Aachen hatte der Feind bereits Einbrüche in den Westwall erzielt; am 16. 9. war Valkenburg verlorengegangen. Südostwärts Aachen hatte sich die Lage wieder etwas entspannt, da die ersten Teile der 12. VGD. dort eingetroffen und weitere Kräfte im Zulauf waren. An der Eifelfront herrschte Ruhe, und in der Nordecke von Luxemburg stieß der Feind nicht — wie befürchtet werden mußte — weiter vor. An der Mosel herrschte gleichfalls Ruhe. Im Raum Nancy—Épinal war die Lage dadurch schwierig geworden, daß die eigenen Kräfte im Brückenkopf von Pont-à-Mousson im Rücken und in den Flanken bedroht wurden. Die in und um Nancy stehenden Kräfte waren eingeschlossen, und Lunéville war am 16. 9. verlorengegangen. Weiter nach Süden bestand eine Frontlücke. Der Schutz der Vogesen war erst im Aufbau, und die im Vorgelände derselben stehenden Kräfte waren stark abgekämpft. Es gab also mehr als eine Stelle, die in der Mitte des September mit Besorgnis betrachtet werden mußte.

Der 17. 9. schuf völlig überraschend einen neuen Krisenherd und dadurch eine ganz neue Lage; denn der Gegner landete zwischen 14.00 und 16.00 Uhr südostwärts Hertogenbosch die 101. amerikan. LL-Div. und im Raum Arnheim—Nimwegen die 1. brit. LL-Div. Die Unternehmen waren gekoppelt mit einem Panzer-Vorstoß aus dem Brückenkopf von Beeringen, den der Gegner sich über den Albert-(Maas-Schelde-)Kanal bereits gesichert hatte. Dadurch ergab sich die Gefahr, daß der Gegner die 15. Armee abschnitt und sich den Weg in Richtung Münster öffnete. Es wurden sofort die verfügbaren Luftstreitkräfte eingesetzt und durch zwei Jagdkorps verstärkt. Aus den Kräften des Flak-Korps wurden 3 Kampfgruppen für den Erdeinsatz gebildet. Es wurde der Fall „Gneisenau" in Kraft gesetzt und die Zuführung von 9 Festungs-Batl.en zur 1. Fallschirm-Armee befohlen. Vom Heer wurde die 719. Inf.-Div. herangezogen, deren erste Teile jedoch erst am 18. 9. eintreffen konnten. Vorerst stand daher nur die 406. Inf.-Div. zur Verfügung.

Den vorhandenen Kräften gelang es, Arnheim zu halten und die bereits verlorengegangene Brücke zurückzunehmen. Auch Nimwegen wurde behauptet. Jedoch konnten die feindlichen Panzer bis Valkenswaard durchbrechen.

Am 18. 9. wurde versucht, den Gegner, der sich aus der Luft durch ein weiteres Regiment verstärkte, in den beiden Landeräumen einzukesseln und anzugreifen. Es kamen nunmehr heran: die Pz.-Brig. 107 nach Roermond, die Sturmgeschütz-Abt. 208 gegen Nimwegen und aus dem Wehrkreis X die 180. VDG., dahinter die 190. VGD. Die Versorgung des AOK 15 war noch nicht gefährdet, da die Strecke über Utrecht zur Verfügung stand; doch wurden Hilfeleistungen der Kriegsmarine und Austausch des holländischen Bahnpersonals gegen deutsches eingeleitet. Daß die Rückgriffe auf das Ersatzheer Verzögerungen in der Aufstellung und Auffrischung mit sich brachten, wurde vom OB West bewußt in Kauf genommen.

Am 19. 9. wurde die 1. brit. LL=Div. noch durch die polnische LL=Brigade verstärkt; jedoch gelangen jetzt den eigenen Kräften bei Arnheim greifbare Fortschritte. Auch die wichtige Brücke von Nimwegen war weiter in eigener Hand. Doch war es seit dem Vortage einer anscheinend beträchtlichen Anzahl amerikan. Panzer gelungen, zu der amerikan. LL=Div. durchzubrechen. Es kam daher vor allem darauf an, diesen Schlauch wieder abzuschneiden, wozu aus dem Raum von Eindhoven angetreten wurde. Diese Bewegung wurde dadurch ermöglicht, daß die beiden Eckpfeiler am Albert=Kanal noch hielten. Da der Führer jedoch nach wie vor den größten Wert auf die weitere Sperrung der Schelde=Mündung legte, konnte die 15. Armee bei Eindhoven nicht soviel Kräfte einsetzen, wie es sonst möglich gewesen wäre. Für den Fall, daß es nicht mehr gelang, die Lage bei Eindhoven zu bereinigen, erwog der Führer an diesem Tage, wenigstens die Linie Maas—Nimwegen—Waal=Abschnitt zu halten, um dann später aus dem Raum von Aachen über Hasselt in den Rücken des feindlichen Sackes in Holland stoßen zu können.

Am 20. 9. waren die brit. Fallschirm=Springer bei Arnheim auf einem Raum von 2×2 km eingeengt. Bei Nimwegen gingen dagegen die Brücken verloren. Von Südosten kam die 406. Inf.=Div. bis auf 6 km an die Stadt heran. Jedoch gelang es nicht, bei Eindhoven den Schlauch abzuklemmen, obwohl ein amerikan. Divisionsquartier überrascht werden konnte. Daher vermochte der Gegner, der den Ostpfeiler angriff, Kräfte nachzuschicken. Am 22. 9. wurden beim Feinde vorausgesetzt: bei Arnheim die ihrer Vernichtung entgegengehende 1. brit. LL=Div., im Kopf des Schlauches die 82. amerikan. LL=Div., die brit. Garde=Pz.=Div., die 11. Pz.=Div. und die 43. brit. Inf.=Div., im Schlauch selbst 2 Inf.=Div.en, an seinem Anfang zwei weitere. Dazu kamen noch die 101. amerikan. LL.=Div., Teile der 17. amerikan. LL=Div. sowie die poln. LL=Brigade, zusammen also 8½ Verbände (ohne die geschlagenen britischen).

Es wurde gehofft, daß es doch noch möglich sein werde, den Schlauch in der Mitte abzukneifen und dadurch 4 Div.en einzukesseln. Am 22. 9. gelang dies tatsächlich. Doch war bereits zu besorgen, daß der Gegner nach Hertogenbosch durchbrach; an der Ostfront des Schlauches wurde eine neue, an einen Kanal angelehnte HKL aufgebaut. Am 23. 9. führte der Feind dem Kopfende des Schlauches durch die Luft einen weiteren Verband zu, so daß nunmehr nördlich und südlich der Abschnürung bei Vechel je 5 Verbände angenommen werden mußten, die sich bis zum 25. 9. auf 12 Verbände verstärkten.

Der 23. 9. und 24. 9. brachten keine wesentliche Veränderung der Lage. Lastensegler, die hinter der eigenen Front landeten, wurden vernichtet.

In seinem am 1. 10. abgesandten Erfahrungsbericht stellte der OB West fest, daß dem Gegner bei der Luftlandung die Überraschung geglückt sei, er jedoch den Fehler beging, daß er die 1. brit. LL=Div. nicht geschlossen, sondern inner=

halb von 3 Tagen absetzte und nicht noch 1 bis 2 weitere LL=Div.en folgen ließ. Es sei anzunehmen, daß der Gegner daraus seine Lehren gezogen habe. Zu rechnen sei mit Einsatz in Verbindung mit Erdkämpfen oder mit einer Landung von See aus, wobei das nächste Mal womöglich eine noch größere Entfernung (also mehr als 100 km) gewählt werden würde.

Da der Gegner nicht hoffen könne, den Westwall in 3–4 Tagen zu durchstoßen, die von den Gefangenen als Maximal=Zeit für den Entsatz bezeichnet worden seien, sei dort mit Luftlandungen nicht zu rechnen; bedroht seien also Nordostholland, Nordwestdeutschland und angeschlagene Abschnitte des Westwalls. Dazu stellte der OB West die Erfahrungen zusammen, die sich im einzelnen ergeben hatten.

### 4. Die Kämpfe an den übrigen Fronten (17. — 24. September)

Am Tage der Luftlandung (17. 9.) mußten die eigenen Kräfte nordwestlich Aachen ausweichen. Die Stadt selbst, die nunmehr in einem Frontbogen lag, wurde vom Feinde beschossen. Ostwärts der Stadt wurde die eigene Stellung verbessert und abgestützt. Südlich Metz kam der Feind vor. Im Raum von Nancy, wo von Norden aus die Verbindung zu der dort eingeschlossenen Kampfgruppe hergestellt werden konnte, wogte der Kampf hin und her. Aus dem Raum Château Salins griff der Feind von Osten an, wurde nun jedoch dadurch behindert, daß die eigenen Kräfte die südlich Nancy entstandene Lücke verengten und dort damit seinen Nachschub gefährdeten. Weiter südlich festigte sich die Front.

Nachdem der Führer das Zurückgehen auf die Mosel=Linie abgelehnt hatte, bat der OB West um Überprüfung dieser Entscheidung, da die 19. Armee nach Verlust der 16. Div. sehr geschwächt sei.

Am 18. 9. setzte die 15. Armee das Übersetzen ihrer Kräfte von Walcheren aus fort. Die 70. Inf.=Div. richtete sich auf der Insel Walcheren ein; die freiwerdenden Kräfte wurden teils zur Absteifung der Front bei Antwerpen, teils für den Luftlanderaum freigemacht. Bei der Heeresgruppe G ging Nancy verloren. Da die Führung der 19. Armee vom Führer nicht gebilligt wurde, ersetzte er den OB, Gen.=Oberst Blaskowitz, durch den Gen. d. Pz.=Tr. Balck und wies diesen an, an der Westvogesen=Stellung unbedingt festzuhalten, damit aus diesem Raum mit den Pz.=Verbänden wieder zum Angriff übergegangen werden könne.

Am 18. 9. meldete der OB West, daß das Absetzen der Heeresgruppe G nicht auf Befehl, sondern zwangsläufig geschehen sei. (Am 19. 9. verlangte der Führer Meldung, wer das Ausweichen der 19. Armee befohlen habe; der OB West übermittelte darauf die für die Heeresgruppe G in der voraufgehenden Woche maßgebenden Befehle, wies dabei auf den Gang der Ereignisse hin und übernahm abschließend die Verantwortung für alle Maßnahmen in seinem Bereich) [1].

Durch den an diesem Tage (18. 9.) begonnenen Angriff solle der Mosel=Abschnitt zwischen Nancy und südlich Charmes zurückgenommen und die 15. Pz.=Gren.=Div. bei Lunéville, die 553. Inf.=Div. nördlich Nancy freigekämpft werden. Angestrebt werde ein weiterer Stoß bei Pont=à=Mousson; voraussichtlich werde es jedoch notwendig sein, dann zunächst von Nancy nach Süden zu stoßen, um das Ostufer zurückzugewinnen. Die Vogesen=Stellung sei ab 21. 9. abwehrbereit. Die Heeresgruppe G habe den Befehl, die erreichte Linie Épinal—Bains=les=Bains—Fougérolles — ostwärts Lure — l'Isle sur le Doubs—Schweizer Grenze nördlich Damvant zu halten.

Am 19. 9. wurde der Brückenkopf von Breskens, der nun das Ziel ständiger Angriffe des Feindes war, von diesem eingeengt. Bei Bittingen (Luxemburgische Grenze), wo dem Gegner ein Überraschungserfolg gelungen war, begann nun der Gegenangriff, der im Laufe dieser Kämpfe zur völligen Bereinigung führte. Bei der Heeresgruppe G stießen die bereitgestellten Kräfte der 5. Pz.=Armee vor, um das Loch südlich Nancy zu schließen und dadurch den bei Château Salins stehenden Gegner abzuschneiden. Es konnte bis auf 5—9 km verengt werden. Jedoch bestand zwischen Lunéville, wo gekämpft wurde, und der Gruppe Ottenbacher noch eine weitere Lücke von 15—20 km Breite.

Am 20. 9. fanden im Raum von Aachen wie am Vortage nur örtliche Kämpfe statt. Dem Gegner gelang es, in Stolberg und damit in die 2. Bunkerlinie einzudringen; diesen Erfolg suchte er in den folgenden Tagen auszuweiten. Größeres Ausmaß gewannen die Kämpfe bei Pont=à=Mousson. Bei der Heeresgruppe G konnte die Lage nicht verbessert werden, Lunéville ging verloren. Es gelang jedoch, die Lücke zur 19. Armee zu schließen; die Angriffe gegen diese nahmen zu.

Der 21. 9. brachte eine Verbreiterung des Schlauches, der zum Kampfraum Nancy bestand, nach Osten. Die Südfront derselben mußte etwas zurückgenommen werden. Château Salins und Dieuze wurden zurückgewonnen. Die Lücke bis Lunéville bestand weiter .

Der OB West erhielt nun die Genehmigung zu der von ihm für die Schelde=Mündung vorgeschlagenen Kampfführung.

Am 21. 9. ging eine neue Beurteilung der Lage durch den OB West ein, in der die eigene Kampfkraft auf 21 volle VGD.en und 6—7 volle Pz.=Div.en berechnet wurde, die materiell schlecht ausgerüstet waren, aber ausreichen mußten, um die Westfront zu halten. An dieser gab es nunmehr 2 entscheidende Schwer=

1 Im Ms. steht der Satz in Klammern vor dem vorausgehenden.

punkte, nämlich Nimwegen—Aachen und Metz—Lunéville. Bei einem Stoß in das rheinische Industrie=Gebiet war mit den in England noch vorhandenen Verbänden zu rechnen. Der Stoß gegen das saarländische Industriegebiet und die Rhein=Main=Ebene erhalte durch den Einsatz eines weiteren amerikanischen Heeresgruppen=Kommandos seine Beleuchtung. Daneben kamen neue Vorstöße in Betracht, so zum Beispiel in das Moseltal und gegen den Brückenkopf von Breskens. Einen eigenen Schwächepunkt bedeutete die Front zwischen der See und Arnheim. Aus der Aufgabe der Armee, zu halten und zugleich Reserven zu bilden, ergab sich für den OB von neuem der Antrag auf Zuführungen, und zwar von 12 Inf.=Div.en und 3—4 Panzer=Verbänden. Zunächst wollte der OB um Zeitgewinn kämpfen; aber als Endziel bezeichnete er einen eigenen Angriff als notwendig, um die Bedrohung des deutschen Bodens abzufangen.

Am gleichen Tag billigte der OB West das von der Heeresgruppe G beabsichtigte Herausziehen von Kräften nach Metz, um unter Festhalten von Château Salins den Anschluß an die 5. Pz.=Armee in Richtung Moyenvic zu gewinnen; er befahl den Angriff der 5. Pz.=Armee mit allen Kräften auf Moyenvic und die Aufnahme der Verbindung zur 1. Armee. Diesen Angriff billigte der Führer am 22. 9., befahl jedoch die Bildung eines starken Schwerpunktes durch alle bei der 1., 19. und 5. Pz.=Armee zur Verfügung stehenden Kräfte. Der Angriff solle, links an den Rhein=Marne=Kanal angelehnt, von Gisselfingen—Lagarde in Richtung Nancy geführt werden, um alle feindlichen Kräfte nördlich des Kanals zu vernichten und Anschluß an die 553. Inf.=Div. zu gewinnen. Deren Südfront müsse fest verankert bleiben.

Der 22. 9. brachte keine wesentliche Veränderung der Lage. Durch Absetzen vom Albert=Kanal, was die Preisgabe von Turnhout bedingte, wurden Kräfte für den Kampf im Einbruchsraum von Arnheim—Nimwegen freigemacht. Bei der 19. Armee drang der Feind in Remiremont ein.

Am 23. 9. lag die Meldung vor, daß die 15. Armee 82 000 Mann und 580 Geschütze über die untere Schelde zurückgeführt und sie damit sehr viel mehr personelle und materielle Kräfte bewahrt hatte, als anfangs angenommen werden durfte. Im Luftlanderaum verstärkte sich der Feind durch neue Absprünge. Die Südfront des Kampfraumes von Nancy wurde abermals zurückgenommen, so daß nunmehr der Gegenpfeiler für das beabsichtigte Abschneiden des Feindes stark verkürzt war. Auch konnte sich der Feind bei Château Salins verstärken. Die 5. Pz.=Armee gruppierte sich deshalb um. Bei der 19. Armee mußten die eigenen Brückenköpfe bei Épinal und Remiremont zurückgenommen werden.

Der 24. 9. brachte gleichfalls wieder keine wesentliche Veränderung der Lage (Vgl. dazu Notiz vom 19. 9. über die Maßnahmen und Kämpfe der Heeresgruppe G).

### 5. Die Lage an der Westfront vom 24. — 27. September und die Weisung vom 25. September

Am 24. 9. morgens meldete der OB West, daß die schärfere Zusammenfassung der feindlichen Kräfte zwischen Metz und Épinal (4 Pz.= und 7 Inf.=Div.en) mit der Stoßrichtung Saargemünd und Saarburg den Angriff der 5. Pz.=Armee zum Erliegen gebracht habe. Eine Fortsetzung desselben würde nur zum Verschleiß der Kräfte führen.

Über die Lage bei Arnheim führte der OB aus: Bisher habe man annehmen können, daß der Feind nur beabsichtige, die Waal= und Rheinbrücken in Besitz zu nehmen und die eigenen Kräfte westlich Eindhoven—Arnheim abzuschnüren. Nach der erneuten starken Luftlandung am 23. 9. nachmittags müsse jedoch geschlossen werden, daß der Feind über den verlängerten, aber noch nicht voll ausgebauten Westwall hinaus den Raum zwischen Maas und Rhein schnell in Besitz nehmen und das Industriegebiet gefährden wolle. Angesichts dieser akuten Gefahr müßten alle anderen Gesichtspunkte zurücktreten, zumal der Feind noch 2 LL=Div.en absetzen könne. Der OB hielt es deshalb für erforderlich, den rechten Flügel der Heeresgruppe B mit allen Mitteln zu stärken. Da an neuen Kräften zunächst nur die 246. und die 363. VGD zu erwarten seien, müsse dies auf Kosten der Heeresgruppe G geschehen. Deshalb habe er bereits die für Lunéville vorgesehene Pz.=Brig. 108 über Köln in Marsch gesetzt. Vorgesehen sei weiter das Generalkdo. XXXXVII. Pz.=Korps mit den Pz.=Brig.en 111, 112 und 113. Dies bedinge ein schrittweises Zurückgehen auf die Vogesenstellung, die ab 25. 9. bedingt abwehrbereit sei. Von Tag zu Tag schwieriger werde auch die Lage der 15. Armee und der 1. Fallsch.=Armee, da sie von dem über Vechel durchgebrochenen Feind im Rücken bedroht und teilweise schon angegriffen würden. Da auf ihre Kräfte nicht verzichtet werden könne, schlug der OB vor, sie allmählich auf das Nordufer von Maas und Waal sowie den verlängerten Westwall südlich Arnheim zurückzuklappen. Dabei sollte das LXXXX.AK. mit je einer Division bei Breskens, auf Walcheren und der nördlich anschließenden Inselgruppe verbleiben. Außerdem erbat der OB Maßnahmen gegen Luftlandungen in Nordwestdeutschland.

Diesem Antrage entsprechend wurde noch am 24. 9. die Verlegung von Kräften des BdE, des OBdM und des OBdL an die Ems und nach Westfriesland befohlen. Der Auffassung des OB über die Lage stimmte der Führer jedoch nicht zu.

Am 25. 9., 1.40 Uhr, erging eine neue Weisung des Führers an den OB West, die davon ausging, daß der Feind den Schwerpunkt seiner Angriffe nach Holland, wo er sich aus England noch verstärken und vielleicht sogar auf den Raum Wilhelmshaven und Emden ausgreifen könne, und in das Vorfeld der Vogesen verlege, wo er die in diesem Raume vorhandenen Kräfte bereits in den Kampf [1]

1 Ms.: Raum.

geworfen habe. Der Schwerpunkt der Gegenmaßnahmen müsse daher im Nordraum der Westfront liegen, um Holland zu behaupten, den Ausbau des verlängerten Westwalls zu ermöglichen und das Ruhrgebiet zu schützen. Der Führer befahl deshalb:

1. den Feind bei Arnheim—Nimwegen im konzentrischen Angriff zu vernichten, und zwar mit Schwerpunkt zwischen Waal und Maas, um die Straße Nimwegen—Grave zu gewinnen und dadurch die Verstärkung des Gegners zu unterbinden;

2. die Südfront der 15. Armee und die Westfront der 1. Fallschirm-Armee in der jetzigen Linie zu halten und den Brückenkopf südlich Helmond zu beseitigen, zumindest abzuriegeln;

3. die Lücke an den inneren Flügeln der 15. Armee und der 1. Fallschirm-Armee bei Vechel durch konzentrischen Angriff zu schließen und damit die Voraussetzung für die Vernichtung des Feindes nördlich der Maas zu schaffen;

4. die Front der Heeresgruppe G vorwärts der Vogesenstellung zu behaupten und dadurch Zeit für deren Ausbau und den der Vogesenkamm-Stellungen zu gewinnen. Für die Verteidigung sei das Dreieck der Weststellung (südlich Metz—Falkenberg—Puttlingen—Blamont) völlig ungeeignet. Um den Kampf im Raum Duss—Nomény—Lunéville beweglich führen zu können, seien der Heeresgruppe alle ihr zur Zeit unterstellten Pz.- und Gren.-Div.en sowie die Pz.-Brigaden zu belassen. Erforderlich sei es auch, hinter der 19. Armee eine bewegliche Eingreifreserve bereitzustellen;

5. Zum Angriff der 1. Fallschirm-Armee zwischen Waal und Maas sollten die Pz.-Brig. 108, die schwere Pz.-Jg.-Abt. 741, die Tiger-Abt. 506 sowie die 116. und die 9. Pz.-Div. herausgezogen werden (diese abgelöst durch Fest.-Btl.e, notfalls auch durch die 246. Inf.-Div.).

Die Weisung schloß mit der Mitteilung, daß der BdE den Auftrag erhalten habe, in den Raum Wilhelmshaven—Leeuwarden—Apeldoorn—Rheine möglichst starke Kräfte zu verlegen.

Der OB West meldete darauf am 25. 9. abends seine Absichten:

1. bei der Heeresgruppe B Angriff des II. Fallschirm-Korps südlich des Waals am 26. oder 27. 9. sowie aus dem Raum südwestlich Gennep gegen den Maas-Übergang von Grave frühestens am 30. 9. Wegen der bei Vechel eingetretenen Rückschläge erscheine das Schließen der dort entstandenen Lücke weniger aussichtsreich als der Angriff in Richtung Grave; ferner Vernichtung des Feindes zwischen Waal und Niederrhein nach Durchführung dieser beiden Angriffe mit zum Teil den gleichen Kräften; bis dahin Behauptung des Nordufers des Waals durch Einschieben der 363. Inf.-Div. Die von der Heeresgruppe B beantragte Zuführung von 2 Inf.-Div.en und 1 Pz.-Brigade vermöge der OB West nicht zu bewilligen;

2. bei der Heeresgruppe G ab 25. 9. Vorstoß des Pz.-AOK 5 (mit 11. Pz.-Div. und 111. u. 113. Pz.-Brig.) mit linkem Flügel am Rhein-Marne-Kanal in Richtung Nancy (1. Ziel: Bezange-la-Grande, 20 km nordostwärts Nancy—Bauze-

mont), dem das AOK 1 sich mit einer Angriffsgruppe anschließen sollte; ferner Angriff der 198. Inf.=Div. ab 25. 9. gegen den Brückenkopf nördlich Remire=mont und Bildung einer Eingreifreserve hinter dem linken Flügel der 19. Armee durch eine gepanzerte Gruppe der 11. Pz.=Div.

(Seine Meldung vom 25. 9. ergänzte der OB West am 27. 9. durch Angaben über die Kampfführung am Nordflügel der Fallschirm=Armee in den nächsten Tagen).

Am 27. 9. wurde der OB West angewiesen, den Südflügel der Vogesen=Stel=lung so weit nach Westen zu erweitern, daß eine Umgehung desselben nicht mehr zu erwarten war.

## *Anhang*

### *Einzelmaßnahmen (17.—30. September):*

September:

17. 9.: Freigabe der Zerstörung der Häfen von Amsterdam und Rotterdam.
Eingriffe in Kfz.=, Waffen= und Mun.=Bestände.
Fahnenjunkerschule VI.

18. 9.: Reisebericht des Reichsministers Speer.
Verpflegungsreichweiten der Festungen.
Kampfgruppen der 6. Pz.=Armee.
Verlegung des Gen.=Kdo.s XII.SS=AK. vom Osten in den Westen.

19. 9.: Auffangorganisation West
(durch Heeresgruppe B 140 0000, durch Heeresgruppe G 20 000 Mann).
Höhere Artl.=Kdo.=Stäbe für AOK 15 und 19.
Versorgungsfahrten nach Holland.
Zivilbevölkerung auf den Kanalinseln.
Zuführung der 3. Pz.=Abt. 506 und der H.=Pz.=Jg.=Abt. 741 nach Holland.

19. u. 20. 9.: 246. und 363. VGD.
30. Offiziers=Ergänzungs=Lehrgang.

20. 9.: Verwendung des Generals Kitzinger.
Meldung über die Versorgung in Holland.
Zerstörung holländischer Häfen.
Pi.=Kräfte für Holland.
Offiziersbewerber im Einsatz.

21. 9.: Streifkorps der Div. Brandenburg.
Meldung über ital. Truppen bei Stillberg.
Befehl für die Festungen.
Ausbau der Vogesenpässe.

22. 9.: Zuführungen von Eis.=Battr.en.
Auffrischungsräume der 6. Pz.=Armee.
Arbeitskräfte in Holland.

23. 9.: Notiz über Pi=Kräfte.
Zuführung der 246. VGD.
363. VGD.

24. 9.: Freiw.=Stamm=Div.
Gas usw. =Versorgung in Holland.
Abtransport von SS=Kräften.
Aufkl.=Abt. der 9. Pz.=Div.
Auftrag für Gen. Kitzinger (Ausbau der Luftverteidigungszone West für den Erdkampf).

25. 9.: Unterbringung der 6. Pz.=Armee in Nordwestdeutschland.
Eingliederung der Pz.=Brigaden.
Materieller Nachschub für den OB West.
Auflockerung der „roten" Zone.
Einsatz der Kampfgruppen der Fallsch.=Jg.=Div.en.
Gefangennahme der Gruppe Elster.

26. 9.: Sicherung der links=rheinischen Städte.
Auflösung der 266., 343., 348. Inf.=Div. und des Sich.=Rgt.s 5.
Zuführung der H.=Artl.=Brig. 766 und der 363. VGD.
Richtlinien für die personelle Räumung im Westen.
Aufhebung der Sperre für Personalabgaben.

29. 9.: Meldung über die 1. brit. LL=Div.
Meldung des OB West über die Festungen.

28. 9. u. 30. 9.: Befehl über den Ausbau der Ems=Rhein=Stellung.

28. 9.: Meldung des OB West über Stand des Westwallbaus.

29. 9.: Befehl für die Abgrenzung des Befehlsbereichs und Regelung der Befehls=befugnisse im Westen.
Fest.=Pi.=Btl.e.
Umgliederung der Wehr=Wirtschafts=Organisation im Westen.
Verlagerung der H.=Pz.=Abt. 519 und Sturmgeschütz=Brig. 244 in den Westen.

30. 9.: Sicherung von Karlsruhe.
Fest.=Kdtr. Oberrhein.
Auflösung der 242., 244., 331. Inf.=Div.

### 6. Die Kampfhandlungen vom 25. September — 9. Oktober

Am 25. 9. drängte der Feind bis Turnhout und westlich die eigenen Kräfte weiter zurück und setzte diese Kampfführung nunmehr fort. Im Schlauch er=rang er soviel Gelände, daß die bei Vechel erzielte Abschnürung sich nicht mehr auswirkte. Bei der 19. Armee entwickelte sich, nachdem die eigenen Kräfte von der Mosel auf die Ausgänge der Vogesen zurückgedrängt waren, die feindliche Tätigkeit zu einem Großangriff gegen die Burgundische Pforte.

Am 26. 9. fand der Kampf gegen die 1. brit. LL=Div. sein Ende: es wurden insgesamt 6500 Gefangene gemacht und 1500 Tote gezählt; vernichtet wurden: 1000 Lastensegler. Dieser Erfolg wurde durch eine Kampfgruppe des Wehrm.=Befehlshabers Niederlande, abgekämpfte Teile des II. SS=Pz.=Korps und andere nicht vollwertige und ungenügend ausgestattete Kräfte errungen. Bei der Heeresgruppe G kam ein eigener Angriff, der geführt wurde, um den Bogen auf dem linken Flügel der 1. Armee und dem rechten der 5. Pz.=Armee zu be=

gradigen, bis zu 12 km voran. Westlich Belfort setzten die Franzosen [1] ihre Angriffe fort.

Am 27. 9. meldete der OB West als nächste Absichten:

1. Einengung des Brückenkopfes bei Nimwegen durch das II. Fallsch.-Korps;

2. Vernichtung des Feindes zwischen Niederrhein und Waal durch das II. SS-Pz.-Korps;

3. sodann Angriff beider Korps zur Erreichung der Linie Waal und Maas-Waal-Kanal.

Für den Angriff des rechten Flügels auf Vechel reichten nach Ansicht des OB die Kräfte nicht aus..

Am 28. 9. teilte der Chef WFStab dem OB West mit, viele Anzeichen deuteten darauf hin, daß der Feind die vorher verfolgte Umfassung des Westwalls von Norden nicht mehr verfolge, sondern jetzt die 15. Armee oder sogar sämtliche Kräfte des Wehrm.-Befehlshabers Niederlande von den Verbindungen nach Osten abschneiden und einkesseln wolle. Im Hinblick auf die späteren Absichten und die geringen Kräfte, die zur Zeit zur Verfügung stünden, habe der Führer nunmehr von einem konzentrischen Angriff gegen die tiefe Flanke der 2. brit. Armee in Richtung Vechel abgesehen. Nächste Aufgabe des OB West bleibe demnach:

1. Schlagen des Feindes zwischen Rhein und Maas im Raum Wageningen—Grave—Nimwegen—Arnheim;

2. Verstärkung der 15. Armee, so daß sie ihre jetzige Front halten könne;

3. Schutz der Lebensadern der 15. Armee gegen jede Art des Angriffs.

Der OB West erließ am 29. 9. einen entsprechenden Befehl.

Bei der 15. Armee blieb die Lage dadurch gekennzeichnet, daß der Gegner versuchte, den von ihm bei Ruykeforzel gebildeten Brückenkopf zu erweitern und die eigene Front auf die untere Maas zurückzuwerfen. Am 1. 10. kam er bis Baarle-Nassau vor. Seine Versuche, die vom Westen gegen den Einbruchsraum aufgerichtete Front einzustoßen, konnten abgewehrt werden, wenn dabei auch Gelände verlorenging. Am 1. 10. begann ein eigener Angriff aus der Nordwestecke des Schlauches, um die tiefe Einbeulung in der Front und die Gefahr eines weiteren Stoßes nach Norden zu beseitigen. Er kam jedoch nur gering voran, da das Gelände sich für Panzer nicht eignete. Der Angriff wurde am 5. 10. wieder aufgenommen, brachte aber wiederum nur begrenzten Gewinn. An der Ostfront des Schlauches und der nach Südosten anschließenden Front veränderte sich die Lage nicht wesentlich.

Im Großraum Aachen (s. S. 403 ff.) fanden nur örtliche, an Schwere jedoch zunehmende Kampfhandlungen statt; in der Eifel und der Moselfront herrschte Ruhe.

1 Korrigiert, Lesung unsicher.

Bei der H e e r e s g r u p p e G schien der Feind am 28. 9. zum Angriff südlich Metz in breiter Front anzusetzen; doch entspanne sich die Lage wieder und die Gefahr eines Einbruchs nach Saarbrücken war vorerst gebannt. Am 3. 11. griff der Feind die Außenfront von Metz an. Einen lang umkämpften Raum stellte der Wald von Pavois dar[1], der nach wechselvollen Kämpfen dem Gegner überlassen wurde.

Nachdem der zur Frontbegradigung unternommene Angriff der 5. Pz.=Armee sein Ziel nicht völlig erreicht hatte, wurde er eingestellt.

Bei der 19. Armee griff der Feind sowohl auf dem rechten Flügel als auch im Raum von Belfort weiter an. Am 29. 9. wurde die eigene Front von Grandvillers aus nach Südosten zurückgenommen. Als Schwerpunkt der Angriffe auf die Westvogesen stellte sich der Ort Rambervillers heraus; doch gelang es, sowohl am Westhang des Gebirges als auch im Süden die Front geschlossen zu halten.

Was in diesen Wochen von der Heresgruppe G geleistet worden war, hob deren OB am 10. 10. in einem Privatbrief an den Chef WFStab hervor. Er führte aus, daß in den Dschungelkämpfen der Vogesen und der Lothringischen Wälder der Mensch entscheidend sei. Mit 12 000 Mann Ersatz glaube er die Lage meistern zu können. Dringend erforderlich seien Gebirgs=Truppen. Der Zustand der 1. und 5. Pz.=Armee sei leidlich, der der 19. Armee bejammernswert: „Ich habe noch nie so zusammengewürfelte und schlecht ausgestattete Truppen geführt. Wenn wir die Lage hier wieder hinbogen und es schließlich ermöglicht haben, daß sogar die 3. Pz.=Gren.=Div. nach Norden abgegeben werden konnte, so liegt das neben der schlechten und zaghaften Führung der Amerikaner und Franzosen daran, daß die Truppen einschließlich der zusammengewürfelten Horden sich unerhört schlagen. Was hier von General und Mann, die beide vielfach nebeneinander in vorderster Linie gegen stärkste personelle und materielle Übermacht kämpfen, geleistet wurde, ist unglaublich." Der OB fügte diesem Briefe seine Meldung an den OB West vom 9. 10. bei, in der er die Abgänge und Abgaben zusammengestellt und die Zuführung von 1 Inf.=Div., 1 Geb.=Div., 4 Marsch=Btl.en, 1 Sturmgeschütz=Brig., 3 H.=Pz.=Jg.=Abt.en und 2 H.=Pi.=Btl.en beantragt hatte.

In einer Beurteilung der Lage vom 9. 10. bezeichnete der OB West als den größten Gefahrenpunkt bei der 15. Armee den Raum nördlich Antwerpen. Die Front müsse verkürzt werden; denn Kräfte zu seiner Abstützung von Arnheim–Nimwegen abzuziehen, sei zur Zeit unmöglich. Diese Beurteilung führte zu einer neuen Weisung, die Anlaß geben wird, auf sie noch genauer zurückzukommen (s. S. 44[2]).

1 S. 403: Parroy=Wald.
2 D. h. im Ms.; s. unten Abschnitt 9 (S. 406 ff.).

### 7. Die Kämpfe bei der Heeresgruppe G vom 8. Oktober bis 7. November

Bei der Abwehr der Heeresgruppe G handelte es sich (nachdem die aus Südwest= und Südfrankreich zurückgekommenen Kräfte aufgenommen worden waren, und die Absicht, aus dem Raum von Dijon einen Stoß in die feindliche Flanke zu führen, sich nur in einem kleinen, der Entspannung an der eigenen Front zugute kommenden Umfange hatte durchführen lassen) darum, einen Durchbruch an der ostwärtigen Front zu verhindern und Zeit im Vorraum vor den Westvogesen=Stellungen zu gewinnen. Am 7. 10. waren die eigenen Kräfte bereits so weit in deren Vorgelände zurückgedrückt worden, daß es nur noch eine Frage von Tagen war, wann sie unter dem nicht nachlassenden feind=lichen Druck bezogen werden mußten. Am 13. 10. war der Feind an einer Stelle bereits auf 2 km an sie herangekommen.

Da die Kampfhandlungen sich nunmehr der Schweizer Grenze näherten, bat die Eidgenossenschaft um Zulassung von Verbindungsoffizieren bei der kämpfenden Armee. Der Führer lehnte dies ab. Dem Auswärtigen Amt wurde am 10. 10. mitgeteilt, daß durch gute Karten und laufende Einwirkung deutsche Grenzverletzungen verhindert würden und zur Vogesen=Armee ein Vertreter des Auswärtigen Amtes zu kommandieren sei. Im Falle von Grenzzwischen=fällen sei das OKW bereit, sofort an Ort und Stelle einem Schweizer Offizier Auskunft und Einblick zu gewähren.

Der rechte Flügel der Heeresgruppe war zwar nicht durch ein gleich starkes Naturhindernis geschützt, aber es gab doch mehrere zur Verteidigung geeignete Abschnitte. Hinter der Front bot sich als Rückhalt die Maginot=Linie an, die von Königsmachern an der Mosel (nordostwärts Diedenhofen) über St. Avold nach Saaralben (südlich Saargemünd) verlief und hier in die Vogesen=Stellung überging. Hinter dieser lag noch die Vogesenkamm=Stellung, die sich bei Saar=gemünd in den Saar=Riegel fortsetzte. Dieser stand wieder in Verbindung mit der parallel zur Maginot=Linie verlaufenden Saarhöhen=Stellung. Hinter dieser bildete wieder die Saar ein natürliches Hindernis, das durch den Westwall noch verstärkt war. Nach Osten hin setzte sich dieses entlang der Elsässisch=Pfälzer Grenze bis südlich Wörth auf den Rhein zu fort. Außerdem gab es noch in der Linie Zabern—Straßburg den Brumath=Riegel.

Am 10. 10. gab der OB West die Entscheidung des Führers weiter, daß der Brückenkopf Metz nicht aufgegeben werden dürfe, da dies zum Verlust der Mosel=Linie führen würde, daß aber gegen ein allmähliches Zurückgehen auf die Delmer=Höhenstellung bzw. die Weststellung keine Einwände erhoben würden, wobei die Westvogesen=Stellung jedoch unter allen Umständen zu halten sei.

Am 14. 10. befahl der Führer, daß alle in Aufstellung befindlichen Festungs=Btl.e und neuen Gebirgs=Btl.e der 19. Armee für die Vogesen=Stellung zuge=führt werden sollten. Um 12.00 gab der OB des Pz.=AOK 5, Gen. v. Manteuffel, das Kommando ab, da sein Stab zur Heeresgruppe B verlegt werden sollte. Die

Trennungslinie zwischen der 1. und der 19. Armee lag ungefähr in der Linie Straßburg—Nancy.

Da der Feind neue Kräfte zuführte, wurde nunmehr der Großangriff gegen die 1. Armee erwartet, gegen deren Front der Gegner auch in den Vortagen an verschiedenen Stellen gedrückt hatte. Ebenso gingen die Kämpfe an den Westvogesen weiter. Am 18. 10. fiel dem Feinde Bruyères in die Hand. Im Raum von Cornimont kam es zu wechselvollen Kämpfen. Krisen, die nacheinander an mehreren Stellen der Front entstanden, konnten schließlich doch noch gemeistert werden. Dank geglückter Gegenstöße war Ende des Monats die Westvogesen-Stellung ganz in eigener Hand. Doch ließ der Gegner nicht nach, an ihr weiter zu nagen und dadurch kleine Abschnitte zum Einsturz zu bringen.

Anfang November wurde beim Gegner beiderseits von Metz eine Nordgruppe (1 Pz.-Div. u. 3 Inf.-Div.en) und eine Südgruppe (3 Pz.-Div.en u. 5 Inf.-Div.en) angenommen, die erstere beiderseits Diedenhofen mit Stoßrichtung Merzig und die zweite bei Pont-à-Mousson—Nancy mit rechtem Flügel in Richtung auf Saargemünd.

Nachdem die Bildung dieser Schwerpunkte erkannt war, forderte der Führer die Bildung eines tiefen Artl.-Riegels. Der OB West erhielt am 1. 11. genauere Weisungen. Aus den Zuweisungen an Heerestruppen, die der OB West in der Zeit vom 1. und 10. 11. erhalten sollte, erhielt das AOK 1 nennenswerte Zuführungen; außerdem wurden ihm noch Fest.-Artl.-Abt.en zugewiesen.

Am 3. 11. meldete der OB West auf Grund eines Besuches bei der 1. und der 19. Armee über deren Zustand. Bei der 1. Armee war zu hoffen, daß noch vor Beginn des feindlichen Angriffs die 21. Pz.-Div. aus der Front herausgelöst werden konnte. Abwehrmaßnahmen waren getroffen. Die Munitionslage war zwar besser als bei der 19. Armee, aber doch nicht befriedigend.

Die 19. Armee hatte sich nach der Auffassung des OB West erfreulich gefestigt und kämpfte durchweg gut. Durch den Zufluß der Fest.-Artl. sei die Artl.-Kampfkraft gestiegen, dagegen sei die der Inf.-Artl. noch völlig ungenügend. Er bitte deshalb erneut um Auffüllung. Der Stellungsausbau sei so fortgeschritten, daß die Armee ab 15. 11. auf die Westvogesen-Stellung zurückgehen könne. Stärker belegt werden müsse wegen der Gefahr von Luftlandungen und wegen der Industriebevölkerung der Raum von Mühlhausen. Daran schlossen sich noch Einzelwünsche.

Ebenso gingen die Versuche des Gegners, die Lothringische Front zurückzudrücken, weiter; jedoch beschränkte er sich vorerst darauf, an einzelnen Stellen, wie Nomény und im Parroy-Wald, zu drücken. Erst am 7. 11. begann der erwartete Großangriff bei Nomeny und Château Salins.

### 8. Die Kämpfe um und bei Aachen (8. — 21. Oktober)

Bereits im September war die Stadt Aachen dadurch in eine gefährdete Lage gekommen, daß der Feind nordwestlich und südwestlich von ihr Gelände gewann und dabei tief in den Westwall einbrach. Die Stadt mit ihrer näheren Umgebung ragte daher balkonartig aus der Front heraus.

Am 2. 10. hatten die Amerikaner mit dem *Angriff auf Aachen* selbst eingesetzt. Am 3. 10. hatte ein amerikanischer Lautsprecher die Besatzung von Aachen, das angeblich eingeschlossen sei, zur Übergabe aufgefordert; sie war unbeantwortet geblieben. Daher war der Gegner gezwungen, 3 Inf.-Div.en und 2 Pz.-Div.en einzusetzen. Da es den Amerikanern nicht gelungen war, mit dem VII.AK. bei Stolberg durchzubrechen, führte das XIX. amerikan. AK. einen Stoß in breiter Front nördlich von Aachen: vom 2.–7. 10. wurde im Raum von Geilenkirchen gekämpft; dabei wurden die eigenen Kräfte auf die Linie Übach–Palenberg–Baesweiler zurückgedrängt.

Am 8. 10. wurde der OB West darauf hingewiesen, daß der Verlust der kriegswirtschaftlich entscheidenden Niederrhein-Gebiete nördlich der Eifel mit allen Mitteln und unter Zurückstellung anderer Absichten verhindert werden müsse. Zu diesem Zweck sollte er außer der bereits angebahnten Schwerpunktbildung kampfkräftige und kampfgewohnte Verbände für den Abschnitt Aachen herauslösen und entsprechend Munition und Materialersatz gruppieren. Gleichzeitig wurde dem OB West mitgeteilt, daß die 3 für ihn am 10. 10. vorgesehenen VG-Div.en nicht vor dem 20. 10. eintreffen könnten, da der Führer die kampfgruppenweise Zuführung verboten habe; Werfer und Heeresartl.-Brigaden stünden zur Zeit nicht zur Verfügung. Die Auffüllungsanträge würden geprüft, könnten jedoch keinesfalls schnell durchgeführt werden.

Am gleichen Tage wurde dem Reichsminister Speer das für das linksrheinische Industriegebiet Veranlaßte mitgeteilt.

In einer Lagebeurteilung, die der OB West am 9. 10. aufstellte, erklärte er, der Hauptgefahrenpunkt der gesamten Westfront liege auf dem rechten Flügel der 7. Armee, wo sich eine beiderseitige Umfassung des Großraumes Aachen deutlich abzeichne. Die eigenen Verstärkungen kämen wegen der Bahnlage nur langsam heran; der Feind sei mit 6 Inf.- und 3 Pz.-Div.en eindeutig überlegen. Die Fronteinbuchtungen nördlich und südostwärts Aachen würden sich voraussichtlich nicht bereinigen lassen. Aachen bis zum letzten zu verteidigen, sei bereits befohlen worden. Der etwaige Verlust der 246. Inf.-Div. müsse in Kauf genommen werden.

Am 8. 10. begann die 2. *Phase des Kampfes*, gekennzeichnet durch eine Zangenbewegung:

a) entlang den Westbefestigungen über Kohlscheid–Alsdorf–Bardenberg nach Norden und

b) ostwärts Aachen über Verlautenheide–Haaren gegen den Ostrand der Stadt. Am 10. 10. erfolgte eine neue Aufforderung zur Übergabe. Die Verbindung wurde jetzt nur noch durch einen schmalen Korridor nach Würselen aufrechterhalten.

Am 11. 10., 12.30 Uhr, meldete der OB West fernmündlich, daß der Feind den Korridor nach Aachen auf 3000 Meter eingeengt habe. Er bat daher um beschleunigte Zuführung von Marschbtl.en für die hier eingesetzten 3 Div.en, um deren Ausbrennen zu verhindern. Es wurde ihm noch am selben Tage mitgeteilt, daß die 3 Btl.e am 16. 10. in Marsch gesetzt würden.

Am gleichen Tage konnte der Gegner bis zum Bahnhof Rote Erde vordringen; jedoch wurde er am folgenden Tage wieder hinausgeworfen.

Damit begann die *dritte Phase der Schlacht um Aachen.* Am 14. 10. war die Landverbindung endgültig abgeschnitten; Luftversorgung setzte ein.

Am 15. 10. abends (eingegangen 16.10 früh) meldete der OB West, daß sich bei Aachen in den vergangenen 12 Tagen der Kampf zur Materialschlacht gesteigert und sich auf die Front ostwärts der Stadt ausgedehnt habe. Die eigenen Verluste betrügen vom 2.—11. 10. mindestens 6—700 Tote, rund 4500 Verwundete und Vermißte, die feindlichen entsprechend mehr; außerdem seien 128 Panzer vernichtet worden. Aachen, das praktisch eingeschlossen sei, werde von zum Teil wenig gefestigten Verbänden verteidigt. Der Kampfwert sinke durch die starken Luftangriffe, die konzentrische Artl.=Einwirkung und die Schwere des Häuserkampfes schnell ab. Die Steigerung der eigenen Gegenmittel sei nur unzureichend möglich. Die ständigen Krisen könnten daher nur durch die Führer und alten Vorkämpfer gemeistert werden, deren Ausfälle entsprechend hoch seien. Ziel sei, die Erweiterung des Korridors und eine geignete, Aachen einbeziehende Verteidigungslinie zu erreichen. Ausschlaggebend sei die laufende Zuführung von personellem und materiellem Ersatz.

Schwere Verluste traten dadurch ein, daß Amerikaner in deutschen Uniformen angriffen. Am 15. 10. wurde der Feind in Würselen wieder 600 m zurückgeworfen. Erst am 18. 10. konnten die Amerikaner zum konzentrischen Angriff gegen den Stadtkern ansetzen. Der Kommandant mußte den Befehl zum Zusammenziehen um den Lönsberg geben.

Am 18. 10. abends (eingegangen 19. 10. früh) befahl der OB West auf die Meldung, daß die Besatzung von Aachen nur noch eine Kampfstärke von 1200 Mann habe, die Stärke der Gesamtbesatzung zu überprüfen und die Stadt bis zum letzten zu halten und sich notfalls unter ihren Trümmern begraben zu lassen.

Am 19. 10. richtete der Kampfkommandant, Oberst Wilck, einen letzen Aufruf an die Besatzung. Bis zum Abend des 20. 10. konnten noch 26 Panzer und 3 Pz.=Spähwagen abgeschossen werden. Am 21. 10. früh meldete die Besatzung, daß sie über 10 000 Reichsmark für das Winterhilfswerk stifte.

*Dann erlosch der Widerstand* gegenüber der erdrückenden Überlegenheit des Feindes.

Dieser mehrwöchentliche Kampf um die alte Kaiserstadt gab nicht nur dem durch die voraufgehenden Erfolge berauschten Gegner eine Vorstellung von der Härte des Krieges, die ihn auf deutschem Boden erwartete, sondern schaffte auch einen Zeitgewinn für den Ausbau der Befestigungen und die Auffrischung der Verbände.

## 9. Die neue Weisung an den OB West vom 9. Oktober und die Ereignisse an den übrigen Fronten bis zum 21. Oktober

In der am 9. 10. vorgelegten Beurteilung der Lage hatte der OB West — wie bereits angeführt [1] — den Raum von Aachen als den zur Zeit am meisten gefährdeten in seiner Front bezeichnet. Über die übrigen Abschnitte derselben sprach er sich wie folgt aus:

Bei der 15. Armee sah der OB den größten Gefahrenpunkt zur Zeit im Raum nördlich Antwerpen, wo der Feind die Landverbindung nach Walcheren in die Hand nehmen wolle. Wegen der Stärke des Feindes bei Nimwegen—Arnheim und bei Aachen sei es nicht möglich, dort Kräfte abzuziehen. Deshalb müsse die 15. Armee zwischen Tilburg und Hertogenbosch ihre Front verkürzen, um Kräfte für ihren rechten Flügel freizubekommen.

Der rechte Flügel der 1. Fallschirm=Armee habe zur Verteidigung übergehen müssen. Da es notwendig werden könne, noch weitere Kräfte von ihm nach Aachen zu verschieben, bitte er um Ermächtigung, den Brückenkopf Arnheim aufgeben zu können.

Bei der Heeresgruppe G versuche der Feind, den Waffenplatz Metz von Süden aus aus den Angeln zu heben und sich durch Angriff auf breiter Front zwischen Lunéville und Lure in den Besitz der Vogesen=Übergänge zu setzen. Dagegen lägen Anzeichen für einen Angriff gegen die Burgundische Pforte noch nicht vor. Aufgabe der Heeresgruppe G sei es, wie bisher zäh hinhaltend zu kämpfen und Zeit für den weiteren Ausbau der Vogesenstellung zu gewinnen. Unter Umständen könne es notwendig werden, den Brückenkopf Metz auf die Mosel zurückzunehmen.

Der Hauptgrund für die feindlichen Erfolge der letzten Zeit (Durchbruch bei Eindhoven, Gewinn des nördlichen Waal=Ufers bei Nimwegen, Umklammerung von Aachen usw.) sei der Mangel an Eingreifreserven. Deshalb hätten sich keine Abwehrschwerpunkte bilden lassen. Zwischen Monschau und Diedenhofen sei die Front bereits stark entblößt. Von Trier könne die 36. Inf.=Div. nicht weggezogen werden. Der OB West bat deshalb, ihm je eine Inf.=Div. ab 12., 15. u. 18. 10. aus den Aufstellungsräumen zuzuführen und in den nordholländischen Raum Auffrischungsverbände zu verlegen; da der Raum westlich der Linie Emden—Hamm als luftlande=gefährdet anzusehen sei, bitte er ferner, die Auffrischung der 6. Pz.=Armee in dem Raum Enschede—Borken—Haltern—Hamm—Münster—Rheine vorzuverlegen (Der Befehl zur Verlegung wurde nicht erteilt, um die Auffrischung der 6. Pz.=Armee nicht zu stören. Außerdem lagen in dem gefährdeten Raum 34 800 Mann des Wehrkreises VI, wenn auch solche mit beschränktem Kampfwert, zu denen jetzt noch die Auffrischungsteile der 9. SS=Pz.=Div. kamen). Die Verlegung der Auffrischungsräume der Fallschirm=Div.en sollte [2] nicht in Frage kommen. Diese Lagebeurteilung schloß mit einer Aufzählung von Einzelwünschen ab.

1 S. oben S. 401.
2 Dahinter ein unlesbares Wort hineinkorrigiert.

Der Führer entschied darauf, daß die wichtigsten Aufgaben des OB West blieben:

1. dem Gegner die Einfahrt nach Antwerpen zu verwehren;

2. die Verbindung zwischen der 15. und der 1. Fallschirm=Armee aufrechtzuerhalten;

3. den Einbruch in das westrheinische Industriegebiet bei Aachen zu verhindern und die Stadt selbst bis zum Trümmerhaufen zu verteidigen.

Ferner verbot der Führer die Aufgabe des Brückenkopfes Metz, da dies in kurzer Zeit zum Verlust der ganzen Mosel=Linie führen würde. Dagegen hatte er keine Bedenken, nördlich Metz die Front allmählich auf die Delmer=Höhenstellung bzw. die Weststellungen zurückzunehmen, wobei die Westvogesen=Stellung unter allen Umständen gehalten werden sollte. Jedoch sollten diese Bewegungen nur unter Feinddruck und unter dem Gesichtspunkt weiteren Zeitgewinns für die Stellungen vorgenommen werden.

Auf dieser Grundlage erteilte der OB West den Heeresgruppen B und G am 10. 10. mittags Befehle.

Eine besondere Bewandtnis hatte es mit einem Befehl, den der Chef OKW am 12. 10. herausgab; denn er diente der Erklärung und Tarnung des bevorstehenden Aufmarsches für die eigene Offensive aus der Eifel heraus, für die nunmehr die Grundzüge festgelegt waren (s. unten Abschnitt 16: S. 430 ff.).

Der Chef OKW wies die Kommando=Behörden des Westens darauf hin, daß der Gegner seine Länder auf den baldigen Sieg vorbereitet habe, daß es jedoch nicht möglich sei, diese Aussicht schon jetzt durch eine Offensive zu durchkreuzen. Umso wichtiger sei es, die Reserven so bereitzustellen, daß die bevorstehende Abwehrschlacht zu einem vollen Erfolg führe. Der laufende Verbrauch der Front werde durch Aushilfsmaßnahmen ausgeglichen. Darüber hinaus habe sich der Führer entschlossen, die in nächster Zeit ankommenden operativen Reserven (6. Pz.=Armee, VG=Div.en, Artl. und Werfer-Brig.en, Heerestruppen) als Eingreifreserven des OKW hinter dem Nordabschnitt der Westfront in Anlehnung an die Luftverteidigungszone zu versammeln. Dabei werde nach folgenden Richtlinien verfahren:

1. Masse der Eingreifreserve in den linksrheinischen Raum hinter den Südabschnitt der 1. Fallschirm=Armee und den Nordteil der 7. Armee,

2. Herauslösen von 1 Pz.=Korps und 2–3 schnellen Verbänden aus der Heeresgruppe G bis 31. 10. als OKW=Reserve im Raum Traben=Trarbach–Trier–St. Wendel–Kaiserslautern (dazu 2 zuzuführende VG=Div.en),

3. die nicht eingesetzten Verbände weiter in OKW=Reserve, die nur im äußersten Notfalle für einen geschlossenen Gegenstoß eingesetzt werden sollten,

4. Bevorratung der besonders gefährdeten Frontabschnitte mit Munition, Betriebsstoff, Nachrichten= und Pi.=Mitteln usw. (gleichfalls als OKW=Reserven).

Der OB West erhielt den Auftrag, in Zusammenarbeit mit den Gauleitern kriegsmäßige Unterkunftsmöglichkeiten für die Reserven zu schaffen.

Am 22. 10. übernahm das inzwischen bei der Heeresgruppe G herausgezogene Pz.-AOK 5 die Front im Abschnitt von Aachen. Ihm wurden das LXXXI. und das XII. SS-Korps unterstellt, am 29. 10. auch noch das LXXXVI., das XXXXVII. Pz.-Korps und die Korpsgruppe Feld.

### 10. Der Kampf um den Sperriegel an der unteren Maas

#### *a) Die Kämpfe um den Brückenkopf von Breskens bis zu dessen Einnahme (2. November)*

Für den Gegner war entscheidend, daß er die Zufahrt nach Antwerpen, das er durch schnellen Vorstoß mit Panzern bereits am 4. 9. in Besitz hatte nehmen können, öffnete, um den einzigen großen Hafen an der Nord- und Westküste auszunutzen, der ihm in einem gleich wieder benutzbaren Zustand in die Hand gefallen war. Bezeichnend für die Lage war ein Artikel des „Evening Standard", der dem OB West am 10. 10. übermittelt wurde. Dieser wies nämlich darauf hin, daß der Hafen von Antwerpen im Frieden habe 20 Mill. to aufnehmen können und zweifellos sämtliche Probleme der Versorgung der Alliierten bis nach Berlin zu lösen imstande sei: „Der Hafen ist unversehrt in unsere Hand gefallen, und es ist eine wahre Tantalusqual, daß man die großartigen Anlagen des Hafens von Antwerpen nicht benutzen kann."

Die Ausnutzung von Antwerpen wurde dadurch verhindert, daß die 15. Armee bei ihrem Zurückgehen über die untere Schelde den Brückenkopf um Gent und Brügge nicht völlig geräumt, sondern am Südufer um Breskens herum . . . . .[1] belassen hatte, der die dort eingebauten Küstenbatterien nach der Landseite schützte und es dadurch möglich machte, die Schelde von Süden aus zu sperren. Die Verteidigung dieses Brückenkopfes hatte die 64. Inf.-Div. übernommen.

Der Sperriegel wurde vervollständigt durch die Besetzung der Insel Walcheren und der Halbinsel Süd-Beveland, die nur durch eine ganz schmale Landverbindung nordwestlich Antwerpen mit dem Festland zusammenhing und daher der Gefahr des Abschneidens von Südosten ausgesetzt war, zumal der Gegner die Festlandfront der 15. Armee nach Norden zurückdrückte. Die Verteidigung von Walcheren, wo sowohl an der Seeseite als auch an der Südfront (Vlissingen) schwere Batterien eingebaut waren, fiel der 70. Inf.-Div. zu.

Die Versorgung dieser beiden Div.en machte — entsprechend der Lage — die größten Schwierigkeiten; doch konnte sie durch Einsatz von Kleinschiffen usw.

[1] Vier bis fünf unlesbare Worte hineinkorrigiert.

trotz der feindlichen Überlegenheit in der Luft, die der Feind auch hier zur Geltung brachte, aufrechterhalten werden.

Der Kampf gegen den Brückenkopf von Breskens zog sich durch den ganzen Oktober hin. Nur fußbreit kam der Gegner vor, da es der Division trotz aller Einbrüche gelang, immer wieder eine durchgehende HKL herzustellen. Den Angriff führte der Gegner mit der 3. kanadischen Inf.=Div., die durch einige Pz.=Abt.en der 4. kanadischen Pz.=Div., eine große Anzahl von Flammenpanzern und Handflammenwerfern (mit einer Reichweite von 30 m) sowie sehr starke feindliche Artillerie unterstützt wurde. Nach einem erbeuteten Befehl standen 540 feindliche Rohre 50 eigenen gegenüber. Ein erheblicher Einsatz von Granatwerfern und Phosphorhandgranaten sowie stärkster Munitionsaufwand machten die Überlegenheit des Feindes vollkommen. Sein Kampfverfahren war schematisch und vorsichtig: gewöhnlich griff er erst nachmittags an, brach einzelne Teile aus der HKL und rollte dann einen Teil auf, worauf er anhielt und sich während der Nacht sicherte.

Am 8. und 9. 10. landete der Feind von Osten aus. Ein eigener Gegenangriff schlug nicht durch; vielmehr konnte er am 13. 10. die Landestelle mit seiner Südfront vereinigen und dadurch den Brückenkopf wesentlich einengen.

Da die Kräfte der 64. Inf.=Div. zusammenschmolzen, wurde in der Mitte des Monats erwogen, ob die Besatzung durch Absprung von Fallschirm=Jägern verstärkt werden könne; doch sprachen gewichtige Gründe dagegen.

Vom 22. 10. an zog der Gegner die Masse seiner Panzer und Flammenwerfer ab und führte den Kampf nur noch mit Infanterie und Artillerie weiter. In manchen Nächten verschoß er 20—30 000 Schuß. Gegen Ende des Monats befanden sich im Brückenkopf noch etwa 5000 Mann. Als Infanteristen waren davon 1200 Mann eingesetzt, die Zuführung von weiteren 600 war eingeleitet; ausgebildet waren nur noch etwa 1000 Mann. Daher war der Kampfwert nach drei Wochen des Kampfes nur noch sehr gering, der der Artillerie dagegen noch gut.

Die HKL war nur noch stützpunktartig besetzt. Am Tage waren Bewegungen unmöglich; alle Stützpunkte waren laufend Bombenangriffen ausgesetzt. Der Div.=Stab wurde an einzelnen Tagen 12—18 mal beworfen. Versorgungsschwierigkeiten waren jedoch noch immer überwunden worden (Meldung des Ia, übermittelt am 30. 10.).

In diesen wochenlangen Kämpfen war der Brückenkopf schließlich so eingeengt, daß nur noch ein Rest übriggeblieben war.

Am 29. 10. drang der Feind in den Hafen von Breskens ein. Am 31. 10. nahm er Knocke, das Zentrum des Widerstandes.

Am 1. 11. meldeten sich der Div.=Stab und die Küstenbatterien bei Kadzand ab. Letzte Stützpunkte stellten am 2. 11. den Widerstand ein.

### *b) Die weiteren Kampfhandlungen im Abschnitt der 15. Armee bis zur Einnahme der Insel Walcheren (8. November) und zum Absetzen hinter die untere Maas (9. November)*

Durch diese Erfolge hatte sich der Gegner jedoch die Maas=Mündung noch nicht geöffnet; denn diese wurde ja noch durch die Batterien auf *Walcheren* gesperrt.

Da die Seekriegsleitung am 30. 9. eine Verstärkung von Walcheren gewünscht hatte, nahm der WFStab am 1. 10.[1] zu dieser Frage Stellung. Es kam zu einer Ablehnung dieses Vorschlags, da die 15. Armee ihre bisherige Stellung halten sollte und dazu alle Kräfte benötigte. Am 3. 10. wies der Chef WFStab den OB West auf die Nachrichten hin, daß die Versorgung und dadurch die Kampfführung des Feindes durch die Verteidigung der Häfen gehemmt und der Gegner daher versuchen werde, sich in den Besitz der Mündung zu setzen. Deshalb müsse die Linie Antwerpen—Tilburg—Hertogenbosch bis zum äußersten verteidigt und mit dem linken Flügel der Anschluß an den Waal festgehalten werden. Wenn sich die Armee von der Maas abdrängen lasse, seien Walcheren, der Brücken=kopf Bresken und die Westerschelde verloren. Dementsprechend müßten die Kampfführung und die Küstenbatterien der 15. Armee darauf eingestellt sein, alle technischen Mittel, auch Überschwemmungen, auszunutzen.

Entsprechend dieser Weisung befahl der OB West am 5. 10. die Zuführung der Sturmgeschütz=Brig. 667 zur 15. Armee, die Ausstattung derselben mit panzerbrechenden Mitteln, Verstärkung der Artillerie, die Zuführung der 363. Inf.=Div. und später einer weiteren Division sowie den Ausbau der HKL unter Heranziehung der Zivilbevölkerung. Eine Meldung, welche Überschwemmungen noch durchzuführen seien, wurde angefordert.

Am 4., 7. und 11. 10. führte die feindliche Luftwaffe durch Treffer auf den Deichen Überschwemmungen auf Walcheren herbei. Die Verteidigung der Stützpunkte wurde dadurch zwar nicht unmöglich gemacht, aber doch erschwert, und die Zivilbevölkerung kam in eine schlimme Lage.

Am 10. 10. erteilte der OB West auf Grund der ihm vom Führer gegebenen Weisungen den Befehl, den Brückenkopf Breskens und die Insel Walcheren bis zum letzten zu verteidigen und die Landverbindung aufrechtzuerhalten. Eine Zurücknahme der 15. Armee auf das Nordufer des Waal komme nicht in Frage.

Durch ständige Angriffe aus dem Raum von Antwerpen nach Nordwesten schob sich der Gegner immer näher an die schmale Landverbindung Süd=Beve=land mit dem Festland heran. Am 21. 10. konnte noch einmal die Verbindung hergestellt werden; aber sie hatte inzwischen ihre Bedeutung verloren, da sie im feindlichen Feuerbereich lag und die Versorgung bereits über See geschah.

Um Kräfte einzusparen, wurden am 22. 10. die beiden Bogen begradigt, die in der Front der 15. Armee zum Arnheim=Schlauch hin entstanden waren. Dies

1 Im Ms.: 11. 10.

war deshalb erforderlich geworden, weil der Gegner am 21. 10. den Angriff gegen Hertogenbosch eingeleitet hatte und sich in tagelangem Kampf der Stadt bemächtigte. Am 23. 10. unterbrach er von neuem die Verbindung nach Beveland, am 24. stieß er über den Damm vor. Am 25. 10. wurde bereits im Raum von Rosendaal gekämpft.

Am 26. 10. genehmigte der OB West, um einen feindlichen Durchbruch zu verhindern und um Kräfte einzusparen, eine weitere Zurücknahme der 15. Armee auf die allgemeine Linie Bergen op Zoom—Rosendaal—Breda—Dongen—westlich Hertogenbosch. Er wies darauf hin, daß ein Abdrängen des linken Flügels nach Westen unter allen Umständen verhindert und durch straffe Befehls= und Kampfführung in[1] der erheblich kürzeren Landfront erreicht werden müsse. Jedem Offizier und jedem Mann müsse klar sein, daß es sich nicht um den ersten Schritt zu einem späteren Ausweichen hinter den Waal handele, sondern um ein Versteifen des Widerstandes.

Der OB West meldete am 27. 10., daß er diesen Befehl gegeben habe, daß aber die Durchführung desselben von der schnellen Zuführung von Ersatz an Menschen und Waffen abhängig bleibe.

Um feindliche Kräfte von der Front der 15. Armee abzuziehen, wurde am 26. 10. aus der Ostfront des Schlauches ein eigener Angriff nach Westen geführt, der das gesteckte Ziel erreichte und bis zum 30. 10. fortgesetzt wurde. Er führte auch dazu, daß der Gegner Kräfte nach Osten verschob.

Am 27. 10. drang der Feind in Bergen=op=Zoom ein; außerdem griff er zwischen Breda und Tilburg an; vom 28. 10. an konnte er die Maas=Brücken unter Feuer nehmen.

Am 28. 10. verbot der Führer den Abzug von Kräften aus Holland ohne Genehmigung des OKW. Die 5. Fallschirm=Jg.=Div. wurde aus Nordholland in den Raum von Amsterdam verlegt, um dort weiter aufgestellt zu werden (dort sollte sie gleichzeitig einen Rückhalt gegen Unruhen bilden). In Nordholland sollte die 9. Fallschirm=Jg.=Div. aufgestellt werden.

Am 29. 10. wurde dem OB West mitgeteilt, der Führer erwarte, daß die 15. Armee mit allen Kräften die neue Linie halte. Für den Fall, daß neue tiefe Einbrüche entstehen sollten, so daß die Gefahr einer Vernichtung von Teilkräften eintrat, sollte die Armee wenigstens große Brückenköpfe südlich der Maas halten. Ihr rechter Flügel sollte nach Westen einschwenken und die Übergänge zu den Schelde=Inseln sperren, um ein Aufbrechen der Schelde zu verhindern. Es wurde erneut befohlen, Walcheren fanatisch zu verteidigen; gegebenenfalls sollte die 70. Inf.=Div. von Süd=Beveland auf Nord=Beveland und Walcheren zurückgenommen werden.

Da nach Verlust der letzten schweren Batterie der Brückenkopf Breskens für die Sperrung der Schelde=Mündung nur noch geringen Wert besaß, wurde dem OB West aufgetragen zu melden, ob namhafte Teile der 64. Inf.=Div. noch

1 Davor ausgefallen: ein Stehenbleiben (oder ähnlich).

nach Walcheren überführt werden könnten. Wenn nicht, sollte sie sich bis zum letzten in ihrem Brückenkopf behaupten (da dies nicht möglich war, blieb die 64. Inf.=Div. bis zuletzt im Brückenkopf).

Um die Verluste der 15. Armee ausgleichen zu können, wurde zunächst auf die Aufstellung der 8., 9. und 10. Fallschirm=Jg.=Div. verzichtet. Die für sie be=reitgestellten Truppenteile usw. sollten dem Gen.=Oberst Student zugeführt werden. Dagegen wurde untersagt, die 3., 5., 6. und 7. Fallschirm=Jg.=Div. und ihren Ersatz anzugreifen. Ferner erhielt das AOK 15 17 Sturm=Haubitzen.

Die in diesem Befehl vorausgesehene Lage trat bereits am 29. 10. ein. Bei Bergen=op=Zoom entstand eine Frontlücke, zu deren Schließung keine Kräfte vorhanden waren, und bei Rosendaal errang der Gegner weiteren Boden. Die 15. Armee faßte daher den — von der Heeresgruppe gebilligten — Entschluß, auf 2 Brückenköpfe zurückzugehen: einen großen in Moerdijk nach Süden und einen kleineren in Richtung Hertogenbosch.

Dieser Entschluß konnte bereits ohne Rücksicht auf die Besatzung von Walcheren gefaßt werden, da ihr Widerstand sich dem Ende näherte.

Am 1. 11. drang der Gegner bis Vlissingen vor, wo nunmehr die Schleuse geöffnet wurde. Der Nordrand der Stadt konnte noch gehalten werden; aber der Feind setzte sich gleichzeitig auf Nord=Beveland fest und landete auch von See aus bei Westkapelle. Am 5. 11. war daher die Insel bis auf Widerstands=nester bei Middelburg und Westkapelle in der Hand der Briten. Am 6. 11. lan=dete der Feind auf der nördlich anschließenden Insel Schouwen, zog sich jedoch von ihr wieder zurück.

Am 8. 11., 8.37 Uhr, meldete sich die letzte Funkstelle auf Walcheren ab.

*Damit hatte der Gegner sein Ziel, die Öffnung der Schelde=Mündung und damit die Ausnutzung des Hafens von Antwerpen, nach fast zweimonatigem Kampf erreicht;* denn im Brückenkopf Breskens war der Widerstand ja bereits am 1. 11. zusammengebrochen.

Die 15. Armee hatte nunmehr nur noch eine Landfront zu verteidigen; dabei mußte sie allerdings mit Landungen in ihrer Flanke rechnen.

Am 2. 11. verlangte der Führer eine Meldung, welche Maßnahmen die 15. Armee treffe, um zu verhindern, daß der Feind sich auf den Inseln nördlich Walcheren festsetze und daher hinter Waal und Rhein Fuß fasse. Da wiederum Zivilisten in den Kampf eingriffen und der eigenen Truppe in den Rücken ge=fallen waren, befahl er die Entfernung der Zivilbevölkerung aus den mili=tärischen Stützpunkten.

Am gleichen Tage meldete der OB West, daß die 15. Armee zum Schutz ihrer tiefen Seeflanken keine nennenswerten Reserven ausscheiden könne und nach den Erfahrungen an der Scheldemündung die Küstenbatterien allein den Gegner nicht abzuhalten vermöchten. Er habe daher angeordnet, den Hafen von Rotter=dam bereits jetzt so zu zerstören, daß er sich innerhalb von 6 Stunden völlig unbrauchbar machen ließ. Da ab 10. 11. die 5. Fallschirm=Jg.=Div. im Raum

Amsterdam—Rotterdam eintreffe, trete eine gewisse Stärkung ein. Den Antrag, auch die 3. und 6. Fallschirm=Jg.=Div. dorthin zu verlegen, die gemäß dem Befehl des Führers in den Großraum Aachen zugeführt werden sollten, lehne er ab, da er mit einer Umgruppierung des Feindes nach Osten rechne.

Am 5. 11. entschied der Führer, daß der Hafen von Rotterdam, der nicht unmittelbar bedroht sei, in dem für die Seekriegführung erforderlichen Umfang erhalten bleiben sollte.

Am 3. 11. wies der Chef WFStab den OB West an, daß für den Brückenkopf Moerdijk (entsprechend dessen großer Bedeutung) eine eigene Sicherungsbesatzung mit verantwortlichem Führer zu bestimmen sei, der die Verantwortung trüge, daß die Brücken nicht unzerstört in Feindeshand fielen.

Die sofortige freiwillige Sprengung der Moerdijk=Brücke lehnte der Führer gleichfalls ab. Für die Zerstörung wurde die 711. Inf.=Div. verantwortlich gemacht. Dazu wurden besondere Anweisungen gegeben.

Nachdem am 3. 11. die Masse der eigenen Kräfte hinter die Maas zurückgenommen war, wurde die Brücke am 6. 11. früh gesprengt; da Teile stehengeblieben waren, stieß am 15. 11. ein Sonderkommando vor und vernichtete den Rest.

Am 7. 11. meldete der OB West, daß er bereits von sich aus die Frage einer Verstärkung der Besatzung der Inseln Schouwen und Goerce habe prüfen lassen, daß die 15. Armee jedoch keine Kräfte freimachen könne, vielmehr die Festungen Hoek van Holland und Ijmuiden verstärken müsse. Der OB West schlug deshalb vor, Kräfte mit schweren Waffen von den Inseln abzuziehen und nach Voorne und in die Festungen zu verlegen, obwohl die Kriegsmarine sich dagegen ausgesprochen hatte. Er begründete seinen Antrag damit, daß sich die Nordeinfahrt in die Maas= bzw. Waal=Mündung sowie der Zugang nach Rotterdam über Hoek van Holland am sichersten durch eine ausreichende Verteidigung am Nordufer des Harlingvliet (Voorne) und durch die Festung Hoek van Holland sperren lasse. Auf eine vom ihm erstattete Meldung hin teilte der OB West am 9. 11. mit, daß die bisher in Rotterdam durchgeführten Maßnahmen so geringfügig seien, daß er die Verantwortung für eine rechtzeitige Zerstörung des Hafens nicht übernehmen könne. Der WFStab wies darauf die Seekriegsleitung darauf hin, daß nunmehr der Kommandierende Admiral in den Niederlanden die Verantwortung trage.

Am 10. 11. wurde der OB West angewiesen, die 3. und 6. Fallschirm=Jg.=Div. bis zum 20. 11. in Nordholland zu belassen und auszubilden; für die Folgezeit sollte der Abtransport in den Raum von Aachen vorbereitet werden.

Der Brückenkopf Moerdijk war am 8. 11. in drei Teile aufgespalten und dann zurückgenommen worden. Die restlichen Teile folgten am 9. 11.

Dadurch lag nun ein starkes Naturhindernis vor der 15. Armee; aber der Gegner hatte Kräfte freibekommen, die er sofort nach Osten vorschob, wo nun in Kürze der Großkampf begann.

### 11. Die Einsetzung einer neuen Heeresgruppe (H) am rechten Flügel (27. Oktober) bis zur Übernahme des Befehls (10. November)

In einer Meldung vom 12. 10. hatte der OB West ausgeführt, daß die Heeres=gruppe B zur Zeit eine Seefront von 370 km, eine Landfront von 630 km zu verteidigen habe. Wegen der Zusammenfassung der feindlichen Kräfte zwischen Arnheim und Aachen sei eine weitere Verlegung von Panzer=Verbänden von der Heeresgruppe G zur Heeresgruppe B erforderlich, so daß dort schließlich 5 Armee=Oberkommandos und 15 Gen.=Kdo.s eingesetzt sein würden. Dies übersteige die Kräfte einer Heeresgruppe. Der OB bezeichnete deshalb die Zu=führung einer dritten Heeresgruppe für die Führung im Raum von Breskens bis etwa Venlo als erforderlich, der zu unterstellen seien: 15. Armee, 1. Fall=schirm=Armee und Wehrm.=Befehlshaber Niederlande. Die Heeresgruppe B würde dann im Schwerpunkt die 5. Pz.=Armee und die 7. Armee führen.

Diesem Wunsche wurde entsprochen. Am 27. 10. wurde die Umbildung des AOK 16 zur Heeresgruppe H befohlen. Ihre Zuführung sollte ab 15. 11. er=folgen; sie sollte dann die Führung des rechten Flügels (AOK 15, Wehrm.=Be=fehlshaber Niederlande und Fallschirm=AOK 1) übernehmen.

Am 29. 10. wurde der OB West angewiesen, nicht erst das Eintreffen des Stabes der Heeresgruppe H abzuwarten, sondern dem Gen.=Oberst Student, unter dem bereits die 15. Armee und die 1. Fallsch.=Jg.=Armee zusammengefaßt seien, die erforderlichen Führungsorgane aus den unterstellten Stäben zu geben.

Die Umbildung zur Heeresgruppe wurde für den 10. 11. vorbereitet und konnte auch bis dahin abgeschlossen werden. Am 10. 11. übernahm die neue Heeresgruppe den Befehl über die 15. Armee (LXVII. und LXXXVIII.AK.), den Wehrm.=Befehlshaber Niederlande und das Fallschirm=AOK 1 (II. SS=Pz.=Korps, II. Fallschirm=Korps und nunmehr auch das LXXXVI.AK.).

Der Wehrm.=Befehlshaber Niederlande wurde anschließend nach Abzug des Stabes der 15. und 25. Armee in „Armeegruppe Christiansen" umbenannt.

Am 14. 11. erfolgte die am 13. 11. befohlene Befehlsübernahme des Wehrm.=Befehlshabers Niederlande über die 15. Armee.

Am 15. 11. übertrug der OB West dem nunmehrigen OB der 25. Armee, Gen. d. Flieger Christiansen, die Gesamtverantwortung in den Niederlanden. Nach seiner Weisung hatte nunmehr sein bisheriger Stab unter Gen.=Lt. von Wüh=lisch („Wehrm.=Befehlsh. Niederlande") die bisherigen Aufgaben des Wehrm.=Befehlshabers wahrzunehmen.

### 12. Die Kämpfe bei der Heeresgruppe G

#### *a) Die Kämpfe um und bei Metz vom 7.—30. November*

Am 7. 11. begann der erwartete *Großangriff bei Metz,* der sich am 18. 11. von Pont=à=Mousson bis zum Rhein=Marne=Kanal ausdehnte. Als erste Schwer=

punkte erwiesen sich die bereits früher angegriffenen Räume von Nomeny und Château Salins. Es war beim Gegner mit 1—2 Bataillonen je km und mit 3—4 Pz.=Div.en hinter der Front zu rechnen. Am 9. 11. trat der Gegner, wie gleichfalls erwartet worden war, auch nördlich von Metz zum Angriff an, der schnell zu einem tiefen Einbruch führte. Südostwärts Metz konnte der Feind am gleichen Tage die Delmer Höhen erreichen, also die erste Riegelstellung überschreiten und Château Salins nehmen. Am 11. 11. gelangte er bis zum Nied=Abschnitt, der nicht hatte befestigt werden können.

Da nunmehr mit der Einschließung von Metz gerechnet werden mußte, war dem OB West bereits am 3. 11. ein Befehl des Führers zugeleitet worden, wonach er die Stadt — auch auf die Gefahr einer Einschließung — bis zum letzten Mann zu halten habe, wozu der Kommandant besonders zu verpflichten sei. Jedoch dürfe die 17. SS=Pz.=Gren.=Div. nicht mit eingeschlossen werden; sie sei deshalb so bald wie möglich abzulösen. Diese Weisung wurde am 11. 11. dahin ergänzt, der Führer habe nunmehr befohlen, falls die Einschließung von Metz unvermeidlich werde, so viel Kräfte in die Festung zu führen, daß sie nachhaltig verteidigt werden könne. Notfalls werde dafür auch die 17. SS=Pz.=Gren.=Div. freigegeben. Die Bevorratung sollte sofort auf den höchstmöglichen Stand gebracht werden. Darauf wurde die Bevorratung eingeleitet und mit der Vorbereitung der Verteidigung [1] der Stadt begonnen.

An diesem Tage begann ein eigener Gegenangriff bei Mallingen, um den Brückenkopf nördlich Metz einzuengen. Er zog sich über Tage hin und zeitigte Erfolge, jedoch keinen durchschlagenden, da der Geger auch noch an anderen Stellen über die Mosel setzte. Am 14. 11. begann der Gegner mit Angriffen von Westen und Süden gegen Metz selbst, wobei er in die Gegend der alten Forts gelangte. An der südostwärts anschließenden Front, an der er an jedem Tage weiteres Gelände gewonnen hatte, kam er sowohl an diesem als auch an den folgenden Tagen weiter vor.

Am 14. 11. abends meldete der OB West, daß sich die Lage bei Metz durch mehrere tiefe Einbrüche von Westen und Süden weiter ungünstig entwickelt hatte und baldige Einschließung nunmehr zu befürchten sei. Ferner müsse mit neuem Angriff von Diedenhofen aus nach Süden sowie gegen St. Avold und Saaralben gerechnet werden. Eine Besprechung mit dem OB der Heeresgruppe G habe ergeben, daß die Kampfkraft der 1. Armee in den letzten Tagen stark abgesunken sei; daher sei die Zuführung von 8 Marsch=Bataillonen dringend notwendig, von denen der OB West nur 4 stellen könne. Die Ausfälle an Waffen könne er gleichfalls nur zur Hälfte decken. Ferner habe er die Bitte um eine Sturm=Geschütz=Brigade und 2 schwere Pz.=Jg.=Abt.en ablehnen müssen. Von der 19. Armee ließen sich keine Kräfte mehr abziehen, und eine Zurücknahme der 1. Armee auf die Maginot=Linie oder sogar auf die Saar=Höhen und die Weststellung würde Zeitgewinn, aber keine Kräfteersparnis bedeuten.

1 „V. der V." ergänzt; im Ms.: mit der Einkreisung der Stadt (jedoch handschriftlich gestrichen).

Wenn der Durchbruch verhindert werden solle, sei in absehbarer Zeit das vorgesehene Herausziehen der 25. Pz.-Gren.-Div., der 17. SS-Pz.-Gren.-Div. und auch der 16. und 21. Pz.-Div. trotz Zuführung der 345. Inf.-Div. nicht möglich. Falls Metz eingeschlossen werde, müsse außerdem noch die dadurch entstehende Frontlücke geschlossen werden. Abschließend meldete der OB West die von ihm unter diesen Umständen noch vorgesehenen Auffrischungen von 4 Verbänden.

Am 15. 11. verschärfte sich die Lage nicht nur im Raum von Diedenhofen weiter, da der Feind seinen Brückenkopf ausdehnen konnte, sondern auch an der Nordfront von Metz, an der der Gegner tiefe Einbrüche erzielte. Auf diese Weise kam er in den Besitz der die Stadt beherrschenden Höhen. An der Westfront schien sich die Lage zu entspannen, aber an der Südfront sickerte der Feind zwischen den Befestigungswerken durch. Südostwärts der Stadt wurde die Front in die Linie Aunung—Mecy—Früllingen [1]—Chesny—Hanhausen zurückgenommen. Mörchingen ging verloren.

Am 16. 11. verschlechterte sich die Lage bei Diedenhofen weiter. Südlich der Stadt wurden die eigenen Kräfte von der Mosel abgedrängt. Von den Höhen nördlich Metz schwenkte der Feind nach Westen ein und schloß das Fort Lorraine ein. Auch an der Südfront kam er weiter voran; es gelang ihm, einige Forts einzuschließen. Bei Mörchingen ging weiteres Gelände verloren.

Am 17. 11. begann die 1. Armee mit der Preisgabe des Raumes von Metz und dem Zurückklappen auf eine Sehnenfront. Im Vorgelände von Metz nahm der Feind zwei Forts; er schwenkte im Norden noch weiter nach Westen ein und erreichte im Süden die Vorstädte.

In *Metz* konnte der Widerstand nicht lange aufrechterhalten werden, da die in der Stadt zurückgelassenen Kräfte zu einer Verteidigung des großen Raumes und seiner zahlreichen Anlagen nicht ausreichten. Bereits am 19. 11. fand der Kommandant im Inf.-Kampf den Tod [2]. Eine ihm übermittelte Aufforderung zur Übergabe wurde am 20. 11. abgelehnt. Am 21. 11. näherte sich der Hauptkampf dem Ende. *Der letzte Widerstand erlosch am 30. 11.*

Dieser Widerstand hatte den Erfolg, daß starke feindliche Kräfte vorerst gebunden waren und die 1. Armee daher Zeit fand, sich in ihrer neuen Front einzurichten. Das auf diese Weise entlastete XIII. SS-Korps konnte sich umgruppieren und Reserven bilden.

Bei seinen Angriffen im Raum von Metz hatte der Feind seine Absichten gut verschleiert und die Panzer weit zurück versammelt. Erst in der letzten Nacht wurden die Angriffsgruppen vorgeführt, ohne daß ihnen die Absichten bekannt gegeben wurden. Die Artillerie schoß sich vorher nicht ein; Funkstille und geringe Lufttätigkeit vervollkommneten die Verschleierung. Nördlich Metz führte der Feind einen kurzen Feuerschlag, südlich Metz legte er 2 Stunden lang Trom-

1 Ms.: Merly—Prüllingen.
2 Im Ms. fehlt: den Tod.

melfeuer auf die eigene Front; dabei verwandte er auch Nebelgranaten. Am ersten Tage wurden nur wenige Panzer eingesetzt, die wie Artillerie verwandt wurden; erst am 2. Tag erfolgte ein stärkerer Einsatz von Panzern, die durch 4mot.=Bomber unterstützt wurden und die Stellungen überrollten, worauf sie die Infanterie abwarteten. Dadurch kamen nur Tagesleistungen von 5–6 km zustande. Panzer=Gräben erwiesen sich als wirkungslos, da die Panzer über genügend Übersetzgerät verfügten.

### *b) Der Einbruch des Feindes in das nördliche Elsaß (17. November bis 16. Dezember)*

Um die Ereignisse im Raum von Metz zusammenzufassen, ist die Darstellung vorausgeeilt. Sie muß jetzt noch einmal zurückgreifen, da die Kämpfe an der übrigen Front der Heeresgruppe G erst bis zum 16. 11. dargestellt wurden.

In Lothringen konnte am 17. 11. der Feind aufgehalten werden. Bedrohlich wurde die Lage dagegen an der Saarburger Senke, wo der Gegner mit 4 Div.en (darunter 1 Pz.=Div.) antrat und Rixingen nahm. Im Raum von Belfort kam der Feind auf 3 km an Mömpelgard heran; auf dem Ostflügel gewann er gleichfalls Gelände. Der rechte eigene Flügel wurde deshalb auf die Westvogesen=Stellung zurückgenommen und das Absetzen auf die vordere Stellung vor Belfort eingeleitet. Zur Verstärkung wurde von der Vogesenfront die 198. Inf.=Div. herangeholt.

Am 18. 11. setzten sich die eigenen Kräfte auf den Orscholz=Riegel, die deutsche Nieth und die Maginot=Linie ab, so daß der Gegner Metz umfassen konnte. In Lothringen verharrte der Feind. Bei Belfort dauerte die kritische Lage an, da der Gegner Dele nehmen konnte.

Am 19. und 20. 11. ging in Lothringen wiederum Gelände verloren.

Am 21. 11. gelangte der Feind bei seinem Vorstoß in die Saarburger Senke über Saarburg hinaus bis kurz vor Pfalzburg. Südlich der Zaberner Senke kam er mit Panzern über die Vogesen; Spitzen gelangten bereits in den Vorraum von Straßburg. Um diesen Kräften in die Flanke zu fallen, wurde aus den für den eigenen Angriff bereitgestellten Reserven die Pz.=Lehr=Div. freigegeben. Jedoch sollte diese bis spätestens 28. 11. wieder der Heeresgruppe B unterstellt werden. Am 22. 11. konnte bei St. Avold einer von zwei Einbrüchen noch bereinigt werden; jedoch gelang es jetzt dem Feinde, den linken Flügel der 1. Armee aufzureißen und Buchsweiler, Ingweiler und Zabern zu besetzen. Am 23. 11. früh fuhren feindliche Panzer in *Straßburg* ein. Um 16.00 Uhr begann von Saarunion aus der Gegenangriff der Pz.=Lehr=Div. in Richtung Saarburg; doch stieß er auf starken Widerstand und konnte daher nicht weit vorkommen. Durch Sich.=Kräfte wurde der Westwall im Abschnitt Saarbrücken–Bienenwald besetzt, um einer Überraschung vorzubeugen. Nach Hagenau wurde von der Heeresgruppe G die 356. Inf.=Div. herangezogen, der weitere

Kräfte folgten. Die Besetzung von Kehl wurde verstärkt, die Sprengung der Rheinbrücken vorbereitet. In den mittleren Vogesen wurde die Front begradigt; besetzt gehalten wurde jetzt im wesentlichen die Vogesenkamm=Stellung mit ihrem Vorgelände.

Am Abend dieses Tages stellte der OB West in seiner Meldung eine wesent=liche Verschärfung der Lage fest, da es dem Gegner gelungen sei, mit min=destens 1 Pz.=Div. die Zaberner Senke zu durchstoßen und in Straßburg einzudringen. Gleichzeitig drücke er mit 2 Pz.=Div.en auf Saargemünd–Saar=alben und an den Mittelvogesen über Saales in Richtung Schlettstadt vor. Als seine Absicht sei das Abschneiden der deutschen Kräfte bzw. deren Aufsplitte=rung anzunehmen. Am gefährlichsten seien die Stöße in Richtung Saargemünd und durch die Senke anzusehen, weil dadurch der Westwall und die Pfalz bedroht würden. Als Grund für die feindlichen Erfolge führte der OB die Schwächung der eigenen, an sich nicht hochwertigen Divisionen durch wochenlange Kämpfe ohne Auffüllung an. Es fehle an Eingreifreserven, und die Pz.=Lehr=Div. sei bisher nur langsam herangekommen. Der Angriff werde sich daher nicht mehr auswirken, da der Feind durch das Loch bei Zabern weitere Kräfte nachführe. Infolge der schlechten Transportlage in den Niederlanden kämen die 256. und die nachfolgende 245. Inf.=Div. gleichfalls nur langsam heran; sie könnten erst ab 28. 11. bzw. 3. 12. bei Hagenau versammelt sein. Bis dahin werde sich die Lage im Nordelsaß verschärfen. Der Verlust des Elsasses ließe sich nur verhin=dern, wenn sofort 2 Pz.=Div.en und 1 weitere Inf.=Div. zugeführt würden; diese könnten jedoch aus eigenem Bereich nicht mehr gewonnen werden.

Am 24. 11. wurde dem OB West mitgeteilt, der Führer sei trotz der Ver=schärfung der Lage in Elsaß=Lothringen entschlossen, unter Inkaufnahme von weiteren Geländeverlusten im Südabschnitt an den bisherigen Operationsab=sichten bei der Heeresgruppe B festzuhalten. Dementsprechend würden Ver=bände der OKW=Reserven nicht freigegeben. Deshalb sei der Kampf bei der Heeresgruppe G wie folgt zu führen: Abriegelung der Burgundischen Pforte und konzentrischer, kühner und entschlossener Angriff gegen den Feind im mittleren [1] Elsaß mit den letzten verfügbaren Kräften, Abriegelung der Rhein=Ebene südlich Straßburg, um eine Umfassung der 19. Armee von Norden zu verhindern. Die Kräfte sollten durch schnelle Bereinigung im Süden, notfalls durch Ausweichen in die Vogesenkamm=Stellung gewonnen werden. Nördlich solle mit den Resten des LXXXIX.AK. und Kräften des Ersatzheeres der Feind am Vorrücken zwischen den unteren Vogesen und dem Rhein nach Norden ge=hindert, mit der Pz.=Lehr=Div. und Teilen der 1. Armee sowie der nachzufüh=renden 256. Inf.=Div. der Angriff gegen Saarburg fortgesetzt werden, um das amerikan. XV.AK. von seinen rückwärtigen Verbindungen abzuschneiden. Die Sicherung des Oberrheins und des Westwalls habe mit allen verfügbaren Kräften der Wehrkreise V und VII zu geschehen. Da in Kürze mit einem An=

1 Ms.: südlichen.

griff gegen die Linie Saargemünd–Saaralben zu rechnen sei, sollte der Raum um Püttlingen stärker gesichert werden, ebenso der Orscholz=Riegel. Nach Zer=schlagung des Feindes bei Mühlhausen wurde ein Angriff gegen Zabern vorge=sehen, um auch dort in Verbindung mit der 1. Armee die rückwärtigen Verbin=dungen des Gegners durchzutrennen.

An diesem Tage kam die Pz.=Lehr=Div. 6–7 km voran. Der Aufbau der neuen Front machte Fortschritte. In *Straßburg*, das gleich vom 23. 11. an als *verloren* angesehen werden mußte, hielten sich noch einzelne Kampfgruppen, doch mußten sie nacheinander den Kampf abbrechen.

Am 24. 11. befahl der OB West eine neue Linie südlich Straßburg und um das Elsaß herum (s. unten).

Am 25. 11. griff der Gegner die Pz.=Lehr=Div. in der rechten Flanke an. Da inzwischen im unteren Elsaß soviel Gelände verlorengegangen war, war die Hoffnung, durch diesen Angriff noch eine Wendung der Lage herbeizuführen, sowieso erledigt. Am 25. 11. konnte der Feind sich überdies das Tal von Schirm=eck öffnen. Auch ging Markirch verloren.

Am 26. 11. drangen feindliche Panzer südlich Straßburg bis Erstein vor. Die 19. Armee versuchte eine Abriegelung vom Gebirge zum Rhein aufzubauen, stieß dabei jedoch auf die Schwierigkeit, daß ihr zu wenig und noch dazu nicht voll kampfkräftige Einheiten zur Verfügung standen.

An diesem Tage wurden dem *Reichsführer SS* alle Kräfte des Heeres, der Luftwaffe und der Waffen=SS zwischen Bienenwald (ausschließlich) und Schwei=zer Grenze zur *Verteidigung des Oberrheins* unterstellt mit dem Auftrag, den Übergang des Feindes zu verhindern. Dazu sollte er den Volkssturm mobili=sieren. Meldungen des Reichsführers SS hatten an den Führer persönlich zu gehen.

In einem weiteren Befehl wurde dem Reichsführer SS die Einrichtung von Brückenköpfen bei Breisach und Neuenburg aufgetragen. Am gleichen Tage wurde ferner der Befehl des Führers versandt, daß im Abschnitt Saarbrücken–Bienenwald die Besetzung des Westwalls unter dem OB West und die des Oberrheins unter dem Befehlshaber des Ersatzheeres unter Zusammenfassung aller Kräfte zu verstärken seien. Dazu sollten alle Ersatz= und Ausbaueinheiten, Schreiber, Lehrgänge usw., die nicht die Küste und die Ostfront berührten, durch den BdE zusammengefaßt und dieser Aufgabe zugeführt werden, und zwar zuerst die Führer=Begleit=Brigade, die II. Pz.=Abt. 2, die Sturm=Geschütz=Brig. 200 und andere kleinere Einheiten (als OKW=Reserve). Weitere Zufüh=rungen von Kräften und Waffen waren in Aussicht genommen. Außerdem be=fahl der Führer, daß von nun ab nicht ein Mann und keine Waffe aus der Be=satzung des Westwalls vorwärts derselben eingesetzt werden dürften. In einem Sonderbefehl wurde geregelt, daß die Führer=Begleit=Brigade nur geschlossen einzusetzen sei (dazu Befehl des OB West vom 27. 11.). Gleichfalls am 26. 11.

ging ein Befehl heraus, durch den weitere Kräfte aus den Wehrkreisen VII, VIII [1] und IX in Marsch gesetzt wurden.

Am 27. 11. wurden im *Orscholz=Riegel*, wo in den letzten Tagen feindliche Einbrüche eingeengt worden waren, weitere 16 Bunker zurückgewonnen und dadurch die Lage gefestigt. Ostwärts Merzig setzten sich die eigenen Kräfte ab, ebenso im Raum von Saarlautern [2], um die Front zu verkürzen. Um diese Bewegung zu decken, hielt die Pz.=Lehr=Div., die vom Westen, Südwesten und Südosten angegriffen wurde, noch ihren alten Raum. Frei wurde dadurch die 361. Inf.=Div., die an den linken Flügel verschoben wurde.

Nördlich Straßburg verhielt sich der Feind noch ruhig; dagegen drückte er in südlicher Richtung stark weiter in Richtung Erstein und Barr. An der Nordwestfront in den Vogesen errang der Gegner gleichfalls Erfolge. Er wurde an der Straße nach Schlettstadt aufgehalten; dagegen hielt noch die Stellung auf den Hochvogesen.

Es wurde befohlen, die Brücken bei Kehl sofort zu sprengen und Fähren für die Versorgung des noch besetzten Brückenkopfs sicherzustellen.

Am 28. 11. genehmigte der Führer die Auflockerung von Saarbrücken, da der Gegner hier mit Pz.=Kräften drückte. Auf der Saarhöhen=Stellung wurde er aufgehalten. Die Falkhöhen [3] wurden zurückgenommen, und die Pz.=Lehr=Div. wurde mehrmals zum Eingreifen an bedrohter Stelle bereitgestellt. Südlich Straßburg ging Erstein verloren. An diesem Tage befahl der Führer die Zuführung von Geschützen und Panthern in den Abschnitt Saarbrücken–Schweizer Grenze zur Verbesserung der Panzerabwehr.

Am 29. 11. erzielte der Feind tiefe Einbrüche bei M e r z i g und S a a r l a u t e r n , die erst kurz vor der Saar aufgefangen werden konnten. Die 21. Pz.=Div. mußte zum Gegenangriff eingesetzt werden. Nördlich Straßburg weitete der Gegner einen Brückenkopf weiter aus. Bei Hagenau hielt sich jedoch die dort inzwischen aufgebaute Front. Südlich Straßburg, wo der Druck nachließ, ging Barr verloren. Bei Schlettstadt dauerte die Krise an; der von Osten vorstoßende Feind konnte mit letzten Reserven aufgefangen werden. Die Hochkönigsburg ging verloren. Da jetzt vom Süden die 198. Inf.=Div. herankam, war nun jedoch eine Entspannung der Lage südlich Straßburg zu erwarten.

Am 30. 11. wurden bei Merzig die eigenen Kräfte hinter die Saar, d. h. in den Westwall, zurückgenommen. Bei Saarlautern lag die HKL nunmehr unmittelbar vor der Stadt. Südlich Straßburg nahm die Kampftätigkeit wieder zu. Am Ill=Abschnitt wurde eine neue HKL eingerichtet. An der Vogesenfront, wo der Feind auf die Pässe vorgedrungen war, konnte die Lage wieder gefestigt werden.

An diesem Tage übernahm der Reichsführer SS den Befehl am Oberrhein.

1 Ms.: XIII.
2 Ms.: Kaiserslautern.
3 Im Ms. z. T. durch Lochen zerstört.

Am 2. 12. griff der Feind Saarunion an; der Nordrand der Stadt wurde noch gehalten. Südlich Straßburg wurden die eigenen Kräfte über den Ill=Abschnitt und auf Schlettstadt zurückgedrückt. Von den Hochvogesen wurde der dort noch bestehende Frontbogen zurückgenommen. Bei Kehl wurden die Brücken gesprengt; der Feind beschoß die Stadt. Der Brückenkopf Kembs wurde noch gehalten.

Am 3. 12. wurde der Frontbogen bei Saarlautern zurückgenommen; die Zitadelle hielt noch. Dagegen gelang es der 11. Pz.= und der Pz.=Lehr=Div., Saarunion zurückzunehmen. Da der Feind auch bei Reffweiler zurückgedrückt wurde, war damit die alte HKL wieder in eigenem Besitz. Südlich Straßburg ging der Kampf um Schlettstadt, wo sich noch einzelne Stützpunkte hielten, weiter.

Am 5. 12. dauerte der Kampf bei Saarlautern, das nunmehr in der Hand des Feindes war, an. Bei Ensdorf drang der Gegner in den Westwall ein.

Die Pz.=Lehr=Div. war nunmehr auf dem Marsch zu den Einladebahnhöfen. Für den Abend war das Herauslösen der 11. Pz.=Div. befohlen; am 6. und 7. 12. sollten die Volks=Artl.=Korps folgen. Jedoch meldete die Heeresgruppe G am 5. 12., daß die Lage sich weiterhin derart zuspitze, daß ein Abziehen der 11. Pz.=Div. und der Korps nicht durchgestanden werden könne, da der Feind über 10, in der Masse voll kampfkräftige Inf.=Div.en und 3 Pz.=Div.en mit etwa 7—800 Panzern vor der Front der 1. Armee verfüge. Es zeichnete sich eine Umfassung Saarbrückens sowohl von Norden wie von Osten ab, ferner ein Stoß auf das „Weißenburger Loch". Demgegenüber besitze die 1. Armee mit 8 abgekämpften Inf.=Div.en nur die Stärke von 3 Inf.=Div.en; die Stärke der 4 schnellen Verbände könne auch nur mit 1½ angesetzt werden. Einsatzbereit seien zur Zeit höchstens 20 Panzer und Sturmgeschütze. Nach innerem Halt und körperlicher Verfassung sei die Truppe stark abgesunken.

Nachdem der OB West 3 Inf.=Div.en aus Holland zur Abstützung der Heeresgruppe G herangeholt hatte, sah er keine andere Möglichkeit als die, der 1. Armee bis auf Widerruf die 11. Pz.=Div. und 1 Volks=Artl.=Korps zu belassen. Dieser Antrag wurde bis zum Eintreffen der 719. Inf.=Div. genehmigt.

Am 6. 12. dauerte die Krise bei Saarlautern an. Bei Dillingen griff der Feind die Bunkerlinie an. Bei Saargemünd wurden Versuche, überzusetzen, abgewiesen. Südlich Straßburg ließ die Kampftätigkeit nach; nur nördlich Colmar dauerte sie an.

Am 7. 12. dehnte sich der Kampf im Raum von Saarlautern bis Völklingen aus. Bei Dillingen vergrößerte der Feind den Einbruch in den Westwall.

Am 8. 12. dauerten die Kämpfe bei Saarlautern zwar an, aber die Lage festigte sich, so daß die Gefahr eines Durchbruchs nicht mehr unmittelbar bestand. Dagegen zeichnete sich jetzt ostwärts Saargemünd, wo der Gegner nunmehr 3 Brückenköpfe besaß, eine Bedrohung ab. Die Kämpfe in den Vo=

gesen, besonders bei Kaysersberg, dauerten an. Als weiterer Schwerpunkt war der Raum südlich Hagenau anzusehen, wo am 9. 12. Bischweiler verlorenging. An der übrigen Front wurden die heftigen Angriffe im wesentlichen abgewiesen.

Am 10. 2. gingen die Kämpfe an den drei Schwerpunkten weiter; dabei drang der Gegner in Saargemünd und Hagenau ein.

Die Bitte des Reichsführers SS auf Zuweisung weiterer Munition lehnte der Führer am 10. 12. mit Hinblick auf die bevorstehende Offensive ab. Er wies in diesem Zusammenhang darauf hin, daß es zur Zeit lediglich darauf ankomme, daß die 19. Armee den Brückenkopf Elsaß halte und dadurch Kräfte fessele.

Am 11. 12. konnte die 11. Pz.-Div. den Durchbruch bei Saargemünd in schwerem Kampfe verhindern. Im Raum von Weißenburg gingen mehrere Ortschaften verloren.

Am 12. 12. konnten bei Dillingen und Saarlautern einige Bunker zurückgewonnen werden. Bei Saargemünd und westlich des Rheins dauerte der feindliche Druck an. Südlich Straßburg gingen die Kämpfe bei Schlettstadt weiter. Im Nordwesten der Vogesen-Front wurde eine vorspringende Ecke geräumt.

Am 13. 12. mußte die HKL im Raum von Weißenburg abermals zurückgenommen werden. Rastatt wurde vom Feinde beschossen.

Am 14. 12. steigerten sich die Kämpfe bei Saarlautern wieder. Bei Bitsch griff der Gegner gleichfalls von neuem an, ohne jedoch wesentliche Erfolge zu erzielen. Nördlich des Hagenauer Forstes mußte abermals Gelände preisgegeben werden.

Am 16. 12. begann der eigene Angriff, der den Gegner zwang, die Elsaß-Lothringische Front stark zu schwächen. Es gelang deshalb bis zum Ende des Jahres, ihn an der Nordfront bis zum Rhein zurückzudrücken und ihm die Gewinne wieder zu entreißen, die er in wochenlangen, zähen Kämpfen unter großen Verlusten errungen hatte.

### *c) Der Verlust von Belfort (21. November) und des südlichen Elsasses (bis 16. Dezember)*

Die Schwere des Kampfes, den die Heeresgruppe G nach der Ablösung von Metz zu bestehen hatte, wurde dadurch verdoppelt, daß es dem Gegner fast gleichzcitig mit dem Einbruch in das nördliche Elsaß und der Wegnahme Straßburgs (23. 11.) gelang, auch die Burgundische Pforte zu durchstoßen und im südlichen Elsaß bis zum Rhein vorzudringen. Die Heeresgruppe war daher auf ihren beiden Flügeln gefesselt und konnte deshalb keine Kräfte auf dem einen Flügel für den anderen freimachen.

Für die Verteidigung von Belfort wurde am 15. 11. das Gen.-Kdo. Belfort gebildet, da nunmehr erkannt war, daß der Gegner hier nicht nur die eigenen Truppen fesseln, sondern den Durchbruch durch die Pforte erzwingen wollte;

die Bereitstellung neuer französischer Kräfte im Raum von Besançon war bereits seit einigen Tagen bekanntgeworden. Am Nachmittag des 15. 11. befahl der OB West der Heeresgruppe G zu prüfen, ob sie noch Kräfte an die 1. Armee abgeben könne; doch müsse die Verteidigung der Burgundischen Pforte unter allen Umständen sichergestellt sein. Am 15. und 16. 11. drang der Gegner, der am 14. 11. am Doubs aktiv geworden war, weiter vor. Der OB West befahl daher am Abend des 16. 11. die Verlegung eines verstärkten Rgt.s der 269. Inf.=Div. als Eingreifreserve in den Raum ostwärts Belfort, das Herauslösen der 198. Inf.=Div. durch die 16. VGD. und eine Frontverkürzung in der Linie Giromagny—Delle. Am 18. 11. wurde ein Fort ostwärts Luze hart umkämpft. Entlang der Schweizer Grenze gelangte der Gegner bis Delle und Grandvillars und mit Panzern bis Courcelles. Am Rhein=Rhone=Kanal konnten Einheiten des Ersatzheeres eine Abriegelungsfront aufbauen. Der OB West gab am 19. 11. die Heeres=Pz.=Jg.=Abt. 654 zum vorübergehenden Einsatz frei. Um 19.00 Uhr meldete er, daß die Gefahr eines feindlichen Durchstoßes durch die Burgundische Pforte in Richtung Mülhausen bestehe; Maßnahmen seien getroffen. Der OB bat um Anruf weiterer „Blücher"= und „Gneisenau"=Verbände für die Heeresgruppe G. Engste Verbindung mit dem Befehlshaber im Wehrkreis V sei sichergestellt. Dieser wurde am 20. 11. angewiesen, alle vom OB West und vom BdE befohlenen Maßnahmen durchzuführen und den letzten Mann zur Verfügung zu stellen. Ferner wurde vom Wehrkreis VII ein Rgt. und durch den OB West die Pz.=Brig. 106 herangezogen.

An diesem Tage wurde weiter um die Forts von Belfort gekämpft. Es gelang dem Feinde, noch weiter in das Elsaß hineinzustoßen. Bei Hüningen bildeten eigene Kräfte einen Brückenkopf, gegen den feindliche Panzerspitzen vorstießen. Ein Angriff auf Rosenau blieb wegen der starken Abwehr des Feindes liegen. Im Laufe des Tages drang dieser in Mülhausen ein. Auch konnte er Kembs besetzen.

Vom 20.—21. 11. gelang es ihm auch, an der Burgundischen Pforte wesentliche Fortschritte zu machen. Er konnte in die Außenbezirke von Belfort eindringen und mit Panzern über die Stadt hinaus nach Norden vorstoßen; nur die Zitadelle blieb in eigener Hand.

Jedoch waren nun auch eigene Erfolge zu verzeichnen. Teile der 198. Inf.=Div., unterstützt von Teilen der 30. SS=Div., gewannen im Stoß nach Süden Gelände, und einer zweiten Angriffsgruppe gelang es, bis zur Schweizer Grenze durchzustoßen und damit die feindliche Nachschubbahn zu unterbrechen. Auch bei Mülhausen setzten eigene Gegenangriffe ein.

Am 22. 11. wurde die Zitadelle von Belfort entsetzt; am folgenden Tage klangen die Kämpfe ab. Dagegen erreichte die Krise im Nord=Elsaß mit dem Erscheinen feindlicher Panzer in Straßburg ihren Höhepunkt.

In den folgenden Tagen ergab sich, daß es dem Feinde doch gelang, auf der Straße entlang der Schweizer Grenze, wo er die dort stehenden Teile der 198.

Inf.=Div. zersplittern und zum Teil auf Schweizer Gebiet abdrängen konnte, seine durchgebrochenen Teile zu versorgen und sie zu verstärken. Damit schwand die Hoffnung, sie abschneiden und vernichten zu können.

Auf Grund der neuen Lage befahl der OB West am 24. 11., 19.30 Uhr, eine Zurücknahme der 19. Armee in die Linie Rhein—nordostwärts Erstein—Erstein—Hohwald—Markirch—Vogesenkamm=Stellung bis ostwärts Ballon d'Alsace—Dollern—Masevaux—Fontaine—Montreux—Schweizer Grenze ost=wärts Delle. Er verlangte ein so starkes Abstützen des Nordflügels zwischen Rhein und Vogesen, daß der Feind nicht nach Süden vordrang und das Tal von Schirmeck auf lange Sicht gesperrt blieb. Der Südflügel sollte gleichfalls so stark gemacht werden, daß der Anschluß an die Schweizer Grenze gehalten würde. Die 198. Inf.=Div. sollte nicht herausgelöst werden; für die Sturmgeschütz=Brig. 250, die Pz.=Brig. 106 und die schwere Pz.=Jg.=Abt. 554 wurde dies freigestellt. Da nach Abzug der schnellen Kräfte bei Mülhausen kein baldiger Erfolg zu er=warten sei, müsse der Feind abgekämpft werden. Die Pz.=Lehr=Div. solle bis zum Rhein=Marne=Kanal weiter angreifen.

Am 27. 11. übermittelte der OB West seinen Befehl zur Zurücknahme des linken Flügels der 19. Armee in die Linie Masmünster—Mülhausen zu dem Zwecke, Kräfte zu gewinnen: für die Abstützung der Front des LXIII.AK. nach Westen in den Vogesen=Tälern, zum Gewinnen von Kräften für eine widerstandsfähige Nordfront zwischen Erstein und Barr und zur Festigung der Südfront auf lange Sicht. Der OB wies darauf hin, es komme darauf an, in der verkürzten Front unter allen Umständen zu halten und keinen Schritt zurück=zutun.

Entsprechend einem Hinweis des Führers wurde der Reichsführer SS am Abend des gleichen Tages darauf aufmerksam gemacht, daß die Grenze gegen=über Basel besondere Beachtung bei der Verteidigung des Oberrheins verdiene.

Am 28. 11. abends gab der OB West eine auf dem Bericht des NSF=Offz. beruhende Meldung des OB der 19. Armee weiter, in der die äußerste Er=schöpfung derselben durch Beispiele erhärtet wurde. Nach den Feststellungen handelte es sich bei den Versprengten meist um echte Versprengte. Der OB setzte hinzu, daß sich diese Feststellungen mit den eigenen deckten und er den Eindruck gewonnen habe, die Truppe sei zwar guten Willens, aber nahe am Ende ihrer Kraft.

Am 29. 11. entwickelten sich Kämpfe im Walde ostwärts von Mülhausen. Am 30. 11. ging der eigene Brückenkopf bei Hüningen im Raum von Basel ver=loren. Dann gelang es jedoch, die neue Front zu festigen und auch am Rhein eine Sicherungslinie aufzubauen. An den Ausläufern der Vogesen gingen die Kämpfe noch weiter. Am 11. 12. drang der Feind in Alt=Thann ein, worauf hier eine Sehnenstellung bezogen wurde.

Die Möglichkeit, zu neuen größeren Aktionen überzugehen, war dem Feind genommen, als ihn die am 16. 12. einsetzende eigene Offensive zwang, Kräfte von seinem rechten Flügel abzuziehen.

Mit welcher Truppe diese Abwehr der 19. Armee gleistet worden war, erhellt aus einer Meldung des NSF=Offz.s der Heeresgruppe G, welche der OB West am 1. 12. übermittelte: „Je länger man die 19. Armee in ihren schweren Kämpfen im Elsaß betrachtet, um so mehr steigt die Achtung vor einer Kampfgemein=schaft, die an sich nicht den Charakter einer wohlausgebildeten Armee hat, sondern im Grunde ein zusammengewürfelter Haufen ist. Trotzdem ist es ge=lungen, aus diesem Haufen durch die Kampfhandlungen eine Gemeinschaft zu machen. Allerdings ist sie heute eine nahezu voll erschöpfte Gemeinschaft. Der beste Wille, der sich in den hervorragenden Leistungen Einzelner zeigt, wird durch die ununterbrochene Kampftätigkeit erschöpft. Viele der einzelnen Männer sind am Ende ihrer Kraft. Könnte man ihnen 2 Tage Schlaf geben, so würden sie ganz anders stehen." Bei einem Herabsinken der Regimenter auf 80—150 Mann sei das Halten, ja das Angreifen der Truppe doppelt beachtens=wert. Überall sei die Leistung Einzelner entscheidend. Grundstimmung vieler Offiziere sei, daß sie mit dem Leben abgeschlossen hätten und es teuer verkau=fen wollten.

### 13. Maßnahmen der Führung im November, welche die ganze Front betrafen

Die schweren Rückschläge bei Metz, Straßburg und Mülhausen hatten sich durch Zuführung von Kräften wenigstens zu einem Teil auffangen, jedenfalls abdämpfen lassen. Wenn die Oberste Führung die Heeresgruppe G bewußt zurückstellte und ihr nur so viel an Hilfe zufließen ließ, wie unbedingt erforder=lich war, um einen völligen Durchbruch zu verhüten, dann geschah dies aus einer doppelten Erwägung. Einmal stand der Gedanke im Vordergrund, daß Verluste bei der Heeresgruppe B das Industriegebiet in Gefahr brachten, das für die gesamte Kriegführung unersetzlich war, während Verluste bei der Heeresgruppe G sich auf diese nicht unmittelbar auswirkten, und dann kam es darauf an, die Reserven, die inzwischen für eine eigene Offensive aufgefrischt oder neu aufgestellt wurden, nicht vorzeitig zu verwenden und dadurch der Ge=fahr vorzeitiger Abnutzung auszusetzen. Es wurde erwartet, daß diese Offen=sive im Falle ihres Gelingens auch der Südfront eine Entlastung bringen würde, die sich stärker auswirkte als die Zuführung einzelner Verbände.

Außer den bei den einzelnen Operationen aufgezählten Maßnahmen sind noch folgende von allgemeinem Charakter zu verzeichnen:

Am 8. 11. lehnte der Führer den Antrag des OB West, ihm für Krisenlagen die OKW=Reserven grundsätzlich freizugeben, ab. Nur nach vorheriger Ge=nehmigung durch das OKW dürfe jeder dieser Verbände (einschließlich Artl.=Brigaden) eingesetzt werden; ausgenommen sei nur die Verwendung bei feind=lichen Luftlandungen von größerem Umfange.

Am 9. 11. abends teilte der Chef WFStab den Chefs der Generalstäbe beim OB West und beim OBdL den Befehl des Führers mit, daß oberster Grundsatz bleibe, die Angriffskräfte nicht anzutasten. Wenn Gelände verlorengehe, müsse dies in Kauf genommen werden, falls alle Mittel erschöpft seien. Jedoch dürfe diese Möglichkeit über die Armeen nach unten nicht bekannt werden. Auf jeden Fall müßten gehalten werden:

die Maas=Stellung beiderseits Venlo,
die Luftverteidigungszone beiderseits Düren,
die Mosel=Stellung beiderseits Diedenhofen,
die Festung Metz mit Anschluß an die Nied=Stellung, der auch bei deren Einschließung zu suchen sei,
die Nied=Stellung und
die Westvogesen=Stellung bis zur Grenze.

Nur mit Genehmigung des Führers dürften Kräfte, die für den Gegenangriff vorgesehen seien, für die Abwehr eingesetzt werden. Lediglich der vorbeugende, geschlossene Einsatz von Artl.=Korps und von Artillerie der zurückgezogenen Div.en sei freizugeben. In den übrigen Abschnitten dürften Einsatzübungen stattfinden, jedoch nur nachts.

Am 17. 11. war der Führer grundsätzlich mit der Auflockerung der eigenen Kräfte im Bereich des AOK 25 einverstanden; er wies jedoch auf die Möglichkeit überraschender Landungen bei Hoek van Holland hin. Im Bereich der Heeresgruppe G sah er die größte Gefahr an der Burgundischen Pforte. Er war damit einverstanden, daß eine Division schnell aus der Vogesen=Front herausgezogen und in die rückwärtige Stellung Delle=Belfort eingesetzt wurde. Womöglich sollte die Pforte vermint und dort eine Sturmgeschütz=Brigade bereitgestellt werden.

### 14. Die Kämpfe bei der Heeresgruppe B: Die Schlacht im Großraum Aachen (16. November bis 16. Dezember)

Anfang November wurden südlich Aachen 2 Pz.=Div.en und 4 Inf.=Div.en, nördlich der Stadt 1—2 Pz.=Div.en und 3 Inf.=Div.en angenommen, als deren Angriffsziele Köln und der nördlich anschließende Raum vorausgesetzt wurden. Gemutmaßt wurde, daß der Angriff dieser Kräftegruppe mit einem britischen Vorstoß an der Maas — Ostfront verbunden sein werde.

Ein Vorspiel bedeutete der Versuch des Feindes, das von ihm südostwärts Aachen in den Westwall gerissene Loch zu erweitern.

Am 2. 11. konnte der Gegner im Raum von Germeter (südostwärts Aachen), wo er ständig gedrückt hatte, Vossenack nehmen und bei Hürtgen vorankommen, also weiteres Gelände diesseits des Westwalls gewinnen, der an dieser Stelle ja bereits durchstoßen war. Am folgenden Tage gelangte der Feind bis zum Dorfe Schmidt, also in die Nähe der Rur(=Roer)tal=Sperre. Am 4. 11. setzte der eigene Gegenangriff ein, der in wechselvollen, tagelang hingezogenen Kämpfen die Lage wieder bereinigte und die Bildung einer neuen, festen HKL ermöglichte.

Auf Befehl des Führers wurden am 13. 11. (abgegangen 14. 11.) allen in Betracht kommenden Kdo.-Behörden noch einmal die Gesichtspunkte mitgeteilt, auf die es bei dem bevorstehenden Angriff gegen den Brückenkopf Venlo und nördlich Aachen ankam:

1. Schonung der eigenen Truppe, schwerste Verluste für den Feind,
2. tiefe Gliederung der Artillerie,
3. Vorbereitung umfangreicher Zerstörungen, Verminungen und Panzerfallen,
4. Auswahl der Gefechtsstände so, daß die Führung bei Pz.-Durchbrüchen nicht ausgeschaltet wurde,
5. gewaltsame Aufklärung, um ein klares Feindbild zu erhalten,
6. Maßnahmen, daß keine Maas-Brücken dem Gegner unzerstört in die Hand fielen,
7. Verstärkung des Westwalls bis zum letzten Abschnitt,
8. Auflockerung der 15. Armee zwecks Bildung von Reserven, dazu Herauslösen der 10. SS-Pz.-Div. und der 363. VGD.

Der seit langem erwartete *Großangriff* begann am 16. 11. Der Aufmarsch war seit langem erkannt. Angenommen wurden auf der Feindseite nunmehr insgesamt 13–14 Verbände. Am ersten Tage erzielte der Feind nur einen 3–4 km breiten Einbruch bei Immendorf; am zweiten Tage gingen Heusen und Weiden verloren; am dritten Tage kam der Gegner bei Geilenkirchen, das verlorenging, Würselen und Stolberg voran. Doch konnte der Feind, der offensichtlich den eigenen Frontbogen zum Einsturz bringen wollte, im wesentlichen aufgehalten werden. Um die Front bei Venlo–Aachen abzustützen, erhielt der OB West am 18. 11. die nachträgliche Genehmigung, hier die Volks-Artl.-Korps 402 und 403 einzusetzen. Am 21. 11., an dem der Schwerpunkt bei dem nun stark bedrohten Eschweiler lag, ließ die Heftigkeit der Angriffe vorübergehend nach, schwoll jedoch am folgenden Tage wieder an. Grund waren vermutlich die starken Verluste, die der Feind davongetragen hatte. Auf Grund der gezählten Toten und anderer Anhalte wurde die Höhe der blutigen Verluste des Feindes in der Zeit vom 16.–21. 11. auf rund 20 000 Mann veranschlagt.

Eschweiler mußte am 22. 11. preisgegeben werden. Doch wurde dem Gegner nicht nur der Durchbruch verwehrt, sondern er wurde auch gezwungen, seine Front durch Zuführungen aus seiner operativen Reserve wieder aufzufüllen und auf diese Weise den eigenen Operationsabsichten entgegenzukommen [1], für welche diese Reserven eine starke Behinderung bedeuten konnten. Am 23. 11. wurden im Gegenangriff einzelne Orte zurückgenommen. Bei Hürtgen wurde der Gegner abgeriegelt. Am 24. 11. kam er hier wiederum 2–3 km vor. Am 26. 11. entstand der Eindruck, daß die Heftigkeit des Angriffs nachließ; doch gleich am folgenden Tage erreichte er wieder die alte Stärke. Der Feind erzielte zwischen Linnich und Jülich Einbrüche und drang in Grossar und Bourheim ein.

Bis zum 28. 11. abends war der Feind nach 12tägigem Kampf an der tiefsten

1 Ms.: entgegenzuwirken.

Stelle nur 15 km vorgekommen. Beiderseits Jülich wurde der Gegner abgewiesen; die eigenen Kräfte wurden hinter die Rur (Roer) geführt; bei Inden wechselte Angriff mit Gegenangriff; in Langerwehe konnte der Feind eindringen. Am 29. 11. stieß der Feind wieder im Raume Gergensweiler vor und kam bis auf 2 km an Linderen heran. Bei Jülich ließ der feindliche Druck nach. Bei Inden konnte der Feind wieder zurückgedrängt werden. Dagegen ging auf dem rechten Flügel Grossar verloren; auch bei Hürtgen, wo der Kampf angedauert hatte, erzielte der Feind keine Einbrüche. Am 30. 11. verlegte der Feind seinen Schwerpunkt auf den linken Flügel zum Stoß nach Norden. Linderen ging verloren. Vor Jülich wurde der Feind abgewiesen. Bei Düren konnte er in den Wald einbrechen. Am 2. 12. ging Linnich verloren, so daß nun auch hier die eigenen Kräfte auf die Rur zurückgedrängt wurden. Vor Jülich bestand noch ein eigener Brückenkopf. Außerdem dauerte der feindliche Druck bei Vossenack an, obwohl das Gelände durch das Wetter schwer begehbar geworden war. Der Gegner kam bis in den Raum von Bergstein vor. Auf Antrag des OB West wurde ihm l. FH.-Mun. aus der Führerreserve freigegeben, der Antrag auf Zuweisung von s. FH.-Mun. dagegen abgelehnt.

Aus der Tatsache, daß täglich rund 200 amerikan. Gefangene eingebracht werden konnten, obwohl es sich um eine Abwehrschlacht handelte, ergab sich die Überlegenheit der eigenen Infanterie. Erstaunen erweckte die Tatsache, daß die Briten den Amerikanern nicht durch einen eigenen Angriff zu Hilfe kamen.

Am 3. 12. drang der Gegner an einzelnen Stellen über den Indenbach (der nicht als Stellung zu werten war) vor. Der Schwerpunkt lag wieder auf dem linken Flügel, wo der Feind bei Brandenburg vorkam. Am 5. 12., dem 20. Tage der Schlacht, flauten die Kämpfe an der Roer ab; dagegen dauerten sie auf dem linken Flügel in unverminderter Stärke an; der Feind drang in Bergstein ein. Am 6. 12. nahm der feindliche Angriffsschwung weiter ab. Doch wurde auf Grund feindlicher Umgruppierungen angenommen, daß er bald wieder antreten würde.

In der Tat begann der Großangriff am 8. 12. von neuem. Der Rur-Brückenkopf bei Jülich wurde geräumt. Im wesentlichen wurde der Feind wiederum abgewehrt; bei Bergstein kam der eigene Angriff sogar voran. Nachdem am 9 12. der Angriff abgeflaut war, begann er am 10. 12. wieder in alter Stärke, und zwar zwischen Altdorf und Großheu. Dabei erzielte der Feind einen Einbruch westlich Düren. Am 11. 12. erweiterte er seine Einbrüche, erzielte jedoch keinen Durchbruch. Der Ort Pier konnte gehalten werden; südlich Gey stieß der Feind nach Osten vor. Am 12. 12. lag der Schwerpunkt beiderseits Düren. Pier ging verloren, Gey wurde umkämpft. Am 13. 12. dehnte der Gegner seine Angriffe weiter nach Süden aus.

Am Abschnitt Jülich–Düren war jetzt im wesentlichen die Rur erreicht; westlich Düren, wo noch ein Frontbogen bestand, war die Lage gespannt, da der Feind diesen abzukneifen suchte. Auf dem linken Flügel kam der Gegner bei Lammersdorf voran.

Dann begann am 16. 12. früh der eigene Angriff zwischen Monschau und Echternach, der den Feind zwang, so viele Kräfte von der Aachener Front abzuziehen, daß die Schlacht dadurch in Kürze ihr Ende fand.

### 15. Die Kämpfe bei der Heeresgruppe H vom 10. November bis zum 16. Dezember

Hinter den Ereignissen an den anderen Fronten traten nach dem Abschluß der Kämpfe um die Schelde-Mündung die Kämpfe bei der Heeresgruppe H zurück, die am 10. 11. den Befehl übernahm und – wie S. 421 berichtet – 3 Div.en an den linken Flügel der Westfront abgab.

Ihr rechter Flügel war nunmehr durch die untere Maas gedeckt. Bedrohlich blieb weiterhin die durch die Luftlandung herbeigeführte Einbeulung der Front bei Nimwegen. Am 28. 11. forderte der Führer, daß dort die Bewegungen des Feindes genau verfolgt würden, da er einen die Entscheidung in Holland suchenden Angriff über die Maas nach Norden für durchaus möglich halte, zumal dadurch die V2-Basen weggenommen würden. Jedoch nutzten die Briten diese Möglichkeit nicht aus; sie versuchten vielmehr, den eigenen Brückenkopf, der westlich Venlo noch auf dem linken Ufer der Maas gehalten wurde, zu vernichten. Als weiteres Ziel konnte vorausgesetzt werden, daß die Briten damit die am 16. 11. bei Aachen zum Großkampf angetretenen Verbände entlasten und sich das Ausgangsgelände für einen Stoß nach Südosten zur Gewinnung des linksrheinischen Gebietes oder auch zum Durchbruch in das Industriegebiet schaffen wollten.

In der ersten Monatshälfte richtete sich der feindliche Druck gegen den Raum um Meijel, wo noch ein Brückenkopf über den Kanal gehalten wurde. Am 14. 11. konnte dieser überschritten werden. Am 18. 11. ging Helden (ostwärts Meijel) verloren. Am 22. 11. mußte eine neue, noch vor der Maas gelegene HKL bezogen werden. Am 24. 11. konnte der Feind diesen Brückenkopf in zwei – einen größeren im Norden und einen kleineren – aufspalten und in der Mitte bis zum Flusse durchstoßen. Am 25. und 26. 11. konnte er sie weiter zerteilen und dann eindrücken.

Am 29. 11. wurde dem OB West mitgeteilt, daß wegen der Schwächung der Heeresgruppe H ein Angriff zwischen Maas und Rhein, vielleicht verbunden mit Luftlandungen, möglich und daher der Schwerpunkt des Stellungsausbaus in diesen Abschnitt zu legen sei. Dazu sei erhöhte Aufklärung erforderlich, verknüpft mit jedem Mittel der Täuschung. Auch für diesen Abschnitt gelte das für das Elsaß gegebene Verbot, Sicherungs-Besatzungen und Waffen aus rückwärtigen Stellungen oder Sperren an die Front abzuziehen.

Am 29. 11. wurde ferner der Luftwaffen-Führungsstab angewiesen, mit allen Mitteln Kräfteverschiebungen in Richtung Roermond–Venlo oder Maas und Waal oder in den Raum Nimwegen–Arnheim festzustellen, da es möglich sei, daß der Gegner nicht nach Osten, sondern nach Norden zum Abschneiden der dortigen Kräfte und Vernichtung der V2-Basen ansetze. Am gleichen Tage wurde der OB West angewiesen, daß jede Div. der Heeresgruppe H bis zum 5. 12. Gefangene einbringe.

Dazu meldete der OB West am 30. 11., was er in dieser Hinsicht bereits befohlen hatte.

Am 2. 12. setzte der Feind zum Angriff gegen den restlichen Brückenkopf westlich Venlo an. Am 3. 12. durchbrach er dessen Front, worauf die letzten Teile in Sturmbooten zurückgeholt wurden.

Damit war nun auch im Abschnitt südlich Nimwegen – Roermond die Maasfront bezogen. Zu größeren Aktionen entschlossen sich die Briten wider Erwarten nicht, obwohl der amerikanische Angriff im Großraum Aachen inzwischen fast pausenlos weiterlief. Dann veränderte der eigene Angriff, der am 16. 12. einsetzte, auch an dieser Front das Bild von Grund auf.

### 16. Die Vorbereitung einer eigenen Offensive zwischen Monschau und Echternach (bis 16. Dezember) [1]

Wenn bisher von einer mit großen Rückschlägen und vielfachem Geländeverlust verknüpften *Abwehr* zu berichten war, so erhält die Zeit von Ende September bis Mitte Dezember ihr wahres Gesicht doch erst, wenn in Rechnung gestellt wird, daß sie zur Vorbereitung einer *eigenen Offensive* benutzt wurde, die dank des vorausschauenden Planens, der sorgfältigsten Vorbereitung und vorsichtigster Tarnung am 16. Dezember völlig überraschend begonnen werden konnte und in Kürze die Lage an der gesamten Westfront von Grund auf wandelte: Die Initiative, die in den letzten Monaten den Anglo-Amerikanern zugefallen war, lag nunmehr wieder bei der deutschen Führung.

Der Gedanke, den Gegner durch Gegenstöße bei seinem Vormarsch aufzufangen, war vom Führer selbst in den schwersten Krisentagen, welche die Entwicklung der Lage im Westen mit sich brachte, festgehalten worden. Nur an

1 Über die Abfassung dieses Abschnitts, für die dem KTB bei Beginn der Offensive auch noch die letzten, bis dahin nur einer ganz kleinen Arbeitsgruppe im WFStab zugänglichen Planungen überwiesen wurde, vgl. den II. Teil der „Erläuterungen. Offensichtlich ohne Kenntnis dieses Abschnitts und der auf ihr beruhenden, in der Gefangenschaft angefertigten Ausarbeitung über die Vorgeschichte der Ardennen-Offensive (vgl. den II. Teil der „Erläuterungen“) ist verfaßt das journalistisch gehaltene, aber Befragungen deutscher Generale ausnutzende Buch von John *Toland*, The Story of the Bulge, 1960, deutsch: Ardennen-Schlacht 1944. Der erste umfassende und dokumentarisch belegte Tatsachenbricht über die dramatischen Ereignisse beiderseits der Fronten während der letzten großen Schlacht des 2. Weltkrieges. Bern — Stuttgart — Wien (A. Scherz Verlag) 1960 (424 S.). Gehaltvoll ist dagegen das Kapitel über diese Schlacht, das der ehemalige OB der in der Mitte eingesetzten 5. Pz.-Armee, General a. D. H. v. *Manteuffel* beisteuerte zu: Entscheidungsschlachten des II. Weltkrieges, hg. von H.-A. *Jacobsen* u. J. *Rohwer*, Frankfurt a. M. 1960, S. 527–560 (dort weitere Lit.); vgl. ferner H. *Jung*, Die Ardennenoffensive, Diss. phil., Bonn 1960.

ihrer Ungunst waren diese Absichten gescheitert. Sobald jedoch dem Gegner bei seinem Vorrücken Halt geboten war und die Front sich wieder zu festigen anfing, ergab sich von neuem die Absicht des Gegenstoßes.

Der Führer rechnete damit, daß im Herbst das Wetter die feindliche Luftwaffe zeitweise ausschaltete und dadurch deren Überlegenheit herabgemindert werde. Ein operatives Vorgehen hielt der Führer schon deshalb für geboten, weil den Franzosen nicht die Gelegenheit gegeben werden durfte, ihre Verbände anschwellen [1] zu lassen; denn nach seiner Auffassung waren die 70 Verbände, mit denen bei den Anglo-Amerikanern zu rechnen war, nicht stark genug für eine Front von 700 km. Es mußte daher nach seiner Meinung möglich sein, auf einer solchen Frontlinie eigene Kräfte so zu massieren, daß sie im Angriffsraum dem Gegner überlegen waren. Vorerst wurden die Burgundische Pforte und der holländische Raum als Ausgangsbasis ins Auge gefaßt. Zu diesem Zwecke stellte der WFStab in der Mitte der dritten September-Dekade die erforderlichen Kräfteberechnungen an.

Jetzt handelte es sich jedoch nicht mehr um eine aus der Bewegung geführte Operation, welche Lücken in der feindlichen Front oder tiefe Flanken ausnützen konnte, sondern um einen Angriff aus einer festen, durch die feindliche Luftaufklärung ständig überwachten Front, der erst in der — inzwischen vom Gegner ausgebauten — gegenüberliegenden Front ein Loch aufreißen mußte, also um eine Operation, die einer langen Vorbereitung bedurfte und für die — da das Westheer abgekämpft war — auch erst durch Auffrischung und Neuaufstellungen die Kräfte zu gewinnen waren. Schließlich war sogar noch mehr Zeit erforderlich, als sich anfangs voraussetzen ließ: von der Festlegung der ersten Pläne bis zum letzten Befehl vor dem Angriff vergingen rund 2½ Monate.

Die Leitung in dieser Zeit blieb ganz in der Hand des Führers, der nicht nur die Anregungen gab und die Entscheidungen traf, sondern sich auch um alle Einzelheiten kümmerte und dabei die Vorbereitung des Angriffs auf die Abwehr abstimmte, die in der Zwischenzeit an der Westfront zu leisten war [2].

Um die Wende vom September zum Oktober hatte sich als geeigneter Durchbruchsraum bereits die Front ostwärts Lüttich abgezeichnet. Da dort bereits im Mai 1940 der Durchbruch erzwungen worden war, wurden aus den nach Liegnitz ausgelagerten Archiven Unterlagen über die damaligen Operationen der 6. und 4. Armee angefordert. Diese wurden am 5. 10. abgesandt. Leider ergaben sich in den Archivbeständen Lücken, da 1941 einem Brande wesentliche Akten zum Opfer gefallen waren. Jedoch fanden sich noch aufschlußreiche Aufzeichnungen, vor allem eine Geländebeurteilung vom Januar 1940, die zu dem Ergebnis gekommen war, daß ein Vormarsch in Luxemburg und Südbelgien weitaus günstigere Verhältnisse finde als im Abschnitt des nördlichen Nachbars, da die Zahl der hintereinander gestaffelten Gelände- und Befestigungs-

1 Ms.: anwerben.
2 Vgl. dazu die Einleitung sowie unten den II. Teil der „Erläuterungen", in dem Näheres über die Umstände dieser Niederschrift mitgeteilt ist.

abschnitte, die quer zum Angriff lagen, geringer und das Gelände sowie die Verkehrsdurchlässigkeit günstiger waren als im Nordteil der Ardennen.

Die Ausgangsfrage war, welche *Kräfte* zur Verfügung stehen würden.

Nach einer Berechnung des Chefs des Heeresstabes vom 8. 10. kamen zum 15. 11. in Betracht:

1. *Pz.=Div.en:*
   a) 6. Pz.=Armee (mit 4 Div.en),
   b) 5. Pz.=Armee (mit 2 Div.en),
   c) außerdem noch nicht aufgefrischt:
   6 Div.en (3. und 15. Pz.=Gren., 9., 11. u. 116. Pz.=Div., 10. SS=Pz.=Div.);
2. *Volks=Gren.=Div.en:*
   10. bis 20. 11.: weitere 3; bis 30. 11.: weitere 3; bis 10. 12.: weitere 4; zusammen 100;
3 *Inf.= und Fallsch.=Div.en:* 2;
4. *Artl.=Brigaden:*
   4 voll=mot., 6 teil=mot.; bis 25. 11.: weitere 2, zusammen 12;
5. *Werfer=Brigaden:*
   4 voll=mot., 3 teil=mot.; bis 15. 12.: weitere 3, zusammen 10;
6. *Pz.=Jg.= u. Sturm=Geschütz=Abteilungen:*
   13; bis 1. 12.: weitere 3, zusammen 16.

Eine Berechnung des WFStabs kam zu folgendem Ergebnis:

a) Vom *BdE* konnten bis 15. 11. 10 Volks=Gren.=Div.en zugestellt werden, nämlich
aus Holland die 256. und 365. VGD,
aus Dänemark die 18. VGD,
aus der Slowakei die 708. und 277. VGD,
aus dem Reich die 272., 47., 212., 352. und 26. VGD.

Von diesen mußten 2 für die Ablösung schneller Verbände benutzt werden.

b) Durch *Neuaufstellungen* waren zu ersetzen:
in Nordholland: die 256. und die 361. VGD,
in der Slowakei: die 708. und die 277. VGD,
im Wehrkreis XXI: die 212. VGD.

c) An *schnellen Div.en* kamen in Betracht:
die 6. Pz.=Armee mit der 1., 2., 9. und 12. SS=Pz.=Div.,
die 5. Pz.=Armee mit der Pz.=Lehr=Div. und der 25. Pz.=Gren.=Div.,
also 6 schnelle Verbände.

Von den aufzufrischenden Div.en des OB West ließen sich durch Abschnitts=verbreiterung und Austausch 3 Inf.=Div.en herausziehen (etwa 19., 36. und 12. Volks=Gren.=Div.), ferner 3 schnelle Verbände und 2 Fallsch.=Jg.=Div.en von den 4, die in Auffrischung begriffen waren. Ferner konnte zugeführt werden: aus Norwegen die 269. Inf.=Div. An Heeres=Artl.=Brigaden waren 10 vorhan=den, an Heeres=Artl.=Abt.en 14, an Werfer=Brigaden 7. An Pi=Kräften ließen sich gewinnen: 4 Pi=Btl.e, 6—10 Brückenkolonnen, 1 Brücken=Btl., 1 Sturmboot=Kompanie. Voraussetzung für diese Berechnung war allerdings, daß die übrigen Fronten keinen Abzug nötig machten und die Westfront die Reserven nicht beanspruchte. Vorsorglich wurde deshalb bei der Berechnung ein Drittel ab=gezogen.

Als Voraussetzung für die geplante Operation wurde angesehen:

das Halten der Weststellung einschließlich der Niederlande und die Sperrung der Westerschelde,

eine die Kräfte des BdE nicht beanspruchende Ostlage,

Fortdauer des personellen und materiellen Zulaufs in den Westen zur Auffrischung,

Eintritt einer 10—14tägigen Schlechtwetterperiode als Ausgleich der fehlenden Luftwaffen=Unterstützung,

schnelle Vernichtung des Feindes in der Front, um die fehlende[1] Tiefe[2] zu ersetzen.

Die Entscheidung darüber, wo der Stoß geführt werden sollte, war noch offen. Vor der endgültigen Festlegung wurden noch einmal systematisch alle Lösungen durchgeprüft, die sonst noch im Bereich des Möglichen lagen.

Am 9. 10. wurde eine Karte vorgelegt, in welcher sie anschaulich gemacht waren:

1. *Operation Holland:* ein Vorstoß aus dem Raum Venlo in westlicher Rich=tung auf Antwerpen,

2. *Operation Lüttich—Aachen:* ein Hauptstoß aus der nordluxemburgischen Ecke nach Nordwesten, der dann nach Norden eingedreht wurde, mit einem ihm entgegenwirkenden Nebenstoß aus dem Raum nordwestlich Aachen,

3. *Operation Luxemburg:* zwei Stöße aus Mittel=Luxemburg mit dem Ziel der Begegnung im Raum von Longwy zum Freikämpfen des Minette=Gebietes,

4. *Operation Lothringen:* zwei Stöße aus Metz und Baccarat (westlich der Nordvogesen) mit dem Ziel der Begegnung bei Nancy,

5. *Operation Elsaß:* zwei Stöße aus dem Raum ostwärts Épinal und Möm=pelgard mit dem Ziel der Begegnung im Raum von Vésoul.

In einer Anlage wurden die Vor= und Nachteile, welche diese Operationen mit sich bringen würden, gegeneinander abgewogen. Die letzten drei Möglich=keiten wurden abgelehnt; die holländische wurde als sehr lockend, aber als mit stärkerem Risiko verbunden bezeichnet. Zum 2. Falle (Lüttich—Aachen) wurde erklärt, daß eine Ausarbeitung unter Heranziehung der Unterlagen lohnend sei.

Die weitere Ausarbeitung, die bereits in den anschließenden Tagen erfolgte, geschah in dem Sinne, daß die 1. und 2. Operation miteinander verkoppelt wurden: es ergab sich die Absicht, aus dem Raum südlich Aachen und Nord=

1 Am Rande vier bis fünf Wörter handschriftlich zugesetzt, jedoch nicht zu entziffern.
2 Dahinter noch zwei gleichfalls unlesbare Wörter.

Luxemburg einen Stoß in nordwestlicher Richtung auf Antwerpen zu führen, der die ganze britische Heeresgruppe und die bei Aachen kämpfenden amerikanischen Kräfte abschnitt. Dabei wurde an eine Abschirmung nach Süden in der Linie: Nordecke Luxemburg—Namur—Löwen—Mecheln und nach Norden in der Linie: Eupen—nördlich Lüttich—Tongern—Hasselt—Albert-Kanal gedacht. Veranschlagt wurde als Bestfall, daß sich dieses Ziel 7 Tage nach Angriffsbeginn erreichen ließe. Vorwärts der Maas wurden 9 Pz.-Div.en als erforderlich angesehen; das Halten des Raumes ostwärts der Maas sollten die Inf.-Verbände übernehmen. Dazu wurde vermerkt, daß 9 schnelle und 13 Inf.-Verbände nebst Heerestruppen erforderlich seien und mindestens 5 Div.en der operativen Reserve des Feindes zerschlagen sein müßten, daß ferner die Flanken zwischen der Maas und der bisherigen Front sicher abzustützen seien und Antwerpen mindestens am 7. Tage erreicht sein müsse.

Eine Skizze, wie sich die Lage bis zum x+1 Tage entwickelt haben könnte, kam zu der Annahme, daß der Angriff auf Eupen—Verviers und Lüttich eingeleitet und zwischen Lüttich und Namur das Schlagen von zwei Brückenköpfen über die Maas gelungen sei. Es wurde vorausgesetzt, daß der Gegner gegen die Nordflanke bereits stärkere Kräfte zur Stelle haben würde, daß er jedoch [1] die aus dem Süden herangeholten Reserven erst in die Linie Charleville—Chimay vorgeführt haben könnte.

Der Entwurf für den Aufmarsch sah für die Div.en 1. Welle den Raum Rheydt bis nördl. Trier sowie die Versammlung von je einer Pz.-Div. bei Köln und Bonn, von zwei weiteren südlich der Mosel vor. Die Div.en 2. Welle sollten weiter rückwärts untergebracht werden. Am x–2 Tage sollte die Bereitstellung zwischen Gmünd und Bitburg erfolgen. Daraus ergab sich ein Vorschlag für die vorzunehmenden Ablösungsbewegungen, der in überarbeiteter Fassung am 21. 10. vorgelegt wurde.

Aus dem *Stadium der Erwägungen in das der Ausarbeitung* trat der Plan am 11. 10.: an diesem Tage wurden der einzuweisende Bearbeiterkreis und der Gesamtarbeitsplan festgelegt und ein Befehl vorbereitet, der die Vorbereitungen der Operation erklären und zugleich verschleiern sollte. Dieser wurde am 12. 10. mit der Unterschrift des Chefs OKW herausgegeben (s. Abschn. 9) [2].

Am 18. 10. wurde ein Entwurf vorgelegt, der den OB West auf strengste Geheimhaltung hinwies und mit Leitlinien für diese versah (ein entsprechender Befehl wurde am 1. 11. übermittelt).

Im Hinblick auf die November-Auffrischung wurde am 18. 10. vorgeschlagen, die 2., 9., 116. Pz.-Div. und die 10. SS-Pz.-Div. in Frontnähe aufzufrischen [3].

Am 21. 10. wurden die Punkte für eine Besprechung mit dem Oberquartiermeister des OB West festgelegt, wobei zugrunde gelegt wurde, daß ein Bedarf

1 Fehlt hier im Ms., wo „doch" hinter „Reserven" folgt.
2 Vgl. oben S. 407.
3 Dieser Absatz auf Blättchen, das auf die folgende Seite aufgeklebt ist.

von 17 000 cbm Betriebsstoff eintreten werde, der sich bis Ende November sicherstellen ließ, ferner ein Bedarf von 50 Munitionszügen.

Auf Grund mündlicher Einweisung befaßten sich im Oktober auch bereits der OB West und die Heeresgruppe B mit Erwägungen, jedoch ausschließlich mit dem ersten Abschnitt der Operation, d. h. der Vernichtung des Feindes zwischen Aachen und Maas. Der Chef des GenStabes des OB West begründete dies damit, daß der Führer bei seiner Besprechung des Planes betont habe, die Vernichtung des Feindes, nicht Geländegewinn sei das Ziel des Angriffs; jedoch sollte dies dadurch erreicht werden, daß durch den Stoß auf Antwerpen nicht nur die bei Aachen stehenden Amerikaner, sondern auch noch die Briten an der holländischen Front abgeschnitten werden sollten.

Parallel zu den Vorbereitungen des Angriffsplanes verlief der Aufbau der Angriffskräfte. Dabei wurde die Westfront stark vor der Ostfront – von den anderen Kriegsschauplätzen ganz zu schweigen – bevorzugt, und innerhalb der Westfront hatte wieder die Heeresgruppe B den Vorrang vor den Heeresgruppen H und G.

Am 25. 10. teilte der Chef WFStab dem GenStdH mit, daß bis 20. 11. von den Volks-Gren.-Div.en im Westen versammelt sein müßten:

1. die 18., 26. und 272. (bereits befohlen),
2. die 277. und 708. (ab 5. 11., bereits befohlen),
3. die 47., 352. und 212. (ab 8. 11. vorgesehen),
4. die 560., 276. und 340. (ab 11. 11. vorgesehen),
5. die 326., 62. und 9. (ab 15.–30. 11. vorgesehen).

Für den Osten stünden danach vorläufig zur Verfügung die 271. VGD (Slowakei), die 167. VGD (Dittersheim), die 79., 257. und 320. VGD (Generalgouvernment und Ostpreußen).

Am Schluß des Monats standen die Grundgedanken der kommenden Operation fest.

Am 1. 11. übersandte sie der Chef WFStab an den Chef des GenStabs des OB West.

1. Ziel der Operation: Vernichtung des Feindes nördlich der Linie Antwerpen–Brüssel–Bastogne.

2. Hierzu sollte die Heeresgruppe B mit der 6. Pz.-Armee rechts, der 5. Pz.-Armee in der Mitte und der 7. Armee links die feindliche Front nach stärkerer, aber kurzer Feuervorbereitung an mehreren taktisch günstigen Stellen durchbrechen.

Den Armeen fielen dann folgende Aufgaben zu:

a) die *6. Pz.-Armee* sollte sich auf die Maas-Übergänge beiderseits Lüttich stürzen und an der Vesdre und in den östlichen Befestigungen von Lüttich eine stärkere Abwehrfront aufbauen, um dann zunächst den Albert-Kanal zwischen Maastricht und Antwerpen sowie den Raum nördlich Antwerpen zu gewinnen;

b) Die 5. *Pz.=Armee* sollte die Maas zwischen Fumay und Namur überschreiten und in der Linie Antwerpen–Brüssel–Namur–Dinant die Einwirkung feindlicher Reserven vom Westen her gegen den Rücken der 6. Pz.=Armee verhindern;

c) Der 7. *Armee* fiel der Flankenschutz nach Süden und Südwesten zu mit dem Ziel, zunächst die Maas und den Semois zu erreichen und in Gegend ostwärts Luxemburg Anschluß an die Mosel=Front zu nehmen. Dazu sollte sie möglichst viel Raum nach vorwärts gewinnen, um sich durch Zerstörungen Zeitgewinn zu verschaffen und weiter rückwärts eine feste Abwehrfront aufzubauen. Zu diesem Zwecke sollte sie mit Pioniersperrformationen, Sprengmitteln, Pak.= u. Pz.=Nahbekämpfungsmitteln reichlich ausgestattet werden.

3. Der Durchbruch der Heeresgruppe B sollte später durch Angriffe der Heeresgr. Student ergänzt werden, sobald der Gegner begann, stärkere Kräfte gegen den Riegel zwischen Rur und Maas oder gegen den Albert=Kanal zu werfen. Je nach Lage sollte dieser zweite Angriff ostwärts des Juliana=Kanals nach Süden (Fall 1) oder aus dem Brückenkopf von Venlo nach Westen oder Südwesten (Fall 2) geführt werden.

4. Die Ausbildung der einzelnen Divisionen sollte sofort auf ihre zukünftigen Aufgaben eingestellt werden. In einem Anschreiben wies der Chef WFStab darauf hin, daß ein Befehl erst gegeben werden solle, wenn der Operationsplan des OB West vorgelegt worden sei. Unabänderlich sei das Wagnis der großen Zielsetzung, die – rein technisch betrachtet – in einem Mißverhältnis zu den eigenen Kräften zu stehen scheine[1]. Jedoch dürfe nicht davor zurückgeschreckt werden, jetzt alles auf eine Karte zu setzen. Unabänderlich sei ferner die Gliederung im großen, nämlich rechts die 6. Pz.=Armee, in der Mitte die 5. Pz.=Armee und links die 7. Armee sowie der breite Ansatz, der gewählt sei, damit nicht die ganze feindliche Gegenwirkung auf schmalere Räume konzentriert werde. Ausdrücklich befohlen sei auch die Verwendung der beiden Fallschirm=Div.en und der 12. VGD zwischen Rur und Maas. Dagegen werde die Wahl der tatsächlichen Durchbruchsstellen sowie die Verteilung der übrigen Divisionen, der Artl. und der Heerestruppen dem OB West überlassen. Falls die Gruppierung der amerikan. Divisionen es erlaube, wolle der Führer den südlichen Ansatz aus dem Raum von Echternach und Wasserbillig haben und die Stadt Luxemburg zunächst in die Abwehrfront der 7. Armee mit einbeziehen.

Die beigefügte Karte erläuterte, welcher Erfolg angestrebt werden sollte: ein Keil nach Antwerpen auf der Basis Monschau–Grevenmacher, der zwischen Antwerpen und Maastricht–Lüttich unter Ausnutzung des Albert=Kanals und

1 Vgl. hierzu in der Einleitung über die von Hitler geforderte „Große Lösung" (Ziel: Antwerpen) un ddie vom OB West und der Heeresgr. B vertretene „Kleine Lösung" (Ziel: Lüttich, dann Entscheidung über das im 2. Takt erreichbare Ziel). Dieser Gegensatz, über den mündlich diskutiert wurde, fand keinen schriftlichen Niederschlag in den Akten des WFStabs; er schimmert daher – wie an dieser Stelle – nur gelegentlich zwischen den Zeilen durch.

der Maas durch 4 SS=Div.en und 1 Inf.=Div., zwischen der Maas und der bisherigen Front durch die 12. VGD, die 3. und 6. Fallsch.=Jg.= und die 89. Inf.=Div. verteidigt wurde, während die Südwest= und Südfront in der Linie Antwerpen—Brüssel—Namur—Maas und Semois—Arlon—Luxemburg durch die 5. Pz.=Armee mit 4 schnellen und 3 Inf.=Div.en und die 7. Armee mit 6 Inf.=Div.en und 1 Pz.=Div. gehalten werden sollte.

Am gleichen Tage erging an den OB West der bereits erwähnte, die Geheimhaltung betreffende Befehl.

Zu den ihm übersandten Grundlinien äußerte sich der OB West am 3. 11. Er erklärte, im großen gleicher Auffassung zu sein. Sein erster Vorschlag wiche nur unwesentlich von der Auffassung des Führers ab. Er halte es nämlich für notwendig, daß auch aus dem Raum Süsteburen—Geilenkirchen sofort mit starkem rechten Flügel angegriffen werde, um die im Dreieck Sittard—Lüttich—Monschau befindlichen Kräfte zu zerschlagen und eigene Kräfte freizumachen. Ferner reiche nach seiner Auffassung die Abdeckung der linken Flanke nicht aus; deshalb schlage er für diese die Linie Givet—Libramont—Diekirch vor. Er fügte einen Entwurf für den Aufmarsch und für die ersten Ziele sowie den Ablösungsplan bei. Im ungünstigsten Falle werde mit dem Ausfall von 3—4 Pz.=Div.en bis zum Beginn des Angriffs gerechnet. Als frühester Zeitpunkt komme der 25. 11. in Frage; falls der Feind vorher angriffe, müßten alle Planungen als vorläufig hinfällig angesehen werden. Beim Pz.=AOK 6 wünschte der OB West eine Änderung in der Besetzung der Stellung des Chefs des Generalstabs.

Abschließend wies der OB West darauf hin, daß die Kräfte — gemessen an Feind und Raum — außerordentlich schwach seien und daß es daher schwierig sein werde, den gewonnenen Raum zu halten, falls der Gegner vorher nicht völlig zerschlagen sei. Er bat deshalb um Prüfung, ob nicht noch weitere Verbände nachgeführt werden und durch Heimatkräfte noch mehr Frontverbände freigemacht werden könnten.

Die Verwendung stärkster Luftwaffenkräfte bezeichnete der OB West als entscheidend.

Im Hinblick auf die Möglichkeit, daß der Feind inzwischen seinerseits zum Angriff in Richtung Mülheim—Köln—Bonn und beiderseits Metz in Richtung Saarbrücken antrat, befahl der Führer dem OB West am 5. 11. das Folgende:

1. Möglichst baldige Gliederung der Führung und der Abschnittseinteilung der Westfront in der Weise, daß sie der späteren Absicht entsprach. Dazu wurde die 6. Pz.=Armee ab 10. 11. dem OB West unterstellt. Die 5. Pz.=Armee sollte durch die 15. Armee abgelöst werden, die ihrerseits durch den Wehrm.=Befehlshaber Niederlande ersetzt wurde. Die 1. Fallschirm=Armee erhielt den Abschnitt von Nimwegen bis zum Schnittpunkt der Front mit der Maas südlich Roermond. Südlich anschließend sollte die 15. Armee an Stelle der am Angriff teilnehmenden 5. Pz.=Armee eingesetzt werden, um die Verteidigung beiderseits Aachen zu übernehmen. Mit allen Mitteln müßten diese Veränderungen in den Kommandostellen verschleiert werden.

2. Die Abwehr der feindlichen Angriffe müsse mit den eingesetzten Verbänden gelingen. Die für den Angriff vorgesehenen Divisionen dürften nur in den für sie bestimmten Abschnitten eingesetzt werden; für die übrigen Div.en behielt sich der Führer die Entscheidung vor (mit Ausnahme von Luftlandungen).

Im einzelnen wurde befohlen, daß alle neuen Festungs-Truppen den Heeresgruppen H sowie G und die 5. Fallsch.-Jg.-Div. ab 10. 11. der Heeresgruppe H als Reserve zugeführt werden sollten, ferner, daß die Volkswerfer-Brigaden vorerst nicht eingesetzt werden dürften, da ihre Munition knapp war, und daß der Einsatz der Volks-Artl.-Korps bei den Heeresgruppen H und G nur im Notfall vorzusehen sei.

Am 5. 11. erging ferner ein Befehl für Täuschung und Geheimhaltung, für welche als Grundgedanke vorgeschrieben wurde: die deutsche Führung erwarte noch in diesem Jahre einen feindlichen Großangriff gegen die Linie Köln–Bonn. Deshalb würden 2 starke Gegenangriffsgruppen gebildet, und zwar nordwestlich Köln und in der Eifel (was hier die Ansammlung verschleierte, bei Köln eine Massierung vortäuschen sollte). Dazu wurden einzelne Richtlinien gegeben.

Am gleichen Tage wurden auch die Grundsätze des Angriffsverfahrens im Entwurf fertiggestellt, am folgenden Tag Leitlinien für den Einsatz der Pioniere (vgl. dazu Notiz vom 15. 10. über den Bedarf).

Inzwischen war der rund 800 Züge erfordernde Antransport der 6. Armee (seit 8. 11.: 6. Pz.-Armee [1], OB: SS-Oberstgruppenführer Sepp Dietrich), zu der die 1., 2., 9., 12. SS- und Pz.-Lehr-Div. gehörten, angelaufen. Sie war sofort nach dem Einrücken in die Weststellung zur Auffrischung in den nordwestdeutschen Raum zurückgezogen worden. Die vom OB West im Hinblick auf die Gefahr von Luftlandungen gewünschte Verlegung weiter nach Westen hatte der Führer abgelehnt, um die Ausbildung nicht zu unterbrechen. Am 2. 11. hatte die Armee gemeldet, daß sie bis 6. 11. nicht einsatzbereit sei, da ihr die Masse des Materials noch nicht zugeführt wurde.

Diese Begründung traf nach den Unterlagen des WFStabs nicht zu: das Material war – soweit noch nicht eingetroffen – zum mindesten im Zulauf, was angesichts der Transportlage eine beachtliche Leistung darstellte. Jedenfalls bedingten die Verzögerungen bei den Auffrischungen und Neuaufstellungen, daß der Angriffstermin immer wieder hinausgerückt werden mußte und deshalb schließlich mehrere Wochen später, als ursprünglich vorgesehen, angesetzt wurde.

Am 7. 11. wurde in den Raum Traben-Trarbach die Pz.-Lehr-Div. zugeführt, das Armee-Oberkdo. mit den übrigen Verbänden in den Raum Köln–Rheydt–Jülich–Düren–Münstereifel–Ahrweiler–Bonn verlegt. Trotz der Angriffe auf das westdeutsche Bahnnetz und die Rheinbrücken ging diese Bewegung im wesentlichen planmäßig vor sich.

[1] Von Januar 1945 an: 6. SS-Pz.-Armee.

Das gleiche galt auch für den Antransport der Volks=Grenadier=Divisionen und der Heerestruppen, die nun in steigendem Umfang herankamen.

Inzwischen waren auf die Rückäußerung des OB West hin die abschließenden Erwägungen über den Angriffsplan gepflogen worden.

Am 10. 11. konnte der Führer den Befehl für den Aufmarsch und die Bereit=stellung zum Angriff unterschreiben:

1. Ziel der Operation sei, durch Vernichtung der feindlichen Kräfte nördlich der Linie Antwerpen—Brüssel—Luxemburg eine Wendung des Westfeldzuges und damit vielleicht des ganzen Krieges herbeizuführen. „Ich bin", so erklärte der Führer, „entschlossen, an der Durchführung der Operation unter Inkauf=nahme des größten Risikos auch dann festzuhalten, wenn der feindliche An=griff beiderseits Metz und der bevorstehende Stoß auf das Ruhrgebiet zu großen Gelände= und Stellungsverlusten führen sollten".

2. u. 3. Auftrag für die 3 Angriffsarmeen (s. oben),

4. Kräftegliederung (s. oben),

5. Abschluß des Aufmarsches: bis 27. 11.,

6. Anordnungen für die Bereitstellung zum Angriff,

7. Gliederung der Artillerie,

8. Einsatz der Pioniere,

9. Einsatz der Luftwaffe.

Der Befehl hielt sich also in der Grundkonzeption an die Gedanken, die sich in der Mitte des Oktobers herauskristallisiert hatten. Entscheidend hatte sich jedoch der eigene Kräfteaufwand verändert. Damals waren nur 9 schnelle und 13 Inf.=Divisionen vorausgesetzt worden. Am 17. 11. stellte der WFStab eine Berechnung der nunmehr zur Verfügung stehenden Kräfte an. Danach waren für die 3 Angriffsarmeen 15 Pz.= und Pz.=Gren.=Div.en sowie 23 VG= und Inf.=Div.en, also 38 Verbände statt 22 vorgesehen. Von diesen waren durch die Ab=wehrschlacht bei Metz 4 Pz.= und Pz.=Gren.=Div.en und 1 VGD festgelegt (11., 21. Pz.=Div., 17. SS=Pz.=Gren.=Div., 25. Pz.=Gren.=Div. und 96. VGD). Mit der rechtzeitigen Zuführung zur Heeresgr. B war nur bei 1—2 Verbänden zu rech=nen. Der WFStab schlug deshalb verschiedene Möglichkeiten zum Gewinnen weiterer Kräfte vor.

Zwei Tage nach der Ausgabe des Befehls zum Angriff, am 12. 11., wurden besondere Anordnungen für die Funktäuschung herausgegeben. Noch offene Fragen besprach auf einer Reise in den Westen vom 11.–13. 11. der Stellv. Chef WFStab mit dem OB West und der Heeresgr. B.

Am 18. 11. folgten Richtlinien des Führers für das Angriffsverfahren. Als entscheidend wurde das Gelingen der operativen und taktischen Überraschung herausgestellt. Der Angriffsbeginn wurde vom Einbruch einer Schlechtwetter=periode abhängig gemacht. Einschießen wurde verboten; die Feuervorbereitung wurde auf etwa 1 Stunde begrenzt, sollte jedoch unter reichlichem Munitions=einsatz erfolgen. Die Artl.=Aufklärung sollte sofort einsetzen. Für das Feuer=verfahren wurden genaue Richtlinien gegeben. Bei der Gliederung der Angriffs=

gruppen sollte berücksichtigt werden, daß eine Anzahl von Divisionen noch keine Kampferfahrung besaß. Der Durchbruch müsse jedoch gelingen, und zwar schnell; dabei müsse gewährleistet sein, daß die Pz.=Verbände kampfkräftig blieben. Deshalb sollte sich das erste Treffen in der Masse aus Inf.=Divisionen, die durch Sturmgeschütze unterstützt wurden, zusammensetzen.

Nach erfolgtem Durchbruch, für den die Aufgaben im einzelnen festgelegt wurden, müsse der Gedanke maßgebend sein: „Vorwärts an und über die Maas!" Für den Vormarsch und die Zusammenarbeit mit der Luftwaffe, für die Flak=Art. und die Versorgung folgten Einzelbestimmungen.

Am 18. 11. wurden dem OB West ferner Maßnahmen gegen den möglichen Verrat durch Überläufer und die Gefangennahme von Spähtrupps und Gefechtsvorposten befohlen. Jedes Anzeichen dafür, daß der Gegner mißtrauisch geworden sei, müsse gemeldet werden, damit nicht eine Lage wie im Juli 1918 entstehe, wo sich die Front, aber nicht die Führung darüber klar gewesen sei, daß der Feind die eigenen Angriffsabsichten bereits erkannt hatte.

Am gleichen Tage übersandte der OB West mit einer Karte die von ihm gebilligten und auf dem Befehl des Führers vom 10. 11. beruhenden Absichten der Heeresgruppe B (Eine vorläufige Entscheidung zu den offenen Fragen erging am 22. 11.; ihr folgte eine ausführliche am 25. 11.; s. unten).

1. Die Operation könne in der vorgeschlagenen Art und mit den vorgesehenen Kräften durchgeführt werden, falls die Überraschung gelinge und der Angriff genährt werde. Die größten Erfolgsaussichten bestünden, wenn der Angriff in den bei Aachen abgekämpften Feind hineinstoße. Der OB der Heeresgruppe B — und entsprechend auch der OB West — erbat daher grundsätzliche Handlungsfreiheit für entsprechende Vorbereitungen und für kurzfristigen Angriffsbeginn (Entscheidung: Ausschlaggebend sei das Wetter. Den Angriffstermin bestimme der Führer. Eine Improvisation komme nicht in Frage).

2. Entscheidend für den Angriff und das Halten des fast 300 km tiefen Raumes sei das Nähren der Angriffsarmen und die Bereitstellung von operativen OB West=Reserven. Der Gegner werde sicher nicht nur seine operativen Reserven, sondern auch alle frontnahen Verbände in die Schlacht werfen. Von Süden und Südwesten sei mit 4 Inf.= und 5–6 Pz.=Div.en zu rechnen. Es komme deshalb darauf an, gleich am ersten Tage mit den Pz.=Verbänden die Maas=Linie von Lüttich bis Namur zu gewinnen und Brückenköpfe zu bilden. Ein Stopp dürfe nicht entstehen. Durch Schnelligkeit müsse der Aufbau einer feindlichen Verteidigung an der Maas verhindert werden (Entscheidung: Einverständnis mit Schlußfolgerung: es könne angenommen werden, daß auch der Feind seine Reserven in der laufenden Abwehrschlacht abnütze).

3. Je weiter die Operation der beiden Pz.=Armeen fortschreite, umso gedehnter würden die Flanken werden. Zu ihrem Schutz werde eine OB=West=Reserve von mindestens 3 VG=Divisionen und 2—3 Pz.=Divisionen benötigt. Der OB bat deshalb um Zuführung von 2 Pz.=Gren.=Div.en als operativer Reserve, ferner im Dezember um weitere 4—5 VG=Divisionen, um schnelle Ver=

bände herauszulösen (Entscheidung: Für eine operative Reserve im Rahmen des Möglichen werde das OKW sorgen. Auf die Bearbeitung des Angriffs habe das keinen Einfluß. Wesentliche Teile würden auf die im folgenden Absatz angeführte Weise gewonnen werden müssen).

4. Später sei beabsichtigt, aus anderen Frontabschnitten Verbände und Heerestruppen rücksichtslos herauszulösen und dem Operationsraum zuzuführen (Entscheidung: einverstanden).

5. Der Operationsbeginn hinge vom Ausgang der Schlacht bei Aachen und von der Auffrischung der Pz.-Verbände sowie der Zuführung der Heerestruppen ab. Vor Anfang Dezember scheine ein Antreten noch nicht möglich (Entscheidung: einverstanden).

6. Einzelanträge (entschieden durch Kurierschreiben).

Zu der übersandten Gliederung erhielt der OB West den Hinweis, die Kräfte in der Anfangsphase schärfer zusammenzufassen. Die Streifen sollten zuerst schmal sein, dann breiter werden, damit alle Gruppen die Möglichkeit der Auswahl unter mehreren Objekten an der entscheidenden Linie hätten. Wegen des gleichfalls vorgelegten Zeitplanes werde der OB auf einen nachfolgenden Befehl verwiesen.

Es darf nicht aus den Augen gelassen werden, daß in diesen Wochen nicht nur die Angriffe auf die rückwärtigen Verbindungen und die Rüstungsproduktion, von deren Leistungsfähigkeit das Gelingen des Angriffs weitgehend abhing, weitergingen, sondern auch die Abwehrschlachten, die wie eine Saugpumpe die angesammelten Reserven wegzuziehen und die zum Herauslösen bestimmten Verbände nicht nur zu binden, sondern auch zu verbrauchen drohten. Angesichts der Bitten um Verstärkung, die nicht nur im Hinblick auf die übrige Front im Westen, sondern auch auf die anderen Kriegsschauplätze vorgelegt wurden, hielt der Führer jedoch – unbeirrt und durch keine noch so großen Krisen und Geländeverluste erschüttert – an dem von Anfang an eingenommenen Standpunkt fest, daß der Westen und der Osten den Vorrang vor den anderen Kriegsschauplätzen haben müßten, unter ihnen wieder der Westen vor dem Osten und innerhalb des Westens die Heeresgruppe B vor den Heeresgruppen H und G.

Innerhalb der Heeresgruppe B bestand die Schwierigkeit darin, daß die Abwehr im Großraum Aachen, wo der Feind ab 16. 11. abermals mit stärkstem Einsatz angriff, die Vorbereitung der eigenen Operation durcheinanderzubringen drohte.

Am 21. 11. meldete der OB West, daß die Abwehrschlacht bei Aachen bereits erheblich an den Kräften der Heeresgruppe B zehre. Die 47. und die 340. VGD, vielleicht auch noch die 352. VGD, würden in den Kampf gezogen, und die 12. VGD könnte nicht herausgelöst werden. Für die Dauer der Schlacht seien die 9. und die 116. Pz.-Div. sowie die 3. und 15. Pz.-Gren.-Div. gebunden; wahrscheinlich müsse auch noch die 10. SS-Pz.-Div. eingesetzt werden.

Ebenso sei es bei der Heeresgruppe G nicht möglich, die 11. und 21. Pz.=Div., die 17. SS=Pz.=Gren.=Div. und die Kampfgruppe der 25. Pz.=Div. herauszulösen. Deshalb würden für die nächste Zeit etwa 4 VG=Divisionen und wahrscheinlich 9 schnelle Verbände als Eingreifreserve für den Angriff ausfallen; nach dem Herauslösen müßten sie erst aufgefrischt werden. Daher würden die verbleibenden Kräfte nicht ausreichen, um den Erfolg des eigenen Angriffs sicherzustellen.

Da auch die feindlichen Kräfte vorerst abgekämpft seien, schlug der OB (wie schon am 18. 11.) nochmals vor, die unberührt gebliebenen Eingreifreserven unter schneller Ausnutzung der vorübergehenden Schwächung des Feindes zu einer Abwehrschlacht gegen die 9. amerikan. Armee und die Flügel der 2. britischen und der 1. amerikan. Armee (d. h. im Frontabschnitt südlich Roermond) anzusetzen. Durch eine solche, zunächst örtlich begrenzte Abwehrschlacht würde mit Sicherheit eine stärkere feindliche Kräftegruppe vernichtet werden können. Dadurch würden wiederum eine sichere Voraussetzung für den Angriff und eine starke psychologische Auswirkung erreicht werden.

Dieser Plan wurde am 22. 11. in der vorläufigen Antwort auf die am 18. 11. vorgelegten Vorschläge abgelehnt. Eine endgültige Antwort wurde am 25. 11. auf Grund der Entscheidung des Führers erteilt: seit Beginn der Abwehrschlacht habe das Feindbild die Voraussetzung für einen Angriff bestätigt. Der Verschleiß der feindlichen Kräfte sei bedeutend; der Gegner habe seine Reserven in der Masse frontnahe gebunden, oder sie seien bereits angeschlagen; die Schwierigkeiten seiner Versorgung wüchsen. Nach wie vor sei die Durchbruchsfront dünner besetzt. Trotz der an sich unerwünschten Bindung eigener Angriffskräfte halte der Führer deshalb unbeirrt am Ziel und am Umfang des geplanten Angriffs fest; auch lehne er den Gedanken einer „kleinen Lösung" (etwa durch Eindrehen bereits ostwärts der Maas) scharf ab. Mit der Auffassung, bereits am ersten Tage Brückenköpfe über die Maas zu bilden, sei er voll einverstanden. Unter günstigen Voraussetzungen könne dies schneidigen Führern von Vorausabteilungen bereits im Morgengrauen gelingen; diese müßten gefunden werden. Entscheidenden Wert lege der Führer darauf, daß sich die beiden Stoßarmeen nicht von vornherein auf 1—2 Maas=Übergänge festlegten, sondern sich Bewegungsfreiheit in einem breiten Streifen sicherten. Deshalb sei die Trennungslinie so zu ziehen, daß der Übergang bei Huy noch der 6. Pz.=Armee zufalle; dementsprechend müsse der Gefechtsstreifen der 5. Pz.=Armee nach Süden bis Givet erweitert werden. Mit dem Ansatz des Durchbruchs sei der Führer im wesentlichen einverstanden; er wünsche jedoch eine noch schärfere Zusammenfassung von Kräften bei der Artillerie an den so schmal wie möglich zu haltenden Durchbruchsstellen. Für den Vorstoß von Teilen der 7. Armee aus der Linie südlich Vianden—Echternach auf Luxemburg sei die Voraussetzung die Vernichtung der feindlichen Kräfte ostwärts der Linie Echternach—Grevenmacher; sie müßten, da der OB West eine beiderseitige Umfassung nicht für möglich halte, durch Umfassung von Norden aus den Angeln gehoben werden. Erst dann verspreche der Vorstoß auf Luxemburg Erfolg. Die Verminderung der vorgesehenen Angriffskräfte werde durch den Verschleiß des Gegners aufgewogen. Entsprechend geringer sei auch die anfangs greifbare operative Reserve geworden. Es stünden zur Verfügung: ab 6. 12. die 560. VGD, ab 13. 12. die 167. VGD, ferner vielleicht noch die 10. SS=Pz.=Div., falls sie nicht eingesetzt zu werden brauche. Diese Verbände sollten OKW=Reserve bleiben; für den Einsatz in der Front würden sie zu spät kommen. Der Angriff solle genährt werden

a) durch Herausziehen von Verbänden aus anderen Frontabschnitten,
b) durch folgende Nachführungen im Dezember:
79., 257. und 320. VGD sowie 6. SS=Geb.=Div. „Nord" (aus Norwegen),
c) durch Zuführung gut bewaffneter Marschbataillone, zusammen 50 000 Mann (ab 1. 12.: 20 000, ab 8. 12.: 20 000, ab 15. 12.: 10 000).

Mit dem vorgeschlagenen Angriffstermin (Anfang Dezember) erklärte sich der Führer einverstanden; ein noch früheres Antreten, um eine augenblicklich günstige Lage auszunutzen, komme nicht in Fage. Allein ausschlaggebend sei die Wetterlage, da durch sie die feindliche Luftüberlegenheit ausgeglichen wer=den könne. Die Bestimmung des Tages behalte sich der Führer weiterhin vor. Im Hinblick auf den Zeitplan wünsche er, daß die Gleiskettenteile der schnel=len Verbände eine Nacht später herangeführt würden, um eine vorzeitige Ent=tarnung zu vermeiden.

Da inzwischen die Front der Heeresgruppe G zusammengebrochen war, mußte erwogen werden, ob sich daraus Konsequenzen für den geplanten An=griff ergaben und ob es etwa ratsam sei, ihm eine ganz andere Richtung zu geben. Infolge von Erörterungen, die der Führer gepflogen hatte, wurde am 26. 11. ein Entwurf für eine Operation zur Rückgewinnung von Lothringen und dem Elsaß vorgelegt. Der Vorteil eines solchen Unternehmens, das ja bereits im Oktober in den Kreis der Erörterungen mit einbezogen worden war, lag in der Rückgewinnung des Minette=Gebietes und der Kohlen= und Elektrizitätskräfte bei St. Avold und konnte zu einer entscheidenden Entlastung der 19. Armee führen, mußte auch den Aufbau der französ. Armee durch die Vernichtung ihrer Elite=Verbände behindern. Diesen Vorteilen standen jedoch auch erhebliche Nachteile gegenüber. Der Plan wurde daher noch nicht weiter verfolgt.

Am gleichen Tage besprach sich der Chef WFStab mit dem OB West in dessen Hauptquartier. Nach Vortrag beim Führer teilte der Chef WFStab dem OB mit:

1. als Null=Tag sei der 10. 12. in Aussicht genommen,
2. die für den Angriff notwendigen Ablösungen seien dementsprechend durchzuführen,
3. für die Abwehrfront der 6. Pz.=Armee zwischen Monschau und Lüttich seien schwere Pz.=Abwehr=Waffen vorzusehen,

4. Beginn des Vorbereitungsfeuers: 5.30 Uhr, dann je 30–60 Minuten, Gesamtangriff 6–6.30 Uhr.

Am 29. 11. legte der WFStab 2 Vorschläge für den Einsatz der 59., 719., 176. bzw. 183. Div. sowie der 3. Fallschirm-Jg.-Div. vor. Am gleichen Tage ging die Meldung des OB West ein, daß die Heeresgruppe B 8.00 Uhr als Angriffsbeginn vorschlage, da die Angriffstruppen nicht genügend für Nachtangriffe geschult seien und dementsprechend ein neuer Zeitplan vorgelegt werde. Diesem Antrag wurde nicht stattgegeben. Am gleichen Tage gab die Heeresgr. B ihren Angriffsbefehl heraus, in dem sie der Angriffsschlacht den Namen „Herbstnebel" gab (dazu Berichtigungen vom 4. 12.; Abänderungen durch den Führer am 9. 12.).

Am 2. 12. wurden dem OB West die nunmehrigen Bereitstellungen aus der OKW-Reserve bekanntgegeben.

Am gleichen Tage entschied der Führer, daß die verstärkte Führer-Begleit-Brig. der Heeresgr. B zum Einsatz auf dem linken Flügel zuzuführen und die Pz.-Brig. 103 im Bereich des AOK 19 zur Stützung des Nordflügels einzusetzen seien.

Am gleichen Tage fand beim Führer eine Besprechung der Westlage statt, an welcher der OB der Heeresgr. B, Gen.-Feldm. Model, die OB der 6. und 5. Pz.-Armee, SS-Oberstgruppenführer Dietrich und Gen. d. Pz.-Truppen v. Manteuffel, und der Chef des Gen.-Stabes des OB West, Gen.-Lt. Westphal, teilnahmen. Es wurde entschieden:

1. Y-Zeit: 5.30 Uhr,
2. weitere Angriffsverbände dürften nicht, wie das die Heeresgr. B beantragt hatte, mit je 1 Rgt. in die Eifelfront geschoben werden. Gestattet wurde jedoch, sie in die 2. Linie zu führen;
3. die 10. SS-Div. sollte nach Herausziehen zur 6. Pz.-Armee treten;
4. die Führer-Gren.-Brig. (OKW-Reserve) wurde in einem späteren Abschnitt des Kampfes für die 5. Pz.-Armee vorgesehen;
5. der Befehl des OB West, daß die Pz.-Lehr-Div. und die 11. Pz.-Div. ab 4. 12. durch die Heeresgruppe G innerhalb 36 Stunden abrufbereit zu stellen seien, wurde gebilligt.

Außerdem wurde eine lange Reihe von Einzelheiten geklärt.

Der Führer rechnete nach Abzug aller Ausfälle für einige Tage nach Beginn des Angriffs mit 8–900 Einsätzen der eigenen Luftwaffe (dazu 60 vom Typ Me 262 und Arado).

Nunmehr waren nur noch Einzelheiten zu entscheiden.

Am 3. 12. befahl der Führer die Bereitstellung von 2000 Pferden durch den Reichsführer SS für das AOK 7 sowie die Abgabe der Hälfte aller Kraftfahrzeuge der beiden aus Norwegen herankommenden Divisionen, nämlich der 2. Geb.-Div. an die 5. Pz.-Armee und der 6. SS-Geb.-Div. an die 6. Pz.-

Armee. Außerdem waren den beiden Armeen Kfz. aus der Neufertigung zugeteilt worden, während die übrigen Armeen mit reparierten Kfz. ausgestattet werden sollten. Ferner verlangte der Führer die Nachführung von Sicherungskräften, damit die Angriffsverbände nicht durch die Besetzung größerer Ortschaften usw. aufgehalten würden.

Auf Grund der Entscheidungen des Führers vom 2. 12. wurde dem OB West am 4. 12.[1] noch ein schriftlicher Befehl erteilt, der die bereits angeführten Punkte regelte. Die vorgelegte Kräftegliederung wurde bis auf einzelne Abänderungen genehmigt; die Bereitstellungsräume der OKW=Reserven wurden einem Sonderbefehl überlassen. Es wurde noch einmal nachdrücklich auf die Geheimhaltung hingewiesen. Von einer einheitlichen Regelung der Feuervorbereitung wurde mit Rücksicht auf die verschiedenen Angriffsverhältnisse abgesehen. Es wurde verlangt, Angriff und Vormarsch auch in der Nacht fortzusetzen.

Am 6. 12. wies der Führer nochmals darauf hin, welche Bedeutung es habe, die 10. SS=Pz.=Div. während des jetzigen Abflauens der Kämpfe herauszuziehen und sie durch die 340. Inf.=Div. zu ersetzen. Für die im Zulauf befindlichen Sturmgeschütz=Abt.en befahl er, daß sie zunächst zur Verfügung des OKW blieben, damit sie nach Bedarf den einzelnen Abschnitten zugeführt werden konnten. Wert legte der Führer ferner darauf, eine Fallschirm=Jg.=Div. (die 3.) am rechten Flügel der 6. Pz.=Armee zu haben, um sie schnell auf Maastricht vortreiben und dort nach Osten abriegeln zu können.

Am gleichen Tage übermittelte der Stellv. Chef WFStab dies dem Chef des GenSt. des OB West mit verschiedenen Anregungen, u. a. die zum Ausstreuen falscher Angriffsabsichten, da die Tatsache des Aufmarsches nun nicht mehr ausreichend zu vertuschen war.

Am 7. 12. wurde dem OB West die Entscheidung des Führers über die 719. Inf.=Div. mitgeteilt: da es die Aufgabe der 1. Armee sei, den Westwall zu halten und die Einbruchsstelle nördlich Saarlautern sofort zu bereinigen, werde ihm der Einsatz der Div. freigestellt. Das Herauslösen der 11. Pz.=Div. und des Volks=Artl.=Korps 464 wurde für einen späteren Zeitpunkt vorgesehen.

Ein weiterer Befehl vom 7. 12. entschied noch Einzelfragen und teilte dem OB West außerdem mit, daß der zweite der vorgeschlagenen Termine (14. 12.) vorgesehen sei, daß er jedoch bei günstigem Wetter um einen Tag vorverlegt werden solle.

Am 8. 12. wurde dem OB West übermittelt, daß sich Kampfschwimmer der Kriegsmarine zur Durchführung von Sonderaufträgen (Zerstörung von Brükken im Raum von Maastricht) bei ihm melden würden.

Am 8. 12. ging ferner ein neuer Operationsentwurf des OB West vom 7. 12. ein, der auf Grund der letzten Besprechungen und einer am 6. 12. erstatteten Meldung abgeändert war. Er kam u. a. auf den bereits früher gemachten Vor=

1 Datum handschriftlich nachgetragen, Lesung nicht ganz sicher.

schlag eines Angriffs der 176. und 59. Inf.=Div. sowie der 9.[1] Pz.= und 15. Pz.= Gren.=Div. aus dem Frontbereich südlich Roermond in Richtung Maastricht mit Abschließung nach Osten zurück. Doch wurde diese Anregung auch diesmal nicht aufgenommen.

Zwei Befehle über Bereitstellung der OKW=Reserven vom 4. und 5. 12. wurden am 9. 12. außer Kraft gesetzt; stattdessen wurde nun befohlen: Bereitstellung der 6. SS=Geb.=Div. westlich Münstereifel, der Führer=Gren.=Brig. südlich Münstereifel—Blankenheim; 3 Pz.=Gren.=Div. ab 10. 12. OKW=Reserve, vorerst Auffrischung hinter dem linken Flügel der 15. Armee; Bereitstellung der 167. und der 9. VGD westlich Gerolstein, der Führer=Begleit=Brig. im Raum Kyllburg—Bitburg (dorthin später auch die 11. Pz.=Div.), der 257. VGD westlich Wittlich (voraussichtlich der 7. Armee nachzuführen); Verlegung und Einsatz der OKW=Reserve nur auf Befehl des Führers (mit Ausnahme von Großlandungen aus der Luft).

Am gleichen Tage erhielt der OB West einige Zusätze und Abänderungen des Führers zum „Herbstnebel"=Befehl der Heeresgr. B vom 29. 11.

Am 10. 12. teilte der OB West mit, daß der Antransport der noch fehlenden Verbände ohne nennenswerte Verzögerungen ablaufe, daß jedoch durch Luftangriffe eine Reihe von Brücken gesperrt sei. Dazu meldete er die Einzelheiten.

Am 11. 12. genehmigte der Führer die Verschiebung des Angriffstermins vom 14. auf den 15. 12., 5.30 Uhr; die Möglichkeit einer weiteren Verschiebung sollte, auch wenn sie nach Möglichkeit zu vermeiden war, aufrechterhalten bleiben. Zugleich wurde eine Reihe von Anfragen und Anträgen des OB West entschieden. Dies Schreiben wurde am 12. 12. dahin abgeändert, daß der 15. 12. durch 16. 12. ersetzt wurde. Maßgebend war dabei, daß Rückgriffe auf die Betriebsstoffreserven es erforderlich machten, diese noch vorher weiter aufzufüllen.

Damit waren die Vorbereitungen abgeschlossen. Am 15. 12. teilte der Führer dem Gen.=Feldm. Model mit, er habe seine letzten Entscheidungen getroffen. Alle Voraussetzungen für den Erfolg seien gegeben; Größe und Ausmaß desselben hingen nunmehr allein von der Führung im Ablauf des Angriffs ab. Der Führer verpflichtete den OB der Heeresgr. B noch einmal, alle Befehle bedingungslos durchzuführen und sie bis zur untersten Einheit durchzusetzen. Er verbot jedes Abdrehen von Pz.=Verbänden ostwärts der Maas nach Norden und befahl, daß die Pz.=Verbände der 6. Pz.=Armee soweit von der Deckungsfront des LXVII. AK. abzusetzen seien, daß sie nicht in deren Kämpfe verwickelt werden könnten, ferner, daß das gesamte Straßennetz im rechten Abschnitt der 5. Pz.=Armee (falls notwendig, bis Namur einschließlich) sofort der 6. Pz.=Armee zur Verfügung gestellt werde, falls sich herausstelle, daß ein glatter Übergang

1 Zahl unlesbar.

in und bei Namur nicht gelinge. Ferner machte der Führer den OB dafür verantwortlich, daß keine Pz.=Zusammenballung bei Lüttich eintrete, was zwangsläufig zum Einsatz der Pz.=Verbände ostwärts der Maas führen müsse. Die Abdeckung des Vormarsches auf Antwerpen in der Ostflanke sei an dem natürlichen Hindernis des Albert=Kanals selbst und nicht weiter westlich aufzubauen. Der linke Flügel der 15. Armee sei so stark zu machen, daß es nicht notwendig werden könne, Inf.=Divisionen der 6. Pz.=Armee in den Kämpfen bei Gimmerath festzulegen und dadurch die Abwehrflanke zwischen Monschau und Lüttich zu schwächen. Wenn diese Grundsätze für die Führung der Operation befolgt würden, sei ein großer Erfolg sicher.

Gen.=Feldm. Model antwortete noch am gleichen Abend, daß er den Befehl des Führers im Wortlaut an den OB der 6. Pz.=Armee weitergegeben habe und alles bei der Heeresgruppe auf Antwerpen eingestellt sei. Er beantragte nochmals die Freigabe der 3. Pz.=Gren.=Div. als Heeresgruppen=Reserve, damit unter keinen Umständen das Vorgehen der Pz.=Verbände der 6. Pz.=Armee durch feindl. Pz.=Kräfte ostwärts der Maas gehemmt werden könnte. Er beabsichtige, sie so schnell wie möglich auf Verviers an Stelle der ausgefallenen Vorausabteilung der 3. Fallschirm=Jg.=Div. vorzutreiben. VG=Divisionen würden zu spät kommen. Zur Sicherung des linken Flügels der 15. Armee sei bereits die 89. Inf.=Div. eingesetzt, wobei auf deren Auffrischung verzichtet und an der Rur ein Risiko gelaufen werde. Zur Stützung der Nordflanke der 6. Pz.=Armee seien weiterhin 3 Sturmgeschütz=Brigaden und eine Sturm=Pz.=Abt. von der 15. Armee in Marsch gesetzt, die ab 16. 12. eintreffen würden. Durch Einsatz örtlicher Reserven zwischen Jülich und Düren würden weitere infanteristische Kräfte freigemacht. Abschließend meldete der OB, daß nach seiner eigenen Feststellung in der Eifel die doppelte Zeit und der doppelte Betriebsstoff verbraucht würden; rechtzeitige und ausreichende Zuführung sei entscheidend.

Der Führer genehmigte darauf am 16. 12. den vorübergehenden Einsatz der 3. Pz.=Gren.=Div. zwischen Eupen und Lüttich, ferner die Zuführung der 257. VGD (bisher OKW=Reserve) zum beschleunigten Herauslösen der 11. Pz.=Div., die im Raum Bitburg als OKW=Reserve versammelt und aufgefrischt werden sollte.

*An diesem Tage begann um 5.30 Uhr die seit dem Oktober vorbereitete Operation „Wacht am Rhein" bzw. „Herbstnebel" in der geplanten Weise.*

Um 15.45 Uhr teilte der Führer dies dem OB der Heeresgr. G, Gen. d. Pz.=Truppen Balck, mit. Er wies darauf hin, daß der erwartete Erfolg die Gesamtlage im Westen von Grund auf ändern werde und alle Voraussetzungen für ihn gegeben seien. Um die Kräfte für den Angriff zu gewinnen und zu erhalten, habe er an allen übrigen Fronten und Kriegsschauplätzen große Belastungen, ja sogar Krisen in Kauf genommen und sich damit abgefunden, daß die Heeresgr. G wichtiges Gelände im Vorfeld des Westwalls, sogar Befestigungen im Westwall selbst, verloren habe. Von jetzt an sei jedoch kein Schritt

Boden mehr aufzugeben. In Kürze werde auch die Heeresgr. G eine fühlbare Entlastung erfahren. Der Führer verlangte daher, daß das Vorfeld des Westwalls zwischen Völklingen und Bitsch unter allen Umständen gehalten werde, daß vom Westwall kein Bunker mehr verlorenginge und die bereits verlorenen durch sorgfältig vorbereitete Stoßtruppunternehmungen wieder in eigene Hand kämen. Darin bestehe die Aufgabe der Heeresgr. G, und von deren Erfüllung hinge das Gelingen der Operation nicht weniger ab als vom Angriffsgeist der Heeresgr. B.

Diese Voraussage erfüllte sich in wenigen Tagen. Die Operation erreichte zwar nicht ihr Endziel, aber bereits am Weihnachtstage war die Initiative an der Westfront, so weit nicht Ruhe herrschte, ganz auf die eigene Seite übergegangen. Durch den Abzug feindlicher Kräfte aus dem Großraum Aachen und von der Elsaß-Lothringischen-Front, den das Vorstoßen der deutschen Verbände dem Gegner aufzwang, waren nicht nur alle feindlichen Angriffsmöglichkeiten vereitelt, sondern zwischen Saarbrücken und dem Rhein konnte die eigene Stellung wieder gefestigt, den Amerikanern das Gelände, das sie im Westwall und in seinem Vorfeld unter großen Verlusten in zähen Kämpfen erobert hatten, wieder abgenommen und dann zum Angriff gegen das nördliche Elsaß angetreten werden (Unternehmen „Nordwind").

## *Anhang:*

### *Unternehmen Skorzeny*

Ein mit der geplanten Operation verbundenes Sonderunternehmen kam bei der Ausführung nicht zu dem angestrebten Erfolg. Es ist deshalb nur am Rande zu erwähnen (vgl. die Akte „Skorzeny" bei Op. H).

Die Angriffsabsichten verbanden sich frühzeitig mit dem Gedanken, den Vorstoß durch eine Sondergruppe in britischen und amerikanischen Uniformen zu unterstützen, wie der Gegner das sowohl im Osten als auch im Westen erprobt hatte und gerade wieder bei der Einnahme Aachens durchführte. Als Führer wurde der SS-Obersturmbannführer Skorzeny ausersehen, der seine Eignung für solche Aufgaben durch die Befreiung des Duce ausgewiesen hatte. Am 22. 10. erhielt er den Auftrag, einen Maas-Übergang zwischen Lüttich und Namur in Volltarnung zu besetzen und durch kleine Kommandos Verwirrung in den Reihen des Gegners zu stiften. Am 26. 10. meldete er, daß er folgende Gliederung vorgesehen habe: 1 Pz.-Kp. mit 10 Panzern, 3 Pz.-Spähkompanien mit je 10 Pz.-Spähwagen, 2 mot. Inf.-Btl.e mit je 1 Schützen- und 1 schweren Kp., 1 leichte Flak-Kp., 2 Pz.-Jg.-Kompanien, 1 Btl. Artl. und 1 Nachr.-Zug zusammen 3300 Mann. Er stellte dazu zusammen, was für die Aufstellung benötigt wurde. Diese Anforderungen sowie die sich in der Folgezeit ergebenden wurden vom OKW, soweit erfüllbar, erfüllt. Da es nicht möglich war, aus Freiwilligen, die am 25. 10. aufgerufen worden waren, eine kampfkräftige Einheit zusammenzuschmieden, wurde der Befehlshaber des Ersatzheeres um eine Stellung von geeigneten Formationen gebeten. Dieser entsprach dieser Forderung, doch erwiesen sich einzelne Einheiten nachträglich als ungeeignet.

Anfänglich wurde geplant, zwei Kampfgruppen unter einem Führungsstab zu bilden, von denen die eine aus dem Kampfraum, die andere aus einem anderen Raum auf das Ziel zustoßen sollte. Am 9. 11. fand eine Besprechung beim OB West statt, um die bereits befohlene Abgabe von Beutewaffen zu beschleunigen. Mit dem

WFStab wurden die Einzelheiten am 15. 11. im FHQu erörtert. Da die Beschaffung der Ausstattung auf viele Schwierigkeiten stieß, wurde die Ausbildung, die auf dem Truppenübungsplatz Grafenwöhr vorgenommen wurde, nicht so gefördert, wie das erwünscht wurde. Ferner ergaben sich manche Schwierigkeiten aus dem Gedanken der Volltarnung, so daß viele Angehörige der Sondergruppe wieder ausgeschieden werden mußten. Vor allem fiel ins Gewicht, daß angenommen werden mußte, dem Feinde sei der Aufruf zur Meldung von Freiwilligen bekannt geworden.

Nach Beginn des Angriffs wurde zwar vorübergehend Verwirrung beim Gegner gestiftet, da dieser mit einem Einsatz in Volltarnung rechnete und entsprechende Gegenmaßnahmen ergriff, die Unbeteiligte trafen; aber zu dem geplanten Durchstoß kam es nicht (s. den Teil C). Dem Feind gelang laut Pressenachrichten die Gefangennahme von 3 Angehörigen der Sondergruppe — von amerikanischer Seite wurde dafür eingetreten, sie zu erschießen; von britischer Seite wurden Bedenken gegen diese Auffassung angemeldet.

### 17. Veränderungen in den Kräften des OB West (3. Oktober — 15. Dezember)

Am 3. 10. wurde dem OB West mitgeteilt, daß ihm am 5. 10. zum Einsatz in einer ruhigen Front aus Dänemark die 416. Inf.=Div. zugeführt werden solle, die er durch Eingliederung von Festungs=Truppenteilen auf volle Stärke zu bringen hatte, ferner ab 5. 10. die Sturm=Art.=Brig. 667 und das Heeres=Pi.=Btl. (bespannt) 1746. Dieser Befehl wurde am 4. 10. dahin ergänzt, daß der Führer befohlen habe, durch die 416. Inf.=Div. eine voll bewegliche Division herauszulösen. Da sich die für den 10. 10. erwartete Zuführung von 3 VG=Divisionen bis zum 20. bzw. 30. 10. hinauszögerte (zum Teil durch Einbrüche in die Rüstungsindustrie), wurde am 7. 10. vorgeschlagen, von Nimwegen auch noch die 269. Inf.=Div. heranzuziehen, die im Raum von Bergen durch die inzwischen besser ausgerüstete 560. Inf.=Div. ersetzt werden konnte.

Zu den Wünschen des OB West, die 6. Pz.=Armee so zu verlegen, daß sie Räume sicherte, die auch für Luftlandungen in Betracht kamen, nahm der WFStab am 11. und 12. 10. Stellung. Am gleichen Tage wurde die Vorlegung der 9. SS=Pz.=Div. in den Raum Münster—Hamm—Paderborn—Gütersloh befohlen. Am 13. 10. wurde dem OB West mitgeteilt, daß der Führer die Verlegung der Pz.=Armee abgelehnt habe, um deren Auffrischung nicht zu stören. Am 13. 10. legte der OB West neue Vorschläge vor: Ablösung der 15. Pz.=Gren.=Div. durch die 553. Inf.=Div., diese durch die 48. Inf.=Div., diese durch die 416. Inf.=Div. Darauf folgten die Absichten über ...... [1]. Dem OB West wurde am 14. 10. geantwortet, daß der Führer die beiden ersten Vorschläge genehmigt und außerdem befohlen habe, dem OB West ab 17. 10. die 361. VG=Div. zum Herauslösen der hinter der Front der 5. Pz.=Armee aufzustellenden 11. Pz.=Div. zuzuführen, ferner in der Zeit vom 18. 10.—1. 11. die 269. Inf.=Div. zum Einsatz bei der Heeresgr. G in der Vogesenstellung, ferner ab 20. 10. die 18. VG=Div. aus Dänemark zum Herauslösen der 2. SS=Pz.=Div. „Reich" bei der Heeresgruppe B, die zur Auffrischung bei der 6. Pz.=Armee bestimmt war.

1 etwa 6 Wörter fehlen auf dem Foto.

Am 19. 10. wies der OB West darauf hin, daß seine Landfront rund 1000 km lang sei und daß in ihr 41 Div.en bzw. Volks=Grenadier=Div.en und 30 Pz.= bzw. Pz.=Gren.=Div.en eingesetzt seien, deren Kampfkraft (einschließl. der der eingegliederten Festungs=Truppen) aber nur dem Werte von 27 vollen Inf.= und 6½ vollen Pz.=Divisionen entspreche. Der Gegner habe eingesetzt in Frontnähe 42 Inf.=Div.en, 13 Pz.=Div.en und 11 Pz.=Brigaden, die mit Panzern fast wie eine Div. ausgestattet seien. Der Feind könne seine Kräfte ständig auf voller Höhe erhalten und auch Reserven bereitstellen. Durch ständige Angriffe bringe er den eigenen Verbänden ständig Verluste bei. An neuen Verbänden, „Gneisenau"=Einheiten, Festungs=Truppen, Ersatz usw. habe der Westen in der Zeit vom 1. 9. bis 15. 10. rund 152 000 Mann erhalten. Die Verluste hätten in der gleichen Zeit rund 150 000 Mann betragen. Die Abgaben (einschließlich Auffrischungsverbänden) betrugen rund 86 000, so daß sich die Gesamtstärke um rund 84 000 Mann vermindert habe. In Italien bestehe ein viel günstigeres Kräfteverhältnis. Mit den zur Verfügung stehenden Kräften könne die Westfront auf die Dauer nicht gehalten werden. Dabei sei zu berücksichtigen, daß der Feind seinen Aufmarsch noch nicht beendet und seine schweren Luftwaffen=Verbände noch nicht gegen die Front eingesetzt habe. Um so dringender sei die Bildung von Eingreifreserven; zur Zeit bestünden sie bei der Heeresgruppe B nur aus der schwachen 9. Pz.=Div. und der im Antransport befindlichen 15. Pz.=Gren.=Div. Der OB bezeichnete es deshalb als notwendig, der Westfront Verstärkungen zuzuführen, und zwar für die Heeresgr. B: 8 Inf.=Div.en und 3 Pz.=Div.en (abzüglich der vorgesehenen 18. und 256. VGD sowie der 9. Pz.= u. 15. Pz.=Gren.=Div., also 6 Inf.= und 1 Pz.=Div.), für die Heeresgr. G: 2 Div.en. Der OB erklärte, sich darüber klar zu sein, daß diese Forderungen zur Zeit nicht erfüllbar sein würden, fühlte sich jedoch zu dem Hinweis verpflichtet, daß der jetzige Angriff bei Aachen noch nicht den Großangriff bedeute, damit aus dem bisherigen Verlauf der Kämpfe keine Rückschlüsse gezogen würden. Ferner wies er darauf hin, es sei zu besorgen, daß wegen der Angriffe auf die Rheinbrücken und die Eisenbahn die 6. Pz.=Armee möglicherweise nicht rechtzeitig herangeführt werden könne.

Da der OB West die 4 Pz.=Div.en, die im November aufgefrischt werden sollten, ohne Ersatz nicht aus der Front ziehen konnte, mußte zu Aushilfen gegriffen werden. Es wurde ihm am 18. 10. mitgeteilt, daß ihm für die Pz.=Div.en voraussichtlich Ende Oktober 2 VG=Divisionen zugeführt werden würden. Weitere Zuführungen würden von der Lage abhängen.

Am 25. 10. wurde geklärt, daß im November nur 3 Pz.=Divisionen (2., 21. u. 10. SS) aufgefrischt werden sollten. Durch Befehl vom gleichen Tage wurden die Div.en Nr. 176, 180 und 190 in das Feldheer überführt; der OB West erhielt daher den Auftrag, jene Div.en herauszulösen. Die 9. und 116. Pz.=Div. sollte er im frontnahen Raum selbst auffrischen.

Am 27. 10. wurde dem OB West mitgeteilt, daß ihm ab 5. 11. die 277. und die 708. VGD zugeführt würden, die für ruhige Bereitstellungen vorgesehen waren. Die 47. VGD sollte bis 8. 11. fertiggestellt und dann zugeführt werden. Am gleichen Tage entschied der Führer, daß die Pz.-Div.en des Pz.-AOK 6 auf die doppelte Panzer-Stärke gebracht werden sollten. Zu diesem Zweck wurde der gesamte Panzer-Nachschub für den Osten gesperrt.

Am 30. 10. wurde die Verlegung der 30. Waffen-Gren.-Div. der SS (russ. Nr. 2), die für Nordholland vorgesehen worden war, in das Heimatkriegsgebiet befohlen.

Am 31. 10. wurde das Herauslösen der 21. Pz.-Div. durch die 708. VGD und die Zuführung der 352. VGD zur Heeresgruppe B genehmigt.

Am 1. 11. wurden dem OB folgende Zuführungen mitgeteilt:

212. VGD ab 5. 11. aus dem Raum Lötzen,
47. VGD ab 8. 11. aus Dänemark,
352. VGD ab 8. 11. aus Raum Flensburg,
276. VGD ab 11. 11. aus dem Wehrkreis XX,
340. VGD ab 11. 11. aus dem Raum Posen.

Mit der 47. VGD sollte der OB die 12. VGD zur Auffrischung herauslösen; die übrigen Div.en waren als „Reserve für die Abwehrschlacht" vorgesehen, der dann auch die 12. VGD zugeführt werden sollte.

Am 9. 11. wurden dem OB für den November die 47., 352., 340., 276., 326. und 62. Div., für den Dezember die 560., 9. und 167. Div. in Aussicht gestellt. Am gleichen Tage erhielt er eine Zusammenstellung der im November herankommenden Heerestruppen: 2 überschwere MG-Btl.e (821., 823.), 5 Volks-Artl.-Korps (404 und 408), ein 21 cm Werfer-Abt., 2 Sturmgeschütz-Brig.en (245. und 278.), 8 Heeres-Artl.-Battr.en, 2 Eisenbahn-Artl.-Battr.en, 6 schwerste Heeres-Artl.-Battr.en, weitere 8 Battr.en mit großem Kaliber, ferner 5 schwere Heeres-Pz.-Jg.-Abt.en, 3 Volks-Werfer-Brigaden und 4 Werfer-Abt.en, schließlich einige Pionier-Einheiten. Ein Teil der schwersten Heeres-Artl. war für den Artl.-Riegel bei Metz bestimmt. Die Masse der neuen Kräfte sollte in der Luftverteidigungszone West im Zuge der Verwendung für die Abwehrschlacht bereitgestellt werden. Die Volks-Artl.-Korps und die Volks-Werfer-Brigaden waren OKW-Reserven. Am 15. 11. wurden dem OB West weitere Heeres- und Fest.-Battr.en zugewiesen.

Am 16. 11. wurde dem OB West mitgeteilt, daß ihm in der Zeit vom 19.—25. 11. die 326., 62., 9., 167., 560. VGD zugeführt werden sollten (davon die letzte aus Norwegen über Dänemark).

Am 21. 11. konnte dem OB West übermittelt werden, daß er zum 28. und 29. 11. 2 Marsch-Btl.e, ab 1. 12. 30 Inf.- und 8 Pz.-Marsch-Btl.e und ab 8. 12. noch einmal die gleiche Menge erhalten werde (zu 500 bzw. 600 Mann), also 37 200 Mann.

Eine dem OB West am gleichen Tage zugeleitete Übersicht stellte fest, daß er im November erhielt: 8 Inf.-Flam.-Btl.e, 12 Volks-Artl.-Korps, 15 Heeres-Artl.-Battr.en, 10 schwere Heeres-Pz.-Jg.-Abt.en, 8 Festungs-Pi.-Btl.e, 8 Volks-Werfer-Brigaden und eine große Zahl weiterer Einheiten.

Am 25. 11. wurde die Mitteilung vom 21. 11. dahin ergänzt, daß der OB West noch 7 Marsch=Btl.e für Pz.=Truppen und 1100 Mann Luftwaffen=Soldaten erhielt.

Diese personellen Zuweisungen beliefen sich, wie dem OB der Heeresgr. B am 27. 11. mitgeteilt wurde, im November auf 29 000, in der Zeit vom 1.–15. 12. auf 48 000 Mann. Eine Erhöhung des materiellen Nachschubs wurde ihm für die Zeit nach der Aufstellung der Volks=Gren.=Divisionen, also Januar 1945, in Aussicht gestellt.

In seiner Stellungnahme zu den Zustandsberichten erklärte der OB West am 2. 12., daß durch die Eingliederung von „Gneisenau"=Einheiten, Festungs=Truppen und Splitterungen die Kampfkraft der Verbände zwar vorübergehend gehoben, daß sie aber durch den im Gange befindlichen Großkampf wieder vermindert worden sei. Die eingetretene Vermischung der Verbände solle wieder bereinigt werden. Der Ausbildungsstand der eingegliederten Truppenteile und der zugeführten VG=Divisionen sei wegen der kurzen Zeit schlecht. Der Ersatz habe nicht ausgereicht, um die erhöhten Ausfälle zu decken. Daher habe bei den großen Verbänden am 1. 10. ein Fehl von 3500 Offizieren, 25 000 Uffz.en und 90 000 Mann bestanden. Erschwerend mache sich der Mangel an geeigneten Btl.s=, Kompanie= und Unterführern bemerkbar. Die Stimmung der Truppe sei im allgemeinen zuversichtlich und entschlossen; jedoch dürfe die hohe psychologische Belastung durch die materielle Überlegenheit des Gegners nicht verkannt werden. Auf dem materiellen Gebiet seien viele Mängel zu verzeichnen. Abschließend forderte der OB West die rechtzeitige Beschaffung von personellen und materiellen Reserven, um die Truppe vor dem Ausbrennen zu bewahren.

Am 8. 12. erhielt der OB die Mitteilung, daß ihm zwischen 10.–13. 12. die 79., 257., 9. und 67. VGD zugeführt würden.

*Anhang:*

*Weitere Befehle betr. Auffrischung und Zuführungen:*

*Oktober*

5. 10.: Zuführung von 2 Artl.=Rgt.s=Stäben.
6. 10.: Auffrischung der 344. Inf.=Div.
11. 10.: Zuführung von weiteren Marsch=Btl.en.
11. u. 24. 10.: Zuführung von weiteren Marsch=Btl.en.
24. 10.: Zuführung der 27. und der 26. VGD.
29. 10.: Zuführung von Heerestruppen.

*November*

1. 11.: Zuführung von 3 Bau=Pi=Btl.en von der Heeresgr. Nord.
1. 11.: Zuführung der Kampfgruppe der 25. Pz.=Gren.=Div. (zus. mit der Pz.=Brig. 107: OKW=Res.).
7. 11.: Auffrischung der Sturmgeschtz.=Brigaden 243 und 278 sowie vordringliche Ausstattung von 2 Sturm=Geschütz=Brigaden und vorübergehende Eingliederung in die 9. und 116. Pz.=Div.

7. 11.: Auffrischung der 17. SS=Pz.=Gren.=Div. an Stelle der 10. SS=Pz.=Div.
8. 11.: Aufstellung von 1 Gen.=Kdo., 1 Fernkampf=Führungsstab; Auffrischung bzw. Umgliederung des Gen.=Kdo. XXX. AK. und Korps=Kdo. Dehner.
10. 11.: Zuführung von Pz.=Bruko (mot.) und 6 schweren Pz.=Bruko.en (707.) (mot.) als Geräte=Einheiten mit 2 Bruko=Staffel=Stäben.
13. 11.: Auffrischung der 275. Inf.=Div.
14. 11.: Sofortige Fertigstellung der beiden neuen Fallschirm=Jg.=Div.en.
14. 11.: Zuführung von 2 Pz.=Abt.en (mot.) und 1 Pz.=Abt (mot.) aus dem Osten für die Abwehrschlacht.
17. 11.: Zuführung einer Heeres=Pi=Brig. und eines Heeres=Pi=Btl.s.
18. 11.: Auflösung der 64. und 70. Inf.=Div. (bei Breskens und auf Walcheren zerschlagen).
20. 11.: Zuweisung von 2 Pz.=Marsch=Btl.en.
24. 11.: Einsatz von Flak=Einheiten.
27. 11.: Zuführung von Waffen.
29. 11.: Auffrischung der 275. Inf.=Div., 462. VGD, 49. Inf.=Div., 48. Inf.=Div., 553. VGD.
30. 11.: Zuführung der Volks=Werfer=Brig. 18 in die Eifel, nicht nach Kehl.
30. 11.: Zuführung der Pz.=Brig. 150 in die Eifel.
30. 11.: Unterstellung der 5. Fallschirm=Jg.=Div. (mit Fallschirm=Sturmgeschütz=Brig. 11) unter den OB West.

*Dezember*

1. 12.: Zustand der 2. und 5. Fallschirm=Jg.=Div.
1. 12.: Zuführung einer 21 cm Werfer=Mörser=Abt.
1. 12.: Zuführung des Stabes Pz.=Jg.=Abt. 177 für die 36. VGD sowie von 5 Pz.=Jg.=Kompanien.
3. 12.: Auflösung der 462. VGD und der 49. Inf.=Div. (bei Metz zerschlagen).
8. 12.: Auffrischung der Pz.=Lehr=Div., der 3. Pz.=Gren.=Div. und der 10. SS=Pz.=Div.
9. 12.: Auffrischung der 553. VGD am Oberrhein (nicht Dänemark).
9. 12.: Aufrischung der 25. Pz.=Gren.=Div.
12. 12.: Zuführung der Sturm=Geschütz=Brig. 243 zur Pz.=Lehr=Div. und der Sturm=Geschütz=Brig. 905 zur 3. Pz.=Gren.=Div.
14. 12.: Zuführung von 3 Inf.=Fla=Btl.en, 1 leichten Beob.=Abt., 3 Bau=Pi=Btl.en und 2 Volks=Werferbrigaden.
15. 12.: Zuführung der 553., 18. und 48. VGD.

## 18. Die Verteidigung der Festungen

Von den Festungen und Festungsbereichen waren Boulogne, St. Malo, Cézembre und Le Havre bereits im Zuge des feindlichen Vormarsches erlegen. Das gleiche war mit Marseille und Toulon der Fall. Am 19. 9., 18.00 Uhr, erlosch der letzte Widerstand in Brest, das sich lange und energisch gewehrt hatte. Am 23. 9. ging der letzte Funkspruch von Boulogne ein, und am 1. 10. fand der Widerstand in Calais sein Ende. Die in dem Raum zwischen Calais und Boulogne eingebauten Batterien wurden einzeln überwältigt, zum Teil erst am 27. 9.

Den Kampf setzten noch fort:

Dünkirchen,
die Kanalinseln,
Lorient,
St. Nazaire,
Gironde=Nord und =Süd.

*a) Dünkirchen*

In Dünkirchen waren die Kampfgruppe der 226. Inf.=Div. und Teile der 59. Inf.=Div. eingesetzt. Nach dem Ablauf eines Waffenstillstandes, um die Zivilbevölkerung zu evakuieren, begann der Feind am 7. 10. den Angriff. Am 11. 10. wurde, da die Kriegsmarine Dünkirchen nicht mehr erreichen konnte, die letzte Lücke im Minenriegel vor der Scheldemündung geschlossen. Da dem Feinde zu einem Großangriff die Kräfte fehlten, konnte sich die Festung weiter halten. Am 29. 10. erfolgte zwar ein 4 km tiefer Einbruch, doch wurde der Feind auf die alte HKL zurückgeworfen. Der Widerstand wurde bis in das neue Jahr fortgesetzt.

*b) Kanalinseln*

Nach einem Lagebericht vom 25. 10. war ein Großangriff auf die Kanalinseln nicht wahrscheinlich. Die feindliche Lufttätigkeit war seit dem August wieder abgesunken. Die Beschießung eines Küstenbewachers am 3. 10. war die letzte Berührung mit dem Feinde gewesen. Die Stimmung der Truppe war gut, die Ausbildung weiter gefördert. Wegen Zementmangels war der Ausbau auf Feldbefestigungen beschränkt worden. Im gesamt waren 46 Flugzeuge abgeschossen worden. Zur Abwehr und zur Versorgung zwischen den Inseln standen noch eine Reihe kleinerer Fahrzeuge zur Verfügung. Es wurde jetzt damit gerechnet, die Versorgung bis 1. 4. 1945 strecken zu können. Die Stimmung der Bevölkerung war nach Ausbleiben des Endsieges wieder gesunken; jugendliche Kreise hatten eine feindselige, jedoch bedeutungslose Haltung eingenommen. Die Versorgung der 62 000 Köpfe starken Zivilbevölkerung war herabgesetzt worden. Ihre Versorgung durch Schiffe des Roten Kreuzes wurde als erforderlich bezeichnet, ihre Evakuierung jedoch abgelehnt, da Teile derselben zum Unterhalt der Truppe unentbehrlich waren und auch aus Gründen der Geheimhaltung sich eine solche Maßnahme nicht verantworten ließ.

Am 26. 10. wurde der Seekommandant der Kanalinseln, Konteradmiral Hüffmeier, zum Chef des Stabes beim Befehlshaber derselben ernannt.

Über die Schutzmacht wurde im September der großbritannischen Regierung nahegelegt, die Zivilbevölkerung abzuholen oder zu verpflegen. Um die Monatswende antwortete diese, Deutschland sei zur Ernährung der Zivilbevölkerung verpflichtet, sonst müsse die Besatzung kapitulieren. Das Auswärtige Amt wandte sich darauf an das Rote Kreuz, damit es die Versorgung der Inseln mit Medikamenten und Mangelverpflegung, besonders Salz, übernehme. Die Antwort an die britische Regierung wurde inzwischen zurückgestellt.

Das Rote Kreuz leitete darauf entsprechende Maßnahmen ein, die von deutscher Seite gefördert wurden.

*c) Die übrigen Festungen*

Am 4. 10. wurde dem OB West mitgeteilt, daß in den nächsten Tagen 2 U=Boote mit je 23 to Munition, Verpflegung und Sanitätsmaterial von Kiel nach

*St. Nazaire* auslaufen würden. Weitere Maßnahmen waren, wie sich aus einer Prüfung durch die Seekriegsleitung ergab, nicht möglich. Am 15. 10. befahl der Führer die Unterstellung der eingeschlossenen Festungen unter ein neu aufzustellendes Marine=Kdo. West, das dem OB West – soweit es sich um Kampfführung auf dem Lande handelte – unterstellt wurde.

Am 21. 10. wurde festgestellt (am 24. 10. ergänzt), daß Lorient für ein Vierteljahr, St. Nazaire gleichfalls für längere Zeit bevorratet sei. In La Rochelle sowie Gironde=Nord und =Süd werde zur Zeit ein gemeinsames Unternehmen zur Verproviantierung vorbereitet. Schwierig sei die Lage nur in Dünkirchen; deshalb sei dorthin der Schwerpunkt der Luftversorgung verlegt worden. Auf den Kanalinseln reichte die Verpflegung der Zivilbevölkerung bei stärkster Kürzung bis 31. 12., bei Beschlagnahme aller Vorräte die Wehrmachts=Verpflegung bis 30. 5. Der Oberbefehlshaber der Kriegsmarine hatte gemeldet, daß weder die einmalige Überführung von 280 to noch die laufende Versorgung möglich sei. Geprüft wurde, ob Kleinschiffe von Spanien aus durchbrechen könnten. Bei der Luftwaffe kam nur der Einsatz einzelner Flugzeuge in Betracht. Der OB West wurde am 24. 10. in diesem Sinne unterrichtet.

Am 30. 10. konnte festgelegt werden, daß durch Austausch und geglückte Erfassung von Versorgungsgütern im Lande die Reichweite der Versorgung von *Gironde=Nord und =Süd* bis 1. 2. 1945 verlängert worden war. Dem OB West wurden am gleichen Tage einschlägige Weisungen erteilt; zugleich wurde der Seekriegsleitung aufgegeben, ob nicht doch der Einsatz von etwa 2 U=Booten im Kanal möglich sei.

Am 7. 11. meldete die Seekriegsleitung, daß beabsichtigt sei, gelegentlich ein U=Boot mit wichtigen Materialien nach dem Westraum zu entsenden. Doch habe sich der OBdM die Entscheidung bis zur Rückkehr der beiden Boote vorbehalten, die bereits nach *St. Nazaire* unterwegs seien.

Am 12. 11. wurden beide *Gironde=Bereiche* dem Festungskommandanten von Gironde=Nord, Konteradmiral Michahelles, unterstellt.

Durch erfolgreiche Vorstöße gelang es, weitere Verpflegung in die Festungsbereiche hineinzuholen, die außerdem unter sich noch die Bestände ausgleichen konnten. Daher machte die Versorgung bis Ende des Jahres keine ernsthafte Sorge. Die Vorstöße hatten außerdem den Sinn, den Feind zu zwingen, daß er vor den Festungen stärkere Kräfte stehen ließ.

Daß insgesamt die Behauptung der Westfestungen eine große operative Bedeutung hatte, zeigte sich an den Nachrichten über die Schwierigkeiten, die bei dem Nachschub des Gegners zu überwinden waren. Da diese ihre Maßnahmen auf Kosten der französ. Bevölkerung und der französ. Wirtschaft durchführten, ergaben sich mittelbar auch politische Rückwirkungen: die Enttäuschung über die Befreiung stieg an.

Die Stimmung in den Festungen wurde durch die regelmäßigen Abwürfe oder sogar Landungen von Bedarfsgütern, Zeitungen und Post systematisch gestützt.

# Anhänge

WFSt/KTB F.H.Qu., den 20. 9. 1944.

## 1. Chronologische Übersicht über die Kämpfe im Westen vom 6. Juni bis 20. September 1944 [1]

*I. Der Kampf um die Halbinsel Cotentin*

6. 6. Landung der Anglo=Amerikaner im Raum zwischen Vire und Orne. In den nächsten Tagen rasche Vereinigung der einzelnen feindlichen Lande=köpfe zu einer geschlossenen Landungszone.

10. 6. Die noch am Vormittag des 6. 6. alarmierten und zum Gegenangriff ange=tretenen schnellen Verbände einschließlich der OKW=Reserven (12. SS=Pz.= und Pz.=Lehr=Div.) müssen endgültig zur Verteidigung übergehen.

12. 6. Befehl, zunächst den Feind ostwärts der Orne zu vernichten. II. SS=Pz.=Korps aus dem Osten zum OB West.

14. 6. Befehl, den feindlichen Landekopf durch einzelne, nacheinander unter schärfster Kräftezusammenfassung zu führende Angriffe stückweise zu zer=schlagen, beginnend mit dem Beutel zwischen Dives und Orne. Hierzu ge=schlossener Einsatz einer möglichst großen Anzahl schneller Verbände (im Herankommen oder zur Verlegung vorgesehen: 1., 2., 9. und 10. SS=Pz.=Div.; aus der Front herauszulösen: 12. SS=Pz.=Div., Pz.=Lehr=Div. und 2. Pz.=Div.). Freimachen je 1 Div. aus dem Bereich des Wehrmacht=Befehlshabers Niederlande, der 15. und der 19. Armee; dafür 363. Inf.=Div. aus Dänemark, 89. Inf.=Div. aus Norwegen und 198. Inf.=Div. aus der Heimat zum OB West. Beginnender Feinddurchbruch nördlich Carentan.

15.—16. 6. Beginn des Fernkampfes [2].

16. 6. Beginn des eigenen Gegenangriffes ostwärts der Orne, der nach Anfangs=erfolgen nach einigen Tagen liegen bleibt — die eigenen Maßnahmen werden durch die Absprungbereitschaft der 1. amerik. Heeresgruppe in Südostengland, die einen Angriff gegen die Front der 15. Armee wahrscheinlich macht, ver=zögert.

17. 6. Der *Führer* begibt sich zu Besprechungen mit den Gen.=Feldmarschällen v. Rundstedt und Rommel in den Westen.

17. 6. Im Anschluß an diese Besprechungen Befehl zum Aufklappen der Front beider=seits des nicht mehr zu bereinigenden Feinddurchbruches zur Westküste Con=tentin. Richtlinien für die Verteidigung der Festung Cherbourg, für die Fort=führung des Angriffes ostwärts der Orne und zur Versammlung von 4 SS=Pz.=Div.en im Raum westlich der Linie Caen—Falaise, deren Ansatz zum Gegen=angriff sich der Führer je nach Entwicklung der Lage vorbehält.

20. 6. Die Absicht des Führers, mit der 1., 2., 9. und 10. SS=Pz.=Div. sowie der 2. Pz.= und der Pz.=Lehr=Div. einen geschlossenen Gegenangriff zur Vernichtung der Amerikaner im Raum um Balleroy zu führen, wird dem OB West mitgeteilt. Vorher Zerschlagung oder Vernichtung des Feindes ostwärts der Orne.

22. 6. Gen.=Feldmarschall Rommel meldet seine Absichten hierzu; frühester Zeit=punkt 2.—5. Juli; vorheriger Angriff ostwärts der Orne nicht möglich.

24. 6. Befehl an den OB West, gleichzeitig Möglichkeiten eines Angriffes in den Rücken der auf Cherbourg vorstoßenden Amerikaner mit dem Ziel des Ent=satzes der Festung zu prüfen. — Der OB West meldet am selben Tage, daß dieser Angriff von ihm selbst erwogen sei, aber mit Rücksicht auf die Feind= und eigene Kräftelage sowie auf den Hauptangriff (Anfang Juli) nicht durch=führbar erscheint.

Abends: Befehl, den Aufmarsch für die beabsichtigte eigene Angriffsoperation im Hinblick auf möglichen, zuvorkommenden feindlichen Großangriff nörd=lich und nordwestlich Caen oder aus dem Raum Carentan so durchzuführen,

1 Der Anhang ergänzt den III. Teil dieses Abschnitts (s. oben S. 311 bis 384).
2 Tatsächlich: 12.–13. 6.

daß mit den bereits eingetroffenen Verbänden jederzeit zum Gegenangriff gegen die tiefe Flanke des feindlichen Durchbruchs angetreten werden kann.
Auf Grund der Erfahrungen in Cherbourg Befehl über die rechtzeitige Zuführung von Kräften in die bedrohten Festungen.

25. 6. OB West soll, da neue feindliche Großlandung zwischen Somme und Seine immer wahrscheinlicher wird, Vorschläge für die Vermehrung der Reserven in diesem Abschnitt machen.

26. 6. Vorschläge WFStab für personelle Änderungen in der Spitzenbesetzung im Westen (Chef Gen.-St. OB West, Führung AOK 7).

25.—28. 6. Ende der Kämpfe in Cherbourg.

26. 6. In einer Besprechung zwischen den Gen.-Feldmarschällen v. Rundstedt und Rommel werden die Absichten für den Gegenangriff in Richtung Balleroy und Bayeux zur Trennung der brit. von der amerik. Gruppe festgelegt. Der Angriff ostwärts der Orne soll nicht vorher, sondern gleichzeitig erfolgen. Frühester Zeitpunkt zwischen 5. und 7. 7. Auch Gen.-Feldmarschall Rommel hält den Stoß auf Cherbourg für undurchführbar; er erwartet in Kürze feindlichen Großangriff in südostwärtiger Richtung aus dem Raum Caen und westlich.

27. 6. Der Chef WFStab teilt dem OB West mit, daß der Führer an dem Gedanken eines westlich der Vire in Richtung St. Mère Église mit dem Fernziel Cherbourg zu führenden Angriffs festhält und den Angriff ostwärts der Orne sobald wie möglich durchgeführt wissen will.

28. 6. Der OB West bezeichnet diesen Angriff, zu dem nicht vor dem 10. 7. angetreten werden könnte, als nicht ratsam; der Angriff ostwärts der Orne kann frühestens am 5. 7. und nur nach Ausschaltung der feindl. Schiffsartillerie geführt werden.

Seit 25. 6. Großangriff der 2. engl. Armee im Raum westlich und südwestlich Caen, der dazu zwingt, in zunehmendem Maße Teile der sich zum Gegenangriff sammelnden schnellen Verbände vorzeitig in den Kampf zu werfen.
Beständige Bemühungen des WFStabs, dem Landekopf Inf.-Verbände zum Freimachen der Panzer-Divisionen zuzuführen (270iger Div.en aus Südfrankreich usw.).

29. 6. Gen.-Feldmarschälle v. Rundstedt und Rommel im FHQu. Ergebnis der Besprechungen (Befehl vom 30. 6.): Der Angriff westlich der Vire zur Zeit nicht möglich, ostwärts der Orne vom Eintreffen der 16. Lw.-Feld-Div. und Abzug der feindl. Seestreitkräfte abhängig. Wichtigste Aufgabe ist zunächst der Flankenangriff zur Vernichtung der feindl. Kräfte, die über Baron gegen die Orne vorstoßen. Die 7. Armee darf sich nicht ins offene Gelände drängen lassen. Der Zeitpunkt für eine weitere Schwächung der 15. Armee ist noch nicht gekommen.
Der Gegenangriff des II. SS-Pz.-Korps führt zu einem Teilerfolg.
Befehl der Einstellung aller Vorbereitungen, die mit einem Vorgehen auf der Iberischen Halbinsel zur Verhütung einer feindl. Festsetzung an der nordspanischen Küste im Zusammenhang stehen.

30. 6. Der Kampf um die Halbinsel Cotentin beendet.

## *II. Die Juli-Kämpfe an der Abriegelungsfront in der Normandie*

1. 7. Unmittelbar nach der Rückkehr aus dem FHQu. beantragen Gen.-Feldmarschälle v. Rundstedt und Rommel die Räumung des Brückenkopfes Caen und das Beziehen der (außerhalb der Reichweite der feindlichen Schiffsart. gelegenen) Linie Caen Süd — Orne — Avenay — Villers-Bocage — Raum um Caumont. Den eigenen Durchbruch zur Küste bezeichnen sie als nicht möglich.
Der *Führer* befiehlt das Halten der augenblicklichen Stellungen und die Fortsetzung des Aufmarsches zum eigenen Gegenangriff.

3. 7. Ablösung Gen.-Feldmarschalls v. Rundstedt als OB West durch Gen.-Feldmarschall v. Kluge, des Gen. v. Geyr beim Pz.-General-Kdo. West durch Gen. Eberbach. Beginn der amerik. Angriffe an der Cotentin-Front.

7. 7. *Weisung für die Kampfführung im Westen:* Da eine zweite Landung bei der 15. Armee sowie auch an der französ. Mittelmeerküste wahrscheinlich, der eigene Großangriff zur Vernichtung des Feindes im Landekopf zur Zeit ausgeschlossen, ein Einbruch des Feindes in die Weite des französ. Raumes aber unter allen Umständen zu verhindern ist, wird befohlen, die jetzige Landekopffront im großen zu halten, die Masse der schnellen Verbände durch Inf.-Divisionen herauszulösen und eine Operation mit begrenztem Ziel in den feindl. Landekopf hinein vorzubereiten. Die Reserven hinter der 15. Armee müssen vorläufig bleiben. Richtlinien für neues infanteristisches Angriffsverfahren, Tiefengliederung und Feuerzusammenfassung der Artillerie usw.

10. 7. Caen nach tagelanger, schwerster Materialschlacht verloren. Gleichzeitig heftige Kämpfe mit den Amerikanern an der Cotentin-Front und im Raum St. Lô.

17. 7. Unfall Gen.-Feldmarschalls Rommel. Gen.-Feldmarschall v. Kluge übernimmt ab 19. 7. die Führung der Heeresgruppe B.
Beginn der konzentrischen amerik. Angriffe auf St. Lô, der nicht zum erstrebten Durchbruch führt. Eine längere Schlechtwetterperiode verursacht ein vorübergehendes Abflauen der feindl. Durchbruchsversuche und ein rasches Herankommen der eigenen Zuführungen.

18. 7. Beginn eines neuen englischen Durchbruchsangriffes aus dem Brückenkopf ostwärts der Orne, der trotz Geländegewinns nach einigen Tagen liegenbleibt.

18./19. 7. St. Lô verloren.
Es beginnt sich ein Abfluß von Verbänden der Heeresgruppe Patton in Südostengland in den Landekopf abzuzeichnen, wodurch die Wahrscheinlichkeit einer zweiten feindl. Großlandung beim AOK 15 abnimmt. Am Monatsende hat sich dieser Eindruck so weit gefestigt, daß am 28. 7. der Befehl zum Abzug der 84. und 331. Inf.-Div. vom AOK 15 sowie der 708. Inf.-Div. vom AOK 1 ergeht.

25. 7. Wiederaufnahme des englischen Großangriffs südlich und südostwärts Caen und des amerik. Angriffs im Raum St. Lô. Während der erste zunächst wieder ins Stocken kommt, entwickelt sich der amerik. Angriff ab 25. 7.

28. 7. zum Durchbruch im Raum westlich St. Lô. Coutances, und am

30. 7. geht Avranches verloren; der Durchbruch ins offene französ. Gelände ist erzielt.

28. 7. Auf Grund der Lageentwicklung in der Normandie beim WFStab erste Überlegungen über eine Rücknahme der Gesamtverteidigung in West- und Südfrankreich — Befehl zum Ausbau der Somme-Marne-Saône-Jura-Stellung und zur Vorbereitung der Armierung des Westwalles; Durchführung der Armierung muß gegebenenfalls, am 1. 9. beginnend, innerhalb von 6 Wochen durchführbar sein.

### *III. Die Auswirkungen des Durchbruchs bei Avranches*

1. 8. Nach dem Durchbruch der Amerikaner bei Avranches Eindringen von Panzer-Spitzen in die Bretagne bei Rennes und Vitré.

2. 8. Vordringen des Feindes bis nördl. Vire. Im Durchbruchsraum werden Rennes und Nantes gehalten.
Bildung eines besonderen Arbeitsstabes beim WFStab für die Bearbeitung etwaiger großräumiger Absatzbewegungen im Westen.
Befehl zum Ausbau der Somme-Marne-Saône-Jura-Stellung unter Führung des Militär-Befehlshabers Frankreich.
Befehl zur Wiederherstellung des Anschlusses an das Meer bei Avranches durch einen Angriff von mindestens 4 Pz.-Verbänden am linken Flügel des AOK 7.

3. 8. Dem OB West wird eine Zusammenfassung der Grundsätze, die der Führer für die Verteidigung der Festungen im Verteidigungsbereich festgelegt hat, übermittelt.

Eindrehen des Feindes, der am Vortage in Châteaubriand und aus Redon gemeldet wurde, nach Osten. Sicherung der Loire=Übergänge, Rücknahme der HKL an der Orne und westlich, um das Herauslösen der Pz.=Verbände zu erleichtern.

5. 8. Der Gegner erreicht Mayenne und Laval.

6./7. 8. Der Angriff der zum Pz.=AOK 5 umgegliederten Pz.=Gruppe West in Richtung Avranches führt nicht zum Erfolg.
Einsetzung eines Wehrmacht=Befehlshabers Groß=Paris.
Befehl zu dem (in der Nacht bereits angelaufenen) Angriff am Südflügel der 7. Armee, der als nie wiederkehrende, einmalige Gelegenheit zu einer völligen Wendung der Lage bezeichnet wird.

8. 8. Le Mans verloren. Beginn des feindlichen Großangriffs ostwärts der Orne.

9. 8. Krise im Raum südlich Caen, die gemeistert wird. Der Feind erreicht die Loire.
Befehl zur Wiederholung des Angriffs in Richtung Avranches unter Führung des Gen.s Eberbach aus dem Raum Domfront, der erst nach Versammlung aller freizumachenden Angriffsverbände und bei (für die feindliche Luftwaffe) ungünstigem Wetter zu führen ist.

10. 8. Eindrehen der über Le Mans nach Osten vorgegangenen Amerikaner nach Norden, durch das im Zusammenwirken mit dem erwarteten Stoß der Engländer auf Falaise eine doppelseitige Umfassung der 5. Pz.= und der 7. Armee angestrebt zu werden scheint.

11. 8. Unter Aufhebung der Weisung vom 9. 8. wird befohlen, zunächst das amerik. XV. AK. im Raum Le Mans—Mamers—Alençon durch Angriffe in seine tiefe Flanke zu zerschlagen. Aufbau einer Kräftegruppe unter dem AOK 1 um Chartres, um zunächst Paris zu decken und sobald wie möglich in Richtung Le Mans vorzustoßen.
Am gleichen Tage ergibt eine Besprechung des OB West mit den Oberbefehlshabern, daß der Angriff in Richtung Avranches nicht mehr durchführbar erscheint.
Räumung von Angers und Nantes.

12. 8. Nach Einnahme von Alençon Vordringen der Amerikaner in der Nacht bis Argentan, zunehmende Abschnürgefahr für die 5. Pz.= und 7. Armee.

13. 8. Angesichts einer unmittelbar bevorstehenden Landung an der südfranzös. Küste ergeht der Befehl, daß der Auftrag der Armeegruppe G, die französ. Mittelmeerküste mit allen Mitteln zu verteidigen, bestehen bleibt.

14. 8. Erneuter Befehl zum Angriff gegen die tiefe Flanke des amerikan. XV. AK. im Raum Alençon—Carrouges unter Verkürzung des Frontbogens westlich Flers.

15. 8. Höhepunkt der Krise im Einschließungsraum westlich Falaise—Argentan. Vorübergehender Ausfall Gen.=Feldmarschalls v. Kluge. Entschluß zur Übertragung des Oberbefehls im Westen an Gen.=Feldmarschall Model, der am 17. 8. auf dem Gefechtsstand des OB West eintrifft. — Beginn des englischen Großangriffes im Raum Falaise.

## *IV. Der Bewegungskrieg im Westen*

15. 8. Anglo=Amerikanische Landung östl. Toulon.

16. 8. Befehl zum Absetzen der Armeegruppe G, die im Raum Sens—Dijon—Schweizer Grenze den Anschluß an die Heeresgruppe B gewinnen soll. Zurückfallen der 148. und 157. Res.=Div. auf die französ.=ital. Grenze. Nachdem am 15. 8. nochmals ein Befehl zur Zerschlagung des feindl. Angriffskeils nördlich Alençon ergangen ist, wird nunmehr die Rückführung der westlich des Schlauches Falaise—Argentan stehenden[1] Kräfte[1] hinter Orne und Dives unter Festhalten des Eckpfeilers Falaise befohlen. — Falaise geht jedoch im Laufe des Tages verloren. Vorfühlen des Feindes über Chartres in Richtung Paris sowie an der Loire bis nach Orléans, das am nächsten Tag verlorengeht.

1 Diese beiden Wörter handschriftlich zugesetzt, Lesung unsicher.

18. 8. Gen.-Feldmarschall Model fordert auf Grund seiner ersten Eindrücke umfassende Neuzuführungen an Menschen und Material.
Befehl, die Schweiz zunächst umschlossen zu halten; hierzu möglichst langer Widerstand bei Lyon und weiter östlich. Das AOK 1 soll westlich der Seine zum Halten gebracht werden.
Ende des Widerstandes in St. Malo.

18. 8. Da die Briten nunmehr bis in den amerikan. Kampfraum durchgebrochen sind, ist das AOK 7 mit Teilen des Pz.-AOK 5 und der Panzergruppe Eberbach abgeschnitten.

20. 8. Unterstützt durch Angriffe von Osten aus in Richtung Trun, Ausbruch aus dem Kessel von Falaise unter Führung des SS-Obergruppenführers Hausser, der schwer verwundet wird.
Neue Gefährdung der eigenen Front durch Vordringen des Feindes zwischen Eure und Seine nach Norden und über diese nach Osten, um den Seine-Brückenkopf abzuschneiden, sowie durch Vordringen der Amerikaner südlich Paris in Richtung Troyes, wodurch der Rückzug aus Südwest- und Südfrankreich bedroht wird. Fontainebleau wird geräumt; in Paris örtliche Kämpfe.
Neue Weisung für die Kampfführung im Westen: Halten des Brückenkopfes Paris, Verhinderung eines Vorstoßes nach Dijon; gegebenenfalls Zurückgehen auf die Linie Seine—Yonne—Dijon—Delle. Inzwischen beschleunigter Ausbau der Somme-Marne-Linie.
Beginn des Angriffes bei Toulon von der Landseite aus.

22. 8. Erneuter Befehl zum Halten des Brückenkopfes Paris.

23. 8. Festigung einer neuen Front an der Seine flußauf- und flußabwärts von Paris. Einbruch des Feindes in Toulon und Marseille, wo nunmehr die letzten Stützpunkte niedergekämpft werden. Bedrohung der noch die Rhone-Sperrfront haltenden 19. Armee durch feindliche Kräfte an der Straße Valence—Lyon. Grenoble geht verloren.

24. 8. Eindringen feindlicher Panzer in Paris. Bildung feindlicher Brückenköpfe oberhalb der Stadt, darauf Einnahme einer Sehnenstellung nördlich derselben. Bordeaux wird geräumt.

26./27. 8. Zurücknahme des inzwischen abschnittsweise zurückgedrängten AOK 15 hinter die Seine; Kämpfe in Lyon. Die Absicht, wieder nach Paris hineinzustoßen, erweist sich als undurchführbar. Die Amerikaner erreichen den Raum Sens—Troyes und überschreiten die obere Seine.
Anweisungen, den Rückmarsch des LXIV.AK. von der Biscaya-Front und der 19. Armee im Rhonetal zu beschleunigen. Der rechte Flügel derselben erreicht mit Teilen den Nordabschnitt der Alpenfront und folgt mit den übrigen in den Südabschnitt.
Min.-Präs. Laval im FHQu.

28. 8. Die 15. Armee beginnt, sich von der Seine abzusetzen. Erlöschen des eigenen Widerstandes in Paris und Vorstoß amerikan. Panzer südostwärts von Paris bis zur Aisne. Kämpfe in Soissons. Eindringen des Gegners in den Raum von Châlons-sur-Marne und Vitry-le-François; damit ist die Somme-Marne-Linie im Mittelabschnitt durchstoßen.

29. 8. Preisgabe von Rouen; Ausweichen des AOK 15 in die Höhe von Dieppe, wobei der Feind die Festung Le Havre einschließt. Vordringen der Amerikaner bis zum Chemin des Dames; Épernay geht verloren.
Die Spitze der 19. Armee nähert sich Lyon, wo Aufstände entbrennen. Mit Masse kämpft sie sich durch die Rhonesperre beim Einfluß der Drôme.
Befehl zum Angriff aus dem Raum Langres—Châtillon mit Panzerkräften gegen die amerik. Flanke.

30. 8. Durchbruch britischer Panzer bis südlich Amiens. Absetzen vom Aisne-Marne-Kanal; Preisgabe von Reims und Châlons-sur-Marne.
Die Angriffe gegen die Insel Cécembre verstärken sich.

31. 8. Erweiterung des britischen Einbruchs in Richtung Albert; darauf Absetzen der Fronten rechts und links vom Einbruchsraum. Preisgabe von Rethel; Durchstoß der Amerikaner durch die Argonnen bis Verdun.
Die Spitze des LXIV. Korps erreicht Nevers.

1. 9. Eintreffen des Gen.-Feldmarschalls v. Rundstedt im FHQ; er wird erneut zum OB West ernannt. Die Führung der 7. Armee übernimmt Gen. d. Art. Brandenberger.
Vordringen der Briten bei Doullens und Arras; Zurückgehen der eigenen Kräfte auf die Somme und bei Cambrai. Neuer Befehl an das AOK 15. Da nunmehr der Abschußraum bedroht oder bereits verloren ist, muß der V1-Kampf von der Erde aus eingestellt werden.
Vorstoß der Amerikaner bei Avesnes und bis zur Maas; südlich davon bis zur Reichsgrenze. Aufbau eines Brückenkopfes bei Pont-à-Mousson und eines Sperr-Riegels bei Nancy.
Befehl für die Sicherung der deutschen Weststellung und des Westwalles.

2. 9. Vordringen der Briten bis St. Pol, so daß sich die 15. Armee von der Somme lösen muß. Druck der Amerikaner im Raum von Longwy und Besetzung von Toul.
Teile des LXIV.AK. erreichen die eigene Linie. Die 19. Armee bildet mit ihren ersten Teilen einen Kopf um Nancy.
Beginn des feindlichen Großangriffs gegen Brest.
Neue Weisung an den OB West: fußbreitweises Zurückkämpfen und Bereitstellen einer mot. Kampfgruppe im Raum von Dijon. Die Besetzung des Westwalles mit seinen vorgeschobenen Stellungen am Albert-Kanal und am Vogesenkamm mit Kräften des Heimatheeres ist angelaufen. Besprechungen der beteiligten Stellen unter Leitung des Reichsführers SS.

3. 9. Kämpfe mit Aufständischen in Lille. Durchbruch feindlicher Panzer nach Brüssel. Straßenkämpfe in Charleville. Aufschließen der Amerikaner an der Mosel.

4. 9. Durchbruch feindlicher Panzer bei Löwen und Antwerpen; darauf Befehl an das AOK 15, die Festungen an der Kanalküste zu besetzen und sich mit den restlichen Kräften in nordostwärtiger Richtung durchzukämpfen. Aufbau einer eigenen Linie am Albert-Kanal durch die neu eingesetzte Fallschirmjäger-Armee.
Das LXIV.AK. löst sich von Poitiers. Die 19. Armee erreicht mit ihrer Spitze die eigene Sicherungslinie, mit ihrer Nachhut den Raum von Mâcon.

5. 9. Beginn der Überführungen auf die Insel Walcheren. Vorstoß der Briten bis Breda.
Regelung der Räumungen am Westwall.

6. 9. Vorstöße des Feindes über den Albert-Kanal bei Beeringen in Richtung Beverloo und über Namur in Richtung Lüttich. Kämpfe im Raum von Sedan und bei Gravelotte.

## *V. Der Kampf um die Weststellung*

7. 9. Absetzen der 15. Armee auf die Linie Zeebrügge—Gent, des LXXXI.AK. auf die Linie Maastricht—Lüttich. Kämpfe im Raum von Charleville—Sedan sowie Süd-Luxemburg, ferner an der Mosel.
Einbruch der Amerikaner bei Besançon.
Neue Weisung für die Kampfführung und den beabsichtigten Panzervorstoß; Verleihung von Wehrmachtbefugnissen an den OB West.

8. 9. Beginn des Angriffes bei Eben Emael. Vorstoß des Feindes in Richtung Verviers. Zurücknahme der eigenen Kräfte auf die Ourthe, Verkürzung des Bogens um Dijon, wodurch der Rest der nicht kampfkräftigen Teile des LXIV.AK. preisgegeben wird.
Aufnahme des Kampfes mit V2.

9. 9. Vordringen des Feindes in Richtung Eupen und nach Luxemburg.

10. 9. Beginn des feindlichen Angriffes bei Le Havre, Vordringen des Feindes aus dem Brückenkopf von Beeringen über den Maas-Schelde-Kanal und in Richtung Aachen. Die Stadt Luxemburg geht verloren. Absetzen der 19. Armee in die Linie Langres—Gray.

11. 9. Gent wird geräumt; Eupen und Malmedy gehen verloren. Zwischen Aachen und Metz ist nunmehr im wesentlichen der Westwall erreicht; der OB West übernimmt den Befehl über die Weststellung.

11. 9. Vorstoß der Amerikaner in Richtung Lunéville und von Süden gegen Vesoul. Weisung an die Heeresgruppe G, ihren Raum zu behaupten.

12. 9. Die 15. Armee geht auf den Oude-Kanal zurück. Erweiterung des feindlichen Brückenkopfes von Beeringen und weiteres Vordringen im Raum von Aachen; Einnahme des ersten Stützpunktes im Westwall.
Einbrüche im Südbogen. Kämpfe bei Dampierre, Verlust von Vesoul. Befehl zur Versammlung des Pz.-AOK 5.
Zusammenbruch des Widerstandes in Le Havre.

13. 9. Der Feind erreicht den Westrand von Maastricht und durchstößt südlich Aachen den Westwall bis zur Hälfte. Beschießung von Trier.
Amerikanische Panzer stoßen bis Château Salins durch und erreichen Lunéville.

14. 9. Zurücknahme des Südbogens in die Linie Charmes—Épinal.

15. 9. Einbrüche der Amerikaner in den Westwall bei Stolberg, Mausbach, Monschau. Krise an der Heeresgruppennaht bei Bitburg.
Die eigenen Kräfte im Raum von Nancy werden abgeschnitten.

16. 9. Feindliche Einbrüche auch nordwestlich Aachen. Falkenburg geht verloren.

17. 9. Britisch-amerikanische Luftlandungen bei Arnheim, Nimwegen und Son, unterstützt durch einen Panzervorstoß von Südwesten aus. Eigener Gegenangriff bei Bitburg.
Der Raum um Nancy wird wieder von Norden geöffnet; ferner eigener Gegenangriff von Südosten aus.

18. 9. Neue Luftlandungen im gleichen Raum, jedoch Anlaufen der eigenen Gegenmaßnahmen.
Nancy geht verloren. Kämpfe in Lunéville.

19. 9. Erlöschen des Widerstandes in der Festung Brest und auf der Halbinsel Le Crozon. Bildung eines feindlichen Schlauches vom Maas-Schelde-Kanal bis Son. Abschnürung der übrigen gelandeten Gruppen. Fortschritte des Gegenangriffes an der Südfront.

WFStab/KTB FHQu., den 12. 8. 1944

## 2. Mitteilungen des Stellv. Chefs des WFStabs, General Warlimont, 12. August 1944, 10 Uhr, über den Ablauf der Kämpfe im Westen und die Gesamtlage

### *I. Westen*

Die Gefahr eines Durchbruches durch die Abriegelungsfront löste Erwägungen aus, was im Falle einer grundlegenden Änderung bei den jetzt gegebenen Möglichkeiten zu geschehen habe. Bis dahin war nur — und zwar im Frühjahr — geprüft worden, welche rückwärtigen Stellungen in einem solchen Falle in Betracht kämen. Sie wurden kartenmäßig festgelegt und teilweise erkundet.

Um an Ort und Stelle zu klären, was geschehen könne, wurde angeregt, daß der Stellv. Chef sich in den Westen begebe. Dies traf mit den Absichten des Führers zusammen. Der Stellv. Chef erhielt daher den Auftrag, durch Erkundung die Überlegungen über weitgreifende Maßnahmen zu vertiefen und auf diese Weise die Ausgabe einer schriftlichen Weisung unnötig zu machen, ferner ein klares Bild von der Lage zu vermitteln, insbesondere von der Einstellung der führenden Persönlichkeiten zu ihren Aufgaben und über die Auswirkungen des 20. 7.[1]

Die Absicht, bei dieser Gelegenheit an Hand eines Weisungsentwurfs mit dem OB West die Aufträge zu erörtern, die für diesen bei einer ungünstigen Wendung in

1 d. h. des Attentats im FHQu.

Betracht kommen könnten, wurde fallengelassen (die hierzu aufgestellten Entwürfe bei den Akten Op H).

Nach der Abendlage vom 31. 7. besprach der Führer in Anwesenheit des Chefs WFStab mit dem Stellv. Chef WFStab den ihm erteilten Auftrag. Er äußerte sich dahin, daß er selbst führen wolle, wenn es zu größeren Bewegungsoperationen kommen sollte. Dieses müsse schon in der Zeit der Vorbereitung der Fall sein, damit der OB West nicht von seinen Aufgaben an der Front abgezogen werde.

Bei dieser Gelegenheit entwickelte der Führer folgende Richtlinien: Daß der Deutschland zur Verfügung stehende Raum nach Osten und Süden verengert sei, könne auch als Vorteil gewertet werden, falls es gelinge, die bisher in der Etappe gebundenen starken Kräfte in den Kampf zu führen. Es bestehe die Aussicht, im Osten etwa in der jetzigen Linie eine Stabilisierung der Front herbeizuführen. In Italien werde die Apennin=Stellung auf die Dauer nicht zu halten sein. Entscheidend sei für den weiteren Verlauf des Krieges die Entwicklung im Westen. Dabei müsse die Bedeutung der Atlantikküste für die Fortführung des U=Boot=Krieges mit in Rechnung gestellt werden. Abgesehen davon müsse es das Ziel bleiben, den Feind an der Küste eng umschlossen gebunden zu halten, ihm dort schwere Verluste beizubringen, um ihn dadurch zu erschöpfen und schließlich niederzuringen. Andererseits erschwere die geringe Zahl der beweglichen Verbände eine Großoperation im Westen; auch besitze der Gegner in diesem Falle alle Vorteile; die Überlegenheit in der Luft werde sich dann noch schwerer auswirken als bisher. Ferner sei jede Abwehrlinie, wo auch immer sie gesucht werde, wesentlich länger als die bisherige Front. Sie würde daher mehr Kräfte beanspruchen als die jetzige. Sollte es jedoch nicht möglich sein, im Zuge der weiteren Entwicklung die Auffanglinie in der Normandie festzuhalten, so müßten folgende Richtlinien maßgebend sein:

a) Führung durch den Führer selbst nach dem Vorbild des Jahres 1940. Zu diesem Zwecke solle schon jetzt ein kleiner Operationsstab im WFStab, der über alle Unterlagen verfüge, gebildet werden;

b) bei Ausweichen von der Küste müßten die bedeutenden Häfen unter ausgesuchten Kommandanten besetzt bleiben, damit das Nachdringen feindlicher Kräfte über sie verhindert werde. Diese Kräfte seien nicht als Nachhuten, die in gemessener Frist folgten, zu betrachten, sondern erhielten den Auftrag, die Verteidigung bis zum Schluß durchzuführen;

c) in den aufzugebenden Gebieten müßten sämtliche Verkehrsanlagen sowie das Eisenbahnmaterial gründlichst zerstört werden;

d) der OB West müsse alle Verbände, die in die Ausweichbewegung einbezogen würden, soweit dies möglich und erforderlich sei, beweglich machen und ihre Bewaffnung entsprechend umstellen, auch müsse die Versorgung auf den Fall der Bewegung umgestellt werden;

e) die Entscheidung darüber, auf welche Linie jeweils auszuweichen sei, müßte der Obersten Führung vorbehalten bleiben. Schon jetzt solle jedoch befohlen werden, daß die Somme=Marne=Stellung gemäß der Erkundung des OB West ausgebaut werden solle, und zwar durch OT=Kräfte unter Heranziehung der Bevölkerung. Außerdem solle der Westwall instand gesetzt und zum Schutz des Ruhrgebietes bis nach Holland hin verlängert werden. Hier müsse in gleicher Weise wie in Ostpreußen die Arbeit durch ein Volksaufgebot geschehen. Dazu müsse ein Gerippe für die Abwehr aus bodenständigen Waffen der Heimat möglichst schnell beschafft werden.

Der Führer wiederholte abschließend, der OB West solle nur, soweit dies unumgänglich notwendig sei, mit diesen Aufgaben befaßt werden; dagegen solle die befehlsmäßige Vorbereitung durch die Oberste Führung (WFStab) mit Nachdruck gefördert werden, damit die Oberste Führung dann zeitgerecht die notwendigen Befehle an den OB West erteilen könne.

Nach Abreise des Stellv. Chefs ergaben sich daraus folgende Maßnahmen:

a) die Bildung einer Gruppe in der Abt. Op H unter Führung des Oberstlt. d. G. Kleyser zur Durchführung der befohlenen Maßnahmen;

b) eine Anordnung über den Ausbau der Somme=Marne=Stellung durch den Militär=Befehlshaber;

c) ein Befehl an den Befehlshaber der Ersatzheeres für die Armierung des Westwalles.

Kennzeichnend für die Gesamtabsichten war, daß daneben alle Anordnungen für die Wiederherstellung der Lage im Durchbruchsraum am linken Flügel des AOK 7 getroffen wurden. In der Nacht zum 3. 8. erging der Befehl, eine Angriffsgruppe zu bilden, um durch einen Stoß nach Westen die Verbindung wiederherzustellen.

Der Stellv. Chef traf am 2. 8. abends in St. Germain beim OB West ein und führte dort seine Aufträge (erhöhte Beweglichkeit, Umbewaffnung, Zerstörungen, Besetzungen der Häfen und Festungen usw.) aus, um bei seiner Rückkehr dann die Anordnungen des OB West übermitteln zu können. Dann begab er sich zur Heeresgruppe B in La Roche, bei der am 3. 8. der Befehl zum Durchstoß in Richtung Avranches eintraf. Dieser Befehl beherrschte an diesem und den folgenden Tagen alle Stäbe, die der Stellv. Chef beim AOK 7 und Pz.-AOK 5 besuchte. Alle Beteiligten waren überzeugt, daß dieser Stoß gelingen könne und müsse, und alle Stäbe machten daher so viel Kräfte wie nur möglich frei. Der OB West verfolgte dabei den Gesichtspunkt, den Angriff so schnell wie möglich zu führen, da er damit rechnete, daß auf Grund der besseren Möglichkeiten der Feind schneller stärkere Kräfte heranführen könne, einerseits für die Abwehr, andererseits zum Durchschleusen nach Süden. Der Stellv. Chef wies wiederholt darauf hin, daß alle Kräfte, vornehmlich Panzer und Artillerie, dem linken Flügel zugeführt werden müßten. Auf diese Weise kam es auch zu dem Entschluß, die Leibstandarte auf den linken Flügel zu verschieben.

Allgemeine Klarheit bestand darüber, daß der Angriff bei schlechtem Wetter, sonst nachts, durchgeführt werden müsse. Am 5. 8. nachmittags traf der Stellv. Chef wieder bei dem OB West in St. Germain ein, wo eine Besprechung mit der Luftflotte 3 und dem Marinegruppenkommando West stattfand. Erörtert wurde, welche Unterstützung durch die beiden anderen Wehrmachtteile geleistet werden könne, welche Folgerungen sich aus der Lage in der Bretagne ergaben und was auf Grund des am 4. 8. eingetroffenen Befehls über den Ausbau der Somme-Marne-Stellung zu erfolgen habe.

Am 6. 8. suchte der Stellv. Chef die Luftflotte 3 und den Militär-Befehlshaber Frankreich auf.

Am 7. früh 6 Uhr reiste er (noch ohne Nachricht über den Verlauf des Angriffes bei Avranches) ab und berichtete am 8. nachmittags dem Führer, als sich das Mißlingen des Angriffes bereits herausgestellt hatte (vgl. dazu Notizen des Stellv. Chefs über seinen Vortrag). Am Nachmittag des 6. 8. hatte die Oberste Führung noch versucht, in die Entscheidung des OB West einzugreifen. Da der Chef WFStab keine Verbindung mit dem Stellv. Chef hatte bekommen können, hatte er ein Ferngespräch mit dem Chef des Gen.-Stabs des OB West, General Blumentritt, geführt und die Forderungen der Obersten Führung angemeldet, u. a. Führung durch den Gen. Eberbach und nicht durch den SS-Obergruppenführer Hausser. Änderungen konnten jedoch nicht mehr durchgeführt werden, da der OB West den Angriff bereits für die Nacht vom 6. zum 7. angesetzt hatte. Der Führer war nicht überzeugt, daß die günstigsten Voraussetzungen für den Angriff durch die Führung geschaffen worden seien; richtiger sei es gewesen, wenn alle Kräfte abgewartet wären und das richtige Wetter abgepaßt worden wäre. Die Bereitstellungen müßten in die Tiefe aufgelockert werden, so daß sie auch für längere Zeit trotz der feindlichen Luftüberlegenheit gehalten werden könnten.

Um diese Gesichtspunkte an die Führung im Westen heranzubringen, war außerdem schon am 6. 8. nachmittags der Chef Heeresstab, General Buhle, im Flugzeug in den Westen entsandt, wo er am 7. 8. abends eintraf. Seine Berichte konnten nur die schon vorliegenden Nachrichten und das bereits gewonnene Bild bestätigen, aber nicht mehr eine Änderung herbeiführen, da durch das bereits erfolgte Antreten der Auftrag des Generals überholt war.

Am 9. 8. nachmittags wurde nach erneuter Prüfung der Lage ein neuer Befehl gegeben, und zwar zur Wiederaufnahme des Angriffs und zur Umgruppierung. Der Angriff sollte jetzt zwischen Mortain und Domfront erfolgen. Dafür sollten starke Kräfte zusammengezogen und passendes Wetter abgewartet werden. Außerdem würde die Bildung einer Angriffsgruppe unter Führung des AOK 1 im Raum von Paris erfolgen. Dazu ging eine Reihe von Meldungen des OB West ein, zuletzt am 11. 8., 14 Uhr, die zu der Folgerung kamen, daß die vorhandenen Kräfte für einen solchen Auftrag nicht ausreichten, zumal die Gefahr sich abzeichne, in der tiefen südlichen Flanke im Raum von Le Mans durch feindliche Panzer gefaßt zu werden. Sofortige Gegenmaßnahmen dagegen seien erforderlich.

Auf Grund dieser neuen Lage wurde am 11. 8. die am 9. 8. erteilte Weisung aufgehoben und angeordnet, das erste Ziel der Operation solle sein, die Bedrohung der Südflanke durch den Angriff möglichst starker Panzerverbände aus nordwestlicher Richtung zu beseitigen, außerdem eine neue Kräftegruppe unter Führung des AOK 1 im Raum von Chartres zu versammeln. Es solle jedoch an dem Gedanken eines späteren Vorstoßes in Richtung von Avranches festgehalten werden. An der Abwehrfront in der Normandie seien Schwerpunkte auf den beiden Flügeln zu bilden. Zu diesem Zwecke werde eine Frontverkürzung im Raum von Tourneval freigegeben.

*II. Gesamtlage*

Es steht fest, daß das I. franz. Expeditionskorps nach Frankreich überführt wurde, nachdem es mit Verbänden aus der nordafrikanischen Reserve aufgefüllt wurde. Dadurch ist ein Angriff gegen Südfrankreich erheblich weniger wahrscheinlich geworden als bisher.

Die Maßnahmen für eine Landung im Mittelmeergebiet sind jedoch als jederzeit durchführbar anzusehen. Die Anzeichen sprechen jetzt für eine Stoßrichtung gegen Oberitalien, und zwar gegen die Ligurische Küste.

Offen bleibt die Frage, ob die Alliierten ihre durch Abzug auf nunmehr 34 Verbände abgesunkene operative Reserve in England zu einer eigenen Landung an der Kanalküste oder zum Nähren des Angriffes in der Normandie verwenden werden. In diesem Zusammenhang ist zu beachten, daß der General de Witt die Führung übernommen hat.

Zuverlässige Anzeichen fehlen. Es ist klar, daß — je mehr eigene Kräfte von der Kanalküste abgezogen werden — um so größer der Anreiz für einen feindlichen Angriff wird. Zu beachten ist, daß die 6 feindlichen Luftlande-Divisionen unter einem einheitlichen Befehl zusammengefaßt worden sind, also jetzt möglicherweise bei der Erweiterung des amerikan. Raumes zum Einsatz kommen könnten.

Für eine Landung auf dem Balkan liegen keine Anzeichen vor. Die Haltung der Türkei ist undurchsichtig. Dagegen ist eine zunehmende Aktivierung der Bandentätigkeit in allen Räumen festzustellen.

### 3. Weitere Mitteilungen desselben, 18. August 1944, 20 Uhr

*A. Fortgang der Ereignisse im Norden des westlichen Kriegsschauplatzes (vgl. Aufzeichnung vom 12. 8. 44[1]).*

1. *Akt:* Befehl zum Angriff im Raum von Avranches, der in der Nacht zum 6./7. 8. ausgeführt wurde, jedoch gleich wieder eingestellt werden mußte, da der feindliche Widerstand zu stark war (Nach Ansicht des Führers war der Angriff zu früh, mit zu geringen Kräften und aus einer zu frontalen Bereitstellung heraus und bei einem zu guten Wetter erfolgt).

2. *Akt:* Ansatz zu einem neuen Angriff, diesmal mehr im Südwesten und mit stärkeren Kräften. Diese Absicht wurde jedoch durch das Herausströmen amerikanischer Kräfte in die Bretagne und deren Vorstoß nach Osten in Flanke und Rücken der AOK.s 5 und 7 vereitelt.

3. *Akt:* Es wurde nunmehr erforderlich, die Pz.-Gruppe Eberbach herumzuwerfen, um einen Stoß zunächst nach Südwesten zu führen, um dem Feind in die tiefe Flanke zu stoßen.

Diesem Angriff sollten sich die von Nordosten herankommenden Inf.-Verbände anschließen. Der Befehl dazu wurde am 9. 8. gegeben. Jedoch mußte der OB West melden, daß wegen der Versorgung der Angriff nicht vor dem 20. 8. erfolgen könne.

1 vgl. vorstehend Anhang 2.

*4. Akt:* Weitere Verschlechterung der Lage. Daher am 11. 8. ein neuer Befehl, zu dem der OB West am 12. 8., 21 Uhr, seine Absichten meldete (s. Chefsachen). Jedoch konnte er, da die feindlichen Panzer an verschiedenen Stellen in den eigenen Aufmarsch einbrachen, nicht mehr ausgeführt werden. Gleichzeitig entwickelte sich an der Nordfront der erwartete feindliche Großangriff auf und über Falaise hinaus. Dadurch wurden der Kampfraum und die Versorgung der Heeresgruppe B immer mehr eingeschnürt.

*5. Akt:* Höhepunkte der Krise am 15. 8., da der OB West, der am 14. 8. abends zur Front gefahren war, darauf am 15. 8., 0.45 Uhr, seinen Chef unterrichtet (s. Chefsache) und sich dann um 9.30 Uhr zur Pz.=Gruppe Eberbach begeben hatte, um dort die noch verbleibenden Möglichkeiten durchzusprechen, den ganzen Tag über durch Feindeinwirkung aus der Führung ausgeschaltet war. Der WFStab erhielt hierüber Meldung. Am 16. 8., 2.00 Uhr, erhielt der Chef WFStab erneut Bericht über die gemachten Feststellungen: danach war noch immer unklar, wo der OB geblieben war (s. Chefsache).

Der Führer hatte sich bereits am 15. 8. entschlossen, den OB Südwest, Gen.=Feldmarschall Kesselring, und den OB der Heeresgruppe Mitte, Gen.=Feldmarschall Model, in das FHQu. zu beordern, um einen von ihnen als OB West einzusetzen, falls der Gen.=Feldmarschall von Kluge ausgefallen sein sollte (s. das Fernschreiben an den OB Südwest bei den Chefsachen, das um 23.00 Uhr fernmündlich dahin ergänzt wurde, daß es sich nicht um eine anderweitige Verwendung, sondern um eine Besprechung handle). Für die Zwischenzeit wurde die Führung der Heeresgruppe B dem SS=Obergruppenführer Hausser übertragen.

*6. Akt:* Am 16. 8. früh lief jedoch die Meldung ein, daß der OB West bei der Pz.=Gruppe Eberbach eingetroffen sei. Inzwischen hatte sich die Lage weiter verschärft, da es nicht möglich gewesen war, in Richtung Sées durchzubrechen und dadurch die Abschnürung der beiden Armeen aufzulockern.

Daher hielt der Führer an dem Entschluß, einen Wechsel eintreten zu lassen, fest. Der Gen.=Feldmarschall Model, der bereits zu seiner Heeresgruppe zurückgekehrt war, wurde erneut in das FHQu. beordert und am 16. 8. abends eingehend über die Lage und die weiteren Entwicklungsmöglichkeiten (dies an Hand des Entwurfs für eine Kampfführung im Westen, s. Akten Op. H) unterrichtet. Am 17. 8. traf Gen.=Feldmarschall Model im HQu der Heeresgruppe B in La Roche ein. Inzwischen hatte der Führer bereits am 16. 8., 16.00 Uhr, den Befehl zum Durchschlagen der Schlacht gegeben (s. Chefsachen): die Heeresgruppe B sollte die westlich des Schlauches Falaise—Argentan befindlichen Kräfte hinter die Orne und dann hinter die Dives zurückzuführen, wo bei Gaye der Anschluß an das LXXXI.AK. gesucht werden sollte. Die Heeresgruppe erhielt den Auftrag, den Eckpfeiler von Falaise festzuhalten und den Angriffsraum durch Angriffe der Gruppe Eberbach nach Südosten zu erweitern. Ein weiterer Befehl über die Kampfführung wurde gleichzeitig angekündigt. Mit der Führung der Absetzbewegung wurde der Gen.=Feldmarschall von Kluge beauftragt, der sich dazu außerhalb des bedrohten Raumes auf den Gefechtsstand der 5. Pz.=Armee begeben sollte. Gleichzeitig marschierte das AOK 1 vorwärts des Seine=Abschnitts im Raum Paris—Fontainebleau auf; doch verfügte es vorerst nur über schwache Kräfte.

### *B. Bildung einer Südfront durch Landung an der Riviera* [1]

*(über die Einzelheiten s. das Lagebuch).*

In Verbindung mit diesen Kämpfen erwies es sich als nötig, die Armeegruppe G, die an der Loire und an der Bretagne=Front nur noch über schwache Kräfte verfügte, nunmehr zurückzunehmen, damit sie noch den Anschluß an die Heeresgruppe B erreichte und nicht vorher abgeschnitten wurde.

Hierzu erging am 16. 8. nachmittags ein Vorbefehl, der die Zurücknahme der Kräfte an der Loire, der Biscaya=Küste, den Pyrenäen und dem Mittelmeer einleitete.

1 Am Rande noch einmal: „Mitteilungen Stellv. Chef WFStab 18. 8."

Er wurde am 17. 8. nachmittags durch einen Befehl ergänzt, der auch für die kämpfende Truppe die Absetzbewegung einleitete.

*Sonstiges:* an Stelle des Gen.=Feldmarschalls Model übernahm der Gen. Reinhardt die Führung der Heeresgruppe Mitte. Der Gen.=Feldmarschall Model steht zur Verfügung des Führers.

Lagebuch 19. 8. 44: *Westen*

Verschiebung der englischen Kräfte gegen ihre Ostfront, an der sie bereits seit 2 Tagen angreifen. Durch das Loch bei Dreux dringt das amerik. XV. AK.

*WFStab/KTB* *FHQu., den 26. 8. 1944*

### 4. Weitere Mitteilungen desselben, 26. August 1944, 22 Uhr

Der Generalfeldmarschall Model hatte im FHQu. vom Chef WFStab abends an Hand von Entwürfen des WFStabs am 16. 8. mündlich Richtlinien für die weitere Kampfführung im Westen erhalten. Ihnen folgten mehrfach Weisungen des Führers, möglichst weit vor der Seine=Yonne=Linie eine neue Front aufzubauen, in die dann auch die aus Südwest= und Südfrankreich zurückkommenden Kräfte aufzunehmen waren.

Auf die Anforderung hin, die der Gen.=Feldmarschall Model gleich nach Übernahme des Befehls im Westen übermittelte, wurden ihm die 15., dann auch die 3. Pz.=Gren.=Div. aus dem Bereich des OB Südwest zugewiesen. Ferner wurde ihm mitgeteilt, mit welchen Neuaufstellungen aus dem Heimatkriegsgebiet er rechnen könne und wann sie voraussichtlich zum Abtransport bereitstehen würden (zum Teil ab 1. 9.).

Der Kernpunkt blieb, ob es gelang, die Aufnahme der sich absetzenden Verbände zu sichern und vorwärts der Seine=Yonne=Linie zu halten, d. h. Paris zu behaupten. Denn ein Durchbruch über die Seine oder ein Überschreiten der Seine auf den Pariser Brücken mußte zur Gefährdung der Küstenfront und damit auch des V1=Gebietes führen.

In diesem Sinne wurden mehrfach Befehle gegeben. Jedoch waren die zur Verfügung stehenden Kräfte zu schwach, um alle Forderungen zu erfüllen. Es gelang nicht, vorwärts Paris eine Verbindung zwischen dem Brückenkopf an der unteren Seine und dem noch vorwärts Paris stehenden AOK 1 zu gewinnen; vielmehr stieß der Feind seinerseits im Raum von La Roche Guyon über die Seine.

Unter dem Druck des Feindes wurde der Brückenkopf an der Seine in mehreren Etappen planmäßig verengert, wobei der Druck gegen seine Südfront abgewehrt werden konnte. In der kommenden Nacht (26./27. 8.) soll die Masse des Pz.=AOK 5 über die Seine hinübergeführt werden.

Auch im Raum von Paris warf der Feind die eigenen Absichten über den Haufen. Er drang am 24. 8. in Paris ein und bildete oberhalb Paris Brückenköpfe über die mittlere Seine; heute überschritt er sie, nachdem die eigenen Truppen auf eine Sehnenstellung zurückgenommen waren, in breiter Front.

Wo der feindliche Schwerpunkt bei der nächsten Großaktion liegen wird, ist noch nicht erkennbar; es ist jedoch klar, daß sich der Feind für eine solche vorbereitet. Am 24. 8. hat der OB West eine Lagebeurteilung vorgelegt, der der Führer zustimmte. Er gab die Weisung, die Seine=Yonne=Linie so lange zu halten wie möglich, um inzwischen den Ausbau der „Kitzinger=Linie" (Somme=Yonne=Marne=Stellung) vorantreiben zu können. Diese Absicht ist jedoch schwer zu verwirklichen, da trotz Anspannung aller Kräfte hinten die Kräfte zum Schanzen fehlen (Eine neue Weisung, in der diese Fragen geregelt sind, wird vom Stellv. Chef während der Unterredung abgezeichnet und zum Chef WFStab weitergeleitet).

In Verbindung mit diesen Maßnahmen wurden neue Überlegungen über die Befehlsgliederung angestellt, die dadurch ausgelöst wurden, daß die nach dem Ausfall des Gen.=Feldmarschalls Rommel vereinigten Stellungen des OB West und des OB der Heeresgruppe B jetzt so verschiedene Ansprüche stellten, daß sie wieder getrennt werden sollen. Zur Zeit wird daran gedacht, den früheren OB West, Gen.=Feldmarschall v. Rundstedt (der in Bad Tölz weilt und sich großer Frische erfreut), wieder als OB West einzusetzen. Falls der frühere Chef Gen.=St. OB Südwest, Gen. Westphal — wie angekündigt — in diesen Tagen wieder den Dienst antreten kann, ist er für eine Chefstelle vorgesehen. Weitere Um= und Neubesetzungen sind noch offen.

Es vermehren sich die Sorgen wegen des LXIV.AK. (Biscaya=Front) und der 19. Armee (Süd=Front), die ihren Rückmarsch nur langsam vollziehen können und in steigendem Maße durch Terroristen bedroht sind. Es ist die Frage, ob sie noch rechtzeitig die Sicherungslinie erreichen können. Der OB West drängte darauf, daß die Bewegungen beschleunigt werden.

Der Gegner bekommt durch die Verkürzung der Fronten erhebliche Kräfte frei. Es ist daher bereits in den nächsten Tagen mit neuen Vorstößen großen Umfanges zu rechnen. Die Verteidigungsbereiche und Festungen hat der Feind in der Zwischenzeit mehr oder minder unbehelligt gelassen. Erst vom 25. 8. an ist es erneut zu Vorstößen im Bretagne=Vorfeld gekommen. Eine Ausnahme machen nur Marseille und Toulon, wo es dem von Terroristen unterstützten Gegner unerwartet schnell gelungen ist, die Landfront der Festungen aufzubrechen und die Städte bis auf noch kämpfende Stützpunkte in Besitz zu nehmen. Die dafür eingesetzten Kräfte (1+1[1] Div., zusammen etwa 35 000) haben den Feind also nur einige Tage lang fesseln können.

*WFStab/KTB* F.H.Qu., den 25. 8. 1944

**5. Auszug aus der Handakte des Oberstlt.d. G. Kleyser[2]) über die weitgreifenden Maßnahmen im Westen (25. August 1944)**

Am *2. 8.* befahl der Chef WFStab schriftlich die Bildung eines Arbeitsstabs für die Bearbeitung besonderer Aufgaben auf dem westlichen Kriegsschauplatz unter dem Chef Op (H) mit der Bezeichnung (H)/T. Als Leiter wurde der Oberstlt. d. G. Kleyser bestimmt; weitere personelle Ergänzungen wurden vorbehalten, jedoch nicht durchgeführt. Zur Verfügung gestellt wurden die Sachbearbeiter von Op (L), Op (H), Qu und der Verbindungsoffz. Transportchef.

Gleich am *2. 8.* wurde der Entwurf einer Weisung für die weitere Kampfführung des OB West aufgestellt. Danach sollte im Hinblick auf die Entwicklung der Gesamtlage der bisherige Auftrag des OB West festgehalten, jedoch die Zurücknahme der Gesamtverteidigung in West= und Südfrankreich ins Auge gefaßt werden. Die rechtzeitige Aufgabe dieser Gebiete sollte in Kauf genommen werden, um die Verteidigung in der neuen Linie, zunächst an der Seine, mit den notwendigen Truppen zu versehen (also Rückführung der Teile der 7. Armee in der Bretagne sowie der 1. und 19. Armee). Die Rücknahme der Fronten, die eine Operation und eine Räumung größten Ausmaßes darstellte, konnte durch den Zusammenbruch der Invasionsfront sowie durch eine etwaige Feindlandung an der südfranzösischen Küste gestört werden und sollte daher von vornherein darauf abgestellt werden, daß nur noch begrenzte Zeit zur Verfügung stehe. Sie sollte durchgeführt werden in der Form einer Absetzbewegung von einer Stellung auf eine weiter rückwärts gelegene, d. h. unter Belassung von kampfkräftigen und beweglichen Nachtruppen in den bisherigen Stellungen und Ausnutzung aller Beförderungsmittel für den Abtransport der Masse in die neue Verteidigungslinie. Die Festungen sollten gemäß Sonderbefehl verteidigt werden; Kräfte der 19. Armee sollten an die französ.=ital. Grenze abgezogen werden. Demnach blieben für die Seine=Linie die an der Invasionsfront eingesetzten Kräfte sowie von der 19. Armee etwa 4 Divisionen und 1 Pz.=Div. Die Kräfte an der Biscaya

1 Ms.: 1½; doch s. S. 470.

2 Leiter der im WFStab/Op H gebildeten Gruppe zur Vorbereitung der Führung im Westen durch den Führer, dann der Zurücknahme der Westfront (vgl. Kap. B II; oben S. 379 f.).

wurden für die Verstärkung der Befestigungen vorgesehen. Die Bewegung sollte fächerförmig so erfolgen, daß eine durchlaufende Besetzung der gesamten Seine=Linie sichergestellt war. Durch ausholende Bewegung der inneren Flügel sollte die durch die Bindung der 1. Armee entstehende Lücke geschlossen werden. Der Zusammen=hang der Invasionsfront sollte unter allen Umständen gewahrt bleiben, wobei der am weitesten ausholende Südflügel das Tempo anzugeben hatte. Die Kampfführung sollte darauf abgestellt werden, daß ein Durchbruch des Feindes auf die Seine=Linie verhindert und durch starke Staffelung der beweglichen Verbände an dem offenen Südflügel eine überholende Verfolgung durch den Gegner oder ein Abschneiden von der Seine ausgeschaltet wurden. Die Besetzung der neuen Linie sollte durch hierfür freigemachte Kräfte aus Sicherungsgruppen bzw. aus der stehengebliebenen Küsten=front sichergestellt werden, die dann die auf die Seine zurückgehenden Divisionen aufnehmen sollten. Die Absetzbewegung der Südgruppe sollte sich in ihrem Tempo nach dem zeitlichen Ablauf im Norden richten. Dazu sollten Zwischenlinien je nach der Lage befohlen werden. Falls vorher eine Landung im Süden erfolgte, sollte die Küste zunächst mit allen Mitteln verteidigt werden. In diesem Falle war damit zu rechnen, daß die Absetzbewegung nur unter Kampf mit überlegenem Gegner er=folgte. Falls das nicht erfolgte, sollten sofort kampfkräftige Teile, möglichst im Eisen=bahntransport, an den Südflügel der Seine=Linie zurückgeführt werden, während kampfkräftige und voll bewegliche Nachtruppen möglichst lange die Verteidigung der Küste sicherstellten. Sperrverbände sollten die Verbindung zwischen den inneren Flügeln suchen und etwaiges Vordringen des Feindes in die zunächst bestehende Lücke verhindern.

Für die Hauptkampflinie und den Kräfteeinsatz wurde eine Karte vorbereitet (zu=sammen 21 Div.en und 12 schnelle Verbände, ohne Rest=Divisionen, für etwa 700 km Front).

Am *3. 8.* übersandte der Chef des Gen.=St.s d. OB West, Gen. Blumentritt, dem Chef WFStab ein persönliches Schreiben mit Darlegungen über seine Auffassung. Er bat darin um eine Weisung für den „äußersten" Fall und schlug vorbereitende Maß=nahmen vor.

Am *8. 8.* übersandte der Stellv. Chef dem Gen. v. Buttlar[1] den Entwurf eines Be=fehls für den OB West vom 7. 8. mit der Bemerkung des Chefs WFStab: „Es muß eine allgemeine Direktive über Verlegung der Versorgung beigefügt werden. Die Anweisung an die Luftwaffe ist bescheiden, die an die Kriegsmarine fehlt völlig." Für die Versorgung verwies der Stellv. Chef auf eine von ihm aus dem Westen mit=gebrachte Notiz über die bereits vom OB West eingeleiteten Maßnahmen. Für die Mitarbeit der Kriegsmarine hatte Gen. Wagner[2] bereits seine Mitarbeit angeboten. Die Abt. Qu legte am 8. 8. ihren Beitrag zum Befehlsentwurf vor. Danach sollten die besonderen Anordnungen durch den Gen.=Qu. ergehen. Als Richtlinie war vorgesehen, daß die Festungen noch so viel Versorgungsgüter aller Art wie möglich hereinholen sollten, daß möglichst wenig Versorgungsgüter vernichtet wurden, daß jedoch keine unversehrt in Feindeshand fielen, daß die territoriale Organisation des Militär=Be=fehlshabers Frankreich unter Zurückstellung aller Aufgaben bis zum letzten Augen=blick die Absetzungsbewegungen der Truppe mit allen Mitteln unterstützte.

Darauf wurde am *9. 8.* ein neuer Entwurf für einen Befehl zur Rückführung des Westheeres in eine neue Verteidigungslinie vorgelegt, der am 10. 8. in abermals verbesserter Fassung vorgelegt wurde. Darauf wurde die Zurücknahme der Gesamt=verteidigung in die Linie Seine—Yonne—Canal de Bourgogne—Dijon—Dôle—Schweizer Grenze befohlen und die Verteidigung der ital.=französ. Alpenstellung dem OB Süd=west übertragen. Die Kräfte der 5. Pz.=Armee, der 7., 1. und 19. Armee (soweit sie nicht in der Verteidigung der Festungen gebunden waren) sollten in einer großen Ab=setzbewegung in die neue Stellung zurückgeführt werden, die zu verteidigen war. Der Kampf in den Stellungen sollte so geführt werden, daß möglichst starke Kräfte des Gegners gebunden und die Besetzung der Häfen dem Gegner möglichst lange verwehrt wurden. Es wurde im einzelnen festgelegt, worauf es bei dieser Absetzbe=wegung ankam. Darauf erfolgten Einzelbefehle für die Heeresgruppe B, den Stab

1 Leiter der Operationsabt. im WFStab.
2 Generalquartiermeister des Heeres.

Armeegruppe G, die 1. Armee, die 19. Armee, die Kriegsmarine, die Luftwaffe, die Versorgung. Abschließend wurde der OB West für die Auflösungs=, Räumungs=, Löschungs= und Zerstörungsmaßnahmen verantwortlich gemacht. Für die gleichen Maßnahmen auf dem Gebiet der Rüstungsindustrie sollte RuK verantwortlich sein, für die Maßnahmen auf dem Gebiet der übrigen Wirtschaft der Militärbefehlshaber Frankreich.

Dieser Befehlsentwurf wurde am *10. 8.* dem Gen.=Qu. zur Orientierung mitgeteilt. Dieser bat darauf, daß er ihn auch offiziell erhalte und den Leiter der Gruppe I in Kenntnis setzen dürfe, da er sonst die Verantwortung nicht tragen könne. Es wurde entschieden, daß — falls der Befehl herausging — der Gen.=Qu. im Verteiler vorge= sehen werden sollte.

Bei der Abendlage am *13. 8.* lehnte der Führer es ab, Weisungen für die Kampf= führung im Westen einschließlich der 19. Armee zu geben, die über die Richtlinien für die sofort zu lösenden Aufgaben hinausgingen. Dem OB West wurde auf seine Rückfrage vom 13. 8. mitgeteilt, daß der Befehl für die Armeegruppe G, die französ. Mittelmeerküste gegen feindliche Großlandungen mit allen Mitteln zu verteidigen, bestehen bleibe. Ferner erging am *14. 8.*, 5 Uhr, eine Weisung (in den Akten Op (H) ).

Auf die Entscheidung des Führers hin forderte der Chef WFStab, daß die darüber hinaus vorbereiteten Weisungen, nämlich der Schubladenbefehl und der am 14. 8. vorgelegte Entwurf, in Einzelbefehle aufgelöst und in einer für Funkübermittlung geeigneten Form bei Op (H)/T niedergelegt werden sollten. Darauf wurden am 14. 8. Entwürfe fertiggestellt für die 10. Armee: a) betr. Masse, b) betr. Gen.=Kdo. LXII.AK., ferner für OKM, OKL und Chef GenStdH.

Am *15. 8.* gab der Stellv. Chef Weisung für Überprüfung der Kurzbefehle. Diese wurde am 15. 8. ausgeführt. An diesem Tage äußerte der Führer im Hinblick auf eine etwaige ungünstige Lage bei der 19. Armee seine Absichten dahin, daß der West= flügel der Armee bis etwa in Höhe des Rhone=Deltas aufzugeben sei und daß die beweglichen Teile, voraus die 11. Pz.=Div., im Rhone=Tal aufwärts den Anschluß an den Südflügel der Heeresgruppe B suchen sollten, während die Verteidigungsbereiche Marseille und Toulon mit je 1 Div. gehalten wurden. Die linke Flügel=Div. (148. Res.=Div.) dürfe sich nicht vom Gebirgskamm an der französ.=ital. Grenze abdrängen lassen. Da der Hafen Sète nicht erwähnt wurde, konnte er nunmehr freigegeben werden, falls die Kriegsmarine nicht Wert auf ihn legte. Daraufhin wurden die Be= fehle für die Armeegruppe G erneut umgeändert.

Am *15. 8.* erging ein Befehl an den OB West in Durchführung des Führerbefehls vom 7. 8. über die Einsetzung des Wehrmacht=Befehlshabers Groß=Paris, die ent= behrlichen Dienststellen und Soldaten aller Wehrmachtteile sowie kampffähige deutsche Männer dem Militär=Befehlshaber bis auf weiteres zur Verwendung in Alarmeinheiten bzw. als Sicherungs= und Arbeitskräfte für den Ausbau der Somme= Marne=Stellung zur Verfügung zu stellen.

Am *16. 8.* wies der Chef OKW den OB West an, alle im Bereich der Armeegruppe G westlich der Linie Orléans—Clermont=Ferrand—Montpellier befindlichen Truppen, Kommandobehörden und Dienststellen aller Wehrmachtteile und der Waffen=SS sowie sonstige Organisationen, soweit sie nicht für die Verteidigung der Festungen vorgesehen waren (mit Ausnahme der fechtenden Truppe der 19. Armee), ab sofort hinter die Seine=Yonne=Bougogne=Stellung zu verlegen. Der 19. Armee wurden die westlich Montpellier eingesetzten Kräfte zur Bereinigung der Lage im Raum Toulon zur Verfügung gestellt. Ferner wies er den Chef GenStdH, die Seekriegs= leitung und den Luftwaffenführungsstab an, in die Festungen und Verteidigungsbe= reiche noch so viel Verteidigungsgüter aller Art wie möglich hineinzubringen und dafür zu sorgen, daß keinerlei Versorgungsgüter und Einrichtungen in Feindeshand fielen. Außer den Eisenbahnen sollten auch alle Elektrizitätswerke, militärischen Anlagen und Werkstätten, insbesondere Verstärkerämter, nachhaltig zerstört werden. Der Stellv. Chef WFStab teilte dem OB West mit, daß der Führer die Verlegung der Führungsstäbe OB West, Marinegruppe West, Luftflotte 3 und des Militärbefehlshabers aus Paris freigegeben habe; jedoch solle der Führungsstab Marinegruppe West in der Nähe des Führungsstabs OB West untergebracht werden.

Der Führer selbst unterschrieb am gleichen Tage einen Befehl für die Kampf=führung der 19. Armee: Da die Entwicklung der Lage bei der Heeresgruppe B ein Abschneiden der 19. Armee in absehbarer Zeit als möglich erscheinen lasse, werde der Befehl vom 16. 8. dahin erweitert, daß die Armeegruppe G sich mit Ausnahme der in Toulon und Marseille verbleibenden Kräfte vom Feinde löse und den An=schluß an den Südflügel der Heeresgruppe B gewinne. Sofort solle eine Aufnahme in der Linie Sens — Dijon — Richtung Schweizer Grenze eingerichtet werden. Die 11. Pz.=Div. sollte mit Masse im Rhonetal belassen werden, um diesen Raum gegen Luftlandungen zu schützen und später die Nachhut der 19. Armee zu übernehmen. Die straffe Führung der Nachtruppen und Kämpfe in festgelegten Widerstandslinien seien sicherzustellen, so daß Abfließen aller in Südwestfrankreich befindlichen Truppen planmäßig durchgeführt werden könne. Ferner wurde das Zurückziehen des Gen.=Kdo.s LXII.AK. mit der 148. und 157. Res.=Div. auf die Alpen=stellung geregelt. Die Festungen und Verteidigungsbereiche an der französ. West= und Südküste sollten bis zum letzten Mann gehalten werden, Marseille und Toulon durch je 1 Div. Die Kriegsmarine sollte die Verteidigung der Festungen durch Ein=satz aller verfügbaren Seestreitkräfte unterstützen und — sobald hierzu keine Mög=lichkeiten mehr gegeben waren — Besatzungen und Waffen zur Verteidigung der Landfront zur Verfügung stellen.

Am *16. 8.* wurde ferner ein neuer Entwurf für den Befehl zur Rückführung des Westheeres in eine neue Verteidigungslinie fertiggestellt, in dem nunmehr die Ab=schnitte, die die Kriegsmarine, die Luftwaffe und die Versorgung betrafen, stärker ausgebaut waren. Dazu wurde noch der Entwurf für einen Befehl an die Seekriegs=leitung, den Luftwaffenführungsstab und den Chef des GenStdH vorgelegt. Ein Fernschreiben an den OB West, das den weiteren Befehl für die Kampfführung im großen ankündigte und die Zurückführung der Kräfte aus dem Schlauch befahl, wurde nicht abgesandt, da es durch die Lage bereits überholt war.

Am *18. 8.* erging der Befehl, die Schweiz möglichst lange umschlossen zu halten (wofür eine Linie festgelegt wurde) und Bordeaux (Stadt und Hafen) wegen Fertig=stellung der U=Boote erst bei starkem Feinddruck aufzugeben, worauf sich die Kräfte in die Festungen Gironde=Nord und =Süd zurückziehen sollten. Um das AOK 1 west=lich der Seine zum Halten zu bringen, sollten ihm Kräfte zugeführt werden, ge=gebenenfalls auch von der Gruppe Eberbach.

Am *19. 8.* wurde die Weisung für die weitere Kampfführung in einer der nun=mehrigen Lage angepaßten Fassung erneut vorgelegt (der Befehl erging am *20. 8.*). Der Entwurf ging von der Absicht des Feindes aus, die eigenen Kräfte im Kessel [1] und die übrigen durch erneute Umfassung durch das Seine=Tal zu vernichten. Vordring=lichste Aufgabe des OB West sollte es sein, seine Kräfte vor Paris und in [2] der Linie Seine—Schweizer Grenze hinter diese Linie zurückzuführen und neu zu ordnen. Dazu sollte die Zurücknahme der 7. Armee vorbereitet werden. Die 5. Pz.=Armee sollte den Übergang der 7. Armee über die Seine sicherstellen und ein Vordringen des Feindes im Seine=Tal nach Norden und ein Übersetzen unterhalb von Paris verhindern. Mit ihrer Masse sollte die Armee in Zusammenwirken mit Teilen der 1. Armee die Ver=bindung mit dem Brückenkopf Paris freikämpfen. Die 1. Armee sollte beiderseits Montargis den Rückmarsch der Kräfte aus Südwest= und Südfrankreich hinter den Canal de Bourgogne abdecken und Verbindung mit dem Südflügel der 5. Pz.=Armee halten; die 19. Armee sollte den Anschluß an die Heeresgruppe B nordwestlich Dijon finden und gegebenenfalls mit Teilen nach Italien einschwenken.

Am *19. 8.*, 22.15 Uhr, traf eine Meldung des neuen OB West, Gen.=Feldmarschall Model, über die weiteren Absichten ein, wonach die Truppe völlig ausgebrannt sei und deshalb sofort ihre Auffüllung in Angriff genommen werden müsse. Die Be=arbeitung der von ihm vorgelegten Anforderungen wurde sofort in Angriff ge=nommen.

Ferner wurde befohlen, die von Botschafter Abetz geforderte militärische Hilfe zum Abtransport der Regierung aus Vichy zu stellen.

Ferner erhielt der OB West am 19. 8. den Befehl, den Übergang des Feindes über die Seine abwärts Paris zu verhindern, notfalls mit 2 SS=Pz.=Gren.=Brigaden, ferner das

1 Unlesbar; verbessert aus „Kanal".

2 „und in" ergänzt.

Vordringen nach Norden auf dem Westufer der Seine zu verhindern, um äußerstenfalls die 7. Armee über die Seine zurückführen zu können. Panzerverbände sollten die Verbindung mit dem AOK 1 und dem Sperrgürtel von Paris wieder freikämpfen, den Raum vor Paris halten und dadurch die Rückführung der 19. Armee sicherstellen.

Auf Anfragen vom *19. 8.* hin wurde dem OB West am gleichen Tage mitgeteilt, daß Sète nicht zu verteidigen sei, ebenso Bayonne. Durch befehlsmäßige Beweglichmachung sei ein Nachführen gesichert worden; in die Festungen sollten nur planmäßige Teile zurückgezogen werden.

Am *20. 8.* erging eine neue Weisung für die weitere Kampfführung im Westen und Südwesten. Danach war es die wichtigste Aufgabe des OB West, einen Brückenkopf westlich Paris zu behaupten und südlich Paris ein Durchstoßen des Feindes in Richtung Dijon zu verhindern. Die Kräfte der 5. Pz.- und der 7. Armee sollten sich zunächst hinter den Touques-Abschnitt zurückkämpfen und wieder ordnen (die schweren Verbände auf der Südflanke). Für den Fall, daß das Halten vorwärts der Seine nicht gelang, sollten alle Kräfte mit Ausnahme des Brückenkopfes auf die Linie Seine—Yonne—Canal de Bourgogne—Dijon—Dôle—Schweizer Grenze zurückgeführt werden. Dazu sollte die Rücknahme der 7. Armee, die voraussichtlich wegen der fehlenden Brücken nicht längere Zeit vor der Seine bleiben könne, vorbereitet werden (Bereitstellung von Übersetzmitteln, Flakschutz usw.). Die 5. Pz.-Armee (notfalls mit der 26. und 27. SS-Pz.-Div.) wurde dazu bestimmt, den Übergang der 7. Armee über die Seine sicherzustellen und dabei ein Vordringen des Feindes im Seine-Tal nach Norden und ein Übersetzen unterhalb Paris zu verhindern. Falls Kräfte und Versorgung es zuließen, sollte die 5. Pz.-Armee mit Masse zusammen mit Teilen der 1. Armee die Verbindung mit dem Brückenkopf Paris freikämpfen, der auf jeden Fall zu halten war. Ferner sollte eine Sehnenstellung quer durch Paris vorbereitet werden. Der Kampf um und in Paris sollte notfalls ohne Rücksicht auf die Stadt geführt werden.

Auftrag *für die 1. Armee:* verstärkt durch die vordersten, aus Südwest-Frankreich zurückkommenden Sicherungskräfte, sollte sie hinter dem Canal de Briare beiderseits Montargis den Rückzug aus Südwest- und Südfrankreich hinter den Canal de Bourgogne decken und Verbindung mit dem Südflügel der 5. Pz.-Armee halten.

Auftrag *für die 19. Armee:* kampfkräftige Teile voraus, zum richtigen Anschluß an die Heeresgruppe B in Gegend von Dijon; dazu Ausweichen nach Norden entsprechend der Lage am Südflügel der Heeresgruppe B. Teile, die nicht mehr zurückkamen, sollten nach Oberitalien abgedreht werden. Deshalb waren die Pässe vom OB Südwest möglichst weit vorn offen zu halten. Ferner sollte ein Flankenstoß des Gegners durch die Provence—Dauphiné-Alpen durch Zerstörungen verhindert werden.

Zuführungen wurden angekündigt; Zuweisungen von weiterem Kfz-Raum wurden dagegen abgelehnt.

Am *21. 8.* (an dem der Durchbruch aus dem Kessel gelang) wurde der OB West darauf hingewiesen, daß die 7. und 5. Pz.-Armee sich weder westlich der Seine behaupten noch Fahrzeuge und Geräte über diese herüberbringen könnten, wenn die Verbindung zwischen der 5. Pz.-Armee und Paris westlich der Seine nicht wieder hergestellt würde. Der Führer habe deshalb befohlen, alles daranzusetzen, um diese Verbindung wieder zu erkämpfen, indem die 1. Armee mit den eintreffenden Verbänden von Südosten her entgegenwirke. Dies sei auch die wirksamste Gegenoperation gegen den Übergang des Feindes nördlich Mantes. Der Führer erwarte ferner lebhafte Ausfall- und Angriffstätigkeit aus den Festungen zur Entlastung der anderen Fronten, zum Heben der Stimmung und Einbringen von Beute.

Am *22. 8.*, 5.35, meldete der OB Südwest seine Absichten auf die ihm am 19. 8. (Umschließen der Schweiz) und am 20. 8. (Offenhalten der Alpenpässe) erteilten Befehle. Dazu nahm Op (H) zustimmend Stellung.

Am *22. 8.* (abgeg. 23. 8., 1.50 Uhr) wurde befohlen, den Brückenkopf Paris, dem die allergrößte Bedeutung zukomme, im Sperrgürtel vorwärts der Stadt zu verteidigen, wofür Verstärkungen bereits angekündigt seien. Innerhalb der Stadt solle bei den ersten Anzeichen von Aufruhr mit schärfsten Mitteln eingeschritten werden, da hierdurch eine weitere Ausdehnung am besten verhindert werde. Die Seine-Brücken seien zur Sprengung vorzubereiten; Paris solle nicht in die Hände des Feindes fallen oder nur als Kampffeld.

# 5. Abschnitt
# Der italienische Kriegsschauplatz
# (1. April - 31. Dezember 1944)

(Betr. Januar — März: vgl. den 2. Abschnitt)

Inhalt des 5. Abschnitts


*Zeittafel (1944)* . . . . . . . . . . . . . . . . . . . . . . . . . . . . 475

I. Die Kämpfe vom 1. April bis zur Einnahme Roms (4. Juni) . . . . . . . 478

1. *Bis zur feindlichen Offensive an der Südfront* . . . . . . . . . . . 478
*a) Der Gegner (478). — b) Die eigenen Maßnahmen (479). — c) Die Kampfhandlungen (481). — d) Das rückwärtige Gebiet (485)*

2. *Die anglo-amerikanische Italien-Offensive bis zur Einnahme von Rom (4. Juni)* . . . . . . . . . . . . . . . . . . . . . . . . 487
*a) Die Kämpfe bis zum Durchbruch durch den Senger-Riegel (487). — b) Beurteilung und eigene Gegenmaßnahmen (488). — c) Der weitere Verlauf der Kämpfe bis zur Einnahme von Rom (491). — d) Rom als „Offene Stadt" (501)*

II. Die Kämpfe von der Einnahme Roms (4. Juni) bis zur Räumung von Florenz (10. August) und der Landung des Gegners in Südfrankreich (15. August) . . . . . . . . . . . . . . . . . . . . . . . . . 507

1. *Die Feindlage (4. Juni — 15. August)* . . . . . . . . . . . . . 507
2. *Die Kampfhandlungen an der Südfront* . . . . . . . . . . . . . 513
*a) Das Ausweichen in die Linie Trasimenischer See Perugia (4.—19. Juni) (513). — b) Die Kämpfe auf Elba (16.—19. Juni) (524). — c) Das Ausweichen auf den Arno (20. Juni—17. Juli) (525). — d) Die Kämpfe im Raum von Florenz (geräumt am 10. August) und die Verteidigung der Arno-Linie (18. Juli — 15. August) (532)*
3. *Gegenmaßnahmen gegen eine Landung an der Ligurischen Küste* . . . 536
4. *Die Verteidigung der Operationszone „Adriatisches Küstenland" einschließlich Istriens)* . . . . . . . . . . . . . . . . . . . . 539
5. *Die Transport- und Versorgungslage* . . . . . . . . . . . . . . 542
6. *Einzelmaßnahmen usw. (Juni — August 1944)* . . . . . . . . . . 543

III. Der Kampf um die Apennin-Stellung und der Aufbau der Westalpen-Stellung von der Landung in Südfrankreich (15. August) bis zum Abflauen der Kämpfe im Apennin und im Adria-Abschnitt (25. Oktober) . . 544

1. *Die Feindlage* . . . . . . . . . . . . . . . . . . . . . . . . . 544
2. *Die Alpenfront und die Sicherung der Ligurischen Küste (vgl. dazu die „Ausarbeitung Westen")* . . . . . . . . . . . . . . . . . . . 547
3. *Die Apennin-Front bis zum 13. September* . . . . . . . . . . . 550
*a) Der Gebirgsabschnitt (ausschl. des Adria-Abschnitts) (550). — b) Der Adria-Abschnitt (551)*
4. *Der Doppelangriff gegen die Gebirgsfront und den Adria-Abschnitt vom 13. September — 25. Oktober* . . . . . . . . . . . . . . . . 553
5. *Überlegungen über die Räumung der Po-Ebene (Operation „Herbstnebel")* . . . . . . . . . . . . . . . . . . . . . . . . . . . . 560

6. *Das Adriatische Küstengebiet (einschließlich Istriens)* . . . . . . . . 563
7. *Einzelmaßnahmen usw.* . . . . . . . . . . . . . . . . . . . . . . . . 565

IV. Der italienische Kriegsschauplatz von Ende Oktober bis zum Ende des Jahres 1944 . . . . . . . . . . . . . . . . . . . . . . . . . . . . 566

1. *Die Feindlage* . . . . . . . . . . . . . . . . . . . . . . . . . . . . 566
2. *Die Alpen-Front und die Sicherung der Ligurischen Küste* . . . . . . 567
3. *Die Apennin-Front* . . . . . . . . . . . . . . . . . . . . . . . . . 568
4. *Der Adria-Abschnitt* . . . . . . . . . . . . . . . . . . . . . . . . 570
5. *Das Adriatische Küstengebiet (einschließlich Istriens und des festen Platzes Pola)* . . . . . . . . . . . . . . . . . . . . . . . . . . . 576
6. *Die Lage am Schluß des Jahres* . . . . . . . . . . . . . . . . . . . 578
7. *Einzelmaßnahmen usw.* . . . . . . . . . . . . . . . . . . . . . . . . 580

V. Einzelfragen der Kriegführung . . . . . . . . . . . . . . . . . . . . 580

1. *Veränderungen in den Kräften des OB Südwest und Verlagerungen innerhalb Italiens* . . . . . . . . . . . . . . . . . . . . . . . . . . 580
2. *Die Aufstellung neuer italienischer Verbände und ihr Einsatz* . . . . 585
3. *Die Lage im Hinterland* . . . . . . . . . . . . . . . . . . . . . . . 587
4. *Das Transportwesen und die Versorgung seit Mitte September* . . . . 589
5. *Der Stellungsbau im rückwärtigen Gebiet (mit Einschluß der Reichsgrenze im Südosten)* . . . . . . . . . . . . . . . . . . . . . . . . 591

## Zeittafel (1944)

22. 1.: Landung bei Nettuno.

*12. 5.: Beginn der Offensive*

*I. Phase: Das Ausweichen auf den Tiber*

18. 5.: Räumung von Monte Cassino.
20. 5.: Räumung von Gaeta. Durchbruch durch den Senger=Riegel.
23. 5.: Beginn des Angriffs auf den Brückenkopf Nettuno.
24. 5.: Durchbruch in Richtung Valmontone.
25. 5.: Beginn des Absetzens. Vereinigung der Südfront mit dem Brückenkopf. Verlust von Terracina.
27. 5.: Verlust von Ceprano.
28. 5.: Preisgabe des Sacco=Abschnittes, anschließend Verlust der C=Stellung.
31. 5.: Verlust von Frosinone.
2. 6.: Einnahme von Sora.
3. 6.: Feindliche Panzer im Vorgelände von Rom.
4. 6.: Feindliche Panzer im Stadtkern (14.15 Uhr).

*II. Phase: Der Rückzug durch Mittelitalien*

9. 6.: Räumung von Viterbo.
10. 6.: Räumung von Montefiascone.
14. 6.: Räumung von Aquapendente und Viterbo.
17. 6.: Landung auf Elba, Verlust von Grosseto und Foligno.
19. 6.: Einbruch des Feindes in Perugia, das nun geräumt wurde. Ende des Widerstandes auf Elba, dessen Besatzung in der Nacht vom 19.—20. 6. auf das Festland überführt wurde.

*III. Phase: Versteifung des Widerstandes und das Ausweichen auf den Arno*

20. 6.: Beziehen der Albert=Linie auf dem rechten Flügel.
24. 6.: Verlust von Massa. Beziehen der Ilse=Linie.
25. 6.: Einnahme des Monte Croce, der am 27. 6. zurückgenommen wurde, dann aber endgültig verlorengeht.
27. 6.: Räumung von Piombino.
28. 6.: Zurücknahme des linken Flügels auf die Albert=Linie.
2./3. 7.: Räumung von Siena. Ablösung vom Trasimenischen See.
3./4. 7.: Besuch des OB Südwest im Führerhauptquartier.
7. 7.: Verlust von Gubbio. Ausweichen der 10. Armee auf die Georg=Linie und die Höhe von Osimo.
14. 7.: Räumung von Poggibonsi.
16. 7.: Preisgabe von Arezzo.
17./18. 7: Ausweichen der 14. Armee auf die Linie Livorno—Straße südlich des Arno.
18. 7.: Übergänge der Masse des rechten Flügels über den Arno.

*IV. Phase: Die Verteidigung der Arno=Linie und das Ausweichen auf die Apennin=Stellung*

18. 7.: Beginn eines Großangriffs im Adria=Abschnitt. Räumung von Ancona.
19. 7.: Räumung von Livorno. Neuer Vortrag des OB Südwest im Führerhauptquartier.
20. 7.: Attentat auf den Führer; anschließend Besuch des Duce.
23. 7.: Absetzen auf den Südrand von Pisa und den Arno.
27. 7.: Beginn des Kampfes südlich Florenz.
31. 7.: Beschädigung des Schiefen Turms in Pisa sowie der Wasser- und Lichtversorgung in Florenz durch die feindliche Artillerie.
3. 8.: Besetzung der Brückenkopfstellung südlich von Florenz.

4. 8.: Absetzen der Nachhuten auf das nördliche Arno=Ufer.
10. 8.: Räumung des Nordteils von Florenz. Absetzen der 10. Armee an der Adria bis zum Casale.
15. 8.: Landung in Südfrankreich.
16. 8.: Befehl zum Zurückklappen der 159. und der 148. Res.=Div. auf die Alpenfront, die von Italien aus freigekämpft und durch Kräfte des OB Südwest verstärkt wurde.
19. 8.: Aufleben des Kampfes im Adria=Abschnitt.
21. 8.: Ausweichen auf den Metauro=Abschnitt.
22. 8.: Beginn der Absetzbewegung der 10. Armee auf die Vorfeldstellung vor dem Apennin.
25. 8.: Verstärkung des Angriffs im Adria=Abschnitt zum Großkampf.
29. 8.: Genehmigung zum Ausweichen in die „Grüne Linie" (Apennin=Stellung).
30. 8.: Kampf um Pesaro.
31. 8.: Beginn der Bewegung, die nach Abschluß bei der 14. Armee am 9. 9. vom rechten Flügel der 10. Armee aufgenommen wird.

*V. Phase: Der Kampf um die Apennin=Stellung*

2. 9.: Beziehen des 2. Riegels im Adria=Abschnitt, d. h. Durchstoß des Gegners durch die „Grüne Linie" im Adria=Abschnitt.
11. 9.: Vorübergehendes Anschwellen des Kampfes an der Adria.
13. 9.: Beginn des Angriffs nördlich Florenz gegen die Apennin=Stellung und Wiederanschwellen des Kampfes im Adria=Abschnitt.
20. 9.: Ausweichen bis zur Südgrenze der Republik San Marino.
21. 9.: Räumung von Rimini.
24. 9.: Ausweichen nördlich Florenz in die 2. „Grüne Linie".
26. 9.: Ausweichen im Adria=Abschnitt auf die Höhe von Terra Marina, am 27. 9. auf dem Uso=Abschnitt.
5. 10.: Entscheidung des Führers zum dauernden Halten am Apennin.
13. 10.: Nach andauerndem Geländeverlust im Gebirge Einnahme der Höhe 719 südlich Bologna.
14. 10.: Verkürzung des Frontbogens zwischen den beiden Angriffsräumen.
15. 10.: Erstmalig Artillerie=Feuer auf Bologna.
18. 10.: Ausweichen im Adria=Abschnitt auf den Stadtrand von Cesena.
20. 10.: Absetzen abends auf den Savio=Abschnitt.
21. 10.: Verlust des Monte Grande südlich Bologna.
23. 10.: Autounfall des OB Südwest, Gen.=Feldmarschall Kesselring. — Verlust der letzten Höhenstellung vor der Via Emilia.
25. 10.: Absetzen im Adria=Abschnitt auf den Ronco.
Ende Okt.: Stellungsverbesserung südlich Bologna—Imola; Abflauen der Kämpfe.

*VI. Phase: Der Kampf um den Raum Rimini—Ravenna*

8. 11.: Ausweichen bis zum Stadtrand von Forlii.
9. 11.: Räumung der Stadt.
20. 11.: Beginn des neuen Großangriffs im Adria=Abschnitt.
5. 12.: Räumung von Ravenna.
16./17. 12.: Räumung von Faenza.
21. 12.: Einnahme von Bagnacavallo.
25. 12.: Abflauen der Kämpfe.

*Anlage.*
*Über die Kämpfe der Heeresgruppe erstattete der OB Südwest am 5. 3. 1945 folgende Meldung:*

KR Blitz vom 2. 3. (1945), 2.30 Uhr. 5. 3. 45

*OB Südwest Ia Nr. 0490/45 geheim*
*An OKW / WFStab*

4. 8.: Brücken in Florenz gesprengt.

10. 8.: Abwehrkämpfe an Adria=Front nördlich Ancona mit Kämpfen im Cesano=Abschnitt abgeschlossen. Invasion in Südfrankreich am 15. 8. 44.

19. 8.—31. 8.: Rückzugskämpfe der 157. und 148. Res.=Div. bis zur Einnahme der vorläufigen Verteidigungsstellung in der westital. Alpenfront.

19. 8.—22. 8.: Abwehrschlacht vom Cesano=Abschnitt bis zum Metauro.

26. 8.—21. 9.: Abwehrschlacht Fano—Pesaro—Rimini. Pesaro am 30. 8. aufgegeben.

1. 9.: Abwehrkämpfe am Arno und nördlich davon.

13. 9.—26. 10.: Abwehrschlacht nördlich Florenz. Feind versucht, mit starken Kräften entlang der Paßstraßen Pistoia und Faenza den Durchbruch über den Apennin zu erzwingen. Seit 26. 10. im Raum südlich Bologna sowie an der Ligurischen Küste nur Kämpfe und Angriffsunternehmen von örtlicher Bedeutung, z. B.: 16.—19. 11. u. 5.—7. 2.
An der Ligurischen Küste Kämpfe an der Ginquale=Mündung und am Gebirgsrand bei Strettoia (8.—11. bzw. 15. 2.).
Durchbruchsversuch westlich der Poretta=Straße am Monte Belvedere (19.—25. 2.).
Abwehrschlacht an der Via Emilia.

30. 10.—14.11.: Schlacht um Forlì (Forlì am 9. 11. vom Feind besetzt).

21. 11.—16. 12.: Schlacht um Faenza.
Abwehrkämpfe an der Via Adriatica und in der Po=Ebene.

28. 11.—5. 12.: Kampf um Ravenna.

11. 12.—21. 12.: Abwehrkämpfe im Raum Russi—Bagnacavallo.

21. 12.—6. 1. 45: Durchbruchskämpfe des Feindes zum Comacchio=See im Raum ostwärts Alponsine. Erneuter Großangriff am 20. 12. im Raum Faenza richtet sich gegen die eigenen Riegelstellungen am Canale Naviglio und von diesem zum Senio=Abschnitt und löst sich nach 9 Großkampftagen in laufende örtliche Unternehmungen (bis zum gegenwärtigen Zeitpunkt) gegen die Brükkenkopfstellungen am Ostufer des Senio zwischen Via Emilia und Cotignola auf.

## I. Die Kämpfe vom 1. April bis zur Einnahme Roms (4. Juni)[1]

### 1. Bis zur feindlichen Offensive an der Südfront

#### *a) Der Gegner*

Für die Feindlage im westlichen Mittelmeer war im Frühjahr 1944 ein Umstand von entscheidender Bedeutung: Während der Feind die Landung bei Nettuno und die Front in Südmittelitalien im wesentlichen aus den schon seit längerer Zeit auf der italienischen Halbinsel vorhandenen Kräften nährte, hielt er schon seit Monaten in den *Häfen Französ.-Nordafrikas,* wo auch die Masse des Landungsschiffsraumes anzunehmen war, *eine etwa 18 Verbände starke (meist französ. Verbände umfassende) Reserve* bereit, deren geplante Verwendung unklar war. Die deutsche militärische Führung neigte im allgemeinen der Ansicht zu, daß diese Gruppe gegen die französ. Mittelmeerküste eingesetzt werden sollte, etwa gleichzeitig mit der erwarteten Invasion an der Kanalküste. Aber es wurde auch immer wieder die Möglichkeit in Rechnung gestellt, daß sie zu einer neuen *überholenden Landung* an der italienischen Küste verwendet werden könne.

Am 10. 4. wurden im westlichen Mittelmeergebiet 3 große Geleite festgestellt. Am nächsten Tage stellte sich heraus, daß es sich bei diesen Schiffsbewegungen, die einen Augenblick lebhafte Besorgnis erweckt hatten, zum Teil nur um Materialtransporte handelte und sie nicht mit einer bevorstehenden Großlandung in Zusammenhang gebracht zu werden brauchten. Am 13. 4. wies der Führer (Merkbuch 13. 4.) auf die Möglichkeit einer Feindlandung an der Küstenstrecke zwischen dem Landekopf und der Südfront hin. Der daraufhin vom WFStab zur Stellungnahme und zur Meldung seiner Gegenmaßnahmen veranlaßte OB Südwest hielt – unter der Voraussetzung, daß dem Gegner nur die in Italien greifbaren Kräfte zur Verfügung stehen würden – eine Großlandung bei Livorno für ausgeschlossen, bei Civitavecchia für wenig wahrscheinlich (in seinen Abwehrmaßnahmen war sie jedoch voll in Rechnung gestellt). Möglich erschien ihm jedoch eine Landung im Abschnitt Gaeta–Nettuno, entweder unmittelbar im Rücken des XIV. Pz.-Korps oder im Raum Terracina. Aus diesem Grunde sei die Besetzung der Küste im Abschnitt Terracina–Formia verstärkt worden; im Landungsfalle sollten hier die 90. Pz.-Gren.- und die 26. Pz.-Div. zum Einsatz gelangen; weiter nördlich böten die weit fortgeschrittenen Ansumpfungen einen verstärkten Schutz. – Zu gesteigerter Aufmerksamkeit zwangen in denselben Tagen größere Umgruppierungen und Änderungen der Armeegrenzen vor der deutschen Südfront. Der Abschnitt der 8. britischen Armee wurde nach Süden verbreitert, so daß die 5. amerik. Armee hier nur noch 1 Korps führte; sie war damit – abgesehen von der Befehls-

1 Für die vorausgehenden Monate vgl. den 2. Abschnitt (Die Landung bei Nettuno–Anzio und die anschließenden Kämpfe) (s. ebd. S. 122 Anm. 2 über die Frage, ob noch eine weitere Ausarbeitung über die Monate Januar–März angefertigt wurde).

führung im Landekopf von Nettuno — unter Umständen für eine neue Landungsunternehmung frei, für die im rückwärtigen Gebiet der Südfront 4—6 Inf.= und Pz.=Verbände, darunter 2 französ. Inf.=Div.en, zur Verfügung standen. Als die Monatsmitte überschritten war, wurde klar, daß der Gegner im Raum Neapel eine größere Kräftegruppe aufzubauen bemüht war (Mitteilung Gen. v. Buttlar, 18. 4.). Die Erfassung der einzelnen zugehörigen Verbände war wegen der häufigen Ablösungsbewegungen zwischen Front und rückwärtigem Gebiet schwer durchzuführen. Es fanden auch weitere Überführungen einzelner kampferprobter Verbände nach England statt, daneben — vielleicht mit Rücksicht auf die Lage in Ostasien — Rückführungen nach Ägypten. Auch dort befand sich noch eine starke Gruppe (Ende April mit 8½ einsatzfähigen Verbänden angenommen). Zu beachten waren ferner die französ. und amerik. Truppen auf Corsica und Sardinien, darunter Fallschirmtruppen.

Die im rückwätigen Gebiet Süditaliens versammelte Gruppe wurde Ende April bereits auf 10¾ Verbände veranschlagt (WFStab/Ic 28. 4.). Eine Überläuferaussage, wonach am 25. 4. der feindliche Großangriff zwischen der Küste und Monte Cassino beginnen sollte, fand beim Führer starke Beachtung (Merkbuch 24. 4.). Um die Monatswende herrschte auf Grund zunehmender Nachrichten über die starke feindliche Kräftezusammenfassung im Raum zwischen Monte Cassino und dem Golf von Gaeta beim WFStab die Auffassung, daß der Feind hier zu einer Durchbruchsoperation (Richtung Frosinone) antrete, eine überholende Landung mit stärkeren Kräften etwa auf Livorno jedoch nicht beabsichtigt sei. Überholende taktische Landungen seien nach wie vor möglich. Eine Offensive aus dem Landekopf heraus wurde um dieselbe Zeit nicht mehr für wahrscheinlich gehalten (Mitteilung Gen. v. Buttlar, 2. 5.).

Auch über die Bedeutung, die der italienische Kriegsschauplatz für den Gegner im Rahmen seiner mit Sicherheit erwarteten Generaloffensive gegen die Festung Europa besaß, bestand hinlängliche Klarheit: es kam für ihn darauf an, in Italien deutsche Kräfte zu binden, und zwar war dies nur mittels offensiver Kampfführung möglich. Doch werde der Angriff wahrscheinlich erst gleichzeitig mit dem Einsetzen der feindlichen Aktivität an den übrigen Fronten, also vor allem mit einer Landung in Frankreich, ausgelöst werden (Mitteil. Gen. v. Buttlar, 9. 5.). Einzig die letzte Vermutung sollte durch die tatsächliche Entwicklung nicht bestätigt werden.

### *b) Die eigenen Maßnahmen*

Da die Kampfhandlungen seit dem Nachlassen der Kämpfe im Landekopf und dem Abwehrerfolg der zweiten Monte Cassino=Schlacht bis zum Beginn der alliierten Italien=Offensive gering waren, konnte die Heeresgruppe, in deren Kräftestand seit März keine größeren Änderungen mehr eingetreten waren, in Ruhe die sich aus dieser Feindlage ergebenden Gegenmaßnahmen treffen. Eine Reihe von Div.en konnte zur Auffrischung herausgezogen und in größerem

Umfang Reserven ausgeschieden werden. Zu Heeresgruppen=Reserve waren Ende April unter anderem die 90. Pz.=Gren.=Div. und die 26. Pz.=Div. bestimmt. Dazu befand sich als OKW=Reserve im oberitalienischen Raum bei der Armeegruppe von Zangen die Fallschirm=Pz.=Div. „Hermann Göring". Die 29. Pz.=Gren.=Div. bildete — zusammen mit drei als Panzer=Eingreifreserven vor=gesehenen Heeres=Pz.=Abteilungen — die Reserve hinter der 14. Armee. Un=befriedigend war der Stand der Neuaufstellung der 92. und 278. Inf.=Div. Auch die 16. SS=Pz.=Gren.=Div. war noch nicht fertig. Ende April wurde am Nordflügel der 10. Armee die Korpsgruppe Hauck gebildet, der die 305. und 334. Inf.=Div. unterstanden. Rechts von ihr schloß sich das LI. Gebirgs=AK. mit der 114. Jg.=Div., die den Sperrverband Bode abgelöst hatte, und der 5. Geb.=Div. an; es folgte das XIV. Pz.=Korps mit (von rechts nach links) der 71. und 94. Inf.=Div., der 1. Fallschirm=Jg.=Div., der 15. Pz.=Gren.=Div. und der 44. Reichs=Gren.=Div. Am 10. 5. trat eine neue Gliederung ein, wobei die 44. Reichs=Gren.=Div., die 1. Fallschirm=Jg.=Div., die 5. Gebirgs= und die 144. Jg.=Div. unter das LI. Gebirgs=AK. traten. — Die Versorgungslage der Heeres=gruppe wird im Zusammenhang mit dem Luftkrieg noch kurz berührt werden.

Die vom WFStab am 30. 4. (im Hinblick auf die beim Einsetzen der alliierten Generaloffensive mit Sicherheit zu erwartende Unterbrechung der Verbindung zwischen den Bereichen des OB West und des OB Südwest) vorgeschlagene *Überführung der Fallschirm=Pz.=Div. „Hermann Göring" nach Frankreich* (ent=weder an die Mittelmeerfront oder als große Reserve in den Raum Paris) lehnte der Chef WFStab ab, da er (2. 5.) immer wieder die Möglichkeit eines An=griffs aus dem Landekopf erwog, der die gesamten deutschen Reserven um Rom binden würde. Falls der Gegner dann doch noch mit 4–6 Div.en nördlich Rom landen würde, wäre die Div. die einzige bewegliche Reserve in Ober=italien; vor Eintreten einer größeren Klarheit könne darum nicht auf sie ver=zichtet werden.

Eine wichtige Aufgabe der Heeresgruppe bildete der *Stellungsbau im rück=wärtigen Gebiet*. Der *Führer* verfolgte die Baufortschritte mit großer Aufmerk=samkeit, forderte immer wieder detaillierte Meldungen an und drängte auf Vermehrung der eingesetzten Arbeitskräfte.

Die erste der im Bau befindlichen Linien war (von der Front aus gesehen) die *Dora=Stellung* (Formia — 2 km ostwärts Esperia — 2 km westlich Belmonte—Monte Bianco — 750 m ostwärts Picinisco — La Meta). Daran schloß sich der 42 km lange *Senger=Riegel*[1] zwischen Terracina und S. Oliva, dessen Ausbau sich Anfang Mai dem Abschluß näherte.

Große Bedeutung wurde der *C=Stellung* beigemessen, die von der Westküste, 2,5 km südwestlich Valmontone, über den Raum nordwestlich Avezzano an die Ostküste in die Gegend von Pescara führte und eine Gesamtlänge von 215 km besaß. Im Falle eines feindlichen Durchbruchs durch die Südfront

1 So genannt nach dem Kommand. General, General v. Senger u. Etterlin.

und die dicht dahinter liegenden Stellungen bedeutete sie – abgesehen von dem unbedeutenden Campagna=Riegel – die letzte Sperre vor Rom. In ihr waren Anfang April nicht ganz 10 000 Arbeitskräfte eingesetzt, deutsche und ital. Soldaten, ital. Zivilisten, slowakische und Ost=Soldaten. Org. Todt=Kräfte waren nicht eingesetzt, da der Ausbau zunächst feldmäßig betrieben wurde und die Org. Todt nur für den Bau festungsmäßiger Anlagen, wie sie bis jetzt lediglich an den Küstenabschnitten im Bau waren, verwandt wurde. – Von den ital. Arbeitskräften liefen nach dem Urteil des OB Südwest „erfahrungs=gemäß in der ersten Zeit etwa 30% weg. Der dann verbleibende Rest ist brauchbar, so lange gute Überwachung und Betreuung erfolgt und Einsatz nicht unter Feindeinwirkung durchgeführt wird." An den Schwerpunktab=schnitten sollte die Verteidigungsfähigkeit bis zum 30. 4. hergestellt sein. Der weitere Ausbau war abhängig von der Zuführung weiterer ital. Bau=Bataillone.

Erheblich stärker war der militärische Kräfteeinsatz – am 1. 4. 17 922 Mann – in der *„Goten"= oder Apennin=Stellung* (Gesamtlänge 270 km), deren Aus=bau bisher nur an den Schwerpunktabschnitten weiter fortgeschritten war. Bei dem mit einem großen Aufgebot an ital. Zivilarbeitern betriebenen Ausbau der Küsten hatte die Westküste den Vorrang; hier waren über 50 000 Arbeiter eingesetzt.

### *c) Die Kampfhandlungen*

Sowohl im Landekopf wie auch an der Front der 10. Armee fanden in der Zeit vom 1. 4. bis zum Beginn des alliierten Großangriffs nur Kämpfe von geringerer Bedeutung statt. In dem stark verschlammten, für Panzer nur in geringem Maße gangbaren und erst gegen Ende April abtrocknenden *Lande=kopf von Nettuno* wurde zwar noch um die Wende März/April ein feindlicher Großangriff erwartet. Der Führer ließ den OB Südwest [1] am 29. 3. anweisen, die Frage zu prüfen, ob im Campo di Carne, südlich Aprilia, wo die Abwehr=bedingungen ungünstig und voraussichtlich die nächsten feindlichen Angriffe zu erwarten seien, nicht – falls man den Zeitpunkt dieser Angriffe erkennen könne – ein Verfahren ähnlich dem von den Franzosen im Juli 1918 bei Reims angewandten gewählt werden könne: Räumung der jetzigen Stellungen in der Nacht vor dem Artillerie=Vorbereitungsfeuer und Beziehen rückwärtiger gün=stigerer, aber vorbereiteter Stellungen. In den jetzigen Stellungen seien nur Vorposten zu belassen; dringe dann der Gegner in das geräumte Gelände ein, so müßten ihn eine vernichtende Artilleriewirkung und der Gegenangriff der bereitgestellten Reserven treffen. Der OB Südwest meldete daraufhin am 1. 4., daß die 14. Armee bereits von sich aus vor Eingang dieses Vorschlages eine weitgehende Auflockerung der Kräfte in die Tiefe des Hauptkampffeldes hinein angeordnet habe, wobei die HKL zwar beibehalten, aber nur so stark besetzt werden solle, daß der Feind noch zum Angriff unter Einsatz aller seiner

[1] Ms.: West.

schweren Waffen gezwungen werde. Hierdurch sollten die eigenen Verluste auf ein Mindestmaß herabgesetzt und erreicht werden, daß der feindliche Angriff sich an den Stützpunkten in der Tiefe des Hauptkampffeldes allmählich festfresse. Spätestens in der rückwärtigen Begrenzung des Hauptkampffeldes würde auch ein mit starken Kräften geführter feindlicher Angriff abgeriegelt und hierdurch die Zeit für das Heranführen der Reserven zum geschlossenen Gegenangriff gewonnen werden. Eine rechtzeitige Zurücknahme der jetzigen HKL vor dem Großangriff könne nicht erwartet werden, da der Feind mit Sicherheit überraschend antreten werde; eine vorzeitige Zurücknahme bedeute ihren vorzeitigen Verlust; auch werde es nicht möglich sein, den Feind auf die Dauer über die Führung der eigenen HKL zu täuschen.

Beim Besuch des Chefs des Generalstabes der 14. Armee, Oberst d. G. Hauser, im Führerhauptquartier wurde diese Frage erneut erörtert. Der Führer verlangte bei dieser Gelegenheit ein wesentlich weiteres Absetzen der 2. Stellung. Der Abstand müsse wenigstens 4–6 km betragen, damit die 2. Stellung nicht zugleich mit der 1. schon bei der Vorbereitung des feindlichen Angriffs zerschlagen werde. Dies erfordere, daß sowohl am rechten Flügel des Landekopfs als auch im Raum nördlich Cisterna eine neue Stellung erkundet werde (Merkbuch 18. 4.). Ihren Niederschlag fanden diese Gedanken in einer am 25. 4. an den OB Südwest ergehenden Weisung. Die vom Führer im Landekopf befohlene Kampfführung — vorübergehende Räumung von einzelnen Stellungsteilen bei rechtzeitig erkanntem feindlichen Angriff — erfordere, so hieß es darin, die Erkundung und Vorbereitung von Sehnenstellungen hinter den als bedroht anzusehenden Stellungsteilen, die besonders günstige[1] Abwehrbedingungen aufwiesen. In diese Sehnenstellung solle ausgewichen werden, wenn der feindliche Großangriff rechtzeitig erkannt werde, jedoch unter Festhalten der HKL in den anderen Abschnitten. Der nachdringende Gegner solle dann im zusammengefaßten Artillerie-Feuer zerschlagen werden. Der Bau solcher Sehnenstellungen komme in den Abschnitten Aprilia, Cisterna und Littoria in Frage. Anschließend wurden Anhalte für die zu wählende Linienführung übermittelt.

Auch gegen Ende des ersten Aprildrittels wurde auf Grund der starken feindlichen Artillerie-Tätigkeit (Einschießen und häufiges Vernebeln der Ausladestellen usw.) im Brückenkopf mit einem bevorstehenden feindlichen Angriff gerechnet (Lagebuch 9. 4.). Der OB Südwest stellte alle seine Maßnahmen auf die Kampfführung im Sinn seiner Meldung vom 1. 4. ein. Die Entwicklung hatte es mit sich gebracht, daß auf die (nach dem Scheitern der eigenen Großangriffe vorgesehene) Zermürbung des Brückenkopfes durch örtlich begrenzte Angriffschläge verzichtet worden war (Lagebuch 13. 4.). Der Grund dafür lag, wie sich bei der Anwesenheit des Chefs des Generalstabes der 14. Armee ergab, in dem zunehmend verstärkten Ausbau der feindlichen Stellungen und

1 Ms.: ungünstige

der Überlegenheit der feindlichen Artillerie, die derartige Versuche als aussichtslos erscheinen ließen. Die Armee bereitete aber, wie Oberst Hauser mitteilte, einen aus dem Raum von Borgo Podgora über den Mussolini-Kanal an den Astura-Bach führenden Angriff vor, um damit die Front südlich Cisterna zum Einsturz zu bringen. Den Kräftebedarf veranschlagte sie auf 3 Div.en (Merkbuch 18. 4.).

Die Kämpfe im Brückenkopf beschränkten sich weiterhin auf örtliche Vorstöße und Stoßtrupptätigkeit. *Anfang Mai* rechnete die deutsche Führung, die die feindlichen Angriffsvorbereitungen vor dem Südabschnitt der 10. Armee klar erkannt hatte, bei Nettuno zunächst nicht mehr mit feindlichen Angriffen (vgl. demgegenüber jedoch oben die Stellungnahme des Chefs WFStab zur Frage des Abzugs der Fallschirm-Pz.-Div. „Hermann Göring"). Das eigene Fernfeuer wurde, wie Gefangenen-Aussagen ergaben, vom Gegner als äußerst störend empfunden. Die vom Führer befohlene, laufend hohe Munitionszuteilung an die Landekopffront konnte allerdings nicht in dem beabsichtigten Umfang zur Durchführung kommen. Über den Erfolg des Einsatzes von Sonderkampfmitteln der Kriegsmarine gegen die Landestellen trat keine völlige Klarheit ein. Die Luftwaffe griff diese wiederholt mit stärkeren Kräften an. Die Zahl der von der 14. Armee in der Zeit von der Landung bis zum 29. 4. eingebrachten Gefangenen betrug 6823; der Gegner meldete für denselben Zeitabschnitt 4000 deutsche Gefangene.

Die Kampfhandlungen an der Südfront, die während dieses Zeitraums nur örtlichen Charakter trugen, brauchen in dem hier verfolgten Zusammenhang nicht weiter berührt zu werden.

Der *Luftkrieg* stand im Zeichen des vom Gegner mit erdrückender Überlegenheit geführten Kampfes gegen die rückwärtigen Verbindungen der deutschen Front bis zu den Alpenpässen hinauf. Die „operative Umfassung aus der Luft", die er im Westen erst in dem der Invasion unmittelbar voraufgehenden Zeitabschnitt versuchte, war in Italien schon seit längerer Zeit im Gange. Die Bahnzerstörungen bewirkten, daß während des ganzen Zeitraums die Transporte auf den Hauptstrecken oft mehrmals umgeschlagen werden mußten und schließlich die Masse der Transporte ab südlich des Arno mit Lkw gefahren werden mußte (Mitteilung Chef Quartiermeister-Abt. 11. 5.).

Hauptziele der feindlichen Luftwaffe waren die großen Städte und Bahnknotenpunkte wie Mailand, Bologna, Treviso, Verona usw., daneben die wichtigen Flußübergänge.

Zeitweise mußte für 48 Stunden und länger eine Grenzsperre an allen Nordzugängen Italiens verhängt werden, um Zeit für die Wiederinstandsetzung der Strecken und die Weiterleitung der steckengebliebenen Transporte zu gewinnen (Lagebuch 11. 4.). Mitte April gelang trotzdem die Heranführung von rund 4 Versorgungszügen pro Tag bis in den Raum von Rom. Um dieselbe Zeit wiesen von den drei nord-südlichen Hauptstrecken die Strecke Livorno—

Rom 11, die Strecke Florenz—Rom 16 zwei= und 14 eingleisige, die Strecke Rimini—Pescara 8 Unterbrechungen auf (Lagebuch 14. 4.). In der ersten Monatshälfte richtete der Feind insgesamt 245 Einsätze gegen das ital. Bahnnetz. In der zweiten Monatshälfte brachte die Wetterlage zeitweise Entlastung; um die Wende zum Mai erreichte die feindliche Lufttätigkeit (mit manchmal weit über 1000 Einsätzen pro Tag) wieder einen Höhepunkt (28. 4.: 1100, 2. 5.: 1300 Einflüge einschließlich Fronteinsatz). Um diesselbe Zeit traten vor allem im Raum Florenz schwere Bahnschäden ein; die Verkehrsspitze lag nördlich der Stadt. Eine Abwicklung des Bahnverkehrs bei Tage war meist nur bei schlechtem Wetter möglich; bei gutem Wetter wurden die Transportzüge in Tunnels untergestellt. — Ernst waren auch die Luftangriffe auf die Häfen, vor allem Livorno, Genua und La Spezia. Anfang Mai war z. B. die Kapazität des letzteren Hafens durch Lufteinwirkung auf 40 vom Hundert gesunken.

Die eigenen Gegenmaßnahmen bestanden vor allem im Einsatz eines möglichst großen Lkw=Raumes (Mitte April waren insgesamt 12 000 to Kw=Transportraum eingesetzt; Mitteilung Chef Quartiermeister=Abt. 19. 4.) und in der Organisierung des Einsatzes italienischer Soldaten und Zivilisten zur laufenden Behebung der Bahnzerstörungen. Anfang Mai waren an den Bahnstrecken 15 ital. Bauabteilungen mit deutschem Anleitungspersonal eingesetzt. Der Führer hatte schon vor längerer Zeit Weisung gegeben, die unterbrochenen Strecken immer wieder zu reparieren, da die feindliche Luftwaffe durch die laufenden Zerstörungsaufgaben stark gebunden werde (Lagebuch 13. 4.). Ein wichtiger Teil der Transportaufgaben im ital. Raum wurde durch die Seetransporte der Kriegsmarine an der Ost= und Westküste bewältigt. Im März wurden an der Westküste 39 000 t, an der Ostküste 12 000 t bewegt, im April an der Westküste 32 000 t, an der Ostküste 14 000 t, dazu im Verkehr Dalmatien—Istrien 36 000 t. Ein weiterer erleichternder Umstand war der, daß sich die Widerstandsbewegung nur in geringem Maße gegen die Verkehrsverbindungen betätigte.

Trotz der beständigen schweren Bedrohung ihrer rückwärtigen Verbindungen konnte die *Versorgungslage* der Heeresgruppe im allgemeinen als befriedigend angesehen werden. Namentlich die Munitionslage war im Vergleich zu anderen Fronten gut (Mitteilung Chef Quartiermeister=Abt. 19. 4.). Auch die Betriebsstoffbestände stiegen im März und April an; Verpflegung war in der zweiten Hälfte April bei der 10. und 14. Armee für 14 Tage vorhanden. Angespannt war dagegen die Ernährungslage der Zivilbevölkerung, vor allem in Rom, wo die Vorräte immer nur für 1—2 Tage reichten. Die Versuche, die Zivilbevölkerung aus der Hauptstadt zu evakuieren, führten nur zu geringen Ergebnissen (Mitteilung Chef Quartiermeister=Abt. 12. 6.). Ebenso erreichte auch der Abtransport von italienischen Arbeitskräften ins Reich bei weitem nicht die vorgesehene Höhe (Der GBA hatte gehofft, im März 30 000 Arbeiter abtransportieren zu können, tatsächlich fuhren jedoch nur einige Züge ab (Lagebuch 11. 4.).

### d) *Das rückwärtige Gebiet*

Für den Aufbau der „Italienischen Sozialistischen Republik" bildete der Besuch des Duce und des Marschalls Graziani im Führerhauptquartier vom 22.–24. 4. einen wichtigen Einschnitt. Bei dieser Gelegenheit sollten vor allem der Einsatz des neuen italienischen Heeres und die Verwendung der ital. Militärinternierten besprochen werden, daneben die den Duce besonders beschäftigende Frage der Operationszonen „Alpenvorland" und „Adriatisches Küstenland". Da die Besprechungen sich vorwiegend auf politischem Gebiet bewegten, wurde der WFStab nicht herangezogen. Neue militärische Beschlüsse von entscheidender Natur kamen bei dieser Gelegenheit auch nicht zustande (Mitteilung Gen. v. Buttlar, 2. 5.).

Am 24. begab sich der Duce nach dem Truppenübungsplatz Grafenwöhr, um die dort in Aufstellung befindlichen ital. Divisionen zu besichtigen. Der begeisterte Empfang, der ihm und dem Marschall Graziani von den Truppen bereitet wurde, hob beide sichtlich in der Stimmung. Die ursprünglich geplante, anschließende Rückkehr des Duce in das Führerhauptquartier zur Besprechung der bei der Besichtigung aufgetauchten Fragen entfiel; der Duce kehrte unmittelbar nach Italien zurück.

Die deutsche Militärverwaltung unter dem Deutschen Bevollmächtigten General in Italien (General Toussaint) hatte sich weiterhin gut eingespielt. Nach dem Amtsantritt des Staatssekretärs Landfried hatten die hier bestehenden Kompetenzschwierigkeiten stark an Bedeutung verloren (Mitteilung Chef Quartiermeister-Abt., 11. 5.). Als Chef der Militär-Verwaltung unterstand der Staatssekretär dem Deutschen Bevollmächtigten General; gleichzeitig führte er den wirtschaftlichen Arbeitsstab des Botschafters Rahn. Diese Doppelunterstellung brachte keine Nachteile mit sich, weil der Dt. Bev. Gen. maßgeblich bei allen wirtschaftlichen Maßnahmen beteiligt war. Für den Fall, daß die Mitarbeit der Italiener eines Tages aussetzen könne, war ein Verordnungsrecht vorgesehen, das dann die Fortführung der Militärverwaltung ermöglichen sollte. Noch nicht völlig geklärt war die Frage der Menschenbewirtschaftung; die erforderliche Zusammenfassung in einer Hand fehlte noch.

In der Operationszone Alpenvorland war nach dem Ausscheiden des Generals Witthöft, der als taktischer Führer die Verteidigung der Venezianischen Küste übernahm, eine neue Militärkommandantur in Bozen errichtet worden, der alle anderen militärischen Dienststellen unterstanden. Im Adriatischen Küstenland bestanden namentlich in der Frage der Zuständigkeit für die Bandenbekämpfung noch ungeklärte Verhältnisse, was im wesentlichen auf Prestige-Konflikten zwischen dem Vertreter des Reichsführers SS, der Wehrmacht und der Gauleitung beruhte (Mitteilung Chef Quartiermeister-Abt., 20. 4.). Durch einen Befehl vom 9. 5. wurde nochmals die Stellung der Obersten Kommissare festgelegt und klargestellt, daß alle das politische Gebiet berührenden Fragen von den Wehrmachtstellen vorher mit diesen abzusprechen seien und daß die Errichtung italienischer Dienststellen in den beiden Operationszonen verhütet werden solle.

Während es in dem betrachteten Zeitraum nicht wieder zu größeren Streiks kam, nahm die Tätigkeit der Widerstandsbewegung zu. Über die Zuständigkeiten bei der Bandenbekämpfung entstand Anfang April eine Meinungsverschiedenheit zwischen dem OB Südwest und dem SS-Obergruppenführer Wolff. Der OB Südwest hatte unter dem 1. 4. einen Befehl erlassen, wonach die Führung der Bandenbekämpfung in seiner Hand zusammengefaßt wurden, also auch der Höchste SS- und Pol.-Führer, dessen Kräfte für eine wirksame Bandenbekämpfung zu gering und darum in hohem Ausmaß auf die Unterstützung der Wehrmacht angewiesen waren, ihm unmittelbar und persönlich unterstellt wurde. Gegen diesen Befehl erhob der Reichsführer SS Einspruch, da er die Bandenbekämpfung als die Hauptaufgabe der Polizei und als sein ureigenstes Gebiet ansah. Auch gegenüber einem neuen, mit dem Botschafter Rahn und dem SS-Obergruppenführer Wolff abgesprochenen Befehlsentwurf des OB Südwest vom 8. 4., nach dem die Aufgabe der Bandenbekämpfung im italienischen Raum außerhalb des Operationsgebietes und der Operationszonen vom Deutschen Bevollm. General in Italien auf den Höchsten SS- und Polizei-Führer überging, erhielt der Reichsführer SS seinen Einspruch aufrecht (Mitteilung Gen. v. Buttlar, 7., 17. 4.). Er beanspruchte die Führung der Bandenbekämpfung auch in den Operationszonen einschließlich Istriens, das er trotz der unzureichenden Polizei-Kräfte zum Bandengebiet erklärt wissen wollte. In der letzten Frage schloß sich ihm der Gauleiter von Kärnten, Dr. Rainer, an, der bei einem persönlichen Besuch beim WFStab darum bat, daß im Adriatischen Küstenland auch der Küstengürtel von 30 km Tiefe, der zum Operationsgebiet gerechnet wurde, hinsichtlich der Bandenbekämpfung der Polizei überlassen würde. In einem daraufhin vom OKW am 26. 4. erlassenen Befehl, wonach der OB Südwest die oberste Leitung der gesamten Bandenbekämpfung im italienischen Raum innehatte, ihre verantwortliche Durchführung aber außerhalb des Operationsgebietes und des 30-km-Küstengürtels (ohne die Operationszonen) Sache des ihm persönlich unterstellten und nach seinen Richtlinien verfahrenden Höchsten SS- und Polizei-Führers war, wurde dem Standpunkt des Reichsführers SS weitgehend Rechnung getragen; dieser erklärte sich auch mit der neuen Lösung einverstanden.

Im April wurde eine Reihe größerer Unternehmungen gegen die Aufständischen durchgeführt, die im Laufe dieses Monats 4000 Tote verloren. Eine Sonderstellung nahm die Halbinsel Istrien ein, deren Inneres ein mit der Tito-Bewegung in Verbindung stehendes, zusammenhängendes Aufstandsgebiet bildete. Die hier ursprünglich eingesetzte 162. (Turk-)Div. war unter anderem auf Betreiben des Gauleiters Rainer in einen Küstenabschnitt verlegt worden. An ihre Stelle war die 188. Res.-Div. getreten; außerdem befand sich dort noch die 278. Inf.-Div. in Aufstellung. Mitte Mai bereitete der SS-Obergruppenführer von dem Bach in Istrien ein größeres Unternehmen vor. — Die Sicherungskräfte in Italien erfuhren durch die am 4. 5. befohlene Verlegung der Tschechischen Regierungstruppe in Stärke von rund 5300 Mann aus dem Protektorat nach Italien eine Vermehrung; als Ersatz wurde ein Landesschützen-Bataillon aus dem Bereich des OB Südwest in das Protektorat verlegt.

### 2. Die anglo-amerikanische Italien-Offensive bis zur Einnahme von Rom (4. Juni)

#### *a) Die Kämpfe bis zum Durchbruch durch den Senger-Riegel*

Am 12. 5. entwickelten sich am Vortag gegen die Front des XIV. Pz.-Korps geführte, örtliche Feindangriffe zu einem großangelegten, mit starker Luftwaffenunterstützung vorgetragenen Angriff mit Schwerpunkt bei Minturno, beim Monte Faido und südlich Monte Cassino. General Alexander erließ einen Tagesbefehl, in dem er seine Truppen zum Zerschlagen der deutschen Kräfte in Italien aufrief. Die feindliche Presse sprach vom Beginn einer neuen, auf längere Zeit berechneten und in den alliierten Gesamtplan eingegliederten Offensive der amerik. 5. und der britischen 8. Armee unter General Alexander, deren Ziel weiter gesteckt sei als bei den Monte Cassino-Schlachten.

Am 13. 5. erzielte der Gegner 4 Einbrüche. Der OB Südwest gab die örtliche Zurücknahme der Front auf vorbereitete Sehnenstellungen frei. Die feindliche Luftwaffe flog an diesem Tage 1300 Einsätze über dem Frontgebiet und daneben starke Angriffe gegen das mittelitalienische Bahnnetz, wo auch die Strecken Brenner—Verona und Mailand—Rimini unterbrochen wurden. Der feindliche Angriff schien zunächst vor allem die Öffnung des Liri-Tales bewirken zu wollen. Bereits am 3. Tag der Offensive ging der Kampf um die nur behelfsmäßig vorbereitete Dora-Stellung, die sich um diese Zeit schon nicht mehr voll in eigenem Besitz befand. Während es der 1. Fallschirm-Jg.-Div. gelang, ihre Stellung bei Monte Cassino zu halten, mußten die 94. und die 71. Inf.-Div. am 15. 5. auf die Dora-Stellung zurückgenommen werden. Am 17. 5. gingen Esperia und Pignataro verloren, worauf der OB Südwest dem XIV. Pz.-Korps das Absetzen auf eine Linie Gaeta—westlich Formia—Monte Lepezze—Senger-Riegel bis S. Oliva—Pontecorvo—Piedemonte—alte Linie genehmigte, was die Aufgabe der Stellungen bei Monte Cassino bedeutete. Stadt und Kloster wurden am 18. 5. planmäßig geräumt. Am 19. 5. hatte die neu herangeführte 26. Pz.-Div. (siehe unten) schwere Kämpfe am Stadtrand von Pico, während bei Pontecorvo und Aquino sämtliche Angriffe abgewiesen wurden. Gaeta wurde am 20. aufgegeben. Am selben Tage brach der Feind bei Fondi und am nächsten Tage westlich des Ortes in den Senger-Riegel ein und durchstieß die Stellung zwischen Pico und Pontecorvo, das von der 1. Fallschirm-Jg.-Div. noch mehrere Tage lang gehalten wurde. *Der Senger-Riegel war durchbrochen, die Gefahr einer Vereinigung der rasch nach Norden und Nordwesten vorstoßenden feindlichen Angriffsspitze mit den Kräften im Landekopf von Nettuno* zeichnete sich deutlich ab. Bei Aufgabe der eigenen Abriegelungsfront um den Landekopf blieb nur noch die C=Linie als letztes Hindernis vor Rom. Der 22. 5. wurde beim OB Südwest und beim WFStab als entscheidend angesehen (Lagebuch 23. 5.): Wenn es an diesem Tage nicht gelang, den feindlichen Angriff auf=zuhalten, war ein operativer Durchbruch nicht mehr zu vermeiden.

Der Grund für die feindlichen Erfolge lag vor allem in der materiellen Über=legenheit an Artillerie, Panzern und Fliegern. Demgegenüber war die Stand=haftigkeit der eigenen Truppe, „die in verschiedenen Fällen bis zur bewußten Selbstaufopferung gesteigert war" (Reisebericht Major d. G. v. Brauchitsch vom 27. 5.), vorbildlich. Die infanteristische Hauptstärke des Gegners bil=deten die französ. Truppen des insgesamt 4 Verbände umfassenden I. französ. Expeditions=Korps, davon 3 marokkanische, „die als einzige einem harten infanteristischen Kampf mit russischem Masseneinsatz nicht ausweichen, wenn das feindliche Artl.=Feuer nicht zum völligen Zerschlagen der eigenen Truppe führte. Angefeuert durch jeden Erfolg, ziehen sie ihre Nachbarn mit, nutzen jeden örtlichen Erfolg zu sofortigem Nachstoßen aus und helfen häufig den weniger erfolgreichen Nachbarn durch seitliche Vorstöße aus. Schnelles Er=kennen der Lage und ihre richtige Auswertung sind eine ausgesprochene Stärke der französ. Führung." Die gegnerische Artl.=Überlegenheit kam beson=ders in dem Umstand zum Ausdruck, daß der Gegner ein Artl.=Feuer mit Artl.=Fliegern planmäßig leiten konnte, während eigene Artl.=Flieger völlig fehlten. Entscheidend war die Überlegenheit der feindlichen Luftwaffe; die eigene trat demgegenüber über der Front nur in geringem Maße in Erscheinung und brachte der Erdtruppe keinerlei Entlastung. Der Stellv. Chef regte am 20. 5. bei der Lagebesprechung des WFStabes an, ob nicht für die Luftwaffe das Stichwort „Marder" (feindliche Großlandung) ausgegeben werden könne, da die erfolg=reiche Fortsetzung der feindlichen Angriffe den Auswirkungen einer Groß=landung gleichkomme (Lagebuch 20. 5.). Als am nächsten Tage bekannt wurde, daß die Luftwaffe grundsätzlich den Befehl habe, nur im Raum Rom Jagd=schutz und Einsätze über der Front nur unter besonderen Bedingungen zu flie=gen, wies Gen. v. Buttlar darauf hin, daß damit der Kampf des AOK 10 so gut wie sinnlos werde. Die Frage sollte bei der Mittagslage an den Chef WFStab herangetragen werden (Lagebuch 21. 5.).

Die eigenen im Schwerpunktabschnitt eingesetzten Verbände trugen bereits in den ersten Tagen schwere Verluste davon (71., 94., 44. Reichs=Gren.=Div., 15. Pz.=Gren.=Div.). Bei der 71. Inf.=Div. erschien bereits am 22. 5. nicht Auf=frischung, sondern Neuaufstellung notwendig; ähnlich lagen die Dinge bei der 94. Inf.=Div.

### *b) Beurteilung und eigene Gegenmaßnahmen*

Daß es sich bei dem mit 9 Inf.= und 2 Pz.=Verbänden sowie weiteren Heeres=Panzerverbänden unternommenen Angriff gegen den rechten Flügel der 10.

deutschen Armee um eine Aktion mit weitgestecktem Ziel und um den ersten Abschnitt der geplanten alliierten Generaloffensive handelte, war der deutschen militärischen Führung bereits sofort [1] klar. Bei den eigenen Gegenmaßnahmen bestand von vornherein ein entscheidendes Hemmnis: Obwohl eine Reihe der bisher im rückwärtigen Gebiet der Südfront angenommenen Feindverbände im Fronteinsatz nachgewiesen wurde, schien der Gegner weiterhin eine Anzahl ungebundener Verbände (z. B.: 36. amerik., 1. kanadische Inf.=, 6. südafrik. Pz.=Div.) im Raum von Neapel zu operativer Verwendung bereitzuhalten. (Mitteil. General v. Buttlar, 15. 5.; Meldung OB Südwest 16. 5.). Mit ihnen konnte er jederzeit noch eine umfassende Landung durchführen. Außerdem wurden jetzt auf Corsica 3 französ. und 1 amerik. Verband angenommen, wahrscheinlich die Vorstaffel der nordafrikanischen, für eine Landung in Süd=frankreich bestimmten Reserve. Es war aber auch denkbar, daß diese Corsi=canische Gruppe für eine neue Landung an der Tyrrhenischen Flanke des OB Südwest vorgesehen war, ja daß der Gegner unter Verzicht auf die französische Mittelmeerküste seine gesamten freien Westmittelmeerkräfte gegen Italien ein=setzen würde, was dann wohl das Ausbleiben der gesamten West=Invasion bedeutet und den italienischen Kriegsschauplatz zur eigentlichen zweiten Front gemacht hätte (Lagebuch 19. 5.). Dazu kam am 15. 5. eine außergewöhnlich hohe Belegung des Hafens Bari, die vorübergehend auch für die Adriatische Flanke Besorgnisse hervorrief (Lagebuch 16. 5.), und die Erwartung, daß der Gegner auch aus dem Nettuno=Brückenkopf heraus antreten würde. Die natür=liche Folge dieser Überlegungen war es, daß sich die eigene Führung nur zögernd und schrittweise zur Freigabe der an den Küsten und in Oberitalien bereitge=haltenen Großreserven für den bedrohten rechten Flügel der 10. Armee ent=schließen konnte. Es war eine Lage, wie sie einen Monat später ähnlich in der Normandie eintreten sollte: auch hier hemmte die Möglichkeit einer zweiten Großlandung im Bereich des AOK 15 den geschlossenen, frühzeitigen Einsatz der verfügbaren Reserven an der Cotentin=Front.

Bald jedoch wurden die 1. kanadische Inf.=, die 6. südafrik. Pz.=Div. usw. in Front festgestellt und die Kräftegruppe im Raum Neapel somit als aufgelöst erkannt (Lagebuch 19. 5.). Um die Wende zum Mai ergab sich dann eine wei=tere, für die Beurteilung der Absichten des Feindes entscheidende Tatsache: der allmähliche Abbau der nordafrikanischen Reserve (Mitteilung General von Buttlar, 2. 6.).

Die sich hieraus ergebenden Folgerungen gehören bereits in den nächsten Abschnitt dieser Darstellung.

Die erste Gegenmaßnahme des OB Südwest bestand in dem Heranführen der 90. Pz.=Gren.=Div. aus dem Raum der Tiber=Mündung, deren letzte Teile in der Frühe des 14. 4. abfuhren. Das erste eintreffende Regiment der Division

1 Im Ms. überschrieben über: „Nach wenigen Tagen".

wurde gegen einen feindlichen Vorstoß vom Monte Maio in Richtung San Georgio eingesetzt. Am 16. 5. gab der OB dann als weitere Heeresgruppen=reserve auch die 26. Pz.=Div. aus dem Bereich des AOK 14 für die Südfront frei. Ferner wurden in den nächsten Tagen noch das Gren.=Rgt. (mot.) 1027, das Gren.=Regt. 8 der 3. Pz.=Gren.=Div., die Panther=Abt., die in Istrien auf=gestellte 278. Inf.=Div. (ohne 1 Inf.=Rgt.) und das II. Batl. des 3. Rgt.s „Bran=denburg" zur Verwendung an der Südfront bestimmt. Außerdem wurden vom linken Flügel der 10. Armee die 305. und die 334. Inf.=Div. herangezogen; jedoch verzögerte die feindliche Luftwaffeneinwirkung diese Verschiebung er=heblich.

Die ergänzenden Maßnahmen der Obersten Führung griffen von Anfang an auf die anderen Kriegsschauplätze über. Als Ersatz für die in Istrien auf=gestellte 278. Inf.=Div. sollten, wie der Führer am 16. 5. genehmigte, das noch in Ungarn befindliche Alarm=Rgt. der Div. „Brandenburg" sowie die noch bei der Heeresgruppe Mitte eingesetzten beiden Batl.e dieser Div. herangezogen werden (Merkbuch 16. 5.). Eine entsprechende Mitteilung an den GenstdH erging am 19. 5. Als Ersatz für diese wurden ihm 2 von den 4 für die Krim vorgesehenen und infolge der Räumung der Halbinsel nicht mehr dorthin über=führten Batl.e zugeführt. Am 18. 5. trug der Chef WFStab dem Führer die ver=änderte Feindlage, die die Möglichkeit einer neuen Großlandung an der West=küste nördlich Rom (womöglich im Ligurischen Bereich) in sich schloß, vor. Der Führer ordnete daraufhin die sofortige Verlegung der 16. SS=Pz.=Gren.=Div. und des SS=Pz.=Gren.=Lehr=Rgt.s in den oberitalienischen Raum an. Der OB Südwest und das SS=Führungshauptamt wurden am 20. 5. darauf hingewiesen, daß die beiden Verbände OKW=Reserve seien. Der Einsatz sei nur im Falle einer feindlichen Landung an der Ligurischen Küste freigegeben.

Besondere Aufmerksamkeit richtete die Oberste Führung von Beginn der Offensive an auf das Verhalten des Feindes im Brückenkopf von Nettuno. Der Chef WFStab sah beim Beginn der feindlichen Offensive die eigentliche Ge=fahr für den italienischen Kriegsschauplatz nicht in der Fortsetzung der An=griffe gegen die Südfront, sondern in einer Großoffensive aus dem Landekopf Nettuno heraus (Merkbuch 15. 5.). Der Führer stimmte dieser Lagebeurteilung voll zu. Am übernächsten Tag beauftragte er den Chef WFStab, sich noch einmal zu vergewissern, ob an der Front von Nettuno alle Vorbereitungen getroffen seien, um im Falle eines feindlichen Großangriffes das Feuer der Fernkampf=artillerie auf die feindlichen Batterien zusammenzufassen. Die einzige Reserve der Heeresgruppe im Falle eines solchen Großangriffs hätte in der in Ober=italien als OKW=Reserve aufgestellten Fallschirm=Pz.=Div. „Hermann Göring" bestanden. Der Chef WFStab schlug darum vom 20. 5. an die rechtzeitige Ver=legung dieser Div. in den Raum von Rom zur Verfügung des OB Südwest und ihre Ersetzung durch die aus Dänemark zuzuführende (und hier durch den sog. Pz.=Verband Norwegen zu ersetzende) 20. Luftwaffen=Feld=Div. vor. Sie sollte in den Raum Livorno zugeführt werden, „um das ungeheure Risiko der star=

ken Entblößung der Ligurischen Küsten etwas zu vermindern. Ich schätze die Wahrscheinlichkeit einer Landung in Dänemark für viel geringer ein als die einer Landung im Ligurischen Meer". Nachdem der Führer am 22. 5. abends diese Kräfteverschiebung genehmigt hatte (Merkbuch 23. 5.), erging am Mittag des folgenden Tages eine entsprechende Weisung an den OB Südwest.

Auf die Führung der Operationen selbst nahm die Oberste Führung in der ersten Phase der Italien=Offensive keinen weiteren Einfluß. Mit der Kampf=führung des OB Südwest, dem es zunächst darauf ankam, in beweglicher Kampfführung die feindlichen Durchbruchsabsichten an der Südfront zu ver=hindern, ohne alle für den Fall einer neuen Großlandung benötigten Groß=reserven abziehen zu müssen, war sie einverstanden. Der WFStab entsandte zur Gewinnung eines unmittelbaren Eindrucks den Major d. G. v. Brauchitsch nach Italien, der sich in der Zeit vom 19.–23. 5. beim XIV. Pz.=Korps aufhielt und unter dem 27. einen Reisebericht vorlegte.

Überraschung rief beim Führer der schnelle Durchbruch durch den Senger=Riegel hervor. Er äußerte in diesem Zusammenhang erneut sein Mißfallen über die geringen Leistungen der Truppe im Stellungsbau und über die un=durchsichtigen Meldungen über den Stand des Ausbaus (Merkbuch 20. 5.). Der WFStab arbeitete daraufhin ein neues Muster für die Meldungen über den Stellungsbau aus und forderte vom OB Südwest sofort fernmündlich Unter=lagen über den Ausbaustand der bereits in Frontnähe gerückten und für den Kampf südlich Rom entscheidenden C=Stellung und über den Stand der Über=flutungen an.

Bemängelt wurde die Tatsache, daß keine Org. Todt=Kräfte in der Stellung zum Einsatz gekommen waren.

### *c) Der weitere Verlauf der Kämpfe bis zur Einnahme von Rom*

Der sich am 22. 5. abzeichnende Feindeinbruch westlich des Liri vertiefte sich am folgenden Tag. Nach Verlust von Pico und Lenola (24. 5.) und der Öffnung des Senger=Riegels nördlich Pontecorvo wurde eine Absetzbewegung freige=geben, deren Umfang der OB Südwest nach einem bereits den Sacco=Abschnitt gefährdenden feindlichen Einbruch bei S. Giovanni am 25. 5. noch erweiterte (Lagebuch 26. 5.). In den anderen Abschnitten folgte der Feind der Absetz=bewegung zunächst nur zögernd.

Ein neuer Abschnitt der Kämpfe begann, als der *Gegner am 23. nunmehr auch aus dem Landekopf von Nettuno heraus zum Angriff antrat*. Ihm gelang der Durchbruch beiderseits Cisterna; am frühen Morgen des 24. stieß er nordwest=lich des Ortes, dessen Besatzung am nächsten Tage den Befehl zum Ausbrechen erhielt, bis in die Gegend südlich Velletri und dann nordostwärts davon in Richtung Valmontone vor. Der 362. Inf.= und 3. Pz.=Gren.=Div. gelang es in der Nacht nicht, die Durchbruchslücke wieder zu schließen. Entscheidend war in diesem Abschnitt der geplante Gegenangriff der Fallschirm=Pz.=Div. „Hermann

Göring", die in der Nacht zum 26. in die Gegend des Nemi=Sees vorgeführt werden sollte, um möglichst bald eingreifen zu können. Ein Angriff im Laufe des 26. war jedoch nicht mehr möglich. Gleichzeitige feindliche Angriffe gegen den rechten Flügel der 14. Armee (I. Fallschirm=Jg.=Korps) brachten dem Gegner keinen Erfolg. Gleichzeitig gelang dem (nordwestlich Terracina im Abschnitt der 29. Pz.=Gren.=Div. durch die Monti Ausoni vorstoßenden) Gegner die lang=erstrebte *Vereinigung mit seinen Kräften im Nettuno=Landekopf*. Der feind=liche Rundfunk gab sie am 25. gleichzeitig mit der Einnahme von Terracina in einer Sondermeldung bekannt.

Innerhalb weniger Tage war also an der Südfront eine völlig neue Lage entstanden: durch die Vereinigung der feindlichen Angriffsgruppe mit dem Landekopf. Nach dem Zurückklappen der inneren Flügel der 715. und der 29. Pz.=Gren.=Div. standen die 14. und der rechte Flügel der 10. Armee auf einer vielfach gewundenen, unausgebauten und für eine längere Verteidigung un=geeigneten Linie nebeneinander. Außerdem war durch den feindlichen Vorstoß auf Valmontone eine akute Krise entstanden. Es war damit zu rechnen, daß in kurzer Zeit die Zurücknahme der gesamten Front auf die C=Linie erforderlich werden würde. Hierbei kam es, wie der WFStab am 24. 5. in einer Vortrags=notiz hervorhob, darauf an, (unter starkem Festhalten des rechten Flügels der 14. Armee bis zum Drehpunkt Cisterna) den linken Flügel der 14. Armee und die 10. Armee in hinhaltender Kampfführung unter möglichster Schonung und Einsparung eigener Kräfte schrittweise so zurückzunehmen, daß für Be=setzung und Verbesserung der C=Linie möglichst viel Zeit gewonnen wurde. Der WFStab schlug vor, schon jetzt die Restkräfte der 71. und 94. Inf.=Div. als Sicherheitsbesatzung in die C=Linie zu verlegen und dort durch sofortige Zu=führung von Ersatz aufzufüllen. Ferner müsse der OB Südwest schon jetzt einen weiteren Verband aus dem Kräftebestand der Südfront und möglichst noch einen weiteren Verband aus Oberitalien – hier komme vor allem die 356. Inf.=Div. im Raum Genua in Frage – in die C=Stellung führen. Als Ersatz für die 356. Inf.=Div. könne die 16. SS=Pz.=Gren.=Div. im Küstenabschnitt ein=gesetzt, außerdem die noch in Auf= bzw. Umstellung begriffene 42. Jg.=Div. aus dem Bereich des OB Südost sowie die 363. Inf.=Div. aus Dänemark, dessen weitere Schwächung (im Hinblick auf das Feindbild in Mittelengland und Nord=schottland und die bevorstehende Verlegung der 6. Pz.=Div. nach Bergen und die Aufstellung einer der Krim=Divisionen im Raum der deutschen Bucht) ver=tretbar sei, herangezogen werden. Schließlich wurde noch vorgeschlagen, das SS=Pz.=Gren.=Lehr=Rgt. aus dem Raum nördlich Genua als bewegliche Reserve in den Raum Livorno zu verlegen.

In der Mittagslage des 25. 5. stimmte der Führer dem Vorschlag des WFStabs im wesentlichen zu. Der bedrohteste Abschnitt der C=Linie wurde in dem Abschnitt nördlich der Albaner Berge beiderseits der Straße nach Fro=sinone gesehen; hier sollte an erster Stelle eine kampfkräftige Sicherheitsbe=

satzung zugeführt werden. Die 356. Inf.=Div. sollte beschleunigt in die C=Stellung vorgeführt und durch die 42. Jg.=Div. ersetzt werden (ein entsprechender Befehl an den OB Südwest erging nach fernmündlicher Vorwarnung am folgenden Tag). Von einem dauernden Einsatz der 16. SS=Pz.=Gren.=Div. im Küstenbereich wurde jedoch abgesehen (sie sollte, wie am nächsten Tage nach Rückkehr des Reichsführers SS entschieden wurde, bis zum Eintreffen der 42. Jg.=Div. an der Küste nördlich und nordwestlich Lica untergebracht werden). Das SS=Pz.=Gren.=Lehr=Rgt. sollte im Raum Nori eingesetzt werden (Merkbuch 26. 5.). In der Frage der 362. Inf.=Div. wurde noch keine Entscheidung getroffen. – Außerdem befahl der Führer, den Zulauf an personellem und materiellem Ersatz zum OB Südwest laufend zu überwachen (vergl. die Vortragsnotizen des WFStabs vom 25., 26. und 29. 5.) sowie[1] den OB Südwest über die Rückführung der Artl. aus den aufgegebenen Küstenbereichen (Terracina, Gaeta usw.) melden zu lassen (die Meldung ergab, daß dem Gegner im wesentlichen italienisches Beutematerial in die Hände gefallen war).

Nachdem in der Nacht vom 24./25. 5. ein Befehl über die Kampfführung der Armeen in Mittelitalien ergangen war (OKW/WFStab 771662/44 g.K. Chefsache, *nicht* in den Akten KTB), erhielt der OB Südwest am 26. 5. nachmittags eine weitere, den neuen Entscheidungen des Führers entsprechende Weisung. Die C=Stellung, so hieß es darin, sei unter allen Umständen zu halten. Der Kampf vorwärts derselben müsse so geführt werden, daß der feindliche Angriff durch unaufhörliche Verluste mehr und mehr erlahme und letzten Endes vor der Stellung zum Erliegen komme. Bei der Durchführung der weiteren Absetzbewegung der 10. Armee sei ihr Nordflügel in der jetzigen Hauptkampflinie zu belassen. Die Verbindung zwischen der C=Stellung und dem stehenbleibenden Teil der Front müsse durch eine Riegelstellung, die etwa von Tagliacozzo am Nordrand des ehemaligen Fuciner Sees (dessen Ansumpfung zu prüfen sei) entlang auf Sulmona verlaufe, geschaffen werden. Die Schwerpunkte der Abwehr in der C=Stellung hätten am rechten Flügel und in den Hauptdurchstoßlinien bei Valmontone, Avezzano und an der Straße Sulmona–Aquila zu liegen. Der Ausbau der C=Linie müsse durch Einsatz nicht nur der schon vorhandenen Arbeitskräfte, sondern auch der Sicherheitsbesatzungen, der in der Nähe wohnenden, arbeitsfähigen Einwohner und gegebenenfalls von anderen Abschnitten abzuziehender Org. Todt=Kräfte mit allen verfügbaren Mitteln vorwärtsgetrieben werden. Es folgten Anweisungen über das Heranziehen der Reste der 71. und 94. Inf.=Div. usw. im Sinne der schon erwähnten Entscheidungen.

Während bei der 10. Armee die Absetzbewegungen auf die neue HKL (Castro bei Volsci – Verlauf des Sacco bei Isoletta – Verlauf des Liri bis 2 km südwestlich Fontana Liri – dann nach Osten nördlich Santo Padre an den Melfa=

1 Im Ms. gestrichen.

Abschnitt — von dort nach Belmonte) unter wachsendem Feinddruck im allgemeinen planmäßig verliefen, verschärfte sich am 26. die Lage bei der 14. *Armee* erheblich. Der Feind setzte aus dem Raum von Giulianello seine Angriffe nach Norden fort, warf die hier zur Abriegelung eingesetzte Aufklärungsabteilung der Fallschirm-Pz.-Div. „Hermann Göring" zurück und stand am Nachmittag dicht südlich Valmontone. Abgesehen davon, daß er damit bereits in die C-Linie einzudringen im Begriffe stand, bestand die Gefahr, daß nicht nur der stehengebliebene Eckpfeiler der 14. Armee, sondern auch der gesamte rechte Flügel der 10. Armee von der über Frosinone in den Raum Rom führenden Rückmarschstraße abgeschnitten wurde — das alte, wahrscheinlich der Landung bei Nettuno im Januar zugrunde liegende feindliche Operationsziel. Der OB Südwest beschloß, alle im Augenblick herankommenden Kräfte unter Verzicht auf eine weitere Stärkung der 10. Armee hier einzusetzen, und zwar die im Abtransport befindliche 334. Inf.-Div., 1 Werfer-Rgt. und 2 Flakabt.en der 10. Armee, das Rgt. 1060 usw. Auch die Fallschirm-Pz.-Div. „Hermann Göring" wollte er hier (unter Verzicht auf ihren vorgesehenen angriffsweisen Einsatz) in der Abwehr einsetzen, was beim WFStab auf Widerstand stieß. Die Division trat dann doch am Abend des 26. zu dem geplanten Angriff an; doch kam dieser am nächsten Tage noch nicht voll zum Tragen. Jedoch gelang am 27. die Abriegelung und am nächsten Tage eine erhebliche Einengung des feindlichen Einbruchsraumes im Zusammenwirken mit der von Südosten angreifenden 29. Pz.-Gren.-Div. Gleichzeitig übte der Gegner einen starken Druck auf die Gegend südlich Velletri aus, dem die eigenen Kräfte standhielten. Die in den nächsten Tagen im Valmontone-Bogen erzielte Stabilisierung war von entscheidender Bedeutung für den Fortgang der Kämpfe, vor allem für die Absetzbewegung der 10. Armee. Erleichternd wirkte, daß der Gegner, nachdem ihm der Vorstoß über die Via Casilina nicht geglückt war, seinen Schwerpunkt gegenüber dem AOK 14 nach Westen verlagerte (Lagebuch 29., 30. 5.).

Die Absetzbewegung des rechten Flügels der *10. Armee*, als deren Hauptaufgabe die Verhinderung eines Feinddurchbruches durch das Sacco-Tal in Richtung Rom angesehen wurde, vollzog sich über mehrere Verteidigungslinien (I—III), die in einer Besprechung der Oberbefehlshaber am 27. festgelegt und vom OB Südwest am folgenden Tage dem WFStab mitgeteilt wurden. Als neue HKL, in der längere Zeit entscheidend Widerstand geleistet werden sollte, war eine Linie in Höhe von Anagni vorgesehen. Zur Stützung ihres rechten Flügels wurde die 44. Inf.-Div. beschleunigt aus ihrem bisherigen Einsatz gelöst und westlich des Liri eingesetzt. Gleichzeitig war auch die schrittweise Zurücknahme des linken Flügels des LI. Gebirgs-AK. freigegeben worden, die jedoch nur vom Feinde gedrängt über die Zwischenlinien erfolgen sollte.

Der Gegner begann bereits am 27. stark nachzudrängen. Der Schwerpunkt der Kämpfe lag an diesem Tag im Raum Castro bei Volsci und bei Ceprano, wo der Feind 400 Panzer einsetzte und in den Ort eindrang. Im Sacco-Abschnitt wurde er aufgehalten, der Abschnitt jedoch am folgenden Tage aufgegeben. Am 28. verlagerte der Gegner seinen Schwerpunkt auf den rechten Flügel der Armee. Am folgenden Tag wurde ihm Ceccano überlassen, am 31. 5. Frosinone, der wichtigste Bahn= und Straßenknotenpunkt südlich Rom. Gleichzeitig ent=wickelten sich Kämpfe bei der 1. Fallschirm=Jg.=Div., wo der Feind ostwärts Sora in die Absetzbewegung hineinstieß. Das Ergebnis dieser – infolge der feind=lichen Luftüberlegenheit (siehe unten) sehr verlustreichen – Rückzugsbewegung war — im großen gesehen — doch sehr beachtlich: es war gelungen, die im Liri= und Sacco=Tal zurückmarschierenden Truppen vor der Gefahr, abgeschnitten zu werden, und vor überholender Verfolgung zu bewahren und sie rechtzeitig in den Raum südöstlich Rom, um das der Kampf in den nächsten Tagen ent=brennen mußte, heranzuführen.

Da durch die am 29. 5. einsetzenden, starken feindlichen Angriffe gegen die 65. Inf.= und die 3. Pz.=Gren.=Div. — hier traten nunmehr auch die beiden bri=tischen Landekopf=Div.en in Erscheinung — und einen am 31. 5. bei der Fall=schirm=Pz.=Div. „Hermann Göring" erfolgten Einbruch bei der 14. Armee eine neue Krise eintrat, mußten, wenn der Raum südlich Rom und die Stadt selbst gehalten werden sollten, neue durchgreifende Maßnahmen zur Hebung der Kampfkraft der Heeresgruppe getroffen werden.

Die am 1. 5. personell und materiell durchaus günstige Lage der Heeres=gruppe hatte sich — wie der OB Südwest in der Nacht vom 28./29. 5. in einer zusammenfassenden Meldung mitteilte — durch die große, nun schon 17 Tage anhaltende Materialschlacht an der Südfront grundlegend geändert. Die im einzelnen noch nicht zu übersehenden personellen Verluste seien mit min=destens 25 000 Mann zu veranschlagen, die natürlich vorwiegend von den Ge=fechtsstärken der Infanterie und Pioniere abgingen. An Waffen seien 2000 MG., 500 schwere MG., 420 schwere Pak, 148 Panzer, 295 Geschütze usw. verloren=gegangen. Besonders angespannt sei die Lage auch bei den Kraftfahrzeugen, da der Kolonnenraum sich durch die Luftangriffe beständig verringerte und außerdem viele noch unversehrte Kraftfahrzeuge wegen mangelnder Bereifung und fehlender Ersatzteile nicht mehr eingesetzt werden könnten. Bei einem Teil der Divisionen sei die für eine mögliche Wiederauffrischung gerade noch mög=liche untere Grenze erreicht worden, insbesondere bei der 94. und 715. Inf.=Div. Der Feind werde, obwohl auch er hohe Verluste erlitten habe, an seinem Operationsziel, der Einnahme von Rom, festhalten. Daher sei eine baldige personelle und materielle Auffrischung der Heeresgruppe notwendig. Der OB Südwest beantragte daher die vorläufige Zuweisung von 16 Marsch=Batl.en, die in den ersten Juni=Tagen antransportiert werden müßten, den Austausch der 94. und 715. Inf.=Div. gegen voll kampfkräftige und kampferfahrene Div.en und die baldige Zuführung einer möglichst großen Zahl von Panzern, Pak usw. Darüberhinaus stellte er die zweifellos bald akut werdende Zuweisung von 2—3 frischen Divisionen zur Erwägung.

Ein großer Teil der erlittenen Verluste war auf die sich immer stärker aus=wirkende *feindliche Luftüberlegenheit* zurückzuführen. Neben der unmittel=baren Unterstützung des Erdkampfes setzte die feindliche Luftwaffe die Zer=störungsangriffe gegen das italienische Bahnnetz und die Alpen=Übergänge ohne Unterbrechung fort, so daß nicht nur das Herankommen der der Süd=front zugeführten Divisionen (wie der 356. Inf.=Div.), sondern auch der von anderen Kriegsschauplätzen zufließenden Verbände (wie der 42. Jg.= und der 20 Lw.=Feld=Div.) erheblich verzögert wurde. Am letzten Maitage waren von der 20. Lw.=Feld=Div. 3/4 und von der Kampfstaffel der 42. Jg.=Div. die Hälfte in Oberitalien eingetroffen. Auch die Querverschiebungen hinter der Südfront (wie die der 334. Inf.=Div.) erlitten große Verzögerungen; eine weitere Er=schwerung bedeutete die nächtliche Straßenjagd auf den Nachschubstraßen im frontnahen Raum. Als sich der OB Südwest deswegen unmittelbar an den Führer wandte, befahl dieser die Einrichtung freier Nachtjagd zum Schutze des nächt=lichen Straßenverkehrs (Lagebuch 29. 5.). Darüber hinaus wurde, wie dem OB Südwest am 1. 6. (siehe unten) mitgeteilt wurde, die Zuführung einer Nacht=jagdgruppe aus der Heimat und einer Nachtschlachtgruppe von der Ostfront nach Italien beschlossen. Eine ausgesprochene Schwächung der eigenen Luft=waffe, die sich aber nicht unmittelbar auf die Frontlage auswirkte, war der Abzug der Torpedo=Flugzeuge, die im April noch große Erfolge in der Be=kämpfung der feindlichen Geleitzüge erzielt hatten, aus Südfrankreich nach Norwegen, wo die Einsatzmöglichkeiten günstiger beurteilt wurden (Lagebuch 31. 5.).

Die übrigen personellen und materiellen Wünsche des OB Südwest wurden vom WFStab gemeinsam mit dem Heeresstab geprüft. Es ergab sich, wie dem OB Südwest am 1. 6. im Anschluß an ein Ferngespräch des Chef WFStabs mit dem Ia der Heeresgruppe mitgeteilt wurde, daß die Zuführung weiterer Divisionen nicht möglich sei, da einsatzfähige Verbände im Heimatkriegsgebiet zur Zeit nicht zur Verfügung stünden. Die Hilfe des OKW könne sich zunächst nur auf Zuführung von reichlichem Material und Ersatz beschränken. Daneben würden die 16. SS=Pz.=Gren.= und die 42. Jäg.=Div. beschleunigt einsatzbereit gemacht, so daß sie später abgekämpfte Divisionen ablösen könnten. An Ersatz sei für den Juni zunächst die Zuführung von 10 Marschbatl.en vorgesehen, weitere Erhöhung möglich. Das Waffenpaket Mai werde durch Sonderzuwei=sungen auf eine außergewöhnliche Höhe gebracht und im Juni die vollständige Waffenausstattung zweier Divisionen zugeführt werden usw.

Als am 1. Juni eine weitere Verschärfung der Frontlage in Italien eintrat, sah sich die Oberste Führung dann zu erheblich umfassenderen Maßnahmen genötigt. Der Führer befahl bei der Mittagslage des 2. 6., dem OB Südwest beschleunigt und über die planmäßigen Zuweisungen hinaus möglichst viele Tiger und Panther zuzuführen (Merkbuch 2. 6.). Daraufhin wurden als erstes 10 Tiger der Tiger=Abt. 102, 15 Tiger der Abt. 510 und 20 Panther für den

OB Südwest bestimmt. Am Nachmittag befahl der Führer dann die Zuführung der ursprünglich für den Osten vorgesehenen Tiger=Abt. 504 nach Italien. Die aus 45 Panzern bestehende Abt. konnte zwischen dem 8.–11. 6. im Raum Florenz eintreffen. Ferner wurde die Zuführung der 19. Lw.=Feld=Div. aus Brügge (Eintreffen in Bologna 7.–9. 6.) sowie der drei in der Apennin=Stellung eingesetzten Hochgebirgs=Batl.e (sie wurden hier durch 3 Hochgebirgs=Schulen abgelöst) befohlen; die letzteren sollten möglicherweise durch eine der in Deutschland in Aufstellung befindlichen italienischen Divisionen ersetzt werden (Lagebuch 3. 6.). Schließlich wurde noch die Auffüllung der bereits an der Südfront kämpfenden Pz.=Abt. 508 mit Panzern angeordnet. Einen weiteren, sich allerdings nicht unmittelbar auswirkenden Kräftezuwachs für die Südfront mußte der Einsatz der 162. (Turk=) Div. bedeuten, der dem OB Südwest am 3. 6. freigegeben wurde. Vorher sollte eine Umgliederung innerhalb der Division durchgeführt werden, durch die das deutsch=turkvölkische Verhältnis bei der Infanterie auf das Verhältnis 1 : 1 gebracht wurde. Dieser Entscheidung lagen die Eindrücke des Majors d. G. von Brauchitsch zugrunde, der die Division im Anschluß an seine Reise zum XIV. Pz.=Korps besichtigt hatte. In seinem Bericht vom 29. 5. hatte er vorgeschlagen, ihr nach Umgliederung Gelegenheit zur Bewährung an einem ruhigen Frontabschnitt zu geben; erst im Falle eines Versagens solle sie aufgelöst und der gute deutsche Div.=Rahmen zur Bildung einer Inf.=Div. 44 verwendet werden (der OB Südwest war für ein Belassen der Division an ihrem bisherigen Küstenabschnitt und für ein Unterbleiben der Umgliederung eingetreten).

Eine weitere Stützungsmaßnahme für den OB Südwest bedeutete die ebenfalls am 3. 6. befohlene Eingliederung des (mittlerweile in „Brigade" umbenannten) ehem. SS=Pz.=Gren.=Lehr=Rgt.s in die 16. SS=Pz.=Gren.=Div., wodurch eine schnellere Herstellung der Einsatzbereitschaft der Division erreicht werden sollte.

Eine mittelbare Stärkung der Südfront mußte auch durch den Umstand eintreten, daß die 20. Lw.=Feld=Div., statt — wie vorgesehen — in den Raum Livorno, in die Gegend von Civitavecchia vorgeführt wurde, wo sie am 5. 6. eintreffen sollte.

Ähnlich wie seinerzeit der rasche Durchbruch durch den Senger=Riegel, so löste jetzt die rasche Überwindung der C=Stellung neue Überlegungen über den Stellungsbau und besonders über die Abwehrbereitschaft der Apennin=(„Goten"=) Stellung aus. Am 27. 5. ordnete der Führer auf Vorschlag des Chefs WFStab eine Großaktion zum beschleunigten, festungsmäßigen Ausbau der Apennin=Stellung an (Merkbuch 28. 5.). Ein entsprechender Befehl des Chef OKW an den OB Südwest, den Gen. d. Pioniere und Festungen, den Chef HRüstuBdE usw. erging am 1. 6. Gedacht wurde an einen Ausbau auf lange Zeit. Die „Goten=Stellung", die in der Mitte des Monats die Bezeichnung „Grüne Linie" erhielt, bestand vorerst — mit der Ausnahme einzelner Ab=

schnitte — also nur auf den Karten (vergl. 18. 6.). Im einzelnen wurde befohlen: die Herstellung der Panzersicherheit in den panzergefährdeten Abschnitten, die Beschleunigung des festungsmäßigen Ausbaus an den Hauptdurchstoßlinien (Felshohlbau, Verschartung usw.), Großverminung in ausreichender Tiefe, Evakuierung der Zivilbevölkerung im Vorfeld und im Hauptkampffeld, Anlage einer Sperrzone von etwa 10 km Tiefe vor der HKL und innerhalb derselben nachhaltige Zerstörung aller Verkehrswege, Anlagen, Unterkünfte usw. bzw. Vorbereitungen dazu. Der Gen. d. Pi. und Fest. wurde beauftragt, die Festungs-Pionier-Organisation zu verstärken (ihm sollten dafür ein Stab aus dem Südosten und eine Gesteinsbohr-Kompanie aus Norwegen zur Verfügung gestellt werden); der Chef HRüstuBdE sollte im möglichen Umfang Bauabteilungen als Rahmenpersonal zur Beaufsichtigung ziviler italienischer Arbeitskräfte, der OB Südwest die (in der C-Stellung infolge Feindeinwirkung nicht mehr einsatzfähigen) italienischen Baukräfte in die Apennin-Stellung zurückführen, der Deutsche Bevollm. General in Italien aus der zu evakuierenden bzw. ortsansässigen ital. männlichen Bevölkerung zivile Arbeitsbataillone aufstellen usw. Am 3. 6. befahl der Führer auf den Vorschlag des Chefs WFStab hin, daß die 4. ital. Geb.-Div. und die 3 Hochgebirgsschulen dorthin verlegt würden. Doch sollte wegen des ital. Verbandes vorher noch der General Ott gehört werden. Diese Absicht kam dann nicht zur Ausführung. In diesem Zusammenhang ergab sich dann der Gedanke, den Stellv. Chef WFStab zur Gewinnung eines unmittelbaren Eindrucks von der Verteidigungsfähigkeit der Apennin-Stellung nach Italien zu senden. Die Abreise des Generalleutnants Warlimont erfolgte (nach einem geringen, durch die inzwischen eingetretene Invasion bewirkten Aufschub) am 7. 6.

Mit der Aufführung einzelner dieser zur Stützung der Südfront ergehenden Befehle ist bereits der militärischen Entwicklung vorgegriffen worden. Diese hatte — wie bereits erwähnt — seit dem 30. 5. beim AOK 14 wieder krisenhafte Züge angenommen. Am 31. 5. wurden die schweren Angriffe gegen die 65. und die 3. Pz.-Gren.-Div. im wesentlichen abgewiesen. Dagegen brach am rechten Flügel der Fallschirm-Pz.-Div. „Hermann Göring" ein feindliches Regiment durch, während weiter ostwärts im Valmontone-Bogen keine größeren Kämpfe stattfanden. Bei der 29. Pz.-Gren.-Div. ging Gelände verloren. Am folgenden Tag gelang es dem Feind, den bei der Div. „Hermann Göring" erzielten Einbruch auszuweiten. Die vom OB Südwest (der an dieser Stelle die größte Gefahr erblickte, Lagebuch 1. 6.) getroffenen Stützungsmaßnahmen (Heranführung des Sturmrgt.s der 4. Fallsch.-Jg.-Div. und von Alarmeinheiten usw.) wurden nicht mehr wirksam. Velletri mußte geräumt und die Front in diesem Abschnitt bis südostwärts des Nemi-Sees zurückgenommen und auch die Umklammerung des feindlichen Einbruchsraums bei Valmontone aufgegeben werden; die 29. Pz.-Gren.-Div. ging auf das Nordufer des Sacco zurück. Die Front verlief von dort nunmehr in einer ungefähr geraden Linie bis Sora, das am

2. 6. verlorenging. Da der Gegner an diesem Tage bei der 14. Armee erneut aus dem Valmontone=Bogen heraus angriff und einen tiefen Einbruch erzielte, mußte die Front in diesem Abschnitt erneut zurückgenommen werden, und zwar auf eine mit letzten Reserven aufgerichtete Linie, die im Bogen von Rocca di Papa nach Palestrina verlief. Zu ihrer Stützung sollten die 90. Pz.=Gren.= und die 334. Inf.=Div. herangeführt werden, doch war ihr rechtzeitiges Ein=treffen fraglich. Am 3. 6. konnte ein feindlicher Vorstoß in nordwestlicher Richtung auf Colonna nicht aufgehalten werden. Von hier aus kamen feindliche Panzer am Nachmittag bis auf 6—8 km an den Ost= und Südostrand von Rom heran.

Während es noch vor knapp einer Woche für möglich gehalten wurde, den feindlichen Angriff in der C=Stellung aufzuhalten, war es um die Monatswende bereits fraglich, ob es gelingen werde, den Raum südlich des Tiber und damit das mit dem größten Teil des Stadtgebietes südlich des Flusses liegende Rom noch lange zu behaupten (Mitteilung Gen. v. Buttlar, 2. 6.). Die am 2. 6. angeord=neten Stützungsmaßnahmen konnten sich frühestens in einer Woche auswir=ken. Daß dem Fall der Stadt eine weit über den italienischen Kriegsschauplatz hinaus wirkende Bedeutung zukam und daß die feindliche Propaganda ihn ent=sprechend ausnutzen würde, lag auf der Hand. Einen besseren Auftakt für den bevorstehenden Invasionssommer konnte sie sich nicht wünschen.

Erschwerend war der Umstand, daß gerade in diesen kritischen Tagen in der Führung Lücken entstanden. Der Chef der Heeresgruppe, Generalmajor West=phal, der im Augenblick nicht vollwertig ersetzt werden konnte, erkrankte infolge Überarbeitung; ebenso fiel der OB der 10. Armee, Gen.=Oberst v. Vie=tinghoff, infolge Krankheit aus. Mit Wirkung vom 2. 6. wurde Gen.=Oberst v. Mackensen in der Führung der 14. Armee durch den Gen. d. Pz.=Truppen Lemelsen, den bisherigen Stellv. OB der 1. Armee, ersetzt.

Bereits die Entwicklung des 2. 6. hatte den OB Südwest veranlaßt, die *Ge=nehmigung einer etwa notwendig werdenden Räumung Roms* zu erbitten; denn der Wiederaufbau einer geschlossenen Front südlich des Tiber — etwa in An=lehnung an einen „Brückenkopf Rom" — erschien nicht mehr möglich. Eine Ver=teidigung des Stadtgebietes war von der deutschen Führung von Anfang an nicht beabsichtigt. Der OB Südwest wurde daraufhin durch einen am Nach=mittag des 3. 6. ergehenden Befehl angewiesen, den Kampf so lange wie mög=lich südlich und südostwärts der Stadt zu führen, um hierdurch die Vorbe=dingungen für die Räumung der Stadt Rom und die Rückführung der 14. Armee über den Tiber zu schaffen. Wenn ein Halten südlich und südostwärts Roms nicht mehr möglich sei, so solle der Westflügel der Heeresgruppe über Rom hinaus an den nächsten, günstigen Geländeabschnitt zurückgenommen werden, um die bei einer Anlehnung an den Tiber erforderlich werdende Einbeziehung der Stadt Rom in das Hauptkampffeld zu vermeiden. Bei der weiteren Kampf=führung, über die der OB Südwest baldmöglichst einen Vorschlag vorlegen solle, komme es darauf an, unter Schonung und Auffrischung der eigenen Kräfte zunächst in hinhaltender Kampfführung die Kampfkraft des Feindes laufend weiter zu schwächen und hierbei möglichst wenig Raum aufzugeben, um dann in einer vom OB Südwest anzugebenden Linie (möglichst im Anschluß an die mittlere und den linken Flügel der C=Stellung) wieder zur Verteidigung überzugehen. In der Nacht vom 3./4. 6. wurde dann ergänzend befohlen, daß der Wiederaufbau der Front nördlich Rom so weit südlich wie irgend möglich versucht werden und die Mitte der Heeresgruppe beschleunigt in die C=Stellung zurückgenommen werden müsse. — Im Gegensatz zu dem bei der Aufgabe von Paris (das dem Gegner, wenn die Aufgabe nötig werde, bis zuletzt verteidigt und daher gegebenenfalls nur als Trümmerfeld überlassen werden sollte) eingeschlagenen Wege, war die deutsche Führung also — wie gleich noch in einem Abschnitt über die „Offene Stadt Rom" auszuführen ist — von Anfang an bestrebt, die Stadt möglichst zu schonen.

In der Nacht vom 3./4. 6. begann mit der Zurücknahme des rechten Flügels der 14. Armee in eine hinter dem Tiber verlaufende und nach Osten entlang dem alten Tiber über Tivoli—Subiaco auf die C=Stellung zuführende Linie die Aufgabe Roms. Als Hauptaufgabe der Armee bezeichnete es der OB Südwest, unter unbedingtem Festhalten des Anschlusses zur 10. Armee in der Gegend nordostwärts Valmontone — hier war am 3. 6. durch den Einsatz der 334. Inf.= und der 90. Pz.=Gren.=Div. (siehe oben) eine Stabilisierung eingetreten — ihre Verbände möglichst rasch über den Tiber beiderseits Rom zurückzuführen. *Am Vormittag des 4. 6. drangen feindliche Panzer mit aufgesessener Infanterie in Rom ein; um 14.15 Uhr erreichten sie die Stadtmitte.* Gleichzeitig stieß der Gegner ostwärts Rom über den alten Tiber vor. Ein aus dem Raum Tivoli gegen seine Flanke angesetzter Angriff der 15. Pz.=Gren.=Div. kam infolge starker feindlicher Lufteinwirkung nicht mehr zur Entfaltung (Lagebuch 4., 5. 6.). — Der „Kampf um Rom", der schon Ende Januar mit der Landung bei Nettuno angebrochen zu sein schien und durch die erfolgreiche Abriegelung des Landekopfes und den Widerstand bei Monte Cassino um fast ein halbes Jahr hinausgezögert worden war, hatte sein Ende gefunden.

*Roosevelt* feierte in einer Rundfunkansprache am Abend des 5. 6. die Einnahme „der ersten der Achsenhaupstädte", die zu einem Zeitpunkt erfolgt sei, an dem die alliierten Truppen zu einem neuen Schlag in Westeuropa bereitstünden. Die Tatsache, daß die Stadt verschont geblieben sei, habe man nicht der deutschen Führung, lediglich dem Geschick der alliierten Generale zu verdanken, die den um die Zurückziehung ihrer Armeen besorgten Deutschen nicht die Zeit ließen zu Zerstörungen, wie sie in Neapel und anderen italienischen Städten vorgenommen worden wären.

Der Präsident warnte jedoch vor einer Überschätzung der militärischen Bedeutung Roms; der Sieg liege noch immer in einiger Entfernung. *Churchill* äußerte sich am 6. 6. — gleichzeitig mit der Bekanntgabe der Invasion — über den Fall Roms, das nunmehr vor feindlichen Luftangriffen und drohender

Hungersnot bewahrt werden könne. Bevor es möglich sei, den Umfang und die Art des mit der Einnahme der Stadt verbundenen Gewinnes abzuschätzen, müsse die weitere Entwicklung auf dem italienischen Kriegsschauplatz abgewartet werden. Besonders hob der britische Premierminister die Tatsache des reibungslosen Zusammenwirkens der vielen in der alliierten Italienarmee vereinigten Nationen hervor.

Für die Entwicklung im besetzten Italien bedeutete die Eroberung Roms einen wichtigen Einschnitt: König Victor Emanuel trat zurück und setzte seinen Sohn als Statthalter ein; ebenso nahm Badoglio am 9. 6. seine Entlassung. Mit der Bildung des Kabinetts Bonomi begann der den italienischen Parteien von den Anglo-Amerikanern bis jetzt verweigerte und bis zur Einnahme Roms verschobene Versuch der Selbstregierung. Die feindliche Presse hatte in den letzten Tagen wiederholt die Leistungen der auf alliierter Seite kämpfenden Badoglio-Truppen hervorgehoben. Roosevelt forderte in seiner Rede alle anderen gegen „Faschismus und Nazismus" eingestellten Nationen dazu auf, Italien, das zwar kein großes militärisches Empire sei, wohl aber wegen seiner Überbevölkerung den Platz einer „großen Mutternation" beanspruchen dürfe, eine Chance zu geben.

### d) *Rom als „Offene Stadt"*

*Beitrag des Sachbearbeiters Hauptmann d. Res. Dr. Cartellieri*[1]
*auf Grund seiner Akten und eines Entwurfes des KTB*

Das Völkerrecht kennt weder nach Gewohnheits- noch nach Vertragsrecht die Erklärung eines Ortes zur „offenen Stadt". Die Wirksamkeit der Erklärung einer Stadt zur „offenen Stadt" hängt deshalb von einer Einigung der kriegführenden Staaten ab, die für den Einzelfall getroffen sein muß. Die Haager Landkriegsordnung enthält im Artikel 25 lediglich die Bestimmung:

> „Es ist untersagt, unverteidigte Städte, Dörfer, Wohnstätten oder Gebäude, mit welchen Mitteln es auch sei, anzugreifen oder zu beschießen."

und im Art. 27.:

> „Bei Belagerungen und Beschießungen sollen alle erforderlichen Vorkehrungen getroffen werden, um die dem Gottesdienste, der Kunst, der Wissenschaft und der Wohltätigkeit gewidmeten Gebäude, die geschicht-

1 Sohn des Historikers Prof. Dr. Alexander C. (Jena), jetzt Staatssekretär im Atom-Ministerium. Über seinen Anteil an der Verhinderung der von Hitler geplanten Kündigung der „Genfer Konvention" betr. Gefangenenschutz vgl. unten Schluß der „3. Erläuterung".

Die Abfassung des obigen Abschnitts war ein von mir erbetener und bereitwillig erfüllter, durch einen von mir angefertigten Entwurf erleichterter Freundschaftsdienst; uns beiden stand vor Augen, daß es wichtig war, festzuhalten, wie die völkerrechtliche Frage der „offenen Stadt" sich bis zum „Falle Rom" entwickelt hatte.

lichen Denkmäler, die Hospitäler und Sammelplätze für Kranke und Verwundete soviel wie möglich zu schonen, vorausgesetzt, daß sie nicht gleichzeitig zu einem militärischen Zweck Verwendung finden."

Demnach muß man unterscheiden zwischen:

Orten im Operationsgebiet der Landstreitkräfte,
Orten außerhalb der Kampfzone der Landstreitkräfte.

Will ein kriegführender Staat einen in der Kampfzone liegenden Ort durch Erklärung zur „offenen Stadt" der Beschießung durch den Gegner entziehen, so wird er das nur erreichen können, wenn er den Ort räumt oder ihn dem Gegner überläßt. Typische Fälle hierfür Brüssel und Paris: Am 10. 5. 1940 erklärten die belgische Regierung Brüssel und am 15. 5. 1940 die franz. Regierung Paris *einseitig* zur offenen Stadt. Beide Erklärungen waren gleichzeitig mit der Mitteilung verbunden, daß dem Feinde die Städte überlassen und die kämpfende Truppe ohne Berührung des Stadtgebietes beider Orte auf eine hinter den Städten gelegene Linie zurückgenommen würden. Die einseitige Erklärung einer Stadt im Operationsgebiet der Landstreitkräfte zur „offenen Stadt" ist daher praktisch „eine vorweggenommene Erklärung der Übergabe".

Erklärt ein Staat eine Stadt außerhalb der Kampfzone der Landstreitkräfte zur „offenen Stadt", so bedeutet das nicht, daß er den Ort dem Feinde kampflos überlassen will, sondern daß er zur Vermeidung von Luftangriffen oder sonstiger Fernkampfmittel die im Ort befindlichen militärischen Objekte aus dem Stadtgebiet entfernen will.

Am 14. 8. 1943 erklärte die italienische Regierung gegenüber dem Vatikan und der die anglo-amerikan. Interessen wahrnehmenden Schutzmacht, der Schweiz, die Stadt Rom zur „offenen Stadt". In der Erklärung verpflichtet sich Italien, die nachfolgenden Maßnahmen zur Entmilitarisierung der Stadt zu treffen:

Nichtbenutzung der Befestigungswerke,
keine Flak- und Jägerabwehr,
Verlegung der italienischen und deutschen Truppenstäbe aus der Stadt,
Herausziehung der Kampftruppen und Verbleib nur notwendiger Garnisonstruppen zur Aufrechterhaltung der Ordnung,
Entmilitarisierung des Eisenbahnknotenpunktes und Beschränkung der Eisenbahnanlagen auf reine Durchgangslinien,
Verlegung der militärischen Werke der Waffen- und Munitionsfertigung.

Italien berief sich hierbei fälschlicherweise auf Art. 25 der Haager Landkriegsordnung, obwohl nicht Übergabe der Stadt, sondern Schutz der Stadt vor Luftangriffen in Frage kam.

Die Feindmächte stellten auf die Proklamation hin weitgehende Bedingungen, insbesondere auf Kontrollierung der getroffenen Maßnahmen. Tatsächliche Vereinbarungen mit den Anglo-Amerikanern wurden weder von der italienischen Regierung (auch nicht nach dem Badoglio-Verrat) noch zwischen dem Reich und den Feindmächten über die Schutzmacht oder den Vatikan getroffen.

Die Räumung Süditaliens nach dem Badoglio-Verrat machte zur Durchführung der befohlenen Rückzugsbewegung militärische Zerstörungsmaßnahmen in dem preiszugebenden Raum notwendig, um die Truppe vom Feind absetzen zu können.

In dem Befehl hierzu vom 18. 9. 1943 (WFStab/Op/H Nr. 6622/43 g. Kdos. Chefsache) wurden unter anderem grundsätzlich Werke von historischem oder kunsthistorischem Wert ebenso wie alle Kirchen, belegte Krankenhäuser und Lazarette von der Zerstörung ausgenommen.

Gleichzeitig wurde bestimmt, daß die Hoheitsrechte des Vatikanstaates zu wahren seien und dessen Staatsgebiet von deutschen Soldaten nicht betreten werden dürfe.

Im Okober 1943 wurden vom WFStab/Qu mit Vertragsnotizen vom 19., 21. und 22. 10. Erwägungen über die Behandlung von Rom als „offene Stadt" bei einer Zurücknahme der Front oder einer Feindlandung an der Tibermündung angestellt (siehe Vortragsnotizen mit Randbemerkungen Chef WFStab; WFStab/Qu 2 Nr. 662550/43 g. Kdos Chefsache).

Aus militärischen Gründen wurde diese Frage jedoch damals gemäß Weisung des Chefs WFStab bewußt zurückgestellt, da die „Bernhardlinie" südlich Rom unbedingt gehalten werden sollte.

Hierzu hätten die angestellten Betrachtungen in Widerspruch gestanden. Um die Frage der Behandlung Roms als „offene Stadt" jedoch weiter vorzubereiten, wurde durch WFStab/Qu der Amtsgruppe Ausland mitgeteilt, sich an Erörterungen des Auswärtigen Amtes über die Frage zu beteiligen. Grundlage derartiger Erörterungen mußte damals sein, daß die Frage der Behandlung Roms als geschützte Stadt nicht akut sei, da nicht daran gedacht wurde, Mittelitalien preiszugeben. Eine Bedrohung der Stadt könne also nur durch eine Feindlandung eintreten, in welchem Falle aber „die militärischen Notwendigkeiten allen sonstigen Rücksichtnahmen vorzugehen hätten" (siehe Funkspruch OKW/WFStab/Qu 2 Nr. 006853/43 g. Kdos. vom 7. 11. 43).

Am 9. 12. 43 legte das Auswärtige Amt seine völkerrechtlichen Bestimmungen zu der Frage eines Schutzes von Rom, insbesondere auch gegen Luftangriffe, in einem Schreiben an WFStab/Amtsgruppe Ausland nieder (siehe Amt Ausl./Abwehr Nr. 912/43 g. Kdos. vom 17. 12. 43).

Als die Frage mit der Landung bei Nettuno wieder aktuell wurde, meldete und begründete der OB Südwest am 4. 2. die von ihm im Falle einer Aufgabe der Stadt beabsichtigten Zerstörungsmaßnahmen: Zerstörung aller Tiberbrücken, aller Elektrizitätsversorgungsanlagen mit Ausnahme der für die Versorgung der Vatikanstadt benötigten, aller außerhalb des geschlossenen engeren Stadtgebietes gelegenen Industrie- und Bahnanlagen. Erhalten bleiben sollten dagegen die Anlagen der Wasser- und Gasversorgung, die lediglich der Versorgung der Zivilbevölkerung dienten und erfahrungsgemäß verhältnismäßig leicht wiederherzustellen seien, sowie die im wesentlichen geräumten Industrieanlagen im inneren Stadtgebiet, deren Zerstörung die Nachbargebäude in Mitleidenschaft gezogen hätte, und die unbedeutenden (und durch die außerhalb beabsichtigten Zerstörungen isolierten) Bahnanlagen im Innern der Stadt. DerWFStab befürwortete im Einvernehmen mit dem Reichsaußenminister diese Vorschläge. Der Führer verbot jedoch, wie dem OB Südwest am 8. 2. mitgeteilt wurde, die Zerstörung der innerhalb Roms gelegenen Tiberbrücken. Mit den übrigen Vorschlägen des OB Südwest erklärte er sich einverstanden. Die Vorbereitungen seien auf einen möglichst engen Bearbeiterkreis zu beschränken; auch diesem gegenüber solle angegeben werden, daß es sich nicht um eine Räumung Roms, sondern um einen Kampf um Rom handle (Op. H/Süd Nr. 001412/44 g. Kdos. vom 6. 2. 44).

Am 11. 3. 44 wandte sich der Vatikan in einer Verbalnote an die Deutsche Botschaft beim Heiligen Stuhl und bat nochmals, der Frage des Schutzes von Rom alle Aufmerksamkeit zuwenden zu wollen. Der Vatikan knüpfte hierbei an eine deutsche Zusicherung vom 26. [1] 10. 43 an, daß es deutscher Wunsch sei, die Vatikanstadt und Rom mit ihren hervorragenden Denkmälern vom Kriege verschont zu wissen.

Im weiteren Verfolg der deutschen Maßnahmen zum Schutze Roms war der OB Südwest vor allem bestrebt, auch jede Ansammlung deutscher Soldaten in Rom zu verhindern und dadurch dem Feind keinen Vorwand zu Luftangriffen zu geben.

Am 13. 3. 44 erließ das AOK 14 den Armeebefehl für das Betreten der Stadt Rom, welchen Befehl der OB Südwest auf alle 3 Wehrmachtteile und alle im Rahmen der Wehrmacht eingesetzten Organisationen ausdehnte:

„Rom darf nur noch mit besonderen Ausweisen von deutschen Soldaten betreten werden; der Besuch der Vatikanstadt einschließlich der Peterskirche wird allen Wehrmachtsangehörigen mit sofortiger Wirkung verboten. Der gesamte Kolonnenverkehr sowie alle im Durchgang befindlichen Einzelfahrzeuge werden durch den Kommandanten von Rom außerhalb des Stadtgebietes umgeleitet."

Zu einem Abkommen mit dem Feinde kam es auch in der Folgezeit nicht. Auf die Bitte des Irischen Ministerpräsidenten de Valera, Rom vor der Vernichtung zu bewahren, antwortete Präsident Roosevelt laut Reutermeldung vom 19. 4. 44:

„Ich teile Ihre Sorge um die Erhaltung jenes alten Denkmals unserer gemeinsamen Zivilisation und unseres gemeinsamen Glaubens. Es ist sicherlich bekannt, daß die amerikan. Militärbehörden in Italien zwangsläufig eine Politik verfolgen, durch die Schaden an Religionsstätten und historischen Denkmälern vermieden wird, soweit dies in der modernen Kriegführung menschenmöglich ist. Dies erstreckt sich auf Rom wie auch auf andere Teile Italiens, in denen Streitkräfte der Vereinten Nationen im aktiven Kampf stehen."

1 Oder: 20.

„Wir haben unter beträchtlichen Opfern oft gewissenhaft versucht, Religions= und Kulturdenkmäler zu schonen, und werden das auch weiterhin tun. Immer= hin aber sind Sie sich in dem Appell an die USA=Regierung, Rom vor der Ver= nichtung zu bewahren, bewußt, daß die die italienische Hauptstadt mit Gewalt besetzenden Deutschen das Verbindungsnetz und andere Einrichtungen Roms bis zu den Grenzen der Möglichkeit verwenden, um die rein deutschen mili= tärischen Operationen zu begünstigen. Wenn die Deutschen nicht in Rom in Stellung liegen würden, brauchte man kein Wort hinsichtlich der Schonung der Stadt zu verlieren."

„Ich stelle fest, daß Sie eine ähnliche Verlautbarung an die Deutsche Re= gierung gerichtet haben. Das Schicksal Roms bleibt in den Händen der Deutschen".

Der Präsident der USA verschwieg hier bewußt die bereits von deutscher Seite getroffenen Maßnahmen zum Schutze der Stadt.

Am 3. 6. 44, als Rom in den Bereich der Kampfhandlungen gerückt war, erneuerte der OB Südwest seinerseits den Antrag, über den Vatikan Verhand= lungen mit den Alliierten mit dem Ziel einzuleiten [1], nun endlich zu einem militärischen Abkommen über die Schonung der Stadt zu gelangen (OB Süd= west/Ia T/O Qu/Q 2 Nr. 1767/44 g. Kdos. vom 3. 6. 44).

Als Grundlagen für ein zu schließendes Abkommen wurden unter anderem folgende Einzelbestimmungen vorgeschlagen:

Keine deutschen militärischen Einrichtungen, Truppenunterkünfte und Be= wegungen in der offenen Stadt mit Ausnahme der für die Erhaltung von Ruhe und Ordnung sowie für die Versorgung der Stadt notwendigen Dienststellen und Polizei=Kräfte. Keine Zerstörungsmaßnahmen innerhalb der offenen Stadt. Die Vorräte an Versorgungsgütern bleiben ausschließlich der Zivilbe= völkerung vorbehalten. Fortsetzung der Elektrizitäts= und Wasserversorgung aus den auch nach Aufgabe der Stadt noch in deutschem Besitz befindlichen Anlagen usw. Der Vatikan sollte durch seine Organe die Einhaltung der Ab= rede kontrollieren, außerdem die zur Erzielung eines endgültigen Abkommens notwendige, unmittelbare Fühlungnahme von Offizieren der beiden krieg= führenden Parteien an der Kampffront in die Wege leiten.

Noch am gleichen Tage (3. 6. 44) wurde dem OB Südwest durch den WFStab freigegeben, seinen Vorschlägen entsprechend über den Vatikan ein mili= tärisches Abkommen mit den Alliierten über Rom zu treffen. Komme ein Ab= kommen nicht zustande, solle der OB Südwest nach den militärischen Erfor= dernissen handeln. Die Sprengung der Tiberbrücken innerhalb Roms wurde dem OB Südwest jedoch verboten.

Die Alliierten ließen das Angebot des OB Südwest unbeantwortet.

In einem Radio=Aufruf des alliierten Hauptquartiers an die römische Be= völkerung vom 3. 6. (23.15 Uhr) und 4. 6. (8.00 Uhr) wurde die Bevölkerung

1 Fehlt im Ms.

vielmehr aufgefordert, sich am Endkampf um die Stadt aktiv gegen die Deutschen zu beteiligen.

In dem Aufruf hieß es unter anderem:

„Einwohner Roms!

Die Alliierten nähern sich Rom. Die Stunde für die Ewige Stadt ist unmittelbar herangerückt. Unterstützt die Alliierten und kämpft gegen unsere gemeinsamen Feinde, die Deutschen und die Faschisten!

Unterrichtet Euch über Minensperren und andere militärische Vorkehrungen des Feindes, so daß die Alliierten Eure Stadt ohne jede Verluste an Zeit, Menschen und Material durchziehen können."

Hiermit wurde die anglo-amerikanische Absicht, Rom nicht als „offene Stadt" zu respektieren und die Verkehrsmöglichkeiten, die Rom bietet, für den feindlichen Durchmarsch voll auszunutzen, öffentlich festgelegt.

Entsprechend dieser Nichtanerkennung Roms als „offene Stadt" gab der Oberbefehlshaber der alliierten Mittelmeerstreitkräfte, General Maitland Wilson, am 3. 6. über den Sender Algier folgende Erklärung ab:

„Die Alliierten haben nur dann militärische Maßnahmen gegen Rom ergriffen und werden dies auch weiterhin so handhaben, wenn die Deutschen die Stadt, ihre Eisenbahnen und ihre Straßen für ihre militärischen Zwecke verwenden. Falls die Deutschen sich entscheiden sollten, Rom zu verteidigen, so werden die Alliierten dazu gezwungen sein, geeignete militärische Maßnahmen zu treffen, um sie zu vertreiben."

Dem General Wilson mußte ebenso wie dem gesamten alliierten Oberkommando bekannt sein, daß deutscherseits die Stadt Rom bereits seit langem und selbst in der neuen Gefahrenlage so gut wie ganz von deutschen Truppen und militärischem Verkehr im Rahmen des überhaupt Möglichen freigehalten worden war. Daß bei Zurücknahme der Front Rom als Verkehrsknotenpunkt mit seinen Brücken — geradeso wie Paris im Jahre 1940 — militärisch nicht völlig ausgespart werden konnte, um die Verlegung der Front aus dem Raum südlich Roms in den nördlich der Stadt zeitgerecht vollziehen zu können, mußte den Alliierten ebenso bekannt sein. Aus ihren Radioerklärungen konnte demgemäß nur der Schluß gezogen werden, daß die Anglo-Amerikaner sich freie Hand bewahren und irgendwelche Verpflichtungen zum Schutze Roms nicht eingehen wollten.

Dementsprechend drangen am 4. 6. 44 ihre Pz.-Spitzen ohne jede Rücksicht in die Stadt ein.

Es hätte militärisch nahegelegen, wenn nun deutscherseits die einseitig übernommene Rücksichtnahme auf die kulturellen Werte fallengelassen worden wäre und man wenigstens, um das Nachdrängen des Feindes zu verhindern, die Tiberbrücken in der Stadt gesprengt hätte. In Auswirkung der früheren Weisungen, diese Brücken nicht zu zerstören, wurden sie aber unbeschädigt dem Feind überlassen.

*Zusammenfassend* ist festzustellen:

Von der deutschen Führung ist bis zum Schluß *einseitig* alles getan worden, um Rom und seine kulturellen Werte vor den Schäden des Krieges zu bewahren. Demgegenüber sind die Alliierten bewußt jeder Verpflichtung zum Schutze Roms ausgewichen. Nach der Einnahme Roms haben sie die Stadt selbst als Durchmarschzentrum ihrer militärischen Kräfte benutzt [1].

## II. Die Kämpfe von der Einnahme Roms (4. Juni) bis zur Räumung von Florenz (10. August) und der Landung des Gegners in Südfrankreich (15. August)

### 1. Die Feindlage (4. Juni — 15. August)

Der Juni, der Juli und die erste Häfte des August blieben wie die vorausgehenden Monate durch die Ungewißheit überschattet, was der Feind mit seinen Reserven in Italien und in Nordafrika vorhatte.

Am 5. 6. waren an der Front im Küstenabschnitt die 5. und 1. britische Inf.-Div. erkannt; an sie schlossen sich das VI. und das II. amerik. AK. mit der 1. Pz.-Div., der 45., 34., 36., 85. und 88. Inf.-Div. sowie der 3. Pz.-Div. an. Dazu kamen noch 6 Pz.-Abt.en und die 1. LL-Brig. Rechts reihten sich die Franzosen an, bei denen 3 Verbände festgestellt waren.

Im Mittelmeer waren nunmehr 3 Hilfs- und 1 regulärer Flugzeugträger festgestellt. Ferner verstärkte der Feind seine U-Boote.

Die Möglichkeiten, die sich jetzt dem Feind im Mittelmeer anboten, waren vielseitig. Er konnte es darauf anlegen, die Heeresgruppe C zu vernichten, indem er entweder erst die 14. oder erst die 10. Armee zu überwältigen versuchte. Dann war die Frage, ob er mit den bisherigen Kräften weiter nach Norden drucken und seine operativen Reserven in Nordafrika für andere Unternehmungen bereithalten werde oder ob er sie nach Italien nachzog. Denkbar war auch, daß dem Gegner der in Italien erzielte Gewinn vorerst genügte und er jetzt nach dem Balkan absprang, wo er sich sowohl militärisch als auch politisch weitgreifende Folgen versprechen durfte. Da dem Feinde noch die syrisch-ägyptische Kräftegruppe zur Verfügung stand, war sogar ein Doppelangriff in Rechnung zu stellen, dessen zweite Zange in der Ägäis angesetzt wurde (Merkbuch 9. 6.).

Am 11. 6. wurde dem OB Südwest mitgeteilt, daß nach einer Nachricht aus amerikanischen Militärkreisen die Invasion in Frankreich noch nicht den Haupt-

1 Über die Vorgänge in Genua hat der Generalmajor Günther *Meinhold*, jetzt: Hardegsen bei Nörten (Hannover), Langestraße, im „Secolo XIX", Genua 26. April 1949 und folgende Nummern, berichtet. Der Verfasser stellte mir eine Rückübersetzung seiner Artikel ins Deutsche zur Verfügung, die ich im Durchschlag dem Bundesarchiv in Koblenz und anderen Stellen zuleitete.

schlag darstelle. Falls sie sich festfahre und die deutsche Hauptreserve binde, werde der Hauptschlag von Corsica nach Oberitalien erfolgen, um die Armee Kesselring abzuschneiden. Dann sollten vom Mittelmeer aus Störangriffe erfolgen. Der OB wurde in diesem Zusammenhang auf die Angriffe gegen die Funkmeßortungsgeräte im Raum Livorno–Elba hingewiesen, aus denen auf Angriffsabsichten zu schließen sei.

Am 10. 6. gab der Gegner an, daß er seit Beginn der Offensive 40 000 Gefangene gemacht habe; bei der Einnahme von Rom hatte er 25 000 gemeldet.

Bekannt wurde nun, daß in Italien das III. polnische AK. mit 1 Inf.-Div. und 1 Pz.-Div. eingetroffen war; gerechnet wurde ferner mit der Zuführung von jugoslawischen und griechischen Kräften, welche den Gedanken einer Landung im Balkan nahelegten.

Am 12. 6. waren in und hinter der italienischen Front 31 Verbände anzunehmen, im rückwärtigen Gebiet 5$^3/_4$, auf Corsica 2, in Nordafrika 17 (davon 9$^2/_3$ französ.), in Lybien–Ägypten 9, in Syrien–Palästina–Cypern 6$^1/_3$.

In der Feindpresse war von der Möglichkeit einer Landung von Corsica aus die Rede; doch lagen dort ja nur beschränkte Kräfte, so daß höchstens ein begrenztes Unternehmen in Rechnung gestellt zu werden brauchte. Am 17. 6. erfolgte in der Tat von Corsica aus die Landung auf Elba.

Am gleichen Tage traten zwei weitere Flugzeugträger in das Mittelmeer ein, wodurch sich deren Zahl auf 7 erhöhte.

Im großen gesehen blieb die Aufmerksamkeit nach wie vor auf die operativen Reserven in Nordafrika und im östlichen Mittelmeer gerichtet, für deren Ziel noch immer keine Anhaltspunkte vorlagen. Es überraschte bei dem Vorhandensein so starker Kräfte, daß der Gegner in Italien die Kampfführung wählte, die am wenigsten erwartet wurde, nämlich das „Ausdrücken des Stiefels von der Hacke aus" (vgl. Merkbuch 18. 6.).

Am 18. 6. traten 2 neue Geleite in das Mittelmeer ein, das in der letzten Zeit erhebliche Zuflüsse an Schiffsraum ohne entsprechenden Abfluß aufgenommen hatte. Da in Nordafrika Landeübungen und andere Vorbereitungen festgestellt waren, bestand kein Zweifel, daß der Gegner mit Vorbereitungen für eine Großoperation beschäftigt war. Jedoch war bis jetzt nur Landungsschiffsraum für $^1/_3$ der Verbände, nämlich für 4–5 Div.en vorhanden, so daß vorerst nur eine begrenzte Aktion in Frage kam. Auch im östlichen Mittelmeer war die Lage nicht zu durchschauen. Da dort kampferfahrene Verbände bereitgehalten wurden, mußte mit operativen Absichten gerechnet werden. In Betracht kam ein Vorstoß in die Ägäis und gegen Griechenland, wobei denkbar war, daß der Gegner mit den in Italien vorhandenen Reserven gleichzeitig gegen den Balkan absprang. Da sich der feindliche Druck auf die Türkei verstärkte, mußten auch Veränderungen an der bulgarisch-türkischen Grenze ins Auge gefaßt werden (vgl. Merkbuch 20. 6.).

Strittig war die Zahl der Flugzeugträger im Mittelmeer, die rechnerisch 10 betrug, aber auch auf Doppelzählung beruhen konnte. Mit Sicherheit mußten

4 angenommen werden. Der Höchstbestand, den das Jahr 1943 an Landungsfahrzeugen aufgewiesen hatte, war jedenfalls bereits überschritten.

An Kräften für überholende Landungen, die seit der Einnahme Elbas (19. 6.) erleichtert waren, standen dem Gegner außer den Div.en in Nordafrika noch 5 Verbände zur Verfügung, die im Raum von Nettuno versammelt und in der Folgezeit noch verstärkt wurden.

Am 25. 6. meldete der OB Südwest, daß die Gefahr einer feindlichen Landung im Raum Livorno weiter steige; er berief sich dafür auf die laufend bestätigten Marschbewegungen amerikanischer Verbände nach Anzio—Nettuno, das Heranziehen des besonders landungserfahrenen Generalkommandos des VI. amerik. AK.s seit dem 19. 6., das Unternehmen gegen Elba, die seit Tagen verstärkten Luftangriffe im Raum von Livorno und gegen die Apennin-Pässe sowie die laufende Luftaufklärung in diesem Raum.

Am 26. 6. waren neu erkannt: 1 amerik. Inf.-Div., die aus Nordafrika zugeführt worden war, die ital. Div. „Nembo" und 2 britische Pz.-Brig.en aus Ägypten bzw. Nordafrika. Im Raum von Nettuno wurden jetzt $5^{3}/_{4}$ Verbände angenommen. Dadurch hatte sich die Zahl der eingesetzten Verbände von 31 auf rund 28 vermindert. Im rückwärtigen Gebiet wurden $11^{1}/_{3}$ Verbände vorausgesetzt, auf Corsica und Elba $2^{1}/_{3}$, in Nordafrika $15^{2}/_{3}$, im ostwärtigen Mittelmeer $15^{1}/_{4}$.

Am 27. 6. gab Churchill bekannt, daß die Verluste der Briten (einschließlich der Dominions, jedoch ohne Kriegsmarine und Luftwaffe) in Italien sich seit Beginn der Kämpfe auf 73 000 Mann beliefen, darunter 15 000 Tote und 10 000 Vermißte. Eine amerikanische Mitteilung folgte am 24. 7.: danach hatten die USA an Kräften in Italien verloren: 12 000 Tote, 49 000 Verwundete und 12 000 Vermißte; zusammen 130 000 Mann[1].

Am 8. 7. waren 2 weitere amerikanische Div.en bei Nettuno festgestellt. Im westlichen Küstenabschnitt hatten sich die Amerikaner verstärkt. Bei den Polen im östlichen Küstenabschnitt waren nunmehr 2 Inf.-Div.en mit je einer britischen und einer polnischen Pz.-Brig. ausgemacht. Daher war die Zahl der eingesetzten Verbände gleichgeblieben. Im rückwärtigen Gebiet zeichneten sich nunmehr 3 Kräftegruppen ab:

1. $5^{3}/_{4}$ Verbände im Raum Rom—Neapel,
2. $3^{1}/_{3}$ (zum Teil Polen) bei Tarent,
3. 1 britische, 1 indische Inf.-Div. bei Bari.
4. Außerdem waren in Italien noch $2^{1}/_{4}$ geringwertigere Verbände anzunehmen, also zusammen $13^{1}/_{3}$.

Am 9. 7. traten wieder 2 Hilfsflugzeugträger in das Mittelmeer ein, wodurch ihre Zahl auf vermutlich 12 stieg. Lufterkundung ergab, daß in Bari und Rimini noch keine Vorbereitungen für eine Landung getroffen wurden.

1 Die angegebenen Zahlen ergeben — falls sich kein Abschreibefehler einschlich — 146 000 Mann.

Am 12. 7. lagen in Nordafrika 2 französ. Schlachtschiffe, 4 Kreuzer, 5 Zerstörer und Torpedoboote, also die Masse der französ. Flotte, ferner 2 der Flugzeugträger. Der Handelsschiffsraum war jedoch noch normal. Nach Tarent waren inzwischen 1 Schlachtschiff, 5 Kreuzer, 15 Zerstörer und andere Einheiten der italienischen Kriegsmarine zurückverlegt worden. Aber auch hier fand sich keine ungewöhnliche Ansammlung von Handelsschiffsraum an.

In der zweiten Hälfte des Juni wurden von Afrika nach Süditalien das amerikan. AOK 7, eine britische Pz.=Div. und 2 britische Inf.=Div.en überführt, so daß in Nordafrika nur [1] noch die aus 9–10 Verbänden zusammengesetzte, jetzt vorwiegend französische Gruppe zurückblieb. Auf Corsica war nunmehr mit 800 1mot. und 350 2mot. Flugzeugen zu rechnen; ferner lagen im Raum von Foggia 400 4mot. Bomber.

An LCT befanden sich jetzt bereits mehr Schiffe im Mittelmeer, als vor der Landung bei Salerno festgestellt worden waren. Am 25. 7. kam noch ein neues Geleit für 1 1/2 Div.en hinzu, so daß jetzt 7 Div.en verladen werden konnten.

Bis zum 24. 7. hatten sich aus den Meldungen der Kriegsmarine folgende Anhalte für eine Landungsoperation ergeben:

1. die Verstärkung der feindlichen Einheiten im westlichen Mittelmeer, zu denen jetzt noch 2 französ. Kreuzer gekommen waren,

2. das Zurückhalten von 600 000 BRT im Raum Algier–Sizilien,

3. die Anwesenheit von 5–6 Flugzeugträgern, das heißt: die Hälfte der im ganzen Mittelmeer vorhandenen,

4. der Bestand von Landungsschiffsraum, der (selbst bei einem Einsatz zu einem Drittel für den Nachschub) noch für 5 1/2 Verbände ausreichte,

5. Minenräumungen westlich Livorno und die Lahmlegung des U=Boot=Stützpunktes Toulon (vgl. 24. 7.).

Am 31. 7. wurden angenommen: in Front Infanterie in Stärke von 19 Div.en, 4 Pz.=Div.en, 7 Pz.=Brig.en, 13 Pz.=Abt.en, bei Neapel 7 Inf.=Div.en und Teile einer Pz.=Div., in Apulien 3–4 Inf.=Div.en, auf Corsica und Sizilien 4 Inf.=Div.en, Teile einer Pz.=Div., 1 LL=Div. und 5 Commandos, in Nordafrika 8–9 Inf.=Div.en, 3 Pz.=Div.en, 1 Commando=Brigade und 5 Commandos. Mit den in Italien befindlichen Kräften konnte der Feind nach Auffassung der Heeresgruppe C den Angriff fortsetzen, und zwar zunächst gegen Florenz, dann auch entlang der Adria. Wahrscheinlich sei, daß – da der Gegner Gebirgs=Truppen nicht ausreichend zur Verfügung habe und die „Grüne Linie“ für stark ansehe – er sie nicht frontal angreifen, sondern zu umfassen versuchen werde. In der Adria sei eine überholende Landung zur Zeit nicht wahrscheinlich; doch könne sich die Lage schnell ändern. Für eine Landung an der Ligurischen Küste stünden Kräfte bereits zur Verfügung, und auch Schiffsraum sei für sie vorhanden. Nach der Berechnung der Seekriegsleitung konnten zur Zeit etwa 7 Div.en verladen werden. Im Hinblick auf die militärischen und politischen Ergebnisse sei ein

1 Darüber 2–3 Worte handschriftlich zugefügt, jedoch verwischt.

Vorstoß in die Westlombardei sehr wohl möglich. Beachtlich seien in diesem Zusammenhang die Aufrufe an die Banden in diesem Gebiet. Ebensogut sei aber auch eine Operation gegen die südfranzösische Küste denkbar, für die zusammen mindestens 20 Div.en zur Verfügung stünden. Eine gleichzeitige Landung in Ligurien und Südfrankreich sei weniger wahrscheinlich; jedoch sei ein Fesselungsangriff an der anderen Küste möglich. Beachtlich sei, daß das amerik. AOK 5 herausgezogen worden sei. Ein baldiger Beginn sei zu erwarten. Das Heranführen brasilianischer Kräfte bezwecke wohl, anglo-amerikanische Verbände freizumachen. Daß das Oberkommando der alliierten Streitkräfte und das amerik. AOK 7 von Algier nach Neapel verlegt worden seien, bilde ein weiteres Anzeichen für baldigen Beginn.

Die Heeresgruppe schloß daraus, daß sie sich auf einen Angriff gegen Ligurien einstellen und dabei mit Luftlandungen in den bandenverseuchten Gebieten rechnen müsse. Der OB hielt es deshalb für erforderlich, wenigstens 2 mot. Div.en und eine behelfsmäßig motorisierte, verlastete Div. nördlich des Apennin bereitzustellen. Entsprechende Maßnahmen waren bereits eingeleitet; die 90. Pz.-Gren.-Div. war bei Modena versammelt. Der OB meldete, daß dadurch ein Zurückgehen auf die „Heinrich-Linie" notwendig werden könne. Im Raum von Anzio wurde am 31. eine Landeübung durchgeführt, und in das Mittelmeer waren weitere Schiffe eingefahren. In der Nacht zum 1. 8. wurde nördlich Algier ein feindliches Geleit mit gutem Erfolg angegriffen.

Über die Auswirkungen eines Angriffs gegen den Golf von Genua oder gegen die südfranzösische Küste legte der WFStab am 2. 8. eine Notiz vor. Danach mußte der nicht angegriffene Nachbar bei Gelingen der Landung seine Flanke auf den Alpen sichern, also auf einer Breite von 400 km, wozu 3—4 Div.en als erforderlich angesehen wurden. Vorausschauende Maßnahmen wurden vorgeschlagen; für die Art der Weiterbearbeitung gab der Chef WFStab Richtlinien.

Anschließend ergab sich, daß von Nordafrika aus französische Kräfte in den Atlantik ausgefahren waren. Jedoch mußte angenommen werden, daß das II. französische Expeditionskorps, dem auch die 3 französ. Div.en auf Corsica unterstanden, bei Neapel aufgefrischt wurde, was wiederum auf eine Landung im westlichen Mittelmeer hindeutete. Dasselbe galt von der Zuführung der 5. britischen LL-Div. aus England, welche die im Mittelmeer-Raum vorhandenen schwächeren britisch-amerik. und wohl auch französ. LL-Einheiten wesentlich verstärkte. Die feindlichen Seestreitkräfte wurden durch 2 Kreuzer und 9 Zerstörer verstärkt, und auf der Strecke Algier—Oran nach West-Corsica wurde reger Nachschubverkehr beobachtet. Daß die feindliche Kriegsmarine sich unmittelbar vor der Küste auffallend zurückhielt, entsprach dem Vorgehen im Westen.

Aus den Einsätzen der feindl. Luftwaffe war das Ziel der kommenden Operation bis zum letzten Augenblick nicht zu erkennen, da sowohl die Ligurische Küste und ihr Hinterland als auch die Rhone-Brücken, Eisenbahnanlagen bei

Lyon und Valence sowie südfranzösische Flugplätze angegriffen wurden (dadurch trat in dem bisher schwer angegriffenen Raum von Bologna wieder eine Entlastung ein).

Am 7. 8. verfügte der Gegner in Italien über 26 Verbände. An freien Kräften (einschließlich Polen, Brasilianern usw.) wurden am 11. 8. 16 Verbände angenommen. Dazu kamen noch $13^{2}/_{3}$ Verbände auf Corsica und $7^{2}/_{3}$ in Nordafrika, nämlich weitere $5^{2}/_{3}$ franz. und 2 amerikanische. An eigenen Reserven standen zur Verfügung: hinter der Ligurischen Küste die 34. Inf.-Div. (ohne Teile) und 1 Rgt. der 20. Lw.-Sturm-Div., im Raum Parma—Modena die 90. Pz.-Gren.-Div., hinter der 14. Armee die 372. Inf.-Div. und hinter dem linken Flügel der 10. Armee die 1. Fallschirm-Jg.-Div. Durch Herausziehen der 15. Pz.-Gren.-Div. aus dem Raum von Florenz sollte noch ein Verband gewonnen werden.

In den folgenden Tagen schwankten die Ansichten weiter. Deutete der nun durch eine Ansprache de Gaulles gewiß gewordene Einsatz französischer Kräfte in Nordfrankreich darauf hin, daß von einem Angriff von Süden Abstand genommen war? Richtete sich dieser gegen Ligurien oder gegen Südfrankreich? Für beide Auffassungen konnten Begründungen vorgelegt werden; doch hielten sie sich bis zum letzten Augenblick die Waage (vgl. Merkbuch 14. 8.).

Am 10. 8 stellte der OB in seiner Beurteilung der Lage fest, daß sie sich seit dem 1. 8. nur unwesentlich geändert habe. Nach wie vor sei mit einer Landung zu rechnen, deren Vorbereitung als abgeschlossen angesehen werden müsse. Ihr Ziel könne die südfranzösische, aber auch die Ligurische Küste sein. An der Südfront war der Abzug von 2 französ. Div.en durch den Abtransport von 2 britischen Div.en aus Nordafrika wieder ausgeglichen worden; ferner waren 2 britische Div.en zwischen Italien und Ägypten ausgetauscht worden. Für das vermutete Herauslösen der 5. amerikan. Armee lag noch keine Bestätigung vor. Für ein feindliches Unternehmen in der Adria hatten sich keine Anzeichen ergeben. Dazu meldete der OB seine Gegenmaßnahmen (s. unten).

Nach einer Meldung aus Madrid vom 10. 8. war in Nordafrika Auslaufen von Schiffen mit Truppen und Material beobachtet worden. Am 12. 8. früh wurden vor Ajaccio 2 Geleite von je 75 Schiffen gesichtet. Aus der Luft griff der Feind alle Funkmeßgeräte an der südfranzösischen Küste an; andererseits wurde bekannt, daß Churchill in Italien weilte. Nach einer Meldung vom 11. 8. hatte nunmehr in Neapel die Verladung des amerik. AOK 7[1] sowie des II. französ. Expeditionskorps begonnen. Am 12. 8. lagen neue Nachrichten über die Schiffsbewegungen bei Ajaccio vor, und vorbeugend bat der OB um Eingreifen der Luftwaffe, die entsprechend angewiesen wurde.

In der feindlichen Presse wurde jetzt offen von der Absicht einer Landung gesprochen; doch wurden nach erprobter Taktik verschiedene Ziele, darunter auch die französische Küste, nacheinander genannt. Bekannt wurde noch, daß die feindlichen LL-Einheiten im Raum Rom bereitgestellt wurden. Am 15. 8.

1 Ms.: 5.

wurden von San Remo aus Lastensegler beobachtet; doch stellte sich heraus, daß der Gegner nun jenseits der Alpen an der südfranzösischen Küste landete.

Damit ergab sich, da dies Unternehmen nicht verhindert werden konnte, eine völlig neue Lage für den OB Südwest: er brauchte die Ligurische Küste im Augenblick nicht als bedroht anzusehen; dafür war aber nun seine tiefe rechte Flanke gefährdet.

### 2. Die Kampfhandlungen an der Südfront

#### *a) Das Ausweichen in die Linie Trasimenischer See–Perugia (4.–19. Juni)*

In der feindlichen Öffentlichkeit wurde die Einnahme Roms natürlich stark herausgestrichen. Doch warnte der Londoner Rundfunk vor einer Überschätzung des Erfolges; dabei hob er die geschickte deutsche Führung und die unverminderte Kampfkraft des Feindes hervor.

Die Zahl der deutschen Gefangenen in der letzten Zeit wurde mit 20 000 angegeben: in den letzten Tagen und Stunden hätte sie sich auf 25 000 erhöht. Beachtenswert ist, daß es noch gelungen war, aus Rom alle Verwundeten und Kranken rechtzeitig zurückzuschaffen. Die Behauptung des Feindes, ihm seien auf diese Weise 8000 Gefangene in die Hand gefallen, mußte nach den deutschen Unterlagen falsch sein; sie bezog sich vermutlich auf Italiener.

Im Rücken der *14. Armee* lagen jetzt Umbrien und Toskana mit jenen Durchgangsstraßen, an denen entlang bereits im Altertum und im Mittelalter die Kriege geführt worden waren. Da der obere Tiber von Norden nach Süden verläuft, bot er keinen Schutz mehr; er erschwerte vielmehr die Verbindung innerhalb der Front, da der Gegner die wenigen Brücken aus der Luft zerstören und das behelfsmäßige Übersetzen leicht überwachen konnte. Erst der Arno bedeutete wieder ein stärkeres Naturhindernis. Auf dem Wege zu ihm sparten der Bolsena-See und der Trasimenische See wohl einen Teil der Landfront inmitten der Ebene aus, brachten aber auch wieder die Gefahr mit sich, daß sie die Front beim Ausweichen aufrissen.

Die *10. Armee* mußte ihren Weg in einem an sich wenig gangbaren Gebirgsstreifen mit schmalem Küstenraum zurücklegen, in welchem dem Gegner das Nachfolgen durch Zerstörungen erschwert werden konnte. Wenn dieser daher vorerst nicht zum Angriff kam, so erforderten die eigenen Bewegungen – zumal, da sie durch das Bandenunwesen gestört wurden – doch so viel Zeit, daß dadurch die Gefahr des Abhängens und daher einer Aufspaltung des rechten Flügels gegeben war. Denn dieser Flügel konnte aus den Tälern heraus angegriffen werden. Außerdem waren seine Bewegungen noch durch die der 14. Armee bestimmt, da er die Verbindung nicht abreißen lassen durfte.

Die Heeresgruppe C trat also, als sie sich vom Raum von Rom löste, in ein Gelände ein, das sie vor große Schwierigkeiten stellte.

Als letzter Rückhalt vor den Alpen lag im Rücken beider Armeen der Apennin, dessen Ausbau eingeleitet war, aber noch in den Anfängen steckte.

Die erste Schwierigkeit bestand darin, die eigene Front nördlich Rom wieder zusammenzuschließen und den Durchbruch der feindlichen Kräfte, welche entgegen der Erklärung Roms zur „offenen Stadt" das Stadtgebiet ausgenutzt hatten, aufzufangen.

Am 4. 6., 4.30 Uhr, meldete der OB seine Absichten für diesen Tag: Zurücknahme des rechten Flügels hinter die Linie Tiber – alter Tiber – Subiaco – C-Stellung. Die Masse der 14. Armee sollte möglichst rasch beiderseits Rom durchgeführt, der Anschluß an die 10. Armee 6 km nordostwärts Valmontone gehalten werden. Entsprechend sollte sich die 10. Armee absetzen. Als neue Trennungslinie zwischen den beiden Armeen wurde die Linie Valmontone – 5 km westlich Tivoli – 4,5 km westlich Moricone – Westrand Fara in Sabina festgelegt.

Gleichzeitig wurde auf fernmündliche Rückfrage hin gemeldet, die Verbände seien zur Zeit so gemischt, daß genaue Feststellungen über die Verluste nicht möglich seien. Bis 31. 5. seien 21 600 Verwundete des Heeres erfaßt, bis 2. 6. an Verlusten 38 024 Mann gemeldet worden. Bis 28. 5. sei ferner der Verlust von 500 MG, 1600 leichten MG, 300 Geschützen, 60 Nebelwerfern und rund 200–250 Panzern (die Hälfte der vorhandenen) gemeldet worden. Die Inf.-Gefechtsstärken wurden daher auf 10–50% veranschlagt.

Am 4. 6. morgens meldete der OB Südwest, daß er durch Verteidigung in weiteren Stellungen zwischen der „Dora"-Stellung (Südrand der Berge ostwärts Orbetello–Südrand Lago di Bolsena [1]–Narni–Rieti–Aquila–Südrand Gran Sasso–Torre, dann Foro-Stellung, C-Stellung) und der „Goten"-Stellung möglichst viel Zeit für deren Ausbau gewinnen wolle. Als nächste zu erkundende Linie sei die E-Linie vorgesehen: Talamone–Radicofani (65 km nordwestlich Perugia) – Castigmione–nördlich Perugia–Nocera (20 km ostwärts Perugia) – Cavallo (30 km ostwärts Foligno) – Monte Vettore (55 km südostwärts Foligno) – Benedetto. Außerdem lasse er Zwischenstellungen und Riegel zwischen der D- und der E-Stellung feststellen. In einer der rückwärtigen Stellungen solle die 162. (Turk-) Div. eingesetzt werden.

Dazu legte der OB Richtlinien für die Kampfführung vor. Da der Führer den Kampf in Rom verboten habe, setze sich die Heeresgruppe in zähem Kampf auf die „Dora"-Stellung ab, und zwar erst mit Masse zügig, um die Linie I: Tiber – alter Tiber – Subiaco – anschließend A- und C-Linie zu überschreiten. Bei der 14. Armee solle die Verteidigung in der Linie II wenigstens so lange vorgesehen werden, bis alle Verbände wieder geordnet seien; bis dahin hätten die Nachtruppen – falls der Feind sie nicht bedränge – in der Linie I zu verbleiben. Aus der Linie II sollten die Inf.-Div.en dann in die

1 Dahinter 1 Wort einkorrigiert (unleserlich).

D=Stellung geführt werden und die motorisierten Kräfte in einem Zuge den Kampf fortsetzen; diese sollten dann in der Linie III aufgenommen werden. Dazu wurde vorgesehen, die 356. Inf.=Div. der 14. Armee zuzuführen. Bei der 10. Armee sollten die gebirgsbeweglichen Teile die Abwehr führen; die Ordnung der Verbände hätte in der C=Stellung zu geschehen.

In der „Dora"=Stellung sollte wegen des Geländes der Schwerpunkt bei der 14. Armee liegen. Deshalb wurden die beiden Armeen wie folgt gegliedert:

*14. Armee:* Gen.=Kdo. I. Fallschirm=Jg.=Korps und Gen.=Kdo. LXXVI. Pz.=Korps mit: 65., 92., 334. und 362. Inf.=Div., 3. und 15. Pz.=Gren.=Div.; Fallschirm=Pz.=Div. „Hermann Göring", 4. Fallschirm=Jg.=Div. (später noch: 356. Inf.=Div.).

*10. Armee:* Gen.=Kdo. XIV. Pz.=Korps und LI. Gebirgs=Korps mit: 44., 71., 94., 278. und 305. Inf.=Div.; 1. Fallschirm=Jg.=Div., 5. Geb.=Div., 114. Jg.=Div., 29. und 90. Pz.=Gren.=Div.

*H.=Gr. Reserve:* 26. Pz.=Div. bei Orvieto und 20. Lw.=Feld=Div., die der 14. Armee zur Aufnahme auf dem rechten Flügel zur Verfügung gestellt wurde.

Erkundung und Ausbau der „Dora"=Stellung sowie die Art des Absetzens wurden im einzelnen geregelt.

In seiner Stellungnahme ging der WFStab am 5. 6. davon aus, daß der Feind entweder der 14. Armee folgen werde, um deren Neuordnung zu verhindern, oder daß er nach Osten eindrehe, um der durch das Gelände behinderten 10. Armee in die tiefe Flanke zu stoßen und diese zu vernichten. Diesen beiden Möglichkeiten müßten die weiteren Maßnahmen der Heeresgruppe Rechnung tragen, die für die nächste Zeit keinen nachhaltigen Widerstand werde leisten können. Zunächst komme es darauf an, die immer tiefer werdende Westflanke der 10. Armee, deren Verstärkung bereits befohlen worden sei, zu decken und das Abfließen ihrer Kräfte zu beschleunigen. Die 14. Armee werde sich darauf beschränken müssen, das Vorgehen des Feindes zu verzögern. Ihre Aufgabe sei, die Westflanke der 10. Armee so zu decken, daß die Heeresgruppe nicht in der Naht aufgerissen werde. Ab sofort stünden der Heeresgruppe 3 Verbände (162. Inf.=Div., 356. Inf.=Div., 20. Lw.=Feld=Div.) zur Verfügung. Es komme darauf an, diese kampfungewohnten, aber voll ausgerüsteten Div.en nicht vereinzelt zu verbrauchen. Im Gegensatz zur Heeresgruppe wurde vorgeschlagen, auf das Heranführen der 356. Inf.=Div. in die III. Linie zu verzichten und statt dessen alle neuen Verbände in die D=, noch besser in die E=Linie zu führen. Das bedinge allerdings, daß die 14. Armee sich noch 100 km ohne sie zurückkämpfen müsse. Außerdem müsse die Luftwaffe verstärkt werden.

An diesem Tage (5. 6.) kam es zu Vorstößen westlich Rom. Die Nachtruppen standen noch in der Linie I, die Hauptkräfte waren im Zurückgehen auf die Linie II. Nördlich und nordostwärts Rom beschränkte sich der Feind vorerst auf Aufklärung. Westlich und bei Tivoli wurden starke Angriffe abgewiesen.

Dieser Raum wurde durch die 1. Fallsch.=Jg.=Div. verstärkt; die Verbindung zur 14. Armee aufrechtzuerhalten, war Aufgabe der 26. Pz.=Div. Die 10. Armee selbst, der das Gen.=Kdo. LXXVI. AK. unterstellt wurde, setzte sich aus der „Karl"= in die „Anton"=Linie ab.

Am 6. 6. kam es erst am Nachmittag zu Panzer=Vorstößen auf der Küsten=straße in Richtung Viterbo und bis Civita Castellana. Die 14. Armee setzte sich deshalb beschleunigt ab. Zwischen der Küste und dem Bracciano=See sperrte noch die 20. Luftw.=Div. Die 26. Pz.=Div. sollte nun über die Furt bei Ostia oder — falls dies nicht mehr möglich war — gleich über Orvieto herange=zogen werden. Die 10. Armee wies bei Tivoli weitere Angriffe ab und ging dann in die „Emil"=Stellung zurück.

Am 7. 6. wichen die eigenen Kräfte bis in eine Linie 8 km nördlich Civita=vecchia—Capronica aus, womit der Anschluß an den See preisgegeben war. Die auf Civita Castellana vorgestoßene Pz.=Gruppe wurde nördlich der Stadt bei Fabrica aufgefangen. Die 10. Armee erreichte die „Emil"=Stellung.

Am 8. 6. mittags meldete der zum OB Südwest entsandte Stellv. Chef WFStab (siehe unten), daß trotz äußerster Anstrengungen ungünstigenfalls mit einem Zurückfallen auf die „Goten"=Stellung in etwa 3 Wochen gerechnet werden müsse, der OB diesen Zeitraum jedoch zu verlängern hoffe, falls der Feind nicht überholend lande. Er halte deshalb ebenso wie der OB die Be=schleunigung aller Maßnahmen für die „Goten"=Stellung für erforderlich, darunter die Vermehrung der Kopfstärken der Hochgebirgsschulen, die Zu=führung von Pi=Kräften und der Artl.=Geb.=Schule, die beschleunigte Aufstel=lung der Stellungsbau=Btl.e durch den BdE, ferner eine Verstärkung der Org. Todt und der Minen=Zuweisung. Außerdem seien Maßnahmen für den Eisen=bahnbetrieb über die Alpen erforderlich, der bald ebenso gefährdet wie der in Italien sein werde. In gleicher Weise wie die Gebirgs=Stellung müsse auch der Küstenabschnitt Rimini—Ravenna, für den es an Beton fehle, ausgebaut wer=den. Ein Abtransport der wehrpflichtigen Bevölkerung sei unmöglich (dazu Stellungnahme des WFStabs vom 9. 6. und Erläuterungen des Stellv. Chefs vom 18. 6.).

Am 8. 6. lag der Schwerpunkt der feindlichen Angriffe wiederum auf dem rechten Flügel. Panzer, von See her durch Artl.=Feuer unterstützt, stießen bis zur Linie Civitavecchia—Tarquinia vor. Südlich des Bolsena=Sees wurden die eigenen Kräfte in die Linie Vetralla—Fabrica zurückgedrängt. Um dem Feind hier in die Flanke zu stoßen, wurde das XIV. Pz.=Korps mit der 20. Pz.= und der 19. und 90. Pz.=Gren.=Div. nach Orvieto gezogen. Bei Terni wurde als Armee=Reserve die 356. Inf.=Div. versammelt, die zum Einsatz ostwärts des Sees bestimmt war.

Die 10. Armee wich in die „Dora"=Stellung aus.

Am 9. 6. kam es nur bei Viterbo zu größeren Kämpfen. Die Stadt ging verloren; die eigenen Truppen setzten sich auf Montefiascone (südlich des Bolsena-Sees) ab. In der Sicherungs-Linie waren nunmehr eingesetzt: Teile der 162. Inf.-Div., 20. Lw.-Feld-Div., im Abtransport begriffen waren noch die 356. Inf.-Div. Auch die übrigen Kräfte, die dem OB von anderen Kriegsschauplätzen zugeführt wurden (S. 580 ff.), trafen jetzt nach und nach ein. Das Herankommen des XIV. Pz.-Korps zog sich dagegen in die Länge, da die Brücken- und die Luftlage die Bewegung hemmten.

Der Stellv. Chef WFStab meldete, daß er im Westabschnitt der „Goten"-Stellung den Ausbau überraschend weit vorgeschritten vorgefunden habe. Bei der anschließenden Besichtigung in den übrigen Teilen ergab sich jedoch, daß hier weit weniger und zum Teil noch gar nichts hatte geschehen können.

An diesem Tage (9. 6.) erließ der OB Südwest einen Operationsbefehl, dem die Absicht zugrunde lag, hinhaltend kämpfend letzthin auf die Apennin-Stellung zurückzugehen. Dazu meldete der OB am gleichen Tage, es sei sein fester Wille, Italien möglichst weit südlich des Apennin zu verteidigen. Doch bestehe die Möglichkeit, daß er infolge der feindlichen Konzentration gegen den rechten Flügel, der erst anrollenden eigenen Panzer sowie der Schwierigkeit, Kräfte von der 10. zur 14. Armee zu verlegen, gezwungen sein könnte, seine Kräfte zurückzunehmen, um sie nicht völlig zerschlagen zu lassen, was die Verteidigung der „Goten"-Stellung unmöglich machen werde. Er habe deshalb vorbereitende Maßnahmen für das Zurückgehen im Kampf angeordnet.

Am 10. 6. kam der Feind auf der Küstenstraße und beiderseits des Bolsena-Sees weiter voran. Zur Abstutzung wurde die 90. Pz.-Gren.-Div. herangezogen, die allerdings nur noch die Stärke von 2 Btl.en hatte. Der Schwerpunkt der Kämpfe lag im Raum von Viterbo. Da der Feind bei der 356. Inf.-Div. durchbrach, wurde eine neue Linie vom Bolsena-See nach Südwest bezogen, wodurch das noch behauptete Montefiascone preisgegeben wurde. Der Anmarsch des XIV. Pz.-Korps verzögerte sich weiter durch Straßen- und Brückenschäden und häufige Angriffe aus der Luft.

Bei der 10. Armee wurde im Raume von Orte gekämpft; sonst folgte der Feind nur zögernd. Um Reserven zu gewinnen, wurden die 94. Inf.-Div. und die 114. Jg.-Div. herausgezogen.

Um 17.45 Uhr wurde dem OB der Befehl des Führers mitgeteilt, die hinhaltende Kampfführung nicht bis zur Apennin-Stellung fortzusetzen, sondern vielmehr nach Ordnen der Verbände möglichst weit südlich zur Verteidigung überzugehen. Die 19. Lw.-Sturm-Div. solle als Reserve an der Ligurischen Küste zurückgehalten werden, solange das Ziel der feindlichen Kräftegruppe in Nordafrika nicht feststehe.

Am 11. 6. drückte der Feind beiderseits des Sees die eigenen Kräfte zurück. Bei der 10. Armee folgte der durch vielfache Zerstörung behinderte Feind nur langsam.

Am 12. 6. gelang dem Feinde, durch die 20. Lw.=Sturm=Div. durchzustoßen und gegen Pitigliano (westlich des Bolsena=Sees) einzuschwenken, gegen das die 90. Pz.=Gren.=Div. vorstieß. Da dadurch eine Lücke entstand, mußte die eigene Front zurückgenommen werden. Ostwärts des Sees wurde der Gegner fünfmal abgewiesen; dann mußten aber auch hier die eigenen Truppen abgesetzt werden. An Stelle der 356. Inf.=Div. wurde die 26. Pz.=Div. eingeschoben. Die 10. Armee setzte sich mit Rücksicht auf die Entwicklung auf ihren rechten Flügel in die Linie Rieti—Pizzoli ab.

Am 13. 6. mußte westlich des Bolsena=Sees weiter ausgewichen werden. In Pitigliano drangen feindliche Panzer ein. An Stelle der Gruppe Pfeiffer übernahm das inzwischen herangekommene Gen.=Kdo. XIV. Pz.=Korps den Befehl über die 162. (Turk=) Div., die 19. Lw.=Sturm=Div. und die 29. Pz.=Gren.=Div. Die 65. Inf.=Div. wurde zur Auffrischung nach Norditalien gelegt.

Bei der 10. Armee kam es nur zu geringen Kampfhandlungen. In der Front wurde die 94. Inf.=Div. eingesetzt, um die 1. Fallschirm=Jg.=Div. für die Lücke zwischen den beiden Armeen freizumachen.

Über den Zustand der *„Goten"=Stellung* berichtete mündlich der Stellv. Chef WFStab, der am 7. 6. den OB in seinem Hauptquartier aufgesucht, am 8.—10. 6. die Linie abgefahren und am 12. 6. den Rückflug angetreten hatte. Er hatte zu seiner Überraschung erfahren, daß der OB mit der im Führerhauptquartier bisher nicht in Betracht gezogenen Möglichkeit rechnete, notfalls bereits in 3 Wochen auf den Apennin zurückgehen zu müssen. Er legte die Kampfweisung des OB vom 9. 6. vor, in der — wenn auch nur vorbereitend — das Ausweichen geregelt war. Dazu übermittelte er als seinen Eindruck, daß der Mittel= und der Ostabschnitt im Ausbau weiter hinter dem Westabschnitt zurückbleibe, in dem bereits beachtliche Ergebnisse erzielt worden seien.

Der Führer ließ sich am 13. 6. durch den Chef und den Stellv. Chef WFStab über diese Fragen Vortrag halten. Der Chef trug vor, daß der Ausbau noch nicht genügend weit vorgeschritten sei und lediglich im Bereiche der westlichen Küste eine gewisse Dichte erreicht habe und der Feind sich bei einem Durchstoß mit seinen Panzermassen in die Po=Ebene ergießen werde. Er schlug deshalb vor, dem OB Südwest zu befehlen, möglichst weit südlich der „Goten"=Stellung zur Verteidigung[1] überzugehen. Der Führer schloß sich dieser Auffassung an.

Am Nachmittag unterrichtete der Chef WFStab den Chef des Gen.=Stabs des OB Südwest über die Beurteilung des Führers. In der Nacht vom 13./14. 6. folgte eine schriftliche Weisung für die weitere Kampfführung, die der Führer unterzeichnete und in der eingangs festgestellt wurde, daß der Apennin den letzten Sperriegel vor der Po=Ebene darstelle, deren Besetzung unübersehbare politische und militärische Folgen haben würde; er böte aber noch keine Sicher=

1 Ms.: entscheidenden Vert.

heit gegen überlegene feindliche Kräfte. Das müsse versucht werden, bedürfe aber einer gewaltigen Arbeit von sieben Monaten. Deshalb sollte der OB spätestens in der „Frieda"=Linie: Piombino–Trasimenischer See–Civitanova, besser noch in der Linie: Orbetello–Spoleto–Tronto=Abschnitt bis nördl. Colonella die Front zum Stehen bringen. Bei der Truppe müsse die falsche Vorstellung, als wenn es eine ausgebaute Apennin=Stellung gäbe, ausgerottet werden. Jede Stellung sei so stark wie ihr schwächster Punkt; in großen Teilen des Apennin gebe es aber zur Zeit nichts. Im nördlichen Apennin würden die Kampfbedingungen nur schwieriger und die Gefahren überholender Landungen größer (vgl. dazu Merkbuch 3. 6., Vortragsnotiz des Stellv. Chefs vom 3. 6. und ergänzende Weisung vom 18. 6.).

Nachdem der Führer am 15. 6. verlangt hatte, daß der Name *„Goten=Stellung"* sofort abgeändert werde, der im Falle ihrer Eroberung dem Feinde Anlaß zu Siegesgeschrei geben und auf der eigenen Seite falsche Vorstellungen erwecken konnte, erhielt sie die Bezeichnung *„Grüne Linie"*.

Der am 14. 6. herausgegangene Befehl der Heeresgruppe zum Übergang zur Verteidigung (der am 16. 6. übermittelt wurde) legte als neue Linie die (ungefähr der „Frieda"=Linie entsprechende) A=Linie fest: Grosseto–Orlia=Abschnitt – Trasimenischer See – Magione – Gualdo – Tardino=Abschnitt – südlich Ancona. Schwerpunkte sollten auf dem äußeren Flügel der 14. Armee und bei der 10. Armee auf dem rechten Flügel und bei Perugia gewählt und das Vorgehen des Feindes möglichst lange hinausgezögert werden.

Am 14. 6. stießen die feindlichen Panzer durch die noch im Küstenabschnitt stehende 162. (Turk=) Div., die sich gut geschlagen hatte, jetzt aber dem Eindruck des Angriffs erlag, und erreichten den Ombrone=Abschnitt. Die Turk=Div. wurde durch den bei Grosseto aus einem Rgt. der 19. Lw.=Sturm=Div., Teilen der Tiger=Abt. 504 und der Hälfte der 20. Lw.=Sturm=Div. aufgebauten Sperrverband aufgenommen. In der Nacht wurden auch die 90. Pz.=Gren.=Div. und die 20. Lw.=Sturm=Div. zurückgenommen. Im linken Abschnitt der 14. Armee nahm der Feind Aquapendente (nördlich des Bolsena=Sees) und Orvieto. Die 10. Armee setzte sich weiter ab.

Da der Gegner am 15. 6. am rechten Flügel nicht nachdrängte, konnte die 162. (Turk=) Inf.=Div. sich zum Sperrverband zurückkämpfen. Weiter landeinwärts führte der Feind starke Angriffe, die im wesentlichen abgewehrt werden konnten. Auch auf dem rechten Flügel der 10. Armee war dies der Fall.

Am 16. 6. konnte der Feind bei Grosseto den eigenen Brückenkopf eindrücken und dafür einen eigenen bilden. Seinen Schwerpunkt hatte er jetzt an den Trasimenischen See und ostwärts verlegt; dorthin hatte er vom Westen anscheinend 2–3 Pz.=Div.en verschoben. Daher gelangen ihm zwei tiefe Einbrüche in Richtung auf den See und gegen Foligno. Ein Zangenangriff gegen

Perugia zeichnete sich ab. Daher mußte der OB seine Front entgegen den gehegten Absichten zurücknehmen. Um 18.30 Uhr übermittelte er seinen zweiten Befehl über die Verteidigung der „Albert"-Stellung.

Eine weitere Verschärfung der Lage trat dadurch ein, daß der Feind am 17. 6. früh auf Elba landete (siehe unten[1]; ferner Merkbuch 16. 6.).

Daß der Gegner die am 14. 6. befohlene Linie bereits überschritten hatte und die Linie ostwärts Perugia weiter zurück angelegt wurde, als dies aus den Meldungen zu entnehmen gewesen war, bestärkte den Führer in seiner Auffassung, daß der OB Südwest nur hinhaltend kämpfe und nicht, wie ihm dies der Stellv. Chef WFStab nach seiner Rückkehr vom OB versichert hatte, mit Nachdruck vor dem Apennin kämpfen wolle. Deshalb erhielt der OB erneut die Weisung, die Verteidigung soweit südlich wie möglich durchzuführen, und zwar fernmündlich voraus am 15. 6. nachmittags und anschließend durch ein Fernschreiben des Chefs WFStab. Dies Schreiben gelangte erst in der Nacht zum 16. 6. in die Hand des OB, als dem Feind weitere schwere Einbrüche gelungen waren. Er meldete nun, daß er den Befehl durchführen wolle, soweit dies auf Grund der neuen Lage möglich sei, also vorwärts der „Albert"-Linie. Am 16. 6. früh drängte der Stellv. Chef WFStab den Chef des Generalstabes des OB Südwest fernmündlich, örtliche Rückschläge möglichst nicht zum Anlaß zu nehmen, die ganze Front zurückzuverlegen. Dieser machte dagegen geltend, daß sich örtliche Einbrüche nur durch Schwächung der Nebenabschnitte bereinigen ließen, worauf dann diese gefährdet seien. Bei dieser Gelegenheit wurde der OB Südwest gedrängt, möglichst bald ein genaueres, wenn auch vorläufiges Bild vom Zustand der Verbände der 14. Armee zu geben.

Um seine bisherige Kampfführung zu rechtfertigen und die weiteren Möglichkeiten zu besprechen, erbat der OB Vortrag beim Führer. Ihm wurde mitgeteilt, daß dies sehr erwünscht, aber erst in den nächsten Tagen durchführbar sei (Merkbuch 16. 8.); denn der Führer müsse erst von der Besprechung mit dem OB West und dem OB der Heeresgruppe B im Westen zurückkehren (der Vortrag beim Führer zog sich bis zum 3. 7. hin).

Am Abend des 16. 6. meldete der OB seine weiteren Absichten: er wolle in zähem Kampf um Zeitgewinn in die „Albert"-Linie zurückgehen, deren genauer Verlauf noch erkundet werde, und Elba behaupten. Den linken Flügel über Civitanova zurückzunehmen, sei erforderlich, um Kräfte einzusparen. Der Hafen von Ancona bleibe sichergestellt.

Folgende Gliederung sei vorgesehen:

I. 14. *Armee* mit XIV. Pz.-Korps (162. Inf.-Div. im Küstenschutz, 19. und 20. Lw.-Sturm-Div., Kampfgruppen der 3. und der 90. Pz.-Gren.-Div.) und I. Fallschirm-Jg.-Korps (29. Pz.-Gren.-Div., 356. Inf.-Div., Kampfgruppen der 26. Pz.-Div. und der 4. Fallschirm-Jg.-Div.),

1 Vgl. das anschließende Kapitel b (S. 524 f.).

II. *10. Armee* mit LXXVI.[1] Pz.=Korps (Fallschirm=Pz.=Div. „Hermann Göring", 15. Pz.=Gren.=Div., Kampfgruppen der 1. Fallsch.=Jg.=Div. und der 47. Inf.=Div.) und dem LI.Gebirgs=AK. (278. Inf.=Div. und Kampfgruppen der 114. Jg.=Div., der 5. Gebirgs=Div. und der 71. Inf.=Div.).

Zur Auffrischung waren bzw. sollten herausgezogen werden:

715. Inf.=Div. (Rimini–Ravenna, vorbereitet für Verlegung nach Genua) und die 65. Inf.=Div. (Pistoia und nördlich), beide durch Schatten=Div.en aufzufüllen,

zur Verfügung der 14. Armee: 362. und 92. Inf.=Div., zusammengelegt zur neuen 362. Inf.=Div.,

zur Verfügung der 10. Armee: 94. Inf.=Div., ferner die zur neuen 305. Inf.=Div. zusammenzulegenden 305. und 334. Inf.=Div. (zu diesen Zusammenziehungen hatte das OKH bereits fernmündlich seine Zustimmung erteilt).

(Der Chef OKW lehnte die geplanten Zusammenlegungen ab, was dem OB am 20. 6. mitgeteilt wurde).

Der WFStab berechnete seinerseits am 16. 6., daß der OB am 12. 5. (Beginn der Offensive) beim AOK 10 über 9 Div.en auf 185 km, beim AOK 14 über 5 Div.en auf 53 km, ferner über 4 Div.en in Reserve und über 6 im[2] Küstenschutz und in der Aufstellung, zusammen also über 22 Div.en verfügt habe, die personell und materiell fast voll aufgefüllt, dazu ausgeruht und voll kampfkräftig gewesen seien. Nach den Verlusten in den vier Wochen Großkampf seien die Kräfte so abgesunken, daß der OB Südwest nunmehr noch verfüge über: 10 noch fast kampfkräftige Div.en,

16 Kampfgruppen in Stärke von je 1 verstärkten Regiment.

Im Küstenschutz waren 3 Divisionen gebunden; zur Auffrischung und Zusammenlegung waren 7 Kampfgruppen herausgezogen. Daher konnten jetzt auf 250 km 7 fast volle Div.en und 9 Kampfgruppen eingesetzt werden; dabei war in Rechnung zu stellen, daß die Bedingungen der „Albert"=Linie wesentlich ungünstiger waren als die der Ausgangsfront. Positiv war nur die Verkürzung der Seeflanken zu werten; jedoch mußten diese jetzt als stärker bedroht angesehen werden und banden daher mehr Kräfte als vor Beginn der Offensive. Ferner waren die Nachschubwege der feindlichen Luftwaffe jetzt stärker als früher ausgesetzt. Daraus schloß der WFStab, daß der OB Südwest nur begrenzte Zeit imstande sein werde, den Feind in der „Albert"=Linie aufzuhalten. Erforderlich sei, die herausgezogenen Kampfgruppen rechtzeitig in die „Grüne Linie" zu verlegen, um neue Verbände zu schaffen.

Am 18. 6., 1.45 Uhr, sandte der OB Südwest dem Chef WFStab auf das in der Nacht zum 16. 6. eingegangene Fernschreiben eine zur Vorlage beim Führer bestimmte Antwort, in der er bat, Unrichtigkeiten richtigzustellen. Nach der Preisgabe Roms seien die Kräfte beider Armeen so angeschlagen gewesen, daß

1 Im Ms.: LXXII.

2 Ms.: über 42 km; Lesung unsicher.

nur durch hinhaltende Kampfführung, wie sie auch das OKW gebilligt habe, der Feind aufgehalten und die eigene Truppe wieder geordnet und behelfsmäßig aufgefrischt werden konnten. Die Absicht, beiderseits des Bolsena-Sees zu halten, sei vereitelt worden, weil die Front in mehrtätigen, harten Kämpfen an 5 Stellen durchbrochen worden sei und Kräfte zur Wiederherstellung der Lage gefehlt hätten, da die bei der 10. Armee rechtzeitig freigemachten Kräfte wegen der Marschschwierigkeiten im Gebirge und der Luftangriffe nicht wunschgemäß eintreffen konnten. Dazu sei noch gekommen, daß die neuen Div.en (20. Lw.-Sturm-Div., 162. Inf.-Div. und 356. Inf.-Div.) zunächst nicht die genügende Härte besessen hätten. Vom Verlust von Velletri ab sei dem OB – was ihm den letzten Anstoß für die Umbesetzung in der Führung der 14. Armee gegeben habe – klar gewesen, daß vor allem im Gefechtsstreifen der 14. Armee keine panzersicheren Abschnitte in größerer Breite vorhanden waren und die Kampfführung mit den geschwächten Div.en auf breiterem Raum immer schwieriger wurde. Trotzdem habe er den Armeen frühzeitig die Verteidigung der „Dora"-Linie und nach Eingang des Führerbefehls die der „Albert"-Linie befohlen und alles veranlaßt, was die Durchführung dieser Aufgabe unterstützen konnte. Bis heute habe er in jeder Zwischenstellung erst dann ein Ausweichen gestattet, wenn nach Einsatz aller örtlichen Reserven keine Möglichkeit mehr gegeben war, die Lage zu bereinigen. Der Ausfall der Panzer sei durch Sperrungen und Zerstörungen ausgeglichen und versucht worden, durch starken Artillerie-Einsatz die feindliche Infanterie von ihren Panzern zu trennen. Bei der 14. Armee hätten sich der feindliche Einsatz von Pionieren und die dadurch entstandenen Verluste ungünstig ausgewirkt. Bei der Auswahl der Linie seien Kräfteersparnis und Zuführung der neuen Panzer und Pz.-Abwehrwaffen berücksichtigt worden. Da gegenüber der 14. Armee und des rechten Flügels der 10. Armee mit 5–6000 feindlichen Panzern zu rechnen sei, bleibe das Heranführen von Panzern entscheidend. Wegen der am 16. 6. erfolgten Pz.-Durchbrüche bei der 10. Armee, der schwierigen Lage in der Mitte der 14. Armee sowie der Gefährdung der nach der Landung auf Elba bedrohten rechten Flanke hege der OB zwar Besorgnisse im Hinblick auf die „Albert"-Linie, besitze aber auch die Willenshärte, das Menschenmögliche zu leisten. Er müsse jedoch pflichtgemäß melden, daß die Truppe nach 6 Wochen wolkenlosen Himmels und daher ununterbrochener feindlicher Lufttätigkeit schwächer geworden sei und die Transportschwierigkeiten auf Bahn und Straße (vermehrt durch Banden, 200 km Entfernung bis zu den Verkehrsspitzen und den ständigen Ausfall von Kraftfahrzeugen) ein kaum erträgliches Maß angenommen hätten. Bei den Fernsprechvermittlungen und Funklinien bestünden durch Ausfall und atmosphärische Störungen im Gebirge ähnliche Schwierigkeiten. Von den eingesetzten Ordonnanz-Offizieren seien zahlreiche ausgefallen. Es habe zum Beispiel die 94. Inf.-Div. als kampfschwächste Div. nur noch 3 schwache Btl.e, keine schweren Pz.-Abwehrwaffen, 16 leichte Geschütze und nur 60 v. Hundert Beweglichkeit.

Abschließend meldete der OB, daß er von der Notwendigkeit überzeugt sei, möglichst weit südlich des Apennins zu halten und durch den Befehl des Führers doppelt hierzu veranlaßt sei. Dazu bedürfe er jedoch des Vertrauens des Führers (dazu Notiz des WFStabs am 18. 6. über die gemeldeten Einzelheiten).

An der *Front* hatte sich die Lage inzwischen weiter verschärft.

Am 17. 6. nahm der Feind Grosseto und stellte die Verbindung mit dem dort bereits gebildeten Brückenkopf her. Auch weiter ostwärts konnte er den Ombrone-Abschnitt überschreiten. Die 90. Pz.-Gren.-Div. wurde zurückgedrängt, die Besatzung von Fiora eingeschlossen. Dagegen vermochte das I. Fallschirm-Jg.-Korps den Feind abzuweisen. Das gleichfalls auf breiter Front angegriffene LXXVI. Pz.-Korps wich nur auf seinem linken Flügel aus. Bastia (südostwärts Perugia) und Foligno gingen verloren.

Der 18. 6. war der bisher härteste Tag. Trotz der von der Führung anerkannten Abwehr der 162. (Turk-) Div. und der 3. Pz.-Gren.-Div. konnte der Gegner seine beiden Brückenköpfe über den Ombrone vereinigen. Die 20. Lw.-Sturm-Div. wurde weiter zurückgedrückt. Beim I. Fallschirm-Jg.-Korps ging eine wichtige Höhe verloren; jedoch wies es auf seinem rechten Flügel den Feind ab. Das gleiche tat die 10. Armee. Doch ging bei ihr im Raum von Perugia bei der 334. und der 94. Inf.-Div. Gelände verloren. Beim LI. Gebirgs-Korps hielt sich der Kampf in beschränktem Ausmaß; jedoch nahm die Bandentätigkeit zu, so daß Versorgung und Führung erschwert waren.

Am 18. 6. abends wies der OB Südwest darauf hin, daß es nach dem Verlust von Elba notwendig sei, den Westflügel zurückzubiegen. Dazu sollten die noch freien Teile der 19. Lw.-Sturm-Div. eingesetzt werden. Ferner bat er um die Zuführung von Sicherungs-Truppen, um der zunehmenden und sich jetzt auch noch auf den Apennin ausdehnenden Bandentätigkeit begegnen zu können. Am 19. 6. genehmigte der Führer die beantragte Preisgabe der „Albert"-Linie gegenüber Elba, da mit einer baldigen Landung von der Insel aus hinter der eigenen Front gerechnet werden mußte. Die neue Linie verlief von Merano nach Campiglia.

Am 19. 6. führten starke feindliche Angriffe gegen die ganze Front der 14. Armee zu neuen Einbrüchen. Die Front verlief nunmehr westostwärts auf die Südspitze des Trasimenischen Sees zu. Im Abschnitt der 10. [1] Armee drang der Gegner in Perugia ein; außerdem griff er ostwärts des Tibers an, wo nunmehr die „Albert"-Linie bezogen wurde. Das LI. Gebirgs-Korps setzte sich weiter ab.

An diesem Tage ging der Widerstand auf Elba zu Ende.

1 Im Ms.: 20.

### *b) Die Kämpfe auf Elba (16.–19. Juni)*

Durch den Rückzug auf dem Festland wurde seit etwa 7. 6. die Frage aufgeworfen, ob die durch 2 Festungs-Bataillone besetzte Insel gehalten werden solle oder nicht (insgesamt 1954 Deutsche und 550 Italiener unter Gen.-Major Gall). Der Ausbau war in der letzten Zeit gut vorangeschritten; Verpflegung und Munition waren für 2 Monate vorhanden. Am 8. 6. wies der Stellv. Chef WFStab in seiner Meldung aus Italien (oben S.518) darauf hin, daß die Räumung der Insel in Einklang mit den Bewegungen auf dem Festland gebracht werden müsse. Am 9. 6. teilte der Chef WFStab darauf dem OB Südwest mit, der Führer erwarte, daß die Front weit südlich des Apennins zum Stehen komme, so daß eine Räumung von Elba nicht notwendig sei. In der Meldung vom 9. 6. erklärte der OB, eine Preisgabe Elbas komme nur in Frage, wenn die Landfront über die Linie Piombino–Arezzo zurückgenommen werden müsse. Angriffe gegen die Funkortungsgeräte auf der Insel verstärkten den Verdacht, daß der Gegner sie angreifen wolle. Am 10. 6. sprach sich der Führer dafür aus, daß Elba gehalten wurde; ein entsprechender Absatz wurde in die dem OB erteilten allgemeinen Weisungen aufgenommen.

Nachdem der Chef WFStab am 14. 6. dem Führer die Meldung des Marine-Kommandos Italien vorgetragen hatte, wonach die weitere Versorgung der Insel Elba und eine Rückführung ihrer Besatzung auf die Dauer nicht möglich seien, wenn die Front noch weiter nach Norden zurückgenommen würde, entschied der Führer erneut, daß die Insel auf jeden Fall gehalten werden müsse, auch wenn mit dem Verlust der Besatzung gerechnet werden müsse. Er befahl jedoch, zum mindesten die Verpflegungsvorräte in der nächsten Zeit noch so weit wie möglich zu erhöhen.

An diesem Tage waren für jedes Maschinengewehr 15 000, für jedes leichte Rohr 12 000, für jedes schwere Rohr 7 000 Schuß vorhanden. Die eingeleiteten Zuführungen verliefen planmäßig; schwierig war die Rückführung, besonders bei Wirtschaftsgütern. Ein Munitions-Depot wurde daher gesprengt.

Am 17. 6., 3.00 Uhr, versuchte der Feind mit 60 Schiffen, auf Elba an drei Stellen zu landen. An zweien gelang es ihm. Da die Franzosen, die diesen Vorstoß von Corsica aus durchführten, im Laufe des Tages weitere Kräfte nachzogen, mußte die Besatzung sich auf den Ostteil der Insel zurückziehen. Die Kämpfe gingen am 18. 6. weiter. Dank der tatkräftigen Führung des Kommandanten und eigener Gegenstöße gelang es, die am Vortage eingenommene Stellung bis zum Nachmittag zu halten; am Abend wurde die Besatzung jedoch in der Nordostecke zusammengedrückt. Nur einzelne Stützpunkte hielten sich noch im Hintergelände.

Am 19. 6. verstärkte der Gegner seine Kräfte, welche durch Schiffsartillerie wirkungsvoll unterstützt wurden, noch weiter. Eine Fortsetzung des Widerstandes wurde dadurch vollends aussichtslos. Deshalb wurde auf Befehl des Führers die Räumung der Insel eingeleitet.

In der Nacht zum 20. 6. wurden rund 600 Mann nach Livorno überführt, darunter der Insel= und der Marinekommandant. Auch die Besatzung der Insel Pianosa wurde geborgen. Dabei wurde ein feindliches Schnellboot vernichtet.

Der Feind sprach von 1800 Gefangenen; diese Zahl war, was die deutsche Besatzung betraf, falsch und kam wohl durch Einrechnung von italienischen Freiwilligen usw. zustande. Anschließend wurde der Hafen von Piombino un= brauchbar gemacht (vgl. dazu 29. 6.: Berichte des Kommandanten und des Kommandeurs der Mar.=Artl.=Abt. 616).

*c) Das Ausweichen auf den Arno (20. Juli—17. Juli)*

Am 20. 6. erzwang der Gegner durch weiteren Druck im Raum von Grosseto das Beziehen der „Albert"=Linie. Weiter ostwärts drängte er dagegen nur schwächer vor, und bei Perugia wurden Angriffe abgewehrt. Die neu einge= schobene 305. Inf.=Div. griff in den Kampf ein. Ostwärts wurden feindliche Bereitstellungen bekämpft.

Durch energische Maßnahmen hinter beiden Armeen wurde die Bandenge= fahr wieder eingedämmt. Nordostwärts Perugia wurde die Kampfgruppe der 114. Jg.=Div. bereitgestellt.

Der Führer sprach sich dahin aus, daß die Rückverlegung des rechten Flügels unabhängig von der Räumung Elbas sei, da der Feind von dort auch ebenso gut weiter nördlich anlanden könne. Die Genehmigung wurde dem OB jedoch ge= geben, nur sollte er diese Bewegung nicht ohne Not durchführen.

Am 21. 6. wurden vom I. Fallsch.=Jg.=Korps alle Angriffe abgewiesen; das gleiche gelang beiderseits des Trasimenischen Sees. Im Raum von Perugia, das nunmehr ganz in die Hand des Feindes gefallen war, wurde der Feind eben= falls zurückgewiesen. Auf seinen Antrag hin wurde dem OB mitgeteilt, er solle zur Sicherung die in Div.en eingegliederten 7 Ostbataillone verwenden, da andere Kräfte nicht zur Verfügung stünden.

Am 22. 6. machten Einbrüche beim XIV. Pz.=Korps ein erneutes Zurück= nehmen des rechten Flügels erforderlich. Am See wurden Angriffe abgewiesen, ebenso bei Perugia. Im Gebirge griff der Gegner erstmalig an, und zwar zum Teil mit Panzern, die mit Hilfe von Landeseinwohnern auf Seitenwegen heran= geführt wurden. Die Vorstöße richteten sich gegen die 5. Geb.=Div. und die neu aufgestellte 278. Inf.=Div. im Raum von Macerata. Der Feind hatte in diesem Abschnitt außer den Polen nun auch Italiener eingesetzt.

Am 29. 6. griff der Feind abermals auf der ganzen Front von der Küste bis Perugia an. Auf dem rechten Flügel mußte bei Roccastrada die „Albert"=Linie preisgegeben werden. Zur Abstützung der Front wurde ein Rgt. der in Auf= frischung befindlichen 362. Inf.=Div. herangezogen; auch waren in der Land= front bereits 2 Rgt.er der 19. Lw.=Sturm=Div. eingesetzt, welche bisher in der Küstenverteidigung verwandt worden waren. Auf der übrigen Front versuchte der Gegner, die eigene Linie abzutasten. In der feindlichen Presse war die Rede davon, daß der deutsche Widerstand sich versteife.

Am 24. 6. wurde der Feind am äußersten rechten Flügel aufgefangen, doch erzielte er ostwärts dieses Abschnitts einen Einbruch mit Panzern. Da Banden von hinten in den Kampf eingriffen, ging Massa verloren. Deshalb wurde hier die „Ilse"=Linie bezogen. In Piombino wurden noch Nachhuten belassen. Angriffe westlich des Sees blieben ohne Erfolg. Im Raum von Perugia, wo nunmehr die 114. Jg.=Div. eingesetzt wurde, griff der Feind mit stärkerem Artillerie=Aufwand den Monte Croce an. Gegen den linken Flügel der 10. Armee schob sich der Gegner heran.

Am 25. 6. mittags meldete der OB, daß sich in der Mitte und auf dem rechten Flügel der 14. Armee die Lage in den letzten Tagen ungünstig entwickelt habe, da die 162. Inf.=Div. unzuverlässig geworden sei und die Luftwaffen=Sturm=Div.en keine Kampferfahrung besäßen. Die Krisen hätten nur notdürftig und durch Rückgriffe auf die in Umgliederung befindlichen Verbände überbrückt werden können. Dabei lägen Anzeichen dafür vor, daß der Feind auf der Grundlinie weitere, vermutlich französische Kräfte in den Einbruchsraum Massa—Roccastrada nachführe. Hierauf habe die Heeresgruppe als letzte, ihr zur Zeit noch mögliche Maßnahmen befohlen:

1. Herauslösen der verstärkten 26. Pz.=Div. aus dem linken Flügel der 14. Armee zur Ablösung der 162. Inf.=Div.,

2. Verstärkung der 3. Pz.=Gren.=Div. durch ein Kampf=Marsch=Bataillon,

3. beschleunigte Auffrischung der 362. Inf.=Div. durch ein Kampf=Marsch=Bataillon sowie Zuführung von Waffen und Gerät.

Diese Maßnahmen würden sich jedoch erst in 2—10 Tagen auswirken, und die 26. Pz.=Div. werde je nach Eintreffen eingesetzt werden müssen, sich also nicht voll auswirken. Dabei müsse die gesteigerte Gefahr einer Landung im Raum von Livorno beachtet werden, die nach verschiedenen Anzeichen wahrscheinlich sei. Deshalb habe der OB die Verstärkung dieses Raumes befohlen (siehe oben). Doch bleibe er trotz dieser Lage entschlossen, Mittelitalien möglichst weit südlich zu verteidigen. Es bleibe jedoch die Gefahr, daß der Feind über Volterra zum Arno durchbreche oder daß der rechte Flügel in ungeordnetem Zustand in eine an sich brauchbare Verteidigungslinie zurückfalle. Deshalb bat der OB um die Genehmigung, den rechten Flügel in die Linie Vado (6 km südwestlich Rosignano)—südwestlich Monte Soldano (10 km südostwärts Volterra)—Radicondoli (2 km nordwestlich Monteciano)—Ribbiano—S. Quirico—alte HKL zurücknehmen zu dürfen.

Der Führer antwortete dem OB darauf am 26. 6. mittags, daß er die schweren Bedingungen nicht verkenne, unter denen der OB den Kampf führe; doch würden diese weiter rückwärts nicht leichter werden, weil die zerstörende Wirkung der Luftwaffe mit nach Norden wandere. Nur eine vorzüglich ausgebaute rückwärtige Stellung könnte ein freiwilliges Zurückgehen rechtfertigen; diese aber gebe es nicht. Eine Linie weiter rückwärts sei nicht besser als eine Linie weiter vorn. Zeitgewinn werde nur durch Kampf erzielt, der dem Gegner Verluste bringe und seinen Angriffsschwung lähme, andererseits die eigene Truppe nicht den zermürbenden Einflüssen eines dauernden Ausweichens aussetze; dann halte diese allmählich nirgends mehr. Der Führer wiederholte deshalb seinen Befehl, an keiner Stelle Gelände ohne Not aufzugeben, das heißt: ohne die letzten Mittel zur Wiederherstellung der Lage erschöpft zu haben. Die Heeresgruppe habe im Mai über 10 000 Mann Ersatz erhalten und erhalte im Juni über 15 000. Es müsse – zusammen mit der Ergänzung des Materials – möglich sein, den Kampfwert der Verbände erheblich zu verbessern.

Die Maßnahmen im Raum von Livorno billigte der Führer; doch sollten die Verstärkungen in der unmittelbaren Nähe der Küste vorgenommen werden. Dasselbe gelte auch für die 34. und die 715. Inf.-Div.

Die Kämpfe an der *Südfront* hatten sich inzwischen wie folgt weiter entwickelt:

Am 25. 6. hatten die schweren Kämpfe bei der 14. Armee angedauert. Der Schwerpunkt hatte wieder westlich des Sees gelegen. Am 26. 6. war die Lage dieselbe. Im Küstenabschnitt drängten feindliche Panzer die eigene Front zurück. Gegen einen Einbruch setzte die 26. Pz.-Div. zum Gegenstoß an. Weiter ostwärts wurde eine erfolgreiche Abwehr geleistet. Ostwärts Perugia, wo der Feind wieder mit starken Pz.-Kräften vordrückte, ging der Monte Croce verloren. Am 27. 6. verschärfte sich die Lage an der Küste, nordostwärts Massa und im Raum von Siena weiter. Die Besatzung von Piombino, das bereits vor der Front lag, suchte sich nach Zerstörung des Hafens nach Norden durchzuschlagen. Auf dem inneren Flügel der beiden Armeen wurde der Feind abgewiesen. Der Monte Croce wurde zurückgewonnen. Auch die 114. Jg.-Div. lag im Kampf; auf dem linken Flügel kam es nur zu leichten Vorstößen.

Der 28. 6. zeigte ein ähnliches Kampfbild. In die Front eingeschoben wurde die 26. Pz.-Div., und westlich des Sees löste die 15. Pz.-Gren.-Div. die abgekämpfte 334. Inf.-Div. ab.

Am 29. 6. erreichte der Gegner auf dem rechten Flügel Casale und kam bis 2 km südlich Cecina vor. Auch auf dem linken Flügel des XIV. Pz.-Korps wurde bei Radicondoli schwer gekämpft. Am See wurde die Front um 2 km zurückgenommen. Im linken Abschnitt der 10. Armee wurde, um Kräfte freizumachen, das Absetzen auf die „Albert"-Linie eingeleitet.

Im gesamt war also festzustellen, daß es dem OB nunmehr befehlsgemäß gelungen war, den Feind zum Stehen zu bringen und zur Verteidigung überzugehen. Der Westflügel war zwar durch die feindlichen Angriffe hinter die vorgesehene Linie zurückgebogen worden; dafür standen die eigenen Kräfte auf dem linken Flügel noch vor ihr. Diese Leistung war umso größer, als der Feind seine Verbände nach der Reihe einzusetzen und inzwischen aufzufrischen vermochte, während die eigenen fast ununterbrochen weiterkämpfen mußten.

Dabei waren sie der feindlichen Luftüberlegenheit ausgesetzt, die sich immer stärker geltend machte (vgl. Merkbuch und Lagebuch 29. 6.). Denn der eigenen Luftwaffe waren nach der Landung im Westen die Kampfverbände entzogen worden, so daß im Bereich des OB Südwest im wesentlichen nur noch die Aufklärung fortgesetzt werden konnte. Da der Gegner die Flugplätze bei Rom bereits um die Mitte des Juni ausnutzte, brachte auch das Absetzen keinen Vorteil (Merkbuch 20. 6.).

Über den augenblicklichen Stand ihrer Div.en meldete die Heeresgruppe am 27. 6., 24.00 Uhr, daß sie sich in der Masse hervorragend geschlagen hätten, jetzt aber stark geschwächt seien. Es habe sich eine Vermischung der Verbände nicht vermeiden lassen. Die Stimmung sei gut, und das Gefühl der Überlegenheit über den Gegner sei noch immer vorhanden. Depremierend wirkten die Luftüberlegenheit und der stärkere materielle Einsatz des Gegners. Wegen der starken personellen Ausfälle sei die Waffenlage noch befriedigend; die Kfz.-Lage beeinflusse dagegen die Gefechtsführung ungünstig. Besorgniserregend sei dies besonders im Hinblick auf die Artillerie, die Pak und die Flak. Sehr erschwert werde die Führung, besonders im Gebirge, durch die schlechte Nachrichtenlage. Ersatz und neues Material müßten laufend in die Front eingeschoben werden. Herausgezogen seien zur Zeit nur: die 65. Inf.-Div., die 715. Inf.-Div. (in Umgliederung in die 44. Inf.-Div.) sowie die zusammengelegte 362. und 92. Inf.-Div. Eine auch nur durchschnittliche Kampfstärke lasse sich nicht erzielen. Zur Abwehr seien die Div.en im Bereich des OB Südwest weiterhin geeignet; doch müsse mit einem weiteren Absinken des Kampfwertes gerechnet werden.

Am 30. 6. lag der Schwerpunkt der Kämpfe im Raum von Siena. Mit letzten Reserven konnte der Feind vor der Stadt aufgefangen werden.

Am 1. 7., 0.25 Uhr, bat der OB, dem Führer vorzutragen, daß es gelungen sei, in der letzten Zeit jeden Durchbruchsversuch aufzufangen und nur ganz wenig Gelände preiszugeben, daß dies jedoch nur unter hohen Verlusten und materiellen Ausfällen erreicht worden sei. Im Juli könne die Heeresgruppe nur mit 3 Marsch-Btl.en und 1 Marsch-Abteilung rechnen, die zusammen mit den Genesenden nur einen Bruchteil der Einbußen decken würden. Die verhältnismäßig hohen Juni-Zuweisungen an Waffen und Gerät seien bereits eingetroffen; für den Juli seien noch keine erfolgt, und sie seien wohl nicht im großen Umfang zu erwarten, was besonders wegen der Zugmittel empfindlich sei. Daher werde bei der Fortführung der bisherigen Kampfführung die Kampfkraft voraussichtlich so absinken, daß die für die „Grüne Linie" erforderlichen Kräfte nachher nicht mehr verfügbar sein würden. Falls daher Ersatz und Nachschub nicht wesentlich gesteigert würden, sehe sich der OB gezwungen, die bisherige Kampfführung aufzugeben und stattdessen in hinhaltender Gefechtsführung bis in die Linie Pisa—nördlich Florenz—Sansepolcro—Senigallia, später Fano zurückzugehen. Dort wolle er sich dann so lange halten, bis die „Grüne

Linie“ so ausgebaut sei, daß sie auch mit geschwächten Kräften gehalten werden könne. Die Nachteile lägen auf der Hand. Der OB bat daher, die zwangsläufig entstehenden Ausfälle durch vermehrte Zuweisungen auszugleichen. Am 3. 7., 0.15 Uhr, erhielt der OB die Weisung, bis zu seinem Vortrag beim Führer die bisherige Kampfführung beizubehalten.

Am 1. 7. lag der Schwerpunkt der Kämpfe an der Küste, an der der Gegner mehrere tiefe Einbrüche erzielte. Gegenstöße gegen feindliche Brückenköpfe bei Cecina blieben ohne Erfolg. Den Befehl in diesem Abschnitt übernahm nunmehr die 16. SS-Pz.-Gren.-Div., da die 19. Luftw.-Sturm-Div. nach und nach herausgezogen wurde. Dagegen konnte der Feind auf dem linken Flügel des XIV. Pz.-Korps und bei Siena abgewiesen werden. Westlich des Trasimenischen Sees drückte der Feind die HKL bis zur Nordwestspitze zurück.

Am 2. 7. wurden die eigenen Kräfte an der Küste und bei Volterra zurückgedrückt. Westlich Siena wurde der Feind dagegen wieder abgewiesen; dagegen kam er von Südwesten und Südosten bis an den Stadtrand heran. Um die Stadt mit ihren Kunstwerten zu schonen, wurde daher befohlen, sie in der Nacht zu räumen und dann entsprechend auch den ostwärts anschließenden Abschnitt zurückzunehmen. Am See wurde die Front in eine neue Linie, die an ihm nördlich vorbeiführte, zurückgenommen. In die durch seinen Fortfall entstandene Lücke wurde die 305. Inf.-Div. eingeschoben; auch hier wurde entsprechend die ostwärts anschließende HKL zurückgenommen. Im Adria-Abschnitt wurden, da die durch eine Pz.-Brigade verstärkten Polen weiter angriffen, die eigenen Kräfte hinter den Potenza-Abschnitt zurückgenommen (zwischen Macerata und Recanati).

Am 3. 7. wurde im Küstenabschnitt abermals eine neue HKL bezogen. Am See gingen die harten Kämpfe weiter; auch hier wurde die Front wieder zurückgenommen. An der Adria wurde der Gegner jedoch trotz heftiger Angriffe abgewiesen. An den vor allem bedrohten Westflügel wurde nun die 90. Pz.-Gren.-Div. herangezogen. Die 162. (Turk-) Div. wurde im rückwärtigen Gebiet versammelt, die Pz.-Lehr-Brigade zurückverlegt. In den Raum von La Spezia wurde ein Drittel der 334. Inf.-Div. verlegt. Nachdem der OB, GFM Kesselring, am 3. 7. im Führerhauptquartier dem Führer Vortrag gehalten hatte, erging am 5. 7. (abgegangen 6. 7., 1.45 Uhr) eine neue Weisung für die weitere Kampfführung. Die Aufgabe, den Kampf um Mittelitalien soweit südlich wie irgend möglich zu führen und die Flanken einschließlich Istriens zu sichern, bleibe bestehen. Es komme darauf an, durch zähen Widerstand vorwärts der „Grünen Linie“ möglichst starke feindliche Kräfte zu verbrauchen, dem Gegner die Benutzung von Livorno und Ancona zu verwehren und Zeit für den Ausbau der „Grünen Linie“ zu gewinnen. Dadurch würden gleichzeitig starke feindliche Kräfte von dem zu erwartenden Angriff gegen den Balkan abgehalten. Hierzu habe der OB die geeigneten Geländeabschnitte südlich des Apennins mit äußerstem Nachdruck zu verteidigen. Erst wenn alle Mittel erschöpft seien und ein feindlicher Durchbruch nicht mehr aufzuhalten sei, dürfe auf Weisung des OB in die nächste Stellung unter Verteidigung des Zwischengeländes durch Nachtruppen zurückgegangen werden. Außer den beiden neuen italienischen Div.en würden dem OB keine neuen Kräfte zugeführt werden. Einzelne Verbände sollten kurzfristig weiter frontnah aufgefrischt werden, im allgemeinen in der nächsten Verteidigungslinie, so daß sie dort als Sicherungs-Besatzung dienten. Reserven an schweren Waffen, besonders an Pak, sollten dort möglichst frühzeitig zusammengefaßt werden. Der GenStdH erhielt den Auftrag, durch Zuweisung von Marsch-Btl.en, Zugmitteln und Ersatzteilen die Kräfte des OB Südwest weiter zu verstärken. Die Auflösung und Zusammenlegung von Verbänden werde freigegeben; nur sollten dann freiwerdende Teile, besonders Nachrichten- und Versorgungstruppen, an das Heimatkriegsgebiet abgegeben werden. Der Ausbau der „Grünen Linie" und die Vorbereitung eines tiefen Vorfeldes seien mit allen Mitteln voranzutreiben. Der Einsatz der 1. und 4. ital. Div. sollte mit dem Marschall Graziani vereinbart werden.

An den Besuch des OB schloß sich in den nächsten Tagen ein Vortrag des Botschafters Rahn an.

Inzwischen hatte der Feind am 4. 7. die eigene Linie bei Siena weiter zurückgedrückt, ebenso auf dem rechten Flügel der 10. Armee. Weitere Angriffe gegen Arezzo standen zu erwarten. An der Adria konnte der Feind in schweren Kämpfen wiederum abgewehrt werden.

Am 5. 7. war ein Abwehrerfolg sowohl nordwestlich Siena als auch an der Adria erzielt worden. Das gleiche war am 6. 7. der Fall.

Am 6. 7. setzte der Gegner an der Küste seine Angriffe gegen die 16. SS-Pz.-Gren.-Div. fort. Er erzielte Einbrüche bei Rossignano und ostwärts, doch konnten diese wieder eingeengt werden. Gegen die 29. Pz.-Gren.-Div. im Raum Volterra—Poggibonsi gewann er jedoch keine Vorteile. Ostwärts davon wurde die Linie, nachdem sie an zwei Stellen durchstoßen worden war, zurückgenommen. Bei Perugia wurde der Feind abgewiesen; nordostwärts Perugia gelangte er bis Mentone, auch konnte er Gubbio einnehmen. Daher wurde die Front auf die 40 km vor der „Grünen Linie" liegende „Georg"-Linie zurückgenommen. In der Adria gingen die eigenen Kräfte nach zäher Gegenwehr auf die Höhe von Osimo zurück.

Am 8. 7., 03.00 Uhr, meldete der OB, daß er beabsichtige, die derzeitige HKL weiter zu verteidigen, um Zeit für die „Grüne Linie" zu gewinnen. Nur notfalls sollten die eigenen Kräfte zunächst örtlich zurückgenommen werden, Nachbarabschnitte nur dann, wenn eine Überdehnung der Front zu besorgen sei. Nach Erreichen der „Heinrich"-Linie solle diese verteidigt werden. Zur Verstärkung der Küste von Rimini—Ravenna seien vorgesehen: zunächst Belassen der 715. Inf.-Div., Verlegung der 162. (Turk-) Div. zur Auffrischung westlich Rimini sowie der Stämme der 94. Inf.-Div. in den Küstenabschnitt, ferner Einschieben von Trossen usw. In Istrien seien nur Behelfsmaßnahmen möglich: Belassen von ausgebildeten Mannschaften, einheitliche Zusammenfassung unter dem Befehlshaber der Operationszone Adria—Küstenland, wofür eine Verfügung des OKW gewünscht wurde. Erbeten wurde die Verlegung der bei Agram aufzufrischenden Krim-Div.en. Die italienischen Div.en waren nunmehr zum Einsatz im Küstenschutz bei Genua vorgesehen.

An diesem Tage (8. 7.) griff der Gegner wieder entlang der Küste an und nahm Rossignano; bei Castellina wurde er abgewiesen; bei Volterra erzielte er einen spitzen Einbruch. Vor Poggibonsi wurde er zurückgeschlagen. Beschuß mit Nebel-Granaten und Lenkung des Feuers durch Artl.-Flieger erschwerten die Abwehr. Drückende Hitze kam hinzu.

Bei Mentone ging weiter Gelände verloren. Auf dem linken Flügel wurde der Kampf erfolgreich fortgesetzt.

Am 9. 7. ging der Kampf im rechten Küstenabschnitt und bei Volterra, wo eine neue Linie verteidigt wurde, weiter. Von der Härte dieser Kämpfe zeugt die Tatsache, daß in ihnen bei der 16. SS-Pz.-Gren.-Div. bereits 3 Bataillonskommandeure, 26 Kompanie- und 18 Zugführer ausgefallen waren. Weiter ostwärts wurden Bereitstellungen bekämpft und Angriffe abgewehrt. Durch die dünne Front der 114. Jg.-Div. sickerten feindliche Kräfte durch, gegen die Teile der 5. Geb.-Div. herangeführt wurden. Im Adria-Abschnitt konnte der Feind den Ort Fileppiano besetzen, sonst aber nichts erreichen. Seine Angriffe bei Osimo brach er am Nachmittag ab.

Am 10. 7. ging an der Küstenstraße wieder Gelände verloren. In einer neuen Front bei Castillione wurde der Gegner abgewiesen. Bei der 90. Pz.-Gren.-Div. erzielte er Einbrüche. Die Front der 20. Lw.-Sturm-Div. wurde zur Ausrichtung der Front zurückgenommen. Auf dem rechten Flügel des LI. Gebirgs-Korps erweiterte der Feind seinen Einbruch. Bei Mentone gingen die Kämpfe weiter. Die 5. Geb.-Div. hatte Erfolge. Im Adria-Abschnitt setzte der Feind seine Angriffe fort, wurde aber wieder abgewiesen.

Am 11. 7. wurden die Angriffe von der Küste bis zum Trasimenischen See durchweg abgewehrt. Nur bei der 90. Pz.-Gren.-Div. wurde die Linie etwas zurückgenommen, um den Einbruch auszugleichen. Auch beiderseits des Tiber wurde die HKL zurückverlegt. Die 5. Geb.-Div. konnte den Raum von Pietralunga bereinigen. An der Adria wurde der Feind zurückgeschlagen. Um die Div. „Hermann Göring" für den Osten freizumachen, wurde die 715. Inf.-Div. eingeschoben.

Am 12. 7. erfolgten Einbrüche bei der 90. Pz.-Gren.-Div. und bei der 44. Inf.-Div. Sonst wurden die Angriffe abgewiesen. An der Adria verhielt der Feind. Von der fast fertig aufgestellten 362. Inf.-Div. waren jetzt 2 Regimenter eingesetzt.

Zwischen dem Botschafter Rahn und dem Chef OKW fand eine Besprechung über den Einsatz der in Deutschland ausgebildeten italienischen Div.en statt, die noch im Laufe des Monats nach Italien verlegt, aber vorher noch durch den Duce oder den Marschall Graziani besucht werden sollten. Darüber berichtete anschließend der Botschafter dem Duce (der den Besuch am 16. 7. durchführte).

Auch in den nächsten Tagen konnte der Feind die 14. Armee weiter zurückdrängen. Der Schwerpunkt lag weiter im Abschnitt der 90. Pz.-Gren.-Div., ein weiterer bei Poggibonsi, das am 14. 7. verlorenging. Auch auf dem rechten Flügel der 10. Armee gingen die Kämpfe weiter; hier erkämpfte sich der Feind am 15. 7. den Zugang zum Becken von Arezzo, das am 16. 7. geräumt wurde. Auch beiderseits des Tiber dauerte der Druck an. Im Gebirge wichen die eigenen Truppen weiter aus. An der Adria war wieder Ruhe eingetreten.

Am 17. 7. entschloß sich der OB, die 65. Inf.-Div. bei der 14. Armee einzusetzen und deren Front auf die Linie Livorno—große Straße südlich des Arno—rechter Flügel der 10. Armee zurückzunehmen. An der Adria war es wegen eines Einbruchs gleichfalls erforderlich, eine Sehnenstellung zu beziehen.

Nachdem auch noch an den Osten Kräfte abgegeben waren, verfügte die eigene Luftwaffe noch über 5 Jagdgruppen (darunter 2 italienische), über Nachtjäger und sonstige kleinere Einheiten. Schlachtflieger waren nicht mehr vorhanden.

Der OB beantragte, daß die Kräfte der Luftwaffe (zusammen rund 70 000 Mann) ihm zum Einsatz zur Verfügung gestellt würden. Doch war dies nicht möglich, da rund 50 000 Mann sowieso im Flak-Kampf eingesetzt waren und der Rest von der Luftwaffe beansprucht wurde (vgl. 8. 7.).

### *d) Die Kämpfe im Raum von Florenz (geräumt am 10. August) und die Verteidigung der Arno-Linie (18. Juli—15. August)*

Am 18. 7. wurde auf dem rechten Flügel die Masse der eigenen Kräfte auf das Nordufer des Arno zurückgenommen, die Nachtruppen rückten an dessen Südufer heran. Im Adria-Abschnitt begann ein neuer Angriff, bei dem der Gegner mit 200 Panzern durch die 276. Inf.-Div. hindurchstieß. Doch gelang es, ihn vor Ancona aufzuhalten, das darauf geräumt wurde, und am Esino eine neue HKL aufzubauen.

Am 19. 7. traf zu neuem Vortrag der OB Südwest im Führerhauptquartier ein; er kehrte noch am gleichen Tage zurück.

Da der Gegner in Livorno eingedrungen war, wurden Stadt und Hafen preisgegeben. Auch auf dem rechten Flügel der 10. Armee dauerten die Kämpfe an; der Monte Maione ging verloren. An der Adria stieß der Gegner über den Esino vor. Dieser Abschnitt wurde nunmehr durch die 1. Fallsch.-Jg.-Div. und das Inf.-Regt. 1028 verstärkt.

Am 20. 7., 11.30 Uhr, meldete der OB, daß der Feind einen neuen Schwerpunkt an der Adriatischen Küste gebildet habe und vermutlich den Durchstoß entlang der Küstenstraße versuchen werde. Zur Abstützung des linken Flügels wurden daher die 1. Fallsch.-Jg.-Div. verlegt und der rechte Armeeflügel in die Linie Monte Domini—S.Giovanni—Castiglione—Arno-Schleife 7 km nördlich Arezzo zurückgenommen. Da diese Verschiebung Zeit erfordere, habe die 71. Inf.-Div. Teile des Abschnitts der 278. Inf.-Div. übernommen. Dies sei nur möglich unter Zurücknahme des linken Armee=Flügels bis zur „Heinrich"=Linie: Città di Castello—Bergola—Mondavio—Mondolfo. Um einen Durchbruch auf der nunmehr geschwächten Naht der beiden Armeen auf Florenz zu verhindern, wurde die 90. Pz.=Gren.=Div. als Heeresgruppen=Reserve nördlich und nord=ostwärts Florenz versammelt. Deren Herauslösen wurde ermöglicht durch das Zurückschwenken des rechten Flügels der 14. Armee auf das Nordufer des Arno, wobei Nachtruppen in der Linie 4 km nördlich Livorno—Cascina stehen=bleiben sollten. Das I. Fallschirm=Jg.=Korps werde entsprechend geringfügig zurückgenommen werden.

Am Nachmittag traf der Duce, der bei dem Besuch der neuen italienischen Div.en einen sehr befriedigenden Eindruck gewonnen hatte, im Führerhaupt=quartier (Wolfsschanze) ein, wo soeben das Attentat gegen den Führer statt=gefunden hatte. Nach kurzer Besprechung kehrte er um 16.00 Uhr wieder zurück.

An diesem Tage (20. 7.) und den folgenden dauerten die Kämpfe an den bis=herigen Schwerpunkten an; doch ließen sie an Stärke nach. Es war zu erkennen, daß der Feind sich umgruppierte und sich zu neuen Stößen bereitstellte. Am 23. 7. gingen die Nachhuten bis auf den Südrand von Pisa und den Arno zurück. Südlich Florenz wurde der Kampf reger; eine Anzahl von Panzern wurde abgeschossen und der Feind abgewiesen.

Damit war die Frage spruchreif geworden, wie die Vernichtung der Stadt Florenz verhindert werden könne (Akten zum Folgenden bei der Amtsgruppe Ausland; zur Zeit nicht greifbar).

Im Führerhauptquartier war bereits von dem Fall Roms an (3. 6.) erwogen worden, was in diesem Sinne zu geschehen habe. Auf Befehl des Führers waren alle deutschen Dienststellen aus der Stadt heraus verlegt und die Durchfahrt durch sie für deutsche Truppen geperrt worden. Dies bedeutete eine wesent=liche Erschwerung, die nicht verkannt wurde; doch wurde durch die Führung dafür gesorgt, daß diese Anordnungen auch tatsächlich durchgeführt wurden.

Über den Päpstlichen Stuhl war dem Gegner mitgeteilt worden, daß die deutsche Führung Florenz militärisch nicht ausnütze. Jedoch hatte die feindliche Luftwaffe bereits am 12. 6. über der Stadt Flugblätter abgeworfen, welche die Bevölkerung unter dem Vorwande, daß Florenz von den Deutschen nicht als „offene Stadt" behandelt werde, aufforderten, die Innenstadt aufzusuchen, da in den nächsten Tagen Luftangriffe erfolgen würden. Dazu kamen die Erfah=rungen, welche in Rom gemacht worden waren: hier war der Gegner ja nicht auf den Versuch eingegangen, das Gebiet von Rom auszusparen. Er hatte viel=mehr sofort die Tiber=Brücken, die unter Hintansetzung der militärischen Ge=sichtspunkte nicht gesprengt worden waren, benutzt, um seine Panzer=Kräfte durch die „offene Stadt" nach vorn zu werfen[1].

1 Vgl. hierzu oben S. 513 ff.

Bei dem Vortrag, den der OB Südwest am 19. 7. im Führerhauptquartier hielt, hatte ihm der Führer die Weisung erteilt, trotz der in Rom gemachten Erfahrungen Florenz aus den Kampfhandlungen auszunehmen. Er hatte verboten, die Brücken zu zerstören, da ihr künstlerischer und geschichtlicher Wert respektiert werden solle; der militärische Nachteil, der nicht überschätzt werden dürfe, sei in Kauf zu nehmen. Der OB erhielt den Auftrag, 10–12 km südlich der Stadt zu halten (vgl. 23. 7.). Laut Meldung vom 26. 7., 18.00 Uhr, hatte der OB diese Weisung dem Kommandierenden General des I. Fallschirm-Korps persönlich weitergegeben. Am 30. 7. teilte der OB mit, wo er südlich Florenz die Verteidigungsstellung bezogen habe.

Am gleichen Tage (30. 7.) erließ der britische OB, General Alexander, einen Aufruf an die Bevölkerung von Florenz, in dem er das Freimachen der Straßen und andere Maßnahmen verlangte, die im Falle des Nicht-Befolgens die Stadt zum Kampfgebiet machen müßten. Der OB Südwest sah deshalb die eigene Absicht, Florenz als „offene Stadt" zu behandeln, als über den Haufen geworfen an und erbat eine neue Entscheidung.

Am 31. 7. genehmigte der Führer die vom OB gemeldete Abwehrstellung südlich Florenz und entschied, daß Arno-Brücken nur auf seine Entscheidung hin gesprengt werden dürften. Die ganze Kampfführung sei der Notwendigkeit anzupassen, daß es ausschließlich der Feind sei, der die unersetzlichen Kulturwerte dieser Stadt mißachtete.

In der *Kampflage* hatte sich seit dem 21. 7. keine wesentliche Veränderung ergeben.

An der Küste wurden die Nachtruppen zurückgedrängt. Am 23. 7. verließen sie den Südrand von Pisa und den Arno. Am 27. 7. beschoß der Feind, der vorher erklärt hatte, er wolle Pisa schonen, den Domplatz. Am 28. 7. richtete der „Osservatore Romano" einen Appell an beide Seiten, in dem auf eine amerikanische Meldung, auf dem Schiefen Turm befinde sich eine deutsche Beobachtung, Bezug genommen war. Diese war falsch.

Zwischen Poggibonsi und Florenz stellte sich der Gegner zum Angriff bereit. Vom 23. 7. nahm die Kampftätigkeit wieder zu, die von Tag zu Tag an Heftigkeit gewann. Ein Großangriff am 27. 7. wurde abgewiesen.

Bei der 10. Armee dauerten die Kämpfe beiderseits des Tiber an, wobei die eigene HKL zurückgedrückt wurde.

An der Adria, wo der Gegner Kanadier und Polen eingesetzt hatte, mußten die eigenen Kräfte schrittweise zurückgenommen werden, da der Feind nach kurzen Pausen immer wieder zum Angriff ansetzte.

Am 31. 7. meldete der OB, daß er im Hinblick auf eine in Ligurien erwartete Landung 2 mot. Div.en und eine behelfsmäßig motorisierte, verlastete Div. nördlich des Apennins bereitstellen wolle und die 90. Pz.-Gren.-Div. schon bei Modena versammelt sei. Falls der Feind seinen schweren Angriff bei Florenz fortsetze, könne das Herausziehen so starker Kräfte aus der Front allerdings eine allmähliche Zurücknahme der HKL bis zur „Heinrich"=Linie auslösen. An der Absicht, möglichst weit den Feind südlich der „Grünen Linie" abzuwehren, halte der OB jedoch fest.

An diesem Tage (31. 7.) ging der Angriff südwestlich Florenz fort. Doch erzielte die 29. Pz.=Gren.=Div. trotz feindlicher Einbrüche auf dem linken Flügel und 50 000 Schuß auf ihren Abschnitt einen Abwehrerfolg; links von ihr wurde die Front begradigt, um Kräfte einzusparen. In Florenz selbst, das der Feind beschoß, obwohl in der Stadt keine deutschen Truppen oder Dienststellen untergebracht waren, war nunmehr die Wasser= und Lichtversorgung unterbunden. In Pisa wurde durch das feindliche Artl.=Feuer der Schiefe Turm leicht beschädigt.

Am 1. 8. wurde südwestlich Florenz die Front abermals zurückgenommen. Der Feind griff wiederum an, jedoch mit geringer Kraft; an der neuen HKL wurde er abgewiesen.

Am 2. 8. wurden zwei Erklärungen veröffentlicht, wonach Florenz vom deutschen Oberkommando bereits vor geraumer Zeit zur „offenen Stadt" erklärt und dementsprechend mit ihren Einrichtungen von den Truppen in keiner Weise ausgenutzt worden sei. Ferner wurde bekanntgegeben, daß Pisa von den Truppen völlig geräumt, das Betreten des Schiefen Turmes untersagt und das Domviertel für jeden militärischen Verkehr gesperrt war. (Auf die von feindlicher und auch neutraler Seite in der folgenden Zeit verbreitete Behauptung, Florenz werde von deutscher Artillerie beschossen, wurde am 28. 8. in der Presse eine Mitteilung von militärischer Seite veröffentlicht, wonach Florenz nach wie vor als „offene Stadt" behandelt werde. Die deutschen Waffen hätten an den eingetretenen Schäden keine Schuld).

Da der Feind seine Angriffe fortsetzte und die eigenen Verluste hoch waren, genehmigte der OB am 2. 8. das Zurückgehen des I. Fallschirm=Jg.=Korps auf die Brückenkopf=Stellung; jedoch wurden Nachhuten zurückgelassen.

Am 3. 8., an dem der Gegner seine Angriffe den ganzen Tag über mit Infanterie und Panzern fortsetzte, zogen sich die Nachhuten auf die Brückenkopfstellung zurück; die HKL wurde auf Befehl des OB an den Nordrand der Stadt zurückverlegt, so daß ober= und unterhalb der Stadt der Anschluß an den Arno festgehalten wurde. Das feindliche Artl.=Feuer lag nun auf dem Südteil und den Brücken der Stadt. Damit war die Absicht, die Stadt auszusparen, endgültig vereitelt. Es war vielmehr klar, daß der Feind die Arno=Brücken als militärisches Ziel ansah. Sie wurden deshalb nach Aufhebung der ursprünglichen Weisung gesprengt, um dem Gegner ein schnelles Vorrücken auf das Nordufer wie beim Tiber unmöglich zu machen. Jedoch wurde der Ponte Vecchio wegen seines kunsthistorischen Wertes von der Zerstörung ausgenommen.

Am 4. 8. zogen sich auch die Nachtruppen auf das nördliche Arno=Ufer zurück. Das feindliche Artl.=Feuer erreichte jetzt den Nordteil der Stadt. Im Südosten wurden Vorstöße abgewiesen.

Nach der Preisgabe des Südufers des Arno verringerte sich die Kampftätigkeit. Der Feind versuchte zwar, über den Arno zu setzen, wurde jedoch abgewiesen. Am 10. 8. wurde die Stadt nach Sicherstellung ihrer Verpflegung für 2 Tage von den Nachhuten geräumt, die sich in der Nacht auf den Nordrand absetzten.

Bei der 10. Armee waren inzwischen nur einzelne Vorstöße erfolgt. Anfang August wurde die Bildung eines neuen Schwerpunktes beiderseits des oberen Tibers angenommen. Um Kräfte für die Mitte freizumachen, wurde am 4. 8. der linke Flügel zurückgebogen. Beim LXXVI.AK. erzielte der Gegner eine Einbeulung der Front, die am 5. und 6. 8. trotz Gegenangriffen nicht wieder ausgeglichen werden konnte. Am 9. 8. nahm darauf die Armee ihren rechten Flügel etwas zurück. Der Schwerpunkt der feindlichen Angriffe lag nunmehr im Adria-Abschnitt, in dem es zu einzelnen Einbrüchen kam. Da die Angriffe am 10. 8. andauerten, wurde die HKL vom Süden auf das Nordufer des Casale zurückverlegt.

Die nächsten Tage verliefen sowohl bei der 14. wie bei der 10. Armee ohne wesentliche Kämpfe. Nach der Ansicht des OB Südwest wartete der Feind seine Landung[1] ab, um dann auch an der italienischen Front wieder anzugreifen.

Vorausschauend war bereits am 12. 8. durch einen Befehl des OB Südwest festgelegt, wie gegebenenfalls die Absetzbewegung in die Apennin-Stellung erfolgen sollte. Als Endziel wurden der Einsatz der Hochgebirgs- und Gebirgs-Jäger im Gebirge angestrebt; sämtliche Pz.- und Pz.-Gren.-Div.en sollten — als Reserve oder doch kurzfristig herausgelöst – bereitgehalten werden. Es bestand dabei die Absicht, die 26. Pz.-Div. nördlich des Po bereitzustellen. Der OB legte den Endplan für die Besetzung der „Grünen Linie" fest und regelte die dafür erforderlichen Ablösungen.

Die Landung in Südfrankreich und die Zuspitzung der Lage im Westen verschoben die Voraussetzungen dieses Befehls.

### 3. Gegenmaßnahmen gegen eine Landung an der Ligurischen Küste

Die Besorgnisse, welche die Ligurische Küste seit langem ausgelöst hatte, nahmen im Juni noch weiter zu, da die Vorbereitungen des Feindes für eine Landungsoperation im westlichen Mittelmeer unverkennbar waren (vgl. oben: Die Feindlage)[2]. Unklar war nur, ob der Feind sich gegen die südfranzösische oder die westitalienische Küste wenden würde. In dem zweiten Fall war wiederum mit verschiedenen Möglichkeiten an der langgestreckten Küste zwischen der französisch-italienischen Grenze und dem rechten Flügel der Front zu rechnen.

1 d. h. die Ergebnisse seiner Landung an der südfranzösischen Küste (15. 8.).
2 Siehe oben S. 507 ff.

Da der Führer mit Bestimmtheit eine Großlandung im Raum Genua—Livorno erwartete, die im Falle des Gelingens die ganze Heeresgruppe C abschneiden würde, befahl er am 11. 6. (abgegangen 12. 6., 1.15 Uhr) die beschleunigte Verstärkung der in diesem Raum eingesetzten Kräfte. Neben der 42. Jg.=Div., die aus dem Raum von Agram herankam, sollten noch eingesetzt werden die verstärkte 16. SS=Pz.=Gren.=Div., die (aus dem Westen herangeführte) 19. Lw.=Sturm=Div., die 71. Inf.=Div. und die Hochgebirgs=Schulen, die bisher im Apennin eingesetzt gewesen waren. Am 12. 6. befahl der Führer auf Vorschlag des Chefs WFStab, die 715. Inf.=Div. nicht im Westen, sondern in Oberitalien derart aufzufrischen, daß ihr Einsatz bei einer Landung beiderseits Genua gesichert war. Ferner wurde entschieden, daß die 334. Inf.=Div. nicht nach Südfrankreich, sondern gleichfalls in den Raum Genua—Livorno verlegt werden und das AOK 19 stattdessen die 198. Inf.=Div. erhalten solle.

Am 17. 6. übernahm an der Westküste die 14. Armee mit dem LXXV.AK. (rechts: 16. Pz.=Gren.=Div., links 19. Lw.=Sturm=Div.) den Befehl.

Da die 34. Inf.=Div. um den 20. 6. nach Genua herankam, konnte das dort noch eingesetzte Regiment der 19. Lw.=Sturm=Div. nach Süden abgezogen werden.

Am 24. 6. waren eingesetzt: an der italienischen Riviera die beiden Hochgebirgs=Btl.e, rechts von Genuar die Feld=Ersatz=Btl.e der 114. Jg.=Div., dann die Gruppe Almers, in welche die Reste der Besatzung von Elba eingegliedert wurden, dann die 16. SS. Pz.=Gren.=Div. und die 19. Lw.=Sturm=Div. Diese wurden, nachdem die Südfront abermals zurückgenommen worden war, am 28. 6. dem XIV. Pz.=Korps unterstellt.

Am 25. 6. meldete der OB die Maßnahmen, die er im Hinblick auf die von ihm bei Livorno erwartete Landung ergriffen hatte: Rückführung der abgegebenen Teile der 16. SS=Pz.=Gren.=Div., Bereitstellung der 65. Inf.=Div. in dem Raum Pisa—Lucca, Unterstellung der SS=Pz.=Lehr=Brigade, die südwestlich Pontedera aufgefrischt wurde, unter die Division, Sperrung des Carrara=Riegels (westlicher Teil der „Grünen Linie") und des Massa=Riegels durch 1 Regiment der 34. Inf.=Div., Sperrung der Straße Livorno—Apennin durch die Hochgebirgs=Schule Mittenwald, Schaffung einer breiten und tiefen Flakzone. Am gleichen Tage befahl der Führer, durch die 34. Inf.=Div. die bewegliche 42. Jg.=Div. als Reserve herauszulösen und die 16. SS=Pz.=Gren.=Div. bis zum Abschluß ihrer Aufstellung in der Küstenverteidigung zu verwenden.

Eine weitere Verstärkung der Küste ergab sich dadurch, daß von den 4 neuen italienischen Div.en inzwischen die 3. und 4. Div. einsatzbereit geworden waren. Die Frage, ob sie vorerst in der „Grünen Linie", in der Bandenbekämpfung oder im Küstenschutz eingesetzt werden sollten, wurde nach Anhören des Marschalls Graziani dahin entschieden, daß sie an die Ligurische Küste verlegt wurden. Außerdem sollte der Marschall selbst, der ja italienischer Kriegsminister war, jetzt auch unmittelbar in die militärische Führung eingeschaltet werden, um die weitere Teilnahme des neuen italienischen Staates am

Kampf zum Ausdruck zu bringen. Es wurde deshalb aus der Armee=Abt. von Zangen, die auf dem Gen. Kdo. LXXXVII.AK. aufgebaut worden war und die Nachfolge der in den Westen verlegten Heeresgruppe B im Befehl über Norditalien angetreten hatte, eine „Armee Ligurien" gebildet. Daraus ergab sich die folgende neue Befehlsgliederung:

Armee Ligurien mit rechts: Korpsabt. Lieb (Kommandeur der 34. Inf.=Div.): Füsilier=Btl. der 34. Inf.=Div., Teile der 3. ital. Inf.=Div., Hochgebirgs=Abt. 4, Rest der 3. ital. Div. und links (Raum um Genua): 42. Jg.=Div. und 4. ital. Gebirgs=Div.

Anfang August waren die beiden italienischen Div.en an der Ligurischen Küste eingetroffen. Ein Regiment der 20. Lw.=Sturm=Div. wurde bei La Spezia eingesetzt, und in den Raum von Viareggio wurden 2 Btl.e der 16. SS=Pz.=Gren=Div. verlegt. Am 3. 8. übernahm der Marschall Graziani den Befehl über die bisherige Armeegruppe von Zangen als OB der „Armee Ligurien" (Der General von Zangen übernahm die militärische Leitung des Ausbaus der rückwärtigen Stellungen, s. S. 593).

Als Reserve stand hinter der Küste, die der OB Südwest persönlich besichtigte, außer dem Lw.=Sturm=Rgt. bei La Spezia noch die 34. Inf.=Div. zur Verfügung; doch hatten diese Teile abgegeben. Nach Angaben, die am 10. 8. vorlagen, plante der Gegner einen Angriff westlich Savona, wo er im rückwärtigen Gebiet bald ein für Panzer günstiges Gelände erreichen konnte. Im gesamt mußte der Schutz der Küste als ungenügend angesehen werden. Jedoch wurden, wie der OB am 10. 8. meldete, in der weiteren Umgebung Kräfte so bereitgehalten, daß sie notfalls auch an die Adria geworfen werden konnten (90. Pz.=Gren.=Div. im Raum Tortona—Stradella—Piacenza, je 1 verstärkte Regimentsgruppe der 15. Pz.=Gren.=Div. bei Bologna und der 1. Fallsch.=Jg.=Div. bei Forlì, 3 schwere Flak=Abt.en im Raum Alessandria—Casale). Vorgesehen war außerdem die kurzfristige Verlegung der 1. Fallschirm=Jg.=Div. und der 98. Inf.=Div. sowie eines motorisierten Sperrverbandes der 162. (Turk=) Div., ferner (nach Zurücknahme der HKL in die „Grüne Vorfeldlinie") das Herauslösen der restlichen 15. Pz.=Gren.=Div., zweier Heeres=Art.=Abt.en und eines Heeres=Pionier=Btl.s.

Bis Mitte des Monats sollten der landungsbedrohten Küste noch 3 Btl.e (Teile der Div. „Brandenburg" und der Hochgebirgs=Schule Mittenwald) zugeführt werden. Außerdem wurde die französisch=italienische Grenze für den Fall erkundet, daß der Gegner in Südfrankreich einfiel.

Auf Grund der neuen Nachrichten zog der OB am 11. 8. bereits 2 Regimenter der 90. Pz.=Gren.=Div. bis Genua und Novi vor; ferner wurden die 15. Pz.=Div. nach Piacenza, die 1. Fallschirm=Jg.=Div. in den Raum Forlì—Parma verlegt. In der Führerlage des 13. 8. wurde erörtert, ob jetzt die „Grüne Linie" bezogen werden solle, um weitere motorisierte Kräfte für die erwartete Landung freizu=

machen. Jedoch hielt der Führer es für entscheidend, daß Zeit für deren Ausbau gewonnen werde. Deshalb wurde von dieser Maßnahme abgesehen.

Um die Führung über die 4. italienische und die 42. Jg.=Div. an der Ligurischen Küste zu übernehmen, wurde das Generalkommando LXXV. AK. aus der Südfront herausgelöst. Am 14. 8. traf in Genua ein Bataillon der Hochgebirgs-Schulen ein, die nun mit weiteren Teilen zu einem Regiment zusammengefaßt werden und die italienisch-französische Grenze besetzen sollten.

Die Landung in Südfrankreich erforderte völlig neue Maßnahmen.

### 4. Die Verteidigung der Operationszone „Adriatisches Küstenland" (einschließlich Istriens)

Im Zusammenhang mit den Überlegungen, wo der Gegner landen könne, war auch immer die Adria einbezogen worden und in ihr wieder vornehmlich Istrien, da der Gegner von hier aus nicht nur operativ weitreichende Möglichkeiten gewann, sondern in der bandenverseuchten Halbinsel von vornherein auf Unterstützung rechnen konnte.

Über den Ausbau der Verteidigung an der Nordadria und in Istrien ist erst später im Zusammenhang mit den rückwärtigen Verteidigungslinien zu sprechen (siehe Kap. V,5)[1]. Hier dreht es sich deshalb vornehmlich um die Frage, was getan wurde, um die Kräfte in der Operations-Zone zu verstärken, und wie sie im Rahmen der Gesamtkriegführung gewertet wurde.

Am 19. 5. war befohlen worden, die aus Istrien weggezogene 278. Inf.=Div. durch das Alarmregiment sowie weitere Teile der Div. „Brandenburg" zu ersetzen.

Am 10. 6. wurde dem Gauleiter Rainer auf seine Vorschläge zur Verstärkung von Istrien mitgeteilt, daß die 71. Inf.=Div. (Div. Raapke) in der Front nicht entbehrt und (abgesehen von der Zuführung von Teilen der Div. „Brandenburg" und eines SS-Fallscharm-Jg.=Btl.s) an eine Verstärkung Istriens erst gedacht werden könne, wenn die Front in Italien wieder zum Stehen gebracht worden sei.

Über die Verteidigung Istriens legte der WFStab am 21. 6. eine Studie vor, die davon ausging, daß eine erfolgreiche Feindoperation zur Save und Donau hin den Südostraum der Festung Europa aufreißen, also unabsehbare Folgen haben würde. Außerdem würde sie auch hinter die Voralpen-Stellung fassen. Nach den vorliegenden Nachrichten bestehe beim Feind ein stärkeres Interesse für Istrien, und Kräfte für eine Operation seien vorhanden. Landungsschiffe seien jedoch noch nicht erkannt. Die West- und Südküste eigne sich für Landungen, die Ostküste weniger; drei gute Häfen könnten den Gegner anlocken. Der Stand des Ausbaus war auch in den Hafenbereichen noch unbefriedigend. Die Küstenartillerie reichte nicht aus. Für die Verteidigung standen zur Zeit nur

1 S. unten S. 591 ff.

Teile der sehr bedingt geeigneten 188. Res.=Div. sowie 3 Btl.e von Sicherungs=Kräften und Teile der Div. „Brandenburg" zur Verfügung. Daher müsse sich die Verteidigung auf die Schlüsselstellungen beschränken, nämlich Pola und die Karst=Stellung (einschließlich Triest) nach Abbazia, die ausgebaut werden müsse. Als erforderlich für eine Verteidigung der ganzen Küste wurden 5 Div.en angesehen, für die Karst=Stellung 3. Da mit Zunahme der Banden zu rechnen sei, würden im Falle einer Landung auch stärkere Polizei=Kräfte erforderlich sein. Die Frage der Verstärkung der Artillerie werde geprüft. Vorgeschlagen wurde, die 2 Btl.e „Brandenburg" nach Pola zu verlegen. In Betracht komme die Verlegung der bei Agram eingesetzten 98. Inf.=Div., einer Südwest=Div. oder eines Verbandes aus Ungarn. Dazu wurden Vorschläge für die Befehls=gliederung gemacht.

(Am 10. 7. übersandte der Befehlshaber Adriatisches Küstenland seine Stel=lungnahme zu dieser Studie).

Am 23. 6. wies der Chef WFStab in seinem Vortrag beim Führer darauf hin, daß nach dem Abzug der 278. Inf.=Div. aus Istrien die Besetzung der Halb=insel äußerst dünn geworden sei. Eine unmittelbare Bedrohung liege noch nicht vor; sie würde aber eintreten, sowie Ancona in Feindeshand falle. Die Über=führung einer der aufzufrischenden Krim=Div.en komme in Frage.

Am 6. 7. trug der Chef WFStab erneut die Kräftegruppierung in Istrien vor und wies dabei darauf hin, daß sie zu einer Verteidigung der Halbinsel in keiner Weise genüge und der Verlust Anconas eine besondere Gefährdung bedeute. Nach dem Urteil des OB Südwest seien etwa 5 Div.en zu einer erfolgreichen Verteidigung erforderlich. Der Chef WFStab wies auf die dringende Notwen=digkeit einer demnächstigen Verstärkung hin und verwies dafür auf die in Auf=stellung befindliche 98. (Krim=) Div., ferner entweder auf die gleichfalls in Auf=frischung befindliche 71. Inf.=Div. oder eine bodenständige Inf.=Div.

Am 8. 7. verlangte der Chef WFStab einen zusammenfassenden Befehl über die Verteidigung von Istrien, in dem die vom OB Südwest bei seinem Vortrag im Führerhauptquartier am 3. 7. gemachten Vorschläge und die Absichten des WFStabs zusamengefaßt waren. Die Fertigstellung zog sich noch 2 Wochen hin. Am 24. 7. (abgegangen am 26. 7., 14.20 Uhr) erging dann an den OB Süd=west und den OB Südost eine Weisung für die Kampfführung im Adriatischen Raum. Als Möglichkeit wurde (auf Grund der Aufstellung der feindlichen Re=serven und der Luftwaffe und im Hinblick auf den Abzug von Div.en aus Nord=afrika nach Italien) vorausgesetzt, daß der Feind auf eine Landung in Südfrank=reich verzichten und eine Entscheidung mit großer operativer Auswertung in Italien anstreben könne. Nach der Besetzung der Häfen Livorno und Ancona müsse mit Landungen im Rücken der Apennin=Stellung zum Einbruch in die Po=Ebene gerechnet werden. Das starke Aufleben der Banden in Nordgriechen=land, Albanien und Montenegro könne der Fesselung deutscher Kräfte und der Vorbereitung einer Landung polnischer und sonstiger slawischer Verbände dienen. Damit gewinne Istrien als Eckpfeiler der Verteidigung des Kampfes im

Südwesten und im Südosten und als Einfallspforte in den Donau=Raum an Bedeutung. Sein Verlust werde nicht nur die Verteidigung des Apennins, sondern auch die der Alpenränder unmöglich machen und schnell die wichtigsten Verbindungen in den Südostraum durchschneiden.

Dementsprechend müsse sich der OB Südost in erster Linie auf eine Landung in Süd=Albanien und Nordwest=Griechenland einstellen; die derzeitige Gruppierung seiner Kräfte entspreche dieser Aufgabe. Der OB Südwest müsse spätestens nach Erreichen des Apennins mit einer Landung im Golf von Genua oder an der Venezianischen Küste und in Istrien rechnen, wobei möglich sei, daß der Feind durch das Lika=Gebiet unmittelbar auf Agram durchstoßen wolle. Zur Verteidigung dieser zur Zeit gefährdeten Küste habe der Führer befohlen: schwerpunktmäßige Verstärkung des Ausbaues der Küstenverteidigung, Verstärkung der Küstenartillerie mit Schwerpunkt im Adriatischen Küstenland unter Einsatz der wieder einsatzbereiten Küsten=Artl.=Abt.en von der Krim, möglichst aktive Bekämpfung der Banden, und zwar in Süd=Albanien und Nord=Griechenland durch den OB Südost, in Istrien durch die aus dem Raum von Agram heranzuführende 98. Inf.=Div. (an Stelle der nach Udine zu verlegenden 94. Inf.=Div. und unter Verlegung der dadurch freiwerdenden Teile der 188. Res.=Div. nach Süden). Ferner solle nach Istrien bis 15. 8. eine bodenständige Division zugeführt und die Kampfkraft der 188. Res.=Div. auf gleicher Höhe gehalten werden. Die Kampfführung auf der Naht sei in unmittelbarem Einvernehmen zu regeln. Außerdem wurden die Aufgaben der Kriegsmarine und der Luftwaffe, die Versorgungsführung und die territoriale Befehlsführung geregelt.

Am 5. 8. bezeichnete der OB Südwest 7 Div.en für erforderlich, um die Küste zu verteidigen, und zwar 4 allein für Istrien. Zur Verfügung stünden jedoch nur 3, wobei die 94. Div., die gerade nach Udine verlegt wurde und erst wieder aufgefüllt werden mußte, und die 237. (bodenständige) Inf.=Div., die bis zum 20. 6. zu einem Drittel eingetroffen war, mitgerechnet waren. Mit diesen Kräften könne die Halbinsel nur auf der Sehne Triest—Fiume verteidigt werden. Der OB schlug den Ausbau dieser Stellung sowie des Hafens Pola als vorgeschobene Stellung vor. Dafür sprach nach seiner Ansicht die Tatsache, daß eine Versorgung über Land wegen der Banden zur Zeit nicht möglich war und die Versorgung über See von der feindlichen Luftwaffe abhängig blieb.

Dieser Vorschlag wurde am 6. 8. genehmigt.

Von der aus Mislowitz herankommenden 231. (bodenständigen) Inf.=Div. war bis 13. 8. in Istrien ein Regiment eingetroffen. Am 14. 8. wurde die Zuführung der Schatten=Div. „Schlesien" zur Auffrischung der 94. Inf.=Div. befohlen.

Ein weiterer Schutz für das Adriatische Küstenland bestand darin, daß die 98. Inf.=Div. jetzt im Raum von Rimini lag.

Bis zur Landung im westlichen Mittelmeer ergaben sich keine Anzeichen, daß der Feind auch in der Adria ein größeres Unternehmen vorbereitete. Die

Verstärkung dieser Operationszone trat daher ganz hinter dem Gedanken zurück, daß die Westküste bedroht sei und dementsprechend verstärkt werden müsse.

### 5. Die Transport= und Versorgungslage

Während des Kampfes auf der Erde gingen die Angriffe aus der Luft gegen die Eisenbahnanlagen, die dazu noch durch die Banden und Saboteure bedroht wurden, weiter. Aber so sehr dadurch auch die Kampfführung des OB Südwest erschwert wurde, so gelang es dem Gegner doch nicht, den Verkehr soweit zum Erliegen zu bringen, daß sich daraus militärische Folgen ergaben.

Vielmehr wurde ununterbrochen an der Wiederherstellung der Strecken gearbeitet, und daneben wurde zu Aushilfen gegriffen, um den Verkehr in dem erforderlichen Umfange aufrechtzuerhalten.

Im Zusammenhang mit der erwarteten Landung, die sich entweder gegen die Ligurische oder die südfranzös. Küste richtete, mußten die systematischen Angriffe gegen die Strecken in diesen Räumen gesehen werden.

Anfang Juli waren die Verbindungen zwischen Italien und Südfrankreich soweit unterbrochen, daß nur noch der Weg über das Reich offenstand; denn durch die Bandenverseuchung dieses Gebietes war es nicht möglich, die Schäden wieder auszubessern.

Um den Flakschutz an den ital. Eisenbahnstrecken zu verstärken, war am 20. 5. die sofortige Abgabe von 150 Geschützen 2 cm=Flak aus der ital. — und wenn nötig, auch aus der deutschen — Fertigung befohlen worden; gegebenenfalls sollte dies sogar zu Lasten des Heimatkriegsgebietes geschehen.

Im Juli wurde unter Schwächung des Schutzes der Fabriken und sonstiger kriegswichtiger Anlagen die ortsfeste Flak für den Schutz der Po=Brücken, die bewegliche für den der Straßen eingesetzt. Außerdem wurde eine bewegliche Reserve nördlich des Apennin für den Fall von Landungen bereitgehalten (vgl. 15. 7.). Auch wurden die 7 vorhandenen Nebelkompanien am Po eingesetzt. Dadurch gelang es, die Brücken besser als bisher zu schützen, aber nicht, weitere Beschädigungen zu verhüten. Am 18. 7. waren von 23 Straßenbrücken 14, von 12 Eisenbahn=Brücken 8 unpassierbar. Die nicht beschädigten lagen meist in der Westlombardei, so daß der Osten praktisch in eine Nord= und eine Südhälfte zerteilt war. Pontonbrücken, Fähren. Schlauchleitungen und Seilbahnen dienten als Aushilfe. Außerdem wurde Schiffsverkehr von Venedig nach Ferrara eingerichtet.

Ende Juli war die Zahl der Fähren auf 19 vermehrt, darunter 10 für 24=Tonnen=Verkehr.

Da der Wehrmacht=Transport=Chef berichtet hatte, die Streckenlage in Italien sei trotz beschränkter feindl. Luftangriffe völlig unbefriedigend, weil ital. Hilfskräfte nicht ausreichend gestellt wurden, wurde der Deutsche Bevollmächtigte General am 4. 7. gebeten, über den Bevollmächtigten des Großdeutschen Reiches von der ital. Regierung deren sofortige Verstärkung zu fordern.

Am 1. 8. sprengten Banden eine Brücke bei Turin; damit war die letzte noch bestehende Verbindung über den Po unterbrochen. Doch gelang es immer wieder, eine oder mehrere der schon ausgefallenen Brücken wieder benutzbar zu machen. Am 3. 8. konnte z. B. eine Brücke bei Casale wieder befahren werden. Die Brennerstrecke war am 6. 8. wieder befahrbar, und auch sonst besserte sich die Streckenlage wieder. Am 8. 8. fuhr die Bahn mit je einem Umschlag bis Genua und Bologna. Die Ligurische Küstenstrecke blieb jedoch ausgeschaltet. Da Vorräte vorhanden waren (an Betriebsstoff für etwa 1 Monat), entstanden in der Versorgung keine besonderen Spannungen; die Lage besserte sich vielmehr, da die Lager wieder aufgestockt wurden. Am 10. 8. war Turin wieder erreichbar, die Durchfahrt nach Bologna und Genua frei; am 11. 8. war die Strecke über den Mont [1] Cenis wieder befahrbar.

Am 13. 8. gelang es dem Gegner von neuem, die zur Zeit einzig befahrbare Brücke (bei Ferrara) auszuschalten.

Die Abnahme der Kampfhandlungen ermöglichte es, die Versorgungslage weiter zu verbessern. Zur Besprechung der laufenden Angelegenheiten weilte der Quartiermeister 2 des OB Südwest am 20. [2] und 21. 8. im FHQu.

### 6. Einzelmaßnahmen usw. (Juni — August 1944)

*im Juni:*

4. 6.: Verstärkung der Artillerie.
8. 6.: Kfz.-Zuweisung: 1500 to sowie Neuproduktion von 10 Tagen (je 100—200 to).
10. 6.: Zement-Zuweisung und Verstärkung der Org. Todt.
Minen-Sprengmittel.
11. 6.: Maßnahmen für die „Goten-Stellung".
Stand von Elba.
14. 6.: Ersatz der Div. „Hermann Göring".
Notiz über den Stellungsausbau.
Schreiben des Chefs OKW an den Leiter der Org. Todt-Zentrale wegen des Stellungsbaus.
15. 6.: Versorgungslage Elbas.
16. 6.: Beschießen des Lazarett-Schiffes „Erlangen" mit Bordwaffen, so daß es in Brand geriet und auf Strand gesetzt werden mußte.
Stand der Ausbau-Maßnahmen im Apennin.
17. 6.: Ersatz der Div. „Hermann Göring".
Ersatzführung in der ersten Juni-Hälfte.
Auffrischung der 65. und der 715. Inf.-Div.
19. 6.: Aufstellung von Rahmen-Bau-Btl.en.
20. 6.: Ital. Bandenlage in Urbino.
21. 6.: Selbständige Rgt.er im Bereich der Heeresgruppe C.
Sicherungs-Kräfte.
Auffrischung der 65. Inf.-Div.
22. 6.: Zustand der Heeresartl.
24. 6.: Personalersatz im Juni: 15 600 (im Mai 10 627) Mann.

*im Juli:*

2. 7.: Befehlsregelung für die Festungs-Pionier-Organisation.
Brief des Reichsministers Speer an den Chef OKW über den Ausbau der „Grünen Linie".

1 Ms.: oberer.
2 Ms.: 21.

3. 7.: Ersatzzuführung im Juni.
7. 7.: Zustand der 71. Inf.-Div.
8. 7.: Verlegung der 188. Res.-Geb.-Div.
Verlegung des Deutschen Marine-Kdo.s.
9. 7.: Abgaben der Luftwaffe.
10. 7.: Verlustmeldung 11. 5.—20. 6. (Teilergebnis):
5910 Tote, insgesamt: 51 762 Mann, dazu Vergleich mit den feindl. Verlusten.
Tiger-Abt.en.
11. 7.: Zustandsberichte.
Personeller Ersatz Mai—Juni (1. 5.—30. 6.): rund 36 000 Mann gegenüber 44 878 Toten, Verwundeten und Vermißten.
Seilbahnen über den Po.
16. 7.: Fernschreiben Oberstlt. d. G. Kleyser.
17. 7.: Verlustmeldung 11. 5.—5. 7.: 9071 Tote, 26 821 Verwundete, 31 017 Vermißte, 13 192 Kranke, zus.: 80 101 Mann.
Ablehnung der Freigabe der Hochgebirgs-Schulen.
18. 7.: Morgenmeldung.
19. 7.: Verfahren gegen Plünderer (sofortiges Erschießen auf Befehl eines Offz.s [1]
Nachtaufklärer der Luftflotte 2.
19. u. 25. 7.: Tschech. Regierungstruppen für Italien.
20. 7.: Verlegung von Ostbataillonen zur 162. Inf.-Div.
21. 7.: Sprengungen im Hafen von Livorno.
23. 7.: Einspruch des Chefs OKW gegen den Befehl vom 19. 7. (s. oben).
Reisebericht Oberstlt. d. G. Kleyser.
24. 7.: Dienstanweisung für den Inspekteur der Landesbefestigungen.
26. 7.: Einsatz der Hochgebirgs-Schule Mittenwald.
27. 7.: Abänderung des Befehls vom 19. 7. gegen Plünderer (Erschießen auf Grund von Standgerichten).
Stab Armee-Pionier-Führer für Ligurien.

*im August:*

2. 8.: Flak-Munition.
5. 8.: Verlustmeldung für Juli: 4033 Tote, 14 515 Verwundete, 10 981 Vermißte, 9662 Kranke, zus.: 39 191 Mann.
9. 8.: Marine-Pionier-Organisation.
12. 8.: Notiz zu einem Fernschreiben des Gauleiters Rainer über Bandenbekämpfung.
Ringtausch zwischen der Luftwaffe und dem Deutschen General in Italien.
13. 8.: Verlegung der Sturm-Geschütz-Brig. 914.

## III. Der Kampf um die Apennin-Stellung und der Aufbau der Westalpen-Stellung von der Landung in Südfrankreich (15. August) bis zum Abflauen der Kämpfe im Apennin und im Adria-Küstenabschnitt (25. Oktober)

### 1. Die Feindlage

Der 15. 8. gab die Gewißheit, daß der Feind es nicht auf die Ligurische, sondern auf die südfranzös. Küste abgesehen hatte; die darauf folgende Woche brachte die weitere Tatsache, daß Italien nunmehr von den Alpen her bedroht

1 Vgl. dazu unten: 23. 7. und 27. 7.

war, wenn es nicht gelang, vor dem Auftreten feindlicher Einheiten auf ihrem Kamm die Eingänge nach Italien abzuriegeln. Der OB Südwest hatte also nunmehr zwei Fronten zu schützen, und es war die Frage, ob der Feind nun nicht auch an der Adriatischen Front einen Vorstoß wagen und dadurch auch noch eine dritte Front aufrichten würde. Außerdem blieb eine Landung bei Genua nach wie vor denkbar; denn wenn die eigenen Kräfte sich vom Arno auf die „Grüne Linie" absetzten, dann lag vor dem Gegner eine ausgebaute Gebirgsstellung, die umzustoßen umso schwieriger wurde, je mehr die Jahreszeit vorrückte. Es mußte deshalb damit gerechnet werden, daß der Feind versuchte, sie durch überholende Landungen aus den Angeln zu heben. Wollte der Gegner damit dann noch operative Ziele verbinden, so mußte er die Landung in der Adria vorziehen, da er sich durch sie den Donauraum öffnen konnte. Ein Erfolg im Ligurischen Raum blieb dagegen allemal auf Italien beschränkt, da Südfrankreich bereits in feindlicher Hand war; er führte bestenfalls dazu, daß die eigenen Truppen aus der Apennin-Front in die Voralpenstellung auswichen. Unter diesen Gesichtspunkten waren demnach die Anzeichen für weitere Landungen sorgfältig zu verfolgen, vor allem in der Adria, die ja in der letzten Zeit als weit weniger gefährdet als Ligurien hatte angesehen werden können, fortan jedoch an die erste Stelle trat (Merkbuch 23. 8.).

Auf der Seite des Feindes mußten (nach dem Abfließen der in Südfrankreich eingesetzten Kräfte) in der ital.Front noch $18^{3}/_{4}$ Inf.- und 9 Pz.-Div.en angenommen werden (Stand vom 23. 8.). Dazu kamen noch $8^{2}/_{3}$ Verbände als Heeresreserve, zusammen also $36^{1}/_{3}$. In Corsica standen noch $2^{1}/_{3}$, in Nordafrika $7^{2}/_{3}$, in Lybien—Ägypten 8, in Syrien—Palästina—Cypern $7^{3}/_{4}$ Verbände. Weitere Div.en waren nur als Besatzungstruppen anzusehen oder waren noch in der Aufstellung begriffen. Insgesamt mußte im Mittelmeerraum mit 77 Verbänden, darunter 10 amerikanischen, gerechnet werden; von den bisher in Italien und auf Corsica festgestellten Reserven waren bis zum 24. 8. 8 Verbände in Südfrankreich festgestellt.

Ende August war erkannt, daß sich der Gegner im Abschnitt von Florenz durch die Zuführung des XIV. britischen AK. mit 2 Div.en verstärkte, so daß hier nunmehr mit einem Großangriff zu rechnen war. Das gleiche war an der Adria-Front der Fall, in der die 46. brit. Inf.-Div., die 1. kanad. Inf.-Div. und weiterhin 3 poln. Div.en eingesetzt waren. Angenommen wurden hier jetzt das V. britische und das I. kanadische Korps. Dagegen wurden keine Anzeichen für eine überholende Landung entdeckt. Von Tag zu Tag wurde deutlicher, daß der Gegner versuchen wollte, die „Grüne Linie" an ihrer schwächsten Stelle, d. h. im Adria-Abschnitt, zu durchstoßen. Denn hier handelte es sich nur bis zum Monte Calvo, dem dadurch entscheidende Bedeutung zukam, um ein gebirgiges Gelände. Zwischen ihm und der Küste, die dem Gegner die Möglichkeit zu überholenden Landungen und zu Flankenfeuer von See her gab, handelte es sich dagegen um einen nur schwach hügeligen Raum, in dem der Stellungsbau noch nicht zum Abschluß gekommen war.

In der Erläuterung zur Kräfteverteilung im Mittelmeer wurde am 30. 8. festgestellt, daß nach Bildung der beiden Schwerpunkte und der Abgaben nach Südfrankreich im rückwärtigen Gebiet eine weitgehende Verminderung der Kräfte eingetreten sei. Im Einsatz mußten zur Zeit 25²/₃ Verbände angenommen werden, als Heeresreserve höchstens 7²/₃ (einschl. der poln. Gruppe bei Tarent). Auf Corsica handelte es sich noch um 1¹/₃ Verbände; in Nordafrika und Syrien—Palästina—Cypern waren keine Veränderungen eingetreten. Durch den Abtransport einer brit. Pz.-Div. nach England waren in Ägypten die feindlichen Kräfte auf 7 Verbände zurückgegangen.

Am 31. 8. erhielt der OB Südwest die Weisung, gegen die in Istrien drohende Gefahr 3 schnelle Verbände bereitzuhalten (s. unten). Außerdem sollte er aus dem zur Zeit wenig gefährdeten Abschnitt Genua ohne Rücksicht auf das Eintreffen und den Zustand der 232. (bodenständigen) Inf.-Div. Kräfte[1] bis 10. 9. herauslösen. Es wurde ihm mitgeteilt, daß wegen der Lage auf dem Balkan die Zuführung von Gebirgs- und Jäger-Div.en zur Zeit nicht möglich sei.

Am 9. 9. hatte sich in der Verteilung der feindlichen Kräfte nichts Wesentliches verändert. Die Zahl der in Front eingesetzten Pz.-Verbände hatte sich um einen erhöht, die Zahl aller Frontverbände auf 24²/₃.

In der Mitte des Monats wurden von den 13[2] britischen Verbänden 9 im Adria-Abschnitt angenommen, was eine Erklärung für die Härte der durch Wochen fortgeführten Angriffe gibt. Zum Nähren des Angriffs stand dem Gegner nur noch das XIV. AK. mit 2—3 Verbänden zur Verfügung. Diesen 6 Inf.- und 3 Pz.-Div.en, zu denen noch 3 Pz.-Brig.en kamen, standen auf der eigenen Seite 5 Div.en gegenüber.

Am 9. 10. wies die Seekriegsleitung in ihrer Beurteilung der Seelage darauf hin, daß nach der Landung in Südfrankreich der Bestand an feindl. Hilfsträgern von 11 auf 7, wenn nicht 5 abgesunken sei und der ganze Rest im östlichen Mittelmeer angenommen werden müsse, wo die derzeitige Schwerpunktbildung auch durch den Einsatz des Großteils der Kreuzer und Zerstörer, die im Mittelmeer vorhanden waren, unterstrichen wurde. Seit dem September hatte sich die Zuführung von Truppen aus dem Atlantik erheblich verstärkt; allein vom 1.—6. 10. waren 20 beladene Transporter bei Gibraltar beobachtet worden, die vermutlich Verstärkungen für die ital. Front oder Zuführung nach Südfrankreich gebracht hatten – dafür sprach, daß die Überlastung des nordfranz. Verkehrsnetzes verschiedentlich gemeldet worden war. In Livorno und Ancona war nur eine mäßig vermehrte Belegung beobachtet worden, die sich durch den normalen Bedarf erklärte. Bereitstellungen für eine größere Landung waren in Ancona nicht festgestellt worden.

Sorge machte der Seekriegsleitung die Schwächung der eigenen Position in der Adria. Deshalb hatte sie sich bereits am 22. 9. gegen die beabsichtigte

1 Fehlt im Ms., vielleicht auch anders zu ergänzen.
2 Unleserlich, ob 13 oder 18.

Räumung der Dalmatinischen Inseln ausgesprochen, da damit nach der Preis=gabe von Korčula, Pelješac, Mljet usw. auch der Inselbogen vor Split wegfiel. Seit sich der Feind auf Lissa festgesetzt hatte, sei es zu fortlaufenden Stör=aktionen im Dalmatinischen Vorfeld und zu Verlusten auf dem inneren Insel=weg gekommen. Die eigenen Seestreitkräfte seien daher gebunden, und die Bandenversorgung auf dem Festland habe sich der Feind erleichtert. Jetzt werde der Küstenverkehr und damit die Versorgung Süd=Dalmatiens über See ganz unterbunden und Split als U=Bootbasis blockiert[1].

Anfang Oktober drängte die Seekriegsleitung darauf, daß die vor Istrien gelegenen Inseln Krk und Cherso vom OB Südwest besetzt würden. Dazu er=klärte der WFStab am 10. 10., daß dazu die Kräfte fehlten, da diese schon nicht zum Halten der Halbinsel auslangten. Die Seekriegsleitung wurde daher am folgenden Tage dahin verständigt, daß ihre Forderung grundsätzlich anerkannt werde, aber zur Zeit nicht erfüllt werden könne.

Am 28. 10. war im linken (ruhigen) Abschnitt der 8. brit. Armee das Gene=ralkdo. des X. brit. AK. durch das Generalkdo. des II. polnischen AK. ersetzt. Er=kannt waren bereits eine polnische Inf.=Div. und eine poln. Pz.=Brig.; der Ein=satz einer weiteren polnischen Inf.=Div. war zu erwarten. Damit erhöhte sich die Zahl der eingesetzten Verbände um $2^1/_2$ und stieg somit auf 30[2]. Als Heeres=reserven waren noch $5^1/_3$ Verbände, darunter 2 polnische, anzunehmen.

In Corsica und Nordafrika waren keine Veränderungen eingetreten. Da nach Griechenland $3^1/_3$ Verbände abgegeben waren, blieben im ostwärtigen Mittel=meerbereich noch $8^3/_4$ einsatzfähige Verbände.

Eine besondere Sorge bildete bis Mitte Oktober die Entwicklung in Ungarn, da die Russen immer tiefer in die Tiefebene eindrangen und mit einem Sonder=frieden der Regierung Horthy gerechnet werden mußte. Es war daher denkbar, daß die Anglo=Amerikaner durch eine Landung in Istrien oder sogar einer Luftlandung in Ungarn selbst versuchen könnten, auf diese Entwicklung Ein=fluß zu gewinnen. Brach diese Position zusammen, war die Ostflanke des OB Südwest in der Tiefe gefährdet. Doch erledigten sich die Befürchtungen und die dadurch ausgelösten Erwägungen durch den Umschwung, der am 16. 10. die Regierung Szálasi ans Ruder brachte[3].

### 2. Die Alpenfront und die Sicherung der Ligurischen Küste

(vgl. dazu die „Ausarbeitung Westen") [4]

Bereits am 2. 6. hatte der Führer im Hinblick auf die Möglichkeit der Lan=dungen in Ligurien und in Südfrankreich gefordert, daß der Zustand und die Verteidigungsfähigkeit der französ. Befestigungen an der ital. Grenze nach=

1 Ms.: blockiert werden.
2 Ms.: 70.
3 Vgl. unten den 7. Abschnitt (s. S. 848 ff.).
4 Vgl. oben den 4. Abschnitt (S. 349 ff.).

geprüft werden sollten. Es erwies sich darauf jedoch, daß das Grenzgebiet sehr viel stärker bandenverseucht war, als vorher bekannt war, und daß daher durchgreifende Maßnahmen sich erst ergreifen ließen, wenn stärkere Kräfte sie unterstützten.

Der 15. 8. klärte die Lage dahin, daß der Feind Südfrankreich und nicht Ligurien angriff. Da die Landung glückte und die eigenen Kräfte zu gering waren, um sie bereinigen zu können, waren schnelle Entschlüsse erforderlich. Bereits am 16. 8. wurde befohlen, daß die 148. Res.=Div., die an der Küste bei Cannes eingesetzt war, und die 157. Res.=Div., die weiter rückwärts lag, auf die Alpen zurückgeklappt werden und unter den Befehl des OB Südwest treten sollten. Am 20. 8. erteilte dieser den weiteren Befehl, die Alpen=Pässe möglichst weit westlich offen zu halten. Die Führung dieser Bewegung wurde dem Generalkommando LXII. Res.=AK. übertragen. Doch wurde dieses vom Feind überwältigt, so daß es ausfiel. Bis zu seinem Eintreffen war das auf dem linken Flügel herausgezogene Generalkommando LXXV.AK. vorgesehen, das nach Klärung der Lage die Führung behielt. Den an die Küste anschließenden Gebirgsabschnitt übernahm die Korps=Abt. Lieb. Den Oberbefehl über die Front zwischen der Schweizer Grenze und Mentone erhielt zusätzlich die Armee Ligurien (Marschall Graziani). Die Absicht, den bisher im Alpenvorland ein=gesetzten General Kübler zu verwenden, kam nicht zur Ausführung.

Verwaltungsmäßig war nicht viel zu ändern, da auf dem Papier bereits die „Operationszone Nordwestalpen" bestand, in der Maßnahmen ergriffen werden konnten, ohne die ital. Regierung zu befragen. Nunmehr wurde der Teil an der französ. Grenze zur Operations=Zone erklärt, was praktisch keinen Einschnitt bedeutete. Der Antrag des OB Südwest, diese Zone bis Turin zu erweitern, wurde abgelehnt, da dies nur eine Belastung der Armee Ligurien bedeutet haben würde.

In den Alpen handelte es sich im Südteil um 2, im Nordteil um 3 Pässe. Diese waren zum Teil bereits durch Banden versperrt und mußten daher erst wieder geöffnet werden. Dagegen war die Strecke über den Mont Cenis seit dem 18. 8. wieder befahrbar gemacht worden. Um die Straße bei Cuneo freizukämpfen, wurden Teile der 90. Pz.=Gren.=Div., die bereits vor der Landung in den ge=fährdeten Raum vorgezogen worden waren, eingesetzt. Am 18. 8. war auch von Aosta aus über den St. Bernhard und von Susa aus über den Mont Cenis eine Verbindung zu den Kräften der 19. Armee hergestellt. Zur 157. Res.=Div. wurde am 19. 8. die Verbindung aufgenommen. Bis zum 20. 8. waren die Übergänge über den Kleinen St. Bernhard, den Mont Cenis und den Mont Genèvre besetzt. Schwierig gestaltete sich anfangs vor allem die Lage am Maddalena=Paß, der gleichfalls in feindl. Hand war.

Da es sich nicht um ein Beziehen, sondern um ein Freikämpfen der Grenz=befestigungen handelte, war der OB Südwest gezwungen, außer der 90. Pz.=Gren.=Div. auch noch die 5. Geb.=Div. an die Alpenfront heranzuziehen und dadurch in einem Augenblick, in dem er 2 schnelle Verbände an den OB West abgeben mußte, noch einen weiteren Verband festzulegen (Merkbuch 23. 8.). Trotz der Betriebsstoffknappheit wurden am 23. 8. 2 Btl.e dieser Div. im Kfz.=Transport an die Alpen herangezogen, um sie sofort zur Hand zu haben; dies war erforderlich, weil der Gegner — vielleicht, weil er die Bewegungen erkannt hatte — den Raum Rimini—Ravenna mit Einschluß der Küstenbefestigungen aus der Luft angriff und dadurch den Abtransport mit der Eisenbahn er=schwerte.

Da die 148. Res.=Div., die den Raum von Cannes verteidigt hatte, vom Feinde wenig bedrängt wurde, konnte sie ihr Material bergen und sich plan=mäßig absetzen. Bis Anfang September war sie in den Südabschnitt der Alpen=Stellung und den dazugehörigen Küstenstreifen eingezogen. Nicht so einfach gestaltete sich die Bewegung der 157. Res.=Div., die ja in den Kämpfen Ver=luste hatte und der der Weg erst geöffnet werden mußte. Doch gelang es, auch sie in den für sie vorgesehenen Abschnitt zurückzuführen.

Dem nachdrängenden Feind gelang es zwar, an einzelnen Stellen in die Zone der Grenzbefestigungen einzubrechen, doch konnte er hier aufgefangen und stellenweise auch wieder zurückgedrückt werden. Anfang September waren bis auf Bourg alle französ. und ital. Grenzbefestigungen in eigener Hand. Da dann im Laufe des Septembers die Temperatur schnell sank und Schnee fiel, waren größere Operationen nicht mehr zu erwarten. Es zeigte sich denn auch, daß der Feind sich auf Geplänkel und einzelne Vorstöße beschränkte. Deshalb konnte von der Mitte des Monats an die neue Front als aufgebaut und nicht unmittel=bar bedroht angesehen werden. Ihr Nachteil war, daß sie Kräfte band und vom Frühjahr an ein noch größerer Einsatz ins Auge gefaßt werden mußte.

Die Winterbekleidung konnte rechtzeitig herangeschafft werden.

Am 28. 9. übermittelte der OB Südwest den Befehl, den er für die Kampf=führung an der Ligurischen Küste gegeben hatte unter dem Gesichtspunkt, daß die ital. Verbände nur bedingt verwendungsfähig waren, daß ein Durch=stoßen der Küstenverteidigung verhindert werden mußte und sicherzustellen war, daß die Kräfte in planmäßigem Absetzen zurückgeführt werden konnten. Vom rechten Flügel der Alpenfront wurde Ende Oktober die 42. Jg.=Div. ab=gezogen. Nachdem die 3. und 4. Div. bereits im Küstenschutz eingesetzt wor=den waren, kamen ab Oktober als weitere Kräfte jetzt noch die 1. und 2. ital. Div. hinzu. Vor ihr wurde die 2. Div. in die Alpenfront eingereiht. Die 3. und 4. Div. wurden bis Ende des Jahres in die ruhigen Abschnitte der Apennin=Front heruntergezogen.

An der Alpenfront waren Ende Okt. (von der Küste aus) 1 ital. Div. mit Teilen der 148. Res.=Div., die 34. Inf.=Div., ein Hochgebirgs=Btl., die 5. Geb.=Div. und die 157. Res.=Div., also 4 Div.en eingesetzt, was angesichts der Schneeverhältnisse als ausreichend angesehen werden konnte. Als gänzlich un=zulänglich mußte jedoch die Besetzung der Ligurischen Küste bezeichnet wer-den. Aber dieses Risiko wurde bewußt gelaufen, um Schwerpunkte an den un=

mittelbar bedrohten Stellen bilden zu können (Merkbuch 25. 10.). Anfang November wurde hinter der 4. ital. Div. noch die Hochgebirgs=Schule Mittenwald eingesetzt. Außerdem wurde auf dem rechten Flügel als Ersatz für die 47. Jäger=Div. die 148. Res.=Div. herangezogen. An ihrer Stelle übernahm im Raum von Genua der Festungskommandant den Befehl.

Ende Oktober wurde die Südecke der Westalpenfront abgeschrägt; dadurch erledigte sich auch die Schwierigkeit, die zwischen den Fronten wohnende franz. Zivilbevölkerung, deretwegen sich bereits das Rote Kreuz bemüht hatte, zu ernähren.

### 3. Die Apennin=Front bis zum 13. September

#### *a) Der Gebirgsabschnitt (ausschließl. des Adria=Abschnitts)*

Als der Feind in den Tagen vor der Landung in Südfrankreich an der Südfront nichts unternahm, war angenommen worden, daß er nach Beginn seiner neuen Operation auch an der Südfront wieder angreifen werde, um die eigenen Kräfte zu fesseln. Dies war jedoch nicht der Fall, es blieb an ihr vielmehr weiterhin ruhig. Vielleicht war das darauf zurückzuführen, daß zur Zeit noch Teile der feindl. Luftwaffe in Südfrankreich gebunden waren und der Gegner nichts unternehmen wollte, solange sie zersplittert war. Es war also nicht durch die Lage an der Front, sondern durch die nach der Monatshälfte notwendig gewordenen Abgaben von zwei bisher als Reserve bereitgehaltenen schnellen Verbänden (3. und 15. Pz.=Gren.=Div.) an den Westen bedingt, daß der OB angewiesen wurde, die „Grüne Linie" zu beziehen und dabei die drei noch in Front eingesetzten motorisierten Verbände als Reserve herauszuziehen.

Die Absetzbewegung der 10. Armee auf die Vorfeld=Stellung der „Grünen Linie" begann am 22. 8. und verlief planmäßig. Um die 5. Gebirgs=Div. für die Alpenfront freizumachen, wurde am 26. 8 .die Front des LXXVI.AK. zurückgenommen.

Vor dem Abschnitt der 14. Armee gingen die Angriffsvorbereitungen des Feindes inzwischen weiter; doch kam es vorerst nur zu örtlichen Kampfhandhandlungen.

Am 29. 8. genehmigte der Führer die Absicht des OB Südwest, in die „Grüne Linie" auszuweichen. Dabei war unter anderem maßgebend, daß auf diese Weise weitere Kräfte freigemacht werden sollten, um einer im Raum von Venedig oder in Istrien erwarteten feindl. Landung begegnen zu können. Am 30. 8. wies der Führer erneut darauf hin, daß die auf diese Weise freiwerdenden Verbände zur Abwehr einer Landung im Adriatischen Raum bereitgestellt werden müßten.

Da erkannt war, daß der Gegner im Adria=Abschnitt den Durchbruch erzwingen wollte, befahl der OB, damit neue Reserven gebildet und die eigenen Kräfte geschont würden, daß die 14. Armee ab 31. 8. abschnittsweise in die

„Grüne Linie" selbst auswiche. Um einen weiteren Rückhalt zu schaffen, wurde nunmehr noch eine 2. „Grüne Linie" erkundet, die durch Trosse usw. ausgebaut werden sollte. Die bisher in der „Grünen Linie" eingesetzten Kräfte wurden an den Po verlegt, um dort eine Auffangstellung auszubauen.

Der Feind folgte dieser Bewegung, der sich am 9. 9. der rechte Flügel der 10. Armee anschloß, nur zögernd.

Damit war eine Front erreicht, die von der Marina di Carrara (südostwärts La Spezia) an Carrara vorbei auf das Gebirge anstieg und in diesem erst in südostwärtiger, dann ostwärtiger Linie nördlich Pistoia zum Kamm der Alpe di S. Benedetto verlief. In ihr waren wie bisher rechts das XIV. Pz.=Korps, links das I. Fallschirmjäger=Korps eingesetzt. Gegen diese neue Front begann der feindl. Angriff am 13. 9. Er war seit Ende August erwartet; jedoch wurde der Gegner durch das Ausweichen zu einem zweiten Aufmarsch gezwungen.

In seiner Tagesmeldung wies der OB Südwest am 10. 9. nach Abschluß der Bewegung auf die Leistung der 14. Armee und die Verdienste ihres OB, des Gen. d. Pz.=Truppen Lemelsen, hin. Die Armee habe nach den verlustreichen Kämpfen den Feind nicht nur aufgefangen, sondern auch die Zeit zum Ausbau der Stellung gewonnen.

Zu den Zustandsberichten nahm der OB am 2. 9. dahin Stellung, daß die bewegliche Kampfführung mit ihrem nur allmählichen Ausweichen sowie den zahlreichen erfolgreichen Gegenangriffen und Stoßtruppunternehmungen wieder ein eindeutiges Überlegenheitsgefühl der Truppen über den Feind geschaffen habe. Die personelle Lage habe sich trotz der Kürzung des Ersatzes geringfügig gebessert, und die Kampfstärke der Infanterie habe sich zahlenmäßig und prozentual weiter gehoben, da die Verluste zurückgegangen seien, die Feld=Ersatz=Btl.e Kräfte an die Front abgegeben hätten und eine neue Auskämmaktion durchgeführt wurde. Die materielle Lage der Div.en habe sich dagegen durch die zugunsten der anderen Fronten vorgenommenen Zuweisungen weiter verschlechtert. Besonders mache sich die Betriebsstoff=Knappheit seit dem Vormarsch verstärkt bemerkbar (Zuweisungen im August: 19 178 Mann, Ausfälle: 1.—20. 8.. 8 550, darunter 1 140 Tote).

### *b) Der Adria=Abschnitt*

Im Adria=Abschnitt, in dem der Feind kurz vor der Landung kräftiger angegriffen, dann aber wieder verharrt hatte, kam es am 19. 8. wieder zu größeren Kampfhandlungen. Nachdem die Front zurückgenommen worden war, griff der Feind mit 70—80 Panzern erneut an, wobei er 1—2 km tiefe Einbrüche erzielte. Der OB hatte nunmehr die Absicht, die abgekämpfte 278. Inf.=Div. durch die 1. Fallschirmjäger=Div. zu ersetzen und die 3. Pz.=Gren.=Div. als Heeresgr.=Res. herauszulösen. Am 20. 8. erfolgte ein neuer Einbruch, der zur Zurücknahme der Front zwang. Um Kräfte einzusparen, wurde die 10. Armee nunmehr ermächtigt, in die „Grüne Vorfeldstellung" zurückzugehen, die nur eine geländemäßig günstige Linie, aber keine ausgebaute Stellung darstellte. Im Hinblick auf die Republik San Marino wurde festgelegt, daß ihr Gebiet zwar zum Durchmarsch benutzt, aber nicht belegt werde.

Am 21. 8. wurden die eigenen Truppen auf den Metauro=Abschnitt zurück=genommen. Vom 25. 8. an hatte die Kampftätigkeit aufgehört. Gleichzeitig griff die feindl. Luftwaffe wiederholt den Raum Rimini—Ravenna an. Am 26. 8. ging Mombassio verloren. Der OB Südwest rechnete daher mit Fortgang der Kämpfe, die als Versuch der Fesselung und der Störung der Abtransporte, aber auch als Vorbereitung einer größeren Operation gedeutet werden konnten. Am 27. 8. meldete der OB, daß er am 28. 8. die abgekämpfte, sehr bewährte 278. Inf.=Div. im Küstenabschnitt durch die 1. Fallschirm=Jäger=Div. abgelöst habe, und bat deshalb von dem vorgesehenen Austausch dieses Verbandes Abstand zu nehmen. Von der 26. Pz.=Div., die als Heeresgr.=Reserve bei Imola versam=melt war, wurde vorbeugend eine Rgt.s=Gruppe in den Raum Rimini—Ravenna vorgezogen. In der Front sollte die 71. Inf.=Div., die der Auffrischung bedurfte, durch die 98. Inf.=Div., die bisher in Reserve gelegen hatte, abgelöst werden. Jedoch hatte sie vor Monatsende noch erhebliche Ausfälle, da der Feind Ein=brüche erzielte, die erst mit letzten Reserven abgeriegelt werden konnten. Der OB entschloß sich deshalb, die ganze 26. Pz.=Div. vorzuziehen und hinter ihr die 29. Pz.=Gren.=Div. bereitzuhalten. Am 30. 8. wurde, obwohl der Gegner von See aus eingriff, das gerade vor der „Grünen Linie" gelegene Pesaro noch einmal zurückgewonnen. Doch mußte die Front schrittweise zurückgenommen werden. Am 2. 9. lehnte sie sich bereits an den zweiten Riegel an, der nur schwach ausgebaut war. Anfang des Monats standen in der Adria=Front die inzwischen an den ruhigeren rechten Flügel verlegte 278. Inf.=Div., die 71. Inf.=Div., Teile der 26. Pz.=Div. und die 1. Fallschirmjäger=Div. Am 3. 9. mußte sich der OB entschließen, für den Adria=Abschnitt auch noch die 29. Pz.=Gren.=Div. zur Verfügung zu stellen. Außerdem mußte die letzte Rgt.s=Gruppe der 5. Geb=. Div., die gerade herausgelöst wurde, angehalten werden. Am 5. 9. wurde die 98. Inf.=Div. eingesetzt und die 71. Inf.=Div. durch die 356. Inf.=Div. (bisher 14. Armee) herausgelöst. Der feindl. Angriff band also nicht unbeträchtliche Kräfte des OB Südwest in einem Augenblick, als dieser in seiner tiefen rechten Flanke eine neue Front aufbauen mußte.

Da der Gegner, bei dem in diesem Abschnitt 8 Verbände anzunehmen waren, bei seinen Tag für Tag erneuerten Angriffen immer wieder einzelne Gelände=fetzen und gelegentlich auch einmal einen breiteren [1] Streifen in die Hand bekam, hatte er Anfang September nicht nur die in diesem Abschnitt ja an sich schwache und noch dazu nicht fertig ausgebaute „Grüne Linie" überschritten, sondern ein Gelände erreicht, das sich jetzt mehr und mehr zu seinen Gunsten weitete und ihn außerdem in die Flanke der Gebirgsstellung hineinführte. Er nutzte dabei seine materielle Überlegenheit aus, aber nicht die taktischen und

1 Ms.: weiteren.

auch operativen Möglichkeiten, die sich durch ein Herumwerfen der Stoßrichtungen oder überholende Landungen geboten hätten.

Von der Härte der Kämpfe in dem verhältnismäßig schmalen Abschnitt, die am 19. 6., mit voller Kraft am 25. 8. eingesetzt hatten und vom 11. 9. an vorübergehend abnahmen, gibt die Tatsache eine Vorstellung, daß bis zum 4. 9. bereits 186 Panzer abgeschossen waren und der Ort Gemmano am 9. 9. siebenmal den Besitzer wechselte.

Trotz der erzielten Fortschritte war der Gesamterfolg des Feindes doch nur ein lokal begrenzter geblieben. Deshalb mußte er sich entschließen, die „Grüne Linie" auch noch frontal anzugreifen.

#### 4. Der Doppelangriff gegen die Gebirgsfront und den Adria-Abschnitt vom 13. September bis 25. Oktober

Am 13. 9. trat der Gegner zu dem erwarteten Angriff nördlich Florenz an, wodurch die Nachtruppen auf die „Grüne Linie" zurückgedrängt wurden. Bei der 715. Inf.-Div. auf dem rechten Flügel der 10. Armee gelang es dem Gegner, in diese einzubrechen. Auch an der Adria nahm das Ausmaß der Angriffe wieder zu, so daß die 356. Inf.-Div. und die 20. Luftwaffen-Sturm-Div. beschleunigt herangeführt werden mußten. Am 14. 9. gingen die eigenen Truppen auch auf dem rechten Flügel in die „Grüne Linie" zurück. Einige Einbrüche des Vortages konnten beseitigt werden. Im Adria-Abschnitt, in dem vom 13.–16. 9. 95 Panzer abgeschossen wurden, kam der Gegner bis Coriano, an den Marano-Fluß und S. Lorenzo.

Der Feind setzte nun in den beiden Angriffsräumen seinen Versuch fort, sich den Weg über den Apennin zu öffnen, ohne daß ihm dabei wesentliche Erfolge zufielen.

Nördlich Florenz bemühte er sich, an der Straße nach Imola im Giogo-Paß voranzukommen. Firenzola gelangte ins Kampfgebiet. An der Adria-Front hatte er am 18. 9. die Südgrenze der Republik San Marino erreicht. Störend machte sich bemerkbar, daß der Gegner nachts Scheinwerfer einsetzte. Durch das Herankommen der 356. Inf.-Div. wurde nun das Herauslösen der 71. und der 98. Inf.-Div. möglich, die mit 80% Kampfstärke in die Schlacht eingetreten waren und nach 14 Tagen noch 20% derselben hatten. Die 20. Luftwaffen-Sturm-Div. wurde bei Rimini versammelt und dann in den Kampf geworfen. Die 90. Pz.-Gren.-Div. wurde auf das Südufer des Po vorgezogen.

Um nördlich Pistoia die Frontabschnitte verkleinern und wesentliche Reserven bilden zu können, wurde vom rechten Flügel der 14. Armee die 16. SS-Pz.-Gren.-Div. in diesen Raum gezogen. Vom rechten Flügel an waren nunmehr die bisher in Ligurien eingesetzte 42. Jg.-Div., dann die 5. Geb.-Div., darauf die 16. SS-Pz.-Gren.-Div. eingesetzt.

Am 20. 9., 7.00 Uhr, meldete der OB, daß die seit dem 25. 8. auf dem linken Flügel der 10. Armee und seit einer Woche auch auf dem inneren Flügel der

14. und 10. Armee tobende Materialschlacht zu einem nur in beschränktem Umfang ausgleichbaren Verschleiß an Menschen und Material geführt habe. Auch der anrollende Ersatz könne die Ausfälle nur noch zum geringsten Teil ergänzen. Er habe sich deshalb schweren Herzens zum kämpfenden Ausweichen auf eine Sehnenstellung entschließen müssen. Falls nicht sofort Menschen und Material in erhöhtem Umfang zugeführt würden, hielt der OB ein schrittweises Ausweichen auf die 2. „Grüne Linie" für unerläßlich, um ein Zerreißen der Front zu verhindern. Dies könne einen allmählichen Übergang in das studienmäßig vorbereitete Absetzen auf die Voralpen zur Folge haben. Am folgenden Tag wurde dem OB die Genehmigung des Führers zum Absetzen auf die Sehnen-Stellung mitgeteilt.

An diesem Tage (20. 9.) kam der Feind bis auf 2,5 km an Fierenzola heran; außerdem stieß er am äußersten rechten Flügel vor, wodurch eine Krise entstand, da hier keine Reserven zur Stelle waren. Im Adria-Abschnitt drang der Feind durch San Marino durch und kam an Rimini heran; die anschließende Stellung wurde deshalb auf eine Sehnen-Stellung zurückgebogen. S. Lorenzo ging verloren. An diesem Tage wurden 106 Panzer, seit dem 26. 8. 661 Panzer abgeschossen. Da der Feind seine Angriffe am 21. 9. nicht in der bisherigen Stärke fortsetzte, konnten die Fronten wieder gefestigt werden; Rimini mußte allerdings dem Feinde überlassen werden.

Aus dem Gebirgs-Abschnitt wurde nunmehr noch die frische 44. Inf.-Div. in den Kampfabschnitt in der Mitte gezogen. Mit der beantragten Beziehung dieser Sehnenstellung erklärte sich der Führer einverstanden.

Während der Gegner am Adria-Abschnitt nach dem Durchstoß durch die Ausläufer des Apennins erst einmal verhielt, setzte er nördlich Florenz seine Vorstöße ins Gebirge, in dem Höhen bis zu 1000 Meter zu überwinden waren, fort. Wegen der Einbrüche, die er erzielte, war es nötig, am 24. 9. in die 2. „Grüne Linie" zurückzugehen.

Am 25. 9. kam der Feind, der am Vortage seine Angriffe im Adria-Abschnitt wieder aufgenommen hatte, bis an den Uso-Abschnitt heran. Am 26. 9. standen von der 14. Armee, bei der die 16. SS-Pz.-Gren.-Div. nunmehr dem I. Fallschirm-Jäger-Korps unterstellt war, um diesen Abschnitt zu verengen, nur noch die beiden Flügel vor der 2. „Grünen Linie". Im Adria-Abschnitt setzten sich die eigenen Kräfte auf die Höhe von Terra Marina ab. Am 27. 9. wurde der linke Flügel der 14. Armee zurückgenommen; auf der Naht zur 10. Armee kam der Gegner bis zum Monte Battaglia (ostwärts der Straße nach Imola) vor. An der Adria wurde der Uso-Abschnitt bezogen. Gegenstöße am 28. 9. verbesserten die Lage an der Naht wieder; im Adria-Abschnitt erfolgte ein abermaliges Absetzen. In den nächsten Tagen ließ der Kampf wegen des Wetters nach, doch ging der Kampf um den Monte Battaglia weiter, und im Adria-Abschnitt drang der Feind über den Rubicon vor.

Am 2. 10. setzte der Feind südlich Imola mit neuen Angriffen ein, gegen die mit Reserven ein Riegel aufgebaut wurde. Da er am 3. 10. in diesem Raum noch weiter vorankam, zeichnete sich nunmehr die Gefahr ab, daß er in wenigen Tagen den Durchstoß bis zur Tiefebene auch hier erzielt haben würde. Um die eigenen Kräfte zu verstärken, sollte nunmehr auf dem rechten Flügel der 14. Armee die 65. Inf.=Div durch die aus Istrien herangezogene 94. Inf.=Div. ersetzt werden.

Im Adria=Abschnitt kam es in diesen Tagen weiterhin nur zu örtlichen Kämpfen, und da das Grundwasser stieg und die Bäche anschwollen, verbesserte sich hier die Lage des Verteidigers nun auf natürliche Weise. Der in das Gebirge vorhängende Bogen der 10. Armee wurde am 5. 10. verkürzt.

Am 6. 10. wurde an der Hauptdruckstelle südlich Imola eine neue HKL bezogen. Im Laufe der nächsten Tage gingen die schweren Kämpfe ununterbrochen weiter, wobei in Richtung Bologna weiteres Gelände verlorenging. Südlich Bologna kam der Gegner bis zum Monte Fornice, und am 13. 10. konnte er an der Straße nach Bologna die Höhe 719 nehmen, welche den Einblick in die einzige Versorgungsstraße dieses Abschnitts öffnete und daher deren Preisgabe erzwang. Im Adria=Abschnitt, wo der Gegner am 7. 10. wieder eingesetzt hatte, ging der Kampf um den Raum von Savignano (nordwestlich Rimini an der Via Emilia). Um die 278. Inf.=Div. herauszulösen, wurde die Front am 9. 10. begradigt.

An diesem Tage hatte die Doppelschlacht einen Monat fast pausenlos im Gebirge und an der Küste angedauert. In kleinen und kleinsten Sätzen war es dem Gegner gelungen, 20—30 km voranzugelangen und dabei über den Kamm des Gebirges hinwegzukommen. Südlich Imola drohte er nun in die Tiefebene vorzudringen. Den eigenen Kräften war es gelungen, immer wieder eine geschlossene Front herzustellen und den Feind zu stärkstem Einsatz zu zwingen. Insofern kam der geleistete Widerstand auch den anderen Fronten zugute. In bezug auf die Verteidigung Italiens war — wenn auch die Hoffnungen auf die Widerstandskraft der „Grünen Linie" sich nicht erfüllt hatten — der feindl. Vormarsch doch so lange aufgehalten worden, daß der Feind jetzt mehr und mehr durch das Wetter, das in diesem Herbst besonders gut geblieben war, gehindert wurde.

Am 14. 10. wurde der Frontbogen, der sich durch das Ausweichen zwischen den beiden Druckstellen ergeben hatte, um 4 km zurückgenommen.

Dem XIV. Pz.=Korps wurde nunmehr die bei Genua durch ital. Div.en freigemachte 232. (bodenst.) Div. zugeführt. Weiter ostwärts ersetzte die 94. Inf.=Div. die 16. SS=Pz.=Gren.=Div. und diese die 4. Fallschirmjäger=Div., die bisher den stärksten Druck aushalten mußte und deshalb als Reserve herausgezogen wurde. Hinter dem Adria=Abschnitt, der inzwischen an Bedeutung zurückgetreten war, stand nur die 162. (Turk=) Div., die in der Küstensicherung eingesetzt war, zur Verfügung. Herausgezogen wurde nun die 29. Pz.=Gren.=Div., und bei Bologna wurde die 90. Pz.=Gren.=Div. bereitgestellt.

Am 15. 10. belegte der Feind erstmalig das noch 20 km entfernt liegende

Bologna mit Artilleriefeuer. Die nächsten Tage brachten ihm hier und im Adria=Abschnitt weitere örtliche Erfolge, und am 18. 10. kam er bis an den Stadtrand von Cesena heran. Am 19. 10. wurde die Front auf die Linie Cesena–Cervia, am 20. 10. auf den Savio zurückgenommen. Als Heeresgr.=Reserve wurde nun die 42. Jg.=Div., die durch Italiener abgelöst wurde, herausgelöst.

Am 17. 10. nachts meldete der OB die Zuführungen zur Front, die er in seinem Bereich auf verschiedenen Wegen erzielt hatte, die aber das Ausbluten der Verbände nicht verhindern könnten, falls nicht im Oktober noch 6 Marsch=Btl.e zugeführt würden. Außerdem bat der OB dringend um verstärkte Zu=führungen von Waffen.

Am 18. 10. meldete der OB, daß er gemäß dem Auftrag, die Apennin=Stel=lung zu verteidigen, der seit Ende September erkennbaren Absicht der 5. ameri=kanischen Armee, in Richtung Bologna durchzubrechen und dadurch in den Rücken der 10. Armee zu stoßen, bisher mit folgenden Mitteln begegnet sei:

1. Zusammenfassung stärkerer Kräfte auf den inneren Flügeln der 14. und 10. Armee,
2. laufende Zuführung frischer, kampferprobter Div.en und Ablösung von ab=gekämpften Verbänden,
3. Auffrischung der abgekämpften Verbände, Zuführung von Ersatz und per=sonelle Verlegung auf Kosten der nicht angegriffenen Fronten. Doch seien nunmehr die Möglichkeiten des Austausches und der Ergänzung der ständig gleich hohen Verluste, die durch den Ersatz nicht gedeckt werden könnten, er=schöpft. Die Abstützung des inneren Flügels könne fortan nur auf Kosten des gleichfalls bedrohten Adria=Abschnittes vorgenommen werden. Dies sei be=reits mit der 25. Pz.=Gren.=Div. geschehen und sei für die 90. Pz.=Gren.=Div. eingeleitet. Die taktischen Folgen könnten nicht ausbleiben und müßten in Kauf genommen werden, da der Stoß auf Bologna–Imola der operativ ge=fährlichste sei. Deshalb müsse der Ostflügel der 10. Armee abschnittsweise zurückgenommen werden. Dadurch solle erreicht werden, daß die Po=Ebene in ihrem entscheidenden Teil der eigenen Kriegführung erhalten bleibe. Die Heeresgruppe bat deshalb um Zustimmung für diese Kampfführung, falls die Entwicklung der Lage sie dazu zwinge.

Am 19. 10. genehmigte der Führer die Zurücknahme des äußersten Ostflügels auf eine kürzere Stellung, um Kräfte für den Raum von Bologna zu gewinnen (Merkbuch). An der Front südlich Bologna ging am 21. 10. der Monte Grande und damit die letzte Höhenstellung vor Bologna verloren. Am 22. 10. ver=schärfte sich die Lage auf dem rechten Flügel der 10. Armee so, daß die 90. Pz.=Gren.=Div. eingesetzt werden mußte. Auch gelang es dem Gegner, einen Brückenkopf über den Savio zu bilden. An die Stelle der 114. Jg.=Div. trat nun die 1. Fallschirmjäger=Div.

Am 23. 10. fuhr der Wagen des OB, des Gen.=Feldmarschalls Kesselring, in der Dämmerung auf ein Geschütz auf. Der OB erlitt so schwere Verletzungen, daß er in das Lazarett gebracht werden mußte. Bis zum Januar übernahm die Führung der Heeresgruppe der OB der 10. Armee, Generaloberst von Vieting=hoff, den als solchen der General Lemelsen vertrat. In schwerem Ringen ging bei Nogato der Monte Salvaro verloren, und nördlich des Monte Grande wurde die 90. Pz.=Gren.=Div. auf die letzte Hügelkette zurückgedrängt, welche dem Feind die Aussicht auf die Via Emilia versperrte.

Im Adria=Abschnitt, der in der letzten Zeit nicht in der gleichen Stärke wie der Raum südlich Bologna angegriffen worden war, aber darunter litt, daß er deswegen weniger nachhaltig abgestützt werden konnte, mußten am 23. 10. die eigenen Kräfte vom Savio auf den Bevano und am 25. 10. auf den Ronco zurückgehen, womit die Front an Forlì heranrückte. Für die 10. Armee wurde nunmehr vom rechten Flügel der 14. Armee die 42. Inf.=Div. herangeholt; die 365. Inf.=Div. wurde herausgelöst.

Am 24. 10., 18.00 Uhr, meldete der OB die Absicht, sich mit dem AOK 10 hinhaltend kämpfend binnen der nächsten 3–4 Wochen auf die Linie: Höhen südlich Bologna—Budrio—Molinella—Argenta—Westrand Comacchio=See zu=rückzuziehen, um dort zur nachhaltigen Verteidigung überzugehen. Vorge=sehen wurde, daß die rechte Grenze der 10. Armee nach Westen bis zur bis=herigen Naht zwischen dem XIV. Pz.=Korps und dem I. Fallschirmjäger=Korps verlegt und das Generalkdo. XIV. Pz.=Korps gegen das LI. Gebirgs=Korps aus=getauscht werden sollte. Gleichzeitig sollte die Armeegruppe Ligurien unter dem Befehl des Marschalls Graziani gebildet werden, die ausersehen war, auch den Befehl über die 14. Armee zu übernehmen. Dieser würde wieder der Ab=schnitt des Generalkdo.s „Lombardia" unterstellt. Die 1. Fallschirmjäger=Div. sollte herausgelöst und ostwärts Bologna versammelt werden. Ferner wurde vorgesehen, die 42. Jg.=Div. durch die 4. ital. Inf.=Div. und eine Rgt.s=Gruppe der 148. Res.=Div. herauszulösen und der 10. Armee zuzuführen, um bei dieser die 362. Inf.-Div., die als . . . [1]

Darauf erklärte sich der Führer am 25. 10. mit der weiteren Schwächung der Adriatischen Front einverstanden; jedoch wurde ein freiwilliges Absetzen am linken Flügel nicht genehmigt. Das LXXVI.AK. habe zu halten und dürfe nur bei Großangriffen Gelände preisgeben. Grundsatz müsse bleiben, Italien an jeder Stelle soweit südlich wie möglich zu verteidigen.

. . . . . . . . . . . . . [2]

herrschte, nahm die Kampftätigkeit ab. Es gelang, die Einbruchstelle bei der 90. Pz.=Gren.=Div., welche die Einsicht in die Lombardei geöffnet hätte, wieder ein=zuengen. Der Bogen zwischen den beiden Kampfräumen wurde entsprechend der Zurücknahme im Adria=Abschnitt zurückgenommen. Die Adria=Front festigte sich wieder.

1 Der nächste Absatz auf einem Blatt nachgetragen und so aufgeklebt, daß in der Fotokopie vom Text etwa 8 Zeilen bedeckt sind.

2 Siehe vorige Anm.

Wenn die *„Grüne Linie"* nicht gehalten hatte, was sie anfangs zu versprechen schien, so waren dafür mehrere Gründe maßgebend: Der Gegner konnte seine Kräfte in der Ebene hin= und herschieben, der Verteidiger jedoch nicht, da eine Vorhangstellung ausgesucht worden war. Dadurch ergaben sich nicht nur beim Verschieben der Reserven, sondern auch bei der Versorgung große Schwierig=keiten. Dadurch, daß die Stellung von Süden aus gebaut war, waren auch im frontnahen Raum die Wegeverhältnisse auf der Feindseite besser als auf der eigenen. Nachteilig war ferner, daß die Leitung mehrfach gewechselt hatte (Heeresgruppe B unter Gen.=Feldmarschall Rommel, Armee=Abt. v. Zangen, die Stäbe Nobiling und Jahn, Gen. Witthöft). Außerdem war bei der Anlage der Stellung nicht mit Banden gerechnet worden, die Querverschiebungen noch mehr erschwerten; außerdem war davon ausgegangen, daß Gebirgs=Div.en eingesetzt würden. Die Lage zwang jedoch dazu, Div.en ohne Gebirgsaus=rüstung und =erfahrung einzusetzen. Die Voraussetzungen, unter denen die Stellung angelegt worden war, wurden also nicht erfüllt, und eine nachträgliche Abänderung war nicht mehr möglich, da man es sonst mit 2 halbfertigen Stel=lungen zu tun gehabt hätte. Dazu kam, daß die Divisionsbreiten übermäßig ausgedehnt werden mußten. Der anfängliche Gedanken des OB Südwest war gewesen, die „Grüne Linie" mit Gren.=Div.en zu halten und hinter ihnen motorisierte Verbände bereitzuhalten. Da er jedoch 3 von ihnen an den Osten und den Westen abgeben mußte, zog er, um anderweitig Reserven zu bilden, Div.en heraus, die für die Front vorgesehen worden waren. Das führte dazu, daß die eingesetzten Div.en 1—2 Regimentsbreiten zusätzlich hinnehmen mußten. Da dann für die Alpen=Front noch 2 Div.en abgezweigt werden mußten, wurde die „Grüne Linie" schließlich durch 5 Div.en weniger als vor=gesehen besetzt. Die Div.en erhielten dadurch Abschnitte von 20—25 km Breite. Ihre Kampfstärke wurde dann noch weiter dadurch herabgesetzt, daß Kämpfer als Muli=Führer und in anderen Funktionen eingesetzt werden mußten.

Dadurch war es dem Feinde immer möglich, irgendeine schwache Stelle zu finden, in der er einbrechen und sich dann weiter vorarbeiten konnte. Da keine Reserven hinter der Front standen, mußten sie erst in den Nebenabschnitten freigemacht werden, die dann entsprechend geschwächt waren. Das Heran=führen erst nach rückwärts und dann im nächsten Tal wieder nach vorn dauerte dann gewöhnlich so lange, daß die neuen Kräfte zu spät kamen, um die Lage noch bereinigen zu können.

Im Adria=Abschnitt lagen die Verhältnisse für den Gegner noch einfacher. Denn hier half die Natur dem Verteidiger weniger; dagegen konnte der An=greifer seine ganze Überlegenheit an Menschen und Material zur Geltung bringen. Alle Sperren und Minenfelder überwand er, indem er mit seiner Artillerie Gassen hineinschoß. Soweit befestigte Stellungen da waren, zer=schlug er sie durch Angriffe mit Jagdbombern, die gelegentlich alle 30—40 Minuten wiederholt wurden. Dazu kam noch, daß die 26. Pz.=Div., welche die zerschlagene 278. Inf.=Div. ablösen sollte, durch die Marschschwierigkeiten so aufgehalten wurde, daß sie erst am Abend vor Beginn des feindl. Großangriffs in der Stellung eintraf und daher mit ihr nicht vertraut war (vgl. Merkbuch 19. 10.).

In der Mitte des Oktobers hatte der Gegner an zahlreichen Stellen Höhen in Besitz, die bei klarem Wetter ihm den Einblick in die Po=Ebene boten und es ihm ermöglichten, bei Tage den Straßenverkehr bis zur Via Emilia zu stören, was eine Erschwerung für die Versorgung und das Herankommen von Reserven bedeutete. Obwohl neue Verbände eingeschoben wurden und sich dadurch die Abschnittsbreiten verringerten, bedeutete dies doch keine Verstärkung, da die verringerten Breiten jeweils der abgesunkenen Kampfkraft der Front=Div.en entsprachen. Örtliche Erfolge des Feindes konnten deshalb nicht verhindert werden; denn Querverschiebungen waren erst in der Höhe der Via Emilia möglich, und die Reserven kamen erneut tropfenweise herein und mußten dann gleich eingesetzt werden. Außerdem erwiesen sich die Amerikaner im Unterschied zu den Briten als weniger empfindlich gegenüber Gegenstößen (Bericht vom 17. 10.).

Im Oktober führten das steigende Grundwasser in der Ebene und die Versumpfung der Bachränder dazu, daß der Gegner seine Angriffe mehr und mehr in die Ausläufer des Apennins verlegte und daher seinen Hauptdruck in Richtung Cesena ausübte. Dadurch kam die feindl. Panzer=Überlegenheit nicht mehr in dem Maße zur Auswirkung wie bisher. Ein Vorteil war, daß die britische Taktik dabei blieb, nach örtlichem Erfolg erst einmal zu verharren und dann neu aufzumarschieren, so daß inzwischen Reserven herangeholt werden konnten. Da der Feind befestigte Stellungen durch systematischen Beschuß wertlos machte, konnte der Verlust der beiden Riegel unter diesen Gesichtspunkten verschmerzt werden. Es bewährte sich ein Abwehrkampf in besonders tief gegliedertem Hauptkampffeld mit einem davor verlaufenden Bach, der die feindl. Panzer abhielt — insofern war das Gelände günstig, da es immer neue Bachabschnitte quer zur Front bereithielt; ferner ergab sich, daß die Truppe lieber in der Ebene kämpfte, zumal diese das feindl. Artillerie=Feuer auseinanderzog (Bericht 17. 10.).

*Die eigene Luftwaffe im Oktober*

Auf ein Schreiben des OB an den Führer, in dem dieser am 8. 10. um eine Anzahl von Jägern — wenn auch nur für einige Tage — gebeten hatte, um die in ihrem Einsatz über dem Erdkampfraum völlig ungestörten Jagdbomber und Artillerie=Flieger zu vertreiben, wurde ihm am 10. 10. mitgeteilt, daß die Zuführung von nur einer Gruppe als völlig ungenügend angesehen werden müsse, da diese schon in ihrem Unterbringungsraum niedergehalten würde. Die Zuführung stärkerer Kräfte sei zur Zeit wegen der Luftlage im Reich unmöglich, da die Gefahr bestehe, daß neben der Industrie auch das Verkehrs=

netz gelähmt' werde. Deshalb habe der Reichsmarschall die Zusammenziehung aller Jagdkräfte — auch unter Schwächung der Westfront — befohlen, um durch mehrere Großeinsätze endlich über dem Reichsgebiet die notwendige Entlastung zu erreichen. Der Führer habe befohlen, die Frage der Zuführung von Jägern nach Italien zu einem späteren Zeitpunkt erneut zu prüfen.

Von der Mitte des Monats an beabsichtigte das OKL im Hinblick auf die Möglichkeit einer Landung im Abschnitt Ravenna—Venedig und in Istrien eine Verstärkung der Verbände des Generals der Deutschen Luftwaffe in Italien. Vorgesehen wurden für diesen Fall 5 Kampf=, 4 Jagd= und 3 Schlachtgruppen und 2 Pz.=Jagd=Staffeln. Die Zuführung sollte jedoch erst, wenn die Lage es er= forderte, auf Sonderbefehl hin erfolgen.

### 5. Überlegungen über die Räumung der Po=Ebene (Operation „Herbstnebel")

Als die eigenen Kräfte noch südlich des Apennins standen, wurde der OB Südwest — wie gezeigt worden — immer von neuem darauf hingewiesen, Italien soweit südlich wie nur möglich zu verteidigen. Als dann der Rückzug in die Gebirgsstellung („Grüne Linie") erforderlich geworden war, hatte der OB den Auftrag, sie mit allen Mitteln zu halten.

Die klare Stellungnahme der Obersten Führung schloß nicht aus, daß Er= wägungen angestellt wurden, ob sich im Hinblick auf die Gesamtlage die Preis= gabe von Oberitalien nicht doch empfehle.

Am 19. 8. besprach der Führer den Gedanken, die Heeresgruppe C schon jetzt in die kräftesparende „Grüne Linie" oder sogar in die Voralpenstellung zurückzuführen, sobald deren Ausbau dies zuließ, um neue Kräfte zu gewin= nen. Die dadurch freiwerdenden schnellen Verbände wurden für den Westen in Aussicht genommen. Doch wurde diese Absicht wieder fallengelassen. In diesem Zusammenhang regte der Chef WFStab an, die 3. und 4. Gebirgs=Div. aus den Karpaten in die Alpenfront zu verlegen.

Am 2. 9. kam der WFStab auf Grund einer Prüfung zu der Feststellung, daß durch ein weiteres Zurückgehen auf die 1. Riegelstellung hinter der „Grünen Linie" oder auf die Voralpenstellung kein wesentlicher Gewinn zu erzielen sei, daß vielmehr gewichtige Gründe dagegen sprächen. Die 1. Riegelstellung lag in ungünstigem Gelände, und die Voralpenstellung, für die 15 Verbände in Front und 4 in Reserve angesetzt wurden, sparte wohl 8 Verbände ein, gab aber das wehrwirtschaftlich wichtige Oberitalien vollends preis und schuf dazu eine Bedrohung der Ostalpen und damit des Wiener Beckens. Ein weiterer Nachteil beider Linien war das Heranrücken der feindl. Flugplätze an das Reichsgebiet.

Am 5. 9. stellte der Führer erneut Erwägungen an, ob es sich empfehle, aus freiem Entschluß die ital. Front auf die Alpen zurückzunehmen, um dadurch

Kräfte für andere Fronten zu gewinnen. Er forderte deshalb einen Bericht des OB Südwest über die Durchführung einer solchen Bewegung. Dieser wurde am gleichen Tage ins Bild gesetzt, welche Punkte er in seiner Stellungnahme berücksichtigen sollte. (Am 8. 9. beantragte der OB Südwest, schon jetzt die taktische Grenze zum OB Südost bis nach Deutschland hinein festzustellen.)

Diese Frage wurde Ende September unter neuen Gesichtspunkten wieder aufgegriffen. Am 20. 9. früh meldete der OB Südwest, daß die Materialschlachten der letzten Zeit einen solchen Kräfteverschleiß bedingt hätten, daß er ihn nur für kurze Zeit habe ausgleichen können (die 10. Armee hatte vom 25. 8.–16. 9. 14 000 Mann verloren; vorgesehen für die ganze Heeresgruppe waren im Sept. nur 9 000 Mann). Auch die anrollenden Ersatztransporte und Waffenzuweisungen konnten den Ausfall nur zum geringsten Teil decken. Schweren Herzens habe er sich deshalb, um weitere Kräfte zu gewinnen, zum allmählichen, kämpfenden Ausweichen auf eine verkürzte Sehnenstellung entschlossen. Falls ihm nicht sofort Menschen und Material in erhöhtem Maße zugesichert werden könnten, halte er ein Ausweichen zunächst bis auf die zweite „Grüne Linie" für unerläßlich, um ein Zerreißen der Front zu verhindern. Dies könne dann den Übergang zum Ausweichen in die Voralpenstellung (Bewegung „Herbstnebel") zur Folge haben. Der OB bat um Entscheidung, ob dieser Kampfführung zugestimmt werde. Daraufhin wurde eine Besprechung im FHQu. vorgesehen. Mit der Zurücknahme auf die Sehnenstellung erklärte sich der Führer am folgenden Tage einverstanden (vgl. dazu eine Studie des WFStabs vom 20. 9. über die Bewegung „Herbstnebel" auf Grund der Weisung des OB an die Armeen und Meldungen desselben an den WFStab nebst wehrwirtschaftlichen Zusammenstellungen).

Am 23. 9. traf im FHQu. der Chef des Stabes, Gen. Röttiger, ein und trug die Absichten seines OB dem Führer vor. Darauf erhielt dieser am gleichen Tage die Mitteilung, daß an dem Grundsatz, den Apennin und die Westalpen zu verteidigen, festgehalten werde. Jedoch erhalte der OB örtliche Handlungsfreiheit. Operative Absetzbewegungen blieben an die Genehmigung des Führers gebunden; doch könne der OB sofort mit Auflockerungsvorbereitungen beginnen, um das Absetzen kurzfristig durchführen zu können. Es solle Sorge getragen werden, daß diese Maßnahmen nicht falsch ausgelegt würden. Wegen der angespannten Sprengstofflage wurden die im Falle des Rückzuges erforderlichen Zerstörungen begrenzt.

Damit war entgegen den Vorschlägen des OB die Bewegung „Herbstnebel" bis auf weiteres vertagt. Statt dessen wurde ihm personelle und materielle Hilfe in Aussicht gestellt, um ihm die Durchführung seines Auftrages zu ermöglichen. Die Erfüllung dieser Zusage erwies sich allerdings als schwierig (Merkbuch 25. 9.). Jedoch konnte dem OB Südwest, der 23 800 Mann gefordert hatte, am 26. 9. mitgeteilt werden, daß er bis 1. 10. 20 000 Mann erhalten werde.

Am 27. 9. mittags bat der OB noch einmal um die Genehmigung zur Einleitung der Bewegung. Er begründete das damit, daß die beiden Großangriffe an der Südfront fortgingen und die feindl. Luftwaffe ihre Angriffe gegen die Front und das Hintergelände verstärke. Anzeichen für einen Vorstoß über die Alpen gegen Turin verstärkten sich, und mit der Möglichkeit von Landungen an der Riviera und mit Luftlandungen im Rücken der 10. Armee müsse gerechnet werden. Durch Zuführungen könnten die Verluste nicht mehr ausgeglichen werden. Die Gefahr eines Durchbruches in Richtung Imola–Bologna, der die 10. Armee in die schwierigste Lage bringe und die weiträumige Bewegung der Armee Ligurien in die Alpen unmöglich zu machen drohe, wachse ständig. Deshalb sei, wenn es nicht in den nächsten Tagen gelinge, den Feind aufzuhalten, die Einleitung der Bewegung erforderlich, und zwar mit besonderer Vorsicht, da die erwartete Schlechtwetterperiode bisher ausgeblieben sei.

Die Gründe, die für den Führer bei der Ablehnung der Operation „Herbstnebel" maßgebend gewesen waren, wurden dem OB noch am gleichen Tage übermittelt:

1. Preisgabe der für die Ernährung und die Kriegswirtschaft besonders wichtigen Po-Ebene, aus der dann der Gegner Mittel- und Süditalien versorgen könne,
2. psychologische Wirkung auf die Heimat.

Außerdem hielt der Führer eine planmäßige Durchführung der Bewegung bei gutem Wetter nicht für möglich. Außer der erhöhten Personalzuweisung wurde dem OB auch eine Erhöhung der Monatsraten bei der Waffenzuweisung in Aussicht gestellt. Endgültige Antwort über das Maß der Erhöhung erhielt er am 1. 10.

Am 5. 10. wurde dem OB Südwest mitgeteilt, daß der Führer sich am gleichen Tage aus politischen, militärischen und wirtschaftlichen Erwägungen heraus entschlossen habe, nicht nur bis zum Spätherbst, sondern überhaupt die Apenninfront zu verteidigen und damit Oberitalien zu halten. Dem OB wurde aufgegeben, mit dieser Absicht den letzten deutschen Soldaten zu durchdringen und die Front des I. Fallschirmjäger-Korps endgültig zum Stehen zu bringen.

Da trotz dieser klaren Entscheidungen von der Obersten Führung die Möglichkeit weiter in Rechnung gestellt werden mußte, daß die weitere Entwicklung der Lage die Räumung Oberitaliens doch noch erforderlich machen könne, wurden über die dann zu ergreifenden Maßnahmen weitere Erwägungen angestellt.

Für den Fall, daß die Apennin-Front zurückgenommen wurde, wünschte der GenStdH die Aufgaben des Bevollm. Generals in Italien zu klären. Am 17. 11. schlug der WFStab vor, ihn vom Erreichen des Po an von seinen Aufgaben zu entbinden und seinen Stab aufzulösen, den Militär-Verwaltungs-Stab dem OB Südwest unmittelbar zu unterstellen und die militärisch-territorialen Aufgaben und die Militär-Kommandanturen den AOK.s [1] zu übertragen. Die Weisungen

1 Ms.: dem AOK.

der Obersten Reichsbehörden sollten wie bisher an den Chef der Militär=Verwaltung laufen. Der Chef OKW befahl die Vorbereitung eines Befehls als Schubladenverfügung. Der OB Südwest wurde am 22. 11. benachrichtigt.

### 6. Das Adriatische Küstengebiet (einschließlich Istriens)

In Istrien, wo nunmehr die 231. Res.=Div. und die 188. Res.=Gebirgs=Div. eingesetzt waren, wurde in der zweiten Augusthälfte ein Säuberungsunternehmen durchgeführt.

Um klarzustellen, daß der General Kübler, der die militärische Führung im Adriatischen Küstengebiet hatte und vorübergehend für den Einsatz an der Alpenfront vorgesehen war, der Truppenführer sei, wurde sein Stab am 10. 9. in ein Generalkdo. umgegliedert. In der strittigen Frage, ob er, der Gauleiter Rainer oder der Höchste SS= und Polizei=Führer für die Bandenbekämpfung zuständig sei, wurde entschieden, daß in Istrien und in einem 30 km breiten Küstenstreifen, in dem die Bandenbekämpfung nicht von der Küstenverteidigung zu trennen war, dies die Aufgabe des Generals sei. Der Höchste SS= und Polizei=Führer, dem keine Kräfte für Istrien zur Verfügung standen, erklärte sich nicht mit dieser Lösung einverstanden (vgl. 10. 9.). Für den Fall einer Landung wurde entschieden, daß die Zivilorgane bis zur vordersten Linie in Tätigkeit blieben; nur sollten dann die militärischen Stellen ein Weisungsrecht an die örtlichen Stellen erhalten, falls es nicht mehr möglich war, ihnen über den Reichskommissar Befehle zukommen zu lassen (Merkbuch 29. 8.; Befehl vom 12. 9.).

Am 28. 8. trug der Chef WFStab dem Führer vor, daß nach den in letzter Zeit sich häufenden Nachrichten vermehrt mit einer Landung im Raum von Venedig und Triest gerechnet werden müsse. Diese Operation würde dem Feinde wesentlich größere Vorteile bringen als eine Landung bei Genua, da sie sofort hinter den Apennin fasse und die Verbindung von Italien nach dem Balkan unterbinde. Der OB Südwest sei angewiesen, möglichst viele Kräfte aus der Front herauszuziehen und hinter dem linken Flügel zu versammeln. Sollten sich die Anzeichen verdichten, werde ein Ausweichen auf die „Grüne Linie" erwogen, um noch mehr Kräfte freizumachen. Dies wurde unter den vom OB geltend gemachten Gesichtspunkten genehmigt. Die Frage des Chefs WFStab, ob der OB nicht doch noch eine Div. nach Istrien abgeben könne, verneinte dieser.

Als Unterlage für die Kampfführung im Adriatischen Raum legte der WFStab am 31. 8. eine Notiz vor, die davon ausging, daß nach Meldung der Seekriegsleitung nur leichte Seestreitkräfte sowie nur leichte und mittlere Küstenbatterien, Torpedobatterien und Minensperren vorhanden seien, jedoch die Absicht bestehe, diese Kräfte zu verstärken. Die Seekriegsleitung hielt es für ausschlaggebend, daß Triest und Fiume dem Feinde vorenthalten blieben, wenn — wie anzunehmen sei — eine Großlandung nicht verhindert werden könne. Nach Ansicht des WFStabs waren die Wünsche der Kriegsmarine nicht in vollem Umfange erfüllbar. Es erging daher am 31. 8. an die Seekriegsleitung und den OB Südwest die Weisung dahin, die Verteidigungsstellung: Halbinsel Salvore–Fianona nicht auszubauen, da die Linie Punta Grossa–Riva di Moschiena bereits ausgebaut werde. Um Triest und Fiume zu sichern, solle Triest durch ein tiefgegliedertes Minensystem gesperrt und in der Linie Umago–Monte Calvo eine dieses schützende Stellung ausgebaut werden. Die Durchfahrten nach Fiume sollten bei Persezia und zwischen Krk und Cherso gesperrt und die Batterien gesichert werden. Im Golf von Fiume sollten Minen gelegt und die Batterien verstärkt werden (über die Frage der Verteidigung von Pola siehe den folgenden Abschnitt, über den Ausbau der Stellungen den Ab=schnitt V: S. 591 ff.).

Auch nach der Beurteilung der Abteilung Fremde Heere=West war Ende August vermehrt mit einer Landung in Istrien zum Stoß in das Wiener Becken oder die ungarische Tiefebene zu rechnen. Greifbare Anzeichen waren jedoch noch nicht festgestellt; vielmehr wiesen die Häfen zwischen Termoli und Brindisi eine normale Belegung auf, und in Neapel hatte sie sich vermindert.

Vorerst war in Italien auch nur mit 4–5, meist slawischen Verbänden für ein solches Unternehmen zu rechnen. Falls also nicht Kräfte aus dem ostwärtigen Mittelmeer herangeholt wurden, konnte die Gefahr daher vorerst als nicht un=mittelbar drohend angesehen werden. Jedoch wurde der OB Südwest am 31. 8. angewiesen, für den Fall eines Angriffs, hinter dem alle anderen Gefahren zu=rückzutreten hätten, drei schnelle Verbände bereitzuhalten, und zwar sollte er nach Eintreffen der 5. Gebirgs.=Div. die 90. Pz.=Gren.=Div. aus dem Alpen=gebiet zurückholen und die 16. SS=Pz.=Gren.=Div. beschleunigt herauslösen. Als dritten Verband nahm der OB die 29. Pz.=Gren.=Div. in Aussicht, von der 1 Rgt. bereits in der Abwehr bei Cesena gebunden war.

Am 5. 9. legte der OB Südwest — unter Berufung auf seinen am 5. 8. vorge=legten und vom Führer genehmigten Vorschlag für die Verteidigung Istriens auf der Sehnenstellung — weitere Vorschläge vor (Sicherung des Golfes von Triest, Besetzung der Insel Cherso usw.).

In der ersten September=Hälfte wurde die abgekämpfte 71. Inf.=Div. in das Adriatische Küstengebiet gezogen und dort wieder aufgefrischt. Um eine bessere Verbindung zum OB Südost[1] herzustellen, wurden am Schluß der ersten Septem=ber=Dekade die bereits entbehrlichen Teile derselben bis Fiume vorgezogen. In der zweiten September=Hälfte kam die 188. Res.=Div. nach Triest – und nicht, wie anfangs vorgesehen, nach Fiume. Die 90. Pz.=Gren.=Div. war inzwischen in die Ostlombardei verlegt, so daß sie auch im Adria=Abschnitt eingreifen konnte.

Ende Sept. wurde die 94. Inf.=Div. aus dem Adriatischen Küstenland nach Ferrara gezogen. In Istrien lagen nunmehr die 71. Inf.=Div., die 188. Res.=Div. und die bodenständigen Kräfte.

1 Ms.: Südwest.

Anfang Oktober wurde festgestellt, daß bei Foggia eine Übung mit Lastenseglern stattfand und Ancona stärker mit Landungsschiffsraum belegt war; am 12. 10. wurden dort 75 000 BRT und 80 Landungsboote festgestellt. Auffällig war auch, daß die Briten nicht alle Generalkdo.s eingesetzt hatten. In der 2. Hälfte des Oktober wurde das „Serbische Freiwilligen-Korps", dessen weiterer Einsatz im Bereich des OB Südost[1] nicht mehr möglich war, nach Istrien verlegt.

Ende Oktober wurden die 44. Inf.-Div. in den Raum westlich Udine, die 71. Inf.-Div. in den Raum ostwärts Görz verlegt. Damit waren im Adriatischen Küstengebiet nunmehr 4 Div.en eingesetzt.

Am 25. 10. erklärte sich der Führer mit der vom OB am Vortage beantragten Gruppierung in der Adriatischen Front einverstanden.

In der ersten November-Hälfte mußten die 71. und 44. Inf.-Div. an die Donau-Front abgegeben werden. Da zur Zeit mit Angriffen gegen die Westalpen nicht zu rechnen war, wurde von dort als Ausgleich nach Ostitalien die 157. Res.-Div. herangezogen.

### 7. Einzelmaßnahmen usw.

*in der zweiten August-Hälfte:*

18. 8.: Pak-Lage.
20. 8.: Meldung des Marine-Kommandos Italien über das Verhalten von ital. Marine-Dienststellen.
26. 8.: Verlegung der Sturm-Geschütz-Brig. 914.
29. 8.: Notiz betr. Fernschreiben des Gauleiters Hofer.

*im September:*

1. 9.: Umgliederung der 157. Res.-Div. in die Gebirgs-Div. 44.
Beurteilung der wehrwirtschaftlichen Bedeutung Oberitaliens.
3. 9.: Mitteilung über Panzer-Türme an Gauleiter Hofer.
5. u. 6. 9.: Umgehungsbahn an der Brennerstraße.
9. 9.: Zerstörungen zum Ausbau der „Blauen Linie".
Verlustmeldung für August (Tote: 1823, insgesamt 22 936; dafür rund 13 000 Mann Ersatz).
10. 9.: Einsatz der Italiener im Falle des Rückzuges auf die Alpen.
Waffen für die Standschützen.
11 9.: Unterbringung des Duce und der ital. Regierung im Falle eines Rückzuges.
16. 9.: Munitionslage.
18. 9.: Schneeräum-Programm.
19. 9.: Ausfälle der 10. Armee (25. 8.–16. 9. blutige: 14 000 Mann, ferner: materielle).
20. 9.: Ersatzzuführung (Absicht für Sept.: 9000 Mann).
Schneeräum-Programm.
Verstärkung des Stabes „Ligurien".
22. 9.: Besuch des Chefs des Stabs des OB Südwest.
23. 9.: Verlustmeldung der Heeresgr. C (1.–10. 9.: 1434 Tote, insges. 17 763 Mann).
25. 9.: Zerstörungen in ital. Häfen.
28. 9.: Sonderstab des Generals der Artl. Hartmann (Auskämmaktion).

1 Ms.: Südwest.

*im Oktober:*

11. 10.: Schreiben an das Reichsverkehrsministerium über die Zuführung von Leermaterial.
16. 10.: Personelle und materielle Zuweisungen für die Heeresgr. C im Sept.
24. 10.: Schreiben darüber an den OB Südwest (Juli: 9500, August: 12 000, Sept.: 18 000, zus. 39 500 Mann, dazu monatlich je 10 000 Genesende, also 69 500 Mann bei rund 81 000 Verlusten, ohne Kranke. Zuführungen im Okt.: bisher 12 300 Mann).
25. 10.: Pionier=Kräfte.
26. 10.: Regelung der Zerstörungen im Bereich des OB Südwest.
29. 10.: Verwendung und Rechtsstellung von Angehörigen der ital. Marine.
30. 10.: Rückwärtige Unterkunftsräume.

## IV. Der italienische Kriegsschauplatz von Ende Oktober bis zum Ende des Jahres 1944

### 1. Die Feindlage

Im Laufe des Oktobers veränderte sich für die Briten die Lage im Mittelmeer dadurch, daß sie in Griechenland Fuß fassen konnten. In der Nacht vom 2./3. 11. überschritten die deutschen Nachhuten die nordgriechische Grenze.

Der siegreiche Einmarsch in das „befreite" Land vollzog sich jedoch anders, als dies vom Gegner erwartet worden war. Er sah sich vom November an in den Kampf der „ELAS"= und „EDES"=Verbände hineingezogen und war daher gezwungen, nicht unwesentliche Teile seiner Land= und Seestreitkräfte festzulegen.

Für den OB Südwest war die Gefahr einer Landung an der Ligurischen Küste nunmehr ganz zurückgetreten; aber nach wie vor hatte er die Möglichkeit einer überholenden Landung in der Adria oder einen Vorstoß nach Istrien im Auge zu behalten. Anhalte, daß mit ihr unmittelbar zu rechnen sei, fanden sich nicht; doch gaben einzelne Anzeichen wieder zu denken (s. unten).

Da der Gegner Ende November eine größere Anzahl von Landungsbooten in den Atlantik abzog und 10 % Verschleiß vorausgesetzt werden konnte, waren nunmehr noch 140 große und 140 mittelgroße Boote anzunehmen. Da nach einer weiteren Meldung weitere Boote durch den Suez=Kanal abgezogen sein sollten, ergab sich ein Restbestand von insgesamt 140 Booten, der für etwa 3 Div.en ausreichte, der aber voraussichtlich im Nachschubverkehr benötigt wurde. Träger befanden sich anscheinend nicht mehr im Mittelmeer; doch war noch mit 25 Kreuzern, 100 Zerstörern usw. zu rechnen. Die Seekriegsleitung schloß daraus, daß Großlandungen vorerst nicht vorgesehen waren. Am 3. 12. traten zwei Flugzeugträger in das Mittelmeer ein, und am 5. 12. wurde seit längerer Zeit erstmalig wieder das Einlaufen von Landungsmitteln in das Mittelmeer beobachtet. Es konnte sich um Überführungen in den Fernen Osten handeln; doch lagen Nachrichten über Schiffsbewegungen und Ausladungen im Seegebiet Šibenik=Zara vor, so daß auch auf feindl. Aktionen in der Adria ge=

schlossen werden konnte. Da nur wenige Inseln vor Norddalmatien gehalten wurden, und zwar mit schwachen Streitkräften der Kriegsmarine, war eine Gefährdung Istriens nicht von der Hand zu weisen.

Da die Nachrichten über bevorstehende Landungen im Raum Triest—Pola—Fiume sich vermehrten, nahm die Abt. Fremde Heere=West Stellung. Nach ihrer Auffassung erlaubte der Bestand an Kräften in Italien dem Gegner eine solche Abzweigung nicht; in Frage kamen zur Zeit nur zwei lande=unerfahrene Div.en der Briten, und im Hinblick auf die Entwicklung der Lage in Griechenland brauchte mit einem Heranziehen von Kräften aus dem östlichen Mittelmeer nicht mehr gerechnet werden. Dazu kam noch die offene Frage, ob der Tito=Regierung und der Sowjet=Union eine größere britische Operation in diesem Raum erwünscht war.

Am 23. 12. standen an der Front rund 27 feindl. Verbände. Da das III. poln. AK. mit 2 Div.en, das bisher bei Tarent lag, in den Mittleren Osten zurückverlegt war, befand sich in Süditalien nunmehr nur noch ein feindl. Verband. An einsatzfähigen Div.en standen insgesamt 7 Verbände zur Verfügung. In Griechenland waren nunmehr rund 4 britische Verbände eingetroffen; in Lybien—Ägypten verfügte der Feind noch über 4, in Syrien—Palästina—Cypern über gleich viele Verbände. Unbekannt war der Verbleib von 4 weiteren.

Demnach standen dem Gegner im östlichen Mittelmeer noch 12 einsatzfähige Verbände zur Verfügung. Im ganzen Mittelmeerbereich handelte es sich um 72 Verbände, darunter 7²/₃ amerikanische. An polnischen Kräften, die im ganzen Mittelmeer auf etwa 80 000 Mann zu schätzen waren und deren Verschleiß nicht ersetzt werden konnte, war noch das II.AK. mit 2 Inf.=Div.en und 1 Pz.=Brigade sowie die als Ersatz= und Ausbildungs=Div. dienende 7. Inf.=Div. vorhanden (vgl. 20. 12.).

Am 30. 12. wurden nach längerer Zeit wieder Landemittel in den Atlantik ausgefahren.

### 2. Die Alpen=Front und die Sicherung der Ligurischen Küste

Die Verteidigung der Westalpen machte keine Schwierigkeiten, da der Schnee nur örtliche Unternehmungen zuließ. Er erschwerte allerdings die eigene Versorgung; es konnte nicht verhindert werden, daß gelegentliche Schwierigkeiten in der rechtzeitigen Zuführung der Verpflegung auftraten. Außerdem verursachten niedergehende Lawinen Verluste.

Am 9. 11. sprach sich der WFStab für die Absicht des OB Südwest aus, nach Abzug der 44. Reichs=Gren.=Div. in den Osten die 157. Res.=Div. als Reserve aus der Alpenfront herauszuziehen und sie an dieser ruhigen Front durch die 2. ital. Inf.=Div. abzulösen. Dies wurde am 10. 11. mit der Einschränkung genehmigt, daß deren Durchsetzung mit deutschen Verbänden gewährleistet sein müsse und in Anlehnung an die Schweizer Grenze ein deutsches Bataillon eingesetzt blieb, um Überlaufen zu verhindern (Daß dies nach vorn geschah, konnte nicht unterbunden werden). Nachdem 18 Mann der Div. zum Feinde übergelaufen waren, unternahm dieser am 21. 12. einen Vorstoß an der vorerst ruhigen Front, der abgewiesen wurde. Am 30. 12. wurde ein ital. Stützpunkt mit 1 Offz. und 18 Mann ausgehoben; von deutschen Kräften wurde er zurückgenommen.

An der Ligurischen Küste ergaben sich keine wesentlichen Veränderungen.

### 3. Die Apennin=Front

Als Ende Oktober schlechtes Wetter einsetzte, hatte der feindl. Angriff südlich Bologna und Imola seine Kraft eingebüßt, und es war gelungen, den Gegner wieder von den Höhen zurückzudrängen, die ihm bereits die Einsicht in die Lombardei geöffnet hatten. Die Kampfruhe hielt — von örtlichen Gefechten abgesehen — in der ersten November=Hälfte an. Doch ergab sich aus Nachrichten und Beobachtungen, daß der Feind nach wie vor starke Kräfte in diesem Angriffsraum stehenließ und Vorbereitungen zu einer neuen Offensive traf.

Als der Feind am 20. 11. zum neuen Großangriff gegen den Adria=Abschnitt einsetzte, wurde auch ein neuer Stoß in Richtung Bologna erwartet; doch erfolgte dieser nicht. Er blieb wider Erwarten auch in den folgenden Wochen aus.

Nur örtliche Kampfhandlungen sind daher aus der Zeit bis zum Jahreswechsel zu verzeichnen.

Am 24. 11. kam es zu einer lebhafteren Tätigkeit auf dem linken Flügel der 14. Armee, bei der der Monte Belvedere im Mittelpunkt stand; südlich Bologna begann der Feind sich planmäßig einzuschießen. In den folgenden Tagen weitete der Feind seinen Erfolg am Monte Belvedere aus; doch konnte dieser am 29. 11. zurückgewonnen werden.

Am 27. 11. erzielte der Gegner einen Einbruch am Serchio, der jedoch gleich wieder bereinigt wurde. Die Kämpfe in diesem Abschnitt dauerten an.

Am 7. 12. wurde südlich Bologna die 29. Pz.=Gren.=Div. durch die 362. Inf.=Div. herausgelöst und als Ersatz für die an den Ostflügel abgegebene 90. Pz.=Gren.=Div. nördlich Bologna bereitgestellt. Aber auch so bestand in diesem Abschnitt, in dem der OB nach wie vor mit Sicherheit eine neue Offensive erwartete, noch eine so schmale und tiefe Aufstellung, wie sie an der Westfront selbst an den Schwerpunkten kaum vorhanden war.

Am 9. 12. wurde verlangt, daß der OB Südwest an der ruhigen Front der 14. Armee aktiver werde und von ihr Gefangene einbringen solle.

Am 11. 12. setzte der Gegner südlich Bologna mit Angriffen gegen die 16. SS=Pz.=Gren.=Div. und den linken Flügel der 1. Fallschirmjäger=Div. ein. Doch wurde dies noch nicht für den Beginn der Offensive gehalten. In der Tat flaute der Kampf schnell wieder ab. Angenommen wurde, daß der Gegner erst dann zum Durchbruch antreten werde, wenn die deutsche Führung gezwungen war, Kräfte auf den ständig weiter angegriffenen Ostflügel abzuziehen. Deshalb wurden Maßnahmen in dieser Richtung so lange wie möglich hinausgeschoben.

Da die Angriffe im Raum von Faenza und ostwärts fortgingen, mußte sich der OB schließlich doch entschließen, die 16. SS=Pz.=Gren.=Div. herauszulösen, was bis zum 20. 12. abgeschlossen war. Dafür kam in den Raum von Bologna die westlich Faenza abgekämpfte 305. Inf.=Div.

Am 24. 12. wies der Chef WFStab den OB Südwest darauf hin, daß mit feindlichen Angriffsoperationen großen Ausmaßes im Raum von Bologna nicht mehr zu rechnen sei. Da sich dadurch die Gefahr eines feindl. Durchbruches am Ostflügel zunehmend vergrößere, sei die eigene Kampfführung noch schärfer als bisher darauf abzustellen, den Anschluß an die Adria=Küste südlich des Comacchio=Sees auch gegen stärksten Druck zu halten. Hierzu müßten durch weitere Verlegung von Kräften aus dem Raum von Bologna in den Ostabschnitt so starke Reserven geschaffen werden, daß bei Wiedereinsetzen der feindl. Offensive westlich und nördlich Ravenna das Halten der derzeitigen Linie unbedingt gewährleistet sei.

In seiner Meldung auf diesen Befehl erklärte der OB, daß er die Untätigkeit des Feindes südlich Bologna als Ruhe vor dem Sturm betrachte; denn eine Auflockerung der feindl. Kräfte, die sich aus 4 amerikan. und 4 britischen Div.en zusammensetzten, war nach wie vor nicht eingetreten. Auf der eigenen Seite waren dagegen nach und nach 3 Verbände (die 90. Pz.=Gren.=Div., die 98. Inf.=Div. und die 29. Pz.=Gren.=Div.) an den Ostflügel abgegeben worden. Als Reserve hinter diesen trat die aus der Front südlich Bologna herausgelöste 16. SS=Pz.=Gren.=Div. Um eine weitere Großkampfdivision herauszuziehen, sollte nun die 157. Geb.=Div. herangezogen werden. Für den Einsatz an der Front südlich Bologna war nach Abschluß der Auffrischung die 305. Inf.=Div. vorgesehen; die dadurch freiwerdende Division sollte als Reserve hinter den linken Flügel der 10. Armee kommen. Als Endziel wurde vorgesehen, bei Bologna jeweils eine Division aufzufrischen, die gleichzeitig als Reserve zur Verfügung stand. Damit war auf dem linken Flügel der 14. Armee eine grundlegende Umgruppierung eingeleitet und zu einem guten Teil bereits durchgeführt worden.

Auf dem rechten Flügel war inzwischen die 148. Inf.=Div. hinter der Front, in die weitere ital. Kräfte eingeschoben wurden, bereitgestellt worden. Am 26. 12. unternahm sie einen gut vorbereiteten Vorstoß im Serchio=Tal, um Gefangene zu machen und die Italiener zu entlasten. Der Stoß drang gleich am ersten Tage 4—5 km tief in die feindl. Stellung ein, aus der Gefangene der 92. amerikan. (Neger=) Div. eingebracht wurden. Neu festgestellt wurde das bisher unbekannte amerikan. Inf.=Rgt. 316. Am 27. 12. wurden weitere 4 km zurückgelegt, mehrere Orte besetzt und die große Straße erreicht. Darauf wurden die eigenen Kräfte, die ansehnliche Beute an leichten und schweren Waffen zurückbrachten und über 200 Tote gezählt hatten, wieder hinter die eigene HKL zurückgenommen.

Am 30. 12. wurde der OB angewiesen, Unternehmungen dieser Art vorher zu melden, damit der Führer rechtzeitig zu ihnen Stellung nehmen könne.

Vorgesehen war am Ende des Jahres, die 1. ital. Div. zwischen der 232. (bodenst.) Inf.=Div. und der 4. ital. Geb.=Div. einzusetzen.

#### 4. Der Adria=Abschnitt

Im Adria=Abschnitt, in dem sich das schlechte Wetter durch Anschwellen der Bäche, Verschlammung und Steigen des Grundwassers zugunsten der Verteidiger auswirkte, war die Kampftätigkeit bereits Ende Oktober zurückgegangen. Sie erlosch in der ersten November=Hälfte zwar nicht ganz, blieb aber doch beschränkt.

Der Bogen zwischen den beiden Großkampfräumen, in dem nur noch 5 Bataillone eingesetzt waren, wurde weiter verkürzt. Am 8. 11. drang der Gegner bis zum Stadtrand von Forlì vor. Da der Gegner nordwestlich der Stadt bereits zum Fluß Ravenna[1] vorgestoßen war, befahl der OB, die Front hinter die Bäche südlich Forlì zu verlegen. Am 9. 11. räumten die Nachhuten die Stadt, zu deren Verteidigung nun an Stelle der abgekämpften 356. Inf.=Div. die 26. Pz.=Div. eingesetzt wurde. Die 162. (Turk=) Div. kam in den Raum von Piacenza, da hier die Tätigkeit der Banden zugenommen hatte.

Die Angriffe im Raum nördlich Forlì setzte der Feind ununterbrochen fort. Am 13. 11. überrollten Panzer die 278. Inf.=Div., die notdürftig abriegeln konnte. Am 14. 11. setzte sich die 10. Armee entlang des Frontbogens bis über die Via Emilia abermals etwas ab.

Am 15. 11. wurde der Montone=Abschnitt auf der ganzen Breite bezogen.

Am 17. 11. wies der Chef OKW den OB darauf hin, daß in den letzten Wochen südlich Faenza und an der Adria erhebliche Geländeverluste eingetreten seien, obwohl die letzten Wochen nicht den Charakter eines Großkampfes getragen hätten. Dafür gebe die aus den Wochenmeldungen ersichtliche Entwicklung des Zustandes der eingesetzten Div.en keine ausreichende Erklärung. Der Führer befehle deshalb nochmals mit aller Schärfe, daß die in der Po=Ebene üblich gewordene hinhaltende Kampfführung sofort zu beenden und das LXXVI. Pz.=Korps anzuweisen sei, daß es zu halten habe. Hinter seiner Front sei allerdings eine starke Reserve erforderlich, die entweder mit Hilfe der 157. Geb.= oder der 71. Inf.=Div. gewonnen werden müsse (am 24. 11. erklärte sich der Chef OKW mit der Verlegung der 157. Geb.=Div. nach Istrien einverstanden, falls diese Div. nicht zur Verstärkung der Südfront erforderlich war).

Am 28. 11. antwortete der OB, daß er nach wie vor in Kürze eine Offensive südlich Bologna erwarte und daß deshalb die zur Verfügung stehenden Reserven (362. Inf.=Div. und 90. Pz.=Gren.=Div.) in diesem Raum belassen werden müßten. Im übrigen glaube er den Kampf gemäß der am 26. 10. erteilten Weisung geführt zu haben. Die zeitweise hinhaltende Kampfführung im Raum von Forlì gegenüber den 6 vom Feinde eingesetzten, ständig abgelösten Div.en mit

1 richtig: Montone.

unverändert starker Artl.= und Luftwaffen=Unterstützung sei nicht nur erfolgt, um einen Durchbruch beiderseits der Via Emilia zu verhindern, sondern auch, um die eigene Kampfkraft für den bei Bologna zu erwartenden Großangriff zu erhalten. Dadurch werde es auch möglich sein, die 26. Pz.=Div. als Reserve für den Raum von Bologna freizumachen. Außerdem sei in Rechnung gestellt worden, daß der personelle Ersatz und der materielle Nachschub die Ausfälle nicht mehr deckten und mit Munition gespart werden müsse, um für den Raum von Bologna Bestände zu sparen. Der OB bereitete auf Grund des Befehls vom 17. 11. nunmehr den Einsatz der 90. Pz.=Gren.=Div. beim LXXVI. Pz.=Korps vor, das außerdem noch eine Regimentsgruppe der 305. Inf.=Div. als Reserve zur Verfügung hatte. Weitere Kräfte konnten jedoch zur Zeit nicht zugeführt werden. Da Luftaufklärung fehle, könne zur Zeit auch nicht die Möglichkeit einer Landung in Istrien übersehen werden, ebensowenig, ob Istrien durch den Abzug der 71. Inf.=Div. zur Zeit nicht im Hinblick auf die Entwicklung im Südosten und Osten zu stark entblößt sei. Der OB bat deshalb um Entscheidung, ob diese Division ohne Ersatz nach Bologna verlegt werden solle, was zur Zeit 3 Wochen erfordern werde. Die Zuführung der 157. Geb.=Div. werde noch mehr Zeit benötigen.

Zu neuem Großangriff im Adria=Abschnitt setzte der Feind am 20. 11. ein; 50 Batterien und zahlreiche Schlachtflieger griffen ein. Einbrüche zwangen dazu, die Front am 21. 11. auf einer Breite von mehreren km um 1–1½ km zurückzunehmen. Von Westen wurde 1 Rgt. der 305. Inf.=Div. herangezogen, ferner 1 Regimentsgruppe der 90. Pz.=Gren.=Div., die noch aufgefrischt wurde. Am 22. 11. fanden am Tage nur örtliche Angriffe im Raum von Forlì statt; doch setzte der Feind um 23.00 Uhr unter dem Licht von Scheinwerfern zu neuen Stößen ein, die ihn abermals 2 km voranbrachten. Er schwenkte dann nach Osten ein und drängte die eigenen Kräfte vom Kanal weg. Der OB Südwest schlug darauf eine neue Linie vorwärts Faenza vor.

Fernmündlich teilte der Stellv. Chef WFStab am 23. 11. nachmittags dem Chef des Generalstabs des OB Südwest mit, daß der Führer den Grundsatz, die Reserven von Bologna nicht wegzuziehen, sondern sie dort möglichst frontnahe zu belassen, gebilligt habe und damit einverstanden sei, daß die 26. Pz.=Div. hinhaltend kämpfend unter starkem Feinddruck – entsprechend dem Vorschlag des OB – auf den Marzeno ausweiche. Jedoch betone der Führer, daß es sich um eine einmalige Korrektur der Front infolge einer taktischen Krise handele; darüber hinaus dürfe kein Schritt mehr als notwendig ausgewichen werden. In der Breite solle das Ausweichen so eng wie möglich begrenzt werden, da auch für den Feind die Flankierung erhebliche Nachteile mit sich bringe.

Am 23. 11. lag der Schwerpunkt des feindl. Angriffs südlich der Via Emilia. Der Feind erzielte zwar Einbrüche von 1–1½ km Tiefe; aber im ganzen wurde doch ein Abwehrerfolg erzielt und die Front geschlossen gehalten. Die Nachbar=Div.en der 26. Pz.=Div. lockerten das Kampffeld nach rückwärts auf, be=

haupteten jedoch ihre HKL. Beim Feinde, der im Adria=Abschnitt über 14 große Verbände verfügte, waren nunmehr 7 im Einsatz erkannt.

Am 24. 11. wurde die 26. Pz.=Div. weiter zurückgedrückt. Entsprechend setzten sich die beiden Nachbar=Div.en auf den Bachabschnitt beiderseits Faenza ab.

Am 25. 11. nachmittags meldete der OB, daß es dem Gegner trotz des Einsatzes von 5 Div.en nicht gelungen sei, den Durchbruch beiderseits der Straße zu erzielen. Zu danken sei das vornehmlich der durch Teile der 20. Lw.=Feld=Div. verstärkten 26. Pz.=Div., deren Kampfstärke allerdings auf rund 850 Mann abgesunken sei. Im Raum von Bologna, wo noch die 362. Inf.=Div. und die 90. Pz.=Gren.=Div. als Reserve stünden, halte sich der Feind mit 6 Verbänden bereit, werde aber nach Auffassung der Heeresgruppe nicht eher angreifen, als bis er den Abzug dieser Reserve erzwungen habe. Deshalb müsse mit Fortdauer des vermutlich noch durch die 1. und 5. kanadische Div. verstärkten Angriffs im Adria=Abschnitt gerechnet werden. Daher müsse deren Mitte (die 26. Pz.=Div. und ihre Nachbar=Div.en[1], die auf 15 km auseinandergezogene 305. Inf.=Div. und die sehr mitgenommene 278. Inf.=Div.) verstärkt werden. Von Bologna ließen sich keine Kräfte abziehen; die 157. Geb.=Div. würde, wie bereits gemeldet, zu spät kommen; der linke Flügel des LXXVI. Pz.=Korps (356. Inf.=Div. und 114. Jg.=Div.) sei bereits überdehnt. Deshalb müsse der noch weit nach Süden vorspringende Frontbogen (715. und 305. Inf.=Div.) in die geländemäßig bessere Stellung Tassignano[2]—Lamone zurückgenommen werden, um Kräfte zu gewinnen. Die erbetene Ermächtigung wurde dem OB am 26. 11. erteilt, jedoch sollten Nachtruppen die alte Stellung noch halten.

Am 25. 11. hatte der Feind den ganzen Tag über weiter angegriffen und dabei das Kampffeld auf die 278. Inf.=Div., den linken Nachbarn der 26. Pz.=Div., ausgedehnt, die auf den Lamone zurückgedrängt wurde. Am 27. 11. trat der Feind auf dessen Westufer über. Nach einigen Tagen geringerer Tätigkeit verschärfte sich am 3. 12. die Lage bei Faenza, da der Gegner nordostwärts der Stadt die 358. Inf.=Div. und den rechten Flügel der 114. Jäger=Div. bis Le Tombe und Russi zurückdrückte. Mit letzten Reserven konnte er aufgehalten werden. Südlich Ravenna konnte der Feind noch abgewiesen werden; doch bildeten sich in der Stadt bereits Banden. Der OB beantragte deshalb, ihm das Ausweichen auf eine Linie nördlich Ravenna freizugeben, da er sonst die Reserven im Raum von Bologna angreifen und dadurch den Absichten des Feindes entgegenkommen müsse. Der Führer genehmigte dies am 4. 12., falls das Ausweichen notwendig werden sollte, um ein Abschneiden des Ostflügels zu verhindern.

Am 4. 12. wies der OB den Chef WFStab darauf hin, daß die Bataillonsstärken nunmehr auf durchweg 100—150 Mann abgesunken und nur bei der

1 Ms.: Div.en, und.
2 Fusighano?

114. Jg.=Div. und der 305. Inf.=Div. noch etwas höher seien. Deshalb müsse er nunmehr die 90. Pz.=Gren.=Div. nach Osten vorschieben, wodurch die Durchführung des Befehls, Bologna zu halten, gefährdet werde. Die 157. Geb.=Div. und die 70. Inf.=Div. würden in Istrien dringend gebraucht. Durch Überschwemmungen sei die Front zwischen dem Raum südlich Bologna und dem Comacchio=See verkürzt worden; wenn die Heeresgruppe nach dem Ausweichen in diese Linie noch genügend Kräfte haben sollte, müßte ihr die Genehmigung erteilt werden, mit dem Adria=Flügel bis dorthin schrittweise und kämpfend derart ausweichen zu dürfen, daß nicht=ersetzbare Verluste vermieden würden. Der OB bat den Chef WFStab, ihn in diesem Sinne zu unterstützen.

An diesem Tage kam der Feind bei Russi, wo nunmehr das I. kanadische AK. mit der 5. kanadischen Pz.=Div. und der 1. kanadischen Inf.=Div. bestätigt war, bis zur Eisenbahnstrecke vor; am folgenden Tage konnte er hier einen Brückenkopf über den Lamone bilden. Doch wurde er wieder zurückgeworfen. Ravenna, dessen Kunstdenkmäler nach Möglichkeit geschützt oder sichergestellt worden waren, wurde nunmehr geräumt. An der Via Adriatica stieß der Gegner bei Montagnola vor, wodurch der linke Flügel der 114. Jg.=Div. im Sumpfgebiet nördlich Ravenna abgeschnitten wurde. Als Reserve wurde 1 Maschinengewehr=Bataillon des I. Fallschirmjäger=Korps herangeführt, und südlich Bologna wurde die 29. Pz.=Gren.=Div. durch die 362. Inf.=Div. freigemacht, damit sie nördlich Bologna an Stelle der 90. Pz.=Gren.=Div. bereitgestellt werden konnte.

Am 6. 12. lag der feindl. Schwerpunkt südwestlich Faenza, wo der Gegner im Abschnitt der 305 Inf.=Div. einen kleinen Einbruch bei Errano erzielte. Am 7. 12. erreichte er den Südwestrand von Faenza und stieß weiter auf der Via Emilia vor. Dagegen verhielt er sich im Raum von Russi wieder ruhiger. Der Führer blieb daher bei der Auffassung, daß eine Genehmigung zum Ausweichen in die von Bologna zum Comacchio=See verlaufende „Dschingis=Khan=Stellung" nicht in Frage komme. Am 8. 12. konnte der Gegner seinen Einbruch auf dem rechten Flügel der 26. Pz.=Div. geringfügig erweitern; auf ihm wurde daher die 90. Pz.=Gren.=Div. am 9. 12. eingeschoben. Auf den Antrag, die Front beiderseits Faenza zurücknehmen zu dürfen, wurde dem OB am 8. 12. der Entscheid des Führers mitgeteilt, daß die derzeitige Front zu halten sei und weitere Absetzbewegungen nicht genehmigt würden. Dabei wurde ihm die Zuführung von 2600 Mann mitgeteilt.

Am 9. 12. wies der Chef WFStab im Auftrage des Führers den OB nachdrücklich darauf hin, den Comacchio=See nicht als ungangbaren und kräftesparenden Geländeabschnitt anzusehen. Nach den Erfahrungen in Belgien und Holland sei es den Alliierten auf Grund ihrer technischen Ausstattung möglich, derartige Abschnitte auch mit starken Kräften ohne Schwierigkeiten zu überschreiten. Daher müsse das Festhalten an der Adria der Grundsatz für die weitere Kampfführung bleiben, um einen überraschenden Durchbruch und damit einen Einsturz der Südfront zu verhindern. Sollte die weitere Entwicklung zu einem weiteren Ausweichen am Ostflügel zwingen, so müßten das Nordufer und die Landbrücke frühzeitig stark besetzt werden.

An diesem Tage erreichte die Schlacht südwestlich Faenza einen neuen Höhepunkt. Ein Angriff der 90. Pz.-Gren.-Div. gelangte tief in das feindl. Hauptkampffeld hinein; Gegenangriffe, die am Nachmittag einsetzten, wurden abgewiesen. In der Nacht zum 10. 12. stieß der Feind jedoch bis zum Straßenkreuz 2 km westlich Faenza vor und drehte dann nach Osten ein, worauf er angehalten wurde. Nördlich Russi überschritt er an mehreren Stellen den Lamone. Reserven standen in diesem Abschnitt nicht zur Verfügung; deshalb wurde zum Gegenangriff die Aufklärungs-Abt. der 90. Pz.-Gren.-Div. herangezogen.

Auch nördlich Ravenna stieß der Gegner in Richtung Busone vor. Am 11. 12. begann mit Bombenteppichen der Angriff im Raum von Russi. Die Lage verschärfte sich, da der Gegner seine Brückenköpfe am rechten Flügel der 114. Jg.-Div. erweitern und dann vereinigen konnte. Der Gegenangriff der Aufklärungs-Abt., dem sich ein Btl. der 98. Inf.-Div. anschloß, blieb liegen. Deshalb entschloß sich der OB, die ganze 98. Inf.-Div. einzusetzen, die nun herausgezogen und an die Via Adriatica geführt wurde.

Um einen Durchbruch nördlich Russi zu verhindern, wurde der OB am 11. 12. ermächtigt, die Front zurückzunehmen, jedoch so, daß der Feind in der Flanke bedroht blieb und dadurch Zeit gewonnen wurde. Am 12. 12. griff der Gegner südlich Faenza und bei Bagnacavallo an. Als Heeresgruppen-Reserve wurde die Aufklärungs-Abt. 400 herangezogen. Am 13. 12. konnten kleinere Einbrüche westlich Ravenna zum Teil wieder beseitigt werden. Nördlich der Stadt wurde die HKL an den Nordrand des großen Sumpfgebietes zurückgenommen.

Am 15. 12. mittags wies der Chef WFStab den Chef des Generalstabes des OB Südwest darauf hin, daß seit vielen Wochen die unmißverständliche Tendenz bestehe, mit dem linken Flügel in nordwestlicher Richtung auszuweichen. Dabei scheine der „Dschingis-Khan-Stellung" eine mehr anziehende als abstoßende Wirkung zuzufallen, was mit der gefährlichen Begründung gestützt werde, daß dadurch Kräfte geschont würden und es notwendig sei, sie tief zu staffeln, um einen Durchbruch zu verhindern. Die realen Tatsachen seien auf lange Sicht jedoch folgende: Der Gegner wolle die deutschen Kräfte von ihren rückwärtigen Verbindungen über Kärnten und Tirol abdrängen und sie gegen die Schweizer Grenze werfen. Es sei eines der schlimmsten und folgeschwersten Versäumnisse, daß schon beim Beziehen der Apennin-Stellung der linke Flügel eingedrückt worden sei. Überall anders hätte das geschehen dürfen, nur nicht an der Adria. Von diesem Tage rühre die Tendenz, mit dem linken Flügel nachzugeben und dadurch der Absicht des Feindes in die Hand zu arbeiten, anstatt gerade dort verbissen um jeden Meter zu kämpfen. Auf diese Weise würden die Verhältnisse von Woche zu Woche schwieriger. Die „Dschingis-Khan-Stellung" sei nur eine Linie, über die der Feind Brückenköpfe besitze, sowie er sie eingenommen habe. Jedes freiwillige Ausweichen schwäche nämlich nicht den Gegner, sondern nur die eigene Truppe. Man werde Div.en schonen und dafür 2 Armeen aufs Spiel setzen. In der „Dschingis=Khan=Stellung" seien bereits 60 km Front in der Ebene zu verteidigen. Der Comacchio=See bilde kein Hin= dernis. Ein Durchbruch durch diese Linie rolle die ganze Front auf, und alle rückwärtigen Riegel und Stellungen seien dann umsonst gebaut. Das seien die Gedanken, die der Führer, gewitzigt durch ähnliche Vorgänge in früheren Jahren im Osten, fast täglich zum Ausdruck bringe und die auch nach Ansicht des Chefs WFStab die zukünftige Entwicklung in Italien klar vorausschauten. Der Chef WFStab ersuchte deshalb für alle Zukunft, von allen Gedanken und Anträgen, den linken Flügel der 10. Armee freiwillig abzusetzen, abzusehen und sich nur mit Hilfen und Aushilfen zu beschäftigen, die nötig seien, um zwischen der Via Emilia und der Adria keinen Schritt mehr zu weichen.

Am Abend dieses Tages konnte der Feind einen am Vortage gewonnenen Brückenkopf über den Naviglio=Abschnitt geringfügig erweitern. Am 16. 12. wurde westlich Faenza im Abschnitt der 305. Inf.=Div. und der 90. Pz.=Gren.= Div. die HKL unter feindlichem Druck auf das Nordufer des Senio=Abschnitts zurückgenommen. Nordwestlich der Stadt schob sich der Feind dicht an die Via Emilia heran. Am Nachmittag wurde erbittert in den westlichen Vororten ge= kämpft. Daher wurde die Stadt in der Nacht zum 17. 12. geräumt und eine neue Stellung hart nordostwärts der Stadt bezogen.

Am 17. 12. ließen die Kämpfe im Raum von Faenza nach. Dafür griff der Feind nun wieder mit Nachdruck im Raum von Bagnacavallo an; doch wurde ein voller Abwehrerfolg erzielt. Die 26. Pz.=Div. wurde nunmehr durch die 29. Pz.=Gren.=Div. abgelöst und im Raum Medicina Budrio versammelt. Die 90. Pz.=Gren.=Div. übernahm westlich Faenza den Befehl über die noch ein= gesetzten Teile der 305. Inf.=Div. Auch der Feind löste ab, und zwar so häufig, daß daraus zu schließen war, daß er seine Angriffskraft nicht absinken lassen und seine Offensive fortsetzen wolle.

Die Maßnahmen, die der OB inzwischen zur Sicherung des Comacchio=Sees ergriffen hatte, meldete er am 19. 12. früh (Verminungen, Bildung von Stütz= punkten, gegebenenfalls Verstärkung der Landbrücke durch 1 Btl. der 114. Jg.=Div., Zuführung von Batterien, Verlegung von Feldersatz=Btl.en an das Ufer, Einsatz einer den ganzen See beherrschenden schweren Heeres=Pz.(Tiger)= Abt., Bereitstellung des Inf.=Regt.s 740 als Reserve).

Am 19. 12. konnte der Feind auf dem Nordufer des Lamone Fuß fassen. Um Mitternacht trat der Feind nördlich Faenza auf 10 km Breite zum Angriff an, der durch rund 100 000 Schuß eingeleitet wurde, dem Feinde aber nur den Ge= winn bis zu 2 km Tiefe einbrachte. Am 21. 12. konnte der Gegner Bagnacavallo nehmen und am 22. 12. die eigenen Kräfte, die noch in einer Breite von 3 km am Lamone standen, ein weiteres Stück vom Fluß abdrängen. Auch südlich Imola und westlich Faenza ging der Kampf weiter, brachte jedoch dem Gegner, wenn auch am 24. 12. die Front etwas zurückgenommen wurde, keine wesentlichen Erfolge.

An diesem Tage erging die bereits angeführte Weisung, daß der OB Kräfte aus dem nicht mehr als bedroht angesehenen Raum von Bologna an den Ostflügel ziehen solle, damit der Anschluß an das Meer südlich des Sees gewährleistet bleibe.

Der OB meldete darauf am 26. 12., daß er seit Beginn der Offensive aus dem Raum von Bologna bereits 3 Div.en (90. Pz.=Gren.=Div., 98. Inf.=Div. und 29. Pz.=Gren.=Div.) abgezogen habe. Ferner sei die 16. SS=Pz.=Gren.=Div. als kampfkräftigste Großkampf=Division aus der Front südlich Bologna herausgelöst und als Reserve hinter dem linken Flügel bereitgestellt worden. Es bestehe die Absicht, sie zur Ablösung der 98. Inf.=Div. einzusetzen und den Abschnitt der 114. Jg.=Div. zu verschmälern. Ferner solle die 157. Res.=Div. (die von der Westalpenfront in die Ostlombardei verlegt worden war) in etwa 10—14 Tagen südlich Bologna eingesetzt werden, um eine weitere Großkampf=Division herauszulösen. Der linke Flügel der 10. Armee solle durch eine weitere Division aus der Front südlich Bologna, die dort durch die inzwischen instandgesetzte 305. Inf.=Div. abzulösen sei, verstärkt und dadurch die zu breiten Abschnitte zugunsten der Tiefe verkleinert werden. Als Endziel sei vorgesehen, im Raum von Bologna jeweils eine zur Instandsetzung herausgelöste Division und hinter dem linken Flügel ständig eine voll kampffähige Pz.= oder Pz.=Gren.=Div. bereitzuhalten. Doch hinge die Durchführung dieser Absicht vom personellen und materiellen Ersatzbedarf ab.

Während der Weihnachtstage nahm die Kampftätigkeit ab. Die 98. Inf.=Div. war nunmehr herausgezogen, um aufgefrischt zu werden.

Die letzten Tage des Jahres 1944 verliefen ohne wesentliche Kämpfe.

Da die im Küstenabschnitt stehenden Kanadier abgekämpft waren, brauchte im Augenblick dort nicht mit einer größeren Aktion gerechnet werden; hier oder weiter westlich stand jedoch eines Tages die Wiederaufnahme des Angriffes mit Sicherheit zu erwarten.

### 5. Das Adriatische Küstengebiet (einschließlich Istriens und des festen Platzes Pola)

Am 11. 10. wurde dem OKM mitgeteilt, daß sein Antrag auf stärkere Besetzung der Inseln Krk und Cherso anerkannt worden sei, aber vorläufig aus Kräftemangel nicht erfüllt werden könne.

Am 18. 11. beantragte der OB Südwest, da die Heeresgruppe für 30 Div.en nur über 7 Korpsstäbe (darunter 3 deutsch=ital.) und ein Gen.=Kdo. z. b. V. verfügte, das Bestehenbleiben des „Befehlshabers Venezianische Küste" (Gen. Witthöft), der als Kommando=Behörde an der Südfront eingesetzt war, und seine Umgliederung in ein Generalkommando. Darauf wurde der Stab des

Befehlshabers in „Gen.-Kdo. LXXIII.AK. z. b. V." umbenannt. Diesem wurde die im Küstengebiet liegende 356. Inf.-Div. unterstellt.

Am 24. 11. wurde die Verlegung der 157. Res.-Div. nach Istrien genehmigt, die hier die nach dem Süden der Ostfront gezogene 71. Inf.-Div. ersetzte. Im Dezember wurde dann noch aus Dänemark die 710. Inf.-Div. nach Istrien verlegt.

Am 3. 12. wurde die Insel Lussin von See aus von feindlichen Kreuzern beschossen; doch erfolgte keine Landung. Ein Versuch des Gegners, am 7. 12. in den Hafen von Krk einzudringen, wurde vereitelt; die beschädigten Batterien waren in Kürze bereits wieder abwehrbereit.

Die Frage, ob Pola verteidigt werden sollte, wurde nunmehr geklärt; sie hatte eine längere Vorgeschichte:

Am 6.8. war der Vorschlag des OB Südwest, bei einer feindlichen Landung im Adriatischen Küstenland die Linie Tschitschen-Boden zu verteidigen und Pola als vorgeschobene Stellung zu halten, durch den Führer genehmigt worden. Am 19. 10. erhielt der OB den Befehl, das Küstenland im Falle einer Landung in der Linie: Golf von Triest—Tschitschen-Riegel—Fiume zu verteidigen. Am 24. 10. wurde er durch den Chef WFStab darauf hingewiesen, daß dadurch der Befehl zur Verteidigung von Pola nicht hinfällig geworden sei. Darauf meldete der OB, daß Pola zwar eine gute Basis zur Störung des britischen Nachschubs an der Adria-Küste sei, jedoch durch andere Häfen ersetzt werden könne. Für den Feind sei Pola als Nachschubhafen nicht von großer Bedeutung. Der OB beantragte deshalb, von einer selbständigen Verteidigung als vorgeschobenem Stützpunkt abzusehen. Der WFStab sprach sich am 29. 10. im gleichen Sinne aus und schlug vor, Pola gegen Handstreiche zu halten und bei einer Großlandung so lange zu verteidigen, bis auf den Riegel Triest—Fiume zurückgegangen werde.

Auch die Seekriegsleitung sprach sich ähnlich aus. Am 10. 11. wurde der Skl. mitgeteilt, daß Pola nicht zur Festung erklärt werde, aber bis zum letzten Mann zu halten sei. Zum Ausbau fehlten die Kräfte, doch solle für Verbesserung durch den OB Südwest gesorgt werden, der auch einen Kommandanten zu bestimmen und für Bevorratung zu sorgen habe.

Die Entscheidung des Führers wurde dem OB am 5. 11. mitgeteilt: Danach war Pola als Seefestung zu verteidigen und auch gegen starke Angriffe zu halten; ob die Oberste Führung sich je nach Lage für die Preisgabe entscheide, bleibe offen.

Am 19. 11. wurde der Kapt. z. See Waue durch das OKW zum Kommandanten ernannt und dem OB Südwest unterstellt.

Am 29. 11. wurde Pola zum „Festen Platz" erklärt. Einen Befehl zur Räumung behielt sich der Führer vor. Der Kommandant wurde dem Gen.-Kdo. LXXXXVII.AK. unterstellt.

## 6. Die Lage am Schluß des Jahres

Am 26. 12. erstattete der OB Südwest eine zusammenfassende Beurteilung der Lage in seinem Bereich:

1. An der *Westalpen-Front* war es zu keinen größeren Kampfhandlungen gekommen, und für die nächsten Wintermonate standen keine größeren Operationen zu erwarten. Doch habe der Gegner das Bestreben, sich auf „kaltem Wege" in den Besitz wichtiger Pässe zu setzen. Erfolge des Gegners seien meist nur unter schwierigen Bedingungen durch deutsche Kräfte wieder zunichte gemacht worden; deutsche Kräfte dürften deshalb aus dieser Front nicht mehr abgezogen werden. Die in der Alpenfront eingesetzten stellten das Minimum dar.

2. Im *Ligurischen Küstenabschnitt* hatte sich der Gegner auf vereinzelte Störtätigkeit von See und aus der Luft beschränkt. Für Landungen lägen keine Anzeichen vor; die dort eingesetzten deutsch-ital. Sicherungs-Kräfte konnten zur Zeit als genügend angesehen werden.

3. Der *Westabschnitt der Südfront* konnte als ruhige Front bezeichnet werden. Eine Änderung dieses Bildes sei zur Zeit nicht erkennbar.

4. Der *linke Flügel der 14. Armee* hätte dagegen zusehends an Bedeutung gewonnen. An der Naht zur 10. Armee hatte sich der Gegner verstärkt, und es war damit zu rechnen, daß ein Angriff auf Bologna auf den linken Flügel übergreifen werde. Um ihn zu verstärken, wollte die Heeresgruppe die 1. ital. Div. „Italia" zwischen der 232. (bodenständigen) Inf.-Div. und der 4. ital. Geb.-Div. einsetzen. Die ital. Div.en hatten Fortschritte gemacht, waren aber einem Großangriff nicht gewachsen.

5. Auf dem *rechten Flügel der 10. Armee* war eine Auflockerung der feindl. Kräfte (4 amerikanische und 4 britische Div.en) noch nicht festgestellt worden. Für einen bevorstehenden Kampf lagen keine Anzeichen vor; da der Gegner jedoch seit über 6 Wochen mit dieser starken Gruppe untätig liegenblieb, mußte mit einer Fortsetzung gerechnet werden. Nach der Auflockerung der eigenen Kräfte zugunsten des Adria-Abschnitts blieben noch die verhältnismäßig gut ausgebauten Stellungen und eine brauchbar tiefe Gliederung als Stärke der eigenen Abwehr übrig. Ein gewisses Risiko bleibe nach Auffassung des OB.

6. Auf dem *linken Flügel der 10. Armee* hatte der Feind seit über 4 Wochen pausenlos angegriffen. Im Gegensatz zu den Kämpfen um Rimini hatten diese Kämpfe nicht den Charakter eines operativen Durchbruchsversuchs; der Gegner griff vielmehr unter ständiger Verlagerung des Schwerpunkts an und versuchte, unter Einsatz seiner Materialmasse und Schonung der Menschen auf engem Raum voranzukommen. Die Absicht, die eigenen Kräfte zu zermürben und abzunützen, sei deutlich; auf Bodengewinn komme es dem Gegner weniger an. Aus dieser Kampfesweise erkläre sich die Entwicklung der Lage. Sie bringe eine Dauerbelastung, die vor allem mehr Menschen koste, als Ersatz

komme. Deshalb war es notwendig geworden, zum Ausgleich 3 Div.en zusätzlich einzusetzen und 2 abgekämpfte Div.en (26. Pz.= und 305. Inf.=Div.) zur Auffrischung herauszuziehen. Mit der gleichfalls abgekämpften 98. Inf.=Div. müsse das gleiche in Kürze geschehen. Da auch die feindl. Verluste hoch sein müßten, sei anzunehmen, daß der Gegner dies Abnutzungsverfahren nicht beliebig lange fortsetzen könne. Die Heeresgruppe nehme an, daß der Gegner – nach Einstellen seiner Offensive im Adria=Abschnitt – dann südlich Bologna antreten werde.

7. Im *Venetianischen Küstenstreifen* hatten sich keine neuen Gesichtspunkte ergeben; mit größeren Landungen brauchte zunächst nicht gerechnet werden.

8. Im *Adriatischen Küstengebiet* hatte die feindl. Tätigkeit vor allem auf dem Wasser, aber auch in der Luft in den letzten Wochen zugenommen. Vorstöße bei den Inseln Cherso, Lussin und Krk waren bisher nichts mehr als Störung; aber Handstreiche gegen die Inseln waren nicht als ausgeschlossen anzusehen, wodurch sich dann die Lage in Istrien und im kroatischen Raum verschärfen mußte. Größere Operationen seien im Gebiet von Triest, Pola oder Fiume jederzeit möglich; Anzeichen dafür waren allerdings nicht festgestellt. Insgesamt wertete die Heeresgruppe diese Tätigkeit des Feindes als verstärkte Störung von vielleicht demonstrativem Charakter gegenüber dem sowjetischen Bundesgenossen. Bei einer Landung in Istrien könnten die erforderlichen Kräfte nicht schnell genug verfügbar gemacht werden, um den Gegner zu werfen oder die Landungen zu lokalisieren. Die Heeresgruppe werde deshalb gezwungen sein, Pola zu verteidigen und die Sehnen=Stellung Triest–Fiume aufzubauen. Dies sei mit den vorhandenen Kräften gerade noch möglich, wenn der Höchste SS= und Polizei=Führer die Sicherung im Hinterland übernehme.

Falls die Lage auf dem Balkan es erforderlich mache, wolle die Heeresgruppe in der allgemeinen Linie Fiume–Monte Nevoso–westlich Ribnica–Littai eine Sicherungsfront nach Südosten aufbauen; doch könne dies nur stützpunktartig geschehen. Eine rechtzeitige Klärung und Regelung aller dann auftauchenden Fragen der Zuständigkeit bezeichnete der OB als wichtig.

Am 30. 12. wurde dem OB Südwest mitgeteilt, daß das OKW im großen mit seiner Beurteilung übereinstimme. Erneut wurde auf die Bedeutung des Comacchio=Sees hingewiesen. Die Sicherungs=Front, die für den Fall einer Bedrohung der Ostflanke vorgesehen sei, solle im linken Abschnitt an das Bauprogramm der Stellungen angeglichen und deshalb von Ribnica über Rudolfswert nach Gurkfeld geführt werden, wo sie Anschluß an die Grenzstellung des Wehrkreises XVIII finde. Die darüber hinaus notwendigen Abgrenzungen würden befohlen werden, wenn es die Lage erfordere. Unternehmungen wie das im Serchio=Tal müßten so gemeldet werden, daß der Führer vorher zu ihnen Stellung nehmen könne.

### 7. Einzelmaßnahmen usw.

*im November:*

1. 11.: Stand der Räumung Italiens am 20. 10.
Ersatz für die 1. und 4. Fallschirmjäger-Div.
3. 11.: Verlustmeldung der Heeresgr. C für 1.–20. 10.: 3035 Tote, 10 962 Verwundete, zus. 29 474 Mann[1].
4. 11.: Notiz zum Wehrmachtsbericht vom 1. 11.
5. 11.: Meldung über den in Ravenna durchgeführten Schutz der Kunstdenkmäler.
8. 11.: Reisebericht des Reichsministers Speer vom 1. 11.
10. 11.: Div. „Brandenburg".
13. 11.: Abzug von 1. Festungs-Pi-Stab 14 in den Westen.
Verluste und personeller Ersatz (Okt.: Verluste 34 285, Ersatz: 23 962; Nov.: Ersatz: 8–9400 Mann).
Verlustmeldung für den Okt.
14. 11.: Abgabe des Eisenbahn-Btl.s 712 an den Westen.
28. 11.: Verlegung der Heeres-Pz.-Abt. 208 nach Linz.

*im Dezember:*

7. 12.: Ersatzlage.
8. 12.: Auskämmaktion.
9. 12.: Waffen- und Kfz.-Kürzung.
10. 12.: Pz.-Kampf-Türme.
11., 17., 18. 12.: Bahnverbindung Landeck–Mals.
16. 12.: Mitteilung von Reichsminister Speer, daß 500 Lkw aus Italien beschleunigt abgezogen würden.
18. 12.: Bericht über Erfahrungen in der Pz.-Abwehr in Italien.
24. 12.: Pz.-Zuweisungen.
11. u. 25. 12.: Zerstörung italienischer Häfen.
30. 12.: Notiz zur Wochenmeldung über Kampfstärken.

## V. Einzelfragen der Kriegführung

### 1. Veränderungen in den Kräften des OB Südwest und Verlagerungen innerhalb Italiens

Die Zuführung der neu aufgestellten vier ital. Div.en wird unten S. 587 ff. behandelt. Die laufenden Ablösungen, um die abgekämpften Div.en wieder aufzufrischen und Reserven hinter den bedrohten Fronten zu gewinnen, sind – soweit erforderlich – bereits angeführt worden, ebenso ein Teil der übrigen Verschiebungen. Deshalb ist hier nur noch nachzutragen, was bisher nicht erwähnt wurde oder in einem größeren Zusammenhang noch einmal angeführt zu werden verdient.

Nach der Bereinigung der polit. Lage in Ungarn wurde die noch nicht fertige 16. SS-Pz.-Gren.-Div. nach Italien verlegt.

1 Da die Gesamtsumme nicht stimmt, muß ein Fehler in diesen Angaben stecken.

Am 19. 5. wurde befohlen, für die aus Istrien abgezogene 278. Inf.=Div. aus Ungarn das Alarm=Rgt. der Div. „Brandenburg" heranzuziehen, ferner noch 2 Btl.e derselben aus dem Osten.

Gleichzeitig wurden im Hinblick auf eine Landung in Ligurien die 16. SS=Pz.=Gren.=Div. und das SS=Gren.=Lehr=Rgt. als OKW=Reserve nach Oberitalien und die dort bisher liegende Pz.=Div. „Hermann Göring" wegen der Möglichkeit eines Angriffes aus dem Brückenkopf von Nettuno in die Umgegend von Rom verlegt. Als Ersatz für sie wurde aus Dänemark die 20. Lw.=Feld=Div. herangeholt.

Auf den vom Feinde an der Südfront erzielten Durchbruch hin wurde die 356. Inf.=Div. am 26. 5. aus dem Raum von Genua, wo sie durch die 42. Jg.=Div. ersetzt wurde, in die C=Linie verlegt, in die auch die Reste der an der Südfront abgekämpften 1. und 94. Inf.=Div. gezogen wurden. Ersetzt wurde die 356. Inf.=Div. durch die aus dem Osten herankommende 42. Jg.=Div., die bis Ende Mai zur Hälfte in Oberitalien eingetroffen war.

Die Luftwaffe wurde Anfang Juni durch eine Nachtjagdgruppe aus der Heimat und eine Nachtschlachtgruppe aus dem Osten verstärkt. Dagegen wurden die Torpedoflugzeuge nach Norwegen verlegt.

Auf die Krise hin, welche der feindl. Durchbruch auslöste, befahl der Führer am 2. 6. die sofortige Ergänzung der Tiger= und Panther=Abt.en beim OB Südwest. Als erstes wurden über den normalen Juni=Nachschub von 6 Tigern noch 10 weitere, darüber hinaus noch 25 weitere zugewiesen, ferner 20 Panther. Am 3. 6. befahl der Führer auch die Durchführung der bereits geplant gewesenen Verstärkung der Tiger=Abt. 508.

Aus dem Raum von Brügge sollte die 19. Lw.=Feld=Div. herangeführt werden, wofür die abgekämpfte 715. Inf.=Div. an den Westen abgegeben wurde (ab 1. 6. erhielten die 19. und 20. Div. die Bezeichnung: „Lw.=Sturm=Div.").

Ferner befahl der Führer am 2. 6., daß die Tiger=Abt. 504 nicht nach dem Osten, sondern nach Italien zugeführt wurde (dafür erhielt die Ostfront die Pz.=Abt. der Pz.=Lehr=Div.). Am 3. 6. erhielt der WFStab den Auftrag, mit dem Generalinspekteur der Panzertruppen die beschleunigte Zuführung von 2 Sturm=Geschütz=Abt.en zum Einsatz ostwärts und westlich der Albaner Berge zu veranlassen.

Für die drei an die Südfront herangezogenen Hochgebirgs=Btl.e wurden in den Apennin die drei Hochgebirgs=Schulen zugeführt. Am 3. 6. wurde dem OB außerdem noch die bisher im Küstenschutz eingesetzte 162.(Turk=) Div. freigegeben. Am gleichen Tage wurde die SS=Pz.=Gren.=Lehr=Brig. (früher: Rgt.) in die 16. SS=Pz.=Gren.=Div. eingegliedert, wodurch deren Fertigstellung sich beschleunigte.

Am 4. 6. wurde erwogen, durch die in absehbarer Zeit fertige 34. Inf.=Div. bei der 19. Armee in Südfrankreich 1 Div. für Italien freizumachen oder sie unmittelbar gegen die für Italien bestimmte 42. Jg.=Div. auszutauschen, die an der Operation in Ungarn teilgenommen hatte und dann im Raum von Agram untergebracht worden war.

Die Anstrengungen, die gemacht wurden, um die im G e r ä t entstandenen Lücken und Ausfälle wieder zu schließen, waren beträchtlich.

Bis zum 10. 6. waren dem OB seit dem 21. 5. 165 Panzer und Sturmgeschütze, ferner eine große Anzahl von Pak zugeführt, bis zur Mitte des Monats binnen der letzten 25 Tage 2 000 MG, über 200 lFH und 70 schwere Geschütze. Anfang Juli wurden dem OB Südwest weitere 700 MG zugewiesen; damit hatte er seit Beginn der Kämpfe 4000 erhalten, von denen 2200 bereits eingetroffen waren.

Auch der Kw=Transportraum des OB Südwest wurde nach Möglichkeit vermehrt. An Kfz.=Raum bekam der OB im Juni 5700 to (vgl. 16. 6.). Am 7. 5. erhielt der OB eine Sonderzuteilung von 400 Lkw. Dagegen mußte am 8. 5. eine weitere Zuteilung (15% der ital. Neuanfertigung) abgelehnt werden. Ferner befahl der Führer am 1. 6. auf Antrag des Reichsministers Speer die vom OB SW geforderten 2000 to mit den dazugehörigen OT=Führereinheiten sofort bereitzustellen.

Am 30. 6., 18.40 Uhr, wies die Heeresgruppe C darauf hin, daß die materielle Überlegenheit des Feindes, besonders an Panzern und Artl., die bei den einsatzbereiten Sturmgeschützen und Panzern sich wie etwa 10 : 1 verhalte, einen besonders hohen Grad der Beweglichkeit erfordere. Dieser sei jedoch nicht vorhanden. Viele Pak hätten deshalb gesprengt werden müssen. Daher sei dem Feinde auch oft ein Durchbruch mit nur 30—40 Panzern gelungen. Seit dem 1. 6. habe die Heeresgruppe insgesamt 52 Zugmaschinen erhalten; dabei habe allein eine Werfer=Abt. seit dem 11. 5. 42 Maschinen verloren. Der Bedarf belaufe sich auf 700 Zugmittel aller Art. Bei den Panzern und Sturm=Geschützen sei der Nachschub auch während der Schlacht ausreichend gewesen. Dennoch sei der Bestand bedrohlich abgesunken, weniger durch Feindeinwirkung als durch die Unmöglichkeit des Abschleppens und durch das Fehlen von Ersatzteilen. Eine Abt. habe deshalb 21 Sturmpanzer sprengen müssen. Dadurch leide die Moral der Besatzungen. Deshalb bat die Heeresgruppe um vermehrte Zuführung.

Die Berechtigung dieser Forderung wurde anerkannt, und es wurde angestrebt, der Heeresgruppe so viel zuzuführen, wie es die angespannte Lage erlaubte.

In der zweiten Juni=Hälfte wurden die beiden Schatten=Div.en „Wildflecken" und „Ostpreußen" herangeführt.

Da — wie der WFStab am 15. 6. begründete — die Pionier=Kräfte des OB SW für die beim Rückzug erforderlichen Maßnahmen und den Ausbau der rückwärtigen Stellungen zu schwach waren, wurden sie verstärkt.

Am 15. 6. wurde der GenStdH gebeten, das ihm aus dem Südosten zugewiesene Pz.=Btl. (mot.) 45 dem OB SW zuzuführen, für den dieses Bataillon von entscheidender Bedeutung sei. Am 17. 6. wurde aus dem Osten der Festungs=Pi=Stab 19 herangefahren. Am 21. 6. wurde die Verlegung von 2 Gesteins=Bohr=Kp.en aus dem Westen nach Italien befohlen. Am 12. 7. traf das Festungs=

Btl. 19 ein. Außerdem kam aus dem Generalgouvernement nach Nord=Istrien das SS=Pol.=Rgt. 10. Im Juli wurden die 20. und die 19. Lw.=Sturm=Div. mitein=ander verschmolzen; Stämme wurden nach Dänemark abgegeben, um hier durch eine Schatten=Div. zu einem neuen Verband aufgefüllt zu werden. In dieser Weise wurde auch die 94. Inf.=Div. im Raum von Ferrara wieder aufgebaut.

Am 25. 7. stand die 98. Inf.=Div. im Raum von Agram zum Transport nach Italien bereit. Bis Ende des Monats waren 17 Züge eingetroffen.

Da im Juli die Entwicklung im Osten sich noch ungünstiger gestaltete als die in Italien, blieb nichts anderes übrig, als nun auch den OB Südwest zu den Ab=gaben heranzuziehen, die von den anderen Fronten geleistet werden mußten.

Bis Ende Juli wurde die *Div. „Hermann Göring"* an den Osten abgegeben. Diese Bewegung war am 4. 8. abgeschlossen.

Um das Adriatische Küstenland zu verstärken, wurde Anfang August die *94. Inf.=Div.* nach Udine verlegt; im Raum von Rimini wurde sie durch die *98. Inf.=Div.* ersetzt.

In der Mitte des Monats wurde es erforderlich, daß der OB die als Reserve herausgezogene *15. Pz.=Gren.=Div.* an den OB West abgab; am 17. 8. begann der Abtransport. Ihr folgte unmittelbar anschließend die *3. Pz.=Gren.=Div.*, die gleichfalls als Reserve bereitgestellt war. Am 21. 8. war die Kampfstaffel der 15. Pz.=Gren.=Div. abgefahren; da sich ihr Abtransport verzögerte, wurden gleichzeitig bereits Teile der 3. Pz.=Gren.=Div. abtransportiert.

Außer diesen 2 Verbänden wurden nach dem Absetzen auf die „Grüne Linie" 4 weitere eingespart, nämlich:

1. die *90. Pz.=Gren.=Div.*, die erst die Alpenpässe freikämpfte und dann durch Befehl vom 31. 8. als Heeresgruppen=Reserve an die Adria ostwärts Venedig verlegt wurde,
2. die *5. Gebirgs=Div.*, welche aus der Front der 10. Armee herausgezogen wurde und die 90. Pz.=Gren.=Div. in den Alpen freimachte (Befehlsübernahme am 4. 9.),
3. u. 4. die *29. Pz.=Gren.=Div.* und die *20. Lw.=Sturm=Div.*, die als Heeresgr.-Reserve bei Bologna bzw. im Adriatischen Küstengebiet bereitgestellt wurden.

Am 30. 8. erwog der Führer, noch eine weitere Division für den Westen freizumachen. In erster Linie kam dafür die 90. Pz.=Gren.=Div. in Betracht, da sie bei vorrückender Jahreszeit sowieso aus dem Alpengebiet herausgezogen werden mußte. Doch wurde dieser Gedanke wieder fallengelassen und diese Div. statt dessen in der Ostlombardei bereitgestellt.

Anfang September waren in der Front noch 14 Verbände eingesetzt.

Durch das Zurückklappen des rechten Flügels der 19. Armee auf die Alpen=front fielen dem OB SW zwei Verbände, die 157. und die *148. Res.=Div.*, zu. Außer der 90. Pz.=Gren.=Div. (dann 5. Geb.=Div., s. o.) wurden in dieser neuen Front noch die bisher an der Ligurischen Küste eingesetzten Hochgebirgs=Schulen eingesetzt. Im Raum von Genua wurde Anfang Sept. außerdem die

*42. Jg.=Div.* freigemacht, die auf den rechten Flügel der 14. Armee verschoben und nach dem Einsatz der ital. Div.en in der Apennin=Front als Reserve hinter dem rechten Flügel aufgestellt wurde. An die Ligurische Küste kam statt dessen die 232. (bodenst.) Inf.=Div. Ferner kam nach Westitalien die 334. Inf.=Div.

Die Anfang Sept. gehegte Absicht, die *20. Lw.=Sturm=Div.* nach Istrien zu verlegen, wurde nun dahin abgeändert, daß diese in den Raum Ravenna–Rimini verlegt wurde, der durch das Vorziehen der Reserven aufgelockert worden war. In das Adriatische Küstenland kam statt dessen die abgekämpfte 71. Inf.=Div., die mit Restteilen der Schatten=Div. „Schlesien" aufgefrischt wurde.

Am 11. 9. teilte der OB dem Reichsführer SS mit, daß er eine verstärkte Rgt.s=Gruppe der 16. SS=Pz.=Gren.=Div. zur Auffrischung und als Armee=Reserve südlich Bologna herausziehen wolle.

Im Sept. mußte ein Btl. der Div. „Brandenburg" an den OB Südost abgegeben werden.

Im Oktober stellte der GenStdH, da er keine weiteren Marsch=Btl.e zur Verfügung stellen konnte, 10000 Hilfswillige zur Verfügung. Ferner konnten 10000 Freiwillige der Luftwaffe, die von dieser nach der Einschränkung ihrer Wirksamkeit nicht mehr benötigt wurden, in die beiden Fallschirm=Jg.=Divisionen eingegliedert werden.

Anfang No. wurden die 148. Res.=Div. in eine Inf.=Div., die 157. Res.=Div., die dem OB SW gleichfalls aus Südfrankreich zugeflossen war, in eine Gebirgs=Div. umgebildet. Zugeführt wurden 6 Marsch=Btl.e, die jedoch nur 300 statt 500 Mann stark waren, und 5000 Rekruten.

Am 6. 11. befahl der Führer die Verlegung der 42.[1] Jg.=Div. in den Bereich des GenStdH, der sie auf dem äußersten Flügel der Heeresgr. Süd einsetzen sollte (Merkbuch).

In der Mitte des November wurde die 157. Geb.=Div. in der Alpenfront durch die 2. ital. Inf.=Div. ersetzt.

Anfang Dezember wurde an den OB Südost die Pz.=Abt. 208 abgegeben. In der ersten Dezember=Hälfte traf die 710. Inf.=Div. aus Dänemark ein.

Über die Zuführung von Ersatz s. oben S. 580 (Einzelmaßnahmen).

Eine Sonderfrage bedeuteten die in Italien eingesetzten Luftw.=Feld=Div.en. Im Sommer wurde – wie bereits angeführt – die 19. Lw.=Feld=Div. aufgelöst; ihre Kräfte wurden zur Auffüllung der 20. Lw.=Feld=Div. benutzt. Doch erreichte diese dadurch noch nicht ihr Soll, und in ihrem Kampfwert blieb sie weiterhin gering. Beim Einsatz in der Adria=Front zeigte sich diese Div. dem Großkampf nicht gewachsen. Der OB verfügte deshalb ihre Aufteilung auf die übrigen Div.en; die gesamte Infanterie wurde von der 26. Pz.=Div. übernommen. Am 28. 11. beantragte der OB die Auflösung der Div. Der WFStab sprach sich dafür aus.

1 Ms.: 44.

Nicht ins Gewicht fielen für den OB SW einige in Italien eingesetzte Teile der Div. „Brandenburg". Am 8. 9. wurde die Abgabe der in Istrien verwendeten Teile befohlen (Rgt.s=Stab, I. und III. Btl.). Auf Drängen des OB SW wurde dieser Befehl am 21. 9. und 12. 10. eingeschränkt. Am 5. 11. wurde erneut die Abgabe des Rgt.s=Stabes, der Rgt.s=Einheiten und des III. Btl.s und als Ersatz die Zuführung eines Marsch=Btl.s befohlen. Die Abwicklung zog sich hin (vgl. 10. 11.).

**2. Die Aufstellung neuer italienischer Verbände und ihr Einsatz**

Im Winter 1943/44 war nach der Auflösung des alten ital. Heeres mit dem Aufbau eines neuen begonnen worden. Es hatte sich dabei gezeigt, daß die weitgehenden Pläne des Duce und des Kriegsministers der republikanisch=faschistischen Regierung, des Marschalls Graziani, sich nicht durchführen ließen. Es war deshalb festgelegt worden, daß vorerst 4 neue Divisionen aufgebaut wurden. Dies geschah auf deutschen Truppenübungsplätzen unter deutscher Führung.

Anschließend an den Besuch, den der Duce im Frühjahr dem Führer in Kleßheim abgestattet hatte, war er nach Grafenwöhr gefahren, um sich vom Stande der Ausbildung zu überzeugen. Dort war er mit Begeisterung aufgenommen worden; auch hatten ihn die gewonnenen militärischen Eindrücke sehr befriedigt. Es konnte nun damit gerechnet werden, daß von den vier Div.en die 3. und 4. in absehbarer Zeit einsatzbereit sein würden. Dagegen kam die Aufstellung der 1. und 2. Div. weniger schnell voran, so daß der Gedanke auftauchte, ihre Mannschaften der Luftwaffe zu übergeben, um deren Bedarf an ital. Hilfswilligen zu decken.

Der Anfang Juli in Aussicht genommene Einsatz der 3. und 4. Div. zum Ausbau der Apennin=Stellung kam nicht zur Ausführung.

Ein Freiwilligen=Verband der Waffen=SS bei der 14. Armee erhielt Anfang Juni die Bezeichnung „Waffen=Grenadier=Brigade der SS (ital.) Nr. 1". Er bewährte sich nicht und verschwand daher wieder.

Am 4. 7. genehmigte der Führer die Zuführung der 4. ital. Alpen=Div. ab 20. 7. und der 3. ital. Inf.=Div. ab Ende Juli (eingeleitet ab Grafenwöhr am 23. 7.).

Ende Juli erklärte sich der Reichsmarschall mit dem Vorschlag des Marschalls Graziani einverstanden, daß der Luftflotte 2 italienisches Personal zugewiesen wurde. Auf die beiden ital. Div.en in Deutschland sollte nunmehr zurückgegriffen werden, falls die Zusage nicht erfüllt würde. Es wurde daher befohlen, daß die beiden Div.en in der Aufstellung und Ausbildung zu fördern seien.

Die Verwendung und die Rechtsstellung der ital. Soldaten wurden durch eine Verfügung des OKW am 30. 7. geregelt. Danach gab es fortan nur noch Angehörige der neuen ital.=republ. Wehrmacht und ital. Soldaten in der deutschen Wehrmacht. Zur neuen Wehrmacht gehörten die ital. Heeres=Divisionen, die

Marine=Div. und ital. Truppenteile im Rahmen der Wehrmachtsteile (Flak=Abt.en, Nebel=Abt.en, fliegende Verbände, Flottillen, Bau=Btl.e usw.).

Die ital. 3. und 4. Inf.=Div. waren bis Anfang August an der Ligurischen Küste eingetroffen und wurden nun zu deren Schutz gegen die erwartete Landung eingesetzt. Am 3. 8. übernahm der Marschall Graziani den Befehl über die bisherige Armee=Gruppe v. Zangen, die die Bezeichnung „Armee Ligurien" erhielt. Für ein neu aufgestelltes deutsch=ital. Gen.=Kdo. wurde am 25. 8. die Bezeichnung „Lombardia" genehmigt.

Als in der zweiten Augusthälfte bei der 3. Inf.=Div. viele Deserteure zu verzeichnen waren, griff der Marschall scharf durch, so daß sich der Zustand dieser Div. — die Schwester=Div. erwies sich von vornherein als besser — wieder hob.

Da sich ein krasses Mißverhältnis zwischen den vorhandenen Offz.en und Mannschaften ergab, entließ der ital. Generalstab bis 1. 9. rund 4000 Offz.e aus dem aktiven Dienst. Gute junge Offz.e wurden zu Offz.=Stoßtrupp=Kompanien zusammengefaßt. Am 14. 10. wurde die Verlegung der inzwischen fertig gewordenen 2. ital. Inf.=Div. „Littoria" nach Italien befohlen.

Am 12. 10. entschied der Führer, daß die 2. ital. Div. „Littoria" nach Italien überführt werden sollte; der Befehl erging am 14. 10. Die 1. Div. wurde noch zur Verfügung der Luftwaffe gehalten. In der Mitte des Oktober lösten die 3. und 4. Div. die 232. (bodenst.) Div. an der Ligurischen Küste heraus. Danach wurde sie an der ruhigen Apennin=Front eingesetzt. Am 19. 10. griff zum ersten Mal die ital. Jagdgruppe ein, die gleich 6 Abschüsse erzielte. Sie hatte auch in der Folgezeit Erfolge, ebenso eine zweite Gruppe, die noch eingesetzt werden konnte.

Der Wert der Heeresverbände blieb dagegen begrenzt. Nach einem Bericht des Bevollmächtigten Generals war das Korps „Lombardia" zum Bandenkampf bedingt, in angegriffenen Fronten gar nicht geeignet. Dagegen schlug er den Einsatz des Korps an einer Kampffront vor, um die Kampfmoral wieder zu heben. Der OB Südwest wurde am 18. 10. zur Stellungnahme aufgefordert.

Am 25. 10. genehmigte der Führer die Zuführung des Pi=Btl.s der 1. ital. Div. „Italia" nach beendeter Aufstellung (Merkbuch).

In der ersten November=Hälfte stellte der OB SW den Antrag, ihm auch noch die 1. ital. Inf.=Div. zuzuführen. Die 2. ital. Inf.=Div. wurde in der Westalpen=front eingesetzt, nachdem am 10. 11. dazu die Genehmigung erteilt worden war.

Am 18. 11. wurde die Zuführung des Pi=Btl.s nach Verona befohlen; am 27. 11. wurde die Verlegung der 1. Div. selbst nach Mantua angeordnet.

Am 30. 11. wurde die sofortige Überführung der in der Wehrmacht eingesetzten ital. Militär=Internierten in den Stand „Ital. Soldaten in der Deutschen Wehrmacht" angeordnet.

Ende des Jahres war vorgesehen, der 1. ital. Div. im ruhigen Teil der Apennin=Front neben der dort bereits seit längerer Zeit eingesetzten 4. ital. Div. einen Frontabschnitt zu übertragen.

In einer am 26. 12. erstatteten Beurteilung der Lage stellte der OB SW fest, daß sich die ital. Divisionen inzwischen gefestigt hätten, daß sie jedoch nicht höher bewertet werden könnten als die ehemaligen; den Anforderungen eines Großkampfes seien sie sicherlich nicht gewachsen.

In Front eingesetzt wurde nunmehr auch die 1. Div. „Italia", und zwar auf dem linken Flügel der 14. Armee.

Da die Anglo-Amerikaner gleichfalls ital. Verbände aufgestellt hatten und sie auch in der Front einsetzten, lagen Italiener auf beiden Seiten in vorderster Stellung; doch wurde darauf geachtet, daß sie nicht unmittelbar aufeinandertrafen. Anfang Nov. gab der Ministerpräsident Bonomi bekannt, daß auf der Gegenseite noch 6 weitere Div.en mit 70 000 Mann aufgestellt werden sollten. Als irgendwie wesentlicher Kampffaktor wurden alle diese Verbände nicht angesehen.

### 3. Die Lage im Hinterland

Im ersten Abschnitt ist die Entwicklung bis Anfang Juni dargestellt worden [1].

Am 20. 7. stattete der Duce dem Führer einen neuen Besuch ab, der gerade auf den Tag des Attentats fiel.

Auf Grund der nach dem 20. 7. in Prag erforderlichen Neubesetzung trat der Deutsche General in Italien, Gen. Toussaint, in die von ihm bereits früher wahrgenommene Stellung des Deutschen Generals in Prag zurück. Sein Nachfolger wurde (in Personalunion mit der Stellung des Höchsten SS- und Polizeiführers) der SS-Obergruppenführer Wolff (vgl. 27. 7.).

Die Zurücknahme der Front zwang dazu, das Operationsgebiet hinter der Südfront nach Norden auszudehnen. Aber grundsätzlich wurde nichts geändert.

Die Militär-Verwaltung amtierte weiter. Das Gebiet südlich des Po war zum rückwärtigen Heeresgebiet erklärt und der Deutsche General, der SS-Obergruppenführer Wolff, der zugleich der Höchste SS- und Pol.-Führer war, für diesen Bereich dem OB Südwest unterstellt worden; doch blieb die ital. Verwaltung bestehen. Sie war nur an die Weisungen der Deutschen Dienststellen, die ihre Weisungen vom OB Südwest erhielten, gebunden. Im August wurde der Staatssekretär Landfried von seiner Stellung als Chef der Militärverwaltung entbunden. An seiner Stelle wurde der bisherige Gouverneur des Distrikts Krakau, Wächter, ernannt.

Für den Fall, daß auf die Voralpen-Stellung zurückgegangen werden mußte, wurde ins Auge gefaßt, ganz Italien (ohne die beiden Operations-Zonen, wo dies nicht mehr erforderlich war) zum Operationsgebiet zu erklären und die Dienststelle des Deutschen Generals und damit die Militärverwaltung in Italien aufzulösen. Vorgesehen wurde, daß der Duce mit der ital. Regierung und dem deutschen Botschafter dann nach Udine übersiedelte.

1 S. oben S. 478—507.

In der Zusammenarbeit mit der ital. Regierung, der Verwaltung und Bevölkerung ergaben sich keine wesentlichen Schwierigkeiten. Die aktiven Kreise unterstützten die Verteidigung; die Masse nahm ihr Schicksal hin und erhoffte ein baldiges Ende des Krieges. Verschiedentlich brachen Streiks in nordital. Städten aus. Da sie dem Gegner in die Hand arbeiteten, auch wenn sie kommunistisch ausgerichtet waren, mußten sie als besonders gefährlich angesehen werden. Es gelang, sie durch Aussperrungen, Lohnabzug und Abtransporte von Streikenden zum Erliegen zu bringen.

Im Juni nahm die Bandentätigkeit weiter zu (vgl. 2. 7.). Im Raum von Novara bis zur Schweizer Grenze war die ital. Staatsautorität durch eine Art Bandenautorität abgelöst; die Grenze zur Schweiz war aufgerissen. Westlich Turin hatten sich die Überfälle besonders vermehrt; und die Übergänge nach Frankreich waren nicht begehbar. Im Küstenraum wurden die Verkehrsverbindungen bedroht. Dagegen war in der Po-Ebene die Tätigkeit der Banden noch gering; hier war jedoch mit Sabotage zu rechnen. Im Apennin waren dank der eigenen Maßnahmen die Übergänge in eigener Hand. Doch tauchten Banden im Raum von Livorno—La Spezia auf, was wegen der dort erwarteten Landung Besorgnisse erweckte. Besonders hatten die Banden zwischen dem Apennin und der Front zugenommen, wobei ein Zusammenhang mit der feindl. Führung erkennbar war. Dadurch wurden die eigenen Bewegungen, besonders die der Reserven, behindert; außerdem wurden die Verkehrs- und Nachschubverbindungen gestört. Im Alpenvorland hatten die Bandenzentren um Reccaro und Belluno sich verstärkt, zum Teil durch Zuzug aus dem Istrisch-slowenischen Raum, wodurch die Verbindungen im Etsch-Tal bedroht wurden. Durch Fahnenflüchtige hatte sich der Kampfwert verbessert; die Führung war straffer geworden. Auch hatten ital. Arbeitskräfte, die verpflichtet werden sollten, sich den Banden angeschlossen. Sehr gut war der Nachrichtendienst derselben. Im gesamt war also eine zunehmende Bedrohung der Heeresgruppen in ihrem Rücken zu verzeichnen. Jedoch erreichte sie nie das Ausmaß, das sie hinter den anderen Fronten gewann: die eigenen Verluste betrugen vom 16. 6.—15. 7. 71 Tote, vom 16. 7.—15. 8. 81 Tote, ferner 163 bzw. 94 tote Italiener (dazu eine größere Zahl von Verschleppten). In der Zeit vom 1.—15. 8. wurden 621 Terroristen getötet, über 1000 Gefangene gemacht und 24 Geschütze sichergestellt. Durch vermehrten Einsatz im Juli und August wurde verhindert, daß sich größere Banden zu gemeinsamen Aktionen zusammenschlossen, und da Oberitalien im Zuge des Ausweichens stärker belegt wurde, zogen sich die Banden im wesentlichen in die Hochgebirgsgegenden von Piemont und Venezien zurück.

Die Personalunion zwischen dem Höchsten SS- und Polizei-Führer und dem Bevollm. General, die vom Juli zum August durchgeführt wurde, wirkte sich gut aus; sie erleichterte u. a. die Vertretung der Wehrmachtsinteressen gegenüber der Botschaft.

Am 13. 9. wurde auf Wunsch des Höchsten SS- und Pol.-Führers die Verantwortlichkeit in der Bandenbekämpfung dahin geregelt, daß die AOK.s 10 und

14 sie innerhalb ihrer Armeebereiche bis zum Po übernahmen, das AOK 10 außerdem noch an der Küste einen 30 km tiefen Streifen bis zur taktischen Armeegrenze. Die Armee Ligurien übernahm sie innerhalb des Operationsgebietes (Westalpen) sowie in dem Gebiet von der Küste bis zur rückwärtigen Grenze des taktischen Armeebereichs.

In der Zeit vom 17.—30. 9. wurden 280 Anschläge der Banden verzeichnet: dabei wurden 1336 Gegner getötet, 505 gefangen, einige Hundert verwundet; ferner wurden 415 verdächtige Personen verhaftet. Die eigenen Verluste betrugen 165 Tote (darunter 112 deutsche), 270 Verwundete (179), 120 Verschleppte (40), 17 Vermißte (17).

In der Zeit vom 1. [1]—13. 10. wurden besonders gute Erfolge erzielt. Gezählt wurden 3633 Tote, 8241 Gefangene und 11 610 Arbeitsverweigerer. Befreit wurden 536 Mann, sichergestellt 82 MG und weitere Waffen. Die eigenen Verluste beliefen sich auf 129 Tote (darunter 76 deutsche).

Im Raum von Cuneo (NW-Italien) sprangen am 12. 11. feindliche Fallschirm-Springer ab, von denen etwa 50 vernichtet wurden; der Rest wich nach Norden aus und verstärkte die Banden. Festgestellt wurden u. a. Italiener, die noch bei Nettuno auf deutscher Seite gekämpft hatten.

Je mehr sich das Wetter verschlechterte, um so mehr nahm die Tätigkeit der Banden ab. Am Schluß des Jahres war in ihr nur eine unwesentliche, wenn auch örtlich störende Bedrohung zu sehen.

#### 4. Das Transportwesen und die Versorgung seit Mitte September

Hatte die Truppe bereits in der Zeit, als sie noch südlich des Apennins stand, dadurch die größten Schwierigkeiten gehabt, daß im frontalen Raum die feindliche Artillerie und hier sowie im rückwärtigen Gelände die feindl. Luftwaffe den Verkehr am Tage lahmlegten und in der Nacht erschwerten, so ergab sich nach Einnahme der „Grünen Linie" noch eine weitere Erschwerung, der gegenüber der Mangel von Kraftfahrzeugen und Betriebsstoff in den Schatten trat. Um die Arbeitskräfte und den Kolonnenraum zur Behebung der Eisenbahn-Schäden und der Wiederherstellung der Po-Brücken zu lenken, war eine umfangreiche Organisation erforderlich.

Unter diesen Umständen war der Bau von Ponton-Brücken unmöglich; deshalb blieb der Übersetzverkehr auf zeitraubenden Fährenbetrieb beschränkt. Da der Feind auch die Übergänge über kleine Flüsse zerstörte, bestand ein großer Bedarf an Pionier- und Baukräften sowie Brückengerät, der sich in vollem Umfang gar nicht erfüllen ließ. Alle diese Tatsachen mußten unter dem Gesichtspunkt, daß einmal das Absetzen auf die Voralpen notwendig werden könnte, mit besonderer Sorge angesehen werden. Nur bei Nebel oder tiefer

1 Ms.: 81; etwa: 1. 8.?

Wolkendecke war die Durchführung vorstellbar, und auch dann waren noch Wochen für das Übersetzen anzusetzen (Bericht 17. 10.).

Es war ein besonderes Verdienst des OB, daß er diese Schwierigkeiten durch straffe Organisation und die Einführung einer strengen Disziplin weitgehend einengte. Durch rigoroses Durchgreifen wurde dafür gesorgt, daß nicht unnötig Betriebsstoff verbraucht wurde. Es wurde daher dafür gesorgt, daß die im Süd=westen gemachten Erfahrungen und die dort erprobten Maßnahmen auch der Westfront bekanntgemacht wurden.

Da der Feind nunmehr nicht nur im Besitz der süd= und mittelital. Flugplätze war, sondern auch Corsica ausnutzte, war nunmehr der ganze nordital. Raum bis zur Grenze und über sie hinaus seinem Zugriff ausgesetzt. Es kam zu 1500 Einsätzen und mehr an einem Tage. Daher ging der Kampf um die Aufrecht=erhaltung des Eisenbahnverkehrs und des Übergangs über den Po ununter=brochen weiter. Dank der Wiederherstellungsarbeiten wurde es immer wieder möglich, die eine Strecke benutzbar zu machen, wenn die andere ausfiel, und selbst bei den Po=Brücken konnte der Verkehr von Zeit zu Zeit wieder her=gestellt werden. Am 27. 8. waren z. B. alle Nord=Süd=Strecken durchgängig bis auf je eine Stelle bis zur Front befahrbar; außerdem bestand noch ein guter Zulauf von Osten nach dem Westen.

Anfang Oktober waren 86 Brücken und 61 Streckenstörungen zu reparieren. Die Brennerstrecke war an 10 Stellen beschädigt, und die Verkehrsspitze lag vorübergehend bei Brixen. Gleichzeitig waren auch die Strecken nach Nord=osten ausgefallen. Doch war bis zum 6. 10. die Durchfahrt auf der Brenner=strecke wieder bis Ortiglia am Po geöffnet. Da dort nunmehr eine Seilbahn über den Fluß gebaut werden konnte, war ein Ausgleich für den Ausfall der Fähren geschaffen, die wegen des Hochwassers den Betrieb einstellen mußten. Dieses hinderte so, daß zeitweise nur 200 to über den Po geführt werden konn=ten, obwohl täglich allein an Munition 900 to erforderlich waren. Am 16. 10. wurde eine Eisenbahnfähre bei Ferrara fertig.

Auf Drängen des Chefs OKW vermehrte die Reichsbahn den Zulauf von Leerzügen, damit die vorgesehenen Räumungsarbeiten durchgeführt werden konnten.

Da in der Mitte des Novembers die Brücke bei Ferrara wieder befahrbar war, wurde es möglich, sofort 20 Räumungszüge von Süden durchzuschleusen. Da dieser Zustand einige Tage andauerte, konnte das südlich des Flusses bereit=gestellte Gut zurückgeleitet werden. Als die Brücke dann von neuem zerstört wurde, bestand kein vordringliches Interesse mehr, sie wiederherzustellen.

Am 25. 10. wurden der OB und der Bevollm. General aufgefordert, Stellung zu dem Vorschlag des Wehrmacht=Transport=Chefs zu nehmen, daß der Eisen=bahnbetrieb in Italien durch das Reichsverkehrsministerium übernommen wer=den sollte (vorausgegangen waren Wünsche, die Gauleiter Hofer in dieser Rich=tung vorgebracht hatte). Doch kam es nicht zur Durchführung dieser Absicht.

Um die Brenner=Strecke besser zu schützen, einigten sich der OB SW und der Deutsche General der Luftwaffe dahin, daß in der ersten November-Hälfte 4 Flak-Abteilungen mit 15—20 Batterien von der Po-Ebene an die Bahn verlegt wurden.

In der Mitte des Novembers besserte sich die Streckenlage wieder, und da die Brücke bei Faenza wieder hergestellt werden konnte, war zeitweilig der Bahnverkehr von Villach bis Genua möglich. Dann fiel die Brennerstrecke wieder für eine Woche aus. Am 21. 11. waren 3 Po-Brücken benutzbar.

Aus diesen herausgegriffenen Tatsachen erhellt, mit welchen Schwierigkeiten dauernd zu kämpfen war und was geleistet wurde, um die Truppenbewegungen, die Räumung und den Nachschub doch noch bewerkstelligen zu können. Durch den sogenannten „Inselbetrieb", wie er bereits in Mittel-Italien und in Nordwest-Frankreich erprobt worden war, d. h. durch Fahren von einer Schadenstelle bis zur nächsten und mehrfaches Umladen, wurde es möglich gemacht, auch beschädigte Strecken noch auszunutzen. Allerdings war dadurch die Verlegung einer Division nunmehr zu einer Angelegenheit von Wochen geworden.

In der Versorgung konnten gewisse Spannungen nicht verhindert werden; jedoch kam es dank vorausschauender Maßnahmen und Besserungen in der Verkehrslage doch nie zu einer Krise, welche sich auf die Kampfführung ausgewirkt hätte. Selbst der starke Munitionsbedarf, der durch den Großkampf bedingt war, konnte befriedigt werden.

Um die Zufuhr aus dem Heimatkriegsgebiet zu verringern, wurde angestrebt, die Truppe nicht nur in der Verpflegung, sondern auch materiell möglichst weitgehend aus Norditalien zu versorgen. Die Industrie wurde deshalb in diesem Sinne ausgerichtet. Dies bedingte wieder einen starken Bedarf der Wehrmacht an Lire, der in längeren Verhandlungen auf den Bedarf der sonst noch an der ital. Wirtschaft beteiligten Reichsstellen abgestimmt werden mußte.

### 5. Der Stellungsbau im rückwärtigen Gebiet (mit Einschluß der Reichsgrenze im Südosten)

(vgl. dazu Sonderakte des Sachbearbeiters, Oberstlt. d. G. Kleyser; S. 468 ff.)

So lange die eigene Truppe noch in Mittel-Italien kämpfte, handelte es sich um den Ausbau der Apennin-Stellung (erst „Goten-Stellung", dann „Grüne Linie" genannt). Als damit gerechnet werden mußte, daß auch diese den feindl. Vormarsch nicht auf die Dauer aufzuhalten vermöge, wurde der Ausbau der Voralpenstellung („Blaue Linie" genannt) eingeleitet. Dazu kam noch die Anlage von zweiten Linien, Riegeln usw.

Bereits auf Veranlassung des GFM. Rommel als ehemaligem OB in Oberitalien war durch die Armee-Abt. v. Zangen die sogenannte „Voralpenstellung" erkundet und in Anlehnung an die bereits vorhandenen Befestigungsanlagen in Angriff genommen worden. Sie verlief von der Südostecke der Schweiz über den Nordteil des Garda-Sees durch die Trientiner Alpen nördlich Belluno vorbei auf die Julischen Alpen hinauf und von dort nach Süden über Tolmein—Görz nach Monfalcone entlang der alten ostwärtigen Stellung im Ersten Weltkrieg. Sie hatte eine Länge von 400 km, war panzersicher und gab einem überlegenen Gegner nur geringe Möglichkeiten zur Entwicklung. Sie konnte jedoch durch eine Landung in Istrien von Osten her zu Fall gebracht werden. Da sie fast ganz im Hochgebirge verlief, erforderte sie Gebirgsdivisionen oder solche Verbände, die für einen Krieg dieser Art ausgerüstet und ausgebildet waren.

Der WFStab machte am 27. 6. darauf aufmerksam, daß solche Kräfte fehlen würden und daß daher eine Linienführung vom Garda-See entlang der Höhe bis Venedig oder vom Garda-See durch die Trientiner Alpen zum Piave-Abschnitt zu erwägen sei. Doch entstehe dann der Nachteil, daß in diesem Falle ein wenig ausgebauter Küstenabschnitt verteidigt werden müsse und damit zu rechnen sei, daß der Feind sich in Pola festsetze.

Am 26. 7. befahl der Führer den Ausbau eines rückwärtigen Stellungssystems in Nortitalien, und zwar:

1. der bereits erkundeten Voralpenstellung,
2. der anschließenden Karststellung (Tschitschen-Boden),
3. einer Riegelstellung von Ala zum Golf nach Venedig und von Belluno ebendorthin.

Den Ausbau sollten die Obersten Kommissare der Op.-Zone Alpenvorland, Gauleiter Hofer, und der Op.-Zone Adriatischel Küstenland, Gauleiter Rainer, leiten. Die Arbeitskräfte und Mittel waren ähnlich wie in Ostpreußen durch ein Volksaufgebot aufzubringen. In den beiden Riegelstellungen sollte der OB SW den Bau mit Hilfe der Org. Todt durchführen. Ihm blieben auch alle milit. Aufgaben vorbehalten.

Dieser Befehl wurde am 28. 7. dahin ergänzt, daß noch möglichst viele weitere Riegelstellungen gebaut werden sollten, um dem Feind das Vordringen in das Becken von Udine zu erschweren, die dortigen Luftbasen zu schützen und Zeit für die Voralpenstellung zu gewinnen. Auch diese Riegel sollten durch die Obersten Kommissare ausgebaut werden. Dem OB SW blieb also nur der Ausbau des Apennin und der Küste vorbehalten. Die Grenzziehungen hatten die Obersten Kommissare unter sich zu regeln; das Ausw. Amt wurde gebeten, dem Duce die milit. Notwendigkeit dieser Maßnahmen, die nur milit. Bedeutung hätten, darzulegen. Abschließend wurde die Unterstellung der Baukräfte geregelt.

Darauf wurden die Gauleiter Hofer (Tirol) und Rainer (Kärnten) im FHQu. in ihre Aufgaben eingewiesen.

Am 1. 8. wurden die Befehle vom 27. 6. und 28. 7. durch Ausführungsbestimmungen zum Führer-Befehl über den Ausbau eines rückwärtigen Stellungssystems in Norditalien ergänzt, in denen auf das Vorbild des Ostens und die Notwendigkeit, sich von den bisherigen Ansichten über Zuständigkeiten freizumachen, hingewiesen und Improvisieren verlangt wurde. Die polit. Führung sollte verantwortlich eingeschaltet, den Obersten Kommissaren bei der Durchführung des Ausbaus und beim Einsatz freie Hand gelassen und ihnen freiwerdende Bau- und Spezialkräfte unterstellt werden. In erster Dringlichkeit war eine vorderste Linie zwischen der Schweizer Grenze und der Adria zu erkunden; hinter ihr waren weitere Stellungen mit der Voralpenstellung als der rückwärtigsten vorzusehen; der Schwerpunkt sollte auf die Täler und andere Hauptstoßrichtungen gelegt werden. Als ständiger Vertreter des OB SW für alle milit. Fragen wurde der (durch die Abgabe seiner Armeegruppe an den Marschall Graziani freiwerdende) Gen. d. Inf. von Zangen mit dem bisherigen Gebirgsstab Italien zur Verfügung gestellt. Den notwendigen Bauapparat hatte die Org. Todt zu stellen; ihr fiel auch die fachliche Aufsicht zu; die Zivilbevölkerung wurde durch die Obersten Kommissare erfaßt. Die Bandenbekämpfung blieb Aufgabe des Höchsten SS- und Pol.-Führers. Zum Gen. v. Zangen trat der Stab des Oberst Seitz, der als solcher abgelöst wurde. Der General, der die Leitung bereits nach 3 Wochen wieder abgab, da er am 21. 8. in das FHQu. gerufen wurde, um den Befehl über die 15. Armee zu übernehmen, beantragte die Verstärkung des nunmehrigen Stabes Jordan.

Nach einem am 9. 8. vorliegenden Bericht waren nunmehr bereits 100 000 Menschen für den Ausbau der „Blauen Linie", d. h. der Voralpenstellung, bereitgestellt. Anfänglich liefen die Anforderungen der Gauleiter Rainer und Hofer unmittelbar im FHQu. ein, da sie dem Führer unmittelbar unterstellt waren. Dieses Verfahren wurde dann dahin vereinfacht, daß die Anforderungen an den vom OB SW beauftragten Stab Jordan geleitet wurden. Wieviel der OB den Gauleitern und seinen Kontingenten zuwies, blieb seinem Ermessen überlassen; aber es lag ja in seinem eigenen Interesse, daß der Stellungsbau vorankam. Diesem blieb jedoch von vornherein ein bestimmter Rahmen gesetzt; denn die Südwest-Quanten konnten nicht erhöht werden. Der Chef WFStab verwandte sich persönlich beim OB und überzeugte sich davon, daß dieser gab, was er zu geben vermochte (Merkbuch 22. 8. und 6. 9.).

Am 23. 8. wurde dem Gauleiter Hofer eine Anfrage des WFStabs übersandt, in welcher Weise die Standschützen-Organisation mit schweren Waffen ausgerüstet werden könne.

Am 27. 8. und erneut am 2. 9. beantragte der Gauleiter Hofer die Rückverlegung der Voralpenstellung auf die Linie Stilfser Joch—Limone, was am 3. 9. genehmigt wurde. Auf Einspruch des OB vom 4. 9. hin wurde am 6. 9. entschieden, daß es bei dem Führerbefehl vom 3. 9. bleibe, der den Ausbau der Alpenvorland-Stellung in der rückwärtigen Linie zwischen Schweizer Grenze und Garda-See vorsah. Darüber hinaus sollte die bisherige Linie so weit ausgebaut werden, daß sie als Vor-Stellung begrenzte Zeit verteidigt werden könne.

Am 4. 9. teilte der OB die von ihm festgelegte Dringlichkeitsfolge beim Stellungsbau mit:

1. Blaue Linie (Schweizer Grenze bis nördlich Verona), blaue Vorfeldlinie I (Adriat. Küste—Tschitschen=Boden und Fiume),
2. Tiefe der Adria=Küstenstellung (2. und 3. Stellung),
3. der Piave=Riegel,
4. der Isonzo=Riegel (Görzer Einfallpforte),
5. der Tagliamento=Riegel,
6. der Brenta=Riegel.

Der Ausbau der Brückenköpfe an der Etsch sollte zur ersten Dringlichkeit gehören. Dazu gab der OB nähere Anweisungen für die Art der Durchführung. Da der Gauleiter Rainer angeboten hatte, auch den Ausbau der rückwärtigen Stellungen an der Küste zu übernehmen, sollten hier das AOK 10 und der Befehlshaber Adriat. Küstenland die Bauherren sein, während der Gauleiter die Bauleitung übernahm. Für die Abgrenzung gelte der Befehl vom 1. 8. Die Erkundung der ital. Befestigungen an der deutsch=ital. Grenze auf ihre Eignung sollte durch den Kdo.=Stab Italien und den OKW=Stab Oberst Nobiling erfolgen.

Am 10. 9. beantragte der Gauleiter Rainer die Einbeziehung des Kanaltals (Tagliamento und Fella von Gemona an) in den Ausbau und den Bau einer Linie von südlich Fiume in Richtung Nordosten. Dem ersten Vorschlag wurde am 13. 9. zugestimmt, der zweite zurückgestellt.

Da die Schweiz eine erhöhte Mobilmachung ihrer westlichen Grenzverbände angeordnet hatte, regte der Gauleiter Hofer an, auch die deutsch=schweizerische Grenze auszubauen; doch wurde diesem Vorschlag nicht stattgegeben (vgl. 8. 9.).

Am 13. 9. wurde den Vorschlägen des Gauleiters Rainer, das Tagliamento= und das Fella=Tal zu verstärken, zugestimmt, soweit dadurch nicht die „Blaue Linie" geschädigt wurde. Das gleiche wurde am 17. 9. für den Abschnitt Stilfser Joch—Martinsbruck zugestanden.

Am 13. 9. wurde ferner klargestellt, daß der Bau von Grenzstellungen nur eine vorausschauende Maßnahme, aber nicht der freiwillige Verzicht auf den vor ihnen gelegenen Raum bedeute. Vor ihnen werde gekämpft werden, so lange es möglich sei. Im Adria=Raum seien Räumungen zur Zeit nicht vorgesehen und auch nicht erforderlich; Vorbereitungen seien jedoch vorzunehmen. Die Wehrkreis=Kommandos hatten deshalb Verbindungs=Offz.e zu den Gauleitern abgestellt und sie angewiesen, für engste Verbindung und laufende Unterrichtung zu sorgen. Entsprechend wurden die Gauleiter gebeten, Verbindung zu halten und milit. Fragen mit den Gen.=Kdo.s zu besprechen.

Am 14. 9. wurde dem Gauleiter Hofer Ausbildungspersonal für die Standschützen, für deren Ausstattung bereits Maßnahmen ergriffen worden waren, zur Verfügung gestellt.

Am 19. 9. wurde dem Gauleiter Hofer mitgeteilt, daß das vom Führer befohlene Herauslösen von Ostpreußen zum Schutz ihrer Heimatprovinz eine einmalige Ausnahme darstelle. Ersatz für die abgezogenen Ausbilder sei beim Heimatheer bereits angefordert. Eine Vermehrung der Pionier=Kräfte im Alpenvorland (1 Festungs=Pi=Stab mit 3 Abschnittsgruppen und 4 Gesteins=bohr=Kp.en) sei nicht möglich.

Am 24. 9. meldete der Gauleiter Rainer dem Reichsleiter, daß eine Besprechung mit dem OB SW und den Generalen Jordan und Ringel über die Festsetzung der Linienführung nach Osten stattgefunden habe, die durch Banden erschwert werde. Es war deshalb eine andere Linie, die Laibach einbezog und die Grenz=befestigungen ausnutzte, erwogen worden. Die Errichtung von Sperren auf den Karnischen Alpen war eingeleitet. Die Karawanken konnten nur am Südfuß verteidigt werden.

Daraus ergaben sich 3 Linien:

1. Tolmein–Isonzo–nördlich Görz–Farnowones–Birnbaumer Wald–Adelsberger Pforte–Save,
2. eine Zwischenstellung mit oder ohne Laibach,
3. die Karawanken=Vorstellung.

Im Einvernehmen mit den milit. Stellen beantragte der Gauleiter, die Provinz Laibach aus der Op.=Zone zu lösen und sie dem Gen.=Kdo. Salzburg anzuglie=dern. Am 26. 9. nahm der WFStab befürwortend Stellung zu diesem Antrag. Er wies darauf hin, daß dann statt des stellv. Gen.=Kdo.s XVIII.AK. der Befehls=haber Op.=Zone zuständig werden würde. Dagegen sprach er sich gegen den Vor=schlag aus, die Provinz Laibach dem Gen.=Kdo. zu unterstellen. Die weiteren Vorschläge für eine Vertiefung des Stellungssystems sah der WFStab als nicht durchführbar an. Der Gauleiter wurde am 28. 9. in diesem Sinne verständigt.

Die erwähnten Stellungen fanden ihre Ergänzung in weiteren Stellungen um S t e i e r m a r k herum und entlang des B u r g e n l a n d e s.

Am 8. 9. gab der Chef WFStab Anweisung für die Einleitung des Baues einer Gauleiter Hofer, und der Op.=Zone Adriatisches Küstenland, Gauleiter Rainer, Varaždin, die kroatisches Gebiet nicht einbeziehen, vielmehr durch ein Anschluß=stück von Tolmein bis zur Reichsgrenze auf ital. Boden geführt werden sollte. Anschließend sollte eine Stellung auf slowakischem Boden, die wieder mit der Oststellung B 2 zusammenhing, geschaffen und eine Grenzstellung westlich Varaždin—westlich Preßburg erkundet werden. Diese Vorhaben wurden wie=der auf die in Ungarn abgestimmt.

Am 16. 9. meldete der Gauleiter von Steiermark, Überreither, daß der Groß=einsatz am 17. 9. beginnen könne, daß jedoch die Erkundungs= und Baustäbe noch nicht eingetroffen seien und der Bau zu 2/3 in Bandengebieten durchge=führt werden müsse, weshalb neue Sicherungs=Kräfte erforderlich seien. Im Zu=lauf waren bereits 3 Landes=Bau=Pi.=Btl.e aus dem Ostpreußen=Einsatz, ferner 60 Arbeits=Abt.en zu je 60 Mann, die bewaffnet waren.

Am 20. 9. beantragte der Gauleiter Überreither, im Abschnitt Pettau die Stellung in einige Unterabschnitte auf kroatisches Gebiet vorzuverlegen. Das Verlegen der Grenzstellung auf ungarisches Gebiet, für das der Gauleiter Jury

(Niederdonau) eintrat, wurde am 20. 9. vom WFStab abgelehnt, da der Ausbau mit Kräften des deutschen Volksaufgebotes in Ungarn unerwünscht war; doch sollten Vorbereitungen getroffen werden. Der Gauleiter wandte sich darauf an den Reichsleiter, da er den Ausbau der Linie ohne Einbeziehung des Ödenburger Zipfels als ungünstig ansah.

Am 16. 10. meldete der Gauleiter Rainer, daß in einer Besprechung mit dem Gauleiter Überreither und den militärischen Stellen für die Südost-Linie festgelegt worden sei, daß sie in Krain wegen der Banden nur stützpunktartig hergerichtet werden könne, und nunmehr folgende Linie festgelegt sei: Adelsberg–Rakek–Zirknitz–Reifnitz–Batöplitz–Rudolfswert–Landstraß–Rann. Als 2. Linie solle die Linie von Rann entlang der Save nach Nordwesten gebaut und in die Karawanken-Linie fortgesetzt werden. In den Karnischen Alpen seien Riegelstellungen am Plöcken und im Naßfeld begonnen. Über Gottschee könne nötigenfalls der Anschluß an die Adria bei Bakar gesucht werden. Zur Durchführung werde der Oberabschnitt Unterkrain gebildet. Der Gauleiter wurde über die Parteikanzlei am 20. 10. darauf hingewiesen, daß seine Pläne über den vom Führer befohlenen Ausbau hinausgingen und an der festgelegten Dringlichkeit festgehalten werde. Die Stützpunktlinie könne mit ortsgebundenen Kräften errichtet werden.

Nach der Neuordnung in Ungarn (16. 10.) erneuerte der Gauleiter Jury am 17. 10. seinen Antrag. Dieser wurde aus politischen Gründen erneut abgelehnt.

Am 15. 11. trug der Gauleiter Rainer die durch den Bandenkampf schwierige Lage vor und bat um Unterstützung. Seine Bitte um Ausrüstung für die von ihm geschaffenen Kärntner Schützen-Btl.e ließ sich nur im Rahmen des Volkssturms erfüllen; und sein Antrag, daß er die Stellung auf den Karnischen Alpen und den Karawanken über die bereits im Bau befindlichen Stützpunkte ausbauen wolle, mußte bis zur Fertigstellung der ersten Stellung zurückgestellt werden.

Um die engste Verbindung zwischen den beteiligten Stellen herzustellen, erging am 3. 12. ein grundsätzlicher Befehl. Gleichzeitig erhielten die Gauleiter des Südostens die Orientierung über die weitere Kampfführung im Südosten. Danach war für den Fall einer ungünstigen Entwicklung zur Sicherung der Verbindungen nach Italien die Verteidigung der Linie Senj—Karlstadt—Agram mit Brod nach Südosten vorgesehen. Am 8. 12. schrieb auf einen Brief des Chefs WFStab hin der Reichsleiter an den Gauleiter Rainer, daß es darauf ankomme, erst einmal eine Stellung, und zwar die vom Führer befohlene Südost-Linie auszubauen. Daher wurde auch ein weiterer Auftrag, die Linie Senj—Karlstadt—Agram auszubauen, zurückgestellt.

Am 4. 12. hatte der OB Südwest seinerseits seine Befehle vom 30. 9. und 22. 10. dahin ergänzt, daß die Grenzstellung Südost ausgebaut werden sollte:

in der Linie A (no. Görz–Reifnitz–Gurkfeld), B (ital. Grenzbefestigung zwischen Fiume und Adria) und C (anschließend an A: Reifnitz–Weixelburg–Littai–Save). Zwischen A und B sollte noch eine Riegelstellung (etwa Monte Nevoso–sw. Reifnitz) errichtet und dabei der Anschluß an die Linie C gefunden werden. Zuerst sollten die Linie A und die ital. Grenzbefestigungen instandgesetzt werden.

# 6. Abschnitt
# Der südöstliche Kriegsschauplatz

INHALT DES 6. ABSCHNITTS

## I. Teil
## Die Entwicklung im Südosten vom 1. Januar – 31. März 1944

Der Südostraum im Rahmen der Gesamtkriegführung


1. *Rückblick auf das Jahr 1943* . . . . . . . . . . . . . . . . . . . 601
   *a) Die Hauptereignisse (601). — b) Die Absichten der deutschen Führung (607).— c) Die eigenen Kräfte (608)*
2. *Die Kräfteverteilung zu Beginn des Jahres 1944* . . . . . . . . . . 610
3. *Erwägungen und Maßnahmen bis zur Landung bei Nettuno (22. Januar 1944)* . . . . . . . . . . . . . . . . . . . 612
4. *Die Auswirkung von Nettuno auf den Südosten* . . . . . . . . . . 616
5. *Die Auswirkung der britisch-türkischen Unstimmigkeiten (Februar)* . . . 620
6. *Die Zuführung neuaufgestellter SS-Verbände* . . . . . . . . . . 622
7. *Die Beurteilung der Lage im Südosten Anfang März* . . . . . . . . . 624
8. *Der Südostraum und die Besetzung Ungarns (19. März)* . . . . . . . . 625
9. *Neues Aufleben der Bandenbewegung und Lage Ende März* . . . . . . 629


## II. Teil
## Die Entwicklung im Südosten vom 1. April – 31. Dezember 1944


*Vorbemerkung* . . . . . . . . . . . . . . . . . . . . . . . 632
1. *Rückblick auf die Entstehung der Tito-Bewegung* . . . . . . . . . 633
2. *Serbien und Mihajlović im Winter 1943/44* . . . . . . . . . . . 636
3. *England und Rußland* . . . . . . . . . . . . . . . . . . . 641
4. *Die Kämpfe der Wintermonate und des Frühjahrs* . . . . . . . . . 645
   *a) Weitere Großunternehmen (645). — b) Stillstand (646). — c) Der zweite Einfall Titos in Serbien (März — April) (648).— d) Die Adria-Front: aa) Lissa; bb) Der übrige Dalmatinische Küstenraum (654)*
5. *Das Unternehmen „Rösselsprung" (Mai–Juni)* . . . . . . . . . . 661
6. *„Weiß" und „Rot" in Griechenland* . . . . . . . . . . . . . . 665
7. *Der Kampf gegen die Aufstandsbewegung im Südosten im Zeichen der alliierten Generaloffensive und der deutschen Absetzbewegung* . . . 670
   *a) Der Fortgang der Kämpfe (670). – b) Neue Entschlüsse (Juli) (673). – c) EDES und ELAS in Nordwestgriechenland (677).— d) Die Auswirkungen des Umschwungs (August — September) (680). — e) Der dritte Einfall Titos in Serbien (Juli — August) (681). — f) Die Adriaküste (686)*
8. *Tito, Šubašić und England* . . . . . . . . . . . . . . . . . 690
9. *Titos Verhältnis zu Sowjetrußland und das Vordringen der Russen im Südostraum* . . . . . . . . . . . . . . . . . . . . . 696
10. *Auf dem Weg zum Tito-Jugoslawien* . . . . . . . . . . . . . 702
11. *Serbien und Mihajlović im Sommer und Herbst 1944* . . . . . . . . 706

12. *Die große Absetzbewegung im Südosten: Der Rückmarsch der Heeresgruppe E (ab September)* . . . . . . . . . . . . . . . . . . . . . . . . 713

Anhänge . . . . . . . . . . . . . . . . . . . . . . . . . . . . . . . . . . . 728

1. *Nachtrag zur Ausarbeitung Südost: Mitteilungen des damaligen Chefs des Generalstabs des Wehrmachtbefehlshabers Serbien, des Generalmajors Ritter von Geitner (März 1945)* . . . . . . . . 728

2. *KROATIEN (unter militärischen Gesichtspunkten) im Jahre 1944* . . . 732
*a) Rückblick (732). — b) Kurswechsel in Agram (Januar) (737). — c) Veränderte Beurteilung auf der deutschen Seite (739). — d) Der Aufbau der kroatischen Wehrmacht (742). — e) Die Ereignisse der Sommermonate (747). — f) Kroatien und der Umschwung im Südosten (ab September) (750). — g) Kroatien am Jahresende (753)*

3. *RUMÄNIEN (Januar—August 1944, d. h. bis zum Abfall)* . . . . . . 757
*Zeittafel (Januar – September 1944) (757). — a) Die Auswirkungen der russischen Offensive im Dezember 1943 (758). — b) Die Folgen der russischen Offensive im März 1944 (766). — c) Der Besuch des Marschalls Antonescu am 23./24. März und sein Briefwechsel mit dem Führer (767). — d) Die April-Verhandlungen in Bukarest und die Befehlsgliederung vom 16. April 1944 (775). — e) Die Luftangriffe der Alliierten gegen die rumänische Ölgewinnung, auf die Transportwege und Transportmittel (Eisenbahn und Donau-Schiffahrt) (783). — f) Die Verhandlungen im Mai (792). — g) Der weitere Verlauf bis zum 23. August 1944 (797). — h) Der Abfall Rumäniens und die deutschen Gegenmaßnahmen (804). — i) Die Auswirkungen auf die Verbündeten (Ungarn und Bulgarien) (808). — k) Anlage: Die Räumung der KRIM (810)*

4. *GRIECHENLAND nach der Räumung (nach einer Studie des OB Südost, Gruppe I c / AO) (nicht erhalten)*

5. *Die große ABSETZBEWEGUNG IM SÜDOSTEN (nach einer Denkschrift des OB Südost vom Januar 1945)* . . . . . . . . . . . . . . 812
*a) Die Eigenart des Kriegsschauplatzes (813). — b) Die Lage im Sommer 1944 (814). — c) Schwerpunktverlagerung nach dem Mittelbalkan (816). — d) Ausdehnung des Befehlsbereichs der Heeresgruppe E auf den Mittelbalkan (818). — e) Der Rückzug aus Griechenland (820). — f) Die Abwehrschlacht in Mazedonien und Südserbien (821). — g) Der Rückzug aus Albanien und Montenegro (823). — h) Die Verteidigung Kroatiens (824). — i) Zusammenfassung (825)*

Im 1. Vierteljahr ist (wie in den die gleiche Zeit betreffenden Abschnitten) noch das (in der Folgezeit als unnötige Schreibbelastung preisgegebene) Prinzip verfolgt worden, am Rand auf die in besonderen Heftern chronologisch abgehefteten „Anlagen" zu verweisen. Da diese Hefter zugrunde gegangen sind, blieben nur einzelne Dokumente erhalten, die sonstwie überliefert sind. Beim Druck wird wie bei den vorausgehenden Abschnitten verfahren (vgl. S. 77 usw.).

# I. Teil
# Die Entwicklung im Südosten vom 1. Januar - 31. März 1944

## Der Südostraum im Rahmen der Gesamtkriegführung [1]

### 1. Rückblick auf das Jahr 1943

*a) Die Hauptereignisse*

Es waren — wie in diesem Zusammenhang nicht näher geschildert werden kann — nicht nur die Erfordernisse der gemeinsamen Kampfführung der Achsenmächte im Mittelmeerraum, die zur Einbeziehung des Südostraumes in ihr militärisches System gezwungen hatten; auch die Rücksicht auf den sich vorbereitenden Kampf im Osten hatte entscheidend zu diesem Entschluß beigetragen. Dazu kam noch eine Fülle politischer und nicht zuletzt auch wehrwirtschaftlicher Notwendigkeiten, auf Grund deren der Balkanraum in seiner Gesamtheit der Festung Europa angegliedert und behauptet werden mußte.

Solange die deutsch-italienischen Verbände in Nordafrika standen, war mit einer *feindlichen Unternehmung gegen den Südostraum* nicht ernstlich zu rechnen. Als jedoch mit dem Rückzug der deutsch-ital. Panzerarmee aus dem ägyptischen Grenzraum eine Verschiebung des militärischen Schwergewichtes im Mittelmeer einzutreten begann und als dann die Landung in Nordafrika[2] zeigte, daß die Anglo-Amerikaner im Begriff waren, im Mittelmeerbereich zum Angriff überzugehen, faßte die deutsche militärische Führung auch die Möglichkeit einer Großlandung im Südostraum ins Auge.

Dies kam unter anderem zunächst in den im Herbst 1942 ergehenden Befehlen zum verstärkten Ausbau der Insel Kreta zum Ausdruck. Daneben bestand — im Grunde seit Beginn des Krieges, aber während langer Zeiten ohne besondere Aktualität — ein auf den politischen Sektor übergreifendes Gefahrenmoment, dem eine weit umfassendere Bedeutung zukam als einem feindlichen Landungsangriff gegen eine der Außenfronten des Südostraumes: es war denkbar, daß die Alliierten versuchen könnten, die Türkei auf ihre

1 Der I. Teil wurde vom Stellv. Chef WFStab, General *Warlimont*, durchgesehen. Soweit es sich bei seinen Randbemerkungen um Änderungen handelt, die ohne weiteres in den Text passen, sind sie ohne Kenntlichmachung eingearbeitet. Soweit das nicht der Fall ist, wird in den Anmerkungen das Nötige vermerkt. Über eine Aussprache nach der Rückgabe meiner Ausarbeitung machte ich mir auf einem leeren Blatt Notizen, auf die ich gleichfalls in den Anmerkungen hinweise, da ich nicht mehr zu der vom Stellv. Chef gewünschten Abänderung meines Textes gekommen bin.

Die Schreibweise „Cetnik" (auch: „Tschetnik"), die 1943/44 üblich war, ist beibehalten worden. — *Četa* = Schar, Bande; *Četnici* = Freischärler.

2 Am 7./8. 11. 1942.

Seite zu ziehen, um — womöglich in Verbindung mit einem Angriff gegen die Seefront – von der Tschatalscha=Linie[1] aus in den Balkan=Raum einzubrechen. Diese Möglichkeit beschäftigte vor allem den bulgarischen Bundesgenossen, der die militärischen Vorgänge in der Türkei und die türkisch=angelsächsischen Beziehungen von jeher mit größter Aufmerksamkeit verfolgte. In diesem Zusammenhang war im Frühjahr 1943 mit dem bulgarischen Gen.=Stab verabredet worden, einer solchen Aktion operativ durch einen gemeinsamen Vorstoß deutscher und bulgarischer Kräfte in Richtung Konstantinopel (Fall „Gertrud", vgl. KTB 1. 4. 43/3 f.) zu begegnen.

Dies alles blieb jedoch im Bereich der Möglichkeiten und Vorbereitungen. Das Hauptaugenmerk des OB Südost mußte sich schon ein Jahr nach der Beendigung des Balkan=Feldzuges[2] auf das Innere seines Befehlsbereichs, auf die *Bekämpfung der Banden* richten, die sich im ehemals jugoslawischen Gebiet gebildet hatten, nachdem der Eindruck der schnellen Niederwerfung dieses Staates verflogen war. Anfänglich hatte das Schwergewicht der Aufstandsbewegung bei dem Cetnic=Führer Draža Mihajlović (D.M.=Bewegung) gelegen. Seine Bekämpfung war dadurch erschwert worden, daß die ital. Besatzungskräfte ihn und seine Unterführer in mehr oder minder offener Form unterstützten, daß also — wie auch auf vielen anderen Gebieten, so namentlich in allen Fragen des jungen kroatischen Staates — die Sonderbestrebungen der ital. Balkanpolitik der Schaffung geordneter Verhältnisse im Wege standen.

Langsam, aber unaufhaltsam wurde der D.M.=Bewegung das Wasser durch die kommunistische Aufstandsbewegung unter „Tito" (richtiger Name: Josip Broz) abgegraben. Da dieser in wachsendem Maße durch die Sowjets[3], Mihajlovič durch die Westmächte gefördert wurde, ergab sich auch auf der Gegenseite ein uneinheitliches Verhalten gegenüber den Aufständischen, das in gewisser Weise der infolge der ital. Sonderbestrebungen bei den Achsenmächten herrschenden Situation entsprach. In mehreren großangelegten Unternehmungen gegen die Tito=Banden, die im Winter und im Frühjahr 1943 durchgeführt wurden („Weiß I—III", „Schwarz") und sich bis in den montenegrinischen Raum hinab erstreckten, konnte die von ihnen in dem Gebirgsgebiet errungene Machtstellung wieder wesentlich eingedämmt werden. Die Durchführung wurde durch die offiziell zwar zugesagte, aber faktisch nicht oder nur ungenügend geleistete Mitwirkung der Italiener und viele Friktionen, die dadurch zwischen den deutschen und den italienischen Dienststellen entstanden, erschwert. Die Italiener waren beständig bestrebt, die Cetnics gegen die Kommunisten auszuspielen, obwohl ihnen eindeutige Beweise vorgelegt wurden, daß Mihajlović auf das engste mit den Alliierten zusammenarbeite und nur darauf bedacht sei, die Italiener auszunutzen, um sie zu gegebener Zeit

1 Im Ms. am Rande ein Fragezeichen (Gen. Warlimont).
2 Frühsommer 1941.
3 Im Ms. am Rande ein Fragezeichen (Gen. Warlimont).

aus dem Land zu werfen. Als im Mai 1943 mit dem Verlust des tunesischen Brückenkopfes die Bedrohung des Südostraumes von außen erhöhte Bedeutung gewann, hatte die Befriedung im ehemals jugoslawischen Gebiet nicht den Grad erreicht, der mit Rücksicht auf die große Lage erforderlich gewesen wäre.

Diese Bedrohung erhielt Anfang Mai 1943 ein neues Aussehen, als sich aus den Papieren eines in Spanien angetriebenen, ertrunkenen britischen Offiziers ergab, daß die Alliierten außer einer Landung im westlichen Mittelmeer (anscheinend Sardinien) noch eine zweite an der Westküste des Peloponnes planten, die von einem gleichzeitigen Scheinunternehmen gegen den Dodekanes begleitet sein sollte (vgl. KTB. 12. 5., S. 3 ff.). Die Nachricht[1] hatte zur Folge, daß die Kräfte auf dem Peloponnes verstärkt und Maßnahmen eingeleitet wurden, um nicht nur die Verteidigung des Peloponnes, sondern auch die des übrigen Griechenlands, wo sich jetzt gleichfalls die Tätigkeit der Banden in steigendem Maße störend bemerkbar machte, zu verbessern.

Außerdem war die Gesamtlage vom 13. 5. 43 von Grund aus verändert, da der Gegner nach dem Erlöschen des deutschen Widerstandes in Tunis starke und kampferprobte Verbände für weiteren Einsatz frei bekam. Wenn auch die eigene Aufklärung frühzeitig erkannte, daß der Schwerpunkt der feindlichen Vorbereitungen für eine Landung eindeutig im westlichen Mittelmeer lag, so zeichnete sich doch gleichzeitig auch eine beträchtliche Kräftezusammenziehung im libysch-ägyptisch-syrischen Bereich ab, sodaß die deutsche militärische Führung bei ihren Abwehrvorbereitungen den Südost- und den italienischen Raum in gleicher Weise berücksichtigen mußte.

Zweifellos waren die Schwierigkeiten, die sich den Alliierten bei einem Angriff gegen die Balkanhalbinsel entgegenstellten, größer als die bei einer Landung in Italien auftretenden. Das Aufbrechen der stark ausgebauten Inselstellung Kreta — Rhodos mußte sich — falls der Gegner hier einen im Endziel auf den Golf von Saloniki und die Thrakische Küste gerichteten Stoß ansetzen sollte — äußerst langwierig und verlustreich gestalten, desgleichen bei einem Angriff gegen die Jonische Front das Durchkämpfen durch die Gebirge des westlichen Peleponnes oder Westgriechenlands. Die dritte Front der Südoststellung, die albanisch-montenegrinisch-dalmatinische Küste, brauchte damals, als sich das ganze gegenüberliegende ital. Festland im Besitz der Achsenmächte befand, noch nicht ernstlich in Betracht gezogen werden. In jedem Fall würden außerdem die geringe Dichte des Straßennetzes, das fast völlige Fehlen von Bahnen, die Wasserverhältnisse usw. den feindlichen Vormarsch entscheidend erschwert und der eigenen Führung Zeit für die erforderlichen Gegenmaßnahmen verschafft haben. Andererseits bot der Südostraum dem Gegner, wenn es erst einmal gelungen war, sich festzusetzen, ungleich größere Vorteile und Aussichten als in Italien. Denn zum damaligen Zeitpunkt besaß

1 Es handelte sich um fingierte Dokumente; vgl. dazu den II. Teil der „Erläuterungen" (A. II. 6.).

er noch keine volle Sicherheit über das Verhalten der ital. Bevölkerung bei einer Landung; auf dem Balkan konnte er jedoch vom ersten Augenblick an mit einer wirksamen Unterstützung durch die verschiedenen Gruppen der Aufständischen rechnen. Weiter war anzunehmen, daß sich anglo=amerikanische Erfolge in diesem Raum früher oder später auf das Verhalten der mit Deutschland verbündeten Staaten auswirken würden. Vor allem mußte dies im Falle der Türkei eintreten, deren undurchsichtige Haltung schon seit längerer Zeit Anlaß zu Besorgnissen gegeben hatte. Es mußte sogar damit gerechnet werden, daß sie sich bereits gleichzeitig mit dem Beginn des Angriffes der Anglo=Amerikaner offen auf deren Seite stellen würde. Während ein Vordringen in Italien auch in dem für den Gegner günstigten Falle spätestens an der Alpenzone zum Stillstand zu kommen drohte, bestand bei einer groß=angelegten Operation im Südostraum die Aussicht (namentlich bei einem Abfall der Verbündeten Deutschlands), daß durch Abschneiden oder Ausschaltung der rumän. Ölproduktion, durch die Öffnung der ungeschützten Südostflanke des Reiches oder Herstellung einer Land= oder See=Verbindung mit den Sowjets eine kriegsentscheidende Wendung herbeigeführt werde.

Das bisherige, vorsichtig=methodische Vorgehen der Alliierten sprach allerdings gegen derartig weitgreifende Planungen. Tatsächlich erfolgte die Landung auch an der der nordafrikanischen Basis am nächsten benachbarten, mit dem kürzesten Sprung erreichbaren Stelle: auf Sizilien, und zwar erst am 10. Juli 1943, da der Gegner die nach dem Fall von Tunis in Italien eingetretene Schwächeperiode nicht ausnutzte, sondern seine Vorbereitungen erst systematisch zu Ende führte.

Die Gefährdung des Südostraumes wurde mit dem Beginn der Kämpfe in Italien, der starke feindliche Kräfte band, kaum geringer. Denn die sich nunmehr schon abzeichnende Wahrscheinlichkeit eines *Abfalles Italiens* mußte gerade für den Südostraum, in dem weite Gebiete und wichtige Küstenabschnitte von ital. Truppen besetzt waren, schwerwiegende Folgen haben. Es erschien kaum denkbar, daß der Gegner, der immer noch starke Kräfte im Bereich des ostwärtigen Mittelmeeres zusammengezogen hatte, die durch einen Ausfall, vielleicht einen Frontwechsel der ital. Divisionen mit allen Folgeerscheinungen entstehende Verwirrung nicht zu einer Festsetzung in diesem Raum benutzen würde.

Gleichzeitig mit dem Fall „Alarich" (später „Achse") (Eingreifen in Italien im Falle einer Erschütterung der Regierung des Duce, nach dessen Sturz am 25. 7.: Übernahme der Macht in Italien) wurde deshalb der Fall „Konstantin" (später ebenfalls „Achse") ausgearbeitet (entsprechendes Eingreifen im Südostraum: Entwaffnung der Italiener und Übernahme der Verteidigung in den bisher von ital. Verbänden besetzten Gebieten in Kroatien, Montenegro, Albanien und Griechenland). Während die Durchführung des Falles „Achse", die unmittelbar nach Bekanntgabe des Verrats am 8. 9. 43 um 20.00 Uhr be=

fohlen wurde, in einer Weise gelang, die alle Erwartungen übertraf, war dies bei den entsprechenden Maßnahmen im Südosten nicht möglich, da ein riesiger Raum mit unzureichenden Kräften zu besetzen war. Auch ließen sich im Gegensatz zum Mutterland nicht alle ital. Verbände widerstandslos entwaffnen. Ein Teil von ihnen mußte erst dazu gezwungen oder regelrecht niedergekämpft werden; ein weiterer schlug sich auf die Seite der Aufständischen, die durch die Nachrichten vom Abfall Italiens — wie nicht anders zu erwarten war — einen mächtigen Antrieb[1] erhielten und zunächst weite Strecken der dalmatinisch-montenegrinisch-albanischen Küste in ihren Besitz brachten. Diese Krisenlage verschärfte sich, als es nicht gelang, den im Augenblick des Verrates bei Salerno gelandeten Gegner wieder in das Meer zu werfen, und daher der Süden des ital. Festlandes preisgegeben werden mußte. Am 17. 9. wurde Foggia geräumt, wodurch der Gegner nicht nur in den Besitz einer für Mittelitalien und die Ostküste der Adria entscheidenden Luftbasis, sondern auch eines Küstenstreifens kam, dessen Häfen ihm einen leichten Absprung hinüber zur Adriatischen Flanke des Südostraumes ermöglichten.

Je mehr sich der Widerstand der deutschen Verbände, die quer über den Apennin eine zusammenhängende Front von Meer zu Meer hatten bilden können, versteifte und schließlich den feindlichen Angriff in eine „Schneckenoffensive" verwandelte, um so stärker wurde die Erwartung, daß der Gegner nunmehr von dem langwierigen und verlustreichen Durchkämpfen bis Rom absehen und sich stattdessen auf den Balkan werfen werde, wo ihm die Aufständischen eine Reihe wichtiger Brückenköpfe offen hielten — jedoch ließ er auch hier die für ihn günstigste Zeit verstreichen. Es gelang den deutschen Kräften, zunächst die wichtigsten Häfen wie Zara, Cattaro, Split zu besetzen; am 18.—23. 9. wurden die italienischen Kräfte auf Kephalonia, am 23.—25. 9. die auf Korfu vernichtet. Im Laufe der folgenden Wochen und Monate gelang auch die Besetzung der meisten der der Dalmatinischen Küste vorgelagerten Inseln.

Einzig in der *Ägäis* war es den Alliierten gelungen, die sich aus dem Zusammenbruch Italiens ergebenden Möglichkeiten zu nutzen. Der Eckpfeiler Rhodos konnte allerdings in harten Kämpfen mit der ital. Besatzung behauptet, jedoch die Festsetzung der Engländer auf anderen Inseln des Dodekanes, vor allem auf Kos, Leros und Samons, nicht verhindert werden. Damit war dem Gegner ein kampfloser Einbruch in die deutsche Ägäis-Stellung und damit in ein Hauptstück der Verteidigung des Südostraumes gelungen. Es ist heute noch nicht erkennbar, warum der Gegner keine größeren Anstrengungen unternahm, um diese wichtige Ausgangsstellung zu behaupten. Denn der Widerstand, auf den die deutschen Truppen bei der Wiedereroberung dieser Inseln (Kos 3. 10., Leros 16. 11., anschließend Samos) stießen, ging nicht

1 Ms.: Anstrich.

über den örtlichen Rahmen hinaus. Die Wirkung dieser von allen drei Wehrmachtteilen durchgeführten Operationen, die trotz erheblicher Schwierigkeiten und Verluste mit an sich geringen Kräften zu dem gesetzten Ziele kamen, auf die weiteren Absichten der Alliierten war — wie Stimmen aus dem feindlichen Lager erkennen ließen — stark; unmittelbar zu spüren war sie an der Reaktion der Türkei, vor deren Küste sich diese deutschen Erfolge abgespielt hatten.

Die Ursachen für diese Zurückhaltung der Alliierten liegen aller Wahrscheinlichkeit nach nicht allein auf militärischem, sondern vor allem auch auf politischem Gebiet. Mit der *Konferenz* der drei Außenminister in *Moskau* (Abschluß 30. 10.) begann sich die militärische Zusammenarbeit der Anglo-Amerikaner mit den Russen bedeutend enger zu gestalten, als es bisher der Fall gewesen war. Es scheint, daß hierbei auch eine Abgrenzung der beiderseitigen Interessensphären vorgenommen und der Balkan zum russischen Einflußgebiet erklärt, d. h. für militärische Aktionen der Alliierten gesperrt wurde. Jedenfalls ist von diesem Zeitpunkt an, vor allem hinsichtlich der inneren Verhältnisse des Balkans, ein beständiges Zurückweichen der Anglo-Amerikaner vor den Ansprüchen und Bestrebungen Sowjetrußlands zu verzeichnen, wie es am deutlichsten in dem Zurückschieben der Exilregierung des Königs Peter von Jugoslawien zugunsten der Tito-Bewegung zum Ausdruck kommt.

Wenn somit die deutsche Stellung im Südostraum am Ende des Jahres 1943 weitgehend gefestigt und in fortschreitendem Ausbau begriffen erschien und die durch den Abfall Italiens entstandene Krise völlig überwunden war, so blieb dieser Raum nach wie vor Gegenstand erhöhter Aufmerksamkeit. Vor allem war sich die deutsche Führung darüber klar, daß die Operationen der Russen im Südabschnitt der Ostfront mit dem Anwachsen der Aufstandsbewegung im Südosten im Zusammenhang gesehen werden mußten [1]. Daneben verlangte die Auswirkung der russischen Erfolge auf die Haltung der verbündeten Südoststaaten gesteigerte Aufmerksamkeit. Außerdem mußte in Rechnung gestellt werden, daß die sich — wie es zunächst erschien — noch einspielende militärpolitische Verständigung der Sowjets und der Anglo-Amerikaner, wie sie bei dem Zusammentreffen Roosevelts und Churchills mit Stalin in *Teheran* (Anfang Dezember) einen weithin sichtbaren Ausdruck fand, ebensogut zu einer Neutralisierung des Südostraumes wie zur Vereinbarung gemeinsamer Balkan-Operationen zu Lande und zur See führen konnte. Die Besorgnisse nahmen zu, als die einem wachsenden Druck der Alliierten ausgesetzte *Türkei*, deren Staatspräsident sich in der ersten Dezemberwoche in *Kairo* mit Churchill und Roosevelt nach deren Rückkehr aus Teheran traf, zu einer Aufgabe ihrer Neutralität und zu weitgehender militärischer Zusammenarbeit mit den Alliierten bereit erschien. Der Führer brachte daher in den letzten Tagen des Dezember wiederholt zum Ausdruck, daß er nach wie vor

1 Im Ms. unter den letzten 3 Zeilen Schlängellinien, die Zweifel andeuten (Gen. Warlimont).

mit feindlichen Unternehmungen gegen den Balkan=Raum, und zwar namentlich gegen dessen dalmatinisch=montenegrinisch=albanische Flanke, rechne. Wenn auch die laufende Überwachung der süditalienischen Adria=Häfen vorerst noch keine Anzeichen für feindliche Landungsvorbereitungen ergebe, so liege es doch nahe, daß der Gegner — statt sich weiter mühsam durch die Bergstellungen Italiens durchzukämpfen — durch neue Landungen hinter der deutschen Front in Italien oder an der Adriatischen Ostküste seine operative Freiheit zurückzugewinnen trachten werde (vgl. 28. 12./3, 31. 12./2).

### *b) Die Absichten der deutschen Führung*

Gegenüber diesem wechselnden Bild der Feindabsichten stand der Entschluß der eigenen Führung, den Südostraum als eine nicht nur aus mannigfachen militärischen und politischen, sondern auch und nicht zuletzt aus wehrwirtschaftlichen Gründen (Erdöl, Bauxit, Kupfer, Chrom usw.) kriegsentscheidende Position in seiner Gesamtheit zu halten, unerschütterlich fest. Zwar war für den Fall „Achse" vorgesehen worden, daß Rhodos geräumt werden sollte, da die zur Verfügung stehenden Kräfte zur Behauptung der Insel als nicht ausreichend angesehen wurden. Aber die Lage ließ es zu, daß der Führer bei der Auslösung des „Achsen"=Befehls am 9. 9. den OB Südost anwies, Rhodos nicht zu räumen[1]. Darin kam der Entschluß zum Ausdruck, auch die *Sperrkette Peloponnes=Kythera=Kreta=Karpathos=Rhodos* unter allen Umständen zu verteidigen und zu halten, da eine Aufgabe der Inseln zu einer Festsetzung der Angelsachsen führen werde; diese würden von dort aus nicht nur eine weitere Offensive vorbereiten, sondern auch einen verstärkten Druck auf die Türkei ausüben können. Ein Anschluß der Türkei an die Alliierten, der als erstes zu einer Öffnung der Dardanellen und damit zur Herstellung einer neuen und ungleich kürzeren und bequemeren Verbindung mit Sowjetrußland führen würde, müsse aber unter allen Umständen zu verhindern versucht werden (KTB 13. 9./6). Damit war dem OB Südost eine Aufgabe gestellt, die mit dem ihm zur Verfügung stehenden Kräften auf die Dauer nicht durchzuführen war. Er warf daher die Frage auf, ob — da die für eine erfolgreiche Verteidigung des gesamten Südostraumes für erforderlich gehaltenen Kräfte nicht zugeführt werden könnten und ein schneller Antransport von Verstärkungen bei Beginn des feindlichen Angriffes infolge der Verkehrsverhältnisse nicht mehr möglich sein werde — der griechische Raum im großen nicht doch lediglich als *Vorfeld* angesehen werden müsse, mit dessen Verteidigung Zeit für den Aufbau einer (mit zurückgeführten deutschen und zuzuführenden bulgar. Verbänden zu deckenden) *Riegelstellung* in Höhe von Saloniki als der Südflanke des Haupt=

1 Im Ms. hierzu am Rande ein Fragezeichen, aber wieder gestrichen (Gen. Warlimont).

kampffeldes im Südosten zu gewinnen sei (KTB 24. 9./4 f.). Der WFStab, der sich gleichfalls schon seit längerer Zeit mit der Möglichkeit, durch Räumung vorgeschobener Stellungen im Süden und Südosten Kräfte zu gewinnen, beschäftigt hatte, schlug vor, den Schwerpunkt der Verteidigung dort zu bilden, wo der Feind zu erwarten sei, also an der Westküste, da Griechenland neuerdings nicht mehr als Ziel eines feindlichen Angriffes anzusehen sei (KTB 6. 10./4). In einer *Weisung für die Kampfführung im Südosten,* die am 6. 10. im Anschluß an Besprechungen mit dem OB Südost (gleichzeitig mit den Befehlen zur Verteidigung Italiens in der Linie Gaeta—Ortona) erlassen wurde, wurde jedoch endgültig festgelegt, daß der Auftrag zur Verteidigung des gesamten Südostraumes (einschließlich Peloponnes) bestehen bleibe. Die Kräfteverteilung habe der jetzigen Lage Rechnung zu tragen; stärkere Kräfte seien dort zusammenzufassen, wo der Hauptangriff zu erwarten sei. Kreta, Rhodos, die Jonischen Inseln Korfu, Kephalonia und Zante sowie die Ägäischen Inseln Karpathos, Milos, Kos, Leros, Samos, Chios, Mytilene und Lemnos müßten besetzt bleiben. Für den Fall einer Großlandung seien nachhaltige Zerstörungen südlich der Linie Korfu-Olymp und entlang der Adriatischen Küste vorzubereiten.

Der vom WFStab in den Entwürfen zu dieser Weisung vorbereitete Absatz über die Vorbereitung einer Rückhaltstellung wurde wegen der möglicherweise zu erwartenden ungünstigen psychologischen Wirkung wieder gestrichen (KTB 6. 10./6). Der Chef WFStab beauftragte jedoch den Chef des Gen.-Stabes des OB Südost mündlich mit der Erkundung der Linienführung einer derartigen Stellung (KTB 15. 11./5 f.). Die Festlegung dieser Linie und des für ihre Besetzung erforderlichen Kräftebedarfs erfolgte am 23. 11. (/3 f.).

### *c) Die eigenen Kräfte*

Daß die *eigene Kräftelage* im Südostraum den Erfordernissen des erteilten Auftrages nicht voll entsprach, war vom OB Südost immer wieder zum Ausdruck gebracht und auch durch die Berechnung des WFStabs bestätigt worden.

Dabei waren die Kräfte des OB Südost während des Jahres 1943 laufend verstärkt und nur in einzelnen Fällen zu Abgaben herangezogen worden (1. Pz.-Div., III. SS-Pz.-Korps, 371. Inf.-Div. an den Osten, 114. Jg.-Div. an den Südwesten, 173. Res.-Div., die zur Verwendung bei Neuaufstellungen aufgelöst wurde, mot. „Nordland“ (SS-Pz.-Gren.-Div.) nach den Niederlanden, Pz.-Lehr-Rgt. 901 nach Frankreich) [1]. Seitdem sich die anglo-amerik. Landung an einer der im Machtbereich der Achse liegenden Mittelmeerküsten deutlich abzuzeichnen begann, waren dem Südosten zugeführt worden: 100. Jg.-Div. (3. 5.), 1. Pz.-Div. (9. 5.), 297. Div. (31. 5.), 173. Res.-Div. (2. 7.), 181. Inf.-

1 Von „mot“. bis „Frankreich“ am Rande nachgetragen (Gen. Warlimont).

Div. (23. 9.), 264. (bodenständige) Inf.=Div. (25. 9.), 371. Inf.=Div. (13. 11.) usw.[1]

Sie genügten jedoch nicht, um den (mit dem Anschwellen der Bandentätigkeit und der Übernahme der bisher von den Italienern verteidigten Küstenabschnitte entstehenden) Mehrbedarf zu decken. Die Aufständischen hatten zwar die Küste zum großen Teil aufgeben müssen, beherrschten jedoch — wie noch gesondert geschildert werden wird — im Landesinnern weite Gebiete. Hier bedeuteten sie im Augenblick einer Feindlandung, mit der im Frühjahr 1944 wieder stark gerechnet werden mußte, eine große Gefahr. Wegen der besonderen Geländeverhältnisse war zwar nicht überall eine durchlaufende Küstenverteidigung erforderlich, aber auch so blieb noch eine große Zahl von Stellen, die den Gegner anziehen konnten, wenn sie nicht ausreichend gesichert wurden. Besonders schwer fiel aber seit der am 20. 10. befohlenen Abgabe der 1.Pz.=Div. das Fehlen einer beweglichen Eingreif= und Zentralreserve des OB Südost ins Gewicht.

In dieser Hinsicht war allerdings ein großer Wandel zugunsten des OB Südost durch die am 20. 12. 43 für die Gesamtheit der OKW=Kriegsschauplätze geregelte Abgabe von Reserven bei feindlichen Großlandungen eingetreten (s. u.); doch blieb im Südosten die Schwierigkeit des rechtzeitigen Antransportes bestehen. *

Bei Beginn des Jahres 1944 verfügte der OB Südost über folgende Kräfte: 4 Inf.=Divisionen (22. (teilmot.), 264. (bodenst.), 181., 297., 4 Jg.=Divisionen (100., 104., 117., 118.), 1 Lw.=Feld=Div. (11.), 2 Geb.=Divisionen (1., 7. SS=Geb.=Div. „Prinz Eugen"), die Sturm=Div. Rhodos (= 1/2 Div.), die Fest.=Brig. Kreta, 2 Fest.=Inf.=Div.en, 4 verstärkte Rgt.er (92., 3 Rgt.er „Brandenburg"), ** 1 Jg.=Res.=Rgt. (Jg.=Res.=Rgt. 1)[2]. Dazu kamen noch folgende 4 in Aufstellung befindliche Verbände: die 4. SS=Pol.=Pz.=Gren.=Div., die unter Heranziehung von Teilen der bei der Heeresgruppe Nord eingesetzten SS=Pol.=Div. seit November 43 im Südostraum aufgestellt wurde[3], die 367. Div. (21. Welle), die Fest.=Inf.=Brig. 1001—1012, die 42. Jg.=Div. (aus 187. Res.=Div.). In Zuführung befand sich ferner die in Neuhammer aufgestellte, aus mohammedanischen Bosniaken bestehende 13. SS=Geb.=Div. (s. u.). Dazu kamen noch 2 Pol.=Rgt.er (SS=Pol.=Gren.=Rgt. 18 und SS=Pol.=Rgt. 5)[4] sowie die Kampfgruppe der SS=Kav.=Div., deren Neuaufstellung im Südosten am 8. 12. befohlen wor=

* *Anl. 1—3* ** *Anl. 4—6*

1 Im Ms. über diesem Absatz (unbekannte Hand, vielleicht Oberstlt. d. G. *Brudermüller*, damals Sachbearbeiter Südost):
„Zuführung der Stuka, Umbau der Stuka, völlig neue Befehlsgliederung."
Am Rande (Ders.): „1. Kos.=Div. — III. SS=Pz.=AK. — Jg.=Res.=Rgt. 1 — 12 Festungs=Inf.=Battaillone (1001—1012), weitere Btl.e 999 — Festungs=Inf.=Rgt.=Stäbe — Küsten=Art.— 3 Rgt.s=Stäbe — 11 Abteilungsstäbe — 37 Personal=Einheiten — Gerät — Ausbau der SS=Polizei 6 Ost=Bataillone — Pionier=Lande=Btl. 77."

2 Am Rande (Ders.): „999, 1001—1012, SS=Pol. 18, SS=Pol. 5.

3 Am Rande (Ders.): „277. Inf.=Div.".

4 Am Rande (Ders.): „18. SS=Pz.=Gren.=Div.".

den war, ferner 3 deutsch-gemischte Verbände (die drei kroatischen Legions-Divisionen), die 1. Kos.-Div. und 7 bulgarische Divisionen. Im Antransport befanden sich ferner 3 Ostbtl.e, zu denen im Laufe des Januar noch vier weitere traten (über Sicherungs- und Bewachungskräfte s. auch unter: Transportfragen und Wehrwirtschaft).

* Die Heeresverbände des OB Südost wiesen am 1. 1. 8 781 Fehlstellen auf, zu deren Auffüllung der WFStab am 2. 1. (Anl.) die Zuführung von mindestens 4 Marsch-Btl.en im Januar für erforderlich hielt; auf Grund der Lage im Osten sollte nach seinem Vorschlag diese Anforderung jedoch erst im Februar erhoben werden. Der GenStdH teilte hierauf jedoch mit, daß er lediglich beabsichtige, dem OB Südost die auf Grund des Führerbefehls vom 27. 11. gemachten personellen Einsparungen zur Verfügung zu stellen. Die Zuführung weiteren Ersatzes sei im Februar nicht geplant.

## 2. Die Kräfteverteilung zu Beginn des Jahres 1944

Der *Einsatz der Kräfte* im Südosten entsprach um die Jahreswende im großen noch der Weisung für die Kampfführung vom 6. 10. (s. o.).

Von den 3 Fronten, an denen der OB Südost mit einem feindlichen Angriff rechnen mußte, der Adriatischen, der Jonischen und der Ägäischen, erschien die Adriatische infolge der Festsetzung der Anglo-Amerikaner in Süditalien und der Aufstandsbewegung im serbo-kroatischen Raum im Augenblick[1] als die bedrohteste; hier lag demnach auch der Schwerpunkt der Kräfteverteilung. Im Gegensatz zur Ägäischen und zur Jonischen Front, die im allgemeinen starr und ohne Tiefe verteidigt werden mußten, war an der Adriatischen in gewissem Maße die Möglichkeit einer beweglichen Kampfführung gegeben.

Unter dem *Pz.-AOK 2* als oberster Kommandobehörde im kroatisch-montenegrinisch-albanischen Raum führte im *nördl. Kroatien* das V. Geb.-AK. Unter ihm waren im Küstenschutz zu Beginn des Jahres 1944 eingesetzt die 264. (bodenst.) Inf.-Div. (Drniš) und die 114. Jg.-Div. (Knin), die jedoch in der nächsten Zeit herausgelöst und an den Südwesten abgegeben werden sollte, weiter rückwärts die 773. (kroat.) Inf.-Div. (Bihać), ferner die 392. (kroat.) Inf.-Div., die sich noch in Zuführung befand und für den Raum Karlstadt vorgesehen war. Ostwärts Agram wurde die 367. Inf.-Div. aufgestellt; im Raum Petrinja stand die 1. Kos.-Div. (ohne die weiter südlich bei der Bandenbekämpfung eingesetzte II. Brig.). Dazu kamen noch (unter dem LXIX. Res.-Korps) die zur 42. Jg.-Div. umgegliederte 187. Res.-Div. im Raum Brod und die zur Auflösung bestimmte 173. Res.-Div. nordwestlich Belgrad. Die als Eingreifreserve vorgesehene 1. Geb.-Div. und das Gren.-Rgt. 92 (mot.) stellten sich an der Südostgrenze des Korpsbereiches zu einem Unternehmen gegen

* *Anl. 7—8*

1 Am Rande (Ders.): „In welchem?"

die in dem alten Bandengebiet westlich Travnik—Banja Luka—Glamoć—Livno befindlichen kommunistischen Kräfte bereit („Waldrausch"); auch das Pz.=Lehr=Rgt. 901 wurde zur Bandenbekämpfung in diesem Gebiet herangezogen. Endlich unterstand dem XV. Geb.=AK. noch das 4. Rgt. „Brandenburg" in Livno.

Im *bosnisch=montenegrinischen* Raum waren unter dem V. SS=Geb.=AK. im Küstenschutz eingesetzt die 118. Jg.=Div. (südwestlich Mostar) und die 181. Inf.=Div. (Cattaro), während sich die als Eingreifreserve vorgesehene 7. SS=Geb.=Div. „Prinz Eugen" zur Teilnahme an dem Unternehmen „Waldrausch" (s. o.) bereitstellte, an dem auch eine Kampfgruppe der im Raum Serajewo untergebrachten 369. (kroat.) Inf.=Div. teilnehmen sollte. Dem V. SS=Geb.=AK. unterstanden ferner noch das 2. Rgt. „Brandenburg" (Plevlje) und das Jg.=Res.=Rgt. 1 (Raum Serajewo). Die Sicherung des *serbischen Raumes* wurde hauptsächlich durch die 4 Div.en des *bulgar. Okkupationskorps* durchgeführt; eine Teilnahme *ungarischer Truppen* an der Besetzung des serbisch=kroatischen Raumes, die während des vergangenen Jahres wiederholt angestrebt worden war, war noch nicht zustande gekommen.

In *Albanien* standen nur 2 Verbände. nämlich in Küstennähe westlich Berat die 100. Jg.=Div. und im Raum Crna die 297. Inf.=Div., beide unter dem *XXI. Geb.=AK.*

Im griechisch=ägäischen Raum führte die *Heeresgruppe E* mit dem Sitz in Saloniki. Die *Jonische Front* war von den drei Fronten des OB Südost die am schwächsten besetzte, da hier ein feindlicher Angriff neuerdings weniger wahr=scheinlich war (s. o.). Der stark bandengefährdete *westgriechische Raum* wurde lediglich durch die 104. Jg.=Div. (Agrinion) gesichert *(unter dem XXII. Geb.=AK.)*; für den Peloponnes war die mit der Masse im Raum Korinth zusammen=gezogene 117. Jg.=Div. als Eingreifreserve vorgesehen. Darüber hinaus waren die besonders landegefährdeten Stellen der Peloponnes=Küste, die Landenge von Korinth und die *Jonischen Inseln,* die als das erste Ziel einer feindlichen Großlandung in diesem Raum angesehen wurden, durch seit dem Mai 1943 fort=laufend in den Südostraum überführte Festungstruppen (die Festungs=Rgt.er 966 auf Kephalonia, 965 in Amalias) und eine Anzahl (zum Teil aus Wehr=unwürdigen der ursprünglich für Afrika vorgesehenen Div. 999 bestehenden) Fest.=Inf.=Btl.e gesichert. Auf Korfu war neben einem Fest.=Inf.=Btl. 999 noch ein Blt. der 1. Geb.=Div. eingesetzt. Die 117. Jg.=Div. und die mit der Küsten=verteidigung im Raume *Piräus—Athen—Südattika* beauftragte 11. Lw.=Feld=Div. sowie das 1. Rgt. „Brandenburg" (Levadia) und das in der Südostecke Attikas eingesetzte, taktisch dem Höheren SS= u. Polizei=Führer unterstellte SS=Pol.=Geb.=Jg.=Rgt. 18 unterstanden dem LXVIII. AK. mit dem Sitz bei Athen.

Die Verteidigung der *Thrakischen Küste* wurde durch 3 bulgar. Div.en unter einem bulgar. Gen.=Kdo. in Drama durchgeführt; für die Verteidigung von

*Saloniki* stand kein besonderer deutscher Verband zur Verfügung. Der dort eingesetzten Oberfeldkommandantur 395 unterstanden lediglich die im Raum Larissa in Aufstellung befindliche 4. SS=Pol.=Pz.=Gren.=Div., das Fest.=Inf.=Rgt. 963 auf Lemnos und das auf Chios und Mythilene eingesetzte III. Btl. des früheren „Insel=Rgt.s" 440[1].

Eine gewisse Verstärkung dieses ja auch durch den Sperriegel Kreta—Rhodos und das Inselkampffeld der Sporaden abgeschirmten Raumes sollte durch den Einsatz von 3 der in Zuführung nach dem Südosten begriffenen Ost=Btl.e erreicht werden[2].

In der *Ägäischen Front* war schon seit dem Herbst 1942 der Ausbau *Kretas* zum stärksten Bollwerk im ostwärtigen Mittelmeer im Gange. Unter dem Kommandanten der Festung Kreta waren dort die in der Umgliederung zur Fest.=Inf.=Div. 133 begriffene Fest.=Brig. Kreta (Chania) mit den Fest.=Inf.=Btl.en 621, 622 und 623 und im Westteil der Insel die 22. Inf.=Div., von der sich 1 Btl. vor kurzem bei der Einnahme von Leros besonders ausgezeichnet hatte, eingesetzt. Auch die Insel *Rhodos* war im letzten Jahr laufend verstärkt worden. Die dort eingesetzte, aus der früheren „Sturmbrigade Rhodos" her=vorgegangene „Sturm=Div. Rhodos" war der Heeresgruppe E unmittelbar unterstellt und hatte sich in den Kämpfen mit der um ein vielfaches über=legenen Besatzung bewährt. In Zuführung befanden sich außerdem die Fest.=Btl.e 1001—1002, die zusammen mit (auf dem Peloponnes und den Jonischen Inseln eingesetzten) weiteren Fest.=Btl.en zu den Fest.=Brig. 1001—1012 zu=sammengefaßt werden sollten. Auf *Karpathos*, dem wichtigen Mittelglied der Sperrkette Kreta—Rhodos, stand ein Fest.=Inf.=Btl. der ehemaligen Div. 999. Aber auch die hinter dieser Sperrkette gelegenen *Sporaden* waren durch Be=setzung mit Festungstruppen und fortschreitende Befestigung zu einem tief=gegliederten Inselkampffeld ausgebaut worden, zu dessen Verteidigung die Masse der Fest.=Inf.=Btl.e 999 eingesetzt war. (Über die dieser Kräfteverteilung im Bereich der Heeresgruppe E zugrunde liegenden Erwägungen vgl. KTB 1943: 7. 12./6 und 22. 12./2 f.)[3].

### 3. Erwägungen und Maßnahmen bis zur Landung bei Nettuno (22. Januar 1944)

In den ersten Tagen des Januar entstand der Eindruck, daß die auffallend starke Herausstellung der feindlichen Vorbereitungen zu einer Landung im Westen in Presse und Propaganda vielleicht darüber hinwegtäuschen sollte, daß der Hauptschlag gegen die Festung Europa an einer ganz anderen Stelle beabsichtigt sei. Es mußte damit gerechnet werden, daß für den Gegner der

1 Am Rande (Schramm): „Saloniki".
2 Am Rande (die unbekannte Hand): „plus 1 Fest.=Inf.=Btl.".
3 Darunter (dies.): „(unleserliches Wort) 18 fehlt".

Balkan=Raum aus mannigfachen politischen und kriegswirtschaftlichen Gründen nach wie vor besondere Anziehungskraft besaß. Es erschien vor allem eine feindliche Operation gegen die Westküste etwa im Raum von Arta bis südlich Split und in zweiter Linie — vielleicht in kurzem zeitlichem Abstand — ein Durchstoßen der Ägäis in Richtung Saloniki möglich. In einem solchen Fall mußte damit gerechnet werden, daß die Türkei ihre Neutralität aufgeben oder daß bei Auslösung des Falles „Gertrud“ ein alliierter Angriff gegen die Westküsten des Balkans stattfinden werde. Der Stellv. Chef WFStab wies die Abt. Op/H des WFStabs am 1. 1. an, die am 20. 12. (KTB: 20. 12. 43/1 ff.) für die
* *Zuführung von Verbänden im Falle einer feindl. Großlandung* getroffene Regelung im Hinblick auf den Südosten einer neuen Prüfung zu unterziehen. Dabei sollte vor allem eine Vermehrung der Abgaben des Südwestens, der nach Ansicht der Führung bei einer feindlichen Großlandung im Balkanbereich im wesentlichen als ungefährdet angesehen werden konnte, vorgesehen werden, daneben Abgaben aus dem Bereich des OB West, des BdE und eine Mitwirkung der Bulgaren. Außerdem sollten Befehle zur Verbesserung der Küstenverteidigung im Südosten, zur vermehrten Sicherung der Bahnstrecken, Hauptdurchgangsstraßen und Flughäfen vorbereitet werden. Der durch den Stellv.
** Chef WFStab am 2. 1. fernmündlich vororientierte OB Südost fragte, ob es angesichts dieser Lage und der sehr ungünstigen Eisenbahnverhältnisse nicht zweckmäßig sei, die 114. Jg.=Div., deren Abgabe an den Südwesten am 26. 12. 1943 befohlen worden war, im Bereich des OB Südost zu belassen. Er wurde am 4. 1. fernmündlich unterrichtet, daß es bei der befohlenen Abgabe bleiben müsse und daß seinem Bereich durch die Zuführung der 13. SS=Div. (s. o.) und der 392. (kroat.) Inf.=Div. neue Kräfte zugeführt werden würden.

*** Die Überlegungen des WFStabs führten am 4. 1. zu einer (am 6. 1.) abgesandten Weisung an den OB Südost, in der ihm mitgeteilt wurde, daß im Falle einer feindlichen Großlandung im Südosten *(Forelle I und II)* die Zuführung folgender Verbände vorbereitet werde.

aus dem *Südwesten:* 2 Verbände, davon mindestens 1 schneller (bisher war nur ein schn. Verband vorgesehen);

aus dem *Westen:* 2 schnelle Verbände und 3 mot. Art.=Abt.en (bisher waren aus dem Westen keine Abgaben vorgesehen; jetzt wurde damit gerechnet, daß der Feind ihn zwar auch gleichzeitig mit dem Südosten, jedoch nur mit einer durch die hierfür erforderlichen Abgaben zweifellos verringerten Stoßkraft würde angreifen können);

ferner aus dem Bereich des *Chef H Rüst u. BdE:* 4 verstärkte Pz.=Gren.=Rgt.er (bisher nur 2) und aus dem des *Reichsführers SS:* 3 behelfsmäßig=mot. Gren.=Rgt.er. Außerdem solle die 367. Inf.=Div. nach beendeter Aufstellung beim OB Südost zum Einsatz kommen. (Die OB West und Südwest wurden am

* *Anl. 9* ** *Anl. 10* *** *Anl. 11*

7. 1., der Chef H Rüst am 14. 1. über die hiernach von ihnen im Falle einer Großlandung im Südostraum zu leistenden Abgaben unterrichtet (vgl. West und Südwest [1]). Der OB Südwest meldete am 12. 1., daß er im Falle „Forelle" die 90. Pz.=Gren.= und die 114. Jg.=Div. abzugeben beabsichtigte.

Weit schwieriger erwiesen sich die den *Fall „Gertrud"* betreffenden Über=legungen (KTB 1. 4./3 f.). Der Aufmarsch der deutschen Kräfte, die bei der Neubearbeitung dieses Falles am 20. 12. 43 (/5 f.) zur Unterstützung der Bul=garen vorgesehen wurden, mußte nach den Berechnungen des bulgar. Gen.=Stabs spätestens 14 Tage nach der Feststellung des Beginnes der türkischen Aufmarschbewegungen beginnen. Dies war jedoch auf Grund der Eisenbahn=lage nur möglich, wenn diese Kräfte ausschließlich aus dem Bereich des OB Südost zugeführt wurden, jedoch nicht bei einem Antransport von anderen Kriegsschauplätzen, wie er bisher für einige Verbände vorgesehen war. Diese Schwächung des Südostens durch zunächst alleinige Aufbringung der be=nötigten Kräfte erschien aber in dem Augenblick nicht mehr möglich, in dem — wie es nunmehr der Fall war — der Südosten gleichzeitig von der albanisch=dalmatinischen Küste bedroht wurde. Es war also — vorläufig noch ohne Beteiligung der Bulgaren — zu prüfen, ob man sich nicht zu einer defensiven Lösung, d. h. zu einer bloßen Stützung der Bulgaren für den Fall eines tür=kischen oder anglo=türkischen Angriffes entschließen müsse.

Der OB Südost wurde daher zunächst angewiesen, in Verbindung mit dem Mil.=Attaché Sofia, jedoch ohne jede Beteiligung bulgarischer Dienststellen, festzustellen, ob und gegebenenfalls welche deutschen Kräfte zur Stützung der bulgar. Front für erforderlich gehalten würden, sowie auch die Anzahl der bulgarischerseits zur Verfügung stehenden Kräfte und die Möglichkeiten einer weiteren Ausschöpfung der bulgar. Wehrkraft zu überprüfen (vgl. auch: Bulgarien [2]).

Die Besorgnisse über den Südosten verdichteten sich vorübergehend, als am 5. 1. *2—3 Schlachtschiffe oder Flugzeugträger* im Gibraltar=Bereich gemeldet wurden, während gleichzeitig ein großer Geleitzug ins Mittelmeer einlief. Am 6. 1. wurde ein starker, aus Flugzeugträgern, Kreuzern und zahlreichen Zer=störern bestehender Verband beim Kap Tres Forcas gesichtet (Merk= und Lagebuch). Es konnte sich natürlich auch um Überführungen in den Indischen Ozean handeln; denkbar war auch, daß die Schlachtschiffe einen Ersatz für die in Gibraltar liegende schwerbeschädigte „Warspite" darstellten. Aber der Führer erwog doch ernstlich die Möglichkeit, daß diese Seestreitkräfte zu einer begrenzten Operation gegen eine der Ägäischen Inseln eingesetzt werden soll=ten, um damit einen erneuten Druck auf die Türkei auszuüben. An das un=

1 Vgl. vorstehend den 3. und 4. Abschnitt.
2 Zu der hier noch vorausgesetzten, gesonderten Behandlung *Bulgariens* ist es nicht mehr gekommen; vgl. dazu die Anhänge zu diesem Abschnitt (bes. S. 810 ff.).

mittelbare Bevorstehen einer großen Landungsoperation gegen den Balkan glaubte er jedoch nicht, da sie nur mit starken Kräften durchgeführt werden könne, wie sie dem Gegner im ostwärtigen Mittelmeerbereich zur Zeit noch nicht zur Verfügung stünden; auch dürfe diesem die ital. Front noch nicht gefestigt genug, ein dortiger Rückschlag, für den Reserven aufgespart werden müßten, noch nicht ausgeschlossen erscheinen.

* Am 9. 1. wurde daraufhin der OB Südost auf die Möglichkeit eines bevorstehenden Angriffes gegen Kreta oder die Ägäischen Inseln, vor allem gegen Rhodos und die übrigen unter der türkischen Westküste gelegenen Inseln, hingewiesen und zur Überprüfung bzw. Ergänzung aller Verteidigungsvorbereitungen und zu äußerster Aufmerksamkeit aufgefordert. Die Luftwaffe sollte entsprechend die Absichten für einen verstärkten Einsatz im Südostraum melden, die Kriegsmarine die im Mittelmeer verfügbaren U-Boote mit Schwerpunkt zur Abwehr eines Angriffes gegen Kreta oder die Ägäischen Inseln einsetzen, beide jede Gelegenheit, dem Feind auf dem Marsch nach Osten Abbruch zu tun, ausnutzen.

In den nächsten Tagen ergaben sich jedoch keine weiteren Anzeichen für feindliche Angriffsabsichten in diesem Bereich; vielmehr wurde nachträglich geklärt, daß der Feind seine großen Einheiten durch den Suez-Kanal wieder aus dem Mittelmeer herausgeführt hatte.

Die undurchsichtige *Haltung der Türkei* stand auch bei den Besprechungen, die der Stellv. Chef WFStab bei seiner Südostreise Mitte Januar in Sofia hatte (vgl. ausführlich unter: Bulgarien[1]), stark im Vordergrund. Während Gen.-Lt. Warlimont gegenüber dem bulgar. Chef des Gen.-Stabs die bulgar. Schwarzmeerküste und die Westgrenze von Neubulgarien als in absehbarer Zeit nicht bedroht bezeichnete und die Besorgnisse über die Entwicklung im Osten beruhigen konnte, stellte er in Übereinstimmung mit dem bulgar. Gen.-Stabs-Chef fest, daß die Nachrichten über die Maßnahmen der Türkei (den Bulgaren lagen u. a. Informationen über Abzug von Schiffsraum aus dem Marmarameer und umfassende Einziehungen vor) und die sich mehrenden Anzeichen für eine demnächstige feindliche Operation in der Ägäis zu erhöhter Aufmerksamkeit zwängen und daß der Schwerpunkt der Abwehrvorbereitungen an die Thrakische Küste und an die bulgar.-thrakische Grenze verlegt werden müsse.

In dem Befehl vom 4. 1. war der *OB Südost* auch aufgefordert worden, die Abwehr der verschiedenen feindlichen Angriffsmöglichkeiten — getrennt nach den Fällen Adria Süd, Adria Nord und Ägäis — kalendermäßig vorzubereiten und seine diesbezüglichen Absichten zu melden. Seine Meldung ging am 15. 1. ** ein. Er teilte darin zunächst die Zuführungen aus dem eigenen Bereich mit, die er bei den verschiedenen feindlichen Angriffsmöglichkeiten („Stichling" =

* *Anl. 12* ** *Anl. 13*
1 Vgl. die voraufgehende Anmerkung.

Ägäis, „Sprotte“ = Adria Süd, „Sardine“ = Adria Nord) und bei einem gleichzeitigen Eintreten zweier von ihnen beabsichtigte; er meldete ferner, daß für alle Fälle schon jetzt der Schutz der Bahnen, die Verstärkung der an den Verkehrsadern eingesetzten Kräfte, die Bildung von Alarmeinheiten sichergestellt würden, und zwar durch kalendermäßige Vorbereitung. Unabhängig von dem Eintreten der verschiedenen Fälle werde schon jetzt folgendes veranlaßt: das Einschieben der 367. Inf.-Div. zur Verstärkung der Küstenfront im Raum Split ab 1. 2., die Versammlung der 1. Geb.-Div. im Raum Livno—Sinj und der 7. SS-Geb.-Div. „Prinz Eugen“ im Raum Mostar—Metković als Reserve für die Küstenverteidigung nach Abschluß des Unternehmens „Waldrausch“, die Verlegung der Sturm-Gesch.-Abt. 201 in den Raum nördlich Saloniki, die Herauslösung der 117. Jg.-Div. (Peloponnes) aus dem Einsatz in der Küstenverteidigung durch Fest.-Inf.- und Ost-Btl.e; die zur Verlegung vorgesehenen Truppen würden schon jetzt nach Möglichkeit in die Nähe der Straßen und Bahnen verlegt, die Einsatzbereitschaft der in Aufstellung befindlichen Verbände beschleunigt hergestellt und die Arbeiten an der Küstenbefestigung usw. mit größtem Nachdruck vorangetrieben werden. Ferner legte der OB Südost seine Wünsche für den Antransport und die Ausladeräume der aus dem Südwesten, dem Westen und der Heimat zuzuführenden Verbände vor und stellte abschließend Anträge für die Erhöhung der Verteidigungsbereitschaft seines Bereiches (Verstärkung des Flak-Schutzes und der Luftaufklärung, Zuführung von Großtransportraum und von weiteren Eisenbahnpanzerzügen, Personalverstärkung der Küsten- und Marine-Art. usw.).

### 4. Die Auswirkung von Nettuno auf den Südosten

* Eine Stellungnahme des WFStabs zu dieser Meldung vom 15. 1.[1] wurde überholt durch die am 22. 1. bei *Nettuno*[2] erfolgte anglo-amerikanische Landung und die dadurch veränderte Gesamtlage; sie wurde daher am 24. 1. durch eine
** neue ersetzt. Damit war der (bei der am 20. 12. festgelegten Verwendung der Reserven bei Großlandungen vorgesehene) Fall „Marder“ eingetreten, womit sämtliche Zuführungen für den Südosten entfielen, dieser vielmehr noch zu Abgaben herangezogen werden sollte. Letztere waren jedoch durch die inzwischen befohlenen Abgaben (114. Jg.-Div.) als bereits geleistet anzusehen, wie überhaupt die Regelung vom 20. 12. bereits in verschiedenen Punkten überholt war — nicht zuletzt darum, weil damals jeweils nur eine feindliche Großlandung in Rechnung gestellt worden war, während man jetzt, wie gerade bei der Behandlung des Falles „Gertrud“ hervorgetreten, die Möglichkeit mehrerer gleichzeitiger Landungen erwog. Daher wurde auch am 2. 2. den Oberbefehlshabern und Wehrmacht-Befehlshabern der OKW-Kriegsschau-

* *Anl. 14* ** *Anl. 15*

1 So verbessert aus „20. 1“, jedoch mit Fragezeichen am Rand (Gen. Warlimont).

2 Vgl. vorstehend den 2. Abschnitt.

plätze mitgeteilt, daß keine laufende, ins einzelne gehende Bearbeitung der Kräfteverschiebungen bei Großlandungen mehr erfolge. Die Entwicklung der Lage in Italien lasse — so wurde in der neuen Stellungnahme des WFStabs ausgeführt — die Zuführung der für „Forelle“ und „Gertrud“ vorgesehenen Verbände nicht mehr zu, schließe aber auch ein feindliches Großunternehmen gegen die albanisch-dalmatinische Küste aus; dagegen habe eine Operation des Gegners in der Ägäis in Verbindung mit einer zeitlich hierzu in Übereinstimmung gebrachten Offensive aus Thrakien (in Verbindung mit einer Aufgabe der türkischen Neutralität) an Wahrscheinlichkeit gewonnen. Die Absichten des OB Südost für die Fälle Ägäis, Adria-Nord und -Süd müßten darum einer Änderung unterzogen werden, und zwar müßten die Zahl der für eine operative Verwendung freien deutschen Verbände erhöht und darum im Küstenschutz eingesetzte deutsche Divisionen bei einer feindlichen Landung durch kroatische Legions-Div.en abgelöst werden (der OB Südost hatte keine derartige Verwendung der Legions-Div.en vorgesehen). Von den hierdurch freiwerdenden deutschen Verbänden müßten 1—2 so aufgestellt werden, daß sie zentral zum Einsatz sowohl an der Ägäischen Küste wie auch an der Thrakischen Front bereitstünden.

Unabhängig hiervon müsse jedoch die erfolgreich begonnene Vernichtung der Tito-Banden mit allen Mitteln und ohne Unterbrechung fortgesetzt, also auch — weil im Augenblick keine Großlandung an der Adriafront bevorstehe — das vom OB Südost als Sofortmaßnahme beabsichtigte Herauslösen und Bereitstellen der 1. Geb.- und der 7. SS-Div. „Prinz Eugen“ vorläufig unterbleiben. Die beiden Div.en seien vielmehr nach Auffrischung erneut zu weiteren Großunternehmen gegen die Tito-Banden einzusetzen. Aus denselben Gründen müsse auch die Verlegung der 367. Inf.-Div.[1] an die Küste, durch das ein weiterer voll beweglicher Verband an einer im Augenblick weniger bedrohten Front festgelegt werde, abgelehnt werden, während dem Herauslösen der 117. Jg.-Div., die jedoch weiterhin auf dem Peloponnes verbleiben solle, zuzustimmen sei.

Die Operation *„Gertrud“* könne angesichts der neuen Lage nicht mehr offensiv durchgeführt werden; doch müßten die Vorbereitungen — besonders auch mit Rücksicht auf die Bulgaren — aufrechterhalten werden. Bei der allein noch in Frage kommenden defensiven Lösung (Verteidigung der Thrakischen Front durch bulgar. und deutsche Kräfte) müsse der OB Südost in der Hauptsache mit eigenen Kräften auskommen. Hierzu seien eine einheitliche deutsche Befehlsführung durch den OB Südost und ein ausreichender Einfluß auf die bulgar. Vorbereitungen und Mobilmachungsmaßnahmen sicherzustellen (vgl. unten: Bulgarien[2]).

1 Dazu am Rande (Gen. Warlimont): „Das verlangte außerdem die Fortsetzung der Ausbildung“.

2 Vgl. S. 614 Anm. 2.

Der Chef WFStab wies in Randbemerkungen mit besonderem Nachdruck auf die Notwendigkeit der Bereitstellung einer geschlossenen Eingreifreserve hin, zu der er außer der 1. Geb.= und der 7. SS=Div. „Prinz Eugen" auch noch das Gren.=Rgt. (mot.) 92, die 367. Inf.=Div., die SS=Pol.=Div. und später noch die 42. Jg.=Div. gezählt haben wollte [1].

* Der vom WFStab im Anschluß an diese Stellungnahme vorgelegte Befehl für die Kampfführung des OB Südost wurde auf Grund von Weisungen des Chefs WFStab und neuer Nachrichten über die Haltung der Türkei sowie des Verlaufes der ersten Kämpfe bei Nettuno mehrfach umgearbeitet und daher erst am 29. 1. unterzeichnet. Dem OB Südost wurde darin mitgeteilt, daß er in der nächsten Zeit feindlichen Angriffen in seinem Raum im wesentlichen mit eigenen Kräften begegnen und sich auf eine defensive Durchführung von „Gertrud" einstellen müsse, da die Feindlandung bei Nettuno große Teile der für seinen Bereich vorgesehenen Kräfte binde. Die Wahrscheinlichkeit einer Großlandung an der Adriatischen Küste sei durch die Bindung der feindlichen Kräfte bei Nettuno vermindert. Alle diesbezüglichen Absichten des Gegners seien vom Verlauf der Kämpfe in Italien abhängig; ohne einen großen Erfolg in Italien werde der Feind auf dem Balkan nicht [2] zum Angriff antreten. Sollte sich die neutrale Haltung der Türkei ändern, so müsse nach dem etwaigen Aufmarsch feindlicher Luftstreitkräfte auf türkischem Gebiet mit feindlichen Operationen bis in die Tiefe der Ägäis hinein (Lemnos) gerechnet werden. Ob der Gegner dann noch über die für einen Angriff gegen Kreta oder die Tiefe des griechischen Raumes in Richtung auf Mazedonien oder gar gegen Thrakien erforderlichen Kräfte verfügen werde, könne heute noch nicht gesagt werden. Falls die Türkei dagegen in ihrer neutralen Haltung verharren sollte, sei auch ein Versuch zur Schaffung einer Luftbasis in Süd= oder Westgriechenland nicht ausgeschlossen (die Beurteilung der feindlichen Möglichkeiten im Ägäischen und Thrakischen Bereich hatte sich also gegenüber der Stellungnahme vom 24. 1. verschoben).

In den anschließenden Weisungen für die Kampfführung wurde mit besonderem Nachdruck auf die Notwendigkeit der Bildung einer zentralen Reserve im Raum der ehemals griechisch=jugoslawischen Grenze hingewiesen, für die in erster Linie die 1. Geb.=Div., die 4. SS=Pol.=Div. und die Sturmgeschütz=Abt. 201 vorzusehen seien und die rasche Zuführung der SS=Geb.=Div. „Prinz Eugen", des Gren.=Rgt.s (mot.) 92 und des Jg.=Res.=Rgt.s 1, ferner (nach Beendigung der Aufstellung) auch die der 367. und der 42. Jg.=Div. vorzubereiten sei. Im Bedarfsfalle müsse die 100. Jg.=Div. durch eine Verschiebung der 117. und 104. Jg.=Div. nach Norden freigemacht werden (der in der Stellung=

* *Anl. 16*

1 Im Ms. zugesetzt von Gen. Warlimont: „Jg.=Res.=Rgt. 1".

2 Im Ms. ausgefallen, jedoch einzusetzen (vgl. unten Teil II 4, d).

nahme vom 24. 1. vorgesehene Befehl zum Einsatz der kroat. Legions=Div.en in der Küstenverteidigung wurde also nicht in die Weisung aufgenommen). Dagegen müsse es vermieden werden, von vornherein starke Kräfte in einer bestimmten Richtung festzulegen. Die wichtigste und vordringlichste Aufgabe bestehe darin, die Abwehrbereitschaft der Ägäischen Inseln, besonders ihren Flak=Schutz und die Bevorratung an Flak=Munition, mit allen Mitteln zu verstärken und die ital. Gefangenen von dort abzuschieben. Lemnos sei beschleunigt auszubauen (vgl. auch unten: Ägäis). Die Ausrottung der Banden müsse mit Nachdruck fortgesetzt werden, wozu die Legions=Div.en (s. o.), die SS=Bosniaken=Div.en, die Kosaken=Div., die kroatischen und die Polizeiverbände auch bei Feindlandungen weiterhin zur Verfügung stünden, ferner als schnell bewegliche Eingreifreserve die Rgt.er der Div. „Brandenburg" [1].

Zu den „Sofortmaßnahmen" (Verlegung 367. Inf.=Div. usw.) wurde im Sinne der Vorschläge des WFStabs vom 24. 1. entschieden; in gleichfalls unveränderter Form wurde dem OB Südost das zur Sicherstellung eines ausreichenden Einflusses auf die Bulgaren beabsichtigte Vorgehen mitgeteilt (vgl. auch: Bulgarien [2]). Zu den vom OB Südost (besonders auf dem Gebiet der Luftwaffe) vorgebrachten Verstärkungsanträgen wurde noch kein Bescheid erteilt.

* Seine Absichten zu dieser Weisung meldete der OB Südost am 31. 1. (eingegangen 1. 2.): die 1. Geb.=Div. solle ab sofort in den Raum südlich Skoplje verlegt und erst dort aufgefrischt, in unmittelbarem Anschluß daran die 367. Inf.=Div. in den Raum Nisch transportiert werden, von wo sie im Bedarfsfalle sowohl an die bulgar.=türkische Grenze als auch an die Ägäische Küste geführt werden könne. Für die SS=Geb.=Div. „Prinz Eugen" und das Jg.=Res.=Rgt. 1 war eine Verlegung in den Raum Serajewo bzw. nach Syrmien vorgesehen, damit sie im Bedarfsfall in Eisenbahnnähe stünden. Für die 117. Jg.=Div. sollte ein Einsatz im Raum Saloniki vorbereitet werden; von einem Einsatz an der griechischen Westküste zur Ablösung der 104. und 100. Jg.=Div. bat der OB Südost abzusehen und die beiden letzteren Div.en in ihrem gegenwärtigen Einsatzraum zu belassen, da die 100. Jg.=Div. sich trotz ihrer Osterfahrung nicht zu einer Verwendung als Eingreifreserve eigne [3].

Am 3. 2. meldete der OB Südost ergänzend seine Absichten für den Marsch der 1. Geb.=Div. in den Einladeraum an der Strecke Agram—Belgrad: die Masse der Div. sollte über Livno—D.Vakuf—Travnik—Zenica—Brod, eine Kampfgruppe über Bos.=Petrovac—Banja Luka—O. Kucani marschieren, womit eine Aufspaltung der ostwärts der Straße Bihać—Knin in Versammlung begriffenen Bandenkräfte erreicht werde.

* *Anl. 17*

1 Zusatz am Rande (Gen. Warlimont): „Aber gegen Banden".

2 Ebenso: „Brief an den Prinzen Kyrill. Besuch Foertsch (Chef des Gen.=Stabs des OB Südost) in Sofia (21.—25. 2.)". Vgl. dazu S. 614 Anm. 2.

3 Schlängellinien und Fragezeichen am Rande (Gen. Warlimont), dazu am Schluß (Schramm): „Umrangieren. Ostvorteil nicht aufgewogen."

### 5. Die Auswirkung der britisch=türkischen Unstimmigkeiten (Februar)

Für die weiteren Erwägungen der deutschen militärischen Führung, die den Südosten betrafen, war es von entscheidender Bedeutung, daß am Ende der ersten Februarwoche Nachrichten über eine *Abkühlung des britisch=türkischen Verhältnisses* einzutreffen begannen. Während noch der (Mitte Januar bekannt gewordene) Rücktritt des Marschalls Çakmak, des Hauptverfechters der türki=
* schen Neutralitätspolitik, vom Posten des Chefs des Gen.=Stabs die fortschreitende Annäherung der Türkei an die Anglo=Amerikaner deutlich zu beweisen schien, mußte Reuter am 8. 2. bekanntgeben, daß sich in den türkisch=britischen Verhandlungen Meinungsverschiedenheiten ergeben hätten (Handakte Ic). Die Türkei habe in kategorischer Form Aufklärungen über die Absichten der Alliierten verlangt; die Wiederinstandsetzung der Telegrafenlinie nach Bulgarien müsse als freundliche Geste für die andere Seite aufgefaßt werden usw.; später war auch von türkischer Furcht vor deutschen Luftangriffen auf Konstantinopel, vor einem deutschen Präventivangriff gegen die Thrakische Grenze und von nichterfüllten Waffenlieferungen die Rede.

Die auffällige Zunahme derartiger Nachrichten in der Feindpresse legte zuerst die Vermutung nahe, daß Täuschungsabsichten verfolgt würden; im Laufe der folgenden Wochen wurde jedoch deutlich, daß es sich tatsächlich um einen *Abbruch der Verhandlungen* sowie ein völliges Unterbrechen der Beihilfe zur türkischen Aufrüstung und der englischen Vorbereitungen auf türkischem Boden handelte. Aus diesen Maßnahmen, bei denen die Türkei der Zustimmung der Sowjets sicher sein konnte, da diese keine Stärkung des anglo=amerikanischen Einflusses am Bosporus wünschten, sprach der ungewandelte Neutralitätswille der Türkei. Damit verringerte sich die Wahrscheinlichkeit eines feindlichen Großangriffs in diesem Bereich beträchtlich; dagegen blieben Unternehmungen gegen einzelne Ägäische Inseln natürlich jederzeit möglich.

Diese Auffassung erfuhr eine Bestätigung, als sich bald darauf die Verlegung von britischen Einheiten aus dem Raum Palästina=Syrien nach Westen abzuzeichnen begann, die sich auch auf die bisher dort eingesetzten polnischen Verbände erstreckte. Diese traten nämlich bereits vom 20. 2. an in Italien vor der Front der 10. Armee in Erscheinung. Auch die Ergebnisse der Luftaufklärung über den Häfen des syrisch=palästinensischen Bereiches, deren Belegung nie über das Übliche hinausging, wiesen in dieselbe Richtung. Trotzdem mußte die Möglichkeit in Rechnung gestellt werden, daß bei Beginn der Invasion im Westen die Türkei auf Grund etwaiger eindrucksvoller angelsächsischer Anfangserfolge wieder beschleunigt Anschluß an die Alliierten suchen und die Angriffsvorbereitungen in diesem Bereich dann wieder rasch in Gang kommen würden.

Auf Grund dieser Entwicklung und der fortdauernden schweren Kämpfe in Italien sowie der sich unverkennbar dem Abschluß nähernden feindlichen

*OB Südost Ia 527/44 g.K.v. 3. 2. i. d. A. Op H*

Invasionsvorbereitungen im England=Bereich gelangte die deutsche militärische Führung zu dem Entschluß, den Südostraum nicht nur kräftemäßig auf sich selbst angewiesen sein zu lassen, sondern weitere Kräfte aus ihm herauszu= ziehen. Im Zusammenhang mit der Möglichkeit weiterer feindlicher Landungen in Italien sowie auch mit der Absicht, nach gelungener Beseitigung des Brük= kenkopfes von Nettuno einen Angriffsschlag gegen den vor der Front der 10. Armee stehenden Feind zu führen, wurde besonders an die 1. Geb.=Div. ge= dacht, in zweiter Linie an die 100. Jg.=Div.. Neben dem Südwesten kam für beide Div.en auch Südfrankreich in Frage, das in zunehmendem Maße als be= droht angesehen werden mußte (Merkbuch 17. 2.).

* Dem OB Südost wurde bereits am 13. 2. mitgeteilt, daß die Gesamtlage in nächster Zeit voraussichtlich einen Abzug von Kräften aus seinem Bereich erfordern werde. Außer der befohlenen Heranziehung der 1. Geb.=Div. an die Eisenbahn müsse daher die kurzfristige Herauslösung der 100. Jg.=Div. (s. o.) zum Abtransport vorbereitet werden. Um diesselbe Zeit verließen die letzten Teile der zur Auflösung bestimmten 173. Res.=Div. den Südosten. Über die
** Möglichkeiten des Abtransportes der 1. Geb.=Div. und der 100. Jg.=Div. legte der WFStab am 16. 2. eine Notiz vor; darin wurde berechnet, daß die 1. Geb.= Div. mit der Kampfstaffel nach etwa 12 Tagen, mit der Ergänzungs=Staffel nach etwa 22 Tagen in Italien oder Frankreich würde eintreffen können; die für die 100. Jg.=Div. errechneten Fristen waren noch größer.

*** Am 17. 2. wurde der OB Südost angewiesen, die 100. Jg.=Div., ohne das Eintreffen der zur Ablösung vorgesehenen Turk=Btl.e abzuwarten, sofort aus dem Küstenschutz herauszulösen und so in den Raum Bitolj—Skoplje zu ver= legen, daß sie jederzeit kurzfristig verladen werden könne. Er beabsichtigte, sie durch das 1. Rgt. „Brandenburg" (Raum Athen) und andere Einheiten zu er= setzen (Lagebuch 18. 2.). Die Dauer des Marsches zur Bahn wurde auf 25 Tage veranschlagt. Hinsichtlich der 1. Geb.=Div. ergingen vorläufig noch keine neuen Befehle. Der Führer entschied vielmehr am 20. 2. (Aufzeichnung Chef WFStab), daß es vorläufig bei Versammlung an der Bahn bleiben solle; hierzu wurde vom Chef WFStab angeordnet, daß ein rascher Abtransport jederzeit gewähr= leistet bleiben müsse; die Truppe solle sich nach dem Eintreffen vorerst er= holen und ausruhen.

Die ersten Teile der Div. erreichten am 25. 2. die Bahn (Lagebuch); der Marsch hatte sich infolge der Schneeverhältnisse sehr schwierig gestaltet. (Über die Rolle, die der Plan der Operation „Margarethe" (Besetzung Ungarns) bei diesen Truppenverschiebungen spielte, s. u. und die besondere Ausarbeitung „Margarethe"[1].)

Eine über diese Abgaben hinausgehende Schwächung des Südostens er= schien vorläufig nicht angängig. Als die Absicht des Chef H Rüst u. BdE

* *Anl. 18* ** *Anl. 19* *** *Anl. 20*

1 S. den 3. Abschnitt.

bekannt wurde, das Jg.=Res.=Regt. 1 (Raum um Serajewo), das für die Eingreif=reserve des OB Südost vorgesehen war (s. o.), wegen der ungünstigen Aus=bildungsverhältnisse aus dem Südosten abzuziehen, wurde ihm fernmündlich * mitgeteilt, daß dies zur Zeit voraussichtlich nicht möglich sein würde; seiner Bitte, das Rgt., das der OB Südost in den Raum Karlovac zu verlegen wünschte, dann weiterhin in Serajewo zu belassen, wurde zugestimmt und der OB Süd=** ost dementsprechend unterrichtet. Da sich jedoch herausstellte, daß der Ab=transport des Rgt.s schon begonnen hatte und der Chef H Rüst u. BdE sich daraufhin mit der Verlegung einverstanden erklärte, bestanden auch von seiten des WFStabs keine Bedenken gegen dieselbe; denn die Möglichkeiten eines raschen Abtransportes aus dem neuen Raum bei Feindlandung wurden vom OB Südost günstig beurteilt. Diese Abzüge und umfangreichen Truppenbe=wegungen im Bereich der Adriatischen Front des OB Südost machten eine Neugruppierung der im Küstenschutz eingesetzten Verbände erforderlich. Es sollten – wie der OB Südost mitteilte – künftig an der Küste eingesetzt sein (von Süd nach Nord): die 104., 297., 181. Inf.=Div., dann 1 Rgt. der 7. SS=Geb.=Div. „Prinz Eugen“, die 118. Jg.=Div., die 264. und die 392. (kroat.) Inf.=Div. (Lagebuch 26. 2.).

Als in den ersten Märztagen die 100. Jg.=Div. im befohlenen Einladeraum einzutreffen begann, schien wieder ein Ruhezustand in der Kräfteentwicklung des Südostraumes eingetreten zu sein. Jedoch fielen gerade in diesen Tagen Ent=scheidungen, durch die sich der OB Südost vor ganz neue, über die bisher betrachteten Zusammenhänge hinausgreifende Aufgaben gestellt sah (s. u.).

### 6. Die Zuführung neuaufgestellter SS=Verbände

Die einzigen wesentlichen Verstärkungen, die dem Bereich des OB Südost in der Zeit vom 1. 1.—31. 3. zugeführt wurden, bestanden in den fertigen bzw. in Aufstellung begriffenen *SS=Verbänden,* die der Reichsführer SS be=vorzugt in diesen Raum verlegte, wo sie die Kräfte des OB Südost von Anfang an bei Sicherungsaufgaben unterstützen und hierbei selbst Kampferfahrungen sammeln konnten. Diese Verbände waren zum Teil nur für einen späteren Einsatz im Bandenkrieg vorgesehen, setzten den OB Südost jedoch in den Stand, andere Verbände für operative Verwendung frei zu machen (weshalb ihre Zuführung bereits an dieser Stelle erwähnt werden muß) [1].

*** Bereits am 3. 1. wurde dem OB Südost mitgeteilt, daß der Reichsführer SS in Aufstellung befindliche mot. Teile der Waffen=SS (zerschlagene Teile der 1. SS=Inf.=Brig., zur Aufstellung der 18. SS=Pz.=Gren.=Div. bestimmt) für den Südostraum zur Verfügung gestellt habe, die im Raum Agram—Cilli unter=

* *Anl. 21*  ** *Anl. 22*  *** *Anl. 23, 24*

1 Schlängellinien am Rande (Gen. Warlimont); dazu am Schluß (Schramm): „über=trieben, praktisch nichts geändert. Sicherten nur eigenen Bereich“.

zubringen und bis auf weiteren Befehl nur zum mittelbaren Schutze des eigenen Unterkunftsbereiches zu verwenden seien; sie begann am 10. 2. in dem bezeichneten Raume einzutreffen[1].

Dauernd für den Bereich des OB Südost, und zwar für seine operative Reserve, war nach ihrem Fertigwerden die mit Masse in Thessalien in Aufstellung begriffene *4. SS=Pol.=Pz.=Gren.=Div.* (s. o.) bestimmt. Der WFStab stellte
* am 8. 1. fest, daß der beschleunigte Ausbau der Div. bei dem derzeitigen Abzug von Kräften aus dem Südosten und der unverändert anhaltenden Möglichkeit einer feindlichen Großlandung in diesem Bereich besonders erwünscht sei. Der weitere Ausbau hinge jedoch davon ab, daß weitere Teile der Art., die Masse der Flak=Abt. und die Versorgungstruppen von den bei der Heeresgruppe Nord eingesetzten Teilen der Kampfgruppe der SS=Pol.=Div. zugeführt würden. Ein diesbezügliches, am 14. 1. vorgelegtes Fernschreiben, in dem der GenStdH um Zuführung dieser Teile gebeten wurde, ging nicht ab, da der Führer noch vor Beginn der Kämpfe westlich Leningrad ihren Verbleib bei der Heeresgruppe Nord angeordnet hatte.

Die Verlegung der Reste der *SS=Kav.=Div.* in den Südosten war schon im Dezember 1943 angeordnet worden (KTB 14. 12./3). Die Unterbringung erfolgte im Raum um Esseg. Das Kav.=Rgt. der Div. sollte am 1. 2. mit der Verlegung
** aus dem Gen.=Gouvernement beginnen.

Eine wesentliche Verstärkung bedeutete für den OB Südost die *13. SS (Bosniaken)=Geb.=Div.*, die Mitte Februar vom Truppenübungsplatz Neuhammer nach Slawonisch=Brod transportiert wurde. Am 13. 2. wurden dem OB Südost die Gedanken, die der Reichsführer SS der Aufstellung dieser Div. zugrunde
*** gelegt hatte, mitgeteilt. Er wurde darauf hingewiesen, daß es — solle die Div. die in sie gesetzten Hoffnungen erfüllen – auf weitgehende Berücksichtigung der landsmannschaftlichen Eigenarten der muselmanischen Bosniaken, zu deren strenger Beachtung das deutsche Rahmenpersonal erzogen worden sei, ankomme. Besondere Bedeutung besitze für die Div. die Person des Groß-Mufti[2]. Durch die Verlegung der Div. nach Kroatien solle das Versprechen des Reiches gegenüber der Bevölkerung, der Heimat ihre angeworbenen Söhne wieder zurückzugeben, eingelöst und eine Welle allgemeinen Vertrauens unter der Bevölkerung ausgelöst werden. Die Div. solle zunächst in Syrmien versammelt werden; ihre erste Aufgabe solle in der Befriedung des Raumes zwischen Drina und Bosna bestehen; erst danach komme ein Einsatz in der aktiven Bandenbekämpfung in Frage.

\+ Am 2. 3. wurde dem OB Südost ferner mitgeteilt, daß ihm die *18. SS=Pz.=Gren.=Div. „Horst Wessel"* (s. o.) (einschl. der im Bereich des Stellv. Gen.=Kdo.s XVII. AK. untergebrachten Teile) taktisch unterstellt werde; sie dürfe bis auf

* *Anl. 25* ** *Anl. 26* *** *Anl. 27* + *Anl. 28*

1 Dazu am Rande (Warlimont): „Im Rahmen der Gesamtbetrachtung etwas zu ausführlich."

2 D. h. von Jerusalem (Mohammed Emin el=Huseini).

weiteres nur zu örtlichen Sicherungsaufgaben innerhalb ihres Unterkunftsbe=reiches herangezogen werden.

* Dasselbe galt für die *SS=Div. „Skanderbeg"*, die — wie dem OB Südost am 12. 3. mitgeteilt wurde — aus den der 13. SS=Bosniaken=Geb.=Div. eingegliederten albanischen Einheiten sowie aus albanischen Milizen aufgestellt werden sollte. Schon seit längerer Zeit befand sich ein weiterer SS=Verband im Bereich des OB Südost: das *SS=Fallschirm=Jg.=Btl.* (Kraljevo).

**7. Die Beurteilung der Lage im Südosten Anfang März**

** Als der OB Südost in den ersten Märztagen eine *Beurteilung der Lage* vor=legte, konnte er feststellen, daß sich die Lage im ostwärtigen Mittelmeer nach dem Scheitern des britischen Versuchs, die Türkei in den Krieg zu ziehen, weitgehend entspannt habe. Die Alliierten würden voraussichtlich ohne tür=kische Unterstützung keinen Angriff an den Ägäischen Inseln vorbei gegen Südbulgarien oder Nordgriechenland wagen. Sie schienen den Balkan bis auf weiteres sich selbst überlassen und sich mit der Bindung starker deutscher Kräfte durch die Banden begnügen zu wollen. Der Südosten werde jedoch erneut große Bedeutung gewinnen, wenn die Entscheidung nicht im Westen falle.

Die dringlichsten eigenen Aufgaben sah der OB Südost 1.) in der Vervoll=kommnung der Verteidigungsfähigkeit der Inseln, Festlandküsten und Land=grenzen, 2.) in der Befriedung des Südostraumes mit allen Mitteln, 3.) in der Unterstützung der politischen Stellen in dem Bemühen, durch Ausnutzung der britisch=russischen Rivalität Erfolge zu erzielen. Keines dieser Ziele sei jedoch mit den zur Zeit verfügbaren Mitteln erreichbar. Zur Frage der Verteidigung der Seefronten und Landesgrenzen — auf die beiden anderen Punkte wird in einem späteren Zusammenhang einzugehen sein — führte der OB Südost im einzelnen aus, daß für die Verteidigung der Ägäis die Zuführung von Klein=schiffraum und von Luftstreitkräften, insbesondere von Jäger= und Trans=portverbänden erforderlich sei; sonst würden die Inselbesatzungen bei einem feindlichen Großangriff in absehbarer Zeit infolge der Unterbindung des Nachschubverkehrs der Vernichtung anheimfallen. In Griechenland könne mit den derzeitigen Kräften (auf weiten Strecken nur aus Wehrunwürdigen zu=sammengesetzte Fest.=Btl.en) eine feindliche Landung auch nur kleineren Aus=maßes nicht verhindert werden, da Kräfte aus anderen Bereichen nicht mehr rechtzeitig herankommen würden. Es müsse eine starke Zentralreserve ge=fordert werden, dazu Sperrformationen sowie Kampf= und Schlachtflieger (vgl. auch die Anforderungen vom 15. 1.). An der Adriatischen Front werde (vgl. die spätere ausführliche Darstellung[1]) durch den Abzug der 1. Geb.=Div. und der

* *Anl. 29* ** *Anl. 30*

1 S. unten in diesem Abschnitt: Teil II 4, d (S. 654 ff.).

100. Jg.=Div. und den Mangel an zivilen Arbeitskräften der Befestigungsaus=bau verzögert. Durch die Notwendigkeit, die wichtigsten Dalmatinischen Inseln zu besetzen, entstehe ein außerordentlich hoher Kräftebedarf (mindestens 2 Inf.=Div.en, Festungs=Btl.e und operative Reserven). Aus eigenen Mitteln könne er nicht gedeckt werden, da die im Landesinnern befindlichen Verbände dort zum Offenhalten der Nachschubstraßen eingesetzt bleiben müßten. Die türkische Grenze könne von den Bulgaren, die einem modern ausgerüsteten Gegner nicht gewachsen seien, allein nicht verteidigt werden; hier müsse im Kriegsfall umfangreiche deutsche Hilfe geleistet werden. Der OB Südost, der schon im vergangenen Jahr derartig hohe Anforderungen an zusätzlichen Kräften gestellt und grundsätzlich begründet hatte, schloß mit der Feststellung, daß er versuchen werde, mit den vorhandenen Kräften auszukommen; vor einer Überspannung der an ihn gestellten Forderungen müsse jedoch gewarnt werden. Ruhige Fronten pflegten zugunsten der Kampffronten ausgehöhlt zu werden; der Südosten sei aber keine ruhige Front im üblichen Sinne. Alles komme darauf an, die mögliche Verwandlung des Südostraumes aus einem Neben= in einen Hauptkriegsplatz frühzeitig zu erkennen.

Diese Beurteilung stimmte mit der des WFStabs, der auch die grundsätzliche Berechtigung der Kräfteforderungen des OB Südost anerkannte, überein. Denn noch um die Mitte des Monats wurde die Feindlage im ostwärtigen Mittel=meerbereich nicht wesentlich anders angesehen. Die Abt. Fremde Heere=West wies wiederholt darauf hin, daß durch das anhaltende Wegziehen von Ver=bänden aus dem vorderen Orient eine Entspannung eingetreten sei (Merk= und Lagebuch).

### 8. Der Südostraum und die Besetzung Ungarns (19. März)

In dem bisher behandelten Zusammenhang erschien der Südostraum — im großen gesehen — als ein Bollwerk, das aus der Tiefe des gesicherten mittel=europäischen Kerngebietes in einen vom Feind beherrschten Seeraum und den militärpolitisch undurchsichtigen türkisch=kleinasiatischen Bereich hineinragte und daher auf die Abwehr der aus diesen Räumen möglichen Angriffe einge=stellt war. Die Sonderstellung, die der Südosten in den Erwägungen der deut=schen militärischen Führung einnahm, beruhte jedoch (abgesehen von der be=reits seit längerer Zeit in die großen Zusammenhänge der Kriegführung hin=eingreifenden Aufstandsbewegung, die gesondert betrachtet werden muß[1]) darauf, daß die Basis dieses Bollwerks eine Reihe verbündeter, jedoch voll souveräner Länder und einen unter deutscher Aufsicht gleichsam in Bildung begriffenen Staat umfaßte und durch sie vom Kern der Festung Europa sowie von dem sich seiner Nordostecke nähernden östlichen Kriegsschauplatz abge=

1 Vgl. das folgende Kapitel 9 und — anschließend — den Teil II.

trennt wurde. Bis zum Abfall Italiens hatte die Lage auf der voll in die deutsch-militärische, jedoch nicht in die politische Führung einbezogenen Apennin-Halbinsel ähnliche Züge aufgewiesen; eine gewisse Ähnlichkeit bestand auch mit den Verhältnissen in Finnland. Nirgends aber erreichte die Verquickung der militärischen mit den politischen Fragen einen solchen Grad wie im Südostraum.

Die bündnistreue Haltung *Bulgariens* bildete, wie schon aus der bisherigen Schilderung ersichtlich, einen sicheren Faktor in allen den Südostraum betreffenden Erwägungen der deutschen militärischen Führung. Auch an der Zuverlässigkeit *Rumäniens* bestand, wie der Besuch des Marschalls Antonescu im FHQu vom 26.—28. 2. bewies, trotz der Fülle anderslautender Gerüchte und obwohl auch diese Möglichkeit den Gegenstand vorausschauender Überlegungen gebildet hatte, kein Zweifel[1]. Das gerade in dem betrachteten Zeitraum wieder von tiefgreifenden politischen Krisen erschütterte *Kroatien* unterstand voll der deutschen militärischen Kontrolle[2]. Einzig die Haltung *Ungarns* gab schon seit längerer Zeit zu ernsten Zweifeln und Besorgnissen Anlaß (vgl. die besondere Ausarbeitung über den Fall „Margarethe" [3]. Vom Südosten aus gesehen, kam Ungarn allein schon durch seine beherrschende Stellung am Donau-Wege eine entscheidende Bedeutung zu. Bei einer etwaigen feindlichen Großlandung im Dalmatinischen Bereich mußte eine unzuverlässige Haltung der Ungarn unabsehbare Folgen haben; ebenso waren (falls es zu einem — immer im Bereich des Möglichen liegenden — bewaffneten rumänisch-ungarischen Konflikt kam) äußerst ungünstige Auswirkungen auf die Gesamtlage im Südosten zu befürchten. Vor allem war es jedoch die Entwicklung der Lage im Osten, die Ende Februar zu dem Entschluß führte, Ungarn mit deutschen Truppen zu besetzen und eine zu uneingeschränkter Zusammenarbeit mit Deutschland bereite Regierung ans Ruder zu bringen.

Bereits in den vom WFStab im September und November des Jahres 1943 ausgearbeiteten Studien über den *Fall „Margarethe I"* war vorgesehen worden, daß der OB Südost die Führung dieser Operation übernehmen und sich mit starken Kräften, die aus dem nördlichen Serbien und Kroatien antreten sollten, daran beteiligen sollte. Auch beim Befehl zum Herauslösen der 1. Geb.- und der 100. Jg.-Div. (s. o.) waren bereits die Erfordernisse des „Margarethe"-Planes mit berücksichtigt worden (Lagebuch 15. 2.). An diesem Gedanken wurde auch bei der einsetzenden Neubearbeitung der Operation festgehalten, wozu auch die oben geschilderte zuversichtliche Beurteilung der augenblicklichen Lage an den Außenfronten des OB Südost beitrug. An großen Verbänden des OB Südost wurden hierfür die noch vor kurzem zur Abgabe an den Südwesten oder Westen (s. o.) vorgesehene 1. Geb.- und 100. Jg.-Div. in

1 Vgl. genauer im 3. Anhang zu diesem Abschnitt sowie im Anhang zum 3. Abschnitt (s. oben S. 247 ff. und unten S. 757 ff.).
2 Vgl. unten den 2. Anhang (S. 732 ff.).
3 Vgl. vorstehend den 3. Abschnitt (S. 177 ff.).

Aussicht genommen. Der Reichsführer SS beabsichtigte, die 8. SS-Kav.-Div. (s. o.), die aus dem Raum südlich Esseg angesetzt werden sollte, und das in Kraljevo untergebrachte SS-Fallschirm-Jg.-Btl. zur Verfügung zu stellen. Es erwies sich aber als notwendig, darüber hinaus noch weitere Kräfte aus dem Südosten heranzuziehen, so daß schließlich der überwiegende Teil der zur operativen Reserve des OB Südost bestimmten Verbände in Ungarn zum Einsatz kam.

Am 4. 3. erging der Befehl an den OB Südost, zu einem großen Säuberungsunternehmen nördlich der Save — in dieser Form sollte der Aufmarsch getarnt werden — bis zum 15. 3. folgende Verbände bereitzustellen: ein Gen.-Kdo., die 100. Jg.-Div., das Gren.-Rgt. (mot.) 92, 1 Rgt. „Brandenburg", 1 leichte Art.-Abt., die Pz.-Abt. 202, die Sturmgesch.-Brig. (früher: Abt.) 201, das Pi.-Btl. (mot.) 45 usw. Nachdem der Chef des Gen.-Stabs des OB Südost, Gen.-Lt. Foertsch, am 7. 3. beim WFStab in die Operationspläne eingewiesen worden war und sich anschließend zur Einrichtung des „Stabes z.b.V. Foertsch" nach Wien begeben hatte, erging am 12. 3. der eigentliche Operationsbefehl. Von den darin vorgesehenen 4 Angriffsgruppen bestanden 2 aus Kräften des OB Südost:[1]

1. Die *Gruppe Süd* unter dem Gen.-Kdo. XXII. Geb.-AK., von der die Kampfgruppe A (das Gren.-Rgt. (mot.) 92, 1 Rgt. „Brandenburg", das SS-Pol.-Rgt. 5, die Pz.-Abt. 202, die Sturmgesch.-Brig. 201, das Pi-Btl. (mot.) 45 usw.) aus dem Banat, die Kampfgruppe B (eine mögl. starke Kampfgruppe der 42. Jg.-Div.) aus dem Raum südlich Neusatz, die Kampfgruppe C (eine mögl. starke Kampfgruppe der 8. SS-Kav.-Div. usw.) aus dem Raum südlich Esseg antreten sollten;

2. die *Gruppe Südwest* unter dem Gen.-Kdo. LXIX. AK. z.b.V., die mit der Kampfgruppe A (1. Geb.-Div.) aus der Gegend um Virovitica und der Kampfgruppe B (367. Inf.-Div., eine möglichst starke Kampfgruppe 18. SS-Pz.-Gren.-Div. usw.) aus dem Raum um Varaždin vorgehen sollte.

Als sich die Haltung der ungar. Regierung in den Tagen nach dem Einmarsch zu versteifen schien, wurde vom OB Südost die (im Operationsbefehl nicht mit einbezogene, jedoch gemäß dem Befehl vom 4. 3. im Raum um Belgrad bereitgestellte) 100. Jg.-Div. für die Besetzung von Budapest und die Durchführung der Entwaffnung des ungar. Heeres vorgesehen; da es am 23. 3. zur Bildung einer neuen ungar. Regierung kam, gelangten beide Absichten nicht zur Durchführung.

Die weitere Entwicklung in Ungarn stand zunehmend im Zeichen der Ereignisse an der Ostfront, die sich seit dem 22. 3. rasch den Karpaten näherte[2].

1 Dazu am Schluß des Ms., vgl. oben S. 601 Anm. 1 (Schramm): 12. 3. SS-Pz.-Gren.-Div. „Nordland", SS-Pz.-Gren.-Brigade „Nederland". Außerdem Pz.-Lehr-Rgt. 901 nach . . . . (wahrscheinlich: nach Frankreich).

2 Vgl. dazu unten den 7. Abschnitt (S. 827 ff.).

Statt einer Entwaffnung der ungar. Wehrmacht mußte ein rascher Einsatz der verfügbaren ungar. Verbände an der Karpatengrenze und (nach politischer Säuberung des Offz.=Korps und Sicherstellung eines maßgebenden deutschen Einflusses auf die Führung) eine möglichst weitgehende Ausschöpfung der ungar. Wehrkraft für den gemeinsamen Kampf gegen die Sowjets angestrebt werden. Da diese Maßnahmen bei der Masse des ungar. Volkes Verständnis und Unterstützung zu finden schienen, erübrigte sich das zeitweise vorgesehene gewaltsame Durchgreifen. Dies erleichterte den im Hinblick auf die Lage im Osten erforderlich werdenden Entschluß, außer dem Westen und der Heimat auch die bei „Margarethe" eingesetzten Kräfte zu Abgaben an die Ostfront heranzuziehen.

Dies betraf — entgegen allen bisherigen Planungen — gerade die an der Besetzung Ungarns beteiligten Verbände des OB Südost, und zwar nicht nur die schon früher zur Abgabe an andere Kriegsschauplätze vorgesehenen.

Am 24. 3. wurde angeordnet, daß die 367. Inf.=Div. nach Zusammenziehung im Raum Agram zur Verfügung des GenStdH in Richtung Lemberg abzutransportieren sei. Den von ihr in Westungarn besetzten Raum sollte die 1. Geb.=Div. übernehmen. Am 26. 3. erging der Befehl zum Abtransport der 100. Jg.=Div. in den Osten.

Als der WFStab darüber hinaus für die Bildung des „Sperrverbandes Bukowina" die Heranziehung weiterer Kräfte des OB Südost, nämlich der 1. Geb.=Div. oder des Gren.=Rgt. (mot.) 92 und des 4. Rgt. „Brandenburg" erwog, mußte er im Zusammenhang mit der zweiten Lösung darauf hinweisen, daß die beiden Rgt.er als einzige mot. Reserve in der Bandenbekämpfung in Kroatien unbedingt erforderlich seien; falls sie zur Bildung des Sperrverbandes herangezogen würden, müßten sie durch die 117. Jg.=Div. ersetzt werden, wodurch der Auftrag der Heeresgruppe E zum Halten des Peloponnes undurchführbar werde. Bei der am 29. 3. befohlenen Aufstellung des Sperrverbandes wurde daher von den Verbänden des OB Südost nur das Pi=Btl. (mot.) 45 eingegliedert.

Am 30. 3. wurde erwogen, die 1. Geb.=Div., wie vom Chef GenStdH beantragt, im Anschluß an die Transporte der mobilen ungar. Div.en und des „Sperrverbandes Bukowina" an den Fuß der Karpaten zu verlegen, um äußerstenfalls die wichtigsten Karpatenpässe zu sperren. Bereits am Abend befahl darauf der Chef GenStdH der Heeresgruppe Süd und dem Wehrm.=Transportchef, ihren Antransport zur Besetzung des Tartarenpasses vorzubereiten, der nunmehr als gefährdet angesehen werden mußte. Der Chef WFStab, der bei dieser Gelegenheit sämtliche in der letzten Zeit erfolgten Abgaben der OKW=Kriegsschauplätze an die Ostfront namhaft machte, hatte jedoch bereits am 30. 3. bei der Mittagslage darauf hingewiesen, daß mit dieser Div. die letzte Zentralreserve des OKW an den Osten und den GenStdH abgegeben würde. Der Führer machte sich diese Überlegung zu eigen und entschied, daß die 1.

Geb.=Div. zunächst als OKW=Reserve hinter die ungar.=galizischen Pässe vorgeführt, über ihren Einsatz jedoch noch nicht entschieden werden solle (Merkbuch 30. 3.). Ein dementsprechender Befehl erging am 31. 3.

Gleichzeitig begann der Rücktransport einzelner Verbände des OB Südost in ihren alten Bereich. Am 31. 3. wurde der Rücktransport des SS=Fallschirm=Jg.=Btl.s, da sich sowohl bei der geplanten Unternehmung gegen Lissa als auch in der Bandenbekämpfung wichtige Einsatzmöglichkeiten boten, nach Kraljevo angeordnet. Am gleichen Tage wurde der Antrag des OB Südost auf Rückführung des Gen.=Kdo. LXIX. AK. z.b.V., für das nach Abzug der 367. Inf.=Div. und der beabsichtigten Verlegung der 1. Geb.=Div. nach Ostungarn keine wesentlichen Aufgaben mehr blieben, in den Raum um Agram genehmigt. Auch das 4. Rgt. „Brandenburg" wurde vom Führer zum Einsatz in der Bandenbekämpfung in Serbien (s. o.) freigegeben.

### 9. Neues Aufleben der Bandenbewegung und Lage Ende März

Die Aktivität des Führers der kommunistischen Aufstandsbewegung, Tito, war während der Wintermonate gering gewesen; er hatte vielmehr durch die im Januar durchgeführten deutschen Bandenbekämpfungs=Unternehmen, die noch besonders zu betrachten sind, empfindliche Verluste erlitten. Dann war ihm jedoch der Aufmarsch der deutschen Truppen in Nordkroatien von Anfang an nicht entgangen. Er benutzte das Nachlassen des Drucks auf seine Kräfte, um seine schon während der seit Februar herrschenden Kampfruhe aufgefrischten und gefestigten Verbände (Merkbuch 24. 3.) zu Operationen anzusetzen, die infolge ihres Ausmaßes und ihres offensichtlichen Zusammenhanges mit dem allgemeinen Kriegsverlauf schon hier kurz erwähnt werden müssen. Seit dem 20. 3. war offenbar geworden, daß die Tito=Kräfte den (Ende des vorigen Jahres infolge der deutschen Gegenmaßnahmen aufgegebenen) Einbruch in Serbien wiederholen wollten und sich hierzu an der „Dreiländerecke" (serbisch=montenegrinisch=kroatisches Grenzgebiet) bereitstellten. Am 22. und 23. 3. gelang ihnen der Durchbruch durch die bulgar. Sicherungen, worauf sie in den nächsten Tagen im raschen Vormarsch nach Südosten gemeldet wurden (Lagebuch) und am 30./31. 3. die eigene Auffanglinie im Ibar=Tal durchstießen. Der mit der Führung der Operation beauftragte Mil.=Befehlshaber Südost bot alle in kurzer Zeit verfügbaren, zumeist landeseigenen Kräfte auf, glaubte jedoch nicht, ein Einsickern feindlicher Teilkräfte in den Raum nördlich Mitrovica verhindern zu können. Da in Serbien keine weiteren Kräfte verfügbar waren und der Wert der bulgar. Truppen sich gerade bei diesen Kämpfen als sehr beschränkt erwies, beantragte der OB Südost die sofortige Zuführung des Gren.=Rgt.s (mot.) 92, des 4. Rgt.s „Brandenburg" und des SS=Pol.=Regt.s 5 aus Ungarn. Dieser Antrag wurde vom WFStab, der auch noch die beiden anderen vom OB Südost angeführten, jedoch nicht vertretenen Möglichkeiten, die Heranziehung der 7. SS=Geb.=Div. „Prinz Eugen" oder der 117. Jg.=Div., prüfte, befürwortet, worauf dann auch die beschleunigte Heranführung dieser Verbände aus Ungarn befohlen wurde (s. o.). Auf diese Weise wirkte sich der örtlich begrenzte Vorstoß kommunistischer Kräfte bis nach Ungarn hin aus.

Im übrigen war von vornherein vorgesehen worden, den OB Südost mit dem für den Fall „Margarethe" gebildeten Stabe sobald wie möglich wieder freizugeben. Die Verwirklichung dieser Absicht zog sich hinaus, da es erforderlich wurde, in Ostungarn eine Operationszone zu bilden und sowohl sie als auch das westlich der Theiß gelegene Gebiet mit deutschen Truppen zu besetzen. Die Einsetzung eines „Deutschen Bevollmächtigten Generals in Ungarn" zog sich daher noch einige Zeit hin; erst am 24. 4. konnte der OB Südost den Befehl an ihn übergeben und sich wieder seinen eigentlichen Aufträgen zuwenden, d. h. der Verteidigung des Balkans nach Südosten, Süden und Südwesten.

Für sie traf die Beurteilung der Lage, die der OB Südost für den Anfang des Monats abgegeben hatte (s. o.), jetzt nicht mehr in vollem Umfange zu. Die zeitweise Bindung starker Kräfte des Südostens an der Peripherie dieses Raumes war bereits rückgängig gemacht oder konnte doch in Kürze als beendet angesehen werden. Die Gefahr, daß die Sowjets in Flanke und Rücken des Südostraumes vorstießen, durfte nach kurzer Zeit ebenfalls als gebannt angesehen werden. Aber angesichts des Kräftemangels, mit dem der OB Südost schon vorher zu rechnen hatte, fielen die über Ungarn an die Ostfront geleisteten Abgaben stark ins Gewicht.

Außerdem begann sich die Lage an den äußeren Fronten des Südostens aufs neue zu verschieben. Beim Einsatz *bulgarischer Einheiten* gegen die nach Serbien vorstoßenden Tito=Kräfte kam es mehrmals zum militärischen Versagen und Nichtausführen von Befehlen, was mit Versorgungsschwierigkeiten begründet wurde. Außerdem wurde die Haltung der bulgar. Bevölkerung stark beeindruckt durch die Luftangriffe gegen Sofia, die der Feind von Ende März an wieder aufnahm. Offensichtlich verfolgte er damit das Ziel, die Bulgaren mürbe zu machen, um sie schließlich aus der Front der Achsenmächte herauszubrechen. Die zunehmende Gefährdung der Krim lenkte das Augenmerk der Bulgaren außerdem noch auf die von den Sowjets drohende Gefahr und ließ erneut Befürchtungen wegen einer Landung an der Westküste des Schwarzen Meeres aufleben.

Wenn sich die Besorgnisse bezüglich Bulgariens auch schon in Kürze als nicht gewichtig erwiesen, so war doch deutlich eine gewisse Gewichtsverschiebung im Südosten spürbar und in Rechnung zu stellen. Dies war um so mehr erforderlich, als die Stellung der *Türkei* — vor allem im Zusammenhang mit dem Vordringen der Sowjets am Schwarzen Meer — wieder fragwürdig werden mußte. Daß auch die Briten, von denen nach wie vor ein Großangriff im östlichen Mittelmeer nicht zu erwarten war, die Ägäis nicht aus den Augen verloren, zeigten ihre intensiv betriebene Luftaufklärung und die ständige Bedrohung des eigenen Schiffsverkehrs durch Uboot-Angriffe und der kleineren Inseln durch Kommando-Unternehmungen.

Daß die anscheinend in Moskau[1] und Teheran[2] zwischen den Sowjets und den Anglo-Amerikanern erzielte Übereinstimmung in der Balkanfrage trotz aller naturgegebenen Interessengegensätze anhielt und sich womöglich noch vertiefte, kam unter anderem darin zum Ausdruck, daß die Anglo-Amerikaner, die nun nicht mehr ernstlich mit König Peter und der Mihajlović-Bewegung rechneten, das Ihre taten, um Tito gegen die Deutschen zu fördern. Dabei kann allerdings die Absicht mitgespielt haben, sich auf diese Weise einen von den Sowjets hochgezogenen Gegenspieler zu verpflichten und von ihrer Unterstützung abhängig zu machen. So gewann — wie im einzelnen zu zeigen sein wird — die über die (noch in ihrem Besitz verbliebenen) Dalmatinischen Inseln ins Landesinnere geleitete Versorgung der Banden mit anglo-amerikanischem Kriegsgerät, Bekleidung und Verpflegung gegen Ende des ersten Vierteljahres 1944 mehr und mehr an Bedeutung. Auf der Insel Lissa, dem Hauptumschlagplatz dieses Versorgungsverkehrs, kamen schließlich sogar reguläre britische Truppen neben den Tito-Kräften zum Einsatz, sodaß hier die enge Verbindung der Anglo-Amerikaner mit der Bandenbewegung und dadurch mittelbar mit den Sowjets einen weithin sichtbaren und sinnfälligen Ausdruck erhielt.

Wenn auch mit diesen verschiedenen Entwicklungen noch keine grundlegende Änderung oder gar Zuspitzung der Lage verbunden war, bildete der Südosten am Ende des ersten Vierteljahres 1944 doch für die deutsche militärische Führung einen Gegenstand erhöhter Aufmerksamkeit. Sie war weit davon entfernt, in ihm einen Nebenkriegsschauplatz mit stationären Verhältnissen zu erblicken; mit seinen vielfachen Verflechtungen und Strömungen erschien er vielmehr als eine besonders wichtige Zone, in der sich jeweils, wie an einem Barometer, die Gesamtkriegslage ablesen ließ.

1 18.—30. 10. 1943.
2 28. 11. — 1. 12. 1943.

# II. Teil
# Die Entwicklung im Südosten vom 1. April - 31. Dezember 1944

### Vorbemerkung

Im Gegensatz zu der bereits im Vorjahr abgegebenen Ausarbeitung *„Der Südosten im Rahmen der Gesamtkriegführung 1. 1. bis 31. 3. 1944"* [1] nimmt die vorliegende Arbeit — entsprechend der Lage — ihren Ausgang von den Vorgängen im Innern der besetzten Südostgebiete, vor allem von den verschiedenen Aufstandsbewegungen, ihrer Beurteilung durch die Oberste Führung und den getroffenen Gegenmaßnahmen. Der Schwerpunkt liegt darum in den Abschnitten über Tito, Mihajlović usw. Die milit. Entwicklung an den Außenfronten des Südostraums und die Veränderung der großen politischen und militärischen Lage sind jedoch nach Möglichkeit in die Darstellung einbezogen worden.

Der Entwurf war im wesentlichen bereits im November 1944 abgeschlossen und enthält infolgedessen einzelne durch die jüngste Entwicklung bereits überholte Ausblicke und Urteile.

Die mit dem Auftreten der Sowjet=Armeen im Südostraum einsetzende, neue Phase ist nur in großen Zügen geschildert, da sie — namentlich seit dem Vorgehen der Russen in Südungarn im November — nur im Zusammenhang der gesamten Ostfront, über die beim WFStab keine Unterlagen vorhanden sind, verständlich wird. Auch andere Entwicklungen, die über die Jahreswende 1944/45 hinübergreifen, wurden — da die Unterlagen noch nicht vollständig und die Entscheidungen zum Teil noch offen sind — nur kurz berührt.

Die Ausarbeitung beruht auf den Akten WFStab/KTB und dem „Merkbuch" des KTB. Da die Akten des KTB aus dem Jahre 1944 für den Südosten und seine Teilgebiete chronologisch geordnet wurden, erübrigten sich Verweise auf die jeweils benutzten Unterlagen. — Außerdem wurden die noch nicht an die Abt. Wehrmacht=Kriegsgeschichte abgegebenen Akten der Abt. Op H und Qu verwertet.

Die Ereignisse in *Kroatien* sind, da sich eine Unterteilung nicht empfahl, in einem der Ausarbeitung angefügten Anhang im Zusammenhang gebracht worden (S. 732 ff.).

Die Ausarbeitung des Hauptteils sowie des 2. Anhanges führte der Obergefreite *Dr. Hartlaub* durch.

Ein weiterer Anhang über die Ereignisse in *Rumänien* wurde von Unteroffizier *Dr. Fischer* angefertigt (dieser Teil baut wieder auf auf der früher vorgelegten Ausarbeitung über den Kampf der feindlichen Luftwaffe gegen die Treibstofferzeugung und =verteilung) [2].

Die Entwicklung in *Bulgarien* ist sowohl im allgemeinen Teil als auch in dem dritten Anhang behandelt worden.

Ferner ist als ein weiterer Anhang eine von der Abt. Ic des OB Südost eingereichte Ausarbeitung über die Ereignisse in *Griechenland* nach der Räumung aufgenommen, da sie eine geschlossene Darstellung bietet [3]. Dem Abschnitt über die Absetzbewegung der Heeresgruppe E wurde das vom OB Südost herausgegebene und mit einem kurzen Text versehene Kartenwerk zugrunde gelegt [4].

gez.: Schramm

1 Vgl. den voraufgehenden I. Teil (S. 601 ff.).
2 Vgl. unten den 10. Abschnitt.
3 Im Rahmen des KTB nicht erhalten.
4 Der Text nach dem Exemplar des Bundesarchivs folgt unten als 5. Anhang (S. 812 ff.).

## 1. Rückblick auf die Entstehung der Tito=Bewegung

Daß es in den nach dem Feldzug des Frühjahrs 1941 in deutsche Hand ge=fallenen Gebieten des Südostens früher oder später zu Aufstandsbewegungen kommen mußte, war von der deutschen Führung von Anfang an in Rechnung gestellt worden. Es konnte sich um ein durch die zu erwartende Arbeitslosig=keit und Wirtschaftsnot begünstigtes Fortleben des Bandenwesens der Vor=kriegszeit handeln, um den Zusammenschluß versprengter Teile der jugosla=wischen und der griechischen Armee, endlich um Widerstandsbewegungen politischer Natur, wobei das beständige Ineinanderfließen der verschiedenen Erscheinungsformen und das Entstehen neuer wahrscheinlich war. Ferner war zu erwarten, daß diese Bewegungen die Unterstützung der Alliierten suchen und erhalten würden. Mit Beginn des Krieges gegen die Sowjetunion (22. 6. 1941) mußte besonders in den Gebieten des Südostens mit einer Aktivierung des kommunistischen Partisanenwesens als „Diversion" gegen die deutsche Front im Osten gerechnet werden.

Trotzdem verstrich fast ein Jahr, ehe es zu größeren Aufstandsbewegungen in den Gebieten des ehemaligen Jugoslawiens kam; in Griechenland war die Frist sogar noch erheblich länger. Rechtzeitigen, zusammengefaßten Maßnahmen ge=gen diese Ansätze standen von Anfang an die auf vielen Gebieten bestehenden Mängel in der Zusammenarbeit der deutschen und ital. Besatzungsbehörden im Wege. Zunächst beanspruchte die im monarchistischen, großserbischen Na=tionalismus wurzelnde Bewegung des Gen. *Mihajlović* (D.M.=Bewegung), der der jugoslawischen Exilregierung in London als Kriegsminister angehörte und zunächst als ausgesprochener Favorit der brit. Regierung von brit. militärischen Stellen unterstützt wurde, die meiste Aufmerksamkeit. Die systematische Be=kämpfung dieser Bewegung erwies sich von Anfang an als schwierig, da sie über die im Rahmen des ital. Heeres aufgestellten Cetnic=Verbände Verbin=dungen zu hohen ital. militärischen Stellen unterhielt.

Als ein nicht minder ernst zu nehmender Faktor erwies sich die seit dem Herbst 1942 stärker hervortretende, aus dem „Nationalen Befreiungsausschuß" in Jajce hervorgegangene, kommunistische sog. *Tito=Bewegung*, die — an=statt für die Wiederherstellung des früheren Zustandes zu kämpfen — in den von ihr beherrschten bosnisch=herzegowinischen Gebieten etwas völlig Neues, ein sozialistisches Staatswesen, aufzurichten versuchte. Die deutsche Führung gelangte bald zu der Einsicht, daß die Tito=Bewegung der gefährlichere Gegner war: sie war durch ihre von Anfang an hervortretende gesamt=jugoslawische Orientierung geeignet, viel verschiedenartigere und breitere Bevölkerungsteile aufzunehmen als die von vornherein auf eine bestimmte Schicht und Region beschränkte D.M.=Bewegung. Die von Tito vertretenen Ideen, die wohl als eine geschickte Anwendung der kommunistischen Doktrin auf die kleinbäuerlichen Balkanverhältnisse (verbunden mit einem föderalistischen Programm) bezeich=net werden können, mußten besonders bei der schwierigen wirtschaftlichen

Lage die größere Stoßkraft besitzen. Auch waren bei der Tito=Bewegung — angefangen bei dem durch eine führende Funktion in der kommun. Internationale und einen langen Aufenthalt in Sowjetrußland geschulten, durch den spanischen Bürgerkrieg gegangenen *Josip Broz=Tito* — die stärkeren Führerpersönlichkeiten zu vermuten.

Als die deutsche Führung am Ende des Jahres 1942 im Zusammenhang mit der anglo=amerikan. Landung in Nordafrika die deutsch=besetzten Küsten des Mittelmeerraumes auf die Möglichkeiten einer alliierten Großlandung zu prüfen begann, wandte sie den Küsten des ehemaligen Jugoslawiens und Griechenlands eine besondere Aufmerksamkeit zu; hier war denkbar, daß die Aufständischen — sei es die Tito=, sei es die D.M.=Bewegung — durch einen Vorstoß zur Küste einen Brückenkopf für eine anglo=amerikan. Großlandung schaffen würden. Derartige Erwägungen führten zu dem Entschluß, durch einen mit starken Kräften geführten Winterfeldzug zunächst die Titobewegung in ihren Kerngebieten auszuschalten. Die aus diesem Entschluß hervorgegangenen Operationen „*Weiß I–III*", die zu dem Ausweichen des Feindes nach Süden bis an die montenegrinische Grenze führten, erbrachten keinen vollen Erfolg, wenn dem Gegner auch hohe Verluste zugefügt wurden. Die letzte Phase der Operation (Ende Februar 1943) wurde durch die mangelhafte Beteiligung der Italiener schwer beeinträchtigt. Anschließend sollte ein Schlag gegen das Machtgebiet der D.M.=Bewegung in Montenegro geführt werden: als es Mitte Mai 1943 dazu kam (Op. „*Schwarz*"), führte die anfängliche Weigerung der Italiener, sich von den Cetnics loszusagen, zu schweren Spannungen zwischen den Verbündeten.

Der Sommer 1943 stand für die deutsche milit. Führung auch im Südosten im Zeichen der Vorbereitungen auf einen möglichen Abfall Italiens („Konstantin" — „Achse"), dessen Armeen große Teile des kroatischen und griechischen Raums besetzt hielten und hier bei einem Ausscheiden aus dem Krieg ersetzt werden mußten. Infolgedessen kam es während dieses Zeitraums nicht zu einer über den örtlichen Rahmen hinausgehenden Bekämpfung der Aufständischen. Tito benutzte dies zur weiteren Ausbreitung seines Einflusses und zur milit. Organisation seiner Streitkräfte, die spätestens von diesem Zeitpunkt an nicht mehr als „Banden" im üblichen Sinne des Wortes angesprochen werden konnten. Der sich mit der Kapitulation der Badoglio=Regierung vollziehende Abfall Italiens (Sept. 1943) brachte im Südostraum zunächst den Aufständischen eine erhebliche Machterweiterung. Bei der begrenzten Stärke der zur Verfügung stehenden deutschen Truppen konnte es nicht verhindert werden, daß die von den Italienern aufgegebenen Gebiete, so vor allem fast die gesamte westliche Küstenflanke der Balkanhalbinsel und die vorgelagerten Inseln, von den Aufständischen — und zwar ausschließlich von Titokräften — besetzt wurden. An einzelnen Stellen machten die ital. Truppen auch mit ihnen gemeinsame Sache, während sie einzelne wichtige Inselstellungen — Korfu,

Kephallonia usw. — nach Weisungen der anglo=amerikan. Führung aus eigener Kraft zu behaupten suchten.

Andererseits fielen mit dem ital. Bundesgenossen nun auch alle Rücksichten weg, die bisher einer planmäßigen Bekämpfung der Aufstandsbewegung im Wege gestanden hatten. Zunächst mußte die Westküste einschließlich der Inselwelt von Istrien bis hinunter zu den Jonischen Inseln, an der damals stark mit einer anglo=amerikan. Großlandung gerechnet wurde, wieder unter deut=sche Kontrolle gebracht werden, was in den Herbstmonaten gegen eine viel=fache Übermacht gelang. Unter den wenigen Positionen, deren Wiedereroberung nicht möglich war, sollte die Insel Lissa gerade im Zusammenhang mit der Weiterentwicklung der Tito=Bewegung bald eine große Bedeutung gewinnen (s. S. 655 ff.). Nach Bewältigung dieser dringendsten Aufgabe konnte erneut der Versuch gemacht werden, durch eine mit starken Kräften geführte kon=zentrische Operation die Kernmacht Titos (einschließlich seiner Führungsorga=nisation) zu vernichten. Dies geschah mit dem seit Ende Oktober 1943 geplan=ten, im Dezember im montenegrisch=bosnischen Grenzgebiet durchgeführten Unternehmen *„Kugelblitz"*, gegen das I., II. u. III. kommunist. Korps, mit denen Tito seine erste zusammenhängende eigene Offensivoperation, den Ein=bruch nach Serbien (s. S. 648 ff.), durchzuführen im Begriff stand. Der eigene Kräfteeinsatz stellte die bisher größte im Kampf gegen die Aufständischen unternommene Kraftanstrengung dar. Der Erfolg entsprach jedoch wiederum nicht voll den Erwartungen, da es Teilen der Tito=Kräfte dank ihrer besseren Geländekenntnis gelang, sich der Einkesselung zu entziehen. Die Absicht des Einbruchs nach Serbien mußten sie allerdings aufgeben

Im übrigen war das Jahresende 1943 für die Entwicklung der Tito=Bewegung von großer Bedeutung: es brachte ihre Einordnung in die Gesamtkriegführung der Alliierten und damit ihre Anerkennung als selbständige kriegführende Macht. Es scheint, daß Tito bei den Konferenzen von Moskau (18.—30. 10. 43) und Teheran (28. 11.—1. 12. 43) einen der wichtigsten Besprechungsgegen=stände gebildet hat und daß ihm bei der dort erfolgten Festlegung des alliierten milit. Gesamtprogramms und innerhalb der großräumigen Aufteilung der Interessensphären eine wichtige Rolle zugedacht wurde. Vor allem scheint England bei dieser Gelegenheit weitgehende Verpflichtungen zur Unterstützung Titos von Italien und dem mittleren Osten aus eingegangen zu sein, woraus sich naturgemäß eine Einschränkung der Mihajlović gewährten Hilfe ergeben mußte. In London wurde bekanntgegeben, daß die Regierung Seiner Majestät Tito als gleichberechtigten Bundesgenossen anerkenne.

Schon vorher hatte (wie noch kurz zu zeigen sein wird) das Abrücken von Mihajlović begonnen, zunächst in der Form, daß Tito und Mihajlović als gleichwertig bezeichnet und ihnen derselbe Anspruch auf englische Unter=stützung zugebilligt wurde. Jetzt bekannte sich auch die Sowjetunion offiziell zu ihrer Unterstützung Titos, die vorher wenig an die Öffentlichkeit getreten war — über ihren Umfang und den Zeitpunkt ihres Einsetzens läßt sich heute noch nichts Genaueres sagen. Einen weithin sichtbaren Ausdruck erhielt sie in der Verleihung des Marschallrangs an Tito (Anfang Dezember 1943). Gleichzeitig und nicht ohne Zusammenhang mit dieser Entwicklung erfuhr die Stellung Titos in den Gebieten des ehemaligen Jugoslawiens eine weitere Stärkung und Erweiterung. In der Einberufung eines jugosl. Parlaments kam zum Ausdruck, daß die Tito=Bewegung, wie sie von Anfang an angestrebt hatte, weit über ihre entlegenen bosnischen Entstehungsgebiete hinausgegriffen hatte und gerade mit ihren gesamt=jugoslawischen Parolen besonders erfolgreich gewesen war. — Die Tatsache, daß es der Aufstandsbewegung möglich war, in einem unter deutscher milit. Herrschaft stehenden Gebiet derartige weitreichende polit. Maßnahmen zu treffen, zeigte der deutschen milit. Führung, daß ihr in Tito einer ihrer gefährlichsten Gegner erwachsen war.

Seine milit. Vernichtung mußte schon wegen der weiten räumlichen Ausdehnung der Bewegung als nicht mehr durchführbar erscheinen. Neben der Behauptung der für die Gesamtverteidigung des Südostraumes wichtigen Punkte mußte sie sich darauf beschränken, immer wieder Schläge gegen die Kerntruppen Titos zu führen, ihn dadurch militärisch zu schwächen und an der Verwirklichung seiner eigenen Absichten zu hindern. Daneben mußte (wie noch kurz zu zeigen sein wird) versucht werden, durch polit. Maßnahmen — hier konnte es sich nur um eine Unterstützung und Zusammenfassung der anti=kommunistischen Bewegungen der besetzten Südostgebiete handeln — ein Gegengewicht gegen den wachsenden Einfluß Titos zu schaffen. Derartige Bestrebungen hatten schon im Herbst 1943 eingesetzt. Ihre natürlichen Ansatzpunkte waren das nationalistisch=monarchistische Serbentum und die Regierung des Poglavnik in Kroatien.

### 2. Serbien und Mihajlović im Winter 1943/44 [1]

Unter den verschiedenen Ausgangsgebieten der Aufstandsbewegung im ehemaligen Jugoslawien nahm Serbien von Anfang an eine Sonderstellung ein. Auf der Grundlage einer geschlossen siedelnden, kleinbäuerlich=patriarchalischen Bevölkerung bestand hier eine starke nationalistisch=monarchistische Bewegung mit ausgesprochen anti=kommunistischer Tendenz. Sie erstrebte die Wiederherstellung der früheren jugoslawischen Monarchie und die Vorherrschaft des Großserbentums. In dieser Umgebung war die Bewegung des Generals *Draža Mihajlović* entstanden, die mit anglo=amerikanischer Unterstützung und in Übereinstimmung mit dem Londoner jugoslawischen Exilkabinett, dem Mihajlović als Kriegsminister angehörte, durch die *Cetnic=Verbände* den militärischen Widerstand gegen die deutsche Besatzungsmacht aufgenommen hatte. Zur Zusammenarbeit mit dieser hatte sich dagegen der frühere serbische

1 Vgl. S. 728 ff. die Ergänzungen des Generalmajors Ritter v. Geitner (1. Anhang).

*General Nedić* bereit gefunden; die von ihm gebildete Regierung hatte sich in der von der deutschen Polizei kontrollierten *Serbischen Staatswache* und in dem *Serbischen Freiwilligen=Korps* mit Genehmigung der deutschen Stellen eine bewaffnete Exekutive von zahlenmäßig geringer Bedeutung geschaffen. Ähnliche Tendenzen verfolgte die halbmilitärische *Ljotić=Bewegung*. Die Beziehungen zwischen diesen einzelnen Gruppen waren im einzelnen sehr verwickelt und schwer zu durchschauen. Bei uneinheitlicher Stellung zur Besatzungsmacht verband sie der Kampf gegen die kommunistische Bewegung Titos. Während sich Mihajlović im Jahr 1943 gegenüber den Deutschen stark zurückhielt — hier schien er erst gleichzeitig mit der von ihm mit größter Bestimmtheit erwarteten anglo=amerikanischen Großlandung im Südostraum losschlagen zu wollen —, hatte er der Tito=Bewegung in dieser Zeit beständig schwere Kämpfe geliefert.

Als die Tito=Bewegung im Herbst des Jahres 1943 immer stärker hervortrat und Mihajlović auf seine serbischen Kerngebiete zurückzudrängen ansetzte, als sie ferner neben der Hilfe Sowjetrußlands auch die Englands zu finden begann, war für die (auch durch den Fortfall der italienischen Unterstützung beeinträchtigte) Mihajlović=Bewegung der Zeitpunkt gekommen, ihre Stellung zur deutschen Besatzungsmacht zu überprüfen. Da die deutsche Führung um dieselbe Zeit um eine Zusammenfassung und Aktivierung der anti=kommunistischen Kräfte im gesamten Südostraum bemüht war — hierin bestand der dem im Oktober 1943 zum Sonderbevollmächtigten für den Südosten ernannten *Gesandten Neubacher* vom Führer erteilte Auftrag —, ergaben sich hier Berührungsmöglichkeiten, die dann auch in den nächsten beiden Monaten zum Abschluß einer Reihe von Waffenstillstandsverträgen zwischen deutschen militärischen Stellen und einzelnen Unterführern Mihajlović's führten. Dieser selbst hielt sich noch zurück, vor allem wohl, um nicht die ihm nach wie vor — wenn auch in sich verringerndem Umfang — zugehenden Waffenlieferungen der Anglo=Amerikaner zu verlieren. Die Kampfhandlungen gegen die Besatzungsmacht wurden jedenfalls von allen Mihajlović unterstehenden Organisationen eingestellt. Dies führte im serbischen Raum um die Jahreswende eine fühlbare Entspannung herbei. Allerdings blieb es fraglich, ob Mihajlović die Waffenruhe nur herbeigeführt hatte, um sich ungestört auf den (womöglich gleichzeitig mit der für das Jahr 1944 erwarteten Aufrichtung der zweiten Front) auszulösenden Generalaufstand vorbereiten zu können. Abgesehen hiervon war eine wirkliche Klärung des Verhältnisses zu Mihajlović an eine wichtige Voraussetzung geknüpft: es mußte entschieden werden, ob die Cetnics legalisiert und dadurch auch im Rahmen der bewaffneten serbischen Verbände versorgt werden würden oder ob sie weiterhin als illegal behandelt werden sollten.

Viel stärker mußte die Bindung der D.M.=Bewegung an die Besatzungsmacht werden, wenn es — wie vom Militär=Befehlshaber Südost Ende Dezem=

ber 1943 angeregt — möglich sein würde, König Peter zu einer Option für Deutschland zu veranlassen und ihn womöglich aus dem englischen Macht=bereich — die Exilregierung befand sich damals bereits in Ägypten — nach Serbien zu überführen. Die Tatsache, daß sich die Person des Königs als Faustpfand in der Hand der Besatzungsmacht befand, hätte ein nicht zu unter=schätzendes Mittel zur politischen Führung der Serben im deutschen Sinne bedeuten können. Der WFStab griff den Gedanken auf und wies darauf hin, daß der propagandistische Erfolg der Rückkehr einer Exilregierung in den deutschen Machtbereich beträchtlich sein müßte. Da der zur Stellungnahme aufgeforderte OB Südwest eine Reihe von Bedenken vorbrachte – unter anderem wies er (19. 1. 44) auf die Möglichkeit hin, daß der König selbst „in den Wald gehen" und dadurch das ganze Volk in der Widerstandsbewegung zusammen=fassen könnte –, da ferner die Sondierung der Cetnics und des Königs selbst keine befriedigenden Ergebnisse erbrachte und auch der Gesandte Neubacher, dessen Stimme in allen derartigen Fragen ausschlaggebend war, den Plan nicht billigte, wurde er nicht weiter verfolgt.

Um so größere Bedeutung gewannen die vom WFStab schon seit längerer Zeit verfolgten Pläne, das Ansehen der Regierung Nedić zu fördern. Neben den Bemühungen um die Verstärkung ihrer Autonomie, die im Herbst 1943 zur Befürwortung der für die Einsetzung eines serbischen Volksrates usw. bestehenden Pläne geführt hatten, handelte es sich hier vor allem um den Gedanken, *Montenegro,* das vorläufig durch eine dem Militär=Befehlshaber Südost in Belgrad unterstehende Feldkommandantur verwaltet wurde, zu Ser=bien zu schlagen. Für die Regierung Nedić mußte dies einen großen politischen Erfolg bedeuten, wie seinerzeit die Überlassung der ehemals italienischen Ge=biete Dalmatiens an die Regierung des Poglavnik. Die Frage blieb jedoch weiterhin in der Schwebe (Mitteilung Chef Qu 17. 2.).

Montenegro, das ursprünglich ein Machtzentrum der Cetnics und der D.M.=Bewegung gewesen war, schien außerdem für die Bemühungen zur Aktivierung der anti=kommunistischen Kräfte den günstigsten Ansatzpunkt zu bieten. Hier hatte sich der im Frühjahr 1943 bei dem Unternehmen „Schwarz" in deutsche Gefangenschaft geratene Cetnic=Führer *Djurišić* zur Organisierung anti=kom=munistischer Verbände angeboten und war auf Antrag des Gesandten Neu=bacher freigelassen worden. Er hatte dann um Freilassung seiner mit ihm in Gefangenschaft geratenen 2 000 Gefolgsleute gebeten, um einen Rahmen für die zu schaffende Organisation zu erhalten. Der WFStab befürwortete (6. 1.) diesen auch vom OB Südost gebilligten Antrag; er schlug vor, im Einverneh=men mit dem Gesandten Neubacher, zunächst 500 der Djurišić=Anhänger, die sich im Bereich des OB Südost befanden, zu entlassen; jedoch lehnte der Führer, wie dem OB Südost am 10. 1. mitgeteilt wurde, diesen Gedanken ab. Dennoch schien die Zusammenfassung der nationalen, anti=kommunistischen Kräfte — unter anderem wurde im Einvernehmen mit dem Auswärtigen Amt neben dem schon bestehenden Verwaltungs= ein Staatsrat eingesetzt — zunächst gute Fortschritte zu machen.

Auch in *Albanien* bestanden zunächst günstige Voraussetzungen für die Zusammenfassung der anti=kommunistischen Kräfte und die Aufstellung von Milizen im Sinne der Aktion Neubacher. Die treibende Kraft war hierbei der deutschfreundliche Minister *Dhewa.* In Zusammenarbeit mit ihm wurde im Januar mit dem Aufbau einer staatlichen Exekutive begonnen. Es handelte sich hierbei zunächst um den Ausbau von 4 in Aufstellung befindlichen Jäger=Btl.en, den die Besatzungsmacht durch Überlassung von Bewaffnung, Ausrüstung, Gestellung von Ausbildungs= und Aufsichtspersonal usw. unterstützen sollten. Daneben wurde die Vereinigung aller unter Führung von Häuptlingen stehen= den Verbände und Stämme zu einer nationalen Landeswehr vorbereitet. Die Leitung lag bei dem Höheren SS= und Polizei=Führer in Albanien, *SS=Brig.= Führer Fitzthum,* der nach außen hin als Berater des albanischen Staatssekre= tärs für nationale Sicherheit in Erscheinung trat. Die Befehlsgewalt über die einsatzfähige albanische Exekutive lag in allen Fragen des militärischen Ein= satzes beim Kommand. Gen. des XXI. Geb.=AK. in Tirana, der auch hinsicht= lich der Aufstellungsorte und =zeiten ein Weisungsrecht ausüben konnte. Da= neben bestand noch die Dienststelle des Deutschen Bevollmächtigten Generals in Albanien (Gen. Geib, dann Gen. Guhlmann), der ursprünglich auf Grund von Weisungen des Mil.=Bfh.s bzw. des OB Südost unmittelbaren Einfluß auf die albanischen Regierungs= und Verwaltungsstellen (für die das Auswärtige Amt jedoch möglichst große Selbständigkeit wünschte) auszuüben hatte. Sein Stab war um die Jahreswende verkleinert, der eine Zeit lang erörterte Vorschlag einer Personalunion mit dem Kommand. Gen. des XXI. Geb.=AK. nicht weiter verfolgt worden; jedoch lag — ähnlich wie in Kroatien — in dem Nebenein= ander dieser verschiedenen Dienststellen (zu denen noch der Vertreter des Sonderbevollmächtigten des Auswärtigen Amtes für Albanien trat) die Mög= lichkeit erheblicher Schwierigkeiten.

Alle diese Maßnahmen waren, ebenso wie in Montenegro, durch die ange= spannte Wirtschafts= und Ernährungslage erschwert. Die Vorbeugungsmaß= nahmen der deutschen Stellen, vor allem des Gesandten Neubacher, gegen Preiserhöhung und Inflation waren nur zum Teil erfolgreich. Im März=April drohte in beiden Ländern eine Hungersnot auszubrechen. Der Gesandte Neu= bacher bemühte sich um unmittelbare Hilfeleistung durch die Wehrmacht; unter anderem beantragte er die Zuführung von 120 Lkw. Da diese nur in mehreren Raten gestellt werden konnten, veranlaßte der WFStab den OB Südost, zunächst aus eigenen Mitteln zu helfen, vertrat aber gleichzeitig hiermit den Gedanken, daß der OB Südost in den Gebieten, wo die Versorgung der Zivilbevölkerung nicht durch die landeseigene Verwaltung durchgeführt wer= den könne, neben der Durchführung der Versorgung auch die Verantwortung darüber erhalten solle, natürlich in engster Zusammenarbeit mit dem Gesandten Neubacher (Mitteilung Stellv. Chef 15. 5.).

In der Haltung der D.M.-Bewegung begann sich seit Ende Januar bereits wieder eine Änderung abzuzeichnen. Am 25. und 26. 1. fand in der Ravna Gora ein Cetnic-Kongreß statt, auf dem Mihajlović nach sicheren Nachrichten zum Kampf gegen den Okkupator aufrief. Ausschreitungen einzelner Cetnic-Führer waren die unmittelbare Folge. Bedrohlich war auch, wie der Mil.-Bfh. Südost in einer Lagebeurteilung vom 1. 2. hervorhob, der immer engere Anschluß legaler serbischer Verbände wie der Staatswache an die durch die lange Schonzeit wieder erstarkte D.M.-Bewegung und die damit verbundene Schädigung des Ansehens der Regierung Nedić. „Die D.M.-Bewegung droht damit wieder zu einem Machtfaktor zu werden, der unter keinen Umständen unterschätzt oder vernachläßigt werden darf." Im Februar begannen auch — gleichzeitig mit neuen, anscheinend zunächst gegen die Kommunisten gerichteten Aufmarsch-Bewegungen – einzelne der Mihajlović-Unterführer die geschlossenen Verträge zu kündigen. Im März liefen Nachrichten über eine Zusammenkunft von Cetnic-Führern — darunter einzelne dieser Vertragspartner — in Ägypten unter englischem Patronat ein.

Die deutsche Führung im Südosten, die zum damaligen Zeitpunkt kräftemäßig zu einer größeren Aktion gegen Mihajlović nicht in der Lage war, entschloß sich, ohne die Frage der Verträge grundsätzlich zu klären, zur sofortigen Einleitung eines Teilkampfes. Er sollte hauptsächlich in polizeilichen Maßnahmen gegen die Köpfe der Bewegung, ergänzt durch militärische Aktionen in den Nichtvertragsgebieten, bestehen (Unternehmen „Verrat"). Bei den in diesem Zusammenhang Ende Februar in Belgrad vorgenommenen Verhaftungen wurden auch Männer aus der Umgebung des Minister-Präsidenten Nedić betroffen, der daraufhin Rücktrittsabsichten äußerte (Lagebuch 28. 2.). Der Führer sprach gegenüber diesen Vorfällen sein Mißfallen aus (Lagebuch 29. 2.), woraufhin der Stellv. Chef den Chef des Gen.-Stabs des OB Südost darauf hinwies, daß derartige Komplikationen in Zukunft möglichst unterbleiben sollten. Dieser machte darauf aufmerksam, daß es sich um eine vom Mil.-Bfh. Südost geleitete Aktion handle.

Vermutlich unter dem Eindruck dieser deutschen Gegenmaßnahmen versuchte Mihajlović, Ende März—Anfang April – diesmal persönlich – wieder mit deutschen Dienststellen in Verbindung zu treten. Nach dem Gesandten Neubacher vorliegenden Nachrichten war ihm sowohl von den Sowjets wie von der Exilregierung ein Ultimatum gestellt worden, das von ihm die Unterstellung unter Tito verlangte. Der Gesandte erwartete, daß Mihajlović durch diese unannehmbare Forderung gezwungen werde, sich wieder der Regierung Nedić und damit der Besatzungsmacht zu nähern (Mitteilung Gen. v. Buttlar 7. 4.). Im Einvernehmen mit dem Gesandten Neubacher erklärte sich der OB Südost für uninteressiert an dieser neuen Verhandlungsbereitschaft, deren Gründe er vor allem in der Unsicherheit gegenüber den Alliierten, in der Erkenntnis der Unterlegenheit gegenüber Tito und in dem ungeklärten Verhältnis zur Regierung Nedić sah.

Die zentrale Bedeutung Serbiens und der D.M.-Bewegung kam am deutlichsten in den wiederholten, mit Zusammenfassung aller Kräfte unternommenen Versuchen Titos, sich dort festzusetzen und die Cetnics aus ihrem Kerngebiet zu vertreiben, zum Ausdruck. Seine Bewegung war im kroatischen Gebiet entstanden und hatte ursprünglich eine stark anti-serbische Färbung besessen. Trotzdem glaubte er sowohl sein nationales wie sein soziales Programm nur von Belgrad aus verwirklichen zu können. Der erste Versuch war im November — Dezember 1943 durch das Unternehmen „Kugelblitz" vereitelt worden. Ende März kam es (wie noch zu zeigen sein wird) zu einer Wiederholung.

### 3. England und Rußland

Für die Beziehungen Titos und Mihajlovićs zu England waren die Wintermonate und das Frühjahr 1944 von entscheidender Bedeutung. Was sich schon in den letzten Monaten des Jahres 1943 angebahnt hatte (das Abrücken von Mihajlović und die Unterstützung Titos), fand jetzt seine offizielle Bekräftigung und seine materielle Auswirkung. Daneben setzten jetzt die zunächst völlig erfolglosen britischen Versuche ein, eine Einigung zwischen der jugoslawischen Exilregierung in London und dem nationalen Befreiungsausschuß Titos zustande zu bringen.

In seiner großen Unterhausrede vom 22. 2. 1944 bekannte sich Churchill mit einer — über das in derartigen Erklärungen Übliche weit hinausgehenden — persönlichen Wärme des Tones zu Tito, dessen Partisanenbewegung die Streitkräfte Mihajlović's an Stärke bei weitem übertreffe und trotz Vorherrschen des kommunistischen Elements eine breite nationale Basis besitze. Er selbst habe schon seit langer Zeit ein besonderes Interesse an der Bewegung Titos, zu dem er schon vor fast einem Jahr einen persönlichen Beobachter (Deakin) gesandt habe, dem dann im Herbst 1943 eine größere Mission unter MacLean (s. unten [1]) gefolgt sei. Den Kampf Mihajlović's behandelte Churchill in derselben Rede mit offenkundiger Geringschätzung — die förmliche Absage erfolgte erst in der Unterhausrede vom 24. 5. (s. unten S. 655).

Bei dem Bestreben, eine Annäherung, wenn nicht Einigung zwischen Tito und der Londoner Exilregierung zustande zu bringen, ging es der britischen Regierung vor allem um ein militärisches Ziel: Die natürliche Folge einer derartigen Einigung mußte ein Anwachsen der Widerstandsbewegungen im jugoslawischen Raum und damit eine stärkere Bindung deutscher Kräfte sein, an der der feindlichen Führung gerade im Zusammenhang mit der Aufrichtung

1 Vgl. Kap. 4 d, aa: Lissa (S. 655 ff.).

der zweiten Front besonders viel lag. Daneben war die britische Regierung — ähnlich wie auch in der polnischen Frage — bestrebt, einen wenn auch noch so dürftigen Zusammenhang zwischen den im ersten Stadium des Krieges eingegangenen Verpflichtungen und der jetzt notwendig gewordenen Veränderung ihrer Haltung zustande zu bringen. Drittens wollte sie, in dem sie sich beide Parteien verpflichtete, wohl versuchen, sich einen gewissen Einfluß auf das Nachkriegs-Jugoslawien zu sichern.

Bei diesen Bemühungen vermied sie sorgfältig den Anschein einer Parteinahme für König Peter und das Exilkabinett. Dem jungen König und seinen Ministern wurde nachdrücklich bedeutet, daß sie bei der britischen Regierung wenig Rückhalt finden würden und daß die beste Garantie für die Beibehaltung ihrer Stellung in einem möglichst weitgehenden Entgegenkommen gegenüber Tito liege. „Wir können uns von ihm jetzt nicht trennen", hieß es in der Churchill-Rede vom 22. 2. in bezug auf König Peter. England habe jedoch nicht die Absicht, sein eigenes Ideal einer konstitutionellen Monarchie einem anderen Land aufzuzwingen; Jugoslawien, Griechenland usw. sollten sich, sobald sich der Wille des Volkes unter ruhigen Verhältnissen feststellen lasse, ihre eigene Regierungsform wählen.

Die erste an ihn ergehende Anfrage, ob er zu einer Zusammenarbeit mit der Exilregierung bereit sei, lehnte Tito rundweg ab (Lagebuch 9. 2.). Als König Peter dann im März nach London fuhr — hier fand am 19. 3. seine Hochzeit mit der griechischen Prinzessin Alexandra statt —, dienten die bei dieser Gelegenheit stattfindenden Empfänge bei Churchill usw. wohl vor allem dazu, ihn bzw. seine Ratgeber zu einem weitgehenden Entgegenkommen gegenüber Tito zu bewegen. Hierbei trat anscheinend auch der General Simović, der Haupturheber des Staatsstreiches des Jahres 1941, in Erscheinung, ohne daß der gewünschte Kompromiß zustande kam. Die einzige sichtbare Folge des Londoner Aufenthaltes war Ende des Monats die Bitte König Peters, eine aus Mitgliedern der drei Hauptalliierten bestehende Kommission möge die zwischen ihm und dem nationalen Befreiungsausschuß strittigen Fragen entscheiden, also gleichsam eine Flucht in die Öffentlichkeit (Lagebuch 28. 3.).

Charakteristisch für das Verhalten Titos war ein aufgefangener Funkspruch an den Hauptstab Kroatien, worin diesem mitgeteilt wurde, daß Churchill Tito um eine Milderung seines Standpunktes gegenüber König Peter gebeten habe. Die Antwort sei schon 13 Tage herausgezögert worden, da es darauf ankomme, jedes Wort richtig zu wählen, um die Beziehungen nicht zu beeinträchtigen (Lagebuch 8. 4.).

Da von einem wirklichen Entgegenkommen Titos anscheinend vorläufig nichts zu merken war und der Druck der britischen Regierung sich in den nächsten Monaten noch verstärkte, mußte sich König Peter Anfang Mai zu einem wichtigen Schritt entschließen: Er entließ das Kabinett Purić und verabschiedete Mihajlović als Kriegsminister (s. unten). Mit der Bildung eines neuen Kabinetts beauftragte er eine Persönlichkeit, die bei der sich jetzt anbahnenden Verständigung mit dem nationalen Befreiungsausschuß Titos eine entscheidende Rolle spielen sollte: den Rechtsanwalt *Dr. Ivan Šubašić*. Dieser hatte, als es kurz vor Kriegsausbruch zu einer Verständigung zwischen der Belgrader Regierung und der kroatischen Bauernpartei kam, bei der Kroatien im engsten territorialen Rahmen eine Autonomie gewährt wurde, bereits als Vermittler zwischen der Krone und der Partei eine wichtige Rolle gespielt, auf Grund derer er dann das Amt eines Banus von Kroatien antrat. Nach dem Staatsstreich vom 27. 3. 1941 war er es gewesen, der die Führer der Bauernpartei zur Beteiligung an der Regierung Simović gedrängt hatte. Die Emigration führte ihn zunächst nach Amerika und dann nach London in die Nähe der jugoslawischen Exilregierung, deren großserbische Tendenz ihm aber wenig Möglichkeit zur Entfaltung gab. Schon frühzeitig und bei mehreren Gelegenheiten erklärte er sich öffentlich für die Bewegung Titos. Hier war also ein Mann gefunden worden, den seine unabhängige innerpolitische Haltung, seine gesamt-jugoslawische Einstellung, sein bei früheren erfolgreichen Vermittlungsaktionen bewährtes Geschick wie keinen anderen für die von der britischen Regierung angestrebte Verständigung empfahlen.

Die materielle und militärische Unterstützung, die *England* Tito in steigendem Maße zuteil werden ließ, wird in dem Abschnitt über Lissa und die Dalmatinischen Inseln berührt (s. S. 655 ff.). Zu Anfang des Jahres wurden noch mehrfach Klagen Titos über die Geringfügigkeit bzw. das völlige Ausbleiben der britischen Unterstützung bekannt (Lagebuch 14. 3.). Diese durch Versorgungsgüter aller Art ergänzten Waffenlieferungen wurden den Tito-Kräften teils auf dem Seeweg und über die „Versorgungskanäle" des Küstengebirges, teils durch Lufttransport, vor allem Fallschirmabwurf auf einer Reihe ausgebauter Abwurfplätze, zugeführt. Daneben bedeuteten die anglo-amerikanischen Kampf- und Jagdflugzeuge, die seit dem Frühjahr laufend in die Kämpfe mit den deutschen Truppen eingriffen, für Tito eine wertvolle, unmittelbare Unterstützung, ebenso wie auch die um dieselbe Zeit einsetzende Intensivierung der Bombenangriffe gegen die Bahnknotenpunkte und sonstigen wichtigen Zentren des ehemals jugoslawischen Gebiets.

Auf die Aufstellung und Ausbildung der zahlenmäßig unbedeutenden jugoslawischen Exiltruppen in Italien hatte sich Tito anscheinend von Anfang an einen entscheidenden Einfluß zu sichern gewußt, sodaß die in der polnischen Frage durch die Stellungnahme der polnischen Exiltruppen in Italien für die Londoner Exilpolen entstehenden Schwierigkeiten vermieden wurden. Auch auf anderen Gebieten war Tito bemüht, in Italien Einfluß zu gewinnen, wie aus seiner Ende Januar bekanntgegebenen Aufnahme in den Mittelmeer-Ausschuß und einem für sein außenpolitisches Programm aufschlußreichen Vertrag hervorging, den er im April mit der Badoglio-Regierung schloß. Diese verzichtete darin anscheinend auf wesentliche Teile der Italien nach dem Weltkrieg zugefallenen ehemaligen österreichischen Gebiete mit slowenisch-kroatischer Bevölkerung wie Fiume, die Dalmatinische Küste usw. Von einer Beteiligung der Exilregierung an diesem Vertragsabschluß ist nichts bekanntgeworden.

Gleichzeitig wurde die britische Militärmission bei Tito laufend verstärkt; Teilmissionen wurden auch zu den einzelnen kommunistischen „Hauptstäben" in Slowenien, Mazedonien usw. entsandt, daneben war auch von technischen Kommissionen die Rede. Bemerkenswert waren Nachrichten, wonach die Missionen bei den serbisch- und mazedonischen Tito-Stäben sich einer Verbindungsaufnahme mit den kommunistischen Bewegungen Bulgariens und Griechenlands entgegenstellten (Lagebuch 11. 5.). Um dieselbe Zeit wurde auch die Entsendung einer amerikanischen Militärmission zu Tito bekanntgegeben; jedoch bestand die USA-Mission bei Mihajlović fort.

Weit spärlicher sind die Nachrichten, die über das *Verhältnis Titos zu Sowjetrußland* eingingen. Sie beschränkten sich meist auf die militärische Unterstützung durch Lieferung von Waffen und Entsendung militärischer Berater und Instruktoren. Ende Januar traf eine für Tito bestimmte große Sowjetmission in Kairo ein (Lagebuch 30. 1.). Anscheinend war es dieselbe Mission, deren Ankunft dann das Zeichen zu dem Einfall der 2. und 5. roten Division in Serbien gab (s. unten). Sie sollte angeblich aus 2 Generälen und 22 Offizieren bestehen. Die Stärke der russischen Mission bei Tito zeigte sich bei dem Unternehmen „Rösselsprung", wo die Russen sich aktiv an der Verteidigung des roten Hauptquartiers beteiligten. — Im April sprachen Pressenachrichten von einer Abordnung Titos, die über Kairo auf dem Weg nach Rußland sei (Lagebuch 10. 4.).

Im Februar begann dann die Versorgung durch russische Flugzeuge, die in späteren Monaten in manchen Nächten eine Höhe von 50 und mehr Einsätzen erreichte. Es wurde festgestellt, daß diese Flüge vom Kuban aus unternommen wurden (Lagebuch 21. 3.). — Auf politischem Gebiet konnte Tito sicher sein, bei seinem Widerstand gegenüber den Angeboten der Exilregierung die Billigung und Unterstützung der Sowjetunion zu finden, deren Einstellung gegenüber den Exiljugoslawen sich wenig von der gegenüber den Exilpolen eingenommenen unterschied. Als Ende Januar der Ministerpräsident Purić sich aus Kairo nach dem Muster Beneschs mit einem „Bündnisangebot" unmittelbar an Moskau wandte, ließ die Sowjetregierung durch die Tass-Agentur ihre Verwunderung über diesen Schritt zum Ausdruck bringen: Eine Zusammenarbeit mit der jugoslawischen Emigrantenregierung komme für die Sowjetunion nicht in Betracht, da dieser der faschistische General Mihajlović, der den rechtmäßigen Marschall Jugoslawiens noch immer bekämpfe, als Kriegsminister angehöre. Im übrigen wählte die Sowjetunion bei der politischen Unterstützung, die sie Tito zuteil werden ließ, anscheinend meist halboffizielle Wege, die (ähnlich wie die in Moskau (Okt. 43) und Teheran (Nov. 43) über

Tito getroffenen Abmachungen, die seiner Unterstützung und Einbeziehung durch die Alliierten zugrunde liegen) vorläufig noch im Dunkeln bleiben.

### 4. Die Kämpfe der Wintermonate und des Frühjahrs

#### *a) Weitere Großunternehmen*

Obgleich der Erfolg des Unternehmens „Kugelblitz" den Erwartungen nicht voll entsprochen hatte, war die deutsche Führung entschlossen, die Masse der hierbei eingesetzten Kräfte unter Ausnutzung der Wintermonate so lange wie möglich für die zusammengefaßte großräumige Bekämpfung der Tito-Kräfte zu verwenden. Dies war unter anderem deswegen notwendig, weil Tito anscheinend im Begriffe war, auf Grund der bei dem gescheiterten Einfall nach Serbien gemachten Erfahrungen wieder zur Kleinkriegstaktik zurückzukehren, was für die deutsche Kriegführung eine große Erschwerung bedeuten mußte (Lagebuch 8. 1.).

Gegenüber dem OB Südost, der angesichts der sich um die Jahreswende abzeichnenden Gefährdung des Südostraumes durch eine anglo-amerikanische Großlandung und der unsicheren Haltung der Türkei für eine frühzeitige Herauslösung der kampfkräftigsten der bei der Bandenbekämpfung eingesetzten eigenen Verbände, vor allem der 1. Geb.-Div. und der 7. SS-Geb.-Freiw.-Div., und ihre Bereitstellung als operative Reserve eintrat, betonte der WFStab immer wieder die Notwendigkeit, den mit Erfolg begonnenen Kampf gegen die Tito-Kräfte möglichst lange fortzusetzen, um dadurch günstige Voraussetzungen für die Abwehr möglicher alliierter Großlandungen an der Westflanke der Balkanhalbinsel im Frühjahr zu schaffen (vgl. auch die Ausarbeitung: Der Südosten 1. 1. – 31. 3. 1944; s. oben S. 601–631). Dies kam besonders deutlich in einer am 29. 1. an den OB Südost ergehenden Weisung zum Ausdruck, in der zwar die Bildung einer zentralen Reserve und die Vorbereitungen zu ihrer raschen Verschiebung und Verstärkung gut geheißen, aber die vorzeitige Festlegung starker Kräfte in einer bestimmten Richtung untersagt wurden.

Am Anfang der einzelnen großräumigen Unternehmungen, die hier nur in großen Zügen verfolgt werden können, stand das bereits erwähnte Unternehmen „Kugelblitz" vom Dezember 1943, an das sich ab 18. 12. das Unternehmen „*Schneesturm*" gegen die bei „Kugelblitz" nach Nordwesten ausgewichenen Aufständischen anschloß. Einen Teil dieser Operation bildete das Unternehmen „*Napfkuchen*" im Raum zwischen Save und der Linie Doboj–Banja Luka, das am 8. 1. als abgeschlossen gemeldet wurde.

Es folgte das Unternehmen „*Waldrausch*" im Raum westl. Travnik–Kupreš–Glamoć, bei dem unter dem V. SS-Geb.-AK. die 1. Geb.-Div., die 7. SS-Geb.-

Freiw.=Div. „Prinz Eugen", 2 verstärkte Rgt.er der 369. (kroat.) Inf.=Div., das Gren.=Rgt. (mot.) 92 usw. zum Einsatz kamen. Es war am 20. 1. abgeschlossen. Die dem Feind zugefügten Verluste betrugen 1 162 Tote und 295 Gefangene; doch kam es infolge seines vorzeitigen Ausweichens nicht zu größeren Kampf=handlungen (Lagebuch 21. 1.). (Die Gesamtverluste der Aufständischen in der ersten Januarhälfte wurden mit 4 733 Toten und 1 306 Gefangenen angegeben, die des Dezembers 1943 auf über 25 000 geschätzt; Lagebuch 31. 1.). Nach Abschluß dieser beiden Großunternehmen bedurften die dabei eingesetzten Verbände, vor allem die 7. SS=Geb.=Freiw.=Div., zunächst einer längeren Auf=frischung.

An der seit langer Zeit mehr oder weniger von den Banden beherrschten Lika=Küste war in der ersten Januarhälfte durch den Durchmarsch der an den Südwesten abzugebenden *114. Jäg.=Div.* („Nibelungen"=Marsch) eine Ent=lastung eingetreten, die aber Ende des Monats bereits wieder nachzulassen begann. Ein schon im Dezember geplantes, von deutschen und kroatischen Kräften gemeinsam durchzuführendes, durch umfassende Täuschungsmaß=nahmen vorbereitetes Unternehmen zur Säuberung des für die Ernährung der kroatischen Wehrmacht wichtigen Raumes Agram—Sisak—Bjelovar *(„Can=nae")* entfiel wegen der mangelhaften Teilnahmebereitschaft der Kroaten. Zu erwähnen sind ferner noch die Säuberungsaktionen der *1. Kos.=Div.* in der Nordwestecke von Kroatien und die Kämpfe der in der zweiten Februarhälfte eintreffenden, aus mohammed. Bosniaken bestehenden *13. SS=Geb.=Freiw.=Div.* (später „Handschar") in ihrem Unterkunftsraum in West=Bosnien, auf den sie sich auf Wunsch des Reichsführers SS beschränken sollte.

Tito selbst führte während dieses Zeitraums keine größeren eigenen Ak=tionen und beschränkte sich auf das Ausweichen und die Auflockerung seiner Kräftekonzentration. Ein Vorstoß der bei „Kugelblitz" nicht erfaßten Banden=kräfte gegen die Stadt Tuzla wurde abgewehrt, nachdem der Gegner vorüber=gehend in die Stadt eingedrungen war (Lagebuch 18. 1.). Mehrfach liefen Nachrichten über die Versorgungsschwierigkeiten der Tito=Kräfte ein, von denen vor allem die auf ihrer Seite kämpfenden, rasch zusammenschrumpfen=den italienischen Resttruppen betroffen zu sein schienen (am 10. 2. wurde ihre Zahl auf rund 20 000 geschätzt; Lagebuch 10. 2.).

### *b) Stillstand*

Mittlerweile wurden durch die (durch die Landung bei Nettuno, 22. 1., er=folgte) Änderung der Gesamtlage Vorbereitungen für die Abgabe wesentlicher Kräfte des OB Südost notwendig. Hiervon wurden in erster Linie diejenigen Verbände betroffen, die der OB Südost schon von sich aus herauszulösen und als operative Reserve an der Bahn bereitzustellen beabsichtigte, zunächst die 1. Geb.=Div., die eine Zeitlang für den Südwesten vorgesehen war (vgl. die

Ausarbeitung über die OKW=Kriegsschauplätze im Rahmen der Gesamtkriegführung 1. 1.—31. 3. 1944, s. S. 77 ff.: 1. Abschnitt). Ihren Einladeraum an der Strecke Agram—Belgrad sollte sie im Fußmarsch erreichen und unterwegs die starke Bandenkonzentration im Raume Bihać zerschlagen. Schneestürme und Wegeschwierigkeiten verzögerten den Marsch der Div. bis in den März hinein. Am 13. 2. erhielt der OB Südost die Weisung, jetzt auch die 100. Jg.=Div. aus der Küstenverteidigung in Albanien herauszulösen und beschleunigt an die Bahn — als Einladeraum wurde dann die Gegend Bitolj—Skoplje befohlen — zu führen. Auch diese Div. war zunächst für den Südwesten vorgesehen, gelangte dann aber — wie auch die 1. Geb.=Div. und eine Anzahl weiterer Verbände des OB Südost, die zum Teil bei der Bekämpfung Titos eine wichtige Rolle gespielt hatten (das Gren.=Rgt. (mot) 92, die 42. Jäg.=Div. mit Kampfgruppen, die 18. SS=Pz.=Gren.= und die 8. SS=Kav.=Div., die 367. Inf.=Div. usw.) — bei der Besetzung Ungarns (Unternehmen „Margarethe", s. den 3. Abschnitt) zum Einsatz, um von dort aus fast rechtzeitig zusammen mit einigen anderen dieser Verbände nach dem Beginn der sowjetischen Frühjahrsoffensive an die Ostfront geworfen zu werden.

Die unvermeidliche Folge dieser Abzüge aus dem Südosten war, daß der Kampf gegen die Tito=Kräfte, soweit er über den örtlichen Rahmen hinausging, eingestellt werden mußte. Für ihn kamen im allgemeinen nur noch die beiden Legionsdivisionen in Frage, da die übrigen kampfkräftigen Verbände alle in der Küstenverteidigung festgelegt waren (Lagebuch 18. 2.; Meldung des OB Südost vom 21. 2.). Dieser Stillstand kam sowohl der Tito= als auch der wieder zum Kampf gegen die Besatzungsmacht übergegangenen Mihajlović=Bewegung (s. unten) zugute; beide benutzten die Zeit zu einer Reorganisierung ihrer Kräfte (Mitteilung Gen. v. Buttlar 25. 2., 9. 3.). Bei Tito zeichneten sich darüber hinaus bereits Ende Februar Absichten zu einer Wiederholung des Einbruchs in Serbien von der Dreiländer=Ecke (serbisch=mont.=kroatisches Grenzgebiet) aus ab (Lagebuch 27. 2.). Anfang März lagen hierüber bereits sichere Nachrichten vor; zwei Banden=Div.en (2. und 5.) waren hierfür in Versammlung begriffen, doch sollte noch das Eintreffen von Teilen der zu Tito entsandten Sowjet=Mission abgewartet werden (Lagebuch 2. 3.). Gleichzeitig begann die Aktivierung der serbischen Kommunisten und der Versuch, die bulgarischen Truppen zu beeinflussen; in diesem Zusammenhang wurden später auch Teile der Sowjetmission nach Serbien entsandt (Lagebuch 10. 3.. Die eigentlichen Kampfhandlungen begannen am 18. 3.

Für das Bild, das an diesem wichtigen Abschnitt der Entwicklung bei der deutschen Obersten Führung von dem militärischen und politischen Zustand der Tito=Organisation bestand, kann auf die Schilderung verwiesen werden, die der Stellv. Chef WFStab bei seinem Vortrag vor dem Führer und dem Reichsaußenminister über die kroatische Frage am 9. 3. gab, ferner auf die dafür vom WFStab zusammengestellten Unterlagen (vergleiche auch den

Anhang über Kroatien, s. S. 732 ff.: Anhang 2). Die militärische Organisation Titos wurde auf 11 Korps (Durchschnittsstärke etwa 10—15 000 Mann) mit 31 Divisionen (Durchschnittsstärke etwa 2—4 000 Mann) und 50 ortsgebundene Abteilungen, also auf eine Gesamtstärke von rund 110 000 Mann veranschlagt; davon wurden 80 000 Mann in Kroatien angenommen (Die Gesamtstärke der in Kroatien ausschließlich im Bandenkampf eingesetzten deutschen Truppen betrug demgegenüber 105 000 Mann; dazu kamen die zu Sicherungsaufgaben, also auch gegen Tito eingesetzten kroatischen Jäger- und Geb.-Brigaden und die Ustascha-Truppen).

Im Dezember waren anscheinend 2 „Überseebrigaden", die aus von den Anglo-Amerikanern aus italienischen Konzentrationslagern befreiten, ausgebildeten und bewaffneten Jugoslawen bestanden, zu Tito gestoßen. Die Ausbildung der Offiziere war mit Waffen-Schulen, Komp.- und Btl.s-Führer-Lehrgängen wie bei einer regulären Armee organisiert. Unter einem obersten Inspektor beim Stabe Tito war ein gutes Lazarettwesen aufgebaut worden. Die Disziplin war auch durch die in den Wintermonaten erlittenen Rückschläge anscheinend nicht wesentlich beeinträchtigt worden. Ein Verwaltungsapparat mit Orts-, Kreis-, Bezirks- und Landesausschüssen war bemüht, in den eroberten Gebieten Ruhe und Ordnung zu schaffen. Nicht ohne Erfolg wurde versucht, Industrie und Landwirtschaft wieder in Gang zu bringen. Schulen, Krankenhäuser und Sozialwerke wurden eingerichtet, die Lebensmittelverteilung straff organisiert. Die Propaganda — es erschienen im Tito-Gebiet rund 20 Zeitungen, dazu kam der Sender „Freies Jugoslawien" — trug eine vorwiegend nationale Färbung. Von kommunistischen Parolen wurde nur sparsam Gebrauch gemacht. Durch die Besetzung zahlreicher Ministerposten mit Nicht-Kommunisten (Angehörigen der kroatischen Bauernpartei, Mohammedanern usw.) wurde bei der Bevölkerung der Glaube erweckt, daß Tito nicht Kommunist, sondern Demokrat sei.

### *c) Der zweite Einfall Titos in Serbien (März—April)*

*Der neue Einfall Titos in Serbien,* der sich bald als eine großangelegte, von russischen Offizieren beratene und von den Engländern versorgte Operation erwies, traf die deutsche militärische Führung in einem denkbar ungünstigen Augenblick. Fast alle für eine wirkungsvolle Gegenaktion in Frage kommenden Verbände befanden sich in Ungarn. Der mit der Abwehr des kommunistischen Vorstoßes beauftragte Militär-Befehlshaber Südost hatte zunächst nur die Kräfte des bulgar. Okkupations-Korps und landeseigene Verbände wie das serbische Schutz- und Freiwilligen-Korps zur Verfügung, dazu eine Gruppe der Div. „Brandenburg", die am 22. 3. von Süden aus zu einem Gegenangriff antrat (Das Pz.-AOK 2 war nicht mit der Führung dieser Kämpfe beauftragt worden, da seine Hauptaufgabe in der Küstenverteidigung lag;

Lagebuch 25. 3.). Auf Seiten Titos schienen starke Teile des II. kommun. Korps, dessen Gesamtstärke auf rund 17 000 Mann mit 7 Geschützen, 110 Granatwerfern, zahlreichen MGs. usw. veranschlagt wurde (Lagebuch 22. 3.), zum Einsatz gekommen zu sein, wovon eine Div. (37. ?) nach Südostserbien durchstoßen, eine weitere (17. ?) weiter nördlich über die Drina angreifen sollte (s. unten). Die eigentliche Stoßgruppe bestand aus der 2., 5. und Teilen der 27. Div.

Sie drang am 21. 3. — aus dem Raum südlich Višegrad kommend — über den Lim=Abschnitt in Serbien ein und stieß in den beiden folgenden Tagen auf bulgarische Stützpunkte. Auf die ersten Nachrichten hin wurden 6 Batl.e der 24. bulgar. Div. zur Verfolgung des Gegners angesetzt, die am 26. 3. nach schwierigem Eilmarsch den Raum Ivanjica erreichten, ohne auf wesentliche Teile des Feindes gestoßen zu sein. Ein zum Absperren des Abschnittes Ivan=jica—Motioci (südwestlich Ivanjica) herangezogenes Rgt. des serbischen Freiw.=Korps warf den Gegner zunächst, konnte aber nicht verhindern, daß die Masse der Tito=Kräfte nach Südosten auswich und weiter vordrang; am 28. 3. hatten sie den Studenica= und Reka=Abschnitt erreicht. Der Mil.=Bfh. war bereits am 26. 3. zu der Einsicht gelangt, daß ein Auffangen des Gegners erst im Ibar=Tal im Raume um Raška möglich sein werde. Hier sollten unter Oberst v. Schröder alle verfügbaren übrigen Kräfte, ein Rgt. des Russischen Schutz=Korps, weitere Teile des Serb. Freiw.=Korps, Feldgendarmerie, montenegr. Schutzmannschaften usw. eingesetzt werden, während zur Abschirmung des Sandschak nach Norden Milizen aufgeboten wurden, denen das im Abschnitt Nova Varoš—Stikove eingesetzte I./2. Rgt. „Brandenburg" als Rückhalt diente. Dazu sollten in den letzten Tagen des März noch weitere bulgarische Batl.e kommen sowie 2 Komp.en der 297. Inf.=Div. aus Ostalbanien; die im Raum Ivanjica stehenden 6 bulgar. Btl.e hatten Befehl, den Rücken des vor=dringenden Feindes anzugreifen.

Dies Kräfteaufgebot erschien dem Mil.=Bfh. Südost stark genug, um den Feind am Ibar=Abschnitt aufzuhalten. Angesichts der Schwerfälligkeit der Be=wegungen der bulgar. Kräfte und der Weiträumigkeit des tief verschneiten Gebirges hielt er es jedoch für nicht ausgeschlossen, daß der Feind in aufge=lockerter Form mit Teilkräften in den Raum nördlich Mitrovica eindringen könne. Weitere Kräfte, wie sie im Falle eines geschlossenen Durchbruchs durch den Ibar=Abschnitt unbedingt erforderlich werden würden, standen — wie gleichzeitige Überlegungen des OB Südost ergaben — nicht zur Verfügung. Es konnten weder die allein in Frage kommende 7. SS=Geb.=Freiw.=Div. „Prinz Eugen" im Raume um Serajewo noch weitere bulgar. Btl.e von der Hauptbahn und aus dem Industriegebiet von Bor abgezogen werden. Der OB Südost be=antragte daher die beschleunigte Heranziehung der noch in Ungarn gebunde=nen Einheiten, des SS=Pol.=Rgt.s 5, der Teile der Div. „Brandenburg" und des Gren.=Rgt.s (mot) 92 in der genannten Reihenfolge. Daneben erwog er noch die Heranziehung der 117. Jäg.=Div., wodurch aber der Befehl für die Verteidigung des Peloponnes hinfällig werden mußte (vergl. die Ausarbeitung „Der Südosten" usw. 1. 1.–31. 3. 44, s. oben S. 629 ff.).

Als die Tito=Kräfte dann in der Nacht zum 31. 3. die eigene Auffanglinie im Ibar=Tal südl.[1] Užice durchstießen (bei einem hauptsächlich aus Angehörigen der Volksliste III bestehenden Hilfspolizei=Btl.), mußte die Lage als bedrohlich angesehen werden, unter anderem vor allem wegen des geringen Kampfwertes der Bulgaren und der Störung der Arbeit des bulgar. Oberkommandos durch die starken Luftangriffe auf Sofia. Von den vom OB Südost erwogenen Maßnahmen zur Bereitstellung weiterer Kräfte befürwortete der WFStab die Zurückführung der nach Ungarn verlegten Einheiten, die dann für das 4. Rgt. „Brandenburg" auch umgehend befohlen wurde; sein Eintreffen verzögerte sich allerdings bis zum 10. 4. (Im Laufe des April wurden dann weitere in Ungarn entbehrlich gewordene Verbände, wie die 42. Jäg.=Div. und das Gren.=Rgt. (mot) 92, dem OB Südost wieder zur Verfügung gestellt, im Mai das SS=Pol.=Rgt. 15.)

Die Zuführung weiterer Verbände an die Dreiländer=Ecke begann bald an Dringlichkeit zu verlieren, da sich in den ersten April=Tagen wider Erwarten herausstellte, daß die Tito=Offensive mit dem Vorstoß über das Ibar=Tal um die Monatswende ihren Höhepunkt überschritten hatte. Es zeigt sich wieder, daß die Organisation der Aufständischen für räumlich und zeitlich weitreichende Operationen noch nicht ausreichte. Die roten Div.en hatten bald unter erheblichen Versorgungsschwierigkeiten zu leiden. Um Ortschaften mit Vorräten zu erfassen, mußten sie ihre Räume ausdehnen, wobei sie immer wieder in verlustreiche Kämpfe verwickelt wurden. Hierbei verloren die 2. und die 5. Div. bereits in den Apriltagen vorübergehend die Verbindung. Dazu kam, daß die eigenen Kräfte bereits ab 2. 4. zu Angriffen übergingen, ohne das Eintreffen der Kräfte aus Ungarn abzuwarten. Beim Gegner begannen Ausweich= und Absetzbewegungen ohne klar erkenntlichen Zusammenhang; am 6. 4. wurde die Masse der roten Streitkräfte wieder im Raum Ivanjica angenommen (Lagebuch 7. 4.); am 8. 4. begannen sie erneut nach Osten vorzudringen, um sich dann, in kleinere Gruppen aufgelöst, nach Norden zu wenden. Der Fortgang der sich bis in den Mai hineinziehenden Kämpfe (der hier nicht im Einzelnen verfolgt zu werden braucht) zeigte, daß Tito noch lange an der Absicht des Einbruchs in Serbien, zumindest an der Behauptung des gewonnenen Grenzraums, festhielt. Es konnte vermutet werden, daß die Festsetzung in Serbien für ihn nicht nur aus seinem gesamt=jugoslawischen Programm heraus, sondern auch innerhalb seiner Abmachungen mit den Briten (s. unten) eine entscheidende Bedeutung besaß: vielleicht beabsichtigten diese, ihn erst nach geglückter Etablierung in Serbien voll anzuerkennen (Lagebuch 1. 5.). Als das Unternehmen bereits im großen als gescheitert anzusehen war, erließ Tito noch

1 Ms.: S

einen Befehl, in dem die Bedeutung des Kampfes der 2. und 5. und der mittler=weile zu ihrem Entsatz angetretenen 16. und 17. roten Div. hervorgehoben wurde (Lagebuch 5. 5.).

Mitte April zeichneten sich beim Gegner Maßnahmen zur Entlastung der in einer zunehmend schwierigeren Lage befindlichen Angriffsgruppe ab: Die 16. und 17. kommun. Div. sollten nördlich des Kampfraums über die Drina nach Serbien vorgehen, wohl vor allem, um eigene Kräfte auf sich zu ziehen. Gleich=zeitig erhielt das II. kommun. Korps den Befehl, einen Brückenkopf über den Lim zu bilden, um der 2. und 5. Div. gegebenenfalls den Rückzug zu ermög=lichen. Dazu kam aus Südost=Montenegro ein neuer Vorstoß der 37. Div. und die Heranziehung weiterer Kräfte aus Südwest=Montenegro (Lagebuch 13., 15. 4.). Diese Bewegungen begannen sich jedoch erst ab 23. 4. auszuwirken: während die 16. und 17. kommun. Div. mit dem Übersetzen über die Drina begannen, versuchte die 5. Div., die sich (allerdings mit erheblich abgesunkener Kampfstärke) einem konzentrischen Angriff hatte entziehen können, zusam=men mit der 2. Div. nach Nordwesten vorzustoßen, um sich mit der Drina=Gruppe zu vereinigen. Zur Verhinderung dieser Absicht baute der OB Südost eine (aus Kräften des Serb. Freiw.=Korps und Kampfgruppen der 7. und der hierfür freigebenen 13. SS=Geb.=Freiw.=Div. bestehende) Sicherungslinie auf. Die Operationen gewannen also auf beiden Seiten erheblich an Ausdehnung und Bedeutung; einen neuen Faktor bildete dabei das Eingreifen der serbischen Cetnics, die mit einer starken, angeblich von Mihajlović selbst geführten Kräftegruppe den Kampf gegen die Ostgruppe der von der Dreiländer=Ecke nach Nordwesten drängenden Kommunisten aufnahmen (Lagebuch 29. 4.).

Sehr erschwerend für die eigenen Maßnahmen war das immer größeren Umfang annehmende Versagen der Bulgaren. So befolgte die Gruppe Groz=denoff, die aus Teilen der 24. bulgar. Div. bestand, einen mehrfach gegebenen Befehl des OB Südost zum Antreten nicht. Beim WFStab wurde erwogen, ob der Chef OKW einen persönlichen Brief an den bulgar. Kriegsminister richten solle; von einem kriegsgerichtlichen Vorgehen gegen die 24. Div., die sich als nicht voll einsatzfähig bezeichnete, versprach sich der OB Südost keinen Erfolg (Lagebuch 19. 4.). Hier wurden neben den Auswirkungen der Propaganda Titos schon die ersten Zeichen des sich allmählich anbahnenden großen poli=tischen Umschwungs im Südostraum sichtbar, dessen erste wichtige Etappe die Einstellung der türkischen Chromerzlieferungen an Deutschland war (20. 4.).*

Die Gelegenheit, die durch den Versuch der beiden kommunistischen Grup=pen, sich zu vereinigen, entstanden war, wesentliche Feindkräfte zu zerschlagen, wollte der OB Südost ausnutzen. Ab 25. 4. sollten die Kampfgruppen der 7. und 13. SS=Geb.=Freiw.=Div. (unterstützt durch einen Absprung des SS=Fallsch.=Jg.=Batl.s aus Kraljevo im Raum von Vlasenica) unter Führung des V. SS=Geb.=AK. zum Angriff gegen den Raum Vlasenica übergehen *(Unter=*

* *Anl. 14*

*nehmen „Maibaum")*. Anstatt weiterhin Sicherungs= und Sperrlinien aufzu=bauen, einzelne Stoßgruppen vorzutreiben und die roten Kräfte durch Jagd=kommandos zu verfolgen, konnte also seit längerer Zeit wieder eine zusam=mengefaßte Operation ermöglicht werden. Nach Vereinigung der einzelnen Kampfgruppen sollten die kommun. Div.en möglichst gegen die an der Drina durch Kräfte des Mil.=Befehlshabers Südost gebildete Sperrlinie gedrückt oder bis zu ihrer Auflösung verfolgt werden.

* Der WFStab, der immer wieder auf das Festhalten Titos an seinem Serbien=Plan und im Zusammenhang damit auf die Aktivität der Kommunisten im Raum Leskovac—Prokuplje hinwies, stimmte den Absichten des OB Südost im vollen Umfang zu und erwirkte die Freigabe des SS=Fallsch.=Jg.=Btl.s sowie eines Btl.s des noch in Ungarn eingesetzten 5. SS=Pol.=Rgt.s, das die abzuziehenden Teile der 13. SS=Geb.=Freiw.=Div. ersetzen sollte, durch den Reichsführer SS. Dem OB Südost wurde am 24. 4. das Einverständnis des Führers und die Ein=willigung des Reichsführers SS mitgeteilt. Das Unternehmen selbst lief am 27. 4. an; jedoch verzögerte das Wetter den Absprung der Fallschirmjäger. Folge der Aktion war es, daß — wie schon nach wenigen Tagen festgestellt werden konnte — die 16. und 17. kommun. Div. die Absicht, die Drina zu überqueren, aufgaben (Lagebuch 29., 30. 4.). Darüber hinaus entstand der Eindruck, daß Tito den Entschluß faßte, sich mit seiner gesamten Streitmacht zunächst wieder nach Ostbosnien zurückzuziehen.

Sein zweiter Versuch, sich in Serbien festzusetzen, konnte also bereits um die Monatswende als gescheitert angesehen werden. Dabei war es den eilig zusammengerafften, zunächst völlig auf die Abwehr beschränkten eigenen Kräften gelungen, die Kerndivision Titos anzuschlagen und dadurch seine Macht wesentlich zu mindern (Mitteilung Gen. v. Buttlar 9. 5.). — Die Kämpfe gegen die 2. und 5. kommun. Div. setzten sich noch fort; ihre blutigen Ver=luste wurden auf zusammen 1 500 Mann, d. h. auf ein Drittel ihrer Kampf=kraft, geschätzt (Lagebuch 1. 5.). Es gelang wieder, die beiden Div.en, die zunächst trotz starker Munitions= und Versorgungsschwierigkeit ihren Raum zu behaupten versuchten, einzuschließen. Jedoch vermochten sie nach wenigen Tagen, nach Süden und Westen auszuweichen, wo sie nach einem aufgefange=nen Befehl das Zlatar=Gebirge, d. h. ihre Ausgangsstellung, erreichen sollten (Lagebuch 7. 5.). Der vom WFStab angeregte Versuch, durch Flugblätter=Ab=wurf eine Überläuferbewegung auszulösen, brachte keinen nennenswerten Erfolg. Die Reste der beiden Divisionen gewannen, in kleine Gruppen auf=gelöst, das Golija=Gebirge. Da sich gleichzeitig auch die 16. und 17. Div. end=gültig nach Westen wandten, nachdem ihnen im Raum von Vlasenica für sie verlustreiche Gefechte geliefert worden waren, konnte — ohne daß in diesen Gebieten wirkliche Ruhe eintrat — dieser Abschnitt der Kämpfe als abge=schlossen angesehen werden.

* *Anl. 15*

Das Frühjahr brachte auch an anderen Stellen eine gesteigerte Aktivität der Tito=Kräfte. Ende März versuchten sie, gegen die Stadt *Jajce* vorzugehen; die sich hieraus entwickelnden Kämpfe zogen sich bis in die erste Aprilwoche hinein, ohne daß den Aufständischen, bei denen zeitweise Tito selbst vermutet wurde (Lagebuch 7. 4.), die Einnahme der Stadt glückte. Gegenüber Gegen=angriffen von Teilen der 7. SS=Geb.=Freiw.=Div. mußten sie vielmehr bald zur Abwehr übergehen. Ein weiteres Machtzentrum der Aufständischen hatte sich im *Papuk=Gebirge* im nördlichen Kroatien gebildet. Gegen die dort fest=gestellten Barackenlager usw. richtete die deutsche Luftwaffe auf Anforderung des Pz.=AOK 2 bereits am 8. 4. einen starken Angriff mit 201 Einsätzen. Ende des Monats begann hier ein größeres Säuberungsunternehmen der mittlerweile aus Ungarn zurückgekehrten 42. Jäg.=Div. (Lagebuch 29. 4.). Für eine wirkliche Befriedigung des immer stärker von Tito=Kräften durchsetzten Raumes nörd=lich der Save, der für die Ernährung Kroatiens von entscheidender Bedeutung war, reichten die eigenen Kräfte jedoch nicht aus (Mitteilung Gen. v. Buttlar 3. 5.). Die Kräfte der 42. Jäg.=Div. stießen auf zähen Widerstand, konnten jedoch mehrere feindl. Div.en, darunter die 12. und die 28., zerschlagen, Lager und Versorgungseinrichtungen zerstören; die geworfenen Tito=Kräfte versuch=ten, sich im Sunji=Gebirge wieder zu sammeln. Nach Beendigung des Unter=nehmens sammelte sich die 42. Jäg.=Div. in Agram; ein Marsch der Div. durch die Stadt sollte auf die Stimmung der Bevölkerung wirken (Lagebuch 11. 5.). Als ein weiteres neues Zentrum der Tito=Bewegung mußte seit Anfang Mai *Montenegro* angesehen werden, aus dem die D.M.=Anhänger immer mehr verdrängt wurden (s. unten).

Der *Bahnschutz*, ein wichtiges, hier jedoch nicht im einzelnen zu behandeln=des Teilgebiet des Kampfes gegen die Bandenbewegung, gewann vermehrte Bedeutung, als nach der Einstellung der Chromerzlieferungen durch die Türkei und dem Ausfall anderer wichtiger Rohstofflieferungen aus neutralen Ländern den Rohstoffvorkommen des Südostraums und den zugehörigen Abtransport=strecken eine erhöhte Aufmerksamkeit zugewandt wurde. Ab Anfang Mai bemühte sich der WFStab, einen Überblick über die wichtigsten Rohstoffvor=kommen und die zugehörigen Bahnen im Südosten und den Mindestbedarf an Sicherungskräften zu erhalten. Es ergab sich, daß eine volle Erfüllung der hier bestehenden Forderungen den Verzicht auf die aktive Bekämpfung der Auf=ständischen bedeutet hätte.

Eine Vervollständigung und teilweise Berichtigung erhielt das Bild, das beim WFStab von den Erfolgen des Kampfes gegen Tito bestand, durch den Besuch des Kommand. Generals des V. SS=Geb.=AK., *Gen. der Waffen=SS Phleps,* am 3. 4. Es ergab sich, daß manche Teilerfolge der eigenen Kräfte in den täglichen Lagemeldungen des OB Südost nicht voll zur Geltung kamen (Lagebuch 4. 4.).

### d) Die Adria=Front

Der Kampf gegen die Aufständischen an der *Adria=Front* muß gesondert betrachtet werden, da sie in einem viel engeren Zusammenhang mit der großen operativen Lage und den sie beherrschenden Fragen stand als die Kampfgebiete des Landesinnern.

Als noch keine Klarheit über die Art der Kampfführung, die die Anglo=Amerikaner nach dem Übergreifen der Kämpfe auf das italienische Festland wählen würden, bestand, beschäftigte sich die deutsche militärische Führung viel mit der Möglichkeit einer feindlichen Großlandung an der Westflanke der Balkanhalbinsel von Italien aus. Darum war sie bestrebt, nach dem Aus=scheiden Italiens möglichst rasch die wichtigsten Hafenorte und Inseln der dalmatinisch=montenegr.=alban.=griech. Küste unter ihre Kontrolle zu bringen, was ihr in den Herbstmonaten des Jahres 1943 auch mit geringen Ausnahmen glückte. Der Verlauf der Kämpfe in Italien zeigte dann, daß der Feind an seiner methodischen und wagnisscheuen Kriegführung festhielt und kaum zu einem Sprung über die Adria bereit schien (vollends nach dem unbefriedigenden Ver=lauf der Landung bei Nettuno). Dazu schien mit dem Eintreten des Winters die Wetterlage größere Landungsunternehmen in diesem Raum auszuschließen. Als Anfang 1944 die Bedrohung des Südostens durch eine Großlandung eine kurze Zeit lang im Mittelpunkt der Erwägungen stand, vertrat der WFStab den Standpunkt, daß — im Gegensatz zur Ägäis und Thrakien — mit einem Angriff gegen die Adria=Front erst im Frühjahr zu rechnen sei und daß alle diesbezüglichen Absichten des Gegners überdies völlig vom Verlauf der Kämpfe in Italien abhängig seien. Ohne einen großen Erfolg in Italien sei eine ernste Bedrohung der Adriatischen Küste unwahrscheinlich (Weisung vom 29. 1., s. S. 618 f.). Dagegen wurde jederzeit mit Kommando=Unternehmen auch grö=ßeren Umfangs gegen einzelne Insen gerechnet, wie sie von den Briten und den Tito=Leuten auch nach kurzer Zeit versucht wurden. Der OB Südost rechnete allerdings im März — wie aus einer Beurteilung der Landemöglichkeiten im Dalmatinischen Küstenraum vom 21. 3. hervorging — auch mit begrenzten Landungsunternehmen gegen das Adriatische Festland (Abschn. Split—Šibe=nik), jedoch gleichfalls nicht mit Feindoperationen mit weitgesteckten Zielen. Die Stärke der hinter dem gefährdeten Küstenstreifen stehenden Bandenkräfte wurde auf 20 000 Mann geschätzt. Diese Beurteilung der Lage wurde im großen noch bis in den Mai hinein beibehalten; beim Rückblick auf die Insel=kämpfe der letzten Monate wurde festgestellt, daß diese sich nur im begrenz=ten Rahmen gehalten hätten und mit einer wesentlichen Verstärkung nur dann zu rechnen sei, wenn der Gegner auf anderen Fronten zum Angriff übergehe (Mitteilung Gen. v. Buttlar 9. 5.). Die Jonischen Inseln, die westgriechische Küste, vielleicht auch die albanische und der Peloponnes und die Ägäis wurden zu diesem Zeitpunkt als weit gefährdeter angesehen, um so mehr, als die im libysch=ägyptischen Raum zusammengezogenen feindlichen Kräfte stärker schienen als die für eine Operation über die Adria in Frage kommenden in Süditalien. Einen großangelegten Versuch, den Sperriegel der Ägäis aufzubrechen, in die Tiefe der Inselwelt und gegen Thrakien – Bulgarien vorzustoßen, würden — so wurde angenommen — die Balkan-Interessen Sowjetrußlands ausschließen (vgl. die Lagebeurteilung des WFStabs vom 5. 5.). – Die ganze Frage stand in unmittelbarem Zusammenhang mit der bevorstehenden Eröffnung der zweiten bzw. dritten Front und der Invasion. Volle Klarheit konnte hier erst eintreten, wenn die großen Absichten des Gegners im Westen und Südwesten offenbar geworden waren.

*aa) Lissa*

Im engeren Rahmen des adriatisch-dalmat. Schauplatzes bildete die *Insel Lissa* das beherrschende Problem. Nachdem die englische Führung der Wegnahme der meisten Dalmatin. Inseln untätig zugesehen hatte, schien sie den Entschluß gefaßt zu haben, Lissa zu halten und im Laufe der Zeit zu einem starken Stützpunkt auszubauen. Es ging ihr dabei weniger um die maritime Beherrschung dieses Raumes und um die Gewinnung eines Sprungsteins zur Dalmatin. Küste hinüber als um die materielle Unterstützung Titos, zu der sich England — sei es im Rahmen der Abmachung mit Sowjetrußland, sei es auf Grund des eigenen Gesamtkriegsplanes — entschlossen hatte. Innerhalb weniger Monate wurde die Insel zum Schauplatz einer engen Zusammenarbeit des englischen Militärs mit den Tito-Leuten und zum Hauptumschlagplatz für die Tito von Italien aus zugeführten Lieferungen an Waffen, Munition und Versorgung, die von hier durch kleine Segler zur Küste hinüber und dann (in Tausende von Rucksack-Traglasten zerlegt) auf wechselnden Versorgungskanälen — es bestanden allerdings auch andere, nicht über Lissa gespeiste — ins Gebirge hinauf zu den roten Div.en im Landesinneren geschafft wurden. Eine führende Rolle spielte hierbei der brit. *Gen. MacLean*, der unter Sir Stafford Cripps brit. Botschaftsrat in Moskau gewesen war. Er hielt sich Anfang Januar zum ersten Mal auf Lissa auf, das Tito von sich aus schon vorher zum Kernstück seiner Dalmatin. Stellung auszubauen und unter allen Umständen zu halten entschlossen schien; allerdings konnte er zunächst keine befriedigenden Zusagen für Hilfeleistung machen (Lagebuch 9., 10. 1.). Anschließend begab er sich zum I. kommun. Korps, anscheinend um Art und Durchführung der Versorgung festzulegen (Lagebuch 25. 1.). Er war anscheinend schon vorher zum Chef der brit. Mil.-Mission bei Tito ernannt und entfaltete auf Lissa, in den kroat. Machtgebieten Titos und in London eine lebhafte Tätigkeit, die von Churchill in seiner — für die brit. Option für Tito entscheidenden — Unterhausrede vom 22. 2. 44 stark herausgestellt wurde.

Der im großen Umfang mitgehörte Funkverkehr der Tito-Kräfte, ergänzt durch die Aufklärungsergebnisse der eigenen Luftwaffe, zeigte ab Ende Januar das Anwachsen der Vorräte und der Schiffsbelegung in Lissa. Zum Beispiel wurden nach aufgefangenen Meldungen in der Zeit vom 1.—15. 2. 2 400 Schuhe, 49 000 Rucksäcke, 140 leichte MG., 21 000 Gewehre, vom 9.—29. 2. 2 000 Maschinenpistolen, 16 Geschütze, Zehntausende von Gewehren usw. von Lissa ins Landesinnere transportiert, vielleicht aus den ursprünglich für die Türkei vorgesehenen (infolge der brit.=türk. Abkühlung im Februar zurück=gehaltenen) Beständen. Daneben wurden auf der Insel anscheinend Tito=Leute in großem Umfang an den gelieferten Waffen, besonders an den Geschützen, ausgebildet. Wohl im Zusammenhang mit einem befürchteten deutschen An=griff gegen die Insel erfolgte dann die Verstärkung der aus mehreren tausend Mann bestehenden kommun. Besatzung durch engl. Spezialtruppen (z. B. An=fang März durch ein Kommando in Stärke von 500 Mann; Lagebuch 3. 3.), nachdem schon im Februar mehrere hundert Briten als Rahmenpersonal für die dort befindlichen 3 kommun. Brigaden und 1 mot. Abt. eingetroffen sein sollten. Auch vereinzelte Amerikaner mußten auf der Insel angenommen wer=den. — Seit dem Frühjahr wurde Lissa zum Flugstützpunkt ausgebaut (Lage=buch 4. 4.; 14. 4.; 4. 5. usw.), vor allem für die zur Versorgung der Aufstän=dischen durch Abwurf eingesetzten Flugzeuge.

Anfang März übernahm der brit. Brig.=Gen. Tom Churchill, ein Neffe des Premiers, den Oberbefehl auf Lissa; doch behielt auch MacLean, der Anfang Mai die Unternehmungen gegen Mljet und Korčula leitete, milit. Befehlsfunk=tionen in diesem Raum (Lagebuch 8. 3.). Gegen Ende des Monats wurde die Stärke der Inselbesatzung auf 10 000 Tito=Leute sowie 7—800 Engländer und Amerikaner veranschlagt (andere Schätzungen waren wesentlich niedriger). Die Belegung mit kleinen Fahrzeugen wechselte, überstieg jedoch oft hundert; für den Einsatz dieses Schiffsraums war der kommun. Marinestab zuständig, der seit Jahresbeginn auf der Insel nachgewiesen werden konnte. Im selben Monat begannen auch Nachrichten über die Überführung jugoslawischer Exil=truppen nach Lissa einzugehen.

Demgegenüber war die eigene Führung schon Ende 1943 zur Wegnahme der Insel entschlossen. Zu Beginn des Jahres 1944 war es vor allem die Marine, die auf die Wegnahme von Lissa und Solta drängte, da sie ohne die Ausschal=tung dieser feindl. Stützpunkte ihre Aufgaben in den Dalmatin. Gewässern nicht erfüllen könne. Es entstand dabei eine Meinungsverschiedenheit mit dem OB Südost, der erklärte, der an sich dringende Angriff sei im Augenblick nicht durchführbar, da die erforderlichen Truppen und Landungsmittel fehlten. Deswegen sollten (wie am 2. 1. dem WFStab gemeldet) zunächst die inneren Inseln, Brač und Solta, die auch für die Küstenverteidigung wichtiger seien, genommen werden, wie es dann auch Mitte Januar geschah (s. unten; Vor=gang in den Akten WFStab/Op M). — Die Kriegsmarine betonte demgegen=über, daß nicht zu lange gewartet werden dürfe; Lissa sei auch für die eigene Kriegführung wichtig als Einsatzhafen für Torpedo= und Untersee=Boote, für die Aufstellung von Funkmeß= und Signalstationen und als Luftstützpunkt.

Die Insel müsse, auch wenn sie nicht in die eigentliche Küstenvorfeld=HKL einbezogen werde, dauernd besetzt und verteidigt werden. — Die weiteren diesbezüglichen Erwägungen ergaben, daß der Angriff gegen Lissa nicht vor dem 10. 2. möglich sei (Lagebuch 26. 1.), wobei es noch unbestimmt war, ob das hierfür vorgesehene SS=Fallsch.=Jg.=Batl. (das dann bei „Maibaum" zum Einsatz gelangte, s. oben) zu diesem Zeitpunkt einsatzbereit sein würde. Diese Frage wurde bei einem Aufenthalt des Kommandeurs des V. SS=Geb.=AK. (s. S. 653) im FHQu. am 28. 1 besprochen. Der Kräftemangel bewirkte dann einen weiteren Aufschub des Unternehmens, das erst Anfang März durch eine zusammenfassende Meldung des OB Südost vom 1. 3. wieder greifbare Gestalt annahm. Er vertrat darin die Auffassung, daß der Widerstand bei einer Landung auf der Insel (Deckname „Freischütz") vermutlich stärker sein werde als auf Leros. An eigenen Kräften waren hauptsächlich Teile der 118. Jg.=Div. vorgesehen, dazu ein Pi.=Landungs=Batl., eine Küstenjäger=Abt. „Brandenburg" und das SS=Fallsch.=Jg.=Batl., dazu Torpedo= und Schnell=Boote, Siebelfähren und andere Kleinfahrzeuge der Kriegsmarine sowie 1 verstärkte Jagdgruppe und eine Stuka=Staffel der Luftwaffe. Die Angriffsgruppe sollte sich ab 1. 3. allmählich im Inselgebiet der 118. Jg.=Div. versammeln, der Angriff selbst, für den die Zeit zwischen 15. und 20. März vorgesehen war, noch in der Dunkelheit an der Südostküste der Insel beginnen. Als dringend erforderlich wurde die Verstärkung der vorgesehenen, als ein Mindestmaß anzusehenden Luftwaffenkräfte bezeichnet. Die Masse der im Südostraum vorhandenen Jäger war zu diesem Zeitpunkt abgezogen worden; doch teilte der Luftwaffenführungsstab am 5. 3. mit, daß die vom OB Südost für den Angriff gegen Lissa geforderten Luftwaffenkräfte zur Verfügung gestellt werden könnten.

Der März stand für den Südosten im Zeichen der *Besetzung Ungarns*, zu der unter anderem auch das SS=Fallsch.-Jg.-Batl. herangezogen werden mußte, und der Krise im Süden der Ostfront. Die Erwägungen über Lissa traten daher vorübergehend zurück, um erst im April wieder in den Vordergrund zu rücken. Vorher war am 26. 3. eine neue Meldung des OB Südost über den Kräftebedarf eingegangen, in der wiederum auf die Notwendigkeit der zur Zeit nicht im erforderlichen Umfang gewährleisteten Unterstützung durch Luftwaffe und Kriegsmarine hingewiesen wurde. Da beim WFStab auch die vom OB Südost vorgesehenen Heereskräfte nicht als ausreichend erschienen, arbeitete er eine am 6. 4. abgeschlossene eigene Studie über die Wegnahme von Lissa (771166/ g. Kdos. Chefsache, in den Akten Op H) aus, in der die Schwierigkeiten des Unternehmens stark hervorgehoben wurden. An Hand dieser Studie trug der Chef WFStab dem Führer am 9. 4. über die ganze Frage vor. Gegenüber dem Vorschlag, von dem Angriff abzusehen, forderte der Führer erst noch weitere Unterlagen. Eine Entscheidung wurde noch nicht getroffen; jedoch erhielt die Luftwaffe den Befehl, den auf Lissa im Bau festgestellten Flugplatz zu zer=

stören und den Ausbau der Insel zum Luftstützpunkt (s. oben) zu verhindern. Dementsprechend setzten bald darauf Angriff schwerer deutscher Luftstreitkräfte gegen die Insel ein. Am 12. 4. wies der OB d. M. gegenüber dem Führer erneut auf die Notwendigkeit der Ausschaltung von Lissa hin: andernfalls werde — so führte er aus — der eigene Schiffsraum an der Dalmatinischen Küste in Kürze ganz dahingeschwunden sein. Da sich um dieselbe Zeit der vom WFStab entsandte Oberstlt. d. G. Ziervogel beim Pz.-AOK 2 befand, um besonders die mit dem Unternehmen gegen Lissa zusammenhängenden Fragen zu prüfen, wurde die Entscheidung bis zu dessen Rückkehr vertagt (Lagebuch 13. 4.). Der am 19. 4. vorgelegte Reisebericht kam zu einer ungünstigen Einschätzung der Erfolgsaussichten und wiederholte unter anderem die schon vorher bestehenden Zweifel an der Möglichkeit ausreichender Vorbereitung und Abschirmung durch die eigene Luftwaffe. Ein Fehlschlagen der Unternehmung würde (vor allem wegen der vermutlich damit verbundenen Vernichtung des verwendeten Schiffsraums — fast des gesamten deutschen Adria-Schiffsraums) weit schwerer wiegen als die bei einem Gelingen eintretende Entlastung. Der Bericht bestärkte den Chef WFStab in der Auffassung, daß die verfügbaren Kräfte aller Wehrmachtteile für einen erfolgreichen Angriff gegen Lissa nicht ausreichten. — Der Führer entschied daraufhin am 23. 4., wie dem OB Südost am 24. 4. mitgeteilt wurde, daß das Unternehmen „Freischütz" zunächst zurückgestellt, die Aktion der Luftwaffe gegen die Insel Lissa jedoch fortgesetzt werden solle.

*bb) Der übrige Dalmatinische Küstenraum*

Zu einer vollständigen Besetzung und Verteidigung der Dalmatin. Inseln reichten die eigenen Kräfte bei weitem nicht aus. Bei der Frage, welche Inseln zu besetzen seien und welche nicht, machte sich (wie schon im Falle Lissa) ein gewisser Gegensatz zwischen den Auffassungen der Kriegsmarine und des Pz.-AOK 2 bzw. des OB Südost geltend. Für die Marine handelte es sich um die Sicherung des Seeverkehrs — die Versorgung des Pz.-AOK 2 erfolgte zum großen Teil auf dem Seeweg —, während das Pz.-AOK 2 von der Küstenverteidigung ausging. Eine weitere Frage bestand darin, ob es sich bei der Besetzung der Inseln nur um eine laufende Kontrolle oder um eine (im Falle eines stärkeren Angriffs einzuziehende) Sicherung handeln sollte oder ob sie in die HKL miteinzubeziehen und nachhaltig zu verteidigen waren.

Es wurde schon erwähnt, daß sich der OB Südost zu Beginn des Jahres entschlossen hatte, von den noch nicht besetzten Inseln zunächst die inneren, für die Küstenverteidigung wichtigeren zu nehmen. — Am 13. 1. erfolgte die Landung auf der Insel *Brač* („Morgenwind"), während es schon am Vortage gelungen war, auf der benachbarten Insel *Solta*[1] Fuß zu fassen. Die Insel *Hvar*, auf der dann am 19. 1. gelandet wurde, war vom Gegner bereits am Vortage ge-

1 Kroatisch: Sulet.

räumt worden. Auch bei den beiden anderen Unternehmungen kam es nicht zu größeren Kämpfen. Von den drei Inseln sollte nur Brač – zusammen mit Korčula, Pelješac usw. – in die HKL einbezogen und dementsprechend besetzt werden, während alle die Inseln, die nur für die eigene Aufklärung, Vorfeldsicherung usw. wichtig waren, lediglich durch schwache Kräfte gesichert und alle übrigen, darunter Hvar, durch unregelmäßige Streifen überwacht werden sollten.

Nach Durchführung dieser Aktionen war nach Auffassung des OB Südost (23. 1.) der Schiffahrtsweg bis Dubrovnik und Cattaro — soweit mit Mitteln des Heeres möglich — freigekämpft.

Ende Januar machte sich auf den zum Teil noch nicht besetzten oder gesäuberten Inseln vor Zara eine verstärkte Aktivität der Tito-Kräfte bemerkbar. Es erfolgten daraufhin in den ersten Februartagen Säuberungsunternehmungen auf *Uljan, Iz* usw., später auch auf der weiter nördlich gelegenen Insel *Rab*, während am 6. 2. ein anscheinend von Britten und Tito-Kommunisten gemeinsam durchgeführtes Kommando-Unternehmen gegen *Hvar* erfolgte. Nach Einziehung von Rekruten, die angeblich von einem amerik. Offizier geleitet wurden, schiffte sich der Gegner wieder ein. — Da die meisten dieser Inseln in dem nicht ausschließlich über Lissa geleiteten Versorgungsverkehr Titos eine Rolle spielten, traten (wie aus aufgefangenen Funksprüchen etc. hervorging) nach ihrer Wegnahme bald empfindliche Störungen in seinem Nachschub ein.

Ende März setzten die seit längerer Zeit erwarteten feindl. Unternehmungen gegen die Dalmatin. Inseln ein, denen jedoch — wie sich bald herausstellte — keine größere Bedeutung zukam. Durchgeführt wurden sie meist von Tito-Kräften unter Leitung bzw. Beratung englischer Offz.e; reguläre brit. Verbände waren nicht beteiligt. Der Gegner schien mit diesen Unternehmungen vor allem deutsche Kräfte binden und vielleicht die Voraussetzungen für spätere größere Unternehmungen schaffen zu wollen. Am 22. 3. landete ein feindl. Batl. auf *Hvar;* es gelang ihm, das dort eingesetzte eigene Batl. in zwei Teile zu zerlegen und nach Osten zurückzuwerfen. Tags zuvor war eine Landung auf *Solta* erfolgt. Nachdem am 29. 3. ein von Brač überführtes eigenes Batl. eingriff, setzte sich der Gegner wieder ab und schiffte sich nach Lissa ein, von wo das Unternehmen anscheinend auch seinen Ausgang genommen hatte. Auch auf Solta wurde die Lage bald wieder hergestellt. Ende April folgten dann größere Kommando-Unternehmen gegen die Insel *Mljet*, deren Räumung der OB Südost trotz ihrer Wichtigkeit für den Seeweg nach Dubrovnik vorgeschlagen hatte, und *Korčula*. Während der Gegner auf Mljet nach Landung von zwei eigenen Komp.en bald wieder einschiffte, traten auf Korčula größere Verluste ein. Der WFStab hatte schon vorher im Falle Mljet, dessen Räumung er befürwortete, darauf hingewiesen, daß bei der unzureichenden Besetzung der Inseln laufend mit dem Verlust ganzer Besatzungen zu rechnen sei, was auf die Dauer als untragbarer Zustand angesehen werden müsse. In diesem Zusammenhang war wiederholt die Frage der Verstärkung der Inselbesatzungen durch Fest.-Inf.-Batl.e aus Griechenland bzw. Neuaufstellungen geprüft worden.

Gleichzeitig mit dem Einsetzen der feindl. Aktivität im Inselraum, am 21. 3., hatte der OB Südost in einer neuen Meldung zur Frage der Inselbesetzung Stellung genommen. Er stellte darin den Grundsatz auf, daß die Küste des Festlandes die HKL sei und daß hier die Masse aller verfügbaren Kräfte und Abwehrwaffen zur Verteidigung eingesetzt werden müsse. Die eigenen geringen Kräfte ließen es nicht zu, auch die vorgelagerten Inseln so zu besetzen, daß sie gegen feindl. Landungsunternehmen gleichzeitig verteidigt werden könnten. Nur einige wenige dieser Inseln müßten aus taktischen Gründen unmittelbar in die Küstenverteidigung einbezogen, die übrigen könnten nur entweder als vorgeschobene Stellungen mit einem Mindestmaß von Kräften gesichert oder überhaupt nicht besetzt werden. Gemäß diesem Grundsatz habe er dem Pz.-AOK 2 die Auflockerung der dem weitgespannten Küstenabschnitt der 118. Jäg.-Div. vorgelagerten Inseln gestattet und beabsichtige, die Inseln Brač und Korčula weiter mit je einem Jg.-Btl., Hvar nur mit einer verstärkten Kompanie zu besetzen und Mljet (s. oben) gänzlich zu räumen. – Das OKW stimmte der Auffassung des OB Südost grundsätzlich zu, mußte sich aber — wie diesem am 24. 3. mitgeteilt wurde — die Genehmigung zur Räumung oder Schwächung einzelner Inseln vorbehalten, da hierbei jeweils die Auffassung der beiden anderen Wehrmachtteile festgestellt und berücksichtigt werden müsse.

Die Reise des Oberstlt. d. G. Ziervogel (s. S. 658) erbrachte ein eindrucksvolles Bild von den schwierigen Verhältnissen im Dalmatin. Abschnitt, für die u. a. der Umstand kennzeichnend sei, daß die feindl. Luftwaffe den gesamten Luftraum der Küstenfront bis in die Gegend Zara beherrsche und jeden See- und Landverkehr bei Tage unterbinde. Die Besetzung der Inseln betr. bestehe ein gewisser Gegensatz zwischen der 118. Jg.-Div., die die völlige Räumung der Inseln fordere, um sich ganz auf die Verteidigung der eigentlichen Küste beschränken zu können, und den übergeordneten Kdo.-Behörden, die sie als Vorfeld besetzt wissen wollten, um dem Gegner nicht vorzeitig künstennahe Bereitstellungsplätze in die Hand zu geben und durch den Kampf um die Inseln Zeit zum Heranführen von Verstärkungen für den Kampf um die Küste zu gewinnen; der WFStab trat der letzteren Auffassung bei.

In der Lissa betreffenden Weisung vom 24. 4. (s. S. 658) wurde dem OB Südost (in Bestätigung seiner am 21. 3. gemachten Auffassung) als Richtlinie für die Gliederung der eigenen Kräfte im Dalmatin. Küstengebiet mitgeteilt, daß die Küste die HKL sei und die im Küstenvorfeld liegenden Inseln die Aufgabe vorgeschobener Stellungen hätten. Besetzt waren um diese Zeit noch folgende dalmatin. Inseln: *Brač, Solta, Drvenik, Čiovo, Zlarin, Pasman, Uljan, Pag* und *Rab*.

Um dem Gegner die Festsetzung auf geräumten oder nur schwach gesicherten Inseln zu erschweren, war schon seit dem März mit der Evakuierung der Zivilbevölkerung begonnen worden (Lagebuch 21. 3.), wobei man sich zunächst auf die männliche Bevölkerung beschränkt hatte. Die Gemeindeverwaltungen, Ärzte usw. wurden zurückgelassen, um dann allerdings vielfach von den Tito-Kräften weggeführt zu werden. In der Weisung vom 24. 4. wurde dem OB Südost dann die völlige Evakuierung der aufzugebenden bzw. zu schwächenden Inseln von der Zivilbevölkerung befohlen. Hierbei ergaben sich Schwierigkeiten mit kroatischen Behörden, die zu einer Demarche der Regierung beim Gesandten Kasche führten; dieser wandte sich seinerseits an den WFStab, ohne sich — wie von diesem als zweckmäßig bezeichnet wurde — vorher mit dem OB Südost ins Benehmen gesetzt zu haben (Lagebuch 11. 5.).

### 5. Das Unternehmen „Rösselsprung" (Mai — Juni)

Auf der Grenze zwischen den Kämpfen des Winters und des Frühjahrs und der mit der alliierten Großoffensive einsetzenden neuen Phase der Aufstandsbewegung im Südostraum steht das Unternehmen „Rösselsprung", mit dem die Initiative seit längerer Zeit zum ersten Mal wieder auf die deutsche Seite überging. Der Zeitpunkt hierfür war außerordentlich günstig, da die Tito-Bewegung infolge des gescheiterten Vorstoßes nach Serbien und der (auch in den anderen Schwerpunktgebieten des Kampfes gegen die Besatzungsmacht) erlittenen Rückschläge eine bedeutende Minderung an Macht und Ansehen erfahren hatte (Mitteilung Gen. v. Buttlar, 9. 5.). Eine erfolgreiche deutsche Aktion mußte sie gerade jetzt empfindlich treffen und der deutschen Führung eine angesichts der gespannten großen Lage sehr erwünschte Entlastung schaffen. Da es infolge der weiten räumlichen Ausbreitung der Bewegung nicht mehr möglich war, die gesamten militärischen Kräfte Titos durch eine großräumige Umfassungsoperation nach dem Muster von „Kugelblitz" zu vernichten, entstand der Gedanke, überraschend in den von ihm beherrschten Zentralraum einzudringen und seine Führungsorgane (einschließlich der ausländischen Militärmissionen) zu zerschlagen oder mindestens vorübergehend lahmzulegen; es war nicht ausgeschlossen, daß es hierbei gelingen würde, der Person Titos habhaft zu werden. Ihre entscheidende Bedeutung für die ganze Bewegung war in den letzten Monaten immer deutlicher geworden; andere Namen und Männer traten — was allerdings auch an der Organisationsform und der notwendigen Geheimhaltung lag — nicht hervor. (Für den Fall, daß es gelingen sollte, der Person Titos habhaft zu werden, hatte der Führer schon früher angeordnet, dies geheim zu halten. Auf diese Weise sollte verhütet werden, daß die Engländer sich dann wieder Mihajlović zuwandten).

Der OB Südost übermittelte am 6. 5. seine der 2. Pz.-Armee für die Operation „Rösselsprung" erteilte Weisung (Anl. 16). Danach sollte die Armee womöglich noch im Mai unter möglichster Wahrung der taktischen Überraschung mit starken Kräften in den Raum Bugojno—Jajce—Banja Luka—Prijedor—Bihać—Knin hineinstoßen und die Führungsorganisation Titos in Unordnung bringen, um sodann in freier Jagd die aufgespaltenen Gruppen bis zur völligen Erschöpfung zu jagen und zu zerschlagen. Besondere Bedeutung komme der Ausschaltung der Flug- und Abwurfplätze zu. Die Kräfte sollten unter vorübergehender rücksichtsloser Entblößung anderer Gebiete aus Verbänden des V. SS-Geb.- und des XV. Geb.-AK. gewonnen werden; auch die Verbände der kroatischen Wehrmacht seien bei unbedingter Wahrung der Geheimhaltung in größtmöglichem Umfang einzusetzen. Aus seiner operativen Reserve wollte der OB Südost der Armee die Pz.-Abt. 202, das 4. Rgt. „Brandenburg" und das Gren.-Rgt. (mot) 92 zur Verfügung stellen. Das OKW bat er um die Freigabe der Aufkl.-Abt. der (inzwischen aus den Karpaten zurückgekehrten und nach wie vor als OKW-Reserve geltenden) 1. Geb.-Div. Daneben erwog er den Einsatz des schon beim Unternehmen „Maibaum" verwendeten und vorher für den Angriff gegen Lissa vorgesehenen SS-Fallsch.-Jg.-Btl.s. Auch sollten möglichst starke weitere Teile der Division „Brandenburg" herangezogen und im z.b.V.-Verfahren angesetzt werden.

Der WFStab sprach sich für die Freigabe der Aufkl.-Abt. der gerade im Antransport in den Raum Skoplje befindlichen 1. Geb.-Div. aus, hielt jedoch — wie dem OB Südost am 7. 5. mitgeteilt wurde — den Einsatz des SS-Fallsch.-Jg.-Batl.s für nicht möglich, da es vom Reichsführer SS für ein Säuberungsunternehmen in der Oberkrain vorgesehen sei. — Nachdem jedoch auf Weisung des Chefs WFStab noch einmal an den Reichsführer SS herangetreten worden war, gab dieser das Batl. für „Rösselsprung" frei. Der OB Südost wurde hiervon am 10. 5. unterrichtet. Der Führer — so wurde ihm gleichzeitig mitgeteilt — lege entscheidenden Wert darauf, daß bei der Operation versucht werde, den Hauptstab Tito zu stellen und nach Möglichkeit zu zerschlagen; er solle prüfen, ob das SS-Batl. für diesen Sonderzweck verwandt werden könne (Anl. 19).

Am 13. 5. wurden dem OB Südost für die Durchführung des Unternehmens eine Reihe von Grundsätzen, in denen die bisherigen Erfahrungen des Bandenkampfes berücksichtigt waren, übermittelt (Anl. 20). Bei den bisherigen Unternehmen war es dem Gegner fast immer geglückt, sich mit der Masse seiner Kräfte dem Zugriff rechtzeitig zu entziehen. Der WFStab sah darum in der Wahrung des Überraschungsmoments die wesentliche Vorbedingung des Erfolgs. Alles kam darum auf die Art der Eröffnung der Aktion an. Sie war folgendermaßen gedacht: Als erstes sollte — wie dem OB Südost mitgeteilt wurde — das SS-Fallsch.-Jg.-Batl. unter starkem Einsatz der eigenen Luftwaffe und Inkaufnahme jeden Risikos abgesetzt werden mit dem Auftrag, in Verbindung mit frühzeitig in Volltarnung eingesetzten Teilen der Division „Brandenburg" das feindliche Führungszentrum auszuschalten. Anschließend sollten starke, schnell bewegliche Kampfgruppen (mit Teilen möglichst auch in Voll=tarnung) auf den größeren Durchgangstraßen konzentrisch in das Bandenzen=trum vorgetrieben werden, um diese Straßen freizukämpfen, straßengebundene schwere Waffen und Trosse der Banden und erreichbare Lager zu vernichten und die abgesprungene bzw. in Volltarnung eingesetzte eigene Truppe zu entsetzen. Erst danach sei mit den verfügbaren und hierfür geeigneten Kräften eine planmäßige Säuberung der wichtigsten Bandengebiete durchzuführen.

Mit dem daraufhin vom OB Südost am 21. 5. übermittelten Operationsplan (Anl. 21), der den Ansatz der vorgesehenen 5 Kampfgruppen (aus dem Raum Bihać—Bosnisch=Krupa, Knin, Livno, aus der Gegend westlich und nordwest=lich Jajce und südlich Kulen=Vakuf) sowie der Fallschirm=Jäger (Absprung am X=Tag, dem 25. 5.), über Drvar (32 km südostwärts Kulen=Vakuf) im einzelnen aufführte, erklärte sich der Führer einverstanden; lediglich die Fallschirm= und Luftlandegruppe erschien zu schwach. Der der Landung voraufgehende schwere Luftangriff auf das Nachrichten= und Versorgungszentrum Bosnisch=Petrovac sollte, wie vom Chef WFStab bemerkt wurde, besser gleichzeitig mit der Lan=dung erfolgen.

Das Unternehmen „Rösselsprung" begann, wie vorgesehen, am frühen Morgen des 25. 5. mit starker Luftwaffenunterstützung (440 Einsätze). Der Ort Drvar, wo sich, wie später klar wurde, der Stab Tito tatsächlich befand, wurde besetzt, das gelandete SS=Fallsch.=Jg.=Batl. dort bereits am nächsten Tage durch die Erdtruppen entsetzt. Auf den umliegenden Höhen leistete der Feind hartnäckigen Widerstand, anscheinend um Zeit für den Abbau seiner Stäbe und Einrichtungen zu gewinnen. Eine Sonderkampfgruppe der 7. SS-Geb.=Div. stieß in Volltarnung in den Raum zwischen Drvar und Jajce, in den Tito auszuweichen geglückt war, vor. Am 27. erreichten auch die von Süden angesetzten Kräfte Drvar; das ganze feindliche Führungszentrum war damit besetzt. Der Gegner zog sich unter Zurücklassung zäh kämpfender Nachhuten nach Osten in das Potoci=Waldgebirge zurück, wohin ihm der OB Südost die Kampfgruppen ohne Rücksicht auf Flankensicherung folgen ließ. Die Sonder=gruppe der 7. SS=Geb.=Freiw.=Div. war schon am 28. 5. in diesen Raum vor=gestoßen und drang am 30. 5. in den Ort Potoci ein. Der Gegner wich von Potoci in südlicher Richtung aus; auch das Hauptquartier Titos war anschei=nend in diesen Raum verlegt worden. Gleichzeitig setzte er in der üblichen Weise neue Verbände (20., 10., 39. und 4. Banden=Div.) gegen den Rücken der deutschen Angriffsgruppen an, was sich jedoch nur langsam auswirkte. Der Rückzug der geworfenen zentralen Gruppe führte in das Gebiet von Grahovo. Am 4. 6. konnte das Unternehmen im wesentlichen als abgeschlossen angesehen werden.

Mit dem Ergebnis der Unternehmung erklärte sich der OB Südost, wenn es auch nicht voll den Erwartungen entsprach, im ganzen zufrieden. Durch den Ausfall der Lager und die Zerstörung der Nachrichtenmittel mußte der Haupt=

stab Tito für einige Zeit mattgesetzt sein — tatsächlich ging auch z. B. der Funkverkehr nach dem Unternehmen auf die Hälfte und noch weniger zurück; der Inspekteur des Nachrichtenwesens befand sich unter den Gefallenen. Die rote Leibgarde Titos konnte als angeschlagen gelten; die ausländischen Militär-Missionen, die sich aktiv am Kampf beteiligt hatten, durften fürs erste als ausgeschaltet angesehen werden. Unter den Gefallenen wurden 20 englische und amerik. Tote festgestellt, außerdem 3 Berichterstatter mit Briefen des Sohnes Churchills — der selbst entkam — an das brit. Oberkommando in Italien gefangengenommen. Auch sonst wurden Unterlagen von großer, wenn auch nicht entscheidender Wichtigkeit erbeutet. — Darüber hinaus war es, wie der OB Südost Anfang Juni in einer abschließenden Beurteilung hervorhob, gelungen, ein bisher noch nie gesäubertes Gebiet in eigene Hand zu bringen, und zwar das Tito-Zentralgebiet. Die 1. und 6. rote Division hatten hohe Verluste gehabt — insgesamt wurde mit 6 000 Ausfällen einschließlich der Gefangenen gerechnet (Lagebuch 5. 6.).

Die Auffassung des OB Südost wurde bei der Obersten Führung nicht voll geteilt. Der Führer hatte den Eindruck, daß Tito durch kroatische Kreise in Agram vorgewarnt worden war und stellte — wie der Stellv. Chef WFStab dem Chef des Stabes des OB Südost mitteilte — die Forderung, daß künftig keine kroatischen Truppen mehr an derartigen Unternehmungen beteiligt werden dürften. Diese Forderung glaubte der OB Südost nicht erfüllen zu können; er wies in seiner Antwort an den Stellv. Chef WFStab darauf hin, daß außer dem SS-Fallsch.-Jg.-Batl. und dem Gren.-Rgt. (mot) 92 alle beteiligten Verbände stark mit Angehörigen von Fremdvölkern durchsetzt seien.

Auch die eigenen Ausfälle (namentlich an Fahrzeugen) waren hoch, da die anglo-amerikanische Luftwaffe in einem bisher noch nie gekannten Ausmaß in die Kämpfe eingegriffen hatte. Sie herrschte nicht nur über dem unmittelbaren Kampfgebiet, sondern über dem gesamten kroatischen Raum, aus dem die eigene Luftwaffe – wie vom OB Südost Anfang Juni in einer Meldung hervorgehoben wurde – mehr und mehr herausgedrängt wurde; bis tief ins Hinterland hinein waren militärische Bewegungen nur noch bei Nacht möglich.

Das SS-Fallsch.-Jg.-Batl. wurde nach Beendigung der Operation zur Verfügung des Reichsführers SS nach Laibach überführt; an seine Stelle kam das neuaufgestellte Fallsch.-Jg.-Batl. der Division „Brandenburg" ab 20. 6. nach Kraljevo. – Eine empfindliche Minderung der Kräfte des OB Südost bedeutete die Abgabe der 42. Jg.-Div., die auf Grund der gespannten Lage an der Südfront ab 27. 5. nach Italien abgefahren wurde. Sie wurde in Agram durch die in Wiederauffrischung befindliche 73. Inf.-Div. ersetzt, die aber (ebenso wie die in den Raum Kaschau–Miskolcz zurückgeführte 98. Inf.-Div.) erst Mitte August fertig werden sollte. Als letzter der zur Besetzung Ungarns herangezogenen Verbände des OB Südost war vom 13. 5. an das SS-Pol.-Rgt. 5 zurückverlegt worden, um in Nord-Montenegro im Kampf gegen die kommunistischen Aufständischen zum Einsatz zu kommen. Im gesamten Kroatien trat zunächst eine fühlbare Entspannung ein.

### 6. „Weiß" und „Rot" in Griechenland

Auf die Entstehung der griechischen Widerstandsbewegungen kann hier nicht eingegangen werden. Sie liegt viel weniger klar zu Tage als die der Tito= und Mihajlović=Bewegung und ging weit langsamer vonstatten.

Die Betrachtung der innergriechischen Verhältnisse muß von der sehr schwie= rigen Wirtschafts= und Ernährungslage des Landes ausgehen. Wenn es auch gelungen war, die 1941/42 drohende Hungerkatastrophe abzuwenden, so be= stand doch die Gefahr eines wirtschaftlichen und finanziellen Zusammenbruchs weiter. Deshalb gewannen die Drachmen=Beträge, welche die Wehrmacht be= nötigte, in den Überlegungen der beteiligten Stellen eine große Bedeutung. Sie ergaben sich vor allem aus den hohen Ausgaben, die der Wehrmacht aus den Befestigungsanlagen, vor allem aus den (für die Aufrechterhaltung des Ägäis=Verkehrs notwendigen) Schiffsbauten und =reparaturen erwuchsen. In der Frage der Besatzungskosten bestand schon seit längerer Zeit ein gewisser Gegensatz zwischen dem OKW und dem Auswärtigen Amt. Das letztere, ver= treten durch den Gesandten *Neubacher,* in dessen Südostprogramm Griechen= land einen wichtigen Platz einnahm, forderte eine Einschränkung der Wehr= machtausgaben, um ein Abgleiten des Landes in Inflation und chaotische Zu= stände zu verhüten. Der OB Südost und mit ihm das OKW bezeichneten demgegenüber eine Einschränkung der militärischen Ausgaben als unmöglich, so lange der Auftrag zur Verteidigung des gesamten Südostraums bestehen bleibe. In diesem Sinne wurde im März eine neue Anfrage des Ausw. Amtes durch den Chef OKW beantwortet (Mitteilung Chef Qu 17. 3.). Im April machte die Inflation weitere besorgniserregende Fortschritte; der völlige Zu= sammenbruch der Währung schien unmittelbar bevorzustehen (Mitteilung Chef Qu 7., 19. 4.). Im Juni wurde die Möglichkeit einer Senkung der Aus= gaben erneut überprüft, wobei sich ergab, daß 45 % durch den Reichskommissar für die Seeschiffahrt verursacht wurden (Mitteilung Chef Qu 12. 6.). Hervor= zuheben ist, daß es diesem und der Kriegsmarine gelang, die in den ersten Monaten des Jahres 1944 die Ägäischen Inseln bedrohende Hungersnot mit eigenen Mitteln abzuwenden.

Wie im ehemaligen Jugoslawien die Tito= und die Mihajlović=Bewegung, so standen sich in Griechenland zu Beginn des Jahres 1944 die kommunistische EAM mit der Kampforganisation der ELAS und die nationalistisch=royalistische EDES in offener Feindschaft gegenüber, wobei das Schwergewicht von Anfang an bei der ELAS lag. Auch hier besaß der Kampf der beiden Bewegungen gegeneinander oft größere Bedeutung als der Kampf gegen die Besatzungs= macht Die EDES besaß demgegenüber die bessere Ausrüstung und die Un=

terstützung Englands. Jedoch begann England Ende 1943 (vielleicht ähnlich wie im Falle Titos) auf Grund von in Teheran (28. 11.—1. 12. 43) getroffenen Abmachungen, auch die ELAS in größerem Umfang durch Lieferung von Waffen und Ausrüstung und Entsendung einzelner Verbindungsoffiziere zu unterstützen (über den Zeitpunkt der ersten Fühlungnahme, der zweifellos erheblich weiter zurückliegt, läßt sich noch nichts Genaues sagen). Das offizielle englische Urteil über die ELAS lautete jedoch von Anfang an ungünstig. Die Schuld an den inneren Kämpfen in Griechenland wurde vor allem ihr beigemessen. Mit einer deutlichen Wendung gegen sie gab Churchill in seiner Unterhausrede vom 22. 2. seinem Bedauern darüber Ausdruck, daß die von den Alliierten gelieferten Waffen von den griech. Parteien vielfach gegeneinander anstatt gegen die Deutschen gekehrt würden. Trotzdem war die brit. Regierung auch im Falle Griechenland um eine Einigung zwischen den verschiedenen Widerstandsbewegungen bemüht, um dadurch den Kampf gegen die Besatzungsmacht zu vereinheitlichen und ihm eine größere Wirksamkeit zu verleihen. Die innenpolitischen Gegensätze versuchte sie auch hier provisorisch auszugleichen, die Lösung aller schwebenden Fragen, so vor allem die der Beibehaltung der Monarchie, auf die Zeit nach der „Befreiung" zu vertagen. Sie hatte damit aber weit weniger Erfolg als in Jugoslawien: Während die jugoslawische Emigration eine geschlossene Gruppe bildete, die nach der Eliminierung Mihajlovićs durch die britische Vermittlung mit der unter Tito zusammengefaßten Widerstandsbewegung des Heimatlandes in Fühlung trat, griffen die Parteien des griechischen Heimatlandes auf die Emigration und die von England aufgestellten Exiltruppen über.

Die blutig unterdrückten *Meutereien der griechischen Matrosen* in Alexandria im April, denen sich kurz darauf die Waffenniederlegung der „Griechischen Brigade" in Kairo anschloß, zeigten, daß die Masse der Griechen dem von der Exilregierung und den Offizieren unter brit. Patronat verfolgten nationalistisch-monarchistischen Kurs nicht zu folgen bereit war und daß die EAM auch in der Emigration eine breite Anhängerschaft besaß.

Als Grund ihrer Handlungsweise gaben die Meuterer Meinungsverschiedenheiten mit ihren Offizieren in der Frage des Bleibens oder Gehens der Regierung Tsuderos an. Sie erklärten sich bereit, sich einer neuen griechisch-republikanischen Volksfront-Regierung zu unterstellen als Kern einer nicht mehr auf den König Georg vereidigten griechischen Armee. Es handelte sich also nicht um gewöhnliche Gehorsamsverweigerung, sondern um eine politische Krise größten Ausmaßes. Während Tito und Šubašić im tiefsten Geheimnis sich auf Lissa treffen und besprechen konnten, war die griechische Frage mit den Meutereien in Ägypten, über die der alliierte Oberbefehlshaber im Nahen Osten, Gen. Sir Bernard Paget, einen offiziellen Bericht mit einer scharfen Verurteilung der Meuterer veröffentlichen ließ, in die breiteste Öffentlichkeit gerückt. Wenn auch die brit. Militärbehörden energisch gegen die Meuterer vorgingen (und deswegen in der brit. Linkspresse scharf angegriffen wurden), so mußte die brit. Regierung vor allem mit Rücksicht auf die Sowjetunion die Frage mit größter Vorsicht behandeln. Es war ein wichtiger Probefall für das brit. Verhalten gegenüber den innerpolitischen Gegensätzen der ihrer „Befreiung" harrenden Länder und damit für die brit. Nachkriegspolitik überhaupt eingetreten. Da die antimonarchistischen Volksfront=Neigungen der Mehrheit der griech. Emigration und damit wohl der gesamten griech. Bevölkerung und die Isolierung der Exilregierung in so eindeutiger Form zum Ausdruck gekommen waren, konnte sie nicht mehr in der bisherigen Weise dieser und dem König ihren Rückhalt leihen.

Nachdem die Regierung Tsuderos ihre Entlassung genommen und auch der Sohn Venizelos gescheitert war, fand die brit. Regierung in dem parteilosen, aber allgemein links orientierten *Papandreu* („der ein Mann der Linken ist, ein demokratischer Sozialist und kein Liberaler und irgendetwas Ähnliches" — so schilderte ihn Churchill am 8. 12.) den Mann, der ihr zunächst ein großes Stück weiter half. Er berief noch, bevor er vom König mit der Kabinettsbildung beauftragt wurde, im Mai eine Konferenz von Vertretern aller griech. Parteien nach Syrien (sog. *Libanon=Konferenz*), zu der auch Vertreter der EAM und EDES im Flugzeug aus Griechenland herbeigeholt wurden. Das Resultat der langwierigen Verhandlungen war die Bildung einer (Vertreter aller Parteien, also auch der ELAS umfassenden) Regierung mit Papandreu als Min.=Präsident. Während jetzt innerhalb der griechischen Emigration eine gewisse Beruhigung eintrat und das Kabinett Papandreu sich auf die Übernahme der Regierungsgewalt nach erfolgter Befreiung des griech. Mutterlandes vorzubereiten begann, war von einer Auswirkung der auf der Libanon=Konferenz erzielten Einigung auf das Verhältnis der Widerstandsbewegungen im Mutterland nichts zu bemerken. EDES und ELAS fuhren fort, sich zu bekämpfen, wobei die Zahl der bewaffneten ELAS=Partisanen rund 22 000 Mann betrug. Ihnen standen höchstens 8 000, allerdings gut bewaffnete und organisierte EDES=Kämpfer gegenüber. Churchill stellte in seiner Unterhausrede vom 24. 5. die Bildung der Regierung Papandreu als großen Erfolg heraus. Für Griechenland sei ein neuer und anständiger Anfang gemacht; der latente Bürgerkrieg im Heimatland werde aufhören und alle Kraft gegen den gemeinsamen Feind zusammengefaßt werden. Der ELAS bescheinigte Churchill in derselben Rede abstoßende Ausschreitungen, die einen Teil der Bevölkerung dahin gebracht hätten, sich von den Deutschen in Sicherheits=Batl.e zusammenfassen zu lassen und unter deutscher Leitung die ELAS zu bekämpfen. Voll Anerkennung äußerte er sich über die EDES des Oberst Zervas, der in seinem Gebiet die ungeteilte Unterstützung der Zivilbevölkerung besitze und immer strikten Gehorsam gegenüber den ihm vom alliierten Hauptquartier Mittelost übersandten Befehlen gezeigt habe.

Im Sommer siedelte die Exilregierung, der zuletzt 6 Minister der EAM angehörten, von Kairo nach Salerno bei Neapel über, wo sie nach der Schilderung Churchills und Edens die brit. Stellen mit der Bitte bestürmte, bald nach Griechenland zu gehen, von diesen aber nur teilweise in die angeblich von langer Hand vorbereiteten militärischen Pläne eingeweiht wurde. Die griech. Exil-Brigade, die nach der Meuterei in Kairo zunächst interniert und dann von den Rädelsführern gesäubert worden war, wurde an der Italien-Front eingesetzt und bewährte sich bei den Kämpfen um Rimini. Als die Gesamt-Entwicklung im Südosten den Zeitpunkt für eine brit. Landung in Griechenland in greifbare Nähe rückte, machten die brit. Stellen in Italien einen neuen Versuch, eine Einigung zwischen den verschiedenen, sich nach wie vor heftig bekämpfenden Aufstandsbewegungen des griechischen Heimatgebietes, vor allem zwischen dem EDES-Führer Zervas und dem Oberkommandierenden der ELAS, Gen. Sarafis, zustande zu bringen. In dem sog. *Caserta-Abkommen* vom 5. September 1944 wurde beschlossen, daß sich alle griechischen Widerstandsgruppen unter die nationale Regierung stellen sollten. Die einzelnen „Guerillaführer" verpflichteten sich, selbständige Aktionen ihrer Kräfte zu unterbinden und in Athen nur die von dem vorgesehenen brit. Befehlshaber, Gen. Scobie, getroffenen Anordnungen zu befolgen. Dabei kam es anscheinend zu einer territorialen Abgrenzung zwischen den beiden großen griech. Widerstandsbewegungen. Dieses Abkommen wurde nach der Räumung Griechenlands durch die deutschen Besatzungstruppen und den Landungen der Briten zunächst eingehalten. In der für die Frage der Einordnung der Widerstandsbewegungen in den neuen griech. Staat fundamentalen Frage der Überführung einzelner Partisanenformationen in die aufzustellende nationale Armee und der Waffenabgabe kam es noch Mitte November zu einhelligen Beschlüssen der Regierung Papandreu. Als der brit. Außenminister Eden nach der Moskauer Konferenz (Okt. 1944) sich in Athen aufhielt, sicherten ihm die EAM-Führer ihre Loyalität gegenüber der Regierung zu.

Für die Betrachtung des in der zweiten Novemberhälfte sich vorbereitenden und am 3. Dezember in Athen mit dem Rücktritt der EAM-Minister, Streik und Straßenkämpfen zum Ausbruch kommenden griechischen Bürgerkriegs kann auf die den Akten beigefügte, auf Anforderung des Stellv. Chefs WFStab am 21. 1. 1945 übersandte Studie des OB Südost, Gruppe Ic/AO (Oberst v. Harling): „Entwicklung und Beurteilung der Lage in Griechenland seit Räumung durch die deutsche Wehrmacht" verwiesen werden.[1]

Auch wenn man von der griechischen Krise der Jahreswende 1944/45, die größte internationale Bedeutung gewann und Stellung und Ansehen der Reg. Churchills vorübergehend auf das schwerste erschütterte, absieht, kann gesagt

1 Dem KTB als 4. Anhang zu diesem Abschnitt angefügt (Das Exemplar des WFStabs verloren; vgl. unten den III. Teil der „Erläuterungen").

werden, daß die brit. Politik im Falle Griechenland eine viel weniger glückliche Hand zeigte als in Jugoslawien. Einige Gründe hierfür können vielleicht schon heute genannt werden: Bei ihren Vermittlungsversuchen zwischen den griech. Widerstandsbewegungen setzte die brit. Politik sehr viel weiter rechts an als in Jugoslawien, obwohl die Masse der griech. Bevölkerung vielleicht noch geschlossener der Republik und der Volksfront zuneigte. Indem sie dann den gemäßigten Sozialisten Papandreu unterstützte, betrat die Regierung Churchills allerdings den Weg nach links, aber sie war von Anfang an entschlossen, auf ihm nicht bis zu den kommunistischen ELAS und EAM zu gehen. Im Gegensatz zu den „heldenmütigen Bergbewohnern" Titos, von denen sie sich wenig unterschieden, waren die ELAS-Leute für Churchill — auch wenn er sie mit Waffen unterstützen und mit dem Flugzeug nach dem Libanon holen ließ — von Anfang an mehr oder weniger „Banditen", denen kein maßgebender Einfluß auf die Gestaltung des Zukunfts-Griechenlands eingeräumt werden sollte. Die brit. Regierung zeigte sich in allen Griechenland betreffenden Fragen von Anfang an viel interessierter als in Jugoslawien; sie schien sich viel stärker auf bestimmte Vorstellungen und Ziele festgelegt zu haben. Oft verwies sie auf die während des Balkanfeldzuges für Griechenland gebrachten Opfer, die sie berechtigten, auch in den inneren Fragen Griechenlands ein Wort mitzureden. Alle späteren Versicherungen, daß England in Griechenland nichts suche und nur das Wohl des Landes im Auge habe, ändern hieran nichts. Auf der Moskauer Konferenz im Oktober 1944 scheint sich Churchill dann etwas wie eine sowjetische Bestätigung für sein weitgehendes Engagement in Griechenland geholt zu haben. Sehr auffallend war die völlige Zurückhaltung der russ. Presse während der Griechenland-Krise der Jahreswende und das Ausbleiben jeder Reaktion auf Churchills Ausführungen über „bolschewistische Banditen".

Da der Schwerpunkt der deutschen Abwehr bis in den Sommer 1944 hinein in Kroatien lag und die Kräfte in Griechenland gering bemessen und weitgehend in der Küstenverteidigung festgelegt waren, kam es dort meist nur zu Unternehmungen örtlichen Charakters. Die einzelnen Verbände mußten sich auf periodische Säuberungsunternehmungen in der Umgebung ihres Unterbringungsraums beschränken: die 4. SS-Pol.-Pz.-Div. auf den Thessalischen Raum, die 117. Jäg.-Div. auf den Peloponnes usw. Von den Inseln wies lediglich Kreta eine stärkere Bandenaktivität auf. Die griechischen Widerstandsbewegungen gelangten auch ihrerseits nie zu großräumigen Operationen, wie sie Tito etwa mit seinen drei Einbrüchen in Serbien versuchte. Sie waren zu eng an ihre verschiedenen Macht- und Einflußgebiete gebunden. Während die ELAS vor allem den Peloponnes beherrschte, aber auch in Böothien, im Thessalisch-Thrakischen Raum (in Werria südlich Edessa wurde ihr Hauptquartier angenommen) und im Epirotischen Hinterland stark war, beschränkte sich die EDES auf einen nördlich des Golfes von Arta gelegenen Brückenkopf um den

Hafen Parga. Mit ihrem Führer, Oberst Zervas, hatte das XXII. (Geb.=) AK. im Herbst 1943 im Zusammenhang mit der Aktion des Gesandten Neubacher einen allgemeinen Waffenstillstand abgeschlossen, der bis Anfang Juli in allen Einzelheiten eingehalten wurde. Mit der ELAS kam es dagegen nur in einzelnen Fällen und im allerengsten, örtlichen Rahmen zu Abmachungen.

Die beständig wechselnden Beziehungen zwischen den einzelnen griechischen Widerstandsgruppen — auch zwischen ELAS und EDES wurden vereinzelt kurzfristige Abkommen geschlossen — boten der deutschen Führung öfter Gelegenheit, sich einzuschalten, die einzelnen Parteien gegeneinander auszuspielen und an einer gemeinsamen Aktion zu hindern.

### 7. Der Kampf gegen die Aufstandsbewegung im Südosten im Zeichen der alliierten Generaloffensive und der deutschen Absetzbewegung

#### *a) Der Fortgang der Kämpfe*

Mit der am 12. 5. einsetzenden anglo=amerik. Großoffensive in Italien begannen die Ereignisse die schon seit langem erwartete, entscheidende Entwicklung zu nehmen. Am 6. 6. landeten die Engländer und Amerikaner an der Küste der Normandie; am 22. 6. begann die russ. Großoffensive gegen die Heeresgr. Mitte, der schon am 9. 6. der Angriff in Karelien voraufgegangen war. Die in Moskau (18.—30. 10. 43) und Teheran (28. 11.—1. 12. 43) vereinbarte alliierte Generaloffensive gegen die Festung Europa hatte — vielleicht später als ursprünglich vorgesehen — aber jedenfalls nach einem von allen Partnern befolgten, großen Gesamtplan eingesetzt.

Mit einem Großangriff gegen den Südostraum brauchte (so schien es) zunächst nicht gerechnet zu werden, da die Masse der feindlichen Kräfte an anderer Stelle gebunden war. Volle Sicherheit bestand allerdings in diesem Punkte nicht. So wurde der OB Südost am 15. 6. auf Grund der seit Beginn des Monats zunehmenden Nachrichten über Truppenbewegungen und Verstärkungen im Raum des ostwärtigen Mittelmeeres um eine zusammenfassende Beurteilung der Lage gebeten; er sollte dabei davon ausgehen, daß ihm infolge der angespannten Lage auf anderen Kriegsschauplätzen keine wesentlichen Kräfte würden zugeführt werden können. In seiner Antwort vom 21. 6. führte der OB Südost aus, daß eine unmittelbar bevorstehende Feindoperation gegen den Ägäis=Bereich nicht zu erwarten und auch ein frontaler Angriff gegen den Peloponnes oder gegen den Sperriegel Kreta—Rhodos im Augenblick weniger wahrscheinlich sei. Jedoch müsse mit örtlich begrenzten Unternehmen gegen Nordwest=Griechenland und Albanien gerechnet werden. Eine Feindinvasion mit operativem Ziel gegen die ostadriatische Küste erscheine erst nach Freiwerden starker Kräfte in Mittel= oder Norditalien möglich. — Die ersten großen Auswirkungen der durch die alliierte Generaloffensive entstandenen allgemeinen Gewichtsverschiebungen im Südostraum sollten auf politischem Gebiet liegen und sich erst von Ende Juli an bemerkbar machen.

Der Kampf gegen Tito hielt sich während des jetzt zu betrachtenden Zeitraumes *(Anfang Juni bis Anfang September)* im großen gesehen in den alten Bahnen. Die Tito=Kräfte verhielten sich zunächst auffallend zurückhaltend, was mit den im April und Mai erlittenen Verlusten in Zusammenhang gebracht werden konnte. Es war aber auch denkbar, daß Tito seine Verbände bewußt schonte, um erst bei einem anglo=amerikanischen Angriff wieder hervorzutreten (Mitteilung Gen. v. Buttlar 18. 6.). Nach kurzer Zeit war dann wieder eine erhebliche Aktivität der kommun. Kräfte festzustellen. Es zeigte sich, daß Tito ohne erkennbare Rücksicht auf die veränderte Weltlage stur an seinem alten Ziel, an dem Einbruch in Serbien, festhielt. Den Hauptbeweggrund hierfür bildete nach wie vor sein gesamt=jugoslawisches Programm und der Kampf gegen die Nationalisten.

Ein zweites Ziel war jedoch zweifellos die Unterbrechung der Bahnstrecke Saloniki—Belgrad, des Lebensnervs der deutschen Südoststellung. Mit ihm ordnete sich Tito vielleicht den alliierten Gesamtplänen ein, in denen der Gedanke, die deutschen Kräfte in den Außenpositionen der Festung Europa abzuschneiden, eine große Rolle spielte. — Die deutsche militärische Führung blieb demgegenüber weiter bemüht, unter bewußter Schwächung weniger wichtiger Abschnitte (einschließlich der Küstenverteidigung) und unter vollem Einsatz der operativen Reserven diesen Einbruch zu verhindern und den Tito=Kräften auch an ihren anderen Schwerpunkten möglichst hohe Verluste zuzufügen. Eine Erschwerung bedeutete hierbei das stärkere Hervortreten nationaler und kommun. Bewegungen in Nordwest= und Nordgriechenland, das dazu zwang, hier einen zweiten Schwerpunkt der Aufstandsbekämpfung zu bilden.

Ein unmittelbarer Zusammenhang auch der griechischen Kommunisten mit Tito bestand damals noch nicht. Die Kämpfe mit ihnen müssen hier, wo die Aufstandsbekämpfung nur im Zusammenhang der großen Führungsfragen des Südostens betrachtet wird, jedoch kurz berücksichtigt werden.

Am 5. 6. begann die aus Mazedonien herangezogene 1. Geb.=Div. im *albanisch=griechischen Grenzraum* das *Unternehmen „Gemsbock"*. Nach Aufbau einer Sperrlinie an der Grenze sollte von den Seen aus in südwestlicher Richtung zur Küste vorgestoßen werden. In diesem Raum war — wie vom OB Südost schon am 17. 5. hervorgehoben (s. oben) — seit dem Abmarsch der 100. Jäg.=Div. die ganz besonders aktiv von den Engländern unterstützend gesteuerte Bandenherrschaft in ein gefährliches Stadium getreten. Abgesehen von einem dünnen eigenen Sicherungsschleier an der Küste und einigen Stützpunkten entlang der Straße Joannina–Koritza, bestehe – so erklärte der OB — dort schon ein feindlicher Landekopf, der um so ernster zu nehmen sei, als die Nähe von Bari, Brindisi und Tarent überraschende Landungen ermög=

liche und Korfu feindlichen Zugriffen im hohen Maße ausgesetzt sei. Der OB Südost hatte für das notwendige Säuberungsunternehmen zunächst die 4. SS=Pol.=Pz.=Gren.=Div. vorgesehen, womit sich der WFStab jedoch nicht einverstanden erklären konnte, da die Div. als einziger beweglicher Verband nicht im Bandenkampf festgelegt werden dürfe, vielmehr als bewegliche Reserve * „mit dem Auge zur Küste" in ihrem jetzigen Raum (Thessalien) bereitgehalten werden müsse. Dem Vordringen der 1. Geb.=Div. leisteten die gut bewaffneten Aufständischen zähen Widerstand. Wie schon bei „Rösselsprung" griff die anglo=amerik. Luftwaffe von ihren ital. Flugplätzen aus mit starken Kräften in die Kämpfe ein. Am 12. 6. gliederte sich die 1. Geb.=Div. nach Erreichen der Küste zum Einschwenken nach Süden gegen die vorher an der Grenze aufgebauten Sicherungslinie um. Als Ergebnis des Unternehmens meldete der OB Südost am 25. 6., daß dem Feind erhebliche Verluste zugefügt wurden und daß es gelungen sei, die Operationsfreiheit im südalbanischen Raum für die nächste Zeit wieder herzustellen.

Es war beabsichtigt, die 1. Geb.=Div. nach Abschluß des Unternehmens so bereitzustellen, daß sie bei einem Angriff gegen den griechischen Raum als Eingreifreserve verwendet werden konnte (Lagebuch 23. 6.). Der OB Südost hatte hierfür den Raum Skoplje in Aussicht genommen, wo auch die Sturm=geschütz=Brig. 201 zusammengezogen werden sollte (Lagebeurteilung OB Süd=ost vom 21. 6., s. oben). Es erwies sich dann jedoch als notwendig, die Div. zu einem weiteren großen Säuberungsunternehmen im Raum Prilep—Bitolj—Florina einzusetzen, das bis zum 10. 7. abgeschlossen sein sollte (Lagebuch 25. 6.). Der Ansatz ermöglichte jederzeit eine kurzfristige Herauslösung. Am 3. 7. war die Bereitstellung abgeschlossen. Da es der Masse der Aufständischen jedoch gelang, auszuweichen, entsprach der Erfolg des Unternehmens nicht voll den Erwartungen.

*Im nordalbanischen Raum* fanden in der zweiten Julihälfte heftige Kämpfe zwischen der dort seit Mai in Aufstellung befindlichen (aus ursprünglich bei der 13. SS=Geb.=Freiw. eingestellten Albaniern bestehenden) Div. „Skanderbeg" und kommunistischen Kräften statt, auf die in diesem Zusammenhang nicht näher eingegangen werden kann. Die Div. geriet dabei wiederholt in schwierige Lagen (Lagebuch 24. 7., 25. 7., 28. 7.). Bei den Aufständischen machten sich in Bewaffnung und Kampfesweise die fortschreitende Zusammenfassung der einzelnen Gruppen im kommun. Sinne und der enge Anschluß an Tito bemerkbar. Gegen Ende des Monats geriet die Div. im albanisch=montenegr. Grenzgebiet in einen neuen kommun. Aufmarsch zum Einbruch in Südserbien hinein (Lagebuch 28. 7.). Sie erhielt den Auftrag (Unternehmen „Draufgänger"), aus dem Raum westlich Peć in Richtung Berane angreifend, den Bereitstellungsraum für ein späteres großes Unternehmen (s. unten) zu schaffen.

* *Anl. 23*

Bei den Kämpfen gegen die organisierten Tito=Kräfte lag der Schwerpunkt trotz der schweren Rückschläge, die die Tito=Bewegung hier im April und in der ersten Maihälfte erlitten hatte, nach wie vor im *serbisch=montenegrinischen Grenzraum und im eigentlichen Montenegro.* Der OB Südost mußte bereits Mitte Mai (17. 5., s. oben) feststellen, daß Montenegro anstelle eines Isolierstük=kes zwischen Kroatien und Albanien ein ausgesprochenes rotes Herrschaftsgebiet zu werden drohe. Dem II. kommun. Korps sei es hier gelungen, seine Kampf=kraft zu erhalten, so daß es zum Sammelpunkt für andernorts stark ange=schlagene Großbanden geworden sei. Die rote Führung verfolge vermutlich die Absicht, ihre Verbände in Montenegro aufzufrischen und von dort aus zu einem neuen Stoß gegen Serbien anzusetzen. In den letzten Tagen des Mai, während in Bosnien das Unternehmen „Rösselsprung" im Gange war, ver=suchten stärkere kommun. Kräfte wieder, an der Südostecke der montenegr.=serbischen Grenze nach Serbien einzubrechen (Lagebuch 30. 5.). Anfang Juni wurde eine Kampfgruppe unter Gen. Leeb in Nordostmontenegro zusammen=gestellt, um die Flugplätze und Abwurfstellen der Banden in Montenegro aus=zuschalten (Lagebuch 6. 6.). Ende Juni wurde der Plan gefaßt, in Nordostmon=tenegro ein größeres Säuberungsunternehmen durchzuführen, bei dem die albanische SS=Div. „Skanderbeg" zusammen mit Pol.= und Geb.=SS=Kräften zum Einsatz kommen sollte (Lagebuch 20. 6.). Es fand am 30. 6. seinen vor=läufigen Abschluß, ohne daß es gelungen war, die feindliche Kräfteversamm=lung zum Einbruch in Südserbien zu zersprengen (Lagebuch 1. 7.).

Ein weiteres Zentrum des Kampfes gegen die kommun. Kräfte war der *nordbosnische Raum,* wo seit Mitte Juni eine gesteigerte Aktivität des I. kom=mun. Korps einsetzte. Das Ziel dieser kommun. Gruppe schien der Durchstoß nach Südosten und die Vereinigung mit den in Montenegro stehenden Tito=Kräften zu sein (Lagebuch 24. 6.). Nachdem es gelungen war, diese Absicht zu vereiteln, versuchte das Korps, nach Osten auszubrechen. Bei den sich ent=wickelnden Verfolgungskämpfen zeigten sich beim Gegner Erschöpfungser=scheinungen.

Auf weitere in den Sommermonaten durchgeführte Einzelaktionen gegen die Tito=Kräfte (wie die Säuberungen der 1. Kos.=Div. nördlich der Save, der 13. SS=Geb.=Freiw.=Div. in Nordostbosnien und die Unternehmen der kroat. Wehr=macht) sowie auch auf die Aktionen der Bulgaren und der Kräfte des Mil.=Befehlshabers Südost in Südserbien kann in diesem Zusammenhang nicht näher eingegangen werden.

### *b) Neue Entschlüsse (Juli)*

Der Monat Juli war im Südostraum durch eine allgemeine Zunahme der Aufstandsbewegung gekennzeichnet. Gleichzeitig verlieh die Entwicklung der großen Lage den Außenfronten des Südostens und damit der *Frage der weiteren Verwendung der operativen Reserven* stärkere Bedeutung. Die Oberste

Wehrmachtführung und der OB Südost sahen sich wieder vor die grundsätzliche Entscheidung gestellt, ob es noch anging, die operativen Reserven des Südostraumes weiter im Kampfe gegen die Aufständischen zu verwenden. Daß eine wirklich erfolgreiche Bandenbekämpfung nur bei vollem Einsatz der wenigen hochwertigen und voll beweglichen Kräfte des OB Südost — an großen Verbänden waren nur noch die 1. Geb.= und die 4. SS=Pol.=Pz.=Div.[1] vorhanden — möglich war, hatten die Erfahrungen der letzten Monate wieder bewiesen. Ohne diese Verbände konnten bestenfalls die wichtigsten Verkehrsverbindungen und Rohstoffvorkommen gesichert und zusammengefaßte Angriffe abgewehrt, niemals aber die weitere Ausbreitung und Organisation der Aufständischen, d. h. nichts anderes als der fortschreitende Aufbau des Tito=Jugoslawiens, verhindert werden.

Das erste wichtige Ereignis des Juli war die Änderung der Haltung des griechischen Nationalistenführers *Gen. Zervas,* dessen Kräfte am 5. 7. aus seinem Brückenkopf im Raum Preveza–Agrinion unvermutet die deutschen Truppen anzugreifen begannen. Mit Zervas bestanden seit Nov. 1943 Neutralitätsverträge, die im Zusammenhang mit der Aktion Neubacher zustande gekommen und von den Griechen in allen Einzelheiten eingehalten worden waren. Der OB Südost nahm an, daß dieser Umschwung auf den Druck der starken engl. Mission, die wahrscheinlich Kenntnis von den mit deutschen Stellen getroffenen Vereinbarungen erhalten habe, zurückzuführen sei (es liefen sogar Gerüchte über eine angebliche Gefangennahme des Gen.s Zervas durch die Engländer um); Zervas habe sich wahrscheinlich dem angelsächsischen Drängen nicht entziehen können; vielleicht entspreche der Angriff aber auch seinen eigenen Absichten. Die Zervas=Kräfte, deren Stärke auf 7—8 000 Mann veranschlagt wurde, waren in den letzten Monaten vor den Anglo=Amerikanern über den Hafen Parga erheblich mit Waffen aller Art ausgerüstet worden. In einer zusammenfassenden Lagebeurteilung vom 12. 7. wies der OB Südost auf die Möglichkeit eines Zussamenhangs zwischen der Aktivierung der Zervas=Kräfte und anglo=amerikanischen Landungsabsichten in Westgriechenland oder Südalbanien hin und bezeichnete eine gründliche Zerschlagung des Zervas=Brückenkopfes im Hinblick auf die Gesamtlage als sehr wichtig.

Das zweite wesentliche Gefahrenmoment mußte — wie der OB Südost in derselben Lagebeurteilung hervorhob — in den sich jetzt wieder deutlich abzeichnenden Vorbereitungen zu einer *kommun. Offensive in Richtung Südserbien* oder Kossowo=Gebiet mit Schwerpunkt aus dem Raum Berani–Bjelpolje gesehen werden, die durch die Feststellung entsprechender kommun. Maßnahmen in Südostserbien bestätigt wurden. Der kommun. Angriff sollte anscheinend mit dem I. und II. Korps geführt werden; das erstere, das im Laufe der Verfolgungskämpfe den Raum südostwärts Foča erreicht hatte, hielt also an der Absicht des Durchbruches nach Montenegro (s. oben) fest.

1 So weiter im KTB; richtiger wäre: 4. SS=Pol.=Pz.=Gren.=Div.

Jeder dieser beiden Gefahrenherde konnte — wie der OB Südost weiter ausführte –, wenn überhaupt, nur durch Einsatz der Reserven ausgelöscht werden. Als solche waren im Augenblick nur die ab 20. 7. im Raum Florina—Bitolj—Prilep verfügbare *1. Geb.=Div.* und die Sturm=Gesch.=Brig. 201 anzu=sehen. Der OB Südost schlug vor, die verstärkte 1. Geb.=Div. unter dem Befehl des Pz.=AOK 2 in Montenegro, dem er die größere Bedeutung zumesse, einzu=setzen — allerdings unter der Voraussetzung, daß eine Feindlandung nicht unmittelbar bevorstehe und es den im Augenblick gegen Zervas kämpfenden geringen eigenen Kräften gelinge, die bedrohten Verkehrsverbindungen freizu=kämpfen und dem Gegner größere Verluste zuzufügen.

Der WFStab, der am 15. 7. zu dieser Beurteilung des OB Südost Stellung nahm, rechnete schon seit längerer Zeit wieder stark mit einem — womöglich in Verbindung mit einer alliierten[1] Operation gegen Rhodos unternommenen – Angriff gegen Nordgriechenland und Südalbanien von Italien aus (Mitteilung Gen. v. Buttlar 29. 6.). Er hielt darum ein Abziehen der verstärkten 1. Geb.=Div. nach Nordmontenegro für unerwünscht; vielmehr komme dem Einsatz der Div. bei der Abwehr alliierter Landeunternehmen im südalbanisch=nord=griech. Küstengebiet entscheidende Bedeutung zu; vorher müsse sie zur Zer=schlagung der Zervas=Banden verwandt werden, die eine wesentliche Voraus=setzung für die erfolgreiche Abwehr einer alliierten Landung sei. — Eine Entscheidung wurde noch nicht getroffen, da diese Fragen bei einem nahe bevorstehenden Besuch des Chefs Gen.=Stab OB Südost, Gen.=Major Winter — er fand am 20. 7. statt — weiter geklärt werden sollten.

Vorher (am 17. 7.) ging jedoch noch eine neue Lagebeurteilung des OB Südost ein, in der hervorgehoben wurde, daß seit dem 12./13. 7. auch die *kommun. ELAS=Kräfte im Bereich des XXII. Geb.=AK.* (südlich Epirus) zum Angriff übergegangen seien. Die gleichzeitige Aktivierung der nationalistischen und der kommun. Kräfte lasse den engl. Einfluß besonders deutlich erkennen; der Zusammenhang mit einem nahe bevorstehenden Landungsangriff liege nahe, wenn auch eindeutige Anzeichen für derartige Feindabsichten nach wie vor fehlten. Trotz dieser Verschärfung im nordgriechischen Raum messe er dem Gefahrenherd im montenegr.=kroatischen Raum nach wie vor die größere Bedeutung zu; ein feindl. Landekopf in Westgriechenland gefährde zwar den mittel= und südgriechischen Raum auf das schwerste, während ein auch nur zeitweiliger Verlust der Versorgungsachse Belgrad—Saloniki als Folge des Tito=Vorstoßes nach Serbien die gesamte Verteidigung des Südostraums in Frage stelle. Der OB Südost wiederholte daher seinen Antrag auf Zuführung der 1. Geb.=Div. nach Montenegro, wobei er auf die günstige psychologische Auswirkung der Anwesenheit eines kampfstarken Verbandes in greifbarer Nähe Sofias hinwies. Für Westgriechenland beantragte er die Freigabe der

1 „all.“?; im Ms.: „begr.“.

bisher als Reserve im Thessalischen Raum zurückgehaltenen *4. SS=Pol.=Pz.=Div.*, die zusammen mit zusätzlichen im Bereich der Heeresgr. E aufgebrachten Kräften entweder unmittelbar gegen die Zervas= und kommun. Kräfte eingesetzt oder mindestens zur Verwendung bei einer Feindlandung im Raum Joannina bereitgestellt werden könne.

Beim WFStab, der am 18. 7. zu dieser neuen Lagebeurteilung des OB Südost Stellung nahm, war mittlerweile auf Grund der festgestellten Schwächung der alliierten Kräftegruppe im Raum Bari—Tarent der Eindruck entstanden, daß mit einer unmittelbar bevorstehenden Feindlandung an der albanisch=nordwestgriech. Küste noch nicht gerechnet zu werden brauchte. Die erhöhte Aktivität der Zervas=Verbände und der kommun. Kräfte bezwecke — so wurde ausgeführt — wahrscheinlich zunächst nur die Bindung eigener Kräfte, müsse aber trotzdem baldmöglichst ausgeschaltet werden. Deshalb wurde dem vorgeschlagenen Einsatz der 4. SS=Pol.=Pz.=Div. zugestimmt. Auch in der Beurteilung der Lage im montenegr.=serbischen Grenzgebiet schloß sich der WFStab der Auffassung des OB Südost weitgehend an; bezüglich der 1. Geb.=Div. wurde vorgeschlagen, die Entscheidung noch bis Ende Juli zurückzustellen, da die Div. erst zu diesem Zeitpunkt mit der nach den Kämpfen im griechisch=mazedon. * Grenzraum notwendig gewordenen Auffrischung fertig sei.

Eine erste Auswirkung dieser Überlegungen war noch am selben Tage ein Fernschreiben an den Chef der deutschen Militärmission in Bulgarien. Darin wurden die Bedrohung des serbischen und später vielleicht auch des mazedon. und bulgarischen Raumes durch die kommun. Kräfteversammlung an der westserbischen Grenze und in Südostserbien geschildert und zur Weitergabe an den bulgar. Gen.=Stab Anregungen für die angesichts dieser Lage dringend erwünschten Auffrischung der Kampfkraft des I. bulgar. Okkupations=Korps übermittelt (s. auch unten). Über die Passivität der bulgar. Kräfte war seit ihrem Versagen bei dem ersten Tito=Einbruch nach Serbien Ende März immer wieder geklagt worden. Sie mußte von jetzt an auch mit der unbefriedigenden Haltung der bulgar. Regierung (z. B. in der Frage der russischen Konsulate) in Zusammenhang gebracht werden.

Nachdem die Besprechungen des WFStabs mit dem Chef Gen.=Stab des OB Südost eine volle Übereinstimmung in der Beurteilung der Aufstandslage im Südosten ergeben hatten, genehmigte der Führer am 20. 7. abends die vom OB Südost vorgeschlagene Dislozierung der 1. Geb.= und der 4. SS=Pol.=Pz.=Div. (Lagebuch 21. 7.). Eine entsprechende Weisung erging am 21. 7. Die vom WFStab am 15. 7. gegen den Einsatz der 1. Geb.=Div. im serbisch=montenegr. Grenzraum erhobenen Bedenken waren also zurückgestellt worden, wohl vor allem auf Grund des Entschlusses zur Verlegung der 4. SS=Pol.=Pz.=Div. nach Nordwestgriechenland. Diese Div., deren Aufstellung lange Zeit in Anspruch genommen hatte, war bisher nie außerhalb ihres Unterbringungsraumes zur

* *Anl. 29*

Bandenbekämpfung eingesetzt worden. Der Führer maß ihr als Reserve im Südosten stets besondere Bedeutung bei. Noch am 7. 7. war ein Antrag des GenStdH. auf Überlassung für den Osten abgelehnt worden (Lagebuch 8. 7.). Auch sonst war die grundsätzliche Bedeutung der am 20. 7. getroffenen Ent=scheidung groß. Die aktive großräumige Bekämpfung der Aufständischen sollte trotz der klar erkannten Verschärfung der operativen Lage an den Außen=fronten des Südostraumes (d. h. unter bewußter Inkaufnahme eines Risikos) weitergeführt werden, und zwar unter Einsatz aller Reserven. Für diesen Entschluß waren nicht nur rein militärische Gesichtspunkte maßgebend, son=dern auch die Erkenntnis, daß die deutschen politischen Bestrebungen zur Aktivierung der antikommun. Kräfte im gesamten Südostraum, vor allem in Serbien, wirkungslos bleiben mußten, wenn sie nicht durch erfolgreiche milit. Aktionen gegen die kommun. Kräfte unterstrichen wurden.

### *c) EDES und ELAS in Nordwestgriechenland*

Der Einsatz der 4. SS=Pol.=Div. an der westgriechischen Küste begann am 27. 7. (Lagebuch 28. 7.). Inzwischen hatte dort, wie aus einer neuen Lagebeur=teilung des OB Südost vom 27. 7. hervorging, bereits wieder eine neue Ent=wicklung begonnen. Die Zervas=Kräfte hatten ihre Angriffe nicht fortgesetzt, so daß es möglich erschien, die Verhandlungen mit ihnen wieder aufzunehmen. Der OB Südost brachte diese Haltung in Zusammenhang mit der zu diesem Zeitpunkt in ganz Griechenland, vor allem in Athen zunehmenden Bereit=schaft der nationalistischen Kreise zur offenen Parteinahme für die Besatzungs=macht und hielt es nicht für ausgeschlossen, daß Zervas die an ihn gerichteten deutschen Forderungen (Räumung des Küstengebietes und des Hafens Parga, Aufnahme des Kampfes gegen die kommun. Kräfte usw.) annehmen werde. Dagegen hatte sich die Lage im südlichen Epirus durch Einsatz neuer ELAS=Verbände (7 ELAS=Brigaden) erheblich verschärft. Absicht dieser Gruppe war vermutlich die Inbesitznahme des Küstenstreifens Preveza—Mesolongion. Der OB Südost schlug darum im Einvernehmen mit der Heeresgr. E vor, zunächst diese Kräfte durch einen Vorstoß der (durch Teile der 104. Jäg.=Div. verstärk=ten) 4. SS=Pol.=Pz.=Div. von Joannina über Arta nach Süden zu zerschlagen (Unternehmen „Kreuzotter"); gleichzeitig sollte erstmalig gegen die ELAS=Kräfte in Böothien und südlich des Pindus vorgegangen werden. Unter dem Eindruck der bei diesen Kämpfen erzielten deutschen Erfolge werde sich der Gen. Zervas vermutlich zur Annahme der deutschen Forderungen entschließen; wenn nicht, sollten die nach Abschluß des Unternehmens „Kreuzotter" frei=werdenden Kräfte gegen den von ihm gehaltenen Brückenkopf angesetzt werden.

Der WFStab teilte dem OB Südost am 29. 7. mit, daß das OKW seine Ab=sichten genehmige. Er wurde jedoch auf die Notwendigkeit beschleunigter Durchführung der geplanten Unternehmungen hingewiesen, da die ungünstige

Entwicklung in der *Türkei* möglicherweise den Einsatz von Verbänden der Heeresgr. E erfordern könne. — In dieser Forderung des OKW kam die Tat=sache zum Ausdruck, daß die Gefährdung des Südostens inzwischen das Stadium der Vermutungen und wechselnden Hypothesen verlassen und greif=bare Gestalt angenommen hatte. Tatsächlich begann mit dem 2. 8. von der türkischen Nationalversammlung beschlossenen Abbruch der diplomatischen Beziehungen zum Reich der große militärisch=politische Umschwung, der im Laufe eines einzigen Monats (des auch für den westlichen Kriegsschauplatz so bedeu=tungsvollen August 1944) die bisherige deutsche Südoststellung zerbrach und zu völlig neuen Entschlüssen für die Kampfführung in diesem Raum zwang.

Die neue Haltung der Türkei war von besonderer Bedeutung für den Einsatz der 4. SS=Pol.=Pz.=Div., da diese Div. bisher immer für die *Bulgarien* im Falle eines offensiven Vorgehens der Türken zu leistende Hilfe („Gertrud") vorge=sehen worden war. Von der im Frühjahr 1943 geplanten offensiven Durch=führung dieser Operation (Besetzung der europ. Türkei und des Meerengen=ufers) war im Februar abgesehen worden, da die erforderlichen Kräfte nicht mehr zur Verfügung standen. Für die daraufhin mit den Bulgaren vereinbarte defensive Lösung waren zuletzt insgesamt 3 deutsche Verbände versprochen worden, von denen bisher allerdings nur die 4. SS=Pol.=Pz.=Div. bestimmt war. Zunächst wurde auch beschlossen, die Div. in den neubulgarischen Raum zwischen Skoplje und Nisch zu verlegen; das Auswärtige Amt forderte eine sofortige Zuführung nach Altbulgarien, um dort den deutschen Einfluß zu stärken (Mitteilung Gen. v. Buttlar 1. 8.). Die deutsche militärische Führung gelangte jedoch nach kurzer Zeit zu der Auffassung, daß fürs erste nicht mit einem offensiven Vorgehen der Türken und Anglo=Amerikaner gegen Bul=garien gerechnet zu werden brauchte; infolgedessen wurde die Verlegung der 4. SS=Pol.=Pz.=Div. nach Nordwestgriechenland zunächst nicht angehalten.

Am 5. 8. begann dort (wie vorgesehen) das Unternehmen „Kreuzotter" (Lagebuch 6. 8.), das bei dem gut bewaffneten Gegner auf heftigen Wider=stand stieß und darum — wie der OB Südost am 10. 8. in einer neuen, zu=sammenfassenden Beurteilung der Lage in seinem gesamten Bereich meldete — vermutlich länger als vorgesehen dauern sollte. Dieselbe Lagebeurteilung ging auch ausführlich auf die Stellung von Zervas ein, an dessen Loyalität wieder starke Zweifel geäußert und dessen Verstärkung durch laufende Zuführung hochwertiger Waffen und griechischer bzw. alliierter Kommandos hervorge=hoben wurde. Die rein militärisch erwünschte und einzig wirksame Lösung sah der OB Südost jetzt in der Vernichtung der Zervas=Kräfte im Anschluß an das Unternehmen „Kreuzotter". Er beantragte sie, wies jedoch auf die politi=sche Bedenklichkeit dieser Maßnahme hin, die möglicherweise den Kampf um Gesamtgriechenland auslösen könne. Für die Durchführung des Angriffs er=scheine die 4. SS=Pol.=Pz.=Div. allein nicht mehr ausreichend; ein zweiter Ver=band müsse hierfür freigemacht werden, da ein Fehlschlagen des Angriffs

Zervas eindeutig auf die Seite der Alliierten treiben werde. Deshalb schlug der OB Südost vor, unter zeitweiser Entblößung des Attischen Raumes bis an die Grenze des Tragbaren die 11. *Lw.=Feld=Div.* herauszuziehen. In diesem Zusammenhang regte er an, dem Gedanken näher zu treten, die Ägäischen und Jonischen Inseln im Interesse der Behauptung des Festlandes nicht mehr zu verstärken bzw. zu schwächen. Für den Fall, daß der vorgeschlagene Einsatz der 11. Lw.=Feld=Div. und der Angriff gegen den Zervas=Brückenkopf nicht genehmigt würden, müsse die bisherige Haltung gegenüber Zervas beibehalten und versucht werden, die deutschen Forderungen auf dem Verhandlungswege durchzusetzen. Zur Unterstützung könne eine vorübergehende Bereitstellung der 4. SS=Pol.=Pz.=Div. nötig werden, die bei befriedigendem Verlauf anschließend nach Thessalien zurückzuführen sei.

Die Lagebeurteilung des OB Südost ging dann ausführlich auf den Kampf gegen die Tito=Kräfte im serbisch=montenegr. Grenzgebiet ein, wo der weitere Einsatz der 1. Geb.=Div. als erforderlich bezeichnet wurde (s. unten). — Die Bitte, ihm die operativen Reserven noch auf längere Sicht zu belassen (die 4. SS=Pol.=Pz.=Div. für den Angriff gegen Zervas, die 1. Geb.=Div. für Montenegro—Serbien) begründete der OB Südost mit einer zuversichtlichen Beurteilung der Haltung der Türkei; in Übereinstimmung mit dem WFStab (s. oben) glaubte er nicht mit einer unmittelbar bevorstehenden militärischen Einwirkung von dieser Seite rechnen zu müssen. Er hielt es für möglich, diese Auffassung auch in Sofia durchzusetzen und die Bulgaren zum vorläufigen Verzicht auf die für „Gertrud" versprochene Soforthilfe zu bewegen. Für den Fall, daß die 4. SS=Pol.=Pz.=Div. doch in nächster Zeit aus dem Bereich der Heeresgr. E abgezogen werden müsse, regte er die Verlegung der 11. Lw.=Feld=Div. nach Thessalien an, die in Attika notdürftig durch das 4. Rgt. „Brandenburg", ein aus Paros zurückzuholendes Fest.=Inf.=Batl. und von Zante und Kephalonia abzuziehende Kräfte ersetzt werden könne.

Der WFStab schloß sich in seiner noch am selben Tage erfolgenden Stellungnahme der Auffassung des OB Südost voll an, bezeichnete jedoch die Verlegung der 4. SS-Pol.-Pz.-Div. nach Beendigung des Unternehmens „Kreuzotter" in den neubulgarischen Raum als erforderlich, da der Chef OKW dem bulgarischen Kriegsministerium noch am 1. 8. die Verlegung einer SS=Pz.=Div. ab 15. 8. in den Raum Skoplje—Nisch versprochen habe (Eine Zuführung nach Altbulgarien wurde nicht mehr erwogen, da sich bei den Bulgaren selbst neuerdings Widerstände gegen das Hineinführen deutscher Truppen bemerkbar machten). Der nordwestgriechische Raum und der Zervas=Brückenkopf sollten durch die (evtl. durch Teile der 117. Jäg.=Div. verstärkte) 11. Lw.=Feld=Div. bereinigt werden. (Der WFStab hielt also nicht zwei volle Verbände zum Angriff gegen die Zervaskräfte für erforderlich).

Die Entscheidung verschob sich noch um einige Tage, was unter anderem auch mit der hinsichtlich der Haltung *Bulgariens* entstandenen Unsicherheit zusammenhing (Lagebuch 13., 14. 8.). Seit Mitte des Monats verdichteten sich die Meldungen über bulgar. Verhandlungen mit den Alliierten. Am 14. 8. wurde dem OB Südost mitgeteilt, daß auf die Verlegung der 4. SS=Pol.=Pz.=Div. aus Griechenland zur Stützung Bulgariens zunächst verzichtet werde. Die endgültige Entscheidung über ihren weiteren Einsatz könne erst nach Abschluß des Unternehmens „Kreuzotter" getroffen werden. Mit den Absichten für den Angriff gegen den Zervas=Brückenkopf unter Verwendung der operativen Reserven sei das OKW einverstanden; jedoch müsse er noch solange zurückgestellt werden, als Aussicht bestehe, auf dem Verhandlungswege zum Ziel zu kommen.

Der weitere Verlauf des Unternehmens „Kreuzotter" entsprach nicht voll den Erwartungen, da es den ELAS=Kräften gelang, sich dem Zugriff zu entziehen (Mitteilung Gen. v. Buttlar 14. 8.). Über die Haltung der Zervas=Gruppe entstand am 20. 8. volle Klarheit. Der griechische General ließ an diesem Tage mitteilen, daß er seine neutrale Haltung in Zukunft nicht mehr fortsetzen könne; es sei ihm nicht gelungen, die im Vertrage aufgenommene Kampftätigkeit der griechischen Exiltruppen zu verhindern. Gleichzeitig wurden Teile der 1. griechischen Div. im Zervas=Brückenkopf festgestellt, während die feindliche Presse vom Eintreffen der griech. „heiligen Brigade" in der Heimat sprach. Es stand nunmehr fest, daß der Einfluß des Zervas infolge des vermehrten Einsatzes der eng mit den Engländern zusammenarbeitenden griechischen Exiltruppen in raschem Schwinden begriffen und daß nun auch an dieser Stelle der offene Kampf aufzunehmen war.

Der OB Südost teilte noch am selben Tage mit, daß er beabsichtige, sofort mit der 4. SS=Pol.=Pz.=Div. und Teilen der 104. Jäg.=Div. den Angriff gegen Zervas zu eröffnen *(Unternehmen „Verrat")*. Von der beantragten und vom OKW genehmigten Heranziehung der 11. Lw.=Feld=Div. glaubte der OB Südost also absehen zu können, wohl hauptsächlich wegen der langen Dauer ihres Antransportes. Das Unternehmen sollte am 27. 8. beginnen, für den ersten Abschnitt wurden 10 Tage berechnet (Lagebuch 23. 8.).

### *d) Die Auswirkungen des Umschwungs (August—September)*

Die inzwischen ein immer bedrohlicheres Tempo annehmende Entwicklung im Südosten, vor allem die bei der Tagung der Sobranje am 17. 8. vom Min.=Präsidenten Bagrianoff in Aussicht gestellte bevorstehende Zurückziehung des bulgar. Expeditionskorps und die neuen Angebote Nedićs und Mihajlovićs (s. unten) machten um dieselbe Zeit eine neue grundlegende Klärung der deutschen milit. und polit. Absichten notwendig.

Als der OB Südost und der Gesandte Neubacher am 22. 8. zu Besprechungen, an denen auch der Reichsaußenminister, der Reichsführer SS usw. teilnahmen, im FHQu weilten, war bereits eine neue Weisung für die Kampfführung im Südosten vorbereitet (Lagebuch 22. 8.). Sie wurde nicht mehr unterzeichnet, da der am nächsten Tage erfolgende Umsturz in Rumänien eine völlig neue Lage schuf. Damit war der schon seit dem Umschwenken der Türkei und dem Kurswechsel in Bulgarien heranreifende Umschwung im Süd=osten Tatsache geworden. Die bisherige deutsche Stellung in diesem Raum konnte nicht mehr aufrechterhalten bleiben: am 26. 8. erging an den OB Südost die Weisung, die Zurücknahme der gesamten Truppen und Einrich=tungen südlich der Linie Korfu—Joannina—Kalabaka—Olymp vorzubereiten, also mit der Räumung der Ägäis und Griechenlands zu beginnen.

Selbstverständlich konnten angesichts dieser neuen Lage die bisherigen deut=schen Absichten für die Bekämpfung der Aufstandsbewegungen nicht mehr festgehalten werden. Der Chef WFStab schlug bereits am 25. 8. die Ver=schiebung des am übernächsten Tage anlaufenden Unternehmens gegen den Zervas=Brückenkopf vor; doch wollte der Führer vorerst an der Absicht fest=halten (Lagebuch 26. 8.). Bereits am nächsten Tage wurde aber die vorläufige Zurückstellung beschlossen. Die 4. SS=Pol.=Pz.=Div. sollte in den Raum Skoplje verlegt werden (Lagebuch 27. 8.) und im Anschluß an sie — wie am 29. 8. befohlen wurde — die 11. Lw.=Feld=Div. Von diesem Zeitpunkt an konnte von einer aktiven Bekämpfung der griech. Aufständischen nicht mehr die Rede sein. Die zunächst in diesem Raum verbleibenden deutschen Truppen mußten sich (im großen gesehen) angesichts des überall in Griechenland aufflammen=den Aufstandes auf das Offenhalten der Verkehrsverbindungen, das eine Hauptvoraussetzung für das Gelingen der Räumung war, beschränken. Mitte September kam es dann noch zu einem Unternehmen der 104. Jäg.=Div. gegen den Zervas=Brückenkopf, nachdem vorher die Westküste aufgegeben und die Masse der deutschen Kräfte auf den Pindos zurückgenommen worden war (Mitteilung Gen. v. Buttlar 4. 9.) (Fortsetzung vgl. Kap. 12: S. 713 ff.).

### *e) Der dritte Einfall Titos in Serbien (Juli—August)*

Größeres Ausmaß hatten die Kämpfe an dem zweiten großen, inneren Ge=fahrenherd des Südostens, an der serbischen Grenze, für dessen Beseitigung vom OB Südost am 21. 7. die 1. Geb.=Div. zur Verfügung gestellt worden war. Ende Juli zeichneten sich auch in Nordbosnien größere Vorbereitungen der Tito=Kräfte zum Einbruch nach Serbien ab (Lagebuch 28. 7.). Das hier neu aufgestellte III. kommun. Korps umfaßte 4 Div.en und wurde auf 7—9 000 Mann geschätzt. Dazu waren noch von Westen und Nordwesten die 6. und die 11. kommun. Div. im Anmarsch. Durch Aktionen der 7. und 13. SS=Geb.=Freiw.=Div. war es mehrfach gelungen, diese Kräfteversammlung zu stören.

An der montenegrinisch=albanischen Grenze (Berane) hatte das Unterneh=men „Draufgänger" der SS=Geb.=Div. „Skanderbeg" (s. oben) zwar starke Feindkräfte auf sich ziehen, den Aufmarsch des II. und des I. Korps gegen Serbien aber nicht wesentlich hindern können. Die entsprechende Versamm=

lung der südostserbischen Tito=Kräfte südlich Prokuplje war durch Kräfte des Mil.=Befehlshabers Südost zunächst zersprengt worden.

Am 29. 7. übermittelte der OB Südost dem WFStab eine Weisung an das Pz.=AOK 2 für das Unternehmen gegen die Serbien bedrohenden roten Groß=
* banden (*„Rübezahl"*). Aufgabe der Armee sei es, nach Zuführung der 1. Geb.= Div., der Sturmgesch.=Brig. 201 und des Fallsch.=Jäg.=Batl. „Brandenburg" sowie unter Herausziehung aller irgendwie freizumachenden Einheiten aus minderwichtigen Einsätzen, die in Montenegro massierten Feindgruppen so zu zerschlagen, daß gegnerische Offensiv=Absichten für lange Zeit unterbunden würden und wieder eine dauernde Verbindung zwischen dem Sandschak und Westmontenegro zustande komme. Gleichzeitig müsse die nördliche Kampf= gruppe durch Angriff mit begrenztem Ziel am Überschreiten der Drina ge= hindert werden. Der Angriff sollte mit zwei Schwerpunktgruppen durchge= führt werden, von denen die eine (aus der Masse der 1. Geb.=Div. bestehend) über die Linie Berani—Kolasin gegen die Linie Bjelopolje—Sinajevna, die zweite (den größten Teil der beim Unternehmen „Draufgänger" neben der Div. „Skanderbeg" eingesetzten Kräfte und die Sturmgesch.=Abt. 201 umfas= send) von Plevlja aus nach Süden vorstoßen sollte. Dazu sollte noch eine Kampfgruppe der 181. Inf.=Div. (über Savniki in nordöstlicher Richtung vor= gehend) den Rücken der Feindkräfte angreifen, ferner eine Kampfgruppe der 369. Inf.=Div. aus dem Raum Foča—Goradže gegen die feindliche linke Flanke vorgehen. Außerdem war noch geplant, das Fallsch.=Jäg =Batl. „Brandenburg" über einem wichtigen Führungs= oder Versorgungszentrum des Feindes abzu= setzen. Die Tito=Kräfte in Nordostbosnien (II. kommun. Korps, s. oben) soll= ten weiterhin durch die 7. und die 13. SS=Geb.=Freiw.=Div. („Prinz Eugen" und „Handschar") bekämpft werden.

Zum ersten Mal seit den großen konzentrischen Unternehmen des Winters 43/44 („Kugelblitz", „Waldrausch" usw.) war also wieder eine schwerpunkt= mäßige Zusammenfassung aller im kroatisch=montenegr. Raum verfügbaren Kräfte und wesentlicher Teile der operativen Reserven und eine großangelegte Operation gegen die Tito=Kräfte möglich geworden. Die Erfolgsaussichten mußten günstig beurteilt werden; doch war in Rechnung zu stellen, daß Tito womöglich vor Beendigung der eigenen Vorbereitungen seinerseits zum An= griff antreten konnte.

Der Beginn des Unternehmens verzögerte sich, da der Antransport der 1. Geb.=Div. nicht planmäßig verlief. Am 3. 8. wurde die Bahnlinie bei Mitrovica unterbrochen, während die eingetroffenen Teile der Div. im Raume Peć in die Kämpfe um den Bereitstellungsraum eingreifen mußten (Lagebuch 4. 8.). Be= reits in den ersten Augusttagen begannen die Tito=Kräfte nach Osten vorzu= drängen; am 4. 8. überschritten sie den Lim, am folgenden Tage erreichten

* *Anl. 30*

andere Teile das Ibar=Tal. Gleichzeitig begannen die Tito=Kräfte in Nordost=Bosnien, wo jetzt das wohl mit dem III. kommun. Korps identische XII. Korps führte, über Vlasenica nach Süden zu drücken, um sich dem Angriff anzuschließen; für einen selbständigen Vorstoß nach Serbien war es anscheinend zu schwach. Am 8. 8. drangen Kräfte, die vermutlich zu diesem Korps gehörten, über die Straße ostwärts Serajewo vor; am nächsten Tage überschritten sie die Braca (Lagebuch 9., 10. 8.). Auch die Kräfte in Südserbien („Hauptstab Serbien") begannen mit dem Angriff nach Westen; gegen sie wurde das SS=Pol.=Rgt. 5 eingesetzt. Teile dieser kommun. Gruppe kamen bereits am 9. 8. bis auf 40 km an Kraljevo heran (Lagebuch 10. 8.), anscheinend um den am weitesten nach Osten vorgestoßenen Teilen des II. Korps die Hand zu reichen.

Während der OB Südost die kommun. Vorstöße Anfang August noch nicht als Beginn des eigentlichen Angriffes nach Serbien auffaßte (Lagebuch 3. 8.), mußte er dann — wie in einer größeren Meldung zum Unternehmen „Rübezahl" vom 8. 8. zum Ausdruck kam — feststellen, daß die in den letzten Tagen über das Ibar=Tal nach Osten vorgestoßenen Kräfte (2., 5. und 17. Div. des II. kommun. Korps) doch stärker seien als bisher angenommen und daß sie vermutlich bereits Verbindung mit Kräften des Hauptstabes Serbien aufgenommen hätten bzw. aufzunehmen im Begriffe seien. In Montenegro seien im wesentlichen nunmehr die 1., 3. und 37. kommun. Div. anzunehmen. Trotz der kommun. Kräfte=Konzentration in Südserbien beabsichtigte der OB Südost, an dem Entschluß, zunächst die Feindkräfte in Montenegro zu schlagen, festzuhalten und unverzüglich mit dem Unternehmen „Rübezahl" zu beginnen. Es komme — so teilte er weiter mit — vor allem darauf an, die seit Monaten unterbrochene Verbindung zwischen dem Sandschak und der montenegrinischen Küste wiederherzustellen. Anschließend sei dann ein neuer Einsatz der 1. Geb.=Div. zwischen Ibar und Morava gegen die Kräfte des Hauptstabs Serbien und die aus Montenegro durchgebrochenen kommunistischen Verbände geplant, bei dem auch Teile der (nach Abschluß des Unternehmens „Kreuzotter" vermutlich an die Bahnlinie Nisch—Skoplje zu verlegenden) 4. SS=Pol.=Pz.=Div. mitwirken könnten. In dem Kräfteansatz für das Unternehmen „Rübezahl" waren gegenüber dem Befehl an das Pz.=AOK 2 vom 29. 7. einige Änderungen notwendig geworden, die der OB Südost mitteilte. Als x=Tag wurde der 11. 8. angestrebt.

Zwei Tage später, in seiner bereits im Zusammenhang der Kämpfe gegen Zervas behandelten Lagebeurteilung vom 10. 8., ging der OB Südost von neuem auf die Bewegungen und Absichten der Tito=Verbände ein. Die zwischen Ibar und Morava vorgehenden 3 roten Divisionen seien auf Grund ihrer Geländeanpassung nicht so erfaßt worden, wie ursprünglich angenommen werden konnte. Den Kräften des roten XII. Korps sei der Abmarsch nach Nordmontenegro gelungen, trotz sofort einsetzender Verfolgung durch Teile der 7. SS=Geb.=Freiw.=Div.; es müsse in wenigen Tagen mit ihrem Eintreffen in Gegend Plevlja gerechnet werden. Außerdem befinde sich die kommun. 37. Div. zur Zeit im Vorgehen aus dem Raum nördlich Prijepolje über Nova Varos nach Serbien hinein. Die Tito=Offensive zur Inbesitznahme Südserbiens nehme also (im großen gesehen) einen fast planmäßigen Verlauf. Nach Vereinigung mit den Kräften des Hauptstabs Serbien würden sich die Divisionen des roten II. Korps vermutlich beiderseits der Eisenbahn Stalac—Nisch—Grdilica fest=zusetzen streben, um die Hauptversorgungsader des Südostens zu unter=brechen und Südserbien unter Ausschaltung aller D.M.=Einflüsse zum kom=munistischen Herrschaftsgebiet zu machen. Die dort zur Zeit verfügbaren eigenen Truppen seien zu gering und zum größten Teil ohne wirklichen Kampfwert. Der Kampfgeist der Cetnics und der serbischen Freiwilligen lasse zu wünschen übrig; eine weitere Erschwerung bedeute die betont passive Haltung der Kommandostellen des I. (bulgar.) Okkupations=Korps (s. unten). — In einer „Beurteilung der Lage auf dem westlichen Balkan" der Abt. Fremde Heere=West vom gleichen Tage wurden die zum Einbruch nach Serbien auf=marschierenden Tito=Kräfte auf insgesamt 13 Divisionen berechnet.

Das *Unternehmen „Rübezahl"* begann am 12. 8. (Lagebuch 12. 8.) und führte in den nächsten Tagen zur Einnahme von Berane und zum Zurück=werfen des Gegners über den Lim; von hier aus wich er weiter nach Westen aus. Der OB Südost erklärte sich am 16. 8. mit dem bisherigen Verlauf der Kämpfe zufrieden. Ein Zeichen für die ungünstige Lage der Verbände des II. Korps sah er in der Tatsache, daß die nach Osten vorgestoßene 37. Div. (s. oben) zurückgeholt und gegen den Rücken der eigenen Angriffsgruppen ange=setzt wurde (Lagebuch 17. 8.). Die Beurteilung des WFStabs ging eine Woche später dahin, daß der Aufmarsch Titos gegen Serbien zwar verzögert, aber nicht vereitelt worden sei (Mitteilung Gen. v. Buttlar 23. 8.). Gleichzeitig gingen die Kämpfe der 7. SS=Geb.=Freiw.=Div. gegen das kommun. XII. Korps an der bosnisch=montenegrinischen Grenze weiter. Es gelang den Kommunisten, (zu=nächst nur mit schwachen Teilen) die Drina zu überschreiten; später schien ihnen dann doch die Vereinigung mit Verbänden des I. Korps geglückt zu sein. Sie wurden von einem nach Plevlja heruntergezogenen Regiment der 7. SS=Geb.=Freiw.=Div. angegriffen (Lagebuch 23. 8.). Die Kräfte des Hauptstabs Serbien verhielten sich während des Unternehmens „Rübezahl" ruhig, obwohl erwartet wurde, daß Tito Teile von ihnen gemäß seiner alten Taktik gegen den Rücken der deutschen Angriffsgruppen ansetzen werde.

Nach dem *Abfall Rumäniens* stand es sogleich fest, daß die 1. Geb.=Div. aus dem Kampf gegen Tito herausgelöst und im Raum Nisch bereitgestellt werden mußte. Durch das nach kurzer Zeit erkennbare enge militärische Zusammenar=beiten der Sowjets mit den Rumänen und bald auch mit den Bulgaren war hier in kurzer Zeit von der Struma bis hinauf zu den Karpaten eine neue Front ent=standen, an der sämtliche operativen Reserven des OB Südost beschleunigt zum Einsatz gebracht werden mußten. Neben der 1. Geb.=Div. wurden an sie auch die 4. SS-Pol.-Pz.-Div. (beide Divisionen konnten frühestens am 3.–4. 9. an den Versammlungsorten eintreffen; s. oben) und die 11. Lw.-Feld-Div. herangezogen.

Die Kämpfe gegen die Tito-Kräfte gingen zwar weiter; jedoch war nach Abzug der 1. Geb.-Div. kein durchschlagender Erfolg mehr zu erwarten. Am 30. 8. war das Unternehmen „Rübezahl" beendet (Lagebuch 30. 8.). Der Kräftebedarf der neuentstandenen Landfront zwang in beständig zunehmendem Maße zu Abzügen von Truppen aus dem kroatisch-montenegrinischen Raum einschließlich der Küstenverteidigung. So mußte dem OB Südost am 30. 8. die Räumung der Orte Drvar, Jajce, D.Vakuf, Bugojno, Nikšić und Debar, die in den Kämpfen mit Tito während der letzten Jahre eine große Rolle gespielt hatten, freigegeben werden. Banja Luka, das als zukünftige Hauptstadt Kroatiens galt, wurde (nachdem es in der zweiten Septemberhälfte schwer umkämpft und vorübergehend eingeschlossen worden war) auf ausdrücklichen Befehl des OKW (1. 10.) gehalten. Auch die 7. SS-Geb.-Freiw.-Div. mußte aus dem Kampf gegen die Aufständischen herausgelöst und an der Dreiländerecke als Armeereserve bereitgestellt werden (später in Serbien). Bei der SS-Div. „Skanderbeg" in Albanien mehrten sich Anfang September Überläufer und andere Verfallserscheinungen, so daß schließlich ihre Auflösung verfügt werden mußte. Gleichzeitig machte der Zerfall des kroatischen Heeres rasche Fortschritte. Schwer wogen die Auflösungserscheinungen bei den Legionsdivisionen, die fest in die deutsche Gesamtverteidigung des Südostens eingespannt waren. Auch die Kämpfe gegen die Kräfte des Hauptstabs Serbien mußten abgebrochen werden, da alle frontverwendungsfähigen Kräfte des Mil.-Befehlshabers Südost an die bedrohte Ostflanke oder in das durch den Abzug des bulgarischen Okkupations-Korps entstandene Vakuum geführt werden mußten (Lagebuch 31. 8.). Im großen gesehen mußte sich der OB Südost auf den Schutz der Bahnen und einzelner Rohstoffgebiete beschränken, während Tito — ohne daß er zu größeren Angriffshandlungen hätte schreiten müssen — die Masse des Landes zufiel (Mitteilung Gen. v. Buttlar 25. 9.).

Wenn den Tito-Kräften auch in den Kämpfen der Sommermonate erhebliche Verluste beigebracht und ihre Absichten wiederholt verzögert oder vereitelt worden waren, so hatte (im großen gesehen) ihre Gesamtorganisation und Kampfkraft nicht wesentlich gelitten. — Als die roten Korps im Laufe des September hinter den abgezogenen deutschen Verbänden auf breiter Front zur Vereinigung mit den Sowjets nach Osten zu drängen begannen, gab der OB Südost in einer für den Chef WFStab persönlich bestimmten Lagebeurteilung vom 21. 9. ein zusammenfassendes Urteil ab, mit dem die Betrachtung der Kämpfe gegen Tito schließen möge:

„Die Klassifizierung des Feindes als ‚Bandengegner' und der mit ihm zu führenden Kämpfe als Bandenkrieg ist endgültig als falsch zu bezeichnen. Es handelt sich, mit Ausnahme der Neuaufstellungen, um operativ und taktisch gut geführte, mit schweren Waffen beneidenswert ausgerüstete und von einer nicht zu unterschätzenden Dynamik getragene Kräftegruppen von ständig wachsender Zahl. Ich weiß mich dabei frei von dem Fehler, den Feind zu überschätzen, da gerade die gegenwärtigen Kämpfe und ihre beiderseitigen Erfolgs- und Verlustzahlen objektive Beurteilungsunterlagen sind."

### f) Die Adria-Küste

Eine unmittelbare Einwirkung der allgemeinen Generaloffensive auf den Südostraum erschien am ehesten an der Adria-Flanke möglich. Seitdem aber Mitte Mai die Front in Italien mit der anglo-amerikanischen Offensive gegen die 10. Armee wieder in Bewegung gekommen war, mußte die bisherige zuversichtliche Beurteilung der Lage an der Dalmatinischen Küste einer neuen Prüfung unterzogen werden (für die westgriechische Küste und die Jonischen Inseln lautete sie schon Anfang Mai weniger günstig, was unter anderem in der Verstärkung der Besatzung Korfus in den Monaten Mai und Juni zum Ausdruck kam). Die Nachrichten über Truppenkonzentrationen in Ägypten und im syrisch-palästinensischen Raum, die zeitweilige starke Schiffsbelegung der süditalienischen Adriahäfen in Verbindung mit Meldungen über die Bereitstellung griechischer und jugoslawischer Exiltruppen erweckten auch tatsächlich in der zweiten Maihälfte und Anfang Juni ernste Besorgnisse (Lagebuch 17. 5., 2.6. usw.). Als jedoch die Entwicklung der Kämpfe in Italien nach der Einnahme Roms [1] zeigte, daß der Gegner zum Freikämpfen der gesamten Halbinsel entschlossen war – was den Abzug wesentlicher Kräfte ausschloß –; und als mit der Invasion Frankreichs [2] eine weitere entscheidende Kräftebindung für ihn eintrat, kam der WFStab — was die Dalmatinische Küste betrifft — im wesentlichen auf die schon während der Wintermonate und des Frühjahrs vertretene Auffassung zurück, daß hier in der nächsten Zeit nur örtlich begrenzte Unternehmen zu erwarten seien. Eine „Beurteilung alliierter Landeunternehmen gegen den Balkan" vom 15. 6. kam zu ganz ähnlichen Ergebnissen wie die bereits erwähnte vom 5. 5. (s. oben). Auch die zusammenfassende Lagebeurteilung des OB Südost rechnete erst im Falle einer Vernichtung der deutschen Italien-Armeen mit einer Großoffensive gegen den Dalmatinischen Abschnitt, eventuell auch mit einem Stoß über Istrien auf Agram oder das Wiener Becken. Dagegen wurde ein Angriff gegen den Sperriegel Rhodos–Karpathos [3], den Peloponnes oder die Küsten Nordwestgriechenlands und Südalbaniens auf Grund der Vorbereitungen im ägyptisch-syrisch-palästinensischen Bereich weiterhin für nicht unwahrscheinlich gehalten. — Lediglich in Bezug auf die Halbinsel *Istrien* entstanden immer wieder Besorgnisse, die am 24. 7. zu einer an den OB Südwest und den OB Südost gemeinsam ergehenden

1 4. 6. 1944.
2 Ab 6. 6. 1944.
3 Ital.: Scarpanto (so im KTB).

Weisung führten. Darin wurde von der Vermutung ausgegangen, daß der Feind – vielleicht unter Verzicht auf eine Landung an der südfranzösischen Küste – eine Entscheidung mit großer operativer Auswertung in Italien anstrebe. Dies könne entweder durch eine Landung im Rücken der Apennin=Stellung mit anschließendem Stoß in die Po=Ebene oder auch durch eine Festsetzung in Istrien geschehen, das als wichtigster Eckpfeiler für die Verbindung zwischen den Kampfräumen im Südwesten und Südosten und gleichzeitig als Einfall=pforte in den Donauraum ständig an Bedeutung gewinne. Sein Verlust würde nicht nur die Apennin=Stellung, sondern auch die Verteidigung der Alpen=ränder unmöglich machen und schnell die wichtigsten Verbindungen in den Südostraum unterbrechen. Die beiden Oberbefehlshaber wurden angewiesen, die Kampfführung auf der Naht ihrer Bereiche in unmittelbarem Einverneh=men festzulegen. Zur Freikämpfung Istriens sollte dem OB Südwest die 94. Inf.=Div. und Mitte August auch eine weitere bodenständige Division zuge=führt werden.

Die tatsächliche Entwicklung sollte diese Auffassung im wesentlichen be=stätigen. Mitte Mai hatten Säuberungsunternehmen des Gren.=Rgt.s (mot) 92 und des Rgt.s „Brandenburg" hinter der Dalmatinischen Küste die Tito=Kräfte in diesem Raume, vor allem ihre Versorgungseinrichtungen, fühlbar geschwächt (Lagebuch 17. 5.). In den ersten Stunden des 2. 6. landeten (nachdem schon vom 22. 5. – 24. 5. ein englisches Kommando=Unternehmen gegen *Mljet* stattgefunden hatte) ein aus Tito=Kräften und Alliierten bestehendes, etwa 4 000 Mann starkes Kontingent mit starker Unterstützung durch die alliierte Luftwaffe und Marine auf *Brač*, wo sich 2 verstärkte Batl.e der 118. Jäg.=Div. in Stärke von 1 116 Mann befanden. Ziel der Unternehmung war die Vernich=tung der auf der Insel eingesetzten deutschen Truppen und das Abziehen von Kräften vom Unternehmen „Rösselsprung". Es gelang den eigenen Kräften, ihre Stützpunkte, den Kernstützpunkt Nerežišće und die beiden Küstenstütz=punkte Supetar und Sumartin, gegen heftige feindliche Angriffe bis zum Ein=treffen eigener Entsatztruppen (der 264. Inf.=Div.) zu verteidigen. Als sie dann am 5. 6. früh von Supetar und S. Martin aus selbst zum Angriff antraten, trafen sie nur noch auf schwachen Feind, der sich mit der Masse in der Nacht vom 4./5. 6. nach Lissa eingeschifft hatte. Die feindlichen Gesamtverluste wurden auf insgesamt 1 500 Mann geschätzt (Abschlußmeldung der 2. Pz.=Armee, vom OB Südost am 10. 6. im Auszug übersandt); unter den Gefangenen be=fand sich der Oberstlt. Tom Churchill, ein Neffe des britischen Premiers. Die eigenen Verluste waren demgegenüber trotz der mehrfachen feindlichen Über=legenheit äußerst gering; dem Abwehrerfolg wurde eine abschreckende Wir=kung gegenüber weiteren feindlichen Angriffsabsichten in diesem Raum bei=gemessen.

In den folgenden Monaten unterblieben (abgesehen von britischen Kom=mandounternehmen gegen Hvar am 14. 7. sowie gegen Korčula und Pelješac in der ersten Augustwoche und einer vorübergehenden britischen Festsetzung in einem Stützpunkt an der albanischen Küste) in der Mitte dieses Monats sogar die örtlich begrenzten Aktionen. Erst als auf Grund des politischen Umschwungs im Südosten mit dem Befehl für die Räumung der Ägäis am 26. 8. bzw. 14. 9. die große Absetzbewegung der deutschen Truppen im Südostraum begann, gewann die Adria-Flanke wieder an Bedeutung. Es lag nahe, daß die Alliierten und Tito, der die deutsche Absetzbewegung frühzeitig erkannte und zur Vernichtungskampagne gegen die deutsche Armee aufrief (Lagebuch 10. 9.), durch Landungen die deutschen Bewegungen zu stören versuchen würden (Eine Großlandung, etwa mit dem Ziel einer Vereinigung mit den nach Westen vordringenden Sowjets, war auf Grund des alliierten Kräftestandes in Italien auch in diesem Zeitraum unwahrscheinlich, vgl. z. B. die Weisung an den OB Südost vom 1. 10.). Tatsächlich vollzog sich jedoch die bereits in der ersten Septemberhälfte einsetzende Räumung der Dalmatinischen Inseln (von alliierten Landungen auf Brač, Pelješac und Solta abgesehen) ohne wesentlichen Feinddruck.

Das alliierte Hauptquartier in Rom erklärte zwar am 7. 9., daß im jugoslawischen Raum auch alliierte Truppen unter der Bezeichnung „Landstreitkräfte des Adria-Raumes" operieren würden. Bereits am 12. 9. meldete jedoch Reuter hierzu, daß es sich hierbei lediglich um die Untersützung einer großen Offensive der Partisanen durch alliierte Luftstreitkräfte handle. Es war anzunehmen, daß hierdurch eine Art Gegenstück zu der großen sowjetischen Balkanoffensive vorgetäuscht werden sollte. Der einschränkenden Reutererklärung war, wie beim WFStab vermutet wurde, vielleicht ein sowjetischer Einspruch vorangegangen; eine ähnliche Panne unterlief der britischen Propaganda später noch einmal, als Tito eine Erklärung über den britischen Einsatz im Dalmatinischen Abschnitt in schroffer Form richtigstellte (s. unten).

Die Räumung der Jonischen Inseln hatte schon etwas früher begonnen; anschließend wurde auch Korfu von den deutschen Truppen verlassen. Auf den Dalmatinischen Inseln setzte sich die von englischen Kommandos gestützte 26. Bandendivision fest. Trotz des Abzuges der Inselbesatzungen blieb die eigentliche Küstenverteidigung schwach, nicht zuletzt wegen der wachsenden Bedrohung ihrer rückwärtigen Verbindungen. Eine Besserung konnte erst mit dem Eintreffen neuer Sicherungskräfte aus dem Süden erwartet werden (Mitteilung Gen. v. Buttlar 19. 9.).

Darüber hinaus begann Anfang Oktober die Zurückverlegung der eigenen Verteidigungslinie von der Küste auf weiter landeinwärts gelegene Höhenzüge. Im Bereich des Pz.-AOK 2 sollten hierdurch 2 Divisionen, die 118. Jäg.- und die 264. (bodenständige) Inf.-Div., für die bedrohte serbische Front freigemacht werden. Für die neue HKL war die Linie Fiume–Senj–Kamm des Velebit-Gebirges–Knin–Livno–Mostar–Nevesinje–Gacko vorgesehen; in ihr sollten

— außer 2 zurückbleibenden Rgt.ern der beiden herausgelösten Divisionen — die 392., 373. und 369. Inf.=Div. (die 3 Legionsdivisionen) eingesetzt werden, während im aufgegebenen Küstengebiet Ustascha=Stützpunkte zurückgelassen wurden. Nachdem der WFStab diese Maßnahme am 7. 10. befürwortet hatte, wurde sie dem OB Südost am 9. 10. freigegeben; es wurde ihm dabei zur Pflicht gemacht, den sicheren Anschluß an den Bereich des OB Südwest zu wahren. Die Küstenbatterien des Heeres und der Marine sollten (soweit sie ausgebaut werden könnten) in der neuen HKL zur Sicherung der Gebirgspässe eingesetzt, eingebaute (nicht verlegbare) Batterien dagegen mit schwacher infanteristischer Sicherung als Stützpunkte zurückgelassen werden, um bei einer feindlichen Landung bis zu ihrer Vernichtung zu kämpfen. Kriegswichtige Objekte, insbesondere die Häfen und die ins Gebirge führenden Straßen, seien zur rechtzeitigen Zerstörung vorzubereiten.

Die Räumung des zum Teil breiten Küstengürtels begann am 16. 10., zog sich jedoch bis in den November hinein, wobei der Feind nur in einzelnen Fällen in Erscheinung trat, obwohl ihm mit den Dalmatinischen Inseln günstige Absprungbasen in die Hand gefallen waren. Auch die von der deutschen Führung wieder stark in Rechnung gestellte Landung der Angelsachsen und jugoslawischen Exiltruppen in Istrien (vgl. die Weisung an die OB Südwest und Südost vom 19. 10.) erfolgte nicht (In diesem Falle sollte Istrien aufgegeben und vom OB Südwest lediglich die Linie: Golf von Triest—Tschitschen=Riegel —Fiume verteidigt und die italienisch=kroatische Grenze bis zur Straße Karlstadt, Laibach gesichert werden). Größere Bedeutung besaß lediglich ein Vorstoß der Exiljugoslawen und schwacher britischer Kontingente in den Raum *Metković*, durch den der für die Verteidigung der kroatischen Südfront wichtige Raum um Mostar bedroht wurde. Am 21. wurde der OB Südost ausdrücklich auf die Bedeutung der Kämpfe in diesem Raum hingewiesen. In den nächsten Tagen gelang es, den feindlichen Vorstoß aufzufangen, worauf die Besatzung des Ortes dann auf eine Stellung 20 km vor Mostar zurückgenommen wurde. Die Lage in diesem Raum blieb jedoch noch längere Zeit gespannt, vor allem infolge des Versagens der 369. (kroat.) Inf.=Div. Um dieselbe Zeit erfolgte die Räumung von Dubrovnik (26. 10.), wo feindliche Transporter und Landungsfahrzeuge mit jugoslawischen Exiltruppen in den Hafen eingedrungen waren, und von Split. Trebinje war schon wesentlich früher (6. 10.) unter heftigen Kämpfen mit Tito=Kräften geräumt worden. Dem Raum Trebinje kam erhöhte Bedeutung zu, da die sich zurückkämpfenden Verbände der Heeresgr. E (XXI. AK.) hier in die Verteidigungsfront um Mostar aufgenommen werden sollten; da es nicht mehr möglich war, ihn wieder freizukämpfen, mußte die Marschroute des XXI. AK. durch das montenegrinische Gebirgsland gewählt werden.

Um die Monatswende war die gesamte Dalmatinische Küste bis Primošten geräumt. Das Absetzen im Küstengürtel vollzog sich über eine Zwischenstellung. Lediglich bei Šibenik wurde noch einige Tage ein Brückenkopf gehalten.

Bei der Räumung hatten auch wesentliche Teile des (nach Verlust der französ. Vorkommen besonders wichtigen) kroatischen Bauxit=Vorkommens aufgegeben werden müssen (Drniš); der Ausfall sollte durch eine verstärkte Ausbeutung der Gruben im Raum von Bosn.=Krupa und von Mostar ausgeglichen werden, wobei sich die letzteren nur noch teilweise im eigenen Besitz befanden. Größere Bauxitvorkommen bestanden sonst nur noch in Nagaen; auch sie begannen durch das Näherrücken der Front bedroht zu werden. Dem wehrwirtschaftlichen Gesichtspunkt kam bei allen den Südostraum betreffenden Erwägungen eine immer größere Bedeutung zu.

Etwas langsamer vollzog sich die Räumung des weiter südlich gelegenen montenegrinisch=albanischen Küstenabschnitts, die zum Teil in engem Zusammenhang mit dem Rückmarsch der Heeresgr. E stand (Durazzo 12. 1., Cetinje 17. 1., Cattaro 21. 1. 45 usw.).

Im weiteren Verlauf der Kämpfe im Adria=Abschnitt traten die im Ausland ausgebildeten und von den Anglo=Amerikanern laufend über See versorgten Exiltruppen und die mit ihnen zusammenwirkenden Tito=Kräfte als ein neuer, ernst zu nehmender Faktor in Erscheinung. Der OB Südost (Schreiben an den Chef WFStab vom 26. 11.) sah hierin eine grundsätzliche Veränderung der Lage an diesem Teil seiner Front und rechnete Ende November wieder stärker mit der feindl. Absicht, Kroatien von der Adria=Seite her in Besitz zu nehmen. Der WFStab hielt an seiner früheren Beurteilung fest; erst zu einem späteren Zeitpunkt schien ihm eine Operation der Anglo=Amerikaner gegen den westkroatischen Raum zur Abtrennung der Heeresgr. F möglich (Weisung an den OB Südost vom 19. 11.) — Die Entwicklung bis zum Jahresende, die lediglich im Dezember im Raum Knin bei der 373. (kroat.) Inf.=Div. zu einer ernsthaften Krise führte (hier zeichnete sich ein Durchstoß starker jugoslawischer Kräfte in den Raum Bihać ab), sollte diese Auffassung bestätigen.

### 8. Tito, Šubašić und England

Die Beziehungen Titos zur engl. Regierung sind in den Sommermonaten von einem wichtigen Ereignis beherrscht: der unter engl. Vermittlung zustandegekommenen *Einigung zwischen Tito und der jugoslawischen Exilregierung in London.* Im Gegensatz zu den gescheiterten Bemühungen um eine Verständigung zwischen der polnischen Exilregierung und dem prosowjetischen Lubliner Ausschuß, zwischen den verschiedenen griechischen Politikern und Aufstandsbewegungen (hier kam nur vorübergehend eine der jugoslawischen verwandte Lösung zustande), im Gegensatz auch zu den zwischen der de Gaulle=Regierung und den Kräften der französ. Widerstandsbewegung heraustretenden Schwierigkeiten, gelang es der brit. Politik hier zum ersten Male, einen haltbaren Kompromiß zwischen den Kräften der im Lande kämpfenden, stark kommunistisch orientierten Widerstandsbewegung und der seit Jahren außer Landes weilenden früheren Regierung zustande zu bringen. Sie errang damit zweifellos einen bedeutenden Erfolg, zumindest einen Prestigeerfolg. Und ein solcher war zu jener Zeit (vor der Rückeroberung Frankreichs und angesichts der polnischen Krise) für England wichtig, namentlich im Südost=raum, wo sich alle derartigen Vorgänge auf die Verbündeten Deutschlands aus=wirken mußten.

Wo allerdings auf weite Sicht für England der politische und milit. Nutzen der weitgehenden Engagierung Englands im Tito=Kroatien liegen sollte, ist heute (im November 1944) nicht zu sehen. Eine Großlandung an der Dalmatin.=montenegr.=alban. Küste, bei der die Tito=Kräfte einer angelsächsischen Landungs=armee wertvolle Dienste hätten leisten können, hat nicht stattgefunden und war wohl auch nie geplant. Auch nach den Besprechungen in Moskau im Oktober scheint es, daß der Raum des ehemaligen Jugoslawiens weiter zur sowjetrus=sischen Einflußzone gerechnet wird, wie wahrscheinlich vor Jahresfrist schon in Teheran festgesetzt worden war.

Ein besonderes Kennzeichen dieses von der engl. Politik erzielten Resultats war es, daß sich die Sowjetunion (zumindest nach den deutschen Stellen vor=liegenden Nachrichten) nie über das Eingehen Titos auf die engl. Vermittlungs=aktion und das nachhaltige Eingreifen Englands in die innerjugoslawischen Verhältnisse verstimmt zeigte, wobei allerdings die Möglichkeit in Rechnung zu stellen ist, daß England nach einer in Teheran festgelegten Rollenverteilung handelte.

Charakteristisch für die ganze Entwicklung ist wiederum die unmittelbare Beteiligung Churchills, der in seinen Unterhausreden wiederholt seine Einge=nommenheit für Tito zum Ausdruck brachte und die Einigung zwischen den verschiedenen jugoslawischen Richtungen zu seiner persönlichen Angelegenheit machte.

In seiner Rede vor dem Unterhaus am 24. 5. — am selben Tag begann in Bosnien das Unternehmen „Rösselsprung", bei dem der Sohn Churchills bei=nahe in deutsche Gefangenschaft geraten wäre — teilte Churchill mit, daß König Peter das Kabinett Purić verabschiedet und ein neues kleineres gebildet habe, dessen Hauptziel es sei, den aktiven Widerstand in Jugoslawien zu unterstützen und alle kämpfenden Elemente in diesem Lande soweit wie mög=lich zu einigen. In diesem Kabinett, dessen wichtigster Faktor der ehemalige Banus von Kroatien, Dr. *Šubašić*, bilde, werde *Mihajlović* nicht mehr Kriegs=minister sein. Es folgte dann eine scharfe Verurteilung Mihajlovićs, die weit über die in der Unterhausrede vom 22. 2. (s. oben) ausgesprochene Kritik hinausging und auf den endgültigen Bruch hinauslief. Mihajlović habe die Deutschen nicht bekämpft; einige seiner Unterführer hätten darüber hinaus Vereinbarungen mit ihnen getroffen; alle hätten die Tito=Kräfte angegriffen. Darum habe England die Belieferung von Mihajlović mit Waffen eingestellt. Im übrigen gab Churchill zu, daß die Stellung Mihajlovićs in einzelnen Gebieten auch nach der Entlassung als Kriegsminister und der Einstellung der engl. Waffenlieferungen weiter stark sein werde; einen weiteren wichtigen Faktor bilde in Serbien eine breite bäuerliche Schicht, die entschieden antikommunistisch eingestellt sei. Tito habe aber seine kommun. Tendenzen zum größten Teil fallengelassen; er habe wiederholt zum Ausdruck gebracht, daß er nicht die Absicht habe, das in Serbien bestehende Sozial- und Eigentumssystem umzustürzen.

Auch sonst bedachte Churchill Tito wieder mit Worten hohen Lobes, wobei er die romantische Verherrlichung der „heldenhaften Bergbewohner“ mit dem Hinweis auf den hohen Nutzwert Titos — er bindet im Augenblick über 12 deutsche Div.en — für die alliierte Kriegführung verband. Das Ziel der engl. Politik sei es – so schloß dieser Abschnitt der Churchill-Rede –, alle Streitkräfte in Jugoslawien und die ganze geeinte Kraft Serbiens dazu zu bringen, unter der milit. Leitung Marschall Titos für ein geeintes und unabhängiges Jugoslawien zusammenzuarbeiten. Die brit. Regierung brauche einen einigermaßen vernünftigen Spielraum, um diese Einigung zustande zu bringen. Alle innerpolitischen Fragen nach Monarchie oder Republik, nach links oder rechts, müßten strikt dem Hauptziel, der Vernichtung des gemeinsamen Gegners, untergeordnet werden. „An einem Ort unterstützen wir einen König und an dem anderen einen Kommunisten. Es besteht kein Versuch unsererseits, mit Gewalt besondere Ideologien durchzusetzen. Wir wollen nur den Feind schlagen.“

Kennzeichnend für diese Rede ist wiederum das Bestreben, durch Hervorkehren des national-patriotischen und Abschwächen des kommun. Moments dem engl. Publikum den roten Partisanenführer als Bundesgenossen schmackhaft zu machen.

Der neue Min.-Präsident Šubašić begann gleich nach seinem Amtsantritt energisch auf die Verständigung mit Tito hinzuarbeiten. Mitte Juni traf er sich zu längeren Besprechungen mit Tito auf der Insel Lissa, an denen auch der Sohn Churchills, Major Randolph Churchill, teilnahm. (Dieser hatte sich, nachdem er beim Unternehmen „Rösselsprung“ mit Mühe der deutschen Gefangenschaft entgangen war, vor der Presse mehrfach anerkennend über die bei seinem mehrmonatigen Aufenthalt im Lager Titos empfangenen Eindrücke geäußert; er selbst und sein Anteil an den Verhandlungen um Tito wurden in brit. Veröffentlichungen stark herausgestellt). Das Resultat der Besprechungen auf Lissa war, daß Tito, der noch vor wenigen Monaten jede Zusammenarbeit mit der Exilregierung und der Monarchie abgelehnt hatte, den König Peter anerkannte und seinerseits in das Kabinett Šubašić aufgenommen wurde. Einzelheiten über die gegenseitigen Konzessionen, mit denen diese Einigung erkauft wurde, sind nicht bekanntgeworden; jedoch kann angenommen werden, daß Titos Stellung denkbar selbständig blieb und er in den von ihm beherrschten jugoslawischen Gebieten zunächst völlig freie Hand erhielt. Dies bedeutet nichts anderes als die Sanktionierung des bestehenden Zustandes. Nach der Ausbootung Mihajlovićs war ja die jugoslawische Exilregierung in allen ihren das Heimatgebiet betreffenden Anordnungen (wenn sie überhaupt solche traf) ganz auf Tito angewiesen. Die Hauptkonzession Titos bestand wohl in der Anerkennung des Königs und der damit vollzogenen Eingliederung in die serbische monarchistisch-nationalistische Tradition, daneben anscheinend in dem Verzicht auf ein Hervorkehren der kommun. Einstellung, der später in engl. Regierungskreisen mit großer Genugtuung verzeichnet wurde (s. unten), sich aber wohl auf Äußerlichkeiten beschränkte. Ob darüber hinaus schon bindende Abmachungen über die polit. und soziale Zukunft Jugoslawiens getroffen worden sind, ist in Deutschland nicht bekanntgeworden; anscheinend sollten diese Fragen einer späteren Volksabstimmung vorbehalten bleiben, vor allem die Frage der Staatsform (Eine ähnliche Lösung war schon in Italien gewählt worden; auch in Frankreich und Griechenland sollte in den kommenden Monaten nach demselben Rezept verfahren werden). Außerdem wurde ein Propagandafrieden vereinbart (Lagebuch 25. 6.). Es scheint, als ob außer Tito auch noch andere Vertreter der kommun. Aufstandsbewegung in das Londoner Exilkabinett aufgenommen wurden, z. B. der General Velebit (s. unten).

Die ersten Nachrichten über die auf Lissa erzielte Einigung gingen am 11. 6. ein (Lagebuch 12. 6.). Das eigentliche Abkommen ist anscheinend am 16. 6. geschlossen worden. Beim WFStab legte man sich die Frage vor, ob Tito durch diesen Schritt nicht in einen gewissen Abstand zur Sowjetunion gerate und wie die Reaktion der alten Mitglieder unter seinen kommun. Gefolgsleuten sein werde (Mitteilung Gen. v. Buttlar, 18. 6.).

In der Entwicklung der milit. Zusammenarbeit Titos mit England bedeutete eine wichtige Etappe die Entsendung des zum General ernannten, früheren Laibacher Professors *Velebit* mit milit. Aufträgen Titos nach London, wo er Anfang Mai eintraf. In einer Besprechung mit Churchill am 22. 5. wurde vereinbart, daß in Zukunft ein beständiger milit. Vertreter Titos seinen Sitz in London nehmen solle. Es scheint, daß dann Velebit, den Churchill in seiner Unterhausrede vom 2. 8. als „vollendeten Denker und Soldaten" bezeichnete, diesen Posten selbst angetreten und darüber hinaus als persönlicher Verbindungsmann Titos zur Londoner Exilregierung fungiert hat. Mit dem Hauptquartier General Wilsons, dem alliierten Oberkommando im Mittelmeerraum, hielt Tito durch nach Algier, Kairo usw. entsandte Vertreter beständig Fühlung. Bemerkenswert waren Nachrichten über Aufstellung von Tito-Verbänden im Mittleren Osten. So berichtete die englische Presse Anfang Mai über ein in Kairo zwischen dem brit. Luftmarschall Sir Keith Park und Titos Flugchef Pirc abgeschlossenes Abkommen, wonach mehrere hundert im Mittleren Osten befindliche Tito-Anhänger durch brit. Instruktoren eine Ausbildung mit Panzerwaffen erhalten sollten. Die den Tito-Kräften über Lissa und andere Inseln zuteil werdende Materialunterstützung und das Eingreifen der brit. Luftwaffe in die Kämpfe (unter anderem wurden auch Lufttransporte von Tito-Truppen durch engl. Transportmaschinen festgestellt) sind an anderer Stelle erwähnt worden, ebenso die Tätigkeit der brit. Militärmission bei Tito, die im Laufe der Zeit durch weitere Missionen bzw. Verbindungs- und Instruktionsoffiziere bei den kommun. Stäben in Slowenien und Mazedonien ergänzt wurden.

Einen weiteren wichtigen Abschnitt in der Entwicklung der Beziehungen Englands zu Tito scheinen nach den beim WFStab vorliegenden Nachrichten Besprechungen, die Mitte Juli in *Neapel* zwischen Šubašić und Tito stattfanden, gebildet zu haben. Tito hielt sich damals (vielleicht infolge einer bei den „Rösselsprung"-Kämpfen erlittenen Verwundung) schon seit längerer Zeit in Italien auf, vorübergehend anscheinend auch in einem Lazarett in Bari. An den Besprechungen scheint wiederum Randolph Churchill teilgenommen zu haben (Die Ende des Monats über einen Flugzeugunfall desselben umlaufenden Nachrichten — Absturz seines Flugzeuges, in dem sich auch russische Generale befanden — haben sich nicht bestätigt. Einen Augenblick verlautete damals auch, Tito selbst habe sich in dem Flugzeug befunden; Lagebuch 26. 7.). Es ist möglich, daß Tito erst auf Grund dieser Besprechungen offiziell mit dem Oberbefehl über die gesamten jugoslawischen Streitkräfte bekleidet wurde (Lagebuch 10. 7.). Vielleicht wurde auch erst hier der Beschluß gefaßt, daß über den Fortbestand der Monarchie in Jugoslawien erst nach dem Kriege durch eine Volksabstimmung entschieden werden solle.

Die mit den Besprechungen von Lissa eröffnete politische Linie schien also — im großen gesehen — einen befriedigenden Verlauf zu nehmen. In seiner Unterhausrede vom 2. 8. brachte Churchill wieder seine Befriedigung über das zwischen der Londoner Exilregierung und Tito erzielte Einvernehmen zum Ausdruck.

Als Churchill sich dann im August selbst nach Italien begab, kam es in *Rom* zur ersten persönlichen Begegnung zwischen ihm und Tito (12. oder 13. 8.). Der rote Partisanenführer, von dem noch vor Jahresfrist die Weltöffentlichkeit fast nichts wußte – damals galt Mihajlović noch als alleiniger Führer des jugoslawischen Freiheitskampfes –, trat dem Premier der Regierung Seiner Majestät als gleichberechtigter Partner entgegen: ein weithin sichtbares Zeichen für die seltsamen Wege, die die brit. Politik in ihrem Kampf gegen Deutschland zu gehen gelernt hatte, und für die Verschiebung der politischen Begriffe und Maßstäbe, die mit dem Vordringen des sowjetischen Einflusses in Europa verknüpft war: ein Zeichen auch für die bemerkenswerte Unbefangenheit und persönliche Initiative, mit der der brit. Premierminister auf die sich in diesem Zusammenhang ergebenden neuartigen und überraschenden Situationen eingeht und mit der er — ohne nachhaltige Wirkungen zu erzielen — der brit. Politik zweifellos schon über manche Schwierigkeit hinweggeholfen hat.

Gleichzeitig besprach sich Churchill in Rom auch mit dem griechischen Ministerpräsidenten *Papandreu* und mit Vertretern der Regierung *Bonomi*. Sein römischer Aufenthalt sollte also wohl – gerade angesichts der anhaltenden polnischen Krise – das brit. Interesse für die Schwierigkeiten der übrigen „halbbefreiten" bzw. ihrer Befreiung harrenden Gebiete und der verschiedenen Widerstandsbewegungen und Exilregierungen sinnfällig zum Ausdruck bringen. Namentlich ihre Bemühungen in der griechischen Frage, wo nach der großen Krise im April eine ähnliche Kompromißlösung zustande kommen sollte, versuchte die brit. Regierung immer in einem Atem mit den Verhandlungen um Tito zu nennen und als Früchte ein und derselben Politik hinzustellen, obwohl klar sein mußte, daß zwischen Tito und Papandreu ein grundlegender Unterschied besteht: Der allgemein links orientierte, aber nicht kommunistische Papandreu muß jederzeit befürchten, von radikalen Richtungen überflügelt zu werden und besitzt infolgedessen keinerlei Bewegungsfreiheit, während der fest im Kommunismus wurzelnde Tito, des Einverständnisses der Sowjetunion gewiß, aus taktischen Gründen weitgehende Zugeständnisse nach rechts machen kann, ohne die Anhängerschaft der kommun. Massen seines Landes zu verlieren.

Außerdem stellt Tito auch durch sein Heer eine reale Macht dar, die ein Bündnis eingehen und wieder lösen kann, während Papandreu keinerlei größere Parteimacht hinter sich hat. Endlich nehmen Griechenland und Jugoslawien (wie sich im Herbst des J. 1944 zeigen sollte) in den Abmachungen der Großmächte einen ganz verschiedenen Platz ein: Griechenland scheint trotz der Stärke der kommun. Bewegungen schon seit Teheran (Ende 1943) zur englischen Einflußzone gerechnet zu werden, während der Raum des ehemaligen Jugoslawiens (wie schon mehrfach erwähnt) trotz der bedeutenden moralischen und materiellen Investitionen Englands nach wie vor als zur sowjetischen Einflußzone gehörig anzusehen ist.

Ob die *Besprechungen in Rom* zu neuen Ergebnissen geführt haben, ist nicht festzustellen; in Rundfunk und Presse wurde lediglich die Tatsache der Zusammenkunft herausgestellt. Doch steht fest, daß der Einfluß und die Bedeutung Titos seitdem womöglich noch gestiegen sind.

Anschließend begaben sich Tito und Šubašić in das kroatische Hauptquartier Titos, worauf Šubašić wieder nach London zurückkehrte. Anscheinend war erst jetzt eine volle Einigung in der Frage der Behandlung der verschiedenen nationalistischen Gruppen im ehemaligen Jugoslawien, zu denen die Londoner Exilregierung anscheinend immer noch Beziehungen unterhielt, erzielt worden. Wenigstens kann dies aus der Tatsache geschlossen werden, daß in London beide Verhandlungspartner, Londoner Exilregierung und Titos „Nationaler Befreiungsausschuß", gleichzeitig Aufrufe gegen alle offen oder versteckt mit dem Feind zusammenarbeitenden Organisationen und gegen den „Verräter Mihajlović" erließen.

Als dann am 26. 8. bekannt wurde, daß die jugoslawische Exilregierung Tito als ihren „Führer" anerkannt habe – Šubašić behielt aber den Posten des Vorsitzenden der Exilregierung –, hatte die hier geschilderte Entwicklung ihren Abschluß erreicht.

Bei dem Moskauer Besuch Churchills im Oktober sind anscheinend auch die mit Tito zusammenhängenden Fragen besprochen worden, ohne daß Entscheidungen gefallen sind. Es wurde, wie Churchill dem Unterhaus am 27. 10. mitteilte, eine gemeinsame Botschaft an Tito und Šubašić gerichtet mit der Aufforderung, weiter zusammenzustehen, wie sie dies bereits in Neapel versprochen hätten – natürlich nur so lange, bis das Land sich selbst äußern könne.

Am 20. 10. hat Churchill Tito anläßlich der Befreiung Belgrads beglückwünscht; zu dieser Zeit stand Tito schon längst in enger Fühlung mit den von Osten vorrückenden Sowjettruppen.

Im großen gesehen, dürfte dieses Glückwunschtelegramm wohl den Abschluß der engl. Einwirkung auf die Fragen des ehemaligen Jugoslawien bedeuten. Zwar hat sich König Peter (ähnlich wie König Georg von Griechenland) noch nicht in die befreiten Teile seines Landes begeben, während Šubašić seit Ende Oktober wieder im Heimatgebiet mit Tito verhandelt. Hier werden sich der engl. Regierung zweifellos noch einige Gelegenheiten zur Einmischung bieten, während die militärische Unterstützung sich wohl auf das Übersetzen weiterer jugosl. Truppen von Italien und auf Landungsunternehmen örtlicher Bedeutung gegen einzelne Häfen usw. beschränken dürfte. In der Berichtigung einer engl. Meldung über die engl. Beteiligung an den Landungen an der Dalmatinischen Küste, die Tito Ende November veröffentlichen ließ, kommt bereits deutlich die Absicht Titos zum Ausdruck, die Ära der militärischen Zusammenarbeit mit England zu beenden und ihrer Glorie zu entkleiden.

### 9. Titos Verhältnis zu Sowjetrußland und das Vordringen der Russen im Südostraum

Über die Zusammenarbeit Titos mit den Sowjets während der Sommermonate liegen nur unzusammenhängende Nachrichten vor, die lediglich das bisherige Bild bestätigen. Die Versorgung mit Kriegsmaterial, vor allem durch Fallschirmabwurf, und die systematische Durchsetzung der Tito-Organisation auch in Serbien, Slowenien usw. mit russischen Verbindungsoffizieren und Spezialisten wurde fortgesetzt und intensiviert. Die Stärke der russ. Militärmission im Hauptquartier Titos zeigte sich z. B. beim Unternehmen „Rösselsprung" (s. oben). Hervorzuheben ist noch einmal der Umstand, daß das Eingehen Titos auf die engl. Vermittlungsaktion, sein Zusammentreffen mit Churchill in Rom usw. seine enge Bindung an die Sowjetunion in keiner Weise zu beeinträchtigen schienen.

Eine neue Phase begann, als nach dem Abfall Rumäniens und Bulgariens[1] die russ. Armeen in einem Zusammenwirken mit den wider Erwarten fest in der Hand ihrer Regierungen bleibenden rumän. und bulgar. Truppen zum raschen Vormarsch nach Westen antraten. Die eingehende Schilderung dieser Ereignisse kann nur in den Ausarbeitungen über die Kämpfe an der Ostfront und der Absetzbewegung im Südosten gegeben werden (vgl. S. 713 ff.: Kap. 12).

Die sich für Tito aus der neuen Lage ergebende Aufgabe war klar: möglichst rasche Herstellung der Verbindung mit den von Osten anrückenden Sowjets, um die in Entstehung begriffene, neue deutsche Nord=Südfront zu zerschlagen — sei es durch auf die Absichten der Sowjets abgestimmten Angriff von Westen, sei es durch unmittelbare Vereinigung mit diesen. Es ist anzunehmen, daß Tito schon frühzeitig entsprechende Weisungen der Sowjets empfing. Aber auch seine eigenen Ziele mußten ihm ein derartiges Vorgehen nahelegen: sein sozial= und wirtschaftspolitisches Programm, die Festsetzung und Machtergreifung in Serbien, die Ausschaltung der Cetnics und Nationalisten usw. waren mit russischer Hilfe viel schneller und umfassender zu bewerkstelligen. Für Tito war sowohl auf militärischem wie auf politischem Gebiet der erste Abschnitt seines zweijährigen Wirkens abgeschlossen.

Die Zeit des auf sich selbst gestellten Bandenkampfes im Innern der deutschen Südostbastion und der staatlichen Improvisation war beendet. Tito trat nunmehr als militärischer Faktor in die große Entwicklung an einer Hauptkampffront und als Gründer eines sozialistischen Staatskernes in die in voller Umbildung begriffene südost= und osteuropäische Staatenwelt ein. Es lag eine besondere Logik darin, daß er hierbei wieder mit der Macht in Verbindung trat, unter deren Schutz, wenn nicht auf deren ausdrückliche Weisung, er seinen Weg begonnen hatte. Wie in seinen ersten Anfängen, als England nur Mihajlović anerkannte und nichts mit der kommun. Aufstandsbewegung in Kroatien zu schaffen haben wollte, war jetzt wieder allein die Sowjetunion für ihn bestimmend: diesmal (wie von ihm wohl nie erwartet) durch unmittelbare räumliche Nähe und milit. Machtentfaltung. Die Zeit der engen Zusammenarbeit mit den Briten, die Tito aus unbekannten bosnischen und montenegrinischen Gebirgsnestern über den englisch=jugoslawischen Waffenplatz Lissa nach Neapel und schließlich nach Rom in Churchills Hotel und in die Peterskirche geführt hatte, mußte jetzt schon wieder als abgeschlossene Episode erscheinen.

Die Folgerichtigkeit dieser Entwicklung kommt auch darin zum Ausdruck, daß Tito nun wieder in die für ihn von Anfang an ausschlaggebenden gesamtslawischen Zusammenhänge eintrat und — von den Briten aus gesehen — darin verschwand bzw. den deutlichen Umriß, den er in Churchills Unterhausreden und den Zeitungsmeldungen des Sommers für sie angenommen hatte, wieder verlor. Es war ganz im Sinne dieser Entwicklung, daß Tito und nach

1 Rumänien: 23. 8., Bulgarien: 7. 9. 1944. Vgl. dazu unten Abschnitt 8 (S. 860 ff.).

ihm auch Šubašić im Anschluß an die Besprechung Stalins mit Churchill und Eden nach Moskau fuhren (s. unten): ein Besuch, der sich grundsätzlich vom Hin= und Herreisen des polnischen Minister=Präsidenten, aber auch von den Moskau=Fahrten de Gaulles, Beneschs usw. unterschied.

Eine weitere milit. Aufgabe Titos mußte darin bestehen, das frühzeitig er=kannte Heranziehen der Heeresgr. E durch Unterbrechung der Bahnstrecke Saloniki—Belgrad in dem ihm zugänglichen Sektor zu erschweren bzw. zu vereiteln; auch hier wird er frühzeitig Weisungen der russischen Führung emp=fangen haben, die von Anfang an auf die Abschneidung und Vernichtung der Heeresgr. E ausging. Ob hier auch Wünsche der Engländer mitwogen, ist heute noch nicht klar (wie überhaupt die englische Einstellung zum Rückzug der Heeresgr. E). – Der Entschluß zur Schwerpunktbildung im Osten seines Machtbereichs, dem er ja schon immer die weitaus größte Bedeutung zuge=messen hatte, dürfte Tito noch durch die Tatsache erleichtert worden sein, daß keine engl. Großlandung an der dalmatin.=montenegr.=albanischen Küste statt=fand, diese vielmehr seit Mitte September allmählich von den deutschen Kräf=ten geräumt wurde. Diese Gebiete mußten Tito ohne besondere Kraftentfal=tung zufallen; außerdem war hier wohl schon seit längerem der Einsatz der in Italien aufgestellten jugoslawischen Exiltruppen vereinbart.

Die Sowjets meldeten bereits am 8. 9., daß sie auf serbischem Gebiet die Verbindung mit Tito=Kräften aufgenommen hätten, was nach eigenen Be=obachtungen nicht zutraf (Lagebuch 9. 9.). Es war vielmehr im Gegenteil auf=fallend, daß Tito um diese Zeit noch nicht aktiver geworden war (Der WFStab stellte sich die Frage, ob der Grund vielleicht in der engen Bindung an England läge, nahm aber an, daß Titos Grundsympathien nach wie vor der Sowjet=union gehörten; Mitteilung Gen. v. Buttlar, 12.9.). Nach kurzer Zeit wurde dann auch der allgemeine Aufbruch der Tito=Kräfte nach Osten festgestellt: sie verfolgten — wie der OB Südost in seiner Lagebeurteilung vom 18. 9. fest=stellte — die eindeutige Tendenz, nach dem voraussichtlichen Einbruchsgebiet der Roten Armee zu marschieren. Vorläufig bewegten sie sich langsam, aber zielbestrebt durch Serbien, ohne wirksam aufgehalten werden zu können. Am 21. 9. sprach der OB Südost bereits von dem Beginn des entscheidenden An=griffs der roten Bandenverbände auf die Verkehrslinien und Machtpositionen der Besatzungstruppe. Sie seien vor allem bestrebt, die deutsche Kräftever=schiebung nach Norden zu verhindern, durch die möglicherweise eine deutsche Kräftekonzentration erzielt werden könne, der sie nicht mehr gewachsen wären. Tatsächlich sei es Tito bereits gelungen, im Zusammenwirken mit der anglo=amerikan. Luftwaffe den durchlaufenden Eisenbahnverkehr von Grie=chenland nach Belgrad fast völlig lahmzulegen, die in Verlegung befindlichen Truppen auf weite Strecken zu verzetteln und vielseitig zu binden, den Leer=materialumlauf und Kohlenzulauf nach Süden auf das Schwerste zu stören usw. Gleichzeitig drohe die Verbindung Belgrad–Agram demselben Schicksal zu erliegen, obwohl der Feind hier nur mit geringen Kräften und den Mitteln des Kleinkrieges operiere.

Vermerkt werden muß die Tatsache, daß die Luftversorgung der Tito=Kräfte durch die anglo=amerikan. Luftwaffe während dieser Zeit im alten Umfang fortgeführt wurde.

Ende September führte der Tito=Vormarsch bereits zu einer unmittelbaren Bedrohung *Belgrads* und zum Ausweichen der Mihajlović=Kräfte nach Bosnien und ins Gebirge (Mitteilung Gesandter Neubacher, Fernsprechnotiz WFStab/Ic vom 25., 28. 9.). Während es zuerst den Anschein hatte, als ob Tito Belgrad unmittelbar angreifen wolle, entstand dann der Eindruck, daß er aus dem Raum Šabac über die Save nach Syrmien vorzustoßen und im Banat Verbindung mit den Russen aufzunehmen beabsichtige. Der OB Südost beantragte am 2. 10. als Gegenmaßnahme die Zuführung der 13. SS=Geb.=Freiw.=Div. „Handschar", obwohl er sich des (mit einer Verlegung der Muselmanen aus ihrem Befriedungsraum nach Osten verbundenen) Risikos bewußt war (Die Verlegung wurde vom Reichsführer SS erst später in der Form freigegeben, daß die Muselmanen entlassen und das Rahmenpersonal usw., zu einer Rgt.s=Gruppe zusammengefaßt, zum Einsatz gebracht wurde).

Bereits in den nächstenTagen zeichnete sich die Gefahr einer Abschließung Belgrads von Westen durch die Vereinigung der Tito=Div.en mit der russ. Angriffsgruppe Betschkereck ab.

Die operative Entwicklung der nächsten Tage, die durch das rasche Vordringen der Russen durch das Banat und der Bulgaren in Mazedonien und die dadurch bedingten Entschlüsse der deutschen Führung bestimmt war, erleichterte die Absichten bzw. Aufgaben Titos in hohem Maße. Da ihm große Gebiete kampflos zufielen und es nur noch an einzelnen Stellen zur Berührung mit ihm kam, läßt sich von nun an kein klares Bild von seinen Bewegungen gewinnen.

Während es bis in der ersten Oktoberwoche die Absicht der deutschen milit. Führung war, mit der Heeresgr. E (Befehl zur Aufgabe Griechenlands, Südalbaniens und Südmazedoniens und zur Einstellung der Überführungen von den Inseln erging am 3. 10.) in der „blauen Linie" Skutari—Skoplje—Klisura mit der Armee=Abt. Serbien in der von dort über Negotin zum Donaulauf führenden Linie (Weisung vom 1. 10.) bzw. in der Linie Vlasotince—Bela Palanka—Zaječar—D.Milanovac (Weisung OB Südost vom 5. 10.) den kroatisch=montenegr.=nordalban.=serbischen Raum zu halten, war schon nach kurzer Zeit klar, daß der größte Teil Serbiens als verloren angesehen werden mußte. Am 10. 10. erging der Befehl zum Rückzug hinter die Morava (Lagebuch 11. 10.), während gleichzeitig das Vordringen der Bulgaren gegen Nisch (Einnahme am 14. 10.) auch hier zum Zurückweichen und zur Unterbrechung der Oststrecke der Bahn und damit der Rückzugslinie der Heeresgr. E führte. Am 17. 10. hieß es in einer Weisung des OB Südost, daß der Gedanke an eine

Wiederinbesitznahme Serbiens fürs erste aus den Erwägungen ausscheiden müsse. Es wurde der Entschluß gefaßt, die „Nibelungen=Stellung" Drina—Westsyrmien—kroat. Grenze zu beziehen und zu halten, d. h. nunmehr lediglich den nordalbanisch=montenegr.=kroatischen Raum (Mitteilung Gen. v. Buttlar 18. 10.). Die Kräfte der Heeresgr. E mußten sich nach Verlust der Bahnverbindung nach Belgrad jetzt im Fußmarsch in den Raum Mostar—Serajewo durchkämpfen; die aus dem serbischen Raum zurückgedrängten Kräfte sollten (durch freigemachte Kräfte des Pz.=AOK 2 verstärkt) den Russen an der kroatischen Ostgrenze Halt zu gebieten versuchen.

In *Belgrad*, wo am 6. 10. Räumungsmaßnahmen begonnen hatten, drangen am 14. 10. russ. Panzer ein. Die Kämpfe in der Stadt zogen sich noch bis zum 18. 10. hin; starken Teilen der von Süden herangezogenen deutschen Verbände (Korpsgruppe Stettner mit 1. Geb.=Div. usw.) gelang noch der Durchbruch in und westlich der Stadt und das Überschreiten der Save.

Über das Verhalten Titos nach dem Fall Belgrads ist bisher nichts Näheres bekanntgeworden. Ein starkes Herausstellen seiner Person als „Befreier" scheint er vermieden, sich vielmehr streng an die Abmachungen mit Šubašić und der Exilregierung gehalten zu haben. Alle seine Maßnahmen werden entscheidend durch die Rücksichtnahme auf die Russen bestimmt gewesen sein, mit deren Hilfe ihm nunmehr der in drei großen Anläufen (Herbst 1943, März/April und Juli/August 1944) vergeblich versuchte Einbruch in Serbien in viel umfassenderer Form, freilich auch unter völlig veränderten Vorzeichen, geglückt war.

Die Sowjets, die schon Anfang des Monats Meldungen über ihre gute Zusammenarbeit mit den Tito=Kräften verbreitet hatten (Lagebuch 5. 10.), scheinen zuerst in Südungarn auf größere Verbände Titos gestoßen zu sein (Lagebuch 17. 10.). Jedoch blieb deren Masse zunächst südlich der Save stehen, wo am 23. 10. mit rund 18—20 000 Tito=Anhängern gerechnet wurde. Beim WFStab tauchte die Frage auf, warum die Russen in diesem für sie offengehaltenen Raum nicht schneller vorstießen (Lagebuch 23. 10.). Am gleichen Tage begann die Räumung Ost=Syrmiens, bei der die Aufständischen namentlich auf dem Nordflügel stark nachdrängten. Eine Klärung trat ein, als die Masse der russ. Kräfte nach Ungarn eindrehte und offenbar wurde, daß den Sowjets das Herausbrechen Ungarns aus der deutschen Verteidigungsfront vordringlicher erschien als ein Stoß nach Westen, gegen Agram und die Adria, mit dem die deutsche Führung nach dem Fall von Belgrad rechnen zu müssen glaubte (Mitteilung Gen. v. Buttlar 25. 10.). Wieweit dieser russ. Entschluß auf die Moskauer Besprechungen (abgeschlossen am 18. 10.) zurückging, läßt sich heute noch nicht erkennen. Jedenfalls bedeutete es für die Durchführung der deutschen Absicht, den kroat.=montenegr.=nordalbanischen Raum zu halten, eine große Erleichterung, die um so fühlbarer wurde, als es weiter südlich gelang, den Durchbruch der Bulgaren nach Westen zunächst zu verhindern (Lagebuch 27. 10.).

Während die Tito=Kräfte hinter der neu errichteten Drina=Front vorläufig keine geschlossenen Angriffe unternahmen, traten sie östlich derselben im serbischen Raum stark hervor. Ob es sich hier um von Kroatien aus vorgestoßene Kräfte oder um Verbände des Hauptstabs Serbien handelte, war nicht festzustellen. Vor allem im Raum Valjevo kam es bei dem schrittweisen Zurückgehen auf die Drina zu heftigen Kämpfen mit ihnen, wobei zum ersten Mal ein unmittelbares milit. Zusammenwirken mit den Russen (detachierte russ. Btl.e mit schweren Waffen als „Korsettstangen" der Tito=Verbände) beobachtet wurde (Lagebuch 28. 10.). In den nächsten Tagen traten ostwärts Zvornik, also schon im Bereich der „Nibelungen=Linie", weitere gemeinsam mit den Aufständischen operierende russ. Batl.e in Erscheinung (Lagebuch 30. 10.). Auch die Anfang November an der Syrmischen Front festgestellten russ. Verbände schienen vor allem die Aufgabe zu haben, den Tito=Kräften als Rückhalt zu dienen (Lagebuch 5. 11.), während der um dieselbe Zeit in der Südostecke Bosniens gegen die deutschen Linien ausgeübte Druck ausschließlich von Tito=Verbänden ausging.

In der ersten November=Woche trat dann endgültige Klarheit über die Absichten der sowjetischen Führung im Südostraum ein: Die russ. Armeen waren zum Stoß nach Ungarn hinein angesetzt, während es die Aufgabe der Bulgaren und der Verbände Titos sein sollte, die deutsche Stellung im kroatisch=montenegr.=nordalbanischen Raum zu zerschlagen und damit entsprechend der in Moskau vereinbarten Zonenaufteilung die Westhälfte der Balkanhalbinsel oberhalb der ungefähren Linie Skutari—Veles unter russ. Kontrolle zu bringen.

Bei dem Aufenthalt Titos in Moskau nach Abschluß der Besprechungen (s. oben) haben wohl die sich aus dieser Aufgabenstellung ergebenden milit. Fragen im Vordergrund gestanden. Es ist nicht unmöglich, daß die russ. Führung hierbei an den (im großen gesehen) wenig erfolgreichen Operationen Titos, dem es z. B. bis dahin nicht gelungen war, den Rückmarsch der Verbände der Heeresgr. E nachhaltig zu stören, Kritik geübt hat. Daß die Besprechungen sich auch auf polit. Gebiet erstreckt haben, kann mit Sicherheit angenommen werden; dies geht auch aus der Reise des Min.=Präsidenten Šubašić nach Moskau hervor (Lagebuch 7. 11.). (Über die Reise Šubašićs, der in London zurückerwartet wurde, sind die brit. Stellen nach einer Meldung vom Ende des Monats wochenlang nicht informiert worden). Es scheint, daß die russ. Führung, während sie sich gegenüber den inneren Verhältnissen Bulgariens und Rumäniens zunächst zurückhielt, im Bereich des ehemaligen Jugoslawiens von Anfang an auch auf diesem Gebiet nachdrücklich einzugreifen beabsichtigte, was ja der ganzen bisherigen Entwicklung entsprach.

Das weitere Vordringen der Sowjets in der zweiten Novemberhälfte und im Dezember kann nur im Rahmen einer Darstellung der gesamten Ostfront geschildert werden (zur Ergänzung vgl. S. 713 ff.: Kap. 12). Für den OB Südost war dann das Entscheidende, daß durch das rasche Vordringen der Sowjets in Ungarn aus den Brückenköpfen Apatin und Batina im Norden seines Bereiches binnen weniger Wochen eine langgestreckte, neue Front, die *Donau=Drau=Front*, entstand. Sie konnte nur allmählich durch Teile der aus dem Süden herankommenden Verbände besetzt und verteidigt werden. Glücklicherweise blieb die Aktivität der Sowjets — von einzelnen Übergangsversuchen örtlicher Bedeutung (Vukovar, Valpovo) abgesehen — gering. Darüber hinaus mußte der OB Südost bedeutende Kräfte (die 1. Geb.=Div., Teile der 117. Jäg.= und 264. Inf.=Div.) an das der Heeresgr. Süd unterstellte Pz.=AOK 2 abgeben, um es in den Stand zu setzen, die zwischen den beiden Heeresgruppen aufgerissene Lücke zu schließen. Dagegen trat an der Syrmien= und Drina=Front (im großen gesehen) eine Festigung ein. Seit Mitte Dezember begann sich hier ein umfassender bulgar. Aufmarsch abzuzeichnen, während die letzten russ. Verbände nach Nordwesten abgezogen wurden.

Die Bewegungen der Tito=Kräfte sind in diesem Raum nicht mehr vollständig zu überblicken. In Erscheinung traten sie vor allem an der Syrmischen Front, an der Drina (Kämpfe um Janja, Bjelina) und beiderseits der Drau, z. B. im Raum Barcs im Zusammenwirken mit den nördlich des Flusses stehenden sowjetischen und bulgarischen Kräften, ferner in Slawonien (Bjelovar, Virovitica), wobei wieder die Bedeutung des Papuk=Gebirges als altes Machtgebiet Titos hervortrat.

### 10. Auf dem Weg zum Tito=Jugoslawien

Über die Maßnahmen Titos im außermilitärischen Bereich ist während des hier betrachteten Zeitraums wenig bekanntgeworden. Das wichtigste Ereignis bildete hier die Einigung mit der Londoner Exilregierung und die Anerkennung König Peters, die bereits in dem Abschnitt über das Verhältnis zu England erwähnt wurden. Für die innere Stellung Titos bedeutete dieser Schritt, der ihm die Sympathien, wenn nicht die unbedingte Gefolgschaft der nationalistisch=monarchistisch orientierten Kreise verschaffen mußte, eine entscheidende Verstärkung.

Weite Kreise der Bevölkerung des ehemaligen Jugoslawiens mußten in ihm nun nicht mehr den roten Bandenchef, sondern den das Vertrauen der Monarchie besitzenden Vorkämpfer der nationalen Befreiung erblicken. Tito, der die Macht des großserbischen und monarchischen Gedankens und den Einfluß der von ihm bestimmten Schichten von Anfang an richtig einschätzte, hat von sich aus stets alles getan, um diesen Prozeß zu fördern. Die Rücksicht darauf bildete wahrscheinlich ein entscheidendes Motiv für das Šubašić und den Engländern gegenüber bewiesene Entgegenkommen. In einer Reihe von Maßnahmen (wie der von Churchill mit Befriedigung registrierten Abschaffung des Faustgrußes bei den milit. Verbänden) fand diese Entwicklung ihren äußeren Ausdruck.

Daß die Einigung Titos mit der Londoner Exilregierung und die offizielle Abkehr Englands von Mihajlović für die Regierung Nedić, die Cetnics und militanten Nationalisten einen schweren, wenn nicht tödlichen Schlag bedeutete, braucht nicht näher ausgeführt zu werden. Auch in ihren serbischen Kerngebieten begannen Macht und Einfluß der D.M.-Bewegung schon im Sommer, also noch vor dem Herannahen der Russen, zurückzugehen (s. unten).

Eine weitere wichtige Verstärkung Titos war die Folge neuer Entwicklungen in Kroatien (s. S. 732 ff.: 2. Anm.). Bei seinem Besuch im FHQu. am 18. 9. hatte der Poglavnik seine Absicht mitgeteilt, wieder völlig auf den Ustascha-Kurs umzuschalten und von neuem gegen die Pravoslawen[1] vorzugehen. Der Führer hatte diesen Plänen zugestimmt, obwohl sie neue Unruhen hervorrufen mußten und der deutschen Führung im Südosten, die in größerem Maße pravoslawische Cetnicverbände aufgestellt und damit gute Erfahrungen gemacht hatte, Schwierigkeiten machen mußten. Maßgebend für den Führer war vor allem die beim Abfall Rumäniens und Bulgariens gemachten Erfahrungen, das spurlose Verschwinden der Regierung Antonescu und der rasche Umschwung in Bulgarien. In den beiden noch zu Deutschland stehenden Ländern des Südostraums, in Ungarn und Kroatien, die beide bereits unmittelbar militärischer Bedrohung ausgesetzt waren, könnten nur ausgesprochene Kampfregierungen mit straff autoritärem Kurs der Neigung zum Befolgen des rumänischen und bulgarischen Beispiels vorbeugen.

Die Folge dieser alsbald nach Rückkehr des Poglavnik einsetzenden Maßnahmen war nun aber, daß die Pravoslawen und die Angehörigen der zur Auflösung bestimmten Cetnicverbände, die bis jetzt dem Kommunismus ferngestanden hatten, sich dem „Volksbefreiungsheer" Titos anschlossen. Der OB Südost gab am 27. 9. ein umfassendes Bild dieser Entwicklung und gelangte zu dem Ergebnis, daß der vom Poglavnik in Gang gesetzte Terror gegen die nichtkroatischen Volksgruppen — da ihm die Macht, sich durchzusetzen, fehlte — sich im Endergebnis gegen den kroat. Staat selbst richte. Gleichzeitig nahm der Zerfall der kroat. Wehrmacht (einschließlich des Offz.-Korps, und zwar nicht nur der rein kroatischen Verbände, sondern auch der Legionsdiv.en) ein immer größeres Ausmaß an. Die Überlaufbewegung erreichte im Zusammenhang mit einem am 15. 9. ablaufenden Ultimatum Titos ein bisher nicht gekanntes Ausmaß, während der bei dem Besuch des Poglavnik im FHQu. beschlossene Ausbau der Ustascha aus Waffenmangel — die erforderlichen Waffen sollten nur in kleinen Raten unter Heranziehung der bulgarischen Beute geliefert werden (Lagebuch 19. 9.) — nur langsame Fortschritte machte.

Über die innere Organisation des Tito-Staates, die auf wirtschafts- und sozialpolit. Gebiet getroffenen Maßnahmen usw. gingen wenig Nachrichten

1 D. h. gegen die kroatischen Staatsangehörigen orthodoxen Bekenntnisses, die von der kroatischen Regierung als serbophil und daher als nicht zuverlässig angesehen wurden.

ein. Es scheint, daß Tito hierbei von extrem kommunistischen Eingriffen absah und weiter die Linie eines gemäßigten, kleinbäuerlichen Sozialismus verfolgte.

Wahrscheinlich bildete es einen der Hauptpunkte des mit Šubašić geschlossenen Abkommens, daß die grundsätzlichen Fragen der inneren Politik der Zeit nach der Befreiung, in der ja auch erst durch Volksabstimmung über die Frage der Staatsform entschieden werden sollte, vorbehalten blieben. Aus einzelnen bekanntgewordenen Äußerungen kann entnommen werden, daß die hierfür bestehenden Pläne einen ausgesprochen förderalistischen Charakter trugen: neben Kroatien, Serbien und Slowenien sollten auch Bosnien, die Herzegowina und Mazedonien als selbständige Bundesstaaten treten. Vielleicht sollte durch diese Vermehrung versucht werden, den serbisch-kroatischen Gegensatz, das Grundübel des früheren Jugoslawiens, in den Hintergrund zu drängen. — Die territorialen Nachkriegsansprüche des neuen jugoslawischen Bundesstaates hat Tito anläßlich einer Ordensverleihung an eine Dalmatinische Brigade Mitte September formuliert. Zum Teil waren sie schon durch den im April mit der Badoglio-Regierung geschlossenen Vertrag bekannt: Istrien, Triest, Fiume, Zara, Teile des Görzer Landes. Neu war die Forderung nach den slowenischen Gebieten Steiermarks und Kärntens. Alle von Jugoslawien bewohnten Länder sollten „zurückkehren".

Einen ähnlichen Charakter wie Titos innere Maßnahmen trugen seine Beziehungen zu den übrigen Ländern und Mächten des Südostraumes. Er vermied es, mit festumrissenen Forderungen und Ansprüchen — sei es territorialer, sei es politischer Natur — hervorzutreten; durch ein Netz von zum Teil recht losen Verbindungen zu den verschiedensten Lagern und Gruppen sollte sein natürliches Übergewicht zur Geltung gebracht, sein Einfluß ausgebreitet werden. Zu den schon seit längerer Zeit bestehenden Verbindungen zu den kommun. Aufstandsbewegungen in den übrigen von Deutschland besetzten oder mit ihm verbündeten Südostländern kamen nun auch Beziehungen zu den verschiedenen Exilkabinetten und zu den (seit dem Umschwung des Spätsommers entstehenden) neuen Regierungen.

Die wohl aus eigener Initiative hervorgegangene kommun. Bewegung in *Albanien* wurde — wie es scheint — im Laufe des Sommers fest unter dem „Hauptstab Albanien" in die Tito-Organisation eingegliedert. Es scheint, daß zeitweise der Plan bestand, Albanien als selbständigen Bundesstaat in den jugoslaw. Verband aufzunehmen (Lagebuch 25. 7.).

Die Nachrichten über die Beziehungen zu der ELAS- und ELAM-Bewegung in *Griechenland* widersprachen einander im einzelnen vielfach, erweckten aber übereinstimmend den Eindruck eines besonders aktiven Interesses an den innergriechischen Verhältnissen. Eine wichtige Rolle spielte bei diesen Verbindungen der „Hauptstab Mazedonien" (Lagebuch 15. 6.). Vereinzelte Nachrichten erweckten den Eindruck, daß Tito für die Nachkriegszeit einen Anspruch auf Saloniki anmeldete. Es scheint, daß seine Interessen an Griechenland auch

nach dem bei den Moskauer Besprechungen ausgesprochenen Desinteressement der Sowjets am griechischen Raum fortbestehen und daß er sich durch die in diesem Teil des Südostraumes vorgenommene Zonenaufteilung zwischen den Alliierten nicht unbedingt gebunden fühlt. Unmittelbar berührt wurde er durch die Freigabe Griechisch=Mazedoniens durch die in der letzten Zeit stark kommunistisch beeinflußten bulgarischen Truppen, mit denen er in unmittelbarem Zusammenhang gestanden hatte. Der zur Vereinheitlichung des alliier-
* ten Vorgehens in Nordgriechenland in der zweiten Oktoberhälfte in Athen eintreffende russ. Oberst Popow war früher russ. Verbindungsoffizier bei Tito gewesen (vgl. auch die im Abschnitt über Griechenland erwähnte Studie des OB Südost /Ic /AO: „Entwicklung und Beurteilung der Lage in Griechenland seit der Räumung durch die deutsche Wehrmacht" vom 19. 1. 1945 [1]).

Eine besondere Aufmerksamkeit hat Tito den Beziehungen zu der neuen *bulgarischen Regierung* gewidmet. Durch die bulgar. Annektionen bzw. den gleich nach dem Umschwung ausgesprochenen, am 11. 10. durch eine offizielle Erklärung bekräftigten Verzicht Bulgariens auf sie war ein umfangreicher Fragenkomplex zwischen den beiden Ländern entstanden. Schon lange bevor
** sich Bulgarien in Artikel 2 des am 28. 10. unterzeichneten Waffenstillstandes zur Räumung der besetzten jugoslaw. Gebiete verpflichtete, hatte eine Zusammenkunft zwischen Tito und einer Abordnung der bulgar. Regierung stattgefunden, bei der nach einer Sondermeldung des Senders Sofia vom 8. 10. eine völlige Übereinstimmung über die freundschaftliche Lösung aller aus der Nachbarschaft der beiden Völker entspringenden Fragen erzielt wurde. Über die Reaktion Titos auf die Tatsache, daß die Bulgaren in den Kämpfen des Oktober und November wieder in das nach den Waffenstillstandsbedingungen von ihnen zu räumende Gebiet und darüber hinaus vorstießen, ist noch nichts bekanntgeworden. Es ist wohl nicht angebracht, aus diesen milit. Vorgängen auf die Absicht einer Änderung des im Waffenstillstandsabkommen niedergelegten Status zu schließen.

Über die Beziehungen Titos zu *Rumänien,* auf das die kommun. Partisanenbewegung nie übergegriffen hatte und mit dem keine territorialen Streitfragen bestanden, ist nichts Wesentliches veröffentlicht worden.

Bei den Ansätzen zu einer *ungarischen* Partisanenbewegung ist fast stets der Einfluß Titos nachzuweisen; im ungar.=jugoslaw. Grenzgebiet bildete sie einen festen Bestandteil der milit. Tito=Organisation. Daß Tito für sein Zukunft=Jugoslawien Anspruch auf die 1941 an Ungarn abgetretenen Gebiete erhob, ist nicht bekanntgeworden, darf aber als sicher angenommen werden (Über die Rolle eines „Beauftragten Titos" bei den deutschen Maßnahmen gegen

* *Anl 37* ** *Anl. 35*

1 Vgl. die 4. Anlage (nicht erhalten).

den Abfall Ungarns vgl. die Ausarbeitung „Die Ereignisse in Ungarn von Anfang April bis zum Beginn der Schlacht um Budapest" usw.[1]).

Zusammenfassend kann nach Betrachtung der südöstlichen Verbindungen und Bestrebungen Titos gesagt werden, daß das von ihm gewünschte Zukunfts=Jugoslawien — sollte es einmal reale Gestalt gewinnen — in den sich gegen=wärtig abzeichnenden Machtverhältnissen im Südostraum eine ausgesprochene Vormachtstellung einnehmen wird. Sollte es — was wenig wahrscheinlich ist — noch einmal zu Plänen für einen Balkanbund oder ähnlichem kommen, so wird der Schlüssel dazu in Belgrad liegen. Ebenso wird die Sowjetunion — wenn sie weiter auf ein unmittelbares Eingreifen in die zwischenstaatlichen Verhältnisse des Balkans verzichtet — zur Durchsetzung ihrer Wünsche den Weg über Belgrad wählen. Das in jedem Falle stark prosowjetisch orientierte Tito=Jugoslawien würde über die westliche Hälfte des Südostens hinweg ein wuchtiges Gegenlager zu dem russischen Block im Osten bilden und etwaigen — kaum noch denkbaren — Versuchen Rumäniens und Bulgariens, sich nach Westen zu orientieren, sowie auch einer möglicherweise von Griechenland aus vorgetragenen englischen Ausbreitungspolitik erfolgreichen Widerstand leisten.

### 11. Serbien und Mihajlović im Sommer und Herbst 1944

Bei der Abwehr des Einfalls der roten Divisionen im März, April und Mai hatten sich die landeseigenen Verbände Serbiens, vor allem das Serbische Freiwilligen=Korps, aber auch die mehr oder weniger illegalen Cetnic=Verbände[2] – die letzteren angeblich unter persönlicher Führung Mihajlovićs – bewährt. In Belgrad verfolgte die Regierung Nedić trotz des Anwachsens der kommunistischen Bewegung ihren bisherigen deutschfreundlichen Kurs. Mihajlović selbst versuchte, sich – wie schon erwähnt wurde – seit dem April wieder der Besatzungsmacht zu nähern. Angesichts der (im Zusammenhang mit der erwarteten alliierten Generaloffensive besonders bedrohlichen) Ausbreitung der Aufstandsbewegung im gesamten übrigen deutsch beherrschten Südostraum und des (noch kurz zu schildernden) Scheiterns der Aufstellungsvorhaben in Montenegro und Albanien stellte sich von neuem die Frage, ob nicht mindestens die verschiedenen Freiwilligenverbände Serbiens und die hinter ihnen stehenden politischen Bewegungen durch Gewährung von Versorgungs= und Waffenhilfe und Vermehrung ihrer Stärken zu einem kampfkräftigen Hilfswerkzeug der deutschen Wehrmacht ausgebaut und damit in Serbien ein festes Rückhaltgebiet für alle noch zur Besatzungsmacht stehenden Elemente geschaffen werden könnten. Es ging hierbei um eine grundsätzliche Entscheidung: Sollten die landeseigenen Verbände ausgebaut und gefördert werden, um — was gerade jetzt besonders erwünscht war — die deutsche

1 Siehe unten den 7. Abschnitt (S. 827 ff.).
2 Am Rande mit Bleistift Fragezeichen zu: mehr oder weniger illegalen usw.

Wehrmacht bei ihren umfangreichen Sicherungs= und Säuberungsaufgaben zu entlasten? Oder sollten alle derartigen Maßnahmen in der Gewißheit, daß diese Verbände im Augenblick einer anglo=amerikanischen Landung ihre von Deutschland gelieferten Waffen doch gegen uns kehren würden, unterbleiben? (Mitteilung Chef Qu 19. 4.).

Der Führer war — wie sich schon öfter gezeigt hatte — auf Grund der mit Italien und Ungarn gemachten schlechten Erfahrungen von großem Mißtrauen gegen alle „Freunde" erfüllt und grundsätzlich immer weniger zu ihrer Unter=stützung und Ausrüstung bereit. Die örtlichen militärischen Stellen dagegen befürworteten naturgemäß alle derartigen Vorschläge, deren Durchführung eine Entlastung der eigenen Truppe erwarten ließ. Die politischen Stellen (in diesem Falle vor allem das Auswärtige Amt und der Gesandte Neubacher) mußten sich für alle Maßnahmen einsetzen, die — wie besonders die hier zur Entscheidung stehenden — auf eine Stärkung der deutschfreundlichen landes=eigenen Regierungen hinausliefen.

Diese Fragen traten im April bei der längeren Anwesenheit des Gesandten Neubacher im FHQu. wieder in ihrem ganzen Umfang an die deutsche Führung heran. Im engen Einvernehmen mit dem OB Südost wollte der Gesandte unter anderem 4 Wünsche, die dem WFStab bereits am 11. 4. durch den Chef des Stabes des OB Südost übermittelt worden waren, beim Führer zur Sprache bringen: a) Stützung der Regierung Nedić durch Verstärkung des in vielfachen Kämpfen bewährten Serbischen Freiwilligen=Korps, was eine Freigabe weiterer überprüfter Gefangener und von Waffen und Ausrüstung bedingte; b) Er=füllung der serbisch=montenegrinischen Hoffnungen auf einen politischen Zu=sammenschluß Serbiens, Montenegros und des Sandschaks in irgendeiner Form (etwa durch eine Währungsunion); c) Auflockerung der Militärverwaltung auf wirtschaftlichem Gebiet und erweiterte Einschaltung der nationalen Verwal=tung, soweit hierdurch keine kriegswichtigen Interessen gestört wurden; d) Gestellung der — wie bereits erwähnt — schon früher angeforderten 120 Lkw für die Beseitigung der in Albanien und Montenegro drohenden Hungersnot, da die Verstärkung der Banden nicht zuletzt auf den Mangel an Lebensmitteln zurückzuführen sei. Durch diese Maßnahmen hoffte der Gesandte, die mili=tärisch organisierten, nationalen Kräfte in Albanien auf eine Höhe von 20 000 Mann bringen und auch die montenegrinischen Milizen erheblich vermehren zu können. Er benötigte hierzu Gewehre und Maschinengewehre für 10—15 000 Mann und beantragte ferner die Eingliederung einiger Granatwerfer=Abtl.en mit deutschem Personal in die nationalen Verbände. Ferner wollte er wieder die Frage der Wehrmacht=Finanzierung in Griechenland und Albanien zur Sprache bringen, da der Zusammenbruch der griechischen und albanischen Währung in der nächsten Zeit unvermeidlich sei.

Das Ergebnis der wiederholten Vorträge des Gesandten wurde vom Aus=wärtigen Amt nicht mitgeteilt (Mitteilung Chef Qu, 12. 6.). Er äußerte jedoch mündlich, daß er zwar nicht alles, aber doch manches von dem, was er vorge=schlagen habe, erreicht habe (Mitteilung Gen. v. Buttlar, 9. 5.). Im Mai wurde die vom Gesandten erbetene Aufstockung des Serbischen Freiwilligen=Korps durchgeführt, wenn auch nicht in dem ursprünglich vorgesehenen Umfang. Gleichzeitig begann auch die Aufstellung eines montenegrinischen Freiwilligen=Korps zu 3 Regimentern unter Leitung des Mil.=Befehlshabers Südost. Eine weitergehende Aufstellung landeseigener Verbände stieß jedoch wieder auf den Widerstand des Führers, der anläßlich einer Meldung des Chef OKW über das bisher im Zusammenhang mit der Aktion Neubacher in den in Frage kommenden Gebieten Unternommene erklärte, daß er dem Gesandten nicht so weitgehende Zugeständnisse gemacht habe (Mitteilung Chef Qu, 12. 6.). Bei einer alliierten Landung werde jeder Serbe nach wie vor bereit sein, auf die Deutschen zu schießen; es sei deshalb nicht an der Zeit, weitere Schritte in dieser Richtung zu unternehmen. — In der Mittagslage des 28. 5. wurde der Stellv. Chef WFStab beauftragt, dem Militärbefehlshaber Südost, der mittler=weile neue Vorschläge übersandt hatte, mitteilen zu lassen, daß auch die Maß=nahmen zu einer einheitlichen Militärverwaltung von Serbien, Sandschak und Montenegro bis auf weiteres auszusetzen seien.

Im Laufe des Mai nahm die Djurišić=Aktion in *Montenegro*, die mit guten Anfangserfolgen begonnen hatte, eine ungünstige Wendung; um die Mitte des Monats mußte sie endgültig als gescheitert angesehen werden. Nach der dem OB Südost vom WFStab am 19. 5. übermittelten Auffassung des Ver=treters des Auswärtigen Amtes in Cetinje stand der erfolgreichen Ausnutzung der immer noch starken, zum Kampf gegen den Kommunismus entschlossenen landeseigenen Kräfte (einschließlich der Cetnics) vor allem der Mangel an einer klaren militärischen Führung — sie war in die Divisionskommandos, die Feldkommandantur und die Polizei zersplittert —, das Fehlen einer eindeuti=gen militärischen Zielsetzung in diesem Raum und das Ausbleiben eines Mini=mums an Materiallieferungen im Wege. Unberührt hiervon blieb die Auf=stellung des Montenegrinischen Freiwilligen=Korps (s. oben), dessen Stärke auf 5 649 Mann festgesetzt worden war; eine Unterstellung unter das Serbische Freiw.=Korps war vom Führer verboten worden. — Um die gleiche Zeit mußte auch die im Januar aufgebaute staatliche Exekutive in Albanien wieder aufge=löst werden. Die zuverlässigen Angehörigen der aufgelösten Jäger=Batl.e fanden in der von der SS neu aufgestellten albanischen Division „Skanderbeg" (s. unten) einen neuen Rahmen.

Die Haltung der serbischen Cetnics und des Draža Mihajlović, in denen nunmehr (abgesehen von EDES und Ustascha) die letzte ernst zu nehmende antikommunistische Bewegung im Südostraum gesehen werden mußte, blieb während des Sommers abwartend und in einzelnen Fällen verhandlungsbereit. Gespannt blieb dagegen zunächst ihr Verhältnis zur Regierung Nedić, deren (mit der Vermehrung des Serbischen Freiw.=Korps verbundene) Machterwei=

terung bei den Cetnics Befürchtungen erweckte. Sie versuchten, die Rekrutierungen durch Anwendung von Repressalien gegenüber der Bevölkerung zu verhindern. Der OB Südost wies in diesem Zusammenhang erneut auf die Dringlichkeit der Vorschläge des Gesandten Neubacher zur Stärkung des Nedić-Regimes hin. — Als jedoch mit der Eröffnung der alliierten Generaloffensive, mit dem Umschwenken der Türkei, der Änderung der bulgarischen Haltung und des neuen Tito-Einfalls die deutsche Stellung im Südosten in wachsendem Maße als bedroht erscheinen mußte, begannen sich Mihajlović und Nedić einander zu nähern und gemeinsam Anschluß an die Besatzungsmacht zu suchen.

Dieser Tatsache kam eine grundlegende Bedeutung zu. Während die deutsche militärische Führung bis jetzt erwartet hatte, daß in dem Augenblick, in dem die Besatzungsmacht in Schwierigkeiten geriet, alle Widerstandsbewegungen gegen sie gemeinsame Sache machen und zusammen zum Generalaufstand aufrufen würden, zeigte sich jetzt, daß — wie es in einem Befehl des OB Südost vom 2. 8. hieß — „D.M. wie auch andere Führer von Banden aller Art glauben, auf Grund der Gesamtkriegslage im Okkupator nur noch den Feind Nr. 2 sehen zu müssen. Ihr Feind Nr. 1 ist der Kommunismus im Lande und an den Grenzen geworden." Es war dieselbe Erscheinung, die später auch bei der Räumung Griechenlands beobachtet werden konnte: Der in den geräumten Gebieten unmittelbar nach Abzug der Besatzungstruppen ausbrechende Kampf zwischen Weiß und Rot hatte für die Bevölkerung bereits eine viel größere Bedeutung gewonnen als die Verfolgung des Okkupators.

Am 17. 8. bot — wie der OB Südost am 20. 8. meldete — Nedić im Namen des durch den kommunistischen Einfall aufs stärkste gefährdeten Serbentums die kämpferische Mitarbeit aller serbischen Kräfte an. Er betonte dabei, daß er nach einem voraufgegangenen Besuch bei Mihajlović offiziell auch in dessen Namen spreche. Er beantragte die Sofortlieferung von 3 Mill. Schuß Inf.-Munition und die Genehmigung zur Aufstellung eines 50 000 Mann starken serbischen Heeres, das aus den Cetnik-Verbänden des Draža Mihajlović gebildet werden sollte. Der OB Südost kam nach sofortiger, eingehender Aussprache mit dem Mil.-Befehlshaber Südost und dem Gesandten Neubacher zu der Auffassung, daß die Entwicklung der kommunistischen Gefahr in und um Serbien die Nutzbarmachung aller antikommunistischen Kräfte verlange und daß eine grundsätzliche Ablehnung des Nedić-Mihajlović-Angebotes zwingend zur endgültigen Abwendung aller Serben von der Besatzungsmacht, zu weiteren Erfolgen der Tito-Kräfte, zur Unterbindung aller Verkehrswege (insbesondere nach Griechenland) und zur Unmöglichkeit, das Land weiter kriegswirtschaftlich auszunutzen, führen müsse. Der OB beabsichtigte darum, Nedić zunächst eine erste Munitionslieferung in Höhe von 250 000 Schuß und die Aufstellung weiterer Bataillone im Rahmen oder nach dem Muster des Serbischen Freiw.-Korps zuzusagen; in einer persönlichen Meldung beim Führer wollte er gemeinsam mit dem Gesandten Neubacher die Gründe für dieses (zur politischen und militärischen Konsolidierung vertretbaren) Entgegenkommens vortragen.

Auch der WFStab erkannte die einschneidende Bedeutung des serbischen Angebots und befürwortete einen persönlichen Vortrag des Generalfeldmarschalls v. Weichs und des Gesandten Neubacher beim Führer. Beim Heeresstab erfragte er die zur Zeit für die Erfüllung der serbischen Waffenlieferungswünsche bestehenden Möglichkeiten.

Bei seiner Meldung beim Führer am 22. 8. ging Generalfeldmarschall v. Weichs von der (bei einem weiteren Vordringen Titos und nach dem bevorstehenden Abzug des bulgarischen Okkupations-Korps) zu erwartenden Verschärfung der Lage in Serbien aus, der die geringen eigenen Kräfte kaum noch gewachsen sein würden. Die Cetnics, die vom März bis August 1944 im Kampf gegen die roten Divisionen rund 5 000 Mann verloren hätten, seien der Besatzungsmacht in der letzten Zeit nicht mehr feindlich gegenüber getreten. Aufträge der alliierten Agenten hätten sie in den meisten Fällen nicht erfüllt; 8—10 000 von ihnen befänden sich zur Zeit unter Leitung des deutschen Majors Weyel an der Seite deutscher Truppen in Südserbien im Kampf gegen die Kommunisten. Die Einigung Nedić-Mihajlović bedeute den Zusammenschluß aller Serben und sichere den beiden die Anhängerschaft von 90% des Volkes. Er schlug vor, zunächst aus bewährten Cetnic-Gruppen 3 Regimenter von zusammen 6 000 Mann aufzustellen, die dazu nötigen, in seinem Bereich nicht verfügbaren Waffen zu liefern und durch Einreihung deutscher Offiziere die deutsche Führung zu sichern.

Der Führer erklärte sich nur mit einer teilweisen und hinhaltenden Erfüllung der serbischen Wünsche einverstanden. Die Aufstellung und Ausrüstung einer serbischen nationalen Armee von 50 000 Mann sei ganz ausgeschlossen. Die Annäherung zwischen Nedić und Mihajlović müsse als äußerst unerwünscht angesehen und versucht werden, die beiden möglichst bald wieder voneinander zu trennen. In diesem Zusammenhang wies der Führer auf die Gefährlichkeit des Großserbentums hin, das als einziges staatsbildendes Element des Südostraums gewertet werden müsse. Die D.M.-Bewegung — und in seiner Art auch Tito — halte unabänderlich an dem Ziel eines künftigen Großjugoslawiens fest. Nachdem Deutschland im Jahre 1941 durch das Angebot Salonikis einen entscheidenden Beitrag zu diesem Großjugoslawien hätte liefern können, müsse es nun nach dem Simović-Staatsstreich (27. 3. 1941), dem Balkanfeldzug (April 1941) und der Aufteilung Jugoslawiens alle großserbischen Projekte auf das schärfste bekämpfen (nach einer handschriftlichen Aufzeichnung des Stellv. Chefs WFStab). — Die Entscheidung des Führers wurde dem OB Südost anschließend fernschriftlich bestätigt: Es dürften lediglich einzelne bisher bewährte Cetnic-Verbände zu örtlich begrenzten Unternehmungen in kleinem taktischen Rahmen unter deutscher Führung und Kontrolle eingesetzt werden.

Der mit dem Abfall Rumäniens am 23. 8. beginnende Umschwung auf dem Balkan bewirkte keine Änderung der Haltung Nedićs. In einer langen Unterredung mit dem OB Südost am 28. 8., deren Protokoll dieser dem WFStab übermittelte, wiederholte er sein Angebot vom 17. 8. in erheblich erweiterter Form. Er ging davon aus, daß die militärische Lage Deutschland früher oder später zum Verlassen des Balkans zwingen würde. Die Serben, die unter allen Umständen den Kampf gegen den Kommunismus fortzuführen beabsichtigten, würden dabei, wenn sie durch die Aufstellung des 50 000 Mann-Heeres dazu instand gesetzt würden, die rechte Flanke des deutschen Rückzuges decken. Bei Ablehnung des Angebotes könne das serbische Volk der Führung jeden Augenblick entgleiten. In diesem Falle könne er selbst nicht mehr auf seinem Posten bleiben. Der Ministerpräsident verbürgte sich dafür, daß die gelieferten Waffen nicht gegen die deutschen Truppen gekehrt werden würden. Für den Fall, daß sie nicht aus dem Reich geliefert werden könnten, schlug er vor, sie den Bulgaren in einer gemeinsamen Entwaffnungsaktion abzunehmen; daneben komme ein Ankauf des zur Zeit in Ungarn befindlichen umfangreichen Waffenmaterials der ehemaligen jugoslawischen Armee in Frage.

Da die deutsche Führung nach den Ereignissen in Bukarest und Sofia von äußerstem Mißtrauen gegen alle „Freunde und Verbündeten" erfüllt war — sie rechnete in diesen Tagen auch mit einem Putschversuch in Ungarn und erhielt sogar über die Haltung des Poglavnik alarmierende Nachrichten —, war sie, wie dem OB Südost am 30. 8. mitgeteilt wurde, weniger denn je zum Eingehen auf derartige Angebote bereit. Es bleibe bei den dem OB Südost nach seinem Führervortrag am 22. 8. erteilten Weisung. Gegen eine im befohlenen Rahmen bleibende Bewaffnung der Cetnics mit den noch in Ungarn vermuteten Waffen und mit etwa beim Abzug des bulgarischen Okkupations-Korps anfallenden Materials sei nichts einzuwenden.

Während der serbische Raum rasch in den Bereich der neu entstandenen Ostfront des OB Südost rückte und die Tito-Kräfte von Westen eindrangen, suchten die Cetnics weiterhin Anschluß an die Besatzungsmacht; einige gingen dabei bis zum Angebot freiwilliger Geiselstellung. Gleichzeitig äußerten sie ihre Enttäuschung über die unzureichende bzw. fehlende Unterstützung mit Waffen und Munition.

Mihajlović selbst hielt sich wieder auffallend zurück. Bis Ende September (wahrscheinlich noch länger) befanden sich amerikanische militärische Vertreter bei ihm; er war also bemüht, sein den Alliierten zugekehrtes „zweites Gesicht" beizubehalten.

Ende September waren die Cetnics trotz ihres aktiven Widerstandes von den Tito-Kräften aus den wichtigen Gebieten Serbiens herausgedrängt worden, soweit sie sich nicht eng an die deutsche Wehrmacht anlehnten. Die Kräfte des zur „Armeeabt. Serbien" umgeschaffenen Mil.-Befehlshabers Südost waren voll an der Außenfront gebunden und konnten in diese Kämpfe nicht eingreifen. Mitte Oktober begann der Kampf um Belgrad; eine serbische Regierungsgewalt bestand nicht mehr. Besonders schwierig wurde die Lage des Serbischen Freiwilligen-Korps, dessen Führer, General Musizki, darum gegenüber dem OB Südost die Bitte aussprach, das Korps, dessen Angehörige von den Sowjets und den Tito-Leuten bei Gefangennahme als Verräter behandelt würden, nicht seinem Schicksal zu überlassen, sondern es in den verbleibenden deutschen Machtbereich zurückzuziehen. Für eine weitere erfolgreiche Verwendung im Partisanenkampf reichte die Stärke des Korps nicht mehr aus; ein Verbleiben im Lande hätte die vollständige Auflösung bedeutet. Der OB Südost befürwortete in einem am 14. 10. an den WFStab gerichteten Schreiben darum den Vorschlag des serbischen Generals, wobei er auf die durch die hohen Verluste bezeugte Bewährung des Korps im Kampf gegen den Kommunismus hinwies. Im Einvernehmen mit dem Gesandten Neubacher schlug er vor, das Korps, dessen Verwendung in Kroatien unter keinen Umständen in Betracht kam, nach Slowenien zu überführen und dort zum Schutz der zunehmend wichtiger werdenden Verkehrsverbindungen im Raum Laibach, Marburg und Cilli einzusetzen.

Der Führer befahl daraufhin, wie dem OB Südost am 19. 10. mitgeteilt wurde, das nur noch rund 4 000 Köpfe starke Freiw.-Korps dem OB Südwest in den Istrischen Raum, den die deutsche Führung immer wieder als auch von außen bedroht ansah, zuzuführen. Beim Transport des Korps durch Kroatien kam es zu den erwarteten Übergriffen des Ustascha, um deren Verhütung bzw. Beilegung sich der Gesandte Kasche bemühte. Mit dem Eintreffen im Bestimmungsraum wurde es — wie auch vom Obersten Kommissar in der Operationszone „Adriatisches Küstenland" und Kommand. General gewünscht — dem Höchsten SS- und Polizei-Führer Italien bzw. dem Höheren SS- und Polizei-Führer Triest voll unterstellt. Bei dem Korps befand sich auch als sein politischer Führer, der Minister Ljotić.

Mihajlović selbst hielt sich längere Zeit in Italien auf, um dann wieder im serbisch-kroatischen Gebiet unterzutauchen und den Kleinkrieg der im Lande verbliebenen Cetnic-Verbände gegen das werdende Tito-Šubašić-Jugoslawien und die Sowjets zu organisieren.[1]

1 Nachdem Mihajlović gefangen worden war, wurde ihm von der Tito-Regierung als Landesverräter ein Prozeß gemacht, der mit seiner Hinrichtung endete.

Freiwillig meldete sich als Entlastungszeuge der in amerikanische Kriegsgefangenschaft gefallene Gesandte Dr. *Neubacher*, der darauf dem Gericht zur Verfügung gestellt, aber nach gemachter Aussage nicht wieder zurückgeschickt wurde. Über diesen Vorgang und die in jugoslawischer Gefangenschaft verbrachten schweren Jahre sagt Dr. Hermann *Neubacher* — offenbar, um sich nicht selbst in gutes Licht zu setzen — nichts in seinem für das Vorausgehende aufschlußreichen Buch „Sonderauftrag Südost, 1940—45. Bericht eines fliegenden Diplomaten", Göttingen 1956. Nach einigen Jahren im Dienste des Kaisers von Abessinien starb Neubacher am 1. 7. 1960 in Wien, wo er seit 1957 wieder tätig gewesen war (vgl. meinen Nachruf in der Frankf. Allg. Zeitung am 18. 7. 1960 unter: Leserbriefe).

Als Zeuge angefordert wurde für den Mihajlović-Prozeß der gleichfalls in

## 12. Die große Absetzbewegung im Südosten: Der Rückmarsch der Heeresgruppe E (ab September)

Die große Absetzbewegung und der Aufbau einer neuen Front gegen die nach Westen vordringenden Bulgaren, Rumänen und Sowjets ist als das die Entwicklung im Südosten beherrschende Ereignis der letzten vier Monate des Jahres 1944 schon wiederholt berührt worden, muß aber noch einmal im Zusammenhang betrachtet werden.

Die am 26. 8. befohlene Verlegung des Schwergewichts nach dem Mittelbalkan und die Auflockerung der Besetzung der Inseln war schon erwogen worden, als das milit.-polit. Gefüge des Südostens noch intakt war; denn die Frage lag nahe, ob die durch die Besetzung der zahlreichen Inseln und Küsten festgelegten Kräfte angesichts der veränderten Kriegslage nicht an anderer Stelle nutzbringender verwendet werden könnten. Derartige Überlegungen hatten den WFStab bereits im Sommer und Herbst 1943 beschäftigt und waren vom OB Südost auch später in verschiedener Form wieder aufgenommen worden. Die Bewegung mußte mit großen Schwierigkeiten verbunden sein: englische Seeüberlegenheit in der Ägäis, Knappheit des eigenen Transportraums, mangelnde Beweglichkeit der eigenen (meist Festungs-) Truppen, Geländeverhältnisse, um nur einige zu nennen. Dazu kam die Wahrscheinlichkeit, daß die Anglo-Amerikaner eine derartige Bewegung frühzeitig erkennen und durch Landungen zu stören versuchen würden; in jedem Falle war mit einer gesteigerten Einwirkung der Aufständischen zu rechnen. Trotzdem konnte angenommen werden, daß der Rückmarsch nach dem Muster der Absetzbewegungen in Süd- und Mittelitalien und Südfrankreich über ein vorher festgelegtes System von Haltelinien usw. gelingen werde.

amerikanische Gefangenschaft geratene General *Nedić*. Er wurde daher von der US-Army ausgeliefert. Da er wußte, was ihm bevorstand, stürzte er sich — nachdem er nach Jugoslawien gebracht worden war — aus einem hochgelegenen Fenster herunter und fand den Tod, den er suchte.

Ich benutze diese Gelegenheit, um zu bezeugen, daß General Nedić vorher ein Selbstmord völlig fern gelegen hatte. Ich führte nämlich mit ihm als Mitgefangener manches Gespräch, da er von den Fremdsprachen nur das Französische beherrschte und außer mir daher nicht viele Partner zum Gedankenaustausch hatte. Er beklagte sich darüber, daß Hitler ihm immer mißtraut habe; ihm sei daher so wenig Bewegungsfreiheit eingeräumt worden, daß er vor seinen Landsleuten diskreditiert worden sei und deshalb den Rückhalt bei ihnen verloren habe. Ich konnte ihm aus meiner Kenntnis heraus mitteilen, daß Hitler die Serben als die „Preußen des Balkans" angesehen habe und überzeugt gewesen sei, sie würden — sowie man ihnen die Chance einräume — wieder die führende Balkanmacht werden. Ich schloß daran die Vermutung, daß dieser Respekt wohl bereits auf die Zeit der beiden Balkankriege, in der Hitler in Wien gelebt hatte, zurückgegangen und durch ihre anfänglichen Erfolge gegen die K. und K. Armee noch verstärkt worden sei. Insofern verberge sich in Hitlers Mißtrauen eine geheime Anerkennung der Serben. Das war kein echter Trost für den aufrechten Mann, der mir sagte, er werde — sowie die Amerikaner ihn freiließen — „in den Wald gehen": das war der herkömmliche Ausdruck für die Begründung einer Partisanenbewegung. General Nedić fügte hinzu, darauf verstünden sich alle Serben seit alters.

Ihren einmaligen Charakter erhält die Absetzbewegung durch die Tatsache, daß — ohne daß eine nachhaltige Verzögerung oder Änderung des Programms eintreten durfte — beständig die kampfkräftigsten Verbände aus dem Rückmarsch herausgelöst und über eine große Entfernung hinweg an die neu entstandene Front in Mazedonien und Südserbien geworfen werden mußten. Während es sich bei der Absetzbewegung in Süd- und Mittelitalien nur um einen von Süden nachdrängenden Feind handelte (bei dem Rückmarsch aus Südfrankreich war die Lage wesentlich schwieriger; sie erinnert schon eher an die Verhältnisse im Südosten), mußte die Heeresgr. E von den ersten Wochen ihres Absetzens an ihr Hauptaugenmerk auf einen Raum richten, wo die Masse ihrer Verbände voraussichtlich erst nach Monaten eintreffen würde; sie mußte sich also gleichsam von Anfang an das vorletzte und letzte Stadium ihrer Bewegung erkämpfen. Diese neue Land- und Großkampffront mußte *improvisiert* werden, und dies von einer Heeresgruppe, die ihrer ganzen Eigenart nach vorwiegend auf die Küstenverteidigung eingestellt war und kaum über Osterfahrung verfügte.

Bis zur Kriegserklärung Bulgariens (8. 9.) nahm die Auflockerung der Inseln und des Peloponnes einen planmäßigen Verlauf. Der Truppe gegenüber wurde sie zunächst als Erweiterung der Urlaubsquote usw. getarnt. Für die Rückführung von den *Inseln* war eine Dringlichkeitsfolge festgesetzt worden, wonach in erster Linie Menschen (allein auf Kreta befanden sich 60—70 000 Mann, auf Rhodos und den übrigen Ägäis-Inseln über 23 000 Mann), dann Betriebsstoff, dann Mangelmunition abtransportiert werden sollten. Von Anfang an wurden in großem Maßstab Transportflugzeuge eingesetzt, für die der auf den Inseln ausgelagerte Betriebsstoff verwendet werden konnte (Mitteilung Chef Qu, 29. 8.).

Der erste Verband, der hinter der 4. SS-Pol.-Pz.-Div. an die in Entstehung begriffene neue Front nach Südserbien geworfen wurde, war die 11. Lw.-Sturm-Div. aus dem Attischen Raum (Beginn des Abtransports 5. 9.). Von der 22. Inf.-Div. auf Kreta waren schon nach einem Befehl vom 28. 8. 1 Rgt.s-Stab und 1 Batl. abgeflogen worden; der Rest der Div. sollte nachfolgen. Der Abtransport erfolgte zur Luft, wobei anfangs täglich rund 44, gegen Ende der ersten Septemberhälfte bis über 100 Maschinen eingesetzt wurden. Die Div. sollte zum Schutze Salonikis an der Struma eingesetzt werden; eine Maßnahme, die sich angesichts der Haltung Bulgariens schon in den ersten Septembertagen als notwendig erwies. Von Rhodos wurde die Sturm-Div. Rhodos nach Athen überflogen, von Leros die Fest.-Brig. 967. Von Kephalonia und Korfu[1] sollten zunächst je ein Batl. abgezogen, Samos, Mythilene, Chios und Lemnos ganz aufgegeben werden.

1 Griech.: Kerkyra.

Die Preisgabe des *Peloponnes* sollte sich in der Form vollziehen, daß die 117. Jäg.=Div. in den Raum Larissa und ostwärts marschieren und die 41. Fest.=Inf.=Div. noch einen Brückenkopf um Korinth halten sollte. Außerdem wurde bis Ende September ein enger Brückenkopf um Patras gehalten. Der übrige Peloponnes war bis zum 21. 9. geräumt. Die Absicht des OB Südost, West=griechenland bis zum Pindos (einschließlich der Inseln, außer Korfu) aufzu=geben, wurde zunächst nicht in vollem Umfang genehmigt. Die Div. sollte Mesolongion besetzt halten und (was ab 13. 9. geschah) den Zervas=Brücken=kopf von Süden einzuengen versuchen. Später sollte sie die Linie Korfu—Kala=baka halten, während die Abriegelung der Pindos=Pässe durch die 117. Jäg.=Div. durchgeführt werden sollte. Die Jonischen Inseln, die bis zur Sperrung des Golfes von Korinth durch die Kriegsmarine mit Teilkräften besetzt blieben, wurden am 12. und 13. 9. aufgegeben. Ein brit. Versuch, sich durch ein Über=rumpelungsmanöver in den Besitz von Kephalonia zu setzen (Landung von 2 Offz.en, die — ohne daß brit. Angriffsvorbereitungen erkennbar waren — die Besatzung zur Übergabe aufforderten), blieb ohne Erfolg.

Bemerkenswert war der Umstand, daß die Rückführung von den Inseln während der ganzen ersten Septemberhälfte keine nennenswerte brit. Gegen=wirkung hervorrief (s. unten).

Die Entwicklung, die zur *Kriegserklärung Bulgariens an das Reich (8. 9.)* führte, kann hier nur in den ganz großen Etappen verfolgt werden. Die all=mähliche Anbahnung des Umschwungs während der Sommermonate ist schon im Zusammenhang mit der Rolle des bulgar. Expeditionskorps berührt worden. In ein akutes Stadium traten die Dinge am 24. 8. mit der vom bulgar. Außen=minister an den deutschen Gesandten gerichteten Bitte um Zurückziehung der deutschen Militärmission und der deutschen Truppen; gleichzeitig wurde mit=geteilt, daß die bulgar. Regierung in Ankara Waffenstillstandsverhandlungen aufgenommen habe. Es folgte am 2. 9. der Rücktritt des Ministeriums Bagria=noff, dem das Kabinett Murawieff folgte. Der neue Min.=Präsident erklärte am 4. 9. die Wiederherstellung der bulgar. Neutralität, d. h. den Austritt aus dem Dreimächte= und Antikominternpakt und die Beendigung des Kriegszu=standes mit den Westalliierten. Falls Deutschland dieser bulgar. Politik ent=gegenarbeiten würde, sähe — so wurde weiter erklärt — die bulgar. Regierung sich gezwungen, die diplomatischen Beziehungen zum Reich abzubrechen. Die Sowjets, deren Truppen schon 2 Tage vorher bei Giurgiu die Donau erreicht hatten, bezeichneten die Wiederherstellung der bulgar. Neutralität als unbe=friedigend, da sie in Wirklichkeit nur die zurückgehenden deutschen Truppen vor der Verfolgung durch die russ. Armeen schütze und ihnen die Schaffung neuer Stützpunkte auf bulgar. Gebiet ermögliche, und erklärten Bulgarien am Abend des 5. 9. den Krieg. Bereits am nächsten Tage faßte die bulgar. Regie=rung — wie sie später bekanntgab — den Entschluß, Deutschland den Krieg zu erklären. Offiziell begnügte sie sich zunächst mit der Mitteilung des Ab=

bruchs der diplomatischen Beziehungen am Abend des 5. 9. Die eigentliche *Kriegserklärung an Deutschland* erfolgte am Abend des 8. 9. Bereits in der folgenden Nacht stürzte das Kabinett Murawieff, nachdem es die Auflösung der Sobranje und sämtlicher „faschistischer" Organisationen verfügt, eine Reihe führender Militärs ihrer Posten enthoben hatte usw. Am selben Tag begann der Vormarsch der russischen Truppen in Bulgarien. Sie rückten am 16. 9. in Sofia ein, wo inzwischen das Kabinett Georgieff die Regierung übernommen hatte.

Der Abzug der deutschen Truppen und der Abtransport der umfangreichen Versorgungsgüter verlief zunächst reibungslos. Bald versuchten ihn die Bulgaren jedoch zu verhindern. Gleichzeitig begannen Truppenbewegungen gegen die deutschen Stützpunkte. Schließlich kam es zu Internierung der deutschen Truppen, die mit der Masse allerdings ausbrechen konnten. Das Verhalten der deutschen Führung war zunächst von dem Wunsche diktiert, Zeit für die eigenen Gegenmaßnahmen zu gewinnen. Darum sollte — so war vom Führer, der die Richtung der Entwicklung frühzeitig erkannte — bereits am 26. 8. angeordnet worden, den Bulgaren zunächst in kleinen Dingen entgegengekommen werden (Lagebuch 8. 9.).

Die eigenen Gegenmaßnahmen bestanden in der beschleunigten Heranführung der 1. Geb.-Div., in dem Versuch der Zusammenfassung aller verfügbaren deutschen Kräfte in Bulgarien unter dem Chef der deutschen Militärmission und in der Vorbereitung eines Sonderunternehmens des Beauftragten des Gen.-Inspekteurs der Pz.-Truppen, Gen. Thomale, in Nisch zur Sicherstellung der zahlreichen den Bulgaren überlassenen deutschen Panzer.

Eine unmittelbare milit. Einflußnahme auf die innere Entwicklung, wie sie in Ungarn durchgeführt und in Rumänien versucht wurde, war in Bulgarien angesichts der Schwäche der dortigen deutschen Truppen von Anfang an nicht beabsichtigt. Der Plan, den Botschafter Rahn zur Zusammenfassung der nationalen Kräfte nach Sofia zu entsenden, wurde nicht verwirklicht. Stattdessen sollte das neu-bulgar. Gebiet politisch verselbständigt und der Regierung des früheren Min.-Präsidenten Zankoff, der sich Deutschland zur Verfügung gestellt hatte, überlassen werden.

Als Repressalie gegen die Internierungen und Entwaffnungen deutscher Kräfte in Bulgarien wurde dann das Anhalten sowie die Entwaffnung des bulgar. Expeditions-Korps und die Verhaftung einzelner Befehlshaber befohlen (was die Bulgaren ihrerseits als Grund für den Abbruch der diplomatischen Beziehungen und später für die Kriegserklärung benutzten). Vorübergehend kam es in der Frage des Expeditions-Korps zu einer Einigung. Der OB Südost ließ in Nisch eine Kommission aus deutschen und bulgarischen Offz.en zusammentreten, um den durch die beiderseitigen Repressalien entstandenen Konflikt beizulegen. Auf die Nachricht vom Abbruch der diplomatischen Beziehungen hin befahl der OB Südost dann den Abmarsch der Gruppe des Chefs der deutschen Mil.=Mission in mehreren Abschnitten auf die serbische Grenze, die sie in der Nacht vom 6./7. 9. mit ersten Teilen überschritt. Nach der Kriegs=erklärung Bulgariens wurde die Gefangennahme der noch im neubulgar. Ge=biet stehenden Kräfte des bulgar. Okkupations=Korps angeordnet.

Die deutsche Oberste Führung erwartete von der russischen Kriegserklärung an Bulgarien und dem Vordringen der Russen auf bulgarisches Gebiet zunächst eine Erhöhung der Spannung zwischen den Alliierten. Der Führer rechnete damit, daß die Sowjets zunächst bestrebt sein würden, an die Ägäis, also in den Raum Dedeagatsch—Kavalla vorzustoßen und die Dardanellen abzuschnei=den (Mitteilung Gen. v. Buttlar 8. 9.). In diesem Falle war es denkbar, daß sie die Heeresgr. E als Abschirmung gegen ein mögliches Vordringen der Englän=der aus Griechenland in diesen Raum benutzen und sie infolgedessen nicht angreifen würden. Andererseits wurde von Anfang an auch damit gerechnet, daß sich die Russen zunächst in Richtung Nisch nach Westen wenden würden, wobei ihnen die Ägäische Küste von selbst zufallen mußte. Daß sie gleichzeitig einen Stoß über das Eiserne Tor und Belgrad nach Kroatien hinein oder nach Nordwesten in Richtung Budapest und Wiener Becken führen könnten, wurde kräftemäßig durchaus für möglich gehalten (Mitteilung Gen. v. Buttlar 5. 9.).

Daß ein Vordringen nach Südserbien oder Mazedonien eine tödliche Gefahr für die rückwärtigen Verbindungen der Heeresgr. E bedeuten konnte und daß deren Absetzbewegung mit der Kriegserklärung Bulgariens in ein ganz neues Stadium trat, war vom ersten Augenblick an klar. Nach Verstreichen der ersten Septemberhälfte war bereits nicht mehr daran zu zweifeln, daß die Sowjets zu der 2. Möglichkeit entschlossen waren. Von einem milit. Interesse an der Ägäischen Küste war nichts zu bemerken; auch aus Altbulgarien wurde die Masse der russ. Kräfte (bis auf die 37. Armee) bald wieder nach Nordwesten herausgezogen. Überraschend war ferner, wie rasch es den Sowjets gelang, die bulgar. Armee zum geschlossenen Angriff in Mazedonien gegen den einstigen Bundesgenossen anzusetzen.

Zur Abschirmung gegen Bulgarien wurde, wie bereits erwähnt, als erstes die 22. Inf.=Div. aus Kreta über Athen nach Saloniki überflogen. Sie sollte am Ruppel=Paß eine Abriegelungsfront aufbauen, womit aber erst in der 2. Hälfte des Septembers begonnen werden konnte. Ferner wurde die 11. Lw.=Sturm=Div., die erst weiter nördlich ausgeladen werden sollte, an den Pässen entlang der mazedonisch=altbulgarischen Grenze eingesetzt. Noch weiter nördlich, im Raum von Nisch, baute zunächst die der Armee=Abt. Serbien unterstellte 1. Geb.=Div. eine Sicherung auf. Ende des Monats wurde dann beschlossen, auch die Sturm=Div. Rhodos, die in den Raum Athen überflogen worden war, nach Saloniki zu werfen, um sie in Mazedonien einzusetzen.

Die Kämpfe im neubulgarischem Raum begannen mit der Internierung der Bulgaren, die im Raum Skoplje gelang, bei Prilep aber gleich zu heftigen Kämpfen führte. Während sich die Masse der Bulgaren, ihre Räume den Ban=

den überlassend, nach Osten absetzte, leisteten einige Gruppen heftigen Widerstand. Prilep wechselte mehrfach den Besitzer; weiter nördlich wies die 1. Geb.=Div. bei Bela Palanka bulgar. Aufklärungsvorstöße in Richtung Nisch ab. Ein weiterer Brennpunkt der Kämpfe war Kula.

Als Ergebnis dieser Operationen konnte nach Verstreichen der beiden ersten Drittel des Septembers festgestellt werden, daß in Mazedonien eine — wenn auch dünne — eigene Front hatte aufgebaut werden können. Die Besorgnis, daß die Sowjets sofort gegen die Bahn Skoplje–Nisch oder Nisch–Belgrad vorstoßen würden, hatte sich nicht bewahrheitet (Mitteilung Gen. v. Buttlar 25. 9.). Der Schwerpunkt des russ. Druckes lag an der Donau bei Turnu=Severin, wo sich schon deutlich der Stoß auf Belgrad abzeichnete, und im Raum Arad–Temeschburg [1], wo die 4. SS=Pol.=Pz.=Div. schrittweise zurückgedrängt wurde.

Besorgnisse mußte auf der anderen Seite die nach dem Schock bemerkenswerte Kampfkraft der bulgar. Splittergruppen erwecken. Darüber hinaus vollzog sich in der zweiten Monatshälfte jenseits der bulgar.=mazedon. Grenzpässe der planmäßige, von den Sowjets gesteuerte Aufmarsch der bulgar. Armeen. Am 22. 9. wurde in Bulgarien die allgemeine Mobilmachung verfügt. Der Druck dieser neu herangeführten Kräfte setzte im südlichsten Teil der Mazedonien=Front schon vom 22. 9. an ein, um dann in den ersten Oktobertagen mit einem Stoß von 6 Div.en, 1 Pz.=, 1 Kav.=Brig. usw. gegen Nisch einen ersten Höhepunkt zu erreichen.

Für die polit. Gestaltung des neubulgarischen Raums war dem OB Südost freie Hand gelassen worden. Er setzte einen „Wehrbefehlshaber Mazedonien" ein, während ein Beamter des Auswärtigen Amtes eine landeseigene Verwaltung aufzubauen versuchte.

Unklar blieb die Lage lange Zeit in *Thrakien*, wo nach Abzug der regulären bulgar. Truppen die Verwaltung von bulgar. und griechischen Kommunisten übernommen wurde. Der anfangs bestehende Eindruck eines starken russischen Interesses an diesem Raum bestätigte sich allerdings nicht. Ein Versuch nationalgriechischer Banden, unter Führung englischer Offiziere in Thrakien einzudringen, scheiterte. Daraufhin wurde von deutscher Seite versucht, nationale Kräfte unter einem deutschen Offizier in diesem Raum einsickern zu lassen; jedoch blieb auch dieses Unternehmen erfolglos. Der griech. Min.=Präsident Papandreu meldete bereits kurz nach seinem Eintreffen in Athen griechische Ansprüche auf Thrakien an.

Für die *Räumung der Agäis=Inseln* bedeutete der 15. 9. einen wichtigen Einschnitt. Bis dahin war, wie bereits erwähnt, von einer engl. Einwirkung gegen die Rückführungen kaum etwas zu bemerken gewesen. Bei der deutschen Füh=

1 D. h. Temesvár.

rung war darum (namentlich seit dem Auftreten der Sowjets in Bulgarien) die Vermutung entstanden, daß die Briten den Abzug der Heeresgr. E nicht gern sähen, vielmehr wünschten, daß sie als Abschirmung gegen die Sowjets und als Gegengewicht gegen die griech. ELAS möglichst lange in ihrem bisherigen Raum stehenbleibe. So äußerte der Führer am 14. 9. die Ansicht (Aufzeichnung Chef WFStab 14. 9.), daß es den Engländern anscheinend gar nicht unlieb sei, wenn die Deutschen als eine Art Polizeitruppe auf den Inseln blieben, um eine Ausbreitung des Bolschewismus zu verhüten. Dies konnte jedenfalls nicht die Aufgabe der deutschen Wehrmacht sein; an dem Ausgang der Konflikte zwischen den nationalistischen und kommunistischen Kräften in Griechenland war sie jetzt uninteressiert und daher auch daran, wer sich die bei der Räumung einzelner Inseln und des Peloponnes zurückgelassenen Waffen und Versorgungsgüter aneignete. Infolge der zum Teil unter britischem Einfluß offiziell festgelegten räumlichen Aufteilung des Landes zwischen den Aufstandsbewegungen kam es in der Folgezeit nur teilweise zu Konflikten. Der Peloponnes fiel (wie vorauszusehen) der ELAS anheim, ebenso Böothien und Thrakien, während in Mittelgriechenland sich die nationalen Kräfte durchsetzten.

Als die anglo-amerikan. Luftwaffe am 15. 9. überraschend die Flugplätze der für die Rückführungen von den Inseln eingesetzten Transportflugzeuge im Raum Athen angriff und dabei z. B. mehr als die Hälfte der vorhandenen Ju's zerstörte, mußte die Annahme eines engl. Interesses am Bleiben der Heeresgruppe aufgegeben werden. Beim WFStab wurde diese Tatsache in Zusammenhang mit dem zum selben Zeitpunkt erkennbaren Abzug starker russ. Kräfte aus Bulgarien gebracht (Mitteilung Gen. v. Buttlar 19. 9.). Es schien denkbar, daß die Engländer die Bekämpfung der Rückführungen von einem Zurücktreten der Sowjets von ihren Dardanellen- und Ägäis-Forderungen abhängig gemacht hatten. Merkwürdig war, daß die Sowjets eine Woche später (als ihre Kräfte in Bulgarien weiter vermindert worden waren) eine politische Offensive gegen die Türkei einleiteten, nachdem sie bereits vorher ein Memorandum betr. eine Änderung des Dardanellen-Statuts überreicht hatten (Mitteilung Gen. v. Buttlar 25. 9.). In den folgenden Tagen nahm auch die engl. Seetätigkeit gegen die Überführungen erheblich zu. Mehrere Flugzeugträger wurden festgestellt, die leichten Seestreitkräfte laufend vermehrt. Ende des Monats nahm die feindl. Luftwaffe auch die Nachtjagd gegen die auch bei Dunkelheit noch erkennbaren deutschen Transportmaschinen auf. Trotzdem hielten sich in der Folge die Verluste in tragbaren Grenzen. Durch Zuführungen aus dem Reich gelang es, die Zahl der Transportflugzeuge wieder zu erhöhen und zeitweise wieder bis zu 100 Flügen pro Tag durchzuführen.

Die Bewegungen auf dem *griechischen Festland* nahmen in der zweiten Sept.-Hälfte ihren Fortgang. Eine Änderung des ursprünglichen Planes bedeutete der Entschluß, die 117. Jäg.-Div. aus dem Attischen Raum, wo sie inzwischen zusammengezogen worden war, an den Frontabschnitt ostwärts Belgrad zu werfen. Der OB Südost erließ am 17. 9. den entsprechenden Befehl. Attika selbst mußte vor allem wegen seiner Wichtigkeit als Luftwaffen-Basis noch so lange wie möglich gehalten werden. Nachdem der Angriff gegen den Zervas-Brückenkopf nur geringen Erfolg gebracht hatte, wurde dem OB Südost am 18. 9. freigegeben, die Front der 104. Jäg.-Div. nach Norden zurückzunehmen und dabei Korfu zu räumen. Die Div. bezog zunächst, während die Zervas-Kräfte nachdrängten, die vorgesehene Widerstandslinie Korfu—Kalabaka, wurde dann aber nach Mazedonien herangezogen, wo sie nach langwierigem, schwierigem Marsch erst Mitte Oktober eingreifen konnte. Am 27. 9. war Westgriechenland bis zum Pindus geräumt. Die Verlagerung des Schwergewichts nach dem Mittelbalkan kam auch in der Tatsache zum Ausdruck, daß das XXI. Geb.-AK. ab 11. 9. der Heeresgr. E unterstellt wurde, so daß die 2. Pz.-Armee nunmehr ganz auf Kroatien beschränkt blieb.

Nachdem der OB Südost unter Hinweis auf die Bedrohung der Bahnlinie in Mazedonien und die durch Sabotagetätigkeit und Kohlenknappheit erschwerte Transportlage wiederholt eine Entscheidung über Griechenland gefordert hatte, *erging am 3. 10. der Befehl zum Rückzug aus Griechenland, Südalbanien und Südmazedonien.* Das bedeutete, daß mit der Aufgabe der See- und Luftbasen auch die Überführungen von den Inseln in Kürze eingestellt werden mußten. Die verbleibenden Kräfte sollten — wie schon seit längerer Zeit feststand — auf den zu haltenden Inseln (Kreta, Rhodos, Leros) in *Kernfestungen* zusammengezogen werden. In Kreta, von wo nach der 22. Inf.-Div. noch Teile der 133. Fest.-Inf.-Div. abgeflogen worden waren, blieben rund 16 000 Deutsche und Italiener in dem zur Festung ausgebauten Raum um Chania, auf Rhodos über 6 000 Deutsche. Am 7. 10. begann die Räumung der Südspitze von Attika; am *13. 10. verließen die deutschen Nachhuten Athen* nach Sprengung der Hafenanlagen im Piräus. Der größte Teil des Stadtgebiets war schon vorher aufgegeben worden, um alsbald Schauplatz für heftige bewaffnete Auseinandersetzungen der griech. Aufstandsparteien zu werden (vgl. den Reisebericht Major Brudermüllers). Gleichzeitig fand die *Räumung Korfus* ihren Abschluß. Jetzt schlossen sich auch die deutschen Truppen in Südalbanien und Nordwestgriechenland der Absetzbewegung an; am 12. 10. wurde Valona geräumt.

Am 16. 10. wurden Theben und Itea aufgegeben; gleichzeitig war die Räumung von Lemnos im Gange. Am 21. 10. hielten die eigenen Nachhuten auf der Linie Larissa—Metsowon-Paß; am 23. 10. wurde eine Sperrstellung beiderseits Koritza bezogen. Zwei Tage vorher war Volos, der letzte wichtige Hafen südlich Saloniki, geräumt worden. Am 25. 10. verlief die Front in Höhe der südalbanischen Seen. Nachdem sich die letzten eigenen Seestreitkräfte im Golf von Saloniki selbst versenkt hatten, wurde die Stadt am 31. 10. aufgegeben. Mit den nachstoßenden Engländern (2. Fs.-Jäg.-Brig.) war es lediglich bei Kosani zu vorübergehender Gefechtsberührung gekommen. Um dieselbe Zeit befand sich die Spitze der über Bitolj herangezogenen 104. Jäg.=Div. bei Veles. In Albanien wurde die Linie Durazzo—Elbasan gehalten. In der Nacht vom 1./2. 11. überschritten die Nachhuten der Heeresgr. E ohne nennenswerten Feinddruck die griech.=mazedonische Grenze. *Die Räumung Griechenlands war abgeschlossen.*[1]

„Die nun beginnende Absetzbewegung vollzieht sich mit der Präzision eines Uhrwerkes, obwohl die Masse der Soldaten keinen festgefügten Verbänden, sondern einzelnen Festungs=Batl.en, Luftwaffen= und Marine=Truppenteilen angehört. Das nie für möglich Gehaltene geschieht: die Besatzung einer Riesenfestung, scheinbar zur Unbeweglichkeit verurteilt, setzt sich mit allen ihren Waffen in Marsch. Dem Lande wird entnommen, was es an Zugmitteln und Fahrzeugen gibt. Einer hilft dem andern. Die Schranken zwischen den Wehrmachtsteilen fallen . . . Auf einer einzigen Straße, die über hohe Pässe führt, ziehen die Trecks und Marschgruppen in beschleunigtem Tempo nach Norden. 1 000 km bis Visegrad, 1 500 km bis Slavonien liegen vor ihnen. Sie schaffen bis zu 25 km im Tagesdurchschnitt . . ." So schildert ein im Januar 1945 vom OB Südost herausgegebenes Kartenwerk die Absetzbewegung[2].

Beim WFStab wurde Anfang November festgestellt, daß die Absetzbewegung bisher weit günstiger verlaufen sei, als erwartet wurde (Mitteilung Gen. v. Buttlar 3. 11.). Der Zeitplan war zum Teil sogar unterschritten worden. Schon die Reise des vom WFStab entsandten Majors d. G. Brudermüller Ende September hatte gezeigt, daß alles planmäßig verlief, keinerlei Panikstimmungen eintraten usw. Das OKW enthielt sich darum in ihrer ersten Phase weitgehend aller Eingriffe in den Ablauf der Absetzbewegung. Hervorgehoben werden muß, daß das beständige Drängen des OKW auf das Abschieben überflüssiger Dienststellen und Einrichtungen aus Athen jetzt seine Früchte trug: Im Gegensatz zum Rückmarsch aus Südfrankreich wurde die Absetzbewegung der Heeresgr. E nicht durch große Trecks von Wehrmachtgefolge usw. belastet.

Als besonders günstig mußte der Umstand angesehen werden, daß die Engländer bei der Besetzung der von der deutschen Wehrmacht geräumten Gebiete mit großer Vorsicht verfuhren und es vermieden, durch scharfes Nachdrängen oder Landungen in der Flanke die deutsche Absetzbewegung zu stören. Die erste britische Landung erfolgte am 21. 9. auf Kythira; am 27. und 28. 9. begann dann mit Landungen am Kap Araxos und bei Kalamata die Festsetzung auf dem Peloponnes, die sich auf die wichtigen Küstenpunkte beschränkte. Anfang Oktober wurden die von den Deutschen aufgegebenen Ägäischen Inseln von griechischen Exiltruppen unter britischen Offizieren besetzt, am 9. 10.

1 Für die weiteren Ereignisse vgl. die Angaben aus *„Ploetz,* Auszug aus der Geschichte", unten im 8. Abschnitt (S. 861 ff.).

2 Vgl. unten den 5. Anhang (die angeführte Stelle dort in Kap. e: S. 820).

Zante und Kephalonia. Nachdem am 15. 10. Fallschirmjäger in Athen gelandet waren, trafen am nächsten Tage die ersten Truppenkontingente, die teils aus Ägypten, teils aus Italien herantransportiert worden waren (34. Inf.=Div., 23. brit. Pz.=Brig. usw.), im Piräus ein. Die Beseitigung der dort ausgelegten Minensperren war dem Feind wider Erwarten schnell gelungen. Er meldete, daß er wichtige Teile der Hafenanlagen, die Elevatoren, Öltanks usw. unversehrt vorgefunden habe. Den Befehl in Athen (dem einzigen Raum, wo starke brit. Kräfte zum Einsatz kamen) übernahm das III. AK. unter Gen. Scobie. In Saloniki drangen am 1. 11. englische Aufklärungskräfte von Land her ein, während später stärkere Kräfte im Hafen ausgeschifft wurden (Im Verlauf der Kämpfe mit der ELAS wurde die Stadt am 11. 12. von den Briten wieder geräumt). Zu Kämpfen kam es außer der bereits erwähnten kurzen Gefechtsberührung in Thessalien nur bei den Landungen auf Milos und Piskopi, die auf beiden Inseln mit einer Vertreibung der Briten endete.

Dieses Verhalten der brit. Führung ließ um die Wende vom Oktober zum November auf deutscher Seite wiederum die Frage auftauchen, ob die Engländer nicht ein Interesse an einem Stehenbleiben der Heeresgr. E im nordgriech.=südmazedonischen Raum hätten. Beim WFStab sprach am 31. 10. der Oberführer König vom SD (Sicherheitsdienst) vor und berichtete über einen Vorschlag der Heeresgr. E. Es sollten Verhandlungen mit den Briten aufgenommen werden mit dem Ziel, daß diese die Versorgung der Heeresgruppe (vor allem der Inselbesatzungen) übernahm und die Heeresgruppe E dafür in Abwehr der Sowjets und Bulgaren an der nordgriech. Grenze stehenblieb. König glaubte, daß sich die griech. Regierung mit Hilfe griechischer Kaufleute zur Durchführung der Versorgungstransporte bereit erklären würde. Der Stellv. Chef WFStab ging auf diese Vorschläge, die auch von einer zu pessimistischen Einschätzung der Lage der Heeresgruppe ausgingen, nicht ein (Lagebuch 1. 11., Mitteilung Gen. v. Buttlar vom 3. 11.).

Mittlerweile hatte sich an der neuen Ostfront des OB Südost zwischen der Struma und dem Eisernen Tor die Lage erheblich verschärft. Anfang Oktober waren die Bulgaren zu planmäßigen Angriffen angetreten.

Gleichzeitig hatte der (bisher nur durch vorangetriebene rumän. Kräfte vorbereitete) sowjetische Vorstoß beiderseits der Donau begonnen, als dessen Ziel Belgrad angesehen werden mußte. Diese Lage zwang dazu, der Heeresgr. E neue Aufgaben aufzuerlegen: je eine verstärkte Rgt.s=Gruppe der 117. Jäg.= und der 297. und 181. Inf.=Div. mußten in den Raum Belgrad heraufgeführt werden. Die Kämpfe mit den Bulgaren konzentrierten sich vor allem auf Kriva= und Bela Palanka. Sie führten am 15. 10. zum Verlust von *Nisch*, wo inzwischen statt der nach Norden an die Donau abgezogenen 1. Geb.=Div. die 7. SS=Geb.=Freiw.=Div. die Verteidigung übernommen hatte, und danach zu einem weiteren Vordringen der Bulgaren nach Westen, das schon nach wenigen Tagen zu einer Bedrohung des Raumes ostwärts Mitrovica führte. Gleichzeitig mit dem

Fall von Nisch *drangen die Sowjets in Belgrad ein.* Der 1. Geb.=Div. und der nördlich der Donau eingesetzten Gren.=Brig. (mot.) 92 (außerdem waren hier noch das Pol.=Rgt. 18 und 1 Rgt. „Brandenburg" eingesetzt sowie die ersten eintreffenden Teile des Rgt.s der 117. Jäg.=Div. und die — die aus Bulgarien zurückgekehrten Truppen umfassende — „Kampfgruppe Schneckenburger") war es nicht gelungen, den Stoß der sowj. 46. und 57. Armee aufzuhalten. Die Morava=Linie südöstlich Belgrad ging verloren, womit auch das Schicksal der serbischen Hauptstadt besiegelt war. Wider Erwarten gelang es den zur „Kampfgruppe Stettner" zusammengeschlossenen Teilen der 1. Geb.= und der 117. Jäg.=Div., sich über Šabac südlich an Belgrad vorbeizukämpfen; jedoch drangen auch die Sowjets rasch in Ostsyrmien vor. Gleichzeitig waren in Südserbien tiefe Einbrüche gelungen, die zur Aufgabe von Kruševac und am 22. 10. von Kragujevac führten. Hier kämpften (unter der Heeresgr. E zur „Kampfgruppe Müller" zusammengeschlossen) Teile der 117. und der 104. Jäg.=Div., zusammen mit den von ihrem ursprünglichen Marschziel Belgrad abgedrängten Regimentern der 297. und 181. Inf.=Div. usw. Am 22. 10. begann die Schlacht um *Kraljevo,* den Schlüsselpunkt der Rückzugsstraße der Heeresgr. E. Mittlerweile drangen die Bulgaren über Kuršumlja gegen das Ibar=Tal vor; gleichzeitig begannen sie, sich Skoplje zu nähern. Bei Kumanovo entbrannten schwere Kämpfe; die Pässe ostwärts Kriva Palanka und Carevo Selo gingen verloren.

Die erste Folge dieser Entwicklung war, daß der Plan einer Verteidigung des Deutschland verbleibenden Südostraums in der „blauen Linie" aufgegeben werden mußte (vgl. Kap. 9) und statt des kroatisch=montenegr.=nordalban.=serbischen Raums nur noch die Linie Drina Westsyrmien kroat. Grenze gehalten werden konnte. Der Befehl zum Zurückgehen hinter die Morava war bereits am 10. 10. gegeben worden.

Für die Heeresgr. E war mit dem Fall von Nisch die Bahnverbindung unterbrochen worden. Das Vordringen der Russen in Südserbien und der Bulgaren südlich und südwestlich Nisch bedrohte aber nach kurzer Zeit auch *die letzte große, der Heeresgruppe zur Verfügung stehende Marschstraße von Skoplje über Mitrovica, Kraljevo, Užice nach Serajewo.* Ein Ausbiegen weiter westlich in die Gebirge Ostalbaniens und Ostmontenegros hinein hätte das Ende einer geschlossenen Rückführung der Heeresgruppe bedeutet. Bereits am 25. 10. besorgte der Führer, daß der Gegner sich in den Besitz von Užice setzen und damit die letzte Rückmarschstraße der Heeresgruppe abschneiden würde. Der OB Südost wurde auf diese Gefahr hingewiesen. Der Vorstoß der Sowjets auf Kraljevo zeigte dann deutlich den Gedanken, die Heeresgr. E durch beständige Verengerung ihres Rückzugsschlauches zu vernichten. Die Gegenmaßnahmen des OB Südost zielten darum vor allem auf ein Halten von Kraljevo, wohin das Füs.=Batl. Rhodos und ein Batl. der 22. Inf.=Div. überflogen wurden. Ferner wurden die Splitterteile der Korpsgruppe Müller hier zusammengefaßt. Den Höhepunkt der Kämpfe um Kraljevo bildete ein russ. Umfassungsversuch über Čačak, der am 2. 11. abgewiesen werden konnte. Damit war die der Rückzugsstraße drohende Gefahr zunächst abgewandt.

Gleichzeitig entwickelte sich das Vordringen der Bulgaren zu einer großangelegten Offensive gegen Skoplje, womit für die Heeresgr. E wiederum die Gefahr des Abgeschnittenwerdens entstand. Hier kamen die freigewordenen Teile der 22. Inf.-Div. zum Einsatz, die an der Struma durch die 41. Fest.-Inf.-Div. abgelöst worden war. Die 11. Lw.-Sturm-Div. war weiter nach Norden heraufgezogen worden und nahm ostwärts Pristina eine bogenförmige Aufstellung ein. Daneben waren in diesem Abschnitt noch rückwärtige Teile der 104. Jäg.-Div. eingesetzt, dazu einzelne Fest.-Inf.-Batl.e, Luftw.-Marsch-Batl.e, Marine-Kompanien usw.

Einen Höhepunkt erreichten die Kämpfe am 2. 11. und den folgenden Tagen mit einem Vorstoß von drei bulgar. Div.en und einer Pz.-Brig. nördlich Pudojevo, der zur Öffnung des Mrdare-Passes führte und den Straßenknotenpunkt Priština bedrohte. Es gelang aber auch hier, die rückläufige Bewegung der eigenen Truppe an einem in größter Eile errichteten Riegel aufzufangen und die Abwehrfront zu stabilisieren, womit auch in Mazedonien die Entscheidung zugunsten der Heeresgr. E gefallen war.

Damit war die Voraussetzung zur planmäßigen *Räumung Mazedoniens* geschaffen. Am 6. 11. wurde Strumica geräumt; am 7. 11. standen die Nachhuten des XX. AK. bei Štip. Am 11. 11. konnte Veles aufgegeben werden und in der Nacht vom 13./14. 11. *Skoplje*. Bei Priština entwickelten sich noch einmal heftige Kämpfe mit den Bulgaren. Für den Fall einer ungünstigen Entwicklung im Raum Kraljevo war schon am 24. 10. eine Kampfgruppe (Scheuerlen) von Mitrovica über Bjelopolje nach Višegrad in Marsch gesetzt worden mit dem Auftrag, eine neue Marschstraße durch den Sandschak zu öffnen. Nach dem Abflauen der Kämpfe um Čačak und Kraljevo trat die Kampfgruppe Müller zum Durchstoß auf Višegrad an. Beide Kampfgruppen konnten sich nach heftigen Kämpfen mit den Tito-Kräften bei Dobrun am 11. 11. die Hand reichen. Mit dem Erreichen des Raums von Višegrad war die Verbindung mit der 2. Pz.-Armee hergestellt, die Anfänge der Heeresgr. E im Aufnahmeraum eingetroffen. Der Stab der Heeresgruppe selbst wurde von Mitrovica nach Serajewo verlegt, wo der Aufbau einer neuen Versorgungsbasis im Gange war. Hier trat sie im Dezember unmittelbar unter den OB Südost, während ihr Befehlsbereich schrittweise über den gesamten kroatischen Raum ausschließlich der Nordwestecke des Landes ausgedehnt wurde.

Mit dem November trat auch an der serbisch-kroat. Grenze und in Syrmien (an beiden Abschnitten hatte die Korpsgruppe Kübler den Befehl übernommen) eine Stabilisierung ein. An der Drina glückte der Aufbau einer neuen Abwehrfront durch die 1. Geb.-Div., ebenso an der Syrmien-Front, wo die vom Pz.-AOK 2 von der Küste herangeführte 118. Jäg.-Div. zum Einsatz kam.

Im Donau=Drau=Dreieck standen die Gren.=Brig. (mot.) 92, Teile der Div. „Brandenburg" und die 31. SS=Div. (ungar. Volksdeutsche). Die Beruhigung an der kroat. Ostfront war allerdings nur eine Folge der Tatsache, daß sich der Druck der Sowjets seit Anfang November immer mehr nach Nordwesten verlagerte — den Raum südlich der Donau=Drau schien die russ. Führung (im großen gesehen) den Tito=Kräften und südlich anschließend den Bulgaren überlassen zu wollen. Nach der 46. Armee war die 57. Armee mit dem LXXV. und dem LXIV. Korps über die Donau nach Nordwesten gezogen worden; die 3. ukrain. Front verlegte von Sofia nach Temeschburg[1]. Nach raschem Vor=rücken durch die Batschka bildeten die beiden Korps bei Apatin und Batina Brückenköpfe über die Donau, aus denen sie dann am Ende des Monats zum Großangriff nach Westen antraten. Daß hierdurch mehr noch als die Heeresgr. Süd der Bereich des OB Südost betroffen wurde, kam unter anderem am 10. 11. in der Verschiebung der Heeresgr.=Grenze zum Westende des Plattensees zum Ausdruck. Dem Pz.=AOK 2 erwuchs damit eine ganz neue Aufgabe im süd=westungarischen Raum. Die Heranführung zweier Div.en aus dem Bereich des OB Südwest (der ja durch die Möglichkeit einer Abtrennung von dem Bereich des OB Südost mittelbar bedroht war), der 44. und ab 24. 11. der 71. Inf.=Div., vermochte den russ. Stoß nicht aufzufangen. Der OB Südost sah sich gezwun=gen, die 1. Geb.=Div. von der Drina abzuziehen und über die Drau dem be=drohten Abschnitt zuzuführen. An ihre Stelle sollte die 11. Lw.=Sturm=Div. treten, die langsam herankam. Darüber hinaus mußten je 1 Batl. der 117. Jäg.=Div. und der 264. Inf.=Div. in das Donau=Drau=Dreieck geworfen werden.

Einen besonderen Platz nimmt innerhalb der Absetzbewegung der Heeresgr. E *der Rückmarsch des XXI. AK (181., 297. Inf.=Div., Fest.=Brig.en usw.) aus Albanien ein.* Er sollte ursprünglich über Nikšić, Trebinje nach Mostar führen, was aber durch die Festsetzung des Feindes im Narenta=Delta unmöglich wurde (vgl. Kap. 7, Abschn. f). Damit war das Korps von seiner natürlichen Rück=marschstraße abgeschnitten; es mußte versuchen, sich durch ein von den Tito=Kräften beherrschtes Karstgebirge nach Nordosten durchzukämpfen. Nach dem Tirana am 17. 11. verlassen worden war, sammelte sich am 20. 11. bei Podgorica eine Kampfgruppe zum Stoß auf Nikšić, der jedoch mißlang. Der OB Südost flog am 22. 11. selbst nach Albanien, um die Möglichkeiten für einen neuen Durchbruch des Korps zu prüfen. Es wurde beschlossen, es bei Podgorica über Kolašin, Bjelopolje nach Prijepolje abzudrehen, wo es den An=schluß an die aus Mazedonien zurückmarschierenden Verbände finden sollte. Erst am 29. 11. wurde Skutari von den Nachhuten des Korps geräumt, die Sperrstellung dicht nördlich noch länger gehalten. Cattaro war von der sich von der Küste lösenden 181. Inf.=Div. schon am 21. 11. aufgegeben worden. Der Marsch ging unter dauernden schweren Kämpfen gegen die Tito=Kräfte vor

1 D. h. Temesvár (ung.) = Timisoara (rumän.).

sich und wurde durch Schneefälle und ab 11. 12. durch eine Hochwasserkatastrophe, bei der alle wichtigen Brücken (zum Teil[1] mehrere Male) weggerissen wurden, aufs äußerste erschwert. Um dem Korps die Rückzugsstraße zu öffnen, trat die gerade erst an der kroatischen Südostgrenze eingetroffene 22. Inf.-Div. von Prijepolje aus nach Süden an. Auch sie stieß auf heftigen Widerstand der Aufständischen. *Die Vereinigung mit der an der Spitze des XXI. AK marschierenden 297. Inf.-Div. glückte erst am Nachmittag des 18. 12.* in der Gegend südlich von Mojkovac.

Währenddessen vollzog sich der Rückmarsch aus Mazedonien im großen planmäßig. Obwohl die Bulgaren an einzelnen Stellen heftig nachdrängten, gelang es ihnen nicht, die Bewegung zu stören. *Am 16. 11. war ganz Mazedonien geräumt.* Am 22. standen die Nachhuten bereits 30 km nördlich Mitrovica. Die 11. Lw.-Sturm-Div., die vorgezogen wurde, um an der Drina zum Einsatz zu kommen, befand sich am 24. 11. mit der Spitze nördlich Užice und erreichte zwei Tage später Zvornik. Das OKW drängte auf Beschleunigung ihres Marsches. Eine vorübergehende Unterbrechung der Rückmarschstraße bei Kraljevo am 26. 11. wurde ohne größere Schwierigkeit wieder beseitigt, die Stadt selbst in der Nacht vom 28./29. 11. geräumt.

Der weitere Verlauf der Absetzbewegungen, bei dem die Masse der Verbände nun in den vorgesehenen Aufnahmeraum hineinzufließen begann, stand ganz im Zeichen der ungünstigen Entwicklung nördlich der Drau und der Erwartung eines zusammengefaßten feindl. Angriffs gegen die Syrmien-Front. Der letztere blieb allerdings aus. Übersetzversuche der Sowjets über die Donau bei Vukovar und Valpovo (7.–11. 12.) hielten sich in örtlichem Rahmen und wurden von der 118. und Teilen der 117. Jäg.-Div., dem Pol.-Rgt. 18 usw. vereitelt.

In diesem Abschnitt begann ab 11. 12. die 11. Lw.-Sturm-Div. einzutreffen, die zunächst nordwestlich der 118. Jäg.-Div. eingesetzt wurde; später sollte sie den ganzen Abschnitt dieser zum Pz.-AOK 2 tretenden Div. übernehmen. Am 14. 12. erfolgte bei Sotin ein starker feindl. Vorstoß gegen die 118. Jäg.-Div., der abgewiesen wurde. Vom 24. 12. an entwickelten sich bei Otok schwere Kämpfe mit Tito-Kräften. Gegen Ende des Monats schien sich in Ostsyrmien ein starker bulgar. Aufmarsch zu vollziehen.

An der Drina-Front hielten sich die Kämpfe im örtlichen Rahmen. Besonders heftig gestalteten sie sich vom 13. 12. an im Zusammenhang mit dem Drina-Übergang der 7. SS-Geb.-Freiw.-Div. bei Zvornik. Tito-Verbände setzten auch ihrerseits über den Fluß, wobei Bjelina eingeschlossen wurde. Die Räumung des westserbischen Gebietes, die Aufgabe von Požega und das Absetzen auf Užice verzögerten sich infolge der Überschwemmungen.

1 Ms.: teilweise.

Das beherrschende Ereignis des Dezembers war das Zurückgleiten der (ab 2. 12. der Heeresgr. Süd unterstellten) 2. Pz. = Armee und die dadurch für die Drau=Front entstehende Gefahr. Der OB Südost wies am 5. 12. auf die schwer=wiegenden Folgen eines möglichen russ. Einbruchs in das nordkroatische Zwi=schenstromland und eine mögliche Unterbrechung der Linie Agram—Brod hin. Er wurde vom OKW wiederholt angewiesen, die Drau=Flanke mit möglichst starken Kräften zu sichern und einen Einbruch in den slawonischen Raum zu verhindern. Da er bis zum Ende des Monats noch keine wesentlichen eigenen Kräfte heranführen konnte, muß es als ein besonders glücklicher und für die zukünftige Entwicklung im Südosten entscheidender Umstand betrachtet wer=den, daß der Gegner keinen Vorstoß über die Drau unternahm und in Ungarn auf der Höhe des westlichen Plattensee=Endes stehen blieb. Lediglich die Tito=Kräfte entwickelten in engem Zusammenwirken mit den Sowjets beiderseits der Drau eine starke Aktivität (vgl. auch Kap. 9 und S. 732 ff.: 2. Anhang über Kroatien).[1]

1 Fortsetzung im Teil B: 1945, 1. Abschnitt: laufend notiert zu: 1. 1.—18. 4.; 2. Ab=schnitt, II. Teil, D: Der Südosten. S. dazu auch die den Südosten betreffenden Angaben aus „Ploetz, Auszug aus der Geschichte" im 8. Abschnitt (unten S. 860 ff.).

# Anhänge

## 1. Nachtrag zur Ausarbeitung Südost:[1] Mitteilungen des damaligen Chefs des Generalstabs des Wehrmachtbefehlshabers Serbien, des Generalmajors Ritter von Geitner (März 1945)

*Zu Seite 6 (oben s. S. 637 ff.):*

Es ist zu scheiden zwischen der Serbischen *Staatswache* des Min.=Präsidenten Nedić und dem Serbischen *Freiwilligen=Korps,* das unter dem Einfluß von Ljotić stand.

Die *Serbische Staatswache* hatte ein Soll von 12 000 Mann, das jedoch nicht erreicht wurde, und war nicht gut bewaffnet. Sie war dem Geist der Mihajlović=Bewegung verwandt und besaß keinen wesentlichen kämpferischen Wert. Gegen Mihajlović hatte sie überhaupt keine Bedeutung, gegen die Kommunisten nur geringe. Dabei sprach mit, daß sie nur in Teile aufgesplittert eingesetzt war.

Der Inspekteur des Freiwilligen=Korps, *Ljotić,* war ein entfernter Verwandter von Nedić, stand aber zu ihm in einem Gegensatz der Anschauungen. Von Hause neigte Ljotić zu pan=slawischen Ideen und war daher für ein Zusammengehen mit Rußland. Da dies jedoch nach der Bolschewisierung des Zarenreiches nicht möglich war, sah er die Voraussetzung im Anschluß an Deutschland. Seine Einstellung war anti=freimaurerisch, anti=jüdisch, streng national und streng kirchlich. Er und seine Anhänger bekannten sich also nach wie vor zu König Peter; daß sie seinen Befehlen nicht gehorchten, erklärten sie damit, daß sich der König in fremder Gewalt befinde. Die Spannungen zu Mihajlović, der ja anfangs mit dem König zusammenging, milderten sich seit 1944, als[2] sich Mihajlović in die Front gegen die Roten hineingedrückt sah. Bis dahin hatte er die Rekrutierung des Freiwilligen=Korps verhindert, und von seiten seiner Anhänger waren sogar Vergeltungsaktionen gegen die Familienangehörigen unternommen worden.

Das *Serbische Freiwilligen=Korps* ging aus serbischen Freiwilligen=Abteilungen hervor, die im Frühjahr 1943 zu 3 Rgt.ern mit je 2 Batl.en formiert wurden. In der Folgezeit kam es noch zur Aufstellung von 2 weiteren Rgt.ern. Schließlich wurde dieses Korps im Jahre 1944 zu 5 Rgt.ern mit je 3 Batl.en aufgestockt. Jedoch wurde das Soll von 15 000 Mann nie erreicht. Die Bewaffnung blieb uneinheitlich; neben deutschen wurden auch fremde MG und Ge=

[1] Die folgenden Seiten sind überliefert mit dem KTB vom 1. 1.–31. 3. 1945 (angehängt an den letzten Tag). Mein Nachtrag wurde dadurch möglich gemacht, daß der General v. Geitner den damals in Zossen untergebrachten WFStab in dienstlichen Angelegenheiten aufsuchte. Ich habe die Aufzeichnung, die sich aus unserer Besprechung ergab, hier an die Stelle gerückt, für die sie bestimmt war.
[2] Ms.: daß

wehre verwandt; vorhanden waren außerdem Granatwerfer und Inf.=Geschütze. Die Bewaffnung blieb allerdings zureichend. Die Führer des Korps waren vielfach mehr Politiker als Soldaten. Die Führung hatte der später zum General beförderte Oberst *Musicki,* von Hause aus ein k. und k. Offizier, der Adjutant der Königin Maria gewesen und deutsch=freundlich eingestellt war: ein Mann von einem tadellosen Charakter und von einer ruhigen, fast temperamentlosen Natur. Ihm stand zur Seite als Chef der Oberstleutnant *Tatalović,* der gleichfalls k. und k. Offizier gewesen war und als solcher den Maria=Theresia=Orden erworben hatte: ein hochgebildeter Mann von starkem Temperament, mit stechenden Augen, reich an Ideen und oft geistsprühend, daher auch von starker Wirkung, wenn er gelegentlich zu deutschen Offizieren sprach. Der Stamm des Serb. Freiwilligen=Korps war gut; er bestand aus Studenten und Schülern, ferner auch aus Bauernsöhnen, unter denen sich manche Serben, die aus Kroatien verdrängt worden waren, befanden.

Das Korps wurde im Gegensatz zu der Staatswache auch geschlossen eingesetzt und bewährte sich bei dem zweiten Einfall Titos in das Ibar=Tal und bei den Kämpfen in der Gegend von Užice und Raška. Bei einem Besuch erhielt Generalmajor von Geitner einen guten Eindruck.

*Zu Seite 9 (hier s. S. 639):*

Verbessere General „Geibe" in General „*Geib*". Es handelt sich um den früheren Feldzeugmeister, der nachdem im Westen gefallen ist[1].

*Zu Kapitel 2: Die Draža Mihajlović=Bewegung (oben S. 636 ff.).*

Die *Cetnics* knüpfen an eine alte Tradition der Türkenzeit an. Sie bezeichnen sich als die „Freiwilligen". Von ihnen gab es im Sommer etwa 9 000 Bewaffnete. Ihr Verhalten zu Nedić war sehr verschieden; zum Teil waren sie ihm treu oder doch angeblich treu, zum Teil hielten sie sich mehr zu Draža Mihajlović. Bei allen war zu erwarten, daß sie bei einer anglo=amerikanischen Landung zum Feinde übergehen würden. Deshalb wurde ihre Entwaffnung angeordnet; doch gelang diese nur zu 1/3 oder höchstens bis zur Hälfte. Die übrigen gingen „in den Wald", wie der Terminus lautete, und unterstellten sich hier Unterführern des Mihajlović. Nur 2 Gruppen hielten sich weiter zu Nedić, fielen in der Folgezeit aber auch noch ab.

Außenpolitisch war *Mihajlović* gegen Deutschland eingestellt; andererseits befolgte er einen straff anti=kommunistischen, kirchlich und monarchisch orientierten Kurs. In diesem Zeichen schuf er den Stab für eine Befreiungsbewegung gegen den „Okkupator" mit Anlehnung an die Alliierten.

Es bestätigte sich die alte Erfahrung, daß immer die radikalere Bewegung den Zulauf hat. Gesinnungsmäßig hatte Mihajlović Anhänger bis in die Umgebung des Min.=Präsidenten Nedić und in seine Staatswache hinein.

1 So oben verbessert.

An und für sich stellte die Bewegung nur einen Führer=Kader dar, in den auch zweifelhafte Subjekte aufgenommen waren. Gemeinsam war ihnen das Leben „im Walde" und das durch die Tradition der Türkenzeit bedingte Tragen langer Bärte, von dem sich nur wenige Führer ausschlossen. Da die Bevölkerung half oder helfen mußte, waren die Anhänger des Mihajlović schwer zu greifen. In den Jahren 1942—43 wurde eine Anzahl von Unternehmungen gegen sie durchgeführt, aber dank des guten Nachrichtendienstes, bei dem vermutlich die Popen eine nicht unwichtige Rolle spielten, gelang es den Umstellten meistens, doch noch aus dem Kessel herauszukommen; sie versteckten ihre Waffen und liefen als harmlose Bauern herum. Auf dem militärischen Wege wurden also keine entscheidenden Erfolge erzielt. Wirksamer waren die Aktionen, die den deutschen Polizeikräften gegen Gesinnungsgenossen des Mihajlović im Lande und in Belgrad selbst gelangen. Auf diese Weise wurden wichtige Führer festgesetzt; ein Teil von ihnen wurde nach dem Kriegsrecht abgeurteilt oder nach Deutschland überführt. Auf diese Weise wurden unter anderem der Finanzmann der Bewegung und ihre Nachrichtenzentrale ausgehoben.

Andererseits gelang es Mihajlović, neben der Nedić=Verwaltung aus seinen Vertrauensleuten eine Art Nebenregierung aufzuziehen, die Rekrutierungen und die Ablieferungen erschwerte. Insofern bedeutete sie eine Gefahr, aber wuchs doch nicht zu einer ernstlichen Bedrohung heran. Immerhin war es notwendig, mit allen Mitteln gegen diese Entwicklung anzugehen. Die Heeresgruppe befahl deshalb scharfe Maßnahmen und die Durchführung von Sühneexempeln, wo diese erforderlich wurden. In der Tat war ein Erfolg dieses Vorgehens zu erkennen; denn da diese Maßnahmen öffentlich bekanntgegeben waren, befürchtete Mihajlović eine Abnahme seines Ansehens und der ihm entgegengebrachten Sympathien. Er verbot daher aufs strengste ein Vorgehen gegen die „Okkupatoren", da es dazu noch zu früh sei.

Die *Tito=Bewegung* dagegen war gegen solche Sühnemaßnahmen unempfindlich. Das hatte zur Folge, daß die Radikalen aus dem Lager des Mihajlović in das kommun. Lager übergingen.

Mihajlović schwankte nun, ob die deutsche Gefahr oder die kommun. Gefahr an erster Stelle stehe. Er kam dann zu der Auffassung, daß doch in den Kommunisten der Feind Nr. 1 zu sehen sei. Im Herbst 1943 kam es zu den ersten lokalen Vereinbarungen mit D.M.=Unterführern. Der erste Einbruchsversuch von Tito=Kräften nach Südwesten konnte ohne Schwierigkeiten abgeschlagen werden.

Einer der ersten Führer, mit dem Abkommen abgeschlossen werden konnten, war *Lukačević*. Im Februar 44 wurde dann das Unternehmen „Treibjagd" gegen *Kalabić* durchgeführt. der nicht — wie es in dem KTB geschehen ist — den Kommunisten zugezählt werden kann. Es handelt sich um den Sohn eines serbischen Beamten, der Kreisvorsteher in Pocarovac gewesen und als D.M.-Anhänger erschossen worden war. Der noch im jugendlichen Alter stehende Sohn war radikal eingestellt und geschickt in seiner Propaganda. Er ernannte sich zum „Kommandeur der königlichen Geb.-Garde" und trieb sich mit seinen Gefolgsleuten im Raum Ladmonvac und Rubnik als ein Störenfried, der von Erpressungen lebte, herum. Die Unternehmung gegen ihn war eine der erfolgreichsten und bewies den Aufständischen, daß die Deutschen nicht in schlapper Weise ihr Vorgehen hinnahmen. Mit der Zeit stellte sich auch Kalabić anders ein.

Ende Mai 1944 kam es dann zu dem zweiten Einfall der Tito-Kräfte (2. und 4. Div.). Diesen gelang es jedoch nicht, über den Ibar herüberzukommen, da sich ihnen das Serbische Freiwilligen-Korps entgegenstellte. Es wurden nun ernstliche Versuche gemacht, mit den Deutschen auf der Grundlage des gemeinsamen Kampfes gegen den Kommunismus eine Einigung herbeizuführen. Der Mil.-Befehlshaber Serbien setzte sich dafür ein, den vertrauenswürdigen Cetnics Waffen zu liefern, da sie — jedenfalls bis auf weiteres — als zuverlässig angesehen wurden. Dieser Vorschlag wurde jedoch nicht genehmigt, da die Oberste Führung auf dem Standpunkt stand, daß alle diese Kräfte im gegebenen Augenblick auf die Feindseite übergehen würden und eine Stärkung des Serbentums bei dessen staatsbildenden Kräften besonders gefährlich sein würde.

Je mehr Mihajlović sich gegen den Kommunismus wandte und durch den aufsteigenden Tito in den Schatten gedrückt wurde, umso näher kam er der Regierung Nedić, gegen dessen unmittelbare Mitarbeiter Attentate verübt worden waren. Erschossen wurde ein General und der Kabinettssekretär Nachalloć, der 2 Söhne bei dem Serb. Freiwilligen-Korps hatte. Dieser wurde dann ersetzt durch den General Damiancavić, von dem schon kurz nach seinem Amtsantritt bekannt war, daß er Fäden zu Mihajlović unterhielt. Auf diesem Wege sind sich dann die früheren Gegenspieler Nedić und Mihajlović inoffiziell nähergekommen, ohne daß von deutscher Seite aus die Einzelheiten dieser Entwicklung durchschaubar waren.

## 2. Kroatien (unter militärischen Gesichtspunkten) im Jahre 1944

Die folgende Darstellung beruht auf den Akten des WFStab/KTB und dem vom KTB geführten „Merkbuch", das außer den täglichen Aufzeichnungen zur Lage auch solche über Mitteilungen des Stellv. Chefs sowie der Abteilungsleiter und Sachbearbeiter enthält. Soweit noch beim WFStab vorhanden, wurden auch die Akten der Abt. Op H und Qu verwertet.

### *a) Rückblick*

Der *junge kroatische Staat* nahm unter den Staaten und besetzten Gebieten des Südostens von Anfang an einen besonderen Platz ein. Die deutsche milit. und polit. Führung sah sich hier vor eine Fülle ganz neuartiger Aufgaben und Schwierigkeiten gestellt, die sich zum größten Teil aus der eigentümlichen Doppelstellung dieses Staatswesens ergaben.

Auf der einen Seite war Kroatien mehr als alle anderen Südostgebiete Kriegsschauplatz, und zu der beständigen inneren Erschütterung durch die Aufstandsbewegung kam die — seit der Festsetzung der Anglo-Amerikaner auf dem ital. Festland verstärkte — äußere Bedrohung von der Adriatischen Küstenfront her. Es stand darum außer Frage, daß die milit. Führung – auch wenn es sich um den Einsatz rein kroatischer Kräfte handelte – in diesem nicht nur für die Gesamtverteidigung des Südostens, sondern der gesamten Festung Europa entscheidenden Raum voll in deutschen Händen liegen mußte. Dies bedeutete aber, da in weiten Teilen des Landes beständig Kriegshandlungen im Gang waren, daß die kroatische Regierung über so gut wie keine eigene militärische Exekutivgewalt verfügte und ihr damit einer der wesentlichsten Bestandteile staatlicher Souveränität fehlte.

Auf der anderen Seite sollte das von der revolutionären Bewegung der Ustascha getragene Kroatien nach dem Willen des Führers in deutlicher Unterscheidung von den anderen besetzten Gebieten des Südostraums im Laufe der Zeit zu einem selbständigen Staatswesen und zu einem vollwertigen Glied der neuen europäischen Staatengemeinschaft heranwachsen. Während die übrigen landeseigenen Regierungen des Südostens in allen wichtigeren Fragen an die deutschen Weisungen gebunden waren, hatte Deutschland sich demnach gegenüber der kroatischen Regierung auf eine beratende und gleichsam erziehende Rolle zu beschränken. Infolge der militärischen Entwicklung erwies sich jedoch bald eine stärkere Einflußnahme als erforderlich. Ein besonderer Kreis von Aufgaben und Problemen ergab sich noch aus der Tatsache, daß die Kroaten auf Grund der angespannten personellen Lage und der dem kroatischen Staat für die Zukunft zugedachten Rolle weit stärker als die Bevölkerung aller anderen verbündeten oder besetzten Länder zum Waffendienst für den gemeinsamen Kampf herangezogen worden waren. Neben den in Deutschland aufgestellten und ausgebildeten deutsch-kroat. *„Legionsdivisionen"*, deren Führer- und Unterführerkorps etwa zu einem Drittel aus Deutschen bestand, standen: die eigentliche (jedoch auch mit deutschen Führern und Unterführern durchsetzte und an deutsche Weisungen gebundene), aus 8 Jäger= und Geb.=Brig.en bestehende *Kroatische (Domobramen=) Wehrmacht*, die Eisenbahn=Sicherungs=Brig., ferner die *Ustascha=Miliz*, die deutsch=kroatische *Gendarmerie* und eine Reihe weiterer *milizartiger Verbände*. Das weitgehend durch politische Faktoren bestimmte Verhältnis dieser verschiedenen Verbände zueinander, zur deutschen Wehrmacht und zur kroat. Staatsführung bedurfte beständig schwieriger Verhandlungen und Klärungen.

Zu diesen — in dem Zwiespalt zwischen militärischen Erfordernissen und politischen Absichten begründeten — Schwierigkeiten traten noch eine Reihe weiterer, die auf die besondere Struktur des in Kroatien herrschenden Regimes zurückzuführen waren. Die von einer eng geschlossenen Emigrantengruppe getragene Regierung des Poglavnik [1] hatte von Anfang an des Rückhaltes in den breiten Massen (gerade in der kroatisch=national empfindenden Bevölkerung) entbehrt und auch kaum ernsthaft versucht, ihn sich zu erwerben. Indem sie in der ersten Zeit nach ihrer Machtergreifung den Versuch machte, die pravoslawische Bevölkerung [2] physisch zu beseitigen, hatte sie selbst in hohem Maße zur Entstehung der Aufstandsbewegung und damit zu einer beständigen Minderung ihres eigenen Ansehens und Einflusses beigetragen. Schon seit dem Sommer 1942 war klar geworden, daß sie nicht in der Lage, ja anscheinend nicht einmal ernsthaft gewillt war, mit den ihr zur Verfügung stehenden Mitteln Ruhe und Ordnung herzustellen. Auf deutscher Seite mußte man sich daraufhin schon bald die Frage stellen, ob der kroat. Staat in seiner gegenwärtigen Form überhaupt lebensfähig und ob dem Regime des Poglavnik weiterhin die volle Unterstützung Deutschlands zu gewähren sei. In der Beantwortung dieser Frage bestand schon seit längerer Zeit ein gewisser Gegensatz zwischen den maßgeblichen deutschen Stellen. Das *Auswärtige Amt*, dessen Einstellung durch den *deutschen Gesandten in Agram, Kasche*, bestimmt wurde, war von der Lebensfähigkeit des jetzigen kroatischen Staatswesens und der staatsbildenden Kraft der Ustascha=Bewegung überzeugt. Der Gesandte bezeichnete noch zu Beginn des Jahres 1944 in einer von der Amtsgruppe Ausland am 11. 2. übermittelten Stellungnahme zu einem Bericht des Deutschen Bevollmächtigten Generals in Kroatien über „Die kroatische Wehrmacht an der Jahreswende 43/44" (in der Akte Qu.) die Ustascha als wertvolle Truppe und „elementare Bewegung ...., die wir nicht in jeder Hinsicht modellieren können." Man müßte ihr gegenüber die Splitterrichterei wegen einzelner vergangener Erscheinungen unterlassen. Er betonte die Notwendigkeit einer eindeutigen Reichspolitik und schloß mit der Feststellung: „Kroatien bietet uns diejenigen Kräfte, die das einzig starke Gegengewicht gegen eine südslawische Zusammenballung darstellen". Demgegenüber hatte der *Deutsche Bevollmächtigte General in Kroatien, Gen. Glaise v. Horstenau*, im Laufe des vergangenen

1 Der „Staatsführer" Ante Pavelić.
2 D. h. die kroatischen Staatsbürger orthodoxen Bekenntnisses.

Jahres immer wieder ein Abrücken vom Ustascha=Kurs empfohlen und auf die Notwendigkeit, die Basis der gegenwärtigen kroat. Regierung zu erweitern, hingewiesen (KTB 1943: 17. 7./4 f. usw.). Der WFStab stimmte weitgehend mit dieser Beurteilung überein. Unter anderem waren es das immer wieder gemeldete und die eigenen Aktionen gegen die Banden oft aufs schwerste be= einträchtigende Versagen der kroat. Truppen und die wachsende Zahl der Überläufer, die ihm schon im März 1943 ernste Zweifel an der Existenzfähig= keit des jetzigen kroat. Staates zum Ausdruck bringen (KTB 1943: 3. 3./4) und das Auswärtige Amt wiederholt darauf hinweisen ließen, daß es erforder= lich sei, die innenpolitischen Voraussetzungen für eine breitere Basierung der kroat. Regierung und die Einrichtung einer geordneten Verwaltung zu schaffen (KTB 1943: 4. 10./7); Ende Oktober hatte er sogar angesichts der fort= schreitenden Zersetzungen des kroatischen Staates und Heeres die Verhängung des Ausnahmezustandes ins Auge gefaßt (KTB 1943: 30. 10./4 f.).

Der *Führer* konnte sich diese Beurteilung des WFStabs lange Zeit nicht voll zu eigen machen und neigte mehr der Auffassung des Ausw. Amtes zu. Ende August 1943 hatte er im Anschluß an eine Besprechung mit dem Gesandten Kasche festgestellt, daß die Regierung des Poglavnik die einzig mögliche sei und die Ustascha als einzige staatstragende Bewegung aufrechterhalten blei= ben[1] müsse. Da der kroatische Staat anscheinend allein nicht in der Lage sei, das innere Chaos zu beseitigen, müsse er dabei durch deutsche Führungs= elemente, besonders auf militärischem Gebiet, unterstützt werden, die aber stets eine taktvolle Zurückhaltung zu beobachten hätten (KTB 1943: 30. 8./4 f.). Um das Selbstbewußtsein des jungen Staates und die Stellung der Regierung zu festigen, war auf Vorschlag des WFStabs schon Mitte August 1943 be= schlossen worden, an Kroatien im Falle eines Abfalles Italiens die Dalmati= nische Küstenzone zurückzugeben.

Die schwierigen Verhälfnisse Kroatiens waren ja zu einem nicht geringen Teil auf die italienische Balkanpolitik zurückzuführen, die schon bald nach dem Balkan=Feldzug[2] zu einer mehr oder weniger offenen Bekämpfung des kroat. Einflusses und zu einer Unterstützung des Serbentums – wie sie vor allem in der Zusammenarbeit mit den Cetnics zum Ausdruck kam – übergegangen war. Tatsächlich verlieh das Ausscheiden Italiens[3] und die Erwerbung der Küstenzone dem Regime des Poglavnik einen gewissen, wenn auch nicht den ursprünglich erhofften Auftrieb. Um zum Ausdruck zu bringen, daß Kroatien bei einem Ausscheiden Italiens eine neue Bedeutung gewinne und in einen neuen Abschnitt seiner Entwicklung eintrete, war schon am 7. 9. ein zusam= menfassender Befehl über die Hebung der kroatischen Wehrkraft ergangen, durch den auch das deutsche Verhältnis zu Kroatien neu festgelegt wurde

1 Fehlt im Ms.
2 Frühjahr 1941.
3 September 1943.

(KTB. 7. 9./11f). Darin wurde eine einheitliche, bejahende Einstellung aller deutschen Stellen zum kroatischen Staat und eine stärkere Beteiligung der kroatischen Regierung am Aufbau der Wehrmacht sowie die Zuweisung selbständiger Aufgaben an das kroatische Heer gefordert. Dementsprechend wurde wenige Tage später ein Antrag auf Übernahme der vollziehenden Gewalt in Kroatien durch den OB der 2. Pz.=Armee und stärkere Unterstellung der kroatischen Wehrmacht unter die deutsche nachdrücklich abgelehnt.

Am 30. 10. brachte eine neue Weisung an den OB Südost noch einmal klar zum Ausdruck, daß wenigstens für die nächste Zeit die bisherige politische Linie gegenüber Kroatien unverändert beibehalten werden müsse. Jeder Versuch, die unbefriedigenden Verhältnisse des Landes durch eine mehr oder minder radikale Ausschaltung der kroat. Staatsführung zu bessern, würde ein Experiment bedeuten, dessen Rückwirkung auf Volk und Wehrmacht in Kroatien nicht mit Sicherheit vorausgesehen werden könne (KTB 1943: 30. 10./4).

Die militärische Seite des deutsch=kroat. Verhältnisses erfuhr im November 1943 in den *Besprechungen mit dem neuen kroatischen Kriegsminister Navratil*, dessen Amtsantritt von den deutschen Stellen lebhaft begrüßt worden war und eine erfolgreichere Zusammenarbeit erwarten ließ, eine weitgehende Klärung. Während die meisten Einzelwünsche des Ministers auf dem Gebiet der Bewaffnung und Versorgung in positivem Sinne beantwortet wurden, konnte dem Antrag, dem kroatischen Oberkommando die Führung in einem bestimmten Abschnitt des Hinterlandes zu überlassen und ihm die dort befindlichen kroatischen Truppen zu unterstellen, nicht stattgegeben werden. Als wichtigstes Ergebnis der Besprechungen war die Übernahme der kroat. Jäg.= u. Geb.=Brig.en und der Eisenbahnsicherungstruppen in die deutsche Versorgung anzusehen (KTB 1943: 22. 11./5 ff.).

Im neuen Jahr (1944) bildete die *Reise des Stellv. Chefs WFStab in den Südosten* (16.—22.1.) den ersten Anlaß für den WFStab, sich wieder mit der Gesamtheit der Kroatien betreffenden Fragen zu beschäftigen. Gen.=Lt. Warlimont, dessen eigentliches Reiseziel Sofia bildete, hielt sich auf dem Hinflug einen Tag in Agram auf, wo er Besprechungen mit dem Deutschen Bev. Gen. und dem deutschen Gesandten hatte und dem Poglavnik einen Besuch abstattete. Zu diesem waren auch der kroat. Innen= und Außenminister und der Kriegsminister Navratil zugezogen worden. Der Außenminister Lorković brachte bei dieser Gelegenheit — anscheinend im Auftrag des Poglavnik — eine Reihe von Wünschen vor, mit denen der Kriegsminister Navratil (der überhaupt eine auffallende Zurückhaltung an den Tag legte) nicht einverstanden zu sein schien. In den verschiedenen kroatischen Wünschen kam das trotz der zunehmenden Wirren sehr lebendige Souveränitätsbedürfnis der kroatischen Staatsführung zum Ausdruck (Aufzeichnung Stellv. Chef WFStab, vgl. Akte Bulgarien). Unter anderem wurden die Aufstellung kroatischer Ortswehren und deutsche Hilfe bei ihrer Ausrüstung beantragt. Während der OB

Südost, dessen Stellungnahme Gen.=Lt. Warlimont auf der Rückreise in Belgrad einholen konnte, die Aufstellung nur in Verbindung mit deutschen Kommandostellen und mit deutschem Kern (Organisation Kammerhofer) und in Ergänzung zu der deutsch=kroat. Gendarmerie, keinesfalls aber unter dem kroat. Innenminister oder gar der Ustascha vorgenommen wissen wollte, schien es sich Gen.=Lt. Warlimont zu empfehlen, dem kroatischen Staat eine gewisse Beteiligung und Einflußnahme einzuräumen.

Weiter wurde der Wunsch nach einem einheitlichen deutschen Oberkommando in Kroatien und nach einer engen Verbindung dieses Oberkommandos mit der kroatischen Regierung und Wehrmachtführung in Agram, durch die deren rechtzeitige Unterrichtung über die deutschen milit. Absichten gewährleistet werde, geäußert (Nach der bisherigen Regelung hatte der Deutsche Bev. Gen. in Agram die Befugnisse und Aufgaben eines Territorialen Befehlshabers inne, während die taktische Führung beim Pz.=AOK 2 lag). Nach Auffassung des Stellv. Chefs WFStab war von einem Eingehen auf diesen Wunsch abzusehen: das Verhältnis der beiden deutschen Kommandobehörden war durch die am 7. 9. 1943 befohlene Regelung hinlänglich geklärt. Damals war auch angeordnet worden, daß der Deutsche Bev. Gen. in Agram über beabsichtigte Operationen des Pz.=AOK 2 rechtzeitig unterrichtet werden müsse, um seinerseits die kroatische Regierung informieren zu können.

Endlich erhoben die Kroaten Einspruch gegen die Aufstellung von Cetnic=Verbänden unter altserbischen Führern im Dalmatinischen Küstengebiet durch deutsche Kommandobehörden (Gesamtstärke angeblich 30—35 000 Mann)[1]. Gen.=Lt. Warlimont sicherte eine Nachprüfung der nach Auffassung des OB Südost völlig unwahrscheinlichen kroatischen Angaben zu. Der eigentliche Grund dieser kroatischen Beschwerden lag wohl in der Erkenntnis der (gegen Ende des vorigen Jahres einer gewissen Wandlung unterzogenen) deutschen Haltung gegenüber Serbien und dem Serbentum, wie sie in der Unterstützung der Regierung Nedić und in den Verträgen mit den Mihajlović=Unterführern zum Ausdruck kam.

Nachdem der Stellv. Chef WFStab am 22. 1. dem Führer über die Ergebnisse seiner Reise vorgetragen hatte, unterrichtete er den Deutschen Bev. Gen. in Kroatien am 23. 1. in einem persönlichen Schreiben (in den Akten Qu.) über die weitere Behandlung der von den Kroaten bei seinem Agramer Aufenthalt vorgebrachten Einzelwünsche: Die Bildung der Ortswehren sei inzwischen durch den OB Südost befohlen worden. Sie solle auf das notwendige Maß beschränkt bleiben und nur im Einvernehmen mit deutschen Kommandostellen und in Anlehnung an die Organisation Kammerhofer durchgeführt werden. Die Schaffung eines einheitlichen deutschen Oberkommandos in Kroatien komme nicht in Frage; der Deutsche Bev. Gen. müsse durch das Pz.=AOK 2 rechtzeitig über dessen Absichten unterrichtet werden. Die kroatischen Angaben

1 Zu diesem Absatz am Rand Fragezeichen von unbekannter Hand in Bleistift.

über die deutschen Cetnic=Verbände im Dalmatinischen Küstengebiet seien zu=mindest stark übertrieben; Altserben würden dabei nicht verwendet. Zu der Frage der ebenfalls bei seinem Aufenthalt in Agram erörterten Einsetzung eines Reichsbevollmächtigten in Kroatien teilte Gen.=Lt. Warlimont abschlie=ßend mit, daß zur Zeit wenig Neigung und Zeit zu derartigen Eingriffen und weitzielenden Maßnahmen vorhanden sei.

### *b) Kurswechsel in Agram (Januar)*

Schon bei dem Besuch des Stellv. Chefs WFStab beim Poglavnik war zu=tage getreten, daß die Stellung des Kriegsministers *Navratil,* dessen Persön=lichkeit und Arbeitsweise von allen mit ihm in Berührung kommenden deut=schen Dienststellen geschätzt wurde, stark erschüttert war. Bereits am 23. 1. meldete der Deutsche Bev. Gen., daß der Poglavnik am Vortage ihn und den Deutschen Gesandten zu sich gerufen und ihnen mitgeteilt habe, daß er und seine Mitarbeiter eine weitere Zusammenarbeit mit Navratil nicht für möglich hielten. Er warf dem Minister seine serbenfreundliche Haltung und Vernach=lässigung der Ustascha vor und bezeichnete als seinen voraussichtlichen Nach=folger den derzeitigen Verkehrsminister, den Ustascha=Führer *Vokić*. Er selbst habe, so berichtete Gen. v. Glaise weiter, zusammen mit dem Gesandten den Poglavnik auf das ehrliche Wollen und die Deutschfreundlichkeit Navratils hingewiesen und an dessen Besuch im Führerhauptquartier und seinen Empfang beim Führer erinnert: eine derartige Auszeichnung könne nicht wenige Wo=chen später durch den Sturz dieses Mannes dementiert werden. Den Verkehrs=minister Vokić bezeichnete Gen. v. Glaise als zu den besseren Elementen der Ustascha gehörig; jedoch werde seine Ernennung zweifellos eine ausgespro=chene Schockwirkung auf den gut gesinnten Teil des kroatischen Offizierkorps ausüben.

Dem Deutschen General wurde zunächst fernmündlich geantwortet, daß der Versuch gemacht werden müsse, Navratil auf seinem Posten zu erhalten. Die Initiative sei aber dem Gesandten Kasche zu überlassen, da es sich um eine politische Frage handle. Mittlerweile hatte sich, wie der Deutsche Gen. am 25. 1. meldete, die Krise verschärft. Der Poglavnik lehnte die vom Gesandten Kasche und vom Deutschen Gen. vorgeschlagene Zwischenlösung, wonach Vo=kić Vizeminister oder Staatssekretär unter Navratil werden sollte, ab. Damit würde also ein Nichtsoldat und Parteimann, dem — abgesehen von seinen geringen deutschen Sprachkenntnissen — jede Beziehung zur deutschen Wehr=macht fehle, Kriegsminister[1]. Gen. v. Glaise wies nochmals auf die ungünsti=gen Folgen dieser Lösung auf das an sich schon reichlich richtungslose kroat. Offizierkorps hin, das sich einem Außenseiter und Nichtfachmann überlassen und — da die deutsche Wehrmacht diesen Wechsel zulasse — von dieser vernach=

1 Fehlt im Ms.

lässigt fühlen werde. Für den Fall, daß der Poglavnik an seiner Absicht fest=halte, empfahl Gen. v. Glaise, zumindest die Bestimmung eines kroat. Heeres=offiziers zum Nachfolger zu verlangen. — Der OB Südost schloß sich der Stellungnahme des Deutschen Bev. Gen. voll an und bezeichnete den vorge=sehenen Nachfolger — vor allem jedoch seine Hintermänner, bei denen bereits Badoglio=artige Bestrebungen vermutet werden könnten – als eine Gefahr für den Aufbau der kroat. Wehrmacht.

Der *Führer* entschied jedoch am Abend des 25. 1., daß der WFStab und der Gen. v. Glaise sich einer weiteren Einflußnahme auf die kroatische Regierungs=umbildung zu enthalten hätten. Dem Deutschen Gen. wurde daraufhin am 29. 1. mitgeteilt, daß ein etwaiger Wechsel in der Besetzung des kroat. Kriegs=ministeriums von deutscher Seite als innerkroatische Angelegenheit angesehen werde und zu der Persönlichkeit des Nachfolgers keine Stellung genommen werden könne; gefordert werden müsse lediglich, daß ein Mann eingesetzt werde, der den Zusammenhalt und beschleunigten Aufbau der kroatischen Wehrmacht sicherstelle und eine Gewähr für eine enge und vertrauensvolle Zusammenarbeit mit Deutschland biete.

Inzwischen war klargeworden, daß es sich bei der kroatischen Ministerkrise um einen grundsätzlichen Kurswechsel und um eine schwere, schon seit länge=rer Zeit im Gange befindliche Auseinandersetzung innerhalb der Ustascha gehandelt hatte, bei der der gemäßigte Flügel unterlegen war. Gegenüber Deutschland schien die neue kroatische Regierung ein deutliches „Emanzipa=tionsbedürfnis" zu empfinden. Deutlich war ihr Bestreben, die Ustascha=Ver=bände auf Kosten des von Deutschland kontrollierten Domobramen=Heeres zu einem eigenen, möglichst selbständigen Machtinstrument auszubauen. Nach innen versuchte sie, sich durch eine Reihe von Maßnahmen populär zu machen, deren wichtigste die Verkündung einer weitgehenden *Amnestie* war: Parti=sanen und Fahnenflüchtige, die bis zu einem bestimmten Termin zurückkehr=ten, sollten für alle vor dem 27. 1. begangenen Vergehen straffrei sein. Die deutschen Interessen wurden unmittelbar berührt durch die am 26. 1. verfügte Aufstellung von *Bezirks=Gendarmerie=Sturmabteilungen* und *Orts=Gendar=merie=Schutzabteilungen* (die letzteren entsprachen den bisherigen Ortsweh=ren). Damit sollte die kroatische Gendarmerie aus der Ustascha herausgelöst und — gegliedert in die beiden neu aufzustellenden Formationen — unter die Leitung des Innenministeriums treten. In die neue Gendarmerie konnten — hierin lag eine schwere Beeinträchtigung der für den Aufbau der deutsch=kroatischen Wehrmacht bestehenden Pläne — alle in einem anderen Wehr=machtteil aktiv dienenden Kroaten übertreten. Der OB Südost sah hierin die Gefahr einer Auszehrung der kroatischen Truppenteile, insbesondere der noch nicht gefestigten Gebirgs= und Jäg.=Brig.en gegeben; der Deutsche Gen. erhob Einspruch gegen die Verfügung. Diese wurde daraufhin in dem Sinne abge=ändert, daß der Übertritt von Angehörigen der kroatischen Wehrmacht in die

Gendarmerie an die Zustimmung des Kriegsministers und des Oberbefehls=habers der kroatischen Wehrmacht gebunden sei und daß in die Gendarmerie=Schutzabteilungen (also nicht in die Gendarmerie=Sturmabt.) keine Wehr=pflichtigen eingestellt werden durften. Auch diese Lösung wurde vom OB Südost als unbefriedigend bezeichnet. Das Pz.=AOK 2 befahl, alle ohne Kennt=nis der vorgesetzten Dienststelle zu Ustascha=Einheiten übertretenden kroat. Wehrmachtangehörigen als Fahnenflüchtige zu behandeln.

### *c) Veränderte Beurteilung auf der deutschen Seite*

Bei ihrem *Besuch am 1. 3. im FHQu.* versuchten die *kroatischen Minister,* ohne damit — wie gleich zu zeigen sein wird — beim Führer Anklang zu finden, zur Begründung ihrer Wünsche den Eindruck zu erwecken, als ob in Kroatien in der letzten Zeit eine Stabilisierung und Beruhigung eingetreten sei. Sie verwiesen auf den Rückgang der Aktivität Titos — die, wie ihnen von deutscher Seite geantwortet wurde, lediglich in den bei den letzten deutschen Großunternehmen erlittenen Verlusten und der Jahreszeit begründet lag —, auf die durch das Amnestiegesetz ausgelöste Überläuferbewegung und das Anwachsen der Ustascha, bei der sich die Rückkehrer vorzugsweise meldeten usw. (vergl. Aufzeichnung des Chefs OKW). Daneben brachten sie eine Reihe von Einzelfragen zur Sprache, die zum großen Teil schon bei dem Agramer Besuch des Stellv. Chefs WFStab im Januar und früher berührt worden waren: Gegenüber dem Wunsch nach einem *eigenen deutschen Oberkommando in Kroatien* mußte der schon dem Minister Navratil gegenüber vertretene Stand=punkt beibehalten werden, daß infolge der Personallage keine neue deutsche Kommandobehörde aufgestelllt und eine Verlegung des Pz.=AOK 2 aus tak=tischen Gründen nicht durchgeführt werden könne; die kroat. Regierung solle, wie ihr bereits im November des vorigen Jahres angeboten, ein Verbindungs=kommando zum Pz.=AOK 2 abstellen, ebenso zum V. SS=Geb.=AK. Daneben tauchte flüchtig der alte kroatische Wunsch nach Überlassung eines Teiles der Kommandogewalt über das Domobramen=Heer wieder auf. Wenn die kroat. Regierung nur 5 000 Mann unter eigenem Befehl hätte, wäre sie — wie der Außenminister zusicherte – imstande, die Ernte zu retten. Die erneut vor=gebrachten kroatischen Beschwerden über die *Verwendung von Cetnic=Ver=bänden durch die deutsche Wehrmacht* im Dalmatinischen Küstengebiet wurden vom Führer dahin beantwortet, daß es sich nur um bei der Truppe eingestellte Hiwis[1] ohne Waffen oder um Abmachungen mit einzelnen kleinen Banden handle; bei ihnen befänden sich keine altserbischen Führer; für den kroat. Staat bedeuteten sie keinerlei Gefahr. Die deutsche Führung sei sich darüber im klaren, daß die Cetnics bei einer englischen Landung oder in anderen Kri=senlagen sich gegen die deutschen Besatzungstruppen wenden würden. Auf die

1 D. h. hilfswillige Kriegsgefangene.

kroat. Bitten um die Überlassung von *Waffen für die Ausrüstung des Ortsschutzes* konnten keine größeren Zusagen gemacht werden, da — wie der Führer gegenüber dem Min.=Präsidenten hervorhob — diese Waffen meist in die Hände der Partisanen fielen. Bezüglich des *Gendarmerie=Gesetzes* wurde von deutscher Seite betont, daß es auf keinen Fall zu einer „kalten Abrüstung" der unter deutschem Kommando stehenden kroatischen Wehrmacht führen dürfe. Endlich äußerten die kroatischen Vertreter den Wunsch, die 1. Kosaken=Div., über deren Ausschreitungen schon öfter geklagt worden war, möge aus dem Lande herausgezogen werden; ihm konnte im Augenblick nicht entsprochen werden. Der Führer hob die Zuverlässigkeit der Div. hervor, die in jedem Fall gegen die Engländer kämpfen würde. Den Ausschreitungen solle — wie schon wiederholt geschehen — durch scharfes Eingreifen begegnet werden. Wenn die Bandenaktivität nachlasse, werde die Div. abgezogen werden.

Die von den kroat. Ministern bei ihrem Besuch vorgetragene Auffassung hatte wenig überzeugt. Der *Führer* war ihr schon während des Besuches entgegengetreten (Mitteilung Stellv. Chef WFStab 11. 3.) und entschloß sich nach der Abreise der Minister, die kroat. Frage einer neuen grundlegenden Prüfung zu unterziehen. Vor allem erschien es ihm notwendig, den bisher in der Beurteilung der kroat. Frage zwischen den politischen und den militärischen Stellen bestehenden Gegensatz, der zu einer erschwerenden „Mehrgleisigkeit" der deutschen Vertretung führte, zu beseitigen. Der Reichsaußenminister und Gesandte Kasche wurden zu diesem Zweck ins FHQu beschieden; der Stellv. Chef WFStab erhielt den Auftrag, ihnen an Hand der beim WFStab vorhandenen Unterlagen ein umfassendes Bild der Lage in Kroatien zu geben. Der Gen. v. Glaise, der bei dem Besuch der kroat. Minister nicht zugegen war, hatte dem Stellv. Chef WFStab in einem Brief seine Ansicht übermittelt: es bleibe im Augenblick nichts anderes übrig, als den kroat. Staat, wie er 1941 geformt worden sei, wohl oder übel in Kauf zu nehmen und „mit dem gegenwärtigen, von uns selbst aufgepäppelten Kurs fortzuwursteln und aus ihm herauszuholen, was aus ihm herauszuholen ist" . . . . Das schließe keineswegs aus, daß man sich zu einem günstigen Zeitpunkt, etwa nach einer abgeschlagenen Landung oder nach einer offenkundigen Stabilisierung in Rußland, doch zu durchgreifenden Reformen und zu einem gewissen innenpolitischen Umbau entschließen könne. Nachdem auch der Chef WFStab und der Chef OKW von dem Brief Kenntnis genommen und die darin niedergelegte Auffassung gebilligt hatten, wurde der Gen. angewiesen, sich gleichfalls im FHQu zu melden.

Der *Vortrag des Stellv. Chefs WFStab vor dem Reichsaußenminister und dem Gesandten Kasche* fand in Gegenwart des Führers am 9. 3. statt. Gen.=Lt. Warlimont trat darin der Auffassung, daß sich die Zustände in Kroatien besserten und beruhigten, scharf entgegen. Er schilderte die trotz der eigenen erfolgreichen Großunternehmen ungebrochene Aktivität der Tito=Kräfte, die katastrophale Verkehrslage (30% aller kroat. Eisenbahnen außer Betrieb, die übrigen Strecken beständig durch Bandenanschläge unterbrochen) und den Ruin der kroat. Landwirtschaft (das landwirtschaftlich reiche Kroatien müsse aus Deutschland landwirtschaftliche Produkte einführen). Ausführlich schilderte er die politische und militärische Organisation Titos und die Gründe seines Erfolges: Im Gegensatz zur Regierung des Poglavnik habe Tito es verstanden, in den von ihm beherrschten Gebieten einen geordneten Verwaltungsapparat aufzubauen und Ruhe und Ordnung herzustellen. Nachdem er sich dann der Frage der kroat. Wehrmacht zugewandt hatte (der Kampfwert der Kroaten sei nach wie vor gering; sie seien an der Küste überhaupt nicht, zur Bandenbekämpfung nur bei starker Durchsetzung mit deutschen Führern und Unterführern zu gebrauchen; weit zuverlässiger seien die Legionsdiv.en), formulierte er folgende Schlußfolgerung: Es sei dringend erforderlich, die kroatische Wehrmacht nach bewährtem Muster weiterhin nur unter durchgreifender deutscher Führung einzusetzen und auch die unter deutscher militärischer Führung gesicherten Gebiete durch zuverlässige, von deutscher Seite geleitete polizeiliche Maßnahmen befrieden zu lassen. Alle kroat. Ansprüche und die damit verbundenen Experimente, vor allem die Zersetzung der deutsch=kroat. Verbände durch die neuerlich versuchte Bevorzugung der Ustascha und der kroat. Gendarmerie auf Kosten der Rekrutierung für die deutsch=kroat. Verbände, die Bildung selbständiger kroat. Ortswehren, die Einräumung eines kroat. Einflusses auf die Führung usw. seien abzulehnen.

Der Vortrag[1] des Stellv. Chefs WFStab wurde dadurch erleichtert, daß der *Führer*, der früher mehr der Auffassung des Ausw. Amtes zugeneigt hatte, gleich anfangs die Lage in Kroatien in dem vom WFStab seit langer Zeit vertretenen Sinne beurteilte. Hiermit war in der Behandlung der kroatischen Frage eine grundsätzliche Wendung eingetreten. Als der Gesandte an seinem gegenteiligen Standpunkt festhielt und seinerseits weitausholend eine Schilderung der Lage geben wollte, hinderte ihn der Führer daran (Mitteilung Stellv. Chef WFStab 11. 3.). Abschließend stellte der Führer folgendes fest: Es müsse dringend davor gewarnt werden, in der gegenwärtigen Zurückhaltung der Banden und der durch das kroat. Amnestie=Gesetz ausgelösten Überläuferbewegung ein Zeichen für eine wirkliche Beruhigung zu sehen. Vielmehr müsse mit einem baldigen Wiederaufleben der Aufstandsbewegung gerechnet werden. Ebenso müsse davor gewarnt werden, in dem augenblicklichen stärkeren Zustrom zu den Ustascha= und Gendarmerie=Verbänden eine wesentliche Verstärkung der kroat. Regierungsgewalt zu sehen; es handle sich vielmehr aller Wahrscheinlichkeit nach um ein Fluktuieren unzuverlässiger Elemente nach dem Beispiel der deutschen „Märzgefallenen" des Jahres 1933[2]. Endlich müsse vor einer unbegrenzten und ungeregelten Aufstellung von kroat. Ortswehren,

1 Ms.: Auftrag.
2 Gleich 1933 aufgekommener, auf die Revolution von 1848 anspielender Spottname für die um Aufnahme in die Partei Bittenden.

die meistens von den Banden als unfreiwillige Waffenlieferanten benutzt würden, gewarnt werden.

Die Auffassung des Führers wurde am 18. 3. (zusammen mit den über die Wünsche der kroat. Minister und einzelne weitere, in der Zwischenzeit aufgetretene Fragen getroffenen Entscheidungen) dem *OB Südost* mitgeteilt. Er wurde besonders darauf hingewiesen, daß die Sicherstellung der Rekrutierung für die deutsch-kroatischen Verbände des Heeres und der Waffen-SS Voraussetzung für den Aufbau der übrigen kroatischen Wehrmacht und der Ustascha-Verbände sei. An der Forderung von mindestens 2 500 kroat. Rekruten des Geburtsjahrganges 1926 zur Verwendung in den drei Legions-Div.en müsse festgehalten werden. Die Leibgarde-Div. des Poglavnik und die Ustascha-Brigaden seien nach dem Muster der kroat. Jäger- u. Geb.-Brig.en in die (durch den Deutschen Bev. Gen. durchzuführende) deutsche Betreuung zu übernehmen.

Es folgten Weisungen über die Bewaffnung der verschiedenen kroat. Formationen (z. B. sollten die Leibgarde-Div. mit deutschen, die Ustascha-Brigaden und die Gendarmerie-Schutzabteilungen (Ortswehren) mit noch beim OB Südost vorhandenen italienischen Beutewaffen ausgerüstet werden) und abschließend Richtlinien für die Behandlung der Cetnic-Frage: Der Einsatz und die Unterstützung selbständiger Cetnic-Verbände in Kroatien unter deutscher Führung müßten eingestellt, die in Kroatien befindlichen altserbischen Cetnic-Verbände abgeschoben und die pravoslawischen Cetnics kroatischer Staatsangehörigkeit in kleinsten Einheiten oder als Hilfswillige der deutschen Truppe eingegliedert werden.

Über die Durchführung dieser Richtlinien erstattete der OB Südost am 25. 4. eine ausführliche Meldung, wonach altserbische Cetnic-Verbände im Bereich des Pz.-AOK 2 nicht vorhanden waren. Ein Abschieben wäre überdies nur unter Gewaltanwendung möglich, da sich die betreffenden Verbände beim geringsten Verdacht sofort in die unzugänglichen Waldgebiete zurückziehen würden. Eine Eingliederung der pravoslawischen Cetnics kroatischer Staatsbürgerschaft in kleinsten Einheiten in die Truppe erscheine aus einer Reihe von Gründen nicht ratsam; dagegen werde eine Angliederung und Unterstellung einzelner loyaler Verbände unter deutsche Einheiten (bei Wegfall der Bezeichnung „Cetnics") vorgeschlagen. Als Endlösung müsse die Übernahme aller loyalen kroat. Cetnic-Verbände in die kroat. Wehrmacht angestrebt werden.

### *d) Der Aufbau der kroatischen Wehrmacht*

Der unbefriedigende Zustand der mit umfassender deutscher Hilfe an Ausbildungspersonal, Waffen, Ausrüstung, Versorgung und Geldmitteln geschaffenen deutsch-kroatischen Wehrmacht bildete einen der wesentlichen Gründe für die Änderung, die sich bei der deutschen Obersten Führung in der Beurteilung Kroatiens vollzogen hatte. Dies kam deutlich bei dem *Besuch des neuen kroatischen Kriegsministers Vokić im FHQu am 16. 4.* und seiner Besprechung mit dem Chef OKW — auch Gen. v. Glaise nahm teil — zum Ausdruck, die zu keinen wesentlichen Ergebnissen führten. Während der Kriegsminister und der ihn begleitende Oberbefehlshaber des kroat. Heeres — ähnlich wie vor anderthalb Monaten der Min.-Präsident und der Außenminister — die Auffassung vertraten, daß sich der kroat. Staat weiter konsolidiere (er nannte in diesem Zusammenhang die Zahl von 15 — 16 000 Überläufern in den letzten 2 — 3 Monaten), wurde vom Vertreter des WFStabs auf die wiederauflebende Bandentätigkeit und auf die durch die Abgaben an den Osten und nach Ungarn eingetretene Schwächung der eigenen Kräfte (vgl. Abschn. 3) [1] und die Bindung der Masse der verbleibenden im Küsten- und Bahnschutz hingewiesen: in dieser Lage sei die den deutschen Truppen durch die kroat. Wehrmacht erwachsende Hilfe denkbar gering. Im Kampf gegen die Banden — so wurde es in den vom WFStab vorbereiteten Besprechungspunkten formuliert — sei ihr Kampfwert nur bei starker Durchsetzung mit deutschen Führern und Unterführern und unter deutscher Führung ausreichend. Gegen die Anglo-Amerikaner verspreche ihr Einsatz überhaupt keinen Erfolg. Im Sinne der bei der Staatsbesprechung am 9. 3. vom Führer festgelegten Linie ging der WFStab darum bei der Behandlung der einzelnen, meist schon bekannten Wünsche des Kriegsministers davon aus, daß die gespannte Lage im kroatischen Raum keine Rücksichten auf die kroatischen Wünsche mehr zulasse.

Besprochen wurde darum in der Hauptsache der Stand des Aufbaus der kroat. Wehrmacht. Er stellte sich nach den vom WFStab zusammengestellten Unterlagen folgendermaßen dar: Bei den *4 Jäg.-Brig.en* war die Umrüstung der 1.—3. mit italienischen Waffen im Gange; die 4. sollte mit deutschen Waffen ausgerüstet werden. Die 2. Brig. befand sich seit Mitte Januar auf dem Truppenübungsplatz Döllersheim und war hier im Februar durch den vom WFStab entsandten Major d. G. Brudermüller besucht worden. In seinem unter dem 18. 2. vorgelegten Reisebericht hob er vor allem die Mängel des Offz.- und Uffz.-Korps hervor, während er die äußere Haltung und das Auftreten der Mannschaften günstig beurteilte. Ob sich der Kampfwert der Brig. durch die Ausbildungszeit in Döllersheim bessern werde, bleibe bis zu ihrem neuen Einsatz in Kroatien abzuwarten. Die *kroat. Ausbildungbrig. Stockerau* diente in erster Linie der Ausbildung des Ersatzes der Legions-Div. Im Mai wurde auch die 3. Jäg.-Brig. nach Döllersheim verlegt, wohin später auch die übrigen Jäg.-Brig.en zur Neuausbildung überführt werden sollten (Die kroat. Bitte, auch einzelne Ustascha-Brig.en nach Döllersheim zu verlegen, mußte abgelehnt werden). Die *4 Geb.-Brig.en* wurden mit den durch die Umrüstung der Jäg.-Brig.en freigewordenen Waffen ausgerüstet. Die Gesamtstärke der Jäg.- und Geb.-Brig.en betrug rd. 35 000 Mann. Die wesentlichste Schwäche des Domobranen-Heeres lag beim Offz.-Korps. Als gute Offiziere wurden lediglich die ehemaligen Angehörigen der jugoslawischen Armee bezeichnet, die jedoch den

1 S. oben S. 196 ff., 212 ff.

kroatischen Staat ablehnten. Als Gegenmaßnahme lief der Austausch ungeeigneter gegen in Deutschland ausgebildete kroat. Offiziere.

Neben dem Domobramen=Heer bildeten die *Ustascha=Verbände* ein selbständiges, von der kroat. Regierung stark bevorzugtes Ganzes. Die *Leibgarde=Div.* (rund 7 000 Mann) wurde, wie bereits erwähnt, mit deutschem Waffenmaterial ausgerüstet und vom Deutschen Bev. Gen. betreut; eine Übernahme auf deutsche Versorgung war jedoch nicht beabsichtigt. Die 7 *Ustascha=Brigaden* in Stärke von rund 25 000 Mann sollten italienische Waffen erhalten; doch waren noch keine Zuweisungen erfolgt. Sowohl für die Leibgarde=Div. wie auch für die Ustascha=Brig.en waren deutsche Ausbildungskommandos vorgesehen und zum Teil bereits eingetroffen. Dem Bestreben der kroat. Regierungsstellen, weitere Ustascha=Verbände aufzustellen, trat das OKW wiederholt entgegen, da es ihm darauf ankam, zuerst einmal die zur Zeit bestehenden kroat. Verbände personell und materiell auf volle Höhe zu bringen, damit sie endlich einsatzfähige Truppenkörper würden: „Der ständige Drang zur Erhöhung der Zahl der Verbände, der anscheinend nur gewissen Versorgungsbedürfnissen alter Offiziere bzw. Ustascha=Angehörigen dient, muß bekämpft werden." Nachteilig für die deutsche Aufbauarbeit der kroat. Wehrmacht war die lange Erkrankung des deutschen Heeresinspekteurs bei der kroat. Wehrmacht, Gen.=Lt. Juppe (ab April durch den Gen.=Major Suschnig vertreten).

Neben der Wehrmacht hatte auch die SS schon seit längerer Zeit auf eigene Rechnung mit der Aufstellung kroatischer Verbände begonnen. Die *13. SS=Geb.=Freiwilligen=Div. (Bosniaken)* wurde schon bei der Schilderung des Kampfes gegen die Tito=Kräfte erwähnt. In Agram wurden die dieser Div. eingeräumte Ausnahmestellung und das von ihr in ihrem Unterkunftsraum errichtete Sonderregime von Anfang an mit einem gewissen Mißtrauen beobachtet. Unter anderem wurden der Div. und ihrem Kdr., SS=Brigadeführer Sauberzweig, Bevorzugung des pravoslawischen Elementes und der Cetnics vorgeworfen. Am 1. 6. begann die Aufstellung zweier weiterer kroatischer SS=Div.en der *14. SS=Muselmanen=Div.* und einer weiteren *Waffen=SS=Geb.= Div. (kroat. Nr. 2) „Kama"*. Im Hochsommer wurde darüber hinaus die Aufstellung einer *Elite=Ustascha=Div.* nach dem Muster der deutschen Waffen=SS=Div. unter unmittelbarer Leitung der SS geplant.

Daneben übte die SS einen bestimmenden Einfluß aus auf die Aufstellung der — nicht mit der Ustascha=Gendarmerie und den Ortswehren zu verwechselnden — *deutsch=kroatischen Gendarmerie und Polizei*, für die der Beauftragte des Reichsführers SS für Kroatien, SS=Gruppenführer Kammerhofer, verantwortlich war.

Weitere Einzelfragen, die bei der Anwesenheit des kroat. Kriegsministers zur Sprache kamen, waren die kroatischen Wünsche nach Überlassung von frontverwendungsfähigen Flugzeugen und leichten Flak=Geschützen sowie nach einer Verstärkung der Bodenorganisation; ferner die kroat. Bemühungen, alle bewaffneten Organisationen (Domobramen, Ustascha, Luftwaffe und Marine) in eine einheitliche kroat. Wehrmacht zusammenzufassen, denen aber gewisse andersartige Tendenzen, vor allem das Bestreben des Innenministers, sich mit der Gendarmerie und den Ortswehren eine eigene Hausmacht zu schaffen, entgegenwirkten. Nicht besprochen wurde die die kroat. Regierung um dieselbe Zeit stark beschäftigende Evakuierung der wehrfähigen männlichen Bevölkerung von den Dalmatinischen Inseln (später wurden auch Split und Zara einbezogen; vergl. auch Kap. 4, Abschnitt d[1]): obwohl die kroatische Regierung über die deutsche Gesandtschaft und den Deutschen Bev. Gen. rechtzeitig über diese Maßnahmen unterrichtet worden war, kam es dabei durch die Unfähigkeit der kroat. Behörden zu Härten und Mißständen; sie führten in Agram zu Klagen, die vom Gesandten Kasche aufgenommen wurden. Auch die Frage der Cetnics wurde von den Kroaten nicht berührt, obwohl sie durch einen Zwischenfall in Otoc (ostwärts Knin) (angebliche Ermordung von über 400 kroat. Zivilpersonen durch Cetnics und Angehörige der SS-Geb.-Freiw.-Div. „Prinz Eugen") erneut aufgerührt worden war. Die kroat. Regierung hatte deswegen — angeblich auf Betreiben des Gesandten Kasche — eine Note an das Auswärtige Amt gerichtet. Die Untersuchung des Pz.-AOK 2 ergab, daß es sich um im Bandenkampf begangene Kampfhandlungen handelte. Das OKW verlangte jedoch eine Fortführung der Untersuchung, auf deren Wichtigkeit auch der Gen. v. Glaise hingewiesen hatte, da Angehörige der Domobramen- und Legionsdiv.en betroffen worden und die Rückwirkungen auf diese erheblich seien.

Ende Juli führte — wie zeitlich vorausgreifend gleich hier erwähnt werden kann — das weitere Absinken des Kampfwertes der kroat. Verbände und der ausbleibende Erfolg der getroffenen Gegenmaßnahmen (Ausbildung auf deutschen Truppenübungsplätzen, Umgliederung, Umrüstung usw.) zu einem *neuen, zusammenfassenden Vorschlag des OB Südost, der auf einen grundlegenden Umbau der deutsch-kroatischen Wehrmacht* hinauslief. Gen.-Feldm. v. Weichs ging dabei von der Forderung aus, daß die kroat. Wehrmacht angesichts der Gesamtlage nunmehr allein für deutsche Zwecke eingesetzt werden müsse, um deutsches Blut zu sparen. Dies sei nur zu erreichen durch sofortige Durchsetzung aller kroat. Truppenteile mit deutschen Soldaten. Dies sei auch die einzige Möglichkeit, um zu verhindern, daß sich die kroat. Gewehre bei einer Großlandung gegen die Deutschen richteten und die der kroat. Regierung aus politischen Gründen gelieferten Waffen fortgesetzt den Banden in die Hände fielen. Von der weiteren Aufstellung rein kroatischer Verbände müsse sofort abgesehen werden. Für die Durchführung seines Vorschlages stellte der OB Südost zwei Lösungsmöglichkeiten zur Erwägung: Die Aufstellung von *„Legions-Brigaden"* nach dem Muster der Legions-Div.en durch Zusammen-

1 S. oben S. 654 ff.

legung bodenständiger deutscher Einheiten (Sich.=Rgt. 606, deutsche Landes=schützen=Batl.e, usw.) mit kroat. Verbänden oder die Einrichtung *militärischer „Patenschaften"*, d. h. nicht nur taktische und versorgungsmäßige Unterstel=lung der kroat. Verbände unter deutsche Kommandobehörden, sondern engste Angliederung und Unterstellung in jeder Hinsicht (einschl. politischer Er=ziehung usw.) unter deutsche Truppenteile und Einsatz nur in deren Rahmen. Die kroat. Regierung habe er, so schrieb Gen.=Feldm. v. Weichs weiter, im Einvernehmen mit dem deutschen Bev. Gen. noch nicht in seine Pläne einge=schaltet, da diese sie aus eindeutig politischen Gründen voraussichtlich zu sabotieren oder zumindest hinauszuzögern versuchen werde. Bei der Durch=setzung des Planes müsse von der Erkenntnis ausgegangen werden, daß im derzeitigen Stadium des Krieges eine weitgehende politische Rücksichtnahme nicht mehr zu verantworten und den dringenden militärischen Forderungen entschlossen der Vorrang einzuräumen sei. Kompromisse und Verzögerungen in der Behandlung der berührten Fragen seien nicht erlaubt, da angesichts der Entwicklung der Gesamtlage in Europa mit der Möglichkeit eines Abrückens der kroat. Politik vom deutschen Kurs und einem Zusammenbruch oder Par=teiwechsel der kroat. bewaffneten Macht gerechnet werden müsse.

Der WFStab befürwortete die Vorschläge des OB Südost und empfahl, von beiden Lösungen Gebrauch zu machen, da der Mangel an deutschem Ausbil=dungspersonal eine volle Verwirklichung der Lösung „Legionsbrig." verbiete. Die Maßnahme bedeute jedoch einen tiefen Eingriff in die kroatische Souve=ränität, weshalb eine auf diplomatischem Weg zu erhebende grundsätzliche Forderung an den Poglavnik notwendig sei. Auf diese Seite der Frage hatte auch der Deutsche Bev. Gen. besonders hingewiesen: Der Gedanke, die kroat. Wehrmacht allein für deutsche Zwecke umzubauen und einzusetzen und dabei jede Rücksichtnahme auf die Wünsche der kroat. Regierung außer Acht zu lassen, widerspreche dem augenblicklichen Kräfteverhältnis, das Deutschland nicht gestatte, etwaige Widerstände zu brechen.

Der Führer nahm von den Vorschlägen des OB Südost Kenntnis und stimmte ihnen voll zu. Er gab sie dem Chef WFStab am 4. 8. zurück und befahl, daß der Reichsaußenminister mit dem Gesandten Kasche zur Besprechung der politischen Seite der Angelegenheit hinzugezogen werde. Nach Auffassung des Chefs WFStab war der letzte Augenblick für ein Durchgreifen gekommen. -- Dem OB Südost wurde daraufhin am 14. 8. mitgeteilt, daß das Auswärtige Amt durch Abgabe einer politischen Erklärung des Deutschen Gesandten an den Poglavnik die Grundlagen für die erforderlichen militärischen Besprechun=gen schaffen und das Ergebnis mitteilen werde. Nach grundsätzlicher Einwil=ligung des Poglavnik seien die Vereinbarungen zur Durchführung der Vor=schläge des OB Südost mit dem Vertreter der kroat. Wehrmacht und unter Zuziehung des Deutschen Bev. Gen. festzulegen. — In einer am 9. 8. zwischen dem Ausw. Amt (Botschafter Ritter, Gesandter Kasche) und dem OKW (Gene=

ral Warlimont) stattfindenden Besprechung wurde festgelegt, daß der — mitt=lerweile im Sinne eines stufenweisen Vorgehens modifizierte — Plan des Gen.=Feldm. v. Weichs der kroat. Regierung nicht in Form eines ultimativen Befehls aufgezwungen, sondern in (von deutscher Seite autoritativ zu führen=den) Besprechungen nahegebracht werden sollte. Der Gesandte Kasche riet von einer schematischen Anwendung der beabsichtigten Maßnahme auf zuverläs=sige und unzuverlässige kroat. Verbände ab.

*e) Die Ereignisse der Sommermonate*

Während der ersten 6 Monate des Jahres 1944 hatte sich die *Wirtschaftslage* in Kroatien beständig verschlechtert. Schon Ende Februar waren die damit zusammenhängenden Fragen Gegenstand von Besprechungen zwischen dem OKW und dem Auswärtigen Amt gewesen, bei denen wiederum die im poli=tisch=militärischen Bereich bestehende Gegensätzlichkeit der Auffassungen zum Ausdruck kam, zu denen eine Vortragsnotiz des AWA den Anstoß ge=geben hatte (Mitteilung Chef Qu. 29. 2.). Darin wurde ausgeführt, daß die Inflation in Kroatien im Fortschreiten und voraussichtlich nicht mehr aufzu=halten sei und daß nach kroat. Auffassung die hohen Geldforderungen der deutschen Wehrmacht eine der Hauptursachen hierfür bildeten. Das Ausw. Amt hatte daraufhin die Forderung gestellt, daß die von der Wehrmacht ab 1. 3. benötigten Geldmittel in Höhe von 3 Milliarden Kuna auf 2 Milliarden Kuna gesenkt würden (Die Kroaten selbst hatten eine Senkung auf 1,2 Mil=liarden gewünscht). Erreicht werden sollte diese Senkung unter anderem durch eine Verminderung der aus dem Lande getätigten Aufkäufe und eine Ver=mehrung des Nachschubs aus dem Heimatgebiet, durch Herabsetzung der Für=sorgeleistungen für die Angehörigen der kroat. Freiwilligen in der Wehrmacht und Waffen=SS usw. Der WFStab stellte zu diesen Vorschlägen fest, daß ein erhöhter Nachschub aus der Heimat schon wegen der Eisenbahnlage nicht möglich sei. Außerdem sei es auch widersinnig, Versorgungsgüter wie Futter, Holz usw. in ein Land hineinzubringen, das darüber selbst in genügender Menge verfüge. Es müsse vielmehr erreicht werden, daß der Bedarf an Futter usw. ganz aus dem Lande gedeckt werde. Eine Herabsetzung der Fürsorge=leistung müsse abgelehnt werden, da die Einsatzwilligkeit der Freiwilligen und das Ansehen der deutschen Wehrmacht darunter leiden würden. Die gegen=über dem Ausw. Amt durch das AWA vertretene Auffassung des WFStabs gipfelte in der Feststellung, daß die Wehrmacht alles getan habe und tun werde, um die Finanzen Kroatiens zu schonen. Ausschlaggebend für eine wirt=schaftliche Stabilisierung sei aber nicht die Senkung der finanziellen Wehr=machtforderungen, sondern die auf diplomatischem Wege von deutscher Seite zu beeinflussenden politischen Maßnahmen der kroat. Regierung zur Befrie=digung und Wiederherstellung des Vertrauens. – Im Grunde handelte es sich um dieselbe Frage und dieselbe Gegensätzlichkeit der militärischen und politischen

Auffassung wie in Griechenland, mit dem Unterschied, daß gegenüber dem befreundeten Kroatien die Forderung weitgehender Ausnutzung für die Belange der Wehrmacht nicht mit derselben Unbedingtheit erhoben werden konnte wie gegenüber Griechenland.

Neben der fortschreitenden Inflation war die *Ernährungslage* in Kroatien und besonders bei der kroat. Wehrmacht ein Hauptgegenstand der Sorge. Bei Verhandlungen, die im April über die Verpflegung der kroat. Truppen geführt wurden, hatten die kroat. Vertreter geäußert, daß sie – wenn nicht von deutscher Seite geholfen würde – gezwungen seien, die Hälfte ihrer Wehrmacht aufzulösen (Lagebuch 27. 4.). Entscheidend für alle mit der Ernährung in Kroatien zusammenhängenden Fragen war der Umstand, daß die eigentliche Kornkammer des Landes, das *Gebiet zwischen Save und Drau,* fast vollständig in der Hand der Tito-Kräfte war; soweit überhaupt eine Feldbestellung stattfand, wurde die Ernte durch die Organe Titos beschlagnahmt und verteilt. Die kroatische Regierung war nicht in der Lage, sich in diesem Gebiet durchzusetzen; für größere Säuberungsaktionen fehlten die eigenen Kräfte. Die Unternehmungen der 1. Kos.-Div. im Frühjahr brachten nur begrenzte Entlastung. Der WFStab hatte schon vor längerer Zeit vorgeschlagen, dieses Gebiet zum *Operationsgebiet* zu erklären und dort dem Deutschen Bev. Gen. die vollziehende Gewalt zu übertragen. Als sich die Entwicklung im Juni immer ungünstiger gestaltete und der Beginn der Ernte heranrückte, wurde der Deutsche Bev. Gen. am 15. 6. gebeten, zur Frage einer eventuellen Erklärung der Großgespanschaften Vuka, Baranya, Posavic und Nivac-Zapolje zum Operationsgebiet Stellung zu nehmen (als Muster diente die um dieselbe Zeit erreichte Erklärung des Küstengebietes Dalmatien zur Operationszone). Diese sollte durch den Poglavnik selbst und auf Grund eines kroat. Gesetzes des Jahres 1943 über die Verhängung des Ausnahmezustandes erfolgen (Mitteilung Chef Qu. 15. 5.).

Die Durchführung war so gedacht, daß der Deutsche Bev. Gen. den Kommand. Gen. des LXIX. AK. z. b. V. in Agram mit der Führung der in dem (zum Operationsgebiet erklärten) Raum eingesetzten Verbände und mit der Ausübung der vollziehenden Gewalt beauftragen sollte. Der Leiter des SS- und Polizei-Aufbaustabes, SS-Brigadeführer Dr. Wagner, sollte die Führung von Verwaltung und Wirtschaft im Operationsgebiet wahrnehmen; daneben war die Einsetzung des kroatischen Großgespans [1] in Vukovar als Chef der Zivilverwaltung geplant. Die Einsetzung des SS-Brig.Führers Dr. Wagner war vom Beauftragten des Reichsführers SS vorgeschlagen worden, der ferner die vollziehende Gewalt in dem in Frage kommenden Raum (über ihren Einsatzraum hinaus) an die 13. SS-Geb.-Div. bzw. an den Beauftragten des Reichsführers SS übergeben wissen wollte.

1 Richtiger: Obergespan (ehemals ungarischer Titel für den „Grafen" einer Komitatsgespanschaft).

Gen. v. Glaise führte in seiner Antwort vom 18. 6. aus, daß die kroatische Regierung voraussichtlich Widerstand leisten werde. Er empfahl, auf die Erklärung zum Operations-Gebiet zu verzichten und nach völliger Ausschaltung des kroat. Aufbringungsapparats ein aus Fachkräften zusammengesetztes deutsches Erfassungskommando mit der Ernteeinbringung zu beauftragen. Der OB Südost und das Pz.-AOK 2 sprachen sich gegen die Übertragung an den Beauftragten des Reichsführers SS aus und schlugen vor, die vollziehende Gewalt für das Gebiet nördlich der Save dem Kommand. Gen. des LXIX. AK. z. b. V. und für den Einsatzraum der 13. SS-Geb.-Freiw.-Div. dem Kommand. Gen. des V. SS-Geb.-AK. zu verleihen. — Der WFStab bezeichnete ein deutsches Erfassungskommando, wie es der Deutsche Bev. Gen. vorgeschlagen hatte, als unzureichend, eine Übertragung der vollziehenden Gewalt an den Beauftragten des Reichsführers SS als unzweckmäßig, da diesem keine eigenen Truppen unterstanden und er andere Aufgaben wahrzunehmen habe. Der vom OB Südost empfohlenen Aufteilung zwischen dem Kommand. Gen. des LXIX. AK. und dem V. SS-Geb.-AK. stimmte der WFStab bei.

Am 29. 6. wurde der Deutsche Bev. Gen. angewiesen, alsbald zusammen mit der deutschen Gesandtschaft die Verhängung des Ausnahmezustandes in den betreffenden Großgespanschaften und ihre Erklärung zum Operationsgebiet bei der kroat. Regierung durchzusetzen. Die Richtlinien für die Ausübung der vollziehenden Gewalt, insbesondere für die Lenkung der Verwaltungs- und Wirtschaftsmaßnahmen und für den Einsatz der Exekutive, sollte er in engstem Zusammenwirken mit dem Beauftragten des Reichsführers SS für Kroatien erlassen.

Eine Reihe neuer Gesichtspunkte ergaben sich bei dem Besuch des Generals v. Glaise beim WFStab am 4. 7. Dieser verharrte auf seinem alten Vorschlag, von einer Verhängung des Ausnahmezustandes und der Erklärung des „Zweistromlandes" zum Operationsgebiet zunächst abzusehen, um die Souveränität der kroat. Regierung nicht noch mehr zu beeinträchtigen und eine weitere Zerstückelung des Landes zu vermeiden (Mitteilung Chef Qu. 14. 7.). Der WFStab trat seiner Auffassung bei. Gen. v. Glaise sollte also, wie in einer neuen Weisung vom 6. 7. festgelegt wurde, zunächst nur der kroatischen Regierung mitteilen, daß beabsichtigt sei, die Ernte in dem in Frage kommenden Gebiet in diesem Jahre unter starkem Einsatz deutscher und kroat. militärischer Kräfte sicherzustellen. Mit dieser Aufgabe sei unter Ausschaltung des vorhandenen kroat. Aufbringungs-Apparates das LXIX. AK. z. b. V. nach Weisung des Pz.-AOK 2 beauftragt, zu dem ein Sonderbeauftragter der kroat. Regierung treten solle. Das aufgebrachte Ernteergebnis sei Eigentum des kroat. Staates; bestehende zwischenstaatliche Lieferabkommen würden hierdurch nicht berührt. — Am 8. 7. hielt Gen. v. Glaise dem Poglavnik in diesem Sinne Vortrag und erreichte dessen Einverständnis mit den beabsichtigten Maßnahmen.

Der Bereich der 13. SS-Geb.-Freiw.-Div. südlich der Save war, wie dem Reichsführer SS am gleichen Tage mitgeteilt wurde, bei der neuen Regelung aus der Unterstellung unter das LXIX. AK. herausgenommen worden, um hier die bisherige Befehlsgliederung in Kraft zu lassen und die bereits durch SS-Brig.-Führer Dr. Wagner getroffenen Maßnahmen nicht zu beeinträchtigen. Die Sonderstellung, die der Bereich der 13. SS-Geb.-Freiw.-Div. einnahm, stieß beim Auswärtigen Amt auf Widerspruch. Dem Reichsführer SS wurde die Absicht unterstellt, von dem im Bereich der 13. SS-Geb.-Div. geschaffenen Zustand ausgehend, im ganzen Save-Gebiet ein besonderes Wirtschaftssystem errichten und das Land vorwiegend für die Zwecke der SS ausnutzen zu wollen. Der Gesandte Kasche, der im Mai einen längeren Urlaub genommen, dann aber seinen Posten wieder angetreten hatte, warf dem SS-Brig.-Führer Dr. Wagner vor, daß er sich nicht an die bestehenden deutsch-kroatischen Verträge gehalten habe. Durch Abordnung eines Vertreters der Gesandtschaft zum LXIX. AK. wurde versucht, die Gegensätze auszugleichen (Mitteilung Chef Qu 14. 7.). Als der Reichsführer SS im August den Wunsch äußerte, seinen Beauftragten, den Gruppenführer Kammerhofer, vom 10. 8. ab unter Ausschaltung des LXIX. AK. mit den gesamten Maßnahmen in den in Frage kommenden Gebieten zu betrauen, erhob das Auswärtige Amt wiederum Einspruch. Der Reichsführer SS erklärte sich daraufhin damit einverstanden, daß der bisherige Zustand bis zum 15. 9. bestehen bleibe. Hiermit war die Frage erledigt, da im September die Behandlung der kroatischen Frage in ein neues Stadium eintrat.

### *f) Kroatien und der Umschwung im Südosten (ab September)*

Als mit dem Abfall Rumäniens am 23. 8. der sich schon mit dem Abschwenken der Türkei und der veränderten Haltung Bulgariens anbahnende politische Umschwung im Südostraum eintrat[1], blieb es in Kroatien völlig ruhig. Der Poglavnik zeigte sich durch die Vorgänge in Rumänien wenig beeindruckt und hielt eine tiefere Wirkung auf die Masse des kroatischen Volkes für ausgeschlossen. Ähnlich war es Mitte Oktober bei dem Kapitulationsversuch Ungarns[2]. Die deutsche Oberste Führung, die in den Tagen nach dem Abfall Rumäniens in Budapest mit ähnlichen Versuchen rechnen zu müssen glaubte, war auch ihrerseits hinsichtlich Kroatiens unbesorgt.

Außerdem hatte sich die Stellung Kroatiens mit einem Schlage völlig geändert. Aus dem „Sorgenkind", um nicht zu sagen: dem „schwarzen Schaf" des Südostens (das es freilich hinsichtlich seiner inneren Zustände immer blieb), war es zum einzigen, dem Reiche (in dem Zusammenbruch des achsenfreundlichen Staatensystems) im Südosten treu gebliebenen Bundesgenossen geworden. Dies war letzten Endes doch das Verdienst des Ustascha-Kurses, der

1 Vgl. anschließend den 3. Anhang (S. 757 ff.).
2 Vgl. den 7. Abschnitt (unten S. 827 ff.).

sich in einem kritischen Augenblick völlig als Herr der Lage gezeigt hatte. Es erschien daher nicht mehr ratsam, die im März eingeleitete, auf einer im ganzen eher negativen Einschätzung des Ustascha=Regimes beruhende Politik fortzusetzen. Mit der Aufgabe des südlichen Teiles der Balkanhalbinsel und der Entstehung einer neuen Front von der Struma bis zum Eisernen Tor er=höhte sich auch die militärische Bedeutung Kroatiens erheblich; es wurde das große Auffang= und Rückhaltgebiet der neuen deutschen Südoststellung. Eine durch Nichtachtung ihres Souveränitätsbedürfnisses und Behinderung ihrer innenpolitischen Bestrebungen in Opposition und Obstruktion gedrängte Re=gierung war hier undenkbar; vielmehr kam alles auf eine möglichst reibungs=lose Zusammenarbeit an. Es war also notwendig, das Ansehen der kroatischen Regierung zu stärken und ihr nach innen so viel Freiheit, wie irgend mit den Interessen der Wehrmacht vereinbar, zu lassen.

Noch bevor diese neue Einstellung bei dem *Besuch des Poglavnik im FHQu. am 18. 9.* offiziell besiegelt wurde, kam sie in einzelnen Befehlen und Richt=linien zum Ausdruck. So wurden OB Südost und Deutscher Bev. Gen. am 29. 8. angewiesen, bei den Verhandlungen und Maßnahmen, die mit dem mili=tärischen Umbauplan des OB Südost vom 26. 7. (milit. Patenschaften usw.) zusammenhingen, schrittweise vorzugehen und die Auslösung von Widerstän=den zu vermeiden. Am 1. 9. wurden beide aufgefordert, erneut gegen das Fraternisieren mit den Cetnics vorzugehen und die Beachtung der hierüber ergangenen Führerbefehle durchzusetzen. Gleichzeitig wurden sie angewiesen, die Evakuierung von Küstengebieten, die natürlicherweise bei der kroat. Be=völkerung und Regierung geringes Verständnis fand, auf die dringendsten milit. Notwendigkeiten, also auf die unmittelbare Nachbarschaft von Befesti=gungsanlagen und — was den Personenkreis betreffe — auf einwandfrei feindlich gesinnte Elemente zu beschränken.

Es entsprach der Logik der Entwicklung, daß die Mission des *Gen.s v. Glaise,* der stets für eine Distanzierung der deutschen Politik von dem Ustascha=Re=gime eingetreten war (obwohl er sie im Augenblick für das einzig mögliche hielt — vgl. seinen Brief an den Stellv. Chef WFStab vom 29. 2.) jetzt ihr Ende fand. Er meldete am 2. 9., daß er einen Konflikt mit dem Poglavnik ge=habt habe, der sein weiteres Verbleiben in Agram wohl unmöglich mache (Lagebuch 3. 9.). Er wurde daraufhin ins FHQu. beschieden, wo er am 9. 9. die näheren Umstände schilderte und den Wunsch nach seiner Ablösung wie=derholte. Da auch der Poglavnik diese in einem Brief an den Gesandten Kasche und spätenr bei seinem Besuch im FHQu. (s. S. 752) wünschte, wurde sie be=schlossen. Als Nachfolger war von Anfang an ein General der SS ins Auge gefaßt, um eine einheitliche Vertretung der Wehrmacht= und SS=Interessen zu erreichen (Lagebuch 19. 9.); doch zogen sich die diesbezüglichen Verhand=lungen noch länger hin.

Daß die zahlreichen, während der Sommermonate umlaufenden Störmeldungen und Gerüchte über anglophile Tendenzen bestimmter Ustascha-Kreise und entsprechende Putschabsichten nicht ganz unbegründet waren und daß zumindest innerhalb der Ustascha starke Spannungen bestanden, wurde klar, als der Poglavnik — wie am 1. 9. amtlich bekanntgegeben wurde — die Minister *Lorković* und *Vokić* abberief und vor ein Kriegsgericht stellen ließ. Zum Nachfolger Vokićs als Kriegsminister bestimmte er den Vizeadmiral Steinle. Auch andere Ministerposten wurden umbesetzt. Die Hintergründe dieser Maßnahmen waren nicht ganz durchschaubar; doch lag ihnen — wie vom Deutschen Bev. Gen. hervorgehoben wurde — keine deutschfeindliche Tendenz zugrunde. Der Poglavnik gab am 7. 9. in einer Rede als Grund für die Beseitigung Vokićs dessen Forderung nach Auflösung der Ustascha an — den deutschen Stellen waren allerdings nur gegenteilige Forderungen des Kriegsministers bekannt. Lorković beschuldigte er, mit dem Feind in Verbindung gestanden zu haben. Bei seiner Besprechung mit dem Führer und anschließend mit dem Chef OKW brachte der Poglavnik, wie zu erwarten stand, den Willen zum Ausdruck, wieder *ganz auf die Ustascha umzuschalten*. Auch die Armee solle unter allmählichem Abbau des Domobramen-Heeres ganz in der Ustascha aufgehen. Gegen die Pravoslawen solle wieder energischer eingeschritten werden. In diesem Zusammenhang erhob der Poglavnik wieder die Forderung nach einem Abbau jeder deutschen Zusammenarbeit mit den Cetnics, einerlei ob es sich um „eingegliederte" Einheiten oder um selbständige Banden handle. Ferner erbat er deutsche Ausbildungs- und Waffenhilfe für die Ausrüstung zweier Ustascha-Div.en. Schließlich brachte er, wenn auch in verhüllter Form, die alte Forderung nach Einrichtung eines kroat. Oberkommandos vor (Handschr. Aufzeichnung Chef OKW in den Akten Op/H).

Einzig die letzte Forderung wurde vom Führer abgelehnt. Alle vorigen Wünsche und Forderungen des Poglavnik fanden dagegen eine positive Aufnahme. Als Resultat der Besprechung wurde dem OB Südost und dem Deutschen Bev. Gen. am 20. 9. mitgeteilt, daß für die Zukunft folgende Richtlinien zu gelten hätten: Die Ustascha bilde die politische Grundlage des kroat. Staates und damit der kroat. Wehrmacht. Alle deutschen Wehrmacht-Dienststellen in Kroatien hätten sich eindeutig und kompromißlos auf den Ustascha-Kurs einzustellen und ihn zu unterstützen. Die Zusammenarbeit mit den Cetnics, in denen die kroat. Regierung eine Gefahr für den Bestand ihres Staates sehe, müsse schrittweise und systematisch abgebaut werden. Der Aufbau der Ustascha-Verbände sei durch Unterstützung in Bewaffnung, Ausrüstung und Ausbildung zu fördern. Über die bereits befohlenen Lieferungen hinaus konnten hierfür weitere bulgarische Beutewaffen aus Beständen des OB Südost verwendet werden. Die eventuell mit der Auflösung von Domobramen-Verbänden verbundene kroat. Absicht, 2 neue Ustascha-Div.en aufzustellen, sei zu unterstützen. Die Räumung bisher besetzter, nicht kriegswichtiger Positionen habe im Einvernehmen mit der kroat. Regierung zu erfolgen; Banja Luka sei aus politischen Gründen durch eine kroat. Besatzung ausreichend zu sichern (Die Weisung betreffend Banja Luka, um das in der zweiten Septemberhälfte schwere Kämpfe entbrannten, wurde am 1. 10. noch einmal in eindringlicher Form wiederholt; vgl. Kap. 7, Abschn. e[1]).

### *g) Kroatien am Jahresende*

Die Folgen des Zurückfallens auf den uneingeschränkten Ustascha=Kurs sind schon anläßlich ihrer Rückwirkung auf die Tito=Bewegung erwähnt worden (vgl. Kap. 10).[2] Die unmittelbar nach der Rückkehr des Poglavnik mit unzureichenden Mitteln eingeleiteten Bedrückungsmaßnahmen gegen die nicht=kroatischen Volksgruppen bewirkten, daß sich die bisher antikommunistisch eingestellten Pravoslawen und die Cetnics Tito näherten; dessen Basis erfuhr hierdurch eine erhebliche Verbreiterung. Der OB Südost wies wiederholt auf die nachteiligen Folgen dieser Entwicklung für die deutsche Kriegführung im West=Südosten hin. Nur in seinem unmittelbaren, nordwest=kroatischen Machtbereich festigte sich trotz der sich nähernden Front und der bis in die nächste Umgebung Agrams reichenden Aktivität der Tito=Kräfte die Stellung des Poglavnik. Maßnahmen — wie die „Formierung" des kroat. Heeres zu Divisionen (23. 11., s. S 755) und die Übernahme des Oberbefehls — zeigten ihn bei der systematischen Verfolgung des bei seinem Besuch im FHQu. angemeldeten Kurses; dies schloß, wie aus gelegentlichen Äußerungen hervorging, eine realistische Beurteilung der militärisch=politischen Lage nicht aus. So schien ihm am Ende des Jahres die Möglichkeit, bei einer weiteren ungünstigen militärischen Entwicklung an der Spitze seiner Truppen außer Landes gehen zu müssen, nicht völlig unvertraut zu sein. An Gerüchten über Abfalls= und Kapitulationsabsichten — sei es des Poglavnik selbst, sei es bestimmter Ustascha=Kreise — war auch in den Herbst= und Wintermonaten kein Mangel. Der OB Südost, dessen militärische Abwehrorgane auch immer wieder belastendes Material gegen bestimmte Persönlichkeiten beibrachten, wies das OKW wiederholt auf diese Möglichkeiten hin, deren Beurteilung im übrigen Sache der politischen Stellen sei. So stellte der OB Südost/Ic AO am 27. 10. anläßlich der kroat. Forderung nach Unterlassung aller Zerstörungen an größeren Objekten in den zur Kampfzone erklärten Gebieten die Frage, ob dieser Forderung nicht das Bestreben, sich bei den Alliierten rückzuversichern, zugrunde liege. Weit bedenklicher als solche einzelnen Verdachtsmomente waren im Grunde die Auflösungserscheinungen in der kroat. Wehrmacht und die Lethargie der Bevölkerung, die einen ernsthaften Widerstand gegen mögliche Putschversuche unvorstellbar erscheinen ließen. Auch die vom Poglavnik am 23. 11. befohlene Formierung des kroat. Heeres erweckte beim OB Südost ein ge=

1 S. oben S. 681 ff.
2 S. oben S. 702 ff.

wisses Mißtrauen. Durch die Abstellung von Ustascha=Verbindungsoffizieren zu den einzelnen Div.=Stäben sah er den Einfluß der teilweise noch deutsch=freundlich eingestellten kroat. Domobramen=Offiziere ausgeschaltet und einen möglichen Versuch, das kroat. Heer der deutschen Vormundschaft zu entziehen, erleichtert. Am 9. 12. wies er in einem dem WFStab übermittelten Befehl die deutschen Oberbefehlshaber, Kdr. Generale usw. an, die Tätigkeit der neuen kroat. Div.en mit großer Aufmerksamkeit zu verfolgen und allen etwaigen Versuchen, sich der taktischen Unterstellung unter die deutschen Gen.=Kdo.s zu entziehen, energisch entgegenzutreten. Auch die Übernahme des Oberbe=fehls durch den Poglavnik wurde von ähnlichen Erwägungen begleitet. Am 18. 12. erbat der OB Südost die Ermächtigung, für den Fall einer möglichen Überraschung in Kroatien kalendermäßige Vorbereitungen treffen zu dürfen.

In der Antwort des OKW vom 20. 12. wurde auf die immer wieder zu ver=zeichnenden Fälle fahrlässiger Preisgabe von Staatsgeheimnissen hingewiesen. Es sollten daher bei den beantragten Vorbereitungen, die dem OB Südost für einen engsten Bearbeiterkreis freigegeben wurden, keinerlei schriftliche Be=fehle ausgegeben werden. An der unbedingten Bündnistreue des Poglavnik selbst sei — wie abschließend betont wurde — nicht zu zweifeln (Zum Ver=gleich sei auf den Fall „Margarethe II", die zu Beginn des Jahres und früher erwogenen Vorbereitungen für den Fall eines Abschwenkens Rumäniens ver=wiesen[1]).

Der Aufbau des kroat. Heeres bekam durch die der *Ustascha* im Anschluß an den Besuch des Poglavnik im FHQu. eingeräumte, dominierende Stellung ein neues Gesicht. Über den sog. „Weichs=Plan" (Übernahme militärischer Patenschaften usw.), der inzwischen durch einzelne neue Vorschläge des Pz.=AOK 2 modifiziert worden war, fand am 9. 9. eine Besprechung beim Poglav=nik statt. Vereinbarungen wurden nur über Einzelheiten, die wenig mit der Grundidee des Planes zu tun hatten, erzielt. So äußerte der Poglavnik den Wunsch, den Legions=Div.en und der deutsch=kroatischen Gendarmerie das Ustascha=Abzeichen verleihen zu dürfen, was vom Gesandten Kasche befür=wortet und vom OKW im Einvernehmen mit dem OB Südost und dem Reichs=führer SS am 27. 9. genehmigt wurde. Der ebenfalls vom Gesandten und auch vom OB Südost, Deutschen Bev. Gen. und Heeresinspekteur unterstützte Wunsch nach Verlegung der Ausbildungsbrigade Stockerau nach Kroatien konnte nicht erfüllt werden, da der Vorteil, daß die kroatischen Rekruten für die Zeit ihrer Ausbildung der (zersetzenden und der feindlichen Propaganda besonders ausgelieferten) heimischen Umgebung entzogen waren, nicht aufge=geben werden sollte. (Mitte Oktober unternahm der Poglavnik in dieser Frage einen neuen Vorstoß; doch blieb die Ausbildungsbrigade vorläufig in Stok=kerau).

1 Vgl. Anhang zum 3. Abschnitt (oben S. 247 ff.).

Die letzten Monate brachten, wie zu erwarten war, einen starken Ausbau der Ustascha auf Kosten der Domobramen-Verbände. Ersatz wurde — abgesehen von den Legionsdiv.en und den Eisenbahn-Sicherungs-Batl.en — nur noch ihnen zugeführt, ebenso Waffen. Die 1. Jäg.-Brig. wurde aufgelöst; die 2. Jäg.-Brig. trat als 3. Rgt. zur 373. (kroat.) Inf.-Div.; aufgelöst wurde auch die 3. Geb.-Brig. (Im November bestanden bereits 13 Ustascha-Brigaden, im April 7).

Neu aufgestellt wurde eine schnelle Brigade. Verhältnismäßig weit fortgeschritten war der Ausbau der Leibgarde-Div., die als gut brauchbar bezeichnet wurde. Von den beiden neuen Ustascha-Div.en, deren Bildung dem Poglavnik bei seinem Besuch im FHQu. freigegeben worden war, wurde zunächst nur die 1. kroat. Sturm-Div. aufgestellt. Sie sollte so bald wie möglich im Gebiet zwischen Save und Drau zum Einsatz kommen. Die Waffen-SS-Geb.-Div. „Kama" (kroat. Nr. 2) war wieder aufgelöst, die freiwerdenden Muselmanen waren von der 13. SS-Geb.-Freiw.-Div. übernommen worden.

Zur strafferen Führung, Vereinfachung und Sicherstellung schneller Befehlsübermittlung verfügte der Poglavnik nach Zustimmung des OB Südost und des Pz.-AOK 2 dann Ende November den *Zusammenschluß der Domobramen-, Ustascha- und Sicherungsbrigaden zu Divisionen* („Formierung" des kroat. Heeres). Insgesamt sollten 16 Div.en einschließlich der Leibgarde-Div. aufgestellt werden, dazu eine Ersatz-Div. und die schnelle Brigade. Die bisherigen Aufgaben der Brig.en blieben unberührt; der Verschmelzungsprozeß kam nur langsam in Gang. Es war natürlich, daß der Ustascha bei dieser Neuformierung eine bevorzugte Stellung zugewiesen wurde. Dazu kam dann am 1. 12. *die Übernahme des Oberbefehls über die kroat. Wehrmacht durch den Poglavnik* mit dem Kriegsminister als Stellvertreter in der Führung des Heeres. An die Stelle des bisherigen Kriegsministeriums trat das Hauptquartier des Poglavnik. Begründet wurde diese Umorganisation vom Poglavnik mit seiner Absicht, bei der Truppe in Kroatien zu bleiben, so lange kroatische Truppen auf kroatischem Boden kämpften, ferner mit dem Wunsch, die bereits in der neuen Divisionsgliederung zum Ausdruck kommende Zusammenfassung von Domobramen und Ustascha noch wirksamer zu gestalten. Maßgebend war wohl auch die gerade in den ersten Dezembertagen infolge des raschen russischen Vordringens nördlich der Drau besonders bedrohlich erscheinende milit. Lage, angesichts der sich der Poglavnik ein Maximum von Handlungsfreiheit verschaffen wollte.

Parallel mit diesem Umbau und dem Fortgang der deutschen Waffen- und Ausbildungshilfe lief allerdings ein beständiges Absinken der Kampfkraft und des Zusammenhalts der kroat. Wehrmacht durch die Dersertionen. Diese erreichten vor allem in der ersten Septemberhälfte im Zusammenhang mit einem Ultimatum Titos, daß jedem bis zum 15. 9. Überlaufenden straffreie Aufnahme im Volksbefreiungsheer zusicherte, ein bisher unbekanntes Ausmaß. Viele

Domobramen wurden nach Meinung des OB Südost auch durch die Furcht vor dem verschärften Ustascha-Regime zur Fahnenflucht getrieben. Die von der kroatischen Wehrmachtführung nach deutschem Muster versuchte, wehrgeistige Betreuung und Fürsorge brachte keine spürbaren Erfolge. Bei den Desertionen entfiel ein bedeutender Anteil auf das Domobramen-Offz.-Korps. Bedenklich war, daß die Bewegung — wie schon bei Betrachtung der Kampfhandlungen erwähnt — auch auf die Legionsdivisionen übergriff.

Neben diesen organisatorischen Fragen stellte die milit. Entwicklung, in deren Verlauf Kroatien an der Drau, in Syrmien, an der Drina und im Küstenabschnitt in den Bereich des Großkampfes rückte, die deutschen und kroatischen Stellen vor eine Fülle neuer, gemeinsam zu lösender Aufgaben. So die Zerstörungen in den aufzugebenden Gebieten: die kroatische Regierung erhob wiederholt hiergegen Einspruch, dem sich das Auswärtige Amt teilweise anschloß. Ähnlich war es mit der planmäßigen Preisgabe bestimmter wichtiger Gebiete, gegen die die kroatische Regierung durch den Gesandten Kasche Verwahrung einlegen ließ. Während im September deutsche Auflockerungsmaßnahmen in Agram starke Unruhe hervorgerufen hatten – man glaubte an eine getarnte Räumung Kroatiens durch die deutschen Truppen —, wirkte die spätere Verlegung des Pz.-AOK 2 nach Vinkovci und des Heeresgruppenstabes in die Hauptstadt beruhigend. – Die bei der Überführung des Serbischen Freiw.-Korps durch kroat. Gebiet entstehenden Zwischenfälle wurden schon erwähnt.

Die deutsche Vertretung in Kroatien erfuhr eine bedeutende Vereinfachung durch die nach längeren Verhandlungen am 4. 12. befohlene Unterstellung des Stabes des Deutschen Bev. Gen.s, des Heeresinspekteurs und des Beauftragten des Reichsführers für Kroatien, SS-Gruppenführer und Generalleutnant der Polizei Kammerhofer, unter den Nachfolger des Gen. v. Glaise, den *SS-Obergruppenführer und General der Waffen-SS Prützmann* (den Heeresinspekteur hatte der OB Südost am 24. 11. sich unmittelbar unterstellen zu dürfen beantragt; der Heeresinspekteur wurde jedoch nur auf die unmittelbare Zusammenarbeit mit ihm in allen milit. Fragen des Einsatzes, der Organisation und Ausbildung verwiesen). Damit war die oft beanstandete „Mehrgleisigkeit" der deutschen Vertretung in Kroatien beseitigt.

Auf die Frage einer teilweisen Räumung Kroatiens, die angesichts des raschen Vordringens der Russen in der Drau-Flanke Kroatiens vom OB Südost Anfang Dezember in einem persönlichen Brief an den Chef WFStab zur Sprache gebracht, von diesem aber noch nicht an den Führer herangetragen wurde (am 17. 12. meldete der OB Südost die einzelnen Phasen einer etwaigen derartigen Bewegung), kann hier noch nicht eingegangen werden [1].

1 Fortsetzung im KTB 1945, 1. Abschnitt: laufende Nachrichten (1. 1.—18. 4. 45) und 2. Abschnitt, II. Teil, D: Der Südosten.
S. dazu die Kroatien betreffenden Angaben aus *„Ploetz*, Auszug aus der Geschichte" im 8. Abschnitt (unten S. 863 f.).

### 3. Rumänien (Januar — August 1944, d. h. bis zum Abfall)

*Zeittafel (Januar — September 1944)*

| | |
|---|---|
| 30. 1.—9. 2. | Verhandlungen des OKW/WFStab in Bukarest (Oberst d. G. Poleck). |
| 9. 2. | Nikopol geräumt. |
| 26.—28. 2. | Antonescu=Besuch im FHQu. |
| 4. 3. | Beginn der russ. Offensive bei der Heeresgr. Südukraine. |
| 16. 3. | Chef OKW erteilt Weisung für die Übernahme Transnistriens in deutsche Militärverwaltung. |
| 19. 3. | Durchführung „Margarethe" (Besetzung Ungarns). |
| 20. 3. | Einsetzung des Gen.=Lt.s Auleb als „Befehlshaber der deutschen Truppen in Nordrumänien." |
| 23./24. 3. | Antonescu=Besuch im FHQu. |
| 26. 3.—1. 4. | Briefwechsel Führer=Antonescu. |
| 31. 3. | Gen.=Oberst Schörner: OB der Heeresgr. Südukraine (bisher Heeresgr. A); Gen.=Feldm. Model: OB der Heeresgr. Nordukraine (bisher Heeres=gr. Süd). |
| 30. 3.—3. 4. | Verhandlungen des OKW/WFStab in Bukarest (Oberst d. G. Poleck). |
| 2. 4. | „Vorläufige Anweisung für die Versorgungsführung in Rumänien". |
| 5. 4. | Beginn der alliierten Luftoffensive gegen Ölgebiet, Eisenbahn u. Donau. |
| 9.—10. 4. | Odessa geräumt. |
| 16. 4. | Befehlsgliederung für Rumänien. |
| 20. 4. | Einstellung der Chromerz=Lieferungen durch die Türkei. |
| 24. 4. | Zweiter Angriff auf Ploesti und Bukarest. |
| 5. 5. | Dritter Angriff auf Ploesti und Bukarest. |
| 9. 5.—13. 5. | Entsendung eines Sonderbeauftragten des OKW in das Ölgebiet (Major d. G. Dereser). |
| 10. 5. | Beginn der Räumung Sewastopols. |
| 13. 5. | Räumung der Krim beendet. |
| 4. 6. | Einsetzen des Gen.=Lt.s Gerstenberg als „Deutscher Kommandant des rumän. Erdölgebietes". |
| 20. 6. | Einsetzung des Gen.=Admirals Marschall als „Sonderbevollmächtigten des Führers für die Donau". |
| 14. 7. | Beginn der russischen Offensive in Richtung Lemberg. |
| 2. 8 | Abbruch der deutsch=türkischen Beziehungen. |
| 5./6. 8. | Antonescu=Besuch im FHQu. |
| 19. 8. | Beginn der russischen Offensive gegen die Heeresgr. Südukraine. |
| 21. 8. | Jassy aufgegeben. |
| 23. 8. | Proklamation des rumänischen Königs. |
| | Übertragung des einheitlichen Oberbefehls in Rumänien an den OB der Heeresgr. Südukraine. |
| 24. 8. | Gesamtrumänien Operationsgebiet des Heeres. |
| | Bulgarischer Außenminister fordert Zurückziehung der Deutschen Militärmission. |
| 29. 8. | Konstanza im Besitz der Rumänen. |
| 30. 8. | Ploesti besetzt. |
| 31. 8. | Bukarest von den Russen besetzt. |
| 5. 9. | Rußland erklärt Bulgarien den Krieg. |
| 7. 9. | Kriegserklärung Bulgariens an Deutschland. |
| 7. 9. | Kriegserklärung Rumäniens an Ungarn. |

*Hinweis:*

*Die folgenden Aufzeichnungen sind herangezogen worden von meinem ehemaligen Schüler und jetzigen Mitarbeiter an diesem Werke, Andreas Hillgruber, zu folgenden Veröffentlichungen:*

*Hitler, König Carol und Marschall Antonescu. Die deutsch-rumänischen Beziehungen 1938 — 1944, Wiesbaden 1954 (Veröffentl. des Instituts für Europ. Geschichte, Mainz, Bd. 5; 382 S.).*

*Rumänien im Zweiten Weltkrieg, in: Bücherschau der Weltkriegsbücherei. Bibl. für Zeitgesch., 29. Jahrg. 1957 S. 279—288 (Literaturbericht).*

*Die Krise in den deutsch-rumänischen Beziehungen 1943 im Zusammenhang mit der Räumung der Krim und der Benutzung Transnistriens als rückwärtiges Heeresgebiet, in: Wehrwissenschaftliche Rundschau VI, 1956 S. 663—672.*

*Die letzten Monate der deutsch-rumänischen Waffenbrüderschaft, in: Wehrwissenschaftliche Rundschau VII, 1957 S. 377—397.*

*Die Räumung der Krim 1944. Eine Studie zur Entstehung der deutschen Führungsentschlüsse (Beiheft 9 der Wehrwissenschaftlichen Rundschau), Berlin-Frankfurt Januar 1959 (160 S.).*

*Der Einbau der verbündeten Armeen in die deutsche Ostfront 1941–1944, in: Wehrwissenschaftliche Rundschau X, 1960 S. 659—82.*

### a) Die Auswirkungen der russischen Offensive im Dezember 1943

Die militärische Lage im Südteil der Ostfront zu Beginn des Jahres 1944 wurde von den Auswirkungen der *russischen Dezemberoffensive (1943)* bestimmt.

Die Russen hatten den Dnjepr überschritten und drängten aus den Räumen Kiew—Tscherkassy—Krementschug gegen Shitomir—Berditschew—Kirowograd—Kriwoi Rog vor. Harte Abwehrkämpfe wurden um die Dnjepr-Brückenköpfe Nikopol und Cherson geführt. Der russische Druck gegen die Nordfront der Krim (Perekop) hatte sich verschärft. Aus dem Landekopf nordöstlich Kertsch hatte die sowjetische Offensive begonnen.

Solange die Front weit von der rumänischen Grenze entfernt war, hatte sich die deutsche Regierung mit der Vertretung ihrer Belange durch den Gesandten von Killinger und den *Deutschen General beim Oberkommando der rumänischen Wehrmacht* („Dt. Gen. b. Obkdo. d. rum. Wehrm."), Gen. d. Kav. *Hansen,* begnügen können. Die Verhandlungen über die Kriegsleistungen Deutschlands an Rumänien und die rumän. Gegenlieferungen wurden über das Auswärtige Amt geführt, da diese in die Verhandlungen über die deutsch-rumän. Handelsverträge hineingenommen wurden. Seit Monaten führte der Gesandte Ministerialdirektor Clodius Wirtschaftsverhandlungen, die besonders dadurch erschwert wurden, daß die Rumänen für jede Leistung eine deutsche Gegenleistung verlangten. Der Deutsche General hatte unter anderem die Aufgabe, die Besoldung und Versorgung der in Rumänien eingesetzten deutschen Verbände (vor allem Einheiten der Luftwaffe und der Kriegsmarine) zu regeln und gegenüber Rumänien die Belange der deutschen Wehrmacht zu vertreten. Gen. d. Kav. Hansen besaß das Vertrauen des Marschalls, den er seit langem kannte.

Da die Entwicklung der Lage im Südteil der Ostfront es erforderte, daß die deutsche Führung vorausschauend über eine Verlegung deutscher Wehrmachtteile nach Altrumänien verhandelte, wurde vom *OKW/WFStab* der *Chef Qu,* Oberst d. G. Poleck, vom 30. 1. bis zum 9. 2. nach Rumänien entsandt. Er war beauftragt, alle auf dem Quartiermeistergebiet schwebenden Fragen einer Klärung zuzuführen.

Das Vordringen der Russen gegen den Bug stellte die deutsche Wehrmachtführung vor folgende Aufgaben:

1. Einleitung von Maßnahmen zur *stärkeren Belegung rumänischer* oder *rumäniennaher Gebiete* mit deutschen Truppen und zur *Sicherung* der *Lei-Versorgung*[1] der deutschen Truppen,
2. *Schutz* des *Ölgebietes von Ploesti,*
3. Vermehrte *Ausnutzung Transnistriens* für die Truppenversorgung,
4. *Zurückführung* der *volksdeutschen* und *rumänischen Flüchtlinge* sowie der Zwangevakuierten aus den gefährdeten Gebieten.

Im einzelnen:

1. Die Hauptschwierigkeiten in den deutsch-rumän. Beziehungen bestanden darin, daß die *Belegung rumänischer Gebiete mit deutschen Truppen* mit dem Problem der *Lei-Versorgung* verknüpft war. Die Forderung der Erhöhung der Lei-Beträge griff stark in die Währungspolitik der rumän. Staatsführung ein, die sich jeder Erhöhung der Truppenbelegung widersetzte, um eine größere Belastung des Lei-Haushaltes zu verhindern. Die rumän. Staatsführung suchte durch Niedrighaltung der Lei-Beträge zu erreichen, daß keine zusätzlichen Verbände nach Rumänien verlegt wurden (Merkbuch vom 12. 1.). Marschall Antonescu verlangte daher auch gegenüber dem Deutschen General, daß alle Verlegungen von deutschen Einheiten nach Rumänien an seine Zustimmung gebunden sein sollten. Auf Weisung Chef OKW war dies mit dem Hinweis abgelehnt worden, daß solche Verlegungen stets nur mit Genehmigung des Chefs OKW möglich seien, daß ohnehin nur das Nötigste nach Rumänien verlegt werde (insbesondere Luftwaffe) und daß bei der Verlegung stärkerer Verbände eine Verständigung mit dem rumän. Generalstab herbeigeführt werden müßte (Anl. 10[2]).

Nach dem Bericht des Chefs Qu vom 15. 2. (Anlage 7[2], vom 15. 2) sahen die vor dem Abschluß stehenden Wirtschaftsvereinbarungen für Wehrmachtausgaben eine Summe von 1 160 Millionen Lei vor. Damit war der Bedarf der zur Zeit in Rumänien stehenden Truppen — etwa 100 000 Mann — gedeckt. Dies war ein erhebliches Entgegenkommen des Marschalls, und es war nicht zu erwarten, daß diese Summe bei einer stärkeren Belegung Rumäniens eine Erhöhung erfahren würde. Ein Erfolg von Einsparungsmaßnahmen wurde bezweifelt, da anzunehmen war, daß Antonescu den genehmigten Haushalt um die ersparten Beträge kürzen und von neuem behaupten würde, daß den deutschen Truppen zuviel Geld ausgezahlt werde. Eine Überprüfung des

1 Leu (Plural: Lei) = rumänische Münzeinheit, Kurs 1937: 38 Lei = 1 RM, aber 1944 bereits weiter entwertet.
2 Diese sowie die im folgenden angeführten Anlagen sind nicht erhalten.

Wehrmachthaushalts ergab, daß etwa 90 Millionen Lei eingespart werden konnten, d. h. eine zusätzliche Belegung mit 10 000 Mann möglich war.

Die Besprechungen des Beauftragten des OKW mit den deutschen Dienststellen wurden auf den Fall ausgedehnt, daß die *Belegung Rumäniens mit 2 deutschen Armeen* (ungefähr 300 000 Mann) erforderlich würde. Sie beschränkten sich auf die deutschen Dienststellen, weil die Rumänen Erörterungen vorausschauender Natur schon als erwogene Pläne betrachteten und sich daraus eine starke Beunruhigung und Nervosität bei den rumänischen Dienststellen ergab. Das machte Verhandlungen, die nicht unter dem unmittelbaren Eindruck der Gefahr standen, fast unmöglich. Um überhaupt zu solchen Beratungen zu kommen, war es nötig, durch geschickte Verhandlungsführung bei den Rumänen den Eindruck zu erwecken, als gingen solche Erwägungen und Pläne von ihnen, nicht von den deutschen Stellen aus. Durch diese Verhandlungstaktik war es dem Deutschen General gelungen, daß die Rumänen vorbereitende Überlegungen für den Fall anstellten, daß zwei deutsche Armeen zusätzlich nach Rumänien verlegt würden. Ihre Vorbereitungen erstreckten sich auf *Verpflegung, Quartier und Geldversorgung.* Sie zeigten sich bereit, ein System von Leistungsbescheinigungen einzuführen. Die deutschen Truppen sollten gegen Leistungsbescheinigung aus dem Lande leben können, solange noch freie Kontingente an Lebensmitteln zur Verfügung standen. Damit sollte erreicht werden, daß unnötige Transportbewegungen (Transport der deutschen Kontingente nach Deutschland und Rückführung dieser Lebensmittel über die Ersatzverpflegungslager an die deutschen Truppen in Rumänien) unterblieben. Angestrebt wurde noch, daß diese Lebensmittel auch ohne freies Clearing (d. h. ohne Gegenlieferungen vom Reich in gleicher Höhe der rumän. Leistung) im Wege der Vorleistung geliefert werden sollten.

Versprachen die Verhandlungen über Verpflegung und Quartierleistung nach Auffassung des Deutschen Generals Erfolg, so erschien es nicht als zweckmäßig, die Besprechungen auch auf die Frage der Geldversorgung auszudehnen, da diese die Währungs= und Kreditpolitik Rumäniens einschneidend berührte. Es war wohl eine Ausweichmöglichkeit durch das System der Leistungsbescheinigungen gegeben; aber erst unter dem Druck der Ereignisse hielt der Deutsche General es für möglich, über diesen Punkt Abmachungen mit den Rumänen treffen zu können.

2. Ein anderer wesentlicher Punkt der Besprechungen betraf den *Schutz des rumän. Ölgebietes,* der die wichtigste Aufgabe der deutschen Luftwaffe in Rumänien war. Wegen der geringen Rührigkeit der Rumänen war die Luftwaffe in ihren Maßnahmen weitgehend auf Selbsthilfe angewiesen. So mußten das Personal der Flak=Batterien und der ihnen zur Verfügung stehende Transportraum unter Beeinträchtigung der Einsatzbereitschaft zu Splitterschutzbauten eingesetzt werden. Zur Verstärkung des aktiven Luftschutzes sagte Marschall Antonescu 7 500 rumän. Soldaten (Flak, Luftnachrichten= und Luftwaf=

fenbausoldaten) zu (Anl. 10). Zur Förderung des passiven Luftschutzes (Bunker, Splitterschutz) wurden 13 000 zusätzliche Arbeiter in Aussicht gestellt.

Die *Luftwaffe* forderte, daß die Flugplätze in Rumänien, besonders in Ploesti ausgeweitet würden (Mitteilung Oberst d. G. Berg, Op L, vom 1. 2.). Dies war nötig, um die Abwehr führen und eine Sicherung gegen feindliche Luftangriffe schaffen zu können. Marschall Antonescu hatte sich die Entscheidung solcher Fälle selbst vorbehalten. Er willigte in die Auflockerung der Flugplatzanlagen aus innerpolitischen Gründen nur zögernd ein, da er eine Verstimmung der durch die Erweiterungsmaßnahmen betroffenen Grundbesitzer fürchtete. Er zeigte sich dagegen bereit, Arbeitskräfte zur Erweiterung der Plätze für Jäger und Nachtjäger, die der unmittelbaren Verteidigung des Ölgebietes dienten, zur Verfügung zu stellen. Ablehnend verhielt er sich aber weiter hinsichtlich der Plätze für die aktive Luftverteidigung.

Weitere Zugeständnisse wurden nach Auffassung des Befehlshabers der deutschen Luftwaffe, die vom Vertreter des OKW gebilligt wurde, im Augenblick nicht für erreichbar gehalten. Durch die erlangten Zugeständnisse waren jedoch die Bedenken des OB d. Luftwaffe und des AWA wegen der Wirksamkeit des Luftschutzes weitgehend beseitigt.

3. Im Zusammenhang mit den Fragen der Truppenverlegung und -versorgung wurden vom Beauftragten des OKW die Probleme erörtert, die sich aus dem Verhalten der Rumänen in *Transnistrien*[1] ergaben. Die Rumänen sahen Transnistrien als ihnen vom Führer zugesprochenes Gebiet an, während es nach deutscher Auffassung nach seinen Verkehrs- und Unterbringungsmöglichkeiten der gemeinsamen Kriegführung dienen sollte (Vertrag von Tighina, 30. 8. 41) und die Rumänen (vgl. KTB. 25. 10. 43) nur mit seiner Verwaltung beauftragt waren. Eine Ausnahme bildete die *Verwaltung und Betriebsführung der Eisenbahn,* die in die einheitliche Betriebsführung im Osten einbezogen und an den Chef Wehrm.-Trsp.-Wesen übergeleitet werden sollte (vgl. KTB. 29. 10. 43). Die Rumänen wollten aber die Verwaltung in der Hand behalten und lehnten es ab, die Leitung des Eisenbahnbetriebes abzutreten. Sie verwiesen darauf, daß sie die erbetene Zahl der Lokomotiven nicht erhalten hätten. Der Führer erklärte sich dann auch damit einverstanden, daß die Betriebsführung in rumän. Hand bliebe. Damit von deutscher Seite Zwischenfälle verhütet oder rasch beseitigt werden konnten, war der Verbindungsstab zum Gouverneur von Transnistrien, der zugleich Außenstelle des Deutschen Generals war, verstärkt worden. Um die deutschen Belange gegenüber dem rumän. Gouverneur, der dem rumän. Staatsführer unmittelbar unterstand, durchsetzen zu können, hatte das OKW am 25. 11. 1943 den Gen.-Lt. Auleb, bisher Kommandanten des rückwärtigen Heeresgebietes der Heeresgr. A, als *„Befehlshaber der deutschen Truppen in Transnistrien"* eingesetzt.

1 D. h. das Gebiet zwischen Dnjestr und südlichem Bug mit teilweise rumänischer Bevölkerung, das seit 1941 rumänischer Verwaltung unterstand.

Seit Beginn der Absetzbewegungen hatten die Rumänen weitgehende Auflockerungsmaßnahmen in Transnistrien getroffen, so daß die Verwendbarkeit des Landes als Versorgungsbasis für die Truppe gefährdet schien. Die deutschen Gegenvorstellungen hatten im Dezember 1943 erreicht, daß der rumän. Staatsführer die weitere Evakuierung von Einrichtungen und Gütern, die der Truppenversorgung dienen konnten, verbot. Die offizielle Räumung kleineren Ausmaßes wurde fortgesetzt und machte sich fühlbar bemerkbar. Als Gegenmaßnahme hatte der deutsche Befehlshaber ein Netz von Wirtschaftsfachleuten (Wi-Stab Ost) über das Land verteilt, die die Aufgabe hatten, in enger Fühlungnahme mit allen wichtigen rumän. Dienststellen durch persönlichen Einfluß Räumungen zu verhindern. Dies war auch deshalb dringend geboten, weil die Eisenbahnen in Transnistrien durch die rumän. Räumungszüge stark belastet wurden. Mehr ließ sich nach Auffassung des WFStabs durch Einwirkung der Wehrmachtführung nicht erreichen.

Die rumän. Räumungsmaßnahmen erklärten sich daraus, daß man sich für die sehr starken Investitionen soweit wie möglich schadlos halten wollte. Die Rumänen betrachteten Transnistrien als ihre Kolonie und bestanden darauf, daß sämtliche den deutschen Truppen aus dem Lande zur Verfügung gestellten Lebensmittel auf das deutsche Exportkontingent angerechnet werden müßten. Außerdem forderten sie eine Verpflegungszuteilung nach den kleineren rumän. Sätzen. Weiter weigerten sie sich, aus Transnistrien auch Truppen zu versorgen, die nicht im Lande selbst, sondern ostwärts des Bug lagen. Diese Fragen der Versorgung der deutschen Truppen waren in die laufenden Verhandlungen, die der Gesandte Clodius führte, aufgenommen worden.

Eine Erschwerung der Verhältnisse brachte nach deutscher Auffassung der *Gouverneurswechsel* in Transnistrien. Am 1. 2. wurde der rumän. Zivilgouverneur, Prof. Alexianu, durch den General Potopeanu ersetzt. Der rumän. Staatsführer machte Alexianu — wie verlautete — den Vorwurf, daß er sich zu sehr den deutschen Wünschen gefügt und besonders die wirtschaftliche Evakuierung Transnistriens nicht energisch betrieben hätte. Bei dem in Aussicht stehenden Besuch des Marschalls im FHQu. sollte daher darauf hingewirkt werden, daß Truppenversorgung, Feldbestellung und Erntevorbereitungen durch Evakuierungsmaßnahmen nicht gefährdet würden.

Der Befehlshaber der deutschen Truppen in Transnistrien, Gen.-Lt. Auleb, hatte mit dem Gouverneur Alexianu Abmachungen für den Fall getroffen, daß die *rumänische Zivilverwaltung das Land aufgeben* würde. Diese Abmachungen hatten sich als nötig erwiesen, weil bei dem Vorstoß der Russen auf Winniza die rumän. Verwaltung vorzeitig zurückgezogen und keine andere an ihre Stelle getreten war. Um in solchen Fällen das Fortbestehen einer Verwaltung zu sichern, sollten entsprechend den rumän. Präfekturen deutsche Ortskommandanturen mit je einem Militärverwaltungsbeamten eingesetzt werden, die bei Abzug der Rumänen die Verwaltung übernehmen konnten. Der Gouverneur hatte seiner Regierung von diesen Vereinbarungen keine Kenntnis gegeben (Merkbuch 27. 1.).

Die Ernennung des Generals Potopeanu bedeutete nach Erklärung des bisherigen Gouverneurs, daß eine reine Militärverwaltung geschaffen, die bisherigen 13 Präfekten beseitigt und die 66 Rayonchefs Militärkommandanten unterstellt würden. Es mußte nun mit stärkerem Widerstand gegenüber den deutschen Forderungen gerechnet werden, da die Rumänen sehr empfindlich gegenüber allen Versuchen waren, Teile der Verwaltung in deutsche Hände zu überführen. Denn alles, was als Bestreben, ihre Selbständigkeit als gleichberechtigten Verbündeten zu beseitigen, ausgelegt werden konnte, stieß auf Widerstand, auch wenn es — wie in diesem Falle — durch die gemeinsamen militärischen Interessen ausreichend begründet war.

Der WFStab vertrat gegenüber den Forderungen der Wehrmachtteile den Standpunkt, daß es besser sei, sich nur auf Grund der Praxis einen entscheidenden Einfluß zu sichern. Es ergab sich bei näherer Prüfung, daß die Möglichkeiten der Einwirkung nicht immer genutzt wurden. Dagegen wurden Vorschläge, die auf eine sichtbare Schmälerung der rumän. Stellung hinausliefen, zurückgewiesen. Es wurde daher vom WFStab die von seiten der Kriegsmarine gewünschte Übernahme der *Werftleitung von Odessa* durch die Kriegsmarine abgelehnt.

Auch die Forderung des *GenStdH*, Transnistrien in dt. Verwaltung zu übernehmen, wurde abgewiesen. Das OKW wünschte vom GenStdH konkrete Unterlagen, aus denen hervorging, in welchem Umfange und in welcher Weise kriegswichtige Belange geschädigt worden seien; dann sollten die Mißstände in dem festgestellten Umfange abgestellt werden (Mitteilung Chef Qu. vom 12. 1.). Der GenStdH hatte ferner vorgeschlagen, die für die Heeresgr. Süd entscheidende *Eisenbahnstrecke durch Nordtransnistrien* (Shmerinka—Christinowka) in deutsche Verwaltung zu nehmen. Da aber zur Zeit keine Klagen gegen den rumänisch geleiteten Betrieb vorzubringen waren und der OB d. rumän. 3. Armee zur Wiederherstellung der Sicherheit das Gebiet durch die 5. rum. Div. von Banden säubern ließ (Anl. 5 vom 20. 1.), bestand nach Ansicht des Deutschen Generals erst Aussicht auf Einwilligung des Marschalls, wenn die am 18. 1. vom rumän. Generalstab befohlene Säuberungsaktion erfolglos blieb. Der Wehrmacht-Transportchef hatte zwar auf seinem Dienstwege versucht, die Sache vorwärtszutreiben (Mitteilung Chef Qu. vom 27. 1.), indem er den rumän. Trsp.-Chef darauf hinwies, daß es sich bei diesem Raum um ein Kriegsgebiet handelte, in dem Soldaten den Eisenbahnbetrieb übernehmen müßten; doch ging der rumän. Transport-Chef auf diese Anregungen nicht ein.

Neue Schwierigkeiten in den vom Gesandten Clodius geführten Wirtschaftsverhandlungen entstanden dadurch, daß Trecks und Transporte von *Flücht-*

*lingen von Osten*[1] *nach Transnistrien* hineingeflüchtet waren; soweit sie durch Nordtransnistrien zogen, strebten sie nach Galizien weiter. Ungeklärt war die Frage, was mit den Massen, die sich im Raum Odessa gestaut hatten, geschehen sollte. Die deutsche Gesandtschaft in Bukarest war eingeschaltet worden, um den Durchmarsch durch Nordrumänien zu bewerkstelligen. Der Reichsführer SS hatte als Bevollmächtigten (soweit es sich um Deutsche handelte) den Leiter der Volksdeutschen Mittelstelle, SS-Brigadeführer Hoffmeyer, nach Rumänien geschickt (Merkbuch 27. 1.). Es handelte sich um 120 000 — 150 000 Wehrfähige von der Krim und um 20 — 30 000 Wehrfähige aus dem übrigen Bereich der Heeresgruppe A. Marschall Antonescu hatte bisher zugestimmt, daß 10 000 Flüchtlinge von der Krim über das Auffanglager Odessa mit der Bahn oder im Treck durch den Nordteil Bessarabiens und die Bukowina in Richtung Lemberg transportiert werden könnten. Die Heeresgr. A hatte für den monatlichen Abtransport aus dem übrigen Heeresgruppen-Bereich Zugraum für 12 000 Flüchtlinge freigegeben. Die Durchschleusung durch Transnistrien und Bessarabien—Bukowina war im Zusammenwirken der Heeresgr. A und des Oberquartiermeisters Rumänien gesichert. Aus dem Bereich der Heeresgr. Süd vollzog sich der Abtransport reibungslos. Größere Schwierigkeiten ergaben sich erst aus dem Abtransport der wehrfähigen Bevölkerung aus Transnistrien selbst. Hinzu kam die zunächst nicht beabsichtigte Räumung volksdeutscher Gebiete mit etwa 135 000 Menschen und die Rückführung der Volksdeutschen in das Reich auf dem Donauwege (Anlage 7 vom 15. 2., Anlage 10). Da eine Bereitstellung von Bessarabien als Auffangraum für Versorgungstruppen und Viehtrecks notwendig werden konnte, sollte auch dies bei dem Besuch des rumän. Staatsführers besprochen werden (Anl. 10).

Die Ergebnisse der Besprechungen des Oberst Poleck wurden in einem Bericht vom 15. 2. niedergelegt. Er gab dem Chef OKW und dem Chef WFStab die Unterlagen zur Ausarbeitung der deutschen Wünsche und Forderungen, die dem rumänischen Staatsführer bei seinem in Aussicht stehenden Besuch vorgetragen werden sollten (vgl. Anlage 10, Mitteilung Chef Qu. vom 29. 2.). Auf deutschen Wunsch wurde der Besuch um eine Woche hinausgeschoben (Mitteilung Chef Qu. vom 17. 2.). Der WFStab erwartete von ihm eine günstige Beeinflussung der Rumänen, deren merkantile Einstellung gegenüber den deutschen Forderungen manche Störungen verursacht hatte (Mitteilung Gen. v. Buttlar v. 11. 2.).

Da beim Besuch des Marschalls Antonescu auch die *Aufstellung weiterer rumän. Verbände* für die Verteidigung Rumäniens gefordert werden sollte, war damit zu rechnen, daß die Rumänen mit großen Waffenforderungen antworten würden (Merkbuch vom 25. 2.). *WFStab/Org* legte daher für diese Besprechungen eine *Aufstellung der Kriegslieferungen* an Rumänien (erfüllte, laufende und noch zu erfüllende, mit Lieferzeiten) vor (Anlage 10 vom 26. 2.).

1 Ms.: vom Westen (über der Zeile nachgetragen).

4. Neben diesen Vorbereitungen liefen beim WFStab die Ausarbeitungen für den *Fall „Margarethe"* [1].

Da nach der Kapitulation Italiens (8. 9. 43) befürchtet werden mußte, daß auch Ungarn und Rumänien abfielen, hatte der WFStab eine Unternehmung (*„Margarethe I"*) gegen Ungarn vorbereitet, an der Rumänen und Slowaken beteiligt werden sollten. Dabei fiel der rumän. Wehrmacht als Aufgabe die Besetzung der Zone II (Ostungarn ostwärts und südlich der Theiß) zu. Die gestellte Aufgabe deckte sich im wesentlichen mit dem politischen Ziele der Rumänen.

Am 26. 1. wurde für den zur Zeit noch hypothetischen Fall, daß Rumänien abfallen sollte, noch ein Vorschlag für die *Besetzung Rumäniens („Margarethe II")* ausgearbeitet. Der WFStab betonte bei der Vorlage, daß er die politischen und militärischen Voraussetzungen, die zu einer solchen Operation führen könnten, nicht übersehe und daß er die augenblickliche Lage und die derzeitige Gruppierung der rumänischen Kräfte zugrunde lege. Bei seinem Vorschlage rechnete er auch mit der Beteiligung der Ungarn und der Bulgaren. Für die Besetzung durch deutsche Truppen war Rumänien ohne Siebenbürgen in Aussicht genommen. Der Stellv. Chef WFStab ordnete am 29. 1. eine Umarbeitung an, die von einer überfallartigen Besetzung des Landes ausgehen sollte. Eine auf dieser Grundlage am 1. 2. abgeschlossene Studie kam zu dem Ergebnis, daß die vorhandenen Kräfte ausreichen würden, um die wichtigsten Anlagen im Ölgebiet von Ploesti und unter Umständen auch den Hafen von Konstanza sowie die wichtigsten Donaufährstellen in Besitz zu nehmen und zu halten, daß sie jedoch zu einer Besetzung der Hauptstadt und anderer wichtiger Stellen nicht ausreichen würden. Deshalb sei auch aus diesem Grunde ein Einmarsch in Rumänien erforderlich. Für diesen Fall wurde ein neuer Vorschlag nebst Zeitberechnung vorgelegt. Am 15. 2. ergab sich aus einer Meldung des OB d. Luftwaffe, daß auch das Luftwaffenkommando Südost von sich aus Vorschläge für den Fall eines Abfalls Rumäniens gemacht hatte. Am 22. 2. wurden diese Meldung und die vom WFStab gefertigten Vorschläge mit der Bitte um Entscheidung vom Stellv. Chef WFStab dem Chef WFStab vorgelegt. Am 24. 2. wurden diese Vorschläge noch durch genauere Unterlagen ergänzt. Diese Ausarbeitung erfolgte im Hinblick auf den bevorstehenden *Besuch des Marschalls Antonescu vom 26. 2. — 28. 2. in Schloß Kleßheim* (bei Salzburg).

Der Führer benutzte diesen Anlaß dazu, um beim rumän. Staatsführer zu sondieren, wieweit er im Falle eines Verrats Ungarns bereit sei, ein deutsches Unternehmen militärisch zu unterstützen. Dabei wollte der Führer den Marschall für die Auffassung gewinnen, daß ein solches Vorgehen nur erfolgreich sein würde, wenn vorerst alle territorialen Ansprüche zurückgestellt würden, da es nicht darauf ankomme, Ungarn zu unterwerfen, sondern stärker als bisher in die Kampfführung einzubeziehen. Dazu sei die Bildung einer natio=

1 Vgl. oben den 3. Abschnitt (S. 177 ff.).

nalen Regierung erforderlich, die gewillt sei, den Kampf an der Seite Deutschlands fortzuführen. Der Marschall ließ sich jedoch für diese Absichten, insbesondere das Zurückstellen der territorialen Ansprüche, nicht gewinnen.

Anschließend an diese Besprechung befahl der Führer am 28. 2., *die Vorbereitungen für den Fall „Margarethe I" zum Abschluß zu bringen und die für den ihm inzwischen vorgetragenen Fall „Margarethe II" einzustellen.* Er hatte in den Unterredungen mit dem Marschall die Überzeugung gewonnen, daß dieser sowohl in der Lage als auch gewillt sei, einen Umsturz in Rumänien zu verhindern (vgl. Ausarbeitung „Fall Margarethe").[1]

### *b) Die Folgen der russischen Offensive im März 1944*

Am 4. 3. begann im Südteil der Ostfront bei der Heeresgr. Süd (1. Pz.-Armee) die russ. Frühjahrsoffensive, der wenige Tage später der Großangriff gegen die Heeresgr. A folgte. Am 10. 3. fiel *Uman,* am 14. 3. fielen *Cherson* und *Gaiworon* in die Hand der Russen. Am Ingul und am mittleren Bug wurden schwere Abwehrkämpfe geführt, ebenso bei *Winniza,* das am 19. 3. geräumt wurde. Die Hauptbahn durch Transnistrien war bereits unterbrochen. Am 21. 3. wurde *Shmerinka* aufgegeben.

Die Rumänen hatten von sich aus gebeten, daß die Deutschen die Verwaltung in den gefährdeten Gebieten Transnistriens übernehmen sollten. Auf Befehl des Chefs OKW wurde nun der Befehlshaber der Deutschen Truppen in Transnistrien, der bisher dem Chef OKW unterstellt war, dem Chef GenStdH unterstellt. Als die Russen über den oberen Bug vorgedrungen waren, stimmten der WFStab und der GenStdH überein, daß die Aufgaben des Befehlshabers der Deutschen Truppen in Transnistrien nunmehr von den Heeresgruppen und Armeen übernommen werden könnten (Mitteilung Chef Qu. vom 17. 3.). Der Chef OKW erteilte am 16. 3. entsprechende Weisung (Anlage 13 vom 16. 3.). Transnistrien wurde deutsches Operationsgebiet mit deutscher Militärverwaltung.

Am 18. 3. übergab der Chef der rumän. Militärverwaltung das Gebiet zwischen Dnjestr und Bug im Zuge des militärischen Ausweichens dem Befehlshaber d. dt. Truppen in Transnistrien (Anlage 14). Die sofortige Übernahme der Verwaltung vollzog sich ohne Schwierigkeiten, da sie mit dem Zivilgouverneur Alexianu schon verabredet und vom Vertreter des WFStabs, Oberst d. G. Poleck, in allen Einzelheiten mit den in Betracht kommenden Stellen bereits besprochen worden war.

Die Entwicklung der Lage bei den Heeresgruppen A und Süd machte es erforderlich, nun *Nordrumänien* als Rückhaltbasis zu gewinnen. Vorerst war für 100 000 Mann des Heeres und 20 000 Mann der Luftwaffe die Versorgung

1 Über „Margarethe II" s. oben S. 247 ff.

zu sichern. Gen. Hansen hatte hierüber im Auftrage des Chefs OKW mit Marschall Antonescu verhandelt. Unter dem Eindruck der rückläufigen Be=wegungen an der Südfront gab der rumän. Staatsführer das nordrumänische Gebiet in den Grenzen: Donaumündung – Bolgrad (ausschließlich) – Cagul (einschließlich) — Adjud (ausschließlich) — Slanic (ausschließlich) — rumän.=ungar. Grenze für die deutschen Truppen frei (Anlage 16 vom 22. 3.). Die Belegung dieses Raumes sollte sofort anlaufen. Der GenStdH hatte sich mit den getroffenen Maßnahmen einverstanden erklärt. Im südlich anschließenden Teil, der bis zur Linie Sulina – Verlauf der Donau – Südrand Galatz – Süd=rand Focsani — Verlauf der Putna — ungar. Grenze gesperrt war, konnte nur mit Rücksicht auf die Donauschiffahrt und Krim=Versorgung (Anlage 17) die Belegung des Stadtgebietes von Galatz und Reni und die der Flugplätze im Raume Galatz—Focsani durchgesetzt werden. Marschall Antonescu hatte je=doch den Vorbehalt gemacht, daß der Raum Galatz – Bârlad – Focsani – Braila nicht besetzt werden dürfe, weil er diesen Raum als Aufmarschgebiet für rumän. Div.en in Aussicht genommen habe. Die Verlegung von Truppen=teilen, Dienststellen und Einrichtungen der Heeresgruppen A und Süd sowie der Luftflotte 4 in dieses Gebiet war nun nicht mehr an die Genehmigung des Chefs OKW gebunden, wenn sie sich im Rahmen der angemeldeten Zahlen für Heer und Luftwaffe hielten (s. S. 766) (Anlage 19 vom 23. 3.).

Da es darauf ankam, in Nordrumänien eine einheitlich geleitete Basis auf=zubauen, wurde dem Deutschen Gen. b. Obkdo. d. Rumän. Wehrmacht, der Territorialbefehlshaber für den gesamten altrumän. Raum blieb, ein *„Befehls=haber der Deutschen Truppen in Nordrumänien"* ab 20. 3. beigegeben und unterstellt (Befehl Chef OKW vom 16. 3., Anlage 13). Zum Befehlshaber wurde Gen.=Lt. Auleb, der bisherige Befehlshaber Transnistrien, ernannt.

In den Fragen der Truppenversorgung und Truppenführung, die rumän. Interessen nicht berührten und nur deutsche Heeresangelegenheiten waren, blieb Gen.=Lt. Auleb an die Weisungen der Heeresgruppen und Armeen und der Luftwaffe gebunden. Verwaltung und Bewirtschaftung des Landes blieben in rumän. Hand. Eine Heranziehung des Wi=Stabes Ost bedurfte der Geneh=migung des Chefs OKW. Bei beabsichtigten Verlegungen in das Gebiet des Befehlshabers d. Dt. Truppen in Nordrumänien war jedoch das Einverständnis Gen.=Lt. Aulebs herbeizuführen, der in Zweifelsfällen die Entscheidung des Deutschen Generals in Bukarest einzuholen hatte (Anlage 19 vom 23. 3.). Im übrigen galt auch weiterhin die Regelung vom 28. 10. 43 für Rumänien, wo=nach Verlegungen nur mit Zustimmung des Chefs OKW erfolgen konnten.

### *c) Der Besuch des Marschalls Antonescu am 23./24. März und sein Briefwechsel mit dem Führer*

Ein zweiter Besuch des rumän. Staatsführers am 23./24. 3 im FHQu. stand im Zeichen der Besetzung Ungarns durch die deutschen Truppen, die am 19. 3.

erfolgt war. Daher traten die Fragen der Krim und der Verteidigung des Dnjestr hinter den Forderungen zurück, die Rumänien gegenüber Ungarn erhob (Mitteilung Gen. v. Buttlar vom 24. 3.).

Der Marschall hatte den Aufmarschraum der 20 rumän. Div.en (s. S. 767) erst dann zur Freigabe für die deutschen Truppen in Aussicht gestellt, wenn durch das vom Führer zugesagte Eingreifen gegen Ungarn die rumän.-ungar. Frage geregelt war (Mitteilung Chef Qu. vom 17. 3.). Sowie das geschehen war, wollte er alle rumän. Kräfte gegen die Sowjets einsetzen. Gen. Hansen erhielt Weisung, dem Marschall Antonescu mitzuteilen, daß eine deutsch-ungar. Regelung in Aussicht stehe. Im übrigen wurde es von deutscher Seite für nötig erachtet, den Widerstand der Rumänen nach Osten zu verlegen. Nach Klärung der ungarischen Frage schien es daher erforderlich, daß der Führer den Marschall noch einmal zu sich bat, um den vollen Einsatz der rumän. Kräfte herbeizuführen (Mitteilung Gen. v. Buttlar vom 18. 3.).

Der Führer hatte — wie angeführt — in den Unterredungen vom Februar den rumän. Staatsführer für die Auffassung zu gewinnen gesucht, daß ein Vorgehen gegen Ungarn nur dann erfolgreich sei, wenn alle territorialen Ansprüche zurückgestellt würden. Nunmehr forderte Antonescu, daß die ungar. Truppen aus *Ostungarn* und besonders aus dem *Szekler Zipfel* herausgezogen würden. Die Rückgabe dieses Gebietes an Rumänien solle vorbereitet werden (Merkbuch 25. 3.; Mitteilung Gen. v. Buttlar vom 24. 3.). Diesen Ansprüchen, welche die in Aussicht stehende Ausrichtung einer neuen ungar. Regierung auf die gemeinsame Verteidigung sofort wieder gefährdet haben würden, wurde begegnet, indem Ostungarn zur deutschen Operationszone erklärt wurde und einen deutschen Befehlshaber erhielt, dem die ungar. Kräfte unterstellt wurden. Dabei wurde der Streifen zwischen der Theiß und dem von Rumänien erstrebten Gebiet in die Operationszone einbezogen. Auf dieser Grundlage entstanden am 24. 3. Vorschläge für Weisungen an den OB Südost und an den deutschen Wehrmachtattaché in Budapest. Ferner wurden Vorschläge gemacht wegen der ungehinderten Durchfahrt rumänischer Transporte durch den Szekler Zipfel.

Die vom WFStab bearbeiteten *deutschen Forderungen* (Anlage 16 vom 22. 3.) erstreckten sich auf:

1. *Erfüllung der Wünsche der kämpfenden Truppe.* Die rumän. Regierung sollte die Gouverneure von Bessarabien und Bukowina anweisen, bei Übergreifen der Kampfhandlungen auf rumän. Boden den Präfekten freie Hand in der Unterstützung der kämpfenden Truppe zu lassen. Vor allem müßten sie berechtigt und verpflichtet sein, *in einer Zone von etwa 20 km* hinter der Hautpkampflinie Anforderungen der Truppenführung unverzüglich durchzuführen. Diese Forderung wurde auch an den Deutschen Gen. b. Ob.-Kdo. d. Rumän. Wehrmacht fernmündlich übermittelt, damit er ihre Erfüllung in Bukarest durchsetze.

2. *Freigabe von Treckstraßen durch Rumänien.* Für den Abtransport der Flüchtlinge hatte der Marschall Antonescu bisher nur die Straße durch Bessarabien (Balti) freigegeben. Ein rascher Abzug der arbeitsfähigen Bevölkerung aus dem Gebiet des Bug (Schwerpunkt Nikolajew) war aber dringend erforderlich. Dafür wurden Treckstraßen durch Rumänien benötigt. Die vom Marschall freigegebene Straße war wegen der Frontnähe nicht brauchbar. Der Deutsche Gen. hatte Weisung erhalten, die Freigabe einer Treckstraße durch die Moldau und Bukowina (über Jassy) zu erwirken. Über diese Forderung war noch nicht entschieden worden.

   Unabhängig von der Entscheidung war der Deutsche Gen. beauftragt, dem Rumän. Generalstab mitzuteilen, daß mit Rücksicht auf die Feindlage in Bessarabien die Flüchtlingstrecks durch die Moldau geführt würden.
3. *Belegung Rumäniens* mit allen zur Zeit in Transnistrien liegenden Einheiten der Luftwaffe, die von der Lage der 6. und 8. Armee abhängig waren. Sie umfaßten das I. Fliegerkorps mit sämtlichen Verbänden, dazu 2 Flughafen-Bereichs-Kommandos mit zugehöriger Bodenorganisation; 2 Flak-Div.en (4 Rgt.er zu je 3–4 Abtlg.en); Luftnachrichten-Truppen; rückwärtige und technische Dienste. Insgesamt handelte es sich um etwa 40 000 Mann.
4. *Belegung Rumäniens mit Versorgungseinrichtungen des GenStdH/Gen.Qu.* Einrichtungen der Heeresgruppen rund 39 000 Mann, der Armeen rund 28 000 Mann, insgesamt 67 000 Mann. Ferner Lazarettbasen mit rund 20 000 Betten (Anlage 17 vom 23. 3.).

### *Briefwechsel des Führers mit dem Marschall Antonescu*

Nach der Rückkehr des Marschalls Antonescu hatte sich die Lage im Südteil der Ostfront weiter verschlechtert. Am 25. 3. wurden *Proskurow* und *Balti* geräumt, am 27. 3. *Nikolajew* aufgegeben. Vom unteren Bug setzten sich die eigenen Kräfte ab. Zwischen Dnjestr und dem oberen Pruth fanden starke Angriffe statt. Am 29. 3. fiel *Czernowitz.* Auch zwischen dem ukrainischen Bug und Dnjestr wurde heftig gekämpft.

Am 26. 3. wandte sich der Führer in einem *Schreiben* an den inzwischen zurückgekehrten *rumän. Staatsführer* und setzte ihn von den Absichten der deutschen Führung in Kenntnis. Es kam — wie das Schreiben ausführte — darauf an, die Russen unter Aufwand aller Kräfte möglichst weit von den Grenzen der verbündeten Staaten im Südostraum entfernt zum Halten zu bringen und — auf Panzerhindernisse gestützt — eine geschlossene Front aufzubauen.

Die Russen waren weit von ihren Versorgungsbasen entfernt; ihre Durchschlagskraft war stark abgeschwächt, und es schien möglich, die rückwärtigen Verbindungen der feindlichen Vortruppen abzuschneiden. Der Führer hatte daher am 25. 3. den Befehl gegeben, der Heeresgruppe Süd 5 Div.en, darunter ein hochwertiges Panzerkorps, zuzuführen. Voraussetzung für diese Gegenangriffe war aber eine sichere Abschirmung in der Tiefe des Operationsraumes der Heeresgr. Süd, um weitere Durchbrüche des Gegners in den Rücken der Angriffstruppen zu verhindern. Diese Aufgabe fiel am Oberlauf des Pruth den rumänischen, am Oberlauf des Dnjestr den ungarischen Truppen zu. An den ungarischen Generalstab waren die entsprechenden Weisungen erlassen und das gesamte Gebiet östlich der Theiß zum Operationsgebiet erklärt worden.

Der Führer bat den rumänischen Staatsführer, in dieser Lage, die unmittelbar auch über das Schicksal Rumäniens entscheide, alles zu tun, um die Mobilmachung und den Aufmarsch der rumänischen Divisionen zu beschleunigen und jeden einsatzfähigen Verband aus dem vorgesehenen Aufmarschraum in nördlicher Richtung an den *Pruth* vorzuführen. Damit die Bewegungen der deutschen und rumänischen Verbände miteinander in Übereinstimmung gebracht werden konnten, sollten die 3. und 4. rumänische Armee an die Weisungen der Heeresgr. A gebunden werden. Zu diesem Zweck sollten sofort Verbindungskommandos zur Heeresgr. A geschickt werden. Dieses Schreiben (Anlage 23 vom 26. 3.) wurde dem Marschall Antonescu vom Deutschen Gen. b. Okdo. d. Rumän. Wehrmacht übermittelt.

Die *Antwort des rumänischen Staatsführers* (Anlage 24 vom 27. 3.) wurde über den Chef des rumän. GenStabes, *Gen. Steflea,* am 27. 3. an Gen. Hansen gegeben und ging am 28. 3. im FHQu. ein.

Da der Oberlauf des Pruth und der Oberlauf des Dnjestr vom Feinde überschritten worden waren, erklärte der Marschall Antonescu, sei es nicht mehr möglich, die Verteidigung der Flußoberläufe und ihre Auswertung als Panzerhindernisse zu verwirklichen. Der Marschall Antonescu glaubte auch nicht an die Kampfkraft der ungarischen Armee und an deren ernsthafte Absicht, sich zu schlagen. Er habe Gründe, anzunehmen, daß sie fähig sei, zum Gegner überzulaufen und mit ihm gemeinsam gegen die deutsch-rumänischen Truppen zu kämpfen.

Die deutsche 1. Pz.-Armee, die sich gegenwärtig auf dem Rückmarsch über den Dnjestr auf den Pruth befinde, solle die Verteidigung des Oberlaufes des Pruth übernehmen. Die rumänische Armee sei in voller Mobilmachung begriffen und werde ab 29. 3. mit dem Abtransport eines Teils ihrer Verbände beginnen, um sich zwischen den Karpaten und dem Pruth in der mittleren Moldau zu versammeln. Die Sicherung dieses Aufmarsches werde durch drei Verbände durchgeführt, und zwar auf einer von Natur aus besonders starken, teilweise mit Dauerbefestigungen versehenen Linie, die durch Targul-Neamt und das Waldmassiv Dealul Mare (südl. Pascani – Jassy) verlief. Diese Verbände hatten den Auftrag, den Vormarsch des Feindes in Richtung Jassy – Vaslui – Targul-Frumos – Roman und Czernowitz – Pascani – Roman aufzuhalten.

Von diesen 3 Div.en sollte je eine auf die genannten drei Richtungen angesetzt werden. Dadurch sollte der Rückzug der 1. Pz.-Armee und der Aufmarsch von drei weiteren rumän. Divisionen gesichert werden. Ohne Unterstützung durch besondere deutsche Pak=Einheiten könnte aber auf der Linie Targul=Neamt -- Dealul Mare nicht gehalten werden. Fraglich sei, ob die drei rumän. Verstärkungsdiv.en rechtzeitig zur Verteidigung dieser Stellung eintreffen würden. Dies könne nur erzielt werden, wenn die 1. Pz.=Armee den Gegner lange hinhalten könnte.

Antonescu bestand auf der bereits in einem Schreiben an den Führer vom 26. 3. ausgesprochenen Meinung, daß es notwendig sei, den Vormarsch des Gegners auf Südbessarabien durch die Beherrschung des Waldmassivs Cornesti, zwischen Ungheni und Orhei, abzuriegeln. Diese Linie entsprach dem bereits von der Heeresgr. A gegebenen Befehl (Anlage 25). Gelinge es nicht, diese für Panzer beinahe unzugänglichen Höhen zu behaupten, so könne der Gegner aus Südbessarabien heraus sowohl die 6. und 8. deutsche als auch die in Transnistrien befindliche 3. rumänische Armee und die 4. rumän. Armee in der Moldau umfassen. Die Behauptung des Cornesti=Massivs erfordere starke Kräfte. Diese könnten rasch nur von der Heeresgr. A herangebracht werden. Diese Heeresgruppe müsse daher möglichst rasch auf den Dnjestr zurückgenommen werden. Durch die Frontverkürzung und das schwer zu überschreitende Hindernis des Dnjestr=Unterlaufs würden Kräfte freigemacht. Die zum Halten der Linie *Targul=Mare — Cornesti — Dnjestr* nötigen Kräfte sollten nicht von rückwärts, sondern von vorn aufmarschieren.

Die mobilgemachten rumänischen Kräfte (11 weitere Div.en) sollten der jeweiligen operativen Lage entsprechend weiter rückwärts aufmarschieren, da ein Vorziehen — solange die Front sich in fortwährender, rascher Verschiebung befinde — dazu zwinge, sie in Einzeltransporten in der Nähe der feindlichen Stellungen auszuladen und sie — da sie nicht über Pak verfügten — einer raschen Vernichtung auszusetzen.

Marschall Antonescu wies auf die nunmehr letzte günstige Gelegenheit hin, solange die Verbündeten noch im Besitze von Odessa seien, mit der Räumung der *Krim* zu beginnen: trotz der künftigen offensiven Absichten. Nach der Preisgabe von Odessa könne dies nur unter Überwindung größter Schwierigkeiten durchgeführt werden. Die Räumung der Krim werde eine große Zahl kriegserfahrener Truppen freimachen, mit denen die Abwehr im Südraum der Ostfront verstärkt werden könnte.

Die vom Führer vorgeschlagene Neuorganisierung der Führung lehnte der Marschall ab. Er wollte die rumän. Kräfte in einem einzigen Block zusammenfassen, der ausschließlich von Rumänen befehligt würde. Doch forderte er Pak und Pakeinheiten zur Verstärkung der rumän. Verbände.

Die weitere Entwicklung der Lage erforderte nach Auffassung der deutschen Führung die Zurücknahme der 1. Pz.=Armee in allgemein westlicher Richtung, um das Aufreißen einer zu breiten Lücke südostwärts Lemberg zu verhindern und dort eine Front aufzubauen, unter deren Schutz die Versammlung einer

Angriffsgruppe zu einem späteren Stoß in südostwärtiger Richtung beabsichtigt und eingeleitet war. In diesem Raum sollten auch ungarische Kräfte unter straffer deutscher Führung zum Einsatz gebracht werden. Die Zurücknahme der 1. Pz.-Armee nach Westen machte es erforderlich, den Aufmarsch der rumänischen Armee so weit nördlich wie möglich durchzuführen. Da es jedoch fraglich war, ob die aus der Heeresgr. A herausgezogenen Verbände rechtzeitig herankommen würden, kam es für die 3 am und westlich des oberen Pruth stehenden rumänischen Div.en darauf an, die Russen möglichst lange aufzuhalten und erst (vom Feinde gedrängt) in südlicher Richtung auf die Linie Jassy — Targul-Neamt auszuweichen. Darüber hinaus mußte auch von Süden her der Aufmarsch durch Vorschieben von Vorausabteilungen gedeckt werden. Die Karpatenpässe in der Bukowina sicherten aus dem ungarischen Raum herangeführte deutsche Sperrverbände.

Die von Marschall Antonescu vorgeschlagene Linie *Orhei — Ungheni,* in welcher der russische Vormarsch in Anlehnung an das Cornesti-Massiv zum Stehen gebracht werden sollte, entsprach der bereits der Heeresgr. A befohlenen Linie. Die Heeresgr. A hatte Befehl, diese Linie — sollte sie vom Feinde vorzeitig überschritten werden — durch Gegenangriff wieder in Besitz zu nehmen. Ostwärts des Dnjestr sollte zunächst noch der Brückenkopf um *Odessa* (auf dem Westufer des Tiligulski Liman und von dort in allgemeiner Richtung Orhei verlaufend) gehalten werden, damit westlich des Dnjestr eine Versorgungbasis für die Krim aufgebaut werden konnte, die weiter gehalten werden sollte. Eine spätere Zurücknahme des Brückenkopfes zur Einsparung von Kräften wurde erwogen. Die deutsche Führung hielt die durch Zurücknahme der Heeresgr. A auf den Brückenkopf Odessa freiwerdenden Kräfte für die in der Linie Orhei — Ungheni — Jassy — Targul-Neamt aufzubauende Moldau-Front für ausreichend.

Die deutsche Führung hielt jetzt im Hinblick auf die bedrohliche Lage eine Änderung der bestehenden Befehlsgliederung für unzweckmäßig und schlug vor, es zunächst bei der bereits von der Heeresgr. A getroffenen Regelung zu belassen. Es bestand die Absicht, auch größere deutsche Verbände den rumänischen Kommandobehörden zu unterstellen, da in einer möglichst engen Verschmelzung rumänischer und deutscher Verbände die Stärke der Kampfführung im rumän. Raum gesehen wurde. Rumän. Verbände sollten in den weniger panzergefährdeten Abschnitten (Berg- und Waldmassiven) eingesetzt werden, während den deutschen Truppen die Verteidigung panzergefährdeter Räume übertragen wurde. Zur Verstärkung der Panzerabwehr der rumän. Verbände sollten trotzdem beschleunigt 120 schwere Pak mit deutschen Bedienungen und eine Sturmgeschütz-Brigade zugeführt werden.

Die Maßnahmen und Pläne der deutschen Führung wurden dem Marschall in einem von WFStab ausgearbeiteten *Schreiben des Führers* am 31. 3. schriftlich mitgeteilt (Anlage 26 vom 31. 3.).

Dieser Brief wurde dem rumän. Staatsführer am 1. 4. durch den Deutschen General überreicht. Der Marschall äußerte Bedenken, daß der große Brückenkopf *Odessa* zu halten sei, und befürchtete, daß ausreichende deutsche Kräfte nicht rechtzeitig an der entscheidenden Nahtstelle am Pruth bei Jassy eintreffen würden.

Marschall Antonescu erklärte daher, er sei entschlossen, mit seiner Armee auf die Linie Donau – Galatz – Karpatenknie zurückzugehen, wenn rückwärts des Pruth tiefere Einbrüche erfolgten, da dadurch die rumänische Stellung Jassy – Targul-Neamt aus den Angeln gehoben werde. Er hielt den Auftrag der in der Kampfkraft als äußerst geschwächt angesehenen 1. Pz.-Armee nicht für durchführbar. Sie würde mit ihren Resten auf das Südufer des Dnjestr zurückgehen müssen, wenn dies noch möglich sei.

Die Rumänen trafen schon Vorbereitungen zur Evakuierung von *Galatz*. Der Marschall Antonescu begründete es mit der Verpflichtung, rechtzeitig Vorsorge zur Bergung wertvoller Güter treffen zu müssen. Er habe das an anderer Stelle schon früher gewollt, sei aber von deutschen Stellen daran gehindert worden. Entgegen den gegebenen Versicherungen seien aber weder die Dnjepr-Linie und der Brückenkopf Nikopol, aus dem heraus sogar für Mitte November ein Vorstoß auf Melitopol angekündigt worden sei, noch die Bug-Linie gehalten worden. Ebenso könnten die jetzigen Absichten angesichts der schweren Materialverluste der 6. und 8. Armee scheitern. Auch die Krim sei nicht zu halten.

In dem *Briefe an den Führer vom 27. 3.* machte der *Marschall* einen neuen Versuch, die Frage des *Szekler Zipfels* aufzurollen. Er nahm den von Norden und Osten nach Rumänien drängenden Flüchtlingsstrom erneut zum Anlaß, den Führer zu bitten, eine endgültige Lösung des Szekler Zipfels herbeizuführen, damit die Flüchtlinge keine die militärischen Bewegungen störenden Umwege zu machen brauchten. Die Aufrechterhaltung der politischen und militärischen Schranken zwischen der Moldau und den rumänischen Gebieten nördlich der Südkarpaten zwinge die Flüchtlinge und die Abschubtransporte aus der Moldau zu großen Umwegen. Die von den Ungarn vertriebenen siebenbürgischen Flüchtlinge sollten wieder zurückgeführt und dadurch das Mutterland entlastet werden, damit für die Hunderttausende von Flüchtlingen aus dem Osten und Norden Platz geschaffen werden könne.

Soweit die militärischen Truppen- und Versorgungstransporte und die geringe Leistung der durch den Szekler Korridor führenden Strecken es zuließen, war von deutscher Seite bereits Vorsorge getroffen, die Abschub- und Flüchtlingstransporte über diese Strecken zu führen. Für die reibungslose Durchführung der auf dem Landmarsch angesetzten Räumungsbewegungen wurde durch einen besonderen, hierfür eingesetzten Stab Vorsorge getroffen (Anlage 25 vom 31. 3.). Es wurde dafür gesorgt, daß schon am 28. 3. rumänische Flüchtlinge durch den Szekler Zipfel gefahren und Flüchtlingstrecks hindurchgeleitet wurden (Merkbuch vom 29. 3.). Um die Gefahr politischer Verwicklungen zu vermeiden, sollten die Truppen aus dem ungarischen Raum entfernt und deutsche Verbände hineingeführt werden.

In der *Unterredung des Marschalls* mit dem *Deutschen Gen. b. Obkdo. d. Rumän. Wehrmacht* brachte Antonescu am 1. 4. erneut seine Forderung vor, daß die 24 000 Flüchtlinge aus Nordsiebenbürgen dorthin zurückgesiedelt werden müßten. Dies sei ihm bindend versprochen worden. Er habe das Versprechen weitergegeben, und die Überfüllung des Landes durch andere Flüchtlinge (auch Deutsche) mit ihren schweren wirtschaftlichen Belastungen erfordere ebenso wie die Erhaltung seiner Autorität als Staatsführer die Erfüllung dieser Zusagen (Anlage 26 vom 2. 4.).

Die politischen Schwierigkeiten wurden dadurch vermindert, daß die Ungarn aus dem Szekler Zipfel abzogen und den Rumänen die Eisenbahn sowie die Straßen durch das Szekler Gebiet für ihre Truppen und die Trecks freigegeben wurden. Es blieb noch die Forderung des Marschalls, sofort die Rücksiedlung der aus Ostungarn vertriebenen Rumänen einleiten zu können (Merkbuch vom 12. 4.).

Die laufenden Verhandlungen wurden dadurch erschwert, daß der Rückzug der Heeresgr. Südukraine (Heeregr. A) unter bedenklichen Erscheinungen, wie sie ein schneller Rückmarsch auslöst, vor sich gegangen war. Dem *WFStab* lag darüber ein Bericht des Leiters des rumänischen Nachrichtendienstes und eine Zusammenfassung des Oberst d. G. Poleck vor, der sich auf Mitteilungen des Chefs des Stabes des Oberquartiermeisters Rumänien und des Deutschen Generals stützte (Anlage 26, 28, 29).

Ein großer Teil der nach Nordrumänien hineinströmenden Truppen kam ohne Waffen, zerlumpt und in völliger Unordnung. Die Disziplin war stark abgesunken. Die geordnete Verpflegung hatte bei vielen Einheiten ausgesetzt. Gen.-Oberst Schörner hatte gegen eingerissene Mißstände scharf durchgegriffen; auch der Nachschub war inzwischen in Ordnung gebracht worden. Rumän. Div.en wurden nach vorn geführt, so daß die deutschen Div.en kleinere Abschnitte übernehmen konnten. Die Grenzlinien zwischen dem Operationsgebiet und dem eigentlichen rumän. Gebiet, in dem sich die rumän. Regierung die Verwaltung vorbehielt, waren geklärt worden. Damit war wieder weitgehend Ordnung geschaffen.

Die deutschen Verluste betrugen bei den Absetzbewegungen der Heeresgr. A außer Waffen, Großgerät, motorisierten und bespannten Fahrzeugen 136 000 to Wehrmachtgut, 12 000 Waggons und 300 Lokomotiven. Auch den Rumänen waren wertvolles Staatseigentum und große Lebensmittelvorräte durch die Flucht der Bevölkerung verlorengegangen. Angstkäufe und Ansteigen der Lebensmittelpreise waren die Folge. Auflösungserscheinungen im Wirtschaftsleben waren aber nicht eingetreten. Die Mehrheit des Volkes schien bereit zu sein, die Kriegsanstrengungen zu verstärken. Der Kampfwille des

Marschalls war — nach Mitteilung des Generals Hansen an den Chef OKW vom 2. 4. – ungebrochen (Anlage 26 vom 2. 4.). Der Vertreter des *WFStabs, Oberst d. G. Poleck*, faßte nach der Rückkehr von seiner Reise zum Deutschen General nach Bukarest am *4. 4.* seine Eindrücke dahin zusammen, daß Rumänien nicht zusammenbreche, sondern sich weiterhin mit erhöhten Anstrengungen am Kampf beteiligen werde (Anlage 28).

Zwei Schwierigkeiten waren aber noch zu beseitigen: 1. Die Übergriffe auf rumänischem Gebiet hatten zu ständigen Vorstellungen des Marschalls bei den deutschen Dienststellen geführt. Auf Grund der Klagen des Marschalls Antonescu beim Führer hatte der Chef OKW am *31. 3.* den Einsatz des Feldjägerkommandos III zum Abstellen der Disziplinlosigkeiten befohlen (Anlage 25 vom 31. 3.). *Gen. Hansen* setzte am *2. 4.* dem rumän. Staatsführer die Maßnahmen auseinander, die auf Grund seiner Beschwerden getroffen worden waren. Der Chef des rumän. Generalstabes sollte darüber laufend unterrichtet werden.

2. Eine zweite Erschwerung hatte sich durch starke sachliche und persönliche Meinungsverschiedenheit zwischen dem OB der Heeresgr. Südukraine und dem Deutschen Gen. in Rumänien ergeben. Diese lagen darin begründet, daß Gen.-Oberst Schörner die Dinge von seiten der Truppe ansah und deren Interessen wahrnahm, während Gen. Hansen auf die Entwicklung der deutsch-rumänischen Beziehungen Rücksicht zu nehmen hatte; denn der Führer hielt an seiner wiederholt gegebenen Weisung fest, daß kein Druck auf Rumänien ausgeübt werden sollte. Dieser Konflikt verschärfte sich dadurch, daß die beiden Generale ihrer Wesensart nach nicht zusammenpaßten. Der OB machte dem Bevollm. General den Vorwurf, daß er nichts vorbereitet habe, obwohl er die Entwicklung an der Südfront hätte voraussehen müssen. Deshalb seien keine Vorbereitungen getroffen, um die Verbände der Heeresgruppen bei ihrem Übertritt auf rumän. Gebiet in Empfang zu nehmen. Demgegenüber machte Gen. Hansen anhand seiner Akten geltend, daß er ab Februar wiederholt beim Chef OKW und beim GenStdH Befehle in dieser Richtung erbeten hatte, daß diese darauf aber nicht eingegangen waren, so daß er die erforderlichen Schritte nicht hätte tun können (vgl. Mitteilung Oberst Krull vom 11. 6.).[1]

### *d) Die April-Verhandlungen in Bukarest und die Befehlsgliederung vom 16. April 1944*

Im Südteil der Ostfront wurden *im März*[2] die Heeresgr. A in Heeresgr. Südukraine und die Heeresgr. Süd in Heeresgr. Nordukraine umbenannt. Die

1 Die hier beginnende zweite Hälfte des 3. Anhangs (PS — 1806), d. h. Abschnitt d–i, wurde von mir am 24. 3. 1945 dem General Scherff für die Abt. Wehrm./Kriegsgeschichte nachgeliefert mit einem dienstlichen Anschreiben, in dem ich bat, den Text in die „Ausarbeitung Südost" an der richtigen Stelle einzufügen. Beim Abdruck verfahre ich entsprechend.

2 In Kraft getreten.

Führung der Heeresgr. Südukraine übernahm am 31. 3. Generaloberst Schörner, die Führung der Heeresgr. Nordukraine Generalfeldmarschall Model.

Bei der Heeresgr. Südukraine kämpfte sich die 1. Pz.-Armee unter großen Witterungs- und Wegeschwierigkeiten zurück. Eigene Kräfte wurden bereitgestellt und sollten am 7. oder 8. 4. nach Osten vorstoßen, die Verbindung mit der Pz.-Armee herstellen und die Sereth-Stellung wiedergewinnen.

Marschall Antonescu, der eine klare Beurteilung der Lage zeigte, übereilte seine Handlungen nicht. Die Rumänen führten offensichtlich alle ihnen zur Verfügung stehenden Kräfte heran. Anfang April waren auf einer Frontbreite von 150 km von Jassy bis zum Gebirge 7 rumänische Div.en eingesetzt (Mitteilung Gen. v. Buttlar vom 7. 4.). Diese von den Rumänen aufgebaute Linie, die nur als Cordonsicherung anzusehen war, sollte durch kampffähige deutsche Einheiten sowie durch schwere Waffen und Panzer abgestützt und dahinter sollten einsatzfähige Kräfte bereitgehalten werden. Kritisch blieb die Lage im Brückenkopf von Odessa, der verengert wurde.

Das Vordringen der Russen über den Dnjestr und die Einbeziehung weiterer Teile Rumäniens in das Operationsgebiet zwangen erneut zu Verhandlungen mit den Rumänen über

1. die Abgrenzung der Befehlsgebung,
2. die Verpflegung und Lei-Versorgung der deutschen Truppen,
3. den Abtransport der Flüchtlinge.

Im einzelnen:

1. In der Frage der *Abgrenzung der Befehlsgebung in Rumänien* zwischen WFStab und GenStdH vertrat der WFStab den Standpunkt, daß die Kampf- und Truppenführung Sache des GenStdH sein müsse (Mitteilung Chef Qu. vom 29. 3.). Am 29. 3. wurde ein Befehl vorgelegt, wonach der Deutsche General in Bukarest in Fragen der Kampf- und Truppenführung an die Befehle des GenStdH gebunden sein solle. Damit wurde das bisherige Verhältnis abgeändert; denn bisher unterstand der Deutsche Gen. dem GenStdH nur in seiner Eigenschaft als Chef der Heeresmission. Der GenStdH hatte genaue Klärung verlangt, da er beabsichtigte, zur Vereinfachung die Befehlsgewalt an die Heeresgr. A zu übertragen. Er hatte dabei mitgeteilt, er habe nicht die Absicht, den Stab des Deutschen Generals als Führungsstab einzusetzen; vielmehr sei es sein Ziel, über ihn einen noch engeren Kontakt mit dem rumänischen Generalstab herzustellen. Da der GenStdH inzwischen die taktische Unterstellung des Deutschen Generals unter die Heeresgr. A befohlen hatte, war in der Befehlsgliederung in Rumänien eine Änderung eingetreten, die mit den Richtlinien des OKW nicht mehr zu vereinen war und zu erheblichen Schwierigkeiten für den Deutschen General gegenüber dem rumän. Generalstab und für die Wahrnehmung der territorialen Quartiermeisteraufgaben geführt hatte.

Zur Klärung der Unstimmigkeiten wurde vom *WFStab* der *Oberst d. G. Poleck* vom 30. 3. bis 3. 4. nach Bukarest entsandt. Dieser sah die Schwierigkeiten in der Einstellung der Heeresgr. A, die sich allein durch militärische Rücksichten bestimmen lasse und deshalb der Ansicht sei, diesen müßten jetzt alle politischen Rücksichten untergeordnet werden. Der Oberquartiermeister der Heeresgr. A, der vom GenStdH mit der Versorgungsführung im gesamten rumänischen Raum beauftragt worden war — der Quartiermeister Rumänien wurde hierzu der Heeresgr. Süd unterstellt —, nahm daher nicht die entsprechende Rücksicht auf politische und wirtschaftliche Abmachungen mit Rumänien, sondern befahl dem OQu Rumänien, was von der Heeresgruppe für erforderlich gehalten wurde. So verlegten der GenStdH und die Heeresgr. A ohne Genehmigung des Chefs OKW zahlreiche Dienststellen und Versorgungseinrichtungen auch in den Raum südlich der Linie Galatz — Focsani und befahlen dem OQu Rumänien, die Unterbringung sicherzustellen. Ähnlich handelte bereits die Luftwaffe. Der rumänische Generalstab protestierte infolgedessen laufend gegen die Übertretung der Abmachungen. Der Deutsche General kam dadurch in eine schwierige Lage, da er an die Befehle des GenStdH und der Heeresgr. A gebunden war (Merkbuch vom 31. 3.).

Oberst d. G. Poleck teilte am 1. 4. diese Sachlage dem Stellv. Chef WFStab mit (Anlage 30, Anlage 1 vom 1. 4.) und vertrat dabei die Auffassung, daß die Rumänen gegenüber allen unabweisbar dringlichen deutschen Forderungen bisher stets Entgegenkommen gezeigt hätten, und stellte fest, daß bisher kaum ein Fall vorgekommen sei, wo in einer wirklich kriegswichtigen Angelegenheit die deutschen Wünsche nicht hätten durchgesetzt werden können. So hätten die Rumänen jetzt von sich aus darauf hingewiesen, daß das freigegebene Gebiet bis in eine Linie ostwärts des Ölgebietes und ostwärts Bukarest vergrößert werden müsse.

Da der Gen.-Quartiermeister nicht vor dem 2. 4. abends erreichbar war, wurde am 2. 4. vom *Stellv. Chef WFStab* eine *„Vorläufige Anweisung* für die Versorgungsführung in Rumänien" ausgegeben (Anlage 30, Anlage 2 vom 2. 4.), in der darauf hingewiesen wurde, daß der Deutsche General und der OQu Rumänien an die Befehle des Chefs OKW gebunden seien und darüber hinausgehende Forderungen der Heeresgr. A abzulehnen hätten. Die Unterstellung des OQu Rumänien unter die Heeresgr. A wurde auf Nordrumänien beschränkt. Für die Versorgungsführung im übrigen Rumänien vertrat der OQu Rumänien die deutschen Belange gegenüber dem rumän. Generalstab. Die Weisungen der Heeresgr. A waren an die grundsätzlichen Richtlinien des Chefs OKW anzupassen. Finanzierung und Beschaffung, die auf deutscher und rumänischer Seite einheitlich geregelt wurden, blieben weiterhin auch für Nordrumänien Aufgabe des Deutschen Generals.

Durch diese Richtlinien wurden wesentliche Bedenken bereits beseitigt. Vom WFStab wurde dann in persönlicher Aussprache mit dem *Gen.-Qu. Gen. Wagner* die Übereinstimmung der Auffassungen in allen Fragen festgestellt. Der Gen.-Qu. wollte sich in den nächsten Tagen (vgl. Anlage 30 vom 5. 4.) nach

Rumänien begeben, dort die Fragen im Sinne des OKW klären und (wenn nötig) durch einen Wechsel der OQu's der Heeresgruppen A und Süd Änderung schaffen.

2. Der zweite Fragenkomplex, der vom Vertreter des WFStabs in Bukarest erörtert wurde, umfaßte die *Finanzierung der deutschen Truppen in Rumänien*. Hierin hatten sich durch die rasche Veränderung der Verhältnisse insofern Schwierigkeiten ergeben, als in kürzerer Zeit, als erwartet war, die deutschen Truppen nach Nordrumänien kamen, so daß die dem Marschall gegebene Zusicherung, dem rumän. Haushalt werde dadurch keine Mehrbelastung erwachsen, sich nicht aufrechterhalten ließ. Die zusätzliche Belastung des Lei-Haushaltes ergab sich daraus, daß den nach Nordrumänien zugeführten Truppen und den in diesem Raum stehenden Kampftruppen ein Teil des Wehrsoldes in Lei ausgezahlt werden mußte. Der Wehrsold für eine Million Soldaten betrug monatlich 12 Milliarden Lei. Die bisherigen deutschen Lieferungen an Rumänien betrugen jedoch monatlich nur 6 Milliarden. Geplant wurde die Herabsetzung der Wehrsoldzahlung auf 3/10 in Lei. Der Rest sollte in Behelfsgeld ausgegeben werden (Mitteilung Chef Qu vom 19. 4.). Um den größten Schwierigkeiten zu begegnen, wurde eine Wehrsoldstaffelung eingeführt, die später eine Abänderung nach Teuerungsstufen erfahren sollte.

Das *Beschaffungswesen* wurde durch ein Bon-System nun abschließend geregelt. Verpflegung, Materialbeschaffung und Dienstleistungen sollten mit Bons bezahlt werden. Es gab zwei Arten von Bons: für die Beschaffungen innerhalb des Exportkontingents und für solche außerhalb des Exportkontingents. Beide Bons galten für Lieferungen der rumän. Wehrmacht und der rumän. Zivilbehörden. Die Bons sollten durch den Empfänger der rumän. Zivilbehörde eingereicht werden, die sie innerhalb von 6 Wochen einzulösen hatte. Die verauslagten Beträge wurden auf das deutsche Clearing angerechnet, also von Rumänien einstweilen gestundet. Dieses Zugeständnis war schwer zu erlangen gewesen. Die Rumänen wollten Anrechnung auf den Lei-Haushalt der Wehrmacht. Waren, für die der bestehende Wirtschaftsvertrag Export nach Deutschland vorsah, sollten in Höhe der Entnahmen auf das Kontingent angerechnet werden. Die Interessen der Truppe waren durch diese Regelung ausreichend gesichert.

Da die vorhandenen Mittel zur Zahlung des erheblich gestiegenen Wehrsolds — bei der Belegung des Landes mit 1 Million deutscher Soldaten — nur bis zum 1. 5. ausreichten, wurde eine Erhöhung des Lei-Haushaltes spätestens zu diesem Termin notwendig. Anzunehmen war aber, daß Rumänien die bestehenden Verträge über Getreidelieferungen an Deutschland wegen des Verlustes der Überschußgebiete aufkündigen werde (Anlage 30 vom 5. 4.).

In einer Besprechung im *GenStdH/Gen Qu* am 12. 4., die mit Vertretern des OKW/WFStab und den Gruppenleitern der Abteilungen Qu und Org stattfand, vertrat der GenStdH die Auffassung, daß in Zukunft die Kriegführung in

Rumänien nicht mehr auf Grund der bisherigen Wirtschaftsvereinbarungen (vor allem nicht hinsichtlich der Zahlungsmittel und Verpflegungsentnahme aus dem Lande) möglich sei. Der GenStdH hielt die sofortige Aufnahme von Verhandlungen durch den Gesandten Clodius für erforderlich. Der Gen.=Qu beantragte, alle Forderungen der Wehrmacht bei ihm zusammenzufassen und durch ihn gegenüber dem Gesandten Clodius zu vertreten. Er beabsichtigte, hierzu als Vertreter Oberst Krull nach Bukarest zu entsenden, der gleichzeitig auch die Interessen des OKW/Wi=Stabes hierbei wahren sollte. Die Beteiligung des Chefintendanten in Bukarest wurde dem Gen.=Qu zugestanden (Anlage 33 vom 12. 4., Aktennotiz Oberst d. G. Poleck für Stellv. Chef WFStab).

3. Die dritte wesentliche Frage, die vom Chef Qu in Bukarest behandelt wurde (Mitteilung Oberst d. G. Poleck vom 29. 3.), war die Frage des *Abtransportes der Flüchtlinge* aus den gefährdeten rumän. Gebieten.

Es handelte sich um drei Flüchtlingsströme:

1. um etwa *125 000 Volksdeutsche aus Transnistrien,*
   für deren Rückführung die Volksdeutsche Mittelstelle zuständig war. Angestrebt wurde der Abtransport auf Donauschiffen; doch fehlte es an Schiffsraum. Der *WFStab* hatte vorgeschlagen, die vorhandenen ungar. Personendampfer (etwa 20) hierfür einzustellen;
2. *um die zurückgeführte wehr= und arbeitsfähige Bevölkerung,*
   die dem Generalbevollmächtigten für den Arbeitseinsatz zugeführt werden sollte. Die Rumänen hatten sich gegen das Hereinlassen dieser Trecks nach Rumänien gewandt, da sie die Bildung von Banden und Plünderungen besorgten; aber sie kamen doch den deutschen Wünschen schrittweise entgegen. Es handelte sich um etwa 40 000 Mann. Es war beabsichtigt, sie auf der Eisenbahn, notfalls im Landmarsch wegzuführen. Eine entsprechende Weisung sollte herausgehen, in der vorgesehen war, daß bei der Durchführung durch den Szekler Zipfel keine rumän. Bewachung mitgegeben werden sollte;
3. *um rumän. Flüchtlinge aus Transnistrien und dem nordrumän. Raum.*
   Sie wurden nach Möglichkeit durch den Deutschen Gen. in Zusammenarbeit mit dem Rumän. Gen.=Stab gelenkt. Bisher hatten sich durch diesen Flüchtlingsstrom noch keine Schwierigkeiten ergeben. Außerdem wurden noch wehr= und arbeitsfähige Männer aus dem Bereich der Heeresgr. Süd unmittelbar in das Generalgouvernement geleitet. Durch den raschen Vormarsch der Sowjets in den letzten Tagen war diese Rückführung erschwert, wenn nicht unmöglich gemacht. Für die endgültige Unterbringung aller dieser Flüchtlinge war der Reichsführer SS zuständig.

Der Abtransport der Volksdeutschen und der Zwangsevakuierten ging trotz der Nähe des Feindes und der durch die Lage notwendig gewordenen Ausweichbewegungen der Trecks bisher reibungslos vor sich. Da sich die Flücht=

lingstrecks durch rumänisches Gebiet und durch Ostungarn bewegten, ergaben sich für ihre Bewachung, Betreuung und Weiterleitung Schwierigkeiten in der Zuständigkeit. Dasselbe galt für die rumän. Flüchtlingsbewegung, die ebenfalls über die Karpaten durch den Szekler Zipfel geleitet werden mußte. Um zu verhindern, daß die Kampf= und Versorgungsführung sowie die eigenen Truppenbewegungen behindert wurden, beauftragte das *OKW* den *Deutschen Gen.* mit der einheitlichen Lenkung der deutschen und rumänischen Rückführungs= und Flüchtlingsbewegung aus den Bereichen der Heeresgr A und Heeresgr. Süd durch rumänisches Gebiet (Anlage ...[1] vom 1. 4.). Diese Regelung bestätigte einen bereits vorliegenden Zustand, beseitigte Zweifel und stärkte die Stellung des Deutschen Generals.

Die Masse der Zwangsevakuierten und der rumänischen Flüchtlinge mußte über die Karpaten im Fußmarsch (Trecks) geleitet werden, da mit Rücksicht auf die Bedürfnisse der Front und auf die Mobilmachung Rumäniens nur in geringem Umfange Eisenbahntransportraum zur Verfügung stand. Die Volksdeutschen aus Transnistrien, die sich im Raum um Reni und Ismail versammelten, sollten möglichst zu Schiff und mit der Bahn weitergeleitet werden. Nach Auffassung des Chefs des Stabes beim Deutschen Gen. vollzog sich die Treckbewegung der Volksdeutschen reibungslos. Als Gesamtzeit für die Rückführung wurden 3 — 8 Monate berechnet.

Da aber der Donauschiffsraum für den Abtransport der Volksdeutschen nicht ausreichte, wurde der Weitermarsch im Landtreck notwendig. Der Gen.=Quartiermeister hatte hierfür zwei Treckwege vorgesehen:

a) längs der Donau auf dem Nordufer durch rumän. und ungar. Gebiet,
b) längs der Donau auf dem Südufer durch die Dobrudscha, Bulgarien und Serbien.

Der GenStdH beantragte, daß er die Steuerung dieser Flüchtlingsgruppe selbst übernahm, und bat das OKW, die Zustimmung der Bulgaren zum Durchmarsch einzuholen (Anlage 33 vom 12. 4.).

Für die in Galatz versammelten Volksdeutschen war die Frage des Abtransports jetzt dringend geworden, da die Lebensmittel verbraucht waren. Den Durchmarsch durch rumän. Gebiet hatte Marschall Antonescu abgelehnt, weil die rumän. Volksangehörigen nicht aus Transnistrien evakuiert waren und er deshalb Unruhen befürchtete. Der Transport mit der Eisenbahn oder auf Donauschiffen nahm zu lange Zeit in Anspruch. Es blieb nur der Abmarsch durch die Dobrudscha südlich der Donau. Die Bulgaren hatten die Einwilligung bereits gegeben.

Inzwischen hatte sich der Brig.=Führer Hoffmeyer über den Deutschen Gesandten (ohne Kenntnis des Deutschen Generals) an den Marschall gewandt und von ihm die Erlaubnis erhalten, den Transport durch Nordrumänien nach Ungarn in den Szekler Zipfel durchzuführen. Da nach Meldungen des Deut=

1 Im Ms. Lücke für die Nummer gelassen.

schen Generals in Bukarest und des Mil.-Befehlshabers Südost jedoch keine Ernährungsmöglichkeiten bestanden, mußte eine Katastrophe erwartet werden. 60 000 Menschen und 20 000 Pferde waren bereits auf dem Marsche nach Ungarn. Weitere Transporte wurden angehalten. Es sollte noch einmal versucht werden, die Genehmigung des rumän. Staatschefs zum Durchmarsch südlich der Karpaten zu erhalten. Der Stellv. Chef WFStab wandte dagegen ein, daß hierdurch die Beziehungen zu dem Marschall Antonescu belastet würden. Die Volksdeutsche Mittelstelle solle angewiesen werden, sich an die Weisungen der militärischen Dienststellen zu halten. Der Stellv. Chef WFStab beauftragte Oberst d. G. Poleck, diese Vorgänge dem *Gen.-Quartiermeister* vorzutragen (Merkbuch vom 19. 4.).

Für den Abtransport der Transnistrien-Deutschen wurde schließlich die Regelung getroffen, daß 80 000 Volksdeutsche durch die Dobrudscha nach Bulgarien geleitet würden, von wo sie südlich der Donau die Batschka erreichen sollten, und 52 000 Menschen sollten in Trecks zu je 6 000 in den Szelker Zipfel geführt werden (Merkbuch v. 20. 4.). Die Volksdeutschen, die sich bei Reni und Ismail gesammelt hatten, sollten ostwärts Galatz über die Donau übergesetzt werden.

Auf Antrag des Deutschen Generals vom 18. 4. genehmigte OKW/WFStab am 19. 4. den vorübergehenden Einsatz von *drei Fähren von Giurgiu—Russ* und von schwimmenden Teilen der Behelfsbrücke bei Turnu—Magurele. Bedingung war, daß der Fährbetrieb an beiden Übersetzstellen aufrechterhalten blieb (Anlage 36 vom 19. 4.). Die Flüchtlinge ab Barlad sollten über die Pruth-Brücke bei Falciu geleitet werden (Anlage 39 vom 24. 4.).

Auch nach der neuen Befehlsgliederung blieb Gen. Hansen mit der Leitung der gesamten Flüchtlingsbewegung betraut. Er erhielt als Vertreter des Chefs OKW jetzt in allen Flüchtlingsfragen Weisungsbefugnis gegenüber den benachbarten Gebieten Ungarn, Mil.-Befehlshaber Südost, Bulgarien (Mitteilung Chef Qu vom 19. 4.). Nur innerhalb des rumänischen Operationsgebietes war er auf Befehl des Chefs OKW an die Weisungen des GenStdH (Oberkommando der Heeresgr. Südukraine) gebunden (Anlage 34 vom 16. 4.).

4. Eine weitere Frage von größter Wichtigkeit war das *Transportproblem.* Das unvorhergesehene, rasche Vordringen der Russen hatte die *Eisenbahn-Transportlage* weiter erschwert. Die wichtige Strecke über Czernowitz war ausgefallen, die Hauptbahn über Jassy nicht mehr benutzbar. Die Umleitung durch Ungarn und Bulgarien mußte abermals erhöht werden. Zum Transport in das Gebiet ostwärts des Pruth stand nur noch eine wenig leistungsfähige Nebenbahn zur Verfügung. Die Schwierigkeiten vergrößerten sich noch durch einen *Betriebsunfall auf der Brücke von Tighina,* der zu einer Sperrung des Übergangs führte. Da am Tage dort nur 5 Züge durchgeschleust werden konnten, entstand ein Zugstau von 200 Zügen. Die Heeresgruppe beantragte daher, daß die Eisenbahn in Nordrumänien in deutsche Verwaltung übernommen würde (Merkbuch vom 26., 27. und 29. 3.).

Die außergewöhnliche Belastung der rumänischen Bahn im frontnahen Raum und ihre Bedrohung durch den Gegner hatten – nach Meldung des OB der Heeresgr. A — zu einer nicht tragbaren Verstopfung der Strecken und zeitweiligen Einstellung des Eisenbahnverkehrs geführt. Der Chef OKW beauftragte daher am *30. 3.* den Deutschen Gen., die Zustimmung des Marschalls Antonescu zu erwirken, daß für die deutschen Transporte *auf den Eisenbahnstrecken Nordrumäniens deutsches Eisenbahnpersonal* eingesetzt werde, wodurch sich dann erfahrungsgemäß die Leitung durch die deutschen Dienststellen von selbst ergebe (vgl. Anlage 30 vom 5. 4.). Dem Wehrm.=Trsp.=Chef wurde gleichzeitig der sofortige Einsatz befohlen; er sollte jedoch nicht als ein Verdrängen, sondern als Hilfe für die Rumänen in Erscheinung treten. Entsprechend dieser Weisung wurden sämtliche Spitzenbahnhöfe mit rein deutschem Personal besetzt und zur Unterstützung der Rumänen in ganz Nordrumänien deutsche Eisenbahner eingesetzt. Dadurch wurde dem Chef des Transportwesens ein erheblicher Einfluß auf die rumän. Eisenbahnbetriebsführung gesichert. Die getroffenen Maßnahmen sollten gleichzeitig dazu dienen, schrittweise dem Ziele der milit. Stellen näherzukommen, die Eisenbahn im frontnahen Raum völlig zu übernehmen. Denn dies war schon deshalb erforderlich, damit bei der schwierigen Verteilung des Land= und Seetransportraumes der Abtransport des Treibstoffs aus Rumänien allem voranging, wurde aber auch durch die Lage hinter der Front unabwendbar nötig (Mitteilung Chef Qu vom 29. 3.).

Der Deutsche Gen. und der Chef Transportwesen stimmten darin überein, daß der Zwischenfall von Tighina nicht als Ausgangspunkt für die Forderung der Übergabe der Eisenbahn an die deutsche Verwaltung genommen werden könne, da ein Verschulden oder Versagen der rumän. Eisenbahn nicht vorlag (Anlage 30 vom 5. 4.).

5. Das Ergebnis der *Verhandlungen des Gen.=Quartiermeisters in Bukarest* wurde mit Zustimmung des Marschalls Antonescu in einem Protokoll niedergelegt. Hierüber sollte dem Führer vom Chef GenStdH am 12. oder 13. 4. vorgetragen werden.

Die rumänische Regierung erklärte aus eigenem Entschluß das Land 50 km ostwärts Bukarest–nordostwärts Sinaia, dh. Linie: Donau 20 km westlich Silistria – Urziceni – Mizil (30 km ostwärts Ploesti) – Cislau – Kraszna (Orte einschließlich) — Ciurgiul zum *Operationsgebiet*. Ein rumänischer Militärbefehlshaber sollte ohne Bindung an Bukarest selbständig die Verwaltung des Landes mit den rumänischen Verwaltungsorganen leiten. Das übrige rumänische Gebiet unterstand der Regierung in Bukarest. Diese Lösung des Marschalls wurde den deutschen Wünschen weitgehend gerecht.

Die neue Einteilung Rumäniens zog auch deutscherseits eine Zweiteilung der Aufgaben nach sich. Der Chef OKW verfügte daher am 16. 4. eine *neue Befehlsgliederung für Rumänien*. Das Operationsgebiet galt auch im deutschen

Sinne als Operationsgebiet des Heeres und schied damit aus dem Bereich des Territorial=Befehlshabers, Gen. Hansen, aus und trat unter den Befehl des GenStdH. Dem rumänischen Militärbefehlshaber wurde als deutscher Territorial=Befehlshaber der General Auleb zur Seite gestellt. Der Gen.=Qu. hatte beantragt (Anlage 30 vom 5. 4.), die Unterstellung des Befehlshabers Nordrumänien unter den Deutschen General zu lösen. Er wurde nun der Heeresgruppe Südukraine unterstellt. Entsprechend den in den Protokollen vom 9. 4. 1944 niedergelegten Richtlinien regelte der GenStdH mit dem rumänischen Generalstab die territoriale Befehlsgliederung. Das rumänische Gebiet war in Kommandanturbezirke eingeteilt, in denen den rumänischen Dienststellen deutsche Feldkommandanturen zur Seite gestellt wurden.

Wurde das rumänische Operationsgebiet dem GenStdH unterstellt und das OKW operativ auf das westrumänische Gebiet beschränkt, so wurde entsprechend auch der Befehlsbereich des Deutschen Generals auf das westrumänische Staatsgebiet begrenzt. Für diesen Raum blieben die vom Chef OKW bisher für Gesamtrumänien (Währung, Wirtschaft, Eisenbahn, Nachrichteneinrichtungen) erlassenen Befehle, Weisungen und Richtlinien unverändert wirksam. Truppenverlegungen in dieses Gebiet mußten weiterhin in jedem Einzelfall vom Chef OKW genehmigt werden. Ebenso blieben für alle das Operationsgebiet und das übrige rumänische Gebiet gemeinsam zu regelnden Fragen der Chef OKW und der Deutsche General zuständig. Auch die politischen und wirtschaftlichen Forderungen der Wehrmacht an Rumänien sowohl gegenüber dem rumänischen Generalstab als auch gegenüber den deutschen diplomatischen Stellen in Rumänien blieben weiterhin die Aufgabe des Deutschen Generals als Beauftragten des Chefs OKW. Auf Befehl des Chefs OKW entsandte der GenStdH zum Deutschen General einen Verbindungsoffizier, der die Forderungen des GenStdH für das rumänische Operationsgebiet im Einvernehmen mit dem Deutschen General gegenüber den deutschen diplomatischen Stellen vertrat.

*e) Die Luftangriffe der Alliierten gegen die rumänische Ölgewinnung, auf die Transportwege und Transportmittel (Eisenbahn und Donau=Schiffahrt)* [1]

Am 5. 4. begannen die Anglo=Amerikaner gegen das rumänische Erdölgebiet eine *Luftoffensive,* die im Zusammenhang mit den Offensiven im Südwesten und Westen stand. Sie sollte die Lahmlegung und Vernichtung der deutschen Treibstoffversorgung herbeiführen. Die Angriffe richteten sich nicht nur gegen die *Mineralölwerke,* sondern auch gegen die Wege und Mittel des Abtransportes, gegen *Eisenbahn* und *Donau=Schiffahrt.*

Diese Angriffe der Alliierten dienten zugleich den russischen Interessen. Die Lähmung des Eisenbahnverkehrs bedrohte ernstlich den Nachschub und

1 Vgl. zu diesem Abschnitt auch unten den 10. Abschnitt: „Der Kampf der feindlichen Luftwaffe gegen die Treibstofferzeugung und =verteilung".

die Versorgung der Heeresgr. Südukraine. Die jetzt beginnende und dauernde *Verminung der Donau* führte zu starken Störungen der Donau=Schiffahrt, die von entscheidender Bedeutung für das Halten von Sewastopol und von der Dnjestr=Front angesehen wurde.

Am *5. 4.* griff die Luftwaffe der Alliierten mit 200—250 (durch Jäger ge=sicherte) Bomber *Bukarest* und das Ölgebiet von *Ploesti* an. Stadt und Bahnhof von Ploesti wurden getroffen. Jedoch wurden größere Schäden durch die aktive und passive Luftabwehr verhindert. Die Anglo=Amerikaner verloren dabei 50 Flugzeuge sicher, 16 weitere wahrscheinlich. In 3 Raffinerien brannten Tanks aus; doch war der Gesamtschaden nicht beträchtlich. Er war geringer als bei dem ersten Luftangriff auf Ploesti, der nach Gewinnung der süditalieni=schen Absprungbasis am 1. 8. 43 durchgeführt worden war.

Zum Schutze von Bukarest und Ploesti wurden jetzt eingesetzt: 28 schwere, 11 mittlere und 9½ leichte Flak=Battr.en, 5 Scheinwerfer= und 8 Funkmeß=Bat=terien, ferner 1 deutsche und ⅔ rumän. Jägergruppen, ferner 4 deutsche Nacht=jäger=Staffeln und 1 rumänische. Ferner konnten noch 2 bulgar. und 1 deutsche Gruppe herangezogen werden (Merkbuch 5. und 6. 4.).

Am *24. 4.* wurden *Ploesti* und *Bukarest erneut angegriffen*. Die Verschiebe=bahnhöfe wurden getroffen, außerdem noch 3 Raffinerien in Ploesti. Zur Behe=bung der Eisenbahnschäden mußten deutsche Kräfte eingesetzt werden. Die Züge wurden über Bulgarien umgeleitet. Es konnten in den letzten Apriltagen nur 50% der Ölmengen abgefahren werden; außerdem entstanden Schwierigkeiten in der Versorgung der Heeresgr. Südukraine. Der Wehrm.=Trsp.=Chef begab sich zur Behebung der Schwierigkeiten an Ort und Stelle (Merkbuch vom 27. 4.).

Am *26. 4.* richtete der *rumän. Staatsführer* an den *Chef OKW* ein Tele=gramm, in dem er die Lieferung von Eisenbahnmaterial dringend machte. Außerdem forderte er die Verstärkung der rumän. Luftverteidigung, Erhöhung der Lieferungen an Geschützen, Scheinwerfern usw.

Ein *dritter starker Luftangriff* wurde am *5. 5.* gegen *Ploesti* geführt. Die Schäden waren bedeutend; 25 000 to verbrannten. Zusammen mit den beiden vorhergehenden Angriffen im April und den durch die Transportlage verur=sachten Ausfällen (115 000 to) ergab sich jetzt ein Fehl von über 140 000 to Mineralölstoffen — ein Zustand, den der Chef OKW als „eine Katastrophe" bezeichnete. Damit war auch die Versorgungslage bei Kraftfahrstoffen für Mai in Frage gestellt. Die Auswirkungen auf die Juni=Produktion waren noch nicht zu übersehen. Bei Flugbetriebsstoff konnte der Bedarf nur durch Zuschuß aus der Sonderreserve gedeckt werden (Anlage 44 vom 6. 5.).

Die Produktion mußte wegen der starken Beschädigungen der Raffinerien von Ploesti um ¼ gedrosselt werden. Da es noch möglich war, in Deutschland zusätzlich zu raffinieren, mußte jetzt versucht werden, Rohöl nach Deutsch=land zu transportieren. Das erforderte jedoch mehr Transportraum als bisher (Mitteilung Oberst d. G. Poleck vom 11. 5.).

Am *6. 5.* griffen die Anglo=Amerikaner mit 400 Flugzeugen die nach Ploesti an zweiter Stelle stehenden Ölanlagen von *Campina* an und führten neue Nachtangriffe auf Eisenbahnanlagen in Siebenbürgen und auf den Donau=Hafen *Turnu Severin.*

Diese Angriffe der Luftwaffe der Alliierten auf das Ölgebiet von Ploesti, die mit der Bekämpfung der Öltransportwege und =mittel, der Eisenbahn und der Donau=Schiffahrt verbunden waren, stellten das *Treibstoff=, Transport=* und *Arbeitskräfteproblem* (und damit zusammenhängend das *Osttruppenproblem)* in den Vordergrund der Überlegungen, Verhandlungen und Gegenmaßnahmen.

Um der Obersten deutschen Führung ein klares Bild von den Schäden und den erforderlichen Maßnahmen zu vermitteln, wurde als *Sonderbeauftragter* des *OKW* der *Major d. G. Dereser* (Bearbeiter für Treibstoff=Fragen im WFStab/Qu) vom *9. — 13. 5.* in das Ölgebiet entsandt. Er hatte den Auftrag, Maßnahmen zur Erhaltung und Steigerung der rumän. Treibstofferzeugung und des Abtransportes des Öles festzustellen. Ein zusammenfassender Bericht wurde dem Chef OKW vorgelegt (Mitteilung Oberst d. G. Poleck vom 11. 5.).

Alles, was bisher im Ölgebiet an Sicherungsmaßnahmen angeordnet worden war, war durch deutsche Stellen geschehen. Vor allem hatte sich der Splitterschutz bewährt, der auf Drängen des Gen.s Gerstenberg vor den wichtigsten Maschinen aufgebaut worden war. Diesen Maßnahmen war es zu verdanken, daß die größte Raffinerie, die Astra Romana, nur für zwei Monate außer Betrieb gesetzt war (Mitteilung Oberst d. G. Poleck vom 15. 5.).

Zur Verstärkung der *Luftverteidigung* Rumäniens waren 2 Jagdgruppen aus Ungarn und Italien herangezogen. Außerdem wurden die Nachtjäger verstärkt. Eine weitere Nachtjägerstaffel wurde nach Sofia verlegt (Merkbuch vom 10. 5.).

*Zum Schutz der rumänischen Verkehrsanlagen und des rumän. Ölgebietes* sollten über die zugesagten Lieferungen hinaus im Rahmen der bestehenden Lieferverträge 40 Jagdflugzeuge, 17 Flakbatterien (davon 9 schwere) zugeführt werden. Bereits eingesetzt waren 24 Rohre 8,8 cm für den Raum Ploesti; in Zuführung waren 1 Jagdgruppe (I./53), 1 Staffel einmot. Nachtjäger (6./301), 2 Batterien 10,5 cm Flak (beweglich). Für die Monate Juni bis August waren je 3 schwere Batterien Kaliber 12,8 cm oder 10,5 cm entsprechend der Industrie=Ausbringung vorgesehen. Außerdem sollten – je nach Zuführung deutscher Batterien von Kaliber über 8,8 cm — eine entsprechende Zahl Batterien 8,8 cm an Rumänien abgegeben werden. Den laufenden Nachschub der bei der Luftflotte 4 eingesetzten rumän. Verbände lieferte die Luftflotte 4 unmittelbar. Er war deshalb nicht aus diesen Lieferungen zu bestreiten. Die Luftflotte 4 hatte Befehl erhalten, im Mai etwa 50 Me[1] 109 für die in Rumänien liegenden Jagdverbände abzuzweigen.

1 Ms.: Bf

Über den Umfang weiterer rumänischer Wünsche sollten genaue Angaben betr. Anzahl der Geschütze (Kaliber), Scheinwerfer, Funkmeßgeräte sowie betr. Mun.=Ausstattungen noch mitgeteilt werden (Anlage 51 vom 20. 5. / Anl. 1).

Nach der Mitteilung des Stellv. Chefs WFStab an das *Auswärtige Amt* vom 25. 5 waren die deutschen Jagdverbände auf 12 Staffeln ergänzt worden; die Luftflotte 4 war angewiesen, durch laufende Zuführung von Nachschubflug=zeugen diese Verbände auf ihrer Einsatzstärke zu halten. Geprüft wurde, ob es nicht möglich sei, die Luftabwehr über Rumänien zeitweise durch schwer=punktmäßigen Einsatz von Jagdkräften aus dem sonstigen Bereich der Luft=flotte 4 und dem Bereich des Luftwaffen=Kdo.s Südost weiter zu verstärken. Die Gesamtzahl der in Rumänien eingesetzten deutschen Flak=Einheiten be=trug 34 schwere Batterien, 16 mittelschwere und leichte Batterien, 7 Schein=werferbatterien, 4 Nebelbatterien. Um die Abwehr der massiert einfliegenden Bomberverbände erfolgreicher zu gestalten, wurden die deutschen Batterien teilweise auf größere Kaliber umgerüstet (Anlage 56 vom 25. 5.).

Das *OKW* war bereit, alles zu tun, um im Rahmen der bestehenden Liefer=möglichkeiten die Luftverteidigung zu verstärken. Da aber auch die stärkste Zusammenfassung der Abwehr erfahrungsgemäß die Zerstörungen aus der Luft nur beschränken konnte, wurde gefordert, daß die aktive Luftabwehr (Jäger, Zerstörer, Flak) durch Luftschutzmaßnahmen ergänzt und örtlich er=setzt wurde, um die Auswirkung der Luftangriffe auf ein Mindestmaß zu mindern. So sollten Industrieanlagen, Bahn= und Verladeeinrichtungen auf kriegsmäßige Verhältnisse aufgelockert werden. Es sollten Luftschutzräume gebaut und Splitterschutz sowie Alarm= und Warnordnung verbessert werden. Ein Erfolg war aber nur dann gegeben, wenn die *rumän. Regierung* stärker als bisher *Geldmittel, Arbeitskräfte* und *Kolonnenraum* bereit= und ausreichenden *passiven Luftschutz* für alle wesentlichen Punkte der Erdölindustrie und der Transportwege sicherstellte.

Dies war die Auffassung des OKW, die vom Stellv. Chef WFStab am 25. 5. als Beitrag zur Antwort auf eine Note des rumän. Außenministeriums an das Auswärtige Amt übermittelt wurde (Anlage 56 vom 25. 5.).

Am 20. 5. legte der Stellv. Chef WFStab eine Notiz über die Lage vor. Grob gerechnet ergab sich nunmehr ein *Produktionsausfall in Rumänien um etwa die Hälfte.* Am 22. 5. und 30. 5. fanden *Besprechungen beim Führer über das Mineralöl=Programm* statt.

Auf Befehl des Führers, Sofortmaßnahmen für den Schutz der Mineralöl=Industrie durchzuführen, meldete der Luftwaffen=Führungs=Stab am 2. 6., daß Sondermaßnahmen zum Schutz von Spitzenbetrieben, zur Sicherung der Do=nau=Schiffahrt, zur Ausweitung des Nebeleinsatzes und zur Verbesserung der Luftschutzmaßnahmen bereits eingeleitet seien und nun auch befohlen werde: Überprüfung des Flakschutzes der Mineralölbetriebe und Verstärkung, wo es erforderlich sei. Dabei sollten Verladeschwerpunkte einbezogen werden: Plo=

esti, Campina, Bukarest, Kronstadt, Giurgiu, Wien. Die Verstärkungen sollten durch Verlegungen im eigenen Bereich erzielt werden.

Der Mangel an *Arbeitskräften* für den Wiederaufbau der zerstörten Mineralölwerke und Transportwege stellte erneut das Problem der *Osttruppen* zur Diskussion.

Die Anwesenheit der Ostverbände und Hilfswilligen in Rumänien hatte — nach Meldung der Heeresgr. Südukraine — ständig zu Reibungen mit den rumän. Dienststellen geführt, die sich ihnen gegenüber schroff ablehnend verhielten. Der GenStdH hatte deshalb den Abzug sämtlicher als Fronttruppen eingesetzter Ostverbände bei der Heeresgr. Südukraine befohlen. Der Deutsche Gen. war nun vom WFStab am 28. 4. beauftragt worden, auf diese Tatsache sowie darauf hinzuweisen, daß weitere landeseigene Kräfte (insbesondere Bau= und Versorgungstruppen und Hilfswillige[1]) nicht abgezogen werden könnten und daß auch diese Truppen das ihre zum Schutze Rumäniens beitrügen. Gen. Hansen sollte vom Rumän. Großen Gen.=Stab Maßnahmen zur reibungslosen Verwendung der Osttruppen in Rumänien fordern.

Da die rumän. Bevölkerung bei dem geringsten Verdacht eines Luftangriffs davonlief, deutsche Kräfte aber ebensowenig wie rumänische gestellt werden konnten, wurde deshalb von deutscher Seite der Einsatz von Angehörigen der weniger empfindlichen Ostvölker im Ölgebiet geplant. In Betracht kamen die bereits bestehenden „Schutzmannschaften" (d. h. bewaffnete Polizeiverbände), ferner Kriegsgefangene und Hilfswillige (Mitteilung Oberst d. G. Poleck vom 11. 5.). *Marschall Antonescu* hatte sich aber bereits gegen das Einsickern der Hiwis in Verbände der deutschen Wehrmacht gewandt, weil er durch sie die Bildung von Banden in Rumänien befürchtete. Er hatte nach Meldung des Deutschen Generals vom 8. 5. (Anlage 46) die Errichtung neuer Kriegsgefangenen=Lager selbst im Operations=Gebiet unter Berufung auf rumän. Hoheitsrecht kategorisch untersagt. Er hatte gefordert, daß Hiwis mindestens aus dem rückwärtigen Gebiet, vor allem aus den Städten herausgezogen und durch Rumänen ersetzt würden. Er hatte persönlich einen Hiwi=Treck der Org. Todt „auf verbotener Straße" (Ploesti=Kronstadt) angehalten und sich bitter beklagt, daß derartige Ostvölker=Angehörige selbst in das Ölgebiet eingedrungen seien. An eine Zustimmung des rumän. Staatsführers war nicht zu denken.

Da der Einsatz ausreichender und geeigneter Arbeitskräfte jedoch äußerst dringend war, stellte der Chef OKW dem Gen.=Lt. Gerstenberg frei, soviel Kräfte in das Ölgebiet hineinzuführen, wie erforderlich waren, und sie herzunehmen, wo sie beschafft werden konnten. Der Deutsche Gen. wurde vom Chef OKW am 14. 5. und 15. 5. angewiesen, sich zunächst nicht einzuschalten und in dieser Frage keine Fühlung mit den rumän. Dienststellen aufzunehmen, sondern die Weisung lediglich an Gen.=Lt. Gerstenberg und SS=Obergr.=

1 Im folgenden abgekürzt: Hiwis.

Führer Hildebrandt weiterzuleiten. Da mit den Rumänen vereinbart war, daß landeseigene Hilfskräfte aus dem Osten vorwärts der Armeekorps bei der kämpfenden Truppe belassen werden durften, standen der Luftwaffe die entsprechenden Hilfskräfte zur Verfügung. Beim Einsatz landeseigener Kräfte konnte es sich daher nur um Abstellungen von der kämpfenden Truppe handeln. Dementsprechend konnte den Rumänen gegenüber auf Anfrage hingewiesen werden, daß sich der Einsatz im Rahmen der getroffenen Vereinbarungen hielt (Anlagen 48 und 49 vom 14. 5. und 15. 5.).

Auf ein Schreiben des Deutschen Generals v. 15. 5. erteilte der Chef OKW am 21. 5. noch einmal die Weisung (Anlage 53 vom 21. 5.), daß von einem Antrage an den Marschall auf Genehmigung des Einsatzes abgesehen werden solle. Dem Gen. Hansen werde es überlassen, wann er den rumän. Staatsführer gemeinsam mit Gen.-Lt. Gerstenberg über den erfolgten Einsatz unterrichte. Dies sollte dann dem OKW gemeldet werden. Im Interesse des Wiederaufbaues des Ölgebietes, das ja den Rumänen genau so wie den Deutschen zu Nutzen kam, sollte diese Unterrichtung erst noch hinausgezögert werden. Dabei sollte darauf hingewiesen werden, daß die landeseigenen, militärisch straff organisierten „Schutzmannschaften" als geschlossene Einheiten eingesetzt seien und mit der einheimischen Bevölkerung nicht in Berührung kämen.

Es handle sich um einen Notstand, der bei den früheren deutsch-rumänischen Vereinbarungen nicht vorausgesehen werden konnte und daher mit Improvisationen bekämpft werden müsse.

Neben der im Ölgebiet selbst eingetretenen Störung war die der Transportwege durch *Verminung der Donau und Zerstörung der Bahnen* sowohl von operativer als auch wehrwirtschaftlicher Bedeutung. Sie bedrohte ebenso die Abstützung der neu aufgebauten Front wie die Treibstoffversorgung (Merkbuch 12. 6.).

Die Frage, ob die *Donau* schiffbar erhalten werden konnte, war für die Behauptung von Sewastopol und für das Halten der Dnjestr-Front entscheidend, da der Wasserweg leistungsfähiger war als der Bahnweg. Durch die Verminung des Flusses in dem Augenblick, in dem er wegen der Eisenbahnbeschädigungen eine größere Bedeutung als vorher bekommen hatte, war aber eine neue Schwierigkeit entstanden. Alles kam darauf an, die Donau für Erdöl-Transporte nach Deutschland und für den Nachschub an die Ost- und Südfront benutzbar zu halten (Mitteilung Kpt. z. S. Aßmann vom 28. 4., Mitteilung Oberst d. G. Poleck v. 11. 5.).

Bisher war die Minenräumung auf der Donau wie auf anderen Flüssen eine Heeresangelegenheit; deshalb hatte die Kriegsmarine auch nur die sogenannte Seedonau bis Galatz geräumt. Jetzt übernahm die Kriegsmarine von sich aus die Räumung auf der gesamten Donau, da sie allein die erforderlichen Mittel besaß. Eingesetzt wurde ein *Inspekteur des Minenräumdienstes der Donau* mit Sitz in Belgrad, der Weisungen der Marinegruppe Süd in Sofia erhielt und mit dem OB Südost eng zusammenarbeitete. Da es seine Aufgabe war, alle Minenräummöglichkeiten längs der Donau zusammenzufassen und alle Kräfte je nach der Lage einzusetzen, arbeitete er mit dem Wehrm.-Transport-Chef zusammen. Seine Aufgabe bestand darin, festzustellen, ob und wo Gefahr bestand. Die Entscheidung darüber, ob gefahren werden sollte, lag bei der Wehrm.-Transp.-Leitung Südost in Wien. Die Fortsetzung der Transporte wurde als so dringend angesehen, daß Verluste auf nicht ausreichend entminten Strecken in Kauf genommen werden sollten; sie waren bisher aber gering (Mitteilung Oberst d. G. Poleck vom 11. 5.).

Im Hinblick auf die ausschlaggebende Bedeutung des Donauweges als Hauptversorgungsstraße für den Balkan und den Südflügel der Ostfront befahl der Führer die Zusammenfassung aller Stellen, die sich mit dem Einsatz des Donauschiffsraumes und des Donauverkehrs befaßten: Reikosee[1] (Gauleiter Kaufmann), Reichsverkehrsministerium (Schiffahrtsabt.), Wehrmachttransportleitung Wien in einer militärischen Stelle. Für diese wurde als *„Sonderbevollmächtigter des Führers für die Donau"* der *Generaladmiral Marschall* vorgesehen. Die anliegenden Donaustaaten sollten aufgefordert werden, Vertreter in den Stab des Gen.-Adm.s zu entsenden. Der Sonderbevollm. sollte dem Führer unmittelbar unterstehen und Weisungen vom WFStab erhalten. Der Befehlsentwurf war fertiggestellt; aber der Reikosee hatte sich dagegen gewandt und geltend gemacht, daß dem Sonderbevollmächtigten nur der milit. Teil der Aufgaben überlassen werden könne, da sonst der dem Reikosee erteilte Auftrag vom 22. 3. beschränkt würde. Das OKW erhob gegen eine solche Teilung Einspruch, und der Gen.-Adm. Marschall nahm seine Tätigkeit auf, obwohl der Erlaß noch nicht unterschrieben war, um nicht noch mehr kostbare Zeit zu verlieren. Er wurde am 20. 6. endgültig eingesetzt mit dem Auftrage, den Abtransport durchzuführen und die Entminung der vom Gegner laufend verseuchten Donau zu sichern (Mitteilung Oberst d. G. Poleck vom 11. 6. und 20. 6., Mitteilung Kpt.-Lt. Schubert vom 12. 6.).

Weitere Maßnahmen waren erforderlich, um die Mißstände in dem Eisenbahnverkehr zu beheben. Denn die Entwicklung der *Eisenbahnlage* hatte zu bedeutenden Schwierigkeiten für den Nachschub zur Südfront und für den Abtransport des Öles geführt. Im März und von neuem am 26. 4. hatte sich *Marschall Antonescu* an den Chef OKW gewandt und zur Erhaltung und Steigerung der Leistungsfähigkeit der rumän. Bahn um die *Lieferung von Eisenbahnmaterial,* von Schienen, Weichen und Schwellen sowie von Material für die Lokomotivausbesserungswerkstatt Craiova dringend gebeten.

Deutschland war mit den Lieferungen im Rückstande. Der Stellv. Chef WFStab hatte bereits am 20. 4. im Auftrage des Chefs OKW entschieden, daß Granatrohlinge wichtiger seien als Eisenbahnschienen und fertiggestellte Eisen-

1 D. h. Reichskommissar für den Seeverkehr.

bahnschienen zum Versand gebracht werden sollten (Anlage 37 vom 20. 4.). Jetzt wurden größere Lieferungen zugesagt, die ja im eigenen Interesse lagen. Diese wurden trotz des Widerstandes der Heeresgr. Südukraine in die Versorgungstransporte eingegliedert, weil sich nur auf diese Weise die Versorgung aufrechterhalten ließ. Die Eisenbahnlage blieb aber weiterhin dadurch angespannt, daß auch noch die rumänische Mob.= und Räumungstransporte hinzukamen. Das *Transportchaos* war so groß, daß es zum Teil nur durch Bestechung gelang, die Versorgungszüge bis zur Front vorzuziehen. Um die Transportlage zu erleichtern, wurden Versorgungszüge über Bulgarien geleitet, das täglich 4 Züge abnahm.

*Marschall Antonescu* hatte als vordringlich den Ausbau der Eisenbahnstrecken Bukarest – Craiova und Focsani – Tecuci bezeichnet. Außerdem war eine Note der Generaldirektion der rumän. Staatsbahn beigefügt, in der besondere Wünsche für die Steigerung der Leistungsfähigkeit der rumän. Bahnen enthalten waren: die Lieferung von 5 Werkstattzügen, von Maschinen, die Zuführung weiterer deutscher Leihlokomotiven, Ausbesserung von 400 Lokomotiven in deutschen Werkstätten, Einreihung der Materiallieferungen in die höchste Dringlichkeitsstufe sowie Erhöhung der Lieferungen an Geschützen, Scheinwerfern usw. für die Luftabwehr.

Am 20. 5. übersandte der *Chef OKW* dem rumän. Staatsführer eine Aufstellung der von ihm auf Grund der März= und April=Telegramme befohlenen *Zuführungen*. Gleichzeitig nahm er Stellung zu den Einzelforderungen der rumän. Staatsbahn (Anlage 51 vom 20. 5./Anlage 2).

Der *Chef Transportwesen*, Gen. Gercke, war angewiesen worden, Fachpersonal zu stellen und mit Bahnbaumaterial (Weichen und Schienen) aus eigenen Beständen bei dringendem Bedarf der Rumänen jeweils sofort auszuhelfen. Es waren seither 12 000 to Schienen, 260 to Weichen und 24 000 Schwellen nach Rumänien abgegangen. Für Mai, Juni, Juli waren mindestens 12 000 to Schienen für Rumänien gefertigt; davon waren 50 km Schienen bereits für den Abtransport befohlen. Im gleichen Zeitraum waren 3 000 to Weichen hergestellt, die in den kommenden Wochen ausgeliefert werden sollten. 150 Weichen sollten vorausgesendet werden. Die Fertigung von Material für die Lokomotiven=Ausbesserungswerkstatt Craiova und den Ausbau der Bahnstrecken Bukarest – Craiova und Focsani – Tecuci wurde mit höchster Dringlichkeitsstufe angeordnet. Die Zuführung von Teilmengen war bereits im Gange. Auch die rumän. Forderung nach fünf Werkstattzügen wurde erfüllt. Eine weitere Zuführung von deutschen Lokomotiven wurde nicht für erforderlich gehalten, da schon 300 Lokomotiven in Rumänien liefen. Diese Maßnahmen des OKW dienten ebenso der Verbesserung der Wege und Mittel des Abtransports des kriegswichtigen Treibstoffs wie der Sicherung des Nachschubs für die neu aufzubauende Südfront.

Am 27. 5. verkündete das *rumän. Wirtschaftsministerium* einen Regierungs=

beschluß, daß Rumänien von der Gesamtzahl der gefahrenen Ölzüge die Hälfte zur Deckung des eigenen Bedarfs beanspruche. Dadurch mußte die Öltransport=Leistung für Deutschland erheblich sinken und damit die durch Luftangriffe auf deutsche Mineralölwerke äußerst angespannte Treibstoffver=sorgungslage noch mehr verschärft werden. Der *Chef OKW* beauftragte am *31. 5.* den Deutschen General, im Einvernehmen mit Gen.=Lt. Gerstenberg beim Deutschen Gesandten und beim Gesandten Clodius Einspruch gegenüber den verantwortlichen rumän. Dienststellen zu erwirken, umsomehr, als die monat=lichen rumän. Lieferungsverpflichtungen im April und Mai auch nicht an=nähernd erreicht wurden. Jeder Ausfall rumänischer Öllieferungen werde we=gen der schweren Einbrüche in die deutsche Mineralölindustrie die gemeinsame Kriegsführung aufs äußerste belasten. Die nach Deutschland abtransportierten Mengen würden ausschließlich für den Frontbedarf und den kriegswichtigen Verbrauch der Rüstungsindustrie Verwendung finden (Anlage 58 vom 31. 5.).

*Marschall Antonescu,* der das Raffineriezentrum besucht hatte, erkannte am 1. 6. die deutschen Wiederaufbaumaßnahmen unter militärischer Führung an. Er erklärte, daß das *Transportproblem* vordringlich gelöst werden müsse und daß dies nur möglich sei durch Zuführung deutscher Eisenbahnpioniere und deutschen Materials. Marschall Antonescu erklärte, daß er keine *Arbeits=kräfte* mehr stellen könne, da er die Arbeiter in der Landwirtschaft, bei dem Wiederaufbau der Eisenbahn und der Stadt Ploesti brauche und überdies die Armee laufend ergänzen müsse. Er bat darum, daß die vom Kommand. Gen. d. Deutschen Luftwaffe in Aussicht gestellten 4 Arbeitsbatl.e schnell zugeführt würden. Diese neue Entscheidung stand im Gegensatz zu der früher wiederholt erteilten Ablehnung des Großen Rumän. Generalstabes (Anlage 60 vom 2. 6.).

Das zweite wichtige Problem war die Beschaffung von *Kolonnenraum.* Der Staatsführer erteilte dem Kriegsminister Befehl, als Sofortmaßnahme die von den Raffinerien requirierten Lkw zurückzugeben, damit mit diesen Menschen und Material herangeschafft werden könnten.

Der Stellv. Chef WFStab ordnete noch am 2. 6. an, daß für den Wiederauf=bau im Ölgebiet sofort *150 Lkw durch die Wehrmacht* zu stellen waren. Diese sollten aus dem im rumän. oder benachbarten ungarischen Bereich vorhandenen Lkw=Raum im Laufe des Juni dem Kommand. Gen. d. Deutschen Luftwaffe zugeführt werden, der über Lieferung und Zustand der Lkw Meldung an OKW/WFStab erstatten sollte (Anlage 61 vom 2. 6.).

Da die Lage im rumän. Erdölgebiet sowie die Treibstoffproduktion im Reich straffste Zusammenfassung aller Kräfte erforderten, um die höchstmögliche Leistung der rumän. Ölindustrie sicherzustellen, setzte ein Erlaß des *Chefs OKW* am 4. 6. den Gen.=Lt. Gerstenberg als *„Deutschen Kommandanten des rumän. Erdölgebiets“* („Dt. Kdt. Rum. Öl“) ein. Seine Aufgabe war es, alle das Erdölgebiet betreffenden militärischen Fragen (einschließlich des Trans=portwesens) einheitlich zu leiten und die sich hieraus ergebenden Forderungen gegenüber den Rumänen zu vertreten. Der Dt. Kdt. Rum. Öl wurde dem Chef OKW in allen Mineralölfragen unmittelbar unterstellt. Sein bisheriges Unterstellungsverhältnis als „Kommandierender General der deutschen Luftwaffe in Rumänien" wurde davon nicht berührt. Er war mit Wehrmachtbefugnissen ausgestattet und nahm in Mineralölfragen unmittelbar mit den zuständigen Dienststellen Verbindung auf, wobei das OKW in allen grundsätzlichen Fragen heranzuziehen war. Gen.=Lt. Gerstenberg war ermächtigt, alle milit. Kräfte zum Schutze des Ölgebietes und der Verkehrswege einzusetzen, den milit. Arbeitseinsatz bei Aufräumungs= und Wiederinstandsetzungsarbeiten in Mineralölwerken und bei Transporteinrichtungen zu leiten sowie Weisungen für Mineralöltransporte zu erlassen. Er konnte allen örtlichen Dienststellen der Wehrmacht unmittelbar Weisungen erteilen und Meldungen einfordern. Dienstanweisung und Organisation waren dem Chef OKW bis zum 15. 6. vorzuschlagen (Anlage 63 vom 4. 6.).

Für Rumänien war also nunmehr Gen.=Lt. Gerstenberg, für die Donau Gen.=Admiral Marschall (und für das Reich Direktor Geilenberg[1]) eingesetzt, um den auf dem Ölgebiet und beim Nachschub drohenden Schwierigkeiten entgegenzuwirken. Alle diese in Rumänien getroffenen Maßnahmen sollten gleichzeitig der Erhöhung der abgesunkenen Produktion, der Förderung und Sicherung des Abtransportes sowie dem Schutze des gesamten Ölgebietes dienen.

### *f) Die Verhandlungen im Mai*

Im *April* hatten der Chef OKW, der Gen.=Quartiermeister und das Auswärtige Amt gefordert, daß neue Verhandlungen mit Rumänien aufgenommen würden, um eine neue, feste Vertragsbasis zu finden. Anfang Mai wurde deshalb *der Gesandte Clodius abermals nach Bukarest geschickt*, dem *Oberst Dr. Krull* (VO/OKW/F=Wi=Amt[2]) als Vertreter des OKW und ein Vertreter des AWA beigegeben waren. Oberst Krull hatte den Auftrag, den Gesandten Clodius bei seinen Verhandlungen über die *Finanzierung und Versorgung der in Rumänien eingesetzten Truppen* zu unterstützen. Er legte dem Stellv. Chef WFStab einen ersten Bericht am 4. 5. vor. Über die Verhandlungen vom 9. 5. — 16. 5. trug er am 20. 5. dem Chef OKW vor und übergab ihm einen Reisebericht (Anlage 50 vom 20. 5.).

Die deutschen *Lei=Forderungen* für das Vertragsjahr hatten sich durch die in Rumänien eingerückten Truppenkontingente auf 100 Milliarden Lei erhöht. Da nicht zu erwarten war, daß die rumän. Regierung einen solchen Betrag auswerfen oder einen Vertrag über eine Lei=Finanzierung in dieser Höhe abschließen würde, blieb nur übrig, zunächst vordringlich über die *Finanzierung der zusätzlichen deutschen Truppenkontingente*, ihre *Versorgung* und die Ölliefe=

1 Anfangsbuchstabe unsicher.
2 D. h. Verbindungsoffizier des Feld=Wirtschaftsamtes beim OKW.

rungen zu verhandeln. Es mußte dabei mit von Monat zu Monat erneuten Verhandlungen gerechnet werden. Ein *zweites* wesentliches *Problem* war die *Anpassung des deutsch=rumänischen Handelsvertrages vom 9. 2. 1944 an die neuen Verhältnisse.*

Bereits im April zeigte es sich, daß Deutschland nicht in der Lage war, seinen in Aussicht gestellten Lieferungen nachzukommen. Die rumän. Regierung leitete daraus ihre sachliche Ablehnung ab, neue deutsche Forderungen zu erfüllen, und schob bei allgemein zustimmenden Erklärungen die Verhandlungen in die Ressorts ab. Danach war mit einer generellen Lösung der beiden Verhandlungsfragen nicht mehr zu rechnen. Für eine solche Lösung gab es zwei Wege:

1. gegenseitiges Anschreiben aller im Interesse der gemeinsamen Kriegführung getätigten Leistungen und Lieferungen bis zur Verrechnung nach der Beendigung des Krieges oder
2. ganze oder teilweise Besetzung und Verwaltung des rumänischen Raumes und seine totale Ausnutzung im Interesse der deutschen Kriegführung.

Der erste Weg wurde von der Rumän. Regierung als ungangbar bezeichnet, da er die rumän. Wirtschaft und die Finanzen gefährde. Der zweite Weg war nicht vereinbar mit den politischen Willensäußerungen des Führers.

Der Gesandte Clodius unterbrach die ergebnislosen Verhandlungen, um einen kurzen Besuch im FHQu. abzustatten. Nach seiner Rückkehr überreichte er der rumän. Regierung das *Programm der deutschen Waffenlieferungen* (Anlage 50 vom 20. 5.). Gleichzeitig kam er auf die Erfüllung der deutschen Versorgungs= und Finanzierungswünsche zurück. Der Marschall lehnte jedoch ein gegenseitiges Aufrechnen ab. Er erklärte, daß die deutschen Waffenlieferungen keinen Ausgleich für die deutschen Wehrmachtforderungen in der angegebenen Höhe bedeuten könnten. Die Waffenlieferungen bedeuteten einen Ersatz für Kampfverluste, und der Führer habe ihm den kostenlosen Ersatz versprochen. Auch die große russische Armee hätte im vorigen Weltkriege dem rumän. Staate nichts gekostet. Für die Versorgung der deutschen Truppen in Rumänien habe Deutschland auf dem Nachschubwege aufzukommen.

Der Rechtsstandpunkt der Rumänen, daß sie ihrerseits zur Erfüllung ihrer Lieferungen nicht verpflichtet seien, wenn die Deutschen ihren Verpflichtungen nicht nachkämen, konnte nicht bestritten werden (Mitteilung Chef Qu v. 11. 6.). Von deutscher Seite wurde geltend gemacht, daß sich die Lage durch den Zusammenbruch des Südteiles der Ostfront von Grund auf geändert habe. Bisher waren die rumän. Lieferungen für die Versorgung der Heimat bestimmt gewesen; jetzt handelte es sich darum, die Heeresgruppe Südukraine aus rumän. Lieferungen zu versorgen. *Gen.=Oberst Schörner,* an den die Führung der Heeresgr. Südukraine übergegangen war, drang darauf, daß die Versorgung aus dem Lande geschehen müsse, da der Antransport aus der Heimat zu lang und außerdem unterbunden war. In der Tat bestand nun ein ganz dringendes

Interesse daran, daß die Vorräte nicht erst nach Deutschland abtransportiert und dann wieder der Heeresgruppe zugeführt wurden. Die Rumänen erklärten dazu, daß es ihnen gleichgültig sei, ob ihre Lieferungen für die Südfront oder für die Heimat verwendet würden; Deutschland müßte jedenfalls seine Lieferungen erfüllen.

Begründet wurde das Verhalten damit, daß Rumänien ein kleines Land sei, dessen Notenumlauf jetzt auf 200 Milliarden Lei angestiegen sei. Er habe sich im Laufe von 1½ Jahren auf das Dreifache vergrößert. Die deutschen Forderungen würden eine Herausgabe von monatlich 10 — 12 neuen Milliarden bedeuten und daher die rumän. Währung gefährden. Diesem Vorgang würde dann eine Auspowerung des Landes durch die deutsche Wehrmacht gleichlaufen: es würde eine echte Inflation eintreten. Rumänien könne sich die deutsche Währungspolitik nicht leisten; denn die Regierung sei auf das Vertrauen zu der Währung angewiesen und müsse darauf bedacht sein, die Golddeckung aufrechtzuerhalten, die im April noch 27% betrug, also noch ungewöhnlich hoch war. Marschall Antonescu verwies darauf, daß eine kräftige Verwaltung fehle und daher die Korruption stärker in Erscheinung treten würde. Ein Abrutschen der Währung würde sich in Rumänien viel schlimmer auswirken als in Deutschland. In Rumänien sei eine Planwirtschaft nicht durchführbar, und bei jeder Erschütterung würden die Kommunisten — wie in Siebenbürgen — Auftrieb erhalten.

Die Besprechungen sollten mit dem stellv. Min.-Präsid. Antonescu und den Ressort-Ministern weitergeführt werden. Sie verliefen aber ohne positiven Erfolg. Es wurde nur zur Überbrückung der Schwierigkeiten ein Kredit von 10 Milliarden Lei zugestanden (Mitteilung Chef Qu vom 11. 5.). Gesandter Clodius nahm nun im Hinblick auf den negativen Ausgang der bisherigen Verhandlungen davon Abstand, über das gesamte Sechsmonateprogramm zu verhandeln, und beschloß, dem Marschall ein vordringliches *Mai-Programm* vorzulegen. Dieses wurde am 12. 5. ausgearbeitet und ergab für Mai eine Gesamtzahlung von 11,9 Milliarden Lei (Anlage 50 vom 20. 5./Anlage 3). Aber auch diese wurde vom Marschall abgelehnt, wobei der Marschall betonte, er sei grundsätzlich bereit, für die deutschen Truppen alles zu tun, was in seinen Kräften liege.

Eingewilligt wurde am 15. 5. nur in die Wünsche auf *Holz* (696 000 to im Werte von 3,08[1] Milliarden Lei) und Zement (Anlage 50 vom 20. 5./Anlage 1). Am 16. 5. setzte der Gesandte den Deutschen Gen. von dem *negativen Ausgang der Verhandlungen* in Kenntnis. Da aber bis zum 11. 5. entgegen den Zusicherungen des stellv. Min.-Präsid. Antonescu nur 385 (statt 850) Millionen Lei für die Dekade 11.–20. 5. (plus 250 Millionen Lei für Wehrsoldzahlungen) vom Finanzminister und der Notenbank zur Verfügung gestellt worden

1 Die erste Ziffer unsicher.

waren, bat Gen. Hansen den Gesandten, alles zu tun, um die noch ausstehenden Lei-Beträge von der letzten Wehrsolddekade und den Wehrsold für die beiden kommenden Dekaden zu beschaffen.

Eine besondere *Erschwerung der Truppenversorgung* ergab sich daraus, daß die Rumänen das *Operationsgebiet* in ein *unmittelbares* Frontgebiet und in ein Etappengebiet untergliedert hatten. Im Etappengebiet wurden die Bons überhaupt nicht von den rumän. Kassen honoriert. Dort kauften die rumän. Truppenteile gegen Lei und erschwerten dadurch die deutsche Truppenversorgung. Im Frontgebiet lösten die Rumänen die Bons nur bis zu 40% ein, um erst einen Überblick über die Gesamtaufkäufe zu erhalten.

Die *Forderungen der Heeresgr. Südukraine* waren (Mitteilung Oberst Krull vom 20. 5.):

1. Anerkennung der Bons, die die Bauern nicht annahmen,
2. Aufhebung der von den Rumänen vorgesehenen Teilung des Operations-Gebietes in unmittelbares Front- und Etappengebiet (40 km Zone),
3. Vordringliche Lieferung von Holz, Zement, Arbeitskräften.

Neue Schwierigkeiten drohten dadurch zu entstehen, daß auf Befehl des Gen.-Quartiermeisters die Gesamtversorgung der rumän. 4. Armee von der Heeresgr. Südukraine übernommen werden sollte. Diese Maßnahme erschien insofern bedenklich, als die Rumänen bei eintretenden Versorgungsschwierigkeiten der Heeresgr. Südukraine die Verantwortung zuschieben würden.

Als Folge des ungeklärten Zustandes, daß die Versorgungsansprüche der Truppe aus dem Lande nicht erfüllt werden konnten, drohten Übergriffe gegenüber der Bevölkerung, die zu Schwierigkeiten mit der rumän. Regierung führen mußten. Für die Transportwege und Transportmittel bedeutete die Heranführung des Nachschubs aus der Heimat eine über Gebühr starke Belastung.

Die Ablehnung der deutschen Wünsche durch die rumän. Regierung zwang den Gesandten Clodius in *langwierigen Einzelbesprechungen*, Schritt für Schritt wenigstens einen Teil der vordringlichen deutschen Forderungen einzuhandeln.

Die Verhandlungen hatten ergeben, daß der *rumän. Staatsführer*, auf das Wohl Rumäniens bedacht, zum Kampf gegen den Bolschewismus entschlossen war, daß ihm aber wirtschaftliche Fragen fremd waren und er völlig auf den *stellv. Min.-Präsid. Mihai Antonescu* angewiesen war. Dieser wurde als kluger Jurist beurteilt; es wurde aber angenommen, daß er (wie die rumän. Oberschicht) bei einer Wendung der Lage zum Schlechten von den Anglo-Amerikanern das Heil erwartete; daher hatte er auch immer ein Vorgehen gegen die Juden verhindert. Es bestand die irrtümliche Überzeugung, daß die Anglo-Amerikaner nichts gegen Rumänien unternehmen würden. Der erste Bombenangriff am 5. 4. traf die Bevölkerung daher völlig unvorbereitet (Mitteilung Oberst Krull vom 11. 6.).

In seinem Bericht an den Stellv. Chef WFStab über die Verhandlungen mit den Rumänen stellte *Oberst Krull* abschließend fest: „Eine offene Bereitwilligkeit der rumän. Regierung, den ihr im Kampf gegen den Bolschewismus und um den Bestand ihres Landes zufallenden Anteil der Kriegslasten beizusteuern, ist — abgesehen von der Kampfleistung der in der Front eingesetzten rumän. Verbände – nicht zu erkennen. Sie verfolgt die Methode des ‚hinhaltenden Widerstandes' und findet hierin ihre stärkste Stütze in der Währungspolitik der rumänischen Nationalbank" (Anlage 50 vom 20. 5.).

Neben den Fragen der Deckung des Geldbedarfs und der Versorgung aus dem Lande hatten bei den Verhandlungen in Bukarest noch die Fragen der *Waffen- und Kriegsgerätelieferungen* eine bedeutende Rolle gespielt. Der Versuch, diese Lieferungen mit den rumänischen Versorgungslieferungen in Anrechnung zu bringen, war aber von den Rumänen abgelehnt worden.

In der Besprechung beim Gen.-Qu. am 12. 4. war für die Waffen- und Gerätelieferungen an Rumänien ein besonderes Verfahren festgelegt worden. Es unterschied zwischen *Lieferungen auf Grund der bisherigen Abmachungen*, die automatisch weiterliefen und dem Oberkommando der rumän. Wehrmacht zur freien Verfügung gestellt wurden, und *zusätzlichen Lieferungen* des Gen.-Quartiermeisters an die Heeresgr. Südukraine, die der taktischen Lage entsprechend selbständig entschied, in welchem Umfange davon Teile an die Verbände der Verbündeten an Ort und Stelle abgegeben werden sollten. Die Erfassung der zusätzlichen Lieferungen für die spätere Verrechnung wurde durch die Heeresgr. Südukraine durchgeführt, bei der ein Organ des Heeresgr.-Wirtschaftsführers hiermit beauftragt wurde (Anlage 33 vom 12. 4.).

*Kriegsgerät* wurde an Rumänien unter dem Stichwort *„Olivenbaum"* (monatliche Lieferungen) und *„Blei"* geliefert.

Am 11. 3. war im Auftrage des Chefs OKW von Oberst Meichßner (Abt. Org.) befohlen worden, daß die unter „Olivenbaum" laufenden Lieferungen zusätzlich zu ergänzen waren: ab Mai monatlich mit je 10 7,5 cm-Pak 40 und mit je 10 leichte FH. 18. Die Lieferungen sollten unter dem Stichwort *„Antimon"* erfolgen (Anlage 12 vom 11. 3.; vgl. KTB. vom 26. 9. 43).

Am 27. 3. wurden die zusätzlichen leichten FH.-Lieferungen neu festgelegt. Ab Mai bis Oktober sollten je 12 le. FH.en 14/19 (t) oder 30 (t), ab November–Dezember monatlich 12 le. FH.en 18 geliefert werden; einschließlich „Olivenbaum", also insgesamt 24 le. FH.en 18 mit je 1 Mun.-Ausstattung je Monat (Anlage 21 vom 27. 3.). (Aufstellung über laufende Kriegsgerätelieferungen einschließlich Nachschub und Auffrischungen vgl. Anlage 50 vom 20. 5./Anlage 2).

Am 6. 5. entschied der *Chef OKW* in einer Rücksprache mit Oberstlt. Radtke (OKW/F-Wi-Amt) in Gegenwart des Chefs Heeresstab, daß die *vertraglich festgelegten Waffenlieferungen* aus den Programmen „Olivenbaum" usw. im Jahre 1944 *weiterliefen*. Bei veränderter Lage werde er im gegebenen Zeitpunkt neue Entscheidungen treffen. Der vom *GenStdH* und vom *Gen.=Qu.* für Mai und folgende Monate in Aussicht genommene Waffennachschub sollte wie geplant durchgeführt werden. Die Zahl der monatlich an Rumänien zu liefernden Sturmgeschütze sollte von 10 auf 20 erhöht werden. Das F=Wi=Amt wurde beauftragt, die rumän. Wünsche zu prüfen und — soweit möglich — die entsprechenden Lieferungen zu veranlassen (Anlage 45 vom 6. 5.).

Die „Blei"=Lieferungen dienten der Ausstattung der *4 Krim=Divisionen* in den Monaten Juli bis Oktober mit je einer Div.=Ausstattung in den hauptsächlichsten Geräten (ohne Kfz), wobei die Ausstattung mit 70% des Solls entsprechend der bestehenden Handhabung im deutschen Heer ausgegeben werden sollte. Die Auffrischung der rumänischen Krim=Divisionen sollte nach Forderung des rumän. Generalstabes nicht entsprechend der bisherigen Zusammensetzung (1 Kav.=Div., 1 Inf.=Div., 2 Geb.=Div.en) durchgeführt, sondern es sollten 4 Geb.=Div.en daraus zur Auffrischung gebildet werden. Diese Angaben waren ebenso wie die Lieferungen von 15 leichten Pak=Gesch.en mit OKW/Chef H=Stab und GenStdH/Org.=Abt. abgesprochen. Zusätzliche Lieferungen zu den „Blei"=Abgaben wurden nach Mitteilung GenStdH/Org.=Abt. vom 29. 5. mit Gen.=Maj. Stieff in Bukarest verabredet (Anlage 64 vom 5. 6.).

Die einzige Stärke Deutschlands in den Verhandlungen mit Rumänien bestand darin, daß Rumänien durch die Entwicklung der Lage immer mehr auf die deutschen Waffen= und Kriegsgerätelieferungen angewiesen war und diese auch im Hinblick auf die ungünstige Lageentwicklung wesentlich vermehrt worden waren. Es handelte sich um die *Waffen=, Munitions= und Geräteausstattung*

1. von rumänischen Divisionen, die bisher noch nicht eingesetzt waren,
2. um die Neuausrüstung der angeschlagenen rumänischen Verbände, die wieder aufgefrischt werden mußten, und
3. um den laufenden Frontnachschub.

Die Anforderungen wurden vom *Chef OKW* und vom *Gen.=Quartiermeister* so großzügig erfüllt, wie es im Augenblick nur möglich war. Es wurde so der Erklärung des Marschalls entsprochen, daß seine Soldaten kämpfen würden, wenn sie nur die entsprechenden schweren, vor allem panzerbrechenden Waffen erhielten. Dies wurde von Gen.=Oberst Schörner auch bestätigt, der erklärte, die Rumänen versagten nur da, wo die Ausrüstung oder die Ausbildung nicht ausreiche (Mitteilung Oberst Krull vom 11. 6.).

### *g) Der weitere Verlauf bis zum 23. August 1944*

Wichtig für die Fortführung des Kampfes im Südteil der Ostfront und daher ständig im Brennpunkt der deutsch=rumänischen Überlegungen, Unterhandlungen und Maßnahmen blieben auch weiterhin

1 Ms.: Pz.=Jg.

1. der Wiederaufbau des Ölgebietes und die Sicherung der Transportwege,
2. die Erfüllung der Forderungen der kämpfenden Truppe hinsichtlich der Versorgung aus dem Lande und der Besoldung.

Im einzelnen:

1. Die *Mineralöllage* hatte sich durch die Maßnahmen des Gen.=Lt. Gerstenberg und des Gen.=Adm. Marschall wesentlich gebessert. Der Einsatz deutschen Rahmenpersonals hatte sich bewährt, ebenso der Einsatz der ukrainischen Schutzmannschaften, die unter dem Befehl des SS=Brig.=Führers Hoffmeyer einheitlich zusammengefaßt waren, und der deutschen Eisenbahnkräfte. Vor allem aber hatte sich die einheitliche Befehlsgebung fördernd ausgewirkt. Die Eisenbahnstrecken wurden in kurzer Zeit wiederhergestellt. Nicht durchzuführen war aber die kurzfristige Aufräumung der Verschiebebahnhöfe, besonders von Ploesti=Süd. Es fehlte an Arbeitskräften und an Transportraum. Eine Besserung der Transportlage ließ sich erst nach der für den Juli vorgesehenen Lieferung von 150 Kraftfahrzeugen sowie nach Einsatz der Kraftwagen=Transport=Komp.=Organisation erwarten (Anlage zur Mitteilung Oberst d. G. Poleck vom 20. 6.; Vortragsnotiz vom 16. 6. betr. Mineralöllage in Rumänien).

Beim *Rohöl* war Anfang *Juli* zum Teil wieder eine Förderung von 70% erreicht worden, im *August* war durch den Wiederaufbau eine fast normale Produktion zu erwarten (90% des Rohöls, 110% der Raffinerie); jedoch hielt die Steigerung des Abtransportes mit der Förderung nicht stand (Mitteilung Oberst d. G. Poleck vom 4. 7., 7. 8., 16. 8.).

Der *Abtransport auf der Donau* hatte sich auf Grund der Maßnahmen des Gen.=Adm.s Marschall gleichfalls günstig entwickelt. Im Juli waren ungefähr 130 000 to nach Deutschland abgefahren worden, nachdem die Menge schon auf 50 000 to abgesunken war. Bis Belgrad wurde der Donau=Verkehr durchgeführt, dann wurde auf Kesselwagen umgeschlagen. Es gelang, von Belgrad am Tage bis zu 8 Zügen abzufahren, so daß es schwierig war, den Treibstoff im Reich[1] aufzunehmen. Um diesen Erfolg zu erreichen, waren dem Dt. Kdt. Rum.=Öl technische Btl.e, Arbeitskräfte, Kraftfahrzeuge usw. in einem im Hinblick auf die Bestände großen Umfang zugeteilt worden.

Um die Treibstoffzuführung zu erhöhen, wurde die Anlage einerÖlleitung durch die Karpaten nach Ungarn, wo das Bahnnetz besser war, erwogen. Es sollte nach dem Urteil der Sachverständigen möglich sein, diese Leitung bis zum Winter fertigzustellen (Merkbuch vom 14. 7.).

Die ständigen, sich steigernden Angriffe der alliierten Luftwaffe im Juni, Juli und August gegen die Öltanks, Bahnhöfe und Eisenbahnanlagen von Ploesti, Bukarest, Giurgiu und Kronstadt erforderten aber immer von neuem Anstrengungen, um den Stand der Ölerzeugung und des Abtransportes zu

1 Ms.: Zeich

halten. Dazu gehörte vor allem die Gestellung von ausreichenden Arbeitskräften zur Wiederherstellung der zerstörten Anlagen.

2. Mit der *Einbeziehung Rumäniens in das rückwärtige Heeresgebiet* war noch eine andere Frage akut geworden: der *Wi=Stab Ost* war bisher als militärische Wirtschaftsorganisation im Osten eingesetzt. Er war mit dem Vierjahresplan gekoppelt. Es stand nun die Frage zur Erörterung, ob und wie seine Tätigkeit in Rumänien fortgesetzt werden sollte (Mitteilung Oberst d. G. Poleck vom 11. 5.).

Marschall Antonescu hatte sich seit langem dagegen ausgesprochen, da er die Einmischung des Wi=Stabes in rumänische Angelehenheiten nicht wünschte. Der *Chef OKW* befahl daher, daß Wi=Stab Ost weder nach Rumänien noch nach Ungarn übergreifen durfte, sondern daß hier die landeseigene Verwaltung zuständig blieb. Bei den Heeresgruppen Süd= und Nordukraine sollte nur soviel wirtschaftliches Fachpersonal zurückbleiben, als für folgende Aufgaben erforderlich war:

1. Beratung der Heeresgruppen bei wirtschaftlichen Anforderungen an die landeseigene Verwaltung,
2. Betreuung der Zivilarbeiter, die für Stellungsbau usw. herangezogen waren,
3. Betreuung von Räumungsgütern, soweit es sich um deutsches Eigentum handelte,
4. Betreuung von Flüchtlingen und Evakuierten=Trecks,
5. Vorbereitung von Räumungs=, Bergungs- und Zerstörungsmaßnahmen,
6. Verbindung zu den örtlichen landeseigenen Stellen der Wirtschaftsverwaltung.

Die personelle Betreuung sollte durch den bisherigen Wi=Stab erfolgen, der jetzt (um Verwechslungen auszuschalten) die Bezeichnung *Feldwirtschaftsamt* erhielt. Bei fachlichen Weisungen sollte das F=Wi=Amt eingeschaltet werden. Ein entsprechender Befehlsentwurf war schon gebilligt, der Gen.=Quartiermeister hatte zugestimmt. Der *„Vierjahresplan"* als vorgesetzte Stelle des Wi=Stabes Ost erhob jedoch Einspruch gegen diese Ausschaltung.

Deutschland müsse sich aktiv einschalten, da die landeseigenen Verwaltungen nicht genügend für die eigene Truppe leisteten. Dieser Standpunkt war sachlich richtig, aber politisch undurchführbar, da es sich um einen Koalitionskrieg handelte. Der *Chef OKW* aber war nicht gewillt, die Verantwortung für Maßnahmen zu übernehmen, die in Ungarn und vor allem in Rumänien politische Schwierigkeiten schaffen konnten. Der WFStab machte daher den Vorschlag, das, was durchgeführt werden mußte, über die Gesandtschaften, die ihre Wirtschaftsorgane besaßen, durchzusetzen. Der Parteikanzlei und dem „Vierjahresplan" sowie der Reichskanzlei wurde ein vom *WFStab* aufgesetzter Entwurf für diese Regelung zugeleitet (Mitteilung Oberst d.G. Poleck vom 20. 6.).

Am 5. 8. trafen zu *Besprechungen mit dem Führer* der rum. *Staatschef, der stellv. Min.=Präsident und der Chef des Gen.=Stabs* mit Begleitung im FHQu. ein. Die militärischen Besprechungen dauerten 7 Stunden. Die laufenden Angelegenheiten wurden eingehend erörtert (Notiz Gen. v. Buttlar – Merkbuch vom 6. 8.).

In der Besprechung zwischen dem *Chef OKW und dem Chef des Kgl. Rumän. Großen Gen.=Stabs, Gen. Steflea,* am 5. 8. wies Gen. Steflea darauf hin, daß die Front durch den Abzug der deutschen Verbände, besonders Pz.=Divisionen, dem Entscheidung=suchenden Angriff der Russen nicht gewachsen sei (Anlage 76 vom 5. 8.). Gen. Steflea erbat daher

a) Belassung der bei der Heeresgr. Südukraine befindlichen schnellen Verbände oder sofortigen Ersatz und Verstärkung durch Sturmgeschütz=Brigaden,
b) beschleunigte Zuführung der bereits zugesagten Ausrüstungen für 4 Geb.=Divisionen,
c) materielle Ausstattung für 2 weitere Inf.= und Kav.=Divisionen, die personell und mit geringster Ausrüstung bereits aufgestellt, aber noch nicht einsatzfähig waren,
d) Lieferung von Lkw.

Der *Chef OKW* erklärte, daß der Abzug weiterer schneller Verbände nur gegen Ersatz evtl. aufzufrischender Pz.=Verbände beabsichtigt sei. Darüber hinaus sollten Sturmgeschütz=Brigaden in absehbarer Zeit zugeführt werden. Ferner sagte er die beschleunigte Zuführung des bereits verfügbaren Kriegsgerätes zu. Die übrigen materiellen Forderungen sollten geprüft und weitgehend berücksichtigt werden. Durch Sondermaßnahmen des Chefs Transportwesen sollte die schnellere Zuführung der Waffen= und Materiallieferungen erreicht werden. Ungewiß war es, ob die zugesagten 3400 Lkw an Rumänien geliefert werden konnten, da die Renault=Werke wegen der Störungen im französischen Eisenbahnnetz seit Anfang Mai stillagen. Die Deutsche Heeresmission hielt den Ausfall dieser Lieferungen für die Schlagkraft des rumänischen Heeres für nicht tragbar (Anlage 76 vom 5. 8.). Die baldige Heranführung von 1000 Lkw war im Interesse der Kriegführung unerläßlich. Der außerordentliche Bedarf war von Marschall Antonescu unter Hinweis auf die Zusicherungen bei den Handelsvertragsverhandlungen immer wieder betont worden. Er hatte sogar vor kurzem persönlich 100 to Lkw vom Chef OKW angefordert. General Stelea bat nun erneut um die Lieferung von Lkw. Der Chef OKW stellte hierzu die eigene Mangellage dar.

Die *deutschen Wünsche* (Anlage 75 vom 5. 8.) erstreckten sich auf

a) den Wiederaufbau des rumänischen Ölgebietes und die Erhöhung der Öllieferungen,
b) die Versorgung der Heeresgr. Südukraine,

c) den Geldbedarf der Wehrmacht,

d) die Verbesserung der Transportverhältnisse.

Auf diesen Gebieten hatte sich inzwischen *folgende Lage* ergeben:

a) Ende *Juli* hatten wieder 400 feindliche Flugzeuge *Ploesti* (250) und *Bukarest* (150) unter starkem Jagdschutz angegriffen. Die Einnebelung hatte aber Ploesti und Bukarest vor größeren Schäden bewahrt. Ebenso war die *Donau* vermint worden. Die erneuten Angriffe der Alliierten wurden Anlaß zu einer Überprüfung der Luftverteidigungsmaßnahmen.

Für die *Luftabwehr* in Rumänien waren Anfang August an deutschen Jagd- und Flakkräften eingesetzt: 2 Tagjagd-Gruppen (51 Flugzeuge), 2 Nachtjagd-Gruppen (30 Flugzeuge); 30 schwere Batterien mit 146 Rohren, 10 4/5 mittlere und leichtere Batterien mit 246 Rohren, 7 Scheinwerferbatterien 150 cm (gleich 72 Werfer), 1/4 Luftsperr-Batterie (gleich 9 Sperren), 4 Nebel-Batterien (gleich 2400 Nebelgeräte). In Zuführung befanden sich noch 600 Nebelgeräte, außerdem 2 Nebel-Batterien (ital.) mit 360 Nebelgeräten. Bei Einverständnis des Reichsministers für Rüstung und Produktion sollten noch 1000 Nebelgeräte zugeführt werden.

An rumänischen Einheiten waren vorhanden: 26 schwere Batterien 8,8 cm (gleich 132 Rohre), 12 mittlere und leichte Batterien 3,7 cm und 2 cm (gleich 179 Rohre), 5 Scheinwerfer-Batterien (gleich 65 Werfer).

An Flak-Gerät und Jagdflugzeugen wurden an Rumänien geliefert: 2—3 Geräteflak-Batterien 10,5 cm oder 12,8 Flak monatlich für den Einsatz im Ölgebiet an den Befehlshaber der Deutschen Luftwaffe, wofür die gleiche Zahl Flakbatterien 8,8 cm an Rumänien abgegeben werden sollte. Gen.-Lt. Gerstenberg hatte noch mitgeteilt, daß die Abwehr im Ölgebiet durch Zuführung von 5 Nebelkomp.en, 140 Flugzeugen, 6 Batterien 10,5 und 4 Batterien 12,8 cm erhöht werde. Im Juli und August sollten je 13 Flak-Scheinwerfer 150 cm, 12 zu 60 cm, zugeführt werden, die ab August in jedem Monat um 20 zusätzliche Flak-Scheinwerfer 150 cm erhöht werden sollten.

Für Juli waren 60 Jagdflugzeuge, für August 40, ab September als Nachschub zur Erhaltung der Kampfkraft monatlich 20—25 Jagdflugzeuge vorgesehen.

Der Deutsche Kommandant des rum. Ölgebietes hatte für den *Wiederaufbau des Erdölgebietes* um die Zuweisung von 10 000 rumän. Arbeitskräften gebeten. Diese Forderung hatte Marschall Antonescu abgelehnt, da die Mobilisierung und die Erhaltung des rumän. Millionenheeres alle Kräfte hierfür und für die Befestigungsarbeiten sowie für die Einbringung der Ernte in Anspruch nähmen. Diese Frage war auch am 5. 8. noch nicht geklärt. Außerdem wurde Mangel an Bekleidung von Gen. Steflea angeführt. Der von deutscher Seite geplante Einsatz von 2000 italienischen Militärinternierten der Einsatzgruppe Südost wurde erschwert durch die Einstellung Rumäniens zur Zuführung fremder Kräfte nach Rumänien und zum Badoglio-Italien. Hierzu sollte das Einverständnis des Marschalls gewonnen werden. Er sollte erneut darauf hingewiesen werden, daß die Forderung von Arbeitskräften dringend sei und ihr mindestens teilweise entsprochen werden müsse. Zu klären war auch, ob die Arbeitskräfte durch Rumänien bezahlt würden oder ob Rumänien zusätzliche Lei-Beiträge zur Bezahlung durch den Kdt. Rum. Öl bzw. Org. Todt abgeben werde. Gen. Steflea hatt in diesem Zusammenhang darauf verwiesen, daß das Fehlen von rumän. Arbeitskräften auch dazu geführt hätte, daß ungar. Hiwis als *Pferdepfleger* angeboten worden seien. Die Ungarn hatten bei der Gestellung von 17 000 Pferdepflegern viele rumän. Minderheitenangehörige nach Deutschland geschickt. Dem Deutschen General war die Prüfung übertragen worden. Er hatte am 30. 7. mitgeteilt, daß die rumän. Regierung die Frage prüfe. Da sie dringend war, sollte Marschall Antonescu darauf angesprochen werden.

Es wurde erwartet, daß der Marschall Antonescu den Abzug der *landeseigenen Freiwilligen* aus Rumänien fordern werde. Dem sollte entgegengehalten werden, daß die Schutzmannschaften und Hilfswilligen die einzigen krisenfesten Arbeitskräfte im Ölgebiet seien, daß sie wertvolle Hilfe bei Einbringung der Ernte und beim Straßenbau sowie beim Wiederaufbau des Ölgebietes geleistet hätten. Ein Bericht des Oberkdos. der Heeresgr. Südukraine lag dazu vor (Anlage 35 vom 5. 8.).

Als Grund für das langsame Fortschreiten der Bauarbeiten im Ölgebiet hatte die Org. Todt das *System der Finanzierung* angegeben. Über die 2 Milliarden, die als Bausumme vorgesehen waren, verfügte das rumän. Staatssekretariat, das auch die Bauaufträge an rumän. Firmen weiterleitete. Von deutscher Seite bestand nur eine mittelbare Einflußmöglichkeit auf die Durchführung der Bauten. Beim rumän. Staatsführer sollte nun am 5. 8. durchgesetzt werden, daß die rumän. Bauwirtschaft straff zusammengefaßt wurde und der für den Bau verantwortliche Kdt. Rum. Öl über die erforderlichen Zahlungsmittel ausschließlich und unabhängig von rumän. Stellen verfügen konnte. Die Umstellung der rumän. Industrie auf den totalen Krieg sollte auch in allen übrigen Zweigen erstrebt werden: Arbeit in drei Schichten, volle Ausnutzung der Kapazität.

Vom Chef OKW war am 29. 7. über den Dt. Kdt. Rum. Öl von Marschall Antonescu gefordert worden, daß Rumänien zur Überbrückung der Ausfälle an *Kraftstoff* der deutschen Wehrmacht aus rumän. Regierungslagern 20 000 to Fahrkraftstoff und 10 000 to Flugbenzin freigebe. Gen.-Lt. Gerstenberg hatte mitgeteilt, daß Marschall Antonescu die Erfüllung zugestanden habe. Am 5. 8. sollte diese Forderung wiederholt werden.

Ferner sollte das Projekt einer *Ölleitung* von Ploesti nach Klausenburg durch den Chef OKW mit dem Marschall besprochen werden. Nach Aussage des Deutschen Generals erwartete Antonescu deutsche Sachverständige zur Besprechung; es handelte sich aber offensichtlich nur um die Frage der Finanzierung, der Arbeitskräfte und der Enteignung des in Frage kommenden Grund und Bodens und der damit zusammenhängenden Entschädigung. Der Dt. Kdt.

Rum. Öl wurde beauftragt, diese Frage energisch weiterzubetreiben (Anlage 76 vom 5. 8.).

b) Die *Heeresgr. Südukraine* hatte zur Verbesserung ihrer *Versorgungslage* beantragt, ihr Zahlungsmittel zur Verfügung zu stellen, um mindestens eine Monatsbevorratung an Nahrungs= und Futtermitteln aus dem Lande ankaufen zu können. Min.=Direktor Clodius hatte darauf verwiesen, daß es unwahr=scheinlich sei, daß diese Forderung durchgesetzt werden könnte; er hielt es je=doch für möglich, vom rumän. Staat eine Bevorratung an Verpflegung und Futtermitteln zusätzlich in natura zu erhalten. Diese Auffassung war vom Auswärtigen Amt bestätigt worden. Es war nun vordringlich, diese Forderung durchzusetzen, da die *Winterbevorratung* sofort anlaufen mußte. Transport=gründe (die Entlastung des Nachschubs) erforderten dies. Von Marschall Anto=nescu sollte nun erreicht werden, daß er dafür sorgte, daß für die Heeresgr. Südukraine und die Luftflotte 4 ein Vorrat für 3 Monate als Winterbevor=ratung zusätzlich bereitgestellt werde. Hierfür war ein Sonderkredit erforder=lich.

c) Der Chef GenStdH hatte dem Führer gemeldet, daß die *Lei=Zuweisungen* für die deutsche Truppe in Rumänien von der rumän. Regierung erneut einge=schränkt worden waren (Notiz Stellv. Chef WFStab nach der Mittagslage vom 30. 7.).

Der monatliche Geldbedarf der deutschen Wehrmacht in Rumänien betrug bei äußerster Einschränkung mindestens 3 Milliarden Lei, bei Bestreitung der notwendigen Ausgaben (insbesondere für Bon=Ablösung und Ankauf für Frischgemüse) etwa 4 Milliarden Lei. Marschall Antonescu hatte im Mai Zah=lungen von 5tägigen Raten zu 0,5 Milliarden Lei im Monat zugesagt. Darüber hinaus war ein Sonderkredit von monatlich 0,6 Milliarden Lei eingeräumt wor=den. Die Zusage wurde in der dritten Mai=Dekade bis zur ersten Dekade Juli gehalten; die Raten wurden jedoch nicht pünktlich bezahlt, so daß sich stets Schwierigkeiten in der Auszahlung des Wehrsolds ergaben. Seit der zweiten Dekade des Juli hielt Rumänien die Versprechung nicht mehr ein. Im Juli wur=den nur 2 Milliarden Lei gezahlt. Einschließlich der ersten Dekade des Augusts waren inzwischen weitere 2 Milliarden Lei fällig. Vom Marschall Antonescu sollte daher gefordert werden, daß er sich dafür einsetzte, daß der Geldbedarf der deutschen Wehrmacht pünktlich und ausreichend gedeckt werde.

Zu beachten war dabei, daß in Rumänien eine wirkliche Geldknappheit herrschte, die darin begründet war, daß Rumänien an der Goldwährung fest=hielt. So leistete die rumän. Wehrmacht aus Geldknappheit seit Monaten nur unvollständige Zahlungen an eigene Lieferanten. Abänderung war nur möglich bei teilweiser Aufgabe des Goldstandards.

Die Frage der Lei-Beschaffung wurde mit Gen. Steflea nicht besprochen, da sie nicht zu seinem Aufgabengebiet gehörte und der Gesandte Clodius, der hierzu mehrere Millionen Mark in Gold erhalten hatte, mit dieser Angelegenheit beauftragt war (Mitteilung Oberst d. G. Poleck vom 7. 8.).

d) Um die *Transportverhältnisse* in Rumänien zu verbessern, sollte auf die Rumänen eingewirkt werden, daß sie sich nicht mehr dem Einsatz deutschen Lokomotivpersonals widersetzten, der der besseren Ausnutzung der Lokomotiven dienen würde. Damit nicht die Lokomotive während der Ruhezeit der einen Besatzung stilliege, mußte von dem Ein-Mann-System, bei dem nur eine Besatzung für jede Lokomotive bestimmt war, abgegangen werden (Anlage 75 vom 5. 8.).

Die rumänischen Wünsche für den weiteren *Ausbau des Streckennetzes* mußten zugunsten vordringlicher kriegsnotwendiger Maßnahmen zurückgestellt werden, z. B. Ausbesserung der Fliegerschäden, Dezentralisierung des Ölgebietes, Instandsetzung des rollenden Materials und der Betriebseinrichtungen.

### *h) Der Abfall Rumäniens und die deutschen Gegenmaßnahmen* [1]

Um die *Voraussetzungen eines einheitlichen Widerstandes* zu schaffen, wenn Rumänien abgeschnitten würde, wurde ein *Führererlaß angestrebt*, durch den alle in Rumänien vorhandenen deutschen Dienststellen *unter dem OB der Heeresgruppe Südukraine zusammengefaßt* werden sollten (Mitteilung Oberst d. G. Poleck vom 22. 8.). Der GenStdH hatte Anträge auf Erweiterung der Befugnisse der Heeresgr. Südukraine gestellt. Der Chef der Op.-Abt. des GenStdH drängte in Anbetracht der Lage auf Klärung. Aus gleichem Anlaß wurden vorsorgliche Erwägungen zur Erweiterung des Operations-Gebietes in Rumänien angestellt (Notiz zur Mittagslage vom 21. 8. vom Stellv. Chef WFStab).

Im Zusammenhang mit dem Besuche des Marschalls Antonescu weilte im FHQu. der *Ia der Heeresgr. Südukraine*, Oberstlt. v. Trotha, der seinem *OB* den mündlichen Befehl überbrachte, kalendermäßig die *Übernahme der einheitlichen Führung aller deutschen Dienststellen in Rumänien* vorzubereiten, um — wenn erforderlich — eine Lösung im Sinne der Unternehmung „Margarethe" [2] herbeizuführen (Mitteilung Oberst d. G. Poleck vom 15. 8.).

Marschall Antonescu hatte Einwände gegen die *Vielzahl der deutschen Dienststellen* erhoben. Der Chef OKW befahl nun, eine *Vereinfachung* durchzuführen. Alle Wehrmachtteile waren bereits an den Deutschen Gen., den Dt. Kdt. Rum. Öl und die Heeresgr. Südukraine gebunden. Dagegen waren die Zivilstellen (Vertreter von Konzernen usw.) noch nicht alle der Gesandtschaft

1 Vgl. hierzu den oben S. 758 oben angeführten Aufsatz von A. *Hillgruber*, Die letzten Monate der deutsch-rumänischen Waffenbrüderschaft.

2 D. h. Besetzung Ungarns; vgl. den 3. Abschnitt (oben S. 177 ff.).

unterstellt. Der Chef der Reichskanzlei war gebeten worden, entsprechende Anordnungen zu treffen (Mitteilung Oberst d. G. Poleck vom 22. 8.).

Die Erwägungen und Absichten der deutschen Führung wurden jedoch durch eine Wendung der Ereignisse unterbrochen, die am 23. 8. eine *Proklamation des Königs* auslöste, auf die hin eine *neue Regierung* gebildet wurde. In dem Aufruf hieß es, Rumänien habe die von Rußland, England und Amerika angebotenen *Waffenstillstandsverhandlungen* angenommen. Die Alliierten hätten die Ungerechtigkeit des Diktats von Wien[1] anerkannt, demzufolge den Rumänen Transsylvanien entrissen worden sei. An der Seite der Alliierten und mit ihrer Hilfe werde die rumän. Armee die in Wien auferlegten Grenzen überschreiten. Die Diktatur sei zu Ende und damit alle Unterdrückung.

Die Entwicklung in Rumänien war völlig überraschend gekommen. Durch den Putsch wurden sofort *beide Antonescus ausgeschaltet* und der Waffenstillstand erklärt. Zunächst glaubte man noch an einen Putsch der Hofkreise; am 24. 8. zeigte es sich jedoch, daß der Aufruf des Königs der Kriegsmüdigkeit des Volkes und der Wehrmacht entsprach und daß daher mit einer Fortsetzung des Kampfes auf deutscher Seite nicht mehr gerechnet werden konnte (Mitteilung Stellv. Chef WFStab vom 26. 8.).

Für die eigene Kriegführung war es die entscheidende Frage, ob es gelang, die deutschen Verbände der Heeresgr. Südukraine auf eine Verteidigungslinie zurückzunehmen, die das Ölgebiet mit seinen Abfahrtswegen einschloß, und den Putsch in Bukarest zu bereinigen, so daß die Grundlage für das Verbleiben deutscher Verbände in Rumänien erhalten blieb.

Der *Führer* übertrug noch am 23. 8. abends dem *OB der Heeresgr. Südukraine* die *Befugnis, alle Kampfkräfte und Kampfmittel* der Wehrmacht und Waffen-SS sowie aller übrigen Reichs- und Volksdeutschen zur Erhaltung der Ruhe, Sicherheit und Ordnung in Rumänien einzusetzen und den russischen Großangriff abzuwehren (Anlage 83 vom 24. 8.: Mitt. Chef OKW).

Der *Deutsche General* in Bukarest erhielt den *Auftrag*, den *Putsch* in Bukarest, der vom Volke hingenommen, aber doch nur von einer ganz kleinen Clique vorwärtsgetrieben wurde, *niederzuschlagen*. Die 5. Flak-Div. sollte sich hierzu in den Besitz von Bukarest setzen. Er meldete am 24. 8. um 04.15 Uhr, daß die Vorbereitungen zur Durchführung des Führerbefehls getroffen würden, soweit das noch möglich sei.

*Admiral Brinkmann* erhielt durch OKM/Skl Befehl, sich in den Besitz von *Konstanza* zu setzen. Die dortigen Truppenteile wurden ihm unterstellt (Anlage 86: Mitteilung an Gen. Hansen vom 24. 8.). *Dem Dt. Kdt. Rum. Öl* wurde am gleichen Tage befohlen, die *Ölproduktion* und den *Öltransport* über die Rohrleitung und Bahn nach Giurgiu zu schützen sowie den Weitertransport auf der Donau und die Mineralöl-Abfuhr mit der Eisenbahn über Kronstadt zu

1 D. h. der 2. „Wiener Schiedsspruch" (30. 8. 1940).

sichern. Ebenso sollte er die Betriebsübernahme durch deutsche Kräfte vorbereiten (Anlage 82 vom 24. 8.).

Dem *OB Südost* wurde schließlich aufgetragen, eine Kräftegruppe im Raum Nisch—Belgrad (4. Rgt. „Brandenburg", Pz.-Späh-Kp. 468, 2./Sturmgesch.-Brig. 201) bereitzustellen (Anlage 83 vom 24. 8.).

Dies waren die ersten Maßnahmen der Obersten Führung zur Niederschlagung des Putsches.

Der *WFStab* hatte nach dem Bekanntwerden des Aufrufs des rumänischen Königs am 23. 8. abends den *OB Südost* (23.30 Uhr), den *Chef Milit. Mission Bulgarien* (23.55 Uhr) und den *Bevollmächt. Gen. Ungarn* (23.57 Uhr) von dem Abfall Rumäniens unterrichtet (Anlage 79 vom 24. 8.).

Der *OB Südost* erhielt durch Fernspruch um 23.30 Uhr Befehl, sämtliche in Serbien und Kroatien stehenden freien Kräfte im Raum Nisch—Belgrad, die im Bereich der Heeresgr. E entbehrlichen Kräfte im Raum Skolpje—Nisch zu versammeln (Anlage 84 vom 24. 8.).

Dem *Bevollm. General Ungarn* wurde befohlen, die Marschbereitschaft der 8. SS-Kav.-Div. herzustellen. Am 24. 8. meldete um 01.45 Uhr der Bevollm. Gen. Ungarn, daß in Budapest Ruhe herrsche und der Kriegsminister sämtliche zur Verfügung stehenden Truppen zur Verteidigung des Szekler Zipfels im Raum nördlich Kronstadt—Klausenburg versammeln werde. Die Verteidigung des rumänischen Teiles von Siebenbürgen sehe er als eine deutsche Aufgabe an. Die 22. SS-Div. hatte vom Reichsführer-SS Befehl, im Raume Budapest zu sammeln (Merkbuch v. 24. 8.).

Am 24. 8. befahl OKW/WFStab um 01.50 Uhr für die deutsche Wehrmacht in *Bulgarien* die Alarmstufe I. Diese war jedoch bereits vom OB Südost befohlen worden.

Um 02.10 wurde der Chef der Amtsgruppe Ausland, Adm. Bürckner, über die vom WFStab getroffenen Gegenmaßnahmen unterrichtet, um 10.30 Uhr der Chef OKW, der sich in Berlin befand.

Nach Meldung vom 24. 8., 10.30 Uhr, fanden in *Bukarest schwere Kämpfe* statt. Dort waren 7—8000 Mann, unterstützt durch Panzer und Pak, anzunehmen, die sich auf die Seite der Hofclique geschlagen hatten und gegen die deutschen Dienststellen, die umschlossen waren, vorgingen. Die Heeresgr. Südukraine hatte bereits den Auftrag bekommen, den deutschen Verbänden in Bukarest zu helfen. Die 1. Flak-Div. (3 schwere und 1 leichte Battr.) wurde von Ploesti nach Bukarest gezogen (Merkbuch vom 24. 8.).

Um 11.00 Uhr wurde — da noch die Aussicht bestand, durch einen kräftigen Schlag eine Wendung der Dinge herbeizuführen und mit den bündnistreuen und antirussischen Kräften, die ja nur überrumpelt, aber nicht beseitigt waren, einen Widerstand aufzubauen — mit 150 Einsätzen von Kampf-, Schlacht- und Sturzkampfflugzeugen ein *Luftangriff gegen Bukarest* durchgeführt. Die politische und militärische Wirkung konnte aber von der deutschen Führung nicht genutzt werden, da die Einsatzkräfte zum Vorstoß in die Stadt nicht ausreichten. Gen.-Lt. Gerstenberg, der sich nach Ploesti durchgeschlagen, dort den Befehl übernommen hatte und nun gegen Bukarest marschierte, forderte um 11.30 Uhr fernmündlich dringend *1 Btl. im Lufttransport* an, mit dem er die Lage zum Guten wenden wollte. Er hatte den Nordrand von Bukarest erreicht und lag dort mit seinen unzureichenden Kräften fest (Anlage 80 vom 24. 8., 05.30 Uhr).

Vom WFStab wurde am 24. 8. der *Abtransport von Einheiten des OB Südost* auf dem Luftwege befohlen und am 25. 8. durchgeführt. Es handelte sich um das Fallschirmjäger-Btl. der Div. „Brandenburg", 1 Btl./4. Rgt. „Brandenburg" und das Lehr-Btl. der Kampfschule Nisch. Diese Btl.e sollten von Semlin aus zur Unterstützung des Gen.-Lt. Gerstenberg herangeflogen werden (Anlage 78 vom 24. 8., Anl. 92 vom 25. 8.). Außerdem hatte die Heeresgr. Südukraine 3 Kompanien im Lufttransport herangeführt (Notiz Stellv. Chef WFStab nach der Mittagslage vom 24. 8.). Den Befehl über die deutschen Kräfte vor Bukarest sollte der im Flugzeug aus Warschau herankommende General Stahel übernehmen (Merkbuch 25. 8.).

Ob sich die Zuführung der Kräfte des OB Südost noch zugunsten der deutschen Truppen auswirken konnte, war bei der sich überstürzenden Entwicklung fraglich.

Nach Meldung des Gen.-Lt. Gerstenberg vom 25. 8. war die Lage ernst. Die Rumänen hatten unter dem Pz.-General Jonescu 4000 Mann gut ausgerüsteter Infanterie und Panzer zugeführt, so daß jetzt mit 60 Panzern zu rechnen war. Ein Angriff zur Wiedereinnahme von *Bukarest* und zur Durchführung des Führerbefehls war ohne Zuführung schwerer Waffen und kampferfahrener Truppen — nach Meldung Gen.-Lt. Gerstenberg — zur Zeit nicht durchführbar. Das *Ölgebiet* war bereits umstellt, der Abtransport der Produktion unterbunden (Anlage 81 vom 25. 8.). Nachdem am 26. 8. die Rumänen das Gebiet von Ploesti in Besitz genommen hatten, war die Lage als schwarz zu bezeichnen.

Mit einer erfolgreichen Fortsetzung des Kampfes auf deutscher Seite war nicht mehr zu rechnen. Der neuen rumän. Regierung sollte — wie im Badoglio-Italien — eine *nationale Gegenregierung* entgegengestellt werden. Am 24. 8., 17.00 Uhr, wurde im Rundfunk bekanntgegeben, daß ein vom rumän. Gericht zum Tode verurteilter Führer der „Eisernen Garde" die nationale Regierung übernommen habe[1]. Er hatte erklärt, noch 60–80 000 Anhänger im Lande zu haben, die treu zu ihm hielten und mit denen er eine Partisanentätigkeit entwickeln könne. Es war aber bei der Zermürbung durch die Bomben-

1 Es handelte sich um Horia Sima, 1940 Mitglied der Regierung Antonescu, nach dem vereitelten Putsch der „Eisernen Garde" (20.–23. 1. 1941) von der SS nach Deutschland gebracht und dadurch der Verurteilung entzogen. Der Versuch, ihn jetzt auszuspielen, scheiterte völlig.

angriffe und der unüberwindlichen Kriegsmüdigkeit wenig Aussicht für eine Gegenbewegung vorhanden (Merkbuch vom 26. 8.).

Der Deutsche General meldete am 24. 8. in Übereinstimmung mit dem deutschen Gesandten, daß es sich um einen *wohlvorbereiteten Staatsstreich* handle, der im Einverständnis mit der Armee und der gesamten Opposition stehe. Volk und Truppe seien durch Rundfunk unterrichtet und gäben ihre Zustimmung. Gegen den König und die neue Regierung sei kein General für eine Gegenregierung zu finden, da alle königstreu seien (Anlage 82 vom 24. 8.).

Da sich die Königsregierung auf Grund der Luftangriffe auf Bukarest, bei denen auch das königliche Schloß und das Min.-Präsidium bombardiert worden waren, als *mit Deutschland im Krieg befindlich* betrachtete, wurde der *Führerbefehl vom 24. 8.* am 26. 8. durch eine *Weisung vom Chef OKW* ergänzt. *Gesamtrumänien wurde zum Operationsgebiet des Heeres erklärt.* Der Deutsche General wurde dem Oberkdo. Heeresgr. Südukraine in jeder Beziehung unterstellt. Die Sondervollmacht des Deutschen Kommandanten für das rumän. Erdölgebiet blieb aufrechterhalten. Die Heeresgr. Südukraine sollte Anweisung erhalten, daß er in seinen entscheidend wichtigen Aufgaben weitgehend unterstützt werde[1].

Die rumän. Soldaten waren aufzufordern, eindeutig Stellung zu nehmen. Stellten sie sich auf die Seite der Regierung des Königs, so wurden sie Kriegsgefangene (Anlage 93 vom 26. 8.).

### *i) Die Auswirkungen auf die Verbündeten (Ungarn und Bulgarien)*

1. Die *Ungarn* hatten die ihnen durch den *Abfall Rumäniens* drohende Gefahr erkannt. Der Kriegsminister hatte befohlen, im Raum nördlich Kronstadt — Klausenburg alle vorhandenen Kräfte zum Schutze des Szekler Zipfels zusammenzuziehen. Das bereits zum Operationsgebiet erklärte Ostungarn unterstand dem GenStdH, das übrige Ungarn dem OKW, vertreten durch den Deutschen Bevollm. General Ungarn, der in Territorialfragen auch für Ostungarn zuständig blieb (Merkbuch vom 25. 8.). Ungarn erbat deutsche Truppen zur Besetzung des 1940 Rumänien noch verbliebenen Teiles von Siebenbürgen. Am *27. 8.* gab der Führer seine Zustimmung. Der Aufmarsch begann am *28. 8.* morgens (vgl. Ausarbeitung „Ungarn" [2]).

1 Der deutsche Gesandte v. *Killinger* wählte den Freitod; der Gesandte *Clodius* geriet in sowjetische Kriegsgefangenschaft, ebenso viele Angehörige ziviler und militärischer Dienststellen. Aus ihr kehrten zurück 1955/56 u. a. die Generale Hansen und Gerstenberg.

Die von General *Sanatescu* gebildete neue Regierung unterzeichnete am 12. 9. 1944 in Moskau den ihr auferlegten Waffenstillstandsvertrag. Sie wurde in der Folge mehrfach umgebildet, wobei sich der kommunistische Einfluß jeweils verstärkte. Der *König Michael* wurde am 30. 12. 1947 zur Abdankung gezwungen. Vgl. dazu die Angaben aus „Ploetz, Auszug aus der Geschichte" (25. Aufl.), auch im 8. Abschnitt (unten S. 860 f.).

2 Vgl. den anschließenden Abschnitt 7 (unten S. 827 ff.).

Es gelang aber nicht, wie beabsichtigt, mit deutschen und ungarischen Kräften die *Karpatenpässe* zu besetzen, bevor die rumänischen Verbände aufmarschiert waren und ihnen die russischen zu Hilfe kamen. Es mußte bereits als Erfolg betrachtet werden, daß die Grenzen im wesentlichen gehalten und auch der Szekler Zipfel abgeschirmt werden konnte. Der ungarische Einmarsch in Siebenbürgen wurde von der ungarischen Regierung aus politischen Gründen angehalten. Am *6. 9.* wurde in einer Regierungserklärung dem Wunsche Ausdruck gegeben, daß man auch mit den Rumänen in Frieden leben wolle; doch sei dies durch das Verhalten der Rumänen erschwert (Merkbuch vom 7. 9.). *Am 7. 9. erklärten die Rumänen den Ungarn den Krieg.* Am 12. 9. wurde der russisch-rumänische Waffenstillstand unterzeichnet.

2. Die *Bulgaren,* die unter dem Druck der deutschen und russischen Forderungen standen, *forderten den schnellen Abzug der deutschen Verbände.* Bereits vor dem rumän. Putsch war es klargestellt, daß die bulgar. Regierung in Waffenstillstandsverhandlungen mit dem Gegner stand (Mitteilung Stellv. Chef WFStab vom 26. 8.).

Da sie besorgt war, daß sowjetische Truppen in Bulgarien einrücken würden, forderte sie am 24. 8. durch den Außenminister die *Zurückziehung der deutschen Militärmission.* In Alt- und Neubulgarien standen insgesamt ungefähr 20 000 Deutsche, der Großteil in Neubulgarien. Der Rest bestand aus Luft- und Marine-Kräften sowie Dienststellen. Durch weitere Maßnahmen betonte Bulgarien seine Neutralität gegenüber den Sowjets noch stärker. In Erkenntnis dieser Entwicklung befahl der Führer am *26. 8.*, daß der OB Südost alle verfügbaren Kräfte im Raum Skolpje–Nisch versammeln sollte, um sie — je nach der Entwicklung der Lage — gegen Bulgarien einsetzen zu können oder eine Deutschland günstige Entwicklung zu unterstützen. Prinzregent Kyrill richtete an den Führer einen Brief, daß er Bulgarien die Gelegenheit geben möge, nicht am Kampfe teilnehmen zu müssen (Merkbuch vom 28. 8.). Der bulgar. Kriegsminister hatte Befehl gegeben, den Abzug der deutschen Kräfte nach Westen [1] nicht zu behindern. Über die Grenze der Dobrudscha waren 16 000 Mann übergetreten, deren Abtransport durch den Admiral Brinkmann geleitet wurde (Merkbuch vom 29. 8.). Der Chef der Deutschen Militär-Mission, Gen. Schneckenburger, verhandelte mit der neugebildeten Regierung Bagrianoff [2].

Es galt, im Augenblick Zeit zu gewinnen, um möglichst viel Güter aus Bulgarien herauszuschaffen. Da es in Bulgarien selbst nicht gelungen war, eine nationale Regierung zu bilden, wurde es vom neubulgarischen Raum aus

1 Ms.: Osten.
2 Ms.: Draganoff (dieser war Außenminister in der Regierung Bagrianoff, die bis zum 2. 9. 1944 amtierte).

versucht[1]. Bei den Bulgaren ging seit Tagen der Kampf, ob sie mit den Russen gegen die Deutschen kämpfen sollten oder ob sie neutral blieben, das heißt: ihr Gebiet verteidigten, wenn die Russen es betreten sollten. Es lag aber jetzt ein Befehl der Regenten vor, daß auf die Russen nicht mehr zu schießen war (Mitteilung Gen. v. Buttlar vom 4. 9.). Da die bisherigen Verhandlungen mit der jetzigen Regierung zu keinem Ergebnis gekommen waren, hatte sich der OB Südost entschlossen, den Abmarsch der bulgarischen Verbände aus Südserbien anzuhalten. Dadurch, daß nun von den Deutschen Repressalien gegen das Anhalten des deutschen Abzuges ergriffen wurden — der Führer hatte am 3. 9. die vom OB Südost in Aussicht genommenen Maßnahmen gebilligt —, verschärfte sich die Lage weiter (Merkbuch vom 4. 9.).

Anzeichen für den Abfall Bulgariens gab bereits das Kabinett Bragianoff[2], das inzwischen durch ein neues abgelöst war[3]. Am *5. 9. erklärte Rußland den Bulgaren* wegen der Haltung der bulgarischen Regierung in der Frage der deutschen Militärinternierten *den Krieg*. Bulgarien bat daraufhin um Mitteilung der *Waffenstillstandsbedingungen*[4].

Nachdem die Beziehungen zu Deutschland bereits abgebrochen waren, *erklärte Bulgarien* wegen der deutschen Maßnahmen gegen das bulgarische Okkupations-Korps *am 7. 9. Deutschland ab 18.00 Uhr den Krieg* (Mitteilung Gen. v. Buttlar vom 7. 9.[5]).

### *k) Anlage: Die Räumung der Krim*[6]

In der ersten *Maihälfte* kam auch ein Beschluß zur Durchführung, gegen den sich die deutsche Führung lange gesträubt hatte: die *Räumung der Krim*.

Die deutsche Führung hatte auf dem Halten der Krim nicht nur aus operativen Erwägungen beharrt, sondern war durch die mit einer Räumung verbundenen politischen Folgen zu diesem Beschluß bestimmt worden. Die Krim war der wichtigste Flugzeugstützpunkt gegen das rumänische Ölgebiet und konnte als Absprungbasis gegen die bulgarische und rumänische Küste dienen. Eine Aufgabe der Krim mußte eine nicht absehbare Wirkung auf Rumänien, Bulgarien, die Türkei und die Gesamtlage auf dem Balkan ausüben.

Der geplante Vorstoß zum Freikämpfen der Krim aus dem Brückenkopf Nikopol heraus hatte wegen der russischen Winteroffensive aufgegeben werden müssen. Am 8. 2. war *Nikopol* geräumt worden.

1 Zur Verfügung stellte sich der Exminister Alexander Zankoff, der in Wien eine völlig wirkungslos gebliebene Exilregierung einrichtete.
2 Ms.: Draganoff.
3 Murawieff.
4 Der Vertrag wurde am 28. 10. in Moskau unterzeichnet.
5 Die drei Regenten, darunter der oben erwähnte Prinz Kyrill, wurden am 2. 2. 1945 erschossen.
6 Vgl. hierzu die oben S. 758 angeführte Studie von *A. Hillgruber*, Die Räumung der Krim 1944.

Auf die abgeschlossene und von Norden und Osten gefährdete Halbinsel war von *Odessa* auf dem Seewege Nachschub herangeführt worden. Marschall Antonescu hatte am 27. 3. (Anlage 24) gefordert, daß die Krim geräumt werde, solange die Verbündeten noch im Besitze von Odessa seien. Die Räumung werde eine große Zahl kriegserfahrener Verbände zur Verstärkung der Abwehr im Südraum der Ostfront freimachen. Die deutsche Führung hatte aber die durch die Zurücknahme der Heeresgr. A freigewordenen Kräfte für die neu aufzubauende Moldau-Front für ausreichend gehalten (Anlage 25 vom 31. 3.).

Am 9./10. 4. mußte *Odessa geräumt* werden. Anschließend erging der Befehl, die Halbinsel Krim bis auf den *Brückenkopf von Sewastopol* zu räumen (Merkbuch vom 13. 4.).

Die Auswirkungen traten sofort in Erscheinung: *Die Türkei* stellte am 20. 4. wegen der veränderten Lage im Schwarzen Meer die Chromerz-Lieferungen an Deutschland ein.

Am 24. 4. erklärte der Führer zu der Behauptung von Sewastopol: bezogen auf die Gesamtlage, könne der Verlust von Sewastopol den Tropfen bilden, der das Faß zum Überlaufen bringe. Die Türkei habe schon stark auf den Rückzug, der auf der Krim angetreten werden mußte, reagiert. Bei Verlust von Sewastopol sei es möglich, daß sie ins andere Lager abschwenke. Dies werde starke Auswirkungen auf die Balkanstaaten haben und könne darüber hinaus auch noch die Stellung der übrigen neutralen Mächte beeinflussen. Nach siegreicher Abwehr einer Invasion werde eine Räumung Sewastopols politisch und militärisch ohne Bedeutung sein (Mitt. Stellv. Chef WFStab vom 25. 4.)

Am 25. 4. hielten der Admiral Schwarzes Meer, Vizeadmiral Brinkmann, und der Seekommandant Krim, Admiral Schulz, dem Führer Vortrag über die *Transporte nach der Krim.* Sie glaubten Gewähr leisten zu können, daß die Marine 6—7000 to täglich nach Sewastopol schaffen könne, was etwa dem Bedarf von 100 000 Mann entsprach. Der Führer faßte darauf den Entschluß, Sewastopol zu halten. Maßgebend waren dabei milit. und polit. Erwägungen. Der Führer ging davon aus, daß bei einer Räumung im Augenblick doch nur Teilverbände ohne vollständige Waffenausrüstung zurückkämen; dagegen werde es dem Gegner möglich sein, etwa 25 Divisionen mit ihrer gesamten Ausstattung in kurzer Zeit an einer anderen Stelle zum Einsatz zu bringen.

Es müßte daher die Aufgabe der in Sewastopol kämpfenden Verbände sein, den Gegner zu binden und ihm möglichst hohe Verluste zuzufügen.

Die Einnahme der *Höhen von Sapun bei Sewastopol* in der Nacht zum 9. 5. führte aber zu dem Entschluß, auch Sewastopol zu räumen. Der Führer sah den Hauptnachteil der schon jetzt erzwungenen Räumung darin, daß der Feind nun die auf der Krim eingesetzten Kräfte wegziehen und gegen die Heeresgr. Südukraine einsetzen konnte (Mitteilung Gen. v. Buttlar vom 9. 5.).

Die Räumung der Krim wurde am 10. 5. begonnen und am 13. 5. beendet.

### 4. Griechenland nach der Räumung
### nach einer Studie des OB Südost, Gruppe I c / AO (Oberst v. Harling): „Entwicklung und Beurteilung der Lage in Griechenland, seit der Räumung durch die deutsche Wehrmacht"

*Diese Studie, auf die das — bereits vorher abbrechende — Kapitel 6: „Weiß" und „Rot" in Griechenland, sowie Kapitel 9: „Titos Verhältnis zu Sowjetrußland" verweisen, wurde von mir als Anhang dem 7. Abschnitt angegliedert, da sie diesen in erwünschter Weise abrundete. Das Exemplar des Wehrmachtführungsstabs ist verlorengegangen; das Bundesarchiv in Koblenz besitzt auch keinen Durchschlag dieser Studie.*

### 5. Die große Absetzbewegung im Südosten (nach einer Denkschrift des OB Südost vom Januar 1945)

*(wie der 4. Anhang dem KTB zwecks Abrundung beigefügt)*

*Die vom Stellv. Chef WFStab angeforderte, am 21. 1. 1945 übersandte Denkschrift ist in dem (voraufgehenden) 7. Abschnitt (II. Teil Kap. 12) wörtlich zitiert. Das dem KTB beigefügte Exemplar ist verlorengegangen; doch konnte ich diese Lücke mit Hilfe von Photographien schließen, die mir das Bundesarchiv in Koblenz nach einem zu seinen Beständen gehörenden Exemplar dankenswerterweise zur Verfügung stellte (die Kartenskizzen, auf die der Text verweist, fehlen). Trotz der propagandistischen Zuspitzung hat die Denkschrift kriegsgeschichtlichen Wert.*

*Oberbefehlshaber Südost*
*(Heeresgruppe F)* *Hauptquartier, Januar 1945*

*Die große Absetzbewegung im Südosten*

Um die Mitte Januar 1945 überschreiten die letzten Verbände der Heeresgruppe E, aus dem Balkanraum kommend, die kroatische Grenze. Sie werden nach dem Willen des Führers das verbündete Land gegen zu erwartende Angriffe aus Süd, Ost oder Nord verteidigen. In Westsyrmien steht bereits eine feste Abwehrfront, und entlang der Drau suchen starke Kampfgruppen den vorübergehend verlorengegangenen Anschluß an den Südflügel der 2. Panzerarmee wiederherzustellen.

Damit schließt ein einzigartiges Kapitel der Kriegsgeschichte mit einem Erfolg der deutschen Waffen, dessen Größe, überschattet von den Ereignissen auf den anderen Kriegsschauplätzen, noch nicht jedermann zum Bewußtsein gekommen sein mag.

Gerade deshalb erscheint es berechtigt, in einem skizzenhaften Rückblick die Leistungen des im Südosten eingesetzten deutschen Soldaten zu würdigen. Dabei soll im wesentlichen nur auf die Operationen der Heeresgruppe E eingegangen werden; denn diese fallen ganz aus dem Rahmen alles Bisherigen, während sich die Kämpfe der Armeeabteilung Serbien (Mil.-Befh. Südost) und der 2. Panzerarmee, die mindestens gleich hart gewesen sind, kaum von den oft beschriebenen Schlachten des Ostens unterscheiden.

Es kommt darauf an zu erkennen, daß auch im Südosten das Können der Führung, vor allem aber die Tapferkeit und Beharrlichkeit der Truppen aller Wehrmachtteile dem Feind überlegen waren und den Sieg davontrugen in einer Lage, die schwieriger kaum gedacht werden kann.

### *a) Die Eigenart des Kriegsschauplatzes*

Seit Abschluß des Balkanfeldzuges gilt der Südosten als *Nebenkriegsschauplatz.* Drei Jahre lang mußte in diesem Raum die deutsche Herrschaft ohne ausreichende Kräfte und mit ungenügenden Hilfsmitteln gegen zunehmenden Feinddruck aufrechterhalten werden. Die Gräberfelder in allen größeren Städten des Südostens sprechen eine ernste Sprache und künden doch nichts von den Tausenden, die irgendwo in den unendlichen Berglanden oder auf dem Meer in treuer Pflichterfüllung einsam geendet sind.
*(Skizze 1)*[1]

Dies alles geschah, obwohl kein Angriff von außen gegen die weitgespannten Küstenfronten erfolgt ist, obwohl es *nur Banden* gab, gegen die es zu kämpfen galt auf dem Balkan! *(Skizze 2)*

Aber es war *kein „Kleinkrieg"*; nein, es war ein allesumfassender Aufruhr, ein Losbrechen jahrhundertealter Leidenschaften triebhafter Naturvölker, überlagert von dem Zusammenstoß der die heutige Zeit beherrschenden polaren Weltanschauungen, ein Ringen ohne Anfang und ohne Ende, ein Kampfen ohne Fronten, ein Fechten wider alle Regeln moderner Kriegskunst.

Wenig galt hier die Zirkelarbeit des Generalstabsoffiziers, wenig oder nichts die Verbandstaktik des Truppenführers oder die Betriebserfahrung des deutschen Eisenbahners. Immer Improvisieren, nie Müdewerden auf einem Weg ohne Ende, letztes Wagen und härtestes Dulden: damit überwand der im Südosten eingesetzte Soldat einen fanatischen Gegner und eine barbarische Natur, stets voll Verständnis dafür, daß er zurückstehen müsse mit seinen Wünschen nach mehr Menschen und Waffen, damit die Hauptkampffronten das zur Entscheidung Notwendige ungeschmälert erhalten können.

Das ist Kriterium einer dreijährigen Besatzungszeit und zugleich das Wesentliche für die Beurteilung der Leistung der Besatzungstruppe: der Südosten kann immer nur ein Minimum dessen bekommen, was er an Kampfkraft braucht.

So bestehen mit wenigen und meist nur vorübergehenden Ausnahmen die Truppen des OB Südost aus nicht erstklassigen Verbänden. Eine Zusammensetzung aus überwiegend älteren Jahrgängen und völlig unzureichende Be-

1 Die zu dieser Denkschrift gehörenden Skizzen, auf die der Text laufend verweist, fehlen bei dem von mir für den Druck benutzten Exemplar.

weglichkeit kennzeichnen sie. Die personelle und materielle Ausstattung wird — mit Recht — ausschließlich nach den Gesichtspunkten einer Festungsfront vorgenommen.

Um die Lücken der mit riesigen Frontbreiten eingesetzten Divisionen zu schließen, sind tausende von Wehrunwürdigen eingesetzt, ist auf Fremdstämmige aller Nationalitäten zurückgegriffen. So stehen bis zuletzt arabische, russische und italienische Bataillone Schulter an Schulter neben den deutschen Landesschützen im Sicherungsdienst. Mit unendlicher Mühe werden die Elemente der Ordnung jedes einzelnen Balkanlandes gesammelt, bewaffnet, ausgebildet und miteingesetzt im Kampf gegen den gemeinsamen kommunistischen Feind. So wachsen griechische, albanische, montenegrinische und serbische Milizverbände aus dem Boden. Selbst deutschfeindlicher Aufstandsbewegungen sucht man sich — und dies nicht ohne Erfolg — zu bedienen. Alles Erdenkliche geschieht, um die Wehr= und Arbeitskraft des verbündeten Bulgarien und Kroatien auszuschöpfen und den gemeinsamen Zielen dienstbar zu machen. Aber dort verhindert Trägheit und Verblendung, hier die völkische Zerrissenheit eines eben erst aus der Taufe gehobenen Staates brauchbare, positive Ergebnisse.

Letzten Endes ruht die ganze Last des pausenlosen Kampfes auf dem deutschen Menschen. Nur wo *er* steht, kommt kein Feind durch; nur wo *er* angreift, wird das Ziel erreicht; nur wo *er* mitarbeitet, wächst das Werk fremder Hände. Die Rückschläge in Rußland, Afrika, Italien und schließlich in Frankreich, diese scheinbar endgültige Wende des Kriegsglücks, fördern alle anglophilen und prorussischen Strömungen. Wie ein Schwamm saugt der Balkan sämtliches Gift der Feindpropaganda in sich auf. Die orientalische Händlerseele wiegt die Gewinn= und Verlustchancen und zieht sich von einem unsicheren Geschäft zurück. Der einst als Befreier bejubelte deutsche Soldat hat bald keine Freunde mehr; Verrat umlauert ihn.

Da wird die *Weite des Raumes* zur toddrohenden Gefahr. An wenigen Eisenbahnsträngen und Straßen hängen die deutschen Machtzentren wie an dünnen Fäden aufgereiht. Hunderte von Kilometern; Hochgebirge, kahl wie Mondlandschaften und entmutigend im endlosen Auf und Ab der Pässe und Schluchten; Urwälder und Fiebersümpfe trennen die Küstenfronten von ihren Versorgungsbasen. Unberechenbares Wetter setzt selbst dem Fliegen Grenzen, und atmosphärische Störungen ungewöhnlichen Ausmaßes behindern den Funkverkehr wie kaum anderswo. Auf und über dem Meer aber herrscht der Anglo=Amerikaner von Monat zu Monat unumschränkter, bald auch im Luftraum über dem gesamten Festland, und zwingt den deutschen Verkehr in die Nacht, in Nebel und Sturm.

### *b) Die Lage im Sommer 1944*

OB Südost hat den Auftrag, den Südostraum einschließlich der Ägäischen Inseln zu halten.

Ein Angriff der Anglo=Amerikaner gegen die Ägäis=Front ist auf Grund der feindlichen Kräftedislozierung unwahrscheinlich geworden. Auch in der nördlichen Adria besteht keine akute Gefahr einer Landung, nachdem die verfügbaren Verbände und der erforderliche Transportraum in Südfrankreich zum Einsatz gekommen sind.

Lediglich im griechisch=albanischen Grenzgebiet und im Abschnitt der Dalmatinischen Inseln sind Anzeichen für Infiltrierung griechischer bzw. jugoslawischer Exiltruppen, vor allem aber stärkere Materialzuführungen an die Banden erkennbar.

OB Südost führt daher Anfang Juli ein Großunternehmen zur Säuberung *Südalbaniens* von dortigen kommunistischen Banden durch, das unter der Leitung der Heeresgruppe E, der hierzu die 1. Geb.=Div. gegeben wird, einen vollen Erfolg erzielt und einen vom Landesinnern her in Bildung begriffenen Brückenkopf beseitigt.

Zur Niederkämpfung der national=griechischen Banden des Zervas, die sich an der *nordepirischen Küste* festgesetzt haben und lebhaften Verkehr mit Unteritalien unterhalten, versammelt Heeresgruppe E Ende Juli starke Kräfte, indem sie nicht nur die 4. SS=Pol.=Pz.=Gren.=Div. aus Thessalien, sondern auch eine Regimentsgruppe der 117. Jg.=Div. vom Peloponnes, ferner einige Festungs=Bataillone von den Inseln Zante und Kephalonia heranzieht. Zu einem Antreten kommt es jedoch infolge der Ereignisse in Rumänien nicht mehr.

Eines wird immer deutlicher: die sorgfältig übertünchte Rivalität der feindlichen Großmächte auf dem Balkan veranlaßt die Engländer überall, wo sie es ohne ernsten Kampf tun können, festen Fuß zu fassen, um rechtzeitig zur Stelle zu sein, wenn Deutschland den Raum aufgibt. Sie rechnen also damit!

Inzwischen stellt *Tito* seine besten Divisionen in Montenegro und Bosnien zum Angriff gegen Serbien bereit. Ein neugeschaffener Führungsstab läßt sich in Serbien nieder und beginnt die dortigen kommunistischen Banden zu festen Verbänden zu ordnen. OB Südost ist sich der Bedeutung dieser Sturmzeichen durchaus bewußt, wenn er auch, ohne Kenntnis der politischen Intrigen außerhalb seines Befehlsbereichs, die große operative Idee eines Zusammenwirkens mit der damals noch in der Moldau aufgehaltenen Roten Armee als so dicht bevorstehend nicht erkennen kann. Er verfügt jedoch zunächst noch nicht über die nötige Offensivkraft zum Gegenschlag. Es muß also vorerst bei Säuberungsunternehmungen kleinräumigen Charakters innerhalb Serbiens bleiben, durchgeführt von deutschen Polizeitruppenteilen, dem Serbischen Freiwilligenkorps, dem Russischen Schutzkorps und Teilen des bulg. Okkupationskorps. Diese Unternehmungen erreichen zweifellos, daß der Feind in der Entfaltung einer eigenen Initiative behindert wird. Sie geben gleichzeitig einen tiefen Einblick in die Mentalität des bulgarischen Heeres, wo Unbotmäßigkeit, Indolenz und Schlappheit sich die Waage halten. Man ist gewarnt.

Anfang August wird endlich die 1. Geb.=Div. wieder verfügbar und sofort nach Südwestserbien verlegt. Ihr Auftrag ist, unter der Führung des Pz.=AOK 2 im Zusammenwirken mit einzelnen Regimentsgruppen anderer Divisionen, die unter Inkaufnahme größter Risiken aus ihren bisherigen Einsätzen freigemacht sind, die in Nord-Montenegro stehenden roten Verbände zu zerschlagen. Infolge nachhaltiger anglo-amerikanischer Luftangriffe auf die Transportbewegung dieser Division verzögert sich ihre Versammlung derart, daß der Feind den ersten Schachzug tun kann und mit der Masse seiner Kräfte fast unbehindert das Ibar-Tal nach Osten überschreitet.

Demgemäß wird der am 12. 8. begonnene eigene Angriff nach Montenegro zum Stoß in einen leeren Raum.

In Serbien aber stehen nun zwei rote Korps. Gegen alle Vermutungen stören sie weder die Eisenbahn von Skolpje nach Nisch noch die Verbindungen von Mitrovica nach Kraljevo. Sie warten ihre Stunde ab. Diese kommt am 23. 8., als der Zusammenbruch Rumäniens den Armeen Stalins die Tore zum Balkan öffnet.

### *c) Schwerpunktverlagerung nach dem Mittelbalkan*

Die *Kriegserklärung Rumäniens* und der dicht bevorstehende Abfall Bulgariens Ende August 1944 verlangen den Aufbau einer Ostfront aus dem Nichts.
*(Skizze 3)*

Am 27. 8. erfolgte daher der Abtransport der 4. SS-Pol.-Pz.-Gren.-Div. Richtung Belgrad; am 3. 9. verlangt OB Südost Herauslösung der 11. Lw.-Feld-Division aus Griechenland. Dies bedeutet für die Heeresgruppe E nicht nur Verzicht auf künftige aktive Bandenbekämpfung, sondern auch die Notwendigkeit, die Außenpositionen zugunsten der Sicherung der wichtigsten Festlandsverbindungen erheblich zu schwächen.
*(Skizze 4)*

Es muß dabei von vornherein herausgestellt werden, daß die Heeresgruppe E von diesem Zeitpunkt an bis heute in klarer Erkenntnis der großen strategischen und politischen Zusammenhänge und in *uneigennütziger Weise* alles getan hat, den bedrohten Fronten außerhalb ihres Befehlsbereiches Kräfte zuzuführen und daß sie sich in allen Lagen, die für sie selbst aus Kräftemangel schwerste Krisen mit sich brachten, stets allein zu helfen gewußt hat.

Für Heeresgruppe E beginnt die Zeit der *Improvisation*. Zunächst werden aus dem in Athen befindlichen Kreta-Stau, verstärkt durch überflogene Stäbe und einzelne Gefechtseinheiten der Inselbesatzungen, neue Regimenter aufgestellt, die Festungsbataillone auf dem Peloponnes einschließlich der dortigen Küstenbatterien beweglich gemacht und in das Innere des Landes in Marsch gesetzt. Die Erlaubnis, den Peloponnes zu räumen, und der am 6. 9. ergangene Befehl zur Rückführung möglichst zahlreicher Truppen von den Ägäischen Inseln, bringen eine wesentliche Erleichterung.
*(Skizze 5)*

Unter der verantwortlichen Gesamtleitung von Generaloberst Löhr und rücksichtslosem Einsatz von Marine und Luftwaffe läuft eine der schwierigsten Rückzugsbewegungen dieses Krieges an. Es gilt, nach einem unverzüglich ausgearbeiteten und vorgelegten Plan die Masse der fechtenden Truppe und Waffen, trotz feindlicher Luft- und Seeherrschaft, auf das Festland zu überführen und dort zu neuen Verbänden zusammenzustellen. Niemand weiß, wieviel Zeit dafür zur Verfügung steht.

Vorerst ist die Feindeinwirkung gegen die sofort auf vollen Touren laufende Räumungsbewegung sehr gering. Diese Zeitspanne wird rastlos ausgenützt. Dann aber, etwa am 15. 9., gehen schlagartig englische Seestreitkräfte gegen die deutschen Seetransporte zum Angriff über, während die RAF die deutschen Luftbasen bombardiert. Offensichtlich auf englischen Befehl, beginnen gleichzeitig die Aufständischen aller Schattierungen, den Straßen- und Eisenbahnverkehr in Mittel- und Nordgriechenland empfindlich zu stören. Überall treten Verluste und Ausfälle an Transportmitteln ein. Der *Seeweg* wird sehr bald *völlig gesperrt*. Daraus ergibt sich, daß die materielle Räumung der Inseln mit Ausnahme Lemnos' nicht, aber auch die personelle nur zum Teil gelingen wird; denn die Transportverbände der Luftwaffe schmelzen zusammen, Schlechtwetter behindert ihre Nachteinsätze, und neue Aufträge treten an sie dadurch heran, daß sich mittlerweile die Lage im Donauraum außerordentlich zuspitzt und die Überfliegung des Gren.-Rgt.s Rhodos bis nach Belgrad notwendig macht. Die Haltung Bulgariens zwingt die Heeresgruppe E außerdem, beschleunigt eine Sicherung an der Struma aufzubauen und hierzu Teile der 22. Inf.-Div. aus Kreta unmittelbar nach Saloniki zu transportieren. *(Skizze 9)*
*(Skizze 6)*

OB Südost zieht klare und harte Folgerungen aus diesen Tatsachen. Er gibt Anweisung zur Vorbereitung von Kernfestungen auf Kreta und Rhodos, die, auf nicht absehbare Zeit auf sich selbst gestellt, den Auftrag haben werden, weiterhin dem Engländer die Ägäis zu versperren. Eine scharfe Auswahl wird getroffen; unter rücksichtsloser Zerreißung aller kriegsgliederungsmäßigen Einheiten wird das für den Einsatz auf dem Festland besonders Brauchbare herübergeholt und damit die Grundlage geschaffen für die Erfolge in den richtig vorausgesehenen schweren Kämpfen der Heeresgruppe E während der nächsten Monate.

*(Skizze 7)*

Die *Räumung des Peloponnes* läuft indessen planmäßig. Hier kommt es darauf an, auf einen Brückenkopf „Korinth" zurückzugehen und außerdem ein Eindringen englischer Seestreitkräfte in den Golf von Korinth zu verhindern. Zu diesem Zweck wird ein Verbleiben kampffähiger Nachhuten an der Enge von Rhion und Antirhion angeordnet und damit Attika, das als Luftbasis gehalten werden muß, nach Westen abgeschirmt.

Ein besonderes Fingerspitzengefühl verlangt die Behandlung der thrazischen Frage. Im Demotikazipfel und im bulgarisch besetzten Thrazien befinden sich mehrere deutsche Küstenbatterien, deutsche Stäbe und einzelne Sicherungsbataillone. Die Bulgaren gelten um diese Zeit noch als Bundesgenossen, zeigen aber schon deutliche Tendenzen, sich dem deutschen Einfluß zu entwinden. Vom II. thrazischen Korps ist zu erwarten, daß es sich nach Altbulgarien zurückzieht; auch feindselige Handlungen erscheinen nicht ausgeschlossen. Deshalb holt Heeresgruppe E alle deutschen Einheiten unter geschickten Vorwänden nach und nach zu sich heran und kann am 7. 9. das Eintreffen der letzten Teile am Struma-Abschnitt melden.

Eine zusätzliche Aufgabe des OB Südost ist es, die zahlreichen, im griechischen, mazedonischen und serbischen Raum befindlichen nichtmilitärischen deutschen Dienststellen sowie die reichsdeutschen *Frauen* und nicht wehrfähigen *Männer* abzuschieben. Die Unsicherheit der Transportbewegungen machen sorgfältige, zusätzliche Sicherungsmaßnahmen notwendig. Es gelingt trotzdem, fast alle Personen und wertvollen Sachgüter rechtzeitig in Sicherheit zu bringen, ehe ernste Kampfhandlungen einsetzen.

### *d) Ausdehnung des Befehlsbereichs der Heeresgruppe E auf den Mittelbalkan*

Am 7. 9. schafft die *Kriegserklärung Bulgariens* eine neue, nicht unerwartete, ernste Lage. Mit einem Schlag und ehe die aus allen Teilen des Gesamtbefehlsbereich zusammengeholten Truppen vollzählig zur Stelle sind, ist die gesamte Ostflanke OB Südost vom Ägäischen Meer bis zur Donau aufgerissen. In Bulgarien marschieren russische Verbände ein mit der unzweideutigen Absicht, die Räume Nisch und Skoplje zu erobern und damit die Heeresgruppe E auf dem Südbalkan einzuschließen. Rollende Luftangriffe der Anglo-Amerikaner zerschlagen in den gleichen Tagen die wichtigsten Eisenbahnbrücken an der Strecke Saloniki–Belgrad und bringen die laufenden Transportbewegungen fast zum Stehen. Zahlreiche Sabotageakte der an allen Stellen angreifenden Banden unterbrechen die restlichen Verkehrsverbindungen, u. a. die Nachrichtenachse, so daß von nun ab wochenlang keine Sprechverständigung mehr zwischen OB Südost und Oberkommando Heeresgruppe E besteht. *(Skizze 26)*

In *Serbien* ist der Militärbefehlshaber Südost, General der Infanterie Felber, mit der Verteidigung der Linie Klisura–Bjela Palanka–Zaječar–Kladovo beauftragt. Er beginnt unverzüglich mit der Einrichtung und dem Ausbau einer stützpunktartigen Front, wozu ihm allerdings nur örtliche Alarmeinheiten, die aus Bulgarien zurückgeführten Versorgungseinheiten und wiederaufgefangene Versprengte aus Rumänien zur Verfügung stehen.

Die Verantwortung über das bis zum 8. 9. als bulgarisches Hoheitsgebiet geltende *Mazedonien* wird Generaloberst Löhr übertragen. Es ist nun dessen Aufgabe, den für seine Heeresgruppe schicksalentscheidenden Korridor offenzuhalten. Hierzu wird ihm die bereits auf dem Transport befindliche 11. Lw.-

Feld=Div. wieder unterstellt. Das Gebiet befindet sich aber bereits nahezu ganz in Feindeshand; denn die dort stehenden bulgarischen Truppen verlassen ihre Sicherungsbereiche, die sofort von Banden besetzt werden, und beeilen sich, in ostwärtiger Richtung abzumarschieren. Im Großraum Skoplje gelingt auf Grund sofortigen Eingreifens ihre Entwaffnung; im Raume Prilep kommt es in der Folge zu heftigen, kräftebindenden Kämpfen.

*(Skizze 11)*

In richtiger Bewertung der von Osten drohenden Gefahr wirft Heeresgruppe E die ersteintreffenden Teile der 11. Lw.=Feld=Div. unverzüglich an die Pässe entlang der Grenze Mazedonien—Altbulgarien. Die deutschen Truppen, die nur tropfenweise ankommen und mit erheblichen Geländeschwierigkeiten zu kämpfen haben, gelangen bis Ende des Monats, d. h. in letzter Stunde, an ihre Ziele; denn inzwischen hat sich auf der anderen Seite der Pässe ein planmäßiger Aufmarsch bulgarischer, von der türkischen Grenze abgezogener Verbände vollzogen.

Im südlichsten Abschnitt der neuen mazedonischen Ostfront setzt der bulgarische Druck schon einige Tage früher, etwa am 22. 9., ein. Hier sind aber, dank vorausschauender Planung, rechtzeitig Teile der 22. Inf.=Div. zur Stelle und erzielen in mehrtägigen, erbitterten Kämpfen bis zum Ende September einen beachtlichen Abwehrerfolg. Dieser ist nur möglich, weil die eben erst im Lufttransport aus Kreta angekommenen Truppenteile der 22. Division in kürzester Zeit und unter Rückgriff auf im Raum Saloniki befindliche Kraftfahrzeuge aller Wehrmachtteile beweglich gemacht worden sind.

*(Skizze 8)*

Ohne auf die schwierige Lage der Heeresgruppe E Rücksicht nehmen zu können, muß OB Südost auch in dieser Phase die Abgabe weiterer Kräfte fordern und befiehlt am 17. 9. den Abtransport der im Attischen Raum zusammengezogenen 117. Jäg.=Div. nach Belgrad, das durch den sich abzeichnenden russischen Angriff gegen das Banat unmittelbar bedroht ist. Unverzüglich zieht Generaloberst Löhr daraus seine Folgerungen. Er entschließt sich, die 104. Jg.=Div. aus dem *Epirus* nach Mazedonien zu führen. Er nimmt das Risiko auf sich, die Gebiete westlich des Pindus=Gebirges aufzugeben, obwohl Attika noch festgehalten werden muß und keine ausreichenden Kräfte ostwärts des Pindus=Gebirges zur Verfügung stehen, einen immerhin möglichen Feindangriff aus dem Epirus nach Thessalien abzuwehren. Dieser Entschluß macht sich in der Zukunft außerordentlich bezahlt, da es noch Wochen dauert, bis die 104. Jg.=Div. in Mazedonien zum Einsatz kommt, gerade dann aber entscheidend eingreifen wird.

Am 11. 9. unterstellt OB Südost auch das XXI. Geb.=AK. der Heeresgruppe E; damit ist die 2. Pz.=Armee auf Kroatien beschränkt. Ihr Oberbefehlshaber, General der Artillerie de Angelis, dem die besten Truppen bereits weggenommen sind, sieht richtig voraus, was kommen wird. Er trifft Vorbereitungen, die Front seiner Armee um 180 Grad herumzuwerfen. Die an der Drina und in Syrmien benötigten Kräfte will er durch Zurücknahme der Hauptkampf= linie von der Dalmatinischen Küste auf die dahinter liegenden Gebirgspässe ge= winnen. Die frühzeitig eingeleiteten Maßnahmen werden später, als es gilt, den russischen Durchbruch an der kroatischen Ostgrenze abzuriegeln, zum ent= scheidenden Faktor.

### *e) Der Rückzug aus Griechenland*

*(Skizze 10)*

Anfang Oktober tritt der Feind gegen die noch im Entstehen begriffene Ost= front auf gesamter Breite *vom Eisernen Tor bis zum Strumica=Tal* mit weit überlegenen Kräften zum Angriff an. Er erzielt bald sehr tiefe Einbrüche bei Zaječar und Nisch. Noch einmal muß daher Heeresgruppe E Kräfte nach Norden abgeben. Sie erhält zwischen 30. 9. und 5. 10. kurz nacheinander von OB Südost Anweisung zur Inmarschsetzung je einer verstärkten Regiments= gruppe der 297. Inf.=Div., 104. Jg.=Div. und 181. Inf.=Div. mit Ziel Belgrad.

Am 3. 10. gibt der Führer den Befehl *zum Rückzug* aus Griechenland, Süd= albanien und Südmazedonien. Dies bedeutet das Einstellen aller weiteren Ver= suche, die Kräfte auf den Ägäischen Inseln einzuraffen, da die Durchführung der Lufttransporte von der Behauptung der Attischen Luftbasen abhängt. OB Südost befiehlt daher endgültig die Zusammenfassung der auf *Kreta* und *Rho= dos* verbliebenen Kräfte in *Kernfestungen*.

Die nun beginnende *Absetzbewegung*[1] vollzieht sich mit der Präzision eines Uhrwerks, obwohl die Masse der Soldaten keinen festgefügten Verbänden, sondern einzelnen Festungsbataillonen, Luftwaffen= und Marine=Truppenteilen angehört. Das nie für möglich Gehaltene geschieht: die Besatzung einer Riesen= festung, scheinbar zur Unbeweglichkeit verurteilt, setzt sich mit allen ihren Waffen in Marsch. Dem Lande wird entnommen, was es an Zugmitteln und Fahrzeugen gibt. Einer hilft dem andern aus. Die Schranken zwischen den Wehrmachtteilen fallen. Die von Heeresgruppe E getroffene, tief in die Belange Aller eingreifende Organisation bewährt sich in vollem Umfang.

Auf einer einzigen Straße, die über hohe Pässe führt, ziehen die Trecks und Marschgruppen in beschleunigtem Tempo nach Norden. 1000 km bis Višegrad, 1500 km bis Slawonien liegen vor ihnen. Sie schaffen bis zu 25 km im Tages= durchschnitt. Die *Eisenbahn* leistet Hervorragendes. In überschlagendem Ver= fahren bringt sie nach wohldurchdachtem Plan die jeweils letzten Marschver= bände in den Raum Saloniki. Die *Nachhuten* wehren nachdrängenden Gegner erfolgreich ab. Pioniere und Eisenbahnpioniere zerstören die Kunstbauten und alle militärisch wichtigen Objekte. Die besonders in der zweiten Oktoberhälfte auf Grund einer Wetterbesserung scharf auflebende englische Jabo=Tätig= keit erfordert scharfe Marschdisziplin und immerwährende Aushilfen zur Be= seitigung der eingetretenen Zerstörungen und zum Ausgleich der Verluste.

1 Auszüge aus diesem und dem folgenden Absatz im Kap. II, 12 der „Ausarbeitung Südost" (s. oben S. 721), wo dieser Text als Unterlage angeführt ist.

Die Vorausstaffelung der westlich des Pindusgebirges zurückgehenden Kräfte bleibt erhalten. Sie ermöglicht jetzt ein vollständiges Herausziehen der 104. Jäg.=Div. über Bitolj nach Veles. Während demnach Valona bereits am 12. 10. aufgegeben werden kann, wird Saloniki erst am 31. 10. geräumt. Ohne nennenswerten Feinddruck überschreiten die *Nachhuten* in der Nacht vom 1.—2. 11. die *griechisch=mazedonische Grenze.* In *Albanien* aber ist bereits eine neue Front in der Linie Durazzo—Elbasan aufgebaut.

### *f) Die Abwehrschlacht in Mazedonien und Südserbien*

*(Skizze 12)*

Am 15. 10. fällt *Nisch*, am gleichen Tage *Belgrad* in Feindeshand[1]. Der Russe steht westlich des Morawa=Tals auf der großen Straße von Kragujevac nach Belgrad; bulgarische Heerhaufen ergießen sich von Nisch in südlicher und süd= westlicher Richtung. Die eigenen, dem Mil.=Befh. Südost unterstellten Truppen, die an der Ostgrenze Serbiens bis zum äußersten Widerstand geleistet haben, sind zersprengt und von den Straßen in das unwegsame Gebirge abgedrängt, wo sie unter Verlust vieler Fahrzeuge und schwerer Waffen den Durchbruch nach Westen zu erzwingen suchen.

*(Skizze 13)*

Von diesem Augenblick ab ist Heeresgruppe E tatsächlich abgeschnitten. Nur *eine Straße* steht ihr noch zur Verfügung; sie führt von Skoplje über Mitrovica, Kraljevo, Užice nach Serajewo, ist aber in ihrem letzten Drittel von starken Banden besetzt. *Um diese Straße* geht in den folgenden Wochen der eigentliche *Entscheidungskampf.* Wohl wissend, welcher Erfolg in Aussicht steht, greift der Russe von Kragujevac aus entlang der westlichen Morava gegen das zunächst nur schwach besetzte Kraljevo an. Er treibt die bulgarischen Divisionen über Kuršumlje gegen das Ibar=Tal und über Bujanowce gegen das Becken von Skoplje vor. Gleichzeitig stürmen bulgarische Truppen die Pässe ostwärts Kriva Palanka und ostwärts Carevo Selo.

In dieser Stunde äußerster Gefahr übergibt OB Südost, dessen Befehls= bereich in zwei Teile aufgespalten ist, der Heeresgruppe E nunmehr auch den Be= fehl über *Südserbien* und das Kommando über alle dort noch befindlichen Splitterteile der ehemaligen Korpsgruppe F. W. Müller.

Generaloberst Löhr ist sich keinen Moment darüber im Zweifel, daß mit dem Verlust der genannten Straße und ihres Schlüsselpunktes Kraljevo das Schick= sal der ihm unterstellten deutschen Menschen besiegelt wäre; denn ein Aus= weichen in die albanisch=montenegrinischen Berge erscheint angesichts des herannahenden Winters für die Masse der Truppen verderblich. Trotz der all= seitigen Bedrohung entschließt er sich daher, alles Verfügbare schwerpunkt= mäßig in *Kraljevo* einzusetzen. Unverzüglich werden aus dem Raum Saloniki ein Bataillon der 22. Inf.=Div. und das Füs.=Btl. Rhodos dorthin überflogen.

1 Richtig: 20. 10.

Die ersten Teile der 104. Jäg.=Div. und die von ihrem eigentlichen Marschziel Belgrad abgeschnittenen Regimenter der 197. und 181. Inf.=Div. können erfaßt und zu Fuß, im Lkw.=Transport und mit Eisenbahn dem neuen Kampfgebiet zugeführt werden. Reste der 7. SS=Geb.=Div. „Prinz Eugen" finden sich ein. In dem General der Infanterie Friedrich Wilhelm Müller steht die geeignete Führerpersönlichkeit zur Verfügung, alle diese bunt zusammengewürfelten Teilverbände in der Abwehr eines überlegenen russischen Angriffs zusammenzufassen.

Am 22. 10. beginnt die Schlacht um Kraljevo, wogt tagelang hin und her, erreicht ihren Höhepunkt mit einem russischen *Umfassungsversuch über Čačak,* der gerade noch durch rasche Verbreiterung der eigenen dünnen Front pariert werden kann, und endet unter außerordentlich hohen Verlusten für den Feind etwa am 2. 11. mit einem klaren Abwehrsieg. Die Straße über Kraljevo ist in eigener Hand geblieben!

Zum Schutze des Ibar=Tals gegen die weiter südlich über das Kopaonik=Gebirge vordringenden Bulgaren mobilisiert die Heeresgruppe E *albanische Nationalisten,* die sich unter deutscher Führung und mit deutschen Korsettstangen sehr ordentlich schlagen.

*(Skizze 14)*

Unterdessen macht die *bulgarische Offensive* gegen Skolpje das Abdrehen immer neuer eigener Kräfte aus der Marschbewegung in die östlichen Seitentäler erforderlich. Die Gefechtsstärke der ursprünglich dort eingesetzten 11. Lw.=Feld=Div. reicht längst nicht mehr aus, den zahlreichen, gut ausgerüsteten und von Panzern und Jagdfliegern (deutscher Fertigung) unterstützten bulgarischen Divisionen Halt zu gebieten.

Zunächst sind es Festungsinfanteriebataillone, dann Teile der weiter südlich freigewordenen 22. Inf.=Div. und schließlich Luftwaffenmarschbataillone und Marinekompanien, die mit stets klaren Aufträgen und unter eindeutigen Befehlsverhältnissen an die laufend wechselnden Brennpunkte der Kämpfe geworfen werden. Die Luftwaffe hilft, wo sie kann, indem sie mit Teilverbänden die Erdtruppe unterstützt, unermüdlich Verwundete abfliegt und unter ungünstigen Bedingungen aufklärt. Von Anfang Oktober bis Mitte November rennt der Feind unter außerordentlichen blutigen Verlusten gegen die schrittweise nach rückwärts verlegten Sperrstellungen an. Eine besondere Krise tritt am 2. 11. und in den folgenden Tagen auf, als drei Feinddivisionen und eine Panzerbrigade unter scharfer Schwerpunktbildung nördlich *Pudojevo* zum Großangriff antreten und die Öffnung des Mrdare=Passes erzwingen. Der wichtige Straßenknotenpunkt *Priština* ist aufs schwerste gefährdet. Es gelingt jedoch in aller Eile unter Heranziehung der letzten Reserven, einen Riegel aufzubauen, an dem noch am gleichen Abend die rückläufige Bewegung der eigenen Truppe zum Stillstand kommt und vor dem alle späteren Feindangriffe scheitern.

*(Skizze 15)*

Damit aber ist etwa zur selben Zeit, als OB Südost mit Kräften der 2. Pz.=

Armee den russischen Stoß an der Drina und in Syrmien aufgefangen hat, auch die Entscheidung zugunsten der Heeresgruppe E gefallen; denn mittlerweile haben die Nachhuten Südmazedonien geräumt; Veles kann am 11. 11. auf= gegeben, Skolpje in der Nacht vom 13. zum 14. verlassen, den nachdrängenden Bulgaren am 20. 11. nördlich Pristina noch einmal ein harter Schlag versetzt werden.

Es kennzeichnet die Unerschütterlichkeit der Führung, daß *noch während der unentschiedenen Schlacht,* nämlich am 24. 10., eine Kampfgruppe von Mitrovica aus über Bjelopolje nach Višegrad in Marsch gesetzt wird, mit dem Auftrag, hier eine neue Marschstraße durch den bandenbeherrschten Sand= schak zu öffnen. Desgleichen ergeht unmittelbar nach dem Abflauen der Kämpfe bei Kraljevo und Čačak die Anweisung an Korpsgruppe F. W. Müller, schleu= nigst über Užice nach Višegrad durchzustoßen. Beide Bewegungen vollziehen sich gegen zähen Bandenwiderstand, erreichen aber schließlich, ständig von rückwärts genährt, ihre Ziele, so daß sie sich am 11. 11. mit den Anfängen bei Dobrunje die Hand reichen können. Damit ist der Anschluß der Heeres= gruppe E zur 2. Panzerarmee hergestellt, die Schlacht gewonnen.
*(Skizze 16)*

### *g) Der Rückzug aus Albanien und Montenegro*

*(Skizze 17 )*

Der Abmarsch des XXI. Geb.=AK. sollte gemäß Anordnung OB Südost über Nikšić, Trebinje nach Mostar erfolgen. Der Plan wird gefährdet durch den Angriff starker, von Übersee her mit modernen Waffen reichlich ausge= rüsteten Banden gegen die Künstenfront des in der Herzegowina befehlsfüh= renden V. SS=Geb.=AK. In der Folge treten bei der 369. kroat. Leg.=Div. der= artige Rückschläge ein, daß das gesamte Nersetva=Delta bis dicht vor Mostar aufgegeben werden muß. *Das XXI. Korps ist also ebenfalls abgeschnitten* und steht vor der schwierigen Aufgabe, sich durch ein feindbeherrschtes Karst= gebirge durchzukämpfen. Die dazu erforderliche Schwerpunktverlagerung nach Norden verzögert sich um mindestens 10 Tage durch erhebliche Bandenaktivität gegen die Marsch= und Räumungsbewegungen im Raum *Tirana.* Deshalb kann die albanische Hauptstadt erst am 17. 11. verlassen und erst am 20. 11. bei Podgorica eine Kampfgruppe versammelt werden, die stark genug ist, den Stoß auf Nikšić wagen zu dürfen. Dieser Stoß mißlingt dennoch und zeigt, daß es auch nach Heranführung weiterer Teile des XXI. Korps kaum möglich sein wird, den Durchbruch zu erzwingen. Vor einen schweren Entschluß ge= stellt, überzeugt sich der Oberbefehlshaber der Heeresgruppe E am 21. 11. *an Ort und Stelle* von der Richtigkeit der Lagebeurteilung des Kommandierenden Generals und schließt sich dessen Vorschlägen an, das Korps bei Podgorica über Kolašin, Bjelopolje nach Priepolje abzudrehen, wo es den Anschluß an die aus Mazedonien kommenden Verbände finden kann. Entlang dieser Straße hat sich aber bereits seit langem eine der besten Tito=Divisionen eingenistet, die zweifellos dem Rückmarsch härtesten Widerstand entgegensetzen wird. Zahlreiche Brücken und Engpässe können die Stetigkeit der Bewegung in Frage stellen. Es wird daher befohlen, daß die eben an der kroatischen Süd=ostgrenze angekommene 22. Inf.=Div. dem XXI. Geb.=AK von Priepolje aus entgegenzustoßen hat. Schwerste Nachteile für die Gesamt=Absetzbewegung müssen damit in Kauf genommen werden; denn hier werden noch einmal Kräfte festgelegt, die auf Grund der Entwicklung der Lage in Ungarn dringend in Nordkroatien benötigt sind. OB Südost erklärt sich trotzdem mit den Maßnahmen einverstanden. Heute weiß man, daß es die einzige Möglichkeit gewesen ist, 21 000 Menschen mit zahlreichem Kriegsgerät vor der Vernichtung zu bewahren.

*(Skizze 19)*

Der Durchbruch des XXI.Geb.=AK gestaltet sich über Erwarten schwierig. Nachdem der Übergang bei Bioče am 28. 11. durch umfassenden Angriff in die Hand genommen ist, muß er unter widrigsten Verhältnissen, mehrfach durch Fliegerangriffe erneut beschädigt, wieder instandgesetzt werden, um dem Gros des Verbandes den Abmarsch aus Albanien zu ermöglichen. Erst am 30. 11. gelingt daher die Räumung von Skutari. Anschließend muß jeder Kilo=meter gegen hinterlistigen Feind und die Urgewalten der Elemente erkämpft werden. Noch einmal tritt am 12. 12. eine starke Verzögerung dadurch ein, daß ein plötzliches katastrophenähnliches Hochwasser fast sämtliche der zahl=reichen, eben mühsam gebauten Brücken wieder zerstört. Der mit den Banden planmäßig zusammenarbeitende Engländer nützt die Gelegenheit zu heftigen *Straßenjagden* aus, durch die er den ungedeckt wartenden Marschkolonnen empfindliche Verluste, besonders an Kraftfahrzeugen, beibringt. Aber mit ver=bissener Energie arbeitet und kämpft sich der deutsche Soldat dennoch weiter vorwärts, bringt auch die letzte große Brücke über die Tara bei Mojkovac zustande und erzielt endlich am 18. 12. den Anschluß an die von Norden kom=menden Kräfte der 22. Inf.=Div. Es ist hohe Zeit. Denn schon beginnen die Paßstraßen zu vereisen und dem Fahrzeugverkehr neue gefährliche Hem=mungen aufzuerlegen. Außerdem zwingt die Gesamtlage zu besonderer Eile.

*(Skizze 20)*

### *h) Die Verteidigung Kroatiens*

*(Skizze 18)*

Mit dem Eintreffen des Oberkommandos Heeresgruppe E in Serajewo unter=stellt ihr OB Südost das V. SS=Geb.=AK.

Am 2. 11. muß sie auf Grund dessen, daß die inzwischen mit Masse in Süd=ungarn operierende 2. Pz.=Armee taktisch der Heeresgruppe Süd unterstellt wird, auch den Befehl über das XV. Geb.=AK und die Korps=Gruppe Kübler übernehmen. In sämtlichen neuen Befehlsbereichen findet sie schwierigste Verhältnisse vor. Dicht südwestlich *Mostar* hat sich eben erst wieder eine haltbare Abwehrfront, jedoch mit zwei offenen Flügeln, gebildet, die dringend

Zuführung von Verstärkung verlangt. Besonders gespannt aber ist die Lage in *Syrmien* und an der unteren Drau. Hier stellt sich starker Feind zum Angriff gegen die zwischen Drinamündung und Ilok verteidigte Front bereit, während *nördlich der Drau* die im vollen Gang befindliche russische Offensive immer weiter Boden nach Westen gewinnt. Zunächst steht nichts zur Verfügung, die sich täglich verlängernde, offene Nordflanke zu schützen.

*(Skizze 22)*

Während OB Südost alles daran setzt, das Zurückgleiten der 2. Panzer=Armee aufzuhalten und hierzu rücksichtslos Bataillon um Battaillon aus der Korps=Gruppe Kübler herauszieht und über die Drau in Marsch setzt, wird mit allen Mitteln der Abmarsch der noch bei Užice stehenden Kräftegruppe beschleunigt. Wieder macht sich bezahlt, daß nach dem Prinzip, sich möglichst viele Wege zu suchen, bereits am 17. 11. die Freikämpfung der Straße Užice, Rogačica, Zvornik angeordnet worden war. Noch einmal sind es zwei Fluß=übergänge, die Zeit kosten, nämlich bei Višegrad und Ljubovija. Mit Aushilfen aller Art werden die Brückenbauten gefördert. Als sie Anfang Dezember in einer Meisterleistung der Pioniere und Eisenbahnpioniere endlich fertig sind, rollen, von scharfen Befehlen angetrieben, die hart herangehaltenen Verbände den neuen Einsätzen zu. In Syrmien kommen sie gerade zurecht, um die ins Wanken geratene Front wieder zum Stehen zu bringen und der Korps=Gruppe Kübler einen schönen Abwehrerfolg bei Otok und Vukovar zu ermöglichen.

*(Skizze 23)* *(Skizze 21)*

Auch beim XV. Geb.=AK spitzen sich die Dinge gefährlich zu. Die bei *Knin* stehenden Truppen von fast zwei Divisionen, in der Hauptsache Kroaten, drohen dem konzentrischen Ansturm von zahlreichen Bandenverbänden zu erliegen. Außerstande, sofort zu helfen, holt OB Südost die Genehmigung des Führers ein, für begrenzte Zeit zur hinhaltenden Kampfführung übergehen zu dürfen. Hierdurch vermag die Krise unter gewissen Geländeverlusten bis auf weiteres behoben werden. Der Stützung dieses Kampfraums gelten die nächsten Kräftedispositionen.

### *i) Zusammenfassung*

*(Skizze 24)*

Das Gelingen des Absetzens der Heeresgruppe E ohne besonders hohe Ein=bußen kann in seiner vollen Bedeutung nur derjenige erkennen, der die Ereig=nisse auf dem *Nordbalkan* und in *Südungarn gleichzeitig* beobachtet. Diese sind im Rahmen vorstehender Arbeit nur angedeutet worden. Tatsächlich haben sie den OB Südost vor schwerste Aufgaben und Entschlüsse gestellt, von denen ein Teil sich sehr belastend auf Heeresgruppe E auswirken mußte, deren Mehrzahl wohl mitentscheidend geworden ist dafür, daß die Verbände der Heeresgruppe E heute in Kroatien planmäßig aufgenommen, neu geordnet oder zu anderer Verwendung abtransportiert werden können. Doch die Ope=rationen auf dem Restbalkan haben mit dem Einschleusen der Heeresgruppe E nach Kroatien *noch keinen endgültigen Abschluß* gefunden. Das Ringen um den Südosten geht weiter, nicht nur als Kampf um den Südostwall des Reiches oder sein kroatisches Vorfeld, sondern im Sinne eines *ungebrochenen Vormachtanspruchs* Deutschlands. Daß die deutschen Truppen aus weiten Räumen, denen sie während dreijähriger Besatzungszeit ihr Merkmal aufgeprägt haben, *ungeschlagen*, einem höheren Führungsprinzip folgend, abgezogen sind, mag als erste Voraussetzung künftiger Südostpolitik gewertet werden. *So geht vielleicht die Leistung des deutschen Soldaten weit über den Rahmen eines strategischen Erfolges hinaus.*

# 7. Abschnitt

# Die Ereignisse in Ungarn von Anfang April bis zum Ende der Schlacht um Budapest und zur endgültigen Legalisierung des politischen Umschwungs (5. November 1944)

(Betr. die Zeit bis März vgl. den 3. Abschnitt)

INHALT DES 7. ABSCHNITTS


*Vorbemerkung* . . . . . . . . . . . . . . . . . . . . . . . . . . 828

1. *Die Ereignisse vom März — September 1944* . . . . . . . . . . . 828

2. *Die Ereignisse im Oktober 1944* . . . . . . . . . . . . . . . . 841

Anhänge . . . . . . . . . . . . . . . . . . . . . . . . . . . . . 851

1. *Nachtrag über Nachrichten aus dem Gegenlager* . . . . . . . . . 851

2. *Mitteilungen des ungarischen Generalobersten Ruszkay über den ungarischen Staatsführer Szálasi* . . . . . . . . . . . . . . . 852

## Vorbemerkung

Über das erste Eingreifen Deutschlands in die innerpolitischen Verhältnisse Ungarns im März 1944 (Fall „Margarethe") vgl. die Sonderausarbeitung des KTB.[1]

Da im Laufe des September auch West=Ungarn zum Operationsgebiet erklärt (für Ost=Ungarn war dies bereits im März geschehen) und dem Chef des GenStdH unterstellt wurde, sind beim WFStab die einschlägigen Akten nur zum Teil vorhanden. Vor allem fehlen die Einzelheiten über die Maßnahmen, welche der GenStdH von September an traf.

Aus den bei Op H und beim KTB angesammelten Akten ergibt sich das nachfolgend gezeichnete Bild.

### 1. Die Ereignisse vom März — September 1944

Durch das Eingreifen Deutschlands war es in der *zweiten Märzhälfte* 1944 zu einer Besetzung Ungarns durch deutsche Verbände und zur Bildung der Regierung Sztójay gekommen, von der im Gegensatz zu der ihr voraufgehenden angenommen werden durfte, daß sie nicht auf Verrat sinne.

In der *ersten Hälfte des April* erhielten die militärischen Ereignisse im ungarischen Grenzraum ihr Gesicht dadurch, daß — solange die Heeresgruppe Süd in der Nordukraine noch keine feste neue Front gebildet hatte — die Zugänge durch das Gebirge als gefährdet angesehen werden mußten. In den Ostkarpaten trat die Gefahr zurück, als der aus deutschen Einheiten Ende März aufgestellte „Sperrverband Bukowina" das Gebirge durchschritt und vor ihnen eine Sperrlinie aufbaute, die im Laufe des ...[2] in die neue Front der Heeresgruppe Südukraine ...[3] eingebaut wurde. Die Nordkarpaten wurden durch die ungarischen Verbände besetzt, die im Verfolg der Ereignisse im März mobilisiert wurden. Trotz der Schneeverwehungen erreichten sie den Gebirgskamm und bauten hier eine vorläufige Sicherungslinie auf, die im Laufe des Sommers[4] in die neue Front der Heeresgruppe Nordukraine ...[5] eingefügt wurde.

Der Gefahr, daß Rumänien die Besetzung Ungarns benutzte, um seine territorialen Forderungen im Szekler Zipfel und in Nordsiebenbürgen zu verwirklichen, war dadurch vorgebeugt worden, daß dies Gebiet bis zur Theiss zum Operationsgebiet erklärt und die ungarischen Truppen aus dem Zipfel bis hinter eine Linie zurückgezogen wurden, die etwa von Klausenburg bis zur rumänisch=ungarisch=russischen Dreiländerecke verlief. In den Zipfel wurde die 1. Geb.=Div. verlegt, die erst in den Raum Munkacz geleitet worden war.

Das Verhältnis zur ungarischen Wehrmacht wurde dadurch auf eine neue Grundlage gestellt, daß der Mil.=Attaché, General von Greiffenberg, zum „Bevollmächtigten General in Ungarn" ernannt wurde (Befehl vom 21. 4., Be=

1 Vgl. den 3. Abschnitt (oben S. 177 ff.).
2 Im Ms. 3/4 Zeile Lücke (wohl: April).
3 Im Ms. 1 Zeile Lücke (wohl: „bisher Heeresgr. A").
4 Ergänzt; im Ms. Lücke.
5 Im Ms. 1/2 Zeile Lücke (wohl: „bisher Heeresgr. Süd").

fehlsübernahme am 24. 4.). Die Dienststelle des „Befehlshabers Operations-Gebiet Ost-Ungarn" wurde wieder aufgelöst und durch eine Feldkommandantur ersetzt, die dem Bevollmächtigten General unterstellt wurde, so daß die Einheit der Befehlsführung im ungar. Raum wiederhergestellt war. Entsprechend wurde der Luftwaffen-Attaché zum „Deutschen General der Luftwaffe in Ungarn" ernannt.

An Stelle der für die Besetzung verwandten kampfkräftigen Verbände, die einer nach dem anderen wieder abgezogen wurden (zuletzt die 1. Geb.-Div. und das Gren.-Regt. 92 am 23. 4.), kamen nach Ungarn solche, die ihre Ausbildung noch nicht abgeschlossen hatten oder überhaupt erst in der Aufstellung begriffen waren (389. Inf.-Division, 8. SS-Kav.-Division, eine weitere SS-Kav.-Division, 18. SS-Gren.-Division; eine weitere SS-Gren.-Division war vorgesehen, wurde jedoch nicht aufgestellt). Hinzu kamen Ausbildungseinheiten der Luftwaffe, die vorerst zusammen 40 000 Mann ausmachten und auf etwa 50—60 000 Mann gesteigert werden sollten. Als kampfkräftiger Verband verblieben vorerst noch die 16. SS-Pz.-Gren.-Div., die zum Teil zum Auffangen des Rückstroms von Splittereinheiten der Heeresgruppe Südukraine eingesetzt werden mußte, und die Pz.-Lehr-Div., die in Ungarn belassen wurde, weil sie von dort aus schnell sowohl in den Westen als auch in den Osten oder Südosten abtransportiert werden konnte. Anfang Mai wurde auch sie weggezogen, und zwar in den Raum von Orléans.

Das *ungarische Heer* setzte sich Anfang April aus dem Feld- und dem Heimatheer zusammen. Vom Feldheer waren das aus dem „Oberkommando der Kgl. ungar. Besatzungskräfte" zurückgebildete AOK 1 (mit 2. Pz.-Div., 16. und 24. Inf.-Div., 1. und 2. Geb.-Brig.) der Heeresgruppe Nordukraine unterstellt, das VII. AK (mit 3 leichten Divisionen) sowie das VIII. AK (mit 6 leichten Divisionen) als Sicherungstruppen im Osten eingesetzt. In Ostungarn wurden versammelt die neu mobil gemachte 20. und 25. Inf.-Div. sowie die 27. leichte Div. Zum Heimatheer gehörten das AOK 3, 2 Gen.-Kdo.s, die 6., 7., 10. und 13. Inf.-Div., die 1. Kav.-Div. und die Szekler-Grenzschutz-Div. Vorgesehen war noch die Aufstellung der 1. Pz.-Div. sowie der 15. und 26. Inf.-Div. Aufgestellt waren etwa 500 000 Mann; zur Verfügung standen noch etwa 1 000 000 Taugliche, von denen nur 500 000 ausgebildet waren. Richtlinien für den weiteren Ausbau wurden am 12. 4. gegeben.

Der ungarische Generalstab entsprach den von deutscher Seite vorgebrachten Wünschen in vollem Umfange, und die Mobilmachung des Restheeres kam schneller voran, als anfangs erwartet wurde. Die im Osten eingesetzten Divisionen erhielten einen neuen Auftrieb, und wiederholt wurde in Meldungen deutscher Kommandostellen ihr gutes Verhalten im Kampfe hervorgehoben. Von dem anfangs aus Kräftemangel vorgesehenen Vorschieben der fertig gewordenen Verbände an die Ostzunge[1], was zu einem Übertreten auf rumän. Gebiet hätte führen können, wurde – nachdem die Lage dort gefestigt war – abgesehen; sie wurden nun dem Südflügel der Heeresgruppe Nordukraine zugeführt. Dabei wurde der ungar. Gen.=Stab darauf hingewiesen, daß Ungarn am besten bereits vorwärts der Karpaten verteidigt werde. Auf ungar. Wunsch wurde am 1. 5. die vorgesehene Auflösung der 6. und 7. Inf.=Div. rückgängig gemacht und stattdessen deren Mobilmachung befohlen.

Am 20. 4. wurde der Gen.=Stabs=Chef, Generaloberst Szombathelyi, durch den Feldmarschall=Leutnant Vitéz[2] von Vörös ersetzt, nachdem anfänglich der OB der 1. ungar. Armee, Gen.=Oberst Lakatos, in Betracht gezogen war. Am 15. 4. unterstrich ein Aufruf des Reichsverwesers an die ungar. Soldaten, der die Notwendigkeit des Kampfes hervorhob, das Zusammengehen mit den Deutschen.

Insgesamt konnte die Entwicklung der Lage nunmehr als befriedigend angesehen werden. Ein Brief des Reichsverwesers an den Führer mit Beschwerden, der in den Tagen nach diesem Aufruf erwartet wurde, kam nicht zur Absendung, und die in der Mitte des Monats gespannte Lage am Tartaren=Paß, von dem die dort eingesetzten Teile der 1. Geb.=Div. wieder abgezogen werden mußten, um den Szekler Zipfel zu schützen, verbesserte sich wieder dadurch, daß die Rückeroberung von Delatyn gelang und durch den ungar. Angriff bei Stanislau feindliche Kräfte gebunden wurden. Außerdem trafen um den 20. 4. neue ungar. Kräfte zur Verstärkung ein, und Anfang Mai kam wieder ein deutsches Jäger=Btl. hinzu.

Im Sinne der deutsch=ungarischen Annäherung lag es, daß am 24. 5. die Ernennung des früheren Min.=Präsidenten von Imrédy zum Wirtschaftsminister ohne Portefeuille bekanntgegeben werden konnte; denn bereits im März hatte seine Ernennung zum Min.=Präsidenten zur Erwägung gestanden, da er als Mann der Rechten und Freund Deutschlands gelten konnte. Es bestand auf deutscher Seite der Eindruck, daß Volk und Armee nunmehr die Notwendigkeit des gemeinsamen Kampfes gegen den Bolschewismus erkannt hatten und die ungar. Verbände ihre Pflicht taten. Die Zusammenarbeit mit dem Gen.=Stab wurde als befriedigend angesehen; als störend wurde nur die Tätigkeit des Kriegsministeriums (Generaloberst Csatay) empfunden, das durch parlamentarische Rücksichten behindert war.

Das Feldheer hatte nunmehr eine Stärke von 271 000, das Ersatzheer von 56 000 Mann. Dazu kamen noch die in Ungarn befindlichen Verbände sowie Grenz= und Polizei=Truppen, wonach sich die Gesamtstärke auf 418 000 Mann

1 So Ms.; gemeint ist das zungenförmig vorspringende Nordsiebenbürgen.
2 = „Held", Ehrentitel der Träger eines 1922 gestifteten ungarischen Militärordens (im Folgenden sind dieser sowie das „von" bei Adelstiteln nur unregelmäßig berücksichtigt).

belief gegenüber 930 000 Wehrfähiger, die noch nicht eingezogen und zur Hälfte auch noch nicht ausgebildet waren.

Nur insofern trat *Anfang Juni* eine Spannung ein, als der GenStdH die 1. ungar. Kav.=Div. in einem für Kavallerie geeigneten Gelände, nämlich bei Kowel einsetzen wollte, während der Reichsverweser sie im Verband der 1. ungar. Armee, also in Galizien, einzusetzen wünschte, wo sie sich nicht auswirken konnte. Außerdem wollte er die inzwischen mobilisierte 7. Inf.=Div. als Austausch=Div. für abgekämpfte Divisionen zurückhalten. Jedoch brachte der Min.=Präsident von Sztójay, der am 7. 6. in Begleitung des ungar. Gen.=Stabs=Chefs im FHQu. eintraf, diese Forderungen nur mündlich vor. Der Führer ging auf sie nicht ein, wies vielmehr mit Nachdruck auf Ungarns Verpflichtung hin, alle Kräfte gegen den Bolschewismus einzusetzen. Gedacht war dabei an den Einsatz weiterer 170 000 Mann, um Kräfte des deutschen Ersatzheeres freizumachen, und die Stellung von Sicherungstruppen für Griechenland, wo eine Landung erwartet wurde. Die erste Maßnahme wurde durchgeführt, die zweite nicht.

Dabei ergaben sich Einzelbeschwerden, die an sich nicht gewichtig waren, jedoch wieder als Symptom dafür genommen wurden, daß die ungar. Stellen noch immer nicht alles taten, was der Augenblick erforderte, daß im besonderen der Kreis um den Reichsverweser nach wie vor jede Einzelfrage vom rein ungar. Gesichtspunkt aus behandelte. Dann überschatteten die großen Ereignisse, die am 6. 6. im Westen, dann auch im Osten abzurollen begannen, für die Öffentlichkeit alles andere. Als sich ergab, daß es nicht gelang, die Anglo=Amerikaner wieder ins Meer zu werfen, und als im Osten abermals Gelände preisgegeben werden mußte, machte sich Nervosität geltend.

Von *Anfang Juli* an lud sich die Atmosphäre weiter mit Spannung. Anlaß gab die Judenfrage, deren Lösung im März versprochen, aber hinausgeschoben worden war. Die Pfeilkreuzler forderten sie mit Nachdruck. Die von ihnen ergriffenen Maßnahmen erweckten bei der Regierung den Verdacht, es sei ein Putsch beabsichtigt. Ohne Wissen des Gen.=Stabs=Chefs alarmierte der Reichsverweser seine Palastwache. Die vorbereitete Polizeiaktion konnte nicht durchgeführt werden, da die Regierung die Gendarmerie aus Budapest hinausverlegte. Diese und andere Maßnahmen zwangen wieder die deutschen Stellen zu der Überlegung, ob sich dahinter nicht eine Aktion verbarg, die sich gegen das Bündnis richtete. Es war deutlich, daß der Reichsverweser einem starken Druck des Auslandes nachgab; daß der König von Schweden ihm einen Brief in der Judenfrage geschrieben hatte, wurde im Ausland gleich bekanntgegeben. Einen ähnlichen Schritt unternahm auch der Papst. Eindruck machte ferner auch, daß der feindliche Rundfunk Repressalien gegen Ungarn androhte, wenn etwas gegen die Juden erfolgte.

In diesem Zusammenhang wurde die Mobilisierung der Polizei und ihre Unterstellung unter den Befehl der Honved [1] beachtet, was darauf hinauslief, daß sie dadurch dem Befehl des Reichsverwesers unmittelbar unterstellt wurde.

Dazu kam, daß die *Bombenangriffe* auf Ungarn, besonders auf Budapest, nunmehr ein solches Ausmaß annahmen, daß sie eine starke psychologische und auch politische Auswirkung hatten.

Diese Angriffe hatten bereits vor einem Vierteljahr eingesetzt. Vor dem April hatte bei vielen die Auffassung geherrscht, die Anglo-Amerikaner würden Budapest nicht angreifen; dabei wurde die Meinung vertreten, Ungarn müsse sich so verhalten, daß es solche Angriffe nicht „provoziere". Ein Luftangriff, der am 3. 4. auf die Außenbezirke durchgeführt und gleich in der anschließenden Nacht wiederholt wurde, hatte den Ungarn gezeigt, daß sie so oder so angegriffen würden. Denn durch die Bombardierung von Budapest ließen sich ja nicht nur Schäden in der Wehrwirtschaft, vor allem in der Ölraffinerie, und im Transportwesen, sondern auch Erschütterungen im ungar. Willen zum Widerstand erzielen. Die Flüsterpropaganda erklärte nach diesem Angriff gleich, daß er erfolgt sei, weil jetzt die Deutschen in Budapest säßen. Der Feind setzte diese Angriffe in den nächsten Tagen und Wochen fort und fing Mitte April auch an, die Donau zu verminen, was den Verkehr auf der Hauptnachschubstraße zum Südosten und zur Heeresgruppe Südukraine erschwerte. In der Nacht zum 5. 5. erfolgte der erste Bombenabwurf auf die Hauptstadt selbst. Am 2. 6. flog erstmalig ein USA-Verband, der in der Sowjet-Union eingesetzt war, über Ungarn zurück; er griff bei dieser Gelegenheit wichtige Verkehrsknotenpunkte in Ungarn an, offensichtlich, um die Nachschubstrecken der Heeresgruppe Südukraine zu unterbinden; er erzielte, da der Angriff nicht erwartet wurde, blutige Verluste. Außerdem setzten die Russen mit Fallschirm wiederholt Agenten ab. Erhebliche Zerstörungen in der Innenstadt von Budapest erfolgten zuerst durch zwei Angriffe in der Wende Juni/Juli.

Verängstigung und zunehmende Kriegsmüdigkeit waren die Folge. Die feindliche Propaganda, der über die Judenfrage neu entzündete innere Gegensatz zwischen der „Burg", der Regierung und den Rechtsradikalen und die ungünstige Entwicklung der Kämpfe im Westen und Osten taten das ihre, um die innerpolitische Lage zu unterhöhlen. Gerüchte über geplante Putsche, über schon geschehene oder noch bevorstehende Attentate liefen um.

Da die Regierung keinen klaren Kurs erkennen ließ, übertrug sich die Unsicherheit auf die Führung der ungar. Wehrmacht und von ihr auf die Truppe; außerdem suchte die Regierung aus innerpolitischen Gründen Reserven zurückzuhalten, so daß zur Abstützung der Fronten nicht alles geschah, was an sich möglich gewesen wäre.

1 ungarisch: Honvédség (= „Heimatverteidigung"), seit 1919 Bezeichnung für die ganze ungarische Wehrmacht.

Am 8. 7. hatte der deutsche Gesandte mitgeteilt, daß die Alarmbereitschaft leider aufgehoben und keine Veränderung im Ministerium vorgesehen sei.

Am 13. 7. teilte der Reichsverweser dem deutschen Gesandten mit, daß er am folgenden Tage eine „Militär= und Beamten=Regierung" einsetzen wolle, in der der General Lakatos den Vorsitz übernehmen und General Csatay das Kriegsministerium behalten solle. Jedoch unterblieb dieser Schritt, dem offensichtlich die Absicht zugrunde lag, den Einfluß des Reichsverwesers auf die Staatsführung zu verstärken; denn der Führer ließ antworten, daß er die Einsetzung einer solchen Militärdiktatur mit der Abberufung des Reichsbevollmächtigten beantworten werde.

Da den deutschen Kräften ein Rückhalt fehlte — inzwischen waren die 18. SS=Div. und die 73. Inf.=Div. abgezogen worden —, wurde am 15. 7. die Aufstellung von 2 Pz.=Brigaden in Ungarn befohlen, die bis 25. 9. fertig sein sollte.

Am 18. 7. fuhr der Flügeladjutant des Reichsverwesers mit einem Handschreiben desselben in das FHQu. Auf die Militär=Diktatur wurde verzichtet, jedoch eine Umgliederung der Regierung vorgenommen.

Diese Fragen wurden wieder dadurch überschattet, daß die Russen am 23. 7. die 1. ungar. Armee, die den Südflügel der Heeresgruppe Nordukraine bildete, angriffen. Bereits am 25. 7. bezeichnete der GenStdH diese Armee als zusammengebrochen. Es stellte sich dann heraus, daß ihre Lage nicht ganz so schlecht war, wie es anfangs schien; aber es war doch — um ihr wieder Halt zu geben — erforderlich, ihre Reste der 1. Pz.=Armee zu unterstellen, die aus diesem Anlaß in Armeegruppe Raus umbenannt wurde und selbst in schwerer Abwehr stand: am 27. 7. mußte Lemberg preisgegeben werden.

Da in Ungarn rückwärtige Bewegungen vorgenommen waren, ohne daß eine Ermächtigung durch den OB der Heeresgruppe vorlag, schrieb der Chef OKW am 24. 7. einen Brief an den ungar. Gen.=Stabs=Chef, in dem er dringend bat, daß er seinen Einfluß gegen solche Maßnahmen geltend machte. Er bezeichnete es gleichzeitig für im Augenblick unmöglich, der 1. ungar. Armee die weiter nördlich eingesetzten ungar. Verbände zuzuführen, und forderte stattdessen, daß Kampfgruppen der 6., 10. und 13. ungar. Inf.=Div., deren Mobilmachung inzwischen durchgeführt worden war, an die Front geworfen würden. Er sicherte zu, daß Deutschland das Seine tue, um die Front wieder abzusteifen. Der abschließenden Bitte, den Wehrmachttransporten in Ungarn den Vorrang einzuräumen, wurde sofort entsprochen. Um die Hauptbeschwerden abzustellen, entsandte der ungar. Gen.=Stabs=Chef den Chef seiner Op.=Abt. zum ungar. AOK 1. Am 28. 7. wurde der OB der Armee, Gen.=Oberst Beregffy, durch den Gen.=Oberst Miklós ersetzt. Die vorgesehene Einsetzung eines deutschen Chefs unterblieb dagegen.

Militärisch waren die Ungarn vor allem wegen des Dukla=Passes in den Beskiden besorgt — wie sich nachher ergab, mit Recht, da hier im September und Oktober die Hauptstelle des feindlichen Druckes lag. Die Heeresgruppe Nordukraine teilte dem Deutschen General am 25. 7. mit, daß deutsche Kräfte den Paß sichern würden, daß Ungarn sich dagegen für den Karpatenkamm bis einschließlich Uzsoker=Paß verantwortlich fühlen müsse. Der Bitte des Reichs=verwesers, wenigstens eine der ungar. Kav.=Divisionen aus dem Raum von Brest=Litowsk nach Ungarn herauszuziehen, konnte nicht entsprochen werden, da dies bei der dortigen Lage völlig ausgeschlossen war; und den Uzsoker=Paß mußten die Ungarn sofort selbst übernehmen, da die beiden SS=Kav.=Divi=sionen nicht eingesetzt werden sollten und sonstige deutsche Kräfte nicht zur Verfügung standen.

Am *18. Aug.* meldete der ungar. Gen.=Stab, daß er 6 abgekämpfte Divisionen zu 4 zusammenlegen und 2 weitere Res.=Divisionen aufstellen wolle. Von Deutschland wurde nun darauf gedrungen, daß die erbetenen Waffenlieferun=gen gleich der Front zugute kämen. Mittlerweile waren auch sämtliche in Nord=ungarn befindlichen Verbände an die Karpaten=Front geschickt worden. Ferner war gegen die kroatischen Banden eine Grenzwacht aus den Resten der 1. Pz.=Div. sowie aus Schulen und Gendarmerie= und Polizeikräften aufgestellt wor=den. Für Neuaufstellungen war nach deutschem Muster ein Ersatzheer gebildet.

Da in steigendem Maße Versorgungseinrichtungen der Heeresgruppen Süd= und Nordukraine usw. nach Ungarn zurückverlegt werden mußten, stieg die deutsche Belegung von Juli bis zur Mitte des August von 116 000 auf 309 000 Köpfe. Praktisch war dadurch ganz Ungarn ostwärts der Theiß Operationsge=biet. Auch die sich dadurch ergebenden Schwierigkeiten konnten überwunden werden.

Die schwebenden Fragen wurden am 23. 8. bei einem Besuch des ungar. Gen.=Stabs=Chef beim Chef GenStdH besprochen. Den Ungarn wurde die Rückverlegung des Stabes des II. Res.=Korps, zweier Res.=Divisionen und der entbehrlichen Teile der 1. Pz.=Div. zugesagt und in Aussicht gestellt, daß die Kav.=Div.en nebst der 5. Res.=Div. folgen sollten, sobald die Lage es zuließ. An=schließend wurde der Gen.=Stabs=Chef kurz vom Führer empfangen.

Wenn nach deutscher Auffassung Ungarn noch längst nicht die letzten An=strengungen für einen totalen Einsatz gemacht hatte, so bestanden doch im militärischen Bereich keine besonderen Schwierigkeiten. Unbefriedigend blieb dagegen die *innerpolitische Entwicklung;* sie verschlechterte sich gerade im August noch weiter.

Die Ereignisse im Westen und Osten machten natürlich den stärksten Ein=druck. Dazu kam der Abbruch der Beziehungen zwischen der Türkei und Deutschland. Außerdem wurde die Entwicklung in Bulgarien und Finnland mit Aufmerksamkeit verfolgt. Am 16. 8. stellte ein Bericht fest, daß die Auswir=kung mehr negativen als positiven Charakter hatte: „Mangel an Vertrauen für die gemeinsame Sache, Verschleppungsmethoden, passiver Widerstand und eine Versteifung besonders im Bereich der Zivilbehörden und =Dienst=

stellen sind festzustellen. Die ganze Haltung des militärischen und zivilen Verwaltungsapparates kann bestenfalls als abwartend bezeichnet werden, was sich in Einzelfällen bis zur Ablehnung gesteigert hat." Es rächte sich, daß die Regierung der Bevölkerung lange Zeit den Ernst der Lage vorenthalten hatte und nun zu übereilten Räumungsmaßnahmen in Ostungarn überging, die von den deutschen Stellen wieder rückgängig gemacht werden mußten. Da der Ministerpräsident erkrankt war und die Haltung des Reichsverwesers undurchsichtig blieb, fehlte eine straffe Führung. Die Parteien und Interessengruppen wirkten gegeneinander, und die negativen Kräfte erhielten Auftrieb. Flüsterpropaganda und Gerüchtemacherei machten sich breit. Auch in der Armee zeigten sich bedenkliche Anzeichen sinkender Festigkeit. Völliger Verlaß war dagegen auf die nationalsozialistischen Parteien, vor allem die Pfeilkreuzler, welche die große Masse hinter sich stehend wußten. Zu rühmen war auch die Haltung der ungar. Staatsbahn vom Generaldirektor bis zum letzten Arbeiter. Positive Elemente waren auch sonst, besonders in der Provinz, reichlich vorhanden; jedoch waren sie nicht zusammengefaßt. Das Verhältnis zum Gen.-Stab war nach wie vor ausgezeichnet. Beim Kriegsministerium machten sich dagegen Kompetenzfragen und andere Schwierigkeiten wie bisher bemerkbar.

Unter diesen Umständen machte der Umschwung, der am 23. 8. in Rumänien erfolgte, in Ungarn einen noch größeren Eindruck, als dies an sich schon bei der alten Feindschaft zwischen Madjaren und Rumänen der Fall gewesen wäre. In der Nacht zum 24. 8. wurden alle Parteien aufgelöst. Der Reichsverweser erklärte seine Treue zum Reich und die Notwendigkeit, die Grenzen zu schützen. Darüber hinaus erbat der Stellv. Gen.-Stabs-Chef, Feldm.-Lt. László, deutsche Truppen zur Besetzung des 1940 Rumänien noch verbliebenen Teils von Siebenbürgen. Dementsprechend wurde am 26. 8. das Ersatzheer für die Besetzung der ungar[1].-siebenbürgischen Grenze mobil gemacht. Am 27. 8. gab der Führer seine Einwilligung, daß die Kräfte zur Besetzung Rumänisch-Siebenbürgens verwandt wurden. Der Aufmarsch gegen Siebenbürgen begann am 28. 8. morgens. Es handelte sich um mehrere Res.-Divisionen, die Res.-Kav.-Div. und 2 Res.-Brigaden; sie wurden in rund 200 Zügen im Tempo 20 vorgefahren, was bei flüssigem Fortschreiten etwa 10 Tage erforderte.

Trotz der Bereitschaft der milit. Stellen erschien in diesen Tagen die Lage so ungeklärt, daß in der Nacht vom 24./25. 8. mit einem gegen Deutschland gerichteten *Putsch* gerechnet werden mußte. Deshalb wurden die motorisierten Teile der 8. SS-Kav.-Div. sowie Teile der 22. SS-Kav.-Div. nach Budapest gezogen, die deutschen Kräfte in Alarmbereitschaft versetzt und die Übernahme der Flugplätze und Verkehrsknotenpunkte vorbereitet.

Ein Ministerrat, der am 26. 8. abgehalten wurde, kam zu dem Entschluß, das Reich gegen die Rumänen zu unterstützen; doch verlangte der Reichsverweser, daß sich Ungarn auf die Defensive beschränke. Diesen Standpunkt konnte er

1 Ms.: kroat.

nicht aufrechterhalten. Jedoch gelang es nicht, wie beabsichtigt, mit deutschen und ungarischen Kräften die Karpaten-Pässe zu besetzen, bevor die rumänischen Kräfte aufmarschiert und russische ihnen zur Hilfe gekommen waren. Es mußte vielmehr bereits als ein Erfolg angesehen werden, daß die Grenze im wesentlichen gehalten und auch der Szekler Zipfel abgeschirmt werden konnte. Die Führung im Kampfraum übernahm der SS-Brigadeführer Phleps als Bevollm. General in Siebenbürgen, der sich am 27. 8. in Budapest in dieser Eigenschaft meldete.

Schwere Luftangriffe auf die Eisenbahnknotenpunkte und Theiß-Brücken brachten in den Aufmarsch und die Zuführungen wesentliche Verzögerungen hinein.

Die innere Lage wurde dadurch noch erschwert, daß der Min.-Präsident v. Sztójay bereits im März bei der Übernahme seines Amtes erkrankt gewesen und neuerdings wieder so leidend geworden war, daß er ersetzt werden mußte. Der Reichsverweser teilte am 27. 8. dem Deutschen Gesandten seine Absicht mit, ihn durch den Generaloberst *Lakatos* zu ersetzen. Er benutzte diese Gelegenheit, um erneut seine Bündnistreue — und zwar auch gegenüber den Anglo-Amerikanern — zu betonen. Der Wechsel im Vorsitz wurde zu einem Umbau des Ministeriums benutzt, über den vor der endgültigen Entscheidung mit den deutschen Stellen verhandelt wurde, bei der jedoch der von Deutschland als Honvedminister gewünschte General abgelehnt wurde. Das Amt behielt vielmehr der Gen.-Oberst Csatay. Das Außenministerium übernahm der Feldmarschall-Leutnant Hennyey. Die neue Ministerliste wurde am 30. 8. bekanntgegeben. Durch die Auflösung aller politischen Parteien wurde versucht, die inneren Schwierigkeiten zu beheben; die Maßnahme traf vor allem die Rechtsradikalen.

Der tiefere Sinn dieser Umgruppierung war keineswegs ein bündnistreuer; mit der Amtsenthebung der Sztójay-Regierung hielten vielmehr die deutschfeindlichen und im wesentlichen mit der Umgebung des Reichsverwesers identischen Kreise die Zeit für gekommen, den Reichsverweser zur Lockerung und Aufgabe jener Politik zu bewegen, die zwischen Ungarn und Deutschland nach dem 19. März sich auf Grund der Bündnisbeziehungen herausgebildet hatte.

Diese Kreise bewogen den Reichsverweser, Generaloberst Lakatos und Außenminister Hennyey an die Spitze der politischen Führung zu stellen, obwohl sie nur eine rein militärische Vergangenheit hatten, infolgedessen den zahlreichen politischen Schwierigkeiten nicht gewachsen sein konnten und daher von vornherein der Gefahr unterlagen, politisch mißbraucht zu werden.

In diesen Tagen lief in Ungarn das Gerücht um, die Anglo-Amerikaner würden mit 2 Luftlandedivisionen im Raum des Plattensees abspringen. Nach den deutschen Kräfteberechnungen und Überlegungen war es nicht wahrscheinlich; aber es machte in Ungarn doch Eindruck bis zu den leitenden Stellen hinauf. Die Deutschen hatten Grund zu der Annahme, daß am 2. 9. ein Befehl des Reichsverwesers erging, im Falle einer Luftlandung keinen Widerstand zu leisten. Weitere Nachrichten, die sich im Augenblick nicht nachprüfen ließen, besagten, daß der früher in London als Mil.=Attaché tätige und schon einmal nach Helsinki entsandte General Bely in die Schweiz gereist sei und der dem Reichsverweser nahestehende, frühere Min.=Präsident Graf Bethlen in Ankara verhandele. Stutzig machte in diesem Zusammenhang ferner, daß der Einmarsch in Siebenbürgen wieder angehalten worden war und am *6. Sept.* in einer Regierungserklärung von dem Wunsche, mit allen, auch mit den Rumänen, in Frieden zu leben, die Rede war — dies um so mehr, als nach feindlichen Nachrichten die Alliierten keine Kriegserklärung Rumäniens an Ungarn ohne ihre Einwilligung wünschten.

Schickte sich Ungarn an, dem Beispiel Rumäniens und Bulgariens, das am 24. 8. die binnen kurzem zur Kriegserklärung führende Bitte um Zurücknahme der deutschen Truppen ausgesprochen hatte[1], zu folgen? Jetzt, wo durch die Überrumpelung der Heeresgruppe Südukraine die 6. Armee abgeschnitten war und sich die Gefahr eines russisch=bulgarischen Vorstoßes in den Rücken der Heeresgruppe E abzeichnete, war ja ein Riesenloch in der bisher geschlossenen Front aufgerissen, hinter der Ungarn bisher ein gesichertes Dasein geführt hatte. Nervosität und Fatalismus stiegen jetzt von Tag zu Tag. Der Waffenstillstand, auf den am 2. 9. Finnland einging[2], war für jene Kreise, die zum Nachgeben neigten, ein neues Signal, daß auch Ungarn die von den übrigen Verbündeten Deutschlands eingeschlagene Bahn beschreiten müsse.

Am 7. 9 gaben die Ungarn an, daß russische Kräfte bereits im Raum von Arad aufgetreten seien — eine Meldung, die auf deutscher Seite nicht geglaubt und tatsächlich auch falsch war; sie wurde daher auf eine zu große Nervosität oder auf Tendenz zurückgeführt. Am Nachmittag dieses Tages tagte ein Kronrat, über dessen Ergebnis anschließend der Min.=Präsident in Anwesenheit des Gen.=Stabs-Chefs dem Deutschen Gesandten und dem Deutschen General in Ungarn Mitteilung machte. Er bezeichnete die Lage, die an diesem Tage durch die rumänische[3] Kriegserklärung an Ungarn eine weitere Zuspitzung erfuhr, als katastrophal und forderte, daß das Reich binnen 24 Stunden 5 Pz.=Divisionen entsandte, widrigenfalls sich Ungarn alle Schritte vorbehalten müsse. Auf die Gegenfrage, wie das zu verstehen sei, erklärte der Min.=Präsident, daß Ungarn Rußland, England und den USA einen sofortigen Waffenstillstand anbieten würde. Der Gesandte protestierte dagegen und wies darauf hin, daß dies auf ein Todesurteil für Ungarn hinauslaufe.

Der Chef des GenStdH erklärte auf die Meldung des Deutschen Generals, die Erfüllung einer solchen Forderung binnen 24 Stunden zu fordern, sei eine Erpressung. Doch wurde dem ungar. Gen.=Stabs=Chef mitgeteilt, daß Ungarn

1 Vgl. den Schluß des vorausgehenden Abschnitts (S. 804 ff.).
2 Vgl. unten den 9. Abschnitt (S. 893 ff.).
3 Ms.: russische.

als ein Teil der Festung Deutschland betrachtet werde und deshalb genau so wie ein Teil Deutschlands verteidigt werden solle. Es wurde angekündigt, daß das II. Pz.=Korps mit der 13.[1] Pz.=Div. nach Ungarn in Marsch gesetzt werde — in der Tat begann diese Bewegung bereits am 9. 9. — und noch weitere Kräfte folgen sollten. Am 8. 9. hatte sich die Stimmung in Budapest wieder etwas beruhigt, und es wurde nun bedeutet, die Wendung „binnen 24 Stunden" sei nicht wörtlich zu nehmen. Der Reichsverweser und der Ministerrat erklärten sich bereit zum Weiterkämpfen, falls Hilfe geleistet werde; der Wehrausschuß faßte entsprechende Entschlüsse. Am 9. 9. besprach der OB der Heeresgruppe Südukraine in Budapest[2] die Lage mit dem ungar. Gen.=Stabs=Chef, der darauf am 10. 9. mit dem Deutschen General festlegte, daß der Szekler Zipfel bis zum Maros=Abschnitt geräumt, im übrigen aber gehalten werden solle. An diesem Tage erreichte das Gen.=Kdo. III. Pz.=Korps mit Spitze Budapest, die 13.[3] Pz.=Div. Preßburg. Mittlerweile war entschieden, daß außerdem noch die 109. und die 111. Pz.=Brig. der Front zugeführt werden sollten. Dem Gen.=Kdo. wurde ferner die 22. SS=Div. unterstellt; für später wurde versprochen, die 18. SS=Div. aus der Ostslowakei heranzuziehen. Damit wurden Ungarn 5 Verbände zugewiesen. Damit waren aber auch alle Verbände aus der Hand gegeben, auf die der Deutsche General sich im Falle eines Putsches hätte stützen können. Durch Besuche, die der Chef des GenStdH und der Chef der Führungsgruppe, General Wenck, dem ungar. Gen.=Stab in dieser kritischen Zeit abstatteten, wurde das Bestreben, die militärische Zusammenarbeit so eng wie möglich zu gestalten, nachdrücklich unterstrichen.

Trotz der Hilfe, die das Reich angesichts des an allen Fronten spürbaren Mangels an Kräften leistete, ging das Bestreben, sich selbst in Sicherheit zu bringen, in Budapest weiter um. Am 10. 9. berief der Reichsverweser eine Reihe von früher amtierenden und noch im Amt befindlichen Persönlichkeiten zu sich, um ihre Auffassung über die nunmehr für Ungarn gebotenen Schritte, insbesondere über einen Waffenstillstand, einzuholen. Darauf befaßte sich das Kabinett am 11. 9. mit dieser Frage: mit allen gegen eine Stimme sprach es sich gegen einen solchen Schritt aus. Es bot nunmehr dem Reichsverweser seine Demission an; dieser nahm sie jedoch nicht an, wich vielmehr vorerst auf die bisher verfolgte Linie zurück.

Eine weitere Schwierigkeit entstand dadurch, daß der Min.=Präsident, Gen.=Oberst Lakatos, in die militärische Führung eingriff und dadurch in einen Gegensatz zum Gen.=Stabs=Chef, Gen.=Oberst Vörös, geriet. Dieser traf am 12. 9. im FHQu ein, wo der Führer bereits am Vortage dem ungar. Mil.=Attaché zum Ausdruck gebracht hatte, daß er kein volles Vertrauen zur Regierung habe (was zu dessen Rücktritt führte). Am 16. 9. brachten der deutsche Ge=

1 So richtig; Ms.: 26. (etwas weiter unter: 23.).
2 Ms.: Bukarest.
3 Vgl. die vorvorige Anm.

sandte und der Deutsche General in einer Unterredung, welche die bestehen=den Schwierigkeiten behandelte, gegenüber dem Min.=Präsidenten, Gen.=Oberst Lakatos, zum Ausdruck, daß das Hinauszögern des mit dem ungar. Gen.=Stab völlig geklärten Angriffs bei Arad — was auf Eingriffe der Regierung zurückzuführen sei — das deutsche Vertrauen zu dieser getrübt habe.

Anlaß zu Beschwerden gab ferner, daß die Stellung von 20 000 Pferden noch nicht erfolgt war. Eine weitere Streitfrage ergab sich durch die verstärkte Be=legung Ungarns, die sich durch die Zurücknahme der rückwärtigen Dienste der beiden Heeresgruppen, der Luftwaffe und weiterer Dienststellen ergab. Der Min.=Präsident bat seinerseits erneut um Schutz Ungarns gegen einen Stoß über die Beskiden, gegen den Ungarn nichts unternehmen könne, da es sich um slowakisches Gebiet handele: eine Sorge, die — an sich berechtigt — je=doch durch die wochenlang erfolgreich durchgeführten deutschen Abwehr=kämpfe am Dukla=Paß entkräftigt wurde.

Ein volles Vertrauen zu dem neuen Ministerium war auch aus anderen Grün=den, die nicht zur Sprache kamen, nicht möglich. Stutzig hatte auch die bereits am 27. 8. mitgeteilte Absicht des Reichsverwesers gemacht, sein Hauptquartier aus Budapest hinausverlegen zu wollen. Außerdem machte sich weiter störend bemerkbar, daß die Ungarn jetzt mehr als je darauf bedacht waren, ihre Ver=bände selbst zu führen.

Schon immer waren Prestigegründe mit den Absichten der deutschen Füh=rung zusammengestoßen, die den zum Teil geringen Kampfwert der ungar. Verbände, die den Feind geradezu zum Angriff anlockten, bei ihren Disposi=tionen einzurechnen hatte. Wenn die Ungarn auch die deutsche Überlegenheit anerkannten, so fiel es ihnen jetzt, wo sich der Kampf auf ihre Heimaterde verschob, erst recht schwer, sich mit der deutschen Führung abzufinden. Sie strebten deshalb die Aufstellung einer ungar. Heeresgruppe an. Hinzu kam nun der Gedanke, daß es ihnen nunmehr nicht so sehr um ihre gemeinsame Sache, sondern vor allem um den eigenen Grund und Boden gehen müsse — der sich in Wirklichkeit ja nur dann wirkungsvoll verteidigen ließ, wenn die vorhandenen Kräfte nach einem umfassenden Plan angesetzt wurden.

Militärisch ergab sich dadurch ein neues Faktum, daß von der Nacht vom 17./18. 9. auch russische Fernkampfflieger in den Luftkampf gegen Ungarn ein=griffen. Ihre Einsätze und die der Amerikaner richteten sich vornehmlich gegen die Eisenbahnverbindungen zum Südosten und zur Heeresgruppe Südukraine. Vor allem hatte Budapest zu leiden, das in einer Woche neunmal angegriffen wurde und am 21. 9. einen Angriff auf die Brücken auszustehen hatte.

Schockähnlich wirkte auch die Nachricht, daß die ungar. Kräfte im Raum von Arad zurückgeworfen waren und nun ein russischer Vorstoß in die ungari=sche Theiss=Ebene drohte. Es wurde deutsche Hilfe verlangt, vor allem das Vor=führen der bei Budapest stehenden, noch nicht fertig aufgestellten Pz.=Briga=den. Der Gen.=Stabs=Chef erklärte am 22. 9. dem Deutschen General, daß die ungar. Front auf die Theiß=Linie zurückgenommen werden müsse, weil sonst alle Kräfte durch das Vordringen des Feindes von Arad aus und über den Dukla=Paß abgeschnitten würden. Eine Rede, die der Min.=Präsident im Parlament hielt, ließ Entschlossenheit vermissen.

Nachrichten über Unruhen in der Hauptstadt, die am 22. 9. eintrafen, bewahrheiteten sich nicht. Aber daß die innenpolitische Lage labil war, lag auch so zutage. Es wurden deshalb Erwägungen angestellt, welche Maßnahmen zu ergreifen seien, um einer ähnlichen Überrumpelung wie in Bukarest und Sofia zuvorzukommen. Doch wurde davon abgeraten, irgend einen entscheidenden Schritt zu unternehmen. Es wurde nur am 25. 9. der „Bevollmächtigte General der deutschen Wehrmacht in Ungarn" dem Chef des GenStdH unterstellt, um die Führung in eine Hand zu legen. Damit war zugleich Westungarn zum Operations=Gebiet des Heeres „mit den Einschränkungen, die sich aus der Souveränität des ungarischen Staates ergeben", gemacht.

Auf dem Höhepunkt der Krise hatte sich der ungar. Gen.=Stabs=Chef für befugt angesehen, ungar. Verbänden unter Ausschaltung der Heeresgruppe Befehle zu erteilen. Auf den Einspruch des Chefs des GenStdH erklärte er ihm am 24. 9., er könne das Ausbleiben der deutschen Hilfe nur dadurch erklären, daß dies im Hinblick auf politische Pläne geschehe. Am 26. 9. übersandte der Reichsverweser dem Führer ein Schreiben, das den Einsatz der beiden Pz.=Brigaden erbat, da sonst Budapest gefährdet sei. Am 30. 9. stellte der Min.=Präsident von sich aus die gleiche Forderung gegenüber dem Deutschen General, der darauf hinwies, daß die Brigaden nicht fertig und weitere Pz.=Kräfte im Anrollen seien.

In Wirklichkeit war die Masse der deutschen Kräfte, die in der ungarischen Tiefebene gelegen hatten, an die Grenze geworfen worden, so daß für einen von deutscher Seite eingeleiteten oder geförderten Putsch in Budapest die erforderlichen Kräfte nicht zur Verfügung gestanden hätten. Die wirkliche Absicht war vielmehr, so viel wie möglich von Ungarn und womöglich auch von Rumänisch=Siebenbürgen zu halten — schon, um die kräftesparenden Gebirge auszunützen. Angestrebt wurde, durch einen milit. Erfolg Einfluß auf die ungar. Stimmung und damit auf die ungar. Politik zu gewinnen. Deshalb wurden alle Anstrengungen gemacht, so viel Kräfte wie greifbar waren, gegen den feindlichen Vorstoß anzusammeln, der aus dem Raum von Arad zu vermuten war. Das hohe Risiko, das dadurch gelaufen wurde, daß jeden Augenblick in Budapest ein Umschwung möglich war und dann die deutschen Verbände in eine ähnliche Lage wie in Rumänien und Bulgarien kamen, wurde bewußt in Kauf genommen. Da *Anfang Oktober* bereits Nachrichten über die Bedingungen vorlagen, welche die Alliierten Ungarn im Falle eines Abfalls stellen wollten, handelte es sich — um einen am 3. 10. in der Obersten Führung gefallenen Ausdruck zu benutzen — um einen „Tanz auf einem Vulkan".

Bei der nun allen sichtbar gewordenen Bedrohung Ungarns wäre zu erwarten gewesen, daß sich Regierung und Volk noch einmal zu einer letzten Anstrengung zusammengerafft und alles für einen totalen Einsatz getan hätten. Die Absicht, diesen Widerstand zu leisten, war jedoch nicht festzustellen. Vielmehr begann jetzt eine Phase des Kampfes, auf den die Staatsführung weder materiell noch seelisch gerüstet war. Der Mangel an Kriegsbereitschaft und die unter dem Eindruck der Feindpropaganda für „mild" gehaltenen Bedingungen der in der Zwischenzeit veröffentlichten rumänischen und finnischen Waffenstillstandsverträge veranlaßten die Mitglieder der Burg-Clique, dem Reichsverweser die angebliche Aussichtslosigkeit der milit. Lage vor Augen zu führen und sie zunächst zur Intensivierung gewisser Beziehungen zu den angelsächsischen Mächten zu bewegen. Von hier aber kam die Antwort, daß einzig und allein die Russen zuständig seien, sich über das ungar. Waffenstillstands-Ansuchen zu äußern. Daher entsandte die Burg-Clique ohne Beteiligung der Regierung Ende September Feldmarschall-Leutnant der Gendarmerie Gabriel Faraghó und Feldmarschall-Leutnant Ludwig Náday [1] zur Aufnahme von Verhandlungen mit den Russen.

Die Angriffe gegen den Feind, welche die Deutschen von den Ungarn erwarteten, erfolgten nicht; stattdessen war eine Verstärkung im Raum von Budapest festzustellen, die der Front entging, und gegen Monatsende verstärkte sich die Flüsterpropaganda, die von Verhandlungen der Regierung mit dem Feinde berichtete. Wieder hieß es, daß ein ungar. Bevollmächtigter bereits in der Türkei verhandele. Auch sickerten Nachrichten über die Mission des Feldmarschall-Leutnants Faraghó durch. Andererseits verstärkten sich die Absperrungen, Sicherungen usw. in Budapest und die Maßnahmen gegen deutsche und ungarische Nationalisten. Am 30. 9. sprach der Min.-Präsident von seiner Besorgnis, daß ein von deutscher Stelle unterstützter Putsch bevorstehe.

### 2. Die Ereignisse im Oktober 1944

Die ungar. Rechtsopposition, in der es zu einer Abrede über Zusammenarbeit zwischen der sogenannten „Imrédy-Gruppe" und den Pfeilkreuzlern kam, war nicht gewillt, dieser Entwicklung tatenlos zuzusehen. Am 4. 10. kam es zum Zusammenschluß eines „Nationalverbandes", der sich am folgenden Tage durch weitere Zutrittserklärungen erweiterte, so daß er über die Mehrheit im Parlament verfügte. Auch innerhalb der Wehrmacht war das Gleiche der Fall. Die ausschlaggebenden Chefs verständigten sich dahin, daß die Befehle zur Einstellung des Kampfes nicht befolgt werden sollten. Ein Gegenschlag gegen die offizielle Politik war die Entführung des Korpskommandanten von Buda-

1 A. *Hillgruber*, Das deutsch-ungar. Verhältnis im letzten Kriegsjahr (vgl. Vorwort) S. 92 f. hat klargestellt, daß Náday nach Italien in das Alliierte HQu geschickt wurde, bevor Faraghó die Reise nach Moskau antrat.

pest, des Feldmarschall-Leutnants Bakay, der als Gegenspieler und besonderer Vertrauensmann des Reichsverwesers angesehen wurde und die Verhaftung von etwa 2000 Politikern vorbereitet hatte.

Um angesichts der drohenden Gefahr die beiderseitige Führung doch auf einen Nenner zu bringen, begab sich der Chef der Führungsgruppe des GenStdH, General Wenck, abermals nach Budapest. Seine Besprechungen konnten von der Tatsache ausgehen, daß der Gegner bei Klausenburg zum Stehen gebracht worden war und der im Raum von Arad erwartete Groß-angriff noch immer nicht eingesetzt hatte, obwohl die Verschiebung von Kräften nach Westen seit längerem im Gange war; dies war so auffällig, daß der Gedanke erwogen wurde, ob die Russen etwa einen innerpolitischen Zusammenbruch kommen sahen und deshalb ihre Kräfte nicht mehr einsetzten.

Im Innern ging die Regierung dazu über, zahlreiche Verhaftungen im rechts-radikalen Lager vorzunehmen, wobei sie vorerst davon absah, die prominenten Persönlichkeiten zu verfolgen. Die Besatzung der Burg wurde verstärkt, und der ungar. Gen.-Stab bereitete seine Verlegung nach Lillafüred vor. Am 7. 10. bad der Min.-Präsident den deutschen Gesandten zu sich, um ihm zu erklären, es werde ein von deutschen Stellen geförderter Putsch in aller Kürze erwartet, und dagegen habe die Regierung Maßnahmen ergriffen. Er verlangte, daß die Beziehungen zu den Rechtsradikalen abgebrochen würden. Dies lehnte der Gesandte mit Entschiedenheit ab; er legte mit aller Deutlichkeit klar, daß — falls Ungarn das Bündnis preisgeben sollte — sofort eine Gegenaktion eingeleitet werden würde.

Um den eigenen Kräften in Budapest, die durch die Abgabe an die Front zusammengeschmolzen waren, einen neuen Rückhalt zu geben, wurde am 8. 10. die Tiger-Abt. 305[1] nach Ungarn in Marsch gesetzt. An diesem Tage war die Lage so, daß der Gegner, der seine Kräfte weiter nach Westen verlagerte, in die Batschka in Richtung Subotica (Maria-Theresiopel) vorstieß; Szeged mit einem Brückenkopf nach Süden und Szolnok waren noch in eigener Hand. Inzwischen war es dem Gegner jedoch gelungen, an einzelnen Stellen über die Theiß vorzudringen. Die Straße Szolnok — Debrecen war vom Gegner bereits überschritten; im Raum von Debrecen standen eigene Pz.-Verbände. Von dort verlief die Front über Großwardein nach Thorenburg. Im Szekler Zipfel war eine Absetzbewegung eingeleitet, die bis in eine Linie fortgeführt werden sollte, die in nordostwärtiger Richtung auf Máramaros—Sziget zulief. Am 9. 10. erreichte der Gegner den *Stadtrand von Debrecen*. Jedoch konnte die Theiß-Front zwischen Szeged und Szolnok gefestigt werden, und am 10. 10. gelang es der von Westen vorstoßenden 13. Pz.-Div. und der ihr von Osten entgegenwirkenden 9. Pz.-Div., sich zu vereinigen und dadurch 3 schnelle Korps westlich Debreczen abzuschneiden. Der ungar. Gen.-Stabs-Chef, der an diesem

1 Ms.: 503, vgl. aber weiter unten (S. 846): 305.

Tage mit dem Deutschen General auch die innerpolitischen Fragen besprach, brachte zum Ausdruck, die Theiss, zum mindesten die Donau-Linie, vor allem Budapest, müsse unter allen Umständen gehalten werden. Die Regierung sei bereit, sofort 100 000 ausgebildete Soldaten einzukleiden, wenn das Reich für die Ausrüstung aufkomme.

Damit war der *erste Höhepunkt in der Schlacht um Debrecen* erreicht. Um die Aussichten auf einen guten Ausgang zu vergrößern, wurde nunmehr noch die 24. Pz.-Div. zur Verfügung gestellt, die bisher am Dukla-Paß eine wesentliche Stütze gebildet hatte, dort aber nicht mehr so dringend benötigt wurde, da die Kämpfe in den Beskiden ihren Höhepunkt bereits überschritten hatten. Die Verbände, die in die Tiefebene zwecks Auffrischung verlegt worden waren, darunter die Div. „Feldherrnhalle", hatten bereits den Befehl, schon vor deren Abschluß einzugreifen; außerdem standen noch Teile der 46. Inf.-Div. und der 3. Geb.-Div. zur Verfügung, die im Zuge des Absetzens in Siebenbürgen hatten freigemacht werden können.

Diese Kräfte genügten jedoch nicht, den Feind eingekesselt zu halten. Am 11. 10. konnte er sich einen Schlauch nach Großwardein öffnen. Immerhin schien die Lage doch so gebessert, daß die Absetzbewegungen in Siebenbürgen wieder angehalten wurden. Sie wurden erst am 13. 10. wieder aufgenommen, da die Schlacht um Debrecen die Zuführung weiterer Kräfte erforderlich machte. Es ging darum, den von den Pz.-Divisionen geschaffenen Riegel zu halten und den vom Feinde geöffneten Schlauch wieder zu schließen — dahinter trat zurück, daß die Russen inzwischen Szeged und Subotica nehmen konnten. Am 14. 10. begann ein Vorstoß der 4. SS-Polizei-Div. von Szolnok nach Osten, dem Pz.-Kräfte aus dem Raum von Debrecen entgegenkommen sollten. Um Debrecen standen eigenen Fortschritten in dem einen Abschnitt Geländeverluste in dem anderen gegenüber; im gesamt erwiesen sich die eigenen Verbände noch als Herr der Lage, konnten es aber nicht verhindern, daß die Russen sich ostwärts von Debrecen nach Nordosten vorschoben und die Straße Großwardein — Klausenburg preisgegeben werden mußte.

Die Absicht des GenStdH war, die Schlacht durchzustehen und den Gegner nördlich Szeged nicht über die Theiß zu lassen. Der Gegner hielt seinerseits offensichtlich an seiner Absicht fest, durch eine Zange, die im Norden am Dukla-Paß, im Süden in der ungar. Tiefebene einsetzte, die südlich der Karpaten stehenden deutschen und ungarischen Verbände abzuschneiden und sich den Weg nach Budapest zu öffnen.

In diesem Augenblick glaubte der Reichsverweser, den Schritt unternehmen zu müssen, mit dem auf deutscher Seite seit langem gerechnet, der aber von der Regierung bisher abgestritten worden war — ein Schritt, der die getroffenen Gegenmaßnahmen nicht nur moralisch voll und ganz rechtfertigte, sondern sich auch als politisch richtig erwies.

Für die deutsche Seite war nur noch der Zeitpunkt fraglich gewesen. Deutlich sprach bereits die Tatsache, daß die amerikan. Luftangriffe gegen Ungarn aufgehört hatten und nach Oberschlesien verlagert worden waren.

Erwiesen war bereits, daß der einzige überlebende Sohn Horthys, dem nach dem Tode seines Bruders eine Rolle zugefallen war und der in der letzten Zeit als tragende Stütze der „Burg=Politik" anzusehen gewesen war, mit der Gegenseite konspirierte. Im Laufe des Septembers hatte sich in der Burg ein „Beauftragter" Titos gemeldet, der angeboten hatte, die Bedingungen des Waffenstillstands für Ungarn in Moskau zu erfragen. Dieser ließ in der zweiten Oktober=Woche Horthy junior die Bedingungen zugehen, die sehr hart waren. Trotzdem war der Reichsverweser geneigt, sie anzunehmen. Ferner konnte nach den am 14. 10. vorliegenden Nachrichten angenommen werden, daß die ungar. Abordnung in Moskau eingetroffen war, wo am 10. 10. die Konferenz zwischen Stalin, Molotow, Churchill und Eden begonnen hatte.

Als Sonderbeauftragter des Führers traf nunmehr in Budapest der Botschafter Rahn ein, der am 15. *Oktober* vom Reichsverweser empfangen zu werden wünschte.

Der deutsche Standpunkt wurde noch einmal öffentlich in einem Artikel festgelegt, welcher der „Deutschen Allgemeinen Zeitung" von einem diplomatischen Mitarbeiter zuging und von ihr am 15. 10. veröffentlicht wurde. Er schloß: „Ungarn ist verbündet mit Deutschland, es hat das Wort des Reiches. Nur diejenigen Verbündeten Deutschlands, die schmählich Verrat übten, sind zur Beute des Bolschewismus geworden".

Am gleichen Tage, einem Sonntag, traf der Beauftragte Titos erneut in Budapest ein, wo er sich in den Morgenstunden mit Horthy jr. traf. Zeit und Ort der Zusammenkunft waren dem deutschen SD bekannt[1], und die ungarischen Beteiligten einschließlich Horthy jr. konnten durch raschen Zugriff unschädlich gemacht werden. Ein kurzer Kugelwechsel hatte zu Verwundungen einzelner Teilnehmer dieser Aktion geführt.

Am Morgen des 15. 10. ging ein Fernschreiben des Generalobersten Guderian ein, worin er den ungar. Gen.=Stabs=Chef in ultimativer Form aufforderte, endlich seine Eingriffe in die bei den Heeresgruppen Süd und A stehenden ungar. Verbände zu unterlassen, andernfalls das Deutsche Reich seine volle Handlungsfreiheit wiedergewinnen und die Maßnahmen treffen werde, die zur Erreichung der deutschen Kriegsziele notwendig seien. Das Fernschreiben wurde um 10 Uhr vom Bevollm. General übergeben; seine sofortige Beantwortung wurde jedoch mit der Begründung abgelehnt, daß es sich hier um politische Belange handele, die nur der Reichsverweser entscheiden könne.

Um 12.00 Uhr lud der Reichsverweser, der durch die Forderung des deut=

1 D. h. der angebliche „Beauftragte" war — was mir damals unbekannt blieb — vom SD vorgeschickt; Horthy junior ging also in eine Falle.

schen GenStdH und die Verhaftung seines Sohnes in starke Erregung geraten war, den Bevollmächtigten des Großdeutschen Reiches zu sich und machte ihm heftige Vorwürfe wegen dieses Vorfalls. Dieser trat ihm mit dem Gegenvorwurf entgegen, daß Verrat beabsichtigt sei. Er warnte ihn, nichts zu tun, was die deutsch-ungarische Waffenkameradschaft zerbrechen könnte, und erklärte gleichzeitig, daß leider mit Wissen des Reichsverwesers schon Verhandlungen mit einer Feindmacht, die Rußland nahestehe, stattgefunden hätten. Der Reichsverweser äußerte, daß er auf Grund der Tatsache des Überfalls auf seinen Sohn den Entschluß zur Erkundung der Waffenstillstandsbedingungen der Gegner gefaßt hätte. Auf die Frage des Gesandten, ob die Regierung damit einverstanden sei, kam die Antwort, daß sie zurückgetreten, aber in gleicher Zusammensetzung wieder in Funktion gesetzt sei. Der Gesandte machte Horthy darauf aufmerksam, daß sein Entschluß Verrat sei, unabsehbare Folgen für das Land haben werde und daß die Reichsregierung sich dem Reichsverweser gegenüber nunmehr frei fühle. Abschließend bat er den Reichsverweser, er möge Botschafter Rahn, den Sonderbeauftragten des Führers, anhören, obgleich dessen Mission durch die tatsächlichen Verhältnisse bereits erledigt sei.

Inzwischen waren von der alarmbereiten Honved die Burg und ihre Zugänge besetzt und besonders gesichert worden. Deutsches Militär hatte jedoch, mit Ausnahme des Schlosses, freien Zugang. Erst am späten Nachmittag wurden die drei Fahrwege zur Burg durch je eine leichte Minensperre für Fahrzeuge gesperrt (eine völlige Absperrung des Burg-Bereiches, also der Gesandtschaft, hat niemals stattgefunden; die Treppen für Fußgänger waren jederzeit frei).

Kurz nach dieser Unterredung tat der Reichsverweser den entscheidenden Schritt. Um 13.00 Uhr gab der Sender Budapest einen Aufruf Horthys an das ungarische Volk bekannt. Der Reichsverweser ging davon aus, daß Ungarn nie imperialistische Ziele verfolgt habe und durch Deutschland, das nun offensichtlich den Kampf verloren hätte, in den Krieg hineingerissen worden sei. Ungarn könne sich nicht auf dem Altar der Treue opfern. Auch habe Deutschland sie bereits seinerseits gebrochen, indem es ungar. Truppen außerhalb der Grenzen verwandt und Ungarn selbst besetzt habe. Das Versprechen, die ungar. Souveränität zu achten, sei nicht innegehalten, die Zusage deutscher Hilfe, als der Feind auf ungar. Boden eindrang, nicht voll erfüllt worden. Ein Umsturz sei vorbereitet. Deshalb wolle er nun die Ehre Ungarns auch gegenüber ehem. Verbündeten wahren und mit den bisherigen Gegnern einen vorläufigen Waffenstillstand schließen. Der Aufruf schloß damit, jeder Ungar solle den Weg zur Rettung beschreiten. — Auf ihn folgte die Bekanntgabe eines Tagesbefehls an die Armeen, der die Bitte um Waffenstillstand bekanntgab und zum Gehorsam gegenüber den gegebenen Befehlen aufforderte.

Um 13.00 Uhr fand die vorgesehene Besprechung zwischen dem Reichsverweser und dem Botschafter Rahn statt. Horthy gab zu, eine große politische Ungeschicklichkeit begangen zu haben; er hätte sich die Folgen nicht überlegt und wolle versuchen, die Proklamation wieder abzustoppen. Dabei lief sie aber bereits über den Rundfunk.

Der Zustand des Reichsverwesers war gebrochen und haltlos. Infolge dieses Umfalls konnte kurz nach 14.10 Uhr vom Sender Budapest ein Tagesbefehl des Gen.=Stabs=Chefs, des Gen.=Obersten Vitéz Vörös, bekanntgegeben werden, wonach die Worte des Reichsverwesers nicht so zu verstehen seien, daß die ungar. Armee ihre Waffen niederlege. Bisher handele es sich nur um Besprechungen über den Waffenstillstand, deren Ausgang ungewiß sei. Deshalb sei der Kampf gegen jeden Angriff mit voller Kraft fortzusetzen.

Inzwischen waren die vorbereiteten Gegenmaßnahmen und die Aktion der Rechtsopposition angelaufen. Doch konnte die für die Abendstunden vorgesehene militärische Aktion, für die außer der in Budapest liegenden 22. SS=Kav.=Div. nur noch die seit Anfang Oktober eingetroffene Tiger=Pz.=Abt. 305 sowie Kräfte des Höheren SS= und Polizei=Führers zur Verfügung standen, bis auf die Morgenstunden verschoben werden, da die Panzer noch nicht vollzählig herangezogen waren.

Am Abend suchte der Min.=Präsident Lakatos in Begleitung des Außenministers Hennyey den Gesandten auf, um darüber zu verhandeln, wie Blutvergießen verhindert werden könne. Dieser lehnte jedoch die Verhandlung zunächst ab.

In der Stadt kam es stellenweise zu Schießereien. Abgesehen von der Pfeilkreuz=Organisation stellten sich zahlreiche Honved= und Gendarmerie=Einheiten und Offiziere spontan auf die deutsche Seite.

Um Mitternacht wurde nach Rücksprache mit Lakatos durch 2 deutsche Offiziere die Entminung einer Zufahrtstraße zum Burgberg durchgeführt, und die in der Gesandtschaft und den deutschen Dienststellen auf dem Burgberg untergebrachten ungarischen Freunde wurden in die abseits gelegene Unterkunft des Höheren SS= und Pol.=Führers gebracht. Am 16. 10., 4.30 Uhr, übermittelte Lakatos das später auch in den Zeitungen veröffentlichte Angebot, daß die Regierung endgültig zurücktreten wolle und auch der Reichsverweser zur Abdankung entschlossen sei, so daß der Weg zu einer neuen Regierung auf nationaler Grundlage frei wurde. Daraufhin wurde deutscherseits ein Schießverbot zugesagt unter der Bedingung, daß auch die Ungarn ein solches erließen. Geheimrat Deine von der Gesandtschaft veranlaßte Lakatos, dem Burgkommandanten, General Lázár, das Schießverbot zu geben, was um 5.35 Uhr geschah. Gegen 5 Uhr wurde dem Reichsaußenminister die neue Lage gemeldet, der die Entscheidung des Führers übermittelte, auf der von Lakatos angedeuteten Grundlage selbständig weiterzuarbeiten.

Laut fernmündlichem Befehl des Gen.=Obersten Guderian an den Bevollm. General hatte die Gesandtschaft das Gesandtschaftsgebäude zu räumen, damit bei der für 6 Uhr morgens angesetzten militärischen Aktion von ungar. Seite keine Schritte gegen die Gesandtschaft ausgeführt werden konnten. Die Eva=

kuierung des Gesandtschaftsgebäudes war um 4 Uhr morgens durchgeführt. Unbelästigt begaben sich die Mitglieder zum Teil in den Bereich des Höheren SS= und Pol.=Führers, zum Teil in den des Bevollm. Generals. Nur der Gesandte selbst und die zur weiteren Verhandlung benötigten Beamten verblieben.

Um 5.45 Uhr erschien Gen.=Oberst Lakatos beim Gesandten, der ihm während der Fahrt zur Burg Mitteilung von der Annahme des ungar. Angebotes (Rücktritt der Regierung und des Reichsverwesers) machte und ihm bedeutete, daß der Reichsverweser noch vor 6 Uhr in das Auto des Gesandten steigen müsse, um zum Befehlshaber der Waffen=SS gebracht zu werden; andernfalls könne keine Gewähr für die Sicherheit des Reichsverwesers gegeben werden. Beim Vorbeifahren am Honved=Ministerium traf die vorgehende deutsche Spitze ein. Gen.=Oberst Lakatos schickte seinerseits die dort sichernde Honved=Sperre in die Gebäude zurück, so daß die deutsche Truppe ihren Weg ungehindert in den Burghof fortsetzen konnte.

In der Burg eröffnete der Gesandte dem Reichsverweser: „Gen.=Oberst Lakatos hat mir Ihren Wunsch übermittelt, sich unter den Schutz des Reiches zu stellen. Ich teile Ihnen im Auftrage der Reichsregierung mit, daß Ihr Wunsch auf ritterliche Behandlung erfüllt wird."

Der Reichsverweser gab dazu sein Einverständnis und stieg um 5.55 Uhr in den Wagen des Gesandten, nachdem er sich von der Komp. „Garde" auf dem Burghof verabschiedet hatte. Um 5.59 Uhr übergab der Gesandte den Reichsverweser dem Schutz der Waffen=SS. Seine Familie (Gattin, Schwiegertochter und Enkelsohn) wurde im Luftschutzkeller der Papstlichen Nuntiatur untergebracht. Die Regierungsmitglieder und Frau Lakatos hielten sich im Polizeipräsidium, das von deutschen Truppen besetzt wurde, auf. Ab 6 Uhr rollte die militärische Aktion planmäßig und ungestört ab; lediglich im Burggarten kam es zu Feuerwechsel mit Teilen der Garde, die das Schießverbot nicht mehr erreicht hatte. Der Kampf kostete uns bedauerlicherweise 5 Tote und 14 Verwundete. Schloß und Burgberg wurden besetzt, im Laufe des Tages wurde die Masse der Panzer jedoch wieder aus dem Stadtkern abgezogen.

Um 10.30 Uhr wurden mit dem Führer der Pfeilkreuzler, dem 1897 in Kaschau geborenen und 1935 als Major aus dem ungar. Gen.=Stab ausgeschiedenen *Ferenc Szálasi*, in der deutschen Gesandschaft Verhandlungen über die Umbildung der Regierung aufgenommen. Seine Unterschrift unter die Erklärung des eigenen Rücktritts und weiter die Einsetzung Szálasis gab der bisherige Reichsverweser um 19.30 Uhr. Darauf fuhr er am 17. 10. im Sonderzug (in Begleitung seiner Frau, seiner Schwiegertochter und seines Enkelkindes sowie von 2 Flügeladjutanten und Bedienung) unter dem Schutz des Reiches nach Deutschland, wohin sein Sohn bereits überführt worden war.

Damit war die *Epoche Horthy*, die glorreich begonnen und kläglich geendet hatte, abgeschlossen.

Unter den ungar. politischen Parteien hatte nur die *Pfeilkreuz-Partei* („Hungaristische Bewegung") eine Organisation, die zum raschen Handeln fähig war. So entstand als einzig mögliche Folge die Regierung der nationalen Einigung unter Führung von Szálasi mit Einbeziehung von Vertretern der Rechtsparteien. Sie legte den Eid am 16. 10. um 15 Uhr ab. Ihr Programm war die entschlossene Weiterführung des Krieges und dessen siegreiche Beendigung an der Seite des verbündeten Deutschlands im Rahmen des Dreimächte-Paktes und auf der Grundlage der leitenden Gesichtspunkte des Antikomintern-Paktes.

Für die repräsentativen Rechte und Pflichten wurden Pfeilkreuzler und zwei Anhänger Imrédys ernannt. Die neue Regierung, die sofort vereidigt wurde, setzte sich aus Pfeilkreuzlern und bisherigen Ministern zusammen. Die Präsidentschaft übernahm Szálasi[1], seine Stellvertretung Szöléssi (die rechte Hand Szálasis), das Kriegsministerium der Gen.-Oberst Beregffy, der zugleich Gen.-Stabs-Chef wurde. Sein Stellvertreter in diesem Amt wurde der General Sáska.

Der Rundfunk gab am 16. 10., 2.55 Uhr, einen — vorher dem Führer vorgelegten und von ihm gebilligten — Aufruf Horthys bekannt, in dem er seine Proklamation vom 15. 10. für nichtig erklärte und einen bereits vorher bekanntgegebenen Befehl des Gen.-Stabs-Chefs zum Weiterkämpfen bestätigte. Ferner verbreitete er eine von Horthy an die Präsidenten der beiden Häuser des Parlaments gerichtete Proklamation, in der er ihnen seinen „im Interesse einer erfolgreichen Kriegführung und der inneren Sicherheit und Geschlossenheit der Nation" erfolgenden Rücktritt sowie die Beauftragung Szálasis mit der Regierung mitteilte. Am 16. 10. um 1 Uhr früh war bereits eine Sondermeldung herausgegangen, die mitteilte, der Verrat sei nunmehr vereitelt, da sich sofort nach seiner Bekanntgabe in ganz Ungarn Angehörige aller Gesellschaftsschichten gegen ihn erhoben hätten.

Die feindlichen Sender hatten den Aufruf Horthys von 19.30 Uhr an weiterverbreitet. Eine durch Radio verbreitete Nachricht aus diplomatischer Quelle teilte mit, daß ein Sendbote Horthys mit einem Brief an Stalin und Churchill nach Moskau unterwegs sei. Um 22.40 Uhr verbreitete Reuter eine Erklärung des ungar. Exministerpräsidenten, Graf Michael Károlyi, Horthy müsse gehen, und er sei bereit zurückzukehren, wenn das ungar. Volk das wünsche (Um 17.50 Uhr war angeblich von Budapest aus gerufen worden, Károlyi solle sofort nach Budapest kommen).

Die Wegnahme der Burg erfolgte so schnell, daß nur 4 Tote und 11 Verwundete gezählt wurden.[2] Sonst kam es nur noch zu belanglosen Schießereien; die deutschen Truppen konnten daher in Alarmgruppen zurückgezogen werden. Den Sicherheitsdienst übernahmen Honved und bewaffnete Pfeilkreuzler unter deutscher Aufsicht. Zahlreiche Offiziere und Mannschaften der ungar. Armee begannen, Armbinden der Pfeilkreuzler anzulegen.

1 Ms.: Soas.
2 Vgl. S. 847 (danach 5 Tote, 14 Verwundete).

Eine Reihe von milit. Führern wurde sichergestellt, darunter der Kriegs= und der stellv. Kriegsminister sowie für kurze Zeit auch der Gen.=Stabs=Chef.

Von den *Frontverbänden* gingen Meldungen ein, wonach sie ihre Pflicht taten. Nur der OB der an der Karpatenfront eingesetzten ungar. 1. Armee, Gen.=Oberst Miklós, der sich entfernt hatte, wurde durch den bisherigen stellv. Gen.=Stabs=Chef, Feldm.=Lt. László, ersetzt; der OB der in Siebenbürgen kämpfenden ungar. 2. Armee, Gen.=Oberst Veress, der verhaftet wurde, erhielt als Nachfolger den Kommand. General der Pz.=Truppen, Feldm.=Lt. Májor. Der Gefahr, daß die ungar. Eisenbahner die Arbeit verließen und damit die Versorgung der Front in Frage stellten, wurde sofort mit Erfolg entgegengetreten.

An der Front bewirkte das Vorgehen des Reichsverwesers eine vorübergehende Erschütterung der Front. Eine Kampfgruppe, die sich von der Theiß bereits abgesetzt hatte, wurde wieder zurückgeholt. Der Feind hatte diese Lage jedoch schon ausgenutzt, und die für einen Stoß nach Süden in die Batschka vorgesehenen ungar. Eliteverbände, vor allem die 1. Kav.=Div., kamen in der Folgezeit nicht zum Angriff, da sie zum Abstützen der südungar. Front benutzt werden mußten. Ferner mußten aus der siebenbürgischen Front Verbände herausgezogen werden, die als nicht mehr gefestigt angesehen werden mußten und deshalb erst einmal zum Aufbau einer Linie an der oberen Theiß eingesetzt wurden — eine Maßnahme, die das Absetzen in Siebenbürgen beschleunigte. In der Ecke von Mármaros=Sziget ging dadurch Gelände verloren, daß der Gen.=Oberst Miklós ohne Wissen der Heeresgruppe bereits vor dem versuchten Abfall eine Division herausgezogen hatte. Aber im gesamt blieb doch — wenn auch die innere Festigung der ungar. Armee erschüttert worden war — eine im wesentlichen geschlossene Front bestehen. Der Fall Rumänien—Bulgarien hatte sich in Ungarn nicht wiederholt.

Von den deutschen Verbänden war die gerade im Anrollen vom Dukla=Paß nach Szolnok befindliche 24. Pz.=Div. in Budapest angehalten worden. Sie wurde jedoch sofort nach Festigung der Lage an ihren Bestimmungsort weitergeleitet, so daß sie am 19. 10. zusammen mit der 4. SS=Pol.=Div. zum Angriff in Richtung Mezötur antreten und dadurch den Feind zum Abziehen stärkerer Kräfte aus seinen bei Debrecen kämpfenden Verbänden zwingen konnte. Dies bedeutete für die militärische Führung eine weitere Nervenprobe, da die 4. SS=Pol.=Div. am 15. 10. mit ihrer Masse ostwärts Szolnok abgeschnitten war und auch im Raum von Debrecen die Gefahr bestand, daß der Feind den dort in schweren Kämpfen stehenden Pz.=Verbänden die rückwärtigen Verbindungen raubte.

Am 16. 10. waren die beiden Strecken nach Wien, die durch Luftangriffe unterbrochen worden waren, wiederhergestellt. Bei der Eingliederung der ungar. Donau=Flotille in die neuen Befehlsverhältnisse hatten sich keine Schwierigkeiten ergeben.

Ein Befehl des Chefs des GenStdH vom gleichen Tage regelte die weitere Kampfführung im ungar. Raum. Er wurde am 17. 10. durch einen Befehl ergänzt, der davon ausging, daß die „politische Schlacht in Ungarn" nunmehr gewonnen und ein völliger Zusammenbruch der ungar. Armee nicht mehr zu erwarten sei. Jetzt müsse das Ziel sein, alle vorhandenen Kräfte zum Einsatz zu bringen.

Damit war nicht zu viel gesagt; denn in der Tat ergab sich jetzt ein enges und vertrauensvolles Zusammenarbeiten mit Ungarns polit. und milit. Führung, die nunmehr entschlossen war, das Menschenmögliche zur Verteidigung der Heimaterde zu leisten.

In der zweiten Monatshälfte bestätigte sich, daß die neue Regierung sowie der ungar. Gen.=Stab besten Willens waren; aber entgegen ihren Bemühungen vermehrten sich die Auflösungserscheinungen. Am 28. 10. mußte der Deutsche General melden, daß die ungar. Mannschaft sich keineswegs gegen die Deutschen wende, daß sie aber stellenweise selbst unterlegenem Feinde gegenüber keinen nennenswerten Widerstand leiste oder ihre Stellungen verlasse und abbröckele. Bei Soldaten aus den geräumten Gebieten wurden Desertionen häufig. Der Gen.=Stabs=Chef sicherte deshalb dem Deutschen General seine Genehmigung zu Maßnahmen zu, um ungar. Verbände ganz aufzulösen und die brauchbaren Teile in deutsche Divisionen einzugliedern. Äußerlich blieb die Ruhe im Lande bewahrt. Aber störend machte sich vielfach Verstimmung über Mißgriffe der neuen Regierung, vor allem auf persönlichem Gebiet, bemerkbar. Aufrufe und Ansprachen des Min.=Präsidenten sowie des Gen.=Stabs=Chefs, Propagandaaktionen und Wechsel in den Kommando=Stellen hatten unter diesen Umständen keinen durchschlagenden Erfolg. Dagegen schritt der Feldbefestigungsbau, dem Zwangsarbeiter zuströmten, gut voran. Mit der Aufstellung der 1. ungar. SS=Div. wurde begonnen.

Inzwischen war der *Kampf um die ungar. Tiefebene* bereits in ein neues Stadium getreten, das mit seinen dunklen Schatten alles Vorangegangene in den Hintergrund rückte; die bange Frage, was morgen sein werde, beherrschte die Stunde.

Am 20. 10. hatten sich die ungar. Kräfte von der Theiß absetzen und damit die Preisgabe der 1941 zurückgewonnenen Batschka einleiten müssen. Erst hinter der Donau wurde wieder ein Widerstand vorbereitet. Damit entstand nördlich Szeged eine beachtliche Lücke zwischen Theiß und Donau, in der die Lage vorerst ungeklärt blieb.

Günstiger war die Entwicklung im übrigen Kampfraum. Da die Front am Dukla=Paß hielt, obwohl der Gegner hier zu einem neuen Angriff ansetzte, und die Absetzbewegungen aus Siebenbürgen fortgeführt werden konnten, ohne daß eigene Truppen abgeschnitten oder eine Lücke ausgenutzt wurden, war es möglich, die Schlacht bei Debrecen bis zur Vernichtung der eingekesselten Kräfte durchzustehen. Bei Mezötur fand der eigene Angriff am 22. 10. sein

Ende: er führte zur Gefangennahme von mehreren Tausend Gefangenen, in der Mehrzahl Rumänen. Darauf gelang es, größere Teile des Feindes, die an Debrecen vorbei bis Nyirégaháza vorgestoßen waren, durch Panzerstöße von Osten und Westen abzuschneiden. Durch Herausziehen von Kräften aus Siebenbürgen wurde die Kesselwand so verstärkt, daß auch diese Kräfte vernichtet werden konnten. Als es am 27. 10. gelang, den Kessel in zwei Teile aufzuspalten, konnte der Feind seinerseits von Munkacz bis Ungvár vorstoßen, da die dort eingesetzten ungar. Kräfte versagten. Doch konnte die Gefahr, daß die Verbindung zur Heeresgruppe A abriß, durch Zuführung deutscher Kräfte wieder aufgefangen werden.

Am 28. 10. begann der Uferwechsel der nunmehr freigewordenen Verbände über die Theiß, um mit ihnen aus dem Raum von Kecskemét, wo die Ungarn nicht weiter vorgekommen waren, nach Süden vorzustoßen, da nunmehr mit einem feindlichen Vorstoß in Richtung Budapest oder Stuhlweißenburg zu rechnen war. Gleichzeitig wurde die Theiß-Linie besetzt und die Front bei Ungvár abgestützt. Damit wurde zwar abermals ein großes Stück des ungar. Bodens preisgegeben; aber die Truppe war damit der Gefahr der Abschnürung entzogen und frontal durch ein großes Naturhindernis geschützt, das es möglich machte, die ungar. Verbände neu zu rangieren.

Bevor die eigenen Pz.-Kräfte aus der Abwehr zum Angriff gegen die scharf nach Norden vordrückenden feindlichen Kräfte übergehen konnten, gelang es am 1. 11. deren Pz.-Spitzen, in nordwestlicher Richtung zwischen den eigenen Kräften und der ungar. Donausicherung bis in die Vorstädte der Hauptstadt vorzustoßen. Damit war die Schlacht um Budapest entbrannt.

Wie brüchig der Boden, auf dem sich die bisherige deutsch-ungarische Zusammenarbeit vollzogen hatte, gewesen war, wurde am 2. 11. noch einmal grell durch die russische Meldung beleuchtet, daß der bisherige ungar. Gen.-Stabs-Chef, Generaloberst Vitéz von Vörös, zu den Sowjets übergelaufen war.

Seinen legalen Abschluß fand der Umschwung vom 15. 10. am 5. 11. in einer Versammlung der beiden Häuser des Parlaments, vor denen der Min.-Präsident Szálasi den Eid als „Nador (Führer) der Nation" ablegte, womit er nun auch im Rahmen des Parlaments die Rechte und Pflichten des bisherigen Reichsverwesers übernahm.

## Anhänge

### 1. Nachtrag über Nachrichten aus dem Gegenlager

Nach Zeitungsnachrichten aus dem Gegenlager waren die von ungarischer Seite erbetenen Bedingungen während der Konferenz ausgearbeitet worden, die der Präsident Roosevelt und Minister-Präsident Churchill in Quebec abhielten (10.–18. 9.). Sie sollen den Kampf des ungar. Heeres auf der Seite der Sowjet=Union gegen das Reich, eine Kriegsentschädigung und die Grenzen des Vertrages von Trianon vorgesehen haben und über Rom nach Budapest geleitet worden sein. Daß Churchill länger in Quebec blieb, als anfangs ange=nommen worden war, wurde damit zusammengebracht, daß er dort die Ant=wort abwarten wollte. Er soll sie jedoch erst nach der Rückkehr in London erhalten und dann mit ihr zu der Konferenz in Moskau (10.—18. 10.) geflogen sein, die noch tagte, als Horthy den Abfall proklamierte und der Gegenschlag die beabsichtigte Aktion unmöglich machte. Das beim Abschluß dieser Kon=ferenz herausgegebene Communiqué, das unter anderem die Balkanfragen er=wähnte, nahm jedenfalls auf Ungarn keinen Bezug.[1]

**2. Mitteilungen des ungarischen Generalobersten Ruszkay über den ungarischen Staatsführer Szálasi [2]**

(früher: Rutzinger; zur Zeit beauftragt mit der Aufstellung von ungarischen SS=Divisionen in Deutschland)

*Anlage* zu einem Brief des Generals v. Glaise (d. h.: G. v. Horstenau) an den Chef WFStab vom 3. 3. 1945.

*Anmerkung:* Ruszkay stand zwar seit einiger Zeit im Gegensatz zu Szálasi, doch traf sein Urteil nach Auffassung des Generals v. Glaise im wesent=lichen zu.

Szálasi[3], um 1930 Hauptmann d. G. im Nachrichtenbüro, damals beschei=den, arbeitsam, aber verschlossen, viel Talent und starker Zug zum Politi=schen, aber schwer zu ergründen (was wohl mit seiner fast reinblütig armeni=schen Abstammung zusammenhängt; früherer Name: Salsian oder Salasjan).

Erstes Heraustreten 1933 als Major i. G., deshalb aus Generalstab entfernt; Adjutant des Inf.=Rgt.s 14. Damals mit vielfach neuartigen Ansichten, manch=mal großzügig, ja genial, wenn auch vielfach verworren und praktisch un=durchführbar. Auf Vermittlung von Ruszkay trug ihm Gömbös[4] ein Abgeord=netenmandat an, was Szálasi abwies; beim Regenten[5] war kein Glück zu erlangen (trotz mehrfacher Versuche von Ruszkay).

Szálasi weiter Einzelgänger und Führernatur, 1938 eingekerkert, mit Rang=verlust. Dadurch Märtyrer seiner Idee, was seiner politischen Karriere sehr hilft. Dagegen gleichgültig, daß seine Schriften verworren und bei der Intelli=

1 Über die weiteren Ereignisse in Ungarn vgl. die Angaben aus „Ploetz, Auszug aus der Geschichte", unten im 8. Abschnitt (S. 864 f.).
2 Von mir in Eile handschriftlich nachgetragen. P. E. S.
3 Ferenc Szálasi, * Kaschau 6. 1. 1897.
4 1932 Ministerpräsident, † 1936.
5 Nikolaus v. Horthy, seit 1920 Reichsverweser.

genz wenig Anklang fanden, daß seine Reden meist nicht ganz verständlich. Er schien vielmehr Mann der Tat und gutes Beispiel.[1]

Herbst 1940 entlassen. Zwischenführer der „Hungaristen": Koloman Hubay. Nach der Parteiauflösung neu als „Pfeilkreuzler". Von 10 000 auf 25 000 Mitglieder, 1939 statt 2 jetzt 40 Mandate. Dann wieder Auseinanderfallen: ungarische Nationalsozialistische Partei (Pálffy), Christlich-Nationalsozialistische Partei (Masóky-Meissler).

Ruszkay (seit Februar 1940 außer Dienst) wird Sommer 1940 Parteiführer und klebt Risse; durch Freund Graf Stefan Csáky (Außenminister[2]) bei Teleki[3] erreicht, daß erschwerende Verordnungen aufgehoben; dagegen wieder Keresztes-Fischer. Szálasi jetzt amnestiert (damit er mit Ruszkay rivalisiert?). Oktober 1940 Sammlung unter Szálasi; Ruszkay von der Regierung mit seiner Familie geschädigt. Szálasi nach Befreiung gewandelt, beherrscht durch die totale und persönliche Führeridee und durch Machthunger mit Weltfremdheit und Selbstüberschätzung.

Ruszkay bringt Szálasi zu Teleki (Okt. 1940); Szálasi aber so überheblich und verworren, daß Teleki den Gedanken, mit Szálasi zusammenzuarbeiten, gleich wieder fallen ließ.

Hoffnung auf Wandlung nicht erfüllt. Vielmehr der radikale Flügel im Vordringen. Herbst 1941 scheidet Gruppe Pálffy aus. Darauf von Ruszkay Verhandlungen Szálasis mit Imrédy[4] veranlaßt. Hoffnung auf Anschluß der ungarischen Rechten (Bárdossy[5]). Vorschlag Imrédys, daß beide Seiten zurücktreten zugunsten von General v. Rácz. Nach 6 Wochen Verhandlungen von Szálasi abrupt abgebrochen.

Dann Zerwürfnis Szálasis mit Ruszkay, der aus der Partei ausgeschlossen. Absinken der Abgeordneten auf die Hälfte, der Parteimitglieder von 300 000 auf 100 000.

Auftrieb erst wieder durch den 19. 3. 1944[6]. Bei Zuwachs allerdings auch zweifelhafte und getarnt kommunistische Kräfte. 16. 10. Machtübernahme[7].

*Im gesamt:* Szálasi ist durch Machthunger beherrscht, ein Phantast mit weit überdimensionierten Ideen, denen er bedenkenlos und ohne jede Rücksicht auf ihre praktische Durchführbarkeit Ausdruck gibt. In[8] der großen Politik wegen der egozentrischen Einstellung total unzuverlässig[9].

1 Er hatte 1935 eine rechtsradikale Partei, die „Hungaristen", begründet.
2 Seit 1938, † 1941.
3 Graf Pál T., 1939—41 Ministerpräsident.
4 Béla von I., 1938/39 Ministerpräsident, hielt sich bereit, die Regierung von neuem zu übernehmen.
5 László B., 1941/42 Ministerpräsident, 1946 hingerichtet.
6 Vgl. oben S. 200 ff.: Einmarsch deutscher Verbände.
7 Vgl. oben S. 848 ff.
8 In diesem Satz einige Wörter nicht mehr lesbar, daher verkürzt.
9 Szálasi flüchtete auf deutsches Gebiet, wurde von den Amerikanern an die nunmehr kommunistisch beherrschte Regierung seines Heimatlandes ausgeliefert, die ihn am 12. 3. 1946 hinrichten ließ.

# 8. Abschnitt
# Der östliche Kriegsschauplatz

(Nicht im Kriegstagebuch des Wehrmachtführungsstabs berücksichtigt, da Hitler an der Ostfront mit Hilfe des Generalstabs des Heeres führte, der daher allein für die Kriegstagebuchführung an dieser Front zuständig war. Vgl. genauer S. 856).

Als Ersatz Zusammenstellung der Daten des Vordringens der Roten Armee:

Inhalt des 8. Abschnitts


1. *Der Kriegsverlauf an der Ostfront im Jahre 1944* . . . . . . . . . . . . 856

   *a) Das Zurückweichen der Ostfront (856). — b) Räumung der Krim (April—Mai) (858). — c) Die sowjetische Sommeroffensive 1944 (858)*

2. *Der Umschwung in Finnland (Juni — Oktober)* . . . . . . . . . . . . 859

3. *Der Kampf im Südosten vom Abfall Rumäniens und Bulgariens bis zur Kapitulation* . . . . . . . . . . . . . . . . . . . . . . . . 860

   *a) Rumänien (860). — b) Bulgarien (861). — c) Griechenland — Ägäis (862). — d) Serbien — Albanien (863). — e) Kroatien (863). — f) Ungarn (864)*

Der östliche Kriegsschauplatz ist nicht im Kriegstagebuch des Wehrmachtführungsstabs berücksichtigt, da Hitler an der Ostfront mit Hilfe des Generalstabs des Heeres führte, der daher auch für die Kriegstagebuchführung an dieser Front zuständig war. Vgl. „Erläuterungen" I. und II. Teil; im II. Teil Abschnitt A I,3 Angaben über die Art, wie der Generalstab des Heeres sein Kriegstagebuch führte: er mußte sich darauf beschränken, daß durch einen damit beauftragten Generalstabsoffizier jeden Abend die wichtigsten Ereignisse, Befehle usw. zusammengefaßt und die Akten vollständig und chronologisch abgeheftet wurden; diese Unterlagen sind wohl bis auf Ausnahmen untergegangen.

Ein „Kriegstagebuch des Generalstabs des Heeres" im strengen Wortsinn hat es also nie gegeben.

Als Ersatz drucke ich hier mit Genehmigung des A. G. Ploetz-Verlags, Würzburg, dem für die Erlaubnis nachdrücklich gedankt sei, die von mir verfaßten, den Rußland-Feldzug im Jahre 1944 betreffenden Seiten ab aus: „Auszug aus der Geschichte von Dr. Karl Ploetz", 26. Aufl., herausgegeben in neuer Bearbeitung vom A. G. Ploetz-Verlag, Würzburg 1960, S. 1168—75 = Geschichte des Zweiten Weltkrieges. Eine erweiterte Sonderausgabe aus der 24. Aufl. von: Ploetz, Auszug aus der Geschichte. 1. Aufl., hg. vom A. G. Ploetz-Verlag. Bearbeitet von Prof. Dr. P. E. Schramm und Dozent Dr. Hans O. H. Stange, Göttingen. Bielefeld, Ploetz-Verlag 1951, S. 44—53. Zweite, erweiterte Aufl., Würzburg 1960, S. 53—59.

Wenn es sich auch nur um eine knappe Zusammenfassung der wichtigsten Fakten handelt, so wird sie dem Leser wohl doch willkommen sein. Denn sie läßt nicht nur die einzelnen Phasen der zunehmenden Gefahr an der Ostfront erkennen, die sich auf die Planungen auf den anderen Kriegsschauplätzen mehr und mehr hemmend auswirkte, sondern verzahnt auch die Abschnitte 6 (Südosten) und 7 (Ungarn) mit dem Abschnitt 9 (Norden).

## 1. Der Kriegsverlauf an der Ostfront im Jahre 1944

### a) Das Zurückweichen der Ostfront (bis April 1944)

Die Rote Armee erreicht am 3. Jan. die ehemalige polnische Grenze, dringt am 9. Jan. in Kirowograd, am 5. Febr. in Rowno und Luzk ein, trifft aber am oberen ukrainischen Bug auf einen Gegenstoß von Mansteins.

Mitte Febr. Durch einen deutschen Panzerangriff wird 7 deutschen Divisionen, die durch Abschnürung eines bei Tscherkassy vorspringenden Frontbogens eingekesselt sind und sich nach Westen durchschlagen, der Weg geöffnet (von 50 000 noch 30 000 befreit).

Nach Verlust von Nikopol (8. Febr.) und Kriwoj Rog (22. Febr.), die aus wehrwirtschaftlichen Gründen (Mangan= und Eisenerzgruben) so lange wie möglich gehalten werden, wird der Südflügel auf den (ukrainischen) Bug zurückgenommen. Die noch bei Uman haltenden Kräfte werden durch eine neue sowjetische Großoffensive vom 4. März an hinter den Bug zurückgedrängt. Tarnopol wird eingeschlossen, Winniza am 20. März vom Gegner genommen. Nachdem die Sowjettruppen den Dnjestr nördlich Kischinew überschritten haben, dringen sie auf den Pruth vor, den sie am 28. März nördlich Jassy erreichen. Der obere Sereth wird am 10. April überschritten. Damit greift der sowjetrussische Vormarsch auf Nordrumänien über. Gleichzeitig geht die Südukraine verloren (28. März Nikolajew, 10. April Odessa).

Auch nach Galizien dringt die Rote Armee ein (27. März Kamenez=Podolsk, 29. März Kolomea). Am 8. April ist die ehemalige tschechoslowakische Grenze erreicht. Am 15. April fällt das eingeschlossene Tarnopol. Bei Beginn der Schlammperiode kommt der sowjetische Angriff in Nord=Bessarabien sowie an der Moldau, längs der Karpaten und an der neu aufgebauten Front Stanislau=Kowel zum Stehen. Am 30. März ersetzt Hitler den Generalfeldmarschall v. Manstein durch den Generalfeldmarschall Model (jetzt Heeresgruppe Nordukraine) und den Generalfeldmarschall von Kleist durch den Generalobersten Schörner (jetzt Heeresgruppe Südukraine).

Die Heeresgruppe Mitte (seit 29. Okt. 1943 Generalfeldmarschall Busch), die ihre verkürzte Front in mehreren Abwehrschlachten behauptet (4. Armee bei Orscha, 3. Panzerarmee bei Witebsk), muß, um den Zusammenhalt mit der zurückgehenden Heeresgruppe Nordukraine zu wahren, ihren rechten Flügel abschnittsweise von der Desna nach Westen (25. Nov. Gomel preisgegeben; im Dez. Angriff auf Witebsk abgewiesen) zurücknehmen, wodurch sich dessen Front verlängert. Er schirmt zu Beginn der Schlammperiode die Nordfront der Pripjet=Sümpfe ab. Kowel, am 19. März eingeschlossen, von General Gille verteidigt, wird am 4. April befreit. Auf der Naht zur Heeresgruppe Nord bricht der Gegner im Okt. 1943 bei Newel durch und gelangt im Winter bis nördlich Polozk, wird dann aber aufgehalten.

Die Heeresgruppe Nord (Generaloberst Model, ab 30. März: Generaloberst Lindemann) wird im Jan. 1944 vom Wolchow und der noch vor Leningrad gehaltenen Front auf die Luga zurückgedrängt. Da die Sowjettruppen auch diese überschreiten, geht sie hinter den Peipussee und die Narwa zurück, behält aber Pleskau (Pskow) in ihrer Hand und verwehrt der Roten Armee den Einbruch nach Lettland und Estland.

### b) *Räumung der Krim (April–Mai*[1]*)*

*Die auf der Krim stehende, seit dem 1. Nov. 1943 abgeschnittene 17. Armee (deutsche und rumänische Verbände) wird von der Landenge von Perekop und Landeköpfen aus am 8. April angegriffen und gezwungen, den Nordteil der Krim sowie die Halbinsel Kertsch zu räumen und sich vom 18. April ab in den bis Juli 1942 von den Sowjettruppen gehaltenen Gräben und Anlagen um Sewastopol zu verteidigen. Da Hitler am 12. April die bereits angelaufene vollständige Räumung der Krim aus politischen Gründen (Haltung der Türkei) ablehnt und sich erst am 9. Mai nach dem sowjetischen Einbruch in die Festung doch zur Aufgabe Sewastopols entscheidet, wird die Räumung über See zu spät eingeleitet, so daß ein Teil der Kampftruppen auf Chersones in sowjetische Hand fällt (seit 8. April 130 000 Soldaten über See nach Rumänien überführt, weitere 21 000 durch die Luftwaffe; in Sewastopol und auf Chersones in sowjetische Hand gefallen: 29 000 Deutsche, 7000 Rumänen).*

*Die zahlenmäßig nie gebrochene Überlegenheit der Roten Armee ist jetzt durch Neuauffüllung (besonders aus den wiedergewonnenen Gebieten) einerseits, durch die Bindung deutscher Kräfte im Westen zufolge der Vorbereitung auf die dort erwartete Landung der Alliierten andererseits sowie durch Waffen- und Materiallieferungen der Alliierten an die UdSSR so angestiegen, daß die deutsche Ostfront vor einem aussichtslosen Kampf steht.*

### c) *Die sowjetische Sommeroffensive 1944*

*6. Juni* — *Durch die Landung der Alliierten im Westen werden fortschreitend mehr deutsche Kräfte gebunden, die daher der Ostfront vorenthalten werden.*

*9. Juni* — *Beginn der sowjetischen Offensive gegen die finnische Front auf der Karelischen Landenge. Nach dem Verlust von Wiborg (20. Juni) und Petrosawodsk (29. Juni) kommt die Front noch einmal zum Stehen.*

*1944*
*22. Juni* — *Beginn des Hauptangriffs zwischen den Pripjetsümpfen und der Düna gegen die Heeresgruppe Mitte (Generalfeldmarschall Busch, ab 28. Juni Model), deren Hauptteil durch zwei sich zusammenschließende Angriffsspitzen eingekesselt, aufgespalten und zur Waffenstreckung gezwungen wird (25 von 40 Divisionen vernichtet; Flüsterpropaganda hinter der Front und in der Heimat führen dies ohne jede Berechtigung auf Verrat hoher Offiziere zurück; Grund ist die zu dünne Besetzung einer überlangen Front). Durch das Loch (350 km) dringt*

[1] Vgl. hierzu den 6. Abschnitt (oben S. 810 ff.).

die Rote Armee schnell nach Westen vor (2. Juli Minsk, 13. Wilna, 16. Grodno, 18. Bialystok, 27. Dünaburg, 1. Aug. Kowno). Jedoch gelingt es ihr nicht, bis Riga durchzustoßen und dadurch die Heeresgruppe Nord (Generaloberst Lindemann, ab 3. Juli Frießner, ab 23. Juli Schörner) abzuschneiden. Der vorübergehende sowjetische Durchstoß bis Tukkum an der Rigaer Bucht (1.–20. Aug.) kann im Gegenangriff beseitigt werden. Die Heeresgruppe hält den über Narwa gegen Estland angreifenden sowjetischen Kräften stand. Als sie auch von Pleskau (Pskow) aus angegriffen wird, zieht sie sich durch den bei Riga offen gehaltenen Schlauch nach Kurland zurück (14. Okt. Preisgabe von Riga).

14. Juli Neue Offensive in Südpolen und Galizien gegen die Heeresgruppe Nordukraine (Model, ab 15. Juli Generaloberst Harpe) (27. Juli Einnahme von Lemberg, 28. von Brest-Litowsk). Die Rote Armee erreicht den San und die Weichsel.

1. Aug. Aufstand der polnischen Untergrundbewegung in Warschau unter General Bor-Komorowski in der Erwartung, daß die bereits auf die Weichsel vordringenden sowjetischen Verbände ihnen zu Hilfe kommen würden. Diese nehmen Anfang Sept. Praga, bleiben aber am Weichselufer stehen. So werden die Eingeschlossenen am 2. Okt. zur Kapitulation gezwungen.

**2. Der Umschwung in Finnland (Juni — Oktober[1])**

Die finnische Armee hält im Juni 1944 eine Front, die die Karelische Landenge an ihrer schmalsten Stelle (in der Nähe der bis 1940 gültigen Grenze) überquert und jenseits des Ladogasees am Swir verläuft, dadurch den Weißmeerkanal unterbricht, dann am Onegasee entlang nach Norden abbiegt und am Eismeer die Liza-Linie hält. Von hier bis Mittelfinnland steht eine deutsche Gebirgsjägerarmee (Generaloberst Dietl, 23. 6. 1944 mit dem Flugzeug verunglückt; dann Generaloberst Rendulic), um die für die deutsche Wehrwirtschaft entscheidende Nickelgewinnung im Raum von Petsamo zu sichern. Die übrige Front halten die Finnen aus eigener Kraft.

1944 9. Juni Beginn einer seit langem erwarteten sowjetischen Offensive, die die Karelische Front durchbricht. Wiborg (Viipuri) geht am 20. Juni verloren. In Ostkarelien besetzt die Rote Armee am 29. Juni Petrosawodsk. In Karelien kann zwar noch eine Zeitlang an der Landesgrenze von 1940 eine neue Front gehalten werden, aber unter dem Eindruck der Niederlagen der deutschen Ostarmeen und des Abfalls Rumäniens verlieren die Anhänger eines weiteren Zusammengehens mit

1 Vgl. hierzu den 9. Abschnitt, II A.

*Deutschland den politischen Rückhalt. Besuche Ribbentrops (22. 6.) und Keitels sowie die Entsendung deutscher Kräfte aus Estland können den Entschluß zum Sonderfrieden nicht aufhalten. Nach dem Frontwechsel Rumäniens (s. S. 861) kündigt am 2. Sept. der neue Ministerpräsident Hackzell den Abbruch der diplomatischen Beziehungen zu Deutschland an und verlangt die Zurückziehung der deutschen Truppen. Am 4. Sept. stellen die Finnen das Feuer ein. Am 6. Sept. fliegt eine Delegation nach Moskau ab, die am*

*19. Sept.* *den Waffenstillstand unterzeichnet. — Die im Süden Finnlands eingesetzten deutschen Kräfte und Dienststellen sind bereits weggezogen worden oder können das Land noch verlassen. Für die im Norden eingesetzten kommt wegen Mangels an Zeit und Schiffsraum ein Abtransport über die Ostsee nicht in Frage. Es bleibt für sie nur der Rückmarsch auf der unter dem Nordkap entlangführenden Straße auf norwegisches Gebiet. Sie geben den bisher gehaltenen Raum schrittweise preis (15. Okt. Petsamo, 25. Okt. Kirkenes), haben nördlich Uleaborg noch Kämpfe mit den Finnen, die gemäß den Waffenstillstandsbedingungen die Deutschen angreifen müssen, und passieren die Nordkapstraße noch vor Beginn der Schneefälle, die diese unpassierbar machen. Nach Vernichtung der Baulichkeiten in dem durchzogenen Gebiet beziehen sie in der Höhe des Lyngen-Fjord eine neue Front, die bis zum Zusammenbruch nicht mehr angegriffen wird. Große Teile der dort stehenden Kräfte werden abgezogen, wirken sich aber weder im Westen noch im Osten aus, da ihr Abtransport sich durch die Länge des Weges, die Verminung des Meeres und Eisenbahnsabotage in Dänemark hinauszögert.*

## 3. Der Kampf im Südosten vom Abfall Rumäniens und Bulgariens bis zur Kapitulation (August 1944 bis 9. Mai 1945)

### *a) Rumänien*[1]

*Marschall Antonescu, der im Laufe des Krieges wiederholt Besprechungen mit Hitler hat und mit ihm über die Wehrmachtmission in ständiger Verbindung steht, unterstützt den Kampf im Osten durch Entsendung zahlreicher Divisionen in die Ukraine, den Kaukasus und die Krim. Diese tragen daher ihren Anteil am Kampf sowie an den Verlusten der Ostfront und werden in die Rückzugsbewegung hineingezogen.*

1 Vgl. hierzu den 6. Abschnitt, 3. Anhang (oben S. 757 ff.).

1944 März/April — Durch die sowjetische Frühjahrsoffensive wird die deutsch-rumänische Südfront über die rumänische Grenze zurückgedrückt.

20. Aug. — Eine sowjetische Offensive bei Jassy (Malinowski) und Tiraspol (Tolbuchin) führt zur Einschließung des Großteils der 6. Armee südwestlich Kischinew (23. Aug.) und zum Rückzug der verbliebenen, nur geringen deutschen Kräfte auf die Karpatenpässe.

23. Aug. — Staatsstreich in Bukarest; Verhaftung Antonescus; neue Regierung Sanatescu. König Michael befiehlt Einstellung des Kampfes gegen die Rote Armee, bietet jedoch den deutschen Truppen freien Abzug an. Ein deutscher Luftangriff auf Bukarest führt am 25. Aug. zur Kriegserklärung an Deutschland. Die rumänische Armee erhält den Befehl zur Unterstützung der Roten Armee.

31. Aug. — Die Sowjettruppen besetzen Galatz, 28. Braila, 29. Konstanza, 30. das Ölgebiet von Ploesti und ziehen am folgenden Tage in Bukarest ein. In der deutschen Front ist von den Karpaten bis zur Donau ein Riesenloch aufgerissen, für dessen Schließung zunächst kein Verband zur Verfügung steht. Die Rote Armee kann daher kampflos die Walachei besetzen. Nach Einnahme des Ölhafens von Giurgiu erreicht sie am 6. Sept. die jugoslawische Grenze bei Turnu-Severin. Die deutsche Benzinversorgung ist schwer getroffen.[1]

Der Versuch, mit deutschen und ungarischen Kräften den Karpatenkamm zu halten, scheitert an Kräftemangel. Am 4. Sept. rückt die Rote Armee in Kronstadt ein, Mitte Oktober in Klausenburg (Cluj); am 25. Okt. ist ganz Siebenbürgen besetzt.[2]

### b) Bulgarien[3]

Bulgarien hat jugoslawische und griechische Gebiete (zuletzt bis Saloniki) besetzt und befindet sich im Kriegszustand mit Großbritannien und den USA, hat jedoch gegenüber der UdSSR seine Neutralität aufrechterhalten. Ernstlich zu spüren bekommt das Land den Krieg erst, seitdem von Anfang 1944 an alliierte Luftstreitkräfte Sofia heimsuchen. Am 1. Sept. erreicht die Rote Armee bei Giurgiu die bulgarische Grenze. Die Regierung Murawieff, der nach dem Versuch, Rückhalt bei England und Amerika zu finden, die UdSSR am 5. Sept. den Krieg erklärt, wird am 9. Sept. durch eine pro-russische (Georgieff) verdrängt. Darauf besetzen die Sowjettruppen ganz Bulgarien,

1 Vgl. unten den 10. Abschnitt.
2 Genaues im 7. Abschnitt (oben S. 833 ff.).
3 Vgl. hierzu den 6. Abschnitt, 3. Anhang, i (oben S. 808 ff.).

ohne Widerstand zu finden (19. Sept. Einzug in Sofia, 28. Okt. Unterzeichnung eines Waffenstillstandes in Moskau). Die im Lande befindlichen deutschen Dienststellen und Einheiten werden, soweit sie sich nicht nach Westen durchschlagen, gefangengenommen. Die Bulgaren müssen ihre Verbände aus Griechenland und Mazedonien abziehen, fallen unter sowjetrussischem Oberbefehl der sich aus Mazedonien nach Nordosten zurückziehenden Heeresgruppe E in die Ostflanke und beteiligen sich auch weiter an den Kämpfen gegen diese; eine Reihe von bulgarischen Divisionen wird von der Roten Armee in Syrmien eingesetzt.

### c) Griechenland—Ägäis[1]

Die Kräfte in Griechenland und in der Ägäis unterstehen der Heeresgruppe E (Generaloberst Löhr) in Saloniki, diese der im ganzen Südosten führenden Heeresgruppe F (OB Südost, Generalfeldmarschall Frhr. von Weichs) in Belgrad. Die Behauptung Griechenlands wird ab Herbst 1942 durch die Partisanenbewegung erschwert, die durch eine britische Militärmission angetrieben und unterhalten wird, jedoch in sich gegenseitig bekämpfende Richtungen aufgespalten ist.

Nach dem Abfall Bulgariens haben die Ägäischen Inseln, die bisher als Sicherungslinie sowie als Gewähr für die Neutralität der Türkei gehalten worden waren, ihren Wert verloren. Hitler gibt am 25. Aug. 1944 dem Drängen der militärischen Stellen, sie zu räumen, nach (die Bewegung läuft ab 2. Sept.). Von Kreta können 60 000 Mann mit Schiff und Flugzeug zurücktransportiert werden, da die Briten erst später die griechischen Flugplätze angreifen. Am 12. Sept. wird Mytilene geräumt, am 17. Okt. Lemnos.

Räumung des griechischen Festlandes. Parallel zu dem im Westen angetretenen Rückmarsch wird am 26. Aug. das gleiche im Südosten befohlen. Daher werden geräumt: bis 21. Sept. der Peloponnes, 12.—15. Sept. die Ionischen Inseln, bis 27. Sept. Westgriechenland bis zum Pindos. Am 12. Okt. verlassen die Nachhuten den wegen der Räumung der Inseln noch gehaltenen Hafen von Athen, den Piräus. Das bereits geräumte Athen wird am gleichen Tage zur „offenen Stadt" erklärt. Am 31. Okt. wird Saloniki preisgegeben; am 2. Nov. ist der Rückzug aus Griechenland abgeschlossen (dabei viele Tunnel, Brücken usw. zerstört).

Es kommen nicht mehr zurück die Besatzungen von Rhodos, Westkreta (Raum von Chania) und von kleineren Inseln (Milos, Leros usw.). Sie halten sich bis zur Kapitulation am 9. Mai 1945.

1 Vgl. hierzu den 6. Abschnitt, II. Teil, Kap. 6 usw. (oben S. 665 ff. usw.).

### d) Serbien—Albanien[1]

In Serbien behauptet sich noch unter der deutschen Militärverwaltung der auf die Serbische Staatswache, das Serbische Freiwilligenkorps und die halbmilitärische Ljotić-Bewegung gestützte Ministerpräsident General Nedić, der unter der Hand in Verbindung mit Mihajlović steht. Doch verlieren beide gegenüber ihren gemeinsamen Feinden, den von Tito geführten kommunistischen Partisanen, an Einfluß. Dieser hat bisher vergeblich versucht, von Bosnien nach Serbien einzubrechen, gelangt im Sept. 1944 zum Ziel und kann daher die Verbindung zu den am 6. Sept. die serbische Grenze erreichenden Sowjettruppen herstellen. Nach mehrtägigem Kampf fällt am 20. Okt. Belgrad in die Hand der Roten Armee und der Tito-Partisanen.

Der Rückmarsch der Heeresgruppe E vollzieht sich — trotz dauernder Kämpfe und Bedrohung der Ostflanke durch die Bulgaren — wie angeordnet. Am 14. Okt. wird Nisch, am 6. Nov. Bitolj, am 13. Nov. Skoplje geräumt. An der Drina wird eine neue Front aufgebaut[1].

Die in Albanien stehenden Verbände, denen zeitweise droht, abgeschnitten zu werden, geben am 20. Nov. Tirana, am 29. Nov. Skutari preis und gewinnen am 18. Dez. den Anschluß an die Heeresgruppe, die ihnen den Rückweg freigekämpft hat.

### e) Kroatien[2]

Der Poglavnik Ante Pavelić, der nach dem Abfall Italiens (8. Sept. 1943) von Deutschland wieder stärker gefördert worden ist, wird nach dem Frontwechsel Rumäniens und Bulgariens weiter unterstützt. Daher kann er die Lage dazu benutzen, vom Sept. 1944 an vorwiegend mit seiner Ustascha-Bewegung zu regieren, die ihre Politik gegen die Pravoslawen wieder aufnimmt, aber im Lande auf ständig wachsenden Widerstand stößt. Die am 22. Sept. proklamierte allgemeine Wehrpflicht hat angesichts der Erfolge Titos geringe Wirkung; die mit deutscher Hilfe aufgestellten kroatischen Verbände versagen im Ernstfall.

Nach Räumung von Albanien und Serbien bezieht die Heeresgruppe E eine Stellung, in die auch die aus Bosnien und der Herzegowina herausgeholten Kräfte einbezogen werden und die in der Linie Mostar-Višegrad-Drina verläuft. Durch das Vordringen der Sowjettruppen in Ungarn verlängert sie sich längs der Drau. Nach viereinhalb Monaten, in denen der Zusammenhalt der Heeresgruppe trotz aller Kämpfe und Flankenstöße, trotz Behinderung durch die Partisanen erhalten blieb und keine größeren Einheiten abgesprengt wurden, findet am 13. Jan. 1945 der über 1500 km durchgeführte Rückmarsch seinen vorläufigen Abschluß. Im Febr. wird die Front bei Mostar

1 Vgl. hierzu den 6. Abschnitt (oben S. 599 ff.).
2 Vgl. hier den 6. Abschnitt, 2. Anhang (oben S. 732 ff.).

zurückgedrängt, die Kampfkraft durch Abgaben nach Ungarn herabgesetzt, aber die Stellung noch gehalten. Im März vergebliche deutsche Entlastungsstöße über die Drau nach Norden und andauernde Kämpfe im Gebiet von Serajewo, das am 5. April geräumt wird. Von Mitte April an wird der noch gehaltene Raum schrittweise verkleinert; jedoch steht die Heeresgruppe E (Generaloberst Löhr), die seit März allein im Südosten führt, im Augenblick des Zusammenbruchs noch auf jugoslawischem Boden.

In Dalmatien und Istrien sind bereits Kämpfe entbrannt, und durch den Sonderwaffenstillstand in Italien (2. Mai) ist den Briten der Weg nach Kärnten und Steiermark in den Rücken der Heeresgruppe E freigemacht.

### f) Ungarn[1]

Ungarn wird am 19. März 1944 von deutschen Truppen besetzt (Unternehmen „Margarethe"), um ein weiteres Verbleiben an der Seite Deutschlands und die Ausnutzung seines Wehrpotentials sicherzustellen. Durch den Abfall Rumäniens entsteht eine Lücke in der Ostfront, die Ungarn offenlegt. Angesichts des bevorstehenden Eindringens der Sowjettruppen in Siebenbürgen bildet am 29. Aug. der General Lakatos eine neue Regierung. Der Karpatenwall wird Anfang Sept. von den Gegnern überschritten (Bis Ende Oktober ist ganz Siebenbürgen besetzt). Außerdem dringen sie von der Walachei in das Banat ein (22. Sept. Arad besetzt, 11. Okt. Szeged an der Theiß erreicht). Doch bildet sich ihnen gegenüber aus deutschen Verbänden und den Resten des ungarischen Heeres eine behelfsmäßige Front der Heeresgruppe Süd (Generaloberst Frießner), die den Vormarsch der Roten Armee anhält und erst nach neuen Angriffen schrittweise zurückweicht.

Der Reichsverweser von Horthy, der am 15. Okt. in einer Rundfunkansprache den Waffenstillstand mit der UdSSR verkündet (vorbereitet durch Sondergesandte), diesen Schritt jedoch unter deutschem Druck widerruft, wird nach Deutschland gebracht (16. Okt.). Die Macht übernimmt der Führer der Pfeilkreuzlerpartei Szálasi, der die Achsenpolitik verstärkt, aber im Lande nur noch wenig Rückhalt findet. Der bisherige Oberbefehlshaber der 1. Armee, Generaloberst Miklós, tritt auf die Gegenseite über und richtet am 23. Dez. in Debrecen eine Gegenregierung ein. Die Rote Armee rollt die Theiß-Linie von Süden auf, überschreitet die Donau und besetzt Westungarn zwischen der Drau und dem Plattensee, dessen Südufer am 7. Dez. erreicht ist. Sie schiebt sich außerdem an Budapest heran und dringt auch in Nordostungarn vor (23. Nov. Tokaj besetzt). Am 9. Dez. wird die Donau nördlich Budapest erreicht. Am 29. Dez. dringen die Russen in die Vorstädte von Budapest ein, das bereits von allen Seiten eingeschlossen ist. Da die

1 Vgl. den 7. Abschnitt (oben S. 827 ff.).

Entsatzversuche scheitern, versuchen die letzten Verteidiger, am 13. Febr. durchzubrechen, was jedoch nur 7 Offizieren und etwa 120 Mann gelingt. Gehalten wird noch das Gebiet westlich des Plattensees, des Westrandes des Bakonywaldes und des Grans bzw. der Waag.

Ende 1944 hatte also die Rote Armee die deutschen Kräfte völlig aus Finnland herausgedrängt. Sie hatte bereits große Teile Polens besetzt und bei Baranow (südlich Warschau) einen Brückenkopf diesseits der Weichsel ausgebaut, aus dem sie am 12. 1. 45 zum entscheidenden Angriff antrat. Kurland wurde noch bis zur Kapitulation durch die Heeresgruppe Nord (jetzt: Heeresgr. Kurland) gehalten; doch war diese bereits seit Mitte Oktober 1944 abgeschnitten.

Im Südosten war die UdSSR bereits Herr in Rumänien, Bulgarien und Albanien. Die Heeresgruppe E (Gen.-Oberst Löhr) hielt noch Teile von Kroatien; in Serbien hatte sich bereits Tito durchgesetzt. Ungarn war zur Hälfte verloren, Budapest bereits eingeschlossen.

Der deutsche sowie der österreichische Raum waren jetzt unmittelbar gefährdet.

(Fortsetzung bis zum Ende des Krieges vgl. KTB 1945, 2. Abschnitt, II. Teil, E: Der Osten, sowie S. 975 ff.: das „Lagebuch" vom 1. 1.–19. 4. 1945 und anschließend die „Wehrmachtberichte" vom 18. 4.–9. 5. 1945).

# 9. Abschnitt
# Der nördliche Kriegsschauplatz
# (Finnland, Norwegen, Dänemark)

Inhalt des 9. Abschnitts

## I. Teil

**vom 1. Januar – 31. März 1944 (s. Nachtrag vor dem Register)**

## II. Teil

**vom 1. April – 31. Dezember 1944**

### A. Finnland

Seite


1. *Der Fortgang der finnisch-russischen Verhandlungen und die Zeit nach der zweiten Ablehnung eines Waffenstillstandes (April-Mai)* . . . 868
2. *Die deutsch-finnischen Beziehungen in der Zeit der Verhandlungen mit der Sowjet-Union und in den darauf folgenden Wochen (April — Mitte Juni)* . . . 870
3. *Die Fälle „Birke" und „Tanne" (April – Mai)* . . . 874
4. *Die Kampfhandlungen vom 1. April — 9. Juni* . . . 877
5. *Die erste Phase der russischen Offensive (10.—18. Juni)* . . . 878
6. *Die politische Entwicklung (19. Juni — 11. Juli)* . . . 880
7. *Deutsche Hilfeleistungen (Juni)* . . . 882
8. *Der Fortgang der militärischen Ereignisse (19. Juni — Ende Juli)* . . . 884
9. *Die neue politische Krise: Übernahme der Staatspräsidentschaft durch den Marschall Mannerheim (Erste Hälfte des August)* . . . 888
10. *Die militärische Entwicklung im August* . . . 890
11. *Die weitere Vorbereitung der Fälle „Birke" und „Tanne" (Juni – August)* . . . 891
12. *Der Abfall Finnlands (31. August — 15. September)* . . . 893
13. *Die Entwicklung der deutsch-finnischen Beziehungen nach dem Abfall* . . . 900
14. *Die Frage des nordnorwegischen Raumes und die Einleitung der „Nordlicht"-Bewegung* . . . 902
15. *Der Fortgang des Rückmarsches (von Ende September 1944 — Ende Januar 1945)* . . . 906
16. *Die weitere Entwicklung in Finnland* . . . 912


### B. Norwegen


1. *Norwegen im Rahmen der Gesamtkriegführung — Der Verlust des Schlachtschiffes „Tirpitz"* . . . 913
2. *Veränderungen in den Besatzungskräften* . . . 918
3. *Angriffe von See her und aus der Luft* . . . 921
4. *Innere Lage* . . . 922


### C. Dänemark


1. *Dänemark im Rahmen der Gesamtkriegführung* . . . 923
2. *Veränderungen in den Besatzungskräften* . . . 925
3. *Der Befestigungsbau* . . . 927
4. *Innere Lage* . . . 927

# I. Teil

# vom 1. Januar — 31. März 1944

*Text (Entwurf) erst nach Umbruch wiedergefunden, s. den Nachtrag vor dem Register*[1]

# II. Teil

# vom 1. April — 31. Dezember 1944

**Vorbemerkung**

Die Ausarbeitung beruht auf:

1. den Akten des KTB,
2. den Akten der Abt. Op H,
3. dem von KTB geführten Merkbuch (Durchschläge der den Nordraum betreffenden Beiträge auch in den die drei nordischen Länder betreffenden Akten des KTB).

Da 1—3 chronologisch geordnet sind, erübrigen sich Hinweise auf die jeweils angezogenen Aktenstücke. Wo es erforderlich ist, sind Hinweise beigefügt, um die benutzte Unterlage zu kennzeichnen[2].

## A. Finnland

### 1. Der Fortgang der finnisch-russischen Verhandlungen und die Zeit nach der zweiten Ablehnung eines Waffenstillstandes (April bis Mai)

Trotz der ablehnenden Beschlüsse des finnischen Reichstages vom 16. 3. wurde dies von der russischen Botschafterin Kollontaj, Stockholm, und der schwedischen Regierung nicht als absolutes Nein aufgefaßt. Auf deren Bemühungen hin gingen die Friedensfühler weiter. Daher konnten am 26. 3. der Staatsrat Paasikivi und der frühere Minister Enckell von Helsinki über Stockholm nach Moskau fliegen, von wo sie am 1. 4. zurückkehrten (Meldung Amtsgruppe Ausland 4. 4., des Deutschen Generals[3] vom 18. 4. und der Gesandtschaft vom 21. 4.). Der Marschall[4] selbst hatte (wie der Deutsche General am 4. 4. meldete) am 20.—21. 3. gegenüber finnischen Generalen erklärt, der Eingang der Bedingungen habe die Lage geklärt; sie sei dadurch klarer und kälter geworden. Das Volk wisse nun, warum es weitere Opfer bringen müsse (eine russ. Darstellung vom 22. 4., vgl. 25. 4.).

1 Mein als Nachtrag gedruckter Entwurf wurde durch eine von *W. Hubatsch* (s. die folgende Anm.) überarbeitete Fassung ersetzt; diese ist als verloren anzusehen.
2 An der Abfassung des II. Teils war unser Mitarbeiter *Walther Hubatsch*, ehemals Oberlt. im WFStab, beteiligt; vgl. den II. Teil der „Erläuterungen", Anlagen.
3 General der Inf. Dr. Erfurth.
4 C. G. Frhr. v. Mannerheim (1867—1951), Feldmarschall, seit Juni 1941 Oberbefehlshaber der finnischen Wehrmacht.

Am 3. 4. übermittelte der Deutsche General die von Paasikivi aus Moskau überbrachten neuen Bedingungen der Sowjet=Union:

1. Abbruch der Beziehungen zu Deutschland. Internierung der deutschen Truppen und Schiffe oder Entfernung derselben im Laufe des April, dazu erforderlichenfalls russische Unterstützung;
2. Wiederherstellung des finnisch=russischen Vertrages von 1940; dazu Rückzug der Finnen hinter die alte Grenze im Laufe des April;
3. sofortige Zurückbeförderung der Kriegsgefangenen usw.;
4. Herabsetzung der finnischen Armee im Mai auf die Hälfte, im Juni—Juli auf den Friedensetat;
5. Wiedergutmachung durch Warenlieferungen im Wert von 600 Mill. Dollars im Laufe von 5 Jahren;
6. Rückgabe von Petsamo und Umgebung.

Bei Erfüllung dieser 6 Bedingungen wollte die Sowjet=Union Hangö ohne Entschädigung zurückgeben. Eine Frist wurde nicht gesetzt, aber Eile gefordert. Die Delegation sei eiskalt aufgenommen worden.

Nach Ansicht des Deutschen Generals stand die Ablehnung dieser Bedingungen zu erwarten. Das Deutsche Nachrichtenbüro brachte eine ähnlich lautende Nachricht.

Die englische Presse wies die Finnen auf Molotows Erklärung hin, daß die Sowjet=Union jenseits der alten Grenzen keine Eroberungen beabsichtige. Nach weiteren Nachrichten war diese vorher mit der großbritannischen und der amerikanischen Regierung abgestimmt worden.

Der finnische Reichstag tagte am 4. 4. nur kurz und trat noch in keine Erörterung ein; doch wurde den Abgeordneten eine Exposé als Grundlage für die Sitzung am 12. 4. übergeben.

Über die innerpolitische Lage und die Frage, warum die Entscheidung bis zum 12. 4. hinausgeschoben werde, berichtete der deutsche Gesandte am 6. 4. (Der Minister Tanner hatte diese Zeit als nötig erklärt, um auch die kleinen Organisationen aufzuklären). Diese Nachrichten ergänzte der OB des AOK 20[1] am 11. 4. dahin, daß nach Tanners Ansicht die Abgeordneten auf diese Weise den Willen des Volkes zur Ablehnung erfahren würden. Nach Ansicht des OB würde Finnland auf erträgliche Bedingungen eingehen; doch seien diese unwahrscheinlich. Jedenfalls werde nach wie vor in den Russen der Todfeind gesehen.

Nach Erörterung der russ. Bedingungen in zwei geschlossenen Sitzungen wurden sie am 12. 4. vom Reichstag einstimmig abgelehnt, und zwar wie das erste Mal in der Form, daß zur Tagesordnung übergegangen wurde. In seiner Meldung hob der Deutsche General hervor, daß der Marschall befriedigt und guter Stimmung sei. Nach Meldung des Gesandten vom gleichen Tage habe

1 Generaloberst Eduard *Dietl*, abgestürzt 25. 6. 1944.

die Einstimmigkeit diesmal im Gegensatz zum 15. 3. nicht nur faktisch, sondern auch tatsächlich bestanden.

Einige Stimmen hatten sich jedoch — was nicht übersehen werden durfte — für einen „ehrlichen Frieden“ ausgesprochen, und aus Stockholm lag weiter am 13. 4. die Meldung vor, daß neue Verhandlungen eingeleitet werden würden. Die finn. Haltung konnte daher auf die Dauer doch nicht als eindeutig angesehen werden. Nach Meldung des Deutschen Generals vom 19. 4. wurde die finn. Antwort am 18. 4. durch schwedische Vermittlung an Frau Kollontaj übergeben. Am 24. 4. gab in einer Informationsveranstaltung des russ. Außenkommisariats A. J. Wyschinskij eine Darstellung der Ereignisse vom Standpunkt der Sowjet-Union (vgl. 25. 4.). Danach war die wichtigste Frage für die von Deutschland „abhängig“ gewordene finn. Regierung die Frage der deutschen Truppen gewesen.

Die finn. Zeitungen sprachen sich für die Fortführung des Kampfes aus. Nur die sozialdemokratischen drückten den Wunsch aus, unter besseren Bedingungen doch noch zum Frieden zu gelangen (Lagebuch 25. 4.).

Am 9. 5. teilte der Staatspräsident dem deutschen Gesandten mit, er glaube nicht an eine Abänderung der russ. Bedingungen, für deren Annahme keiner der von ihm herangezogenen Politiker gewesen sei.

Am 14. 5. meldete Gen.-Oberst Dietl[1], daß ihn der Landespräsident von Lappland besucht und ihm die Versicherung des Staatspräsidenten überbracht habe, daß keine neuen Verhandlungen mit Rußland im Gange seien.

### 2. Die deutsch-finnischen Beziehungen in der Zeit der Verhandlungen mit der Sowjet-Union und in den darauf folgenden Wochen (April bis Mitte Juni)

Im *März* war der Marschall Mannerheim der deutschen Bitte entgegengekommen, die finn. Kräfte im Uhtua-Abschnitt, der zum Abschnitt des (Geb.-) AOK 20 geschlagen werden sollte, stehenzulassen.
AOK 20 geschlagen werden sollte, stehenzulassen (s. Teil I).
Wünschen entsprechend erfolgte Verlegung der finn. Brigade, aus der er den Willen zur Fortsetzung des Kampfes entnehme. Er hoffe, daß die Moral der finn. Wehrmacht durch trügerische Friedenshoffnungen[2] nicht gefährdet werde. Nach der Zurücknahme der Heeresgr. Nord in die Narwa-Stellung habe sich die Lage gefestigt. Der Chef OKW regte den Besuch finnischer Offiziere bei der Heeresgruppe an, um ein Bild der jetzigen Lage zu gewinnen. Auch im Süden werde es gelingen, den feindlichen Vormarsch zum Stehen zu bringen.

Der Marschall antwortete am 3. 4., es sei ihm eine Freude gewesen, den OB der Geb.-Armee zu unterstützen. In der neuen Fühlung mit Moskau sehe er keine Gefahr für die Haltung und Moral der finn. Wehrmacht, die auch weiterhin ihre Pflicht tun werde. Den Vorschlag, die Narwa-Front besuchen zu lassen,

1 Vgl. S. 869 Anm. 1.
2 Ms.: Feindeshoffnungen.

nahm er an. Abschließend dankte der Marschall noch für die bedeutungsvolle Hilfe durch Waffen und Munition.

Der Besuch der finn. Offiziere fand anschließend statt (vgl. 6. 4.).

Am 2. *April* erhielt der OB des Geb.=AOK 20 Richtlinien für den von ihm beabsichtigten Besuch beim Marschall; ohne die Form einer Drohung zu wählen, solle er darauf hinweisen, daß die neuen Verhandlungen den finnischen Kampfeswillen zu zermürben drohten und für die deutschen Truppen eine Belastung darstellten; auch könnten Waffen nicht geliefert werden, wenn die Möglichkeit bestünde, daß sie einmal an den Feind übergeben würden. Eine Belastung bedeuteten ferner die unfreundlichen Kommentare zu den deutschen Maßnahmen in Ungarn, die in Wirklichkeit von der Masse der ungar. Wehrmacht als Erlösung empfunden worden seien (am 19. 3. war Ungarn von deutschen Truppen besetzt und die Regierung umgegliedert worden [1].

Am 4. 4. weilte der Finn. General bei der deutschen Wehrmacht, General Österman, im FHQu., wo er mit dem Chef OKW sowie dem Chef und Stellv. Chef WFStab sprach. Bei dieser Gelegenheit wies ihn der Chef OKW darauf hin, daß die Haltung der finn. Presse in der ungar. Frage als kränkend empfunden werde. Während der neuen Verhandlungen mit Moskau sei erörtert worden, ob Deutschland noch an Finnland liefern könne. Er und der Chef WFStab brachten ihr Vertrauen zur finn. Wehrmacht zum Ausdruck und gaben ein Bild der Lage. Über den Inhalt der Unterredungen erhielt der Deutsche General noch am gleichen Tage Nachricht.

Am 6. 4. fand der vorgesehene Besuch des Gen.=Obersten Dietl beim Marschall statt. Nach Meldung des Deutschen Generals vom 7. 4. verlief er in jeder Weise zufriedenstellend. Der Marschall glaubte an einen ernsthaften Angriff des Feindes gegen die Geb.=Armee, der wahrscheinlich durch politische Gründe bedingt werde. Er sprach von dessen Risiko und wies — nach langer Zeit zum ersten Mal — auf offensive Möglichkeiten hin. Es ergab sich, daß er nicht an einen Sonderfrieden dachte und mit Wärme von der deutschen Unterstützung sprach. Der Deutsche General regte eine Einwirkung auch auf den Staatspräsidenten [2] an. Da der Deutsche Gesandte am 5. 4. bereits Ähnliches vorgeschlagen hatte, wurde der Deutsche General am 7. 4. darauf hingewiesen, Gen. Österman möge doch tonangebende Parlamentarier zu beeinflussen suchen.

Am 10. 4. schrieb der Chef WFStab einen Brief an den Deutschen General als Dank für einen Brief vom 22. 3., der eine Schilderung der Lage geboten und dem Führer vorgelegen hatte. Die Haltung der Finnen sei noch undurchsichtig; auf deutscher Seite habe sich die Lage inzwischen wieder gefestigt. In Finnland müsse sich doch jeder über die russischen Ziele klar sein. Erwünscht sei, wenn der Gen. Österman die ihm gegebenen Informationen ausnutze und

1 Vgl. oben den 3. Abschnitt (S. 177 ff.).
2 Risto Ryti, 1940—44 im Amt.

der Besuch der finn. Offiziere bald stattfinde. Auch hohe finn. Offiziere seien zum Besuch willkommen.

Am 11. 4. ergänzte der OB der Geb.=Armee seine Meldung dahin, daß er dem Marschall für das Belassen der finn. Kräfte gedankt und seine Front als den linken Flügel der finn. Gesamtfront bezeichnet habe. Er sei sich mit dem Marschall darüber einig gewesen, daß eine Umfassung des XXXVI. Geb.=AK. von Norden nicht tragbar sei; doch wolle dieses zu einem bereinigenden Angriff keine Kräfte stellen. Im gesamt sehe der Marschall die Lage pessimistisch, ebenso der Gen.=Stabs=Chef, Gen. Heinrichs. Die Preisgabe Narwas würde den Willen zum Widerstand unterhöhlen.

Am 13. 4. gab der Führer den Befehl, vorläufig auch die Getreidelieferung zu unterbinden, nachdem die Waffenlieferungen bereits im März gedrosselt worden waren.

Am 10. 4. wurden auf Befehl des Führers mit Rücksicht auf die Haltung eines Teils der finnischen Öffentlichkeit die Lieferungen von Kriegsgerät an Finnland mit bestimmten Ausnahmen sofort eingestellt. Am 26. 4. wurde jedoch die Abgabe von 2600 cbm Betriebsstoff, die das AOK bereits vor Eintreffen des Befehls zugesagt hatte, genehmigt; neue Zuweisungen wurden von der Entwicklung der Lage abhängig gemacht. Am 28. 4. wurden weitere Ausnahmen bei Lieferungen von Marinegerät zugelassen. Finnland gegenüber wurde diese Drosselung nicht zur Sprache gebracht; auch der finn. Gen.=Stabs=Chef schnitt diese Frage bei seinem Besuch im FHQu. nicht an (s. unten).

In der Zeit vom 27. — 29. 4. stattete der finn. Gen.=Stabs=Chef in Begleitung des Deutschen Generals dem FHQu. einen Besuch ab. Der Gen.=Stabs=Chef vertrat dabei den Standpunkt, die Verhandlungen hätten die Lage geklärt.

Am 1. *Mai* teilte der Deutsche General mit, daß sich der Marschall nach Helsinki begeben habe, am 3. 5., daß er ihm inzwischen Bericht erstatten konnte. Der Marschall habe betont, die Reise sei sehr nützlich gewesen; er begreife die Verstimmung über manche finnischen Stimmen; doch gebe es kein Mittel, sie zu unterbinden. Durch die Bekanntgabe der russ. Bedingungen sei eine Einmütigkeit des Volkes erzielt worden. Das Volk sei ruhiger geworden und die Wehrmacht unberührt geblieben. Nach Mitteilungen des Gen.=Stabs=Chefs hatte dieser dem Min.=Präsidenten[1] über den durch die Pressestimmen angerichteten Schaden berichtet.

Auf deutscher Seite blieb trotz allem der Eindruck bestehen, daß auch weiterhin mit einer nicht gefestigten Lage zu rechnen sei (vgl. Merkbuch 3. 5.).

Über den Stand der Karelischen Front berichtete auf Befehl des Führers der Deutsche General am 5. 5. Danach waren 2 Stellungen vorhanden, und das finn. Hauptquartier war überzeugt, in der ersten Stellung selbst einen zusammengefaßten Angriff, der nach starker Artl.=Vorbereitung erfolge, abwehren

1 Linkomies.

zu können. In vorderer Linie waren 3 Divisionen und 1 Brigade eingesetzt; in Reserve lagen 1 Inf.=Div., 1 Pz.=Div. und 1 verstärktes Rgt. Es handle sich um eine gute, erholte Truppe und um gute Führer mit der Absicht zu kämpfen; jedoch fehle Erfahrung im Großkampf.

Am 15. 5. wurde dem (Geb.=)AOK 20 die Versorgung von Mittelfinnland wie beantragt genehmigt.

Am 17. 5. übermittelte der Chef WFStab dem Deutschen General eine Sprachregelung, unter anderm in der Frage der Waffenlieferungen. Finnland solle stets die Waffen erhalten, die es zur Fortsetzung des Kampfes benötige. Doch sei die Verstimmung gegen Finnland noch zu groß, so daß eine Erklärung in diesem Sinne zur Zeit nicht gegeben werden könne. Ferner teilte der Chef WFStab mit, daß ein vom Marschall an den Führer gerichteter Brief, in dem unter anderem um Fortsetzung der Waffenlieferungen gebeten wurde, wegen seiner vorsichtigen und diplomatischen Fassung die erwartete Wirkung nicht gehabt habe.

Am 16. 5. meldete der Deutsche General, daß die 3. finn. Brigade in ihrem bisherigen Raume bleiben solle und mit Teilen am linken Flügel des XXXVI. Geb.=AK. zu Sicherungsaufgaben eingesetzt werden dürfe, dabei jedoch weiterhin dem Marschall unterstellt sei. Außerdem hatte dieser sich zur Frage der Sohjana=Stellung geäußert.

Am 31. 5. beantwortete der Führer das oben erwähnte Schreiben des Marschalls, von dessen Inhalt er mit aufrichtiger Genugtuung Kenntnis genommen habe. Der Marschall habe recht, wenn er die Anforderungen an die deutsche Waffenproduktion als ungeheuer bezeichne. Der Führer führte die Größe der deutschen Leistungen näher aus und fuhr dann fort, er müsse in aller Offenheit aussprechen, „daß wir um so mehr verletzt sind über die Art und Weise, in der ein Verbündeter (d. h. das Badoglio=Italien) uns die Treue im großen gebrochen hat und andere Verbündete es als selbstverständlich ansehen, auch eigene Wege zu gehen". Ob Finnland sich in Friedensverhandlungen einlasse oder nicht, sei keineswegs eine rein finnische Angelegenheit; denn es könne ansteckend wirken. In den sogenannten großen Demokratien des Westens sei eine ähnliche Entwicklung wie in Finnland nicht möglich gewesen. Rußland müsse zurückgeschlagen und der Kampf im Westen durchgestanden werden. Der Marschall müsse verstehen, daß es nicht möglich sei, den anderen Fronten auch nur eine Waffe zu entziehen, wenn nicht die absolute Gewißheit bestehe, daß sie voll ausgenutzt werde. Er gebe trotz des Vorgefallenen die Hoffnung nicht auf, daß man in Finnland die Frage des Existenzkampfes begreife und einsehe, daß jedes Zögern oder unklares Verhalten nur dem Feinde nütze. Der Führer schloß mit Dank und Anerkennung für die finn. Führung sowie die finn. Soldaten.

Auch der finn. Gen.=Stabs=Chef wandte sich wegen der Freigabe bestimmter Lieferungen an den Chef OKW. Der grundsätzliche Standpunkt war, daß die befohlene Waffensperre noch in Kraft blieb, daß aber dringend benötigte Einzellieferungen erfüllt wurden (Merkbuch 2. 6.).

Am *4. Juni* erstattete der Deutsche General Bericht über den Geburtstag des Marschalls. Danach waren die Gedanken der maßgeblichen Finnen vor allem durch den Brief des Führers beschäftigt. Zum Deutschen General hatte der Marschall bemerkt, daß er die Verstimmung des Führers begreife; aber es sei aus innerpolitischen Gründen nötig gewesen, dem Volke zu zeigen, daß ein Friede mit Moskau nicht möglich sei. Die Frage des Deutschen Generals, was nun werden solle, wurde nachher auch durch den finn. Gen.=Stabs=Chef aufgenommen. Der Deutsche General wies darauf hin, daß eine konstruktive Lösung gefunden werden müsse.

Am 5. 6. meldete der OB der Geb.=Armee, daß der Staatspräsident ihn eingeladen habe; er erhielt darauf am 7. 6. die Genehmigung des Führers und Auskunft über den Stand der Verhandlungen. Von einer absoluten Waffensperre könne keine Rede sein, da der Führer vor wenigen Tagen die Erfüllung der finnischen Wünsche auf dem Gebiet der Luftwaffe genehmigt habe und bei einer Bedrohung der finnischen Front sofort Hilfe geleistet werden würde (Im gleichen Sinne war der Deutsche General bereits am 6. 6. angewiesen worden). Auf eine Rückfrage hin erhielt der OB am 11. 6. weitere Richtlinien.

An diesem Tage übermittelte der Deutsche General in einer Meldung über den Stand des Kampfes die Frage des finn. Gen.=Stabs=Chefs, ob die angehaltenen Munitions=Lieferungen im Hinblick auf die nunmehr vom Feinde begonnene Offensive wieder anlaufen würden. Am 12. 6. fügte er die Bitte des Marschalls um Hilfe der deutschen Luftwaffe und baldige Absendung der noch ausstehenden Waffensendungen hinzu.

Am 13. 6. besuchte Gen.=Oberst Dietl — wie vorgesehen — den Staatspräsidenten, wobei sich durch Zufall auch eine Besprechung mit dem Marschall ergab, und berichtete darüber am 14. 6.: Präsident Ryti hatte eine ruhige und zuversichtliche Haltung gezeigt und Ausführungen über das Wesen der finn. Demokratie sowie über die allgemeine Lage gemacht. Der Marschall war über die Entwicklung auf der Landenge sehr besorgt gewesen; vom Präsidenten abweichend, rechnete er mit einem die Entscheidung suchenden Angriff. Der Gen.=Stabs=Chef habe darauf hingewiesen, daß gegebenenfalls die Swir= und die Maaselki=Stellung aufgegeben werden müßten. Der OB empfahl, Finnland materiell zu helfen und die Führung zu ganzen Maßnahmen anzuhalten, um das Kernland zu schützen.

### 3. Die Fälle „Birke" und „Tanne" (April — Mai)

Ende März (vgl. Notiz vom 20. 3.) stand für den Fall, daß wegen des Abfalls Finnlands der Rückzug nach Nordnorwegen angetreten werden müsse (Fall *„Birke")*, nur die Reichsstraße 50 zur Verfügung, da die Straße von Muonio nach

Skibotten noch nicht wintersicher ausgebaut war. Für den Abtransport aus den Bottnischen Häfen kamen nur Versorgungskräfte in Betracht, da die kämpfende Truppe für die Durchführung der für den Fall „Birke“ maßgeblichen Weisung 50 vom 28. 9. 43 benötigt wurde. Die Flankenbedrohung war durch die Übernahme des Uhtua-Abschnittes durch das Geb.-AOK 20 (s. S. 870) als verringert anzusehen. Der Ausbau der Versorgungsbasis Nordnorwegen in Lappland war eingeleitet, ebenso die Verlagerung der Versorgungsgüter aus Süd- und Mittelfinnland nach dem Norden, wo Ivalo als Versorgungsbasis eingerichtet wurde.

Die Vorbereitungen der Kriegsmarine für die im gleichen Falle vorgesehene Operation *„Tanne“* (Besetzung der Aaland-Inseln) waren Ende März (vgl. Notiz vom 31. 3.) gleichfalls abgeschlossen. Auf der Inselgruppe war mit rund 3000 Mann und einem neu zugeführten finn. Jg.-Btl. sowie 11 Batterien zu rechnen. Vorgesehen waren für die Durchführung die 416. Inf.-Div. in Dänemark, Heeresküsten- und Marine-Batterien aus Norwegen, das Fallsch.-Jg.-Rgt. 6 sowie Kräfte der Kriegsmarine und der Luftwaffe.

Da in absehbarer Zeit doch eine Änderung der finnischen Haltung zu erwarten stand, befahl der Stellv. Chef WFStab am 3. 4., alle Vorbereitungen laufend zu überprüfen.

Am 4. 4. erhielt der Wehrm.-Befehlshaber Norwegen Nachricht, wie die Geb.-Armee die Weisung 50 auszuführen beabsichtige. Er sollte nunmehr vorsorglich in der allgemeinen Linie: schwedische Grenze—Lyngen-Fjord eine Riegelstellung erkunden, die den Flugplatz Bardufoss und die Festung Tromsö einschloß. Am gleichen Tage wurden er und das Geb.-AOK 20 angewiesen, die Vorbereitungen für den Fall „Birke“ fortzusetzen (Einrichtung der Versorgungsbasen Ivalo und Nordlappland, Verlagerung der Vorräte von Mittel- nach Nordfinnland, Ausbau der Straße Muonio—Skibotten, Vorbereitung des Abtransportes von Teilen der Armee und der Luftflotte 5 über die Bottnischen Häfen).

Die Frage, ob die Versorgung für den Winter 1944/45 wieder aufzustocken sei, konnte wegen der Eislage bis Mai zurückgestellt werden. Für den Ausbau der Basen stellte die Org. Todt Kräfte ab; doch war vor Mai aus dem gleichen Grund kein größerer Einsatz möglich (Merkbuch 7. 4.).

Am 8. 4. wurde für das Unternehmen gegen die Aaland-Inseln der Deckname „Tanne“, („Tanne-West“ für die Aaland-Gruppe, „Tanne-Ost“ für die Insel Hochland), am 9. 4. für die Absetzbewegung nach Norden der Deckname „Birke“ festgelegt. Die Gesamtleitung von „Tanne-West“ wurde dem OBdM, die der Luftlandung dem OBdL zugewiesen; die Operation „Tanne-Ost“ sollte durch den GenStdH (Heeresgr. Nord) durchgeführt werden. In Betracht kam, daß das Unternehmen „Tanne-Ost“ vorher oder gleichzeitig mit „Tanne-West“ durchgeführt wurde. Die vorsorgliche Verlegung des Fallsch.-Regt.s 6 nach Danzig-Graudenz wurde vorgesehen.

Über den Stand der Vorbereitungen meldete das AOK am 10. 4. (dazu Notiz des WFStabs am 10. 4.).

Am gleichen Tage (10. 4.) wurde der Antransport des zu anderer Verwendung vorgesehenen Fallsch.=Jg.=Regt.s 6 wieder angehalten. Daß die 416. Inf.=Div. für den Fall „Tanne" abzugeben und dafür mit 200 Lkw auszustatten sei, wurde dem Wehrm.=Befehlshaber Dänemark am 13. 4. mitgeteilt. Die Abgabe der Batterien wurde am 15. 4. geregelt. Durch die Zuweisung von 400 to Lkw=Raum wurde die Geb.=Armee beweglicher gemacht.

Am 23. 4. wurde das AOK wegen des für die Wehrwirtschaft unentbehrlichen Nickelvorkommens bei Petsamo angewiesen, für den Fall „Birke" nach Besserung der Witterung die vorgesehenen Stellungen so auszubauen, daß sie gehalten werden könnten (dazu Notiz vom 24. 4., wonach in Petsamo jährlich 10 000 Tonnen reines Nickel gewonnen wurden. Außerdem bezog Deutschland aus Finnland 16 Prozent Molybdän und 33[1] Prozent Zellulosestoff von seinem Gesamtanfall[2].

Am 24. 4. wurde das OKM angewiesen, auf Grund eventueller Vorbereitungen eines Vorstoßes der russ. Flotte von Kronstadt gegen Estland und andere Küstengebiete, mit denen gerechnet werden müsse, mit den finn. Stellen die Verlegung von deutschen Seestreitkräften nach den Aaland=Inseln zu besprechen (vgl. dazu Merkbuch 28. 4.).

Am 4. 5. wurde dem Geb.=AOK mitgeteilt, daß eine Zurücknahme der Louhi=Front, d. h. des rechten Flügels, zur Zeit nicht beabsichtigt sei, jedoch notwendig werden könne, um Reserven zu bilden. Deshalb solle die Riegelstellung an der Sohjana=Landenge so stark wie möglich ausgebaut werden.

Am 26. 5. meldete das AOK über die „Birke"=Stellung, gegen die politische Bedenken vorgebracht wurden, da aus dem Baubeginn zu erkennen sein werde, daß noch auf finn. Boden Widerstand geleistet werden solle. Das AOK schlug deshalb vor, sie nur zu erkunden. Der Ausbau der Sohjana=Stellung sei mittlerweile angelaufen; das AOK schlug vor, im Herbst die Kiestinki=Front aufzugeben und in die Sohjana=Stellung, die besser sei und die Bildung von Reserven erlaube, zurückzugehen. Der Entschluß dazu müsse 3 Wochen vorher gefaßt werden. Das AOK regte an, diese Maßnahme im September durchzuführen, sofern der Gedanke eines Vorstoßes bis zur Murman=Bahn endgültig aufgegeben sei.

Am 5. 6. wurden Notizen über die laufenden Fragen vorgelegt, am 9. 6. die Zurücknahme in die Sohjana=Stellung nach deren Ausbau genehmigt. Den Zeitpunkt behielt sich der Führer vor. Am gleichen Tage wurde dem AOK Norwegen die Zuführung von 3 Pionier= oder Kriegsgef.=Bau=Btl.en und 2 Gesteinsbohr=Kompanien nach Lappland befohlen. Ferner erhielt der Deutsche General Weisung, was er dem finn. Oberkdo. über den Stellungsbau mitzu=

1 Im Ms. undeutlich, ob „33" oder „38".
2 Vgl. dazu den 10. Abschnitt (unten S. 931 ff.).

teilen habe. Er sollte die Versicherung abgeben, daß diese Stellungen nie freiwillig bezogen werden würden.

### 4. Die Kampfhandlungen vom 1. April — 9. Juni

Am 4. 4. wurde am Kandalakscha=Abschnitt ein größerer Angriff mit Stuka=Unterstützung abgewiesen. Dabei wurde eine neue Stuka=Gruppe eingesetzt.

Am 5. 4. übermittelte der OB der Geb.=Armee den von ihm gegebenen Befehl: der Feind verhalte sich so auffallend zurückhaltend, daß die Gründe möglicherweise auf politischem Gebiet zu suchen seien; vielleicht wolle er sich bereitstellen, um sich bei einem Ausscheiden Finnlands auf die Geb.=Armee zu werfen. Finnlands Haltung habe sich inzwischen gefestigt. Durch verstärkte Aufklärung müsse nun festgestellt werden, was der Feind mit seinen Kräften anfange. Der WFStab stimmte dieser Beurteilung zu.

In der Mitte des Monats waren die intensiven Vorbereitungen des Feindes wieder so abgeflaut, und die Schlammperiode war mittlerweile so nahe herangerückt, daß mit größeren Aktionen nicht mehr gerechnet zu werden brauchte (Merkbuch 17. 4.). Die Luftwaffe verlegte daher wieder Kräfte nach Süden; nur 1 Jagd= und 1 Schlachtfliegergruppe wurden in Finnland belassen.

Am 25. 5. wurden bei einem Angriff auf ein Geleit bei Kirkenes 70 von 80 russ. Flugzeugen abgeschossen. Am 26. 5. wurden bei einem gleichen Vorstoß 37 von 120 Flugzeugen vernichtet.

Am 25. 4. legte das Geb.=AOK 20 eine Beurteilung der Lage vor. Danach hatte die Tauzeit bereits begonnen, und mit einem Großangriff war vorerst nicht zu rechnen. Vielleicht handle es sich nur (wie der OB bereits am 5. 4. geurteilt hatte) um einen Eventualaufmarsch.

Am 27. 4. verschoß der Feind auf dem Liza-Abschnitt, d. h. dem linken Flügel der Geb.=Armee, 70 000 Schuß. Das Feuer dauerte in den nächsten Tagen an, loste aber keine Angriffe aus.

Anfang Mai wurden gegenüber dem Geb.=AOK 8 Divisionen in Front und 2 Divisionen nebst einzelnen Brigaden in Reserve angenommen (vgl. auch Merkbuch 3. 5.).

Da sich im Mai die feindlichen Luftangriffe gegen den Schiffsverkehr vermehrten, bat der Gen.=Oberst Dietl um Verstärkung des Jagdschutzes, da sonst die Versorgung seiner Armee bedroht sei. Darauf wurde eine Stuka=Gruppe umgerüstet. Das AOK erhielt am 1. 6. Nachricht (Lagebuch 14. und 16. 5.).

Eine am 16. 5. vorgelegte Lagebeurteilung ergab keine neuen Gesichtspunkte.

Am 23. 5. wurde der Deutsche General angewiesen, auf die Zerstörung des Swir=Kanals hinzuwirken.

Ende Mai war die feindliche Räumtätigkeit im Finnischen Busen sehr rege. In die von ihm geschaffenen Lücken wurden Minen nachgeworfen. Vor der Sperre bei Narva wurde noch ein Doppelnetz ausgelegt, und vor diesem wurden eine Zerstörerflottille, 2 Schnellboot=Flottillen und andere Einheiten kurzfristig bereithalten, um einer feindlichen Landung entgegenzutreten. Gefechte im Finnischen Meerbusen waren häufig. Ein Durchbruch von feindlichen Booten in die Ostsee war vorerst nicht zu besorgen.

An der Karelischen Landenge kam es zu Vorstößen bis zu Kompaniestärke; doch erklärte der finn. Gen.=Stab auf Anfrage, er besitze keine Anhalte für eine Zusammenfassung der feindlichen Kräfte und für größere Kampfhandlungen (Lagebuch 26. 5.).

Ende Mai griff der Feind an der Liza=Front unter Benutzung von Nebel und nach Artl.=Vorbereitung an, jedoch nur in Kompaniestärke. An der Karelischen Front nahm die Luftaufklärungstätigkeit zu; da außerdem Reserven hinter der feindlichen HKL sowie Lkw=Verkehr erkannt waren, wurde Anfang Juni mit einem Unternehmen — wenn auch nur in begrenztem Umfang — gerechnet (Merkbuch 26. 5.).

Beim AOK 20 waren Anfang Juni größere Kampfhandlungen im Südabschnitt wegen der Tauzeit erst in 10 Tagen, im Nordabschnitt sogar erst in 3 Wochen möglich (s. Lagebeurteilung vom 2. 6. und 5. 6.). Doch tauchten Zweifel auf, ob wirklich eine feindliche Aktion gegen den deutschen Abschnitt bevorstehe.

### 5. Die erste Phase der russischen Offensive (10. — 18. Juni)

Am 9. 6. waren täglich 650 Einsätze der feindlichen Luftwaffe gegen die Karelische Landenge und das rückwärtige Gebiet zu verzeichnen. Am 10. 6. wiederholte der Gegner diese starken Luftangriffe, und nach heftiger Artillerie=Vorbereitung begann ein Angriff gegen den rechten Flügel der Finnen, der bei der 10. finn. Div. sofort einen Einbruch von 12 km Tiefe erzielte. Bereits am 2. Tage war erkennbar, daß es sich um eine Großaktion handelte, als deren Zweck anzusehen war, die Finnen durch militärische Rückschläge zu neuen Verhandlungen bereitzumachen. Da inzwischen auch an der Kandalakscha=Front die Schlamm=Periode bereits abgeschlossen war, so war hier gleichfalls mit einem Angriff zu rechnen; doch lagen noch keine Anzeichen für ihn vor. An der Murman=Front ging die Schlammperiode erst in 14 Tagen zu Ende, so daß hier ein feindlicher Angriff vorerst nicht in Frage kam.

Die russ. Offensive gelangte schnell voran. An der Küste versuchte die 1. finn. Kav.=Brig., sie aufzufangen; sie wurde jedoch zurückgedrückt. Die 10. Div. mußte ausweichen und zwang dadurch die links anschließende 2. finn. Div., ihre Front gleichfalls zurückzubiegen und zwischen der 1. und 2. Linie einen neuen Riegel aufzubauen. Bereits am 11. 6. war auf dem rechten Flügel die 2. Stellung bezogen. Durch Heranführen von Reserven und Kräften aus den anderen Fronten (4. und 17. Div. sowie 2 Brigaden) versuchten die Finnen, ihre

Front wieder abzustützen. Doch erwiesen sich die zur Verfügung stehenden Kräfte angesichts der 18 Verbände, die beim Gegner auftauchten, als nicht ausreichend.

Am 13. 6. schien sich die Lage in der neuen Stellung gefestigt zu haben. In Front standen jetzt: die Kav.=Brig. sowie die 3. und die 18. Div., im Riegel von der 2. zur 1. Stellung die 2., in dieser die 15. Div. und die 19. Brig., d. h. 5 bis 6 Verbände auf einer Front von 80 km. Vorsorglich wurde auch die Küsten=front verstärkt. Jedoch bereits am 16. 6. gelang es dem Feind, durch den rechten Flügel der 2. Stellung mit Hilfe von Panzern und einem neuen Großeinsatz von Flugzeugen (insgesamt 1700) durchzustoßen. Finnland rief nunmehr die Land=wehr II, die Ernte= und sonstigen Urlauber auf und begann mit dem Bau rückwärtiger Stellungen. Für die Aunus=Front und den Maaselki=Abschnitt wurde das Ausweichen in die 2. Stellung befohlen, obwohl sie noch nicht ange=griffen, sondern nur Vorbereitungen zu einem Angriff erkannt worden waren.

Ein weiterer Pz.=Vorstoß am 16. 6. führte den Feind in Richtung Wiborg weit voraus. Zum Flankenangriff wurden die finn. Pz.=Div. und die 3. finn. Brig. eingesetzt. Dadurch war es erforderlich, nun auch links vom Riegel in die 2. Linie zurückzugehen.

Am 16. 6. teilte der Deutsche General die Richtlinien des finn. OB mit, die das Räumen der Aunus=Stellung betrafen, wodurch 2—3 Divisionen für die Landenge freigemacht werden sollten. Am gleichen Tage wies der Führer dar=auf hin, daß der Swir=Kanal vor dem Abrücken der Finnen zerstört werden müsse, da er den Russen die Möglichkeit von Schiffsverschiebungen zwischen der Ostsee und dem Eismeer gab. Der Deutsche General erhielt noch am glei=chen Tage den Befehl, die Frage zu überprüfen; in der Folgezeit konnte er melden, daß von den Finnen das Erforderliche veranlaßt werde.

An der Karelischen Landenge bestand nun — wie eine Notiz vom 17. 6. aus=führte — die Gefahr, daß der Feind Wiborg wegnahm und die dortige, 15 km breite Landenge sperrte. Dann gab es im Norden keine Rückzugsstraßen mehr, außer einer Brücke bei Kiviniemi über den Vuoksi; die Hälfte aller finnischen Verbände konnte in diesem Falle also die schweren Waffen und ihr Kriegsgerät nicht mehr zurückbringen, was zum Erliegen der finnischen Widerstandskraft führen mußte. Ein Versuch Finnlands, von Schweden Waffen zu bekommen, wurde — wie die Stockholmer Attachés am 18. 6. meldeten — vom schwedi=schen Kabinett einstimmig abgelehnt. Die deutschen Lieferungen konnten sich vorerst noch nicht auswirken (s. S. 882 ff.). Finnische Reserven standen nur in kleinem Umfang zur Verfügung. Am 19. 6. meldete der Deutsche General, daß nunmehr mit Torpedobooten 9000 „Panzerfäuste", deren Zuführung bei der feindlichen Pz.=Überlegenheit besonders vordringlich war, eingetroffen seien. Er bat um Prüfung, ob nicht noch „Pz.=Schreck" und Schlachtflieger zugeführt werden könnten. Von dem Einsatz dieser Mittel hinge das Halten der Wiborg=Stellung ab.

Bei der Geb.=Armee war inzwischen veranlaßt, was sich aus der Entwicklung der Lage ergab:

Am 11. 6. bat der OB der Geb.=Armee um die Rückführung seiner 14 000 Urlauber, da die feindliche Offensive den Auftakt zum Angriff gegen ganz Finnland bedeuten könne. Er erneuerte diese Bitte am 15. 6. und meldete dazu, daß die 4 finn. Btl.e, die noch beim XVIII. (Geb.=)AK. sicherten, nunmehr abgezogen würden.

Der Führer befahl jedoch am 14. 6. im Hinblick auf den Fall „Tanne" die Sperrung der Urlauber. Um beim AOK eine Reserve zu schaffen, wurde die Aufstellung eines MG=Schi=Rgt.s befohlen. Außerdem wurde das Radf.=Aufkl.=Rgt. Norwegen im Nordraum belassen.

### 6. Die politische Entwicklung (19. Juni — bis 11. Juli)

Die *militärische Krise* zog eine *politische* nach sich.

Am 18. 6. tagte das Kabinett in langer Sitzung. Über ihr Ergebnis erhielt der deutsche Gesandte vom finn. Außenminister, der so niedergeschlagen wie noch nie war und den Appell an das Volk zu einer letzten Kraftanstrengung für weniger erfolgversprechend als die Lösung der technischen Fragen (wie Panzer und Flugzeuge) bezeichnete, keine deutliche Antwort. Der Gesandte gewann daher — wie er am 19. 6. meldete — den Eindruck, daß Dinge besprochen worden seien, die ihm verschwiegen wurden. Auch der Deutsche General bezeichnete am 19. 6. die weiteren militärischen und daher auch die politischen Aussichten als unsicher. Am Abend berichtete er über eine Unterredung mit dem finn. Gen.=Stabs=Chef, in der dieser gefragt hatte, ob Deutschland auch andere Hilfe als durch Waffen leisten wolle und ob es stärkere Kräfte (etwa 6 Divisionen) für die Aunus=Front stellen könne, um finnische Kräfte freizumachen. Der Deutsche General trug am folgenden Tage noch nach, daß der Marschall selbst die Frage stelle und für seinen Hilferuf die Deckung durch die Regierung gesucht und inzwischen auch gefunden habe. Er erhielt darauf am 20. 6. Richtlinien für die Beantwortung dieser Fragen: ein Ausscheiden aus dem Kriege treffe Finnland mehr als Deutschland, das zu jeder Hilfe bereit sei, falls wirklich der Wille bestehe, die Linie Wiborg—Vuoksi=Fluß zu halten. Es wurde zusammengestellt, was außer den Luftwaffen=Einheiten noch zugeführt werden sollte. Ferner wurde dem Deutschen General aufgetragen, Bedenken gegen das Absetzen aus den fest ausgebauten Fronten im Südosten und Osten vorzubringen. Diese Zusage löste — wie der General am 21. 6. meldete — Freude und Erleichterung aus. Ein Ministerwechsel stehe nicht bevor.

Jedoch lagen auch Meldungen über eine Verschiebung der politischen Lage vor, bei der vorerst unklar blieb, ob diese sich zugunsten oder ungunsten des Reiches auswirken werde.

Am 21. 6. traf im FHQu. der OB des Geb.=AOK 20, Gen.=Oberst Dietl, ein, der den Ausbau der Sohjana=Stellung für das wichtigste hielt und gegen die vorgesehenen Stellungen in Lappland Bedenken hatte. Er erwartete sowohl politisch als militärisch eine Verständigung mit den Finnen (s. Merkbuch 21. 6.). Beim Rückflug nach Finnland stürzte das Flugzeug des OB am 23. 6. in der Nähe von Salzburg ab; dieser fand den Tod. Er wurde durch den Gen.=Oberst Rendulic, bisher OB der 2. Pz.=Armee in Kroatien, ersetzt, der am 24. 6. im FHQu. eingewiesen wurde und anschließend einen Besuch im finn. Haupt=quartier abstattete. Am 28. 6. übernahm er den Befehl über die Geb.=Armee (vgl. dazu Notizen für den Vortrag des Gen.=Oberst Dietl beim Führer vom 16. 6. in den Akten Op H und Fernschreiben 27. 6.).

Inzwischen war in der Nacht vom 21./22. 6. ein Schreiben des Marschalls an den Führer abgegangen, dem eine Besprechung desselben mit dem Staatspräsi=denten und zwei Ministern vorangegangen war (Meldung des Deutschen Generals vom 22. 6.). Dadurch war geklärt, daß die Finnen bereit waren, sich fester an das Reich anzuschließen. Daher begab sich der Reichsaußenminister am 22. 6. nach Finnland.

Am 24. 6. erteilte der Führer neue Weisungen, die der Chef WFStab nach einem Ferngespräch mit dem Reichsaußenminister um 15.00 Uhr an den Deut=schen General weitergab. Er orientierte ihn dahin, daß die finn. Regierung be=reit sei, eine Erklärung abzugeben, daß sie sich bedingungslos Deutschland an die Seite stellen wolle, falls die Entwicklung der militärischen Lage dies nur irgendwie zulasse und eine Stabilisierung in nächster Zeit möglich sei. Der Chef WFStab wies darauf hin, daß es sich nicht um eine große Operation der Russen handele, sondern nur um eine Teilaktion, die bei standhaftem Wider=stand von den Finnen abgeschlagen werden könne, zumal deutsche Verstär=kungen in Kürze eintreffen würden. In diesem Sinne solle der General die finn. Führung bestärken. Wegen der beim Feinde bereits eingetretenen Ver=luste sei sowieso mit einem Nachlassen der russ. Angriffe zu rechnen, zumal der Großangriff an der Ostfront begonnen habe. Am gleichen Tage wurde auch das Geb.=AOK über den Stand der Lage orientiert.

Über den Fortgang der Verhandlungen meldete der Deutsche General am 24. 6., daß er im Auftrage des Reichsaußenministers eine Besprechung mit dem Marschall gehabt hatte. Dieser sei eine Aussprache desselben mit dem Staats=präsidenten gefolgt. Es drehe sich um das Finden eines Weges, der die Mit=wirkung des sonst bei zwischenstaatlichen Abmachungen beteiligungsberechtig=ten Reichstages entbehrlich mache.

Im Zuge dieser Verhandlungen warf der Reichsaußenminister die Frage auf, ob nicht dem Marschall der Oberbefehl in ganz Finnland übertragen werden solle, wozu der WFStab am 24. 6. eine Notiz vorlegte. Dieser Vorschlag, den der Deutsche General mit dem Marschall besprach, erledigte sich dadurch, daß dieser unter Versicherung des Dankes ablehnte. Am 29. 6. meldete der Deut=sche General, der Marschall wünsche bei seinem Alter keine neue Belastung.

Am Abend des 24. 6. wies der Führer den Gen.=Oberst Rendulic ein; dabei unterstrich er die Bedeutung der Nickelgewinnung von Kolosjoki und damit Finnlands für die Gesamtkriegführung. Die von dem Reichsaußenminister vertretene Lösung, den Marschall zum OB in ganz Finnland, also auch über das Geb.=AOK 20 zu machen, hielt der Führer nicht für zweckmäßig, da er den Marschall für zu stark international gebunden und außerdem zu sehr nach Südfinnland hin ausgerichtet ansah.

Am 26. 6., 22.45 Uhr, konnte der Deutsche General dem Stellv. Chef WFStab fernmündlich mitteilen, daß die finnische Krise nunmehr gelöst sei und alle deutschen Forderungen angenommen würden. Die sozialdemokratische Partei mit dem Minister Tanner schied nunmehr aus der Regierung aus; doch hatte sie sich zu einer wohlwollenden Haltung bereiterklärt. Der Staatspräsident Ryti richtete einen Brief an den Führer, und am 27. 6. kehrte der Reichsaußen=minister zurück. Am Abend dieses Tages wurde die verabredete Verlaut=barung bekanntgegeben, wonach sich Deutschland und Finnland zu gemein=samer Kampfführung zusammengeschlossen und sich verpflichtet hätten, die Waffen nur im beiderseitigen Einverständnis niederzulegen.

Damit gab Finnland bekannt, daß es von dem bisher festgehaltenen Stand=punkt, daß es mit Deutschland nur einen Parallel=, aber keinen Bündniskrieg führe, abgerückt sei.

In der Feindpresse wurde dies natürlich mit für Finnland ungünstigen Kom=mentaren versehen; unter anderem war von der Verblendung halsstarriger Fa=talisten die Rede. Am 30. 6. brachen die USA die diplomatischen Beziehun=gen zu Finnland ab. Am 2. 7. hielt der schwedische Min.=Präsident Hansson eine Rede, in der er sein Bedauern über den deutsch=finnischen Zusammenschluß zum Ausdruck brachte. Am gleichen Abend wurde eine Rede des finnischen Min.=Präsidenten über den Rundfunk verbreitet, der den Standpunkt der Re=gierung klarlegte. Am 2. 7. wurde ferner eine Erklärung der finnischen So=zialdemokratischen Partei bekannt, die von der Politik der Regierung abrückte.

Die feindliche Offensive hatte also vorerst den Erfolg gehabt, daß sie poli=tisch Finnland näher an das Reich herandrückte. Am 11. 7. meldete der Gen.=Oberst Rendulic den Inhalt eines Gesprächs mit dem Landespräsidenten Hil=lilä; dieser hatte die Lage als geklärt bezeichnet. Bis auf etwa 10 Personen stün=den alle hinter der Regierung.

### 7. Deutsche Hilfeleistungen (Juni)

Die Sperre der Waffenlieferungen war — wie bereits ausgeführt wurde — wieder aufgelockert worden. Als sich dann ergab, daß Finnland einer starken Hilfe bedürfe, wurde diese — wie grundsätzlich vorher festgelegt worden war — sofort in weitgehendem Maße geleistet, obwohl die Lage an den anderen Fronten die größten Anforderungen stellte: Am 6. 6. waren die Anglo=Ameri=

kaner im Westen gelandet, und in der Normandie entwickelte sich — da es nicht gelang, den Feind wieder ins Meer zu werfen — eine Materialschlacht größten Ausmaßes; im Osten stand mit Sicherheit gleichfalls eine Offensive zu erwarten, die ebenso alle vorausgehenden Kämpfe zu überschatten drohte und am 22. 6. in dem vorausgesehenen Umfang auch tatsächlich begann.

Wenn die deutsche Oberste Führung sich trotzdem entschloß, Finnland nicht nur mit Kriegsmaterial beizuspringen, sondern auch Kräfte zum Abstützen der Karelischen Front zur Verfügung zu stellen, so geschah das in dem Bewußtsein, daß die politische Haltung Finnlands vorerst undurchsichtig war; erst am 27. 6. wurde die Klärung im prodeutschen Sinne erzielt. Aber gerade dadurch, daß diese Hilfe geleistet wurde, wurde die Grundlage für das deutsch-finnische Abkommen geschaffen.

Die scheinbar nächstliegende Möglichkeit, Kräfte des Geb.-AOK 20 heranzuziehen, kam nicht in Frage, da diese Kräfte so bemessen waren, daß sie für die ausgedehnte Front, an der ja gleichfalls mit Angriffen zu rechnen war, gerade ausreichten. Nur bei den Kräften der Luftwaffe war eine vorübergehende Schwächung möglich. In diesem Sinne sprach sich auch der OB selbst bei einem Besuch im FHQu. am 21. 6. aus, wobei er geltend machte, daß er den Finnen die 3. finn. Brig. und 4 finn. Jg.-Btl.e zurückgegeben und deren Abschnitt mit eigenen Kräften hatte besetzen müssen. Eine schriftliche Meldung brachte dazu die Unterlagen.

Es mußte deshalb auf das Heimatkriegsgebiet und die Ostfront zurückgegriffen werden. Die ersten Maßnahmen wurden bereits eingeleitet, bevor die offizielle Bitte (19. 6.) ausgesprochen wurde.

Am 13. 6. wurde vom Führer der Nachschub für die finn. Wehrmacht wieder freigegeben. Er genehmigte ferner, da die Finnen um die Hilfe der Luftwaffe gebeten hatten, die Zuführung von Jagdmaschinen. Die Kriegsmarine nahm Fühlung mit den Finnen wegen der Sicherung ihrer Südküste auf und leitete die Zuführung von eigenen Kräften ein. Die Luftwaffe verlegte vom Geb.-AOK 20 nach Süden 1 Jagd- und Schlachtfliegergruppe.

Am 17. 6. regte der Deutsche General an, den Finnen einen Pz.-Verband zur Verfügung zu stellen. Am 18. 6. bezeichnete der Führer die Fortsetzung der Lieferungen und die Verstärkung der finn. Luftwaffe als die einzig mögliche Hilfe, die zur Zeit geleistet werden könne. Am 20. 6. befahl der Führer jedoch auf die finn. Bitte hin die Zuführung folgender Kräfte: 1 Sturm-Gesch.-Brig. (303) der Heeresgr. Nord, die dafür eine andere Abteilung aus Dänemark erhalten sollte, 1 Div. der Heeresgr. Nord (122. Inf.-Div.) mit ihren Sturm-Geschützen, 1 Schlachtfliegerstaffel des Geb.-AOK 20. Ferner sollte geprüft werden, ob nicht doch vom Geb.-AOK Kräfte abgegeben werden könnten. Ferner wünschte der Führer die Beschleunigung der Lieferungen und deren Steigerung. Er verlangte, daß zu Schnelltransporten auch Kriegsschiffe eingesetzt wurden.

Gleich am 20. 6. wurden über die am 13. und 15. 6. befohlene Abgabe von

Kriegsgerät noch weitere Lieferungen befohlen, unter anderem 500 „Ofen=rohre", 150 000 Stielhandgranaten usw. Auf dem Luftwege wurden ab 22. 6. 5000 „Panzerschreck" zugeführt. Anfang Juli wurden neue Wünsche im Rahmen des Möglichen erfüllt. Der Antransport der Sturmgeschütz=Abt. 303 war am 23. 6. abgeschlossen; sie wurde sofort an die Front gezogen. Von der 122. Inf.=Div. war an diesem Tage in Reval bereits ein Drittel der Kampfstaffel bereitgestellt, so daß mit deren Eintreffen in Finnland für den 28. 6. gerechnet werden konnte. Für eine Verlegung nach Finnland wurde jetzt auch noch das Gen.=Kdo. V. AK., das aus dem Süden der Ostfront herausgezogen wurde, vorgesehen, und zwar zur Führung aller deutschen Kräfte, die bei den Finnen eingesetzt wurden.

Deutsche Seestreitkräfte bekämpften die Landungsversuche an der finnischen Südfront (vgl. dazu Notiz 17. 6.), und in den Finnischen Busen wurden Kreuzer herangezogen. Die Luftwaffe erreichte mit 940 Einsätzen am 21. 6. fast die Hälfte der feindlichen. Alle drei Wehrmachtteile taten also das ihre, um dem bedrängten Bundesgenossen so viel Hilfe zu leisten, wie das angesichts der Gesamtlage möglich war. Nur die Absicht, den Finnen noch eine zweite Sturmgeschütz=Abt. zuzuführen, ließ sich nicht verwirklichen, da die dafür vorgesehene Abteilung wegen der bei der Heeresgr. Mitte entstandenen Krise, die gleich nach Beginn der Offensive (22. 6.) entstand, dieser zugeführt werden mußte. Am 27. 6. wurde die Sturm=Geschütz=Abt. 303 in der Front eingesetzt, die Kampfgruppe der 122. Inf.=Div., die nunmehr eingetroffen war, nach Wiborg verladen.

Ein Schreiben des Marschalls an den Führer brachte am 21. 6. den Dank für diese Unterstützung zum Ausdruck. Über die näheren Umstände erstattete der Deutsche General eine Meldung.

### 8. Der Fortgang der militärischen Ereignisse (19. Juni — Ende Juli)

In der Nacht zum 20. 6. wurde Wiborg geräumt, das noch vor der neuen Stellung lag. Durch die Zuführung der deutschen Luftstreitkräfte stieg die Abschußzahl am 20. 6. auf 71. Unterwegs bzw. für Finnland bereitgestellt waren 70 000 Schuß für schwere FH, Pak=Munition und Sturmgeschütze.

An der Aunus=Front wurde die 2. Stellung bezogen; damit waren zwei Drittel der bisherigen Swir=Front aufgegeben. Der Feind drängte hier und an der Maaselki=Front nach, so daß die Finnen im Laufe der folgenden Zeit gezwungen waren, ständig weiter zurückzugehen, um ein Auseinanderreißen ihrer Kräfte zu verhindern.

Am 22. 6. meldete der Deutsche General, daß seine Vorstellungen vergeblich gewesen seien und der finn. OB an seinem Entschluß, die beiden Fronten zurückzunehmen, festhalte.

Vom 23. 6. an konnte der Feind bei Wiborg örtliche Erfolge erzielen. Eingesetzt hatte er nunmehr 21 Schützen=Divisionen, 1 Schützen=Brigade, 3 Pz.=Brigaden und 6 Pz.=Regimenter. Den Finnen standen als Reserven noch zur Verfügung: die 10. Inf.=Div., die 20. Brig. und die Pz.=Div.; herankamen noch die 11. und dahinter die 6. finn. Div.

Bedrohlich wurde ein Keil, den der Feind in die neue Abwehrfront hineintrieb und beharrlich erweiterte. Ihn durch Gegenangriffe zu beseitigen, gelang nicht. Am 30. 6. wurden deshalb Begradigungen der Front vorgenommen; dadurch rückte die HKL in den rückwärtigen Teil des Kampffeldes von 1939/40 hinein, was insofern als bedrohlich anzusehen war, weil dahinter wieder ein für Panzer günstigeres Gelände begann.

An der Aunus=Front wurde am gleichen Tage die Stadt Petrosadowsk[1], am 2. 7. Salmi preisgegeben. Beachtung verdiente, daß die feindliche Kampftätigkeit inzwischen über den Maaselki=Abschnitt hinaus auf den von deutschen Kräften besetzten Louhi=Abschnitt übergegriffen hatte; in der Mitte des Juli wurden daher eigene Gegenangriffe erforderlich. Auf einen Antrag des Marschalls, den der Deutsche General am 1. 7. übermittelte, ihm eine zweite Division und weitere Sturmgeschütz=Abteilungen zuzuführen, entschied der Führer am 1. 7. vorläufig, daß die bereits zugeführte Sturmgeschütz=Abt. ständig auf voller Höhe gehalten und die Sturmgeschütz=Abt. der 122. Div. möglichst bald zu einer Brig. ausgebaut werden sollte.

Am 3. 7. meldete der Deutsche General, daß der Marschall beunruhigt über das Ausbleiben von Nachrichten über weitere Zuführungen sei. Durch die Beratung des Staatspräsidenten bei den letzten Verhandlungen habe er eine schwere Verantwortung auf sich genommen; denn ohne dieselbe würden dieser und die Regierung die deutschen Vorschläge nicht angenommen haben. Würden die deutschen Verbände ausbleiben, würde dies nicht nur die militärische Lage verschlechtern, sondern auch sein politisches Ansehen erschüttern. Er habe Verständnis für die augenblicklich schwierige Lage Deutschlands, aber seine Veranwortung erstrecke sich nur auf Finnland, und deshalb bitte er um Übermittlung seiner Wünsche an das OKW. Am 4. 7. erhielt der Deutsche General eine Zusammenstellung der für Finnland bestimmten Zuführungen, nämlich bis 10. 7. eine, später dann noch eine Sturmgeschütz=Brigade, ferner Panzer, Sturmgeschütze, Pak, Pz.=Granaten und Geschütze.

An diesem Tage meldete der Deutsche General über den Besuch von drei Ministern im finn. Hauptquartier zwecks Unterrichtung über die Lage, die ernst, aber mit Ruhe beurteilt werde. Dazu machte der General nähere Ausführungen.

Am Anfang des Juli trat eine Entspannung ein, da der Feind sich inzwischen umgruppierte und auffrischte; neue Verbände wurden erkannt, darunter solche von der Murmansk=Front und aus der Zentralreserve gegenüber der Heeresgr.

1 Ms.: Petnoskoje.

Nord (vgl. Meldung des Deutschen Generals über Front und Kampfwert vom 3. 7.). Die 122. Inf.-Div. hatte nunmehr die Küstenfront übernommen.

Am 3. 7. griff der Feind noch einmal mit 6 Divisionen an, wiederholte dann aber solchen Großeinsatz vorerst nicht wieder. Am 4. 7. faßte er im Flußdelta von Wiborg Fuß, da dort Torpedoboote wegen des seichten Wassers nicht eingreifen konnten und die einzige vorhandene Schnellboot-Flottille weiter nach Westen verlegt worden war. Diesen Erfolg bemühte er sich weiter auszubauen; insgesamt aber erhielten die Finnen doch die Gelegenheit, ihre Front zu festigen und ihre Verbände aufzufrischen. Bedrohlich blieb ein Brückenkopf, den der Feind im linken Abschnitt bei der Landung über den Vuoksi hatte bilden können. Am 7. 7. ging dort die südlich des Flusses gelegene Stadt Äyräpää verloren; am 9. 7. wurde der restliche Brückenkopf geräumt. Von der Bereinigung des feindlichen Brückenkopfes mußte abgesehen werden; denn dies hätte zu viele Verluste gefordert, da das vom Feinde besetzte Ufer ihn stark überhöhte. In Kürze hatte der Gegner ihn soweit erweitert, daß er in ihm eine Division mit 10—15 Panzern eingesetzt hatte.

Von der Mitte des Monats wurden beim Feinde in der Karelischen Landenge 26 Inf.-Divisionen und 12—14 Pz.-Brigaden bzw. Durchbruchregimenter, vor der Aunus-Front weitere 10 Verbände angenommen. Die Finnen verfügten im Abschnitt von Wiborg über 2 Divisionen in Reserve. In das Seegebiet waren mittlerweile 6 U-Boote herangeführt, von denen jeweils 2 eingesetzt waren. Die Aunus-Front, die jetzt in den finn.-russ. Grenzraum zurückverlegt worden war, hatte sich gleichfalls gefestigt. Bei Gegenangriffen konnten sogar 4 feindliche Regimenter zerschlagen werden.

Da die Lage im Osten sich mittlerweile verschlechtert hatte und die Lage in Finnland sich gefestigt zu haben schien, Anzeichen sogar darauf hindeuteten, daß die Russen Kräfte abzogen, also Finnland fortan als Nebenkriegsschauplatz ansahen, befahl der Führer am 17. 7., daß die weitere Sturmgeschütz-Brigade, die an diesem Tage nach Finnland abgehen sollte, nach dem Osten abgedreht und durch die nächste fertig werdende Brigade ersetzt werden solle (Die nun in Aussicht genommene Brigade wurde am 18. 7. gleichfalls in den Osten abgedreht).

Über die Lage im Brückenkopf Vuosalmi berichtete der Deutsche General am 18. 7., daß die Finnen sich hervorragend geschlagen, ihre Stellung aber nur mangelhaft ausgebaut hätten. Eine rückwärtige Stellung, die besser sei, werde jetzt ausgebaut. Durch hohe Ausfälle und schlechten Ersatz sei die Lage schwierig. Am gleichen Tage wurde dem Deutschen General mitgeteilt, daß die Sturmgeschütz-Brig. 261 dem GenStdH zur Verfügung gestellt werde und für Finnland vorerst kein Ersatz zur Verfügung stehe. Ferner sollte er übermitteln, daß die II. Gruppe des Jagdgeschwaders 54 wieder der Luftflotte 1 zugeführt werde und ein Ersatz nicht gestellt werden könne.

Am 20. 7. hatte sich der Abzug feindlicher Kräfte und ihr teilweiser Ersatz durch Festungs=Einheiten bestätigt. Es bestand jedoch nach wie vor eine Überlegenheit der Russen, so daß mit Fortgang ihrer Operationen — wenn auch nicht in dem bisherigen Umfang — zu rechnen war. Angenommen werden mußten über 29 Schützen=Divisionen (davon drei neu zugeführte), 3 Schützen=Brigaden, 10 Pz.=Brigaden, eine Reihe von Sonderregimentern und 1 Befestigungsbezirk. Demgegenüber standen 8 Inf.=Divisionen (davon eine deutsche), 1 Pz.=Div. sowie Brigaden usw.

Am 20. 7. erhielt der Deutsche General die Mitteilung, daß auch die Sturmgeschütz=Abt. 1299 nicht zugeführt werden könne, da die Lage im Osten sie an der Ostfront erfordere, am 21. 7., daß die I./SG 3 verlegt werde. Den Finnen war mitzuteilen, daß die Absicht bestehe, die verbleibende Schlachtstaffel zu verstärken und auch neue Sturmgeschütze zu liefern.

Zum Schutz des Raumes von Narwa wurde die Zahl der U=Boote im finn. Meerbusen am 24. 7. von 9 auf 12 erhöht.

Es tauchte nun die Frage auf, ob die nach Finnland verlegte Division noch richtig eingesetzt sei. Am 28. 7. wurde der Deutsche General befragt, welche Folgen der Abzug der 122. Inf.=Div. haben werde. Am folgenden Tage befahl der Führer deren Rückverlegung an die Ostfront. In der über den Deutschen General geleiteten Mitteilung wurde das finn. Oberkommando darauf hingewiesen, daß die Abstützung der Front bei Narwa auch Finnland zunutze komme. Der Marschall nahm diese Ankündigung verständnisvoll auf, brachte nur eine Reihe von anderweitigen Forderungen vor. Es wurde darauf entschieden, daß auf die vom Deutschen General übermittelten Wünsche nach Möglichkeit eingegangen werden solle. Der Führer befahl dem GenStdH, die noch ausstehenden Lieferungen an Sturmgeschützen und Panzer IV in der allernächsten Zeit durchzuführen. Die Verladung der Div. wurde auf einen am 30. 7. übermittelten Wunsch des Marschalls, um Beunruhigung zu vermeiden, in Hangö und Helsinki durchgeführt.

Bei dieser Maßnahme war entscheidend, daß inzwischen der Abzug feindlicher Kräfte angedauert hatte und deshalb in absehbarer Zeit nicht mit großen Kampfhandlungen gerechnet wurde. Den Finnen wurde zugesichert, daß — falls eine neue Krise entstehen sollte — sie jederzeit auf die Hilfe Deutschlands rechnen könnten. Damit wurde der letzte deutsche Verband aus (Süd=)Finnland weggezogen, der im Falle eines Abfalls der Finnen als Rahmen für eine finn. Widerstandsbewegung hätte dienen können; denn das anfangs für Finnland vorgesehene Gen.=Kommando war bereits auf dem Weg nach Danzig angehalten und anderweitig eingesetzt worden.

Nach einer vom Deutschen General am 29. 7. übersandten Lagebeurteilung wurde die Lage bei der 1. finn. Div. als sehr kritisch beurteilt; doch war eine Entspannung durch die im Anmarsch befindliche 20. Brig. zu erwarten. Entschlüsse über Verschiebungen von Kräften in der Landenge waren noch nicht gefaßt. Trotz des Abzugs feindlicher Kräfte wurde mit der Fortsetzung des Großangriffs an den bisherigen Schwerpunkten gerechnet.

### 9. Die neue politische Krise: Übernahme der Staatspräsidentschaft durch den Marschall Mannerheim (Erste Hälfte des August)

Bereits kurz nach dem Besuch des Reichsaußenministers hatte sich eine beträchtliche Opposition gegen den Staatspräsidenten bemerkbar gemacht, die besonders von der Linksopposition und der schwedischen Volkspartei getragen wurde und sich darauf berief, daß das Abkommen mit Deutschland ohne Befragen des Reichstages abgeschlossen worden sei.

Nach feindlichen Meldungen hatte sich im Zusammenhang mit der Entwicklung an der Ostfront eine Gruppe von Abgeordneten zum Marschall begeben, um eine neue Bemühung um einen Waffenstillstand in die Wege zu leiten, und zwar nach deren Angaben gerade zu ihm, da durch das Abkommen mit Deutschland nur der Staatspräsident Ryti und der Ministerpräsident Linkomies gebunden seien (Dies war insofern falsch, als der Marschall sich für den Abschluß ausgesprochen hatte). Nach einer Aussprache am 28. 7. im finn. Hauptquartier in Gegenwart von Linkomies entschloß sich Ryti, der psychisch und physisch erschöpft war, zum Rücktritt, der am 2. 8. offiziell mit der Begründung verkündet wurde, daß sich die Vereinigung der militärischen und der politischen Führung in einer Hand als erwünscht erwiesen habe. Um den Übergang auf den Marschall zu ermöglichen, war vorher im Reichstag ein Gesetz angenommen worden, das die durch die Verfassung vorgeschriebene Wahl durch Elektoren unnötig machte.

Am 2. 8. meldete die Attaché=Abt. den Inhalt einer Unterredung mit dem Gen.=Lt. Talvela, der erneut die Stellung des Finn. Generals bei der Deutschen Wehrmacht und des Mil.=Attachés angetreten hatte, da sein Vorgänger, der Gen. Österman, zum Gen.=Inspekteur der Infanterie ernannt worden war. Um die von ihm gestellten Fragen zu beantworten, erhielt der OB der Heeresgr. Nord, Gen.=Oberst Schörner, am 3. 8. den Befehl, sofort zum Marschall zu fliegen, um diesem über die Lage an seiner Front zu berichten und die Haltung Finnlands zu festigen. Er wurde angewiesen, einen baldigen Besuch des Chefs OKW anzukündigen und zu erklären, daß er den Auftrag habe, das Baltikum zu verteidigen und dazu über ausreichende Kräfte verfüge; ferner sollte er Auskünfte über die übrige Front übermitteln. Die Besprechung fand noch am 3. 8. statt und hatte nach Meldungen des Deutschen Generals und des OB einen positiven Ausgang.

Nach anderen Nachrichten war die Lage weniger gut: es wurde von einer neuen Reise Paasikivis nach Moskau gemunkelt, und die gerüchteweise umlaufenden Namen der neuen Minister erweckten nicht durchweg Vertrauen.

Am 3. 8. meldete der Deutsche General, der an diesen Tagen laufend berich=

tet hatte, daß er den Marschall über die militärische Lage gesprochen und dieser sich durchaus positiv gestellt habe. Am gleichen Tage nannte der OB des Geb.=AOK 20 als Anstöße für den schnellen Ablauf der Ereignisse eine mündlich übermittelte Botschaft Roosevelts an Ryti, Besprechungen in Lissabon mit britischen Vertretern, die Friedensaussichten geboten hätten, und den Abzug der 122. Inf.=Div. Der OB, der mit Friedensschritten des Marschalls rechnete, trat daher für das Verbleiben der 122. Inf.=Div. und einen Besuch des Chefs OKW ein.

Am 4. 8. trug der Deutsche General nach, daß der Grund der Krise in innerpolitischen Verwicklungen zu suchen sei (Unpopularität der deutsch=finnischen Abmachung, Unruhe bei der schwedischen Volkspartei und den Sozialdemokraten, Einwirkung der schwedischen und der feindlichen Propaganda, Anwachsen der Opposition, Ausstreuungen über ungenügende deutsche Waffenhilfe, Abzug von Kräften, Gerüchte über Friedensvorschläge). Es handle sich bei dem Wechsel in der Präsidentschaft um einen geschickten Schachzug, um die Opposition zu überrumpeln; Ryti habe stets schnelle Entschlüsse geliebt. Da der Marschall sich zu einem Wahlkampf nicht entschlossen haben würde, wäre es nur so gegangen. Dabei bestünden die offiziell angegebenen Gründe (Konzentration der Macht in einer Hand, schlechte Gesundheit Rytis) zu Recht. Bei der Regierungsbildung werde der Marschall der Opposition einige Konzessionen machen; auf die Frontlage erfolge keine Rückwirkung. Eine Verständigungsbereitschaft des Marschalls hielt der Deutsche General für unmöglich. Gleichzeitig meldete der Mil.=Attaché, daß ihm gegenüber auf seine Frage Friedensschritte nicht in Abrede gestellt worden seien und mit der Annahme selbst schwerer Bedingungen gerechnet werden müsse. Es sei zu erwarten, daß die Bindung zu Deutschland unter Berufung darauf, die Hilfeversprechen seien nicht eingehalten worden, gelöst würde.

Am 4. 8. erfolgte die Vereidigung des Marschalls als Staatspräsident vor dem Reichstag (Über den Gang der Krise vgl. Meldungen Deutscher General vom 3. 8. und 10. 8., des Chefs der Sich.=Polizei und des SD vom 4. 8.).

Wegen der noch fälligen innerpolitischen Verhandlungen mußte der vorgesehene Besuch des Chefs OKW vorerst hinausgeschoben werden.

Am 7. 8. gab Paasikivi in der Presse eine Erklärung ab, wonach Finnland sich um den Frieden bemühen müsse. Am 8. 8. wurde die neue Regierung gebildet. Das Präsidium übernahm, nachdem der Wehrminister Waldén aus Gesundheitsgründen abgelehnt hatte, der frühere Außenminister Hackzell (kons.), das Außenministerium der parteilose Enckell, der an Paasikivis Verhandlungen im März teilgenommen hatte. Von den 15 Mitgliedern des Kabinetts gehörten 5 der Sozialdemokratie, 4 der Agrarpartei an. Die übrigen Parteien waren mit je 1 Vertreter beteiligt; 3 Minister waren parteilos. Von der Transocean=Agentur wurde dies Ministerium als ein Vertrauenskabinett Mannersheims bezeichnet, das mehr konservativ als linksradikal ausgerichtet sei.

In einem Bericht über die neuen Männer schilderte der Deutsche General am 10. 8., wie weit sie für Friedensbestrebungen eingenommen seien. Doch meinte er, daß sich über die Frage, welche Bedingungen als tragbar angesehen werden könnten, die Meinungen trennen würden. Die Kreise, die einen Unterwerfungsfrieden ablehnten, seien immer noch stark. Der Marschall werde seinen großen Namen nicht durch die Annahme eines schimpflichen Friedens verspielen.

Aus den eingegangenen Nachrichten ergab sich also, daß die finnischen Bemühungen um einen Sonderfrieden damit in ein neues Stadium getreten waren. Gute Nachrichten besagten, daß Paasikivi am 13. 8. nach Moskau abgeflogen sei.

Am 17. 8. führte der Chef OKW den bereits am 7. 8. vorgesehenen Besuch beim Marschall aus, dem er das Eichenlaub zum Ritterkreuz überbrachte. Er kehrte am gleichen Abend zurück. Der Eindruck war günstiger, als erwartet worden war.

Ergänzend meldete der Deutsche General am 20. 8. über die vom finn. Gen.-Stabs-Chef aufgesetzte Niederschrift, welche die Besprechung des Chefs OKW mit dem Marschall betraf. Dieser habe die Entwicklung der Lage und ihren derzeitigen Stand geschildert, wonach gemäß finnischer Auffassung die von der Opposition bekämpfte Bindung an Deutschland nunmehr weggefallen sei. Auf die Frage des Deutschen Generals, welcher Gebrauch von dieser Handelsfreiheit gemacht werden solle, erklärte der Gen.-Stabs-Chef, alle Möglichkeiten seien noch offen. Bei deutschen Waffenerfolgen würde der Kreis der Friedensfreunde zusammenschmelzen; bei einer ungünstigen Entwicklung würde er zunehmen. Ob ein Friede mit Rußland überhaupt realisierbar sei, bleibe im übrigen eine ganz offene Frage; denn Freiheit und Selbständigkeit wolle Finnland nicht aufgeben. Unternommen sei — soweit er informiert wäre — in dieser Richtung noch nichts. (Vgl. dazu „Orientierung Finnland (Stand vom 16. 8. 44) für Chef OKW" sowie Notiz des Geb.-AOK 20 vom 14. 8. für die Besprechung des OB mit dem Chef OKW in den Akten Op (H)).

Am 27. 8. meldete der Deutsche General, daß der Marschall nach mehrtägigem Aufenthalt von Helsinki zurückgekehrt sei und erklärt habe, die Lage sei schlecht. Der Gen.-Stabs-Chef hatte auf die Sorge wegen des Verlustes von Dorpat hingewiesen und gesagt, es müsse bald etwas geschehen. Der Deutsche General schloß daraus, daß noch keine Verhandlungen eingeleitet seien.

### 10. Die militärische Entwicklung im August

Bei dem Besuch des Chefs OKW wurde von finnischer Seite mitgeteilt, daß inzwischen die seit dem 9. 6. eingetretenen Ausfälle, nämlich 60 000 Mann, wieder ersetzt worden seien. Dabei wurde allerdings darauf hingewiesen, daß ein kleines Land wie Finnland einen solchen Aderlaß schwer noch einmal überstehen könne.

Neue militärische Sorgen traten vorerst nicht auf. Am 5. 8. erfolgte erstmalig wieder ein feindlicher Vorstoß an der Karelischen Landenge, an der im Laufe des Juli fast durchweg Kampfruhe geherrscht hatte; er wurde abgewiesen. Auch auf dem linken Flügel ihrer Ostfront, an der der Kampf weitergegangen war, erzielten die Finnen Erfolge.

Beim Feinde wurden nunmehr, nachdem seit dem 17. 7. 10 Schützen-Divisionen, 5 Pz.-Brigaden sowie kleinere Verbände abtransportiert waren, noch über 21 Verbände angenommen. Auf finnischer Seite standen 8 Inf.-Divisionen, 1 Pz.-Division von begrenztem Wert, 2 Schützen-Brigaden und kleinere Verbände. Durch den Ausbau der rückwärtigen Stellungen wurde versucht, der eigenen Front größere Festigkeit und Tiefe zu geben.

Da der Feind nichts gegen die finn. Fronten unternahm (Bericht über deren Stimmung vom Deutschen General am 26. 8.), vielmehr weiter Kräfte abzog, veränderte sich vorerst in der Haltung der Regierung nichts. Als Symptom waren die Luftangriffe zu werten, welche die Russen vom 23. 8. gegen finnische Städte durchführten; denn sie sollten den Finnen wohl klarmachen, daß sie nach wie vor mit der russischen Gefahr zu rechnen hätten.

Eine neue Erschütterung der finnischen Haltung brachte am 23. 8. der Abfall Rumäniens, der den Bulgariens nach sich zog. Am 30. 8. wurde Finnland durch den Moskauer Rundfunk aufgefordert, gleichfalls nachzugeben. Dieser neuen Versuchung vermochte Finnland nicht mehr zu widerstehen.

### 11. Die weitere Vorbereitung der Fälle „Birke" und „Tanne" (Juni — August)

Unabhängig von dem Schwanken der politischen Lage waren die militärischen Vorbereitungen für den vom Standpunkt der Kriegführung ja ständig in Rechnung zu stellenden Fall, daß Finnland abfallen würde, weitergegangen; und zwar handelte es sich einmal um die Operation „Birke", d. h. die Zurücknahme des Geb.-AOK 20 nach Nordfinnland und Nordnorwegen, und dann um die Operation „Tanne", d. h. die Besetzung der Aaland-Inseln.

*a) Der Fall „Birke"*

Der Rückzug der Geb.-Armee in den Nordraum bedeutete — darüber waren sich alle Beteiligten einig — auch wenn es zu keinen heißen Kämpfen kommen sollte, eine ungewöhnlich schwere Operation, die umso schwieriger wurde, je mehr ihre Endphase bereits in den Winter fiel. Es handelte sich um die Rückführung von rund 200 000 Menschen (Verpflegungsstärke des Geb.-AOK Mitte August: 204 064, davon Heer: 132 554) und von sehr beträchtlichen Vorräten; denn in Mittelfinnland waren diese für 4, in Nordfinnland für 9 Monate sichergestellt.

Über die Kräfte, die für die Durchführung des Marsches zusätzlich gebraucht wurden, erstattete das AOK Meldungen am 1. und 19. 6. Am 24. 8. beantragte es die Zuführung der noch an der finn. Front eingesetzten deutschen Sturmgeschütz-Brigade für den Fall des Abfalls; doch kam dies nicht in Frage, da sie über See abtransportiert wurde (vgl. auch Notiz vom 5. 6.).

Im Anschluß an den Vortrag des Gen.-Obersten Dietl im FHQu. wünschte der Führer am 23. 6., daß dieser bei einem finnischen Zusammenbruch finnische Verbände zu sich herüberziehe und mit ihnen an seinem Südflügel eine Abwehrfront aufbaue. Für die deutschen Verbände in Finnland solle ein Gen.-Kdo. bereitgestellt werden (Befehl für das Gen.-Kdo. V. AK. vom 8. 7.; dadurch überholt, daß das Gen.-Kdo. am 9. 7. dem GenStdH zur Verfügung gestellt wurde).

Andererseits sollten die Vorbereitungen für den Fall „Tanne" fortgesetzt und erwogen werden, ob zur Sperrung des finnischen Busens Hangö oder sonst ein Stützpunkt an der finnischen Südküste besetzt werden könne. Um Kräfte für dies Unternehmen zu gewinnen, wurde durch Befehl vom 24. 6. aus den rückkehrenden Urlaubern der Geb.-Armee in Danzig eine Kampfgruppe gebildet.

Der WFStab nahm darauf die Neubearbeitung des Falles „Birke" auf (vgl. dazu „Studie Finnland" vom Juli 1944 in den Akten Op H: Beiträge der beteiligten Stellen für die Fortführung des Kampfes in Finnland im Falle eines finnischen Zusammenbruchs gemäß einer Weisung vom 26. 6.).

Obwohl sich die Lage an der finnischen Front in der ersten Hälfte des Juli wieder festigte, mußte auf längere Sicht die politische Haltung der Finnen weiterhin als fraglich angesehen werden. Deshalb wurden die Vorbereitungen, die sich aus der Weisung 50 ergaben, fortgesetzt.

Der Ausbau der Ivalo-Stellung mit 3300 Arbeitskräften begann am 1. 7., der der Karesuando-Stellung mit 1800 am 1. 8. unter der Leitung der Org. Todt. Vorschläge über den Verlauf der Ivalo-Stellung legte das AOK am 10. 7. vor, die genehmigt wurden. Durch einen Pi-Stab erfolgten die Einweisung sowie die Regelung der Dringlichkeit und der Bauart.

Nach der Übernahme der Präsidentschaft durch den Marschall legte der WFStab erneut Vorschläge für das Verhalten der Deutschen im Falle des Abfalls vor.

Am 21. 8. schnitt der Führer den Fall „Birke" an. Auf seine Frage nach der Abschirmung des Geb.-AOK 20 nach Süden meldete ihm der Chef OKW auf Grund seiner Besprechung mit dem OB am 17. 8., daß dieser dazu Kräfte bereithielte. Auf eine weitere Frage wurde dem Führer geantwortet, daß die Bewegungen durch den Winter erschwert, aber nicht unmöglich gemacht würden. Daraufhin wurde am 24. 8. das Beziehen der Sohjana-Stellung geregelt; es sollte so vorbereitet werden, daß es binnen weniger Tage erfolgen konnte.

Über die zu erwartenden Schwierigkeiten legte der WFStab am 27. 8. eine

Notiz vor. Auf See ergab sich ein monatlicher Mehrbedarf von 13 100 to und 500 cbm Tankraum. Bis auf Rauhfutter ließ sich der Nachschub voraussichtlich bewältigen. Mit Angriffen zur See war an der freien Küste zwischen Nordkyn und Petsamo sowie im Schärengebiet vom Porsanger-Fjord bis zum Skagerrak, mit Verminung zwischen Norwegen und Dänemark zu rechnen. Die Sicherungs-Kräfte waren bereits voll ausgelastet; ihre Verstärkung war nicht möglich. An der Westküste war mit Rückschlägen zu rechnen. Durch Verminung oder Raids konnte der Verkehr unterbunden werden. Als erforderlich wurde die Verstärkung der zur Zeit unzureichenden Luftwaffe bezeichnet.

Am 31. 8. wurde die Einweisung des Marine-Attachés in Helsinki und der übrigen Stellen in Finnland geregelt; die kalendermäßige Vorbereitung in Südfinnland wurde dem AOK übertragen.

*b) Der Fall „Tanne"*

Am 20. 6. ordnete der Führer angesichts der Möglichkeit eines finnischen Zusammenbruchs an, für das Unternehmen die erste Spannungsstufe zu befehlen. Es wurden daraufhin 2 Fallsch.-Jg.-Btl.e in Danzig und Gotenhafen bereitgestellt. Außerdem wurde dort ein aus Urlaubern des AOK 20 bestehendes Regiment zusammengestellt, das im Bedarfsfall als Sich.-Besatzung für Hangö benutzt werden sollte (s. S. 892). Jedoch wurden diese Kräfte an die Ostfront abgegeben.

Als Ersatz für die 416. Inf.-Div. (Dänemark), welche für die Besetzung der Aaland-Inseln vorgesehen war, wurde die von der Krim nach Perleberg verlegte 50. Inf.-Div. vorgesehen. Doch wurde diese am 1. 7. auf Grund eines Führerbefehls gleichfalls an die Ostfront abgegeben. Anfang Juli wurde eine in Norwegen für den Fall „Tanne" abgebaute Marine-Batterie nach Danzig transportiert.

Am 4. 7. befahl der Führer, daß der Fall „Tanne-Ost" (Besetzung der Insel Hogland) in vollem Umfang von der Kriegsmarine zu übernehmen sei. Als vorsorgliche Maßnahme sollte das SS-Fallsch.-Jg.-Btl. 500 von Gotenhafen in den Raum der Heeresgr. Nord verlegt werden. Wegen der Festigung der finnischen Haltung wurde am 9. 7. die Sofortbereitschaft wieder aufgehoben.

Bei den Erwägungen, welche diese Aktion betrafen, wurde die Tatsache in Rechnung gestellt, daß Schweden Mitgarant des Aaland-Statuts war, also durch eine deutsche Besetzung der Inselgruppe zu einer Änderung seiner sowieso unfreundlichen Haltung gebracht werden konnte, was im Hinblick auf die Lieferungen von Erzen und Kugellagern vermieden werden mußte. Die Entscheidung über den Fall „Tanne-West" blieb daher offen.

### 12. Der Abfall Finnlands (31. August — 15. September)

Nach einer amtlichen Erklärung, die durch Radio Moskau (vgl. 4. 9.) verbreitet wurde, hatte der finn. Gesandte in Stockholm, Gripenberg, am 25. 8. an

Frau Kolontaj eine Erklärung des finn. Außenministers, Enckell, übergeben, wonach Gripenberg bevollmächtigt war, den Empfang einer finnischen Regierungsabordnung zu erbitten. Diese Erklärung war durch eine Verbalnote begleitet, wonach der finn. Staatspräsident (Marschall Mannerheim) am 13. 8. dem Feldmarschall Keitel erklärt hatte, daß er sich nicht an das von Ryti mit dem Reich geschlossene Abkommen gebunden halte. Darauf hatte Frau Kolontaj am 29. 9. geantwortet, daß die Delegation nur noch Annahme folgender Bedingungen empfangen werden könne: offizieller Abbruch der Beziehungen zu Deutschland, Forderung an Deutschland zum Abzug bis zum 15. 9., widrigenfalls Entwaffnung der deutschen Kräfte und Übergabe derselben als Kriegsgefangene an die Alliierten. Es wurde hinzugesetzt, daß die Antwort in Übereinstimmung mit der britischen Regierung erfolge und keine Bemerkungen von Seiten der USA erfahren habe.

Daß eine neue Aktion eingeleitet war, wurde sehr bald erkennbar.

Am 31. 8. teilte der finn. Außenminister dem deutschen Gesandten mit, daß seit einigen Tagen Verhandlungen mit der Sowjet=Union eingeleitet worden seien. Nach der Mitteilung eines Gewährsmannes hatte diese Finnland am 30. 8. mitgeteilt, daß sie bis 15. 9. zu Waffenstillstandsverhandlungen in Moskau bereit sei unter der Bedingung, daß Finnland die Beziehungen zu Deutschland abbreche und bis dahin die deutschen Truppen zum Abzug veranlasse bzw. evakuiere— eine Aktion, die sich auch bei bestem Willen von allen Seiten in so kurzer Zeit gar nicht durchführen ließ. Am 1. 9. tagte der auswärtige Ausschuß. Nach der russ. Erklärung (s. oben) übergab der Gesandte Gripenberg am 2. 9. der Frau Kolontaj eine Erklärung des Staatspräsidenten, daß er noch vor der Antwort auf die vorläufigen russischen Bedingungen vorschlage, daß Finnland selbst den freiwilligen Abzug oder die Internierung der deutschen Truppen in Südfinnland durchführe, daß die Kriegshandlungen unterbrochen würden und die Grenze von 1940 eingenommen werden solle. Die Erklärung des Abbruchs der Beziehungen solle nach Eingang der russ. Antwort erfolgen. Auch sei Finnland bereit, an der Entwaffnung der deutschen Kräfte in Nordfinnland teilzunehmen, es wolle vorher aber in Moskau über die Koordination und Hilfe verhandeln. Diese Gegenvorschläge lehnte die Sowjet=Union am 3. 9. ab; nach dem 15. 9. sei sie bereit, bei der Entwaffnung mitzuwirken. Mit der Einstellung des Kampfes an der Südfront war die Sowjet=Union jedoch einverstanden.

*So wurde der 2. 9. der Schicksalstag in der Geschichte der deutsch=finnischen Beziehungen.* Am Mittag wurde beim Frühstück, zu dem der Marschall den Gen.=Oberst Rendulic und den Deutschen General geladen hatte, politischen Fragen ausgewichen. Die Aufnahme war wie sonst gastlich. Der Deutsche General rechnete damit, daß die um 18.00 Uhr beginnende Reichstagssitzung auf Grund der in der Nacht eingetroffenen russ. Bedingungen die Beziehungen zu Deutsch=

land[1] behandeln werde, jedoch nicht damit, daß die Regierung sie empfehlen und der Reichstag sie annehmen werde.

Am Abend ließ der Marschall dem Deutschen General einen Brief an den Führer überreichen, nachdem das Kurierflugzeug bereits abgeflogen war. In diesem erst am 3. 9. eingetroffenen Schreiben wies der Marschall darauf hin, daß Deutschland Finnland trotz seines Willens nicht so helfen könne, wie es notwendig sei, und daß Finnland im Gegensatz zu Deutschland einen Krieg nicht beliebig lange durchzustehen vermöge. Einen Blutverlust wie im Juni könne es sich nicht noch einmal leisten, und im Falle der Niederlage könne Finnland im Gegensatz zu Deutschland ausgerottet werden. Auch wenn sich die Wege trennen würden, werde die Erinnerung an die Waffenbrüderschaft weiterleben; denn die Deutschen seien Helfer und Waffenbrüder gewesen. „Ich kann Ihnen bezeugen", so hieß es weiter, „daß während der ganzen vergangenen Jahre in Finnland auch nichts passiert ist, daß uns dazu hätte verleiten können, in den deutschen Truppen Eindringlinge oder Eroberer zu sehen. Ich glaube, daß das Verhältnis der deutschen Armee in Nordfinnland zu der lokalen Bevölkerung und zu den einheimischen Behörden als ein unter ähnlichen Verhältnissen vielleicht einzig dastehendes Beispiel von korrekten und herzlichen Beziehungen in unsere Geschichte eingehen wird. Ich halte es für meine Pflicht, mein Volk aus dem Kriege zu führen. Ich kann und ich will unsere Waffen, die uns so freigiebig geliefert wurden, nie aus eigenem Willen gegen Deutsche wenden. Ich hege die Hoffnung, daß Sie — auch wenn Sie meinen Schritt mißbilligen — ebenso wie ich und wie alle Finnen doch den Wunsch und das Bestreben haben werden, die Abwicklung der bisherigen Verhältnisse ohne jede nur irgendwie zu vermeidende Zuspitzung durchzuführen. In Verehrung und Dankbarkeit (gez.) Freiherr Mannerheim, Marschall von Finnland, Staatspräsident der Finnischen Republik".

Inzwischen hatte der Reichstag am späten Nachmittag des 2. 9. eine Regierungsvorlage angenommen, wonach die Beziehungen zu Deutschland abgebrochen und der Abzug bis 15. 9. verlangt wurde. Für diesen Entschluß hatten sich 113, dagegen 46 Abgeordnete ausgesprochen. Um 22.00 Uhr gab der Außenminister mit bewegter Stimme dem Gesandten die Erklärung ab, daß die Regierung Friedensverhandlungen eingeleitet habe und dieser Schritt vom Reichstag gebilligt worden sei. Finnland sei gezwungen, die Beziehungen zu Deutschland abzubrechen und die deutschen Truppen, die am 15. 9. noch auf finnischem Boden stehen würden, zu internieren.

Um 23.00 Uhr begründete der Min.-Präsident diesen Schritt in einer Rundfunkansprache, in der er die Verschlechterung der Lage für die Deutschen und für Finnland ausführte. Seit dem Verlust der Südküste des finn. Meerbusens sei die finn. Front weniger wichtig für Deutschland geworden. Deshalb müsse Finnland beizeiten an eine Phase denken, in der Deutschland keine Hilfe mehr

1 Ms.: Finnland.

leisten könne. Die Beziehungen hätten ausschließlich auf einer militärischen Interessengemeinschaft beruht. Im Sommer habe Deutschland Hilfe nur noch gegen das Versprechen geleistet, keine Sonderverhandlungen zu führen; wegen der Lage an der Front habe Finnland zustimmen müssen. Die darauf geleistete Hilfe sei wertvoll gewesen, aber nicht so groß wie erhofft. Als dann Deutschland wieder Kräfte abzog, habe die Auffassung, daß die Zusammenarbeit ihrem Ende zusteuere, mehr und mehr die Oberhand gewonnen. Nach dem Wechsel sei der neue Präsident nicht mehr gebunden gewesen; dies sei der deutschen Regierung offiziell mitgeteilt worden. Da die Lage immer gefährlicher geworden sei, habe Finnland neue Verhandlungen eingeleitet, die jetzt zu der Entscheidung des Reichstags geführt hätten. Der Min.-Präsident meinte, eine rechtzeitige Räumung liege auch im Interesse Deutschlands; denn dadurch würde es in der dankbaren Erinnerung des finnischen Volkes auch weiterhin ein Waffenbrüderland bleiben, das an das Beste Finnlands gedacht habe.

Nach Mitteilung des Reichskommissars für die Seeschiffahrt verhinderten die Finnen bereits die Ausfahrt deutscher Schiffe aus finnischen Häfen — dies offensichtlich deshalb, weil eine entsprechende Maßnahme bereits von deutschen Dienststellen gegen finnische Schiffe ergriffen worden war. Am 3. 9., 17.05 Uhr, wurde den deutschen Schiffen der Befehl zum vorsorglichen Abfahren gegeben. Außerdem erging in der Nacht der Vorbefehl für den Fall „Tanne"; da er mit weitreichenden politischen Folgerungen verknüpft war, behielt sich der Führer die endgültige Entscheidung noch vor. Auch vom militärischen Standpunkt hatten sich gegen eine Durchführung inzwischen gewichtige Einwände erhoben: die für die Besetzung der Aaland-Inseln vorgesehene 416. Div. war in Dänemark in verstärktem Maße erforderlich, da nach der Landung im Westen weitere Operationen gegen den Nordraum möglich waren; der Transportraum wurde anderweitig benötigt, und die vom Geb.-AOK über See abgeführten Kräfte kamen als Ersatz nicht in Frage, da sie ohne Kampfwert waren. Das Unternehmen „Tanne-Ost" stieß wiederum auf Bedenken der Seekriegsleitung, die ihre Kräfte für den Riegel Helsinki–Reval brauchte.

In der Mittagslage des 3. 9. entschied der Führer, daß die weiteren Maßnahmen im Rahmen gütlichen Einvernehmens erfolgen sollten. Deshalb wurde auch das Anhalten finnischer Schiffe in deutschen Häfen rückgängig gemacht. Ferner befahl der Führer, von der Durchführung des Unternehmens „Tanne" abzusehen; entscheidend war dafür, daß die Kräfte dafür fehlten. Der Abmarsch nach Norden wurde in der Weise eingeleitet, daß Nordnorwegen als Ziel bezeichnet wurde. In Aussicht genommen wurde jedoch, noch auf finnischem Boden Halt zu machen. Diese Absicht des OB wurde am 4. 9. genehmigt.

Die Frage war nunmehr, ob die *Russen* den Abmarsch zulassen und was sie in der Zeit bis zum 15. 9. unternehmen würden.

Daß die deutsche Oberste Führung gerade der Finnen wegen die Heeresgr. Nord nicht zurückgenommen und diese dadurch in eine schwierige Lage gebracht hatte, war nun unnötig, ja sinnlos geworden. Wenn die Heeresgruppe vorerst die Narwa-Linie noch weiter halten sollte, geschah dies im Hinblick auf die Herrschaft über die Ostsee.

*Wirtschaftlich* bedeutete der Abfall Finnlands Einbußen an Kupfer, Zellulose, Molybdän usw. Neu aufgeworfen wurde die Frage, ob Petsamo wegen des Nickels gehalten werden müsse oder nicht. Daß die Abfahrt von Lulea, des schwedischen Hafens, der mit Narvik in Eisenbahnverbindung stand und für die Erzverschiffung diente, erschwert oder ganz unterbrochen wurde, wirkte sich nicht unmittelbar aus, da die Fahrt dorthin während des Winters sowieso zum Erliegen kam. Dagegen mußte das Verhältnis zu Schweden sich jetzt noch schwieriger gestalten, als dies schon der Fall war.

Nach einer Meldung des Deutschen Generals wollten die Finnen dem deutschen Abmarsch keine Schwierigkeiten bereiten. Nach einer weiteren Meldung sollten finnische Lotsen für die deutsche Kriegsmarine gestellt werden.

Am 1. und 2. 9. legte der WFStab Notizen über die „Birke"-Maßnahmen und die Erfassung des Schiffsraums vor.

Am 4. 9. verlegte der Stab des Deutschen Generals, dessen Aufgabe nun ihr Ende gefunden hatte, seinen Sitz nach Helsinki, wo auch die Sturmgeschütz-Brigade zur Verladung bereitgestellt wurde. Die Finnen teilten mit, daß sie die 6. und 16. finn. Div. an die Südfront des AOK 20 verlegen wollten. Dieses sah darin eine Bedrohung seiner Südflanke; es bildete deshalb zwei Kampfgruppen, um einen Stoß auffangen zu können. Als erstes Ziel des nunmehr angetretenen Rückmarsches war eine Zwischenstellung vorgesehen, die in nordsüdlicher Richtung hinter dem bisherigen rechten Flügel verlief und dann nach Westen umbog. In sie sollten ab 16. 9. das XVIII. AK., ab 11. 9. das XXXVI. AK., hineingeführt werden, und zwar mit beweglichen Kräften. Währenddessen sollte die Masse der Verbände in nordwestlicher Richtung zurückgeführt werden.

Der OB bat um frühzeitige Weisung, ob die Bewegung bis Nordnorwegen durchgeführt werden solle. Eine Mitteilung der eigenen Absichten an die Finnen lehnte er ab, ließ aber offen, ob sie — wie der Deutsche General anregte — über den jeweiligen Stand der Bewegung informiert werden sollten. Für die Durchführung der Bewegung bis zur Karesuando-Stellung erhielt er am gleichen Tage Richtlinien und Wehrm.-Befugnisse. Der Abzug sollte die Absicht, im Norden zu halten, nicht erkennen lassen und im Einvernehmen mit den Finnen erfolgen. Die Dringlichkeit des Abtransports wurde geregelt.

Am 5. 9. genehmigte der Führer den Vorschlag des Chefs des Gen.-Stabs der Heeresgr. Nord, das traditionelle finn. Jg.-Btl. 27[1] erneut aufzustellen, um

1 Dieses hatte bei der Finnland im I. Weltkrieg geleisteten Hilfe eine entscheidende Rolle gespielt.

Finnen eingliedern zu können. Anlaß dazu gab die Bereitwilligkeit zum Weiterkämpfen, die Angehörige der finn. Wehrmacht deutschen Stellen gegenüber zum Ausdruck gebracht hatten. Jedoch erwies sich in der Folgezeit, daß solche Finnen nur Ausnahmen bildeten und die Mehrzahl bereit war, sich dem von ihrer Regierung heraufgeführten Schicksal zu beugen.

Ferner befahl der Führer, die Nickelwerke, aus denen die finnischen Arbeitskräfte zurückgezogen worden waren, mit deutschen Kräften weiterzubetreiben.

Am 5. 9. erhielt das AOK die Mitteilung, daß ein Rückzug bis nach Nordnorwegen nicht geplant sei und die Finnen nur soweit orientiert werden sollten, als dies im Interesse des AOK lag. Außerdem wurde geregelt, wie weit Zerstörungen vorgenommen werden sollten.

Die Versorgung machte keine Schwierigkeiten, da der Fall „Birke" ja seit langem vorbereitet war. Weil die Zeit für den Rücktransport über die Ostsee drängte, wurde vorgesehen, auf diesem Wege das überflüssige Personal in Stärke von 23 000 Köpfen sowie 23 000 to von ausgesuchtem Wehrmachtgut und 5 000 cbm Betriebsstoff zurückzuführen. Im gesamt waren 150 000 to Wehrmachtgut vorhanden; es blieb nichts anderes übrig, als die nicht abtransportierbaren Bestände zu vernichten.

Neu aufgerührt wurden durch diese Transporte die Schiffsraumfragen im Nordraum. Der Reichskommissar für die Seeschiffahrt, Gauleiter Kaufmann, begab sich deshalb am 6. 9. nach Norwegen zur Rücksprache mit dem Reichsbevollmächtigten Terboven und dem Wehrmacht-Befehlshaber, um zu klären, welche Bauvorhaben eingestellt und welche Arbeitskräfte zurückgezogen werden könnten. Die Besprechung führte zu dem Ergebnis, daß die Bauten eingestellt werden müßten, falls die Geb.-Armee zurücktransportiert werden solle; beides zugleich sei nicht möglich.

Mit diesen Erwägungen standen wiederum Verhandlungen über die Reparaturkapazität der Werften in Verbindung, bei der die Interessen der Kriegsmarine mit denen der Schiffahrt in Einklang zu bringen waren.

Inzwischen waren der Min.-Präsident Hackzell, der Außenminister Enckell, der Verteidigungsminister Waldén und der Gen.-Stabs-Chef, General Heinrichs, nach Moskau abgeflogen.

Am 6. 9. abends wurde die Sturmgeschütz-Abt. 303 verladen, wobei die Finnen halfen. Auch sonst verliefen — wie der Deutsche General meldete — die Bewegungen reibungslos. Er berichtete ferner, daß es ihm bisher gelungen sei, die finnischen Bewegungen gegen die neue Südfront zu verzögern.

*Um 21.00 Uhr lief die „Birke-Bewegung" mit dem Rückgang auf die Sohjana-Stellung als 1. Phase an.* Die Kriegsmarine räumte den Stützpunkt Kotka sowie die Insel Hogland.

Am 7. 9. fand beim GenStdH eine Besprechung über das Unternehmen „Tanne-Ost" statt.

Dem Wehrm.-Befehlshaber Norwegen wurde befohlen, die Radf.-Brig. Norwegen beschleunigt als OKW=Reserve nach Skoganvarre zum Eingreifen beim AOK 20 zu verlegen.

Am 8. 9. wurde die Gesandtschaft zurückgezogen. An diesem Tage traf in Moskau die finnische Delegation ein.

An der neuen Südfront war am 8. 9. die Kampfgruppe Ost bereits aufgebaut; die Fertigstellung der Kampfgruppe West zögerte sich noch etwas hin. Aus Norwegen kam die Radf.=Brig. heran, die als Reserve verwandt werden sollte. Am 9. 9. wurde das Unternehmen „Tanne=Ost" wegen Kräftemangels vorläufig zurückgestellt. Am 9. 9. — 10. 9. erfolgte der Abtransport der Reichsdeutschen. Dem Zurückgehen auf den Sohjana=Abschnitt folgte der Gegner nur langsam; dagegen griff er im Kandalakscha=Abschnitt — wohl in der Annahme, daß die eigenen Truppen bereits auswichen — an und erlitt dabei schwere Verluste; er setzte den Angriff in der Folgezeit fort, ohne dabei größere Erfolge zu erzielen.

Am 10. 9. war die Sohjana=Stellung verteidigungsbereit; am gleichen Tage begann das Absetzen aus der Uhtua=Stellung.

*Am 11. 9. wurde Helsinki von den Deutschen geräumt.* Um 18.00 Uhr begann das Absetzen aus der Kandalakscha=Stellung. Am 13. 9. wurde entschieden, daß die Aktion „Tanne=Ost" — und zwar am 15. 9. — durchgeführt werden sollte.

Am 14. 9. setzte sich der eigene Südflügel auf die Juntuswanto=Stellung ab. Das XXXVI. AK., das seine von den Russen unterbrochene Hauptstraße erst wieder hatte freikämpfen müssen, rückte in die Kairala=Stellung ab.

Am 15. 9. wurde der Hafen Uno[1], am folgenden Tag der Hafen Oulu geräumt. Im Bottnischen Meerbusen und bei den Aaland=Inseln wurden U=Boote stationiert. Abtransportiert waren nunmehr 28 000 to, also 500 to mehr als vorgesehen.

Bei den Verhandlungen in Moskau, wo am 14. 9. den Finnen die russischen Bedingungen vorgelegt wurden, traf den finnischen Min.=Präsidenten der Schlag; halbseitig gelähmt und der Sprache beraubt, kehrte er zurück.

*Am 15. 9. trat die von den Finnen bei Einleitung der Verhandlungen eingegangene Verpflichtung, die Beziehungen zu Deutschland abzubrechen, in Kraft.* Um 0.00 Uhr wurden die deutschen Verbindungsoffiziere von den finnischen Divisionen an der Naht zurückgezogen.

Gleichzeitig begann das *Unternehmen „Tanne=Ost"*, d. h. die *Besetzung der Insel Hogland (Suursaari)*. Die erste Welle konnte planmäßig landen; die Finnen leisteten nur schwachen Widerstand, um — wie anfänglich angenommen wurde — der Form zu genügen.

Im Laufe des 16. 9. ergab sich, daß nach den Anfangserfolgen auf Hogland der finnische Widerstand sich versteift und die russische Luftwaffe in den Kampf eingegriffen hatte, so daß die 2. Welle nicht mehr landen konnte, worauf

1 Wohl Lese= oder Hörfehler.

*das Unternehmen abgebrochen* wurde. Die Rückwirkung in der finnischen Öffentlichkeit verstärkte die anti=deutschen Bestrebungen.

Da an der Sperrstellung im Bottnischen Meerbusen die dort vorhandenen finnischen Geschütze auf deutsche Schiffe schossen, gab der Führer den Befehl, den Durchbruch notfalls zu erzwingen (Die Schweden hatten bereits mitgeteilt, daß sie ihre Gewässer für Schiffe aller Art gesperrt hätten). Die Finnen forderten die Räumung einer Ecke ihres Gebiets im Südosten des Geb.=AOK 20 sowie der Bottnischen Küste von Oulu bis zur schwedischen Grenze; da diese Gegenden bereits im wesentlichen geräumt waren, teilte das AOK mit, daß es der finnischen Bitte entsprechen wolle.

An der Front kam es nur zu örtlichen Angriffen der Russen; jedoch war an der Kandalakscha=Front die Ansammlung stärkerer Kräfte erkannt, und auch an der Murmansk=Front mußte mit Angriffen gerechnet werden (und zwar sowohl von Süden als auch von der Wasserseite aus gegen die Nordfront).

Mit 100 Flugzeugen griff der Feind Petsamo an, wurde dort jedoch seinerseits angegriffen und bewarf deshalb Kirkenes.

Das Unternehmen „Birke" wurde jetzt – im wesentlichen entsprechend dem ursprünglichen Plan — so durchgeführt, daß das XIX. AK. an der Murmansk=Front in seinem Raum verblieb, das XXXVI. AK. in die Ivalo=Schutzstellung zurückgeführt und das XVIII. AK. vor die norwegische Grenze zurückgezogen wurde. Dieser Absetzbewegung suchte sich der Feind vorzulegen; doch gelang es, die Nachhut wieder freizukämpfen und bis zum 18. 9. die Kuusamo=Stellung zu erreichen.

Erwogen wurde weiter, ob die „Birke"=Bewegung noch vor dem Winter oder erst im Februar zu Ende geführt werden sollte; die Entscheidung blieb jedoch vorerst noch offen. Am 18. 9. wurde dem Wehrm.=Befehlshaber Norwegen mitgeteilt, daß die Unterstellung von Teilen des LXXX. AK. unter das AOK 20 zur Zeit nicht beabsichtigt sei, daß dies aber nach Abschluß der Bewegung geschehen solle. Bis dahin würden alle nach Norwegen abfließenden Kräfte dem Befehlshaber territorial unterstellt.

### 13. Die Entwicklung der deutsch=finnischen Beziehungen nach dem Abfall

Am 5. 9. hatte der Deutsche General gemeldet, daß der Marschall wünsche, die Räumung möge ungestört und beschleunigt vor sich gehen, und daß er jede Hilfe versprochen habe. Auf den Einwand, daß die Zeit zu kurz sei, wurde erwidert, es handle sich nur um einen technischen Termin, der wohl bestimmt sei, den Finnen Schwierigkeiten zu machen. Am 6. 9. wurde der Deutsche General angewiesen, das finn. Oberkommando darauf aufmerksam zu machen, daß die Bewegungen wie geplant nur durchgeführt werden könnten, wenn die Russen sie nicht — wie bereits geschehen — durch massierte Luftangriffe störten. Am gleichen Tage wurde die Frage der Zerstörungen beim Rückmarsch geregelt.

Die Haltung, welche die Finnen in den ersten 10 Tagen nach dem Abbruch der Beziehungen eingenommen hatten, konnte vom Geb.=AOK als loyal bezeichnet werden; sie hatten sich bemüht, den deutschen Rückmarsch zu erleichtern. Eine aggressive Haltung war noch nirgends beobachtet worden. Dazu paßte, daß die „Prawda" Vorwürfe gegen Finnland wegen mangelhafter Ausführung der Waffenstillstandsbedingungen erhob.

Am 8. 9. berichtete der Deutsche General über die skeptische Haltung des bisherigen finnischen Gesandten in den USA gegenüber der zukünftigen Lage Finnlands. Nach einer Meldung vom 19. 9. versteiften sich im Offizierkorps die Haltung gegen den Friedensschritt und die Kritik am Marschall. Meldung bei der deutschen Wehrmacht wurde von manchen erwogen. Aber alle diese Regungen hatten auf die Dauer keine Wirkung.

Am 14. 9. wurde dem OKM die Entscheidung des Führers vorgelegt, daß finnische Schiffe auch über den 15. 9. hinaus wie neutrale zu behandeln seien. Nachdem jedoch finnische Batterien auf den Aaland=Inseln deutsche U=Boote beschossen hatten, befahl der OBdM am 16. 9. abends, die deutschen Interessen mit Waffengewalt zu vertreten. Der Führer billigte dies noch am gleichen Tage. Außerdem wurde der Befehl vom 14. 6. dahin abgeändert, daß finnische Schiffe festzuhalten seien.

Am 25. 9. entschied der Führer, daß — falls die Finnen versuchen sollten — die deutschen Minen zu räumen, sie daran gehindert werden sollten. Es wurde dabei die Gefahr in Kauf genommen, daß die Finnen, die durch ihren Vertrag mit der Sowjet=Union dazu verpflichtet waren und früher die Minenpläne erhalten hatten, dies als Anlaß für eine Kriegserklärung nahmen; denn es wurde für entscheidend angesehen, die Ostsee gegen U=Boote zu schützen.

Die Entwicklung auf dem *Lande* verlief der zur *See* nicht völlig parallel.

Am 16. 9. hatte das Geb.=AOK 20 den Inhalt seiner Verhandlungen über die von den Finnen erhobenen Forderungen gemeldet. Als sein Bestreben bezeichnete der OB das Ziel, Reibungen nach Möglichkeit auszuschalten und Unstimmigkeiten gütlich zu regeln. Diese Absicht schien ihm auch bei den Finnen noch maßgebend zu sein. Am 20. 9. meldete der OB über weitere Abmachungen, durch die eine vorläufige Linie festgelegt worden war. Auch sonstige Maßnahmen ließen ein loyales Verhalten der Finnen gegenüber den bisherigen Waffengefährten erkennen; doch wurde schon der russische Druck fühlbar, der dies in Kürze änderte.

Am 28. 9. kam es zu einem Zwischenfall, der zu einem kurzen Feuergefecht führte, am folgenden Tage zu einem neuen, am 30. 9. zu einem dritten. Außerdem wurden Abmachungen nicht mehr gehalten.

Am 1. 10. teilte der OB eine Note mit, die er dem finn. Hauptquartier zugestellt hatte und in der er ankündigte, daß er zu Gegenmaßnahmen gezwungen sei, falls die finn. Armee die getroffenen Abmachungen nicht einhalte.

Am 3. 10. meldete der OB eine weitere Zuspitzung der Beziehungen zu den Finnen. Am 4. 10. übermittelte er den Wortlaut der finn. Antwort, die völlig unbefriedigend ausgefallen war. Am 7. 10. teilte das AOK die von ihm befolgten Richtlinien mit: Im Hinblick auf die finnische Zivilbevölkerung und die ehrliebenden finnischen Soldaten, die für den Verrat der Regierung nichts könnten, würden die Gegenmaßnahmen auch jetzt noch maßvoll und ohne jede Härte durchgeführt. Am 9. 10. untersagte das OKW ausdrücklich das Festsetzen von Geiseln. Die Behandlung finnischer Wehrm.-Angehöriger wurde am 16. 10. generell geregelt.

Da finnische Schiffe mit deutschem Wehrm.-Gut, die sich in schwedische Häfen geflüchtet hatten, Anstalten zur Rückkehr machten, wurde die Erlaubnis zum Aufbringen und notfalls zur Versenkung gegeben.

Daß es der russische Druck war, der den Wechsel in der finnischen Haltung bedingt hatte und die Finnen zwang, sich gegen den Vorwurf zu sichern, die eingegangenen Bedingungen nicht erfüllt zu haben, wurde bereits am 8. 10. in einer Ministerrede deutlich erkennbar; denn in ihr hieß es, Finnland habe die Bedingungen erfüllt, aber daß Deutschland aus Nordfinnland nicht abgezogen sei, bedeute einen Bruch der internationalen Beziehungen.

Der Verschlechterung der Beziehungen zu Finnland entsprach eine Verschlechterung der Beziehungen zu *Schweden*.

Am 30. 10. hielt der schwedische Außenminister im Reichstag eine Rede, in der die Fortsetzung der Neutralität — solange es die Umstände erlaubten — verkündet und unverblümt für die nordischen Nachbarländer Stellung genommen wurde (Meldung des Mil.-Attachés in Stockholm vom 31. 10.).

Anfang November wurde die Ostsee von Deutschland zum Kriegsgebiet erklärt. „Auf Grund der erhöhten Kriegsgefahr" befahl darauf das schwedische Seesicherheitsamt, daß bis 10. 11., 24.00 Uhr, alle schwedischen Schiffe sich in schwedische Gewässer begeben sollten. Am 11. 11. focht die Regierung in einer Note die von Deutschland erlassene Warnung an und machte es für etwaige Folgen verantwortlich.

Im Dezember gab die schwedische Regierung zu verstehen, daß sie voraussichtlich nicht in der Lage sein werde, das ablaufende deutsch-schwedische Handelsabkommen zu verlängern.

### 14. Die Frage des nordnorwegischen Raumes und die Einleitung der „Nordlicht"-Bewegung

Die Entscheidung der Frage, wie weit die Absetzbewegung durchgeführt werden sollte — bis zum Nordraum oder gleich bis in das Vorfeld von Narvik —, hatte sich (wie erwähnt) der Führer noch vorbehalten.

Nachdem das AOK zu den verschiedenen Möglichkeiten (sofortige, anschließende oder spätere Zurücknahme) Stellung genommen hatte, war es Mitte September dahin unterrichtet worden, daß nicht die Absicht bestehe, die Armee in Verbindung mit der „Birke"-Bewegung oder im Anschluß an sie in die Lyngen=Stellung, deren Ausbau bereits im Juni begonnen hatte (s. S. 913 ff.: Norwegen), zurückzunehmen, daß vielmehr die Ansicht gehegt werde, die Durchführung dieser Bewegung werde erst ab Juni 1945 möglich sein (Notiz vom 18. 9.).

Doch wurde die Prüfung der Frage fortgesetzt. Am 19. 9. wurde den beteiligten Kdo.=Stellen mitgeteilt, die Entscheidung werde erst in den nächsten Tagen nach Klärung der wirtschaftlichen Fragen fallen; es müsse im ungünstigen Fall auch mit einer Bewegung im Winter gerechnet werden. Es wurden Richtlinien für die in dieser Hinsicht zu treffenden Maßnahmen gegeben.

Am 28. 9. legte das Geb.=AOK seinen Befehl für die Kampfführung in der Rovaniemi=Schutzstellung und für das Absetzen auf die beiden nächsten Stellungen vor.

Nach einer Notiz vom 29. 9. über die see=strategische Lage und ihre Auswirkung auf Norwegen waren das Nordmeer und Norwegen in der ersten Hälfte des Jahres Nebenkriegsschauplätze gewesen. Durch die Invasion sei eine grundlegende Änderung eingetreten. Nunmehr stehe die Masse der britischen Flotte zu einem Angriff gegen die einzige deutsche see=strategische Position, nämlich Norwegen, zur Verfügung, die für den U=Boot=Krieg nach dem Verlust der Westbasen entscheidend geworden sei. Diese Position stehe und falle mit der Beherrschung des Küstenvorfeldes; durch einen dünnen Schleier leichter See= und Sicherungs=Streitkräfte habe bisher der Seenachschub, die Lebensader Norwegens, gesichert werden können. Den Rückhalt im Norden habe bisher mit der U=Bootwaffe die Kampfgruppe „Tirpitz" gebildet, die allein durch ihre Anwesenheit schwere britische Seestreitkräfte in Scapa Flow gebunden habe. Nach dem Abfall Finnlands und bei der nunmehrigen Haltung Schwedens sei die Geb.=Armee ganz auf den Seenachschub angewiesen. Der Gegner kenne diese Lage und werde daher versuchen, die Geb.=Armee abzuschneiden. Wegen der Besorgnis vor dem Wiederaufleben des U=Bootkrieges und vor einem russischen Vordringen nach Nordnorwegen konne er zur Eile gezwungen sein. Auch ohne Großlandung vermöge er das norwegische Küstenvorfeld zu beherrschen. Den Auftakt habe die Ausschaltung des Schlachtschiffes „Tirpitz" (s. S. 916 ff.: Norwegen) bedeutet. Jetzt könne der Gegner auch Luftstreitkräfte einsetzen (und tue dies bereits auch schon), die bisher durch die U=Bootbasen im Westen gebunden gewesen seien. Auf die Dauer sei die Versorgung von Gesamt=Norwegen nicht sicherzustellen, zumal mit Steigerung der Verluste gerechnet werden müsse. Die Masse der eigenen Kräfte sei in der Ostsee gebunden; in Norwegen würde ihnen die erforderliche Unterstützung aus der Luft fehlen. Die U=Boote könnten defensiv eingesetzt werden, versprächen aber bei der steigenden feindlichen Luftüberlegenheit wenig Erfolg. Erforderlich sei deshalb:

1. eine Entlastung des übermäßig angespannten Schiffsraums,
2. eine Verlegung von Heeresverbänden in den Raum ostwärts Narvik als Rückendeckung gegen Schweden.

Mit der Räumung des Gebietes vom Lyngen=Fjord bis Petsamo seien alle diese Voraussetzungen erfüllt. Da nach der nunmehrigen Meldung des Reichs=ministers Speer das Reich nicht auf die Nickel=Zufuhr aus Petsamo angewiesen sei, bestehe auch wehrwirtschaftlich kein Grund mehr zum Halten der „Birke"=Stellung. Nach Beginn der feindlichen Angriffe zur See und aus der Luft sei der Rücktransport der Geb.=Armee nur noch unter schwersten Verlusten möglich. Da diese sich vornehmlich gegen Südwest=Norwegen richten würden, sei eine Steigerung der Leistungsfähigkeit auf der Bahn Mo—Oslo lebenswichtig. Jeder Tag des Zögerns mache die Preisgabe des Gebiets ostwärts der Lyngen=Stellung schwieriger.

Am 30. 9. stellte der WFStab die sich durch das Zurückgehen auf den Lyngen=Fjord ergebenden Vor= und Nachteile zusammen. Darauf gab der Führer am 3. 10., nachdem die Finnen bei Tornio gelandet waren (s. S. 507), sein grundsätzliches Einverständnis dazu, daß die Geb.=Armee gleich bis zum Lyngen=Fjord zurückgenommen wurde. Ein Vorbefehl erging am 4. 10.; am 27. 10. folgte der endgültige Befehl.

Diese Bewegung sollte so ausgeführt werden, daß eine Geb.=Div. beschleunigt den Raum von Narvik zur Verteidigung der schwedischen Grenzübergänge beiderseits Björnfjeld erreichte, starke Teile zur Entlastung der Reichsstraße 50 über die Skibotten=Straße zurückgeführt wurden und das XIX. (Geb.=) AK. bis Mitte November mit Masse den Laks=Elv erreichte und mit beweglichen Nachtruppen die Eismeerhäfen deckte. Die Geb.=Armee wurde darauf hingewiesen, daß diese Bewegung und die Räumung derart schwierig seien, daß sie nur bei straffer und einheitlicher Leitung gelingen könne. Das AOK sei deshalb befugt, alle dazu nötigen Maßnahmen zu ergreifen. Der Luftwaffe und der Kriegsmarine sowie dem Oberquartiermeister Skandinavien wurden ihre Aufgaben zugewiesen. Für die Verteidigung des Raumes Lyngen=Fjord—Narvik wurden außer den Verbänden des LXXI. AK. von der 20. (Geb.=)Armee noch vorgesehen: Gen.=Kdo. XIX. AK., 6. und 7. Geb.=Div., 210. Inf=Div. (bodenständig), MG=Schi=Brig. Finnland, Radfahr=Aufklärungs=Brig. Norwegen und die erforderlichen Heerestruppen. Sofort sollte die Verlegung von 29 Küstenbatterien an die Seeflanke beginnen; ferner sollte der Ausbau der Lyngen=Stellung gefördert werden.

Am 5. 10. wurde die Armee darauf hingewiesen, daß sie bis zum April mit ihrem Betriebsstoff auskommen müsse. Am gleichen Tage meldete das Geb.=AOK, welche Sofortmaßnahmen es für erforderlich ansah. Als Tarnbezeichnung für die Absetzbewegung auf die Lyngen=Stellung meldete es den Decknamen: *„Nordlicht"*. Ein Befehl in diesem Sinne erging am 5. 10., ein weiterer über die spätere Befehlsgliederung folgte am 8. 10.

*Die große Frage war nun, wie sich das Wetter entwickeln würde und ob es noch gelang, die schwierigen Wegstrecken vor Beginn der Winterstürme zurückzulegen.*

Über die Art, wie die Räumung des Nordraums zu erfolgen hatte, fand ein laufender Schriftwechsel zwischen dem WFStab und dem OB statt, bei dem auch die Stellungnahme des Reichskommissars für Norwegen eingeholt wurde (8. 10., 9. 10., 15. 10.). Der WFStab vertrat dabei den Standpunkt, daß die Bevölkerung evakuiert und durch Zerstörungen es dem Feinde unmöglich gemacht werden müsse, in dem geräumten Gelände Fuß zu fassen. Dabei wurde in Rechnung gestellt, daß aller Voraussicht nach von England aus norwegische Kräfte gelandet werden würden, was im Hinblick auf die Haltung Schwedens und die Widerstandsbewegung in Norwegen als gefährlich angesehen werden mußte. Diese Auffassung erhielt ihre Bestätigung durch eine Ankündigung des norwegischen Königs vom 26. 10., wonach in Kürze norwegische Kräfte im Zusammenwirken mit russischen eingreifen würden.

Wenn der OB auf eine Beschleunigung des Rückmarsches drängte, so bestimmte ihn dabei, daß die Reichsstraße in bestimmten Abschnitten nur beschränkt begehbar und von November an mit Schneestürmen zu rechnen war. Nach der Auffassung des WFStabs ließ sich die Bewegung auch noch im November durchführen — eine Auffassung, die durch die ungewöhnlich günstige, bis in den Dezember milde Wetterlage nachträglich gerechtfertigt wurde. Auf diese Weise lief die Entwicklung darauf hinaus, daß die Bewegung ungefähr in der Weise durchgeführt wurde, wie es im ursprünglichen „Birke"=Befehl (der mit einem Erreichen des Porsanger=Fjordes bis zum 15. 11. gerechnet hatte) vorgesehen worden war (Einzelbefehle für die „Nordlicht"=Bewegung ergingen am 8. 10., 9. 10., 10. 10., 13. 10., 14. 10., 15., 17., 18., 20., 21., 26., 29. 10., 1. 11., 4., 5., 11., 12., 16., 24. 11.; dazu Reiseberichte 25. 10. und 27. 10.).

Richtlinien für das Verhalten gegenüber Schweden wurden am 15. 10. gegeben; jede Zuspitzung sollte vermieden werden.

Am 21. 10. befahl der Führer, daß die auf finnischem Gebiet gelegene, beherrschende Berghöhe am rechten Flügel der Lyngen=Stellung entgegen dem Antrag der Geb.=Armee besetzt werden solle, da von ihr aus das Gelände weiterhin beherrscht werde. Den Einwand des OB, daß die Finnen mit dem Reich im Kriege blieben, so lange deutsche Truppen auf finnischem Gebiet stünden, hielt der Führer für nicht stichhaltig; nach seiner Überzeugung war vielmehr damit zu rechnen, daß die Sowjet=Union die finnischen Truppen nach wie vor zum Kriegsdienst gegen Deutschland zwingen werde.

Am 27. 10. wurde auf Befehl des Führers die *zukünftige Befehlsgliederung in Norwegen* befohlen:

1. Verschmelzung des Oberkommandos der Norwegen=Armee und der 20. Geb.=Armee (Op.=Abt. aus der Geb.=Armee, Qu=Teile aus Norwegen) unter der Bezeichnung „20. Geb.=Armee". Als OB und zugleich als Befehlshaber Norwegen wurde der Gen.=Oberst Rendulic bestimmt.

2. Zusammenfassung der Kräfte der 20. Geb.=Armee und des LXXI. AK. im

Raum Narvik—Lyngen zur „Armee-Abt. Narvik" unter dem Kommando des Gen.-Kdo.s XIX. AK.

3. Führung der Kräfte der Kriegsmarine weiterhin durch das Marine-Oberkdo. Norwegen, der Luftwaffe durch den General der deutschen Luftwaffe in Norwegen (wieder dem Wehrm.-Befehlshaber unterstellt). Am 21. 11. teilte der Chef OKW dem Reichsführer [1] SS mit, daß die von diesem vorgesehene Einsetzung eines Wehrm.-Befh.s Norwegen nicht erforderlich sei. Die Befehlsübernahme wurde am 22. 11. geregelt.

Am 1. November legte das Geb.-AOK Vorschläge für Stellungen vor der Lyngen-Stellung vor, die sich besser als diese eigneten. Es empfahl die Kilpisjärvi-Stellung. Am 3. 11. wurde dem AOK die Entscheidung des Führers mitgeteilt, daß es sich im Winter in dieser Stellung verteidigen und daneben die Kitdal-Stellung ausbauen solle.

Kleine Grenzzwischenfälle wurden von der schwedischen Presse stark herausgestrichen. Zur Klärung der Schuldfrage wurde auf deutscher Seite eine kriegsgerichtliche Untersuchung eingeleitet (vgl. 6. 11.). Über die Schwierigkeiten, die sich inzwischen bei der Evakuierung ergeben hatten, legte der WFStab am 12. 11. eine Notiz vor.

Am 14. 11 wurde befohlen, die bis 21. 11. vorgesehene Räumung des Porsanger-Fjords hinauszuschieben, um die dort noch lagernden 35 000 to Versorgungsgüter vorher abzutransportieren. Zur Beschleunigung der Abfahrt der Divisionen sollten die Truppentransporte in Nordnorwegen jedoch ausschließlich für diese sowie für Verwundete verwandt werden.

Am 19. 11. legte der Wehrm.-Befehlshaber Norwegen eine Beurteilung der Lage in Norwegen ( von Oslo aus gesehen) vor, in der er dafür eintrat, die Front vor dem Lyngen-Fjord zu belassen. Am 1. 12. wurde ihm mitgeteilt, daß ein Vorstoß der Russen möglich bleibe und deshalb das Flankenrisiko nicht gelaufen werden solle.

**15. Der Fortgang des Rückmarsches (von Ende September 1944 — Ende Januar 1945)**

Am 20. 9. war der Chef der Sowjet-Kommission, der als besonders finnenfeindlich angesehen werden mußte, bereits in Helsinki eingetroffen und die Räumung von Porkkala bereits eingeleitet. Da der Feind nunmehr die ehemalige Frontzone durchschritten und dadurch den Anschluß an das finn. Straßennetz erlangt hatte, mußte fortan damit gerechnet werden, daß er schneller folgen werde. In den leeren Raum, der an der Südfront entstand, rückte jedoch vor den Russen die 6. finn. Div. ein.

Beim Rückzug der deutschen Verbände wurden die Zerstörungen durchgeführt, die erforderlich waren, um einen nachfolgenden Feind aufzuhalten. Die für die Südfront gebildeten beiden Gruppen wurden wieder aufgelöst. Aus der Ostgruppe wurde die Brig. Finnland gebildet. Der letzte Transport verließ den

1 Ms.: Befehlshaber.

Hafen Kemi am 21. 9. Abschließend ergab sich, daß aus finnischen Häfen ab=transportiert wurden: 4049 Soldaten, 3336 Verwundete, 332 Evakuierte, 746 Fahrzeuge und 42 144 to (13 064 to gingen durch Ausweichen finn. Schiffe in finnische und neutrale Gewässer verloren). Am folgenden Tage erreichte die Spitze der 6. SS=Geb.=Div. Rovaniemi. Das XXXVI. AK. setzte sich nunmehr auf die Salla=Stellung ab. Bis zum Ende des September waren die Bewegungen der Geb.=Armee planmäßig fortgegangen, der Rückzug aus der Salla= auf die Kiloselka=Stellung vollzogen. Feindlicher Druck war bisher im begrenzten Rah=men wirksam geworden.

Der Oktober brachte sofort eine Wendung; denn am 1. 10. landeten die Fin=nen im Rücken der deutschen Kräfte in dem Grenzhafen *Tornio* (ostwärts Haparanda) und auf der Insel vor dem ostwärts anschließenden Hafen *Kemi*.

In den nächsten Tagen entwickelten sich Kämpfe von steigendem Umfang und zunehmender Schärfe. Durch weitere Landungen verstärkten sich die Fin=nen. Die eigene Luftwaffe griff ein, und U=Boote wurden herangezogen. Doch gelang es nicht, die Finnen wieder ins Meer zu werfen. Die eigenen Kräfte setz=ten sich daher ab. Die Finnen suchten sich dieser Bewegung an der Straße ent=lang der schwedischen Grenze vorzulegen; am 7. 10. kämpften sich die Kräfte zurück. Am 10. 10. zogen die letzten deutschen Kräfte aus dem Raum von Tornio ab.

Nicht nur die Finnen, sondern auch die Russen wurden jetzt aktiv. *Am 7. 10. begann an der Murmansk=Front der erwartete Großangriff.* Am 8. 10. waren 625 Einsätze der feindlichen Luftwaffe zu verzeichnen, in der Nacht weitere 55, also sehr viel mehr als je zuvor. Der Gegner versuchte, die eigenen Kräfte zu umfassen; daher wurde der Rückmarsch in die Tana[1]=Stellung befohlen. In der Nacht wurde der Ostbogen hinter die Liza zurückgenommen, um eine Ein=kesselung der Divisionen zu verhindern. Am 9. 10. verschärfte sich die Lage durch Landungen im Norden von der Fischerhalbinsel aus (vgl. Meldung vom 9. 10.). In der Luft griff der Gegner wiederum 600 mal an; doch gelang es, 85 Flugzeuge abzuschießen. Dabei ging 1 eigenes Flugzeug verloren. Dies hatte zur Folge, daß sich die feindliche Luftwaffe fortan wieder zurückhielt. Am 10. 10. wurde der Feind in der Tana=Stellung abgewiesen; doch drang ein Regt. bis zur „Russenstraße" vor, die erst wieder freigekämpft werden mußte. Der Ostbogen wurde weiter verkleinert. Vor der Fischerhalbinsel umfaßte der Feind nun die eigene, frontal sehr widerstandsfähige Stellung. Am 11. 10. verschärfte sich die Lage weiter. Der Gegner holte weit nach Westen aus und unterband die Eismeerstraße; ein eigener Gegenstoß schlug nicht durch. An der festen Südfront wurden Angriffe abgewiesen. Aus dem Ostbogen setzte sich die 6. Geb.=Div. bereits in die Petsamo=Stellung ab.

Am 12. 10. nahm die *Krise* weiter zu, da der Gegner die Eismeerstraße nun=mehr auf eine Länge von 8 km in seine Hand gebracht hatte und in der Pet=

1 Ms.: Lan=St. (so auch 7 Zeilen weiter).

samo=Bucht von Schnellbooten aus landete. Angriffe zum Freimachen der Straße schlugen auch am 13. 10. nicht durch; es gelang nur, die gleichfalls bereits unterbrochene Straße Petsamo—Kirkenes wieder zu öffnen. Am 14. 10. wurde *Petsamo preisgegeben* und die Masse der 6. Geb.=Div. an die norwegisch=finnische Grenze zurückgezogen.

Damit war die in langer Arbeit ausgebaute *Murmansk=Stellung nach einem Kampf von einer Woche eingestürzt.* Das bedeutete, daß der Räumung ein viel schnelleres Tempo aufgezwungen wurde, als beabsichtigt war. In Petsamo konnten wohl die erforderlichen Zerstörungen durchgeführt, aber doch nicht so viel Güter abtransportiert werden, wie das ohne Druck des Feindes möglich gewesen wäre. Denn inzwischen waren für den Nordraum über 40 Schiffe bereitgestellt, die zum Teil auch bereits dort eingetroffen waren.

Daß die Russen mit 6 Divisionen und einzelnen Brigaden in ein Gebiet vorstießen, das Tundra=Charakter hatte und daher nur den Einsatz kleinerer Einheiten mit Spezialausrüstungen zuzulassen schien, bedeutete eine Überraschung.

An der Küste machte sich nicht nur die lebhafte Tätigkeit der russischen Schnellboote und Flieger geltend, sondern auch das Eingreifen britischer Streitkräfte, die in diesem Fall also den Russen in die Hand arbeiteten.

Es wurde deshalb in diesen Tagen erwogen, dem Geb.=AOK eine Jagdgruppe zuzuführen. Doch wurde davon abgesehen. Statt dessen wurden — da Betriebsstoff und Bomben vorhanden waren — der Armee 25 Flugzeuge und 15 Flugzeugführer zugeteilt (Befehl vom 14. 10.).

Am 16. 10. begann das Absetzen aus der Rovaniemi=Stellung. Dabei wurde der Marsch so eingerichtet, daß die 6. SS=Geb.=Div. ihre mot. Teile nach Narvik vorausschickte und mit den Fußteilen folgte, so daß ihre Verladebereitschaft binnen 3 Wochen zu erwarten stand. Am 17. 10. meldete der OB, daß vorerst der Raum Kolosjoki und der Raum Kirkenes gehalten werden müßten. Er wies auf die Notwendigkeit des Aufbaues der Marschversorgung ostwärts des Lyngen=Fjords hin und beantragte Zuführung von Verpflegung.

In der Nacht zum 18. 10. wurde die *Ivalo=Schutzstellung* bezogen. Gleichzeitig war der Abmarsch aus dem Norden im Gange, und zwar so, daß die 6. Geb.=Div. mit 2 Brigaden auf der Nordstraße, alle übrigen Teile nach Südwesten auf Ivalo zurückgeführt wurden, das also so lange gehalten werden mußte, bis alle Kräfte aus der Murmansk=Front durchgeschleust waren.

*Nunmehr war bis Narvik noch ein Marsch durchzuführen, der von Ivalo aus 1100 km, von Kirkenes aus 1000 km lang war.*

Am 10. 10. verlangte der Führer, daß im Nordraum möglichst viele U=Boote zusammengezogen werden sollten, um eine überholende Landung der Russen zu verhindern. Die Voraussetzung dazu war bereits gegeben, da gerade zum Kampf gegen ein feindliches Geleit nach Murmansk sich U=Boote bereitstell=

ten. Aus demselben Grunde stimmte der Führer am 19. 10. dem Vorschlag des Chefs WFStab zu, die erforderlichen Küstenbatterien auf die Gefahr hin stehen zu lassen, daß sie schließlich gesprengt werden müßten.

Die Marschbewegung glückte, obwohl der Feind sowohl der Nord- als auch der Ivalo-Gruppe nachdrängte und vorübergehend die Straße nach Kirkenes unterbinden konnte. Auf dem rechten Flügel ergaben sich keine Schwierigkeiten, da hier die Fühlung mit dem Feind verlorenging.

Am 21. 10. wurde das Nickelwerk Kolosjoki nach Zerstörung geräumt. Am 22. 10. gab der WFStab die Bewegungen des 20. Geb.-AOK.s und die Aufgabe von Kirkenes je nach der Entwicklung frei. In der Nacht zum 24. 10. wurde die *Kirkenes-Schutzstellung* bezogen, nachdem am 23. 10. das letzte Räumungsgeleit den Hafen verlassen hatte; außerdem waren bereits 37 000 BRT mit etwa 45 000 to Räumungsgut aus dem Hafen abgefahren worden, obwohl durch feindliche Luftangriffe bis zu 20 Stunden täglich Ladeausfall eingetreten war.

Nachträglich wurde festgestellt, daß 1/3 der Vorräte abtransportiert, 2/3 vernichtet worden waren.

*Am 25. 10. wurden Stadt und Hafen Kirkenes geräumt.*

Wenn die planmäßige Räumung auch nicht hatte durchgeführt werden können, so war es trotz des überhasteten Tempos also doch noch möglich geworden, aus dem Nordraum einen bedeutenden Teil abzutransportieren. Als das wesentlichste konnte angesehen werden, daß kein Truppenteil abgeschnitten worden war und die Geb.-Armee daher außer den Verlusten im Kampfe in voller Stärke verwendungsbereit blieb.

Am 25. 10. lief eine Meldung des OB ein, in der er für den Abtransport auf andere Kriegsschauplätze 2 Gen.-Kdo.s und 4 Divisionen anbot.

Am 26. 10. wurde die Räumung der *Varanger-Halbinsel* und die Besetzung der *Karesuando-Stellung* eingeleitet, am 26. 10. das Absetzen von Nautsi in der Südecke des norwegischen Zipfels. Am 28. 10. wurden Nautsi und Vadsö auf der Halbinsel geräumt. Am 29. 10. wurde Neunio an der schwedischen Grenze erreicht, wo das große Munitionslager bereits völlig geräumt worden war. Anschließend überschritten mot. Kräfte die norwegische Grenze. Am 30. 10. erfolgte das Ablösen aus dem Lutto-Abschnitt, am 31. 10. aus der Ivalo-Schutzstellung. Am gleichen Tage wurden über See die letzten Teile aus Vardö abgefahren.

Am 2. 11. hatte die auf der Nordstraße zurückmarschierende 2. Geb.-Div. das norwegische Gebiet, wo nun Finnen und Russen gemeinsam drückten, erreicht. Am 3. 11. wurde Ivalo geräumt; im Norden wurde der Tana-Fjord gesichert. Ohne Feinddruck erfolgten dann auch hier das Ablösen und der Weitermarsch zum Lyngen-Fjord. Zurückgelassen wurden 4 schi-bewegliche Jagdabteilungen. Außerdem wurde noch bis in das nächste Jahr der Raum um Hammerfest und der Raum westlich des Alta-Fjords gehalten. *Mitte November war vom finnischen Boden nur noch die äußerste Nordwestecke besetzt.*

Für diese Bewegungen war entscheidend, daß die *Russen* ihr nicht folgten. Anfangs hatte es zwar den Anschein, sie würden sich um die norwegische Grenze nicht kümmern, da vorgeschobene Teile sie überschritten. Dann aber wurde im Dezember klar, daß die Russen nicht über den Tana=Fjord hinaus vorrückten, also nur die äußerste Ecke von Nordnorwegen besetzten und Kräfte an andere Fronten abzogen. Da die Finnen ihrerseits nicht gegen den Porsanger=Fjord vorstießen und auch keine Anstalten machten, die Kare=suando=Stellung anzugreifen, konnte die eigene Führung ihre Entschlüsse un=abhängig vom Feinde fassen.

Daß der Gegner nicht weiter folgte, konnte nicht allein auf die durchge=führten Straßenzerstörungen zurückgeführt werden. Wieweit dabei politische Gründe eine Rolle spielten, ließ sich nicht durchschauen. Denkbar war auf Grund der vorliegenden Nachrichten, daß die Briten nun doch noch zu einem Stoß gegen Norwegen einsetzten, um die eigenen Kräfte abzuschneiden. Doch lagen keine greifbaren Anzeichen dafür vor. Immerhin ergaben sich aus dieser Möglichkeit doch Rückwirkungen auf das Bemessen der Kräfte, die im Nord=raum belassen wurden.

Am 17. 12. ging die Nachhut der 20. Armee nach Zerstörung aller Kunst=bauten und der Reichsstraße 50 auf den Bille=Fjord zurück. Am 18./19. 12. wurde die *Kautokeino=Stellung* geräumt.

Ende Januar war die *Lyngen=Vorstellung* durch ein Rgt. und eine Abt. be=setzt. Die Bewachung des Raumes zwischen ihr und der gleichfalls bereits be=setzten „Semmering"=Stellung an der Grenze des finnischen Nordwestzipfels wurde überwacht. Vorwärts der Vorstellung befanden sich noch die Besatzung von Hammerfest und ein Räumungskommando im Alta=Fjord, das in Kürze über See abtransportiert werden sollte, sowie Sicherungen. Die Reichsstraße 50 war außerhalb des eigenen Bereichs so nachhaltig zerstört, daß vorerst größere Bewegungen auf ihr nicht möglich waren. Von Land aus war also der nord=norwegische Raum nunmehr ausreichend gesichert.

Damit hatte mitten im harten Winter, der von Ende November an Tempera=turen unter – 30 Grad gebracht hatte, eine Bewegung ihr Ende gefunden, der anfangs mit Besorgnis hatte entgegengesehen werden müssen und die — abge=sehen von dem Rückschlag an der Murmansk=Front — zu einem vollen Er=folg geführt hatte: die Geb.=Armee war, ohne daß Teile von ihr abgeschnitten worden waren, zurückgeführt.

Den unbesetzten Raum, der auf diese Weise um das Nordkap entstand, be=setzten im Laufe des Januar 1945 norwegische Einheiten, die zum Teil aus England herangefahren, zum Teil aus Schweden herangeflogen wurden.

Die Versorgung der marschierenden Truppen war durch die vorausschauen=den Maßnahmen gesichert. Entlang der Reichsstraße 50 waren im Nordraum – zum Teil durch Zuführung von der finnischen Front – die erforderlichen Lager eingerichtet worden. Dazu kamen noch die Vorräte, welche die Truppe selbst mitführte. Für die Verbände, die in Nordnorwegen bleiben sollten, war Ende Oktober eine Versorgung von 200 000 Mann für 4 Monate sichergestellt.

Eine Sonderfrage war die Rückführung von 18 000 Kriegsgefangenen, die bisher für Straßen= und Eisenbahnbau eingesetzt worden waren und jetzt in das Reichsgebiet zurückgeführt werden sollten, um dort bei der Durchführung des Geilenberg=Programms (Verlagerung in Hydrier=Kleinbetriebe) zu helfen.

Die Steuerung des Rücktransports blieb Aufgabe des Reichskommissars für die Seeschiffahrt, der seit Jahr und Tag eingearbeitet war und es auch zuwege brachte, daß die gestellten Anforderungen schließlich doch erfüllt wurden. Um die auftauchenden Schwierigkeiten auszuräumen, griff der WFStab wieder=holt ein.

Der Rückmarsch vom Nordraum bis zur Eisenbahn, die Verladung nach Oslo, die Überführung nach Dänemark und die Weiterfahrt an die übrigen Fronten lösten Schwierigkeiten aus, die engste Zusammenarbeit der drei Wehr=machtteile, der Schiffahrt und der Eisenbahn verlangten. Sie waren auf Grund der Gegebenheiten und der Jahreszeit an sich schon groß und wuchsen durch feindliche Angriffe aus der Luft und von See aus noch weiter an. Die Ankün=digung des Gegners aus dem Herbst, die Alliierten würden den zu erwartenden Abzug deutscher Kräfte aus dem Norden auf alle Weise erschweren, vermoch=ten sie jedoch nicht wahrzumachen. Sie konnten ihn etwas, aber nicht wesent=lich verzögern, und die Verluste, die durch Bomben und Minen in der Trans=portbewegung eintraten, hielten sich bis zum Frühjahr 1945 in ganz geringen Grenzen.

Da die Lage es erlaubte, konnten im Nordraum auch noch während des Ab=setzens Transporter eingesetzt werden. Sie wurden für Verwundete und Wehrmachtsgut benutzt. Die Truppen wurden dagegen völlig auf den Land=marsch in und hinter die Lyngen=Stellung verwiesen. Von dort mußten sie — soweit sie auf andere Kriegsschauplätze verlegt wurden – noch bis Mo weiter marschieren; um die dort beginnende Strecke Mo—Oslo (die nur eine Belegung im Tempo 8 vertrug) zu entlasten, marschierten einzelne Teile bis Drontheim weiter.

Um die Marschbewegungen zu beschleunigen, wurden die Fährmittel an den Übersetzstellen verstärkt. Zum Heranbringen von Gerät usw. wurden auch südlich der Narvik=Stellung Schiffe eingesetzt. Gegen die eigenen Schiffe, die um Südwestnorwegen herumfuhren, setzte der Feind zum ersten Mal am 12. 11. schwere Seestreitkräfte (1 Kreuzer, begleitet von 1 Träger und Zer=störern) ein. Dabei waren 2 eigene Schiffe mit 3000 BRT versenkt, 2 weitere konnten noch geborgen werden, der Rest entkam. Doch gingen von den 6 Siche=rungsfahrzeugen, die den Feind abzudrängen suchten, 5 unter.

Am gleichen Tage gelang es dem Feinde, das bereits mehrfach angegriffene

*Schlachtschiff „Tirpitz"* im Alta=Fjord durch Treffer aus der Luft zum Kentern zu bringen (genauer S. 917).

Der Abtransport war so geregelt, daß das Geb.=AOK zu unterscheiden hatte, was abtransportiert werden sollte, wo dies zu geschehen hatte und wohin die Transporte zu lenken waren. Für die Durchführung war der Oberquartiermeister Skandinavien verantwortlich, der zum Stab des Wehrm.=Befehlshabers Norwegen gehörte, aber zugleich Außenstelle des GenStdH war. Bei den Schiffsfragen waren beteiligt die Kriegsmarine (wegen Tankerschiffen usw.), der Reichskommissar für die Seeschiffahrt, die Transportflotte Speer und der Wehrm.=Befehlshaber Norwegen (wegen der Küstenschiffe). Die Führung wurde dem Marine=Oberkommando Norwegen übertragen, das die vorliegenden Anforderungen auf täglichen Besprechungen der Beteiligten in Oslo ausglich und im Nordraum als ausführendes Organ den Admiral Polarküste besaß.

Über den Lyngen=Fjord wurden vom 1. — 30. 11. in 2130 Fahrten rund 50 000 Soldaten und 6030 Lkw übergesetzt, also am Tage durchschnittlich 1700 Mann und 600 Fahrzeuge.

### 16. Die weitere Entwicklung in Finnland

Die Russen führten keine Besetzung des Landes durch, verschoben ihre Truppen vielmehr an andere Fronten. Dagegen gewann die Waffenstillstandskommission, die von Gen.=Oberst Shdanow geführt wurde, eine Stärke von etwa 800 Mitgliedern. Ihres Schutzes erfreuten sich die Gesellschaft Finnland=SU und die kommunistische Partei, deren Blatt radikale Forderungen vertrat und eine Ausdehnung der Verhaftungen von „Kriegsverbrechern" forderte.

Mitte November wurde die Regierung neu gebildet. Den Vorsitz übernahm Paasikivi, das Außenministerium behielt Enckell. Durch die Aufnahme des kommunistischen Redakteurs Leinö und des Vorsitzenden der finnisch=sowjetischen Vereinigung, Dr. Helo, wurde die Linksneigung dieser Koalitionsregierung unterstrichen.

Bis Ende des Jahres war die Demobilmachung beendet. Unter den Waffen stand anscheinend noch ein Jahrgang mit etwa 32 000 Mann. Den noch vorhandenen Verbänden war kein Kampfwert mehr zuzuschreiben (vgl. Meldungen des Mil.=Attachés Stockholm vom 21. und 25. 10.).

Anfang November regte sich noch einmal die gleich beim Abfall Finnlands gehegte, damals aber enttäuschte Erwartung, daß sich eine finnische Widerstandsbewegung bilden werde (vgl. Merkbuch 6. 11., Chef WFStab). Nach britischen Rundfunkmeldungen war es zu blutigen Zusammenstößen in verschiedenen Garnisonstädten gekommen, da die „Weiße Garde" sich nicht habe entwaffnen lassen wollen; auch sei wegen der Aufnahme der beiden Kommunisten in das Kabinett eine Krise entstanden. Doch wurden keine Erfolge sicht=

bar. Richtlinien für eine Propaganda in die finnische Truppe wurden am 6. 12. gegeben.

Erst Anfang März 1945 erklärte die finnische Regierung Paasikivi[1] rückwirkend ab 15. 9. 44 den *Kriegszustand zwischen Finnland und dem Reich.*

Finnland hatte von Kriegsbeginn 1941 — 31. 10. 43 verloren:

| | |
|---|---|
| Gefallene | 28 650 |
| im Lazarett gestorben | 10 938 |
| Vermißte | 1 449 |
| | 41 037 |
| Verwundete | 93 754 |

Die Verluste im Winterfeldzug 1939/40 hatten betragen: 20 000 Tote und 10 000 Invaliden (vgl. 4. 4. 44). Über die Verluste von Ende 1943 bis zum Waffenstillstand liegen keine Unterlagen vor.

## B. Norwegen

### 1. Norwegen im Rahmen der Gesamtkriegführung Der Verlust des Schlachtschiffes „Tirpitz"

In der ersten Aprilhälfte erhielt der Wehrm.-Befehlshaber[2] den Befehl, für alle Fälle eine Riegelstellung zu erkunden, die Tromsö einschloß.

Zeitweise mußte mit einer Landung in Norwegen gerechnet werden, da der Feind in Schottland Kräfte ansammelte. Bis Anfang Juni waren sie jedoch wieder auf 4—6 Divisionen verringert, so daß nur noch ein örtlich begrenztes Unternehmen in Frage kam.

Über die Maßnahmen, die im Falle einer feindlichen Großlandung zu ergreifen waren, einigte sich der Wehrm.-Befehlshaber von sich aus mit dem Reichsbevollmächtigten[3], wobei dessen frühere Absicht zu Boden fiel, daß er ein ihm allein unterstelltes Gebiet übernahm. Die gefundene Lösung, die vom Chef OKW begrüßt wurde, lief auf ein Weiteramtieren der zivilen Stellen und ein Weisungsrecht der Wehrmacht in der Kampfzone, wie es auch an den übrigen Fronten festgelegt wurde, hinaus (Merkbuch 12. 6.).

Im Zusammenhang mit der am 10. 6. begonnenen Offensive der Russen gegen die finnische Front wies die Seekriegsleitung darauf hin, daß die Polarküste erhöhte Bedeutung verlange, da es nicht ausgeschlossen sei, daß die Alliierten dort aus politischen Gründen eine Landung vollziehen könnten. Die

1 Ms.: eine neue finn. Regierung.
2 Generaloberst v. Falkenhorst.
3 Terboven.

Home Fleet liege in Scapa Flow, verstärkt durch zahlreiche Kreuzer. Nach den Berechnungen des WFStabs kamen für ein solches Unternehmen eine amerikan. Division in Island, 4 Inf.=Divisionen, 1 norweg. Brigade und 1 poln. Luftlande=Regiment in Schottland, 5 Inf.=, 1 LL= und 1 Pz.=Division[1] in Nord= und Mittelengland in Betracht, wobei jedoch der Einsatz der Polen aus politischen Gründen nicht wahrscheinlich schien. Da andere Verbände vermutlich für den Westen vorgesehen waren, müsse mit 7 1/3 Inf.=Divisionen und 1 1/2 Pz.=Divisionen, vielleicht sogar nur mit 3 1/2 amerikan. Inf.=Verbänden gerechnet werden. Landeschiffsraum sei in den ostschottischen Häfen jedoch nicht erkannt. Es wurde deshalb nur ein kleineres Landungsunternehmen für möglich gehalten.

Ende Juni lag die abschließende (vgl. 16. 6. und 29. 6.) Erkundung für einen *Riegel Lyngen=Fjord — Skibotten* vor, der die gestellten Forderungen erfüllte (vgl. 29. 6.). Der Ausbau dieser Stellung wurde nun in Angriff genommen. Auf seinen Antrag, ihm Pi=Kräfte zu stellen, erhielt der Wehrm.=Befehlshaber am 21. 9. die Antwort, er müsse sich mit eigenen Kräften behelfen.

Am 12. 9. erließ der Gegner Aufrufe an die norwegische und dänische Bevölkerung; doch wurde die Nachricht als Täuschungsmanöver gewertet. Da seit dem August im Skagerrak starke Minensperren ausgelegt waren, wurde hier zudem eine starke Erhöhung der Abwehrkraft erzielt.

Seit dem September mußte auch die Möglichkeit ins Auge gefaßt werden, daß *Schweden,* das seit dem Abfall Finnlands am 31. 8. stärkerem feindlichen Druck ausgesetzt war, eines Tages nicht nur die wirtschaftlichen Beziehungen zu Deutschland abbrach, sondern darüber noch hinausging. Das lief auf eine Bedrohung der norwegischen Front und der dortigen U=Boot=Basen, die nach dem Verlust der französischen Küste erhöhte Bedeutung bekommen hatten, vom Rücken aus hinaus. Als Einfallstore nach Norwegen boten sich in diesem Falle die Straßen nach Oslo und Drontheim an, deren Sperrung nur durch Abzug von Kräften aus dem Norden möglich war. Die Absicht, eine weitere Division in Norwegen für den Westen freizumachen, mußte deshalb zurückgestellt werden (vgl. Merkbuch 25. 9.).

Um der Absetzbewegung der Geb.=Armee aus Finnland und dem Abtransport von Kräften über Norwegen entgegenzuarbeiten, wurde am 19. 9. der weitere Ausbau der Lyngen=Stellung, am 27. 9. die Verstärkung der Brücke nördlich Mo befohlen. Zu weiteren Vorschlägen, unter anderen dem, im Nordraum eine Heeresgruppe aufzustellen, nahm der WFStab am 26. 9. Stellung. Am 27. 9. berechnete dieser die Stärke der im Raum Lyngen=Fjord—Narvik einzusetzenden Kräfte auf 60 000 Mann, 8 500 Pferde und 5 400 Kfz.e und Krafträder vom AOK 20, auf 71 000 Mann, 13 250 Kriegsgefangene, 5500 Pferde und 4 160 Kfz.e und Krafträder des Wehrm.=Befehlshabers Norwegen, woraus sich ein Anhalt für die zu beschaffende Bevorratung ergab. Über die sich dar=

1 Ms.: 1 LL=, 1 Pz.=Div. und 1 Pz.=Div. in.

aus ergebenden Fragen richtete der Wehrm.=Befehlshaber am 29. 9. einen Brief an den Chef OKW.

Was der Feind unternehmen würde, blieb weiterhin eine Frage, für die sowohl militärische als auch politische Gründe maßgebend waren.

Von der Seekriegsleitung lief eine Nachricht aus Lissabon vom 29. 9. ein, wonach in Ost= und Nordengland sowie Schottland nur eine geringe Anzahl von Transportern und Truppen zur Verfügung stand. Mit Großlandungen sei deshalb nicht zu rechnen, wohl aber mit einem Einsatz der Flotte, verbunden mit kleineren Landungen, und zwar nicht gegen die Deutsche Bucht. Nach der Ansicht des britischen Marine=Attachés war die Home Fleet für eine vorsorgliche Besetzung des Raumes nördlich Drontheim mit deutlicher Spitze gegen Rußland vorgesehen. In britischen Militärkreisen werde nämlich befürchtet, daß die Russen sich auf Spitzbergen festsetzten und bis Mittelnorwegen vorstießen, obwohl im Norwegen=Abkommen Narvik den Sowjets nicht zugesprochen worden sei. Andererseits bezeichnete der Attaché es als ausgeschlossen, daß die Briten den Russen in Lappland zuvorkommen würden. Die Seekriegsleitung bezeichnete eine Besetzung der Inselstützpunkte, zum Beispiel der Lofoten, um den Schiffsverkehr zu unterbinden, für nicht unwahrscheinlich (vgl. 4. 10.).

Nach dem Beginn der Räumung Nordnorwegens gab der OBdM am 26. 10. folgende Beurteilung der Lage: Eine Präventivlandung der Briten sei auf Grund der politischen Beziehungen nicht wahrscheinlich. Falls bereits Abmachungen getroffen seien wie auf dem Balkan, sei offen, wem der Narvik=Raum zugesprochen worden sei. Eine britische Landung bei Aalesund, wo in der letzten Zeit Angriffe von Trägern aus erfolgt seien, sei gleich wahrscheinlich wie eine bei Narvik. Eine russische Großoperation über See sei zur Zeit unwahrscheinlich, zumal Schiffsraum fehle. Jedoch müsse jeder Möglichkeit Rechnung getragen werden. Für Sicherungs=Streitkräfte sei der Schwerpunkt im Polargebiet gebildet; weitere Kräfte könnten nicht zugeführt werden. Die größte Gefährdung des Rückzuges liege in Luftangriffen von russischen Flugplätzen und britischen Trägern aus, die Schwäche der Abwehr gegen Landungen im Fehlen von Luftstreitkräften.

Am 27. 10. erließ der Chef OKW auf Befehl des Führers im Hinblick auf einen russischen Durchstoß auf Narvik und die Möglichkeit britischer Landungen in Norwegen Richtlinen für die Abwehr.

Nach einer Lagebeurteilung der Seekriegsleitung vom 9. 11. waren die norwegischen Verbände in Schottland (1 Inf.=Brig., 1 Fallsch.=Jg.=Btl. und 1 Pz.=Sturm=Abt.) in Alarmbereitschaft; doch fehlten noch Hinweise auf Einsatzabsichten. Eine Landung norwegischer Kräfte mit britischer Verstärkung zu begrenzter Unternehmung wurde als nicht unmöglich bezeichnet. Die Möglichkeit, den Abtransport der Geb.=Armee zu stören, könne einen starken Anreiz bie=

ten. Die Kriegsmarine plante, 180 Ein=Mann=U=Boote in den Nordraum zu verlegen (Notiz vom 12. 11.).

Da am 16. 11. in der amerikanischen Presse größere Landungen angekündigt wurden, wurde am 18. 11. verschärfte Aufmerksamkeit befohlen.

Nach den Mitte November (vgl. 14. 11.[1]) vorliegenden Nachrichten war weder damit zu rechnen, daß im Norden die Russen an der Reichsstraße 50 überholend landeten, noch daß eine größere britische Operation erfolgen würde.

In einer von Oslo aus gesehenen Lagebeurteilung wies der Wehrm.=Befehls=haber Norwegen am 19. 11. darauf hin, daß (wie erwartet) der russische Vor=marsch zum Stehen gekommen sei und als Sicherung die Kräfte der norwegi=schen Exilregierung und Finnen benutzt würden.

Der norwegischen Exilregierung stünden in Schottland 1 Brig., 1—2 Fallsch.=Btl.e sowie einige Fliegerstaffeln zur Verfügung, ferner in Schweden Polizisten und unausgebildete Flüchtlinge. Nach Kirkenes in Marsch gesetzt seien von Schweden aus erst 160 Polizisten. Außerdem werde in der schwedischen Presse noch in größerer Aufmachung Propaganda für eine schwedische Freiw.=Hilfs=truppe betrieben (im Falle Finnlands habe sich 1 Btl. gebildet, das bei Hangö eingesetzt war und keine Rolle gespielt habe). Weitere Hilfe habe die Exil=regierung nicht zu erwarten — trotz der zweifellos in England und Moskau gemachten Versprechungen. Da zwischen Kirkenes—Tana und Bassak—Lak=scho im Winter ein passierbares Gelände liege, könne sich bis Mai dort eine Exil=Armee von etwa 2 Divisionen bei Kirkenes bilden und ungestört for=mieren. Der OB schlug vor, daß die eigenen Kräfte bei Boers=Elv stehenblei=ben und auch die Grenze südlich Karasjok mit dem Flugplatz Banak besetzt halten sollten.

Mit einer britischen Landung großen Umfanges sei nicht zu rechnen. Innen=politisch sei das Auftreten einer Exilregierung im Norden sehr unerwünscht.

Eine wesentliche Verschiebung der Kräfteverhältnisse im Nordraum trat da=durch ein, daß es der britischen Luftwaffe am 12. 11. gelang, das *Schlachtschiff „Tirpitz"* zum Kentern zu bringen, das bisher allein durch seine Anwesenheit starke Kräfte gebunden hatte.

Im Jahr 1943, als das Schlachtschiff noch durch den Schlachtkreuzer „Scharn=horst" und leichte deutsche Seestreitkräfte unterstützt gewesen war, hatte es ge=nügt, um in der Zeit der Helligkeit den anglo=amerik. Geleitverkehr nach der Murmansk=Küste und Archangelsk zu unterbinden. Ferner waren ständig 4 bis 6 Schlachtschiffe sowie Flugzeugträger in wechselnder Anzahl, dazu Kreuzer und die erforderlichen Begleitschiffe in Schottland bereitgehalten worden, um den Ausbruch der deutschen Gruppen in den Atlantik unmöglich zu machen. Auch die Russen waren durch das Schlachtschiff gebunden gewesen; sie hatten sich ganz auf die Tätigkeit im Küstenvorfeld beschränkt.

1 Ms.: 14. 1.

Die Lage hatte sich für die Briten erst am 22. 9. 1943 verbessert, als das Schlachtschiff durch U=Boot=Minen Beschädigungen davontrug. Begünstigt durch die wieder einsetzende Dunkelheit hatten sie den Murmansk=Verkehr wieder aufgenommen. Bei dem Versuch, ihn zu unterbinden, war am 26. 12. 1943 der Schlachtkreuzer „Scharnhorst" untergegangen.

Da die „Tirpitz" im Alta=Fjord repariert werden konnte, war sie vom Früh=jahr 1944 an wieder gefechtsklar und band daher von neuem die feindlichen Kräfte. Um diesen störenden Faktor auszuschalten, war der Gegner zu Luft=angriffen übergegangen. Der erste hatte am 2. 4. stattgefunden und zu einem Überraschungserfolg geführt; das Schlachtschiff erhielt 16 Treffer; da es sich jedoch nur um leichtere Bomben handelte, war es nicht entscheidend verletzt. Gegen den nun erörterten Gedanken, die „Tirpitz" in den Heimatbereich zu überführen, hatte sich der OBdM aus dreifachem Grunde ausgesprochen: das Schlachtschiff erschwerte den Geleitverkehr, band britische Seestreitkräfte und drängte die Russen auf das Küstenvorfeld zurück. Es wurde daher im Norden belassen. Bereits im Juli konnte es wieder Übungsfahrten unternehmen. Neue Luftangriffe am 16. 7. und 29. 8. blieben ohne Erfolge. Nachträglich wurde be=kannt, daß der Angriff im August durch britische Bomber von einem russischen Flugplatz aus unternommen worden war.

Die Briten hatten den Geleitverkehr auch im Sommer fortgesetzt, indem sie im Monat durchschnittlich ein Geleit nach Murmansk fuhren; jedoch sicherten sie diese jedesmal stark durch Schlachtschiffe und andere Einheiten. Außerdem hielten sie ihre großen Einheiten in Schottland zurück, obwohl sie in Ostasien sicherlich benötigt wurden. Auch das dritte Ziel wurde erreicht: die Russen ver=hielten sich zur See völlig ruhig, und eine größere Landung im Rücken der Geb.=Armee war nicht zu besorgen.

Bei einem neuen Luftangriff am 15. 9. trug die „Tirpitz" so starke Unter=wasserschaden davon, daß sie nur noch als schwimmende Batterie — allerdings eine noch bewegliche — zu verwenden war. Das Schlachtschiff wurde deshalb in die Bucht von Tromsö verlegt, die auf diese Weise eine nachhaltige Abwehr=kraft erhielt.

Am 12. 11. flog der Feind das Schlachtschiff mit einer Sonderstaffel, die schwerste Bomben benutzte, an und beschädigte es aus 3000 m Höhe an Back=bord und durch einen Treffer in die Munitionskammer so, daß es mit 135 Grad kenterte. Der eigene Jagdschutz konnte sich nicht auswirken und kam zum Teil zu spät. Da Gasgefahr bei den sofort eingeleiteten Bergungsarbeiten ein=setzte, mußten diese am 14. 11. eingestellt werden. Im gesamt fanden rund 1000 Mann den Tod.

Der Ausfall des Schlachtschiffes bedeutete, daß der Murmansk=Verkehr jetzt nur noch durch U=Boote bedroht werden konnte und den Briten der Abzug schwerer Seestreitkräfte aus Schottland möglich geworden war. Den Russen konnten jetzt nur noch die Vorfeldeinheiten, nämlich 1 Flottille von 5 Zer=

störern, entgegengestellt werden; da diese inzwischen den Kreuzer „Milwaukee", möglicherweise sogar noch ein weiteres britisches oder italienisches Kriegsschiff übernommen hatten, war das Kräfteverhältnis im Nordraum also von Grund auf geändert. Wenn sich das nicht auswirkte, so lag das daran, daß die Russen nicht zu Operationen über See übergingen und die Briten sich auf die Fortsetzung der Bekämpfung des Geleitverkehrs beschränkten (vgl. Merkbuch 25. 11.).

### 2. Veränderungen in den Besatzungskräften

Die Verpflegungsstärke in Norwegen betrug

| | | | | | |
|---|---|---|---|---|---|
| am 1. 3. | | 359 233 | Mann und | 15 855 | Pferde |
| | (im Süden: | 139 472 | Mann | | |
| | i. d. Mitte: | 136 343 | „ | | |
| | im Norden: | 83 418 | „ ). | | |
| am 1. 4. | | 364 592 | Mann und | 20 985 | Pferde |
| 1. 5. | | 366 064 | „ „ | 21 103 | „ |
| 1. 6. | | 375 021 | „ „ | 22 796 | „ |
| 1. 7. | | 372 063 | „ „ | 20 151 | „ |

Anfang Mai verfügte das AOK Norwegen über die 89. und 196. Inf.=Div. sowie das Radf.=Aufkl.=Rgt. und die Pz.=Div. Norwegen (verstärktes Rgt.) als Armeereserve,

über das LXXI. AK. mit der 199., 230. und 270. Inf. Div. und dem Festungs=Kdo. Lofoten,

über das XXXIII. AK. mit der 295. und 702. Inf.=Div. sowie der 14. Lw.=Feld=Div. und

über das LXX. AK. mit der 269., 280., 274. und 710. Inf.=Div. und dem Territorialabschnitt Oslo (vgl. Notiz vom 23. 5.).

Abzugeben hatte der Wehrm.=Befehlshaber seinen Pz.=Verband, der nach Dänemark verlegt und hier in die 25. Pz.=Div. eingegliedert wurde. Jedoch wurde ihm auf seine Bitte am 25. 5. zugestanden, daß er Teile behalten und zur Aufstellung eines neuen Verbandes benutzen durfte. Dieser wurde aus Tarnungsgründen Pz.=Brig., dann Pz.=Div. genannt, hatte jedoch nie die entsprechende Stärke noch die entsprechende Ausstattung.

Am 14. 6. erfolgte der Befehl für die Verlegung der 89. Inf.=Div. in den Westen. Als Reserve standen dem Wehrm.=Befehlshaber nunmehr noch zur Verfügung:

im Norden der Radf.=Verband,
in der Mitte die 196. Inf.=Div.,
im Süden die neue Pz.=Brigade.

Doch mußte bereits am 2. 7. der Abtransport der 196. Inf.=Div. befohlen werden. Damit waren die beiden Res.=Divisionen des Wehrm.=Befehlshabers in Mittel= und Südnorwegen weggefallen.

Der Einspruch des Wehrm.=Befehlshabers gegen den Abzug von 2 Landes=Schützen=Btl.en der Luftwaffe wurde am 9. 7. abgelehnt.

Im Juli machte es die ungünstige Entwicklung im Osten notwendig, die Ur=lauber von Norwegen in Stärke von 10—15 000 Mann zurückzuhalten. Der Wehrm.=Befehlshaber dachte nun wieder daran, Kräfte aus dem Norden nach Süden zu verlegen; doch wurde dies am 10. 7. abgelehnt, da der Norden weiter=hin als stärker gefährdet angesehen wurde. Dem Befehlshaber wurde an=heimgegeben, 1–2 Btl.e von der Küste abzuziehen und sie dort durch Alarm=einheiten zu ersetzen. Am 12. 7. wurde die Aufstellung einer neuen Division bis 1. 11. befohlen.

Im August mußte der Wehrm.=Befehlshaber 4000 ausgebildete Soldaten ab=geben, für die er Rekruten empfing, ferner Seezielbatterien, die für ihre Zwecke nicht vollwertig waren und deshalb an Landfronten im Osten und Westen verlegt wurden.

Am 29. 9. meldete der Wehrm.=Befehlshaber, daß er den Wünschen des Marine=Oberkommandos nach infanteristischer Sicherung der Küstenbatterien wegen Anspannung seiner Kräfte nicht entsprechen könne, zumal er sich gegen Überraschungen von Osten vorsehen müsse.

Am 8. *Okt.* wurde der Abtransport der 269. Inf.=Div. befohlen, die zur Heeresgr. G kam und bis zum 3. 11. abgefahren war.

In der Zeit vom 15. — 31. 10. wurden — um ein Beispiel für die Leistungen zu geben — von Oslo nach Aarhus 10 624 Soldaten, 2 548 Pferde, rund 2 000 Fahrzeuge und 1 300 to Gut überführt, ohne daß ein Schiff verlorenging. Nur durch Sturm und Nebel sowie die Verminungen im Skagerrak und Kattegat, die der Gegner im steigenden Maße von der Luft aus durchführte, traten Ver=zögerungen ein.

Am 27. 10. regelte der Chef OKW den Abtransport, der sich aus der Bewe=gung „Nordlicht" ergab und in folgender Reihenfolge geschehen sollte:

6. SS=Geb.=Div., Gen.=Kdo. XVIII. Geb.=AK., 2. Geb.=Div., 169. Inf.=Div. Als Reserve des Wehrm.=Befehlshabers Norwegen sollten nach Mittel= und Süd=norwegen verlegt werden:

Gen.=Kdo. XXXVI. AK., 163. Inf.=Div. Dazu meldete der Wehrm.=Befehls=haber am 7. 11. über die Luftaufklärung in seinem Bereich, die nach seiner Auf=fassung nicht auslangte.

Am 29. 10. befahl der Führer die Überführung der 560. VGD. nach Nord=jütland, wo sie ihre Aufstellung beenden sollte.

Am 29. 10. wies das AOK Norwegen darauf hin, daß nach der Abgabe der 89., dann der 196. Inf.=Div. sowie der Pz.=Div. Norwegen und nunmehr auch der 296. Inf.=Div. der Küstenschutz nunmehr so schwach geworden war, daß das befohlene Erkennen von See= und Luftlandungen in Frage gestellt sei (zwi=schen Andalsnes und Stavanger auf 500 km Breite nur 7 Btl.e). Er bat deshalb von der ihm befohlenen Kürzung um 10 Prozent der Ist=Stärken bei bestimmten Einheiten abzusehen. Dieser Antrag wurde am 12. 1. abgelehnt.

Am *6. Nov.* wurde befohlen, das im Zuge der Operation „Birke" zum AOK verlegte Aufkl.=Rgt., das weiterhin als Reserve für das Geb.=AOK angesehen wurde, auch nach dem Abzug der 89. Inf.=Div. im Norden zu belassen und als infanteristische Eingreifreserve im Raum von Oslo eine Sturm=Brig. Norwegen auf dem Kdo.=Weg aufzustellen.

Am 13. 11. wurde vom Reichsführer SS das Schi=Btl. „Norge" nach Abschluß des Rückmarsches dem Höheren SS= und Pol.=Führer Norwegen zur Verfügung gestellt; nur 50 landeskundige Männer sollten zwischen Porsanger= und Lyngen=Fjord gelassen werden.

Am 19. 11. wurden die Fest.=Pi.=Stäbe, die entbehrlich geworden waren, weggezogen. Am 19. 11. wurde die Verlegung der 710. Inf.=Div. nach Dänemark befohlen; doch wurde dieser Befehl am 28. 11. dahin abgeändert, daß sie gleich in den Südwesten verlegt werden sollte. Am 24. 12. hatte sie Norwegen mit ihren Resten verlassen.

Ab Mitte November lief der Eisenbahntransport der 6. SS=Geb.=Div. von Mo nach Oslo, die dann anschließend auf das Festland übergesetzt und der Heeresgruppe G zugeführt wurde. Ihr folgten dann, ohne abzureißen, weitere Verbände und Einheiten der Geb.=Armee, die im Raum von Narvik eingetroffen waren und dort nicht mehr benötigt wurden (dabei 2 Gesteinbohr=Kompanien, deren Verlegung in den Osten am 26. 12. befohlen wurde).

Zugeführt wurde in dieser Zeit ein Pi=Landungs=Btl., das laut Befehl vom 12. 10. von Fiume nach Norwegen verlegt wurde.

Durch den Rückmarsch der Geb.=Armee ergab sich eine Neuordnung der Befehlsverhältnisse.

Anfang November übernahm den Befehl im Nordabschnitt das Gen.=Kdo. LXXI. AK. (mit der 210. Inf.=Div. auf den Lofoten und der 199. Inf.=Div. auf dem Festlande), am 25. 11. das Gen.=Kdo. des XIX. Geb.=AK. (als Armee=Abt. Narvik) den Befehl über die am Lyngen=Fjord eingesetzten Kräfte. Am 8. 12. begab sich der OB des Geb.=AOK 20 mit der ersten Staffel seines Stabes nach Oslo, um die Übernahme des Befehls einzuleiten. *Am 18. 12. übernahm das Geb.=AOK 20 die Führung im gesamten norwegischen Raum.* Der OB, Gen.=Oberst Rendulic, wurde *gleichzeitig Wehrm.=Befehlshaber Norwegen* an Stelle des Gen.=Obersten v. Falkenhorst, der nunmehr ausschied. Das ehem. AOK Norwegen wurde aufgelöst (Gen.=Oberst Rendulic gab dann seinerseits das Kommando an den General *Böhme,* bisher OB des Pz.=AOK 2, ab, um die Führung einer Heeresgruppe im Osten zu übernehmen, erst der Heeresgr. Nord in Kurland, dann der Heeresgr. A=Nord[1].

Am 21. 1. erfolgte der Befehl zum Abtransport der 199. Inf.=Div.

1 D. h. der Heeresgr. Nord in Ostpreußen (bis 25. 1. 1945: Heeresgr. Mitte).

Eine Sonderfrage war durch den Menschenbedarf für den *Bahnbau* gegeben, auf dessen Fortsetzung der Führer besonderen Wert legte und dessen Beschleunigung er am 21. 6. erneut verlangte. Am 29. 5. erhob der Wehrm.=Befehlshaber Einspruch gegen die Zuführung von 15 000 Kriegsgefangenen, die für diesen Zweck vorgesehen waren; jedoch wurde diesem nicht stattgegeben. Der letzte Transport ging Anfang Juli nach Norwegen ab. Dazu kam noch, wie der Reichsminister Speer am 3. 7. dem Chef OKW mitteilte, die Zuführung deutscher Arbeitskräfte.

Da bei dem Bahnbau 37 000 Mann, 1600 to Kw=Transp.=Raum und Teile der Transportflotte Speer festgelegt waren, regte der GenStdH, der diese Kräfte für den Stellungsbau im Sinne der Weisung 50[1] ausnutzen wollte, die Einstellung des Bahnbaus an. Doch forderte der Führer am 28. 8. erneut die Fortsetzung desselben. Nur die Herabsetzung der Betriebsstoffzuweisung von bisher 12 000 cbm wurde genehmigt.

Anfang September setzte sich auch der Reichskommissar für die Seeschiffahrt, Gauleiter Kaufmann, wegen der angespannten Transportlage für die Drosselung der Bauvorhaben und den Abzug von Org. Todt=Kräften ein.

Über die am Ende des Jahres erfolgte Einstellung des Bahnbaus und die Rückführung der Kriegsgefangenen ins Reich ist bereits im Zusammenhang mit der Bewegung „Nordlicht" gesprochen worden (S. oben S. 911).

### 3. Angriffe von See her und aus der Luft

Eine ständige Sorge bildete die Empfindlichkeit des Schiffahrtsverkehrs entlang der norwegischen Küste, der unter allen Umständen aufrechterhalten werden mußte und einen beträchtlichen Umfang hatte, da die Eisenbahn nicht leistungsfähig genug war (Transportleistung nach Norwegen[2] im März: 30 712 Mann). Die Verluste in der Zeit vom 1. 4. 43[3] bis 31. 3. 44 betrugen: durch den Feind 159 000, durch Seeunfälle 39 000 BRT Totalverluste, dazu langfristige Ausfälle: durch den Feind 123 000, durch Seeunfälle 141 000 BRT (vgl. 25. 4.). Es überraschte daher, daß die Briten nicht mehr taten, um ihn völlig zu unterbinden, was nicht schwer war, auch wenn der Weg durch die Schären bewacht wurde. Anfang Mai erfolgte ein Angriff von einer Trägergruppe aus, bei dem 3 Dampfer getroffen und 2 von ihnen versenkt wurden. Dagegen starteten 60 eigene Flugzeuge; 9 Abschüsse wurden durch die Flak erzielt.

Außerdem mußte mit Kdo.=Unternehmen gerechnet werden. Deshalb erbat der Wehrm.=Befehlshaber Ende April die Rückgabe des dem Geb.=AOK 20 zugeführten Aufkl.=Rgt.s; sie wurde am 26. 4. befohlen (s. oben).

Die Verluste, die im Laufe des Sommers eintraten, und die erzielten Abwehrerfolge im einzelnen aufzuzählen, erübrigt sich; denn das Gesamtbild verän=

1 S. oben S. 83. 2 d. h. Südnorwegen. 3 Die erste Ziffer fehlt im Ms.

derte sich nicht. Trotz der Größe des eigenen Verkehrs und seiner Verletzlichkeit konnte er voll und ganz in dem Umfang aufrechterhalten werden, der erforderlich war, und dabei blieben die Verluste trotz der gehegten Befürchtungen in einem erträglichen Maße. Auch von den Luftangriffen gegen das Schlachtschiff „Tirpitz", das ihnen schließlich am 12. 11. zum Opfer fiel, ist nichts mehr zu sagen, da sie bereits in einem anderen Zusammenhang behandelt worden sind (S. 916 ff.).

Zu der Frage, wieweit feindliche Flugzeugträger bekämpft werden könnten, erklärte die Seekriegsleitung (vgl. Notiz vom 30. 10.), daß dies nur durch zahlreiche U-Boote möglich sei, was jedoch nur bei Luftaufklärung Erfolg verspreche. Deshalb sei der einzig richtige Ansatz der U-Boote der gegen Geleite. Nach Ansicht der Seekriegsleitung konnte die Bekämpfung der Träger daher nur durch die Luftwaffe erfolgen.

Die Luftwaffe hatte bereits Ende Oktober die Verlegung von 2 Lufttorpedo-Gruppen und die Intensivierung der Luftaufklärung befohlen. Diese lief in der Nacht zum 29. 10. an. Im Hinblick auf die lebhafte feindliche Lufttätigkeit vor der norwegischen Westküste, die eine Reihe von Verlusten zur Folge hatte, wurden am 8. 12. aus der Reichsverteidigung 2 aktive Gruppen nach Norwegen verlegt, und zwar eine nach Stavanger und die andere in den Raum von Bardufoss (in Nordnorwegen).

#### 4. Innere Lage

Auch in Norwegen kamen Sabotagefälle vor, doch blieben sie Ausnahmen. Am 20. 4. erfolgte eine wohl auf Sabotage zurückzuführende Explosion auf einem Mun.-Dampfer in Bergen, durch die 20 Soldaten und 200 Zivilisten getötet, weitere 2000 Menschen verletzt und 400 Häuser beschädigt wurden. Am 22. 4. entstand ebenda ein Brand in einer Fabrik. Am 18. 8. wurden in einem Osloer Marinelager 3800 cbm Treiböl vernichtet; auch sonst zeigte sich jetzt ein Ansteigen der Sabotage. Am 24. 11. wurden in Oslo schlagartig 6 Schiffe beschädigt; am 26. 11. erfolgte ein Anschlag gegen die Stromversorgung von Bergen. Ende Dezember fand sich eine große Anzahl von Sprengstellen an der nach Norden führenden Oststrecke; da sie nicht für die Truppentransporte benutzt wurde, blieben diese Anschläge ohne größere Folgen. Im gesamt behielt diese Tätigkeit einen geringen und mit anderen Fronten nicht zu vergleichenden Umfang.

Daß nicht nur die norwegische Exilregierung in England und die sie stützenden Anglo-Amerikaner sowie die von schwedischen Stellen mehr oder minder offen geförderten Norweger vom Nachbarland nach Norwegen hineinzuwirken versuchten, sondern daß auch in Norwegen selbst an dem Ausbau einer Widerstandsbewegung gearbeitet wurde, trat immer wieder heraus. Doch änderte das nichts an der Tatsache, daß Norwegen auch jetzt noch eines der friedlichsten Länder Europas blieb.

Die Regierung Quisling verfügte über ihre Anhängerschaft, vermochte es aber nicht, ihre Grundlage zu verbreitern.

## C. Dänemark

### 1. Dänemark im Rahmen der Gesamtkriegführung

Am 12. 4. äußerte der Führer erneut Besorgnisse wegen der Verteidigung Dänemarks. Darauf wurden eine Beurteilung der Abt. Fremde Heere-West sowie weitere Unterlagen beschafft. Vor allem kam es darauf an, in Nordjütland einen Ersatz für die 416. Inf.-Div. zu beschaffen, die für den Fall „Tanne" (Besetzung der Aaland-Inseln) vorgesehen war und innerhalb des Nordraums nicht durch eine andere Division ersetzt werden konnte. Der Führer erwog deshalb den Gedanken, die in Ungarn nicht mehr benötigte Pz.-Lehr-Div. nach Norddeutschland zu verlegen, so daß sie sowohl in Dänemark als auch im Westen eingesetzt werden konnte. Doch kam dieser Gedanke nicht zur Ausführung.

Anfang Juni wurden im Anschluß an die Invasion in Frankreich in der westlichen Ostsee für alle Fälle die verfügbaren Seestreitkräfte zusammengefaßt, um einer feindlichen Operation gegen den Sund entgegentreten zu können.

Am 27. 6. erschien im schwedischen „Aftonbladet" ein Artikel: „Die Deutschen stoppen die Befestigungsarbeiten in Dänemark", in dem von dem Abzug aller 3 Divisionen und der Verlangsamung der Bauten die Rede war. Der Mil.-Attaché in Stockholm wies bei der Übermittlung darauf hin, daß in diesem Artikel eine Aufforderung an die Alliierten zur Landung in Dänemark zu sehen sei.

Je weiter der feindliche Vormarsch im Westen vordrang, umso geringer erschien die Gefahr einer Landung in Dänemark; daher wurde kein Bedenken getragen, Kräfte abzuziehen (s. unten S. 925 ff.).

Eine neue Lage entstand durch den Abfall Finnlands am 30. 8. Da auf die Durchführung des Falles „Tanne" verzichtet wurde, verblieb die 416. Inf.-Div. (vgl. 28. 8.) in Dänemark; aber es fragte sich, ob die eigenen Kräfte darüber hinaus nicht vermehrt werden müßten. Denn noch besaßen ja die Alliierten eine Kräftegruppe in England, mit deren Landung zwischen Calais und Le Havre gerechnet wurde, bei der aber doch die Möglichkeit einer Landung in Dänemark — auch wenn sie dem die alliierte Kampfführung kennzeichnenden Bestreben nach Risiko-Losigkeit zuwiderlief — nicht aus den Augen gelassen werden durfte. Der ObdM hatte eine Denkschrift vorgelegt, in der er darauf bereits unter dem 30. 8. hinwies. Bis Frühjahr 1945 sei eine Landung an der

Westküste unwahrscheinlich; der Feind könne jedoch „in Lee", d. h. im Raume Skagen – Frederikshavn, landen, womit er die deutschen Truppen im Norden und die Nickelzufuhr absperre, sich den Weg in die Ostsee öffne und unmittelbar an der deutschen Grenze Fuß fassen würde. Außerdem würde er sich auf diese Weise möglichst weit ostwärts eine Auffangstellung gegen die Russen sichern (Merkbuch 3. 9., Notiz 8. 10.). Der Wehrm.-Befehlshaber[1] beantragte darauf 1 Inf.-Div. für Esbjerg, 1 mot. Rgt. für Aalborg, 1 schnellen Verband als Zentralreserve, 3 schnelle Abteilungen sowie Verstärkung der Nachrichten-Mittel. Der WFStab legte am 9. 9. Vorschläge für Zuführungen vor.

Eine nennenswerte Verstärkung war im Hinblick auf die Gesamtlage nicht möglich (s. unten S. 925 ff.).

In einem Reisebericht des Oberst d. G. Meyer-Detring wurde am 30. 10. darauf hingewiesen, daß die Hauptschwäche der dänischen Front darin liege, daß Nordjütland jetzt ausschließlich mit Osttruppen belegt war und der Wehrm.-Befehlshaber deshalb (in Anbetracht der Wichtigkeit des Raumes für die Verbindung nach Norwegen) um die Verlegung einer abgekämpften Division dorthin bitte. Ferner beantrage er die Zuführung von Polizei-Kräften, da die Truppe mit Befestigungs-Aufgaben belastet sei, und von 500 Eisenbahnern, da auf die dänischen Kräfte kein Verlaß sei.

Durch die Überführung der 560. Inf.-Div. nach Nordjütland (s. S. 926) erfolgte im November eine vorübergehende Verstärkung.

Da die Kriegsmarine Batterien auf Grund ihrer Beurteilung der Lage an die Ostküste verlagerte, machte der Wehrm.-Befehlshaber im November geltend, daß dann auch seine Aufstellung und sein Auftrag abgeändert werden müßten.

Am 14. 11. wurde ihm die Entscheidung des Führers mitgeteilt: Gesamtverantwortlich bleibe der Wehrm.-Befehlshaber; das OKM habe daher seine Maßnahmen vorher mit ihm abzustimmen. Die Westküste bleibe der Schwerpunkt. Eine Verstärkung der Ostküste sowie der Nordküste von Fünen und Seeland sei erwünscht, ließe sich aber im kommenden Winter nicht durchführen. Von den 28 Batterien seien die wichtigsten zu sichern. Die Zuführung der für die Westküste geforderten 6 Batterien sei nicht vordringlich, solle jedoch bis zum Frühjahr angestrebt werden.

Am 5. 12. wurde die Weisung vom 14. 11. ergänzt, um den im Winter günstigen Landungsverhältnissen an der Ostküste Rechnung zu tragen. Der Raum um Esbjerg sollte weiter durch die 160. Res.-Div. verteidigt werden; der Küstenabschnitt der 166. Res.-Div. sollte dagegen aufgelockert und 1 Rgt. nördlich Aalborg eingesetzt werden. Um für Nordjütland einen Verband zu schaffen, war vorgesehen, die bei Aalborg eingesetzten russischen Truppenteile zu einer Brigade, später zu einer Division zusammenzufassen. An der Ostküste sollte die 233. Res.-Pz.-Div. so eingesetzt werden, daß sie diese sicherte, aber auch an anderer Stelle als bewegliche Reserve eingesetzt werden konnte. Im Raum von

1 Gen. v. Hanneken.

Horsens und auf Fünen sollte die 553. VGD. neu aufgestellt[1] werden. Seeland sollte mit Schwerpunkt an der Nordküste gesichert werden (Die für die Russen erforderlichen Art.=Abteilungen wurden am 14. 12. vom GenStdH erbeten).

## 2. Veränderungen in den Besatzungskräften

Die Verpflegungsstärke von Dänemark betrug

| | | | | | |
|---|---|---|---|---|---|
| am 1. 3. 44 | 159 502 | Mann | und | 10 971 | Pferde |
| am 1. 4. 44 | 155 568 | „ | „ | 12 126 | „ |
| am 1. 6. 44 | 169 689 | „ | „ | 9 352 | „ |
| am 1. 7. 44 | 175 914 | „ | „ | 4 245 | „ |
| am 1. 8. 44 | 177 815 | „ | „ | 4 856 | „ |

Anfang Mai verfügte der Wehrm.=Befehlshaber Dänemark über die 160. und die 166. Res.=Div., die 363. und die 416. Inf.=Div., die 20. Lw.=Feld=Div., die 233. Res.=Pz.=Div. und Genesenden=Btl.e. Um die 416. Inf.=Div. in Nordjütland, die für den Fall „Tanne" (Besetzung der Aaland=Inseln, s. oben S. 875 ff.) vor=gesehen war, beweglich zu machen, wurden dem Wehrm.=Befehlshaber am 6. 4. 200 Lkw zugewiesen. Am 11. 4. erhielt die Div. 80 kleine Pi=Sturmboote mit einer Personaleinheit. Am 13. 4. wurde das Heeres=Personalamt gebeten, die personelle Besetzung zu überprüfen. Wie die Division nach ihrem Abzug in Nordjütland ersetzt werden konnte, wurde am 13. 4. erwogen. Doch kam es — wie bereits gezeigt wurde — nicht zur Durchführung der Operation „Tanne".

Am 29. 4. wurde befohlen, die 20. Lw.=Feld=Div. aus der Küstenverteidigung zu lösen und bei Aalborg als OKW=Reserve bereitzustellen. An der Küste sollte die 363. Inf.=Div. eingesetzt werden.

Am 29. 4. wurde ferner die Verlegung der Sturm=Gesch.=Brig. 393 aus dem Westen befohlen.

Am 3. 5. befahl der GenStdH die Verlegung der Reste der 25. Pz.=Div. (8000 Mann ohne schwere Waffen) aus dem Osten nach Norwegen; am 8. 5. ver=fügte das OKW deren Verlegung nach Dänemark, wo sie mit der Masse der aus Norwegen herangezogenen Pz.=Div. „Norwegen" vereinigt werden sollten. Bis Anfang Juni war die Division eingetroffen und ersetzte nun im Raum von Aalborg die 20. Lw.=Feld=Div. Durch deren Abtransport nach Italien erfolgte im Mai eine Schwächung der Kräfte. Deshalb widersprach der WFStab der Absicht, die 233. Res.=Pz.=Div. für die Auffrischung der Kräfte im Westen her=anzuziehen. Der Gen.=Inspekteur der Pz.=Truppen wurde aufgefordert, eine Zwischenlösung vorzuschlagen.

In Auffrischung und Neuaufstellung befanden sich am 1. 6. außer der Pz.=Div. noch 2 Sturm=Geschütz=Abteilungen und die 363. Inf.=Div. (21. Welle). Deren Verlegung in den Westen, wo am 6. 6. der Feind gelandet war, wurde

1 Ms.: nun aufgeteilt.

am 10. 6. befohlen. Sie wurde durch Kampfgruppen des Reichsführers SS ersetzt (vgl. Notiz am 10. 6. und 15. 6.), ferner durch den Pz.-Verband „Norwegen" (ein verst. Pz.-Gren.-Rgt. auf Rädern), der in den Raum von Esbjerg kam. Aus Tarnungsgründen wurde am 17. 6. befohlen, die SS-Kampfgruppen mit „SS-Pz.-Gren.-Brig. 49" bzw. „51" zu bezeichnen.

Am 19. 6. wurde der Gen. d. Art. beim GenStdH gebeten, die Aufstellung und den Ausbau der Heeresküsten-Artl. zu überprüfen. Am 20. 6. wurde die Sturm-Geschütz-Brig. 393 zur Heeresgr. Nord verlegt. Wegen der Krise im Osten wurde am 1. 7. die für Dänemark bestimmte 50. Inf.-Div., die in den Kämpfen auf der Krim aufgerieben wurde, bereits vor ihrem Eintreffen dem GenStdH zur Verfügung gestellt.

Anfang Juli wurde eine der Sturm-Geschütz-Brigaden an die Heeresgruppe Mitte abgegeben.

Ein Antrag des Wehrm.-Befehlshabers, 1000 Mann Reichsbahnpersonal in Dänemark zu belassen, wurde am 19. 7. abgelehnt, da diese zur Wehrmacht eingezogen werden sollten.

Da im Juli die Aufstellung von 10 neuen Pz.-Brigaden erfolgen sollte, waren Abgaben aus der 25. Pz.-Div. und der 233. Res.-Pz.-Div. in Höhe von 8300 Mann erforderlich. Sie wurden durch Rekruten und ausgekämmte Mannschaften ersetzt. Als Ersatz für die abgezogenen Kräfte wurde Anfang August aus Italien der Rahmen der abgekämpften 19. Lw.-Sturm-Div. herangezogen; sie wurde mit einer Schatten-Div. zusammengelegt, konnte aber erst bis September fertig sein.

Der Abzug der Nachr.-Kp. 809 wurde am 3. 9. im Hinblick auf die neue Lage abgelehnt.

Am 15. 9. wurde der Abtransport der weiteren Sturm-Geschütz-Brig. (280) in den Westen befohlen.

Die Zuführung von 3 Sich.-Btl.en zum Schutz der Eisenbahn mußte am 12. 10. abgelehnt werden.

Am 24. 10. wurde die Abgabe der 18. VGD. befohlen; ein Ersatz für sie erfolgte nicht. Am 25. 10. befanden sich in Dänemark noch die (in der Folgezeit umbenannte) 584. Inf.-Div., die bereits für den Abtransport vorgesehene 47. Inf.-Div., die beiden Reserve-Divisionen und die Res.-Pz.-Div., also 5 Verbände.

Am 29. 10. wurde die Verlegung der 560. Inf.-Div. von Norwegen nach Nordjütland befohlen, um dort ihre Aufstellung abzuschließen. Ende November verließ ihre Reststaffel Dänemark.

Die 47. Inf.-Div. wurde im November nach Euskirchen abgefahren.

Von nun vermehrte sich — wenn auch jeweils nur vorübergehend — die Belegung Dänemarks dadurch, daß die Verbände des (Geb.-)AOK 20, die von Norwegen aus an andere Fronten abtransportiert wurden, von Oslo nach Aarhus gefahren und in Jütland für den Eisenbahntransport neu geordnet wurden (zuerst die 6. SS-Geb.-Div., dann 2. Geb.-Div., 169. Inf.-Div., 163. Inf.-Div. usw.). Außerdem wurde gemäß eines Befehls vom 19. 11. aus dem Bereich des Wehrm.-Befehlshabers Norwegen die 710. Inf.-Div. nach Dänemark verlegt, die bis zum 27. 12. von hier nach Italien abgefahren wurde. Ferner wurde im Dezember die 9. VGD., die im Raum von Esbjerg aufgefrischt wurde, wieder abgefahren.

### 3. Der Befestigungsbau

Der Ausbau der Befestigungen, der durch die Besichtigungsreise des Gen.-Feldm.s Rommel im Januar auf eine neue Grundlage gestellt worden war, schritt gut voran. An der Küste wurde er festungsmäßig, in der 2. Stellung jedoch nur feldmäßig durchgeführt.

Am 20. 9. wurde der Abzug von 10 000 Dänen, die bisher beim Ausbau der Bodenorganisation beteiligt waren, zu der Küstenbefestigung befohlen.

Im Oktober wurde der Bau eines Sperriegels an der Südgrenze in Angriff genommen, für den deutsche Arbeitskräfte eingesetzt wurden.

Am 8. 10. teilte der Chef OKW dem Reichsminister für Ernährung und Landwirtschaft mit, eine Zwangsaushebung von dänischen Arbeitskräften für den Stellungsbau sei weder befohlen noch durchgeführt; dagegen würden auf dem Wege der freien Arbeitsvermittlung zur Zeit 9000 dänische Arbeiter angeworben.

Am 20. 10. wurde wegen des Kräftemangels im Heimatkriegsgebiet der Einsatz deutscher Arbeitskräfte auf dänischem Boden verboten; der Stellungsbau sollte nunmehr mit dänischen Kräften fortgesetzt werden (vgl. dazu Schreiben an das Ausw. Amt v. 26. 10). Da jedoch der Führer wieder deutsche Kräfte für Dänemark freigab, wurde diese Maßnahme am 8. 11. rückgängig gemacht. Am 12. 11. erklärte sich der WFStab mit der Fertigstellung der Riegelstellungen bis zum Frühjahr 1945 einverstanden; es wurde verlangt, daß zunächst eine Stellung fertiggestellt wurde.

Am 27. 11. wurde entsprechend eines Antrages des Führungsstabes Nordküste auf die Riegelstellung Süder-Brarup [1]—Husum verzichtet.

### 4. Innere Lage

Sabotagefälle waren an der Tagesordnung. In der Bevölkerung, die von ihnen nur Nachteile hatte, fanden sie keine Resonanz. Der Gedanke, Kollektivrepressalien durchzuführen, wurde abgelehnt (vgl. Notiz vom 3. 6.). Betroffen wurden insbesondere Kabelleitungen, aber die Anschläge richteten sich auch

1 Ms.: Sutejballig.

gegen Geschäftshäuser und Industrieanlagen. Als Täter waren ausländische Agenten anzusehen. Deutlich war, daß jedesmal — wenn Truppen durch Jütland nach Süden transportiert wurden — die Eisenbahn beschädigt wurde.

Am 30. 6., 10.00 Uhr, brach ein Generalstreik in Kopenhagen aus, der auch die Eisenbahn miterfaßte. In der Provinz kam es dagegen vorerst nur zu Teilstreiks. Den äußeren Anlaß gaben Todesurteile, die der Reichsbevollmächtigte[1] gegen 8 Terroristen hatte verhängen lassen; als Treibende wurden Kommunisten angesehen. Ein Zusammenhang mit Invasionsplänen trat nicht in Erscheinung. Darauf stellte der Reichsbevollmächtigte der dänischen Regierung (Zentralverwaltung) ein bis zum 1. 7. befristetes Ultimatum: falls sie bis dahin den Streik nicht beseitigt haben würde, werde er die vollziehende Gewalt dem Gen.=Lt. Richter übertragen. Da diese keine Gewähr für einen schnellen Abbruch des Generalstreiks bieten konnte, setzte der Reichsbevollmächtigte die angekündigten Maßnahmen am 1. 7. ab 12.00 Uhr in Kraft. Von der Wehrmacht wurden darauf die wichtigsten Objekte gesichert, ein Streifendienst eingerichtet und aus den Genesenden=Kompanien und anderen Kräften das in Kopenhagen untergebrachte Polizei=Btl. verstärkt. Ferner wurden die Gas=, Wasser= und Elektrizitätsversorgung sowie die Zufuhr von Nahrungsmitteln gedrosselt.

Es kam nur zu unbedeutenden Schießereien, und da der Streik schnell nachließ, konnten die eigenen Maßnahmen wieder gelockert werden. Am 3. 7. lief die Arbeit wieder an; dazu erließ die dänische Regierung einen Aufruf.

Da der Streik auch in der Provinz abflaute, übernahm der Reichsbevollmächtigte, der am 4. 7. im FHQu. zum Vortrag eingetroffen war, wieder die Geschäfte (vgl. Notizen vom 30. 6. und 6. 7.). Die Aktion hatte also nur 3 Tage gedauert.

Außer den Kommunisten arbeitet unter der Decke auch ein „Dänischer Freiheitsrat"; als dessen Vertreter traf im Juli in Moskau ein Abgesandter ein, was von Eden und Hull als Zeichen dafür begrüßt wurde, daß auch Dänemark den alliierten Mächten zuzuzählen sei.

Mitte August brach in Jütland ein neuer Streik aus; doch ging auch dieser schnell zu Ende.

Am 4. 9. wurde der Abschub von deutschen Angehörigen und entbehrlichen Zivilpersonen befohlen.

Mitte September erfolgte ein neuer Streik in Jütland. Da die Streiks auch die Eisenbahn erfaßten, übernahmen deutsche Eisenbahner die Weststrecke.

Um die geheime Bewegung zu dämpfen, wurde am 19. 9. auf Befehl des Reichsführers SS die dänische Polizei in überraschendem Zugriff entwaffnet. Diese Maßnahme löste in den meisten Städten einen Generalstreik aus, der nach den Aufrufen am 21. 9. wieder beendet sein sollte. In Kopenhagen kam es vor dem Schloß zu einer Schießerei, da die Königliche Wache glaubte, daß

1 Dr. Werner Best.

auch sie entwaffnet werden sollte. Durch Eingreifen des Königs wurde der Zwischenfall, bei dem 8 Tote zu beklagen waren, beendet. Auch die Streikbewegung erledigte sich nun in Kürze.

Im Oktober (vgl. Lagebericht 30. 11.) war die Stimmung durch die Annahme eines feindlichen Sieges bestimmt. Doch warnte die illegale Presse vor unüberlegten Handlungen. Die Parole, die Beziehungen zu den deutschen Dienststellen abzubrechen, scheiterte an der Praxis. Gegenüber dem Vorjahre[1] hatten die Sabotagefälle wieder abgenommen. Nach der Ankündigung, daß gefangene Saboteure auf deutschen Wehrm.-Transporten mitgeführt wurden, erfolgte in den folgenden Wochen kein weiterer Anschlag mehr.

gez.: Schramm,
Major, Prof.

1 So zu verbessern aus: „Vormarsch" im Ms.

# 10. Abschnitt

# Der Kampf der feindlichen Luftwaffe gegen die Treibstofferzeugung und -verteilung

**(von August 1943 bis zum 6. Juni 1944: Beginn des Großkampfes im Westen)**

# im Rahmen des feindlichen Kampfes gegen die wehrwirtschaftlich unentbehrlichen Rohstoffe und Transportwege

Inhalt des 10. Abschnitts


*Vorbemerkung*

A. Der Kampf des Feindes gegen den Bezug wehrwirtschaftlich unentbehrlicher Rohstoffe (Gummi, Nickel, Molybdän, Bauxit, Mangan Chrom, Wolfram, ferner: Kugellager) . . . . . . . . . . . . . . . . 933

B. Der Kampf des Feindes gegen die rumänische und die deutsche Mineralölerzeugung . . . . . . . . . . . . . . . . . . . . . 942

1. *Vorbemerkungen (nach Erläuterungen des Majors d. G. Dereser, Sachbearbeiters für Betriebsstoff in der Abt. Qu des WFStabs, am 12. Juni 1944): Die Treibstofflage in Zahlen* . . . . . . . . . . . . . . . . 942
2. *Verhandlungen des OKW mit dem Reichsministerium für Rüstung und Kriegsproduktion (RuK) und den drei Wehrmachtteilen über Treibstofffragen (August 1943 — April 1944)* . . . . . . . . . . . 944
3. *Die Aufnahme des Kampfes gegen die rumänische und die deutsche Treibstoffproduktion durch die feindliche Luftwaffe und die eigenen Gegenmaßnahmen* . . . . . . . . . . . . . . . . . . . . . 950

C. Der Kampf der feindlichen Luftwaffe gegen die Transportwege . . . 958

D. Zusammenfassung . . . . . . . . . . . . . . . . . . . . 959

**Vorbemerkung** [1]

Die folgende Ausarbeitung beruht auf:

1. Akten des KTB (Hefter: Seekrieg usw.),
2. Akten der Abt. Qu (dabei Sonderhefter: Bericht des Majors d. G. Dereser über seine Reise nach Rumänien 9.–15. Mai),
3. mündlichen Mitteilungen und Erläuterungen des Majors d. G. Dereser, Sachbearbeiter für Treibstoff-Fragen in der Abt. Qu,
4. Notizen im „Lagebuch" sowie im „Merkbuch" des KTB (Durchschläge abgeheftet bei den Akten des KTB: Rubrik Treibstoff).

Die Ausarbeitung des Themas wurde vorweggenommen, weil es durch die seit April 1944 in die Höhe geschnellten Angriffe der feindlichen Luftwaffe (gegen die Öl-Produktion in Rumänien und im Reichsgebiet sowie gegen die Transportwege) wegen des dadurch erzielten Einbruchs in die Erzeugung eine Bedeutung ersten Ranges erlangt hat. Es erscheint deshalb möglich, schon jetzt an Hand der vorhandenen Unterlagen zu klären, wieweit dieser Entwicklung durch vorbeugende Maßnahmen des OKW entgegengewirkt und welche Maßnahmen von ihm ergriffen wurden, um den Einbruch aufzufangen. Die Gesamtentwicklung darzustellen, kann dagegen — selbst wenn die Unterlagen zur Verfügung stünden — nicht Aufgabe des KTB sein. Die Ausarbeitung erfolgt vom Standpunkt des WFStabs aus. Die Verdienste der sonst beteiligten Stellen sind hier weder in bejahendem noch in eingrenzendem Sinne zu behandeln.

Auf die Frage der Zuteilungen innerhalb der Wehrmacht ist nicht näher eingegangen. Für sie finden sich die erforderlichen Unterlagen in den dem Chef OKW monatlich vorgelegten Vorschlägen der Abt Qu und verwandten Aufzeichnungen in den Akten des KTB, vor allem in den Unterlagen und dem KTB des OKW/F-Wi-Amtes, Abt. Min-Öl, welcher die Treibstoffversorgung der Wehrmacht, insbesondere die Verteilung auf die Wehrmachtteile, obliegt. Die Akten der Abt. Qu sind nur soweit herangezogen, als es der Zusammenhang erforderte. Insofern unterscheidet sich diese Ausarbeitung, die nur als Arbeitsgrundlage für die spätere Forschung anzusehen ist, von den bisher vorgelegten, bei denen eine volle Ausschöpfung des dem KTB erreichbaren Materials angestrebt wurde.

Da der Kampf des Gegners gegen die Treibstofferzeugung im Zusammenhang mit seinem Druck auf die neutralen Staaten, der zur Drosselung bzw. Einstellung ihrer Lieferungen an wehrwirtschaftlich unentbehrlichen Stoffen führte, gesehen werden muß, ist ein Abschnitt vorausgeschickt, in dem diese Entwicklung zusammen mit den deutschen Gegenmaßnahmen in ihren Umrissen skizziert ist.

Da dieser sowohl mit militärischen wie mit diplomatischen Waffen geführte Kampf als Vorbereitung für die Invasion anzusehen ist, ist deren Beginn (6. 6. 1944) als vorläufiger Abschlußtag dieser Ausarbeitung gewählt worden.

Der Text wurde im Entwurf durchgesehen, berichtigt und ergänzt von

1. Oberst Dr. Dr. *Krull*, Verb.-Offz. des OKW/Feldwirtschaftsamtes bei GenStdH/Gen.-Qu und OKW/WFStab.
2. Major d. G. *Dereser*, Sachbearbeiter für die Betriebsstoffversorgung in der Abt. WFStab/Qu.

gez.: *Schramm*
Major Prof.

1 Über die Umstände der Abfassung vgl. den II. Teil der „Erläuterungen" — Vgl. hierzu die Zusammenfassung oben S. 23–25; Nachrichten aus dem Jahre 1945 s. unten im KTB 1945, 2. Abschnitt.

## A. Der Kampf des Feindes gegen den Bezug wehrwirtschaftlich unentbehrlicher Rohstoffe

Bereits vor dem Kriege hatte das Bestreben sich abgezeichnet, Deutschland den Bezug von bestimmten Metallen, insbesondere Stahllegierungsmetallen, die zum Wiederaufbau der Rüstung gebraucht wurden, zu erschweren. Dabei kam den zukünftigen Gegnern zunutze, daß sie die „Have's", die alle Rohprodukte der Erde Besitzenden waren, während Deutschland in die Rolle des „Have not", des Habenichts, gedrängt war— soweit es nicht der Wissenschaft gelang, die Rohstoffmonopole der anderen zu sprengen: eine für die Existenz Deutschlands entscheidende Leistung, die Zischka [1] in seinem vielgelesenen Buch behandelt hat.

Dies gelang vor allem durch die Herstellung von *synthetischem Gummi (Buna)* und von *synthetischem Benzin.* Die erforderlichen Großbetriebe waren zu Anfang des Krieges bereits so leistungsfähig, daß von hier aus vorerst keine Gefährdung Deutschlands zu erwarten war. Als sich der Krieg dann entgegen der anfänglichen Erwartung jahrelang hinzog, waren die Buna=Fabriken mittlerweile so leistungsfähig geworden, daß beim Gummi nur die Zufuhr einer geringen Menge von Kautschuk erforderlich war, der wegen dessen verbindender Eigenschaft nicht völlig entbehrt werden konnte. Die Kfz.=Vergaserkraftstoffe wurden Anfang 1944 trotz gestiegener Anforderungen bereits zu über 50% in Deutschland erzeugt.

Die Spanne beim *Rohgummi* konnte dadurch überbrückt werden, daß er auf Blockadebrechern von Japan herangeholt wurde. Dies gelang bis 1943 in einem angesichts der Schwierigkeiten verhältnismäßig großen Umfang; doch war bereits Anfang des Jahres vorauszusehen, daß dieser Verkehr wegen der Verdichtung der feindlichen Überwachung in der Biscaya in absehbarer Zeit nicht mehr möglich sein werde. Auf Befehl des Führers wurde daher die Umstellung der Einfuhr auf Handels-U-Boote — wie im Ersten Weltkrieg — vorbereitet.

*(Lagebuch 12. 3.).*

In der Tat ist es gelungen, auf diese Weise noch Rohmaterialien hereinzubekommen. Noch in der ersten Märzhälfte lief in Westfrankreich ein U=Boot ein, das 85 to Kautschuk, 49 to Gummi, 25 to Wolfram, 2 to Chinin und 2 to Opium mitbrachte.

Die *Buna=Erzeugung* erreichte im März 1944 eine Höhe von 12 500 to, im April von 11 500 to. Etwa 10% wurden eingelagert, da die Verarbeitungs=kapazität fehlte. Die Versorgungslage wurde außerdem noch dadurch günstig beeinflußt, daß die ital. Buna=Erzeugung zu etwa drei Vierteln deutschen Zwecken zugute kam.

1 *Anton Zischka:* Wissenschaft bricht Monopole (1936).

Trotz dieser Produktion blieb infolge des ansteigenden Bedarfs die Lage so angespannt, daß Ersatzbereifung – wie im Ersten Weltkriege – ins Auge gefaßt werden mußte.

Ein weiterer Engpaß bestand für die deutsche Wehrwirtschaft auf dem Gebiet der *Stahllegierungsmetalle*, die für die Edelstahlherstellung gebraucht wurden. Deutschland besaß hier weder ausreichende Vorkommen noch ausreichende Bestände. Dieser Mangel wurde jedoch im Laufe des Krieges behoben; denn beträchtliche Mengen konnten in der Beute des Westfeldzuges (1940) sichergestellt werden, und die Ausweitung der Fronten brachte Deutschland in den Besitz von ausreichenden Fundgebieten.
*(Notiz WFStab 23. 4. unter: Türkei).*

1. Durch die Unterstützung Finnlands erlangte Deutschland die Möglichkeit, die Gruben von *Petsamo* auszunutzen, die den Bedarf an *Nickel* sicherstellten.

Nach Ausbau der Anlagen in Petsamo wurden die gewonnenen Nickelerze zum Teil als Erz, der größte Teil aufbereitet als Nickelmatte über Kirkenes nach Deutschland abtransportiert. Die Metallgewinnung aus der Matte, die etwa 55% Nickel und 27,5% Kupfer enthält, erfolgte in Deutschland bzw. in Belgien. Gewonnen wurden im April 1944 18 242 to Nickelerz (= 650 to ausbringbarer Nickelinhalt) und 1 113 to Nickelmatte (= 620 to ausbringbarer Nickelinhalt). Im 1. Halbjahr 1944 wurden abtransportiert 23 986 to Nickelerz (= 840 to Nickel) und 5 611 to Nickelmatte (= 3 100 to Nickel). Das Gesamtaufkommen an Nickel in Petsamo betrug rund 222 500 to Nickelerz = 7 800 to Nickel im Jahre 1943. Der deutsche Nickelbedarf wurde etwa zu 80% aus Petsamo gedeckt, der Rest durch Mobilisation und Gewinnung in Deutschland und Norwegen. Die Frage des Führers, ob nach Fortfall der türkischen Chromerzlieferungen Nickel verwendet werden und zu diesem Zwecke die Produktion in Petsamo gesteigert werden könne, wurde am 23. 4. dahin beantwortet, daß Nickel Chrom nicht zu ersetzen vermöge und die bisherige Produktion an Chrom[1] voll ausreiche.

Um die Gewinnung des Erzes sicherzustellen, kam es darauf an, die *nordfinnische Front* unter allen Umständen zu halten, damit Deutschland das unentbehrliche Nickel nicht wieder verlorenging. Diese Rohstoff-Frage hat daher bei allen Überlegungen über die Kampfführung im hohen Norden eine entscheidende Rolle gespielt. Als sich Finnland im Frühjahr 1944 auf Waffenstillstandsverhandlungen mit den Sowjets einließ, war daher nicht nur die militärische Lage im hohen Norden, sondern auch die deutsche Wehrwirtschaft bedroht; schieden die Finnen aus dem Kampfe, dann blieb nur noch die Möglichkeit des Abtransportes entlang der norwegischen Küste, der den Angriffen des Feindes von See und aus der Luft sowie der Gefahr der Verminung ausgesetzt war und eines Tages zum Erliegen kommen konnte. Insofern hat sich

1 Ms.: Nickel; doch vgl. den weiteren Text.

die Notwendigkeit der Nickeleinfuhr auch noch auf die Kampfführung in Norwegen und der Ostsee ausgewirkt. Andererseits mußte damit gerechnet werden, daß die Anglo=Amerikaner und die Sowjets, die offensichtlich beide ein Interesse daran hatten, den anderen Partner nicht in den Besitz des Nordbereichs von Europa kommen zu lassen, eben des Nickels wegen doch zu einem Angriff auf Petsamo schreiten könnten (Einzelheiten s. in der Ausarbeitung über den Nordraum)[1].

2. Wenigstens am Rande zu vermerken ist hier noch, daß Deutschland durch die Festsetzung im Nordraum auch in den Besitz von *Molybdän* kam, das für Sonderstähle benötigt wird. Es gibt nordwärts von Oslo ein Vorkommen, dessen Förderung seit 1940 Deutschland zugute kam. Britische Luftangriffe gegen das Werk, die „Knabengrube", setzten bereits im Herbst 1943 ein. Die Anlagen wurden mehrmals beschädigt, so daß die Produktion zeitweise ausfiel. Ausreichenden Flakschutz für dieses Objekt sicherzustellen, bildete eine der wesentlichen Sorgen des Wehrm.=Befehlshabers Norwegen. Von den norwegischen Vorkommen wurden im Jahre 1943 151 to Molybdän für den deutschen Verbrauch geliefert, d. h. 32% des Aufkommens im deutschen Machtbereich im Jahre 1943.
*(Merkbuch 27. 6. (Qu).*

Ferner konnte ein Molybdän=Vorkommen in Mittelfinnland (Mätasvara) ausgenutzt werden. Von hier wurden im Jahre 1943 110 to = 23% des Aufkommens im deutschen Machtbereich nach Deutschland geliefert. Diese Molybdängruben spielten daher eine Rolle, als in der zweiten Hälfte des Juni Erwägungen über vorbeugende Maßnahmen im finnischen Raume angestellt wurden.

3. Die Deckung des deutschen *Bauxit=Bedarfs* wurde dadurch ermöglicht, daß die Bauxitgruben in Ungarn, Kroatien und später auch in Frankreich und in Italien (Istrien) in verstärktem Umfange für deutsche Zwecke herangezogen wurden. Um den Grubenbetrieb sowie den Abtransport des Bauxits zu sichern, waren umfangreiche Maßnahmen, besonders im Südosten, erforderlich, durch welche die Führung des Kampfes gegen die Aufständischen weitgehend bestimmt wurde (vgl. die Ausarbeitung über den Südosten)[2]. Allein Frankreich deckte etwa 30 bis 40% des deutschen Bauxit=Bedarfes. Die deutsche Erzeugung an Hüttenaluminium stieg von 20 000 to im Monat März auf 22 800 to im Juni.

4. Die Sorge wegen des *Mangans* behob sich, als Deutschland im Zuge des Vormarsches nach Osten im Herbst 1941 in den Besitz der Gruben von Niko=

1 S. oben den 9. Abschnitt (S. 868 ff.).
2 S. oben den 6. Abschnitt (S. 599 ff.).

pol, eines bedeutenden Manganerz-Vorkommens, gelangte, die eines der ergiebigsten Vorkommen der Welt darstellen. Mit aller Kraft wurde die Förderung wieder in Gang gebracht. Von 1941 an wurden in Nikopol 1 778 Mill. to Manganerz gefördert, nach Deutschland 1 135 000 to Mangan (475 000 to Konzentrat, 660 000 to Roherz) abtransportiert. Als durch die Entwicklung an der Ostfront im Winter 1943/44 Nikopol in die Nähe der Kampffront geriet, wurde versucht, diesen Raum zu halten und ihn durch Gegenstöße wieder aus seiner Gefährdung zu befreien. Dies erwies sich jedoch als unmöglich. Die Gruben mußten, nachdem sie nachhaltig gesprengt worden waren, am 8. 2. dem Feinde überlassen werden. Soweit die Schächte nicht mehr gesprengt werden konnten, ersoffen sie; jedoch mußten 269 000 to Manganerz (229 000 to Roherz, 40 000 to Konzentrat) zurückgelassen werden.
*(Lagebuch 6. 3.).*

Nach einer früheren Berechnung reichten die erstandenen Bestände *nur für ein halbes Jahr.* Es zeichnete sich daher die Gefahr ab, daß dieser Rückschlag an der Ostfront auf die Wehrwirtschaft und damit letzhin auf die weitere Kriegführung sich katastrophal auswirken werde. Jedoch ergab eine Nachprüfung, daß die vorhandenen Vorräte tatsächlich einen wesentlich längeren Zeitraum reichen würden und daß sich durch Sparmaßnahmen und verbesserte Methoden der Verbrauch stark senken ließ. Gleichzeitig wurden die Manganerz-Gruben im Dorna-Vatra-Gebiet (Rumänien) sowie kleinere Vorkommen in Bulgarien mit allen Mitteln ausgebaut, die eine volle Deckung des deutschen Manganbedarfes erhoffen ließen. Außerdem wurden in Galizien (und zwar im Südostzipfel des Gen.-Gouvernements) durch die SS früher bereits entdeckte Manganvorkommen, die noch der Erschließung harrten, neu untersucht. Daraus ergab sich für den GenStdH ein Anhalt dafür, welcher Raum unter allen Umständen gehalten werden mußte; insofern griff die Mangan-Frage von neuem in die Kriegführung ein.

Abschließend ist festzustellen, daß trotz des Verlustes von Nikopol Deutschland auf dem Gebiet des *Mangans* in *keine entscheidende Schwierigkeit* geraten ist.

5. Ein weiteres Mangelmetall war das *Chrom.* Der Bedarf an Chrommetall stellte steigende Anforderungen, die auch in einem steigenden Maße befriedigt werden konnten, nachdem die deutsche Wehrmacht im Frühjahr 1941 den ganzen Balkan erobert hatte. Denn dadurch ergab sich die Möglichkeit, die Gruben in Griechenland, Bulgarien, Serbien und — seit dem Abfall Italiens — auch in Albanien auszunutzen.
*(Notizen WFStab vom 23. 4. 1944).*

Der Betrieb wurde wieder in Gang gebracht, litt aber unter manchen Schwierigkeiten, darunter auch solchen währungstechnischer Natur. Vor allem machte sich die — seit 1943 zu einer bedrohlichen Gefahr angeschwollene — Bandengefahr auch auf die Förderung und den Abtransport des Chromerzes hindernd bemerkbar. Im Juni 1944 konnte die monatliche Zufuhr aus dem Südostraum auf 27 457 to Chromerz (= 5 120 to ausbringbarer Chrominhalt) gesteigert werden. Der deutsche Monatsbedarf betrug 3 900–4 200 to/Monat Chrom (Cr rein i. d. Legierung).

Nicht nur das Fehl auszugleichen, sondern auch einen Vorrat zu schaffen, wurde dadurch möglich, daß Chromerz von der *Türkei* geliefert wurde. Im Jahre 1943 wurden zwei Verträge abgeschlossen, die auf Grund entsprechender Gegenleistungen diese Lieferungen bis Ende 1944 sicherstellten. Im Jahre 1943 lieferte die Türkei 44 000 to Chromerz und bis 31. 3. 1944 weitere 39 000 to, zusammen also rund 83 000 to. Vertraglich war die Lieferung von 45 000 to und 135 000 to bis Ende 1944 vorgesehen. Die eigenen Vorräte betrugen am 1. 7. 1944 rund 30 000 to Chrom (ausbringbarer Chrominhalt).
*(Lagebuch 23. 4. 1944).*

Im Anschluß an die Konferenz von Teheran (Anfang Dezember 1943) versuchten die Anglo-Amerikaner, die Türkei, deren Staatspräsident sich in Kairo mit Churchill und Roosevelt traf, in den Krieg hineinzuziehen. Jedoch schlugen dieseVersuche fehl; im Februar 1944 kam es sogar zur Vertagung der britisch-türkischen Besprechungen und infolgedessen zur Einstellung der Waffenlieferungen an die Türkei.

Als dann im April der alliierte Druck auf die neutralen Staaten in breiter Front einsetzte, wurde in die Pressekampagne auch die Türkei wegen der Chromerz-Lieferungen an Deutschland und der Handelsvertragsverhandlungen mit Ungarn und Rumänien einbezogen. Diese Pression fuhrte dann in der zweiten Hälfte des Monats dazu, daß die Türkei ihre Lieferungen einstellte. Der Rundfunk von Ankara brachte dazu eine amtliche Erklärung, in der Bezug auf den britisch-türkischen Vertrag von 1939 genommen wurde.
*(Lagebuch 14. 4., 21. 4., 24. 4. 1944).*

Am 28. 4. 1944 traf der *Deutsche Botschafter in Ankara, v. Papen,* in Begleitung des Mil.-Attachés, General Rode, zum Bericht im FHQu. ein. Nach deren Erläuterungen hatte die Türkei ihre Lieferungen eingestellt, um weitere Forderungen abzubiegen; dabei war die türkische Regierung von der Annahme ausgegangen, daß die deutschen Vorräte vorläufig ausreichen würden. Diesmal hatte der Türkei der Rückhalt gefehlt, den ihr bei den Verhandlungen im Januar und Februar die Sowjets geboten hatten — angeblich deshalb, weil auch die Russen erwarteten, daß durch ein einmaliges Zugeständnis weitere Forderungen der Anglo-Amerikaner abgebogen werden könnten. Im gesamt sei die türkische Haltung gegen Deutschland nicht unfreundlich; daher sei die Einstellung der Lieferungen auch mit dem Ausdruck des Bedauerns verbunden gewesen.
*(Lagebuch 28. 4. und 29. 4. 1944).*

Damit waren die politisch-militärischen Besorgnisse, die sich im Zusammenhang mit der die Türkei unmittelbar berührenden Räumung der Krim und dem

Zurückgehen an der Ostfront erhoben hatten, wieder gemindert. Aber die wirtschaftliche Lage war und blieb verschlechtert. Energische Gegenmaßnahmen, um das entstehende Fehl auszugleichen, waren erforderlich.
*(Merkbuch 22. 4. 1944 Stellv. Chef).*

Der Führer hatte — wie schon erwähnt — bereits am 22. 4. 1944 eine Nachprüfung gefordert, ob nach dem Ausfall der türkischen Lieferungen ein vermehrter Abbau von Nickel in Petsamo möglich sei und welche Hilfsmittel dazu von deutscher Seite gestellt werden müßten. In zwei Notizen meldete der WFStab am 23. 4. 1944 auf Grund von Feststellungen des Feld=Wirtschafts=Amtes, daß Chrom nicht durch Nickel ersetzt werden könne, daß jedoch der Chrom=Vorrat zusammen mit der jetzigen Förderung in den Chromerz=Gruben des Südostens bei vorsichtiger Beurteilung eine 100%ige Versorgung für 18 Monate gewährleiste. Der Ausfall könne voraussichtlich durch Steigerung der Förderung und des Abtransportes aus dem Balkan ausgeglichen werden. Allerdings ergab sich dadurch eine Reihe von personellen und materiellen Anforderungen, die abschließend zusammengestellt wurden.
*(Auch Lagebuch 23. 4. 1944).*

Bereits am gleichen Tage wurde der OB Südost angewiesen, die Sicherung der Chromerz=Gruben und der Versorgungswege bis zu den Hauptbahnen zu prüfen und das Ergebnis unter Angabe der eingesetzten Kräfte zu melden.

Die sich daraus ergebenden Maßnahmen sind im Zusammenhang mit den Ereignissen des Südostraumes [1] zu behandeln. Hier genügt die Feststellung, daß auf dem Gebiet der Chromerz=Gewinnung durch den feindlichen Druck zwar die Zufuhr aus der Türkei verlorenging, daß diese Maßnahme sich jedoch *erst nach 1½ Jahren* auszuwirken drohte und die Gefährdung der eigenen Wehrwirtschaft durch eine Steigerung der Produktion in den besetzten Gebieten noch weiter hinausgeschoben werden konnte.

6. In bezug auf *Wolfram* war die deutsche Wehrwirtschaft auf *Spanien* und *Portugal* angewiesen — zwei Länder, die stark von den Westmächten abhängig waren, da diese sowohl politisch und militärisch als auch wirtschaftlich auf die Iberische Halbinsel drücken konnten. Da Spanien, das an seinen Sympathien für Deutschland festhielt, auch von deutschen Lieferungen abhängig war, war es in diesem Falle möglich, einen gewissen Gegendruck zu üben.
*(Lagebuch 20. 1., 28. 1., 11. 2., 16. 2., 4. 3., 5. 3., 11. 3., 25. 3., 29. 4., 1. 5. 1944).*

a) Der feindliche Druck auf *Spanien* benutzte Anfang 1944 zuerst das Deutsche Generalkonsulat in Tanger und die an der Otsfront eingesetzte spanische Legion als Hebel. Im Februar schien es weiter so, als wenn die Regierung nachgeben werde und auch die Lieferungen an Deutschland beschneiden wolle. Dann zogen sich die Verhandlungen jedoch noch in die Länge. Um die Lage der spanischen Regierung zu erleichtern, gab das OKW

1 Vgl. den 6. Abschnitt (oben S. 599 ff.).

am 20. 2. 1944 von sich aus die Legion frei. Anfang März glaubte man, als der Caudillo[1] eine Sitzung abgehalten hatte, in der die Frage der Lieferungen an Deutschland besprochen worden war, auf der Feindseite ein für diese befriedigendes Ergebnis erwarten zu können.

Am 8. 3. wies der Reichsaußenminister den Deutschen Botschafter in Madrid an, dem Caudillo mit größtem Ernst darzulegen, daß Deutschland sich unter keinen Umständen mit einer Herabsetzung der Wolfram-Lieferungen abfinden könne, vielmehr auf seinen vertraglich festgelegten Rechten bestehe. Grundsätzlich sei Deutschland bereit, um die Position Spaniens zu stärken, Lieferungen an Getreide und Treibstoff zu leisten. Außerdem wurde auch die noch an der Ostfront eingesetzte spanische Jagdstaffel freigegeben. Von diesen Zusagen wog für Deutschland besonders schwer das Angebot, Treibstoff zu liefern, da es selbst nicht genügend zur Verfügung hatte (s. unten Abschn. B). Doch stellte sich heraus, daß die Vereinigten Staaten Spanien doch noch — wenn auch nur in beschränktem Umfange — beliefern wollten, so daß diese Notwendigkeit wegfiel.

Als weiteres Verhandlungsobjekt zwischen Spanien und den Alliierten kam noch die Forderung nach Auslieferung der in spanischen Häfen internierten ital. Kriegs- und Handelsschiffe hinzu. Die feindliche Presse kündigte mehrfach den bevorstehenden Abschluß der Verhandlungen an, doch zog sich dieser noch bis in den Mai hin.

*(Lagebuch 10. 3., 11. 5. 1944)*

b) Gleichlaufend mit diesen Verhandlungen drückten die Alliierten wegen der Einstellung der Wolfram-Lieferungen an Deutschland auch auf *Portugal*. Die Haltung der Regierung Salazar war anfangs fester, als erwartet wurde; aber durch die Drohung, daß die Alliierten die Weizen- und Kartoffellieferungen unterbinden würden, wurde Portugal gefügig gemacht.

Das Ergebnis dieser Verhandlungen war, daß Spanien den Anglo-Amerikanern in den Fragen des ital. Schiffsraumes und des Generalkonsulats in Tanger entgegenkam und seine Wolfram-Lieferungen auf einen Bruchteil kürzte, während Portugal sie ganz einstellte und darüber hinaus die weitere Förderung abzubrechen sich verpflichtete. Damit sollte dem Schwarzhandel ein Riegel vorgeschoben werden; Portugal nahm in Kauf, daß dadurch 100 000 Menschen brotlos wurden.

*(Merkbuch 11. 6. 1944 (Qu) Absatz 9).*

Dieser Ausfall war für die deutsche Wehrwirtschaft empfindlich, traf sie jedoch nicht entscheidend. Solange damit gerechnet werden konnte, daß Portugal normal und Spanien in begrenztem Umfange weiterliefern würden, reichte der vorhandene Vorrat *über 1½ Jahre*. Gebraucht wurden rund 125 to Wolf-

1 D. h. der Generalissimus Fr. Franco.

ram rein i. d. Leg. im Monat. Spanien, das 1943 940 to Konzentrat (= 463 to W rein i. d. Leg.) geliefert hatte, versorgte Deutschland im 1. Vierteljahr 1944 mit 314 to Konzentrat (= 155 to W rein i. d. Leg.). Das Wolfram kam zum Teil auf illegalem Wege herein. Für 1944 war eine Einfuhr von 600—900 to Wolfram rein i. d. Leg. vorgesehen. Aus Portugal kamen im Jahre 1943 1949 to Konzentrat (= 930 to W rein i. d. Legierung), im 1. Vierteljahr 1944 382 to Konzentrat (= 182 to W rein i. d. Legierung). Ein Ersatz für diese Ausfälle fand sich dadurch, daß die französ. Gruben versprachen, bei entsprechender Steigerung einen erheblichen Teil des Ausfalls zu decken. Entsprechende Maß=nahmen wurden sofort eingeleitet.

Außerdem blieb die Erwartung, daß auf dem Wege des Schwarzhandels aus Spanien doch noch weitere Lieferungen zu beschaffen sein würden.
*(Lagebuch 20. 4., 24. 4., 28. 4., 10. 5., 11. 6., 14. 6. 1944).*

7. In diesen Zusammenhang gehört auch der Druck, der von der Feindseite aus auf *Schweden* ausgeübt wurde, um die Einstellung der Lieferungen an *Kugellagern* zu erzwingen, zu denen sich Schweden gegen entsprechende Ge=genlieferungen vertraglich verpflichtet hatte. In der zweiten Hälfte des April lehnte Schweden diese Forderung ab, die auch von den Sowjets unterstützt wurde. Soweit verlautete, hatte die Regierung diesen Entschluß in einer ge=heimen Sitzung einstimmig gefaßt. Es wurde darauf eine neue britische Note erwartet. Im Mai verlegten die Alliierten jedoch die Verhandlungen aus dem diplomatischen in den privatwirtschaftlichen Rahmen: ein Vertreter der USA, der in Schweden erschien, machte der Regierung nur einen Höflichkeitsbesuch, um dann Verhandlungen mit den einzelnen Firmen aufzunehmen. Er setzte sie und durch sie die Regierung unter Druck. Diese mußte andererseits auch in Rechnung stellen, daß Schweden auf bestimmten Gebieten stark von Deutsch=land abhängig war. Dadurch erklärte sich, daß der Amerikaner das von ihm angestrebte Ziel trotz wochenlanger Verhandlungen nicht erreichte: am 10. 6. wurde bekannt, daß Schweden seine Kugellager=Lieferungen fortsetzen, jedoch die Qualitäten ändern werde; es sollten fortan vornehmlich Kugellager ge=liefert werden, die für die Wehrmacht nicht in Betracht kamen. Da die Ver=handlungen im privaten Rahmen durchgeführt worden waren, brauchte keine amtliche Erklärung zu erfolgen. In der ausländischen Presse wurde das Ergeb=nis als Enttäuschung für die Amerikaner bezeichnet.

Am 14. 6. hieß es wieder, die Lieferungen würden auf 50% herabgesetzt werden. Diese Schmälerung war um so spürbarer, weil die feindliche Luftwaffe die (bereits 1943 durch einen Großangriff schwer getroffenen) Betriebe in Schweinfurt im April erneut beschädigte und das Kugellagerwerk der Steyr=Daimler=Puch A.G. in Steyr so verletzte, daß es für längere Zeit ausfiel. Ein Angriff auf das ital. Kugellagerwerk hatte jedoch nur leichtere Schäden zur Folge.

*Im gesamt* war also festzustellen,

1. daß die *Buna=Produktion* mit den ständig ansteigenden Anforderungen einigermaßen Schritt halten konnte und der nach wie vor (wenn auch nur in geringem Umfange) benötigte *Rohgummi* nach Erliegen des Blockadebrecherverkehrs gelegentlich durch Handels=U=Boote ergänzt wurde;
2. daß die *Nickelzufuhr* gesichert war, da Petsamo in eigener Hand blieb und der Abtransport entlang der norweg. Küste nicht unterbunden wurde;
3. daß die durch die Einnahme der Gruben von Nikopol günstig gestaltete Lage auf dem Gebiet des *Mangans* zwar durch das Zurückweichen im Osten sich wieder verschlechterte, daß aber durch den angesammelten Vorrat, Einsparungsmaßnahmen und die Erschließung neu festgestellter Vorkommen einem Mangel vorgebeugt wurde;
4. daß auf den Druck hin, den die Anglo=Amerikaner auf die Türkei ausübten, die bisher umfangreiche Einfuhr von türkischem *Chromerz* zum Erliegen kam, daß aber außer einem Vorrat noch die über den Balkan verstreuten Gruben zur Verfügung standen, deren Produktion durch Steigerung einen wesentlichen Teil des Ausfalles decken konnte;
5. daß durch Druck des Gegners Spanien und Portugal dazu genötigt wurden, ihre *Wolfram*=Lieferungen an Deutschland zu drosseln bzw. einzustellen, daß jedoch ein Vorrat angesammelt wurde und außerdem die deutschen und französ. Vorkommen sich so steigern ließen, daß auch auf seinem Gebiet vorerst kein Mangel zu besorgen war;
6. daß ferner der feindliche Druck auf Schweden die bisherigen Lieferungen von *Kugellagern* herabsetzte bzw. die Wehrmacht benachteiligte.

Die Versorgung mit Nickel, Gummi und Mangan war also dem diplomatischen Druck der Alliierten entzogen. Bei Chrom und Wolfram und Kugellagern hatte er Erfolge – aber nur insoweit, als er Bezugsquellen verstopfte. An deren Stelle konnten andere Chrom= und Wolframgebiete, die der Einwirkung des Gegners entzogen waren, vermehrt ausgenutzt werden.

Die ganz Europa umspannende Aktion des Feindes hatte also nur einen begrenzten Erfolg; die deutsche Wehrwirtschaft entscheidend zu treffen, gelang ihr nicht. Außer den für die Wehrwirtschaft unentbehrlichen Stoffen gab es jedoch noch einen weiteren, dem Zugriff des Feindes ausgesetzten Grundstoff, der sowohl für die Kriegführung als auch für die Wehrwirtschaft notwendig war wie das Blut für den Körper, nämlich den *Treibstoff*. Auf diesem Gebiet war Großdeutschland am allerverletzlichsten. Gegen Produktion und Abtransport des Treibstoffs nahm der Gegner den systematischen Kampf im April 1944 auf.

## B. Der Kampf des Feindes gegen die rumänische und deutsche Mineral=Erzeugung

### 1. Vorbemerkungen (nach Erläuterungen des Majors d. G. Dereser, Sachbearbeiters für Betriebsstoff in der Abteilung Qu des WFStabs, am 12. Juni 1944): Die Treibstofflage in Zahlen

1. Die *Wehrmacht=Dienststellen* rechnen in Kubikmetern und Tonnen (Luft=waffe), die Industrie und daher auch das Reichsministerium für Rüstung und Kriegsindustrie (RuK) in Tonnen:
   1 to Vergaser=Betriebsstoff = 1,33 Kubikmeter,
   1 to Diesel=Betriebsstoff = 1,16 Kubikmeter.

2. Innerhalb der Wehrmacht wird über ein Drittel des ihr zugewiesenen Be=triebsstoffes von der Luftwaffe verbraucht. Innerhalb des Heeres benötigte die Ostfront in dem ersten Vierteljahr 1944 etwa viermal soviel wie Italien.

3. Die Luftwaffe braucht eine vielfach größere Bevorratung als das Heer, da sie ihre Kräfte innerhalb weniger Tage auf einen anderen Kriegsschauplatz verlegen, dort aber nicht zur Auswirkung kommen kann, falls kein Be=triebsstoff vorhanden ist. Da bei der jetzigen Lage überall größere Kampf=handlungen zu erwarten sind, muß also eine entsprechende Auslagerung erfolgen.

   Entsprechend große Teile des Heeres werden nicht verschoben, oder dies geschieht in einem Zeitraum, der es möglich macht, inzwischen auch den erforderlichen Betriebsstoff vorzuführen.
   Deshalb ist die Produktion des Flugvergaser=Treibstoffes seit Herbst 1943 hochgezogen worden. Sie hatte 214 000 to erreicht und sollte bis Ende 1944 auf 226 000 to ansteigen, ist zur Zeit jedoch auf 85 000 to abgestürzt.

4. Die Treibstoffproduktion läßt sich nicht — wie etwa die Panzerproduktion — an vielen verschiedenen Stellen in gesonderten Arbeitsvorgängen durch=führen, sondern muß an einer Stelle geschehen. Außerdem handelt es sich um den feuergefährlichsten Stoff von allen. Aus Rentabilitätsgründen ist man in Friedenszeiten zum Ausbau von Riesen=Hydrierwerken gekommen, die jetzt weder verlegt noch unterteilt werden können. Dadurch ist die Luft=gefährdung besonders groß; ein Ausweichen kommt nicht mehr in Frage.

5. Der Bedarf betrug vor Beginn der Invasion in Monatstonnen

| | | |
|---|---|---|
| Luftwaffe: | rund 180 — 200 000 moto Flugbenzin | |
| Heer: | Vergasertreibstoff: | 185 000 moto |
| | Diesel: | 50 000 moto |
| Kriegsmarine: | Schiffsdiesel: | 55 000 moto |
| | Heizöl: | 90 000 moto |

6. Der Anfall setzte sich nach der Planung für April 1944 zusammen aus:

a) *Kfz.= und Vergaser=Kraftstoffe:*

| | | |
|---|---|---|
| Deutsche Erzeugung | | 110 000 to |
| Galizien | | 8 000 to |
| Rumänien | | |
| an das Reich | 12 000 | |
| an die Wehrmacht | 64 000 | 78 000 to[1] |
| Ungarn | | 2 000 to |
| Italien | | 2 000 to |
| | | 200 000 to[2] |
| Verteilt werden sollten: | | |
| an die Wehrmacht | | 185 000 to |
| an die Wirtschaft | | 39 000 to |
| an Spanien (nachher weggefallen, da die Alliierten ihre Lieferungen wieder an=laufen ließen; s. oben) | | 6 000 to |
| | | 230 000 to |
| | | = 500 000 to[3] |

Es war also mit einem Fehl von 32 000 moto zu rechnen.

b) *Dieselkraftstoffe*

| | | |
|---|---|---|
| Übertrag | | 43 000 moto |
| Deutsche Erzeugung | | 94 000 moto |
| Galizien | | 13 000 moto |
| Rumänien | | |
| an das Reich | 10 000 | |
| an die Wehrmacht | 21 000 | |
| Donaubunkerungen | 4 000 | 35 000 moto |
| Ungarn | | 18 000 moto |
| | | 203 000 moto |

| | |
|---|---|
| Geplant war die Zuteilung | |
| an die Wehrmacht | 105 000 |
| an die Wirtschaft (einschl. Italien) | 86 000 |
| an Spanien (weggefallen, s. oben S. 939) | 5 000 |
| | 206 000[4] |

Demnach ergab sich ein Fehl von 3 000 moto.

1 Falls die voraufgehenden Zahlen richtig sind: 76 000.
2 Ms.: 198 000 (vielleicht ist diese Zahl richtig und stattdessen eine der voraufgehen=den zu verbessern).
3 Sofern die voraufgehenden Zahlen richtig wiedergegeben sind: 460 000.
4 Falls die vorgehenden Zahlen richtig wiedergegeben sind: 196 000.

7. Im Hinblick auf die kommenden Anforderungen und die vorausgehenden Ausfälle ist das OKW bestrebt gewesen, seit 1943 die *OKW=Reserve* ständig anzureichern. Dies geschah nicht durch Zurückstellen von nicht benötigtem Betriebsstoff, sondern durch Drosselung von an sich berechtigten Forderungen. Die dadurch entstehenden Nachteile wurden bewußt in Kauf genommen. Es wurde folgender Anstieg erreicht:

| | KW (Vergaser u. Diesel) | Flugzeug=Betriebstoff | Heizöl | Schiffs=Diesel |
|---|---|---|---|---|
| 1. 1. 1943 | 219 000 | 295 000 | 130 000 | 74 000 |
| 1. 4. 1944 | 437 000 | 592 000 | 233 000 | 108 000 |

(über die Gründe des Anstiegs beim Flugzeug=Betriebsstoff vgl. S. 942 Abs. 3).

8. In seinen Verhandlungen mit RuK stand das OKW auf dem Standpunkt, daß die von diesem angestrebte Steigerung der wehrwirtschaftlichen Produktion nur dann einen Sinn habe, wenn entsprechend der Zunahme der Bedarfsträger auch die Treibstoffproduktion erhöht werde. Jede Zuweisung eines neuen Jägers vermehrte den Bedarf an Flugzeugbetriebsstoff, jede Einstellung eines weiteren Kfz. den an Kfz.=Vergaserstoff.

Ferner wies das OKW darauf hin, daß die in Verfolg der Invasion zu erwartende Zunahme der Kriegsschauplätze eine weitere Steigerung des Bedarfs bedingen werde. Dahinter stand noch die Forderung des Führers, die Festung Europa mit Betriebsstoff zu bevorraten, die nur teilweise und unzulänglich erfüllt werden konnte. Das OKW verlangte daher ein Hochziehen der Betriebsstoff=Produktion im gleichen Schritt mit der der Jäger=Produktion, die vom RuK an die erste Stelle gesetzt worden war.

### 2. Verhandlungen des OKW mit dem Reichsministerium für Rüstung und Kriegsproduktion (RuK) und den drei Wehrmachtteilen über Treibstofffragen (August 1943 bis April 1944)

Im August 1943 wurde von WFStab/Qu mit den General=Quartiermeistern der 3 Wehrmachtteile der Bedarf besprochen und abgestimmt. Dabei wurde die voraussichtliche Erhöhung des Bedarfs mit eingerechnet.

In einer Vortragsnotiz vom 14. 9. wurde der sich ergebende Bedarf festgestellt:

| | | |
|---|---|---|
| Fahrkraftstoffe: | VK: | 220 000 moto |
| | DK: | 60 000 moto |
| Flugbenzin (1. 1. 44, dann ansteigend) | | 270 000 moto |
| Heizöl (1. 1. 44, dann ansteigend) | | 105 000 moto |
| Schiffsdiesel (1. 1. 44, dann ansteigend) | | 60 000 moto |

Diese Zahlen wurden am 16. 9. vom Chef OKW dem Wirtsch.=Stab mit dem Hinweis übermittelt, daß eine Ausweitung der Produktion gefordert werden müsse.

Es wurde eine nochmalige Nachprüfung des für 1944 angemeldeten Bedarfs angeordnet, die ergab, daß die veranschlagten Zahlen auf genauer Grundlage errechnet worden waren. Darauf wurde dem Chef OKW am 21. 10. ein neuer Entwurf für ein Schreiben an den Reichsminister Speer vorgelegt. Dieser Brief, der am 25. 10. abging, begründete die beanstandete Höhe der Zahlen und lehnte deren Kürzung ab, da eine bescheidende Reserve für Ausfälle geschaffen werden müsse. Er schloß: „Ich muß fordern, daß die Bereitstellung der Treib=stoffe und der dazugehörigen Schmierstoffe mit allen Mitteln gesteigert wird, und bitte Sie, sich persönlich dafür einzusetzen." In seiner Antwort erklärte der Reichsminister am 29. 11., daß mit einer erheblichen Steigerung für 1944 zu rechnen sei, aber die ihm übermittelten Forderungen nicht erfüllt werden könnten. Er bat um die Einzelheiten der Berechnung, um die Anforderungen dem Erreichbaren anzunähern.

Am 23. 11. wies der Chef OKW den Präsidenten des Planungsamtes Kerrl auf Grund einer Überprüfung der Dezember=Zuteilungen darauf hin, daß trotz der ital. Beute und schärfsten Drosselung des Verbrauchs der Wehrmacht=bedarf in den letzten Monaten nur durch Kürzung bei der Versorgung, Aus=bildung und der Luftwaffe möglich gewesen sei, was die Kampfkraft schwäche. Eine operative Reserve fehle; der Wehrmachtbedarf steige von Monat zu Monat; Ausfälle durch Luftangriffe ließen sich nicht überbrücken. Deshalb müsse eine Steigerung der Produktion gefordert werden, zum mindesten Ver=hinderung der Einschränkung (so z. B. durch Stromkürzung). Erforderlich scheine dem OKW eine Kürzung des Wirtschaftsbedarfs. Diesen Brief leitete der Chef OKW auch dem Reichsminister Speer mit der Bitte um seine persön=liche Einflußnahme zu.

Präsident Kerrl erklärte am 10. 12. in seiner Antwort, die Versorgungslage der Wehrmacht sei ihm bekannt. Es geschehe alles, um die Produktion zu steigern sowie gegen Ausfälle zu schützen und die größtmögliche Einfuhr zu sichern. Dafür werde ein besonderer Beauftragter für die bevorzugte Durch=führung der Mineralöl=Transporte aus Rumänien erbeten. Einschränkungen bei der Wirtschaft würden laufend angestrebt (die Einsetzung des Sonderbe=auftragten bezeichnete das OKW am 13. 12. als überflüssig, solange die Maß=nahmen des Wehrm.=Transportchefs ausreichten).

Inzwischen hatte der Chef OKW bereits am 2. 12. vom Chef W=Stab, Genlt. Becker, nach Darlegung der Sachlage Vorschläge für praktisch durchführbare Maßnahmen zur Verbesserung der Produktion und Einfuhr verlangt; uk=Stel=lungen kämen jedoch nicht in Frage (Die Beantwortung zog sich aus noch dar=zulegenden Gründen bis in den Februar 1944 hin).

Über die Treibstofflage im I. Quartal 1944 berichtete der WFStab dem Chef

OKW in einer Notiz, in der unter anderem Vorschläge für die Anreicherung der OKW=Reserven gemacht wurden.

Am 28. 12. wandte sich der Chef OKW erneut an den Reichsminister, um seine durch die in Aussicht stehenden Operationen bedingte Forderung auf 150 000 to Kw = rund 75 000 to Flug=Betriebsstoff bis 31. 3. zu wiederholen. Er führte dabei im einzelnen aus, wie ihm Einsparungen an anderen Stellen möglich schienen.
(*Merkbuch 12. 1.*).

Zu *Anfang des Jahres 1944* war die Treibstofflage wegen des starken Verbrauchs an der Ostfront, die vor dem feindlichen Druck ausweichen mußte, angespannt. Doch konnte damit gerechnet werden, daß bis März eine OKW=Reserve von 150 000 cbm geschaffen sein würde. Im Westen lagen für den Fall eines feindlichen Angriffes bereits Bestände, die für 3 Wochen ausreichten. Es bestand jedoch die Schwierigkeit, aus Rumänien in vollem Umfang abzutransportieren, da die Donau erst nicht genügend Wasser hatte und dann zufror; auch fehlten Kesselwagen.

Als starkes Plus der Gesamtberechnung war die Tatsache anzusprechen, daß bisher noch keine Ausfälle in der deutschen Produktion eingetreten waren (vgl. dazu auch die Notiz vom 9. 1. über die Betriebsstoff=Anforderungen und die Verlagerung eines Teiles der OKW=Reserve in den Bereich des OB West).

Am 26.—27. 1. fand in Berlin die erste große Besprechung zwischen dem OKW, dem Planungsamt (RuK) und den Wehrmachtteilen statt, um deren Bedarf zu überprüfen und das Aufkommen auf den Bedarf abzustimmen, um so dem Planungsamt die erforderlichen Unterlagen für eine Herabsetzung des Rüstungsprogramms zugunsten einer Erhöhung der Treibstoff=Bereitstellung an die Hand zu geben.

Ergebnis der Besprechung war:

1. Vorschlag, den Luftschutz der Schwerpunktwerke, insbesondere in Mitteldeutschland, zu verstärken;
2. Vorlage eines Verarbeitungsplanes für das eingesparte Heizöl durch RuK;
3. Besprechungen über die Schwierigkeiten, die sich beim vermehrten Einsatz von Generator=Kfz.en ergeben würden.

In Aussicht genommen wurde die Zuteilung von 200 000 (statt 300 000) moto an die Luftwaffe, von 210 000 (statt 250 000) moto an das Heer und von 95 000 moto Heizöl und 55 000 moto Treiböl an die Kriegsmarine (also fast die geforderten Beträge). Abschließend wurden von der Wehrmacht folgende Forderungen an das Planungsamt gestellt:

1. Schaffung der Voraussetzungen für den wirksamen Einsatz der Waffen und Geräte;

2. Abstimmung des Mineralöl=Programms auf die sonstigen Rüstungsprogramme.

In einer Vortragsnotiz machte der WFStab den Chef OKW darauf aufmerksam, daß einer Anforderung der Wehrmacht in Höhe von 9 Mill. to im Jahre 1944 voraussichtlich nur eine Zuteilung von 6,6 Mill. to gegenüberstehen würde. Diese Spanne sei auf die Dauer nicht angängig; die Produktion müsse deshalb gesteigert werden. Das Planungsamt sei aufgefordert worden, die dazu erforderlichen Maßnahmen nochmals zu untersuchen und dem OKW seine Anforderungen vorzulegen, jedoch keine personellen. Der WFStab berichtete ferner über den Luftschutz der Werke, die Schaffung einer Generator=Ausweichreserve, Sperrmaßnahmen und den Einsatz von französ. Pkw.en.
*(B 6).*

Im Sinne dieser Notiz machte am 31. 1. der Chef OKW den Chef des Gen.=Stabs d. Luftwaffe auf die Besorgnisse des Planungsamtes aufmerksam, daß der Schutz der Treibstoffwerke durch Abzug in der letzten Zeit geschwächt und durch verstärkten Einsatz von Ausländern deren Krisenfestigkeit gemindert worden sei, und bat um entsprechende Maßnahmen.
*(KTB Nr. 3)*

Am 3. 2. legte der WFStab dem Chef OKW die Antwort auf die am 2. 12. gestellten Fragen auf Grund der bei der Berliner Besprechung erzielten Ergebnisse vor. Vom Planungsamt waren nunmehr in Aussicht gestellt: 560 000 moto; doch mußte die Erfüllung als zweifelhaft bezeichnet werden. Technische Sondermaßnahmen hatten zu Erhöhungen geführt. Für die OKW=Reserve blieben 360 000 cbm. Auf die Umstellung auf Generator=Betrieb durften keine zu großen Hoffnungen gesetzt werden.

Produktionsausfälle konnten nur durch Rückgriffe auf die Reserve überbrückt werden. Diese werde am 1. 3. voraussichtlich 123 000 cbm Kfz=Betriebsstoff und rund 56 000 to Flugvergaserkraftstoff umfassen. Der W=Stab meldete ferner die im Südwesten und Südosten zugewiesenen Beträge.

Im Februar führte das OKW der Treibstoffproduktion 3 500 av[1]=Soldaten des Heeres zu. Am 17. 2. forderte der Chef OKW, daß die Luftwaffe ihrerseits 750 Fachkräfte freigebe. Am 19. 2. teilte der Chef der Reichskanzlei mit, daß in Berlin auf Grund der Sparmaßnahmen der Verbrauch auf 10% der Menge im August 1940 abgesunken sei. Weitere Unterlagen wolle er auf Grund seiner Fühlungnahme mit dem Reichswirtschaftsminister noch beschaffen. Am 16. 2. legte der Chef des Gen.=Stabs d. Luftwaffe eine auf Grund neuer Besprechungen aufgestellte Anforderung vor, bei der er darauf hinwies, daß eine Kürzung Schwächung der Luftwaffe in der Zukunft bedeuten würde (dazu wurden Unterlagen am 22. und 26. 2. übersandt).
*(Nr. 7 aus KTB).*

1 D. h. arbeitsverwendungsfähige Soldaten.

Der Gen.=Quartiermeister Heer legte die neu berechneten Zahlen am 25. 2. vor. Auf Grund dieser Unterlagen berechnete der WFStab in einer Notiz vom 8. 3. den Bedarf der Kriegsschauplätze wie folgt:

| | | |
|---|---|---|
| Osten | | 150 000 cbm |
| Südosten | | 18 000 cbm |
| Südwesten | | 33 000 cbm |
| Westen (im Falle d. Kampfes weitere 20 000 cbm) | | 55 000 cbm |
| Norwegen | ohne Kampfbedarf | 4 000 cbm |
| Dänemark | ohne Kampfbedarf | 1 000 cbm |
| Niederlande | ohne Kampfbedarf | 1 000 cbm |
| Ausbildung | ohne Kampfbedarf | 10 000 cbm |
| Feldwehrmacht zusammen: | | 272 000 cbm. |
| mit einem zusätzlichen Kriegsschauplatz | | 285 000 cbm. |

Dazu waren noch eine Reihe anderer Posten zu rechnen, so daß sich für den laufenden Verbrauch eine Menge von 250 000 to ergab. Dazu kamen noch die vom Führer befohlene Bevorratung auf allen Kriegsschauplätzen und die Bil=dung einer OKW=Reserve. Demnach waren dem Planungsamt gegenüber zu fordern: 275 000 moto. Der Chef OKW erklärte sich mit diesem Vorschlag einverstanden.

Das OKW teilte am 8. 3. mit, daß der OB.d.M. im Hinblick auf die Ausbil=dung und das U=Boot=Programm unter keinen Umständen mit einer Kürzung einverstanden sei.

In seiner Antwort erkannte der Chef OKW am 16. 3. die Anforderung grundsätzlich an, wies aber darauf hin, daß die am 27. 1. angemeldeten An=forderungen der Marine zu 88%, die des Heeres nur zu 66% erfüllt würden.

Der weitere Bedarf der Luftwaffe wurde in einer Besprechung geklärt, über die der Vertreter des WFStabs, Major d. G. Dereser, am 27. 2. Meldung er=stattete. Am 31. 3. legte das OKW neue Anforderungen für die weiteren Quartale vor. Ihm wurde am 11. 4. durch den W=Stab mitgeteilt, daß deren Erfüllung unmöglich sei. Die wiederholten Klagen des Chefs d. GenStdH sowie des Gen.=Inspekteurs der Pz.=Truppen wegen unzureichender Treibstoffzu=weisungen für Ausbildungszwecke hatte der Chef OKW bereits am 2. 3. als unberechtigt zurückgewiesen.

Die Versorgungsvorschau für das II. Halbjahr 1944 ergab (nach einer Auf=stellung des W=Stabes vom 3. 3.) folgendes Bild:

| | III. Quartal | IV. Quartal |
|---|---|---|
| | in 1000 moto | |
| Flugvergaser=Kraftstoffe | 214 | 226 |
| Kfz.=Vergaserkraftstoffe | 170 | 170 |
| Kfz.=Dieselkraftstoff | 40 | 40 |
| Schiffs=Dieselkraftstoff | 65 | 70 |

Zuweisungen in dieser Höhe bedingten jedoch ein Fehl von 27 000 to (einschl. 11 000 moto für Spanien, die jedoch wegfielen). Außerdem fand im März ein Schriftwechsel zwischen dem OKW und RuK wegen des Abzuges von Arbeitskräften aus der Treibstoff=Produktion statt (210 deutsche Facharbeiter in Böhlau, Kriegsgef.=Baubtl.e sowie ital. Facharbeiter in Brüx).

Der Chef wandte sich wegen dieser Maßnahmen am 21. 3. an den Reichsminister Speer und stellte ihre voraussichtlichen Auswirkungen zusammen. Er bat um Vermeidung aller Schritte, die die angespannte Betriebsstofflage noch weiter verschärfen könnten, da schon jetzt die Fahrkraftstoffe nur zu 78 %, das Marine=Treiböl nur zu 88 % geliefert werden könnten.

Am 22. 2. teilte das Reichsministerium mit, daß die vorgesehenen Maßnahmen mit Rücksicht auf das Jäger=Programm durchgeführt werden müßten. Daraufhin wandte sich der Chef OKW am 25. 3. erneut an Reichsminister Speer mit einer Darlegung der allgemeinen Fragen der Produktionssteigerung. Die Luftwaffe habe erhöhten Bedarf durch neue Strahltriebflugzeuge, und der Gen.=Inspekteur der Pz.=Truppen sei beim Führer wegen Ausbildung der Panzerverbände vorstellig geworden. Durch die Entwicklung im Osten und anderen Fronten, die Besetzung Ungarns und die Auswirkung der feindlichen Luftangriffe auf das gesamte Transportwesen sei in den letzten Monaten eine Erhöhung des Verbrauchs eingetreten. Die Aufstockung beim Flugbenzin sei nur durch das Wetter bedingt und zudem durch rücksichtslose Kontingentierung erzielt. Wegen der Invasion im Westen sei eine Erhöhung unbedingt erforderlich. Eine Nachforderung[1] an Reserven sei kürzlich abgelehnt[2] worden. Die vom Führer befohlene Auslagerung von allen Fronten sei nicht möglich gewesen. Die Mindestforderungen seien dadurch erfüllt worden, daß operative und ausbildungsmäßige Aufgaben zurückgestellt worden seien. Bereits zweimal seien 1942/43 schwere Benzinkrisen eingetreten (August—September am Terek, dann bei Stalingrad; Juli — August beim Absetzen vom Donez auf den Dnjepr). Durch die unerwartet hohe ital. Beute sei damals ein Ausgleich gewonnen worden.

Der Chef OKW wies darauf hin, daß die nunmehr dem Planungsamt übermittelten Zahlen nicht utopisch seien, sondern der anzunehmenden Entwicklung entsprächen. Es müsse mit Einbrüchen in die Produktion gerechnet werden. Als Schluß ergab sich, daß einem Einbruch durch Aufstockung vorgebeugt werden müsse. Die voraussichtliche Bedarfsdeckung erfolge:

bei Fahrkraftstoffen nur zu 78 %,
Flugkraftstoffen nur zu 66 %,
Marineheizöl nur zu 88 %.

Die rumänische Produktion gehe auch ohne Feindeinwirkung zurück; zudem sei sie besonders bedroht. Falls nicht das Hochziehen der Gesamtproduktion

1 Ms.: Nachforschung.
2 Ms.: angelehnt.

gelinge, sei die Kampfführung zu Lande, zu Wasser und in der Luft aufs äußerste bedroht; das gelte besonders für die Luftwaffe, die die Voraussetzung für alle Rüstungsprogramme schaffen müsse. In folgendem führte der Chef OKW aus, daß von den Ausweichtreibstoffen nicht viel zu erwarten sei. Es sei dem Reichsminister nicht möglich, die Produktion schnell hochzuziehen, und das OKW könne keine Arbeitskräfte freimachen. Es müsse jedoch möglich sein, die fertigen oder bald fertigen Kapazitäten restlos auszunutzen und damit der bedrohlichen Entwicklung Einhalt zu gebieten. Durch die Nachrichten über Abzug von Arbeitskräften und das Hinausschieben der Termine habe der Chef OKW den Eindruck erhalten, daß nicht alles geschehe, was möglich sei; er bitte deshalb den Reichsminister um ein persönliches Eingreifen.

Am 28. 3. nahm der Chef OKW in der Frage des Abzuges von Arbeitskräften grundsätzlich Stellung gegenüber dem Planungsamt: er hätte nicht im einzelnen in den Arbeitseinsatz eingreifen wollen, sei jedoch der Auffassung, daß der Forderung auf Steigerung in mehrfacher Hinsicht nicht der erforderliche Nachdruck verliehen werde. Die Kluft zwischen Bedarf und Produktion müsse sich daher immer mehr erweitern. Er müsse daher fordern, dem Mineralöl-Programm Dringlichkeit sowie Stetigkeit zu sichern. Vor einem Vortrag beim Führer bitte er, alle Möglichkeiten zum Hochziehen der Produktion zu überprüfen.

Am 1. 4. fand eine Besprechung wegen dieser Angelegenheit zwischen W-Stab und Planungsamt statt (s. Notiz des WFStabs vom 6. 4.). Es ergab sich, daß Präsident Kerrl positiv zu der Verstärkung der Produktion eingestellt war und gegen den Abzug der Bau-Btl.e Einspruch erhoben hatte. Es sollte einmal versucht werden, aus Ungarn Kriegsgefangene herauszuziehen. Präsident Kerrl erteilte am 4. 4. noch eine schriftliche Antwort.

Der Chef OKW befahl darauf eine Überprüfung der Kriegsgefangenen in Ungarn auf ihre Eignung und ergänzende Maßnahmen.

### 3. Die Aufnahme des Kampfes gegen die rumänische und die deutsche Treibstoffproduktion durch die feindliche Luftwaffe und die eigenen Gegenmaßnahmen[1]

Es war seit Jahr und Tag mit Erstaunen bemerkt worden, daß die britisch-amerikanische Luftwaffe die deutschen Hydrierwerke kaum angriff, obwohl ihr deren Lage bekannt sein mußte und diese Objekte trotz allen Schutzes besonders leicht angreifbar waren.

Durch die Zurücknahme der Ostfront rückte auch die Möglichkeit von Luftangriffen auf das rumän. Erdölgebiet durch die russische Luftwaffe näher. Die alliierte Luftwaffe hatte bereits am 1. 8. 1943 einen Angriff versucht, nachdem sie in Süditalien eine geeignete Absprungbasis gewonnen hatte. Aber sie hatte

1 Vgl. hier auch den 6. Abschnitt, Anhang 2: Rumänien (oben S. 757 ff.).

dabei große Verluste erlitten und gar keinen Erfolg erzielt, so daß eine Wiederholung vorerst auf sich warten ließ. Dann wurden die viermotorigen Verbände des Feindes erst einmal eingesetzt, um Bulgarien durch Angriffe auf Sofia zu erschüttern.
*(Lagebuch 10. 4., Notizen vom 6. 4. 44)*

Als die Anglo-Amerikaner am 5. 4. von neuem gegen *Ploesti* einsetzten, verloren sie 50 Flugzeuge sicher, 16 weitere wahrscheinlich. In drei Raffinerien brannten Tanks aus; doch war der Gesamtschaden nicht schwer, jedenfalls geringer als am 1. 8. 43. Die aktive und passive Luftabwehr bewährte sich.
*(Lagebuch 25. 4., 27. 4., 2. 5., 3. 5., 6. 5., 7. 5.; Merkbuch 2. 5. (Gen. v. Buttlar: 10. 5.); Merkbuch 11. 5. (Chef) u. 15. 5. (Qu)).*

Am 24. 4. wurden Ploesti und Bukarest angegriffen. Die Verschiebebahnhöfe wurden getroffen, in Ploesti außerdem noch 3 Raffinerien. Zur Behebung der Schäden wurden deutsche Eisenbahnkräfte eingesetzt und Züge über Bulgarien umgeleitet. Da trotz dieser Maßnahmen die Eisenbahnlage unbefriedigend blieb, begab sich der Wehrm.-Transportchef an Ort und Stelle; denn — abgesehen von den Schwierigkeiten bei der Versorgung der Heeresgruppe Südukraine — konnten in den letzten Tagen des April nur 50% der Ölabfuhr geleistet werden. Am 5. 5. suchte der Feind sowohl tags wie nachts das Ölgebiet heim, außerdem *Turnu-Severin.* Am 6. 5. griff er mit 400 Flugzeugen die — nach Ploesti an zweiter Stelle stehenden — Ölanlagen von *Campina* an und führte dabei neue Angriffe auf Eisenbahnanlagen in Siebenbürgen und Turnu-Severin.

Durch ständige *Verminung der Donau* erschwerte er auch den Abtransport des Öls auf dem Wasser. Da der Donauverkehr deswegen vom 9.—22. April gesperrt werden mußte, konnten von den vorgesehenen 264 000 to nur 137 000 to Mineralöl abgefahren werden. Nur die Verladungen aus Ungarn erreichten mit 43 000 to (davon 16 000 to Rohöl) das Planungssoll.

Zum Schutz von Ploesti wurden in der ersten Mai-Dekade aus Ungarn und Italien 2 weitere Jagdgruppen herangezogen. Außerdem wurden die Nachtjäger verstärkt. Auf Anforderung des Marschalls Antonescu wurden größere Lieferungen von Eisenbahn-Material, besonders Schienen und Weichen, mit denen Deutschland in Rückstand geraten war, eingeleitet; ihre Transporte wurden trotz des Einspruchs der Heeresgruppe in die Versorgungstransporte eingegliedert, weil sich nur so die Versorgung aufrecht erhalten ließ.

Genauso schwer wie die Eisenbahnschäden, die sowohl den Nachschub zur Front als auch den Abtransport des Mineralöls gefährdeten, war der Rückgang der Produktion zu werten. Am 9. 5. wurde der bisherige Ausfall beim WFStab auf 140 000 to beziffert.

Um ein klares Bild über den eingetretenen Schaden sowie über die erforderlichen Maßnahmen zu gewinnen, traf am gleichen Tage als Sonderbeauftragter

des Chefs OKW mit einer weit gefaßten Vollmacht der Major d. G. Dereser im Flugzeug im Ölgebiet ein.
*(Sonderhefter bei Qu)*.

Sein Auftrag war, die Möglichkeiten zur Erhaltung und Steigerung der rumän. Treibstoffproduktion sowie des Abtransportes zu untersuchen. Er führte seine Reise in der Zeit vom 9. 5. — 13. 5. in Begleitung des Hauptmanns Dr. Cartellieri aus und legte nach Rückkehr einen umfassenden Bericht vor, dem die erforderlichen Unterlagen angeschlossen wurden. In ihm wurde bereits berücksichtigt, daß der Feind am 12. 5. den Kampf gegen die deutschen Hydrierwerke begonnen hatte.

### *Mineralöllage*

a) Als Stand Anfang Mai ergab sich, daß die normale Rohölförderung Anfang 1944 430 000 moto betrug, nunmehr jedoch durch Luftangriffe und die Transportlage auf eine Tagesproduktion abgesunken war, die 240 000 moto entsprach. Der Ausfall betrug demnach 190 000 moto, d. h. 44%.

Da die Rohölforderung aus betrieblichen Gründen bewußt gedrosselt worden war, konnte erwartet werden, daß nach der Wiederherstellung zerstörter Raffinerien und der Aufnahme des Abtransportes eine Erhöhung der Produktion möglich sein werde.

b) Die normale Rohölverarbeitung hatte Anfang 1944 400 000 moto betragen; durch die Zerstörungen war dies Quantum auf 160 000 moto abgesunken. Der Ausfall betrug demnach 240 000 moto, d. h. 60%. Dieser Ausfall bedingte ein Absinken der Fertigproduktion bei VK um 25 000, bei DK und Petroleum um 62 000 moto. Es konnte angenommen werden, daß bei schneller Aufräumung und Instandsetzung — falls keine neuen Schäden eintraten — sich die Verarbeitung wieder auf 300 000 moto steigern ließ. Voraussetzung dafür bildete, daß der Abtransport sichergestellt wurde.

Der Bericht wies darauf hin, daß einen besonderen Gefahrenpunkt die Großtanklager bildeten, die jedoch zu einem guten Teil bereits gegen Splitter gesichert waren.

Auf die *Gesamttreibstofflage* ergaben sich folgende Ausfälle:

1. Flugkraftstoff: Fehl von 32 000 to (nur zu decken durch die Entnahme aus der Sonderreserve),

| 2. Kw=Betriebsstoff: | VK | DK |
|---|---|---|
| | in 10 000 moto | |
| Mai=Ausfall in Rumänien | 24,0 | 6,6 |
| Mai=Ausfall in Deutschland | 30,9 | 19,0 |
| Nach Ausschöpfung aller Ausgleichmöglichkeiten blieb im Mai ein Fehl von | 5,7 | 5,3 |

3. Heizöl:
in Rumänien kaum, im Reich mit 8 000 to ausgefallen. Dieses Fehl konnte aus erhöhten Beständen der Kriegsmarine gedeckt werden.

*Transportlage*

Geplant war im April eine Abfuhr von 270 000; tatsächlich abgefahren wurden nur 137 000 moto. Es ergab sich demnach ein Ausfall von 133 000, d. h. 50%. In der 1. Dekade fielen 53 000 to aus.

Infolge der von Chef Transportwesen eingeleiteten Maßnahmen (personelle und materielle Zuführungen) war eine Steigerung in etwa 1 Monat zu erwarten, falls keine neuen Schäden erfolgten oder in der Versorgungslage der Ostfront keine Spannung eintrat.

Die Rohrleitungen sollten bis 20. 5. wieder hergestellt sein. Bei den in verschiedenem Maße beschädigten Raffinerien wurden 1 — 10 Wochen veranschlagt. Die „Herzstücke" der Anlagen waren durch vorbeugende Maßnahmen vor ganz großen Schäden bewahrt geblieben. Der noch friedensmäßig gelenkte Eisenbahnbetrieb bedurfte straffer Regulierung.

Als Maßnahmen schlug der Bericht vor:

1. Verstärkung des aktiven Luftschutzes (Jäger, Zerstörer, Flak),
2. Verstärkung der passiven Luftabwehr (Auflockerung, nicht: Verlegung der Betriebe sowie der Eis.-Bestände, Einsatz von transportablen Rohrleitungen, Einsatz von mot.-Tankraum im Notfall, Splitterschutz, Verbesserung der Alarm- und Warnordnung, Bau von Luftschutzräumen),
3. Wiederaufbauarbeiten an den Mineralölwerken und den Transportwegen.

Als Voraussetzungen für die Maßnahmen ergaben sich aus den durchgeführten Besprechungen:

1. die Bereitstellung von Geldmitteln,
2. Verbesserung des Arbeitseinsatzes,
3. Steigerung des Kolonnenraumes,
4. deutsche Lieferungen an Eisenbahnbetriebs- und Instandsetzungsmaterial.

Störend hatte sich besonders das Fehlen einer einheitlichen Organisation ausgewirkt. Der Bericht schlug deshalb vor, den Lw.-Attaché in Bukarest und Gen. d. Luftwaffe in Rumänien, General Gerstenberg, zum *„Deutschen Kommandanten des rumänischen Erdölgebiets"* zu ernennen und ihn unmittelbar unter dem OKW mit der einheitlichen Steuerung zu beauftragen. Innerhalb jeder Raffinerie waren bereits Raffinerie-Kommandanten eingesetzt.

In *Ungarn* ergab sich folgende Lage: die bisherige Rohölförderung von 70 000 to war im April auf 65 000 moto abgesunken, und zwar wegen der Verminderung des Inhalts in den Großtanks wegen zu großer Luftgefährdung. Es konnte erwartet werden, daß Ungarn 40 000 moto an Deutschland zu liefern vermöge; der Eigenbedarf betrug 12 000 (davon 7 000 für die ungar.

Wehrmacht). Durch die bereits vom Vierjahresplan eingeleiteten Maßnahmen sollte die Rohöl=Förderung im Laufe des Jahres um 60 000 to gehoben, d. h. fast verdoppelt werden. Außerdem waren noch Einsparungen in Ungarn mög=lich. Für den Schutz des ungar. Mineralöls ergaben sich ähnliche Vorschläge wie in Rumänien.

Der Ausnutzung der beiden ungar. Erdgasvorkommen standen die Schwierig=keit der Beschaffung von Stahlflaschen und das Transportproblem im Wege; doch waren auch in diesem Falle Ausweichmaßnahmen denkbar. Da in Ungarn gleichfalls eine einheitliche Führung fehlte, schlug der Bericht vor, den Bevollm. Gen. in Ungarn, Gen. v. Greiffenberg, mit ihr zu beauftragen.

Am 12. 5. führte der Gegner seinen ersten großen Schlag gegen die *deut=schen Hydrierwerke,* deren Bombardierung seit Jahr und Tag erwartet worden war, die der Gegner aber auffallenderweise immer noch hinausgezögert hatte. Es fielen daher vorläufig aus:

| | |
|---|---|
| Brüx | zu 100%, |
| Tröglitz | zu 100%, |
| Böhlau | zu 50%, |
| Leuna | zu 60%, |

Benzin: etwa 25 000 to

(nach den später vorliegenden Meldungen war der Schaden noch größer).

Der Bericht wies darauf hin, daß das OKW die Gefahr einer solchen Ent=wicklung rechtzeitig erkannt und — soweit möglich — Gegenmaßnahmen ver=anlaßt habe. Daher sei die Mineralöl=Versorgung der Wehrmacht zunächst noch sichergestellt; aber weitere Angriffe in diesem Umfang würden die OKW=Reserven bald erschöpfen und zum Erliegen der Treibstoff=Versorgung führen. Die Folgen für die weitere Kampfführung würden unabsehbar sein.

Daraus ergaben sich folgende Vorschläge:

1. Sofortmaßnahmen zur Erhöhung des aktiven und passiven Schutzes aller Treibstoffwerke (mit Schwerpunkt auf dem passiven), insbesonders ein=heitliche Befehlsführung;
2. Erklärung des Großnotstandes für alle Treibstoffwerke und Einstufung des Mineralölprogramms auf dieselbe Stufe wie das Jäger=Programm;
3. Nachprüfung der Auslagerungen auf ihren Luftschutz;
4. Durchführung schärfster Einsparungsmaßnahmen;
5. erhöhter Einsatz von Ausweichkraftstoffen;
6. großzügige Weiterplanung auf dem Gebiet der Mineralöl=Erzeugung.

Abschließend regte der Bericht, der die volle Billigung des Chefs OKW fand, an, gemeinsame Besprechungen mit den beteiligten Reichsdienststellen abzuhalten.

Aus den allgemeinen Eindrücken dieser Reise verdient noch folgendes fest=gehalten zu werden:

Alles, was bisher im Ölgebiet an Sicherungsmaßnahmen vorzubereiten war, war durch die deutschen Stellen geschehen. Vor allem hatte sich der Splitter=

schutz bewährt, der auf Drängen des Generals Gerstenberg vor den lebens=wichtigen Maschinen und Apparaturen aufgebaut worden war. Diesen Maß=nahmen war es zu danken, daß die größte Raffinerie, die Astra=Romana, nur für 2 Monate außer Betrieb gesetzt wurde.

Für die Aufräumungen standen zahlenmäßig ausreichend Arbeitskräfte zur Verfügung; aber die Bevölkerung lief nicht nur bei Beginn eines Luftangriffs, sondern auch schon auf Verdacht weg, und die rumänischen Stellen waren nicht in der Lage, dem entgegenzuwirken. Deshalb war von der deutschen Seite der Einsatz von Arbeitskräften aus dem Osten geplant, die weniger bomben=empfindlich waren. In Betracht kamen die sogenannten Schutzmannschaften, d. h. bewaffnete Polizeiverbände, ferner Kriegsgefangene und Hiwis [1]; denn deutsche Kräfte konnten nicht zur Verfügung gestellt werden. Jedoch war bekannt, daß der Marschall Antonescu eine offizielle Anfrage ablehnen würde, da er sich bereits gegen das Einsickern von Hiwis im Rahmen der Wehrmacht gewandt hatte, weil er durch sie die Bildung von Banden befürchtete. Deshalb wurde jetzt folgender Weg ins Auge gefaßt: Der Chef OKW stellte dem Gene=ral Gerstenberg frei, zusammen mit dem SS=Obergruppenführer Hildebrandt soviel Kräfte in das Ölgebiet hineinzuführen, wie erforderlich waren, und sie herzunehmen, wo sie beschafft werden konnten.

Am 20. 5. legte der WFStab eine Notiz über die nunmehrige Lage vor. Ob=wohl der Gen.=Quartiermeister Heer auf 4 000 cbm verzichtet hatte und sonstige Ausgleichsmaßnahmen getroffen worden waren, entstand im Mai ein Fehl von 18 000 to, das aus der OKW=Reserve gedeckt werden mußte (diese sollte am 1. 5. 185 000 cbm betragen). Falls dies nicht geschah, war eine Kür=zung um 32% bei VK, von 28% bei DK zu erwarten. Falls ein Ausgleich der Fehlmenge im Juni bei den Vergaserkraftstoffen nicht gelang, konnte Ende Juni nur noch mit einer OKW=Reserve von 152 000 cbm gerechnet werden.

Grob gerechnet handelte es sich im Augenblick um einen *Produktionsausfall in Rumänien um etwa die Hälfte, in Deutschland um etwa ein Drittel.*

Am 22. und 30. 5. fanden beim Führer Besprechungen über das Mineralöl=Programm statt, das daraufhin in die erste Dringlichkeitsstufe eingereiht wurde. Um den vom Gegner erzielten Einbruch aufzufangen, wurden vom OKW folgende Maßnahmen ergriffen:

1. *Sparmaßnahmen.*

   Bereits am 19. 5. hatte der Chef OKW den drei Wehrmachtteilen sowie dem Chef H=Rüst und BdE sowie dem Chef Wehrm.=Kraftfahrwesen mitgeteilt, daß für den Juni mit einer Kürzung von über 20% zu rechnen sei. Die Kfz.=Ausbildung müsse mit Generator=Kfz.en durchgeführt und bis 1. 7. ganz auf diese umgestellt werden. Dazu wurden Einzelanweisungen gegeben. Da die Entwicklung auf dem Gebiet des Flugbetriebsstoffes bedrohlich war,

1 d. h. „Hilfswillige" aus den Kriegsgefangenen; s. dazu oben S. 787 f.

stellte der Chef OKW aus der OKW=Reserve 13 000 to für Mai, 20 000 to für Juni zur Verfügung.

Am 24. 5. wurde es allen Oberbefehlshabern und Befehlshabern zur Pflicht gemacht, den Bedarf weiter einzuschränken.

Vom WFStab vorgeschlagen wurde, 90% der Pkw stillzulegen. Am 2. 6. wurde das für 30% befohlen. Am 8. 6. wurde die Benutzung von Flugzeugen zu Dienstreisen und Kurierzwecken eingeschränkt.

*(Lagebuch 30. 5., 31. 5.).*

Da der Gegner am 29. 5. bei einem Angriff auf Pölitz das dortige Hydrier=werk, das eine Leistungsfähigkeit von 47 000 moto besaß und hauptsächlich für die Luftwaffe arbeitete, so schwer beschädigte, daß es für mindestens 2 Monate ausfiel, und am folgenden Tage Industrieanlagen im Raume Des=sau — Halberstadt angriff, wurde es erforderlich, die Kürzungen bis auf ein Drittel der bisherigen Zuweisungen zu erhöhen. Die beteiligten Kom=mandobehörden wurden am 31. 5. benachrichtigt.

Am 30. 5. wies der Chef OKW den Chef des GenStdH auf die Wichtigkeit des rumän. und des galizischen Ölgebietes hin und bat ihn, darauf bei allen operativen Überlegungen Rücksicht zu nehmen.

2. Auf Grund der Besprechung beim Führer am 22. 5. teilte der Chef OKW den beteiligten Dienststellen die gezogenen Folgerungen mit:
   a) wesentliche Verstärkung des Luftschutzes für die Werke und Verkehrs=einrichtungen, besonders der Schwerpunkte, vornehmlich Pölitz (Pro=duktion 47 000 moto, meist Flugbetriebsstoff),
   b) Ausschöpfung aller Möglichkeiten des passiven Luftschutzes (wichtige und rechtzeitige Alarmierung, Verwendung von Nebel, Straffung der Befehlsführung, Splitterschutz),
   c) Schutz der Verladungen und Transporte, insbes. durch Flak, sowie pas=siver Schutz, vor allem durch Auflockerung (dazu Einzelanweisungen für Eisenbahn und Schiffe).

3. Auf Grund der Besprechungen beim Führer am 30. 5. richtete der Chef OKW am 3. 6. an den Reichsminister Speer einen Brief, der gleichzeitig den be=teiligten Stellen zur weiteren Veranlassung der von ihnen durchzuführenden Maßnahmen zugeleitet wurde. In ihm übermittelte er dem Minister folgende Anregungen und Forderungen der Wehrmacht:
   a) Sicherstellung der besonderen Vordringlichkeit aller Programme für Aus=weichmöglichkeiten,
   b) Ausschöpfung aller technischen Möglichkeiten, besonders der Nebelver=wendung auf einfachster Grundlage,
   c) Ausschöpfung aller technischen Möglichkeiten der Verwendung von ein=fach herzustellenden Treibstoffen.

Ferner bat der Chef OKW um Kürzungen des Bedarfs der zivilen Wirt=schaft, entsprechend der bei der Wehrmacht durchgeführten Kürzung.

Dem OB. d. Luftwaffe wurde gleichzeitig die Prüfung aufgegeben, ob bei dem befohlenen Einsatz von Nebelflugzeugen durch Metallbeimischung die Wirkung der Bombenvisiere gestört werden könne; ferner sollte er die Stör=sendung verbessern.

4. Überlegungen, wie der *Flakschutz der Mineralölwerke* verbessert werden könne, waren seit Februar im Gange. Am 3. 4. hatte der Chef OKW dem Chef des Gen.=Stabs d. Luftwaffe seine Befriedigung darüber zum Aus=druck gebracht, daß seit Mitte Dezember 1944 der Schutz durch 35 schwere Batterien sowie die Konzentration leichter Flakwaffen vermehrt worden war. Trotz dieser Maßnahmen hatte er gefordert, daß eine weitere Verstärkung geprüft werden solle, und zwar sowohl der jetzigen als der fertig werdenden Anlagen. Der Chef OKW hatte in diesem Zusammenhang darauf hinge=wiesen, daß ihm der Schutz von Zeitz und Rositz nicht ausreichend scheine, und auf seine mündliche Unterredung mit dem Chef d. Gen.=Stabs d. Luft=waffe Bezug genommen, von dem ihm die erste Dringlichkeitsstufe für die Treibstoff=Erzeugung zugesagt worden war.

Am 2. 5. stellte das Feldwirtschaftsamt (bisher: W=Stab) an Hand einer ihm vom WFStab übersandten Karte fest, daß der Flakschutz noch immer als sehr beschränkt bezeichnet werden müsse und daß die Rohölfördergebiete noch gar nicht in den Flakschutz einbezogen seien.

Auf den Befehl des Führers, Sofortmaßnahmen für den Schutz der Mine=ralölindustrie durchzuführen, meldete der Luftwaffen=Führungs=Stab am 2. 6., daß Sondermaßnahmen zum Schutz von Spitzenbetrieben, zur Sicherung der Donau=Schiffahrt, zur Ausweitung des Nebeleinsatzes und zur Ver=besserung der Luftschutzmaßnahmen bereits eingeleitet seien und nunmehr auch befohlen würden:

a) Überprüfung des Flakschutzes der Mineralöl=Betriebe,
b) Verstärkung derselben, wo es erforderlich sei.

Dabei sollten auch die Verladeschwerpunkte einbezogen werden. Als vor=dringlich sollten gelten: Ploesti — Campina, Bukarest, Kronstadt, Giurgiu, Wien. Die Verstärkungen sollten durch Verlegungen im eigenen Bereich erreicht werden.

5. a) Entsprechend dem Vorschlag des Majors d. G. Dereser ernannte der Chef OKW am 4. 6. den Kommand. Gen. d. Deutschen Luftwaffe in Rumänien, den *Gen.=Lt. Gerstenberg*, zum *„Deutschen Kommandanten des rumän. Ölgebietes"* (abgekürzt: Dt.Kdt.Rum.Öl) mit der Aufgabe der einheitlichen Steuerung aller das Mineralölgebiet betreffenden milit. Fragen (einschließlich das Transportwesen) sowie der Vertretung der sich daraus ergebenden Forderungen gegenüber den Rumänen. Der Komman=dant wurde dem Chef OKW unmittelbar unterstellt und mit Wehrmacht=befugnissen ausgestattet; dazu erhielt er ausgedehnte Befugnisse.

*(Merkbuch 11. 6.: Qu)*.

b) Entsprechend wurde für das *Reichsgebiet* der *Direktor Geilenberg* als Sonderbeauftragter des Führers eingesetzt mit der Vollmacht, jegliche Beschlagnahmen, die von ihm für das Wiederanlaufen eines Hydrierbetriebes als erforderlich angesehen würden, und entsprechend die Beanspruchung von Arbeitskräften durchführen zu dürfen.

*(Merkbuch 11. 6. (Qu) Abs. 7 und 12. 6. (Kptlt. Schubert)).*

c) Um den Abtransport zu sichern und die Entminung der jetzt vom Gegner laufend verseuchten *Donau* zu gewährleisten, wurde vom WFStab die Ernennung des Gen.-Admirals Marschall zum *Sonderbevollmächtigten für die Aufrechterhaltung der Donau-Schiffahrt* vorbereitet; doch zog sich diese noch hin, da erst eine Abtrennung gegenüber dem am 22. 3. beauftragten Reichskommissar für die Seeschiffahrt, Gauleiter Kaufmann, gefunden werden mußte.

Auf Grund der *feindlichen Landung im Westen* gab der Chef OKW am 6. 6. zunächst bis zu 10 000 cbm aus der OKW-Reserve frei.

Vom Tage der Invasion gingen zwar die Angriffe auf das Reichsgebiet vorerst zurück; doch wurden die viermotorigen Verbände in Süditalien nicht gebunden; sie setzten ihre Angriffe gegen den Südosten fort.

*(Lagebuch 12. 6.).*

Am 11. 6. griff der Gegner, vom Südwesten einfliegend, mit 300 Bombern die Öltanks in Giurgiu und in Konstanza an. Es konnte nicht verhindert werden, daß die Tanks getroffen wurden; doch waren, da mit diesem Angriff gerechnet worden war, Ausweichmaßnahmen bereits vorbereitet. Am 12. 6. folgte ein Angriff auf die Hydrierwerke in Komorn, am 14. 6. auf die bei Budapest. Doch gehören diese Ereignisse schon nicht mehr in den Rahmen dieser Ausarbeitung, die nur den Zeitraum bis zum Beginn der feindlichen Invasion im Westen ins Auge gefaßt hat.

### *C. Der Kampf der feindlichen Luftwaffe gegen die Transportwege*

In den voraufgehenden Abschnitten ist bereits wiederholt auf die Behinderung der Transporte durch Luftangriffe und die eigenen Gegenmaßnahmen hingewiesen worden.

Es handelte sich nur um einen Ausschnitt aus dem Luftkrieg, der die feindlichen Kampfhandlungen auf der Erde einerseits unterstützte, andererseits vorbereitete.

In *Italien* war der Gegner bestrebt, die deutsche Kampfführung an der Südfront und gegen den am 22. 1. bei Nettuno errichteten Brückenkopf durch ein entsprechendes Zerschlagen der Eisenbahnverbindungen in Mittelitalien und die Zerstörung wichtiger Eisenbahnknotenpunkte in Oberitalien und in den Alpen zu behindern. Wie weit er damit Erfolg hatte und wie weit durch eigene Maßnahmen die Einengung dieser Bewegungsfreiheit wieder aufgehoben werden konnte, ist in der Ausarbeitung über den Südwesten ausgeführt worden.[1]

Durch operative Gesichtspunkte war auch die Kampfführung der feindlichen Luftwaffe im *Westen* bestimmt, wo der Gegner bemüht war, durch Zerstörung aller Seine= und Loire=Brücken die eigenen Zuführungen in den für die Inva=sion vorgesehenen Kampfraum zu unterbinden[2]. Von gleichen Gesichtspunkten waren auch die Angriffe auf die ital.=französ. und die südwestdeutsch=französ. Eisenbahnübergänge bestimmt.

Das gleiche gilt auch für die russischen Luftangriffe gegen Eisenbahnziele hinter der *Ostfront*, z. B. gegen Lemberg, die sich jedoch nicht stärker aus=wirkten, da das östliche Eisenbahnsystem weniger empfindlich ist und die Sowjet=Luftwaffe nicht die Schlagkraft der anglo=amerikanischen besaß.

Wenn durch diese Angriffe auch die eigene Wehrwirtschaft behindert wurde, bedeutete dies für den Gegner zweifellos ein erwünschtes Nebenergebnis. In=einander flossen operative und wehrwirtschaftliche Überlegungen nur im *Süd=ostraum*[3]. Denn durch die Verminung der Donau und die Zerstörung der rumän., jugosl. und ungar. Bahnen wurden ja sowohl die Abstützung der mit Schwierigkeiten aufgebauten neuen Front als auch die Treibstoffversorgung bedroht.

### *D. Zusammenfassung*

Die dargestellte Entwicklung muß im Zusammenhang gesehen werden: einer=seits mit der britischen Blockadepolitik, andererseits mit der Vorbereitung eines von mehreren Seiten gleichzeitig geführten Angriffs gegen die Festung Europa.

Die *Fernblockade* mit all den Maßnahmen, die sich daraus gegen den Handel der neutralen Länder ergaben, entsprach im wesentlichen den Rezepten, die sich im Ersten Weltkrieg ergeben hatten. Sie trat am Anfang des Krieges in Kraft und wurde sofort durch entsprechende Gegenmaßnahmen beantwortet, die — im Gegensatz zum Ersten Weltkrieg — in Erwartung dieses Vorgehens seit Jahr und Tag vorbereitet worden waren. Da die *Lebensmittelerzeugung* in den voraufgehenden Jahren bewußt gesteigert und dadurch die Abhängig=keit von den ausländischen Zufuhren aufgelockert worden war, konnte die vom Gegner von neuem angelegte Daumenschraube schon deshalb nicht die Wirkung ausüben, die sie damals schließlich gehabt hatte. Durch Zwangswirt=schaft einerseits, durch Erweiterung des bewirtschafteten Raumes nach allen vier Himmelsrichtungen andererseits wurde ihre Wirkung weiterhin abgeschwächt. Diese feindliche Offensive erschwerte das öffentliche und private Leben bis in den letzten Winkel; aber in ihrer Auswirkung hat sie sich doch festgefahren. Den Erfolg, den die Blockade den Gegnern im Jahre 1918 einbrachte, konnten sie sich diesmal nicht versprechen.

Da sich diese Waffe als stumpf erwies, hatte das Vorgehen der Anglo=

1 S. oben den 5. Abschnitt (S. 473 ff.).
2 S. oben den 4. Abschnitt (S. 297 ff.).
3 S. oben den 6. Abschnitt (S. 632 ff.).

Amerikaner gegen die für die deutsche Wehrwirtschaft *unentbehrlichen Rohstoffe* in diesem Kriege für sie eine größere Bedeutung als im Ersten Weltkrieg, in dem ja gleichfalls schon entsprechende Maßnahmen ergriffen worden waren. Sie konnten sich versprechen, daß die zweite Waffe schärfer sein würde als 1914 — 18, weil Deutschland diesmal mit weniger Vorräten in den Krieg getreten war und durch die fortschreitende Technisierung der Kriegführung noch stärker als das erste Mal von dem Bezug der unentbehrlichen Rohstoffe abhängig wurde.

Der erste Abschnitt hat gezeigt, daß der Druck, den der Feind auszuüben vermochte, auf zwei wichtigen Gebieten, nämlich beim Gummi und beim Benzin, bereits vor Kriegsbeginn durch den Übergang zur synthetischen Herstellung aufgelockert werden konnte, daß andere entscheidende Rohstoffe wie Nickel, Mangan und Molybdän durch die Eroberungen der Wehrmacht für die deutsche Wehrwirtschaft sichergestellt wurden und daß schließlich die diplomatische Offensive, in der die Feinde bei den Neutralen die Einstellung oder zumindestens eine starke Drosselung der Lieferungen an Deutschland erpreßten, keine kriegsentscheidenden Ergebnisse zeitigte, da Chromerz auch auf dem Balkan, Wolfram auch in Frankreich gefördert werden konnte und außerdem Vorräte angesammelt waren.

Ein ernstes Problem entstand allein durch die Aufnahme des Kampfes gegen die *Treibstoffproduktion* sowohl in Rumänien und Ungarn als auch im Reichsgebiet, der den Kampf gegen die Lager und die Transportwege mit einschloß. Es ist dargelegt worden, daß die hier drohende Gefahr seit langem erkannt und ihr nach Möglichkeit entgegengewirkt worden war, daß jedoch ein starker Einbruch nicht verhindert werden konnte.

Das Problem, das im Augenblick der feindlichen Offensive im Westen aufgeworfen war, lautete: wird es den deutschen Gegenmaßnahmen gelingen, die Produktion im Reichsgebiet und in Rumänien sowie den Abtransport wieder so anzukurbeln, daß Kriegführung und Wehrwirtschaft durch den Ausfall nicht zurückgeworfen werden? Oder gelingt es dem Gegner durch das Erzielen neuer Einbrüche auf dem Gebiet des Treibstoffes, den deutschen Widerstand zu lähmen?

Der Kampf gegen die Abtransportwege des Mineralöls war nur ein Ausschnitt aus dem Kampf gegen die gesamten Verkehrsverbindungen, die der Feind gleichzeitig mit seiner diplomatischen Offensive und mit der Bombardierung der Ölproduktion aufnahm, um die Beweglichkeit der deutschen Kriegführung zu unterbinden und damit den Vorteil der inneren Linie aufzuheben.

Daß alle diese Maßnahmen allein nicht ausreichen konnten, um die deutsche Widerstandskraft zu brechen, war dem Gegner klar. Deshalb mußte er sich entschließen, den Krieg schließlich doch mit den Mitteln fortzuführen, mit denen sich allein eine Entscheidung erzwingen läßt, nämlich mit Menschen und Waffen.

# Anhang.
# Der See- und Luftkrieg
# (Ende 1943 – Mai 1945)

(vgl. dazu auch die kurzen, aber gleichzeitig aufgezeichneten Nachrichten im KTB 1945, 2. Abschnitt, II. Teil, F: Der Luft= und Seekrieg)

Inhalt des Anhangs


Einleitung: Hinweise . . . . . . . . . . . . . . . . . . . . . . . . . 962

I. Der Seekrieg (Ende 1943 — Mai 1945) . . . . . . . . . . . . . . . . 963

1. *Seekrieg im Atlantik* . . . . . . . . . . . . . . . . . . . . . . 963

2. *Seekrieg in den osteuropäischen Gewässern* . . . . . . . . . . . . 966

*Anlage: Verluste auf dem Meer* . . . . . . . . . . . . . . . . . . . 967

*a) Verluste der deutschen Kriegsmarine und Handelsflotte im II. Welt= krieg (967). – b) Gesamtverluste der Alliierten an Handelsschiffen und Fischereifahrzeugen (1939—1945) in 1 000 BRT (nach alliierten Zahlen) (968)*

II. Der Luftkrieg (Ende 1943 — Mai 1945) . . . . . . . . . . . . . . . 968

*Anlage: Der Kampf der V=Waffen gegen England* . . . . . . . . . . . . 971

*Das Kriegstagebuch des WFStabs hatte zwar die Aktionen der gesamten Wehrmacht festzuhalten, vermochte das aber doch nur in der Weise zu tun, daß es den Schwerpunkt auf die Vorgänge im Bereich des Heeres legte, möglichst viel von dessen Zusammenwirken mit der Luftwaffe festhielt und die Aktionen der Kriegsmarine wenigstens dort verzeichnete, wo sie unmittelbar mit den Landkämpfen zusammenhingen. Im Hinblick auf die spätere Kriegsgeschichtsschreibung war mein KTB ja nur als ein Zwischenstadium zu betrachten, da die Kriegsmarine und die Luftwaffe eigene Kriegstagebücher führten (über die Anlage des KTB.es der Kriegsmarine, das erhalten geblieben ist, vgl. unten den II. Teil der „Erläuterungen").*

## Einleitung: Hinweise.

*Im Hinblick auf diese Sachlage seien dem Benutzer einige Hinweise auf ungedrucktes Material zur Seekriegsgeschichte sowie auf Literatur und bereits vorliegende Hilfsmittel gegeben.*

### *a) Ungedrucktes Material:*

*In London liegen noch:*

1. *das vollständig erhaltene Kriegstagebuch der Seekriegsleitung,*
2. *die Lageberichte derselben an den WFStab,*
3. *die „Niederschriften über die Besprechungen des OB.d.M. beim Führer" (auszugsweise gedruckt unten im „Dokumententeil", Teil B; vgl. dazu Anhang 2 zum III. Teil der „Erläuterungen").*

### *b) Gedrucktes Material:*

*Fuehrer Conferences on Naval Affairs. In Brasseys Naval Annual 1948, London—New York 1948 (deutsche Ausgabe in Vorbereitung).*

### *c) Literatur (knappste Auswahl):*

*F. Ruge, Der Seekrieg 1939–1945, Stuttgart 1954.*

*Lohmann–Hildebrand, Die deutsche Kriegsmarine, Bad Nauheim 1956 ff.*

*K. Assmann, Deutsche Seestrategie in zwei Weltkriegen, Heidelberg 1957.*

*J. Meister, Der Seekrieg in den osteuropäischen Gewässern 1941–1945, München 1958.*

*K. Dönitz, 10 Jahre und 20 Tage, Bonn 1958.*

### *d) Hilfsmittel:*

*Eine ausführliche Chronik hat J. Rohwer veröffentlicht in der monatlich erscheinenden Zeitschrift „Leinen los", Jahrgang 1956 ff. und in der Marine-Rundschau 56, 1959 ff.*

Knappe Zusammenstellungen von Daten bieten:

Geschichte des zweiten Weltkrieges, Sonderausgabe aus „Ploetz, Auszug aus der Geschichte" (verfaßt von P. E. Schramm und H. O. H. Stange, 2. Aufl. Würzburg 1960, S. 51—56) und H.-A. Jacobsen, 1939/1945. Der zweite Weltkrieg in Chronik und Dokumenten, Darmstadt 1959 (5. erweiterte Aufl. ebd. 1961) S. 11 ff.

Eine die Jahre 1939—45 umfassende Chronik bereitet J. Rohwer in Zusammenarbeit mit G. Hümmelchen vor (Verlag Musterschmidt in Göttingen).

e) In Vorbereitung:

J. Rohwer, Der Einsatz von U-Booten im Zweiten Weltkrieg, I: Die Schlacht im Atlantik; II: U-Bootoperationen in europäischen Gewässern; III: U-Bootoperationen im Pazifik und Indischen Ozean (Verlag Musterschmidt in Göttingen).
Ders.: Atlas zur Geschichte des zweiten Weltkrieges (Verlag Bernard und Graefe in Frankfurt).

Um dem Benutzer wenigstens das Nachschlagen der Hauptdaten und -zahlen zu ermöglichen, folgt eine knappe Zusammenstellung, die sich an Ploetz a.a.O. hält.

## I. Der Seekrieg (Ende 1943 — Mai 1945)

### 1. Seekrieg im Atlantik

1943

Sept. 1943 – Mai 1944 — Neue Phase der Schlacht im Atlantik: Fehlgeschlagener Versuch der Wiederaufnahme der Konvoi-Bekämpfung im Nordatlantik mit neuen Waffen, da es durch Geleitflugzeugträger (umgebaut aus Handelsdampfern) möglich wurde, die Geleitzüge auf der ganzen Fahrt über den Atlantik abzuschirmen. Einzelunternehmungen im Mittel- und Südatlantik und Indischen Ozean. Durchschnittlich 61 U-Boote in See; 411 216 BRT versenkt bei 119 Verlusten.

22. Sept. — Britischer Klein-U-Bootangriff gegen das Schlachtschiff „Tirpitz" im Alta-Fjord.

12. Okt. — Die portugiesische Regierung gestattete den Alliierten die Errichtung von Stützpunkten auf den Azoren.

| | |
|---|---|
| *7. Nov.* | *Die letzte U=Boot=Gruppenaufstellung im Nordatlantik nach völligem Mißerfolg aufgelöst; in der Folge lockere Einzel=aufstellungen.* |
| *25.–26. Dez.* | *Erfolgloser Angriffsversuch des Schlachtschiffes „Scharn=horst" mit 5 Zerstörern gegen den Konvoi JW. 55 B im Eis=meer. „Scharnhorst" im Gefecht mit britischen Deckungskräf=ten gesunken.* |
| *27. Dez.* | *Bei Einholung eines Blockadebrechers in der Biscaya Gefecht zwischen 11 deutschen Zerstörern und Torp.=Booten und 2 bri=tischen Kreuzern; 3 deutsche Boote gesunken.* |

1944

| | |
|---|---|
| *14.–18. Febr.* | *Letzter Versuch einer geführten Gruppen=Operation mit U=Booten und Luftaufklärung im Nordatlantik.* |
| *3.–5. April* | *Britischer Trägerraid gegen die „Tirpitz" im Kaa=Fjord.* |
| *6. Juni* | *Beginn der alliierten* Großlandung in der Normandie *(Opera=tion „Neptune"): mit starker Flotten= und Luftwaffenunter=stützung am ersten Tage über See 5, aus der Luft 2 Divisionen gelandet. Unter Einsatz von über 6400 Schiffen (darunter 6 Schlachtschiffen, 23 Kreuzern, 104 Zerstörern) und Landungs=booten bis 12. 6. 326 000 Mann, 104 000 to Material und 54 000 Fahrzeuge, bis 2. 7. 929 000 Mann, 586 000 to Material und 177 000 Fahrzeuge gelandet.* |
| *6.–13. Juni* | *Angriffe von deutschen Zerstörern, Torpedo=Booten, Schnell=Booten (3 Zerstörer, 5 T=Boote, 30 S=Boote) sowie von 30 U=Booten (davon 20 versenkt) gegen den Landungsraum vor der Normandie schlugen bei größeren Verlusten nicht durch (bis Ende Juni versenkt: 20 leichte Seestreitkräfte des Gegners und 17 Transporter mit 80 000 BRT).*<br>*Da die U=Boot=Basen am Atlantik Ende August verlorengin=gen bzw. geräumt wurden, konnte fortan der U=Bootkrieg nur noch von Norwegen aus geführt werden.* |
| *25. Juni* | *Schweres Gefecht deutscher Küstenbatterien bei Cherbourg mit US=Schlachtschiffen und =Kreuzern.* |

| | |
|---|---|
| Juni 1944 (bis Mai 1945) | *Letzte Phase der Schlacht im Atlantik*: Einzelunternehmungen mit Schnorchel-Booten unter den englischen und amerikanischen Küsten. Durchschnittlich 48 U-Boote in See; 544 526 BRT versenkt bei 151 Verlusten. |
| 6.–17. Aug. | Raids britischer Kreuzer und Zerstörer gegen deutschen Schiffsverkehr an der Biscaya- und Bretagne-Küste. |
| 20.–25. Aug. | Räumung der deutschen Stützpunkte an der Biscaya-Küste. |
| 22.–29. Aug. | Britische Trägerraids gegen die „*Tirpitz*" im Alta-Fjord. |
| 12. Sept. 1944 (bis Apr. 1945) | Zahlreiche Raids britischer Träger- und Kreuzer/Zerstörergruppen gegen den deutschen Schiffsverkehr an der norwegischen Küste. |
| 2. Nov. | Nach Zerbombung der Seedeiche von *Walcheren* Landung britischer Commando-Einheiten mit Unterstützung durch schwere Schiffe. |
| 12. Nov. | Schwere Bomber der R.A.F. vernichteten das Schlachtschiff „*Tirpitz*" bei Tromsö (vgl. oben S. 916 ff.). |
| 22. Dez. | S-Bootangriff gegen alliierten Konvoi in der Schelde-Mündung. |

1945

| | |
|---|---|
| 21.–22. März | S-Bootangriff gegen britischen Konvoi an der englischen Ostküste. |

*Gesamtverlust des alliierten Schiffsraums durch deutsche U-Boote:*

1942: 6,25 Mill. BRT
1943: 2,58 Mill. BRT
1944: 0,77 Mill. BRT
1945: 0,26 Mill. BRT

## 2. Seekrieg in den osteuropäischen Gewässern

### 1944

| | |
|---|---|
| 5.–11. April | Evakuierung der Stadt Odessa über See ohne Verluste. |
| 8.–16. April | Sowjetischer Großangriff auf die seit dem 1. 11. 1943 abgeschnittene und über See versorgte Krim. |
| 16. April bis 5. Mai | Verteidigung von Sewastopol. |
| 5.–12. Mai | Sowjetischer Großangriff gegen Sewastopol und Räumung der Festung; insgesamt 130 000 Mann über See, 21 450 Mann auf dem Luftwege evakuiert. |
| Anfang Sept. | Selbstversenkung der letzten deutschen Einheiten vor der bulgarischen und türkischen Küste nach dem Einmarsch der Roten Armee in Bulgarien. |
| 4.–5. Sept. | Räumung Finnlands, z. T. über See. |
| 16.–23. Sept. | Räumung Estlands über See; rund 34 500 Soldaten und Flüchtlinge sowie 50 000 to Material evakuiert. |
| 22. Okt. bis 23. Nov. | Kampf um die Halbinsel Sworbe; Feuerunterstützung von See durch die schweren Kreuzer „Prinz Eugen", „Scheer", „Lützow". 18 195 Soldaten und Flüchtlinge evakuiert. |

### 1945

| | |
|---|---|
| 23. Jan. bis 9. Mai | Räumungstransporte von Ostpreußen und aus der Danziger Bucht. Von der Kriegsmarine wurden nach Schleswig-Holstein und Dänemark über die Ostsee in Sicherheit gebracht: 592 000 von Pillau aus, 1 347 000 von Danzig–Gotenhafen–Hela, 77 500 von Kolberg, 70 000 von Swinemünde, 100 000 aus Kurland. Insgesamt 2 002 602 Flüchtlinge, Soldaten und Verwundete evakuiert; dabei etwa 14 000 Verluste auf Seetransport (Verlust der Dampfer „Gustloff", „Steuben" und „Goya" durch sowjetische U-Boote). |

Durch Verluste verringerte sich die Hochseeflotte weiter:

| | |
|---|---|
| 9. April | Schwerer Luftangriff der brit. Luftwaffe auf Kiel; die schweren Kreuzer „Scheer" und „Hipper" vernichtet. |

16\. April — Schwerer britischer Luftangriff vernichtete den schweren Kreuzer „L ü t z o w“ bei Swinemünde.

5.–9. Mai — Letzte Evakuierungsfahrt der noch fahrbereiten Zerstörer, Torpedo-Boote und Schnell-Boote nach Hela; 43 000 Menschen evakuiert.

**Anlage: Verluste auf dem Meer**

*a) Verluste der deutschen Kriegsmarine und Handelsflotte im II. Weltkrieg:*

4 Schlachtschiffe, 5 Panzerschiffe und Schwere Kreuzer, 4 Leichte Kreuzer, 2 alte Linienschiffe, 27 Zerstörer, 68 Topedoboote, 27 Geleitboote, 106 Minensuchboote, 185 Räumboote, 152 Schnellboote sowie ca. 525 Fährprähme und Artilleriefähren an aktiven Überwasser-Kriegsschiffen;

968 U-Boote (davon 630 auf Feindfahrten und 81 durch alliierte Luftangriffe auf Häfen);

9 Hilfskreuzer, 35 Minenschiffe, 66 Sperrbrecher, 3 Minenräumschiffe, 132 Hilfsminensuchboote, 137 U-Jäger, 189 Vorpostenboote, 278 Küsten- und Hafenschutzboote, 86 Sicherungsboote, 21 Hilfs-Geleitfahrzeuge sowie ca. 200 sonstige Hilfsschiffe, -boote und -fahrzeuge an Hilfskriegsschiffen.

Davon gingen durch Selbstversenkung (ohne gleichzeitige Feindeinwirkung) verloren: 1 Schlachtschiff, 1 Schwerer Kreuzer, 3 Zerstörer, 8 Topedoboote, 9 Geleitboote, 14 Minensuchboote, 25 Schnellboote, 59 Räumboote, 215 U-Boote, 7 Minenschiffe, 13 Sperrbrecher, 5 Hilfsminensuchboote, 33 U-Jäger, 13 Vorpostenboote, 146 Küsten- und Hafenschutzboote, 1 Sicherungsboot sowie ca. 80–100 sonstige Fahrzeuge.

Bei Kriegsende ausgeliefert u. a.: 1 Schwerer Kreuzer, 2 Leichte Kreuzer, 15 Zerstörer, 17 Torpedoboote, 86 Schnellboote, 153 U-Boote.

Dem Deutschen Minenräumdienst wurden bei Kriegsende zunächst zugeteilt (später nach und nach ausgeliefert): 134 Minensuchboote, 151 Räumboote, 18 Sperrbrecher, 150 Hilfsminensuchfahrzeuge (einschl. umgerüsteter U-Jäger, Vorpostenboote, Küsten- und Hafenschutzboote und Sicherungsboote) und 143 sonstige Schiffe, Boote und Fahrzeuge sowie 42 Fährprähme.

Die Verluste der U-Boote (insgesamt 1170 in Dienst gestellt, 863 im Fronteinsatz) setzten sich bis Kriegsende zusammen aus: gesunken auf Feindfahrt: 630, selbst versenkt: 215, im Hafen durch Bomben zerstört oder durch Kollision, Minen usw. im Heimatgebiet: 123; ferner außer Dienst gestellt: 38; nach der Kapitulation übergeben: 153, an Japan abgegeben: 8; interniert: 3.

Von den 39 000 Mann, die im Laufe des Krieges bei der U-Boot-Waffe dienten, verloren 33 000 das Leben oder gerieten in Gefangenschaft.

Die Verluste der d e u t s c h e n H a n d e l s f l o t t e betrugen: 1383 Schiffe über 500 BRT, 171 über 100–500 BRT und 9 Segelschiffe über 300 BRT, zusammen 1563 Schiffe, insgesamt 3 Mill. BRT von 4,5 Mill. BRT Bestand bei Kriegsbeginn.

*b) Gesamtverluste der Alliierten an Handelsschiffen und Fischereifahrzeugen (1939–1945) in 1000 BRT (nach alliierten Zahlen)*

| | *durch U-Boote* | *durch Minen, Überwasserkräfte, Luftwaffe usw.* | *zusammen* |
|---|---|---|---|
| *1939* | *421* | *334* | *755* |
| *1940* | *2 186* | *1 805* | *3 991* |
| *1941* | *2 171* | *2 157* | *4 328* |
| *1942* | *6 266* | *1 524* | *7 790* |
| *1943* | *2 586* | *633* | *3 219* |
| *1944* | *773* | *271* | *1 044* |
| *1945* | *263* | *133* | *396* |
| *Zusammen*[1]: | *14 666 (70 %)* | *6 857 (30 %)* | *21 523* |

*Und zwar wurden insgesamt versenkt:*[2]

| | | | | |
|---|---|---|---|---|
| *2 828* | *Schiffe mit* | *14 687 231* | *BRT* | *durch U-Boote* |
| *820* | *Schiffe mit* | *2 889 883* | *BRT* | *durch Luftangriffe* |
| *534* | *Schiffe mit* | *1 406 037* | *BRT* | *durch Minen* |
| *104* | *Schiffe mit* | *498 447* | *BRT* | *durch Handelsstörer (Kriegsschiffe)* |
| *133* | *Schiffe mit* | *829 644* | *BRT* | *durch Hilfskreuzer* |
| *99* | *Schiffe mit* | *229 676* | *BRT* | *durch Schnellboote* |
| *632* | *Schiffe mit* | *1 029 802* | *BRT* | *aus anderen Gründen.* |

*Den Verlusten standen Neubauten gegenüber: 1939–1942: 7,2, 1943: 14,6, 1944: 13,3 und 1945 3,8, zusammen 38,9 Mill. BRT.*

## II. Der Luftkrieg (Ende 1943 – Mai 1945)

*Insgesamt wurden über dem Reichsgebiet und den besetzten Gebieten von britischen und amerikanischen Luftstreitkräften abgeworfen:*

| | | |
|---|---|---|
| *1942* | *53 755 to* | *Bombenlast,* |
| *1943* | *226 500 to* | *Bombenlast,* |
| *1944* | *1 188 580 to* | *Bombenlast und* |
| *1945* | *477 000 to* | *Bombenlast (Jan.-April).* |

1 Darin nicht enthalten die Handelsschiffe, die für Kriegsdauer oder vorübergehend als Hilfsschiffe Dienst taten und als solche verlorengingen (nochmals rund 1,5 Millionen BRT).

2 Nach S. W. *Roskill*, White Ensign. The British Navy at War, 1939–1945, Annapolis 1945, S. 447.

Dagegen betrug die von deutscher Seite auf England abgeworfene Bombenlast:

| | |
|---|---|
| 1940 | 36 000 to, |
| 1941 | 21 860 to, |
| 1942 | 3 260 to, |
| 1943 | 2 298 to, |
| 1944 | 9 151 to, |
| 1945 | 761 to (1944/45 einschließlich V-Waffen). |

Nachdem zunächst die westdeutschen Städte und das Ruhrgebiet Opfer dieser Angriffe gewesen waren, dehnte sich ihr Bereich immer weiter nach Osten aus: 24. Juli bis 3. August 1943 Vernichtung eines großen Teils der Wohnviertel von Hamburg; seit 18./19. Nov. immer schwerere Angriffe auf Berlin; 14. Aug. 1943 Angriff gegen Wiener Neustadt, d. h. erster Vorstoß nach Österreich hinein; 17. Aug. schwere Schäden in Peenemünde, die die Fertigstellung der V-2-Waffe hinauszögerten.

Die Großstädte wurden alle erfaßt; von den Mittelstädten blieben nur wenige ganz verschont. Ziel der Angriffe waren Industrieanlagen, aber auch Wohnviertel, da die Gegner glaubten, auf diese Weise die Bevölkerung mürbe machen zu können; dies erwies sich als Fehlrechnung, da die Regierung auf die Stimmung der Bevölkerung keine Rücksicht nahm.

Nachdem der Gegner infolge des Abfalls von Italien (8. Sept. 1943) in den Besitz des Flugplatzes Foggia gekommen war, konnte er von diesem aus auch Österreich und die Tschechoslowakei erreichen. Selbst Königsberg wurde Ende Aug. 1944 vom Westen aus angeflogen, die Altstadt zerstört.

Kirchen, Schlösser, unersetzliche Denkmäler der Kunst, Zeugen der Vergangenheit wie das Frankfurter Goethe- und das Nürnberger Dürerhaus sanken in Schutt und Asche. Millionen von Menschen wurden obdachlos oder suchten sich rechtzeitig in kleinen Städten oder auf dem flachen Land in Sicherheit zu bringen.

Am 4./5. April 1944 setzte der Gegner mit Angriffen gegen das rumänische Erdölgebiet von Ploesti, am 12. Mai auf die deutschen Hydrierwerke ein, wodurch die Treibstoffknappheit solche Ausmaße annahm, daß dadurch die Durchführung militärischer Operationen gefährdet wurde und die Ausbildung des Nachwuchses der Luftwaffe litt. Ein Teil der Industrieschäden wurde durch Verlagerung von Schlüsselbetrieben unter die Erde und Aufteilung in kleine Betriebe aufgefangen. Jedoch wurde seit Mitte 1944 der Schaden größer als der durch Konzentration aller Anstrengungen auf die Wehrwirtschaft erzielte Leistungszuwachs.

Im Februar 1945 geriet das durch den Verlust der oberschlesischen Kohle beengte Eisenbahnwesen durch Angriffe auf die Rangierbahnhöfe so durcheinander, daß es vom März an wegen Verstopfung der Strecken nur noch den allerdringendsten Anforderungen entsprechen konnte. Durch Angriffe mit Bordfeuerwaffen auf die Zivilbevölkerung wurde der Straßenverkehr auch auf dem Lande lebensgefährlich. Den Höhepunkt der Aktionen zur Einschüchterung bildete der Angriff auf das von Flüchtlingen vollgestopfte Dresden (13./14. Febr. 1945), erst mit Brand-, dann mit Sprengbomben (schätzungsweise 60 000 Tote). Zerstört wurden gegen Ende des Krieges die durch alte Bauten ausgezeichneten Städte Würzburg, Hildesheim, Paderborn und Münster. Schließlich vernichtete ein Angriff am 12./13. April noch die historischen Denkmäler in Potsdam.

Die britische Luftwaffe warf allein insgesamt auf 400 000 Flügen eine Million Tonnen Bomben ab, 2/3 davon auf Deutschland; über ein Fünftel bestand aus Brandbomben. Ihre Verluste stiegen 1942 auf 4% und gingen bis 1944 auf 2,2% zurück; dies wurde durch die Verbesserung des Radar und den Einsatz von Fernjägern erreicht.

Die Erwartung, daß sich durch einen Großangriff neuartiger deutscher Düsenflugzeuge, die dem feindlichen Jagdschutz an Schnelligkeit überlegen waren, die Bedrohung aus der Luft werde einschränken lassen, erwies sich als trügerisch, da die jeweils fertiggewordenen Düsenflugzeuge zahlenmäßig zu gering waren und in der Unterstützung der Erdkämpfe verbraucht wurden.

Am 5. Dez. 1943 befahl Hitler nämlich die Fertigung der Me 262 für den „Jagdbombereinsatz" („Blitzbomber") und verbot später unter Strafe jede Diskussion über die Frage: Bomber oder Jäger. Erst am 30. Aug. 1944 ereichte General Kreipe (Chef des Gen.-Stabs der Luftwaffe), daß jede 20. Me 262 in den Jagdsektor für Erprobungszwecke gehen durfte. Die dann ab Herbst 1944 eingesetzten wenigen Düsenjagdflugzeuge erzielten zwar ebenso wie die Raketenflugzeuge vom Typ Me 163 große Erfolge (auch Aufstellung von „Sturmstaffeln", deren Piloten sich unter Selbstaufopferung auf die alliierten Bomber stürzten), konnten aber nicht mehr Entscheidendes an der alliierten Luftherrschaft ändern (1. Jan. 1945 letzter Großangriff der deutschen Luftwaffe auf alliierte Flugplätze in Südholland, Belgien und Nordfrankreich mit 800 Flugzeugen unter schweren Verlusten).

Flugzeugproduktion

| | 1940 | 1941 | 1942 | 1943 | 1944 | 1945 |
|---|---|---|---|---|---|---|
| Deutschland: | 10 247 | 12 401 | 15 556 | 25 527 | 40 593 | 7 540 |
| Großbritannien: | 8 634 | 13 160 | 17 730 | 21 438 | 23 584 | ? |
| USA: | Dez. 1941: | 1 157 | einsatzfähig, | insges. | 187 000 (Ende 1944) | ? |

*Die deutsche Luftwaffe (Gesamtverluste 1. 9. 1939 bis 31. 12. 1944: 71 965 Flugzeuge) zerbrach schließlich trotz höchster Kraftanstrengung an der unlösbaren Doppelaufgabe: Kampf in der Luft an allen Fronten vom Atlantischen Ozean bis zu den Toren Asiens unter gleichzeitiger Durchführung des Schutzes des von Westen, Süden und Osten angegriffenen Reichsgebietes gegenüber zahlenmäßig weit überlegenen alliierten Luftstreitkräften, denen in noch höherem Maße als im I. Weltkrieg die Personal- und Materialquellen nahezu der ganzen Erde fast uneingeschränkt zur Verfügung standen.*

**Anlage: Der Kampf der V-Waffen gegen England**

*Da die von General Dornberger geleitete Herstellung frontverwendungsfähiger Raketengeschosse (V 2) sich hinauszögerte, wurde zunächst ein flugzeugähnliches Geschoß, das die Kriegsmarine entwickelt hatte (V 1), eingesetzt; zum erstenmal in der Nacht vom 12./13. Juni 1944. Nachdem die Abschußanlagen (Schleudern) an der Kanalküste bis zum 6. Sept. verlorengegangen waren (bis dahin etwa 8 000 „V 1" auf London, von denen 29% zum Ziel gelangten), wurde das Geschoß von Flugzeugen aus über der Nordsee abgeschossen (nochmals rund 1200). Auf Festlandziele, besonders Antwerpen, wurden weitere 8000 „V 1" abgeschossen.*

*8. Sept. 1944: Erster Abschuß von V 2. Der Bau der Hauptabschußbasis bei St. Omer war durch Flugzeugangriffe hinausgezögert worden. Nachdem sie dann vom Gegner erobert worden war, erfolgte Abschuß von beweglichen, leicht auf- und abzubauenden Abschußplätzen, zuletzt von holländischen Inseln aus. Hauptziel blieb England; nach dem Verlust des Hafens von Antwerpen wurde auch dieser beschossen, um die Ausladungen der Alliierten zu stören. Doch erwies sich die neue Waffe (Reichweite zuletzt 370 km) als noch ungeeignet für den Einsatz gegen begrenzte Ziele.*

*Die militärische Wirkung in England selbst war gering; jedoch band die Abwehr von „V 1", für die sich als das beste der Abschuß vom Flugzeug aus erwies, Kräfte der britischen Luftwaffe. Psychologisch führte der Einsatz der V-Waffe nicht — wie Hitler gehofft hatte — zur Zermürbung, sondern zu einer Verschärfung des Willens, Deutschland zu vernichten.*

*Am 27. März 1945 letzter Abschuß von „V 2" (im ganzen 1115 Einschläge in England, die 2724 Personen töteten, 6467 schwer verletzten).*

*Gesamtverluste des Vereinigten Königreichs durch Luftangriffe: rund 60 000 Tote.*

*Weitere 2050 „V 2" wurden bis 5. April 1945 auf Antwerpen, Brüssel und Lüttich abgeschossen.*